# 컴퓨터활용

KB030991

# 1급 필기 기본서

시험에 나오는 것만 공부한다!

# 시나공

2025 시나공

베스트셀러 1위
산출근거 후면표기

부록
최신기출문제 10회

무료 동영상 강의
합격에 필요한 모든 내용이 동영상 강의로!

1권
컴퓨터 일반

길벗알앤디 지음 (강윤석, 김용갑, 김우경, 김종일)

길벗

# 수험생을 위한 시나공 서비스

## 1등만이 드릴 수 있는 1등 혜택!

**서비스 1**

### 무엇이든 물어보세요! 수험생 지원센터(sinagong.co.kr)

시나공 홈페이지에서는 최신기출문제와 해설, 선배들의 합격 수기와 합격 전략, 책 내용에 대한 문의 및 관련 자료 등 IT자격증 시험을 위한 모든 정보를 제공합니다. 공부하다 답답하거나 궁금한 내용이 있으면, 시나공 홈페이지 '책 내용 질문하기' 게시판에 질문을 올리세요. 길벗알앤디의 전문가들이 빠짐없이 답변해 드립니다.

---

**서비스 2**

### 합격을 위한 학습 자료

시나공 홈페이지 회원으로 가입하면 시험 준비에 필요한 학습 자료를 내려받을 수 있습니다.

**기출문제**
최근에 출제된 기출문제를 제공합니다. 최신기출문제로 현장 감각을 키우세요.

**핵심요약집**
시험에 출제되는 문장 그대로 정리한 핵심요약집을 제공합니다.

---

**서비스 3**

### 이해 쏙! 시간 절약! 시나공 토막강의

**혼자 공부하다가 어려운 부분이 나와도 고민하지 마세요!**
책 속의 QR코드를 스마트폰으로 찍기만 하면 언제든지 저자의 속 시원한 해설을 들을 수 있습니다.

**방법1.** 스마트폰으로 QR코드를 스캔하세요.

**방법2.** 시나공 홈페이지의 [컴퓨터활용능력] → [1급 필기] → [동영상 강좌] → [토막강의]에서 강의번호를 입력하세요.

**방법3.** 유튜브 검색 창에 "시나공"+강의번호를 입력하세요.

---

**서비스 4**

### 합격을 위한 최종점검! 실기 시험 대비 온라인 특강 서비스

(주)도서출판 길벗에서는 실기 시험 준비를 위한 온라인 특강을 무료로 제공하고 있습니다.
다음과 같은 방법으로 이용하세요.

1. 길벗출판사 홈페이지(gilbut.co.kr)에 로그인하세요!
2. 상단 메뉴 중 [동영상 강좌] → [IT자격증] → [컴퓨터활용능력]을 클릭하세요!
3. '[2025] 컴활1급실기 [실제시험장을 옮겨놓았다]'를 클릭하여 시청하세요.

# 시험 접수부터 자격증을 받기까지 **한눈에 살펴볼까요?**

## 필기 시험

### 1 응시자격조건

### 2 필기원서접수

### 3 필기시험

## ★ 자격증 신청 및 수령 ★

### 신청방법

⇓

인터넷 신청만 가능!

### 수령방법

⇓

등기 우편으로만 수령 가능!

※ 신청할 때 준비할 것은~

▶ 인터넷 신청 : 접수 수수료 3,100원, 등기 우편 수수료 3,000원

정말 시간이 없는 사람들을 위한

# 시험에 꼭 나오는 섹션 69가지

지금까지 출제된 모든 기출문제를 통계적으로 분석하여 시험에 나오는 것만 쏙쏙 골라 182개 섹션 568개의 필드로 정리하였습니다. 필드는 시험에서 하나의 문제로 나올 수 있는 최소 단위입니다. 초보자라도 하루 한 시간 정도, 차근차근 30일이면 끝낼 수 있습니다. 그래도 시간이 없으시다고요? 더 빠른 지름길이 없냐고요? 좋습니다. 최근 10년 간 컴활 1급 시험에 출제된 2,340 문제 중 65.7%인 1,537 문제가 출제된 69개의 섹션을 알려드리지요. 정말 시간이 없다면 이 부분만 확실히 공부하세요. 합격 점수는 60점이니까요.

## 1권

| 섹션 | 섹션명 | 출제 문항 수 | 쪽 위치 |
|---|---|---|---|
| 18 | [설정] 창의 '시스템' | 11 | 76 |
| 32 | 문제 해결 | 13 | 119 |
| 36 | 자료의 표현 방식 | 30 | 136 |
| 37 | 중앙처리장치 | 18 | 144 |
| 38 | 주기억장치 | 25 | 147 |
| 39 | 보조기억장치 | 15 | 151 |
| 41 | 출력장치 | 14 | 155 |
| 42 | 인터럽트 / 채널 / DMA | 13 | 158 |
| 44 | 메인보드(주기판) | 15 | 163 |
| 45 | 바이오스 / 펌웨어 | 22 | 167 |
| 46 | 하드디스크 연결 방식 | 12 | 169 |
| 50 | 소프트웨어의 개요 | 21 | 184 |
| 51 | 운영체제 | 12 | 186 |

| 섹션 | 섹션명 | 출제 문항 수 | 쪽 위치 |
|---|---|---|---|
| 52 | 운영체제의 운영 방식 | 20 | 189 |
| 53 | 프로그래밍 언어 | 16 | 192 |
| 56 | 망 구성과 네트워크 장비 | 27 | 205 |
| 58 | 인터넷의 주소 체계 | 23 | 210 |
| 59 | 프로토콜 | 21 | 213 |
| 60 | 인터넷 서비스 | 20 | 217 |
| 62 | 정보통신기술 활용 | 44 | 223 |
| 65 | 멀티미디어 소프트웨어 | 17 | 236 |
| 66 | 멀티미디어 그래픽 데이터 | 29 | 239 |
| 67 | 멀티미디어 오디오 / 비디오 데이터 | 21 | 241 |
| 71 | 바이러스 / 백신 | 11 | 254 |
| 72 | 정보 보안 개요 | 21 | 257 |
| 73 | 정보 보안 기법 | 36 | 260 |

## 2권

| 섹션 | 섹션명 | 출제 문항 수 | 쪽 위치 |
|---|---|---|---|
| 74 | 워크시트 기본 지식 | 25 | 8 |
| 75 | 데이터 입력 | 31 | 12 |
| 77 | 데이터 편집 | 30 | 21 |
| 81 | 통합 문서 공유 / 보호 | 30 | 36 |
| 83 | 셀 서식 – 사용자 지정 | 36 | 42 |
| 84 | 조건부 서식 | 20 | 47 |
| 90 | 텍스트 함수 | 24 | 80 |
| 93 | 찾기 / 참조 함수 | 35 | 91 |
| 97 | 배열 수식 | 42 | 107 |
| 98 | 차트 작성의 기초 | 19 | 126 |
| 101 | 용도별 차트 작성 | 34 | 143 |
| 102 | 워크시트의 화면 설정 | 25 | 150 |
| 103 | 페이지 설정 | 44 | 154 |
| 104 | 인쇄 | 18 | 161 |
| 105 | 정렬 | 16 | 168 |
| 107 | 고급 필터 | 22 | 177 |
| 111 | 피벗 테이블 | 26 | 201 |
| 112 | 시나리오 | 18 | 210 |
| 116 | 매크로 생성 | 23 | 226 |
| 124 | 개체 활용 | 17 | 261 |
| 130 | 정규화 | 15 | 287 |
| 135 | 데이터 형식 | 18 | 308 |

| 섹션 | 섹션명 | 출제 문항 수 | 쪽 위치 |
|---|---|---|---|
| 138 | 필드 속성 2 – 입력 마스크 | 15 | 323 |
| 141 | 기본키(Primary Key) | 19 | 335 |
| 144 | 참조 무결성 | 15 | 344 |
| 150 | 단순 조회 질의 – 정렬 | 15 | 371 |
| 151 | 단순 조회 질의 – 그룹 지정 | 17 | 373 |
| 152 | 주요 함수 | 17 | 375 |
| 153 | 특수 연산자를 이용한 질의 | 32 | 381 |
| 154 | 하위 질의 | 16 | 385 |
| 156 | 실행 질의 | 26 | 393 |
| 157 | 기타 질의 | 24 | 397 |
| 162 | 폼의 속성 – '형식' 탭 | 16 | 422 |
| 164 | 컨트롤의 개요 | 22 | 428 |
| 165 | 하위 폼 | 15 | 431 |
| 167 | 컨트롤의 주요 속성 | 18 | 437 |
| 168 | 폼 작성 기타 | 41 | 442 |
| 169 | 보고서 작성 기본 | 27 | 454 |
| 170 | 보고서의 구성 | 27 | 456 |
| 171 | 보고서 만들기 | 14 | 459 |
| 175 | 다양한 보고서 작성 | 13 | 474 |
| 176 | 보고서 작성 기타 | 33 | 480 |
| 181 | ACCESS의 개체 | 20 | 501 |

자르는 선

전문가가 분석한

# 컴퓨터활용능력 1급 필기 시험 – 경향과 대책

## 1과목 컴퓨터의 일반

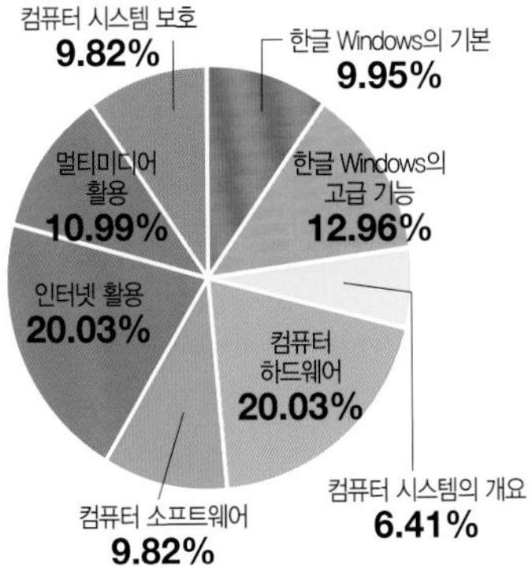


### 1과목은 나왔던 문제가 또 출제되는 편… 신기술 용어에 대비하면서 80점 이상을 목표로 공부하세요.

나온 문제가 또 나온다는 믿음(?)을 가지고 기출문제 위주로 확실히 공부하면 70점 이상은 반드시 얻을 수 있습니다. 특히 1장과 2장은 Windows 10에 관한 내용이므로 컴퓨터를 켜놓고 실습을 병행하면 훨씬 쉽게 기억됩니다. 컴퓨터활용능력 시험의 특징 중 하나는 신기술 용어의 시험 반영이 상당히 빠르다는 것입니다. 컴퓨터 하드웨어, 정보통신과 인터넷 부분의 신기술 용어까지 대비한다면 80점 이상도 가능합니다.

## 2과목 스프레드시트 일반

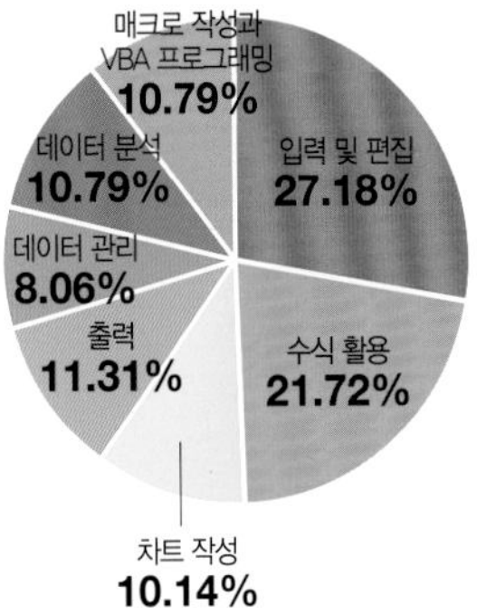


### 실기 시험까지 대비한다는 마음으로 실습 위주의 학습을 진행한다면 80점 이상은 무난합니다.

2과목 스프레드시트 일반의 출제 범위에는 실기 시험과 관련된 내용이 모두 포함되어 있습니다. 컴퓨터를 켜 놓고 이 책의 구성 요소인 '전문가의 조언'의 경향과 대책에 맞추어 엑셀 2021의 매뉴얼을 학습하는 마음으로 준비한다면 오히려 쉽게 공부할 수 있습니다. 이 책의 구성 요소인 '준비하세요'에 실습 파일명을 적어놓았으니 시나공 카페에서 다운받아 실습하면 편리합니다. 1, 2, 7장의 비중이 높아 보이지만 공부할 양으로 보면 비슷하니 특정 부분에 치중하지 말고 공부하세요. 그리고 최근 들어 7장의 문제가 눈에 띄게 늘고 있는 추세인데, 프로그래밍 부분이라 많이 어려워합니다. 어려움을 느끼시는 분은 최근 84 문제 중 55 문제가 출제된 116, 123, 124 세 개의 섹션만 집중해서 공부하세요.

## 3과목 데이터베이스 일반

### 2, 3, 4, 5장에 초점을 맞추고 실습 위주로 학습을 진행하면 80점은 무난합니다.

평소 자주 사용하지 않는 프로그램이라 익숙하지 않은 개념이 많습니다. 하지만 액세스 역시 사용하기 쉽게 만들어 놓은 프로그램이므로 실습과 병행하면 쉽게 이해할 수 있습니다. 이 과목도 '준비하세요' 코너에 실습 파일명을 적어놓았으니 시나공 카페에서 다운받아 실습하세요. 1장과 6장을 제외한 나머지 2, 3, 4, 5장은 20% 정도의 고른 출제 비율을 보이고 있는데, 이들 장은 필기 시험 출제 비중도 높지만 실기 시험 문제가 출제되는 부분이기도 합니다. 이들 장에 초점을 맞추어 공부하십시오.

## 4 합격여부 확인

# 실기 시험

## 1 실기원서접수

◎ 상시 시험 : 매주 시행
◎ 인터넷 원서 접수 사이트 :
license.korchan.net
◎ 프로그램 : 오피스 2021
◎ 접수 수수료 : 25,000원
◎ 인터넷 접수 대행 수수료 : 1,200원

# 최종 합격

## 3 합격여부 확인

## 2 실기시험

실기 시험은
70점 이상의 점수를
(1급은 두 과목 모두)
얻어야 합니다!

# 컴퓨터활용능력

## 1급 필기

1권 컴퓨터 일반

2025 시나공

길벗알앤디 지음

길벗

지은이 **길벗알앤디**
**강윤석, 김용갑, 김우경, 김종일**
IT 서적을 기획하고 집필하는 출판 기획 전문 집단으로, 2003년부터 길벗출판사의 IT 수험서인 〈시험에 나오는 것만 공부한다!〉 시리즈를 기획부터 집필 및 편집까지 총괄하고 있다.
30여 년간 자격증 취득에 관한 교육, 연구, 집필에 몰두해 온 강윤석 실장을 중심으로 IT 자격증 시험의 분야별 전문가들이 모여 국내 IT 수험서의 수준을 한 단계 높이기 위한 다양한 연구와 집필 활동에 전념하고 있다.

**컴퓨터활용능력 1급 필기 – 시나공 시리즈 ⑫**
The Written Examination for Advanced Computer Proficiency Certificate

초판 발행 · 2024년 9월 9일

발행인 · 이종원
발행처 · (주)도서출판 길벗
출판사 등록일 · 1990년 12월 24일
주소 · 서울시 마포구 월드컵로 10길 56(서교동)
주문 전화 · 02)332-0931 팩스 · 02)323-0586
홈페이지 · www.gilbut.co.kr 이메일 · gilbut@gilbut.co.kr

기획 및 책임 편집 · 강윤석(kys@gilbut.co.kr), 김미정(kongkong@gilbut.co.kr), 임은정(eunjeong@gilbut.co.kr), 정혜린(sunriin@gilbut.co.kr)
디자인 · 강은경, 윤석남 제작 · 이준호, 손일순, 이진혁 마케팅 · 조승모, 유영은
영업관리 · 김명자 독자지원 · 윤정아

편집진행 및 교정 · 길벗알앤디(강윤석 · 김용갑 · 김우경 · 김종일) 일러스트 · 윤석남
전산편집 · 예다움 CTP 출력 및 인쇄 · 정민 제본 · 정민

© 길벗알앤디, 2024
- 이 책은 저작권법에 따라 보호받는 저작물이므로 무단전재와 무단복제를 금합니다. 이 책의 전부 또는 일부를 이용하려면 반드시 사전에 저작권자와 (주)도서출판 길벗의 서면 동의를 받아야 합니다.
- 잘못된 책은 구입한 서점에서 바꿔 드립니다.

ISBN 979-11-407-1078-2 13000
(길벗 도서번호 030939)

가격 32,000원

**독자의 1초까지 아껴주는 길벗출판사**
(주)도서출판 길벗 | IT교육서, IT단행본, 경제경영서, 어학&실용서, 인문교양서, 자녀교육서 www.gilbut.co.kr
길벗스쿨 | 국어학습, 수학학습, 어린이교양, 주니어 어학학습, 학습단행본 www.gilbutschool.co.kr

인스타그램 • @study_with_sinagong

# 짜잔~ '시나공' 시리즈를 소개합니다~

**자격증 취득, 가장 효율적으로 공부하고 싶으시죠?**
**보통 사람들의 공부 패턴과 자격증 시험을 분석하여 최적의 내용을 담았습니다.**

## 첫째 최대한 단시간에 취득할 수 있도록 노력했습니다.

학문을 수련함에 있어 다양한 이론을 폭넓게 공부하는 것은 더할 나위 없이 중요하지만 이 책은 자격증 취득을 목적으로 구성된 만큼 이론상 중요할지라도 시험 문제와 거리가 있는 내용은 배제했습니다. 또한 지금까지 출제된 모든 기출문제를 유형별로 분석하여 합격이 가능한 수준을 정한 후, 출제 비중이 낮은 내용은 과감히 빼고 중요한 것은 확실하게 표시해 둠으로써 어떠한 변형 문제가 나오더라도 대처할 수 있도록 최대한 자세하고 쉽게 설명했습니다.

## 둘째 공부하면서 답답함을 느끼지 않도록 노력했습니다.

컴퓨터활용능력 필기 시험은 이론 시험이지만 많은 부분 윈도우 10과 엑셀, 액세스의 기능을 알아야 풀 수 있는 문제가 출제됩니다. 이런 문제들을 풀기 위해 프로그램의 기능들을 무조건 외우는 것은 무척 피곤한 일입니다. 실습이 필요한 내용은 컴퓨터 화면을 보면서 따라할 수 있도록 단계별로 자세하게 설명했습니다. 윈도우 10과 엑셀, 액세스 부분을 공부할 때는 꼭 컴퓨터를 켜 놓고 실습을 병행하세요.

## 셋째 학습 방향을 제시하기 위해 노력했습니다.

이 시험을 준비하는 수험생들이 대부분 비전공자이기 때문에 학습 방향에 어둡기 쉽습니다. 학습 방향을 파악하지 못한 채 교재에 수록된 내용을 무작정 읽어 가는 것은 비효율적입니다. 실제 시험에서 출제되는 문제에 맞게 암기할 것, 한 번만 읽어볼 것, 구분할 것, 이해할 것, 실습할 것 등 옆에서 선생님이 지도하는 것처럼 친절한 가이드라인을 제공했습니다.

## 넷째 이렇게 공부하세요.

다음은 10여 년간 학생들을 지도하고, 10년 동안 100여권 이상의 IT수험서를 만들면서 정리한 빠르게 합격하는 비법입니다.

① 매 섹션의 끝에 나오는 기출문제 따라잡기를 먼저 공부하면서 문제가 어떻게 출제되는지 어떤 것을 자세하게 공부해야 하는지 먼저 감을 잡습니다.
② 이제 섹션의 처음으로 돌아와서 전문가의 조언을 먼저 읽은 후 본문을 읽기 시작하면 기출문제 따라잡기에서 공부한 내용을 접하게 되므로 낯설지 않을 뿐더러 무엇을 어떻게 공부해야 할지 학습 방향을 명확히 잡을 수 있습니다.
③ 섹션을 마친 후 다시 기출문제 따라잡기를 공부하면 대부분의 문제가 이해됩니다. 이 때에도 이해되지 않는 문제는 미결 표시를 해 놓은 후 다음 섹션으로 넘어갑니다.
④ 한 장을 마치면 그 장에서 시험에 꼭 나오는 내용만 뽑아 모은 핵심요약이 나옵니다. 앞에서 배운 내용을 상기하면서 확실히 암기하고 다음 장의 섹션으로 넘어갑니다.
⑤ 교재 한 권을 모두 마친 후에는 다시 처음으로 돌아와 기출문제 따라잡기와 핵심요약만 다시 한 번 공부합니다.
⑥ 시험이 임박해지면 등급이 A, B인 섹션과 이해가 안 되어 표시해 두었던 문제와 틀린 문제만 확인합니다.

끝으로 이 책으로 공부하는 모든 수험생들이 한 번에 합격할 수 있기를 기원합니다.

2024년 시원한 가을날에
강윤석

*각 섹션은 출제 빈도에 따라 A, B, C, D 로 등급이 분류되어 있습니다. 공부할 시간이 없는 분들은 출제 빈도가 높은 순서대로 공부하세요.

**출제 빈도**
- A 매 시험마다 꼭 나오는 부분
- B 두 번 시험 보면 한 번은 꼭 나오는 부분
- C 세 번 시험 보면 한 번은 꼭 나오는 부분
- D 네 번 시험 보면 한 번은 꼭 나오는 부분

## 0 준비 운동



# 1 과목 컴퓨터 일반

## 1 한글 Windows 10의 기본



## 2 한글 Windows 10의 고급 기능



## 3 컴퓨터 시스템의 개요

# 2 과목 스프레드시트 일반

## ② 수식 활용



## ③ 차트 작성



## ④ 출력



## ⑤ 데이터 관리



## ⑥ 데이터 분석



## ⑦ 매크로 작성과 VBA 프로그래밍



# 3 과목 데이터베이스 일반

## ① 데이터베이스 개요

1등만이 드릴 수 있는 1등 혜택!!

# 수험생을 위한 아주 특별한 서비스

서비스 **하나**

시나공 홈페이지

## 시험 정보 제공!

IT 자격증 시험, 혼자 공부하기 막막하다고요? 시나공 홈페이지에서 대한민국 최대, 50만 회원들과 함께 공부하세요.

### 지금 sinagong.co.kr에 접속하세요!

시나공 홈페이지에서는 최신기출문제와 해설, 선배들의 합격 수기와 합격 전략, 책 내용에 대한 문의 및 관련 자료 등 IT 자격증 시험을 위한 모든 정보를 제공합니다.

서비스 **둘**

수험생 지원센터

## 무엇이든 물어보세요!

공부하다 답답하거나 궁금한 내용이 있으면, 시나공 홈페이지 도서별 '책 내용 질문하기' 게시판에 질문을 올리세요. 길벗알앤디의 전문가들이 빠짐없이 답변해 드립니다.

서비스 **셋**

합격을 위한

## 학습 자료

시나공 홈페이지 회원으로 가입하면 시험 준비에 필요한 학습 자료를 내려받을 수 있습니다.

- **기출문제** : 최근에 출제된 기출문제를 제공합니다. 최신기출문제로 현장 감각을 키우세요.

서비스 **넷**

실기 시험 대비

## 온라인 특강 서비스

(주)도서출판 길벗에서는 실기 시험 준비를 위한 온라인 특강을 제공하고 있습니다. 다음과 같은 방법으로 이용하세요.

### 실기 특강 온라인 강좌는 이렇게 이용하세요!

1. 길벗출판사 홈페이지(gilbut.co.kr)에 접속하여 로그인하세요!
2. 상단 메뉴 중 [동영상 강좌] → [IT자격증] → [컴퓨터활용능력]을 클릭하세요!
3. '[2025] 컴활1급실기 [실제시험장을 옮겨놓았다]'를 클릭하여 시청하세요.

서비스 **다섯**

시나공 만의

## 동영상 강좌

### 독학이 가능한 친절한 교재가 있어도 준비할 시간이 부족하다면?

### 길벗출판사의 '동영상 강좌(유료)' 이용 안내

1. 길벗출판사 홈페이지(gilbut.co.kr)에 접속하여 로그인하세요.
2. 상단 메뉴 중 [동영상 강좌]를 클릭하세요.
3. 'IT자격증' 카테고리에서 원하는 강좌를 선택하고 [수강 신청하기]를 클릭하세요.
4. 우측 상단의 [마이길벗] → [나의 동영상 강좌]로 이동하여 강좌를 수강하세요.

※ 기타 동영상 이용 문의 : 독자지원(02-332-0931)

### 시나공 홈페이지 회원 가입 방법

1. 시나공 홈페이지(sinagong.co.kr)에 접속하여 우측 상단의 〈회원가입〉을 클릭하고 〈이메일 주소로 회원가입〉을 클릭합니다.
   ※ 회원가입은 소셜 계정으로도 가입할 수 있습니다.
2. 가입 약관 동의를 선택한 후 〈동의〉를 클릭합니다.
3. 회원 정보를 입력한 후 〈이메일 인증〉을 클릭합니다.
4. 회원 가입 시 입력한 이메일 계정으로 인증 메일이 발송됩니다. 수신한 인증 메일을 열어 이메일 계정을 인증하면 회원가입이 완료됩니다.

시나공 시리즈는 단순한 책 한 권이 아닙니다. 여러분이 시나공 시리즈 책 한 권을 구입한 순간, Q&A 서비스에서 최신기출문제 등 각종 학습 자료까지 IT 자격증 최고 전문가들이 제공하는 온라인&오프라인 합격 보장 교육 프로그램이 함께합니다.

# 2025년 한 번에 합격을 위한 특별 서비스 하나 더

## 182섹션 568필드 중 501필드를 동영상 강의로 담았습니다.

혼자 공부하다가 어려운 부분이 나와도 고민하지 말고, 다음의 세 가지 방법을 이용하여 시나공 저자의 속 시원한 강의를 바로 동영상으로 확인하세요.

### 1. 스마트폰으로 QR코드를 찍어보세요!

**STEP 1**

스마트폰의 QR코드 리더 앱을 실행하세요.

**STEP 2**

시나공 토막강의의 QR코드를 스캔하세요.

**STEP 3**

스마트폰을 통해 토막강의가 시작됩니다.

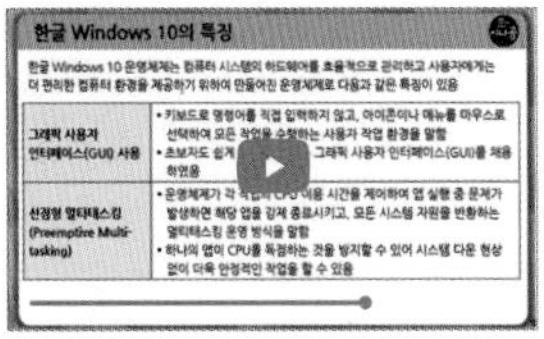


### 2. 시나공 홈페이지에서 토막강의 번호를 입력하세요!

**STEP 1**

시나공 홈페이지에 접속한 후 [컴퓨터활용능력] → [1급 필기] → [동영상 강좌] → [토막강의]를 클릭하세요.

**STEP 2**

'강의번호'에 토막강의 번호를 입력하면 강의목록이 표시됩니다.

**STEP 3**

강의명을 클릭하면 토막강의를 볼 수 있습니다.

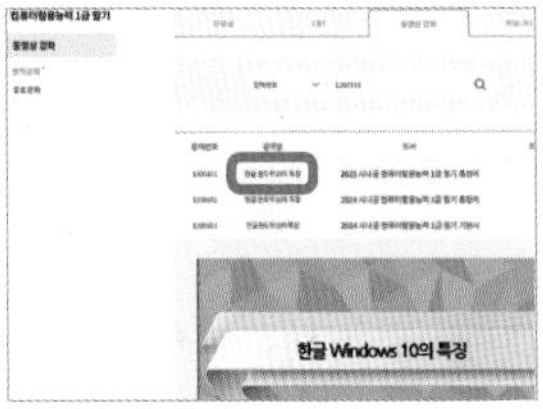


### 3. 유튜브에서는 이렇게 이용하세요!

**STEP 1**

유튜브 검색 창에 "시나공"+토막강의 번호를 입력하세요.




**STEP 2**

검색된 항목 중 원하는 토막강의를 클릭하여 시청하세요.

★ 토막강의가 지원되는 도서는 시나공 홈페이지를 통해 확인할 수 있습니다.

★ 스마트폰을 이용하실 경우 무선랜(Wi-Fi)에 연결되지 않은 상태에서 토막강의를 이용하시면 가입하신 요금제에 따라 과금이 됩니다.

# 한눈에 살펴보는 시나공의 구성

## 시험에 나오는 것만 골라 볼 수 있다! — '섹션별 구성'

기출문제 유형을 섹션의 틀 안에 담아 두어 출제 유형의 파악이 용이합니다.
또한 이론은 각 필드에서 짧게 공부하고, 기출문제로 바로 확인할 수 있어 학습이 지루하지 않습니다.

섹션 등급

시나공 Q&A 베스트

용어 설명

준비하세요

**기출문제 따라잡기 및 정답**

컴퓨터활용능력 시험은 2021년부터 상시 시험으로만 시행되고 있고, 기출문제는 공개되지 않습니다. 본문에 표기된 "24년 5회"는 복원된 상시 시험 문제의 연도별 일련번호입니다.

# 한눈에 살펴보는 시나공의 구성

핵심요약

찾아보기

## 배운 내용을 익히고 익힌 실력을 점검해 볼 수 있다! — '핵심요약 & 최신기출문제'

섹션에서 배운 내용을 한 번 더 확인하고, 익힌 실력을 최신기출문제로 점검해 볼 수 있습니다.

최신기출문제

온라인에서 만나는 또 하나의 책 시나공 홈페이지 sinagong.co.kr

# 시험 접수부터 자격증을 받기까지 **한눈에 살펴볼까요?**

## 필기 시험

### 1 응시자격조건

### 2 필기원서접수

### 3 필기시험

### ★ 자격증 신청 및 수령 ★

**신청방법**

⇓

인터넷 신청만 가능!

**수령방법**

⇓

등기 우편으로만 수령 가능!

※ 신청할 때 준비할 것은~

▶ 인터넷 신청 : 접수 수수료 3,100원, 등기 우편 수수료 3,000원

## 4 합격여부 확인

## 실기 시험

## 1 실기원서접수

## 2 실기시험

## 3 합격여부 확인

## 최종 합격

# 컴퓨터활용능력 시험, 이것이 궁금하다!

Ⓠ 컴퓨터활용능력 자격증 취득 시 독학사 취득을 위한 학점 인정이 가능하다고 하던데, 학점 인정 현황은 어떻게 되나요?

Ⓐ

| 종목 | 학점 |
|---|---|
| 정보처리기사 | 20 |
| 정보처리산업기사 | 16 |
| 사무자동화산업기사 | 16 |
| 컴퓨터활용능력 1급 | 14 |
| 컴퓨터활용능력 2급 | 6 |
| 워드프로세서 | 4 |

※ 자세한 내용은 평생교육진흥원 학점은행 홈페이지(https://cb.or.kr)를 참고하세요.

Ⓠ 시험 접수를 취소하고 환불받을 수 있나요? 받을 수 있다면 환불 방법을 알려주세요.

Ⓐ 네, 가능합니다. 대한상공회의소 자격평가사업단 홈페이지의 상단 메뉴에서 [개별접수] → [환불신청]을 클릭하여 신청하면 됩니다. 하지만 환불 신청 기간 및 사유에 따라 환불 비율에 차이가 있습니다.

| 환불 기준일 | 환불 비율 |
|---|---|
| 접수일 ~ 시험일 4일 전 | 100% 반환 |
| 시험일 3일 전 ~ 시험일 | 반환 불가 |

※ 100% 반환 시 인터넷 접수 수수료는 제외하고 반환됩니다.

Ⓠ 필기 시험에 합격하면 2년 동안 필기 시험이 면제된다고 하던데, 필기 시험에 언제 합격했는지 기억이 나지 않을 경우 실기 시험 유효 기간이 지났는지 어떻게 확인해야 하나요?

Ⓐ 대한상공회의소 자격평가사업단 홈페이지에 로그인한 후 [마이페이지] 코너에서 확인할 수 있습니다.

Ⓠ 컴퓨터활용능력 필기 응시 수수료와 실기 응시 수수료는 얼마인가요?

Ⓐ 급수에 관계없이 필기는 20,500원이고, 실기는 25,000원입니다.

Ⓠ 필기 시험 볼 때 입실 시간이 지나서 시험장에 도착할 경우 시험 응시가 가능한가요?

Ⓐ 입실 시간이 지나면 시험장에 입실할 수 없습니다. 반드시 입실 시간에 맞춰 입실하세요.

Ⓠ 필기 시험 볼 때 가져갈 준비물로는 어떤 것들이 있나요?

Ⓐ 수검표, 신분증(주민등록증, 운전면허증 등)을 지참해야 합니다.

※ 신분증을 지참하지 않으면 시험에 응시할 수 없으니 반드시 신분증을 지참하세요.

**Q** 자격증 분실 시 재발급 받으려면 어떻게 해야 하나요?

**A** 처음 자격증 신청할 때와 동일하게 인터넷으로 신청하면 됩니다.

**Q** 컴퓨터활용능력 1급 필기 시험에 합격하면 2급은 필기 시험 없이 실기 시험에 바로 응시할 수 있나요?

**A** 네, 그렇습니다. 1급 필기 시험에 합격하면 1, 2급 실기 시험에 모두 응시할 수 있습니다.

**Q** 신분증을 분실하였을 경우에는 어떻게 해야 하나요?

**A** 신분증을 분실했을 경우 주민센터에서 주민등록증 발급 신청 확인서를 발부해 오면 됩니다. 그 외에 운전면허증, 학생증 및 청소년증(초 · 중 · 고등학생 한정), 유효기간 내의 여권, 국가기술 자격증이 있어도 됩니다.

**Q** 필기 시험에 합격한 후 바로 상시 시험에 접수할 수 있나요?

**A** 네. 가능합니다. license.korcham.net에서 접수하면 됩니다.

**Q** 필기와 실기 시험보는 곳이 서로 달라도 되나요?

**A** 필기 시험을 응시한 지역에서 실기까지 응시하여야 한다는 규정은 없으므로, 실기 시험은 다른 지역에서 응시하셔도 됩니다.

**Q** 실기 시험 합격 여부를 확인하기 전에 다시 상시 시험에 접수하여 응시할 수 있나요?

**A** 네, 상시 시험은 같은 날 같은 급수만 아니면, 합격 발표 전까지 계속 접수 및 응시가 가능합니다. 그러나 합격한 이후에 접수한 시험은 모두 무효가 되며 접수한 시험에 대해서는 취소 및 환불이 되지 않으니 주의하기 바랍니다.

**Q** 필기 시험과 실기 시험의 합격 기준은 어떻게 되나요?

**A**

**필기 시험**

| 등급 | 시험 과목 | 제한시간 | 출제형태 | 합격기준 |
|---|---|---|---|---|
| 1급 | 컴퓨터 일반 | 60분 | 객관식 60문항 | 과목당 40점 이상 평균 60점 이상 |
| | 스프레드시트 일반 | | | |
| | 데이터베이스 일반 | | | |
| 2급 | 컴퓨터 일반 | 40분 | 객관식 40문항 | |
| | 스프레드시트 일반 | | | |

**실기 시험**

| 등급 | 시험 과목 | 제한시간 | 출제형태 | 합격기준 |
|---|---|---|---|---|
| 1급 | 스프레드시트 실무 | 90분 (과목별 45분) | 컴퓨터 작업형 | 70점 이상 (1급은 매 과목 70점 이상) |
| | 데이터베이스 실무 | | | |
| 2급 | 스프레드시트 실무 | 40분 | | |

memo

1 과목

# 컴퓨터 일반

1장 한글 Windows 10의 기본

2장 한글 Windows 10의 고급 기능

3장 컴퓨터 시스템의 개요

4장 컴퓨터 하드웨어

5장 컴퓨터 소프트웨어

6장 인터넷 활용

7장 멀티미디어 활용

8장 컴퓨터 시스템 보호

### 전문가가 분석한 1과목 출제 경향

1과목은 나왔던 문제가 또 출제되는 편… 신기술 용어에 대비하면서 80점 이상을 목표로 공부하세요.

나온 문제가 또 나온다는 믿음(?)을 가지고 기출문제 위주로 확실히 공부하면 70점 이상은 반드시 얻을 수 있습니다. 특히 1장과 2장은 Windows에 관한 내용이므로 컴퓨터를 켜놓고 실습을 병행하면 훨씬 쉽게 기억됩니다. 컴퓨터활용능력 시험의 특징 중 하나는 신기술 용어의 시험 반영이 상당히 빠르다는 것입니다. 컴퓨터 하드웨어, 인터넷 부분의 신기술 용어까지 대비한다면 80점 이상도 가능합니다.

IT 자격증 전문가 강윤석

### 미리 따라해 본 베타테스터의 한 마디

컴퓨터 시스템의 개요, 소프트웨어, 인터넷 활용 등 이론적인 설명이 중심이 되는 과목이었습니다. 하지만 상식적인 내용이 많아 조금만 주의 깊게 읽어보면 충분히 이해할 수 있는 과목이라고 생각합니다. 제 경우에는 소프트웨어 단원 중 프로그래밍 부분이 약간 어려웠습니다. 평소 거의 접할 기회가 없는 내용이었으니까요. 하지만 이 책에서 정리된 용어 설명과 몇 가지 사항만 잘 기억하면 누구나 충분히 합격할 수 있을 것으로 생각합니다.

베타테스터 정예림(21살, 대학생)

# 1장

# 한글 Windows 10의 기본

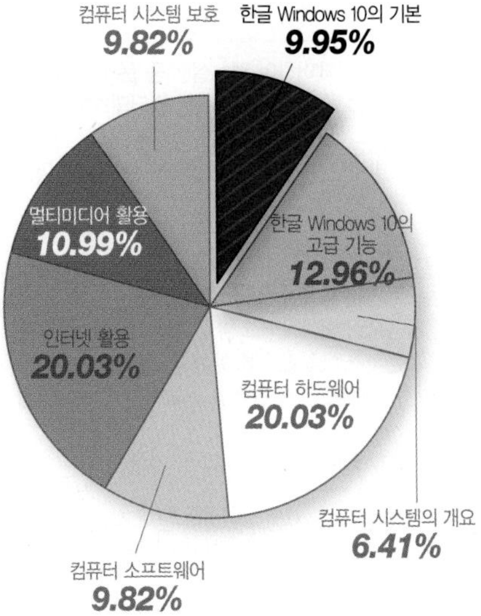


001 한글 Windows 10의 특징 Ⓑ등급
002 바로 가기 키 Ⓑ등급
003 바탕 화면 / 바로 가기 아이콘 Ⓑ등급
004 작업 표시줄 Ⓒ등급
005 작업 표시줄 - 작업 보기 / 가상 데스크톱 Ⓒ등급
006 시작 메뉴 Ⓒ등급
007 파일 탐색기 Ⓓ등급
008 파일 탐색기의 구성 요소 Ⓓ등급
009 폴더 옵션 Ⓑ등급
010 디스크 관리 Ⓒ등급
011 파일과 폴더 Ⓒ등급
012 파일 / 폴더 다루기 Ⓑ등급
013 검색 상자 Ⓑ등급
014 휴지통 사용하기 Ⓑ등급
015 Windows 보조프로그램 Ⓒ등급
016 유니버설 앱 Ⓒ등급

**이 장에서 꼭 알아야 할 키워드 Best 10**

**1.** 휴지통 **2.** 바로 가기 아이콘 **3.** 폴더 옵션 **4.** 작업 표시줄 **5.** 검색 상자 **6.** 파일 탐색기 **7.** 메모장 **8.** NTFS **9.** 파일/폴더 복사/이동 **10.** 공유

SECTION 001

# 한글 Windows 10의 특징

B 등급

## 1 한글 Windows 10의 특징

23.1, 21.3, 19.2, 12.2, 16.2, 16.1, 12.2, 08.4, 07.4, 06.3, 05.4, 05.2, 05.1, 04.4, 2급 16.2, 12.3, 11.3, 08.4, 08.2, 07.3, …

1200101

한글 Windows 10 운영체제는 컴퓨터 시스템의 하드웨어를 효율적으로 관리하고 사용자에게는 더 편리한 컴퓨터 환경을 제공하기 위하여 만들어진 운영체제로 다음과 같은 특징이 있다.

| | |
|---|---|
| 2급 05.3<br>**그래픽 사용자 인터페이스(GUI) 사용** | • 키보드로 명령어를 직접 입력하지 않고, 아이콘이나 메뉴를 마우스로 선택하여 모든 작업을 수행하는 사용자 작업 환경을 말한다.<br>• 한글 Windows 10은 초보자도 쉽게 사용할 수 있는 그래픽 사용자 인터페이스(GUI)를 채용하였다. |
| 08.4, 2급 08.2, 07.1, 05.4<br>**선점형 멀티태스킹 (Preemptive Multi–tasking)** | • 운영체제가 각 작업의 CPU 이용 시간을 제어하여 앱* 실행 중 문제가 발생하면 해당 앱을 강제 종료시키고, 모든 시스템 자원을 반환하는 멀티태스킹* 운영 방식을 말한다.<br>• 하나의 앱이 CPU를 독점하는 것을 방지할 수 있어 시스템 다운 현상 없이 더욱 안정적인 작업을 할 수 있다. |
| 05.4, 05.2, 04.4, 2급 11.3, 08.4, 07.2<br>**플러그 앤 플레이 (자동감지장치; PnP, Plug & Play)** | • 컴퓨터 시스템에 하드웨어를 설치했을 때, 해당 하드웨어를 사용하는 데 필요한 시스템 환경을 운영체제가 자동으로 구성해 주는 것을 말한다.<br>• 운영체제가 하드웨어의 규격을 자동으로 인식해 시스템 환경을 설정해 주기 때문에 PC 주변기기를 연결할 때 사용자가 직접 환경을 설정하지 않아도 된다.<br>• 플러그 앤 플레이 기능을 활용하기 위해서는 하드웨어와 소프트웨어 모두 플러그 앤 플레이를 지원하여야 한다.<br>• 하드웨어의 IRQ, DMA 채널, I/O 주소*들이 충돌하지 않도록 설정한다. |
| 19.2, 16.2, 07.4, 05.4, 2급 07.3, 03.2, 2.3<br>**OLE(Object Linking and Embedding)** | • 다른 여러 앱에서 작성된 문자나 그림 등의 개체(Object)를 현재 작성 중인 문서에 자유롭게 연결(Linking)하거나 삽입(Embedding)하여 편집할 수 있게 하는 기능이다.<br>• OLE로 연결된 이미지를 원본 앱에서 수정하거나 편집하면 그 내용이 그대로 해당 문서에 반영된다. |
| **255자의 긴 파일 이름** | • 최대 255자의 긴 파일 이름을 지정할 수 있다.<br>• NTFS에서는 유니코드 문자를 지원하여 세계 여러 문자를 파일 이름에 사용할 수 있다.<br>• 파일 이름으로는 ₩ / : * ? " 〈 〉 \| 를 제외한 모든 문자 및 공백을 사용할 수 있다. |
| 23.1, 21.3, 16.1, 12.2<br>**64비트 데이터 처리** | 완전한 64비트*로 데이터를 처리하므로 더 많은 양의 데이터를 빠르게 처리할 수 있으며, 사용자에게 좀 더 빠르고 효율적인 시스템을 구축할 수 있게 한다. |

**전문가의 조언**

한글 Windows 10의 특징에는 어떤 것들이 있는지 알고 있어야 합니다. 특히 OLE와 64비트 데이터 처리 기능을 중심으로 숙지하세요.

**전문가의 조언**

컴퓨터활용능력 시험은 2021년부터 상시 시험으로만 시행되고 있고, 기출문제는 공개되지 않습니다. 본문에 표기된 "23.1"은 복원된 상시 시험 문제의 연도별 일련번호입니다.

**앱(App)**

컴퓨터의 운영체제에서 실행되는 모든 응용 소프트웨어, 즉 프로그램을 애플리케이션(Application)이라고 하며, 이를 줄여서 앱(App)이라고 부릅니다. 한글 Windows 10에서는 프로그램이라는 명칭 대신 앱을 사용하고 있습니다.

**멀티태스킹(Multi–tasking)**

다중 작업이란 뜻으로, 여러 개의 앱을 동시에 열어 두고 다양한 작업을 동시에 진행하는 것을 말합니다. 이를테면 MP3 음악을 들으면서 워드프로세서 작업을 하다 인터넷에서 파일을 다운로드하는 것을 멀티태스킹이라고 합니다.

- IRQ(Interrupt ReQuest) : 각 장치들이 CPU 사용을 요청하기 위해 보내는 인터럽트 신호가 전달되는 통로
- DMA(Direct Memory Access) : CPU를 통하지 않고 각 장치와 메모리가 직접 데이터를 주고받을 수 있는 통로
- I/O(Input/Output) 주소 : 각 장치와 CPU가 데이터를 주고받기 위해 지정된 메모리 영역

**64비트**

64비트 버전으로 제작된 Windows 10용 앱은 32비트 버전의 Windows 10에서는 작동되지 않습니다.

22.6, 21.3, 19.2, 18.1, 14.2, 12.1, 10.1, 09.2, 05.1, 2급 12.3, 11.1, 06.3, 02.1, 01.1

## 2 파일 시스템

3200102

파일 시스템이란 보조기억장치에 저장되는 파일에 대해 수정, 삭제, 추가, 검색 등의 작업을 체계적으로 할 수 있도록 지원하는 관리 시스템을 말한다.

### FAT(16)

MS-DOS 및 기타 Windows 기반의 운영체제에서 파일을 구성할 때 사용되는 파일 시스템으로, 파티션 용량이 2GB까지 제한된다.

### FAT32

FAT 파일 시스템에서 파생된 것으로, FAT보다 큰 드라이브를 사용할 수 있으며, FAT에 비해 클러스터 크기가 작으므로 하드디스크 공간의 낭비를 줄일 수 있다.

### NTFS*

- 성능, 보안, 디스크 할당, 안정성, 속도 면에서 FAT 파일 시스템에 비해 뛰어난 고급 기능을 제공하며, 시스템 리소스 사용을 최소화한다.
- 파일 및 폴더에 대한 액세스 제어를 유지하고 제한된 계정을 지원한다.
- 최대 볼륨 크기는 256TB이며, 파일 크기는 볼륨 크기에 의해서만 제한된다.
- 비교적 큰 오버헤드가 있기 때문에 400MB 이상의 볼륨에서 사용하면 효과적이다.

**전문가의 조언**

NTFS의 특징을 묻는 문제가 출제되었습니다. NTFS를 중심으로 각각의 특징을 정리해 두세요.

**NTFS**

NTFS는 Windows에서만 사용 가능한 파일 시스템입니다.

### 따라잡기 기출문제 따라잡기

08년 4회

**1. 운영체제가 앱의 상태에 의존하지 않고 강제로 작업을 변경함으로써 하나의 앱에 문제가 발생해도 다른 앱에 영향을 주지 않도록 하는 제어 방식을 무엇이라 하는가?**

① 비선점형 멀티태스킹
② 선점형 멀티태스킹
③ 플러그 앤 플레이
④ 멀티 프로그래밍

Windows 운영체제는 CPU를 선점하는 '선점형 멀티태스킹'을 지원합니다.

05년 4회, 2회, 04년 4회

**2. 한글 Windows 10에서 하드웨어 장치를 추가할 때 운영체제가 이를 자동적으로 인식하여 설치 및 환경 설정을 용이하게 해주는 기능을 무엇이라 부르는가?**

① 가상 디바이스 마법사
② 플러그인
③ 장치 관리자
④ 플러그 앤 플레이

컴퓨터에 장치를 설치하면 운영체제가 자동으로 인식하는 기능을 '플러그 앤 플레이(PnP)'라고 합니다.

▶ 정답 : 1. ② 2. ④

문제3 1200152 문제5 3200155

19년 2회, 16년 2회, 07년 4회, 05년 4회

**3. 다음 중 아래의 설명에 해당하는 한글 Windows 10 제공 기능은?**

- 데이터와 데이터를 연결하여 원본 데이터를 수정할 때 연결된 데이터도 함께 수정되도록 지원하는 기능이다.
- 이 기능을 지원하는 그래픽 앱에서 그린 그림을 문서 편집기에 연결한 경우 그래픽 앱에서 그림을 수정하면 문서 편집기의 그림도 같이 변경된다.

① 선점형 멀티태스크(Preemptive Multitasking)
② GUI(Graphic User Interface)
③ PnP(Plug & Play)
④ OLE(Object Linking and Embedding)

데이터와 데이터를 연결, 즉 **개체(Object)**를 **연결(Linking)**하거나 **삽입(Embedding)**하는 기능은 **'OLE'**입니다.

23년 1회, 21년 3회, 16년 1회, 12년 2회

**4. 다음 중 32비트 및 64비트 버전의 Windows OS에 관한 설명으로 옳지 않은 것은?**

① 64비트 버전의 Windows에서는 대용량 RAM을 32비트 시스템보다 효과적으로 처리한다.
② 64비트 버전의 Windows를 설치하려면 64비트 버전의 Windows를 실행할 수 있는 CPU가 필요하다.
③ 64비트 버전의 Windows에서 하드웨어 장치가 정상적으로 동작하려면 64비트용 장치 드라이버가 필요하다.
④ 앱이 64비트 버전의 Windows용으로 설계된 경우 호환성 유지를 위해 32비트 버전의 Windows에서도 작동되도록 설계되어 있다.

64비트 버전의 Windows용으로 설계된 앱은 32비트 버전의 Windows에서 작동되지 않습니다.

22년 6회, 21년 3회, 12년 1회

**5. 다음 중 NTFS 파일 시스템에 관한 설명으로 옳지 않은 것은?**

① 파일 및 폴더에 대한 액세스 제어를 유지하고 제한된 계정을 지원한다.
② FAT32 파일 시스템보다 성능, 보안, 안전성이 높다.
③ 모든 디스크 드라이브에서 사용할 수 있는 범용 파일 시스템이다.
④ 파일 크기는 볼륨 크기에 의해서만 제한된다.

NTFS는 윈도우 전용 파일 시스템으로 모든 디스크 드라이브에서 사용할 수는 없습니다.

19년 2회, 18년 1회

**6. 다음 중 한글 Windows 10 운영체제에서 사용하는 NTFS 파일 시스템에 관한 설명으로 옳지 않은 것은?**

① FAT32 파일 시스템과 비교하여 성능 및 안전성이 우수하다.
② 하드디스크 논리 파티션의 크기에는 제한이 없다.
③ 비교적 큰 오버헤드가 있기 때문에 약 400MB 이하의 볼륨에서 사용하는 것은 좋지 않다.
④ 파일 및 폴더에 대한 액세스 제어를 유지하고 제한된 계정을 지원한다.

NTFS 파일 시스템의 하드디스크 논리 파티션 크기, 즉 볼륨 크기는 256TB로 제한됩니다.

▶ **정답** : 3. ④ 4. ④ 5. ③ 6. ②

SECTION
# 002 바로 가기 키

B 등급

## 1 바로 가기 키의 개념

바로 가기 키는 키보드의 키를 조합하여 명령어 대신 특정 앱이나 명령을 빠르게 실행하는 기능으로, 단축키 또는 핫키(Hot Key)라고도 한다.

> **전문가의 조언**
> 바로 가기 키에 대한 문제는 종종 출제됩니다. 바로 가기 키들의 기능은 실습을 통해 기억하는 것이 가장 효율적 입니다. 어려운 부분이 아니므로 반드시 실습을 통해 기능을 정확히 파악하고 넘어가세요.

24.4, 22.5, 21.4, 14.2, 12.1, 06.3, 06.2, 05.1, 04.3, 04.2, 2급 24.5, 24.4, 23.1, 22.4, 20.상시, 20.2, 19.상시, 19.1, 18.상시, …

## 2 Alt를 이용한 바로 가기 키

1200303

| 바로 가기 키 | 기능 |
|---|---|
| 14.2, 04.2, 2급 18.1, 11.1, 10.3, …<br>Alt + Esc | 현재 실행 중인 앱들을 순서대로 전환한다. |
| 14.2, 12.1, 06.3, 04.3, 04.2, 03.2<br>Alt + Tab | • 현재 실행 중인 앱들의 목록*을 화면 중앙에 나타낸다.<br>• Alt를 누른 상태에서 Tab을 이용하여 이동할 작업 창을 선택한다. |
| 22.5, 21.4, 14.2, 12.1, 06.3, 03.3<br>Alt + Enter | 선택된 항목의 속성 대화상자를 나타낸다. |
| 14.2, 11.2, 06.2, 05.1, 04.2, 2급 24.5<br>Alt + Spacebar | 활성창*의 바로 가기 메뉴*를 표시한다. |
| 24.4, 14.2, 06.3, 06.2, 05.1, 04.3<br>Alt + F4 | • 실행 중인 창(Window)이나 앱을 종료한다.<br>• 실행 중인 앱이 없으면 'Windows 종료' 창을 나타낸다. |
| 24.4, 22.5, 14.2, 04.2, 2급 18.상시, …<br>Alt + Print Screen* | 현재 작업 중인 활성 창을 클립보드로 복사한다. |

**실행중인 앱들의 목록**

**활성창**
활성창은 활성화된 창, 즉 실행 중인 여러 개의 작업창 중에서 현재 선택되어 작업 대상이 되는 창을 말합니다.

**활성창의 바로 가기 메뉴**

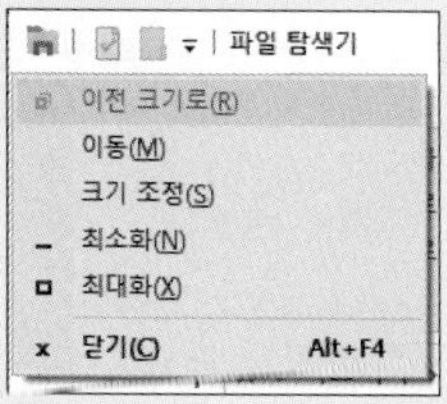


**Print Screen**
Print Screen만 누를 경우 화면 전체를 클립보드로 복사합니다.

22.5, 21.4, 12.1, 11.2, 04.2, 03.3, 03.2, 2급 24.5, 24.1, 20.2, 19.1, 14.1, 12.1, 10.2, 09.3, 04.2, 00.2

## 3 Ctrl*을 이용한 바로 가기 키

1200304

| 바로 가기 키 | 기능 |
|---|---|
| 03.3, 03.2, 2급 24.5, 19.1, 06.4, …<br>Ctrl + A | 폴더 및 파일을 모두 선택한다. |
| 22.5, 21.4, 12.1, 04.2, 2급 24.5, 20.2, …<br>Ctrl + Esc | [⊞(시작)]을 클릭한 것처럼 [시작] 메뉴를 표시한다. |
| 11.2, 2급 24.1, 02.3, 02.2<br>Ctrl + Shift + Esc | '작업 관리자*' 대화상자를 호출하여 문제가 있는 앱을 강제로 종료한다. |
| Ctrl + 마우스 스크롤 | 바탕 화면의 아이콘 크기를 변경한다. |

**Ctrl을 사용한 기본 바로 가기 키**
- Ctrl + C : 복사하기
- Ctrl + X : 잘라내기
- Ctrl + V : 붙여넣기
- Ctrl + Z : 실행 취소

'작업 관리자'에 대한 자세한 내용은 107쪽을 참고하세요.

21.4, 21.2, 12.1, 11.2, 10.3, 06.3, 04.3, 2급 24.1, 20.상시, 20.2, 19.상시, 12.3, 10.3, 10.2

## 4 Shift를 이용한 바로 가기 키

1200305

| 바로 가기 키 | 기능 |
|---|---|
| 21.2, 10.3, 06.3, 04.3, 2급 24.1, …<br>Shift + Delete | 폴더나 파일을 휴지통을 거치지 않고 바로 삭제한다. |
| 21.4, 12.1, 11.2, 2급 24.1, 20.2, 10.2<br>Shift + F10 | 바로 가기 메뉴를 표시한다. |

'파일 탐색기'에 대한 자세한 내용은 42쪽을 참고하세요.

**피드백 허브**
사용자가 Windows 10을 사용하는 과정에서 발생한 오류나 기능에 대한 의견을 보내면, Windows 개발자들이 이를 참고하여 기능 개선에 사용하게 되는데, 이와 같이 Windows 10의 개선을 위해 사용자와 개발자 간의 의견을 교환할 수 있도록 하는 앱을 의미합니다.

궁금해요 **시나공 Q&A 베스트**

**Q '⊞+Shift+M'은 '열려있는 모든 창을 이전 크기'로 라고 했는데요. 어떻게 창이 이전 크기로 간다는 의미인지 모르겠어요.**

A '이전 창'이란 창에 어떤 변화가 일어나기 전을 말합니다. 앱 창이 여러 개 열려 있는 상태에서 '⊞+M'을 누르면 모든 창이 작업 표시줄로 최소화되고 바탕 화면이 나타납니다. 이 상태에서 '⊞+Shift+M'을 누르면 창들이 '⊞+M'을 누르기 전의 상태로 돌아옵니다. 이 바로 가기 키는 바탕 화면을 보고 싶을 때 유용합니다.

'가상 데스크톱'에 대한 자세한 내용은 36쪽을 참고하세요.

'작업 보기'에 대한 자세한 내용은 35쪽을 참고하세요.

24.3, 15.2, 11.3, 11.1, 07.1, 2급 24.3, 23.3, 22.2, 21.2, 18.1, 15.2, 11.1, 10.3, 07.2, 03.2

## 5 ⊞를 이용한 바로 가기 키

1200306

| 바로 가기 키 | 기능 |
|---|---|
| ⊞ | [⊞(시작)]이나 Ctrl+Esc를 클릭한 것처럼 [시작] 메뉴를 표시한다. |
| 15.2, 11.3, 07.1, 2급 24.3, 23.2, 22.2, …<br>⊞+E | '파일 탐색기'*를 실행한다. |
| 15.2, 11.3, 07.1<br>⊞+F | 피드백 허브* 앱을 실행한다. |
| 15.2, 2급 24.3, 23.3, 22.2, 21.3, 21.2<br>⊞+L | 컴퓨터를 잠그거나 사용자를 전환한다. |
| 15.2, 11.3, 07.1<br>⊞+M/⊞+Shift+M* | 열려 있는 모든 창을 최소화/이전 크기로 나타낸다. |
| 15.2, 11.3, 07.1, 2급 21.4, 21.2<br>⊞+R | '실행' 창을 나타낸다. |
| ⊞+U | [설정]의 '접근성' 창을 나타낸다. |
| 24.3<br>⊞+A | 알림 센터를 표시한다. |
| 24.3<br>⊞+B | 알림 영역으로 포커스를 옮긴다. |
| 24.3, 2급 24.3, 23.3, 22.2, 21.2<br>⊞+I | '설정' 창을 화면에 나타낸다. |
| ⊞+S | '검색 상자'로 포커스를 옮긴다. |
| ⊞+Ctrl+D | 가상 데스크톱*을 추가한다. |
| ⊞+Ctrl+F4 | 사용 중인 가상 데스크톱을 삭제한다. |
| 2급 18.1, 11.1, 10.3, 07.2, 03.2<br>⊞+Tab | '작업 보기'*를 실행한다. |
| ⊞+Home | 선택된 창을 제외한 모든 창을 최소화 한다. |
| ⊞+Ctrl+F | '컴퓨터 찾기' 대화상자를 나타낸다. |
| ⊞+ + / - /Esc | 돋보기 실행 후 확대/축소/종료를 지정한다. |
| 24.3<br>⊞+ . /⊞+ ; | 이모지(그림 문자)를 나타낸다. |
| 24.3<br>⊞+ , | 열려 있는 모든 창들이 투명해져, 바탕 화면을 미리 볼 수 있다. |
| 15.2, 11.1<br>⊞+Pause/Break | [설정] → [시스템] → [정보] 창을 나타낸다. |

문제2 1200351 문제5 1200352

## 따라잡기 기출문제 따라잡기

22년 5회

**1. 다음 중 Windows 10의 바로 가기 키에 대한 설명으로 옳은 것은?**

① Alt + Enter : 선택된 항목의 속성 창을 호출함

② Alt + Print Screen : 현재 활성화된 창을 인쇄함

③ Ctrl + Esc : 열려 있는 창을 닫음

④ Ctrl + Tab : 시작 메뉴를 표시함

> ② Alt + Print Screen : 현재 작업 중인 활성 창을 클립보드로 복사함
> ③ Ctrl + Esc : [시작] 메뉴를 표시함
> Alt + F4 : 열려 있는 창을 닫음
> ④ Ctrl + Tab : 다음 탭으로 이동함

14년 2회, 04년 2회

**2. 다음 중 한글 Windows 10의 바로 가기 키에 대한 설명이 바르지 못한 것은?**

① Alt + Spacebar : [시작] 메뉴를 부른다.

② Alt + Print Screen : 활성 창을 갈무리(Capture)하여 클립보드에 복사한다.

③ Alt + Tab : 실행 중인 앱들 간에 작업 전환을 한다. Alt를 누른 상태에서 Tab을 누르면 화면 가운데에 현재 실행 중인 앱들의 아이콘이 나온다.

④ Alt + Esc : 실행 중인 앱 사이에 작업 전환을 한다. 한 번씩 누를 때마다 열려 있는 앱의 창이 바로 바뀐다.

> Alt + Spacebar를 누르면 활성 창의 바로 가기 메뉴가 표시됩니다. [시작] 메뉴를 부르는 바로 가기 키는 Ctrl + Esc입니다.

24년 4회

**3. 다음 중 한글 Windows 10의 바로 가기 키에 대한 설명으로 옳은 것은?**

① Alt + Print Screen : 전체 활성 창을 클립보드로 복사

② Alt + F4 : 활성 창을 닫거나 활성 앱을 종료

③ F3 : 파일 이름 바꾸기

④ Shift + F4 : 활성 문서 닫기

> • Alt + Print Screen : 현재 작업 중인 활성 창을 클립보드로 복사함
> • Print Screen : 화면 전체를 클립보드로 복사함
> • F2 : 폴더 및 파일의 이름을 변경함
> • F3 : 파일 탐색기의 '검색 상자'를 선택함

06년 3회, 04년 3회

**4. 다음 중 한글 Windows 10의 단축키에 대한 설명으로 옳지 않은 것은?**

① Alt + F4 : 앱 종료

② Alt + Tab : 작업 전환

③ Ctrl + Z : 실행 취소

④ Shift + Delete : 휴지통으로 파일 삭제

> Delete를 누르면 휴지통으로 삭제되고, Shift + Delete를 누르면 휴지통을 거치지 않고 완전히 삭제됩니다.

15년 2회, 11년 3회, 07년 1회

**5. 한글 Windows 10의 바로 가기 키와 작업 내용을 올바르게 연결한 것은?**

① ⊞ + E – '실행' 대화상자 열기

② ⊞ + M – 열려 있는 모든 창 최소화하기

③ ⊞ + R – [파일 탐색기] 열기

④ ⊞ + F1 – 유틸리티 관리자 열기

> ⊞ + E를 누르면 파일 탐색기가 나타납니다. '실행' 대화상자를 여는 바로 가기 키는 ⊞ + R은입니다.

21년 4회

**6. 다음 중 Windows 10의 바로 가기 키에 대한 설명으로 옳지 않은 것은?**

① Alt + Esc는 '시작'을 클릭한 것처럼 시작 메뉴를 표시한다.

② Shift + F10은 선택한 항목의 바로 가기 메뉴를 표시한다.

③ 바로 가기 아이콘의 '속성' 창에서 바로 가기 키를 지정할 수 있다.

④ Alt + Enter는 선택한 항목의 속성 대화상자를 호출한다.

> 시작 메뉴를 표시하는 바로 가기 키는 Ctrl + Esc입니다.

24년 3회

**7. 다음 중 한글 Windows 10의 바로 가기 키에 대한 설명으로 옳은 것은?**

① ⊞ + A : 알림 센터 열기

② ⊞ + B : 설정 열기

③ ⊞ + . : 이모지 열기

④ ⊞ + I : 바탕 화면 임시 미리 보기

> • ⊞ + B : 알림 영역으로 포커스 옮기기
> • ⊞ + I : '설정' 창 열기
> • ⊞ + . / ⊞ + ; : 이모지(그림 문자) 열기
> • ⊞ + , : 바탕 화면 임시 미리 보기

▶ **정답** : 1. ① 2. ① 3. ② 4. ④ 5. ② 6. ① 7. ①

SECTION 003

# 바탕 화면 / 바로 가기 아이콘

B 등급

## 1 바탕 화면

20.2, 06.2, 05.2, 04.2

1200401

바탕 화면은 한글 Windows 10의 기본적인 작업 공간으로, 한글 Windows 10 설치 시 기본적으로 표시되는 아이콘*과 작업 표시줄로 구성되어 있다.

### 특징 및 바로 가기 메뉴

- 작업 표시줄 오른쪽 끝에 있는 '바탕 화면 보기' 단추를 클릭하거나 ⊞ + D를 누르면 실행중인 모든 앱이 작업 표시줄로 최소화된다.
- 배경 화면은 변경할 수 있으며 사용할 수 있는 이미지는 bmp, gif, jpg, png 등의 이미지 파일이다.
- 배경 화면을 바탕 화면에 표시하는 형식(위치)에는 채우기, 맞춤, 확대, 바둑판식 배열, 가운데, 스팬이 있다.
- 여러 장의 그림 파일을 이용하여 슬라이드 형태의 바탕 화면을 만들 수 있다.
- **바탕 화면의 바로 가기 메뉴**
  - 바탕 화면의 바로 가기 메뉴*는 바탕 화면 작업 시 자주 사용하는 명령을 메뉴로 구성한 것으로, 바탕 화면에서 마우스 오른쪽 버튼을 클릭하면 표시된다.
  - 바로 가기 메뉴에는 보기*, 정렬 기준*, 새로 고침, 새로 만들기*, 디스플레이 설정, 개인 설정 등이 있다.
  - 바탕 화면에 있는 아이콘의 표시 유무를 지정할 수 있다.

## 2 바로 가기 아이콘의 개요

24.1, 23.4, 22.1, 21.3, 20.2, 15.1, 2급 21.2, 21.1, 20.상시, 18.2, 17.2, 15.1, 11.2, 10.3, 10.2, 09.1, 06.1

1200402

바로 가기(Shortcut) 아이콘은 자주 사용하는 문서나 앱을 빠르게 실행시키기 위한 아이콘으로, 원본 파일의 위치 정보를 가지고 있다.

### 특징

- 바로 가기 아이콘을 실행시키면 바로 가기 아이콘과 연결된 원본 파일이 실행된다.
- 바로 가기 아이콘은 '단축 아이콘'이라고도 하며, 폴더나 파일, 디스크 드라이브, 다른 컴퓨터, 프린터 등 모든 개체에 대해 작성할 수 있다.
- 바로 가기 아이콘은 왼쪽 아랫부분에 화살표 표시가 있어 일반 아이콘과 구별된다*.
- 바로 가기 아이콘의 확장자는 LNK*이며, 컴퓨터에 여러 개 존재할 수 있다.
- 하나의 원본 파일에 대해 여러 개의 바로 가기 아이콘을 만들 수 있으나, 하나의 바로 가기 아이콘에는 하나의 원본 파일만 지정할 수 있다.
- 바로 가기 아이콘은 원본 파일이 있는 위치와 관계없이 만들 수 있다.
- 바로 가기 아이콘을 삭제/이동하더라도 원본 파일은 삭제/이동되지 않는다.
- 원본 파일을 삭제하면 해당 파일의 바로 가기 아이콘은 실행되지 않는다.

**전문가의 조언**

배경 화면으로 사용할 수 있는 파일 형식을 묻는 문제가 출제되었습니다. 바탕 화면의 바로 가기 메뉴를 이용하여 실행할 수 있는 기능과 배경 화면으로 사용할 수 있는 파일의 종류에 대해 알아두세요.

**기본 아이콘**

한글 Windows 10 설치 시 화면에 기본적으로 표시되는 아이콘은 '휴지통' 뿐입니다.

**바탕 화면의 바로 가기 메뉴**

바탕 화면의 바로 가기 메뉴를 표시하는 바로 가기 키는 Shift + F10입니다.

**보기**

바탕 화면의 아이콘 크기를 큰/보통/작은 아이콘으로 설정합니다.

**정렬 기준**

이름, 크기, 항목 유형, 수정한 날짜

**새로 만들기**

폴더, 바로 가기, 파일 등을 새로 만들 수 있습니다.

**전문가의 조언**

바로 가기 아이콘의 특징과 속성 대화상자에 대한 문제가 출제되고 있습니다. 바로 가기 아이콘의 개념과 특징을 정리하고, 바로 가기 아이콘 속성 대화상자에서 설정 가능한 기능을 정확히 기억해 두세요.

**바로 가기 아이콘/일반 아이콘**

**바로 가기 아이콘의 확장자 확인하기**

바로 가기 아이콘 속성 대화상자의 '자세히' 탭에서 바로 가기 아이콘의 확장자를 확인할 수 있습니다.

- **바로 가기 아이콘의 속성 대화상자**
  – 바로 가기 아이콘의 파일 형식, 설명, 위치, 크기, 만든 날짜, 수정한 날짜, 액세스 날짜, 연결된 항목의 정보* 등을 확인한다.
  – 바로 가기 키, 아이콘, 원본 파일 등을 변경*한다.

**연결된 항목 정보**
연결된 항목의 정보에는 대상 파일, 형식, 위치 등이 있습니다.

**원본 파일 변경**
바로 가기 아이콘 속성 대화상자의 '바로 가기' 탭에서 '대상' 난에 새로운 원본 파일이 있는 위치를 직접 입력하여 변경합니다.

15.3, 05.1, 04.4, 03.4, 03.3, 2급 24.4, 20.1, 12.3, 06.4, 02.1, 01.2, 00.1

## 3 바로 가기 아이콘 만들기

1200403

| | |
|---|---|
| 2급 12.3, 06.4, 02.1, 01.2<br>**바로 가기 메뉴 이용1** | 개체를 선택한 후 바로 가기 메뉴에서 [바로 가기 만들기]를 선택한다. |
| 15.3<br>**바로 가기 메뉴 이용 2** | 개체를 선택한 후 바로 가기 메뉴에서 [보내기] → [바탕 화면에 바로 가기 만들기]를 선택한다. |
| 15.3<br>**바로 가기 메뉴 이용 3** | 바탕 화면이나 폴더의 빈 곳에서 바로 가기 메뉴를 호출하여 [새로 만들기] → [바로 가기]를 선택한 후 '바로 가기 만들기' 창에서 실행 파일을 찾아 선택한다. |
| **폴더 창의 리본 메뉴 이용** | 폴더 창에 포함된 해당 폴더나 파일을 선택한 후 리본 메뉴의 [홈] → [클립보드] → [복사]를 클릭하고 원하는 위치로 이동한 후 [홈] → [클립보드] → [바로 가기 붙여넣기]를 클릭한다. |
| 15.3, 05.1, 04.4, 03.4, 03.3, …<br>**오른쪽 버튼으로 끌기** | 마우스 오른쪽 버튼으로 개체를 선택한 후 원하는 위치로 끌어다 놓으면 바로 가기 메뉴*가 표시되는데, 이 메뉴 중 [여기에 바로 가기 만들기]를 선택한다. |
| 15.3, 2급 24.4, 20.1, 12.3, 06.4, …<br>**Ctrl + Shift + 드래그** | 개체를 선택한 후 Ctrl+Shift를 누른 채 원하는 위치로 끌어다 놓는다. |
| **복사 – 붙여넣기** | 바로 가기 아이콘을 복사(Ctrl+C)하여 다른 위치에 붙여 넣는다(Ctrl+V). |

**전문가의 조언**
단순히 바로 가기 아이콘을 만드는 방법을 묻는 문제가 출제되었습니다. 바로 가기 아이콘을 만드는 여러 방법과 '오른쪽 버튼으로 끌기'를 수행할 때 나타나는 메뉴를 기억하세요. 실습을 해보면 쉽게 기억됩니다.

**마우스 오른쪽 버튼으로 개체를 끌어다 놓으면 표시되는 바로 가기 메뉴**

| |
|---|
| 여기에 복사(C) |
| **여기로 이동(M)** |
| 여기에 바로 가기 만들기(S) |
| 취소 |

### 따라잡기 기출문제 따라잡기

20년 2회

**1. 다음 중 한글 Windows 10에서 바탕 화면의 바로 가기 메뉴에 관한 설명으로 옳지 않은 것은?**

① 바탕 화면에서 Shift + F10을 누르면 바로 가기 메뉴가 표시된다.
② 바탕 화면에 폴더나 텍스트 문서, 압축 파일 등을 새로 만들 수 있다.
③ 삭제된 내 PC, 휴지통, 네트워크 등의 바탕 화면 아이콘을 다시 표시할 수 있다.
④ 아이콘의 정렬 기준을 변경하거나 아이콘의 크기를 변경하여 볼 수 있다.

삭제된 바탕 화면 아이콘을 다시 표시하려면 [(시작)] → [(설정)] → [개인 설정] → [테마] → [바탕 화면 아이콘 설정]을 클릭하여 수행할 수 있습니다.

05년 1회, 04년 4회

**2. 다음 중 특정한 파일이나 폴더를 마우스 오른쪽 단추를 누른 채 끌면 나타나는 단축 메뉴가 아닌 것은?**

① 여기에 복사
② 여기로 이동
③ 휴지통으로 바로 가기
④ 여기에 바로 가기 만들기

파일이나 폴더를 마우스 오른쪽 버튼으로 드래그하면 표시되는 바로 가기 메뉴는 다음과 같습니다.

| |
|---|
| 여기에 복사(C) |
| **여기로 이동(M)** |
| 여기에 바로 가기 만들기(S) |
| 취소 |

▶ 정답 : 1. ③ 2. ③

문제3 1200451 문제5 1200452

15년 3회

**3. 다음 중 바탕 화면에 바로 가기 아이콘을 만들기 위한 방법으로 옳지 않은 것은?**

① 바탕 화면의 빈 곳에서 마우스 오른쪽 버튼을 눌러 [새로 만들기] → [바로 가기] 메뉴를 선택한다.

② 파일에서 마우스 오른쪽 버튼을 누른 채 빈 곳으로 드래그한 후 [여기에 바로 가기 만들기] 메뉴를 선택한다.

③ [파일 탐색기]에서 Ctrl을 누른 채 파일을 드래그하여 바탕 화면에 놓는다.

④ 파일을 Ctrl + C로 복사한 후 바탕 화면의 빈 곳에서 마우스 오른쪽 버튼을 눌러 [바로 가기 붙여넣기] 메뉴를 선택한다.

Ctrl을 누른 채 바탕 화면으로 파일을 드래그하면 파일이 복사됩니다. 바로 가기 아이콘을 만들려면 Ctrl+Shift를 누른 채 드래그해야 합니다.

24년 1회, 20년 2회

**4. 다음 중 한글 Windows 10에서 바로 가기 아이콘에 관한 설명으로 옳지 않은 것은?**

① 바로 가기 아이콘을 실행하면 연결된 원본 파일이 실행된다.

② 파일, 폴더뿐만 아니라 디스크 드라이브나 프린터에도 바로 가기 아이콘을 만들 수 있다.

③ 일반 아이콘과 비교하여 왼쪽 아랫부분에 화살표가 포함되어 표시된다.

④ 하나의 바로 가기 아이콘에 여러 개의 원본 파일을 연결할 수 있다.

하나의 원본 파일에 여러 개의 바로 가기 아이콘을 만들 수 있지만 하나의 바로 가기 아이콘에는 하나의 원본 파일만 연결할 수 있습니다.

03년 4회

**5. 다음 중 마우스 끌기에 대한 설명으로 가장 옳지 않은 것은?**

① 특정한 파일이나 폴더를 동일한 드라이브 내의 다른 폴더로 드래그하면 해당 파일이나 폴더가 옮겨진다.

② Alt+Shift를 누른 채 특정한 파일이나 폴더를 다른 폴더로 드래그하면 해당 파일이나 폴더에 대한 바로 가기가 생성된다.

③ Shift를 누른 채 특정한 파일이나 폴더를 다른 폴더로 드래그하면 해당 파일이나 폴더가 옮겨진다.

④ 동일한 드라이브 내에서 Ctrl을 누른 채 특정한 파일이나 폴더를 드래그하면 해당 파일이나 폴더가 복사된다.

바로 가기 아이콘을 생성하려면 Alt + Shift가 아닌 Ctrl + Shift를 누른 채 특정한 파일이나 폴더를 다른 폴더로 드래그해야 합니다.

06년 2회, 05년 2회, 04년 2회

**6. 다음 중 한글 Windows 10의 배경 화면에 대한 설명으로 잘못된 것은?**

① 배경 화면으로는 *.bmp, *.jpg, *.docx 등의 파일 형식을 사용할 수 있다.

② 바탕 화면의 배경은 사용자의 취향에 맞게 변경할 수 있다.

③ 한글 Windows 10에서는 이미 만들어 놓은 테마를 제공한다.

④ 바탕 화면의 바로 가기 메뉴에서 [개인 설정]을 클릭하여 변경할 수 있다.

배경 화면으로 사용할 수 있는 파일 형식에는 jpg, bmp, gif, png 등이 있습니다. *.docx는 MS-워드에서 사용되는 기본 파일로 배경 화면으로는 사용할 수 없습니다.

23년 4회, 22년 1회, 21년 3회, 15년 1회

**7. 다음 중 한글 Windows 10의 바로 가기 아이콘의 [속성] 대화상자에 대한 설명으로 옳지 않은 것은?**

① 대상 파일이나 대상 형식, 대상 위치 등에 관한 연결된 항목의 정보를 확인할 수 있다.

② 연결된 항목을 바로 열 수 있는 바로 가기 키를 지정할 수 있다.

③ 연결된 항목의 디스크 할당 크기를 확인할 수 있다.

④ 바로 가기 아이콘을 만든 날짜와 수정한 날짜, 액세스한 날짜 등을 확인할 수 있다.

바로 가기 아이콘은 원본 파일, 즉 연결된 항목의 위치 정보를 가지고 있는 아이콘으로, 연결된 항목의 디스크 할당 크기는 알 수 없습니다.

▶ **정답** : 3. ③ 4. ④ 5. ② 6. ① 7. ③

SECTION 004

# 작업 표시줄

C 등급

## 1 개념 및 특징

22.4, 20.1, 2급 20.2, 16.2, 10.1, 06.3

작업 표시줄은 현재 실행되고 있는 앱 단추와 앱을 빠르게 실행하기 위해 등록한 고정 앱 단추 등이 표시되는 곳으로서, 기본적으로 바탕 화면의 맨 아래쪽에 있다.

- 작업 표시줄은 [⊞(시작)] 단추, 검색 상자, 작업 보기, 앱 단추가 표시되는 부분, 알림 영역, '바탕 화면 보기' 단추로 구성된다.
- 작업 표시줄은 위치를 변경하거나 크기*를 조절할 수 있다. 단, 크기는 화면의 1/2까지만 늘릴 수 있다.
- 작업 표시줄의 바로 가기 메뉴를 이용하여 검색 상자와 작업 보기 단추의 표시 여부를 설정할 수 있다.
- 작업 표시줄 오른쪽의 알림 영역에 표시할 앱 아이콘과 시스템 아이콘을 설정할 수 있다.
- [시작] 메뉴에 등록된 앱의 바로 가기 메뉴에서 [자세히] → [작업 표시줄에 고정]을 선택하면, 해당 앱이 작업 표시줄에 고정된다.
- 작업 표시줄에 고정된 앱의 바로 가기 메뉴에서 [작업 표시줄에서 제거]를 선택하면 작업 표시줄에서 제거된다.

## 2 작업 표시줄 다루기

23.3

### 위치 변경

- **방법 1** : 마우스로 작업 표시줄을 드래그 하여 원하는 위치에 가져다 놓는다. 단, 이 방법은 '작업 표시줄 잠금'이 설정된 상태에서는 사용할 수 없다.
- **방법 2** : [⊞(시작)] → [⚙(설정)] → [개인 설정] → [작업 표시줄]의 '화면에서의 작업 표시줄 위치' 항목에서 작업 표시줄이 놓일 위치를 선택한다.

### 에어로 피크(미리 보기)

- 작업 표시줄에 표시된 현재 실행중인 앱 단추 위에 마우스 포인터를 놓으면 해당 앱을 통해 열린 창들의 축소판 미리 보기가 모두 나타나고, 이 중 하나를 클릭하면 해당 창이 활성화된다.
- 작업 표시줄의 오른쪽 끝에 있는 '바탕 화면 보기' 단추* 위에 마우스 포인터를 놓으면 바탕 화면을 볼 수 있도록 열려 있는 모든 창이 투명해진다.

**전문가의 조언**

작업 표시줄의 특징을 묻는 문제가 출제되었습니다. 대부분 틀린 보기를 찾는 문제가 출제되니 특징을 정확히 기억해 두세요.

**작업 표시줄의 위치나 크기 변경**

- '작업 표시줄 잠금'이 지정된 상태에서는 작업 표시줄의 크기나 위치 등을 변경할 수 없습니다.
- '작업 표시줄 잠금'은 작업 표시줄의 바로 가기 메뉴나 [⊞(시작)] → [⚙(설정)] → [개인 설정] → [작업 표시줄]에서 설정할 수 있습니다.

**[시작] 단추**

[시작] 단추는 작업 표시줄에 항상 표시되는 것으로, 표시 여부를 지정할 수 없습니다.

**'바탕 화면 보기' 단추**

- '바탕 화면 보기' 단추의 바로 가기 메뉴에서 '바탕 화면 미리 보기'가 체크되어 있어야 '바탕 화면 보기' 단추 위로 마우스 포인터를 이동하면 열려 있는 모든 창들이 투명해집니다.
- '바탕 화면 보기' 단추를 클릭하면 열려 있는 모든 창들이 최소화 됩니다.

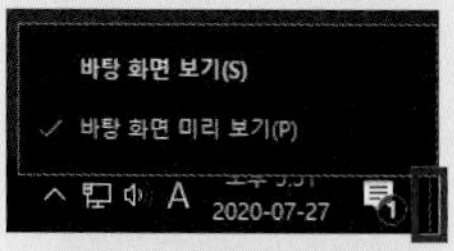

23.3, 22.4, 20.상시, 20.1, 18.상시, 14.1, 03.4, 2급 24.2, 24.1, 23.4, 21.4, 21.1, 18.2, 17.2, 14.1, 13.1, 09.4, 09.3, …

## 3 작업 표시줄 설정하기

1200503

**전문가의 조언**

작업 표시줄에서 설정할 수 있는 기능을 묻는 문제가 출제되고 있습니다. 실습을 통해 [설정] → [개인 설정] → [작업 표시줄]에서 설정할 수 있는 기능을 정확히 숙지하여 시험에 대비하세요.

'작업 표시줄'을 통해 작업 표시줄 잠금, 숨기기, 위치 등에 대한 설정을 수행한다.

**실행**

- **방법 1** : 작업 표시줄의 바로 가기 메뉴에서 [작업 표시줄 설정] 선택
- **방법 2** : [(시작)] → [(설정)] → [개인 설정] → [작업 표시줄] 클릭
- **방법 3** : 작업 표시줄의 빈 공간을 클릭한 후 Alt+Enter를 누름

### '작업 표시줄' 창 – 1

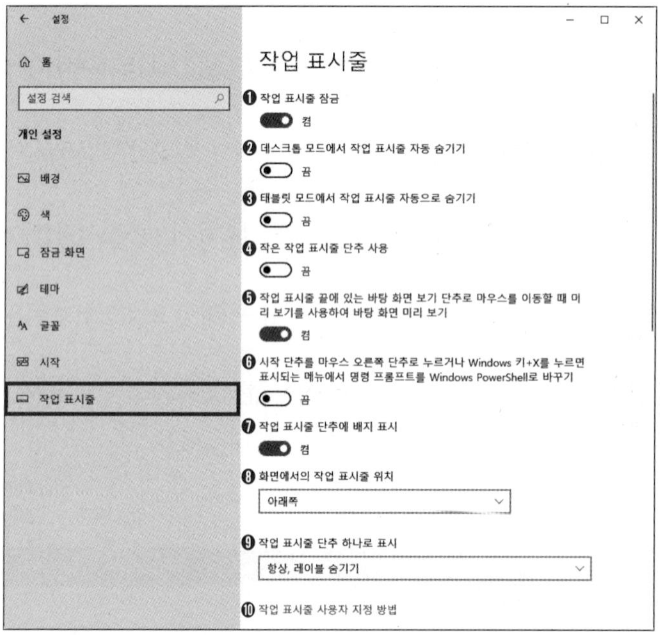


❶ **작업 표시줄 잠금** : 작업 표시줄을 포함하여 작업 표시줄에 있는 도구 모음의 크기나 위치를 변경하지 못하도록 한다.

❷ **데스크톱 모드에서 작업 표시줄 자동 숨기기** : 데스크톱* 모드에서 작업 표시줄이 있는 위치에 마우스를 대면 작업 표시줄이 나타나고 마우스를 다른 곳으로 이동하면 작업 표시줄이 사라진다.

❸ **태블릿 모드에서 작업 표시줄 자동으로 숨기기** : 태블릿* 모드에서 작업 표시줄이 있는 위치에 마우스를 대면 작업 표시줄이 나타나고 마우스를 다른 곳으로 이동하면 작업 표시줄이 사라진다.

❹ **작은 작업 표시줄 단추 사용** : 작업 표시줄의 앱 단추들이 작은 아이콘으로 표시된다.

❺ **작업 표시줄 끝에 있는 바탕 화면 보기 단추로 마우스를 이동할 때 미리 보기를 사용하여 바탕 화면 미리 보기*** : 작업 표시줄의 오른쪽 끝에 있는 [바탕 화면 보기] 단추 위에 마우스 포인터를 놓으면 바탕 화면이 일시적으로 표시된다.

❻ **시작 단추를 마우스 오른쪽 단추로 누르거나 Windows 키+X를 누르면 표시되는 메뉴에서 명령 프롬프트를 Windows PowerShell로 바꾸기** : [시작] 단추의 바로 가기 메뉴*에 [명령 프롬프트] 대신 [Windows PowerShell]을 표시한다.

**데스크톱과 태블릿**

데스크톱은 책상위에 올려놓고 사용한다는 의미로 일반 컴퓨터를, 태블릿은 터치 스크린 기능이 장착되어 펜으로 기기를 조작할 수 있는 소형 컴퓨터를 말합니다.

**'바탕 화면 보기' 단추**

작업 표시줄의 '바탕 화면 보기' 단추의 바로 가기 메뉴에서 [바탕 화면 보기]를 선택하여 체크하면, '작업 표시줄 끝에 있는 바탕 화면 보기 단추로 마우스를 이동할 때 미리 보기를 사용하여 바탕 화면 미리 보기' 항목도 켜집니다.

**시작 단추의 바로 가기 메뉴**

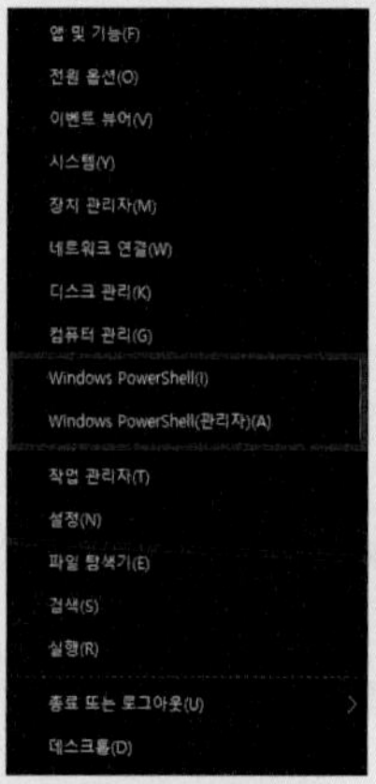

❼ **작업 표시줄 단추에 배지 표시** : 계정을 등록해 사용하는 앱의 경우 작업 표시줄 단추에 사용자 이름을 표시한다.

❽ **화면에서의 작업 표시줄 위치*** : 작업 표시줄의 위치를 왼쪽, 위쪽, 오른쪽, 아래쪽 중에서 선택한다.

❾ **작업 표시줄 단추 하나로 표시**

- 항상, 레이블 숨기기* : 같은 앱은 그룹으로 묶어서 레이블이 없는 하나의 단추로 표시한다.
- 작업 표시줄이 꽉 찼을 때* : 각 항목을 레이블이 있는 개별 단추로 표시하다가 작업 표시줄이 꽉 차면 같은 앱은 그룹으로 묶어서 하나의 단추로 표시한다.
- 안 함* : 열린 창이 아무리 많아도 그룹으로 묶지 않고, 단추 크기를 줄여 표시하다가 나중에는 작업 표시줄 내에서 스크롤 되도록 한다.

❿ **작업 표시줄 사용자 지정 방법** : 한글 Windows 10에서 작업 표시줄 사용 방법에 대한 도움말을 웹 브라우저를 통해 표시한다.

**'작업 표시줄' 창 – 2**

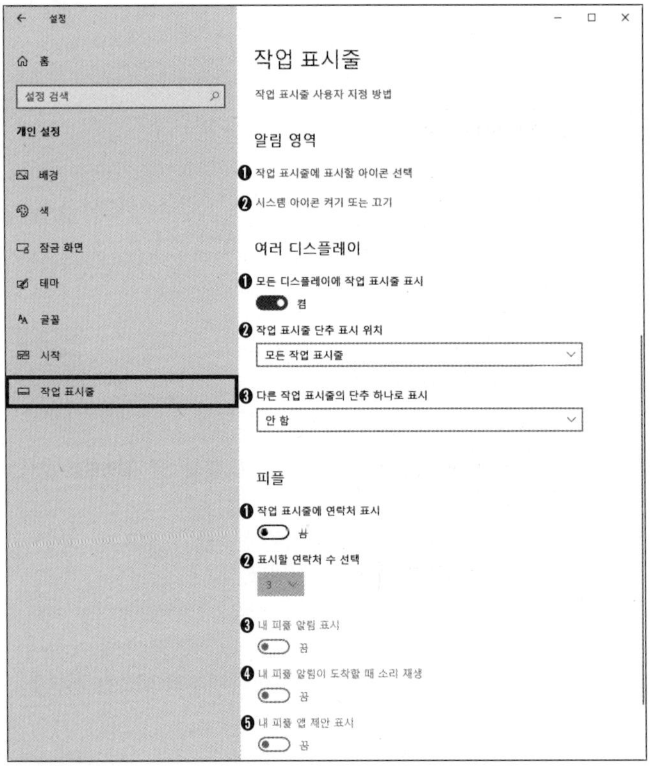


**[알림 영역]**

작업 표시줄 오른쪽의 알림 영역에 표시할 앱 아이콘과 시스템 아이콘을 설정한다.

❶ **작업 표시줄에 표시할 아이콘 선택** : 알림 영역(표시기)*에 표시할 아이콘을 지정한다.

❷ **시스템 아이콘 켜기 또는 끄기** : 시계, 전원 등 알림 영역(표시기)에 표시할 시스템 관련 아이콘을 지정한다.

**마우스를 이용하여 작업 표시줄 위치를 변경하는 방법**
작업 표시줄의 빈 공간을 클릭한 상태로 바탕 화면의 네 가장자리 중 하나로 드래그하면 작업 표시줄이 이동됩니다.

**항상, 레이블 숨기기**

**작업 표시줄이 꽉 찼을 때**

**안 함**

**알림 영역(표시기)**
네트워크 연결, 볼륨 등의 상태 및 알림 정보를 제공하는 아이콘이 표시되는 곳으로 작업 표시줄 오른쪽에 위치합니다.

[여러 디스플레이]

복수 모니터 사용 시 모니터별 작업 표시줄의 옵션을 설정한다.

❶ **모든 디스플레이에 작업 표시줄 표시** : 모니터를 여러 개 사용할 때 모니터 별로 작업 표시줄을 표시하며, 옵션을 지정할 수 있다.

❷ **작업 표시줄 단추 표시 위치** : '모든 작업 표시줄', '주 작업 표시줄 및 창이 열려 있는 작업 표시줄', '창이 열려 있는 작업 표시줄' 중 하나를 선택한다.

❸ **다른 작업 표시줄의 단추 하나로 표시** : '항상, 레이블 숨기기', '작업 표시줄이 꽉 찼을 때', '안 함' 중 하나를 선택한다.

**피플**
피플 앱은 주소록과 같으며, 피플 앱에 연락처를 추가하고, 연락처에 등록된 사람과 연락을 할 수 있습니다.

[피플]*

작업 표시줄에 피플 앱의 표시 여부와 피플 앱 관련 사항을 설정한다.

❶ 작업 표시줄에 연락처 표시

❷ 표시할 연락처 수 선택

❸ 내 피플 알림 표시

❹ 내 피플 알림이 도착할 때 소리 재생

❺ 내 피플 앱 제안 표시

## 따라잡기 기출문제 따라잡기

문제1 3200551

22년 4회

**1. 다음 중 한글 Windows 10의 작업 표시줄에 대한 설명으로 옳지 않은 것은?**

① 작업 표시줄을 자동으로 숨길 것인지의 여부를 선택할 수 있다.

② 바탕 화면 아이콘을 표시할 수 있다.

③ 화면에서 작업 표시줄의 위치를 설정할 수 있다.

④ 알림 영역에 표시할 아이콘을 설정할 수 있다.

바탕 화면의 아이콘 표시는 [(시작)] → [(설정)] → [개인 설정] → [테마] → [바탕 화면 아이콘 설정]을 클릭하여 수행할 수 있습니다.

20년 1회

**2. 다음 중 한글 Windows 10의 작업 표시줄에 대한 설명으로 옳지 않은 것은?**

① 작업 표시줄의 위치나 크기를 변경할 수 있으며, 크기는 화면의 1/2까지만 늘릴 수 있다.

② 작업 표시줄에 있는 단추를 작은 아이콘으로 표시되도록 설정할 수 있다.

③ 작업 표시줄을 자동으로 숨길 것인지의 여부를 선택할 수 있다.

④ 작업 표시줄에 있는 시작 단추, 검색 상자, 작업 보기 단추의 표시 여부를 설정할 수 있다.

작업 표시줄에 있는 검색 상자와 작업 보기 단추의 표시 여부는 설정할 수 있지만, 시작 단추의 표시 여부는 설정할 수 없습니다.

▶ **정답** : 1. ② 2. ④

SECTION
# 005 작업 표시줄 – 작업 보기 / 가상 데스크톱

C 등급

## 1 작업 보기

23.4

1200601

현재 작업 중인 앱과 이전에 작업한 앱을 표시하는 기능으로, 최대 30일 동안 작업한 기록이 타임라인에 표시된다.

**실행**

- **방법 1** : 작업 표시줄의 '(작업 보기)'를 클릭
- **방법 2** : + Tab

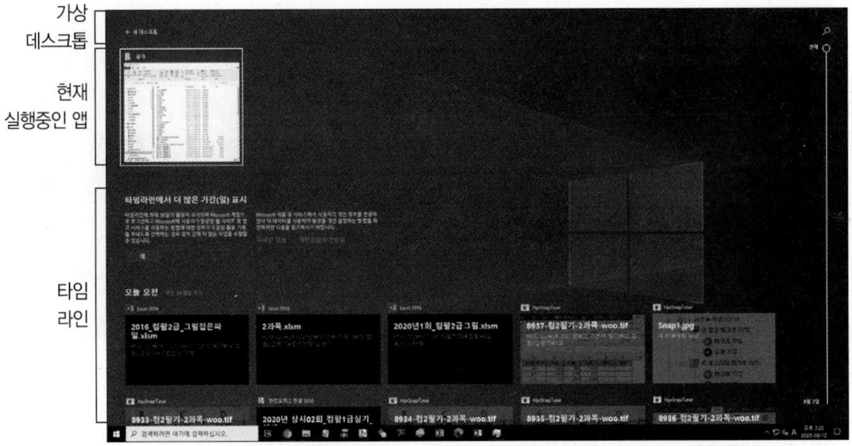


### 특징

- [(시작)] → [(설정)] → [개인 정보] → [활동 기록]에서 '이 장치에 내 활동 기록 저장' 항목이 체크되어 있어야 작업한 기록이 저장된다.
- 작업 보기 화면 우측 상단의 활동 검색 아이콘()을 클릭하면 활동 기록을 검색할 수 있다.
- **개별 활동 기록 지우기** : 타임라인에 기록된 작업의 바로 가기 메뉴에서 [제거]를 선택한다.
- **모든 활동 기록 지우기** : [(시작)] → [(설정)] → [개인 정보] → [활동 기록]에서 '활동 기록 지우기' 항목의 〈지우기〉를 클릭*한다.
- **'(작업 보기)' 단추 표시하기** : 작업 표시줄의 바로 가기 메뉴*에서 [작업 보기 단추 표시]를 선택한다.

**전문가의 조언**

작업 보기와 가상 데스크톱의 특징을 묻는 문제가 출제되었습니다. 제거된 가상 데스크톱에서 작업 중이던 앱은 이전 가상 데스크톱으로 이동한다는 것을 중심으로 두 기능의 특징을 정리하세요.

**선별적 활동 기록 지우기**

'활동 기록 지우기' 항목에서 '내 Microsoft 계정 활동 데이터 관리'를 클릭한 후 'Microsoft 계정' 사이트에 로그인하여 필요한 기록을 선별적으로 지울 수 있습니다.

**작업 표시줄의 바로 가기 메뉴**

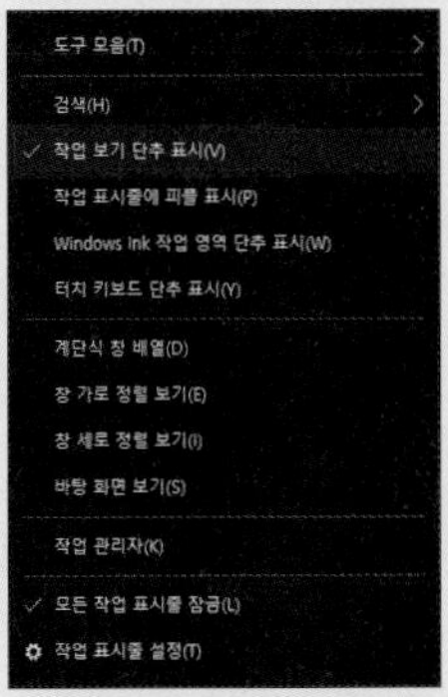

24.2, 23.4

## 2 가상 데스크톱

1200602

바탕 화면을 여러 개 만들어 바탕 화면별로 필요한 앱을 실행해 놓고 바탕 화면을 전환하면서 작업할 수 있도록 하는 기능이다.*

**다중 모니터 효과**
예를 들어, 가상 데스크톱을 추가하여, 데스크톱1에는 문서 작업을 위한 아래 한글, 엑셀, 파워포인트 등의 앱을 실행해 두고, 데스크톱2에는 그래픽 작업을 위한 포토샵, 이미지 편집기, 동영상 편집기 등의 앱을 실행해 두면, 두 작업을 서로 다른 모니터 화면에서 작업하는 것과 같은 효과를 얻을 수 있습니다.

**생성**

- **방법 1** : 작업 보기 화면 좌측 상단에서 〈+ 새 데스크톱〉 클릭
- **방법 2** : Ctrl + ⊞ + D

**제거**

- **방법 1** : 작업 보기 화면에서 제거할 가상 데스크톱의 '☒(닫기)' 단추 클릭
- **방법 2** : Ctrl + ⊞ + F4

### 특징

- 가상 데스크톱이 생성되면 작업 보기 화면 위쪽에 데스크톱 아이콘이 표시된다.
- 데스크톱 아이콘에 마우스를 놓으면 해당 데스크톱에서 현재 작업 중인 앱이 표시된다.
- 작업 보기 화면에서 원하는 데스크톱을 선택하여 이동할 수 있다.
- 작업 보기 화면에서 현재 작업 중인 앱을 드래그하여 다른 데스크톱으로 이동할 수 있다.
- 가상 데스크톱을 제거하면 제거된 가상 데스크톱에서 작업 중이던 앱은 이전 가상 데스크톱으로 이동된다.*
- 시스템을 재시작하더라도 가상 데스크톱은 제거되지 않고 남아 있다.

**작업 중이던 앱 이동**
예를 들어, 데스크톱3을 제거하면 데스크톱3에서 작업 중이던 앱은 데스크톱2로 이동되고 데스크톱2도 제거하면 작업 중이던 앱은 데스크톱1로 이동합니다. 데스크톱1은 한글 Windows 10에서 기본적으로 제공하는 바탕 화면입니다.

문제2 3200653 문제4 4300554

## 따라잡기 기출문제 따라잡기

출제예상

**1. 한글 Windows 10은 작업별로 바탕 화면을 분리해서 사용할 수 있도록 바탕 화면을 여러 개 만들 수 있는 기능을 제공하는데, 이 기능의 명칭은 무엇인가?**

① 원격 데스크톱 ② 멀티 데스크톱
③ 리얼 데스크톱 ④ 가상 데스크톱

컴퓨터(Desktop)에서 가상으로 바탕 화면을 여러 개 만들어 사용하는 기능을 '가상 데스크톱'이라고 합니다.

출제예상

**2. 다음 중 한글 Windows 10에서 작업 표시줄의 작업 보기에 대한 설명으로 옳지 않은 것은?**

① ⊞ + Tab을 누르면 작업 보기 화면이 표시된다.
② 타임라인에 표시된 활동의 바로 가기 메뉴에서 [제거]를 선택하면 해당 활동 기록이 지워진다.
③ 작업 보기에 표시된 활동 기록은 최대 7일 전의 기록까지 표시된다.
④ 작업 표시줄의 바로 가기 메뉴에서 [작업 보기 단추 표시]를 선택하여 작업 표시줄에 작업 보기 단추의 표시 여부를 지정할 수 있다.

타임라인에 표시되는 활동 기록은 최대 30일까지의 활동이 표시됩니다.

24년 2회

**3. 다음 중 한글 Windows 10의 가상 데스크톱에 대한 설명으로 옳지 않은 것은?**

① 시스템을 재시작하면 가상 데스크톱은 모두 제거된다.
② 가상 데스크톱 화면을 닫으려면 Ctrl + ⊞ + F4를 누른다.
③ 가상 데스크톱을 제거하면 제거된 가상 데스크톱에서 작업 중이던 앱은 이전 가상 데스크톱으로 이동된다.
④ 작업 보기 상단에 표시된 데스크톱에 마우스를 가져가면 해당 데스크톱에서 현재 작업 중인 앱이 표시된다.

시스템을 재시작하더라도 가상 데스크톱은 제거되지 않고 남아 있습니다.

23년 4회

**4. 다음 중 한글 Windows 10의 작업 보기와 가상 데스크톱에 대한 설명으로 옳지 않은 것은?**

① 작업 보기 화면 상단에 표시된 가상 데스크톱에 마우스를 가져가면 해당 데스크톱에서 작업중인 앱이 표시된다.
② ⊞ + Tab을 누르거나 작업 표시줄의 작업 보기 아이콘(▣)을 클릭하여 작업 보기 화면을 표시할 수 있다.
③ 가상 데스크톱을 제거한 경우 제거된 가상 데스크톱에서 작업 중인 앱은 자동으로 삭제된다.
④ 작업 보기 화면에서 현재 작업 중인 앱을 마우스로 드래그하여 다른 가상 데스크톱으로 이동할 수 있다.

가상 데스크톱을 제거하면 제거된 가상 데스크톱에서 작업 중인던 앱은 이전 가상 데스크톱으로 이동합니다.

▶ 정답 : 1. ④ 2. ③ 3. ① 4. ③

# SECTION 006 시작 메뉴

C 등급

> **전문가의 조언**
>
> 시작 메뉴의 특징과 시작 화면에 앱을 추가하는 방법을 묻는 문제가 출제되었습니다. 시작 메뉴를 표시하는 바로 가기 키를 중심으로 특징을 정리하고, 시작 화면에 앱 추가하는 방법을 정확히 기억하세요.
>
> **[(시작)] 단추의 바로 가기 메뉴**

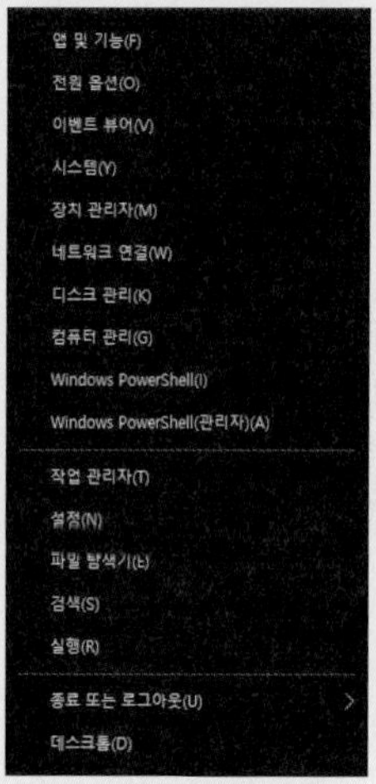


## 1 시작 메뉴의 개요

13.3, 11.3, 11.2, 08.3, 07.2, 06.3, 2급 11.3, 11.2, 08.3, 06.3, 04.2, 03.1, 02.3, 01.3, 00.2

1200701

시작 메뉴는 작업 표시줄의 가장 왼쪽에 있는 [(시작)] 단추*를 눌렀을 때 나타나는 메뉴이다.

### 특징

- 시작 메뉴에는 Windows 10에 설치된 앱들이 메뉴 형태로 등록되어 있다.
- 시작 메뉴를 표시하는 바로 가기 키는 ⊞ 또는 Ctrl+Esc이다.
- 시작 메뉴에 있는 앱의 크기를 조절하거나 그룹화할 수 있고, 타일을 이동할 수도 있다.
- 시작 메뉴를 화면 전체에 표시하려면 [(시작)] → [(설정)] → [개인 설정] → [시작]에서 '전체 시작 화면 사용'을 지정한다.
- 시작 메뉴에 등록된 앱의 바로 가기 메뉴에서 [제거]를 선택하면, 해당 앱을 제거할 수 있는 창이 표시된다.

## 2 시작 메뉴의 구성 요소

24.3, 24.2, 23.3, 2급 24.2, 23.4

1200702

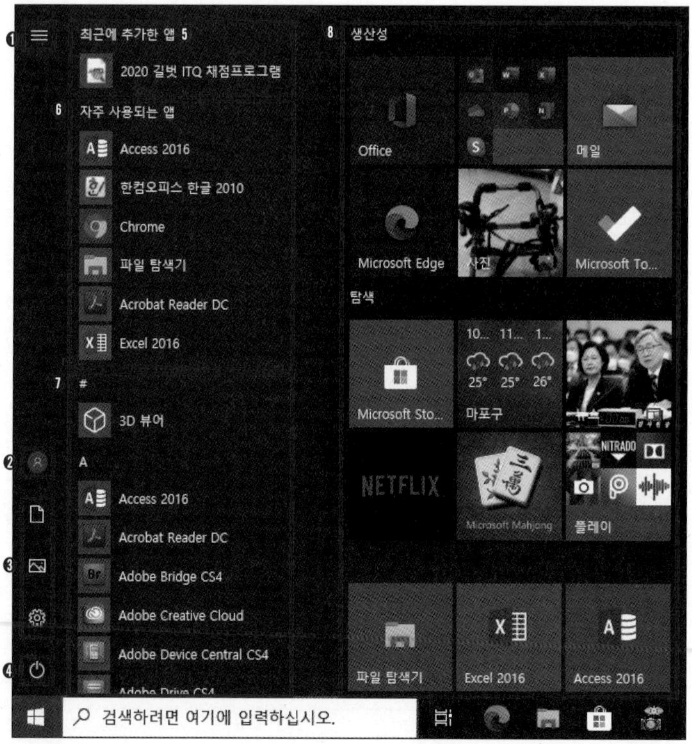


시작 메뉴

| | |
|---|---|
| ❶ 메뉴 | • 시작 메뉴 항목에는 사용자 계정, 사용자 지정 폴더, 설정, 전원 등이 표시된다.<br>• [(시작)] 단추를 클릭한 후 (메뉴)를 클릭하거나 마우스 포인터를 놓고 잠시 기다리면 메뉴 목록이 확장되어 메뉴 이름이 표시된다. |
| 2급 24.2, 23.4<br>❷ 사용자 계정 | • 현재 사용중인 사용자 계정명이 표시된다.<br>• 사용자 계정을 클릭하면 '계정 설정 변경', '잠금', '로그아웃' 메뉴, 다른 사용자의 계정이 표시된다.<br>– 계정 설정 변경 : [(시작)] → [(설정)] → [계정] → [사용자 정보]가 표시된다.<br>– 잠금 : 컴퓨터를 사용하다 잠시 자리를 비울 경우 다른 사람이 내 컴퓨터의 작업을 볼 수 없도록 보호한다.<br>– 로그아웃 : 모든 앱을 종료하고 네트워크를 차단한 후 다른 사용자 이름으로 네트워크에 로그인 할 수 있게 한다.<br>– 다른 사용자의 계정 : 실행중인 앱의 종료없이 현재 로그인중인 계정이 선택한 다른 계정으로 전환된다. |
| ❸ 사용자 지정 폴더 | [(시작)] → [(설정)] → [개인 설정] → [시작]에서 '시작 메뉴에 표시할 폴더 선택'을 클릭하여 시작 메뉴에 표시할 폴더를 지정할 수 있다. |
| ❹ 전원 | '절전', '시스템 종료', '다시 시작' 메뉴가 표시된다. |
| ❺ 최근에 추가한 앱 | • 최근에 컴퓨터에 설치된 앱의 바로 가기 아이콘이 표시된다.<br>• [(시작)] → [(설정)] → [개인 설정] → [시작]에서 '최근에 추가된 앱 표시' 항목을 선택해야 표시된다. |
| ❻ 자주 사용되는 앱 | • 사용자가 최근에 가장 많이 사용한 앱의 바로 가기 아이콘이 표시된다.<br>• [(시작)] → [(설정)] → [개인 설정] → [시작]에서 '가장 많이 사용하는 앱 표시'* 항목을 선택해야 표시된다. |
| 24.3<br>❼ 모든 앱* | • 컴퓨터에 설치되어 있는 모든 앱의 바로 가기 아이콘이 표시된다.<br>• 앱 목록 중 하나를 선택하면 해당 앱이 실행된다. |
| 24.2, 23.3<br>❽ 고정된 타일 | • 컴퓨터에 설치되어 있는 앱의 바로 가기 아이콘을 사용자가 원하는 대로 묶어 사용할 수 있도록 마련된 공간으로, 목록에 추가된 아이콘들이 타일 모양으로 배치된다.<br>• 타일 목록에 있는 아이콘의 바로 가기 메뉴에서 [크기 조정]*을 이동하여 크기를 조정할 수 있다.<br>• **타일 목록에 앱 추가하기**<br>– 시작 메뉴에서 추가할 앱의 바로 가기 메뉴에서 [시작 화면에 고정]*을 선택한다.<br>– 시작 메뉴에서 추가할 앱을 드래그 하여 타일 위치로 끌어다 놓는다.<br>• **타일 목록에서 해제하기** : 고정된 앱의 바로 가기 메뉴에서 [시작 화면에서 제거]를 선택한다.<br>• **타일 그룹에 포함된 목록 전체 해제하기** : 그룹 이름의 바로 가기 메뉴에서 [시작에서 그룹 고정 해제]를 선택한다. |

**가장 많이 사용하는 앱 표시**

'가장 많이 사용하는 앱 표시'는 [(시작)] → [(설정)] → [개인 정보] → [일반]에서 'Windows 추적 앱 시작 프로그램에서 시작 및 검색 결과를 개선하도록 허용'이 선택되어 있어야 활성화됩니다.

**앱이 설치되어 있는 위치 확인 방법**

앱의 바로 가기 메뉴에서 [자세히] → [파일 위치 열기] 선택 → 앱의 바로 가기 아이콘의 바로 가기 메뉴에서 [파일 위치 열기] 선택

**[크기 조정] 하위 메뉴**

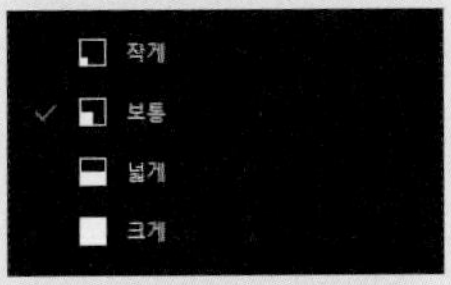


**작업 표시줄에 고정된 앱을 시작 화면에 표시하는 방법**

작업 표시줄에 고정된 앱의 바로 가기 메뉴를 선택한 다음 표시된 메뉴중 해당 앱의 바로 가기 메뉴에서 '시작 화면에 고정'을 선택하면 됩니다.

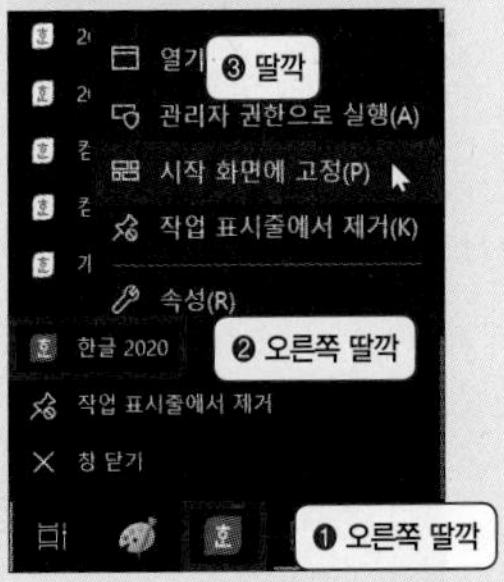

전문가의 조언

[(시작)] 메뉴 설정 방법을 간단히 알아두세요.

## 3 시작 메뉴 설정

23.3, 2급 24.5, 22.1

1200703

'시작' 창을 통해 시작 메뉴에 표시되는 앱 목록, 최근에 추가된 앱, 가장 많이 사용하는 앱 등을 지정하거나 시작 메뉴에 표시할 폴더를 선택할 수 있다.

**실행** [(시작)] → [(설정)] → [개인 설정] → [시작] 클릭

### '시작' 창

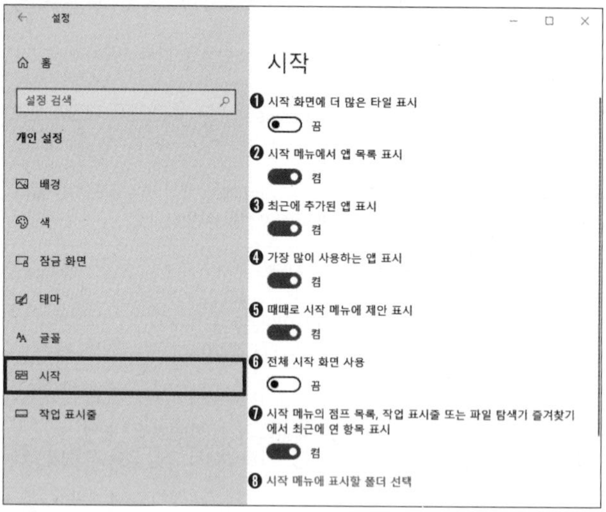


❶ **시작 화면에 더 많은 타일 표시** : 타일 영역의 넓이가 확장되어 더 많은 앱을 등록할 수 있다.

❷ **시작 메뉴에서 앱 목록 표시** : 시작 메뉴에 모든 앱 목록이 표시된다. 끄면 시작 메뉴 상단에 (모든 앱) 아이콘으로 표시된다.

❸ **최근에 추가된 앱 표시** : 시작 메뉴에 최근에 추가된 앱의 바로 가기 아이콘을 표시한다.

❹ **가장 많이 사용하는 앱 표시** : 시작 메뉴에 가장 많이 사용하는 앱의 바로 가기 아이콘을 표시한다.

❺ **때때로 시작 메뉴에 제안 표시** : 시작 메뉴에 스토어로 이동해 다운받을 수 있는 추천 앱 항목을 표시한다.

❻ **전체 시작 화면 사용** : 시작 메뉴가 전체 화면 크기로 표시된다.

❼ **시작 메뉴의 점프 목록, 작업 표시줄 또는 파일 탐색기 즐겨찾기에서 최근에 연 항목 표시**

- 시작 메뉴와 작업 표시줄에 표시된 앱을 마우스 오른쪽 버튼으로 클릭하면 최근에 실행한 항목이 표시된다.*
- 파일 탐색기의 [즐겨찾기]에 최근에 실행한 항목이 표시된다.

❽ **시작 메뉴에 표시할 폴더 선택**

- 시작 메뉴에 표시할 폴더를 선택한다.
- 표시할 폴더 : 파일 탐색기, 설정, 문서, 다운로드, 음악, 사진, 동영상, 네트워크, 개인 폴더

**작업 표시줄에 표시된 앱의 최근 항목(점프 목록)**

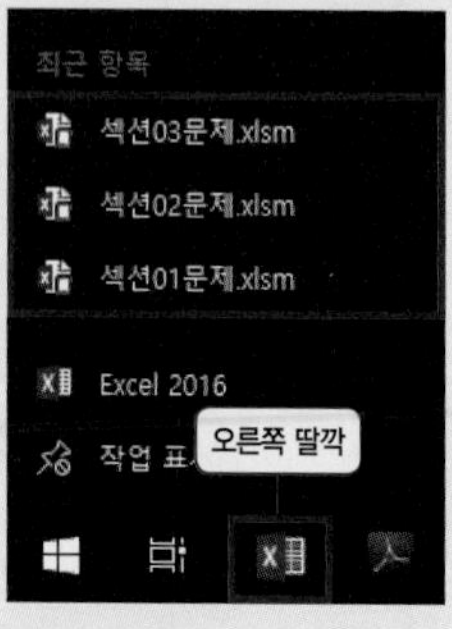

2급 07.1, 04.2, 03.1, 01.3

## 잠깐만요 시작프로그램 폴더*

1200731

- '시작프로그램' 폴더는 한글 Windows 10이 시작될 때 자동으로 실행될 프로그램을 등록하는 곳입니다.
- '시작프로그램' 폴더에 프로그램을 등록하려면 '실행'* 창에 **shell:startup**을 입력하고 〈확인〉을 클릭한 후 '시작프로그램' 폴더에 해당 프로그램의 바로 가기 아이콘을 복사하면 됩니다.

**'시작프로그램' 폴더의 실제 위치**
'시작프로그램' 폴더의 실제 위치는 'C:\사용자\사용자 계정\AppData\Roaming\Microsoft\Windows\시작 메뉴\프로그램\시작프로그램'입니다.

**'실행' 창 실행 방법**
- ⊞+R을 누름
- [⊞(시작)]의 바로 가기 메뉴에서 [실행]을 선택

## 따라잡기 기출문제 따라잡기

문제3 4300654

24년 3회

**1. 다음 중 한글 Windows 10의 시작 메뉴에 대한 설명으로 옳지 않은 것은?**

① 시작 메뉴에 있는 앱의 바로 가기 메뉴에서 [제거]를 이용하면 해당 앱을 제거할 수 있다.
② 시작 화면에 있는 앱이 설치되어 있는 실제 위치를 확인하려면 앱의 바로 가기 메뉴에서 '파일 위치 열기'를 클릭한다.
③ 시작 화면에 있는 앱의 크기를 조절하거나 타일을 이동하고 앱을 그룹화 할 수 있다.
④ [시작] → [설정] → [개인 설정] → [시작]에서 '전체 시작 화면 사용'을 켜면 화면 전체에 시작 메뉴가 표시된다.

- 시작 메뉴에 있는 앱의 바로 가기 메뉴에서 [자세히] → [파일 위치 열기]를 선택하면 앱이 실제 설치된 폴더가 아닌 바로 가기 아이콘이 설치되어 있는 폴더가 열립니다.
- 이 폴더에 있는 바로 가기 아이콘의 바로 가기 메뉴에서 [파일 위치 열기]를 선택해야 앱이 실제 설치되어 있는 폴더가 열립니다.

11년 2회, 08년 3회, 07년 2회

**2. 다음 중 한글 Windows 10의 시작 메뉴에 관한 설명으로 옳지 않은 것은?**

① 시작 메뉴를 표시하기 위한 바로 가기 키는 Alt+Esc이다.
② 시작 메뉴의 높이와 너비를 조절할 수 있다.
③ 한글 Windows 10에 설치된 앱들이 메뉴 형태로 등록되어 있다.
④ 시작 메뉴는 작업 표시줄의 가장 왼쪽에 있는 단추를 눌렀을 때 표시된다.

시작 메뉴를 표시하기 위한 바로 가기 키는 Ctrl+Esc입니다.

24년 2회, 23년 3회

**3. 다음 중 작업 표시줄에 대한 설명으로 옳지 않은 것은?**

① 작업 표시줄의 위치를 마우스를 이용하여 상하좌우 원하는 위치에 배치할 수 있다.
② 작업 표시줄에 표시된 앱을 마우스 오른쪽 단추로 클릭하면 점프 목록이 표시된다.
③ 작업 표시줄에 고정된 앱의 바로 가기 메뉴에서 '시작 화면에 고정'을 선택하여 시작 화면에 표시할 수 있다.
④ 작업 표시줄에서 현재 실행중인 앱 위에 마우스 포인터를 놓으면 해당 앱을 통해 열린 창들의 미리 보기가 표시되며 이 중 하나를 클릭하면 해당 창이 활성화된다.

작업 표시줄에 고정된 앱을 시작 메뉴에 표시하려면 작업 표시줄에 고정된 앱의 바로 가기 메뉴를 선택한 다음 표시된 메뉴 중 해당 앱의 바로 가기 메뉴에서 '시작 화면에 고정'을 선택해야 합니다.

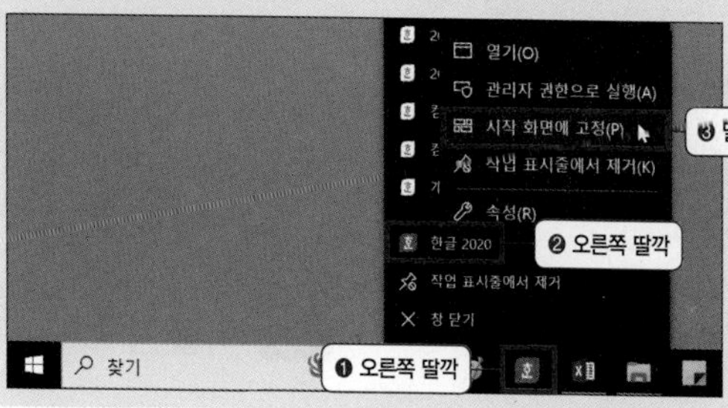


▶ 정답 : 1. ② 2. ① 3. ③

SECTION 007

# 파일 탐색기

D 등급

## 1 파일 탐색기의 개요

18.상시, 13.1, 12.3, 09.1, 2급 17.2, 14.3, 12.3, 07.2, 06.2, 05.4, 05.3, 05.1, 04.4

1200801

파일 탐색기는 컴퓨터에 설치된 디스크 드라이브, 앱 파일 및 폴더 등을 관리할 수 있는 곳으로, 파일이나 폴더, 디스크 드라이브에 관련된 모든 작업을 수행할 수 있다.

**실행**

- **방법 1** : [⊞(시작)] 단추의 바로 가기 메뉴*에서 [파일 탐색기] 선택
- **방법 2** : 작업 표시줄의 검색 상자에 **파일 탐색기**를 입력한 후 Enter 누름
- **방법 3** : [⊞(시작)] → [Windows 시스템] → [파일 탐색기] 선택
- **방법 4** : ⊞ + E 누름

**종료**

- **방법 1** : 제목 표시줄의 바로 가기 메뉴에서 [닫기] 선택
- **방법 2** : 제목 표시줄 왼쪽 끝 부분 더블클릭*
- **방법 3** : 창 조절 단추의 '닫기(✕)' 클릭
- **방법 4** : Alt + F4 누름
- **방법 5** : 작업 표시줄에 표시된 파일 탐색기(실행 앱) 단추의 바로 가기 메뉴* 중 [창 닫기] 선택

12.2, 09.1, 2급 12.3, 06.2, 05.4, 05.3, 05.1

### 잠깐만요 파일 탐색기의 세부 기능

- **파일이나 폴더 관리 기능** : 파일 실행, 폴더 열기, 선택, 복사, 이동, 삭제, 이름 변경, 속성 확인 등
- **드라이브 관리 기능** : 드라이브 오류 검사, 드라이브 조각 모음 및 최적화, 디스크 정리, 포맷, 속성 확인, 네트워크 드라이브 연결 및 끊기 등
- **기타 기능** : 검색, 인쇄, OneDrive, 바로 가기 아이콘 만들기, 휴지통 내용 확인 등

## 2 파일 탐색기의 구조

15.2, 13.1, 12.3, 2급 17.2, 14.3, 10.2

1200802

- 파일 탐색기는 컴퓨터의 파일과 폴더를 계층 구조로 표시한다.
- 파일 탐색기는 크게 탐색 창과 폴더 창, 두 부분으로 나누어져 있다.
- 탐색 창에는 컴퓨터에 존재하는 모든 폴더가 표시되고, 폴더 창에는 탐색 창에서 선택한 폴더의 하위 폴더나 파일이 표시된다.

**전문가의 조언**

파일 탐색기로 대부분의 작업이 가능하다는 것을 염두에 두고 기능을 정리하세요.

**[⊞(시작)]의 바로 가기 메뉴**

[⊞(시작)]의 바로 가기 메뉴를 표시하는 바로 가기 키는 ⊞+X입니다.

**제목 표시줄의 왼쪽 끝 부분**

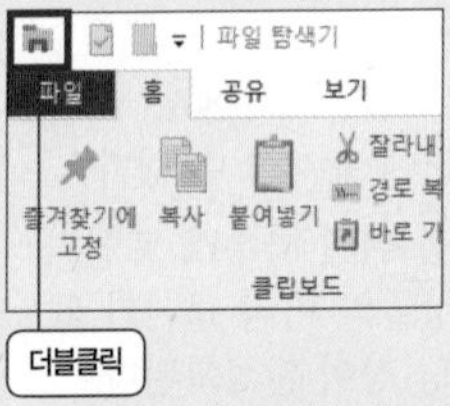


**작업 표시줄에 표시된 파일 탐색기 단추의 바로 가기 메뉴**

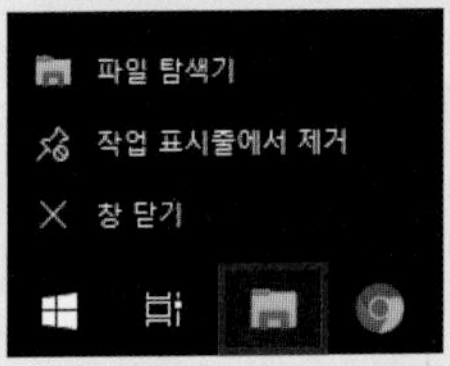

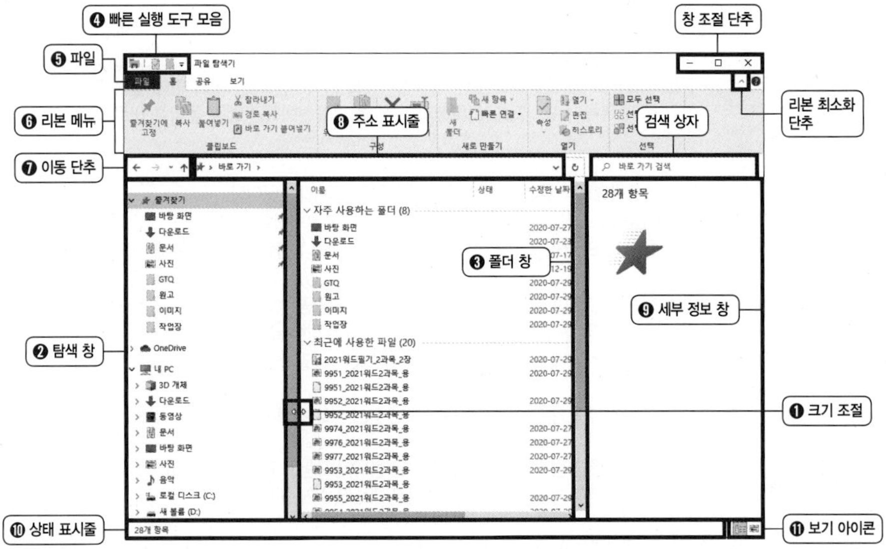


| | |
|---|---|
| ❶ 크기 조절 | 파일 탐색기에서 탐색 창과 폴더 창의 크기를 조절하려면 양쪽 영역을 구분해 주는 경계선을 원하는 방향으로 드래그한다. |
| 13.1, 12.3, 2급 17.2, … <br> ❷ 탐색 창에서 이동 | • > 폴더 : 폴더 내에 또 다른 폴더, 즉 하위 폴더가 있음을 의미하며, > 부분을 클릭하면 하위 폴더가 표시되고, ∨로 변경된다.<br>• ∨ 폴더 : 하위 폴더까지 표시된 상태임을 의미하며, ∨ 부분을 클릭하면 하위 폴더가 숨겨지고 >로 변경된다.<br>• **숫자 키패드의 ＊** : 선택된 폴더의 모든 하위 폴더를 표시한다.<br>• **숫자 키패드의 +** : 선택한 폴더의 하위 폴더를 표시한다.<br>• **숫자 키패드의 -** : 선택한 폴더의 하위 폴더를 닫는다.<br>• **왼쪽 방향키(←)** : 선택된 폴더가 열려 있을 때는 닫고, 닫혀 있으면 상위 폴더가 선택된다.<br>• Backspace : 선택된 폴더의 상위 폴더가 선택된다. |
| ❸ 폴더 창에서 이동 | 키보드의 영문자*를 누르면 해당 영문자로 시작하는 폴더나 파일 중 첫 번째 항목으로 이동한다. |
| ❹ 빠른 실행 도구 모음 | • 자주 사용하는 도구들을 모아두는 곳으로, '▼(빠른 실행 도구 모음 사용자 지정)'을 클릭하여 필요한 도구들을 추가하거나 제거할 수 있다.<br>• **사용자 지정 목록** : 실행 취소, 다시 실행, 삭제, 속성, 새 폴더, 이름 바꾸기, 리본 메뉴 아래에 표시, 리본 메뉴 최소화 |
| ❺ 파일 | 새 창 열기, Windows PowerShell 열기, 폴더 및 검색 옵션 변경, 도움말, 닫기 등의 메뉴와 자주 사용하는 폴더 목록이 표시된다. |
| ❻ 리본 메뉴 | • 파일 탐색기에서 제공하는 다양한 기능들이 용도에 맞게 탭으로 분류되어 있다.<br>• 리본 메뉴는 탭, 그룹, 명령으로 구성되어 있다.*<br>– 탭에는 홈, 공유, 보기가 기본적으로 표시되고 상황에 따라 상황별 탭*이 추가적으로 표시된다.<br>• Alt나 F10을 누르면 리본 메뉴에 바로 가기 키가 표시된다.<br>• 리본 메뉴 감추기<br>– 방법 1 : 리본 메뉴의 바로 가기 메뉴에서 [리본 메뉴 최소화] 선택<br>– 방법 2 : Ctrl+F1을 누름<br>– 방법 3 : 활성 탭의 이름을 더블 클릭<br>– 방법 4 : '리본 최소화(∧)' 단추 클릭 |
| ❼ 이동 단추 | 현재 선택한 창의 바로 전(←)/다음(→)/최근 위치(∨)/상위(↑) 창으로 이동한다. |

**전문가의 조언**

파일 탐색기의 구조와 사용 방법을 묻는 문제가 출제되었습니다. 정리해 두세요.

**키보드를 이용한 개체 선택 예**

폴더 창이 선택된 상태에서 M을 누르면 폴더나 파일 이름이 'M'으로 시작하는 첫 번째 개체가 선택되고, M을 누를 때마다 'M'으로 시작되는 다른 개체가 선택됩니다. 'M'으로 시작하는 개체가 하나만 있는 경우에는 해당 개체만 선택됩니다.

**리본 메뉴**

**상황별 탭**

탐색 창에서 클릭한 폴더의 종류나 폴더에 포함된 파일의 종류에 따라 탭이 추가로 표시됩니다.
- **내 PC** : '컴퓨터' 탭
- **드라이브** : '드라이브 도구' 탭
- **네트워크** : '네트워크' 탭
- **이미지 파일** : '사진 도구' 탭
- **동영상 파일** : '비디오 도구' 탭
- **음악 파일** : '음악 도구' 탭

| | |
|---|---|
| ❽ 주소 표시줄 | • 현재의 위치를 알려주는 경로가 표시된다.<br>• 경로의 각 폴더 이름을 클릭하면 해당 폴더로 바로 이동한다.<br>• 경로의 폴더 이름 오른쪽에 있는 삼각형(>)을 클릭하면 해당 폴더 안에 있는 모든 하위 폴더 목록이 표시되고, 목록에서 특정 폴더를 선택하면 해당 폴더로 바로 이동한다.* |
| ❾ 세부 정보 창 | • 선택한 드라이브나 폴더, 파일과 관련된 속성이 표시되는 곳이다.<br>• 리본 메뉴의 [보기] 탭에서 [창] → [세부 정보 창]을 클릭하면 표시된다.<br>• 탐색 창에서 드라이브나 폴더를 선택하면 드라이브나 폴더 내의 총 개체 수가 표시된다.<br>• 폴더 창에서 드라이브를 선택하면 디스크의 사용된 공간, 사용 가능한 공간, 전체 크기, 파일 시스템 등이 표시되고, 폴더를 선택하면 수정한 날짜가 표시된다.<br>• 파일은 수정한 날짜, 크기, 만든 날짜가 표시되며, 파일 형식에 따라 표시되는 속성이 다르다.<br>• 세부 정보 창의 크기를 넓히려면 세부 정보 창의 왼쪽 경계선을 왼쪽으로 드래그 한다. |
| ❿ 상태 표시줄 | • 탐색 창에서 특정 항목을 선택하면 선택된 항목에 포함된 총 개체 수가 표시된다.<br>• 폴더 창에서 특정 개체를 선택하면 선택된 개체의 수가 표시된다. |
| ⓫ 보기 아이콘 | • (Ctrl+Shift+6) : 자세히 보기<br>• (Ctrl+Shift+2) : 큰 아이콘 보기 |

주소 표시줄을 이용한 경로 이동

## 따라잡기 기출문제 따라잡기

문제3 1200852

12년 2회

**1. 다음 중 파일 탐색기에서 수행할 수 있는 작업으로 옳지 않은 것은?**

① 컴퓨터 시스템을 재부팅할 수 있다.

② 삭제된 파일이 있는 휴지통을 비울 수 있다.

③ [제어판]에 포함된 내용을 사용할 수 있다.

④ 파일이나 폴더를 복사하거나 이동할 수 있다.

'파일 탐색기'에서 컴퓨터 시스템을 재부팅할 수는 없습니다. 컴퓨터 시스템을 재부팅하려면 [(시작)] → [(전원)] → [다시 시작]을 선택해야 합니다.

※ 파일 탐색기에서 휴지통이나 제어판을 실행하려면 주소 표시줄에 표시된 경로에서 첫 번째 '>'를 클릭한 후 선택하면 됩니다.

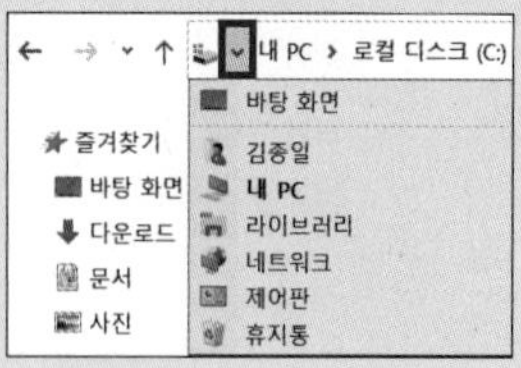


09년 1회

**2. 다음 중 한글 Windows 10에서 [파일 탐색기]에 대한 설명으로 옳지 않은 것은?**

① [파일 탐색기] 창에서 조건에 만족하는 파일이나 폴더를 찾을 수 있다.

② [파일 탐색기]의 '세부 정보 창'에는 디스크 여유 공간, 선택된 파일의 크기 등이 표시된다.

③ 바탕 화면에서 Alt + Enter를 누르면 [파일 탐색기] 창이 표시된다.

④ [파일 탐색기] 창에서 [네트워크]를 이용하여 네트워크에 공유된 다른 컴퓨터 자원을 액세스할 수 있다.

[파일 탐색기]를 호출하는 바로 가기 키는 ⊞+E입니다. Alt+Enter는 선택된 항목의 속성 대화상자를 나타내는 바로 가기 키입니다.

18년 상시, 13년 1회, 12년 3회

**3. 다음 중 한글 Windows 10에서 [파일 탐색기] 창의 기능과 구조에 대한 설명으로 옳지 않은 것은?**

① 탐색 창과 파일 영역의 크기를 조절하려면 양쪽 영역을 구분하는 경계선을 좌우로 드래그한다.

② 탐색 창에서 폴더를 선택한 후에 숫자 키패드의 '/'를 누르면 선택된 폴더의 모든 하위 폴더를 표시해 준다.

③ 탐색 창에서 폴더를 선택한 후에 왼쪽 방향키(←)를 누르면 선택된 폴더가 열려 있을 때는 닫고, 닫혀 있으면 상위 폴더가 선택된다.

④ 탐색 창에서 폴더를 선택한 후 Backspace를 누르면 상위 폴더가 선택된다.

'파일 탐색기'의 폴더 창에서 선택된 폴더의 모든 하위 폴더를 표시하려면 숫자 키패드의 *을 눌러야 합니다. 숫자 키패드의 /는 눌러도 아무런 변화가 없습니다.

▶ 정답 : 1. ① 2. ③ 3. ②

SECTION
# 008 파일 탐색기의 구성 요소

D 등급

## 1 파일 탐색기의 구성 요소

21.4, 14.3, 2급 16.3

4300801

파일 탐색기의 탐색 창에서 제공하는 구성 요소에는 즐겨찾기, OneDrive, 내 PC, 라이브러리, 네트워크가 있다.

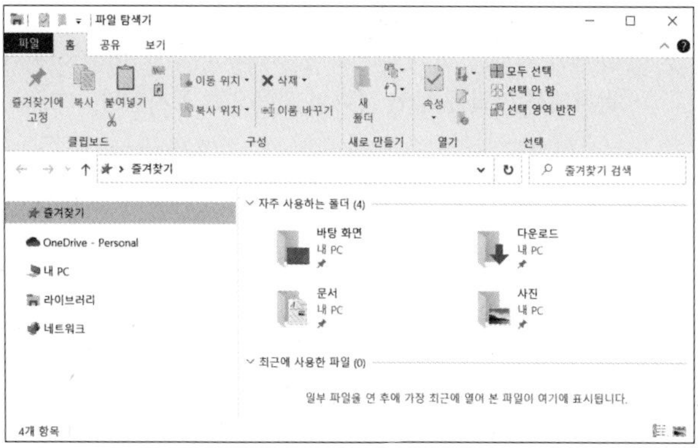


| | |
|---|---|
| 21.4, 14.3<br>**즐겨찾기** | • 자주 사용하는 개체를 등록하여 해당 개체로 빠르게 이동하기 위해 사용하는 기능이다.<br>• 자주 사용하는 폴더나 최근에 사용한 파일이 자동으로 등록된다.<br>• 즐겨찾기에 추가할 때는 폴더, 라이브러리, 드라이브 등을 즐겨찾기 영역에 드래그하거나 바로 가기 메뉴에서 [즐겨찾기에 고정]을 선택한다.<br>• 즐겨찾기에서 제거할 때는 해당 항목의 바로 가기 메뉴에서 [즐겨찾기에서 제거]를 선택한다. |
| OneDrive | • 마이크로소프트사에서 제공하는 OneDrive*와 내 PC의 OneDrive 폴더*를 동기화하여 파일을 백업하고 보호하는 기능이다.<br>• **동기화할 자료 추가하기** : 탐색 창에서 추가하려는 폴더, 라이브러리, 드라이브 등을 OneDrive 영역으로 드래그 한다.<br>• **동기화 해제하기** : 탐색 창에서 OneDrive의 바로 가기 메뉴에서 [설정]을 선택한 후 'Microsoft OneDrive' 대화상자의 '계정' 탭에서 '이 PC 연결 해제'를 클릭한다. |
| 14.3, 2급 16.3<br>라이브러리* | • 컴퓨터 여기저기에 흩어져 있는 자료를 한 곳에서 보고 정리할 수 있게 하는 가상의 폴더이다.<br>• 라이브러리는 물리적인 파일을 실제 저장하고 있는 것이 아니고 파일이 저장된 폴더를 연결하여 보여준다.<br>• 사진이나 음악처럼 자주 사용하는 폴더들을 하나씩 찾아다니지 않고 라이브러리에 등록하여 한 번에 관리할 수 있다.<br>• Windows에서는 기본적으로 문서, 비디오, 사진, 음악 라이브러리 등을 제공한다.<br>• 하나의 라이브러리에는 최대 50개*의 폴더를 포함시킬 수 있다. |
| 내 PC | 컴퓨터에 설치된 모든 구성 요소를 표시하며, 각 구성 요소를 관리할 수 있는 여러 가지 기능을 제공한다. |
| 네트워크 | 네트워크에 연결된 자원을 확인하거나 공유할 수 있는 기능을 제공한다. |

**전문가의 조언**

파일 탐색기의 구성 요소 중 즐겨찾기의 특징을 묻는 문제가 출제되었습니다. 즐겨찾기를 중심으로 파일 탐색기의 탐색 창에서 기본적으로 제공하는 구성 요소들의 기능과 특징을 정리해 두세요.

**OneDrive**

파일 호스팅을 담당하는 마이크로소프트 윈도우 라이브 서비스 중 하나로, 마이크로소프트 계정을 이용하여 마이크로소프트사에서 제공하는 클라우드 기억 장소에 자료를 업로드한 후 자신만 사용할 수 있도록 관리할 수 있습니다. 클라우드의 기본 제공 용량은 5GB 이며, 용량 추가 시 요금이 발생합니다.

**내 PC의 OneDrive 폴더 위치**

기본적으로 'C:\사용자\계정\OneDrive'입니다.

**라이브러리 표시**

탐색 창에 라이브러리가 표시되어 있지 않다면, 탐색 창의 바로 가기 메뉴에서 [라이브러리 표시]를 선택하거나 [파일 탐색기] 리본 메뉴의 [보기] → [창] → [탐색 창] → [라이브러리 표시]를 선택하세요.

**라이브러리의 폴더 수**

하나의 라이브러리는 최대 50개의 폴더를 포함할 수 있지만, 라이브러리로 연결된 실제 폴더 안에는 개수에 제한 없이 폴더를 만들 수 있습니다. 예를 들어, '문서' 라이브러리에는 내 문서, 공용 문서 등과 같은 폴더를 최대 50개까지 추가할 수 있지만 '문서' 라이브러리의 '내 문서' 폴더 안에는 개수에 제한 없이 여러 개의 폴더를 포함시킬 수 있습니다.

## 따라잡기 기출문제 따라잡기

문제1 3200951

21년 4회

**1. 다음 중 [파일 탐색기]의 [즐겨찾기]에 대한 설명으로 옳지 않은 것은?**

① 자주 사용하는 폴더나 최근에 사용한 파일이 자동으로 등록된다.

② '즐겨찾기'에 개체를 추가하려면 추가할 개체를 '파일 탐색기'의 '즐겨찾기'에 드래그하면 된다.

③ [폴더 옵션]의 [보기] 탭에서 '즐겨찾기'에서 최근에 사용된 파일이나 폴더의 표시 여부를 지정한다.

④ 자주 사용하는 개체를 등록하여 해당 개체로 빠르게 이동하기 위해 사용하는 기능이다.

[폴더 옵션]의 [보기] 탭이 아닌 [일반] 탭에서 '즐겨찾기'에서 최근에 사용된 파일이나 폴더의 표시 여부를 지정할 수 있습니다.

14년 3회, 2급 16년 3회

**2. 다음 중 한글 Windows 10에서 [파일 탐색기]의 [즐겨찾기]에 관한 설명으로 옳지 않은 것은?**

① 마이크로소프트 엣지의 [즐겨찾기] 메뉴와 유사한 기능이다.

② 자주 사용하는 폴더를 즐겨찾기에 고정할 수 있다.

③ 폴더, 저장된 검색, 라이브러리 또는 드라이브를 즐겨찾기로 추가하려면 탐색 창의 즐겨찾기 섹션으로 끌어 놓는다.

④ 파일이 저장된 위치에서 파일을 이동할 필요 없이 여러 위치에서 파일을 모아 하나의 모음으로 표시한다.

④번은 라이브러리에 대한 설명입니다.

▶ 정답 : 1. ③ 2. ④

SECTION 009

# 폴더 옵션

B 등급

## 1 폴더 옵션의 개요

1200804

'폴더 옵션' 대화상자에서는 파일이나 폴더의 보기 형식, 검색 방법 등에 대한 설정을 변경한다.

열기

- **방법 1** : 파일 탐색기에서 [파일] → [폴더 및 검색 옵션 변경] 또는 [파일] → [옵션]*선택
- **방법 2** : 파일 탐색기에서 리본 메뉴의 [보기] → '(옵션)' 클릭
- **방법 3** : 파일 탐색기에서 리본 메뉴의 [보기] → [옵션] → [폴더 및 검색 옵션 변경] 선택

**전문가의 조언**

'폴더 옵션'의 세부 항목까지 알아야 풀 수 있는 문제가 출제되고 있습니다. '폴더 옵션' 대화상자에서 지정할 수 있는 항목을 탭별로 구분하여 정리하세요.

**[파일] 메뉴**

파일 탐색기의 폴더 창이 선택된 상태에서는 [파일] → [폴더 및 검색 옵션 변경] 메뉴가 표시되고 파일 창이 선택된 상태에서는 [파일] → [옵션] 메뉴가 표시됩니다.

24.5, 24.3, 22.5, 21.4, 21.2, 21.1, 20.1, 18.상시, 14.3, 09.1, 08.1, 07.1, 04.1, 2급 23.5, 22.5, 14.3, 12.1, 11.2, 10.3, 09.3, 09.2, 09.1, 08.3, 08.2, 06.4, …

## 2 '폴더 옵션' 대화상자의 탭별 기능

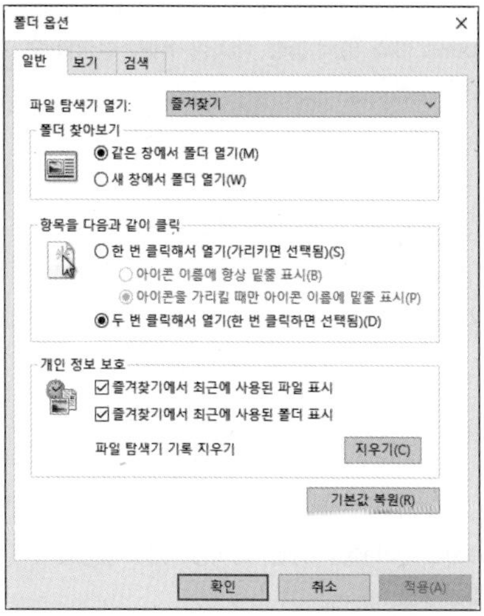


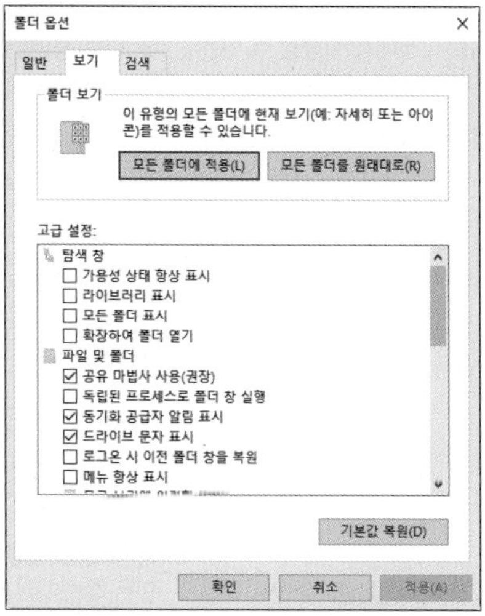


| | |
|---|---|
| 24.3, 21.4, 14.3, …<br>**일반** | • 파일 탐색기가 열렸을 때의 기본 위치를 '즐겨찾기'나 '내 PC' 중에서 선택할 수 있다.<br>• 새로 여는 폴더의 내용을 같은 창에서 열리거나 다른 창에 열리도록 지정할 수 있다.<br>• 웹을 사용하는 것처럼 바탕 화면이나 파일 탐색기에서도 파일을 한 번 클릭하면 실행되도록 설정할 수 있다.<br>• 즐겨찾기에서 최근에 사용된 파일이나 폴더의 표시 여부를 지정한다.<br>• 파일 탐색기의 즐겨찾기에 표시된 최근에 사용한 파일 목록을 지울 수 있다. |
| 24.5, 24.3, 22.5, …<br>**보기** | • 탐색 창에 라이브러리의 표시 여부를 지정한다.<br>• 탐색 창에 모든 폴더의 표시 여부를 지정한다.<br>• 메뉴 모음의 항상 표시 여부를 지정한다.<br>• 숨김 파일*이나 폴더의 표시 여부를 지정한다.<br>• 알려진 파일 형식의 파일 확장명 표시 여부를 지정한다. |

**숨김 파일**

파일 속성이 '숨김'으로 설정되어 있는 파일을 말하며, 중요한 파일을 보호하기 위해 사용자에게 보이지 않도록 설정하는 것입니다. 폴더 옵션에서 '숨김 파일, 폴더 및 드라이브 표시'를 선택해야만 화면에서 볼 수 있습니다.

| | |
|---|---|
| 21.2, 21.1, 20.1, … **보기** | • 제목 표시줄에 현재 선택된 위치의 전체 경로 표시 여부를 지정한다.<br>• 미리 보기 창에 파일 내용 표시 여부를 지정한다.<br>• 보호된 운영 체제 파일 숨김 여부를 지정한다.<br>• 폴더나 파일을 가리키면 해당 항목의 정보를 표시하는 팝업 설명의 표시 여부를 지정한다.<br>• 파일이나 폴더의 아이콘 앞에 확인란의 표시* 여부를 지정한다.<br>• 폴더 팁에 파일 크기 정보 표시 여부를 지정한다. |
| 21.1, 20.1, 14.3, … **검색** | • 폴더에서 시스템 파일을 검색할 때 색인을 사용할지 여부를 지정한다.<br>• 색인되지 않은 위치 검색 시 포함할 항목*을 지정한다. |

**확인란 표시**

확인란은 여러 개의 파일을 선택할 때 Ctrl이나 Shift를 사용하기 어려운 경우를 대비한 기능입니다. '확인란을 사용하여 항목 선택'을 지정하면 파일이나 폴더의 아이콘 앞에 확인란이 추가되기 때문에 Ctrl이나 Shift를 누르지 않고도 여러 개의 파일을 선택할 수 있습니다.

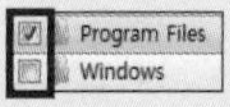


**색인되지 않은 위치 검색 시 포함할 항목**

- 시스템 디렉터리
- 압축 파일
- 항상 파일 이름 및 내용 검색

## 따라잡기 기출문제 따라잡기

문제1 3201051

21년 2회, 1회, 20년 1회

**1. 다음 중 한글 Windows 10의 [폴더 옵션] 창에서 설정할 수 있는 작업으로 옳지 않은 것은?**

① 탐색 창, 미리 보기 창, 세부 정보 창의 표시 여부를 선택할 수 있다.

② 숨김 파일이나 폴더의 표시 여부를 지정할 수 있다.

③ 폴더에서 시스템 파일을 검색할 때 색인의 사용 여부를 선택할 수 있다.

④ 알려진 파일 형식의 파일 확장명을 숨기도록 설정할 수 있다.

탐색 창, 미리 보기 창, 세부 정보 창의 표시 여부는 파일 탐색기의 [보기] → [창] 그룹에서 설정할 수 있습니다.

18년 상시, 14년 3회, 09년 1회

**2. 다음 중 한글 Windows 10의 [폴더 옵션]에서 설정할 수 있는 기능에 해당하지 않은 것은?**

① 연결 프로그램 변경

② 한 번 클릭해서 열기

③ 항상 파일 이름 및 내용 검색

④ 같은 창에서 폴더 열기

연결 프로그램의 변경은 [⚙(설정)] → [앱] → [기본 앱]이나 특정 파일의 바로 가기 메뉴에서 [연결 프로그램]을 선택하여 수행할 수 있습니다.

24년 3회

**3. 다음 중 한글 Windows 10의 '폴더 옵션' 대화상자에서 설정할 수 있는 작업으로 옳지 않은 것은?**

① 알려진 파일 형식의 파일 확장명 숨기기를 설정할 수 있다.

② 숨김 파일이나 폴더의 표시 여부를 설정할 수 있다.

③ 공유 폴더에 액세스 할 때 필요한 계정과 암호를 설정할 수 있다.

④ 모든 폴더에 현재 보기(자세히 또는 아이콘)를 적용할 수 있다.

'폴더 옵션' 대화상자에서는 공유 폴더에 액세스 할 때 필요한 계정과 암호는 설정할 수 없습니다.

24년 5회, 22년 5회

**4. 다음 중 한글 Windows 10의 [폴더 옵션] 대화상자에서 설정할 수 있는 작업으로 옳지 않은 것은?**

① [숨김 파일, 폴더 또는 드라이브 표시 안 함]을 선택할 수 있다.

② [라이브러리의 항목 삭제]를 선택할 수 있다.

③ [알려진 파일 형식의 파일 확장명 숨기기]를 선택할 수 있다.

④ [폴더 팁에 파일 크기 정보 표시]를 선택할 수 있다.

'폴더 옵션' 대화상자의 '보기' 탭에서 제공하는 '고급 설정' 항목은 '라이브러리의 항목 삭제'가 아니라 '라이브러리 표시'입니다.

▶ **정답** : 1. ① 2. ① 3. ③ 4. ②

SECTION 010

# 디스크 관리

C 등급

## 1 디스크의 개요

디스크는 파일이나 폴더를 저장해 두는 물리적 저장공간이다.

- 일반적으로 플로피디스크 드라이브의 이름에는 A, B를, 하드디스크 드라이브의 이름에는 C에서 Z까지(C, D, E, F, …) 할당한다.
- 하나의 물리적인 하드디스크를 여러 개의 논리적인 디스크로 나누어 사용할 수 있다.

전문가의 조언

디스크 관리에서 수행할 수 있는 기능을 묻는 문제가 출제되었습니다. 디스크 관리에서는 포맷, 파티션, 드라이브 문자 할당 등의 작업을 할 수 있다는 것을 기억해 두세요.

19.2, 16.3

## 2 디스크 관리

3201104

디스크 관리는 디스크 관련 작업을 수행하는 곳으로 포맷 및 파티션(Partition), 드라이브 문자 할당 등의 작업을 할 수 있다.

실행

[⊞(시작)]의 바로 가기 메뉴(⊞ + X)에서 [디스크 관리] 선택

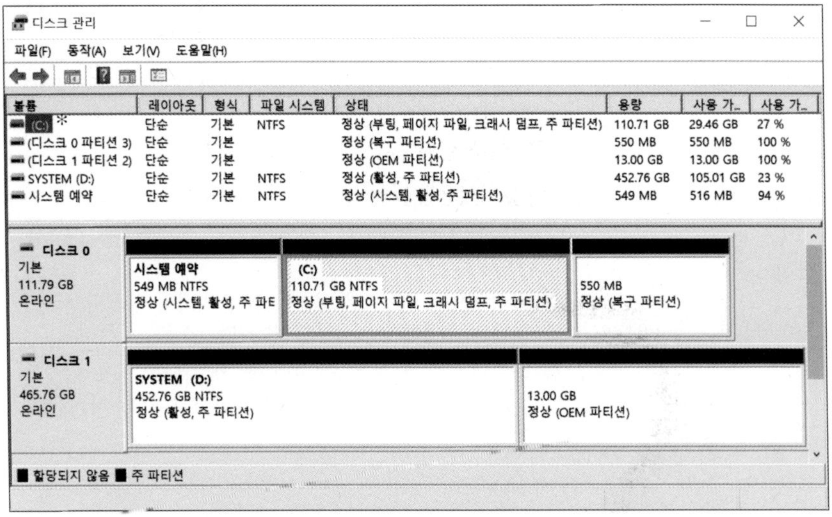


볼륨의 바로 가기 메뉴

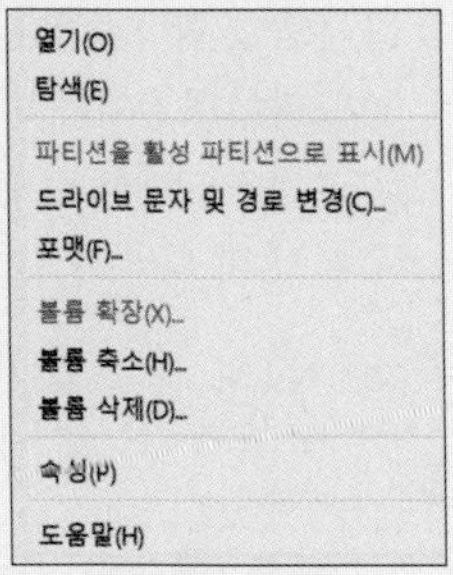


- **포맷 실행하기** : 포맷할 드라이브를 선택한 후 바로 가기 메뉴에서 [포맷]을 선택한다.
- **하나의 하드디스크를 두 개의 파티션으로 분할하기** : 분할할 하드디스크의 바로 가기 메뉴에서 [볼륨 축소] 선택 → '축소' 대화상자에서 축소 공간을 지정한 후 〈축소〉 클릭 → '할당되지 않음' 이라고 표시된 부분의 바로 가기 메뉴에서 [새 단순 볼륨] 선택 → '단순 볼륨 만들기 마법사' 대화상자를 실행한다.

- **두 개의 파티션을 하나로 합치기** : 없애려는 파티션 영역의 바로 가기 메뉴에서 [볼륨 삭제] 선택 → 자료가 모두 삭제된다는 메시지가 표시되면 〈예〉 클릭 → '정상(주 파티션)'*이라고 표시된 부분의 바로 가기 메뉴에서 [볼륨 확장] 선택 → '볼륨 확장 마법사' 대화상자를 실행한다.

**정상(주 파티션)**
'정상(주 파티션)'은 하드디스크에 따라 조금씩 다르게 표시됩니다. 예를 들어, Windows 10이 설치되어 있는 C 드라이브인 경우 '정상(부팅, 페이지 파일, 크래시 덤프, 주 파티션)'이라고 표시됩니다.

16.3, 11.3, 10.3, 09.2, 04.4, 2급 21.3, 21.2, 12.2, 11.3, 11.1, 07.4, 05.1, 04.2

### 잠깐만요 파티션(Partition)

1204632

- 하나의 물리적인 하드디스크를 여러 개의 논리적인 영역으로 나누는 작업으로, 기본 파티션과 확장 파티션이 있습니다.
- 파티션의 목적은 특정 데이터만 별도로 보관할 드라이브를 확보하거나 하나의 하드디스크에 서로 다른 운영체제를 설치하기 위해 사용합니다(예 Windows와 Linux를 한 시스템에 설치).
- 운영체제에서는 파티션이 하나의 드라이브로 인식됩니다.
- 하나의 파티션에는 한 가지의 파일 시스템만을 사용할 수 있습니다.
- 파티션을 설정한 후에는 반드시 포맷을 해야 사용할 수 있습니다.

**파티션 설정**

- 방법 1 : [(설정)] → [Windows 관리 도구] → [컴퓨터 관리] → [저장소] → [디스크 관리] 선택
- 방법 2 : [(시작)]의 바로 가기 메뉴에서 [디스크 관리] 선택

**전문가의 조언**
파티션의 특징을 묻는 문제가 출제되었습니다. 파티션은 하나의 하드디스크에 서로 다른 운영체제를 설치하기 위해 사용한다는 것을 염두에 두고 정리하세요.

## 따라잡기 기출문제 따라잡기

문제1 3201153 문제3 1204651

19년 2회, 16년 3회

**1. 다음 중 한글 Windows 10의 관리 도구 중 [컴퓨터 관리]에서 수행 가능한 [디스크 관리] 작업에 해당하지 않는 것은?**

① 볼륨을 확장하거나 축소할 수 있다.
② 드라이브 문자를 변경할 수 있다.
③ 포맷을 실행할 수 있다.
④ 분석 및 디버그 로그를 표시할 수 있다.

분석 및 디버그 로그는 [(시작)] → [Windows 관리 도구] → [이벤트 뷰어] → [보기] → [분석 및 디버그 로그 표시]에서 확인할 수 있습니다.

16년 3회

**2. 다음 중 컴퓨터에서 사용하는 하드디스크의 파티션에 관한 설명으로 옳지 않은 것은?**

① 파티션 작업을 실행한 후에는 반드시 포맷을 실행하여야 하드디스크를 사용할 수 있다.
② 각 파티션 영역에는 다른 운영체제를 설치할 수 있다.
③ 하나의 파티션에 여러 개의 파일 시스템을 사용할 수 있다.
④ 하나의 물리적인 하드디스크를 여러 개의 논리적 영역으로 분할하거나 다시 합치는 작업이다.

하나의 파티션에는 한 가지의 파일 시스템만 사용할 수 있습니다.

11년 3회, 09년 2회

**3. 다음 중 한글 Windows에서 하드디스크의 파티션에 관한 설명으로 옳지 않은 것은?**

① 하나의 물리적인 하드디스크를 여러 개의 논리적인 파티션으로 나누어 사용할 수 있다.
② 하나의 파티션에는 한 가지의 파일 시스템만을 사용할 수 있다.
③ 파티션으로 나누더라도 하나의 물리적인 하드디스크는 하나의 운영체제만 사용할 수 있다.
④ 하드디스크 한 개의 공간을 여러 개로 나눠 사용하는 것을 말하며, 파티션에는 기본 파티션과 확장 파티션이 있다.

하나의 물리적인 하드디스크는 여러 개의 논리적인 파티션으로 나눈 후 각각의 파티션에 서로 다른 운영체제를 설치할 수 있습니다.

▶ **정답** : 1. ④ 2. ③ 3. ③

SECTION
# 011 파일과 폴더

C 등급

## 1 파일과 폴더의 개요

04.1, 2급 22.4, 21.4, 15.1, 08.4, 03.2

1201001

파일(File)은 자료가 디스크에 저장되는 기본 단위이고, 폴더(Folder)는 파일을 모아 관리하기 위한 장소이다.

### 특징

- 파일은 파일명과 확장자로 구성되며, 마침표(.)를 이용하여 파일명과 확장자를 구분한다(예 파일명.HWP, 워드필기.TXT).
- 파일의 효율적인 관리를 위해 서로 관련 있는 파일들을 한 폴더에 저장한다.
- 파일과 폴더는 작성, 이름 변경, 삭제가 가능하며, 하위 폴더나 파일이 포함된 폴더도 삭제할 수 있다.
- 폴더는 [파일 탐색기]나 바로 가기 메뉴를 사용하여 만들며, 바탕 화면, 드라이브, 폴더 등 파일이 저장될 수 있는 곳이면 어디든 만들 수 있다.
- 하나의 폴더 내에는 동일한 이름의 파일이나 폴더가 존재할 수 없다.
- 파일과 폴더의 이름은 255자 이내로 작성하며, 공백을 포함할 수 있다.
- * / ? ₩* : 〈 〉 " | 등은 파일과 폴더의 이름으로 사용할 수 없다.
- CON, PRN, AUX, NUL 등과 같은 단어는 시스템에 예약된 단어이기 때문에 파일명으로 사용할 수 없다. 하지만 파일의 확장자명으로는 사용할 수 있다.

**전문가의 조언**
파일과 폴더의 기본적인 특징입니다. 파일, 폴더의 이름으로 사용할 수 없는 문자를 중심으로 한번 읽고 정리하세요.

**₩ 기호**
서체에 따라 '\'으로 표현되기도 합니다.

## 2 파일과 폴더의 속성

19.2, 2급 22.1, 21.4, 21.3, 19.1, 18.상시, 18.1, 09.4, 08.1, 07.1, 05.3, 05.1, 03.1

3201202

파일/폴더의 속성을 이용하여 파일/폴더의 기본 정보를 확인하거나 특성 및 공유 설정을 할 수 있다.

**열기**

- **방법 1** : 파일 탐색기에서 [홈] → [열기] → '(속성)' 클릭
- **방법 2** : 파일/폴더를 선택한 후 바로 가기 메뉴에서 [속성] 선택

**전문가의 조언**
폴더 속성에서 설정할 수 있는 기능에 대한 문제가 출제되었습니다. 폴더 속성을 중심으로 폴더와 파일의 속성에서 설정할 수 있는 기능을 알아두세요.

### 파일/폴더 속성의 탭별 기능

| 구분 | 탭 | 내용 |
|---|---|---|
| 파일 | 일반 | • 파일 이름 및 파일 형식, 연결 프로그램, 저장 위치, 크기, 디스크 할당 크기, 만든 날짜, 수정한 날짜, 액세스한 날짜 등이 표시된다.<br>• 읽을 수만 있게 하는 '읽기 전용', 화면에서 숨기는 '숨김'과 같은 파일의 특성을 설정할 수 있다. |
| | 보안 | 사용자별 사용 권한을 설정한다. |
| | 자세히 | 파일에 제목, 주제, 태그, 만든 이 등의 속성을 확인하거나 제거할 수 있다. |

| | | |
|---|---|---|
| | 이전 버전 | 이전 버전은 Windows에서 복원 지점이나 백업으로 만들어진 파일 및 폴더의 복사본으로, 실수로 수정 또는 삭제되거나 손상된 파일 및 폴더를 복원할 수 있다. |
| 19.2<br>폴더* | 일반 | 폴더의 이름, 종류, 저장 위치, 크기, 디스크 할당 크기, 폴더 안에 들어 있는 파일/폴더 수, 만든 날짜가 표시되고, 특성(읽기 전용, 숨김)을 설정할 수 있다. |
| | 공유 | 폴더 공유를 위한 공유 설정 및 옵션을 설정할 수 있다. |
| | 사용자 지정 | 폴더의 유형*, 폴더에 표시할 사진*, 폴더의 아이콘 모양을 변경할 수 있다. |

## 3 공유

20.2, 15.1, 10.1, 08.2, 08.1, 07.4, 07.3, 06.3, 04.3, 04.1, 2급 10.2, 08.4, 07.2

3201205

공유란 프린터*, 파일, 폴더, CD/DVD-ROM 드라이브 등의 컴퓨터 자원을 다른 사람들이 접근하여 사용할 수 있도록 설정하는 것이다.

### 특징

- 프린터, 앱, 문서, 비디오, 소리, 그림 등의 데이터를 모두 공유할 수 있다.
- 파일 탐색기에서 [공유] 리본 메뉴를 이용하여 빠르고 쉽게 다른 사용자와 공유할 수 있다.
- 공유된 폴더는 여러 사람이 사용하므로, 바이러스 감염에 주의하여야 한다.
- 데이터를 공유하려면 공유할 데이터를 공용 폴더*로 이동시키거나 해당 데이터가 있는 폴더를 공유하면 된다.
- 공용 폴더 공유 시 해당 폴더에 대한 접근 권한을 사용자별로 다르게 설정할 수 있다.
- 공유 폴더는 파일 탐색기에서 네트워크를 클릭한 다음 공유된 폴더가 있는 컴퓨터를 클릭하여 확인할 수 있다.
- 파일 탐색기의 주소 표시줄에 ₩₩localhost를 입력하면 네트워크에 공유되어 있는 폴더를 확인할 수 있다.
- 폴더명 뒤에 '$'가 붙어 있는 폴더를 공유하거나 공유 이름 뒤에 '$'를 붙이면 네트워크의 다른 사용자가 공유 여부를 알 수 없다.
- 공유 폴더에 접속하려면 경로를 '₩₩네트워크 컴퓨터₩공유 폴더'로 지정하면 된다.
- **폴더 공유 지정 방법** : 공유시킬 폴더의 바로 가기 메뉴에서 [속성] 선택 → '속성' 대화상자의 '공유' 탭에서 〈공유〉 클릭 → 공유할 사용자와 사용 권한 수준을 지정한 후 〈공유〉를 클릭한다.
- **폴더 공유 해제 방법** : 공유를 해제할 폴더의 바로 가기 메뉴에서 [속성] 선택 → '속성' 대화상자의 '공유' 탭에서 〈고급 공유〉 클릭 → '고급 공유' 대화상자에서 '선택한 폴더 공유'의 체크를 해제한 후 〈확인〉을 클릭한다.

**'폴더 속성'의 시트 탭**
'폴더 속성'의 '보안'과 '이전 버전' 탭은 '파일 속성'의 탭과 동일합니다.

**폴더의 유형(템플릿)**
폴더에 들어 있는 파일에 따라 자주 사용하는 메뉴나 편리한 모양을 미리 유형에 따라 만들어 놓은 것으로 종류에는 문서(모든 파일 형식), 사진(많은 그림 파일에 최적), 음악(오디오 파일 및 재생 목록에 적합) 등이 있습니다.

**폴더 사진**
사진이 들어 있는 폴더의 아이콘에는 해당 사진이 조그맣게 표시되는데, 이 사진은 사용자가 임의로 지정할 수 있습니다.

**전문가의 조언**
공유에 대한 문제는 단순한 개념보다는 보기 중 틀린 것을 고르는 구체적인 문제가 주로 출제되고 있습니다. 폴더 공유나 프린터 공유를 직접 수행하면서 이해하도록 하세요.

**프린터 공유**
로컬 프린터, 네트워크 프린터에 상관 없이 네트워크에 연결되어 있으면 프린터를 공유할 수 있으며, 같은 네트워크 상에서 여러 대의 프린터를 공유할 수도 있습니다.

**공용 폴더**
- 컴퓨터를 사용하는 모든 사용자가 접근할 수 있는 폴더입니다.
- **종류** : 공용 다운로드, 공용 문서, 공용 비디오, 공용 사진, 공용 음악 등

문제2 3201252 문제4 1201051

## 따라잡기 기출문제 따라잡기

04년 1회

**1. 다음 기호 중 파일명으로 사용할 수 있는 기호는?**

① \ ② 〉
③ : ④ $

파일과 폴더의 이름으로 사용할 수 없는 기호는 * / " ? ₩(\) : 〈 〉 |입니다.

19년 2회

**2. 다음 중 폴더의 [속성] 창에서 설정할 수 없는 작업 내용은?**

① 문서나 사진, 음악 등 폴더의 최적화 유형을 설정할 수 있다.
② 폴더에 대한 사용 권한과 공유 설정을 할 수 있다.
③ 폴더 안의 파일을 삭제할 수 있다.
④ 폴더 아이콘을 변경할 수 있다.

폴더의 속성 창에서 폴더 안의 파일을 삭제하는 기능은 제공하지 않습니다.

10년 1회

**3. 다음 중 한글 Windows 10에서 파일이나 폴더 또는 프린터의 공유 기능에 관한 설명으로 옳지 않은 것은?**

① 문서, 비디오, 소리, 그림 등의 데이터를 모두 공유할 수 있다.
② 공유된 폴더에 대해 공유 이름을 부여할 수 있다.
③ 프린터는 네트워크 프린터의 경우에만 공유를 설정할 수 있다.
④ 공유된 폴더는 여러 사람이 사용할 수 있다.

내 컴퓨터에 연결된 로컬 프린터도 공유할 수 있습니다.

08년 2회, 07년 4회, 06년 3회

**4. 다음 중 한글 Windows 10에서 네트워크 공유에 대한 설명으로 옳지 않은 것은?**

① 다른 사람들이 자신의 자료에 접근하여 사용할 수 있도록 설정해 놓은 것이다.
② 앱, 문서, 비디오, 소리, 그림 등의 데이터에 대하여 공유가 가능하다.
③ 내 컴퓨터에 연결되어 있는 프린터를 다른 컴퓨터에서 사용할 수 있도록 프린터 공유가 가능하다.
④ 공유된 폴더는 자동으로 보안이 적용되어 삭제할 수 없다.

공유 폴더도 일반 폴더와 동일한 방법으로 삭제할 수 있습니다.

15년 1회

**5. 다음 중 한글 Windows 10의 공유에 대한 설명으로 옳지 않은 것은?**

① 프린터, 앱, 문서, 비디오 등의 데이터를 모두 공유할 수 있다.
② 공용 폴더 공유 시 폴더 내의 일부 파일에 대해 사용자별로 접근 권한을 다르게 설정할 수 있다.
③ 공유 대상 메뉴를 사용하면 개별 파일과 폴더를 선택하고 다른 사용자와 공유할 수 있다.
④ 공유 이름 뒤에 '$'를 붙이면 네트워크의 다른 사용자가 공유 여부를 알 수 없다.

공용 폴더 공유 시 해당 폴더에 대한 접근 권한을 사용자별로 다르게 설정할 수는 있지만 폴더 내의 일부 파일에 대한 접근 권한을 다르게 설정할 수는 없습니다.

20년 2회

**6. 다음 중 한글 Windows 10에서 파일이나 폴더, 프린터, 드라이브 등 컴퓨터 자원의 공유에 관한 설명으로 옳지 않은 것은?**

① 공유 폴더에 대한 접근 권한은 사용자에 따라 다르게 설정할 수 있다.
② 파일 탐색기의 주소 표시줄에 '₩₩localhost'를 입력하면 네트워크를 통해 공유한 파일이나 폴더를 확인할 수 있다.
③ 파일 탐색기의 공유 기능을 이용하면 파일이나 폴더를 쉽게 다른 사용자와 공유할 수 있다.
④ 공유한 파일명 뒤에 '$'를 붙이면 네트워크의 다른 사용자가 해당 파일을 사용하고 있는지 여부를 바로 확인할 수 있다.

파일에는 공유를 지정할 수 없습니다. 폴더명 뒤에 '$'가 붙어 있는 폴더를 공유하거나 공유 이름 뒤에 '$'를 붙이면 네트워크의 다른 사용자가 공유 여부를 알 수 없습니다.

▶ **정답** : 1. ④ 2. ③ 3. ③ 4. ④ 5. ② 6. ④

SECTION 012

# 파일/폴더 다루기

B 등급

1201101

19.1, 04.3, 2급 15.1, 05.2, 05.1, 04.1

## 1 파일/폴더 선택

| | |
|---|---|
| 2급 15.1, 04.1<br>**연속적인 항목 선택** | • 선택할 항목에 해당하는 범위를 마우스로 드래그한다.<br>• 첫 항목을 클릭한 후 Shift를 누른 상태에서 마지막 항목을 클릭한다. |
| 19.1, 04.3, 2급 15.1<br>**비연속적인 항목 선택** | Ctrl을 누른 상태에서 선택할 항목을 차례로 클릭한다. |
| 2급 15.1, 05.2, 05.1<br>**전체 항목 선택** | • 리본 메뉴의 [홈] → [선택] → [모두 선택]을 클릭한다.<br>• Ctrl+A를 누른다. |

**전문가의 조언**

파일과 폴더를 선택하는 방법을 묻는 문제가 출제되었습니다. Ctrl은 비연속적인 항목 선택, Shift는 연속적인 항목 선택! 잊지마세요.

1201102

24.1, 23.4, 23.2, 22.1, 21.3, 21.2, 19.1, 12.2, 03.3, 2급 24.1, 23.4, 22.3, 21.2, 20.2, 12.2

## 2 파일/폴더 복사

| | |
|---|---|
| **바로 가기 키 이용** | Ctrl+C를 누른 후 복사할 위치에서 Ctrl+V를 누른다. |
| 24.1, 23.4, 23.2, 22.1, 21.3, …<br>**키보드와 마우스 사용** | • **같은 드라이브에서** : Ctrl을 누른 상태에서 마우스로 복사할 위치에 끌어다 놓는다*.<br>• **다른 드라이브에서** : 마우스로 복사할 위치에 끌어다 놓는다. |

**전문가의 조언**

**중요해요!** 파일과 폴더를 복사하거나 이동하는 방법을 묻는 문제가 자주 출제되고 있습니다. 복사와 이동을 수행하는 여러 방법을 비교하여 알아두세요. 특히 복사에는 Ctrl, 이동에는 Shift가 사용된다는 것도 잊지마세요.

**드래그로 복사**

마우스로 드래그하여 파일이나 폴더를 복사할 때에는 마우스 포인터의 오른쪽 아래에 + 표시가 나타납니다.

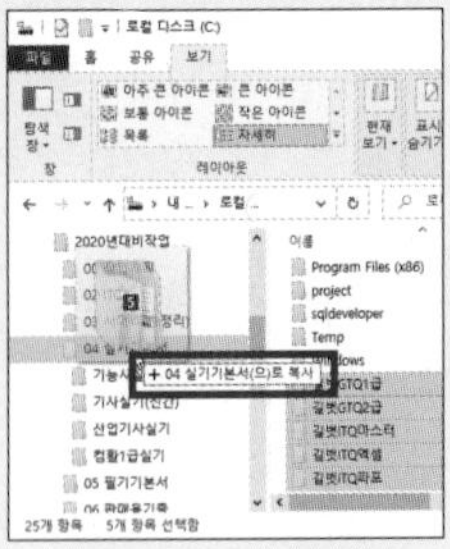

1201103

24.1, 23.4, 22.1, 21.3, 21.2, 19.1, 12.2, 03.3, 03.2, 2급 24.1, 23.4, 22.3, 21.2, 20.2, 04.1

## 3 파일/폴더 이동

| | |
|---|---|
| **바로 가기 키 이용** | Ctrl+X를 누른 후 이동할 위치에서 Ctrl+V를 누른다. |
| 24.1, 23.4, 22.1, 21.3, 21.2, 19.1, …<br>**키보드와 마우스 사용** | • **같은 드라이브에서** : 마우스로 이동할 위치에 끌어다 놓는다.<br>• **다른 드라이브에서** : Shift를 누른 채 마우스로 이동할 위치에 끌어다 놓는다. |

1201131

2급 21.2, 21.1, 13.2, 09.1, 08.2, 03.2, 01.2, 00.3

### 잠깐만요 클립보드(Clipboard)

- 클립보드는 데이터를 일시적으로 보관해 두는 임시 저장공간으로, 클립보드를 이용하면 서로 다른 앱 간에 데이터를 쉽게 전달할 수 있습니다.
- 클립보드의 내용은 여러 번 사용이 가능하지만, 가장 최근에 저장된 것 하나만 기억합니다.
- 복사(Copy)하거나 잘라내기(Cut), 붙여넣기(Paste)할 때 사용되며, 시스템을 재시작하면 클립보드에 저장된 데이터는 지워집니다.

따라잡기 **기출문제 따라잡기**

문제2 1201151

24년 1회

**1. 다음 중 한글 Windows 탐색기에서 수행한 작업 결과가 다른 것은?**

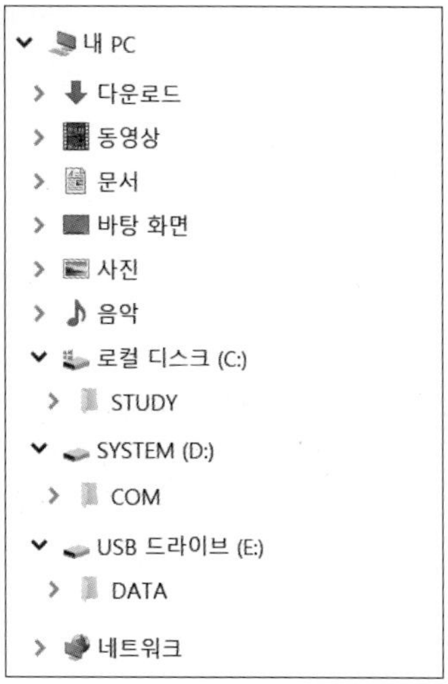


① 'COM' 폴더에 있는 파일을 Shift를 누른 채 '바탕 화면'으로 드래그한다.

② 'STUDY' 폴더에 있는 파일을 '바탕 화면'으로 드래그한다.

③ '다운로드'에 있는 파일을 Shift를 누른 채 '문서'로 드래그한다.

④ 'DATA' 폴더에 있는 파일을 '사진'으로 드래그한다.

①, ②, ③번을 수행하면 파일이 이동되고, ④번을 수행하면 파일이 복사됩니다.

19년 1회

**2. 다음 중 한글 Windows 10에서 Ctrl을 사용해야 하는 작업으로 옳지 않은 것은?**

① 마우스와 함께 사용하여 같은 드라이브 내의 다른 폴더로 파일이나 폴더를 복사할 때

② 마우스와 함께 사용하여 비연속적인 위치에 있는 여러 파일이나 폴더를 동시에 선택할 때

③ 마우스와 함께 사용하여 다른 드라이브로 파일을 이동시킬 때

④ Esc와 함께 사용하여 시작 메뉴를 표시하고자 할 때

Ctrl은 파일/폴더 복사, Shift는 파일/폴더 이동 시 사용합니다.

23년 4회, 22년 1회, 21년 3회

**3. 다음 중 한글 Windows 10에서 마우스의 끌어놓기(Drag & Drop) 기능을 이용하여 할 수 있는 작업으로 옳지 않은 것은?**

① 파일을 마우스로 선택한 후 동일한 드라이브의 다른 폴더로 끌어서 놓으면 이동이 된다.

② 파일을 마우스로 선택한 후 다른 드라이브의 임의의 폴더로 끌어서 놓으면 복사가 된다.

③ 파일을 마우스로 선택한 후 Ctrl을 누른 채 같은 드라이브의 다른 폴더로 끌어서 놓으면 복사가 된다.

④ USB에 저장되어 있는 파일을 C 드라이브로 끌어서 놓으면 이동이 된다.

USB에 저장되어 있는 파일을 C 드라이브로 끌어서 놓으면 복사가 됩니다. 이동시키려면 Shift를 누른 채 파일을 끌어서 놓아야 합니다.

23년 2회, 21년 3회

**4. 다음 중 파일이나 폴더를 복사하는 방법으로 옳지 않은 것은?**

① 같은 드라이브에서 다른 위치로 파일이나 폴더를 복사하려면 Shift를 누른 채 파일이나 폴더를 다른 드라이브로 끌어다 놓는다.

② 파일이나 폴더를 선택하고 Ctrl + C를 누른 후 복사할 위치에서 Ctrl + V를 누른다.

③ 다른 드라이브로 파일이나 폴더를 복사하려면 아무것도 누르지 않은 채 파일이나 폴더를 끌어다 놓는다.

④ 파일이나 폴더를 선택하고 바로 가기 메뉴에서 [복사]를 선택한 후 복사할 위치에서 바로 가기 메뉴의 [붙여넣기]를 선택한다.

같은 드라이브에서 다른 위치로 파일이나 폴더를 복사하려면 Ctrl을 누른 채 파일이나 폴더를 다른 드라이브로 끌어다 놓아야 합니다.

21년 2회

**5. 다음 중 한글 Windows 10에서 Shift를 사용하는 경우로 옳지 않은 것은?**

① 다른 드라이브에 있는 폴더로 파일을 마우스로 드래그하여 이동하려고 할 경우

② 연속적인 위치에 있는 여러 파일이나 폴더를 마우스로 선택하려고 할 경우

③ 같은 드라이브의 다른 폴더로 파일을 마우스로 드래그하여 복사하려고 할 경우

④ Delete와 함께 파일이나 폴더를 [휴지통]에 넣지 않고 영구히 삭제하려고 할 경우

Shift를 누른 채 같은 드라이브의 다른 폴더로 파일을 마우스로 드래그하면 파일이 이동이 됩니다.

▶ **정답** : 1. ④ 2. ③ 3. ④ 4. ① 5. ③

SECTION 013

# 검색 상자

B 등급

## 1 파일 탐색기의 검색 상자

24.4, 22.1, 21.4, 21.3, 21.1, 18.2, 17.2, 17.1, 14.2, 11.3, 10.2, 09.4, 07.1, 05.2, 03.1

3201401

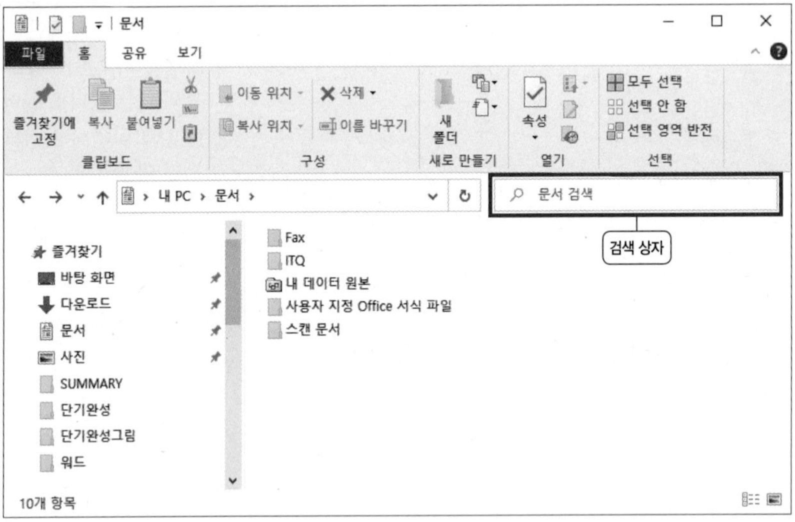


- 컴퓨터에 저장된 파일이나 폴더가 있는 위치를 모를 경우 빠르고 쉽게 파일이나 폴더가 있는 위치를 찾아 표시한다.
- 파일 탐색기에서 찾으려는 내용을 검색 상자에 입력하고 Enter를 누르면 리본 메뉴에 검색 필터를 설정할 수 있는 [검색] 탭이 생성되고 검색이 수행된다.
- 파일 탐색기에서 F3이나 Ctrl + F를 누르면 검색 상자로 포커스가 옮겨진다.
- 기본적으로 검색 상자에 입력한 내용이 포함된 파일*이나 폴더 등이 검색되고, 내용 앞에 '–'을 붙이면 해당 내용이 포함되지 않은 파일이나 폴더가 검색된다.
- 데이터를 검색한 후 검색 기준을 저장할 수 있으며, 저장된 검색 기준을 열면 해당 기준으로 데이터를 검색하여 표시한다.
- 색인 위치*를 지정하여 더 빠른 속도로 검색*할 수 있다.
- 수정한 날짜*, 크기* 등과 같은 속성을 이용하여 파일을 검색할 수 있다.

**전문가의 조언**

검색 상자의 특징과 색인에 대한 문제가 출제되었습니다. 자주 출제되는 파일 탐색기의 검색 상자를 중심으로 각 검색 상자의 특징을 정리하세요. 그리고 색인은 '검색 기능 향상'이란 것을 기억하세요.

**검색 상자 내용 입력 시 '–'**

예를 들어, 검색 상자에 **합격 –불합격**을 입력하면 "합격"은 포함되고 "불합격"은 포함되지 않는 파일이나 폴더 등이 검색됩니다.

**색인 위치**

색인 위치를 확인하거나 추가하려면 [제어판] → [색인 옵션]을 이용해야 합니다.

**색인된 파일 검색**

- 파일 탐색기와 [시작] 메뉴의 검색 상자를 사용하여 검색할 경우 색인된 파일만 검색됩니다.
- 컴퓨터의 일반적인 파일은 대부분 색인이 구성되어 있습니다.

**수정한 날짜**

어제, 지난 주 등

**크기**

비어 있음, 작음, 중간 등

14.2

## 2 작업 표시줄의 검색 상자

1200504

- 컴퓨터에 저장된 파일, 폴더, 앱 및 전자 메일은 물론 웹에서도 검색을 수행하여 검색 결과를 표시한다.
- ⊞+S를 누르면 검색 상자로 포커스가 옮겨진다.
- 검색 상자에 입력을 시작하면 검색이 자동으로 시작되고, 검색 범위*는 검색 창의 위쪽에 모두, 앱, 문서, 웹 등의 탭으로 구분되어 표시된다.
- 검색된 대상이 앱인 경우에는 해당 앱에 고정된 목록과 최근에 열어본 목록이 검색 상자에 표시된다.
- 검색된 앱을 선택하여 바로 실행할 수 있다.*
- 작업 표시줄이 바로 가기 메뉴에서 [검색]을 이용하여 검색 상자의 표시 방법을 선택할 수 있다.
  - 숨김 : 작업 표시줄에서 검색 상자가 숨겨지며, [⊞(시작)]을 클릭한 상태에서 키보드로 검색어를 입력하면 검색 창이 표시된다.
  - 검색 아이콘 표시 : 작업 표시줄에 검색 아이콘(🔍)이 표시되며, 검색 아이콘을 클릭하면 검색 창이 표시된다.
  - 검색 상자 표시* : 작업 표시줄에 검색 상자(🔍 검색하려면 여기에 입력하십시오.)가 표시되며, 검색 상자에 검색어를 입력하면 검색 창이 표시된다.

**검색 상자의 검색 범위**
모두, 앱, 문서, 웹, 동영상, 사람, 사진, 설정, 음악, 전자 메일, 폴더

**검색된 앱 바로 실행**
예를 들어, 작업 표시줄의 [검색 상자]에 **설정**을 입력하면 '설정'과 관련된 내용이 자동으로 검색됩니다. 키보드의 방향키를 이용하여 검색된 메뉴 중 하나를 선택한 후 Enter를 누르거나 마우스로 클릭하면 해당 앱이 실행됩니다.

궁금해요 시나공 Q&A 베스트

**Q 작업 표시줄의 바로 가기 메뉴에서 [검색]에 '검색 상자 표시'가 없어요!**

A [⊞(시작)] → [⚙(설정)] → [개인 설정] → [작업 표시줄]에서 '작은 작업 표시줄 단추 사용'을 해제해야 '검색 상자 표시'가 표시됩니다.

## 3 14.2 파일 탐색기와 작업 표시줄 '검색 상자'의 차이점

3201403

| | 파일 탐색기 '검색 상자' | 14.2 작업 표시줄 '검색 상자' |
|---|---|---|
| 바로 가기 키 | F3, Ctrl+F | ⊞+S |
| 검색 항목 | 파일, 폴더 | 파일, 폴더, 앱, 웹 등 |
| 검색 위치 | 지정 가능 | 컴퓨터 전체 |
| 검색 필터 | 사용 가능 | 사용 불가능 |
| 검색 결과 | 검색어에 노란색 표시 | 범주별로 그룹화 되어 표시 |

## 4 23.1 검색 필터

1201005

검색 필터는 수정한 날짜, 종류, 크기 등과 같은 속성을 이용하여 파일을 검색할 수 있는 기능이다.

- 파일 탐색기에서 찾으려는 내용을 검색 상자에 입력하고 Enter를 누르면 리본 메뉴에 검색 필터를 설정할 수 있는 [검색] 탭이 생성되고 검색이 수행된다.
- 파일 탐색기에서 '검색 상자'를 클릭하면 이전에 입력된 검색어가 표시된다.
- **파일 탐색기의 [검색] 탭**

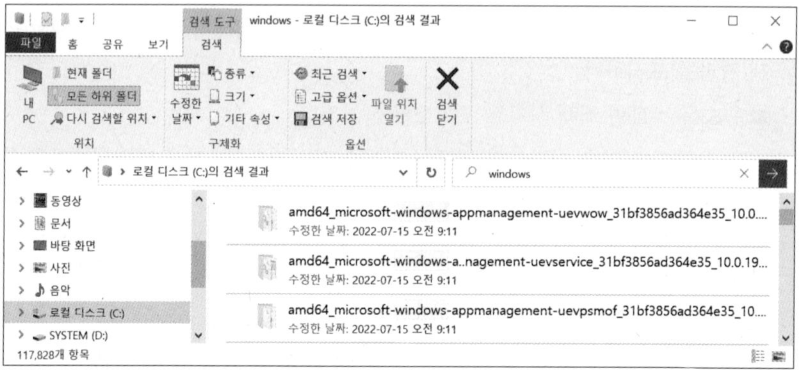


| 그룹 | 명령 |
|---|---|
| 위치 | • **내 PC** : 검색 위치를 '내 PC'로 설정한다.<br>• **현재 폴더** : 검색 위치를 현재 선택된 폴더로 설정한다.<br>• **모든 하위 폴더** : 검색 위치를 현재 선택된 폴더와 모든 하위 폴더로 설정한다.<br>• **다시 검색할 위치** : 다른 위치에서 다시 검색할 위치를 지정한다. |
| 23.1 구체화 | • **수정한 날짜** : 오늘, 어제, 이번 주, 지난 주, 이번 달, 지난 달, 올해, 작년을 선택하여 검색한다.<br>• **종류*** : 일정, 통신, 연락처, 문서, 전자 메일, 피드, 폴더, 게임 등을 선택하여 검색한다.<br>• **크기** : 비어 있음(0KB), 매우 작음(0-16KB), 작음(16KB-1MB), 보통(1-128MB), 큼(128MB-1GB), 매우 큼(1-4GB), 굉장히 큼(>4GB)을 선택하여 검색한다.<br>• **기타 속성** : 만든 이, 유형, 이름, 폴더 경로, 태그, 제목 등을 직접 지정하여 검색한다. |

**구체화 그룹의 '종류'**
일정, 통신, 연락처, 문서, 전자 메일, 피드, 폴더, 게임, 인스턴트 메시지, 업무 일지, 링크, 동영상, 음악, 메모, 사진, 재생 목록, 프로그램, 녹화된 TV, 저장된 검색, 작업, 비디오, 웹 기록, 알 수 없음

| | |
|---|---|
| 옵션 | • **최근 검색** : 최근 검색 목록이 표시되며, [검색 기록 지우기]를 클릭하면 최근 검색 목록이 지워진다.<br>• **고급 옵션** : 색인된 위치를 변경하거나 색인되지 않은 위치*를 지정한다.<br>• **검색 저장** : 현재 설정된 검색 조건을 저장한다.<br>• **파일 위치 열기** : 검색된 목록에서 선택한 항목이 있는 실제 위치로 이동한다. |
| 검색 닫기 | 검색 결과 창과 [검색] 탭을 닫는다. |

**색인되지 않은 위치**
파일 내용, 시스템 파일, ZIP(압축) 폴더

## 따라잡기 기출문제 따라잡기

문제1 3201451 문제4 3201454

21년 1회, 18년 2회

**1. 다음 중 한글 Windows 10의 파일 탐색기에서 검색 상자를 사용하여 파일이나 폴더를 찾는 방법으로 옳지 않은 것은?**

① 검색 상자에서 찾으려는 파일이나 폴더명을 입력한 후 Enter를 누르면 결과가 표시된다.

② 검색 내용에 '$'를 붙이면 해당 내용이 포함되지 않은 파일이나 폴더를 검색한다.

③ 수정한 날짜, 종류, 크기 등의 검색 필터를 이용하여 검색할 수 있다.

④ 특정 파일 그룹을 정기적으로 검색하는 경우 검색 저장 기능을 이용하면 다음에 사용할 때 원래 검색과 일치하는 최신 파일을 표시해 준다.

검색할 내용 앞에 –를 붙여야 해당 내용이 포함되지 않은 파일이나 폴더를 검색합니다.

22년 1회, 21년 4회, 3회, 17년 2회

**2. 다음 중 한글 Windows 10에서 파일의 검색 기능을 향상시키기 위한 기능은?**

① 색인 ② 압축

③ 복원 ④ 백업

한글 Windows 10에서의 색인은 사용자 컴퓨터의 파일에 대한 상세 정보의 모음으로, 한글 Windows 10은 이 색인에 저장된 정보를 이용하여 파일을 검색하므로 보다 빠르고 정확하게 검색할 수 있습니다.

24년 4회, 23년 1회

**3. 다음 중 [파일 탐색기]의 검색 도구에 대한 설명으로 옳지 않은 것은?**

① 수정한 날짜를 이용하여 지난 주에 수정한 파일들을 검색할 수 있다.

② 파일의 크기를 선택하여 검색할 수 있다.

③ 파일의 종류를 선택하여 검색할 수 있다.

④ 파일 특성이 '읽기 전용'인 파일들을 검색할 수 있다.

'파일 탐색기'의 [검색 도구] → [검색] 탭에는 읽기 전용, 숨김 등 파일 특성을 지정하여 검색할 수 있는 도구가 없습니다.

14년 2회

**4. 다음 중 한글 Windows 10의 파일이나 폴더 검색에 대한 설명으로 옳지 않은 것은?**

① 작업 표시줄의 검색 상자를 사용하면 색인된 파일만 검색 결과에 나타나며, 컴퓨터의 일반적인 파일들은 대부분 색인이 구성되어 있다.

② 파일 탐색기의 검색 상자에서 내용 앞에 '–'를 붙이면 해당 내용이 포함되지 않은 파일이나 폴더를 검색할 수 있다.

③ 파일 탐색기에서 데이터를 검색한 후 검색 기준을 저장할 수 있고, 저장된 검색을 열기만 하면 원래 검색과 일치하는 최신 파일이 나타난다.

④ 작업 표시줄의 검색 상자에서 검색 필터를 사용하여 파일을 검색할 수 있다.

검색 필터는 파일 탐색기의 검색 상자에서만 사용할 수 있습니다.

▶ **정답** : 1. ② 2. ① 3. ④ 4. ④

SECTION 014

# 휴지통 사용하기

B 등급

전문가의 조언

휴지통의 전반적인 특징을 알고 있어야 풀 수 있는 문제가 출제되고 있습니다. 휴지통의 특징과 휴지통 속성에 대한 내용, 휴지통에 보관되지 않는 경우와 복원에 대해 모두 알아두세요.

## 1 휴지통의 개요

21.1, 19.상시, 18.상시, 17.2, 15.3, 13.3, 12.3, 10.1, 07.3, 04.4, 2급 21.4, 19.2, 14.2, 14.1, 12.2, 09.3, 09.1, 07.3, 07.1, …

1201201

휴지통은 삭제된 파일이나 폴더가 임시 보관되는 장소이다.

**실행** 바탕 화면에서 '휴지통'을 더블클릭

### 특징

- 바탕 화면에서 '휴지통' 아이콘을 더블클릭하면 파일 탐색기의 리본 메뉴에 [관리] → [휴지통 도구] 탭이 표시되며, 파일 창에 휴지통 내용이 표시된다.
- 휴지통의 실제 파일이 저장된 폴더의 위치는 일반적으로 C:\$Recycled.Bin*이다.
- 기본적인 크기는 드라이브 용량의 5%~10% 범위 내에서 시스템이 자동으로 설정하지만 사용자가 원하는 크기를 MB 단위로 지정할 수 있다.
- 휴지통은 하드디스크 드라이브마다 한 개씩 만들 수 있다.
- 휴지통 안에 있는 모든 항목을 삭제하려면 [관리] → [휴지통 도구] → [관리] → [휴지통 비우기]를 클릭한다.
- 휴지통은 아이콘을 통하여 휴지통이 비워진 경우( )와 차 있는 경우( )를 구분할 수 있다.
- 휴지통에 보관된 파일이나 폴더는 복원이 가능하지만 복원하기 전에는 사용 및 이름 변경을 할 수 없다.
- 휴지통 안에 있는 항목을 더블클릭 하면 해당 항목의 속성 창이 표시된다.
- 지정된 휴지통의 용량을 초과하면 가장 오래 전에 삭제된 파일부터 자동으로 지워지며, 휴지통에서 파일이 비워져야만 파일이 차지하던 공간을 사용할 수 있다.

**'$Recycled.Bin' 폴더**
'$Recycled.Bin' 폴더는 기본적으로 화면에 표시되지 않습니다. 화면에 표시되게 하려면 파일 탐색기에서 리본 메뉴 [보기] 탭의 '(옵션)'을 클릭한 후 '보기' 탭에서 '보호된 운영 체제 파일 숨기기(권장)' 항목의 체크 표시를 해제하고, 파일 탐색기의 [보기] → [표시/숨기기] → [숨긴 항목]을 체크하면 됩니다.

## 2 휴지통에 보관되지 않는 경우

23.4, 22.3, 15.3, 12.3, 11.2, 07.3, 05.4, 2급 23.3, 21.2, 20.2, 14.3, 13.3, 11.3, 11.1, 09.3, 08.4, 07.2, 01.1

1201203

일반적으로 삭제된 항목은 휴지통에 임시 보관되지만 다음과 같은 경우에는 휴지통을 거치지 않고 바로 삭제되므로 복원이 불가능하다.

- USB 메모리, DOS 모드*, 네트워크 드라이브에서 삭제된 항목
- Shift를 누르고 삭제 명령을 실행한 경우
- 휴지통 속성에서 '파일을 휴지통에 버리지 않고 삭제할 때 바로 제거'를 선택한 경우
- 휴지통 속성에서 최대 크기를 0MB로 지정한 경우
- 같은 이름의 항목을 복사/이동 작업으로 덮어쓴 경우

**DOS 모드**
Windows에서 DOS 모드를 앱으로 구현한 것은 '명령 프롬프트'입니다.

## 3 휴지통 속성

23.5, 15.3

1201202

다음은 휴지통에 관련된 여러 사항을 설정할 수 있는 휴지통 속성에 대한 설명이다.

**열기**

- 바탕 화면에서 휴지통 아이콘의 바로 가기 메뉴에서 [속성] 선택
- [관리] → [휴지통 도구] → [관리] → [휴지통 속성] 클릭

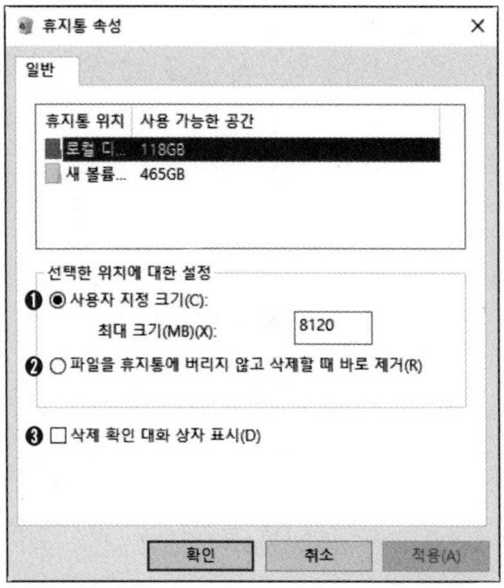


❶ 휴지통의 크기를 드라이브마다 다르게 설정할 수 있고, 모두 같은 크기로 설정할 수도 있다.

❷ 파일이나 폴더를 삭제할 때 휴지통을 거치지 않고 바로 삭제하도록 설정할 수 있다.

❸ '삭제 확인 대화 상자 표시'를 선택하여 파일이나 폴더가 삭제될 때마다 확인 대화 상자가 표시되도록 설정할 수 있다.

## 4 복원

23.5, 22.7, 2급 13.2, 09.2

1201204

복원이란 휴지통에 들어 있는 파일이나 폴더를 원래 위치*나 다른 위치로 되돌려 놓는 것을 말한다.

**복원**

- **방법 1** : [관리] → [휴지통 도구] → [복원] → [모든 항목 복원/선택한 항목 복원] 클릭
- **방법 2** : 바로 가기 메뉴에서 [복원] 선택
- **방법 3** : 원하는 위치로 드래그
- **방법 4** : [홈] → [클립보드] → [잘라내기], 복원할 위치를 선택한 후 [홈] → [클립보드] → [붙여넣기]
- **방법 5** : Ctrl + X(잘라내기) 누른 후 복원한 위치를 선택하고 Ctrl + V(붙여넣기) 누름

※ 복사는 불가능하나 잘라내기는 가능

**복원 위치**

[모든 항목 복원/선택한 항목 복원] 또는 [복원] 메뉴를 사용하면 원래 위치로만 복원되지만, 잘라내기나 드래그를 이용하면 원래 위치가 아닌 원하는 위치로도 복원할 수 있습니다.

## 따라잡기 기출문제 따라잡기

문제4 1201251 문제5 4301455

23년 5회, 22년 7회

**1. 다음 중 한글 Windows 10의 [휴지통]에 보관된 파일을 복원하는 방법으로 옳지 않은 것은?**

① 휴지통을 열고 복원할 파일의 바로 가기 메뉴에서 [잘라내기]를 선택한 후 바탕 화면의 바로 가기 메뉴에서 [붙여넣기]를 선택한다.

② 휴지통을 열고 복원할 파일의 바로 가기 메뉴에서 [복원]을 선택한다.

③ 휴지통을 열고 복원할 파일을 선택한 후 원하는 위치로 드래그 앤 드롭한다.

④ 휴지통의 모든 파일을 복원하려면 휴지통의 바로 가기 메뉴에서 [전체 복원하기]를 선택한다.

> 휴지통의 바로 가기 메뉴에는 복원과 관련된 항목이 없습니다. 휴지통의 모든 파일을 복원하려면 휴지통을 열고 [관리] → [휴지통 도구] → [복원] → [모든 항목 복원]을 클릭해야 합니다.

22년 3회, 07년 3회

**2. 다음 중 한글 Windows 10에서 파일과 폴더의 삭제에 대한 설명으로 옳지 않은 것은?**

① 네트워크 드라이브, USB 메모리에서 삭제한 파일은 휴지통에 보관되지 않는다.

② Shift를 누른 상태에서 폴더를 선택하여 휴지통으로 드래그하면 휴지통에 보관되지 않는다.

③ 폴더를 선택하고 Shift를 누른 상태에서 Delete를 눌러 삭제하면 휴지통에 보관되지 않는다.

④ [명령 프롬프트] 창에서 삭제한 파일은 휴지통에 보관된다.

> [명령 프롬프트] 창, 즉 DOS 모드에서 삭제한 파일은 휴지통에 보관되지 않습니다.

21년 1회, 19년 상시, 17년 2회, 13년 3회

**3. 다음 중 한글 Windows 10의 [휴지통]에 관한 설명으로 옳지 않은 것은?**

① 휴지통에 지정된 최대 크기를 초과하면 보관된 파일 중 가장 용량이 큰 파일부터 자동 삭제된다.

② 휴지통에 보관된 실행 파일은 복원은 가능하지만 휴지통에서 실행하거나 이름을 변경할 수는 없다.

③ 휴지통 속성에서 파일이나 폴더가 삭제될 때마다 삭제 확인 대화상자가 표시되지 않도록 설정할 수 있다.

④ 휴지통의 파일이 실제 저장된 폴더 위치는 일반적으로 C:\$Recycled.Bin이다.

> 휴지통에 지정된 최대 크기를 초과하면 보관된 파일 중 가장 오래 전에 보관된 파일부터 자동으로 삭제됩니다.

15년 3회, 11년 2회, 05년 4회

**4. 다음 중 한글 Windows 10에서 파일이 [휴지통]에 들어가지 않고 영구히 삭제된 경우로 옳은 것은?**

① USB 메모리에 저장되어 있는 파일을 [휴지통]으로 드래그 앤 드롭하여 삭제한 경우

② [파일 탐색기] 창에서 C 드라이브에 있는 해당 파일을 [휴지통]으로 드래그 앤 드롭하여 삭제한 경우

③ 바탕 화면에 있는 해당 파일을 선택한 후에 Delete를 눌러서 삭제한 경우

④ 바탕 화면에 있는 해당 파일의 바로 가기 메뉴에서 [삭제]를 선택하여 삭제한 경우

> USB 메모리, DOS 모드, 네트워크 드라이브에서 삭제한 파일은 휴지통에 보관되지 않고 영구히 삭제됩니다.

23년 5회

**5. 다음 중 휴지통의 속성 대화상자에서 설정할 수 없는 것은?**

① 각 드라이브마다 휴지통의 크기를 MB 단위로 다르게 설정할 수 있다.

② 파일을 삭제할 때 휴지통을 거치지 않고 바로 삭제하도록 설정할 수 있다.

③ 파일을 삭제할 때마다 확인 대화상자가 표시되도록 설정할 수 있다.

④ 휴지통에 지정된 최대 크기를 초과하면 자동으로 휴지통 비우기를 실행하도록 설정할 수 있다.

> 휴지통 속성 대화상자에서 휴지통을 자동으로 비우는 기능은 제공하지 않습니다.

23년 4회

**6. 다음 중 한글 Windows 10에서 파일의 삭제 방법에 대한 설명으로 옳지 않은 것은?**

① Shift + Delete를 눌러 삭제한 경우 휴지통에서 [휴지통 도구] → [모든 항목 복원]을 선택하여 복원할 수 있다.

② Delete를 눌러 삭제한 경우 Ctrl + Z를 눌러 삭제를 취소할 수 있다.

③ 파일 탐색기의 [홈] → [구성] → [삭제]에서 휴지통으로 이동이나 완전히 삭제를 선택하여 삭제 방법을 결정할 수 있다.

④ 휴지통에서 파일을 선택한 후 [휴지통 도구] → [선택한 항목 복원]을 선택하면 원래의 위치로 복원된다.

> Shift + Delete를 눌러 삭제하면 휴지통에 보관되지 않고 영구적으로 삭제되어 복원할 수 없습니다.

▶ **정답 :** 1. ④ 2. ④ 3. ① 4. ① 5. ④ 6. ①

SECTION 015

# Windows 보조프로그램

C 등급

## 1 메모장

21.4, 16.3, 12.1, 11.1, 08.1, 07.4, 05.4, 05.3, 2급 24.3, 23.5, 22.2, 21.3, 21.1, 19.1, 14.3, 12.1, 09.2, 07.4, 07.2, 07.1, …

1201301

'메모장(Notepad)'은 특별한 서식이 필요 없는 간단한 텍스트(ASCII 형식) 파일을 작성할 수 있는 문서 작성 앱이다.

실행 [(시작)] → [Windows 보조프로그램] → [메모장] 선택

### 특징

- 메모장은 텍스트(.TXT) 형식의 문서만을 열거나 저장할 수 있다.
- 문서 전체에 대해서만 글꼴의 종류, 속성, 크기를 변경할 수 있으나 지정할 수 있는 속성의 종류는 다양하지 않다.
- 메모장에서는 그림, 차트 등의 OLE* 개체를 삽입할 수 없다.
- ANSI, 유니코드, UTF-8 등의 인코딩 형식으로 저장할 수 있다.
- 문서의 첫 행 왼쪽에 대문자로 **.LOG**를 입력하면 문서를 열 때마다 현재의 시간과 날짜가 문서의 맨 마지막 줄에 자동으로 표시된다.
- **커서 위치에 시간과 날짜 표시**
  - **방법 1 :** [편집] → [시간/날짜] 선택
  - **방법 2 :** F5 누름
- **주요 메뉴**
  - **페이지 설정 :** 용지 크기 · 방향 · 여백 설정, 머리글 · 바닥글 입력
  - **찾기 :** 대 · 소문자를 구분하거나 찾을 방향*을 지정하여 찾음
  - **바꾸기 :** 찾은 내용을 바꿀 내용으로 변경
  - **이동 :** 줄을 기준으로 커서를 이동할 수 있지만 '자동 줄 바꿈'이 해제된 상태에서만 사용 가능
  - **시간/날짜 :** 커서가 있는 위치에 현재 시간과 날짜 입력
  - **자동 줄 바꿈 :** 창 크기에 맞게 텍스트를 표시하고 다음 줄로 넘김
  - **글꼴 :** 글꼴 종류, 글꼴 스타일, 크기 등 지정
  - **상태 표시줄 :** 상태 표시줄의 표시 여부 지정

**Windows 보조프로그램**
Windows 보조프로그램은 Windows에 내장된 앱으로, 시스템 운영에 필수적이지는 않지만 컴퓨터 사용에 부가적인 도움을 주는 앱들로 구성되어 있습니다.

**전문가의 조언**
메모장의 특징이나 날짜를 삽입하는 방법을 묻는 문제가 출제되었습니다. 메모장에는 OLE 개체를 삽입할 수 없다는 것을 중심으로 특징을 정리하고, 날짜를 삽입하는 두 가지 방법을 정확히 기억해 두세요.

**OLE(Object Linking & Embedding)**
다른 앱에서 작성한 그림이나 표 등을 연결하거나 삽입하는 작업으로, 작성한 앱에서 내용을 수정하면 수정된 내용이 연결된 앱에 자동으로 반영됩니다.

**찾기 방향**
찾기 방향에는 '위로'와 '아래로'가 있습니다.

## 2 그림판

23.1, 22.2, 14.1, 11.2, 2급 07.2, 05.1, 03.2

3201602

'그림판'은 간단한 그림을 작성하거나 수정하기 위한 앱이다.

실행 [⊞(시작)] → [Windows 보조프로그램] → [그림판]* 선택

### 특징

- 기본(Default) 저장 형식은 '.PNG'이다.
- 그림판에서는 BMP, GIF, TIF, PNG, JPG 형식의 파일을 편집할 수 있다.
- 그림판에서 작성 또는 편집한 그림은 Windows 바탕 화면의 배경으로 사용하거나 다른 문서에 붙여넣기 할 수 있다.
- 그림을 선택하거나, 자르기, 크기 조정, 회전 또는 대칭 이동 등의 작업을 수행할 수 있다.
- Shift를 누른 상태에서는 수평선, 수직선, 45°의 대각선, 정사각형, 정원을 그릴 수 있다.
- 그림판에서 마우스 왼쪽 버튼으로 그림을 그릴 경우에는 연필과 붓 모두 전경색*으로 그려지고, 오른쪽 버튼으로 그림을 그릴 경우에는 모두 배경색*으로 그려진다.
- 색상을 변경할 때 전경색은 [홈] → [색] → [색 1]을, 배경색은 [홈] → [색] → [색 2]를 클릭한 후 색을 선택한다.

## 3 단계 레코더

1201309

'단계 레코더'는 컴퓨터에서 작업을 수행할 때 각 작업 단계를 녹화하는 앱이다.

실행 [⊞(시작)] → [Windows 보조프로그램] → [단계 레코더] 선택

### 특징

- 사용자가 수행한 작업을 '단계 레코더'가 알아서 기록해 주기 때문에 다른 사람에게 문제 상황을 설명하거나 해결 방안을 제시할 때 매우 유용하게 사용된다.
- 마우스 드래그나 클릭, 키보드 입력 등이 하나의 작업 단계로 녹화되며, 녹화된 내용은 텍스트로 표시된다.
- '화면 캡처*' 기능을 사용하여 작업을 녹화하면 텍스트 아래쪽에 캡처한 이미지가 표시된다.
- 작업 녹화 시 각 단계마다 텍스트 설명을 추가할 수 있다.
- 녹화된 내용을 저장하면 MHTML* 문서(.mht)로 생성되어 압축 파일(.zip)로 저장된다.
- 녹화된 내용은 웹 브라우저나 MS 워드를 통해 확인할 수 있다.

---

**전문가의 조언**

그림판의 특징을 묻는 문제가 출제되었습니다. 그림판은 레이어 같은 고급 기능은 제공하지 않는 앱이란 것을 염두에 두고 특징을 정리하세요.

**그림판을 실행하는 다른 방법**

작업 표시줄의 검색 상자나 실행(⊞+R) 창에 pbrush를 입력한 후 Enter를 누릅니다.

**전경색과 배경색**

전경색은 문자나 선, 이미지의 경계 등을 나타내는 색이고, 배경색은 그림의 배경을 칠하는데 사용하는 색으로, 지우개로 지우면 전경색이 지워지고 배경색이 나타납니다. 쉽게 비유한다면 도화지 색깔은 배경색이고, 도화지 위에 칠하는 물감 등은 전경색입니다.

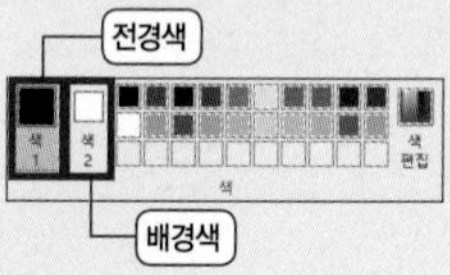


**오디오 파일**

MIDI, WAV 등

**동영상 파일**

AVI, MPEG, MOV, MP4 등

**화면 캡처**

작업 단계를 이미지로 캡처할 경우 기본적으로 저장되는 캡처 수는 최근에 수행한 작업 25개이지만 1~999개까지 임의로 지정할 수 있습니다.

**MHTML**

MHTML은 MIME HTML을 위한 표준 규격으로, 일반적인 HTTP 문서는 HTML 코드로 만든 파일과 별도의 이미지, 음성 등의 파일로 구성된 반면 MHTML은 RFC 2557 문서를 기반으로 모든 데이터를 HTML 코드로 만든 파일에 포함시키는데, 이때 이미지 같은 리소스는 인터넷 표준인 MIME 형태로 인코딩됩니다.

## 따라잡기 기출문제 따라잡기

문제1 3201651 문제4 3201654

23년 1회, 22년 2회, 14년 1회, 11년 2회

**1. 다음 중 Windows 10의 [그림판]에 대한 내용으로 옳지 않은 것은?**

① 그림판에서 그림을 그린 다음 다른 문서에 붙여넣거나 바탕 화면 배경으로 사용할 수 있다.

② JPG, GIF, BMP와 같은 그림 파일도 그림판에서 작업할 수 있다.

③ [레이어]를 이용하면 여러 사진을 추가하여 합성할 수 있다.

④ 선택한 영역을 대칭으로 이동시킬 수 있다.

그림판은 간단한 그림을 그리거나 수정하기 위한 앱입니다. 레이어와 같은 고급 그래픽 기능을 사용하려면 포토샵 같은 전문 그래픽 앱을 설치해서 사용해야 합니다.

07년 4회

**2. 메모장에서 저장된 텍스트 문서를 열 때마다 시스템 클럭을 참조하여 현재의 시간과 날짜를 문서의 끝에 삽입하고자 한다. 다음 중 옳은 것은?**

① 문서의 첫 행 맨 왼쪽에 대문자로 .LOG라고 입력한다.

② 메모장의 [삽입] → [시간/날짜]를 이용한다.

③ 문서를 작성한 후 [파일] → [인쇄] → [시간/날짜]를 이용한다.

④ 시스템 트레이에 있는 시간을 마우스 왼쪽 버튼을 이용하여 문서의 원하는 위치에 놓는다.

문서를 열 때마다 현재의 시간과 날짜를 문서의 끝에 삽입하려면 문서의 첫 행 맨 왼쪽에 대문자로 .LOG라고 입력하고, 커서의 위치에 현재의 시간과 날짜를 삽입하려면 [편집] → [시간/날짜]를 선택하면 됩니다.

11년 1회, 08년 1회, 05년 3회

**3. 다음 중 한글 Windows 10의 [Windows 보조프로그램]에 있는 [메모장]에 관한 설명으로 옳지 않은 것은?**

① 간단한 문서 또는 웹 페이지를 만들 때 사용할 수 있는 기본 텍스트 편집기이다.

② 메모장으로 작성된 파일을 ANSI, 유니코드, UTF-8 등의 인코딩 형식으로 저장할 수 있다.

③ 자동 줄 바꿈, 찾기, 시간/날짜 삽입 등의 기능을 제공한다.

④ 문서의 일부 영역에 글꼴 서식을 별도로 지정할 수 있다.

메모장에서는 문서 전체에 대해서만 글꼴의 종류, 속성, 크기를 변경할 수 있습니다.

21년 4회, 16년 3회

**4. 다음 중 Windows 10의 [메모장]에 관한 설명으로 옳지 않은 것은?**

① 텍스트 파일이나 웹 페이지를 편집하는 간단한 도구로 사용할 수 있다.

② [이동] 명령으로 원하는 줄 번호를 입력하여 문서의 특정 줄로 이동할 수 있으며, 자동 줄 바꿈이 설정된 경우에도 이동 명령을 사용할 수 있다.

③ 특정 문자나 단어를 찾아서 바꾸거나, 창 크기에 맞추어 텍스트 줄을 바꾸어 문서의 내용을 표시할 수 있다.

④ 머리글과 바닥글을 설정하여 문서의 위쪽과 아래쪽 여백에 원하는 텍스트를 표시하여 인쇄할 수 있다.

'이동' 명령은 '자동 줄 바꿈'이 해제된 상태에서만 사용할 수 있습니다.

12년 1회

**5. 다음 중 한글 Windows 10에서 사용하는 [메모장]에서 할 수 있는 기능으로 옳지 않은 것은?**

① 특정 문자나 단어를 찾아서 바꿀 수 있다.

② 텍스트를 잘라내기, 복사하기, 붙여넣기 또는 삭제할 수 있다.

③ 글꼴의 스타일과 크기를 바꿀 수 있다.

④ 편집 중인 문서에 그림을 삽입할 수 있다.

메모장에서는 그림, 차트 등의 OLE 개체를 삽입할 수 없습니다.

▶ **정답 :** 1. ③ 2. ① 3. ④ 4. ② 5. ④

SECTION 016

# 유니버설 앱

C 등급

유니버설 앱과 Windows 보조프로그램의 다른 점

유니버설 앱은 윈도우 10, 윈도우 폰, Xbox One 등 마이크로소프트의 플랫폼 어디에서나 실행 가능한 앱인 반면 Windows 보조프로그램은 윈도우 10에서만 실행 가능한 앱입니다.

전문가의 조언

유니버설 앱 중 빠른 지원의 특징을 묻는 문제가 출제되었습니다. 빠른 지원을 중심으로 각 앱들의 특징을 정리해 두세요.

## 1 유니버설 앱*의 개요

유니버설 앱은 Windows 보조프로그램과 마찬가지로 Windows에 내장된 앱으로 시스템 운영에 필수적이지는 않지만, 컴퓨터 사용에 부가적인 도움을 주는 앱들로 구성되어 있다.

- 유니버설 앱은 [(시작)]을 클릭하여 나타나는 시작 메뉴에서 실행할 수 있다.

## 2 계산기

1201402

'계산기'는 간단한 사칙연산부터, 삼각법, 진법 변환, 날짜 계산, 통화 환율 등을 계산할 때 사용하는 앱이다.

실행 [(시작)] → [계산기] 선택

- 계산기 종류

| | |
|---|---|
| 표준 | 일반적인 사칙연산을 계산한다. |
| 공학용 | 삼각법이나 함수 등을 최대 32자리까지 계산한다. |
| 프로그래머 | 진법 변환 등을 최대 64자리까지 계산한다. |
| 그래프 | 삼각법, 부등식, 함수 등을 이용한 계산식을 그래프로 표시한다. |
| 날짜 계산 | 두 날짜 간의 차이, 특정 날짜에 일수를 추가 또는 뺀 날짜를 계산한다. |

- 변환기 : 통화 환율, 부피, 길이, 무게 및 질량, 온도, 에너지, 면적, 속도, 시간, 일률, 데이터, 압력, 각도 등을 계산한다.
- 키보드의 숫자 키패드를 이용하여 수식을 입력할 수 있다.
- 입력한 내용을 모두 지울 때는 C 단추나 Esc를 누른다.
- 표시된 숫자를 저장할 때는 MS 단추를, 저장된 숫자를 불러와 입력할 때는 MR 단추를 누른다.

## 3 빠른 지원

23.3, 22.5, 21.2

1201310

'빠른 지원'은 다른 사용자의 컴퓨터에 접속하여 원격 지원을 하거나, 내 컴퓨터에 접속한 다른 사용자로부터 원격 지원을 받을 수 있도록 하는 앱이다.

실행 [(시작)] → [빠른 지원] 선택

### 특징

- 내 컴퓨터의 마우스와 키보드로 다른 사용자 컴퓨터를 제어하는 동안 다른 사용자도 화면을 보면서 마우스와 키보드를 조작할 수 있다.
- 원격 지원을 하는 사람은 마이크로소프트 계정으로 로그인 해야하고, 원격 지원을 받는 사람은 로그인 하지 않아도 된다.

1201331

**잠깐만요 빠른 지원 절차**

❶ 원격 접속을 지원할 사용자가 '빠른 지원' 대화상자*에서 〈다른 사람 지원〉을 클릭하면 보안 코드 숫자 6자리가 화면에 표시됩니다. 표시된 보안 코드를 원격 지원을 받을 사용자에게 알려줍니다.
❷ 원격 지원을 받을 사용자는 '빠른 지원' 대화상자의 '도우미 코드' 난에 원격 지원을 제공할 사용자로부터 받은 보안 코드 숫자 6자리를 입력한 후 〈화면 공유〉를 클릭합니다.
❸ 원격 접속을 지원할 사용자가 '공유 옵션'에서 '모든 권한 가지기' 또는 '화면 보기' 중 하나를 선택한 후 상대방 컴퓨터에 원격 접속하여 필요한 도움을 줍니다.

'빠른 지원' 대화상자

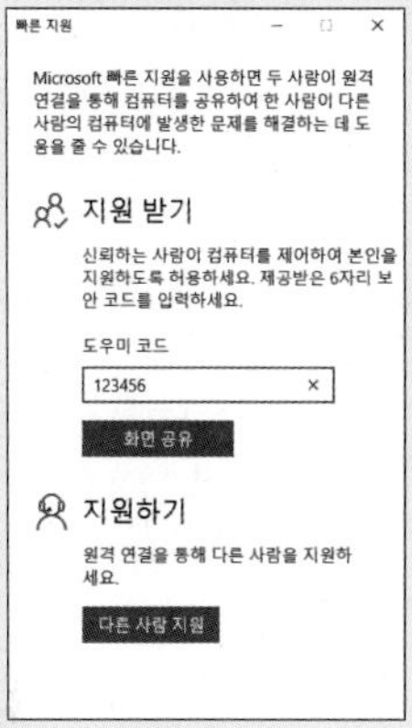


## 4 캡처 및 스케치

24.1

'캡처 및 스케치'는 Windows 보조프로그램의 '캡처 도구'와 마찬가지로 화면의 특정 부분 또는 전체를 캡처하여 JPG, PNG, GIF 파일로 저장하는 앱이다.

**실행** [⊞(시작)] → [캡처 및 스케치] 선택

### 특징

- 캡처 유형에는 사각형, 자유형, 창, 전체 화면이 있다.
- '캡처 및 스케치'의 바로 가기 키는 ⊞ + Shift + S이다.
- 볼펜, 연필, 형광펜, 지우개, 눈금자, 각도기 도구를 이용하여 캡처한 이미지에 필요한 정보를 추가할 수 있다.
- 캡처한 이미지는 전자 메일(E-mail)을 통해 바로 전송할 수 있다.
- 캡처한 이미지를 그림판, 사진 등의 다른 앱으로 열어서 추가 작업을 할 수 있다.
- 캡처 옵션에는 '지금 캡처, 3초 후 캡처, 10초 후 캡처'가 있다.

**궁금해요 시나공 Q&A 베스트**

**Q ⊞+Shift+S를 눌러 캡처한 이미지는 어디에 저장되나요?**

**A** 캡처한 이미지는 클립보드에 저장되며, 다음과 같은 방법을 통해 사용할 수 있습니다.
- **방법 1** : '그림판'이나 '그림판 3D'를 실행한 후 Ctrl + V를 눌러 붙여넣기 하면 이미지가 표시됩니다.
- **방법 2** : 작업 표시줄 오른쪽의 '알림 영역'에 표시된 '캡처 및 스케치' 알림을 클릭하면 '캡처 및 스케치' 창에 이미지가 표시됩니다.

※ '캡처 및 스케치'에 대한 알림은 [⊞(시작)] → [⚙(설정)] → [시스템] → [알림 및 작업] → [캡처 및 스케치]가 '켬'으로 지정되어 있어야만 표시됩니다.

출제예상

**1. 다음 중 한글 Windows 10의 [계산기] 앱에 관한 설명으로 옳지 않은 것은?**

① [표준] 모드에서 표시된 숫자를 저장하거나 불러올 수는 없다.

② 입력한 숫자를 모두 지울 때는 C 단추나 Esc를 누른다.

③ [표준 모드]와 [공학용 모드]의 화면 구성이 서로 다르다.

④ [프로그래머] 모드는 진법 변환 등을 최대 64자리까지 계산할 수 있다.

> 계산기에서 표시된 숫자를 저장할 때는 MS 단추를, 저장된 숫자를 불러와 입력할 때는 MR 단추를 이용하면 됩니다.

출제예상

**2. 다음 중 한글 Windows 10에서 [계산기] 앱의 사용 방법으로 옳지 않은 것은?**

① [표준], [공학용], [프로그래머], [그래프], [날짜 계산]의 5가지로 사용할 수 있다.

② [날짜 계산]에서는 두 날짜 간의 차이를 계산할 수 있다.

③ 표시된 숫자를 저장하려면 MS 버튼을 사용하고, 저장된 숫자를 다시 불러 오려면 MR 버튼을 사용한다.

④ [표준]에서는 2, 8, 10, 16진수 등의 수 체계를 사용할 수 있다.

> 2, 8, 10, 16진수 등의 진법 변환은 [프로그래머], 삼각법이나 함수 계산 등은 [공학용]을 사용해야 합니다.

23년 3회, 22년 5회, 21년 2회

**3. 다음 중 한글 Windows 10에서 [빠른 지원]에 관한 설명으로 옳지 않은 것은?**

① 다른 위치에 있는 상대방이 Windows와 같이 호환되는 운영체제가 실행되는 컴퓨터에서 사용자 컴퓨터를 편리하게 연결하여 문제를 해결할 수 있다.

② 원격 접속을 지원할 사용자가 '빠른 지원' 대화상자에서 〈다른 사람 지원〉을 클릭하면 보안 코드 숫자 6자리가 화면에 표시된다.

③ '공유 옵션'에는 '모든 권한 가지기'와 '화면 보기'가 있다.

④ 원격 접속을 지원할 사용자는 마이크로소프트 계정으로 로그인 하지 않아도 되지만 지원 받는 사용자는 마이크로소프트 계정으로 로그인해야 한다.

> 원격 접속을 지원하는 사용자는 마이크로소프트 계정으로 로그인해야 하고, 지원 받는 사용자는 마이크로소프트 계정으로 로그인하지 않아도 됩니다.

24년 1회

**4. 다음 중 '캡처 및 스케치'에 대한 설명으로 옳지 않은 것은?**

① 화면의 특정 부분 또는 전체를 캡처하여 JPG, PNG, GIF 파일로 저장할 수 있다.

② 눈금자 또는 각도기 도구를 이용하여 이미지에 직선이나 아치를 그릴 수 있다.

③ 캡처 유형에는 사각형 캡처, 원형 캡처, 자유형 캡처 세 가지가 있다.

④ 캡처한 이미지를 다른 프로그램으로 열기하여 추가 작업을 할 수 있다.

> '캡처 및 스케치'의 캡처 유형에는 사각형 캡처, 자유형 캡처, 창 캡처, 전체 화면 캡처 네 가지가 있습니다.

▶ **정답** : 1. ① 2. ④ 3. ④ 4. ③

## 001 | 한글 Windows 10의 특징

**❶ 64비트 데이터 처리** 23.1, 21.3, 16.1, 12.2

- 완전한 64비트로 데이터를 처리하므로 더 많은 양의 데이터를 빠르게 처리할 수 있다.
- 64비트 버전으로 제작된 Windows 10용 앱은 32비트 버전의 Windows 10에서는 작동되지 않는다.

**❷ NTFS** 22.6, 21.3, 19.2, 18.1, 14.2, 12.1, 10.1

- 성능, 보안, 디스크 할당, 안정성, 속도 면에서 FAT 파일 시스템에 비해 뛰어난 고급 기능을 제공한다.
- 최대 볼륨 크기는 256TB이다.
- NTFS는 Windows에서만 사용 가능한 파일 시스템이다.

## 002 | 바로 가기 키

**❶ Alt를 이용한 바로 가기 키** 24.4, 22.5, 21.4, 14.2, 12.1

- Alt + Enter : 선택된 항목의 속성 대화상자를 나타냄
- Alt + F4 : 실행 중인 창(Window)이나 앱을 종료함
- Alt + PrintScreen : 현재 작업 중인 활성 창을 클립보드로 복사함

**❷ Ctrl을 이용한 바로 가기 키** 22.5, 12.1

Ctrl + Esc : [⊞(시작)]을 클릭한 것처럼 [시작] 메뉴를 표시함

**❸ ⊞를 이용한 바로 가기 키** 24.3, 15.2, 11.3

- ⊞ + E : '파일 탐색기'를 실행함
- ⊞ + R : '실행' 창을 실행함
- ⊞ + A : 알림 센터를 실행함

## 003 | 바로 가기 아이콘

**❶ 바로 가기 아이콘의 개요** 24.1, 20.2

- 자주 사용하는 문서나 앱을 빠르게 실행시키기 위한 아이콘으로, 원본 파일의 위치 정보를 가지고 있다.
- 하나의 원본 파일에 대해 여러 개의 바로 가기 아이콘을 만들 수 있으나, 하나의 바로 가기 아이콘에는 하나의 원본 파일만 지정할 수 있다.
- 원본 파일을 삭제하면 해당 파일의 바로 가기 아이콘은 실행되지 않는다.

**❷ 바로 가기 아이콘의 속성 대화상자** 23.4, 22.1, 21.2, 15.1

- 바로 가기 아이콘의 파일 형식, 설명, 위치, 크기, 만든 날짜, 수정한 날짜, 액세스 날짜, 연결된 항목의 정보 등을 확인한다.
- 바로 가기 키, 아이콘, 원본 파일 등을 변경한다.

**❸ 바로 가기 아이콘 만들기** 15.3

개체를 선택한 후 Ctrl + Shift를 누른 채 원하는 위치로 끌어다 놓는다.

## 004 | 작업 표시줄

**❶ 개념 및 특징** 23.3, 22.4, 20.상시, 20.1, 18.상시, 14.1

- 현재 실행되고 있는 앱 단추와 앱을 빠르게 실행하기 위해 등록한 고정 앱 단추 등이 표시되는 곳이다.
- 기본적으로 바탕 화면의 맨 아래쪽에 있다.
- 작업 표시줄은 위치를 변경하거나 크기를 조절할 수 있다. 단, 크기는 화면의 1/2까지만 늘릴 수 있다.
- 작업 표시줄 오른쪽의 알림 영역에 표시할 앱 아이콘과 시스템 아이콘을 설정할 수 있다.
- 작업 표시줄을 자동으로 숨길 것인지의 여부를 선택할 수 있다.
- 작업 표시줄의 단추를 작은 아이콘으로 표시할 수 있다.

## 005 | 작업 표시줄 - 가상 데스크톱

### ❶ 가상 데스크톱 24.2, 23.4

- 작업 보기 화면에서 현재 작업 중인 앱을 드래그하여 다른 데스크톱으로 이동할 수 있다.
- 가상 데스크톱을 제거하면 제거된 가상 데스크톱에서 작업 중이던 앱은 이전 가상 데스크톱으로 이동된다.
- 시스템을 재시작하더라도 가상 데스크톱은 제거되지 않고 남아 있다.

## 006 | 시작 메뉴

### ❶ 시작 메뉴의 개요 11.2

- 작업 표시줄의 가장 왼쪽에 있는 [⊞(시작)] 단추를 눌렀을 때 나타나는 메뉴이다.
- 시작 메뉴를 표시하는 바로 가기 키는 Ctrl + Esc이다.

### ❷ 작업 표시줄에 고정된 앱을 시작 화면에 표시하는 방법 23.3

작업 표시줄에 고정된 앱의 바로 가기 메뉴 중 해당 앱의 바로 가기 메뉴에서 '시작 화면에 고정'을 선택한다.

### ❸ 시작 메뉴의 앱이 설치되어 있는 위치 확인 방법 24.3

앱의 바로 가기 메뉴에서 [자세히] → [파일 위치 열기] 선택 → 앱의 바로 가기 아이콘의 바로 가기 메뉴에서 [파일 위치 열기]를 선택한다.

## 007 | 파일 탐색기

### ❶ 파일 탐색기의 구조 13.1, 12.1

- 파일 탐색기에서 탐색 창과 폴더 창의 크기를 조절하려면 양쪽 영역을 구분해 주는 경계선을 원하는 방향으로 드래그한다.
- 숫자 키패드의 * : 선택된 폴더의 모든 하위 폴더를 표시함
- 왼쪽 방향키(←) : 선택된 폴더가 열려 있을 때는 닫고, 닫혀 있으면 상위 폴더가 선택됨
- Backspace : 선택된 폴더의 상위 폴더가 선택됨

## 008 | 파일 탐색기의 구성 요소

### ❶ 즐겨찾기 21.4, 14.3

자주 사용하는 개체를 등록하여 해당 개체로 빠르게 이동하기 위해 사용하는 기능이다.

### ❷ 라이브러리 14.3

컴퓨터 여기저기에 흩어져 있는 자료를 한 곳에서 보고 정리할 수 있게 하는 가상의 폴더이다.

## 009 | 폴더 옵션

### ❶ '폴더 옵션' 대화상자의 탭별 기능 24.5, 24.3, 22.5, 21.4, 21.2, 21.1, 20.1, …

- 탐색 창에 라이브러리의 표시 여부를 지정한다.
- 숨김 파일이나 폴더의 표시 여부를 지정한다.
- 알려진 파일 형식의 파일 확장명 표시 여부를 지정한다.
- 폴더 팁에 파일 크기 정보 표시 여부를 지정한다.
- 폴더에서 시스템 파일을 검색할 때 색인을 사용할지 여부를 지정한다.

## 010 | 디스크 관리

### ❶ 디스크 관리에서의 주요 기능 19.2, 16.3

- 볼륨을 확장하거나 축소, 삭제할 수 있다.
- 드라이브 문자를 할당할 수 있다.
- 포맷을 할 수 있다.

## 011 | 파일과 폴더

### ❶ 공유 20.2, 15.1, 10.1

- 프린터(네트워크, 로컬), 앱, 문서, 비디오, 소리, 그림 등의 데이터를 모두 공유할 수 있다.
- 공용 폴더 공유 시 해당 폴더에 대한 접근 권한을 사용자별로 다르게 설정할 수 있다.
- 폴더명 뒤에 '$'가 붙어 있는 폴더를 공유하거나 공유 이름 뒤에 '$'를 붙이면 네트워크의 다른 사용자가 공유 여부를 알 수 없다.

## 012 | 파일/폴더 다루기

### ❶ 파일/폴더 - 선택 19.1

| | |
|---|---|
| 연속적인 항목 선택 | 첫 항목을 클릭한 후 Shift를 누른 상태에서 마지막 항목을 클릭함 |
| 비연속적인 항목 선택 | Ctrl을 누른 상태에서 선택할 항목을 차례로 클릭함 |
| 전체 항목 선택 | Ctrl + A |

### ❷ 파일/폴더 - 복사/이동 24.1, 23.4, 23.2, 22.1, 21.3, 21.2, 19.1, 12.2

| | 복사 | 이동 |
|---|---|---|
| 같은 드라이브 | Ctrl을 누른 상태에서 마우스로 드래그 앤 드롭 | 마우스로 드래그 앤 드롭 |
| 다른 드라이브 | 마우스로 드래그 앤 드롭 | Shift를 누른 상태에서 마우스로 드래그 앤 드롭 |

## 013 | 검색 상자

### ❶ 파일 탐색기의 검색 상자 22.1, 21.4, 21.3, 21.1, 18.2, 17.2, 17.1, 14.2, 11.3, 10.2

- 파일 탐색기에서 찾으려는 내용을 검색 상자에 입력하고 Enter를 누르면 리본 메뉴에 검색 필터를 설정할 수 있는 [검색] 탭이 생성되고 검색이 수행된다.
- 기본적으로 검색 상자에 입력한 내용이 포함된 파일이나 폴더 등을 검색하고, 내용 앞에 '–'를 붙이면 해당 내용이 포함되지 않은 파일이나 폴더를 검색한다.
- '색인 옵션' 기능을 사용하면 더 빠른 속도로 검색할 수 있다.
- 수정한 날짜, 종류, 크기 등과 같은 속성을 이용하여 파일을 검색할 수 있다.

### ❷ 검색 필터 24.4, 23.1

- **수정한 날짜** : 오늘, 어제, 이번 주, 지난 주, 이번 달 등
- **종류** : 일정, 통신, 연락처, 문서, 전자 메일 등
- **크기** : 비어 있음, 매우 작음, 작음, 보통, 큼 등
- **기타 속성** : 만든 이, 유형, 이름, 폴더 경로 등

## 014 | 휴지통 사용하기

### ❶ 휴지통에 보관되지 않는 경우 23.4, 22.3, 15.3, 12.3, 11.2

- USB 메모리, DOS 모드(명령 프롬프트), 네트워크 드라이브에서 삭제된 항목
- Shift를 누르고 삭제 명령을 실행한 경우
- 휴지통 속성에서 '파일을 휴지통에 버리지 않고 삭제할 때 바로 제거'를 선택한 경우
- 휴지통 속성에서 최대 크기를 0MB로 지정한 경우
- 같은 이름의 항목을 복사/이동 작업으로 덮어쓴 경우

❷ 휴지통 속성 23.5, 15.3

- 휴지통의 크기를 MB 단위로 드라이브마다 다르게 설정할 수 있고, 모두 같은 크기로 설정할 수도 있다.
- 파일이나 폴더를 삭제할 때 휴지통을 거치지 않고 바로 삭제하도록 설정할 수 있다.
- '삭제 확인 대화 상자 표시'를 선택하여 파일이나 폴더가 삭제될 때마다 확인 대화상자가 표시되도록 설정할 수 있다.

❸ 휴지통 복원 23.5, 22.7

- 방법 1 : [관리] → [휴지통 도구] → [복원] → [모든 항목 복원/선택한 항목 복원] 클릭
- 방법 2 : 바로 가기 메뉴에서 [복원] 선택
- 방법 3 : 원하는 위치로 드래그
- 방법 4 : [홈] → [클립보드] → [잘라내기], 복원할 위치를 선택한 후 [홈] → [클립보드] → [붙여넣기]
- 방법 5 : Ctrl + X를 누른 후 복원한 위치를 선택하고 Ctrl + V를 누름

## 015 | Windows 보조프로그램

❶ 메모장 21.4, 16.3, 12.1, 11.1

- 특별한 서식이 필요 없는 간단한 텍스트(ASCII 형식) 파일을 작성할 수 있는 문서 작성 앱이다.
- 문서 전체에 대해서만 글꼴의 종류, 속성, 크기를 변경할 수 있으나 지정할 수 있는 속성의 종류는 다양하지 않다.
- 메모장에서는 그림, 차트 등의 OLE 개체를 삽입할 수 없다.
- '이동' 명령을 사용하여 줄을 기준으로 커서를 이동할 수 있지만 '자동 줄 바꿈'이 해제된 상태에서만 사용 가능하다.

❷ 그림판 23.1, 22.2, 14.1, 11.2

- 그림판에서는 BMP, GIF, TIF, PNG, JPG 형식의 파일을 편집할 수 있다.
- 그림판에서 작성 또는 편집한 그림은 Windows 바탕화면의 배경으로 사용하거나 다른 문서에 붙여넣기 할 수 있다.
- 그림을 선택하거나, 자르기, 크기 조정, 회전 또는 대칭 이동 등의 작업을 수행할 수 있다.
- 레이어와 같은 고급 그래픽 기능은 제공하지 않는다.

## 016 | 유니버설 앱

❶ 빠른 지원 23.3, 22.5, 21.2

- 다른 사용자의 컴퓨터에 접속하여 원격 지원을 하거나, 내 컴퓨터에 접속한 다른 사용자로부터 원격 지원을 받을 수 있도록 하는 앱이다.
- 원격 지원을 하는 사람은 마이크로소프트 계정으로 로그인 해야하고, 원격 지원을 받는 사람은 로그인 하지 않아도 된다.

❷ 캡처 및 스케치 24.1

- 화면의 특정 부분 또는 전체를 캡처하여 JPG, PNG, GIF 파일로 저장하는 앱이다.
- 캡처 유형에는 사각형, 자유형, 창, 전체 화면이 있다.

2 장

# 한글 Windows 10의 고급 기능

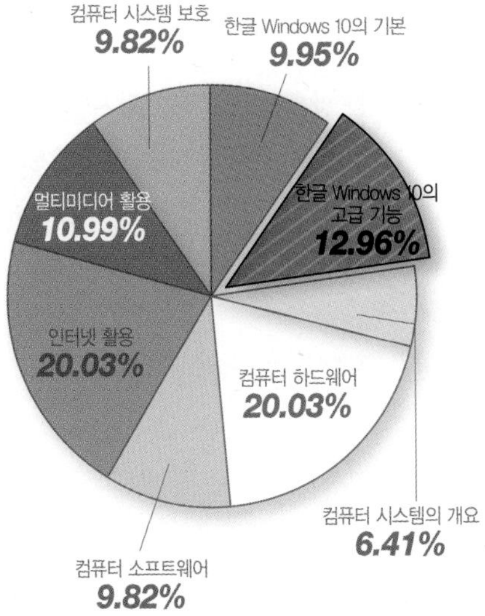




이 장에서 꼭 알아야 할 키워드 Best 10

**1.** 장치 관리자 **2.** 네트워크 및 인터넷 **3.** 계정 **4.** 글꼴 **5.** 문서 인쇄 **6.** 개인 설정 **7.** TCP/IP 구성 요소 **8.** 레지스트리 **9.** 프린터 **10.** 앱 및 기능

SECTION
017

# [설정] 창

D 등급

전문가의 조언

'설정' 창의 항목에는 어떤 것들이 있고, 각 항목에서는 어떤 기능을 수행할 수 있는지 알고 있어야 합니다. '설정' 창의 중요 항목들은 해당 섹션에서 자세히 다룰 것이니 여기서는 각각의 항목들이 어떤 기능을 수행하는지 정도만 알아두고 넘어가세요.

## 1 [설정] 창의 개요

1201501

[설정] 창은 컴퓨터를 구성하는 앱과 하드웨어에 대한 설정 사항을 변경하는 곳으로, 여러 가지 설정 항목으로 구성되어 있다.

**실행**

- **방법 1** : [(시작)] → [(설정)]
- **방법 2** : ⊞+I 누름

### 특징

- 각각의 아이콘을 선택하여 컴퓨터에 설치된 해당 장치의 정보를 확인하고 변경할 수 있으며, 새로운 하드웨어나 앱을 설치할 수 있다.
- 설정할 항목을 검색하여 해당 항목을 설정할 수 있는 곳으로 바로 이동할 수 있다.

## 2 [설정] 창의 구성 항목

1201502

| | |
|---|---|
| **시스템** | 디스플레이, 소리, 알림, 전원, 저장소*, 집중 지원* 등을 설정한다. |
| **장치** | 프린터, 스캐너 등 컴퓨터에 연결된 장치들을 설치하거나 제거한다. |
| **전화** | 사용자 컴퓨터에서 바로 문자를 보내거나 휴대폰에 저장된 사진이나 문자 등을 확인할 수 있도록 설정한다. |
| **네트워크 및 인터넷** | • 네트워크 상태를 확인하거나 새로운 연결을 추가한다.<br>• Wi-Fi*, 핫스팟* 등을 켜거나 비행기 모드로 전환한다. |
| **개인 설정** | 바탕 화면의 배경, 색, 잠금 화면, 테마 등을 설정한다. |
| **앱** | • 앱을 제거 및 수정한다.<br>• 웹 브라우저나 전자 메일 등의 작업에 사용할 기본 앱을 지정한다. |
| **계정** | 새로운 계정 추가 및 로그인 옵션 등을 설정한다. |
| **시간 및 언어** | 날짜 및 시간, 지역, 언어 등을 설정한다. |
| **게임** | 게임 실행 화면에 표시되는 게임 바가 열리는 방식이나 게임 플레이중 사용할 바로 가기 키 등을 설정한다. |
| **접근성** | 돋보기, 내레이터*, 고대비*, 선택 자막 등을 설정한다. |
| **검색** | 검색 시 유해 정보 표시를 차단하거나 검색 기록을 삭제한다. |
| **개인 정보** | 앱과 연동되는 개인 정보나 위치, 계정 정보 등을 설정한다. |
| **업데이트 및 보안** | • Windows 업데이트 현황을 확인한다.<br>• 바이러스와 같은 위협 요소로부터 컴퓨터를 보호하기 위한 방화벽이나 백신 등을 설정한다. |

**저장소**
하드디스크에서 불필요한 앱이나 임시 파일 등을 제거하여 사용 공간을 확보할 때 사용합니다.

**집중 지원**
중요한 작업이나 게임 등을 할 때 알림으로 인한 방해가 없도록 알림 표시 여부를 지정하거나 중요 알림만 선택적으로 표시되도록 지정할 때 사용합니다.

**Wi-Fi**
무선접속장치(AP)가 설치된 곳을 중심으로 일정 거리 이내에서 초고속 인터넷이 가능하게 하는 무선랜 기술입니다.

**핫스팟**
무선접속장치(AP)와 같이 기지국에서 받은 신호를 Wi-Fi로 중계해 주는 역할을 합니다.

**내레이터**
화면의 모든 텍스트를 내레이터가 소리 내어 읽어주도록 할 때 사용합니다.

**고대비**
고유색을 사용하여 색상 대비를 강하게 함으로써 텍스트와 앱이 보다 뚜렷하게 표시되도록 할 때 사용합니다.

1201531

### 잠깐만요 [제어판]

Windows 10은 시스템 환경을 구성할 수 있도록 '설정' 창과 '제어판'을 제공합니다. 이전 Windows 버전에서 사용하던 '제어판'을 요즘 시스템 스타일에 맞춰 발전시킨 것이 '설정' 창입니다. 대부분의 기능은 '설정' 창에서 지정할 수 있으나 아직도 몇몇 세부적인 기능은 '제어판'에서만 설정할 수 있습니다.

**실행** [(시작)] → [Windows 시스템] → [제어판] 선택

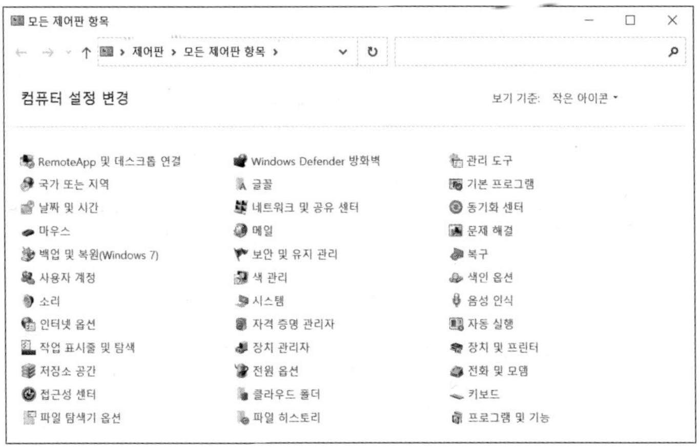

SECTION 018

# [설정] 창의 '시스템'

A 등급

**[설정] → [시스템] 실행**
바탕 화면의 바로 가기 메뉴에서 [디스플레이 설정]을 선택해도 됩니다.

**전문가의 조언**
'디스플레이'에서 설정 및 확인 가능한 기능에 대한 문제가 출제되었습니다. 평소 컴퓨터를 사용할 때도 필요한 기능이니 잘 정리해 두세요.

24.4, 15.1, 2급 24.3, 23.2, 22.4, 16.1, 14.3, 08.4, 08.1, 03.4, 01.1

## 1 디스플레이

1201601

'디스플레이'는 화면에 표시되는 텍스트와 앱의 크기, 화면 해상도 등을 변경할 때 사용한다.

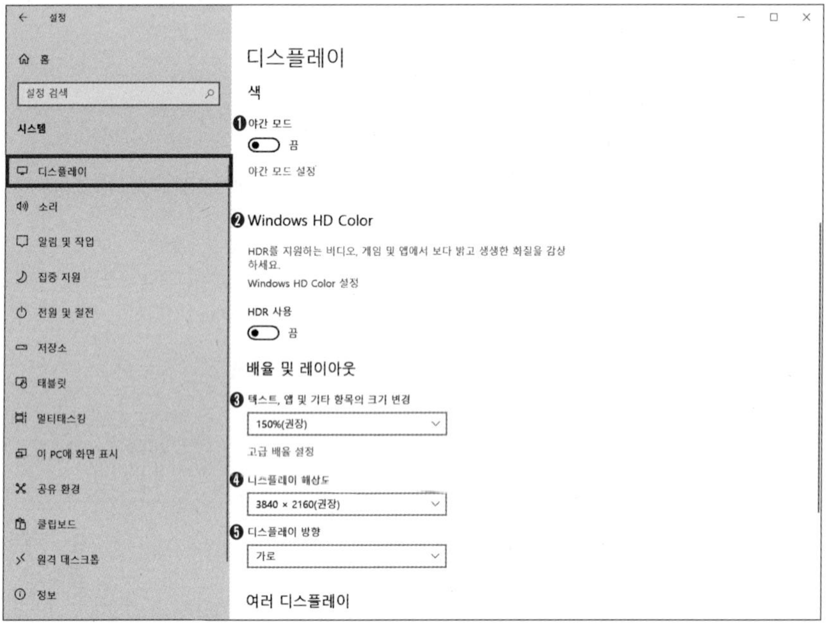


| | |
|---|---|
| 24.4, 2급 16.1<br>**❶ 야간 모드** | 디스플레이 장치에서 나오는 차가운 빛*을 밤에는 눈에 편한 따뜻한 색으로 표시하여 눈의 피로를 적게 한다. |
| **❷ Windows HD Color*** | HDR 또는 WCG* 콘텐츠를 표시할 수 있도록 설정한다. |
| 24.4, 15.1, 2급 16.1<br>**❸ 텍스트, 앱 및 기타 항목의 크기 변경** | • 화면에 표시되는 텍스트나 앱, 아이콘 등의 크기를 변경한다.<br>• 기본적으로 제공되는 비율(100%, 125%, 150%, 175% 등) 이외에 사용자가 원하는 비율(100%~500%)을 지정할 수 있다. |
| 15.1, 06.3, 03.4, 2급 23.2, 22.4, 16.1 …<br>**❹ 디스플레이 해상도** | 디스플레이 장치의 해상도를 변경한다. |
| 24.4, 2급 16.1<br>**❺ 디스플레이 방향** | 디스플레이 장치의 화면 방향을 가로, 세로, 가로(대칭 이동), 세로(대칭 이동) 중에서 선택하여 변경한다. |

**차가운 빛**
컴퓨터 모니터에서 나오는 380~500㎚의 짧은 파장을 내는 파란색 계열의 빛으로, 청광색 또는 블루라이트(Blue Light)라고 부릅니다.

**Windows HD Color**
기존 콘텐츠에 비해 밝기와 색상 기능이 개선된 콘텐츠인 HDR(High Dynamic Range) 콘텐츠를 Windows 장치로 가져오는 기능입니다. HDR 콘텐츠는 색상과 밝기 면에서 더 광범위한 영역을 표현하므로 더 선명하고 고유한 색상을 구현할 수 있습니다.

**WCG(Wide Color Gamut, 광색역)**
디스플레이에서 표현할 수 있는 전체 색의 범위를 넓히는 기술을 의미합니다.

21.3, 2급 22.4, 14.3, 09.4

**잠깐만요** **다중 디스플레이**

하나의 컴퓨터에 두 개 이상의 모니터를 연결하는 것으로, 다음과 같은 특징이 있습니다.

- 각 모니터마다 해상도와 방향을 다르게 설정할 수 있고, 원하는 모니터를 주모니터로 설정할 수 있습니다.
- 한 모니터에서는 웹 작업, 다른 모니터에서는 문서 작성 등 모니터마다 다른 작업을 수행할 수 있도록 지정할 수 있습니다.
- 복수 모니터를 개별 그래픽 어댑터 또는 복수 출력을 지원하는 단일 어댑터에 연결할 수 있습니다.

24.2, 24.1

## 2 저장소

501206

'저장소'는 하드디스크에서 불필요한 앱이나 임시 파일, 휴지통 파일 등을 제거하여 사용 공간을 확보할 때 사용한다.

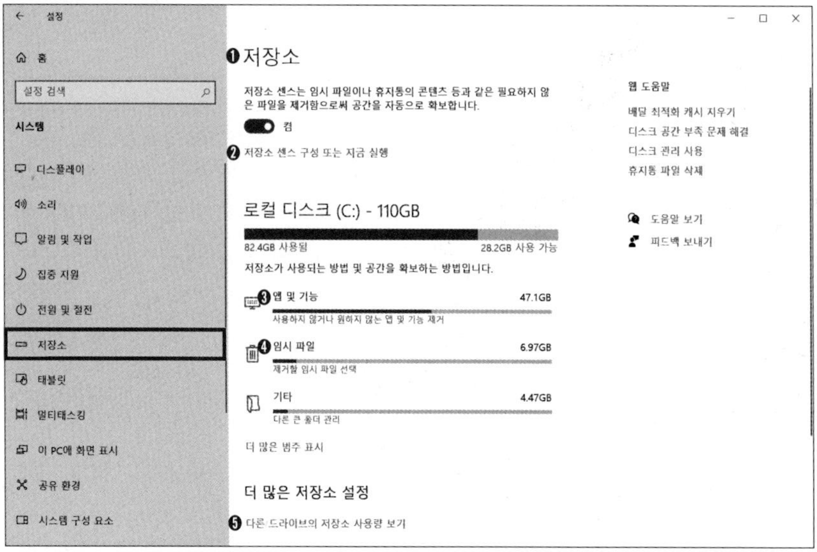


| | |
|---|---|
| ❶ 저장소 | 디스크 공간이 부족해지면 사용 공간을 확보하기 위해 저장소 센스*가 자동으로 실행되어 임시 파일이나 휴지통의 파일 등 불필요한 파일을 제거할 수 있도록 설정한다. |
| 24.2<br>❷ 저장소 센스 구성 또는 지금 실행 | • 저장소 센스는 기본적으로 하드디스크 공간이 부족할 때 실행되지만 매일, 매주, 매월 단위로 저장소 센스가 실행되도록 설정할 수 있다.<br>• 휴지통과 다운로드 폴더에 보관된 파일의 삭제 기준일*을 지정할 수 있다.<br>• 파일 정리를 바로 실행할 수 있다. |
| ❸ 앱 및 기능 | 사용하지 않거나 원치 않는 앱 및 기능을 제거할 수 있는 창으로 이동한다. |
| ❹ 임시 파일 | 임시 파일을 제거할 수 있는 창으로 이동한다. |
| ❺ 다른 드라이브의 저장소 사용량 보기 | 컴퓨터에 설치되어 있는 모든 드라이브의 사용 현황을 확인하거나 임시 파일 등을 삭제할 수 있다. |

**전문가의 조언**

'저장소'에서 설정할 수 있는 기능에 대한 문제가 출제되고 있습니다. 저장소 센스의 개념을 중심으로 내용을 정리하세요.

**저장소 센스(Storage Sense)**
저장소 센스는 저장 공간 센스, 스토리지 센스라고도 불립니다.

**삭제 기준일**
안 함, 1일, 14일, 30일, 60일 중 선택할 수 있고, 저장소 센스가 실행되면 선택한 기준일보다 오래 보관된 파일들은 삭제됩니다.

> **전문가의 조언**
> 태블릿 모드의 설정에 대한 문제가 문제가 출제되고 있습니다. 태블릿 모드를 설정해도 키보드와 마우스를 사용할 수 있다는 것을 기억해 두세요.
>
> **태블릿(Tablet)**
> 터치 스크린 기능이 장착되어 펜으로 기기를 조작할 수 있는 컴퓨터를 말합니다.
>
> **추가 태블릿 설정 변경**

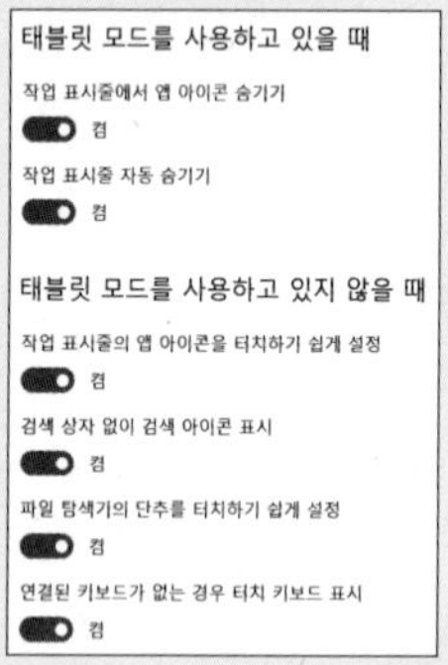


## 3 태블릿

24.5

5501404

태블릿*은 일반 PC를 태블릿처럼 사용할 수 있도록 설정할 때 사용한다.

- 태블릿 모드를 설정해도 키보드와 마우스를 사용할 수 있다.

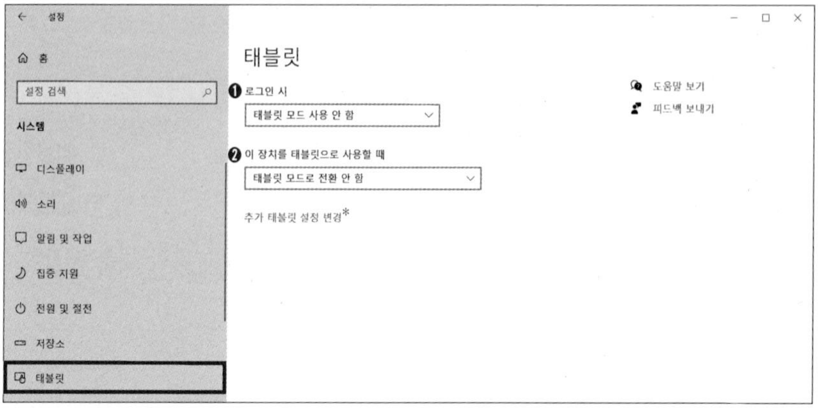


| | |
|---|---|
| 24.5<br>**❶ 로그인 시** | 항상 태블릿 모드 사용, 태블릿 모드 사용 안 함, 하드웨어에 적절한 모드 사용 |
| 24.5<br>**❷ 이 장치를 태블릿으로 사용할 때** | 태블릿 모드로 전환 안 함, 모드를 전환하기 전에 확인, 항상 태블릿 모드로 전환 |

> **전문가의 조언**
> '정보'에서 확인 및 설정 가능한 기능에 대한 문제가 출제되었습니다. '정보'에서는 PC 이름만 설정 가능하고 나머지는 확인만 가능하다는 것을 기억해 두세요.

## 4 정보

22.4, 21.4, 2급 24.1, 23.5, 23.2, 21.4, 20.1

1201606

'정보'는 시스템에 연결된 하드웨어 및 Windows 사양 등을 확인하거나 컴퓨터(PC) 이름을 변경할 때 사용한다.

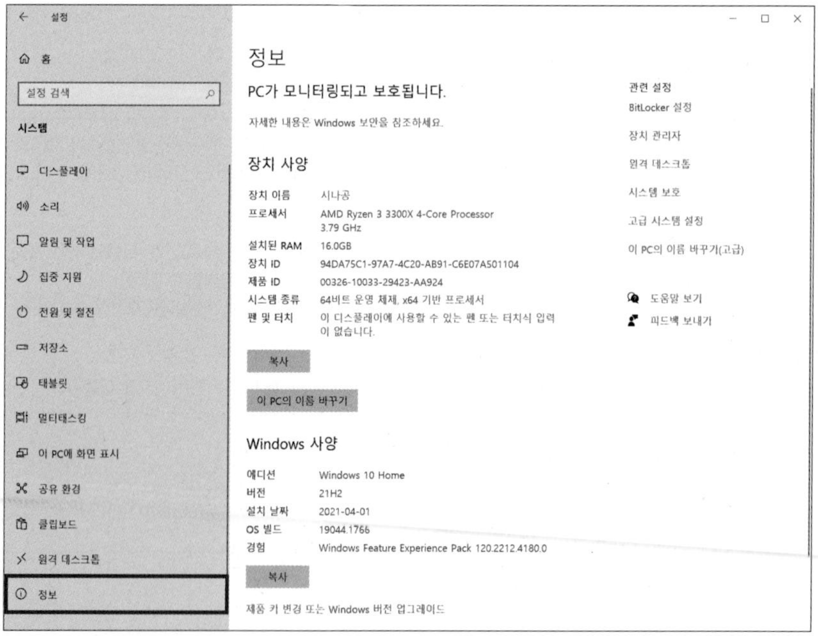

17.2, 09.2, 2급 11.3, 10.1, 09.4, 09.2, 08.3, 05.3

## 잠깐만요 '시스템 속성' 대화상자의 탭별 기능

1201631

[(시작)] → [(설정)] → [시스템] → [정보] → [고급 시스템 설정]을 클릭하면 시스템의 설정을 변경할 수 있는 '시스템 속성' 대화상자가 나타납니다.

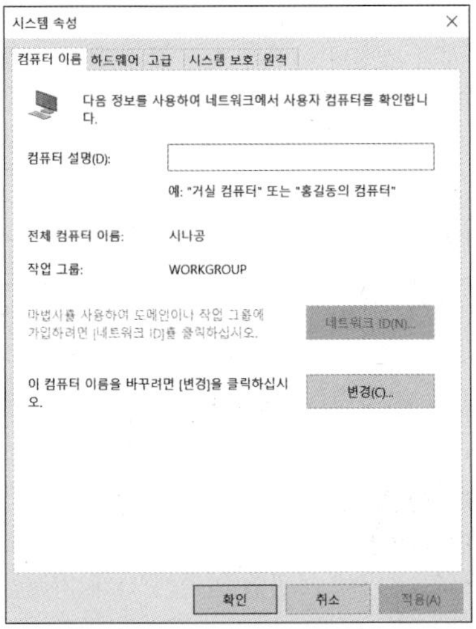


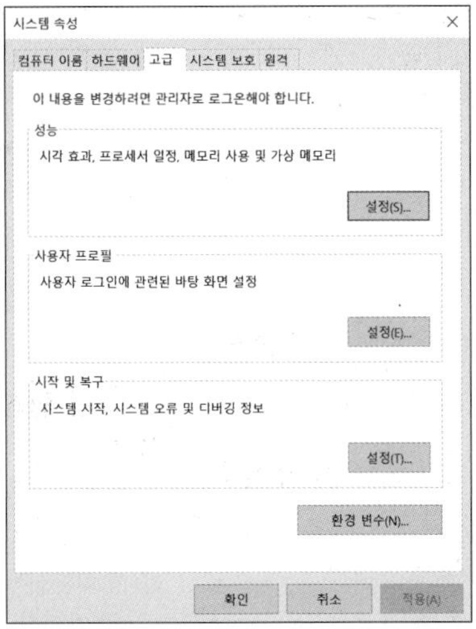


| | |
|---|---|
| **컴퓨터 이름** | 컴퓨터 이름, 작업 그룹 등을 확인 및 변경할 수 있습니다. |
| **하드웨어** | • **장치 관리자** : 컴퓨터에 설치되어 있는 하드웨어의 종류 및 작동 여부를 확인하고 속성을 변경합니다.<br>• **장치 설치 설정** : Windows에 연결된 장치에 사용할 수 있는 제조업체 앱 및 사용자 지정 아이콘의 자동 다운로드 여부를 설정합니다. |
| **고급** | • **성능** : 프로세서 리소스의 할당 방법 및 가상 메모리의 크기를 지정합니다.<br>• **사용자 프로필** : 사용자 프로필을 확인하고 유형 변경, 삭제, 복사 위치 등의 작업을 할 수 있습니다.<br>• **시작 및 복구** : 운영체제가 두 개 이상 설치되어 있는 경우 기본적으로 부팅되는 운영체제를 지정하거나 시스템에 이상이 있을 경우에 취할 수 있는 방법을 지정합니다. |
| **시스템 보호** | 시스템 복원*의 실행, 시스템 복원에 사용할 디스크 공간 및 복원 지점을 지정합니다. |
| **원격** | 원격 지원에 대한 사용 여부를 지정합니다. |

**시스템 복원**
'시스템 복원'은 컴퓨터가 최적의 상태일 때를 복원 지점으로 설정하여 기억시켜 놓은 후 컴퓨터 시스템에 문제가 생겼을 경우 복원 지점을 이용하여 정상적인 상태로 만드는 기능입니다.

따라잡기 기출문제 따라잡기

문제2 4301852 문제3 1201652

24년 4회

**1. 다음 중 [설정] → [시스템] → [디스플레이]에 대한 설명으로 옳지 않은 것은?**

① 화면의 방향을 가로, 세로, 가로(대칭 이동), 세로(대칭 이동) 중에서 선택하여 변경할 수 있다.

② 청색광을 조절하는 야간 모드의 켜고 끄는 예약 시간을 설정할 수 있다.

③ 화면의 밝기 및 기타 전원 설정을 조정할 수 있다.

④ 화면에 표시되는 텍스트, 앱 및 기타 항목의 크기를 변경할 수 있다.

기타 전원 설정은 [⚙(설정)] → [시스템] → [전원 및 절전]이나 [제어판] → [전원 옵션]에서 조정할 수 있습니다.

22년 4회, 21년 4회

**2. 다음 중 한글 Windows 10의 [시스템] → [정보]에 관한 설명으로 옳지 않은 것은?**

① 설치된 RAM의 크기를 확인할 수 있다.

② Windows의 설치 날짜를 확인할 수 있다.

③ 설치된 운영체제를 32비트에서 64비트로 변경할 수 있다.

④ 컴퓨터의 이름을 확인하거나 변경할 수 있다.

[시스템] → [정보]에서 변경할 수 있는 것은 컴퓨터 이름뿐이고, 나머지는 확인만 할 수 있습니다.

17년 2회

**3. 다음 중 한글 Windows 10에서 [시스템 속성] 대화상자의 [고급] 탭에서 설정 가능한 기능으로 옳지 않은 것은?**

① 프로세서 리소스 할당 방법, 가상 메모리의 크기 등을 지정할 수 있다.

② 컴퓨터의 디스크에 대해 시스템 보호를 설정하거나 해제할 수 있다.

③ 사용자 계정과 관련된 바탕 화면 설정과 기타 정보를 확인하고 사용자 유형 변경, 삭제, 복사 등의 작업을 할 수 있다.

④ 시스템에 이상이 있을 경우에 취할 수 있는 방법을 지정할 수 있다.

컴퓨터 디스크에 대해 시스템을 보호하려면 '시스템 속성' 대화상자의 '시스템 보호' 탭에서 복원 지점을 만들어 컴퓨터의 시스템 파일 및 설정에 대한 정보를 정기적으로 저장하고, 시스템에 문제가 있을 경우 지정한 복원 지점으로 시스템을 되돌리면 됩니다.

21년 3회

**4. 다음 중 다중 디스플레이에 대한 설명으로 옳지 않은 것은?**

① 각 모니터의 해상도와 방향은 동일하게만 설정되며, 원하는 모니터를 주모니터로 설정할 수 있다.

② 복수 모니터를 개별 그래픽 어댑터 또는 복수 출력을 지원하는 단일 어댑터에 연결할 수 있다.

③ 한 모니터에서 웹 작업을 보면서 다른 모니터에서 이미지 또는 텍스트를 편집할 수 있다.

④ 바탕 화면의 크기를 확장하여 작업 생산성을 높일 수 있다.

각 모니터마다 해상도와 방향을 다르게 설정할 수 있습니다.

24년 1회

**5. 다음 중 [설정] → [시스템] → [저장소]에 대한 설명으로 옳지 않은 것은?**

① 하드디스크에서 불필요한 앱이나 임시 파일 등을 제거하여 사용 공간을 확보할 때 사용한다.

② 휴지통과 다운로드 폴더에 보관된 파일의 삭제 기준일을 지정할 수 있다.

③ 저장 공간 센스를 켜면 드라이브의 단편화 제거로 인해 컴퓨터를 효율적으로 사용할 수 있다.

④ 파일 정리를 바로 실행할 수 있다.

저장 공간 센스는 하드디스크 공간이 부족할 때 자동으로 실행되어 임시 파일이나 휴지통의 파일 등 불필요한 파일을 삭제하는 것으로, 드라이브의 단편화를 제거하지는 않습니다.

24년 5회

**6. 다음 중 태블릿 설정에 대한 설명으로 옳은 것은?**

① 로그인 시 '소프트웨어에 적절한 모드 사용'을 설정할 수 있다.

② 태블릿 설정 모드에는 '태블릿 모드로 전환 안 함'과 '항상 태블릿 모드로 전환' 두 가지가 있다.

③ 태블릿 모드를 지정하면 앱 실행 시 전체 화면으로 표시되고, 작업 표시줄과 바탕 화면 아이콘이 축소된다.

④ 태블릿 모드를 설정해도 키보드와 마우스를 사용할 수 있다.

① 로그인 시 '하드웨어에 적절한 모드 사용'을 설정할 수 있습니다.
② 태블릿 설정 모드에는 '태블릿 모드로 전환 안 함', '항상 태블릿 모드로 전환', '모드를 전환하기 전에 확인'이 있습니다.
③ 태블릿 모드를 지정해도 작업 표시줄은 축소되지 않습니다. 작업 표시줄을 축소하려면 '추가 태블릿 설정 변경' 항목에서 '작업 표시줄 자동 숨기기'를 지정해야 합니다.

▶ 정답 : 1. ③ 2. ③ 3. ② 4. ① 5. ③ 6. ④

# SECTION 019 [설정] 창의 '개인 설정'*

B 등급

## 1 배경

21.1, 19.1, 15.1, 10.2, 03.3, 2급 24.3, 23.4, 23.1, 22.4, 21.4, 21.2, 18.상시, 14.1, 13.3, 13.1, 12.2, 12.1, 11.3, 10.3, 10.1, …

1201701

'배경'은 바탕 화면의 배경을 지정할 때 사용한다.

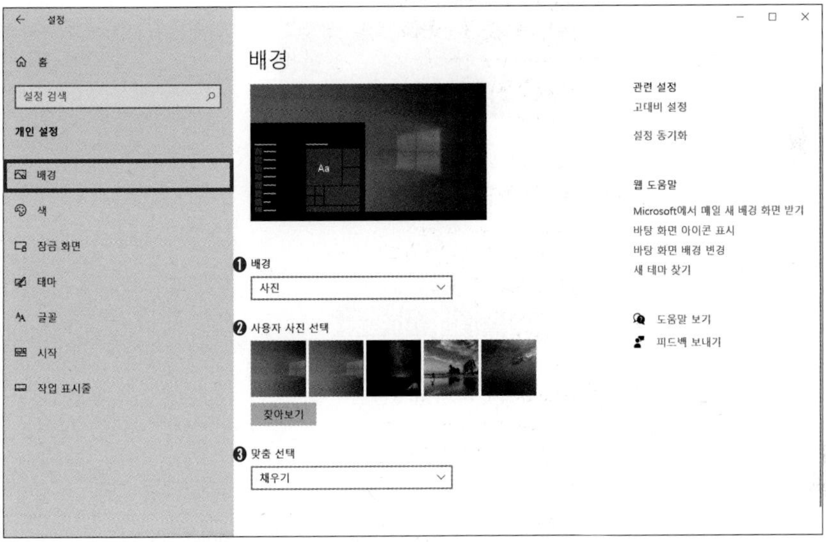


| | |
|---|---|
| 21.1, 19.1, 15.1, 10.2, 03.3<br>**❶ 배경** | • 바탕 화면의 배경이 표시되는 방식을 지정한다.<br>• **배경 표시 방식** : 사진, 단색, 슬라이드 쇼* |
| 2급 21.4, 18.상시, 11.3<br>**❷ 사용자 사진 선택** | Windows에서 제공하는 이미지나 GIF, BMP, JPEG, PNG 등의 사용자 이미지 중에서 원하는 그림 파일을 선택하여 지정한다. |
| **❸ 맞춤 선택** | • 바탕 화면에 놓일 배경 그림의 맞춤 방식을 지정한다.<br>• **맞춤 방식 종류** : 채우기, 맞춤, 확대, 바둑판식 배열, 가운데, 스팬 |

**[설정] → [개인 설정] 실행**
바탕 화면의 바로 가기 메뉴에서 [개인 설정]을 선택해도 됩니다.

**전문가의 조언**
'개인 설정'에서 설정할 수 있는 기능들에 대한 문제는 종종 출제됩니다. '배경'과 '잠금 화면'을 중심으로 각 항목에서 설정할 수 있는 기능을 정리해 두세요.

**슬라이드 쇼**
2장 이상의 사진이 지정된 시간 간격으로 순환되어 표시되는 것으로, 사진 변경 시간을 1분, 10분, 30분, 1시간, 6시간, 1일 단위로 다양하게 지정할 수 있습니다.

24.3, 22.3, 21.1, 19.1, 10.2, 06.4, 04.1, 03.3, 2급 24.3, 23.4, 23.1, 22.4, 21.4, 21.2, 18.상시, 14.1, 13.3, 12.1, 11.3, 10.3, …

## 2 잠금 화면*

1201702

'잠금 화면'은 잠금 화면에 표시할 앱이나 배경을 지정할 때 사용한다.

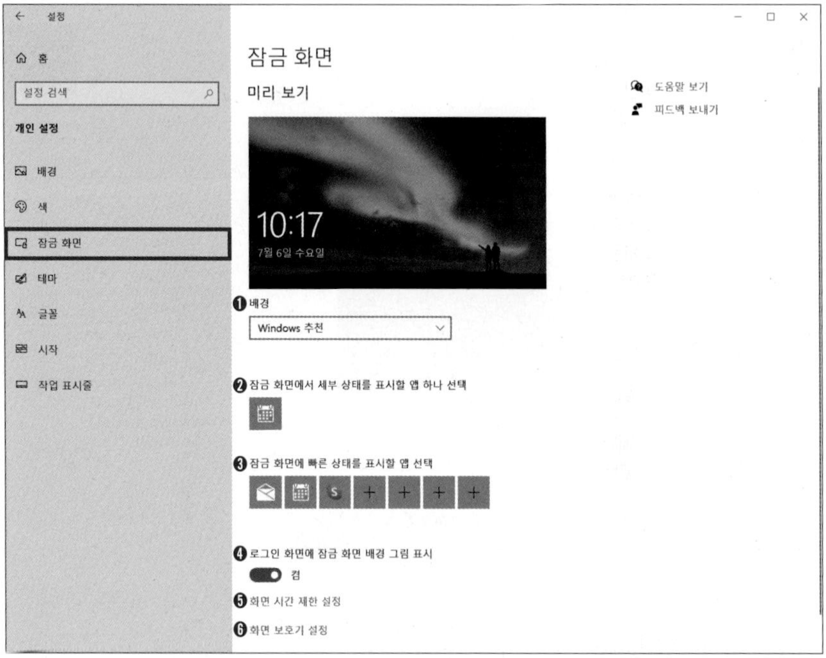


| | |
|---|---|
| 24.3<br>❶ 배경 | • 잠금 화면의 배경으로 사용할 사진의 종류를 지정한다.<br>• **종류** : Windows 추천, 사진, 슬라이드 쇼 |
| 24.3<br>❷ 잠금 화면에서 세부 상태를 표시할 앱 하나 선택 | 잠금 화면에 기본적으로 표시되는 날짜와 시간 아래에 표시할 앱을 선택한다.<br>예 '일정'을 선택하면, 당일에 등록한 일정이 있을 경우 잠금 화면에 해당 일정이 표시됨 |
| ❸ 잠금 화면에 빠른 상태를 표시할 앱 선택 | 잠금 화면에 알림을 표시할 앱을 하나만 선택한다.<br>예 '메일'을 선택하면, 잠금 화면 상태일 때 메일이 오면 잠금 화면에 메일 아이콘이 표시됨 |
| 24.3<br>❹ 로그인 화면에 잠금 화면 배경 그림 표시 | 잠금 화면 해제 시 표시되는 로그인 화면의 배경을 잠금 화면의 배경 그림과 동일한 그림으로 표시한다. |
| ❺ 화면 시간 제한 설정 | 정해진 시간 동안 컴퓨터를 사용하지 않으면 화면을 끄거나 절전 모드로 변경되게 설정하는 창으로 이동한다. |
| 24.3, 22.3, 21.1, 19.1, 10.2, 06.4, 04.1, 03.3<br>❻ 화면 보호기 설정* | • 정해진 시간 동안 모니터에 전달되는 정보에 변화가 없을 때 화면 보호기가 작동되게 설정하는 '화면 보호기 설정' 대화상자가 실행된다.<br>• 화면 보호기는 마우스를 움직이거나 키보드에서 임의의 키를 누르면 해제된다.<br>• 대기 시간(화면 보호기가 작동되는 시간)과 다시 시작할 때 로그온 화면 표시* 여부를 지정할 수 있다.<br>• **전원 관리** : 에너지 절약을 위한 전원 관리를 효율적으로 설정할 수 있는 [제어판] → [전원 옵션] 창을 표시한다. |

**잠금 화면**
잠금 화면이란 일정 시간 컴퓨터를 사용하지 않으면 컴퓨터가 잠금 상태가 되는 것으로, 암호가 설정된 경우 암호를 입력해야 잠금 화면이 해제됩니다.

**화면 보호기가 왜 필요할까?**
모니터는 동일한 화면이 장시간 비춰질 경우 그 영상이 모니터 유리면에 인쇄된 것처럼 남게 되는데 이 현상을 '모니터가 탔다' 하여 버닝(Burning) 현상이라고 합니다. 화면 보호기는 버닝 현상을 방지하기 위해 불규칙하게 움직이는 영상을 공급하는 것입니다.

**다시 시작할 때 로그온 화면 표시**
'화면 보호기 설정' 대화상자에서 '다시 시작할 때 로그온 화면 표시'를 선택해도 별도로 암호를 지정하는 대화상자가 표시되지 않는 이유는 컴퓨터를 로그온 할 때 사용하는 사용자 계정 암호를 화면 보호기 암호로 사용하기 때문입니다. 즉 사용자 계정에 암호가 설정되어 있어야만 화면 보호기의 암호를 사용할 수 있습니다.

24.2, 24.1, 22.3, 22.2, 21.2, 19.1, 15.2, 11.2, 10.3, 10.2, 10.1, 09.4, 08.2, 06.4, 03.1, 02.3, 2급 24.3, 23.4, 23.1, 22.4, …

## 3 기타

1201703

| | |
|---|---|
| 24.2, 22.3, 22.1, …<br>테마 | • 컴퓨터의 배경 그림, 색, 소리, 마우스 커서 등 Windows를 구성하는 여러 요소를 하나의 그룹으로 묶어 놓은 것으로, 다른 테마로 변경할 수 있다.<br>• 기본적으로 제공되는 테마를 변경하여 다른 이름으로 저장한 후 사용할 수도 있다.<br>• 온라인에서 테마를 다운받아 추가로 설치할 수 있다.<br>• **바탕 화면 아이콘 설정*** : 바탕 화면의 기본 아이콘인 컴퓨터, 휴지통, 문서, 제어판, 네트워크의 표시 여부를 지정한다. |
| 24.1, 22.2, 21.2, …<br>글꼴* | • 시스템에 설치되어 있는 글꼴을 제거하거나 새로운 글꼴을 추가할 때 이용한다.<br>• 글꼴 폴더에는 OTF나 TTC, TTF, FON 등의 확장자를 갖는 글꼴 파일이 설치되어 있다.<br>• 글꼴이 설치되어 있는 폴더의 위치는 'C:\Windows\Fonts'이다.<br>• 설치된 글꼴은 대부분의 앱에서 사용할 수 있다.<br>• 트루타입(TrueType)과 오픈타입(OpenType) 글꼴을 제공한다.<br>• ClearType 텍스트 조정을 사용하면 가독성을 향상시켜 준다.<br>• 글꼴 추가 방법<br>– 방법1 : Fonts 폴더에 글꼴 복사<br>– 방법2 : 설치할 글꼴의 바로 가기 메뉴에서 [설치] 선택 |
| 22.3<br>시작* | 시작 메뉴에 표시되는 앱 목록, 최근에 추가된 앱, 가장 많이 사용하는 앱 등을 지정하거나 시작 메뉴에 표시할 폴더를 선택할 수 있다. |
| 작업 표시줄* | 작업 표시줄 잠금, 작업 표시줄 자동 숨기기, 작업 표시줄의 위치 등을 설정한다. |

24.1

**잠깐만요** [제어판] → [글꼴] → [글꼴 설정]

5501531

- **글꼴 표시 및 숨기기** : 입력 언어 설정을 지원하지 않는 글꼴의 표시 여부를 지정함
- **글꼴 설치** : 저장 공간 절약을 위해 글꼴 파일 대신 글꼴 파일에 대한 바로 가기 설치 여부를 지정함

**바탕 화면 아이콘 설정**
바탕 화면 아이콘은 [(설정)] → [개인 설정] → [테마] → [바탕 화면 아이콘 설정]을 클릭하면 나타나는 '바탕 화면 아이콘 설정' 대화상자에서 설정할 수 있습니다.

**글꼴을 설정하는 다른 방법**
[(시작)] → [Windows 시스템] → [제어판] → [글꼴] 선택

**시작**
'시작'에 대한 자세한 설명은 38쪽을 참고하세요.

**작업 표시줄**
'작업 표시줄'에 대한 자세한 설명은 31쪽을 참고하세요.

## 따라잡기 기출문제 따라잡기

문제1 3202052 문제2 3202055

22년 3회, 21년 1회, 19년 1회, 10년 2회

**1. 다음 중 바탕 화면의 [개인 설정] 바로 가기 메뉴를 이용하여 설정할 수 있는 작업에 대한 설명으로 옳지 않은 것은?**

① 화면 보호기를 설정할 수 있다.

② 디스플레이의 해상도를 설정할 수 있다.

③ 시작 메뉴에 표시되는 앱 목록, 최근에 추가된 앱, 가장 많이 사용하는 앱 등을 설정할 수 있다.

④ 바탕 화면의 배경, 색, 소리 등을 한 번에 변경할 수 있는 테마를 선택할 수 있다.

> 디스플레이의 해상도는 [⚙(설정)] → [시스템] → [디스플레이]에서 설정할 수 있습니다.

22년 2회, 21년 2회, 15년 2회, 11년 2회, 10년 1회

**2. 다음 중 한글 Windows 10의 [글꼴]에 관한 설명으로 옳지 않은 것은?**

① 글꼴에는 기울임꼴, 굵게, 굵게 기울임꼴과 같은 글꼴 스타일이 있다.

② 글꼴 파일은 .rtf 또는 .inf의 확장자를 가지고 있다.

③ TrueType 글꼴과 OpenType 글꼴을 제공하며, 프린터 및 앱에서 작동한다.

④ 시스템에서 사용하는 글꼴은 'C:\Windows\Fonts' 폴더에 파일 형태로 저장되어 있다.

> 글꼴 파일은 OTF, TTC, TTF, FON 등의 확장자를 가집니다.

24년 3회

**3. 다음 중 [설정] → [개인 설정] → [잠금 화면]에서 설정할 수 있는 항목이 아닌 것은?**

① 화면 보호기 작동 여부를 설정할 수 있다.

② 로그인 화면에 잠금 화면 배경 그림을 표시할 수 있다.

③ 잠금 화면의 미리 보기 배경을 사진이나 슬라이드 쇼로 설정할 수 있다.

④ 잠금 화면에 세부 상태를 표시할 앱을 여러 개 설정할 수 있다.

> 잠금 화면에 세부 상태를 표시할 앱은 하나만 설정할 수 있습니다.

24년 2회

**4. 다음 중 한글 Windows 10의 [설정] → [개인 설정]에서 지정할 수 있는 바탕 화면 아이콘의 종류가 아닌 것은?**

① 컴퓨터 ② 네트워크

③ 문서 ④ 즐겨찾기

> [⚙(설정)] → [개인 설정] → [테마] → [바탕 화면 아이콘 설정]에서 설정할 수 있는 바탕 화면 아이콘의 종류에는 '컴퓨터, 휴지통, 문서, 제어판, 네트워크'가 있습니다.

24년 1회

**5. 다음 중 한글 Windows 10의 [글꼴]에 관한 설명으로 옳지 않은 것은?**

① [글꼴 설정]을 이용하여 글꼴을 설치 및 삭제할 수 있다.

② 글꼴이 설치되어 있는 폴더의 위치는 C:\Windows\Fonts이다.

③ 글꼴 파일은 .ttf 또는 .ttc의 확장자를 가지고 있다.

④ ClearType 텍스트 조정을 사용하면 가독성을 향상시켜 준다.

> [제어판] → [글꼴] → [글꼴 설정]에서는 글꼴을 설치하거나 삭제할 수 없습니다.

▶ **정답** : 1. ② 2. ② 3. ④ 4. ④ 5. ①

SECTION
020

# [설정] 창의 '앱'

B 등급

## 1 앱 및 기능

18.1, 17.2, 15.2, 05.2, 2급 23.3, 23.1, 21.2, 18.1, 17.2, 14.1, 13.3, 12.2, 12.1, 10.3, 10.1, 09.3, 09.2, 08.4, 07.3, 06.1, …

1201801

'앱 및 기능'은 컴퓨터에 설치된 앱을 수정하거나 제거*할 때 사용한다.

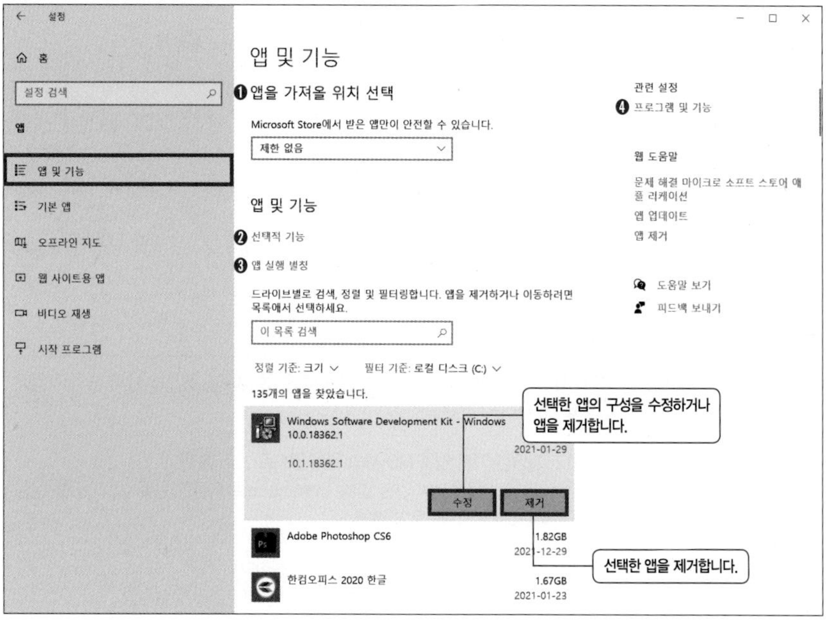


| | |
|---|---|
| ❶ 앱을 가져올 위치 선택 | • 설치할 앱을 가져올 위치를 지정한다.*<br>• 종류<br>– 제한 없음<br>– 제한 없음, 단, Microsoft Store에 유사한 앱이 있는 경우 알림<br>– 제한 없음, 단, Microsoft Store에서 제공하지 않은 앱을 설치하기 전에 경고 메시지 표시<br>– Microsoft Store만(권장) |
| ❷ 선택적 기능* | • 언어 팩, 필기 인식 등 Windows에서 제공하는 기능(시스템 앱*)을 선택하여 추가로 설치하거나 제거할 수 있다.<br>• 여기서 설정하는 기능들은 Windows에 포함된 것으로 제거해도 필요할 경우 언제든지 다시 설치해서 사용할 수 있다. |
| ❸ 앱 실행 별칭* | 동일한 이름으로 여러 개의 앱이 설치되어 있을 경우 '명령 프롬프트' 창에서 해당 앱을 실행하는데 사용할 이름을 선택한다. |
| ❹ 프로그램 및 기능 | • 컴퓨터에 설치되어 있는 각종 앱에 대해 제거, 변경 또는 복구 등의 작업을 할 수 있는 '제어판'의 '프로그램 및 기능' 창이 실행된다.<br>• Windows 10에 포함되어 있는 일부 앱 및 기능의 사용 여부를 설정할 수 있다. |

**전문가의 조언**

기본 앱에서 설정할 수 있는 기능과 연결 프로그램의 특징에 대해 잘 정리해 두세요.

**앱을 수정 및 제거하는 다른 방법**

[(시작)] → [Windows 시스템] → [제어판] → [프로그램 및 기능] 창에서 앱을 선택한 후 [제거] 또는 [변경] 클릭

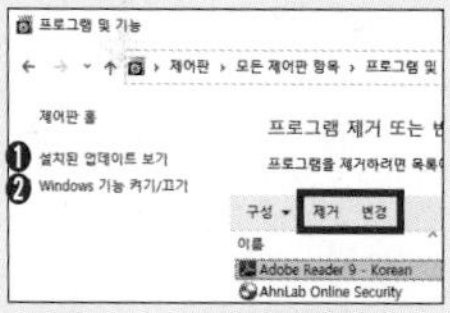


❶ 설치된 업데이트 보기 : 컴퓨터에 설치된 업데이트를 확인하거나 제거 또는 변경함

❷ Windows 기능 켜기/끄기 : Windows 10에 포함되어 있는 일부 앱 및 기능의 사용 여부를 설정함

**앱을 가져올 위치**

컴퓨터를 보호하기 위해 Microsoft Store에서 받은 앱만을 설치하도록 권장하지만 제한은 없습니다. 또한 설치할 앱에 따라 알림이나 경고 메시지가 표시되도록 설정할 수 있습니다.

**선택적 기능**

Windows에서 제공하는 기능만을 설치하거나 제거할 수 있는 곳으로, Windows에 포함되지 않은 앱은 설치할 수 없습니다.

**시스템 앱**

Windows에 포함된 앱으로 'C:\Windows\' 폴더에 설치되어 있습니다.

**앱 실행 별칭**

예를 들면, 아래 그림처럼 'Notepad.exe'로 두 개의 앱이 설치되어 있을 때 '명령 프롬프트' 창에서 Notepad를 입력했을 때 어떤 앱을 실행할지를 설정합니다. 'Notepad++'의 옵션만 켜져 있으므로 Notepad를 입력하면 'Notepad++'가 실행됩니다.

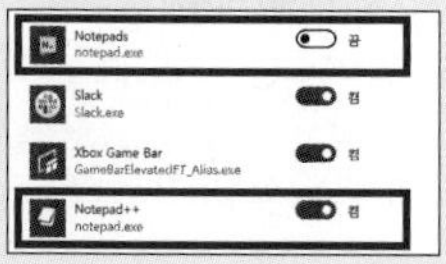

## 2 기본 앱

18.1

1201802

'기본 앱'은 웹 브라우저나 메일, 비디오 플레이어 등의 작업에 사용할 기본 앱을 설정할 때 사용한다.

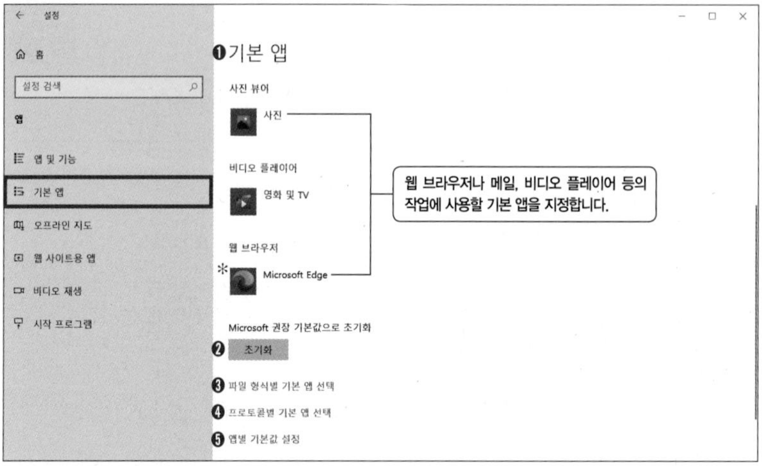


**Microsoft Edge**
같은 Microsoft Edge라고 해도 Windows 업데이트 정도에 따라 아이콘 모양이 다르게 표시됩니다.

| | |
|---|---|
| **❶ 기본 앱** | 메일, 지도, 음악 플레이어, 사진 뷰어, 비디오 플레이어, 웹 브라우저 등의 작업에 사용할 기본 앱을 지정한다. |
| **❷ 초기화** | 사용자가 지정한 기본 앱을 MS 사의 권장 앱으로 초기화 한다.<br>예 사용자가 웹 브라우저의 기본 앱을 'Chrome'으로 지정한 경우 〈초기화〉를 실행하면 'Microsoft Edge'로 변경됨 |
| **❸ 파일 형식별 기본 앱 선택** | 파일 형식별로 각각 연결되어 실행될 앱을 설정한다.<br>예 jpg 파일과 bmp 파일을 각각 다른 앱을 사용하여 열리게 설정함 |
| **❹ 프로토콜별 기본 앱 선택** | 프로토콜별로 각각 연결되어 실행될 앱을 설정한다.<br>예 HTTP와 FTP를 각각 다른 앱을 사용하여 열리게 설정함 |
| **❺ 앱별 기본값 설정** | 같은 유형의 파일 형식들에 대해 연결될 앱을 설정한다.<br>예 그림 파일(jpg, bmp, png 등)을 열 때 사용할 앱을 설정함 |

**연결된 앱이 없는 파일을 더블클릭할 경우 실행되는 창**

**텍스트 파일에 연결될 앱 예**

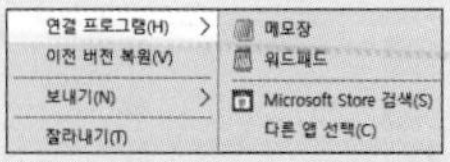


22.7, 19.상시, 19.1, 16.3, 14.2, 2급 24.2, 23.4, 22.1, 21.3, 21.2, 13.3, 08.3, 04.3

### 잠깐만요 연결 프로그램

1201831

- 연결 프로그램은 문서, 그림, 사운드 등 특정 데이터 파일을 열 때 자동으로 실행되는 앱을 말하며, 파일의 확장자에 의해 연결 프로그램이 결정됩니다.
- 현재 연결된 앱이 없는 파일을 열기 위해서는 파일을 더블클릭하면 실행되는 창*에서 사용할 앱을 지정해야 합니다.
- 확장자가 다른 여러 개의 파일을 하나의 앱에 연결하여 사용할 수 있으며, 기본적으로 여러 가지 확장자를 사용할 수 있는 앱도 있습니다(예 그림 보기에 많이 사용하는 알씨).
- 특정 파일을 선택한 후 바로 가기 메뉴에서 [연결 프로그램]을 선택하면 하위 메뉴*에 해당 파일을 열 수 있는 앱 목록이 표시됩니다. 해당 파일을 열 수 있는 앱이 없을 경우에는 하위 메뉴가 없으므로 곧바로 앱을 선택할 수 있는 창이 표시됩니다.
- 연결 프로그램을 지정하는 창에서 연결 프로그램을 삭제해도 연결된 데이터 파일은 삭제되지 않습니다.

문제4 3202154 문제5 1201852

## 따라잡기 기출문제 따라잡기

2급 18년 1회, 14년 1회, 10년 3회, 07년 3회, 05년 2회, 04년 4회, 03년 3회, 02년 2회

**1. 다음 중 [설정] → [앱] → [앱 및 기능]에서 할 수 있는 일로 가장 거리가 먼 것은?**

① 설치되어 있는 앱을 제거할 수 있다.
② 휴지통의 파일, 임시 파일 등을 삭제하여 하드디스크의 용량을 늘리는 역할을 한다.
③ 한글 Windows 10에 포함되어 있는 Windows 기능의 사용 여부를 설정할 수 있다.
④ 설치할 앱을 가져올 위치를 지정할 수 있다.

'앱 및 기능'에서는 ①, ③, ④번의 작업을 할 수 있으며, ②번은 디스크 정리의 기능입니다.

2급 24년 2회, 23년 4회, 22년 1회, 21년 3회, 2회, 13년 3회, 08년 3회, 04년 3회

**2. 다음 중 한글 Windows 10의 연결 프로그램에 대한 설명으로 옳지 않은 것은?**

① 파일 탐색기에서 특정한 파일을 더블클릭했을 때 실행될 앱을 설정하는 것이다.
② 확장자가 .txt나 .hwp인 파일은 반드시 서로 다른 연결 프로그램이 지정되어야 한다.
③ 동일한 확장자를 가진 다른 파일을 열 때 항상 같은 앱을 사용하도록 연결 프로그램을 설정할 수 있다.
④ 일반적으로 앱을 설치하면 해당 앱에서 사용하는 파일은 연결 프로그램이 자동으로 설정된다.

확장자가 다른 파일을 수동으로 같은 앱에 연결하여 사용할 수도 있고, 여러 가지 확장자를 사용할 수도 있는 앱도 있습니다(예 그림 보기에 많이 사용하는 알씨).

2급 23년 3회, 1회, 21년 2회

**3. 다음 중 Windows의 [설정] → [앱]에서 설정할 수 없는 기능은?**

① 선택적 기능을 설치하거나 제거할 수 있다.
② 시작 프로그램을 확인할 수 있다.
③ 업데이트 현황을 확인하거나 설정할 수 있다.
④ 설치된 앱을 변경하거나 제거할 수 있다.

Windows 10의 업데이트 현황의 확인 및 설정은 [⚙(설정)] → [업데이트 및 보안]에서 수행할 수 있습니다.

22년 7회, 19년 1회, 16년 3회, 14년 2회

**4. 다음 중 파일의 바로 가기 메뉴 중 [연결 프로그램]에 대한 설명으로 옳지 않은 것은?**

① 문서나 그림 같은 데이터 파일을 더블클릭할 때 자동으로 실행되는 앱을 의미한다.
② 파일의 바로 가기 메뉴에서 [연결 프로그램]을 선택하면 연결 프로그램을 변경할 수 있다.
③ 연결 프로그램이 지정되지 않았을 경우 데이터 파일을 더블클릭하면 연결 프로그램을 선택하기 위한 대화상자가 표시된다.
④ [연결 프로그램] 대화상자에서 연결 프로그램을 삭제하면 연결된 데이터 파일도 함께 삭제된다.

'연결 프로그램' 대화상자는 연결 프로그램들의 연결 정보만을 갖고 있기 때문에 '연결 프로그램' 대화상자에서 연결 프로그램을 삭제해도 연결 정보만 삭제될 뿐 연결된 데이터 파일은 삭제되지 않습니다.

17년 2회, 15년 2회

**5. 다음 중 한글 Windows 10의 [설정] → [앱] → [앱 및 기능]에 대한 설명으로 옳지 않은 것은?**

① Windows에 설치되어 있는 앱을 변경하거나 제거할 수 있다.
② Windows에 포함되어 있는 다양한 기능의 사용 여부를 선택할 수 있다.
③ 현재 설치된 앱의 설치 날짜나 크기를 확인할 수 있다.
④ Microsoft 사에서 제공하는 다양한 테마를 추가 설치할 수 있다.

테마, 바탕 화면 배경, 창 색, 소리, 화면 보호기 등의 설정은 [⚙(설정)] → [개인 설정]에서 수행할 수 있습니다.

▶ **정답** : 1. ② 2. ② 3. ③ 4. ④ 5. ④

SECTION 021

# [설정] 창의 '접근성'

C 등급

> **전문가의 조언**
> '접근성'에서 수행할 수 있는 기능을 묻는 문제가 출제되었습니다. '시각'을 중심으로 '접근성'에서 설정할 수 있는 기능을 알아두세요.

> **'접근성'을 설정하는 다른 방법**
> [(시작)] → [Windows 시스템] → [제어판] → [접근성 센터]에서 지정할 수 있으며, 지정할 수 있는 내용은 다음과 같습니다.
> - **디스플레이가 없는 컴퓨터 사용** : 내레이터 켜기, 오디오 설명 켜기, 필요 없는 애니메이션 모두 끄기 등을 설정
> - **컴퓨터를 보기 쉽게 설정** : 고대비 테마 선택, 텍스트 및 아이콘의 크기 변경, 돋보기 켜기, 커서 두께 등을 설정
> - **마우스 또는 키보드가 없는 컴퓨터 사용** : 화상 키보드 사용, 음성 인식 사용 등을 설정
> - **마우스를 사용하기 쉽게 설정** : 마우스 포인터의 색과 크기 변경, 마우스 키 켜기 등을 설정
> - **키보드를 사용하기 쉽게 설정** : 마우스 키 켜기, 고정 키 켜기, 토글 키 켜기, 필터 키 켜기, 바로 가기 키 및 액세스 키에 밑줄 표시 등 설정

## 1 접근성*

08.2, 07.3, 06.4, 03.4, 03.1, 2급 24.4, 17.1, 14.2

1201901

'접근성'은 신체에 장애가 있거나 컴퓨터에 익숙하지 않은 사람들이 컴퓨터를 편리하고 쉽게 사용할 수 있도록 키보드, 소리, 마우스 등의 설정을 변경할 때 사용한다.

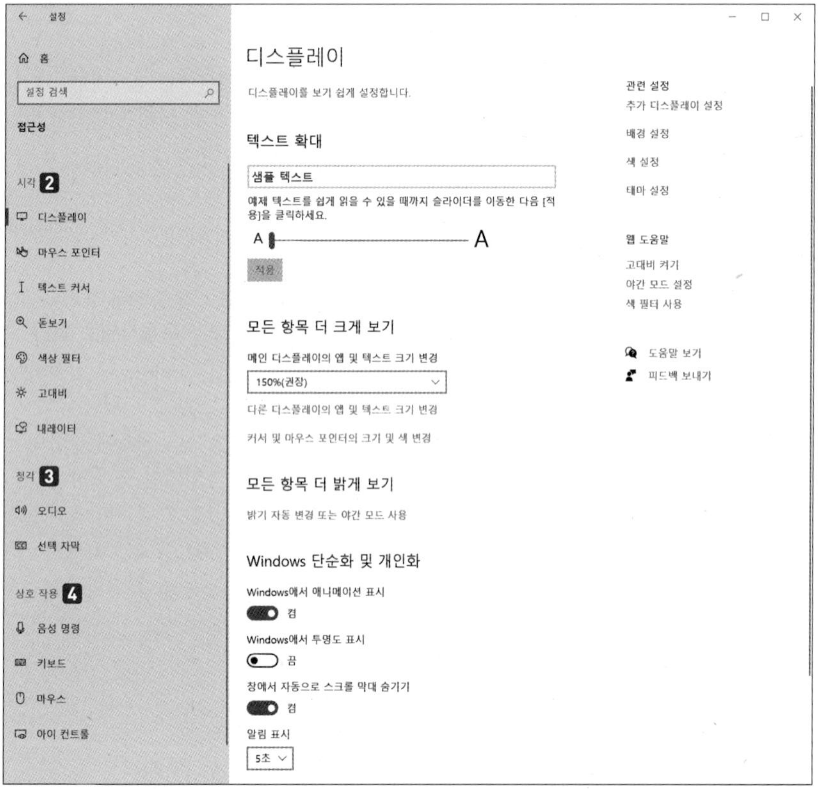


> **텍스트 커서 표시기**
> 커서의 위쪽과 아래쪽에 나타나는 부채꼴 모양의 표식으로, 앱이나 폴더, 설정, 웹 브라우저 등에서 커서의 위치를 쉽게 찾을 수 있도록 도와줍니다.
>
> 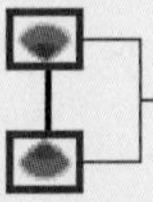
> 텍스트 커서 표시기

> **확대/축소 다른 방법**
> Ctrl + Alt 를 누른 채 마우스 휠을 돌리면 됩니다.

## 2 시각

24.4, 08.2, 07.3, 2급, 20.2, 16.2, 15.3, 15.2, 08.2, 07.3, 06.4, 05.2, 04.3, 03.1, 02.2

1201902

시각이 불편한 사람을 위해 디스플레이, 커서 및 포인터 등을 설정한다.

| | |
|---|---|
| **디스플레이** | 앱 및 텍스트의 크기를 변경한다. |
| 24.4<br>**마우스 포인터** | 마우스 포인터의 크기 및 색을 변경한다. |
| 24.4<br>**텍스트 커서** | 텍스트 커서 표시기*의 사용 여부를 지정하거나 텍스트 커서의 모양을 변경한다. |
| 24.4, 2급, 20.2, 16.2, 15.3<br>**돋보기** | • 화면 전체 또는 원하는 영역을 확대할 수 있도록 지정한다.<br>• +(+)/(−)를 이용하여 100%~1600%까지 확대 또는 축소*할 수 있다.<br>• Windows 로그인 전 · 후에 자동으로 돋보기가 시작되도록 설정할 수 있다. |

| | |
|---|---|
| 08.2, 07.3, 2급, 20.2, … **고대비** | 고유색을 사용하여 색상 대비를 강하게 함으로써 텍스트와 앱이 보다 뚜렷하게 표시되도록 설정한다. |
| 24.4 **내레이터*** | • 화면의 모든 텍스트를 내레이터가 소리 내어 읽어주도록 설정한다.<br>• 모든 사용자에 대해 Windows 로그인 전 내레이터를 사용하도록 설정할 수 있다. |

06.4, 2급 06.4, 05.2, 04.1, 03.1

## 3 청각

1201903

청각이 불편한 사람을 위해 볼륨 크기, 시각적 알림, 자막 등을 설정한다.

| | |
|---|---|
| 06.4, 2급 06.4, 05.2, … **오디오** | • 볼륨 크기를 변경하거나 모노 오디오*의 사용 여부를 지정한다.<br>• 알림을 시각적으로 표시*하도록 설정한다. |
| **선택 자막** | 자막의 색, 투명도, 스타일, 크기, 효과, 배경 등을 설정한다. |

24.4, 08.2, 06.4, 03.1, 2급 20.2, 16.2, 15.2, 08.2, 07.3, 06.1, 05.2, 04.3, 04.1, 03.1, 02.2

## 4 상호 작용

1201904

마우스나 키보드가 없는 경우 대체 입력 장치를 사용할 수 있도록 설정한다.

| | |
|---|---|
| **음성 명령** | 음성만으로 텍스트 입력 및 장치 제어를 할 수 있도록 설정한다. |
| **키보드** | 화상 키보드*, 고정 키, 토글 키, 필터 키의 사용 여부를 지정한다. |
| 24.4, 08.2, 06.4, 03.1 **마우스** | 키보드 오른쪽의 숫자 키패드로 화면의 마우스 포인터를 이동할 수 있도록 지정한다. |
| **아이 컨트롤** | • 눈의 움직임으로 컴퓨터를 제어할 수 있도록 설정한다.<br>• 아이 컨트롤을 지원하는 장치를 설치하면 시선 추적 기술*을 사용하여 다음과 같은 기능을 수행할 수 있다.<br>– 마우스 제어<br>– 화상 키보드로 텍스트 입력<br>– 텍스트 음성 변환(TTS)*을 사용하여 다른 사람들과 통신 |

08.2, 07.3, 06.4, 03.4

### 잠깐만요 고정 키, 토글 키, 필터 키

1201931

| | |
|---|---|
| 06.4 **고정 키** | 동시에 두 개 이상의 키를 누르기 힘든 경우를 위한 것으로, 특정키에 대해 키를 누르고 손을 떼도 다음 키를 누를 때까지 눌려진 상태로 고정되도록 지정한다. |
| 06.4, 03.4 **토글 키** | CapsLock, NumLock, ScrollLock을 누를 때 신호음이 나도록 지정합니다. |
| 08.2, 07.3, 06.4 **필터 키** | 실수로 키를 누르고 있는 동안 반복 입력되는 것을 방지하기 위한 것으로, 반복 입력을 무시하거나 반복 입력 속도를 느리게 지정한다. |

**돋보기/내레이터**
돋보기와 내레이터는 [(시작)] → [Windows 접근성]에서도 실행할 수 있습니다.

**모노 오디오**
모노 오디오는 왼쪽과 오른쪽 오디오 채널을 하나의 채널로 결합하는 것을 말합니다.

**시각적 표시 방법**
- 시각적 경고 없음
- 활성 창의 제목 표시줄 깜박임
- 활성 창 깜빡임
- 전체 화면 깜빡임

**화상 키보드를 표시하는 다른 방법**
[(시작)] → [Windows 접근성] → [화상 키보드] 선택

**시선 추적 기술**
눈 주위에 센서를 부착하여 시선의 위치 또는 움직임을 추적하는 기술입니다.

**텍스트 음성 변환(TTS)**
문자(Text)를 음성으로 변환하여 자동으로 읽어주는 기술입니다.

## 따라잡기 기출문제 따라잡기

문제1 1201951 문제5 1201952

06년 4회

**1. 장애인이 컴퓨터를 사용하는 데 도움을 주기 위한 기능이 아닌 것은?**

① 고정 키, 필터 키, 토글 키 기능을 설정
② 소리 대신 시각적으로 신호를 표시하는 기능을 설정
③ 키보드와 마우스가 없을 경우 내레이터 켜기를 이용하여 컴퓨터를 액세스
④ 숫자 키패드를 사용하여 마우스 포인터를 움직일 수 있도록 마우스 키 기능을 설정

> 키보드와 마우스 이외의 다른 방법으로 컴퓨터를 액세스 할 수 있도록 설정하려면 '음성 명령'을 설정해야 합니다.

03년 1회

**2. 한글 Windows 10에서 마우스 포인터를 숫자 키패드로 움직이기 위해서는 어떤 항목의 설정을 변경하여야 하는가?**

① [설정] → [접근성]
② [설정] → [시스템]
③ [설정] → [앱]
④ [설정] → [장치]

> 마우스 포인터를 숫자 키패드로 움직이게 하려면 [⚙(설정)] → [접근성] → [마우스]에서 '마우스 키의 숫자 키패드를 사용하여 마우스 포인터 이동'을 켜야 합니다.

24년 4회

**3. 다음 중 한글 Windows의 [설정] → [접근성]에 대한 설명으로 옳지 않은 것은?**

① 키보드의 숫자 키패드를 이용하여 마우스 포인터를 움직이도록 설정할 수 있다.
② 모든 사용자에 대해 로그인 전 내레이터를 사용하도록 설정할 수 있다.
③ 로그인 후 돋보기가 자동으로 실행되도록 설정할 수 있다.
④ 텍스트 커서 및 마우스 포인터의 크기나 색을 변경할 수 있다.

> 마우스 포인터의 크기나 색은 변경할 수 있지만 텍스트 커서는 모양만 변경할 수 있고 크기나 색은 변경할 수 없습니다.

03년 4회

**4. 다음 중 CapsLock, NumLock, ScrollLock을 누를 때 신호음이 나도록 지정하는 기능을 수행하는 방법으로 옳은 것은?**

① [설정] → [접근성]에서 '상호 작용'의 '키보드'를 선택한 후 '토글 키 사용'을 지정한다.
② [시스템 속성]의 '하드웨어' 탭에서 '토글 키 사용'을 지정한다.
③ [설정] → [개인 설정]의 '디스플레이'에서 '토글 키 사용'을 지정한다.
④ [설정] → [장치]의 '마우스'에서 '토글 키 사용'을 지정한다.

> '토글 키'는 [⚙(설정)] → [접근성] → [키보드]에서 '토글 키 사용'을 켜면 됩니다.

08년 2회, 07년 3회

**5. 한글 Windows 10의 [설정] → [접근성]에서 설정할 수 있는 기능에 대한 설명으로 옳지 않은 것은?**

① [필터 키] 기능을 사용하면 너무 짧게 누르거나 반복되는 키 입력을 자동으로 무시할 수 있으며 반복 속도도 조정할 수 있다.
② [고정 키] 기능을 사용하면 CapsLock, NumLock, ScrollLock을 누를 때 신호음을 들을 수 있다.
③ [고대비] 기능을 사용하여 읽기 쉽게 구성된 색상 및 글꼴을 사용할 수 있다.
④ 화면의 모든 텍스트를 내레이터가 소리 내어 읽어주도록 설정할 수 있다.

> '고정 키'는 동시에 두 개 이상의 키를 누르기 힘든 경우를 위해 특정 키를 누르고 나면 다음 키를 누를 때까지 눌러진 상태로 고정되도록 설정하는 기능입니다. ②번은 '토글 키'에 대한 설명입니다.

▶ **정답** : 1. ③ 2. ① 3. ④ 4. ① 5. ②

# SECTION 022 [설정] 창의 '업데이트 및 보안'

B 등급

## 1 Windows 업데이트

1202101

'Windows 업데이트'는 Windows의 자동 업데이트 현황을 확인하거나 직접 업데이트할 때 사용한다.

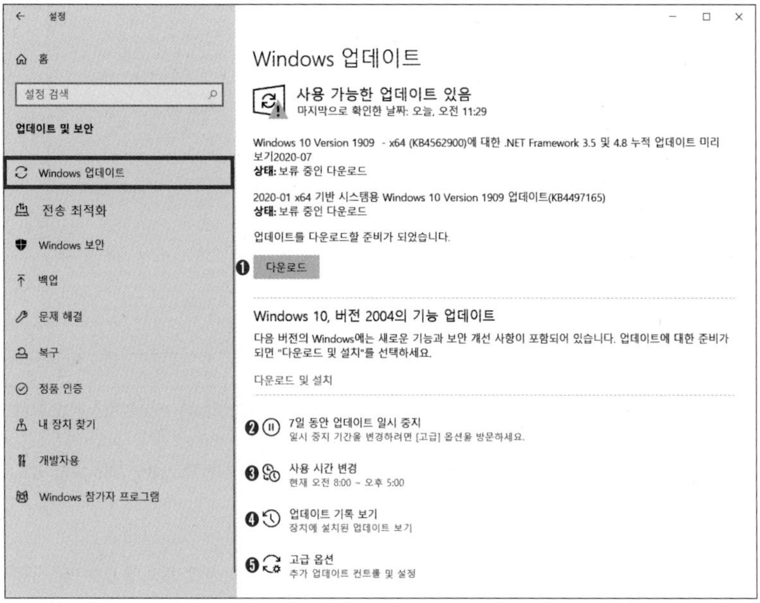


| | |
|---|---|
| ❶ 다운로드* | 업데이트 표시가 된 항목을 직접 업데이트*하려면 〈다운로드〉를 클릭한다. |
| ❷ 7일 동안 업데이트 일시 중지 | 7일 동안 자동 업데이트가 중지된다. |
| ❸ 사용 시간 변경 | 사용 시간을 지정하면 해당 시간에는 자동 업데이트로 인한 시스템 재부팅을 하지 않는다. |
| ❹ 업데이트 기록 보기 | 기능, 품질, 드라이버, 정의, 기타 등으로 구분*하여 업데이트된 내용을 순서대로 확인할 수 있다. |
| ❺ 고급 옵션 | • Windows 업데이트 시 Microsoft 사의 다른 제품도 같이 업데이트되도록 지정한다.<br>• 업데이트로 인한 시스템 재부팅 시 알림을 표시하도록 지정한다.<br>• 최대 35일 동안 업데이트가 실행되지 않도록 지정할 수 있다. |

**전문가의 조언**

'업데이트 및 보안'에서는 Windows를 항상 최신의 상태로 유지하도록 하는 [Windows 업데이트], 컴퓨터의 보안 상태를 확인하고 관리할 수 있는 [Windows 보안]에서 설정 가능한 옵션들 위주로 정리하세요.

**다운로드**
현재 상태가 업데이트할 내역이 없는 최신 상태라면, 〈업데이트 확인〉 단추가 표시됩니다.

**업데이트**
Windows는 자동으로 업데이트되므로 사용자가 직접 업데이트하지 않아도 됩니다. 그림에 표시된 업데이트 항목은 자동 업데이트되기 전에 표시된 항목으로 그대로 두면 자동 업데이트 됩니다.

**업데이트 기록 구분**
Windows의 업데이트에 따라 표시되는 항목이 다릅니다.

2급 23.5, 23.3, 22.1, 21.3

## 2 Windows 보안

3202402

'Windows 보안'은 바이러스와 같은 위협 요소로부터 컴퓨터를 보호하기 위한 방화벽이나 백신 등을 설정할 때 사용한다.

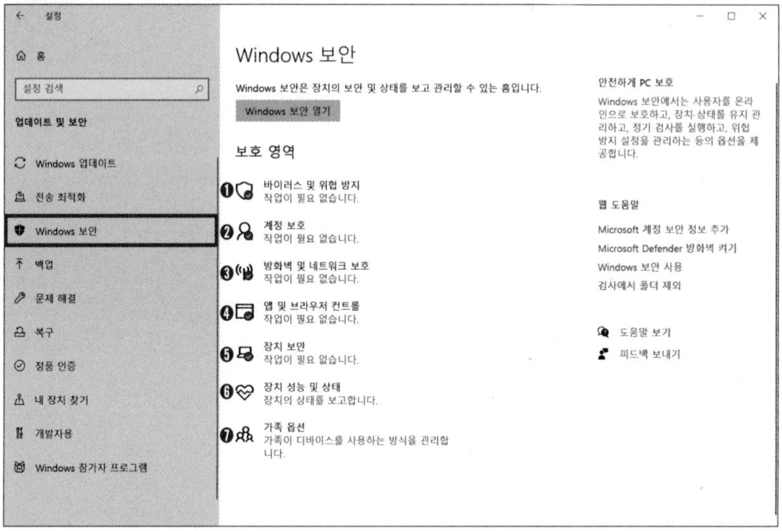


| | |
|---|---|
| ❶ 바이러스 및 위협 방지 | • Windows Defender 바이러스 백신*의 사용 여부를 지정하거나 현재 위협 요소가 있는지 확인할 수 있다.<br>• Windows Defender 이외의 다른 백신 앱을 사용하는 경우 해당 앱을 실행할 수 있다.<br>• 사용자가 허용한 위협 요소를 확인할 수 있다. |
| ❷ 계정 보호 | Microsoft 계정, Windows Hello*, 동적 잠금*을 통해 계정 및 로그인에 대한 보안을 강화할 수 있다. |
| 2급 23.5, 23.3, 22.1, 21.3<br>❸ 방화벽 및 네트워크 보호 | • Windows Defender 방화벽*을 설정 및 해제하거나 네트워크 및 인터넷 연결에 발생하는 상황을 모니터링 한다.<br>• 방화벽을 통해 통신이 허용되는 앱을 설정한다.<br>• 방화벽이 새 앱을 차단할 때 알림을 표시하도록 설정한다. |
| ❹ 앱 및 브라우저 컨트롤 | 평판 기반 보호*, Exploit Protection* 등을 통해 사용자를 악성 앱 및 웹 사이트로부터 보호할 수 있다. |
| ❺ 장치 보안 | 코어 격리*, 보안 프로세서(TPM)* 등 기본적으로 제공하는 보안 옵션을 검토하여 악성 소프트웨어의 공격으로부터 장치를 보호할 수 있다. |
| ❻ 장치 성능 및 상태 | 장치의 저장소, 앱 및 소프트웨어 등의 상태를 확인하거나 최신 버전의 Windows 10을 새로 설치할 수 있다. |
| ❼ 가족 옵션 | 자녀를 보호하기 위해 유해 사이트를 차단하거나 게임 시간 등을 제한할 수 있다. |

**Windows Defender 바이러스 백신**
앱, 전자 메일, 클라우드 등을 바이러스, 스파이웨어 같은 위협 요소로부터 실시간으로 보호하는 앱입니다.

**Windows Hello**
얼굴, 지문, PIN 등의 다양한 로그인 옵션을 지원하는 기능입니다.

**동적 잠금**
컴퓨터와 스마트폰 등의 장치를 페어링하여 장치가 일정 범위를 벗어나면 자동으로 컴퓨터가 잠기는 기능입니다.

**Windows Defender 방화벽**
사용자의 컴퓨터를 무단으로 접근하려는 위협 요소로부터 컴퓨터를 보호하는 방어막을 제공하는 앱입니다.

**평판 기반 보호**
사용자 동의 없이 앱, 파일 등이 다운로드나 설치되지 않도록 차단하고, 악성 사이트로부터 컴퓨터를 보호하는 기능입니다.

**Exploit Protection**
컴퓨터의 정상적인 작동을 방해하거나 원치 않는 작업을 수행하도록 설계된 맬웨어로부터 시스템을 보호하는 기능입니다.

**코어 격리**
컴퓨터 프로세스를 운영체제 및 장치에서 분리하여 맬웨어 및 기타 공격으로부터 보호하는 기능입니다.

**보안 프로세서**
장치에 대한 추가 암호화를 제공하는 것으로, TPM(신뢰할 수 있는 플랫폼 모듈)이라고도 합니다.

22.6, 21.3, 20.2, 20.1, 16.3, 2급 05.4, 04.2

## 3 백업

1202103

'백업(Backup)'은 원본 데이터의 손실에 대비하여 중요한 데이터를 외부 저장장치에 저장해 두는 기능이다.

- Windows 10은 파일 히스토리(File History)*를 사용하여 파일을 백업한다.
- 백업된 데이터 복원 시 전체 또는 원하는 파일을 원래 위치나 원하는 위치로 복원할 수 있다.

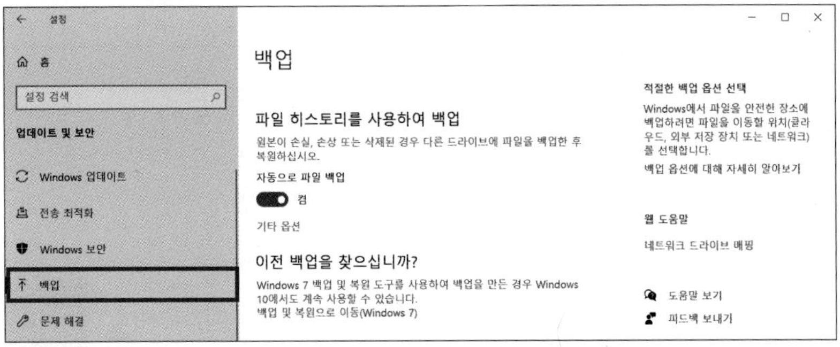


| | |
|---|---|
| ❶ 드라이브 추가* | • 백업하려면 가장 먼저 백업 데이터를 저장할 위치를 지정해야 하므로 〈드라이브 추가〉를 클릭하여 저장 위치를 지정한다.<br>• 백업 저장 위치로는 Windows가 설치되지 않은 외장 메모리나 네트워크 드라이브 등을 지정해야 한다. |
| 21.3, 20.2, 20.1<br>❷ 자동으로 파일 백업 | 자동 백업 여부를 지정한다. |
| 21.3, 20.2, 20.1<br>❸ 기타 옵션 | • 백업 주기*와 백업 유지 기간* 등을 지정한다.<br>• 백업할 폴더를 추가하거나 삭제할 수 있다.<br>• 백업에서 제외할 폴더를 지정할 수 있다. |

22.6

## 4 복구

4302204

'복구'는 PC가 제대로 실행되지 않는 경우 PC를 초기화하거나 이전 버전의 Windows 10으로 되돌릴 때 사용한다.

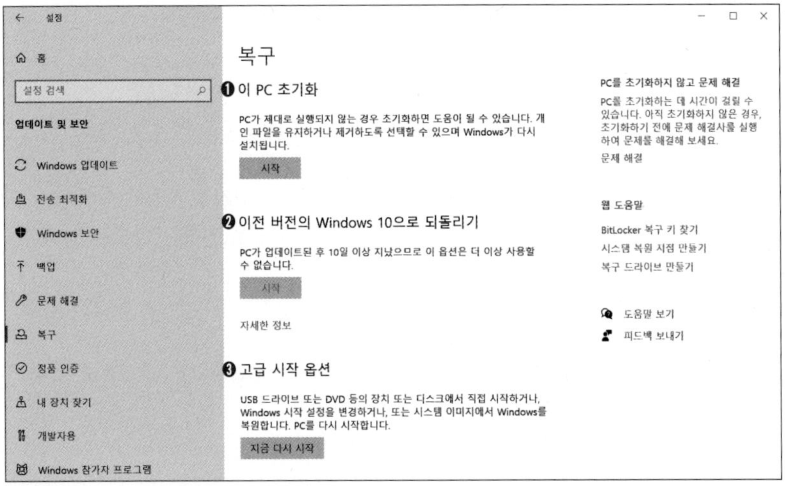


**전문가의 조언**

백업의 특징에 대한 문제가 출제되었습니다. 백업 시 제외할 폴더를 지정할 수 있다는 것을 중심으로 백업의 특징을 정리하세요.

**파일 히스토리(File History)**
현재 사용자의 개인 파일을 외부 저장 장치에 저장하는 기능으로, 지정한 주기마다 저장된 여러 버전의 파일을 유지합니다.

**드라이브 추가**
백업 데이터가 저장될 위치를 지정하지 않은 경우는 '드라이브 추가'가 표시되고, 드라이브를 추가하여 저장 위치를 지정한 경우에는 '자동으로 파일 백업'이 표시됩니다.

**백업 주기**
10/15/20/30분마다, 1/3/6/12시간마다, 매일

**백업 유지 기간**
공간이 허용할 때까지, 1/3/0/9개월, 1/2년, 전체

**전문가의 조언**

복구의 특징에 대한 문제가 출제되었습니다. PC 초기화 시 Windows는 다시 설치된다는 것을 중심으로 복구의 특징을 정리하세요.

| | |
|---|---|
| ❶ 이 PC 초기화 | • Windows를 다시 설치하여 PC를 초기화한다.<br>• 사용자가 설치한 앱과 설정 내용이 모두 제거된다.<br>• 사용자의 개인 파일을 유지하거나 제거할 수 있다. |
| ❷ 이전 버전의 Windows 10으로 되돌리기 | • Windows를 업데이트 하기 이전의 버전으로 되돌린다.<br>• 업데이트된 후 설치한 앱과 드라이버, 설정 내용이 모두 제거된다.<br>• 사용자의 개인 파일은 그대로 유지된다.<br>• Windows를 업데이트한 후 10일 이후에는 사용할 수 없다. |
| ❸ 고급 시작 옵션 | 다양한 고급 문제 해결 모드로 Windows를 시작하여 PC의 문제점을 찾아 해결한다. |

## 따라잡기 기출문제 따라잡기

문제4 3202455

출제예상

**1. 한글 Windows 10의 [설정] → [업데이트 및 보안] → [Windows 업데이트]에 관한 설명으로 옳지 않은 것은?**

① 한글 Windows 10은 기본적으로 자동 업데이트된다.
② 업데이트할 항목이 있는 경우 직접 다운로드하여 업데이트할 수 있다.
③ 바이러스 및 위협 방지 설정을 확인하고 업데이트할 수 있다.
④ 특정 기간 동안 자동 업데이트가 되지 않도록 설정할 수 있다.

바이러스 및 위협 방지와 같이 보안과 관련된 것은 [Windows 보안]에서 설정합니다.

22년 6회

**2. 다음 중 한글 Windows 10의 [백업]과 [복구]에 관한 설명으로 옳지 않은 것은?**

① PC가 제대로 실행되지 않아 초기화 하는 경우 개인 파일을 유지하거나 제거하도록 선택할 수 있다.
② Windows 7 백업 및 복원 도구를 사용하여 백업을 만든 경우 Windows 10에서도 계속 사용할 수 있다.
③ PC 초기화 시 Windows는 다시 설치되지 않고 유지된다.
④ 파일 히스토리를 이용하여 자동으로 파일이 백업되도록 설정할 수 있다.

PC 초기화 시 Windows는 다시 설치됩니다.

출제예상

**3. 다음 중 한글 Windows 10의 [설정] → [업데이트 및 보안] → [Windows 보안]에 관한 설명으로 옳지 않은 것은?**

① 권한이 없는 사용자가 인터넷 또는 네트워크를 통해 해당 컴퓨터에 접근하는 것을 방지해 준다.
② 컴퓨터 바이러스 및 기타 보안 위험으로부터 컴퓨터를 보호해 준다.
③ 바이러스를 포함한 첨부 파일이 들어 있는 전자 메일을 열지 못하도록 한다.
④ 현재 계정에 로그인 옵션을 설정하여 보안을 강화할 수 있다.

첨부된 파일을 열어보는 것은 사용자의 몫으로, 첨부된 파일에 포함된 바이러스까지 방화벽에 의해 보호되지는 않습니다.

21년 3회, 20년 2회, 1회

**4. 다음 중 한글 Windows 10 운영체제에서의 백업과 복원에 관한 설명으로 옳지 않은 것은?**

① 파일이 백업되는 주기를 지정할 수 있다.
② 파일 히스토리를 이용하여 자동으로 파일이 백업되도록 설정할 수 있다.
③ 백업 파일을 복원할 경우 복원 위치를 지정할 수 있다.
④ 여러 파일이 백업되어 있는 경우 원하는 파일을 선택하여 복원할 수 없다.

원하는 파일만을 원하는 위치로 복원할 수 있습니다.

▶ 정답 : 1. ③ 2. ③ 3. ③ 4. ④

SECTION 023

# [설정] 창의 '장치'

C 등급

21.2, 20.2, 2급 23.3

## 1 장치

1202201

'장치'*는 컴퓨터에 연결된 장치를 확인하거나 추가로 설치할 때 사용한다.

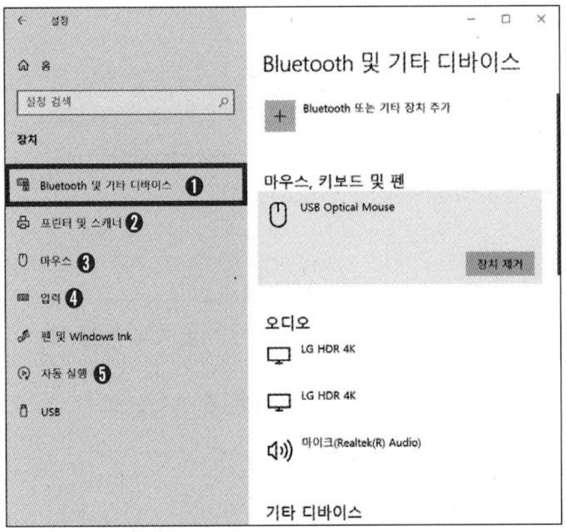


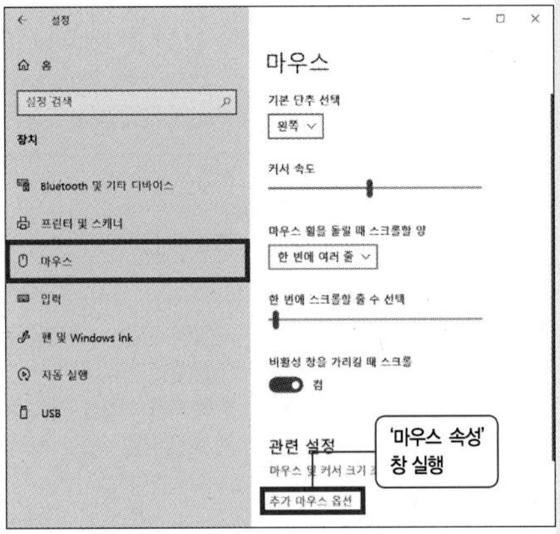


| | |
|---|---|
| ❶ Bluetooth 및 기타 디바이스 | • 블루투스(Bluetooth)를 켜거나 다른 장치를 설치*한다.<br>• 컴퓨터에 설치된 장치를 확인 및 제거한다. |
| ❷ 프린터 및 스캐너 | 프린터*와 스캐너를 설치 및 제거한다. |
| 2급 23.3<br>❸ 마우스 | • 오른손잡이/왼손잡이에 맞게 마우스 단추의 기능을 설정한다.<br>• 마우스 커서의 이동 속도를 설정한다.<br>• 휠을 한 번 돌리면 여러 줄(1~100) 또는 한 화면이 스크롤 되도록 설정한다.<br>• 활성창/비활성창 구분 없이 마우스 포인터가 가리키는 창이 스크롤 되도록 설정할 수 있다. |
| ❹ 입력 | • 추천 단어의 표시 여부를 설정한다.<br>• 틀린 단어 자동 고침의 사용 여부를 설정한다.<br>• 입력 중인 인식 언어를 기준으로 텍스트 제안* 표시 여부를 설정한다. |
| ❺ 자동 실행 | 컴퓨터에 USB 등의 이동식 드라이브, 메모리 카드 등이 연결되면 자동으로 실행되도록 설정한다. |

18.1, 16.3, 14.3, 12.3, 10.3, 09.3, 07.1, 04.2, 2급 19.상시, 19.1, 18.상시, 14.2, 13.2, 13.1, 12.1, 10.3, 10.1, 09.4, 06.2, …

### 잠깐만요 '마우스 속성'과 '키보드 속성' 대화상자

1202231

마우스, 키보드와 관련된 속성 중 [⚙(설정)] → [장치]에서 지정할 수 없는 좀 더 세부적인 사항을 지정할 수 있습니다.

**'마우스 속성' 대화상자**

실행

- 방법1 : [⚙(설정)] → [장치] → [마우스]에서 '추가 마우스 옵션' 클릭
- 방법2 : [⊞(시작)] → [Windows 시스템] → [제어판] → '마우스' 클릭

**전문가의 조언**

'장치'에 표시되는 장치 유형을 묻는 문제가 출제되었습니다. '장치'에 어떤 장치 유형이 표시되는지 정확히 기억하고, '장치'에서 설정할 수 있는 속성을 정리해 두세요.

**'장치'에 표시되는 장치 유형**
- USB 포트에 연결하는 장치
- 컴퓨터에 연결된 호환 네트워크 장치
- 네트워크로 연결된 컴퓨터

**다른 장치 및 프린터를 설치하는 다른 방법**

[⊞(시작)] → [Windows 시스템] → [제어판] → [장치 및 프린터] 창에서 〈장치 추가〉 또는 〈프린터 추가〉 클릭

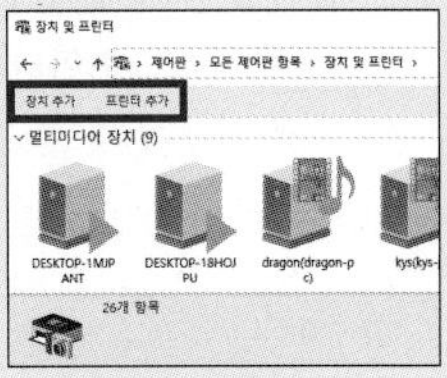


**텍스트 제안**

텍스트를 입력하면 해당 텍스트로 시작하는 단어들이 표시됩니다. 키보드의 방향키를 이용하여 단어를 선택한 후 Enter를 누르거나 마우스로 단어를 클릭하여 입력할 수 있습니다.

| | |
|---|---|
| 2급 12.1, 10.1, 09.4, …<br>**단추** | • **단추 구성** : 오른손잡이/왼손잡이에 맞게 마우스 단추의 기능을 설정합니다.<br>• **두 번 클릭 속도** : 두 번 클릭(더블클릭) 속도를 변경합니다.<br>• **클릭 잠금** : 왼쪽 단추를 일정 시간 동안 누르고 있으면 마우스 단추에서 손을 떼어도 계속 누르고 있는 효과(클릭 잠금)를 나타내도록 지정합니다. |
| 15.3, 2급 09.4, 06.2, …<br>**포인터** | 상황에 따른 마우스 포인터의 모양을 변경합니다. |
| 15.3, 2급 13.1, 12.1, …<br>**포인터 옵션** | 마우스 포인터의 이동 속도나 포인터 이동에 따른 자국 표시 여부, Ctrl을 누를 때 포인터 위치 표시 여부 등을 설정합니다. |
| 2급 13.1, 10.1<br>**휠** | 휠을 한 번 돌리면 어느 정도 스크롤 할 것인지를 지정합니다. |
| 2급 13.1<br>**하드웨어** | 마우스의 제조업체, 연결된 위치 등을 확인하고, 드라이버 설정을 변경할 수 있습니다. |

**'키보드 속성' 대화상자**

실행 [(시작)] → [Windows 시스템] → [제어판] → '키보드' 클릭

| | |
|---|---|
| 18.1, 14.3, 12.3, …<br>**속도** | • **재입력 시간** : 키 재입력 시간을 조절하여 문자를 연속적으로 입력할 때의 반응 속도를 변경합니다.<br>• **반복 속도** : 키를 계속 누르고 있을 때 문자가 반복되는 반응 속도를 변경합니다.<br>• **커서 깜박임 속도** : 커서가 깜빡이는 속도를 변경합니다. |
| 2급 10.3<br>**하드웨어** | 키보드의 제조업체, 연결된 위치 등을 확인하고, 드라이버 설정을 변경할 수 있습니다. |

## 따라잡기 기출문제 따라잡기

문제1 3202551 문제2 1202252

15년 3회

**1. 다음 중 한글 Windows 10의 [제어판] → [마우스]에서 설정 가능한 기능으로 옳지 않은 것은?**

① 입력할 때 포인터 숨기기를 할 수 있다.

② Alt를 눌러 포인터의 위치를 표시할 수 있다

③ 포인터 자국의 길이를 조정하여 표시할 수 있다.

④ 포인터의 그림자를 사용할 수 있다.

Alt가 아니라 Ctrl을 누를 때 포인터의 위치가 표시되도록 설정할 수 있습니다.

18년 1회, 14년 3회, 12년 3회, 10년 3회, 09년 3회

**2. 다음 중 한글 Windows 10의 [키보드 속성] 대화상자에 대한 내용으로 옳지 않은 것은?**

① 키보드 입력 위치를 표시하는 커서의 모양을 바꿀 수 있다.

② 키 반복 속도를 조절할 수 있다.

③ 커서 깜박임 속도를 조절할 수 있다.

④ 키 재입력 시간을 조절할 수 있다.

키보드의 입력 위치를 표시하는 커서의 모양은 변경할 수 없습니다.

21년 2회, 20년 2회

**3. 다음 중 한글 Windows 10의 [설정] → [장치]에 표시되지 않는 것은?**

① USB 포트에 연결하는 장치

② 컴퓨터에 연결된 호환 네트워크 장치

③ 네트워크 연결된 컴퓨터

④ 하드디스크 드라이브와 사운드 카드

하드디스크 드라이브와 사운드 카드는 '장치 관리자'에 표시됩니다.

▶ **정답** : 1. ② 2. ① 3. ④

SECTION 024

# 장치 관리자

B 등급

## 1 장치 관리자

23.1, 22.7, 22.2, 21.3, 16.3, 14.1, 12.3, 11.1, 09.4, 08.2, 06.1, 05.3, 03.4, 03.3, 03.1, 2급 24.1, 23.4, 19.상시, 15.3, 15.2, …

1202302

컴퓨터에 설치되어 있는 하드웨어의 종류 및 작동 여부를 확인하고, 하드웨어의 제거나 사용 여부, 업데이트 등의 속성을 변경할 때 사용한다.

**실행**

- **방법 1** : [(시작)]의 바로 가기 메뉴에서 [장치 관리자] 선택
- **방법 2** : [(시작)] → [Windows 시스템] → [제어판] → [장치 관리자] 클릭

### 특징

- 아래 화살표가 표시된 장치는 사용되지 않음을 나타낸다.
- 물음표가 표시된 장치는 알 수 없는 장치*를 나타낸다.
- 느낌표가 표시된 장치는 정상적으로 동작하지 않는 장치를 나타낸다.
- 각 장치의 속성을 이용하여 장치의 드라이버 파일이나 인터럽트 요청(IRQ)*, 직접 메모리 액세스(DMA)*, I/O(입/출력) 주소*, 메모리 주소 등을 확인하고 변경한다.

**전문가의 조언**

장치 관리자의 개념이나 특징을 묻는 문제가 출제되고 있습니다. '장치 관리자' 하면 '하드웨어 종류 및 작동 여부 확인, 속성 변경'이라는 것을 염두에 두고 나머지 특징을 정리하세요.

**알 수 없는 장치**

하드웨어를 추가한 후 드라이버를 설치하지 않으면 '장치 관리자'는 하드웨어를 올바로 인식할 수 없어 알 수 없는 장치라는 의미로 물음표를 표시합니다.

- IRQ : 각 장치들이 CPU 사용을 요청하기 위해 보내는 인터럽트 신호가 전달되는 통로
- DMA : CPU를 통하지 않고 각 장치와 메모리가 직접 데이터를 주고받을 수 있는 통로
- **I/O(입/출력) 주소** : 각 장치와 CPU가 데이터를 주고받기 위해 지정된 메모리 영역
- IRQ, DMA, I/O 주소는 '장치 관리자' 대화상자에서 원하는 하드웨어 장치를 더블클릭한 후 '리소스' 탭에서 확인할 수 있습니다.

문제2 1202352

## 따라잡기 기출문제 따라잡기

22년 7회, 2회, 12년 3회

**1. 다음 중 한글 Windows 10에서 설치된 하드웨어를 확인하거나 제거할 수 있는 창으로 옳은 것은?**

① [장치 관리자] 창

② [레지스트리 편집] 창

③ [작업 관리자] 창

④ [하드웨어 추가/제거] 창

설치된 **하드웨어(장치)**를 확인하거나 제거하는 등의 **관리**하는 창은 '장치 관리자'입니다.

23년 1회, 21년 3회, 16년 3회, 14년 1회, 08년 2회, 06년 1회

**2. 다음 중 한글 Windows 10의 [장치 관리자] 창에서 설정 가능한 하드웨어 관리에 대한 설명으로 옳지 않은 것은?**

① 장치들의 드라이버를 식별하고, 설치된 장치 드라이버에 대한 정보를 알 수 있다.

② 가상 메모리에 대한 정보를 확인하고, 설정 값을 변경할 수 있다.

③ 장치 드라이버를 업데이트할 수 있다.

④ 하드웨어가 올바르게 작동하는지 확인할 수 있다.

가상 메모리의 정보 확인과 설정 값 변경은 [(시작)] → [(설정)] → [시스템] → [정보] → [고급 시스템 설정] 클릭 → '시스템 속성' 대화상자의 '고급' 탭에서 수행할 수 있습니다.

▶ **정답** : 1. ① 2. ②

SECTION 025

# 프린터

C 등급

**전문가의 조언**

프린터 설치와 관련된 문제가 출제되고 있습니다. 오른쪽에 제시된 프린터의 특징과 설치 방법을 모두 알고 있어야 문제를 풀 수 있습니다. 확실히 정리해 두세요.

21.4, 21.2, 18.상시, 15.3, 13.2, 13.1, 11.3, 09.2, 06.4, 06.2, 03.3, 2급 23.2, 23.1, 22.4, 22.2, 19.1, 18.상시, 14.1, 13.2, 11.2, …

## 1 프린터 설치

1202401

Windows 10에서는 대부분의 프린터를 지원하므로 프린터를 컴퓨터에 연결하면 자동으로 설치된다.

- 여러 대의 프린터를 한 대의 컴퓨터에 설치할 수 있고, 한 대의 프린터를 네트워크로 공유하여 여러 대의 컴퓨터에서 사용할 수 있다.
- 프린터마다 개별적으로 이름을 붙일 수 있으며, 이미 설치한 프린터도 다른 이름으로 다시 설치할 수 있다.
- 네트워크 프린터를 사용할 때는 프린터의 공유 이름과 프린터가 연결되어 있는 컴퓨터의 이름을 알아야 한다.
- 네트워크 프린터를 설치하면, 다른 컴퓨터에 연결된 프린터를 내 컴퓨터에 연결된 프린터처럼 사용할 수 있다.
- **로컬 프린터*** : 내 컴퓨터에 연결되어 있는 프린터
- **네트워크 프린터*** : 다른 컴퓨터에 연결되어 있는 프린터

### 프린터 설치 과정

- **방법 1** : [(시작)] → [(설정)] → [장치] → [프린터 및 스캐너]에서 '프린터 또는 스캐너 추가'를 클릭한 후 검색된 프린터 중 설치할 프린터를 선택하고 〈장치 추가〉를 클릭하면 자동 설치됨
- **방법 2** : [(시작)] → [Windows 시스템] → [제어판] → [장치 및 프린터] → '장치 및 프린터'의 도구 모음에서 '프린터 추가' 클릭 → 검색된 프린터 중 설치할 프린터를 선택한 후 〈다음〉 클릭 → 테스트 인쇄 → 〈마침〉* 클릭

**프린터 포트**

로컬 프린터 설치 시 선택할 수 있는 포트에는 LPT1, LPT2, LPT3, COM1, COM2, COM3 등이 있고, 네트워크 프린터 설치 시에는 포트가 자동으로 지정됩니다.

**마침**

이미 다른 프린터가 기본 프린터로 설정되어 있는 경우에는 〈마침〉 단계에 '기본 프린터로 설정' 여부를 지정하는 항목이 표시됩니다.

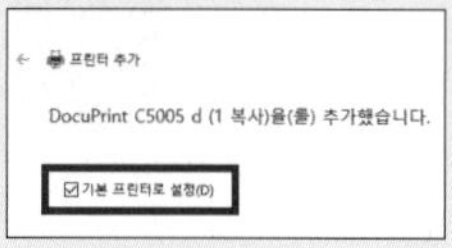


**전문가의 조언**

기본 프린터의 개념이나 특징을 묻는 문제가 출제되고 있습니다. 기본 프린터는 하나만 지정할 수 있다는 것을 중심으로 특징을 정리하세요.

19.1, 18.상시, 09.3, 06.4, 04.1, 2급 24.1, 23.4, 21.1, 18.상시, 16.3, 15.2, 13.3, 11.2, 08.2, 07.1, 06.4, 03.3, 02.2, 00.3

## 2 기본 프린터

1202402

기본 프린터란 특정 프린터를 지정하지 않고 인쇄 명령을 내릴 경우 자동으로 인쇄 작업이 전달되는 프린터를 말한다.

### 기본 프린터 설정

- **방법 1** : [(설정)] → [장치] → [프린터 및 스캐너]에서 기본 프린터로 사용할 프린터를 선택하고 〈관리〉 클릭 → 디바이스 관리에서 〈기본값으로 설정〉 클릭
- **방법 2** : 마지막에 사용한 프린터를 기본 프린터로 설정하려면 [(설정)] → [장치] → [프린터 및 스캐너]에서 'Windows에서 내 기본 프린터를 관리할 수 있도록 허용'의 체크 표시 선택

※ 'Windows에서 내 기본 프린터를 관리할 수 있도록 허용'이 선택된 상태에서는 〈기본값으로 설정〉은 표시되지 않는다.

- **방법 3** : [(시작)] → [Windows 시스템] → [제어판]의 '장치 및 프린터' 창에서 기본 프린터로 사용할 프린터를 클릭한 후 바로 가기 메뉴에서 [기본 프린터로 설정] 선택

## 특징

- 기본 프린터는 하나만 지정할 수 있다.
- 기본 프린터는 [(설정)] → [장치] → [프린터 및 스캐너]에서는 프린터 이름 아래에 '기본값'*이라고 표시되어 있고, 제어판의 '장치 및 프린터' 창에서는 프린터 아이콘의 왼쪽 하단에 체크 표시( )*가 되어 있다.

**기본 프린터 표시**
[(설정)] → [장치] → [프린터 및 스캐너]에서 'Windows에서 내 기본 프린터를 관리할 수 있도록 허용'에 체크 표시를 한 경우에는 '기본값'과 가 표시되지 않습니다.

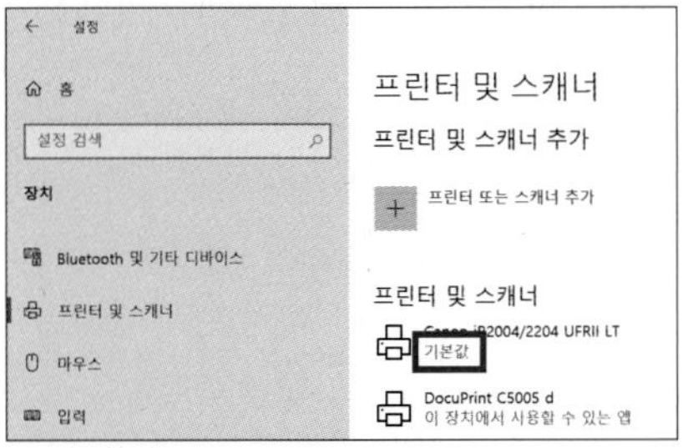

[설정] → [장치] → [프린터 및 스캐너]

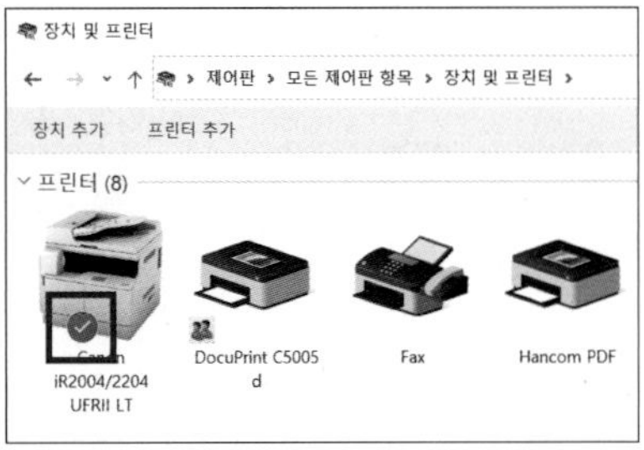

제어판의 '장치 및 프린터' 창

- 공유된 네트워크 프린터나 추가 설치된 프린터도 기본 프린터로 설정할 수 있다.
- 특정 프린터의 기본 프린터 기능을 해제하려면 다른 프린터를 기본 프린터로 설정하면 된다.
- 기본 프린터로 설정된 프린터도 네트워크상의 다른 컴퓨터에서 사용할 수 있다.

### 따라잡기 기출문제 따라잡기

문제1 1202451 문제2 3202752

19년 1회, 09년 3회, 06년 4회, 04년 1회

**1. 다음 중 한글 Windows 10에 설치된 기본 프린터에 관한 설명으로 옳지 않은 것은?**

① 앱에서 사용할 프린터를 지정하지 않고 인쇄 명령을 내렸을 때 컴퓨터가 자동으로 문서를 보내는 프린터이다.
② 여러 개의 프린터가 설치된 경우 네트워크 프린터와 로컬 프린터 각각 1대씩을 기본 프린터로 설정할 수 있다.
③ 현재 설정되어 있는 기본 프린터를 다른 프린터로 변경할 수 있다.
④ 기본 프린터로 설정된 프린터도 삭제할 수 있다.

기본 프린터는 프린터 종류에 상관없이 한 대만 지정할 수 있습니다.

21년 2회, 18년 상시, 15년 3회, 13년 2회, 09년 2회

**2. 다음 중 Windows 10에서의 프린터 설치에 관한 설명으로 옳지 않은 것은?**

① 프린터를 설치하려면 [설정] → [장치] → [프린터 및 스캐너]에서 '프린터 또는 스캐너 추가'를 선택한다.
② 새로운 프린터를 설치하는 과정에서 네트워크 프린터를 기본 프린터로 설정하려면 반드시 스풀링의 설정이 필요하다.
③ 로컬 프린터 설치 시 프린터가 USB(범용 직렬버스) 모델인 경우에는 프린터를 컴퓨터에 연결하면 Windows에서 자동으로 검색하고 설치한다.
④ 공유 프린터를 설정한 후 네트워크 프린터가 연결된 컴퓨터의 전원이 켜져 있어야 프린터의 사용이 가능하다.

네트워크 프린터도 일반 프린터와 동일하게 스풀링 설정 여부와 상관없이 기본 프린터로 설정할 수 있습니다.

▶ **정답** : 1. ② 2. ②

## 따라잡기 기출문제 따라잡기

21년 4회

**3. 다음 중 한글 Windows 10에서의 프린터 설치에 관한 설명으로 옳지 않은 것은?**

① 로컬 프린터 또는 네트워크 프린터를 선택하여 설치할 수 있다.

② 기본 프린터는 한 대만 지정할 수 있다.

③ 한 대의 프린터를 네트워크로 공유하여 여러 대의 컴퓨터에서 사용할 수 있다.

④ 프린터에서 사용할 포트는 반드시 LPT 1 포트로 선택해야 한다.

프린터에서 사용할 포트에는 LPT1, LPT2, LPT3, COM1, COM2, COM3 등이 있으며, 이중 사용할 포트를 선택하면 됩니다.

11년 3회, 09년 2회

**4. 다음 중 한글 Windows 10에서 새로운 프린터의 설치에 관한 설명으로 옳지 않은 것은?**

① [프린터 및 스캐너] 창에서 [프린터 또는 스캐너 추가]를 클릭하여 설치한다.

② 설치한 프린터를 다른 이름으로 다시 설치할 수 없으며, 프린터마다 개별적으로 이름을 부여하여 설치한다.

③ 한 대의 컴퓨터에 여러 개의 로컬 프린터를 설치할 수 있으며, 한 대의 프린터를 네트워크로 공유하여 여러 대의 컴퓨터에서 사용할 수 있다.

④ 기본 프린터는 1대만 지정할 수 있으며, 네트워크 프린터도 기본 프린터로 설정할 수 있다.

이미 설치한 프린터를 다른 이름으로 다시 설치할 수 있으며, 프린터마다 개별적으로 이름을 부여하여 설치할 수 있습니다.

▶ **정답** : 3. ④ 4. ②

SECTION
# 026 스풀 기능 / 인쇄 작업

B 등급

## 1 스풀 기능

24.1, 22.2, 12.1, 10.2, 06.1, 2급 21.4, 21.3, 21.1, 16.3, 15.3, 15.1, 13.3, 13.1, 12.3, 11.1, 10.2, 08.4, 08.2, 07.1, 04.2, 03.3

1202403

스풀(SPOOL; Simultaneous Peripheral Operation On-Line)이란 저속의 출력장치인 프린터를 고속의 중앙처리장치(CPU)와 병행 처리할 때, 컴퓨터 전체의 처리 효율을 높이기 위해 사용하는 기능이다.

**실행**

❶ [⚙(설정)] → [장치] → [프린터 및 스캐너]에서 해당 프린터를 선택하고 [관리] 클릭

❷ 디바이스 관리에서 '프린터 속성'을 클릭한 후 프린터 속성 대화상자의 '고급' 탭에서 설정

### 특징

- 스풀링은 인쇄할 내용을 먼저 하드디스크에 저장하고 백그라운드 작업*으로 CPU의 여유 시간에 틈틈이 인쇄하기 때문에 프린터가 인쇄중이라도 다른 앱을 실행하는 포그라운드 작업*이 가능하다.
- 문서 전체 또는 일부를 스풀한 다음 인쇄가 시작되도록 설정할 수 있다.
- 스풀을 사용하면 사용하지 않았을 때보다 인쇄 속도는 느려진다.

## 2 인쇄 작업

23.1, 22.7, 21.4, 18.1, 13.3, 13.2, 13.1, 11.2, 11.1, 08.3, 07.1, 06.3, 06.2, 04.4, 04.3, 04.1, 2급 24.1, 23.4, 22.4, 21.1, …

1202404

- **방법 1** : 사용하는 앱의 메뉴에서 [파일] → [인쇄]를 선택하고 원하는 옵션을 지정한 후 〈확인〉 클릭
- **방법 2** : 인쇄할 문서 파일을 선택한 후 바로 가기 메뉴에서 [인쇄] 선택
- **방법 3** : 인쇄할 문서 파일을 프린터 대화상자('인쇄 관리자' 창) 위로 드래그

### 특징

- 문서를 인쇄하는 동안 작업 표시줄에 프린터 아이콘이 표시되며, 아이콘은 인쇄가 끝나면 없어진다.
- 인쇄 중일 때 [⚙(설정)] → [장치] → [프린터 및 스캐너]에서 인쇄되는 프린터를 선택한 후 〈대기열 열기〉를 클릭하거나 작업 표시줄의 프린터 아이콘을 더블클릭하면 다음 그림과 같은 프린터 대화상자('인쇄 관리자' 창)가 열린다.

**전문가의 조언**

스풀 기능의 특징을 묻는 문제가 출제되고 있습니다. 스풀링을 하면 인쇄 중에도 다른 응용 프로그램을 사용할 수 있는 반면 인쇄 속도는 느려진다는 것을 기억해 두세요.

**포그라운드(Foreground) 작업과 백그라운드(Background) 작업**

몇 개의 앱이 동시에 실행될 때 전면에서 실행되는 우선순위가 가장 높은 앱을 포그라운드 작업이라 하고, 같은 상황에서 우선순위가 낮아 화면에 보이지 않고 실행되는 앱을 백그라운드 작업이라고 합니다. 다시 말해 사용자가 현재 직접 하고 있는 작업은 포그라운드 작업이고, 그와 동시에 백그라운드 작업이 이루어지고 있습니다.

**전문가의 조언**

문서 인쇄 시 프린터 대화상자에서 수행할 수 있는 작업에 관한 문제가 출제됩니다. 대부분 틀린 보기를 고르는 문제이므로 본문 내용을 정확히 이해해야 합니다.

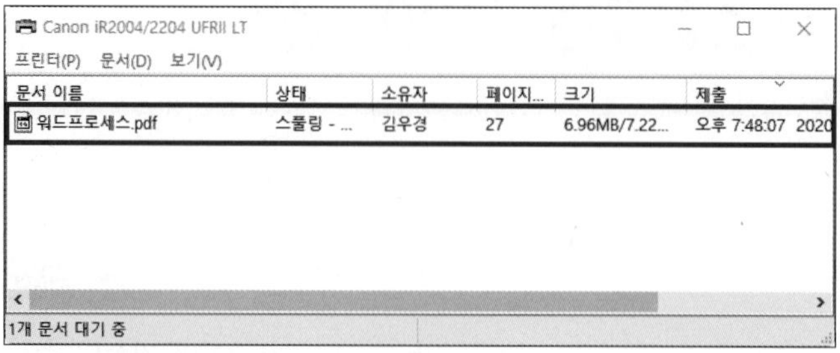


프린터 대화상자('인쇄 관리자' 창)

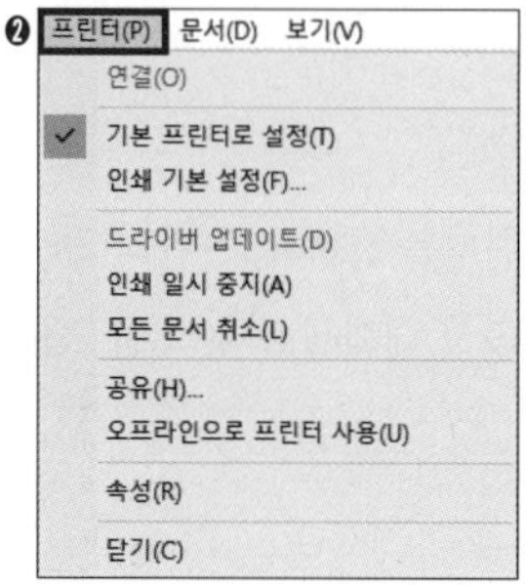


'프린터' 메뉴

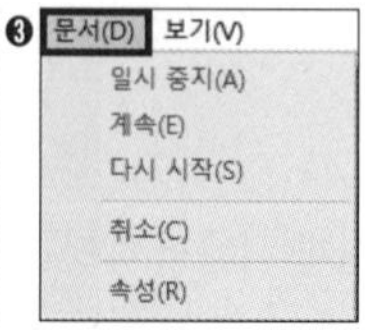


'문서' 메뉴

| | |
|---|---|
| ❶ 인쇄 대기열 | • 인쇄중인 문서와 대기중인 문서의 이름, 상태, 소유자, 페이지 수, 크기, 제출, 포트 등을 표시한다.<br>• 인쇄중 문제가 발생한 인쇄 목록을 확인할 수 있다.<br>※ 인쇄 작업 중 오류가 발생하면 해당 문서가 인쇄 대기열에서 삭제될 때까지 모든 인쇄 작업이 보류된다.<br>• 출력 대기 순서를 임의로 조정*할 수 있다. |
| ❷ 프린터* | • **기본 프린터로 설정** : 현재 프린터를 기본 프린터로 설정한다.<br>• **인쇄 기본 설정** : 용지 크기 및 방향, 인쇄 매수 및 품질, 용지 공급 등을 설정할 수 있는 프린터 인쇄 기본 설정 대화상자를 표시한다.<br>• **인쇄 일시 중지** : 현재 인쇄 중이거나 인쇄 대기 중인 모든 문서의 인쇄를 일시 중지한다.<br>• **모든 문서 취소** : 현재 인쇄 중이거나 인쇄 대기 중인 모든 문서의 인쇄를 취소한다.<br>• **공유** : 프린터의 공유 여부를 설정할 수 있는 프린터 속성 대화상자의 '공유' 탭을 표시한다.<br>• **속성** : 프린터 공유 여부, 포트 연결, 스풀 기능 등의 사용 여부를 설정할 수 있는 프린터의 속성 대화상자를 표시한다. |
| ❸ 문서* | • **일시 중지** : 인쇄 대기열에서 선택한 문서의 인쇄를 일시 중지한다.<br>• **계속** : 인쇄 대기열에서 일시 중지한 문서의 인쇄를 이어서 인쇄한다.<br>• **다시 시작** : 인쇄 대기열에서 선택한 문서를 처음부터 다시 인쇄한다.<br>• **취소** : 인쇄 대기열에서 선택한 문서의 인쇄를 취소(삭제)한다. |

**출력 대기 순서 조정**
인쇄 대기열에서 순서를 조정할 문서를 선택하고 [문서] → [속성]을 선택한 후 속성 대화상자의 '일반' 탭에서 '우선순위'의 '높음/낮음'을 이용하여 출력 순서를 조정할 수 있습니다.

**프린터/문서 메뉴**
'프린터' 메뉴의 항목과 인쇄 대기열 빈 공간의 바로 가기 메뉴의 항목이 동일하고, '문서' 메뉴의 항목과 인쇄 대기열에서 선택한 문서의 바로 가기 메뉴의 항목이 동일합니다.

23.1, 22.7, 18.1

궁금해요 **시나공 Q&A 베스트**

**Q 언제 다른 프린터로 전송할 수 있나요?**

**A** 문서의 일부가 인쇄된 경우, 즉 인쇄 중이거나 인쇄 중 오류가 발생한 인쇄 작업은 다른 프린터로 보낼 수 없지만, 인쇄 작업이 실패하고 인쇄 대기열에 정지하고 있는 인쇄 작업은 하나도 진행되지 않은 것이므로 다른 프린터로 보낼 수 있습니다.

문제1 3202851 문제3 3202853

## 따라잡기 기출문제 따라잡기

24년 1회, 22년 2회, 06년 1회

**1. 한글 Windows 10에서 프린터 스풀(SPOOL) 기능에 대한 설명으로 올바른 것은?**

① 스풀링 단위는 인쇄할 문서 전체 단위로만 스풀링이 가능하다.

② 프린터가 인쇄중이라도 다른 응용 프로그램 실행이 가능하다.

③ 스풀링은 인쇄할 내용을 프린터로 직접 전송한다.

④ 저속의 프린터 사용 시 컴퓨터 효율이 크게 저하된다.

> ① 스풀링은 인쇄할 문서 전체 또는 한 페이지 단위로 스풀링할 수 있습니다.
> ③ 스풀링은 인쇄할 내용을 먼저 하드디스크에 저장합니다.
> ④ 스풀은 저속의 프린터와 고속의 중앙처리장치 사이에서 컴퓨터 효율을 증가시키기 위해 사용합니다.

12년 1회

**2. 다음 중 한글 Windows 10의 스풀(SPOOL) 기능에 관한 설명으로 옳지 않은 것은?**

① 컴퓨터 내부 장치에 비해 상대적으로 처리 속도가 느린 프린터 작업을 효율적으로 처리하기 위하여 사용하는 기능이다.

② 인쇄할 내용을 하드디스크 장치에 임시로 저장한 후에 인쇄 작업을 수행한다.

③ 스풀 기능을 설정하면 보다 인쇄 속도가 빨라지고 동시에 작업 처리도 가능하다.

④ 스풀 기능을 선택하면 문서 전체 또는 일부를 스풀한 다음 인쇄를 시작할 수 있게 하는 기능을 선택할 수 있다.

> 스풀 기능을 설정하면 동시에 여러 개의 작업이 가능하지만 사용하지 않을 때보다 인쇄 속도가 느려집니다.

21년 4회, 13년 2회, 11년 1회, 06년 3회

**3. 다음 중 한글 Windows 10의 인쇄 작업에 대한 설명으로 옳지 않은 것은?**

① 여러 개의 출력 파일들의 출력대기 상태를 확인할 수 있다.

② 여러 개의 출력 파일들이 출력대기 할 때 출력 순서를 임의로 조정할 수 있다.

③ 일단 프린터에서 인쇄 작업에 들어간 것은 프린터 전원을 끄기 전에는 강제로 종료시킬 수 없다.

④ 인쇄 중인 문서나 오류가 발생한 문서는 다른 프린터로 전송할 수 없다.

> 인쇄 작업이 시작되었더라도 잠시 중지시켰다가 다시 인쇄하거나 강제로 종료시킬 수 있습니다.

23년 1회, 22년 7회, 18년 1회

**4. 다음 중 한글 Windows 10에서 설치된 기본 프린터의 인쇄 관리자 창에서 실행할 수 있는 작업으로 옳지 않은 것은?**

① 인쇄 작업이 시작된 문서도 중간에 강제로 인쇄를 종료할 수 있으며 잠시 중지시켰다가 다시 인쇄할 수 있다.

② [프린터] 메뉴에서 [모든 문서 취소]를 선택하면 스풀러에 저장되어 있는 모든 인쇄 작업을 취소할 수 있다.

③ 인쇄 대기 중인 문서를 삭제하거나 출력 대기 순서를 임의로 조정할 수 있다.

④ 인쇄 중인 문서나 오류가 발생한 문서를 다른 프린터로 전송할 수 있다.

> 인쇄 중인 문서나 오류가 발생한 문서는 다른 프린터로 전송할 수 없습니다.

13년 3회, 11년 2회

**5. 다음 중 한글 Windows 10에서 프린터를 이용한 인쇄 기능의 설명으로 옳지 않은 것은?**

① 문서가 인쇄되는 동안 프린터 아이콘이 알림 영역에 표시되며, 인쇄가 완료되면 아이콘이 사라진다.

② 인쇄 대기열에는 인쇄 대기 중인 문서가 표시되며, 목록의 각 항목에는 인쇄 상태 및 페이지 수와 같은 정보가 제공된다.

③ 인쇄 대기열에서 프린터의 작동을 일시 중지하거나 계속할 수 있으며, 인쇄 대기 중인 모든 문서의 인쇄를 취소할 수 있다.

④ 인쇄 대기 중인 문서에 대해서 용지 방향, 용지 공급 및 인쇄 매수 등을 인쇄 창에서 변경할 수 있다.

> 문서의 용지 방향, 용지 공급 및 인쇄 매수 등은 인쇄를 실행하기 전에 '프린터'의 속성 대화상자에서 설정해야 합니다.

▶ **정답** : 1. ② 2. ③ 3. ③ 4. ④ 5. ④

SECTION 027

# Windows 관리 도구

B 등급

> **전문가의 조언**
> '드라이브 조각 모음 및 최적화'에 대한 문제는 종종 출제되고 있습니다. '드라이브 조각 모음 및 최적화'는 드라이브의 접근 속도를 향상시키는 기능이란 것을 중심으로 특징을 정리하세요.

24.2, 23.3, 21.3, 21.2, 17.1, 10.3, 09.1, 03.1, 2급 24.5, 23.5, 21.4, 20.1, 19.2, 18.상시, 18.1, 16.1, 15.3, 15.1, 13.3, 11.3, …

## 1 드라이브 조각 모음 및 최적화

1202501

'드라이브 조각 모음 및 최적화'는 드라이브의 접근 속도를 향상시키기 위해 드라이브를 최적화하는 기능이다.

**실행**

[(시작)] → [Windows 관리 도구] → [드라이브 조각 모음 및 최적화] 선택

### 특징

- 드라이브 미디어 유형이 HDD(Hard Disk Drive)인 경우 단편화(Fragmentation)* 로 인해 여기저기 분산되어 저장된 파일들을 연속된 공간으로 최적화시킨다.
- 드라이브 미디어 유형이 SSD(Solid State Drive)인 경우 트림(Trim)* 기능을 이용하여 최적화시킨다.
- '드라이브 조각 모음 및 최적화'는 드라이브에 대한 접근 속도를 향상시키기 위한 것으로, 드라이브의 용량 증가와는 관계가 없다.
- '드라이브 조각 모음 및 최적화'가 불가능한 경우
  - NTFS, FAT, FAT32 이외의 파일 시스템으로 포맷된 경우
  - CD/DVD-ROM 드라이브
  - 네트워크 드라이브
  - Windows가 지원하지 않는 형식으로 압축된 드라이브

**단편화(Fragmentation)**
하나의 파일이 연속된 공간에 저장되지 않고, 여기 저기 분산되어 저장되는 것을 말합니다.

**트림(Trim)**
운영체제에서 데이터를 삭제하면 운영체제 상에서는 삭제된 것처럼 보이지만 실제로는 저장장치에 데이터가 남아 있는데, 이것을 삭제하는 기능이 트림입니다.

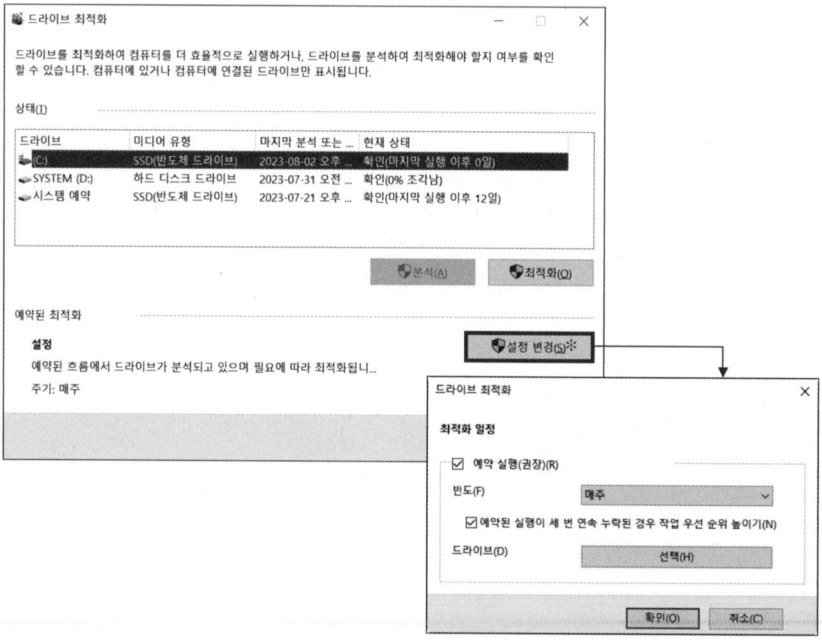


**설정 변경**
예약이 설정되어 있는 경우 〈설정 변경〉으로 표시되고, 예약이 해제되어 있는 경우 〈켜기〉로 표시됩니다.

23.5, 23.2, 22.6, 21.3, 12.1, 08.4, 07.1, 05.2, 03.1, 2급 19.상시, 19.1, 15.1, 14.3, 12.1, 11.1, 10.3, 10.2, 10.1, 09.4, 09.3, …

## 2 디스크 정리

1202502

'디스크 정리'는 디스크의 여유 공간을 확보하기 위해 필요 없는 파일을 삭제하는 기능이다.

**실행**

[(시작)] → [Windows 관리 도구] → [디스크 정리] 선택

- **디스크 정리 대상**
  - 다운로드된 프로그램 파일*
  - 임시 인터넷 파일
  - Windows 오류 보고서 및 피드백 진단
  - DirectX 셰이더 캐시
  - 전송 최적화 파일
  - 휴지통
  - 임시 파일
  - 미리 보기 사진 등
- 〈시스템 파일 정리〉를 클릭하여 '기타 옵션' 탭을 추가하면 설치한 후 사용하지 않는 앱과 시스템 복원 지점을 제거*하여 여유 공간을 확보할 수 있다.

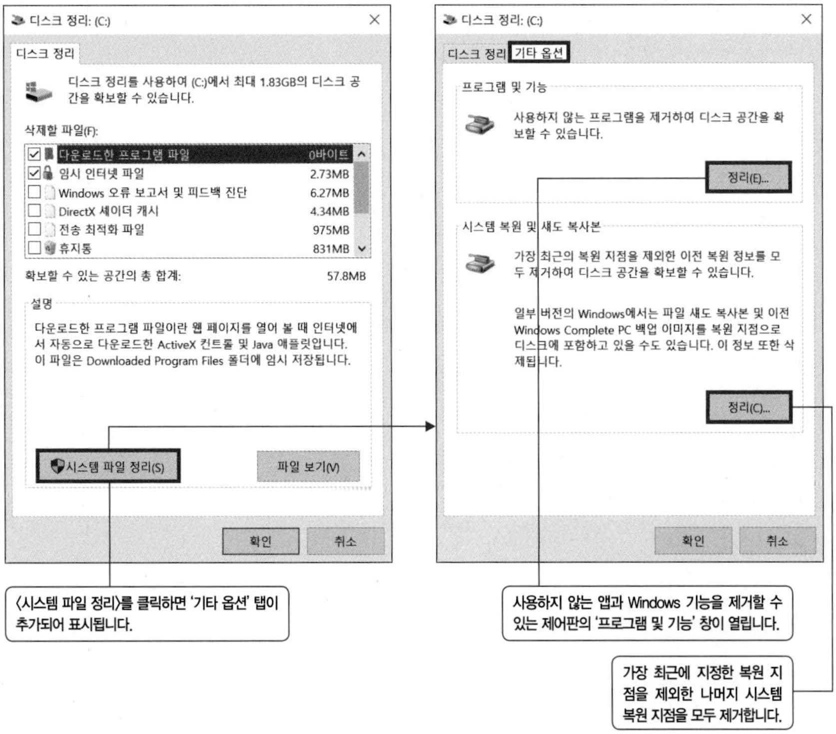


**전문가의 조언**

디스크 정리는 주로 다른 문제의 보기로 출제되고 있습니다. 디스크 정리는 디스크의 여유 공간을 확보하기 위해 필요 없는 파일을 삭제하는 기능이라는 것을 기억해 두세요.

**다운로드된 프로그램 파일**

인터넷에서 웹 페이지를 열어 볼 때마다 자동으로 다운로드한 ActiveX 컨트롤 및 Java 애플릿 파일로, 파일이 저장되어 있는 실제 위치는 'C:\Windows\Downloaded Program Files'입니다.

**시스템 복원 지점 제거**

'디스크 정리' 대화상자의 '기타 옵션' 탭에서 '시스템 복원 및 섀도 복사본'의 〈정리〉를 클릭하면 가장 최근에 지정한 복원 지점을 제외한 나머지 복원 지점이 제거됩니다.

문제2 1202553 문제4 1202554

10년 3회, 09년 1회

**1. 다음 중 한글 Windows 10에서 '드라이브 조각 모음 및 최적화'에 관한 설명으로 옳지 않은 것은?**

① 결과적으로 시스템은 파일과 폴더를 더 효율적으로 액세스할 수 있다.

② '드라이브 조각 모음 및 최적화'를 수행하면 드라이브의 여유 공간이 늘어난다.

③ '드라이브 조각 모음 및 최적화'의 작업을 수행하려면 관리자 계정이 필요하다.

④ 하드디스크의 조각난 파일과 폴더를 인접한 공간을 차지하도록 통합한다.

'드라이브 조각 모음 및 최적화'는 드라이브의 접근 속도를 향상시키는 것으로 드라이브의 여유 공간은 늘어나지 않습니다.

24년 2회, 23년 3회, 21년 2회, 17년 1회

**2. 다음 중 [드라이브 조각 모음 및 최적화]를 수행할 수 있는 대상으로 옳은 것은?**

① 외장 하드디스크 드라이브

② 네트워크 드라이브

③ CD-ROM 드라이브

④ Windows가 지원하지 않는 형식의 압축 프로그램

외장 하드디스크 드라이브는 '드라이브 조각 모음 및 최적화'를 수행할 수 있지만 나머지 ②~④번은 수행할 수 없습니다.

21년 3회

**3. 다음 중 한글 Windows 10의 Windows 관리 도구에 대한 설명으로 옳지 않은 것은?**

① [시스템 정보]를 실행하면 하드웨어 리소스, 구성 요소, 설치된 소프트웨어 환경 등의 정보를 알 수 있다.

② [리소스 모니터]는 CPU, 네트워크, 디스크, 메모리 사용 현황을 실시간으로 모니터링 할 수 있다.

③ DVD 드라이브에 대하여 [드라이브 조각 모음 및 최적화]를 수행하면 시스템의 성능을 향상시킬 수 있다.

④ [디스크 정리]를 사용하면 임시 파일이나 휴지통에 있는 파일 등을 삭제하여 디스크의 공간을 확보할 수 있다.

DVD 드라이브는 [드라이브 조각 모음 및 최적화]를 수행할 수 없습니다.

23년 5회, 2회, 22년 6회

**4. 다음 중 한글 Winodws 10의 [Windows 관리 도구]에 대한 설명으로 옳은 것은?**

① [시스템 정보]는 컴퓨터에 설치된 모든 하드웨어와 소프트웨어의 실행 정보를 한군데 모아 관리한다.

② [디스크 정리]는 디스크의 필요 없는 파일을 삭제하여 여유 공간을 확보하는 기능으로, 필요 없는 프로그램의 제거도 가능하다.

③ [레지스트리 편집기]에서는 하드웨어 리소스, 구성 요소, 설치된 소프트웨어 환경 등의 정보를 확인한다.

④ [컴퓨터 관리]는 하드디스크에 논리적 혹은 물리적으로 손상이 있는지 검사하고, 복구 가능한 에러가 있으면 이를 복구한다.

① '시스템 정보'는 시스템 분석 및 문제 해결을 위하여 컴퓨터에 설치된 하드웨어와 소프트웨어의 정보를 제공하는 관리 도구입니다. ①번은 레지스트리(Registry)에 대한 설명입니다.
③ '레지스트리 편집기'는 레지스트리를 확인하거나 수정, 삭제 등을 할 때 사용하는 앱입니다. ②번은 '시스템 정보'에서 확인할 수 있습니다.
④ '컴퓨터 관리'는 시스템 도구, 저장소, 서비스 및 응용 프로그램을 확인 및 설정하는 관리 도구입니다. ④번은 '드라이브 오류 검사'에 대한 설명입니다.

▶ **정답** : 1. ② 2. ① 3. ③ 4. ②

# 작업 관리자

C 등급

## 1 작업 관리자의 개요

1202601

'작업 관리자'는 컴퓨터에서 현재 실행중인 앱과 프로세스에 대한 정보를 제공하고 응답하지 않는 앱을 종료할 때 사용한다.

**실행**

- **방법 1 :** [⊞(시작)] → [Windows 시스템] → [작업 관리자] 선택
- **방법 2 :** [⊞(시작)]의 바로 가기 메뉴*에서 [작업 관리자] 선택
- **방법 3 :** 작업 표시줄의 바로 가기 메뉴에서 [작업 관리자] 선택
- **방법 4 :** Ctrl+Shift+Esc 누름
- [옵션] 메뉴를 이용하면 항상 위에 표시, 전환할 때 최소화, 최소화할 때 숨기기 등을 지정할 수 있다.

**전문가의 조언**

'작업 관리자'에서 제공하는 정보를 묻는 문제가 출제되었습니다. '작업 관리자'에서 제공하는 정보에는 어떤 것들이 있는지 각 탭별로 구분해서 알아두세요.

**[⊞(시작)]의 바로 가기 메뉴**

[⊞(시작)]의 바로 가기 메뉴를 표시하는 바로 가기 키는 [⊞]+[X]입니다.

## 2 '작업 관리자' 대화상자의 탭별 기능

23.5, 16.2, 15.2, 14.1, 12.2, 12.1, 2급 22.3, 19.1, 13.2, 09.1

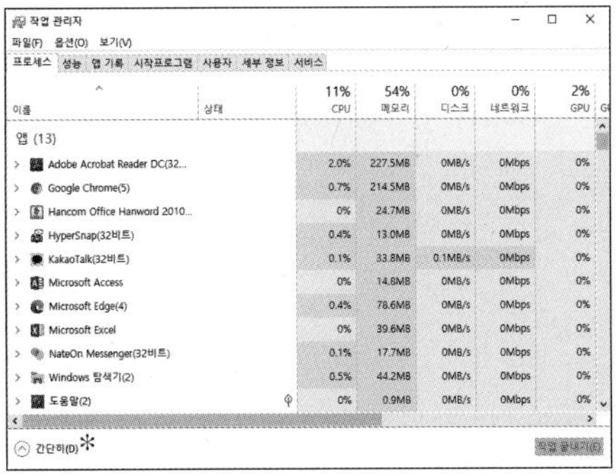


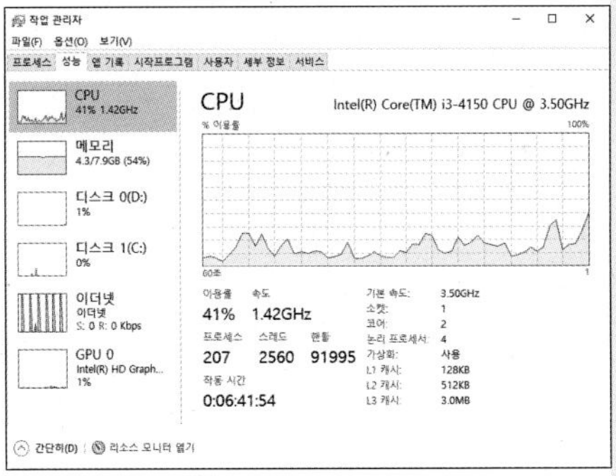


| | |
|---|---|
| **프로세스** | 현재 실행 중인 앱과 프로세스의 상태를 확인하고, 응답하지 않는 앱이나 프로세스를 종료할 수 있다. |
| **성능** | CPU, 메모리, 디스크, 이더넷(네트워크), GPU의 자원 사용 현황을 그래프로 표시한다. |
| **앱 기록** | 특정 날짜 이후의 앱별 리소스* 사용량을 표시한다. |
| **시작프로그램** | Windows가 시작될 때 자동으로 실행되는 앱의 사용 여부를 지정한다. |
| **사용자** | • 현재 컴퓨터에 로그인되어 있는 모든 사용자를 보여준다.<br>• 특정 사용자에게 메시지를 보내거나 강제로 로그아웃* 시킬 수 있다. |
| **세부 정보** | • 현재 실행 중인 프로세스에 대해 CPU 및 메모리 사용에 대한 자세한 정보를 표시한다.<br>• 현재 실행 중인 프로세스를 선택하여 종료할 수 있다. |
| **서비스** | 시스템의 서비스 항목을 확인하고 실행 여부를 지정한다. |

**간단히**

'작업 관리자' 대화상자에서 〈간단히〉를 클릭하면 아래 그림과 같이 대화상자의 크기가 줄어들면서 현재 실행중인 앱만 표시되며, 〈간단히〉가 〈자세히〉로 변경됩니다.

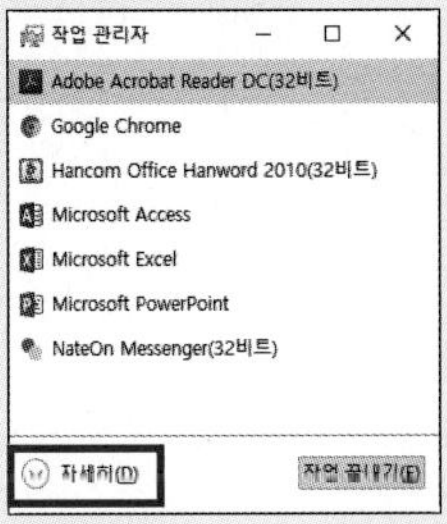


**리소스(Resource)**

리소스는 컴퓨터에서 사용하고 있거나 사용할 수 있는 각각의 하드웨어 및 소프트웨어 요소를 의미하며, 자원이라고도 합니다.

**강제 로그아웃**

계정 유형이 '관리자'인 경우에만 특정 사용자에게 메시지를 보내거나 강제로 로그아웃 시킬 수 있습니다.

## 따라잡기 기출문제 따라잡기

문제2 1202652

23년 5회

**1. 다음 중 한글 Windows 10에서 [작업 관리자] 대화상자의 각 탭에서 할 수 있는 작업으로 옳지 않은 것은?**

① [프로세스] 탭은 CPU, 메모리, 디스크, 네트워크, GPU의 자원 사용 현황을 확인할 수 있다.

② [서비스] 탭은 시스템의 서비스 항목을 확인하고 실행 여부를 지정할 수 있다.

③ [사용자] 탭은 둘 이상의 사용자가 컴퓨터에 연결되어 있는 경우 연결된 사용자 및 작업 상황을 확인하고 특정 사용자를 강제로 종료시킬 수 있다.

④ [시작프로그램] 탭은 Windows가 시작될 때 자동으로 실행되는 앱의 사용 여부를 지정할 수 있다.

'프로세스' 탭에서는 현재 실행 중인 앱과 프로세스의 상태를 확인하고, 응답하지 않는 앱이나 프로세스를 종료할 수 있습니다. CPU, 메모리, 디스크, 네트워크, GPU의 자원 사용 현황은 '성능' 탭에서 확인할 수 있습니다.

15년 2회, 12년 2회, 1회

**2. 다음 중 한글 Windows 10의 '작업 관리자' 대화상자에서 수행할 수 있는 작업으로 옳지 않은 것은?**

① 컴퓨터를 이용하는 사용자 계정의 추가와 삭제를 수행할 수 있다.

② 현재 실행 중인 앱을 강제로 종료시킬 수 있다.

③ 시스템의 CPU 사용 내용이나 할당된 메모리의 크기를 파악할 수 있다.

④ 현재 네트워크 상태를 보고 네트워크 처리량을 확인할 수 있다.

사용자 계정의 추가와 삭제는 [⚙(설정)] → [계정]에서 수행할 수 있습니다.

16년 2회

**3. 다음 중 한글 Windows 10의 '작업 관리자' 대화상자에서 실행 가능한 작업으로 옳지 않은 것은?**

① 네트워크에 연결되어 있는 경우 네트워크의 작동 상태를 확인하고 수정할 수 있다.

② 실행 중인 앱이나 프로세스에 대한 정보를 확인할 수 있다.

③ 둘 이상의 사용자가 컴퓨터에 연결되어 있는 경우 연결된 사용자 및 작업 상황을 확인하고 사용자에게 메시지를 보낼 수 있다.

④ 컴퓨터에서 사용되고 있는 메모리 및 CPU의 양에 대한 자세한 정보를 볼 수 있다.

네트워크 작동 상태의 수정은 [⚙(설정)] → [네트워크 및 인터넷]에서 설정할 수 있습니다.

▶ 정답 : 1. ① 2. ① 3. ①

SECTION **029**

# 시스템 유지 관리

B 등급

## 1 드라이브 오류 검사

22.4, 19.1, 05.3, 03.3, 02.3, 2급 18.2, 06.2, 02.2

1202701

'드라이브 오류 검사'는 하드디스크(HDD)나 SSD에 논리적 혹은 물리적으로 손상이 있는지 검사하고, 복구 가능한 에러가 있으면 이를 복구해 주는 기능이다.

**실행** 파일 탐색기에서 드라이브의 바로 가기 메뉴 중 [속성] 선택 → '도구' 탭에서 '오류 검사'의 〈검사〉 클릭

**전문가의 조언**

드라이브 오류 검사의 특징을 묻는 문제가 출제되었습니다. 드라이브 오류 검사의 용도와 드라이브 오류 검사로 얻어지는 효과를 중심으로 가볍게 읽어보세요.

### 특징

- 드라이브 오류 검사는 폴더와 파일의 오류를 검사하여 발견된 오류를 복구한다.
- 드라이브 오류 검사는 드라이브를 검사하여 배드 섹터(Bad Sector)*를 표시한다.
- 드라이브 오류 검사는 손상된 부분을 복구할 때 교차 연결*된 파일이 발견되면 제거하거나 백업한다.
- 네트워크 드라이브, CD/DVD-ROM 드라이브는 드라이브 오류 검사를 수행할 수 없다.
- 드라이브 오류 검사는 시스템의 성능 향상을 위해 정기적으로 실행하는 것이 좋다.
- 드라이브 오류 검사는 물리적인 오류가 발생한 부분을 확인하고, 그 부분에 있는 파일을 다른 위치로 옮긴 다음 해당 위치를 배드 섹터로 NTFS에 기록하여 다음부터는 그 공간을 사용하지 않도록 한다.

**배드 섹터**

드라이브에서 발견된 물리적인 손상 영역으로, 더 이상 데이터를 기록할 수 없는 부분입니다.

**교차 연결**

두 개 이상의 파일이 하나의 클러스터에 기록된 것입니다.

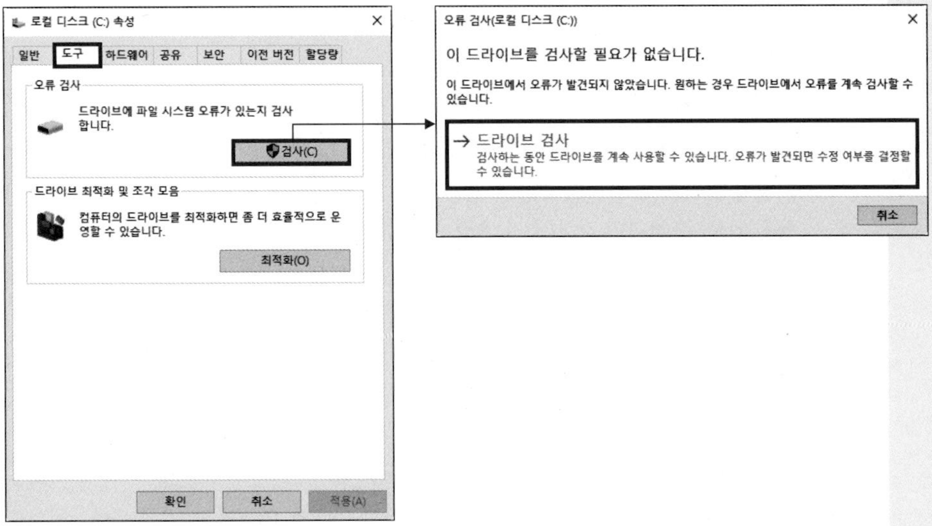

전문가의 조언

**중요해요!** 자주 출제되는 내용입니다. 레지스트리의 개념을 확실히 정리하세요.

## 2 레지스트리

22.6, 22.1, 21.3, 21.2, 18.2, 14.1, 11.3, 09.4, 09.3, 08.3, 08.2, 07.4, 07.2, 07.1, 05.1, 04.4, 04.2, 03.2

1202702

'레지스트리(Registry)'는 컴퓨터에 설치된 모든 하드웨어와 소프트웨어의 실행 정보를 한군데 모아 관리하는 계층적인 데이터베이스이다.

- **레지스트리 편집기 실행**
  - **방법 1** : [⊞(시작)] → [Windows 관리 도구] → [레지스트리 편집기] 선택
  - **방법 2** : 작업 표시줄의 검색 상자에 **레지스트리 편집기** 또는 Regedit를 입력한 후 Enter를 누름
  - **방법 3** : 파일 탐색기의 주소 표시줄이나 '실행(⊞+R)' 창에 Regedit를 입력한 후 Enter를 누름
- **레지스트리 백업** : 레지스트리 편집기에서 [파일] → [내보내기]를 선택한 후 내보내기할 파일 이름 지정

### 특징

- 레지스트리는 IRQ, I/O 주소, DMA 등과 같은 하드웨어 자원과 앱 실행 정보와 같은 소프트웨어 자원을 관리한다.
- 레지스트리 정보는 Windows가 작동하는 동안 지속적으로 참조된다.
- 레지스트리의 내용은 기계어로 되어 있어 일반 문서 편집기로 확인할 수 없으며, 수정하려면 REGEDIT와 같은 레지스트리 편집 앱을 사용해야 한다.
- 레지스트리 관련 내용은 'C:\Windows\System32\config' 폴더에 여러 개의 파일로 저장된다.
  - DEFAULT : 기본 레지스트리 파일
  - SAM : SAM(Security Account Manager, 보안 계정 관리자) 레지스트리 파일
  - SECURITY : 보안 관련 레지스트리 파일
  - SOFTWARE : 앱에 관한 레지스트 파일
  - SYSTEM : 시스템에 관한 레지스트리 파일
- 사용자 프로필과 관련된 부분은 'ntuser.dat' 파일에 저장되는데, 이 파일은 'C:\사용자'의 하위 폴더인 각 사용자 계정 폴더에 하나씩 저장된다.
- 레지스트리는 시스템과 사용자에 대한 중요한 정보를 가지고 있으므로 레지스트리에 문제가 있을 경우 시스템이 부팅되지 않을 수도 있다.
- 레지스트리의 정보는 삭제할 수 있으나 시스템에 이상이 생길 수 있으므로 함부로 삭제하지 않는 것이 좋다.

문제1 1202751 문제2 1202752

## 따라잡기 기출문제 따라잡기

08년 2회, 07년 2회

**1. 다음 중 한글 Windows 10 운영체제의 모든 구성 데이터의 중앙 저장소라고 할 수 있는 레지스트리에 관한 설명으로 가장 옳지 않은 것은?**

① 레지스트리 편집기를 사용하여 레지스트리를 잘못 변경하면 시스템을 손상시킬 수 있으므로 중요한 정보를 모두 백업한 후 레지스트리를 변경하는 것이 좋다.

② 레지스트리에는 각 사용자의 프로필과 시스템 하드웨어, 설치된 앱 및 속성 설정에 대한 정보가 들어있다.

③ 레지스트리 편집기 실행은 파일 탐색기의 '검색 상자'에 'Regedit'를 입력하고 Enter를 누른다.

④ 레지스트리 편집기를 사용하면 컴퓨터 실행 방법에 대한 정보가 들어 있는 시스템 레지스트리의 설정을 검색하고 변경할 수 있다.

레지스트리 편집기는 작업 표시줄의 검색 상자에 Regedit를 입력하고 Enter를 눌러야 실행됩니다.

22년 4회, 19년 1회, 03년 3회, 02년 3회, 1회

**2. 다음 중 한글 Windows 10에서 하드디스크에 적용하는 [드라이브 오류 검사]에 관한 설명으로 옳지 않은 것은?**

① 하드디스크 자체의 물리적 오류를 찾아서 복구하므로 완료하는 데 시간이 더 오래 걸릴 수 있다.

② 하드디스크 드라이브를 검사하는 동안에도 드라이브를 계속 사용할 수 있다.

③ 하드디스크 문제로 인하여 컴퓨터 시스템이 오작동하는 경우나 바이러스의 감염을 예방할 수 있다.

④ 하드디스크의 [속성] 창 [도구] 탭에서 오류 검사를 실행할 수 있다.

Windows에서 바이러스로부터 컴퓨터를 보호하기 위해 제공하는 것은 Windows Defender입니다.

22년 6회, 21년 3회, 09년 3회

**3. 다음 중 Windows의 레지스트리에 관한 설명으로 옳지 않은 것은?**

① Windows의 자체 구성 정보를 저장하는 데이터베이스이다.

② Windows에 탑재된 레지스트리 편집기는 'regedit.exe'이다.

③ 레지스트리 정보는 Windows의 부팅 시에만 참조된다.

④ 레지스트리에는 각 사용자의 프로필과 시스템 하드웨어, 설치된 프로그램 및 속성 설정에 대한 정보가 들어있다.

레지스트리 정보는 Windows가 작동하는 동안 지속적으로 참조됩니다.

22년 1회, 21년 2회, 14년 1회

**4. 다음 중 한글 Windows 10의 레지스트리(Registry)에 관한 설명으로 옳지 않은 것은?**

① 작업 표시줄의 검색 상자에 'regedit'를 입력하여 레지스트리 편집기를 실행할 수 있다.

② 레지스트리 편집기를 사용하면 레지스트리 폴더 및 각 레지스트리 파일에 대한 설정을 볼 수 있다.

③ 레지스트리 편집기에서 [내보내기]를 이용하여 레지스트리를 백업할 수 있다.

④ 레지스트리의 정보는 수정할 수는 있으나 삭제는 할 수 없어 언제든지 레지스트리 복원이 가능하다.

레지스트리의 정보는 삭제가 가능하지만 시스템에 이상이 생길 수 있으므로 함부로 삭제하지 않는 것이 좋습니다.

18년 2회

**5. 다음 중 한글 Windows 10의 레지스트리에 관한 설명으로 옳지 않은 것은?**

① 컴퓨터에 설치된 모든 하드웨어와 소프트웨어의 실행 정보를 관리하는 데이터베이스이다.

② 레지스트리 정보는 Windows가 작동하는 동안 지속적으로 참조된다.

③ Windows에 탑재된 레지스트리 편집기는 'reg.exe'이다.

④ 레지스트리에 문제가 발생하면 시스템 부팅이 안 될 수도 있다.

레지스트리 편집기는 'Regedit'입니다.

▶ 정답 : 1. ③ 2. ③ 3. ③ 4. ④ 5. ③

SECTION 030

# 네트워크

D 등급

전문가의 조언

네트워크의 개념은 읽어 보면 쉽게 알 수 있는 내용이므로 한 번 읽는 것으로 마무리하고, 한글 Windows 10에서 제공하는 네트워크 기능에는 무엇이 있는지 정확히 알아두세요.

## 1 네트워크의 개요

네트워크(Network)는 두 대 이상의 컴퓨터를 전화선이나 케이블 등으로 연결하여 자원을 공유하는 것을 말한다.

- 네트워크는 다른 컴퓨터의 데이터, 앱, 주변장치, 인터넷 등을 공유하기 위해 사용한다.
- 네트워크 연결 방법에는 랜 카드(네트워크 어댑터)와 케이블을 이용한 근거리 연결, 모뎀과 전용선을 이용한 원거리 연결 등이 있다.
- 한글 Windows 10을 설치할 때 네트워크를 선택하는 과정이 진행되며, 이 과정에서 연결 가능한 네트워크 종류가 표시되면 원하는 네트워크를 선택한다.

14.1, 13.1, 11.3, 11.2, 10.3, 10.1, 09.4, 09.3, 08.1, 07.4, 07.2, 05.2, 05.1, 04.3, 2급 03.4

## 2 네트워크 기능

1202802

한글 Windows 10에서 제공하는 네트워크 기능에는 클라이언트, 프로토콜, 서비스가 있다.

- **네트워크 기능 확인** : [(시작)] → [(설정)] → [네트워크 및 인터넷] → [상태] → [어댑터* 옵션 변경] → [이더넷]의 바로 가기 메뉴에서 [속성] 선택
- **설치 가능한 네트워크 기능 유형 확인** : '이더넷 속성' 대화상자에서 〈설치〉 클릭

어댑터(랜카드)
컴퓨터 또는 컴퓨터와 네트워크를 연결하는 장치입니다.

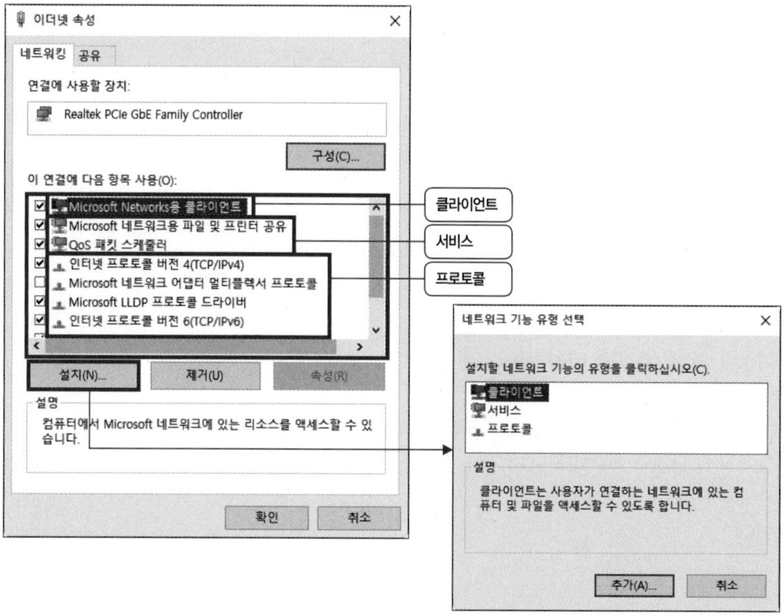

## 네트워크 기능*

| | |
|---|---|
| 10.3, 09.4, 07.2<br>**클라이언트** | 네트워크의 다른 컴퓨터나 서버에 연결하여 파일/프린터 등의 공유 자원을 사용할 수 있게 하는 소프트웨어이다. |
| 10.3, 09.4, 07.2<br>**서비스** | • 내 컴퓨터에 설치된 파일, 프린터 등의 자원을 다른 컴퓨터에서 공유할 수 있도록 하는 소프트웨어이다.<br>• Microsoft **네트워크용 파일 및 프린터 공유** : 다른 컴퓨터에서 네트워크를 사용하여 내 컴퓨터의 파일, 폴더, 프린터를 공유하여 사용할 수 있게 한다.<br>• **QoS 패킷 스케줄러** : 흐름 속도 및 우선순위 서비스를 포함하여 네트워크 트래픽 제어를 제공한다. |
| 10.3, 09.4, 07.2<br>**프로토콜** | • 네트워크에서 서로 다른 컴퓨터 간에 정보 교환을 가능하게 하는 통신규약이다.<br>• 네트워크에 있는 컴퓨터가 서로 정보를 공유하려면 동일한 프로토콜을 사용해야 한다. |

**네트워크 기능 확인**
'이더넷'의 바로 가기 메뉴에서 [속성]을 선택하면 표시되는 '이더넷 속성' 대화상자에서 〈설치〉를 클릭하면 설치 가능한 네트워크 기능 유형을 선택할 수 있는 '네트워크 기능 유형 선택' 대화상자가 표시됩니다.

16.2, 12.2, 11.1, 08.4, 08.3, 08.1, 06.3, 04.2, 03.2, 02.3, 2급 22.4, 18.상시, 18.2, 14.1, 13.2, 09.2, 09.1, 07.4, 04.4, 01.3

## 3 네트워크 관련 DOS 명령어

1202804

| | |
|---|---|
| 16.2, 12.2, 11.1, 08.4, …<br>**ping** | • 원격 컴퓨터가 현재 네트워크에 연결되어 정상적으로 작동하고 있는지 알아보는 서비스이다.<br>• 원격 컴퓨터(Host)의 이름, 전송 신호의 손실률과 응답 시간 등을 확인할 수 있다.<br>• 명령 프롬프트*에 ping 211.11.14.177 이나 ping www.sinagong.co.kr 형식으로 입력한다.<br>• 자신의 네트워크 카드가 정상적으로 작동하는지 확인하려면 ping 127.0.0.1을 입력한다. |
| 08.3, 04.2, 03.2<br>**ipconfig** | 명령 프롬프트에 ipconfig를 입력하면 현재 컴퓨터의 IP 주소, 서브넷 마스크, 게이트웨이, 물리적 주소(MAC Address) 등을 표시해 준다. |

**전문가의 조언**
ping과 ipconfig에 대한 문제가 출제되었습니다. 네트워크 관련 DOS 명령어가 수행하는 기능을 다른 것과 구분할 수 있을 정도로 알아두세요.

**명령 프롬프트 호출 방법**
- [⊞(시작)] → [Windows 시스템] → [명령 프롬프트] 선택
- 작업 표시줄의 검색 상자나 '실행(⊞+R)' 창에 cmd 입력

### 따라잡기 기출문제 따라잡기

문제1 1202851

10년 3회, 09년 4회

**1. 다음 중 한글 Windows 10에서 설치 가능한 네트워크 기능의 유형에 관한 설명으로 옳지 않은 것은?**

① 어댑터는 네트워크상에 있는 컴퓨터들이 서로 통신할 수 있는 소프트웨어이다.

② 서비스는 파일 및 프린터 공유와 같은 기능을 제공한다.

③ 프로토콜은 사용자 컴퓨터가 다른 컴퓨터와 통신할 때 사용하는 언어이다.

④ 클라이언트는 사용자가 연결하는 네트워크에 있는 컴퓨터 및 파일 액세스를 제공한다.

어댑터는 컴퓨터와 컴퓨터 또는 컴퓨터와 네트워크를 연결하는 장치(하드웨어)입니다.

16년 2회, 12년 2회

**2. 다음 중 네트워크와 관련하여 Ping 서비스에 대한 설명으로 옳은 것은?**

① 인터넷의 기원, 구성, 사용 가능한 인터넷 서비스 등 기초적인 정보를 제공하는 서비스이다.

② 웹 브라우저와 웹 서버 사이의 정부 전달을 위한 인터페이스를 제공해 주는 서비스이다.

③ DNS가 가지고 있는 특정 도메인의 IP 주소를 검색해 주는 서비스이다.

④ 지정된 호스트에 대해 네트워크층의 통신이 가능한지의 여부를 확인하는 서비스이다.

Ping은 원격 컴퓨터(호스트)가 정상적으로 작동하는지를 확인하는 서비스입니다.

▶ **정답** : 1. ① 2. ④

# 기본 네트워크 정보 및 연결 설정

B 등급

전문가의 조언

최근 네트워크 및 인터넷에 대한 문제가 자주 출제되고 있습니다. '네트워크 및 인터넷' 창에서 설정 가능한 네트워크 관련 작업들을 구분할 수 있도록 정리하세요.

## 1 네트워크 및 인터넷

24.1, 23.2, 22.3, 22.2, 21.3, 14.3

1202901

현재 설정되어 있는 기본 네트워크 정보를 확인하거나 네트워크 설정 사항을 변경할 수 있는 다양한 기능을 제공한다.

실행 [(시작)] → [(설정)] → [네트워크 및 인터넷] 클릭

### 특징

- 네트워크에 참여할 모든 컴퓨터에 랜 카드를 설치하고 물리적인 연결을 마친 다음 각 컴퓨터에서 '네트워크 및 인터넷'을 이용하여 네트워크를 설정할 수 있다.
- 유·무선 네트워크 연결이 확인되면 설정된 네트워크 환경에 맞게 자동으로 네트워크에 연결하며, 인터넷 서비스에 가입되어 있다면 각각의 컴퓨터를 인터넷에 연결할 수 있게 한다.
- 컴퓨터에 네트워크 어댑터가 여러 개 있는 경우 각 어댑터에 대한 정보가 탭으로 구분되어 표시된다.
- 네트워크에 있는 모든 컴퓨터가 하나의 컴퓨터를 통해 인터넷에 연결되도록 구성할 수도 있다(인터넷 연결 공유)*.

**인터넷 연결 공유**
인터넷에 연결된 한 대의 컴퓨터를 통해 네트워크에 속한 모든 컴퓨터가 인터넷을 사용하는 것입니다.

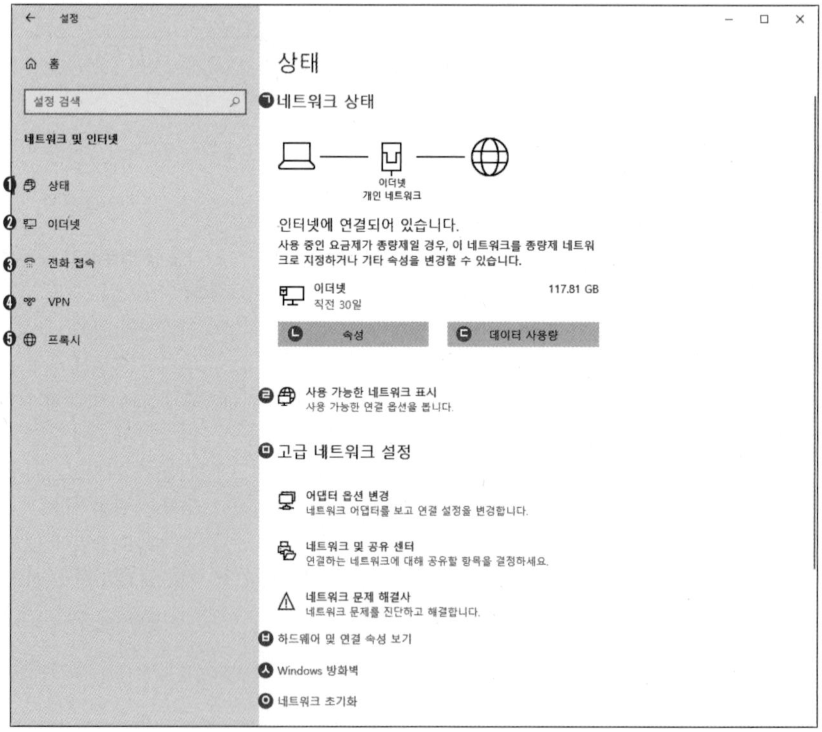


전문가의 조언

현재 연결되어 있는 네트워크의 종류에 따라 표시되는 항목이 다릅니다. 무선 랜이 설치된 경우에는 Wi-Fi, 비행기 모드, 모바일 핫스팟이 추가로 표시됩니다.

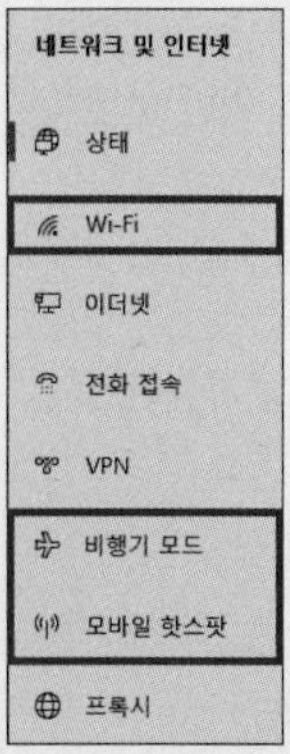

## ❶ 상태

| | |
|---|---|
| 23.2, 22.3, 21.3<br>㉠ **네트워크 상태** | 내 컴퓨터가 네트워크에 연결된 상태를 시각적으로 표시한다. |
| ㉡ **속성** | • **네트워크 프로필** : 네트워크의 다른 컴퓨터에서 내 컴퓨터의 프린터 및 파일 등을 공유할 수 있도록 허용 여부를 설정한다.<br>• **데이터 통신 연결** : 데이터 사용량의 제한 여부를 설정한다.<br>• **IP 설정** : IP를 자동(DHCP) 또는 수동으로 할당한다.<br>• **속성** : IPv6 주소, IPv4 주소, IPv4 DNS 서버, 제조업체, 설명, 드라이버 버전, 물리적 주소(MAC) 등을 표시한다. |
| 23.2, 22.3, 21.3<br>㉢ **데이터 사용량** | • 최근 30일 동안의 데이터 사용량 및 현재 연결되어 있는 네트워크를 표시한다.<br>• **데이터 제한** : Windows가 데이터 사용량을 제한할 수 있도록 제한 유형*, 요금제 시작일, 데이터 제한 크기(MB, GB)를 설정한다. |
| 23.2, 22.3, 22.2, 21.3<br>㉣ **사용 가능한 네트워크 표시** | 내 컴퓨터에서 사용 가능한 네트워크를 작업 표시줄 오른쪽의 알림 영역에 표시한다. |
| 24.1, 22.2<br>㉤ **고급 네트워크 설정** | • **어댑터 옵션 변경** : 네트워크 어댑터의 연결 설정을 변경할 수 있는 '제어판'의 '네트워크 연결' 창이 실행된다.<br>• **네트워크 및 공유 센터** : 네트워크 정보를 확인하고 설정 사항을 변경할 수 있는 '네트워크 및 공유 센터*' 창이 실행된다.<br>• **네트워크 문제 해결사** : 네트워크 문제를 진단하고 해결할 수 있는 'Windows 네트워크 진단' 마법사가 실행된다. |
| ㉥ **하드웨어 및 연결 속성 보기** | 네트워크 이름, 설명, 물리적 주소(MAC), 상태, 최대 전송 단위, 링크 속도(송/수신), DHCP 사용 및 서버, IPv4 주소, IPv6 주소, 기본 게이트웨이, DNS 서버 및 도메인 이름, 네트워크 이름 및 범주 등을 표시한다. |
| ㉦ **Windows 방화벽** | 방화벽을 설정하고 네트워크 및 인터넷 연결에 발생하는 상황을 확인하는 '방화벽 및 네트워크 보호*' 창이 실행된다. |
| ㉧ **네트워크 초기화** | 네트워크 어댑터를 제거한 후 다시 설치하고 네트워킹 구성 요소가 기본값으로 설정한다. |

❷ **이더넷** : 현재 연결되어 있는 네트워크를 표시한다.

❸ **전화 접속** : 전화 접속 연결을 설정한다.

❹ **VPN*** : VPN 연결을 설정한다.

❺ **프록시***

– 프록시 사용 여부를 설정한다.

– 프록시 사용 시 자동 또는 수동 여부를 설정한다.

13.2, 11.3, 08.2, 07.2

**잠깐만요 DHCP 서버**

컴퓨터에 IP 주소를 자동으로 할당해 주는 서버입니다.

※ DHCP(Dynamic Host Configuration Protocol) : 고유한 IP 주소 없이 인터넷에 접속할 때 자동으로 새로운 IP 주소를 할당해 주는 프로토콜

**'제한 유형' 종류**
월간, 한 번, 제한 없음

**'네트워크 및 공유 센터' 창을 표시하는 다른 방법**
[⊞(시작)] → [Windows 시스템] → [제어판] → [네트워크 및 공유 센터] 클릭

**'방화벽 및 네트워크 보호' 창을 표시하는 다른 방법**
[⊞(시작)] → [⚙(설정)] → [업데이트 보안] → [Windows 보안] → [방화벽 및 네트워크 보호] 클릭

**VPN(가상 사설망)**
인터넷망(공중망)을 사용하여 사설망을 구축하게 해주는 통신망입니다.

**프록시(Proxy)**
PC 사용자와 인터넷 사이에서 중계자 역할을 하는 서버로, 방화벽 기능과 캐시 기능을 제공합니다.

전문가의 조언

**중요해요!** 자주 출제되는 내용입니다. 인터넷 접속을 위해 인터넷 프로토콜(TCP/IP) 속성 대화 상자에서 반드시 지정해야 하는 항목을 중심으로 각 구성 요소의 특징을 공부하세요.

**IPv4 주소/IPv6 주소**
한글 Windows 10에서는 인터넷 접속을 위해 IPv4 주소와 IPv6 주소 중 하나 또는 두 가지 모두를 설정해 놓을 수 있습니다. 한글 Windows 10은 설정된 주소를 이용해 IPv4 네트워크에서는 IPv4 주소를, IPv6 네트워크에서는 IPv6 주소를 사용하여 인터넷에 접속하게 됩니다.

**DNS(Domain Name System)**
문자로 된 주소를 숫자로 된 IP 주소로 바꿔주는 시스템입니다.

24.5, 22.6, 22.5, 21.3, 20.상시, 18.1, 14.1, 13.1, 12.2, 11.1, 10.3, 09.4, 08.4, 08.3, 08.1, 06.3, 06.1, 04.4, 04.2, 04.1, 03.4

## 2 TCP/IP의 구성 요소

1202903

TCP/IP는 인터넷에 연결된 서로 다른 기종의 컴퓨터끼리 데이터를 주고받을 수 있도록 하는 인터넷 표준 프로토콜이다.

- 한글 Windows 10에서는 TCP/IPv4와 TCP/IPv6이 자동으로 설치되며, 제거가 불가능하다.

### TCP/IP 구성 및 설정

- TCP/IP 구성 요소 중에서 수동으로 IP를 설정할 경우 인터넷 접속을 위해 반드시 지정해야 하는 구성 요소는 다음과 같다.
  - IPv4 : IP 주소*, 서브넷 마스크, 기본 게이트웨이, DNS* 서버 주소
  - IPv6 : IPv6 주소*, 서브넷 접두사 길이, 기본 게이트웨이, DNS 서버 주소
- **TCP/IP 구성 요소 설정** : [(시작)] → [(설정)] → [네트워크 및 인터넷] → [상태] → [어댑터 옵션 변경] → [이더넷]의 바로 가기 메뉴에서 [속성] 선택 → '네트워킹' 탭에서 '인터넷 프로토콜 버전 4(TCP/IPv4)' 또는 '인터넷 프로토콜 버전 6(TCP/IPv6)'을 더블클릭

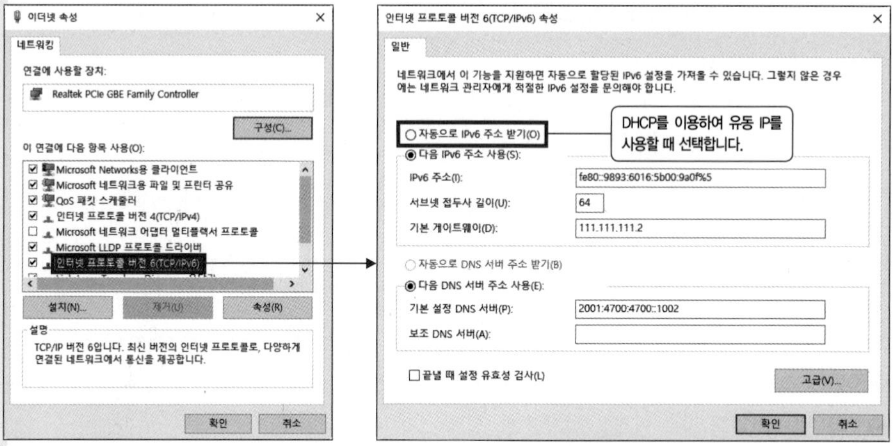


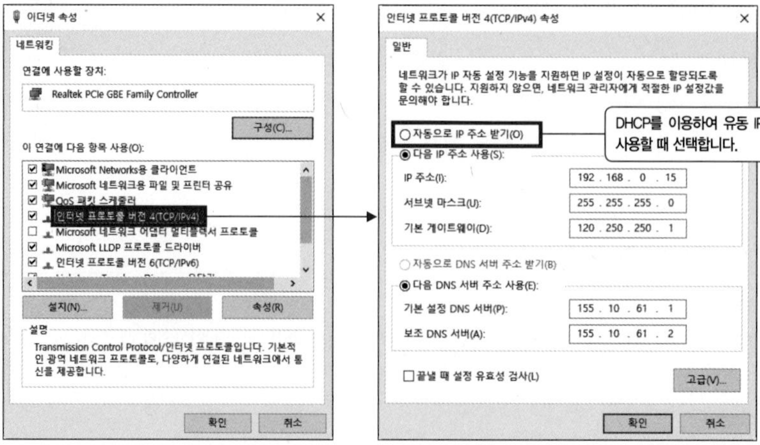

| | |
|---|---|
| 24.5, 22.6, 22.5, 21.3, 20.상시, …<br>**IP 주소** | • IP 주소는 인터넷에 연결된 호스트 컴퓨터의 유일한 주소로 네트워크 주소와 호스트 주소로 구성되어 있다.<br>• IPv4 주소는 32비트 주소를 8비트씩 마침표(.)로 구분한다.<br>• IPv6 주소는 128비트 주소를 16비트씩 콜론(:)으로 구분한다. |
| **서브넷 접두사 길이** | 서브넷 접두사는 IPv6 주소의 네트워크 주소와 호스트 주소를 구별하기 위하여 IPv6 수신인에게 허용하는 서브넷 마스크 부분의 길이를 비트로 표현한 것으로, IPv6 주소 뒤에 슬래시(/)로 구분하여 표기한다.<br>예 2001:0230:abcd:ffff::ffff:1111/64<br>(2001:0230:abcd:ffff::ffff:1111 – IPv6 주소, 64 – 서브넷 접두어) |
| 24.5, 22.6, 22.5, 21.3, 20.상시, …<br>**서브넷 마스크** | • 서브넷 마스크는 IPv4 주소의 네트워크 주소와 호스트 주소를 구별하기 위하여 IPv4 수신인에게 허용하는 32비트 주소이다.<br>• IP 주소와 결합하여 사용자 컴퓨터가 속한 네트워크를 나타낸다. |
| 24.5, 22.6, 22.5, 21.3, 20.상시, …<br>**게이트웨이** | • 게이트웨이는 다른 네트워크와의 데이터 교환을 위한 출입구 역할을 하는 장치로, LAN에서 다른 네트워크에 데이터를 보내거나 받아들이는 역할을 하는 장치를 지정한다.<br>• 네트워크 사이에서 IP 패킷을 라우팅하거나 전달할 수 있는 여러 개의 실제 TCP/IP 네트워크에 연결된 장치이다.<br>• 서로 다른 전송 프로토콜이나 IPX 및 IP와 같은 데이터 형식 간의 변환을 담당한다. |
| 12.2, 09.4, 06.1<br>**DNS 서버 주소** | DNS 서버는 문자 형태로 된 도메인 네임을 숫자로 된 IP 주소로 변환해 주는 서버이며, DNS 서버 주소에는 이 서버가 있는 곳의 IP 주소를 지정한다. |

## 따라잡기 기출문제 따라잡기

문제1 3203351

24년 1회, 22년 2회

**1. 다음 중 Windows 10의 [설정] → [네트워크 및 인터넷]에 대한 설명으로 옳지 않은 것은?**

① 네트워크 문제를 진단하고 해결할 수 있다.

② 컴퓨터 이름과 작업 그룹의 이름을 변경할 수 있다.

③ 내 컴퓨터에서 사용 가능한 네트워크를 표시한다.

④ [어댑터 옵션 변경]을 통해 네트워크 어댑터의 연결 설정을 변경할 수 있다.

컴퓨터 이름과 작업 그룹의 이름은 [(설정)] → [시스템] → [정보] → 〈고급 시스템 설정〉 클릭 → '시스템 속성' 대화상자의 '컴퓨터 이름' 탭에서 변경할 수 있습니다.

24년 5회, 22년 6회, 5회, 21년 3회, 20년 상시, 18년 1회, 13년 1회, 08년 1회, 04년 4회

**2. 다음 중 한글 Windows 10에서 네트워크 연결 시 IP 설정이 자동으로 할당되지 않을 경우 직접 설정해야 하는 TCP/IP 속성에 해당하지 않는 것은?**

① IP 주소

② 기본 게이트웨이

③ 서브넷 마스크

④ 라우터 주소

TCP/IP 설정 시 반드시 지정해야 할 정보에는 'IP 주소, 서브넷 접두사 길이, 서브넷 마스크, 게이트웨이, DNS 서버 주소' 등이 있습니다.

▶ **정답** : 1. ② 2. ④

## 따라잡기 기출문제 따라잡기

문제4 1202952

11년 3회, 08년 2회, 07년 2회

**3. 다음 중 컴퓨터에 IP 어드레스를 자동으로 할당해 주는 기능을 하는 서버는?**

① DNS 서버 ② DHCP 서버
③ FTP 서버 ④ Web 서버

DHCP 서버는 컴퓨터에 IP 주소를 자동으로 할당해 주는 서버입니다.

12년 2회, 09년 4회, 06년 1회

**4. 다음 한글 Windows 10의 [인터넷 프로토콜 버전 4(TCP/IPv4) 속성]에 대한 설명 중 올바르지 못한 것은?**

① IPv4 주소는 인터넷에 연결된 호스트 컴퓨터의 유일한 주소로, 네트워크 주소와 호스트 주소로 구성되며, 32Bit 주소를 8비트씩 점(.)으로 구분한다.
② 서브넷 마스크는 IPv4 주소의 네트워크 주소와 호스트 주소를 구별하기 위해 IP 수신인에게 허용하는 32 비트 주소로, 사용자 컴퓨터가 속한 네트워크를 식별하는 데 사용된다.
③ 게이트웨이는 다른 네트워크와의 데이터 교환을 위한 출입구 역할을 하는 장치이다.
④ DNS 서버 주소는 숫자 형태로 된 도메인 네임을 숫자로 된 IP 주소로 변환해 주는 서버(DNS)의 도메인 이름을 지정한다.

DNS 서버 주소에는 문자 형태인 도메인 네임을 숫자로 된 IP 주소로 변환해 주는 서버(DNS)의 IP 주소를 지정해야 합니다.

14년 1회, 10년 3회, 08년 4회, 03년 4회

**5. 다음 중 인터넷 연결을 위하여 TCP/IP 프로토콜을 설정할 때 서브넷 마스크(Subnet Mask)의 역할에 관한 설명으로 옳은 것은?**

① 도메인 명을 IP 주소로 변환해 주는 서버를 지정한다.
② IP 주소의 네트워크 주소와 호스트 주소를 구별해 준다.
③ 호스트와 연결 방식을 식별한다.
④ 연결된 사용자들의 IP를 식별한다.

서브넷 마스크는 IP 주소의 네트워크 주소와 호스트 주소를 구별해 주는 역할을 합니다.

23년 2회, 22년 3회, 21년 3회

**6. 다음 중 Windows 10의 [설정] → [네트워크 및 인터넷]에 대한 설명으로 옳지 않은 것은?**

① 현재 네트워크 상태를 확인할 수 있다.
② 앱별 데이터 사용량을 확인할 수 있다.
③ 사용 가능한 네트워크를 표시할 수 있다.
④ Windows의 자동 업데이트 현황을 확인할 수 있다.

Windows의 자동 업데이트 현황은 [⚙(설정)] → [업데이트 및 보안]에서 확인할 수 있습니다.

▶ **정답** : 3. ② 4. ④ 5. ② 6. ④

SECTION
# 032 문제 해결

A 등급

## 1 메모리 용량 문제 해결

22.7, 22.2, 09.4

1203001

- 불필요한 앱을 종료한다.
- '시작프로그램' 폴더* 안의 불필요한 앱을 삭제한다.
- [(시작)] → [(설정)] → [앱] → [시작 프로그램]이나 '작업 관리자' 대화상자*의 '시작프로그램' 탭에서 불필요한 앱의 실행을 해제한다.
- 작업량에 비해 메모리가 적을 경우는 시스템에 메모리(RAM)를 추가한다.
- [(시작)] → [(설정)] → [시스템] → [정보] → [고급 시스템 설정] 클릭 → '시스템 속성' 대화상자의 '고급' 탭에서 가상 메모리의 크기를 적절히 설정한다.

## 2 하드디스크 용량 문제 해결

22.5, 22.4, 22.1, 21.2, 19.상시, 18.2, 12.1, 07.1, 05.2, 04.1

1203002

- 불필요한 파일은 백업한 다음 하드디스크에서 삭제한다.
- 사용하지 않는 응용 앱을 삭제한다.
- 사용하지 않는 Windows 기능을 제거*한다.
- 휴지통에 있는 파일을 삭제한다.
- [디스크 정리]를 수행하여 불필요한 파일들을 삭제한다.

## 3 비정상적인 부팅 문제 해결

22.5

1203003

- 안전 모드*로 부팅하여 문제를 해결한 후 정상 모드로 재부팅한다.
- 부팅 가능한 USB나 DVD-ROM으로 부팅한 후 원인을 찾는다.
- 시스템 복구 드라이브*를 만들어 둔 경우 시스템 복구 드라이브를 이용해 시스템 복구를 수행한다.
- '시스템 복원' 기능을 이용하여 컴퓨터가 정상적으로 부팅되던 시점으로 복원한다.
- 바이러스에 의해 이상이 생겼을 경우 백신 앱으로 치료한다.

23.3, 22.2, 21.4, 21.2, 19.2, 13.3

**잠깐만요 시스템 복구를 해야 하는 경우**

- 새 장치를 설치한 후 시스템이 불안정 할 때
- 로그온 화면이 나타나지 않으며, 운영체제를 시작할 수 없을 때
- 누락되거나 손상된 데이터 파일을 이전 버전으로 되돌릴 때

**전문가의 조언**

메모리나 하드디스크의 용량 문제 해결 방법과 시스템 복구에 대한 문제가 출제되고 있습니다. 메모리와 하드디스크의 용량 문제 해결 방법은 서로를 구분할 수 있어야 합니다. 시스템 복구는 컴퓨터에 어떤 문제가 발생했을 때 이를 해결하기 위해 필요하다는 것을 기억해 두세요.

**'시작프로그램' 폴더의 실제 위치**

'시작프로그램' 폴더의 실제 위치는 'C:\사용자\사용자 계정\AppData\Roaming\Microsoft\Windows\시작 메뉴\프로그램\시작프로그램'입니다.

**'작업 관리자' 대화상자**

'작업 관리자' 대화상자를 표시하는 바로 가기 키는 Ctrl+Shift+Esc입니다.

**Windows 기능 제거**

[(시작)] → [Windows 시스템] → [제어판] → [프로그램 및 기능] → [Windows 기능 켜기/끄기] → 'Windows 기능' 대화상자에서 사용하지 않는 Windows 기능의 선택을 해제합니다.

**안전 모드로 부팅되는 이유**

- 시스템에 설정된 정보를 정확히 처리할 수 없는 경우
- 레지스트리가 손상된 경우
- 앱이 안전 모드로 부팅하기를 요구하는 경우

**시스템 복구 드라이브**

- 시스템에 문제가 발생하여 정상적으로 부팅이 되지 않을 때 사용하기 위한 드라이브로, 오류 발생 시 Windows를 복구할 수 있습니다.
- Windows 10에서는 [제어판]의 [복구] 창에서 '복구 드라이브 만들기'를 이용하여 만들 수 있습니다.

22년 7회, 2회, 09년 4회

**1. 다음 중 한글 Windows 10에서 주기억장치의 메모리 용량 부족에 관한 문제 해결 방법으로 옳지 않은 것은?**

① 불필요한 앱은 종료한다.

② 부팅할 때 자동 실행되는 [시작프로그램]에 설정된 불필요한 앱을 삭제하고 시스템을 다시 시작한다.

③ [휴지통]이나 하드디스크의 임시 기억 장소에 저장된 불필요한 파일을 삭제한다.

④ '시스템 속성' 대화창에 있는 [고급] 탭에서 가상 메모리 크기를 조절한다.

휴지통이나 하드디스크의 임시 기억 장소에 저장된 불필요한 파일을 삭제하는 것은 하드디스크의 용량이 부족할 경우의 해결 방법입니다.

22년 1회, 21년 2회, 12년 1회, 07년 1회, 05년 2회

**2. 다음 중 한글 Windows 10에서 하드디스크의 용량 부족 문제가 발생하였을 때의 해결 방법으로 적절하지 않은 것은?**

① [휴지통 비우기]를 수행한다.

② [디스크 정리]를 통해 임시 파일들을 삭제한다.

③ 사용하지 않는 응용 앱을 삭제한다.

④ [드라이브 조각 모음 및 최적화]를 수행한다.

'드라이브 조각 모음 및 최적화'는 드라이브의 접근 속도를 향상시키기 위해 드라이브를 최적화하는 기능으로, 하드디스크의 용량 증가와는 관계가 없습니다.

22년 5회

**3. 다음 중 한글 Windows 10에서 하드디스크의 여유 공간이 부족할 경우의 해결 방법으로 옳지 않은 것은?**

① 불필요한 파일을 백업한 후 삭제한다.

② Windows 기능 켜기/끄기의 모든 확인란을 선택한다.

③ 휴지통에 있는 파일을 삭제한다.

④ [디스크 정리]를 수행하여 불필요한 파일들을 삭제한다.

하드디스크의 여유 공간이 부족할 경우 Windows 기능 켜기/끄기의 모든 확인란의 선택을 해제해야 합니다.

22년 4회, 18년 2회

**4. 다음 중 한글 Windows 10에서 하드디스크의 용량 부족 문제가 발생하였을 때의 해결 방법으로 적절하지 않은 것은?**

① 사용 빈도가 낮은 파일은 백업한 후 하드디스크에서 삭제한다.

② 바이러스에 감염된 파일을 모두 삭제한다.

③ 사용하지 않는 Windows 기능을 제거한다.

④ 디스크 정리를 수행하여 불필요한 파일을 삭제한다.

바이러스에 감염된 파일은 모두 삭제하기 보다는 바이러스 백신으로 치료하는 것이 좋습니다.

22년 5회

**5. 다음 중 비정상적인 부팅 문제에 대한 해결 방법으로 옳지 않은 것은?**

① 안전 모드로 부팅하여 문제를 해결한 후 정상 모드로 재부팅한다.

② [시스템 복원] 기능을 이용하여 컴퓨터를 이전 상태로 복원한다.

③ 복구 드라이브가 저장된 USB를 이용하여 부팅한 후 시스템을 복구한다.

④ Windows의 [디스크 정리]를 이용하여 Windows의 구성 요소를 제거한다.

[디스크 정리]는 디스크의 여유 공간을 확보하기 위해 필요 없는 파일을 삭제하는 기능으로, Windows의 구성 요소를 제거하거나 부팅 문제를 해결할 수 없습니다.

23년 3회, 22년 2회, 21년 4회, 2회, 19년 2회, 13년 3회

**6. 다음 중 시스템 복구를 해야 하는 시기로 가장 적절하지 않은 것은?**

① 새 장치를 설치한 후 시스템이 불안정 할 때

② 로그온 화면이 나타나지 않으며, 운영체제를 시작할 수 없을 때

③ 누락되거나 손상된 데이터 파일을 이전 버전으로 되돌리고자 할 때

④ 파일의 단편화를 개선하여 디스크의 접근 속도를 향상시키고자 할 때

④번의 경우 '드라이브 조각 모음 및 최적화'를 수행하여 해결할 수 있습니다.

▶ **정답 :** 1. ③ 2. ④ 3. ② 4. ② 5. ④ 6. ④

## 018 | [설정] 창의 '시스템'

### ❶ 디스플레이 24.4

- 디스플레이 장치의 화면 방향을 변경할 수 있다.
- 야간 모드의 켜고 끄는 예약 시간을 설정할 수 있다.
- 화면에 표시되는 텍스트, 앱 및 기타 항목의 크기를 변경할 수 있다.

### ❷ 다중 디스플레이 21.3

- 하나의 컴퓨터에 두 개 이상의 모니터를 연결하는 것이다.
- 각 모니터마다 해상도와 방향을 다르게 설정할 수 있고, 원하는 모니터를 주모니터로 설정할 수 있다.

### ❸ 저장소 24.2, 24.1

저장 공간 센스는 임시 파일이나 휴지통의 콘텐츠 등과 같은 필요하지 않은 파일을 제거함으로써 자동으로 공간을 확보한다.

### ❹ 태블릿 24.5

- 태블릿은 일반 PC를 태블릿처럼 사용할 수 있도록 설정할 때 사용한다.
- 태블릿 모드를 설정해도 키보드와 마우스를 사용할 수 있다.

### ❺ 정보 22.4 21.4

- Windows 사양, 프로세서(CPU) 종류, 메모리(RAM) 크기, 시스템 종류 등을 확인할 수 있다.
- 컴퓨터 이름을 변경할 수 있다.

## 019 | [설정] 창의 '개인 설정'

### ❶ 배경 21.1, 19.1, 15.1, 10.2

- 바탕 화면의 배경 이미지를 변경한다.
- 배경 이미지의 맞춤 방식을 지정한다.

### ❷ 잠금 화면 24.3, 22.3, 21.1, 19.1

- 잠금 화면에 표시할 앱이나 배경을 지정한다.
- 잠금 화면에 알림을 표시할 앱을 하나만 선택한다.

### ❸ 테마 24.2

- 컴퓨터의 배경 그림, 색, 소리, 마우스 커서 등 Windows를 구성하는 여러 요소를 하나의 그룹으로 묶어 놓은 것이다.
- 바탕 화면의 기본 아이콘인 컴퓨터, 휴지통, 문서, 제어판, 네트워크의 표시 여부를 지정한다.

### ❹ 글꼴 22.2, 21.4, 15.2, 11.2, 10.3, 10.1

- 글꼴 폴더에는 OTF나 TTC, TTF, FON 등의 확장자를 갖는 글꼴 파일이 설치되어 있다.
- 트루타입(TrueType)과 오픈타입(OpenType) 글꼴을 제공한다.

### ❺ 글꼴 설정 24.1

- 글꼴 표시 및 숨기기 : 입력 언어 설정을 지원하지 않는 글꼴의 표시 여부를 지정함
- 글꼴 설치 : 저장 공간 절약을 위해 글꼴 파일 대신 글꼴 파일에 대한 바로 가기 설치 여부를 지정함

## 020 | [설정] 창의 '앱'

### ❶ 앱 및 기능 18.1, 17.2

- 컴퓨터에 설치된 앱을 수정하거나 제거할 수 있다.
- 설치할 앱을 가져올 위치를 지정할 수 있다.

### ❷ 연결 프로그램 22.7, 19.상시, 19.1, 16.3, 14.2

- 문서, 그림, 사운드 등 특정 데이터 파일을 열 때 자동으로 실행되는 앱을 말하며, 파일의 확장자에 의해 연결 프로그램이 결정된다.
- 연결 프로그램을 지정하는 창에서 연결 프로그램을 삭제해도 연결된 데이터 파일은 삭제되지 않는다.

## 021 [설정] 창의 '접근성'

**❶ 시각** 24.4

- 마우스 포인터의 크기 및 색을 변경할 수 있다.
- 텍스트 커서의 모양을 변경할 수 있다.

**❷ 상호 작용** 24.4

키보드의 숫자 키패드를 이용하여 마우스 포인터를 움직이도록 설정할 수 있다.

## 022 [설정] 창의 '업데이트 및 보안'

**❶ 백업** 22.6, 21.3, 20.2, 20.1, 16.3

- 백업된 데이터 복원 시 전체 또는 원하는 파일을 원래 위치나 원하는 위치로 복원할 수 있다.
- 백업에서 제외할 폴더를 지정할 수 있다.

**❷ 복구** 22.6

- 이 PC 초기화 : Windows를 다시 설치하여 PC를 초기화함
- 이전 버전의 Windows 10으로 되돌리기 : Windows를 업데이트 하기 이전의 버전으로 되돌림

## 023 [설정] 창의 '장치'

**❶ '장치'에 표시되는 장치 유형** 21.2, 20.2

- USB 포트에 연결하는 장치
- 컴퓨터에 연결된 호환 네트워크 장치
- 네트워크로 연결된 컴퓨터

## 024 장치 관리자

**❶ 장치 관리자의 개념** 23.1, 22.7, 22.2, 21.3, 16.3, 14.1, 12.3, 11.1

컴퓨터에 설치되어 있는 하드웨어의 종류 및 작동 여부를 확인하고, 하드웨어의 제거나 사용 여부, 업데이트 등의 속성을 변경할 때 사용한다.

## 025 프린터

**❶ 프린터 설치** 21.4, 21.2, 18.상시, 15.3, 13.2, 13.1, 11.3

- 여러 개의 프린터를 한 대의 컴퓨터에 설치할 수 있고, 한 개의 프린터를 네트워크로 공유하여 여러 대의 컴퓨터에 설치할 수 있다.
- 로컬 프린터 설치 시 선택할 수 있는 포트에는 LPT1, LPT2, LPT3, COM1, COM2, COM3 등이 있고, 네트워크 프린터 설치 시에는 포트가 자동으로 지정된다.

**❷ 기본 프린터** 19.1, 18.상시

- 기본 프린터는 하나만 지정할 수 있다.
- 공유된 네트워크 프린터나 추가 설치된 프린터도 기본 프린터로 설정할 수 있다.

## 026 스풀 기능 / 인쇄 작업

**❶ 스풀(SPOOL) 기능** 24.1, 22.2, 12.1, 10.2

- 출력장치인 프린터를 고속의 중앙처리장치(CPU)와 병행 처리할 때, 컴퓨터 전체의 처리 효율을 높이기 위해 사용하는 기능이다.
- 프린터가 인쇄중이라도 다른 앱의 실행이 가능하다.
- 스풀을 사용하면 사용하지 않았을 때보다 인쇄 속도는 느려진다.

**❷ 인쇄 작업** 23.1, 22.7, 21.4, 18.1, 13.3, 13.2, 13.1, 11.2, 11.1

- 인쇄 작업이 시작된 문서도 중간에 강제로 종료시키거나, 잠시 중지시켰다가 다시 인쇄할 수 있다.
- 인쇄 대기 중인 문서를 삭제하거나 순서를 임의로 조정할 수 있다.
- [프린터] → [모든 문서 취소]를 선택하면 스풀러에 저장된 모든 인쇄 작업이 삭제되며, [문서] → [취소]를 선택하면 선택되어 있던 인쇄 작업이 삭제된다.
- 인쇄 대기열에 대기 중인 문서는 다른 프린터로 보낼 수 있지만 인쇄 중에 있거나 인쇄 중 오류가 발생한 인쇄 작업은 다른 프린터로 보낼 수 없다.

## 027 | Windows 관리 도구

### ❶ 드라이브 조각 모음 및 최적화 24.2, 23.3, 21.3, 21.2, 17.1, 10.3

- 드라이브의 접근 속도를 향상시키기 위해 드라이브를 최적화하는 기능으로, 드라이브의 용량 증가와는 관계가 없다.
- '드라이브 조각 모음 및 최적화'가 불가능한 경우
  - NTFS, FAT, FAT32 이외의 파일 시스템으로 포맷된 경우
  - CD/DVD-ROM 드라이브
  - 네트워크 드라이브
  - Windows가 지원하지 않는 형식으로 압축된 드라이브

### ❷ 디스크 정리 23.5, 23.2, 22.6, 21.3, 12.1

- 디스크의 여유 공간을 확보하기 위해 필요 없는 파일을 삭제하는 기능이다.
- 사용하지 않는 프로그램도 제거할 수 있다.
- **디스크 정리 대상** : 다운로드된 프로그램 파일, 임시 인터넷 파일, 휴지통 등

## 028 | 작업 관리자

### ❶ '작업 관리자' 대화상자의 탭별 기능 23.5, 16.2, 15.2, 14.1, 12.2, 12.1

- **프로세스** : 현재 실행 중인 앱과 프로세스의 상태를 확인하고, 응답하지 않는 앱이나 프로세스를 종료할 수 있음
- **성능** : CPU, 메모리, 디스크, 이더넷(네트워크), GPU의 자원 사용 현황을 그래프로 표시함
- **앱 기록** : 특정 날짜 이후의 앱별 리소스 사용량을 표시함
- **시작프로그램** : Windows가 시작될 때 자동으로 실행되는 앱의 사용 여부를 지정함
- **사용자** : 현재 컴퓨터에 로그인되어 있는 모든 사용자를 보여주며, 특정 사용자에게 메시지를 보내거나 강제로 로그아웃 시킬 수 있음
- **세부 정보** : 현재 실행 중인 프로세스에 대해 CPU 및 메모리 사용에 대한 자세한 정보를 표시함
- **서비스** : 시스템의 서비스 항목을 확인하고 실행 여부를 지정함

## 029 | 시스템 유지 관리

### ❶ 드라이브 오류 검사 22.4, 19.1

- 하드디스크(HDD)나 SSD에 논리적 혹은 물리적으로 손상이 있는지 검사하고, 복구 가능한 에러가 있으면 이를 복구해 주는 기능이다.
- 드라이브의 오류를 검사하는 동안에도 드라이브를 계속 사용할 수 있다.

### ❷ 레지스트리(Registry) 22.6, 22.1, 21.3, 21.2, 18.2, 14.1, 11.3

- 컴퓨터에 설치된 모든 하드웨어와 소프트웨어의 실행 정보를 한군데 모아 관리하는 계층적인 데이터베이스이다.
- 레지스트리 정보는 Windows가 작동하는 동안 지속적으로 참조된다.
- 레지스트리의 내용을 수정하려면 REGEDIT와 같은 레지스트리 편집 앱을 사용해야 한다.
- 레지스트리의 정보는 삭제할 수 있으나 시스템에 이상이 생길 수 있으므로 함부로 삭제하지 않는 것이 좋다.
- **레지스트리 편집기 실행** : [⊞(시작)] → [Windows 관리 도구] → [레지스트리 편집기]를 선택하거나 작업 표시줄의 검색 상자에 **레지스트리 편집기** 또는 **Regedit**를 입력한 후 Enter를 누름
- **레지스트리 백업** : 레지스트리 편집기에서 [파일] → [내보내기]를 선택한 후 내보내기 할 파일 이름 지정

## 030 | 네트워크

### ❶ 네트워크 기능 14.1, 10.3

- **클라이언트** : 네트워크의 다른 컴퓨터나 서버에 연결하여 파일/프린터 등의 공유 자원을 사용할 수 있게 하는 소프트웨어
- **서비스** : 내 컴퓨터에 설치된 파일, 프린터 등의 자원을 다른 컴퓨터에서 공유할 수 있도록 하는 소프트웨어
- **프로토콜** : 네트워크에서 서로 다른 컴퓨터 간에 정보 교환을 가능하게 하는 통신규약

## 031 | 기본 네트워크 정보 및 연결 설정

### ❶ 네트워크 및 인터넷 24.1, 23.2, 22.3, 22.2, 21.3, 14.3

- 내 컴퓨터에서 사용 가능한 네트워크를 표시한다.
- 현재 네트워크 상태를 확인할 수 있다.
- 앱별 데이터 사용량을 확인할 수 있다.
- 네트워크 어댑터의 연결 설정을 변경할 수 있다.
- 네트워크 문제를 진단하고 해결할 수 있다.

### ❷ TCP/IP의 구성 요소 24.5, 22.6, 22.5, 21.3, 20.상시, 18.1, 14.1, 13.1, 12.2, 11.1, 10.3

- TCP/IP는 인터넷에 연결된 서로 다른 기종의 컴퓨터끼리 데이터를 주고받을 수 있도록 하는 인터넷 표준 프로토콜이다.
- 인터넷 접속을 위해 지정해야 하는 구성 요소
  - IP 주소
  - 서브넷 마스크
  - 서브넷 접두사 길이
  - 기본 게이트웨이
  - DNS 서버 주소

## 032 | 문제 해결

### ❶ 메모리 용량 문제 해결 22.7, 22.2

- 불필요한 앱을 종료한다.
- '시작프로그램' 폴더 안의 불필요한 앱을 삭제한다.
- 작업량에 비해 메모리가 적을 경우는 시스템에 메모리(RAM)를 추가한다.
- '시스템 속성' 대화상자의 '고급' 탭에서 가상 메모리의 크기를 적절히 설정한다.

### ❷ 하드디스크 용량 문제 해결 22.5, 22.4, 22.1, 21.2, 19.상시, 18.2, 12.1

- 불필요한 파일은 백업한 다음 하드디스크에서 삭제한다.
- 사용하지 않는 Windows 기능을 제거한다.
- 휴지통에 있는 파일을 삭제한다.
- [디스크 정리]를 수행하여 불필요한 파일들을 삭제한다.

### ❸ 비정상적인 부팅 문제 해결 22.5

- 안전 모드로 부팅하여 문제를 해결한 후 정상 모드로 재부팅한다.
- 시스템 복구 드라이브를 만들어 둔 경우 시스템 복구 드라이브를 이용해 시스템 복구를 수행한다.
- '시스템 복원' 기능을 이용하여 컴퓨터가 정상적으로 부팅되던 시점으로 복원한다.

### ❹ 시스템 복구를 해야 하는 경우 23.3, 22.2, 21.4, 21.2, 19.2, 13.3

- 새 장치를 설치한 후 시스템이 불안정할 때
- 로그온 화면이 나타나지 않으며, 운영체제를 시작할 수 없을 때
- 누락되거나 손상된 데이터 파일을 이전 버전으로 되돌릴 때

3장

# 컴퓨터 시스템의 개요

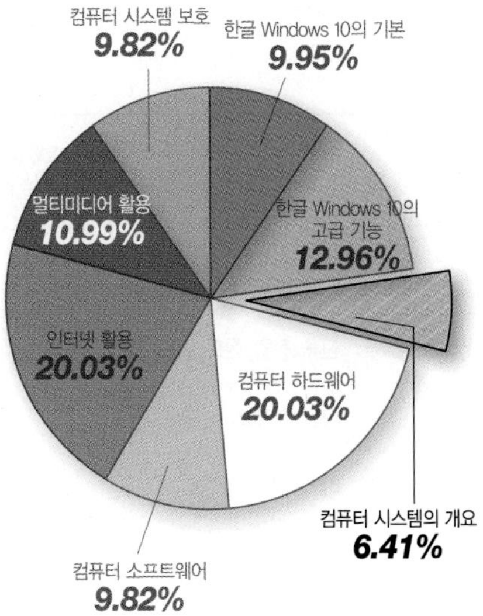




이 장에서 꼭 알아야 할 키워드 Best 10

**1.** 워드 **2.** 바이트 **3.** 데이터 취급에 따른 분류 **4.** 유니코드 **5.** EBCDIC 코드 **6.** 해밍 코드 **7.** ASCII 코드 **8.** BCD 코드 **9.** 디지털/아날로그 컴퓨터 **10.** 부동 소수점 연산

SECTION
# 033 컴퓨터의 분류

B 등급

## 1 컴퓨터 분류의 개요

23.2, 23.1

컴퓨터는 용량과 속도를 기준으로 하는 처리 능력에 따른 분류, 취급하는 데이터의 형태에 따른 분류, 그리고 사용하는 목적에 따른 분류로 3가지 형태로 나눌 수 있다.

| | |
|---|---|
| 23.1<br>**처리 능력** | • 얼마나 많은 데이터를 얼마나 빠르게 처리할 수 있느냐를 기준으로 분류한다.<br>• **종류** : 슈퍼 컴퓨터, 메인 프레임, 미니 컴퓨터, 마이크로 컴퓨터 등 |
| 23.2, 23.1<br>**데이터 취급** | • 컴퓨터에서 처리하는 데이터의 형태인 디지털형, 아나로그형, 혼합형을 기준으로 분류한다.<br>• **종류** : 디지털 컴퓨터*, 아날로그 컴퓨터*, 하이브리드 컴퓨터* |
| 23.1<br>**사용 용도** | • 컴퓨터를 어떠한 목적으로 사용하느냐를 기준으로 분류한다.<br>• **종류** : 범용 컴퓨터*, 전용 컴퓨터* |

**전문가의 조언**

컴퓨터의 분류에 대한 문제가 출제되었습니다. 데이터 취급에 따른 분류를 중심으로 컴퓨터의 세 가지 분류 형태와 분류 기준에 대해 알아두세요.

- **디지털 컴퓨터** : 문자나 숫자화된 비연속적(이산적)인 데이터를 처리하는 컴퓨터
- **아날로그 컴퓨터** : 온도, 전류, 속도 등과 같이 연속적으로 변화하는 데이터를 처리하기 위한 특수 목적용 컴퓨터
- **하이브리드 컴퓨터** : 디지털 컴퓨터와 아날로그 컴퓨터의 장점을 혼합하여 만든 컴퓨터
- **범용 컴퓨터** : 여러 분야에서 다양한 용도로 사용하기 위해 제작된 컴퓨터로, 디지털 컴퓨터가 여기에 해당됨
- **전용 컴퓨터** : 특수한 목적에만 사용하기 위해 제작된 컴퓨터로, 아날로그 컴퓨터가 여기에 해당됨

## 2 디지털 컴퓨터와 아날로그 컴퓨터의 비교

24.3, 23.4, 23.2, 22.1, 21.4, 21.2, 21.1, 17.1, 11.3, 08.4, 07.4, 07.3, 05.2, 03.1, 2급 24.4, 23.3, 22.4, 22.1, 21.3, 18.2, 17.1, …

1203205

| 항 목 | 디지털 컴퓨터 | 아날로그 컴퓨터 |
|---|---|---|
| 24.3, 23.4, 22.1, 21.4, 21.2, 17.1<br>**입력 형태** | 숫자, 문자 | 전류, 전압, 온도, 속도 |
| 2급 14.2, 07.3<br>**출력 형태** | 숫자, 문자 | 곡선, 그래프 |
| 23.4, 22.1, 21.4, 21.2, 17.1<br>**연산 형식** | 산술, 논리 연산 | 미 · 적분 연산 |
| 23.4, 2급 14.1, 10.3, 10.1, 07.3<br>**연산 속도** | 느림 | 빠름 |
| 24.3, 23.4, 21.1, 2급 24.4, 22.4, …<br>**구성 회로** | 논리 회로 | 증폭 회로 |
| 24.3, 22.1, 21.4, 21.2, 17.1<br>**프로그래밍** | 필요함 | 필요하지 않음 |
| 24.3, 23.2, 11.3, 08.4, 07.4, …<br>**정밀도** | 필요한 한도까지 가능 | 제한적임 |
| 2급 18.2<br>**기억 기능** | 있음 | 없음 |
| 22.1, 21.4, 21.2, 17.1<br>**적용성** | 범용 | 특수 목적용 |
| **가격** | 고가 | 저가 |

**전문가의 조언**

아날로그 컴퓨터와 디지털 컴퓨터의 특징을 비교하는 문제가 자주 출제됩니다. 어느 한쪽의 특징이라도 확실히 알아두세요.

문제2 1203251

## 따라잡기 기출문제 따라잡기

23년 1회

**1. 다음 중 컴퓨터의 분류에 대한 설명으로 옳지 않은 것은?**

① 컴퓨터는 처리 능력에 따른 분류, 데이터 취급에 따른 분류, 사용 용도에 따른 분류로 나눌 수 있다.

② 하이브리드 컴퓨터는 디지털 컴퓨터와 아날로그 컴퓨터의 장점을 혼합하여 만든 컴퓨터이다.

③ 컴퓨터를 데이터 취급 형태에 따라 미니 컴퓨터, 마이크로 컴퓨터, 슈퍼 컴퓨터 등으로 구분할 수 있다.

④ 컴퓨터를 어떠한 목적으로 사용하느냐에 따라 범용 컴퓨터와 전용 컴퓨터로 분류할 수 있다.

> 컴퓨터는 데이터 취급에 따라 디지털 컴퓨터, 아날로그 컴퓨터, 하이브리드 컴퓨터로 구분할 수 있습니다. 미니 컴퓨터, 마이크로 컴퓨터, 슈퍼 컴퓨터 등은 처리 능력에 따른 분류에 해당합니다.

23년 2회, 11년 3회, 08년 4회, 07년 4회, 3회, 05년 2회, 03년 1회

**2. 다음 중 아날로그 신호와 디지털 신호에 대한 설명으로 잘못된 것은?**

① 범용 컴퓨터는 아날로그 신호를 취급하기 때문에 정밀도가 제한적이다.

② 아날로그 신호는 시간에 따라 크기가 연속적으로 변하는 정보를 말한다.

③ 디지털 신호는 시간에 따라 이산적으로 변하는 정보를 말한다.

④ 디지털화된 신호는 복호화(Decode) 과정을 통해 원래의 아날로그 신호로 변환된다.

> 범용 컴퓨터는 여러 분야에서 다양한 용도로 사용되는 디지털 컴퓨터를 말합니다. 아날로그 신호를 취급하기 때문에 정밀도가 제한적인 것은 아날로그 컴퓨터입니다.

21년 1회

**3. 컴퓨터는 처리 방식에 의한 분류로 아날로그, 디지털, 하이브리드 컴퓨터로 나타낼 수 있다. 아날로그 컴퓨터의 주요 구성 회로는?**

① 논리 회로 ② 증폭 회로
③ 연산 회로 ④ 플립플롭 회로

> 아날로그 컴퓨터의 구성 회로는 증폭 회로이고, 디지털 컴퓨터의 구성 회로는 논리 회로입니다.

22년 1회, 21년 4회, 2회, 17년 1회

**4. 다음 중 아날로그 컴퓨터와 비교하여 디지털 컴퓨터의 특징으로 옳지 않은 것은?**

① 데이터의 각 자리마다 0 혹은 1의 비트로 표현한 이산적인 데이터를 처리한다.

② 데이터 처리를 위한 명령어들로 구성된 프로그램에 의해 동작된다.

③ 온도, 전압, 진동 등과 같이 연속적으로 변하는 데이터를 효율적으로 처리할 수 있다.

④ 산술 및 논리 연산을 처리하는 회로에 기반을 둔 범용 컴퓨터로 사용된다.

> 온도, 전압, 진동 등과 같이 연속적으로 변하는 데이터를 효율적으로 처리하는 컴퓨터는 아날로그 컴퓨터입니다.

23년 4회

**5. 다음 중 아날로그 컴퓨터와 비교하여 디지털 컴퓨터에 대한 설명으로 옳지 않은 것은?**

① 이산적인 데이터를 처리한다.

② 논리 회로를 사용한다.

③ 연산 속도가 빠르다.

④ 문자와 숫자를 사용하여 처리한다.

> 디지털 컴퓨터는 아날로그 컴퓨터에 비해 연산 속도가 느립니다.

24년 3회

**6. 다음 중 아날로그 컴퓨터와 디지털 컴퓨터에 대한 설명으로 옳은 것은?**

① 아날로그 컴퓨터는 숫자, 문자 등 이산적인 데이터를 처리한다.

② 디지털 컴퓨터는 전압, 온도 등 연속적으로 변하는 데이터를 처리한다.

③ 아날로그 컴퓨터는 정밀도가 제한적이고 프로그래밍을 필요로 하지 않는다.

④ 디지털 컴퓨터의 주요 구성 회로는 증폭 회로이다.

> ① 아날로그 컴퓨터는 전압, 온도 등 연속적으로 변하는 데이터를 처리합니다.
> ② 디지털 컴퓨터는 숫자, 문자 등 이산적인 데이터를 처리합니다.
> ④ 디지털 컴퓨터의 주요 구성 회로는 논리 회로, 아날로그 컴퓨터의 주요 구성 회로는 증폭 회로입니다.

▶ **정답** : 1. ③ 2. ① 3. ② 4. ③ 5. ③ 6. ③

SECTION 034

# 자료 구성의 단위

B 등급

**전문가의 조언**

자료 구성 단위를 크기 순서로 나열하거나 특징을 묻는 문제가 출제되었습니다. 자료 구성 단위를 크기 순서로 나열할 수 있도록 기억하고, 특징은 서로 구분할 수 있도록 알아두세요.

**Bit**

Bit는 Binary Digit의 합성어입니다. Binary는 2를 의미하고, Digit는 아라비아 숫자를 뜻하는 것으로 2진수를 말합니다.

**필드(Field)**

다른 말로 아이템(Item), 항목이라고도 합니다.

**자료 표현 단위 크기(작다〈크다)**

비트〈니블〈바이트〈워드(반워드〈전워드〈더블워드)〈필드〈레코드(논리 레코드〈물리 레코드)〈파일〈데이터베이스

24.4, 24.2, 23.3, 22.6, 22.3, 21.3, 16.3, 13.2, 06.4, 04.4, 04.3, 2급 24.5, 24.2, 23.2, 23.1, 22.4, 21.1, 19.2, 19.1, 16.3, …

## 1 자료 구성의 단위

1203301

자료의 구성 단위는 컴퓨터 내부에서 사용하는 물리적 단위인 비트, 바이트, 워드와 사람이 인식하여 사용할 수 있는 논리적 단위인 필드, 레코드, 파일, 데이터베이스가 있다.

• 자료 구성의 단위를 작은 것에서 큰 순으로 정리하면 다음과 같다.

| | |
|---|---|
| 2급 24.5, 23.1, 21.1, 19.2, 16.3, 01.3<br>**비트***(Bit, Binary Digit) | • 자료(정보) 표현의 최소 단위이다.<br>• 두 가지 상태(0과 1)를 표시하는 2진수 1자리이다. |
| 24.2, 23.3, 22.6, 21.3, 2급 24.5, 23.2, …<br>**니블(Nibble)** | • 4개의 비트(Bit)가 모여 1개의 니블(Nibble)을 구성한다.<br>• 16진수 1자리를 표현하기에 적합하다. |
| 24.4, 22.3, 2급 24.2, 22.4, 19.1, 12.2, …<br>**바이트(Byte)** | • 문자를 표현하는 최소 단위로, 8개의 비트(Bit)가 모여 1바이트(Byte)를 구성한다.<br>• 1바이트는 256($2^8$)가지의 정보를 표현할 수 있다.<br>• 주소 지정의 단위로 사용된다.<br>• 일반적으로 영문자나 숫자는 1바이트로 한 자를 표현하고, 한글, 한자는 2Byte로 한 자를 표현한다. |
| 24.4, 22.6, 22.3, 21.3, 2급 24.5, 24.2, …<br>**워드(Word)** | • CPU가 한 번에 처리할 수 있는 명령 단위이다.<br>• **반워드(Half Word)** : 2Byte<br>• **전워드(Full Word)** : 4Byte<br>• **더블워드(Double Word)** : 8Byte |
| 24.4, 22.6, 22.3, 21.3, 2급 23.2, 23.1, …<br>**필드(Field)*** | • 파일 구성의 최소 단위이다.<br>• 의미 있는 정보를 표현하는 최소 단위이다. |
| 24.4, 22.6, 22.3, 21.3, 2급 12.2, 08.2, …<br>**레코드(Record)** | • 하나 이상의 관련된 필드가 모여서 구성된다.<br>• 컴퓨터 내부의 자료 처리 단위로서 일반적으로 레코드는 논리 레코드(Logical Record)를 의미한다. |
| **블록(Block)** | • 하나 이상의 논리 레코드가 모여서 구성된다.<br>• 각종 저장 매체와의 입·출력 단위이며, 물리 레코드(Physical Record)라고 한다. |
| **파일(File)** | 프로그램 구성의 기본 단위로, 여러 레코드가 모여서 구성된다. |
| 2급 24.5, 23.2, 21.1, 19.2, 16.3, 01.3<br>**데이터베이스(Database)** | • 여러 개의 관련된 파일(File)의 집합이다.<br>• 관계형, 계층형, 망형 데이터베이스가 있다. |

## 잠깐만요 비트의 표현 가지 수 / 자료의 구성

### 비트의 표현 가지 수

| 비 트 | 표현 가지 수 | 표현 숫자 |
|---|---|---|
| 1비트 | $2^1$ = 2가지 | 0, 1 |
| 2비트 | $2^2$ = 4가지 | 00, 01, 10, 11 |
| 3비트 | $2^3$ = 8가지 | 000, 001, 010, 011, 100, 101, 110, 111 |
| 4비트 | $2^4$ = 16가지 | 0000, 0001, 0010, 0011, 0100, 0101, 0110, 0111, 1000, 1001, 1010, 1011, 1100, 1101, 1110, 1111 |
| ⋮ | ⋮ | ⋮ |

### 자료의 구성

필드명 / 필드 / 2Byte / 1Byte / 레코드 / 파일

| 고객코드 | 이 름 | 전화번호 | 주 소 | 고객등급 |
|---|---|---|---|---|
| A-0001 | 이천아 | 735-9760 | 서울시 | A |
| B-0003 | 서용언 | 431-1246 | 경상남도 | D |
| C-0083 | 박왕해 | 948-8814 | 서울시 | A |
| D-0079 | 강기발 | 491-1399 | 제주도 | C |

## 따라잡기 기출문제 따라잡기

문제2 3203752

16년 3회, 13년 2회, 06년 4회, 04년 4회

**1. 다음 중 컴퓨터에서 사용하는 데이터의 논리적 구성 단위를 작은 것에서 큰 것 순으로 바르게 나열한 것은?**

① 비트(Bit) → 바이트(Byte) → 레코드(Record) → 워드(Word)

② 워드(Word) → 필드(Field) → 바이트(Byte) → 레코드(Record)

③ 워드(Word) → 필드(Field) → 파일(File) → 레코드(Record)

④ 필드(Field) → 레코드(Record) → 파일(File) → 데이터베이스(Database)

데이터의 논리적 구성 단위를 작은 것부터 나열하면 '필드(Field) → 레코드(Record) → 파일(File) → 데이터베이스(Database)' 순입니다.

24년 4회, 22년 6회, 3회, 21년 3회

**2. 다음 중 자료 구성 단위에 대한 설명으로 옳지 않은 것은?**

① 워드(Word)는 문자를 표현하는 최소 단위이다.

② 8개의 비트(Bit)가 모여 1바이트(Byte)를 구성한다.

③ 레코드(Record)는 하나 이상의 관련된 필드가 모여서 구성되는 자료 처리 단위이다.

④ 필드(Field)는 파일 구성의 최소 단위이며, 여러 개의 필드가 모여 레코드(Record)가 된다.

워드(Word)는 CPU가 한 번에 처리할 수 있는 명령 단위를 의미합니다. 문자를 표현하는 최소 단위는 바이트(Byte)입니다.

24년 2회, 23년 3회

**3. 다음 중 니블(Nibble)에 대한 설명으로 옳은 것은?**

① 자료 표현의 최소 단위이다.

② 1바이트를 반으로 나눈 4비트로 구성된 단위이다.

③ 문자를 표현하는 최소 단위이다.

④ CPU가 한 번에 처리할 수 있는 명령 단위이다.

①번은 비트(Bit), ③번은 바이트(Byte), ④번은 워드(Word)에 대한 설명입니다.

▶ **정답** : 1. ④ 2. ① 3. ②

SECTION 035

# 수의 표현 및 연산

C 등급

전문가의 조언

진법 변환을 위해 진법의 종류에는 어떤 것들이 있는지, 각 진법의 의미는 무엇인지 알아두세요.

**8진수와 16진수**

컴퓨터의 내부 자료를 분석할 때 2진수로 숫자를 표현하면 단위가 길어져 수치의 크기를 가늠하기 어려워집니다. 이 때 사용하는 진수가 8진수와 16진수입니다. 8진수 1자리는 2진수 3자리에 대응하고, 16진수 한 자리는 2진수 4자리에 해당하며, 바로 변환이 가능합니다. 예를 들어 10진수 255는 2진수로 표현하면 11111111이지만 8진수로 표현하면 377, 16진수로 표현하면 FF입니다.

## 1 진법

1203401

- 컴퓨터는 컴퓨터 내부에서 2진법을 사용하여 모든 연산을 수행한다.
- 2진수 외에 컴퓨터를 연구할 때 자주 사용하는 진법은 8진수와 16진수이다.

| | |
|---|---|
| 2진법(Binary) | 0과 1 두 개의 숫자로 표현한다. |
| 8진법(Octal)* | 0~7까지의 숫자로 표현하며, 2진수 3자리를 묶어서 하나의 수로 표현한다. |
| 10진법(Decimal) | 0~9까지의 숫자로 표현한다. |
| 16진법(Hexadecimal)* | 0~9까지의 숫자와 10~15까지를 의미하는 A~F까지의 문자로 표현한다. |

- **10진수, 2진수, 8진수, 16진수 비교표**

| 10진법 | 2진법 | 8진법 | 16진법 |
|---|---|---|---|
| 0 | 0000 | 0 | 0 |
| 1 | 0001 | 1 | 1 |
| 2 | 0010 | 2 | 2 |
| 3 | 0011 | 3 | 3 |
| 4 | 0100 | 4 | 4 |
| 5 | 0101 | 5 | 5 |
| 6 | 0110 | 6 | 6 |
| 7 | 0111 | 7 | 7 |
| 8 | 1000 | 10 | 8 |
| 9 | 1001 | 11 | 9 |
| 10 | 1010 | 12 | A |
| 11 | 1011 | 13 | B |
| 12 | 1100 | 14 | C |
| 13 | 1101 | 15 | D |
| 14 | 1110 | 16 | E |
| 15 | 1111 | 17 | F |
| 16 | 10000 | 20 | 10 |

## 2 진법 변환

20.2, 05.3, 03.3, 02.3

1203402

사람이 사용하는 10진수를 이용하여 자료를 입력하면 컴퓨터는 2진수로 변환하여 계산한 후 다시 10진수로 변환하여 출력한다.

### 10진수를 2진수, 8진수, 16진수로 변환

- **정수 부분** : 10진수의 값을 변환할 진수로 나누어 더 이상 나눠지지 않을 때까지 나누고, 몫을 제외한 나머지를 역순으로 표시한다.
- **소수 부분** : 10진수의 값에 변환할 진수를 곱한 후 결과의 정수 부분만을 차례대로 표기하되, 소수 부분이 0 또는 반복되는 수가 나올 때까지 곱하기를 반복한다.

**예제 1** $(47.625)_{10}$를 2진수, 8진수, 16진수로 변환하기

- **정수 부분**

| 2진수 | 8진수 | 16진수 |
|---|---|---|
| 2 \| 47<br>2 \| 23 … 1<br>2 \| 11 … 1<br>2 \| 5 … 1<br>2 \| 2 … 1<br>1 … 0 | 8 \| 47<br>5 … 7 | 16 \| 47<br>2 … 15(F) |
| $(47)_{10} = (101111)_2$ | $(47)_{10} = (57)_8$ | $(47)_{10} = (2F)_{16}$ |

- **소수 부분**

| 2진수 | | | 8진수 | 16진수 |
|---|---|---|---|---|
| 0.625 × 2 = 1.250 → | 0.25 × 2 = 0.50 → | 0.5 × 2 = 1.0 | 0.625 × 8 = 5.000 | 0.625 × 16 = 10(A).000 |
| $(0.625)_{10} = (0.101)_2$ | | | $(0.625)_{10} = (0.5)_8$ | $(0.625)_{10} = (0.A)_{16}$ |
| $(47.625)_{10} \rightarrow (101111.101)_2$ | | | $(47.625)_{10} \rightarrow (57.5)_8$ | $(47.625)_{10} \rightarrow (2F.A)_{16}$ |

### 2진수, 8진수, 16진수를 10진수로 변환

정수 부분과 소수 부분을 나누어서 변환하려는 각 진수의 자리값과 자리의 지수승을 곱한 결과값을 모두 더하여 계산한다.

**예제 2** $(101111.101)_2$을 10진수로 변환하기

$$
\begin{array}{ccccccccccc}
(1 & 0 & 1 & 1 & 1 & 1 & . & 1 & 0 & 1)_2 \\
\times & \times & \times & \times & \times & \times & & \times & \times & \times \\
2^5 & 2^4 & 2^3 & 2^2 & 2^1 & 2^0 & . & 2^{-1} & 2^{-2} & 2^{-3}
\end{array}
$$

$$=32 + 0 + 8 + 4 + 2 + 1 \ . \ 0.5 + 0 + 0.125 = 47.625$$

**전문가의 조언**

진법 변환 문제는 자주 출제되지는 않습니다. 각 진법 간에 상호 변환할 수 있도록 변환 방법을 간단히 알아두세요.

**궁금해요 시나공 Q&A 베스트**

**Q 10진수를 8진수로 변환하는 과정에서 '0.625 × 8 = 5.000'은 0.5가 아니라 5 아닌가요?**

**A** 0.5가 맞습니다. 10진수로 소수인 경우 8진수나 16진수로 변환해도 소수가 됩니다. 10진수 0.625를 8진수로 변환하려면 0.625에 8을 곱한 후 결과의 정수(5) 부분만을 소수점 오른쪽에 차례대로 표시합니다.

**2진수 소수 이하 자리값**

$(0.1)_2 = 2^{-1} = \frac{1}{2^1} = 0.5$

$(0.01)_2 = 2^{-2} = \frac{1}{2^2} = 0.25$

$(0.001)_2 = 2^{-3} = \frac{1}{2^3} = 0.125$

$(0.0001)_2 = 2^{-4} = \frac{1}{2^4} = 0.0625$

**예제 3** $(57.5)_8$를 10진수로 변환하기

$$\begin{array}{l} (5 \quad 7 \;.\; 5)_8 \\ \times \quad \times \quad \times \\ 8^1 \quad 8^0 \;.\; 8^{-1} \\ = 40 + 7 \;.\; 0.625 = 47.625 \end{array}$$

**예제 4** $(2F.A)_{16}$를 10진수로 변환하기

$$\begin{array}{l} (2 \quad F \;.\; A)_{16} \\ \times \quad \times \quad \times \\ 16^1 \quad 16^0 \;.\; 16^{-1} \\ = 32 + 15 \;.\; 0.625 = 47.625 \end{array}$$

### 2진수, 8진수, 16진수 상호 변환

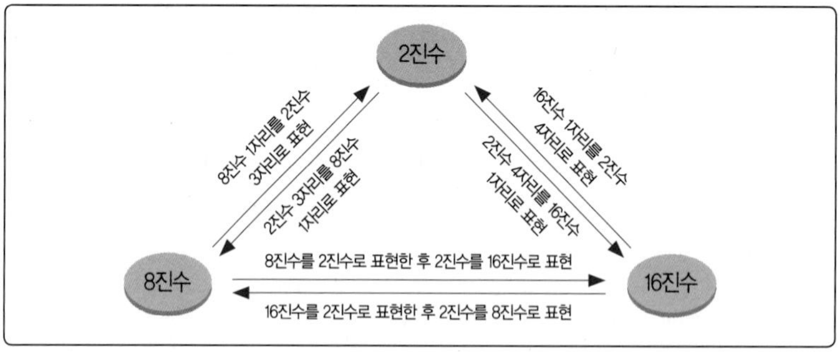


① **2진수를 8진수로** : 정수 부분은 소수점을 기준으로 왼쪽 방향으로 3자리씩, 소수 부분은 소수점을 기준으로 오른쪽 방향으로 3자리씩 묶어서 변환한다.

② **2진수를 16진수로** : 정수 부분은 소수점을 기준으로 왼쪽 방향으로 4자리씩, 소수 부분은 소수점을 기준으로 오른쪽 방향으로 4자리씩 묶어서 변환한다.

③ **8진수, 16진수를 2진수로** : 8진수 1비트는 2진수 3비트로, 16진수 1비트는 2진수 4비트로 풀어서 변환한다.

※ 소수 부분의 자릿수가 부족할 경우 0으로 부족한 부분을 채워서 자리(8진수 3자리, 16진수 4자리)수를 맞춘다.

**예제 5** 2진수를 8진수로 변환

111 001 011 . 101 010
7 1 3 . 5 2
$(111001011.10101)_2 \rightarrow (713.52)_8$

2진수를 16진수로 변환

1100 1011 . 1010 1*000*
12(C) 11(B) 10(A) 8
$(11001011.10101)_2 \rightarrow (CB.A8)_{16}$

※ 2진수를 8진수(3개씩 묶기), 16진수(4개씩 묶기)로 변환한 방법의 반대로 8진수(3개씩 풀기), 16진수(4개씩 풀기)를 2진수로 변환할 수 있다.

**예제 6** 8진수를 2진수로 변환

7 1 3 5 2
111 001 011 . 101 01~~0~~
$(713.52)_8 \rightarrow (111001011.10101)_2$

16진수를 2진수로 변환

12(C) 11(B) 10(A) 8
1100 1011 . 1010 1~~000~~
$(CB.A8)_{16} \rightarrow (11001011.10101)_2$

**궁금해요 시나공 Q&A 베스트**

**Q** **2진수를 8진수로 변환할 때 111001011.101010을 세 개씩 묶어서 8진수로 표현하는데 여기서 111을 묶어 7이 되고, 001을 묶어 1이 되고, 011을 묶어 3이 되고, 소수점 이하 부분 101을 묶어 5가 되고, 010을 묶어 2가 되는 이유가 뭘까요?**

**A** $2^3$= 8이기 때문에 8진수 1자리는 2진수 3자리와 같고, 2진수 3자리는 8진수 1자리와 같습니다. 그러므로 2진수를 세 개씩 묶어 8진수로 표현합니다. 2진수 111이 7이 되고, 001이 1이 되고 011이 3이 되는 이유는 2진수를 10진수로 변환했을 때의 크기입니다. 8진수는 10진수의 0~7까지만 사용하는 것이며, 2진수 3자리에서는 절대 7을 초과하는 수가 나올 수 없습니다. 130쪽에 제시된 '10진수, 2진수, 8진수 16진수 비교표'에서 10진수가 2진수, 8진수, 16진수로 어떻게 표현되는지 확인해 보세요.

### 8진수, 16진수 상호 변환

① **8진수를 16진수로** : 8진수를 2진수로 변환한 뒤 2진수를 16진수로 변환한다.

② **16진수를 8진수로** : 16진수를 2진수로 변환한 뒤 2진수를 8진수로 변환한다.

**예제 7** 8진수 670.325를 16진수로 변환하기

① 8진수를 우선 2진수로 변환한다.

$(6\quad 7\quad 0\ .\ 3\quad 2\quad 5)_8$

$(110\ 111\ 000\ .\ 011\ 010\ 101)_2$

② 2진수를 16진수로 변환한다. 소수점을 기준으로 정수 부분은 왼쪽 방향으로, 소수 부분은 오른쪽으로 4자리씩 묶어준다. 소수 이하 자릿수가 모자랄 경우 0으로 채워서 자리를 맞춘다.

$(1\quad 1011\quad 1000\ .\ 0110\quad 1010\quad 1000)_2$

↓ ↓ ↓ ↓ ↓ ↓

$(1\quad 11(B)\quad 8\ .\ 6\quad 10(A)\quad 8)_{16}$ $\therefore (670.325)_8 \rightarrow (1B8.6A8)_{16}$

**예제 8** 16진수 F3.9D를 8진수로 변환하기

① 16진수를 우선 2진수로 변환한다.

$(F\quad 3\ .\ 9\quad D)_{16}$

$(1111\ 0011\ .\ 1001\ 1101)_2$

② 2진수를 8진수로 변환한다. 소수점을 기준으로 정수 부분은 왼쪽 방향으로, 소수 부분은 오른쪽으로 3자리씩 묶어준다. 소수 이하 자릿수가 모자랄 경우 0으로 채워서 자리를 맞춘다.

$(11\quad 110\quad 011\ .\ 100\quad 111\quad 010)_2$

↓ ↓ ↓ ↓ ↓ ↓

$(3\quad 6\quad 3\ .\ 4\quad 7\quad 2)_8$ $\therefore (F3.9D)_{16} \rightarrow (363.472)_8$

**문제** 다음에 제시된 값을 해당 진수로 변환하시오.

① $(68)_{10}$ → $(\quad)_2$, $(\quad)_8$, $(\quad)_{16}$

② $(36.125)_{10}$ → $(\quad)_2$, $(\quad)_8$, $(\quad)_{16}$

③ $(1101001.1001)_2$ → $(\quad)_8$, $(\quad)_{16}$, $(\quad)_{10}$

④ $(75.6)_8$ → $(\quad)_2$, $(\quad)_{16}$, $(\quad)_{10}$

⑤ $(A4.B)_{16}$ → $(\quad)_2$, $(\quad)_8$, $(\quad)_{10}$

**정답**

① $(1000100)_2$, $(104)_8$, $(44)_{16}$

② $(100100.001)_2$, $(44.1)_8$, $(24.2)_{16}$

③ $(151.44)_8$, $(69.9)_{16}$, $(105.5625)_{10}$

④ $(111101.110)_2$, $(3D.C)_{16}$, $(61.75)_{10}$

⑤ $(10100100.1011)_2$, $(244.54)_8$, $(164.6875)_{10}$

전문가의 조언

보수의 특징과 보수를 구하는 문제가 출제되었습니다. 1의 보수는 0을 1로, 1을 0으로 바꾼 것이고, 2의 보수는 1의 보수에 1을 더하면 된다는 것을 기억해 두세요.

**보수**
보수는 각 자리의 숫자의 합이 어느 일정한 수가 되게 하는 수를 말합니다. 일반적으로 X에 대한 Y의 보수는 X-Y를 의미하는데 예를 들어 10에 대한 3의 보수는 7(10-3)입니다.

**소수점 위치**
2의 보수로 변경할 값이 1010일 경우 소수점을 기준으로 왼쪽 방향으로 이동합니다.
1010. ←

23.5
## 3 보수*

- 보수는 컴퓨터가 기본적으로 수행하는 덧셈 연산을 이용하여 뺄셈을 수행하기 위해 사용한다.
- N + N′= r일 때 N′를 N에 대한 r의 보수라고 한다.
- r진법에는 r의 보수와 r−1의 보수가 존재한다.
- 10진법에는 10의 보수와 9의 보수가, 2진법에는 2의 보수와 1의 보수가 있다.

| | |
|---|---|
| r의 보수 | • 보수를 구할 숫자의 자릿수만큼 0을 채우고 가장 왼쪽에 1을 추가하여 기준을 만든다.<br>예 33에 10의 보수는?<br>33+X=100 → X=100−33 → X=67<br>예 10101에 2의 보수는?<br>10101+X=100000 → X=100000−10101 → X=01011 |
| r−1의 보수 | • 10진수 N에 대한 9의 보수는 보수를 구할 숫자의 자릿수만큼 9를 채운다.<br>예 33에 9의 보수는?<br>33+X=99 → X=99−33 → X=66<br>• 2진수 N에 대한 1의 보수는 보수를 구할 숫자의 자릿수만큼 1을 채운다.<br>예 10101에 1의 보수는?<br>10101+X=11111 → X=11111−10101 → X=01010 |

23.5, 17.2
### 잠깐만요 보수 쉽게! 쉽게!

1203431

- 1의 보수는 주어진 각 자리값을 0일 때는 1로, 1일 때는 0으로 변환합니다.
  1 0 1 0 1의 보수 → 0 1 0 1 0
- 2의 보수는 1의 보수를 구한 뒤 결과값에 1을 더합니다.
  1 0 1 0 1의 2의 보수 → 0 1 0 1 0(1의 보수) + 1 → 0 1 0 1 1
- 2의 보수를 구하는 좀더 쉬운 방법은 소수점의 위치*에서 왼쪽 방향으로 첫 번째 1이 나올 때까지는 그냥 쓰고 나머지는 반대로 씁니다.
  1 0 1 0 1 1 0 0의 2의 보수 → 0 1 0 1 0 | 1 0 0 — 그대로 씁니다.
  (0 1 0 1 0: 반대로 씁니다.)

문제2 1203451 문제6 1203452

## 따라잡기 기출문제 따라잡기

출제예상

**1. 0에서 9까지의 숫자를 2진법으로 나타내는 데 몇 비트(Bit)가 적당한가?**

① 1 ② 2
③ 3 ④ 4

0에서 9까지의 수 중 가장 큰 수인 9를 2진수로 나타내면 1001이므로 2진수 4자리만 있으면 충분합니다.

05년 3회, 02년 3회

**2. 십진수 1,024($2^{10}$)를 이진수로 올바르게 표현한 것은?**

① 10000000000 ② 1111111111
③ 11111111111 ④ 1000000000

$2^{10}$이라는 것은 2진수 표기 방법입니다. 즉 2진수로 표시했을 때 0이 10번 붙는다는 의미입니다. 그러므로 2진수로 변경하면 10000000000이 됩니다.

03년 3회

**3. 10진수 $(47)_{10}$을 16진수로 올바르게 표현한 것은?**

① $(2F)_{16}$ ② $(F2)_{16}$
③ $(A1)_{16}$ ④ $(1A)_{16}$

16 | 47
2 … 15(F)

출제예상

**4. 2진수 101011011001을 16진수로 변환한 것은?**

① AD9 ② 10139
③ BCD ④ AD8

오른쪽 끝에서 왼쪽 방향으로 4자리씩 묶어서 변환합니다.
1010 1101 1001
A D 9

23년 5회

**5. 다음 중 보수에 대한 설명으로 옳지 않은 것은?**

① 보수는 각 자리의 숫자의 합이 어느 일정한 수가 되게 하는 수를 말한다.
② 2진법에서 1의 보수는 0은 1로, 1은 0으로 변환하여 구한다.
③ 2진법에서 2의 보수는 1의 보수를 구한 뒤 결과값에 2를 더한다.
④ 컴퓨터에서는 덧셈 연산을 이용하여 뺄셈을 수행하기 위해 사용한다.

2진법에서 2의 보수는 1의 보수를 구한 뒤 결과값에 1을 더하면 됩니다.

17년 2회

**6. 다음 중 컴퓨터의 수 연산에서 사용되는 보수(Complement)에 대한 설명으로 옳지 않은 것은?**

① 보수는 컴퓨터 연산에서 덧셈 연산을 이용하여 뺄셈을 수행하기 위해 사용한다.
② N진법에는 N의 보수와 N-1의 보수가 존재한다.
③ 2진수 1010의 1의 보수는 0을 1로, 1을 0으로 바꾼 0101에 1을 더한 것이다.
④ 2진수 10101의 2의 보수는 01011이다.

1의 보수는 0을 1로, 1을 0으로 바꾼 것이고, 2의 보수는 1의 보수에 1을 더하면 됩니다.

```
  10101
  01010 ← 1의 보수
+     1
  01011 ← 2의 보수
```

20년 2회

**7. 다음 중 수의 표현에 있어 진법에 대한 설명으로 옳지 않은 것은?**

① 16진수(Hexadecimal)는 0~9까지의 숫자와 A~F까지 문자로 표현하는 진법으로 한 자리수를 표현하는데 4개의 비트가 필요하다.
② 2진수, 8진수, 16진수를 10진수 실수(float)로 변환하려면 정수 부분과 소수 부분을 나누어서 변환하려는 각 진수의 자리값과 자리의 지수승을 곱한 결과값을 모두 더하여 계산한다.
③ 10진수(Decimal) 정수를 2진수, 8진수, 16진수로 변환하려면 10진수 값을 변환할 진수로 나누어 더 이상 나눠지지 않을 때까지 나누고, 몫을 제외한 나머지를 역순으로 표시한다.
④ 8진수를 16진수로 변환하려면 8진수를 뒤에서부터 2자리씩 자른 후 각각 16진수를 1자리로 계산한다.

8진수를 16진수로 바로 변환할 수 없으므로, 8진수 1자리를 2진수 3자리로 변환한 후 2진수 4자리를 16진수로 1자리로 변환해야 합니다.

▶ 정답 : 1. ④ 2. ① 3. ① 4. ① 5. ③ 6. ③ 7. ④

SECTION 036

# 자료의 표현 방식

A 등급

- **내부적 표현***
  - 정수 표현 (고정 소수점)
    - 10진 연산
      - 언팩 연산
      - 팩 연산
    - 2진 연산
      - 부호화 절대치
      - 부호화 1의 보수
      - 부호화 2의 보수
  - 실수 표현
    - 부동 소수점 데이터 형식
- **외부적 표현***
  - BCD (2진화 10진 코드)
  - ASCII (미국 표준화 정보 코드)
  - EBCDIC (확장 2진화 10진 코드)

**내부적/외부적 표현**
- **내부적 표현** : 컴퓨터 내부에서 연산을 하거나 데이터를 처리할 때 표현하는 방법
- **외부적 표현** : 처리된 결과를 사람이 확인할 수 있도록 출력할 때 표현하는 방법

**전문가의 조언**

10진, 2진, 부동 소수점 표현의 특징을 이해하고, 수치를 10진 연산과 2진 연산으로 표현할 수 있을 정도로만 알아두세요.

## 1 10진 연산

24.1, 23.4, 22.2, 22.1, 21.3, 17.1, 10.3

1203501

| | |
|---|---|
| 24.1, 23.4, 22.2, 22.1, 21.3, …<br>**언팩(Unpack) 연산** | • 1Byte로 10진수 1자리를 표현한다.<br>• 4개의 존(Zone) 비트와 4개의 숫자(Digit) 비트를 사용한다.<br>• 최하위 바이트의 존 부분을 부호로 사용하며, 양수는 C(1100), 음수는 D(1101), 부호 없는 양수는 F(1111)로 표현한다.<br>• 연산이 불가능하며 데이터의 입 · 출력에 사용된다. |
| 24.1, 23.4, 22.2, 22.1, 21.3, …<br>**팩(Pack) 연산** | • 1Byte로 10진수 2자리를 표현한다.<br>• 최하위 바이트의 4비트를 부호로 사용하며, 양수는 C(1100), 음수는 D(1101), 부호 없는 양수는 F(1111)로 표현한다.<br>• 연산이 가능하다. |

**예제 1** +1234와 −1234를 언팩(Unpack) 형식으로 표현

| | F(Zone) | Digit | F(Zone) | Digit | F(Zone) | Digit | Sign | Digit |
|---|---|---|---|---|---|---|---|---|
| +1234 | 1111 | 0001 | 1111 | 0010 | 1111 | 0011 | 1100 | 0100 |
| | F | 1 | F | 2 | F | 3 | 양수(C) | 4 |
| −1234 | 1111 | 0001 | 1111 | 0010 | 1111 | 0011 | 1101 | 0100 |
| | F | 1 | F | 2 | F | 3 | 음수(D) | 4 |

(← 1Byte →)

**예제 2** +1234와 −1234를 팩(Pack) 형식으로 표현

| | Digit | Digit | Digit | Digit | Digit | Sign |
|---|---|---|---|---|---|---|
| +1234 | 0000 | 0001 | 0010 | 0011 | 0100 | 1100 |
| | | 1 | 2 | 3 | 4 | 양수(C) |
| −1234 | 0000 | 0001 | 0010 | 0011 | 0100 | 1101 |
| | | 1 | 2 | 3 | 4 | 음수(D) |

(1Byte: 2, 3 자리)

**궁금해요 시나공 Q&A 베스트**

**Q 팩 형식으로 표현할 때 맨 앞에 4비트에는 항상 0000을 채우나요? 만약 그렇지 않다면 그런 경우는 어떤 경우인가요?**

**A** 항상 그런 것은 아닙니다. 팩 형식은 바이트 단위로 1바이트에 10진수 2자리를 표현하기 때문에 10진수를 모두 표현하고 맨 앞에 4비트가 남을 때만 0000을 채웁니다. 예를 들어 +12345는 다음과 같이 빈자리가 없으므로 0000을 채우지 않습니다.

| 0001 | 0010 | 0011 | 0100 | 0101 | 1100 |
|---|---|---|---|---|---|
| 1 | 2 | 3 | 4 | 5 | + |

## 2 2진 연산

24.1, 23.4, 22.2, 22.1, 21.3, 17.1, 14.1, 10.3

1203502

- 2진 정수 데이터의 표현에 사용된다.
- 표현할 수 있는 범위가 작지만 연산 속도가 빠르다.
- 데이터 표현시 첫 번째 비트를 부호 비트로 하여 양수는 0, 음수는 1로 표시한다.
- **음수 표현 방식**

| | |
|---|---|
| 14.1<br>**부호화 절대치 방식** | • 부호 비트와 그 크기를 나타내는 절대값으로 표현한다.<br>• **표현 범위** : $-2^{n-1}+1 \sim 2^{n-1}-1$ |
| 14.1<br>**부호화 1의 보수 방식** | • 부호 비트를 제외한 나머지 비트에 대해 0은 1로, 1은 0으로 변경하여 표현한다.<br>• **표현 범위** : $-2^{n-1}+1 \sim 2^{n-1}-1$ |
| 14.1<br>**부호화 2의 보수 방식** | • 1의 보수로 변환한 후 1을 더해서 표현한다.<br>• **표현 범위** : $-2^{n-1} \sim 2^{n-1}-1$ |

**예제 3** +10과 −10을 2진 연산으로 표현(1Byte)

| 표현 방식 | −10 | +10 |
|---|---|---|
| **부호화 절대치** | • 양수 10을 2진수로 표현한 후 부호 비트만 1로 바꿔준다.<br>• 0000 1010 → 1000 1010 | • 양수는 표현 방식이 모두 같다.<br>• 2진수로 바꾸어 준다. |
| **부호화 1의 보수 방식** | • 양수 10을 2진수로 표현한 후 보수를 구한다.<br>• 0000 1010 → 1111 0101 | |
| **부호화 2의 보수 방식** | • 양수 10을 2진수로 표현한 후 2의 보수를 구한다.<br>• 0000 1010 → 1111 0110 | |

## 3 부동 소수점 연산

23.4, 22.2, 22.1, 21.3, 10.3, 09.3, 05.4

1203503

- 실수 데이터 표현과 연산에 사용된다.
- 숫자를 부호(1비트), 지수부(7비트), 가수부(소수부)로 나누어 표현한다.
- 표현 비트에 따라 단정도(4Byte), 배정도(8Byte) 실수형이 있다.
- 고정 소수점 연산에 비해 실행 시간이 많이 걸리나 매우 큰 수나 매우 작은 수를 표현하는 데 적합하다.
- 부호 비트는 양수는 0, 음수는 1로 표현한다.
- 지수부와 소수부를 분리하는 정규화 과정이 필요하다.

• **표현 범위** : $\pm16^{-64} \sim \pm16^{63}$

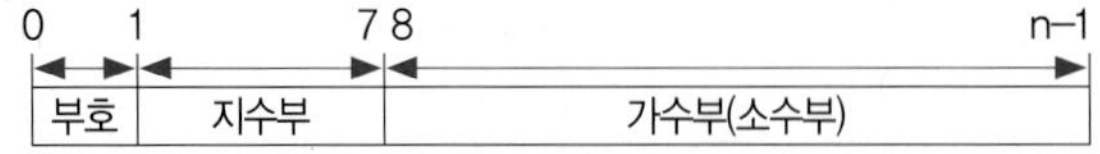


전문가의 조언

**중요해요!** 각 코드의 특징을 묻는 문제가 자주 출제되고 있습니다. 각 코드의 특징 및 표현할 수 있는 문자 수를 정확히 기억해 두세요.

24.5, 22.7, 22.4, 21.4, 21.1, 20.상시, 19.상시, 18.상시, 16.3, 16.1, 14.1, 12.2, 12.1, 06.2, 03.3

## 4 BCD 코드(2진화 10진)

1203504

• 하나의 문자를 2개의 Zone 비트와 4개의 Digit 비트로 표현한다.

• $2^6$ = 64가지의 문자를 표현할 수 있다.

• 영문 소문자를 표현하지 못한다.

24.5, 24.3, 23.1, 22.7, 22.6, 22.5, 22.4, 21.4, 21.3, 21.2, 21.1, 20.상시, 20.1, 19.2, 18.상시, 16.3, 16.1, 13.3, 13.1, …

## 5 ASCII 코드(미국 표준)

1203505

• 하나의 문자를 3개의 Zone 비트와 4개의 Digit 비트로 표현한다.

• $2^7$ = 128가지의 문자를 표현할 수 있다.

• 데이터 통신용이나 개인용 컴퓨터에서 사용한다.

• 확장 ASCII 코드는 8비트를 사용하므로 $2^8$ = 256가지의 문자를 표현한다.

24.5, 24.2, 23.3, 22.7, 22.4, 21.4, 21.2, 21.1, 20.상시, 19.상시, 19.1, 18.상시, 16.3, 16.1, 14.1, 12.2, 12.1, 06.2

## 6 EBCDIC 코드(확장 2진화 10진)

1203506

• BCD 코드를 확장한 것으로 하나의 문자를 4개의 Zone 비트와 4개의 Digit 비트로 표현한다.

• $2^8$ = 256가지의 문자를 표현할 수 있다.

• 대형 컴퓨터에서 사용한다.

전문가의 조언

최근에는 해밍 코드의 개념을 묻는 문제만 출제되고 있습니다. 해밍 코드를 중심으로 에러 검출 코드의 종류 및 각각의 특징을 알아 두세요.

23.5, 19.상시, 14.1, 10.2, 09.4, 06.1, 04.1, 2급 19.1, 11.3, 09.4, 00.1

### 잠깐만요 에러 검출 코드

1203531

| | |
|---|---|
| 10.2, 09.4, 06.1, 04.1<br>**패리티 체크 비트**<br>(Parity Check Bit) | 에러 검출을 목적으로 원래의 데이터에 추가한 1비트로, 패리티 체크 비트를 이용한 에러 교정은 불가능합니다.<br>• **짝수(우수) 패리티** : 1의 개수가 짝수가 되도록 만듭니다.<br>• **홀수(기수) 패리티** : 1의 개수가 홀수가 되도록 만듭니다. |
| 23.5, 19.상시, 14.1, 09.4<br>**해밍 코드**<br>(Hamming Code) | 에러 검출 및 교정이 가능한 코드로, 2비트의 에러 검출 및 1비트의 에러 교정이 가능합니다. |
| 10.2, 09.4, 06.1, 04.1<br>**순환 중복 검사(CRC)** | 순환 중복 검사를 위해 미리 정해진 다항식을 적용하여 오류를 검출하는 방식입니다. |
| 09.4<br>**블록합 검사(BSC)** | 패리티 검사의 단점을 보완한 방식으로, 프레임 내의 모든 문자의 같은 위치 비트들에 대한 패리티를 추가로 계산하여 블록의 맨 마지막에 추가 문자를 부가하는 방식입니다. |

24.5, 23.2, 22.7, 22.5, 22.4, 21.2, 21.1, 20.상시, 19.상시, 18.상시, 17.2, 16.3, 16.2, 16.1, 14.1, 12.2, 12.1, 11.2, 06.2

## 잠깐만요 유니코드(Unicode)

3203931

- 8비트 문자코드인 아스키(ASCII) 코드를 16비트로 확장하여 전세계의 모든 문자를 2바이트로 표현하는 국제 표준 코드입니다.
- KS X 1001 완성형 코드*에 조합형 코드*를 반영하여 개발되었습니다.
- 데이터의 교환을 원활하게 하기 위하여 문자 1개에 부여되는 값을 16비트(2바이트)로 통일하였습니다.
- 최대 65,536자의 글자를 코드화할 수 있습니다.
- 한글은 조합형, 완성형, 옛글자를 모두 표현할 수 있습니다.

**전문가의 조언**

**중요해요!** 유니코드의 특징을 묻는 문제가 자주 출제되고 있습니다. 유니코드는 모든 문자를 16비트(2바이트)로 표현한다는 것을 중심으로 특징을 정리하세요.

- **KS X 1001 완성형 코드** : 자주 사용하는 문자를 만들어 놓고 코드 값을 지정하는 방식
- **KS X 1001 조합형 코드** : 한글 창제의 원리인 초성, 중성, 종성에 코드 값을 지정하는 방식

## 따라잡기 기출문제 따라잡기

문제3 3203953

24년 2회, 23년 3회, 21년 2회, 19년 1회

**1. 다음 중 컴퓨터에서 사용하는 EBCDIC 코드에 대한 설명으로 옳지 않은 것은?**

① 4비트의 존 부분과 4비트의 디지트 부분으로 구성된다.

② 특수 문자 및 소문자 표현이 가능하다.

③ 확장 이진화 10진 코드로 BCD 코드를 확장한 것이다.

④ 최대 64개의 문자 표현이 가능하다.

EBCDIC 코드는 8비트이므로 최대 256($2^8$)개의 문자 표현이 가능합니다.

22년 7회, 12년 2회

**2. 다음 중 컴퓨터에서 문자를 표현하는 코드에 대한 설명으로 옳지 않은 것은?**

① BCD 코드는 6비트로 문자를 표현하며, 영문 소문자를 표현하지 못한다.

② 확장 ASCII 코드는 7비트를 사용하여 128개의 문자, 숫자, 특수문자 코드를 규정한다.

③ EBCDIC 코드는 8비트를 사용하여 문자를 표현하며, IBM에서 제정한 표준코드이다.

④ 유니코드(Unicode)는 16비트를 사용하며, 한글의 조합형, 완성형, 옛글자를 모두 표현할 수 있다.

확장 ASCII 코드는 8비트를 사용하여 256개의 문자, 숫자, 특수문자 코드를 규정합니다.

24년 1회, 23년 4회, 22년 2회, 1회, 21년 3회, 17년 1회

**3. 다음 중 컴퓨터에서 사용하는 자료의 표현에 관한 설명으로 옳지 않은 것은?**

① 2진 정수 데이터는 실수 데이터 보다 표현할 수 있는 범위가 작으며 연산 속도는 빠르다.

② 실수형 데이터는 정해진 크기에 부호(1bit)와 가수부(7bit)로 구분하여 표현한다.

③ 숫자 데이터 표현 중 10진 연산을 위하여 "팩(Pack)과 언팩(Unpack)" 표현 방식이 사용된다.

④ 컴퓨터에서 뺄셈을 수행하기 위해서는 보수와 덧셈 연산을 이용한다.

실수형 데이터는 정해진 크기에 부호(1비트), 지수부(7비트), 가수부(소수부)로 구분하여 표현합니다.

24년 3회, 23년 1회, 22년 6회, 21년 3회, 19년 2회,

**4. 다음 중 컴퓨터에서 사용하는 ASCII 코드에 관한 설명으로 옳지 않은 것은?**

① 데이터 처리 및 통신 시스템 상호 간의 정보 교환을 위해 사용된다.

② 각 나라별 언어를 표현할 수 있다.

③ 각 문자를 7비트로 표현하며, 총 128개의 문자 표현이 가능하다.

④ 확장 ASCII 코드는 8비트를 사용한다.

각 나라별 언어를 표현할 수 있는 자료 표현 방식은 유니코드(Unicode)입니다.

▶ **정답** : 1. ④ 2. ② 3. ② 4. ②

문제8 1203552

23년 5회

**5. 다음 중 에러 검출과 교정이 가능한 코드로 2비트의 에러 검출 및 1비트의 에러 교정이 가능한 방식은?**

① 해밍 코드 ② 페리티 체크 비트
③ 순환 중복 검사 ④ 블록합 검사

에러 검출과 교정이 가능한 코드는 해밍 코드(Hamming Code)입니다.

09년 3회, 05년 4회

**6. 컴퓨터의 자료 표현에 있어 부동 소수점 연산에 관한 내용 중 관계가 먼 것은?**

① 지수부와 가수부로 구성된다.
② 고정 소수점보다 간단하고 실행 시간이 적게 걸리며 아주 큰 수나 작은 수의 표현이 가능하다.
③ 부호 비트는 양수는 0, 음수는 1로 표현한다.
④ 실수(부동 소수점) 데이터 표현과 연산에 사용된다.

부동 소수점 연산은 아주 큰 수나 작은 수의 표현은 가능하지만 이러한 수를 표현하기 때문에 실행 시간이 느립니다.

23년 2회, 16년 2회, 11년 2회

**7. 다음 중 컴퓨터에서 사용하는 유니코드(Unicode)에 관한 설명으로 옳은 것은?**

① 국제 표준으로 16비트의 만국 공통의 국제 문자 부호 체제이다.
② 6비트로 구성되어 있으며, 대소문자를 구별할 수 없다.
③ 미국 표준국에서 통신을 위해 최근에 개발된 7비트 문자 부호 체제이다.
④ 대형 컴퓨터에서 주로 사용하며 BCD 코드에서 확장된 8비트 체제이다.

②번은 BCD 코드, ③번은 ASCII 코드, ④번은 EBCDIC 코드에 대한 설명입니다.

21년 1회, 20년 상시, 19년 상시, 18년 상시, 16년 3회, 1회, 12년 1회, 06년 2회

**8. 다음 중 문자를 표현하는 코드 체계에 대한 설명으로 옳지 않은 것은?**

① BCD 코드 : 64가지의 문자를 표현할 수 있으나 영문 소문자는 표현이 불가능하다.
② Unicode : 세계 각 국의 언어를 3바이트 체계로 통일한 국제 표준 코드이다.
③ ASCⅡ 코드 : 128가지의 문자를 표현할 수 있으며, 주로 데이터 통신용이나 PC에서 많이 사용한다.
④ EBCDIC 코드 : BCD 코드를 확장한 코드 체계로 256가지의 문자를 표현할 수 있다.

Unicode는 모든 문자를 3바이트가 아니라 2바이트로 처리합니다.

24년 5회

**9. 다음 중 컴퓨터에서 문자를 표현하는 코드 체계에 대한 설명으로 옳은 것은?**

① Unicode : 2개의 Zone 비트와 4개의 Digit 비트로 구성되며, 64개의 문자를 표현할 수 있다.
② BCD 코드 : 8비트를 사용하여 문자를 표현하며, 대형 컴퓨터에서 사용한다.
③ ASCII 코드 : 128가지 문자를 표현할 수 있으며, 데이터 통신용으로 사용한다.
④ EBCDIC 코드 : 전 세계의 모든 문자를 2바이트로 표현하는 국제 표준 코드이다.

① Unicode는 전 세계의 모든 문자를 2바이트로 표현하는 국제 표준 코드입니다.
② BCD 코드는 2개의 Zone 비트와 4개의 Digit 비트로 구성되며, 64개의 문자를 표현할 수 있습니다.
④ EBCDIC 코드는 8비트를 사용하여 문자를 표현하며, 대형 컴퓨터에서 사용합니다.

22년 5회, 21년 4회

**10. 다음 중 문자 데이터 표현이 아닌 것은?**

① HS 코드 ② ASCII 코드
③ Unicode ④ KS 코드

HS 코드는 국가 간 무역 거래 상품을 총괄적으로 분류한 품목 분류 코드입니다.

▶ **정답** : 5. ① 6. ② 7. ① 8. ② 9. ③ 10. ①

## 033 | 컴퓨터의 분류

### ❶ 컴퓨터의 분류 23.2, 23.1

- 처리 능력 : 슈퍼 컴퓨터, 메인 프레임, 미니 컴퓨터, 마이크로 컴퓨터 등
- 데이터 취급 : 디지털 컴퓨터, 아날로그 컴퓨터, 하이브리드 컴퓨터
- 사용 용도 : 범용 컴퓨터, 전용 컴퓨터

### ❷ 디지털 컴퓨터와 아날로그 컴퓨터의 비교 24.3, 23.4, 23.2, 22.1, 21.4, …

| 항목 | 디지털 컴퓨터 | 아날로그 컴퓨터 |
|---|---|---|
| 입력 형태 | 숫자, 문자 | 전류, 전압, 온도, 속도 |
| 연산 형식 | 산술, 논리 | 연산 미 · 적분 연산 |
| 연산 속도 | 느림 | 빠름 |
| 구성 회로 | 논리 회로 | 증폭 회로 |
| 프로그래밍 | 필요함 | 필요하지 않음 |
| 정밀도 | 필요한 한도까지 가능 | 제한적임 |
| 적용성 | 범용 | 특수 목적용 |

## 034 | 자료 구성의 단위

### ❶ 니블(Nibble) 24.2, 23.3, 22.6, 21.3

- 4개의 비트(Bit)가 모여 1개의 니블(Nibble)을 구성한다.
- 16진수 1자리를 표현하기에 적합하다.

### ❷ 바이트(Byte) 24.4, 22.3

- 문자를 표현하는 최소 단위이다.
- 8개의 비트(Bit)가 모여 1바이트(Byte)를 구성한다.

### ❸ 워드(Word) 24.4, 22.6, 22.3, 21.3

CPU가 한 번에 처리할 수 있는 명령 단위이다.

### ❹ 레코드(Record) 24.4, 22.6, 22.3, 21.3

- 하나 이상의 관련된 필드가 모여서 구성된다.
- 컴퓨터 내부의 자료 처리 단위이다.

## 035 | 수의 표현 및 연산

### ❶ 보수 23.5, 17.2

- 컴퓨터가 기본적으로 수행하는 덧셈 연산을 이용하여 뺄셈을 수행하기 위해 사용한다.
- 1의 보수 : 주어진 각 자리값을 0일 때는 1로, 1일 때는 0으로 변환함
- 2의 보수 : 1의 보수를 구한 뒤 결과값에 1을 더함

## 036 | 자료의 표현 방식

### ❶ 부동 소수점 연산 24.1, 23.4, 22.2, 22.1, 21.3, 10.3

- 실수 데이터 표현과 연산에 사용된다.
- 숫자를 부호(1비트), 지수부(7비트), 가수부(소수부)로 나누어 표현한다.
- 고정 소수점 연산에 비해 실행 시간이 많이 걸리나 매우 큰 수나 매우 작은 수를 표현하는 데 적합하다.

### ❷ BCD 코드 24.5, 22.7, 22.4, 21.4, 21.1, 20.상시, 19.상시, 18.상시, 16.3, 16.1, 14.1, 12.2, 12.1

- 하나의 문자를 2개의 Zone 비트와 4개의 Digit 비트로 표현한다.
- $2^6$ = 64가지의 문자를 표현할 수 있다.
- 영문 소문자를 표현하지 못한다.

### ❸ ASCII 코드 24.5, 24.3, 23.1, 22.7, 22.6, 22.5, 22.4, 21.4, 21.3, 21.2, 21.1, 20.상시, 20.1, 19.2, …

- 하나의 문자를 3개의 Zone 비트와 4개의 Digit 비트로 표현한다.
- $2^7$ = 128가지의 문자를 표현할 수 있다.
- 데이터 통신용이나 개인용 컴퓨터에서 사용한다.
- 확장 ASCII 코드는 8비트를 사용하므로 $2^8$ = 256가지의 문자를 표현한다.

### ❹ EBCDIC 코드 24.5, 24.2, 23.3, 22.7, 22.4, 21.4, 21.2, 21.1, 20.상시, 19.상시, 19.1, 18.상시, 16.3, …

- BCD 코드를 확장한 것으로 하나의 문자를 4개의 Zone 비트와 4개의 Digit 비트로 표현한다.
- $2^8$ = 256가지의 문자를 표현할 수 있다.
- 대형 컴퓨터에서 사용한다.

### ❺ 유니코드(Unicode) 24.5, 23.2, 22.7, 22.5, 22.4, 21.2, 21.1, 20.상시, 19.상시, 18.상시, 17.2, …

- 전 세계의 모든 문자를 2바이트로 표현할 수 있는 국제 표준 코드로, 정보 처리/정보 교환용으로 사용한다.
- 데이터의 교환을 원활하게 하기 위하여 문자 1개에 부여되는 값을 16비트(2바이트)로 통일한다.
- 최대 65,536자의 글자를 코드화할 수 있다.

### ❻ 해밍 코드 23.5, 19.상시, 14.1

에러 검출 및 교정이 가능한 코드로, 2비트의 에러 검출 및 1비트의 에러 교정이 가능하다.

**4**장

# 컴퓨터 하드웨어

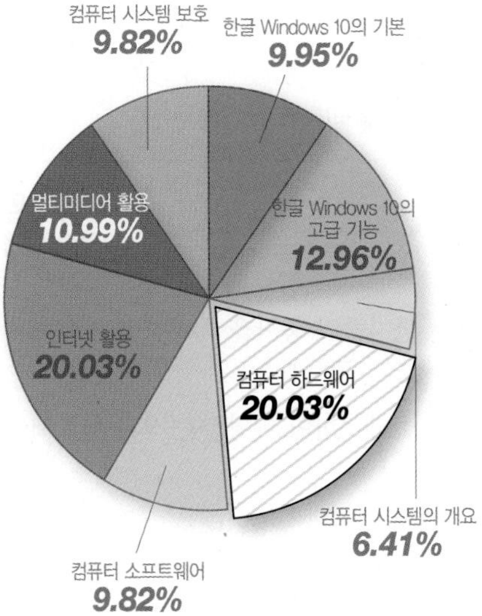




**이 장에서 꼭 알아야 할 키워드 Best 10**

**1.** 레지스터 **2.** SSD **3.** 캐시 메모리 **4.** 중앙처리장치 **5.** 채널 **6.** RAID **7.** USB **8.** 가상 메모리 **9.** 바이오스 **10.** 펌웨어

SECTION 037

# 중앙처리장치

A 등급

> **전문가의 조언**
> 중앙처리장치의 구성 요소와 성능 단위에 대해 알아두세요.

2급 19.상시, 18.1, 13.1, 05.3, 05.2, 03.2

## 1 중앙처리장치의 개요

1203601

중앙처리장치(CPU, Central Processing Unit)는 사람의 두뇌와 같이 컴퓨터 시스템에 부착된 모든 장치의 동작을 제어하고, 명령을 실행하는 장치이다.

- 중앙처리장치는 제어장치 · 연산장치 · 레지스터로 구성된다.

14.2, 12.3, 08.1, 07.1, 05.1, 04.2

**잠깐만요 중앙처리장치의 성능을 나타내는 단위**

3204031

- MIPS : 1초당 명령 실행 수 ÷ 1백만
- FLOPS : 1초당 부동 소수점 연산 횟수
- 클럭 속도(Hz) : CPU를 동작시키는 클럭 주파수*로, 1Hz는 1초에 1번의 주기가 반복됩니다.

**클럭 주파수(Clock Frequency)**
컴퓨터는 전류가 흐르는 상태(ON)와 흐르지 않는 상태(OFF)가 주기적으로 반복되어 작동하는데, 이 전류의 흐름을 클럭 주파수(Clock Frequency)라고 합니다. 클럭 주파수가 높을 수록 연산 속도가 빠르다고 할 수 있습니다.

24.5, 23.2, 23.1, 22.5, 22.3, 20.2, 20.1, 17.1, 13.3, 11.1, 05.3, 2급 24.5, 24.2, 21.4, 18.2, 18.1, 16.3, 15.3, 15.1, 12.1, 11.1, …

## 2 제어장치

1203602

> **전문가의 조언**
> **중요해요!** 제어장치와 연산장치의 기능과 각 장치에서 사용되는 레지스터의 종류 및 기능을 구분하는 문제가 자주 출제되고 있습니다. 각 레지스터의 기능을 구분할 수 있도록 잘 정리하세요.

제어장치(Control Unit)는 컴퓨터에 있는 모든 장치들의 동작을 지시하고 제어하는 장치이다.

- 제어장치는 주기억장치에서 읽어들인 명령어를 해독하여 해당하는 장치에게 제어 신호를 보내 정확하게 수행하도록 지시한다.
- 다음은 제어장치에서 사용되는 레지스터와 회로에 대한 설명이다.

| 구성 요소 | 기 능 |
|---|---|
| 24.5, 23.2, 23.1, 22.5, 22.3, 20.1, 17.1, 13.3, 11.1, …<br>**프로그램 카운터, 프로그램 계수기**<br>(PC, Program Counter) | 다음 번에 실행할 명령어의 번지를 기억하는 레지스터이다. |
| 22.3, 20.1, 17.1, 13.3, 11.1, 05.3, 2급 24.2, 18.1, …<br>**명령 레지스터**<br>(IR, Instruction Register) | 현재 실행중인 명령의 내용을 기억하는 레지스터이다. |
| 17.1, 2급 24.2, 18.2, 09.4<br>**명령 해독기(디코더; Decoder)** | 명령 레지스터에 있는 명령어를 해독하는 회로이다. |
| 20.2, 20.1, 17.1, 11.1, 05.3<br>**부호기(엔코더; Encoder)** | 해독된 명령에 따라 각 장치로 보낼 제어 신호를 생성하는 회로이다. |
| 20.1, 13.3<br>**메모리 주소 레지스터(MAR, Memory Address Register)***  | 기억장치를 출입하는 데이터의 번지를 기억하는 레지스터이다. |
| 13.3<br>**메모리 버퍼 레지스터(MBR, Memory Buffer Register)*** | 기억장치를 출입하는 데이터가 잠시 기억되는 레지스터이다. |

**MAR과 MBR의 기능**
- **데이터를 읽을 경우** : 읽을 데이터의 주소를 MAR에 기억시킵니다. 제어장치가 주기억장치에게 읽기(Read) 신호를 보내면 MAR에 있는 주소를 읽어서 찾은 데이터를 MBR에 기억시킴
- **데이터를 저장할 경우** : 저장할 데이터를 MBR에, 저장될 주소를 MAR에 기억시킵니다. 제어장치가 주기억장치에게 쓰기(Write) 신호를 보내면 MBR의 내용이 MAR에 저장된 주기억장치의 주소에 기록됨

**잠깐만요** 제어장치의 명령 실행 순서

❶ 프로그램 계수기(PC)에 저장된 명령어의 주소를 읽어 MAR에 넣습니다.
❷ MAR이 해독한 기억장치의 번지에 있는 내용(명령)을 MBR로 읽어옵니다.
❸ MBR에 저장된 명령을 명령어의 해독과 실행을 위해 명령 레지스터(IR)로 이동시킵니다.
❹ 명령 해독기(Decoder)가 명령 레지스터의 내용을 해독하고, 부호기(Encoder)가 명령 실행에 필요한 장치에게 제어 신호를 보냄으로써 명령이 실행됩니다.

22.7, 22.3, 21.4, 21.1, 20.상시, 18.상시, 18.2, 13.1, 12.1, 2급 24.2, 23.2, 21.1, 20.상시, 18.상시, 16.3, 16.2, 15.3, 15.2, 14.1, …

## 3 연산장치

1203603

연산장치(ALU, Arithmetic & Logic Unit)는 제어장치의 명령에 따라 실제로 연산을 수행하는 장치이다.

- 연산장치가 수행하는 연산에는 산술 연산, 논리 연산, 관계 연산, 이동(Shift) 등이 있다.
- 다음은 연산장치에서 사용하는 레지스터와 회로에 대한 설명이다.

| 구성 요소 | 기 능 |
|---|---|
| 22.7, 21.4, 21.1, 20.상시, 18.2, 12.1, 2급 09.1<br>가산기(Adder) | 2진수의 덧셈을 수행하는 회로이다. |
| 22.7, 21.4, 21.1, 20.상시, 18.2, 12.1, 2급 11.1, 09.2, …<br>보수기(Complementor) | 뺄셈의 수행을 위해 입력된 값을 보수*로 변환하는 회로이다. |
| 22.7, 22.3, 21.4, 21.1, 20.상시, 18.2, 13.1, 12.1<br>누산기(AC, Accumulator) | 연산된 결과를 일시적으로 저장하는 레지스터이다. |
| 21.3, 18.2<br>데이터 레지스터(Data Register) | 연산에 사용될 데이터를 기억하는 레지스터이다. |
| 22.7, 21.4, 21.1, 20.상시, 18.2, 2급 11.1, 09.2, 04.3<br>상태 레지스터(Status Register) | • 연산중에 발생하는 여러 가지 상태값을 기억하는 레지스터이다.<br>• 부호, 오버플로*, 언더플로*, 자리올림, 인터럽트* 등 |
| 인덱스 레지스터(Index Register) | 주소 변경을 위해 사용되는 레지스터이다. |

24.5, 22.7, 22.4, 19.2, 16.3, 09.4, 2급 24.5, 21.4, 19.상시, 18.1, 17.1, 16.3, 13.3, 11.3, 08.1

## 4 레지스터

3204003

레지스터(Register)는 CPU 내부에서 처리할 명령어나 연산의 중간 결과값 등을 일시적으로 기억하는 임시 기억장소이다.

- 레지스터는 플립플롭(Flip-Flop)*이나 래치(Latch)*들을 연결한다.
- 레지스터는 메모리 중에서 가장 속도가 빠르다.
- 레지스터의 크기는 컴퓨터가 한 번에 처리할 수 있는 데이터의 크기를 의미한다.

**보수(Complement)**
컴퓨터에서 뺄셈을 하기 위해 음수를 표시하는 방법입니다.

- **오버플로(Overflow)** : 연산의 결과값이 기억 용량을 초과하여 넘쳐나는 상태
- **언더플로(Underflow)** : 연산의 결과값이 컴퓨터가 표현할 수 있는 값보다 작아 표현이 불가능한 상태
- **인터럽트(Interrupt)** : 158쪽을 참조하세요.

**전문가의 조언**
레지스터의 개념이나 특징을 묻는 문제가 출제되고 있습니다. 레지스터는 명령어나 연산의 중간 결과값을 일시 저장하는 기억장치라는 것을 기억하세요.

**플립플롭(Flip-Flop)**
기억장치를 구성하는 전자 회로로, 1비트의 정보(0 또는 1)를 기억할 수 있는 능력이 있습니다.

**래치(Latch)**
1비트 이상의 입력된 값을 다음 입력이 있기 전까지 그대로 유지하는 전자 회로입니다.

## 따라잡기 기출문제 따라잡기

문제1 1203651 문제2 3204052

22년 7회, 19년 2회, 16년 3회, 09년 4회

**1. 다음 중 컴퓨터의 구성과 관련하여 레지스터(Register)에 관한 설명으로 옳지 않은 것은?**

① 메모리 중에서 액세스 속도가 가장 빠르다.

② 일반적으로 플립플롭(Flip-Flop)이나 래치(Latch) 등을 연결하여 구성된다.

③ CPU 내부에서 처리할 명령어나 연산의 중간 값 등을 일시적으로 저장하는 기억장치이다.

④ 레지스터에 저장된 내용을 펌웨어라고 한다.

> 레지스터에 저장된 내용을 별도로 부르는 용어는 없습니다. 펌웨어는 롬(ROM)에 저장된 마이크로 프로그램을 말합니다.

24년 5회, 23년 2회, 1회, 22년 5회, 3회, 20년 1회, 13년 3회, 11년 1회, 05년 3회

**2. 다음 중 CPU의 제어장치를 구성하는 레지스터에 관한 설명으로 옳지 않은 것은?**

① 프로그램 카운터 : 프로그램의 실행된 명령어의 개수를 계산한다.

② 명령 레지스터 : 현재 실행 중인 명령을 기억한다.

③ 부호기 : 해독된 명령에 따라 각 장치로 보낼 제어 신호를 생성한다.

④ 메모리 주소 레지스터 : 기억장치에 입출력되는 데이터의 번지를 기억한다.

> 프로그램 카운터는 다음에 실행할 명령어의 번지를 기억하는 레지스터입니다.

13년 1회, 12년 1회

**3. 다음 중 컴퓨터의 연산장치에 관한 설명으로 옳지 않은 것은?**

① 연산장치가 수행하는 연산에는 산술, 논리, 관계, 이동(Shift) 연산 등이 있다.

② 연산장치에는 뺄셈을 수행하기 위하여 입력된 값을 보수로 변환하는 보수기(Complementor)와 2진수 덧셈을 수행하는 가산기(Adder)가 있다.

③ 누산기(Accumulator)는 연산된 결과를 일시적으로 저장하는 레지스터이다.

④ 연산장치에는 다음 번 연산에 필요한 명령어의 번지를 기억하는 프로그램 카운터(Program Counter)를 포함한다.

> 프로그램 카운터(PC)는 제어장치에 속합니다.

14년 2회, 12년 3회, 08년 1회, 08년 1회, 07년 1회, 05년 1회, 04년 2회

**4. 다음 중 클럭 주파수에 대한 설명으로 가장 옳지 않은 것은?**

① 컴퓨터는 전류가 흐르는 상태(ON)와 흐르지 않는 상태(OFF)가 반복되어 작동하는데, 이 전류의 흐름을 클럭 주파수라 한다.

② CPU는 클럭 주기에 따라 명령을 수행하며 클럭 주파수가 적을수록 연산 속도가 빠르다고 할 수 있다.

③ PC의 클럭 속도 단위는 보통 GHz를 사용하는데 1GHz는 1,000,000,000Hz를 의미하며, 1Hz는 1초 동안 1번의 주기가 반복되는 것을 의미한다.

④ 컴퓨터의 메인 보드에 공급되는 클럭은 CPU의 속도에 맞추어 적절하게 적용되어야 컴퓨터가 안정적으로 구동된다.

> CPU는 클럭 주기에 따라 명령을 수행하며, 클럭 주파수가 높을수록 연산속도가 빠르다고 할 수 있습니다.

21년 4회, 1회, 18년 2회

**5. 다음 중 컴퓨터의 연산장치에 있는 레지스터에 관한 설명으로 옳지 않은 것은?**

① 2진수 덧셈을 수행하는 가산기(Adder)가 있다.

② 뺄셈을 수행하기 위해 입력된 값을 보수로 변환하는 보수기(Complementor)가 있다.

③ 연산 결과를 일시적으로 저장하는 누산기(Accumulator)가 있다.

④ 연산에 사용될 데이터를 기억하는 상태 레지스터(Status Register)가 있다.

> 상태 레지스터는 연산중에 발생하는 여러 가지 상태값을 기억하는 레지스터입니다. 연산에 사용될 데이터를 기억하는 레지스터는 데이터 레지스터입니다.

22년 7회

**6. 다음 중 컴퓨터의 연산장치에 있는 레지스터에 관한 설명으로 옳지 않은 것은?**

① 누산기는 연산 결과를 일시적으로 저장한다.

② 가산기는 2진수 덧셈을 수행한다.

③ 보수기는 곱셈과 나눗셈을 위하여 데이터를 보수로 변환한다.

④ 상태 레지스터는 연산중에 발생하는 여러 가지 상태값을 기억한다.

> 보수기(Complementor)는 뺄셈의 수행을 위해 입력된 값을 보수로 변환하는 논리 회로입니다.

▶ 정답 : 1. ④ 2. ① 3. ④ 4. ② 5. ④ 6. ③

SECTION 038
# 주기억장치

A 등급

## 1 주기억장치의 개요

06.4, 05.4, 04.2, 03.4, 03.1, 2급 24.4, 23.5, 23.3, 06.3, 06.2

1203701

주기억장치는 CPU가 직접 접근하여 데이터를 처리할 수 있는 기억장치(Memory)로, 현재 수행되는 프로그램과 데이터를 저장하고 있다.

- 종류에는 롬(ROM)과 램(RAM)이 있다.

## 2 ROM(롬)

22.4, 21.4, 18.상시, 17.1, 06.4, 05.4, 04.2, 03.4, 03.1, 2급 24.4, 23.5, 23.3, 16.1, 09.1, 08.4, 02.3

1203702

ROM(Read Only Memory)은 기억된 내용을 읽을 수만 있는 기억장치로서 일반적으로 쓰기는 불가능하다.

ROM

- 전원이 꺼져도 기억된 내용이 지워지지 않는 비휘발성 메모리*이다.
- 주로 펌웨어(Firmware)를 저장한다.
- ROM에는 주로 기본 입·출력 시스템(BIOS), 글자 폰트, 자가진단 프로그램(POST, Power On Self Test) 등이 저장되어 있다.

### 롬(ROM)의 종류와 특징

ROM은 기억된 내용의 수정 가능 여부 및 데이터 기록 방법에 따라 다음과 같이 분류된다.

| 종 류 | 특 징 |
|---|---|
| Mask ROM | 제조 과정에서 미리 내용을 기억시킨 ROM으로, 사용자가 임의로 수정할 수 없다. |
| 04.2<br>PROM<br>(Programmable ROM) | 특수 프로그램을 이용하여 한 번만 기록할 수 있으며, 이후엔 읽기만 가능하다. |
| 03.4, 2급 16.1, 09.1<br>EPROM<br>(Erasable PROM) | 자외선을 이용하여 기록된 내용을 여러 번 수정하거나 새로운 내용을 기록할 수 있다. |
| 06.4, 05.4, 03.1, 2급 09.1, 08.4<br>EEPROM<br>(Electrically EPROM) | 전기적인 방법을 이용하여 기록된 내용을 여러 번 수정하거나 새로운 내용을 기록할 수 있다. |

**전문가의 조언**

롬(ROM)과 EEPROM의 특징을 묻는 문제가 출제되었습니다. 롬에는 BIOS, 기본 글꼴, POST가 저장되어 있다는 것과 EEPROM은 전기적인 방법을 이용한다는 것을 기억해 두세요.

**비휘발성 메모리**

전원이 차단되더라도 기억된 내용이 지워지지 않는 메모리를 비휘발성 메모리라고 합니다. 휘발성 메모리는 그 반대겠죠? ROM과 보조기억장치는 비휘발성 메모리이고 나머지, 즉 RAM, 레지스터, 캐시 메모리 등은 모두 휘발성 메모리입니다.

## 3 RAM(램)

22.6, 21.4, 21.3, 21.2, 17.1, 16.2, 15.3, 15.1, 14.2, 09.1, 08.2, 05.2, 04.1, 03.1, 2급 24.4, 23.5, 23.3, 17.2, 11.2, 09.4, …

1203703

RAM(Random Access Memory)은 자유롭게 읽고 쓸 수 있는 기억장치이다.

RAM

- RAM에는 현재 사용중인 프로그램이나 데이터가 저장되어 있다.
- 전원이 꺼지면 기억된 내용이 모두 사라지는 휘발성 메모리이다.
- 일반적으로 '주기억장치'라고 하면 '램(RAM)'을 의미한다.
- 정보가 저장된 위치는 주소(Address)로 구분한다.

**전문가의 조언**

SRAM과 DRAM 각각의 특징과 용도를 구분할 수 있어야 합니다. 한쪽의 특징만이라도 정확히 외우세요. SRAM은 재충전 시간이 필요 없으므로 DRAM에 비해 빠르고 캐시 메모리로 사용된다는 것! 잊지마세요.

### SRAM/DRAM의 특징

램(RAM)은 재충전 여부에 따라 DRAM(Dynamic RAM)과 SRAM(Static RAM)으로 분류된다.

| 구 분 | 22.6, 21.3, 21.2, 17.1, 16.2<br>동적 램(DRAM) | 17.1, 16.2<br>정적 램(SRAM) |
|---|---|---|
| 구성 소자 | 콘덴서* | 플립플롭* |
| 특 징 | 전원이 공급되어도 일정 시간이 지나면 전하가 방전되므로 주기적인 재충전(Refresh)이 필요함 | 전원이 공급되는 동안에는 기억 내용이 유지됨 |
| 전력 소모 | 적음 | 많음 |
| 접근 속도 | 느림 | 빠름 |
| 집적도(밀도) | 높음 | 낮음 |
| 가 격 | 저가 | 고가 |
| 용 도 | 일반적인 주기억장치 | 캐시 메모리 |

**콘덴서**
전기를 저장할 수 있는 일종의 축전지입니다.

**플립플롭(Flip-Flop)**
한 비트의 정보(0 또는 1)를 기억할 수 있는 기억 소자로, 기억장치를 구성하는 전자 회로입니다.

**잠깐만요** RAM 관련 용어

- **RAM 덤프** : RAM에 기록되어 있는 내용을 프린터 또는 디스크 등과 같은 외부장치에 출력(전송) 시키는 것으로, 프로그램의 오류 수정을 위해 RAM에 저장된 내용을 확인할 때 사용됨
- **RAM 디스크** : 주기억장치인 RAM의 일부를 보조기억장치인 디스크처럼 사용하는 것으로, 처리 속도는 빠르지만 보조기억장치에 비해 가격이 비싸고 전원이 차단되면 저장된 내용이 다 지워진다는 단점도 있음

## 4 기타 메모리

24.5, 24.4, 24.2, 23.5, 23.3, 23.1, 22.5, 21.4, 21.2, 21.1, 20.상시, 20.2, 19.상시, 19.1, 18.상시, 17.2, 17.1, 16.2, 14.3, 14.1, …

3204104

| 명칭 | 특징 |
|---|---|
| 24.5, 24.4, 23.1, 22.5, 21.1, …<br>**캐시 메모리**<br>(Cache Memory) | • 중앙처리장치(CPU)와 주기억장치 사이에 위치하여 컴퓨터의 처리 속도를 향상시키는 역할을 한다.<br>• 캐시 메모리로는 접근 속도가 빠른 정적 램(SRAM)을 사용하며 용량이 주기억장치보다 작게 구성된다.<br>• 캐시 적중률(Cache Hit Ratio)*이 높을수록 시스템의 전체적인 속도가 향상 된다.<br>• **L1 캐시(1차 캐시)** : 자주 반복되는 연산을 처리하기 위해 필요한 저장공간으로, CPU 내부에 저장되어 있고, 크기가 약 4~32KB 정도이며, CPU가 연산을 처리하기 위해 실질적으로 사용하는 기억 공간이다.<br>• **L2 캐시(2차 캐시)** : CPU가 데이터를 처리하는 동안 미리 CPU가 필요로 하는 데이터를 저장해 두는 기억공간으로, 본래 메인보드에 내장되어 있었으나 펜티엄 프로부터는 CPU 내에 포함되어 제공되고 있다. |
| 24.2, 23.5, 23.3, 21.4, 21.2, 19.1, …<br>**가상 메모리**<br>(Virtual Memory) | • 보조기억장치(하드디스크)의 일부를 주기억장치처럼 사용하는 메모리 기법이다.<br>• 주기억장치보다 큰 프로그램을 불러와 실행해야 할 때 유용하게 사용된다.<br>• 주소 매핑(Mapping)이라는 작업이 필요하다. |
| 24.4, 23.1, 21.1, 20.2, 18.상시, …<br>**플래시 메모리**<br>(Flash Memory) | • EEPROM의 일종으로, 비휘발성 메모리이다.<br>• 전력 소모가 적고, 데이터 전송 속도가 빠르다.<br>• 디지털 카메라, 개인용 정보 단말기, 스마트폰 등에 사용한다. |
| 23.1, 21.1, 20.2, 18.상시, 16.2, …<br>**연관 메모리**<br>(Associative Memory) | • 기억장치에 저장된 정보에 접근할 때 주소 대신 기억된 내용의 일부를 이용하여 접근하는 장치로, 정보 검색이 신속하다.<br>• 캐시 메모리나 가상 메모리의 매핑 테이블에 사용된다. |
| 10.2, 2급 07.2, 99.1<br>**버퍼 메모리**<br>(Buffer Memory) | • 두 개의 장치가 데이터를 주고받을 때 두 장치 간의 속도 차이를 해결하기 위해 중간에 데이터를 임시로 저장해 두는 공간으로, 키보드 버퍼, 프린터 버퍼 등이 있다.<br>• 캐시 메모리도 일종의 버퍼이다. |

**전문가의 조언**

**중요해요!** 기타 메모리에 대한 문제는 자주 출제됩니다. 각 메모리의 특징과 용도를 정확히 알아두세요. 특히 캐시 메모리의 특징과 종류는 자세한 사항까지 모두 알고 있어야 합니다.

**캐시 적중률**

- 명령어나 자료를 찾기 위하여 캐시 메모리에 접근하는 경우, 원하는 정보가 캐시 메모리에 기억되어 있을 때 적중(Hit)되었다고 하고, 기억되어 있지 않을 때 실패했다고 합니다.
- 적중률 = 적중회수/총 접근 횟수

### 잠깐만요 캐시 메모리, 왜 필요할까!

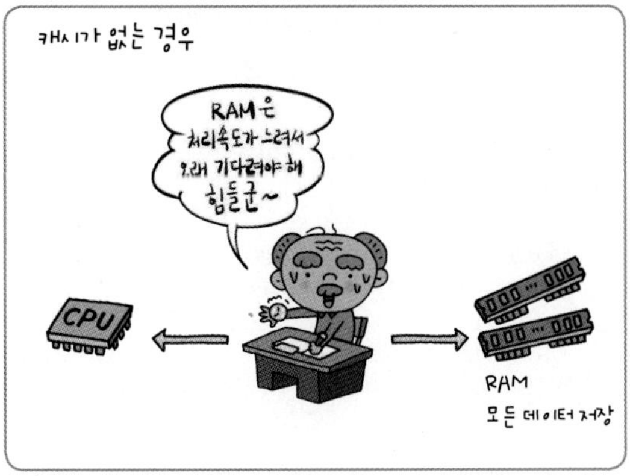


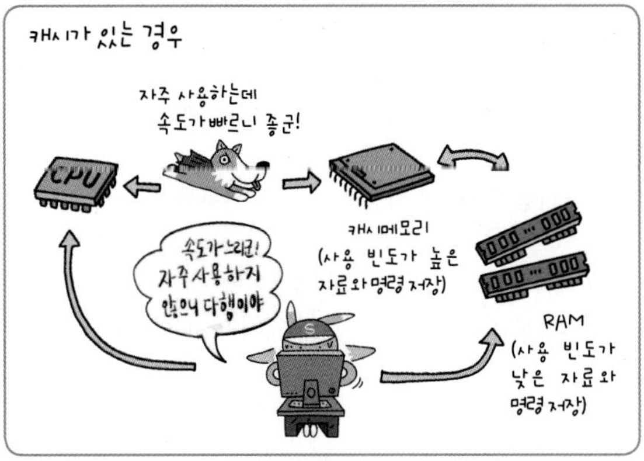

따라잡기 기출문제 따라잡기

문제1 1203752 문제2 1203751

22년 6회, 21년 3회, 2회, 15년 3회, 1회

**1. 다음 중 RAM(Random Access Memory)에 대한 설명으로 옳은 것은?**

① 주로 펌웨어(Firmware)를 저장한다.

② 주기적으로 재충전(Refresh)이 필요한 DRAM은 주기억장치로 사용된다.

③ 전원이 꺼져도 기억된 내용이 사라지지 않는 비휘발성 메모리로 읽기만 가능하다.

④ 컴퓨터의 기본적인 입출력 프로그램, 자가진단 프로그램 등이 저장되어 있어 부팅 시 실행된다.

> ①, ③, ④번은 ROM에 대한 설명입니다.

23년 1회, 21년 1회, 20년 2회, 18년 상시, 16년 2회, 12년 1회, 10년 2회

**2. 다음 중 컴퓨터에서 사용하는 기억장치에 관한 설명으로 옳지 않은 것은?**

① 플래시(Flash) 메모리는 비휘발성 기억장치로 주로 디지털 카메라나 MP3, 개인용 정보 단말기, USB 드라이브 등 휴대형 기기에서 대용량 정보를 저장하는 용도로 사용된다.

② 하드디스크 인터페이스 방식은 EIDE, SATA, SCSI 방식 등이 있다.

③ 캐시(Cache) 메모리는 CPU와 주기억장치 사이에 위치하여 두 장치간의 속도 차이를 줄여 컴퓨터의 처리속도를 빠르게 하기 위한 메모리이다.

④ 연관(Associative) 메모리는 보조기억장치를 마치 주기억장치와 같이 사용하여 실제 주기억장치 용량보다 기억용량을 확대하여 사용하는 방법이다.

> 연관 메모리는 기억장치에 저장된 정보에 접근할 때 주소 대신 기억된 내용의 일부를 이용하여 접근하는 장치입니다. ④번은 가상 메모리(Virtual Memory)에 대한 설명입니다.

24년 5회, 4회, 22년 5회, 17년 2회, 13년 2회, 09년 4회

**3. 다음 중 캐시 메모리(Cache Memory)에 관한 설명으로 옳은 것은?**

① 중앙처리장치와 주기억장치 사이에 위치하여 컴퓨터의 처리 속도를 향상시킨다.

② 캐시 메모리는 주로 DRAM을 사용한다.

③ 보조기억장치의 일부를 주기억장치처럼 사용한다.

④ 주기억장치보다 큰 프로그램을 불러와 실행해야 할 때 유용하다.

> ② 캐시 메모리는 접근 속도가 빠른 정적 램(SRAM)을 사용합니다.
> ③, ④번은 가상 메모리(Virtual Memory)에 대한 설명입니다.

24년 2회, 23년 3회, 21년 4회, 2회, 09년 4회, 3회

**4. 다음 중 컴퓨터에서 사용하는 가상 메모리에 관한 설명으로 옳은 것은?**

① 중앙처리장치와 주기억장치 사이에 위치하여 컴퓨터의 처리 속도를 향상시키는 역할을 한다.

② 보조기억장치의 일부를 주기억장치처럼 사용하는 메모리 사용 기법으로, 주기억장치보다 큰 프로그램을 로드하여 실행할 경우에 유용하다.

③ CPU가 데이터를 처리하는 동안 미리 CPU가 필요로 하는 데이터를 저장해 두는 기억장치이다.

④ 디스크와 같은 보조기억장치의 기억 공간을 가상으로 확장하는 기억장치이다.

> 가상 메모리의 키워드는 '보조기억장치의 일부를 주기억장치처럼 사용'입니다.

24년 4회

**5. 다음 중 전기적으로 데이터를 지우거나 다시 기록할 수 있는 기억장치로, 스마트폰, 디지털 카메라 등에 사용되는 메모리는?**

① Flash Memory

② Buffer Memory

③ Virtual Memory

④ Cache Memory

> 플래시 메모리(Flash Memory)는 전기적으로 데이터를 지우거나 다시 기록할 수 있는 EEPROM의 일종으로, 스마트폰, 디지털 카메라 등에 사용되는 메모리입니다.

22년 4회, 21년 4회, 17년 1회

**6. 다음 중 컴퓨터의 내부 기억장치에 관한 설명으로 옳은 것은?**

① 주기억장치의 접근 속도 개선을 위하여 가상 메모리가 사용된다.

② SRAM이 DRAM 보다 접근 속도가 느리다.

③ ROM에는 BIOS, 기본 글꼴, POST 시스템 등이 저장되어 있다.

④ RAM은 일시적으로 전원 공급이 없더라도 내용은 계속 기억된다.

> ① 주기억장치의 접근 속도 개선을 위하여 사용되는 메모리는 캐시 메모리입니다. 가상 메모리는 보조기억장치의 일부를 주기억장치처럼 사용하는 메모리입니다.
> ② SRAM이 DRAM 보다 접근 속도가 빠릅니다.
> ④ RAM은 전원이 꺼지면 기억된 내용이 모두 사라지는 휘발성 메모리입니다.

▶ **정답** : 1. ② 2. ④ 3. ① 4. ② 5. ① 6. ③

SECTION
# 039 보조기억장치

A 등급

## 1 보조기억장치

23.5, 23.4, 23.2, 22.7, 22.6, 22.3, 22.1, 21.4, 21.3, 20.상시, 20.1, 19.2, 18.상시, 16.3, 15.3, 15.1, 14.2, 07.4, …

1203801

보조기억장치는 주기억장치의 단점*을 보완하기 위한 장치이다. 보조기억장치는 주기억장치에 비해 속도는 느리지만 전원이 차단되어도 내용이 그대로 유지되고, 저장용량이 크다.

| | |
|---|---|
| 2급 12.3, 06.4<br>**하드디스크*** | • 하드디스크(Hard Disk)는 자성 물질을 입힌 금속 원판을 여러 장 겹쳐서 만든 기억 매체로, 개인용 컴퓨터에서 보조기억장치로 널리 사용된다.<br>• 저장 용량이 크고, 데이터 접근 속도가 빠르나 충격에 약해 본체 내부에 고정시켜 사용하므로 이동이 불편하다.<br>• 현재 이동이 간편한 외장형 하드디스크*가 널리 보급되어 많이 사용되고 있다. |
| 23.5, 23.4, 23.2, 22.7, …<br>**SSD** | • SSD(Solid State Drive)는 하드디스크 드라이브(HDD)와 비슷하게 동작하면서 HDD와는 달리 기계적 장치가 없는 반도체를 이용하여 정보를 저장한다.<br>• 고속으로 데이터를 입·출력 할 수 있고, 기계적인 지연이나 실패율이 거의 없다.<br>• 디스크가 아닌 메모리에 데이터를 기록하므로 배드 섹터가 발생하지 않는다.<br>• 발열·소음과 전력 소모가 적다.<br>• 소형화·경량화 할 수 있다.<br>• 하드디스크에 비해 외부 충격에 강하나 저장 용량당 가격은 더 비싸다. |
| 07.4<br>**CD-ROM** | • CD-ROM(Compact Disk Read Only Memory)은 두께 1.2mm, 지름 12cm의 크기에 약 650MB의 대용량 정보를 저장하는 매체이다.<br>• 780nm 정도의 적외선 레이저를 사용한다.<br>• CD-ROM은 제품을 만들 때 이미 내용을 기록한 것으로, 사용자는 읽기만 가능하다. |
| 07.4, 2급 06.1, 05.4, 04.4<br>**DVD** | • DVD(Digital Video Disk, Digital Versatile Disk)는 화질과 음질이 뛰어난 멀티미디어 데이터를 저장할 수 있는 대용량 저장 매체이다.<br>• 650nm 파장의 적색 레이저를 사용한다.<br>• 4.7~17GB의 대용량 데이터를 기록할 수 있다. |
| 15.1, 2급 17.1, 14.3<br>**Blu-Ray** | • Blu-Ray는 고선명(HD) 비디오를 위한 디지털 데이터를 저장할 수 있도록 만든 광 기록방식의 저장매체이다.<br>• 405nm 파장의 청자색 레이저를 사용하며, 트랙의 폭이 가장 좁다.<br>• DVD에 비해 약 10배 이상의 데이터(단층 25GB, 복층 50GB)를 저장할 수 있다. |

하드디스크

SSD

CD-ROM

DVD

Blu-Ray

전문가의 조언

**중요해요!** 최근에는 SSD에 대한 문제가 자주 출제되고 있습니다. SSD의 특징을 확실히 기억하고, 나머지 보조기억장치의 특징은 가볍게 읽어보고 넘어가세요.

**주기억장치의 단점**

주기억장치는 접근 속도가 빠르지만 가격이 비싸고 저장 용량이 적습니다. 또한 대부분 전원 공급이 중단되면 기억된 내용이 모두 지워지는 휘발성 메모리이므로 작업한 문서를 오랜 기간 보관할 수 없습니다.

**하드디스크의 구성 요소**

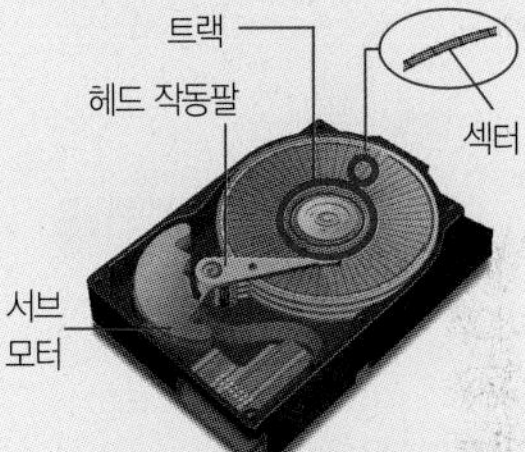


**외장형 하드디스크**

- 컴퓨터나 노트북의 내부에 장착하지 않고 외부에서 간편하게 연결하여 사용할 수 있도록 제작된 하드디스크로, 크기에 따라 2.5인치와 3.5인치가 있습니다.
- 일반적으로 USB를 지원하므로 컴퓨터가 켜있는 상태에서도 간편하게 연결하여 사용할 수 있습니다.
- 500GB, 1~3TB 등 대용량의 하드디스크가 판매되고 있습니다.

## 2 자기 디스크 관련 용어

21.3, 07.3, 2급 13.3, 09.3, 04.4, 99.2

1203802

다음은 자기 디스크(플로피디스크, 하드디스크, 집 디스크)에 관련된 용어이다.

| | |
|---|---|
| 트랙(Track) | 회전축(스핀들 모터)을 중심으로 데이터가 기록되는 동심원 |
| 섹터(Sector) | 트랙을 일정하게 나눈 구간으로 정보 저장의 기본 단위 |
| 실린더(Cylinder)* | 여러 장의 디스크 판에서 같은 위치에 있는 트랙의 모임 |
| 클러스터(Cluster) | 여러 개의 섹터를 모은 것으로, 운영체제가 관리하는 파일 저장의 기본 단위 |
| TPI(Tracks Per Inch) | 1인치(Inch)에 기록할 수 있는 트랙의 수로, 디스크의 기록 밀도 단위 |
| 2급 13.3, 09.3, 99.2<br>Seek Time(탐색 시간) | 읽기/쓰기 헤드가 지정된 트랙(실린더)에 도달하는 데 걸리는 시간 |
| 07.3<br>Search Time(=Latency Time, 회전 지연 시간) | 읽기/쓰기 헤드가 지정된 트랙(실린더)을 찾은 후 원판이 회전하여 원하는 섹터의 읽기/쓰기가 시작될 때까지의 시간 |
| 21.3<br>Transmission Time(전송 시간) | 읽은 데이터를 주기억장치로 보내는 데 걸리는 시간 |
| Access Time(접근 시간) | 데이터를 읽고 쓰는 데 걸리는 시간의 합<br>(Seek Time + Search Time + Transmission Time) |

**전문가의 조언**

Transmission Time과 Search Time의 개념을 묻는 문제가 출제되었습니다. 여기에 제시된 용어는 기본적으로 알아야 할 디스크 관련 용어이므로 Transmission Time과 Search Time을 중심으로 각 용어의 개념을 숙지해 두세요.

**실린더(Cylinder)**

실린더는 디스크가 여러 장 겹쳐 있는 하드디스크에서만 사용하는 용어입니다.

## 3 기억 용량 단위

2급 24.5, 24.1, 22.3, 18.상시, 18.2, 15.1, 06.3, 03.4, 03.3, 02.1, 01.2

| 단위 | Byte | KB | MB | GB* | TB | PB | EB |
|---|---|---|---|---|---|---|---|
| 용량 | 8Bit | 1,024Byte | 1,024KB | 1,024MB | 1,024GB | 1,024TB | 1,024PB |
| | 2진수 표기 | $2^{10}$ | $2^{20}$ | $2^{30}$ | $2^{40}$ | $2^{50}$ | $2^{60}$ |
| | 10진수 표기(약) | $10^{3}$ | $10^{6}$ | $10^{9}$ | $10^{12}$ | $10^{15}$ | $10^{18}$ |

용량 작음 ◀──▶ 용량 큼

**전문가의 조언**

기억장치의 데이터 접근 속도 순서와 처리 속도 단위의 순서(빠른 것 → 느린 것, 느린 것 → 빠른 것)를 정확히 알아두세요.

**1GB = 1,024MB**
= 1,024×1,024KB
= 1,024×1,024×1,024Byte
= 1,073,741,824Byte

## 4 기억장치의 접근 속도 비교

2급 24.2, 22.4, 22.3, 21.2, 15.2, 10.2, 08.1, 07.2, 03.3, 99.1

| CPU | 주기억장치 | | | 보조기억장치 | | | | |
|---|---|---|---|---|---|---|---|---|
| 레지스터(Register) | 캐시(SRAM) | 램(DRAM) | 롬(ROM) | SSD | 하드디스크(HDD) | CD-ROM | 플로피디스크(FDD) | 자기 테이프 |

속도 빠름 ◀──▶ 속도 느림

## 5 처리 속도 단위

19.1, 2급 24.4, 23.1, 21.1, 20.상시, 19.상시, 18.1, 16.1, 14.2, 13.3, 05.2, 03.3, 03.1, 02.3, 01.1

1203805

| 단위 | ms | μs | ns | ps | fs | as |
|---|---|---|---|---|---|---|
| 속도 | $10^{-3}$ | $10^{-6}$ | $10^{-9}$ | $10^{-12}$ | $10^{-15}$ | $10^{-18}$ |

속도 느림 ◀──▶ 속도 빠름

문제1 1203851 문제3 3204253

## 따라잡기 기출문제 따라잡기

19년 1회, 2급 24년 4회, 23년 1회, 21년 1회, 20년 상시, 19년 상시, 18년 1회, 16년 1회, 14년 2회, 05년 2회, …

**1. 컴퓨터의 계산 속도 단위가 느린 것에서 빠른 것으로 순서대로 나열된 것은?**

① ms → ns → μs → ps ② μs → ns → ms → ps
③ μs → ms → ns → ps ④ ms → μs → ns → ps

컴퓨터의 계산 속도 단위를 느린 것에서 빠른 순서대로 나열하면 'ms → μs → ns → ps → fs → as'입니다.

2급 22년 4회, 21년 2회, 15년 2회, 10년 2회, 07년 2회

**2. 컴퓨터의 기억장치 중 고속의 처리 순으로 나열된 것은?**

① 레지스터 – 캐시 메모리 – 주기억장치 – 보조기억장치
② 주기억장치 – 보조기억장치 – 캐시 메모리 – 레지스터
③ 캐시 메모리 – 주기억장치 – 보조기억장치 – 레지스터
④ 레지스터 – 주기억장치 – 캐시 메모리 – 보조기억장치

기억장치의 접근 속도가 빠른 것에서 느린 순으로 나열하면 '레지스터 → 캐시 메모리 → 주기억장치 → 보조기억장치' 순입니다.

22년 3회, 19년 2회

**3. 다음 중 컴퓨터 보조기억장치로 사용되는 SSD(Solid State Drive)에 관한 설명으로 옳은 것은?**

① 고속으로 데이터를 입출력할 수 있으며, 배드 섹터가 발생하지 않는다.
② HDD와 같이 바로 덮어쓰기를 할 수 있으며, 읽기/쓰기 성능이 비슷하다.
③ 650nm 파장의 적색 레이저를 사용하여 데이터를 기록한다.
④ 소음이 없고 발열이 낮으나 HDD에 비해 외부 충격에 약하다.

② HDD는 데이터를 삭제하는 경우 데이터가 저장되어 있는 물리적인 위치에 다른 데이터가 저장, 즉 덮어쓸(Overwrite) 때까지 삭제한 데이터가 남아있는 반면 SSD는 트림(Trim) 기능을 사용하기 때문에 HDD와 같은 덮어쓸 필요가 없어 쓰기 성능이 더 좋습니다.
③ DVD에 대한 설명입니다.
④ SSD는 소음과 발열이 적고, HDD에 비해 외부 충격에 강합니다.

07년 3회

**4. 다음 중 자기 디스크 장치에서 디스크가 회전하여 원하는 섹터가 헤드 밑에 올 때까지 걸리는 시간을 의미하는 것은?**

① Seek Time(탐색 시간)
② Latency Time(지연 시간)
③ Access Time(접근 시간)
④ Sector Time(구역 시간)

읽기/쓰기 헤더가 원하는 트랙을 찾는데 걸리는 시간은 Seek Time(탐색 시간), 트랙에서 원하는 섹터를 찾는 데 걸리는 시간은 Latency Time(지연 시간), 데이터를 읽고 쓰는데 걸리는 시간의 합은 Access Time(접근 시간)입니다.

21년 3회

**5. 다음 중 자기 디스크 관련 용어인 전송 시간(Transmission Time)에 대한 설명으로 옳은 것은?**

① 읽기/쓰기 헤드가 지정된 트랙에 도달하는 데 걸리는 시간이다.
② 읽기/쓰기 헤드가 지정된 트랙을 찾은 후 원판이 회전하여 원하는 섹터의 읽기/쓰기가 시작될 때까지의 시간이다.
③ 읽은 데이터를 주기억장치로 보내는 데 걸리는 시간이다.
④ 데이터를 읽고 쓰는 데 걸리는 시간의 합이다.

①번은 Seek Time(탐색 시간), ②번은 Search Time(회전 지연 시간), ④번은 Access Time(접근 시간)에 대한 설명입니다.

15년 1회

**6. 다음 중 블루레이 디스크에 관한 설명으로 옳지 않은 것은?**

① CD, DVD에 비해 훨씬 짧은 파장을 갖는 레이저를 사용한다.
② 단층 구조로만 생산된다.
③ 트랙의 폭이 가장 좁다.
④ 디스크의 지름은 CD-ROM과 동일하다.

블루레이 디스크는 단층은 물론 복층 구조로도 생산됩니다.

23년 5회, 4회, 2회, 22년 7회, 6회, 1회, 21년 3회, 1회, 20년 1회, 16년 3회, 15년 3회

**7. 다음 중 컴퓨터 보조기억장치로 사용되는 SSD(Solid State Drive)에 관한 설명으로 옳지 않은 것은?**

① 고속으로 데이터를 입출력 할 수 있다.
② 크기가 작고 충격에 강하다.
③ HDD와 비슷하게 동작하면서 HDD와는 달리 기계적 장치가 없는 반도체를 이용하여 정보를 저장한다.
④ HDD보다 저장 용량당 가격이 저렴하다.

SSD는 HDD보다 저장 용량당 가격이 비쌉니다.

▶ **정답** : 1. ④ 2. ① 3. ① 4. ② 5. ③ 6. ② 7. ④

SECTION 040

# 입력장치

C 등급

전문가의 조언

판독기들의 개별적인 특징을 알아야 풀 수 있는 문제가 출제되고 있습니다. 어떤 판독기를 말하는지 알아낼 수 있도록 확실하게 정리해 두세요.

**GUI(Graphic User Interface)**
GUI는 글자보다는 그림이 훨씬 눈에 잘 들어오는 것에 착안해 만든 사용자 인터페이스입니다. 사용자는 메뉴나 아이콘 등의 그래픽 요소를 마우스로 선택하여 컴퓨터와 정보를 교환합니다. 대표적인 그래픽 사용자 인터페이스는 Windows입니다. 이에 비해 DOS 같은 문자 중심의 사용자 인터페이스를 CUI(Character User Interface)라고 합니다.

24.2, 2급 15.3, 15.1

## 1 입력장치

| | |
|---|---|
| 2급 15.3<br>키보드(Keyboard) | 컴퓨터의 가장 기본적인 입력장치로 문자나 기호의 입력, 커서 이동 등의 작업에 사용된다. |
| 마우스(Mouse) | 볼의 회전이나 빛의 반사를 감지하는 센서로 마우스 포인터의 움직임을 인식하여 컴퓨터에 입력하는 장치로 GUI* 환경에서 대표적인 입력장치이다. |
| 24.2<br>광학 마크 판독기(OMR) | 컴퓨터용 수성 사인펜으로 표시(Mark)한 OMR 카드에 빛(Optical)을 비추어 표시 여부를 판독(Reader)하는 장치이다. |
| 24.2<br>광학 문자 판독기(OCR) | 특정 글꼴로 인쇄된 문자(Character)에 빛(Optical)을 비추어 반사된 빛의 차이를 이용하여 문자를 판독(Reader)하는 장치이다. |
| 24.2<br>자기 잉크 문자 판독기(MICR) | 자성을 띤 특수 잉크(Magnetic Ink)로 인쇄된 문자(Character)나 기호를 판독(Reader)하는 장치이다. |
| 24.2<br>바코드 판독기(BCR) | 굵기가 서로 다른 선(Bar Code)에 빛을 비추어 반사된 값을 코드화하여 판독(Reader)하는 장치이다. |

전문가의 조언

키오스크의 개념을 묻는 출제되었으니 정확히 기억해 두세요.

22.2, 06.4, 2급 17.1, 13.2, 00.2

**잠깐만요 키오스크(Kiosk)**

- 키오스크는 터치 스크린, 사운드 시스템, 통신 카드 등 멀티미디어 기기를 활용하여 음성 · 동영상 등으로 이용자에게 효율적인 정보를 제공하는 무인 종합정보안내 시스템입니다.
- 버스 터미널 등 공공장소에 설치되어 시설물의 이용 방법 등을 알려줍니다.

### 따라잡기 기출문제 따라잡기

문제1 3204351

22년 2회, 06년 4회

**1. 다음 중 공공기관 등에서 터치 패널을 이용하여 운영되는 무인 종합 정보 단말기는?**

① 주문형 비디오(VOD) ② 화상회의 시스템(VCS)
③ 키오스크(Kiosk) ④ CAI

터치 패널을 이용하여 운영되는 무인 종합 정보 단말기를 키오스크(Kiosk)라고 합니다.

24년 2회

**2. 다음 중 입력장치에 대한 설명으로 옳은 것은?**

① OMR – 특정 글꼴로 인쇄된 문자에 빛을 비추어 반사된 빛의 차이를 이용하여 문자를 판독하는 장치이다.
② OCR – 굵기가 서로 다른 선에 빛을 비추어 반사된 값을 코드화하여 판독하는 장치이다.
③ BCR – 컴퓨터용 수성 사인펜으로 표시한 카드에 빛을 비추어 표시 여부를 판독하는 장치이다.
④ MICR – 자성을 띤 특수 잉크로 인쇄된 문자나 기호를 판독하는 장치이다.

① OMR : 컴퓨터용 수성 사인펜으로 표시한 OMR 카드에 빛을 비추어 표시 여부를 판독하는 장치
② OCR : 특정 글꼴로 인쇄된 문자에 빛을 비추어 반사된 빛의 차이를 이용하여 문자를 판독하는 장치
③ BCR : 굵기가 서로 다른 선에 빛을 비추어 반사된 값을 코드화하여 판독하는 장치

▶ 정답 : 1. ③ 2. ④

SECTION 041

# 출력장치

A 등급

## 1 출력장치

2급 24.4, 22.4, 21.4, 20.2

| | |
|---|---|
| 모니터(Monitor) | • 입력한 내용이나 컴퓨터 내부에서 처리된 결과를 사람이 알아볼 수 있도록 보여주는 장치이다.<br>• **종류** : CRT, LCD, TFT LCD, FED, PDP, OLED 등 |
| 2급 24.4, 22.4, 21.4, 20.2<br>프린터(Printer) | • 컴퓨터로 만든 결과물을 종이에 출력해 주는 장치이다.<br>• **종류** : 도트 매트릭스 프린터, 라인 프린터, 잉크젯 프린터, 레이저 프린터 등 |
| 플로터(Plotter) | 용지의 크기에 제한 없이 고해상도 출력이 가능한 인쇄장치이다. |

24.1

**잠깐만요 OLED(Organic Light Emitting Diodes)**

5503231

- 전류가 흐르면 스스로 빛을 내는 자체 발광형 유기물질을 이용하여 화면을 표시합니다.
- 백라이트(Back Light)를 사용하지 않습니다.
- 저전력이 사용되고 색재현율이 뛰어납니다.
- 구분 방식에 따라 수동형 구동 방식과 능동형 구동 방식으로 구분합니다.

**전문가의 조언**

OLED의 특징에 대한 문제가 출제되었습니다. OLED는 전력이 적게 사용된다는 것을 기억해 두세요.

## 2 모니터 관련 용어

21.4, 20.2, 16.2, 11.1, 09.3, 07.2, 07.1, 05.1, 04.2, 2급 20.1, 13.2, 07.1, 06.2, 04.1, 03.1, 01.3, 00.1

1204002

| | |
|---|---|
| 21.4, 16.2<br>모니터의 크기* | 모니터 등의 화면 크기는 대각선 길이를 센티미터(cm) 단위로 표시한다. |
| 20.2, 11.1, 09.3, 07.1, …<br>픽셀* | • 모니터 화면을 구성하는 가장 작은 단위이다.<br>• 픽셀 수가 많을수록 해상도가 높아진다.<br>• 보통 화면 해상도가 1024×768이라고 하면 가로 1024개, 세로 768개의 픽셀로 화면을 표시한다는 뜻이다. |
| 21.4, 20.2, 16.2, 11.1, 09.3, …<br>해상도<br>(Resolution) | • 모니터 등의 출력장치가 내용을 얼마나 선명하게 표현할 수 있느냐를 나타내는 단위이다.<br>• 해상도는 픽셀(Pixel)의 수에 따라 결정되며, 픽셀의 수가 많을수록 화면은 선명해진다. |
| 21.4, 20.2, 16.2, 11.1, 09.3, …<br>재생률<br>(Refresh Rate) | • 픽셀들이 밝게 빛나는 것을 유지하도록 하기 위한 1초당 재충전 횟수이다.<br>• 재생률이 높을 수록 모니터의 깜박임이 줄어든다. |
| 20.2, 11.1, 09.3, 07.2, …<br>점 간격(Dot Pitch) | 픽셀들 사이의 공간을 나타내는 것으로 간격이 가까울수록 해상도가 높다. |
| 21.4, 16.2<br>플리커 프리<br>(Flicker Free) | 모니터의 깜빡임 현상인 플리커(Flicker)를 제거하여 눈의 피로나 두통 등의 증상을 줄여주는 기술이다. |

**전문가의 조언**

모니터 관련 용어의 개념을 묻는 문제가 출제되었습니다. 모니터 관련 용어 중 픽셀은 화면을 구성하는 최소 단위이고, 픽셀이 많을수록 화면은 선명하다는 것을 기억해 두세요.

**모니터의 크기**

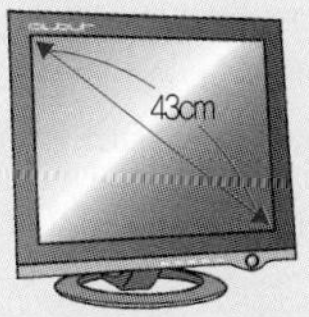


**픽셀**

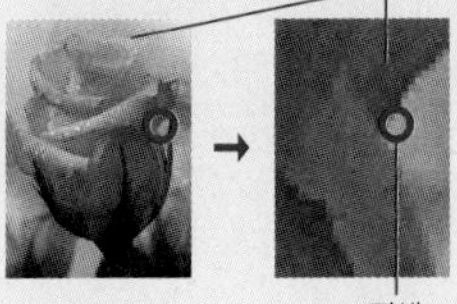

전문가의 조언

3D 프린터의 특징을 묻는 문제가 출제되고 있습니다. 3D 프린터는 출력 단위가 MMS라는 것을 중심으로 특징을 정리하세요.

## 3 3D 프린터

23.4, 22.6, 22.1, 21.4, 21.3, 17.2

3204404

2D 프린터가 2차원 평면, 즉 종이에 인쇄하는 장치라면 3D 프린터는 3차원의 입체적인 물품으로 만드는 프린터이다.

### 특징

- 인쇄 원리는 잉크를 종이 표면에 분사하여 2D 이미지를 인쇄하는 잉크젯 프린터와 같다.
- 출력 속도 단위는 MMS(MilliMeters per Second)이다.
- 인쇄 방식은 결과물을 만드는 방식에 따라 적층형과 절삭형이 있다.

| | |
|---|---|
| **적층형** | • 석고나 나일론 등의 가루, 플라스틱 액체 또는 실을 0.1mm 이하의 얇은 층으로 겹겹이 쌓는 방식이다.<br>• 장점<br>– 복잡한 모양을 만들 수 있다.<br>– 제작과 채색이 동시에 가능하다.<br>– 재료의 손실이 발생하지 않는다.<br>• **단점** : 표면이 매끄럽지 않다. |
| **절삭형** | • 제작할 물건에 적합한 크기의 합성수지 덩어리를 둥근 날로 깎아 모양을 만드는 방식이다.<br>• **장점** : 표면이 매끄럽다.<br>• **단점**<br>– 컵이나 병처럼 안쪽으로 들어간 모양은 제작이 불가능하다.<br>– 채색 작업을 따로 해야 한다.<br>– 재료의 손실이 발생한다. |

- 최근에는 적층형 방식의 3D 프린터가 대부분 사용되고 있다.
- 기계, 건축, 예술, 우주 등 많은 분야에서 응용되고 있으며, 특히 의료 분야에서 활발히 활용되고 있다.

전문가의 조언

프린터 관련 단위 중 DPI의 의미를 묻는 문제가 출제되고 있습니다. 프린터 관련 단위는 영문 약어를 풀어서 이해하면 기억하기 쉽습니다. DPI를 중심으로 의미를 정리하세요.

## 4 프린터 관련 단위

23.3, 21.4, 21.2, 20.1, 2급 21.2

3204431

| | |
|---|---|
| CPS(Character Per Second) | • 1초에 출력되는 글자 수를 의미한다.<br>• 도트 매트릭스 및 시리얼 프린터의 속도 단위이다. |
| LPM(Line Per Minute) | • 1분에 출력되는 줄(Line) 수를 의미한다.<br>• 라인 프린터의 속도 단위이다. |
| PPM(Page Per Minute) | • 1분에 출력되는 페이지 수를 의미한다.<br>• 잉크젯 및 레이저 프린터의 속도 단위이다. |
| MMS(MilliMeters per Second) | • 1초에 이동하는 노즐의 거리를 의미한다.<br>• 3D 프린터의 속도 단위이다. |
| 2급 21.2<br>IPM(Image Per Minute) | • 1분에 출력되는 이미지 수를 의미한다.<br>• 국제표준화기구(ISO)가 정한 프린터의 속도 단위이다. |
| 23.3, 21.4, 21.2, 20.1<br>DPI(Dot Per Inch) | • 1인치에 출력되는 점(Dot)의 수를 의미한다.<br>• 출력물의 인쇄 품질(해상도)을 나타내는 단위이다. |

문제2 1204051

## 따라잡기 기출문제 따라잡기

07년 2회, 05년 1회, 04년 2회

**1. 모니터에 대한 다음 설명 중 가장 옳지 못한 것은?**

① 해상도가 좋을수록 모니터에 나타나는 영상은 선명하다.

② 모니터에 나타나는 작은 점으로 영상을 표현하는 최소 단위를 도트(Dot)라고 한다.

③ 입·출력장치의 하나로 문자나 그림을 화면에 영상으로 표시해 주는 장치이다.

④ PDP, 액정, CRT 등 여러 가지 방식이 사용된다.

모니터에 나타나는 작은 점으로, 영상을 표현하는 최소 단위를 픽셀(Pixel)이라고 합니다.

20년 2회, 11년 1회, 09년 3회, 07년 1회

**2. 다음 중 출력장치인 디스플레이 어댑터와 모니터에 관련된 용어의 설명으로 옳지 않은 것은?**

① 픽셀(Pixel) : 화면을 이루는 최소 단위로서 같은 크기의 화면에서 픽셀 수가 많을수록 해상도가 높아진다.

② 해상도(Resolution) : 모니터 화면의 픽셀 수와 관련이 있으며 픽셀 수가 많을수록 표시할 수 있는 색상의 수가 증가한다.

③ 점 간격(Dot Pitch) : 픽셀들 사이의 공간을 나타내는 것으로 간격이 가까울수록 영상은 선명하다.

④ 재생률(Refresh Rate) : 픽셀들이 밝게 빛나는 것을 유지하기 위한 것으로, 재생률이 높을수록 모니터의 깜빡임이 줄어든다.

해상도가 좋다는 것은 픽셀의 수가 많아 화면이 선명하다는 것으로 해상도와 색상 수는 관계가 없습니다.

23년 4회, 22년 6회, 1회, 21년 4회, 3회, 17년 2회

**3. 다음 중 3D 프린터에 관한 설명으로 옳지 않은 것은?**

① 입력한 도면을 바탕으로 3차원 입체 물품을 만들어 내는 프린터이다.

② 인쇄 원리는 잉크를 종이 표면에 분사하여 2D 이미지를 인쇄하는 잉크젯 프린터의 원리와 같다.

③ 출력 단위로는 IPM, PPM 등이 사용된다.

④ 기계, 건축, 예술, 우주 등 많은 분야에서 응용되고 있으며, 의료 분야에서도 활발히 활용되고 있다.

3D 프린터의 출력 단위는 MMS입니다. IPM과 PPM은 잉크젯 및 레이저 프린터의 출력 단위입니다.

21년 4회, 16년 2회

**4. 다음 중 컴퓨터에서 사용하는 모니터에 관한 설명으로 옳지 않은 것은?**

① 모니터 해상도는 픽셀(Pixel) 수에 따라 결정된다.

② 모니터 크기는 화면의 가로와 세로 길이를 더한 값을 Inch로 표시한다.

③ 재생률(Refresh Rate)이 높을수록 모니터의 깜박임이 줄어든다.

④ 플리커 프리(Flicker Free)가 적용된 모니터의 경우 눈의 피로를 줄일 수 있다.

모니터 크기는 화면의 대각선 길이를 센티미터(cm)로 표시합니다.

23년 3회, 21년 4회, 2회, 20년 1회

**5. 다음 중 프린터에서 출력할 파일의 해상도를 조절하거나 스캐너를 이용해 스캔한 파일의 해상도를 조절하기 위해 쓰는 단위는?**

① CPS(Character Per Second)

② BPS(Bits Per Second)

③ PPM(Paper Per Minute)

④ DPI(Dots Per Inch)

- CPS : 도트 매트릭스의 속도 단위
- BPS : 데이터의 전송 속도 단위
- PPM : 잉크젯 및 레이저 프린터의 속도 단위

24년 1회

**6. 다음 중 OLED(Organic Light Emitting Diodes)에 대한 설명으로 옳지 않은 것은?**

① 전류가 흐르면 스스로 빛을 내는 자체 발광형 유기물질을 이용하여 화면을 표시한다.

② 고전력이 사용되나 색재현율이 뛰어나다.

③ OLED는 백라이트를 사용하지 않는다.

④ 구분 방식에 따라 수동형 구동 방식과 능동형 구동 방식으로 구분한다.

OLED는 전력이 적게 사용됩니다.

▶ **정답** : 1. ② 2. ② 3. ③ 4. ② 5. ④ 6. ②

SECTION
# 042 인터럽트 / 채널 / DMA

A 등급

## 1 인터럽트

24.5, 24.2, 23.5, 23.3, 21.4, 19.2, 15.2, 06.2, 04.3, 2급 13.1, 12.1, 04.1, 00.3

3204501

**전문가의 조언**

인터럽트의 개념과 외부 인터럽트가 발생하는 경우를 묻는 문제가 출제되었습니다. 인터럽트의 개념은 정확히 숙지하고, 종류별 특징은 서로 구분할 수 있도록 정리하세요.

인터럽트(Interrupt)는 프로그램을 실행하는 도중에 예기치 않은 상황이 발생할 경우 현재 실행중인 작업을 일시 중단하고, 발생된 상황을 우선 처리한 후 실행중이던 작업으로 복귀하여 계속 처리하는 것을 말한다.

- **인터럽트 과정**

① 예기치 않은 상황 발생(인터럽트 요청) ② 작업 상태 저장 (상태 보관) ③ 장치 식별 (처리 루틴) ④ 인터럽트 조치 (취급 루틴) ⑤ 작업 복귀

- 인터럽트가 발생했을 때 인터럽트를 요청한 장치를 식별하기 위해 실행하는 프로그램을 인터럽트 처리 루틴이라 하고, 실질적으로 인터럽트를 처리하기 위해 실행하는 프로그램을 인터럽트 서비스 루틴이라 한다.
- 인터럽트는 외부 인터럽트, 내부 인터럽트, 소프트웨어 인터럽트로 구분된다.

| | |
|---|---|
| 23.5, 19.2<br>**외부 인터럽트** | 다음과 같이 입·출력장치, 타이밍 장치, 전원 등 외부적인 요인에 의해 발생한다.<br>• 정전이 되거나 전원 이상이 있는 경우<br>• 입·출력장치가 데이터의 전송을 요구하거나 전송이 끝났음을 알릴 경우<br>• CPU의 기능적인 오류 동작이 발생한 경우<br>• 타이머에 의해 규정된 시간(Time Slice)을 알리는 경우 |
| **내부 인터럽트** | 다음과 같이 잘못된 명령이나 데이터를 사용할 때 발생하며, 트랩(Trap)이라고도 부른다.<br>• 명령 처리 중 오버플로(Overflow) 또는 언더플로(Underflow)가 발생했을 경우<br>• 0으로 나누는 명령(Divide by Zero)이 수행될 경우 |
| **소프트웨어 인터럽트** | • 프로그램 처리중 명령의 요청에 의해 발생한다.<br>• 가장 대표적인 형태는 운영체제의 감시 프로그램을 호출하는 SVC(Super Visor Call)* 인터럽트가 있다. |

**SVC**

예를 들어 한글 프로그램을 끝내기 위해 종료 명령을 선택하면, 프로그램의 제어를 한글에서 운영체제의 감시 프로그램으로 옮기는 SVC 인터럽트가 발생합니다.

06.3, 04.2, 03.4

**잠깐만요 IRQ(Interrupt ReQuest, 인터럽트 요청값)**

1204131

컴퓨터를 구성하는 각 장치들은 CPU에게 인터럽트를 요청할 때 CPU가 각 장치를 구분할 수 있는 고유한 IRQ가 있습니다. CPU는 각 장치에서 발생하는 IRQ를 확인한 후 우선순위가 가장 높은 장치에게 먼저 인터럽트를 허용합니다. 만약 IRQ가 동일한 하드웨어가 있으면 충돌이 발생하여 두 장치 모두 사용할 수 없게 됩니다.

## 2 채널

24.1, 22.3, 22.2, 21.1, 20.상시, 19.1, 17.2, 12.2, 11.3, 11.2, 09.1, 08.1, 07.4, 2급 23.4, 23.1, 22.3, 02.2, 01.3, 01.1

3204502

채널(Channel)은 주변장치에 대한 제어 권한을 CPU(중앙처리장치)로부터 넘겨받아 CPU(중앙처리장치) 대신 입·출력을 관리한다.

### 특징

- 채널은 중앙처리장치와 입·출력장치 사이의 속도 차이로 인한 문제점을 해결하기 위해 사용된다.
- 채널은 입·출력만을 목적으로 만든 처리기로, IOP(Input Output Processor)라고도 불린다.
- 채널은 입·출력 작업이 끝나면 CPU(중앙처리장치)에게 인터럽트 신호를 보낸다.
- **채널의 종류**

| | |
|---|---|
| 셀렉터(Selector) 채널 | 고속의 입·출력장치를 제어하는 채널이다. |
| 멀티플렉서(Multiplexer) | 채널 저속의 입·출력장치를 제어하는 채널이다. |
| 블록 멀티플렉서(Block Multiplexer) | 채널 셀렉터와 멀티플렉서 채널의 기능이 혼합된 채널이다. |

**전문가의 조언**

캐시 메모리가 CPU와 주기억장치의 속도 차이를 해결하기 위한 장치라면, 채널은 CPU와 입·출력장치 사이의 속도 차이를 해결하기 위해 사용되는 장치입니다. 채널의 용도와 종류를 기억해 두세요.

## 3 DMA(직접 메모리 접근)

09.2, 2급 10.1

1204103

DMA(Direct Memory Access)는 CPU(중앙처리장치)의 참여 없이 입·출력장치와 메모리(주기억장치)가 직접 데이터를 주고받는 것을 말한다.

### 특징

- DMA 제어기는 작업이 끝나면 CPU(중앙처리장치)에게 인터럽트 신호를 보내 작업이 종료됐음을 알린다.
- DMA 방식을 이용하면 CPU(중앙처리장치)는 입·출력 작업에 참여하지 않고 다음 명령을 계속 처리하므로, 시스템의 전반적인 속도가 향상된다.

**전문가의 조언**

DMA는 입·출력을 위해 직접(Direct) 메모리(Memory)에 접근(Access)하는 입·출력 제어장치입니다. 개념을 이해했으면 특징을 가볍게 읽어보세요.

### 따라잡기 기출문제 따라잡기

23년 5회, 19년 2회

**1. 다음 중 외부 인터럽트가 발생하는 경우에 해당하지 않는 것은?**

① 컴퓨터의 전원 공급이 중단되었을 경우

② 실행할 수 없는 명령어가 사용된 경우

③ 타이머에 의해 의도적으로 프로그램이 중단된 경우

④ 입출력장치의 입출력 준비 완료를 알리는 경우

입출력장치, 타이밍장치, 전원 등 외부적인 요인에 의해 발생하는 것은 외부 인터럽트, 잘못된 명령이나 데이터 등 내부적인 요인에 의해 발생하는 것은 내부 인터럽트입니다.

24년 1회, 22년 2회, 21년 1회, 20년 상시, 19년 1회, 17년 2회, 12년 2회, 11년 3회, 08년 1회, 07년 4회

**2. 중앙처리장치와 입·출력장치 사이의 속도 차이로 인한 문제점을 해결해주는 장치는?**

① 범용 레지스터 장치

② 터미널 장치

③ 콘솔 장치

④ 채널 제어장치

채널은 CPU(중앙처리장치)와 입·출력장치의 속도 차이를 해결하기 위해 사용됩니다.

▶ **정답 :** 1. ② 2. ④

문제3 1204151 문제5 1204152 문제6 3204556

11년 2회, 09년 1회

**3. 다음 중 컴퓨터 시스템에서 사용하는 채널(Channel)에 관한 설명으로 옳지 않은 것은?**

① 주변장치에 대한 제어 권한을 CPU로부터 넘겨받아 CPU 대신 입·출력을 관리한다.

② 입·출력 작업이 끝나면 CPU에게 인터럽트 신호를 보낸다.

③ CPU와 주기억장치의 속도 차이를 해결하기 위하여 사용된다.

④ 채널에는 셀렉터(Selector), 멀티플렉서(Multiplexer), 블록 멀티플렉서(Block Multiplexer) 등이 있다.

CPU(중앙처리장치)와 주기억장치의 속도 차이를 해결하기 위해 사용되는 것은 캐시 메모리(Cache Memory)입니다.

06년 3회, 04년 2회, 03년 4회

**4. 컴퓨터 주변장치에서 CPU의 관심을 끌기 위해 발생하는 신호로서 발생한 장치 중 우선순위가 가장 높은 장치에 이것을 허용한다. 두 개 이상의 하드웨어가 동일한 이것을 사용하면 충돌이 발생하게 되는데 이 때 이것을 무엇이라고 하나?**

① DMA ② I/O

③ IRQ ④ Plug & Play

주변장치에서 CPU의 관심을 끌기 위해 발생하는 신호는 인터럽트 신호를 말하는 것이고, 어느 장치에서 인터럽트를 발생시켰나를 구분하는 것은 IRQ(인터럽트 요청값)입니다.

09년 2회

**5. 다음은 컴퓨터의 입·출력 방식에서 DMA 방식에 대한 설명이다. 다음 중 설명이 맞는 것은 무엇인가?**

① 중앙처리장치의 간섭없이 DMA 장치를 사용하여 주기억장치와 직접 입·출력한다.

② 중앙처리장치에 의해서 DMA 장치를 사용하여 주기억장치와 직접 입·출력한다.

③ 중앙처리장치의 간섭없이 입·출력 채널이 주기억장치와 직접 입·출력한다.

④ 중앙처리장치에 의해서 입·출력 채널이 주기억장치와 직접 입·출력한다.

직접(Direct) 기억장치(Memory)에 접근(Access)하는 것은 DMA입니다.

24년 2회, 23년 3회, 21년 4회, 15년 2회, 06년 2회, 04년 3회

**6. 다음 중 어떤 장치가 다른 장치의 일을 잠시 중단시키고 자신의 상태 변화를 알려주는 것을 뜻하는 용어로 옳은 것은?**

① 클라이언트/서버 ② 인터럽트

③ DMA ④ 채널

인터럽트(Interrupt)는 프로그램을 실행하는 도중에 예기치 않은 상황이 발생할 경우 현재 실행중인 작업을 일시 중단하고, 발생된 상황을 우선 처리한 후 실행중이던 작업으로 복귀하여 계속 처리하는 것을 말합니다.

22년 3회

**7. 다음 중 채널(Channel)에 대한 설명으로 옳은 것은?**

① 저속의 출력장치를 고속의 중앙처리장치(CPU)와 병행 처리할 때 컴퓨터 전체의 처리 효율을 높이기 위해 사용하는 기능이다.

② 프로그램을 실행하는 도중에 예기치 않은 상황이 발생할 경우 현재 실행중인 작업을 일시 중단하고, 발생된 상황을 우선 처리한 후 실행중이던 작업으로 복귀하여 계속 처리하는 것이다.

③ 둘 이상의 프로세스들이 자원을 점유한 상태에서 서로 다른 프로세스가 점유하고 있는 자원을 요구하며 무한정 기다리는 현상이다.

④ 고속의 데이터 전송을 위하여 입출력만을 목적으로 만든 처리기로, IOP(Input Output Processor)라고도 불린다.

①번은 스풀(Spool), ②번은 인터럽트(Interrupt), ③번은 교착 상태(Dead Lock)에 대한 설명입니다.

24년 5회

**8. 다음 중 인터럽트에 대한 설명으로 옳지 않은 것은?**

① 인터럽트는 프로그램을 실행하는 도중에 예기치 않은 상황이 발생할 경우 현재 실행중인 작업을 일시 중단하고, 발생된 상황을 우선 처리한 후 실행중이던 작업으로 복귀하여 계속 처리하는 것이다.

② 외부로부터 인터럽트 요청이 들어오면 인터럽트 서비스 루틴이 종료된다.

③ 입출력장치의 입출력 준비 완료를 알리는 경우 인터럽트가 발생한다.

④ 명령 처리 중 오버플로가 발생했을 경우 인터럽트가 발생한다.

외부로부터 인터럽트 요청이 들어오면 인터럽트 서비스 루틴이 실행됩니다.

▶ **정답** : 3. ③ 4. ③ 5. ① 6. ② 7. ④ 8. ②

SECTION

# 043 마이크로프로세서

C 등급

## 1 마이크로프로세서

23.1, 18.2, 16.3

3204601

마이크로프로세서(Microprocessor)는 제어장치, 연산장치, 레지스터가 한 개의 반도체 칩(IC)에 내장된 장치로, 개인용 컴퓨터(PC)에서 중앙처리장치로 사용되고 있다.

팬티엄 4

코어2쿼드

i7

### 특징

- 마이크로프로세서는 클럭 주파수*와 내부 버스*의 폭(Bandwidth)으로 성능을 평가한다.
- 마이크로프로세서의 기본적인 처리 속도는 트랜지스터*의 집적도에 따라 결정된다.
- 마이크로프로세서는 작은 규모의 임베디드 시스템이나 휴대용 기기에서부터 메인 프레임이나 슈퍼 컴퓨터까지 사용된다.
- 마이크로프로세서는 설계 방식에 따라 RISC와 CISC로 구분된다.

## 2 RISC와 CISC

24.3, 14.2, 09.2, 08.3, 08.1, 07.2, 06.1, 03.1, 2급 12.3, 11.3, 99.2

3204602

RISC 방식은 명령어의 종류가 적어 전력 소비가 적고, 속도도 빠르지만 복잡한 연산을 수행하기 위해 명령어들을 반복·조합해서 사용해야 하므로 레지스터를 많이 필요로 하고, 프로그램도 복잡하다.

- CISC 방식은 명령어의 종류가 많아 전력 소비가 많고 명령어 설계가 어려워 고가이지만 레지스터를 적게 사용하므로 프로그램이 간단하다.
- 다음은 RISC와 CISC의 차이점이다.

| 구분 | 명령어 | 주소 지정 | 레지스터 | 전력 소모 | 처리 속도 | 가격 | 프로그래밍 | 용도 |
|---|---|---|---|---|---|---|---|---|
| RISC | 적음, 고정 길이 | 간단 | 많음 | 적음 | 빠름 | 저가 | 복잡함 | 서버, 워크스테이션 |
| CISC | 많음, 가변 길이 | 복잡 | 적음 | 많음 | 느림 | 고가 | 간단함 | 개인용 컴퓨터(PC) |

**전문가의 조언**

마이크로프로세서의 특징과 RISC 방식과 CISC 방식을 비교하는 문제가 출제되었습니다. RISC 방식과 CISC 방식의 차이점은 비교해가며 정확히 구분하여 알아두세요.

**클럭 주파수**
전기의 On/Off가 반복되는 주기로 헤르츠(Hz)를 단위로 사용합니다.

**내부 버스**
CPU 내의 레지스터끼리 데이터를 주고받는 통로로, 비트(Bit)를 단위로 사용합니다.

**트랜지스터**
전류나 전압의 흐름을 조절하고, 전자 신호를 위한 스위치 역할을 하는 반도체 소자입니다.

## 따라잡기 기출문제 따라잡기

문제1 1204251 문제2 3204652

08년 3회, 03년 1회

**1. 프로세서의 설계 방식인 CISC(Complex Instruction Set Computer)와 RISC(Reduced Instruction Set Computer)에 대한 설명으로 가장 거리가 먼 것은?**

① CISC는 RISC에 비교해서 전력 소모가 많으며 처리 속도가 느리다.

② RISC는 CISC에 비교해서 명령어의 종류가 많다.

③ CISC는 RISC에 비교해서 설계가 복잡하며 가격이 비싸다.

④ RISC는 CISC에 비교해서 명령어는 적으나 고성능 워크스테이션에 이용되고 있다.

RISC는 CISC에 비해 명령어가 적어 전력 소비가 적고, 속도도 빠르지만 복잡한 연산을 수행하기 위해 명령어들이 반복 조합되어야 하므로 레지스터의 수가 많습니다.

23년 1회, 18년 2회, 16년 3회

**2. 다음 중 마이크로프로세서(Microprocessor)에 관한 설명으로 옳지 않은 것은?**

① 제어장치, 연산장치, 주기억장치가 하나의 반도체 칩에 내장된 장치이다.

② 클럭 주파수와 내부 버스의 폭(Bandwidth)으로 성능을 평가한다.

③ 개인용 컴퓨터의 중앙처리장치로 사용된다.

④ 작은 규모의 임베디드 시스템이나 휴대용 기기에도 사용된다.

마이크로프로세서는 중앙처리장치(CPU)의 한 종류로 '제어장치, 연산장치, 레지스터'로 구성되어 있습니다.

14년 2회, 09년 2회, 07년 2회

**3. 다음 중 RISC 프로세서에 대한 설명으로 옳지 않은 것은?**

① CISC 프로세서에 비해 주소 지정 모드와 명령어의 종류가 적다.

② CISC 프로세서에 비해 프로그래밍이 어려운 반면 처리 속도가 빠르다.

③ CISC 프로세서에 비해 생산 가격이 비싸고 소비 전력이 높다.

④ 고성능의 워크스테이션이나 그래픽용 컴퓨터에 많이 사용된다.

RISC 프로세서는 CISC 프로세서보다 명령어의 수가 적어 설계가 단순하므로 가격이 저렴하고 소비 전력이 적습니다.

08년 1회, 06년 1회

**4. 다음 중 RISC 마이크로프로세서에 대한 설명 중 틀린 것은?**

① 명령의 대부분은 1머신 사이클에 실행되고, 명령 길이는 고정이며, 명령 세트는 단순한 것으로 구성

② 어드레싱 모드가 적으며, 마이크로 프로그램에 의한 제어를 줄이고, 와이어드 로직을 많이 이용

③ 어셈블러 코드를 읽기 어려울 뿐만 아니라 파이프라인을 효과적으로 사용하기 위해서 일부 어셈블러 코드를 시계 열로 나열하지 않은 부분이 존재

④ 레지스터 수가 적으며 마이크로 프로그램을 저장하는 칩의 공간에 레지스터를 배치

레지스터 수가 적은 것은 CISC 마이크로프로세서입니다. RISC는 명령어의 수가 적기 때문에 많은 수의 레지스터가 필요합니다.

24년 3회

**5. 다음 중 CISC와 RISC에 대한 설명으로 옳은 것은?**

① RISC는 명령어의 종류가 많아 복잡한 회로를 이용한다.

② RISC는 명령어 집합이 복잡하고, 가변 길이의 다양한 명령어를 가진다.

③ CISC는 생산가가 비싸고 전력 소모가 많아 열이 많이 발생한다.

④ CISC는 RISC 프로세서 보다 수행 속도가 빠르다.

①, ②번은 CISC에 대한 설명입니다.
④ CISC는 RISC 프로세서 보다 수행 속도가 느립니다.

▶ 정답 : 1. ② 2. ① 3. ③ 4. ④ 5. ③

SECTION 044

# 메인보드(주기판)

A 등급

## 1 메인보드의 개요

메인보드(Main Board)는 컴퓨터를 구성하는 모든 장치들이 장착되고 연결되는 컴퓨터의 기본 부품이다. 메인보드를 마더보드(Mother Board)라고도 한다.

메인보드의 구성

## 2 칩셋

19.2, 13.2, 09.2

1204302

칩셋(Chip Set)*은 메인보드의 성능을 결정 짓는 가장 중요한 부품으로 다음과 같은 특징이 있다.

- 칩셋에는 메인보드를 관리하기 위한 정보와 각 장치의 기능을 지원하기 위한 정보가 들어 있다.
- 성능 좋은 부품을 메인보드에 장착해도 칩셋이 그 기능을 지원하지 못하면 사용할 수 없다.

## 3 램 소켓

- 램(RAM) 소켓은 모듈 램(Module RAM)을 장착하는 소켓이다.
- 램 소켓은 모듈 램의 핀 수에 따라 168핀*, 184핀, 240핀, 284핀 소켓으로 구분된다.

**전문가의 조언**

'메인보드의 구성 요소에는 어떤 것이 있나' 정도는 알고 있어야 합니다.

i9를 지원하는 인텔의 H310 칩셋

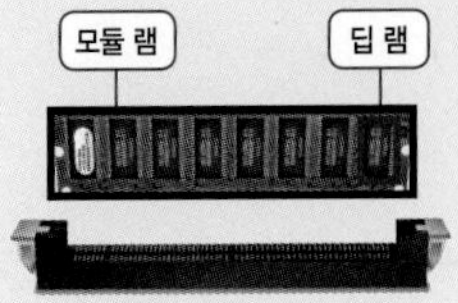


168핀 램용 DIMM 소켓

**전문가의 조언**

버스의 특징을 묻는 문제가 출제되었습니다. 내부 버스를 중심으로 버스의 종류를 구분할 수 있도록 정리하세요.

24.3, 24.1, 22.2, 21.3, 18.1, 13.2, 09.2, 08.2, 03.2, 2급 15.1, 13.2, 09.2, 01.2, 00.2

## 4 버스

1204304

버스(Bus)는 컴퓨터에서 데이터를 주고받는 통로로, 사용 용도에 따라 내부 버스와 외부 버스, 그리고 확장 버스로 구분한다.

### 내부 버스

- 내부 버스는 CPU 내부에서 레지스터 간의 데이터 전송에 사용되는 통로이다.
- 내부 버스는 버스의 폭에 따라 16비트, 32비트, 64비트로 구분한다.

### 외부 버스(시스템 버스)

- 외부 버스는 CPU와 주변장치 간의 데이터 전송에 사용되는 통로이다.
- 외부 버스는 전달하는 신호의 형태에 따라 다음과 같이 분류된다.

| | |
|---|---|
| 제어 버스 | 제어장치의 제어 신호가 각 장치로 전달되는 통로로, 양방향임 |
| 주소 버스 | 주기억장치의 주소가 각 장치로 전달되는 통로로, 단방향임 |
| 데이터 버스 | 각 장치별로 필요한 데이터가 전달되는 통로로, 양방향임 |

### 확장 버스 / 확장 슬롯

확장 버스는 메인보드에서 지원하는 기능 외에 다른 기능을 지원하는 장치를 연결하는 부분으로, 끼울 수 있는 슬롯 형태이기 때문에 확장 슬롯이라고도 한다.

| 종류 | 특징 |
|---|---|
| 03.2<br>PCI* | • CPU와 데이터를 주고받기 위해 브리지(Bridge)를 이용한다.<br>• 최대 10개까지 주변장치의 장착을 지원한다. |
| AGP | • 3D 그래픽 카드의 속도 향상을 목적으로 개발되었다.<br>• CPU와의 직접적인 자료 전송으로 속도를 향상시켰다. |
| PCI-Express | • 그래픽 카드의 데이터 처리양이 증가하여 AGP로는 감당할 수 없게 되자 AGP 대체용으로 개발된 그래픽 카드 전용 슬롯이다.<br>• 핫 플러그인(Hot Plug In)*을 지원한다. |

PCI 이전에는 ISA, VESA 로컬, PCMCIA 등이 사용되었습니다.

**핫 플러그인(Hot Plug In)**
PC의 전원이 켜져 있는 상태에서도 장치의 설치/제거가 가능한 것을 말합니다.

24.4, 23.1, 22.5, 22.4, 22.2, 21.4, 21.2, 18.상시, 16.2, 16.1, 14.3, 13.2, 12.3, 12.2, 12.1, 10.3, 09.2, 09.1, 08.4, 08.3, 07.4, …

## 5 포트

3204705

포트(Port)는 메인보드에 주변장치를 연결하기 위한 접속 부분으로, 접속 방식에 따라 다음과 같이 구분된다.

| | |
|---|---|
| 03.3, 2급 04.1<br>**직렬 포트(Serial Port)** | • 한 번에 1비트씩 전송하는 방식이다.<br>• 마우스, 모뎀 등을 연결한다.<br>• 전송 속도 단위 : BPS(Bit Per Second, 초당 전송되는 비트 수) |
| **병렬 포트(Parallel Port)** | • 한 번에 8비트씩 전송하는 방식이다.<br>• 프린터, Zip 드라이브 등을 연결한다. |
| 2급 06.4, 05.3<br>**PS/2 포트** | PS/2용 마우스와 키보드 연결에 사용되며 6핀으로 구성된다. |
| 24.4, 22.5, 22.4, 22.2, 21.4, 21.2, …<br>**USB 포트<br>(범용 직렬 버스)** | • 기존의 직렬, 병렬, PS/2 포트를 통합한 직렬 포트의 일종으로, 직렬 포트보다 데이터 전송 속도가 빠르다.<br>• 마우스, 키보드, 모니터, PC 카메라, 프린터, 디지털 카메라와 같은 주변장치를 최대 127개까지 연결한다.<br>• USB를 지원하는 일부 주변기기는 별도의 전원이 필요하다.<br>• 핫 플러그인(Hot Plug In)과 플러그 앤 플레이(Plug&Play)*를 지원한다.<br>• 전송 속도<br>– USB 1.0 : 1.5Mbps<br>– USB 1.1 : 12Mbps<br>– USB 2.0 : 480Mbps<br>– USB 3.0 : 5Gbps<br>– USB 3.1 : 10Gbps<br>• 연결 단자 색상<br>– USB 2.0 이하 : 검정색 또는 흰색<br>– USB 3.0 : 파란색<br>– USB 3.1 : 하늘색 또는 빨강색 |
| 2급 24.4, 21.2, 20.2<br>**HDMI** | • 영상과 음향 신호를 압축하지 않고 통합하여 전송하는 고선명 멀티미디어 인터페이스이다.<br>• S-비디오, 컴포지트 등의 아날로그 케이블보다 고품질의 음향 및 영상을 제공한다. |
| **디스플레이 포트<br>(DP, Display Port)** | • VESA(비디오전자표준위원회)에서 제정한 디지털 디스플레이 인터페이스이다.<br>• 대역폭이 넓고 확장성이 뛰어나 여러 기기에 고품질의 영상 및 음향 신호를 동시 전송할 수 있어 HDMI를 대체할 인터페이스로 각광받고 있다. |
| 23.1, 16.1, 14.3, 07.1, 2급 21.2, 20.2<br>**블루투스(Bluetooth)** | • 스웨덴의 에릭슨에 의하여 최초로 개발된 근거리 무선 통신을 가능하게 해주는 통신 방식이다.<br>• IEEE 802.15.1 규격을 사용하는 PANs(Personal Area Networks)의 산업 표준이다.<br>• 핸드폰, PDA, 노트북과 같은 휴대 가능한 장치들 간의 양방향 정보 전송이 가능하다. |

**전문가의 조언**

**중요해요!** USB 포트의 특징을 묻는 문제가 계속 출제되고 있습니다. USB 포트의 특징은 확실히 알아두고, 나머지 포트는 다른 포트와 비교하여 구분할 수 있을 정도로만 이해하면 됩니다.

**궁금해요 시나공 Q&A 베스트**

**Q 핫 플러그인(hot plug in)과 플러그 & 플레이(plug&play)의 차이가 뭔가요? 둘 다 전원이 켜져 있을 때 장비를 꽂았다 뺄 수 있는 것 아닌가요?**

**A** 핫 플러그인은 전원이 켜져 있을 때 장비를 꽂았다가 뽑을 수 있는 기능을 말하고, 플러그 앤 플레이는 컴퓨터에 하드웨어를 장착했을 때 해당 하드웨어를 사용하는 데 필요한 시스템 환경을 운영체제가 자동으로 구성해 주는 것을 말합니다. 그러니까 컴퓨터가 켜 있는 상태에서 USB 메모리를 꽂았을 때 바로 사용할 수 있는 것은 핫 플러그인이 되는 USB 메모리를 꽂으니 플러그 & 플레이가 작동하여 컴퓨터가 바로 인식하게 된 것입니다.

24년 1회, 22년 2회, 21년 3회, 18년 1회

**1. 다음 중 컴퓨터 메인보드의 버스(Bus)에 관한 설명으로 옳지 않은 것은?**

① 컴퓨터에서 데이터를 주고받는 통로로, 사용 용도에 따라 내부 버스, 외부 버스, 확장 버스로 구분된다.

② 내부 버스는 CPU와 주변장치 간의 데이터 전송에 사용되는 통로이다.

③ 외부 버스는 전달하는 신호의 형태에 따라 데이터 버스, 주소 버스, 제어 버스로 구분된다.

④ 확장 버스는 메인보드에서 지원하는 기능 외에 다른 기능을 지원하는 장치를 연결하는 부분으로 끼울 수 있는 형태이기에 확장 슬롯이라고도 한다.

내부 버스는 CPU 내부에서 레지스터 간의 데이터 전송에 사용되는 통로입니다. ②번은 외부 버스에 대한 설명입니다.

19년 2회

**2. 다음 중 컴퓨터 메인보드에 사용되는 칩셋(Chip Set)에 관한 설명으로 옳은 것은?**

① 컴퓨터를 구성하는 모든 장치들이 장착되고 연결되는 기판이다.

② 메인보드에 장착되어 있는 각 장치들을 제어하고 역할을 조율한다.

③ CPU와 주변장치 간의 데이터 전송에 사용되는 통로 역할을 한다.

④ 메인보드에 주변장치를 연결하기 위한 접속 부분을 말한다.

칩셋은 메인보드의 성능을 결정짓는 가장 중요한 부품으로 메인보드에 장착되어 있는 각 장치들을 제어하고 역할을 조율합니다.

22년 5회, 21년 2회, 12년 2회

**3. 다음 중 컴퓨터에서 사용하는 USB 장치에 대한 설명으로 옳지 않은 것은?**

① USB 지원 주변기기는 반드시 별도의 전원이 필요하다.

② 허브를 이용해서 하나의 포트에 여러 주변장치를 공유할 수 있다.

③ 최대 127개의 주변 장치를 연결할 수 있다.

④ USB 장치는 컴퓨터를 끄지 않고도 연결할 수 있다.

USB 지원 주변기기는 별도의 전원 장치가 필요 없는 기기도 많이 있습니다.

24년 4회, 21년 4회, 14년 3회

**4. 다음 중 Windows에서 사용하는 USB(Universal Serial Bus)에 대한 설명으로 옳은 것은?**

① USB는 범용 병렬 장치를 연결할 수 있게 해주는 컴퓨터 인터페이스이다.

② USB 3.0은 이론적으로 최대 5Gbps의 전송 속도를 가지며, PC 및 연결기기, 케이블 등의 모든 USB 3.0 단자는 파랑색으로 되어 있어 이전 버전과 구분이 된다.

③ 허브를 이용하여 하나의 USB 포트에 여러 개의 주변기기를 연결할 수 있으며, 최대 256개까지 연결할 수 있다.

④ 핫 플러그인(Hot Plug In) 기능은 지원하지 않으나 플러그 앤 플레이(Plug & Play) 기능은 지원한다.

① USB는 범용 직렬 장치를 연결할 수 있게 해주는 컴퓨터 인터페이스입니다.
③ USB는 주변장치를 최대 127개까지 연결할 수 있습니다.
④ USB는 핫 플러그인(Hot Plug In)과 플러그 앤 플레이(Plug&Play) 기능을 모두 지원합니다.

16년 1회

**5. 다음 중 블루투스에 대한 설명으로 옳은 것은?**

① IEEE 802.15.1 규격을 사용하는 PANs(Personal Area Networks)의 산업 표준이다.

② 컴퓨터 주변기기에 다양한 규격의 커넥터들을 사용하는데 커넥터 간 호환되지 않는 문제를 해결하고자 개발되었다.

③ 기존의 통신기기, 가전 및 사무실 기기들의 종류에 상관없이 하나의 표준 접속을 통하여 다양한 기능을 수행하기 위해 개발되었다.

④ 기존의 전화선을 이용한 고속 디지털 전송 기술 중 하나이다.

- ②번은 IEEE 1394, ④번은 VDSL에 대한 설명입니다.
- ③번은 블루투스뿐만 아니라 표준 프로토콜을 사용하는 다른 통신 서비스의 설명에 해당하고, 개인 무선 통신이라는 언급이 없으므로 블루투스에 한정된다고 할 수 없습니다.

23년 1회

**6. 핸드폰, 노트북과 같은 휴대기기를 서로 연결하여 정보를 교환할 수 있도록 하는 근거리 무선 통신 기술은?**

① 블루투스 ② 와이파이
③ 와이브로 ④ 테더링

노트북과 같은 휴대기기를 서로 연결하여 정보를 교환할 수 있도록 하는 근거리 무선 통신 기술은 블루투스(Bluetooth)입니다.

▶ 정답 : 1. ② 2. ② 3. ① 4. ② 5. ① 6. ①

SECTION 045

# 바이오스 / 펌웨어

A 등급

## 1 바이오스

24.4, 23.2, 23.1, 22.3, 21.1, 20.1, 16.2, 14.3, 13.2, 10.1, 09.4, 09.2, 2급 18.상시, 18.2, 14.3, 13.1, 10.2, 07.4

1204306

바이오스(BIOS, Basic Input Output System)는 컴퓨터의 기본 입 · 출력장치나 메모리 등 하드웨어 작동에 필요한 명령을 모아 놓은 프로그램으로, 다음과 같은 특징이 있다.

### 특징

- 전원이 켜지면 POST(Power On Self Test)*를 통해 컴퓨터를 점검한 후 사용 가능한 장치들을 초기화하며, 윈도우가 시작될 때까지 부팅 과정을 이끈다.
- 바이오스는 ROM에 저장되어 있어 ROM-BIOS라고 한다.
- 바이오스는 하드웨어와 소프트웨어의 중간 형태인 펌웨어(Firmware)이다.
- 바이오스는 스타트업 루틴, 서비스처리 루틴, 하드웨어 인터럽트처리 루틴으로 구성된다.
- 최근의 바이오스는 플래시 롬(Flash ROM)에 저장되므로 칩을 교환하지 않고도 바이오스를 업그레이드할 수 있다.
- 바이오스는 CMOS 셋업* 프로그램을 이용하여 일부 BIOS 정보를 설정할 수 있다.

24.4, 23.4, 22.4, 22.3, 22.1, 21.4, 21.3, 21.2, 19.1, 18.1

**잠깐만요 CMOS에서 설정 가능한 항목**

3204831

- 시스템의 날짜와 시간
- 부팅 순서
- 전원 관리
- 시스템 암호
- 하드디스크 타입(Type)
- 칩셋
- PnP
- Anti-Virus

## 2 펌웨어(Firmware)

24.1, 23.5, 22.2, 20.2, 19.2, 15.2, 13.1, 09.3, 09.1, 08.2, 2급 24.1, 23.4, 23.2, 16.2, 11.2, 00.1

3204802

펌웨어는 하드웨어의 동작을 지시하는 소프트웨어이지만 하드웨어적으로 구성되어 하드웨어의 일부분으로도 볼 수 있는 제품이다.

### 특징

- 펌웨어는 하드웨어 교체없이 소프트웨어 업그레이드만으로 시스템의 성능을 높이기 위해 사용되며, 하드웨어와 소프트웨어의 중간적인 성격을 가진다.
- 주로 ROM에 반영구적으로 저장되어 하드웨어를 제어 · 관리하는 역할을 수행한다.
- 펌웨어는 기계어 처리, 데이터 전송, 부동 소수점 연산, 채널 제어 등의 처리 루틴을 가지고 있다.
- 읽기/쓰기가 가능한 플래시 롬(Flash ROM)에 저장되기 때문에 내용을 쉽게 변경하거나 추가 · 삭제할 수 있다.
- 펌웨어로 만들어져 있는 프로그램을 마이크로프로그램이라고 한다.

**전문가의 조언**

바이오스는 기본 입 · 출력 시스템이라는 의미입니다. 바이오스의 개념과 특징을 정리하고, CMOS에서 설정 가능한 항목에는 어떤 것들이 있는지 숙지해 두세요.

**POST(Power On Self Test)**

영문 그대로 전원이(Power) 들어오면(On) 컴퓨터 스스로(Self) 이상 유무 검사(Test)를 수행하는 과정을 말합니다.

**CMOS 셋업**

사용자의 컴퓨터에 장착된 하드웨어 사양을 CMOS RAM에 기록하는 작업입니다. 컴퓨터를 켠 후 BIOS의 정보가 나타날 때, F2나 Del을 눌러 CMOS 셋업 프로그램을 실행합니다.

**전문가의 조언**

펌웨어의 특징을 묻는 문제가 출제되었습니다. 펌웨어는 롬(ROM)에 저장되며, 소프트웨어 업그레이드만으로 시스템의 성능을 높일 수 있다는 것을 기억해 두세요.

문제4 3204854 문제5 3204855

22년 3회

**1. 다음 중 개인용 컴퓨터의 바이오스(BIOS)에 관한 설명으로 옳지 않은 것은?**

① 컴퓨터의 기본 입출력장치나 메모리 등 하드웨어 작동에 필요한 명령들을 모아 놓은 프로그램이다.

② BIOS 프로그램은 부팅되면 SRAM에 저장되어 처리한다.

③ 칩을 교환하지 않고 업그레이드를 할 수 있다.

④ 바이오스는 하드웨어와 소프트웨어의 중간 형태인 펌웨어(Firmware)이다.

바이오스는 ROM에 저장되어 있어 ROM-BIOS라고 합니다.

23년 4회, 22년 1회, 21년 4회, 2회, 19년 1회

**2. 다음 중 컴퓨터의 CMOS에서 설정할 수 있는 항목으로 옳지 않은 것은?**

① 시스템 날짜와 시간

② 칩셋 설정

③ 부팅 순서

④ Windows 로그인 암호 변경

Windows 로그인 암호는 Windows가 부팅된 후에 변경할 수 있습니다.

20년 1회

**3. 다음 중 BIOS(Basic Input Output System)에 관한 설명으로 옳지 않은 것은?**

① BIOS는 메인보드 상에 위치한 EPROM, 혹은 플래시 메모리 칩에 저장되어 있다.

② 컴퓨터의 전원을 켜면 자동으로 가장 먼저 기동되며, 기본 입출력장치나 메모리 등 하드웨어의 이상 유무를 검사한다.

③ CMOS 셋업 프로그램을 이용하여 시스템의 날짜와 시간, 부팅 순서 등 일부 BIOS 정보를 설정할 수 있다.

④ 주기억장치의 접근 속도 개선을 위한 가상 메모리의 페이징 파일 크기를 설정할 수 있다.

가상 메모리의 페이징 파일 크기는 [(시작)] → [(설정)] → [시스템] → [정보] → [고급 시스템 설정] → '시스템 속성' 대화상자의 '고급' 탭에서 설정할 수 있습니다.

24년 3회, 22년 4회, 21년 3회, 18년 1회

**4. 다음 중 CMOS 셋업 프로그램에서 설정할 수 없는 항목은?**

① 시스템 암호 설정

② 하드디스크의 타입

③ 멀티 부팅 시 사용하려는 BIOS의 종류

④ 하드디스크나 USB 등의 부팅 순서

CMOS 셋업 프로그램에서 설정할 수 있는 항목은 '시스템의 날짜와 시간, 하드디스크 타입, 부팅 순서, 칩셋, 전원 관리, PnP, 시스템 암호, Anti-Virus 기능' 등입니다.

24년 1회, 22년 2회, 20년 2회, 19년 2회, 13년 1회, 09년 3회

**5. 다음 중 컴퓨터 및 정보기기에서 사용하는 펌웨어(Firmware)에 관한 설명으로 옳은 것은?**

① 주로 하드디스크의 부트 레코드 부분에 저장된다.

② 인터프리터 방식으로 번역되어 실행된다.

③ 운영체제의 일부로 입출력을 전담한다.

④ 소프트웨어의 업그레이드만으로도 기능을 향상시킬 수 있다.

펌웨어는 하드웨어적으로 구성된 소프트웨어로, 소프트웨어의 업그레이드만으로도 기능을 향상시킬 수 있습니다.

23년 5회, 15년 2회, 09년 1회, 08년 2회

**6. 다음 중 컴퓨터에서 사용되는 펌웨어(Firmware)에 대한 설명으로 옳지 않은 것은?**

① 하드웨어의 동작을 지시하는 소프트웨어이지만 하드웨어적으로 구성되어 하드웨어의 일부분으로도 볼 수 있는 제품을 말한다.

② 하드웨어 교체 없이 소프트웨어 업그레이드만으로 시스템의 성능을 높이기 위한 목적으로 사용된다.

③ 시스템의 효율을 높이기 위해 RAM에 저장되어 관리된다.

④ 기계어 처리, 데이터 전송, 부동 소수점 연산, 채널 제어 등의 처리 루틴을 가지고 있다.

펌웨어는 ROM에 저장되어 하드웨어를 제어 · 관리하는 역할을 수행합니다.

▶ **정답** : 1. ② 2. ④ 3. ④ 4. ③ 5. ④ 6. ③

SECTION 046

# 하드디스크 연결 방식

A 등급

## 1 하드디스크 연결 방식

18.2, 16.1, 15.1, 07.1, 02.3, 2급 24.5, 19.2, 09.1, 06.1, 03.4, 02.3, 02.1, 01.3, 00.2

1204401

하드디스크 연결(Interface) 방식은 메인보드와 하드디스크 사이에서 데이터를 전송하기 위한 방식을 말하는 것으로 다음과 같이 구분한다.

| 방 식 | 특 징 | 연결 가능 장치 |
|---|---|---|
| 2급 09.1, 06.1, 03.4, …<br>IDE | • AT 버스 방식이라고도 한다.<br>• 2개의 장치 연결이 가능하다.<br>• 최대 504MB의 용량을 인식한다. | 하드디스크, CD-ROM |
| 18.2, 16.1, 15.1, …<br>EIDE<br>(ATA) | • IDE를 확장하여 전송 속도를 높인 규격이다.<br>• 4개의 장치 연결이 가능하다.<br>• 최대 8.4GB의 용량을 인식한다.<br>• PATA(Parallel ATA)<br>– 병렬(Parallel) 인터페이스 방식이다.<br>– EIDE는 일반적으로 PATA를 의미한다.<br>• SATA(Serial ATA)<br>– 직렬(Serial) 인터페이스 방식이다.<br>– 데이터 전송 속도가 빠르다.<br>– 데이터 선이 얇아 내부의 통풍이 잘된다.<br>– CMOS에서 지정하면 자동으로 Master/Slave가 설정된다.<br>– 핫 플러그인 (Hot Plug In)을 지원한다. | 하드디스크, CD-ROM |
| 15.1, 02.3, 2급 09.1, …<br>SCSI | • 7개의 장치 연결이 가능하다.<br>• 각 장치에게 고유의 ID를 부여한다.<br>• 여러 장치를 한 케이블에 연결하므로 마지막 장치는 반드시 터미네이션*되어야 한다. | 하드디스크, CD-ROM, 스캐너, 이동식 저장 매체 |

## 2 RAID

24.4, 24.2, 23.3, 22.6, 21.4, 21.3, 21.2, 21.1, 17.1, 14.1, 08.3, 07.4

3204903

RAID(Redundant Array Of Inexpensive Disk)는 여러 개의 하드디스크를 한 개의 하드디스크처럼 관리하는 관리 기술로, 중요한 자료를 다루는 서버(Server)에서 주로 사용된다.

### 특징

- RAID는 하드디스크의 모음뿐만 아니라 자동으로 복제해 백업 정책도 구현한다.
- RAID를 이용하면 데이터의 안정성이 높아지며, 데이터 복구가 용이하고, 전송 속도도 빨라진다.
- RAID Level*의 숫자가 클수록 저장장치의 신뢰성이 높고 효율성이 좋다.
- RAID는 시스템 장애 시 컴퓨터를 끄지 않고 디스크를 교체할 수도 있다.
- RAID는 미러링과 스트라이핑 기술을 융합해서 사용한다.

**전문가의 조언**

PATA와 SATA의 특징을 구분하여 알아두고, 디스크 연결 방식의 종류와 연결 가능한 장치의 개수를 정확히 연결하여 암기하세요.

**궁금해요 시나공 Q&A 베스트**

**Q SCSI 장치에 터미네이션은 왜 하나요?**

**A** SCSI는 데이지 체인(Daisy Chain)이라는 방식으로 하나의 케이블에 여러 장치를 차례로 연결하는 방식이므로 끝에 있는 장치는 자신이 끝임을 알리기 위해 터미네이터(Terminator)라는 장치를 붙여 터미네이션(종료)하는 것입니다.

**전문가의 조언**

**중요해요!** RAID에 대한 문제는 자주 출제되고 있습니다. RAID는 여러 개의 하드디스크를 하나의 하드디스크처럼 관리한다는 것과 RAID Level은 높을수록 좋다는 것을 기억해 두세요.

**RAID Level**

하드디스크에서 데이터를 저장하는 방식을 의미하며, 일반적으로 Level 0부터 6까지 있습니다.

– 미러링(Mirroring) 방식 : 데이터를 두 개의 디스크에 동일하게 기록하는 방법으로 한쪽 디스크의 데이터 손상 시 다른 한쪽 디스크를 이용하여 복구하는 방식이다.

– 스트라이핑(Striping) 방식 : 데이터를 여러 개의 디스크에 나눠서 기록하는 방법으로 자료를 읽고 쓰는 시간을 단축할 수는 있으나, 디스크가 한 개라도 손상되면 데이터를 사용할 수 없게 된다.

## 따라잡기 기출문제 따라잡기

문제1 1204451 문제3 1204452

18년 2회, 16년 1회

**1. 다음 중 컴퓨터에서 하드디스크를 연결하는 SATA 방식에 관한 설명으로 옳지 않은 것은?**

① 직렬 인터페이스 방식을 사용한다.

② PATA 방식보다 데이터 전송 속도가 빠르다.

③ 핫 플러그인 기능을 지원한다.

④ EIDE는 일반적으로 SATA를 의미한다.

EIDE는 일반적으로 PATA를 의미합니다.

24년 2회, 23년 3회, 21년 2회

**2. 다음 중 RAID(Redundant Array Of Inexpensive Disk)에 대한 설명으로 옳지 않은 것은?**

① 여러 개의 하드디스크를 하나의 저장장치처럼 관리하는 기술이다.

② 미러링(Mirroring) 방식은 데이터를 두 개의 하드디스크에 동일하게 기록하는 방법으로 한쪽 하드디스크의 데이터 손상 시 다른 한쪽 하드디스크를 이용하여 복구한다.

③ 스트라이핑(Striping) 방식은 데이터를 여러 개의 하드디스크에 나누어 저장하므로 장애 시 복구가 용이하나 데이터 입출력이 느리다.

④ RAID는 RAID 컨트롤러를 이용하여 하드웨어적인 방법으로 구성하거나 OS나 RAID 소프트웨어를 사용하여 구성한다.

스트라이핑(Striping) 방식은 데이터를 여러 개의 하드디스크에 나눠서 기록하는 방법으로, 데이터 입출력 속도가 빠르지만 하드디스크가 한 개라도 손상되면 데이터를 사용할 수 없고 장애 시 복구가 어렵습니다.

21년 3회, 17년 1회, 14년 1회

**3. 다음 중 컴퓨터의 하드디스크와 관련하여 RAID(Redundant Array of Inexpensive Disks) 기술에 관한 설명으로 옳지 않은 것은?**

① 여러 개의 하드디스크를 모아서 하나의 하드디스크처럼 사용할 수 있도록 하는 기술이다.

② 하드디스크의 모음뿐만 아니라 자동으로 복제해 백업 정책을 구현해 주는 기술이다.

③ 미러링과 스트라이핑 기술을 결합하여 안정성과 속도를 향상시킨 디스크 연결 기술이다.

④ 하드디스크, CD-ROM, 스캐너 등을 통합적으로 연결해주는 기술이다.

하드디스크, CD-ROM, 스캐너 등을 통합적으로 연결해 주는 것은 SCSI 장치입니다.

22년 6회, 21년 4회, 1회

**4. 다음 중 RAID에 대한 설명으로 옳지 않은 것은?**

① 여러 개의 하드디스크를 모아서 하나의 하드디스크처럼 사용할 수 있도록 하는 기술이다.

② RAID를 사용하면 데이터 복구가 용이하며, 속도도 빨라진다.

③ RAID의 구성 방식을 RAID Level이라 하고, Level의 숫자가 작을수록 저장장치의 신뢰성이 높고 효율성이 좋다.

④ 주로 서버에서 사용하며, 데이터의 안전성이 높다.

RAID의 구성 방식을 RAID Level이라 하고, Level의 숫자가 클수록 저장장치의 신뢰성이 높고 효율성이 좋습니다.

▶ **정답** : 1. ④ 2. ③ 3. ④ 4. ③

SECTION 047

# PC 관리

C 등급

21.3, 19.상시, 17.2, 16.1, 14.3, 12.3, 10.2, 09.3, 04.3, 2급 24.2, 23.2, 22.1, 21.3, 17.1, 11.3, 05.1, 04.1, 03.1, 01.2

## 1 시스템 관리

1204501

다음은 시스템을 안정적으로 사용하기 위한 관리 방법이다.

- 컴퓨터를 켤 때는 주변기기를 먼저 켜고 본체를 나중에 켜지만, 끌 때는 본체를 먼저 끈다.
- 컴퓨터를 이동하거나 부품을 교체할 때는 반드시 전원을 끄고 작업한다.
- 컴퓨터 전원은 사용중인 프로그램을 모두 종료한 후 끈다.
- 컴퓨터의 설치는 직사광선과 습기가 많은 장소, 그리고 자성이 강한 물체가 있는 곳은 피한다.
- 컴퓨터를 너무 자주 켜고 끄는 재부팅은 시스템에 충격을 가해 부품의 수명을 단축시키는 행위이므로 삼가한다.
- 시스템에 이상이 발생하면 부팅 디스크를 사용하여 재부팅하고, [(시작)] → [(설정)] → [업데이트 및 보안] → [복구]를 이용해 시스템을 복구한다.
- 정기적으로 최신 백신 프로그램을 사용하여 바이러스 감염을 방지한다.
- 중요한 데이터는 정기적으로 백업하며, 가급적 불필요한 프로그램은 설치하지 않는다.
- 프로그램을 제거할 때는 정상적인 제거를 위해 [(설정)] → [앱]을 이용한다.
- 정기적으로 시스템 최적화 프로그램을 사용하여 PC를 점검한다.
- 모니터의 번인(Burn-in)* 현상을 방지하기 위해 화면 보호기를 사용한다.
- 전원 관리 장치는 정전, 전압의 불안정 등에 대비하여 사용하는 장치로, 종류는 다음과 같다.

| | |
|---|---|
| 17.2, 2급 11.3, 04.1, 03.1<br>무정전 전원 공급장치(UPS) | 정전되었을 때, 시스템에 일정 시간 동안 전원을 공급해 주는 장치이다. |
| 자동 전압 조절기(AVR) | 입력 전압의 변동에 관계없이 항상 일정한 출력 전압을 유지시켜 주는 장치이다. |
| 정전압 정주파장치(CVCF) | 전압과 주파수를 항상 일정하게 유지시켜 주는 장치이다. |
| 서지 보호기(Surge Protector) | 전압이나 전류의 갑작스런 증가(=서지)에 의한 손상을 보호하는 장치이다. |

17.2, 2급 24.5, 21.4, 17.2

## 2 저장 매체 관리

3205002

다음은 저장 매체를 효율적으로 관리하는 방법에 대한 설명이다.

- 컴퓨터 성능 향상 및 최적화를 위해 주기적으로 디스크 정리, 드라이브 오류 검사, 드라이브 조각 모음 및 최적화를 실행한다.
- 하드디스크는 적당한 공기 순환 유지로 과열을 방지하고, 충격에 주의한다.
- 오랜 기간 동안 저장되고 사용되지 않는 데이터는 백업한 후 삭제한다.
- 강한 자성 물질을 하드디스크 등의 자기 저장 매체 주위에 놓지 않는다.

**전문가의 조언**

꼭 시험 문제가 아니더라도, 컴퓨터를 사용하면서 지켜야 할 기초적인 내용입니다. 상식적인 수준에서 이해하고, 전원 관리장치에는 어떤 것이 있는지 구분하여 알아 두세요.

**번인(Burn-in) 현상**

모니터는 동일한 화면이 장시간 비춰질 경우 그 영상이 모니터 유리면에 인쇄된 것처럼 남게 되는데 이 현상을 '모니터가 탔다'하여 번인(Burning) 현상이라고 합니다.

문제1 1204551 문제5 1204552

## 따라잡기 기출문제 따라잡기

16년 1회, 14년 3회

**1. 다음 중 컴퓨터 시스템을 효율적으로 관리하기 위한 유의 사항으로 적절하지 않은 것은?**

① 모니터의 번인 현상을 방지하기 위하여 화면 보호기를 사용한다.

② 주기적으로 자주 시스템을 재부팅하여 부품의 수명을 연장시킨다.

③ 컴퓨터를 끌 때에는 작업 중인 문서를 먼저 저장한 후 종료시킨다.

④ 정기적으로 시스템 최적화 프로그램을 사용하여 컴퓨터를 점검한다.

컴퓨터를 너무 자주 켜고 끄는 것(재부팅)은 시스템에 충격을 가해 부품의 수명을 단축시킬 수 있으므로 삼가해야 합니다.

21년 3회

**2. 다음 중 PC를 관리하는 효율적인 방법이 아닌 것은?**

① 하드디스크를 원활하게 관리하기 위해서 주기적인 백업 등 디스크 최적화 작업 등을 진행해 준다.

② 컴퓨터를 이동하거나 부품을 교체할 경우에는 전원을 끄고 작업한다.

③ 컴퓨터를 끌 때에는 사용 중인 프로그램을 먼저 종료한다.

④ 바이러스를 예방하기 위하여 BIOS 업데이트를 자주 실행한다.

바이러스를 예방하기 위해서는 최신 백신 프로그램을 사용하여 정기적으로 바이러스 검사를 수행해야 합니다.

19년 상시, 12년 3회, 09년 3회

**3. 다음 중 컴퓨터를 관리하는 효율적인 방법으로 옳지 않은 것은?**

① 컴퓨터를 이동하거나 부품을 교체를 할 경우에는 전원을 끄고 작업하는 것이 바람직하다.

② 시스템에 이상이 발생하면 부팅 디스크를 사용하여 재부팅하고 하드디스크의 모든 파티션을 제거한다.

③ 정기적으로 최신 바이러스 백신 프로그램을 사용하여 바이러스 감염을 방지하며, 중요한 데이터는 백업하여 둔다.

④ 가급적 불필요한 프로그램은 설치하지 않도록 하며 정기적으로 시스템 최적화 프로그램을 사용하여 점검한다.

하드디스크의 모든 파티션을 삭제하면 하드디스크에 저장된 내용도 모두 삭제됩니다. 시스템에 이상이 있을 경우에는 [■(시작)] → [⚙(설정)] → [업데이트 및 보안] → [복구]를 통해 문제를 해결하는 것이 좋습니다.

10년 2회

**4. 다음 중 컴퓨터의 유지보수와 관련하여 컴퓨터에서 발생하는 문제를 예방하기 위한 설명으로 옳지 않은 것은?**

① 시스템에 문제가 발생할 것을 대비하여 부팅 디스크를 만들어 둔다.

② 정기적으로 컴퓨터 바이러스 치료 프로그램을 업그레이드하고 실행한다.

③ 파일의 복원을 편리하게 하기 위하여 정기적으로 하드디스크의 파티션을 새로이 설정한다.

④ 프로그램의 정상적인 제거를 위하여 [⚙(설정)] → [앱]을 이용한다.

파일의 복원을 편리하게 하기 위해서는 정기적으로 백업을 하는 것이 좋습니다.

17년 2회

**5. 다음 중 PC 관리에 대한 설명으로 옳지 않은 것은?**

① 직사광선과 습기가 많거나 자성이 강한 물체가 있는 곳은 피하는 것이 좋다.

② 무정전 전원 공급장치(UPS)를 설치하면 전압이나 전류가 갑자기 증가할 경우 발생할 수 있는 시스템 손상을 방지할 수 있다.

③ 컴퓨터 전용 전원 장치를 단독으로 사용하고, 전원을 끌 때는 사용 중인 프로그램을 먼저 종료하는 것이 좋다.

④ 컴퓨터의 성능 향상을 위해 주기적으로 디스크 정리, 드라이브 오류 검사, 드라이브 조각 모음 및 최적화 등을 실행하는 것이 좋다.

무정전 전원 공급장치(UPS)는 정전되었을 때 시스템에 일정 시간 동안 전원을 공급해 주는 장치입니다. ②번은 서지 보호기(Surge Protector)에 대한 설명입니다.

▶ 정답 : 1. ② 2. ④ 3. ② 4. ③ 5. ②

SECTION 048

# PC 업그레이드

C 등급

## 1 업그레이드 개념

업그레이드(Upgrade)란 컴퓨터의 하드웨어나 소프트웨어를 일부 교체하거나 추가하여 컴퓨터 시스템의 성능을 향상시키는 작업으로 하드웨어 업그레이드와 소프트웨어 업그레이드로 나누어진다.

06.2, 03.2, 2급 08.1

## 2 소프트웨어 업그레이드

1204602

소프트웨어 업그레이드는 기존 소프트웨어의 버그를 수정하거나 새로운 기능을 추가한 새 버전의 소프트웨어를 구입하거나 통신망에서 다운로드하여 시스템에 설치하는 것을 말한다.

예 Windows 10 → Windows 11, 흔글 2020 → 흔글 2022, MS-오피스 2019 → MS-오피스 2021

18.1

**잠깐만요 장치 제어기(드라이버) 업그레이드**

4304831

- 장치 제어기는 특정 하드웨어를 동작시키는 역할을 하는 시스템 소프트웨어로, 업그레이드하면 하드웨어를 교체하지 않아도 보다 향상된 기능으로 하드웨어를 사용할 수 있습니다.
- 하드웨어 제조업체에서 통신망을 통해 배포하므로 다운로드하여 설치하면 됩니다.

23.2, 18.1, 11.2, 11.1, 07.3, 06.4, 06.1, 05.3, 03.2, 02.3

## 3 하드웨어 업그레이드

4304803

| | |
|---|---|
| CPU 업그레이드 | 시스템의 성능을 향상시킬 수 있는 가장 확실한 방법으로 주로 메인보드와 함께 교체하여 등급을 높인다. |
| 램(RAM) 업그레이드 | • 높은 사양의 시스템을 요구하는 소프트웨어들이 출시되면서 처리 속도가 느려지거나 제대로 동작하지 않을 경우, 가장 먼저 고려하는 것이다.<br>• 램을 추가할 때는 현재 설치되어 있는 램과 핀 수가 같은 램으로 추가해야 한다. |
| HDD/SSD 업그레이드 | 부족한 디스크 공간을 확보하기 위해 HDD/SSD를 추가하거나 용량이 큰 것으로 교체한다. |

**전문가의 조언**

소프트웨어 업데이트에 대한 맞는 내용을 찾는 문제와 장치 제어기의 개념을 묻는 문제가 출제되었습니다. 예를 통해 소프트웨어 업그레이드의 개념을 확실히 이해하고, 장치 제어기의 개념을 정확히 기억하세요.

**전문가의 조언**

하드웨어 업그레이드에 대한 문제가 출제되었습니다. 각 부품의 업그레이드시 주의 및 고려할 사항을 정확히 알아두세요.

24.3, 21.2, 15.2, 11.2, 07.3, 06.4, 05.3, 03.2, 2급 19.2, 18.1, 13.1

## 잠깐만요 업그레이드 시 고려할 사항

3205131

| 수치가 클수록 좋은 것 | 수치가 작을수록 좋은 것 |
|---|---|
| • CPU 클럭 속도 : MHz* 또는 GHz<br>• CPU 성능 : MIPS<br>• 모뎀의 전송 속도 : bps 또는 cps<br>• DVD-ROM 드라이브 전송 속도 : 배속<br>• HDD/SSD 용량 : GB, TB<br>• HDD 회전수 : RPM<br>• HDD/SSD 전송 속도 : MB/s, IOPS<br>• 모니터, 프린터 해상도 : DPI | • RAM 접근 속도 : ns |

**MHz(Mega Hertz)**
메가헤르츠는 1초당 1백만 번의 주기에 해당하는 전기적 주파수의 단위로, CPU의 클럭 속도를 나타낼 때 사용됩니다.

## 따라잡기 기출문제 따라잡기

문제2 3205152

06년 2회, 03년 2회

**1. 다음은 PC의 업그레이드 사례이다. 이 중 소프트웨어적인 업그레이드는 어느 것인가?**

① 주 메모리(RAM)를 8Gbyte에서 16Gbyte로 늘인다.
② 중앙처리장치(CPU)를 Core i5에서 Core i7로 교체한다.
③ 운영체제를 Windows 10에서 Windows 11로 바꾼다.
④ 하드디스크를 1Tbyte에서 2Tbyte로 교체한다.

①, ②, ④는 물리적인 장치가 직접 교체되는 하드웨어적인 업그레이드입니다.

24년 3회, 21년 2회, 07년 3회

**2. 다음 중 컴퓨터의 장치를 교체할 때 고려해야 할 사항으로 옳지 않은 것은?**

① 하드디스크의 용량(Gb)은 클수록 좋다.
② 모니터가 지원하는 해상도(dpi)는 클수록 좋다.
③ CPU 코어의 수는 많을수록 좋다.
④ DRAM의 데이터 접근 속도(ns)는 클수록 좋다.

DRAM의 데이터 접근 속도(ns)는 작을수록 좋습니다.

23년 2회

**3. 다음 중 시스템의 성능을 향상시킬 수 있는 가장 확실한 하드웨어 업그레이드 방법으로, 주로 메인보드와 함께 교체해야 하는 것은?**

① AGP 그래픽 카드로 교체한다.
② 하드디스크의 용량이 큰 것으로 교체한다.
③ DRAM의 용량이 큰 것으로 교체한다.
④ 코어와 스레드의 수가 많은 CPU로 교체한다.

CPU 업그레이드는 시스템의 성능을 향상시킬 수 있는 가장 확실한 방법이란 것을 기억해 두세요.

18년 1회

**4. 다음 중 컴퓨터 업그레이드에 관한 설명으로 적절하지 않은 것은?**

① 컴퓨터 처리 성능의 개선을 위해 하드웨어 업그레이드를 한다.
② 장치 제어기를 업그레이드하면 하드웨어를 교체하지 않더라도 보다 향상된 기능으로 하드웨어를 사용할 수 있다.
③ 하드디스크 업그레이드의 경우에는 부족한 공간 확보를 위해 파티션이 여러 개로 나뉘는 제품을 선택한다.
④ 고사양을 요구하는 소프트웨어가 늘어남에 따라 컴퓨터의 처리 속도가 느려지거나 제대로 동작하지 않을 경우 가장 먼저 고려하는 것은 RAM 업그레이드이다.

파티션은 하나의 물리적인 하드디스크를 여러 개의 논리적인 영역으로 나누는 작업으로, 부족한 공간 확보와는 관계가 없습니다.

▶ **정답** : 1. ③ 2. ④ 3. ④ 4. ③

SECTION
# 049 PC 응급처치

C 등급

다음은 PC를 사용하는 도중 자주 발생하는 오류 메시지의 종류와 적절한 해결 방법이다.

## 1 부팅 오류

23.4, 05.4

1204701

부팅 오류는 다음과 같이 컴퓨터에 전원이 들어오지 않거나 제대로 부팅되지 않을 경우에 발생한다.

| 에러 종류 | 대 책 |
|---|---|
| 전원이 들어 오지 않을 경우 | • 전원 연결선이나 전원 공급기를 확인한다.<br>• 전원 공급 장치나 메인보드가 불량일 경우 부품 교체나 A/S를 요청한다. |
| 23.4<br>'삐~' 하는 경고음만 나는 경우 | • 램이 제대로 꽂혀 있는지, 이물질이 끼어 있지는 않은지 확인한다.<br>• CPU가 제대로 꽂혀 있는지 확인한다.<br>• VGA 카드에 이상이 있을 수 있으므로, VGA 카드를 제거한 후 부팅하여 VGA가 원인인지를 확인한다. |
| 'Non-System disk or disk error' 메시지가 나타나는 경우 | • CMOS Setup에서 하드디스크가 인식되는지 확인한다.<br>– 하드디스크가 인식될 경우 : 부팅 시 F8을 누르면 표시되는 '옵션 선택' 창에서 [문제 해결] → [고급 옵션] → [시동 복구]를 수행한 다음 재부팅한다.<br>– 하드디스크가 인식되지 않을 경우 : BIOS 설정을 초기화한 후 부팅한다.<br>• 하드디스크가 불량일 경우에는 A/S를 요청한다. |
| 05.4<br>'Disk boot failure...' 라는 메시지가 나타나는 경우 | 부팅에 필요한 디스크를 찾을 수 없다는 오류이므로, Windows 설치 DVD나 USB를 넣고 컴퓨터 복구를 수행한다. |

## 2 기타 오류

17.1, 16.1, 15.3, 14.3, 12.2, 11.2, 08.3, 06.3, 2급 10.2, 07.3

4304902

| 에러 종류 | 대 책 |
|---|---|
| 17.1, 16.1, 15.3, 14.3, 08.3<br>새로운 하드디스크를 인식하지 못하는 경우 | • 하드디스크의 전원 연결 상태를 점검한다.<br>• CMOS 설정과 하드디스크의 타입이 CMOS 셋업에서 일치하는지 확인한다.<br>• 하드디스크에 연결되는 케이블 선의 핀 연결 상태를 확인한다.<br>• 바이러스에 의해 CMOS의 정보가 수정될 수 있으므로 백신 프로그램으로 바이러스를 체크한다.<br>• 부팅 가능한 디스크로 부팅한 후 시스템 파일을 전송하거나, 드라이브 오류 검사로 부트 섹터를 복구한다. |
| 12.2, 11.2, 06.3<br>CMOS 셋업* 시 비밀번호를 잊어버린 경우 | 메인 보드에 장착되어 있는 배터리를 뽑았다가 다시 장착하면 CMOS에 설정된 비밀번호가 지워지며, 지워진 비밀번호는 새 번호로 다시 설정하면 된다. |

**전문가의 조언**

부팅 오류에 대한 문제가 출제되었습니다. '삐~' 하는 경고음만 날 때의 해결 방법을 중심으로 부팅 오류에 대해 정리해 두세요.

**전문가의 조언**

하드디스크 오류와 CMOS 셋업 시 비밀번호를 잊어버렸을 때의 해결 방법을 묻는 문제가 출제되었습니다. 각 오류의 해결 방법을 잘 알아두세요.

**궁금해요 시나공 Q&A 베스트**

**Q CMOS 셋업이란?**

**A** 컴퓨터를 구성하는 각각의 하드웨어 환경을 CMOS에 기록·수정하는 작업으로, BIOS Setup과 같은 개념입니다.

## 따라잡기 기출문제 따라잡기

문제1 1204751 문제4 1204752

16년 1회, 14년 3회

**1. 다음 중 컴퓨터가 하드디스크를 인식하지 못하는 경우의 대처 방법으로 가장 적절하지 않은 것은?**

① 드라이브 조각 모음 및 최적화를 수행하여 단편화를 제거한다.

② CMOS Setup에서의 하드디스크 설정 내용을 확인한다.

③ 백신 프로그램으로 바이러스에 의한 것인지 점검한다.

④ 하드디스크 전원의 연결 상태를 점검한다.

드라이브 조각 모음 및 최적화는 하드디스크를 인식할 수 있어야 사용 가능한 기능입니다.

23년 4회

**2. 다음 중 컴퓨터 부팅 시 화면에 아무것도 표시되지 않고 '삐~' 소리만 나는 경우의 해결 방법으로 옳지 않은 것은?**

① CPU가 제대로 꽂혀 있는지 확인한다.

② RAM이 제대로 꽂혀 있는지, 접촉 부위에 이물질이 끼어있는지 확인한다.

③ 그래픽 카드의 이상 유무를 확인한다.

④ 메인보드가 불량이므로 부품 교체나 AS를 요청한다.

④번은 컴퓨터의 전원이 들어오지 않을 경우의 해결 방법입니다.

17년 1회

**3. 다음 중 추가로 설치한 하드디스크를 인식하지 못하는 경우에 대한 대책으로 적절하지 않은 것은?**

① CMOS 셋업에서 하드디스크 타입이 일치하는지 확인한다.

② 하드디스크의 데이터 케이블 연결이나 전원 케이블 연결을 확인한다.

③ 부팅 디스크로 부팅한 후 드라이브 오류 검사로 부트 섹터를 복구한다.

④ 운영체제가 설치되어 있는 경우 재설치하고, 그 외에는 포맷한다.

하드디스크를 인식하지 못하면 운영체제를 재설치하거나 디스크 포맷을 수행할 수 없습니다.

12년 2회, 11년 2회, 06년 3회

**4. CMOS 셋업 시의 비밀번호를 잊어버린 경우에 해결 방법으로 가장 옳은 것은?**

① 컴퓨터의 하드디스크를 포맷하고, 운영체제를 다시 설치하여야 한다.

② 시동 디스크를 이용하여 컴퓨터를 다시 부팅한다.

③ 컴퓨터 본체의 리셋 버튼을 눌러 다시 부팅한다.

④ 메인보드에 장착되어 있는 배터리를 뽑았다가 다시 장착한다.

비밀번호를 잊어버린 경우 지우고 다시 설정하면 됩니다. 메인보드에 장착되어 있는 배터리를 뽑았다가 다시 장착하면 비밀번호를 포함해 CMOS 설정 시 저장했던 내용이 모두 지워지므로 비밀번호를 새로 설정하면 됩니다.

▶ 정답 : 1. ① 2. ④ 3. ④ 4. ④

## 037 | 중앙처리장치

### ❶ 제어장치 24.5, 23.2, 23.1, 22.5, 22.3, 20.2, 20.1, 17.1, 13.3, 11.1

- **프로그램 카운터(PC)** : 다음 번에 실행할 명령어의 번지를 기억하는 레지스터
- **명령 레지스터(IR)** : 현재 실행 중인 명령의 내용을 기억하는 레지스터
- **명령 해독기(Decoder)** : 명령 레지스터에 있는 명령어를 해독하는 회로
- **부호기(Encoder)** : 해독된 명령에 따라 각 장치로 보낼 제어 신호를 생성하는 회로
- **메모리 주소 레지스터(MAR)** : 기억장치를 출입하는 데이터의 번지를 기억하는 레지스터

### ❷ 연산장치 22.7, 22.3, 21.4, 21.1, 20.상시, 18.상시, 18.2, 13.1, 12.1

- **가산기(Adder)** : 2진수의 덧셈을 수행하는 회로
- **보수기(Complementor)** : 뺄셈을 위해 입력된 값을 보수로 변환하는 회로
- **누산기(Accumulator)** : 연산 결과를 일시적으로 저장하는 레지스터
- **데이터 레지스터** : 연산에 사용될 데이터를 기억하는 레지스터
- **상태 레지스터** : 연산 중에 발생하는 여러 가지 상태값을 기억하는 레지스터

### ❸ 레지스터(Register) 24.3, 22.7, 22.4, 19.2, 16.3

- CPU 내부에서 처리할 명령어나 연산의 중간 결과값 등을 일시적으로 기억하는 임시 기억장소이다.
- 레지스터는 메모리 중에서 가장 속도가 빠르다.

## 038 | 주기억장치

### ❶ ROM 22.4, 21.4, 18.상시, 17.1

- 기억된 내용을 읽을 수만 있는 기억장치로서 일반적으로 쓰기는 불가능하다.
- ROM에는 주로 기본 입·출력 시스템(BIOS), 글자 폰트, 자가진단 프로그램(POST) 등이 저장되어 있다.

### ❷ DRAM과 SRAM의 비교 22.6, 21.4, 21.3, 21.2, 17.1, 16.2, 15.3, 15.1, 14.2

| 구분 | DRAM(동적램) | SRAM(정적램) |
|---|---|---|
| 구성 소자 | 콘덴서 | 플립플롭 |
| 재충전(Refresh) | 필요함 | 필요하지 않음 |
| 전력 소모 | 적음 | 많음 |
| 접근 속도 | 느림 | 빠름 |
| 집적도(밀도) | 높음 | 낮음 |
| 가격 | 저가 | 고가 |
| 용도 | 주기억장치 | 캐시 메모리 |

### ❸ 캐시 메모리(Cache Memory) 24.5, 24.4, 23.1, 22.5, 21.1, 20.2, 17.2, 16.2, 14.3, …

- CPU와 주기억장치 사이에서 컴퓨터의 처리 속도를 향상시키는 역할을 한다.
- 캐시 메모리로는 접근 속도가 빠른 정적 램(SRAM)을 사용하며 용량이 주기억장치보다 작게 구성된다.

### ❹ 플래시 메모리(Flash Memory) 24.4, 23.1, 21.1, 20.2, 16.2, 11.3

- EEPROM의 일종으로, 비휘발성 메모리이다.
- 디지털 카메라, 개인용 정보 단말기, 스마트폰 등에 사용한다.

### ❺ 가상 메모리(Virtual Memory) 24.2, 23.5, 23.3, 21.3, 21.2, 19.1, 11.1, 10.2

- 보조기억장치(하드디스크)의 일부를 주기억장치처럼 사용하는 메모리 기법이다.
- 주기억장치보다 큰 프로그램을 불러와 실행해야 할 때 유용하게 사용된다.

### ❻ 연관 메모리(Associative Memory) 23.1, 21.1, 20.2, 16.2, 12.1, 10.2

기억장치에 저장된 정보에 접근할 때 주소 대신 기억된 내용의 일부를 이용하여 접근하는 장치이다.

## 039 | 보조기억장치

### ❶ SSD(Solid State Drive) 23.5, 23.4, 23.2, 22.7, 22.6, 22.3, 22.1, 21.3, 21.1, 20.1, 19.2, …

- 반도체를 이용하여 정보를 저장한다.
- 배드섹터가 발생하지 않는다.
- 발열, 소음, 전력 소모가 적다.
- 소형화 · 경량화할 수 있다.
- 외부 충격에 강하다.
- 저장 용량당 가격이 비싸다.

### ❷ 자기 디스크 관련 용어 21.3

- Search Time(회전 지연 시간) : 읽기/쓰기 헤드가 지정된 트랙(실린더)을 찾은 후 원판이 회전하여 원하는 섹터의 읽기/쓰기가 시작될 때까지의 시간
- Transmission Time(전송 시간) : 읽은 데이터를 주기억장치로 보내는 데 걸리는 시간

## 040 | 입력장치

### ❶ 입력장치 24.2

- OMR : 컴퓨터용 수성 사인펜으로 표시(Mark)한 OMR 카드에 빛(Optical)을 비추어 표시 여부를 판독(Reader)하는 장치
- OCR : 특정 글꼴로 인쇄된 문자(Character)에 빛(Optical)을 비추어 반사된 빛의 차이를 이용하여 문자를 판독(Reader)하는 장치
- MICR : 자성을 띤 특수 잉크(Magnetic Ink)로 인쇄된 문자(Character)나 기호를 판독(Reader)하는 장치
- BCR : 굵기가 서로 다른 선(Bar Code)에 빛을 비추어 반사된 값을 코드화하여 판독(Reader)하는 장치

### ❷ 키오스크(Kiosk) 22.2

- 터치 스크린, 사운드 시스템, 통신 카드 등 멀티미디어 기기를 활용하여 음성 · 동영상 등으로 이용자에게 효율적인 정보를 제공하는 무인 종합정보안내 시스템이다.
- 버스 터미널 등 공공장소에 설치되어 시설물의 이용 방법 등을 알려준다.

## 041 | 출력장치

### ❶ OLED 24.1

- 전류가 흐르면 스스로 빛을 내는 자체 발광형 유기물질을 이용하여 화면을 표시한다.
- 저전력이 사용되고 색재현율이 뛰어나다.

### ❷ 모니터 관련 용어 21.4, 20.2, 16.2, 11.1

- 모니터 크기 : 화면의 대각선 길이를 센티미터(cm)로 표시함
- 픽셀 : 모니터 화면을 구성하는 가장 작은 단위
- 해상도 : 모니터 등의 출력장치가 내용을 얼마나 선명하게 표현할 수 있느냐를 나타내는 단위
- 재생률(Refresh Rate) : 픽셀들이 밝게 빛나는 것을 유지하도록 하기 위한 1초당 재충전 횟수로, 재생률이 높을수록 모니터의 깜박임이 줄어듬
- 점 간격(Dot Pitch) : 픽셀들 사이의 공간을 나타내는 것으로 간격이 가까울수록 해상도가 높음

### ❸ 3D 프린터 23.4, 22.6, 22.1, 21.4, 21.3, 17.2

- 입력한 도면을 바탕으로 3차원 입체 물품을 만들어 내는 프린터이다.
- 인쇄 원리는 잉크를 종이 표면에 분사하여 2D 이미지를 인쇄하는 잉크젯 프린터와 같다.
- 의료, 기계, 건축, 예술, 우주 등 많은 분야에서 활용되고 있다.
- 출력 속도 단위는 MMS(MilliMeters per Second)이다.

### ❹ DPI(Dot Per Inch) 23.3, 21.4, 21.2, 20.1

- 1인치에 출력되는 점(Dot)의 수를 의미한다.
- 출력물의 인쇄 품질(해상도)을 나타내는 단위이다.

## 042 | 인터럽트 / 채널

### ❶ 인터럽트(Interrupt) 24.5, 24.2, 23.5, 23.3, 21.4, 19.2, 15.2

- 프로그램을 실행하는 도중에 예기치 않은 상황이 발생할 경우 현재 실행중인 작업을 일시 중단하고, 발생된 상황을 우선 처리한 후 실행중이던 작업으로 복귀하여 계속 처리하는 것을 말한다.
- 실질적으로 인터럽트를 처리하기 위해 실행하는 프로그램을 인터럽트 서비스 루틴이라 한다.
- 외부 인터럽트 : 입·출력장치, 타이밍 장치, 전원 등 외부적인 요인에 의해 발생함
- 내부 인터럽트 : 잘못된 명령이나 데이터를 사용할 때 발생함
- 소프트웨어 인터럽트 : 프로그램 처리중 명령의 요청에 의해 발생함

### ❷ 채널(Channel) 24.1, 22.3, 22.2, 21.1, 20.상시, 19.1, 17.2, 12.2, 11.3, 11.2

- 주변장치에 대한 제어 권한을 CPU(중앙처리장치)로부터 넘겨받아 CPU 대신 입·출력을 관리한다.
- 채널은 중앙처리장치와 입·출력장치 사이의 속도 차이로 인한 문제점을 해결하기 위해 사용된다.
- 채널은 입·출력만을 목적으로 만든 처리기로, IOP(Input Output Processor)라고도 불린다.

## 043 | 마이크로프로세서

### ❶ 마이크로프로세서 23.1, 18.2, 16.3

제어장치, 연산장치, 레지스터가 한 개의 반도체 칩(IC)에 내장된 장치이다.

### ❷ RISC와 CISC 24.3

- RISC는 명령어의 종류가 적다.
- RISC는 고정 길이 명령어를 가진다.
- CISC는 생산가가 비싸고 전력 소모가 많다.
- CISC는 RISC 프로세서 보다 수행 속도가 느리다.

## 044 | 메인보드(주기판)

### ❶ 버스(BUS) 24.3, 24.1, 22.2, 21.3, 18.1, 13.2

- 내부 버스 : CPU 내부에서 레지스터 간의 데이터 전송에 사용되는 통로
- 외부 버스(시스템 버스)
  - CPU와 주변장치 간의 데이터 전송에 사용되는 통로이다.
  - 제어 버스 : 제어장치의 제어 신호가 각 장치로 전달되는 통로로, 양방향임
  - 주소 버스 : 주기억장치의 주소가 각 장치로 전달되는 통로로, 단방향임
  - 데이터 버스 : 각 장치별로 필요한 데이터가 전달되는 통로로, 양방향임
- 확장 버스 : 메인보드에서 지원하는 기능 외에 다른 기능을 지원하는 장치를 연결하는 부분으로, 끼울 수 있는 슬롯 형태이기 때문에 확장 슬롯이라고도 함

### ❷ USB 포트 24.4, 22.5, 22.4, 22.2, 21.4, 21.2, 18.상시, 16.2, 14.3, 13.2, 12.3, 12.2, 12.1, 10.3

- 기존의 직렬, 병렬, PS/2 포트를 통합한 직렬 포트의 일종이다.
- 주변장치를 최대 127개까지 연결할 수 있다.
- USB를 지원하는 일부 주변기기는 별도의 전원이 필요하다.
- 핫 플러그인(Hot Plug In)과 플러그 앤 플레이(Plug & Play)를 지원한다.
- USB 3.0의 최대 전송 속도는 5Gbps이며, 연결 단자는 파랑색이다.

### ❸ 블루투스(Bluetooth) 23.1, 16.1, 14.3

- 핸드폰, PDA, 노트북과 같은 휴대 가능한 장치들 간의 근거리 무선 통신을 가능하게 해주는 통신 방식이다.
- IEEE 802.15.1 규격을 사용하는 PANs(Personal Area Networks)의 산업 표준이다.

## 045 | 바이오스 / 펌웨어

### ❶ 바이오스(BIOS) 24.4, 23.2, 23.1, 22.3, 21.1, 20.1, 16.2, 14.3, 13.2, 10.1

- 컴퓨터의 기본 입 · 출력장치나 메모리 등 하드웨어 작동에 필요한 명령을 모아 놓은 프로그램이다.
- ROM에 저장되어 있어 ROM-BIOS라고 한다.
- 하드웨어와 소프트웨어의 중간 형태인 펌웨어(Firmware)이다.
- 칩을 교환하지 않고도 바이오스를 업그레이드할 수 있다.

### ❷ CMOS에서 설정 가능한 항목 24.3, 23.4, 22.4, 22.3, 22.1, 21.4, 21.3, 21.2, 19.1, 18.1

- 시스템의 날짜와 시간
- 전원 관리
- 하드디스크 타입(Type)
- PnP
- 부팅 순서
- 시스템 암호
- 칩셋
- Anti-Virus

### ❸ 펌웨어(Firmware) 24.1, 23.5, 22.2, 20.2, 19.2, 15.2, 13.1

- 하드웨어의 동작을 지시하는 소프트웨어이지만 하드웨어적으로 구성되어 하드웨어의 일부분으로도 볼 수 있는 제품이다.
- 하드웨어 교체없이 소프트웨어 업그레이드만으로 시스템의 성능을 높일 수 있다.
- 주로 ROM에 반영구적으로 저장되어 하드웨어를 제어 · 관리한다.

## 046 | 하드디스크 연결 방식

### ❶ EIDE 18.2, 16.1, 15.1

- IDE를 확장하여 전송 속도를 높인 규격이다.
- 4개의 장치 연결이 가능하다.
- PATA(Parallel ATA)
  - 병렬(Parallel) 인터페이스 방식이다.
  - EIDE는 일반적으로 PATA를 의미한다.
- SATA(Serial ATA)
  - 직렬(Serial) 인터페이스 방식이다.
  - 데이터 전송 속도가 빠르다.
  - 핫 플러그인(Hot Plug In)을 지원한다.

### ❷ RAID 24.2, 23.3, 22.6, 21.4, 21.3, 21.2, 21.1, 17.1, 14.1

- 여러 개의 하드디스크를 한 개의 하드디스크처럼 관리하는 관리 기술이다.
- RAID Level의 숫자가 클수록 저장장치의 신뢰성이 높고 효율성이 좋다.
- **미러링(Mirroring) 방식** : 데이터를 두 개의 디스크에 동일하게 기록하는 방법으로 한쪽 디스크의 데이터 손상 시 다른 한쪽 디스크를 이용하여 복구하는 방식
- **스트라이핑(Striping) 방식** : 데이터를 여러 개의 디스크에 나눠서 기록하는 방법으로 자료를 읽고 쓰는 시간을 단축할 수는 있으나, 디스크가 한 개라도 손상되면 데이터를 사용할 수 없게 됨

## 047 | PC 관리

### ❶ 시스템 관리 21.3, 19.상시, 17.2, 16.1, 14.3, 12.3, 10.2

- 컴퓨터 전원은 사용중인 프로그램을 모두 종료한 후 끈다.
- 컴퓨터의 설치는 직사광선과 습기가 많은 장소, 그리고 자성이 강한 물체가 있는 곳은 피한다.
- 컴퓨터를 너무 자주 켜고 끄는 재부팅은 시스템에 충격을 가해 부품의 수명을 단축시키는 행위이므로 삼가 한다.
- 정기적으로 시스템 최적화 프로그램을 사용하여 PC를 점검한다.

## 048 | PC 업그레이드

### ❶ 업그레이드(Upgrade) 24.3, 23.2, 21.2, 18.1, 15.2, 11.2, 11.1

- CPU 업그레이드는 시스템의 성능을 향상시킬 수 있는 가장 확실한 방법으로 주로 메인보드와 함께 교체하여 등급을 높인다.
- 하드웨어 업그레이드 시 RAM의 데이터 접근 속도(ns)만 작을수록 좋고, 나머지는 모두 클수록 좋다.

## 049 | PC 응급처치

### ❶ '삐~' 하는 경고음만 나는 경우 23.4

- 램이 제대로 꽂혀 있는지, 이물질이 끼어 있지는 않은지 확인한다.
- CPU가 제대로 꽂혀 있는지 확인한다.
- VGA 카드를 제거한 후 부팅하여 VGA가 원인인지를 확인한다.

### ❷ 새로운 하드디스크를 인식하지 못하는 경우 17.1, 16.1, 15.3, 14.3

- 하드디스크의 전원 연결 상태를 점검한다.
- CMOS 설정과 하드디스크의 타입이 CMOS 셋업에서 일치하는지 확인한다.
- 바이러스에 의해 CMOS의 정보가 수정될 수 있으므로 백신 프로그램으로 바이러스를 체크한다.

# 시나공 동영상 강좌

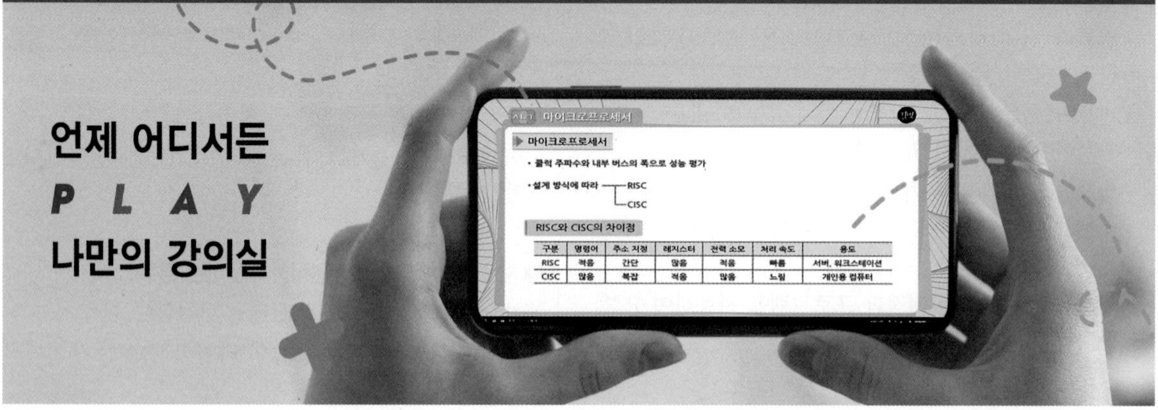


## 동영상 강좌 특징

| 선택 수강 | 기기 무제한 | 장소 불문 | 평균 10분 |
|---|---|---|---|
| 섹션별 강의 구성으로 듣고 싶은 강의만 빠르게 골라서 이용 | PC와 모바일 기기의 기종, 개수에 제약 없이 편하게 수강 | 교재가 없어도 인터넷만 연결된다면 그곳이 내 강의실! | 멀티태스킹이 가능한 세대를 위해 강의 시간은 평균 10분 |

## 강좌 종류

| 구분 | 강좌 | 수강일 및 가격 |
|---|---|---|
| 단과 | 컴퓨터활용능력 필기(1/2급 선택) | 150일 수강, 55,000원 |
| | 컴퓨터활용능력 실기(1/2급 선택) | 150일 수강, 60,000원 |
| 속성반 | 컴퓨터활용능력 필+실기(1/2급 선택) | 필기+실기 합해서 30일 수강, 59,000원 |
| 합격 보장반 | 컴퓨터활용능력 필+실기(1/2급 선택) | 필기+실기 합해서 365일 수강, 129,000원 |

시험 적중률,
가격과 수강일 모두
**시나공**이
이상적 • 합리적

## 이용 방법

1. **시나공 홈페이지(sinagong.co.kr)**에 접속하여 로그인 하세요.
2. 시험 종목을 선택한 후 **[동영상 강의]** → **[유료강의]**를 클릭하세요.
3. 원하는 강좌를 선택하고 **[수강 신청하기]**를 클릭하세요.
4. 우측 상단의 **[마이길벗]** → **[나의 동영상 강좌]**로 이동하여 강좌를 수강하세요.

※ **동영상 강좌 이용 문의** : 독자지원 (02-332-0931) 또는 이메일 (content@gilbut.co.kr)

5장

# 컴퓨터 소프트웨어

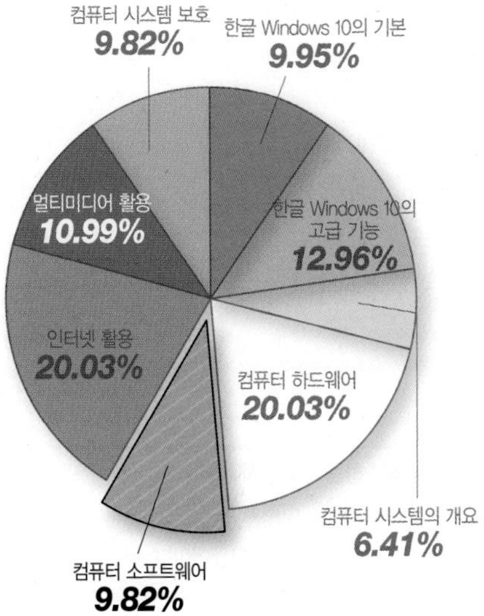




**이 장에서 꼭 알아야 할 키워드 Best 10**

**1.** 운영체제 **2.** 셰어웨어 **3.** 패치 버전 **4.** 임베디드 시스템 **5.** 다중 처리 시스템 **6.** 애드웨어 **7.** 웹 프로그래밍 언어 **8.** 객체 지향 프로그래밍 **9.** JAVA **10.** 분산 처리 시스템

SECTION 050

# 소프트웨어의 개요

A 등급

전문가의 조언

시스템 소프트웨어의 특징을 묻는 문제가 출제되었습니다. 소프트웨어가 무엇인지를 파악하고, 시스템 소프트웨어와 응용 소프트웨어를 구분할 수 있어야 합니다.

## 1 소프트웨어의 개념

1204801

소프트웨어(Software)는 컴퓨터 전체를 작동시키거나 사용자가 컴퓨터를 이용하여 특정 업무를 처리할 수 있게 개발된 프로그램을 말한다.

24.1, 22.7, 22.2, 15.3, 14.3, 14.2, 10.3, 04.2, 2급 18.1, 16.3, 15.3, 14.3

## 2 소프트웨어의 종류

- **시스템(System) 소프트웨어**
  - 컴퓨터 전체를 작동시키는 프로그램으로, 기능에 따라 제어 프로그램과 처리 프로그램으로 구분한다.
  - 대표적인 시스템 소프트웨어의 종류에는 운영체제(Operating System)*, 각종 언어의 컴파일러, 어셈블러, 라이브러리 프로그램 등이 있다.
- **응용(Application) 소프트웨어** : 사용자가 컴퓨터를 이용하여 특정 업무를 처리할 수 있게 개발된 프로그램을 말한다.

운영체제는 Section 051에서 자세히 배웁니다.

전문가의 조언

**중요해요!** 사용권에 따른 소프트웨어의 종류에 대한 문제가 자주 출제되고 있습니다. 어떤 소프트웨어를 말하는지 찾아낼 수 있도록 확실히 알고 있어야 합니다.

24.4, 24.2, 23.5, 22.6, 22.4, 22.3, 22.2, 21.4, 21.3, 21.2, 21.1, 20.2, 19.상시, 19.1, 18.상시, 17.2, 16.3, 16.1, 15.2, 15.1, 14.3, …

## 3 사용권에 따른 소프트웨어 분류

1204803

| | |
|---|---|
| 2급 24.3, 23.5, 18.상시, 18.2, 15.3<br>**상용 소프트웨어** | • 정식으로 대가를 지불하고 사용해야 하는 소프트웨어이다.<br>• 해당 소프트웨어의 모든 기능을 정상적으로 사용할 수 있다. |
| 24.4, 23.5, 22.6, 22.3, 21.4, 21.3, …<br>**셰어웨어(Shareware)** | • 기능 혹은 사용 기간에 제한을 두어 배포하는 소프트웨어이다.<br>• 무료로 사용할 수 있으며, 일정 기간 사용해 보고 정식 프로그램을 구입할 수 있다. |
| 23.5, 22.6, 21.1, 18.상시, 15.2, 14.2, …<br>**프리웨어(Freeware)** | • 무료로 사용 또는 배포가 가능한 소프트웨어이다.<br>• 배포는 주로 인터넷을 통해 이루어진다. |
| 19.1, 15.1, 2급 24.4, 24.3, 14.3<br>**공개 소프트웨어 (Open Software)** | • 개발자가 소스를 공개한 소프트웨어로 누구나 자유롭게 사용하고 수정 및 재배포할 수 있다.<br>• 대표적인 공개 소프트웨어로 LINUX가 있다. |
| 21.4, 2급 24.3, 23.2, 21.4, 21.2, …<br>**데모(Demo) 버전** | 정식 프로그램의 기능을 홍보하기 위해 사용 기간이나 기능을 제한하여 배포하는 소프트웨어이다. |
| 24.4, 22.3, 19.상시, 16.1, 13.3<br>**알파(Alpha) 버전** | 베타테스트를 하기 전, 제작 회사 내에서 테스트할 목적으로 제작하는 소프트웨어이다. |
| 24.4, 22.3, 21.3, 21.1, 19.상시, …<br>**베타(Beta) 버전** | 정식 프로그램을 출시하기 전, 테스트를 목적으로 일반인에게 공개하는 소프트웨어이다. |
| 24.4, 22.4, 22.3, 21.1, 20.2, …<br>**패치(Patch) 버전** | 이미 제작하여 배포된 프로그램의 오류 수정이나 성능 향상을 위해 프로그램의 일부 파일을 변경해 주는 소프트웨어이다. |

| | |
|---|---|
| 24.2, 21.4<br>**벤치마크 테스트** | 하드웨어나 소프트웨어의 성능을 검사하기 위해 실제로 사용되는 조건에서 처리 능력을 테스트하는 것이다. |
| 23.5, 22.6, 21.4, 21.2, 21.3, 15.2, …<br>**애드웨어(Adware)** | 소프트웨어 자체에 광고를 포함하여 이를 보는 대가로 무료로 사용하는 소프트웨어이다. |
| 23.5, 22.6, 21.3, 15.2, 12.2, 04.2<br>**번들(Bundle)** | 특정 하드웨어나 소프트웨어를 구입하였을 때 무료로 끼워주는 소프트웨어이다. |

문제3 4305053

## 따라잡기 기출문제 따라잡기

24년 1회, 22년 7회, 2회, 14년 2회

**1. 다음 중 시스템 소프트웨어에 대한 설명으로 옳지 않은 것은?**

① 사용자가 컴퓨터를 이용하여 특정 업무를 처리할 수 있게 개발된 프로그램이다.

② 시스템 소프트웨어는 제어 프로그램과 처리 프로그램으로 구분된다.

③ 컴퓨터 시스템을 효율적으로 운영해 주는 소프트웨어이다.

④ 컴퓨터와 사용자 사이에서 중계자 역할을 하는 소프트웨어이다.

①번은 응용 소프트웨어에 대한 설명입니다.

24년 4회, 22년 4회, 3회, 20년 2회, 16년 1회

**2. 다음 중 컴퓨터의 소프트웨어 관련 용어에 대한 설명으로 옳은 것은?**

① 베타(Beta) 버전은 제작 회사 내에서 테스트할 목적으로 제작하는 소프트웨어이다.

② 셰어웨어(Shareware)는 기능과 사용 기간에 제한 없이 무료로 사용할 수 있는 소프트웨어이다.

③ 패치(Patch) 버전은 이미 제작하여 배포된 프로그램의 오류 수정이나 성능 향상을 위해 프로그램 일부를 변경해 주는 소프트웨어이다.

④ 알파(Alpha) 버전은 프로그램을 출시하기 전에 테스트를 목적으로 일반인에게 공개하는 소프트웨어이다.

① 베타 버전은 정식 프로그램을 출시하기 전에 테스트를 목적으로 일반인에게 공개하는 소프트웨어입니다.
② 셰어웨어는 정식 프로그램의 구입을 유도하기 위해 기능 혹은 사용 기간에 제한을 두어 무료로 배포하는 프로그램입니다.
④ 알파 버전은 베타테스트를 하기 전에 제작 회사 내에서 테스트할 목적으로 제작하는 소프트웨어입니다.

23년 5회, 22년 6회, 21년 3회, 2회, 15년 2회, 14년 3회, 12년 2회, 1회, 04년 2회

**3. 다음 중 저작권에 따른 소프트웨어의 분류에 대한 설명으로 틀린 것은?**

① 애드웨어 : 광고를 보는 대가로 무료로 사용하는 소프트웨어이다.

② 셰어웨어 : 정식 버전이 출시되기 전에 프로그램에 대한 일반인의 평가를 수행하고자 제작된 소프트웨어이다.

③ 번들 : 특정한 하드웨어나 소프트웨어를 구매하였을 때 끼워주는 소프트웨어이다.

④ 프리웨어 : 개발자가 무료로 사용을 허가한 소프트웨어이다.

셰어웨어는 정식 프로그램의 구입을 유도하기 위해 기능 혹은 사용 기간에 제한을 두어 무료로 배포하는 프로그램입니다. ②번은 베타 버전에 대한 설명입니다.

21년 4회

**4. 다음 중 소프트웨어의 사용권에 따른 분류에 대한 설명으로 옳은 것은?**

① 애드웨어 : 정식으로 대가를 지불하고 사용하는 소프트웨어이다.

② 데모 : 정식 프로그램의 기능을 홍보하기 위해 사용 기간이나 기능을 제한하여 배포하는 프로그램이다.

③ 벤치마크 : 정식 버전을 출시하기 전에 테스트 목적으로 일반인에게 공개하는 프로그램이다.

④ 셰어웨어 : 베타 테스트를 하기 전에 제작 회사내에서 테스트 할 목적으로 제작된 프로그램이다.

① 애드웨어는 소프트웨어 자체에 광고를 포함하여 이를 보는 대가로 무료로 사용하는 소프트웨어입니다. ①번은 상용 소프트웨어에 대한 설명입니다.
③ 벤치마크 테스트는 하드웨어나 소프트웨어의 성능을 검사하기 위해 실제로 사용되는 조건에서 처리 능력을 테스트하는 것입니다. ③번은 베타 버전에 대한 설명입니다.
④ 셰어웨어는 정식 프로그램의 구입을 유도하기 위해 기능 혹은 사용 기간에 제한을 두어 무료로 배포하는 프로그램입니다. ④번은 알파 버전에 대한 설명입니다.

▶ **정답** : 1. ① 2. ③ 3. ② 4. ②

SECTION 051

# 운영체제

A 등급

## 1 운영체제의 개요

24.2, 23.1, 22.4, 18.상시, 15.3, 15.2, 15.1, 12.3, 10.2, 09.2, 08.3, 08.1, 06.2, 05.4, 05.2, 05.1, 2급 24.4, 24.1, 23.3, …

1204901

운영체제(OS, Operating System)는 사용자의 편의를 도모하는 동시에 시스템의 생산성을 높이기 위한 프로그램의 모임으로 사용자와 컴퓨터 사이에서 중계자 역할을 한다(Man-Machine Interface).

### 특징 및 주요 기능

- 운영체제는 가장 대표적인 시스템 소프트웨어*이다.
- 운영체제는 컴퓨터를 사용하기 위해 기본적으로 필요한 소프트웨어로 반드시 설치해야 한다.
- 운영체제는 컴퓨터가 동작하는 동안 주기억장치에 위치한다.
- 운영체제의 종류에는 Windows, UNIX, LINUX, MS-DOS 등이 있다.
- **주요 기능**
  - 프로세서, 기억장치, 주변장치, 파일 및 정보 등의 자원을 관리한다.
  - 자원을 효율적으로 관리하기 위해 자원의 스케줄링 기능을 제공한다.
  - 사용자와 시스템 간의 편리한 인터페이스를 제공한다.
  - 데이터를 관리하고, 데이터 및 자원의 공유 기능을 제공한다.

**전문가의 조언**

**중요해요!** 운영체제의 개념, 특징, 목적, 구성 등 다양한 문제가 출제되고 있습니다. 운영체제는 사용자가 컴퓨터를 편리하게 사용할 수 있도록 도와주는 소프트웨어라는 것을 염두에 두고 개념과 특징을 잘 정리하세요.

**시스템 소프트웨어**

컴퓨터를 사용하기 위해 기본적으로 필요한 소프트웨어로, 종류에는 운영체제, 각종 언어의 컴파일러, 어셈블러, 라이브러리 프로그램 등이 있습니다.

## 2 운영체제의 목적

24.2, 23.3, 22.4, 21.2, 18.2, 18.1, 15.3, 13.2, 11.3, 10.3, 07.3, 06.4, 04.4, 2급 16.3

1204902

운영체제의 목적에는 처리 능력 향상, 사용 가능도 향상, 신뢰도 향상, 반환 시간 단축 등이 있다.

- 처리 능력, 반환 시간, 사용 가능도, 신뢰도는 운영체제의 성능을 평가하는 기준이 된다.

| | |
|---|---|
| 처리 능력(Throughput) | 일정 시간 내에 시스템이 처리하는 일의 양을 의미한다. |
| 반환(응답) 시간<br>(Turn Around Time) | 시스템에 작업을 의뢰한 시간부터 처리가 완료될 때까지 걸린 시간을 의미한다. |
| 사용 가능도(Availability) | 시스템을 사용할 필요가 있을 때 즉시 사용 가능한 정도를 의미한다. |
| 신뢰도(Reliability) | 시스템이 주어진 문제를 정확하게 해결하는 정도를 의미한다. |

**전문가의 조언**

운영체제의 목적 4가지를 묻는 문제만 출제되었습니다. 처리 능력, 사용 가능도, 신뢰도는 향상, 반환 시간은 단축입니다. 잊지마세요.

## 3 운영체제의 구성

24.4, 21.3, 15.3, 14.3, 13.3, 2급 17.1

1204903

### 제어 프로그램

제어 프로그램(Control Program)은 컴퓨터 전체의 작동 상태 감시, 작업의 순서 지정, 작업에 사용되는 데이터 관리 등의 역할을 수행하는 것으로 다음과 같이 구분할 수 있다.

| | |
|---|---|
| 24.4, 21.3<br>**감시 프로그램**<br>(Supervisor Program) | 제어 프로그램 중 가장 핵심적인 역할을 하는 것으로, 자원의 할당 및 시스템 전체의 작동 상태를 감시하는 프로그램이다. |
| 24.4, 21.3<br>**작업 관리 프로그램**<br>(Job Management Program) | 작업이 정상적으로 처리될 수 있도록 작업의 순서와 방법을 관리하는 프로그램이다. |
| 24.4, 21.3<br>**데이터 관리 프로그램**<br>(Data Management Program) | 작업에 사용되는 데이터와 파일의 표준적인 처리 및 전송을 관리하는 프로그램이다. |

### 처리 프로그램

처리 프로그램(Processing Program)은 제어 프로그램의 지시를 받아 사용자가 요구한 문제를 해결하기 위한 프로그램을 말하며, 언어 번역 프로그램과 서비스 프로그램으로 구분된다.

| | |
|---|---|
| **언어 번역 프로그램*** | 사용자가 고급언어로 작성한 원시 프로그램(Source Program)을 기계어 형태의 목적 프로그램(Object Program)으로 변환시킨다. |
| 14.3<br>**서비스 프로그램** | • 사용자가 컴퓨터를 더욱 효율적으로 사용할 수 있도록 제작된 프로그램이다.<br>• 분류/병합(Sort/Merge)* 유틸리티 프로그램 등이 여기에 해당된다. |

**전문가의 조언**

처리 프로그램의 종류와 처리 프로그램 중 서비스 프로그램의 특징을 묻는 문제가 출제되었습니다. 제어 프로그램과 처리 프로그램의 종류 및 특징을 구분해서 기억해 두세요.

언어 번역 프로그램은 194쪽을 참고하세요.

**분류/병합(Sort/Merge)**

데이터를 일정한 기준으로 정렬하거나 정렬된 두 개 이상의 파일을 하나로 합치는 기능을 하는 서비스 프로그램입니다.

문제2 3205452

### 따라잡기 기출문제 따라잡기

15년 2회, 08년 3회, 05년 4회

**1. 다음 중 컴퓨터의 운영체제에 대한 설명으로 거리가 먼 것은?**

① 운영체제(OS)는 시스템 소프트웨어에서 가장 중요한 요소이다.

② 운영체제는 키보드, 모니터, 디스크 드라이브 등 필수적인 주변장치들을 관리하는 BIOS를 포함한다.

③ 컴퓨터의 기본적인 동작들을 관리하는 주요 프로그램들을 슈퍼바이저(Supervisor)라고 부른다.

④ 운영체제 프로그램은 컴퓨터가 동작하는 동안 하드디스크에 위치하여 여러 종류의 자원 관리 서비스를 제공한다.

운영체제는 하드디스크가 아니라 주기억장치에 위치하여 컴퓨터 전체를 작동시키는 프로그램입니다.

24년 4회, 21년 3회

**2. 다음 중 운영체제의 구성인 제어 프로그램에 대한 설명으로 옳지 않은 것은?**

① 자원의 할당 및 시스템 전체의 작동 상태를 감시한다.

② 작업이 정상적으로 처리될 수 있도록 작업의 순서와 방법을 관리한다.

③ 작업에 사용되는 데이터와 파일의 표준적인 처리 및 전송을 관리한다.

④ 사용자가 고급언어로 작성한 원시 프로그램을 기계어 형태의 목적 프로그램으로 변환시킨다.

④번은 처리 프로그램 중 언어 번역 프로그램에 대한 설명입니다.

▶ **정답** : 1. ④ 2. ④

문제7 1204951

24년 2회, 23년 1회

**3. 다음 중 컴퓨터 운영체제(OS)에 대한 설명으로 옳지 않은 것은?**

① 컴퓨터 하드웨어와 응용 프로그램을 사용하고자 하는 사용자 사이에 위치하여 인터페이스 역할을 해주는 소프트웨어이다.

② 운영체제는 컴퓨터가 동작하는 동안 주기억장치에 위치하며, 프로세스, 기억장치, 입 · 출력장치, 파일 등의 자원을 관리한다.

③ 운영체제의 목적에는 처리 능력의 향상, 응답 시간의 단축, 사용 가능도의 향상, 신뢰도 향상 등이 있다.

④ 운영체제의 종류에는 어셈블러, 컴파일러, 인터프리터 등이 있다.

운영체제의 종류에는 Windows, UNIX, LINUX, MS-DOS 등이 있습니다. 어셈블러, 컴파일러, 인터프리터는 언어 번역 프로그램입니다.

14년 3회

**4. 다음 중 운영체제의 처리 프로그램인 서비스 프로그램에 관한 설명으로 옳은 것은?**

① 원시 프로그램을 시스템이 이해할 수 있는 기계어로 바꾸어주는 프로그램이다.

② 사용자의 업무를 컴퓨터로 처리하기 위하여 작성된 응용 프로그램이다.

③ 사용자의 편의를 위해 제작사에서 제공하는 프로그램으로 연계 편집, 유틸리티, 정렬, 병합 등이 있다.

④ 주기억장치와 보조기억장치 사이에 파일의 입 · 출력을 관리하는 프로그램이다.

서비스 프로그램은 사용자의 편의를 위해 만들어진 프로그램입니다.

15년 1회

**5. 다음 중 컴퓨터 운영체제(OS) 대한 설명으로 옳지 않은 것은?**

① 시스템의 메모리를 관리하고, 응용 프로그램이 제대로 실행될 수 있도록 제어한다.

② 컴퓨터 하드웨어와 응용 프로그램을 사용하고자 하는 사용자 사이에 위치하여 인터페이스 역할을 해주는 소프트웨어이다.

③ 프로세스 및 기억장치 관리, 파일 및 주변장치 관리 그리고 컴퓨터에 설치된 프로그램 등을 관리하는 역할과 유틸리티 프로그램을 제공한다.

④ 사용자 측면에서 특정 분야의 작업을 처리하기 위한 프로그램으로 반드시 설치될 필요는 없으나 설치하여 사용할 것을 권고하고 있다.

④번은 응용 소프트웨어에 대한 설명입니다.

13년 2회, 11년 3회, 07년 3회, 06년 4회, 04년 4회

**6. 운영체제의 목적은 사용자에게 컴퓨터를 사용할 수 있는 환경을 제공하여 컴퓨터 시스템을 보다 편리하고 효율적으로 관리하고 이용하는 데 있다. 다음 중 운영체제의 목적에 부합하지 않는 것은?**

① 신뢰도(Reliability) 향상

② 시스템 성능(Performance) 향상

③ 처리 능력(Throughput) 향상

④ 응답 시간(Response Time) 연장

응답 시간은 명령을 지시하고 결과를 얻을 때까지의 시간으로, 짧을수록 좋습니다.

22년 4회, 18년 상시, 09년 2회

**7. 다음 중 컴퓨터에서 사용하는 운영체제에 관한 설명으로 옳지 않은 것은?**

① 운영체제는 컴퓨터가 동작하는 동안 하드디스크에 위치하며, 프로세스, 기억장치, 입 · 출력장치, 파일 등의 자원을 관리한다.

② 운영체제의 목적은 처리 능력의 향상, 응답 시간의 단축, 사용 가능도의 향상, 신뢰도 향상 등이다.

③ 운영체제의 구성 요소인 제어 프로그램에는 감시 프로그램, 작업 관리 프로그램, 데이터 관리 프로그램 등이 있다.

④ 운영체제의 방식에는 일괄 처리, 실시간 처리, 분산 처리 등이 있다.

운영체제는 컴퓨터가 동작하는 동안 주기억장치에 위치합니다.

23년 3회, 21년 2회, 18년 2회, 1회, 10년 3회

**8. 다음 중 컴퓨터에서 사용되는 운영체제의 목적에 관한 설명으로 옳지 않은 것은?**

① 시스템에 작업을 의뢰한 시간부터 처리가 완료될 때까지 걸린 시간을 의미하는 반환 시간의 단축이 요구된다.

② 일정 시간 내에 시스템이 처리하는 일의 양을 의미하는 처리 능력의 향상이 요구된다.

③ 시스템이 주어진 문제를 정확하게 해결하는 정도를 의미하는 신뢰도의 향상이 요구된다.

④ 시스템을 사용할 수 있는 사용자의 수를 의미하는 사용 가능도의 향상이 요구된다.

사용 가능도는 시스템을 사용할 필요가 있을 때 **즉시 사용 가능한 정도**를 의미합니다.

▶ **정답** : 3. ④ 4. ③ 5. ④ 6. ④ 7. ① 8. ④

SECTION 052

# 운영체제의 운영 방식

A 등급

## 1 일괄 처리 시스템

23.4, 22.6, 22.1, 21.2, 21.3, 18.1, 17.2, 13.2, 09.1, 06.1, 2급 22.3, 18.상시, 13.1, 09.4

3205501

일괄 처리 시스템(Batch Processing System)은 처리할 데이터를 일정량 또는 일정 기간 모았다가 한꺼번에 처리하는 방식이다.

- 온라인 일괄 처리 시스템과 오프라인 일괄 처리 시스템이 있다.
- 급여 계산, 공공요금 계산 등에 사용된다.

## 2 실시간 처리 시스템

24.5, 23.4, 22.6, 21.2, 22.1, 21.3, 17.2, 2급 24.3, 22.3, 18.상시, 09.4

실시간 처리 시스템(Real Time Processing System)은 처리할 데이터가 생겨날 때마다 바로 처리하는 방식이다.

- 일반적으로 온라인 실시간 시스템을 의미한다.
- 항공기나 열차의 좌석 예약, 은행 업무 등에 사용된다.

## 3 시분할 시스템

24.5, 23.4, 22.6, 22.1, 21.2, 21.3, 21.1, 20.1, 17.2, 16.1, 13.2, 09.1, 06.3, 2급 22.3, 13.1

시분할 시스템(Time Sharing System)은 한 대의 시스템을 여러 사용자가 동시에 사용하는 방식이다.

- 일정 시간 단위로 CPU 사용권을 신속하게 전환함으로써, 모든 사용자들은 자신만 혼자 컴퓨터를 사용하고 있는 것처럼 느낀다.

## 4 분산 처리 시스템

23.4, 22.7, 22.5, 22.1, 21.4, 21.2, 18.2, 18.1, 13.1, 09.1, 06.3, 2급 21.3, 18.상시, 09.3, 05.4

분산 처리 시스템(Distributed System)은 지역적으로 분산된 여러 대의 컴퓨터를 연결하여 작업을 분담하여 처리하는 방식이다.

## 5 다중 프로그래밍 시스템

24.5, 21.3, 21.1, 20.1, 17.2, 16.1, 13.2, 13.1

다중 프로그래밍 시스템(Multi Programming System)은 한 개의 CPU(중앙처리장치)로 여러 개의 프로그램을 동시에 처리하는 방식이다.

**전문가의 조언**

**중요해요!** 운영체제의 운영 방식에 대한 문제가 자주 출제됩니다. 무슨 운영 방식을 말하는지 구분할 수 있도록 각각의 특징을 파악해 두세요.

24.5, 22.6, 22.3, 21.3, 21.1, 20.1, 17.2, 16.1, 13.2, 2급 11.1

## 6 다중 처리 시스템

다중 처리 시스템(Multi-Processing System)은 처리 속도를 향상시킬 목적으로 하나의 컴퓨터에 여러 개의 CPU(중앙처리장치)를 설치하여 프로그램을 처리하는 방식이다.

21.4, 21.3, 21.2, 18.1, 09.1, 2급 19.2

## 7 임베디드 시스템

임베디드 시스템(Embedded System)은 마이크로프로세서에 특정 기능을 수행하는 응용 프로그램을 탑재하여 컴퓨터의 기능을 수행하는 것으로, 컴퓨터의 하드웨어와 소프트웨어가 하나로 조합된 전자 제어 시스템이다.

- TV, 밥솥, 냉장고 등의 가전제품에 많이 사용되며, 2차 저장장치가 없다.

13.3, 08.3, 04.1

### 잠깐만요 임베디드 운영체제

디지털 TV, 전기밥솥, 냉장고, PDA 등 해당 제품의 특정 기능에 맞게 특화되어서 제품 자체에 포함된 운영체제로, Windows CE가 여기에 속합니다.

17.1, 2급 07.1

## 8 듀얼 시스템

듀얼 시스템(Dual System)은 두 대의 컴퓨터가 같은 업무를 동시에 처리하므로 한쪽 컴퓨터가 고장나면 다른 컴퓨터가 계속해서 업무를 처리하여 업무가 중단되는 것을 방지하는 시스템이다.

## 9 듀플렉스 시스템

듀플렉스 시스템(Duplex System)은 두 대의 컴퓨터를 설치하여 한쪽의 컴퓨터가 가동중일 때는 다른 한 컴퓨터는 대기하고 있다가 가동중인 컴퓨터가 고장이 나면 즉시 대기중인 컴퓨터가 가동되어 시스템이 안전하게 작동되도록 운영하는 시스템이다.

문제1 3205551 문제2 3205552

## 따라잡기 기출문제 따라잡기

23년 4회, 22년 1회, 21년 2회

**1. 다음 중 컴퓨터 운영체제의 운영 방식에 대한 설명으로 옳지 않은 것은?**

① 일괄 처리는 컴퓨터에 입력하는 데이터를 일정량 또는 일정 시간 모았다가 한꺼번에 처리하는 방식이다.

② 실시간 처리는 오프라인에서 처리할 데이터가 입력될 때 마다 즉시 처리하는 방식이다.

③ 시분할 시스템은 한 대의 시스템을 여러 사용자가 동시에 사용하는 방식이다.

④ 분산 처리 시스템은 여러 대의 컴퓨터들이 작업한 결과를 통신망을 이용하여 상호 교환할 수 있도록 연결되어 있는 방식이다.

실시간 처리는 온라인에서 처리할 데이터가 입력될 때 마다 즉시 처리하는 방식입니다.

24년 5회, 22년 6회, 21년 3회, 17년 2회

**2. 다음 중 컴퓨터 운영체제의 운영 방식에 대한 설명으로 옳지 않은 것은?**

① 다중 처리(Multi-Processing) : 한 개의 CPU로 여러 개의 프로그램을 동시에 처리하는 방식이다.

② 실시간 처리(Real Time Processing) : 처리할 데이터가 입력될 때 마다 즉시 처리하는 방식으로, 각종 예약 시스템이나 은행 업무 등에서 사용한다.

③ 일괄 처리(Batch Processing) : 컴퓨터에 입력하는 데이터를 일정량 또는 일정 시간 모았다가 한꺼번에 처리하는 방식이다.

④ 시분할 시스템(Time Sharing System) : 한 대의 시스템을 여러 사용자가 동시에 사용하는 방식으로, 처리 시간을 짧은 시간 단위로 나누어 각 사용자에게 순차적으로 할당하여 실행한다.

다중 처리는 하나의 컴퓨터에 여러 개의 CPU를 설치하여 프로그램을 처리하는 방식입니다. ①번은 다중 프로그래밍에 대한 설명입니다.

17년 1회

**3. 다음 중 컴퓨터 고장으로 인한 작업 중단에 대비하고, 업무 처리의 신뢰도를 높이기 위해 2개의 CPU가 같은 업무를 동시에 처리하여 그 결과를 상호점검하면서 운영하는 시스템은?**

① 듀플렉스 시스템
② 클러스터링 시스템
③ 듀얼 시스템
④ 다중처리 시스템

듀얼 시스템은 두 개의 CPU가 동시에 업무 처리하는 시스템이고, 듀플렉스 시스템은 두 개의 CPU 중 한 개는 가동, 한 개는 대기하고 있는 시스템입니다.

22년 7회, 5회, 21년 4회, 18년 2회, 06년 3회

**4. 다음 중 컴퓨터를 이용한 정보처리 방식에서 분산 처리 시스템에 관한 설명으로 적절한 것은?**

① 여러 개의 CPU와 하나의 주기억장치를 이용하여 여러 프로그램을 동시에 처리하는 방식이다.

② 여러 명의 사용자가 사용하는 시스템에서 시간을 분할하여 프로그램을 실행하는 시스템이다.

③ 여러 대의 컴퓨터들이 작업한 결과를 통신망을 이용하여 상호 교환할 수 있도록 연결되어 있는 시스템이다.

④ 하나의 CPU와 주기억장치를 이용하여 여러 개의 프로그램을 동시에 처리하는 방식이다.

①번은 다중 처리, ②번은 시분할 시스템, ④번은 다중 프로그래밍에 대한 설명입니다.

21년 4회, 2회, 18년 1회

**5. 다음 중 임베디드 시스템에 관한 설명으로 옳은 것은?**

① 지역적으로 다른 위치에 있는 여러 대의 컴퓨터를 연결하여 분산 처리하는 시스템이다.

② 처리할 데이터를 일정 시간 모아서 일괄 처리하는 방식의 시스템이다.

③ 특정 기능을 수행하기 위하여 전체 장치의 일부분으로 내장되는 전자 시스템이다.

④ 두 개의 CPU가 동시에 같은 업무를 처리하는 방식으로 업무의 신뢰도를 높이는 작업에 이용된다.

①번은 분산 시스템, ②번은 일괄 처리, ④번은 듀얼 시스템에 대한 설명입니다.

22년 3회, 21년 1회, 20년 1회, 16년 1회

**6. 다음 중 하나의 컴퓨터에 여러 개의 중앙처리장치를 설치하여 주기억장치나 주변장치들을 공유하고, 신뢰성과 연산 능력을 향상시키는 시스템을 의미하는 것은?**

① 시분할 처리 시스템(Time Sharing System)

② 다중 프로그래밍 시스템(Multi-Programming System)

③ 듀플렉스 시스템(Duplex System)

④ 다중 처리 시스템(Multi-Processing System)

'한 개의 컴퓨터, 여러 개의 CPU(중앙처리장치)'는 다중 처리 시스템, '한 개의 CPU, 여러 개의 프로그램'은 다중 프로그래밍 시스템입니다.

▶ **정답** : 1. ② 2. ① 3. ③ 4. ③ 5. ③ 6. ④

SECTION 053

# 프로그래밍 언어

A 등급

2급 04.2, 01.1

## 1 프로그래밍 언어의 개요

프로그래밍 언어는 컴퓨터를 이용해 특정 문제를 해결하기 위한 프로그램을 작성하기 위해 사용되는 언어를 말한다.

21.2

## 2 프로그래밍 언어의 종류

### 저급 언어*

저급 언어(Low Level Language)는 기계어와 어셈블리어로 구분된다.

| | |
|---|---|
| 기계어 | • 기계어(Machine Language)는 0과 1의 2진수 형태로 표현된다.<br>• 컴퓨터가 직접 이해할 수 있는 언어로 처리 속도가 빠르다.<br>• CPU에 내장된 명령들을 직접 사용하는 것으로, 이해하기가 힘들고 수정 및 변경이 어렵다. |
| 어셈블리어 | • 어셈블리어(Assembly Language)는 기계어와 1:1로 대응되는 기호로 이루어진 언어로, 니모닉(Mnemonic) 언어라고도 한다.<br>• 하드웨어 제어에 주로 사용되며, 처리 속도가 빠르다.*<br>• 기계어로 번역하기 위해 어셈블러(Assembler)라는 번역기가 사용된다. |

### 고급 언어

- 고급 언어(High Level Language)는 인간이 실생활에 사용하는 자연어와 비슷한 형태와 구조를 갖는다.
- 컴퓨터가 이해할 수 있는 기계어로 번역하기 위해 컴파일러, 인터프리터 등의 번역기가 사용된다.
- 기계어와 어셈블리어를 제외한 C, BASIC, COBOL, ALGOL 등의 언어가 고급 언어에 해당된다.

21.2

## 3 고급 언어의 종류

| | |
|---|---|
| 21.2, 2급 23.1<br>문제 중심 언어 | • 처리 방법이나 절차보다는 해결하려는 문제에 중심을 두고 프로그램할 수 있는 언어로서, 비절차적이며 대화식으로 구성된다.<br>• 인공지능*, 모의실험 등에 사용된다.<br>• LISP, GPSS, SPSS, SAS, COGO 등이 문제 중심 언어에 속한다. |
| 2급 23.1<br>절차 중심 언어 | • 정해진 문법에 맞게 일련의 처리 절차를 순서대로 기술해 나가는 언어이다.<br>• C, COBOL, ALGOL, FORTRAN, PASCAL 등이 절차 중심 언어에 속한다. |

전문가의 조언

고급 언어에 대한 문제가 출제되었습니다. 고급 언어는 번역 과정이 필요하다는 것을 중심으로 프로그래밍 언어의 종류에 대해 정리해 두세요.

**저급 언어와 고급 언어**

저급 언어와 고급 언어의 구분은 언어가 저급이냐 고급이냐를 말하는 것이 아니라 기계 친화적이냐 인간 친화적이냐, 즉 기계가 이해하기 쉬우면 저급 언어, 인간이 이해하기 쉬우면 고급 언어입니다.

궁금해요 시나공 Q&A 베스트

**Q 기계어와 어셈블리어 중 어떤 것이 더 빠른가요?**

A 기계어와 어셈블리어의 처리 속도를 비교하면 기계어가 더 빠릅니다. 하지만 고급 언어와 비교하면 저급 언어인 기계어와 어셈블리어의 처리 속도가 더 빠릅니다.

**인공지능 언어**

- 퍼지 이론, 전문가 시스템, 로봇 공학 등에 사용되는 언어로, 문제 처리를 위해 추상적인 기호를 이용하는 기법입니다.
- LISP, PROLOG, SNOBOL 등이 인공지능 언어에 속합니다.

21.4, 21.3, 13.1, 12.2, 10.2, 09.1, 07.4, 07.1, 04.3, 2급 11.2, 10.1, 08.2, 04.3, 03.2, 01.2, 00.3

## 4 주요 고급 언어의 특징

1205004

| 언어 | 특징 |
|---|---|
| 21.4, 21.3, 13.1, 12.2, … JAVA | • 객체 지향 언어이다.<br>• 분산 네트워크 환경에 적용이 가능하다.<br>• 멀티스레드 기능을 제공하므로 여러 작업을 동시에 처리할 수 있다.<br>• 운영체제 및 하드웨어에 독립적이며, 이식성이 강하다.<br>• 바이트 코드(Byte Code)* 생성으로 플랫폼*에 관계없이 독립적으로 동작할 수 있다. |
| 2급 10.1, 99.1 C | • UNIX 운영체제 제작을 위해 개발되었다.<br>• 저급 언어와 고급 언어의 특징을 고루 갖춘 중급 언어이다.<br>• 수치 해석, 데이터베이스 처리를 위한 범용 언어로 자리매김하고 있다. |
| BASIC | 초보자도 쉽게 사용할 수 있는 문법 구조를 갖는 대화형 언어이다. |
| COBOL | • 사무 처리용 언어이다.<br>• 영어 문장 형식으로 구성되어 있어 이해와 사용이 쉽다.<br>• 4개의 DIVISION으로 구성되어 있다. |
| FORTRAN | • 과학 기술 계산용 언어이다.<br>• 수학과 공학 분야의 공식이나 수식과 같은 형태로 프로그래밍할 수 있다. |
| PASCAL | • ALGOL을 바탕으로 개발된 교육용 언어이다.<br>• 구조적 프로그래밍 기법을 사용하며 현재는 객체 지향 개념을 적용한 Delphi로 발전하였다. |
| LISP | • 인공지능 분야에 사용되는 언어이다.<br>• 기본 자료 구조가 연결 리스트 구조이며, 재귀 호출(Recursion)을 많이 사용한다. |
| C++ | • C 언어에 객체 지향 개념을 적용한 언어이다.<br>• 모든 문제를 객체로 모델링하여 표현한다. |

**전문가의 조언**

고급 언어에서는 JAVA에 대한 문제만 출제되었습니다. JAVA는 특징을 확실히 정리하고, 나머지 언어는 서로 구분할 수 있을 정도로만 특징을 정리하세요.

**바이트 코드(Byte Code)**
컴퓨터 하드웨어와 무관하게 동작하는 일종의 JAVA용 어셈블리어로 JAVA를 컴파일하면 생성됩니다.

**플랫폼**
프로그램이 실행될 수 있는 기초를 이루는 컴퓨터 시스템을 의미합니다.

24.4, 23.2, 22.7, 21.4, 21.3, 21.2, 21.1, 20.1, 19.2, 17.1, 14.1, 13.1, 12.2, 11.2, 10.2, 10.1, 09.3, 09.1, 07.4, 07.1, 04.3

## 5 프로그래밍 기법

3205605

| | |
|---|---|
| 24.4, 21.3 구조적 프로그래밍 | • 입력과 출력이 각각 하나씩 이루어진 구조로, GOTO문을 사용하지 않으며, 순서, 선택, 반복의 3가지 논리 구조를 사용하는 기법이다.<br>• 대표적인 종류 : PASCAL |
| 21.3 절차적 프로그래밍 | • 지정된 문법 규칙에 따라 일련의 처리 절차를 순서대로 기술해 나가는 프로그래밍 기법이다.<br>• 대표적인 종류 : C, COBOL, FORTRAN, BASIC 등 |
| 24.4, 23.2, 22.7, 21.3, … 객체 지향 프로그래밍 | • 객체를 중심으로 한 프로그래밍 기법이다.<br>• 절차적 프로그래밍의 문제점*을 해결하기 위해 개발된 프로그래밍 기법으로, 코드의 재사용과 유지 보수가 용이하여 프로그램의 개발 시간을 단축할 수 있다.<br>• 시스템의 확장성이 높고 정보 은폐가 용이하다.<br>• 추상화, 캡슐화, 상속성, 다형성 등의 특징을 갖고 있다.<br>• 대표적인 종류 : Smalltalk, C++, JAVA, C#, Python, Ruby 등 |
| 24.4, 21.3 비주얼 프로그래밍 | • 기존 문자 방식의 명령어 전달 방식을 기호화된 아이콘의 형태로 바꿔 사용자가 대화형으로 좀 더 쉽게 프로그래밍할 수 있는 기법이다.<br>• 대표적인 종류 : Visual BASIC, Visual C++ Delphi, Power Builder 등 |

**전문가의 조언**

프로그래밍 기법 중 객체 지향 프로그래밍에 대한 문제가 자주 출제됩니다. 이를 중심으로 각 기법의 특징을 구분할 수 있도록 정리하세요.

**절차적 프로그래밍의 문제점**
절차적 프로그래밍은 프로그램을 분석하기 어렵고, 유지 보수나 코드의 수정이 어렵습니다.

전문가의 조언

언어 번역 과정과 언어 번역 과정에서 사용되는 용어들의 의미를 파악해 두세요.

**모듈(Module)**
같은 목적으로 구성된 명령어 모음으로, 모듈이 모여 하나의 완전한 프로그램이 되는 것입니다.

24.3, 07.4, 07.2, 2급 11.2, 09.4, 08.1, 07.2, 00.1

## 6 언어 번역 과정

1205005

원시 프로그램 —번역→ 목적 프로그램 —링커→ 로드 모듈 —로더→ 실행

| | |
|---|---|
| 번역(Compile) | 컴파일러, 어셈블러, 인터프리터 등의 번역기를 사용한다. |
| 07.4, 2급 09.4, 08.1<br>링커(Linker) | • 여러 개의 목적 프로그램에 시스템 라이브러리를 결합해 하나의 실행 가능한 로드 모듈* 로 만든다.<br>• 연계 편집 프로그램이라고도 한다. |
| 24.3<br>로더(Loader) | • 실행 가능한 로드 모듈에 기억공간의 번지를 지정하여 메모리에 적재한다.<br>• 컴퓨터에서 실행해야 할 프로그램이나 파일을 메모리로 옮겨주는 프로그램이다. |

※ 프로그램을 작성 혹은 실행하는 과정에서 오류가 발생한 경우 오류를 제거하기 위한 작업 과정을 디버깅(Debugging)이라고 한다.

전문가의 조언

컴파일러와 인터프리터의 차이점을 묻는 문제가 출제되었습니다. 컴파일러와 인터프리터의 특징 및 차이점을 숙지하세요.

**고급 언어**
인간이 이해하기 쉬운 인간 중심의 언어로 일반 영어나 한글을 이용하여 표현합니다(C, C++, Java, C# 등).

**기계어**
컴퓨터가 이해할 수 있는 언어로, 2진수(1 또는 0)로 되어 있습니다.

**저급 언어**
기계 중심의 언어로 기계어와 1:1로 대응되는 기호나 문자로 표현합니다(어셈블리어).

09.4, 08.4, 05.1, 2급 13.3, 11.3, 10.2, 08.3, 07.3, 05.3

## 7 언어 번역 프로그램

1205006

언어 번역 프로그램(Language Translator Program)은 사용자가 고급 언어*로 작성한 원시 프로그램(Source Program)을 기계어* 형태의 목적 프로그램(Object Program)으로 변환시키는 것으로 다음과 같은 종류가 있다.

| | |
|---|---|
| 09.4, 2급 13.3, 11.3, 05.3<br>컴파일러(Compiler) | C, C++, Java, C# 등의 고급 언어로 작성된 프로그램을 기계어로 번역하는 프로그램이다. |
| 2급 13.3, 11.3, 05.3<br>어셈블러(Assembler) | 저급 언어*인 어셈블리어로 작성된 프로그램을 기계어로 번역하는 프로그램이다. |
| 09.4, 2급 13.3, 11.3, 10.2, 08.3, 07.3<br>인터프리터(Interpreter) | • 원시 프로그램을 줄 단위로 번역하여 바로 실행해 주는 프로그램으로, 대화식 처리가 가능하다.<br>• 목적 프로그램을 생성하지 않고 즉시 실행 결과를 출력한다.<br>• Python, Ruby, R 등의 고급 언어가 인터프리터 방식의 언어 번역기이다. |

23.2, 09.4, 2급 21.2, 18.1, 08.3

### 잠깐만요 컴파일러와 인터프리터의 비교

1205033

| 구 분 | 컴파일러 | 인터프리터 |
|---|---|---|
| 번역 단위 | 전체 | 행 |
| 목적 프로그램 | 생성 | 없음 |
| 실행 속도 | 빠름 | 느림 |
| 번역 속도 | 느림 | 빠름 |
| 관련 언어 | C, C++, Java, C# 등 | Python, Ruby, R 등 |

문제1 3205651 문제5 3205654 문제7 3205657

## 따라잡기 기출문제 따라잡기

21년 4회, 13년 1회, 10년 2회, 04년 3회

**1. 다음 중 컴퓨터 프로그래밍 언어인 JAVA 언어에 대한 설명으로 옳지 않은 것은?**

① 네트워크 환경에서 분산 작업이 가능하다.

② 멀티스레드 기능을 제공하므로 여러 작업을 동시에 처리할 수 있다.

③ 운영체제에 관계없이 독립적으로 실행할 수 있는 프로그램을 작성할 수 있다.

④ 수식처리를 비롯하여 기호 처리 분야에 사용되고 있으며 특히 인공 지능 분야에 널리 사용되고 있다.

④번은 LISP에 대한 설명입니다.

21년 1회, 17년 1회, 14년 1회

**2. 다음 중 컴퓨터 소프트웨어의 개발을 위한 객체 지향 언어에 관한 설명으로 옳지 않은 것은?**

① 데이터와 그 데이터를 처리하는 함수를 객체로 묶어서 문제를 해결하는 언어이다.

② 대표적인 객체 지향 언어로는 BASIC, Pascal, C 언어 등이 있다.

③ 시스템의 확장성이 높고 정보 은폐가 용이하다.

④ 상속, 캡슐화, 추상화, 다형성 등을 지원한다.

대표적인 객체 지향 언어에는 JAVA, C++ 등이 있습니다. BASIC, Pascal, C 언어는 절차 지향 언어입니다.

24년 4회, 23년 2회, 22년 7회, 20년 상시, 19년 2회, 09년 1회

**3. 다음 중 객체 지향 프로그래밍 언어에 대한 설명으로 옳지 않은 것은?**

① 소프트웨어의 재사용으로 프로그램의 개발 시간을 단축할 수 있다.

② 대표적인 객체 지향 언어로 C++, Java 등이 있다.

③ 상속성, 캡슐화, 추상화, 다형성 등의 특징이 있다.

④ 순차적인 처리가 중요시되며 프로그램 전체가 유기적으로 연결되도록 작성한다.

'순차적인 처리'와 '프로그램의 유기적 연결'은 절차적 프로그래밍 언어의 특징입니다.

24년 3회

**4. 실행 가능한 로드 모듈에 기억공간의 번지를 지정하여 메모리에 적재하고, 컴퓨터에서 실행해야 할 프로그램이나 파일을 메모리로 옮겨주는 프로그램은?**

① 로더 ② 링커

③ 컴파일러 ④ 인터프리터

실행 가능한 로드 모듈에 기억공간의 번지를 지정하여 메모리에 적재하는 프로그램은 로더(Loader)입니다.

21년 3회

**5. 다음 중 프로그래밍 기법에 대한 설명으로 옳지 않은 것은?**

① 구조적 프로그래밍 : 입력과 출력이 각각 하나씩 이루어진 구조로, 순서, 선택, 반복의 3가지 논리 구조를 사용하는 기법이다.

② 절차적 프로그래밍 : 지정된 문법 규칙에 따라 일련의 처리 절차를 순서대로 기술해 나가는 프로그래밍 기법이다.

③ 객체 지향 프로그래밍 : 객체를 중심으로 한 프로그래밍 기법으로, 소프트웨어의 재사용과 유지보수가 용이하다.

④ 비주얼 프로그래밍 : 기호화된 아이콘 형태를 문자 방식의 명령어로 바꿔 프로그래밍 하는 기법이다.

비주얼 프로그래밍은 기존 문자 방식의 명령어 전달 방식을 기호화된 아이콘의 형태로 바꿔 사용자가 대화형으로 좀더 쉽게 프로그래밍할 수 있는 기법입니다.

23년 2회

**6. 언어 번역 프로그램 중에서 컴파일러 대비 인터프리터의 특징이 아닌 것은?**

① 대표적인 언어에는 C, C++, Java, C# 등이 있다.

② 번역 속도는 빠르지만 실행 속도는 느리다.

③ 목적 프로그램을 생성하지 않는다.

④ 행 단위로 번역한다.

대표적인 인터프리터 언어에는 Python, Ruby, R 등이 있습니다. C, C++, Java, C# 등은 컴파일러 언어에 해당합니다.

21년 2회

**7. 다음 중 컴퓨터 프로그래밍 언어에 대한 설명으로 옳지 않은 것은?**

① 객체 지향 언어는 동작보다는 객체, 논리보다는 자료를 바탕으로 구성된 객체 지향 프로그래밍 언어이다.

② 문제 중심 언어는 처리 방법이나 절차보다는 해결하려는 문제에 중심을 두고 프로그램할 수 있는 언어로서, 비절차적이며 대화식으로 구성된다.

③ 고급 언어는 번역 과정이 없어 보다 편리하게 프로그래밍 할 수 있다.

④ 절차 중심 언어는 정해진 문법에 맞게 일련의 처리 절차를 순서대로 기술해 나가는 언어이다.

고급 언어는 컴파일러나 인터프리터 등의 번역기를 통해 컴퓨터가 이해할 수 있는 기계어로 변환되어야 실행이 가능합니다.

▶ **정답** : 1. ④ 2. ② 3. ④ 4. ① 5. ④ 6. ① 7. ③

SECTION 054

# 웹 프로그래밍 언어

B 등급

## 1 웹 프로그래밍 언어

22.5, 19.1, 18.상시, 18.2, 18.1, 15.2, 13.3, 12.1, 11.3, 11.2, 10.1, 08.4, 08.2, 08.1, 07.3, 06.4, 06.3, 06.2, 06.1, 05.3, 04.3, …

1205101

**전문가의 조언**

XML, WML, ASP, JSP 등 각 프로그램의 개념을 묻는 문제가 출제되었습니다. 각 웹 프로그램 언어의 특징을 정리한 후 다른 것과 비교하여 구분할 수 있을 정도로 공부하세요. 스크립트와 애플릿의 의미도 함께 기억해 두세요.

웹 프로그래밍 언어는 웹 문서를 제작할 때 사용하는 언어이다.

| | |
|---|---|
| 22.5, 11.2<br>HTML(Hyper Text Markup Language) | 인터넷의 표준 문서인 하이퍼텍스트 문서를 만들기 위해 사용하는 언어로, 특별한 데이터 타입이 없는 단순한 텍스트이므로 호환성이 좋고 사용이 편리하다. |
| 15.2<br>DHTML(Dynamic HTML) | 이전 버전의 HTML에 비해 애니메이션이 강화되고 사용자와의 상호작용에 좀 더 민감한 동적인 웹 페이지를 만들 수 있게 하는 언어이다. |
| 15.2<br>SGML (Standard Generalized Markup Language) | 텍스트, 이미지, 오디오 및 비디오 등을 포함하는 멀티미디어 전자 문서들을 다른 기종의 시스템들과 정보의 손실 없이 효율적으로 전송, 저장 및 자동 처리하기 위한 언어이다. |
| 18.1, 13.3, 12.1, 10.1, 08.2, 06.3, 06.2, …<br>XML (eXtensible Markup Language) | • 확장성 생성 언어라는 뜻으로 기존 HTML의 단점을 보완하여 웹에서 구조화된 폭넓고 다양한 문서들을 상호 교환할 수 있도록 설계된 언어이다.<br>• HTML에 사용자가 새로운 태그(Tag)*를 정의할 수 있다.<br>• 문서의 내용과 이를 표현하는 방식이 독립적이다.<br>• HTML과는 달리 문서 형식 정의(DTD)*가 고정되어 있지 않으므로 논리적 구조를 표현할 수 있는 유연성을 가진다. |
| 15.2, 08.4, 07.3, 06.1, 04.3<br>WML(Wireless Markup Language) | • XML에 기반을 둔 마크업 언어로, 휴대폰, PDA, 양방향 호출기와 같은 무선 단말기에서 텍스트 기반의 콘텐츠를 제공하기 위한 언어이다.<br>• 태그를 기반으로 텍스트, 이미지, 데이터 등의 입력을 지원한다. |
| 05.3<br>UML(Unified Modeling Language) | • 요구 분석, 시스템 설계, 시스템 구현 등의 과정에서 사용되는 모델링 언어로, 기존 객체 지향의 방법론별로 제안되어 표기법이 여러 가지였던 모델링 언어의 표준화를 위한 언어이다.<br>• 모델링에 대한 표현력이 강하고, 비교적 모순이 적은 논리적인 표기법(Notation)을 가진 언어이다. |
| 11.2, 03.2, 2급 08.4, 04.2<br>VRML(Virtual Reality Modeling Language) | • 가상현실 모델링 언어라는 뜻으로, 웹에서 3차원 가상공간을 표현하고 조작할 수 있게 하는 언어이다.<br>• 장면 기술(Scene Description) 언어와 여러 가지 파일 포맷을 갖는다. |
| 18.1, 12.1, 06.4, 06.3, 06.2, 06.1, 05.3<br>ASP (Active Server Page) | • 서버 측에서 동적으로 수행되는 페이지를 만들기 위한 언어이다.<br>• 마이크로소프트 사에서 제작하였고, Windows 계열에서만 사용할 수 있다. |
| 19.1, 12.1, 08.4, 08.1, 06.4, 06.3, 05.3<br>JSP (Java Server Page) | • 자바(JAVA)로 만들어진 서버 스크립트 언어이다.<br>• 웹 환경에서 작동되는 웹 어플리케이션을 개발할 수 있다.<br>• 서버 측에서 동적으로 수행되며, Linux, Unix, Windows 등의 다양한 운영체제에서 사용할 수 있다.<br>• 데이터베이스와 연결하기 쉽고, 시스템을 효율적으로 사용할 수 있다. |
| 18.1, 12.1, 06.4, 06.3, 06.1, 05.3<br>PHP(Professional Hypertext Preprocessor) | • 1994년 라스무스 러돌프(Rasmus Lerdorf)에 의해 개발된 언어로 초기에는 아주 간단한 유틸리티들로만 구성되어 개인용 홈페이지 제작 도구로 사용되었으나, PHP 4.0 버전 이후 가장 각광받는 웹 스크립트 언어가 되었다.<br>• 서버 측에서 동적으로 수행되며, Linux, Unix, Windows 운영체제에서 사용할 수 있다. |

**태그(Tag)**
홈페이지를 만들 때 특정한 기능이나 모양 등을 정의하기 위한 '꼬리표'를 의미합니다.

**DTD (Document Type Definition)**
마크업 문서의 요소와 속성 등을 어떤 규칙에 따라 기술해야 하는지에 대한 기준을 말합니다.

| | |
|---|---|
| 18.2, 11.3<br>**자바 스크립트 (JAVA Script)** | • 일반 사용자가 프로그래밍하기 힘든 자바 애플릿(Applet)*의 단점을 극복하고자 개발되었다.<br>• 클래스가 존재하지 않으며 변수 선언도 필요 없다.<br>• 소스 코드가 HTML 문서에 포함되어 있어 사용자의 웹 브라우저에서 직접 번역되고 실행된다.<br>• 서버에 데이터를 전송할 때 아이디, 비밀번호, 수량 등의 입력 사항을 확인할 때 주로 사용한다. |

**애플릿(Applet)**
HTML 문서 내에 포함될 수 있는 자바 프로그램을 일컫는 말로, 현재 웹 상의 대부분의 프로그램에서 사용하는 방식입니다.

## 따라잡기 기출문제 따라잡기

문제3 3205754 문제5 3205756

22년 5회, 11년 2회

**1. 다음 중 인터넷 문서를 작성할 때 사용되는 언어 중에서 HTML에 관한 설명으로 옳은 것은?**

① 인터넷용 하이퍼텍스트 문서 제작에 사용된다.

② 구조화된 문서를 제작하기 위한 언어로, 태그의 사용자 정의가 가능하다.

③ 서버 측에서 동적으로 처리되는 페이지를 만들기 위한 언어이다.

④ 웹 상에서 3차원 가상 공간을 표현하기 위한 언어이다.

②번은 XML, ③번은 ASP, ④번은 VRML에 대한 설명입니다.

19년 1회

**2. 다음 중 웹 프로그래밍 언어인 JSP에 대한 설명으로 옳지 않은 것은?**

① 웹 서버에서 동적으로 웹 브라우저를 관리하는 스크립트 언어이다.

② 웹 환경에서 작동되는 웹 애플리케이션을 개발할 수 있다.

③ JAVA 언어를 기반으로 하여 윈도우즈 운영체제에서만 실행이 가능하다.

④ HTML 문서 내에서는 〈% … %〉와 같은 형태로 작성된다.

JSP는 다양한 운영체제에서 실행됩니다.

16년 2회

**3. 다음 중 게시판 입력, 상품 검색, 회원 가입 등과 같은 데이터베이스 처리 작업을 수행하기 위해 사용하며, 웹 서버에서 작동하는 스크립트 언어들로만 모아 놓은 것은?**

① HTML, XML, SGML

② Java, Java Applet, Java Script

③ Java Script, VB Script

④ ASP, JSP, PHP

대표적인 서버측 스크립트 언어 3가지는 'ASP, JSP, PHP'입니다.

18년 2회

**4. 다음 중 서버에 데이터를 전송하기 전 아이디나 비밀번호의 입력 여부 또는 수량 입력과 같은 입력 사항을 확인할 때 사용하는 웹 프로그래밍 언어로 가장 적절한 것은?**

① CSS ② UML

③ Java Script ④ VRML

자바 스크립트(Java Script)는 데이터베이스에서 데이터를 검색하고, 입력하는 등 서버에서 수행할 작업을 클라이언트 측에서 실행하여 서버의 분주함을 덜어주는 언어로, 아이디나 비밀번호 등을 맞게 입력했는지 확인하는 작업도 수행합니다.

18년 1회, 12년 1회, 06년 3회, 1회, 05년 3회

**5. 다음 중 웹 프로그래밍 언어에 대한 설명으로 옳지 않은 것은?**

① ASP는 페이지를 만들기 위한 언어로, Windows 계열의 운영체제에서 실행 가능하다.

② PHP는 클라이언트 측에서 동적으로 수행되는 스크립트 언어로 Unix 운영체제에서 실행 가능하다.

③ XML은 HTML의 단점을 보완하여 웹에서 구조화된 폭넓고 다양한 문서들을 상호 교환할 수 있도록 설계된 언어이다.

④ JSP는 자바로 만들어진 서버 스크립트로, 다양한 운영체제에서 사용이 가능하다.

PHP는 서버 측에서 동적으로 수행되는 스크립트 언어로, Linux, Unix, Windows 등 다양한 운영체제에서 실행 가능합니다.

▶ 정답 : 1. ① 2. ③ 3. ④ 4. ③ 5. ②

## 050 | 소프트웨어의 개요

### ❶ 시스템 소프트웨어 24.1, 22.7, 22.2, 15.3, 14.3, 14.2, 10.3

- 컴퓨터 전체를 작동시키는 프로그램으로, 기능에 따라 제어 프로그램과 처리 프로그램으로 구분한다.
- 대표적인 시스템 소프트웨어의 종류에는 운영체제(OS)가 있다.

### ❷ 응용 소프트웨어 24.1, 22.7, 22.2, 10.3

사용자가 컴퓨터를 이용하여 특정 업무를 처리할 수 있게 개발된 프로그램이다.

### ❸ 사용권에 따른 소프트웨어 분류 24.4, 24.2, 23.5, 22.6, 22.4, 22.3, 22.2, 21.4, …

- 셰어웨어 : 기능 혹은 사용 기간에 제한을 두어 배포하는 소프트웨어로, 무료로 사용할 수 있으며, 일정 기간 사용해 보고 정식 프로그램을 구입할 수 있음
- 프리웨어 : 무료로 사용 또는 배포가 가능한 소프트웨어로, 배포는 주로 인터넷을 통해 이루어짐
- 데모 버전 : 정식 프로그램의 기능을 홍보하기 위해 사용 기간이나 기능을 제한하여 배포하는 소프트웨어
- 알파 버전 : 베타테스트를 하기 전, 제작 회사 내에서 테스트할 목적으로 제작하는 소프트웨어
- 베타 버전 : 정식 프로그램을 출시하기 전, 테스트를 목적으로 일반인에게 공개하는 소프트웨어
- 패치 버전 : 이미 제작하여 배포된 프로그램의 오류 수정이나 성능 향상을 위해 프로그램의 일부 파일을 변경해 주는 소프트웨어
- 벤치마크 테스트 : 하드웨어나 소프트웨어의 성능을 검사하기 위해 실제로 사용되는 조건에서 처리 능력을 테스트하는 것
- 애드웨어 : 소프트웨어 자체에 광고를 포함하여 이를 보는 대가로 무료로 사용하는 소프트웨어
- 번들 : 특정 하드웨어나 소프트웨어를 구입하였을 때 무료로 끼워주는 소프트웨어

## 051 | 운영체제

### ❶ 운영체제의 개요 24.2, 23.1, 22.4, 18.상시, 15.3, 15.2, 15.1, 12.3, 10.2

- 사용자의 편의를 도모하는 동시에 시스템의 생산성을 높이기 위한 프로그램의 모임으로 사용자와 컴퓨터 사이에서 중계자 역할을 한다.
- 운영체제는 컴퓨터가 동작하는 동안 주기억장치에 위치한다.
- 운영체제의 종류에는 Windows, UNIX, LINUX, MS-DOS 등이 있다.

### ❷ 운영체제의 목적 24.2, 23.3, 22.4, 21.2, 18.2, 18.1, 15.3, 13.2, 11.3, 10.3

- 응답 시간 단축, 처리 능력 증대, 신뢰도 향상, 사용 가능도 증대에 있다.
- 처리 능력(Throughput) : 일정 시간 내에 시스템이 처리하는 일의 양
- 응답 시간(Turn Around Time) : 시스템에 작업을 의뢰한 시간부터 처리가 완료될 때까지 걸린 시간
- 사용 가능도(Availability) : 시스템을 사용할 필요가 있을 때 즉시 사용 가능한 정도
- 신뢰도(Reliability) : 시스템이 주어진 문제를 정확하게 해결하는 정도

### ❸ 운영체제의 구성 24.4, 21.3, 13.3

- 제어 프로그램
  - 감시 프로그램 : 자원의 할당 및 시스템 전체의 작동 상태를 감시하는 프로그램
  - 작업 관리 프로그램 : 작업이 정상적으로 처리될 수 있도록 작업의 순서와 방법을 관리하는 프로그램
  - 데이터 관리 프로그램 : 작업에 사용되는 데이터와 파일의 표준적인 처리 및 전송을 관리하는 프로그램
- 처리 프로그램
  - 언어 번역 프로그램 : 사용자가 고급언어로 작성한 원시 프로그램을 기계어 형태의 목적 프로그램으로 변환시킴
  - 서비스 프로그램 : 사용자가 컴퓨터를 더욱 효율적으로 사용할 수 있도록 제작된 프로그램

## 052 | 운영체제의 운영 방식

**❶ 일괄 처리 시스템(Batch Processing System)** 23.4, 22.6, 22.1, 21.3, …

처리할 데이터를 일정량 또는 일정 기간 모았다가 한꺼번에 처리하는 방식이다.

**❷ 실시간 처리 시스템(Real Time Processing System)** 24.5, 23.4, …

- 처리할 데이터가 생겨날 때마다 바로 처리하는 방식이다.
- 일반적으로 온라인 실시간 시스템을 의미한다.

**❸ 시분할 시스템(Time Sharing System)** 24.5, 23.4, 22.6, 22.1, 21.3, 21.2, 21.1, …

- 한 대의 시스템을 여러 사용자가 동시에 사용하는 방식이다.
- 일정 시간 단위로 CPU 사용권을 신속하게 전환함으로써, 모든 사용자들은 자신만 혼자 컴퓨터를 사용하고 있는 것처럼 느낀다.

**❹ 분산 처리 시스템(Distributed System)** 23.4, 22.7, 22.5, 22.1, 21.4, 21.2, …

지역적으로 분산된 여러 대의 컴퓨터를 연결하여 작업을 분담하여 처리하는 방식이다.

**❺ 다중 프로그래밍 시스템(Multi Programming System)** 24.5, 21.3, …

한 개의 CPU(중앙처리장치)로 여러 개의 프로그램을 동시에 처리하는 방식이다.

**❻ 다중 처리 시스템(Multi-Processing System)** 24.5, 22.6, 22.3, 21.3, …

처리 속도를 향상시킬 목적으로 하나의 컴퓨터에 여러 개의 CPU(중앙처리장치)를 설치하여 프로그램을 처리하는 방식이다.

**❼ 임베디드 시스템(Embedded System)** 21.4, 21.3, 21.2, 18.1

마이크로프로세서에 특정 기능을 수행하는 응용 프로그램을 탑재하여 컴퓨터의 기능을 수행하는 것으로, 컴퓨터의 하드웨어와 소프트웨어가 하나로 조합된 전자 제어 시스템이다.

## 053 | 프로그래밍 언어

**❶ JAVA** 21.4, 21.3, 13.1, 12.2, 10.2

- 객체 지향 언어이다.
- 분산 네트워크 환경에 적용이 가능하다.
- 멀티스레드 기능을 제공하므로 여러 작업을 동시에 처리할 수 있다.
- 운영체제 및 하드웨어에 독립적이며, 이식성이 강하다.
- 바이트 코드(Byte Code) 생성으로 플랫폼에 관계없이 독립적으로 동작할 수 있다.

**❷ 프로그래밍 기법** 24.4, 23.3, 23.2, 22.7, 21.3, 21.2, 21.1, 20.1, 19.2, 17.1, 14.1, 11.2, 10.1

- **객체 지향 프로그래밍**
  - 객체를 중심으로 한 프로그래밍 기법이다.
  - 절차적 프로그래밍의 문제점을 해결하기 위해 개발되었다.
  - 코드의 재사용과 유지 보수가 용이하여 프로그램의 개발 시간을 단축할 수 있다.
  - 시스템의 확장성이 높고 정보 은폐가 용이하다.
  - 추상화, 캡슐화, 상속성, 다형성 등의 특징을 갖고 있다.
  - **종류** : Smalltalk, C++, JAVA, C#, Python, Ruby 등
- **구조적 프로그래밍** : 입력과 출력이 각각 하나씩 이루어진 구조로, GOTO문을 사용하지 않으며, 순서, 선택, 반복의 3가지 논리 구조를 사용하는 기법
- **절차적 프로그래밍** : 지정된 문법 규칙에 따라 일련의 처리 절차를 순서대로 기술해 나가는 프로그래밍 기법
- **비주얼 프로그래밍** : 기존 문자 방식의 명령어 전달 방식을 기호화된 아이콘의 형태로 바꿔 사용자가 대화형으로 좀 더 쉽게 프로그래밍할 수 있는 기법

**❸ 로더(Loader)** 24.3

- 실행 가능한 로드 모듈에 기억공간의 번지를 지정하여 메모리에 적재한다.
- 컴퓨터에서 실행해야 할 프로그램이나 파일을 메모리로 옮겨주는 프로그램이다.

#### ❹ 컴파일러와 인터프리터의 비교 23.2

| 구분 | 컴파일러 | 인터프리터 |
|---|---|---|
| 번역 단위 | 전체 | 행 |
| 목적 프로그램 | 생성 | 없음 |
| 실행 속도 | 빠름 | 느림 |
| 번역 속도 | 느림 | 빠름 |
| 관련 언어 | C, C++, Java, C# 등 | Python, Ruby, R 등 |

#### ❺ PHP(Professional Hypertext Preprocessor) 18.1, 12.1

- 초기에는 개인용 홈페이지 제작 도구로 사용되었으나, PHP 4.0 버전 이후 웹 스크립트 언어가 되었다.
- 서버 측에서 동적으로 수행되며, Linux, Unix, Windows 운영체제에서 사용할 수 있다.

#### ❻ 자바 스크립트(JAVA Script) 18.2, 11.3

- 일반 사용자가 프로그래밍하기 힘든 자바 애플릿(Applet)의 단점을 극복하고자 개발되었다.
- 서버에 데이터를 전송할 때 아이디, 비밀번호, 수량 등의 입력 사항을 확인할 때 주로 사용한다.

### 054 | 웹 프로그래밍 언어

#### ❶ HTML(Hyper Text Markup Language) 22.5, 11.2

- 인터넷의 표준 문서인 하이퍼텍스트 문서를 만들기 위해 사용하는 언어이다.
- 특별한 데이터 타입이 없는 단순한 텍스트이므로 호환성이 좋고 사용이 편리하다.

#### ❷ XML(eXtensible Markup Language) 18.1, 13.3, 12.1, 10.1

- 확장성 생성 언어라는 뜻으로 기존 HTML의 단점을 보완하여 웹에서 구조화된 폭넓고 다양한 문서들을 상호 교환할 수 있도록 설계된 언어이다.
- HTML에 사용자가 새로운 태그(Tag)를 정의할 수 있다.

#### ❸ ASP(Active Server Page) 18.1, 12.1

- 서버 측에서 동적으로 수행되는 페이지를 만들기 위한 언어이다.
- 마이크로소프트 사에서 제작하였고, Windows 계열에서만 사용할 수 있다.

#### ❹ JSP(Java Server Page) 19.1, 12.1

- 자바(JAVA)로 만들어진 서버 스크립트 언어이다.
- 서버 측에서 동적으로 수행되며, Linux, Unix, Windows 등의 다양한 운영체제에서 사용할 수 있다.

# 6장

# 인터넷 활용

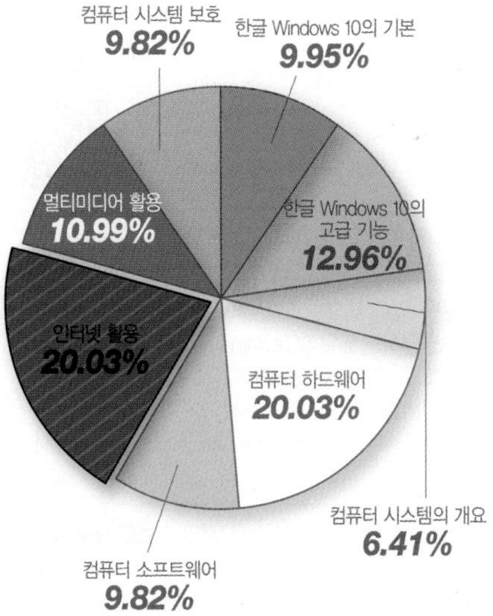




**이 장에서 꼭 알아야 할 키워드 Best 10**

**1.** 라우터 **2.** TCP/IP **3.** 게이트웨이 **4.** IPv6 **5.** URL **6.** 전자우편 **7.** FTP **8.** OSI 7계층 **9.** 사물 인터넷 **10.** 테더링

SECTION 055

# 정보통신의 이해

B 등급

## 1 정보통신의 개요

정보통신이란 컴퓨터를 이용한 정보 처리 기술과 통신 기술을 결합하여 디지털 형태의 문자, 음성, 영상 등의 정보를 송·수신하거나 처리하는 것으로 정보화 사회의 기반이 된다.

- 정보통신은 전송 속도가 빨라 다량의 정보를 신속하게 전송할 수 있다.
- 정보통신은 전송 거리나 사용 시간에 구애받지 않고 데이터를 전송할 수 있으며, 에러 제어 방식을 채택하여 전송 데이터의 신뢰성이 높다.
- 다른 컴퓨터의 자원을 공유할 수 있어 비용이 절감된다.

22.7, 22.3, 18.2, 16.3, 16.1, 14.2, 13.2, 12.2, 2급 09.2, 07.4, 04.1, 03.1, 01.3, 01.1, 2급 22.6, 16.1, 09.2, 07.4, 04.1, …

## 2 네트워크 운영 방식

1205204

**전문가의 조언**

클라이언트/서버 방식과 동배간 처리 방식에 대한 문제가 출제되었습니다. 네트워크 운영 방식별로 특징을 정리해서 기억해 두세요.

네트워크에 참여하는 컴퓨터의 역할과 연결 방식에 따라 다음과 같이 구분된다.

| | |
|---|---|
| 14.2<br>**중앙 집중 방식** | • 중앙 집중(Host-Terminal) 방식은 작업에 필요한 모든 처리를 담당하는 중앙 컴퓨터와 데이터의 입·출력 기능을 담당하는 단말기(Terminal)로 구성되어 있다.<br>• 중앙 컴퓨터와 단말기를 1:1 독립적으로 연결하여 언제든지 데이터 전송이 가능한 포인트 투 포인트(Point-to-Point) 방식으로 되어 있어 유지 보수가 쉽다.<br>• 메인 프레임(Main Frame)*에서 많이 사용하던 방식으로 최근에는 잘 사용하지 않는다. |
| 22.7, 22.3, 18.2, 16.1, 2급 16.1, …<br>**클라이언트/서버 방식** | • 클라이언트(Client)/서버(Server) 방식은 정보를 제공하는 서버와 정보를 요구하는 클라이언트로 구성되어 있다.<br>• 서버와 클라이언트가 모두 처리 능력을 가지고 있어 분산 처리* 환경에 적합하다. |
| 16.3, 13.2, 12.2, 2급 22.6, …<br>**동배간 처리 방식 (피어 투 피어)** | • 동배간 처리(Peer-To-Peer) 방식은 모든 컴퓨터를 동등하게 연결하는 방식으로, 고속 LAN을 기반으로 한다.<br>• 시스템에 소속된 컴퓨터들은 어느 것이든 서버가 될 수 있으며, 동시에 클라이언트도 될 수 있다.<br>• 워크스테이션 혹은 개인용 컴퓨터(PC)를 단말기로 사용하는 작은 규모의 네트워크 구성에 많이 사용된다.<br>• 유지 보수 및 데이터의 보안 유지가 어렵다. |

**메인 프레임**
대규모 시스템으로, 수백 명의 사용자가 동시에 사용할 수 있습니다.

**분산 처리**
지역적으로 분산된 여러 대의 컴퓨터를 연결하여 작업을 분담하여 처리하는 방식을 의미합니다.

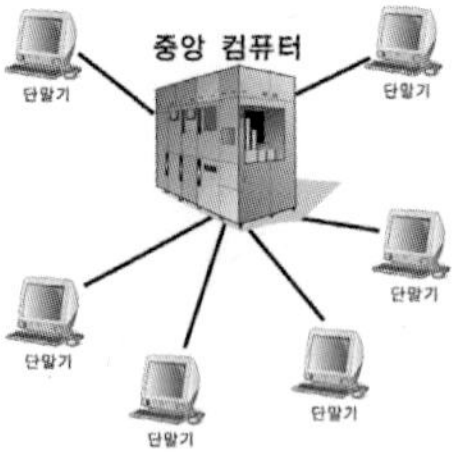

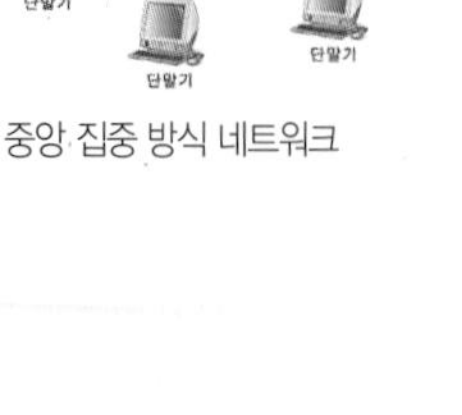

중앙 집중 방식 네트워크

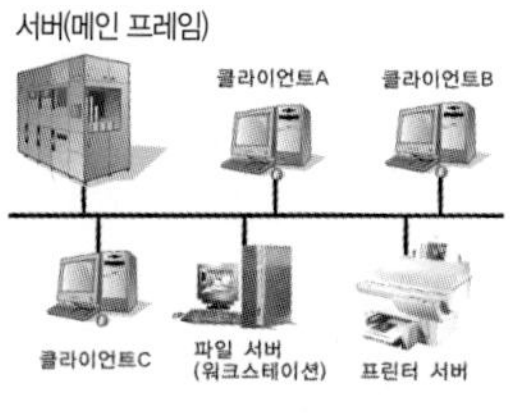

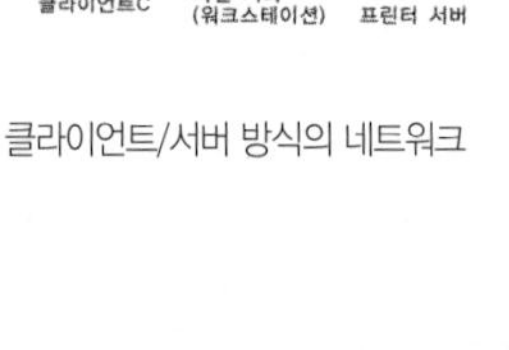

클라이언트/서버 방식의 네트워크

동배간 처리 방식의 네트워크

21.2, 15.3, 12.3, 09.2, 05.3, 03.1, 2급 23.5, 21.4, 21.2, 17.2, 17.1, 15.2, 14.3, 14.2, 14.1, 10.3, 07.1, 06.3, 05.3, 02.2, 02.1

## 3 통신망의 종류

1205205

통신망의 종류는 연결된 거리나 전송되는 데이터의 형식 등에 따라 다음과 같이 다양하게 나뉜다.

| 통신망 | 특징 |
|---|---|
| 15.3, 09.2, 2급 23.5, 21.4, 17.2, 15.2, 14.3, …<br>LAN(Local Area Network, 근거리 통신망) | • 자원 공유를 목적으로 회사, 학교, 연구소 등의 구내에서 사용하는 통신망이다.<br>• 전송 거리가 짧아 고속 전송이 가능하며, 에러 발생률이 낮다.<br>• 연결 방식에는 스타형, 버스형, 링형 등이 있다. |
| 12.3, 2급 21.2, 17.1<br>WLAN(Wireless Local Area Network, 무선 근거리 통신망) | • 무선접속장치(Access Point)가 설치된 곳을 중심으로 일정 거리 안에서 초고속 인터넷을 사용할 수 있는 근거리 통신망(LAN)이다.<br>• 주로 2.4GHz 또는 5GHz대에서 운용된다.<br>• 무선 LAN은 케이블이 필요하지 않으므로 설치장소에 제한을 받지 않는다.<br>• 무선 전송 방식에는 CDMA, TDMA, 적외선 방식이 있다. |
| 2급 14.3, 02.2, 02.1<br>MAN(Metropolitan Area Network, 도시권 통신망) | • LAN과 WAN의 중간 형태로, LAN의 기능을 충분히 수용하면서 도시 전역 또는 도시와 도시 등 넓은 지역을 연결하는 통신망이다.<br>• LAN과 마찬가지로 높은 데이터 전송률을 가지고 있다. |
| 2급 15.2, 14.3, 14.2<br>WAN(Wide Area Network, 광대역 통신망) | • MAN보다 넓은 범위인 국가와 국가 혹은 대륙과 대륙을 하나로 연결하는 통신망이다.<br>• 넓은 지역을 연결하기 때문에 비교적 에러 발생률이 높다. |
| 21.2, 15.3, 09.2, 2급 15.2, 14.2<br>VAN(Value Added Network, 부가가치 통신망) | • 기간 통신 사업자로부터 통신 회선을 빌려 기존의 정보에 새로운 가치를 더해 다수의 이용자에게 판매하는 통신망이다.<br>• 전화 교환, 패킷 교환, 전용 회선의 각 서비스망을 구성한다. |
| 05.3, 2급 02.1<br>ISDN(Integrated Services Digital Network, 종합정보 통신망) | • 문자, 음성, 동영상 등 다양한 데이터를 통합하여 디지털화된 하나의 통신 회선으로 전송하는 통신망이다.<br>• 다양한 종류의 통신 서비스를 빠르고, 저렴하게 사용할 수 있다. |
| 15.3, 09.2, 03.1, 2급 15.2, 14.2, 14.1, 13.3, …<br>B-ISDN(Broadband ISDN, 광대역 종합정보 통신망) | • 광대역 네트워크에서 데이터, 음성, 고해상도의 동영상 등 다양한 서비스를 디지털 통신망을 이용해 제공하는 고속 통신망이다.<br>• 비동기식 전달 방식(ATM, Asynchronous Transfer Mode)*을 사용하여 150Mbps~600Mbps의 데이터를 디지털로 전송할 수 있다. |
| 15.3, 09.2, 03.1<br>WLL(Wireless Local Loop, 무선 가입자 회선) | • 전화국과 가입자 단말 사이의 회선을 유선 대신 무선 시스템을 이용하여 구성하는 통신망이다.<br>• 음성, 고속 인터넷, 데이터, 영상 등을 복합적으로 전송할 수 있다.<br>• 유선 선로에 비해 설치 비용이 저렴하고, 설치가 용이하다. |

16.2, 11.1

**잠깐만요** 베이스밴드 전송

**베이스밴드 전송**

디지털 데이터 신호를 변조하지 않고 직접 전송하는 방식으로, 일반적으로 LAN과 같은 근거리 통신망에 사용됩니다.

**전문가의 조언**

LAN, WLAN, VAN 등에 대한 문제가 출제되었으므로 개념을 확실히 알아두고, 나머지는 다른 통신망과 비교되는 특징을 위주로 정리하세요.

**ATM**

음성, 동화상, 텍스트와 같은 여러 형식의 정보를 고정된 크기로 작게 나누어 빠르게 전송하는 B-ISDN의 핵심 기술입니다.

**전문가의 조언**

단순히 베이스밴드 전송의 개념을 묻는 문제가 출제되었으니 정확히 기억하고 넘어가세요.

## 따라잡기 기출문제 따라잡기

문제1 3205851 문제4 3205854

22년 7회, 3회, 18년 2회, 16년 1회

**1. 다음 중 네트워크 운영 방식 중 하나인 클라이언트/서버 방식에 관한 설명으로 옳은 것은?**

① 서버와 클라이언트가 모두 처리 능력을 가지며, 분산 처리 환경에 적합하다.

② 중앙 컴퓨터가 모든 단말기에서 요구하는 데이터 처리를 전담한다.

③ 모든 단말기가 동등한 계층으로 연결되어 모두 클라이언트와 서버 역할을 할 수 있다.

④ 단방향 통신 방식으로 데이터 처리를 위한 대기 시간이 필요하다.

②번은 중앙 집중 방식, ③번은 동배간 처리 방식에 대한 설명입니다.

21년 2회

**2. 데이터 통신망 중 부가가치 통신망(VAN)에 관한 설명으로 옳은 것은?**

① 자원 공유를 목적으로 전송 거리가 짧은 구내에서 사용하는 통신망이다.

② 기간 통신망 사업자로부터 회선을 빌려 기존의 정보에 새로운 가치를 부여하여 다수의 이용자에게 판매하는 통신망이다.

③ 문자, 음성, 동영상 등 다양한 데이터를 통합하여 디지털화된 하나의 통신 회선으로 전송하는 통신망이다.

④ 전화국과 가입자 단말 사이의 회선을 유선 대신 무선 시스템을 이용하여 구성하는 통신망이다.

①번은 LAN(근거리 통신망), ③번은 ISDN(종합정보 통신망), ④번은 WLL(무선 가입자 회선)에 대한 설명입니다.

16년 3회, 13년 2회, 12년 2회

**3. 다음 중 네트워크 연결을 위한 동배간 처리(Peer-To-Peer) 방식에 대한 설명으로 옳지 않은 것은?**

① 컴퓨터와 컴퓨터가 동등하게 연결되는 방식이다.

② 각각의 컴퓨터는 클라이언트인 동시에 서버가 될 수 있다.

③ 워크스테이션이나 PC를 단말기로 사용하는 작은 규모의 네트워크에 많이 사용된다.

④ 유지 보수가 쉽고 데이터의 보안이 우수하며 주로 데이터의 양이 많을 때 사용한다.

동배간 처리 방식은 보안 및 유지 보수가 어려워 주로 주고받는 데이터의 양이 적은 소규모의 네트워크에 사용됩니다.

15년 3회, 09년 2회

**4. 다음 중 데이터 통신을 위하여 사용되는 통신망에 관한 설명으로 옳지 않은 것은?**

① LAN은 자원 공유를 목적으로 하는 근거리 통신망으로 높은 에러 발생율 때문에 저속 전송으로 안전성을 보장하는 통신망이다.

② VAN은 기간 통신 사업자로부터 통신 회선을 임대하여 기존의 정보에 새로운 가치를 더하여 다수의 이용자에게 판매하는 통신망이다.

③ B-ISDN은 광대역 네트워크에서 데이터, 음성, 고해상도의 동영상 등 다양한 서비스를 디지털 통신망을 이용하여 제공하는 고속 통신망이다.

④ WLL은 전화국 가입자 단말 사이의 회선을 유선 대신에 무선으로 구성하는 통신망이다.

LAN은 오류 발생률이 낮으며, 광대역 전송 매체를 사용하므로 고속 전송이 가능합니다.

14년 2회

**5. 다음 중 전송할 데이터의 양과 회선 사용시간이 많을 때 효율적이며, 중앙 컴퓨터와 터미널이 1:1로 연결되어 유지 보수가 쉬운 연결 방식은?**

① 메인 프레임 방식

② 포인트 투 포인트 방식

③ 클라이언트-서버 방식

④ 반이중 방식

중앙 컴퓨터와 터미널을 1:1로 연결하는 방식은 포인트 투 포인트(Point-To-Point)입니다.

16년 2회, 11년 1회

**6. 다음 중 디지털 데이터 신호를 변조하지 않고 원래의 신호를 그대로 직접 전송하는 방식으로, LAN과 같은 근거리 통신망에 사용되는 것은?**

① 단방향 전송 ② 반이중 전송

③ 베이스밴드 전송 ④ 브로드밴드 전송

베이스밴드 전송은 디지털 신호를 변조 없이 원래 신호 그대로 전송하고, 브로드밴드 전송은 디지털 신호를 아날로그 신호로 변조하여 전송합니다.

▶ **정답** : 1. ① 2. ② 3. ④ 4. ① 5. ② 6. ③

SECTION
# 056 망 구성과 네트워크 장비

A 등급

## 1 망의 구성 형태

24.5, 24.3, 23.5, 22.2, 21.4, 21.1, 20.상시, 19.상시, 18.상시, 17.2, 15.1, 14.1, 13.3, 12.3, 10.3, 10.1, 09.4, 09.3, 09.2, …

3205901

| | |
|---|---|
| 24.5, 23.5, 22.2, 20.상시, 19.상시, …<br>**성형(Star, 중앙 집중형)** | • 모든 노드가 중앙 노드에 1:1(Point-to-Point)로 연결되어 있는 방식이다.<br>• 통신망의 처리 능력 및 신뢰성은 중앙 노드의 제어장치에 의해 좌우된다.<br>• 고장 발견이 쉽고 유지 보수 및 확장이 용이하다. |
| 24.5, 22.2, 21.1, 20.상시, 19.상시, …<br>**링형(Ring, 루프형)** | • 인접한 컴퓨터와 단말기들을 서로 연결하여 양방향으로 데이터 전송이 가능한 통신망 형태이다.<br>• 통신 회선 중 어느 하나라도 고장나면 전체 통신망에 영향을 미친다.<br>• 단말장치의 추가/제거 및 기밀 보호가 어렵다. |
| 22.2, 21.1, 20.상시, 19.상시, 15.1, …<br>**계층형(Tree, 분산형)** | • 중앙 컴퓨터와 일정 지역의 단말장치까지는 하나의 통신 회선으로 연결시키고, 이웃하는 단말장치는 일정 지역 내에 설치된 중간 단말장치로부터 다시 연결시키는 형태이다.<br>• 분산 처리 시스템을 구성하는 방식이다.<br>• 확장이 많을 경우 트래픽이 과중될 수 있다. |
| 24.5, 24.3, 22.2, 21.1, 20.상시, …<br>**버스형(Bus)** | • 한 개의 통신 회선에 여러 대의 단말장치가 연결되어 있는 형태이다.<br>• 설치 및 제거가 용이하고 단말장치가 고장나더라도 통신망 전체에 영향을 주지 않기 때문에 신뢰성을 높일 수 있다.<br>• 기밀 보장이 어렵고, 통신 회선의 길이에 제한이 있다.<br>• 매체 접근제어 방식으로 주로 CSMA/CD 방식을 사용한다. |
| 24.5, 22.2, 21.4, 21.1, 18.상시, 15.1, 14.1<br>**망형(Mesh)** | • 모든 지점의 컴퓨터와 단말장치를 서로 연결한 형태이다.<br>• 응답시간이 빠르고 노드의 연결성이 높다.<br>• 많은 단말장치로부터 많은 양의 통신을 필요로 하는 경우에 유리하다.<br>• 통신 회선 장애 시 다른 경로를 통하여 데이터 전송이 가능하다.<br>• 전화 통신과 같은 공중 데이터 통신망에 많이 이용된다.<br>• 단말장치의 추가 · 제거가 어려운 반면 보안성과 안정성이 높다. |

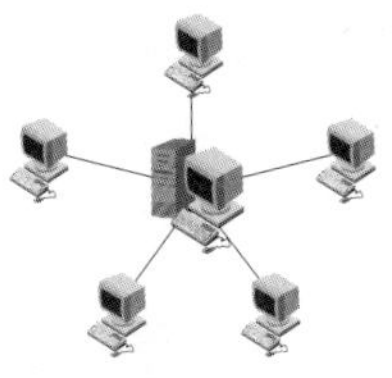
성형(Star)

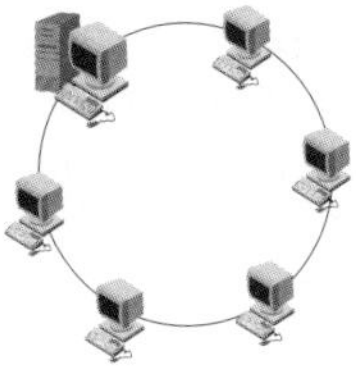
링형(Ring)

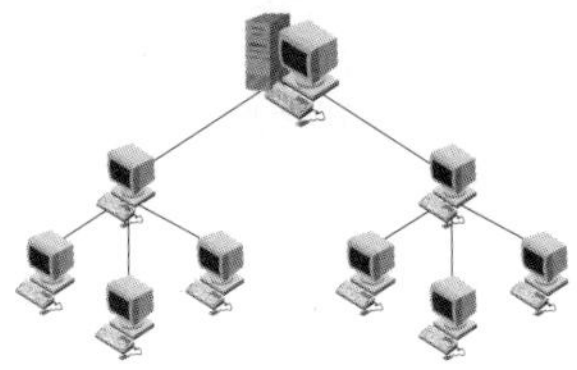
계층형(Tree)

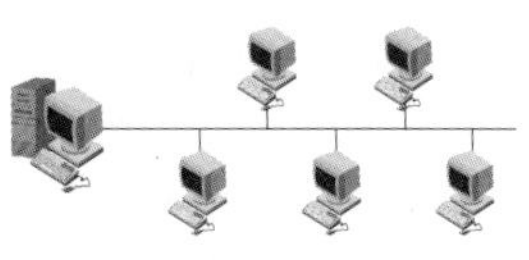
버스형(Bus)

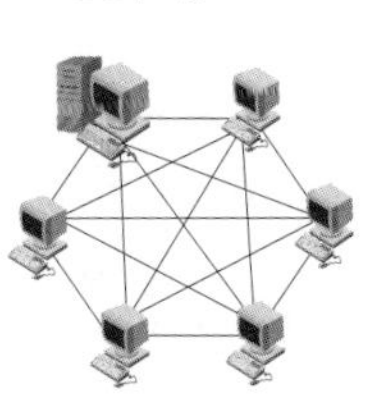
망형(Mesh)

전문가의 조언

종종 출제되는 문제입니다. 망의 구성 형태를 서로 구분할 수 있도록 각 형태의 특징을 정리하세요.

전문가의 조언

**중요해요!** 네트워크 구축에 필요한 장비에 대한 문제가 자주 출제됩니다. 어느 것 하나도 소홀히 넘기지 말고 어떤 것을 의미하는지 확실하게 알고 넘어가야 합니다.

**OSI 7 계층**
기종이 서로 다른 컴퓨터 간의 정보 교환을 원활히 하기 위해 국제표준화기구(ISO)에서 제정한 것으로, 자세한 내용은 Section 059를 참고하세요.

24.5, 24.4, 24.3, 24.2, 23.5, 23.4, 23.3, 23.1, 22.7, 22.6, 22.4, 22.3, 22.1, 21.4, 21.3, 21.2, 21.1, 20.2, 19.상시, 18.상시, …

## 2 네트워크 관련 장비

3205902

| | |
|---|---|
| 네트워크 인터페이스 카드(NIC, Network Interface Card) | • 컴퓨터와 컴퓨터 또는 컴퓨터와 네트워크를 연결하는 장치이다.<br>• 정보 전송 시 정보가 케이블을 통해 전송될 수 있도록 정보 형태를 변경한다.<br>• 이더넷 카드(LAN 카드) 혹은 네트워크 어댑터라고도 한다.<br>• OSI 7 계층* 중 데이터 링크 계층(Data Link Layer)의 장비이다. |
| 09.1, 05.1, 2급 24.2, 23.5, 23.3, …<br>허브(Hub) | • 네트워크를 구성할 때 한꺼번에 여러 대의 컴퓨터를 연결하는 장치로, 각 회선을 통합적으로 관리한다.<br>• 더미 허브 : 네트워크에 흐르는 모든 데이터를 단순히 연결하는 기능만을 제공하며, LAN이 보유한 대역폭을 컴퓨터 수 만큼 나누어 제공한다.<br>• 스위치 허브<br>– 네트워크상에 흐르는 데이터의 유무 및 흐름을 제어하여 각각의 노드가 허브의 최대 대역폭을 사용할 수 있는 지능형 허브이다.<br>– 더미 허브보다 안정적이고 속도가 빠르다.<br>• OSI 7 계층 중 물리 계층(Physical Layer)의 장비이다. |
| 23.1, 22.7, 13.3, 13.1, 12.3, 07.3, …<br>리피터(Repeater) | • 디지털 회선의 중간에 위치하는 것으로, 거리가 증가할수록 감쇠하는 디지털 신호의 장거리 전송을 위해 수신한 신호를 재생시키거나 출력 전압을 높여 전송하는 장치이다.<br>• OSI 7 계층 중 물리 계층(Physical Layer)의 장비이다. |
| 21.4, 20.2, 13.2, 12.3, 07.3, …<br>브리지(Bridge) | • 리피터와 동일한 기능을 수행하지만, 단순 신호 증폭뿐만 아니라 네트워크 분할을 통해 트래픽을 감소시키며, 물리적으로 다른 네트워크(LAN)를 연결할 때 사용한다.<br>• 양쪽 방향으로 데이터의 전송만 해줄 뿐 프로토콜 변환 등 복잡한 처리는 불가능하다.<br>• 네트워크 프로토콜과는 독립적으로 작용하므로 네트워크에 연결된 여러 단말들의 통신 프로토콜을 바꾸지 않고도 네트워크를 확장할 수 있다.<br>• OSI 7 계층 중 데이터 링크 계층(Data Link Layer)의 장비이다. |
| 24.4, 24.3, 23.5, 23.4, 23.3, 22.6, …<br>라우터(Router) | • 인터넷 환경에서 네트워크와 네트워크 간을 연결할 때 반드시 필요한 장비로, 가장 최적의 IP 경로를 설정하여 전송한다.<br>• 수신된 정보에 의하여 자신의 네트워크나 다른 네트워크의 연결점을 결정한다.<br>• 각 데이터들이 효율적인 속도로 전송될 수 있도록 데이터의 흐름을 제어한다.<br>• OSI 7 계층 중 네트워크 계층(Network Layer)의 장비이다. |
| 24.5, 24.2, 22.4, 22.3, 19.상시, …<br>게이트웨이(Gateway) | • 주로 LAN에서 다른 네트워크에 데이터를 보내거나 다른 네트워크로부터 데이터를 받아들이는 출입구 역할을 한다.<br>• OSI 7 계층 중 전송 계층(Transport Layer)의 장비이다. |

따라잡기 **기출문제 따라잡기**

문제1 3205951

23년 5회, 22년 2회, 13년 3회, 09년 4회

**1. 다음 중 네트워크 통신망의 구성 형태에 관한 설명으로 옳은 것은?**

① 계층(Tree)형 : 한 개의 통신 회선에 여러 대의 단말장치가 연결되어 있는 형태로 설치가 용이하고 통신망의 가용성이 높다.

② 버스(Bus)형 : 인접한 컴퓨터와 단말기를 서로 연결하여 양방향으로 데이터 전송이 가능한 형태로 단말기의 추가 · 제거 및 기밀 보호가 어렵다.

③ 성(Star)형 : 모든 단말기가 중앙 컴퓨터에 연결되어 있는 형태로 고장 발견이 쉽고 유지 보수가 용이하다.

④ 링(Ring)형 : 모든 지점의 컴퓨터와 단말장치를 서로 연결한 상태로 응답 시간이 빠르고 노드의 연결성이 높다.

①번은 버스(Bus)형, ②번은 링(Ring)형, ④번은 망형(Mesh)에 대한 설명입니다.

문제3 3205953

## 따라잡기 기출문제 따라잡기

21년 1회, 15년 1회

**2. 다음 중 정보 통신망의 구성 형태를 설명한 내용으로 옳지 않은 것은?**

① 망형(Mesh Topology)은 네트워크 상의 모든 노드들이 서로 연결되는 방식으로, 특정 노드에 이상이 생겨도 전송이 가능하다.

② 링형(Ring Topology)은 모든 노드들을 하나의 원형으로 연결하는 구조로, 통신 제어가 간단하고 신뢰성이 높아 특정 노드의 이상도 쉽게 해결할 수 있다.

③ 트리형(Tree Topology)은 하나의 컴퓨터에 네트워크를 연결하여 확장하는 형태로, 확장이 많을 경우 트래픽이 과중될 수 있다.

④ 버스형(Bus Topology)은 모든 노드들이 하나의 케이블에 연결되어 있으며, 케이블 종단에는 종단 장치가 있어야 한다.

링(Ring)형은 하나의 노드라도 고장이 나면 전체 통신망에 영향을 미치므로 신뢰성이 낮습니다.

24년 5회, 23년 4회, 22년 1회, 21년 1회

**3. 다음 중 네트워크 관련 장비로 라우터(Router)에 관한 설명으로 옳지 않은 것은?**

① 인터넷 신호를 증폭하며 먼 거리로 정보를 전달할 때 사용된다.

② 인터넷 환경에서 네트워크와 네트워크 간을 연결할 때 사용한다.

③ 데이터 전송을 위해 가장 최적의 경로를 설정한다.

④ 각 데이터들이 효율적인 속도로 전송될 수 있도록 데이터의 흐름을 제어한다.

①번은 리피터(Repeater)에 대한 설명입니다.

22년 4회, 15년 2회, 12년 3회

**4. 다음 중 인터넷 통신 장비인 게이트웨이(Gateway)의 기본적인 역할에 관한 설명으로 옳은 것은?**

① 현재 위치한 네트워크에서 다른 네트워크로 연결할 때 사용된다.

② 인터넷 신호를 증폭하며 먼 거리로 정보를 전달할 때 사용된다.

③ 네트워크 계층의 연동장치로 경로 설정에 사용된다.

④ 문자로 된 도메인 이름을 숫자로 이루어진 실제 IP 주소로 변환하는데 사용된다.

②번은 리피터(Repeater), ③번은 라우터(Router), ④번은 DNS에 대한 설명입니다.

24년 4회, 21년 4회, 20년 2회

**5. 다음 중 네트워크 관련 장비로 브리지(Bridge)에 관한 설명으로 옳지 않은 것은?**

① 두 개의 근거리 통신망을 상호 접속할 수 있도록 하는 통신망 연결 장치이다.

② 통신량을 조절하여 데이터가 다른 곳으로 가지 않도록 한다.

③ OSI 참조 모델의 물리 계층에 속한다.

④ 통신 프로토콜을 변환하지 않고도 네트워크를 확장한다.

브리지(Bridge)는 OSI 참조 모델의 데이터 링크 계층에 속합니다.

24년 2회, 23년 5회, 3회, 22년 6회, 21년 3회, 2회, 12년 1회, 09년 4회, 06년 4회, 2회, 04년 4회, 03년 4회, 1회

**6. 다음 중 인터넷 통신 장비인 라우터(Router)에 대한 설명으로 옳은 것은?**

① 두 개의 근거리 통신망을 상호 접속할 수 있도록 하는 통신망 연결 장치이다.

② 서로 다른 네트워크 간에 자료가 전송될 최적의 경로를 찾아 준다.

③ 장거리 전송을 위하여 전송 신호를 재생시키거나 출력 전압을 높여 준다.

④ 주로 LAN에서 다른 네트워크에 데이터를 보내거나 다른 네트워크로부터 데이터를 받아들이는데 사용된다.

①번은 브리지(Bridge), ③번은 리피터(Repeater), ④번은 게이트웨이(Gateway)에 대한 설명입니다.

22년 7회, 13년 3회

**7. 다음 중 네트워크 장비인 리피터(Repeater)에 대한 설명으로 옳은 것은?**

① 프로토콜 변환 기능을 내포하여 다른 프로토콜에 의해 운영되는 두 개의 네트워크를 연결하는 장치이다.

② 장거리 전송을 위하여 전송 신호를 재생시키거나 출력 전압을 높여주는 방법 등을 통해 주어진 신호를 증폭시켜 전달해 주는 중계 장치이다.

③ 네트워크 계층의 연동장치로 최적 경로 설정에 이용되는 장치이다.

④ 주로 LAN에서 다른 네트워크에 데이터를 보내거나 다른 네트워크로부터 데이터를 받아들이는데 사용되는 장치이다.

①, ③번은 라우터(Router), ④번은 게이트웨이(Gateway)에 대한 설명입니다.

▶ 정답 : 1. ③ 2. ② 3. ① 4. ① 5. ③ 6. ② 7. ②

SECTION 057

# 인터넷의 개요

B 등급

> **전문가의 조언**
> 인트라넷과 엑스트라넷의 개념을 묻는 문제가 출제되었습니다. 인트라넷은 기업 내의 네트워크 환경, 엑스트라넷은 기업과 기업 간의 네트워크 환경이라는 것을 기억해 두세요.

18.상시, 2급 24.1, 20.1, 18.1, 13.3, 02.3, 02.1, 01.1, 99.2

## 1 인터넷의 개요

1205301

인터넷(Internet)이란 TCP/IP 프로토콜을 기반으로 하여 전세계 수많은 컴퓨터와 네트워크들이 연결된 광범위한 컴퓨터 통신망이다.

- 인터넷은 TCP/IP 프로토콜을 사용하여 상호 접속하는 네트워크로 유닉스 운영체제를 기반으로 하고 있다.
- 통신망과 컴퓨터가 있는 곳이라면 시간과 장소에 구애받지 않고 정보를 교환할 수 있으며, 인터넷에 연결된 모든 컴퓨터는 고유한 IP 주소를 갖는다.
- 인터넷은 미국 국방성의 ARPANET에서 시작되었다.
- 인터넷 기술을 이용하여 기업에서 인트라넷과 엑스트라넷을 통해 편리하게 업무를 수행할 수 있다.
- 국내에서 IP 주소 및 도메인 등록 서비스는 KISA(한국인터넷진흥원)에서 수행한다.

22.6, 22.4, 21.3, 20.2, 18.상시, 14.3, 14.1, 13.3, 13.1, 03.1, 2급 20.1, 16.2, 10.3, 06.4, 06.1, 03.3, 02.2, 00.1, 99.1

**잠깐만요** 인트라넷 / 엑스트라넷 / 그룹웨어

1205331

| | |
|---|---|
| 22.6, 22.4, 21.3, 18.상시, 14.3, … **인트라넷(Intranet)** | 인터넷의 기술을 기업 내 정보 시스템에 적용한 것으로, 전자우편 시스템, 전자결재 시스템 등을 인터넷 환경으로 통합하여 사용하는 것을 말한다. |
| 20.2, 14.3, 2급 03.3 **엑스트라넷(Extranet)** | 기업과 기업 간에 인트라넷을 서로 연결하여 납품업체나 고객업체 등 자기 회사와 관련 있는 기업체와의 원활한 통신을 위해 인트라넷의 이용 범위를 확대한 것이다. |
| 2급 06.4, 06.1, 00.1 **그룹웨어(Groupware)** | 여러 사람이 공통의 업무를 수행하는 데 있어 공동으로 사용할 수 있는 프로그램으로, 종류에는 마이크로소프트 사의 익스체인지(Exchange) 등이 있다. |

> **전문가의 조언**
> VoIP의 특징이나 코덱의 개념을 묻는 문제가 출제되었습니다. VoIP의 특징을 확실히 숙지하고, 코덱과 모뎀의 개념을 구분해서 기억해 두세요.

21.3, 20.1, 16.2, 11.2, 11.1, 08.4, 07.4, 2급 16.1, 15.2, 11.2, 10.1, 09.3, 07.4, 05.3, 04.4, 03.2, 00.3

## 2 인터넷 관련 용어

3206002

다음은 인터넷 연결 방법에 대한 설명이다.

| | |
|---|---|
| 21.3, 20.1, 08.4, 07.4 **VoIP** | • VoIP(Voice over Internet Protocol)는 '인터넷 프로토콜을 통한 음성'의 약어로, 보컬텍(VocalTec) 사의 인터넷폰으로 처음 소개되었다.<br>• 음성 신호를 압축하여 IP를 사용하는 인터넷을 통해 전송하는 방법이다.<br>• 이 방식으로 전화를 사용하면 기존 전화망(PSTN)의 시내전화 요금 수준으로 시외 및 국제전화 서비스를 받을 수 있다. |
| 2급 11.2, 10.1, 09.3, … **모뎀** | 모뎀(MODEM; MOdulator DEModulator)은 디지털 신호를 아날로그 신호로 변환하는 변조(Modulation) 과정과 아날로그 신호를 디지털 신호로 변환하는 복조(Demodulation) 과정을 수행하는 신호 변환장치이다. |
| 16.2, 11.2, 11.1 **코덱** | 코덱(CODEC)은 음성이나 비디오 등의 아날로그 신호를 디지털 신호로 변환하고 그 역의 작업을 수행하는 장치로, 모뎀과 반대의 역할을 한다. |

문제1 1205351 문제4 1205352

## 따라잡기 기출문제 따라잡기

22년 6회, 4회, 21년 3회, 14년 1회, 13년 3회, 1회, 03년 1회

**1. 다음 중 인트라넷(Intranet)에 대한 설명으로 옳은 것은?**

① 여러 대의 컴퓨터를 연결하여 하나의 서버로 사용하는 기술이다.

② 인터넷 기술을 이용하여 조직 내의 각종 업무를 수행할 수 있도록 만든 네트워크 환경이다.

③ 이동 전화 단말기에서 개인용 컴퓨터의 운영체제와 같은 역할을 하는 소프트웨어이다.

④ 기업체가 협력업체와 고객 간의 정보 공유를 목적으로 구성한 네트워크이다.

인트라넷은 기업 내의 네트워크 환경을 의미합니다.

20년 2회, 14년 3회

**2. 다음 중 인터넷 기반 기술을 이용하여 기업들이 외부 보안을 유지한 상태에서 협력업체 간의 효율적인 업무처리를 위해 사용하는 네트워크로 옳은 것은?**

① 인트라넷(Intranet)

② 원거리 통신망(WAN)

③ 엑스트라넷(Extranet)

④ 근거리 통신망(LAN)

엑스트라넷은 기업과 기업 간의 네트워크 환경을 의미합니다.

21년 3회, 20년 1회, 08년 4회

**3. 다음 중 VoIP에 대한 설명으로 옳지 않은 것은?**

① 인터넷 IP 기술을 사용한 디지털 음성 전송 기술이다.

② 보컬텍(VocalTec) 사의 인터넷폰으로 처음 소개되었으며, PC to PC, PC to Phone, Phone to Phone 방식으로 발전하였다.

③ 기존 회선교환 방식과 달리 네트워크를 통해 음성을 패킷형태로 전송한다.

④ 원거리 통화 시 PSTN(Public Switched Telephone Network) 보다는 요금이 높지만 일정 수준의 통화 품질이 보장된다.

VoIP는 기존 전화망(PSTN)의 시내전화 요금 수준으로 시외 및 국제전화 서비스를 받을 수 있기 때문에 요금이 저렴하다고 할 수 있습니다. 그러나 사용자간 회선을 독점적으로 보장해 주지 않아 트래픽이 많아질 경우 통화 품질이 떨어질 수 있습니다.

16년 2회, 11년 2회, 1회

**4. 다음 중 음성 또는 영상의 아날로그 신호를 디지털 신호로 변환하거나 그 반대로 디지털 신호를 아날로그 신호로 변환하는 장치는?**

① 허브(HUB)

② 디지털 서비스 유니트(DSU)

③ 코덱(CODEC)

④ 통신제어장치(CCU)

코덱(CODEC)은 아날로그 신호를 디지털 신호로 변환하고, 모뎀(MODEM)은 디지털 신호를 아날로그 신호로 변환하는 장치입니다.

▶ 정답 : 1. ② 2. ③ 3. ④ 4. ③

# SECTION 058 인터넷의 주소 체계

A 등급

## 1 IP 주소

18.2, 05.3, 04.2, 03.3, 03.2, 2급 22.1, 21.3, 21.2, 18.1, 15.3, 12.1, 11.2, 07.3, 04.1, 03.4

1205401

IP 주소(Internet Protocol Address)는 인터넷에 연결된 모든 컴퓨터의 자원을 구분하기 위한 인터넷 주소이다.

- 숫자로 8비트씩 4부분, 총 32비트로 구성되어 있다.
- IP 주소는 네트워크 부분의 길이에 따라 다음과 같이 A 클래스에서 E 클래스까지 총 5단계로 구성되어 있다.*

| | | |
|---|---|---|
| 18.2, 05.3, 03.3<br>A Class | 국가나 대형 통신망에 사용(16,777,214개의 호스트) | |
| 05.3, 04.2, 03.3<br>B Class | 중대형 통신망에 사용(65,534개의 호스트) | |
| 05.3, 03.3, 03.2<br>C Class | 소규모 통신망에 사용(254개의 호스트) | |
| D Class | 멀티캐스트용*으로 사용 | ▨ 네트워크 부분 |
| E Class | 실험용으로 사용 | □ 호스트 부분 |

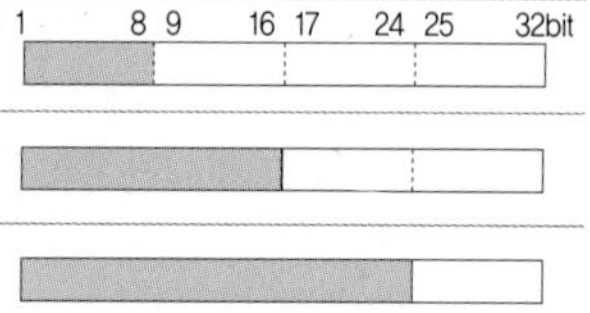


## 2 IPv6

24.3, 24.1, 23.3, 23.2, 22.7, 22.4, 21.4, 21.3, 21.2, 21.1, 20.상시, 20.1, 19.상시, 19.2, 18.상시, 18.2, 18.1, 17.1, 16.2, 15.2, …

1205402

IPv6(Internet Protocol version 6)은 현재 사용하고 있는 IP 주소 체계인 IPv4의 주소부족 문제를 해결하기 위해 개발되었다.

### 특징

- IPv6은 16비트씩 8부분, 총 128비트로 구성되어 있다.
- 각 부분은 16진수로 표현하고, 콜론(:)으로 구분한다.
- IPv4에 비해 자료 전송 속도가 빠르다.
- IPv4와의 호환성이 뛰어나다.
- 주소의 확장성, 융통성, 연동성이 뛰어나다.
- 실시간 흐름 제어로 향상된 멀티미디어 기능을 지원한다.
- 인증성, 기밀성, 데이터 무결성의 지원으로 보안 문제를 해결할 수 있다.
- 모바일 IP나 웹 캐스팅이 용이하며, 등급별, 서비스별로 패킷을 구분할 수 있어 품질 보장도 용이하다.
- IPv6 주소는 다음과 같이 세 가지 주소 체계로 나누어진다.

| | |
|---|---|
| 유니캐스트(Unicast) | 단일 송신자와 단일 수신자 간의 통신(일 대 일 통신에 사용) |
| 멀티캐스트(Multicast) | 단일 송신자와 다중 수신자 간의 통신(일 대 다 통신에 사용) |
| 애니캐스트(Anycast) | 단일 송신자와 가장 가까이 있는 단일 수신자 간의 통신(일 대 일 통신에 사용) |

**전문가의 조언**

IP 주소의 개념, 구성 체계 등에 대해 알아두세요. 특히 IP 주소의 체계 및 각 클래스의 IP 주소 범위를 꼭 알고 있어야 합니다.

**각 클래스별 IP 주소 범위[서브넷 마스크]**

- A Class : 1.0.0.0 ~ 127.255.255.255 [255.0.0.0]
- B Class : 128.0.0.0 ~ 191.255.255.255 [255.255.0.0]
- C Class : 192.0.0.0 ~ 223.255.255.255 [255.255.255.0]

**멀티캐스트**

한 명 이상의 송신자들이 특정한 한 명 이상의 수신자들에게 데이터를 전송하는 방식으로, 인터넷 화상 회의 등에서 사용됩니다.

**전문가의 조언**

**중요해요!** IPv6에 대한 문제는 자주 출제되고 있습니다. IPv6는 128비트를 사용한다는 것을 중심으로 특징을 정리하세요.

• 주소를 주소 체계별로 할당하기 때문에 주소 낭비를 줄여 간단하게 결정할 수 있다.
• IPv6 주소의 표현 방법
  – 01DA : FF01 : 0000 : 0000 : 0000 : 00FF : FA21 : 3C5A → 16진수로 표현하며 콜론으로 구분
  – 1DA : FF01 : 0 : 0 : 0 : FF : FA21 : 3C5A → 앞에 오는 0은 생략할 수 있음
  – 1DA : FF01 : : FF : FA21 : 3C5A → 0이 연속되는 경우 연속된 0은 '::'으로 생략할 수 있음

22.5, 19년 상시, 18.2, 14.2, 2급 15.3, 12.2, 09.2, 09.1, 08.1

## 3 DNS

1205404

DNS(Domain Name System)는 문자로 된 도메인 네임*을 숫자로 된 IP 주소로 바꾸어 주는 역할을 하는 시스템을 말한다.
• URL의 도메인 이름과 호스트 이름은 DNS 서버에 등록되어 있어야 한다.
• DNS에 등록된 모든 호스트들을 도메인별로 계층화 시켜 관리한다.

22.4, 21.2, 19.2, 18.상시, 18.2, 16.3, 14.2, 07.2, 06.3, 05.4, 05.2, 04.1, 03.4, 02.3, 2급 21.4, 20.1, 15.2, 13.1, 05.4, 04.1, …

## 4 URL

1205405

URL(Uniform Resource Locator)은 인터넷 상에 존재하는 각종 자원이 있는 위치를 나타내는 표준 주소 체계이다.
• 형식 : 프로토콜://호스트(서버) 주소[:포트 번호][/파일 경로]

| | |
|---|---|
| **프로토콜** | 인터넷 서비스의 종류로 http(WWW), ftp(FTP), telnet(Telnet), news(Usenet), mailto(E-Mail) 등을 기입한다. |
| **서버 주소** | 검색할 정보가 위치한 서버의 호스트 주소이다. |
| **포트 번호** | TCP 접속에 사용되는 포트 번호*이다. |
| **파일 경로** | 서비스에 접속한 후 실제 정보가 있는 경로이다. |

• 다음은 다양한 URL 주소의 사용 예이다.

| 주 소 | 의 미 |
|---|---|
| http://www.gilbut.co.kr/with/soon.html | 하이퍼텍스트 서비스 주소 |
| ftp://211.194.54.210/pub/picture.zip* | 파일 전송 서비스 주소 |
| telnet://211.194.54.210 | 텔넷 서비스 주소 |
| mailto:admin@gilbut.co.kr | 전자우편 서비스 주소 |

**전문가의 조언**
DNS는 주로 다른 문제의 보기로 출제되었습니다. DNS하면 문자인 도메인 네임을 숫자인 IP 주소로 바꿔주는 것! 잊지마세요.

**도메인 네임(Domain Name)**
숫자로 된 IP 주소를 사람이 이해하기 쉬운 문자 형태로 표현한 것입니다.

**전문가의 조언**
URL의 개념과 사용 형식을 묻는 문제, 각 서비스의 포트 번호를 묻는 문제가 출제되었습니다. 사용 예를 참고하여 URL의 형식을 이해하고, 서비스별 포트 번호를 알아두세요.

**서비스별 포트 번호**
• NEWS : 119
• HTTP : 80
• TELNET : 23
• FTP : 21

**계정이 있는 ftp의 URL**
ftp 계정이 있을 때는 'ftp://user:password@서버이름:포트번호'로 URL을 작성합니다. 여기서 패스워드는 생략이 가능합니다.

따라잡기 **기출문제 따라잡기**

문제2 3206152 문제4 3206154

18년 2회

**1. 다음 중 인터넷 주소와 관련된 설명으로 옳지 않은 것은?**

① IPv4는 클래스별로 주소 부여체계가 달라지며, A Class는 소규모 통신망에 사용된다.

② URL은 인터넷 상에 존재하는 각종 자원이 있는 위치를 나타내는 표준 주소 체계이다.

③ IPv6은 128비트, IPv4는 32비트로 구성된 주소 체계 방식이다.

④ DNS는 도메인 네임을 IP 주소로 변환하거나 그 반대의 변환을 수행하는 시스템이다.

IPv4의 A Class는 국가나 대형 통신망, B Class는 중대형 통신망, C Class는 소규모 통신망, D Class는 멀티캐스트용, E Class는 실험용으로 사용됩니다.

24년 3회, 21년 3회, 1회, 18년 1회, 14년 3회, 13년 3회, 09년 4회, 08년 4회, 2회 ,07년 2회, 06년 2회

**2. 다음 중 인터넷 주소 체계인 IPv6(Internet Protocol version 6)에 관한 설명으로 옳지 않은 것은?**

① 주소의 확장성, 융통성, 연동성이 뛰어나며 실시간 흐름 제어로 향상된 멀티미디어 서비스를 제공할 수 있다.

② 16비트씩 4부분, 총 64비트의 주소를 사용하여 IP 주소의 부족 문제를 해결할 수 있다.

③ 주소 체계는 유니캐스트(Unicast), 애니캐스트(Anycast), 멀티캐스트(Multicast) 등 세 가지로 나뉜다.

④ 인증 서비스, 비밀성 서비스, 데이터 무결성 서비스를 제공함으로써 보안 문제를 해결할 수 있다.

IPv6은 16비트씩 8부분, 총 128비트의 주소를 사용합니다.

23년 2회, 21년 4회, 2회, 17년 1회, 16년 2회, 15년 2회, 1회, 10년 3회

**3. 다음 중 인터넷 주소 체계에서 IPv6에 관한 설명으로 옳은 것은?**

① 주소 체계는 Unicast, Anycast, Broadcast 등 세가지로 나뉜다.

② 16비트씩 8부분으로 총 128비트로 구성되며, 주소의 각 부분은 세미콜론(;)으로 구분한다.

③ 인증성, 기밀성, 데이터 무결성의 지원으로 보안성이 강화되었다.

④ IPv4와 비교하였을 때 자료 전송 속도가 늦지만, 주소의 확장성과 융통성이 우수하다.

① IPv6의 주소 체계는 유니캐스트(Unicast), 애니캐스트(Anycast), 멀티캐스트(Multicast) 등 세 가지로 나뉩니다.
② IPv6는 16비트씩 8부분으로 총 128비트로 구성되며, 주소의 각 부분은 콜론(:)으로 구분합니다.
④ IPv6는 IPv4와 비교하여 자료 전송 속도가 빠르고, 주소의 확장성과 융통성이 우수합니다.

22년 4회, 21년 2회, 14년 2회

**4. 다음 중 인터넷에서 사용하는 표준 주소 체계인 URL(Uniform Resource Locator)의 4가지 구성 요소를 순서대로 옳게 나열한 것은?**

① 프로토콜, 서버 주소, 포트 번호, 파일 경로

② 서버 주소, 프로토콜, 포트 번호, 파일 경로

③ 프로토콜, 서버 주소, 파일 경로, 포트 번호

④ 포트 번호, 프로토콜, 서버 주소, 파일 경로

도메인 네임은 왼쪽에서 오른쪽으로 갈수록 상위 도메인을 의미하지만 URL은 반대로 오른쪽으로 갈수록 점점 작은 단계를 의미합니다.

19년 2회, 16년 3회

**5. 다음 중 인터넷에서 사용하는 URL에 관한 설명으로 옳지 않은 것은?**

① 인터넷 상에 존재하는 각종 자원의 위치를 나타내는 표준 주소 체계이다.

② URL의 일반적인 형식은 '프로토콜://호스트주소[:포트번호][/파일경로]'이다.

③ 계정이 있는 FTP의 경우 'http://사용자이름[:비밀번호]@서버이름:포트번호' 형식으로 사용한다.

④ mailto 프로토콜은 IP 정보 없이 받는 사람의 이메일 주소만 나타내면 된다.

계정이 있는 FTP의 경우 'ftp://사용자이름[:비밀번호]@서버이름:포트번호' 형식으로 사용합니다.

22년 5회, 14년 2회

**6. 다음 중 인터넷에서 사용하는 DNS에 관한 설명으로 옳지 않은 것은?**

① DNS는 Domain Name Server 또는 Domain Name System의 약자로 쓰인다.

② 문자로 만들어진 도메인 이름을 숫자로 된 IP 주소로 바꾸는 시스템이다.

③ DNS 서버는 IP 주소를 이용하여 패킷의 최단 전송 경로를 설정한다.

④ DNS에서는 모든 호스트들을 각 도메인별로 계층화 시켜서 관리한다.

③번은 라우터(Router)에 대한 설명입니다.

▶ **정답** : 1. ① 2. ② 3. ③ 4. ① 5. ③ 6. ③

# SECTION 059 프로토콜

A 등급

## 1 프로토콜의 개요

23.2, 22.6, 21.3, 21.1, 20.1, 19.2, 17.1, 16.1, 2급 14.3, 12.2, 03.3, 03.1, 99.1

3206201

프로토콜(Protocol)은 네트워크에서 서로 다른 컴퓨터들 간에 정보 교환을 할 수 있게 해주는 통신 규약이다.

• **프로토콜의 기능**

| | |
|---|---|
| **흐름 제어** | 통신망에 흐르는 패킷* 수를 조절하는 등의 흐름 제어(Flow Control) 기능이 있어 시스템 전체의 안정성을 유지할 수 있다. |
| **동기화** | 정보를 전송하기 위하여 송·수신기가 같은 상태를 유지하도록 하는 동기화(Synchronization) 기능을 수행한다. |
| **오류 검출** | 데이터의 전송 도중에 발생하는 오류를 검출한다. |

## 2 OSI 7계층

21.3, 14.3, 14.2, 12.3, 11.3, 10.2, 06.4, 2급 24.5, 20.1, 15.3, 14.3

3206202

- OSI 7계층은 기종이 서로 다른 컴퓨터 간의 정보 교환을 원활히 하기 위해 국제표준화기구(ISO)에서 제정했다.
- 네트워크를 이루고 있는 구성 요소들을 계층적 구조로 나누고 각 계층의 표준을 정했다.
- OSI 7계층은 1~3계층을 하위 계층, 4~7계층을 상위 계층으로 구분한다.
  - **하위 계층** : 물리 계층, 데이터 링크 계층, 네트워크 계층
  - **상위 계층** : 전송 계층, 세션 계층, 표현 계층, 응용 계층

**전문가의 조언**

프로토콜의 기능이 아닌 것을 묻는 문제가 출제되었습니다. 흐름 제어, 동기화, 오류 검출 이 세 가지를 꼭 기억하세요.

**패킷**

패킷(Packet)은 데이터 전송에 사용하는 데이터의 묶음을 말합니다.

**전문가의 조언**

OSI 7계층의 전반적인 내용을 알고 있어야 풀 수 있는 문제들이 출제됩니다. 물리 계층, 네트워크 계층, 응용 계층을 중심으로 각 계층의 특징을 잘 정리하세요.

| | |
|---|---|
| 21.3, 12.3<br>**물리 계층<br>(Physical Layer)** | 전송에 필요한 두 장치 간의 실제 접속과 절단 등 기계적, 전기적, 기능적, 절차적 특성을 정의한다. |
| 14.2, 12.3, 06.4<br>**데이터 링크 계층<br>(Data Link Layer)** | • 두 개의 인접한 개방 시스템들 간에 신뢰성 있고 효율적인 정보 전송을 할 수 있도록 한다.<br>• 흐름 제어, 프레임 동기화, 오류 제어, 순서 제어 기능이 있다.<br>• 링크의 확립, 유지, 단절의 수단을 제공한다. |
| 21.3, 14.3, 12.3, 11.3<br>**네트워크 계층<br>(Network Layer, 망 계층)** | • 개방 시스템들 간의 네트워크 연결 관리(네트워크 연결을 설정, 유지, 해제), 데이터 교환 및 중계한다.<br>• 경로 설정(Routing), 트래픽 제어, 패킷 정보 전송 기능이 있다. |
| **전송 계층<br>(Transport Layer)** | • 종단 시스템(End-to-End) 간의 신뢰성 있고 투명한 데이터 전송을 가능하게 한다.<br>• 전송 연결 설정, 데이터 전송, 연결 해제 기능이 있다. |
| 21.3<br>**세션 계층<br>(Session Layer)** | • 송수신측 간의 관련성을 유지하고 대화 제어를 담당한다.<br>• 대화(회화) 구성 및 동기 제어, 데이터 교환 관리 기능이 있다. |
| **표현 계층<br>(Presentation Layer)** | • 응용 계층으로부터 받은 데이터를 세션 계층에 맞게, 세션 계층에서 받은 데이터는 응용 계층에 맞게 변환하는 기능이다.<br>• 코드 변환, 데이터 암호화, 데이터 압축, 구문 검색, 정보 형식 변환 기능이 있다. |
| 21.3, 14.2<br>**응용 계층<br>(Application Layer)** | • 사용자(응용 프로그램)가 OSI 환경에 접근할 수 있도록 서비스를 제공한다.<br>• 응용 프로세스 간의 정보 교환, 파일 전송 등의 전송 제어 기능이 있다. |

17.2, 14.1

### 잠깐만요 OSI 7계층과 관련된 네트워크 장비

3206231

- **물리 계층** : 리피터, 허브
- **데이터링크 계층** : 랜카드, 브리지, 스위치
- **네트워크 계층** : 라우터
- **전송 계층** : 게이트웨이

24.2

### 잠깐만요 OSI 7계층에서 사용하는 대표적인 주소

5501531

- **MAC 주소** : NIC(Network Interface Card)에 대한 식별자로, 데이터 링크 계층에서 사용함
- **IP 주소** : 호스트에 대한 식별자로, 네트워크 계층에서 사용함
- **포트 번호** : 호스트에서 실행되는 프로세스를 구분해 주며, 전송 계층에서 사용함
- **메일 주소** : 메일 시스템에서 사용자를 구분해 주며, 응용 계층에서 사용함

23.5, 23.1, 22.7, 22.3, 20.상시, 20.2, 19.상시, 18.2, 18.1, 11.2, 10.1, 09.2, 09.1, 08.3, 07.1, 06.1, 03.4, 2급 01.1

## 3 TCP/IP

1205503

TCP/IP(Transmission Control Protocol/Internet Protocol)는 인터넷에 연결된 서로 다른 기종의 컴퓨터들 간에 데이터를 주고받을 수 있도록 하는 표준 프로토콜이다.

- TCP/IP는 망의 일부가 파손되어도, 남아 있는 망으로 통신이 가능한 신뢰성 있는 통신 규약이다.

**전문가의 조언**

TCP/IP의 특징과 OSI 7계층에서 사용되는 장비를 묻는 문제가 출제되었습니다. TCP와 IP를 구분할 수 있도록 특징을 정리하고, OSI 7계층의 각 계층에서 사용되는 장비를 정확히 기억해 두세요.

• TCP/IP는 다음과 같은 기능을 수행하는 TCP 프로토콜과 IP 프로토콜의 결합적 의미이다.

| | |
|---|---|
| 23.5, 23.1, 22.7, … TCP | • 메시지를 송 · 수신자의 주소와 정보로 묶어 패킷 단위로 나눈다.<br>• 전송 데이터의 흐름을 제어하고 데이터의 에러 유무를 검사한다.<br>• OSI 7계층 중 전송(Transport) 계층에 해당한다. |
| 23.5, 23.1, 22.7, … IP | • 패킷 주소를 해석하고 경로를 결정하여 다음 호스트로 전송한다.<br>• OSI 7계층 중 네트워크(Network) 계층에 해당한다. |

• TCP/IP는 응용 계층, 전송 계층, 인터넷 계층, 링크 계층으로 이루어져 있다.

| OSI | TCP/IP | 기 능 |
|---|---|---|
| 23.5, 22.3, 20.상시, 18.2, … 응용 계층<br>표현 계층<br>세션 계층 | 응용 계층 | • 응용 프로그램 간의 데이터 송 · 수신 제공<br>• TELNET, FTP, SMTP, SNMP 등 |
| 23.5, 20.상시, 18.2 전송 계층 | 전송 계층 | • 호스트들 간의 신뢰성 있는 통신 제공<br>• TCP, UDP |
| 23.5, 20.상시, 18.2 네트워크 계층 | 인터넷 계층 | • 데이터 전송을 위한 주소 지정, 경로 설정을 제공<br>• IP, ICMP, IGMP, ARP, RARP |
| 23.5, 20.상시, 18.2 데이터 링크 계층<br>물리 계층 | 링크 계층 | • 실제 데이터(프레임)를 송 · 수신하는 역할<br>• Ethernet, IEEE 802, HDLC, X.25, RS-232C 등 |

23.4, 22.1, 21.1, 13.1, 10.2, 10.1, 08.4, 06.3, 04.3, 03.3, 03.2, 2급 05.3, 03.4

## 4 기타 프로토콜

3206204

• **HTTP(Hyper Text Transfer Protocol)**

– 하이퍼텍스트 문서를 전송하기 위해 사용하는 프로토콜이다.

– 서비스를 요청하거나 응답하는 프로토콜 구조를 가진다.

– 보안이 강화된 버전을 HTTPS라고 한다.

• **ARP/RARP(Address Resolution Protocol/Reverse Address Resolution Protocol)**

– ARP는 IP 주소를 이용하여 물리적인 MAC 주소*를 찾아주는 프로토콜이다.

– RARP는 ARP와 반대로 물리적 MAC 주소를 IP 주소로 변환하는 프로토콜이다.

• **UDP(User Datagram Protocol, 사용자 데이터그램 프로토콜)**

– IP를 사용하는 네트워크의 한 컴퓨터에서 다른 컴퓨터로 데이터그램*을 전송하기 위해 사용하는 프로토콜이다.

– 메시지가 분실되거나 송신된 순서와 다른 순서로 수신되는 등 데이터 전송에 신뢰성을 보장하지 않는 비접속형 통신을 제공한다.

• **ICMP(Internet Control Message Protocol, 인터넷 제어 메시지 프로토콜)**

IP와 조합하여 통신중에 발생하는 오류의 처리와 예상치 못한 상황에 대한 정보를 제공하는 제어 메시지 관리 프로토콜이다.

• **SNMP(Simple Network Management Protocol, 간이 네트워크 관리 프로토콜)**

TCP/IP의 네트워크 관리 프로토콜로, 라우터나 허브 등 네트워크 기기의 네트워크 정보를 네트워크 관리 시스템에 보내는 데 사용된다.

**전문가의 조언**

최근에는 HTTP의 특징을 묻는 문제가 출제되고 있습니다. HTTP는 특징까지 확실히 기억하고, 나머지 프로토콜은 개념 정도만 알아두세요.

**MAC(이더넷) 주소**

네트워크 어댑터(NIC)의 고유 번호를 말합니다.

**데이터그램**

네트워크 간의 전송에 이용되는 실제 데이터 단위를 의미합니다.

## 따라잡기 기출문제 따라잡기

문제1 3206251 문제3 3206253 문제5 1205552

23년 5회, 20년 2회, 18년 1회

**1. 다음 중 인터넷에서 사용하는 TCP/IP에 대한 설명으로 옳지 않은 것은?**

① 서로 다른 기종의 컴퓨터들 간 데이터를 송/수신하기 위한 표준 프로토콜이다.

② 일부 망에 장애가 있어도 다른 망으로 통신이 가능한 신뢰성을 제공한다.

③ TCP는 패킷 주소를 해석하고 최적의 경로를 결정하여 전송하는 역할을 한다.

④ IP는 OSI 7계층 중 네트워크 계층에 해당하는 프로토콜이다.

TCP는 메시지를 송·수신자의 주소와 정보로 묶어 패킷 단위로 나누는 역할을 합니다. ③번은 IP의 역할입니다.

23년 5회

**2. 다음 중 인터넷에서 사용하는 TCP/IP에 대한 설명으로 옳지 않은 것은?**

① 응용 계층, 전송 계층, 인터넷 계층, 링크 계층으로 이루어져 있다.

② 전송 계층은 응용 프로그램 간의 데이터 송·수신을 제공하며, TELNET, FTP, SMTP 등의 프로토콜을 포함한다.

③ 일부 망에 장애가 있어도 다른 망으로 통신이 가능한 신뢰성을 제공한다.

④ OSI 7계층에서 TCP는 전송 계층, IP는 네트워크 계층에 해당한다.

TCP/IP의 전송 계층은 호스트들 간의 신뢰성 있는 통신을 제공하며, TCP, UDP 등의 프로토콜을 포함합니다. ②번은 응용 계층에 대한 설명입니다.

21년 3회

**3. 다음 중 OSI 7계층에서 각 계층의 기능에 관한 설명으로 옳지 않은 것은?**

① 세션 계층 : 송수신측 간의 관련성을 유지하고 대화 제어를 담당한다.

② 응용 계층 : 코드 변환, 데이터 암호화, 데이터 압축 기능을 제공한다.

③ 네트워크 계층 : 정보 교환 및 중계 기능, 경로 설정 기능을 제공한다

④ 물리 계층 : 전송에 필요한 두 장치 간의 실제 접속과 절단 등 기계적, 전기적, 기능적, 절차적 특성을 정의한다.

응용 계층은 사용자가 OSI 환경에 접근할 수 있도록 서비스를 제공합니다. 코드 변환, 데이터 암호화, 데이터 압축 기능을 제공하는 계층은 표현 계층입니다.

23년 4회, 22년 1회, 21년 1회

**4. 다음 중 HTTP 프로토콜에 대한 설명으로 옳지 않은 것은?**

① 하이퍼텍스트 문서를 전송하기 위해 사용하는 프로토콜이다.

② HTTP는 서비스를 제공하거나 응답하는 프로토콜 구조를 가진다.

③ HTTP의 보안이 강화된 버전이 HTTPS이다.

④ HTTP 프로토콜에는 FTP, DNS, TELNET 등이 포함된다.

FTP, DNS, TELNET은 HTTP 프로토콜에 포함된 것이 아니라 독립된 형태로 각각의 역할을 수행하는 프로토콜입니다.

23년 2회, 22년 6회, 21년 3회, 1회, 20년 1회, 19년 2회, 16년 1회

**5. 다음 중 컴퓨터 통신에서 사용하는 프로토콜 기능에 관한 설명으로 적절하지 않은 것은?**

① 통신망에 전송되는 패킷의 흐름을 제어해서 시스템 전체의 안전성을 유지한다.

② 정보를 전송하기 위해 송·수신기 사이에 같은 상태를 유지하도록 동기화 기능을 수행한다.

③ 데이터 전송 도중에 발생하는 오류를 검출한다.

④ 네트워크에 접속된 다양한 단말장치를 자동으로 인식하고 호환성을 제공한다.

④번과 같은 경우는 동일한 프로토콜을 사용할 때입니다. 운영체제가 서로 다를 경우에는 서로 호환되는 프로토콜을 설치해야 자동으로 인식하고 호환성을 제공합니다.

17년 2회, 14년 1회

**6. 다음 중 컴퓨터 통신의 OSI 7계층에서 사용되는 장비와 해당 계층의 연결이 옳지 않은 것은?**

① 물리 계층 – 리피터(Repeater), 허브(Hub)

② 데이터 링크 계층 – 브릿지(Bridge), 스위치(Switch)

③ 네트워크 계층 – 라우터(Router)

④ 응용 계층 – 게이트웨이(Gateway)

게이트웨이(Gateway)는 전송 계층(Transport Layer)에서 사용되는 장비입니다.

22년 3회, 09년 2회

**7. 다음 중 정보 통신과 관련하여 OSI 7계층 모델에서 Telnet, FTP, E-mail 등의 프로토콜을 포함하는 계층으로 옳은 것은?**

① 응용(Application) 계층

② 데이터 링크(Data Link) 계층

③ 물리(Physical) 계층

④ 트랜스포트(Transport) 계층

Telnet, FTP, E-mail 등의 프로토콜을 포함하는 계층은 응용(Application) 계층입니다.

▶ **정답 :** 1. ③ 2. ② 3. ② 4. ④ 5. ④ 6. ④ 7. ①

# 인터넷 서비스

A 등급

## 1 WWW

23.5, 10.3, 08.2, 03.4, 2급 24.3, 23.3, 23.1, 22.2, 22.1, 20.2, 19.1, 16.2, 13.3, 13.1, 12.1, 11.3, 11.1, 10.3, 10.2, 08.4, 08.3, …

1205601

WWW(World Wide Web)는 텍스트, 그림, 동영상, 음성 등 인터넷에 존재하는 다양한 정보를 거미줄처럼 연결해 놓은 종합 정보 서비스이다.

### 특징

- WWW는 HTTP 프로토콜을 사용하는 하이퍼텍스트* 기반으로 되어 있다.
- 송 · 수신 에러의 제어를 위해 HTTP 프로토콜을 사용한다.
- WWW를 효과적으로 검색할 수 있도록 도와주는 프로그램을 웹 브라우저(Web Browser)라고 한다.

**전문가의 조언**

WWW의 특징을 묻는 문제가 출제되었습니다. WWW는 HTTP 프로토콜을 사용한다는 것을 중심으로 특징을 정리하세요.

**하이퍼텍스트(HyperText)**

하이퍼텍스트는 관련된 문서를 하이퍼링크로 연결하여 검색할 수 있도록 만들어진 문서 형식을 말합니다.

## 2 전자우편

24.4, 23.3, 23.2, 21.3, 21.2, 19.상시, 18.상시, 18.1, 17.2, 15.3, 12.2, 11.1, 09.3, 09.2, 09.1, 08.3, 08.1, 07.2, 06.4, 06.3, …

1205602

전자우편(E-mail)은 인터넷을 통해 다른 사람과 편지뿐만 아니라 그림, 동영상 등 다양한 형식의 데이터를 주고받을 수 있도록 해주는 서비스이다.

### 특징

- 전자우편은 보내는 즉시 수신자에게 도착하므로 빠른 의견 교환이 가능하다.
- 한 사람이 동시에 여러 사람에게 동일한 전자우편을 보낼 수 있다.
- 전자우편을 보내거나 받기 위해서는 메일 서버에 사용자 계정이 있어야 한다.
- 전자우편은 기본적으로 7Bit의 ASCII 코드를 사용하여 메시지를 주고 받는다.
- 전자우편 주소는 '사용자 ID@호스트 주소'의 형식으로 이루어진다.

**전문가의 조언**

**중요해요!** 전자우편에 대한 문제가 자주 출제되고 있습니다. SMTP는 메일 송신, POP3는 메일 수신이란 것을 중심으로 전자우편에 사용되는 프로토콜과 전자우편의 특징을 정확히 알고 넘어가세요.

### 전자우편에 쓰이는 프로토콜

| | |
|---|---|
| 24.4, 23.2, 19.상시, 11.1, 09.3, 09.2, 08.1, …<br>SMTP(Simple Mail Transfer Protocol) | 사용자의 컴퓨터에서 작성한 메일을 다른 사람의 계정이 있는 곳으로 전송해 주는 프로토콜이다. |
| 24.4, 21.3, 19.상시, 18.1, 17.2, 15.3, 11.1,<br>POP3(Post Office Protocol3) | 메일 서버에 도착한 E-Mail을 사용자 컴퓨터로 가져올 수 있도록 메일 서버에서 제공하는 프로토콜이다. |
| 24.4, 19.상시, 11.1, 09.2, 09.1, 08.1, 04.1, …<br>MIME(Multipurpose Internet Mail Extensions) | • 멀티미디어 전자우편을 주고 받기 위한 인터넷 메일의 표준 프로토콜이다.<br>• 웹 브라우저가 지원하지 않는 각종 멀티미디어 파일의 내용을 확인하고 실행시켜 준다. |
| 24.4, 23.2, 11.1, 09.2, 04.1, 03.2<br>IMAP(Internet Message Access Protocol) | • 로컬 서버에서 프로그램을 이용하여 전자우편을 액세스하기 위한 표준 프로토콜이다.<br>• 사용자는 메일 서버에 도착한 편지의 제목과 송신자를 확인하고 메일을 실제로 다운로드할 것인지를 결정할 수 있다.<br>• 도착한 메일을 읽기 위하여 실제로 다운로드할 때는 POP3를 이용한다. |

## 전자우편의 주요 기능

| | |
|---|---|
| 보내기(Send) | 작성한 메일을 다른 사람에게 보내는 기능이다. |
| 받기(Receive) | 다른 사람이 보낸 메일을 받는 기능이다. |
| 첨부(Attach) | 텍스트 파일, 동영상 등의 파일을 전자우편으로 보내거나 보충하기 위한 기능이다. |
| 08.3<br>전달(Forward) | 받은 메일을 스스로 처리할 수 없는 경우나 다른 사람에게 알려 주고 싶은 경우 받은 메일을 그대로 다시 보내는 기능이다. |
| 회신(Reply) | 받은 메일에 대하여 답장을 작성하여, 발송자에게 다시 전송하는 기능이다. |
| 24.4, 23.2, 03.2<br>전체 회신(Reply All) | 받은 메일에 대하여 답장을 하되, 발송자는 물론 참조인들에게도 전송하는 기능이다. |

2급 15.1, 11.2, 09.4, 09.2, 05.4, 01.2

**잠깐만요 스팸 메일(Spam Mail)**

통신이나 인터넷을 통해 불특정 다수에게 원하지도, 요청하지도 않은 메일을 대량으로 보내는 광고성 메일로, 정크 메일(Junk Mail) 또는 벌크 메일(Bulk Mail)이라고도 합니다.

22.4, 21.4, 19.1, 18.상시, 15.1, 14.3, 12.2, 12.1, 11.3, 11.2, 10.3, 10.2, 10.1, 09.2, 07.3, 06.3, 05.4, 05.1, 04.4, 04.3, 04.2, …

## 3 FTP

3206303

FTP(File Transfer Protocol, 파일 전송 프로토콜)는 컴퓨터와 컴퓨터 또는 컴퓨터와 인터넷 사이에서 파일을 주고받을 수 있도록 하는 원격 파일 전송 프로토콜이다.

### 특징

- FTP를 이용하여 파일의 전송(Upload)과 수신(Download), 삭제, 이름 변경 등의 작업을 할 수 있다.
- 파일의 업로드나 다운로드 서비스를 제공하는 컴퓨터를 FTP 서버, 파일을 제공받는 컴퓨터를 FTP 클라이언트라고 한다.
- FTP 서버에 있는 프로그램은 다운 받은 후에만 실행이 가능하다.
- FTP의 기본적인 포트 번호는 21번이지만 다른 번호로 변경할 수 있다.
- 그림 파일, 동영상 파일, 실행 파일, 압축된 형태의 파일을 전송할 때에는 Binary 모드를, 텍스트 파일을 전송할 때에는 ASCII 모드를 사용한다.
- Anonymous FTP(익명FTP)
  - 'Anonymous'란 '이름이 없다'는 뜻으로, 계정(Account)*이 없는 사용자도 접근하여 사용할 수 있는 FTP 서비스이다.
  - Anonymous FTP 서버에 접속할 때는 비밀번호 없이 접속할 FTP 서버의 주소만 입력하면 된다.

**전문가의 조언**

FTP의 개념과 특징에 대한 문제가 출제되었습니다. FTP에 대한 전반적인 내용을 정확히 알아야 합니다. 특히 FTP 서버에서는 프로그램을 실행할 수 없고, 그림, 실행 파일 등을 전송할 때는 Binary 모드를 사용한다는 것을 꼭 기억하세요.

**계정(Account)**

호스트 컴퓨터나 서버 컴퓨터에 접속해서 사용할 권리를 부여하기 위해 주어지는 식별 번호(ID)로 사용자는 ID와 패스워드(Password)를 입력하고, 컴퓨터의 자원을 사용합니다.

22.2, 20.1, 17.2, 16.3, 16.1, 15.2, 14.2, 11.2, 09.1, 08.3, 08.2, 07.3, 06.4, 06.2, 06.1, 05.3, 05.2, 04.3, 03.3, 03.2, 03.1, …

## 4 기타 인터넷 서비스

3206304

인터넷 상에 있는 자료를 쉽게 검색하거나 사용할 수 있도록 하는 다양한 인터넷 서비스에 대해 알아보자.

| 서비스명 | 기능 |
|---|---|
| 22.2, 20.1, 16.3, 14.2, 13.2, 08.3, …<br>Tracert | • 인터넷 서버까지의 경로를 추적하는 명령어로, IP 주소, 목적지까지 거치는 경로(장비의 수)의 수, 각 구간 사이의 데이터 왕복 속도를 알아볼 수 있다.<br>• 특정 사이트가 열리지 않을 때 해당 서버가 문제인지 인터넷 망이 문제인지를 알아볼 수 있다.<br>• 인터넷 속도가 느릴 때 어느 구간에서 정체를 일으키는지를 알아볼 수 있다.<br>예 Tracert 211.31.119.151(명령 프롬프트* 창에 입력) |
| Netstat | • 현재 자신의 컴퓨터에 연결된 다른 컴퓨터의 IP 주소 및 포트 정보를 볼 수 있다.<br>• 네트워크를 감시하여 바이러스나 해킹 여부를 진단하는 데 사용한다. |
| 16.1, 08.2, 07.3, 06.2, 06.1, 03.1<br>WAIS(Wide Area Infomation Service) | 여러 곳에 흩어져 있는 방대한 데이터베이스로부터 정보를 검색할 수 있도록하는 서비스이다. |
| 17.2, 15.2<br>Nslookup(Name Server lookup) | 도메인 네임 서버 검색 서비스로, 도메인 네임을 이용하여 IP 주소를 찾을 수 있다. |

**전문가의 조언**

무슨 인터넷 서비스를 말하는지 알 수 있어야 풀 수 있는 문제들이 출제되고 있습니다. 각 서비스를 구분할 수 있도록 각각의 개념을 정확히 알아두세요.

**명령 프롬프트**

- MS-DOS 운영체제용 프로그램이나 명령어를 사용할 수 있는 창입니다.
- [(시작)] → [Windows 시스템] → [명령 프롬프트]를 선택한 후 키보드로 명령어를 입력하여 실행합니다.

### 따라잡기 기출문제 따라잡기

문제2 1205651

23년 5회, 10년 3회, 08년 2회

**1. 다음 중 인터넷과 관련하여 WWW(World Wide Web)에 관한 설명으로 옳지 않은 것은?**

① 멀티미디어 형식의 정보를 제공하여 줄 수 있다.

② 하이퍼텍스트를 기반으로 하는 HTTP 프로토콜을 사용한다.

③ 웹페이지는 서버에서 정보를 제공하여 주고 클라이언트에서는 웹 브라우저를 통해 정보를 검색하고 제공받는다.

④ 멀티미디어 정보의 송수신 에러를 제어하기 위해 SMTP 프로토콜을 사용한다.

멀티미디어 정보의 송 · 수신 에러를 제어하기 위해 HTTP 프로토콜을 사용합니다.

11년 1회, 09년 2회, 1회, 06년 3회, 04년 1회, 03년 2회

**2. 다음 중 인터넷과 관련하여 전자우편에 쓰이는 프로토콜에 관한 설명으로 옳지 않은 것은?**

① POP3는 메일 서버에 도착한 이메일을 사용자 컴퓨터로 가져올 수 있도록 메일 서버에서 제공하는 프로토콜이다.

② SMTP는 사용자의 컴퓨터에서 작성한 메일을 다른 사람의 계정이 있는 곳으로 전송해 주는 역할을 하는 프로토콜이다.

③ MIME은 웹 브라우저가 지원하지 않은 각종 멀티미디어 파일의 내용을 확인하고 실행시켜 주는 프로토콜이다.

④ IMAP은 분야별로 공통 관심사를 갖는 인터넷 사용자들이 같은 이메일 서버를 사용할 수 있도록 제공해 주는 프로토콜이다.

IMAP는 로컬 서버에서 프로그램을 이용하여 전자우편을 액세스하기 위한 표준 프로토콜입니다.

▶ **정답** : 1. ④ 2. ④

문제3 3206353 문제7 3206357

## 따라잡기 기출문제 따라잡기

20년 1회, 16년 3회, 14년 2회, 13년 2회

**3. 다음 중 인터넷 서버까지의 경로를 추적하는 명령어인 'Tracert'의 실행 결과에 관한 설명으로 옳지 않은 것은?**

① IP 주소, 목적지까지 거치는 경로의 수, 각 구간 사이의 데이터 왕복 속도를 확인할 수 있다.

② 특정 사이트가 열리지 않을 때 해당 서버가 문제인지 인터넷 망이 문제인지 확인할 수 있다.

③ 인터넷 속도가 느릴 때 어느 구간에서 정체를 일으키는지 확인할 수 있다.

④ 현재 자신의 컴퓨터에 연결된 다른 컴퓨터의 IP 주소나 포트 정보를 확인할 수 있다.

④번은 Netstat에 대한 설명입니다.

23년 3회, 21년 2회, 08년 1회

**4. 전자우편(E-mail) 사용에 관한 설명으로 옳지 않은 것은?**

① 그림, 동영상 등 다양한 형식의 데이터를 주고 받을 수 있다.

② 동일한 내용을 여러 사람에게 보낼 수 있다.

③ 전자우편에 사용하는 프로토콜은 SMTP, POP3, MIME 등이 있다.

④ 기본적으로 16진수 Unicode를 사용하여 메시지를 전송한다.

전자우편은 기본적으로 7Bit의 ASCII 코드를 사용합니다.

21년 3회, 18년 1회, 17년 2회, 15년 3회, 09년 3회, 06년 4회, 2회

**5. 다음 중 전자우편에서 사용하는 POP3 프로토콜에 관한 설명으로 옳은 것은?**

① 사용자가 작성한 이메일을 다른 사람의 계정으로 전송해 주는 역할을 한다.

② 메일 서버의 이메일을 사용자의 컴퓨터로 가져올 수 있도록 메일 서버에서 제공하는 프로토콜이다.

③ 멀티미디어 전자우편을 주고 받기 위한 인터넷 메일의 표준 프로토콜이다.

④ 웹 브라우저에서 제공하지 않는 멀티미디어 파일을 확인하여 실행시켜주는 프로토콜이다.

①번은 SMTP, ③, ④번은 MIME에 대한 설명입니다.

19년 1회, 12년 2회, 11년 2회, 09년 2회, 06년 3회, 05년 4회, 1회

**6. 다음 중 인터넷 서비스와 관련하여 FTP(File Transfer Protocol)에 관한 설명으로 옳지 않은 것은?**

① 컴퓨터와 컴퓨터 사이에 파일을 주거나 받을 수 있는 원격 파일 전송 프로토콜이다.

② FTP 프로그램을 이용하여 FTP 서버에 파일을 전송하거나 수신하고, 파일의 삭제 및 이름 바꾸기 등을 할 수 있다.

③ Anonymous FTP는 FTP 서버에 계정이 없는 익명의 사용자도 접속하여 사용할 수 있는 서비스이다.

④ 그림, 동영상, 실행 파일, 압축 파일 등은 ASCII 모드로 전송한다.

그림 파일, 동영상 파일, 실행 파일, 압축 파일 등은 Binary 모드로 전송하고, 텍스트 파일은 ASCII 모드로 전송합니다.

22년 4회, 21년 4회, 15년 1회, 14년 3회, 10년 3회, 2회

**7. 다음 중 인터넷 서비스와 관련하여 FTP(File Transfer Protocol)에 관한 설명으로 옳지 않은 것은?**

① 컴퓨터와 컴퓨터 사이에 파일을 주거나 받을 수 있는 원격 파일 전송 프로토콜이다.

② 웹 브라우저에서 FTP를 사용할 수 있다.

③ 기본적으로 그림 파일은 Binary 모드로, 텍스트 파일은 ASCII 모드로 전송한다.

④ FTP 서버에 있는 프로그램은 접속 후에 서버에서 바로 실행시킬 수 있다.

FTP 서버에 있는 프로그램을 서버에서 바로 실행시킬 수는 없고, 다운로드 후에만 실행할 수 있습니다.

24년 4회, 23년 2회

**8. 다음 중 전자우편(E-mail)에 대한 설명으로 옳지 않은 것은?**

① 한 사람이 동시에 여러 사람에게 전자우편을 보낼 수 있다.

② 전체 회신은 받은 메일에 대한 답장을 발송자는 물론 참조인들에게도 전송하는 기능이다.

③ IMAP는 로컬 서버에서 프로그램을 이용하여 전자우편을 액세스하기 위한 표준 프로토콜이다.

④ SMTP는 메일 서버에 도착한 이메일을 사용자 컴퓨터로 가져올 수 있도록 메일 서버에서 제공하는 프로토콜이다.

SMTP는 사용자의 컴퓨터에서 작성한 메일을 다른 사람의 계정이 있는 곳으로 전송해 주는 프로토콜입니다. ④번은 POP3에 대한 설명입니다.

▶ **정답** : 3. ④ 4. ④ 5. ② 6. ④ 7. ④ 8. ④

SECTION 061

# 웹 브라우저

C 등급

18.상시, 17.1, 2급 24.1, 23.4, 23.2, 22.3, 19.2, 12.2, 06.2, 06.1, 05.2, 03.4, 03.2, 03.1, 02.3, 00.2

## 1 웹 브라우저의 개요

1205701

웹 브라우저(Web Browser)는 웹 서버와 HTTP 프로토콜로 통신하여 사용자가 요구한 홈페이지에 접근하여 웹 문서를 사용자에게 보여주는 프로그램이다.

### 기능

- 플러그인* 프로그램을 설치하여 동영상이나 소리 등의 다양한 멀티미디어 데이터를 처리할 수 있다.
- 웹 브라우저를 이용하여 웹 페이지를 사용자 컴퓨터에 저장하거나 인쇄할 수 있다.
- 웹 브라우저를 처음 실행시킨 후부터 종료 전까지 사용자가 방문했던 웹 사이트 주소들을 순서대로 보관할 수 있다.
- 웹 브라우저를 이용하여 자주 방문하는 웹 사이트 주소를 관리할 수 있다.
- 웹 브라우저를 이용하여 전자우편을 보내거나 HTML 문서를 편집할 수 있다.
- 웹 브라우저를 통해 웹 문서는 물론 멀티미디어 정보나 HTTP 서버, FTP 서버, GOPHER 서버, WAIS 서버에서 제공하는 문서를 검색할 수 있다.
- 웹 브라우저의 종류에는 크롬, 마이크로소프트 엣지, 파이어 폭스 등이 있다.

**전문가의 조언**

웹 브라우저의 기능을 묻는 문제가 출제되었습니다. 웹 브라우저를 통해 수행 가능한 기능에는 어떤 것들이 있는지 정리해 두세요.

**플러그인(Plug-In)**

웹 브라우저만으로는 실행할 수 없는 기능을 보완하기 위해 추가로 설치하여 사용하는 작은 프로그램으로, 주로 멀티미디어 데이터를 처리해 줍니다.

21.4, 15.1, 13.2, 12.1, 10.1, 07.4, 2급 24.4, 23.3, 23.2, 22.2, 18.1, 16.2, 16.1, 15.3, 15.1, 14.3, 13.2, 12.3, 12.2, 11.1, 10.3, …

## 2 웹 브라우저 관련 용어

3206402

| | |
|---|---|
| 2급 18.1, 15.1<br>**포털 사이트(Portal Site)** | 웹 사이트의 관문(關門)이라는 뜻으로, 사용자들이 웹에 접속할 때 제일 먼저 나타나거나 가장 많이 머무르는 사이트를 말한다. |
| 07.4, 2급 16.2, 13.2, 12.3, 10.1<br>**미러 사이트(Mirror Site)** | 인터넷상에서 특정 사이트로 동시에 많은 이용자들이 접속하는 것을 방지하기 위하여 같은 내용을 복사해 놓은 사이트를 말한다. |
| 21.4, 15.1, 13.2, 12.1, 10.1<br>**쿠키(Cookie)** | 인터넷 사용자의 특정 웹 사이트의 접속 정보를 저장하고 있는 작은 파일로, 쿠키를 이용하면 인터넷 접속 시 매번 아이디와 비밀번호를 넣지 않아도 자동으로 입력되게 할 수 있다. |
| 2급 04.4<br>**캐싱(Caching)** | 자주 사용하는 사이트의 자료를 따로 저장하고 있다가, 사용자가 다시 그 자료에 접근하면 인터넷으로 접속하지 않고 미리 저장한 자료를 활용해서 빠르게 보여주는 기능이다. |

**전문가의 조언**

쿠키와 미러 사이트의 개념을 묻는 문제가 출제되었습니다. 이 둘을 중심으로 각 용어의 개념을 알아두세요.

## 기출문제 따라잡기

문제1 1205753 문제2 1205752

21년 4회, 15년 1회, 13년 2회, 12년 1회, 10년 1회

**1. 다음 중 웹 사이트에 접속했던 기록 및 사용자의 기본 설정에 대한 정보를 저장하고 있는 텍스트 파일로 옳은 것은?**

① 스팸(Spam) ② 패스워드(Password)
③ 쿠키(Cookie) ④ 애플릿(Applet)

쿠키(Cookie)는 사용자의 특정 웹 사이트의 접속 정보를 가지고 있는 파일입니다.

18년 상시, 17년 1회

**2. 다음 중 웹 브라우저를 이용하여 실행할 수 있는 기능에 대한 설명으로 옳지 않은 것은?**

① 웹 페이지의 내용을 저장하거나 인쇄할 수 있다.
② 플러그인을 설치하여 비디오, 애니메이션과 같은 멀티미디어 파일을 재생할 수 있다.
③ HTML 및 XML 형태의 소스 파일을 볼 수 있다.
④ 원격의 컴퓨터에 접속하여 자신의 컴퓨터처럼 사용할 수 있다.

웹 브라우저는 웹 문서를 사용자에게 보여줄 뿐 원격의 컴퓨터에 접속하여 사용하는 기능은 지원하지 않습니다.

07년 4회

**3. 접속량이 많은 사이트는 네트워크에서 트래픽이 빈번해지기 때문에 접속이 힘들고 속도가 떨어지는데, 이것을 방지하기 위해 세계 도처의 다른 사이트에 자신이 보유하고 있는 것과 동일한 정보를 복사하여 저장시켜 놓는 것을 무엇이라고 하는가?**

① 포털 사이트 ② 미러 사이트
③ Meta Mall ④ WAP

동일한 정보를 복사하여 저장시켜 놓는 사이트를 미러 사이트(Mirror Site)라고 합니다.

▶ 정답 : 1. ③ 2. ④ 3. ②

SECTION 062

# 정보통신기술 활용

A 등급

## 1 ICT 신기술

24.5, 24.4, 24.3, 24.1, 23.5, 23.4, 23.3, 23.2, 23.1, 22.5, 22.4, 22.3, 22.2, 22.1, 21.4, 21.3, 21.2, 21.1, 20.상시, 20.2, …

4306201

ICT(Information Communication Technology)는 정보기술과 통신기술을 합한 말로, 정보기기의 운영 및 관리에 필요한 소프트웨어 기술과 이들 기술을 이용하여 정보를 수집, 생산, 가공, 활용하는 모든 방법을 통틀어 일컫는 말이다.

| | |
|---|---|
| 24.5, 22.5, 21.4<br>**클라우드*컴퓨팅 (Cloud Computing)** | • 하드웨어 · 소프트웨어 등의 컴퓨팅 자원을 자신이 필요한 만큼 빌려 쓰고 사용요금을 지불하는 방식의 컴퓨팅 서비스이다.<br>• 웹 기반 애플리케이션을 활용하여 인터넷 개인 서버에서 대용량 데이터베이스를 처리하고 저장한 데이터를 PC, 스마트폰, Pad 등의 단말기에서 불러오거나 가공할 수 있다. |
| **그리드 컴퓨팅 (Grid Computing)** | • 지리적으로 분산되어 있는 컴퓨터를 초고속 인터넷 망으로 연결하여 공유함으로써 하나의 고성능 컴퓨터처럼 활용하는 기술이다.<br>• 처리능력을 한 곳으로 집중시키므로 월드와이드웹(WWW)보다 훨씬 처리 속도가 빠르다. |
| **유비쿼터스 컴퓨팅 (Ubiquitous Computing)** | • 언제 어디서나 어떤 기기를 통해서도 컴퓨팅이 가능한 환경이다.<br>• 모든 사물에 초소형 칩을 내장시켜 네트워크로 연결하므로 사물끼리 통신이 가능한 환경이다. |
| **스마트 그리드** | 전기의 생산부터 소비까지의 전 과정에 정보통신기술을 접목하여 에너지 효율성을 높이는 지능형 전력망 시스템이다. |
| 24.4, 23.4, 22.1, 21.2, …<br>**사물 인터넷(IoT, Internet of Things)** | • 세상에 존재하는 모든 사물을 네트워크로 연결해 인간과 사물, 사물과 사물 간 언제 어디서나 서로 소통할 수 있게 하는 새로운 정보 통신 환경으로, 개인 맞춤형 스마트 서비스를 지향한다.<br>• 스마트 센싱 기술과 무선 통신 기술을 융합하여 실시간으로 데이터를 주고 받는다.<br>• 사물 인터넷 기반 서비스는 개방형 아키텍처를 필요로 하기 때문에 정보 공유에 대한 부작용을 최소화 하기 위한 정보보안기술의 적용이 중요하다. |
| **만물 인터넷(IoE, Internet of Everything)** | • 사물 인터넷(IoT)이 진화한 형태로, 만물이 서로 소통하며 새로운 가치와 경험을 창출해 내는 미래의 인터넷을 말한다.<br>• 만물, 즉 존재하는 모든 사람과 프로세스, 데이터, 모바일, 클라우드 등이 유무선 광대역 초고속 통신망, USN, 스마트그리드 등을 통해 유기적으로 연결된다. |
| 24.1, 22.4, 22.3, 22.2, 21.4, …<br>**테더링(Tethering)/핫스팟(Hot Spot)** | • 인터넷에 연결된 기기를 모뎀처럼 활용하여 다른 기기도 인터넷 사용이 가능하게 해주는 기술이다.<br>• 노트북과 같은 IT 기기를 스마트폰에 연결하여 무선 인터넷을 사용할 수 있다.<br>• 테더링은 인터넷에 연결된 기기와 그렇지 않은 기기를 USB나 블루투스로 연결하고, 핫스팟은 무선랜 기술인 WiFi로 연결하여 인터넷이 가능하도록 한다.<br>• 핫스팟은 무선접속장치(AP)와 같이 기지국에서 받은 신호를 WiFi로 중계해주는 역할을 한다. |
| **SSO (Single Sign On)** | 한 번의 로그인으로 기업 내의 각종 업무 시스템이나 인터넷 서비스에 접속할 수 있게 해 주는 보안 응용 솔루션이다. |
| **시맨틱 웹 (Semantic Web)** | • 컴퓨터가 정보의 뜻을 이해하고 조작할 수 있는 차세대 지능형 웹이다.<br>• 현재의 웹이 사람들이 이해하기 쉬운 자연어 위주로 되어 있다면, 시맨틱 웹은 정보들 사이의 연관성을 컴퓨터가 이해하고 처리할 수 있는 형태의 언어로 바꾸는 것이다. |

**전문가의 조언**

**중요해요!** ICT 신기술에 대한 문제가 자주 출제되고 있습니다. 시험에 출제된 용어를 중심으로 무슨 용어를 말하는지 맞힐 수 있을 정도로 학습해 두세요.

**클라우드**

구름(Cloud)에서 유래된 말로 컴퓨터 네트워크상에 숨겨진 복잡한 구조를 뜻합니다.

**클라우드 컴퓨팅**

| | |
|---|---|
| 20.1<br>데이터 마이닝<br>(Data Mining) | 통계 기법이나 인공지능 등을 이용하여 대량의 데이터에 숨어 있는 유용한 정보를 추출해내는 기술이다.<br>예 유튜브에서 고객이 등록한 관심분야나 자주 보는 분야 등을 분석하여 관련성 있는 콘텐츠를 고객에게 제공해 주는데, 이때 데이터 마이닝 기술이 사용된다. |
| 24.5, 22.5, 21.3<br>텔레매틱스*<br>(Telematics) | • 통신(Telecommunication)과 정보과학(Informatics)의 합성어로, 자동차에 정보통신 기술과 정보 처리 기술을 융합하여 운전자에게 다양한 멀티미디어 서비스를 제공하는 것이다.<br>• 여러 IT 기술을 차량에 적용하여 새로운 부가가치를 창출한다. |
| 23.3, 22.5, 21.4, 21.2<br>위치 기반 서비스<br>(LBS, Location Based Service) | • 통신 기술과 GPS, 그리고 컴퓨터에 저장된 데이터베이스를 이용하여 주변의 위치와 부가 서비스를 제공하는 기술이다.<br>• 현재 위치 정보, 실시간 교통 정보 등 다양한 서비스를 제공한다. |
| 13.2<br>ALL-IP | 인터넷 프로토콜(IP)을 기반으로 유선전화망, 무선망, 패킷 데이터망 등의 기존 통신망을 모두 하나의 통신망으로 통합하여 음성, 데이터, 멀티미디어 등을 전송하는 기술이다. |
| 24.1<br>빅 데이터<br>(Big Data) | • 기존의 관리 방법이나 분석 체계로는 처리하기 어려운 막대한 양의 데이터 집합이다.<br>• 스마트 단말의 빠른 확산, 소셜 네트워크 서비스의 활성화, 사물 네트워크의 확대로 데이터 폭발이 더욱 가속화되고 있다. |
| 18.2, 15.1, 13.2, 12.1<br>Wibro(와이브로) | 무선 광대역을 의미하는 것으로, 휴대폰, 노트북, PDA 등의 모바일 기기를 이용하여 언제 어디서나 이동하면서 고속으로 무선 인터넷 접속이 가능한 서비스이다. |
| 13.2, 12.1<br>UWB(Ultra-Wide Band) | 근거리에서 컴퓨터와 주변기기 및 가전제품 등을 연결하는 초고속 무선 인터페이스로, 주로 개인 통신망에 사용된다. |
| 24.3, 13.2<br>지그비(Zigbee) | 저전력, 저비용, 저속도와 2.4GHz를 기반으로 하는 홈 자동화 및 데이터 전송을 위한 무선 네트워크 규격으로, 전력 소모를 최소화 하는 대신 반경 30m 내에서만 데이터 전송이 가능하다. |
| 24.3, 23.2<br>핀테크(FinTech) | • 금융(Finance)과 기술(Technology)의 합성어로, 금융과 기술의 융합을 통한 금융 서비스 및 산업의 변화를 통칭한다.<br>• 모바일, SNS, 빅 데이터 등 새로운 IT 기술 등을 활용하여 간편 결제 및 송금, 자산관리, 크라우드 펀딩*, 로보 어드바이저* 등의 서비스를 제공한다. |
| 23.5<br>LPWA(Low Power Wide Area, 저전력 광역 통신망) | • 저전력, 저비용을 기반으로 소량의 데이터의 장거리 전송과 안정적인 통신을 지원하는 통신망이다.<br>• 사물 인터넷(Iot)에서 무선 광역 네트워크로 사용된다. |
| 23.2<br>메타버스<br>(Metaverse) | • 가공(Meta)과 현실 세계(Universe)의 합성어로, 현실 세계와 같은 사회 · 경제 · 문화 활동이 이뤄지는 3차원 가상 세계를 가리킨다.<br>• 1992년 미국 SF 작가 닐 스티븐슨의 소설 '스노 크래시'에 처음 등장하였다. |
| 23.4, 22.1, 21.2, 16.3<br>와이파이(WiFi; Wireless-Fidelity)* | • Wireless Fidelity의 약어로, 2.4GHz대를 사용하는 무선 랜(WLAN) 규격(IEEE 802.11b)에서 정한 제반 규정에 적합한 제품에 주어지는 인증 마크이다.<br>• 무선 신호를 전달하는 AP(Access Point)*를 중심으로 데이터를 주고 받는 인프라스트럭쳐(Infrastructure) 모드와 AP 없이 데이터를 주고 받는 애드혹(Ad Hoc) 모드가 있다.<br>• 유선 랜을 무선화한 것으로 사용 거리에 제한이 있다.<br>• 3G 이동통신에 비해 전송속도가 빠르고 전송비용이 저렴하다. |
| 24.5<br>블록체인<br>(Blockchain) | • P2P 네트워크를 이용하여 온라인 금융 거래 정보를 온라인 네트워크 참여자(Peer)의 디지털 장비에 분산 저장하는 기술로, 공공 거래 장부라도고 불린다.<br>• 가상 화폐로 거래할 때 발생할 수 있는 불법적인 해킹을 막는 기술로 사용된다. |

**텔레매틱스**

• 크라우드 펀딩(Crowd Funding) : 웹이나 모바일 네트워크를 통해 다수의 개인으로부터 자금을 모으는 행위

• 로보 어드바이저(Robo Advisor) : 로봇(Robot)과 자문가(Advisor)의 합성어로, 알고리즘이나 빅 데이터 등을 이용하여 고객과 금융 데이터를 분석하여 투자 자문을 수행하는 온라인 자산 관리 서비스

**와이파이 6(Wi-Fi 6)**
다중 접속 환경에 최적화된 무선 랜 규격으로, 공공 와이파이 환경에서도 최상의 네트워크 품질을 제공합니다.

**AP(Access Point, 무선 접속 장치)**
무선 랜과 유선 랜을 연결시켜 주는 장치로, 전파 도달 거리 내의 무선 랜 카드를 사용하는 컴퓨터나 무선 기기들이 자유롭게 통신할 수 있도록 하는 장치입니다.

23.2, 23.1, 18.2, 18.1, 15.2, 15.1, 12.1, 02.3, 2급 24.3, 24.1, 23.4, 18.2, 13.1, 09.3

## 잠깐만요 유비쿼터스

1205831

라틴어로 '편재하다(보편적으로 존재하다)'라는 의미로, 사용자가 컴퓨터나 네트워크를 의식하지 않고 장소에 상관없이 자유롭게 네트워크에 접속할 수 있는 환경을 의미합니다.

• 관련 기술

| | |
|---|---|
| 18.2, 15.1, 12.1, 2급 24.3, … RFID(Radio Frequency IDentification) | 사물에 전자 태그를 부착하고 무선 통신을 이용하여 사물의 정보 및 주변 정보를 감지하는 센서 기술입니다. |
| 23.2, 23.1, 18.2, 18.1, 15.2 USN(Ubiquitous Sensor Network) | • 모든 사물에 부착된 RFID 태그 또는 센서를 통해 탐지된 사물의 인식 정보는 물론 주변의 온도, 습도, 위치정보, 압력, 오염 및 균열 정도 등과 같은 환경 정보를 네트워크와 연결하여 실시간으로 수집하고 관리하는 네트워크 시스템입니다.<br>• 텔레매틱스, 동물관리, 교통관리, 공해감시, 유통분야, 물류분야, 홈 네트워크 등 거의 모든 분야에 응용할 수 있습니다. |

## 따라잡기 기출문제 따라잡기

문제4 1205852

24년 5회

**1. 공공 거래 장부이며, 가상 화폐로 거래할 때 발생할 수 있는 불법적인 해킹을 막는 기술은?**

① 전자봉투(Digital Envelope)
② 암호화 파일 시스템(Encrypting File System)
③ 블록체인(Block Chain)
④ 핀테크(FinTech)

블록체인(Block Chain)은 가상 화폐로 거래할 때 발생할 수 있는 불법적인 해킹을 막는 기술로, 공공 거래 장부라고도 불립니다.

20년 1회

**2. 다음 중 대량의 데이터 안에서 일정한 패턴을 찾아내고, 이로부터 가치 있는 정보를 추출해내는 기술을 의미하는 것은?**

① 데이터 웨어하우스(Data Warehouse)
② 데이터 마이닝(Data Mining)
③ 데이터 마이그레이션(Data Migration)
④ 메타 데이터(Meta Data)

대량의 **데이터(Data)**에서 가치있는 정보를 **추출**(Mining)해내는 기술은 **데이터 마이닝(Data Mining)**입니다.

23년 2회, 1회, 18년 1회, 15년 2회

**3. 다음 중 유비쿼터스 센서 네트워크(USN)의 활용 분야에 속하는 것은?**

① 테더링 ② 텔레매틱스
③ 블루투스 ④ 고퍼

USN은 사물의 인식 정보, 환경 정보를 네트워크와 연결하여 실시간으로 수집·관리하는 기술로, 텔레매틱스, 동물관리, 교통관리, 공해감시, 유통, 물류 등 거의 모든 분야에서 응용할 수 있습니다.

23년 4회, 22년 1회, 21년 2회, 19년 2회, 17년 1회

**4. 다음 중 사물 인터넷에 대한 설명으로 옳지 않은 것은?**

① IoT(Internet of Things)라고도 하며 개인 맞춤형 스마트 서비스를 지향한다.
② 사람을 제외한 사물과 공간, 데이터 등을 이더넷으로 서로 연결시켜주는 무선 통신 기술을 의미한다.
③ 스마트 센싱 기술과 무선 통신 기술을 융합하여 실시간으로 데이터를 주고받는 기술이다.
④ 사물 인터넷 기반 서비스는 개방형 아키텍처를 필요로 하기 때문에 정보 공유에 대한 부작용을 최소화하기 위한 정보보안기술의 적용이 중요하다.

사물 인터넷은 사람을 포함한 세상에 존재하는 모든 사물을 이더넷으로 서로 연결시켜주는 무선 통신 기술입니다.

▶ **정답** : 1. ③ 2. ② 3. ② 4. ②

## 따라잡기 기출문제 따라잡기

문제6 3206556

23년 4회, 22년 1회, 21년 2회, 16년 3회

**5. 다음 중 와이파이(Wi-Fi)에 대한 설명으로 옳지 않은 것은?**

① IEEE 802.11 기술 규격의 브랜드명으로 Wireless Fidelity의 약어이다.

② 무선 신호를 전달하는 AP(Access Point)를 중심으로 데이터를 주고 받는 인프라스트럭쳐(Infrastructure) 모드와 AP 없이 데이터를 주고 받는 애드혹(Ad Hoc) 모드가 있다.

③ 유선 랜을 무선화한 것이기 때문에 사용 거리에 제한이 없고 전송속도가 3G 이동통신에 비해 느리며 전송비용이 고가이다.

④ 와이파이 6(Wi-Fi 6)은 다중 접속 환경에 최적화하여 공공 와이파이 환경에서도 최상의 네트워크 품질을 제공하는 것을 목적으로 고안된 규격이다.

와이파이는 유선 랜을 무선화 했기 때문에 사용 거리에 제한이 있지만 3G 이동통신에 비해 전송속도가 빠르고 전송비용이 저렴합니다.

24년 1회, 22년 4회, 3회, 2회, 21년 4회, 20년 상시, 20년 2회, 19년 1회, 15년 3회

**6. 다음 중 스마트폰을 모뎀처럼 활용하는 방법으로, 컴퓨터나 노트북 등의 IT 기기를 휴대폰에 연결하여 무선 인터넷을 사용할 수 있게 하는 기능은?**

① 와이파이 ② 블루투스

③ 테더링 ④ 와이브로

스마트폰을 모뎀처럼 활용하는 방법을 테더링이라고 합니다.

24년 5회, 22년 5회

**7. 웹 기반 애플리케이션을 활용하여 인터넷 개인 서버에서 대용량 데이터베이스를 연산(처리)하고 저장한 데이터를 PC나 스마트폰, Pad 등 다양한 단말기에서 불러오거나 가공할 수 있도록 하는 환경을 의미하는 것은?**

① 클라우드 컴퓨팅(Cloud Computing)

② 그리드 컴퓨팅(Grid Computing)

③ 사물 인터넷(Internet of Things)

④ 빅 데이터(Big Data)

문제에 제시된 내용은 클라우드 컴퓨팅(Cloud Computing)의 개념입니다.

23년 3회, 22년 5회, 21년 4회, 2회

**8. 통신 기술과 GPS, 그리고 컴퓨터에 저장된 데이터베이스를 이용하여 주변의 위치와 부가 서비스를 제공하는 기술은?**

① 위치 기반 서비스(LBS) ② 빅 데이터(Big Data)

③ 사물 인터넷(IoT) ④ 시맨틱 웹(Semantic Web)

통신 기술과 GPS를 이용하여 현재 위치 정보, 실시간 교통 정보 등 부가 서비스를 제공하는 기술은 위치 기반 서비스(LBS)입니다.

24년 5회, 22년 5회

**9. 다음 중 텔레매틱스(Telematics)에 대한 설명으로 옳지 않은 것은?**

① 통신(Telecommunication)과 정보과학(Informatics)의 합성어이다.

② 이미지, 음성, 영상 등의 디지털 정보를 유무선 네트워크에 연결시켜 다양한 멀티미디어 서비스를 제공한다.

③ 여러 IT 기술을 차량에 적합하게 적용하여 새로운 부가가치를 창출한다.

④ 차량에 장착된 장치와 노변 장치(Roadside Unit)를 이용하여 차량을 안전하게 제어한다.

④번은 첨단 도로 시스템(Automated Highway Systems)에 대한 설명입니다.

24년 3회, 23년 2회

**10. 다음 중 핀테크(FinTech)의 활용 분야에 대한 설명으로 옳지 않은 것은?**

① 네트워크 등을 통해 다수의 개인으로부터 자금을 모으는 크라우드 펀딩(Crowd Funding)

② 알고리즘이나 빅 데이터 등을 분석하여 고객에게 투자자문을 수행하는 로보 어드바이저(Robo Advisor)

③ 비트코인, 이더리움 등의 가상화폐의 암호화를 위한 데이터 분산 처리

④ 사용자의 편의성에 맞춘 송금 및 간편 결제 기능

③번은 블록체인(Block Chain)에 대한 설명입니다.

23년 5회

**11. 다음 중 사물 인터넷(Iot)에서 무선 광역 네트워크로 사용되며, 저전력, 저비용을 기반으로 소량의 데이터의 장거리 전송과 안정적인 통신을 지원하는 것은?**

① LPWA ② LTE

③ Wi-FI ④ USN

LPWA(저전력 광역 통신망)은 저전력, 저비용을 기반으로 소량의 데이터의 장거리 전송과 안정적인 통신을 지원하는 광역 IoT 기술입니다.

23년 2회

**12. 다음 중 1992년 미국 SF 작가 닐 스티븐슨의 소설 '스노 크래시'에 처음 등장한 개념으로, 현실 세계와 같은 사회 · 경제 · 문화 활동이 이뤄지는 3차원 가상 세계를 가리키는 용어는?**

① 텔레매틱스 ② 메타버스

③ 텔레햅틱 ④ 유비쿼터스

현실 세계와 같은 사회 · 경제 · 문화 활동이 이뤄지는 3차원 가상 세계를 메타버스(Metaverse)라고 합니다.

▶ 정답 : 5. ③ 6. ③ 7. ① 8. ① 9. ④ 10. ③ 11. ① 12. ②

## 055 | 정보통신의 이해

### ❶ 네트워크 운영 방식 22.7, 22.3, 18.2, 16.3, 16.1, 14.2, 13.2, 12.2

| | |
|---|---|
| 중앙 집중 방식 | 작업에 필요한 모든 처리를 담당하는 중앙 컴퓨터와 데이터의 입·출력 기능을 담당하는 단말기(Terminal)로 구성되어 있음 |
| 클라이언트/서버 방식 | • 정보를 제공하는 서버와 정보를 요구하는 클라이언트로 구성되어 있음<br>• 서버와 클라이언트가 모두 처리 능력을 가지고 있어 분산 처리 환경에 적합함 |
| 동배간 처리 방식(Peer-To-Peer) | • 모든 컴퓨터를 동등하게 연결하는 방식으로, 고속 LAN을 기반으로 함<br>• 시스템에 소속된 컴퓨터들은 어느 것이든 서버가 될 수 있으며, 동시에 클라이언트도 될 수 있음 |

### ❷ VAN(부가가치 통신망) 21.2, 15.3

기간 통신 사업자로부터 통신 회선을 빌려 기존의 정보에 새로운 가치를 더해 다수의 이용자에게 판매하는 통신망이다.

### ❷ 네트워크 관련 장비 24.5, 24.4, 24.3, 24.2, 23.5, 23.4, 23.3, 23.1, 22.7, 22.6, 22.4, 22.3, 22.1, …

| | |
|---|---|
| 리피터(Repeater) | 디지털 회선의 중간에 위치하는 것으로, 거리가 증가할수록 감쇠하는 디지털 신호의 장거리 전송을 위해 수신한 신호를 재생시키거나 출력 전압을 높여 전송하는 장치임 |
| 브리지(Bridge) | • 리피터와 동일한 기능을 수행하지만, 단순 신호 증폭뿐만 아니라 네트워크 분할을 통해 트래픽을 감소시키며, 물리적으로 다른 네트워크(LAN)를 연결할 때 사용함<br>• OSI 7 계층 중 데이터 링크 계층의 장비임 |
| 라우터(Router) | • 인터넷 환경에서 네트워크와 네트워크 간을 연결할 때 반드시 필요한 장비로, 가장 최적의 IP 경로를 설정하여 전송함<br>• 각 데이터들이 효율적인 속도로 전송될 수 있도록 데이터의 흐름을 제어함 |
| 게이트웨이(Gateway) | 주로 LAN에서 다른 네트워크에 데이터를 보내거나 다른 네트워크로부터 데이터를 받아들이는 출입구 역할을 함 |

## 056 | 망 구성과 네트워크 장비

### ❶ 망의 구성 형태 24.5, 24.3, 23.5, 22.2, 21.4, 21.1, 20.상시, 19.상시, 18.상시, 17.2, 15.1, 14.1, 13.3, …

| | |
|---|---|
| 성형(Star) | • 모든 노드가 중앙 노드에 1:1(Point-to-Point)로 연결되어 있는 형태<br>• 고장 발견이 쉽고 유지 보수 및 확장이 용이함 |
| 링형(Ring) | • 인접한 컴퓨터와 단말기들을 서로 연결하여 양방향으로 데이터 전송이 가능한 형태<br>• 통신 회선 중 어느 하나라도 고장나면 전체 통신망에 영향을 미침 |
| 계층형(Tree) | 중앙 컴퓨터와 일정 지역의 단말장치까지는 하나의 통신 회선으로 연결시키고, 이웃하는 단말장치는 일정 지역 내에 설치된 중간 단말장치로부터 다시 연결시키는 형태 |
| 버스형(Bus) | • 한 개의 통신 회선에 여러 대의 단말장치가 연결되어 있는 형태<br>• 설치 및 제거가 용이하고 신뢰성이 높음 |
| 망형(Mesh) | • 모든 지점의 컴퓨터와 단말장치를 서로 연결한 형태<br>• 단말장치의 추가·제거가 어려운 반면 보안성과 안정성이 높음 |

## 057 | 인터넷의 개요

### ❶ 인트라넷(Intranet) 22.6, 22.4, 21.3, 18.상시, 14.1, 13.3, 13.1

인터넷의 기술을 기업 내 정보 시스템에 적용한 것으로, 전자우편 시스템, 전자결재 시스템 등을 인터넷 환경으로 통합하여 사용하는 것이다.

### ❷ 엑스트라넷(Extranet) 20.2, 14.3

기업과 기업 간에 인트라넷을 서로 연결하여 납품업체나 고객업체 등 자기 회사와 관련 있는 기업체와의 원활한 통신을 위해 인트라넷의 이용 범위를 확대한 것이다.

### ❸ VoIP(Voice over Internet Protocol) 21.3, 20.1

- '인터넷 프로토콜을 통한 음성'의 약어로, 보컬텍(VocalTec) 사의 인터넷폰으로 처음 소개되었다.
- 이 방식으로 전화를 사용하면 기존 전화망(PSTN)의 시내전화 요금 수준으로 시외 및 국제전화 서비스를 받을 수 있다.

## 058 | 인터넷의 주소 체계

### ❶ IPv6 24.3, 24.1, 23.3, 23.2, 22.7, 22.4, 21.4, 21.3, 21.2, 21.1, 20.상시, 20.1, 19.상시, 19.2, 18.상시, 18.2, …

- 16비트씩 8부분, 총 128비트로 구성되어 있다.
- 각 부분은 16진수로 표현하고, 콜론(:)으로 구분한다.
- 인증성, 기밀성, 데이터 무결성의 지원으로 보안 문제를 해결할 수 있다.
- 모바일 IP나 웹 캐스팅이 용이하며, 등급별, 서비스별로 패킷을 구분할 수 있어 품질 보장도 용이하다.
- 유니캐스트, 멀티캐스트, 애니캐스트의 3가지 종류의 주소 체계로 나누어진다.

### ❷ DNS(Domain Name System) 22.5, 18.2, 14.2

- 문자로 된 도메인 네임을 숫자로 된 IP 주소로 바꾸어 주는 역할을 하는 시스템을 말한다.
- 도메인 네임 : 숫자로 된 IP 주소를 사람이 이해하기 쉬운 문자 형태로 표현한 것

### ❸ URL(Uniform Resource Locater) 22.4, 21.2, 19.2, 18.상시, 18.2, 16.3, 14.2

- 인터넷 상에 존재하는 각종 자원이 있는 위치를 나타내는 표준 주소 체계이다.
- 형식 : 프로토콜, 호스트(서버) 주소, 포트 번호, 파일 경로

## 059 | 프로토콜

### ❶ 프로토콜의 개요 23.2, 22.6, 21.3, 21.1, 20.1, 19.2, 17.1, 16.1

- 네트워크에서 서로 다른 컴퓨터들 간에 정보 교환을 할 수 있게 해주는 통신 규약이다.
- 통신망에 흐르는 패킷 수를 조절하는 등의 흐름 제어 기능이 있어 시스템 전체의 안정성을 유지할 수 있다.
- 정보를 전송하기 위하여 송·수신기가 같은 상태를 유지하도록 하는 동기화 기능을 수행한다.
- 데이터의 전송 도중에 발생하는 오류를 검출한다.

### ❷ OSI 7계층 21.3, 14.3, 14.2, 12.3, 11.3, 10.2

- 물리 계층(Physical Layer) : 전송에 필요한 두 장치 간의 실제 접속과 절단 등 기계적, 전기적, 기능적, 절차적 특성을 정의함
- 데이터 링크 계층(Data Link Layer) : 흐름 제어, 프레임 동기화, 오류 제어, 순서 제어 기능이 있음
- 네트워크 계층(Network Layer) : 경로 설정(Routing), 트래픽 제어, 패킷 정보 전송 기능이 있음
- 전송 계층(Transport Layer) : 전송 연결 설정, 데이터 전송, 연결 해제 기능이 있음
- 세션 계층(Session Layer) : 대화(회화) 구성 및 동기 제어, 데이터 교환 관리 기능이 있음
- 표현 계층(Presentation Layer) : 코드 변환, 데이터 암호화, 데이터 압축, 구문 검색, 정보 형식 변환 기능이 있음
- 응용 계층(Application Layer) : 응용 프로세스 간의 정보 교환, 파일 전송 등의 전송 제어 기능이 있음

### ❸ OSI 7계층에서 사용하는 대표적인 주소 24.2

- MAC 주소 : NIC에 대한 식별자로, 데이터 링크 계층에서 사용함
- IP 주소 : 호스트에 대한 식별자로, 네트워크 계층에서 사용함
- 포트 번호 : 호스트에서 실행되는 프로세스를 구분해 주며, 전송 계층에서 사용함
- 메일 주소 : 메일 시스템에서 사용자를 구분해 주며, 응용 계층에서 사용함

### ❹ TCP/IP의 특징 23.5, 23.1, 22.7, 20.2, 18.1, 11.2, 10.1

인터넷에 연결된 서로 다른 기종의 컴퓨터들 간에 데이터를 주고받을 수 있도록 하는 표준 프로토콜이다.

| | |
|---|---|
| TCP | • 메시지를 송·수신자의 주소와 정보로 묶어 패킷 단위로 나눔<br>• 전송 데이터의 흐름을 제어하고 데이터의 에러 유무를 검사함 |
| IP | 패킷 주소를 해석하고 경로를 결정하여 다음 호스트로 전송함 |

### ❺ TCP/IP의 구조 22.3, 18.2

| | |
|---|---|
| 응용 계층 | • 응용 프로그램 간의 데이터 송 · 수신 제공<br>• TELNET, FTP, SMTP, SNMP 등 |
| 전송 계층 | • 호스트들 간의 신뢰성 있는 통신 제공<br>• TCP, UDP |
| 인터넷 계층 | • 데이터 전송을 위한 주소 지정, 경로 설정을 제공<br>• IP, ICMP, IGMP, ARP, RARP |
| 링크 계층 | • 실제 데이터(프레임)를 송 · 수신하는 역할을 함<br>• Ethernet, IEEE 802, HDLC, X.25, RS-232C 등 |

### ❻ HTTP(Hyper Text Transfer Protocol) 23.4, 22.1, 21.1

- 하이퍼텍스트 문서를 전송하기 위해 사용하는 프로토콜이다.
- 서비스를 요청하거나 응답하는 프로토콜 구조를 가진다.
- 보안이 강화된 버전을 HTTPS라고 한다.

## 060 | 인터넷 서비스

### ❶ WWW(World Wide Web) 23.5, 10.3

- 텍스트, 그림, 동영상, 음성 등 인터넷에 존재하는 다양한 정보를 거미줄처럼 연결해 놓은 종합 정보 서비스이다.
- WWW는 HTTP 프로토콜을 사용하는 하이퍼텍스트 기반으로 되어 있다.
- 송 · 수신 에러의 제어를 위해 HTTP 프로토콜을 사용한다.

### ❷ 전자우편(E-mail) 24.4, 23.3, 23.2, 21.3, 21.2, 19.상시, 18.상시, 18.1, 17.2, 15.3, 12.2, 11.1

- 인터넷을 통해 다른 사람과 편지뿐만 아니라 그림, 동영상 등 다양한 형식의 데이터를 주고받을 수 있도록 해주는 서비스이다.
- 전자우편은 기본적으로 7Bit의 ASCII 코드를 사용하여 메시지를 주고 받는다.
- 전자우편 프로토콜

| | |
|---|---|
| SMTP | 사용자의 컴퓨터에서 작성된 메일을 다른 사람의 계정이 있는 곳으로 전송하는 프로토콜 |
| POP3 | 메일 서버에 도착한 E-Mail을 사용자 컴퓨터로 가져오는 프로토콜 |
| MIME | 웹 브라우저가 지원하지 않는 각종 멀티미디어 파일의 내용을 확인하고, 실행시켜 주는 프로토콜 |
| IMAP | 로컬 서버에서 프로그램을 이용하여 전자우편을 액세스하기 위한 표준 프로토콜 |

### ❸ FTP(파일 전송 프로토콜) 22.4, 21.4, 19.1, 18.상시, 15.1, 14.3, 12.2, 12.1, 11.3, 11.2, 10.3, …

- 컴퓨터와 컴퓨터 또는 컴퓨터와 인터넷 사이에서 파일을 주고받을 수 있도록 하는 원격 파일 전송 프로토콜이다.
- FTP 서버에 있는 프로그램은 다운 받은 후에만 실행이 가능하다.
- 그림 파일, 동영상 파일, 실행 파일, 압축된 형태의 파일을 전송할 때에는 Binary 모드를, 텍스트 파일을 전송할 때에는 ASCII 모드를 사용한다.
- Anonymous FTP(익명FTP) : 계정(Account)이 없는 사용자도 접근하여 사용할 수 있는 FTP 서비스

### ❹ Tracert 22.2, 20.1, 16.3, 14.2, 13.2

- 인터넷 서버까지의 경로를 추적하는 명령어이다.
- IP 주소, 목적지까지 거치는 경로(장비의 수)의 수, 각 구간 사이의 데이터 왕복 속도를 알아볼 수 있다.

## 061 | 웹 브라우저

### ❶ 쿠키(Cookie) 21.4, 15.1, 13.2, 12.1, 10.1

- 인터넷 사용자의 특정 웹 사이트의 접속 정보를 저장하고 있는 작은 파일이다.
- 쿠키를 이용하면 인터넷 접속 시 매번 아이디와 비밀번호를 넣지 않아도 자동으로 입력되게 할 수 있다.

## 062 | 정보통신기술 활용

### ❶ 클라우드 컴퓨팅(Cloud Computing) 22.5, 21.4

웹 기반 애플리케이션을 활용하여 인터넷 개인 서버에서 대용량 데이터베이스를 처리하고 저장한 데이터를 PC, 스마트폰, Pad 등의 단말기에서 불러오거나 가공할 수 있는 환경을 의미한다.

### ❷ 사물 인터넷(IoT) 23.4, 22.1, 21.2, 20.상시, 19.2, 17.1

세상에 존재하는 모든 사물을 네트워크로 연결해 인간과 사물, 사물과 사물 간 언제 어디서나 서로 소통할 수 있게 하는 새로운 정보 통신 환경을 의미한다.

### ❸ 테더링(Tethering) 22.4, 22.3, 22.2, 21.4, 20.상시, 20.2 19.1, 15.3

- 인터넷에 연결된 기기를 모뎀처럼 활용하여 다른 기기도 인터넷 사용이 가능하도록 해주는 기술이다.
- 노트북과 같은 IT 기기를 휴대폰에 연결하여 무선 인터넷을 사용할 수 있다.

### ❹ 텔레매틱스(Telematics) 22.5, 21.2

통신(Telecommunication)과 정보과학(Informatics)의 합성어로, 자동차에 정보통신 기술과 정보 처리 기술을 융합하여 운전자에게 다양한 멀티미디어 서비스를 제공하는 것이다.

### ❺ 위치 기반 서비스(LBS) 23.3, 22.5, 21.4, 21.2

통신 기술과 GPS, 그리고 컴퓨터에 저장된 데이터베이스를 이용하여 주변의 위치와 부가 서비스를 제공하는 기술이다.

### ❻ 핀테크(FinTech) 23.2

- 금융(Finance)과 기술(Technology)의 합성어로, 금융과 기술의 융합을 통한 금융 서비스 및 산업의 변화를 통칭한다.
- 모바일, SNS, 빅 데이터 등 새로운 IT 기술 등을 활용하여 간편 결제 및 송금, 자산 관리, 크라우드 펀딩, 로보 어드바이저 등의 서비스를 제공한다.

### ❼ LPWA(저전력 광역 통신망) 23.5

저전력, 저비용을 기반으로 소량의 데이터의 장거리 전송과 안정적인 통신을 지원하는 통신망이다.

### ❽ 메타버스(Metaverse) 23.2

가공(Meta)과 현실 세계(Universe)의 합성어로, 현실 세계와 같은 사회 · 경제 · 문화 활동이 이뤄지는 3차원 가상 세계를 가리킨다.

### ❾ 와이파이(WiFi) 23.4, 22.1, 21.2, 16.3

- Wireless Fidelity의 약어이다.
- 유선 랜을 무선화한 것으로 사용 거리에 제한이 있다.
- 3G 이동통신에 비해 전송 속도가 빠르고 전송 비용이 저렴하다.

### ❿ USN(Ubiquitous Sensor Network) 관련 기술 23.2, 23.1, 18.1, 15.2

텔레매틱스, 동물관리, 교통관리, 공해감시, 유통분야, 물류분야, 홈 네트워크 등 거의 모든 분야에 응용할 수 있다.

### ⓫ 빅 데이터(Big Data) 24.1

- 기존의 관리 방법이나 분석 체계로는 처리하기 어려운 막대한 양의 데이터 집합이다.
- 스마트 단말의 빠른 확산, 소셜 네트워크 서비스의 활성화 등으로 데이터 폭발이 더욱 가속화되고 있다.

### ⓬ 지그비(Zigbee) 24.3, 13.2

저전력, 저비용, 저속도와 2.4GHz를 기반으로 하는 홈 자동화 및 데이터 전송을 위한 무선 네트워크 규격이다.

### ⓭ 블록체인(Blockchain) 24.5

가상 화폐로 거래할 때 발생할 수 있는 불법적인 해킹을 막는 기술로, 공공 거래 장부라고도 불린다.

# 7장

# 멀티미디어 활용

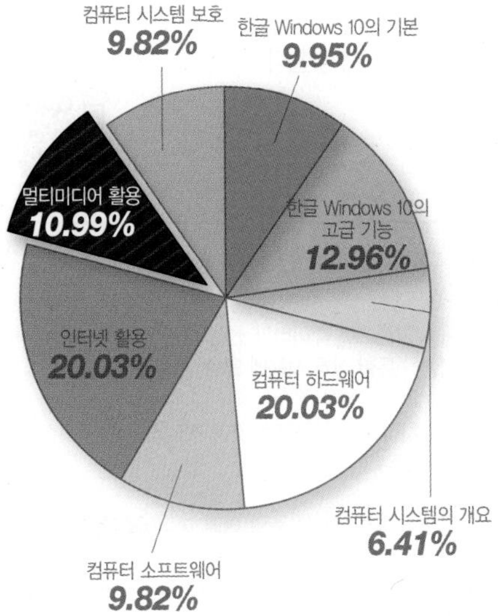




**이 장에서 꼭 알아야 할 키워드 Best 10**

**1.** 멀티미디어 **2.** 비트맵 **3.** 벡터 **4.** 렌더링 **5.** JPEG **6.** BMP **7.** 스트리밍 **8.** VOD **9.** MPEG **10.** 압축 프로그램

SECTION
# 063 멀티미디어

B 등급

전문가의 조언

멀티미디어의 개념 정도만 기억하고 넘어가세요.

**미디어(Media, 매체)**
지식이나 의사, 감정 등과 같은 데이터를 표현하기 위한 수단으로, 텍스트·그래픽·사운드·오디오 등이 있습니다.

05.3, 2급 23.2, 22.2, 18.상시, 18.1, 16.3, 15.2, 14.2, 08.1, 07.1, 99.1

## 1 멀티미디어의 개요

1205901

멀티미디어(Multimedia)는 Multi(다중)와 Media(매체)*의 합성어로, 다중 매체를 의미한다.

- 멀티미디어는 텍스트, 그래픽, 사운드, 동영상, 애니메이션 등의 매체(Media)를 디지털 데이터로 통합하여 전달한다.
- 대량의 멀티미디어 데이터를 저장하기 위하여 하드디스크, CD-ROM, DVD, Blu-Ray 등의 저장장치를 사용한다.
- 멀티미디어 데이터는 용량이 크기 때문에 압축하여 저장한다.

전문가의 조언

**중요해요!** 멀티미디어의 특징을 묻는 문제가 자주 출제되고 있습니다. 멀티미디어의 특징 네 가지를 정확히 알아두세요. 특히 멀티미디어는 데이터가 사용자의 선택에 따라 처리되는 비선형이란 것! 잊지마세요.

23.1, 22.4, 21.4, 21.1, 21.2, 20.1, 18.상시, 16.3, 13.3, 12.2, 11.3, 10.3, 09.3, 07.3, 2급 23.5, 22.2, 20.1, 18.상시, 18.1, …

## 2 멀티미디어의 특징

1205902

| | |
|---|---|
| 22.4, 21.4, 21.1, 18.상시, 16.3, 11.3, 09.3, …<br>**디지털화(Digitalization)** | 다양한 아날로그 데이터를 디지털 데이터로 변환하여 통합 처리한다. |
| 22.4, 21.4, 21.1, 18.상시, 16.3, 13.3, 11.3, …<br>**상호 작용성(Interaction, 쌍방향성)** | 정보 제공자의 선택에 의해 일방적으로 데이터가 전달되는 것이 아니라 정보 제공자와 사용자 간의 의견을 통한 상호 작용에 의해 데이터가 전달된다. |
| 23.1, 22.4, 21.4, 21.1, 20.1, 18.상시, 16.3, …<br>**비선형성(Non-Linear)** | 데이터가 일정한 방향으로 순차적으로 처리되는 것이 아니라 사용자의 선택에 따라 다양한 방향으로 처리된다. |
| 22.4, 21.1, 18.상시, 16.3, 13.3, 11.3, 10.3, …<br>**정보의 통합성(Integration)** | 텍스트, 그래픽, 사운드, 동영상, 애니메이션 등의 여러 미디어를 통합하여 처리한다. |

05.2, 2급 13.3, 13.1, 01.1

## 3 멀티미디어의 발전 배경

1205903

저장장치의 기술 발전으로 대량의 멀티미디어 데이터를 저장할 수 있다.

- 압축 기술이 발전하여 대량의 멀티미디어 데이터를 효율적으로 저장할 수 있다.
- 인터넷 기술의 발전으로 멀티미디어 데이터를 전세계의 모든 사람들이 쉽고, 빠르게 사용할 수 있다.

전문가의 조언

하이퍼미디어에 대한 문제가 출제되었습니다. 하이퍼텍스트와 하이퍼미디어의 개념을 이해하고, 특징을 비교해서 알아두세요.

21.4, 16.1, 14.3, 2급 24.3, 23.1, 21.4, 13.1, 07.3, 05.4, 05.2, 00.3, 00.2, 00.1

## 4 하이퍼텍스트와 하이퍼미디어

1205904

다음은 하이퍼텍스트와 하이퍼미디어의 개념 및 특징에 대한 내용이다.

- **하이퍼텍스트(Hypertext)** : 문서와 문서가 연결되어 있는 것으로, 문서 안의 특정 문자를 선택하면 그와 연결된 문서로 이동하는 문서 형식이다.
- **하이퍼미디어(Hypermedia)** : 하이퍼텍스트와 멀티미디어를 합한 개념으로, 문자뿐만 아니라 그래픽, 사운드, 동영상 등의 정보를 연결해 놓은 미디어 형식이다.

- 사용자의 의도에 따라 문서를 읽는 순서가 결정되는 비선형 구조를 가지고 있다.
- 하나의 데이터를 여러 명의 사용자들이 서로 다른 경로를 통해 검색할 수 있다.
- 사용자가 하이퍼링크(Hyperlink)를 클릭함으로써 원하는 데이터를 찾을 수 있다.

2급 13.1

### 잠깐만요 하이퍼텍스트와 하이퍼미디어 관련 용어

- 노드(Node) : 하이퍼텍스트/하이퍼미디어를 구성하는 각 문서에 연결된 페이지
- 앵커(Anchor) : 하나의 노드에서 다른 노드로 넘어가게 해주는 키워드
- 하이퍼링크(Hyperlink) : 노드와 노드의 연결점

## 따라잡기 기출문제 따라잡기

문제3 1205951 문제4 1205952

23년 1회, 20년 1회

**1. 다음 중 컴퓨터 게임이나 컴퓨터 기반 훈련과 같이 사용자와의 상호작용을 통해 진행 상황을 제어하는 멀티미디어의 특징을 나타내는 용어는?**

① 선형 콘텐츠 ② 비선형 콘텐츠
③ VR 콘텐츠 ④ 4D 콘텐츠

문제에 제시된 내용은 비선형 콘텐츠에 대한 설명입니다.

21년 4회, 07년 3회

**2. 다음 중 멀티미디어의 특징에 관한 설명으로 옳지 않은 것은?**

① 디지털화(Digitalization) : 여러 종류의 정보를 컴퓨터로 처리하기 위해서 디지털 방식으로 변환하여 처리한다.
② 상호 작용성(Interaction) : 정보 제공자의 선택에 의해 일방적으로 데이터가 전달되는 것이 아니라 정보 제공자와 사용자 간의 의견을 통한 상호 작용에 의해 데이터가 전달된다.
③ 비선형성(Non-Linear) : 데이터가 일정한 방향으로 순차적으로 처리되는 것이 아니라 사용자의 선택에 따라 다양한 방향으로 처리된다.
④ 용이성(Easiness) : 각각의 분리된 매체(오디오 등)보다 콘텐츠 제작이 용이하다.

멀티미디어의 특징 중 하나는 정보의 통합성이며, 이는 텍스트, 그래픽, 사운드, 동영상, 애니메이션 등의 여러 미디어를 통합하여 처리하는 것을 말합니다.

16년 1회, 14년 3회

**3. 다음 중 하이퍼미디어에 관련된 설명으로 옳지 않은 것은?**

① 특정 텍스트나 다양한 미디어를 클릭하면 연결된 문서로 이동하는 문서 형식이다.
② 문서와 문서가 연결되어 있는 형식으로 문서를 읽는 순서가 결정되는 선형 구조를 가지고 있다.
③ 하이퍼미디어는 하이퍼텍스트와 멀티미디어를 합한 개념이다.
④ 하나의 데이터를 여러 사용자가 다른 경로를 통해 검색할 수 있다.

하이퍼미디어는 사용자에 의해 문서의 읽는 순서가 결정되는 비선형 구조를 가지고 있습니다.

22년 4회, 21년 1회, 18년 상시, 16년 3회, 12년 2회, 10년 3회, 09년 3회

**4. 다음 중 컴퓨터에서 사용하는 멀티미디어의 특징에 관한 설명으로 옳지 않은 것은?**

① 다양한 아날로그 데이터를 디지털 데이터로 변환하여 통합처리 하는 디지털화 특징이 있다.
② 정보 제공자와 사용자 간의 의견을 통한 상호 작용에 의해 데이터가 전달되는 쌍방향성의 특징이 있다.
③ 데이터가 사용자의 선택에 따라 다양하게 처리되는 것이 아니라 일정한 방향으로 순차적으로 처리되는 선형성의 특징이 있다.
④ 텍스트, 그래픽, 사운드, 동영상, 애니메이션 등의 여러 미디어를 통합하는 정보의 통합성 특징이 있다.

멀티미디어 데이터는 사용자 선택에 따라 비순차적으로 처리되는 비선형성의 특징을 가집니다.

▶ 정답 : 1. ② 2. ④ 3. ② 4. ③

SECTION 064

# 멀티미디어 하드웨어

C 등급

멀티미디어 하드웨어는 멀티미디어 데이터를 재생, 편집, 전송하는 데 필요한 모든 장치를 말한다.

전문가의 조언

시스템을 구성하는 각 장치에는 어떤 것들이 있는지 가볍게 읽고 넘어가세요. 기본적인 내용이므로 어렵지 않습니다.

2급 06.3

## 1 시스템의 구성 요소

| | |
|---|---|
| 입력장치 | 키보드, 마우스, 스캐너, 마이크, 그래픽 태블릿, 디지털 카메라, 디지털 캠코더 등 |
| 저장장치 | SSD, 하드디스크, USB, Blu-ray, CD-ROM, DVD 등 |
| 처리장치 | 고성능 PC, 압축장치 등 |
| 출력장치 | 모니터, 프린터, 빔 프로젝터, 스피커, VTR 등 |
| 통신장치 | 모뎀, LAN 카드 등 |
| 기타 장치 | 사운드 카드, 비디오 카드, 비디오 오버레이 보드, TV 수신 카드 등 |

전문가의 조언

사운드 카드 관련 용어에 대한 문제가 출제되었습니다. 각 용어의 특징을 확실히 정리하고 넘어가세요.

## 2 사운드 카드

사운드 카드는 컴퓨터에서 소리를 재생하거나 녹음하는 데 사용된다.

• 사운드 카드는 샘플링(Sampling) 비율에 따라 16비트, 32비트 등으로 구분된다.

24.5, 22.6, 21.4, 21.3, 18.1, 2급 23.1, 22.1, 21.3, 17.1

잠깐만요 **사운드 카드 관련 용어**

1206032

• **샘플링(Sampling)** : 음성, 영상 등의 아날로그 신호를 일정 시간 간격으로 검출하는 단계로 아날로그 신호를 디지털 신호로 변환하는 과정 중 한 단계입니다.

• **샘플링률(Sampling Rate)**
  - 1초당 아날로그 신호를 디지털 신호로 변환하는 횟수를 의미합니다.
  - 샘플링 율이 높을수록 원음에 가깝습니다.
  - 단위 : Hz(헤르츠)

• **샘플링 주파수(Sampling Frequency)**
  - 1초 동안 샘플링되는 횟수를 의미합니다.
  - 샘플링 주파수가 클수록 고음역까지 샘플링되지만 많은 기억 용량이 필요하므로 원 신호 주파수의 2배 정도가 적당합니다.

• **샘플링 비트(Sampling Bit) 수**
  - 샘플링 비트 수는 표현할 수 있는 서로 다른 음의 종류를 의미하는 것으로, 16Bit는 $2^{16}$, 즉 65,536가지의 서로 다른 음을 표현할 수 있습니다.
  - 비트 수가 많을수록 자연음에 가까운 음이 출력됩니다.

문제2 1206052

## 따라잡기 기출문제 따라잡기

24년 5회, 22년 6회, 21년 4회, 3회

**1. 다음 중 사운드 카드 관련 용어에 대한 설명으로 옳지 않은 것은?**

① 샘플링(Sampling)은 아날로그 신호를 디지털 신호로 변환하는 과정 중 한 단계이다.

② 샘플링률(Sampling Rate)이 높으면 높을수록 원음에 보다 가깝다.

③ 샘플링 주파수(Sampling Frequency)는 낮으면 낮을수록 좋다.

④ 샘플링 비트(Sampling Bit) 수는 음질에 영향을 미친다.

샘플링 주파수는 높을수록 좋습니다. 다만 많은 기억 용량이 필요하므로 원 신호 주파수의 2배 정도가 적당합니다.

18년 1회

**2. 다음 중 사운드 데이터의 샘플링(Sampling)에 관한 설명으로 옳지 않은 것은?**

① 디지털 신호를 아날로그 신호로 변환해 주는 작업이다.

② 샘플링 레이트(Sampling Rate)가 높을수록 원음에 가깝다.

③ 샘플링 레이트는 초당 샘플링 횟수를 의미한다.

④ 샘플링 레이트의 단위는 Hz(헤르츠)를 사용한다.

샘플링은 음성, 영상 등의 아날로그 신호를 일정 시간 간격으로 검출하는 단계로, 아날로그 신호를 디지털 신호로 변환하는 과정 중 한 단계입니다.

▶ **정답** : 1. ③ 2. ①

SECTION 065

# 멀티미디어 소프트웨어

A 등급

## 1 멀티미디어 소프트웨어의 개요

**전문가의 조언**

멀티미디어 소프트웨어가 이런거구나! 멀티미디어 소프트웨어의 종류에는 이런 것들이 있구나! 정도로 가볍게 읽고 넘어가세요.

멀티미디어 소프트웨어란 멀티미디어 데이터를 생성, 저장, 가공, 재생할 수 있는 소프트웨어를 말한다.

- 대부분의 멀티미디어 소프트웨어는 용량이 큰 멀티미디어 데이터의 저장을 위해 압축 기능을 제공한다.
- 멀티미디어 소프트웨어는 재생 소프트웨어와 저작 소프트웨어로 구분한다.

| | |
|---|---|
| 재생 소프트웨어 | • 그래픽, 사운드, 비디오 등의 멀티미디어 데이터를 재생해 보여주는 소프트웨어이다.<br>• Windows Media Player, Real Player, 곰플레이어 등이 있다. |
| 저작 소프트웨어* | • 영상, 사운드, 애니메이션, 그래픽 등의 데이터를 간단한 메뉴 조작만으로 쉽게 연결, 통합함으로써 전자출판, 광고 등 하나의 멀티미디어 데이터를 저작할 수 있는 소프트웨어이다.<br>• 베가스 프로(Vegas Pro), 파워디렉터(Power Director), 어도비 프리미어 프로(Adobe Premiere Pro) 등이 있다. |

**저작 도구의 특징**
- 사용자의 입력에 따라 요소들의 제어 흐름을 조정할 수 있습니다.
- 미디어 파일들 간의 동기화 정보를 통하여 요소들을 결합하여 실행할 수 있습니다.
- 다양한 미디어 파일이나 미디어 장치를 유연하게 연결할 수 있습니다.

22.6, 21.3, 19.상시, 19.1, 10.3, 09.3, 08.2, 07.4, 07.1, 05.1, 2급 24.5, 21.3, 12.3, 11.3, 10.3, 09.1, 08.4, 08.2, 07.4, …

**잠깐만요 스트리밍(Streaming) 기술**

1206131

- 웹에서 오디오, 비디오 등의 멀티미디어 데이터를 다운로드하면서 동시에 재생해 주는 기술을 말합니다. 용량이 큰 멀티미디어 데이터 전체를 모두 다운로드하려면 많은 시간이 걸립니다. 상당히 지루한 시간이 되겠죠? 그래서 데이터를 조금씩 전송받는 대로 즉시 재생해 주는 스트리밍 기술이 개발되었습니다. 요즘 많이 듣는 동영상 강의 등이 이 스트리밍 기술을 이용하는데, 이렇게 해서 다운로드한 자료는 일반적으로 컴퓨터에 저장할 수 없습니다.
- **재생 가능한 데이터 형식** : *.ram, *.asf, *.wmv, *.asx, *.wmp, *.wma 등

**전문가의 조언**

스트리밍의 개념과 스트리밍을 지원하는 데이터 형식의 종류를 꼭 기억해 두세요.

23.4, 22.3, 22.1, 21.2, 20.2, 04.1, 03.3, 2급 15.2, 14.1, 13.2, 11.1, 10.2, 06.3, 06.2, 06.1, 04.1, 99.1

## 2 압축 프로그램

3206802

**전문가의 조언**

압축 프로그램의 특징을 묻는 문제가 출제되고 있습니다. 압축한 파일을 재압축해도 파일 크기에는 변화가 없다는 것을 중심으로 특징을 정리하세요.

압축 프로그램은 중복되는 데이터를 이용하여 파일의 크기를 줄이는 것이다.

### 특징

- 압축 프로그램을 이용하면 디스크 공간을 효율적으로 사용할 수 있다.
- 여러 개의 파일을 하나의 파일로 압축하면 파일 관리가 용이하다.
- 압축 프로그램을 이용하면 파일 전송 시 시간 및 비용의 절감 효과를 얻을 수 있다.
- 압축 프로그램을 이용하여 파일 압축 시 암호를 지정하거나 분할 압축이 가능하다.
- 압축 프로그램을 이용하여 이미 압축한 파일을 재압축해도 파일 크기는 변화가 없다.
- 압축 프로그램의 종류에는 WINZIP, 알집, 반디집 등이 있다.

## 3 그래픽 기법

24.5, 23.5, 22.7, 21.2, 21.1, 20.상시, 19.2, 19.1, 18.상시, 18.2, 17.1, 15.1, 14.2, 14.1, 13.2, 11.1, 10.1, 08.3, 07.3, …

1206103

| | |
|---|---|
| 20.상시, 18.2, 11.1, 10.1, 04.2<br>**디더링(Dithering)** | 제한된 색상을 조합하여 복잡한 색이나 새로운 색을 만드는 작업을 말한다. |
| 23.5, 22.7, 21.1, 20.상시, 19.2, …<br>**렌더링(Rendering)** | 3차원 애니메이션을 만드는 과정 중의 하나로 물체의 모형에 명암과 색상을 입혀 사실감을 더해 주는 작업을 말한다. |
| 23.5, 22.7, 15.1, 14.1, 10.1, 04.2<br>**모델링(Modeling)** | 렌더링을 하기 전에 수행되는 작업으로, 물체의 형상을 3차원 그래픽으로 어떻게 표현할 것인지를 정한다. |
| 24.5, 23.5, 22.7, 20.상시, 19.1, …<br>**모핑(Morphing)*** | 2개의 이미지를 부드럽게 연결하여 변환 · 통합하는 것으로, 컴퓨터 그래픽, 영화 등에서 많이 응용하고 있다. |
| 10.1<br>**필터링(Filtering)** | 이미 작성된 그림을 필터 기능을 이용하여 여러 가지 형태의 새로운 이미지로 바꿔주는 작업을 말한다. |
| 23.5, 22.7, 21.2, 18.상시, 15.1, …<br>**안티앨리어싱(Anti-Aliasing)** | 이미지의 가장자리가 톱니 모양으로 표현되는 계단 현상을 없애기 위하여 경계선을 부드럽게 해주는 필터링 기술을 의미한다. |
| **리터칭(Retouching)** | 기존의 이미지를 다른 형태로 새롭게 변형 · 수정하는 작업을 말한다. |
| 06.4, 04.3, 04.2<br>**인터레이싱(Interlacing)** | 그림 파일을 표시하는 데 있어서 이미지의 대략적인 모습을 먼저 보여준 다음 점차 자세한 모습을 보여주는 기법이다. |
| **메조틴트(Mezzotint)** | 무수히 많은 점과 선으로 이미지를 만드는 것을 말한다. |
| **솔러리제이션(Solarization)*** | 필름을 일시적으로 빛에 노출시켜 반전된 것처럼 표현하는 것을 말한다. |

**전문가의 조언**

그래픽 기법을 구분하는 문제가 종종 출제됩니다. 각 그래픽 기법의 특징을 구분할 수 있을 정도로 알아두세요.

모핑(Morphing)

솔러리제이션(Solarization)

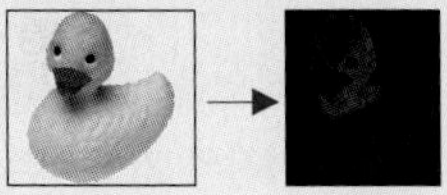

### 따라잡기 기출문제 따라잡기

24년 5회, 19년 1회

**1. 다음 멀티미디어 용어 중 선택된 두 개의 이미지에 대해 하나의 이미지가 다른 이미지로 자연스럽게 변화하도록 하는 특수 효과를 뜻하는 것은?**

① 렌더링(Rendering)
② 안티앨리어싱(Anti–Aliasing)
③ 모핑(Morphing)
④ 블러링(Bluring)

두 개의 이미지를 부드럽게 연결해 변환 · 통합하는 그래픽 기법은 모핑(Morphing)입니다.

21년 2회, 18년 상시, 08년 3회, 07년 3회

**2. 다음 중 이미지의 가장자리가 톱니 모양으로 표현되는 계단 현상을 없애기 위하여 경계선을 부드럽게 해주는 필터링 기술을 의미하는 것은?**

① 렌더링(Rendering)
② 디더링(Dithering)
③ 안티앨리어싱(Anti–Aliasing)
④ 텍스쳐매핑(Texture–Mapping)

이미지의 가장자리가 톱니 모양으로 표현되는 계단 현상을 앨리어싱(Aliasing)이라고 하며, 앨리어싱을 제거하는 작업을 안티앨리어싱(Anti–Aliasing)이라고 합니다.

▶ 정답 : 1. ③ 2. ③

문제3 1206152 문제7 3206851

19년 1회, 14년 1회, 11년 1회, 04년 2회

**3. 다음 중 그래픽 기법의 설명으로 틀린 것은?**

① 인터레이싱(Interlacing) : 이미지의 대략적인 모습을 먼저 보여준 다음 점차 자세한 모습을 보여주는 기법
② 모핑(Morping) : 2개의 이미지를 부드럽게 연결하여 변환 · 통합하는 작업
③ 디더링(Dithering) : 제한된 색상을 조합하여 복잡한 색이나 새로운 색을 만드는 작업
④ 모델링(Modeling) : 3차원 애니메이션을 만드는 과정 중의 하나로 물체의 모형에 명암과 색상을 입혀 사실감을 더해주는 작업

모델링(Modeling)은 렌더링을 하기 전에 수행되는 작업으로, 어떠한 방법으로 렌더링할 것인지를 결정하는 것입니다. ④번은 렌더링(Rendering)에 대한 설명입니다.

19년 2회, 10년 1회

**4. 다음 중 멀티미디어와 관련하여 그래픽 처리 기법에 관한 설명으로 옳은 것은?**

① 제한된 색상을 조합하여 복잡한 색이나 새로운 색을 만드는 작업을 필터링(Filtering)이라고 한다.
② 3차원 애니메이션을 만드는 과정 중의 하나로 물체의 모형에 명암과 색상을 입혀서 사실감을 더해 주는 작업을 렌더링(Rendering)이라고 한다.
③ 2개의 이미지를 부드럽게 연결하여 변환하거나 통합하는 작업을 모델링(Modeling)이라고 한다.
④ 이미지의 가장자리 부분에 발생된 계단 현상을 제거하는 것을 디더링(Dithering)이라고 한다.

①번은 디더링(Dithering), ③번은 모핑(Morphing), ④번은 안티앨리어싱(Anti-Aliasing)에 대한 설명입니다.

22년 6회, 21년 3회, 19년 상시, 08년 2회, 07년 4회, 05년 1회

**5. 동영상 파일을 다운로드한 후 이를 재생하기 위해 많은 시간을 기다려야하는 문제점이 있다. 다음 중 이 문제를 해결하기 위해 별도의 다운로드 절차없이 실시간으로 재생해 주는 리얼 네트워크사의 개발 기술은?**

① 필터링(Filtering) ② 모핑(Morphing)
③ 스트리밍(Streaming) ④ 랜더링(Rendering)

스트리밍(Streaming)은 웹에서 멀티미디어 데이터를 다운로드하면서 동시에 재생해 주는 기술입니다.

23년 5회, 22년 7회, 15년 1회

**6. 다음 중 멀티미디어와 관련된 그래픽 기법에 관한 설명으로 옳은 것은?**

① 안티앨리어싱(Anti-Aliasing)은 제한된 색상을 조합하여 복잡한 색이나 새로운 색을 만드는 작업이다.
② 모델링(Modeling)은 3차원 애니메이션을 만드는 과정 중의 하나로 물체의 모형에 명암과 색상을 입혀 사실감을 더해 주는 작업이다.
③ 모핑(Morphing)은 2개의 이미지를 부드럽게 연결하여 변환 또는 통합하는 것으로 컴퓨터 그래픽, 영화 등에서 많이 사용된다.
④ 랜더링(Rendering)은 이미지 가장자리의 톱니 모양 같은 계단 현상을 제거하여 경계선을 부드럽게 하는 필터링 기술이다.

① 안티앨리어싱(Anti-Aliasing)은 이미지의 가장자리가 톱니 모양으로 표현되는 계단 현상을 없애기 위하여 경계선을 부드럽게 해주는 필터링 기술을 의미합니다. ①번은 디더링(Dithering)에 대한 설명입니다.
② 모델링(Modeling)은 랜더링을 하기 전에 수행되는 작업으로, 물체의 형상을 3차원 그래픽으로 어떻게 표현할 것인지를 정하는 것입니다. ②번은 랜더링(Rendering)에 대한 설명입니다.

23년 4회, 22년 3회, 1회, 21년 2회, 20년 2회, 03년 3회

**7. 다음 중 컴퓨터에서 사용하는 압축 프로그램에 관한 설명으로 옳지 않은 것은?**

① 압축한 파일을 모아 재압축을 반복하면 파일 크기를 계속 줄일 수 있다.
② 여러 개의 파일을 압축하면 하나의 파일로 생성되어 파일 관리를 용이하게 할 수 있다.
③ 대부분의 압축 프로그램에는 분할 압축이나 암호 설정 기능이 있다.
④ 파일의 전송시간과 비용을 절약하고, 디스크 공간을 효율적으로 사용할 수 있다.

압축 프로그램은 한 번 압축할 때 각 프로그램의 기능을 사용하여 최대로 압축을 수행하기 때문에 재압축과 관련된 기능이 없으며, 동일한 파일에 대해 여러 번 압축을 수행해도 처음 압축 이후에는 압축 효과를 기대할 수 없습니다.

▶ 정답 : 3. ④ 4. ② 5. ③ 6. ③ 7. ①

SECTION 066

# 멀티미디어 그래픽 데이터

A 등급

## 1 그래픽 데이터의 표현 방식

24.5, 24.2, 23.5, 23.3, 23.2, 22.3, 22.1, 21.3, 21.2, 21.1, 20.상시, 19.상시, 18.상시, 18.1, 17.2, 16.3, 16.2, 15.3, 15.1, 13.2, …

1206201

| | |
|---|---|
| 24.5, 24.2, 23.2, … 비트맵 (Bitmap) | • 점(Pixel, 화소)으로 이미지를 표현하는 방식으로, 래스터(Raster) 이미지라고도 한다.<br>• 이미지를 확대하면 테두리가 거칠게 표현되는 계단 현상(Aliasing)이 발생하기 때문에 이를 제거하는 안티앨리어싱(Anti-Aliasing)* 처리를 해야 한다.<br>• 다양한 색상을 사용하므로 사진과 같은 사실적인 이미지를 표현할 수 있다.<br>• 화면 표시 속도가 빠르지만 이미지 저장 시 벡터 방식에 비해 많은 용량을 차지한다.<br>• 파일 형식 : BMP, TIF, GIF, JPEG, PCX, PNG 등<br>• 프로그램 : 그림판, 포토샵, 페인트샵 등 |
| 24.2, 23.5, 23.3, … 벡터 (Vector) | • 점과 점을 연결하는 직선이나 곡선을 이용하여 이미지를 표현하는 방식이다.<br>• 이미지를 확대해도 테두리가 거칠어지지 않고, 매끄럽게 표현된다.<br>• 단순한 도형과 같은 개체를 표현하기에 적합하다.<br>• 파일 형식 : DXF, AI, WMF 등<br>• 프로그램 : 일러스트레이터, 코렐드로우, 플래시 등 |
| 3D 그래픽 | • 3D(Dimension) 그래픽은 입체감이 있는 이미지를 말한다.<br>• 3D 그래픽을 표현하기 위해서는 고성능의 PC와 3D 그래픽 소프트웨어(3D MAX 등)를 사용해야 한다. |

## 2 그래픽 파일 형식

24.3, 24.1, 23.1, 22.7, 22.5, 22.4, 22.2, 21.4, 21.2, 20.2, 19.1, 18.2, 15.2, 14.1, 10.2, 09.2, 07.2, 05.4, 05.3, 2급 24.2, …

1206202

| | |
|---|---|
| 24.3, 21.4, 21.2, … BMP* | • Windows의 표준 비트맵 파일 형식이다.<br>• 고해상도의 이미지를 표현할 수 있지만 압축을 하지 않으므로 파일의 크기가 크다. |
| 24.3, 24.1, 22.4, … JPEG, JPG* | • 사진과 같은 선명한 정지영상을 표현하기 위한 국제 표준 압축 방식이다.<br>• 파일 크기가 작아 전송 시간을 단축할 수 있으므로 주로 인터넷에서 그림 전송에 사용한다.<br>• 24비트 컬러 사용으로 16,777,216($2^{24}$)가지의 색을 표현할 수 있다.<br>• 손실 압축* 기법과 무손실 압축* 기법을 사용한다.<br>• 평균 25:1의 압축률을 가지며, 사용자가 임의로 압축률을 지정할 수 있다. |
| 24.3, 21.4, 21.2, … GIF* | • 인터넷 표준 그래픽 형식이다.<br>• 8비트 컬러를 사용하여 256($2^8$)가지로 색의 표현이 제한되지만 애니메이션을 표현할 수 있다.<br>• 무손실 압축 기법을 사용하여 선명한 화질을 제공한다. |
| 24.3, 21.4, 21.2, … PNG* | • 웹에서 최상의 이미지를 표현하기 위해 제정한 그래픽 형식이다.<br>• GIF를 대체하여 인터넷에서 사용할 수 있는 형식이지만 애니메이션은 표현할 수 없다.<br>• 8비트 알파 채널을 이용하여 부드러운 투명층을 표현할 수 있다.<br>• 무손실 압축 기법을 사용하며, 트루 컬러를 지원한다. |
| 14.1, 13.2, … WMF* | Windows에서 기본적으로 사용하는 벡터 파일 형식이다. |
| TIF* | 호환성이 좋아 응용 프로그램 간 데이터 교환용으로 사용된다. |
| PCX* | 미국 ZSoft 사의 PC Paintbrush에서 사용하는 이미지 파일의 형식으로, 스캐너, 팩스, DTP에서 지원한다. |
| DXF | 오토 캐드(AutoCAD)*에서 사용하는 자료 교환 형식이다. |

**전문가의 조언**

**중요해요!** 비트맵과 벡터의 특징을 묻는 문제가 자주 출제되고 있습니다. 비트맵 방식과 벡터 방식의 파일 형식 및 특징을 비교하여 알아두세요.

**안티앨링어싱(Anti-Aliasing)**
이미지의 가장자리가 톱니 모양으로 표현되는 계단 현상을 없애기 위하여 경계선을 부드럽게 해주는 필터링 기술을 의미합니다.

**전문가의 조언**

**중요해요!** 그래픽 파일 형식에 대한 문제는 자주 출제됩니다. 특히 BMP는 압축을 하지 않으므로 파일 크기가 크다는 것, JPEG는 비트맵 방식으로 이미지를 표현하므로 확대하면 테두리가 거칠게 표현된다는 것을 기억해 두세요.

**비트맵/벡터 방식**
BMP, JPEG, PNG, GIF, TIF, PCX는 비트맵 방식, WMF, DXF는 벡터 방식으로 이미지를 표현합니다.

**손실 압축**
복원한 데이터가 압축 전의 데이터와 완전히 일치하지 않는 것으로, 데이터에서 중복되는 내용을 제거하여 압축률을 높이는 것을 말합니다.

**무손실 압축**
복원한 데이터가 압축 전의 데이터와 완전히 일치하는 것을 말합니다.

**오토 캐드(AutoCAD)**
컴퓨터를 이용하여 건축물이나 기계 등을 설계할 때 사용하는 프로그램을 말합니다.

문제1 1206251 문제2 1206252 문제3 3206955

21년 3회, 20년 상시, 18년 상시, 16년 3회, 15년 3회, 09년 1회

**1. 다음 중 컴퓨터 그래픽과 관련하여 벡터(Vector) 이미지에 관한 설명으로 옳지 않은 것은?**

① 이미지의 크기를 확대하여도 화질에 손상이 없다.
② 점과 점을 연결하는 직선이나 곡선을 이용하여 이미지를 구성한다.
③ 대표적으로 WMF 파일 형식이 있다.
④ 픽셀로 이미지를 표현하며, 래스터(Raster) 이미지라고도 한다.

④번은 비트맵 이미지에 대한 설명입니다.

24년 3회, 22년 5회, 21년 4회, 1회, 14년 1회, 09년 2회

**2. 다음 중 멀티미디어와 관련하여 그래픽 파일 형식에 관한 설명으로 옳지 않은 것은?**

① BMP 파일 형식은 Windows 표준 비트맵 파일 형식으로 고해상도 이미지를 표현하지만 무손실 압축을 사용하기 때문에 파일의 크기가 작다.
② GIF 파일 형식은 인터넷 표준 그래픽 형식으로 8비트 컬러를 사용하여 256가지의 색을 표현할 수 있다.
③ JPEG 파일 형식은 사진과 같은 정지영상을 표현하기 위한 국제 표준 압축 방식으로 주로 인터넷에서 사용한다.
④ WMF 파일 형식은 점과 점을 연결하는 직선이나 곡선을 이용하여 이미지를 표현하는 벡터 파일 형식이다.

BMP는 압축을 하지 않으므로 파일의 크기가 큽니다.

22년 1회, 21년 2회, 1회, 12년 1회

**3. 다음 중 이미지와 그래픽에서 사용되는 비트맵 방식의 파일 형식에 관한 설명으로 옳지 않은 것은?**

① 래스터 방식이라고도 하며 다양한 색상을 사용하므로 사실 같은 이미지를 표현할 수 있다.
② 베지어, 스플라인 등의 곡선을 이용하여 이미지를 표현하며, 확대/축소 시 화질의 손상이 거의 없다.
③ 이미지를 확대하면 테두리가 거칠게 표현된다.
④ 비트맵 파일 형식으로는 BMP, GIF, JPEG 등이 있다.

②번은 벡터(Vector) 방식에 대한 설명입니다.

20년 2회, 10년 2회

**4. 다음 중 GIF 파일 형식에 대한 설명으로 옳지 않은 것은?**

① 인터넷 표준 그래픽 형식으로, 8비트 컬러를 사용하여 256색만 지원한다.
② 간단한 애니메이션 표현이 가능하다.
③ 색상의 무손실 압축 기술을 사용한다.
④ 벡터 방식으로 이미지를 표현한다.

GIF는 비트맵 방식으로 이미지를 표현합니다.

23년 1회, 22년 7회, 15년 2회

**5. 다음 중 멀티미디어와 관련하여 JPEG 파일 형식에 관한 설명으로 옳지 않은 것은?**

① 사진과 같은 정지 영상을 표현하기 위한 국제 표준 압축 방식이다.
② 24비트 컬러를 사용하여 트루 컬러로 이미지를 표현한다.
③ 사용자가 압축률을 지정해서 이미지를 압축하는 압축 기법을 사용할 수 있다.
④ 이미지를 확대해도 테두리가 거칠어지지 않고 매끄럽게 표현된다.

JPEG는 점(Pixel)으로 이미지를 표현하기 때문에 이미지를 확대하면 테두리가 거칠게 표현되는 비트맵 방식의 파일입니다.

23년 5회

**6. 다음 중 이미지 데이터의 표현 방식에서 벡터(Vector) 방식에 관한 설명으로 옳은 것은?**

① 픽셀로 이미지를 표현하며, 래스터(Raster) 이미지라고 도 한다.
② 이미지를 확대해도 테두리가 거칠어지지 않고 매끄럽게 표현된다.
③ 다양한 색상을 이용하기 때문에 사실적 표현이 용이하다.
④ 저장 시 많은 용량을 차지한다.

①, ③, ④번은 비트맵(Bitmap) 방식에 대한 설명입니다.

24년 3회

**7. 다음 중 PNG에 대한 설명으로 옳지 않은 것은?**

① GIF를 대체하여 인터넷에서 사용할 수 있는 형식이다.
② 애니메이션은 표현할 수 없다.
③ 트루 컬러와 CMYK 색상 모드를 지원한다.
④ 무손실 압축 기법을 사용한다.

PNG는 트루 컬러는 지원하지만 CMYK 색상 모드는 지원하지 않습니다.

▶ **정답** : 1. ④ 2. ① 3. ② 4. ④ 5. ④ 6. ② 7. ③

SECTION
# 067 멀티미디어 오디오 / 비디오 데이터

A 등급

## 1 오디오 데이터

24.4, 20.1, 17.2, 15.3, 14.3, 12.3, 08.1, 07.1, 06.2, 05.4, 05.1, 03.3, 2급 21.4, 21.3, 21.2, 20.1, 19.상시, 17.1, 14.3, …

3207001

오디오 데이터는 사운드 카드에 의해 재생될 수 있는 소리를 담고 있는 데이터 파일을 말한다. 다음은 오디오 데이터의 주요 형식에 대한 특징이다.

| | |
|---|---|
| 20.1, 14.3, 07.1, 06.2, 05.4, … WAVE | • 아날로그 형태의 소리를 디지털 형태로 변형하는 샘플링 과정을 통하여 작성된 데이터로, MS와 IBM 사에서 공동 개발하였다.<br>• 낮은 레벨의 모노부터 CD 수준의 스테레오까지 다양한 수준으로 소리를 저장할 수 있다.<br>• 실제 소리가 저장되어 있으므로 재생은 쉽지만, 용량이 크다. |
| 24.4, 15.3, 14.3, 12.3, 07.1, … MIDI(Musical Instrument Digital Interface) | • 전자악기 간의 디지털 신호에 의한 통신이나 컴퓨터와 전자악기 간의 통신 규약으로, 시퀀셜 서킷 사에서 개발하였다.<br>• MIDI 파일에는 음의 높이와 길이, 음의 강약, 빠르기 등과 같은 연주 방법에 대한 명령어가 저장되어 있다.<br>• MIDI 파일은 음성이나 효과음의 저장이 불가능하고, 연주 정보만 저장되어 있으므로 크기가 작다.<br>• MIDI 파일은 시퀀싱 작업을 통해 작성되며, 16개 이상의 악기를 동시에 연주할 수 있다.<br>• MIDI 신호를 이용해 조명 제어, 무대 회전 등 전자악기 외의 다른 장비도 제어할 수 있다.<br>• 게임 사운드 트랙과 스튜디오 녹음 등에 사용된다. |
| 14.3, 08.1, 06.2, 05.4, 05.1, … MP3(MPEG Audio Player-3) | • 고음질 오디오 압축의 표준 형식으로, 프라운호퍼 사에서 개발하였다.<br>• MP3는 MPEG에서 규정한 MPEG-1의 압축 기술을 이용하여 음반 CD 수준의 음질을 유지하면서 용량을 1/12 크기로까지 압축할 수 있다.<br>• 인터넷 P2P 음악 서비스에서 주로 사용되는 파일 형식이다. |
| 20.1, 14.3 AIFF(Audio Interchange File Format) | • Mac OS에서 표준으로 사용되는 오디오 파일 형식으로, 애플과 일렉트로닉 아츠 사에서 공동 개발하였다.<br>• 비압축 무손실 압축 포맷이며, 고품질의 오디오 CD 제작에 사용한다. |
| 20.1, 17.2 FLAC(Free Lossless Audio Codec) | 자이프닷오르그 재단이 만든 무손실 압축 포맷으로, 압축 효율은 낮지만 음원 손실이 거의 없다. |

**전문가의 조언**
오디오 데이터들의 개별적인 특징을 묻는 문제가 출제되고 있습니다. 각 데이터를 구분할 수 있도록 특징을 잘 정리하세요.

24.5, 22.5, 22.3, 21.4, 21.3, 21.2, 19.2, 19.1, 06.4, 05.1, 04.1, 02.3, 2급 22.1, 21.3, 17.1

### 잠깐만요 시퀀싱 / P2P / 오디오 데이터의 파일 크기 구하기

3207031

**시퀀싱(Sequencing)**

• 컴퓨터를 이용하여 음악을 제작, 녹음, 편집하는 것을 말합니다.
• 시퀀싱 작업에 필요한 소프트웨어를 시퀀서라고 하며, 이를 통해 해당 음에 대한 악기를 지정하고, 음표 등을 입력할 수 있습니다.
• 시퀀서의 종류에는 Cubase, Cakewalk, Logic 등이 있습니다.

**P2P**

Peer To Peer의 약자로서 개인 대 개인이라는 의미를 가지며, 네트워크에서 개인 대 개인이 PC를 이용하여 서로 데이터를 공유하는 방식을 의미합니다.

**전문가의 조언**
시퀀싱, P2P의 개념과 오디오 파일의 크기 계산 시 필요한 요소를 묻는 문제가 출제되었습니다. 각 용어의 개념과 오디오 파일 계산 시 필요한 요소 4가지를 정확히 기억해 두세요.

**오디오 데이터의 파일 크기 구하기**

- **오디오 데이터의 파일 크기 계산식** : 표본 추출률(Hz) × 샘플 크기(Bit)/8 × 시간 × 재생·방식(모노 = 1, 스테레오 = 2)
- 예를 들어 44.1KHz의 스테레오 소리를 16비트로 샘플링하여 10초간 추출할 때 필요한 저장공간을 계산하면 44.1KHz × 16비트/8 × 10(시간(초)) × 2(스테레오) = 44100 × 2 × 10 × 2 = 1,764,000Byte = 1.76MByte가 됩니다.

**전문가의 조언**

비디오 데이터의 각 형식과 MPEG의 규격을 묻는 문제가 출제되었습니다. 각 데이터 형식을 특징별로 비교하여 이해하세요.

21.3, 19.1, 17.1, 16.2, 15.2, 14.2, 13.3, 12.3, 12.1, 10.2, 09.4, 09.2, 09.1, 08.4, 08.3, 06.3, 06.2, 06.1, 04.4, 04.3, 04.2, …

## 2 비디오 데이터

1206302

비디오 데이터는 아날로그 데이터를 디지털화하여 영상으로 표현하는 데이터로 용량이 커 대부분 압축하여 기록한다. 다음은 비디오 데이터의 주요 형식에 대한 특징이다.

| 형식 | 특징 |
|---|---|
| 21.3, 19.1, 16.2, 14.2, 13.3, 10.2, …<br>MPEG(Moving Picture Experts Group) | • 동영상 전문가 그룹에서 제정한 동영상 압축 기술에 대한 국제 표준 규격이다.<br>• 동영상뿐만 아니라 오디오도 압축할 수 있다.<br>• 프레임 간의 연관성을 고려하여 중복 데이터를 제거함으로써 압축률을 높이는 손실 압축 기법을 사용한다.<br>• MPEG-Video, MPEG-Audio, MPEG-System으로 구성된다.<br>• MPEG-1, MPEG-2, MPEG-4, MPEG-7, MPEG-21의 규격이 있다. |
| 17.1, 15.2, 14.2, 13.3, 09.2, 04.4<br>AVI(Audio Visual Interleaved) | • 마이크로소프트사(MS) 사가 개발한 Windows의 표준 동영상 파일 형식이다.<br>• Windows에서 기본적으로 지원하므로 별도의 하드웨어 장치 없이 재생할 수 있다.<br>• Windows Media Player를 이용하여 재생할 수 있다. |
| 17.1, 15.2, 14.2, 13.3, 12.1, 09.2<br>ASF(Advanced Streaming Format)/WMV(Windows Media Video) | • 인터넷을 통해 오디오, 비디오 및 생방송 수신 등을 지원하는 마이크로소프트(MS) 사의 통합 멀티미디어 형식으로, 스트리밍을 위한 표준 기술 규격이다.<br>• 용량이 작고, 음질이 뛰어나 주로 스트리밍* 서비스를 하는 인터넷 방송국에서 사용된다.<br>• WMV는 ASF보다 최신 버전으로, ASF와 사용하는 코덱*이 다르다. |

**스트리밍(Streaming)**

웹에서 멀티미디어 데이터를 다운로드하면서 동시에 재생해 주는 기술로, 스트리밍이 지원되는 파일 형식은 ASF, WMV, WMA, RAM 등입니다.

**코덱(Codec)**

- 전송 및 보관을 위해 대용량의 동영상 및 사운드 파일을 압축(COmpress)하거나 압축을 푸는(DECompress) 데 사용되는 모든 기술, 도구 등을 통칭하는 말입니다.
- 사용하는 소프트웨어마다 코덱이 다르므로 해당 소프트웨어에 맞는 코덱을 설치해야 합니다.

23.4, 21.2, 20.2, 13.1, 12.3, 09.4, 09.1, 06.1, 04.2, 03.2, 03.1, 2급 16.2, 12.3, 11.1, 09.1, 07.3, 06.2

**잠깐만요 MPEG 규격**

1206332

| | |
|---|---|
| MPEG-1 | • CD와 같은 고용량 매체에서 동영상을 재생하기 위한 영상 압축 기술입니다.<br>• CD-I나 비디오CD 등이 이 규격을 따르고 있습니다. |
| 12.3, 09.1, 2급 12.3, 07.3<br>MPEG-2 | • MPEG-1의 화질을 개선하기 위한 것으로 ISO 13818로 규격화된 영상 압축 기술입니다.<br>• HDTV, 위성방송, DVD 등이 이 규격을 따르고 있습니다. |
| 12.3, 09.4, 06.1, 04.2, 03.2, …<br>MPEG-4 | • 통신 · PC · 방송 등을 결합하는 복합 멀티미디어 서비스의 통합 표준을 위한 영상 압축 기술로, MPEG-2의 압축률을 개선하였습니다.<br>• IMT-2000 환경에서 영상 정보 압축 전송 시 필수적인 요소로 사용됩니다. |
| 12.3, 09.4, 03.2<br>MPEG-7 | 멀티미디어 정보 검색이 가능한 동영상, 데이터 검색 및 전자상거래 등에 사용하도록 개발된 영상 압축 기술입니다. |
| 23.4, 21.2, 20.2, 13.1, 12.3<br>MPEG-21 | 위의 MPEG 기술들을 통합해 디지털 콘텐츠의 제작 · 유통 · 보안 등 전 과정을 관리할 수 있는 영상 압축 기술입니다. |

문제2 3207052

## 따라잡기 기출문제 따라잡기

24년 4회

**1. 다음 중 MIDI(Musical Instrument Digital Interface)에 대한 설명으로 옳지 않은 것은?**

① 전자악기 간의 디지털 신호에 의한 통신이나 컴퓨터와 전자악기 간의 통신 규약이다.

② 파형 정보를 저장하지 않으므로 미디 신호를 재생하려면 미디 신호를 재생할 수 있는 전자악기를 사용해야 한다.

③ 조명 제어, 무대 회전 등과 다른 장비는 제어할 수 없다.

④ 게임 사운드 트랙과 스튜디오 녹음 등에 사용된다.

MIDI 신호를 이용해 조명을 제어하거나 무대를 회전하는 것과 같이 전자악기 외의 다른 장비도 제어할 수 있습니다.

21년 3회

**2. 다음 중 멀티미디어와 관련하여 MPEG(Moving Picture Experts Group)에 관한 설명으로 옳지 않은 것은?**

① 동영상 전문가 그룹에서 제정한 동영상 압축 기술에 대한 국제 표준 기술이다.

② MPEG4는 멀티미디어 통신을 전제로 만들어진 영상 압축 기술로서 낮은 전송률로 동영상을 보내고자 개발된 데이터 압축과 복원 기술이다.

③ 프레임 간의 연관성을 고려하여 중복 데이터를 제거하는 비손실 압축 기법을 사용한다.

④ 동영상뿐만 아니라 오디오 데이터도 압축할 수 있다.

MPEG는 프레임 간의 연속성을 고려하여 중복 데이터를 제거함으로써 압축률을 높이는 손실 압축 기법을 사용합니다.

21년 2회, 19년 1회, 06년 4회

**3. 다음 중 컴퓨터 통신과 관련하여 P2P 방식에 관한 설명으로 옳은 것은?**

① 인터넷에서 이루어지는 개인 대 개인의 파일 공유를 위한 기술이다.

② 인터넷을 통해 MP3를 제공해 주는 기술 및 서비스이다.

③ 인터넷을 통해 동영상을 상영해 주는 기술 및 서비스이다.

④ 여러 사용자가 동시에 온라인 게임을 할 수 있도록 제공해 주는 기술이다.

P2P(Peer to Peer)는 네트워크에서 개인 대 개인이 PC를 이용하여 서로 데이터를 공유하는 방식을 의미합니다.

24년 5회, 22년 5회, 3회, 21년 3회

**4. 다음 중 시퀀싱(Sequencing)에 대한 설명으로 옳은 것은?**

① 컴퓨터를 이용하여 음악을 제작, 녹음, 편집하는 작업을 의미한다.

② 멀티미디어 데이터를 다운로드하면서 동시에 재생해 주는 기술이다.

③ 음성, 영상 등의 아날로그 신호를 디지털 신호로 변환하는 과정이다.

④ 전자악기 간의 디지털 신호에 의한 통신이나 컴퓨터와 전자악기 간의 통신규약이다.

②번은 스트리밍(Streaming), ③번은 샘플링(Sampling), ④번은 MIDI에 대한 설명입니다.

21년 4회, 19년 2회

**5. 다음 중 mp3 파일의 크기를 결정하는 요소에 해당하지 않는 것은?**

① 재생 방식(Mono, Stereo)

② 샘플 크기(Bit)

③ 프레임 너비(Pixel)

④ 표본 추출률(Hz)

오디오 데이터의 파일 크기 계산식은 '표본 추출률 × 샘플 크기/8 × 시간 × 재생 방식'입니다. 프레임 너비는 비디오 데이터 파일의 크기를 계산할 때 필요한 요소입니다.

15년 3회, 12년 3회, 08년 1회, 03년 3회

**6. 다음 중 전자 음향 장치나 디지털 악기 간의 통신 규약으로, 음악의 연주 정보 및 여러 가지 기능에 대한 정보를 포함하여 저장하는 데이터 형식은?**

① WAV ② RA/RM

③ MP3 ④ MIDI

MIDI는 전자 음향 장치나 디지털 악기 간의 통신 규약을 의미합니다.

23년 4회, 21년 2회, 20년 2회, 13년 1회

**7. 다음 중 디지털 콘텐츠의 생성 · 거래 · 전달 · 관리 등 전체 과정을 관리할 수 있는 기술로, 멀티미디어 프레임워크의 MPEG 표준은?**

① MPEG-1 ② MPEG-3

③ MPEG-7 ④ MPEG-21

디지털 콘텐츠의 전체 과정을 관리하는 MPEG 표준은 MPEG-21입니다.

▶ 정답 : 1. ③ 2. ③ 3. ① 4. ① 5. ③ 6. ④ 7. ④

SECTION 068

# 멀티미디어 활용

C 등급

전문가의 조언

최근에는 VOD의 개념과 OTT의 특징을 묻는 문제가 출제되었습니다. OTT는 특징을 확실히 기억하고, VOD는 주문형 비디오란 것을 알아두세요. 나머지는 가볍게 읽고 넘어가세요.

## 1 DVD-ROM 타이틀 제작

DVD-ROM 타이틀은 대용량의 DVD-ROM에 저장된 멀티미디어 프로그램으로, 멀티 미디어 타이틀이라고도 한다.

- 외국어 학습, 백과사전, 교육용 학습자료 등 여러 종류의 DVD-ROM 타이틀이 있다.
- **DVD-ROM 타이틀 제작 과정** : 계획 → 설계 → 저작 도구 선택 → 자료 수집 및 콘텐츠 생성 → 저작 → 테스트 → 제품화

23.4, 22.1, 21.3, 13.1, 11.3, 2급 24.1, 18.2, 15.2, 14.2, 08.3

## 2 VOD(주문형 비디오)

1206402

VOD(Video On Demand)는 다양한 정보의 데이터베이스*를 구축하여 사용자가 요구하는 정보를 원하는 시간에 볼 수 있도록 전송하는 멀티미디어 서비스이다.

- 정보 제공자의 선택에 의해 정보를 서비스하는 것이 아니라 사용자의 선택에 의해 정보를 서비스해 준다.

**데이터베이스**
여러 사용자들이 공동으로 사용하기 위하여 일정한 구조에 맞게 통합하여 저장된 자료의 집합을 말합니다.

24.2, 23.3

## 3 OTT

4306803

- OTT(Over The Top)는 드라마, 영화 등의 영상 콘텐츠를 인터넷을 통해 제공하는 서비스이다.
- 스트리밍 기술을 기반으로 하기 때문에 셋톱박스나 PC, 스마트폰 등 인터넷이 연결된 각종 전자기기를 통해 영상을 시청할 수 있다.
- 사용자는 자신이 선호하는 콘텐츠를 검색하거나 알고리즘을 통해 콘텐츠를 추천받을 수 있다.

13.1, 2급 24.3, 23.5

## 4 증강현실(AR)*

1206406

증강현실(Augmented Reality)은 사용자가 눈으로 보는 현실 세계의 모습이나 실제 영상에 문자나 그래픽과 같은 가상의 3차원 정보를 실시간으로 겹쳐 보여주는 새로운 멀티미디어 기술을 말한다.

**증강현실**

2급 24.3, 24.1, 23.5, 23.3, 22.2, 18.2, 17.2

## 5 가상현실(VR)

가상현실(Virtual Reality)은 다양한 장치를 통해 컴퓨터가 만들어낸 가상세계에서 여러 다른 경험을 체험할 수 있도록 한 모든 기술을 말한다.

- 컴퓨터 그래픽 기술과 시뮬레이션 기능을 이용하여 만들어낸 컴퓨터 응용 분야이다.

2급 24.1, 18.2

## 6 VCS(화상회의 시스템)*

VCS(Video Conference System)는 초고속 정보통신망을 이용하여 먼 거리에 있는 사람들과 비디오와 오디오를 통해 회의할 수 있도록 하는 시스템이다.

화상회의 시스템

2급 21.4, 13.3

## 7 교육(CAI)

CAI(Computer Aided Instruction)는 컴퓨터를 수업 매체로 활용하여 학습자에게 필요한 지식, 정보, 기술, 태도 등을 가르치는 것을 말한다.

문제1 1206451

### 따라잡기 기출문제 따라잡기

23년 4회, 22년 1회, 21년 3회, 13년 1회, 11년 3회

**1. 다음 중 컴퓨터에서 사용하는 멀티미디어 활용과 관련하여 VOD(Video On Demand) 서비스에 관한 설명으로 옳은 것은?**

① 초고속 통신망을 이용하여 먼거리에 있는 사람들과 비디오와 오디오를 통해 회의를 할 수 있도록 하는 서비스이다.

② 다양한 영상 정보 데이터베이스를 구축하여 사용자가 요구하는 영상 정보를 원하는 시간에 볼 수 있도록 하는 서비스이다.

③ 다양한 장치를 통해 컴퓨터가 만들어낸 가상 세계에서 여러 다른 경험을 체험할 수 있게 하는 서비스이다.

④ 초고속 통신망을 이용하여 의료 활동 등을 할 수 있는 서비스이다.

①번은 VCS(화상회의 시스템), ③번은 가상현실(Virtual Reality), ④번은 원격진료에 대한 설명입니다.

13년 1회

**2. 다음 중 사용자가 눈으로 보는 현실 화면이나 실제 영상에 문자나 그래픽과 같은 가상의 3차원 정보를 실시간으로 겹쳐 보여주는 새로운 멀티미디어 기술을 의미하는 용어로 옳은 것은?**

① 가상장치 인터페이스(VDI)

② 가상현실 모델언어(VRML)

③ 증강현실(AR)

④ 주문형 비디오(VOD)

가상현실(Virtual Reality)은 컴퓨터로 만들어 낸 가상의 세계이고, 증강현실(Augmented Reality)은 현실 세계에 가상의 정보를 더한 것입니다.

24년 2회, 23년 3회

**3. 다음 중 OTT(Over The Top) 서비스에 대한 설명으로 옳지 않은 것은?**

① Over The Top에서 Top는 TV의 셋톱박스를 의미하며, 현재도 셋톱박스를 사용해야 서비스 이용이 가능하다.

② 전파나 케이블이 아닌 범용 인터넷망으로 방송 프로그램, 영화 등의 영상 콘텐츠를 제공한다.

③ 기존 방송 콘텐츠와 달리 사용자가 자신이 선호하는 콘텐츠를 검색하거나 알고리즘을 통해 콘텐츠를 추천받을 수 있다.

④ 실시간으로 재생되는 스트리밍 기술을 기반으로 한다.

Over The Top에서 Top은 TV의 셋톱박스를 의미하며, 초기에는 셋톱박스를 통해 각종 영상을 시청할 수 있었지만 현재는 셋톱박스를 비롯하여 PC, 스마트폰 등 인터넷이 연결된 각종 전자기기를 통해 영상을 시청할 수 있습니다.

▶ 정답 : 1. ② 2. ③ 3. ①

## 063 멀티미디어

### ❶ 멀티미디어의 특징 23.1, 22.4, 21.4, 21.1, 21.2, 20.1, 18.상시, 16.3, 13.3, 12.2, 11.3, 10.3

- 디지털화(Digitalization) : 다양한 아날로그 데이터를 디지털 데이터로 변환하여 통합 처리함
- 상호 작용성(Interaction, 쌍방향성) : 정보 제공자의 선택에 의해 일방적으로 데이터가 전달되는 것이 아니라 정보 제공자와 사용자 간의 의견을 통한 상호 작용에 의해 데이터가 전달됨
- 비선형성(Non-Linear) : 데이터가 일정한 방향으로 순차적으로 처리되는 것이 아니라 사용자의 선택에 따라 다양한 방향으로 처리됨
- 정보의 통합성(Integration) : 텍스트, 그래픽, 사운드, 동영상, 애니메이션 등의 여러 미디어를 통합하여 처리함

## 064 멀티미디어 하드웨어

### ❶ 사운드 카드 관련 용어 24.5, 22.6, 21.4, 21.3, 18.1

- 샘플링(Sampling) : 아날로그 신호를 디지털 신호로 변환하는 과정 중 한 단계
- 샘플링률(Sampling Rate) : 1초당 아날로그 신호를 디지털 신호로 변환하는 횟수로, 높을수록 원음에 가까움
- 샘플링 주파수(Sampling Frequency) : 1초 동안 샘플링되는 횟수로, 높을수록 좋지만 원 신호 주파수의 2배가 적당함
- 샘플링 비트(Sampling Bit) 수 : 몇 종류의 서로 다른 음을 표현할 수 있느냐를 의미하는 것으로, 비트 수가 많을수록 자연음에 가까운 음이 출력됨

## 065 멀티미디어 소프트웨어

### ❶ 스트리밍(Streaming) 기술 22.6, 21.3, 19.상시, 19.1, 10.3

웹에서 오디오, 비디오 등의 멀티미디어 데이터를 다운로드하면서 동시에 재생해 주는 기술을 말한다.

### ❷ 압축 프로그램 23.4, 22.3, 22.1, 21.2, 20.2

- 디스크 공간을 효율적으로 사용할 수 있다.
- 파일 전송 시 시간 및 비용의 절감 효과를 얻을 수 있다.
- 파일 압축 시 암호를 지정하거나 분할 압축이 가능하다.
- 이미 압축한 파일을 재압축해도 파일 크기는 변화가 없다.

### ❸ 그래픽 기법 24.5, 23.5, 22.7, 21.2, 21.1, 20.상시, 19.2, 19.1, 18.상시, 18.2, 17.1, 15.1, 14.2, 14.1, 13.2, …

- 디더링(Dithering) : 제한된 색상을 조합하여 복잡한 색이나 새로운 색을 만드는 작업
- 렌더링(Rendering) : 3차원 애니메이션을 만드는 과정 중의 하나로 물체의 모형에 명암과 색상을 입혀 사실감을 더해 주는 작업
- 모델링(Modeling) : 렌더링을 하기 전에 수행되는 작업으로, 물체의 형상을 3차원 그래픽으로 어떻게 표현할 것인지를 정함
- 모핑(Morphing) : 2개의 이미지를 부드럽게 연결하여 변환 · 통합하는 것으로, 컴퓨터 그래픽, 영화 등에서 많이 응용함
- 안티앨리어싱(Anti-Aliasing) : 이미지의 가장자리가 톱니 모양으로 표현되는 계단 현상을 없애기 위하여 경계선을 부드럽게 해주는 필터링 기술

## 066 | 멀티미디어 그래픽 데이터

### ❶ 비트맵(Bitmap) 24.5, 24.2, 23.2, 22.3, 22.1, 21.2, 21.1, 17.2, 15.1, 13.2, 12.1, 10.1

- 점(Pixel, 화소)으로 이미지를 표현하는 방식으로, 래스터(Raster) 이미지라고도 한다.
- 이미지를 확대하면 테두리가 거칠게 표현되는 계단 현상(Aliasing)이 발생한다.
- 벡터 방식에 비해 많은 용량을 차지한다.
- **파일 형식** : BMP, TIF, GIF, JPEG, PCX, PNG 등
- **프로그램** : 그림판, 포토샵, 페인트샵 등

### ❷ 벡터(Vector) 24.5, 24.2, 23.5, 23.3, 21.2, 18.1, 17.2, 16.3, 15.3, 13.2, 12.2

- 점과 점을 연결하는 직선이나 곡선을 이용하여 이미지를 표현하는 방식이다.
- 이미지를 확대해도 테두리가 거칠어지지 않고, 매끄럽게 표현된다.
- **파일 형식** : DXF, AI, WMF 등
- **프로그램** : 일러스트레이터, 코렐드로우, 플래시 등

### ❸ BMP 24.3, 22.5, 21.4, 21.2, 14.1

- Windows의 표준 비트맵 파일 형식이다.
- 고해상도의 이미지를 표현할 수 있지만 압축을 하지 않으므로 파일의 크기가 크다.

### ❹ JPEG 24.3, 24.1, 23.1, 22.7, 22.5, 22.4, 22.2, 21.4, 21.2, 18.2, 15.2, 14.1

- 사진과 같은 선명한 정지영상을 표현하기 위한 국제 표준 압축 방식이다.
- 주로 인터넷에서 그림 전송에 사용한다.
- 손실 압축 기법과 무손실 압축 기법을 사용한다.
- 사용자가 임의로 압축률을 지정할 수 있다.

### ❺ GIF 24.3, 22.5, 21.4, 21.2, 20.2, 14.1, 10.2

- 인터넷 표준 그래픽 형식이다.
- 8비트 컬러를 사용하여 256($2^8$)가지로 색의 표현이 제한되지만 애니메이션을 표현할 수 있다.

### ❻ PNG 24.3, 22.5, 21.4, 21.2

- 웹에서 최상의 이미지를 표현하기 위해 제정한 그래픽 형식이다.
- 8비트 알파 채널을 이용하여 부드러운 투명층을 표현할 수 있다.
- 무손실 압축 기법을 사용하며, 트루 컬러를 지원한다.

## 067 | 멀티미디어 오디오/비디오 데이터

### ❶ MIDI(Musical Instrument Digital Interface) 24.4, 15.3, 14.3, 12.3

- 전자악기 간의 디지털 신호에 의한 통신이나 컴퓨터와 전자악기 간의 통신 규약이다.
- MIDI 신호를 이용해 조명 제어, 무대 회전 등 전자악기 외의 다른 장비도 제어할 수 있다.

### ❷ 오디오 데이터 파일 크기 계산 21.4, 19.2

표본 추출률(Hz) × 샘플 크기(Bit)/8 × 시간 × 재생 방식(모노 = 1, 스테레오 = 2)

### ❸ P2P 22.5, 22.3, 21.3

네트워크에서 개인 대 개인이 PC를 이용하여 서로 데이터를 공유하는 방식이다.

### ❹ 시퀀싱(Sequencing) 24.5, 21.2, 19.1

컴퓨터를 이용하여 음악을 제작, 녹음, 편집하는 것이다.

### ❺ MPEG 23.4, 21.4, 21.3, 20.2, 19.1, 17.1, 16.2, 14.2, 13.3, 13.1, 12.3, 10.2

- 동영상 전문가 그룹에서 제정한 동영상 압축 기술에 대한 국제 표준 규격이다.
- 프레임 간의 연관성을 고려하여 중복 데이터를 제거함으로써 압축률을 높이는 손실 압축 기법을 사용한다.
- MPEG-21 : 디지털 콘텐츠의 제작 · 유통 · 보안 등 전 과정을 관리할 수 있는 영상 압축 기술

## 068 멀티미디어 활용

### ❶ VOD(Video On Demand) 23.4, 22.1, 21.3, 13.1, 11.3

- 다양한 정보의 데이터베이스를 구축하여 사용자가 요구하는 정보를 원하는 시간에 볼 수 있도록 전송하는 멀티미디어 서비스이다.
- 정보 제공자의 선택에 의해 정보를 서비스하는 것이 아니라 사용자의 선택에 의해 정보를 서비스해 준다.

### ❷ OTT(Over The Top) 24.2, 23.3

- 드라마, 영화 등의 영상 콘텐츠를 인터넷을 통해 제공하는 서비스이다.
- 스트리밍 기술을 기반으로 하기 때문에 셋톱박스나 PC, 스마트폰 등 인터넷이 연결된 각종 전자기기를 통해 영상을 시청할 수 있다.

# 8장

# 컴퓨터 시스템 보호

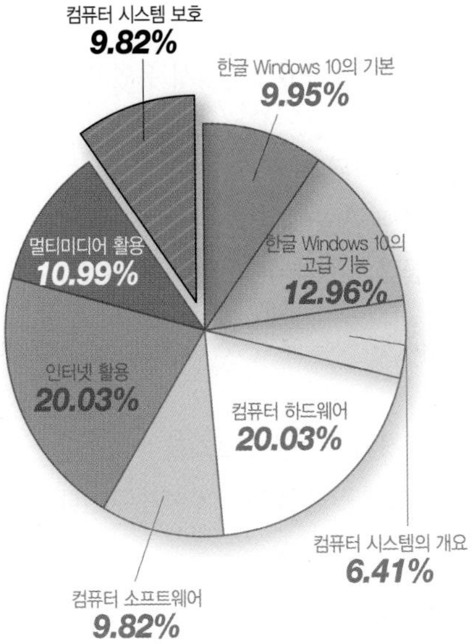




이 장에서 꼭 알아야 할 키워드 Best 10

**1.** 바이러스 **2.** 컴퓨터 범죄 **3.** 보안 요건 **4.** 피싱 **5.** 분산 서비스 거부 공격 **6.** 방화벽 **7.** 프록시 서버 **8.** 비밀키 암호화 기법 **9.** 공개키 암호화 기법 **10.** 저작권법

SECTION 069

# 정보 사회

D 등급

## 1 정보 사회의 개요

2급 22.4, 19.2, 05.4, 99.1

정보 사회란 정보가 정치, 경제, 문화 등 모든 분야를 이끌어가는 원동력이 되는 사회로 정보가 사회의 중심이 된다. 정보의 생산, 처리, 유통 과정은 컴퓨터 및 통신 기술을 통해 이루어진다.

- 정보의 축적과 활용이 확대되고 처리하고자 하는 정보의 종류와 양이 증가하였다.
- 정보의 생산 및 처리 기술이 발달하여 사회 전반의 능률과 생산성이 증대되었다.
- 사회의 변화 속도가 빨라졌다.
- 정보 사회는 서로간의 상호 작용이 가능한 쌍방향성이 실현되면서 유연성이 있는 구조적인 시스템으로 변화하였다.
- 사이버 공간*상의 새로운 인간 관계와 문화가 형성되었다.
- 정보 사회에서는 대중화 현상이 약화되고, 개성과 자유를 중요시하게 되었다.
- 정보 사회에서는 통신기술의 발달로 시간과 공간의 제약에서 벗어나게 되었다.

## 2 정보 사회의 문제점

2급 24.1, 20.1, 18.1, 16.3, 10.1

- 중앙 컴퓨터 시스템의 장애나 오류로 사회적 · 경제적 혼란을 초래할 수 있다.
- 정보의 과다로 인한 혼란과 정보의 편중에 의한 계층 간의 정보 차이가 생긴다.
- 정보 기술을 이용한 새로운 범죄가 증가한다.
- 개인의 정보 노출로 인한 사생활 침해가 증가한다.
- VDT 증후군*, 테크노스트레스*와 같은 직업병이 생긴다.
- 기술의 인간 지배와 이로 인한 인간의 소외, 비인간화 현상이 생긴다.
- 인간관계에서의 유대감이 약화되고, 인간의 고유 판단 능력이 상실된다.

## 3 컴퓨터 범죄의 개념 및 유형

2급 23.1, 22.1, 21.3, 21.2, 18.1, 17.2, 13.3, 12.2, 08.3

컴퓨터 범죄란 컴퓨터 및 통신 기술을 이용하여 저지르는 불법적 · 비윤리적 범죄를 총칭하는 것으로 다음과 같은 유형이 있다.

- 저작권이 있는 소프트웨어, 웹 콘텐츠, 전자 문서의 도난 및 불법 복사
- 타인의 하드웨어나 기억 매체에 기록된 자료를 소거하거나 교란시키는 행위
- 컴퓨터를 이용한 금품 횡령 또는 사기 판매
- 음란물의 유통 및 사이트 운영
- 컴퓨터 바이러스 제작 · 유포

**전문가의 조언**

이 부분은 어려운 내용이 아니므로 본문의 내용 정도만 알면 충분히 풀 수 있을 것입니다. 정보 사회에서는 정보 사회의 기본 개념만 간단히 알아두세요.

**사이버 공간(Cyber Space)**

통신과 컴퓨터가 결합된 미디어의 발달로 만들어진 가상의 의사소통 공간을 말합니다.

**VDT 증후군**

VDT는 Video Display Terminal Syndrome의 약자로, 컴퓨터 단말기를 오랜 시간 사용함으로써 발생하는 질병을 의미합니다. 주로 스트레스와 눈의 피로, 손목 · 어깨 · 목 · 허리 등의 통증을 일으킵니다.

**테크노스트레스**

첨단 기술 사회에 적응하지 못했을 때 생기는 불안 및 강박관념 같은 현상으로, 컴퓨터에 거부 반응을 일으키는 컴퓨터 불안형과 컴퓨터에 지나치게 의존하여 대인관계는 물론 일에도 지장을 초래하는 컴퓨터 탐닉형으로 나타납니다.

**전문가의 조언**

컴퓨터 범죄는 컴퓨터를 이용한다는 것에 중점을 두어 각 유형과 예방 대책을 파악하세요. 또한 해킹과 크래킹의 개념과 특징을 기억하세요.

- 컴퓨터 시스템 해킹*으로 인한 중요 정보의 위 · 변조, 삭제, 유출
- 전산망을 이용한 개인 신용 정보 유출

**해킹(Hacking)**
사용 권한이 없는 사람이 시스템에 침입하여 정보를 수정하거나 빼내는 행위를 뜻하며, 이런 일을 하는 사람을 해커(Hacker)라고 부릅니다.

**크래킹(Cracking)**
어떤 목적을 가지고 타인의 시스템에 불법으로 침입하여 정보를 파괴하거나 정보의 내용을 자신의 이익에 맞게 변경하는 행위를 뜻하며, 이런 일을 하는 사람을 크래커(Cracker)라고 부릅니다. 크래킹은 자신의 이익을 위하여 불법으로 시스템을 사용하거나 정보를 변조 또는 파괴하는 것을 말합니다.

## 4 컴퓨터 범죄의 예방 및 대책

21.3, 12.1, 2급 22.3, 22.2, 21.4, 21.3, 21.2, 19.1, 17.2, 14.1, 13.2, 10.3, 06.4, 04.4, 99.1

1206504

- 해킹 방지를 위해 방화벽과 해킹방지 시스템을 설치하고, 보안 교육을 정기적으로 실시한다.
- 보호 패스워드를 시스템에 도입하고, 패스워드를 수시로 변경한다.
- 백신 프로그램을 설치하고, 자동 업데이트 기능을 설정한다.
- 인터넷을 통해 다운로드한 프로그램은 백신으로 검사한 후 사용한다.
- 의심이 가는 메일이나 호기심을 자극하는 표현이 담긴 메일은 열어보지 않고 바로 삭제하거나 바이러스 검사를 수행한 후 열어본다.
- 컴퓨터 바이러스 예방 및 치료에 대한 프로그램을 지속적으로 업데이트한다.
- 해킹 여부를 정기적으로 검사한다.

## 따라잡기 기출문제 따라잡기

문제1 1206551 문제3 3207253

12년 1회

**1. 다음 중 컴퓨터 범죄에 관한 대비책으로 옳지 않은 것은?**

① 컴퓨터 바이러스 예방 및 치료에 대한 프로그램을 지속적으로 개발한다.

② 크래커(Cracker)를 지속적으로 양성한다.

③ 인터넷을 통한 해킹의 방지를 위한 방화벽과 해킹방지 시스템을 설치한다.

④ 정기적인 보안 검사를 통해 해킹 여부를 감시하도록 한다.

크래커(Cracker)는 다른 사람의 시스템에 불법으로 침입하여 정보를 파괴하는 사람이므로 지속적으로 양성하는 것은 범죄에 대한 대비책은 아닙니다.

2급 20년 1회, 18년 1회, 16년 3회

**2. 다음 중 정보 사회의 문제점으로 옳지 않은 것은?**

① 정보 기술을 이용한 컴퓨터 범죄가 증가할 수 있다.

② VDT 증후군 같은 컴퓨터 관련 직업병이 발생할 수 있다.

③ 정보의 편중으로 계층 간의 정보 차이가 감소할 수 있다.

④ 정보처리 기술로 인간관계의 유대감이 약화될 가능성도 있다.

정보의 과다로 인한 혼란과 정보의 편중으로 인해 계층 간의 정보 차이가 증가할 수 있습니다.

2급 21년 4회, 3회, 2회, 13년 3회, 08년 3회

**3. 다음 중 컴퓨터 범죄와 거리가 먼 것은?**

① 전자문서의 불법 복사

② 전산망을 이용한 개인 정보 유출

③ 컴퓨터 시스템 해킹을 통한 중요 정보의 위조 또는 변조

④ 인터넷 쇼핑몰 상품 가격 비교표 작성

컴퓨터 범죄는 컴퓨터 및 통신 기술을 이용하여 저지르는 불법적 · 비윤리적인 범죄로, ①, ②, ③번이 컴퓨터 범죄에 해당합니다.

21년 3회

**4. 다음 중 컴퓨터 범죄 예방과 대책에 관한 설명으로 옳지 않은 것은?**

① 회원 가입한 사이트의 패스워드를 수기적으로 변경한다.

② 컴퓨터 바이러스 예방 및 치료에 대한 프로그램을 지속적으로 개발한다.

③ 정보 누출이나 해킹 방지를 위해 방화벽 체제를 정비한다.

④ 정크 메일로 의심이 가는 이메일은 본문을 확인한 후 즉시 삭제한다.

정크 메일로 의심이 가는 이메일은 열어보지 않고 삭제하거나 바이러스를 수행한 후 열어보는 것이 좋습니다.

▶ **정답** : 1. ② 2. ③ 3. ④ 4. ④

SECTION 070

# 저작권 보호

B 등급

전문가의 조언

저작권법에 대한 문제가 종종 출제되고 있습니다. 저작권법은 프로그램을 작성하기 위하여 사용하는 프로그램 언어, 규약, 해법에는 적용되지 않는다는 것을 기억해 두세요.

**저작권**

소설, 시, 논문, 강연, 연술, 음악, 연극, 무용, 회화, 서예, 건축물, 사진, 영상, 지도, 도표, 컴퓨터 프로그램 저작물 등에 대하여 창작자가 가지는 권리를 말합니다.

전문가의 조언

저작 재산권의 제한사항이 아닌 것을 찾는 문제가 출제되었습니다. 어려운 내용은 아니니 저작 재산권이 적용되지 않는 경우에는 어떠한 것이 있는지 한 번 읽고 넘어가세요.

23.4, 22.1, 21.3, 15.3, 10.3, 09.2, 09.1, 2급 15.3, 07.3

## 1 저작권*법

1206701

- 저작자의 권리와 이에 인접하는 권리를 보호하고 저작물의 공정한 이용을 도모함으로써 문화의 발전에 이바지함을 목적으로 한다.
- 저작권은 프로그램을 작성하기 위하여 사용하고 있는 프로그램 언어, 규약 및 해법에는 적용하지 않는다.
- 원저작물을 번역, 편곡, 변형, 각색, 영상제작 그 밖의 방법으로 작성한 창작물(2차적 창작물)은 독자적인 저작물로서 보호된다.
- 저작 재산권이 있는 소프트웨어를 복사하여 판매하였을 경우 저작권법에 저촉된다.

22.7, 16.1, 15.3, 13.3, 2급 08.4

## 2 저작 재산권의 제한

1206704

- 영리를 목적으로 하지 않는 공연 · 방송인 경우
- 학교 교육 목적 등에 이용할 경우
- 보도 · 비평 · 교육 · 연구 등에 공표된 저작물을 인용할 경우
- 재판 절차 등에 복제할 경우
- 시사 보도에 이용할 경우
- 사적 이용을 위하여 복제한 경우
- 도서관 등 대통령령으로 정한 시설에서 복제할 경우
- 시험문제로 복제할 경우
- 시각장애인이나 청각장애인 등을 위하여 복제할 경우
- 방송 사업자가 일시적으로 녹음 · 녹화할 경우

문제1 1206751

## 따라잡기 기출문제 따라잡기

22년 1회, 21년 3회, 15년 3회, 09년 1회

**1. 다음 중 저작권에 대한 설명으로 가장 적절하지 않은 것은?**

① 저작 재산권은 저작자의 생존하는 동안과 저작 시점에 따라 사망 후 70년간 존속한다.

② 저작권은 저작자의 권리를 보호함을 목적으로 한다.

③ 영리를 목적으로 하지 않는 공연 또는 방송인 경우 저작 재산권을 제한할 수 있다.

④ 프로그램을 작성하기 위하여 사용하고 있는 프로그램 언어, 규약 및 해법에도 저작권이 적용된다.

프로그램 저작권은 프로그램을 작성하기 위하여 사용하고 있는 프로그램 언어, 규약 및 해법에는 적용되지 않습니다.

22년 7회

**2. 다음 중 저작재산권의 제한사항으로 옳지 않은 것은?**

① 시사 보도에 이용할 경우

② 영리를 목적으로 하는 공연 · 방송인 경우

③ 보도 · 비평 · 교육 · 연구 등에 공표된 저작물을 인용할 경우

④ 재판 절차 등에 복제할 경우

영리를 목적으로 하지 않는 공연 · 방송인 경우가 저작재산권의 제한에 해당합니다.

▶ 정답 : 1. ④ 2. ②

SECTION 071

# 바이러스 / 백신

A 등급

**전문가의 조언**

바이러스의 개념과 감염 증상, 파일 바이러스와 바이러스의 예방 지침을 묻는 문제가 출제되었습니다. 바이러스는 어려운 내용이 아니므로 차분히 읽어보세요.

24.1, 22.2, 21.1, 19.2, 18.1, 17.1, 2급 23.3, 17.1, 13.1, 11.1, 10.2, 09.3, 09.1, 07.1, 06.1, 04.4, 04.2

## 1 바이러스의 개요

1206801

바이러스는 컴퓨터의 정상적인 작동을 방해하기 위해 운영체제나 저장된 데이터에 손상을 입히는 프로그램이다.

### 특징

- 바이러스는 디스크의 부트 영역이나 프로그램 영역에 숨어 있다.
- 바이러스는 자신을 복제할 수 있고, 다른 프로그램을 감염시킬 수 있다.
- 바이러스는 주로 복제품을 사용하거나 인터넷과 같은 통신매체를 통해 다운받은 프로그램에 의해 감염된다.
- 바이러스는 소프트웨어뿐만 아니라 하드웨어의 성능에도 영향을 미칠 수 있다.

23.1, 21.4

## 2 바이러스 감염 증상

- 시스템 파일이 손상되어 부팅(Booting)이 정상적으로 수행되지 않는다.
- 파일의 크기가 커지며, 감염된 파일을 메모리로 옮긴 경우 메모리 공간이 줄어든다.
- 파일의 작성 날짜 및 크기가 변경된다.
- 디스크를 인식하지 못하거나, 디스크의 내용이 삭제되고 디스크 볼륨명이 변경될 수도 있다.
- 실행 파일이 감염되면 프로그램이 실행되지 않거나 속도가 느려진다.
- 특정 날짜가 되면 화면에 이상한 메시지가 표시된다.

11.2, 09.2, 05.4, 2급 24.4, 24.2, 23.5, 23.4, 23.2, 22.2, 20.2, 18.2, 17.1, 15.2, 10.2, 09.3

## 3 바이러스 감염 경로와 예방법

1206803

- 통신을 이용해 다운로드한 파일이나 외부에서 복사해 온 파일은 반드시 바이러스 검사를 수행한 후 사용한다.
- 네트워크를 통해 감염될 수 있으므로 공유 폴더의 속성은 읽기 전용으로 지정한다.
- 전자우편을 통해 감염될 수 있으므로 발신자가 불분명한 전자우편은 열어보지 않고 삭제한다.
- 바이러스 감염에 대비해 중요한 자료는 정기적으로 백업(Back-up)한다.
- 바이러스 예방 프로그램을 램(RAM)에 상주시켜 바이러스 감염을 예방한다.
- 가장 최신 버전의 백신 프로그램을 사용하여 주기적으로 바이러스 검사를 수행한다.

2급 21.2, 16.2

## 4 바이러스의 분류

3207505

바이러스는 감염 대상에 따라 부트, 파일, 매크로 바이러스로 구분한다.

| | |
|---|---|
| 파일 바이러스 | • 실행 파일을 감염시키는 바이러스이다.<br>• **종류** : 예루살렘, CIH, Sunday 등 |
| 부트 바이러스 | • 부트 섹터(Boot Sector)를 손상시키는 바이러스이다.<br>• **종류** : 브레인, 미켈란젤로, Monkey 등 |
| 부트/파일 바이러스 | • 파일 바이러스와 부트 바이러스의 특징을 모두 가진 바이러스이다.<br>• **종류** : Invader, 에볼라 등 |
| 2급 21.2, 16.2<br>매크로 바이러스 | • 주로 MS-Office에서 사용하는 매크로 기능을 이용하여 다른 파일을 감염시키는 바이러스이다.<br>• **종류** : 멜리사, Laroux 등 |

22.3, 17.2

### 잠깐만요 파일 바이러스의 유형

3207531

| | |
|---|---|
| 22.3, 17.2<br>연결형 바이러스 | 프로그램을 직접 감염시키지 않고 디렉터리 영역에 저장된 프로그램의 시작 위치를 바이러스의 시작 위치로 변경하는 바이러스입니다. |
| 기생형 바이러스 | 원래 프로그램에 손상을 주지 않고 앞이나 뒤에 기생하는 바이러스로, 대부분의 파일 바이러스가 여기에 속합니다. |
| 겹쳐쓰기형 바이러스 | 원래 프로그램이 있는 곳의 일부에 겹쳐서 존재하는 바이러스입니다. |
| 산란형 바이러스 | EXE 파일을 감염시키지 않고 같은 이름의 COM 파일을 만들어 바이러스를 넣어 둡니다. |

05.4, 2급 05.2

## 5 백신 프로그램

백신 프로그램은 바이러스에 감염된 컴퓨터를 치료하기 위한 프로그램이다.

• 특정 웹 사이트에 접속해서도 바이러스의 검사 및 치료가 가능하며, 대부분의 백신이 검사, 치료, 예방 기능*을 하나의 프로그램으로 제공한다.

• **백신의 종류** : V3 Lite, 알약, Norton Anti-Virus, 비트디펜더 등

• **바이러스 검역소** : 바이러스에 감염되었거나 감염이 의심되는 파일들을 시스템으로부터 격리시켜 보관하는 장소로, 바이러스 치료후 파일에 문제가 발생했다면 검역소에 있는 파일로 다시 복원할 수 있다.

**예방 기능**
컴퓨터 사용중에 일어날 수 있는 바이러스 감염에 대비해 부팅과 동시에 바이러스 감시 프로그램을 실행시켜 놓는 것을 말합니다.

## 따라잡기 기출문제 따라잡기

문제4 1206851 문제5 1206852

23년 1회, 21년 4회

**1. 다음 중 바이러스 감염 증상에 대한 설명으로 옳지 않은 것은?**

① 특정 날짜가 되면 화면에 이상한 메시지가 표시된다.

② 디스크를 인식하지 못하거나, 디스크 볼륨명이 변경될 수도 있다.

③ 파일의 크기가 작아지고, 프로그램의 실행 속도가 빨라진다.

④ 시스템 파일이 손상되어 부팅(Booting)이 정상적으로 수행되지 않는다.

바이러스에 감염되면 파일의 크기가 커지고, 프로그램은 실행되지 않거나 속도가 느려집니다.

22년 6회, 09년 2회

**2. 다음 중 컴퓨터 바이러스의 예방 방법으로 가장 옳지 않은 것은?**

① 새로운 프로그램을 사용할 때는 최신 버전의 백신 프로그램으로 바이러스의 감염 여부를 검사한 후에 사용한다.

② 중요한 프로그램이나 자료는 항상 주기적으로 백업한다.

③ 백신 프로그램의 시스템 감시 및 인터넷 감시 기능을 이용해서 바이러스를 사전에 검색한다.

④ 바이러스에 감염된 것으로 예상되는 모든 프로그램이나 자료를 삭제한다.

바이러스에 감염된 프로그램이나 데이터는 백신 프로그램으로 치료한 후 사용하면 됩니다.

22년 3회, 17년 2회

**3. 다음 중 프로그램을 직접 감염시키지 않고 디렉터리 영역에 저장된 프로그램의 시작 위치를 바이러스의 시작 위치로 변경하는 파일 바이러스 유형은?**

① 연결형 바이러스 ② 기생형 바이러스

③ 산란형 바이러스 ④ 겹쳐쓰기형 바이러스

프로그램의 시작 위치를 바이러스의 시작 위치로 변경하는 파일 바이러스 유형은 연결형 바이러스입니다.

11년 2회

**4. 다음 중 컴퓨터 바이러스의 예방과 치료에 관한 설명으로 옳지 않은 것은?**

① 다운로드한 파일이나 외부에서 가져온 파일은 반드시 바이러스 검사를 수행한 후에 사용한다.

② 네트워크를 통해 감염되는 것을 방지하기 위하여 공유 폴더의 속성을 숨김으로 설정한다.

③ 전자우편을 통해 감염될 수 있으므로 발신자가 불분명한 전자우편은 열어보지 않고 삭제한다.

④ 백신 프로그램의 업데이트를 통해 주기적으로 바이러스 검사를 수행한다.

바이러스가 감염되는 것을 방지하기 위해서는 공유 폴더의 속성을 '읽기 전용'으로 설정해야 합니다.

24년 1회, 22년 2회, 19년 2회

**5. 다음 중 바이러스에 대한 설명으로 옳지 않은 것은?**

① 감염 부위에 따라 부트 바이러스와 파일 바이러스로 구분한다.

② 사용자 몰래 스스로 복제하여 다른 프로그램을 감염시키고, 정상적인 프로그램이나 다른 데이터 파일 등을 파괴한다.

③ 주로 복제품을 사용하거나 통신 매체를 통하여 다운받은 프로그램에 의해 감염된다.

④ 컴퓨터 하드웨어와 무관하게 소프트웨어에만 영향을 미친다.

바이러스는 하드웨어, 소프트웨어를 가리지 않고 성능에 영향을 미칩니다.

21년 1회, 18년 1회

**6. 다음 중 컴퓨터의 정상적인 작동을 방해하여 운영체제나 저장된 데이터에 손상을 입힐 수 있는 보안 위협의 종류는?**

① 바이러스 ② 키로거

③ 애드웨어 ④ 스파이웨어

운영체제나 저장 데이터에 손상을 입히는 보안 위협은 바이러스입니다.

▶ **정답 :** 1. ③ 2. ④ 3. ① 4. ② 5. ④ 6. ①

SECTION 072

# 정보 보안 개요

A 등급

## 1 보안의 정의와 보안 요건

23.2, 22.6, 21.3, 21.2, 15.2, 06.3, 2급 19.2, 14.2, 08.1

1206901

- 보안이란 컴퓨터 시스템 및 컴퓨터에 저장된 정보들을 외부의 불법적인 침입으로부터 보호하는 것을 의미한다.
- 시스템 및 정보의 보안에는 다음과 같이 기본적으로 충족해야 할 요건들이 있다.

| 요 건 | 의 미 |
|---|---|
| 23.2, 22.6, 21.3, 21.2, 06.3<br>기밀성(Confidentiality, 비밀성) | • 시스템 내의 정보와 자원은 인가된 사용자에게만 접근이 허용된다.<br>• 정보가 전송 중에 노출되더라도 데이터를 읽을 수 없다. |
| 23.2, 22.6, 21.3, 21.2, 06.3<br>무결성(Integrity) | • 시스템 내의 정보는 인가된 사용자만 수정할 수 있다.<br>• 정보의 내용이 전송 중에 수정되지 않고 전달되는 것을 의미한다. |
| 23.2, 21.2<br>가용성(Availability) | 인가받은 사용자는 언제라도 사용할 수 있다. |
| 15.2, 06.3, 2급 19.2, 14.2, 08.1<br>인증(Authentication) | • 정보를 보내오는 사람의 신원을 확인한다.<br>• 사용자를 식별하고, 사용자의 접근 권한을 검증한다. |
| 23.2, 22.6, 21.3, 21.2, 06.3, 2급 08.1<br>부인 방지(Non Repudiation) | 데이터를 송·수신한 자가 송·수신 사실을 부인할 수 없도록 송·수신 증거를 제공한다. |

**전문가의 조언**

보안 요건의 의미를 묻는 문제가 출제되었습니다. 보안 요건은 외부의 불법 침입으로부터 정보를 보호한다는 것을 염두에 두고 각 요건의 의미를 정리하세요.

## 2 보안 위협의 유형

24.2, 23.3, 23.1, 21.2, 19.상시, 11.1, 08.4, 2급 24.3, 23.5, 22.4, 20.2, 20.1, 16.1, 15.3, 05.4, 04.3

1206902

보안 요건을 위협하는 유형은 다음과 같다.

| 유 형 | 의 미 | 위협 보안 요건 |
|---|---|---|
| 24.2, 2급 24.3, 22.4<br>가로막기(Interruption, 흐름차단) | 데이터의 정상적인 전달을 가로막아서 흐름을 방해하는 행위이다. | 가용성 저해 |
| 24.2, 08.4, 2급 24.3, 23.5, 22.4, …<br>가로채기(Interception) | 송신된 데이터가 수신지까지 가는 도중에 몰래 보거나 도청하여 정보를 유출하는 행위이다. | 기밀성 저해 |
| 24.2, 2급 24.3, 22.4, 20.1<br>수정(Modification, 변경) | 전송된 데이터를 원래의 데이터가 아닌 다른 내용으로 바꾸는 행위이다. | 무결성 저해 |
| 24.2, 23.3, 23.1, 21.2, 19.상시, 11.1<br>위조(Fabrication) | 마치 다른 송신자로부터 데이터가 송신된 것처럼 꾸미는 행위이다. | 무결성 저해 |

**전문가의 조언**

가로채기와 위조에 대한 문제가 출제되었습니다. 보안 요건을 위협하는 유형의 종류와 종류별 특징을 정리하세요.

**전문가의 조언**

**중요해요!** 위협의 구체적인 형태에 대한 문제는 자주 출제되고 있습니다. 보안 요건을 위협하는 구체적인 형태를 정확히 구분할 수 있을 정도로 알아두세요.

24.5, 22.5, 22.4, 22.3, 21.4, 21.3, 20.상시, 20.1, 19.상시, 19.1, 18.상시, 18.2, 16.2, 15.3, 15.1, 14.2, 14.1, 08.3, 06.4, …

## 3 위협의 구체적인 형태

1206903

보안 요건을 위협하는 구체적인 형태에는 다음과 같은 것이 있다.

| 형태 | 의미 |
|---|---|
| 24.5, 22.5, 21.4, 21.3, 20.상시, … **분산 서비스 거부 공격(DDOS, Distributed Denial of Service** | 여러 대의 장비를 이용하여 대량의 데이터를 한 곳의 서버에 집중적으로 전송함으로써, 특정 서버의 정상적인 기능을 방해하는 공격이다. |
| 24.5, 18.2, 16.2, 15.1, 14.1, 08.3, … **스니핑(Sniffing)** | 네트워크 주변을 지나다니는 패킷을 엿보면서 계정과 패스워드 등의 정보를 가로채는 행위로, 이때 사용하는 프로그램을 스니퍼(Sniffer)라고 한다. |
| 24.5, 22.5, 21.3, 20.상시, 19.상시, … **스푸핑(Spoofing)** | 눈속임(Spoof)*에서 파생된 것으로, 검증된 사람이 네트워크를 통해 데이터를 보낸 것처럼 데이터를 변조하여 접속을 시도하는 침입 형태이다. |
| 22.5, 22.4, 22.3, 21.3, 20.상시, … **피싱(Phishing)** | 거짓 메일을 발송하여 특정 금융기관 등의 가짜 웹 사이트로 유인한 후 관련 금융기관과 관련된 ID, 암호, 계좌번호 등의 정보를 빼내는 기법이다. |
| 24.5, 22.5, 21.3, 20.상시, 19.상시, … **키로거(Key Logger)** | 키보드상의 키 입력 캐치 프로그램을 이용하여 ID나 암호와 같은 개인 정보를 빼내어 악용하는 기법이다. |
| 16.2, 14.1, 2급 08.2 **백도어(Back Door, Trap Door)** | 서비스 기술자나 유지보수 프로그래머들의 액세스 편의를 위해 만든 보안이 제거된 비밀통로를 이르는 말로, 시스템에 무단 접근하기 위한 일종의 비상구로 사용된다. |
| 2급 24.2, 24.1, 23.4, 19.상시, … **웜(Worm)** | • 네트워크를 통해 연속적으로 자신을 복제하여 시스템의 부하를 높여 결국 시스템을 다운시키는 바이러스의 일종이다.<br>• 분산 서비스 거부 공격, 버퍼 오버플로 공격, 슬래머 등이 웜의 한 형태이다. |
| 2급 24.2, 24.1, 12.3, 08.2 **트로이 목마(Trojan Horse)** | 정상적인 기능을 하는 프로그램으로 가장하여 프로그램 내에 숨어 있다가 해당 프로그램이 동작할 때 활성화되어 부작용을 일으키는 것으로, 자기 복제 능력은 없다. |
| 22.3 **혹스(Hoax)** | 실제로는 악성코드로 행동하지 않으면서 겉으로는 악성코드인 것처럼 가장하여 행동하는 소프트웨어이다. |
| **드롭퍼(Dropper)** | 정상적인 파일 등에 트로이 목마나 웜, 바이러스가 숨겨진 형태를 일컫는 말이다. |
| **스파이웨어(Spyware)** | 적절한 사용자 동의 없이 사용자 정보를 수집하는 프로그램 또는 적절한 사용자 동의 없이 설치되어 불편을 야기하거나 사생활을 침해할 수 있는 프로그램이다. |
| **버퍼 오버플로 공격** | 버퍼의 크기보다 많은 데이터를 입력하여 프로그램이 비정상적으로 동작하도록 만드는 공격이다. |

**눈속임(Spoof)**
어떤 프로그램이 정상적으로 실행되는 것처럼 속임수를 사용하는 행위를 의미합니다.

07.3, 06.4, 2급 13.1

**잠깐만요** **악성코드**

1206931

악성코드는 스파이웨이, 웜, 트로이 목마 등과 같이 컴퓨터 사용자에게 피해를 주기 위해 만들어진 프로그램을 의미합니다.

문제1 3207651 문제3 1206953

## 따라잡기 기출문제 따라잡기

23년 2회, 21년 2회, 06년 3회

**1. 다음 중 시스템의 정보 보안을 위한 기본 충족 요건에 대한 설명으로 옳지 않은 것은?**

① 무결성 : 시스템 내의 정보는 인가된 사용자만 수정할 수 있다.

② 부인 방지 : 정보를 보내오는 사람의 신원을 확인한다.

③ 가용성 : 인가받은 사용자는 언제라도 사용할 수 있다.

④ 기밀성 : 시스템 내의 정보와 자원은 인가된 사용자에게만 접근이 허용된다.

부인 방지는 데이터를 송·수신한 자가 송·수신 사실을 부인할 수 없도록 송·수신 증거를 제공하는 것을 의미합니다. ②번은 인증에 대한 설명입니다.

22년 5회, 21년 3회, 15년 3회

**2. 다음 중 시스템 보안과 관련한 불법적인 형태에 대한 설명으로 옳지 않은 것은?**

① 피싱(Phishing)은 거짓 메일을 보내서 가짜 금융기관 등의 가짜 웹 사이트로 유인하여 정보를 빼내는 행위이다.

② 스푸핑(Spoofing)은 검증된 사람이 네트워크를 통해 데이터를 보낸 것처럼 데이터를 변조하여 접속을 시도하는 행위이다.

③ 분산 서비스 거부 공격(DDoS)은 마이크로소프트 사의 MS-DOS를 운영체제로 사용하는 컴퓨터에 네트워크를 통해 불법적으로 접속하는 행위이다.

④ 키로거(Key Logger)는 키 입력 캐치 프로그램을 사용하여 ID나 암호를 알아내는 행위이다.

분산 서비스 거부 공격(DDoS)은 여러 대의 컴퓨터를 이용하여 대량의 데이터를 한 곳의 서버에 집중적으로 전송함으로써 특정 서버의 정상적인 기능을 방해하는 형태의 공격을 말합니다.

23년 3회, 1회, 21년 2회, 19년 상시, 11년 1회

**3. 다음 중 외부로부터의 데이터 침입행위에 관한 유형의 위조(Fabrication)에 대한 설명으로 옳은 것은?**

① 자료가 수신측으로 전달되는 것을 방해하는 행위

② 전송한 자료가 수신지로 가는 도중에 몰래 보거나 도청하는 행위

③ 원래의 자료를 다른 내용으로 바꾸는 행위

④ 자료가 다른 송신자로부터 전송된 것처럼 꾸미는 행위

①번은 가로막기(Interruption), ②번은 가로채기(Interception), ③번은 수정(Modification)에 대한 설명입니다.

21년 4회, 20년 1회, 19년 1회, 14년 2회

**4. 다음 중 분산 서비스 거부 공격(DDos)에 관한 설명으로 옳은 것은?**

① 네트워크 주변을 돌아다니는 패킷을 엿보면서 계정과 패스워드를 알아내는 행위

② 검증된 사람이 네트워크를 통해 데이터를 보낸 것처럼 데이터를 변조하여 접속을 시도하는 행위

③ 여러 대의 장비를 이용하여 특정 서버에 대량의 데이터를 집중적으로 전송함으로써 서버의 정상적인 동작을 방해하는 행위

④ 키보드의 키 입력시 캐치 프로그램을 사용하여 ID나 암호 정보를 빼내는 행위

①번은 스니핑(Sniffing), ②번은 스푸핑(Spoofing), ④번은 키로거(Key Logger)에 대한 설명입니다.

18년 2회, 15년 1회

**5. 다음 중 정보사회에서 정보 보안을 위협하는 스니핑(Sniffing)에 관한 설명으로 옳은 것은?**

① 네트워크를 통해 연속적으로 자기를 복제하여 시스템 부하를 높여 결국 시스템을 다운시킨다.

② 자기복제 능력은 없으나 프로그램 내에 숨어 있다가 해당 프로그램이 실행될 때 활성화 되어 부작용을 일으킨다.

③ 정상적으로 실행되거나 검증된 데이터인 것처럼 속여 접속을 시도하거나 권한을 얻는 것을 말한다.

④ 사용자가 전송하는 데이터를 훔쳐보는 것으로 네트워크의 패킷을 엿보면서 계정과 패스워드를 알아낸다.

①번은 웜(Worm), ②번은 트로이 목마(Trojan Horse), ③번은 스푸핑(Spoofing)에 대한 설명입니다.

22년 6회, 21년 3회

**6. 정보 시스템을 통하여 전자문서를 전송하기 위해서는 정보 보호를 위하여 보안 서비스가 필요하다. 다음 중 보안 서비스에 해당하지 않는 것은?**

① 부인 방지　　② 기밀성

③ 무결성　　④ 확장성

정보 보호를 위한 보안 서비스에는 기밀성, 무결성, 가용성, 인증, 부인 방지가 있습니다.

▶ 정답 : 1. ② 2. ③ 3. ④ 4. ③ 5. ④ 6. ④

# 정보 보안 기법

A 등급

보안 기법이란 침입자로부터 시스템을 안전하게 보호하기 위해 행해지는 방법을 말한다. 다음은 대표적인 보안 기법인 방화벽과 암호화에 대한 설명이다.

## 1 방화벽

24.5, 24.4, 24.3, 24.2, 24.1, 23.3, 22.7, 22.5, 22.2, 21.2, 21.1, 20.상시, 20.2, 18.상시, 18.2, 18.1, 17.2, 17.1, 16.3, …

1207002

방화벽(Firewall)*은 보안이 필요한 네트워크의 통로를 단일화*하여 관리함으로써 외부의 불법 침입으로부터 내부의 정보 자산을 보호하기 위한 시스템이다.

### 특징

- 내부 네트워크에서 외부로 나가는 패킷은 그대로 통과시키고, 외부에서 내부 네트워크로 들어오는 패킷은 내용을 엄밀히 체크하여 인증된 패킷만 통과시키는 구조로, 해킹 등에 의한 외부로의 정보 유출을 막기 위해 사용하는 보안 시스템이다.
- 방화벽은 역추적 기능이 있어서 외부의 침입자를 역추적하여 흔적을 찾을 수 있다.
- 방화벽 시스템을 이용하더라도 보안에 완벽한 것은 아니며, 특히 내부로부터의 불법적인 해킹은 막지 못한다.
- 방화벽을 운영하면 네트워크의 부하가 증가되며, 증가된 트래픽은 게이트웨이로 집중된다.
- 방화벽의 기능에는 인증(Authentication), 데이터 암호화, 접근 제어(Access Control), 로깅(Logging)과 감사 추적(Audit Trail) 등이 있다.

21.4, 21.3, 19.2, 16.2, 12.1, 08.3, 06.1, 05.4, 03.4

**잠깐만요 프록시 서버(Proxy Server)**

1207031

- 프록시 서버는 PC 사용자와 인터넷 사이에서 중계자 역할을 하는 서버입니다.
- 프록시 서버의 기능은 크게 방화벽 기능과 캐시 기능으로 분류할 수 있습니다.
  - **방화벽(Firewall) 기능** : 컴퓨터 시스템에 방화벽을 설치하는 경우 외부와 연결하여 통신이 가능하도록 하며 HTTP, FTP, Gopher 프로토콜을 지원합니다.
  - **캐시 기능** : 많은 요청이 발생하는 데이터를 프록시 서버에 저장해 두었다가 요청이 있을 경우 신속하게 전송합니다.

## 2 암호화

23.5, 23.4, 23.2, 22.1, 21.4, 21.2, 21.1, 20.2, 20.1, 18.2, 16.3, 16.1, 15.2, 13.2, 12.3, 11.3, 10.2, 10.1, 2급 19.2, 07.2, …

1207003

암호화(Encryption)는 데이터를 보낼 때 송신자가 지정한 수신자 이외에는 그 내용을 알 수 없도록 평문을 암호문으로 변환하는 것이다. 다음은 암호화 기법에 대한 설명이다.

**전문가의 조언**

**중요해요!** 방화벽의 특징을 묻는 문제는 자주 출제되고 있습니다. 방화벽에서 꼭 잊지 말아야 할것은 외부 네트워크와 내부 네트워크(또는 시스템) 사이에 위치한다는 것! 그리고 외부의 침입으로부터 내부의 정보 자산을 보호한다는 것입니다.

**방화벽의 개념**

방화벽은 '명백히 허용되지 않은 것은 금지한다'라는 적극적 방어 개념을 갖고 있습니다.

**네트워크 통로 단일화**

방화벽은 IP 주소 및 포트 번호를 이용하거나 사용자 인증을 기반으로 접속을 차단하여 네트워크의 통로를 단일화합니다.

**전문가의 조언**

단순히 프록시 서버의 기능 두 가지를 묻는 문제가 출제되었습니다. 프록시 서버의 기능하면 방화벽 기능과 캐시 기능이란 것을 기억해 두세요.

**전문가의 조언**

**중요해요!** 암호화에 대한 문제가 자주 출제되고 있습니다. 암호화의 개념과 종류에 대한 전반적인 이해가 필요합니다. 암호화/복호화의 뜻과 비밀키/공개키 암호화 기법을 구할 수 있도록 확실히 알아두세요.

| | |
|---|---|
| 23.4, 23.2, 22.1, 21.4, 21.2, …<br>**비밀키 암호화 기법** | 비밀키 암호화 기법은 동일한 키로 데이터를 암호화하고 복호화한다.<br>• 복호화 키를 아는 사람은 누구든지 암호문을 복호화할 수 있으므로 복호화 키의 비밀성을 유지하는 것이 중요하다.<br>• 비밀키 암호화 기법은 대칭 암호화 기법 또는 단일키 암호화 기법이라고도 하며, 대표적으로 DES(Data Encryption Standard)가 있다.<br>• 장점 : 암호화/복호화 속도가 빠르며, 알고리즘이 단순하고 파일 크기가 작다.<br>• 단점 : 사용자의 증가에 따라 관리해야 할 키의 수가 상대적으로 많아진다. |
| 23.5, 21.1, 18.2, 16.3, 15.2, …<br>**공개키 암호화 기법** | 공개키 암호화 기법은 서로 다른 키로 데이터를 암호화하고 복호화한다.<br>• 데이터를 암호화할 때 사용하는 키(공개키, Public key)는 공개하고, 복호화할 때의 키(비밀키, Secret key)는 비밀로 한다.<br>• 공개키 암호화 기법은 비대칭 암호화 기법이라고도 하며, 대표적으로 RSA(Rivest Shamir Adleman)가 있다.<br>• 장점 : 키의 분배가 용이하고, 관리해야 할 키의 개수가 적다.<br>• 단점 : 암호화/복호화 속도가 느리며, 알고리즘이 복잡하고 파일 크기가 크다. |

07.4

**잠깐만요 DES / RSA**

**DES(Data Encryption Standard)**

- IBM 사의 제안을 바탕으로 제정한 데이터 암호화 표준 규격입니다.
- DES는 평문을 64비트의 암호문으로 만드는 비밀키 암호 기법으로 56 비트의 키가 사용됩니다.
- 송신자와 수신자만이 알고 있는 동일한 대칭키를 이용하여 메시지를 암호화하고 복호화합니다.

**RSA(Rivest Shamir Adleman)**

- 큰 숫자를 소인수분해 하기 어렵다는 것에 기반하여 만들어 졌습니다.
- 공개키와 비밀키를 사용하는 데, 여기서 키란 메시지를 열고 잠그는 상수(constant)를 의미합니다.

## 따라잡기 기출문제 따라잡기

문제1 3207751

24년 3회, 22년 7회, 2회, 21년 1회, 20년 2회, 18년 2회, 1회, 17년 2회, 16년 3회, 15년 1회, 07년 2회

**1. 다음 중 방화벽에 대한 설명으로 적절하지 않은 것은?**

① 보안이 필요한 네트워크의 통로를 단일화하여 관리한다.

② 방화벽 시스템은 내부와 외부로부터 불법적인 해킹을 완전히 차단할 수 있다.

③ 권한이 없는 사용자가 네트워크를 통해 컴퓨터에 액세스하는 것을 방지한다.

④ 역추적 기능으로 외부 침입자의 흔적을 찾을 수 있다.

방화벽 시스템은 내부로부터의 불법적인 해킹은 막지 못합니다.

21년 4회, 3회, 19년 2회, 16년 2회

**2. 다음 중 컴퓨터 통신에서 사용하는 프록시(Proxy) 서버의 기능으로 옳은 것은?**

① 네트워크 병목현상 해결 기능

② FTP 프로토콜 연결 해제 기능

③ 방화벽 기능과 캐시 기능

④ 내부 불법 해킹 차단 기능

프록시 서버의 두 가지 기능은 방화벽 기능과 캐시 기능입니다.

▶ **정답** : 1. ② 2. ③

문제6 1207051

24년 2회, 23년 3회, 21년 2회, 17년 1회

**3. 다음 중 컴퓨터 보안 기법의 하나인 방화벽에 관한 설명으로 옳지 않은 것은?**

① 전자 메일 바이러스나 온라인 피싱 등을 방지할 수 있다.
② 해킹 등에 의한 외부로의 정보 유출을 막기 위해 사용하는 보안 기법이다.
③ 외부 침입자의 역추적 기능이 있다.
④ 내부의 불법 해킹은 막지 못한다.

방화벽을 통해 전자 메일 바이러스나 온라인 피싱 등을 방지할 수는 없습니다.

23년 5회, 18년 2회, 16년 3회

**4. 다음 중 정보보안을 위해 사용하는 공개키 암호화 기법에 대한 설명으로 옳지 않은 것은?**

① 알고리즘이 복잡하며 암호화와 복호화 속도가 느리다.
② 키의 분배가 용이하고 관리해야 할 키의 수가 적다.
③ 비대칭 암호화 기법이라고도 하며 대표적으로 DES가 있다.
④ 데이터를 암호화할 때 사용하는 키를 공개하고 복호화할 때 키는 비밀로 한다.

공개키 암호화 기법은 비대칭 암호화 기법이라고도 하며, 대표적으로 RSA가 있습니다. DES는 비밀키 암호화 기법입니다.

24년 4회

**5. 다음 중 시스템 보안을 위해 사용하는 방화벽(Firewall)의 기능에 대한 설명으로 옳지 않은 것은?**

① 인증(Authentication) 및 데이터 암호화 기능 제공
② 모든 방식에 투명성 보장 및 규칙 검증 가능
③ 외부 네트워크 접근 제어
④ 로깅(Logging)과 감사 추적(Audit Trail) 기능

방화벽의 기능에는 인증(Authentication), 데이터 암호화, 접근 제어(Access Control), 로깅(Logging)과 감사 추적(Audit Trail) 등이 있습니다.

21년 1회, 15년 2회, 12년 3회, 10년 2회, 05년 3회

**6. 다음 중 인터넷 보안을 위한 해결책으로 사용되는 암호화 기법에 대한 설명으로 옳지 않은 것은?**

① 비밀키 암호화 기법은 동일한 키로 데이터를 암호화하고 복호화한다.
② 비밀키 암호화 기법은 대칭키 암호화 기법 또는 단일키 암호화 기법이라고도 하며, 대표적으로 DES(Data Encryption Standard)가 있다.
③ 공개키 암호화 기법은 비대칭 암호화 기법이라고도 하며, 대표적인 암호화 방식으로 RSA(Rivest, Shamir, Adleman)가 있다.
④ 공개키 암호화 기법에서는 암호화할 때 사용하는 키는 비밀로 하고, 복호화 할 때 사용하는 키는 공개하는 방식을 사용한다.

공개키 암호화 기법은 암호화할 때 사용하는 키는 공개하고, 복호화할 때 사용하는 키는 비밀로 합니다.

24년 5회, 22년 5회

**7. 다음 중 방화벽에 대한 설명으로 옳지 않은 것은?**

① 해킹 등에 의한 외부로의 정보 유출을 막기 위해 사용하는 보안 기법이다.
② 역추적 기능이 있어서 외부의 침입자를 역추적하여 흔적을 찾을 수 있다.
③ 사용자 컴퓨터에서 다른 컴퓨터로 악성 소프트웨어를 보내는 것을 방지할 수 있다.
④ 특정 프로그램에 대하여 연결 차단을 해제하기 위해 예외를 둘 수 있다.

방화벽은 컴퓨터 내부로부터의 불법적인 해킹은 막지 못하므로 다른 컴퓨터로 악성 소프트웨어를 보내는 것을 방지할 수 없습니다.

23년 2회, 20년 2회

**8. 다음 중 정보보안을 위한 비밀키 암호화 기법에 대한 설명으로 옳지 않은 것은?**

① 서로 다른 키로 데이터를 암호화하고 복호화 한다.
② 암호화와 복호화의 속도가 빠르다.
③ 알고리즘이 단순하고 파일의 크기가 작다.
④ 사용자의 증가에 따라 관리해야 할 키의 수가 상대적으로 많아진다.

비밀키 암호화 기법은 동일한 키로 데이터를 암호화하고 복호화하는 기법입니다. 서로 다른 키로 데이터를 암호화하고 복호화하는 기법은 공개키 암호화 기법입니다.

▶ **정답** : 3. ① 4. ③ 5. ② 6. ④ 7. ③ 8. ①

## 069 | 정보 사회

### ❶ 컴퓨터 범죄의 예방 및 대책 21.3, 12.1

- 해킹 방지를 위해 방화벽과 해킹방지 시스템을 설치하고, 보안 교육을 정기적으로 실시한다.
- 보호 패스워드를 시스템에 도입하고, 패스워드를 수시로 변경한다.
- 인터넷을 통해 다운로드한 프로그램은 백신으로 검사한 후 사용한다.
- 의심이 가는 메일이나 호기심을 자극하는 표현이 담긴 메일은 열어보지 않고 바로 삭제하거나 바이러스 검사를 수행한 후 열어본다.

## 070 | 저작권 보호

### ❶ 저작권법 23.4, 22.1, 21.3, 15.3, 10.3

- 저작자의 권리와 이에 인접하는 권리를 보호하는 것을 목적으로 한다.
- 프로그램을 작성하기 위하여 사용하고 있는 프로그램 언어, 규약 및 해법에는 적용하지 않는다.
- 원저작물을 번역, 편곡, 변형, 각색, 영상제작 그 밖의 방법으로 작성한 창작물(2차적 창작물)은 독자적인 저작물로서 보호된다.

### ❷ 저작 재산권의 제한 22.7, 16.1, 15.3, 13.3

- 영리를 목적으로 하지 않는 공연 · 방송인 경우
- 보도 · 비평 · 교육 · 연구 등에 공표된 저작물을 인용할 경우
- 재판 절차 등에 복제할 경우
- 시사 보도에 이용할 경우
- 도서관 등 대통령령으로 정한 시설에서 복제할 경우

## 071 | 바이러스

### ❶ 바이러스의 개요 24.1, 22.2, 21.1, 19.2, 18.1, 17.1

- 컴퓨터의 정상적인 작동을 방해하기 위해 운영체제나 저장된 데이터에 손상을 입히는 프로그램이다.
- 바이러스는 디스크의 부트 영역이나 프로그램 영역에 숨어 있다.
- 바이러스는 소프트웨어뿐만 아니라 하드웨어의 성능에도 영향을 미칠 수 있다.

### ❷ 바이러스 감염 증상 23.1, 21.4

- 시스템 파일이 손상되어 부팅(Booting)이 정상적으로 수행되지 않는다.
- 파일의 크기가 커지고, 프로그램의 속도가 느려진다.
- 디스크를 인식하지 못하거나, 디스크 볼륨명이 변경될 수도 있다.
- 특정 날짜가 되면 화면에 이상한 메시지가 표시된다.

### ❸ 연결형 바이러스 22.3, 17.2

프로그램을 직접 감염시키지 않고 디렉터리 영역에 저장된 프로그램의 시작 위치를 바이러스의 시작 위치로 변경하는 바이러스이다.

## 072 | 정보 보안 개요

### ❶ 정보 보안 요건 23.2, 22.6, 21.3, 21.2, 15.2

- **기밀성** : 시스템 내의 정보와 자원은 인가된 사용자에게만 접근이 허용됨
- **무결성** : 시스템 내의 정보는 인가된 사용자만 수정할 수 있음
- **가용성** : 인가받은 사용자는 언제라도 사용할 수 있음
- **인증** : 정보를 보내오는 사람의 신원을 확인함
- **부인 방지** : 데이터를 송 · 수신한 자가 송 · 수신 사실을 부인할 수 없도록 송 · 수신 증거를 제공함

**② 보안 위협의 유형** 24.2, 23.3, 23.1, 21.2, 19.상시, 11.1

- **가로막기** : 데이터의 정상적인 전달을 가로막아서 흐름을 방해하는 행위로, 가용성을 저해함
- **가로채기** : 송신된 데이터가 수신지까지 가는 도중에 몰래 보거나 도청하여 정보를 유출하는 행위로, 기밀성을 저해함
- **수정** : 전송된 데이터를 원래의 데이터가 아닌 다른 내용으로 바꾸는 행위로, 무결성을 저해함
- **위조** : 마치 다른 송신자로부터 데이터가 송신된 것처럼 꾸미는 행위로, 무결성을 저해함

**③ 보안 위협의 구체적인 형태** 24.5, 22.5, 22.4, 22.3, 21.4, 21.3, 20.상시, 20.1, 19.상시, …

- **분산 서비스 거부 공격(DDOS)** : 여러 대의 장비를 이용하여 대량의 데이터를 한 곳의 서버에 집중적으로 전송함으로써, 특정 서버의 정상적인 기능을 방해하는 공격
- **스푸핑(Spoofing)** : 검증된 사람이 네트워크를 통해 데이터를 보낸 것처럼 데이터를 변조하여 접속을 시도하는 침입 형태
- **피싱(Phishing)** : 거짓 메일을 발송하여 특정 금융기관 등의 가짜 웹 사이트로 유인한 후 관련 금융기관과 관련된 ID, 암호, 계좌번호 등의 정보를 빼내는 기법
- **키로거(Key Logger)** : 키보드상의 키 입력 캐치 프로그램을 이용하여 ID나 암호와 같은 개인 정보를 빼내어 악용하는 기법
- **크래킹(Cracking)** : 어떤 목적을 가지고 타인의 시스템에 불법으로 침입하여 정보를 파괴하거나 정보의 내용을 자신의 이익에 맞게 변경하는 행위

## 073 | 정보 보안 기법

**❶ 방화벽(Firewall)** 24.5, 24.4, 24.3, 24.2, 24.1, 23.3, 22.7, 22.5, 22.2, 21.2, 21.1, 20.상시, 20.2, …

- 보안이 필요한 네트워크의 통로를 단일화하여 관리함으로써 외부의 불법 침입으로부터 내부의 정보 자산을 보호하기 위한 시스템이다.
- 해킹 등에 의한 외부로의 정보 유출을 막기 위해 사용하는 보안 시스템이다.
- 방화벽은 역추적 기능이 있어서 외부의 침입자를 역추적하여 흔적을 찾을 수 있다.
- 방화벽 시스템을 이용하더라도 보안에 완벽한 것은 아니며, 특히 내부로부터의 불법적인 해킹은 막지 못한다.
- **방화벽의 기능** : 인증, 데이터 암호화, 접근 제어, 로깅과 감사 추적 등

**② 프록시 서버(Proxy Server)** 21.4, 21.3, 19.2, 16.2, 12.1

- PC 사용자와 인터넷 사이에서 중계자 역할을 하는 서버이다.
- **프록시 서버 기능** : 방화벽 기능, 캐시 기능

**③ 비밀키 암호화 기법** 23.4, 23.2, 22.1, 21.4, 21.2, 21.1, 20.2, 20.1, 16.1, 15.2, 13.2, 11.3, 10.1

- 동일한 키로 데이터를 암호화하고 복호화한다.
- 복호화 키를 아는 사람은 누구든지 암호문을 복호화할 수 있으므로 복호화 키의 비밀성을 유지하는 것이 중요하다.
- 대칭 암호화 기법이라고도 하며, 대표적으로 DES가 있다.
- **장점** : 암호화/복호화 속도가 빠르며, 알고리즘이 단순하고 파일 크기가 작음
- **단점** : 사용자의 증가에 따라 관리해야 할 키의 수가 상대적으로 많아짐

**④ 공개키 암호화 기법** 23.5, 21.1, 18.2, 16.3, 15.2, 13.2, 12.3, 10.2

- 서로 다른 키로 데이터를 암호화하고 복호화한다.
- 데이터를 암호화할 때 사용하는 키는 공개하고, 복호화할 때의 키는 비밀로 한다.
- 비대칭 암호화 기법이라고도 하며, 대표적으로 RSA가 있다.
- **장점** : 키의 분배가 용이하고, 관리해야 할 키의 개수가 적음
- **단점** : 암호화/복호화 속도가 느리며, 알고리즘이 복잡하고 파일 크기가 큼

# 2 과목

# 스프레드시트 일반

## 전문가가 분석한 2과목 출제 경향

2과목 스프레드시트 일반의 출제 범위에는 실기 시험과 관련된 내용이 모두 포함되어 있습니다. 컴퓨터를 켜 놓고 이 책의 구성 요소인 '전문가의 조언'의 경향과 대책에 맞추어 엑셀 2021의 매뉴얼을 학습하는 마음으로 준비한다면 오히려 쉽게 공부할 수 있습니다. 이 책의 구성 요소인 '준비하세요'에 실습 파일명을 적어놓았으니 시나공 홈페이지에서 다운받아 실습하면 편리합니다. 1, 2, 7장의 비중이 높아 보이지만 공부할 양으로 보면 비슷하니 특정 부분에 치중하지 말고 공부하세요. 그리고 최근 들어 7장의 문제가 눈에 띄게 늘고 있는 추세인데, 프로그래밍 부분이라 많이 어려워합니다. 어려움을 느끼시는 분은 최근 84문제 중 55 문제가 출제된 116, 123, 124 세 개의 섹션만 집중해서 공부하세요.

IT 자격증 전문가 강윤석

## 미리 따라해 본 베타테스터의 한 마디

엑셀을 단순히 가계부나 회계장부 등을 만드는 프로그램이라고 여겼는데, 이 책으로 공부하면서 메모 입력, 그래픽 개체 삽입, 차트, 데이터베이스 등 엑셀의 다양한 기능에 대해 흥미를 갖게 되었습니다. 이 과목에서는 중요한 개념마다 예제와 따라하기가 나오기 때문에 실습을 병행하면서 공부하면 훨씬 이해하기 쉽습니다. 한 가지 요령을 말씀드리면 매 단원마다 낯선 용어가 나와 언뜻 이해하기 어려울 때에는 '따라하기'를 먼저 해보세요. 그러면 내용이 저절로 이해가 됩니다.

베타테스터 정예림(21살, 대학생)

# 1 장

# 입력 및 편집

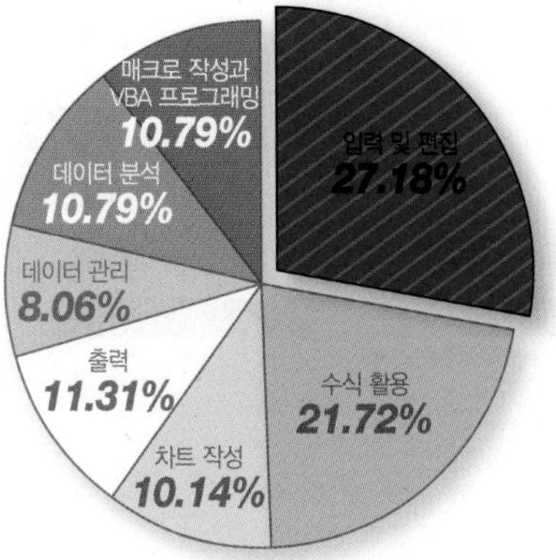




이 장에서 꼭 알아야 할 키워드 Best 10

**1.** 사용자 지정 서식 **2.** 조건부 서식 **3.** 채우기 핸들 **4.** 문자 데이터 **5.** 통합 문서 공유 **6.** 찾기 **7.** 셀 포인터의 이동 **8.** Excel 옵션 **9.** 시트 보호 **10.** 워크시트 편집

SECTION
# 074 워크시트 기본 지식

A 등급

## 1 엑셀의 시작과 종료

12.2

4307401

### 시작

- **방법 1** : [ (시작)] → [Excel] 선택
- **방법 2** : 바탕 화면에 있는 엑셀 바로 가기( ) 더블클릭

### 종료

- **방법 1** : 제목 표시줄의 오른쪽에 있는 닫기 단추( ) 클릭
- **방법 2** : Alt + F → X 누름
- **방법 3** : Alt + F4* 누름

전문가의 조언

프로그램의 종료 방법을 묻는 문제가 출제되었습니다. 프로그램의 시작 방법과 종료 방법을 기억해 두세요.

- 해당 문서 닫기 : Ctrl + F4
- 프로그램 종료 : Alt + F4

## 2 엑셀의 화면 구성

24.5, 22.6, 22.2, 22.1, 21.3, 21.2, 20.2, 20.1, 19.2, 18.2, 15.3, 15.1, 14.3, 14.1, 2급 18.1, 16.3, 14.3, 10.2, 07.4, 04.3

4307402

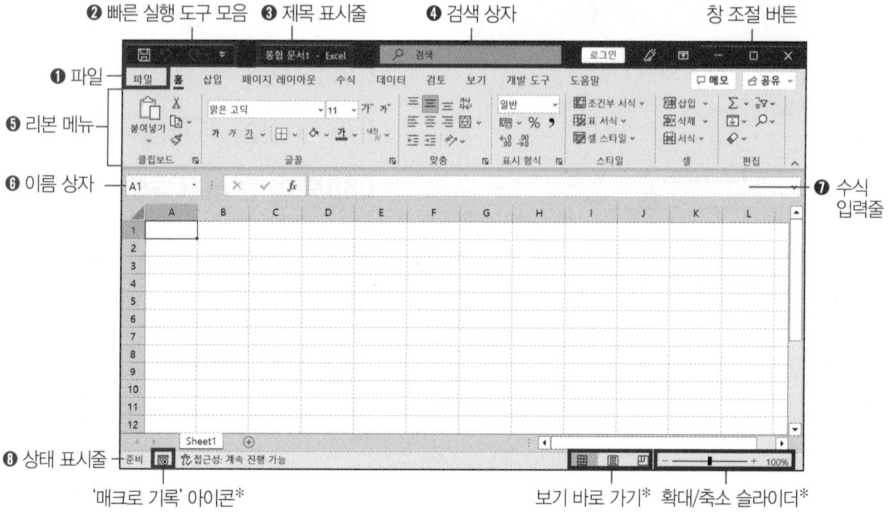


| | |
|---|---|
| ❶ **파일** | 새로 만들기, 열기, 저장, 다른 이름으로 저장, 인쇄, 옵션 등의 메뉴가 표시된다. |
| 15.1, 12.2, 2급 14.3<br>❷ **빠른 실행 도구 모음** | • 자주 사용하는 도구들을 모아두는 곳으로, 필요한 도구들을 간단하게 추가하거나 제거할 수 있다.<br>• 빠른 실행 도구 모음에 명령을 추가하면 일련 번호로된 바로 가기 키가 부여된다. |
| 2급 16.3<br>❸ **제목 표시줄** | 현재 사용하고 있는 프로그램 이름, 파일 이름, 검색, 창 조절 버튼이 표시된다. |
| ❹ **검색 상자** | 워크시트의 내용, 작업 명령, 파일, 도움말 등을 검색할 수 있다. |

전문가의 조언

- 리본 메뉴, 상태 표시줄, 이름 상자 등의 특징에 대한 문제가 출제되었습니다. 엑셀 화면 구성 요소들의 특징을 정리하세요.
- 컴퓨터활용능력 시험은 2021년부터 상시 시험으로만 시행되고 있고, 기출문제는 공개되지 않습니다. 본문에 표기된 "24.5"는 복원된 상시 시험 문제의 연도별 일련번호입니다.

**매크로 기록 / 보기 바로 가기 / 확대/축소 슬라이더**

상태 표시줄의 바로 가기 메뉴를 이용하여 표시 여부를 지정할 수 있습니다.

| | |
|---|---|
| 19.2, 15.1, 14.3, 14.1, 2급 18.1, …<br>**❺ 리본 메뉴** | • 엑셀에서 제공하는 다양한 기능들을 용도에 맞게 사용할 수 있도록 탭으로 분류하여 배치한 메뉴다.<br>• 리본 메뉴는 탭, 그룹, 명령으로 구성되어 있다.*<br>– 탭 종류 : 홈, 삽입, 페이지 레이아웃, 수식, 데이터, 검토, 보기, 개발 도구*, 도움말<br>• Alt 나 F10 을 누르면 리본 메뉴에 바로 가기 키가 표시된다.<br>• 리본 메뉴를 감추거나 표시하는 방법<br>– 방법 1 : 리본 메뉴를 마우스 오른쪽 버튼으로 클릭하면 표시되는 바로 가기 메뉴에서 [리본 메뉴 축소] 선택<br>– 방법 2 : Ctrl + F1 을 누름<br>– 방법 3 : 활성 탭의 이름을 더블클릭함<br>– 방법 4 : '리본 메뉴 축소( )' 클릭 |
| 21.3, 21.2, 20.1, 14.2, 2급 16.3<br>**❻ 이름 상자** | • 현재 작업 중인 셀의 이름이나 주소를 표시하는 부분이다.<br>• 차트 항목이나 그리기 개체를 선택하면 개체의 이름이 표시된다.<br>• Ctrl 을 누른 채 떨어져 있는 여러 개의 셀을 선택한 경우 마지막으로 선택한 셀의 주소가 표시된다.<br>• 셀에 수식을 입력 중인 경우 최근 사용한 함수 목록이 표시된다.* |
| 2급 08.2, 04.3<br>**❼ 수식 입력줄** | 현재 작업하는 셀의 수식을 그대로 표시하는 부분으로, 수식 입력 상자를 이용하여 셀에 내용을 입력하거나 수정할 수 있다. |
| 24.5, 22.6, 22.2, 22.1, 20.2, 20.1, …<br>**❽ 상태 표시줄** | • 현재의 작업 상태나 선택한 명령에 대한 기본적인 정보가 표시되는 곳이다.<br>• 상태 표시줄에는 [상태 표시줄 사용자 지정], '매크로 기록( )' 아이콘, '보기 바로 가기( )' 아이콘, '확대/축소 슬라이더( 100%)' 등이 있다.<br>• **[상태 표시줄 사용자 지정]*** : 평균, 개수(데이터가 입력된 셀), 숫자 셀 수, 최소값, 최대값, 합계를 선택하여 자동 계산할 수 있다.<br>• **'매크로 기록( )' 아이콘** : 매크로를 기록할 수 있는 아이콘으로, 기본적으로 '매크로 기록( )' 아이콘으로 표시되지만, 매크로 기록 중에는 '기록 중지( )' 아이콘으로 변경된다.<br>• **'보기 바로 가기( )' 아이콘** : 워크시트의 보기 상태를 변경할 수 있는 아이콘이다.<br>– ( ) : 기본<br>– ( ) : 페이지 레이아웃<br>– ( ) : 페이지 나누기 미리 보기<br>• **확대/축소 슬라이더( 100%)** : 화면을 10%~400%로 확대/축소할 수 있는 컨트롤이다. |

## 3 워크시트의 구성

14.2, 04.4, 2급 15.3, 15.2, 14.1, 13.1, 07.4, 05.1, 04.1

1207103

• 워크시트*는 데이터 작업이 이루어지는 기본 문서로, 행과 열이 교차되면서 만들어지는 셀로 구성되어 있다.

• 하나의 워크시트는 가로 16,384개, 세로 1,048,576개의 셀로 구성되어 있다.

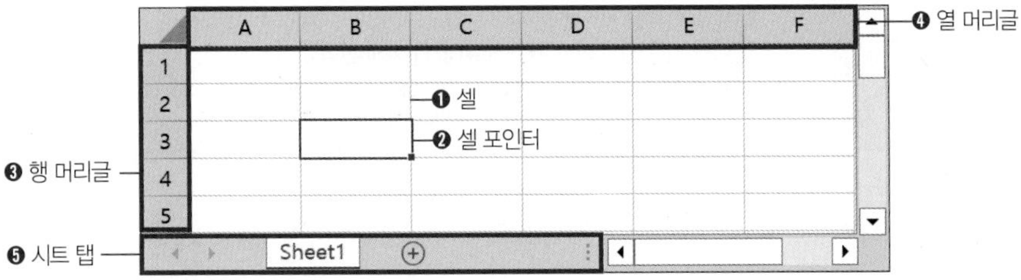


**리본 메뉴**

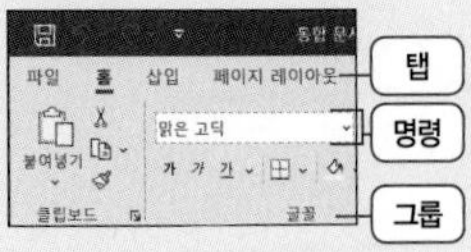


**궁금해요 시나공 Q&A 베스트**

**Q 개발 도구가 없어요!**

A [개발 도구] 탭은 기본적으로 화면에 표시되어 있지 않습니다. 화면에 표시하려면 [파일] → [옵션] → [리본 사용자 지정] 탭에서 '개발 도구' 탭의 체크 표시를 선택한 후 〈확인〉을 클릭하세요.

**최근 사용한 함수 목록**

이름 상자에 표시되는 최근 사용한 함수 목록은 함수 마법사를 이용한 함수들만 표시됩니다.

**상태 표시줄의 바로 가기 메뉴**

**기본 워크시트의 수**

새로운 통합 문서를 열었을 때 기본적으로 생성되는 워크시트의 수는 1개이며, [파일] → [옵션]을 클릭한 후 'Excel 옵션' 대화상자의 '일반' 탭에서 기본 워크시트의 수를 변경할 수 있습니다.

| | |
|---|---|
| ❶ 셀(Cell) | 셀은 행과 열이 교차되면서 만들어지는 사각형으로, 데이터가 입력되는 기본 단위이다. |
| ❷ 셀 포인터 (Cell Pointer) | 작업이 이루어지는 셀을 나타내며, 현재 셀 포인터가 위치한 셀을 활성 셀(Active Cell)이라고 한다. |
| ❸ 행 머리글 | 행의 맨 왼쪽에 숫자로 표시되어 있는 부분으로, 1~1,048,576개의 행으로 구성되어 있다. |
| ❹ 열 머리글 | 열의 맨 위쪽에 알파벳으로 표시되어 있는 부분으로, A~XFD 총 16,384개의 열로 구성되어 있다. |
| 14.2, 2급 15.2<br>❺ 시트 탭 | • 통합 문서에 포함되어 있는 시트의 이름을 표시하는 부분으로, 시트 탭을 클릭하여 작업할 시트를 선택한다.<br>• 시트 탭을 이용하여 시트의 이름 변경, 복사, 이동, 삽입, 삭제 등의 작업을 한다.<br>• 시트 탭 이동 단추(◀ ▶) : 작업중인 워크시트가 많을 경우 워크시트 선택을 도와주는 단추다. 현재 선택된 워크시트를 다른 워크시트로 변경하기 위한 단추가 아니다. |

궁금해요 시나공 Q&A 베스트

**Q 시트 탭이 없어졌어요!**

A [파일] → [옵션]을 클릭한 후 'Excel 옵션' 대화상자의 '고급' 탭을 이용하여 시트 탭, 행/열 머리글, 수식 등의 화면 표시 여부를 지정할 수 있습니다.

24.1, 23.2, 21.3, 19.상시, 19.1, 18.2, 17.2, 16.3, 16.3, 16.1, 15.2, 14.3, 14.1, 10.1, 2급 24.3, 23.3, 22.4, 21.4, 21.3, 21.2, 20.2

## 4 워크시트 편집

1207104

| | |
|---|---|
| 19.상시, 19.1, 17.2, 16.3, 16.3, 15.2, …<br>워크시트 선택 | • 연속적인 여러 개의 시트 선택 : 첫 번째 시트를 선택하고 Shift를 누른 채 마지막 시트를 선택한다.<br>• 비연속적인 여러 개의 시트 선택 : 첫 번째 시트를 선택하고 Ctrl을 누른 채 원하는 시트를 차례대로 클릭한다.<br>• 여러 개의 시트를 선택하면 제목 표시줄에 '그룹'*이라고 표시된다.<br>• 여러 개의 시트를 선택하고 데이터를 입력하거나 서식을 지정하면 선택한 모든 시트에 동일하게 반영된다.<br>• 그룹 상태에서는 도형, 차트 등의 그래픽 개체를 삽입하거나 정렬, 필터 등의 데이터 관리 작업을 수행할 수 없다. |
| 24.1, 21.3, 18.2, 16.1, 14.3<br>워크시트 이름 변경 | • 바꿀 시트 이름을 더블클릭한 후 원하는 이름을 입력하고 Enter를 누른다.<br>• 시트 이름은 공백을 포함하여 최대 31자까지 지정할 수 있으나 * / : ? [ ] 등의 문자는 사용할 수 없다.<br>• 하나의 통합 문서 안에서는 동일한 시트 이름을 사용할 수 없다. |
| 19.1, 2급 24.3, 23.3, 22.4, 21.3, …<br>워크시트 삽입 | • 하나의 통합 문서에는 기본적으로 1개의 워크시트가 포함되어 있으나 메모리 한도까지 워크시트를 추가할 수 있다.<br>• 삽입된 워크시트는 활성 시트의 왼쪽에 삽입된다.*<br>• 워크시트 삽입 바로 가기 키 : Shift+F11 |
| 워크시트 이동 | 이동할 시트를 선택한 후 원하는 위치까지 드래그한다. |
| 23.2, 17.2, 14.1, 10.1<br>워크시트 복사 | • 복사할 시트를 선택한 후 원하는 위치까지 Ctrl을 누른 채 드래그한다.<br>• 시트를 복사할 때마다 시트 이름은 원래의 시트 이름 뒤에 ( )가 삽입되면서 (2), (3), … 등으로 일련번호가 붙는다.<br>예 Sheet1 (2), Sheet1 (3) |
| 17.2, 14.1, 2급 23.3, 22.4, 21.4, …<br>워크시트 삭제 | 방법1 삭제할 시트를 선택하고, [홈] → [셀] → [삭제] → [시트 삭제] 선택<br>방법2 시트 탭의 바로 가기 메뉴에서 [삭제] 선택<br>• 삭제된 시트는 되살릴 수 없으므로 신중하게 실행해야 한다.<br>• 여러 개의 시트를 선택하여 한꺼번에 삭제할 수 있다. |

전문가의 조언

여러 개의 워크시트를 선택하는 방법과 시트 이름 변경, 시트 복사/삽입/삭제 방법 등이 출제되고 있습니다. 실습을 통해 숙지해 두세요.

**그룹 해제 방법**

여러 개의 시트가 선택된 그룹 상태를 해제하려면 시트 탭의 바로 가기 메뉴에서 [시트 그룹 해제]를 선택하거나 그룹이 아닌 임의의 시트를 클릭하면 됩니다.

**새 시트(⊕) 아이콘**

시트 탭의 오른쪽 끝에 있는 '새 시트(⊕)' 아이콘을 클릭한 경우에는 활성 시트의 오른쪽에 시트가 삽입됩니다.

## 따라잡기 기출문제 따라잡기

문제1 4307451 문제5 4307455

21년 3회, 2회, 20년 1회

**1. 다음 중 이름 상자에 대한 설명으로 옳지 않은 것은?**

① Ctrl을 누르고 여러 개의 셀을 선택한 경우 마지막 선택한 셀 주소가 표시된다.

② 셀이나 셀 범위에 이름을 정의해 놓은 경우 이름이 표시된다.

③ 차트가 선택되어 있는 경우 차트의 종류가 표시된다.

④ 수식을 작성 중인 경우 최근 사용한 함수 목록이 표시된다.

차트를 선택하면 이름 상자에 차트 이름이 표시됩니다.

23년 2회

**2. 현재 작업 중인 다음과 같은 통합 문서에서 화면 하단의 시트 탭에 표시된 Sheet2를 Ctrl을 누른 상태로 Sheet1 앞으로 드래그했을 경우 시트 탭의 맨 처음에 표시되는 워크시트의 이름으로 옳은 것은?**

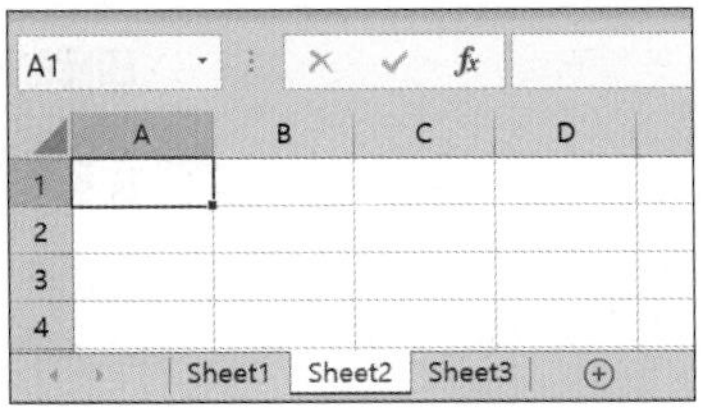


① Sheet2 ② Sheet4

③ Sheet2 (2) ④ Sheet1 (2)

워크시트에서 시트를 복사하면 복사된 시트의 이름은 원래의 이름 뒤에 (2), (3), … 등으로 일련번호가 붙습니다.

20년 2회

**3. 다음 중 엑셀의 상태 표시줄에 대한 설명으로 옳지 않은 것은?**

① 상태 표시줄에서 워크시트의 보기 상태를 기본 보기, 페이지 레이아웃 보기, 페이지 나누기 미리 보기 중 선택하여 변경할 수 있다.

② 상태 표시줄에는 확대/축소 슬라이더가 기본적으로 표시된다.

③ 상태 표시줄의 바로 가기 메뉴를 이용하여 셀의 특정 범위에 대한 이름을 정의할 수 있다.

④ 상태 표시줄은 현재의 작업 상태에 대한 기본적인 정보가 표시되는 곳이다.

상태 표시줄의 바로 가기 메뉴를 이용하여 선택한 범위에 대한 합계, 평균 등은 표시할 수 있지만 이름은 정의할 수 없습니다. 이름은 이름 상자에서 정의할 수 있습니다.

24년 5회, 22년 6회, 2회, 1회, 21년 4회, 20년 1회, 15년 3회

**4. 다음 중 셀 영역을 선택한 후 상태 표시줄의 바로 가기 메뉴인 [상태 표시줄 사용자 지정]에서 선택할 수 있는 자동 계산에 해당되지 않는 것은?**

① 선택한 영역 중 숫자 데이터가 입력된 셀의 수

② 선택한 영역 중 문자 데이터가 입력된 셀의 수

③ 선택한 영역 중 데이터가 입력된 셀의 수

④ 선택한 영역의 합계, 평균, 최소값, 최대값

[상태 표시줄 사용자 지정]을 이용하여 데이터가 입력된 셀의 수나 숫자가 입력된 셀의 수는 계산할 수 있지만 문자 데이터가 입력된 셀의 수는 계산할 수 없습니다.

21년 4회, 15년 2회

**5. 다음 중 여러 워크시트를 선택하여 그룹으로 설정한 경우에 대한 설명으로 옳지 않은 것은?**

① 엑셀 창의 맨 위 제목 표시줄에 '그룹'이라고 표시된다.

② 그룹으로 설정된 임의의 시트에서 데이터를 입력하면 그룹으로 설정된 모든 시트에 반영된다.

③ 그룹으로 설정된 임의의 시트에서 셀 서식을 지정하면 그룹으로 설정된 모든 시트에 반영된다.

④ 그룹을 해제하려면 Esc를 누른다.

여러 개의 시트가 선택된 그룹 상태를 해제하려면 시트 탭의 바로 가기 메뉴에서 [시트 그룹 해제]를 선택하거나 그룹이 아닌 임의의 시트를 클릭하면 됩니다.

24년 5회, 21년 4회, 3회, 16년 1회

**6. 다음 중 워크시트 이름으로 적절하지 않은 것은?**

① _매출실적 ② 매출실적?

③ #매출실적 ④ 매출실적&

시트 이름에 * / : ? [ ] 등의 문자는 사용할 수 없습니다.

▶ **정답** : 1. ③ 2. ③ 3. ③ 4. ② 5. ④ 6. ②

SECTION 075

# 데이터 입력

A 등급

## 1 데이터 입력의 기초

24.3, 22.3, 21.3, 19.2, 18.상시, 18.2, 17.1, 16.3, 16.2, 15.1, 13.3, 13.2, 13.1, 05.4, 03.1, 2급 24.4, 23.4, 23.1, 22.4, …

1207201

- 데이터를 입력할 셀로 셀 포인터를 이동한 다음 데이터를 입력하고 Enter를 누른다.*
- 셀에 데이터를 입력하면 수식 입력줄에도 입력한 내용이 표시된다.
- 한 셀 안에서 줄을 바꿔 계속 입력하려면 Alt + Enter를 누른다.
- 여러 셀에 동일한 내용을 입력하려면 해당 셀들을 범위로 지정한 후 데이터를 입력하고 Ctrl + Enter를 누른다.
- 범위를 지정하고 Enter를 누르면 지정한 범위 안에서만 셀 포인터가 이동한다.
- 셀을 선택하고 Alt + ↓를 누르면 같은 열에 입력된 문자열 목록이 표시된다.

**전문가의 조언**

데이터 입력 방법을 묻는 문제는 자주 출제됩니다. Alt + Enter와 Ctrl + Enter의 기능을 중심으로 확실히 정리해 두세요.

**데이터 입력을 완료하는 방법**
- 방법 1 : Enter 누름
- 방법 2 : 방향키(→, ←, ↑, ↓) 누름
- 방법 3 : 마우스로 다른 셀 클릭
- 방법 4 : 수식 입력줄의 입력(✓) 버튼 클릭

21.1, 13.3, 10.2, 03.3

### 잠깐만요 셀 내용 자동 완성

1207231

- 셀에 입력한 처음 몇 자가 같은 열에 있는 기존 항목과 동일하면 자동으로 나머지 문자가 채워집니다. 이것은 텍스트나 텍스트와 숫자가 결합된 항목에만 적용되며, 숫자, 날짜, 시간만으로 된 항목에는 적용되지 않습니다.
- 자동 완성 기능을 사용하려면 [파일] → [옵션]을 클릭한 후 'Excel 옵션' 대화상자의 '고급' 탭에서 '편집 옵션'의 '셀 내용을 자동 완성' 항목을 선택해야 합니다.

## 2 문자 데이터

24.3, 23.5, 22.5, 21.4, 18.2, 09.3, 2급 23.5, 20.상시, 20.2, 10.3, 10.1, 09.4, 09.1, 08.3, 07.1, 05.4, 04.2, 04.1, 03.3, …

1707202

- 문자 데이터는 한글, 영문, 특수문자, 문자와 숫자가 혼합된 데이터이다.
- 기본적으로 셀의 왼쪽에 정렬된다.
- 숫자 데이터 앞에 문자 접두어( ' )를 입력하면 문자 데이터로 인식된다.
- **입력 데이터가 셀의 너비보다 긴 경우** : 오른쪽 셀이 비어 있으면 연속해서 표시하고 오른쪽 셀에 데이터가 있으면 셀의 너비만큼만 표시한다.

**전문가의 조언**

문자 데이터로 인식되는 경우를 확실히 파악하세요. 영문이 들어간다고 모두 문자 데이터가 아닙니다. '5.5E+5'의 경우 수치 데이터를 지수 형태로 표시한 것입니다.

## 3 수치 데이터

24.4, 24.3, 22.3, 02.3, 2급 23.5, 23.4, 20.2, 13.2, 12.2, 08.4, 07.3, 05.3, 05.2, 05.1, 04.2, 03.4, 02.2, 99.2

1207203

- 0~9까지의 숫자, +, −, 소수점(.), 쉼표(,), 통화(₩, $) 기호, 백분율(%) 기호, 지수(e) 기호 등을 사용하여 입력한 데이터이다.
- 기본적으로 셀의 오른쪽에 정렬된다.
- 수치 데이터 중간에 공백이나 특수문자 등을 입력하면 문자 데이터로 인식한다.
- 음수는 숫자 앞에 '−' 기호를 붙이거나 괄호( )로 묶는다.

**전문가의 조언**

수치 데이터를 입력하였을 때 지수 형식이나 '#'으로 표시되는 이유와 분수 입력 방법을 알아두세요.

- 분수는 0을 입력하고, 한 칸 띄운 다음에 입력한다. 예 0 1/2*
- 셀의 너비보다 긴 경우 지수 형식으로 표시된다.
- 표시 형식을 지정한 수치 데이터나 지수 형식의 데이터가 셀의 너비보다 긴 경우 셀의 너비만큼 '#'이 표시되지만 셀의 너비를 넓히면 정상적으로 표시된다.

**분수 입력**

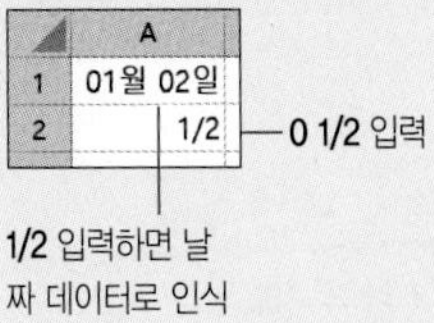


궁금해요 **시나공 Q&A 베스트**

**Q 표시 형식을 지정한 수치 데이터나 지수 형식의 데이터는 셀의 너비보다 긴 경우 셀의 너비만큼 '#' 표시를 한다고 했는데, 저는 입력한 그대로 표시돼요?**

A '458,554'가 입력된 셀의 열 너비를 숫자의 길이보다 좁게 줄이면 셀 너비만큼 '#'이 표시됩니다.

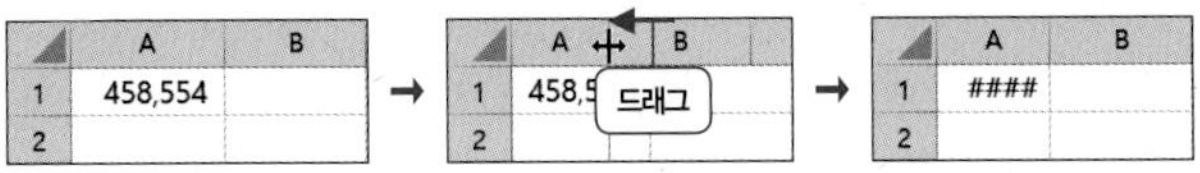


## 4 날짜/시간 데이터

24.4, 22.3, 21.4, 21.1, 20.2, 19.2, 17.1, 14.1, 12.2, 10.3, 10.2, 06.1, 05.4, 02.3, 2급 24.4, 24.2, 23.4, 22.4, 22.3, …

3207904

- 날짜와 시간을 한 셀에 입력할 경우 날짜와 시간을 공백으로 구분한다.
- 날짜와 시간을 수식에서 인수로 사용하려면 큰따옴표(" ")로 묶어준다.
- **날짜 데이터**
  - 하이픈(-)이나 슬래시(/)를 이용하여 연, 월, 일을 구분한다.
  - 날짜는 일련번호*로 저장되고, 시간은 하루에 대한 비율로 계산되어 소수*로 저장된다.
  - 날짜 데이터는 1900-01-01을 일련번호 1로 시작한다.
  - 날짜의 연도를 입력할 때 00~29 사이의 숫자를 입력하면 2000~2029년, 30~99 사이의 숫자를 입력하면 1930~1999년 사이의 연도가 된다.
  - 날짜의 월, 일만 입력하면 자동으로 올해의 연도가 추가된다.
  - 오늘 날짜 입력 : Ctrl + ;
- **시간 데이터**
  - 콜론(:)을 이용하여 시, 분, 초를 구분한다.
  - 시간은 기본적으로 24시간제로 표시되며, 12시간제로 표시할 때는 시간 뒤에 한 칸 띄우고 AM이나 PM을 입력한다.
  - 시간 데이터는 밤 12시(자정)를 0.0으로 시작하여 6시는 0.25, 12시(정오)는 0.5로 저장된다.
  - 현재 시간 입력 : Ctrl + Shift + ;

**전문가의 조언**

날짜/시간 데이터를 입력하는 방법에 대한 문제가 출제되었습니다. 날짜와 시간을 입력하는 바로 가기 키를 암기하고, 나머지는 어렵지 않으니 이해하고 넘어가세요.

**일련번호**

날짜 형식으로 데이터를 입력하면 실제로는 일련번호로 저장됩니다.

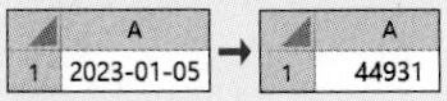


**소수**

시간 형식으로 데이터를 입력하면 실제로는 소수로 저장됩니다.

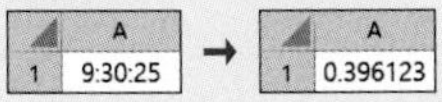

## 5 수식 데이터

24.4, 24.3, 21.4, 17.1, 07.3

1207205

- 시트에 입력된 데이터를 계산하기 위한 계산식으로, 숫자, 연산자, 함수 등으로 구성된다.
- 등호(=)나 '+', '-' 기호*로 시작한다.
- 셀에는 수식의 결과값, 수식 입력줄에는 입력한 수식이 표시된다.
- 수식을 입력할 셀의 왼쪽이나 오른쪽 열에 데이터가 모두 채워져 있을때는, 수식이 들어 있는 셀의 채우기 핸들을 더블클릭하면 왼쪽이나 오른쪽 열의 셀 수만큼 수식이 자동 채워진다.
- **셀에 전체 수식 표시 방법**
  - 방법 1 : Ctrl + ~* 누름
  - 방법 2 : [수식] → [수식 분석] → [수식 표시] 클릭

**'+'나 '-' 기호**
+나 - 기호를 붙여 수식 데이터를 입력한 후 Enter를 누르면 '+'나'-' 기호 앞에 등호(=)가 추가되어 표시됩니다.

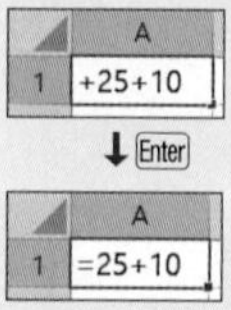


(Ctrl + ~를 누른 화면)

**Ctrl + ~**
~는 숫자 1 왼쪽에 있는 키입니다. - 와 혼동하지 마세요. Ctrl + -는 셀을 삭제하는 바로 가기 키입니다.

## 6 한자

14.2, 13.1, 08.1, 07.4, 07.3, 05.1, 2급 23.5, 22.2

1207206

- 한자로 변환할 한글을 입력한 후 한자를 눌러 해당 셀 바로 아래에 표시되는 한자 목록에서 원하는 한자를 선택하여 입력한다.
- 두 글자 이상의 단어를 한자로 변환할 때는 단어를 입력하고, 커서를 단어 앞이나 뒤에 놓은 다음 한자를 눌러 나타나는 '한글/한자 변환' 대화상자를 이용하면 편리하다.

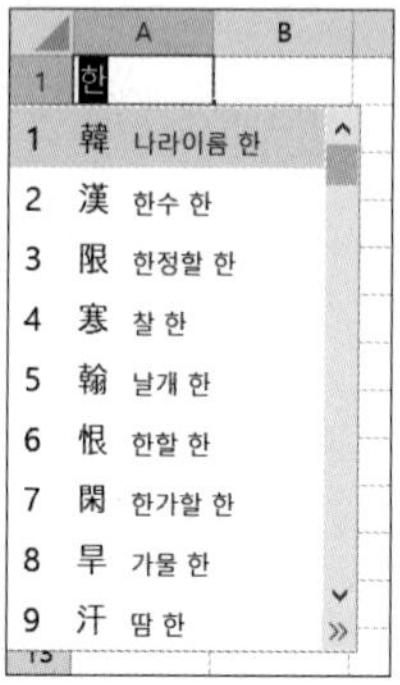


**한**을 입력한 후 한자를 누른다.

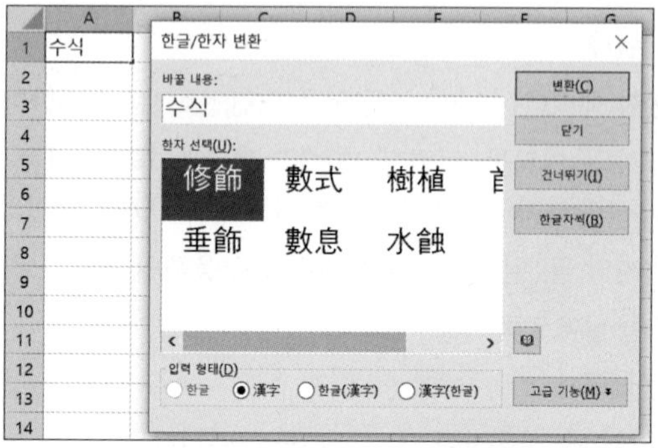


**수식**을 입력한 후 **수식** 앞이나 뒤에 커서를 놓고 한자를 누른다.

**전문가의 조언**
특수문자는 한글 자음을 입력한 후 한자를 누른다는 사실! 기억하세요.

## 7 특수문자

14.2, 08.1, 07.4, 07.3, 05.1, 2급 23.5, 22.2, 12.2, 07.3, 05.4, 05.1, 04.1, 03.4

1207207

- 한글 입력 상태에서 한글 자음(ㄱ, ㄴ, ㄷ, …)을 입력하고, 한자를 눌러 해당 셀 바로 아래에 표시되는 특수 문자 목록*에서 원하는 특수 문자를 선택하여 입력한다.
- 사용하는 한글 자음에 따라 표시되는 특수문자가 다르다.

**특수문자 목록 상자**
가장 많이 사용하는 특수문자 표로, ㅁ을 입력하고 한자를 누릅니다.

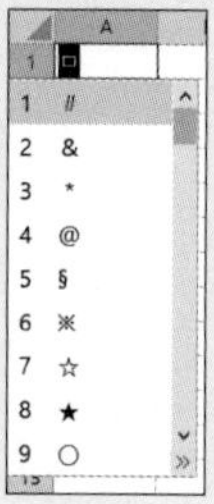

23.5, 22.6, 21.1, 20.상시, 18.상시, 16.3, 16.1, 14.3, 13.2, 13.1, 03.4, 2급 22.2, 21.1, 20.상시, 18.상시, 16.1, 15.3, 14.1, …

## 8 메모

4307508

메모는 셀에 입력된 데이터에 대한 보충 설명을 하는 곳으로, 스레드 메모와 노트가 있다.

### 스레드 메모

- 삽입된 스레드 메모에 대해 다른 사용자가 회신할 수 있다.
- 셀에 입력된 데이터를 지워도 스레드 메모는 삭제되지 않는다.
- 스레드 메모는 시트 끝에 모아서만 인쇄*할 수 있다.
- 셀에 입력된 데이터를 정렬하면 스레드 메모도 함께 이동되지만 피벗 테이블에 삽입된 스레드 메모는 이동되지 않는다.
- **스레드 메모 삽입 방법**
  - 방법 1 : [검토] → [메모]* → [새 메모] 클릭
  - 방법 2 : Ctrl + Shift + F2 누름
  - 방법 3 : 바로 가기 메뉴에서 [새 메모] 선택

### 노트

- 셀에 입력된 데이터를 지워도 노트는 삭제되지 않는다.
- 노트 인쇄 시 시트에 표시된 대로 인쇄하거나 시트 끝에 모아서 인쇄할 수 있다.
- 노트의 내용에 서식을 설정하거나 노트에 입력된 텍스트에 맞도록 크기를 조절할 수 있다.
- 노트의 위치를 자유롭게 이동하거나 항상 표시*되도록 지정할 수 있다.
- 셀에 입력된 데이터를 정렬하면 노트도 함께 이동되지만 피벗 테이블에 삽입된 노트는 이동되지 않는다.
- **노트 삽입 방법**
  - 방법 1 : [검토] → [메모] → [메모] → [새 노트] 선택
  - 방법 2 : Shift + F2 누름
  - 방법 3 : 바로 가기 메뉴에서 [새 노트] 선택

24.4, 24.1, 21.3, 20.상시, 19.1, 18.상시, 13.1, 10.2, 2급 11.2, 08.2, 04.2, 00.1

## 9 윗주

1207209

- 윗주는 셀에 입력된 데이터의 위쪽에 추가하는 주석문으로, 문자 데이터에만 삽입할 수 있다.
- 윗주가 삽입된 셀*의 데이터를 삭제하면 윗주도 함께 삭제된다.
- 셀에 수치 데이터, 날짜/시간 데이터가 입력되어 있거나 아무 것도 입력되어 있지 않으면 윗주를 삽입할 수 없다.
- 윗주 서식은 윗주 전체에 대해서만 적용하거나 변경할 수 있다.
- **윗주 표시/숨기기** : [홈] → [글꼴] → [윗주 필드 표시/숨기기(내천)] 클릭
- **윗주 삽입 및 내용 수정** : [홈] → [글꼴] → [윗주 필드 표시/숨기기(내천 ⌄)의 ⌄] → [윗주 편집] 선택

**전문가의 조언**

엑셀 2021에서 제공하는 '메모'는 '스레드 메모'와 '노트' 두 가지가 있습니다. '스레드 메모'는 새로 추가된 기능이고, '노트'는 엑셀 2021 이전 버전에서 '메모'로 제공하던 기능이 명칭만 변경된 것입니다. 두 종류의 차이점을 구분해서 알아두세요.

**메모 인쇄 방법**

메모의 인쇄 방법은 '페이지 설정' 대화상자의 '시트' 탭에서 지정할 수 있습니다. 자세한 내용은 156쪽을 참고하세요.

**[검토] → [메모]**

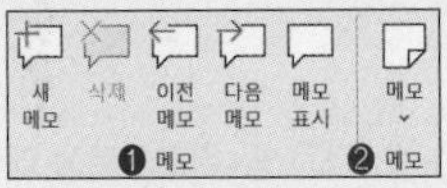


스레드 메모는 ❶을, 노트는 ❷를 이용하여 기능을 지정할 수 있습니다.

**노트를 항상 표시하는 방법**

- 방법 1 : [검토] → [메모] → [메모] → [모든 노트 표시] 또는 [메모 표시/숨기기] 선택
- 방법 2 : 바로 가기 메뉴에서 [메모 표시/숨기기] 선택

**윗주가 삽입된 셀**

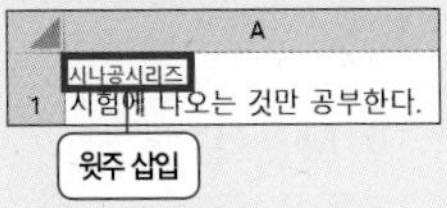

문제4 4307554 문제5 4307555

20년 2회, 14년 1회

**1. 다음 중 엑셀에서 날짜 데이터의 입력 방법에 대한 설명으로 옳지 않은 것은?**

① 날짜 데이터는 하이픈(-)이나 슬래시(/)를 이용하여 년, 월, 일을 구분한다.

② 날짜의 연도를 생략하고 월과 일만 입력하면 자동으로 현재 연도가 추가된다.

③ 날짜의 연도를 두 자리로 입력할 때 연도가 30 이상이면 1900년대로 인식하고, 29 이하이면 2000년대로 인식한다.

④ Ctrl + Shift + ; 을 누르면 오늘 날짜가 입력된다.

오늘 날짜를 입력하려면 Ctrl+;, 현재 시간을 입력하려면 Ctrl+Shift+;을 눌러야 합니다.

24년 3회, 23년 5회, 22년 5회, 21년 4회, 2회

**2. 다음 중 워크시트에 데이터를 입력하는 방법에 대한 설명으로 옳지 않은 것은?**

① 숫자 데이터를 입력하면 기본적으로 셀의 오른쪽에 정렬된다.

② '3과 같이 숫자 앞에 작은따옴표(')를 입력하면 기본적으로 셀의 오른쪽에 정렬된다.

③ 수식 또는 함수 식을 입력할 때는 = 기호를 붙여 입력한다.

④ Ctrl + Enter를 이용하여 여러 개의 셀에 동일한 데이터를 한번에 입력할 때, 범위는 연속적으로 지정하지 않아도 된다.

숫자 데이터를 입력하면 기본적으로 셀의 오른쪽에 정렬되지만 숫자 앞에 작은따옴표(')를 붙여 입력하면 문자 데이터로 인식하므로 셀의 왼쪽에 정렬됩니다.

22년 3회, 21년 3회, 19년 1회, 10년 2회

**3. 다음 중 아래 워크시트에서 [B1:B3] 영역의 문자열을 [B4] 셀에 목록으로 표시하여 입력하기 위한 키 조작으로 옳은 것은?**

| | A | B |
|---|---|---|
| 1 | A | 오름세 |
| 2 | B | 보합세 |
| 3 | C | 내림세 |
| 4 | D | |
| 5 | E | 내림세<br>보합세<br>오름세 |
| 6 | F | |
| 7 | G | |

① Tab + ↓ ② Shift + ↓

③ Ctrl + ↓ ④ Alt + ↓

같은 열에 입력된 문자열 목록을 표시하는 키는 Alt+↓입니다.

24년 4회, 21년 4회, 3회, 19년 1회, 10년 2회

**4. 다음 중에서 윗주에 대한 설명으로 옳지 않은 것은?**

① 윗주는 셀에 대한 주석을 설정하는 것으로 문자열 데이터가 입력되어 있는 셀에만 표시할 수 있다.

② 윗주는 삽입해도 바로 표시되지 않고 [홈] → [글꼴] → [윗주 필드 표시/숨기기(내천)]를 클릭해야만 표시된다.

③ 윗주에 입력된 텍스트 중 일부분의 서식을 별도로 변경할 수 있다.

④ 셀의 데이터를 삭제하면 윗주도 함께 삭제된다.

윗주의 일부 내용에 대해서만 서식을 변경할 수는 없습니다. [홈] → [글꼴] → [윗주 필드 표시/숨기기(내천)의 ▾] → [윗주 설정]을 이용하여 윗주의 서식을 변경하면 윗주 내용 전체에 적용됩니다.

23년 5회, 22년 6회, 1회, 20년 상시, 18년 상시, 16년 1회

**5 다음 중 노트에 대한 설명으로 옳지 않은 것은?**

① 새 노트를 작성하려면 바로 가기 키 Shift + F2 를 누른다.

② 작성된 노트가 표시되는 위치를 자유롭게 지정할 수 있고, 노트가 항상 표시되도록 설정할 수 있다.

③ 피벗 테이블의 셀에 노트를 삽입한 경우 데이터를 정렬하면 노트도 데이터와 함께 정렬된다.

④ 노트의 텍스트 서식을 변경하거나 노트에 입력된 텍스트에 맞도록 노트 크기를 자동으로 조정할 수 있다.

일반적으로 셀에 삽입된 노트는 데이터를 정렬하면 데이터와 함께 이동되지만 피벗 테이블 보고서에 삽입된 노트는 보고서 레이아웃을 변경하거나 정렬해도 데이터와 함께 이동되지 않습니다.

24년 4회

**6. 다음 중 데이터 입력에 대한 설명으로 옳지 않은 것은?**

① 수식 또는 함수 식을 입력할 때는 = 기호를 붙여 입력한다.

② 표 형식으로 입력된 데이터에서 바로 왼쪽 열에 데이터가 입력되어 있으면 채우기 핸들을 드래그하지 않고 더블클릭하여 왼쪽 열과 동일한 행까지 자동으로 입력할 수 있다.

③ 분수 1/4을 입력하려면 분수 앞에 0을 입력한 뒤 한 칸 띄고 분수를 입력한다.

④ 날짜 데이터를 수식에서 인수로 사용하려면 작은따옴표(')로 묶어준다.

날짜 데이터를 수식에서 인수로 사용하려면 큰따옴표(" ")로 묶어줘야 합니다.

▶ 정답 : 1. ④ 2. ② 3. ④ 4. ③ 5. ③ 6. ④

SECTION 076

# 채우기 핸들을 이용한 데이터 입력

B 등급

## 1 채우기 핸들

18.1, 17.1, 2급 20.1

3208001

채우기 핸들은 선택한 셀의 오른쪽 아래 모서리 부분에 있는 작은 사각형으로, 마우스 포인터를 채우기 핸들 위에 놓으면 마우스 포인터 모양이 십자(+) 모양으로 바뀐다.

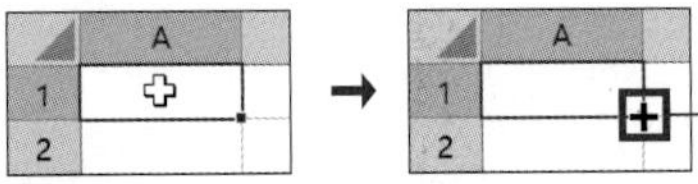


- 마우스로 채우기 핸들을 드래그하면 자동으로 데이터가 입력된다.
- 채우기 핸들을 드래그하여 데이터를 입력하면 채워진 선택 영역 바로 아래에 '자동 채우기 옵션()' 단추가 나타난다.
  - '자동 채우기 옵션' 단추를 클릭하면 텍스트나 데이터를 채우는 방법을 지정할 수 있는 목록이 표시된다.
  - 사용할 수 있는 옵션은 입력한 내용, 입력한 내용이 있는 원본 프로그램, 입력한 데이터의 서식에 따라 달라진다.

| | A | B | C | D | E | F | G | H |
|---|---|---|---|---|---|---|---|---|
| 1 | 2023-01-25 | 2023-01-25 | 2023-01-25 | 2023-01-25 | 2023-01-25 | 2023-01-25 | 2023-01-25 | 2023-01-25 |
| 2 | 2023-01-25 | 2023-01-26 | | 44952 | 2023-01-26 | 2023-01-26 | 2023-02-25 | 2024-01-25 |
| 3 | 2023-01-25 | 2023-01-27 | | 44953 | 2023-01-27 | 2023-01-27 | 2023-03-25 | 2025-01-25 |
| 4 | 2023-01-25 | 2023-01-28 | | 44954 | 2023-01-28 | 2023-01-30 | 2023-04-25 | 2026-01-25 |
| | ❶ | ❷ | ❸ | ❹ | ❺ | ❻ | ❼ | ❽ |

## 2 숫자 데이터

24.4, 24.3, 24.1, 23.2, 23.1, 21.4, 21.3, 21.2, 20.1, 19.2, 17.2, 16.3, 10.1, 06.2, 06.1, 05.2, 03.2, 2급 24.4, 22.3, 22.1, 21.4, …

3208002

- **한 셀** : 숫자 데이터를 입력하고 채우기 핸들을 드래그하면 동일한 데이터가 입력되고, Ctrl을 누르고 드래그하면 값이 1씩 증가하며 입력된다.

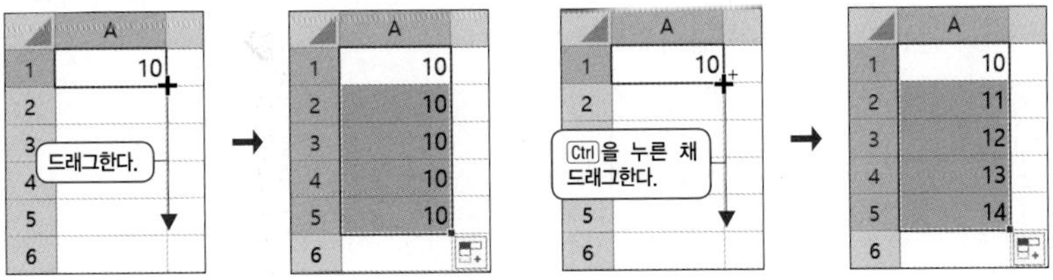


전문가의 조언

**중요해요!** 데이터가 입력된 셀의 채우기 핸들을 드래그했을 경우 결과를 묻는 문제가 자주 출제됩니다. 옆의 내용을 직접 실습하여 연속 데이터를 입력하는 여러 가지 방법을 확실히 이해하고 넘어가세요.

**두 개의 숫자 반복**
숫자 데이터뿐만 아니라 날짜, 시간, 문자 데이터의 경우에도 두 셀에 입력된 값이 반복하여 입력됩니다.

- **두 셀** : 숫자가 입력된 두 셀을 범위로 지정하고 채우기 핸들을 드래그하면 첫 셀과 두 번째 셀의 차이만큼 증가/감소하고, Ctrl을 누른 채 드래그하면 두 개의 값이 반복*하여 복사된다.

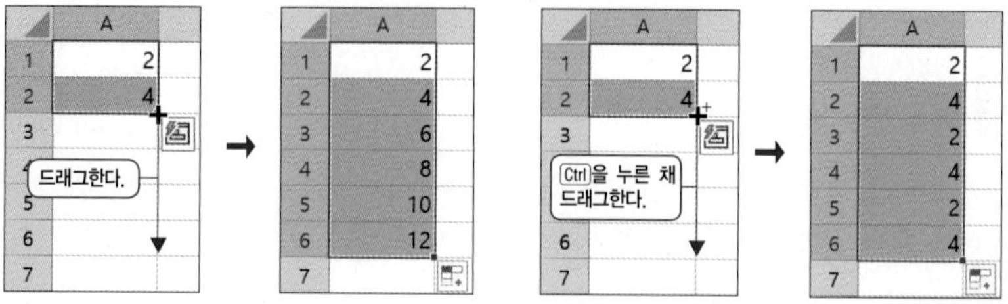

증가
두 개의 숫자 데이터 : 두 숫자가 반복하여 입력

## 3 사용자 지정 목록

11.2, 2급 22.1, 21.4, 21.3, 21.2, 19.1, 16.1, 15.2, 08.3, 00.2

3208003

- 사용자 지정 목록에 등록된 데이터 중 하나를 입력하고 드래그하면 사용자 지정 목록에 등록된 순서대로 반복되어 입력된다.

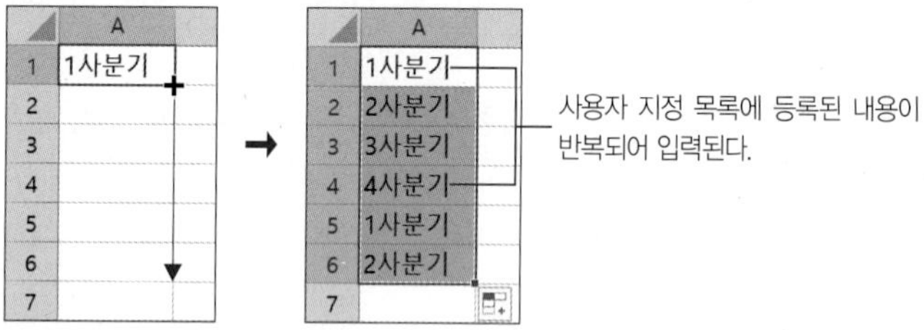

사용자 지정 목록 사용 예

- [파일] → [옵션]을 클릭한 후 'Excel 옵션' 대화상자의 '고급' 탭에서 '일반' 항목의 〈사용자 지정 목록 편집〉을 클릭하여 사용자 지정 목록을 추가/삭제할 수 있다.
- Ctrl을 누른 채 드래그하면 복사된다.

## 4 문자 데이터

24.1, 21.3, 20.1, 19.2, 16.3, 2급 16.3, 14.2

3208004

- **한 셀** : 문자 데이터를 입력하고 채우기 핸들을 드래그하면 동일한 데이터가 입력된다.
- **두 셀** : 문자 데이터가 입력된 두 셀을 범위로 지정하고 채우기 핸들을 드래그하면 두 개의 문자가 반복하여 입력된다.

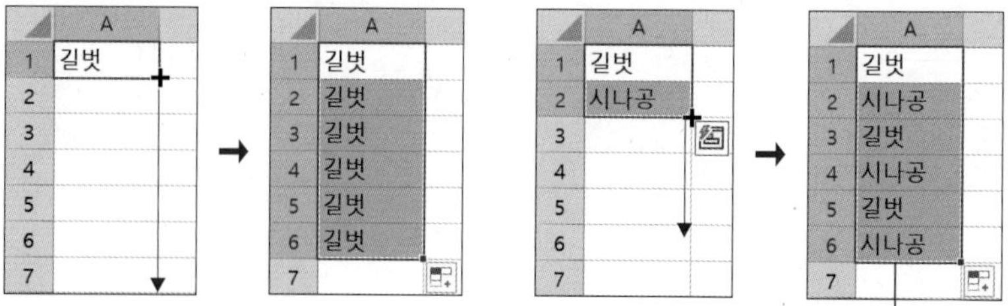

한 개의 문자열
두 개의 문자열

24.1, 22.7, 21.2, 20.1, 17.2, 07.1, 04.4, 2급 22.1, 21.4, 21.3, 21.2, 20.2, 19.2, 19.1, 17.2, 17.1, 16.2, 13.2, 12.1, 08.4, …

## 5 혼합 데이터(문자 + 숫자)

3208005

- **한 셀** : 문자와 숫자가 혼합하여 입력된 셀의 채우기 핸들을 드래그하면 가장 오른쪽에 있는 숫자는 1씩 증가하고, 나머지는 그대로 입력된다.

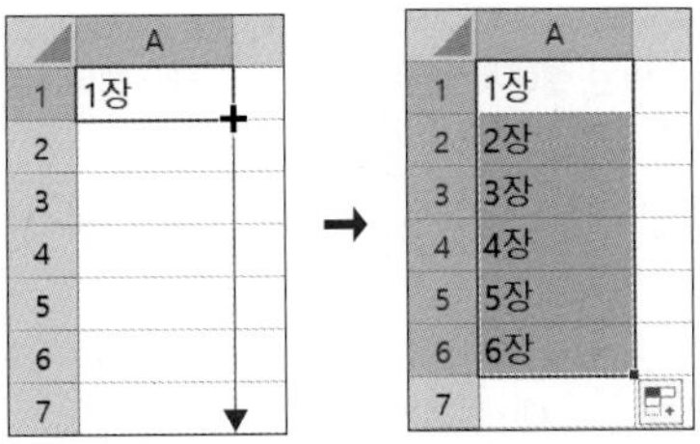


한 개의 숫자와 문자 혼합 데이터

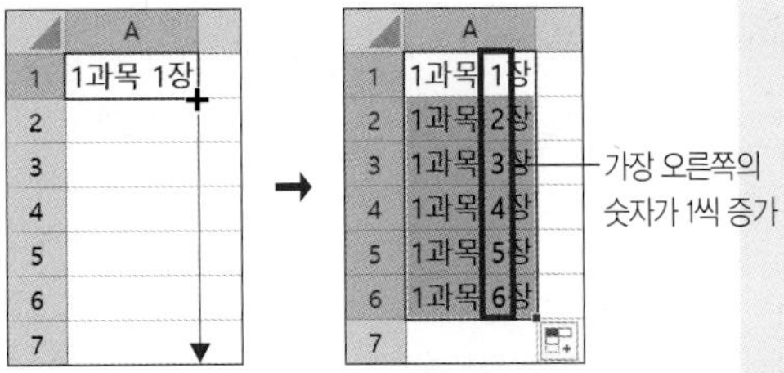


두 개의 숫자와 문자 혼합 데이터

- **두 셀** : 문자와 숫자가 혼합하여 입력된 두 셀을 범위로 지정하고 채우기 핸들을 드래그하면 숫자 데이터는 차이만큼 증가/감소하고, 문자는 그대로 입력된다.

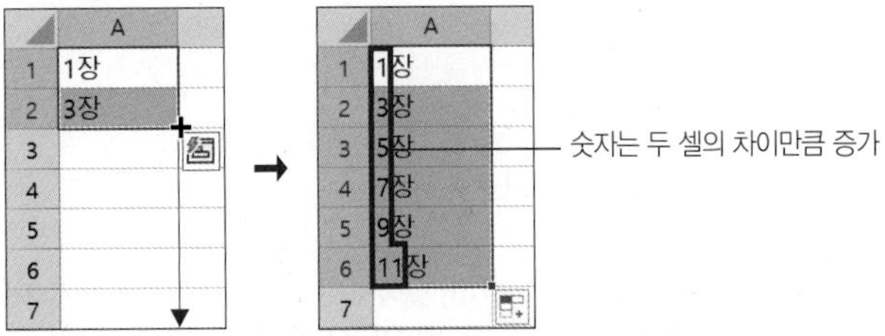


두 셀에 한 개의 숫자와 문자 혼합 데이터

- Ctrl을 누른 채 드래그하면 복사된다.

20.1, 17.2, 2급 21.1, 19.2, 17.2, 17.1, 16.2, 09.4

## 6 날짜 데이터

3208006

- **한 셀** : 날짜 데이터를 입력하고 채우기 핸들을 드래그하면 1일 단위로 증가한다.
- **두 셀** : 날짜 데이터가 입력된 두 셀을 범위로 지정하고 채우기 핸들을 드래그하면 두 셀의 차이만큼 연, 월, 일 단위로 증가한다.

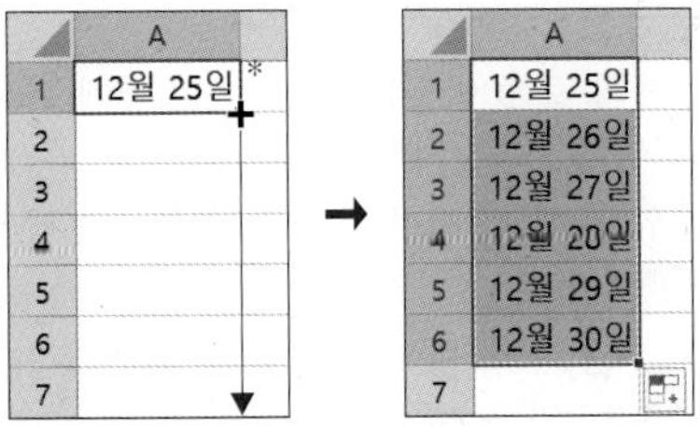


한 개의 날짜 데이터 : 1일 단위로 증가

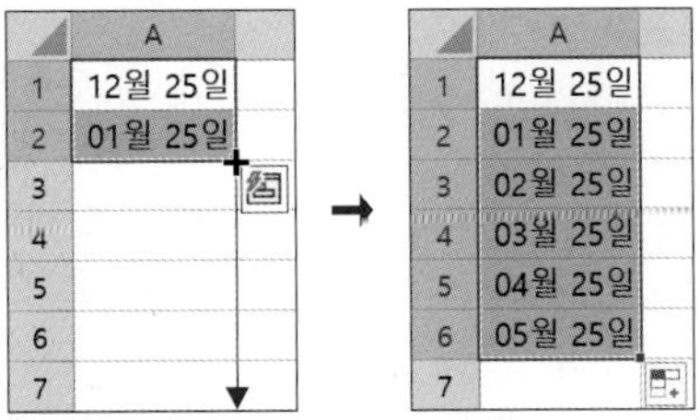


두 개의 날짜 데이터 : 1개월 단위로 증가

**'12월 25일' 입력 방법**
셀에 **12-25**를 입력하면 화면에는 **12월 25일**로 표시됩니다.

- Ctrl을 누른 채 드래그하면 복사된다.

## 따라잡기 기출문제 따라잡기

문제1 3208051 문제3 1207251

24년 3회, 21년 4회

**1. 아래의 워크시트에서 [A1:C1] 영역이 블록으로 지정된 상태에서 채우기 핸들을 끌었을 때 [F1] 셀에 입력되는 값으로 올바른 것은?**

| | A | B | C | D | E | F | G |
|---|---|---|---|---|---|---|---|
| 1 | 5 | | 1 | | | | |
| 2 | | | | | | | |

① 1 ② −3
③ −7 ④ 0

[A1:C1] 영역이 블록으로 지정된 상태에서 채우기 핸들을 드래그하면 두 셀간의 차이인 4씩 감소되어 입력됩니다.

| | A | B | C | D | E | F | G |
|---|---|---|---|---|---|---|---|
| 1 | 5 | | 1 | -3 | | -7 | -11 |
| 2 | | | | | | | |

24년 4회, 23년 2회, 1회, 21년 2회, 17년 2회, 10년 1회, 06년 1회, 03년 2회

**2. 다음 중 아래 워크시트의 [A1] 셀에서 10.1을 입력한 후 Ctrl을 누르고 자동 채우기 핸들을 아래로 드래그한 경우 [A4] 셀에 입력되는 값은?**

| | A | B |
|---|---|---|
| 1 | 10.1 | |
| 2 | | |
| 3 | | |
| 4 | | |
| 5 | | |

① 10.1
② 10.4
③ 13.1
④ 13.4

Ctrl을 누른 채 숫자가 들어 있는 셀의 채우기 핸들을 드래그하면 값이 1씩 증가하여 입력됩니다.

| | A | B |
|---|---|---|
| 1 | 10.1 | |
| 2 | 11.1 | |
| 3 | 12.1 | |
| 4 | 13.1 | |
| 5 | | |

19년 2회, 16년 3회

**3. 다음 중 데이터 입력에 대한 설명으로 옳지 않은 것은?**

① 동일한 문자를 여러 개의 셀에 입력하려면 셀에 문자를 입력한 후 채우기 핸들을 드래그한다.

② 숫자 데이터의 경우 두 개의 셀을 선택하고 채우기 핸들을 선택 방향으로 드래그하면 두 값의 차이만큼 증가/감소하며 자동으로 입력된다.

③ 일정 범위 내에 동일한 데이터를 한 번에 입력하려면 범위를 지정하여 데이터를 입력한 후 바로 이어서 Shift + Enter를 누른다.

④ 사용자 지정 연속 데이터 채우기를 사용하여 데이터를 입력하는 경우 사용자 지정 목록에는 텍스트나 텍스트/숫자 조합만 포함될 수 있다.

여러 셀에 동일한 내용을 한 번에 입력하려면 원하는 셀들을 범위로 지정한 후 데이터를 입력하고 바로 이어서 Ctrl + Enter를 누릅니다.

22년 7회, 21년 4회, 20년 1회

**4. 다음 중 데이터가 입력된 셀에서 채우기 핸들을 드래그하여 데이터를 채우는 경우에 대한 설명으로 옳은 것은?**

① 일반적인 문자 데이터나 날짜 데이터는 그대로 복사되어 채워진다.

② 1개의 숫자와 문자가 조합된 텍스트 데이터는 숫자만 1씩 증가하고 문자는 그대로 복사되어 채워진다.

③ 숫자 데이터는 1씩 증가하면서 채워진다.

④ 숫자가 입력된 두 셀을 블록 설정하여 채우기 핸들을 드래그하면 두 숫자가 반복하여 채워진다.

① 문자 데이터는 그대로 복사되지만, 날짜 데이터는 1일씩 증가합니다.
③ 숫자 데이터는 그대로 복사됩니다. 1씩 증가하며 채우려면 Ctrl을 누르고 드래그해야 합니다.
④ 숫자가 입력된 두 셀을 블록으로 설정하여 채우기 핸들을 드래그하면 두 셀의 차이만큼 증가/감소하며 채워집니다.

17년 1회

**5. 다음 중 그림과 같이 [A1] 셀에 10을 입력하고 [A3] 셀까지 자동 채우기한 후 나타나는 [자동 채우기 옵션]에 대한 설명으로 옳지 않은 것은?**

| | A | B | C | D |
|---|---|---|---|---|
| 1 | 10 | | | |
| 2 | 10 | | | |
| 3 | 10 | | | |
| 4 | | | | |
| 5 | | | | |
| 6 | | | | |
| 7 | | | | |
| 8 | | | | |
| 9 | | | | |
| 10 | | | | |

셀 복사(C)
연속 데이터 채우기(S)
서식만 채우기(F)
서식 없이 채우기(O)
빠른 채우기(F)

① 셀 복사 : [A1] 셀의 값 10이 [A2] 셀과 [A3] 셀에 복사되고, [A1] 셀의 서식은 복사되지 않는다.

② 연속 데이터 채우기 : [A1] 셀의 서식과 함께 [A2] 셀에는 값 11, [A3] 셀에는 값 12가 입력된다.

③ 서식만 채우기 : [A2] 셀과 [A3] 셀에 [A1] 셀의 서식만 복사되고 값은 입력되지 않는다.

④ 서식 없이 채우기 : [A2] 셀과 [A3] 셀에 [A1] 셀의 서식은 복사되지 않고 [A1] 셀의 값 10이 입력된다.

'자동 채우기 옵션' 중 [셀 복사]는 셀에 입력된 값은 물론 셀의 서식도 동일하게 복사합니다.

▶ **정답** : 1. ③ 2. ③ 3. ③ 4. ② 5. ①

SECTION 077

# 데이터 편집

A 등급

## 1 데이터 수정 및 삭제

23.1, 21.2, 18.1, 16.3, 14.3, 08.4, 2급 22.3, 21.4, 21.3, 21.1, 20.2, 20.1, 18.2, 16.2, 15.3, 14.2, 13.3, 11.2, 07.2, 00.3, …

1207301

### 데이터 수정

| | |
|---|---|
| 전체 수정 | 데이터가 입력된 셀에 셀 포인터를 놓고, 새로운 데이터를 입력한 후 Enter를 누른다. |
| 16.3, 14.3<br>부분 수정 | • 데이터가 입력된 셀을 마우스로 더블클릭*하여 수정한다.<br>• 데이터가 입력된 셀에 셀 포인터를 놓고, F2를 누른 다음 수정한다.<br>• 데이터가 입력된 셀에 셀 포인터를 놓고, 수식 입력줄을 클릭하여 수정한다. |
| 여러 데이터 동시 수정 | 수정할 여러 개의 셀을 선택하고, 새로운 내용을 입력한 후 Ctrl+Enter를 누른다. |

### 데이터 삭제

- **방법 1** : 삭제할 셀을 선택한 후 Delete를 누름
- **방법 2** : 삭제할 셀의 바로 가기 메뉴에서 [내용 지우기] 선택
- **방법 3** : [홈] → [편집] → [지우기]에서 [모두 지우기], [서식 지우기], [내용 지우기], [설명 및 메모 지우기] 중 하나 선택

15.3

**잠깐만요 실행 취소 및 다시 실행**

1207331

- 실행 취소 방법
  - 방법 1 : 빠른 실행 도구 모음의 [취소(↶)] 클릭
  - 방법 2 : Ctrl+Z 누름
  
  ※ 데이터 입력 도중 입력을 취소할 때는 Esc나 빠른 실행 도구 모음의 [취소(↶)] 클릭
- 다시 실행 방법
  - 방법 1 : 빠른 실행 도구 모음의 [다시 실행(↷)] 클릭
  - 방법 2 : Ctrl+Y 누름
- 실행 취소가 불가능한 것

  시트와 관련된 작업(시트 이름 변경, 삽입, 삭제, 복사, 이동), 틀 고정, 창 숨기기 등

**전문가의 조언**

셀 내용을 수정하는 방법과 실행 취소가 불가능한 작업에는 어떤 것이 있는지 파악해 두세요. 나머지는 엑셀을 사용하는 기본 기능이니 가볍게 읽어보고 넘어가세요.

**궁금해요 시나공 Q&A 베스트**

**Q 더블클릭해도 안 되는데요?**

A [파일] → [옵션]을 클릭하면 나타나는 'Excel 옵션' 대화상자의 '고급' 탭에서 '셀에서 직접 편집 허용'이 선택되어 있어야 더블클릭하여 셀을 수정할 수 있습니다.

24.1, 23.5, 22.7, 22.5, 21.1, 20.상시, 20.2, 17.2, 17.1, 15.1, 14.2, 12.3, 12.2, 11.3, 2급 24.5, 24.4, 23.1, 22.4, 22.2, 22.1, …

## 2 찾기

1207302

찾기는 워크시트에 입력된 데이터 중에서 특정 내용을 찾는 기능으로, 숫자, 특수문자, 한자 등도 찾을 수 있다.

- 워크시트 전체를 대상으로 찾거나 범위를 지정하여 범위 안에서만 찾을 수 있다.
- 여러 개의 워크시트를 선택하고 찾기를 실행하면 하나의 워크시트에 있는 것처럼 연속적으로 찾기를 실행한다.
- 데이터를 뒤에서부터 앞으로, 즉 역순으로 검색하려면 Shift를 누른 상태에서 〈다음〉을 클릭한다.

**실행** 다음 방법대로 수행하여 '찾기' 탭*이 선택된 '찾기 및 바꾸기' 대화상자를 나오게 한 다음 찾을 내용을 입력하고 〈다음〉 클릭

– 방법 1 : [홈] → [편집] → [찾기 및 선택] → [찾기] 선택

– 방법 2 : Ctrl + F 누름

– 방법 3 : Shift + F5 누름

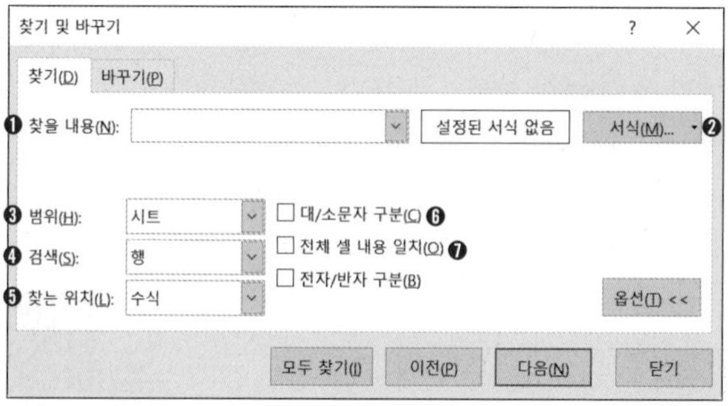


| | |
|---|---|
| 24.1, 23.5, 22.7, 22.5, 20.상시, …<br>**❶ 찾을 내용** | • 찾고자 하는 내용을 입력한다.<br>• '*, ?' 등의 만능 문자*를 사용할 수 있다. |
| 23.5, 22.5, 15.1, 2급 22.4, 22.2, 22.1, …<br>**❷ 서식** | 특정 서식이 지정된 데이터를 찾는다. |
| 21.1, 20.상시, 2급 24.4, 22.4, 22.2, …<br>**❸ 범위** | 찾을 범위로, 시트나 통합 문서를 지정한다. |
| 23.5, 22.5, 15.1, 2급 11.3<br>**❹ 검색** | 찾을 방향으로, 행이나 열을 지정한다. |
| 15.1, 14.2, 12.2, 2급 22.1, 18.2, …<br>**❺ 찾는 위치** | 찾을 정보가 들어 있는 워크시트의 요소로, 수식이나 값, 슬라이드 노트, 메모를 지정한다. |
| 2급 18.2, 16.3, 14.2, 04.3, 00.1, …<br>**❻ 대/소문자 구분** | 대문자와 소문자를 구분하여 찾는다. |
| 21.1, 2급 24.4, 23.1, 07.4, 04.3<br>**❼ 전체 셀 내용 일치** | 찾을 내용과 완전히 일치하는 셀만 찾는다. |

- 찾을 내용을 입력하고 〈다음〉을 한 번이라도 수행한 후에는 '찾기 및 바꾸기'대화상자를 닫아도 F4를 눌러 입력한 내용을 계속하여 찾을 수 있다.
- [홈] → [편집] → [찾기 및 선택]*에서 [수식], [메모], [조건부 서식], [상수], [데이터 유효성 검사] 중 하나를 선택하면, 해당 데이터를 모두 찾아 한꺼번에 표시한다.

**전문가의 조언**

'찾기'는 전반적인 내용을 모두 알아야 풀 수 있는 문제가 출제되었습니다. 기본적인 내용은 물론이고 바로 가기 키, 데이터를 역순으로 찾는 방법 등을 모두 알아두세요.

**'찾기' 탭**

Ctrl + H를 누르면 '바꾸기' 탭이 선택된 상태로 '찾기 및 바꾸기' 대화상자가 표시됩니다.

**만능 문자(와일드 카드)**

모든 문자를 대신하여 사용하는 문자를 말합니다. *는 문자의 모든 자리를 대신할 수 있지만, ?는 문자의 한 자리만 대신할 수 있습니다.

- a* : a로 시작하는 모든 문자
- a?c : a로 시작하고 c로 끝나는 세 글자의 모든 단어

※ 만능 문자(?, *) 자체를 찾으려면 ~* 또는 ~?와 같이 만능 문자 앞에 ~ 기호를 입력하면 됩니다.

**[홈] → [편집] → [찾기 및 선택]**

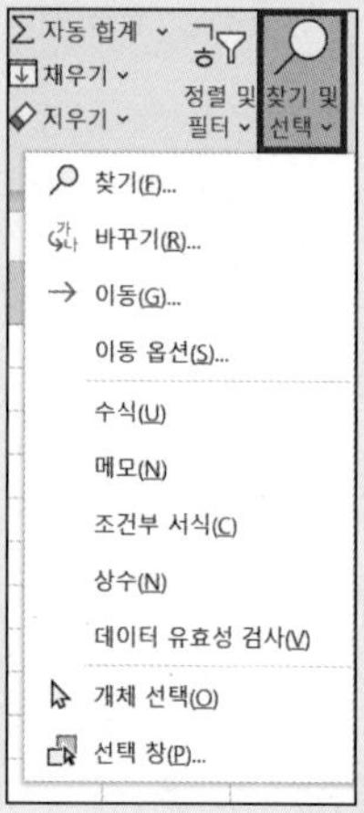

20.2, 11.3, 2급 11.2, 10.3, 03.4, 01.3, 01.2

## 3 바꾸기

1207303

**실행** 다음 방법대로 수행하여 '바꾸기' 탭이 선택된 '찾기 및 바꾸기' 대화상자를 나오게 한 다음 찾을 내용과 바꿀 내용을 입력하고 〈바꾸기〉 클릭

- 방법 1 : [홈] → [편집] → [찾기 및 선택] → [바꾸기] 선택
- 방법 2 : Ctrl + H 누름

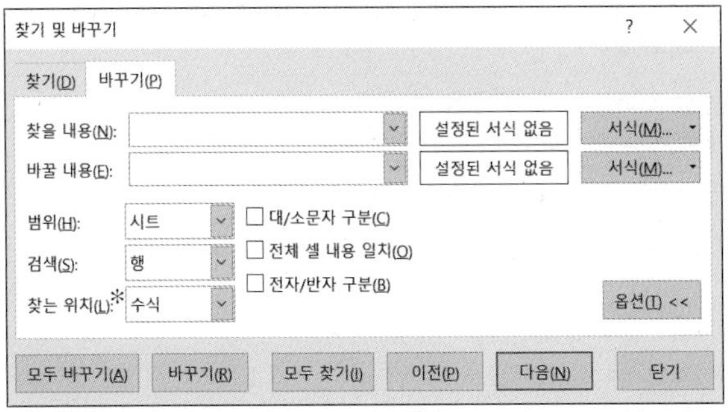


**찾는 위치**
'찾기' 탭에서는 찾는 위치를 '수식, 값, 슬라이드 노트, 메모'로 지정할 수 있지만 '바꾸기' 탭에서는 '수식'으로만 지정할 수 있습니다.

23.5, 23.2, 23.1, 22.6, 22.1, 21.4, 21.1, 20.상시, 20.1, 19.상시, 19.1, 18.상시, 18.1, 17.1, 16.3, 15.3, 07.3, 04.4, …

## 4 셀 포인터의 이동

1207304

셀을 마우스로 클릭하거나 키보드의 방향키(←, →, ↑, ↓)를 이용하여 원하는 셀로 이동하여 선택한다.

| 키 | 기능 |
|---|---|
| ↑, ↓, ←, →* | 상 · 하 · 좌 · 우로 이동 |
| 23.5, 22.6, 22.1, 21.4<br>Shift + Tab, Tab | 좌 · 우로 이동 |
| 23.2, 23.1, 18.1, 17.1, 2급 23.5, 19.2<br>Shift + Enter, Enter | 상 · 하로 이동 |
| 23.2, 23.1, 20.1, 18.1, 04.4, 2급 19.2<br>Home | 해당 행의 A열로 이동 |
| 23.2, 23.1, 22.1, 21.4, 20.상시, 20.1, 18.1, 07.3, 04.4, …<br>Ctrl + Home | [A1] 셀로 이동 |
| 23.2, 23.1, 18.1<br>Ctrl + End | 데이터 범위의 맨 오른쪽 아래의 셀로 이동 |
| 07.3<br>Ctrl + ↑, ↓, ←, → | 데이터 범위의 상 · 하 · 좌 · 우의 끝으로 이동 |
| PgUp, PgDn | 한 화면 위, 아래로 이동 |
| 23.5, 22.6, 22.1, 21.4, 20.상시, 20.1<br>Alt + PgUp, Alt + PgDn | 한 화면 좌, 우로 이동 |
| 23.5, 22.6, 22.1, 21.4, 21.1, 19.상시, 19.1, 16.3, 15.3, 04.4<br>Ctrl + PgUp, Ctrl + PgDn | 현재 시트의 이전, 다음 시트로 이동 |
| 2급 08.3, 04.3, 00.2<br>F5* | 이동하고자 하는 셀 주소를 직접 입력하여 이동 |

**전문가의 조언**
셀을 이동하는 바로 가기 키는 시험뿐만 아니라 편리한 사용을 위해 알아두면 좋습니다. 실습을 통해 바로 가기 키를 익히세요.

**↑, ↓, ←, →를 눌러도 이동하지 않을 때 …**
ScrollLock이 눌러진 상태에서 방향키(↑, ↓, ←, →)를 누르면 셀 포인터는 이동하지 않고 화면만 이동합니다.

**셀 주소를 직접 입력하여 이동하는 방법**
다음과 같이 수행한 후 셀 주소를 직접 입력합니다.

- 방법 1 : [홈] → [편집] → [찾기 및 선택] → [이동] 선택
- 방법 2 : Ctrl + G 누름
- 방법 3 : F5 누름

Ctrl + Shift + → + ↓
셀 포인터가 데이터 목록의 첫 번째 셀에 있으면 데이터 목록 행(→)이 선택된 다음 열(↓) 전체가 선택됩니다.

Ctrl + Shift + Spacebar
셀 포인터가 데이터 목록 안에 있으면 데이터 목록 전체가 선택됩니다.

* / *
- * : 키보드에서 숫자 '8' 위에 있는 '*'를 누름
- * : 키보드의 오른쪽에 있는 숫자 키패드에서 '*'를 누름

## 5 셀의 선택

20.2, 18.2, 11.2, 05.3, 2급 10.1, 09.3, 06.4

1207305

| | |
|---|---|
| 20.2, 11.2<br>**연속된 셀** | • 선택할 영역을 마우스로 드래그한다.<br>• 범위로 지정할 첫 번째 셀을 클릭한 후 Shift를 누른 상태에서 범위로 지정할 마지막 셀을 클릭한다.<br>• Shift 또는 Ctrl + Shift*를 누른 상태에서 방향키를 눌러 범위를 지정한다.<br>• F8을 누른 후 방향키를 눌러 범위를 지정한다. |
| 2급 09.3, 06.4<br>**떨어진 셀** | 첫 번째 셀 범위를 지정한 후 두 번째 셀 범위부터는 Ctrl을 누른 상태에서 원하는 셀을 클릭하거나 드래그한다. |
| **행과 열** | • 선택하려는 행 머리글이나 열 머리글을 선택한다.<br>• 행 전체 : Shift + Spacebar, 열 전체 : Ctrl + Spacebar |
| 18.2, 2급 10.1<br>**워크시트 전체** | • A열 머리글 왼쪽의 〈모두 선택〉 단추를 클릭한다.<br>• 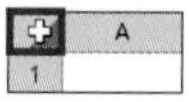<br>• Ctrl + A나 Ctrl + Shift + Spacebar*를 누른다. |
| 11.2, 05.3<br>**데이터 목록 전체** | 데이터 목록에서 임의의 셀을 선택한 후 Ctrl + Shift + ** 또는 Ctrl + **를 누른다. |

## 따라잡기 기출문제 따라잡기

문제3 4307753

23년 5회, 22년 6회, 1회, 21년 4회

**1. 다음 중 셀 포인터의 이동 작업에 대한 설명으로 옳은 것은?**

① Ctrl + PgDn을 누르면 한 화면을 오른쪽으로 이동한다.
② Shift + Tab을 누르면 셀 포인터가 왼쪽으로 이동한다.
③ Alt + PgDn을 누르면 다음 시트로 이동한다.
④ Ctrl + Shift + Home을 누르면 [A1] 셀로 이동한다.

① Ctrl + PgDn을 누르면 다음 시트로 이동합니다.
③ Alt + PgDn을 누르면 한 화면 오른쪽으로 이동합니다.
④ Ctrl + Shift + Home을 누르면 현재 셀 포인터가 있는 위치부터 [A1] 셀까지 블록으로 지정됩니다. 예를들어 셀 포인터가 [C3] 셀에 있다면 [A1:C3] 영역이 블록으로 지정됩니다.

20년 2회

**2. 다음 중 데이터가 입력되어 있는 연속된 셀 범위를 선택하는 방법으로 옳지 않은 것은?**

① 첫 번째 셀을 클릭한 후 Ctrl + Shift + [방향키]를 눌러 선택 영역을 확장한다.
② 첫 번째 셀을 클릭한 후 Shift를 누른 상태에서 범위의 마지막 셀을 클릭한다.
③ 첫 번째 셀을 클릭한 후 F8을 누른 후 [방향키]를 눌러 선택 영역을 확장한다.
④ 첫 번째 셀을 클릭한 후 Ctrl을 누른 상태에서 [방향키]를 눌러 선택 영역을 확장한다.

Ctrl을 누른 상태에서 [방향키]를 누르면 연속된 범위가 선택되는 것이 아니라 셀 포인터만 이동됩니다.

23년 5회, 22년 7회, 5회, 21년 4회, 2회, 1회, 12년 3회

**3. 다음 중 [찾기 및 바꾸기] 대화상자에 대한 설명으로 옳지 않은 것은?**

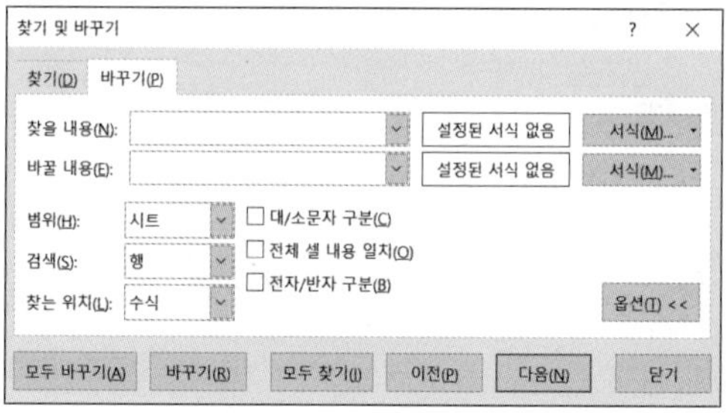


① ?가 포함된 내용을 찾으려면 ??로 지정한다.
② '찾기' 탭에서는 찾는 위치를 수식, 값, 슬라이드 노트, 메모 중에서 선택할 수 있지만 '바꾸기' 탭에서는 수식으로만 지정할 수 있다.
③ 서식을 사용하면 서식 조건에 맞는 셀을 검색할 수 있다.
④ '검색'에서 행 방향을 우선하여 찾을 것인지 열 방향을 우선하여 찾을 것인지를 지정할 수 있다.

?, *, ~ 등의 문자가 포함된 내용을 찾으려면 ~?, ~*, ~~와 같이 찾으려는 문자 앞에 ~ 기호를 입력하면 됩니다.

문제8 1207352

## 따라잡기 기출문제 따라잡기

20년 1회

**4. 다음 중 셀 포인터의 이동 작업에 대한 설명으로 옳지 않은 것은?**

① Alt + PgDn을 눌러 현재 시트를 기준으로 오른쪽에 있는 다음 시트로 이동한다.

② 이름 상자에 셀 주소를 입력한 후 Enter를 눌러 원하는 셀의 위치로 이동한다.

③ Ctrl + Home을 눌러 [A1] 셀로 이동한다.

④ Home을 눌러 해당 행의 A 열로 이동한다.

Alt + PgUp과 Alt + PgDn은 한 화면을 좌, 우로 이동하는 키이고, Ctrl + PgUp과 Ctrl + PgDn은 현재 시트의 앞, 뒤 시트로 이동하는 키입니다.

21년 4회, 1회, 15년 3회

**5. 다음 중 괄호(  ) 안에 해당하는 바로 가기 키로 옳은 것은?**

> 통합 문서 내에서 ( ㉠ ) 키는 다음 워크시트로 이동, ( ㉡ ) 키는 이전 워크시트로 이동할 때 사용한다.

① ㉠ Shift + PgDn ㉡ Shift + PgUp

② ㉠ Ctrl + PgDn ㉡ Ctrl + PgUp

③ ㉠ Ctrl + ← ㉡ Ctrl + →

④ ㉠ Shift + ↑ ㉡ Shift + ↓

- PgUp/PgDn : 한 화면 위/아래로 이동
- Alt + PgUp/PgDn : 한 화면 좌/우로 이동
- Ctrl + PgUp/PgDn : 이전/다음 워크시트로 이동

24년 1회, 20년 2회

**6. 다음 중 [찾기 및 바꾸기] 대화상자에 대한 설명으로 옳지 않은 것은?**

① 찾을 내용에 '*수정*', 바꿀 내용에 '*변경*'으로 입력하고, [모두 바꾸기] 단추를 클릭하면 '수정'이라는 모든 글자를 '*변경*'으로 바꾼다.

② '=A1*B1'과 같은 수식을 검색하려면 찾는 위치를 '수식'으로 선택한 후 찾을 내용에 '=A1~*B1'으로 입력한다.

③ 찾을 내용과 바꿀 내용은 입력하지 않고, 찾을 서식과 바꿀 서식으로 설정할 수 있다.

④ 셀 포인터 위치를 기준으로 앞에 위치한 데이터를 찾으려면 Shift를 누른 상태에서 [다음] 단추를 클릭한다.

찾을 내용에 ***수정***, 바꿀 내용에 ***변경***로 입력하고, [모두 바꾸기] 단추를 클릭하면 **수정**이라는 글자가 포함된 모든 셀의 모든 글자를 ***변경***로 바꿉니다.

| | A |
|---|---|
| 1 | 일시수정 |
| 2 | 전체수정 |
| 3 | 수정내역 |
| 4 | 수정현황발표 |

→

| | A |
|---|---|
| 1 | *변경* |
| 2 | *변경* |
| 3 | *변경* |
| 4 | *변경* |

23년 1회, 21년 2회, 18년 1회

**7. 다음 중 아래 워크시트에서 [C2:C4] 영역을 선택하여 작업한 결과가 다른 것은?**

| | A | B | C | D | E |
|---|---|---|---|---|---|
| 1 | 이름 | 국어 | 영어 | 수학 | 평균 |
| 2 | 홍길동 | 83 | 90 | 73 | 82 |
| 3 | 이대한 | 65 | 87 | 91 | 81 |
| 4 | 한민국 | 80 | 75 | 100 | 85 |
| 5 | 평균 | 76 | 84 | 88 | 82.66667 |

① Delete를 누른 경우

② Backspace를 누른 경우

③ 마우스 오른쪽 버튼의 바로 가기 메뉴에서 [내용 지우기]를 선택한 경우

④ [홈] 탭 [편집] 그룹에서 [지우기] → [내용 지우기]를 선택한 경우

①, ③, ④번은 선택한 영역의 모든 내용이 삭제되지만 ②번은 범위의 첫 번째 셀, 즉 [C2] 셀의 내용만 삭제됩니다.

23년 2회, 1회, 18년 1회

**8. 다음 중 아래의 워크시트에서 [B3] 셀이 선택되어 있는 경우 각 키의 사용 결과로 옳지 않은 것은?**

| | A | B | C |
|---|---|---|---|
| 1 | | 물품명 | 수량 |
| 2 | Fruit_01 | 사과 | 12 |
| 3 | Fruit_02 | 배 | 22 |
| 4 | Fruit_03 | 감귤 | 19 |
| 5 | Fruit_04 | 포도 | 24 |
| 6 | Fruit_05 | 메론 | 11 |

① Home을 눌러서 현재 열의 첫 행인 [B1] 셀로 이동한다.

② Ctrl + Home을 눌러서 [A1] 셀로 이동한다.

③ Ctrl + End를 눌러서 데이터가 포함된 마지막 행/열에 해당하는 [C6] 셀로 이동한다.

④ Shift + Enter를 눌러서 한 행 위인 [B2] 셀로 이동한다.

[B3] 셀이 선택된 상태에서 Home을 누르면 해당 행의 첫 번째 열인 [A3] 셀로 이동합니다.

▶ **정답** : 1. ② 2. ④ 3. ① 4. ① 5. ② 6. ① 7. ② 8. ①

SECTION 078

# [파일] → [옵션] 설정

B 등급

전문가의 조언

[파일] → [옵션]에서 수행할 수 있는 작업을 묻는 문제가 출제되었습니다. '고급' 탭을 중심으로 주요 탭에서 설정할 수 있는 주요 기능들을 파악해 두세요.

## 1 '일반' 탭

16.1, 14.2, 14.1, 12.3, 2급 13.1, 11.3, 10.3

1207401

**실행** [파일] → [옵션] 선택

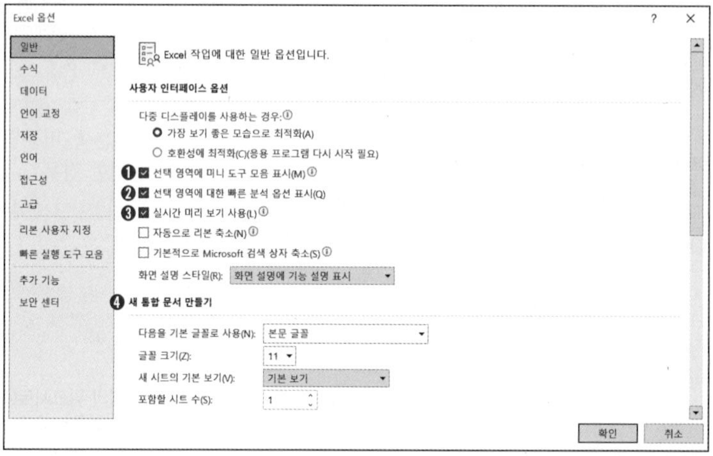


| | |
|---|---|
| ❶ | 셀 편집 상태에서 마우스를 드래그하여 텍스트를 선택하면 미니 도구 모음*이 표시되도록 설정한다. |
| ❷ | 데이터가 입력된 부분을 범위로 지정하면 빠른 분석 옵션*이 표시되도록 설정한다. |
| 14.1, 12.3 ❸ | 글꼴, 글꼴 색, 채우기 색 등의 선택 사항을 마우스 포인터로 가리키면 해당 사항이 문서에 적용된 모습을 미리 보여준다. |
| 16.1, 14.2 ❹ | 새 통합 문서를 열었을 때 적용할 표준 글꼴과 크기 및 기본적으로 생성되는 워크시트의 수를 지정한다. |

**미니 도구 모음**

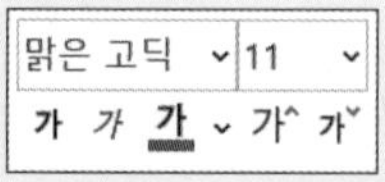


**빠른 분석 옵션**

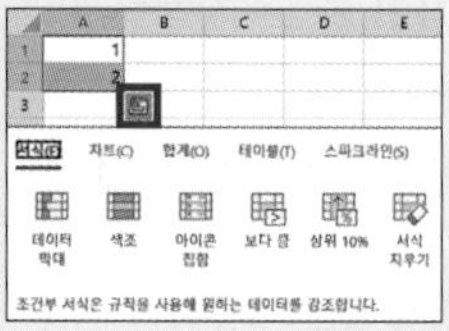


## 2 '수식' 탭

14.1, 12.3

1207402

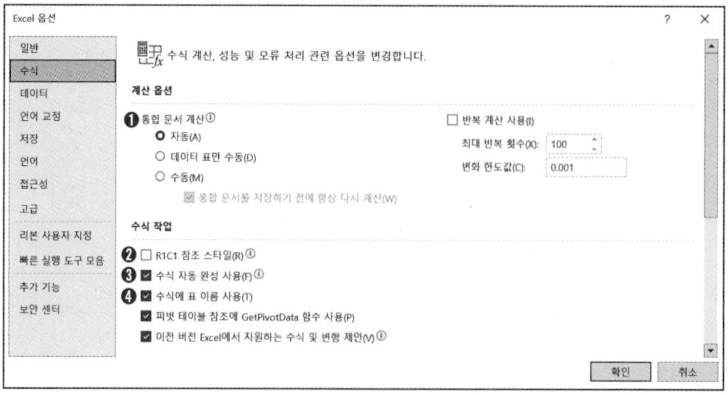

| | |
|---|---|
| ❶ | • 워크시트의 계산 방법을 지정한다.<br>• **자동** : 값, 수식, 이름을 바꿀 때마다 참조되는 모든 수식을 자동으로 계산한다.<br>• **데이터 표만 수동** : 데이터 표 이외의 참조되는 모든 수식을 자동으로 계산한다.<br>• **수동** : 통합 문서를 저장하기 전이나 F9를 누를 때만 계산한다. |
| ❷* | 행과 열을 모두 숫자로 표시한다. |
| ❸ | 등호(=)를 입력하고 몇 자를 입력하면 해당 문자로 시작하는 함수나 이름 등의 목록을 표시한다. |
| 14.1, 12.3<br>❹ | 표에 행이나 열 이름이 있으면, 이것을 수식에 사용한다. |

**R1C1 참조 스타일**

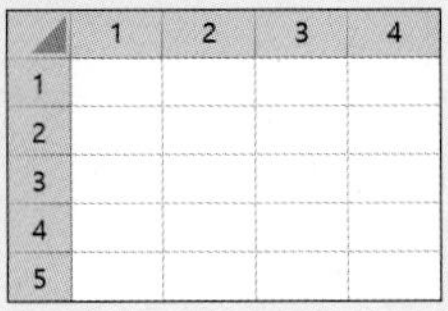


## 3 '저장' 탭

19.2, 14.1, 12.3, 2급 23.2

1207403

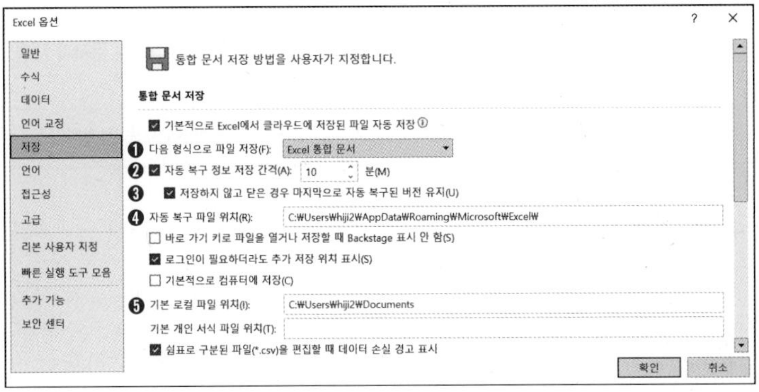


| | |
|---|---|
| 14.1, 12.3<br>❶ | 통합 문서를 저장할 때 사용되는 기본 파일 형식을 설정한다. |
| 19.2<br>❷ | 통합 문서 복구 파일*이 지정한 간격에 따라 자동으로 만들어진다. |
| 19.2<br>❸ | 저장하지 않고 닫은 파일을 복구 파일의 마지막 버전으로 자동 저장한다. |
| ❹ | 자동 복구 파일이 기본적으로 저장되는 위치를 지정한다. |
| ❺ | 저장 위치를 지정하지 않을 경우 기본적으로 저장되는 위치를 지정한다. |

**자동 복구 파일**
사용자가 작업한 내용이 주기적으로 저장되는 파일입니다. 컴퓨터가 응답하지 않거나 예기치 않게 전원이 꺼졌을 경우 다시 Excel 프로그램을 시작하면 자동 복구 파일이 열립니다. 자동 복구 파일을 이용하여 원본 파일에서 손실된 내용이나 저장하기 이전 내용을 일부 복구할 수 있습니다.

## 4 '고급' 탭

24.3, 23.3, 22.7, 22.3, 21.4, 21.1, 16.2, 14.2, 14.1, 13.1, 12.3, 10.3, 04.3, 03.1, 2급 22.1, 21.3, 19.1, 11.3, 09.4, 06.1, 03.3

4307804

### '편집 옵션' 항목

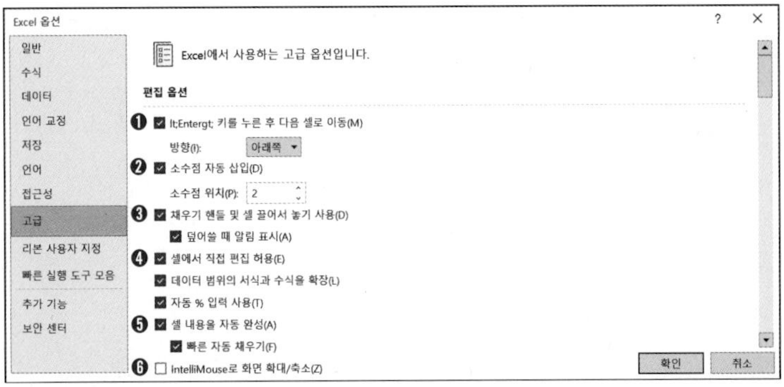

| | |
|---|---|
| 14.2<br>❶ | Enter를 누를 때 셀 포인터의 이동 방향을 아래쪽, 위쪽, 오른쪽, 왼쪽으로 지정한다. |
| 23.3, 22.7, 22.3, …<br>❷ | • 입력한 숫자 데이터의 소수점 위치를 '소수점 위치'에 입력된 숫자 만큼 이동하여 설정한다.<br>• '소수점 위치'에 입력한 숫자가 양수이면 소수점 이하(오른쪽)의 자릿수를 늘리고, 음수이면 소수점 이상(왼쪽)의 자릿수를 늘린다.<br>(아래 표 참조)<br>• '소수점 위치' 옵션을 무시하고 숫자를 입력하려면 숫자 뒤에 소수점을 입력하면 된다. 예 5. |
| ❸ | 마우스 끌기로 데이터의 이동/복사가 가능하도록 설정한다. |
| 10.3<br>❹ | 셀을 더블클릭하여 데이터의 수정이 가능하도록 설정한다. |
| ❺ | 셀에 입력한 처음 몇 자가 같은 열에 있는 기존 항목과 동일하면 자동으로 나머지 문자가 채워지도록 설정한다. |
| ❻ | Ctrl을 누르지 않은 상태에서 마우스 휠의 스크롤만으로 화면이 확대/축소되도록 설정한다.* |

| 입력 | 소수점 위치 | 결과 | 입력 | 소수점 위치 | 결과 |
|---|---|---|---|---|---|
| 1 | 2 | 0.01 | 1 | −2 | 100 |
| 10 | 2 | 0.1 | 10 | −2 | 1000 |
| 100 | 2 | 1 | 100 | −2 | 10000 |

**마우스를 이용한 화면 확대/축소**
엑셀 프로그램에서는 기본적으로 Ctrl을 누른 채 마우스 휠을 위/아래로 돌리면 화면이 확대/축소됩니다.

## '이 워크시트의 표시 옵션' 항목

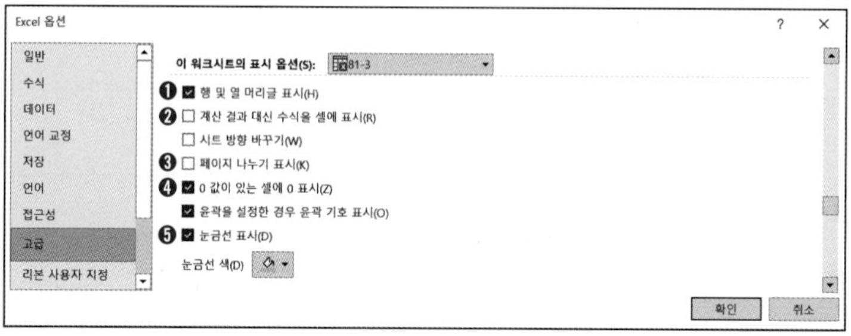


| | |
|---|---|
| ❶ | 행/열 머리글의 표시 여부를 지정한다. |
| ❷ | 셀에 수식의 결과가 아닌 입력한 수식을 표시한다. |
| 14.2<br>❸ | 자동으로 표시되는 페이지 나누기 선의 표시 여부를 지정한다. |
| ❹ | 셀에 입력된 0값의 표시 여부를 지정한다. |
| 14.2<br>❺ | 눈금선의 표시 여부를 지정한다. |

따라잡기 기출문제 따라잡기

문제1 1207451 문제3 3208255

16년 1회, 14년 2회

**1. 다음 중 [파일] → [옵션] → [고급] 탭에서 설정할 수 없는 것은?**

① 셀에 데이터를 입력한 후 〈Enter〉 키를 누를 때 포인터의 이동 방향을 오른쪽, 왼쪽, 아래쪽, 위쪽 중의 하나로 지정할 수 있다.

② 페이지 나누기 선의 표시 여부를 지정할 수 있다.

③ 눈금선의 표시 여부를 지정할 수 있다.

④ 새 통합 문서를 열었을 때 적용할 표준 글꼴과 글꼴 크기, 새 시트의 기본 보기를 지정할 수 있다.

새 통합 문서를 열었을 때 기본적으로 적용할 표준 글꼴, 글꼴 크기, 새 시트의 기본 보기 등은 [일반] 탭에서 지정합니다.

24년 3회, 22년 7회, 21년 4회, 16년 1회, 13년 1회, 10년 3회, 04년 3회, 03년 1회

**2. 다음 워크시트에서 [파일] → [옵션]을 선택하여 'Excel 옵션' 대화상자에서 소수점 위치를 '-2'로 지정한 후 셀에 1을 입력할 경우 화면에 표시되는 값은?**

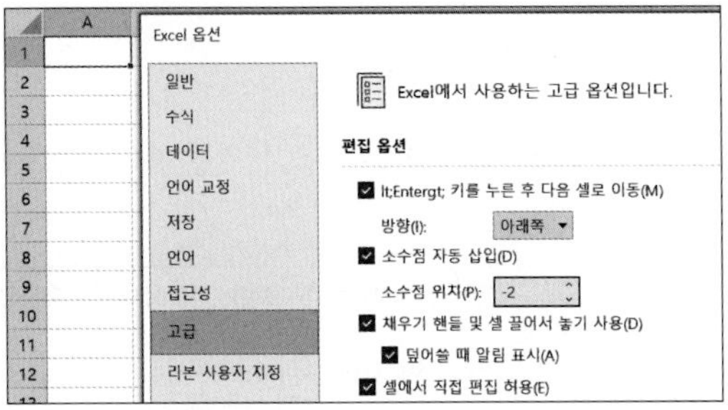


① 0.01 ② 1

③ 100 ④ 10000

'소수점 위치'에 입력한 숫자가 음수이므로 소수점 이상(왼쪽)의 자릿수를 2자리 늘립니다. 즉 셀에 1을 입력하면 100으로 표시됩니다.

23년 3회, 22년 3회

**3. 다음 중 데이터 입력에 대한 설명으로 옳지 않은 것은?**

① 3e9를 입력하면 자동으로 지수 형식으로 입력된다.

② 현재 날짜와 시간을 입력하려면 Ctrl+;을 누른 다음 한 칸 띄우고 Ctrl+Shift+;을 누른다.

③ 분수를 입력하려면 0 1/2과 같이 분수 앞에 0을 입력한 뒤 한 칸 띄고 분수를 입력한다.

④ 고정 소수점 옵션을 무시하고 숫자를 입력하려면 숫자 앞에 느낌표(!)를 입력한다.

고정 소수점 옵션을 무시하고 숫자를 입력하려면 숫자 뒤에 소수점을 입력하면 됩니다. 예 50.

※ **3e9**를 입력하면 3.00E+09와 같이 지수 형식으로 입력됩니다.

▶ 정답 : 1. ④ 2. ③ 3. ④

SECTION
# 079 셀 편집

B 등급

전문가의 조언

셀, 행/열을 삽입하거나 삭제하는 여러 가지 방법을 서로 비교하여 기억해 두고, 데이터가 있는 셀에서 셀 병합을 수행했을 때의 결과에 대해 알아두세요.

**삽입**

리본 메뉴의 [삽입] 위에 마우스를 놓으면 아이콘이 표시된 부분과 '삽입'이라는 글자가 표시된 부분이 구분되어 표시됩니다. 이렇게 아이콘과 아이콘의 이름이 구분된 경우는 클릭하는 곳에 따라 수행하는 기능이 다릅니다.

❶ 기존에 있던 셀을 아래쪽으로 이동시키고 바로 셀을 삽입합니다.

❷ [셀 삽입], [시트 행 삽입], [시트 열 삽입], [시트 삽입] 메뉴를 표시합니다.

**'셀 서식' 대화상자 바로 가기 키**

Ctrl+1

24.5, 22.2, 2급 10.1, 04.4, 02.2, 01.1

## 1 셀의 삽입과 삭제

### 삽입

기존에 있던 셀을 오른쪽이나 아래쪽으로 밀어내고, 지정한 범위만큼 새로운 셀을 삽입하는 기능이다.

| | |
|---|---|
| 리본 메뉴 이용 | • 셀을 삽입할 위치를 선택하고 [홈] → [셀] → [(셀 삽입)]*을 클릭하면 기존에 있던 셀을 아래쪽으로 밀어내고 셀을 삽입한다.<br>• 셀을 삽입할 위치를 선택하고, [홈] → [셀] → 삽입 → [셀 삽입]이나 바로 가기 메뉴의 [삽입]을 선택한 후 '삽입' 대화상자가 나타나면, 기존에 있던 데이터의 이동 방향을 선택하고 〈확인〉을 클릭한다. |
| 바로 가기 키 | 삽입할 셀 범위를 지정한 다음 Ctrl++를 누른 후 '삽입' 대화상자가 나타나면, 기존에 있던 데이터의 이동 방향을 선택하고 〈확인〉을 클릭한다. |

### 삭제

범위로 지정한 셀을 삭제하고, 아래쪽이나 오른쪽에 있는 셀을 삭제한 자리로 이동하는 기능이다.

| | |
|---|---|
| 리본 메뉴 이용 | • 삭제할 셀을 선택하고 [홈] → [셀] → [(셀 삭제)]를 클릭하면 셀을 삭제하고 아래쪽에 있는 셀을 삭제한 자리로 이동한다.<br>• 삭제할 셀을 선택하고, [홈] → [셀] → 삭제 → [셀 삭제]나 바로 가기 메뉴의 [삭제]를 선택한 후 '삭제' 대화상자가 나타나면 기존에 있던 데이터의 이동 방향을 선택하고 〈확인〉을 클릭한다. |
| 24.5, 22.2<br>바로 가기 키 | 삭제할 셀 범위를 지정한 다음 Ctrl+−를 누른 후 '삭제' 대화상자가 나타나면 기존에 있던 데이터의 이동 방향을 선택하고 〈확인〉을 클릭한다. |

22.6, 22.1, 06.4, 06.1, 03.3

**잠깐만요 셀 병합**

1207531

- 여러 개의 셀을 하나로 합치는 것으로 병합할 셀 범위를 지정한 후 다음과 같이 수행합니다.
  - 방법 1 : [홈] → [맞춤] → [병합하고 가운데 맞춤]을 클릭
  - 방법2 : '셀 서식' 대화상자*의 '맞춤' 탭에서 '셀 병합'에 체크 표시
- 데이터가 입력되어 있는 여러 개의 셀을 셀 병합할 경우 가장 위쪽 또는 왼쪽의 데이터만 남고 나머지 셀의 데이터는 모두 지워집니다.

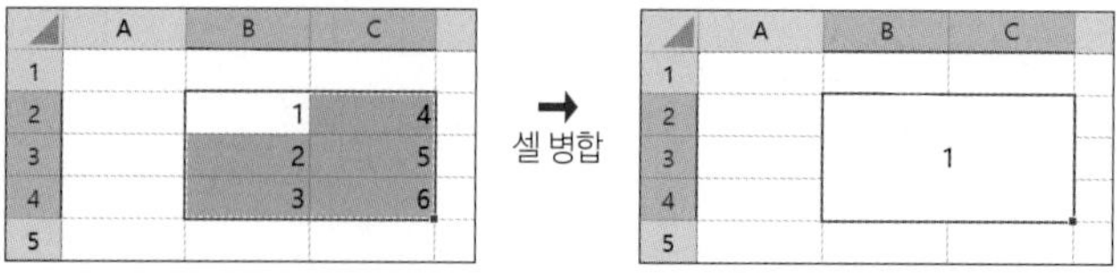

## 2 행/열의 삽입과 삭제

19.2

1207502

### 삽입

| | |
|---|---|
| **리본 메뉴 이용** | • 삽입할 위치의 행/열 머리글을 클릭하고, [홈] → [셀] → [(셀 삽입)]을 클릭하거나 바로 가기 메뉴의 [삽입]을 선택한다.<br>• 삽입할 위치의 셀을 클릭하고, [홈] → [셀] → 삽입 → [셀 삽입]을 선택한 후 [행 전체]나 [열 전체]를 선택한다. |
| **바로 가기 키** | 삽입할 위치의 행이나 열 머리글을 클릭한 후 Ctrl + + 를 누른다. |

### 삭제

| | |
|---|---|
| 19.2<br>**리본 메뉴 이용** | • 삭제할 위치의 행/열 머리글을 범위로 지정하고, [홈] → [셀] → [(셀 삭제)]를 클릭하거나 바로 가기 메뉴의 [삭제]를 선택한다.<br>• 삭제할 위치의 셀을 클릭하고, [홈] → [셀] → 삭제 → [셀 삭제]를 선택한 후 [행 전체]나 [열 전체]를 선택한다. |
| **바로 가기 키** | 삭제할 위치의 행이나 열 머리글을 클릭한 후 Ctrl + - 를 누른다. |

## 3 선택하여 붙여넣기

18.2, 13.3, 08.3, 05.1, 04.2, 03.3, 2급 24.1, 23.4, 21.2, 18.2, 16.2, 15.3, 14.3, 11.3, 00.3, 99.2

4307903

- 셀에서 메모, 노트, 수식, 값 등 셀에서 필요한 특정 내용만을 선택하여 복사할 때 사용하는 기능이다.
- 선택하여 붙여넣기는 잘라내기한 경우에는 사용할 수 없고, 복사한 경우에만 사용할 수 있다.
- **실행** 셀을 복사하고 붙여넣기할 위치를 선택한 후 다음과 같이 실행한다.
  - 방법 1 : 바로 가기 메뉴에서 [선택하여 붙여넣기] 선택
  - 방법 2 : Ctrl + Alt + V 를 누름

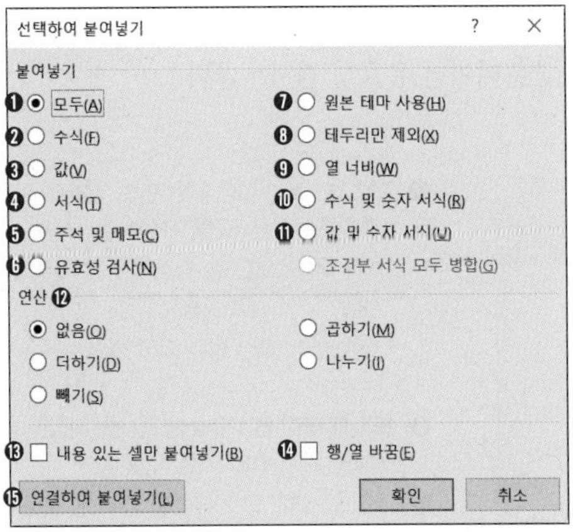

'선택하여 붙여넣기' 대화상자

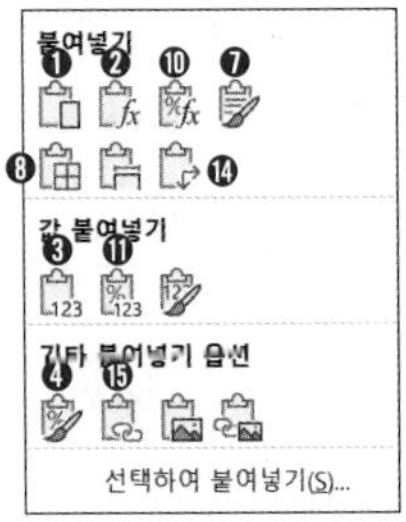

'붙여넣기 옵션((Ctrl))' 단추*

**전문가의 조언**

선택하여 붙여넣기에서 제공하는 각 항목에 대해 알아두세요. 특히 선택하여 붙여넣기는 복사한 경우에만 사용할 수 있다는 사실을 꼭 기억하세요. 또한 연산 항목을 이용하여 복사한 데이터와 붙여넣기 할 위치에 있는 데이터를 더하기, 빼기, 곱하기 등을 수행할 수 있다는 것도 알아두세요.

**'붙여넣기 옵션((Ctrl))' 단추**

복사한 셀을 붙여넣기하면 복사된 셀의 오른쪽 아래에 '붙여넣기 옵션((Ctrl))' 단추가 생기는데, 이것을 이용하면 '선택하여 붙여넣기' 대화상자에서 지정할 수 있는 기능 중 일부를 동일하게 실행할 수 있습니다.

| | |
|---|---|
| ❶ 모두( ) | 원본 데이터를 그대로 복사한다(일반 붙여넣기와 동일). |
| ❷ 수식( ) | 수식만 복사한다. |
| 2급 00.3<br>❸ 값( ) | 화면에 표시된 값만 복사한다. |
| 2급 15.3<br>❹ 서식( ) | 셀 서식만 복사한다. |
| ❺ 주석 및 메모 | 메모나 노트만 복사한다. |
| ❻ 유효성 검사 | 유효성 검사 내용만 복사한다. |
| ❼ 원본 테마 사용( ) | 테마*를 복사한다. |
| ❽ 테두리만 제외( ) | 테두리만 제외하고 모두 복사한다. |
| ❾ 열 너비 | 열 너비만 복사한다. |
| ❿ 수식 및 숫자 서식( ) | 수식과 숫자 서식만 복사한다 |
| ⓫ 값 및 숫자 서식( ) | 수식이 아닌 수식의 결과와 숫자에 적용된 서식만 복사한다. |
| 13.3, 08.3, 05.1, 04.2, 03.3<br>⓬ 연산 | 복사한 데이터와 붙여넣기할 위치에 있는 데이터를 지정한 연산자로 계산한다(더하기, 빼기, 곱하기, 나누기). |
| 2급 15.3<br>⓭ 내용 있는 셀만 붙여넣기* | 데이터가 있는 셀만 복사한다. |
| 2급 15.3, 99.2<br>⓮ 행/열 바꿈( ) | 행과 열의 위치를 서로 바꾼다. |
| 18.2, 2급 15.3<br>⓯ 연결하여 붙여넣기( ) | 복사한 원본 셀과 붙여넣기한 셀을 서로 연결하여 원본 셀의 데이터가 수정되면 붙여넣기한 셀도 자동으로 수정된다. |

**테마**
색, 글꼴, 그래픽 등을 사용하여 문서 모양을 꾸밀 수 있도록 미리 만들어 놓은 디자인 모음

**내용 있는 셀만 붙여넣기**

| | A | B | C | D | E |
|---|---|---|---|---|---|
| 1 | 1 | 3 | | 10 | 30 |
| 2 | 2 | | | 20 | 40 |

[A1:B2] 영역을 복사한 후 [D1:E2] 영역에 '내용 있는 셀만 붙여넣기'로 붙여넣기합니다.

↓

| | A | B | C | D | E |
|---|---|---|---|---|---|
| 1 | 1 | 3 | | 1 | 3 |
| 2 | 2 | | | 2 | 40 |

[B2] 셀에는 내용이 없으므로 [E2] 셀은 기존 데이터가 그대로 남아 있습니다.

**데이터 유효성 검사의 기능**
예를 들어 급여를 입력할 때 100~500만 원 사이에 있는 데이터만 입력해야 하는 경우, 이 조건을 유효성 검사로 설정해 놓으면 100~500만 원 사이를 벗어나는 데이터를 입력할 경우 오류 메시지가 나타나고, 데이터는 입력되지 않습니다.

16.2, 14.1, 12.3, 05.3, 2급 19.상시, 19.2, 17.2, 17.1, 16.1, 15.3, 15.1, 13.3, 11.3

## 4 유효성 검사

1207504

데이터를 정확하게 입력할 수 있도록 도와주는 기능*이다.

**실행** [데이터] → [데이터 도구] → [ (데이터 유효성 검사)] 클릭

• **'데이터 유효성' 대화상자**

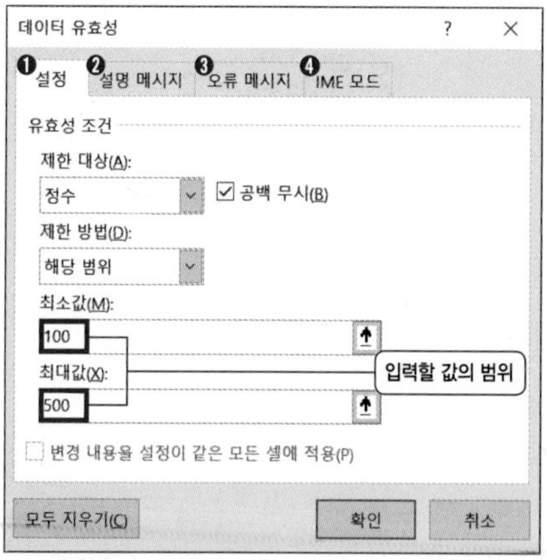

'데이터 유효성' 대화상자

❶ **'설정' 탭** : 제한 대상, 제한 방법, 최소값, 최대값 등과 같은 유효성 조건을 지정한다.
- 제한 대상 : 모든 값, 정수, 소수점, 목록, 날짜, 시간, 텍스트 길이, 사용자 지정
- 제한 방법 : 해당 범위, 제외 범위, =, 〈 〉, 〉, 〈, 〉=, 〈=

❷ **'설명 메시지' 탭** : 유효성 검사를 지정한 셀을 선택하면 표시할 메시지를 지정한다.

❸ **'오류 메시지' 탭** : 유효성 검사에 위배되는 잘못된 데이터를 입력하면 표시할 오류 메시지를 지정한다.

❹ **'IME 모드' 탭** : 유효성 검사가 지정된 셀의 데이터 입력 모드(한글/영문 등)를 지정한다.

문제3 1207551 문제5 1207552

## 따라잡기 기출문제 따라잡기

22년 6회, 1회, 06년 4회, 1회, 03년 3회

**1. 다음 중 연속적인 위치에 있고, 데이터가 입력되어 있는 여러 개의 셀을 범위로 설정한 후, 셀 병합을 실행하였을 때의 결과에 대한 설명으로 올바른 것은?**

① 기존에 입력되어 있던 데이터들이 한 셀에 모두 표시된다.

② 데이터가 들어 있는 여러 셀을 병합할 수 없다.

③ 가장 아래쪽 또는 오른쪽의 셀 데이터만 남고 나머지 셀 데이터는 모두 지워진다.

④ 가장 위쪽 또는 왼쪽의 셀 데이터만 남고 나머지 셀 데이터는 모두 지워진다.

예를들어 데이터가 입력되어 있는 [A1:C2] 영역을 범위로 지정한 후 셀 병합을 실행하면 가장 왼쪽 상단에 있는 [A1] 셀의 데이터만 남고 나머지는 모두 지워집니다.

| | A | B | C |
|---|---|---|---|
| 1 | 1 | 2 | 3 |
| 2 | 4 | 5 | 6 |
| 3 | | | |

→

| | A | B | C |
|---|---|---|---|
| 1 | | 1 | |
| 2 | | | |
| 3 | | | |

24년 5회, 22년 2회

**2. [B1] 셀을 삭제하기 위해 다음과 같은 대화상자를 표시하는 방법으로 옳은 것은?**

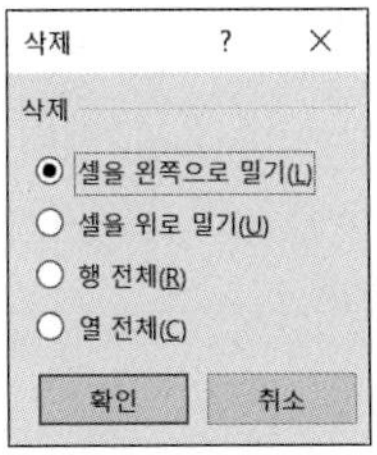


① Ctrl + + 를 누른다. ② Ctrl + - 를 누른다.

③ Alt + + 를 누른다. ④ Alt + - 를 누른다.

셀을 삽입하려면 Ctrl + +, 셀을 삭제하려면 Ctrl + - 를 누르면 됩니다.

13년 3회, 08년 3회, 05년 1회, 03년 3회

**3. 다음 중 아래 워크시트에서 총점[B2:B5]을 원래의 값에 기본점수[E2]를 더한 값으로 변경하려고 할 때 실행해야 할 작업의 순서로 옳은 것은?**

| | A | B | C | D | E |
|---|---|---|---|---|---|
| 1 | 성명 | 총점 | 등급 | | 기본점수 |
| 2 | 장한별 | 85 | A | | 10 |
| 3 | 홍국영 | 78 | B | | |
| 4 | 정후겸 | 55 | C | | |
| 5 | 이이산 | 67 | D | | |
| 6 | | | | | |

① [E2] 선택 → [복사] → [B2:B5] 선택 → [홈] → [클립보드] → [붙여넣기] → [선택하여 붙여넣기] → 더하기 → 확인

② [E2] 선택 → [복사] → [B2:B5] 선택 → [홈] → [클립보드] → [붙여넣기] → [연결하여 붙여넣기]

③ [E2] 선택 → [복사] → [B2:B5] 선택 → [홈] → [클립보드] → [붙여넣기] → [값 붙여넣기]

④ [E2] 선택 → [복사] → [B2:B5] 선택 → [홈] → [클립보드] → [붙여넣기] → [하이퍼링크로 붙여넣기]

[E2] 셀을 복사한 후 [B2:B5] 영역에 '선택하여 붙여넣기' 대화상자의 '더하기'를 실행하면 다음과 같이 복사됩니다.

| | A | B | C | D | E |
|---|---|---|---|---|---|
| 1 | 성명 | 총점 | 등급 | | 기본점수 |
| 2 | 장한별 | 95 | A | | 10 |
| 3 | 홍국영 | 88 | B | | |
| 4 | 정후겸 | 65 | C | | |
| 5 | 이이산 | 77 | D | | |
| 6 | | | | | |

16년 2회

**4. 다음 중 데이터 유효성 검사를 실행하기 위해 유효성 조건으로 설정할 수 있는 '제한 대상'에 대한 설명으로 옳지 않은 것은?**

① 목록 : 목록으로 정의한 항목으로 데이터 제한

② 정수 : 지정된 범위를 벗어난 숫자 제한

③ 데이터 : 지정된 데이터 형식에 대한 제한

④ 사용자 지정 : 수식을 사용하여 허용되는 값 제한

유효성 검사의 '제한 대상' 종류에는 '모든 값, 정수, 소수점, 목록, 날짜, 시간, 텍스트 길이, 사용자 지정'이 있습니다.

18년 2회

**5. 다음 중 '선택하여 붙여넣기' 기능에 대한 설명으로 옳지 않은 것은?**

① 선택하여 붙여넣기 명령을 사용하면 워크시트에서 클립보드의 특정 셀 내용이나 수식, 서식, 메모 등을 복사하여 붙여 넣을 수 있다.

② 선택하여 붙여넣기의 바로 가기 키는 Ctrl + Alt + V 이다.

③ 잘라 낸 데이터 범위에서 서식을 제외하고 내용만 붙여 넣으려면 '내용 있는 셀만 붙여넣기'를 선택한다.

④ '연결하여 붙여넣기'를 선택하면 원본 셀의 값이 변경되었을 때 붙여넣기 한 셀의 내용도 자동 변경된다.

'선택하여 붙여넣기'는 복사한 경우에만 사용할 수 있습니다.

▶ 정답 : 1. ④ 2. ② 3. ① 4. ③ 5. ③

SECTION
080

# 통합 문서

C 등급


한 번만 실습해 보면 충분히 이해할 수 있는 내용들입니다. 통합 문서 작성/열기/닫기와 관련된 바로 가기 키 정도만 알아두세요.

19.상시, 06.2, 2급 06.2, 03.1, 02.3

## 1 통합 문서 작성/열기/닫기

1207601

| 구 분 | 새 파일 작성 | 파일 열기 | 파일 닫기 |
|---|---|---|---|
| [파일] 메뉴 이용 | [파일] → [새로 만들기] → [새 통합 문서] | [파일] → [열기] | [파일] → [닫기] |
| 바로 가기 키 이용 | Ctrl + N | Ctrl + O | Ctrl + F4 또는 Ctrl + W |

전문가의 조언

'다른 이름으로 저장' 대화상자의 [도구] → [일반 옵션]을 실행하여 할 수 있는 각 작업과 열기 암호와 쓰기 암호의 차이점을 이해하세요.

24.2, 19.2, 17.2, 16.2, 14.3, 13.3, 13.2, 09.2, 06.2, 03.4, 2급 15.2, 10.1, 09.1, 07.3, 07.2, 06.4, 06.2, 05.4, 05.3, 04.1, …

## 2 통합 문서 저장

1207602

| | |
|---|---|
| [파일] 메뉴 이용 | [파일] → [저장]을 선택한다. |
| 바로 가기 키 이용 | Ctrl + S를 누른다. |
| 빠른 실행 도구 모음 이용 | '저장(🖫)' 아이콘을 클릭한다. |

### 일반 옵션

실행 [파일] → [다른 이름으로 저장] → [찾아보기] → [도구] → [일반 옵션] 선택

- 암호는 대·소문자를 구분하며 문자, 숫자, 기호 등을 포함하여 지정할 수 있다.

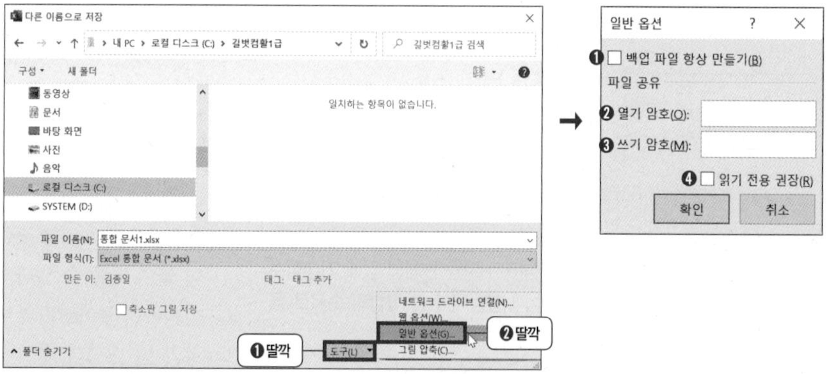


| | |
|---|---|
| 24.2, 19.2, 17.2, 14.3, 13.3<br>❶ 백업 파일 항상 만들기 | 통합 문서를 저장할 때마다 백업 복사본을 저장한다. |
| 24.2, 17.2, 14.3, 13.3, 03.4<br>❷ 열기 암호 | • 암호를 모르면 통합 문서를 열 수 없다.<br>• 암호의 최대 길이는 최대 255자까지 가능하다. |
| 24.2, 17.2, 14.3, 13.3, 03.4<br>❸ 쓰기 암호 | • 암호를 모르더라도 읽기 전용으로 열어 수정할 수 있으나, 원래 문서에는 저장할 수 없다.<br>• 암호의 최대 길이는 최대 15자까지 가능하다. |
| 24.2, 17.2, 14.3, 13.3<br>❹ 읽기 전용 권장 | 문서를 열 때마다 통합 문서를 읽기 전용으로 열도록 대화상자를 나타낸다. |

## 3 저장 가능한 파일 형식

17.1, 16.2, 06.2

3208403

- xlsx : 통합 문서 파일
- xlsm : VBA 매크로 코드나 매크로가 포함된 통합 문서 파일
- xltx : 서식 파일
- xltm : 매크로가 포함된 서식 파일
- xlsb : 바이너리 통합 문서 파일
- htm, html : 웹 페이지 형식 파일*
- xls : Excel 97~2003 통합 문서 파일
- prn : 공백으로 분리된 아스키 텍스트 파일
- csv : 쉼표로 분리된 아스키 텍스트 파일
- txt : 탭으로 분리된 아스키 텍스트 파일

**전문가의 조언**

엑셀 문서를 웹 페이지 형식으로 저장하는 방법과 웹 페이지로 저장할 경우 그대로 유지되는 서식을 정리해 두세요.

**웹 페이지로 저장**

- 통합 문서나 워크시트를 웹 페이지(.htm) 파일로 저장하는 것입니다.
- [파일] → [저장] → [찾아보기]를 클릭한 후 파일 형식을 '웹 페이지(*.html, *.htm)'로 지정하여 저장하면 됩니다.
- 전체 통합 문서 또는 일부 시트만을 선택하여 저장할 수 있습니다.
- 배경 질감 및 그래픽과 같은 관련 파일은 하위 폴더에 따로 저장됩니다.

### 따라잡기 기출문제 따라잡기

문제2 1207653

17년 1회

**1. 다음 중 엑셀의 확장자에 따른 파일 형식과 설명이 옳지 않은 것은?**

① .xlsb – Excel 바이너리 파일 형식이다.

② .xlsm – XML 기반의 Excel 2021 파일 형식으로 매크로를 포함할 수 있다.

③ .xlsx – XML 기반의 기본 Excel 2021 파일 형식으로 VBA 매크로 코드나 Excel 4.0 매크로 시트를 저장할 수 없다.

④ .xltx – Excel 서식 파일의 기본 Excel 2021 파일 형식으로 VBA 매크로 코드나 Excel 4.0 매크로 시트를 저장할 수 있다.

일반적인 서식 파일의 확장자는 'xltx'이고, 매크로가 포함된 서식 파일의 확장자는 'xltm'입니다.

24년 2회, 17년 2회, 14년 3회, 13년 3회

**2. 다음 중 통합 문서 저장 시 사용하는 [일반 옵션]에 관한 설명으로 옳지 않은 것은?**

① [백업 파일 항상 만들기]는 통합 문서를 저장할 때마다 백업 복사본을 저장하는 기능이다.

② [열기 암호]는 암호를 모르면 통합 문서를 열어 사용할 수 없도록 암호를 지정하는 기능이다.

③ [쓰기 암호]는 암호를 모르더라도 읽기 전용으로 열어 열람이 가능하나 원래 문서 및 복사본으로 통합 문서를 저장할 수 없도록 암호를 지정하는 기능이다.

④ [읽기 전용 권장]은 문서를 열 때마다 통합 문서를 읽기 전용으로 열도록 대화상자를 나타내는 기능이다.

[쓰기 암호]는 암호를 모르면 원래 문서에는 저장할 수 없지만 다른 이름으로 저장해서 사용할 수는 있습니다.

▶ 정답 : 1. ④ 2. ③

SECTION 081

# 통합 문서 공유 / 보호

A 등급

## 1 통합 문서 공유

24.4, 24.2, 22.6, 22.1, 21.1, 20.상시, 20.2, 19.상시, 18.상시, 17.1, 16.3, 15.2, 14.3, 11.3, 09.4, 09.3, 08.1, 07.4, 07.2, …

4308101

네트워크로 연결된 환경에서 하나의 통합 문서를 여러 사람이 공동으로 작업할 수 있게하는 기능이다.

**실행** [검토] → [새 그룹] → [통합 문서 공유(레거시)]*를 클릭한 후 '편집' 탭에서 '새로운 공동 작성 환경 대신 기존의 공유 통합 문서 기능을 사용합니다.' 항목 선택

### 특징

- 통합 문서를 공유하면 데이터 입력 및 편집은 가능하나 셀 병합, 조건부 서식, 차트, 시나리오, 부분합, 데이터 표, 피벗 테이블 보고서 등에 대한 작업은 추가 및 변경이 불가능하다.
- 공유된 통합 문서는 제목 표시줄에 '공유됨'이라고 표시된다.
- 공유된 통합 문서의 변경 내용을 추적하여 변경된 내용만 새로운 시트에 작성할 수 있다.
- 공유된 통합 문서는 여러 사용자가 동시에 변경 및 병합할 수 있다.
- 공유된 통합 문서를 사용하는 특정 사용자의 연결을 강제로 종료시킬 수 있다.
- 공유된 통합 문서를 보호하기 위해 공통으로 사용할 암호를 설정할 수 있다.
- 암호로 보호된 공유 통합 문서의 보호를 해제하려면 먼저 통합 문서의 공유를 해제해야 한다.
- 다른 사용자가 문서의 내용을 변경하였을 경우 자동으로 변경된 셀에 노트가 표시된다.*
- 공유 통합 문서 파일을 다른 위치에 복사해도 공유 설정 값은 유지된다.
- 공유 통합 문서가 저장된 네트워크 위치를 액세스하는 모든 사용자는 공유된 통합 문서를 액세스할 수 있다.
- 공유 통합 문서의 변경 내용을 일정 기간 동안 보관할 수 있으며, 그 여부를 지정할 수도 있다.
- 변경 내용을 저장하면 공유 통합 문서의 복사본이 만들어져 변경한 내용들을 병합할 수도 있다.
- 공유 통합 문서를 사용하는 여러 사용자들의 변경 내용이 충돌할 경우 저장할 내용을 선택하거나, 자신이 변경한 내용이 무조건 저장되도록 지정할 수 있다.

**전문가의 조언**

통합 문서를 공유하는 방법과 공유된 통합 문서의 특징을 묻는 문제가 종종 출제되니 확실히 숙지해 두세요.

**궁금해요 시나공 Q&A 베스트**

**Q '통합 문서 공유(레거시)' 메뉴가 없어요.**

A '통합 문서 공유(레거시)' 메뉴는 기본적으로 화면에 표시되지 않습니다. 화면에 표시하려면 [파일] → [옵션] → 'Excel 옵션' 대화상자의 '리본 사용자 지정' 탭 → '리본 메뉴 사용자 지정'의 '기본 탭'에서 '검토'를 선택한 후 〈새 그룹〉 클릭 → '명령 선택'에서 '모든 명령'을 선택한 후 '통합 문서 공유(레거시)'를 선택하고 〈추가〉를 클릭하세요.

**변경된 셀에 표시되는 노트**

내용을 변경한 사용자 이름과 변경된 내용을 표시합니다.

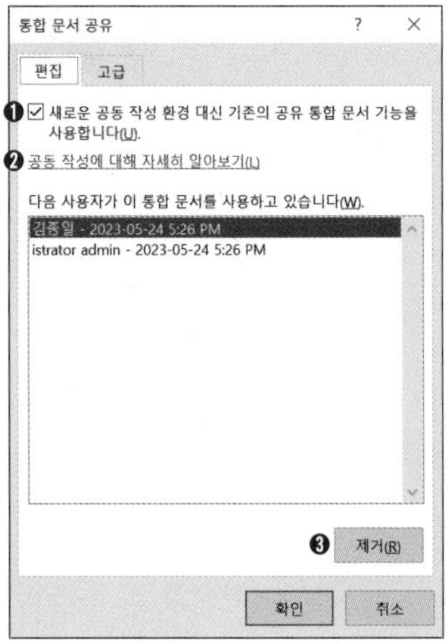


| | |
|---|---|
| ❶ | 이 부분을 체크하면 실질적으로 통합 문서 공유가 이루어진다. |
| ❷ | 공유된 통합 문서의 사용자를 표시한다. |
| ❸ | 공유 통합 문서 사용자 중 선택한 사용자의 연결을 강제로 종료한다. |

'통합 문서 공유' 대화상자의 '편집' 탭

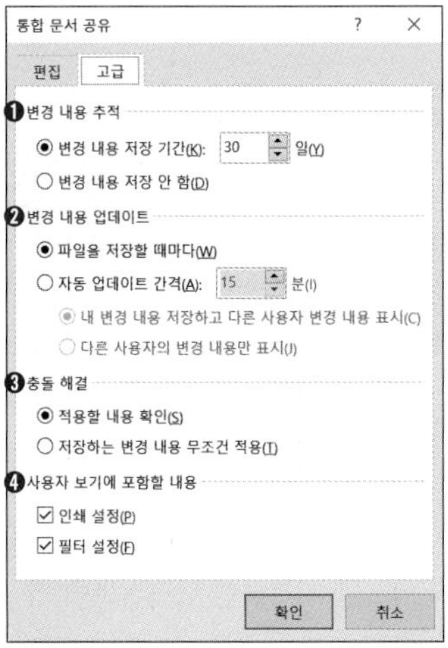


| | |
|---|---|
| ❶ | 공유된 통합 문서의 변경 내용을 일정 기간 동안 보관할 수 있으며 그 여부를 지정한다. |
| ❷ | 공유된 통합 문서의 변경 내용을 표시하는 시간 간격을 지정한다. |
| ❸ | 공유된 통합 문서를 저장할 때 충돌하는 변경 내용을 처리하는 방법을 지정한다. |
| ❹ | 공유된 통합 문서의 인쇄와 필터링 설정값을 개인적으로 다르게 지정할 수 있도록 설정한다. |

'통합 문서 공유' 대화상자의 '고급' 탭

24.4, 24.3, 23.5, 23.3, 22.5, 22.3, 21.4, 21.2, 20.2, 18.1, 15.3, 15.1, 08.4, 06.4, 04.3, 2급 24.5, 21.1, 20.2, 20.1, …

## 2 시트 보호

1207605

특정 워크시트에 입력된 데이터나 차트 등을 변경할 수 없도록 보호하는 기능으로, 보호된 시트에서는 기본적으로 셀을 선택하는 것만 가능하다.

**실행** [검토] → [보호] → [시트 보호] 클릭

**해제** [검토] → [보호] → [시트 보호 해제] 클릭

### 특징

- 통합 문서 중 특정 시트만을 보호하는 것으로, 나머지 시트는 변경이 가능하다.
- 모든 요소를 모든 사용자가 액세스하지 못하도록 보호할 수 있으며, 지정한 범위에 대해 개별적으로 사용자의 수정을 허용할 수도 있다.
- 셀/행/열의 서식, 하이퍼링크 삽입, 자동 필터, 피벗 테이블 및 피벗 차트 등 특정 항목을 제외하고 시트 보호를 지정할 수 있다.
- '셀 서식' 대화상자의 '보호'* 탭에서 '잠금'이 해제된 셀은 보호되지 않는다.

**전문가의 조언**

시트 보호 시 워크시트에서 허용할 내용, 통합 문서 보호의 사용 목적, 적용 대상 등을 정리해 두세요.

**'셀 서식' 대화상자의 '보호' 탭**

셀에 입력된 내용이나 셀의 크기 등을 변경할 수 없도록 셀을 보호하는 기능으로, '보호' 탭에서 잠금이나 숨김을 설정한 후 시트 보호를 설정해야 시트 보호가 적용됩니다.

- **잠금** : 데이터 입력, 수정 등의 작업을 하지 못하도록 보호합니다.
- **숨김** : 수식 입력줄에 데이터가 표시되지 않습니다.

24.4, 24.1, 23.4, 22.7, 22.4, 21.3, 20.2, 18.상시, 18.1, 16.2, 15.1, 13.3, 12.1, 11.2, 2급 20.1, 03.3

## 3 통합 문서 보호

1207606

통합 문서의 시트 삽입, 삭제, 이동, 숨기기, 이름 바꾸기 등을 할 수 없도록 보호하는 기능이다.

실행 [검토] → [보호] → [통합 문서 보호] 클릭

해제 [검토] → [보호] → [통합 문서 보호]를 다시 한 번 클릭

### 특징

- 통합 문서에 '시트 보호'가 설정되지 않은 경우 워크시트에 입력한 내용은 수정할 수 있다.
- 암호를 지정*할 수 있다.

**통합 문서 보호 시 암호 지정**
통합 문서 보호 시 암호를 지정한 경우 해제할 때 암호를 입력해야 해제가 가능하며, 암호를 잊어버리면 엑셀에서 복구할 수 없습니다.

따라잡기 **기출문제 따라잡기**

문제3 1207651

22년 5회, 21년 1회, 16년 3회

**1. 다음 중 공유 통합 문서에 대한 설명으로 옳지 않은 것은?**

① 여러 사용자가 동시에 동일한 셀을 변경하려면 충돌이 발생한다.

② 통합 문서를 공유한 후 하이퍼링크, 시나리오, 매크로 등의 기능은 변경할 수 없지만 조건부 서식, 차트, 그림 등의 기능은 변경할 수 있다.

③ 공유 통합 문서를 네트워크 위치에 복사해도 다른 통합 문서나 문서의 연결은 그대로 유지된다.

④ 공유 통합 문서를 열면 창의 제목 표시줄의 엑셀 파일명 옆에 '공유됨'이라는 글자가 표시된다.

통합 문서를 공유한 후에는 셀 병합, 하이퍼링크, 시나리오, 조건부 서식, 차트, 그림 등을 추가하거나 변경할 수 없습니다.

22년 6회, 1회, 21년 3회

**2. 다음 중 공유 통합 문서에 대한 설명으로 옳지 않은 것은?**

① 여러 사용자가 동시에 동일한 셀을 변경하려면 충돌이 발생한다.

② 통합 문서를 공유한 후 셀을 삽입하거나 삭제할 수 있다.

③ 통합 문서를 공유한 후 여러 셀을 하나로 병합할 수 있다.

④ 공유 통합 문서를 네트워크 위치에 복사해도 다른 통합 문서나 문서의 연결은 그대로 유지된다.

공유 통합 문서에서는 셀을 삽입하거나 삭제할 수는 있어도 병합할 수는 없습니다.

22년 7회, 20년 2회, 11년 2회

**3. 다음 중 통합 문서에 대한 설명으로 옳지 않은 것은?**

① 시트 보호는 통합 문서 전체가 아닌 특정 시트만을 보호한다.

② 공유된 통합 문서는 여러 사용자가 동시에 변경 및 병합할 수 있다.

③ 통합 문서 보호 설정 시 암호를 지정하면 워크시트에 입력된 내용을 수정할 수 없다.

④ 사용자가 워크시트를 추가, 삭제하거나 숨겨진 워크시트를 표시하지 못하도록 통합 문서의 구조를 잠글 수 있다.

시트 보호는 시트에 데이터를 입력하거나 수정할 수 없도록 보호하는 기능이고, 통합 문서 보호는 시트 전체를 삭제하거나 이동, 숨기기 등을 할 수 없도록 보호하는 기능입니다. 통합 문서 보호 설정 시 암호를 지정한다고 기능이 달라지지는 않습니다.

문제4 4308154

## 따라잡기 기출문제 따라잡기

23년 3회, 22년 3회, 21년 2회

**4. 다음 중 시트 보호에 대한 설명으로 옳지 않은 것은?**

① 시트 보호 설정 시 암호를 설정할 수 있다.

② 시트 보호는 통합 문서 전체가 아닌 특정 시트만을 보호한다.

③ 시트 보호를 실행하면 시트의 삽입, 삭제, 이동, 숨기기, 이름 바꾸기 등의 작업을 할 수 없다.

④ 시트 보호를 설정하면 셀에 데이터를 입력하거나 수정하려고 했을 때 경고 메시지가 나타난다.

시트의 삽입, 삭제, 이동, 숨기기, 이름 바꾸기 등의 작업을 할 수 없도록 하려면 통합 문서 보호를 실행해야 합니다.

24년 3회, 23년 5회, 22년 5회, 21년 4회, 08년 4회, 06년 4회, 04년 3회

**5. 다음 중 워크시트에서 허용할 내용으로 지정할 수 있는 내용이 아닌 것은?**

① 시나리오 편집 ② 개체 편집

③ 시트 이름 바꾸기 ④ 자동 필터 사용

시트 이름은 시트 보호와 상관없이 변경할 수 있습니다.

24년 1회, 21년 4회, 3회, 16년 2회, 13년 3회

**6. 아래와 같이 통합 문서 보호를 설정했을 경우에 대한 설명으로 옳지 않은 것은?**

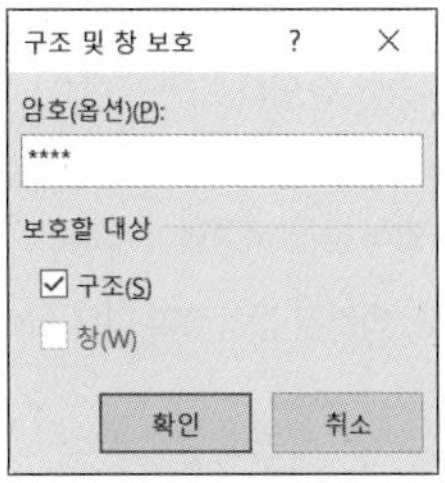


① 워크시트를 이동하거나 삭제할 수 없다.

② 새 워크시트 또는 차트 시트를 삽입할 수 없다.

③ 시나리오 요약 보고서를 만들 수 없다.

④ 워크시트에 작성된 차트를 다른 시트로 이동할 수 없다.

통합 문서 보호는 통합 문서의 시트 삽입, 삭제, 이동, 숨기기, 이름 바꾸기 등을 할 수 없도록 보호하는 것으로, 통합 문서 보호를 실행해도 워크시트에 작성된 차트를 다른 시트로 이동할 수 있습니다.

23년 4회, 22년 4회

**7. 아래와 같이 통합 문서 보호를 설정했을 경우에 대한 설명으로 옳지 않은 것은?**

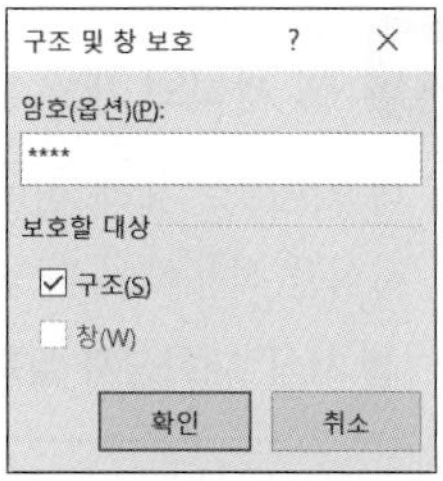


① 암호를 모르면 엑셀에서도 복구할 수 없다.

② 워크시트에 데이터를 입력하거나 수정할 수 없다.

③ 워크시트의 이동, 삭제, 숨기기, 워크시트의 이름 변경 등의 기능을 실행할 수 없다.

④ 암호를 입력해야 통합 문서 보호를 해제할 수 있다.

통합 문서 보호를 지정해도 워크시트에 데이터를 입력하거나 수정, 삭제 등을 할 수 있습니다.

21년 4회

**8. 다음 중 아래 설명에 해당하는 기능은?**

- 잠긴 셀 또는 잠기지 않은 셀로 이동하거나 셀 서식을 변경하지 못하도록 막는다.
- 워크시트 요소를 삽입하거나 변경하는 것을 막는다.

① 시트 보호 ② 통합 문서 보호

③ 통합 문서 공유 ④ 잠금

시트 보호를 지정한 시트에서는 셀을 선택하는 것 이외의 작업은 불가능합니다.

24년 2회

**9. 다음 중 공유된 통합 문서에 대한 설명으로 옳지 않은 것은?**

① 공유 통합 문서를 여러 사용자가 동시에 편집할 수 있도록 설정할 수 있다.

② 공유된 통합 문서에서는 조건부 서식을 추가하거나 변경할 수 없다.

③ 사용자별로 공유된 통합 문서를 열기 위한 암호를 다르게 설정할 수 있다.

④ 필요시 공유 통합 문서에서 특정 사용자의 연결을 끊을 수 있다.

모든 사용자가 공통으로 입력할 암호는 설정할 수 있지만 사용자별로 다르게 설정할 수는 없습니다.

▶ **정답** : 1. ② 2. ③ 3. ③ 4. ③ 5. ③ 6. ④ 7. ② 8. ① 9. ③

SECTION
082
# 셀 서식 - 표시 형식 / 맞춤

C 등급

16.1
## 1 셀 서식의 개요

1207701

- 셀 서식*은 셀에 입력된 데이터에 표시 형식, 글꼴, 테두리, 무늬 등의 여러 가지 서식을 적용하여 다양하게 꾸미는 기능이다.
- **'셀 서식' 대화상자 실행 방법**

| | |
|---|---|
| **리본 메뉴 이용** | [홈] → [글꼴]/[맞춤]/[표시 형식]의 ⧉를 클릭한다. |
| **바로 가기 메뉴 이용** | [셀 서식]을 선택한다. |
| **바로 가기 키 이용** | Ctrl + 1을 누른다. |

**셀 서식 관련 바로 가기 키**
- Ctrl + 1 : '셀 서식' 대화상자 표시
- Ctrl + 2 : 글꼴 스타일 '굵게' 적용
- Ctrl + 3 : 글꼴 스타일 '기울임꼴' 적용
- Ctrl + 4 : 글꼴 스타일 '밑줄' 적용
- Ctrl + 5 : 글꼴 스타일 '취소선' 적용

11.3, 07.2, 05.3, 03.2, 2급 14.2, 09.4, 05.1, 04.2, 03.1, 02.2, 01.2, 01.1, 00.3, 00.1, 99.1
## 2 표시 형식

1207702

'셀 서식' 대화상자에서 데이터의 종류에 따라 미리 정의된 표시 형식이나 사용자가 직접 만든 사용자 지정 형식을 적용할 수 있다.

| | |
|---|---|
| 03.2<br>**일반** | 특별한 서식을 지정하지 않은 경우로 문자는 왼쪽, 숫자는 오른쪽에 표시한다. |
| 2급 01.2<br>**숫자** | • 숫자를 나타내는 표시 형식으로, 입력된 데이터가 숫자일 경우에만 사용할 수 있다.<br>• 소수점 이하 자릿수, 천 단위 구분 기호(,), 음수 표시 형식* 등을 지정할 수 있다. |
| 11.3, 07.2, …<br>**통화** | • 금액을 나타내는 표시 형식을 지정한다.<br>• 천 단위마다 쉼표(,)와 숫자 앞에 통화 기호를 표시하며, 음수 표시 형식 등을 지정할 수 있다. |
| 11.3, 07.2, …<br>**회계** | • [통화] 형식과 비슷하나 음수의 표시 형식을 별도로 지정할 수 없고, 입력된 값이 0일 경우 하이픈(–)으로 표시된다.<br>• [통화] 형식은 숫자 바로 앞에 통화 기호가 표시되지만 [회계] 형식은 해당 셀의 왼쪽에 붙는다.* |
| **날짜** | 날짜의 표시 형식을 지정한다. |
| **시간** | 시간의 표시 형식을 지정한다. |
| 11.3, 07.2, …<br>**백분율** | 셀에 입력된 값에 100을 곱한 후 뒤에 %를 붙인 것으로, 소수점 이하 자릿수를 지정할 수 있다. |
| **분수** | 셀에 입력된 값을 분수로 표시한다. |
| **지수** | 셀에 입력된 값을 지수 형식으로 표시한다. |
| 2급 09.4, …<br>**텍스트** | 셀에 입력된 값을 모두 문자 데이터로 취급하여 셀의 왼쪽에 정렬한다. |
| **기타** | 우편번호, 전화번호, 주민등록번호 등의 표시 형식을 지정한다. |

**전문가의 조언**

표시 형식을 지정한 후 표시 결과를 묻거나 그 반대의 경우를 묻는 문제가 출제되었습니다. 각 표시 형식의 기능을 이해해야 합니다.

**음수 표시 형식**

셀 값이 음수일 경우에는 값을 빨간색으로 표시하는 형식, 괄호로 묶어주는 형식, 값에 마이너스(–)를 붙이는 형식, 빨간색과 괄호를 함께 적용하는 형식, 빨간색과 마이너스(–)를 함께 적용하는 형식 등이 있습니다.

**통화 형식과 회계 형식의 비교**

| | A | B |
|---|---|---|
| 1 | 통화 형식 | 회계 형식 |
| 2 | ₩12,345 | ₩ 12,345 |
| 3 | ₩0 | ₩ - |

# 3 맞춤

24.2, 15.2, 09.4, 08.4, 05.1, 2급 11.1, 04.3, 03.2, 03.1, 01.3, 01.2, 99.2

1207703

'셀 서식' 대화상자의 '맞춤' 탭을 이용하여 가로 · 세로 맞춤, 텍스트 방향 등을 지정할 수 있다.

| | |
|---|---|
| 24.2, 05.1, 2급 04.3<br>**가로** | • 데이터를 셀의 가로를 기준으로 왼쪽, 가운데, 오른쪽, 채우기*, 양쪽 맞춤*, 선택 영역의 가운데로*, 균등 분할* 등으로 정렬한다.<br>• 기본적으로는 문자는 왼쪽, 숫자는 오른쪽, 논리와 오류값은 가운데 정렬된다. |
| **세로** | • 데이터를 셀의 세로를 기준으로 위쪽, 가운데, 아래쪽, 양쪽 맞춤, 균등 분할 등으로 정렬한다.<br>• 기본적으로 가운데에 정렬된다. |
| 2급 11.1, 03.2<br>**자동 줄 바꿈** | 입력된 데이터의 길이가 열의 너비보다 긴 경우 열의 너비에 맞게 줄을 나누어 한 셀에 여러 줄로 표시한다. |
| 08.4, 2급 03.1<br>**셀에 맞춤** | 입력된 데이터의 길이가 열의 너비보다 긴 경우 열의 너비에 맞추어 글자 크기를 줄여 한 셀에 표시한다. |
| 2급 11.1, 03.2<br>**셀 병합** | • 여러 개의 셀을 하나의 셀로 합친다.<br>• 데이터가 입력되어 있는 여러 개의 셀을 병합하면 첫 행 왼쪽 셀의 내용만 남고, 모두 삭제된다. |
| 15.2<br>**텍스트 방향** | 사용하는 언어에 따라 다른 텍스트의 읽는 순서를 '텍스트 방향대로', '왼쪽에서 오른쪽', '오른쪽에서 왼쪽'으로 설정한다. |
| 09.4<br>**방향** | 데이터의 회전 각도(-90도~90도)를 지정하여 기울기를 설정한다. |

**전문가의 조언**

텍스트 가로 맞춤과 방향에 대한 문제가 출제되었습니다. 이를 중심으로 '셀 서식' 대화상자의 '맞춤' 탭에서 지정할 수 있는 것에 대해 알아두세요.

**채우기**

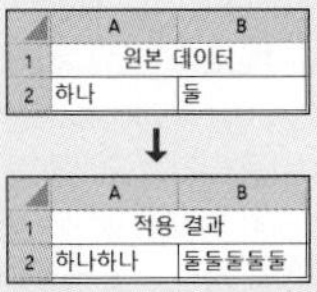


**양쪽 맞춤**

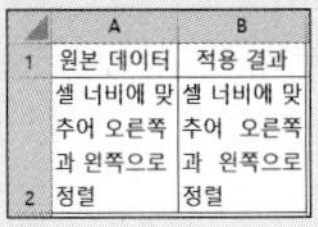


**선택 영역의 가운데로**

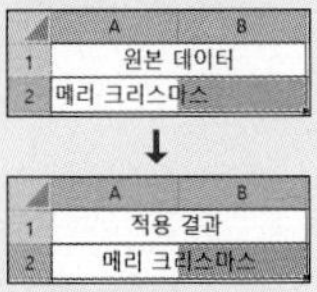


**균등 분할**

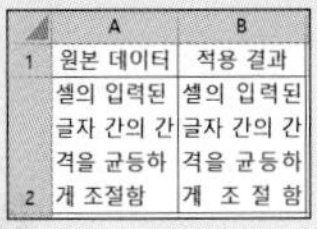


## 따라잡기 기출문제 따라잡기

문제2 1207751

24년 2회

**1. 다음 중 '셀 서식' 대화상자의 가로 텍스트 맞춤에 대한 설명으로 틀린 것은?**

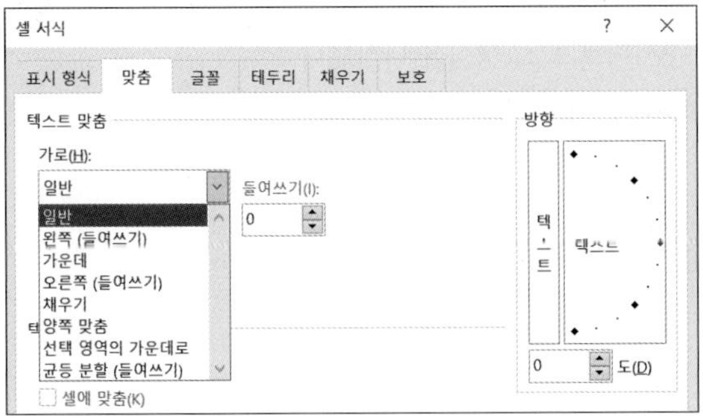


① 양쪽 맞춤 : 여러 줄로 표시된 경우 글자를 양쪽에 붙여 표시한다.

② 선택 영역의 가운데로 : 병합하지 않은 상태에서 선택한 영역의 가운데로 정렬한다.

③ 균등 분할 (들여쓰기) : 셀의 너비보다 데이터의 길이가 긴 경우 열의 너비에 맞게 여러 줄로 표시한 후 글자 간의 간격을 조절한다.

④ 채우기 : 선택한 영역의 가장 왼쪽 셀의 내용을 반복하여 표시하고 나머지 셀의 내용은 삭제된다.

가로 텍스트 맞춤을 '채우기'로 지정하면 선택한 영역의 각 셀의 내용을 셀의 너비에 맞게 반복하여 표시합니다.

11년 3회, 07년 2회, 05년 3회

**2. 다음은 셀 서식의 표시 형식에 대한 설명이다. 잘못된 것은?**

① 0의 값은 회계 표시 형식을 이용하면 -로 표시할 수 있다.

② dddd 표시 형식은 요일을 Saturday와 같은 형태로 표시한다.

③ 통화 서식에서는 음수의 표시 형식을 설정할 수 없다.

④ yyyy.mmm 표시 형식은 2003.Jul과 같은 형태로 표시한다.

통화 서식도 일반 숫자 서식과 마찬가지로 값이 음수일 때 - 또는 ( )로 표시 형식을 지정할 수 있습니다. 음수의 표시 형식을 설정할 수 없는 것은 회계 서식입니다. ②, ④번과 같은 사용자 지정 표시 형식은 다음 Section에서 공부합니다.

▶ **정답** : 1. ④ 2. ③

SECTION
# 083 셀 서식 - 사용자 지정

A 등급



**중요해요!** 제시된 형태대로 표현하기 위한 사용자 지정 서식을 묻는 문제가 거의 매회 출제되고 있습니다. 사용자 지정 서식 코드를 이용하여 조건에 만족하는 표시 형식을 만들 수 있을 정도로 내용을 반드시 숙지해야 합니다.

24.5, 24.3, 24.2, 24.1, 23.5, 23.4, 23.2, 22.5, 22.4, 22.2, 21.4, 21.2, 19.2, 18.상시, 15.3, 12.3, 12.2, 10.1, 09.3, 08.4, …

## 1 사용자 지정 표시 형식의 개요

3208701

사용자 지정 표시 형식은 기본적으로 제공하는 표시 형식을 이용하여 원하는 형식을 표시할 수 없을 때, 사용자가 직접 만들어 사용하는 표시 형식이다.

- '셀 서식' 대화상자의 '표시 형식' 탭에서 범주를 '사용자 지정'으로 선택한 후 형식 입력 상자에 직접 표시 형식을 입력한다.

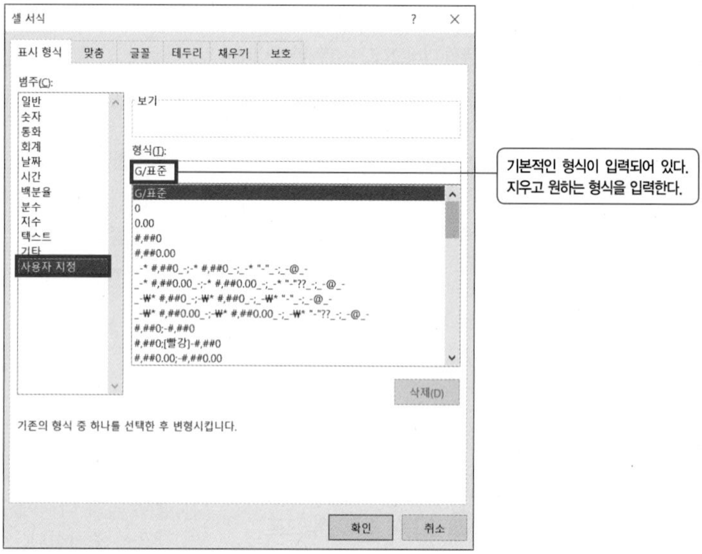


- 조건이 없을 때는 양수, 음수, 0, 텍스트 순으로 표시 형식이 지정되지만, 조건이 있을 때는 조건이 지정된 순서대로 표시 형식을 나타낸다.
- 조건이나 글꼴색*을 지정할 때는 대괄호([ ]) 안에 입력한다.

**지정 가능한 글꼴색**
검정, 흰색, 빨강, 노랑, 파랑, 녹색, 녹청, 자홍

- **조건이 없을 때**

#,### ; [빨강](#,###) ; 0.00 ; @"님"
양수 / 음수 / 0값 / 텍스트

- **조건이 있을 때**

[>0](#,###) ; [<0][빨강](#,###) ; 0.00 ; @"님"
조건1 / 조건2 / 두 조건을 만족하지 않을 경우 / 텍스트

## 2 숫자 서식 코드

24.5, 24.3, 24.2, 24.1, 23.3, 23.1, 22.7, 22.6, 22.3, 22.2, 22.1, 21.4, 21.3, 21.2, 21.1, 20.상시, 20.2, 20.1, 19.상시, 19.2, …

1207802

| 코드 | 기능 |
|---|---|
| 24.3, 24.2, 24.1, 23.3, 23.1, …<br>**#** | 유효한 자릿수만 표시하고, 유효하지 않은 0은 표시하지 않는다. |
| 24.5, 24.3, 24.2, 24.1, 23.1, 22.7, …<br>**0** | 유효하지 않은 자릿수를 0으로 표시한다. |
| 20.2, 16.2, 15.3, 15.1<br>**?** | 유효하지 않은 자릿수에 0 대신 공백을 표시하고, 소수점을 기준으로 정렬한다. |
| 24.3, 24.2, 24.1, 23.3, 23.1, 22.7, …<br>**,** | • 천 단위 구분 기호를 표시한다.<br>• 표시 형식 맨 끝에 콤마를 표시하면 3자리씩 생략*한다. |
| 23.1, 19.상시, 19.1, 12.3, …<br>**%** | 숫자에 100을 곱한 다음 %를 붙인다. |
| 11.1, 09.2, 08.3, …<br>**[DBNUM1]** | • 숫자를 한자, 한글, 한자+숫자 등으로 표시한다.<br>• [DBNUM1] ~ [DBNUM4]*가 있다. |

**천 단위 생략**
- 천 단위 생략은 천 단위 미만의 값을 삭제한다는 의미가 아니라 천 단위 미만의 값을 화면에만 표시되지 않게 숨긴다는 의미입니다.
- 이때 천 단위 미만의 값은 반올림되어 표시됩니다. 예를 들어 446000이 입력된 셀에 표시 형식을 #, 로 지정하면 천 단위 미만의 값이 표시되지 않고 백의 자리에서 반올림되므로 45가 표시됩니다.

**154를 입력했을 때의 결과**
- [DBNUM1] : 一百五十四
- [DBNUM2] : 壹百伍拾四
- [DBNUM3] : 百5十4
- [DBNUM4] : 일백오십사

**예제 1** 숫자 서식 코드 사용하기

| | A | B | C |
|---|---|---|---|
| 1 | 원본 데이터 | 지정된 서식 | 결과 데이터 |
| 2 | 512.57 | ## | 513 |
| 3 | 32.1 | ##.## | 32.1 |
| 4 | 1523.78 | #,###.# | 1,523.8 |
| 5 | 24532468 | #,### | 24,532,468 |
| 6 | 5135000 | #,###, | 5,135 |
| 7 | 452000000 | #,###,,"백만원" | 452백만원 |
| 8 | 45 | ###% | 4500% |
| 9 | 52.368 | 0,000.00 | 0,052.37 |
| 10 | 321 | 0.0 | 321.0 |
| 11 | 1255 | | 1255. |
| 12 | 23.12 | ?.?? | 23.12 |
| 13 | 135.567 | | 135.57 |

- 유효하지 않은 자릿수는 표시하지 않는다.
- 천 단위로 표시하기 위해 3자리를 생략한다.
- 백만 단위로 표시하기 위해 6자리를 생략한다.
- 유효하지 않은 자릿수를 0으로 표시하고, 자릿수가 부족할 경우 반올림한다.
- ? 표시만큼 자릿수를 확보한다.
- 쉼표(,)가 두 개이므로 6자리를 생략한다.

**예제 2** 순이익이 0보다 크면 "파랑", 0보다 작으면 '–' 기호를 붙이고 "빨강", 0이면 "검정", 텍스트면 뒤에 "미등록"을 표시하는 사용자 지정 서식을 작성하시오(단, 천 단위마다 콤마(,)를 표시하고 값이 0일때 '0' 표시).

답 : [파랑]#,##0;[빨강]–#,##0;[검정]#,##0;@"미등록"

### 궁금해요 시나공 Q&A 베스트

**Q1 셀에 512.57을 입력한 후 셀 서식을 '##'으로 지정하니 513이 표시되었는데, 왜 '#'을 두 번 쓰나요? 512는 세 자리이니까 '###'으로 지정해야 하는 거 아닌가요?**

**A1** 정수 부분은 #의 개수와 관계없이 원래의 자릿수대로 숫자가 모두 표시되고, 소수점 이하는 '#'의 개수만큼만 표시합니다. 소수점 이하의 자리수 보다 '#'을 많이 지정하면 나머지는 빈자리로 표시됩니다.

예 512.57 → #.# → 512.6
512.57 → #.### → 512.57

**Q2 '예제2'에서 왜 모든 서식 뒤에 '0'이 붙죠? 무슨 의미인지 도저히 모르겠어요ㅠㅠ**

**A2** 셀에 입력된 값이 0일 때 0을 표시하기 위해 '#,##0'으로 지정한 것입니다. '#,###'으로 지정하면 셀에 입력된 값이 0일 때 아무것도 표시되지 않습니다.

## 3 날짜 서식 코드

23.1, 18.상시, 17.2, 17.1, 11.3, 11.1, 08.3, 08.2, 07.4, 07.2, 05.4, 05.2, 04.2, 04.1, 2급 24.5, 24.4, 23.5, 22.4, 22.3, 21.3, …

1207803

| 범 주 | 코 드 |
|---|---|
| 23.1, 17.2, …<br>**연도** | • yy : 연도 중 뒤의 두 자리만 표시한다.<br>• yyyy : 연도를 네 자리로 표시한다. |
| 23.1, 17.2, …<br>**월** | • m : 월을 1~12로 표시한다.<br>• mm : 월을 01~12로 표시한다.<br>• mmm : 월을 Jan~Dec로 표시한다.<br>• mmmm : 월을 January~December로 표시한다. |
| 23.1, 17.2, …<br>**일** | • d : 일을 1~31로 표시한다.<br>• dd : 일을 01~31로 표시한다. |
| 11.3, …<br>**요일** | • ddd : 요일을 Sun~Sat로 표시한다.<br>• dddd : 요일을 Sunday~Saturday로 표시한다. |

**날짜 서식 코드 사용 예**

| | A | B | C |
|---|---|---|---|
| 1 | 원본 데이터 | 지정된 서식 | 결과 데이터 |
| 2 | 2021-03-05 | yy-m-d | 21-3-5 |
| 3 | 2020-02-07 | yyyy-mm-dd | 2020-02-07 |
| 4 | 2008-07-05 | mm-ddd-yy | 07-Sat-08 |
| 5 | 2019-11-05 | yyyy"년"mm"월"dd"일" | 2019년11월05일 |

## 4 시간 서식 코드*

17.2, 14.2, 10.1, 08.2, 2급 24.5, 24.4, 22.4, 21.1, 19.상시, 16.2, 14.1, 13.2, 11.3, 09.2, 08.3, 04.2, 03.1

1207804

**경과된 시간 표시**

현재 시간이 아닌 경과된 시간을 표시할 때는 아래와 같이 대괄호 [ ]로 묶어주면 됩니다.
- [h] : 경과된 시간
- [m] : 경과된 분
- [s] : 경과된 초

| 범 주 | 코 드 |
|---|---|
| 17.2, 14.2, 10.1, …<br>**시간** | • h : 0~23으로 표시한다.<br>• hh : 00~23으로 표시한다. |
| 17.2, 14.2, 10.1, …<br>**분** | • m : 0~59로 표시한다.<br>• mm : 00~59로 표시한다. |
| **초** | • s : 0~59로 표시한다.<br>• ss : 00~59로 표시한다. |
| 08.2<br>**오전/오후** | AM/PM, A/P |

**시간 서식 코드 사용 예**

| | A | B | C |
|---|---|---|---|
| 1 | 원본 데이터 | 지정된 서식 | 결과 데이터 |
| 2 | 1:03:02 | hh:mm:ss | 01:03:02 |
| 3 | 13:03:05 | h:m:s AM/PM | 1:3:5 PM |
| 4 | 16:25 | hh"시"mm"분"ss"초" | 16시25분00초 |
| 5 | 9:25 | hh:mm A/P | 09:25 A |

## 5 문자열 서식 코드

21.3, 20.2, 19.상시, 19.1, 18.상시, 17.2, 17.1, 16.2, 15.3, 12.3, 12.1, 09.3, 08.1, 07.2, 05.1, 04.3, 03.1, 2급 24.5, 24.4, …

1207805

| 코 드 | 기 능 |
|---|---|
| 21.3, 19.상시, …<br>**@** | 문자 데이터의 표시 위치를 지정한다. |
| 20.2, 17.2, …<br>* | * 기호 다음에 있는 특정 문자를 셀의 너비만큼 반복하여 채운다. |
| 09.3, 05.1, …<br>**(_)** | • 셀에 입력된 데이터의 오른쪽 끝에 하나의 공백이 생긴다.<br>• _ 기호 뒤에는 반드시 하나의 문자가 있어야 한다(주로 -를 사용). |

**문자열 서식 코드 사용 예**

| | A | B | C |
|---|---|---|---|
| 1 | 원본 데이터 | 지정된 서식 | 결과 데이터 |
| 2 | 길벗 | @"R&D" | 길벗R&D |
| 3 | 활용능력 | "컴퓨터"@ | 컴퓨터활용능력 |
| 4 | 종소리 | @*~ | 종소리~~~~~~~ |
| 5 | 35 | ##*! | 35!!!!!!!!!!!!!!!!!!!!!! |
| 6 | 123456 | #,###"원"_- | 123,456원 |

공백

문제1 4308351

## 따라잡기 기출문제 따라잡기

22년 7월, 21년 2회, 1회, 16년 1회, 10년 1회

**1. 다음 조건을 이용하여 사용자 지정 표시 형식을 설정할 경우 옳은 것은?**

> 셀의 값이 200 이상이면 '빨강', 200 미만 100 이상이면 '파랑', 100 미만이면 색을 지정하지 않고, 천 단위 구분 기호와 소수 이하 첫째 자리까지 표시할 것

① [빨강][>=200]#,###.#;[파랑][>=100]#,###.#;#,###.#;
② [빨강][>=200]#,###;[파랑][>=100]#,###;#,###;
③ [빨강][>=200]#,##0.0;[파랑][>=100]#,##0.0;#,##0.0
④ [빨강][>=200]#,##0;[파랑][>=100]#,##0;#,##0

- 사용자 지정 표시 형식에 조건이 있을 경우 '조건1;조건2;두 조건을 만족하지 않을 경우' 순으로 지정하며, 조건이나 글꼴색은 대괄호([ ]) 안에 입력합니다.
- **천 단위 구분 기호와 소수 이하 첫째 자리까지 표시** : #,##0.0
- **셀의 값이 200 이상이면 '빨강'** : [빨강][>=200]#,##0.0
- **200 미만 100 이상이면 '파랑'** : [파랑][>=100]#,##0.0
- **100 미만이면 색을 지정하지 않음** : #,##0.0

23년 3회

**2. 다음 중 아래 워크시트의 [A1] 셀에 사용자 지정 표시 형식 '#,###,,'을 적용했을 때 표시되는 값은?**

| | A |
|---|---|
| 1 | 256789.78 |
| 2 | |

① 2　② 2,568
③ (빈 셀)　④ 3

'#,###' 다음에 표시된 콤마(,)는 천 단위 이하를 생략합니다. 콤마가 두 개이므로 '256789.78'에서 백만 단위 이하를 생략하면 화면에는 아무것도 표시되지 않습니다.

23년 2회

**3. 다음 중 입력 데이터에 사용자 지정 표시 형식을 설정한 경우 그 표시 결과로 옳지 않은 것은?**

| 표시 형식 | 데이터 | 결과 |
|---|---|---|
| ① # 0/0 | 0.5 | 1/2 |
| ② 0/0 | 1.5 | 1 1/2 |
| ③ 0/0 | 0.5 | 1/2 |
| ④ # 0/0 | 1.5 | 1 1/2 |

표시 형식을 0/0으로 지정하면 '분자/분모' 형식으로 표시되므로 1.5는 **3/2**로 표시됩니다.

24년 5회, 23년 5회, 22년 5회, 2회

**4. 셀의 값이 100 이상이면 "▲", -100 이하이면 "▼", 그 외는 값이 그대로 표시되는 사용자 지정 표시 형식으로 옳은 것은?**

> [표시 예]
> 150 : ▲
> 0 : 0
> -50 : -50
> -122 : ▼

① [>=100]"▲";#;[<=-100]"▼"
② [>=100]"▲";0;[<=-100]"▼"
③ [>=100]"▲";[<=-100]"▼";#
④ [>=100]"▲";[<=-100]"▼";0

- **100 이상이면 "▲"** : [>=100]"▲"
- **-100 이하면 "▼"** : [<=-100]"▼"
- **그 외는 값을 그대로 표시** : 0
  ※ 셀의 값이 0일 때 0이 표시되게 하려면 표시 형식을 반드시 0으로 지정해야 합니다.

∴ 사용자 지정 표시 형식을 모두 합치면 **[>=100]"▲";[<=-100]"▼";0**입니다.

22년 6회, 1회, 21년 3회, 09년 3회, 07년 1회, 06년 1회

**5. 숫자 24600을 입력한 후 아래의 표시 형식을 적용했을 때 표시되는 결과로 맞는 것은?**

> #0.0,"천원";(#0.0,"천원");0.0;@"님"

① 24.6천원　② 24,600
③ 25,000천원　④ (25.0천원)

천 단위마다 구분 기호를 넣기 위해 사용하는 콤마(,)를 '0,'와 같이 마지막에 넣어주면 숫자 뒤에 3자리를 생략하여 표시합니다. 즉 '#0.0,"천원"'으로 표시 형식을 지정하면 24600에서 뒤에 3자리를 생략하고, 소수점 한 자리까지 표시하므로 24.6이 되고, 여기에 "천원"을 붙여 "24.6천원"이 됩니다.

### 궁금해요 시나공 Q&A 베스트

**Q 콤마(,)가 표시 형식 맨 끝에 표시되면 3자리를 생략하잖아요. 24600에 '#0.0,"천원"'을 적용하면 세 자리를 생략하여 24가 되고, 여기에 0.0을 적용하면 24.0이 아닌가요?**

**A** 아닙니다. 세 자리를 생략한다는 의미는 세 자리를 완전히 삭제하는 것이 아니라 소수점의 위치를 왼쪽으로 세 자리 이동한다고 생각하면 됩니다. 24600에서 소수점을 왼쪽으로 세 자리 이동하면 24.600이 되고, 여기에 0.0을 적용하여 소수점 첫 째 자리까지 표시하면 24.6이 되는 것입니다.

▶ **정답** : 1. ③　2. ③　3. ②　4. ④　5. ①

## 따라잡기 기출문제 따라잡기

문제6 4308356

23년 1회, 18년 1회, 17년 2회

**6. 다음 중 입력한 데이터에 지정된 표시 형식에 따른 결과가 옳은 것은?**

① 입력 자료 : -14500
표시 형식 : #,##0;#,##0
결과 : 14,500

② 입력 자료 : 2023-04-05
표시 형식 : mm-dd
결과 : Apr-04

③ 입력 자료 : 24678
표시 형식 : #.##
결과 : 24678

④ 입력 자료 : 0.457
표시 형식 : 0%
결과 : 45.7%

② mm-dd : mm은 월을 01~12로, dd는 일을 01~31로 표시하므로 **04-05**로 표시됩니다.
③ ##.# : #은 유효한 자릿수만 표시하므로 **24678.**으로 표시됩니다.
④ 0% : 숫자에 100을 곱한 후 %를 표시하는데 소수점 이하는 표시하지 않아야 하므로 **45.7%**에서 반올림되어 **46%**가 표시됩니다.

21년 4회

**7. 다음 중 아래 워크시트의 [B2] 셀에 〈보기〉의 사용자 지정 표시 형식을 적용했을 때 표시되는 값은?**

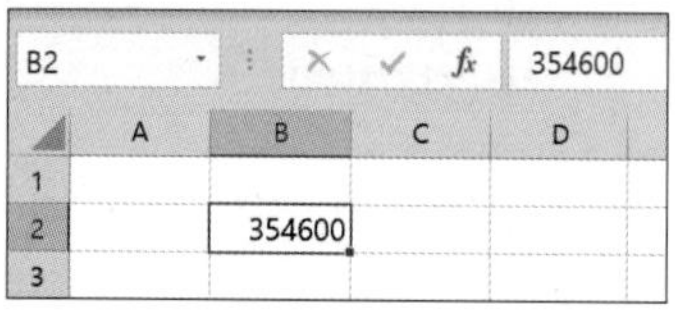


**〈보기〉**

[>=1000000]0.0,,"kℓ";[>=1000]0.0,"ℓ";0.0"mℓ"

① 354600mℓ　　② 354ℓ
③ 354.6ℓ　　④ 0.4kℓ

- **[>=1000000]0.0,,"kℓ"** : 셀에 입력된 값이 1,000,000 이상일 때 적용되는 서식으로, 0.0,,"kℓ" 형식으로 표시하되, 백만 단위 이하를 생략합니다.
  예 354600000 → 354.6kℓ
- **[>=1000]0.0,"ℓ"** : 셀에 입력된 값이 1,000 이상일 때 적용되는 서식으로, 0.0,"ℓ" 형식으로 표시하되, 천 단위 이하를 생략합니다.
  예 354600 → 354.6ℓ
- **0.0"mℓ"** : 1,000 미만일 때 적용되는 서식으로, 0.0"mℓ" 형식으로 표시합니다.
  예 50 → 50.0mℓ

24년 5회, 23년 4회, 22년 4회

**8. 다음 중 사용자 지정 표시 형식에 대한 설명으로 틀린 것은?**

① 소수점 오른쪽의 자리표시자 보다 더 긴 숫자가 소수점 이하의 숫자로 셀에 입력될 경우 자리표시자 만큼 소수 자릿수로 내림된다.
② 양수, 음수, 0, 텍스트 순으로 한 번에 네 가지의 표시 형식을 지정할 수 있다.
③ 각 섹션에 대한 색은 섹션의 맨 앞에 8개의 색 중 하나를 대괄호로 묶어 입력해야 한다.
④ 두 개의 섹션을 지정하면 첫 번째 섹션은 양수 또는 0, 두 번째 섹션은 음수에 대한 표시 형식이다.

소수점 오른쪽의 자리 표시자보다 더 긴 소수점 이하의 숫자가 셀에 입력될 경우 자리 표시자만큼 소수 자릿수로 내림이 아니라 반올림됩니다.
예 **5.67**이 입력된 셀에 사용자 지정 표시 형식을 **0.0**으로 지정하면 반올림되어 **5.7**이 표시됩니다.

20년 2회, 16년 2회, 15년 3회

**9. 다음 중 서식 코드를 셀의 사용자 지정 표시 형식으로 설정한 경우 입력 데이터와 표시 결과가 옳지 않은 것은?**

| | 서식 코드 | 입력 데이터 | 표시 |
|---|---|---|---|
| ⓐ | # ???/??? | 3.75 | 3　3/4 |
| ⓑ | 0,00#, | -6789 | -0,007 |
| ⓒ | *-#,##0 | 6789 | *----6789 |
| ⓓ | ▲#;▼#;0 | -6789 | ▼6789 |

① ⓐ　　② ⓑ
③ ⓒ　　④ ⓓ

ⓐ # ???/??? : ?는 유효하지 않은 자릿수에 0 대신 공백을 표시하는 기호로, 셀에 입력된 값을 분수로 표시하되, 분모와 분자를 각각 세 자리로 표시하면 '3　3/4 '로 표시됩니다.
ⓑ 0,00#, : 0,00# 다음에 표시된 콤마(,)는 천 단위 생략을 의미하므로 **-6789**에서 천 단위를 생략하면 **-6**인데, 백의 자리에서 반올림되어 **-7**이 됩니다. 여기에 **0,00#** 형식을 적용하면 **-0,007**로 표시됩니다.
ⓒ *-#,##0 : *는 * 기호 다음에 있는 문자를 셀의 너비만큼 반복하여 채워 표시하라는 기호이므로, **-----6,789**로 표시됩니다.
ⓓ ▲#;▼#;0 : 사용자 지정 표시 형식은 '양수;음수;0;텍스트' 순으로 지정하는데, 여기서는 텍스트 부분이 생략되었습니다. **-6789**는 음수이므로 **▼#** 형식이 적용되어 **▼6789**로 표시됩니다.

▶ **정답** : 6. ① 7. ③ 8. ① 9. ③

SECTION 084

# 조건부 서식

A 등급

24.5, 24.4, 24.2, 24.1, 23.4, 23.3, 23.2, 23.1, 22.7, 22.5, 22.4, 21.4, 21.3, 21.2, 18.상시, 18.2, 16.3, 15.3, 15.2, 15.1, …

## 1 조건부 서식

1207901

조건부 서식은 규칙(조건)을 만족하는 셀에만 셀 서식을 적용하는 기능이다.

**실행** [홈] → [스타일] → [조건부 서식] → [새 규칙] 선택

### 특징

- 서식이 적용될 셀 값 또는 다른 특정한 셀 값을 기준으로 규칙을 지정할 수 있으나, 다른 통합 문서에 있는 셀 값은 기준으로 사용할 수 없다.
- 설정된 규칙은 해당 셀의 값에 따라 적용 여부가 결정되므로 해당 셀의 값이 변경되어 규칙을 만족하지 않으면 적용된 서식이 해제되고, 다시 셀 값이 규칙을 만족하면 서식이 적용된다.
- 규칙별로 다른 서식을 적용할 수 있다.
- 둘 이상의 규칙이 참일 경우 규칙에 지정된 서식이 모두 적용되지만, 서식이 충돌할 경우 우선 순위가 높은 규칙의 서식*이 적용된다.
- 조건부 서식의 규칙을 수식으로 입력할 경우 수식 앞에 반드시 등호(=)를 입력해야 하고, 수식의 결과는 참(TRUE) 또는 거짓(FALSE)이 나오도록 작성해야 한다.
- 워크시트의 특정 셀을 이용하여 규칙을 작성할 수 있고, 규칙 작성 시 셀을 클릭하면 절대 참조로 지정된다.
- 규칙을 만족하는 데이터가 있는 행 전체에 서식을 지정할 때는 규칙 입력 시 열 이름 앞에 '$'를, 열 전체에 서식을 지정할 때는 행 번호 앞에 '$'를 붙여야 한다.
- 다른 통합 문서를 참조하여 규칙을 지정할 수 없다.
- [홈] → [편집] → [찾기 및 선택] → [이동 옵션]을 이용하면 조건부 서식이 적용된 셀을 찾을 수 있다.

**예제** 다음과 같은 데이터 목록에서 총점이 140 이상인 행 전체에 대해 바탕색을 '빨강'으로 지정하시오.

| | A | B | C | D |
|---|---|---|---|---|
| 1 | 이름 | 국어 | 영어 | 총점 |
| 2 | 보라미 | 83 | 78 | 161 |
| 3 | 미라미 | 43 | 62 | 105 |
| 4 | 김은혜 | 58 | 70 | 128 |
| 5 | 박한솔 | 79 | 66 | 145 |
| 6 | | | | |

→

| | A | B | C | D |
|---|---|---|---|---|
| 1 | 이름 | 국어 | 영어 | 총점 |
| 2 | 보라미 | 83 | 78 | 161 |
| 3 | 미라미 | 43 | 62 | 105 |
| 4 | 김은혜 | 58 | 70 | 128 |
| 5 | 박한솔 | 79 | 66 | 145 |
| 6 | | | | |

**전문가의 조언**

**중요해요!** 조건부 서식의 특징 조건을 지정하는 방법을 알아두세요. 특히 조건을 만족하는 데이터가 있는 행 전체에 서식을 지정할 때는 열 이름 앞에 '$'를 붙인다는 것을 꼭 기억해 두세요.

**우선 순위가 높은 규칙의 서식**

- 예를 들어 글꼴 색과 채우기 색을 지정하는 두 조건이 참일 경우에는 두 서식이 모두 적용되나, 글꼴 색을 빨강과 파랑으로 지정하는 두 조건이 참인 경우에는 우선 순위가 높은 규칙의 글꼴 색만 적용됩니다.
- 규칙의 우선 순위는 규칙을 작성한 순서에 따라 결정되며, 가장 마지막에 작성한 규칙이 우선 순위가 가장 높습니다.

**준비하세요**

'C:\길벗컴활1급필기\2과목\2과목.xlsm' 파일을 불러와 '섹션84' 시트에서 실습하세요. 실습할 예제 파일은 시나공 홈페이지(www.sinagong.co.kr)의 [자료실] → [실습예제]에서 다운받으면 됩니다.

**범위 지정**
- 필드명을 제외한 데이터 목록만 범위로 지정합니다.
- 행 전체에 서식을 설정할 경우 전체를 범위로 지정하고, 특정 셀에 대해 서식을 설정할 경우 해당 셀만 범위로 지정합니다.

① 조건부 서식을 적용할 범위(A2:D5)를 블록으로 지정*한 후 [홈] → [스타일] → [조건부 서식] → [새 규칙]을 선택한다.

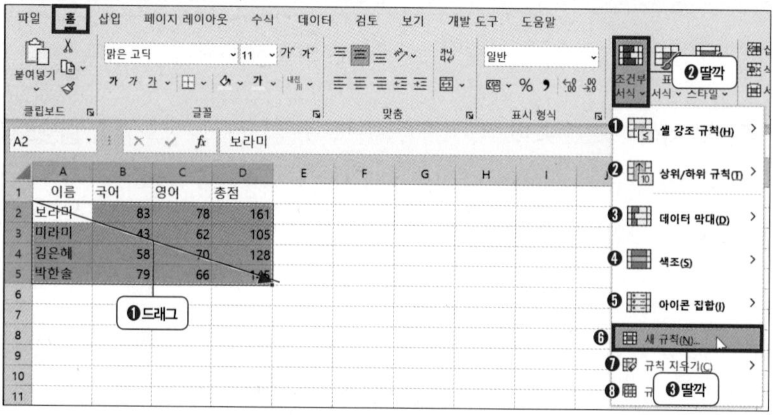


❶ **셀 강조 규칙** : 셀의 값에 따라 조건을 지정하여 서식을 지정한다.
❷ **상위/하위 규칙** : 선택한 범위의 셀 값 중 상위 혹은 하위 몇 %, 몇 개 항목에 대해 서식을 지정한다.
❸ **데이터 막대** : 데이터의 값에 따라 길이가 다른 데이터 막대를 표시한다.
❹ **색조** : 상위와 하위 또는 상위, 중간, 하위 색을 지정하여 표시하고, 그 사이의 값은 지정한 색 사이의 색으로 적절하게 표시한다.
❺ **아이콘 집합** : 셀의 값에 따라 다른 모양의 아이콘을 표시한다.
❻ **새 규칙** : '새 서식 규칙' 대화상자가 표시된다.
❼ **규칙 지우기** : 이미 지정된 규칙을 지운다.
❽ **규칙 관리** : 지정된 규칙을 수정, 삭제, 추가 등을 할 수 있는 '조건부 서식 규칙 관리자'가 표시된다.

궁금해요 **시나공 Q&A 베스트**

**Q '$' 표시는 왜 하나요?**

**A** 조건에 맞는 데이터가 있는 셀이 속한 행 전체에 서식을 적용하기 위한 것입니다. '$'를 붙이지 않으면 상대 주소가 적용되어 엉뚱한 곳에 서식이 적용됩니다.

② '새 서식 규칙' 대화상자의 '규칙 유형 선택'에서 '수식을 사용하여 서식을 지정할 셀 결정'을 선택하고, **=$D2>=140***을 입력한 후 〈서식〉을 클릭한다.

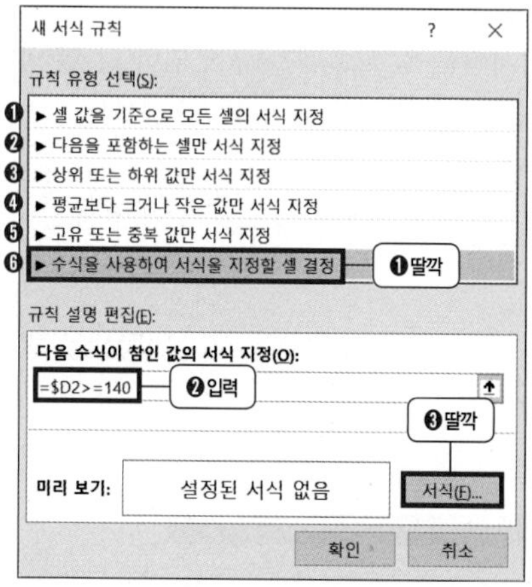


❶ **셀 값을 기준으로 모든 셀의 서식 지정** : 셀 값에 따라 농도가 다른 색이나 길이가 다른 데이터 막대를 모든 셀에 지정한다.
❷ **다음을 포함하는 셀만 서식 지정** : 셀 값에 따라 조건을 지정하여 서식을 지정한다.
❸ **상위 또는 하위 값만 서식 지정** : 선택한 범위의 셀 값 중 상위 혹은 하위 몇 %, 몇 개 항목에 대해 서식을 지정한다.
❹ **평균보다 크거나 작은 값만 서식 지정** : 선택한 범위의 셀 값들에 대한 평균이나 표준 편차보다 높거나 낮은 값에 대해 서식을 지정한다.
❺ **고유 또는 중복 값만 서식 지정** : 선택한 범위의 셀 값 중에서 중복된 값이나 고유 값에 대해 서식을 지정한다.
❻ **수식을 사용하여 서식을 지정할 셀 결정** : 함수나 수식을 이용하여 조건을 지정한다.

③ '셀 서식' 대화상자가 나타나면 '채우기' 탭에서 '빨강'을 선택한 후 〈확인〉을 클릭한다.

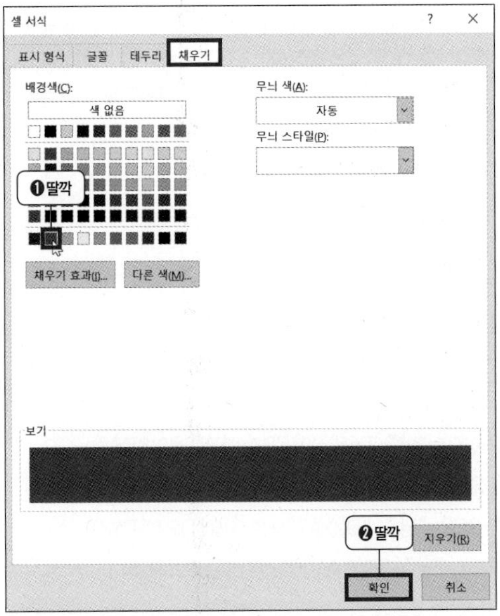


④ '새 서식 규칙' 대화상자에서 〈확인〉을 클릭한다.

## 2 조건부 서식 규칙 관리자

24.4, 16.3

1207902

지정된 모든 조건부 서식을 확인*하거나 수정, 삭제, 추가, 우선 순위 등을 변경할 수 있다.

**실행** [홈] → [스타일] → [조건부 서식] → [규칙 관리] 선택

- '조건부 서식 규칙 관리자' 대화상자에서 첫 번째 있는 항목이 우선 순위가 가장 높다.

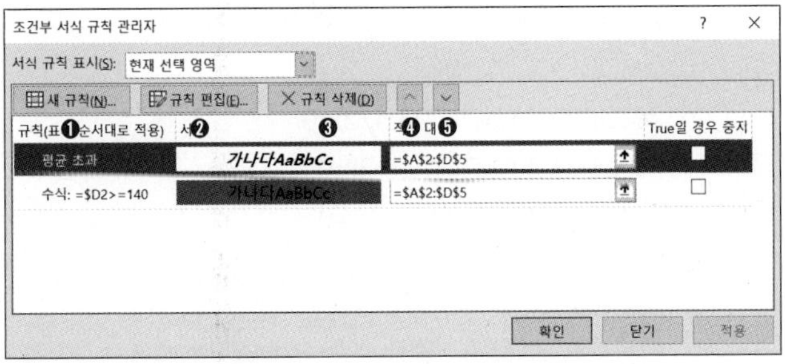


❶ **새 규칙** : 새 규칙을 작성할 수 있는 '새 서식 규칙' 대화상자를 표시한다.
❷ **규칙 편집** : 선택한 규칙을 수정한다.
❸ **규칙 삭제** : 선택한 규칙을 삭제한다.
❹ **위로 이동** : 선택한 규칙을 위로 올려 우선 순위를 높인다.
❺ **아래로 이동** : 선택한 규칙을 아래로 내려 우선 순위를 낮춘다.

**조건부 서식 확인**
'조건부 서식 규칙 관리자' 대화상자에서는 현재 선택 영역과 현재 시트, 다른 시트에 지정된 서식, 즉 현재 작업중인 문서를 대상으로만 확인할 수 있습니다.

## 따라잡기 기출문제 따라잡기

문제3 4308453　　문제4 4308454

24년 1회, 23년 2회, 1회, 21년 3회, 2회

**1. 다음 중 조건부 서식에 대한 설명으로 옳지 않은 것은?**

① 조건부 서식의 조건은 결과가 TRUE(1) 또는 FALSE(0)가 나오도록 작성한다.

② 같은 통합 문서의 특정 셀을 이용하여 조건을 지정할 수 있다.

③ 수식을 이용하여 조건을 지정할 경우, 워크시트의 특정 셀을 클릭하면 상대 참조로 작성된다.

④ 이동 옵션을 이용하여 조건부 서식이 지정된 셀을 찾을 수 있다.

조건부 서식에서 조건 지정 시 마우스로 특정 셀을 클릭하면 절대 참조로 작성됩니다.

22년 7회

**2. [A1:C3] 영역에 대해 조건부 서식의 수식 규칙을 다음과 같이 설정할 경우 결과 화면으로 옳은 것은?**

| | A | B | C |
|---|---|---|---|
| 1 | 1 | 2 | 3 |
| 2 | 4 | 5 | 6 |
| 3 | 7 | 8 | 9 |

=MOD(ROW($A1), 2)=MOD(COLUMN(A$1), 2)

①

| | A | B | C |
|---|---|---|---|
| 1 | 1 | **2** | 3 |
| 2 | **4** | 5 | **6** |
| 3 | 7 | **8** | 9 |

②

| | A | B | C |
|---|---|---|---|
| 1 | **1** | 2 | **3** |
| 2 | 4 | **5** | 6 |
| 3 | **7** | 8 | **9** |

③

| | A | B | C |
|---|---|---|---|
| 1 | 1 | **2** | 3 |
| 2 | **4** | **5** | **6** |
| 3 | 7 | **8** | 9 |

④

| | A | B | C |
|---|---|---|---|
| 1 | **1** | **2** | **3** |
| 2 | **4** | 5 | **6** |
| 3 | **7** | **8** | **9** |

- MOD(인수1, 인수2) 함수는 '인수1'을 '인수2'로 나눈 나머지 값을, ROW(셀) 함수는 주어진 셀의 행 번호를, COLUMN(셀) 함수는 주어진 셀의 열 번호를 반환합니다.
- =MOD(ROW($A1), 2)의 결과

| | A | B | C |
|---|---|---|---|
| 1 | 1 | 1 | 1 |
| 2 | 0 | 0 | 0 |
| 3 | 1 | 1 | 1 |

- =MOD(COLUMN(A$1), 2)의 결과

| | A | B | C |
|---|---|---|---|
| 1 | 1 | 0 | 1 |
| 2 | 1 | 0 | 1 |
| 3 | 1 | 0 | 1 |

- 두 수식의 결과가 같은 셀에 조건부 서식이 적용됩니다.

| | A | B | C |
|---|---|---|---|
| 1 | **1** | 2 | **3** |
| 2 | 4 | **5** | 6 |
| 3 | **7** | 8 | **9** |

23년 3회, 22년 5회

**3. 다음과 같이 [A2:D8] 영역에 성별이 "남"이면서 점수가 전체 평균보다 크면 배경색을 '노랑'으로 설정하는 [조건부 서식]을 지정하려고 한다. 다음 중 [조건부 서식]의 수식 입력란에 입력해야 할 수식으로 옳은 것은?**

| | A | B | C | D |
|---|---|---|---|---|
| 1 | 번호 | 성명 | 성별 | 점수 |
| 2 | 1 | 황영희 | 여 | 45 |
| 3 | **2** | **이방주** | **남** | **86** |
| 4 | **3** | **손기중** | **남** | **78** |
| 5 | 4 | 김보라 | 여 | 92 |
| 6 | **5** | **김경삼** | **남** | **98** |
| 7 | 6 | 엄이봉 | 남 | 76 |
| 8 | 7 | 임선빈 | 남 | 64 |
| 9 | | | | |

① =AND(C$2="남", D$2>AVERAGE($D$2:$D$8))

② =OR(C$2="남", D$2>AVERAGE($D$2:$D$8))

③ =AND($C2="남", $D2>AVERAGE($D$2:$D$8))

④ =OR($C2="남", $D2>AVERAGE($D$2:$D$8))

- 조건부 서식의 규칙으로 셀 주소를 이용해 규칙에 맞는 행 전체에 서식이 적용되도록 수식을 작성할 경우 열 이름 앞에 $를 붙여야 합니다($C2, $D2).
- 두 조건을 모두 만족하도록 조건을 지정해야 하므로 AND 함수를 이용해야 합니다.

22년 4회, 15년 3회, 1회, 09년 1회, 08년 4회

**4. 다음 중 아래의 [A1:E5] 영역에서 B열과 D열에만 배경색을 설정하기 위한 조건부 서식의 규칙으로 옳은 것은?**

| | A | B | C | D | E |
|---|---|---|---|---|---|
| 1 | 자산코드 | **L47C** | S22C | **N71E** | S34G |
| 2 | 비품명 | **디스크** | 디스크 | **디스크** | 모니터 |
| 3 | 내용연수 | **4** | 3 | **3** | 5 |
| 4 | 경과연수 | **2** | 1 | **2** | 3 |
| 5 | 취득원가 | **550,000** | 66,000 | **132,000** | 33,000 |

① =MOD(COLUMNS($A1), 2)=1

② =MOD(COLUMNS(A$1), 2)=0

③ =MOD(COLUMN($A1), 2)=0

④ =MOD(COLUMN(A$1), 2)=0

- COLUMN(셀) 함수는 주어진 셀의 열 번호를, COLUMNS(셀 범위) 함수는 주어진 셀 범위의 열 개수를 구합니다. 열 번호가 짝수인 열에 서식을 지정해야 하므로, COLUMN 함수를 이용하여 각 셀의 열 번호를 구합니다.
- [A1:E5] 영역에 있는 각 셀을 모두 비교하여 셀 단위로 서식을 지정할 때는 **=MOD(COLUMN(A1), 2)=0**으로, 조건에 맞는 데이터가 있는 열 전체에 서식을 지정하려면 행 번호 앞에 $를 붙여 **=MOD(COLUMN(A$1), 2)=0**으로 입력합니다. 두 경우의 결과는 동일합니다.

▶ 정답 : 1. ③　2. ②　3. ③　4. ④

## 074 | 워크시트 기본 지식

### ❶ 엑셀의 화면 구성 – 리본 메뉴 19.2, 15.1, 14.3, 14.1

- 탭 종류 : 홈, 삽입, 페이지 레이아웃, 수식, 데이터, 검토, 보기, 개발 도구, 도움말
- Alt 나 F10 을 누르면 리본 메뉴에 바로 가기 키가 표시된다.
- Ctrl + F1 을 누르면 리본 메뉴가 감추거나 표시된다.

### ❷ 엑셀의 화면 구성 – 이름 상자 21.3, 21.2, 20.1, 14.2

- 현재 작업 중인 셀의 이름이나 주소를 표시하는 부분이다.
- 차트 항목이나 그리기 개체를 선택하면 개체의 이름이 표시된다.
- 수식 작성 중에는 최근 사용한 함수 목록이 표시된다.

### ❸ 엑셀의 화면 구성 – 상태 표시줄 24.5, 22.6, 22.2, 22.1, 20.2, 20.1, 18.2, 15.3

- 현재의 작업 상태나 선택한 명령에 대한 기본적인 정보가 표시되는 곳이다.
- 상태 표시줄 사용자 지정 : 평균, 개수(데이터가 입력된 셀 수), 숫자 셀 수, 최소값, 최대값, 합계를 선택하여 자동 계산할 수 있음

### ❹ 워크시트 편집 – 워크시트 이름 변경 24.1, 21.3, 18.2, 16.1, 14.3

- 바꿀 시트 이름을 더블클릭한 후 원하는 이름을 입력하고 Enter 를 누른다.
- 시트 이름은 공백을 포함하여 최대 31자까지 지정할 수 있으나 * / : ? [ ] 등의 문자는 사용할 수 없다.

### ❺ 워크시트 편집 – 워크시트 복사 23.2, 17.2, 14.1, 10.1

- 복사할 시트를 선택한 후 원하는 위치까지 Ctrl 을 누른 채 드래그한다.
- 시트를 복사할 때마다 시트 이름은 원래의 시트 이름 뒤에 ( )가 삽입되면서 (2), (3), … 등으로 일련번호가 붙는다.

  예 Sheet1 (2), Sheet1 (3)

## 075 | 데이터 입력

### ❶ 데이터 입력의 기초 24.3, 22.3, 21.3, 19.2, 18.상시, 18.2, 17.1, 16.3, 16.2, 15.1, 13.3, 13.2, 13.1

- 한 셀에 여러 줄로 데이터를 입력하려면 줄을 바꾸려는 부분에서 Alt + Enter 를 누른다.
- 여러 셀에 동일한 내용을 입력하려면 해당 셀을 범위로 지정한 후 데이터를 입력하고 Ctrl + Enter 를 누른다.
- 셀을 선택하고 Alt + ↓ 를 누르면 같은 열에 입력된 문자열 목록이 표시된다.

### ❷ 문자 데이터 24.3, 23.5, 22.5, 21.4, 18.2

- 기본적으로 셀의 왼쪽에 정렬된다.
- 숫자 데이터 앞에 문자 접두어( ' )를 입력하면 문자 데이터로 인식된다.

### ❸ 수치 데이터 24.4, 24.3, 22.3

- 기본적으로 셀의 오른쪽에 정렬된다.
- 분수는 0을 입력하고, 한 칸 띄운 다음에 입력한다.

  예 0 1/2
- 셀의 너비보다 긴 경우 지수 형식으로 표시된다.

### ❹ 날짜 데이터 24.4, 22.3, 21.4, 21.1, 20.2, 19.2, 17.1, 14.1, 12.2, 10.3

- 하이픈(–)이나 슬래시(/)를 이용하여 연, 월, 일을 구분한다.
- 날짜 데이터를 수식에서 인수로 사용하려면 큰따옴표(" ")로 묶어준다.
- 오늘 날짜 입력 : Ctrl + ;

### ❺ 시간 데이터 12.2, 10.3

- 콜론(:)을 이용하여 시, 분, 초를 구분한다.
- 오늘 시간 입력 : Ctrl + Shift + ;

### ❻ 노트 23.5, 22.6, 21.1, 20.상시, 18.상시, 16.3, 16.1, 14.3, 13.2, 13.1

- 셀에 입력된 데이터를 지워도 노트는 삭제되지 않는다.
- 시트에 삽입된 노트를 시트에 표시된 대로 인쇄하거나 시트 끝에 모아서 인쇄할 수 있다.
- 노트의 위치를 자유롭게 이동하거나 노트가 항상 표시되도록 지정할 수 있다.
- 셀에 입력된 데이터를 정렬하면 노트도 함께 이동되지만 피벗 테이블에 삽입된 노트는 이동되지 않는다.

### ❼ 윗주 24.4, 24.3, 21.3, 20.상시, 19.1, 18.상시, 13.1, 10.2

- 셀에 입력된 데이터의 위쪽에 추가하는 주석문으로 문자 데이터에만 삽입할 수 있다.
- 윗주가 삽입된 셀의 데이터를 삭제하면 윗주도 함께 삭제된다.
- 셀에 수치 데이터, 날짜/시간 데이터가 입력되어 있거나 아무것도 입력되어 있지 않으면 윗주를 삽입할 수 없다.
- 윗주 서식은 윗주 전체에 대해서만 적용하거나 변경할 수 있다.

## 076 | 채우기 핸들을 이용한 데이터 입력

### ❶ 숫자 데이터 24.4, 24.3, 24.1, 23.2, 23.1, 21.4, 21.3, 21.2, 20.1, 19.2, 17.2, 16.3, 10.1

- 한 셀 : 드래그하면 동일한 데이터가 입력되고, Ctrl을 누르고 드래그하면 값이 1씩 증가하며 입력됨
- 두 셀 : 드래그하면 첫 셀과 두 번째 셀의 차이만큼 증가/감소하고, Ctrl을 누른 채 드래그하면 두 개의 값이 반복하여 복사됨

### ❷ 문자 데이터 24.1, 21.3, 20.1, 19.2, 16.3

- 한 셀 : 드래그하면 동일한 데이터가 입력됨
- 두 셀 : 드래그하면 두 개의 문자가 반복하여 입력됨

### ❸ 혼합 데이터(문자+숫자) 24.1, 22.7, 21.2, 20.1, 17.2

- 한 셀 : 드래그하면 가장 오른쪽에 있는 숫자는 1씩 증가하고, 나머지는 그대로 입력됨
- 두 셀 : 드래그하면 숫자 데이터는 차이만큼 증가/감소하고, 문자는 그대로 입력됨

### ❹ 날짜 데이터 20.1, 17.2

- 한 셀 : 드래그하면 1일 단위로 증가함
- 두 셀 : 드래그하면 두 셀의 차이만큼 연, 월, 일 단위로 증가함

## 077 | 데이터 편집

### ❶ 데이터 삭제 23.1, 21.2, 18.1

- 방법 1 : 삭제할 셀을 선택한 후 Delete를 누름
- 방법 2 : 삭제할 셀의 바로 가기 메뉴에서 [내용 지우기] 선택
- 방법 3 : [홈] → [편집] → [지우기]에서 [모두 지우기], [내용 지우기] 중 선택

### ❷ 찾기 24.2, 23.5, 22.7, 22.5, 21.1, 20.상시, 20.2, 17.2, 17.1, 15.1, 14.2, 12.3, 12.2, 11.3

- 숫자, 특수문자, 한자 등도 찾을 수 있다.
- 데이터를 뒤에서부터 앞으로, 즉 역순으로 검색하려면 Shift를 누른 상태에서 〈다음〉을 클릭한다.
- *, ? 등의 만능문자를 사용할 수 있으며, 만능문자 자체를 검색하려면 ~* 또는 ~?와 같이 기호 앞에 ~를 입력한다.
- '찾기 및 바꾸기' 대화상자
  - 범위 : 찾을 범위(시트, 통합 문서) 지정
  - 검색 : 찾을 방향(행, 열) 지정
  - 찾는 위치 : 찾을 정보가 들어 있는 워크시트의 요소 지정

※ '찾기' 탭에서는 찾는 위치를 '수식, 값, 슬라이드 노트, 메모'로 지정할 수 있지만 '바꾸기' 탭에서는 '수식'으로만 지정할 수 있음

### ❸ 셀 포인터의 이동 23.5, 23.2, 23.1, 22.6, 22.1, 21.4, 21.1, 20.상시, 20.1, 19.상시, 19.1, 18.상시, …

- Shift + Tab, Tab : 좌 · 우로 이동
- Shift + Enter, Enter : 상 · 하로 이동
- Home : 해당 행의 A열로 이동
- Ctrl + Home : [A1] 셀로 이동
- Ctrl + End : 데이터 범위의 맨 오른쪽 아래의 셀로 이동
- Ctrl + PgUp, Ctrl + PgDn : 현재 시트의 앞, 뒤 시트로 이동
- Alt + PgUp, Alt + PgDn : 한 화면 좌, 우로 이동

## 078 | [파일] → [옵션] 설정

### ❶ '고급' 탭 – '편집 옵션' 항목 24.3, 23.3, 22.7, 22.3, 21.4, 21.1, 16.2, 14.2, 14.1, 13.1, …

- 〈Enter〉 키를 누른 후 다음 셀로 이동 : Enter를 누를 때 셀 포인터의 이동 방향을 지정함(↓, ↑, ←, →)
- 소수점 자동 삽입
  - 입력한 숫자 데이터의 소수점 위치를 '소수점 위치'에 입력된 숫자만큼 이동하여 설정한다.
  - '소수점 위치' 옵션을 무시하고 숫자를 입력하려면 숫자 뒤에 소수점을 입력하면 된다. 예 5.
- IntelliMouse로 화면 확대/축소 : Ctrl을 누르지 않은 상태에서 마우스 휠의 스크롤만으로 화면이 확대/축소되도록 설정함

## 079 | 셀 편집

### ❶ 셀 삽입/삭제/병합 24.5, 22.6, 22.2, 22.1

- 셀 삽입 : Ctrl + +
- 셀 삭제 : Ctrl + -
- 셀 병합 : 여러 개의 셀을 하나로 합치는 것으로, 데이터가 입력되어 있는 여러 개의 셀을 셀 병합할 경우 가장 위쪽 또는 왼쪽의 데이터만 남고 나머지 셀의 데이터는 모두 지워짐

## 080 | 통합 문서

### ❶ 통합 문서 저장 – 일반 옵션 24.2, 19.2, 17.2, 14.3, 13.3

- 백업 파일 항상 만들기 : 통합 문서를 저장할 때마다 백업 복사본을 저장함
- 열기 암호 : 암호를 모르면 통합 문서를 열 수 없음
- 쓰기 암호 : 암호를 모르더라도 읽기 전용으로 열어 수정할 수 있으나, 원래 문서에는 저장할 수 없음
- 읽기 전용 권장 : 문서를 열 때마다 통합 문서를 읽기 전용으로 열도록 대화상자를 나타냄

## 081 | 통합 문서 공유 / 보호

### ❶ 통합 문서 공유 24.4, 24.2, 22.6, 22.1, 21.1, 20.상시, 20.2, 19.상시, 18.상시, 17.1, 16.3, 15.2, 14.3, …

- 통합 문서를 공유하면 데이터의 입력과 편집은 가능하나 셀 병합, 조건부 서식, 차트, 시나리오, 부분합, 데이터 표, 피벗 테이블 보고서 등에 대한 작업은 추가하거나 변경할 수 없다.
- 공유된 통합 문서는 여러 사용자가 동시에 변경할 수 있다.
- 공유 통합 문서를 사용하는 특정 사용자의 연결을 강제로 종료시킬 수 있다.
- 암호로 보호된 공유 통합 문서의 보호를 해제하려면 먼저 통합 문서의 공유를 해제해야 한다.
- 통합 문서 공유가 설정된 파일을 다른 위치에 복사해도 공유 설정 값은 유지된다.

### ❷ 시트 보호 24.4, 24.3, 23.5, 23.3, 22.5, 22.3, 21.4, 21.2, 20.2, 18.1, 15.3, 15.1

- 워크시트에 입력된 데이터나 차트 등을 변경할 수 없도록 보호하는 것으로, 보호된 시트에서는 기본적으로 셀을 선택하는 것만 가능하다.
- 셀/행/열의 서식, 하이퍼링크 삽입, 자동 필터, 피벗 테이블 보고서 등 특정 항목을 제외하고 시트 보호를 지정할 수 있다.
- '셀 서식' 대화상자의 '보호' 탭에서 '잠금'이 해제된 셀은 보호되지 않는다.

### ❸ 통합 문서 보호 24.4, 24.1, 23.4, 22.7, 22.4, 21.3, 20.2, 18.상시, 18.1, 16.2, 15.1, 13.3, 12.1, 11.2

- 통합 문서의 시트 삭제, 이동, 숨기기, 이름 바꾸기 등을 할 수 없도록 보호한다.
- 통합 문서에 '시트 보호'가 설정되지 않은 경우 워크시트에 입력한 내용은 수정할 수 있다.

## 082 | 셀 서식 - 표시 형식 / 맞춤

### ❶ 셀 서식 관련 바로 가기 키 16.1

- Ctrl + 1 : '셀 서식' 대화상자 표시
- Ctrl + 2 / 3 / 4 / 5 : 글꼴 스타일 굵게/기울임꼴/밑줄/취소선 적용

### ❷ '셀 서식' 대화상자 – 맞춤 24.2, 15.2

- 텍스트 방향 : 텍스트 방향대로, 왼쪽에서 오른쪽, 오른쪽에서 왼쪽
- 가로
  - 채우기 : 셀의 내용을 셀 너비에 맞게 반복하여 표시함
  - 양쪽 맞춤 : 셀 너비에 맞추어 오른쪽과 왼쪽으로 정렬함
  - 선택 영역의 가운데로 : 병합하지 않은 상태에서 선택한 영역의 가운데로 정렬함
  - 균등 분할 : 셀의 내용을 셀 너비에 맞게 여러 줄로 표시한 후 글자 간의 간격을 균등하게 조절함

## 083 | 셀 서식 - 사용자 지정

### ❶ 사용자 지정 표시 형식 24.5, 24.3, 24.2, 24.1, 23.5, 23.4, 23.2, 22.5, 22.4, 22.2, 21.4, …

- 조건이 없을 때

| #,### | ; | [빨강](#,###) | ; | 0.00 | ; | @"님" |
|---|---|---|---|---|---|---|
| 양수 | | 음수 | | 0값 | | 텍스트 |

- 조건이 있을 때

| [>0](#,###) | ; | [<0][빨강](#,###) | ; | 0.00 | ; | @"님" |
|---|---|---|---|---|---|---|
| 조건1 | | 조건2 | | 두 조건을 만족하지 않을 경우 | | 텍스트 |

### ❷ 숫자 서식 코드 24.5, 24.3, 24.2, 24.1, 23.3, 23.1, 22.7, 22.6, 22.3, 22.2, 22.1, 21.4, 21.3, 21.2, …

- # : 유효한 자릿수만 표시하고, 유효하지 않은(불필요한) 0은 표시하지 않음
- 0 : 유효하지 않은 자릿수를 0으로 표시함
- ? : 유효하지 않은 자릿수에 0 대신 공백을 입력하고, 소수점을 기준으로 정렬
- , : 천 단위 구분 기호를 표시하며, 표시 형식 맨 끝에 표시하면 할 때마다 3자리씩 생략함. 이때 천 단위 미만의 값은 반올림되어 표시됨
- % : 숫자에 100을 곱한 다음 %를 붙임

### ❸ 날짜 서식 코드 23.1, 18.상시, 17.2, 17.1, 11.3, 11.1

| | |
|---|---|
| 년 | • yy : 연도 중 뒤의 두 자리만 표시함<br>• yyyy : 연도를 네 자리로 표시함 |
| 월 | • m : 월을 1~12로 표시함<br>• mm : 월을 01~12로 표시함 |
| 일 | • d : 일을 1~31로 표시함<br>• dd : 일을 01~31로 표시함 |

### ❹ 시간 서식 코드 17.2, 14.2, 10.1

| | |
|---|---|
| 시간 | • h : 0~23으로 표시함<br>• hh : 00~23으로 표시함 |
| 분 | • m : 0~59로 표시함<br>• mm : 00~59로 표시함 |
| 초 | • s : 0~59로 표시함<br>• ss : 00~59로 표시함 |

### ❺ 문자열 서식 코드 21.3, 20.2, 19.상시, 19.1, 18.상시, 17.2, 17.1, 16.2, 15.3, 12.3, 12.1

- @ : 문자 데이터의 표시 위치 지정
- * : * 기호 다음에 있는 특정 문자를 셀의 너비만큼 반복하여 채움
- _ : 셀에 입력된 데이터의 오른쪽 끝에 하나의 공백이 생김

**문제1** **다음 입력 데이터에 사용자 지정 표시 형식을 지정한 후의 표시 결과를 쓰시오.**

① 입력 데이터 : 0.25, 표시 형식 : 0#.#%

**답 :**

② 입력 데이터 : 0.57, 표시 형식 : #.#

**답 :**

③ 입력 데이터 : 90.86, 표시 형식 : #,##0.0

**답 :**

④ 입력 데이터 : 100, 표시 형식 : #,###;@"점"

**답 :**

해설

②, ③ 소수점 이하 첫째 자리까지 표시할 경우 소수점 이하 둘째 자리에서 반올림됩니다.

④ @는 문자 데이터의 표시 위치를 지정할 때 사용하므로 "점"은 표시되지 않습니다.

**문제 2** 숫자 -246000을 입력한 후 아래의 표시 형식을 적용했을 때 표시되는 결과를 쓰시오.

#0.0,"천원";(#0.0,"천원");0.0;@"님"

답 :

해설

숫자 -264000은 음수이므로 (#0.0,"천원") 형식이 적용되어 **(246.0천원)**으로 표시됩니다.

**문제 3** 아래 조건을 처리하는 셀 서식의 사용자 지정 표시 형식을 작성하시오.

- 셀의 값이 2000 이상이면 '빨강', 2000 미만 500 이상이면 '파랑', 500 미만이면 색을 지정하지 않고, 천 단위 구분 기호를 표시하시오.
- 0과 텍스트는 아무것도 표시하지 마시오.

[표시 예]

- 3000 : 3,000
- 1000 : 1,000
- 300 : 300
- 0 :
- 상공 :

답 :

해설

- 천 단위 구분 기호를 표시하는데 0이면 아무것도 표시하지 않음 : #,###
- 셀의 값이 2000 이상이면 '빨강' : [빨강][>=2000]#,###
- 2000 미만 500 이상이면 '파랑' : [파랑][>=500]#,###
- 500 미만이면 색을 지정하지 않음 : #,###
- 텍스트는 아무것도 표시하지 않음 :

∴ 표시 형식을 모두 합치면 **[빨강][>=2000]#,###;[파랑][>=500]#,###;#,###;**입니다.

## 084 조건부 서식

### ❶ 조건부 서식 24.5, 24.4, 24.2, 24.1, 23.4, 23.3, 23.2, 23.1, 22.7, 22.5, 22.4, 21.4, 21.3, 21.2, 18.상시, …

- 규칙(조건)을 만족하는 셀에만 셀 서식을 적용하는 기능이다.
- 둘 이상의 규칙이 참일 경우 규칙에 지정된 서식이 모두 적용되지만, 서식이 충돌할 경우 우선 순위가 높은 규칙의 서식이 적용된다.
- 다른 통합 문서를 참조하여 규칙을 지정할 수 없다.
- 워크시트의 특정 셀을 이용하여 규칙을 작성할 수 있고, 규칙 작성 시 셀을 클릭하면 절대 참조로 지정된다.
- 규칙을 만족하는 데이터가 있는 행 전체에 서식을 지정할 때는 규칙 입력 시 열 이름 앞에 '$'를, 열 전체에 서식을 지정할 때는 행 번호 앞에 '$'를 붙여야 한다.

**문제 4** [A2:E10] 영역에 '판매량'이 40 이상이고, '상태'가 "양호"면 배경색을 '노랑'으로 설정하는 '조건부 서식'의 조건을 작성하시오.

| | A | B | C | D | E |
|---|---|---|---|---|---|
| 1 | 부서 | 제품명 | 상태 | 판매량 | 재고량 |
| 2 | 생산2팀 | 세탁기 | 양호 | 23 | 15 |
| 3 | 생산2팀 | 전자레인지 | 불량 | 32 | 12 |
| 4 | 생산1팀 | 냉장고 | 양호 | 38 | 25 |
| 5 | 생산1팀 | 냉장고 | 양호 | 38 | 15 |
| 6 | 생산1팀 | 세탁기 | 양호 | 39 | 20 |
| 7 | 생산1팀 | 세탁기 | 양호 | 45 | 10 |
| 8 | 생산2팀 | 전자레인지 | 양호 | 59 | 27 |
| 9 | 생산2팀 | 세탁기 | 불량 | 45 | 8 |
| 10 | 생산2팀 | 전자레인지 | 양호 | 48 | 20 |
| 11 | | | | | |

답 :

해설

- 두 조건을 모두 만족하도록 조건을 지정해야 하므로 AND 함수를 이용해야 합니다.
- 조건부 서식을 이용하여 조건에 맞는 데이터가 있는 행 전체에 서식을 지정할 때는 수식 입력 시 열 이름 앞에 $를 붙여야 합니다($D2, $C2).

정답 1. ① 25.% ② .6 ③ 90.9 ④ 100 2. (246.0천원) 3. [빨강][>=2000]#,###;[파랑][>=500]#,###;#,###; 4. =AND($D2>=40, $C2="양호")

**문제 1** [A2:E7] 영역의 홀수 행마다 글꼴색을 '빨강색', 글꼴 스타일을 '굵게'로 설정하는 조건부 서식을 작성하려고 한다. 조건부 서식의 조건으로 지정할 알맞은 수식을 작성하시오(MOD, ROW 함수 사용).

| | A | B | C | D | E |
|---|---|---|---|---|---|
| 1 | 이름 | 국어 | 영어 | 수학 | 평균 |
| 2 | 고인자 | 86 | 72 | 79 | 79 |
| 3 | **최경훈** | **79** | **82** | **82** | **81** |
| 4 | 임보미 | 91 | 93 | 92 | 92 |
| 5 | **신선해** | **86** | **90** | **91** | **89** |
| 6 | 이대로 | 88 | 78 | 83 | 83 |
| 7 | **김영훈** | **90** | **91** | **86** | **89** |
| 8 | | | | | |

답 :

**해설**

- MOD(인수1, 인수2)는 인수1을 인수2로 나눈 나머지를 구하는 함수입니다.
- ROW(인수)는 인수의 행 번호를 반환하는 함수인데, ROW( )와 같이 인수를 지정하지 않으면 수식이 입력된 행을 의미합니다.
- 홀수 행마다 서식을 지정하려면 행 번호를 2로 나눈 나머지가 1인 것으로 수식을 작성하면 됩니다.

### ❷ 조건부 서식 규칙 관리자 24.4, 16.3

'조건부 서식 규칙 관리자' 대화상자에서는 현재 작업중인 문서를 대상으로만 지정된 서식을 확인할 수 있다.

정답 1. =MOD(ROW( ), 2)=1

# 2장

# 수식 활용

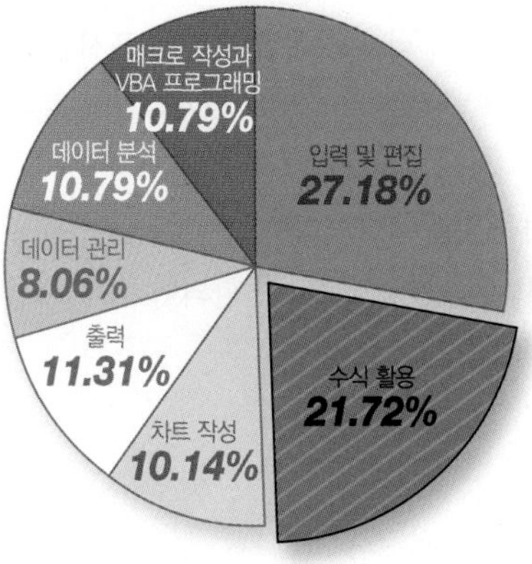


085 수식 작성 / 오류 메시지 Ⓑ등급
086 셀 참조 / 이름 정의 Ⓒ등급
087 함수 기본 Ⓓ등급
088 통계 함수 Ⓑ등급
089 수학/삼각 함수 Ⓑ등급
090 텍스트 함수 Ⓐ등급
091 날짜/시간 함수 Ⓒ등급
092 논리 함수 Ⓒ등급
093 찾기/참조 함수 Ⓐ등급
094 데이터베이스 함수 Ⓒ등급
095 재무 함수 Ⓒ등급
096 정보 함수 Ⓒ등급
097 배열 수식 Ⓐ등급

**이 장에서 꼭 알아야 할 키워드 Best 10**

**1.** IF( ) **2.** 배열 수식 **3.** 3차원 참조 **4.** VLOOKUP( ) **5.** MATCH( ) **6.** SUMPRODUCT( ) **7.** HLOOKUP( ) **8.** INDEX( ) **9.** 오류 메시지 **10.** REPLACE( )

SECTION 085

# 수식 작성 / 오류 메시지

B 등급

## 1 수식의 개념

23.3, 22.7, 22.3, 21.2, 20.2, 19.1, 16.1, 12.3, 09.2, 08.1, 07.3, 2급 09.2, 07.1, 06.2, 00.3, 00.1

1208001

수식이란 워크시트에 입력된 데이터를 계산하거나 분석하기 위한 식을 말한다.

- 더하기와 곱하기 같은 연산은 물론, 워크시트 값을 비교하거나 텍스트를 결합할 수도 있다.
- 수식은 등호(=)나 '+', '−' 기호로 시작한다.*
- 문자열이 수식에 사용될 때에는 큰따옴표 (" ")로 묶어야 한다.
- 같은 워크시트의 다른 셀이나 같은 통합 문서의 다른 시트에 있는 셀, 다른 통합 문서의 시트에 있는 셀 등을 참조하여 수식을 작성할 수 있다.
- 수식이 입력된 셀에는 수식의 결과값이 표시되고, 수식은 수식 입력줄에 표시된다.
- 수식을 선택한 영역 전체에 한 번에 입력하려면 수식을 입력한 후 Ctrl + Enter를 누른다.
- Ctrl + ~*를 누르면 워크시트에 입력된 수식을 모두 볼 수 있다.
- 수식을 입력한 후 F9를 누르면 화면에 표시되는 값이 상수로 변환되어 수식 대신 셀에 입력*된다.

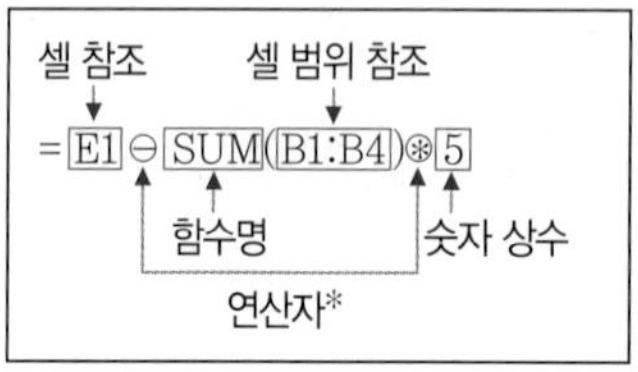


### 수식 입력

- **방법 1** : 결과가 계산될 셀에 수식을 직접 입력한다.

| | A | B | C | D |
|---|---|---|---|---|
| 1 | 30 | 20 | 70 | =a1+b1+c1 |

- **방법 2** : 수식에서 참조할 셀을 마우스와 키보드로 선택하면서 입력한다(= 입력 → [A1] 셀 클릭→ + 입력 → [B1] 셀 클릭 → + 입력 → [C1] 셀 클릭 → Enter).

| | A | B | C | D |
|---|---|---|---|---|
| 1 | 30 | 20 | 70 | =A1+B1+C1 |

23.3, 22.7

**잠깐만요 공백( ), 교점 연산자***

- 셀 참조 범위를 설정하기 위해 사용하는 연산자로, 주로 함수 안에서 사용합니다.
- 두 개의 참조 영역에서 공통인 셀을 참조 영역으로 지정합니다.
- 예 A1:A5 A3:E3 : 두 영역의 공통 영역인 [A3] 셀을 참조 영역으로 지정함

**전문가의 조언**

수식 작성을 위한 기본적인 내용 입니다. 기초가 중요하다는 것은 말 안 해도 다 알죠? 그리고 Ctrl + ~와 F9가 수식 작성 시 어떤 기능을 수행하는지도 알아 두세요.

**수식 입력**

수식을 입력할 때 맨 처음에 +를 입력한 경우는 =로 변경되어 입력되고, −를 맨 처음에 입력한 경우는 =−로 변경되어 입력됩니다.

예 +5+2 → =5+2

−5+3 → =−5+3

**Ctrl + ~**

~는 숫자 1 왼쪽에 있는 글쇠를 말합니다.

**수식을 상수로 입력하기**

=SUM(A1:B1)을 입력한 후 F9를 누릅니다.

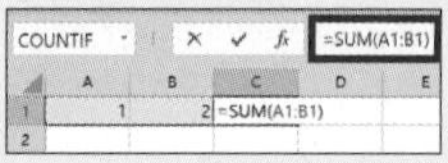


↓

수식 입력줄의 '=SUM(A1:B1)'이 '3'으로 변경됩니다.

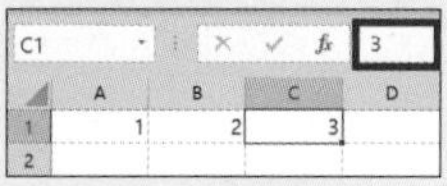


**F9의 또 다른 기능**

수식의 계산 방법이 '수동'으로 지정되어 있는 경우 F9를 누르면 열려 있는 통합 문서의 모든 워크시트에 입력된 수식이 다시 계산됩니다. 수식의 계산 방법은 [파일] → [옵션]을 선택한 후 'Excel 옵션' 대화상자의 '수식' 탭에서 지정합니다.

**연산자**

연산자는 수식의 한 요소로 계산할 값들의 관계를 설정합니다.

24.5, 23.3, 22.4, 19.상시, 18.상시, 17.1, 10.3, 09.4, 08.3, 04.4, 04.1, 03.1, 2급 24.4, 24.2, 23.5, 23.2, 22.3, 21.4, 21.3, …

## 2 오류 메시지

1208007

오류 메시지는 입력한 수식에서 정상적인 결과를 계산할 수 없을 때 표시된다.

| 오 류 | 원 인 | 발생 예 |
|---|---|---|
| 2급 01.3<br>#### | 셀에 셀 너비보다 큰 숫자, 날짜 또는 시간이 있거나 셀에 계산 결과가 음수인 날짜와 시간이 있을 때 | A1: 16777216 → A1: #### |
| 10.3, 04.1, 2급 24.4<br>#DIV/0! | • 피제수가 빈 셀이나 0이 있는 셀을 참조할 때<br>• 피연산자가 빈 셀이면 0으로 간주됨 | A1: =360/0 → A1: #DIV/0! |
| 04.4, 2급 17.2<br>#N/A | 함수나 수식에 사용할 수 없는 값을 지정했을 때 | RANK.EQ(28, A1:A3)는 [A1:A3] 영역에서 28점의 순위를 구하는 것인데 28점이 지정된 범위에 존재하지 않는 경우<br>A1: 10, B1: =RANK.EQ(28,A1:A3), A2: 30, A3: 20 → A1: 10, B1: #N/A, A2: 30, A3: 20 |
| 19.상시, 17.1, 03.1<br>#NAME? | 인식할 수 없는 텍스트를 수식에 사용했을 때 | ABC나 DEF가 수치 데이터의 범위를 나타내는 범위 이름이라면 에러가 발생하지 않음<br>A1: =SUM(ABC, DEF) → A1: #NAME? |
| 19.상시, 17.1, 04.4<br>#NULL! | 교차하지 않는 두 영역의 교점을 지정하였을 때 | A1: =SUM(A1:A5 B2:B5) → A1: #NULL! |
| 19.상시, 17.1, 04.4<br>#NUM! | 표현할 수 있는 숫자의 범위를 벗어났을 때 | 엑셀에서 표현 가능한 숫자의 범위를 넘어간 값을 인수로 지정한 경우<br>A1: =ABS(-1*100^309) → A1: #NUM! |
| 09.4, 07.4, …<br>#REF! | 셀 참조가 유효하지 않을 때 | [C1] 셀에 [A1] 셀을 참조하는 수식이 입력된 상태에서 [A1] 셀을 삭제한 경우<br>A1: 20, B1: 30, C1: =A1/B1 → A1: 30, B1: #REF! |
| 24.5, 23.4, 22.4, …<br>#VALUE! | • 잘못된 인수나 피연산자를 사용할 때<br>• 수식 자동 고침 기능으로 수식을 고칠 수 없을 때 | INDEX(범위, 행, 열)는 지정된 범위에서 행과 열의 위치에 있는 데이터를 표시하는 함수로, 이 함수에 '-1'이라는 존재하지 않는 행의 값이 인수로 입력된 경우<br>A1: =INDEX(A1:B5,-1,2) → A1: #VALUE! |

**전문가의 조언**

각 오류 메시지가 발생하는 원인을 묻는 문제, 특정 셀에 적용된 수식을 보여 주면서 발생할 수 있는 오류를 묻는 문제가 출제됩니다. 오류 메시지의 발생 원인을 확실히 파악한 후 실습을 통해 확인하세요.

15.3, 13.1

### 잠깐만요 순환 참조 경고

1208031

수식에서 직접 또는 간접적으로 수식이 입력된 그 셀을 그 수식에서 참조하는 경우를 순환 참조라고 하고, 순환 참조인 경우 아래와 같은 메시지가 표시됩니다.

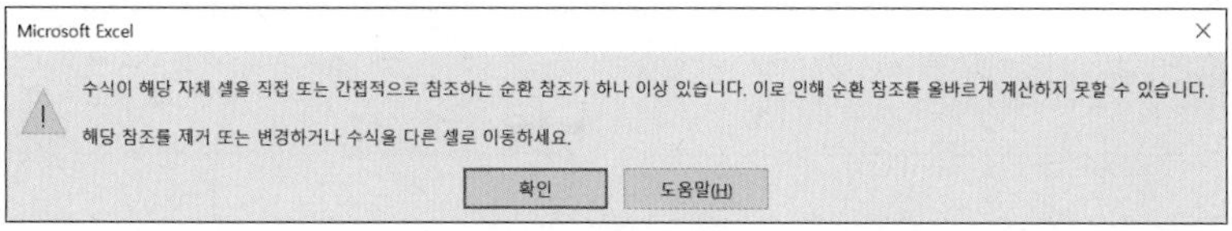

## 따라잡기 기출문제 따라잡기

문제3 1208051 문제6 1208052

23년 3회, 22년 7회

**1. 다음 중 아래 시트에 대한 수식의 결과로 옳은 것은?**

| | A | B | C | D |
|---|---|---|---|---|
| 1 | | 2019 | 2020 | 2021 |
| 2 | 1사분기 | 1 | 1 | 1 |
| 3 | 2사분기 | 2 | 2 | 2 |
| 4 | 3사분기 | 3 | 3 | 3 |
| 5 | 4사분기 | 4 | 4 | 4 |

=SUM(B2:C5 C2:D5 B3:D4)

① 30 ② #N/A
③ 5 ④ 0

- 'B2:C5 C2:D5 B3:D4'와 같이 세 개의 참조 영역을 공백으로 연결하면 공통 영역([C3:C4])을 참조 영역으로 지정합니다.
- =SUM(C3:C4)의 결과는 5입니다.

| | A | B | C | D |
|---|---|---|---|---|
| 1 | | 2019 | 2020 | 2021 |
| 2 | 1사분기 | 1 | 1 | 1 |
| 3 | 2사분기 | 2 | 2 | 2 |
| 4 | 3사분기 | 3 | 3 | 3 |
| 5 | 4사분기 | 4 | 4 | 4 |

22년 3회, 21년 2회, 20년 2회, 19년 1회

**2. 다음 중 셀에 수식을 입력하는 방법에 대한 설명으로 옳지 않은 것은?**

① 통합 문서의 여러 워크시트에 있는 동일한 셀 범위 데이터를 이용하려면 수식에서 3차원 참조를 사용한다.
② 계산할 셀 범위를 선택하여 수식을 입력한 후 Ctrl + Enter를 누르면 선택한 영역에 수식을 한 번에 채울 수 있다.
③ 수식을 입력한 후 결과 값이 상수로 입력되게 하려면 수식을 입력한 후 바로 Alt + F9를 누른다.
④ 배열 상수에는 숫자나 텍스트 외에 'TRUE', 'FALSE' 등의 논리값 또는 '#N/A'와 같은 오류 값도 포함될 수 있다.

수식을 상수로 입력하려면 F9를 눌러야 합니다.

22년 4회, 19년 상시, 17년 1회, 04년 4회

**3. 다음 중 수식에서 발생하는 각 오류에 대한 원인으로 옳지 않은 것은?**

① #NULL! – 배열 수식이 들어 있는 범위와 행 또는 열 수가 같지 않은 배열 수식의 인수를 사용하는 경우
② #VALUE! – 수식에서 잘못된 인수나 피연산자를 사용한 경우
③ #NUM! – 수식이나 함수에 잘못된 숫자 값이 포함된 경우
④ #NAME? – 수식에서 이름으로 정의되지 않은 텍스트를 큰따옴표로 묶지 않고 입력한 경우

#NULL!은 교차하지 않는 두 영역의 교점을 지정하였을 때 표시되는 오류입니다.

24년 5회, 22년 4회, 08년 3회

**4. 다음 중 오류값 '#VALUE!'가 발생하는 원인으로 올바른 것은?**

① 잘못된 인수나 피연산자를 사용했을 경우
② 수식에서 값을 0으로 나누려고 할 경우
③ 함수나 수식에 사용할 수 없는 값을 지정했을 경우
④ 셀 참조가 유효하지 않을 때

- '#VALUE!'는 잘못된 인수나 피연산자를 사용했을 경우 발생합니다.
- ②번은 #DIV/0!, ③번은 #N/A, ④번은 #REF! 오류에 대한 설명입니다.

12년 3회

**5. 아래 시트에서 [D1] 셀을 선택한 상태에서 수식 입력줄의 (B1+C1)을 선택하고 F9를 누르면 나타나는 현상에 대한 설명으로 옳은 것은?**

D1 =(B1+C1)-A1

| | A | B | C | D | E |
|---|---|---|---|---|---|
| 1 | 100 | 200 | 300 | =(B1+C1)-A1 | |

① 선택된 수식이 계산되어 500이 표시된다.
② 선택된 해당 셀의 값이 표기되어 (200+300)이 표시된다.
③ 수식 입력줄의 모든 수식이 계산되어 400이 표시된다.
④ 수식 입력줄의 셀의 값이 표기되어 (200+300)−100이 표시된다.

수식의 일부만을 선택한 상태에서 F9를 누르면 전체 수식이 아닌 선택한 영역의 수식만 수식의 결과값으로 표시됩니다.

21년 4회, 15년 3회, 13년 1회

**6. 다음 중 아래의 워크시트에서 [C1] 셀에 수식 '=A1+B1+C1'을 입력할 경우 발생하는 상황으로 옳은 것은?**

| | A | B | C |
|---|---|---|---|
| 1 | 0 | 100 | |

① [C1] 셀에 '#REF!' 오류 표시
② [C1] 셀에 '#NUM!' 오류 표시
③ 데이터 유효성 오류 메시지 창 표시
④ 순환 참조 경고 메시지 창 표시

수식에서 해당 수식이 입력된 셀을 참조하는 경우를 순환 참조라고 합니다. 수식에서 해당 수식이 입력된 [C1] 셀을 참조하기 때문에 아래와 같은 순환 참조 경고 메시지가 표시됩니다.

▶ 정답 : 1. ③ 2. ③ 3. ① 4. ① 5. ① 6. ④

SECTION 086

# 셀 참조 / 이름 정의

C 등급

## 1 참조

16.1

1208101

- 참조는 수식에서 워크시트의 특정 셀이나 셀 범위의 데이터, 또는 결과값을 사용하기 위해 주소를 지정하는 것을 말한다.
- 수식에 사용된 셀의 값이 변경되면 변경된 셀을 참조하는 수식의 값도 자동으로 재계산*된다.

| 참조 대상 | 참조 방법 |
|---|---|
| [A1]부터 [A5]까지의 셀 | A1:A5 |
| [A1] 셀, [B1] 셀, [C1] 셀 | A1, B1, C1 |
| 4행에 있는 모든 셀 | 4:4 |
| 1행에서 3행까지의 모든 셀 | 1:3 |
| C열의 모든 셀 | C:C |
| A열에서 E열까지의 모든 셀 | A:E |
| [A1]부터 [A5]까지의 셀과 [C1]부터 [C5]까지의 셀 | A1:A5, C1:C5 |
| [B3]부터 [B5]까지의 셀과 [D4] 셀, 6행에서 8행까지의 모든 셀 | B3:B5, D4, 6:8 |

## 2 참조의 종류

18.1, 2급 24.5, 24.3, 24.1, 23.5, 23.3, 23.1, 22.4, 22.1, 21.4, 21.2, 20.2, 16.2, 15.3, 14.1, 12.3, 11.2, 10.2, 09.2, 08.4, 08.1, …

1208102

| | |
|---|---|
| 2급 24.5, 24.3, 24.1, … **상대 참조** | • 셀 참조 시 기본적으로 지정되는 방식이다.<br>• 수식을 입력한 셀의 위치가 변동되면 참조가 상대적으로 변경된다.<br>• 표기 방법 : A1 |
| 2급 24.3, 23.3, 23.1, … **절대 참조** | • 수식을 입력한 셀의 위치에 관계 없이 고정된 주소로, 참조가 변경되지 않는다.<br>• 열 문자와 행 번호 앞에 '$'를 붙여 절대 참조로 지정한다.<br>• 표기 방법 : $A$1 |
| 18.1, 2급 24.5, 24.3, … **혼합 참조** | • 절대 참조와 상대 참조를 혼합하여 사용한다.<br>• 열 고정 혼합 참조 : 열만 절대 참조가 적용된다($A1).<br>• 행 고정 혼합 참조 : 행만 절대 참조가 적용된다(A$1). |

**예제 1** [C1] 셀에는 '=A1+B1'이 입력되어 있다. ❶, ❷, ❸의 위치로 수식을 복사했을 때 각각의 셀 주소는 어떻게 되는가?

| | A | B | C | D |
|---|---|---|---|---|
| 1 | 10 | 20 | =A1+B1 | ❷ |
| 2 | 30 | 10 | ❶ | ❸ |

→

| | A | B | C | D |
|---|---|---|---|---|
| 1 | 10 | 20 | =A1+B1 | =B1+C1 |
| 2 | 30 | 10 | =A2+B2 | =B2+C2 |

**전문가의 조언**

참조에서 중요한 점은 수식 복사 후에 변화된 셀의 주소를 파악할 수 있어야 한다는 것입니다. 실습은 필수! 실습을 통해 확실히 파악하세요.

**재계산을 수동으로 …**

[파일] → [옵션] → [수식] 탭에서 '수동'을 선택하면 셀의 값이 변경되어도 수식의 값이 자동으로 계산되지 않습니다. 재계산을 수동으로 설정한 후 변경된 셀 값을 수식에 적용하려면 F9를 누릅니다.

**전문가의 조언**

혼합 참조가 적용된 수식을 복사한 후의 결과를 묻는 문제가 출제되었습니다. 예제를 통해 혼합 참조를 확실히 숙지해 두세요.

2급 02.1

### 잠깐만요 F4 를 이용한 참조 전환

1208131

- F4 를 이용하면 '$'를 직접 입력하지 않고도 셀 주소를 변환할 수 있습니다.
- F4 를 한 번씩 누를 때마다 절대 참조 → 행 고정 혼합 참조 → 열 고정 혼합 참조 → 상대 참조 순으로 전환됩니다.

  예 A1 → F4 → $A$1 → F4 → A$1 → F4 → $A1 → F4 → A1

**예제 2** 혼합 참조 방식이 적용된 [C1] 셀의 수식을 번호의 위치로 복사했을 때 각각의 셀 주소는 어떻게 되는가?

| | A | B | C | D |
|---|---|---|---|---|
| 1 | 10 | 20 | =$A1+B$1 | ❷ |
| 2 | 30 | 10 | | |
| 3 | 40 | 30 | ❶ | ❸ |

→

| | A | B | C | D |
|---|---|---|---|---|
| 1 | 10 | 20 | =$A1+B$1 | =$A1+C$1 |
| 2 | 30 | 10 | =$A2+B$1 | =$A2+C$1 |
| 3 | 40 | 30 | =$A3+B$1 | =$A3+C$1 |

**전문가의 조언**

다른 시트의 셀이나 다른 통합 문서의 셀을 참조할 때 참조의 표현 형태를 묻는 문제가 출제됩니다. 시트명과 셀을 구분하는 느낌표(!)와 통합 문서 이름을 묶어주는 대괄호([ ])만 기억한다면 시험장에서 기분 좋게 문제를 풀 수 있습니다. 다른 시트, 다른 통합 문서의 참조 형태를 기억하세요.

16.1, 14.2, 2급 21.4, 20.상시, 18.상시, 16.2, 15.3, 14.1, 09.1, 06.2, 04.2, 02.3, 01.2, 00.1

## 3 다른 워크시트의 셀 참조

1208103

- 다른 워크시트에 있는 셀의 데이터를 참조할 경우 시트 이름과 셀 주소를 느낌표(!)로 구분한다.
- 워크시트 이름에 한글, 영어 외의 문자가 있을 경우 작은따옴표(' ')로 묶어준다.

**예제** 다음 Sheet1의 국내점 데이터와 Sheet2의 국외점 데이터의 합계를 Sheet3에 계산하시오.

| | A | B | C |
|---|---|---|---|
| 1 | 길벗 국내점 1/4분기 | | |
| 2 | A지점 | 360 | |
| 3 | B지점 | 720 | |
| 4 | C지점 | 580 | |
| 5 | | | |
| 6 | 국내점 합계 | 1660 | |
| 7 | | | |

Sheet1 | Sheet2 | Sheet3

\+

| | A | B | C |
|---|---|---|---|
| 1 | 길벗 국외점 1/4분기 | | |
| 2 | A지점 | 420 | |
| 3 | B지점 | 350 | |
| 4 | C지점 | 440 | |
| 5 | | | |
| 6 | 국외점 합계 | 1210 | |
| 7 | | | |

Sheet1 | Sheet2 | Sheet3

→

| | A | B |
|---|---|---|
| 1 | | 길벗 1/4분기 합계 |
| 2 | A지점 | =Sheet1!B2+Sheet2!B2 |
| 3 | B지점 | =Sheet1!B3+Sheet2!B3 |
| 4 | C지점 | =Sheet1!B4+Sheet2!B4 |
| 5 | | |
| 6 | 총합계 | =SUM(B2:B4) |
| 7 | | |

Sheet1 | Sheet2 | Sheet3

2급 10.2

### 잠깐만요 시트 이름에 공백이 들어간 경우

워크시트 이름에 공백이 있을 경우 참조되는 시트명이 작은따옴표(' ')로 묶입니다.

| | A | B |
|---|---|---|
| 1 | | 길벗 1/4분기 합계 |
| 2 | A지점 | ='국내 점'!B2+'국외 점'!B2 |
| 3 | B지점 | ='국내 점'!B3+'국외 점'!B3 |
| 4 | C지점 | ='국내 점'!B4+'국외 점'!B4 |
| 5 | | |
| 6 | 총합계 | =SUM(B2:B4) |
| 7 | | |

국내 점 | 국외 점 | Sheet3

22.3, 21.1, 20.2, 19.1, 16.3, 14.3, 12.2, 08.3, 07.1, 05.1, 03.1

## 4 3차원 참조

1208104

> **전문가의 조언**
> 3차원 참조에 대한 설명으로 잘못된 것을 고르는 문제가 출제되고 있습니다. 배열 수식에는 3차원 참조를 사용할 수 없다는 것을 중심으로 3차원 참조의 특징을 정리하세요.

- 여러 시트의 동일한 셀 주소, 또는 동일한 셀 범위에 대한 참조를 3차원 참조라고 한다.
- 참조하는 시트가 연속적으로 나열되어 있고, 셀 주소가 모두 동일할 때는 첫 번째 시트와 마지막 시트의 이름을 콜론(:)으로 연결하고 셀 주소를 한 번만 지정한다.
- SUM, AVERAGE, AVERAGEA, COUNT, COUNTA, MAX, MAXA, MIN, MINA, PRODUCT, STDEV, VAR 함수를 사용할 수 있다.
- 배열 수식에서는 3차원 참조를 사용할 수 없다.

**예제** 다음 Sheet1, Sheet2, Sheet3의 데이터 합계를 Sheet4에 계산하시오.

| | A | B |
|---|---|---|
| 1 | 길벗 1/4분기-1월 | |
| 2 | A지점 | 120 |
| 3 | B지점 | 360 |
| 4 | C지점 | 240 |
| 5 | | |
| 6 | 1월 합계 | 720 |
| 7 | | |

Sheet1 | She

\+

| | A | B |
|---|---|---|
| 1 | 길벗 1/4분기-2월 | |
| 2 | A지점 | 90 |
| 3 | B지점 | 180 |
| 4 | C지점 | 160 |
| 5 | | |
| 6 | 2월 합계 | 430 |
| 7 | | |

... | Sheet2 | She

\+

| | A | B |
|---|---|---|
| 1 | 길벗 1/4분기-3월 | |
| 2 | A지점 | 150 |
| 3 | B지점 | 240 |
| 4 | C지점 | 180 |
| 5 | | |
| 6 | 3월 합계 | 570 |
| 7 | | |

... | Sheet3 | She

→

| | A | B |
|---|---|---|
| 1 | | 길벗 1/4분기 합계 |
| 2 | A지점 | =SUM(Sheet1:Sheet3!B2) |
| 3 | B지점 | =SUM(Sheet1:Sheet3!B3) |
| 4 | C지점 | =SUM(Sheet1:Sheet3!B4) |
| 5 | | |
| 6 | 총합계 | =SUM(B2:B4) |
| 7 | | |

... | Sheet3 | Sheet4 | ⊕

16.3, 16.1, 14.2, 06.2, 05.4, 2급 23.4, 21.4, 21.2, 13.1, 09.1, 08.2, 06.3, 05.4, 00.2

## 5 다른 통합 문서의 셀 참조

1208105

> **작은따옴표(' ')**
> 참조한 통합 문서가 열려 있으면, 통합 문서 이름과 시트명이 작은따옴표(' ')로 묶여서 표시되고, 참조한 통합 문서를 닫으면 경로명이 포함된 통합 문서 이름과 시트명이 작은따옴표(' ')로 묶여서 표시됩니다.

- 다른 통합 문서에 있는 셀의 데이터를 참조할 경우 통합 문서의 이름을 대괄호([ ])로 묶어준다.
- 경로명은 작은따옴표(' ')*로 묶어 준다.

**예제** 다음 'C:\국내점.xlsx' 파일과 'C:\국외점.xlsx' 파일을 이용하여 'C:\전체.xlsx' 파일에 각 지점별 합계(B2:B4)를 계산하시오.

| | A | B | C |
|---|---|---|---|
| 1 | 길벗 국내점 1/4분기 | | |
| 2 | A지점 | 360 | |
| 3 | B지점 | 720 | |
| 4 | C지점 | 580 | |
| 5 | | | |
| 6 | 국내점 합계 | 1660 | |
| 7 | | | |

Sheet1 | Sheet2 | Sheet3

국내점.xlsx

\+

| | A | B | C |
|---|---|---|---|
| 1 | 길벗 국외점 1/4분기 | | |
| 2 | A지점 | 420 | |
| 3 | B지점 | 350 | |
| 4 | C지점 | 440 | |
| 5 | | | |
| 6 | 국외점 합계 | 1210 | |
| 7 | | | |

Sheet1 | Sheet2 | Sheet3

국외점.xlsx

→

| | A | B |
|---|---|---|
| 1 | | 길벗 1/4분기 합계 |
| 2 | A지점* | ='C:₩[국내점.xlsx]Sheet1'!$B$2+'C:₩[국외점.xlsx]Sheet2'!$B$2 |
| 3 | B지점 | ='C:₩[국내점.xlsx]Sheet1'!$B$2+'C:₩[국외점.xlsx]Sheet2'!$B$2 |
| 4 | C지점 | ='C:₩[국내점.xlsx]Sheet1'!$B$2+'C:₩[국외점.xlsx]Sheet2'!$B$2 |
| 5 | | |
| 6 | 총합계 | =SUM(B2:B4) |
| 7 | | |

Sheet2 | Sheet1 | Sheet3 | ⊕

전체.xlsx

24.3, 21.4, 19.1, 11.3, 11.1, 10.2, 09.4, 06.2, 03.4, 2급 24.5, 23.4, 23.3, 22.4, 21.3, 21.2, 19.2, 19.1, 17.2, 16.3, 16.2, …

## 6 이름 정의

1208106

> **전문가의 조언**
> 이름 정의의 수행 과정보다는 이름의 개념과 작성 규칙에 중점을 두고 공부하세요.

이름 정의란 자주 사용하는 셀이나 범위에 이름을 지정하는 것으로, 수식이나 함수에서 주소 대신 이름을 참조하여 사용한다.

- 정의된 이름을 사용하면 수식이나 함수에서 참조 범위를 쉽게 지정할 수 있으며, 함수나 수식의 의미를 좀더 명확히 할 수 있다.
- 정의된 이름은 참조 시 절대 참조 방식으로 사용된다.
- 이름 상자의 화살표 단추를 누르고 정의된 이름 중 하나를 클릭하면 해당 셀 또는 셀 범위가 선택된다.

• **통합 문서에 정의된 이름 확인 방법**

**방법 1** Ctrl+F3 누름

**방법 2** [수식] → [정의된 이름] → [이름 관리자] 선택

### 이름 작성 규칙

**역슬래시(\)**
한글 Windows에서 역슬래시(\)는 '₩'으로 표시됩니다.
예 \국어 → ₩국어

- 첫 문자는 반드시 문자(영문, 한글)나 밑줄( _ ) 또는 역슬래시(\)*로 시작해야 한다.
- 이름에 +, −, *와 같은 특수문자나 공백은 포함할 수 없다.
- 대 · 소문자는 구분하지 않으며 최대 255자까지 지정할 수 있다.
- 통합 문서내에서 동일한 이름을 중복하여 사용할 수 없다.
- 셀 주소 형식으로 이름을 지정할 수 없다.

**예제 1** [A1:A5] 영역의 이름을 '과자종류'로 정의하시오.

이름 정의할 영역(A1:A5)을 블록으로 지정하고 이름상자에 **과자종류**를 입력한 후 Enter를 누른다.

**준비하세요**
'C:\길벗컴활1급필기\2과목\2과목.xlsm' 파일을 불러와 '섹션86' 시트에서 실습하세요.

**예제 2** 다음 표를 이용하여 첫 행의 항목 이름이 각 열의 범위 이름이 되도록 지정한 후 이름을 이용하여 총 금액(D7)을 구하시오.

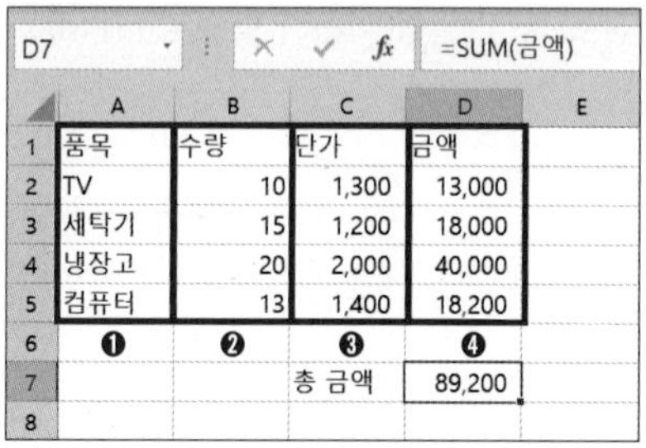


| 번호 | 이름 | 셀 범위 |
|---|---|---|
| ❶ | 품목 | A2:A5 |
| ❷ | 수량 | B2:B5 |
| ❸ | 단가 | C2:C5 |
| ❹ | 금액 | D2:D5 |

① 이름으로 정의할 영역(A1:D5)을 블록으로 지정한 후 [수식] → [정의된 이름] → [선택 영역에서 만들기]를 클릭한다.

② '선택 영역에서 이름...' 대화상자에서 '왼쪽 열'의 체크를 해제하여 '첫 행'* 항목만 선택한 후 〈확인〉을 클릭한다.

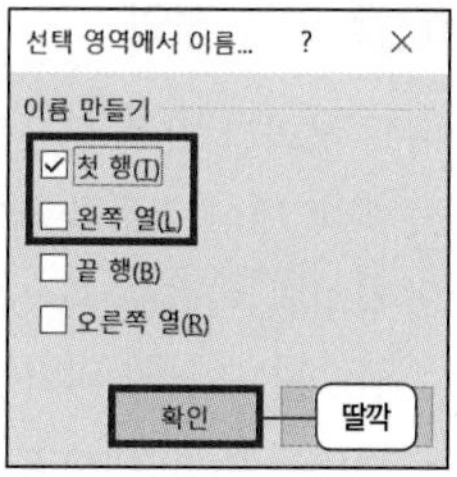


**첫 행**
- 이름 만들기가 적용될 첫 행의 항목에 공백이 포함된 경우 공백은 밑줄로 변경됩니다.
  예 품 목 → 품_목
- 이름으로 정의될 첫 행에 숫자만 있을 경우는 이름 정의가 수행되지 않습니다.

② 총 금액이 계산될 [D7] 셀에 **=SUM(금액)**을 입력한 후 Enter를 누르면 금액으로 정의된 셀 범위를 이용해 총 금액이 계산된다.

## 따라잡기 기출문제 따라잡기

문제1 1208151　　문제4 1208152

21년 1회, 16년 3회, 14년 3회

**1. 다음 중 3차원 참조에 대한 설명으로 옳지 않은 것은?**

① 여러 워크시트에 있는 동일한 셀 데이터나 셀 범위 데이터에 대한 참조를 뜻한다.

② 'Sheet2'부터 'Sheet4'까지의 [A2] 셀을 모두 더하라는 식을 '=SUM(Sheet2:Sheet4!A2)'와 같이 3차원 참조로 표현할 수 있다.

③ SUM, AVERAGE, COUNTA, STDEV 등의 함수를 사용할 수 있다.

④ 배열 수식에 3차원 참조를 사용할 수 있다.

> 배열 수식에는 3차원 참조를 사용할 수 없습니다.

24년 3회, 21년 4회, 11년 1회, 10년 2회, 09년 4회

**2. 다음 중 엑셀에서 사용하는 이름에 대한 설명으로 옳지 않은 것은?**

① 'A1' 처럼 셀 주소와 같은 형태의 이름을 사용할 수 있다.

② 이름의 첫 글자는 문자나 밑줄( _ )을 쓸 수 있고, 나머지 글자는 문자, 숫자, 밑줄( _ ), 마침표(.)를 사용할 수 있다.

③ 같은 통합 문서에서 동일한 이름을 중복하여 사용할 수 없다.

④ 이름 상자의 화살표 단추를 누르고 정의된 이름 중 하나를 클릭하면 해당 셀 또는 셀 범위가 선택된다.

> 셀 주소와 같은 형태의 이름은 사용할 수 없습니다.

11년 3회, 03년 4회

**3. 다음 중 셀 범위에 이름을 지정하는 작업에 관련된 설명으로 옳지 않은 것은?**

① 이름을 지정할 셀 범위를 설정한 후 이름 상자에 작성할 이름을 입력하고 Enter를 누르면 이름이 지정된다.

② 이름을 지정할 셀 범위를 설정한 후 [수식] → [정의된 이름] → [이름 정의]를 실행한 후 표시되는 대화상자에서 이름을 지정할 수 있다.

③ 이름은 문자나 '_', '\' 중 하나로 시작하여야 하며 숫자로 시작될 수 없다.

④ [A1:A4] 영역의 점수를 '국어'로 이름을 지정한 경우, '국어' 이름을 이용하여 '=국어+A5'와 같이 수식을 작성하면 A1부터 A5까지의 합을 구할 수 있다.

> '국어' 이름을 이용하여 =국어+A5와 같이 수식을 작성하면 =A1:A4+A5와 같이 입력한 것으로 #VALUE! 오류가 표시됩니다. 올바른 결과를 얻으려면 =SUM(국어,A5)와 같이 입력해야 합니다.

16년 1회, 14년 2회

**4. 다음 중 수식 작성 과정에 대한 설명으로 옳지 않은 것은?**

① 셀 범위를 참조할 때에는 시작 셀 이름과 마지막 셀 이름 사이에 콜론(:)이 입력된다.

② 다른 워크시트의 값을 참조하는 경우 해당 워크시트 이름에 알파벳 이외의 문자가 포함되어 있으면 워크시트의 이름은 큰따옴표(" ")로 묶인다.

③ 수식 안의 문자나 숫자에는 글꼴 서식이 지정되지 않는다.

④ 외부 참조에는 통합 문서의 이름과 경로가 포함된다.

> 다른 워크 시트의 셀 참조시 워크시트 이름에 한글이나 영어 외에 다른 문자가 있을 경우 작은따옴표(' ')로 묶어줍니다.

12년 2회, 08년 3회, 07년 1회, 05년 1회

**5. 현재 작업하고 있는 통합 문서의 'Sheet1' 시트에서 'Sheet3' 시트까지 [A1] 셀의 합을 구하고자 한다. 잘못된 참조 방법은?**

① =SUM(Sheet1:Sheet3!A1)

② =SUM(Sheet1!A1:Sheet3!A1)

③ =SUM(Sheet1!A1,Sheet2!A1,Sheet3!A1)

④ =SUM(Sheet1:Sheet2!A1,Sheet3!A1)

> 서로 다른 워크시트에 있는 셀을 참조할 때는 '=SUM(Sheet1!A1, Sheet2!A1, Sheet3!A1)'과 같이 시트 이름과 셀 주소를 느낌표(!)로 연결하고 각각을 쉼표(,)로 구분하여 지정합니다. 그러나 참조하는 시트가 연속적으로 나열되어 있고 셀 주소가 모두 동일할 때는 '=SUM(Sheet1:Sheet3!A1)'과 같이 첫 번째 시트와 마지막 시트의 이름을 콜론(:)으로 연결하고 셀 주소를 한 번만 지정하면 됩니다. ②번과 같은 형태로는 사용할 수 없습니다.

18년 1회

**6. 다음 중 아래 워크시트에서 수식 '=SUM($B$2:C2)'가 입력된 [D2] 셀을 [D4] 셀에 복사하여 붙여 넣었을 때의 결과 값은?**

D2　　fx　=SUM($B$2:C2)

| | A | B | C | D | E | F |
|---|---|---|---|---|---|---|
| 1 | | | | | | |
| 2 | | 5 | 10 | 15 | | |
| 3 | | 7 | 14 | | | |
| 4 | | 9 | 18 | | | |
| 5 | | | | | | |

① 15　　② 27

③ 42　　④ 63

> 절대 참조는 셀을 복사해도 주소에 변화가 없지만 상대 참조는 아래 방향으로 복사하면 행 번호가 변경되므로 [C2] 셀이 [C4] 셀로 변경되어 [D4] 셀의 수식은 '=SUM($B$2:C4)'가 됩니다.

▶ **정답 :** 1. ④　2. ①　3. ④　4. ②　5. ②　6. ④

SECTION 087

# 함수 기본

D 등급

전문가의 조언

함수 작성에 필요한 인수의 개념과 작성 규칙 정도만 알고 넘어가세요.

2급 15.3, 11.1, 04.4, 03.1

## 1 함수의 정의

함수는 약속된 값으로 정의된 인수를 사용하여 계산하는, 프로그램에 이미 정의된 수식을 말한다.

- 함수는 수식과 같이 등호(=), +, −로 시작해야 한다.
- 함수는 함수 이름, 왼쪽 괄호, 쉼표( , )로 구분된 함수의 인수, 오른쪽 괄호로 구성된다(예 = SUM(25, 30)).
- 함수에 따라 인수 없이 괄호로만 사용하는 경우도 있다(예 NOW( ), RAND( ) 등).
- 함수의 인수로 또 다른 함수를 사용하는 중첩 함수를 사용할 수 있다.

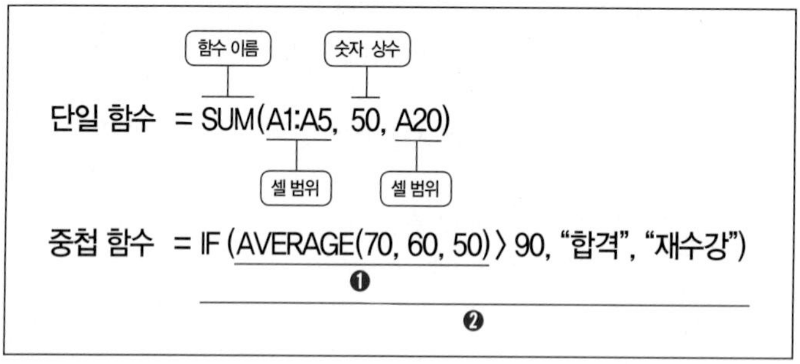


❶ AVERAGE(70, 60, 50) → 60 (70, 60, 50의 평균을 구함)

❷ IF(60 〉 90, "합격", "재수강") → "재수강"(60이 90보다 크면 "합격", 그렇지 않으면 "재수강" 표시)

### 인수

- 함수의 계산에 필요한 값을 말한다.
- 일반적으로 인수에는 숫자, 텍스트, 셀 주소, 셀 범위, 함수 등이 사용된다.
- 인수의 시작과 끝은 반드시 괄호로 구분하고, 인수와 인수는 쉼표( , )로 구분한다.
- 인수는 255개까지 사용이 가능하다.

전문가의 조언

예제를 따라해 보면서 함수 마법사의 개념을 파악하세요.

준비하세요

'C:\길벗컴활1급필기\2과목\2과목.xlsm' 파일을 불러와 '섹션87' 시트에서 실습하세요. 실습할 예제 파일은 시나공 홈페이지(sinagong.co.kr)의 [자료실] → [실습예제]에서 다운받으면 됩니다.

2급 15.3

## 2 함수 마법사

예제 함수 마법사를 이용하여 학생별 성적의 총계(E6)를 계산하시오.

| | A | B | C | D | E |
|---|---|---|---|---|---|
| 1 | 이름 | 국어 | 수학 | 과학 | 합계 |
| 2 | 김수범 | 100 | 100 | 99 | 299 |
| 3 | 김상엽 | 99 | 95 | 97 | 291 |
| 4 | 박철수 | 97 | 99 | 100 | 296 |
| 5 | 김수환 | 98 | 99 | 98 | 295 |
| 6 | | | | 총계 | 1181 |
| 7 | | | | | |

① 합계가 계산될 [E6] 셀을 선택하고 [수식] → [함수 라이브러리] → [함수 삽입]을 클릭하거나, 수식 입력줄 왼쪽에 있는 '함수 삽입(fx)' 아이콘을 클릭한다.

② '함수 마법사' 대화상자의 '범주 선택'*에서 '수학/삼각'을, '함수 선택'에서 'SUM'을 선택하고 〈확인〉을 클릭한다.

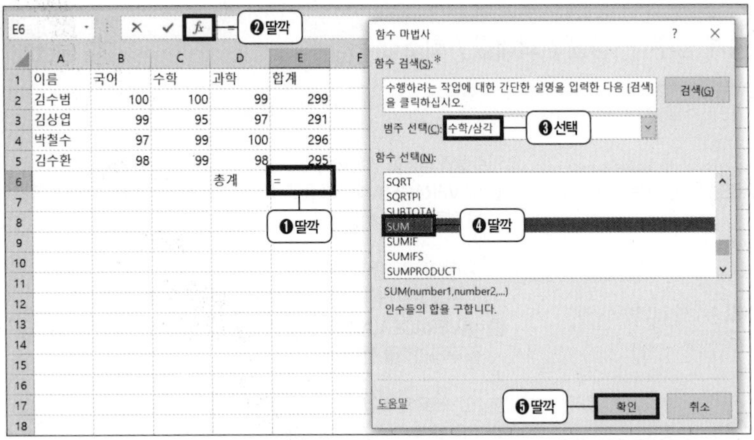


③ '함수 인수'* 대화상자가 나타나며 기본적으로 계산할 범위가 설정되어 있다. 계산하려는 범위가 맞으면 〈확인〉을 클릭한다.

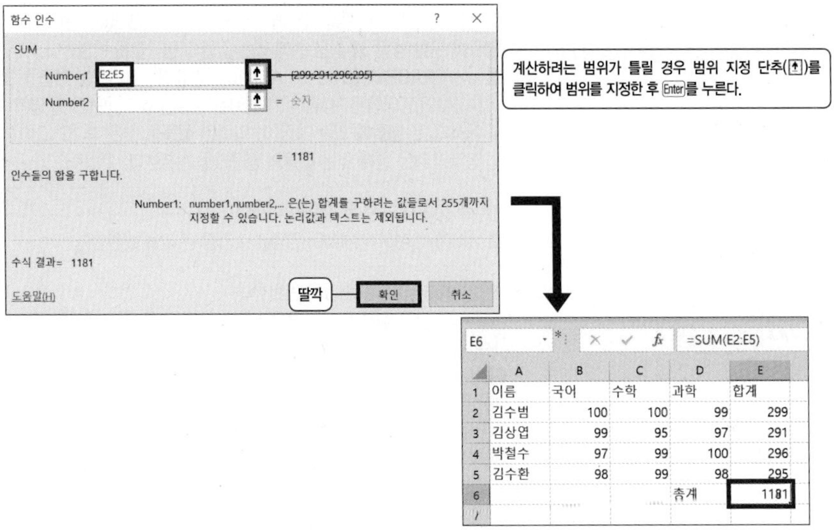


## 잠깐만요 직접 함수를 입력하는 방법

- 결과가 계산될 셀에 함수식을 직접 입력하므로 시간을 단축할 수 있습니다.
- 함수명을 입력하면 해당 셀 바로 아래에 함수의 인수에 대한 사용 형식이 표시되어 편리합니다.*

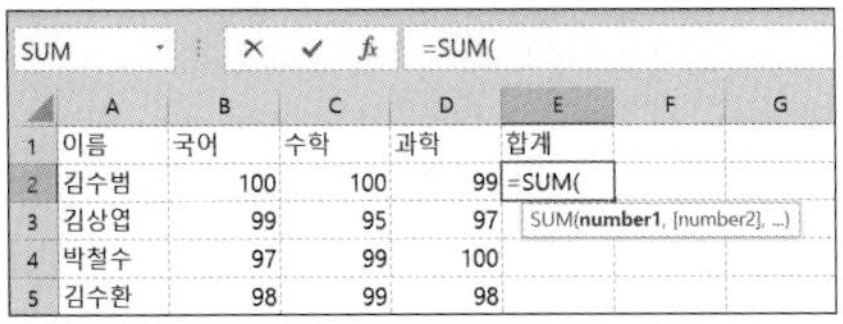

**범주 선택**
- **최근에 사용한 함수** : 최근에 사용한 함수 목록이 표시됩니다.
- **모두** : 내장된 모든 함수가 알파벳 순으로 표시됩니다.

**함수 검색**
함수 이름을 모를 경우 수행할 작업을 입력해 해당 함수를 찾을 수 있습니다. 그러나 완벽한 기능이 아니므로 찾지 못하는 경우도 많습니다.

**'함수 인수' 대화상자**
[수식] → [함수 라이브러리] → [수학/삼각] → [SUM]을 선택하면 '함수 인수' 대화상자가 바로 실행됩니다.

**최근에 사용한 함수 목록**
셀에 =을 입력한 후 수식 입력줄 왼쪽의 목록 단추(▾)를 클릭하면 최근에 사용한 함수 목록이 나타납니다.

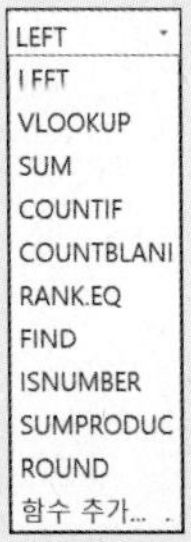


**함수 화면 설명 표시**
[파일] → [옵션] → [고급] 탭의 '표시' 항목에서 '함수 화면 설명 표시'를 선택해야 표시됩니다.

# SECTION 088 통계 함수

B 등급



**중요해요!** 함수식에 대한 결과값이나 특정 문제를 풀기 위한 함수식을 묻는 문제가 출제됩니다. 예제의 실습을 통해 각 함수의 기능을 정확히 파악해야 합니다.

**함수 목록 표시**

셀에 함수를 입력하면 관련 함수 목록이 표시됩니다. 표시된 함수 목록 중 삽입할 함수를 마우스로 더블클릭하거나 Tab을 누르면 셀에 입력됩니다.

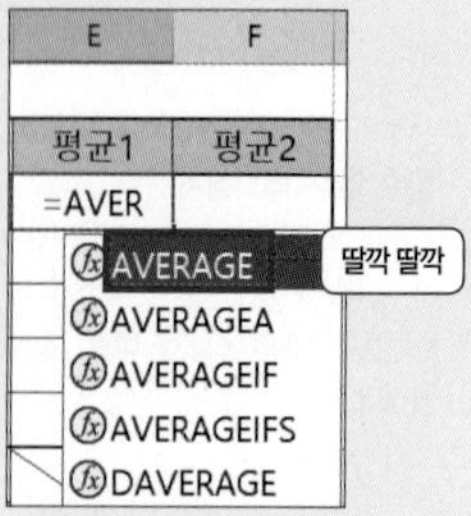


## 1 통계 함수1 – 평균 / 최대값 / 최소값

23.4, 22.7, 22.4, 21.4, 21.2, 21.1, 20.상시, 20.2, 20.1, 19.상시, 19.2, 18.상시, 18.1, 17.2, 17.1, 16.3, 16.2, 14.3, 14.2, 14.1, …

3209201

| 함수 | 기능 |
|---|---|
| 22.4, 21.1, 20.상시, 20.2, 20.1, 19.상시, 18.상시, …<br>AVERAGE(인수1, 인수2, …) | 인수들의 평균을 반환한다.<br>예 =AVERAGE(A1:A3) : 3, "가", 3이 입력된 [A1:A3] 영역의 평균을 구하면 3을 반환한다. |
| 23.4, 22.4<br>AVERAGEA(인수1, 인수2, …) | • 인수들의 평균을 반환한다.<br>• AVERAGE와 다른 점은 숫자가 아닌 셀도 인수로 사용한다.<br>예 =AVERAGEA(A1:A3) : 3, "가", 3이 입력된 [A1:A3] 영역의 평균을 구하면 2를 반환한다. |
| 18.상시, 14.2, 12.1<br>AVERAGEIF(조건이 적용될 범위, 조건, 평균을 구할 범위) | '조건이 적용될 범위'에서 '조건'에 맞는 셀을 찾아 '평균을 구할 범위' 중 같은 행에 있는 값들의 평균값을 반환한다.<br>예 =AVERAGEIF(A1:A10, "**컴퓨터**", B1:B10) : [A1:A10] 영역에서 "컴퓨터"가 입력된 셀들을 찾은 후 [B1:B10] 영역의 같은 행에 있는 값들의 평균값을 반환한다. |
| 18.상시, 14.1, 12.1<br>AVERAGEIFS(평균을 구할 범위, 조건1이 적용될 범위, 조건1, 조건2가 적용될 범위, 조건2, …) | 여러 개의 조건이 적용될 범위에서 여러 개의 조건에 맞는 셀을 찾아 '평균을 구할 범위' 중 같은 행에 있는 값들의 평균값을 반환한다.<br>예 =AVERAGEIFS(C1:C10, A1:A10, "**컴퓨터**", B1:B10, "**1급**") : [A1:A10] 영역에서 "컴퓨터"가 입력된 셀들을 찾고, [B1:B10] 영역에서 같은 행들에 있는 "1급"이 입력된 셀들을 찾은 후 [C1:C10] 영역의 같은 행에 있는 값들의 평균값을 반환한다. |
| 11.3, 10.2<br>MAX(인수1, 인수2, …) | 인수들 중에서 가장 큰 값을 반환한다.<br>예 =MAX(A1:A10) : [A1:A10] 영역에서 가장 큰 값을 반환한다. |
| 21.1, 17.1, 13.3<br>MAXA(인수1, 인수2, …) | • 인수 중에서 가장 큰 값을 반환한다.<br>• MAX와 다른 점은 숫자는 물론 빈 셀, 논리값, 숫자로 표시된 텍스트 등도 인수로 사용한다.<br>예 =MAXA(D4:D9) : [D4:D9] 영역에서 가장 큰 값을 반환한다. |
| 06.2, 05.2<br>MIN(인수1, 인수2, …) | 인수들 중에서 가장 작은 값을 반환한다.<br>예 =MIN(A1:A10) : [A1:A10] 영역에서 가장 작은 값을 반환한다. |
| 21.1, 17.1<br>MINA(인수1, 인수2, …) | • 인수 중에서 가장 작은 값을 반환한다.<br>• MIN과 다른 점은 숫자는 물론 빈 셀, 논리값, 숫자로 표시된 텍스트 등도 인수로 사용한다.<br>예 =MINA(D4:D9) : [D4:D9] 영역에서 가장 작은 값을 반환한다. |

**예제 1** 다음 표에 표시된 부분의 값을 함수를 이용하여 계산하시오.

| | A | B | C | D | E | F |
|---|---|---|---|---|---|---|
| 1 | | | 특별고사 성적 | | ❶ | ❷ |
| 2 | 성명 | 국어 | 영어 | 수학 | 평균1 | 평균2 |
| 3 | 고아라 | 72 | 90 | 78 | 80 | 80 |
| 4 | 나영희 | 95 | 65 | 80 | 80 | 80 |
| 5 | 박철수 | 75 | 결시 | 75 | 75 | 50 |
| 6 | 안도해 | 결시 | 98 | 100 | 99 | 66 |
| 7 | 최순이 | 85 | 100 | 85 | 90 | 90 |
| 8 | ❸ 평균3 | 84 | 88.25 | 85.75 | | |
| 9 | ❹ 평균4 | 90 | 87.66667 | 88.33333 | | |
| 10 | ❺ 최고점수 | 95 | 100 | 100 | | |
| 11 | ❻ 최저점수 | 72 | 65 | 75 | | |

❶ 평균1(E3) : 결시 과목을 제외한 평균 계산 → =AVERAGE(B3:D3)*

❷ 평균2(F3) : 결시 과목을 포함한 평균 계산 → =AVERAGEA(B3:D3)*

❸ 평균3(B8) : '평균1'이 80 이상인 각 과목들의 평균 계산

→ =AVERAGEIF($E$3:$E$7, ">=80", B3:B7)

❹ 평균4(B9) : '평균1'과 '수학' 점수가 80 이상인 각 과목들의 평균 계산

→ =AVERAGEIFS(B3:B7, $E$3:$E$7, ">=80", $D$3:$D$7, ">=80")*

❺ 과목별 최고 점수(B10) → =MAX(B3:B7)

❻ 과목별 최저 점수(B11) → =MIN(B3:B7)

24.2, 23.5, 23.4, 22.5, 22.4, 21.4, 21.2, 21.1, 17.2, 17.1, 14.3, 14.2, 14.1, 13.3, 11.2, 10.2, 10.1, 09.4, 09.3, 08.1, 06.3, …

## 2 통계 함수2 – 개수

3209202

| 함 수 | 기 능 |
|---|---|
| 23.5, 23.4, 22.5, 22.4, 21.4, 17.2, 14.2, 14.1, 10.2, …<br>COUNT(인수1, 인수2, …) | 인수들 중에서 숫자가 있는 셀의 개수를 반환한다.<br>예 =COUNT(A1:A10) : [A1:A10] 영역에서 숫자가 있는 셀의 개수를 반환한다. |
| 24.2, 23.5, 23.4, 22.5, 22.4, 21.1, 17.1, 14.3, 13.3, …<br>COUNTA(인수1, 인수2, …) | 인수들 중에서 자료가 입력되어 있는 셀의 개수를 반환한다.<br>예 =COUNTA(A1:A10) : [A1:A10] 영역에서 자료가 입력된 셀의 개수를 반환한다. |
| 23.5, 22.5, 21.2<br>COUNTBLANK(범위) | 범위 중 자료가 없는 셀의 개수를 반환한다.<br>예 =COUNTBLANK(A1:A10) : [A1:A10] 영역에서 자료가 없는 셀의 개수를 반환한다. |
| 23.5, 22.5, 21.2, 14.2, 14.1, 11.2, 09.4, 04.2<br>COUNTIF(범위, 조건) | 지정된 범위에서 조건에 맞는 셀의 개수를 반환한다.<br>예 =COUNTIF(A1:A10, "컴퓨터") : [A1:A10] 영역에서 "컴퓨터"가 입력된 셀들의 개수를 반환한다. |
| 14.1<br>COUNTIFS(조건1이 적용될 범위, 조건1, 조건2가 적용될 범위, 조건2, …) | 여러 개의 조건이 적용될 범위에서 여러 개의 조건에 맞는 셀을 찾아 개수를 반환한다.<br>예 =COUNTIFS(A1:A10, "컴퓨터", B1:B10, "1급") : [A1:A10] 영역에서 "컴퓨터"가 입력된 셀들을 찾은 후 [B1:B10] 영역의 같은 행에서 "1급"이 입력된 셀들의 개수를 반환한다. |

**준비하세요**

'C:\길벗컴활1급필기\2과목\2과목.xlsm 파일을 불러와 '섹션88-1' ~ '섹션88-6'의 각 시트에서 실습하세요.

**=AVERAGE(B5:D5)**

셀의 값이 수치 데이터인 셀에 대한 평균을 구하는 것으로, '결시'가 입력되어 있는 [C5] 셀은 AVERAGE 함수가 적용되지 않습니다. 즉 [B5:D5] 영역의 박철수 점수의 합계를 3이 아닌 2로 나눈 결과가 산출됩니다.

**=AVERAGEA(B5:D5)**

비어 있지 않은 셀에 대한 평균을 구하는 것으로 수치 데이터가 아닌 셀도 AVERAGEA 함수가 적용됩니다. 즉 [B5:D5] 영역의 박철수 점수의 합계를 3으로 나눈 결과가 산출됩니다.

**궁금해요 시나공 Q&A 베스트**

**Q '평균1과 수학 점수가 80 이상인 점수들의 평균'을 구할 때 [B3:B7]은 왜 넣는 건가요?**

**A** 평균을 계산할 범위입니다. [B9] 셀에 수식을 입력할 때는 조건에 만족하는 국어의 평균을 계산해야 하므로 국어 점수가 입력된 [B3:B7] 영역을 지정한 것입니다.

**예제 2** 다음 표에 표시된 부분의 값을 함수를 이용하여 계산하시오.

| | A | B | C | D |
|---|---|---|---|---|
| 1 | 특별고사 성적 | | | |
| 2 | 성명 | 국어 | 영어 | 수학 |
| 3 | 고아라 | 72 | 90 | 78 |
| 4 | 나영희 | 95 | 65 | 0 |
| 5 | 박철수 | 75 | | 75 |
| 6 | 안도해 | | 98 | 100 |
| 7 | 최순이 | 85 | 100 | 85 |
| 8 ❶ | 학생수 | 5 | 5 | 5 |
| 9 ❷ | 응시생수 | 4 | 4 | 5 |
| 10 ❸ | 결시생수 | 1 | 1 | 0 |
| 11 ❹ | 90점이상 | 1 | 3 | 1 |
| 12 ❺ | 80점이상 95점이하 | 2 | 1 | 1 |

❶ 전체 학생수(B8) → =COUNTA($A$3:$A$7)

❷ 응시한 학생수(B9) → =COUNT(B3:B7)

❸ 결시한 학생수(B10) → =COUNTBLANK(B3:B7)

❹ 90점 이상인 학생수(B11) → =COUNTIF(B3:B7, "〉=90")

❺ 80점 이상 95점 이하인 학생수(B12)
→ =COUNTIFS(B3:B7, "〉=80", B3:B7, "〈=95")

**궁금해요** **시나공 Q&A 베스트**

**Q 점수를 이용해 '응시한 학생 수'를 구할 때 숫자로만 되어 있기 때문에 count 함수를 썼는데, 이름 같은 문자를 이용하여 전체 학생수를 구하려면 함수식을 어떻게 써야 하나요?**

A COUNTA 함수를 이용하여 **=COUNTA(A3:A7)**로 작성하면 됩니다.

24.5, 23.5, 23.4, 22.7, 22.6, 22.4, 22.2, 22.1, 21.1, 20.상시, 20.2, 20.1, 19.2, 18.상시, 17.1, 16.3, 13.3, 10.2, 09.1, 05.2

## 3 통계 함수3 – N번째로 큰 값 / 작은 값 / 순위

3209203

| 함수 | 기능 |
|---|---|
| 24.5, 23.5, 23.4, 22.7, 22.6, 22.4, 22.2, …<br>LARGE(범위, n번째) | 범위 중 n번째로 큰 값을 반환한다.<br>예 =LARGE(A4:C7, 2) : [A4:C7] 영역에서 두 번째로 큰 값을 반환한다. |
| 23.4, 22.7, 22.4, 21.1, 20.상시, 20.2, 20.1, …<br>SMALL(범위, n번째) | 범위 중 n번째로 작은 값을 반환한다.<br>예 =SMALL(A1:A10, 2) : [A1:A10] 영역에서 두 번째로 작은 값을 반환한다. |
| 22.4, 20.상시, 19.2, 18.상시, 16.3, 09.1, 05.2<br>RANK.EQ(인수, 범위, 옵션) | • 지정된 범위 안에서 인수의 순위를 반환하는데, 동일한 값들은 동일하지 않을 경우 나올 수 있는 순위들 중 가장 높은 순위를 동일하게 반환한다.<br>• 옵션<br>– 0 또는 생략 : 내림차순을 기준으로 순위 부여<br>– 0 이외의 값 : 오름차순을 기준으로 순위 부여<br>예 =RANK.EQ(E3, E3:E7) : [E3:E7] 영역에서 내림차순을 기준으로 [E3] 셀의 순위를 반환한다. |

**예제 3** 다음 표에 표시된 부분의 값을 함수를 이용하여 계산하시오.

| | A | B | C | D | E | F |
|---|---|---|---|---|---|---|
| 1 | | | 특별고사 성적 | | | ❶ |
| 2 | 성명 | 국어 | 영어 | 수학 | 총점 | 순위1 |
| 3 | 고아라 | 72 | 90 | 78 | 240 | 2 |
| 4 | 나영희 | 95 | 65 | 0 | 160 | 4 |
| 5 | 박철수 | 80 | | 80 | 160 | 4 |
| 6 | 안도해 | | 98 | 100 | 198 | 3 |
| 7 | 최순이 | 85 | 100 | 85 | 270 | 1 |
| 8 | ❷앞에서 2위 | 85 | 98 | 85 | 240 | |
| 9 | ❸뒤에서 2위 | 80 | 90 | 78 | 160 | |

❶ 순위1(F3) : 총점에 대한 전체 순위를 구하되, 동일한 값들은 동일하지 않을 경우 나올 수 있는 순위들 중 가장 높은 순위를 동일하게 표시

→ =RANK.EQ(E3, $E$3:$E$7)

❷ 앞에서 2위(B8) : 각 점수에서 두 번째로 큰값 표시 → =LARGE(B3:B7, 2)

❸ 뒤에서 2위(B9) : 각 점수에서 두 번째로 작은값 표시 → =SMALL(B3:B7, 2)

24.4, 21.4, 21.2, 19.상시, 18.1, 17.2, 16.2, 14.2, 11.2, 10.2, 10.1, 09.4, 06.3, 06.1, 04.1

## 4 통계 함수4 – 기타

4308804

| 함수 | 기능 |
|---|---|
| VAR.S(인수1, 인수2, …) | 인수로 주어진 숫자들의 표본 분산값을 반환한다.<br>예 =VAR.S(A1:A10) : [A1:A10] 영역의 값들에 대한 표본 분산값을 반환한다. |
| 14.2, 11.2<br>STDEV.S(인수1, 인수2, …) | 인수로 주어진 숫자들의 표본 표준편차값을 반환한다.<br>예 =STDEV.S(A1:A10) : [A1:A10] 영역의 값들에 대한 표본 표준편차 값을 반환한다. |
| MEDIAN(인수1, 인수2, …) | 인수들의 중간값을 반환한다.<br>예 =MEDIAN(A1:A10) : [A1:A10] 영역의 값들의 중간값을 반환한다. |
| 11.2<br>MODE.SNGL(인수1, 인수2, …) | 인수 중 가장 빈도수가 높은 값을 반환한다.<br>예 =MODE.SNGL(A1:A10) : [A1:A10] 영역의 값들 중 가장 빈도수가 높은 값을 반환한다. |
| 24.4, 21.4, 21.2, 18.1, 16.2, 09.4, 06.3, 04.1<br>FREQUENCY(배열1, 배열2) | 배열2의 범위에 대한 배열1 요소들의 빈도수를 반환한다.<br>예 =FREQUENCY(A1:A10, B1:B10) : [B1:B10] 영역에 대한 [A1:A10] 영역의 값들의 빈도수를 반환한다. |
| 19.상시, 06.1<br>GEOMEAN(인수1, 인수2, …) | 인수로 주어진 숫자들의 기하 평균을 반환한다.<br>예 =GEOMEAN(A1:A10) : [A1:A10] 영역의 값들에 대한 기하 평균을 반환한다. |
| HARMEAN(인수1, 인수2, …) | 인수로 주어진 숫자들의 조화 평균을 반환한다.<br>예 =HARMEAN(A1:A10) : [A1:A10] 영역의 값들에 대한 조화 평균을 반환한다. |
| 16.2, 10.1<br>PERCENTILE.INC(범위, 인수) | 범위에서 인수 번째 백분위수 값을 반환한다.<br>예 =PERCENTILE.INC(A1:A10, 0.5) : [A1:A10] 영역 중 50번째 백분위수를 반환한다. |

**예제 4** 다음의 표에 표시된 부분의 값을 함수를 이용하여 계산하시오.

| | A | B | C | D | E |
|---|---|---|---|---|---|
| 1 | 특별고사 성적 | | | | |
| 2 | 성명 | 국어 | 영어 | 수학 | 총점 |
| 3 | 고아라 | 70 | 90 | 88 | 248 |
| 4 | 나영희 | 70 | 65 | 70 | 205 |
| 5 | 박철수 | 75 | 98 | 75 | 248 |
| 6 | 안도해 | 80 | 98 | 100 | 278 |
| 7 | 최순이 | 85 | 90 | 70 | 245 |
| 8 | ❶ 중 간 값 | 75 | 90 | 75 | 248 |
| 9 | ❷ 최 빈 값 | 70 | 90 | 70 | 248 |
| 10 | ❸ 분 산 | 42.5 | 184.2 | 171.8 | 676.7 |
| 11 | ❹ 표준편차 | 6.5192 | 13.572 | 13.1072 | 26.0135 |

❶ 중간 값(B8) → =MEDIAN(B3:B7)

❷ 최빈 값(B9) → =MODE.SNGL(B3:B7)

❸ 표본 분산(B10) → =VAR.S(B3:B7)

❹ 표본 표준편차(B11) → =STDEV.S(B3:B7)

**예제 5** 다음의 표시된 부분의 값을 함수를 이용하여 계산하시오.

| | A | B | C | D |
|---|---|---|---|---|
| 1 | 성적 현황 | | | |
| 2 | 성명 | 국어 | 영어 | 총점 |
| 3 | 김수정 | 80 | 73 | 153 |
| 4 | 박정호 | 98 | 100 | 198 |
| 5 | 최아름 | 80 | 94 | 174 |
| 6 | 박진수 | 85 | 90 | 175 |
| 7 | 이영호 | 77 | 75 | 152 |
| 8 | 권민수 | 95 | 83 | 178 |
| 9 | | | | ❶ |
| 10 | 등급표 | | 분포도 | 인원수 |
| 11 | 140 | | 1-140 | 0 |
| 12 | 160 | | 141-160 | 2 |
| 13 | 180 | | 161-180 | 3 |
| 14 | 200 | | 181-200 | 1 |

❶ 인원수(D11:D14) → {=FREQUENCY(D3:D8, A11:A14)}

**잠깐만요** Frequency 함수의 입력

배열 수식은 먼저 범위 설정을 하고 입력합니다.
❶ [D11:D14] 영역을 블록으로 설정합니다.
❷ **=FREQUENCY(D3:D8, A11: A14)**를 입력합니다.
❸ Ctrl + Shift + Enter를 누릅니다.
※ 배열 수식은 Section 97에서 자세히 배웁니다.

**궁금해요** 시나공 Q&A 베스트

**Q 인원수 구하는 문제를 아무리 해봐도 결과가 이상하게 나오네요. '=FREQUENCY($D$3:$D$8, A11:A14)' 이런 식으로 각 셀에 모두 입력했거든요.**

A 원하는 결과가 나오지 않은 이유는 한 셀만을 선택한 상태에서 수식을 입력했기 때문입니다. FREQUENCY 함수는 배열 함수이기 때문에 결과도 배열(범위)로 출력합니다. 즉 결과가 출력될 부분을 모두 범위로 지정한 상태에서 수식을 입력해야 합니다.

**예제 6** 다음의 표시된 부분의 값을 함수를 이용하여 계산하시오.

| | A | B | C | D | E |
|---|---|---|---|---|---|
| 1 | 성적 현황 | | | | |
| 2 | 성명 | 국어 | 영어 | 수학 | 총점 |
| 3 | 김수정 | 75 | 73 | 80 | 228 |
| 4 | 박정호 | 79 | 71 | 70 | 220 |
| 5 | 최아름 | 71 | 68 | 64 | 203 |
| 6 | 박진수 | 85 | 90 | 98 | 273 |
| 7 | 이영호 | 77 | 75 | 79 | 231 |
| 8 | 권민수 | 88 | 83 | 79 | 250 |
| 9 | ❶ 기하평균 | 78.957 | 76.31 | 77.65 | 233.13 |
| 10 | ❷ 조화평균 | 78.749 | 75.967 | 76.991 | 232.11 |
| 11 | ❸ 80%위치의 값 | 85 | 83 | 80 | 250 |

❶ 기하평균(B9) → =GEOMEAN(B3:B8)

❷ 조화평균(B10) → =HARMEAN(B3:B8)

❸ 80% 위치의 값(B11) → =PERCENTILE.INC(B3:B8, 80%)

## 따라잡기 기출문제 따라잡기

문제2 3209756

24년 4회, 21년 4회, 18년 1회, 09년 4회, 06년 3회, 04년 1회

**1. 아래 워크시트에서 매출액[B3:B9]을 이용하여 매출 구간별 빈도수를 [F3:F6] 영역에 계산하고자 한다. 다음 중 이를 위한 배열 수식으로 옳은 것은?**

| | A | B | C | D | E | F |
|---|---|---|---|---|---|---|
| 1 | | | | | | |
| 2 | | 매출액 | | 매출구간 | | 빈도수 |
| 3 | | 75 | | 0 | 50 | 1 |
| 4 | | 93 | | 51 | 100 | 2 |
| 5 | | 130 | | 101 | 200 | 3 |
| 6 | | 32 | | 201 | 300 | 1 |
| 7 | | 123 | | | | |
| 8 | | 257 | | | | |
| 9 | | 169 | | | | |

① {=PERCENTILE.INC(B3:B9, E3:E6)}

② {=PERCENTILE.INC(E3:E6, B3:D9)}

③ {=FREQUENCY(B3:B9, E3:E6)}

④ {=FREQUENCY(E3:E6, B3:B9)}

- [B3:B9] 영역의 데이터를 대상으로 [E3:E6] 영역의 구간별 빈도수를 계산하려면 [F3:F6] 영역을 블록으로 지정한 후 =FREQUENCY(B3:B9, E3:E6)을 입력한 다음 Ctrl+Shift+Enter를 누르면 됩니다.
- Ctrl+Shift+Enter를 눌러 입력하면 수식 앞뒤에 중괄호({ })가 자동으로 입력되어 {=FREQUENCY(B3:B9, E3:E6)}과 같이 표시됩니다.

23년 4회, 22년 7회, 4회, 20년 2회

**2. 다음 중 아래의 워크시트에서 작성한 수식으로 결과 값이 다른 것은?**

| | A | B | C |
|---|---|---|---|
| 1 | 10 | 30 | 50 |
| 2 | 40 | 60 | 80 |
| 3 | 20 | 70 | 90 |

① =SMALL(B1:B3, COLUMN(C3))

② =SMALL(A1:B3, AVERAGE({1;2;3;4;5}))

③ =LARGE(A1:B3, ROW(A1))

④ =LARGE(A1:C3, AVERAGE({1;2;3;4;5}))

① ❶ COLUMN(C3) : [C3] 셀의 열 번호인 3을 반환합니다.
❷ =SMALL(B1:B3, 3) : [B1:B3] 영역에서 세 번째로 작은 값인 70을 반환합니다.

② ❶ AVERAGE({1;2;3;4;5}) : 1, 2, 3, 4, 5의 평균인 3을 반환합니다.
❷ =SMALL(A1:B3, 3) : [A1:B3] 영역에서 세 번째로 작은 값인 30을 반환합니다.

③ ❶ ROW(A1) : [A1] 셀의 행 번호인 1을 반환합니다.
❷ =LARGE(A1:B3, 1) : [A1:B3] 영역에서 첫 번째로 큰 값인 70을 반환합니다.

④ ❶ AVERAGE({1;2;3;4;5}) : 3을 반환합니다.
❷ =LARGE(A1:C3, 3) : [A1:C3] 영역에서 세 번째로 큰 값인 70을 반환합니다.

▶ 정답 : 1. ③ 2. ②

문제3 1208351

21년 1회, 17년 1회, 13년 3회

**3. 다음 중 아래 시트에서 각 수식을 실행했을 때의 결과 값으로 옳은 것은?**

| | A | B | C | D | E |
|---|---|---|---|---|---|
| 1 | 이름 | 국어 | 영어 | 수학 | 평균 |
| 2 | 홍길동 | 83 | 90 | 73 | 82 |
| 3 | 이대한 | 65 | 87 | 91 | 81 |
| 4 | 한민국 | 80 | 75 | 100 | 85 |
| 5 | 평균 | 76 | 84 | 88 | 82.66667 |

① =SUM(COUNTA(B2:D4), MAXA(B2:D4)) → 102
② =AVERAGE(SMALL(C2:C4, 2), LARGE(C2:C4, 2)) → 75
③ =SUM(LARGE(B3:D3, 2), SMALL(B3:D3, 2)) → 174
④ =SUM(COUNTA(B2, D4), MINA(B2, D4)) → 109

① ❶ COUNTA(B2:D4) : [B2:D4] 영역에서 비어 있지 않은 셀의 개수를 구하면 9입니다.
❷ MAXA(B2:D4) : [B2:D4] 영역에서 숫자, 빈 셀, 논리값(TRUE/FALSE), 숫자로 표시된 텍스트 등을 모두 포함하여 가장 큰 값을 구하면 100입니다.
❸ =SUM(9, 100) : 두 값을 더하면 109입니다.
② ❶ SMALL(C2:C4, 2) : [C2:C4] 영역에서 두 번째로 작은 값을 구하면 87입니다.
❷ LARGE(C2:C4, 2) : [C2:C4] 영역에서 두 번째로 큰 값을 구하면 87입니다.
❸ =AVERAGE(87, 87) : 두 수의 평균을 구하면 87입니다.
③ ❶ LARGE(B3:D3, 2) : [B3:D3] 영역에서 두 번째로 큰 값을 구하면 87입니다.
❷ SMALL(B3:D3, 2) : [B3:D3] 영역에서 두 번째로 작은 값을 구하면 87입니다.
❸ =SUM(87, 87) : 두 수의 합계를 구하면 174입니다.
④ ❶ COUNTA(B2, D4) : [B2] 셀과 [D4] 셀에서 비어 있지 않은 셀의 개수를 구하면 2입니다.
❷ MINA(B2, D4) : [B2] 셀과 [D4] 셀에서 숫자, 빈 셀, 논리값(TRUE/FALSE), 숫자로 표시된 텍스트 등을 모두 포함하여 가장 작은 값을 구하면 83입니다.
❸ =SUM(2, 83) : 두 수의 합계를 구하면 85입니다.

09년 1회, 05년 2회

**4. 아래의 시트 [F2] 셀에서 '총점'에 대한 '순위'를 구한 후 채우기 핸들을 이용하여 [F2] 셀의 수식을 [F3:F5] 셀로 복사하려고 할 때 [F2] 셀의 올바른 수식은?**

| | A | B | C | D | E | F |
|---|---|---|---|---|---|---|
| 1 | 성명 | 국어 | 영어 | 수학 | 총점 | 순위 |
| 2 | 홍길동 | 89 | 78 | 80 | 247 | |
| 3 | 김길동 | 60 | 70 | 89 | 219 | |
| 4 | 황길동 | 90 | 90 | 60 | 240 | |
| 5 | 김수동 | 79 | 67 | 77 | 223 | |

① =RANK.EQ(E2, $E$2:$E$5)
② =RANK.EQ($E$2, $E$2:$E$5)
③ =RANK.EQ(E2, E2:E5)
④ =RANK.EQ(E2, E2:$E$5)

- RANK.EQ(인수, 범위) 함수는 지정된 범위 안에서 인수의 순위를 계산합니다.
- **인수** : 각 학생의 총점을 입력해야 하므로 상대 주소로 입력합니다(E2).
- **범위** : 전체 총점이 있는 범위로 항상 변하지 않도록 $를 표시해 절대 참조 형태로 입력해야 합니다($E$2:$E$5).

20년 1회, 13회 3회

**5. 다음 중 아래 시트에 대한 각 수식의 결과값이 나머지 셋과 다른 것은?**

| | A | B | C | D | E | F | G |
|---|---|---|---|---|---|---|---|
| 1 | 10 | 20 | 30 | 40 | 50 | 60 | 70 |
| 2 | | | | | | | |

① =SMALL(A1:G1, {3})
② =AVERAGE(SMALL(A1:G1, {1;2;3;4;5}))
③ =LARGE(A1:G1, {5})
④ =SMALL(A1:G1, COLUMN(D1))

① [A1:G1] 영역에서 세 번째로 작은 값을 구하면 30입니다.
② ❶ SMALL(A1:G1, {1;2;3;4;5}) : SMALL 함수에서 몇 번째로 작은 값을 구할지를 지정하는 두 번째 인수를 배열({1;2;3;4;5})로 지정하면 배열의 각 인수(1;2;3;4;5) 번째로 작은 값을 모두 구합니다. 즉, [A1:G1] 영역에서 첫 번째로 작은 값, 두 번째로 작은 값, 세 번째로 작은 값, 네 번째로 작은 값, 다섯 번째로 작은 값을 구하면 {10;20;30;40;50}입니다.
❷ =AVERAGE({10;20;30;40;50}) : 배열의 평균을 구하면 30입니다.
③ [A1:G1] 영역에서 다섯 번째로 큰 값을 구하면 30입니다.
④ ❶ COLUMN(D1) : [D1] 셀의 열 번호를 구하면 4입니다.
❷ =SMALL(A1:G1, 4) : [A1:G1] 영역에서 네 번째로 작은 값을 구하면 40입니다.

▶ **정답** : 3. ③ 4. ① 5. ④

SECTION

# 089 수학/삼각 함수

B 등급

## 1 수학/삼각 함수1 – 합계 / 반올림 / 올림 / 내림

24.3, 23.4, 22.4, 21.4, 21.3, 21.2, 21.1, 20.상시, 20.8, 20.2, 20.1, 19.상시, 19.3, 19.2, 19.1, 18.1, 17.2, 17.1, 16.2, 16.1, …

3209301

| 함 수 | 설 명 |
|---|---|
| 23.4, 22.4, 21.4, 21.1, 17.2, 17.1, 14.3, 13.3, …<br>SUM(인수1, 인수2, …) | 인수들의 합계를 반환한다.<br>예 =SUM(A1:A10) : [A1:A10] 영역의 합계를 반환한다. |
| 21.3, 21.2, 21.1, 17.2, 16.1, 15.3, 14.2, 07.3, …<br>SUMIF(조건이 적용될 범위, 조건, 합계를 구할 범위) | 조건에 맞는 셀을 찾아 합계를 반환한다.<br>예 =SUMIF(A1:A10, "컴퓨터", B1:B10) : [A1:A10] 영역에서 "컴퓨터"가 입력된 셀들을 찾은 후 [B1:B10] 영역의 같은 행에 있는 값들의 합계를 반환한다. |
| 20.8, 20.2, 17.2, 14.1<br>SUMIFS(합계를 구할 범위, 조건1이 적용될 범위, 조건1, 조건2가 적용될 범위, 조건2, …) | 여러 개의 조건이 적용될 범위에서 여러 개의 조건에 맞는 셀을 찾아 '합계를 구할 범위' 중 같은 행에 있는 값들의 합계값을 반환한다.<br>예 =SUMIFS(C1:C10, A1:A10, "컴퓨터", B1:B10, "1급") : [A1:A10] 영역에서 "컴퓨터"가 입력된 셀들을 찾고, [B1:B10] 영역에서 같은 행들에 있는 "1급"이 입력된 셀들을 찾은 후 [C1:C10] 영역의 같은 행에 있는 값들의 합계값을 반환한다. |
| 23.4, 22.4, 12.1, 08.1, 05.1, 03.2<br>ROUND(인수, 반올림 자릿수) | 인수에 대하여 지정한 '반올림 자릿수'로 반올림한다.<br>예 =ROUND(123.45, 1) : 123.45를 소수점 이하 첫째 자리로 반올림한 123.5를 반환한다. |
| 23.4, 22.4, 19.3, 12.1, 10.3, 08.1, 06.2, 04.3, …<br>ROUNDUP(인수, 올림 자릿수) | 인수에 대하여 지정한 '올림 자릿수'로 올림한다.<br>예 =ROUNDUP(123.43, 1) : 123.43을 소수점 이하 첫째 자리로 올림한 123.5를 반환한다. |
| 24.3, 21.4, 19.상시, 12.1, 06.3, 04.2<br>ROUNDDOWN(인수, 내림 자릿수) | 인수에 대하여 지정한 '내림 자릿수'로 내림한다.<br>예 =ROUNDDOWN(123.45, 1) : 123.45를 소수점 이하 첫째 자리로 내림한 123.4를 반환한다. |

### 잠깐만요 ROUND 관련 함수의 자릿수(ROUND, ROUNDUP, ROUNDDOWN)

1208332

ROUND 관련 함수는 자릿수로 지정된 자리까지 표시합니다.

| 3 | 8 | 6 | 4 | . | 5 | 5 | 8 | 8 |
|---|---|---|---|---|---|---|---|---|
| -3자리 | -2자리 | -1자리 | 0자리 | | 1자리 | 2자리 | 3자리 | 4자리 |

=ROUND(3864.5588,3) → 3864.559(소수 넷째 자리에서 반올림하여 소수 셋째 자리까지 표시합니다.)

=ROUND(3864.5588,0) → 3865(소수 첫째 자리에서 반올림하여 정수 부분만 표시합니다.)

=ROUND(3864.5588,-2) → 3900(십의 자리에서 반올림하여 백의 자리까지 표시합니다.)

**전문가의 조언**

**중요해요!** 함수식에 대한 결과값이나 특정 문제를 풀기 위한 함수식을 묻는 문제가 출제됩니다. 예제 의 실습을 통해 각 함수의 기능을 정확히 파악해야 합니다.

**전문가의 조언**

ROUND 관련 함수의 자릿수 부분을 혼동하지 않도록 정확히 알아두세요.

**준비하세요**

'C:\길벗컴활1급필기\2과목\2과목.xlsm' 파일을 불러와 '섹션89-1'과 '섹션89-2' 시트에서 실습하세요.

**예제 1** 다음에 표시된 부분의 값을 함수를 이용하여 계산하시오.

| | A | B | C | D | E |
|---|---|---|---|---|---|
| 1 | 사원별 제품 판매 현황 | | | | |
| 2 | | | | | |
| 3 | 사원 | 제품 | 수량 | 단가 | 실적 |
| 4 | 고아라 | TV | 10 | 1300 | 13000 |
| 5 | 나영희 | 세탁기 | 15 | 1200 | 18000 |
| 6 | 박철수 | 냉장고 | 20 | 2000 | 40000 |
| 7 | 안도해 | 컴퓨터 | 13 | 1400 | 18200 |
| 8 | 고아라 | 세탁기 | 8 | 1200 | 9600 |
| 9 | 나영희 | 컴퓨터 | 23 | 1400 | 32200 |
| 10 | 박철수 | 냉장고 | 18 | 2000 | 36000 |
| 11 | 안도해 | TV | 19 | 1300 | 24700 |
| 12 | 박철수 | 컴퓨터 | 24 | 1400 | 33600 |
| 13 ❶ | 평균1 | | 16.7 | 1466.7 | 25033.3 |
| 14 ❷ | 평균2 | | 16.67 | 1466.67 | 25033.34 |
| 15 ❸ | 평균3 | | 16.66 | 1466.66 | 25033.33 |
| 16 ❹ | '고아라' 사원 실적 합계 | | | | 22600 |
| 17 ❺ | 수량이 20 이상이고 단가가 1300 이상인 사원의 실적 합계 | | | | 105800 |

❶ 평균1(소수 2자리에서 반올림)(C13) → =ROUND(AVERAGE(C4:C12), 1)

❷ 평균2(소수 3자리에서 자리올림)(C14) → =ROUNDUP(AVERAGE(C4:C12), 2)

❸ 평균3(소수 3자리에서 자리내림)(C15) → =ROUNDDOWN(AVERAGE(C4:C12), 2)

❹ '고아라' 사원의 실적 합계(E16) → =SUMIF(A4:A12, "고아라", E4:E12)

❺ 수량이 20 이상이고 단가가 1300 이상인 사원의 실적 합계(E17)
→ =SUMIFS(E4:E12, C4:C12, ">=20", D4:D12, ">=1300")

24.3, 23.5, 22.5, 21.4, 19.2, 16.2, 11.3, 11.2, 10.1, 09.4, 08.4, 08.3, 06.4, 05.3, 05.2, 05.1, 04.2

## 2 수학/삼각 함수2 – 배열 / 난수

3209302

| 함 수 | 설 명 |
|---|---|
| 24.3, 23.5, 22.5, 21.4, 19.2, 11.3, 11.2, 09.4, 08.4, …<br>SUMPRODUCT(배열1, 배열2, …) | 배열1과 배열2의 개별 요소들끼리 곱한 결과를 모두 더한 값을 반환한다.<br>예 =SUMPRODUCT(A1:A2, B1:B2) : [A1:A2] 영역의 값과 [B1:B2] 영역의 값을 대응([A1]×[B1], [A2]×[B2])되게 곱한 값의 합계값을 반환한다. |
| 16.2, 10.1, 05.2<br>MDETERM(배열) | 배열의 행렬식을 반환한다.<br>예 =MDETERM(A1:B2) : [A1:B2] 영역의 행렬식을 반환한다. |
| MINVERSE(배열) | 배열의 역행렬을 반환한다.<br>예 =MINVERSE(A1:B2) : [A1:B2] 영역의 역행렬을 반환한다. |
| 05.3<br>MMULT(배열1, 배열2) | 배열1과 배열2의 행렬 곱을 반환한다.<br>예 =MMULT(A1:C1, A2:A4) : [A1:C1] 영역과 [A2:A4] 영역의 행렬 곱을 반환한다. |
| 19.2<br>RAND( ) | 0과 1 사이의 난수를 반환한다.<br>예 =RAND( ) : 0과 1사이의 난수를 반환한다. |
| RANDBETWEEN(인수1, 인수2) | 지정한 두 수 사이의 난수를 반환한다.<br>예 =RANDBETWEEN(1, 10) : 1과 10 사이의 난수를 반환한다. |

**예제 2** 다음 표에서 함수의 결과를 구하시오.

| | A | B | C |
|---|---|---|---|
| 1 | 서초A 대리점 판매현황 | | |
| 2 | 제품 | 단가 | 판매량 |
| 3 | AAA | 150 | 32 |
| 4 | BBB | 200 | 62 |
| 5 | CCC | 250 | 34 |
| 6 | DDD | 300 | 15 |
| 7 | | | |
| 8 | ❶ 총판매액 | | 30,200 |

❶ 총판매액(C8) → =SUMPRODUCT(B3:B6, C3:C6)

## 3 수학/삼각 함수3 – 기타

24.3, 23.4, 22.7, 22.4, 22.3, 21.4, 20.상시, 20.4, 20.1, 19.상시, 19.2, 19.1, 18.1, 17.2, 15.1, 13.2, 12.1, 11.3, 10.3, 10.2, …

3209303

| 함 수 | 설 명 |
|---|---|
| 20.상시, 19.상시, 19.2, 19.1, 10.3, 10.2, 09.2, …<br>ABS(인수) | 인수의 절대값을 반환한다.<br>예 =ABS(–12) : –12의 절대값인 12를 반환한다. |
| 19.2, 12.1, 08.1, 03.3<br>INT(인수) | 인수보다 크지 않은 정수값을 반환한다.<br>예 =INT(5.5) : 5.5보다 크지 않은 정수값 5를 반환한다. |
| 20.1, 19.2, 18.1, 17.2, 15.1, 13.2, 10.2, 07.4, …<br>MOD(인수1, 인수2) | 인수1을 인수2로 나눈 나머지값을 반환한다.<br>예 =MOD(10, 3) : 10을 3으로 나누기 한 후 나머지값 1을 반환한다. |
| 19.2, 12.1<br>FACT(인수) | 인수의 계승 값을 반환한다.<br>예 =FACT(3) : 1×2×3의 값 6을 반환한다. |
| 24.3, 21.4, 20.상시, 19.상시, 19.1, 09.2<br>SQRT(인수) | • 인수의 양의 제곱근을 반환한다.<br>• 인수가 음수면 에러가 발생한다.<br>예 =SQRT(4) : 2를 반환한다. |
| 24.3, 21.4, 20.상시, 19.상시, 19.1, 10.2, …<br>POWER(인수, 제곱값) | 인수를 '제곱값'만큼 거듭 곱한 값을 반환한다.<br>예 =POWER(3, 2) : 3을 2번 곱한 값 9를 반환한다. |
| 23.4, 22.4, 12.1, 03.3<br>TRUNC(인수, 자릿수) | 인수에 대해 자릿수 미만의 수치를 버린 값을 반환한다.<br>예 =TRUNC(5.278, 2) : 5.27을 반환한다. |
| 10.3, 05.3, 04.3, 03.4<br>PRODUCT(인수1, 인수2, …) | 인수를 모두 곱한 값을 반환한다.<br>예 =PRODUCT(1, 2, 3) : 1×2×3의 값 6을 반환한다. |
| SIGN(인수) | • 인수의 부호값을 반환한다.<br>• 양수면 1, 0이면 0, 음수면 –1을 반환한다.<br>예 =SIGN(–5) : 음수이므로 –1을 반환한다. |
| 12.1<br>PI( ) | 수치 상수 파이(π)를 15자리까지를 계산한다.<br>예 =PI( ) : 3.14159265358979를 반환한다. |
| EXP(인수) | e를 인수만큼 거듭제곱한 값을 반환한다.<br>예 =EXP(2) : 7.389056099를 반환한다. |
| 23.4, 22.7, 22.3<br>QUOTIENT(인수1, 인수2) | 인수1을 인수2로 나누어 몫에 해당하는 정수 부분만을 반환한다.<br>예 =QUOTIENT(11, 2) : 5를 반환한다. |

**음수의 나머지(7/3, -7/3)**
몫과 나머지를 구한다는 것은 쉽게 말하면… 똑같이 분배해 주면 몇 개씩 주고(몫) 남는 게(나머지) 몇 개냐는 의미입니다. 즉 7개를 3명에게 2개씩 주고 몇 개가 남느냐는 의미입니다. 1개가 남겠죠. 그렇다면 -7/3은? 음수값은 분배해 줄 양이 받아야 할 양이겠죠. 즉 7개를 채우려면 3명에게서 똑같이 몇 개씩 받으면(몫) 더 받은 (나머지) 것은 몇 개냐? 정도로 말할 수 있겠죠. 즉 3개씩 받으면 9개가 되므로 2개가 남죠? 즉 3개씩 받았으므로 몫은 -3, 2개가 남았으므로 나머지는 2가 됩니다. 엑셀을 이용해 다음과 같이 하여 몫과 나머지를 구할 수 있습니다.
=int(-7/3) → 몫 : -3
=-7-int(-7/3)*3 → 나머지 : 2
예 -5/3
몫 → -2, 나머지 → 1
즉 5개를 채우기 위해서 3명으로부터 2개씩 공평하게 받으면 1개가 남네요.

**예제 3** 다음 표에서 함수의 결과를 구하시오.

| 수 식 | 결 과 | 비 고 |
|---|---|---|
| =SIGN(-9.78) | -1 | =SIGN(9.78) → 1 |
| =INT(3.78) | 3 | =INT(-3.78) → -4 |
| =MOD(7, 3) | 1 | =MOD(-7, 3) → 2* |
| =TRUNC(4.9) | 4 | =TRUNC(-4.9) → -4 |
| =SQRT(36) | 6 | $\sqrt{36}$ → 6, =SQRT(-36) → #NUM! |
| =ABS(-10) | 10 | \|-10\| → 10 |
| =POWER(3, 2) | 9 | $3^2$ → 9 |
| =FACT(6) | 720 | 6×5×4×3×2×1 → 720 |
| =EXP(2) | 7.389056 | $e^2$ → $2.71828182^2$ |
| =QUOTIENT(5, 2) | 2 | |

**예제 4** '25/3'의 몫과 나머지를 구하시오.

- **몫** : =QUOTIENT(25, 3) → 8
- **나머지** : =MOD(25, 3) → 1

**예제 5** 수학식 '$3^2 \times (|-5| + \sqrt{36})$'을 엑셀 수식으로 표현하시오.

=POWER(3, 2)*(ABS(-5)+SQRT(36))

## 따라잡기 기출문제 따라잡기

문제1 3209351

23년 4회, 22년 4회, 08년 1회

**1. 다음과 같이 [A1:A6]의 이름이 SCORES일 때 [A7] 셀에 아래의 함수를 입력하였다. 그 결과 값으로 옳지 않은 것은?**

| | A |
|---|---|
| 1 | 2 |
| 2 | 2 |
| 3 | 0 |
| 4 | 1 |
| 5 | TRUE |
| 6 | 사용불가 |

① =ROUNDUP(AVERAGE(SCORES), 0) → 2
② =TRUNC(SUM(SCORES)/COUNT(SCORES), 0) → 2
③ =ROUND(SUM(SCORES)/COUNTA(SCORES), 0) → 1
④ =AVERAGEA(A1:A6) → 1

① ❶ AVERAGE(SCORES) : SCORES로 이름 정의된 영역(A1:A6)의 평균을 구하므로 5/4 = 1.25를 반환합니다.
※ 논리값 TRUE가 숫자로 처리되지 않아 계산 시 제외됩니다.
❷ =ROUNDUP(1.25, 0) : 1.25를 올림하여 정수인 2를 반환합니다.
② ❶ SUM(SCORES) : SCORES로 이름 정의된 영역(A1:A6)의 합계인 5를 반환합니다.
❷ COUNT(SCORES) : SCORES로 이름 정의된 영역(A1:A6)에서 숫자가 들어 있는 셀의 개수인 4를 반환합니다.
❸ =TRUNC(5/4, 0) : 5를 4로 나눈 후 소수점 이하를 버린 1을 반환합니다.
③ ❶ SUM(SCORES) : 5를 반환합니다.
❷ COUNTA(SCORES) : SCORES로 이름 정의된 영역(A1:A6)에서 데이터가 들어 있는 셀의 개수인 6을 반환합니다.
❸ =ROUND(5/6, 0) : 5를 6으로 나눈 후 반올림하여 정수인 1을 반환합니다.
④ =AVERAGEA(A1:A6) : [A1:A6] 영역에서 수치가 아닌 셀을 포함하는 인수의 평균을 구하므로 6/6 = 1을 반환합니다.
※ 논리값 TRUE가 숫자 1로 처리되어 계산 시 포함됩니다.

문제3 1208352 문제5 1208353

## 따라잡기 기출문제 따라잡기

24년 3회, 21년 4회, 11년 2회

**2. 다음 중 수식과 그 실행 결과 값의 연결이 옳지 않은 것은?**

① =DAYS("2023-11-1", "2023-10-1") → 31

② =ROUNDDOWN(45.6789, 2) → 45.67

③ =SUMPRODUCT({1,2,3}, {5,6,7}) → 32

④ =SQRT(4) * (INT(-2) + POWER(2, 3)) → 12

① 2023-11-1에서 2023-10-1을 뺀 일수인 31을 반환합니다.
② 45.6789를 소수점 이하 둘째자리로 자리 내림한 45.67을 반환합니다.
③ 배열에서 대응하는 요소를 모두 곱하고 그 곱의 합을 구한 (1×5) + (2×6) + (3×7) = 38을 반환합니다.

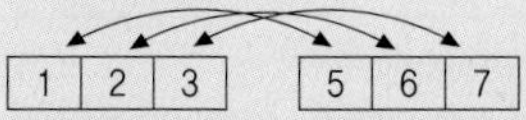


④ ❶ SQRT(4) : 4의 양의 제곱근인 2를 반환합니다.
❷ INT(-2) : -2보다 크지 않은 정수인 -2를 반환합니다.
❸ POWER(2, 3) : 2를 3번 곱한 8을 반환합니다.
∴ = ❶*(❷+❸) = 2*(-2+8) = 12

19년 2회

**3. 다음 중 수식의 결과가 나머지 셋과 다른 것은?**

① =ABS(INT(-3/2)) ② =MOD(-3, 2)

③ =ROUNDUP(RAND( ), 0) ④ =FACT(1.9)

① ❶ INT(-3/2) : -3/2보다 크지 않은 정수인 -2를 반환합니다.
❷ =ABS(-2) : -2의 절대값인 2를 반환합니다.
② 피제수가 음수(-3)인 경우는 분배해 줄 양이 받아야 할 양이 됩니다. 즉 3개를 채우려면 2명에게서 똑같이 몇 개씩 받으면(몫) 더 받은(나머지) 것은 몇 개냐? 정도로 말할 수 있습니다. 즉 2개씩 받으면 4개가 되므로 1개가 남죠? 나머지는 1이 됩니다.
③ ❶ RAND( ) : 0과 1사이의 난수를 반환합니다(예 0.616404849).
❷ =ROUNDUP(0.616404849) : 0.616404849를 정수로 자리 올림한 1을 반환합니다.
④ 소수점 이하의 값은 무시하고 1의 계승값을 구하면 1입니다.

19년 1회, 09년 2회

**4. 다음 중 다음과 같은 수학식을 표현하기 위한 엑셀 수식으로 옳은 것은?**

$\sqrt{16}\times(|-2|+2^3)$

① =POWER(16) * (ABS(-2) + SQRT(2, 3))

② =SQRT(16) * (ABS(-2) + POWER(3, 2))

③ =SQRT(16) * (ABS(-2) + POWER(2, 3))

④ =POWER(16) * (ABS(-2) + SQRT(3, 2))

❶ $\sqrt{16}$ = SQRT(16)
❷ |-2| = ABS(-2)
❸ $2^3$ = POWER(2, 3)
❹ $\sqrt{16}\times(|-2|+2^3)$ = SQRT(16) * (ABS(-2) + POWER(2, 3))

12년 1회

**5. 아래 시트에서 수식을 실행하였을 때 다음 중 결과 값이 다른 것은?**

| | A |
|---|---|
| 1 | 54,832,820 |

① =ROUND(A1, 3-LEN(INT(A1)))

② =ROUNDDOWN(A1, 3-LEN(INT(A1)))

③ =ROUNDUP(A1, 3-LEN(INT(A1)))

④ =TRUNC(A1, -5)

① ❶ INT(A1) : [A1] 셀의 값 54,832,820보다 크지 않은 정수인 54,832,820을 반환합니다.
❷ LEN(54,832,820) : 54,832,820의 텍스트 길이인 8을 반환합니다.
※ LEN은 텍스트의 길이(개수)를 반환하는 함수입니다. 콤마(,)는 [A1] 셀에 지정된 셀 서식이 그대로 표시된 것으로 텍스트의 길이에는 포함되지 않습니다.
❸ =ROUND(A1, 3-8) : 54,832,820을 십만(-5) 자리로 반올림한 54,800,000을 반환합니다.
② ❶ 3-LEN(INT(A1)) : ①번 보기와 동일하므로 -5입니다.
❷ =ROUNDDOWN(A1, -5) : 54,832,820을 십만(-5) 자리로 내림한 54,800,000을 반환합니다.
③ ❶ 3-LEN(INT(A1)) : ①번 보기와 동일하므로 -5입니다.
❷ =ROUNDUP(A1, -5) : 54,832,820을 십만(-5) 자리로 올림한 54,900,000을 반환합니다.
④ =TRUNC(A1, -5) : 54,832,820을 십만(-5) 자리 이하의 값을 잘라낸 54,800,000을 반환합니다.

23년 5회, 22년 5회, 11년 3회, 2회, 08년 4회, 3회, 06년 4회, 04년 2회

**6. 다음 중 =SUMPRODUCT({3,1;1,2}, {3,1;1,2}) 수식의 결과로 올바른 것은?**

① 36 ② 15

③ 17 ④ 18

SUMPRODUCT(배열1, 배열2, …)는 배열에서 대응하는 요소를 모두 곱하고 그 곱의 합을 구하는 함수이고, 배열 수식에서 열은 쉼표(,), 행은 세미콜론(;)으로 구분하므로 이를 표현하면 다음과 같습니다.

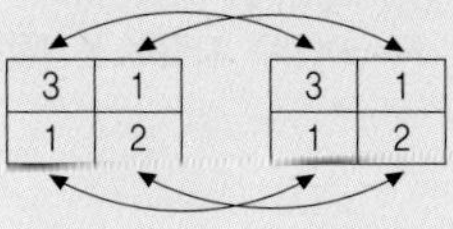


(3×3)+(1×1)+(1×1)+(2×2) = 9+1+1+4 = 15를 반환합니다.

▶ **정답 :** 1. ② 2. ③ 3. ① 4. ③ 5. ③ 6. ②

SECTION
# 090 텍스트 함수

A 등급

전문가의 조언

**중요해요!** 함수식에 대한 결과값이나 특정 문제를 풀기 위한 함수식을 묻는 문제가 출제됩니다. 예제의 실습을 통해 각 함수의 기능을 정확히 파악해야 합니다.

24.5, 24.4, 23.4, 22.7, 22.6, 22.4, 22.3, 22.2, 22.1, 21.4, 20.1, 19.2, 19.1, 18.상시, 18.2, 16.3, 16.1, 15.1, 12.3, 12.1, 11.2, …

## 1 텍스트 함수1 – 변환

3209401

| 함수 | 설명 |
|---|---|
| LOWER(텍스트) | 텍스트를 모두 소문자로 변환하여 반환한다.<br>예 =LOWER("KOREA") : "KOREA"를 모두 소문자인 "korea"로 변환한다. |
| 24.4<br>UPPER(텍스트) | 텍스트를 모두 대문자로 변환하여 반환한다.<br>예 =UPPER("korea") : "korea"를 모두 대문자인 "KOREA"로 변환한다. |
| 21.4, 05.2<br>PROPER(텍스트) | 텍스트의 첫 문자만 대문자로 변환하여 반환한다.<br>예 =PROPER("korea") : "korea"의 첫 번째 문자만 대문자인 "Korea"로 변환한다. |
| 20.1, 19.2, 11.2<br>VALUE(텍스트) | 텍스트를 숫자로 변환하여 반환한다.<br>예 =VALUE(A1) : [A1] 셀의 텍스트를 숫자로 변환하여 반환한다. |
| 24.5, 24.4, 23.4, 22.7, 22.6, 22.3, 22.2, 22.1, …<br>REPLACE(텍스트1, 시작 위치, 개수, 텍스트2) | 텍스트1의 시작 위치에서 개수만큼 텍스트2로 변환하여 반환한다.<br>예 =REPLACE("홍길동", 2, 1," "*") : "홍*동"을 반환한다. |
| 22.6, 22.1, 21.2, 18.상시, 12.3, 09.2<br>SUBSTITUTE(텍스트, 인수1, 인수2, n번째) | 텍스트에서 인수1을 찾아, n번째에 있는 인수1을 인수2로 변환하여 반환한다.<br>예 =SUBSTITUTE("컴활2급2과목", "2", "1", 2) : 2번째 있는 "2"를 "1" 변환하므로 "컴활2급1과목"이 반환된다. |
| 23.4, 22.4, 10.1<br>TEXT(인수, 형식) | 인수를 지정한 형식의 텍스트로 변환하여 반환한다.<br>예 =TEXT(1000, "0원") : "1000원"을 반환한다. |
| 23.4, 22.4, 19.1, 16.3, 15.1, 12.1, 10.1<br>FIXED(인수, 자릿수, 논리값) | • 인수를 반올림하여 지정된 자릿수까지 텍스트로 반환한다.<br>• 자릿수가 지정되지 않으면 2로 인식된다.<br>• 논리값<br>– TRUE : 쉼표를 표시하지 않는다.<br>– FALSE 또는 생략 : 쉼표를 표시한다.<br>예 =FIXED(1234.8, 0, FALSE) : 1234.8을 일의 자리로 반올림한 1235에 쉼표가 표시된 1,235를 반환한다. |

| 수식 | 결과값 |
|---|---|
| =LOWER("CANADA") | canada |
| =UPPER("korea") | KOREA |
| =PROPER("japan") | Japan |
| =VALUE("₩1,000") | 1000 |

| | |
|---|---|
| =REPLACE("KOREA", 2, 4, " ING")* | KING |
| =SUBSTITUTE("KOKO", "O", "I") | KIKI |
| =TEXT("1991-4-15", "mmmm dd, yyyy")* | April 15, 1991 |
| =FIXED(1234.567, 1)* | 1,234.6 |

- =REPLACE("KOREA",2, 4, "ING") : "KOREA"의 두 번째에서 4문자, 즉 "OREA"가 "ING"로 바뀝니다.
- =TEXT("1991-4-15", "mmmm dd, yyyy") : "1991-4-15"를 날짜 형식인 "mmmm dd, yyyy"로 바꿉니다.
- =FIXED(1234.567,1) 1234.567을 소수 둘째 자리에서 반올림한 후 문자로 바꿔 소수 첫째 자리까지 표시합니다.

24.5, 24.4, 24.1, 23.4, 22.7, 22.6, 22.3, 22.1, 21.4, 21.2, 21.1, 20.1, 19.상시, 19.1, 18.상시, 18.2, 16.3, 16.1, 15.1, 13.1, 12.3, …

## 2 텍스트 함수2 – 기타

4309002

| 함 수 | 설 명 |
|---|---|
| 24.4, 24.1, 18.상시, 13.1, 12.3, 11.2, 10.2, 09.2, …<br>LEFT(텍스트, 개수) | 텍스트의 왼쪽부터 지정한 개수만큼 반환한다.<br>예 =LEFT("컴퓨터활용능력", 3) : "컴퓨터"를 반환한다. |
| 24.5, 24.4, 24.1, 22.6, 22.2, 21.1, 20.1, 18.2, 16.1, …<br>MID(텍스트, 시작 위치, 개수) | 텍스트의 시작 위치부터 지정한 개수만큼 반환한다.<br>예 =MID("ABCDE", 3, 2) : "CD"를 반환한다. |
| 24.1, 18.상시, 13.1, 12.3, 11.2, 09.2, 07.2, 06.4, …<br>RIGHT(텍스트, 개수) | 텍스트의 오른쪽부터 지정한 개수만큼 반환한다.<br>예 =RIGHT("컴퓨터활용능력", 2) : "능력"을 반환한다. |
| 11.2, 05.2<br>TRIM(텍스트) | 텍스트의 양쪽 공백을 제거한다.<br>예 =TRIM(" KOREA ") : " KOREA "의 양쪽 공백을 제거한 "KOREA"를 반환한다. |
| 23.4, 22.4, 12.1, 11.2, 09.3<br>LEN(텍스트) | 텍스트의 길이(개수)를 반환한다.<br>예 =LEN("컴퓨터활용능력") : 7을 반환한다. |
| EXACT(텍스트1, 텍스트2) | 두 텍스트를 비교하여 일치하면 TRUE, 다르면 FALSE 반환한다.<br>예 =EXACT("친구", "친구") : TRUE를 반환한다. |
| 23.4, 22.7, 22.4, 21.2<br>REPT(텍스트, 개수) | 텍스트를 개수만큼 반복하여 반환한다.<br>예 =REPT("■", 4) : "■■■■"를 반환한다. |
| 24.1, 23.4, 21.4, 19.상시, 18.상시, 12.3, 09.2, …<br>CONCAT(텍스트1, 텍스트2, …) | 인수로 주어진 텍스트들을 연결하여 1개의 문자열로 반환한다.<br>예 =CONCAT("컴퓨터", "활용") : "컴퓨터활용"을 반환한다. |
| 24.1<br>FIND(찾을 텍스트, 문자열, 시작 위치) | • 문자열의 시작 위치에서부터 찾을 텍스트를 찾아 그 위치값을 반환한다.<br>• 문자를 모두 한 글자로 계산한다.<br>• 대/소문자를 구분하며, 와일드카드(*, ?) 문자를 사용할 수 없다.<br>예 =FIND("친", "친구친구", 2) : 3을 반환한다. |
| 24.5, 24.4, 22.6, 22.2, 22.1, 21.1, 19.1, 18.2, 16.3, …<br>SEARCH(찾을 텍스트, 문자열, 시작 위치) | • 문자열의 시작 위치에서부터 찾을 텍스트를 찾아 그 위치값을 반환한다.<br>• 문자를 모두 한 글자로 계산한다.<br>• 대/소문자를 구분할 수 없고, 와일드카드(*, ?) 문자를 사용할 수 있다.<br>예 =SEARCH("구", "친구친구", 1) : 2를 반환한다. |

| 수 식 | 결과값 |
|---|---|
| =LEFT("770405-1386723", 6) | 770405 |
| =MID("760401-1567890", 8, 7) | 1567890 |
| =RIGHT("780525-1456789", 7) | 1456789 |
| =TRIM(" Bra zil ")* | Bra zil |
| =LEN("KOREA") | 5 |
| =EXACT("abc", "abc") | TRUE |
| =REPT("*", 3) | *** |
| =CONCAT("K", "ORE", "A") | KOREA |
| =FIND("f", "친구★79FRfr")* | 8 |
| =SEARCH("f", "친구★79FRfr")* | 6 |

- **=TRIM(" Bra zil ") :** 보이지는 않지만 양쪽의 공백이 제거됩니다. 문자로 표시하면 "Bra zil"로 되겠죠.
- **=FIND("f", "친구★79FRfr") :** 소문자 'f'를 검색하여 위치를 반환합니다.
- **=SEARCH("f", "친구★79FRfr") :** 대/소문자 구분없이 'f'를 검색하여 위치를 반환합니다.

## 따라잡기 기출문제 따라잡기

문제1 4309051

23년 4회, 22년 4회

**1. 다음 중 수식의 결과가 옳지 않은 것은?**

| | A |
|---|---|
| 1 | 바나나 |
| 2 | 사과 |
| 3 | 오렌지 |
| 4 | PEAR |
| 5 | 3.14659 |

① =FIXED(A5, , FALSE) → 3.14

② =REPT("◆", LEN(A4)) → ◆◆◆◆

③ {=TEXT(SUM(IF(ISTEXT(A1:A5), 1, 0)), "과일의 수는 0개")} → 과일의 수는 4개

④ =REPLACE(A3, 2, 2, "가피나무") → 오가피나무

① =FIXED(A5, , FALSE) : FIXED(인수, 자릿수, 논리값)는 '인수'를 반올림하여 지정된 '자릿수'까지 텍스트로 표시하는 함수인데, '자릿수'를 생략하면 2로 지정되고, '논리값'을 FALSE 또는 생략하면 쉼표를 포함하므로 3.14659를 소수점 둘째 자리로 반올림한 3.15를 반환합니다.
※ [A5] 셀의 값 3.14659는 정수 부분이 한 자리이므로 쉼표, 즉 천 단위 구분 기호는 표시되지 않습니다. 예를들어 [A5] 셀의 값이 1234.14659라면 1,234.15로 표시됩니다.

② =REPT("◆", LEN(A4)) : "◆"를 [A4] 셀의 글자수인 4번 반복한 ◆◆◆◆를 반환합니다.

③ ❶ SUM(IF(ISTEXT(A1:A5), 1, 0)) : 조건에 만족하는 셀의 개수를 구하는 배열 수식으로, [A1:A5] 영역에서 인수가 텍스트인 셀의 개수인 4를 반환합니다.
※ ISTEXT(인수) : 인수가 텍스트이면 'TRUE'를 반환함
❷ {=TEXT(4, "과일의 수는 0개")} : 4를 "과일의 수는 0개" 형식으로 표시한 "과일의 수는 4개"를 반환합니다.

④ =REPLACE(A3, 2, 2, "가피나무") : [A3] 셀의 값 "오렌지"의 2번째부터 2글자를 "가피나무"로 변경한 "오가피나무"를 반환합니다.

24년 5회

**2. 다음 중 아래와 같이 워크시트에 데이터가 입력되어 있는 경우, 보기의 수식과 그 결과 값으로 옳지 않은 것은?**

| | A |
|---|---|
| 1 | 메 |
| 2 | 아름다운 강산 |
| 3 | 봄 여름 |
| 4 | 여름 |
| 5 | 희망의 메시지 |
| 6 | |

① =REPLACE(A3, SEARCH(A4, A3), 2, "여행") → 봄 여름여행

② =REPLACE(A5, SEARCH("아", A2), 4, " ") → 메시지

③ =MID(A5, SEARCH(A1, A5), 1) → 메

④ =MID(A2, SEARCH(A4, A3), 2) → 다운

① ❶ SEARCH(A4, A3) : [A3] 셀에 입력된 "봄 여름"에서 [A4] 셀에 입력된 "여름"를 찾아 위치인 3을 반환합니다.
❷ =REPLACE(A3, 3, 2, "여행") : [A3] 셀에 입력된 "봄 여름"에서 3번째 글자부터 2글자를 "여행"으로 변경한 "봄 여행"을 반환합니다.

② ❶ SEARCH("아", A2) : [A2] 셀에 입력된 "아름다운 강산"에서 "아"를 찾아 위치인 1을 반환합니다.
❷ =REPLACE(A5, 1, 4, " ") : [A5] 셀에 입력된 "희망의 메시지"에서 1번째 글자부터 4글자를 공백(" ") 변경한 "메시지"를 반환합니다.

따라잡기 기출문제 따라잡기

③ ❶ SEARCH(A1, A5) : [A5] 셀에 입력된 "희망의 메시지"에서 [A1] 셀에 입력된 "메"를 찾아 위치인 5를 반환합니다.
❷ =MID(A5, 5, 1) : [A5] 셀에 입력된 "희망의 메시지"의 5번째 자리에서부터 1자리를 추출한 "메"를 반환합니다.
④ ❶ SEARCH(A4, A3) : [A3] 셀에 입력된 "봄 여름"에서 [A4] 셀에 입력된 "여름"를 찾아 위치인 3을 반환합니다.
❷ =MID(A2, 3, 2) : [A2] 셀에 입력된 "아름다운 강산"의 3번째 자리에서부터 2자리를 추출한 "다운"을 반환합니다.

22년 6회, 21년 1회

**3. 다음 중 아래 시트에서 〈변경 전〉 내용을 〈변경 후〉와 같이 변경하는 수식으로 옳은 것은?**

| | A | B | C | D |
|---|---|---|---|---|
| 1 | <변경 전> | | | |
| 2 | 서울시 도봉구 459 남위 36 북위 36 | | | |
| 3 | <변경 후> | | | |
| 4 | 서울시 도봉구 459 남위 136 북위 36 | | | |

① =SUBSTITUTE(A2, "136", "36", 1)
② =SUBSTITUTE(A2, "136", "36", 2)
③ =SUBSTITUTE(A2, "36", "136", 1)
④ =SUBSTITUTE(A2, "36", "136", 2)

[A2] 셀에 입력된 텍스트 중 첫 번째에 있는 "36"이 "136"으로 변경되었으므로 **=SUBSTITUTE(A2, "36", "136", 1)**로 지정하면 됩니다.

23년 4회

**4. 다음 시트에서 [B2:B8] 영역의 전화번호를 [F2:F8] 영역의 전화번호와 같이 표시하려고 할 때 올바른 수식은?**

| | A | B | C | D | E | F |
|---|---|---|---|---|---|---|
| 1 | 성명 | 전화번호 | 구매횟수 | 구매금액 | | 전화번호 |
| 2 | 김수정 | 010-2344-7215 | 3 | 95600 | | 010-2344-**** |
| 3 | 이정준 | 010-325-8697 | 11 | 3654800 | | 010-325-8**** |
| 4 | 소현상 | 010-358-9214 | 1 | 45000 | | 010-358-9**** |
| 5 | 현진순 | 010-357-9211 | 5 | 1568700 | | 010-357-9**** |
| 6 | 진선정 | 010-8355-6544 | 7 | 856900 | | 010-8355-**** |
| 7 | 이수신 | 010-3256-3687 | 25 | 6521000 | | 010-3256-**** |
| 8 | 신명철 | 010-3256-8547 | 13 | 2564780 | | 010-3256-**** |

① =REPLACE(B2, 10, 4, "*")
② =REPLACE(B2, 10, 4, "****")
③ =CONCAT(B2, 10, 4, "*")
④ =CONCAT(B2, 10, 4, "****")

REPLACE(텍스트1, 시작 위치, 개수, 텍스트2)는 '텍스트1'의 '시작 위치'에서 '개수'로 지정된 문자를 '텍스트2'로 변경하는 함수로, 전화번호의 뒤에 4글자를 "****"로 변경하려면 **=REPLACE(B2, 10, 4, "****")**로 작성하면 됩니다.

21년 4회, 05년 2회

**5. 다음 그림과 같이 '성'과 '이름'을 합쳐서 '성명'으로 표시하고자 할 때, [C2] 셀에 들어갈 알맞은 수식은?**

| | A | B | C |
|---|---|---|---|
| 1 | 성 | 이름 | 성명 |
| 2 | 이 | 덕환 | 이덕환 |
| 3 | 안 | 치연 | 안치연 |
| 4 | 강 | 청기 | 강청기 |
| 5 | 연 | 구현 | 연구현 |

① =PROPER(A2, B2)　② =REPLACE(A2, B2)
③ =CONCAT(A2, B2)　④ =TEXT(A2, B2)

여러 개의 텍스트를 한 개의 텍스트로 합칠 때 사용하는 함수는 CONCAT입니다.

24년 4회

**6. 다음 워크시트에서 [C3:C6] 영역에 입력된 'e메일'에서 '@' 앞에 글자만을 모두를 대문자로 변환하여 [B3:B6] 영역에 '닉네임'으로 표시하려고 한다. [B3] 셀에 입력할 수식으로 옳은 것은?**

| | A | B | C |
|---|---|---|---|
| 1 | | | |
| 2 | 이름 | 닉네임 | e메일 |
| 3 | 이의리 | | khvip@nate.com |
| 4 | 조규성 | | rvgold@naver.com |
| 5 | 조성은 | | snsilver@gilbut.com |
| 6 | 황중희 | | bronzebg@google.com |

① =UPPER(LEFT(C3, SEARCH("@", C3)−1))
② =UPPER(MID(C3, SEARCH("@", C3)−1))
③ =UPPER(LEFT(C3, SEARCH(C3, "@")−1))
④ =UPPER(MID(C3, SEARCH(C3, "@")−1))

❶ SEARCH("@", C3) : [C3] 셀에 입력된 "khvip@nate.com"에서 "@"를 찾아 위치인 6을 반환합니다.
❷ LEFT(C3, 6−1) : "khvip@nate.com"의 왼쪽에서 5글자를 추출한 "khvip"를 반환합니다.
❸ =UPPER("khvip") : "khvip"를 모두 대문자로 변환한 "KHVIP"를 반환합니다.

24년 1회

**7. 워크시트의 [A1] 셀에 "가나다라마바사"가 입력되어 있고, [A2] 셀에 수식 =MID(CONCAT(LEFT(A1, 3), RIGHT(A1, 3)), FIND("다", A1), 3)을 입력한 결과는?**

① 가나다　② 마바사
③ 다마바　④ 다라마

❶ LEFT(A1, 3) : [A1] 셀에 입력된 "가나다라마바사"의 왼쪽에서 세 글자를 추출한 "가나다"를 반환합니다.
❷ RIGHT(A1, 3) : "가나다라마바사"의 오른쪽에서 세 글자를 추출한 "마바사"를 반환합니다.
❸ CONCAT("가나다", "마바사") : 주어진 텍스트를 모두 연결한 "가나다마바사"를 반환합니다.
❹ FIND("다", A1) : "가나다라마바사"에서 "다"의 위치인 3을 반환합니다.
❺ =MID("가나다마바사", 3, 3) : "가나다마바사"의 3번째 자리에서부터 세 글자를 추출한 "다마바"를 반환합니다.

▶ 정답 : 1. ① 2. ① 3. ③ 4. ② 5. ③ 6. ① 7. ③

SECTION
# 091 날짜/시간 함수

C 등급

전문가의 조언

**중요해요!** 함수식에 대한 결과값이나 특정 문제를 풀기 위한 함수식을 묻는 문제가 출제됩니다. 예제 의 실습을 통해 각 함수의 기능을 정확히 파악해야 합니다.

24.3, 22.5, 21.4, 21.2, 18.상시, 17.1, 15.3, 15.1, 13.1, 12.2, 12.1, 10.3, 08.2, 08.1, 06.4, 06.2

## 1 날짜 함수1

3209501

| 함 수 | 설 명 |
|---|---|
| 21.2, 15.3, 13.1, 08.2, 06.4<br>YEAR(날짜) | 날짜에서 연도만 추출하여 반환한다.<br>예 =YEAR("2024-05-07") : "2024-05-07"에서 연도만 추출한 2024를 반환한다. |
| MONTH(날짜) | 날짜에서 월만 추출하여 반환한다.<br>예 =MONTH("2024-05-15") : "2024-05-15"에서 월만 추출한 5를 반환한다. |
| DAY(날짜) | 날짜에서 일만 추출하여 반환한다.<br>예 =DAY("2024-05-15") : "2024-05-15"에서 일만 추출한 15를 반환한다. |
| WEEKDAY(날짜, 옵션) | • 날짜에 해당하는 요일번호를 반환한다.<br>• 옵션<br>– 1 또는 생략 : 1(일요일) ~ 7(토요일)<br>– 2 : 1(월요일) ~ 7(일요일)<br>– 3 : 0(월요일) ~ 6(일요일)<br>예 =WEEKDAY("2024-05-05", 1) : 1(일요일)을 반환한다. |
| 24.3, 22.5, 21.4, 21.2, 17.1, 08.1, 06.2<br>DAYS(마지막 날짜, 시작 날짜) | 마지막 날짜에서 시작 날짜를 뺀 일 수를 계산하여 반환한다.<br>예 =DAYS("2024-7-10", "2024-7-7") : 3을 반환한다. |
| 18.상시, 15.1, 12.1<br>DATE(년, 월, 일) | 년, 월, 일에 대한 날짜의 일련번호를 반환한다.<br>예 =DATE(2024, 05, 15) : '2024-05-15'의 일련번호인 45427을 반환한다. |
| 21.2, 18.상시, 15.3, 12.2, 10.3, 08.2<br>TODAY( ) | 현재 날짜를 반환한다.<br>예 =TODAY( ) : 오늘 날짜(예 2024-05-15)를 반환한다. |
| 18.상시<br>DATEVALUE(날짜) | 날짜의 일련번호를 반환한다.<br>예 =DATEVALUE("2024-5-15") : "2024-5-15"의 일련번호인 45427을 반환한다. |

준비하세요

'C:\길벗컴활1급필기\2과목\2과목.xlsm' 파일을 불러와 '섹션91' 시트에서 실습하세요.

**예제 1** 다음 데이터 표를 이용하여 결과값을 구하시오.

| | A | B |
|---|---|---|
| 1 | 생일 | |
| 2 | 날짜 | 시간 |
| 3 | 2004-03-04 | 9시 56분 55초 |

❶ 연도 구하기 : =YEAR(A3) → 2004

❷ 월 구하기 : =MONTH(A3) → 3

❸ 일 구하기 : =DAY(A3) → 4

❹ 요일 번호 구하기 : =WEEKDAY(A3, 2) → 4

⑤ 날짜 일련번호* 구하기 : =DATE(YEAR(A3), MONTH(A3), DAY(A3)) → 38050

⑥ 날짜 일련번호 구하기 : =DATEVALUE("2004-03-04") → 38050

⑦ 살아온 날 구하기 : =TODAY( )-A3 → 7026

⑧ 살아온 날 구하기(DATE 이용) :
=TODAY( )-DATE(YEAR(A3), MONTH(A3), DAY(A3)) → 7026

⑨ 나이 구하기 : =YEAR(TODAY( ))-YEAR(A3) → 19

※ 오늘 날짜를 구하는 TODAY( ) 함수를 사용하기 때문에 실습하는 날짜에 따라서 결과가 다르게 나옵니다.

23.2, 22.5, 21.2, 19.1, 18.상시, 17.1, 16.3, 15.1, 12.2, 12.1

## 2 날짜 함수2

3209502

| 함 수 | 설 명 |
|---|---|
| 23.2, 18.상시, 12.2<br>EDATE(시작 날짜, 월수) | • 시작 날짜에서 월수를 더한 날짜를 반환한다.<br>• 월수<br>– 양수 : 이후 날짜를 대상으로 구한다.<br>– 음수 : 이전 날짜를 대상으로 구한다.<br>예 =EDATE("2024-7-4", 3) : 2024-10-04를 반환한다. |
| 23.2, 22.5, 21.2, 19.1, 17.1, 16.3, 15.1, 12.2, 12.1<br>EOMONTH(날짜, 월수) | • 지정한 날짜를 기준으로 몇 개월 이전 또는 이후 달의 마지막 날짜를 반환한다.<br>• 월수<br>– 양수 : 이후 날짜를 대상으로 구한다.<br>– 음수 : 이전 날짜를 대상으로 구한다.<br>예 =EOMONTH("2024-5-15", 1) : 2024-06-30을 반환한다. |
| 23.2, 22.5, 21.2, 17.1, 12.2<br>NETWORKDAYS(날짜1, 날짜2, 휴일날짜) | 주말(토, 일)과 지정한 휴일날짜를 제외한 날짜1과 날짜2 사이의 작업 일수를 반환한다.<br>예 =NETWORKDAYS("2024-5-3", "2024-5-10", "2024-5-5") : 6을 반환한다. |
| 23.2, 22.5, 21.2, 17.1, 12.2<br>WORKDAY(시작날짜, 일수, 휴일날짜) | 시작날짜에 주말과 휴일날짜를 제외하고 일수만큼 지난 날짜를 반환한다.<br>예 =WORKDAY("2024-5-3", 5, "2024-5-5") : 2024-5-10을 반환한다(토요일, 일요일, 5월 5일 제외). |
| WEEKNUM(날짜, 옵션) | • 날짜의 일년 중 주 일련번호를 반환한다.<br>• 옵션<br>– 1 : 일요일부터 주가 시작<br>– 2 : 월요일부터 주가 시작<br>예 =WEEKNUM("2024-1-10", 2) : 2를 반환한다. |

**예제 2** 다음의 결과값을 구하시오.

| 수 식 | 결과값 |
|---|---|
| =EDATE("2024-3-5", 5) | 2024-08-05* |
| =EOMONTH("2024-3-5", 5) | 2024-08-31 |
| =NETWORKDAYS("2024-9-5", "2024-9-12")* | 6 |
| =WORKDAY("2024-8-1", 5)* | 2024-08-08 |
| =WEEKNUM("2024-8-5") | 31 |

**날짜/시간의 일련번호 표시하기**
DATE나 TIME 함수를 사용하여 날짜나 시간에 대한 일련번호를 구하면 화면에 날짜/시간 형식으로 표시됩니다. 날짜/시간 형식을 해제하기 위해 '셀 서식' 대화상자에서 표시 형식을 '일반'으로 설정합니다.

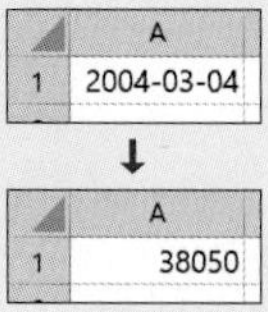


표시 형식을 '일반'으로 지정

**날짜의 일련번호를 날짜 형식으로 표시하기**
EDATE, EOMONTH 함수를 사용하여 계산한 날짜 일련번호를 날짜/시간 형식으로 변경하려면 '셀 서식' 대화상자에서 표시 형식을 '날짜'로 지정한 후 '형식'에서 표시하고자 하는 날짜 형식을 선택하면 됩니다.

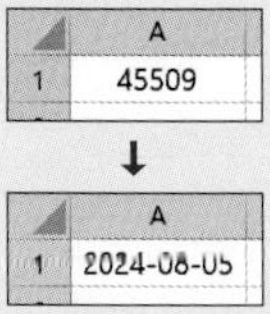


표시 형식을 '날짜'의 '*2012-03-14'로 지정

**=NETWORKDAYS("2024-9-5", "2024-9-12")**
두 날짜 사이의 일수인 8에서 토요일과 일요일을 뺀 6이 표시됩니다.

**=WORKDAY("2024-8-1", 5)**
2024년 8월 1일에서 토요일과 일요일을 제외하고 5일이 지난 날짜를 표시합니다.

궁금해요 **시나공 Q&A 베스트**

**Q '예제2'에 사용된 날짜 함수의 인수는 "2024-3-5"와 같이 큰따옴표를 붙이는데 왜 그러죠?**

**A** 그건 엑셀에서 날짜 데이터를 함수의 인수로 직접 입력할 때는 큰따옴표(" ")로 묶어서 입력해야 한다는 규칙이 있기 때문입니다. 큰따옴표(" ")로 묶지 않으면 텍스트로 인식되기 때문에 정상적인 결과가 나오지 않습니다.

## 3 시간 함수

3209503

| 함 수 | 설 명 |
|---|---|
| HOUR(시간) | 시간에서 시만 추출하여 반환한다.<br>예 =HOUR("5:15:25") : "5:15:25"에서 시만 추출한 5를 반환한다. |
| MINUTE(시간) | 시간에서 분만 추출하여 반환한다.<br>예 =MINUTE("5:15:25") : "5:15:25"에서 분만 추출한 15를 반환한다. |
| SECOND(시간) | 시간에서 초만 추출하여 반환한다.<br>예 =SECOND("5:15:25") : "5:15:25"에서 초만 추출한 25를 반환한다. |
| TIME(시, 분, 초) | 시, 분, 초에 대한 시간의 일련번호를 반환한다.<br>예 =TIME(5, 15, 25) : '5:15:25'의 일련번호인 0.219039352를 반환한다. |
| NOW( ) | 현재 날짜와 시간을 반환한다.<br>예 =NOW( ) : 현재 날짜와 시간(예 2024-05-15 11:20)을 변환한다. |

**예제 3** 다음 데이터 표를 이용하여 결과값을 구하시오.

| | A | B |
|---|---|---|
| 1 | 생일 | |
| 2 | 날짜 | 시간 |
| 3 | 2004-03-04 | 9시 56분 55초 |

❶ 시간 구하기 : =HOUR(B3) → 9

❷ 분 구하기 : =MINUTE(B3) → 56

❸ 초 구하기 : =SECOND(B3) → 55

❹ 시간 일련번호 구하기 : =TIME(HOUR(B3), MINUTE(B3), SECOND(B3))
→ 0.414525463

문제1 1208453

## 따라잡기 기출문제 따라잡기

22년 5회, 21년 2회, 17년 1회, 12년 2회

**1. 다음 중 아래 시트에서 각 수식을 실행했을 때의 결과 값으로 옳지 않은 것은?**

| | A |
|---|---|
| 1 | 2023년 3월 5일 일요일 |
| 2 | 2023년 3월 20일 월요일 |
| 3 | 2023년 4월 10일 월요일 |
| 4 | |

① =EOMONTH(A1, −3) → 2022−12−31

② =DAYS(A1, A3) → 36

③ =NETWORKDAYS(A1, A2) → 11

④ =WORKDAY(A1, 10) → 2023−03−17

① 2023-03-05를 기준으로 3개월 이전 달의 마지막 날짜인 2022-12-31을 반환합니다.
② 앞의 인수가 마지막 날짜이므로 2023-04-10에서 2023-03-05까지의 일수인 -36을 반환합니다.
③ 두 날짜 사이의 일수는 16이고, 휴일 날짜는 생략되었으므로 주말 날짜만 뺀 11을 반환합니다.
- 주말 날짜는 2023-03-05(일요일), 2023-03-11(토요일), 2023-03-12(일요일), 2023-03-18(토요일), 2023-03-19(일요일)로 총 5일입니다.

④ 2023-03-05에 주말 날짜를 제외하고 10일을 더한 2023-03-17을 반환합니다.

08년 2회

**2. 다음 시트에서 주민번호를 이용하여 [C2:C3] 영역에 현재의 나이를 계산하였다. 다음 중 [C2] 셀의 수식으로 옳은 것은?**

| | A | B | C | D |
|---|---|---|---|---|
| 1 | 성명 | 주민번호 | 나이 | 성별 |
| 2 | 장영실 | 790212-******* | 44 | 남 |
| 3 | 연희 | 780917-******* | 45 | 여 |

① =YEAR((TODAY( ) − LEFT(B2, 2)) + 1900)

② =YEAR(TODAY( ) − (LEFT(B2, 2)) + 1900)

③ =YEAR(TODAY( )) − (LEFT(B2, 2) + 1900)

④ =YEAR(TODAY( )) − (LEFT(B2, 2)) + 1900

❶ YEAR(TODAY( )) : 오늘의 날짜에서 년도만 표시합니다(오늘 날짜가 2023-07-06일 경우 2023).
❷ (LEFT(B2, 2) + 1900) : [B2] 셀의 왼쪽에서 두 글자를 추출한 79를 반환합니다, 79에 1900을 더하면 1979입니다.
※ 2023-1979는 44가 됩니다.

23년 2회, 12년 2회

**3. 다음 중 함수식과 그 실행 결과가 옳지 않은 것은? (단, [D2], [D4], [D8] 셀은 '간단한 날짜' 형식으로 지정되어 있음)**

| | A | B | C | D |
|---|---|---|---|---|
| 1 | | | | |
| 2 | | 2023-01-01(일) | | |
| 3 | | 2023-01-02(월) | | |
| 4 | | 2023-01-03(화) | | |
| 5 | | 2023-01-04(수) | | |
| 6 | | 2023-01-05(목) | | |
| 7 | | 2023-01-06(금) | | |
| 8 | | 2023-01-07(토) | | |
| 9 | | 2023-01-08(일) | | |
| 10 | | 2023-01-09(월) | | |
| 11 | | | | |

① [D2] : =EDATE(B2, −5) 2022−08−01

② [D4] : =EOMONTH(B2, 5) 2023−06−30

③ [D6] : =NETWORKDAYS(B2, B10) 6

④ [D8] : =WORKDAY(B2, 5) 2023−01−05

① 월수가 음수이면 이전 날짜를 구하므로 2023-01-01의 5개월 전인 2022-08-01을 반환합니다.
② 2023-01-01의 5개월 이후 달 마지막 날짜인 2023-06-30을 반환합니다.
③ 두 날짜 사이의 일수는 9이고, 휴일 날짜는 생략되었으므로 주말 날짜만 뺀 6을 반환합니다.
④ 2023-01-02부터 5일이 지난 2023-01-06을 반환합니다.

▶ 정답 : 1. ② 2. ③ 3. ④

SECTION 092

# 논리 함수

C 등급

전문가의 조언

**중요해요!** 함수식에 대한 결과값 이나 특정 문제를 풀기 위한 함수 식을 묻는 문제가 출제됩니다. IF, AND, OR 함수를 중심으로 예제의 실습을 통해 기능을 정확히 파악하세요.

24.2, 24.1, 23.5, 23.4, 22.7, 22.5, 22.4, 22.3, 21.4, 21.3, 21.2, 20.1, 17.2, 14.3, 14.2, 14.1, 13.1, 12.1, 09.3, 09.1, 08.4, …

## 1 논리 함수

4309201

| 함수 | 설명 |
|---|---|
| 24.2, 24.1, 23.5, 23.4, 22.7, 22.5, 22.4, …<br>IF(조건, 인수1, 인수2) | 조건을 비교하여 '참'이면 인수1, '거짓'이면 인수2를 반환한다.<br>예 =IF(D4>90, "우수", "미달") : [D4] 셀의 값이 90을 초과하면 "우수", 그렇지 않으면 "미달"을 반환한다. |
| IFS(조건1, 인수1, 조건2, 인수2, …) | 조건1이 '참'이면 인수1을, 조건2가 '참'이면 인수2를, … 조건n이 '참'이면 인수n을 반환한다.<br>예 =IFS(D4="M", "남자", D4="F", "여자") : [D4] 셀의 값이 "M"이면 "남자", "F"이면 "여자"를 반환한다.<br>※ 마지막 '조건n'에는 조건 대신 "TRUE"를 입력해도 됩니다. |
| 17.2, 14.3, 12.1<br>IFERROR(인수, 오류 시 표시할 값) | 인수로 지정한 수식이나 셀에서 오류가 발생하면 '오류 시 표시할 값'을 반환하고, 그렇지 않으면 결과값을 반환한다.<br>예 =IFERROR((A1+B1)/C1, "오류") : (A1+B1)/C1의 결과가 오류이면 "오류"를 반환하고, 그렇지 않으면 결과값을 반환한다. |
| SWITCH(변환할 값, 인수1, 결과1, 인수2, 결과2, …, 일치하는 인수가 없을 때 결과) | '변환할 값'이 인수1이면 결과1을, 인수2이면 결과2를, … 변환할 값과 일치하는 인수가 없을 경우 '일치하는 인수가 없을 때 결과'를 반환한다.<br>예 =SWITCH(A1, "토", "주말", "일", "주말", "평일") : [A1] 셀의 값이 "토"나 "일"이면 "주말", 그렇지 않으면 "평일"을 반환한다. |
| 21.2, 08.1, 06.2, 05.2, 04.2, 03.3<br>NOT(인수) | 인수의 반대 논리값을 반환한다.<br>예 =NOT(TRUE) : 'FALSE'를 반환한다. |
| 21.3, 09.1, 08.4, 08.2, 07.1, 05.4, 05.2, …<br>AND(인수1, 인수2, …) | 주어진 인수가 모두 참이면 참을 반환한다.<br>예 =AND(A1, A2) : [A1]과 [A2] 셀의 값이 모두 참인 경우에만 참을 반환한다. |
| 24.2, 24.1, 21.3, 20.1, 09.1, 08.2, 07.1<br>OR(인수1, 인수2, …) | 인수 중 하나라도 참이면 참을 반환한다.<br>예 =OR(A1, A2) : [A1]과 [A2] 셀의 값 중 하나라도 참이면 참을 반환한다. |
| FALSE( ) | 논리값 'FALSE'를 반환한다.<br>예 =FALSE( ) : 'FASLE'를 반환한다. |
| TRUE( ) | 논리값 'TRUE'를 반환한다.<br>예 =TRUE( ) : 'TRUE'를 반환한다. |

준비하세요

'C:\길벗컴활1급필기\2과목\2과목.xlsm' 파일을 불러와 '섹션92-1'과 '섹션92-2' 시트에서 실습하세요.

**예제 1** 다음 표를 보고 번호에 알맞은 함수를 완성하시오(IF, IFS 이용).

| | A | B | C | D | E |
|---|---|---|---|---|---|
| 1 | 신입사원 채용 결과 | | | | |
| 2 | 성명 | 부서명 | 구분코드 | 지역코드 | 비고 |
| 3 | 박구형 | 생산부 | H | S | 본사 ❶ |
| 4 | 구민희 | 영업부 | B | K | 경기도 ❷ |

❶ [E3] : 구분코드가 'H'면 '본사', 나머지는 '지사' 표시(IF 함수 사용)
→ =IF(C3="H", "본사", "지사")

❷ [E4] : 지역코드가 'S'면 '서울', 'K'면 '경기도', 나머지는 '인천' 표시(IFS 함수 사용)
→ =IFS(D4="S", "서울", D4="K", "경기도", TRUE, "인천")

**예제 2** 다음 표를 보고 번호에 알맞은 함수를 완성하시오(IF, IFS 이용).

| | A | B | C | D | E | F | G | |
|---|---|---|---|---|---|---|---|---|
| 1 | 사원 평가표 | | | | | | | |
| 2 | 사원명 | 주민등록번호 | 팀명 | 실적 | 영어회화 | 컴퓨터 | 비고 | |
| 3 | 오정국 | 990103-2****** | 영업1팀 | 100 | 78 | 100 | 국내팀 | ❶ |
| 4 | 하나영 | 881111-1****** | 영업3팀 | 78 | 59 | 96 | 국내연수 | ❷ |
| 5 | 우거진 | 001014-3****** | 판매2팀 | 87 | 65 | 85 | 없음 | ❸ |
| 6 | 유호연 | 860422-2****** | 판매1팀 | 93 | 91 | 98 | 2층 | ❹ |
| 7 | 박도리 | 011010-4****** | 홍보3팀 | 75 | 78 | 88 | 여자 | ❺ |
| 8 | 차한도 | 830417-2****** | 홍보2팀 | 94 | 82 | 79 | 통과 | ❻ |

❶ [G3] : '오정국' 사원의 팀명이 '1팀'이면 '국내팀', '2팀'이면 '국외팀', '3팀'이면 '본사팀'을 입력할 것(IFS 함수 사용)

→ =IFS(RIGHT(C3, 2)="1팀", "국내팀", RIGHT(C3, 2)="2팀", "국외팀", RIGHT(C3, 2)="3팀", "본사팀")

❷ [G4] : '하나영' 사원의 실적, 영어회화, 컴퓨터 점수가 모두 70점 이상이면 '해외연수', 아니면 '국내연수'를 입력할 것(IFS 함수 사용)

→ =IFS(AND(D4>=70, E4>=70, F4>=70), "해외연수", TRUE, "국내연수")

❸ [G5] : '우거진' 사원의 실적, 영어회화, 컴퓨터 점수 중 평균이 90점 이상인 점수의 평균을, 아니면 "없음"을 입력할 것(IFERROR 함수 사용)

→ =IFERROR(AVERAGEIF(D5:F5, ">=90"), "없음")

❹ [G6] : '유호연' 사원의 팀명이 '영업'이면 '1층', '판매'면 '2층', '홍보'면 '3층'을 입력할 것(SWITCH 함수 사용)

→ =SWITCH(LEFT(C6, 2), "영업", "1층", "판매", "2층", "3층")

❺ [G7] : '박도리' 사원의 주민등록번호 중 여덟 번째 자리가 1 또는 3이면 '남자', 2 또는 4이면 '여자'를 입력할 것(IF 함수 사용)

→ =IF(OR(MID(B7, 8, 1)="1", MID(B7, 8, 1)="3"), "남자", "여자")

❻ [G8] : '차한도' 사원의 실적, 영어회화, 컴퓨터 점수가 모두 60점 이상이면 '통과', 아니면 '과목미달'을 표시(IF 함수만 사용)

→ =IF(D8>=60, IF(E8>=60, IF(F8>=60, "통과", "과목미달"), "과목미달"), "과목미달")

4309231

**잠깐만요** ❻ '차한도' 사원의 비고

**=IF(D8>=60, IF(E8>=60, IF(F8>=60, "통과", "과목미달"), "과목미달"), "과목미달")**

❶조건 ❷참 ❸거짓

→ ❶의 조건에 맞으면 ❷를 수행하고, 아니면 ❸("과목미달" 입력)을 수행함

**❷ IF(E8>=60, IF(F8>=60, "통과", "과목미달"), "과목미달")**

❹조건 ❺참 ❻거짓

→ ❹의 조건에 맞으면 ❺를 수행하고, 아니면 ❻("과목미달" 입력)을 수행함

**❺ IF(F8>=60, "통과", "과목미달")**

→ [F8]이 60보다 크거나 같으면 "통과"를 입력하고, 아니면 "과목미달"을 입력함

문제1 3209651 문제4 3209654

23년 3회, 22년 7회, 3회

**1. 아래 워크시트에서 성취도[C2:C6]는 성취율[B2:B6]을 10%로 나눈 값만큼 표시한 것으로, 성취율이 70%를 초과하면 "■"를, 그 외는 "□"를 반복하여 표시하였다. 다음 중 이를 위한 수식으로 옳은 것은?**

| | A | B | C |
|---|---|---|---|
| 1 | 성명 | 성취율 | 성취도 |
| 2 | 김양호 | 98% | ■■■■■■■■■ |
| 3 | 이숙경 | 75% | ■■■■■■■ |
| 4 | 양미진 | 65% | □□□□□□ |
| 5 | 이형도 | 85% | ■■■■■■■■ |
| 6 | 김인경 | 50% | □□□□□ |

① =REPLACE(QUOTIENT(B2, 10%), IF(B2>70%,"■", "□" ))

② =REPT(QUOTIENT(B2, 10%), IF(B2>70%, "■", "□"))

③ =REPLACE(IF(B2>70%, "■", "□"), QUOTIENT(B2, 10%))

④ =REPT(IF(B2>70%, "■", "□"), QUOTIENT(B2, 10%))

❶ IF(B2>70%, "■", "□") : [B2] 셀의 값 98%가 70%보다 크므로 "■"를 반환합니다.
❷ QUOTIENT(B2, 10%) : [B2] 셀의 값 98%를 10%로 나눈 몫인 9를 반환합니다.
❸ =REPT("■", 9) : "■"를 9번 반복하여 표시합니다.

23년 5회, 22년 5회, 21년 2회

**2. 다음 워크시트에서 [G3:G6] 영역에 월요일부터 금요일까지 모두 출석(√)하면 "우수", 그렇지 않으면 빈칸을 표시하려고 할 때 옳은 수식은?**

| | A | B | C | D | E | F | G |
|---|---|---|---|---|---|---|---|
| 1 | 출석 | | | | | | |
| 2 | 이름 | 월 | 화 | 수 | 목 | 금 | 비고 |
| 3 | 홍길동 | √ | √ | √ | √ | √ | |
| 4 | 이대한 | √ | √ | | √ | | |
| 5 | 김우리 | √ | √ | √ | √ | √ | |
| 6 | 이석경 | √ | | √ | √ | √ | |

① =IF(COUNT(B3:F3)=5, "우수", " ")

② =IF(COUNTA(B3:F3)=5, "우수", " ")

③ =IF(NOT(COUNTBLANK(B3:F3)=5), "우수", " ")

④ =IF(COUNTIF(B3:F3," ")=5," ", "우수")

❶ COUNTA(B3:F3)=5 : COUNTA(인수1, 인수2, …) 함수는 자료가 입력되어 있는 셀의 개수를 반환하므로 결과는 5입니다.
❷ =IF(5=5, "우수", " ") : 조건이 참이므로 "우수"를 반환합니다.

09년 1회, 08년 2회, 07년 1회, 05년 3회

**3. 다음 수식의 결과값으로 올바른 것은?**

① =IF(AND(B2>=40, C2>=40, D2>=60), "합격", "불합격") → B2 셀과 C2 셀의 값이 40 이상이고 D2 셀의 값이 60 이상이면 "합격"을, 그렇지 않으면 "불합격"을 값으로 한다.

② =IF(OR(C2>=40, D2>=60), "합격", "불합격") → C2 셀의 값이 40 이상이고 D2 셀의 값이 60 이상이면 "합격"을, 그렇지 않으면 "불합격"을 값으로 한다.

③ =IF(AND((B2, C2))>=40, D2>=60), "합격", "불합격") → B2 셀과 C2 셀의 값이 40 이상이고 D2 셀의 값이 60 이상이면 "합격"을, 그렇지 않으면 "불합격"을 값으로 한다.

④ =AND(IF(B2>=40, C2>=40, D2>=60), "합격", "불합격") → B2 셀과 C2 셀의 값이 40 이상이거나 D2 셀의 값이 60 이상이면 "합격"을, 그렇지 않으면 "불합격"을 값으로 한다.

② C2 셀의 값이 40 이상이거나 D2 셀의 값이 60 이상이면 "합격"을, 그렇지 않으면 "불합격"을 반환합니다.
③ '(B2, C2)>=40'은 잘못된 수식입니다. SUM(B2, C2)>=40 혹은 AVERAGE(B2, C2)>=40 등과 같이 B2와 C2를 계산해줄 함수가 있어야 합니다. 아니면 B2>=40, C2>=40으로 지정해야 합니다.
④ B2 셀과 C2 셀의 값이 40 이상이거나 D2 셀의 값이 60 이상이면 "합격"을, 그렇지 않으면 "불합격"을 표시하려면 '=IF(OR(AND(B2>=40, C2>=40), D2>=60), "합격", "불합격")'과 같이 수식을 작성해야 합니다.

24년 2회, 1회, 21년 3회

**4. 아래의 시트에서 횟수에 따른 택배비를 계산하려고 한다. 횟수가 5 이하면 2000, 5 초과 9 이하면 3000, 9 초과면 무료로 표시하기 위해 [C2] 셀에 입력해야 할 수식으로 옳지 않은 것은?**

| | A | B | C |
|---|---|---|---|
| 1 | 이름 | 횟수 | 택배비 |
| 2 | 홍길동 | 3 | 2000 |
| 3 | 이숙희 | 8 | 3000 |
| 4 | 양종국 | 10 | 무료 |
| 5 | 김호명 | 7 | 3000 |

① =IF(B2<=5, 2000, IF(B2<=9, 3000, "무료"))

② =IF(B2>9, "무료", IF(B2>5, 3000, 2000))

③ =IF(B2<=5, 2000, IF(OR(B2>5, B2<=9), 3000, "무료"))

④ =IF(B2<=5, 2000, IF(AND(B2>5, B2<=9), 3000, "무료"))

① [B2] 셀이 5 이하면 2000, [B2] 셀이 9 이하면 3000, 그 외는 "무료"를 반환합니다.
② [B2] 셀이 9 초과면 "무료", [B2] 셀이 5 초과면 3000, 그 외는 2000을 반환합니다.
③ [B2] 셀이 5 이하면 2000, [B2] 셀이 5를 초과하거나 9 이하면 3000, 그 외는 "무료"를 반환합니다. 즉 [B2] 셀이 5 이하면 2000, 그 외는 모두 3000이 반환됩니다.
④ [B2] 셀이 5 이하면 2000, [B2] 셀이 5 초과 9 이하면 3000, 그 외는 "무료"를 반환합니다.

▶ **정답 :** 1. ④ 2. ② 3. ① 4. ③

SECTION
# 093 찾기/참조 함수

A 등급

## 1 찾기/참조 함수1

24.2, 24.1, 23.2, 21.4, 21.3, 21.2, 20.상시, 20.1, 18.상시, 18.1, 15.3, 13.1, 12.3, 11.1, 10.2, 09.3, 09.1, 07.2, 06.4, 06.1, …

4309301

| 함 수 | 설 명 |
|---|---|
| 24.2, 21.2, 20.1, 18.상시, 18.1, 15.3, 13.1, 10.2, 09.3, 07.2, 06.4, …<br>VLOOKUP(찾을값, 범위, 열 번호, 옵션) | 범위의 첫 번째 열에서 옵션에 맞게 찾을값과 같은 데이터를 찾은 후 찾을값이 있는 행에서 지정된 열 번호 위치에 있는 값을 반환한다.<br>예 =VLOOKUP(A1, B2:C3, 2, FALSE) : [B2:C3] 영역의 첫 번째 열에서 [A1] 셀의 값과 정확히 일치하는 값을 찾고, 찾은 값이 있는 행에서 열 번호로 지정된 두 번째 열의 값을 반환한다. |
| 24.1, 23.2, 21.4, 21.3, 21.2, 18.상시, 13.1, 11.1, 10.2, 07.2, 06.4, …<br>HLOOKUP(찾을값, 범위, 행 번호, 옵션) | 범위의 첫 번째 행에서 옵션에 맞게 찾을값과 같은 데이터를 찾은 후 찾을값이 있는 열에서 지정된 행 번호에 있는 값을 반환한다.<br>예 =HLOOKUP(A1, B2:C3, 2, FALSE) : [B2:C3] 영역의 첫 번째 행에서 [A1] 셀의 값과 정확히 일치하는 값을 찾고, 찾은 값이 있는 열에서 두 번째 행의 값을 반환한다. |
| 24.2, 20.상시, 18.상시, 12.3, 09.1<br>LOOKUP(찾을값, 범위) | 범위의 첫째 행 또는 열에서 찾을값과 같은 데이터를 찾은 후 범위의 마지막 행이나 열의 같은 위치에 있는 값을 반환한다.<br>예 =LOOKUP(A1, B1:C8) : [B1:C8] 영역의 첫 번째 열인 B열에서 [A1] 셀의 값과 같은 데이터를 찾은 후 [B1:C8] 영역의 마지막 열인 C열에서 같은 행에 있는 데이터를 반환한다. |
| XLOOKUP(찾을값, 찾을값 범위, 반환값 범위, 찾을값이 없을 때 반환할 값, 옵션1, 옵션2) | • 찾을값 범위의 첫 번째 행/열에서 옵션에 맞게 찾을값과 같은 데이터를 찾은 후 반환값 범위에서 같은 행/열에 있는 값을 반환하고, 찾을값을 못 찾은 경우 찾을값이 없을 때 반환할 값을 반환한다.<br>• 옵션1<br>– -1 : 기준값보다 작거나 같은 값 중에서 가장 근접한 값<br>– 0 또는 생략 : 기준값과 정확하게 일치하는 값<br>– 1 : 기준값보다 크거나 같은 값 중에서 가장 근접한 값<br>– 2 : 기준값과 부분적으로 일치하는 값<br>• 옵션2<br>– 1 또는 생략 : 첫 번째 항목부터 검색함<br>– -1 : 마지막 항목부터 검색함<br>– 2 : 오름차순으로 정렬된 범위에서 검색함<br>– -2 : 내림차순으로 정렬된 범위에서 검색함<br>예 =XLOOKUP(A1, B2:B4, C2:C4, "없음", 0, 1) : [B2:B4] 영역에서 [A1] 셀의 값과 정확히 일치하는 값을 찾은 후 [C2:C4] 영역의 같은 행에 있는 값을 반환한다. 찾을값을 찾지 못한 경우 "없음"을 반환한다. |

전문가의 조언

**중요해요!** 함수식에 대한 결과값이나 특정 문제를 풀기 위한 함수식을 묻는 문제가 출제됩니다. 예제의 실습을 통해 VLOOKUP, HLOOKUP, INDEX 함수를 중심으로 기능을 정확히 파악해야 합니다.

15.3, 15.1, 13.2, 13.1, 12.3, 11.3, 11.1, 10.2, 09.3, 09.1, 08.4, 08.3, 07.2, 06.4, 06.1, 05.3

### 잠깐만요 HLOOKUP과 VLOOKUP 옵션

3209731

- TRUE 또는 생략 : 기준값보다 작거나 같은 값 중에서 가장 근접한 값을 찾습니다. TRUE 옵션을 사용할 경우 첫 번째 행(HLOOKUP)이나 열(VLOOKUP)은 반드시 오름차순으로 정렬되어 있어야 합니다.
- FALSE : 기준값과 정확히 일치하는 값을 찾습니다.

**준비하세요**

'C:\길벗컴활1급필기\2과목\2과목.xlsm' 파일을 불러와 '섹션93-1' ~ '섹션93-4' 시트에서 실습하세요.

**예제 1** 다음 표를 보고 함수식의 결과값을 구하시오.

| | A | B | C | D |
|---|---|---|---|---|
| 1 | | 10 | 20 | 30 |
| 2 | 가 | 10원 | 50원 | 90원 |
| 3 | 다 | 20원 | 60원 | 100원 |
| 4 | 마 | 30원 | 70원 | 110원 |
| 5 | 아 | 40원 | 80원 | 120원 |
| 6 | | | | |
| 7 | 할인율표 | | | |
| 8 | 판매량 | 할인율 | | |
| 9 | 1 | 0% | | |
| 10 | 30 | 3% | | |
| 11 | 50 | 5% | | |
| 12 | 100 | 10% | | |

| 수 식 | 결과값 | 설 명 |
|---|---|---|
| =LOOKUP(58, A9:B12) | 5% | 지정된 범위의 행 길이(개수)가 열 길이(개수)보다 길기 때문에 첫 번째 열에서 58을 넘지 않으면서 58에 가장 근접한 값 50을 찾은 후 해당 행(11)의 마지막 열에 있는 값 5%가 반환된다. |
| =HLOOKUP(15, B1:D5, 2)* | 10원 | 옵션을 지정하지 않으면 TRUE를 지정한 것과 같다. [B1:D5] 범위 중 첫 번째 행에서 15를 넘지 않으면서 15에 가장 근접한 값 10을 찾은 후 해당 열(B)에서 지정된 행 번호(2행)에 있는 값 '10원'이 반환된다. |
| =HLOOKUP(29, B1:D5, 4, TRUE) | 70원 | 옵션으로 'TRUE'가 지정되었으므로, [B1:D5] 범위 중 첫 번째 행에서 29를 넘지 않으면서 29에 가장 근접한 값 20을 찾은 후 해당 열(C)에서 지정된 행 번호(4)에 있는 값 '70원'이 반환된다. |
| =HLOOKUP(29, B1:D5, 4, FALSE) | #N/A | 옵션으로 'FALSE'가 지정되었으므로, [B1:D5] 범위 중 첫 번째 행에서 29와 정확히 일치하는 값을 찾아야 하는데 해당 값이 없어 #N/A 오류가 발생된다. |
| =VLOOKUP("다", A2:D5, 3, FALSE) | 60원 | 옵션으로 'FALSE'가 지정되었으므로, [A2:D5] 범위 중 첫 번째 열에서 '다'와 정확히 일치하는 값을 찾은 후 해당 행(3행)에서 지정된 열 번호(3)에 있는 값 '60원'이 반환된다. |
| =VLOOKUP("나", A2:D5, 4, TRUE) | 90원 | 옵션으로 'TRUE'가 지정되어 있으므로, [A2:D5] 범위 중 첫 번째 열에서 '나'보다 크지 않으면서 가장 근접한 값 '가'를 찾은 후 해당 행(2행)에서 지정된 열 번호(4)에 있는 값 '90원'이 반환된다. |
| =XLOOKUP("다", A2:A5, D2:D5, "0원") | 100원 | 옵션1과 2를 지정하지 않으면 옵션1은 0, 옵션2는 1로 지정한 것과 같다. [A2:A5] 범위에서 '다'와 정확히 일치하는 값을 찾은 후 [D2:D5] 범위에서 같은 행(2행)에 있는 '100원'이 반환된다. |
| =XLOOKUP(29, B1:D1, B5:D5, "0원", -1) | 80원 | 옵션1로 '-1'이 지정되었고, 옵션2를 지정하지 않았으므로, [B1:D1] 범위에서 29를 넘지 않으면서 가장 근접한 값 20을 찾은 후 [B5:D5] 범위에서 같은 열(2열)에 있는 '80원'이 반환된다. |

**HLOOKUP의 수행 순서**

❶ 범위의 첫 번째 행에서 15와 가장 근접한 값을 찾습니다(옵션 : TRUE).

| | A | B | C | D |
|---|---|---|---|---|
| 1 | | 10 | 20 | 30 |
| 2 | 가 | 10원 | 50원 | 90원 |
| 3 | 다 | 20원 | 60원 | 100원 |
| 4 | 마 | 30원 | 70원 | 110원 |
| 5 | 아 | 40원 | 80원 | 120원 |

❷ 10을 찾았으므로, 10이 포함된 열에서 행 번호로 지정된 2행의 값을 읽습니다.

| | A | B | C | D |
|---|---|---|---|---|
| 1 | | 10 | 20 | 30 |
| 2 | 가 | 10원 | 50원 | 90원 |
| 3 | 다 | 20원 | 60원 | 100원 |
| 4 | 마 | 30원 | 70원 | 110원 |
| 5 | 아 | 40원 | 80원 | 120원 |

**예제 2** 다음 표의 참여횟수표(B11:D12)를 참조하여 참여도(D4:E9)를 계산하고, 코드표(I4:J9)를 참조해 구입상품(F4:G9)을 계산하는 수식을 완성하시오(HLOOKUP, VLOOKUP, LOOKUP, XLOOKUP 이용).

| | A | B | C | D | E | F | G | H | I | J |
|---|---|---|---|---|---|---|---|---|---|---|
| 1 | | | | 길벗 백화점 VIP 관리 | | | | | | |
| 2 | | | | ❶ | ❷ | ❸ | ❹ | | | |
| 3 | 성명 | 코드 | 참여횟수 | 참여도1 | 참여도2 | 구입상품1 | 구입상품2 | | 코드 | 상품분류 |
| 4 | 박성재 | A-100 | 9 | 적극적 | 적극적 | 의류 | 의류 | | A-100 | 의류 |
| 5 | 김아랑 | A-200 | 8 | 보통 | 보통 | 가전제품 | 가전제품 | | A-200 | 가전제품 |
| 6 | 최정재 | B-100 | 6 | 보통 | 보통 | 주방소품 | 주방소품 | | B-100 | 주방소품 |
| 7 | 한성구 | B-200 | 4 | 소극적 | 소극적 | 가전제품 | 가전제품 | | B-200 | 가전제품 |
| 8 | 정효주 | C-100 | 5 | 보통 | 보통 | 의류 | 의류 | | C-100 | 의류 |
| 9 | 김정렬 | C-200 | 6 | 보통 | 보통 | 주방소품 | 주방소품 | | C-200 | 주방소품 |
| 10 | | | | | | | | | | |
| 11 | 참여횟수 | 0 | 5 | 9 | | | | | | |
| 12 | 참여도 | 소극적 | 보통 | 적극적 | | | | | | |

❶ 참여도1(D4) : =HLOOKUP(C4, $B$11:$D$12, 2) → 적극적

❷ 참여도2(E4) : =LOOKUP(C4, $B$11:$D$12) → 적극적

❸ 구입상품1(F4) : =VLOOKUP(B4, $I$4:$J$9, 2, FALSE) → 의류

❹ 구입상품2(G4) : =XLOOKUP(B4, $I$4:$I$9, $J$4:$J$9) → 의류

24.5, 24.3, 24.2, 24.1, 23.5, 23.2, 23.1, 22.6, 22.5, 22.3, 22.2, 22.1, 21.4, 21.3, 21.1, 20.상시, 20.2, 20.1, 19.2, 19.1, …

## 2 찾기/참조 함수2

4309302

| 함 수 | 설 명 |
|---|---|
| 22.3, 21.1, 20.상시, 20.2, 20.1, 19.1, 18.상시, 16.3, …<br>**CHOOSE(인수, 첫 번째, 두 번째, …)** | 인수가 1이면 1번째, 인수가 2이면 2번째, … 인수가 n이면 n번째를 반환한다.<br>예 =CHOOSE(1, "A", "B", "C") : 첫 번째 "A"를 반환한다. |
| 24.5, 24.2, 24.1, 23.5, 23.2, 23.1, 22.6, 22.5, 22.2, …<br>**INDEX(범위, 행 번호, 열 번호)** | 지정된 범위에서 행 번호와 열 번호의 위치에 있는 데이터 반환한다.<br>예 =INDEX(A1:C10, 2, 3) : [A1:C10] 영역에서 2행 3열에 있는 [C2] 셀의 데이터를 반환한다. |
| 19.2, 16.3<br>**INDEX(범위, 행 번호, 열 번호, 범위 번호)** | 지정된 범위에서 행 번호와 열 번호 위치의 셀 주소를 반환한다.<br>• **범위** : 한 개 이상의 셀 범위를 지정한다.<br>• **범위 번호** : 범위가 두 개 이상 지정된 경우 사용할 범위를 지정한다.<br>예 =SUM(A1:INDEX((A1:B3, C1:D3), 2, 2, 1) : [A1] 셀에서 시작하여, [A1:B3] 영역과 [C1:D3] 영역 중 첫 번째에 있는 [A1:B3] 영역에서 2행 2열에 있는 [B2] 셀까지, 즉 [A1:B2] 영역의 합계를 반환한다. |
| 24.5, 24.2, 24.1, 23.5, 23.2, 23.1, 22.6, 22.5, …<br>**MATCH(찾을값, 범위, 옵션)** | • 범위에서 찾을값과 같은 데이터를 찾아 옵션을 적용하여 그 위치를 일련번호로 반환한다.<br>• **옵션**<br>– -1 : 찾을값보다 크거나 같은 값 중 가장 작은 값(내림차순 정렬)<br>– 0 : 찾을값과 정확하게 일치하는 값<br>– 1 또는 생략 : 찾을값보다 작거나 같은 값 중에서 가장 큰 값(오름차순 정렬)<br>예 =MATCH(B1, A1:A10, 1) : [A1:A10] 영역에서 [B1] 셀의 값보다 작거나 같은 값 중에서 가장 큰 값을 찾아 그 위치를 일련번호로 반환한다. |

| | |
|---|---|
| XMATCH(찾을값, 범위, 옵션1, 옵션2) | • 범위에서 찾을값과 같은 데이터를 찾아 옵션을 적용하여 그 위치를 일련번호로 반환한다.<br>• 옵션1<br>- -1 : 찾을값보다 작거나 같은 값 중 가장 큰 값<br>- 0 또는 생략 : 찾을값과 정확하게 일치하는 값<br>- 1 : 찾을값보다 크거나 같은 값 중에서 가장 작은 값<br>- 2 : 찾을값과 부분적으로 일치하는 값<br>• 옵션2<br>- 1 또는 생략 : 첫 번째 항목부터 검색함<br>- -1 : 마지막 항목부터 검색함<br>- 2 : 오름차순으로 정렬된 범위에서 검색함<br>- -2 : 내림차순으로 정렬된 범위에서 검색함<br>예 =XMATCH(B1, A1:A10, 1, 1) : [A1:A10] 영역에서 [B1] 셀의 값보다 크거나 같은 값 중에서 가장 작은 값을 찾아 그 위치를 일련번호로 반환한다. |
| 24.3, 24.2, 24.1, 23.2, 21.4, 21.3, 21.1, 20.상시, …<br>OFFSET(범위, 행, 열, 높이, 너비) | 선택한 범위에서 지정한 행과 열만큼 떨어진 위치에 있는 데이터 영역의 데이터를 반환한다.<br>예 =OFFSET(A1, 1, 1, 2, 2) : [A1] 셀에서 아래쪽으로 1행, 오른쪽으로 1열 떨어진 [B2] 셀을 기준으로 2행 2열 데이터 영역의 데이터를 반환한다. |

**예제 3** 다음 표를 보고 함수식의 결과값을 구하시오.

| | A | B |
|---|---|---|
| 1 | 판매량 | 할인율 |
| 2 | 1 | 0% |
| 3 | 30 | 3% |
| 4 | 50 | 5% |
| 5 | 100 | 10% |

| 수 식 | 결과값 | 설명 |
|---|---|---|
| =INDEX(A1:B5, 3, 2) | 3% | [A1:B5] 범위에서 지정된 행 번호(3)와 열 번호(2)에 위치한(B3) 데이터 3%가 반환된다. |
| =MATCH(58, A2:A5, 1) | 3 | 옵션으로 1이 지정되었으므로, 오름차순으로 정렬되어 있는 [A2:A5] 범위에서 58보다 크지 않으면서 가장 근접한 값 50을 찾아 그 위치의 일련번호 3이 반환된다. |
| =MATCH(58, A2:A5, -1) | #N/A | 옵션으로 -1이 지정되었으므로, 범위가 내림차순으로 정렬되어 있어야 하나 해당 범위가 오름차순으로 정렬되어 있으므로 #N/A 오류가 발생된다. |
| =XMATCH(58, A2:A5, -1) | 3 | 옵션1로 '-1'이 지정되었고, 옵션2를 지정하지 않았으므로, [A2:A5] 범위에서 58보다 크지 않으면서 가장 근접한 값 50을 찾아 그 위치의 일련번호 3이 반환된다. |
| =OFFSET(A1, 2, 1) | 3% | [A1]에서 지정한 행(2)과 열(1)만큼 떨어진 위치(B3)에 있는 3%가 반환된다. |

**예제 4** 다음 [표1]을 참조하여 [표2]의 제품명(B11:B18)과 단가(D11:D18)를 계산하는 수식을 완성하시오(INDEX, MATCH, XMATCH 이용).

| | A | B | C | D | E |
|---|---|---|---|---|---|
| 1 | [표1] | | | | |
| 2 | 제품코드 | 제품명 | 0 | 30 | 50 |
| 3 | | | 29 | 49 | |
| 4 | 1 | 스피커 | 16,000 | 17,300 | 18,700 |
| 5 | 2 | 모뎀 | 48,000 | 51,800 | 55,900 |
| 6 | 3 | 디스켓 | 45,000 | 48,600 | 52,500 |
| 7 | 4 | 토너 | 12,300 | 13,300 | 14,400 |
| 8 | 5 | 스캐너 | 8,000 | 8,600 | 9,300 |
| 9 | [표2] | ❶ | | ❷ | |
| 10 | 제품코드 | 제품명 | 수량 | 단가 | 매출금액 |
| 11 | 3 | 디스켓 | 18 | 45,000 | 810,000 |
| 12 | 4 | 토너 | 30 | 13,300 | 369,000 |
| 13 | 5 | 스캐너 | 60 | 9,300 | 480,000 |
| 14 | 2 | 모뎀 | 21 | 48,000 | 1,008,000 |
| 15 | 5 | 스캐너 | 50 | 9,300 | 400,000 |
| 16 | 4 | 토너 | 24 | 12,300 | 295,200 |
| 17 | 3 | 디스켓 | 6 | 45,000 | 270,000 |
| 18 | 2 | 모뎀 | 15 | 48,000 | 720,000 |

❶ 제품명(B11) : =INDEX($A$4:$E$8, XMATCH(A11, $A$4:$A$8, 0), 2) → 디스켓

❷ 단가(D11) : =INDEX($C$4:$E$8, MATCH(A11, $A$4:$A$8, 0), MATCH(C11, $C$2:$E$2, 1)) → 45,000

3209732

**잠깐만요** 수식의 이해

=INDEX($C$4:$E$8, MATCH(A11, $A$4:$A$8, 0), MATCH(C11, $C$2:$E$2, 1))

❶ ❷ ❸

❶ MATCH(A11, $A$4:$A$8, 0) : [A4:A8] 영역에서 [A11] 셀, 즉 3과 동일한 값을 찾은 후 그 위치의 일련번호인 3을 반환합니다.
- MATCH(찾을값, 범위, 옵션) 함수에서 옵션을 0으로 지정하면 찾을값과 정확히 일치하는 값을 찾습니다.
- 여러 셀에 결과를 구해야 하므로 범위는 절대 참조로 지정해야 합니다.

❷ MATCH(C11, $C$2:$E$2, 1) : [C2:E2] 영역에서 [C11] 셀, 즉 18보다 작거나 같은 값 중에서 가장 근접한 값(0)을 찾은 후 그 위치의 일련번호인 1을 반환합니다.

❸ =INDEX($C$4:$E$8, 3, 1) : [C4:E8] 영역에서 3행 1열, 즉 [C6] 셀의 값인 45,000을 반환합니다.

## 3 찾기/참조 함수3

24.1, 23.4, 23.3, 23.2, 22.7, 22.4, 21.3, 21.2, 20.2, 20.1, 19.상시, 19.1, 17.2, 16.3, 15.1, 14.3, 14.1, 13.3, 12.3, 06.1

3209703

| 함 수 | 설 명 |
|---|---|
| 23.4, 23.3, 23.2, 22.7, 22.4, …<br>COLUMN(셀) | 주어진 셀의 열 번호를 반환한다.<br>예 =COLUMN(B10) : [B10] 셀의 열 번호인 2를 반환한다. |
| 23.4, 22.7, 21.2, 17.2, 15.1<br>COLUMNS(셀 범위) | 주어진 셀 범위의 열 개수를 반환한다.<br>예 =COLUMNS(A1:C4) : [A1:C4] 영역의 열 개수 3을 반환한다. |
| 23.3, 20.2, 16.3, 15.1, 14.3, …<br>ROW(셀) | 주어진 셀의 행 번호를 반환한다.<br>예 =ROW(A1) : [A1] 셀의 행 번호인 1을 반환한다. |
| 22.4, 21.2, 14.3, 14.1, 12.3<br>ROWS(셀 범위) | 주어진 셀 범위의 행 개수를 반환한다.<br>예 =ROWS(A1:C4) : [A1:C4] 영역의 행 개수 4를 반환한다. |
| 19.상시, 06.1<br>TRANSPOSE(범위) | 범위에 입력된 값을 행/열을 바꾸어 현재 셀 범위에 반환한다.<br>예 {=TRANSPOSE(A1:B2)}* : [A1:B2] 영역에 입력된 값이 행/열 바꾸어 반환된다. |
| ADDRESS(행 번호, 열 번호, 참조 유형) | • 행 번호와 열 번호에 해당하는 셀 주소를 반환한다.<br>• 참조유형<br>– 1 : 절대 참조 – 2 : 행만 절대 참조<br>– 3 : 열만 절대 참조 – 4 : 상대 참조<br>예 =ADDRESS(1, 1, 1) : \$A\$1을 반환한다. |
| INDIRECT(텍스트) | 주소 형식을 갖춘 텍스트를 셀 주소로 변환하여 해당 주소에 있는 값를 반환한다.<br>예 =INDIRECT("A1")* : [A1] 셀의 값을 반환한다. |
| 24.1, 23.2, 21.3<br>AREAS(범위) | 범위 안에서의 영역 수를 반환한다.<br>예 =AREAS((A1:B2, D1:E2))* : 2를 반환한다. |

**{=TRANSPOSE(A1:B2)}**
[D1:E4] 영역을 블록으로 지정하고 =TRANSPOSE(A1:B2)를 입력한 후 Ctrl + Shift + Enter를 누르면 다음과 같이 입력됩니다.

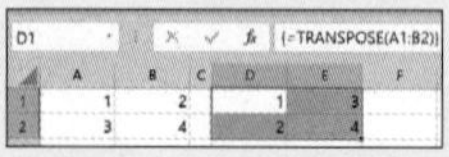


**=INDIRECT("A1")**
=INDIRECT("A1")에서 "A1"을 =INDIRECT(A1)과 같이 입력하면 [A1] 셀의 값인 "C1"을 셀 주소로 변환하여 [C1] 셀의 값인 30을 반환합니다.

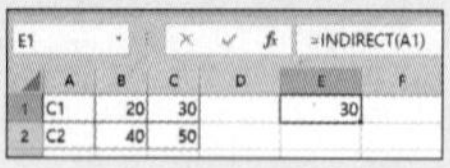


**AREAS 함수**
AREAS 함수에서 인수로 여러 개의 영역을 지정하려면 해당 영역들을 하나의 괄호( )로 묶어주어야 합니다.

### 따라잡기 기출문제 따라잡기

24년 5회, 23년 5회, 22년 6회, 21년 1회, 18.상시, 15년 1회, 13년 2회, 10년 1회, 09년 1회, 08년 4회, 03년 4회

**1. 아래의 시트에서 [A8] 셀에 수식으로 =INDEX(A1:C6, MATCH(LARGE(C2:C6, 3), C1:C6, 0), 2)를 입력했을 때의 계산 결과로 올바른 것은?**

| | A | B | C |
|---|---|---|---|
| 1 | 코너 | 담당 | 판매금액 |
| 2 | 잡화 | 김남희 | 5,122,000 |
| 3 | 식료품 | 남궁민 | 450,000 |
| 4 | 잡화 | 이수진 | 5,328,000 |
| 5 | 식료품 | 서수남 | 6,544,000 |
| 6 | 식료품 | 김정미 | 6,024,500 |

① 남궁민
② 이수진
③ 서수남
④ 김정미

❶ LARGE(C2:C6, 3) : [C2:C6] 영역에서 3번째로 큰 값인 5328000을 반환합니다.
❷ MATCH(5328000, C1:C6, 0) : [C1:C6] 영역에서 5328000와 정확히 일치하는 값을 찾은 후 그 위치의 일련번호인 4를 반환합니다.
❸ =INDEX(A1:C6, 4, 2) : [A1:C6] 영역에서 4행 2열, 즉 [B4] 셀의 값인 "이수진"을 반환합니다.

24년 3회, 21년 4회, 10년 1회

**2. 다음과 같은 시트에서 [A8] 셀에 아래의 수식을 입력했을 때 계산 결과로 올바른 것은?**

=COUNT(OFFSET(D6, −5, −3, 2, 2))

| | A | B | C | D |
|---|---|---|---|---|
| 1 | 성명 | 중간 | 기말 | 합계 |
| 2 | 김나희 | 100 | 80 | 180 |
| 3 | 김근석 | 90 | 95 | 185 |
| 4 | 배정희 | 80 | 63 | 143 |
| 5 | 탁지연 | 95 | 74 | 169 |
| 6 | 한정희 | 55 | 65 | 120 |

① 4
② 1
③ 120
④ 74

❶ OFFSET(D6, −5, −3, 2, 2) : [D6] 셀을 기준으로 −5행, −3열 떨어진 셀 주소(A1)를 찾고 이 주소를 기준으로 2행, 2열의 범위(A1:B2)를 지정합니다.
❷ =COUNT(A1:B2) : [A1:B2] 영역에서 수치 데이터(B2)의 개수인 1을 반환합니다.

## 따라잡기 기출문제 따라잡기

문제4 3209754 문제5 3209755

21년 2회, 13년 1회, 06년 4회

**3. 다음 중 아래의 워크시트에서 '윤정희' 사원의 근속년수를 오늘 날짜를 기준으로 구하고자 할 때, [E11] 셀에 입력할 수식으로 옳은 것은?**

| | A | B | C | D | E |
|---|---|---|---|---|---|
| 1 | | | | | |
| 2 | | | | | |
| 3 | | 부서 | 이름 | 입사일 | 연봉 |
| 4 | | 영업부 | 김나미 | 2020-03-01 | 3,000만 원 |
| 5 | | 총무부 | 김보라 | 2019-03-02 | 3,500만 원 |
| 6 | | 총무부 | 이지선 | 2016-03-02 | 3,200만 원 |
| 7 | | 영업부 | 윤정희 | 2018-03-02 | 2,000만 원 |
| 8 | | 총무부 | 임형석 | 2020-11-26 | 1,800만 원 |
| 9 | | 총무부 | 서민규 | 2019-10-08 | 2,200만 원 |
| 10 | | 총무부 | 김상희 | 2015-06-17 | 1,500만 원 |
| 11 | | 이름 | 윤정희 | 근속년 | 5 |

① =YEAR(TODAY( ))−YEAR(VLOOKUP(C11, B4:E10, 2, 0))

② =YEAR(TODAY( ))−YEAR(HLOOKUP(C11, B4:E10, 2, 0))

③ =YEAR(TODAY( ))−YEAR(VLOOKUP(C11, C4:E10, 2, 0))

④ =YEAR(TODAY( ))−YEAR(HLOOKUP(C11, C4:E10, 2, 0))

❶ YEAR(TODAY( )) : 오늘의 날짜에서 년도만 표시합니다.
- 오늘 날짜를 2023-11-1로 가정할 경우 2023

❷ YEAR(VLOOKUP(C11, C4:E10, 2, 0))
- [C4:E10] 영역의 첫 번째 열에서 윤정희(C11)와 정확히 일치하는 값을 찾은 후 이 값이 있는 행에서 2열에 있는 값 2018-03-02을 반환합니다.
- 2018-03-02에서 년도만 표시하면 2018입니다.

❸ 2023-2018은 5입니다.

23년 3회, 21년 3회

**4. 다음 중 아래의 워크시트를 이용한 수식에 대해서 그 결과가 옳은 것은?**

| | A | B | C | D |
|---|---|---|---|---|
| 1 | 이름 | 국어 | 영어 | 수학 |
| 2 | 김원 | 87 | 97 | 72 |
| 3 | 정영희 | 74 | 98 | 100 |
| 4 | 남궁정훈 | 85 | 91 | 70 |
| 5 | 이수 | 80 | 80 | 88 |
| 6 | 김용훈 | 81 | 87 | 70 |
| 7 | 김근태 | 84 | 82 | 80 |

| 수식 | 결과 |
|---|---|
| ① =INDEX(A1:D7, 3, 2) | 97 |
| ② =AREAS(A1:D7) | 28 |
| ③ =OFFSET(B2, 3, 2) | 88 |
| ④ =HLOOKUP("영어", B1:D7, 2) | 98 |

① =INDEX(A1:D7, 3, 2) : [A1:D7] 영역에서 3행 2열, 즉 [B3] 셀의 값인 74를 반환합니다.
② =AREAS(A1:D7) : AREAS(범위)는 인수로 지정된 범위 안에 있는 영역의 수를 계산하는 함수입니다. [A1:D7]은 영역이 하나이므로 1을 반환합니다.
③ =OFFSET(B2, 3, 2) : [B2] 셀을 기준으로 3행 2열이 떨어진 [D5] 셀의 값인 88을 반환합니다.
④ =HLOOKUP("영어", B1:D7, 2) : [B1:D7] 영역의 첫 번째 행에서 "영어"를 찾은 후 이 값이 있는 열의 2행에 있는 값인 97을 반환합니다.

24년 1회, 23년 2회, 1회, 21년 3회, 19년 1회, 17년 2회

**5. 아래 워크시트에서 단가표[A10:D13]를 이용하여 단가[C2:C7]를 배열 수식으로 계산하고자 한다. 다음 중 [C2] 셀에 입력된 수식으로 옳은 것은?**

| | A | B | C | D |
|---|---|---|---|---|
| 1 | 제품명 | 수량 | 단가 | |
| 2 | 허브차 | 35 | 2,500 | |
| 3 | 녹차 | 90 | 4,000 | |
| 4 | 허브차 | 15 | 3,000 | |
| 5 | 녹차 | 20 | 3,000 | |
| 6 | 허브차 | 80 | 3,000 | |
| 7 | 허브차 | 90 | 3,000 | |
| 8 | | | | |
| 9 | 단가표 | | | |
| 10 | 제품명 | 0 | 30 | 50 |
| 11 | | 29 | 49 | |
| 12 | 허브차 | 3000 | 2,500 | 3,000 |
| 13 | 녹차 | 3000 | 3,500 | 4,000 |

① =INDEX($B$12:$D$13, MATCH(A2, $A$12:$A$13, 0), MATCH(B2, $B$10:$D$10, 1))

② =INDEX($B$12:$D$13, MATCH(A2, $A$12:$A$13, 1), MATCH(B2, $B$10:$D$10, 0))

③ =INDEX(MATCH(A2, $A$12:$A$13, 0), MATCH(B2, $B$10:$D$10, 1), $B$12:$D$13)

④ =INDEX(MATCH(A2, $A$12:$A$13, 1), MATCH(B2, $B$10:$D$10, 0), $B$12:$D$13)

❶ MATCH(A2, $A$12:$A$13, 0) : [A12:A13] 영역에서 [A2] 셀, 즉 "허브차"와 정확히 일치하는 값을 찾은(옵션 0) 후 상대 위치인 1을 반환합니다.
❷ MATCH(B2, $B$10:$D$10, 1) : [B10:D10] 영역에서 [B2] 셀, 즉 35보다 작기나 같은 값 중에서 가장 근접한 값(옵션 1)인 30을 찾은 후 상대 위치인 2를 반환합니다.
❸ =INDEX($B$12:$D$13, 1, 2)) : [B12:D13] 영역에서 1행 2열 즉, [C12] 셀의 값인 2500을 반환합니다.

▶ 정답 : 1. ② 2. ② 3. ③ 4. ③ 5. ①

SECTION 094

# 데이터베이스 함수

C 등급

전문가의 조언

함수식에 대한 결과값이나 특정 문제를 풀기 위한 함수식을 묻는 문제가 출제됩니다. 예제 의 실습을 통해 DSUM 함수를 중심으로 기능을 정확히 파악해야 합니다.

**데이터베이스(DataBase)**
데이터베이스는 많은 데이터를 효율적으로 관리할 수 있도록 체계적으로 정리해 놓은 것을 의미합니다.

**데이터 목록**
데이터베이스를 작성하여 관리하려면 데이터를 일정한 형식에 맞춰 분류하고, 구분해야 하는데, 이렇게 일정한 형식에 맞춰 입력된 자료를 '데이터 목록'이라 합니다.

24.2, 21.1, 20.상시, 19.상시, 19.1, 18.상시, 17.2, 16.1, 15.3, 15.2, 13.2, 12.3, 11.2, 10.3, 09.4, 09.1, 08.3, 07.1, 06.3, 06.1, …

## 1 데이터베이스* 함수

3209801

### 일반 형식

= DSUM( A2:D7, 2, F2:F3 )

함수명 범위 열 번호 조건

- **범위** : 레코드(행)와 필드(열)로 이루어진 관련 데이터의 목록*으로, 첫 행에는 반드시 열 이름표가 있어야 한다.
- **열 번호** : 함수에 사용되는 필드(열) 번호로 1, 2와 같은 필드 번호나 열 이름표로 지정할 수 있다.
- **조건** : 찾을 조건이 들어 있는 셀 범위로, 조건은 반드시 열 이름표를 함께 입력해야한다.

| 함 수 | 설 명 |
|---|---|
| 21.1, 19.1, 17.2, 16.1, 15.3, 15.2, 09.4, 06.3<br>DSUM(데이터 범위, 필드 번호, 조건) | 해당 데이터 범위에서 조건에 맞는 자료를 대상으로 지정된 필드 번호에서 합계값을 반환한다.<br>예 =DSUM(A1:C10, 3, B2:B3) : [A1:C10] 영역에서 [B2:B3] 영역의 조건에 맞는 값들을 3열에서 찾은 후 그 값들의 합계값을 반환한다. |
| 07.1<br>DAVERAGE(데이터 범위, 필드 번호, 조건) | 해당 데이터 범위에서 조건에 맞는 자료를 대상으로 지정된 필드 번호에서 평균값을 반환한다.<br>예 =DAVERAGE(A1:C10, 3, B2:B3) : [A1:C10] 영역에서 [B2:B3] 영역의 조건에 맞는 값들을 3열에서 찾은 후 그 값들의 평균값을 반환한다. |
| 10.3<br>DCOUNT(데이터 범위, 필드 번호, 조건) | 해당 데이터 범위에서 조건에 맞는 자료를 대상으로 지정된 필드 번호에서 숫자가 있는 셀의 개수를 반환한다.<br>예 =DCOUNT(A1:C10, 3, B2:B3) : [A1:C10] 영역에서 [B2:B3] 영역의 조건에 맞는 값들을 3열에서 찾은 후 그 중 숫자의 개수를 반환한다. |
| 08.3, 04.3, 04.2<br>DCOUNTA(데이터 범위, 필드 번호, 조건) | 해당 데이터 범위에서 조건에 맞는 자료를 대상으로 지정된 필드 번호에서 자료가 있는 셀의 개수를 반환한다.<br>예 =DCOUNTA(A1:C10, 3, B2:B3) : [A1:C10] 영역에서 [B2:B3] 영역의 조건에 맞는 값들을 3열에서 찾은 후 그 개수를 반환한다. |
| DMAX(데이터 범위, 필드 번호, 조건) | 해당 데이터 범위에서 조건에 맞는 자료를 대상으로 지정된 필드 번호에서 가장 큰 값을 반환한다.<br>예 =DMAX(A1:C10, 3, B2:B3) : [A1:C10] 영역에서 [B2:B3] 영역의 조건에 맞는 값들을 3열에서 찾은 후 그 값들 중 가장 큰 값을 반환한다. |
| 13.2<br>DMIN(데이터 범위, 필드 번호, 조건) | 해당 데이터 범위에서 조건에 맞는 자료를 대상으로 지정된 필드 번호에서 가장 작은 값을 반환한다.<br>예 =DMIN(A1:C10, 3, B2:B3) : [A1:C10] 영역에서 [B2:B3] 영역의 조건에 맞는 값들을 3열에서 찾은 후 그 값들 중 가장 작은 값을 반환한다. |

| | |
|---|---|
| DPRODUCT(데이터 범위, 필드 번호, 조건) | 해당 데이터 범위에서 조건에 맞는 자료를 대상으로 지정된 필드 번호에서 값들의 곱을 반환한다.<br>예 =DPRODUCT(A1:C10, 3, B2:B3) : [A1:C10] 영역에서 [B2:B3] 영역의 조건에 맞는 값들을 3열에서 찾은 후 그 값들의 곱을 반환한다. |
| DVAR(데이터 범위, 필드 번호, 조건) | 해당 데이터 범위에서 조건에 맞는 자료를 대상으로 지정된 필드 번호에서 분산값을 반환한다.<br>예 =DVAR(A1:C10, 3, B2:B3) : [A1:C10] 영역에서 [B2:B3] 영역의 조건에 맞는 값들을 3열에서 찾은 후 그 값들의 분산값을 반환한다. |
| 19.상시, 06.1<br>DSTDEV(데이터 범위, 필드 번호, 조건) | 해당 데이터 범위에서 조건에 맞는 자료를 대상으로 지정된 필드 번호에서 표준편차값을 반환한다.<br>예 =DSTDEV(A1:C10, 3, B2:B3) : [A1:C10] 영역에서 [B2:B3] 영역의 조건에 맞는 값들을 3열에서 찾은 후 그 값들의 표준편차값을 반환한다. |
| 24.2, 20.상시, 18.상시, 12.3, 09.1<br>DGET(데이터 범위, 필드 번호, 조건) | 해당 데이터 범위에서 조건에 맞는 자료를 대상으로 지정된 필드 번호에서 일치하는 값을 반환한다.<br>예 =DGET(A1:C10, 3, B2:B3) : [A1:C10] 영역에서 [B2:B3] 영역의 조건에 맞는 값들을 3열에서 찾은 후 그 값을 반환한다. |

**예제** 다음 표에 표시된 부분의 값을 함수를 이용하여 계산하시오.

| | A | B | C | D | E | F |
|---|---|---|---|---|---|---|
| 1 | | 지역별 득표수 | | | | |
| 2 | 이름 | A지역 | B지역 | C지역 | | A지역 |
| 3 | 홍성곤 | 246 | 258 | 152 | | <200 |
| 4 | 우청송 | 144 | 213 | 57 | | B지역 |
| 5 | 최정호 | 92 | 274 | 269 | | >=250 |
| 6 | 강구숙 | 112 | 88 | 105 | | C지역 |
| 7 | 임곤준 | 244 | 140 | 297 | | <=100 |
| 8 | A지역 득표가 200 미만인 사람들의 합 | | | 348 | ❶ | 이름 |
| 9 | B지역 득표가 250 이상인 사람들의 평균 | | | 266 | ❷ | 우청송 |
| 10 | C지역 득표가 100 이하인 사람들의 수 | | | 1 | ❸ | |
| 11 | A지역 득표가 200 미만인 사람 중 최대 득표수 | | | 144 | ❹ | |
| 12 | B지역 득표가 250 이상인 사람 중 최소 득표수 | | | 258 | ❺ | |
| 13 | B지역 득표가 250 이상인 사람들의 분산 | | | 128 | ❻ | |
| 14 | A지역 득표가 200 미만인 사람들의 표준편차 | | | 26.2297541 | ❼ | |
| 15 | '우청송'의 C지역 점수 | | | 57 | ❽ | |

❶ A지역 득표가 200 미만인 사람들의 합 : =DSUM(A2:D7, 2, F2:F3)
❷ B지역 득표가 250 이상인 사람들의 평균 : =DAVERAGE(A2:D7, 3, F4:F5)*
❸ C지역 득표가 100 이하인 사람의 수 : =DCOUNT(A2:D7, 4, F6:F7)
❹ A지역 득표가 200 미만인 사람 중 최대 득표 수 : =DMAX(A2:D7, 2, F2:F3)
❺ B지역 득표가 250 이상인 사람 중 최소 득표 수 : =DMIN(A2:D7, 3, F4:F5)
❻ B지역 득표가 250 이상인 사람들의 분산 : =DVAR(A2:D7, 3, F4:F5)
❼ A지역 득표가 200 미만인 사람들의 표준 편차 : =DSTDEV(A2:D7, 2, F2:F3)
❽ '우청송'의 C지역 점수 : =DGET(A2:D7, 4, F8:F9)

준비하세요

'C:\길벗컴활1급필기\2과목\2과목.xlsm' 파일을 불러와 '섹션94' 시트에서 실습하세요.

궁금해요 시나공 Q&A 베스트

**Q B지역 득표가 250 이상인 사람들의 평균을 '=DAVERAGE(B3:D7, 2, F4:F5)'로 계산하면 왜 안 되죠?**

**A** DAVERAGE(범위, 열 번호, 조건) 함수에서 '범위'의 첫 번째 행에는 반드시 필드명이 있어야 합니다. 2행에 필드명이 있으므로 반드시 **=DAVERAGE(B2:D7, 2, F4:F5)**와 같이 작성해야 합니다.

## 따라잡기 기출문제 따라잡기

문제2 1208553

21년 1회, 17년 2회, 16년 1회, 15년 3회, 2회

**1. 다음 중 아래의 워크시트에서 [F2] 셀에 소속이 '영업1부'인 총매출액의 합계를 계산하기 위한 수식으로 옳지 않은 것은?**

| | A | B | C | D | E | F | G |
|---|---|---|---|---|---|---|---|
| 1 | 성명 | 소속 | 총매출액 | | 소속 | 총매출액 | 평균매출액 |
| 2 | 이민우 | 영업1부 | 8,819 | | 영업1부 | 28,581 | 7,145 |
| 3 | 차소라 | 영업2부 | 8,072 | | | | |
| 4 | 진희경 | 영업3부 | 6,983 | | | | |
| 5 | 장용 | 영업1부 | 7,499 | | | | |
| 6 | 최병철 | 영업1부 | 7,343 | | | | |
| 7 | 김철수 | 영업3부 | 4,875 | | | | |
| 8 | 정진수 | 영업2부 | 5,605 | | | | |
| 9 | 고희수 | 영업3부 | 8,689 | | | | |
| 10 | 조민희 | 영업3부 | 7,060 | | | | |
| 11 | 추소영 | 영업2부 | 6,772 | | | | |
| 12 | 홍수아 | 영업3부 | 6,185 | | | | |
| 13 | 이경식 | 영업1부 | 4,920 | | | | |
| 14 | 유동근 | 영업2부 | 7,590 | | | | |
| 15 | 이혁재 | 영업2부 | 6,437 | | | | |

소속별 총매출액의 합계

① =DSUM(A1:C15, 3, E1:E2)

② =DSUM(A1:C15, C1, E1:E2)

③ =SUMIF(B2:B15, E2, C2:C15)

④ =SUMIF(A1:C15, E2, C1:C15)

① [A1:C15] 영역에서 소속이 "영업1부"인 데이터의 '총매출액'의 합계를 반환합니다.
② 열 번호 대신 필드명이 있는 [C1] 셀을 지정하였으므로 ①번과 같습니다.
③ [B2:B15] 영역에서 [E2] 셀의 값("영업1부")과 동일한 데이터들을 찾은 후 [C2:C15] 영역에서 같은 행에 있는 데이터들의 합계를 반환합니다.
④ [A1:C15] 영역의 첫 번째 열(A열)에서 [E2] 셀의 값("영업1부")과 동일한 데이터들을 찾는데, 동일한 데이터가 없으므로 결과는 0입니다.
※ SUMIF 함수에서 조건이 적용될 범위로 여러 열을 지정하면 범위의 첫 번째 열에 조건을 적용합니다.

24년 2회, 20년 상시, 12년 3회, 09년 1회

**2. [표1]과 [표2]를 이용하여 [표3]의 최대실적상품명을 계산하려고 한다. 다음 중 [B15] 셀의 함수식으로 옳은 것은?**

| | A | B | C | D |
|---|---|---|---|---|
| 1 | [표1] | | | |
| 2 | 상품명 | 강서지점 | 강남지점 | 강북지점 |
| 3 | 건강보험 | 406,000 | 418,000 | 407,000 |
| 4 | 변액보험 | 391,000 | 735,000 | 404,000 |
| 5 | 신용대출 | 393,500 | 192,000 | 477,400 |
| 6 | 적금담보대출 | 272,000 | 482,000 | 269,000 |
| 7 | 주택예금 | 354,000 | 298,300 | 495,000 |
| 8 | | | | |
| 9 | [표2] | | | |
| 10 | | 강서지점 | 강남지점 | 강북지점 |
| 11 | 최대실적액 | 406,000 | 735,000 | 495,000 |
| 12 | | | | |
| 13 | [표3] | | | |
| 14 | | 강서지점 | 강남지점 | 강북지점 |
| 15 | 최대실적품명 | | | |

① =DGET($A$2:$D$7, 1, B10:B11)

② =LOOKUP($A$2:$D$7, 1, B10:B11)

③ =INDEX($A$2:$D$7, 1, , B10:B11)

④ =MATCH($A$2:$D$7, 1, B10:B11)

조건과 일치하는 단일 값을 찾는 함수는 DGET(범위, 열 번호, 조건)입니다.
- **범위** : A2:D7
- **열 번호** : '상품명' 필드명이 있는 [A2] 또는 열 번호 1
- **조건** : 강서지점의 최대실적이 있는 [B10:B11]

13년 2회

**3. 다음 중 아래 그림에서 수식 =DMIN(A1:C6, 2, E2:E3)을 실행하였을 때의 결과값으로 옳은 것은?**

| | A | B | C | D | E |
|---|---|---|---|---|---|
| 1 | 이름 | 키 | 몸무게 | | |
| 2 | 홍길동 | 165 | 67 | | 몸무게 |
| 3 | 이대한 | 170 | 69 | | >=60 |
| 4 | 한민국 | 177 | 78 | | |
| 5 | 이우리 | 162 | 58 | | |
| 6 | 김상공 | 180 | 80 | | |

① 165　　② 170

③ 177　　④ 162

- [A1:C6] : 데이터 범위
- 2 : 필드 번호
- [E2:E3] : 조건

즉 [A1:C6] 영역에서 몸무게가 60 이상인 데이터 중 키가 가장 작은 값인 165를 반환합니다.

▶ 정답 : 1. ④　2. ①　3. ①

SECTION
# 095 재무 함수

C 등급

## 1 재무 함수*

24.2, 22.5, 21.2, 18.상시, 15.2, 15.1, 14.2, 13.1, 11.3, 11.2, 11.1, 09.3, 09.2, 07.4, 07.3, 05.4, 05.3, 03.1

3209901

| 함수 | 설명 |
|---|---|
| 22.5, 15.2, 11.3, 11.1, 05.4, 03.1<br>**FV(이자, 기간, 금액, 현재가치, 납입시점)** | • 미래가치 반환, 매월 일정한 금액을 불입했을 때 만기일에 받을 원금과 이자를 반환한다.<br>• **납입시점** : 0 또는 생략하면 기말, 1은 기초<br>예 =FV(6%/12, 12, −400000)<br>– 매월 400,000원씩 1년을 저축할 경우 이자를 포함하여 만기일에 받을 금액을 반환한다.<br>– **6%/12** : 년이율 6%를 12로 나눠 월이율로 적용한다. |
| 15.1, 11.1<br>**PV(이자, 기간, 금액, 미래가치, 납입시점)** | • 현재가치를 반환한다.<br>예 1년 뒤에 받을 1000원의 현재가치를 구한다.<br>• 미래가치는 생략할 수 있다.<br>• **납입시점** : 0 또는 생략하면 기말, 1은 기초<br>예 =PV(6%/12, 12, −400000)<br>– 매월 400,000원씩 1년을 저축할 경우 이자를 포함하여 만기일에 받을 금액의 현재가치를 반환한다.<br>– **6%/12** : 년이율 6%를 12로 나눠 월이율로 적용한다. |
| **NPV(할인율, 금액1, 금액2, …)** | 할인율과 앞으로의 지출과 수입을 사용하여 투자의 현재가치를 반환한다.<br>예 =NPV(5%, −5000000, 100000, 200000, 300000)<br>– 연 할인율 5%로 5,000,000원을 투자하고, 3년 동안 100,000원, 200,000원, 300,000원의 연간 수입을 얻을 때의 순 현재 가치를 반환한다. |
| 24.2, 21.2, 18.상시, 14.2, 13.1, 11.2, 09.3, …<br>**PMT(이자, 기간, 현재가치, 미래가치, 납입시점)** | 정기적으로 지급(상환)할 금액 반환, 일정 금액을 대출받았을 경우 이자를 포함하여 매월 상환해야 하는 금액을 반환한다.<br>• **납입시점** : 0 또는 생략하면 기말, 1은 기초<br>• **현재가치(PV)** : 대출금<br>• **미래가치(FV)** : 최종 불입 후 잔금, 생략하면 0<br>예 =PMT(6%/12, 12, −10000000)<br>– 10,000,000원을 대출받았을 경우 이자를 포함하여 매월 상환해야 하는 금액을 반환한다.<br>– **6%/12** : 년이율 6%를 12로 나눠 월이율로 적용한다. |
| **SLN(취득액, 잔존가치*, 수명년수)** | 단위 기간 동안 정액법*에 의한 자산의 감가상각액*을 반환한다.<br>예 =SLN(1000000, 200000, 3)<br>– 구입한 금액이 1,000,000원이고, 잔존가치가 200,000원이고, 수명년수가 3년인 제품의 감가상각액을 반환한다. |

전문가의 조언

**중요해요!** 1급에서 추가된 부분으로, 특정 문제를 풀기 위한 함수식을 묻는 문제가 출제됩니다. 예제 의 실습을 통해 각 함수의 기능을 정확히 파악해야 합니다.

**재무 함수**

엑셀 프로그램에서는 재무 함수를 이용하여 금액을 구할 때 사용자를 중심으로 지불할 금액이냐, 받을 금액이냐에 따라 양수와 음수를 지정합니다. 하지만 컴활 시험에서는 단순히 금액을 묻는 문제가 출제되니 결과값이 모두 양수로 출력되도록 수식을 작성해야 합니다.

**잔존가치**

수명이 끝난 시설이나 물건에 남아 있는 가치

**감가상각액**

시간이 흐르면서 감소되는 고정자산 가치의 감소를 각 연도에 할당해 그 자산 가격을 감소해 가는 일을 감가상각이라 하고, 각 연도에 할당되는 금액을 감가상각액이라고 합니다.

• **정액법** : 감가총액을 수명년수로 균등하게 나누는 방법

※ **수명년수** : 고정자산이 기업의 생산활동에 지속적으로 사용되는 기간

**이율과 기간**

이율과 기간은 함수에 적용할 단위를 일치시켜야 합니다. 6% 연이율로 2년 만기 대출금에 대한 월 상환액을 계산하려면 이율로 **6%/12**, 기간으로 **2*12**를 사용합니다. 동일한 대출금에 대한 연 상환액을 계산하려면 이율로 **6%**, 기간으로 **2**를 입력합니다.

**예제** 다음에 제시된 문제를 재무 함수를 이용하여 계산하시오.

① 연이율 6%로 2년 만기 저축을 매월 말 40,000원씩 저축, 복리 이자율로 계산하여 만기에 찾을 수 있는 금액은 얼마인가?

② 10년간 매달 말에 100,000원을 지급하는 연금 보험의 보험 가격이 8,000,000원이고, 연이율이 7%일 경우 이 연금보험을 구입하는 것은 유리한 투자로 볼 수 있는가?

③ 자동차 구입금 중 잔금 2,000,000원을 4년간 매월 초 50,000원씩 갚아 나가는 것과 일시불 현금으로 지불하는 것 중 어떤 방법이 유리하다고 볼 수 있나? 단, 은행의 연 이율은 6%이다.

④ 오늘부터 1년 후 ₩1,000,000을 투자하고, 앞으로 3년 동안 ₩300,000, ₩420,000, ₩680,000의 연간 수입을 얻고, 연 할인율이 10%라고 가정할 때, 이 투자의 순 현재 가치는 얼마인가?

⑤ 1,000,000원을 1년간 대출할 때 연 7%의 이자율이 적용된다면 매월 말 상환해야 할 불입액은 얼마인가?

⑥ 작년 5월에 2,500,000원을 주고 구입한 냉장고의 수명년수는 5년이고 잔존가치는 100,000원이다. 정액법을 이용할 때 냉장고에 대한 올해의 감각상각액은 각각 얼마인가?

**풀이**

① =FV(6%/12, 2*12, −40000) → 1,017,278

② =PV(7%/12, 10*12, −100000) → 8,612,635

지불한 금액은 8,000,000원이지만 현재가치는 8,612,635원이 되므로 연금 보험을 사는 것은 유리한 투자이다.

③ =PV(6%/12, 4*12, −50000, , 1) → 2,139,661

매월 50,000원씩 지불할 경우 2,000,000원에 대한 현재가치가 2,139,661원, 즉 지불해야 할 금액보다 커지므로 일시불로 구입하는 것이 유리하다.*

만약 은행의 연 이율이 12%가 되면 =PV(12%/12, 4*12, −50000, , 1) → 1,917,685원이 된다. 즉 할부로 구입하면 현재가치가 지불해야 할 금액 2백만 원보다 작으므로 할부로 구입하는 것이 유리하다.

④ =NPV(10%, −1000000, 300000, 420000, 680000) → ₩118,844

⑤ =PMT(7%/12, 1*12, −1000000) → 86,527

⑥ =SLN(2500000, 100000, 5) → 480,000

**전문가의 조언**

은행의 연 이율이 6%일때는 은행에 입금했다가 4년 뒤에 갚는 것보다 일시불로 2,000,000원을 갚는 것이 유리하고, 은행의 연 이율이 12%일 때는 일시불로 갚는 것보다 은행에 입금했다가 4년 뒤에 갚는 것이 유리합니다.

## 따라잡기 기출문제 따라잡기

문제2 3209952

22년 5회, 15년 2회, 11년 3회, 1회, 05년 4회, 03년 1회

**1. 연이율 5%로 3년 만기 저축을 매월 초 50,000원씩 저축, 복리 이자율로 계산하여 만기에 찾을 수 있는 금액을 구하기 위한 수식으로 적당한 것은?**

① =FV(5%, 3, −50000, , 1)
② =FV(5%, 3, −50000)
③ =FV(5%/12, 3*12, −50000, ,1)
④ =FV(5%/12, 3*12, −50000)

연이율과 기간은 월 단위로 적용하기 위해 '5%/12', '3*12'의 형태로 만들고 매월 초에 납입하므로 납입시점을 '1'로 지정합니다.

### 궁금해요 시나공 Q&A 베스트

**Q '=FV(5%/12, 3*12, −50000, , 1)'에서 ',' 처리로 된 공백이 무엇을 의미하나요?**

**A** FV 함수는 이자, 기간, 금액, 현재가치, 납입시점 순으로 인수를 지정하는데, 현재가치를 생략한 것입니다. 납입시점을 지정하기 위해 콤마(,)로 현재가치가 입력될 위치만 표시한 다음 납입시점을 지정한 것입니다.

24년 2회, 21년 2회, 14년 2회, 13년 1회, 11년 2회, 09년 3회, 2회, 07년 4회, 05년 3회

**2. 매달 일정 금액을 저축하여 15년 동안 1,500,000,000을 모으려 한다. 저축 금액에 연리 6%의 이자가 붙는다고 가정할 때 PMT를 사용하여 매월 저축해야 할 금액을 구하는 올바른 함수식은?(단, 현재가치는 0임)**

① =PMT(6%/12, 15*12, 0, −1500000000)
② =PMT(6%/12, 15, 1500000000)
③ =PMT(6%/12, 15*12, 1500000000)
④ =PMT(6%/12, 15, 0, −1500000000)

연이율과 기간은 월 단위로 적용하기 위해 '6%/12', '15*12'의 형태로 만들고 매월 말에 납입하므로 납입시점을 0 또는 생략합니다.

▶ **정답** : 1. ③ 2. ①

SECTION
# 096 정보 함수

C 등급

전문가의 조언

1급에서 추가된 부분으로, 함수식에 대한 결과값을 묻는 문제가 출제되었습니다. 예제 의 실습을 통해 각 함수의 기능을 정확히 파악해야 합니다.

23.4, 23.3, 23.1, 22.4, 22.3, 21.2, 21.1, 20.상시, 20.2, 18.2, 17.2, 16.2, 14.3, 12.1, 10.1, 09.3

## 1 정보 함수

3210001

| 함 수 | 설 명 |
|---|---|
| 18.2, 09.3<br>ISBLANK(인수) | 인수가 빈 셀이면 'TRUE', 그렇지 않으면 'FALSE'를 반환한다.<br>예 =ISBLANK(A1) : [A1] 셀이 빈 셀이면 'TRUE'를, 그렇지 않으면 'FALSE'를 반환한다. |
| 17.2, 14.3, 12.1, 10.1, 09.3<br>ISERROR(인수) | 인수가 오류 값이면 'TRUE', 그렇지 않으면 'FALSE'를 반환한다.<br>예 =ISERROR(A1) : [A1] 셀에 오류가 발생했으면 'TRUE'를, 그렇지 않으면 'FALSE'를 반환한다. |
| 18.2, 17.2, 14.3, 12.1<br>ISERR(인수) | 인수가 #N/A를 제외한 오류 값이면 'TRUE', 그렇지 않으면 'FALSE'를 반환한다.<br>예 =ISERR(A1) : [A1] 셀에 #N/A를 제외한 오류가 발생했으면 'TRUE'를 반환한다. |
| ISEVEN(인수) | 인수가 짝수면 'TRUE', 그렇지 않으면 'FALSE'를 반환한다.<br>예 =ISEVEN(5) : 'FALSE'를 반환한다. |
| 18.2<br>ISODD(인수) | 인수가 홀수면 'TRUE', 그렇지 않으면 'FALSE'를 반환한다.<br>예 =ISODD(5) : 'TRUE'를 반환한다. |
| 17.2, 14.3, 12.1<br>ISNUMBER(인수) | 인수가 숫자면 'TRUE', 그렇지 않으면 'FALSE'를 반환한다.<br>예 =ISNUMBER(5) : 'TRUE'를 반환함, 숫자가 아니었으면 'FALSE'를 반환한다. |
| 23.4, 22.4<br>ISTEXT(인수) | 인수가 텍스트면 'TRUE', 그렇지 않으면 'FALSE'를 반환한다.<br>예 =ISTEXT("**컴활**") : 'TRUE'를 반환한다. |
| ISNONTEXT(인수) | 인수가 텍스트가 아니면 'TRUE', 텍스트면 'FALSE'를 반환한다.<br>예 =ISNONTEXT("**컴활**") : 'FALSE'를 반환한다. |
| 17.2, 14.3, 12.1<br>ISLOGICAL(인수) | 인수가 논리값이면 'TRUE', 그렇지 않으면 'FALSE'를 반환한다.<br>예 =ISLOGICAL(TRUE) : 'TRUE'를 반환한다. |
| 23.3, 22.3<br>N(인수) | • 인수를 숫자로 변환하여 반환한다.<br>• 숫자는 숫자, 날짜는 일련번호로, 'TRUE'는 1로, 그 외의 값은 0으로 반환한다.<br>예 =N(TRUE) : 1을 반환한다. |
| 23.3, 22.3, 21.2, 21.1, 20.상시, 20.2, …<br>TYPE(인수) | • 인수의 데이터 형식을 숫자로 반환한다.<br>• 1 : 숫자, 2 : 텍스트, 4 : 논리값, 16: 오류값<br>예 =TYPE(7) : 7은 숫자이므로 1을 반환한다. |
| 23.3, 22.3, 21.2, 21.1, 20.상시, 20.2, …<br>CELL(정보유형, 셀주소) | 셀의 서식 지정이나 위치, 내용 등에 대한 정보를 반환한다.<br>예 =CELL("row", A3) : 'row'는 셀의 행 번호를 의미하므로 [A3] 셀의 행 번호 3을 반환한다. |

21.1, 20.상시, 20.2, 16.2

## 잠깐만요 CELL 함수의 정보유형

1208631

- address : 절대 주소를 반환함
- col : 셀의 열 번호를 숫자로 반환함
- color : 셀의 값이 '–' 기호 대신 빨강색 등으로 음수 여부를 표시할 경우에는 1, 그 외는 0을 반환함
- contents : 셀의 값을 반환함
- filename : 현재 작업 대상 셀이 들어 있는 파일의 이름을 반환함
- format : 숫자 서식에 적용된 서식을 텍스트로 반환함
- parentheses : 셀의 숫자값에 괄호 서식이 적용된 경우에는 1, 그렇지 않은 경우에는 0을 반환함
- prefix : 셀이 왼쪽 맞춤이면 작은따옴표('), 오른쪽 맞춤이면 큰따옴표("), 가운데 맞춤이면 캐럿(^)을 반환함
- protect : 셀이 잠겨 있으면 1, 그렇지 않으면 0을 반환함
- row : 셀의 행 번호를 반환함
- type : 셀이 비어 있으면 'b', 텍스트 상수를 포함하면 'l', 그 밖의 경우는 'v'를 반환함
- width : 열의 너비를 정수로 반올림하여 반환함

**예제** 다음 데이터 표를 이용하여 결과값을 구하시오.

| | A | B |
|---|---|---|
| 1 | Gold | |
| 2 | Region1 | 5 |
| 3 | #REF! | 8 |
| 4 | ₩33,000 | 58 |
| 5 | #N/A | FALSE |

| 수식 | 결과 | 수식 | 결과 |
|---|---|---|---|
| =ISBLANK(A1) | FALSE | =ISBLANK(B1) | TRUE |
| =ISERROR(A3) | TRUE | =ISERROR(B3) | FALSE |
| =ISERR(A5) | FALSE | =ISERR(A3) | TRUE |
| =ISEVEN(B2) | FALSE | =ISEVEN(B3) | TRUE |
| =ISODD(B3) | FALSE | =ISODD(B2) | TRUE |
| =ISNUMBER(A4) | TRUE | =ISNUMBER(A1) | FALSE |
| =ISTEXT(A2) | TRUE | =ISTEXT(B2) | FALSE |
| =ISNONTEXT(A2) | FALSE | =ISNONTEXT(B2) | TRUE |
| =ISLOGICAL(B5) | TRUE | =ISLOGICAL(A5) | FALSE |
| =TYPE(A2) | 2 | =TYPE(B2) | 1 |
| =CELL("COL", A4) | 1 | =CELL("ADDRESS", A4) | $A$4 |

준비하세요

'C:\길벗컴활1급필기\2과목\2과목.xlsm' 파일을 불러와 '섹션96' 시트에서 실습하세요.

따라잡기 기출문제 따라잡기

문제1 1208651 문제2 1208652

17년 2회, 14년 3회, 12년 1회

**1. 아래 시트에서 수식을 실행했을 때 화면에 표시되는 결과가 다른 것은?**

| | A | B |
|---|---|---|
| 1 | 상품 | 개수 |
| 2 | 바나나 | 1 |
| 3 | 오렌지 | #N/A |
| 4 | 사과 | 3 |
| 5 | 배 | TRUE |
| 6 | 귤 | 5 |

① =IFERROR(ISERR(B3), "ERROR")
② =IFERROR(ISERROR(B3), "ERROR")
③ =IFERROR(ISLOGICAL(B5), "ERROR")
④ =IF(ISNUMBER(B4), TRUE, "ERROR")

① ❶ ISERR(B3) : 인수가 #N/A를 제외한 오류 값을 가지고 있으면 TRUE를 출력하는데, [B3] 셀의 값이 #N/A 오류이므로 FALSE를 표시합니다.
❷ =IFERROR(FALSE, "ERROR") : FALSE는 오류가 아니므로 FALSE를 그대로 표시합니다.
② [B3] 셀의 값 #N/A가 오류이므로 TRUE, TURE는 오류가 아니므로 TRUE를 그대로 표시합니다.
③ [B5] 셀의 값 TRUE가 논리값이므로 TRUE, TURE는 오류가 아니므로 TRUE를 그대로 표시합니다.
④ [B4] 셀의 값 3이 숫자이므로 TRUE, IF문의 조건이 참이므로 TRUE를 표시합니다.

23년 1회, 21년 1회, 20년 상시, 20년 2회, 16년 2회

**2. 다음 중 아래의 워크시트에서 수식의 결과로 '부사장'을 출력하지 않는 것은?**

| | A | B | C | D |
|---|---|---|---|---|
| 1 | 사원번호 | 성명 | 직함 | 생년월일 |
| 2 | 101 | 구민정 | 영업 과장 | 1980-12-08 |
| 3 | 102 | 강수영 | 부사장 | 1965-02-19 |
| 4 | 103 | 김진수 | 영업 사원 | 1991-08-30 |
| 5 | 104 | 박용만 | 영업 사원 | 1990-09-19 |
| 6 | 105 | 이순신 | 영업 부장 | 1917-09-20 |

① =CHOOSE(CELL("row", B3), C2, C3, C4, C5, C6)
② =CHOOSE(TYPE(B4), C2, C3, C4, C5, C6)
③ =OFFSET(A1:A6, 2, 2, 1, 1)
④ =INDEX(A2:D6,MATCH(A3, A2:A6, 0), 3)

① 'row'는 행 번호를 의미하므로 CELL 함수는 B3 셀의 행 번호인 3을 반환하고, C2, C3, C4, C5, C6 중 세 번째에 있는 C4 셀의 값인 "영업 사원"을 반환합니다.
② B4 셀에 입력된 값이 텍스트이므로 TYPE 함수의 결과는 2이고, C2, C3, C4, C5, C6 중 두 번째에 있는 C3 셀의 값인 "부사장"을 반환합니다.
③ A1:A6 영역의 첫 번째 셀인 A1 셀을 기준으로 2행 2열 떨어진 셀 주소(C3)를 찾습니다. 이 주소를 기준으로 1행 1열인 셀, 즉 C3 셀의 값인 "부사장"을 반환합니다.
④ ❶ MATCH(A3, A2:A6, 0) : [A2:A6] 영역에서 A3 셀의 값과 동일한 값을 찾은 후 상대 위치인 2를 반환합니다.
❷ =INDEX(A2:D6, 2, 3) : [A2:D6] 영역에서 2행 3열, 즉 C3 셀의 값인 "부사장"을 반환합니다.

23년 3회, 22년 3회

**3. 다음 중 수식의 결과가 나머지 셋과 다른 것은?**

| | A | B |
|---|---|---|
| 1 | 제품명 | 개수 |
| 2 | 건조기 | 1 |
| 3 | 김치냉장고 | #N/A |
| 4 | 냉장고 | 3 |
| 5 | 세탁기 | TRUE |
| 6 | 식기세척기 | 5 |

① =CHOOSE(ROWS(A2:B6), A2, A3, A4, A5, A6)
② =CHOOSE(N(B5), A2, A3, A4, A5, A6)
③ =CHOOSE(CELL("contents", B2), A2, A3, A4, A5, A6)
④ =CHOOSE(TYPE(B4), A2, A3, A4, A5, A6)

① ❶ ROWS(A2:B6) : [A2:B6] 영역의 행의 수인 5를 반환합니다.
❷ =CHOOSE(5, A2, A3, A4, A5, A6) : 다섯 번째에 있는 [A6] 셀의 값인 "식기세척기"를 반환합니다.
② N(B5)는 [B5] 셀의 값 'TRUE'의 숫자값 1을 반환하므로, 결과는 첫 번째에 있는 [A2] 셀의 값인 "건조기"를 반환합니다.
③ CELL("contents", B2)에서 'contents'는 셀의 값을 의미하므로 [B2] 셀의 값인 1을 반환하므로 결과는 첫 번째에 있는 [A2] 셀의 값인 "건조기"를 반환합니다.
④ TYPE(B4)는 [B4] 셀에 입력된 값이 숫자이므로 1을 반환하므로 결과는 첫 번째에 있는 [A2] 셀의 값인 "건조기"를 반환합니다.

18년 2회

**4. 다음 중 정보 함수에 대한 설명으로 옳은 것은?**

① ISBLANK 함수 : 값이 '0'이면 TRUE를 반환한다.
② ISERR 함수 : 값이 #N/A를 제외한 오류 값이면 TRUE를 반환한다.
③ ISODD 함수 : 숫자가 짝수이면 TRUE를 반환한다.
④ TYPE 함수 : 값의 데이터 형식을 나타내는 문자를 반환한다.

ISBLANK는 셀이 빈 칸(BLANK)이면 TRUE, ISODD는 숫자가 홀수(ODD)이면 TRUE, TYPE는 데이터 형식을 숫자로 표시하는 함수입니다.

▶ 정답 : 1. ① 2. ① 3. ① 4. ②

SECTION 097

# 배열 수식

A 등급

배열 수식은 피연산자나 함수의 인수로 배열을 사용하여 여러 가지 계산을 하고 한 개의 결과나 여러 개의 결과를 동시에 반환하는 수식을 말한다.

23.3, 15.2, 15.1, 13.3, 12.2, 11.1, 09.3, 08.4, 08.1, 07.4, 07.3, 07.1, 06.3, 05.4, 05.2, 04.4, 04.3, 03.2, 03.1

## 1 배열 수식의 개요

1208701

- 배열(Array)이란 동일한 특성을 갖는 데이터들을 일정한 형식에 맞게 나열한 데이터의 집합을 말한다.

### 특징

- 배열 수식은 배열 인수에 대해 여러 가지 계산을 수행하고 하나 또는 여러 개의 결과를 반환한다.
- 배열 수식은 배열 인수라는 두 개 이상의 값에 의해 이루어진다.
- 배열 수식에 사용되는 배열 인수 각각은 동일한 개수의 행과 열을 가져야 한다.
- 배열 수식은 수식을 입력할 때 Ctrl + Shift + Enter를 누르는 것 외에는 다른 수식을 만들 때와 같다.
- Ctrl + Shift + Enter를 누르면 수식의 앞뒤에 중괄호({ })가 자동으로 입력된다.
- 수식 입력줄이 활성화* 되면 { }는 나타나지 않는다.

**전문가의 조언**

**중요해요!** 배열 수식의 특징을 묻는 문제가 출제되니 확실하게 숙지하세요. 특히 배열 수식을 입력할 때 사용하는 키와 배열 수식을 입력하면 중괄호({ })가 자동으로 표시된다는 것을 꼭 기억하세요.

**수식 입력줄 활성화**
수식 입력줄을 마우스로 클릭하면 배열 수식의 { }가 사라집니다.

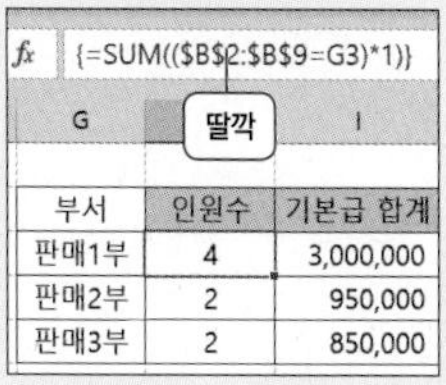


↓

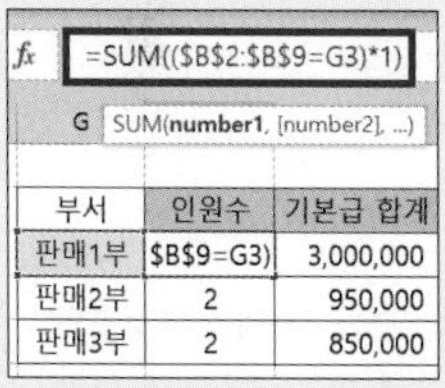


24.5, 22.7, 22.3, 21.2, 21.1, 20.상시, 20.2, 19.1, 16.3, 16.2, 16.1, 15.3, 15.2, 15.1, 13.3, 12.2, 11.1, 10.2, 09.3, 08.4, 08.2, …

## 2 배열 상수

3210102

- 배열 수식에 사용되는 배열 인수를 배열 상수라고 한다.
- **배열 상수의 종류** : 숫자, 텍스트, TRUE나 FALSE 등의 논리 값, #N/A 등의 오류 값 등
- 배열 상수에 정수, 실수, 5E+3 같은 지수형 숫자를 사용할 수 있다.
- 다른 종류의 값을 같은 배열의 상수로 사용할 수 있다.
- **배열 상수로 사용할 수 없는 값** : $, 괄호, %, 길이가 다른 행이나 열, 셀 참조 등
- 배열 상수 값은 수식이 아닌 상수이어야 한다.
- 배열 상수로 사용할 범위에서 빈 칸은 0으로 취급된다.
- 배열 상수를 입력할 때 열의 구분은 쉼표(,)로, 행의 구분은 세미콜론(;)으로 한다.
- 배열 상수를 입력할 때는 상수들을 중괄호 { }로 묶어야 한다.

**전문가의 조언**

**중요해요!** 배열 상수의 특징을 묻는 문제가 출제됩니다. 배열 상수로 사용할 수 없는 것을 중심으로 배열 상수의 특징을 정리하세요.

**예제 1** 1행 4열에 {1,2,3,4} 입력하기

[A1:D1] 영역을 블록 설정하고, **={1,2,3,4}**를 입력한 후 Ctrl + Shift + Enter를 누른다.

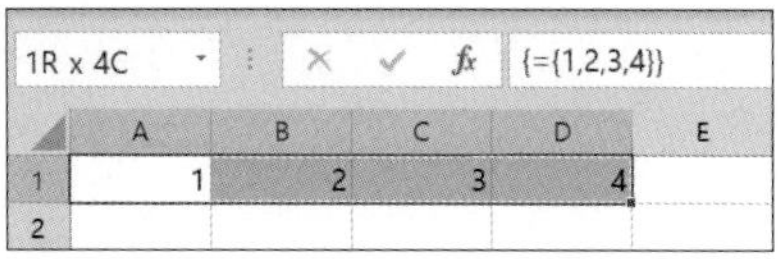


Ctrl+Shift+Enter → 모든 셀에 동일한 수식이 입력된다.

**예제 2** 2행 4열에 {1,2,3,4;5,6,7,8} 입력하기

[A1:D2] 영역을 블록 설정하고, **={1,2,3,4;5,6,7,8}**을 입력한 후 Ctrl + Shift + Enter를 누른다.

A1 | fx {={1,2,3,4;5,6,7,8}}

| | A | B | C | D | E |
|---|---|---|---|---|---|
| 1 | 1 | 2 | 3 | 4 | |
| 2 | 5 | 6 | 7 | 8 | |
| 3 | | | | | |

22.3, 21.1, 20.상시, 19.1, 18.상시, 18.2, 18.1, 16.2, 15.3, 15.1, 14.2, 14.1, 12.3, 12.2, 11.1

## 3 배열 수식 작성

1208702

**전문가의 조언**

두 배열의 더하기나 곱하기에 대한 문제가 출제됩니다. 직접 실습해보면 쉽게 이해되고 오래 기억되니 꼭 실습해 보세요.

- 배열 수식은 일반 수식을 작성하는 것과 동일하게 작성하지만 마지막에 Ctrl + Shift + Enter를 눌러 완성하는 것이 다르다.
- 여러 셀을 범위로 지정하고 배열 수식을 입력하면 지정된 범위에 모두 같은 수식이 입력되며, 이렇게 입력된 배열 수식은 전체를 이동하거나 삭제할 수는 있어도 일부를 수정하거나 이동, 삭제할 수는 없다.
- 배열 수식을 변경한 후 변경 내용을 적용하려면 반드시 Ctrl + Shift + Enter를 누른다.

**예제 1** 여러 셀에 결과 입력 — 두 배열의 같은 위치에 대응하는 상수끼리 곱하여 그림과 같은 결과가 동시에 계산되도록 하시오.

| | A | B | C | D | E | F | G | H |
|---|---|---|---|---|---|---|---|---|
| 1 | | | | | | | | |
| 2 | | 1 | 2 | 3 | | 1 | 2 | 3 |
| 3 | | 4 | 5 | 6 | | 4 | 5 | 6 |
| 4 | | | | | | | | |
| 5 | | | | 1 | 4 | 9 | | |
| 6 | | | | 16 | 25 | 36 | | |

① [D5:F6] 영역을 범위로 지정한다.

② 범위를 지정한 상태*에서 **=B2:D3*F2:H3**을 입력한 후 Ctrl + Shift + Enter를 누른다.

**범위를 지정했을 때의 셀 포인터**

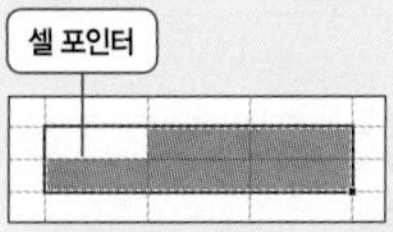


하얀색으로 반전된 부분이 범위를 설정했을 때의 셀 포인터입니다. 데이터를 입력하면 셀 포인터(반전된 셀)에 데이터가 입력됩니다.

**예제 2** 여러 셀에 결과 입력 — 각 사원별 성적의 총점을 배열 수식을 이용하여 구하되 결과 값이 계산될 셀 영역에 동시에 계산되도록 작성하시오.

| | A | B | C | D | E | F |
|---|---|---|---|---|---|---|
| 1 | 번호 | 이름 | 소속부서 | 영어 | 컴퓨터 | 총점 |
| 2 | 1 | 강현진 | 개발부 | 98 | 85 | 183 |
| 3 | 2 | 김기연 | 영업부 | 95 | 100 | 195 |
| 4 | 3 | 김철원 | 영업부 | 80 | 75 | 155 |
| 5 | 4 | 남동하 | 기술부 | 85 | 90 | 175 |
| 6 | 5 | 마동윤 | 영업부 | 100 | 100 | 200 |

① [F2:F6] 영역을 범위로 지정한다.

② 범위를 지정한 상태에서 **=D2:D6+E2:E6**을 입력한 후 Ctrl + Shift + Enter를 누른다.

**준비하세요**

'C:\길벗컴활1급필기\2과목\2과목.xlsm' 파일을 불러와 '섹션97-1' 시트에서 실습하세요.

24.5, 24.4, 24.3, 24.2, 23.4, 22.2, 22.1, 21.4, 21.3, 20.상시, 20.2, 20.1, 19.상시, 19.1, 18.상시, 18.2, 16.3, 16.2, 16.1, 15.2, …

# 4 배열 수식의 활용

1208703

**예제** 한 개의 셀에 결과 입력 – 다음과 같은 소속 부서별 통계 값을 계산하시오.

- 부서별 인원수(H3:H5)를 계산하시오.
- 남자 직원의 부서별 기본급의 합계(I3:I5)를 계산하시오.
- 직위가 대리인 남자 직원의 부서별 기본급의 평균(J3:J5)을 계산하시오.

▶ [A1:E9] 영역을 참조하여 계산

| | A | B | C | D | E | F | G | H | I | J |
|---|---|---|---|---|---|---|---|---|---|---|
| 1 | 사원명 | 부서 | 성별 | 직위 | 기본급 | | | | | |
| 2 | 김명진 | 판매1부 | 남 | 부장 | 850,000 | | 부서 | 인원수 | 기본급 합계 | 기본급 평균 |
| 3 | 이현지 | 판매2부 | 여 | 과장 | 950,000 | | 판매1부 | 4 | 3,000,000 | 950,000 |
| 4 | 박미나 | 판매3부 | 여 | 대리 | 1,000,000 | | 판매2부 | 2 | 950,000 | 950,000 |
| 5 | 노용수 | 판매1부 | 남 | 과장 | 1,200,000 | | 판매3부 | 2 | 850,000 | 850,000 |
| 6 | 조명섭 | 판매2부 | 남 | 대리 | 950,000 | | | | | |
| 7 | 김진수 | 판매3부 | 남 | 대리 | 850,000 | | | | | |
| 8 | 최여진 | 판매1부 | 여 | 부장 | 1,000,000 | | | | | |
| 9 | 김상진 | 판매1부 | 남 | 대리 | 950,000 | | | | | |

## 인원수(개수) 구하기

① [H3] 셀에 다음의 수식을 입력하고 Ctrl + Shift + Enter를 함께 누른다. 수식 표시줄에는 {=SUM((B2:B9=G3)*1)}과 같이 표시된다.

=SUM((B2:B9=G3)*1)

24.5, 24.4, 24.2, 23.5, 22.6, 20.1, 16.3, 16.1, 13.3, 13.2, 08.1, 07.3, 04.2, 03.2

### 잠깐만요 수식 만들기 / 배열식의 이해

1208731

**수식 만들기**

개수를 구하는 배열 수식은 다음의 세 가지 식이 있으며, 조건의 개수에 따라 조건을 지정하는 부분만 늘어납니다. 이 문제는 조건이 하나이므로 조건이 하나일 때의 조건 지정 방법은 다음과 같습니다.

- 방법 1 : {=SUM( (조건) * 1 )}
- 방법 2 : {=SUM( IF(조건, 1) )}
- 방법 3 : {=COUNT( IF(조건, 1) )}

1. 조건1 : '부서별'이란 조건은, 비교 대상이 될 부서가 있는 범위(B2:B9)와 비교할 기준이 되는 G3(판매1부) 셀을 "="으로 연결하여 적어주면 다음과 같습니다.
   **B2:B9=G3**
2. 위의 조건을 개수 구하기 배열 수식의 '조건' 부분에 대입하면 다음과 같습니다.

- 방법 1 : =SUM( (B2:B9=G3) * 1 )
- 방법 2 : =SUM( IF(B2:B9=G3, 1) )
- 방법 3 : =COUNT( IF(B2:B9=G3, 1) )

**전문가의 조언**

**중요해요!** 일반 함수를 배열 수식에 적용하여 계산 결과를 묻는 문제가 자주 출제됩니다. 예제를 통해 일반 함수가 적용되는 배열 수식을 꼭 이해하고 넘어가세요.

**준비하세요**

'C:\길벗컴활1급필기\2과목\2과목.xlsm' 파일을 불러와 '섹션97-2' 시트에서 실습하세요.

### 배열식의 이해

=SUM((B2:B9=G3)*1)

위의 배열 수식이 어렵게 느껴지는 이유는 관계 연산에 대해 생소하기 때문입니다. 그럼 관계 연산부터 살펴봐야겠네요. 관계 연산이란 관계 연산자를 이용하여 피연산자의 대소 관계를 비교하는 연산으로, 결과는 'TRUE'나 'FALSE'입니다. 다음 그림의 [표1]과 같이 입력해 보세요. [표2]와 같이 결과가 나왔나요? 관계 연산자가 〉, 〈, =, 〈 〉, 〉=, 〈=를 의미한다는 것은 알고 있죠?

| | A | B | C | D |
|---|---|---|---|---|
| 1 | 1 | 2 | =A1=B1 | =C1*1 |
| 2 | 2 | 2 | =A2=B2 | =C2*1 |

[표1]

→

| | A | B | C | D |
|---|---|---|---|---|
| 1 | 1 | 2 | FALSE | 0 |
| 2 | 2 | 2 | TRUE | 1 |

[표2]

- [C1] 셀의 '=A1=B1'의 수식, 즉 '1과 2는 같다'는 거짓이므로 결과는 'FALSE'입니다. [C2] 셀은 참이므로 'TRUE'가 나옵니다. 컴퓨터는 수치를 논리값으로 표현할 때 0이 아닌 값은 모두 'TRUE'로 인식하여 표현하고, 0은 'FALSE'로 표현합니다. 다음 그림의 왼쪽과 같이 입력해 보세요. 오른쪽과 같은 결과가 나왔나요?

| | A |
|---|---|
| 1 | =AND(12,-5) |
| 2 | =AND(0,-5) |

→

| | A |
|---|---|
| 1 | TRUE |
| 2 | FALSE |

- AND( ) 함수는 모든 인수가 참일 때만 'TRUE'를 반환하는 함수입니다. [A1] 셀의 12, -5는 모두 0이 아니므로, 즉 참과 참의 연산이므로 'TRUE'가 반환되었습니다. [A2] 셀은 0인 인수가 한 개 있으므로 'FALSE'가 반환되었고요. 그런데 논리값을 수치로 표현하면 'TRUE'는 1, 'FALSE'는 0으로 표현됩니다. 위 [표1]의 [D1] 셀처럼 'FALSE*1'은 '0*1'이므로 0이 되었고, [D2] 셀의 'TRUE*1'은 '1*1'이므로 1이 출력되었습니다.
- 관계 연산자를 이용하여 0과 1을 만드는 요령을 익혔으면 이제 본격적으로 배열 수식을 이해해 볼까요? 배열 수식을 어렵게 생각하지 말고 여러 개의 수식이 압축된 것이라고 생각해 보세요. 이해를 쉽게 하려면 압축된 수식을 풀어서 써보면 되겠네요. 배열 수식인 =SUM((B2:B9=G3)*1)을 풀어서 표시해 보겠습니다. 배열 수식을 일반 수식으로 풀어 쓰면 배열 수식에 사용된 배열의 요소만큼 수식이 확장됩니다. 여기서는 [B2:B9]가 해당됩니다.

=sum(
(B2=G3)*1
(B3=G3)*1
(B4=G3)*1
(B5=G3)*1
(B6=G3)*1
(B7=G3)*1
(B8=G3)*1
(B9=G3)*1
)

풀어서 표시한 수식에 셀 주소 대신 셀 값을 대입하면 다음과 같이 되겠네요. →

=sum(
("판매1부"="판매1부")*1
("판매2부"="판매1부")*1
("판매3부"="판매1부")*1
("판매1부"="판매1부")*1
("판매2부"="판매1부")*1
("판매3부"="판매1부")*1
("판매1부"="판매1부")*1
("판매1부"="판매1부")*1
)

관계 연산의 결과를 표시하면 이번엔 이렇게 표시되겠죠! →

=sum(
TRUE*1
FALSE*1
FALSE*1
TRUE*1
FALSE*1
FALSE*1
TRUE*1
TRUE*1
)

이젠 알겠죠? 다음과 같아집니다. →

=sum(
1
0
0
1
0
0
1
1
)

② [H3] 셀에 입력된 수식을 [H5] 셀까지 채우기 전에 배열 수식의 배열 부분을 범위로 설정하여 절대 주소로 변경한다. 배열 수식은 수식을 변경한 다음에도 Ctrl + Shift + Enter를 눌러야 한다.

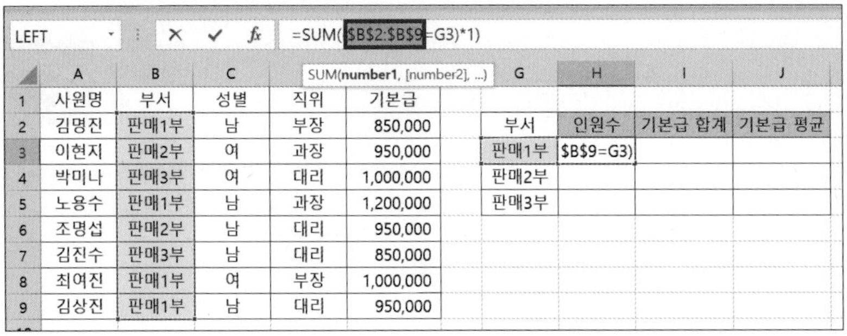

LEFT | =SUM($B$2:$B$9=G3)*1)

SUM(number1, [number2], ...)

| | A | B | C | D | E | F | G | H | I | J |
|---|---|---|---|---|---|---|---|---|---|---|
| 1 | 사원명 | 부서 | 성별 | 직위 | 기본급 | | | | | |
| 2 | 김명진 | 판매1부 | 남 | 부장 | 850,000 | | 부서 | 인원수 | 기본급 합계 | 기본급 평균 |
| 3 | 이현지 | 판매2부 | 여 | 과장 | 950,000 | | 판매1부 | $B$9=G3) | | |
| 4 | 박미나 | 판매3부 | 여 | 대리 | 1,000,000 | | 판매2부 | | | |
| 5 | 노용수 | 판매1부 | 남 | 과장 | 1,200,000 | | 판매3부 | | | |
| 6 | 조명섭 | 판매2부 | 남 | 대리 | 950,000 | | | | | |
| 7 | 김진수 | 판매3부 | 남 | 대리 | 850,000 | | | | | |
| 8 | 최여진 | 판매1부 | 여 | 부장 | 1,000,000 | | | | | |
| 9 | 김상진 | 판매1부 | 남 | 대리 | 950,000 | | | | | |

③ [H3] 셀의 채우기 핸들을 드래그하여 [H5] 셀까지 배열 수식을 채운다.

### 기본급 합계 구하기

① [I3] 셀에 다음의 수식을 입력하고 Ctrl + Shift + Enter를 함께 누른다.

=SUM((B2:B9=G3)*(C2:C9="남")*E2:E9)

23.2, 23.1, 21.4, 21.3, 20.2, 15.2, 14.3, 13.2, 08.3, 07.1, 04.3, 03.4

**잠깐만요 수식 만들기**

1208732

합계를 구하는 배열 수식은 다음의 두 가지 식이 있으며, 조건의 개수에 따라 조건을 지정하는 부분만 늘어 납니다. 이 문제는 조건이 두 개이므로 조건이 두 개일 때의 조건 지정 방법은 다음과 같습니다.

- 방법 1 : {=SUM( (조건1) * (조건2) * 합계를_구할_범위 ) }
- 방법 2 : {=SUM( IF( (조건1) * (조건2), 합계를_구할_범위 ) )}

1. 조건1 : '부서별'이란 조건은, 비교 대상이 될 부서가 있는 범위(B2:B9)와 비교할 기준이 되는 G3(판매1부) 셀을 "="으로 연결하여 적어주면 다음과 같습니다.
   B2:B9=G3
2. 조건2 : '남자 직원'이란 조건은 비교 대상이 될 성별이 있는 범위(C2:C9)와 비교할 기준이 되는 '남'을 "="으로 연결하여 적어주면 다음과 같습니다.
   C2:C9="남"
3. 합계를_구할_범위 : 기본급이므로 [E2:E9]가 됩니다.
4. 위의 조건과 범위를 합계 구하기 배열 수식 조건과 범위 부분에 대입하면 다음과 같습니다.

- 방법 1 : =SUM( (B2:B9=G3) * (C2:C9="남") * E2:E9 )
- 방법 2 : =SUM( IF( (B2:B9=G3) * (C2:C9="남"), E2:E9 ) )

**궁금해요 시나공 Q&A 베스트**

**Q 배열 수식 만들기에서 방법1은 이해가 가는데, 방법2를 잘 모르겠네요. IF 함수는 조건, 값1, 값2 이렇게 인수를 지정해야 하는 것 아닌가요? '값2'를 지정하지 않았어요.**

A '값2'는 생략한 것입니다. IF 함수에서는 조건이 거짓일 때 넣을 값을 생략할 수 있습니다. 조건에 맞는 합을 구할 때는 '=SUM( IF( (B2=B9=G3)*(C2:C9="남"), E2:E9, 0 ) )'과 같이 거짓일 때 실행할 값으로 0을 넣어도 결과에는 변함이 없지만, 평균을 구할 때는 아무것도 넣지 않아야 합니다. 0을 넣으면 0이 들어갈 때마다 평균 계산에 참여하는 개수가 늘어나기 때문에 평균이 훨씬 적게 나옵니다.

② 다음과 같이 배열 수식의 배열을 절대 주소로 변경하세요. 배열 수식은 수식을 변경한 다음에도 Ctrl + Shift + Enter를 눌러서 완료해야 한다.

=SUM(($B$2:$B$9=G3)*($C$2:$C$9="남")*$E$2:$E$9)

③ [I3] 셀의 채우기 핸들을 드래그하여 [I5] 셀까지 배열 수식을 채운다.

## 기본급 평균 구하기

① [J3] 셀에 다음의 수식을 입력하고 Ctrl + Shift + Enter를 함께 누른다.

=AVERAGE(IF((B2:B9=G3)*(C2:C9="남")*(D2:D9="대리"), E2:E9))

20.상시, 16.2, 14.1, 12.3, 12.1, 10.2, 09.4, 09.1, 08.2, 06.2, 06.1, 04.1, 03.4, 03.1, 02.3

### 잠깐만요 수식 만들기

1208733

평균을 구하는 배열 수식은 다음의 한 가지 식이 있으며, 조건의 개수에 따라 조건을 지정하는 부분만 늘어 납니다. 이 문제는 조건이 세 개이므로 조건이 세 개일 때의 조건 지정 방법은 다음과 같습니다.

| 방법 : {=AVERAGE( IF( (조건1) * (조건2) * (조건3), 평균을_구할_범위) )} |
|---|

1. 조건1 : '부서별' 이란 조건은, 비교 대상이 될 부서가 있는 범위(B2:B9)와 비교할 기준이 되는 G3(판매1부) 셀을 "="으로 연결하여 적어주면 다음과 같습니다.
   B2:B9=G3
2. 조건 2 : '남자 직원' 이란 조건은 비교 대상이 될 성별이 있는 범위(C2:C9)와 비교할 기준이 되는 '남'을 "="으로 연결하여 적어주면 다음과 같습니다.
   C2:C9="남"
3. 조건 3 : '직위가 대리인' 이란 조건은 비교 대상이 될 직위가 있는 범위(D2:D9)와 비교할 기준이 되는 '대리'를 "="으로 연결하여 적어주면 다음과 같습니다.
   D2:D9="대리"
4. 평균을_구할_범위 : 기본급이므로 [E2:E9]가 됩니다.
5. 위의 조건과 범위를 평균 구하기 배열 수식 조건과 범위 부분에 대입하면 다음과 같습니다.

| =AVERAGE( IF( (B2:B9=G3) * (C2:C9="남") * (D2:D9="대리"), E2:E9) ) |
|---|

② 다음과 같이 배열 수식의 배열을 절대 주소로 변경하세요. 배열 수식은 수식을 변경한 다음에도 Ctrl + Shift + Enter를 눌러서 완료해야 한다.

=AVERAGE(IF(($B$2:$B$9=G3)*($C$2:$C$9="남")*($D$2:$D$9="대리"),$E$2:$E$9))

③ [J3] 셀의 채우기 핸들을 드래그하여 [J5] 셀까지 배열 수식을 채운다.

## 따라잡기 기출문제 따라잡기

23년 3회

**1. 아래 그림과 같이 워크시트에 배열 상수 형태로 배열 수식을 입력한 후 수식이 보이게 설정하였을 때, [A5] 셀에서 수식 =MAX(B1:B3)을 실행하였다. 다음 중 그 결과로 옳은 것은?**

| | A | B | C |
|---|---|---|---|
| 1 | ={1,4,7;2,5,8;3,6,9} | ={1,4,7;2,5,8;3,6,9} | ={1,4,7;2,5,8;3,6,9} |
| 2 | ={1,4,7;2,5,8;3,6,9} | ={1,4,7;2,5,8;3,6,9} | ={1,4,7;2,5,8;3,6,9} |
| 3 | ={1,4,7;2,5,8;3,6,9} | ={1,4,7;2,5,8;3,6,9} | ={1,4,7;2,5,8;3,6,9} |
| 4 | | | |
| 5 | | | |

① 6 ② 7
③ 8 ④ 9

- 배열 수식에서 열은 쉼표(,), 행은 세미콜론(;)으로 구분하므로 [A1:C3] 영역을 블록으로 지정한 후 ={1,4,7;2,5,8;3,6,9}를 입력하고 Ctrl+Shift+Enter를 누르면 다음과 같이 입력됩니다.

| | A | B | C |
|---|---|---|---|
| 1 | 1 | 4 | 7 |
| 2 | 2 | 5 | 8 |
| 3 | 3 | 6 | 9 |

- =MAX(B1:B3) : 4, 5, 6 중 가장 큰 값인 6을 반환합니다.

문제2 1208751

## 따라잡기 기출문제 따라잡기

21년 4회, 3회, 20년 2회, 15년 2회, 14년 3회, 08년 3회, 07년 1회

**2. 아래의 시트에서 [I2:I5] 영역에 [B2:F14] 영역의 표를 참조하는 배열 수식을 사용하여 지점별 총대출금액을 구하였다. 다음 중 [I2] 셀의 수식 입력줄에 표시된 함수식으로 옳은 것은?**

| | B | D | E | F |
|---|---|---|---|---|
| 1 | 성명 | 지점 | 대출금액(천) | 기간(월) |
| 2 | 문정현 | 서울 | 7,500 | 36 |
| 3 | 조일순 | 경기 | 5,000 | 24 |
| 4 | 남태우 | 서울 | 10,000 | 60 |
| 5 | 송현주 | 충남 | 8,000 | 36 |
| 6 | 민병우 | 서울 | 5,000 | 24 |
| 7 | 정백철 | 경기 | 10,000 | 60 |
| 8 | 김주석 | 경기 | 10,000 | 60 |
| 9 | 오창환 | 부산 | 15,000 | 24 |
| 10 | 장정 | 서울 | 7,000 | 24 |
| 11 | 원주연 | 서울 | 3,000 | 36 |
| 12 | 강소라 | 충남 | 5,000 | 24 |
| 13 | 김연 | 서울 | 5,000 | 12 |
| 14 | 정민수 | 경기 | 5,000 | 36 |

| | H | I |
|---|---|---|
| 1 | 지점 | 총대출금액(천) |
| 2 | 서울 | 37,500 |
| 3 | 경기 | 30,000 |
| 4 | 부산 | 15,000 |
| 5 | 충남 | 13,000 |

① {=SUMIF($D$2:$D$14=H2)) }

② {=SUMIF($D$2:$D$14=H2, $E$2:$E$14, 1)) }

③ {=SUM(IF($D$2:$D$14=H2, 1, 0)) }

④ {=SUM(IF($D$2:$D$14=H2, $E$2:$E$14, 0)) }

합계를 구하는 배열 수식은 다음의 두 가지 식이 있으며, 조건의 개수에 따라 조건을 지정하는 부분만 늘어납니다. 이 문제는 조건이 한 개입니다.

- 방법 1 : {=SUM( (조건) * 합계를_구할_범위 ) }
- 방법 2 : {=SUM( IF( (조건), 합계를_구할_범위 ) )}

1. 조건과 범위 찾기
   - 조건 : "지점별 총대출금액"이란 조건은, 비교 대상이 될 지점 범위 [D2:D14]와 비교할 기준이 되는 "서울"이 들어있는 [H2] 셀을 "="으로 연결하여 적어주면 됩니다(D2:D14=H2).
   - 합계를_구할_범위 : 총대출금액이므로 [E2:E14]가 됩니다.
2. 위의 조건과 범위를 합계 구하기 배열 수식에 대입하면 다음과 같습니다.

- 방법 1 : =SUM( (D2:D14=H2) * E2:E14 )
- 방법 2 : =SUM( IF( D2:D14=H2, E2:E14 ) )

이 문제는 여러 셀에 결과값을 구하는 수식으로, 범위는 절대 참조로 지정해야 하지만, H2 셀의 경우는 H3, H4 등으로 변경되어야 하므로 H2 또는 $H2로 지정해야 합니다. 방법2를 **=SUM(IF($D$2:$D$14=H2, $E$2:$E$14, 0))**으로 입력해도 결과값은 동일합니다. 수식을 입력한 후 Ctrl+Shift+Enter를 누르면 중괄호 { }가 표시되어 {=SUM(IF($D$2:$D$14=H2, $E$2:$E$14, 0))}으로 표시됩니다.

18년 2회, 14년 2회, 12년 3회, 03년 3회

**3. 다음 워크시트에서 금액을 단가에 수량을 곱한 것으로 계산하기 위해 [B3:E3] 영역에 입력할 배열 수식으로 적당한 것은?**

| | A | B | C | D | E |
|---|---|---|---|---|---|
| 1 | 단가 | 100 | 200 | 300 | 400 |
| 2 | 수량 | 4 | 3 | 2 | 5 |
| 3 | 금액 | 400 | 600 | 600 | 2000 |

① {=B1:E1*B2:E2}　　② {=B1:B2*E1:E2}

③ {=B1:E1*B3:E3}　　④ {=B1:E2*B2:E1}

'단가전체×수량전체'를 배열 수식의 형태로 적용하면 {=B1:E1*B2:E2}입니다.

24년 2회, 23년 5회, 22년 6회, 1회, 22년 1회, 21년 3회, 1회, 19년 1회, 18년 2회, 16년 1회, 13년 3회, 1회

**4. 다음 중 아래 시트에서 부서별 인원수[H3:H6]를 구하기 위하여 [H3] 셀에 입력되는 배열 수식으로 옳지 않은 것은?**

| | A | B | C | D | E | F | G | H |
|---|---|---|---|---|---|---|---|---|
| 1 | | | | | | | | |
| 2 | | 사원명 | 부서명 | 직위 | 급여 | | 부서별 인원수 | |
| 3 | | 홍길동 | 개발1부 | 부장 | 3500000 | | 개발1부 | 3 |
| 4 | | 이대한 | 영업2부 | 과장 | 2800000 | | 개발2부 | 1 |
| 5 | | 한민국 | 영업1부 | 대리 | 2500000 | | 영업1부 | 1 |
| 6 | | 이겨레 | 개발1부 | 과장 | 3000000 | | 영업2부 | 2 |
| 7 | | 김국수 | 개발1부 | 부장 | 3700000 | | | |
| 8 | | 박미나 | 개발2부 | 대리 | 2800000 | | | |
| 9 | | 최신호 | 영업2부 | 부장 | 3300000 | | | |

① {=SUM(($C$3:$C$9=G3)*1)}

② {=COUNT(($C$3:$C$9=G3)*1)}

③ {=SUM(IF($C$3:$C$9=G3, 1))}

④ {=COUNT(IF($C$3:$C$9=G3, 1))}

조건이 하나일 때 배열 수식을 이용하여 개수를 구하는 방법은 다음의 3가지 방법이 있습니다.

- 방법1 : {=SUM( (조건) * 1 )}
- 방법2 : {=SUM( IF(조건, 1) )}
- 방법3 : {=COUNT( IF(조건, 1) )}

1. **조건 찾기** : 부서별이란 조건은, 비교 대상이 될 부서명이 있는 범위(C3:C9)와 비교할 기준이 되는 [G3] 셀을 "="으로 연결하여 적어주면 됩니다(C3:C9=G3).
2. 위의 조건을 개수 구하기 배열 수식에 대입하면 다음과 같습니다.

- 방법1 : =SUM( (C3:C9=G3) * 1 )
- 방법2 : =SUM( IF(C3:C9=G3, 1) )
- 방법3 : =COUNT( IF(C3:C9=G3, 1) )

이 문제는 여러 셀에 결과값을 구하는 수식으로, 범위는 절대 참조로 지정해야 하고, 수식을 입력한 후 Ctrl+Shift+Enter를 누르면 중괄호 { }가 표시됩니다.

▶ **정답** : 1. ① 2. ④ 3. ① 4. ②

문제6 1208752 문제7 3210158

24년 5회, 22년 2회

**5. 다음 중 배열 상수의 특징에 대한 설명으로 잘못된 것은?**

① 배열 상수로 텍스트를 입력하려면 큰따옴표(")로 묶어서 입력한다.

② 배열 상수에는 숫자나 텍스트 외에 'TRUE', 'FALSE' 등의 논리값 또는 '#N/A'와 같은 오류 값도 포함될 수 있다.

③ 배열 상수 값은 수식이 아닌 상수이어야 한다.

④ $, 괄호, %, 길이가 다른 행이나 열, 셀 참조는 배열 상수로 사용될 수 있다.

$, 괄호, %, 길이가 다른 행이나 열, 셀 참조는 배열 상수로 사용될 수 없습니다.

19년 상시, 16년 2회, 14년 1회, 12년 3회, 1회, 10년 2회, 09년 4회, 1회, 08년 2회, 06년 3회, 2회, 1회

**6. 다음 중 아래 시트에서 자격증 응시자에 대한 과목별 평균을 구하려고 할 때, [C11] 셀에 입력해야 할 배열 수식으로 옳은 것은?**

| | A | B | C |
|---|---|---|---|
| 1 | 자격증 응시 결과 | | |
| 2 | 응시자 | 과목 | 점수 |
| 3 | 강선미 | 1과목 | 80 |
| 4 | | 2과목 | 86 |
| 5 | 이수진 | 1과목 | 90 |
| 6 | | 2과목 | 80 |
| 7 | 김예린 | 1과목 | 78 |
| 8 | | 2과목 | 88 |
| 9 | | | |
| 10 | | 과목 | 점수 |
| 11 | | 1과목 | |
| 12 | | 2과목 | |

① {=AVERAGE(IF(MOD(ROW(C3:C8), 2)=0, C3:C8))}

② {=AVERAGE(IF(MOD(ROW(C3:C8), 2)=1, C3:C8))}

③ {=AVERAGE(IF(MOD(ROWS(C3:C8), 2)=0, C3:C8))}

④ {=AVERAGE(IF(MOD(ROWS(C3:C8), 2)=1, C3:C8))}

평균을 구하는 배열 수식은 조건의 개수와 관계없이 항상 다음의 한 가지 방법을 이용하며, 조건의 개수에 따라 조건을 지정하는 부분만 늘어납니다. 이 문제는 조건이 한 개이므로 조건이 하나일 때의 조건 지정 방법을 알아보겠습니다.

{=AVERAGE( IF(조건, 평균을_구할_범위) )}

1. 조건과 범위 찾기
- 조건 : 과목이 '1과목'이란 조건을 만족하는 셀을 찾아야 합니다. 1과목이 위치한 행은 3, 5, 7행으로 홀수 행입니다. 1과목이 있는 셀의 행 번호를 2로 나눈 후 그 나머지를 1과 비교합니다(MOD(ROW(C3:C8), 2)=1).
- 평균을_구할_범위 : 점수이므로 [C3:C8]이 됩니다.

2. 위의 조건과 범위를 평균 구하기 배열 수식에 대입하면 다음과 같습니다.

=AVERAGE(IF(MOD(ROW(C3:C8), 2)=1, C3:C8))

**=AVERAGE(IF(MOD(ROW(C3:C8), 2)=1, C3:C8))**을 입력한 후 Ctrl+Shift+Enter를 누르면 중괄호 { }가 자동으로 붙어 {=AVERAGE(IF(MOD(ROW(C3:C8), 2)=1, C3:C8))}로 표시됩니다.

23년 2회, 1회, 21년 4회, 20년 2회, 15년 2회, 13년 2회, 08년 3회, 03년 4회

**7. 아래 시트에서 각 부서마다 직위별로 총점점수의 합계를 구하려고 한다. 다음 중 [B17] 셀에 입력된 수식으로 옳은 것은?**

| | A | B | C | D | E |
|---|---|---|---|---|---|
| 1 | 부서명 | 직위 | 업무평가 | 구술평가 | 총점점수 |
| 2 | 영업부 | 사원 | 35 | 30 | 65 |
| 3 | 총무부 | 대리 | 38 | 33 | 71 |
| 4 | 총무부 | 과장 | 45 | 36 | 81 |
| 5 | 총무부 | 대리 | 35 | 40 | 75 |
| 6 | 영업부 | 과장 | 46 | 39 | 85 |
| 7 | 홍보부 | 과장 | 30 | 37 | 67 |
| 8 | 홍보부 | 부장 | 41 | 38 | 79 |
| 9 | 총무부 | 사원 | 33 | 29 | 62 |
| 10 | 영업부 | 대리 | 36 | 34 | 70 |
| 11 | 홍보부 | 대리 | 27 | 36 | 63 |
| 12 | 영업부 | 과장 | 42 | 39 | 81 |
| 13 | 영업부 | 부장 | 40 | 39 | 79 |

| | A | B | C | D |
|---|---|---|---|---|
| 16 | 부서명 | 부장 | 과장 | 대리 |
| 17 | 영업부 | | | |
| 18 | 총무부 | | | |
| 19 | 홍보부 | | | |

① {=SUMIFS($E$2:$E$13, $A$2:$A$13, $A$17, $B$2:$B$13, $B$16)}

② {=SUM(($A$2:$A$13=A17)*($B$2:$B$13=B16)*$E$2:$E$13)}

③ {=SUM(($A$2:$A$13=$A17)*($B$2:$B$13=B$16)*$E$2:$E$13)}

④ {=SUM(($A$2:$A$13=A$17)*($B$2:$B$13=$B16)*$E$2:$E$13)}

조건이 두 개일 때 배열 수식을 이용하여 합계를 구하는 방법은 다음의 두 가지 방법이 있습니다.

- 방법 1 : {=SUM( (조건1)*(조건2)*합계를_구할_범위 ) }
- 방법 2 : {=SUM( IF( (조건1)*(조건2), 합계를_구할_범위 ) )}

1. 조건과 범위 찾기
- 조건1 : 부서마다란 조건은 A2:A13=A17
- 조건2 : 직위별이란 조건은 B2:B13=B16
- 합계를_구할_범위 : 총점점수이므로 [E2:E13]

2. 위의 조건과 범위를 합계 구하기 배열 수식에 대입하면 다음과 같습니다.

- 방법 1 : =SUM( (A2:A13=A17) * (B2:B13=B16) * E2:E13 )
- 방법 2 : =SUM( IF( (A2:A13=A17) * (B2:B13=B16), E2:E13 ) )

이 문제는 여러 셀에 결과값을 구하는 수식으로, 범위는 절대 참조로 지정해야 하지만, A17 셀의 경우는 A18, A19와 같이 열은 고정되고 행만 변경되어야 하므로 $A17로 지정하고, B16 셀의 경우는 C16, D16과 같이 행은 고정되고 열만 변경되어야 하므로 B$16으로 지정해야 합니다. **=SUM(($A$2:$A$13=$A17) * ($B$2:$B$13=B$16) * $E$2:$E$13)**으로 입력한 후 Ctrl+Shift+Enter를 누르면 중괄호 { }가 자동으로 표시되어 {=SUM(($A$2:$A$13=$A17) * ($B$2:$B$13=B$16) * $E$2:$E$13)}으로 표시됩니다.

▶ **정답** : 5. ④ 6. ② 7. ③

## 085 | 수식 작성 / 오류 메시지

### ❶ 수식의 개념 23.3, 22.7, 22.3, 21.2, 20.2, 19.1, 16.1, 12.3

- 수식을 선택한 영역 전체에 한 번에 입력하려면 수식을 입력한 후 Ctrl + Enter를 누른다.
- 수식을 입력한 후 F9를 누르면 화면에 표시되는 값이 상수로 변환되어 수식 대신 셀에 입력된다.

### ❷ 공백( ), 교점 연산자 23.3, 22.7

두 개의 참조 영역에서 공통인 셀을 참조 영역으로 지정한다.

예 A1:A5 A3:E3 : 두 영역의 공통 영역인 [A3] 셀을 참조 영역으로 지정함

### ❸ 오류 메시지 24.5, 23.3, 22.4, 19.상시, 18.상시, 17.1, 10.3

- #NAME? : 인식할 수 없는 텍스트를 수식에 사용했을 때
- #NULL! : 교차하지 않는 두 영역의 교점을 지정하였을 때
- #NUM! : 표현할 수 있는 숫자의 범위를 벗어났을 때
- #VALUE! : 잘못된 인수나 피연산자를 사용할 때, 수식 자동 고침 기능으로 수식을 고칠 수 없을 때

## 086 | 셀 참조 / 이름 정의

### ❶ 3차원 참조 22.3, 21.1, 20.2, 19.1, 16.3, 14.3, 12.2

- 여러 시트의 동일한 셀 주소, 또는 동일한 셀 범위에 대한 참조이다.
- 배열 수식에서는 3차원 참조를 사용할 수 없다.

### ❷ 이름 정의 24.3, 21.4, 19.1, 11.3, 11.1, 10.2

- 첫 문자는 반드시 문자(영문, 한글)나 밑줄( _ ) 또는 역슬래시(\)로 시작해야 한다.
- 이름에 +, −, *와 같은 특수문자나 공백은 포함할 수 없다.
- 대·소문자는 구분하지 않으며 최대 255자까지 지정할 수 있다.
- 통합 문서내에서 동일한 이름을 중복하여 사용할 수 없다.
- 셀 주소 형식으로 이름을 지정할 수 없다.

## 088 | 통계 함수

### ❶ 통계 함수1 – 평균/최대값/최소값 23.4, 22.7, 22.4, 21.4, 21.2, 21.1, 20.상시, …

- AVERAGE(인수1, 인수2, …) : 인수들의 평균을 반환함
- AVERAGEA(인수1, 인수2, …)
  - 인수들의 평균을 반환한다.
  - AVERAGE와 다른 점은 숫자가 아닌 셀도 인수로 사용한다.
- AVERAGEIF(조건이 적용될 범위, 조건, 평균을 구할 범위) : '조건이 적용될 범위'에서 '조건'에 맞는 셀을 찾아 '평균을 구할 범위' 중 같은 행에 있는 값들의 평균값을 반환함
- AVERAGEIFS(평균을 구할 범위, 조건1이 적용될 범위, 조건1, 조건2가 적용될 범위, 조건2, …) : 여러 개의 조건이 적용될 범위에서 여러 개의 조건에 맞는 셀을 찾아 '평균을 구할 범위' 중 같은 행에 있는 값들의 평균값을 반환함
- MAXA(인수1, 인수2, …)
  - 인수 중에서 가장 큰 값을 반환한다.
  - MAX와 다른 점은 숫자는 물론 빈 셀, 논리값, 숫자로 표시된 텍스트 등도 인수로 사용한다.
- MINA(인수1, 인수2, …)
  - 인수 중에서 가장 작은 값을 반환한다.
  - MIN과 다른 점은 숫자는 물론 빈 셀, 논리값, 숫자로 표시된 텍스트 등도 인수로 사용한다.

### ❷ 통계 함수2 – 개수 24.2, 23.5, 23.4, 22.5, 22.4, 21.4, 21.2, 21.1, 17.2, 17.1, 14.3, 14.2, 14.1, …

- COUNT(인수1, 인수2, …) : 인수들 중에서 숫자가 있는 셀의 개수를 반환함
- COUNTA(인수1, 인수2, …) : 인수들 중에서 자료가 입력되어 있는 셀의 개수를 반환함
- COUNTBLANK(범위) : 범위 중 자료가 없는 셀의 개수를 반환함
- COUNTIF(범위, 조건) : 지정된 범위에서 조건에 맞는 셀의 개수를 반환함

### ❸ 통계 함수3 – N번째로 큰 값/작은 값/순위 24.5, 23.5, 23.4, 22.7, 22.6, …

- LARGE(범위, n번째) : 범위 중 n번째로 큰 값을 반환함
- SMALL(범위, n번째) : 범위 중 n번째로 작은 값을 반환함
- RANK.EQ(인수, 범위, 옵션)
  - 지정된 범위 안에서 인수의 순위를 반환하는데, 동일한 값들은 동일하지 않을 경우 나올 수 있는 순위들 중 가장 높은 순위를 동일하게 반환함
  - 옵션 : 0 또는 생략하면 내림차순, 0 이외의 값이면 오름차순을 기준으로 순위 부여

### ❹ 통계 함수4 - 기타 24.4, 21.4, 21.2, 19.상시, 18.1, 17.2, 16.2, 14.2, 11.2, 10.2, 10.1

- FREQUENCY(배열1, 배열2) : 배열2의 범위에 대한 배열1 요소들의 빈도수를 반환함
- PERCENTILE(범위, 인수) : 범위에서 인수 번째 백분위수 값을 반환함

**문제 1** [A5] 셀에 수식 =SMALL(A1:E2, AVERAGE({5;6;7;8;9})) 를 입력했을 때의 결과를 쓰시오.

| | A | B | C | D | E |
|---|---|---|---|---|---|
| 1 | 10 | 20 | 30 | 40 | 50 |
| 2 | 60 | 70 | 80 | 90 | 100 |

답 :

**해설**

❶ AVERAGE({5;6;7;8;9}) : 5, 6, 7, 8, 9의 평균인 7을 반환합니다.

❷ =SMALL(A1:E2, 7) : [A1:E2] 영역에서 7 번째로 작은 값인 70을 반환합니다.

**문제 2** [E2:E4] 영역에 판매량[A2:A5]을 이용하여 판매 구간별 빈도수를 계산하는 배열 수식을 작성하시오(FREQUENCY 함수 사용).

| | A | B | C | D | E |
|---|---|---|---|---|---|
| 1 | 판매량 | | 판매구간 | | 빈도수 |
| 2 | 135 | | 0 | 100 | |
| 3 | 82 | | 101 | 200 | |
| 4 | 247 | | 201 | 300 | |
| 5 | 191 | | | | |
| 6 | | | | | |

답 :

**해설**

- FREQUENCY 함수는 배열 함수이므로 [E2:E4] 영역을 블록으로 지정하고 =FREQUENCY(A2:A5, D2:D4)을 입력한 후 Ctrl + Shift + Enter를 누르면 됩니다.
- Ctrl + Shift + Enter를 눌러 입력하면 수식 앞뒤에 중괄호({ })가 자동으로 입력됩니다.

## 089 | 수학/삼각 함수

### ❶ 수학/삼각 함수1 – 합계/반올림/올림/내림 24.3, 21.4, 21.2, 19.상시, 18.1, …

- SUM(인수1, 인수2, …) : 인수들의 합계를 반환함
- SUMIF(조건이 적용될 범위, 조건, 합계를 구할 범위) : 조건에 맞는 셀을 찾아 합계를 반환함
- SUMIFS(합계를 구할 범위, 조건1이 적용될 범위, 조건1, 조건2가 적용될 범위, 조건2, …) : 여러 개의 조건이 적용될 범위에서 여러 개의 조건에 맞는 셀을 찾아 '합계를 구할 범위' 중 같은 행에 있는 값들의 합계값을 반환함
- ROUND(인수, 반올림 자릿수) : 인수에 대하여 지정한 '반올림 자릿수'로 반올림함
- ROUNDUP(인수, 올림 자릿수) : 인수에 대하여 지정한 '올림 자릿수'로 올림함
- ROUNDDOWN(인수, 내림 자릿수) : 인수에 대하여 지정한 '내림 자릿수'로 내림함

### ❷ 수학/삼각 함수2 - 배열/난수 24.3, 23.5, 22.5, 21.4, 19.2, 16.2, 11.3, 11.2, 10.1

- SUMPRODUCT(배열1, 배열2, …) : 배열1과 배열2의 개별 요소들끼리 곱한 결과를 모두 더한 값을 반환함
- RAND( ) : 0과 1 사이의 난수를 반환함

### ❸ 수학/삼각 함수3 - 기타 24.3, 23.4, 22.7, 22.4, 22.3, 21.4, 20.상시, 20.4, 20.1, …

- ABS(인수) : 인수의 절대값을 반환함
- INT(인수) : 인수보다 크지 않은 정수값을 반환함
- MOD(인수1, 인수2) : 인수1을 인수2로 나눈 나머지값을 반환함

- FACT(인수) : 인수의 계승 값을 반환함
- SQRT(인수)
  - 인수의 양의 제곱근을 반환한다.
  - 인수가 음수면 에러가 발생한다.
- POWER(인수, 제곱값) : 인수를 제곱값만큼 거듭 곱한 값을 반환함
- TRUNC(인수, 자릿수) : 인수에 대해 자릿수 미만의 수치를 버린 값을 반환함
- QUOTIENT(인수1, 인수2) : 인수1을 인수2로 나누어 몫에 해당하는 정수 부분만을 반환함

**문제 3** **[A1:F1]의 이름이 AREA이고, [A3] 셀에 수식 =TRUNC(SUM(AREA)/COUNT(AREA), 0)을 입력했을 때의 결과를 쓰시오.**

| | A | B | C | D | E | F |
|---|---|---|---|---|---|---|
| 1 | 3 | 0 | 1 | 5 | TRUE | 평균 |
| 2 | | | | | | |

**답 :**

**해설**

❶ SUM(AREA) : AREA로 이름 정의된 영역(A1:F1)의 합계인 9를 반환합니다.

❷ COUNT(AREA) : [A1:F1] 영역에서 숫자가 들어 있는 셀의 개수인 4를 반환합니다.

❸ =TRUNC(9/4, 0) : 9를 4로 나눈 후 소수점 이하를 버린 2를 반환합니다.

**문제 4** **[A1] 셀에 수식 =SUMPRODUCT({1,2,3}, {5,6,7})을 입력했을 때의 결과를 쓰시오.**

**답 :**

**해설**

SUMPRODUCT(배열1, 배열2, …) 함수는 '배열1'과 '배열2'의 개별 요소들끼리 곱한 결과를 모두 더한 값을 반환하고, 배열 수식에서 열은 쉼표(,)로 구분하므로 (1×5) + (2×6) + (3×7) = 5 + 12 + 21 = 38입니다.

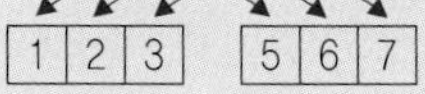


## 090 텍스트 함수

### ❶ 텍스트 함수1 – 변환 24.5, 24.4, 23.4, 22.7, 22.6, 22.4, 22.3, 22.2, 22.1, 21.4, 20.1, 19.2, …

- UPPER(텍스트) : 텍스트를 모두 대문자로 변환하여 반환함
- PROPER(텍스트) : 텍스트의 첫 문자만 대문자로 변환하여 반환함
- VALUE(텍스트) : 텍스트를 숫자로 변환하여 반환함
- REPLACE(텍스트1, 시작 위치, 개수, 텍스트2) : 텍스트1의 시작 위치에서 개수만큼 텍스트2로 변환하여 반환함
- SUBSTITUTE(텍스트, 인수1, 인수2, n번째) : 텍스트에서 인수1을 찾아, n번째에 있는 인수1을 인수2로 변환하여 반환함
- TEXT(인수, 형식) : 인수를 지정한 형식의 텍스트로 변환하여 반환함
- FIXED(인수, 자릿수, 논리값)
  - 인수를 반올림하여 지정된 자릿수까지 텍스트로 반환한다.
  - 자릿수가 지정되지 않으면 2로 인식된다.
  - 논리값 : TRUE이면 쉼표를 표시하지 않고, FALSE 또는 생략하면 쉼표를 표시함

### ❷ 텍스트 함수2 – 기타 24.5, 24.4, 24.1, 23.4, 22.7, 22.6, 22.3, 22.1, 21.4, 21.2, 21.1, 20.1, …

- LEFT(텍스트, 개수) : 텍스트의 왼쪽부터 지정한 개수만큼 반환함
- MID(텍스트, 시작 위치, 개수) : 텍스트의 시작 위치부터 지정한 개수만큼 반환함
- RIGHT(텍스트, 개수) : 텍스트의 오른쪽부터 지정한 개수만큼 반환함
- LEN(텍스트) : 텍스트의 길이(개수)를 반환함
- REPT(텍스트, 개수) : 텍스트를 개수만큼 반복하여 반환함
- CONCAT(텍스트1, 텍스트2, …) : 인수로 주어진 텍스트들을 연결하여 1개의 문자열로 반환함
- FIND(찾을 텍스트, 문자열, 시작 위치) : 문자열의 시작 위치에서부터 찾을 텍스트를 찾아 그 위치값을 반환함
- SEARCH(찾을 텍스트, 문자열, 시작 위치) : 문자열의 시작 위치에서부터 찾을 텍스트를 찾아 그 위치값을 반환함

**정답** 1. 70 2. {=FREQUENCY(A2:A5, D2:D4)} 3. 2 4. 38

**문제 1** [A1] 셀에 1234.5678이 입력되어 있고, [B1] 셀에 수식 =FIXED(A1, , FALSE)을 입력했을 때의 결과를 쓰시오.

답 :

**해설**
FIXED 함수의 '자릿수'를 생략하면 2로 지정되고, '논리값'을 FALSE를 지정하면 쉼표를 포함하므로 1234.5678을 소수점 둘째 자리로 반올림한 1,234.57을 반환합니다.

**문제 2** [A1] 셀에 "ABCDEFGHIJ"가 입력되어 있고, [A2] 셀에 수식 =MID(CONCAT(LEFT(A1, 4), RIGHT(A1, 4)), FIND("C", A1), 4)을 입력했을 때의 결과를 쓰시오.

답 :

**해설**
❶ LEFT(A1, 4) : [A1] 셀에 입력된 "ABCDEFGHIJ"의 왼쪽에서 네 글자를 추출한 "ABCD"를 반환합니다.
❷ RIGHT(A1, 4) : "ABCDEFGHIJ"의 오른쪽에서 네 글자를 추출한 "GHIJ"를 반환합니다.
❸ CONCAT("ABCD", "GHIJ") : 주어진 텍스트를 모두 연결한 "ABCDGHIJ"를 반환합니다.
❹ FIND("C", A1) : "ABCDEFGHIJ"에서 "C"의 위치인 3을 반환합니다.
❺ =MID("ABCDGHIJ", 3, 4) : "ABCDGHIJ"의 3번째 자리에서부터 네 글자를 추출한 "CDGH"를 반환합니다.

**문제 3** [A1] 셀의 내용을 [A2] 셀의 내용으로 변경하는 수식을 작성하시오(REPLACE 함수 사용).

| | A |
|---|---|
| 1 | 090827-3456789 |
| 2 | 090827-345**** |
| 3 | |

답 :

**해설**
[A1] 셀에 입력된 텍스트 중 뒤 11~14번째 숫자가 "****"로 변경되었으므로 =REPLACE(A1, 11, 4, "****")로 작성하면 됩니다.

## 091 | 날짜/시간 함수

### ❶ 날짜 함수1 24.3, 22.5, 21.4, 21.2, 18.상시, 17.1, 15.3, 15.1, 13.1, 12.2, 12.1, 10.3

- YEAR(날짜) : 날짜에서 연도만 추출하여 반환함
- DAYS(마지막 날짜, 시작 날짜) : 마지막 날짜에서 시작 날짜를 뺀 일 수를 계산하여 반환함
- DATE(년, 월, 일) : 년, 월, 일에 대한 날짜의 일련번호를 반환함
- TODAY( ) : 현재 날짜를 반환함

### ❷ 날짜 함수2 23.2, 22.5, 21.2, 19.1, 18.상시, 17.1, 16.3, 15.1, 12.2, 12.1

- EDATE(시작 날짜, 월수)
  - 시작 날짜에서 월수를 더한 날짜를 반환한다.
  - 월수 : 양수이면 이후 날짜, 음수이면 이전 날짜를 대상으로 구함
- EOMONTH(날짜, 월수)
  - 지정한 날짜를 기준으로 몇 개월 이전 또는 이후 달의 마지막 날짜를 반환한다.
  - 월수 : 양수이면 이후 날짜, 음수이면 이전 날짜를 대상으로 구함
- NETWORKDAYS(날짜1, 날짜2, 휴일날짜) : 주말(토, 일)과 지정한 휴일날짜를 제외한 날짜1과 날짜2 사이의 작업일수를 반환함
- WORKDAY(시작날짜, 일수, 휴일날짜) : 시작날짜에 주말과 휴일날짜를 제외하고 일수만큼 지난 날짜를 반환함

**문제 4** 다음 수식의 결과를 쓰시오.

| | A | B |
|---|---|---|
| 1 | 2023-07-11(화) | 2023-07-16(일) |
| 2 | 2023-07-12(수) | 2023-07-17(월) |
| 3 | 2023-07-13(목) | 2023-07-18(화) |
| 4 | 2023-07-14(금) | 2023-07-19(수) |
| 5 | 2023-07-15(토) | 2023-07-20(목) |
| 6 | | |

① =EOMONTH(A1, −5)

② =DAYS(A1, B5)

③ =EDATE(A1, −5)

④ =NETWORKDAYS(A1, B5)

⑤ =WORKDAY(A1, 5)

**답**

- ①
- ②
- ③
- ④
- ⑤

**해설**

① 2023-7-11을 기준으로 5개월 이전 달의 마지막 날짜인 2023-02-28을 반환합니다.

② 2023-7-20에서 2023-7-11까지의 일수인 −9를 반환합니다.

③ 2023-7-11을 기준으로 5개월 이전 날짜인 2023-02-11을 반환합니다.

④ 두 날짜 사이의 일수는 10이고, 주말 날짜를 뺀 8을 반환합니다.

⑤ 2023-7-11에 주말 날짜를 제외하고 5일을 더한 2023-07-18을 반환합니다.

# 092 | 논리 함수

## ❶ 논리 함수 24.2, 24.1, 23.5, 23.4, 22.7, 22.5, 22.4, 22.3, 21.4, 21.3, 21.2, 20.1, 17.2, 14.3, 14.2, 14.1, …

- IF(조건, 인수1, 인수2) : 조건을 비교하여 '참'이면 인수1, '거짓'이면 인수2를 반환함
- IFS(조건1, 인수1, 조건2, 인수2, …) : 조건1이 '참'이면 인수1을, 조건2가 '참'이면 인수2를, … 조건n이 '참'이면 인수n을 반환함
- IFERROR(인수, 오류 시 표시할 값) : 인수로 지정한 수식이나 셀에서 오류가 발생하면 오류 시 표시할 값을 반환하고, 그렇지 않으면 결과값을 반환함
- SWITCH(변환할 값, 인수1, 결과1, 인수2, 결과2, …, 일치하는 인수가 없을 때 결과) : 변환할 값이 인수1이면 결과1을, 인수2이면 결과2를, … 변환할 값과 일치하는 인수가 없을 경우 일치하는 인수가 없을 때 결과를 반환함
- NOT(인수) : 인수의 반대 논리값을 반환함
- AND(인수1, 인수2, …) : 주어진 인수가 모두 참이면 참을 반환함
- OR(인수1, 인수2, …) : 인수 중 하나라도 참이면 참을 반환함

**문제 5** 점수가 90 이상이면 "우수", 90 미만 70 이상이면 "보통", 70 미만이면 "노력"을 표시하기 위해 [C2] 셀에 입력할 수식을 작성하시오(IF, AND 함수 사용).

| | A | B | C |
|---|---|---|---|
| 1 | 이름 | 점수 | 비고 |
| 2 | 최미경 | 86 | |
| 3 | 김한순 | 92 | |
| 4 | 임선호 | 61 | |
| 5 | | | |

**답 :**

**해설**

=IF(B2>=90, "우수", IF(AND(B2<90, B2>=70), "보통", "노력"))
❶ ❷ ❸

❶ [B2] 셀이 90 이상이면 ❷("우수")를 표시하고, 그렇지 않으면 ❸을 수행합니다.

❸ IF(AND(B2<90, B2>=70), "보통", "노력") : [B2] 셀이 90 미만 70 이상이면 "보통"을 표시하고, 그렇지 않으면 "노력"을 표시합니다.

**정답** 1. 1,234.57 2. CDGH 3. =REPLACE(A1, 11, 4, "****") 4. ① 2023-02-28 ② −9 ③ 2023-02-11 ④ 8 ⑤ 2023-07-18
5. =IF(B2>=90, "우수", IF(AND(B2<90, B2>=70), "보통", "노력"))

**문제1** 사원코드의 첫 문자가 A이면 50, B이면 40, C이면 30으로 기말수당을 계산하기 위해 [B2] 셀에 입력할 수식을 작성하시오(IF, LEFT 함수 사용).

| | A | B |
|---|---|---|
| 1 | 사원코드 | 기말수당 |
| 2 | A101 | |
| 3 | B101 | |
| 4 | C101 | |
| 5 | | |

답 :

**해설**

=IF(LEFT(A2, 1)="A", 50, IF(LEFT(A2, 1)="B", 40, 30))
❶ LEFT(A2, 1)="A" ❷ 50 ❸ IF(LEFT(A2, 1)="B", 40, 30)

❶ [A2] 셀의 첫 번째 값이 "A"이면 ❷(50)를 표시하고, 그렇지 않으면 ❸을 수행합니다.

❸ IF(LEFT(A2, 1)="B", 40, 30)) : [A2] 셀의 첫 번째 값이 "B"면 40을 표시하고, 그렇지 않으면 30을 표시합니다.

## 093 | 찾기/참조 함수

### ❶ 찾기/참조 함수1 24.2, 24.1, 23.2, 21.4, 21.3, 21.2, 20.상시, 20.1, 18.상시, 18.1, 15.3, 13.1, 12.3, …

- VLOOKUP(찾을값, 범위, 열 번호, 옵션) : 범위의 첫 번째 열에서 옵션에 맞게 찾을값과 같은 데이터를 찾은 후 찾을값이 있는 행에서 지정된 열 번호 위치에 있는 값을 반환함
- HLOOKUP(찾을값, 범위, 행 번호, 옵션) : 범위의 첫 번째 행에서 옵션에 맞게 찾을값과 같은 데이터를 찾은 후 찾을값이 있는 열에서 지정된 행 번호에 있는 값을 반환함
- VLOOKUP/HLOOKUP 함수의 옵션
  - TRUE 또는 생략 : 기준값보다 작거나 같은 값 중에서 근접한 값을 찾음
  - FALSE : 기준값과 정확히 일치하는 값을 찾음
- XLOOKUP(찾을값, 찾을값 범위, 반환값 범위, 찾을값이 없을 때 반환할 값, 옵션)
  - 찾을값 범위의 첫 번째 행/열에서 옵션에 맞게 찾을값과 같은 데이터를 찾은 후 반환값 범위에서 같은 행/열에 있는 값을 반환하고, 찾을값을 못 찾은 경우 찾을값이 없을 때 반환할 값을 반환한다.
  - 옵션1
    - ▶ -1 : 기준값보다 작거나 같은 값 중에서 가장 근접한 값
    - ▶ 0 : 기준값과 정확하게 일치하는 값
    - ▶ 1 : 기준값보다 크거나 같은 값 중에서 가장 근접한 값
    - ▶ 2 : 기준값과 부분적으로 일치하는 값(와일드 카드 사용)
  - 옵션2
    - ▶ 1 또는 생략 : 첫 번째 항목부터 검색함
    - ▶ -1 : 마지막 항목부터 검색함
    - ▶ 2 : 오름차순으로 정렬된 범위에서 검색함
    - ▶ -2 : 내림차순으로 정렬된 범위에서 검색함

### ❷ 찾기/참조 함수2 24.5, 24.3, 24.2, 24.1, 23.5, 23.2, 23.1, 22.6, 22.5, 22.3, 22.2, 22.1, 21.4, …

- CHOOSE(인수, 첫 번째, 두 번째, …) : 인수가 1이면 1번째, 인수가 2이면 2번째, … 인수가 n이면 n번째를 반환함
- INDEX(범위, 행 번호, 열 번호) : 지정된 범위에서 행 번호와 열 번호의 위치에 있는 데이터를 반환함
- MATCH(찾을값, 범위, 옵션)
  - 범위에서 찾을값과 같은 데이터를 찾아 옵션을 적용하여 그 위치를 일련번호로 반환한다.
  - 옵션1
    - ▶ -1 : 찾을값보다 크거나 같은 값 중 가장 작은 값(내림차순 정렬)
    - ▶ 0 : 찾을값과 정확히 일치하는 값
    - ▶ 1 또는 생략 : 찾을값보다 작거나 같은 값 중 가장 큰 값(오름차순 정렬)
- XMATCH(찾을값, 범위, 옵션1, 옵션2)
  - 범위에서 찾을값과 같은 데이터를 찾아 옵션을 적용하여 그 위치를 일련번호로 반환한다.

– 옵션1
- ▶ –1 : 찾을값보다 작거나 같은 값 중 가장 큰 값
- ▶ 0 또는 생략 : 찾을값과 정확하게 일치하는 값
- ▶ 1 : 찾을값보다 크거나 같은 값 중에서 가장 작은 값
- ▶ 2 : 찾을값과 부분적으로 일치하는 값(와일드 카드 사용)

– 옵션2
- ▶ 1 또는 생략 : 첫 번째 항목부터 검색함
- ▶ –1 : 마지막 항목부터 검색함
- ▶ 2 : 오름차순으로 정렬된 범위에서 검색함
- ▶ –2 : 내림차순으로 정렬된 범위에서 검색함

- OFFSET(범위, 행, 열, 높이, 너비) : 선택한 범위에서 지정한 행과 열만큼 떨어진 위치에 있는 데이터 영역의 데이터를 반환함

### ❸ 찾기/참조 함수3 24.1, 23.5, 23.2, 23.1, 22.6, 22.5, 22.3, 22.2, 22.1, 21.4, 21.3, 21.1, 20.상시, …

- COLUMN(셀) : 주어진 셀의 열 번호를 반환함
- COLUMNS(셀 범위) : 주어진 셀 범위의 열 개수를 반환함
- ROW(셀) : 주어진 셀의 행 번호를 반환함
- ROWS(셀 범위) : 주어진 셀 범위의 행 개수를 반환함
- AREAS(범위) : 범위 안에서의 영역 수를 반환함

**문제 2** [A6] 셀에 수식 =INDEX(A1:C4, MATCH(LARGE(C2:C4, 2), C1:C4, 0), 1)을 입력했을 때의 결과 쓰시오.

| | A | B | C |
|---|---|---|---|
| 1 | 제품명 | 입고량 | 판매량 |
| 2 | 세탁기 | 200 | 157 |
| 3 | TV | 300 | 264 |
| 4 | 냉장고 | 250 | 221 |
| 5 | | | |

답 :

**해설**

❶ LARGE(C2:C4, 2) : [C2:C4] 영역에서 2번째로 큰 값인 221을 반환합니다.

❷ MATCH(221, C1:C4, 0) : [C1:C4] 영역에서 221과 정확히 일치하는 값을 찾은 후 그 위치의 일련번호인 4를 반환합니다.

❸ =INDEX(A1:C4, 4, 1) : [A1:C4] 영역에서 4행 1열, 즉 [A4] 셀의 값인 "냉장고"를 반환합니다.

**문제 3** 다음 워크시트를 이용한 수식들의 결과를 쓰시오.

| | A | B | C | D | E | F |
|---|---|---|---|---|---|---|
| 1 | 지점 | 월 | 화 | 수 | 목 | 금 |
| 2 | 마포 | 127 | 163 | 104 | 155 | 184 |
| 3 | 서초 | 193 | 160 | 227 | 216 | 245 |
| 4 | 성북 | 135 | 142 | 119 | 107 | 148 |
| 5 | | | | | | |

① =INDEX(A1:F4, 2, 5)

② =AREAS(A1:F4)

③ =OFFSET(C2, 2, 3)

④ =HLOOKUP("금", B1:F4, 3, FALSE)

**답**

- ①
- ②
- ③
- ④

**해설**

① [A1:F4] 영역에서 2행 5열, 즉 [E2] 셀의 값인 155를 반환합니다.

② [A1:F4]는 영역이 하나이므로 1을 반환합니다.

③ [C2] 셀을 기준으로 2행 3열이 떨어진 [F4] 셀의 값인 148을 반환합니다.

④ [B1:F4] 영역의 첫 번째 행에서 "금"과 정확히 일치하는 값(FALSE)을 찾은 후 이 값이 있는 열(F)의 3행에 있는 값인 245를 반환합니다.

## 094 | 데이터베이스 함수

### ❶ 데이터베이스 함수 24.2, 21.1, 20.상시, 19.상시, 19.1, 18.상시, 17.2, 16.1, 15.3, 15.2, 13.2, 12.3, …

- DSUM(데이터 범위, 필드 번호, 조건) : 해당 데이터 범위에서 조건에 맞는 자료를 대상으로 지정된 필드 번호에서 합계값을 반환함
- DMIN(데이터 범위, 필드 번호, 조건) : 해당 데이터 범위에서 조건에 맞는 자료를 대상으로 지정된 필드 번호에서 가장 작은 값을 반환함
- DGET(데이터 범위, 필드 번호, 조건) : 해당 데이터 범위에서 조건에 맞는 자료를 대상으로 지정된 필드 번호에서 일치하는 값을 반환함

**정답** 1. =IF(LEFT(A2, 1)="A", 50, IF(LEFT(A2, 1)="B", 40, 30)) 2. 냉장고 3. ① 155 ② 1 ③ 148 ④ 245

**문제 1** 성별이 "여"인 사원들의 근무년수 합계를 계산하기 위해 [E2] 셀에 입력할 수식을 작성하시오(DSUM 함수 사용).

| | A | B | C | D | E |
|---|---|---|---|---|---|
| 1 | 이름 | 성별 | 근무년수 | | 여사원 근무년수 합계 |
| 2 | 고인숙 | 여 | 8 | | |
| 3 | 강현준 | 남 | 12 | | |
| 4 | 김예소 | 여 | 10 | | |
| 5 | | | | | |

답 :

**해설**

- 데이터 범위 : 데이터가 입력되어 있는 A1:C4를 지정합니다.
- 필드 번호 : '근무년수' 필드의 열 번호 3 또는 C1을 지정합니다.
- 조건 : "성별"과 "여"가 입력되어 있는 B1:B2를 지정합니다.

**문제 2** 제품번호가 'SG-45'인 제품의 제품명을 구하기 위해 [D6] 셀에 입력할 수식을 작성하시오(DGET 함수 사용).

| | A | B | C | D | E | F |
|---|---|---|---|---|---|---|
| 1 | 제품번호 | 제품명 | 출고량 | 출고가 | | 제품번호 |
| 2 | SG-15 | 마우스 | 1,500 | 16,800 | | SG-45 |
| 3 | SG-45 | 키보드 | 950 | 24,000 | | |
| 4 | SG-96 | 스피커 | 1,200 | 20,000 | | |
| 5 | | | | | | |
| 6 | SG-45의 제품명 | | | | | |
| 7 | | | | | | |

답 :

**해설**

- 데이터 범위 : 데이터가 입력되어 있는 A1:D4를 지정합니다.
- 필드 번호 : '제품명' 필드의 열 번호 2 또는 B1을 지정합니다.
- 조건 : "제품번호"와 "SG-45"가 입력되어 있는 F1:F2를 지정합니다.

## 095 | 재무 함수

### ❶ 재무 함수 24.2, 22.5, 21.2, 18.상시, 15.2, 15.1, 14.2, 13.1, 11.3, 11.2, 11.1

- FV(이자, 기간, 금액, 현재가치, 납입시점) : 미래가치를 반환, 매월 일정한 금액을 불입했을 때 만기일에 받을 원금과 이자를 반환함
- PV(이자, 기간, 금액, 미래가치, 납입시점) : 현재가치를 반환함

  예 1년 뒤에 받을 1000원의 현재가치를 구한다.
- PMT(이자, 기간, 현재가치, 미래가치, 납입시점) : 정기적으로 상환(지급)할 금액을 반환, 일정 금액을 대출받았을 경우 이자를 포함하여 매월 상환해야 하는 금액을 반환함

※ 납입시점 : 0 또는 생략하면 기말, 1은 기초임

**문제 3** 연이율 6%로 2년 만기 저축을 매월 초 120,000원씩 저축, 복리 이자율로 계산하여 만기에 찾을 수 있는 금액을 구하기 위한 수식을 작성하시오(FV 함수 사용).

답 :

**해설**

- 이자 : 연이율 6%이므로 6%/12를 지정합니다.
- 기간 : 2년이므로 2*12를 지정합니다.
- 금액 : 매월 120,000원이므로 -120000을 지정합니다.
- 현재가치 : 0이므로 0 또는 생략합니다.
- 납입시점 : 매월 초이므로 1을 지정합니다.

**문제 4** 매월 일정 금액을 저축하여 5년동안 30,000,000원을 모으려고 한다. 연리 4%로 이자가 붙는다고 가정할 때 PMT를 사용하여 매월 말 저축해야 하는 금액을 구하는 수식을 작성하시오.

답 :

**해설**

- 이자 : 연이율 4%이므로 4%/12를 지정합니다.
- 기간 : 5년이므로 5*12를 지정합니다.
- 현재가치 : 0이므로 0 또는 생략합니다.
- 미래가치 : 30,000,000이므로 -30000000을 지정합니다.
- 납입시점 : 매월 말이므로 0 또는 생략합니다.

## 096 | 정보 함수

### ❶ 정보 함수 23.4, 23.3, 23.1, 22.4, 22.3, 21.2, 21.1, 20.상시, 20.2, 18.2, 17.2, 16.2, 14.3, 12.1, 10.1

- ISTEXT(인수) : 인수가 텍스트면 'TRUE', 그렇지 않으면 'FALSE'를 반환함
- N(인수)
  - 인수를 숫자로 변환하여 반환한다.
  - 숫자는 숫자, 날짜는 일련번호, 'TRUE'는 1, 그 외의 값은 0으로 반환한다.
- TYPE(인수)
  - 인수의 데이터 형식을 숫자로 반환한다.
  - 1 : 숫자, 2 : 텍스트, 4 : 논리값, 16: 오류값
- CELL(정보유형, 셀주소) : 셀의 서식 지정이나 위치, 내용 등에 대한 정보를 반환함

**문제 5** 다음 워크시트를 이용한 수식의 결과를 쓰시오.

| | A | B |
|---|---|---|
| 1 | 지점 | 비고 |
| 2 | 노원점 | 2 |
| 3 | 양재점 | TRUE |
| 4 | 용산점 | 1 |
| 5 | 강서점 | 3 |
| 6 | | |

① =CHOOSE(N(B5), A2, A3, A4, A5)

② =CHOOSE(CELL("contents", B2), A2, A3, A4, A5)

③ =CHOOSE(TYPE(B3), A2, A3, A4, A5)

**답**

- ①
- ②
- ③

**해설**

① ❶ N(B5) : [B5] 셀의 값인 3을 반환합니다.
❷ =CHOOSE(3, A2, A3, A4, A5) : 세 번째에 있는 [A4] 셀의 값인 **용산점**을 반환합니다.

② ❶ CELL("contents", B2) : 'contents'는 셀의 값을 의미하므로 [B2] 셀의 값인 2를 반환합니다.
❷ =CHOOSE(2, A2, A3, A4, A5) : 두 번째에 있는 [A3] 셀의 값인 **양재점**을 반환합니다.

③ ❶ TYPE(B3) : [B3] 셀에 입력된 값이 논리값이므로 4를 반환합니다.
❷ =CHOOSE(4, A2, A3, A4, A5) : 네 번째에 있는 [A5] 셀의 값인 **강서점**을 반환합니다.

## 097 | 배열 수식

### ❶ 배열 수식의 개념 15.2, 15.1, 13.3, 12.2, 11.1

- 배열(Array)이란 동일한 특성을 갖는 데이터들을 일정한 형식에 맞게 나열한 데이터의 집합을 말한다.
- 배열 수식은 수식을 입력할 때 Ctrl + Shift + Enter를 누르는 것 외에는 다른 수식을 만들 때와 같다.
- Ctrl + Shift + Enter를 누르면 수식의 앞뒤에 중괄호({ })가 자동으로 입력된다.

### ❷ 배열 상수 24.5, 22.3, 21.2, 21.1, 20.상시, 20.2, 19.1, 16.3, 16.2, 16.1, 15.3, 15.2, 15.1, 13.3, 12.2, 11.1, 10.2

- 배열 수식에 사용되는 배열 인수를 배열 상수라고 한다.
- 종류 : 숫자, 텍스트, TRUE나 FALSE 등의 논리 값, #N/A 등의 오류 값 등
- 배열 상수로 사용할 수 없는 값 : $, 괄호, %, 길이가 다른 행이나 열, 셀 참조 등
- 배열 상수 값은 수식이 아닌 상수이어야 한다.
- 배열 상수를 입력할 때 열의 구분은 쉼표(,)로, 행의 구분은 세미콜론(;)으로 한다.

### ❸ 배열 수식의 활용 24.5, 24.4, 24.3, 24.2, 22.2, 22.1, 21.4, 21.3, 20.상시, 20.2, 20.1, 19.상시, …

- 조건이 한 개일 때 배열 수식을 이용하여 개수를 구하는 방법

  - 방법1 : {=SUM( (조건) * 1 )}
  - 방법2 : {=SUM( IF(조건, 1) )}
  - 방법3 : {=COUNT( IF(조건, 1) )}

- 조건이 한 개일 때 배열 수식을 이용하여 합계를 구하는 방법

  - 방법1 : {=SUM( (조건) * (합계를_구할_범위) )}
  - 방법2 : {=SUM( IF(조건, 합계를_구할_범위) )}

- 조건이 한 개일 때 배열 수식을 이용하여 평균을 구하는 방법

  방법 : {=AVERAGE( IF(조건, 평균을_구할_범위) )}

※ 조건의 개수에 따라 조건을 지정하는 부분만 늘어남

**정답** 1. =DSUM(A1:C4, 3, B1:B2) 또는 =DSUM(A1:C4, C1, B1:B2) 2. =DGET(A1:D4, 2, F1:F2) 또는 =DGET(A1:D4, B1, F1:F2) 3. =FV(6%/12, 2*12, -120000, , 1) 4. =PMT(4%/12, 5*12, , -30000000) 5. ① 용산점 ② 양재점 ③ 강서점

**문제 1** 다음 워크시트에서 제품명별 총판매액[F2:F3]을 구하기 위해 [F2] 셀에 입력할 배열 수식을 작성하시오.

| | A | B | C | D | E | F |
|---|---|---|---|---|---|---|
| 1 | 제품명 | 지점 | 판매액 | | 제품명 | 총판매액 |
| 2 | 마우스 | 강동 | 357,000 | | 마우스 | |
| 3 | 키보드 | 강남 | 531,000 | | 키보드 | |
| 4 | 키보드 | 구로 | 290,000 | | | |
| 5 | 마우스 | 동작 | 411,000 | | | |
| 6 | 마우스 | 은평 | 528,000 | | | |
| 7 | | | | | | |

답
- ① SUM 함수식 :
- ② SUM, IF 함수식 :

**해설**
- 조건 : '제품명별'이란 조건은, 비교 대상이 될 제품명이 있는 범위(A2:A6)와 비교할 기준이 되는 [E2] 셀을 "="으로 연결하여 적어주면 됩니다(A2:A6=E2).
- 합계를 구할 범위 : 총판매액이므로 [C2:C6]이 됩니다.
- 조건과 범위를 합계 구하기 배열 수식에 대입하면 다음과 같습니다.

> • 방법1 : =SUM((A2:A6=E2)*C2:C6)
> • 방법2 : =SUM(IF(A2:A6=E2, C2:C6))

- 여러 셀에 결과값을 구해야 하므로 범위(A2:A6, C2:C6)는 절대 참조로 지정해야 하고, 수식을 입력한 후 Ctrl + Shift + Enter를 누르면 수식의 앞뒤에 중괄호({ })가 표시됩니다.

**문제 2** 다음 워크시트에서 구분별 카테고리의 도서수를 계산하기 위해 [B10] 셀에 입력할 배열 수식을 작성하시오.

| | A | B | C | D |
|---|---|---|---|---|
| 1 | 도서명 | 구분 | 카테고리 | 판매량 |
| 2 | 망브라더스 | 국내 | 소설 | 15,324 |
| 3 | 농부아들 | 외국 | 소설 | 24,251 |
| 4 | 확실한투자 | 국내 | 경제경영 | 28,169 |
| 5 | 마케팅전략 | 외국 | 경제경영 | 19,824 |
| 6 | EV전쟁 | 외국 | 경제경영 | 20,455 |
| 7 | 버럭공주님 | 국내 | 어린이 | 31,767 |
| 8 | | | | |
| 9 | | 경제경영 | 소설 | 어린이 |
| 10 | 국내 | | | |
| 11 | 외국 | | | |
| 12 | | | | |

답
- ① SUM 함수식 :
- ② SUM, IF 함수식 :
- ③ COUNT, IF 함수식 :

**해설**
- 조건1 : '구분별'이란 조건은, 비교 대상이 될 구분이 있는 범위(B2:B7)와 비교할 기준이 되는 [A10] 셀을 "="으로 연결하여 적어주면 됩니다(B2:B7=A10).
- 조건2 : '카테고리'라는 조건은, 비교 대상이 될 카테고리가 있는 범위(C2:C7)와 비교할 기준이 되는 [B9] 셀을 "="으로 연결하여 적어주면 됩니다(C2:C7=B9).
- 두 조건을 개수 구하기 배열 수식에 대입하면 다음과 같습니다.

> • 방법1 : =SUM((B2:B7=A10)*(C2:C7=B9))
> • 방법2 : =SUM(IF(B2:B7=A10, IF(C2:C7=B9, 1)))
> • 방법3 : =COUNT(IF((B2:B7=A10)*(C2:C7=B9), 1))

- 여러 셀에 결과값을 구해야하므로, A10 셀의 경우는 A11과 같이 열은 고정되고 행만 변경되어야 하므로 $A10으로 지정하고, B9 셀의 경우는 C9, D9와 같이 행은 고정되고 열만 변경되어야 하므로 B$9로 지정해야 합니다. 수식을 입력한 후 Ctrl + Shift + Enter를 누르면 수식의 앞뒤에 중괄호({ })가 표시됩니다.

**정답** 1. ① {=SUM(($A$2:$A$6=E2)*$C$2:$C$6)} ② {=SUM(IF($A$2:$A$6=E2, $C$2:$C$6))} 2. ① {=SUM(($B$2:$B$7=$A10)*($C$2:$C$7=B$9))} ② {=SUM(IF($B$2:$B$7=$A10, IF($C$2:$C$7=B$9, 1)))} ③ {=COUNT(IF(($B$2:$B$7=$A10)*($C$2:$C$7=B$9), 1))}

3장

# 차트 작성



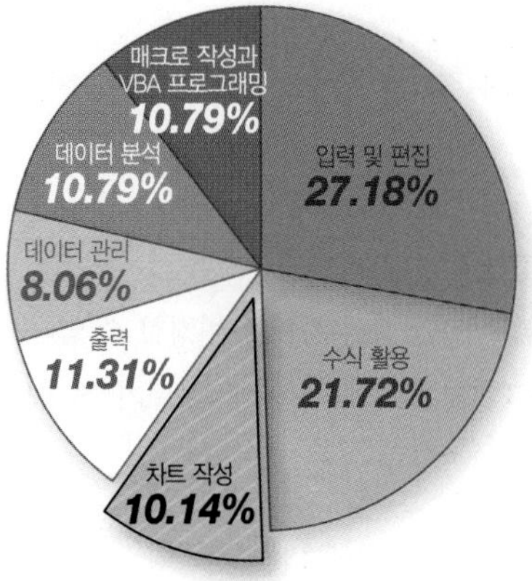


**이 장에서 꼭 알아야 할 키워드 Best 10**

**1.** 차트의 구성 요소 **2.** 추세선 **3.** 차트 편집 **4.** 꺾은선형 **5.** 원형 **6.** 거품형 **7.** 분산형 **8.** 주식형 **9.** 간격 너비 **10.** 계열 겹치기

SECTION
# 098 차트 작성의 기초

A 등급

> **전문가의 조언**
>
> **중요해요!** 차트의 특징이나 완성된 차트에서 설정되지 않는 구성 요소를 찾는 문제가 자주 출제됩니다. 차트의 특징과 차트 각 구성 요소의 명칭을 꼭 암기하세요.
>
> **차트를 사용하는 목적**
> - 데이터의 경향이나 추세를 쉽게 분석하기 위해
> - 특정 항목의 구성 비율을 살펴보기 위해
> - 데이터의 상호 관계를 살펴보기 위해
>
> **3차원 차트로 작성할 수 없는 차트**
> 도넛형, 분산형, 주식형, 방사형, 트리맵, 선버스트, 히스토그램 차트 등은 3차원 차트로 작성할 수 없습니다.
>
> **교점**
> 가로(항목) 축과 세로(값) 축이 만나는 부분을 교점이라고 합니다. 이 차트의 경우는 교점이 0입니다.

24.4, 23.5, 22.6, 22.1, 21.5, 18.1, 14.2, 12.3, 12.1, 10.3, 10.1, 08.1, 05.4, 2급 24.5, 24.2, 24.1, 22.4, 22.3, 22.2, 20.1, …

## 1 차트의 개요

1208801

차트*는 워크시트의 데이터를 막대나 선, 도형, 그림 등을 사용하여 시각적으로 표현한 것이다.

### 특징

- 차트를 이용하면 데이터의 추세나 유형 등을 쉽게 이해할 수 있을 뿐만 아니라, 많은 양의 데이터를 간결하게 요약할 수도 있다.
- 차트를 작성하기 위해서는 반드시 원본 데이터가 있어야 한다.
- 원본 데이터가 바뀌면 차트의 모양도 바뀐다.
- 데이터가 입력된 셀 중 하나를 선택한 상태에서 차트를 만들면 해당 셀을 둘러싼 모든 셀의 데이터가 차트에 표시된다.
- 차트는 2차원과 3차원 차트*로 구분된다.
- 차트만 별도로 표시하는 차트(Chart) 시트를 만들 수 있다.
- 기본적으로 만들어지는 차트는 묶은 세로 막대형이지만 다른 차트로 변경할 수 있다.
- 데이터 범위를 지정한 후 F11을 누르면 별도의 차트 시트에 기본 차트가 작성되고, Alt + F1을 누르면 데이터가 있는 워크시트에 기본 차트가 작성된다.

24.3, 21.4, 21.1, 20.2, 19.상시, 15.3, 15.2, 13.3, 13.2, 12.1, 10.3, 10.2, 10.1, 09.4, 09.3, 09.1, 08.2, 08.1, 07.4, 07.3, 06.3, …

## 2 차트의 구성 요소

1208802

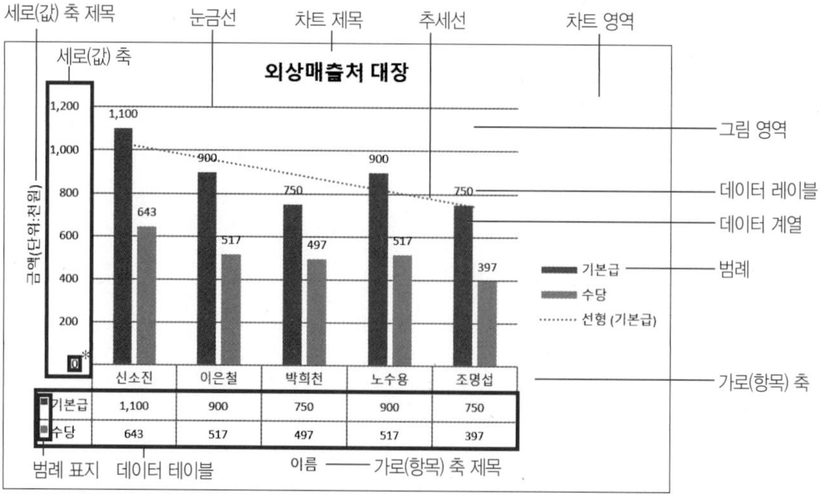


| | |
|---|---|
| 09.1, 08.1, 07.4, 07.3, … **차트 영역** | • 차트 전체를 의미하며, 바탕에 그림이나 배경 무늬를 삽입할 수 있다.<br>• 차트 영역 서식을 이용하면 차트 구성 요소 전체의 서식(무늬, 글꼴 등)을 한꺼번에 변경할 수 있다. |

| | |
|---|---|
| 10.1, 05.4<br>**그림 영역** | 가로 축과 세로 축으로 둘러싸인 영역으로, 그림이나 배경 무늬를 삽입할 수 있다. |
| 21.4, 15.3, 09.1, 05.4, 04.4, …<br>**차트 제목** | 차트의 제목을 표시한다. |
| 15.3, 10.2, 09.4, 09.2, …<br>**눈금선** | • 단위를 나타내기 위해 축에 일정한 간격으로 표시한 선을 '축 눈금'이라 한다.<br>• 가로 축과 세로 축의 눈금을 그림 영역으로 연장한 선으로, 주 눈금선과 보조 눈금선* 의 두 가지로 설정할 수 있다. |
| 21.1, 15.3, 15.2, 13.3<br>**세로(값) 축** | 데이터의 계열을 포함하는 숫자값을 나타낸다. |
| **가로(항목) 축** | 차트를 구성하는 데이터 항목을 나타낸다. |
| 15.2, 13.3, 10.2, 06.2, …<br>**데이터 계열** | • 차트로 표현할 값을 가진 선이나 막대로, 각 계열마다 다른 색이나 무늬를 가진다.<br>• 데이터 계열은 범례에 나타나는 내용과 일치한다. |
| 21.4, 15.3, 13.2, 09.1, 08.1, …<br>**데이터 레이블*** | 전체 데이터 또는 하나의 데이터 계열, 하나의 데이터 요소를 대상으로 데이터의 값이나 항목 이름, 계열 이름 등을 표시한다. |
| 21.1, 10.3, 09.3, 06.2, …<br>**범례** | 데이터 계열의 무늬 및 색을 나타내는 표시와 데이터 계열의 항목명을 표시한다. |
| 21.4, 20.2, 15.3, 15.2, 13.3, …<br>**데이터 테이블** | 차트의 원본 데이터를 표시한다. |
| 21.1, 15.3, 14.1, 11.3, 08.2, …<br>**추세선** | 특정한 데이터 계열에 대한 변화 추세를 파악하기 위해 표시하는 선이다. |

**눈금선**
가로 축, 세로 축의 주 눈금선과 보조 눈금선이 모두 표시된 차트

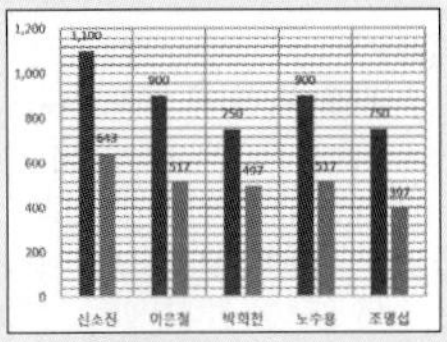


**데이터 레이블**
데이터 레이블은 값, 항목 이름, 계열 이름, 셀 값 중에서 여러 개를 선택하여 표시할 수 있습니다.

23.5, 22.6, 22.1, 21.4, 14.1, 07.1, 05.2, 05.1, 04.1, 2급 22.3, 16.2, 15.3, 11.1, 10.3, 08.1, 07.3, 06.4, 06.1, 05.3, 05.2, …

## 3 차트 작성

4309803

**예제** 외상매출처 대장을 이용하여 묶은 세로 막대형 차트를 [A9:F25] 영역에 완성하시오.

| | A | B | C | D | E | F | G |
|---|---|---|---|---|---|---|---|
| 1 | 외상매출처 대장 | | | (단위 : 천) | | | |
| 2 | 사원명 | 기본급 | 수당 | 지급액 | | | |
| 3 | 신소진 | 1,100 | 643 | 1,243 | | | |
| 4 | 이은철 | 900 | 517 | 1,017 | | | |
| 5 | 박희천 | 750 | 497 | 847 | | | |
| 6 | 노수용 | 900 | 517 | 1,017 | | | |
| 7 | 조명섭 | 750 | 397 | 847 | | | |
| 8 | | | | | | | |

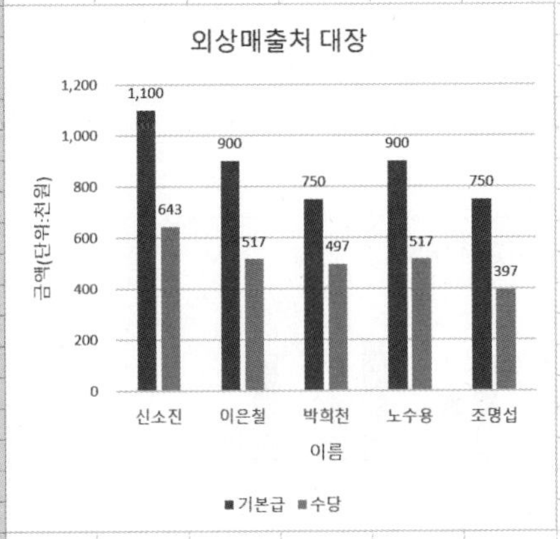


**전문가의 조언**
**예제**를 따라하면서 차트 작성 과정을 숙지하세요.

**준비하세요**
'C:\길벗컴활1급필기\2과목\2과목.xlsm' 파일을 불러와 '섹션98' 시트에서 실습하세요.

**데이터 범위(A2:D7)**

데이터 범위(A2:D7) 안에 셀 포인터가 놓여있는 상태에서 차트를 만들면 해당 셀과 연결되어 데이터가 입력된 모든 셀의 데이터(A1:D7)가 사용된 차트가 만들어집니다. [A2:C7] 영역만을 이용하여 차트를 만들려면 [A2:C7] 영역을 선택한 상태에서 차트를 만드세요.

**범위**

- 범위를 설정하지 않고 차트를 선택하면 데이터가 없는 빈 차트가 삽입되는데, 이때는 삽입된 차트의 바로 가기 메뉴에서 [데이터 선택]을 선택한 다음 '데이터 원본 선택' 대화상자에서 범위를 지정하면 됩니다.
- 워크시트에서 차트에 사용될 데이터의 범위를 지정한 후 Alt+F1을 누르면 기본 차트(묶은 세로 막대형)가 바로 작성됩니다.

**특정 셀의 텍스트를 차트 제목으로 연결하는 방법**

차트 제목을 클릭한 후 수식 입력줄에 등호(=)를 입력하고 해당 셀을 클릭한 다음 Enter를 누릅니다. 수식 입력줄에는 **=시트이름!셀주소**가 표시됩니다.

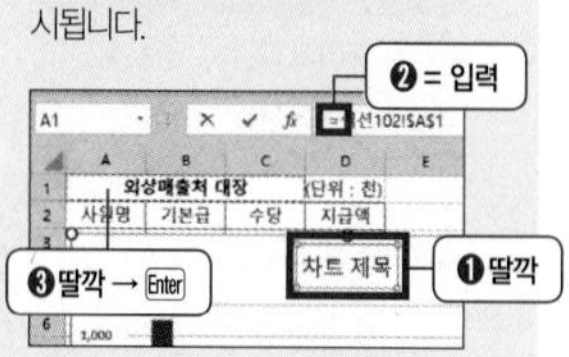


**궁금해요 시나공 Q&A 베스트**

**Q [차트 디자인] 탭이 보이지 않아요.**

**A** 차트를 선택하지 않으면 [차트 디자인] 탭이 나타나지 않습니다. 차트를 편집하기 전에는 먼저 차트를 클릭하여 선택하세요.

① 차트에 사용될 데이터의 범위(A2:C7)*를 블록으로 지정한 후 [삽입] → [차트] → [ (세로 또는 가로 막대형 차트 삽입)] → [묶은 세로 막대형]을 선택한다.

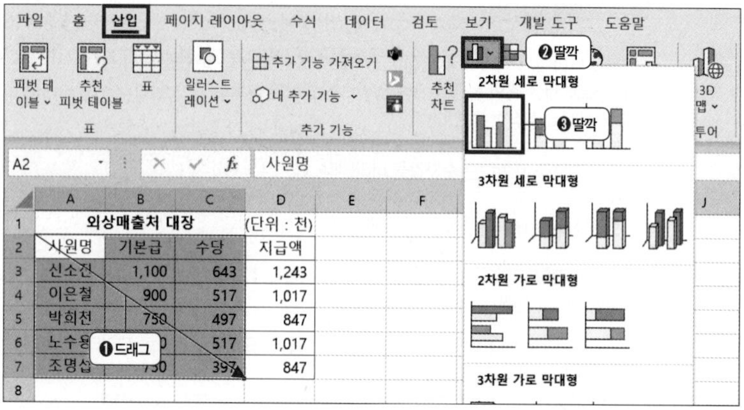


② 작성된 차트에 표시되어 있는 '차트 제목'을 선택한 후 수식 입력줄에 **외상매출처 대장**을 입력하고 Enter를 누르면 **차트 제목**이 **외상매출처 대장**으로 변경된다.*

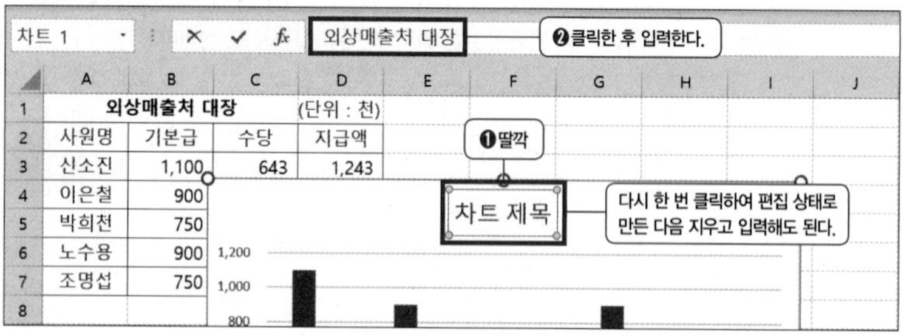


③ 가로(항목) 축 제목을 삽입하기 위해 [차트 디자인]* → [차트 레이아웃] → [차트 요소 추가] → [축 제목] → [기본 가로]를 선택한다.

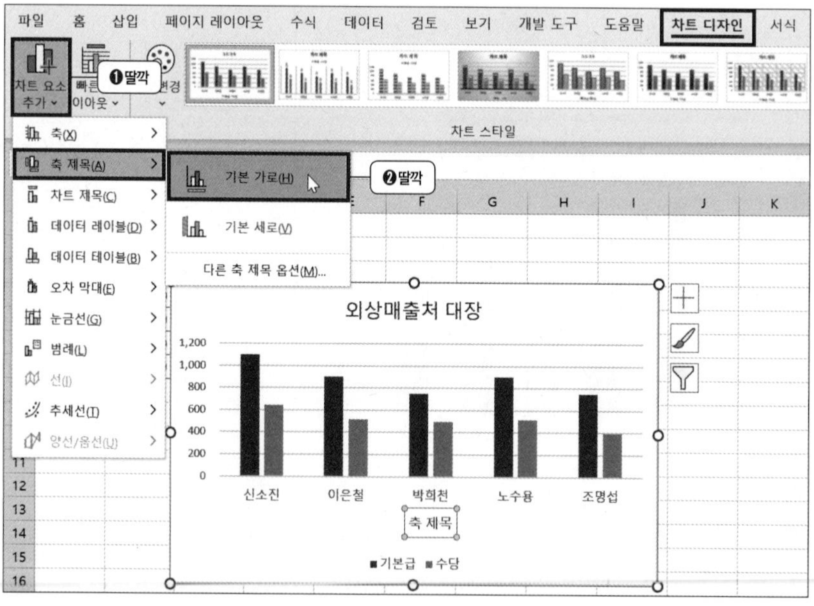

④ '축 제목'이 표시된다. '축 제목'이 선택된 상태에서 수식 입력줄에 **이름**을 입력하고 Enter를 누르면 **축 제목**이 **이름**으로 변경된다.

⑤ 세로(값) 축 제목을 삽입하기 위해 [차트 디자인] → [차트 레이아웃] → [차트 요소 추가] → [축 제목] → [기본 세로]를 선택한다.

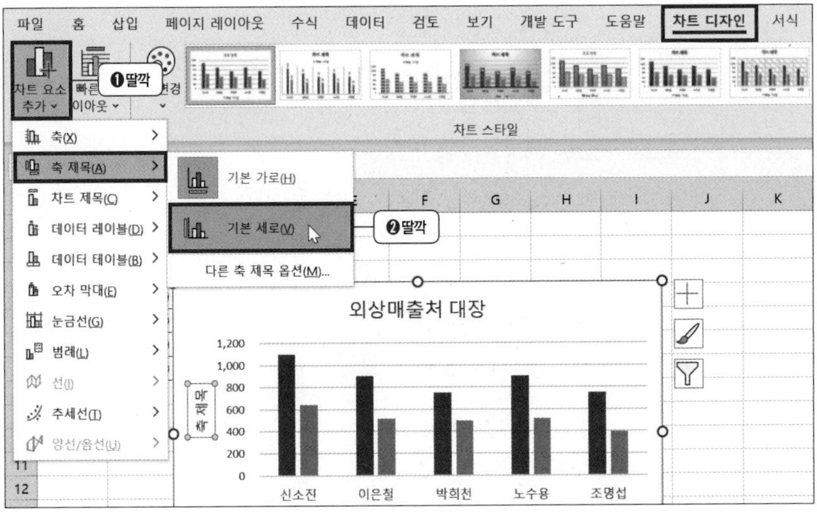


⑥ '축 제목'이 표시된다. '축 제목'이 선택된 상태에서 수식 입력줄에 **금액(단위:천원)**을 입력하고 Enter를 누르면 **축 제목**이 **금액(단위:천원)**으로 변경된다.

⑦ 데이터 레이블*을 표시하기 위해 [차트 디자인] → [차트 레이아웃] → [차트 요소 추가] → [데이터 레이블] → [바깥쪽 끝에]를 선택한다.

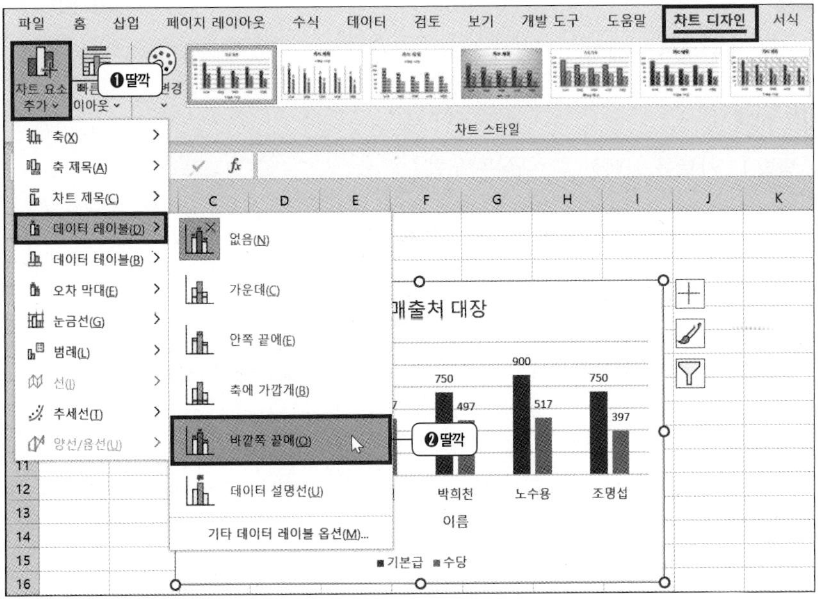


**데이터 레이블**

• 가운데

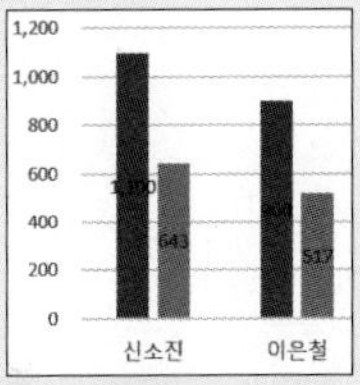

• 안쪽 끝에

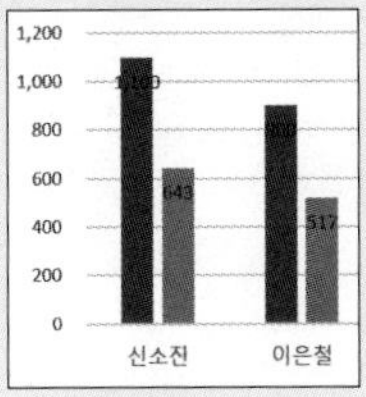

• 축에 가깝게

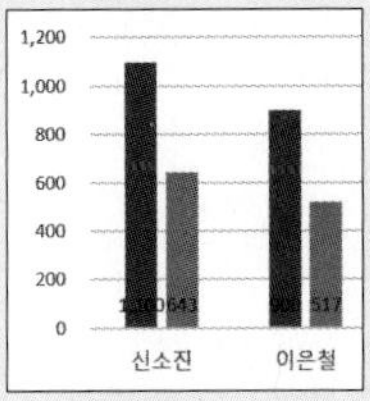

• 바깥쪽 끝에

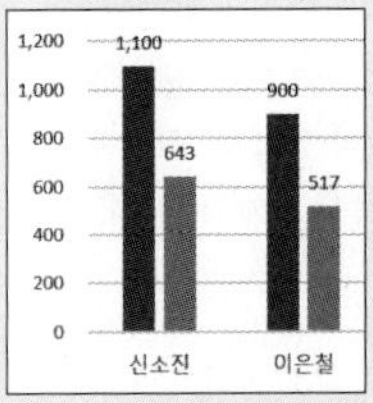

⑧ 완성된 차트의 왼쪽 상단 모서리가 [A9] 셀에 위치하도록 차트를 드래그하여 이동한다.

⑨ 마우스로 조절점*을 드래그하여 [A9:F25] 영역에 맞게 차트의 크기를 조절한다.

**조절점**
차트 영역을 클릭하면 8개의 점이 나타나는데, 이 점을 드래그하여 차트의 크기를 조절할 수 있습니다. 개수는 다르지만 차트 영역에 있는 다른 요소도 클릭하면 조절점이 나타납니다. 조절점이 나타난 요소가 작업 대상이 됩니다.

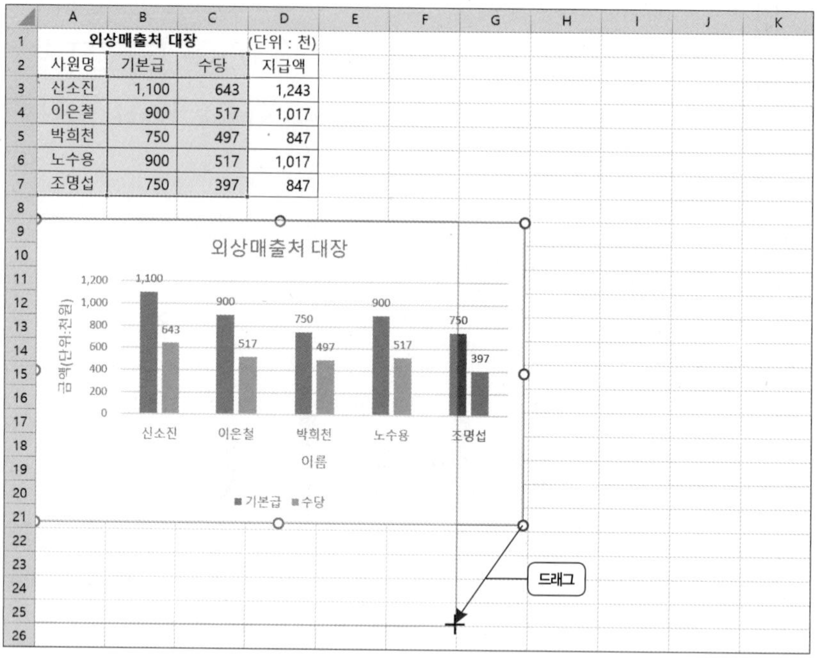


## 4 차트 삭제

15.3, 13.2

1208804

작성된 차트의 특정 데이터 계열이나 적용된 서식 혹은 차트 자체를 삭제할 수 있다.

**전문가의 조언**
[홈] → [편집] → [지우기] → [모두 지우기] 메뉴나 Delete를 이용해 차트 전체 혹은 구성 요소를 삭제하는 방법을 한번 읽고 넘어가세요.

### 차트 삭제

- **방법 1** : 차트를 선택한 후 Delete를 누름
- **방법 2** : [홈] → [편집] → [지우기]→ [모두 지우기] 선택

### 데이터 계열 삭제

- **방법 1** : 삭제할 데이터 계열을 클릭한 후 Delete를 누름
- **방법 2** : 삭제할 데이터 계열을 클릭한 후 바로 가기 메뉴에서 [삭제] 선택

### 서식 삭제

- **방법 1** : 차트를 선택한 후 [서식]* → [현재 선택 영역] → [스타일에 맞게 다시 설정] 클릭
- **방법 2** : 차트의 바로 가기 메뉴에서 [스타일에 맞게 다시 설정] 선택

**궁금해요 시나공 Q&A 베스트**

**Q [서식] 탭이 보이지 않아요.**

A 차트를 선택하지 않으면 [서식] 탭이 나타나지 않습니다. 차트를 편집하기 전에는 먼저 차트를 클릭하여 선택하세요.

문제3 1208851

## 따라잡기 기출문제 따라잡기

24년 4회, 23년 5회, 22년 6회, 1회, 21년 2회

**1. 다음 중 차트에 대한 설명으로 옳은 것은?**

① 워크시트에서 차트에 사용될 데이터를 범위로 지정한 후 Ctrl + F1을 누르면 별도의 차트 시트에 기본 차트가 작성된다.

② 원형 차트에 축을 표시할 수 있다.

③ 추세선은 기본적으로 '선형' 추세선으로 표시되고, 사용자가 다른 추세선으로 변경할 수 없다.

④ 트리맵, 히스토그램 차트는 3차원 차트로 작성할 수 없다.

> ① 별도의 차트 시트에 기본 차트를 작성하려면 F11을, 데이터가 있는 시트에 기본 차트를 작성하려면 Alt + F1을 누르면 됩니다.
> ② 원형 차트는 항상 한 개의 데이터 계열만 가질 수 있으므로 축이 없습니다.
> ③ 차트에 추세선을 추가하면 기본적으로 '선형' 추세선이 표시되지만 사용자가 추세선의 종류를 변경할 수 있습니다.

24년 3회, 21년 4회, 2회

**2. 다음 중 아래 차트에 대한 설명으로 옳지 않은 것은?**

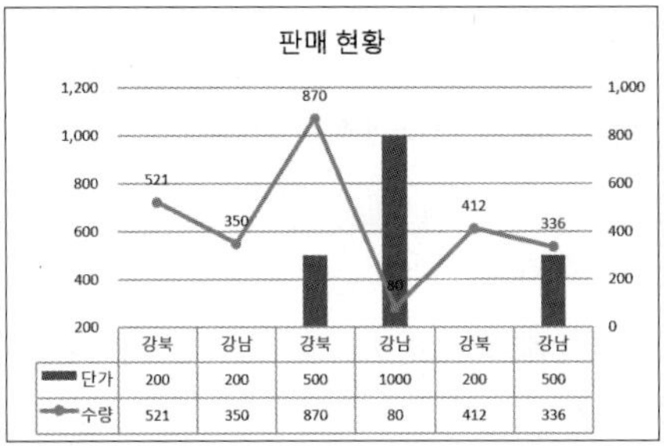


① '판매 현황'이라는 차트 제목이 표시되어 있다.

② '수량' 계열을 보조 축으로 지정하였다.

③ 데이터 테이블에 범례 표지가 표시되어 있다.

④ '수량' 계열에 데이터 레이블이 '가운데'로 표시되어 있다.

> 문제에 제시된 그림은 데이터 레이블이 '가운데'가 아니라 '위쪽'으로 설정되어 있습니다.

19년 상시, 15년 2회, 13년 3회

**3. 다음 중 아래 시트에서 주어진 표와 표의 데이터를 이용한 차트의 설명으로 옳지 않은 것은?**

| 분기 | 영업1팀 | 영업2팀 |
|---|---|---|
| 1사분기 | 1,611 | 1,278 |
| 2사분기 | 1,343 | 1,166 |
| 3사분기 | 1,150 | 1,569 |
| 4사분기 | 1,712 | 1,320 |

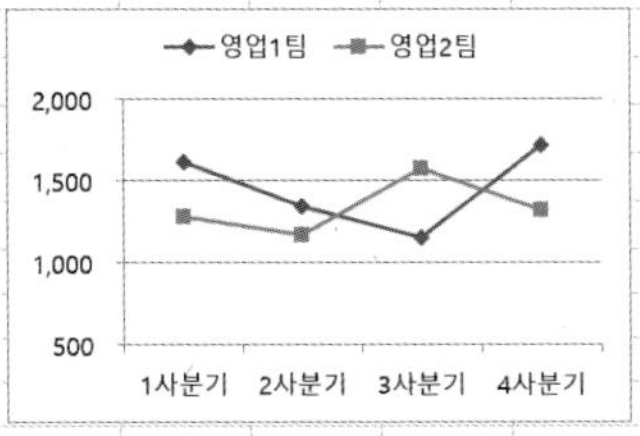


① 표 전체를 원본 데이터로 사용하고 있다.

② 분기가 데이터 계열로 사용되고 있다.

③ 세로(값) 축의 축 서식에서 최소값을 500으로 설정하였다.

④ 차트의 종류는 표식이 있는 꺾은선형이다.

> '영업1팀'과 '영업2팀'이 데이터 계열로 사용되었습니다.

23년 5회, 22년 6회, 1회, 22년 1회, 21년 4회

**4. 다음 워크시트에서 차트 제목을 [A1] 셀의 텍스트와 연결하여 표시하고자 할 때, 차트 제목이 선택된 상태에서 수식 입력줄에 입력할 내용은?**

| | A | B | C |
|---|---|---|---|
| 1 | 사원별 호봉 | | |
| 2 | 이름 | 호봉 | 근속년수 |
| 3 | 유진하 | 18 | 15 |
| 4 | 황의찬 | 28 | 8 |
| 5 | 배한성 | 35 | 5 |
| 6 | 김경민 | 8 | 7 |

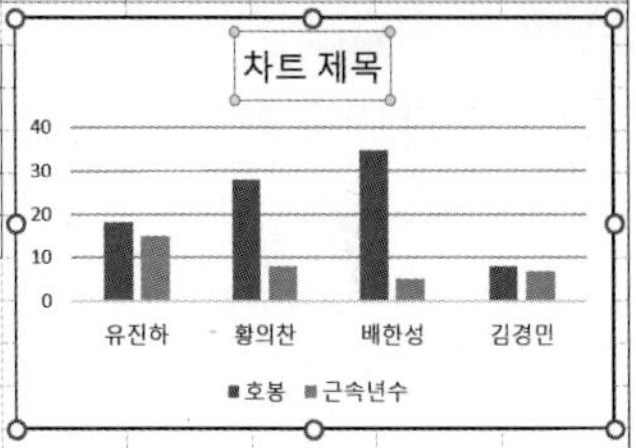


① ='Sheet1'!$A$1　　② =Sheet1!$A$1

③ ='$A$1'　　④ =$A$1

> 차트 제목을 선택한 상태에서 수식 입력줄에 =을 입력하고 [A1] 셀을 클릭하면 수식 입력줄에 **=Sheet1!$A$1**로 표시됩니다.

21년 1회, 15년 3회

**5. 다음 중 아래의 차트에 대한 설명으로 옳지 않은 것은?**

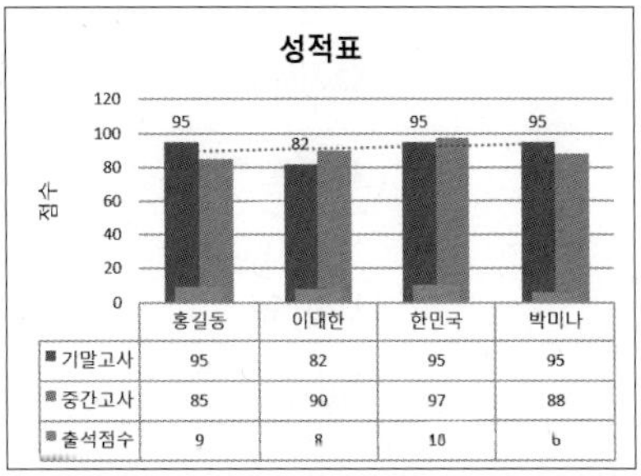


① 기본 세로 축 제목으로 "점수"가 입력되었다.

② 세로(값) 축의 기본 단위는 20이고, 보조 눈금선은 표시되지 않았다.

③ 기말고사에 대한 변화 추세를 파악하기 위하여 추세선과 데이터 레이블을 표시하였다.

④ 범례와 범례 표지가 표시되지 않았다.

> 문제에 제시된 그림에는 범례 표지는 표시되어 있지만 범례는 표시되어 있지 않습니다.

▶ **정답** : 1. ④ 2. ④ 3. ② 4. ② 5. ④

SECTION
# 099 차트 편집 1

B 등급

전문가의 조언

[차트 디자인] 탭에서 할 수 있는 편집 작업의 종류에 대해 알아두세요.

궁금해요 시나공 Q&A 베스트

**Q [차트 디자인]과 [서식] 탭이 없어요!**

A 차트를 선택하지 않으면 [차트 디자인]과 [서식] 탭이 나타나지 않습니다. 차트를 편집하기 전에는 먼저 차트를 클릭하여 선택하세요.

18.1, 2급 22.4, 18.2, 18.1

## 1 [차트 디자인]/[서식] 탭 및 차트의 바로 가기 메뉴

4309901

### [차트 디자인] 탭*

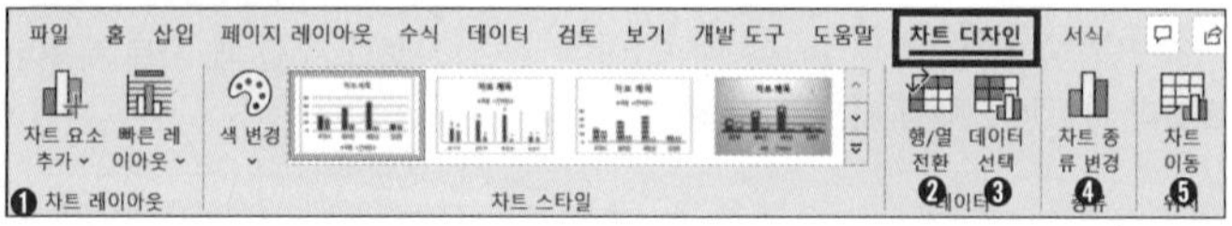


[차트 디자인]

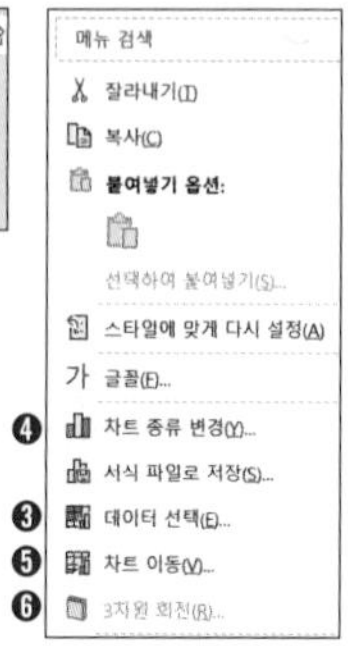


차트의 바로 가기 메뉴

| | |
|---|---|
| ❶ 차트 요소 추가 | 차트에 축 제목, 차트 제목, 데이터 레이블, 데이터 테이블 등 차트 구성 요소를 추가한다. |
| 2급 22.4<br>❷ 행/열 전환 | 행과 열을 전환하여 차트의 계열 방향을 변경한다. |
| ❸ 데이터 선택 | 데이터 범위를 변경하거나, 데이터 계열의 추가·제거 및 계열의 방향을 변경할 때 선택한다. |
| ❹ 차트 종류 변경 | 차트의 종류를 변경할 때 선택한다. |
| 18.1<br>❺ 차트 이동 | 차트의 위치(새 시트, 워크시트에 삽입)를 변경할 때 선택한다. |
| ❻ 3차원 회전 | 3차원 형식의 차트를 회전하여 차트의 모양을 변경할 때 선택한다. |

### [서식] 탭

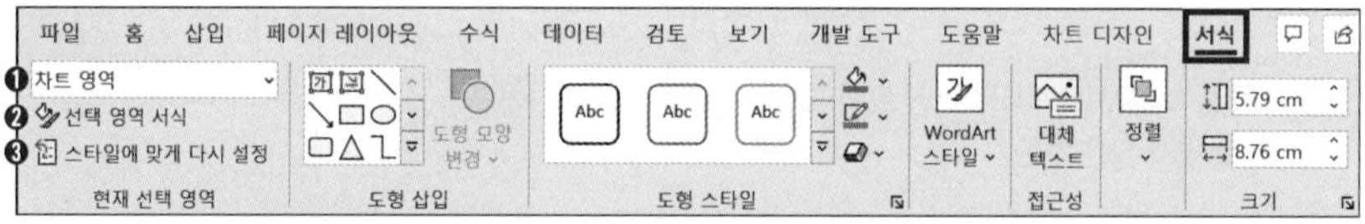


| | |
|---|---|
| ❶ 차트 요소 | 콤보 박스 단추(▾)를 클릭하여 차트 구성 요소 목록에서 개체를 선택할 수 있다. |
| ❷ 선택 영역 서식 | 현재 선택된 개체의 서식을 편집할 수 있는 서식 창이 나타난다. |
| ❸ 스타일에 맞게 다시 설정 | 현재 선택된 개체의 서식을 프로그램에서 제공하는 기본 서식으로 변경한다. |

# 2 차트 편집

24.4, 20.1, 17.2, 14.3, 11.1, 05.4, 04.1, 03.2, 2급 23.2, 23.1, 19.2, 18.2, 17.2, 15.3, 12.3, 11.2, 10.2, 10.1, 09.2, 08.3, …

4309902

**예제** 차트 편집하기

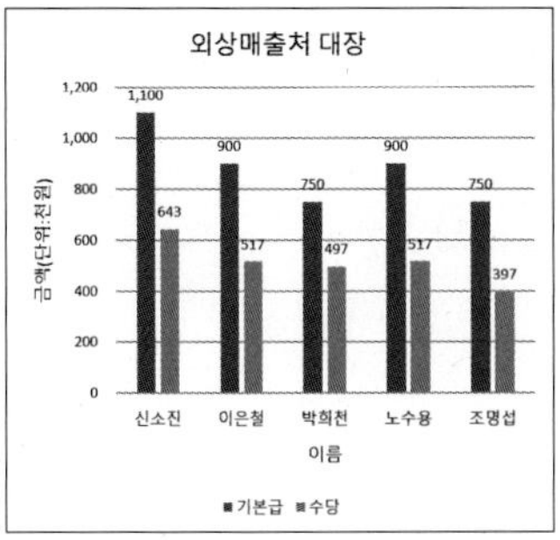


원본 차트

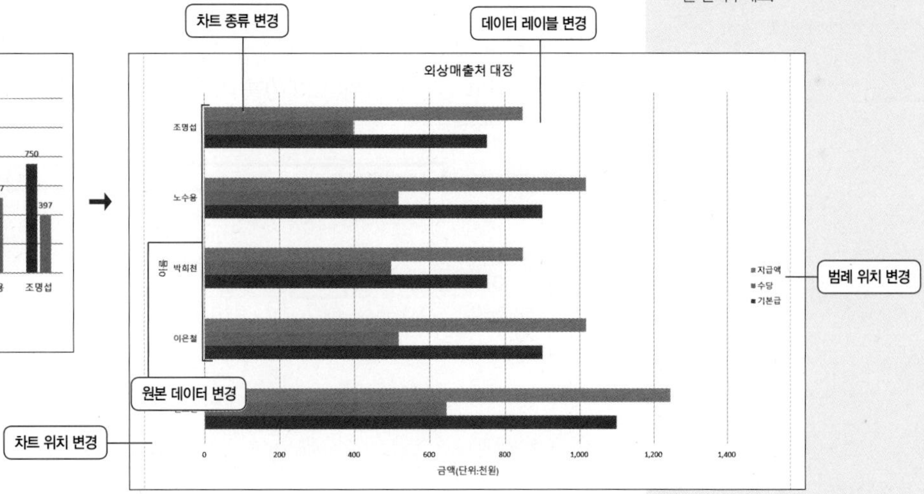


변경된 차트

전문가의 조언

원본 데이터 변경 방법을 중심으로 차트의 각 구성 요소 변경 방법을 알아두세요.

## 차트 종류 변경하기

① 차트를 클릭하여 선택하고 [차트 디자인] → [종류] → [차트 종류 변경]을 클릭하거나 차트 영역의 바로 가기 메뉴에서 [차트 종류 변경]을 선택한다.

② '차트 종류 변경' 대화상자에서 변경할 차트 종류를 선택한 후 〈확인〉을 클릭하고, 변경된 차트의 모양을 확인한다.

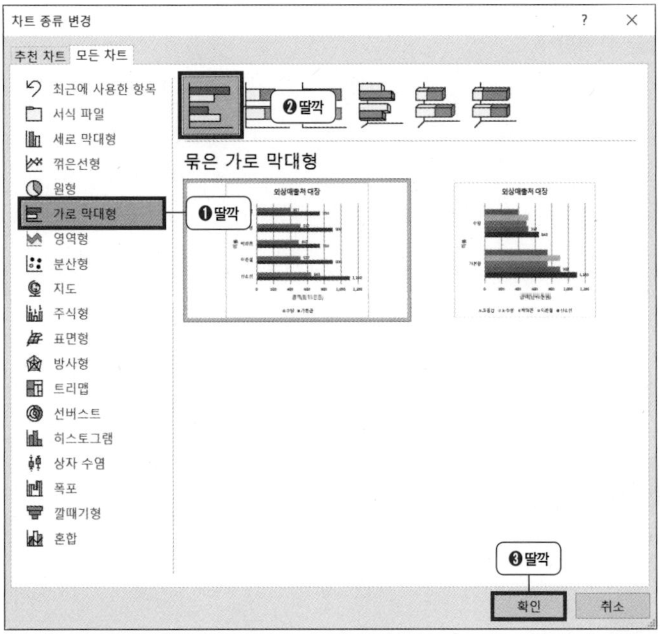


준비하세요

'C:\길벗컴활1급필기\2과목\2과목.xlsm' 파일을 불러와 '섹션99' 시트에서 실습하세요.

## 원본 데이터 변경하기

데이터 범위를 변경하거나, 데이터 계열의 추가 · 제거 등을 수행할 때 사용한다.

① 차트를 클릭하여 선택한 후 [차트 디자인] → [데이터] → [데이터 선택]을 클릭하거나, 차트 영역의 바로 가기 메뉴에서 [데이터 선택]을 선택한다.

② '데이터 원본 선택' 대화상자에서 '차트 데이터 범위' 항목의 범위 지정 단추(⬆)를 클릭하고 변경될 범위(A2:D7)를 지정한 후 〈확인〉을 클릭한다.

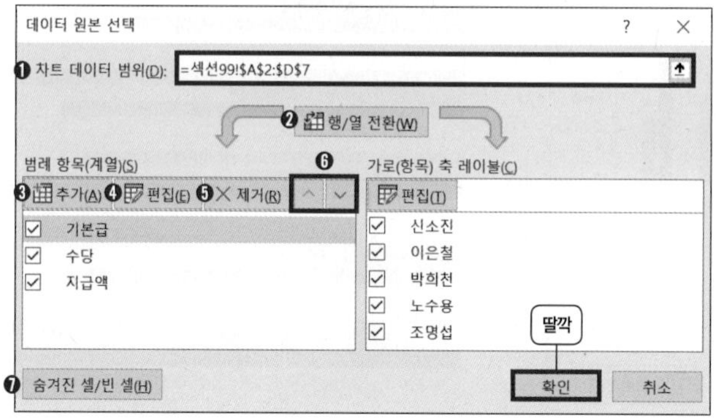


❶ **차트 데이터 범위** : 차트에 사용할 전체 데이터 범위를 지정한다.
❷ **행/열 전환** : 범례 항목(계열)과 가로(항목) 축 레이블을 바꾼다.
❸ **추가** : 새로운 데이터 계열을 추가한다.
❹ **편집** : 선택한 계열의 이름 및 값을 수정한다.
❺ **제거** : 선택한 계열의 이름을 삭제한다.
❻ **위로 이동(⌃)/아래로 이동(⌄)** : 범례에 표시된 데이터 계열의 순서를 변경한다.
❼ **숨겨진 셀/빈 셀** : 숨겨진 행/열에 데이터 표시 및 빈 셀의 표시 형식*을 지정한다.

**빈 셀 표시 형식**

• 간격

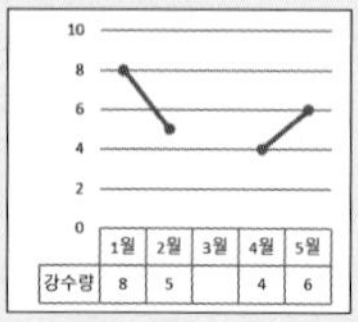


• 0으로 처리

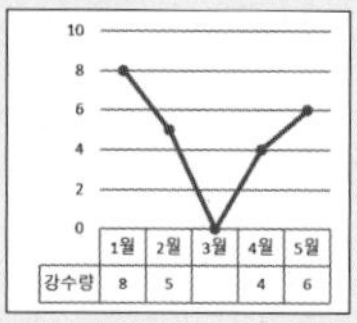


• 선으로 데이터 요소 연결

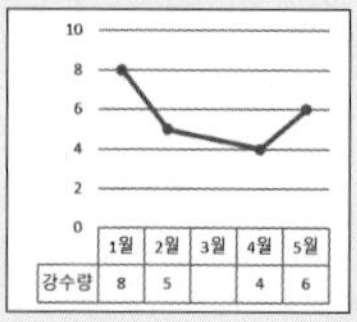


## 차트 범례 위치 변경하기

차트를 클릭하여 선택하고 [차트 디자인] → [차트 레이아웃] → [차트 요소 추가] → [범례] → [오른쪽]을 선택한다.

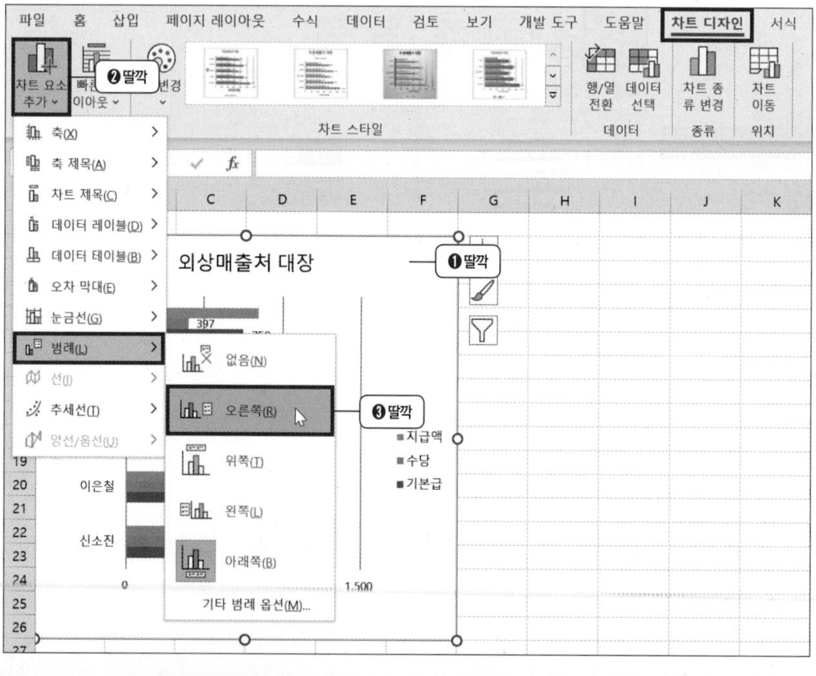

### 데이터 레이블 삭제하기

차트를 클릭하여 선택하고 [차트 디자인] → [차트 레이아웃] → [차트 요소 추가] → [데이터 레이블] → [없음]을 선택한다.

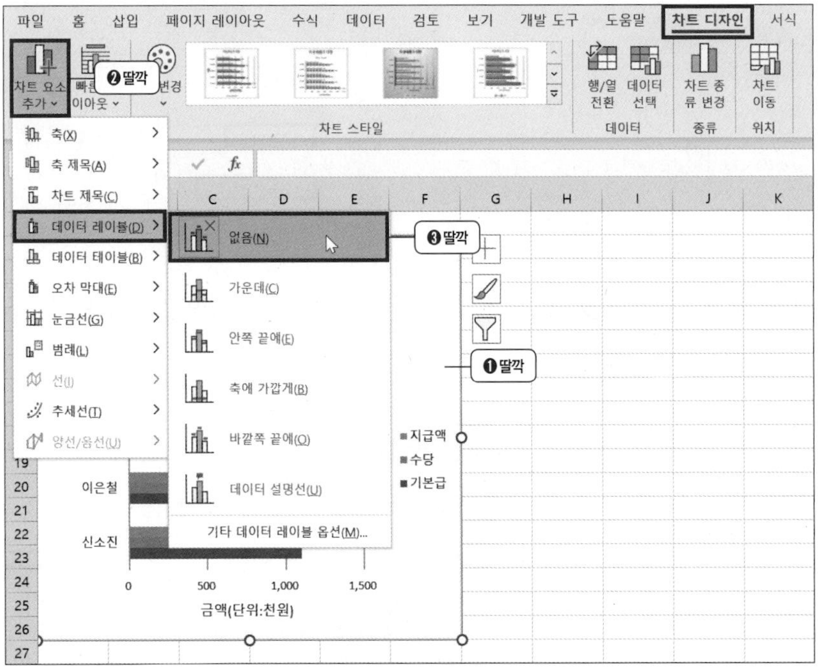


### 차트 위치 변경하기

차트의 위치(새 시트, 워크시트에 삽입)를 변경할 때 사용한다.

① 차트를 클릭하여 선택하고 [차트 디자인] → [위치] → [차트 이동]을 클릭하거나 차트 영역의 바로 가기 메뉴에서 [차트 이동]을 선택한다.

② '차트 이동' 대화상자에서 '새 시트'*를 선택한 후 〈확인〉을 클릭한다.

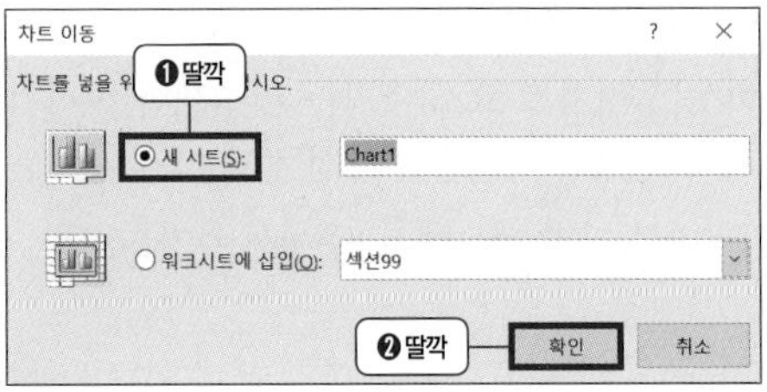


**새 시트**
'새 시트'는 현재 차트가 있는 통합 문서의 새로운 차트 시트로 차트를 이동합니다. 새 통합 문서나 다른 통합 문서의 차트 시트로는 이동할 수 없습니다.

## 3 기타 편집

23.5, 23.2, 23.1, 20.상시, 19.상시, 19.1, 18.상시, 17.1, 16.2, 15.3, 14.1, 13.3, 11.3, 11.2, 11.1, 08.3, 08.2, 05.4, 04.2, …

4309903

### 데이터 추가하기

기존의 데이터 변경이 아닌 새로운 데이터를 차트에 추가할 때 사용한다.

- **방법 1** : 차트를 클릭하여 선택하고 [차트 디자인] → [데이터] → [데이터 선택]을 클릭한 후 '데이터 원본 선택' 대화상자의 범례 항목(계열)에서 〈추가〉를 클릭한 다음 추가할 계열의 이름과 범위를 마우스로 지정하고 〈확인〉 클릭

**전문가의 조언**
추세선과 오차 막대의 특징을 묻는 문제가 출제되고 있습니다. 추세선을 추가할 수 없는 차트를 중심으로 정리하세요.

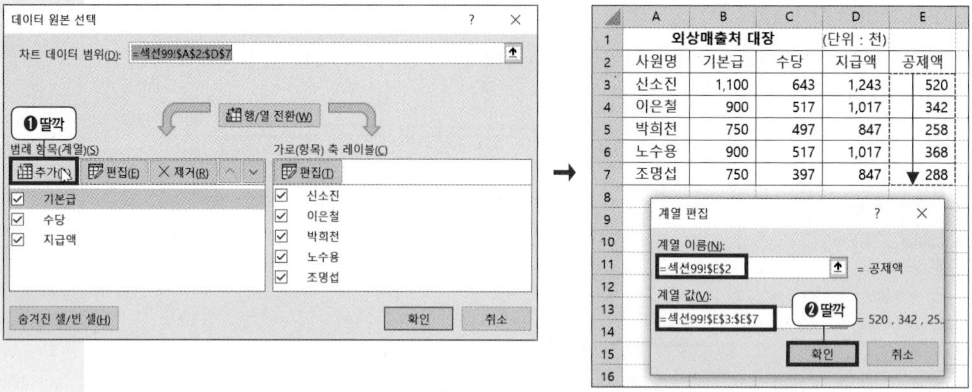


• **방법 2** : 추가할 데이터의 범위를 복사(Ctrl+C)한 후 차트 영역을 클릭하고, 붙여넣기(Ctrl+V)

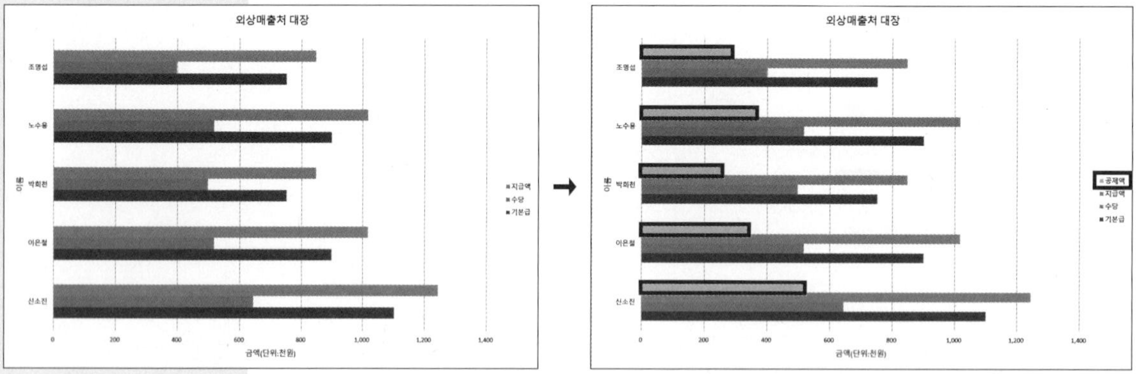


## 추세선 추가하기

추세선은 특정한 데이터 계열에 대한 변화 추세를 파악하기 위해 표시하는 선이다.

• **방법 1** : 추세선을 표시할 데이터 계열을 선택한 후 [차트 디자인] → [차트 레이아웃] → [차트 요소 추가] → [추세선]에서 적용할 추세선 선택
• **방법 2** : [차트 디자인] → [차트 레이아웃] → [차트 요소 추가] → [추세선] → [기타 추세선 옵션]을 선택한 후 '추세선 서식' 창에서 적용할 추세선 선택
• **방법 3** : 추세선을 표시할 데이터 계열의 바로 가기 메뉴에서 [추세선 추가] 선택

## 특징

• 추세선의 종류에는 선형, 로그, 다항식, 거듭제곱, 지수, 이동 평균이 있다.
• 3차원, 방사형, 원형, 도넛형, 표면형 차트에는 추세선을 추가할 수 없다.
• 추세선이 추가된 계열의 차트를 3차원으로 변경하면 추세선이 제거된다.
• 추세선을 삭제하려면 차트에 표시된 추세선을 선택한 후 Delete를 누른다.
• 하나의 데이터 계열에 두 개 이상의 추세선을 동시에 표시할 수 있다.
• '추세선 서식' 창의 '추세선 옵션'에서 '수식을 차트에 표시'를 선택하면 추세선에 사용된 수식이 차트에 나타난다.

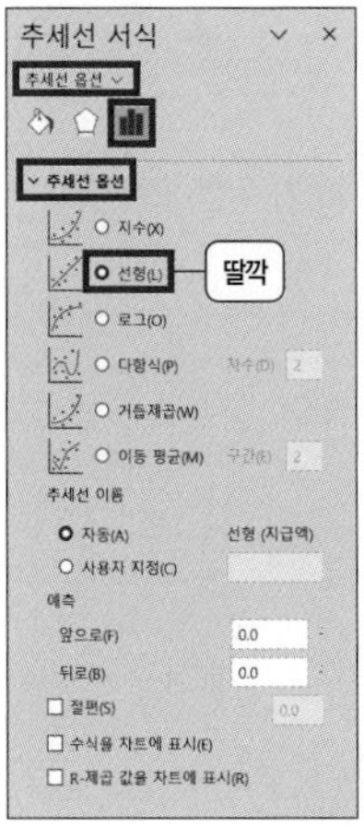

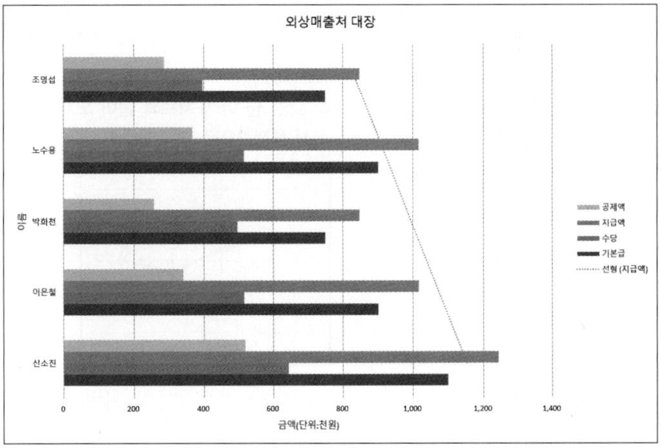


16.3, 16.1, 13.3, 11.1, 2급 24.4, 24.3

## 잠깐만요 오차 막대*

4309931

데이터 계열의 오차량을 그림으로 나타낸 것입니다.

**실행** [차트 디자인] → [차트 레이아웃] → [차트 요소 추가] → [오차 막대] 선택

- 고정값, 백분율, 표준 편차, 표준 및 오차 등으로 표시할 수 있습니다.
- 3차원 차트에는 오차 막대를 표시할 수 없습니다.
- **세로 오차 막대 적용 가능 차트** : 영역형, 세로 막대형, 꺾은선형, 분산형, 거품형 차트 등
- **세로 오차 막대, 가로 오차 막대 적용 가능 차트** : 분산형, 거품형 차트

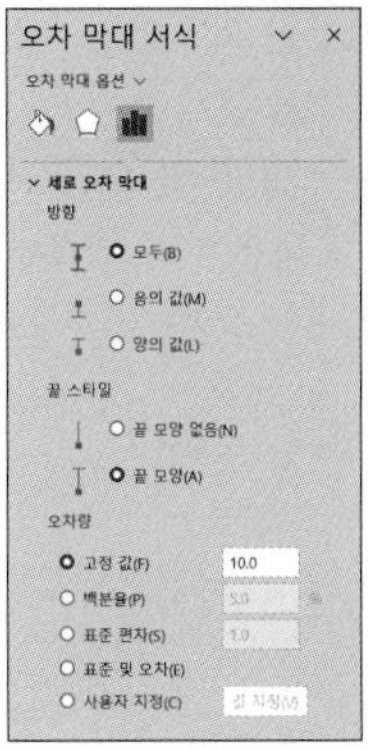

오차 막대

- **방향** : 모두, **오차량** : 고정 값 10

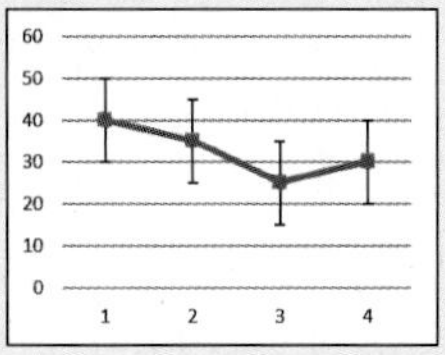

- **방향** : 음의 값, **오차량** : 백분율 30%

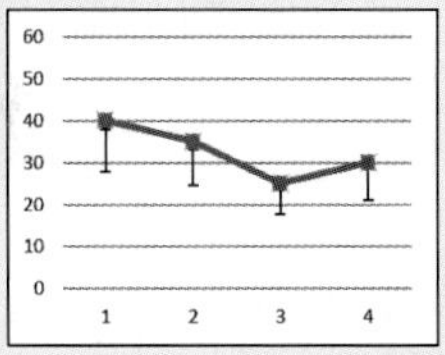

- **방향** : 양의 값, **오차량** : 표준 편차 1.0

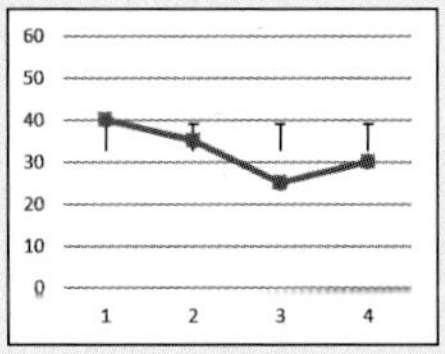

## 3차원 회전하기

3차원 차트의 가로 축과 세로 축의 방향과 원근감 등을 변경할 때 사용한다.

**실행** 차트 영역의 바로 가기 메뉴에서 [3차원 회전] 선택

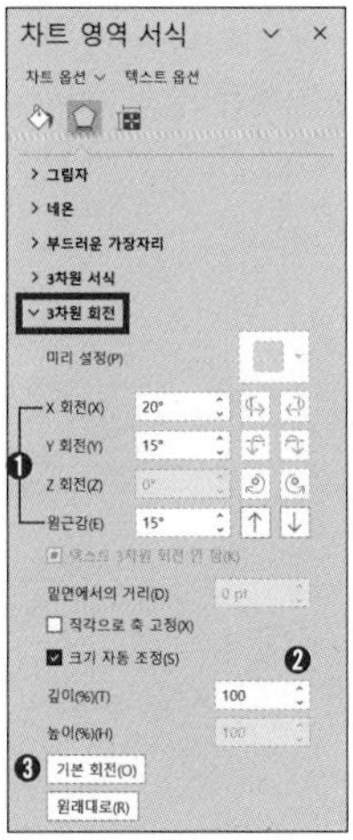

❶ 가로(X) 축 회전, 세로(Y) 축 회전, 원근감 등의 조절이 가능하다.

❷ 높이를 가로(항목) 축 길이에 대한 비율로 자동 조절한다. '크기 자동 조정'을 해제하면 가로(항목) 축 길이에 대한 비율을 적용한 높이를 사용자가 조정할 수 있다.

❸ '3차원 회전'에서 지정한 가로(X) 축과 세로(Y) 축의 회전 값을 기본값으로 변경한다(가로(X) 축 회전 : 20, 세로(Y) 축 회전 : 15).

궁금해요 시나공 Q&A 베스트

**Q [3차원 회전] 메뉴가 선택이 안 돼요!**

**A** 차트가 3차원 형식이 아닐 경우 [3차원 회전] 메뉴는 사용할 수 없습니다.

20년 상시, 1회, 19년 상시, 17년 2회

**1. 다음 중 차트 디자인의 [데이터 선택]에 대한 설명으로 옳지 않은 것은?**

① [차트 데이터 범위]에서 차트에 사용하는 데이터 전체의 범위를 수정할 수 있다.

② [행/열 전환]을 클릭하여 가로(항목) 축의 데이터 계열과 범례 항목(계열)을 바꿀 수 있다.

③ 데이터 계열이 범례에서 표시되는 순서를 바꿀 수 있다.

④ 데이터 범위 내에 숨겨진 행이나 열의 데이터도 차트에 표시된다.

데이터 범위 내에 숨겨진 행이나 열의 데이터는 차트에 표시되지 않습니다.

23년 5회, 2회, 1회, 13년 3회, 11년 1회

**2. 다음 중 엑셀의 오차 막대에 대한 설명으로 옳지 않은 것은?**

① 세로 막대형 차트, 꺾은선형 차트, 분산형 차트, 거품형 차트, 3차원 세로 막대형 차트, 3차원 꺾은선형 차트에 오차 막대를 표시할 수 있다.

② 차트에 고정 값, 백분율, 표준 편차, 표준 및 오차, 사용자 지정 중 하나를 선택하여 오차량을 표시할 수 있다.

③ 데이터 계열의 각 데이터 표식에 대한 오류 가능성이나 불확실성의 정도를 표시한다.

④ 분산형과 거품형 차트에는 세로 오차 막대, 가로 오차 막대를 적용할 수 있다.

3차원 차트에는 오차 막대를 표시할 수 없습니다.

21년 2회, 19년 상시, 19년 1회, 16년 2회, 14년 1회, 11년 3회, 08년 2회, 03년 2회

**3. 다음 중 엑셀 차트의 추세선에 관한 설명으로 옳지 않은 것은?**

① 추세선은 지수, 선형, 로그, 다항식, 거듭제곱, 이동 평균 등 6가지의 종류가 있다.

② 하나의 데이터 계열에 두 개 이상의 추세선을 동시에 표시할 수는 없다.

③ 추세선이 추가된 데이터 계열의 차트 종류를 3차원 차트로 변경하면 추세선은 자동으로 삭제된다.

④ 추세선을 삭제하려면 차트에 표시된 추세선을 선택한 후 Delete를 누르거나 추세선의 바로 가기 메뉴에서 [삭제]를 선택한다.

하나의 데이터 계열에 두 개 이상의 추세선을 동시에 표시할 수도 있습니다.

22년 5회, 16년 1회

**4. 다음 중 아래 차트와 같이 오차 막대를 표시하기 위한 오차 막대 서식 설정값으로 옳은 것은?**

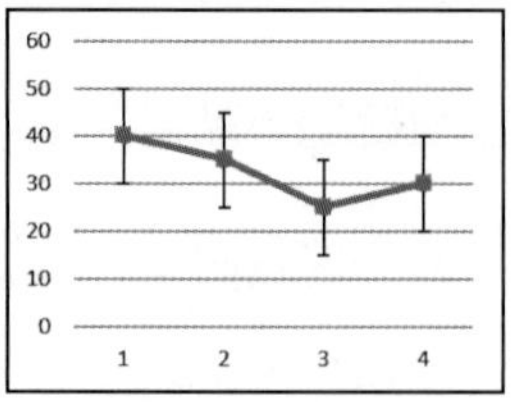


① 표시 방향(모두), 오차량(고정 값 10)

② 표시 방향(모두), 오차량(표준 편차 1.0)

③ 표시 방향(양의 값), 오차량(고정 값 10)

④ 표시 방향(양의 값), 오차량(표준 편차 1.0)

각 보기의 설정값으로 오차 막대를 표시하면 다음과 같습니다.

②

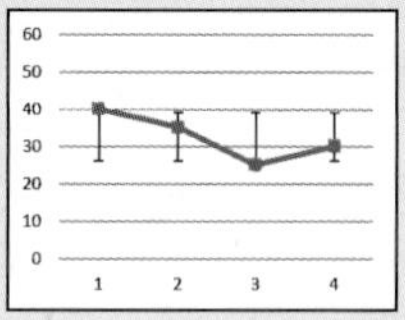

③

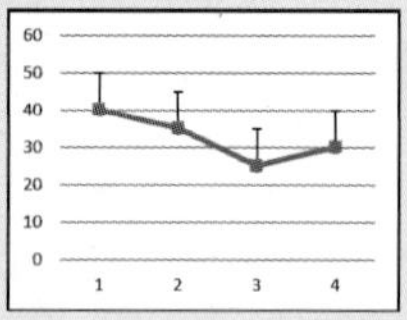

④

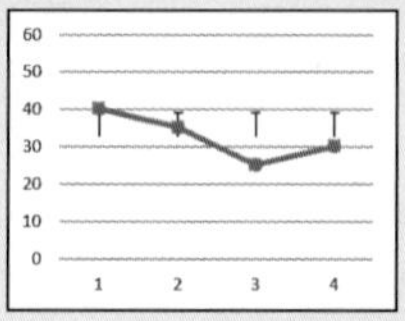

18년 1회

**5. 다음 중 차트 만들기에 관한 설명으로 옳지 않은 것은?**

① 워크시트에 삽입된 차트는 [차트 이동] 기능을 이용하여 새 통합 문서의 차트 시트로 배치할 수 있다.

② 차트를 만들 데이터를 선택하고 F11을 누르면 별도의 차트 시트(Chart1)에 기본 차트가 만들어진다.

③ 차트에서 사용할 데이터가 들어있는 셀을 하나만 선택하고 차트를 만들면 해당 셀을 직접 둘러싸는 셀의 데이터가 모두 차트에 표시된다.

④ 차트로 만들 데이터를 선택하고 Alt+F1을 누르면 현재 시트에 기본 차트가 만들어진다.

워크시트에 삽입된 차트는 [차트 이동] 기능을 이용하여 현재 차트가 있는 통합 문서의 새로운 차트 시트로는 배치할 수 있지만 새 통합 문서의 차트 시트로는 배치할 수는 없습니다.

▶ **정답** : 1. ④ 2. ① 3. ② 4. ① 5. ①

# SECTION 100 차트 편집 2

B 등급

## 1 차트 서식 편집

23.3, 22.7, 22.1, 21.3, 21.2, 19.1, 18.상시, 18.2, 18.1, 16.3, 15.1, 14.3, 12.2, 11.1, 10.2, 09.4, 09.2, 05.4, 04.4, 03.2, …

4310001

서식을 변경할 개체를 선택한 후 다음과 같이 수행한다.

- **방법 1** : [서식] → [현재 선택 영역] → [선택 영역 서식] 클릭
- **방법 2** : 바로 가기 메뉴 이용

**예제** 차트 서식 변경하기

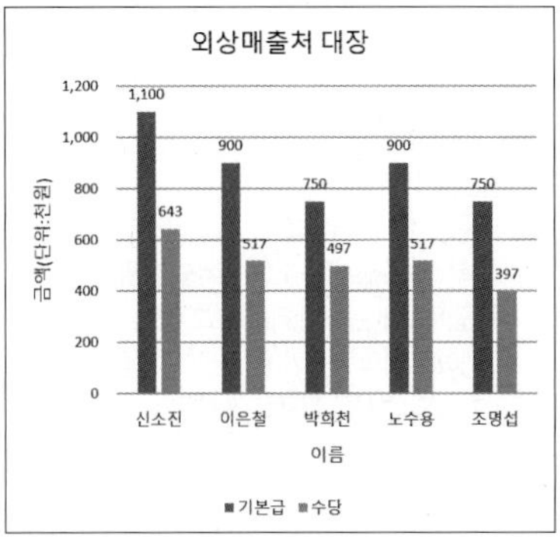


원본 차트

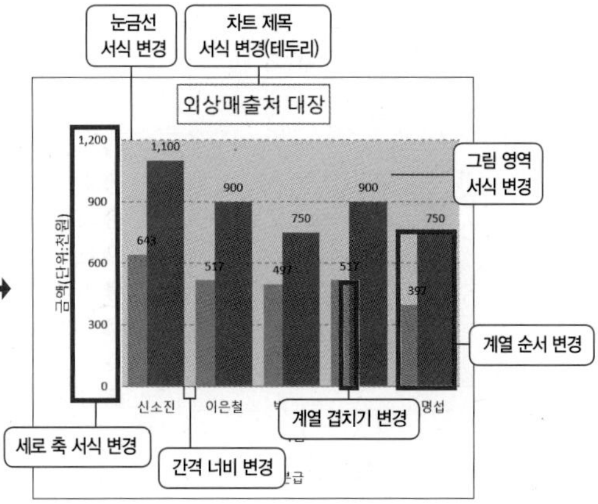


변경된 차트

전문가의 조언

주어진 2개의 차트 그림에서 변경된 차트 서식을 구분할 수 있어야 합니다. 실습해 보면 쉽게 기억할 수 있습니다.

준비하세요

'C:\길벗컴활1급필기\2과목\2과목.xlsm' 파일을 불러와 '섹션100' 시트에서 실습하세요.

### 차트 제목 서식 변경하기

① 차트 제목 서식을 변경하기 위해 차트 제목을 마우스 오른쪽 버튼으로 클릭한 후 바로 가기 메뉴에서 [차트 제목 서식]을 선택한다.

② '차트 제목 서식' 창의 [제목 옵션] → [(채우기 및 선)] → [테두리]에서 '실선'을 선택한 후 닫기(☒) 단추를 클릭한다.

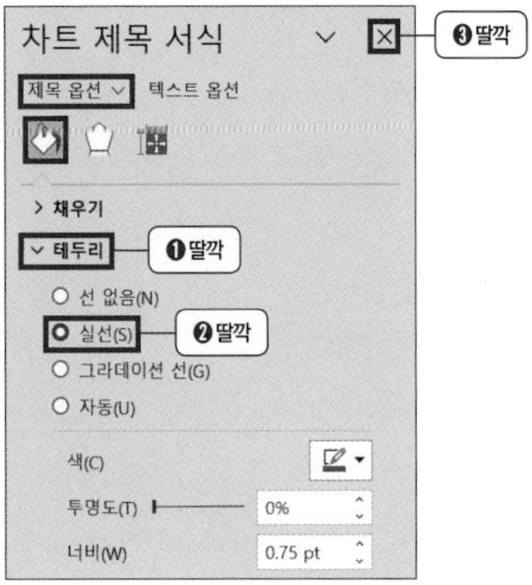

### 축 서식 변경하기

① 세로(값) 축의 단위를 변경하기 위해 세로(값) 축의 바로 가기 메뉴에서 [축 서식]을 선택한다.

② '축 서식' 창의 [축 옵션] → [(축 옵션)] → [축 옵션]에서 '기본' 단위를 300으로 지정한 후 닫기(☒) 단추를 클릭한다.

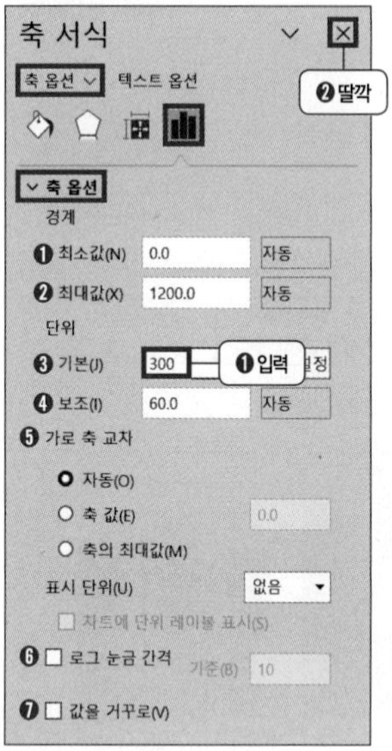


❶ **최소값** : 세로(값) 축에 표시되는 가장 작은 값이다.
❷ **최대값** : 세로(값) 축에 표시되는 가장 큰 값이다.
❸ **기본** : 세로(값) 축 주 눈금선의 간격이다.
❹ **보조** : 세로(값) 축 보조 눈금선의 간격이다.
❺ **가로 축 교차*** : 가로(항목) 축과 세로(값) 축이 교차되는 위치이다.
❻ **로그 눈금 간격*** : 세로(값) 축의 눈금 간격을 로그 값으로 표시하는 것으로, 차트에 표시할 데이터 값의 차이가 큰 경우에 사용된다.
❼ **값을 거꾸로** : 세로(값) 축 값의 순서를 거꾸로 표시한다.

### 눈금선 서식 변경하기

① 눈금선의 선 스타일을 변경하기 위해 눈금선의 바로 가기 메뉴에서 [눈금선 서식]을 선택한다.

② '주 눈금선 서식' 창의 [주 눈금선 옵션] → [(채우기 및 선)] → [선]에서 '대시 종류'를 '파선'으로 선택한 후 닫기(☒) 단추를 클릭한다.

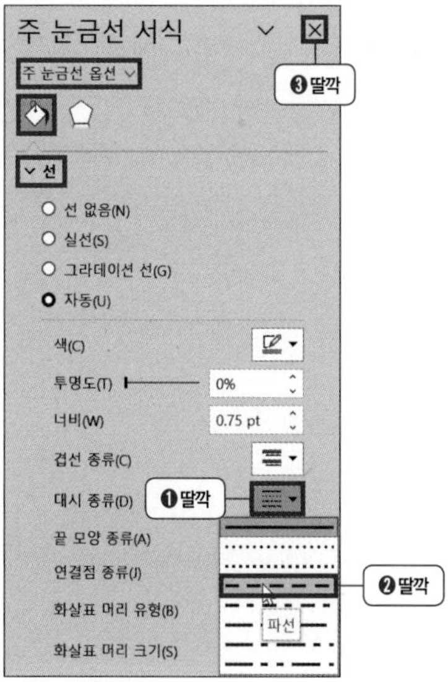


**가로 축 교차**
• 자동 : Excel의 기본 설정

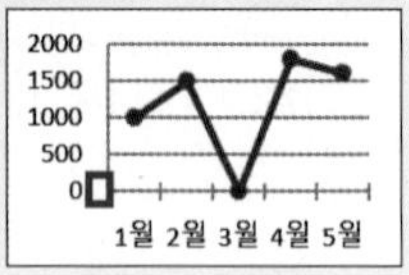


• 축 값 : 축이 교차할 축 값을 지정(예 1000)

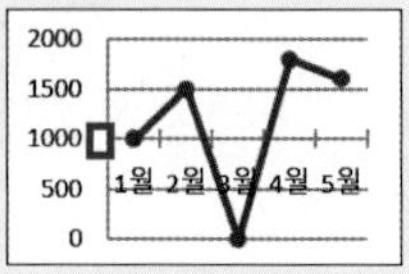


• 축의 최대값 : 축의 가장 높은 값에서 교차

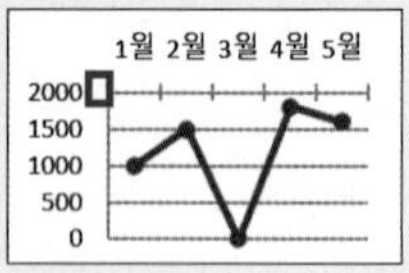


**로그 눈금 간격**
일반적인 차트는 세로(값) 축의 눈금 간격이 0, 100, 200, 300 등과 같이 일정한 크기로 증가하지만 로그 눈금 간격을 지정하면 0, 10, 100, 1000 처럼 숫자가 지수 승으로 증가하여 표시됩니다. [그림1]의 차트에서 세로(값) 축에 '로그 눈금 간격'을 10으로 지정하면 [그림2]와 같이 표시됩니다.

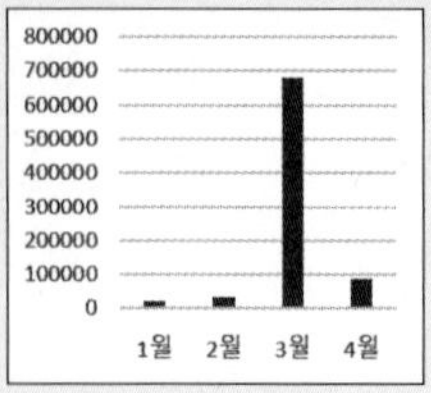


[그림1]

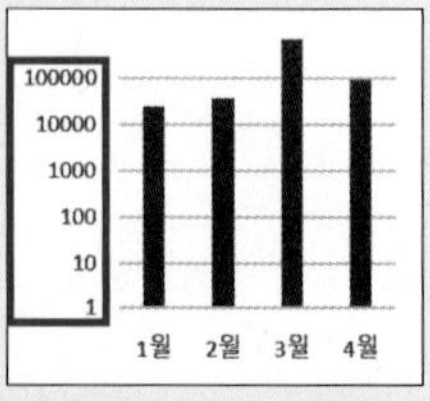


[그림2]

## 데이터 계열 순서 변경하기

① '기본급'과 '수당' 계열의 순서를 변경*하기 위해 차트의 바로 가기 메뉴에서 [데이터 선택]을 선택한다.

② '데이터 원본 선택' 대화상자에서 '기본급'이 선택되었는지 확인하고, '⌄(아래로 이동)'을 클릭하여 계열 순서를 변경한 후 〈확인〉을 클릭한다.

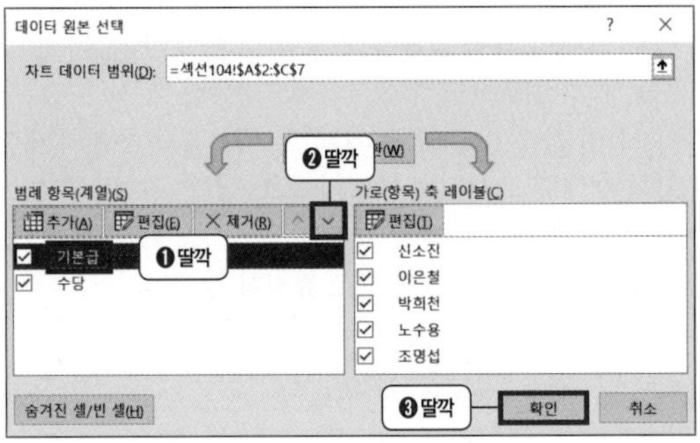


**계열 순서 변경**
데이터 계열의 순서가 변경되면 범례의 순서도 자동으로 변경됩니다.

## 데이터 표식 항목의 간격 너비 및 계열 겹치기* 변경하기

① 데이터 표식 항목의 간격 너비 및 계열 겹치기를 지정하기 위해 '기본급' 계열의 바로 가기 메뉴에서 [데이터 계열 서식]을 선택한다.

② '데이터 계열 서식' 창의 [계열 옵션] → [(계열 옵션)] → [계열 옵션]에서 '계열 겹치기'를 50%, '간격 너비'를 30%로 지정하고 닫기(☒) 단추를 클릭한다.

❶ 계열 겹치기
- 데이터 계열의 항목들이 겹치도록 지정하는 것으로, -100% ~ 100% 사이의 값을 지정한다.
- 양수로 지정하면 데이터 계열이 겹쳐져 표시되고, 음수로 지정하면 데이터 계열 사이가 벌어져 표시된다.

❷ 간격 너비
- 막대와 막대 사이의 간격을 말하는 것으로, 0% ~ 500% 사이의 값을 지정한다.
- 수치가 클수록 막대와 막대 사이의 간격은 넓어지고 막대의 너비는 줄어든다.

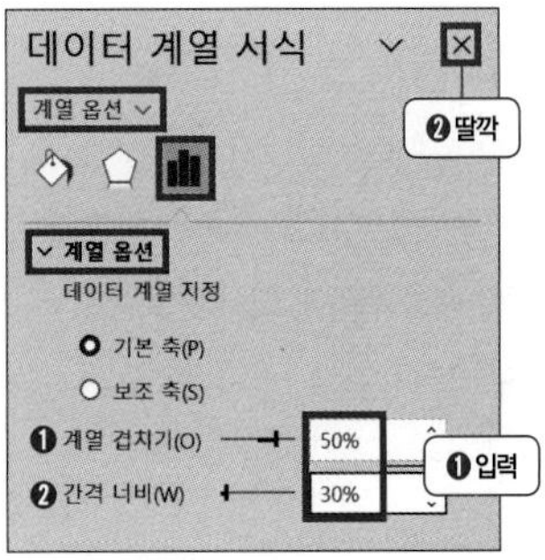


**계열 겹치기 및 간격 너비**

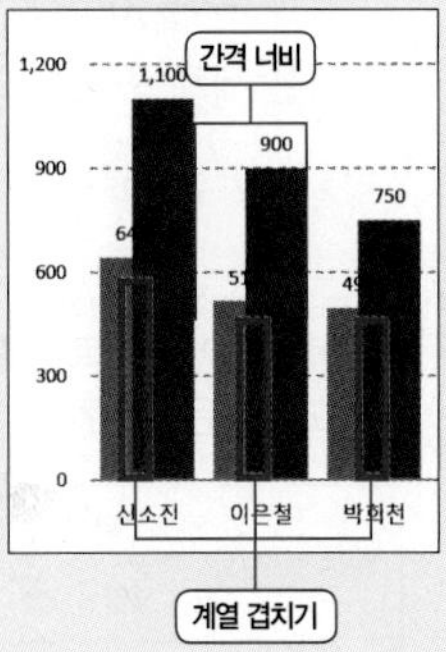


## 그림 영역 서식 변경하기

① 그림 영역의 색상을 변경하기 위해 그림 영역의 바로 가기 메뉴에서 [그림 영역 서식]을 선택한다.

② '그림 영역 서식' 창의 [그림 영역 옵션] → [(채우기 및 선)] → [채우기]에서 '단색 채우기'를 선택하고 채우기 색을 '노랑'으로 지정한 후 닫기(☒) 단추를 클릭한다.

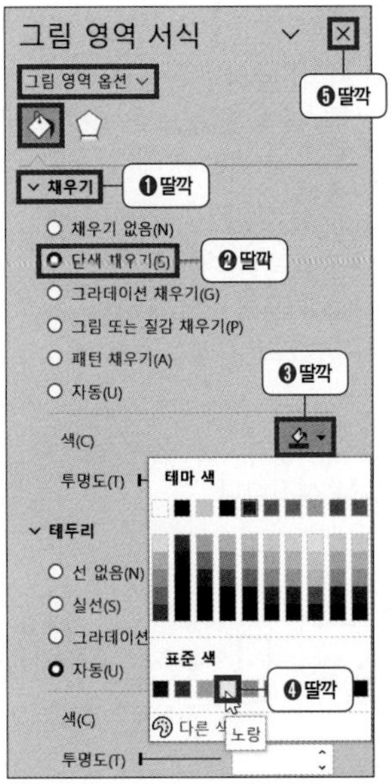

문제1 1209051 문제3 1209052

21년 3회, 19년 1회, 18년 2회

**1. 다음 중 아래 차트에 대한 설명으로 옳지 않은 것은?**

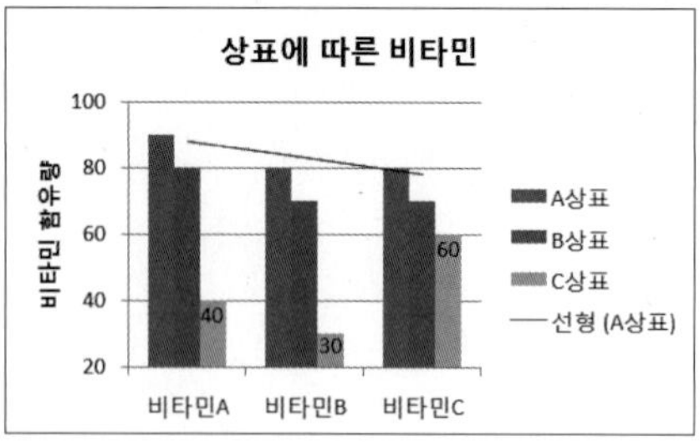


① [데이터 계열 서식] 창에서 '계열 겹치기' 값이 0보다 작게 설정되었다.

② 'A상표' 계열에 선형 추세선이 추가되었고, 'C상표' 계열에는 데이터 레이블이 추가되었다.

③ 세로(값) 축의 기본 단위는 20이고, 최소값과 최대값은 각각 20과 100으로 설정되었다.

④ 기본 세로 축 제목으로 "비타민 함유량"이 입력되었다.

'계열 겹치기' 값이 0보다 작으면 각 계열이 떨어져서 표시됩니다.

22년 7회, 21년 2회, 18년 1회, 14년 3회

**2. 다음 중 아래 차트와 같이 가로(항목) 축을 위쪽에 표시하기 위한 방법으로 옳은 것은?**

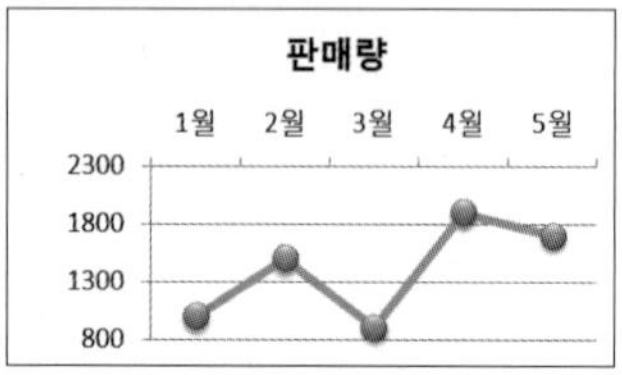


① 가로(항목) 축을 선택한 후 [축 서식] 창의 [축 옵션] → [(축 옵션)]에서 세로 축 교차를 '최대 항목'으로 설정한다.

② 가로(항목) 축을 선택한 후 [축 서식] 창의 [축 옵션] → [(축 옵션)]에서 '항목을 거꾸로'를 설정한다.

③ 세로(값) 축을 선택한 후 [축 서식] 창의 [축 옵션] → [(축 옵션)]에서 가로 축 교차를 '축의 최대값'으로 설정한다.

④ 세로(값) 축을 선택한 [축 서식] 창의 [축 옵션] → [(축 옵션)]에서 '값을 거꾸로'를 설정한다.

나머지 보기를 실행하면 다음과 같습니다.

①
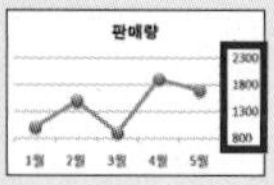

②
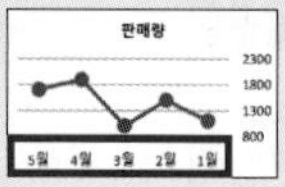

④
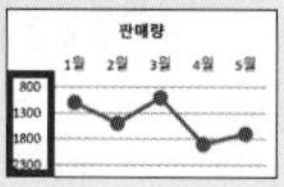

16년 3회, 10년 2회, 09년 2회

**3. 다음 중 세로 막대형 차트에 대한 설명으로 옳지 않은 것은?**

① 시간의 경과에 따른 데이터 변동을 표시하거나 항목별 비교를 나타내는 데 유용하다.

② [계열 겹치기] 값을 0에서 100 사이의 백분율로 조정하여 세로 막대의 겹침 상태를 조정할 수 있으며, 값이 높을수록 세로 막대 사이의 간격이 증가한다.

③ [간격 너비] 값을 0에서 500 사이의 백분율로 조정하여 각 항목에 대해 표시되는 데이터 요소 집합 사이의 간격을 조정할 수 있다.

④ 세로(값) 축 값의 순서를 거꾸로 표시할 수 있다.

[계열 겹치기]의 값은 -100에서 100 사이의 백분율로 조정할 수 있으며, 값이 커질수록 막대의 겹쳐지는 부분이 증가합니다.

23년 3회, 22년 1회, 20년 2회

**4. 다음 중 아래 차트에 대한 설명으로 옳지 않은 것은?**

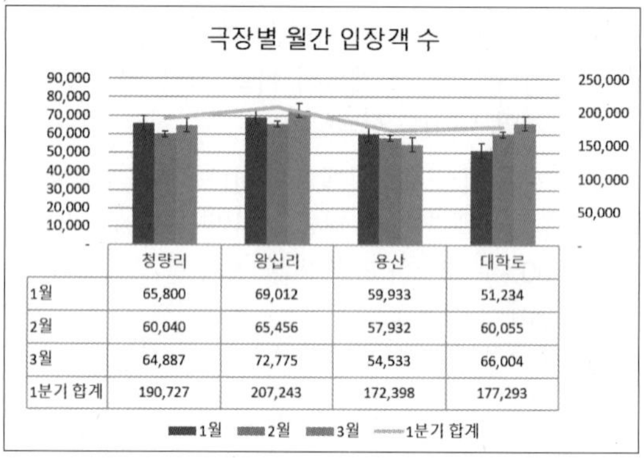


| | 청량리 | 왕십리 | 용산 | 대학로 |
|---|---|---|---|---|
| 1월 | 65,800 | 69,012 | 59,933 | 51,234 |
| 2월 | 60,040 | 65,456 | 57,932 | 60,055 |
| 3월 | 64,887 | 72,775 | 54,533 | 66,004 |
| 1분기 합계 | 190,727 | 207,243 | 172,398 | 177,293 |

① 계열 옵션에서 '간격 너비'가 0%로 설정되어 있다.

② 범례 표지 없이 데이터 테이블이 표시되어 있다.

③ '1월', '2월', '3월' 계열에 오차 막대가 표시되어 있다.

④ '1분기 합계' 계열은 '보조 축'으로 지정되어 있다.

문제에 제시된 그림은 '간격 너비'가 아니라 '계열 겹치기'가 0%로 설정되어 있습니다. '간격 너비'를 0%로 설정하면 다음과 같이 표시됩니다.

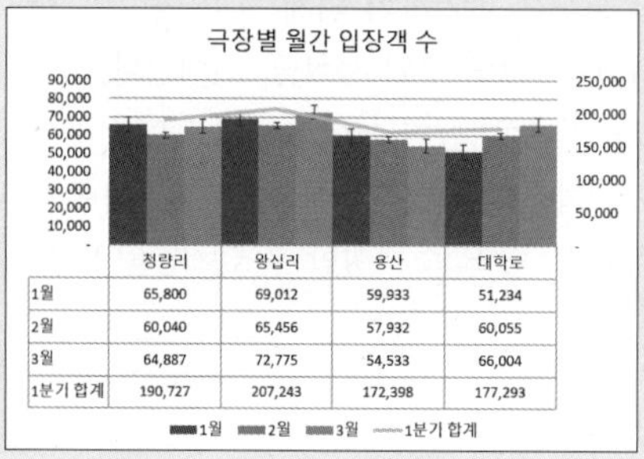


| | 청량리 | 왕십리 | 용산 | 대학로 |
|---|---|---|---|---|
| 1월 | 65,800 | 69,012 | 59,933 | 51,234 |
| 2월 | 60,040 | 65,456 | 57,932 | 60,055 |
| 3월 | 64,887 | 72,775 | 54,533 | 66,004 |
| 1분기 합계 | 190,727 | 207,243 | 172,398 | 177,293 |

▶ **정답** : 1. ① 2. ③ 3. ② 4. ①

SECTION 101

# 용도별 차트 작성

A 등급

## 1 표준 차트

24.5, 24.3, 24.2, 24.1, 23.5, 23.4, 23.3, 23.2, 23.1, 22.7, 22.5, 22.4, 22.3, 22.2, 21.4, 21.3, 21.2, 21.1, 20.1, 19.2, 18.상시, …

4310101

| 종류 | 그림 | 특징 |
|---|---|---|
| 16.3, 11.3<br>세로 막대형 차트 | 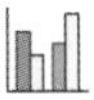 | • 각 항목 간의 값을 막대의 길이로 비교·분석하는 데 적합하다.<br>• 가로(항목) 축은 수평으로 나타내고, 세로(값) 축은 수직으로 나타낸다. |
| 08.4, 2급 08.4<br>가로 막대형 차트 |  | • 각 항목 간의 값을 막대의 길이로 비교·분석하는 데 적합하다.<br>• 가로(항목) 축은 수직으로 나타내고, 세로(값) 축은 수평으로 나타낸다. |
| 11.3, 08.4, 06.3<br>꺾은선형 차트 |  | • 일정 기간 동안의 데이터 변화 추세를 확인하는 데 적합하다.<br>• 연속적인 값의 변화를 표현하는 것으로, 변화율에 중점을 둔다. |
| 24.5, 23.4, 23.3, 22.4, …<br>원형 차트* |  | • 전체 항목의 합에 대한 각 항목의 비율을 나타내는 차트로 중요한 요소를 강조할 때 사용한다.<br>• 항상 한 개의 데이터 계열만 가지고 있으므로 축이 없다.<br>• 차트의 각 조각을 분리할 수 있고 첫째 조각의 각*을 0~360도로 회전할 수 있다. |
| 24.1, 23.5, 22.7, 22.5, …<br>분산형 차트 |  | • X·Y 좌표로 이루어진 한 계열로 두 개의 숫자 그룹을 나타낸다.<br>• 데이터의 불규칙한 간격이나 묶음을 보여주는 것으로, 주로 과학·공학용 데이터 분석에 사용된다.<br>• 데이터 요소 수가 많아 데이터 요소 간의 차이점보다는 큰 데이터 집합 간의 유사점을 표시하기 위해 사용된다. |
| 22.7, 19.2, 18.2<br>영역형 차트 |  | • 시간에 따른 각 값의 변화량을 비교할 때 사용된다.<br>• 전체 영역과 특정 값의 영역을 비교해 전체와 부분 간의 관계를 나타낼 수 있다. |
| 22.7, 19.2, 13.2, 13.1, 09.1<br>도넛형 차트 |  | • 전체에 대한 각 부분의 관계를 비율로 나타내어 각 부분을 비교할 때 사용된다.<br>• 원형 차트와는 달리 여러 개의 데이터 계열을 갖는다.<br>• 도넛 구멍의 크기*를 0%~90% 사이의 값으로 조정하거나 첫째 조각의 각을 0~360도로 회전할 수 있다. |
| 23.4, 22.4, 16.1, 11.3<br>방사형 차트* |  | • 많은 데이터 계열의 집합적인 값을 나타낼 때 사용된다.<br>• 각 계열은 가운데서 뻗어 나오는 값 축을 갖는다. |
| 24.2, 22.7, 21.4, 18.2, 10.2<br>표면형 차트 |  | 두 개의 데이터 집합에서 최적의 조합을 찾을 때 사용한다. |
| 23.4, 23.1, 22.4, 21.4, …<br>거품형 차트 |  | • 계열 간의 항목 비교에 사용한다.<br>• 분산형 차트의 한 종류로 데이터 계열값이 세 개인 경우에 사용한다.<br>• Z축에 해당하는 값(세 번째 변수값)을 작성하지 않고, 거품의 크기*로 표시한다. |
| 21.4, 21.2, 19.2, 06.4<br>주식형 차트* |  | • 주식의 거래량과 같은 주가의 흐름을 파악하고자 할 때 사용한다.<br>• 거래량, 시가, 고가, 저가, 종가 등을 나타내기 위해 5개의 계열이 필요하다. |
| 2급 24.3, 23.2<br>트리맵 차트 |  | • 계층 간의 상대적 크기를 비교할 때 사용한다.<br>• 계층 간의 비율을 사각형으로 표시한다.<br>• 색과 근접성을 기준으로 각 계층을 분류한다. |

**전문가의 조언**

**중요해요!** 거품형, 원형, 꺾은선형 등 각 차트의 특징을 알아야만 풀 수 있는 문제가 출제되었습니다. 차트별로 다른 차트와 구별되는 특징 정도는 알고 있어야 합니다. 특히 원형 차트는 항상 계열이 하나라는 것을 꼭 기억하세요.

**원형 대 가로 막대형 차트**

데이터 중 비교적 값이 작은 데이터를 누적 막대형 차트로 결합하여 표시하는 차트입니다.

**원형/도넛형 차트의 첫째 조각의 각 회전 방법**

데이터 계열을 선택한 후 바로 가기 메뉴에서 [데이터 계열 서식] 선택 → '데이터 계열 서식' 창의 [계열 옵션] → [(계열 옵션)] → [계열 옵션]에서 첫째 조각의 각을 조정합니다.

**도넛 구멍 크기 변경 방법**

데이터 계열을 선택한 후 바로 가기 메뉴에서 [데이터 계열 서식] 선택 → '데이터 계열 서식' 창의 [계열 옵션] → [(계열 옵션)] → [계열 옵션]에서 도넛 구멍 크기를 조정합니다.

**방사형 차트의 기본 축**

방사형 차트는 기본 세로 축만 표시됩니다.

**거품의 크기**

| 품목의 번호 | 판매 | 시장점유율(%) |
|---|---|---|
| 14 | 11,200 | 13 |
| 20 | 60,000 | 23 |
| 18 | 14,400 | 5 |

X 값　Y 값　거품 크기

**주식형 차트**

피벗 테이블에 차트를 추가하여 피벗 차트 보고서를 작성할 수 있는데, 주식형, 분산형, 거품형, 트리맵, 선버스트, 히스토그램 차트로는 작성할 수 없습니다.

| | | |
|---|---|---|
| 23.2<br>**선버스트 차트** |  | • 계층 간의 관계를 비교할 때 사용한다.<br>• 계층 간의 비율을 고리 또는 원으로 표시한다.<br>• 가장 안쪽에 있는 원이 계층의 가장 높은 수준을 나타낸다. |
| 24.3<br>**히스토그램 차트** | 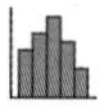 | 특정 범위를 그룹화하여 그룹별 데이터의 분포를 표시할 때 사용한다. |

24.2, 15.3, 15.1, 12.3, 09.3, 09.2, 09.1, 08.4, 2급 18.1, 17.2, 17.1, 10.1, 09.4, 08.2, 06.3, 04.4, 04.1, 03.1, 01.2, 99.2

## 2 특수 차트

4310102

**전문가의 조언**

이중 축 차트의 용도나 혼합형 차트로 만들 수 없는 차트를 묻는 문제가 출제되었습니다. 꼭 알아두세요.

### 이중 축 차트

이중 축 차트는 차트에 또 하나의 값 축을 추가하여 이중으로 값을 표시하는 차트이다.

- 특정 데이터 계열의 값이 다른 데이터 계열의 값과 현저하게 차이가 나거나, 종류가 다른 2개 이상의 데이터 계열을 가진 차트에 효율적으로 사용된다.
- 왼쪽에 표시되는 세로(값) 축의 맞은편(오른쪽)에 보조 축이 표시된다.

**준비하세요**

'C:\길벗컴활1급필기\2과목\2과목.xlsm' 파일을 불러와 '섹션101' 시트에서 실습하세요.

**예제 1** 다음과 같이 이중 축 차트로 변경하시오.

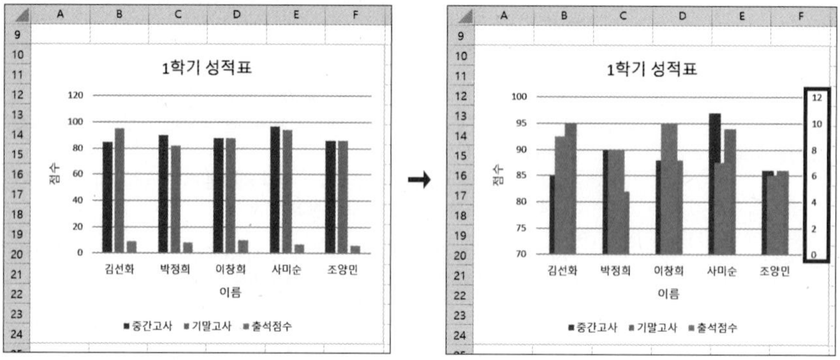


**계열 선택**

'출석점수' 데이터 계열의 값이 다른 데이터의 값과 차이가 많이 나므로 화면에 작게 표시됩니다. 가장 마지막 계열을 선택하면 됩니다.

① 이중 축으로 변환할 데이터 계열을 선택*한 후 바로 가기 메뉴에서 [데이터 계열 서식]을 선택하거나 [서식] → [현재 선택 영역] → [선택 영역 서식]을 클릭한다.

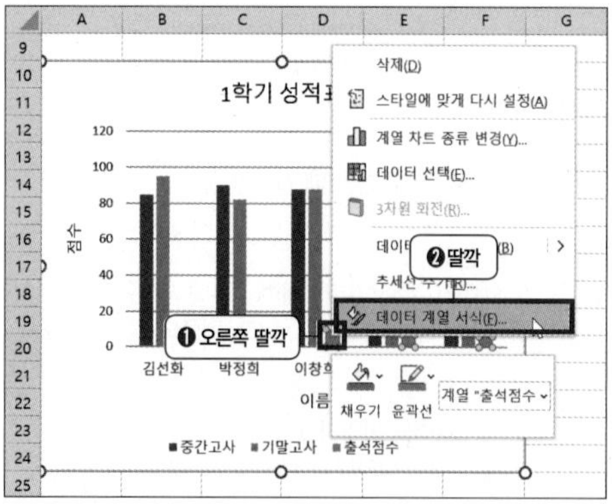


② '데이터 계열 서식' 창의 [계열 옵션] → [(계열 옵션)] → [계열 옵션]에서 '보조 축'을 선택한 후 닫기(☒) 단추를 클릭하면 이중 축 차트가 완성된다.

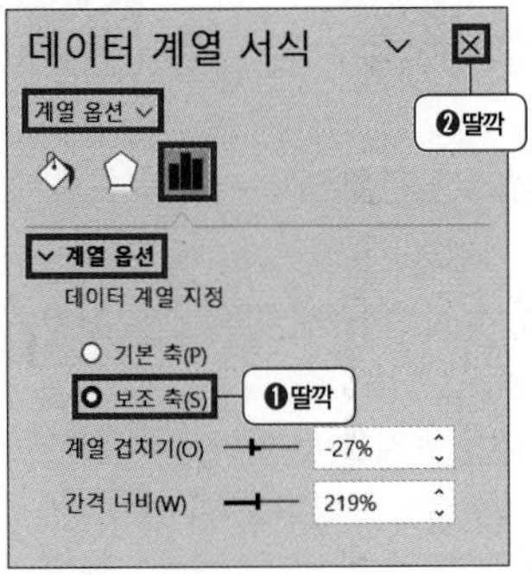


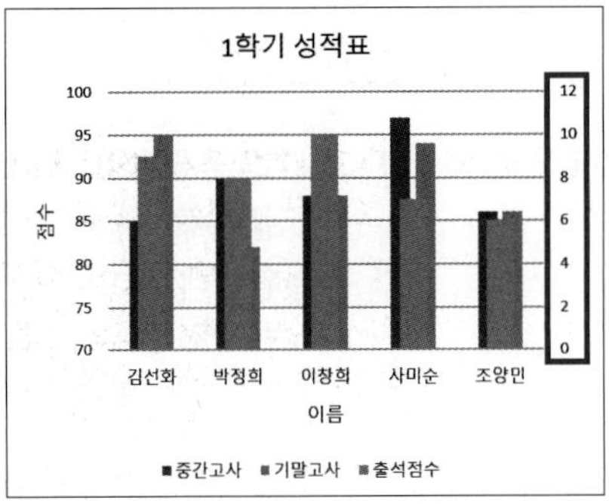


### 혼합형(콤보) 차트

혼합형(콤보) 차트는 두 개 이상의 데이터 계열을 갖는 차트에서 특정 데이터 계열을 강조하고자 할 경우 해당 데이터 계열을 다른 차트로 표시하는 것이다.

• 3차원 차트는 혼합형 차트로 구현할 수 없다.

**예제 2** 앞에서 작성한 차트를 다음 그림과 같이 혼합형 차트로 변경하시오.

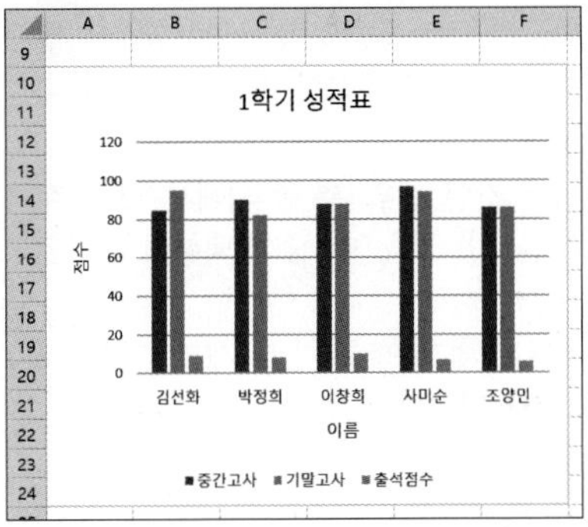


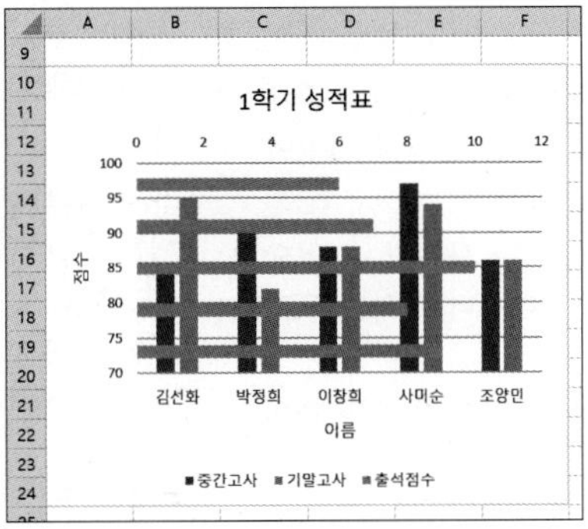


① 임의의 데이터 계열을 선택한 후 [차트 디자인] → [종류] → [차트 종류 변경]을 클릭하거나 바로 가기 메뉴에서 [계열 차트 종류 변경]을 선택한다.

② '차트 종류 변경' 대화상자에서 그림과 같이 선택한 후 〈확인〉을 클릭한다.

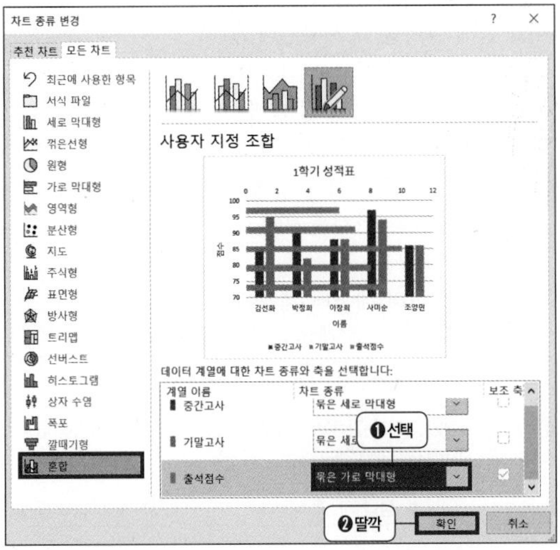


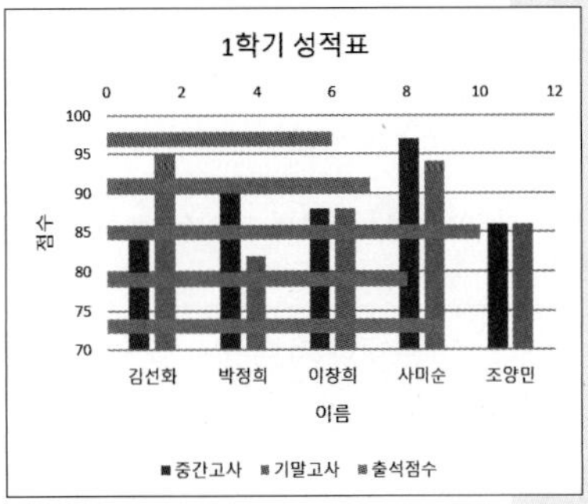

따라잡기 기출문제 따라잡기

문제1 3210551　문제5 4310155

23년 3회, 22년 3회, 19년 2회, 07년 2회, 06년 4회, 1회, 03년 3회

**1. 다음 중 아래의 데이터를 이용하여 각 데이터 간 값을 비교하는 차트를 작성하려고 할 때 가장 적절하지 않은 차트는?**

| | A | B | C | D | E |
|---|---|---|---|---|---|
| 1 | 성명 | 1사분기 | 2사분기 | 3사분기 | 4사분기 |
| 2 | 홍길동 | 83 | 90 | 95 | 70 |
| 3 | 성춘향 | 91 | 70 | 70 | 88 |
| 4 | 이몽룡 | 93 | 98 | 91 | 93 |
| 5 | | | | | |

① 세로 막대형　② 꺾은선형
③ 원형　④ 방사형

한 개의 데이터 계열만 표시할 수 있는 원형 차트로는 4개의 계열로 구성된 표의 데이터를 표시할 수 없습니다.

21년 4회

**2. 다음 중 각 차트 종류에 대한 설명으로 적절하지 않은 것은?**

① 주식형 : 고가, 저가, 종가 등의 주식 거래 가격을 바탕으로 차트를 작성한다.
② 분산형 : 여러 데이터 계열에 있는 숫자 값 사이의 관계를 보여 주거나 두 개의 숫자 그룹을 xy 좌표로 이루어진 하나의 계열로 표시할 때 사용된다.
③ 거품형 : 데이터 값이 두 개인 경우에만 사용할 수 있으며 첫 번째 값이 X축, 두 번째 값이 데이터 표식의 크기로 사용된다.
④ 표면형 : 두 개의 데이터 집합에서 최적의 조합을 찾을 때 사용된다.

거품형은 데이터 값이 세 개인 경우에만 사용할 수 있으며 첫 번째 값이 X축, 두 번째 값이 Y축, 세 번째 값이 데이터 표식의 크기로 사용됩니다.

24년 1회, 23년 5회, 22년 5회, 21년 3회, 1회, 17년 1회, 16년 2회

**3. 다음 중 아래 설명에 해당하는 차트 종류는?**

- 항목의 값을 점으로 표시하여 여러 데이터 값들의 관계를 보여준다.
- 과학, 통계 및 공학 데이터와 같은 숫자 값을 표시하고 비교하는데 사용된다.
- 가로 축의 값이 일정한 간격이 아닌 경우나 데이터 요소의 수가 많은 경우 사용된다.

① 분산형 차트　② 도넛형 차트
③ 방사형 차트　④ 혼합형 차트

항목의 값을 점으로 표시하여 여러 데이터 값들의 관계를 보여주는 것은 분산형 차트입니다.

24년 5회, 22년 2회, 12년 2회

**4. 다음 중 원형 차트에 대한 설명으로 옳은 것은?**

① 원형 차트는 하나의 축을 가진다.
② 원형 대 가로 막대형 차트에서는 비교적 작은 값을 누적 막대형 차트로 결합하여 표시한다.
③ 원형 차트에 데이터 테이블을 표시할 수 있다.
④ 3차원 원형 차트는 쪼개진 원형으로 표시할 수 없다.

① 원형 차트는 축이 없습니다.
③ 원형 차트에는 데이터 테이블을 표시할 수 없습니다.
④ 3차원 원형 차트도 쪼개진 원형으로 표시할 수 있습니다.

23년 4회, 22년 4회, 16년 1회

**5. 다음 중 차트에서 사용하는 축에 대한 설명으로 옳지 않은 것은?**

① 방사형 차트와 거품형 차트에서는 기본 가로 축만 표시된다.
② 가로(항목) 축에서 [축 위치] 옵션은 데이터 표시와 레이블이 축에 표시되는 방식에 영향을 주며 2차원 영역형 차트, 세로 막대형 차트 및 꺾은선형 차트에 사용할 수 있다.
③ 가로(항목) 축이 날짜 값인 경우 [축 종류]에서 '날짜 축'을 선택하여 [단위]를 '일', '월', '년' 중 선택하여 지정할 수 있다.
④ 3차원 꺾은선형 차트는 세 개의 축(가로, 세로, 깊이 축)에 따라 데이터 요소를 비교한다.

방사형 차트는 기본 세로 축만 표시되고, 거품형 차트는 기본 가로 축과 기본 세로 축이 모두 표시됩니다.

22년 7회, 18년 2회

**6. 다음 중 각 차트 종류에 대한 설명으로 적절하지 않은 것은?**

① 영역형 차트 : 워크시트의 여러 열이나 행에 있는 데이터에서 시간에 따른 변동의 크기를 강조하여 합계 값을 추세와 함께 살펴볼 때 사용된다.
② 표면형 차트 : 일반적인 척도를 기준으로 연속적인 데이터를 표시할 수 있으므로 일정 간격에 따른 데이터의 추세를 표시할 때 사용된다.
③ 도넛형 차트 : 여러 열이나 행에 있는 데이터에서 전체에 대한 각 부분의 관계를 비율로 나타내어 각 부분을 비교할 때 사용된다.
④ 분산형 차트 : 여러 데이터 계열에 있는 숫자 값 사이의 관계를 보여 주거나 두 개의 숫자 그룹을 xy 좌표로 이루어진 하나의 계열로 표시할 때 사용된다.

표면형 차트는 두 개의 데이터 집합에서 최적의 조합을 찾을 때 사용합니다. ②번은 꺾은선형 차트에 대한 설명입니다.

▶ 정답 : 1. ③　2. ③　3. ①　4. ②　5. ①　6. ②

## 098 | 차트 작성의 기초

### ❶ 차트의 개요 24.4, 23.5, 22.6, 22.1, 21.5, 18.1, 14.2, 12.3, 12.1, 10.3, 10.1

- 워크시트의 데이터를 막대나 선, 도형, 그림 등을 사용하여 시각적으로 표현한 것이다.
- 원본 데이터가 바뀌면 차트의 모양도 바뀐다.
- 데이터가 입력된 셀 중 하나를 선택한 상태에서 차트를 만들면 해당 셀을 둘러싼 모든 셀의 데이터가 차트에 표시된다.
- 차트에 사용될 데이터를 범위로 지정한 후 F11을 누르면 별도의 차트 시트에 기본 차트가 작성되고, Alt + F11을 누르면 데이터가 있는 워크시트에 기본 차트가 작성된다.
- 도넛형, 분산형, 주식형, 방사형, 트리맵, 선버스트, 히스토그램 차트는 3차원 차트로 작성할 수 없다.

### ❷ 차트의 구성 요소 24.3, 21.4, 21.1, 20.2, 19.상시, 15.3, 15.2, 13.3, 13.2, 12.1, 10.3, 10.2, 10.1

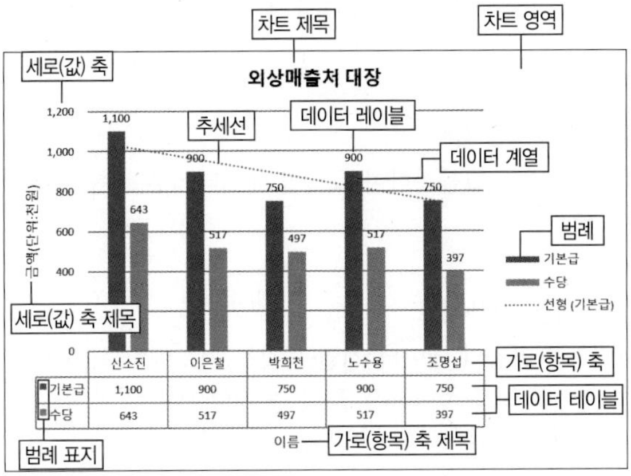


### ❸ 특정 셀의 텍스트를 차트 제목으로 연결하는 방법 23.5, 22.6, 22.1, …

- 차트 제목을 클릭한 후 수식 입력줄에 등호(=)를 입력하고 해당 셀을 클릭한 다음 Enter를 누른다.
- 수식 입력줄에는 =시트이름!셀주소(예 =Sheet1!$A$1)가 표시된다.

## 099 | 차트 편집1

### ❶ 차트 편집 24.4, 20.1, 17.2, 14.3, 11.1, 05.4, 04.1, 03.2, 2급 12.3, 11.2, 10.2, 10.1

- 범례 항목에서 범례에 표시되는 데이터 계열의 순서를 바꿀 수 있다.
- 차트에 적용된 원본 데이터의 행이나 열을 숨기면 차트에도 반영되어 표시되지 않는다.
- 빈 셀 표시 형식
  - 간격

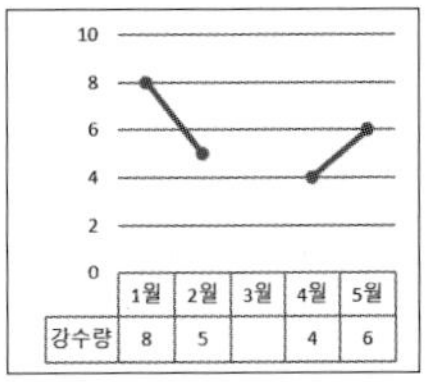


  - 0으로 처리

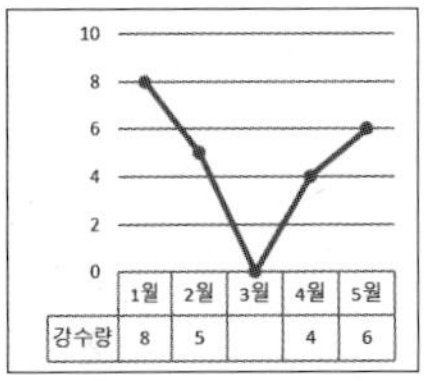


  - 선으로 데이터 요소 연결

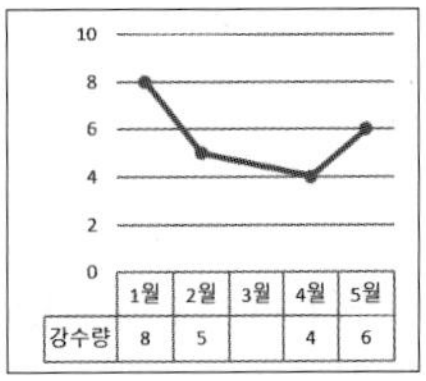


### ❷ 추세선 21.2, 19.1, 17.1, 16.2, 14.1, 11.3

- 특정한 데이터 계열에 대한 변화 추세를 파악하기 위해 표시하는 선이다.
- 종류 : 선형, 로그, 다항식, 거듭제곱, 지수, 이동 평균
- 3차원, 방사형, 원형, 도넛형, 표면형 차트 등에는 추세선을 추가할 수 없다.
- 추세선이 추가된 계열의 차트를 3차원으로 변경하면 추세선이 삭제된다.
- 하나의 데이터 계열에 두 개 이상의 추세선을 동시에 표시할 수 있다.

### ❸ 오차 막대 23.5, 23.2, 23.1, 16.3, 16.1, 13.3, 11.1

- 데이터 계열의 오차량을 그림으로 나타낸 것이다.
- 고정값, 백분율, 표준 편차, 표준 및 오차 등으로 표시할 수 있다.
- 3차원 차트에는 오차 막대를 표시할 수 없다.

## 100 | 차트 편집2

### ❶ 계열 겹치기 21.3, 21.2, 18.2

- 데이터 계열의 항목들이 겹치도록 지정하는 것으로, −100% ~ 100% 사이의 값을 지정한다.
- 양수로 지정하면 데이터 계열이 겹쳐져 표시되고, 음수로 지정하면 데이터 계열 사이가 벌어져 표시된다.

### ❷ 간격 너비 지정하기 23.3, 22.3

- 막대와 막대 사이의 간격을 말하는 것으로, 0% ~ 500% 사이의 값을 지정한다.
- 수치가 클수록 막대와 막대 사이의 간격은 넓어지고 막대의 너비는 줄어든다.

## 101 | 용도별 차트 작성

### ❶ 원형 차트 24.5, 23.4, 23.3, 22.4, 22.3, 22.2, 20.1, 13.1, 12.2

- 전체 항목의 합에 대한 각 항목의 비율을 나타내는 차트로 중요한 요소를 강조할 때 사용한다.
- 항상 한 개의 데이터 계열만 가지고 있으므로 축이 없다.
- 차트의 각 조각을 분리할 수 있다.

### ❷ 분산형 차트 24.1, 23.5, 22.7, 22.5, 22.2, 21.4, 21.3, 21.1, 17.2, 17.1, 16.2, 14.2, 13.1, 12.1, 11.3

- X · Y 좌표로 이루어진 한 계열로 두 개의 숫자 그룹을 나타낸다.
- 데이터의 불규칙한 간격이나 묶음을 보여주는 것으로, 주로 과학, 공학용 데이터 분석에 사용된다.
- 데이터 요소 수가 많아 데이터 요소 간의 차이점보다는 큰 데이터 집합 간의 유사점을 표시하기 위해 사용된다.

### ❸ 방사형 차트 23.4, 22.4, 16.1, 11.3

- 많은 데이터 계열의 집합적인 값을 나타낼 때 사용된다.
- 기본 세로 축만 표시된다.

### ❹ 표면형 차트 24.2, 22.7, 21.4, 18.2, 10.2

두 개의 데이터 집합에서 최적의 조합을 찾을 때 사용한다.

### ❺ 거품형 차트 23.4, 23.1, 22.4, 21.4, 16.1

- 분산형 차트의 한 종류로 데이터 계열값이 세 개인 경우에 사용한다.
- 데이터 값이 세 개인 경우에만 사용할 수 있으며, 첫 번째 값은 X축, 두 번째 값은 Y축, 세 번째 값은 데이터 표식의 크기로 사용된다.

### ❻ 주식형 차트 21.4, 21.2, 19.2

- 주식의 거래량과 같은 주가의 흐름을 파악하고자 할 때 사용한다.
- 거래량, 시가, 고가, 저가, 종가 등을 나타내기 위해 5개의 계열이 필요하다.

### ❼ 선버스트 차트 23.2

- 계층 간의 관계를 비교할 때 사용한다.
- 계층 간의 비율을 고리 또는 원으로 표시한다.
- 가장 안쪽에 있는 원이 계층의 가장 높은 수준을 나타낸다.

### ❽ 히스토그램 차트 24.3

특정 범위를 그룹화하여 그룹별 데이터의 분포를 표시할 때 사용한다.

### ❾ 혼합형(콤보) 차트 24.2

- 두 개 이상의 데이터 계열을 갖는 차트에서 특정 데이터 계열을 강조하고자 할 경우 해당 데이터 계열을 다른 차트로 표시하는 것이다.
- 3차원 차트는 혼합형 차트로 구현할 수 없다.

# 4장

# 출력

102 워크시트의 화면 설정 Ⓐ등급
103 페이지 설정 Ⓐ등급
104 인쇄 Ⓐ등급

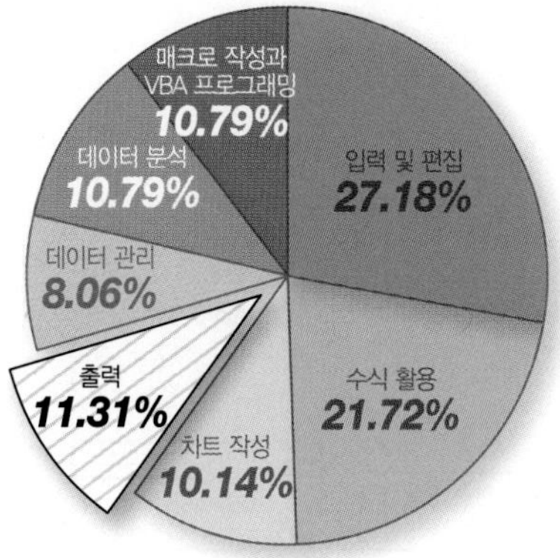


**이 장에서 꼭 알아야 할 키워드 Best 10**

**1.** 페이지 설정 **2.** 틀 고정 **3.** 페이지 나누기 미리 보기 **4.** 인쇄 미리 보기 **5.** 인쇄 영역 설정 **6.** 인쇄 **7.** 페이지 나누기 **8.** 창 나누기 **9.** 확대/축소 **10.** 창 정렬

SECTION 102

# 워크시트의 화면 설정

A 등급

## 1 확대/축소

23.2, 23.1, 22.7, 20.2, 18.2, 16.2, 15.3, 13.3, 11.1, 10.3, 2급 20.상시, 19.2, 18.1, 13.3

1209201

> **전문가의 조언**
> 워크시트의 화면 [확대/축소]에 관한 내용으로 틀린 것을 찾는 문제가 출제되고 있으니 정리해 두세요.
>
> **[보기] → [확대/축소]**

작업 화면의 크기를 10~400%까지 확대하거나 축소하는 기능이다.

**실행** 다음과 같이 수행한 후 확대/축소 배율을 지정한다.

- 방법 1 : [보기] → [확대/축소]* → [확대/축소] 클릭
- 방법 2 : 상태 표시줄의 '확대/축소 비율(100%)' 클릭

### 특징

- 영역을 선택한 후 [보기] → [확대/축소] → [선택 영역 확대/축소]를 클릭하면 선택된 영역이 전체 화면에 맞춰 확대 또는 축소된다.
- 확대/축소 배율은 지정한 시트에만 적용된다.
- '확대/축소' 대화상자의 사용자 지정 입력 상자에 직접 배율을 입력할 수 있다.
- Ctrl을 누른 채 마우스의 스크롤 버튼을 위로 굴리면 화면이 확대되고, 아래로 굴리면 화면이 축소*된다.
- 화면의 확대/축소는 인쇄 시 적용되지 않는다.

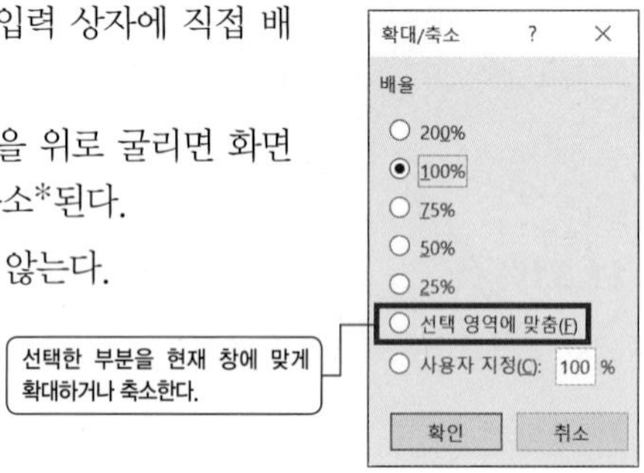


> **마우스를 이용한 화면 확대/축소**
> [파일] → [옵션] → [고급] 탭의 '편집 옵션' 항목에서 'IntelliMouse로 화면 확대/축소' 옵션을 체크하면 Ctrl을 누르지 않은 상태에서 마우스의 스크롤 버튼만으로 화면의 축소 및 확대가 가능합니다.

## 2 틀 고정

24.5, 23.4, 23.3, 23.2, 23.1, 22.4, 22.3, 22.2, 21.3, 21.1, 20.상시, 19.1, 18.상시, 18.2, 17.2, 16.2, 16.1, 15.2, 14.3, …

3210602

> **전문가의 조언**
> **중요해요!** 자주 출제되는 내용입니다. 예제를 통해 틀 고정선이 표시되는 위치와 특징 등을 확실히 파악하세요.

데이터의 양이 많은 경우, 열이나 행을 고정시켜 셀 포인터의 이동과 상관없이 특정 영역을 항상 표시하기 위해 사용한다.

### 특징

- 화면에 표시되는 틀 고정 형태는 인쇄 시 적용되지 않는다.
- 틀 고정을 수행하면 셀 포인터의 왼쪽과 위쪽으로 고정선이 표시된다.
- 틀 고정선의 위치를 마우스로 조정할 수 없다.
- 첫 행이나 첫 열만을 고정하려면 [보기] → [창] → [틀 고정] → [첫 행 고정]/[첫 열 고정]을 선택한다.

> **준비하세요**
> 'C:\길벗컴활1급필기\2과목\2과목.xlsm' 파일을 불러와 '섹션102-1' 시트에서 실습하세요.

**예제 1** [C3] 셀을 기준으로 틀 고정을 실행하시오.

① 틀 고정할 행의 아래쪽, 열의 오른쪽 셀(C3)을 선택한다.

② [보기] → [창] → [틀 고정] → [틀 고정]을 선택한다.

| | A | B | C | D | E | F | G | H |
|---|---|---|---|---|---|---|---|---|
| 1 | | | | | | | | |
| 2 | | 학번 | 이름 | 학과 | 과제 | 중간 | 기말 | 종합 |
| 3 | | 123001 | 홍길동 | 경영 | 60 | 60 | 90 | 210 |
| 4 | | 123002 | 강감찬 | 경영 | 50 | 70 | 90 | 210 |
| 5 | | 123003 | 이순신 | 전산 | 90 | 50 | 100 | 240 |
| 6 | | 123004 | 이율곡 | 전산 | 40 | 80 | 80 | 200 |

2행의 아래쪽과 B열의 오른쪽, 즉 [C3] 셀에서 틀 고정을 수행하면 1, 2행과 A, B열이 고정된다.

↓

| | A | B | C | D | E | F | G | H |
|---|---|---|---|---|---|---|---|---|
| 1 | | | | | | | | |
| 2 | | 학번 | 이름 | 학과 | 과제 | 중간 | 기말 | 종합 |
| 5 | | 123003 | 이순신 | 전산 | 90 | 50 | 100 | 240 |
| 6 | | 123004 | 이율곡 | 전산 | 40 | 80 | 80 | 200 |
| 7 | | | | | | | | |
| 8 | | | | | | | | |

셀 포인터를 오른쪽으로 이동하면 B열을 기준으로, 아래쪽으로 이동하면 2행을 기준으로 고정되어 표시된다.

③ 틀 고정을 취소하려면 [보기] → [창] → [틀 고정] → [틀 고정 취소]를 선택한다.

## 3 창 나누기

24.4, 23.3, 22.3, 19.1, 18.2, 03.3, 2급 24.4, 24.2, 24.1, 23.5, 23.4, 21.2, 19.1, 18.2, 17.1, 16.2, 16.1, 15.2, 14.2, 12.3, …

3210603

데이터의 양이 많아 데이터를 한 화면으로 모두 보기 어려운 경우, 창 나누기를 이용하면 서로 떨어져 있는 데이터를 한 화면에 표시하는 기능이다.

### 특징

- 화면에 표시되는 창 나누기 형태는 인쇄 시 적용되지 않는다.
- 창 나누기를 수행하면 셀 포인터의 왼쪽과 위쪽으로 창 구분선이 표시된다.
- 하나의 시트를 2개 혹은 4개의 영역으로 나눈다.
- 창 나누기 구분선의 위치를 마우스로 이동시킬 수 있다.
- 마우스로 더블클릭하면 창 나누기 구분선이 제거된다.

**예제 2** [E4] 셀을 기준으로 창 나누기를 실행하시오.

① 창을 분할하고자 하는 행의 아래쪽, 열의 오른쪽 셀(E4)을 선택한다.

② [보기] → [창] → [나누기]를 클릭한다.

| | A | B | C | D | E | F | G | H |
|---|---|---|---|---|---|---|---|---|
| 1 | | | | | | | | |
| 2 | | 학번 | 이름 | 학과 | 과제 | 중간 | 기말 | 종합 |
| 3 | | 123001 | 홍길동 | 경영 | 60 | 60 | 90 | 210 |
| 4 | | 123002 | 강감찬 | 경영 | 50 | 70 | 90 | 210 |
| 5 | | 123003 | 이순신 | 전산 | 90 | 50 | 100 | 240 |
| 6 | | 123004 | 이율곡 | 전산 | 40 | 80 | 80 | 200 |

작업 창이 4개로 나누어졌으며, 현재 셀 포인터가 있는 창 부분을 기준으로 이동 된다.

※ 창 구분선을 드래그하여 창의 크기를 조절할 수 있다.

↓

| | A | B | C | D | G | H | I | J |
|---|---|---|---|---|---|---|---|---|
| 1 | | | | | | | | |
| 2 | | 학번 | 이름 | 학과 | 기말 | 종합 | | |
| 3 | | 123001 | 홍길동 | 경영 | 90 | 210 | | |
| 4 | | 123002 | 강감찬 | 경영 | 90 | 210 | | |
| 5 | | 123003 | 이순신 | 전산 | 100 | 240 | | |
| 6 | | 123004 | 이율곡 | 전산 | 80 | 200 | | |

③ 창 나누기를 해제*하려면 [보기] → [창] → [나누기]를 다시 클릭한다.

**전문가의 조언**

창 나누기와 틀 고정을 비교하는 문제가 출제되었습니다. 창 나누기 구분선은 틀 고정 구분선과 달리 마우스를 이용하여 위치를 변경할 수 있다는 것을 중심으로 두 기능을 비교하면서 내용을 파악하세요.

**준비하세요**

'C:\길벗컴활1급필기\2과목\2과목.xlsm' 파일을 불러와 '섹션102-2' 시트에서 실습하세요.

**창의 모양과 인쇄**

창 나누기, 틀 고정 및 화면 배율을 조절한 결과는 화면에만 영향을 줄 뿐 인쇄 시에는 적용되지 않습니다.

**창 나누기 해제**

창 구분선을 열 머리글이나 행 머리글로 드래그하거나, 더블클릭해도 창 구분선이 삭제되면서 창 나누기가 해제됩니다.

## 잠깐만요 수평/수직 나누기

1209231

수직으로 나눌 열의 가장 위쪽 행(1행)으로 셀 포인터를 이동시킨 후 [보기] → [창] → [나누기]를 클릭하면 지정한 열의 왼쪽에 수직 창 구분선이 표시됩니다.

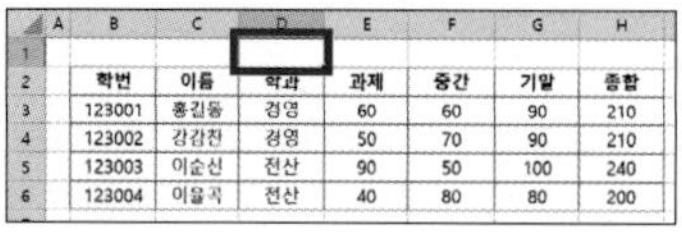

| 학번 | 이름 | 학과 | 과제 | 중간 | 기말 | 종합 |
|---|---|---|---|---|---|---|
| 123001 | 홍길동 | 경영 | 60 | 60 | 90 | 210 |
| 123002 | 강감찬 | 경영 | 50 | 70 | 90 | 210 |
| 123003 | 이순신 | 전산 | 90 | 50 | 100 | 240 |
| 123004 | 이율곡 | 전산 | 40 | 80 | 80 | 200 |

→

| 학번 | 이름 | 학과 | 과제 | 중간 | 기말 | 종합 |
|---|---|---|---|---|---|---|
| 123001 | 홍길동 | 경영 | 60 | 60 | 90 | 210 |
| 123002 | 강감찬 | 경영 | 50 | 70 | 90 | 210 |
| 123003 | 이순신 | 전산 | 90 | 50 | 100 | 240 |
| 123004 | 이율곡 | 전산 | 40 | 80 | 80 | 200 |

수평으로 나눌 행의 가장 왼쪽 열(A열)로 셀 포인터를 이동시킨 후 [보기] → [창] → [나누기]를 클릭하면 지정한 행의 위쪽에 수평 창 구분선이 표시됩니다.

| 학번 | 이름 | 학과 | 과제 | 중간 | 기말 | 종합 |
|---|---|---|---|---|---|---|
| 123001 | 홍길동 | 경영 | 60 | 60 | 90 | 210 |
| 123002 | 강감찬 | 경영 | 50 | 70 | 90 | 210 |
| 123003 | 이순신 | 전산 | 90 | 50 | 100 | 240 |
| 123004 | 이율곡 | 전산 | 40 | 80 | 80 | 200 |

→

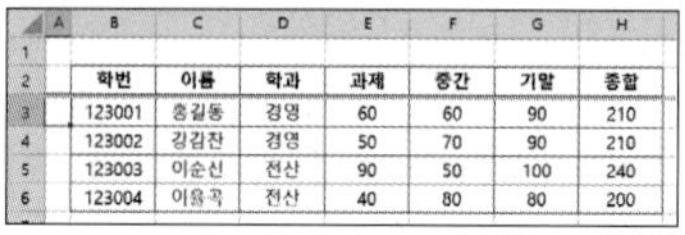

| 학번 | 이름 | 학과 | 과제 | 중간 | 기말 | 종합 |
|---|---|---|---|---|---|---|
| 123001 | 홍길동 | 경영 | 60 | 60 | 90 | 210 |
| 123002 | 강감찬 | 경영 | 50 | 70 | 90 | 210 |
| 123003 | 이순신 | 전산 | 90 | 50 | 100 | 240 |
| 123004 | 이율곡 | 전산 | 40 | 80 | 80 | 200 |

24.3, 20.2, 16.1, 15.2, 11.1, 03.3, 2급 24.1, 19.1, 16.1, 12.2, 08.4, 06.3, 03.1

## 4 창 정렬

1209204

**전문가의 조언**

창 정렬의 네 가지 유형은 실습을 해보면 쉽게 이해됩니다.

작업에 필요한 여러 개의 통합 문서를 한꺼번에 표시하여 작업할 때 사용하는 기능이다.

**실행** [보기] → [창] → [모두 정렬]을 클릭한 뒤 정렬 방식 지정

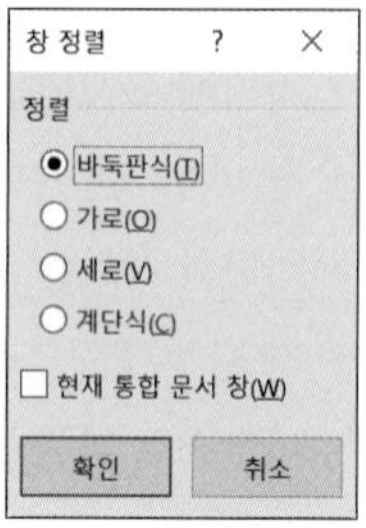


- 바둑판식, 가로, 세로, 계단식 등 네 가지 형태로 창을 정렬할 수 있다.
- 현재 통합 문서의 창만을 화면에 표시하려면 '현재 통합 문서 창'을 선택하고, 열려 있는 모든 문서의 창을 정렬하려면 선택을 해제한다.
- 현재 통합 문서를 여러 창에 나타내려면 [보기] → [창] → [새 창]을 클릭한다.

바둑판식

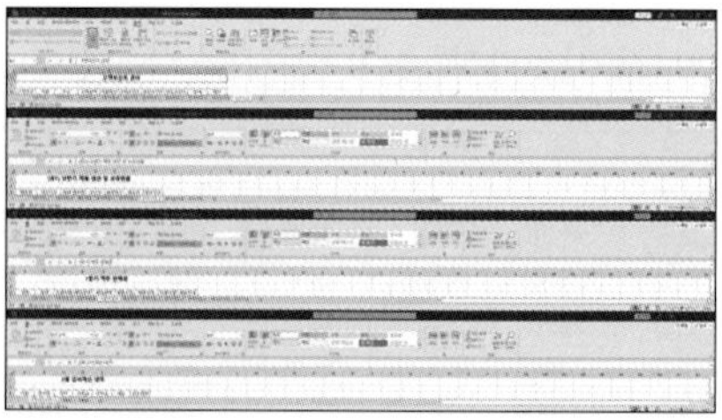

가로식

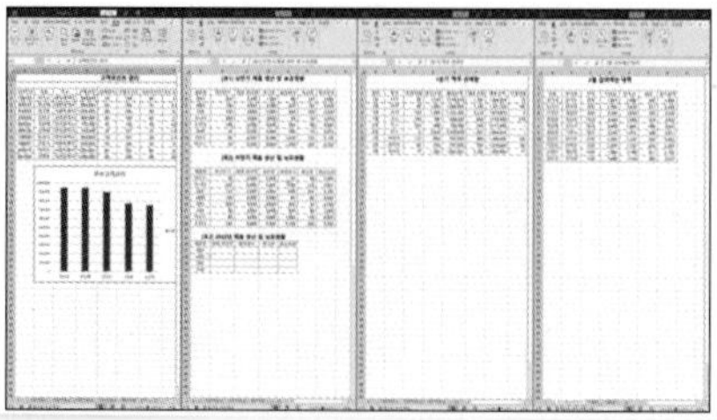

세로식

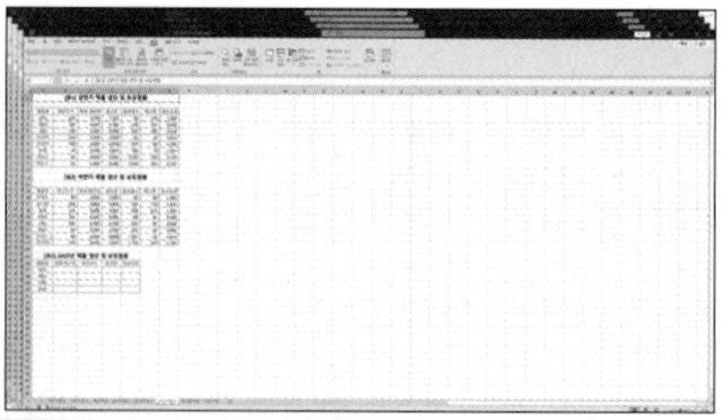

계단식

## 따라잡기 기출문제 따라잡기

문제3 1209253　문제4 4310254

22년 7회, 20년 1회

**1. 다음 중 워크시트의 화면 [확대/축소]에 관한 설명으로 옳지 않은 것은?**

① [선택 영역 확대/축소] 명령은 선택된 영역으로 전체 창을 채우도록 워크시트를 확대하거나 축소한다.

② 설정한 확대/축소 배율은 통합 문서의 모든 시트에 자동으로 적용된다.

③ 문서의 확대/축소는 10%에서 400%까지 설정할 수 있다.

④ 화면의 확대/축소는 단지 화면에서 보이는 상태만을 확대/축소하는 것으로 인쇄 시 적용되지 않는다.

> 화면의 확대/축소는 해당 시트에만 적용됩니다.

24년 3회, 20년 2회, 16년 1회, 03년 3회

**2. 다음 중 아래 그림 [보기] 탭 [창] 그룹의 각 명령에 대한 설명으로 옳지 않은 것은?**

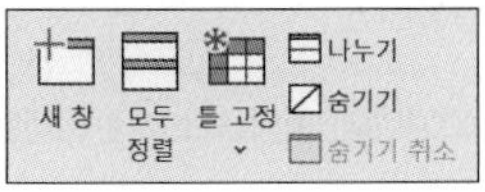


① [새 창]을 클릭하면 새로운 빈 통합 문서가 만들어져 표시된다.

② [모두 정렬]은 현재 열려 있는 문서를 바둑판식, 계단식, 가로, 세로 등 4가지 형태로 배열한다.

③ [숨기기]는 현재 활성화된 통합 문서 창을 보이지 않도록 숨긴다.

④ [나누기]를 클릭하면 워크시트를 최대 4개의 창으로 분리하여 멀리 떨어져 있는 여러 부분을 한 번에 볼 수 있다.

> [새 창]은 현재 활성화되어 있는 통합 문서를 새 창에 하나 더 열어서 두 개 이상의 창을 통해 볼 수 있게 해줍니다.

23년 4회, 22년 4회, 21년 3회, 1회, 18년 2회, 17년 2회, 16년 2회, 1회, 15년 2회, 14년 3회, 1회, 11년 3회, …

**3. 다음 중 엑셀의 틀 고정에 대한 기능 설명으로 옳지 않은 것은?**

① 틀 고정은 특정 행 또는 열을 고정할 때 사용하는 기능으로, 주로 표의 제목 행 또는 제목 열을 고정한 후 작업할 때 유용하다.

② 선택된 셀의 왼쪽 열과 바로 위의 행이 고정된다.

③ 틀 고정 구분선을 마우스로 잡아끌어 틀 고정 구분선을 이동시킬 수 있다.

④ 틀 고정 방법으로 첫 행 고정을 실행하면 선택된 셀의 위치와 상관없이 첫 행이 고정된다.

> 창 나누기 기준은 마우스로 위치를 조정할 수 있으나 틀 고정 기준은 마우스로 위치를 조정할 수 없습니다.

23년 3회, 22년 3회, 19년 1회, 18년 2회

**4. 다음 중 화면 제어에 관한 설명으로 옳은 것은?**

① 창 나누기는 [실행 취소] 명령으로 나누기를 해제할 수 있다.

② 창 나누기는 항상 4개로 분할되며 분할된 창의 크기는 마우스를 드래그하여 변경 가능하다.

③ 틀 고정 기준은 마우스로 위치를 조정할 수 있다.

④ 틀 고정은 행 또는 열, 열과 행으로 모두 고정이 가능하다.

> ① 창 나누기는 [실행 취소] 명령으로 나누기를 해제할 수 없습니다.
> ② 창 나누기는 셀 포인터의 위치에 따라 4개 또는 2개로 분할됩니다.
> ③ 창 나누기 구분선은 마우스로 드래그하여 위치를 변경할 수 있지만 틀 고정 구분선은 마우스로 드래그하여 변경할 수 없습니다.

23년 2회, 1회, 13년 2회, 11년 1회

**5. 다음 중 엑셀의 화면 제어에 관한 설명으로 옳지 않은 것은?**

① 숨겨진 통합 문서를 표시하려면 [보기] → [창] → '숨기기 취소'를 실행한다.

② 틀 고정에 의해 분할된 왼쪽 또는 위쪽 부분은 인쇄 시 반복할 행과 반복할 열로 자동 설정된다.

③ [Excel 옵션]의 [고급] 탭에서 'IntelliMouse로 화면 확대/축소' 옵션을 설정하면 Ctrl을 누르지 않은 상태에서 마우스 휠의 스크롤만으로 화면의 축소 및 확대가 가능하다.

④ 확대/축소 배율은 선택된 시트에만 적용된다.

> 화면에 표시되는 틀 고정 형태는 인쇄에 영향을 주지 않습니다.

24년 5회, 22년 2회, 17년 2회, 16년 2회, 14년 3회

**6. 다음 중 [틀 고정]에 대한 설명으로 옳지 않은 것은?**

① 워크시트를 스크롤할 때 특정 행이나 열이 계속 표시되도록 하는 기능이다.

② 워크시트의 화면상 첫 행이나 첫 열을 고정할 수 있으며, 선택한 셀의 위쪽 행과 왼쪽 열을 고정할 수도 있다.

③ 표시되어 있는 틀 고정선을 더블클릭하여 틀 고정을 취소할 수 있다.

④ 인쇄 시 화면에 표시되는 틀 고정의 형태는 적용되지 않는다.

> 창 나누기 기준선은 마우스로 더블클릭하면 창 나누기가 취소되지만 틀 고정선은 취소되지 않습니다. 틀 고정을 취소하려면 [보기] → [창] → [틀 고정] → [틀 고정 취소]를 선택해야 합니다.

▶ **정답 :** 1. ② 2. ① 3. ③ 4. ④ 5. ② 6. ③

SECTION 103

# 페이지 설정

A 등급

전문가의 조언

**중요해요!** '페이지 설정' 대화상자의 탭별 기능을 묻는 문제가 자주 출제됩니다. 각 탭에서 수행할 수 있는 기능을 정확히 구분하여 알아두세요.

**페이지 설정**
- 인쇄할 문서에 페이지, 여백, 머리글/바닥글, 시트에 관한 여러 사항을 설정할 수 있습니다.
- 여러 워크시트에 동일한 페이지, 여백, 머리글/바닥글을 지정하려면 여러 워크시트를 선택하여 그룹화 한 후 지정하면 됩니다.

24.5, 24.3, 24.2, 24.1, 23.4, 23.3, 22.4, 21.4, 21.3, 20.상시, 19.상시, 19.1, 18.상시, 17.2, 17.1, 15.2, 14.3, 14.1, 13.2, 12.3, …

## 1 페이지 설정*

1209301

용지 방향, 축소/확대 배율, 용지 크기, 인쇄 품질, 시작 페이지 번호 등을 설정한다.

**실행** [페이지 레이아웃] → [페이지 설정]의 '⧉' 클릭

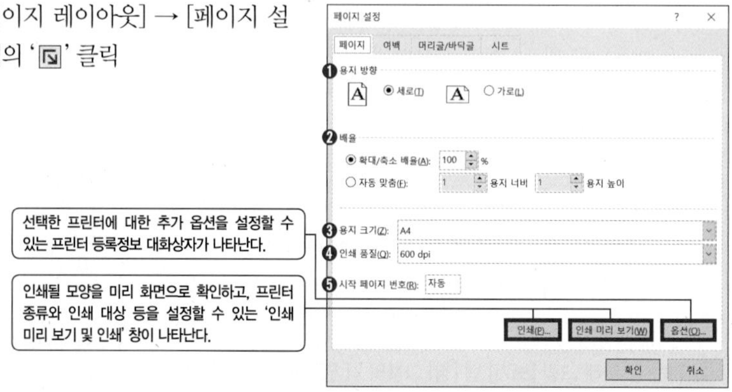


| | |
|---|---|
| 24.5, 24.3, 11.2, 08.1, 07.2, …<br>❶ **용지 방향** | 인쇄할 페이지의 용지 방향을 가로 또는 세로로 설정한다. |
| 24.2, 24.1, 23.4, 23.3, 22.4, 20.상시, …<br>❷ **배율** | • 확대/축소 배율 : 워크시트 표준 크기의 10~400%까지 확대/축소하여 인쇄한다.<br>• 자동 맞춤* : 데이터 양에 관계없이 지정한 페이지 수에 맞게 인쇄할 수 있도록 자동으로 축소/확대 배율이 조정된다.<br>• 배율을 설정하면 사용자가 삽입한 페이지 구분선은 효력을 잃는다. |
| 24.5, 24.3<br>❸ **용지 크기** | 인쇄 용지의 크기를 지정한다. |
| 24.5, 24.3<br>❹ **인쇄 품질** | 인쇄 해상도를 지정한다(해상도가 높을수록 출력물이 선명하다). |
| 19.1, 15.2<br>❺ **시작 페이지 번호** | 인쇄 시작 페이지의 페이지 번호를 지정한다(기본값은 1페이지부터이다). |

**'자동 맞춤'을 이용하여 여러 페이지를 한 페이지로 출력하는 방법**
'페이지 설정' 대화상자의 '페이지' 탭에서 [자동 맞춤]의 용지 너비와 용지 높이를 1로 지정하면 여러 페이지가 한 페이지에 출력됩니다.

24.5, 24.3, 24.1, 22.3, 21.4, 21.3, 21.2, 19.상시, 14.3, 11.2, 2급 23.2, 22.4, 21.3, 21.2, 21.1, 14.2, 13.1, 09.1

## 2 여백 설정

1209302

- 인쇄 용지의 상·하·좌·우 여백 및 머리글/바닥글의 여백을 설정한다.
- 여백의 기본 단위는 센티미터이며, 인치나 밀리미터로 변경*이 가능하다.

**여백 단위 변경**
여백의 단위는 [파일] → [옵션] → 'Excel 옵션' 대화상자의 '고급' 탭에서 '표시'의 '눈금자 단위'를 이용하여 변경할 수 있습니다.

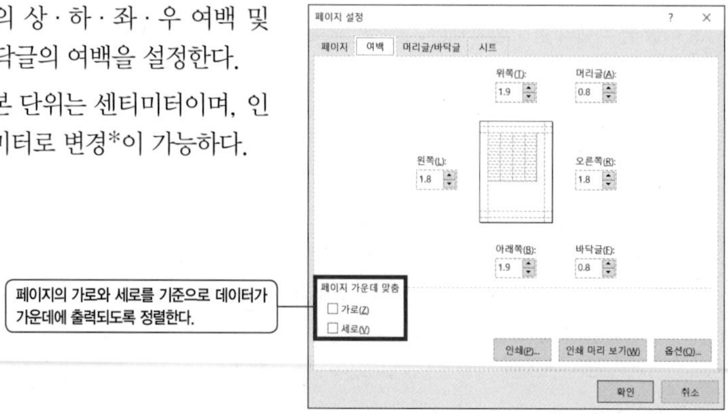

24.4, 24.3, 24.1, 23.2, 23.1, 22.3, 22.2, 21.4, 21.3, 19.상시, 18.1, 17.2, 14.3, 14.2, 12.1, 11.2, 11.1, 10.2, 08.3, 08.2, 07.1, …

## 3 머리글/바닥글 설정

3210703

문서 제목, 페이지 번호, 사용자 이름, 작성 날짜 등 출력물의 매 페이지에 고정적으로 표시되는 머리글이나 바닥글을 설정한다.

- 머리글은 출력물의 페이지마다 위쪽에 고정적으로 인쇄되는 내용을 말한다.
- 바닥글은 출력물의 페이지마다 아래쪽에 고정적으로 인쇄되는 내용을 말한다.
- 머리글/바닥글은 편집 도구 모음 아이콘을 클릭하여 입력하거나 직접 입력할 수 있다.
- 머리글/바닥글 영역에 앰퍼샌드(&)를 표시하려면 앰퍼샌드(&)를 두 번 입력한다.

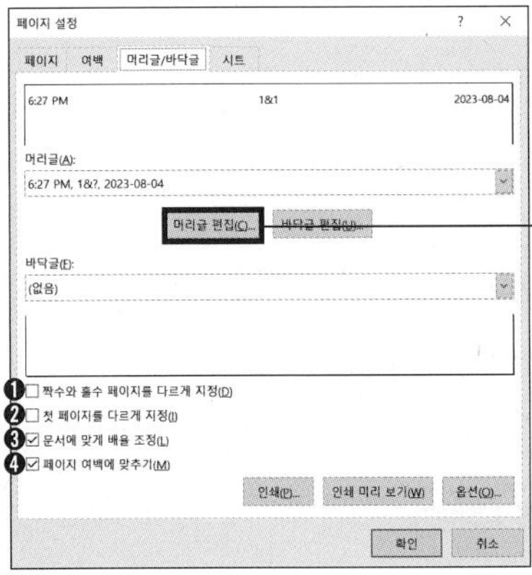


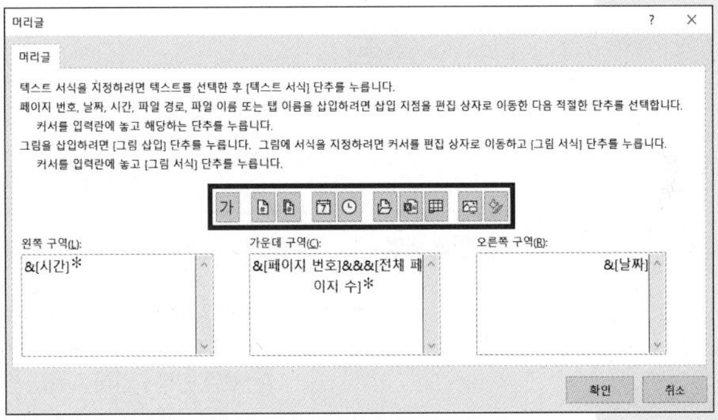


**머리글/바닥글 편집 도구 모음**

- 가 : 텍스트 서식
- : 페이지 번호 삽입
- : 전체 페이지 수 삽입
- : 날짜 삽입
- : 시간 삽입
- : 파일 경로 삽입
- : 파일 이름 삽입
- : 시트 이름 삽입
- : 그림 삽입
- : 그림 서식

**머리글/바닥글 직접 입력**

머리글/바닥글 편집 도구 모음을 이용하지 않고 직접 입력할 때는 위 그림과 같이 & 뒤에 입력할 항목을 대괄호 [ ]로 묶어주면 됩니다.

예 &[페이지 번호]
&[날짜]

| | |
|---|---|
| 22.2<br>❶ 짝수와 홀수 페이지를 다르게 지정 | 짝수와 홀수 페이지의 머리글/바닥글 내용을 다르게 지정한다. |
| 22.2<br>❷ 첫 페이지를 다르게 지정 | 첫 페이지의 머리글/바닥글 내용을 다른 페이지와 다르게 지정한다. |
| 22.2<br>❸ 문서에 맞게 배율 조정 | 머리글/바닥글 내용을 출력되는 워크시트의 실제 크기의 백분율에 따라 확대·축소한다. |
| 22.2<br>❹ 페이지 여백에 맞추기 | 머리글/바닥글의 여백을 워크시트의 왼쪽/오른쪽 여백에 맞춰 머리글/바닥글을 표시하기에 충분한 여백을 확보한다. |

- **머리글/바닥글 편집** : 파일 이름, 페이지 번호, 날짜 등의 도구 모음을 이용해 적당한 위치에 원하는 모양으로 내용을 편집할 수 있다.

24.5, 24.3, 24.1, 23.4, 23.3, 22.6, 22.4, 22.3, 21.4, 21.3, 21.2, 20.상시, 20.2, 19.상시, 18.상시, 17.2, 17.1, 16.3, 15.3, 15.1, …

## 4 시트 설정

1209304

인쇄 영역, 인쇄 제목, 눈금선 · 메모 · 노트 등의 인쇄 여부, 페이지 순서 등을 설정한다.

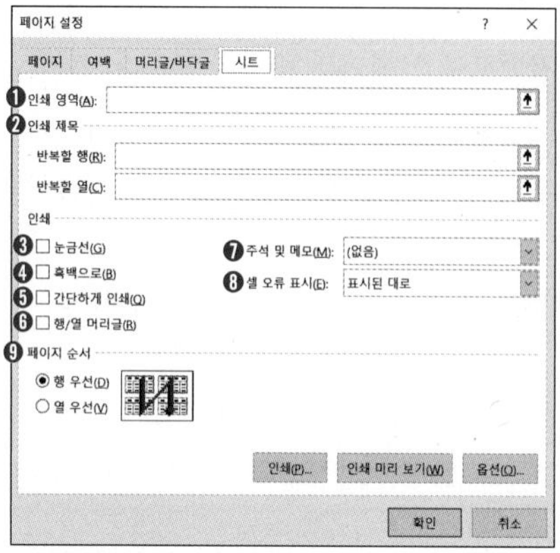


| | |
|---|---|
| 17.2, 04.4, 04.3<br>**❶ 인쇄 영역** | 특정 부분만 인쇄할 경우 범위를 지정한다. |
| 20.상시, 20.2, 15.3, 15.1, …<br>**❷ 인쇄 제목** | 모든 페이지에 제목으로 반복 인쇄할 행이나 열을 지정한다.<br>예 **1~3행 반복** : 인쇄 제목의 반복할 행을 $1:$3으로 지정<br>**A~B열 반복** : 인쇄 제목의 반복할 열을 $A:$B로 지정 |
| 24.1, 23.4, 23.3, 22.4, 22.3, …<br>**❸ 눈금선** | 시트에 표시된 셀 눈금선의 인쇄 여부를 지정한다. |
| 13.3<br>**❹ 흑백으로** | 컬러 서식이 지정된 데이터를 흑백으로 출력한다. |
| 20.1, 13.3, 12.3, 10.1<br>**❺ 간단하게 인쇄** | 워크시트에 입력된 차트, 도형, 그림, 워드아트, 괘선 등 모든 그래픽 요소를 제외하고 텍스트만 빠르게 인쇄한다. |
| 24.5, 24.3, 23.4, 22.4, 17.1, …<br>**❻ 행/열 머리글** | 행/열 머리글의 인쇄 여부를 지정한다. |
| 23.4, 22.4, 17.1, 15.3, 15.1, 14.1<br>**❼ 주석 및 메모** | • 시트에 포함된 메모와 노트의 인쇄 여부 및 인쇄 위치*를 지정한다.<br>• **시트 끝** : 메모와 노트의 화면 표시 방법과는 상관없이 가장 마지막 시트의 끝에 모아서 인쇄한다.<br>• **시트에 표시된 대로(메모 전용)** : 노트가 화면에 항상 표시되게 지정된 상태에서만 노트가 삽입된 위치에 그대로 인쇄한다. |
| 21.2, 20.2, 15.3<br>**❽ 셀 오류 표시** | 오류의 표시 방법*을 지정한다. |
| 19.상시, 15.1, 14.3, 07.2<br>**❾ 페이지 순서** | • 데이터를 한 페이지에 인쇄할 수 없을 때 인쇄될 방향(행/열)의 우선순위를 지정한다.<br>• **행 우선** : 행(아래) 방향으로 인쇄를 마친 후에 열 방향으로 진행<br>• **열 우선** : 열(오른쪽) 방향으로 인쇄를 마친 후에 행 방향으로 진행 |

**메모와 노트의 인쇄 위치**

**오류 표시 방법**

24.5, 24.3, 24.2, 22.6, 22.1, 21.4, 21.3, 21.2, 21.1, 11.2, 09.2, 06.4, 05.1

### 잠깐만요 차트의 '페이지 설정'

4310331

- 차트의 '페이지 설정' 대화상자에는 '시트' 탭 대신 '차트' 탭이 표시됩니다.
- 일반 시트의 인쇄 방법과 동일하게 머리글 및 바닥글을 지정할 수 있습니다.
- 차트를 선택한 상태에서는 인쇄 영역을 지정할 수 없으므로 차트의 일부분만 인쇄할 수 없습니다.
- '페이지' 탭에 '배율'이 비활성화되어 표시되므로 확대/축소 배율을 지정할 수 없습니다.
- '차트' 탭에서는 인쇄 품질(초안, 흑백으로 인쇄)를 지정할 수 있습니다.

## 5 페이지 나누기

20.상시, 12.1, 05.2, 03.4, 03.1, 02.3, 2급 24.5, 24.2, 22.2, 22.1, 21.3, 20.2, 20.1, 18.2, 16.2, 15.1, 14.3

1209305

작성한 문서를 페이지 단위로 나누어 인쇄하기 위해 페이지를 나누는 것이다.

| | |
|---|---|
| 17.1, 14.2, 12.1 **자동 페이지 나누기** | • 인쇄할 데이터가 많아 한 페이지가 넘어가면 자동으로 페이지 구분선*이 삽입된다.<br>• 페이지 구분선은 용지 크기, 여백 설정, 설정한 배율 옵션을 기준으로 설정된다.<br>• 행 높이와 열 너비를 변경하면 '자동 페이지 나누기'의 위치도 변경된다. |
| 20.상시, 05.2, 03.4, … **수동 페이지 나누기** | • [페이지 레이아웃] → [페이지 설정] → [나누기] → [페이지 나누기 삽입]을 선택한다.<br>• 사용자가 강제로 페이지를 나누는 것으로, 셀 포인터의 위치를 기준으로 왼쪽과 위쪽으로 페이지 구분선이 삽입된다.<br>• 페이지 나누기가 설정된 셀을 선택하고, [페이지 레이아웃] → [페이지 설정] → [나누기] → [페이지 나누기 제거]를 선택하면 삽입된 페이지 구분선이 제거된다. |

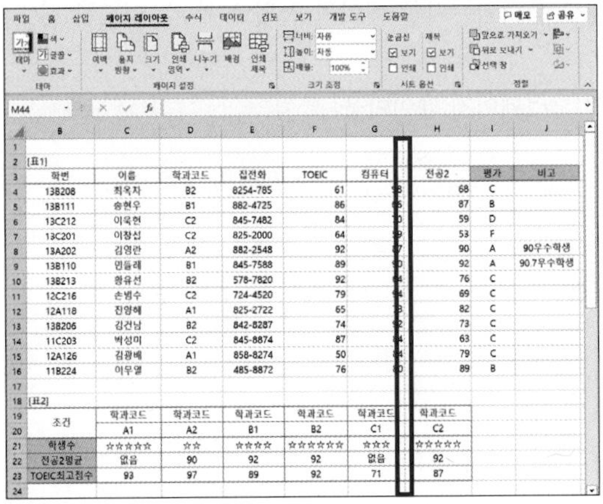

자동 페이지 나누기

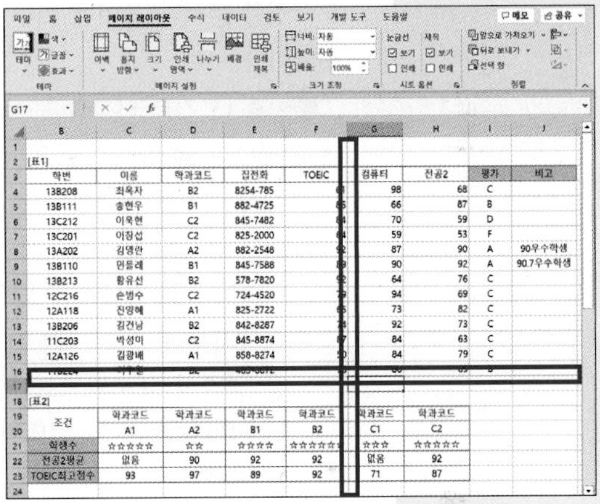

수동 페이지 나누기

## 6 페이지 나누기 미리 보기*

24.1, 23.2, 23.1, 21.4, 21.2, 21.1, 18.1, 17.1, 16.2, 14.2, 13.1, 10.1, 09.3, 09.1, 08.1, 05.3, 2급 22.4, 22.1, 21.3, 20.2, …

1209306

작성한 문서가 어떻게 페이지로 나뉘는지 한 눈에 볼 수 있도록 한 기능으로 페이지 구분선, 인쇄 영역, 페이지 번호 등을 표시한다.

**실행** [보기] → [통합 문서 보기] → [페이지 나누기 미리 보기] 클릭

- 페이지 구분선을 마우스로 드래그하여 구분선의 위치를 변경하거나 삭제할 수 있다.
- '페이지 나누기 미리 보기' 상태에서도 데이터 입력 및 편집을 할 수 있다.
- '페이지 나누기 미리 보기' 상태에서 '기본' 보기로 전환하여도 페이지 구분선을 표시할 수 있다.
- **'페이지 나누기 미리 보기' 상태 해제** : [보기] → [통합 문서 보기] → [기본] 클릭
- **설정된 모든 페이지 해제** : 바로 가기 메뉴의 [페이지 나누기 모두 원래대로] 선택
- '페이지 나누기 미리 보기' 상태에서 자동으로 표시된 페이지 구분선은 점선, 수동으로 삽입한 페이지 구분선은 실선으로 표시된다.

**전문가의 조언**

페이지를 나누는 방법과 페이지 구분선의 위치, 페이지 나누기의 특징, 설정된 모든 페이지를 해제하는 방법에 대한 문제가 출제되었습니다. 실습을 통해 페이지를 나누고, 해제하는 방법들을 확실히 익혀 두어야 합니다.

**페이지 구분선 표시 여부**

[파일] → [옵션] → [고급] 탭의 '이 워크시트의 표시 옵션' 항목에서 '페이지 나누기 표시'를 이용하여 페이지 구분선의 표시 여부를 설정할 수 있습니다.

**페이지 나누기 미리 보기**

인쇄 미리 보기 상태에서는 데이터를 입력하거나 편집할 수 없지만 페이지 나누기 미리 보기 상태에서는 가능합니다.

**페이지 나누기 삽입**

바로 가기 메뉴의 [페이지 나누기 삽입]은 [페이지 나누기 미리 보기] 상태에서만 표시됩니다.

**인쇄할 데이터가 없으면 …**

인쇄할 데이터가 없으면 다음 그림처럼 회색 바탕의 페이지 나누기 미리 보기 상태로 설정됩니다.

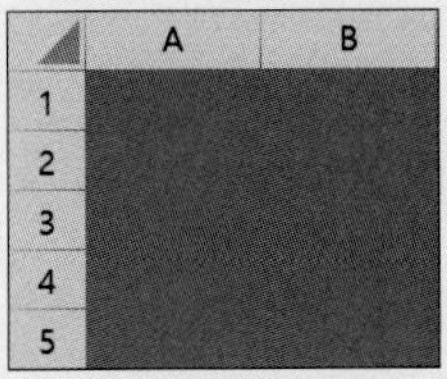

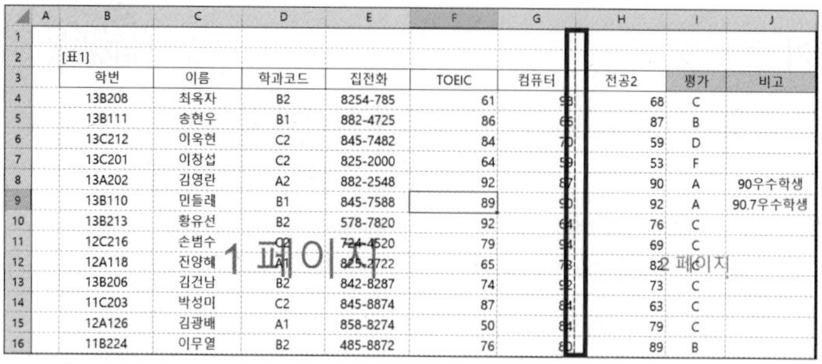


페이지 나누기 미리 보기

> **전문가의 조언**
> '페이지 레이아웃' 보기 상태에서 설정 가능한 작업을 묻는 문제가 출제되었습니다. '페이지 나누기 미리 보기'와 '페이지 레이아웃'은 실습을 해보지 않으면 기능이 혼동될 뿐 아니라 이해도 잘 안 됩니다. 꼭 실습을 병행하면서 공부해야 합니다.

23.5, 22.5, 18.2, 18.1

## 7 페이지 레이아웃 보기

1209307

작성한 문서가 종이에 어떤 형태로 출력되는지를 페이지 단위로 볼 수 있도록 한 기능이다.

**실행** [보기] → [통합 문서 보기] → [페이지 레이아웃] 클릭

- '페이지 레이아웃' 보기 상태에서는 기본 보기와 같이 데이터 입력은 물론 셀 서식, 레이아웃 등을 변경할 수 있다.
- 워크시트에 머리글과 바닥글 영역이 표시되므로 머리글/바닥글을 바로 입력하거나 수정할 수 있다.
- 행 높이, 열 너비, 페이지 여백, 머리글/바닥글 여백 등은 마우스를 드래그하여 조절할 수 있지만 페이지 구분선은 조절할 수 없다.
- 가로, 세로 눈금자*가 화면에 표시되므로 출력물의 크기를 가늠할 수 있다.

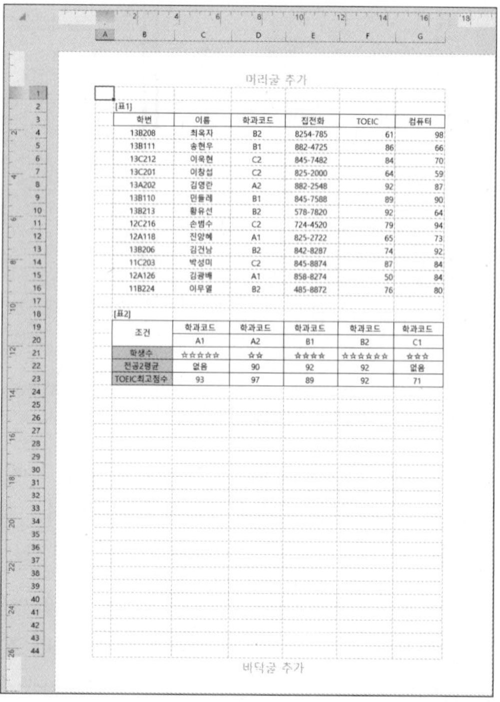


'페이지 레이아웃' 보기

> **눈금자**
> 화면에 표시된 눈금자의 단위는 [파일] → [옵션]을 선택하면 표시되는 'Excel 옵션' 대화상자의 '고급' 탭에서 인치, 센티미터, 밀리미터 등으로 변경할 수 있습니다.

### 잠깐만요 페이지 나누기 미리 보기/페이지 레이아웃/인쇄 미리 보기의 차이점

1209332

| | 데이터 입력 및 편집 | 머리말/꼬리말 추가 | 여백 조절 |
|---|---|---|---|
| 페이지 나누기 미리 보기 | 가능 | 불가능 | 불가능 |
| 페이지 레이아웃 | 가능 | 가능 | 가능 |
| 인쇄 미리 보기 | 불가능 | 불가능 | 가능 |

문제3 3210753

## 따라잡기 기출문제 따라잡기

23년 2회, 1회, 18년 1회

**1. 다음 중 [머리글/바닥글] 기능에 대한 설명으로 옳지 않은 것은?**

① 머리글이나 바닥글의 텍스트에 앰퍼샌드(&) 문자 한 개를 포함시키려면 앰퍼샌드(&) 문자를 두 번 입력한다.

② 여러 워크시트에 동일한 [머리글/바닥글]을 한 번에 추가하려면 여러 워크시트를 선택하여 그룹화 한 후 설정한다.

③ [페이지 나누기 미리 보기] 상태에서는 워크시트에 머리글과 바닥글 영역이 함께 표시되어 간단히 머리글/바닥글을 추가할 수 있다.

④ 차트 시트인 경우 [페이지 설정] 대화상자의 [머리글/바닥글] 탭에서 머리글/바닥글을 추가할 수 있다.

'페이지 나누기 미리 보기' 상태에서는 머리글이나 바닥글을 추가할 수 없습니다. 워크시트에 머리글과 바닥글 영역이 함께 표시되어 간단히 머리글/바닥글을 추가할 수 있는 보기 형태는 '페이지 레이아웃' 보기입니다.

22년 6회, 1회, 21년 1회, 09년 2회

**2. 다음 중 선택된 차트의 페이지 설정에 관한 설명으로 옳지 않은 것은?**

① 인쇄 품질을 '초안' 또는 '흑백으로 인쇄'를 선택하여 출력할 수 있다.

② 머리글/바닥글을 이용하여 일반 시트 인쇄 방법과 동일하게 머리글 및 바닥글을 인쇄할 수 있다.

③ 차트의 일부분을 인쇄하기 위해 인쇄 영역을 지정할 수 없다.

④ 차트를 축소하여 인쇄하기 위해 확대/축소 배율을 지정할 수 있다.

차트를 선택한 상태에서는 '확대/축소 배율'을 지정할 수 없습니다.

23년 3회, 22년 4회, 19년 상시, 17년 1회

**3. 다음 중 [페이지 설정] 대화상자에 대한 설명으로 옳지 않은 것은?**

① 인쇄 배율을 수동으로 설정할 수 있으며, 배율은 워크시트 표준 크기의 10%에서 400%까지 가능하다.

② 셀에 설정된 노트는 시트에 표시된 대로 인쇄하거나 시트 끝에 인쇄할 수 있다.

③ 사용자가 페이지 구분선을 추가한 경우 [페이지 설정] 대화상자의 [페이지] 탭에서 [자동 맞춤]을 지정해도 확대/축소 배율이 자동으로 조정되지 않는다.

④ 눈금선이나 행/열 머리글의 인쇄 여부를 설정할 수 있다.

사용자가 페이지 구분선을 추가한 경우에도 '페이지 설정' 대화상자의 [페이지] 탭에서 '자동 맞춤'을 지정하면 확대/축소 배율이 자동으로 조정됩니다.

24년 5회, 3회, 21년 4회

**4. 다음 중 [페이지 설정] 대화상자에 대한 설명으로 옳지 않은 것은?**

① 용지 방향, 용지 크기, 인쇄 품질을 설정할 수 있다.

② '머리글/바닥글' 탭의 '머리글' 영역에서 행/열 머리글의 인쇄여부를 설정한다.

③ 여백은 사용자가 직접 값을 입력할 수 있다.

④ 워크시트에서 차트를 마우스로 선택한 후 [페이지 설정] 메뉴를 선택하면, '시트' 탭이 '차트' 탭으로 바뀐다.

'머리글/바닥글'은 문서 제목, 페이지 번호, 사용자 이름 등 워크시트 페이지마다 고정적으로 표시할 내용을 적는 곳입니다. 행/열 머리글의 인쇄 여부는 '시트' 탭에서 설정할 수 있습니다.

24년 1회, 23년 3회, 22년 3회, 21년 3회, 1회

**5. 다음 중 [페이지 설정] 대화상자에 대한 설명으로 옳지 않은 것은?**

① [페이지] 탭에서 '자동 맞춤'의 용지 너비와 용지 높이를 각각 1로 지정하면 여러 페이지가 한 페이지에 인쇄된다.

② [머리글/바닥글]의 여백은 [머리글/바닥글] 탭에서 '머리글'과 '바닥글'의 여백을 mm 단위로 지정할 수 있다.

③ [여백] 탭에서 '페이지 가운데 맞춤'의 가로 및 세로를 체크하면 인쇄 내용이 용지의 가운데에 맞춰 인쇄된다.

④ [시트] 탭에서 '눈금선'의 표시 여부를 지정할 수 있다.

'머리글'과 '바닥글'의 여백은 '페이지 설정' 대화상자의 '여백' 탭에서 지정할 수 있습니다.

21년 2회, 20년 2회

**6. 다음 중 엑셀의 인쇄 기능에 대한 설명으로 옳지 않은 것은?**

① 차트만 제외하고 인쇄하기 위해서는 [차트 영역 서식] 창에서 '개체 인쇄'의 체크를 해제한다.

② 시트에 표시된 오류 값을 제외하고 인쇄하기 위해서는 [페이지 설정] 대화상자에서 '셀 오류 표시'를 '〈공백〉'으로 선택한다.

③ 인쇄 내용을 페이지의 가운데에 맞춰 인쇄하려면 [페이지 설정] 대화상자에서 '문서에 맞게 배율 조정'을 체크한다.

④ 인쇄되는 모든 페이지에 특정 행을 반복하려면 [페이지 설정] 대화상자에서 '인쇄 제목'의 '반복할 행'에 열 레이블이 포함된 행의 참조를 입력한다.

인쇄 내용을 페이지의 가운데에 맞춰 인쇄하려면 [페이지 설정] 대화상자의 '여백' 탭에서 '페이지 가운데 맞춤'을 지정해야 합니다.

▶ 정답 : 1. ③ 2. ④ 3. ③ 4. ② 5. ② 6. ③

문제10 1209352 문제11 1209353

24년 4회, 22년 2회

**7. 다음 중 '페이지 레이아웃'의 '머리글/바닥글 도구'에 대한 설명으로 틀린 것은?**

① 페이지 번호, 현재 날짜 등을 추가할 수 있다.

② 홀수 페이지의 머리글 및 바닥글을 짝수 페이지와 다르게 지정하려면 '짝수와 홀수 페이지를 다르게 지정'을 선택한다.

③ 머리글과 바닥글의 여백을 워크시트의 여백에 맞추려면 '페이지 여백에 맞추기'를 선택한다.

④ 머리글과 바닥글의 글꼴과 인쇄 배율을 워크시트의 글꼴과 인쇄 배율에 맞추려면 '문서에 맞게 배율 조정'을 선택한다.

'문서에 맞게 배율 조정'을 선택하면 머리글과 바닥글의 글꼴이 아닌 인쇄 배율만 워크시트의 인쇄 배율과 동일하게 적용됩니다.

20년 1회

**8. 다음 중 인쇄 기능에 대한 설명으로 옳지 않은 것은?**

① 기본적으로 워크시트의 눈금선은 인쇄되지 않으나 인쇄되도록 설정할 수 있다.

② [페이지 설정] 대화상자의 [시트] 탭에서 '간단하게 인쇄'를 선택하면 셀의 테두리를 포함하여 인쇄할 수 있다.

③ [인쇄 미리 보기 및 인쇄] 화면을 표시하는 단축키는 Ctrl + F2이다.

④ [인쇄 미리 보기 및 인쇄]에서 '여백 표시'를 선택한 경우 마우스로 여백을 변경할 수 있다.

'간단하게 인쇄'를 선택하면 워크시트에 입력된 차트, 도형, 그림, 워드아트, 괘선 등 모든 그래픽 요소를 제외하고 텍스트만 빠르게 인쇄합니다. 셀의 테두리를 포함하여 인쇄하려면 '시트' 탭에서 '눈금선'을 선택해야 합니다.

24년 2회

**9. 다음 중 선택된 차트의 페이지 설정에 관한 설명으로 옳지 않은 것은?**

① [페이지] 탭에서 '확대/축소 배율'을 지정할 수 없다.

② [여백] 탭에서 '페이지 가운데 맞춤'을 지정할 수 없다.

③ [머리글/바닥글] 탭에서 머리글 및 바닥글을 지정할 수 있다.

④ [차트] 탭에서 '간단하게 인쇄'를 선택하면 차트를 제외한 시트를 인쇄할 수 있다.

차트의 '페이지 설정' 대화상자의 '차트' 탭에서는 '초안'과 '흑백으로 인쇄'만 지정할 수 있습니다.

24년 1회, 21년 2회, 1회, 16년 2회, 14년 2회

**10. 다음 중 [보기] 탭의 [페이지 나누기 미리 보기]에 대한 설명으로 옳지 않은 것은?**

① 페이지 나누기는 구분선을 이용하여 인쇄를 위한 페이지 나누기를 빠르게 조정하는 기능이다.

② 행 높이와 열 너비를 변경하면 자동 페이지 나누기의 위치도 변경된다.

③ [페이지 나누기 미리 보기]에서 수동으로 삽입된 페이지 나누기는 파선으로 표시되고 자동으로 추가된 페이지 나누기는 실선으로 표시된다.

④ 용지 크기, 여백 설정, 배율 옵션 등에 따라 자동 페이지 나누기가 삽입된다.

[페이지 나누기 미리 보기]에서 수동으로 삽입된 페이지 나누기는 실선으로 표시되고 자동으로 추가된 페이지 나누기는 파선으로 표시됩니다.

23년 5회, 22년 5회, 18년 2회, 1회

**11. 다음 중 [페이지 레이아웃] 보기 상태에서 설정 가능한 설명으로 옳지 않은 것은?**

① 눈금자, 눈금선, 머리글 등을 표시하거나 숨길 수 있다.

② 마우스로 페이지 구분선을 클릭하여 페이지 나누기 위치를 조정할 수 있다.

③ 기본 보기에서와 같이 셀 서식을 변경하거나 수식 작업을 할 수 있다.

④ 머리글과 바닥글을 짝수 페이지와 홀수 페이지에 각각 다르게 지정할 수 있다.

페이지 레이아웃 보기 상태에서는 페이지 나누기를 조정하는 페이지 구분선을 마우스로 드래그할 수 없습니다.

24년 3회

**12. 다음 중 '페이지 설정' 대화상자에서 머리글과 바닥글을 지정할 때 사용되는 단추를 클릭했을 때 표시되는 값으로 틀린 것은?**

① : &[그림]

② : &[전체 페이지 수]

③ : &[탭]

④ : &[경로]&[파일]

- 단추를 클릭하면 '&[파일]'이 표시됩니다.
- '&[탭]'을 표시하는 단추는 입니다.

▶ 정답 : 7. ④ 8. ② 9. ④ 10. ③ 11. ② 12. ③

SECTION 104

# 인쇄

A 등급

## 1 인쇄 미리 보기 및 인쇄

24.5, 23.4, 22.4, 22.2, 20.1, 19.2, 19.1, 17.2, 16.3, 11.3, 10.3, 09.3, 09.2, 08.2, 07.3, 06.3, 06.1, 05.4, 04.2, 03.2

1209401

인쇄하기 전에 인쇄될 모양을 미리 화면으로 확인하고, 프린터 종류, 인쇄 범위, 인쇄 대상, 인쇄 매수 등을 설정할 수 있다.

**실행** – 방법 1 : [파일] → [인쇄] 선택

– 방법 2 : Ctrl + F2

**종료** Esc 누름

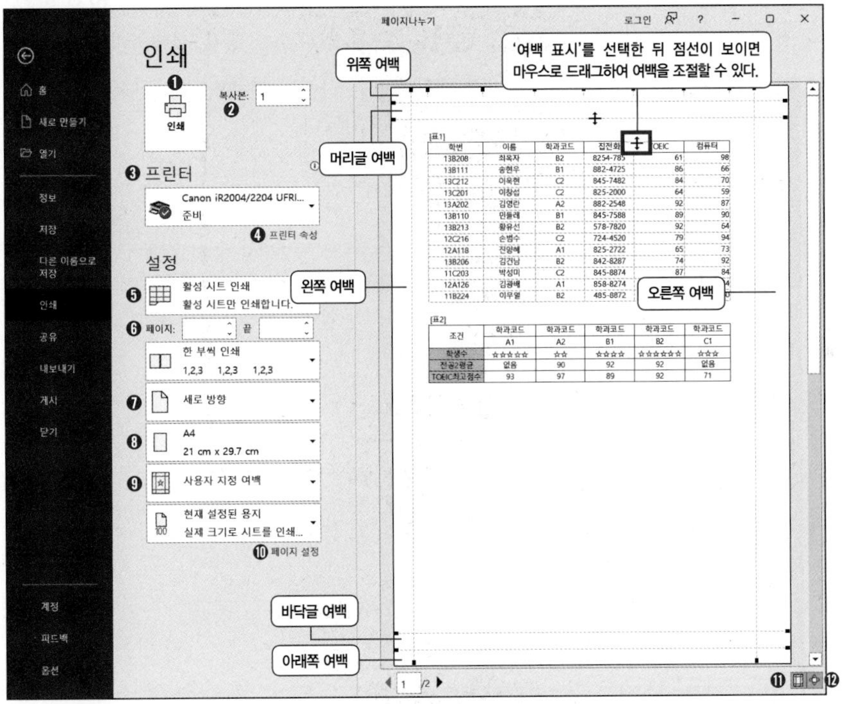


❶ **인쇄** : 인쇄를 실행한다.
❷ **복사본** : 인쇄 부수를 지정한다.
❸ **프린터** : 시스템에 설치된 프린터 중 인쇄 작업을 수행할 프린터를 선택한다.
❹ **프린터 속성** : 선택한 프린터에 관한 사항을 설정하는 '프린터 속성' 창이 실행된다.
❺ 인쇄 대상을 '활성 시트 인쇄, 전체 통합 문서 인쇄', 선택 영역 인쇄 중 하나로 지정한다.
❻ 인쇄할 페이지를 지정한다.
❼ 인쇄 방향을 가로 또는 세로로 지정한다.
❽ 인쇄 용지의 종류를 지정한다.
❾ 인쇄 여백을 '기본, 넓게, 좁게'로 지정한다.
❿ **페이지 설정*** : '페이지 설정' 대화상자를 이용해 머리글, 바닥글, 여백, 용지, 배율 등을 설정한다.
⓫ (여백 표시) : 마우스를 이용하여 여백의 크기나 열 너비를 조정할 수 있다.
⓬ (페이지 확대/축소) : 전체 페이지가 고정된 비율로 확대/축소된다.

**전문가의 조언**

'인쇄 미리 보기 및 인쇄' 창에 대한 설명으로 틀린 것을 찾는 문제가 출제되었습니다. '인쇄 미리 보기 및 인쇄' 창에서 지정할 수 있는 기능에 대해 알아두세요. 특히 '인쇄 미리 보기 및 인쇄' 창에서는 여백과 열 너비를 마우스로 변경할 수 있다는 것을 꼭 기억하세요.

**시트에 있는 차트만 인쇄하기**

인쇄할 차트를 클릭한 후 [파일] → [인쇄]를 선택하면 설정의 인쇄 대상에 '선택한 차트 인쇄'가 선택됩니다. 이어서 [인쇄]를 다시 한 번 클릭하면 됩니다.

**[파일] → [인쇄] → 페이지 설정**

[파일] → [인쇄]를 선택한 후 '페이지 설정'을 클릭하면 '페이지 설정' 대화상자가 표시되지만 '시트' 탭의 인쇄 영역, 반복할 행, 반복할 열이 모두 비활성화 되어 변경할 수 없습니다. '페이지 설정' 대화상자를 이용하여 인쇄 영역, 반복할 행 등을 변경하려면 [페이지 레이아웃] → [페이지 설정]의 '⧉'를 이용하여 '페이지 설정' 대화상자를 호출해야 합니다.

24.4, 22.7, 22.6, 22.5, 22.1, 21.4, 19.2, 19.1, 16.3, 2급 06.4, 00.1

## 2 인쇄 영역

1209402

워크시트의 내용 중 특정 부분만을 인쇄 영역으로 설정하여 인쇄할 수 있다.

**설정** 인쇄할 영역을 범위로 지정한 후 [페이지 레이아웃] → [페이지 설정] → [인쇄 영역] → [인쇄 영역 설정]* 선택

**해제** [페이지 레이아웃] → [페이지 설정] → [인쇄 영역] → [인쇄 영역 해제] 선택

- 설정된 인쇄 영역은 통합 문서를 저장할 때 함께 저장된다.
- 하나의 시트에서는 원하는 영역을 기존 인쇄 영역에 추가하여 인쇄 영역을 확대할 수 있지만 여러 시트에서는 불가능하다.
- 여러 개의 인쇄 영역을 설정*한 후 인쇄하면 설정한 순서대로 각기 다른 페이지에 인쇄된다.
- 인쇄 영역이 설정된 상태에서 활성 시트 전체를 인쇄하려면 [파일] → [인쇄]의 '설정'에서 '인쇄 영역 무시'* 옵션을 선택한 후 '활성 시트 인쇄'를 선택한다.
- 인쇄 영역으로 설정되면 인쇄 미리 보기에서는 설정된 부분만 표시되고, 페이지 나누기 미리 보기에서는 설정된 부분이 밝게 표시된다.

22.7, 22.5, 22.2, 21.2, 09.4, 06.2, 03.4

### 잠깐만요 도형 인쇄

1209431

인쇄 영역에 포함된 도형은 기본적으로 인쇄됩니다. 도형을 제외하고 인쇄하려면 도형의 바로 가기 메뉴에서 [도형 서식] 또는 [크기 및 속성]을 선택한 후 '도형 서식' 창의 [도형 옵션] → [(크기 및 속성)] → [속성]에서 '개체 인쇄' 옵션의 선택을 해제해야 합니다.

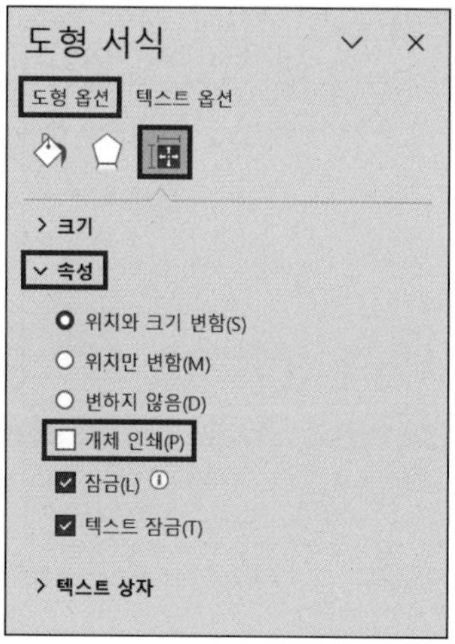


**전문가의 조언**

인쇄 영역 설정의 특징과 도형의 인쇄 여부를 지정하는 방법에 대해 알아두세요.

**인쇄 영역 설정**

[페이지 레이아웃] → [페이지 설정의 [▣]를 클릭하여 '시트' 탭의 인쇄 영역 항목에서 지정할 수도 있습니다.

**여러 개의 인쇄 영역 설정**

서로 떨어져 있는 여러 개의 영역을 인쇄 영역으로 지정하려면 Ctrl을 누른 상태에서 범위를 지정합니다.

**인쇄 영역 무시**

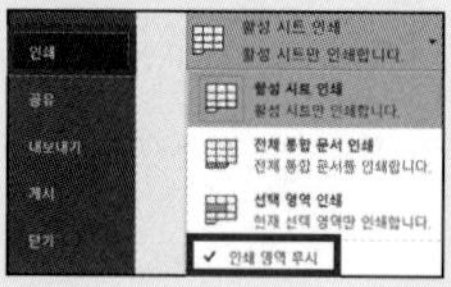

**예제** [A2:C9] 영역을 인쇄 영역으로 지정하시오.

① [A2:C9] 영역을 블록으로 지정한 후 [페이지 레이아웃] → [페이지 설정] → [인쇄 영역] → [인쇄 영역 설정]을 선택한다.

② [보기] → [통합 문서 보기] → [페이지 나누기 미리 보기]를 클릭하여 표시 형태를 확인한다.

③ [파일] → [인쇄]를 선택하여 출력물의 형태를 확인한다.

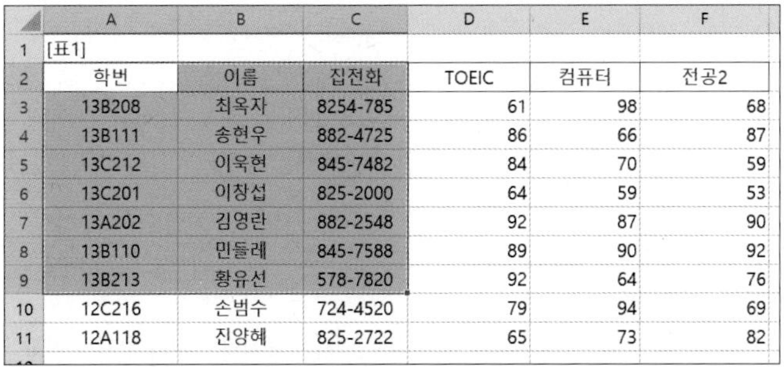

| | A | B | C | D | E | F |
|---|---|---|---|---|---|---|
| 1 | [표1] | | | | | |
| 2 | 학번 | 이름 | 집전화 | TOEIC | 컴퓨터 | 전공2 |
| 3 | 13B208 | 최옥자 | 8254-785 | 61 | 98 | 68 |
| 4 | 13B111 | 송현우 | 882-4725 | 86 | 66 | 87 |
| 5 | 13C212 | 이욱현 | 845-7482 | 84 | 70 | 59 |
| 6 | 13C201 | 이창섭 | 825-2000 | 64 | 59 | 53 |
| 7 | 13A202 | 김영란 | 882-2548 | 92 | 87 | 90 |
| 8 | 13B110 | 민들레 | 845-7588 | 89 | 90 | 92 |
| 9 | 13B213 | 황유선 | 578-7820 | 92 | 64 | 76 |
| 10 | 12C216 | 손범수 | 724-4520 | 79 | 94 | 69 |
| 11 | 12A118 | 진양혜 | 825-2722 | 65 | 73 | 82 |

↓

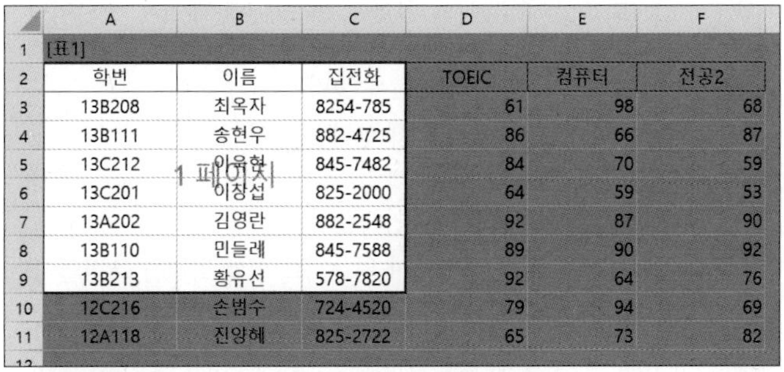

| | A | B | C | D | E | F |
|---|---|---|---|---|---|---|
| 1 | [표1] | | | | | |
| 2 | 학번 | 이름 | 집전화 | TOEIC | 컴퓨터 | 전공2 |
| 3 | 13B208 | 최옥자 | 8254-785 | 61 | 98 | 68 |
| 4 | 13B111 | 송현우 | 882-4725 | 86 | 66 | 87 |
| 5 | 13C212 | 이욱현 | 845-7482 | 84 | 70 | 59 |
| 6 | 13C201 | 이창섭 | 825-2000 | 64 | 59 | 53 |
| 7 | 13A202 | 김영란 | 882-2548 | 92 | 87 | 90 |
| 8 | 13B110 | 민들레 | 845-7588 | 89 | 90 | 92 |
| 9 | 13B213 | 황유선 | 578-7820 | 92 | 64 | 76 |
| 10 | 12C216 | 손범수 | 724-4520 | 79 | 94 | 69 |
| 11 | 12A118 | 진양혜 | 825-2722 | 65 | 73 | 82 |



인쇄 영역을 설정한 후 [페이지 나누기 미리 보기]를 선택한 화면

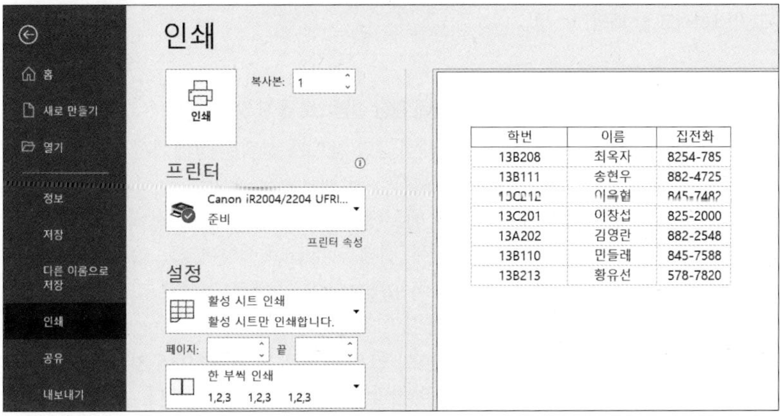


인쇄 영역을 설정한 후 [인쇄]를 선택한 화면

**준비하세요**

'C:\길벗컴활1급필기\2과목\2과목.xlsm' 파일을 불러와 '섹션104' 시트에서 실습하세요.

문제2 1209451

24년 5회, 22년 2회

**1. 다음 중 미리 보기 창 및 인쇄 옵션에서 '페이지 설정'을 클릭하여 설정할 수 있는 내용으로 틀린 것은?**

① 워크시트의 행 머리글과 열 머리글을 포함하여 인쇄할 수 있다.

② 셀에 표시된 오류가 인쇄되지 않도록 설정할 수 있다.

③ 인쇄 영역을 설정하여 인쇄할 수 있다.

④ 워크시트에 삽입되어 있는 차트, 도형, 그림 등의 모든 그래픽 요소를 제외하고 텍스트만 빠르게 인쇄할 수 있다.

미리 보기 창 및 인쇄 옵션에서 '페이지 설정'을 클릭하면 나타나는 '페이지 설정' 대화상자에서는 '시트' 탭의 인쇄 영역, 반복할 행, 반복할 열이 모두 비활성화되어 있으므로 '인쇄 영역'을 설정할 수 없습니다.

19년 2회

**2. 다음 중 [인쇄 미리 보기 및 인쇄]에 대한 설명으로 옳지 않은 것은?**

① 인쇄 미리 보기를 끝내고 통합 문서로 돌아가려면 Esc를 누른다.

② 인쇄 및 미리 보기 할 대상을 선택 영역, 활성 시트, 전체 통합 문서 중 선택할 수 있다.

③ 페이지 여백 표시는 가능하나 페이지 여백의 변경은 [페이지 설정] 대화상자에서만 설정할 수 있다.

④ 용지 방향을 가로 방향과 세로 방향으로 바꿔가며 미리 보기 할 수 있다.

'인쇄 미리 보기 및 인쇄' 창에서 '여백 표시(□)' 단추를 클릭하여 여백을 표시한 후 여백 구분선을 마우스로 드래그하면 페이지 여백이 변경됩니다.

22년 2회, 21년 2회, 09년 4회, 06년 2회, 03년 4회

**3. 다음 중 워크시트에 입력된 도형만 제외하고 인쇄하려고 할 때의 방법으로 알맞은 것은?**

① [페이지 설정] 대화상자의 '시트' 탭에서 '흑백으로' 항목에 체크하고 〈확인〉을 클릭한다.

② [페이지 설정] 대화상자의 '시트' 탭에서 '간단하게 인쇄' 항목에 체크하고 〈확인〉을 클릭한다.

③ [페이지 설정] 대화상자의 '시트' 탭에서 '시험출력' 항목에 체크하고 〈확인〉을 클릭한다.

④ 입력된 도형을 선택하고 바로 가기 메뉴에서 [크기 및 속성]을 선택한 후 [도형 서식] 창에서 '개체 인쇄'를 해제한다.

인쇄 영역에 포함된 도형을 인쇄되지 않게 하려면 [도형 서식] 창에서 '개체 인쇄' 옵션의 선택을 해제하면 됩니다.

22년 6회, 22년 1회, 21년 4회, 19년 2회

**4. 다음 중 워크시트의 인쇄 영역 설정에 대한 설명으로 옳지 않은 것은?**

① 인쇄 영역은 리본 메뉴의 [페이지 레이아웃] 탭이나 [페이지 설정] 대화상자의 [시트] 탭에서 설정할 수 있다.

② 인쇄 영역을 설정했더라도 인쇄 시 활성 시트 전체가 인쇄되도록 설정할 수 있다.

③ 여러 시트에서 원하는 영역을 추가하여 인쇄 영역을 확대할 수 있다.

④ 여러 영역이 인쇄 영역으로 설정된 경우 설정한 순서대로 각기 다른 페이지에 인쇄된다.

하나의 시트에서는 원하는 영역을 기존 인쇄 영역에 추가하여 인쇄 영역을 확대할 수 있지만 여러 시트에 대해서는 불가능합니다.

23년 4회, 22년 4회, 2회, 17년 2회

**5. 다음 중 [파일] → [인쇄]를 선택하면 표시되는 미리 보기 화면과 인쇄 옵션에서 설정할 수 있는 것으로 틀린 것은?**

① [머리글/바닥글]로 설정한 내용은 매 페이지 상단이나 하단의 별도 영역에, 인쇄 제목의 반복할 행/열은 매 페이지의 본문 영역에 반복 출력된다.

② [페이지 설정]에서 '인쇄 영역'을 변경하여 인쇄할 수 있다.

③ [페이지 설정]에서 확대/축소 배율을 10%에서 최대 400%까지 설정하여 인쇄할 수 있다.

④ '여백 표시'를 표시하여 워크시트의 열 너비를 조정할 수 있다.

[파일] → [인쇄]를 선택한 후 '페이지 설정'을 클릭하면 '페이지 설정' 대화상자가 표시되지만 '시트' 탭의 인쇄 영역, 반복할 행, 반복할 열이 모두 비활성화 되어 있으므로 '인쇄 영역'을 변경할 수 없습니다. '페이지 설정' 대화상자를 이용하여 '인쇄 영역'을 변경하려면 [페이지 레이아웃] → [페이지 설정]의 '⧉'를 이용하여 '페이지 설정' 대화상자를 호출해야 합니다.

22년 7회, 5회

**6. 다음 중 인쇄에 관한 설명으로 옳지 않은 것은?**

① 차트만 인쇄하려면 차트가 선택된 상태에서 인쇄한다.

② 도형만 제외하고 인쇄하려면 입력된 도형을 선택하고 바로 가기 메뉴에서 [크기 및 속성]을 선택한 후 [도형 서식] 창에서 '개체 인쇄'를 해제한다.

③ 서로 떨어져 있는 영역을 인쇄 영역으로 지정하려면 Alt를 이용하여 지정한다.

④ 메모나 노트의 인쇄 방법을 '시트 끝'으로 지정하면 인쇄물의 가장 마지막 페이지에 모아 인쇄한다.

서로 떨어져 있는 영역을 인쇄 영역으로 지정하려면 Ctrl을 이용하여 지정해야 합니다.

▶ **정답** : 1. ③ 2. ③ 3. ④ 4. ③ 5. ② 6. ③

## 102 | 워크시트의 화면 설정

### ❶ 확대/축소 23.2, 23.1, 22.7, 20.2, 18.2, 16.2, 15.3, 13.3, 11.1, 10.3

- 작업 화면의 크기를 10~400%까지 확대하거나 축소하는 기능이다.
- 영역을 선택한 후 [보기] → [확대/축소] → [선택 영역 확대/축소]를 클릭하면 선택된 영역이 전체 화면에 맞춰 확대 또는 축소된다.
- 확대/축소 배율은 지정한 시트에만 적용된다.
- Ctrl을 누른 채 마우스의 스크롤 버튼을 위로 굴리면 화면이 확대되고, 아래로 굴리면 화면이 축소된다.
- 화면의 확대/축소는 인쇄 시 적용되지 않는다.

### ❷ 틀 고정 24.5, 23.4, 23.3, 23.2, 23.1, 22.4, 22.3, 22.2, 21.3, 21.1, 20.상시, 19.1, 18.상시, 18.2, 17.2, 16.2, …

- 데이터의 양이 많은 경우, 열이나 행을 고정시켜 셀 포인터의 이동과 상관없이 특정 영역을 항상 표시하기 위해 사용한다.
- 화면에 표시되는 틀 고정 형태는 인쇄 시 적용되지 않는다.
- 틀 고정을 수행하면 셀 포인터의 왼쪽과 위쪽으로 고정선이 표시된다.
- 틀 고정선의 위치를 마우스로 조정할 수 없다.

### ❸ 창 나누기 24.4, 23.3, 22.3, 19.1, 18.2, 03.3, 2급 15.2, 14.2, 12.3, 11.1, 10.2

- 창 나누기를 수행하면 셀 포인터의 왼쪽과 위쪽으로 창 구분선이 표시된다.
- 하나의 시트를 2개 혹은 4개의 영역으로 나눈다.
- 창 나누기 구분선의 위치를 마우스로 이동시킬 수 있다.
- 마우스로 더블클릭하면 창 나누기 구분선이 제거된다.
- 창 나누가 상태에서 창 나누기를 해제하려면 [보기] → [창] → [나누기]를 다시 클릭한다.

## 103 | 페이지 설정

### ❶ '페이지' 탭 24.5, 24.3, 24.2, 24.1, 23.4, 23.3, 22.4, 21.4, 21.3, 20.상시, 19.상시, 19.1, 18.상시, 17.2, …

- 용지 방향, 축소/확대 배율, 용지 크기, 인쇄 품질, 시작 페이지 번호 등을 설정한다.
- **확대/축소 배율** : 워크시트 표준 크기의 10~400%까지 확대/축소하여 인쇄함
- **자동 맞춤**
  - 데이터 양이 많고 적음에 관계없이 지정한 페이지 수에 맞게 인쇄할 수 있도록 자동으로 확대/축소 배율을 조정한다.
  - 자동 맞춤의 '용지 너비'와 '용지 높이'를 1로 지정하면 여러 페이지가 한 페이지에 출력된다.

### ❷ '여백' 탭 24.5, 24.3, 24.1, 22.3, 21.4, 21.3, 21.2, 19.상시, 14.3, 11.2

- 인쇄 용지의 상·하·좌·우 여백 및 머리글/바닥글의 여백을 설정한다.
- 여백의 기본 단위는 센티미터이며, 인치나 밀리미터로 변경이 가능하다.
- **페이지 가운데 맞춤** : 페이지의 가로와 세로를 기준으로 데이터가 가운데에 출력되도록 정렬함

### ❸ '머리글/바닥글' 탭 24.4, 24.3, 24.1, 23.2, 23.1, 22.3, 22.2, 21.4, 21.3, 19.상시, 18.1, 17.2, 14.3, …

- 머리글/바닥글 영역에 앰퍼샌드(&)를 표시하려면 앰퍼샌드(&)를 두 번 입력한다.
- **짝수와 홀수 페이지를 다르게 지정** : 짝수와 홀수 페이지의 머리글/바닥글 내용을 다르게 지정함
- **문서에 맞게 배율 조정** : 머리글/바닥글 내용을 출력되는 워크시트의 실제 크기의 백분율에 따라 확대·축소함
- **페이지 여백에 맞추기** : 머리글/바닥글의 여백을 워크시트의 왼쪽/오른쪽 여백에 맞춤

※ '머리글/바닥글'의 여백은 '여백' 탭에서 지정할 수 있다.

### ❹ '시트' 탭 24.5, 24.3, 24.1, 23.4, 23.3, 22.6, 22.4, 22.3, 21.4, 21.3, 21.2, 20.상시, 20.2, 19.상시, 18.상시, …

- 인쇄 영역, 인쇄 제목(반복할 행과 열), 눈금선, 메모, 행/열 머리글 등의 인쇄 여부 등을 설정한다.
- **인쇄 제목** : 모든 페이지에 반복하여 인쇄할 제목이 있는 행이나 열을 지정함

예1 1~3행 반복 : 인쇄 제목의 '반복할 행'을 $1:$3으로 지정함

예2 A~B열 반복 : 인쇄 제목의 '반복할 열'을 $A:$B로 지정함

- **눈금선** : 시트에 표시된 셀 눈금선의 인쇄 여부를 지정함
- **간단하게 인쇄** : 워크시트에 입력된 차트, 도형, 그림, 워드아트, 괘선 등의 그래픽 요소를 제외하고 텍스트만 빠르게 인쇄함
- **행/열 머리글** : 행/열 머리글의 인쇄 여부를 지정함
- **주석 및 메모** : 시트에 포함된 메모의 인쇄 여부 및 인쇄 위치(시트 끝, 시트에 표시된 대로(메모 전용))를 지정함

### ❺ 차트의 '페이지 설정' 24.5, 24.3, 24.2, 22.6, 22.1, 21.4, 21.3, 21.2, 21.1, 11.2

- 일반 시트의 인쇄 방법과 동일하게 머리글 및 바닥글을 지정할 수 있다.
- 차트를 선택한 상태에서는 인쇄 영역을 지정할 수 없으므로 차트의 일부분만 인쇄할 수 없다.
- 확대/축소 배율을 지정할 수 없다.
- 페이지 가운데 맞춤을 설정할 수 없다.

### ❻ 페이지 나누기 미리 보기 24.1, 23.2, 23.1, 21.4, 21.2, 21.1, 18.1, 17.1, 16.2, 14.2, 13.1, 10.1

- 페이지 구분선을 마우스로 드래그하여 구분선의 위치를 변경할 수 있다.
- '페이지 나누기 미리 보기' 상태에서 머리글/바닥글은 추가할 수 없다.
- '페이지 나누기 미리 보기' 상태에서 자동으로 표시된 페이지 구분선은 점선, 수동으로 삽입한 페이지 구분선은 실선으로 표시된다.

### ❼ 페이지 레이아웃 23.5, 22.5, 18.2, 18.1

- '페이지 레이아웃 보기' 상태에서는 기본 보기와 같이 데이터 입력은 물론 셀 서식, 레이아웃 등을 변경할 수 있다.
- 행 높이, 열 너비, 페이지 여백, 머리글/바닥글 여백 등은 마우스를 드래그하여 조절할 수 있지만 페이지 구분선은 조절할 수 없다.
- 화면에 표시되는 눈금자의 단위는 [Excel 옵션]의 '고급' 범주에서 변경할 수 있다.

## 104 | 인쇄

### ❶ 인쇄 미리 보기 및 인쇄 24.5, 23.4, 22.4, 22.2, 20.1, 19.2, 19.1, 17.2, 16.3, 11.3, 10.3

- '(여백 표시)'를 클릭하면 표시되는 선을 마우스로 드래그하여 여백의 크기나 열 너비를 조정할 수 있다.
- '인쇄 미리 보기 및 인쇄' 화면에서 '페이지 설정'을 클릭하면 '페이지 설정' 대화상자가 표시되지만 '시트' 탭의 인쇄 영역, 반복할 행, 반복할 열이 비활성화 되어 있어 설정을 변경할 수 없다.
- '페이지 설정' 대화상자를 이용하여 인쇄 영역, 반복할 행 등을 변경하려면 [페이지 레이아웃] → [페이지 설정]의 ''를 이용하여 '페이지 설정' 대화상자를 호출해야 한다.
- 실행 : [파일] → [인쇄] 선택 또는 Ctrl + F2

### ❷ 인쇄 영역 24.4, 22.7, 22.6, 22.5, 22.1, 21.4, 19.2, 19.1, 16.3

- 워크시트의 내용 중 특정 부분만을 인쇄 영역으로 설정하여 인쇄할 수 있다.
- 하나의 시트에서는 기존 인쇄 영역에 다른 인쇄 영역을 추가할 수 있지만 여러 시트에서는 불가능하다.
- 서로 떨어져 있는 여러 개의 영역을 인쇄 영역으로 지정하려면 Ctrl을 누른 상태에서 범위를 지정한다.
- 인쇄 영역으로 설정되면 페이지 나누기 미리 보기에서는 설정된 부분이 밝게 표시된다.

### ❸ 도형을 제외하고 인쇄 22.7, 22.5, 22.2, 21.2

인쇄 영역에 포함된 도형을 제외하고 인쇄하려면 도형의 바로 가기 메뉴에서 [크기 및 속성]을 선택한 후 [도형 서식] 창의 [도형 옵션] → [(크기 및 속성)] → [속성]에서 '개체 인쇄' 옵션의 선택을 해제해야 한다.

# 5장

# 데이터 관리

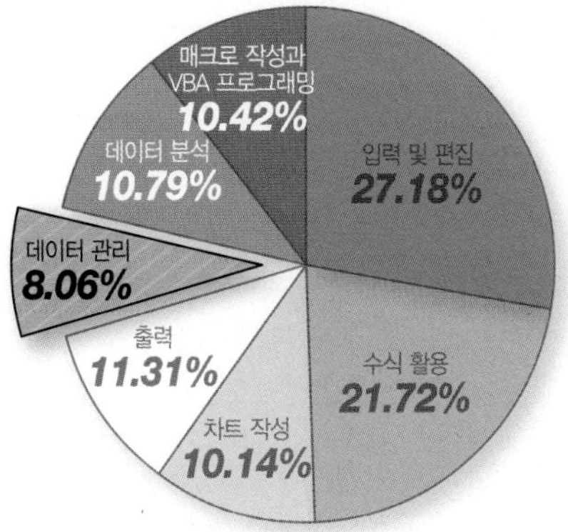




**이 장에서 꼭 알아야 할 키워드 Best 10**

**1.** 정렬 **2.** 오름차순/내림차순 **3.** 자동 필터 **4.** 고급 필터 **5.** 고급 필터의 고급 조건 지정 방법 **6.** 텍스트 마법사 **7.** 텍스트 나누기 **8.** 외부 데이터 가져오기 **9.** 웹 쿼리 **10.** Microsoft Query

SECTION 105

# 정렬

B 등급

## 1 정렬

24.5, 24.3, 23.5, 23.3, 22.6, 22.2, 22.1, 21.4, 20.1, 18.상시, 18.1, 16.1, 15.3, 14.3, 14.2, 13.1, 10.2, 09.3, 09.1, 08.2, …

1209502

> **전문가의 조언**
> **중요해요!** 정렬의 특징 및 정렬 순서에 대한 문제가 출제되었습니다. 정렬 순서 숫문논오빈! 그리고 빈 셀은 항상 가장 마지막에 온다는 것을 중심으로 정렬의 특징을 정리하세요.

정렬(Sort)은 불규칙하게 입력된 데이터 목록을 특정 기준에 따라 재배열하는 기능이다.

### 특징

- 정렬 기준은 최대 64개까지 지정할 수 있으며, 기본적으로 위에서 아래로 행 단위로 정렬된다.
- 원칙적으로 숨겨진 행이나 열은 정렬에 포함되지 않는다.
- 영문자 대/소문자를 구분하여 정렬할 수 있는 기능을 제공하며, 오름차순 시 소문자가 우선순위를 갖는다.
- 오름차순*은 숫자〉문자〉논리값〉오류값〉빈 셀 순, 내림차순*은 오류값〉논리값〉문자〉숫자〉빈 셀 순이다.
- **오름차순 정렬 순서(대/소문자 구분 설정*)**

| 순서 | 데이터 형식 | | 데이터 형식별 정렬 순서 |
|---|---|---|---|
| ① | 숫자 | | 작은 수 → 큰 수 |
| ② | 문자 | 특수문자 | – 공백 ! “ # $ ( ) * . / : ; [ ] ^ { | } ~ + 〈 = |
| | | 영문 | A에서 Z 순(소문자 → 대문자) |
| | | 한글 | ㄱ에서 ㅎ 순 |
| ③ | 논리값 | | 거짓값(False) → 참값(True) |
| ④ | 오류값 | | 오류값이 발견된 순 |
| ⑤ | 빈 셀 | | 항상 마지막에 정렬 |

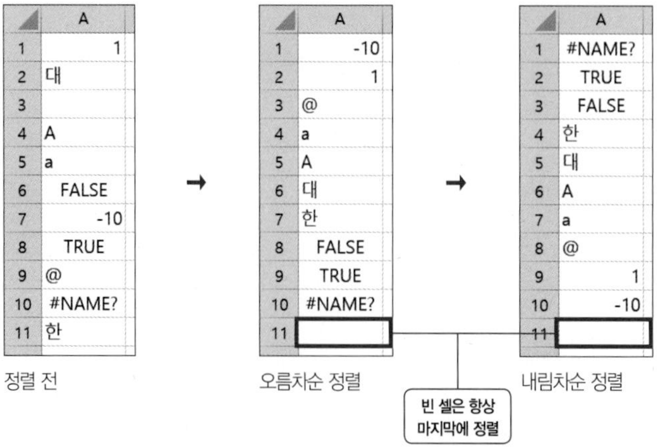


**오름차순과 내림차순**
- **오름차순** : 입력된 데이터를 1, 2, … 10 … 100 …, 가, 나 … 하 순으로 정렬함
- **내림차순** : 입력된 데이터를 하, 파 … 가, 100 … 10 … 2, 1 순으로 정렬함

**대/소문자 구분 설정 방법**
대/소문자 구분은 [데이터] → [정렬 및 필터] → [정렬]을 클릭한 후 '정렬' 대화상자의 옵션에서 설정할 수 있습니다. 자세한 내용은 170쪽을 참고하세요.

**예제** 다음 데이터 목록을 첫째는 '소속부서', 둘째는 '성별'을 기준으로 오름차순 정렬하여 완성하시오.

상반기 영어/컴퓨터 능력 시험

| 번호 | 이름 | 소속부서 | 성별 | 영어 | 컴퓨터 | 총점 |
|---|---|---|---|---|---|---|
| 1 | 강현진 | 개발부 | 여 | 98 | 85 | 183 |
| 2 | 김기연 | 영업부 | 남 | 95 | 100 | 195 |
| 3 | 김철원 | 영업부 | 남 | 80 | 75 | 155 |
| 4 | 남동하 | 기술부 | 남 | 85 | 90 | 175 |
| 5 | 마동윤 | 영업부 | 여 | 100 | 100 | 200 |
| 6 | 미라미 | 총무부 | 여 | 80 | 75 | 155 |
| 7 | 박한솔 | 기술부 | 남 | 100 | 80 | 180 |
| 8 | 박이호 | 기술부 | 남 | 90 | 70 | 160 |
| 9 | 박한식 | 총무부 | 남 | 80 | 90 | 170 |
| 10 | 박하나 | 총무부 | 여 | 90 | 50 | 140 |

→

상반기 영어/컴퓨터 능력 시험

| 번호 | 이름 | 소속부서 | 성별 | 영어 | 컴퓨터 | 총점 |
|---|---|---|---|---|---|---|
| 1 | 강현진 | 개발부 | 여 | 98 | 85 | 183 |
| 4 | 남동하 | 기술부 | 남 | 85 | 90 | 175 |
| 7 | 박한솔 | 기술부 | 남 | 100 | 80 | 180 |
| 8 | 박이호 | 기술부 | 남 | 90 | 70 | 160 |
| 2 | 김기연 | 영업부 | 남 | 95 | 100 | 195 |
| 3 | 김철원 | 영업부 | 남 | 80 | 75 | 155 |
| 5 | 마동윤 | 영업부 | 여 | 100 | 100 | 200 |
| 9 | 박한식 | 총무부 | 남 | 80 | 90 | 170 |
| 6 | 미라미 | 총무부 | 여 | 80 | 75 | 155 |
| 10 | 박하나 | 총무부 | 여 | 90 | 50 | 140 |

① 데이터 목록 중 임의의 셀에 셀 포인터를 이동시킨 후 [데이터] → [정렬 및 필터] → [정렬]을 클릭한다.

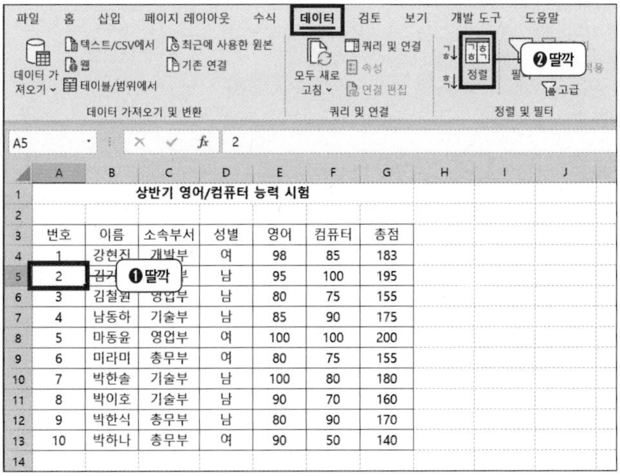


② '정렬' 대화상자에서 첫째 정렬 기준의 열을 '소속부서', 정렬을 '오름차순'으로 선택한다.

③ 〈기준 추가〉를 클릭한 후 둘째 정렬 기준의 열을 '성별', 정렬을 '오름차순'으로 선택하고 〈확인〉을 클릭한다.

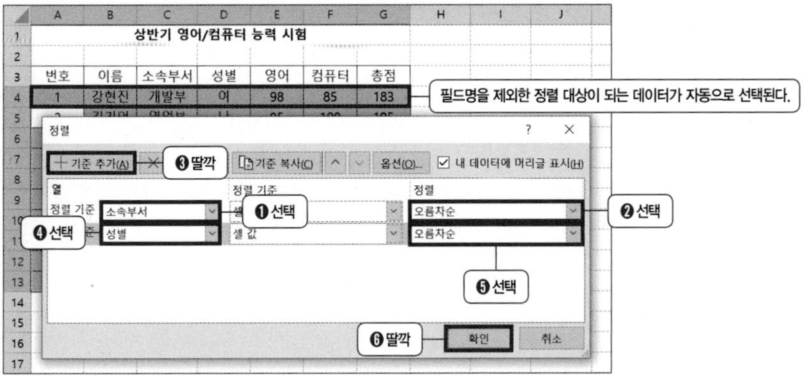


**준비하세요**

'C:\길벗컴활1급필기\2과목\2과목.xlsm' 파일을 불러와 '섹션105' 시트에서 실습하세요

**정렬 취소하기**

정렬한 후 취소하려면 바로 빠른 실행 도구 모음의 '실행 취소( )' 아이콘을 클릭하거나 Ctrl+Z를 누르면 됩니다.

**중요해요!** '정렬' 대화상자에서 지정할 수 있는 항목을 묻는 문제가 자주 출제됩니다. 대/소문자를 구분하거나 행을 기준으로 정렬하려면 '정렬' 대화상자의 〈옵션〉에서 지정한다는 것을 중심으로 각 항목의 기능을 정리하세요.

**왼쪽에서 오른쪽!**
행을 기준으로 열을 정렬하는 것으로, 필드명을 인식하지 못합니다. 그러므로 필드명이 있을 경우 반드시 범위를 지정한 후 수행해야 합니다.

**정렬 기준**
정렬 기준을 '셀 값'으로 지정하면 오름차순이나 내림차순으로 정렬하지만 '셀 색' / '글꼴 색' / '조건부 서식 아이콘'을 선택하여 지정하면 선택한 색이나 아이콘 순서대로 목록의 위나 아래에 표시합니다.

24.5, 24.3, 23.5, 23.3, 22.6, 22.3, 22.2, 22.1, 21.4, 21.1, 20.1, 18.1, 17.1, 16.1, 15.3, 14.3, 14.2, 13.2, 13.1, 10.3, …

## 2 '정렬' 대화상자

1209505

**실행** [데이터] → [정렬 및 필터] → [정렬] 클릭

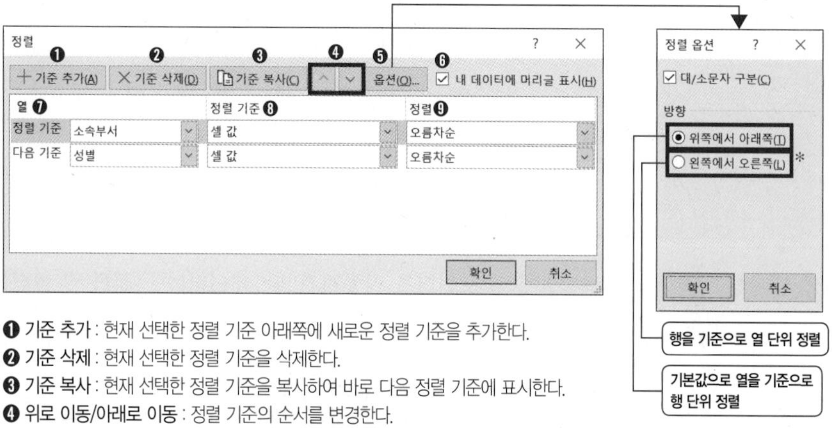


❶ **기준 추가** : 현재 선택한 정렬 기준 아래쪽에 새로운 정렬 기준을 추가한다.
❷ **기준 삭제** : 현재 선택한 정렬 기준을 삭제한다.
❸ **기준 복사** : 현재 선택한 정렬 기준을 복사하여 바로 다음 정렬 기준에 표시한다.
❹ **위로 이동/아래로 이동** : 정렬 기준의 순서를 변경한다.
❺ **정렬 옵션**
- 대/소문자를 구분하여 정렬할 것인지를 지정할 수 있다.
- 정렬할 방향을 지정할 수 있다.

❻ **내 데이터에 머리글 표시** : 선택한 데이터 목록의 첫 번째 행이 필드명일 경우 '내 데이터에 머리글 표시'를 선택하여 정렬 대상에서 제외시키고, 첫 번째 행이 필드명이 아닌 경우에는 '내 데이터에 머리글 표시'를 해제하여 첫 행을 정렬 대상에 포함시킨다.
❼ **열** : 첫 번째 열을 기준으로 정렬했을 때 동일한 레코드가 나올 경우, 동일한 레코드들은 두 번째 열을 기준으로 다시 정렬한다. 두 번째 열에 의해서도 동일한 레코드가 나올 경우, 세 번째 열을 기준으로 다시 정렬한다.
❽ **정렬 기준***
- 셀 값 : 셀에 입력된 데이터를 기준으로 정렬한다.
- 셀 색 : 셀에 지정된 셀 색(채우기 색)을 기준으로 정렬한다.
- 글꼴 색 : 글꼴에 지정된 색을 기준으로 정렬한다.
- 조건부 서식 아이콘 : 셀에 표시된 아이콘을 기준으로 정렬한다.

❾ **정렬** : 정렬 방식을 오름차순, 내림차순, 사용자 지정 목록으로 지정한다.

23.1

### 잠깐만요 '정렬 경고' 대화상자

데이터 목록 중 한 행이나 한 열만 정렬 범위로 지정한 경우 '정렬 경고' 대화상자가 표시됩니다.

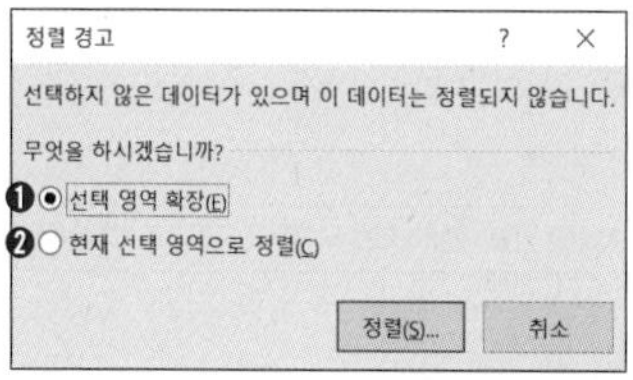


❶ 현재 셀 포인터와 인접한 영역에 있는 데이터 목록 전체가 정렬 범위로 확장되어 정렬이 수행됩니다.
❷ 현재 선택된 영역만을 기준으로 정렬이 수행됩니다.

24.3, 21.4, 18.1, 15.3, 14.2, 13.1, 10.3, 10.2, 05.1, 2급 23.2, 23.1, 22.4, 21.3, 19.2, 19.1, 18.상시, 16.3, 15.3, 14.2, 12.2, …

## 3 사용자 지정 정렬

3210904

- 사용자가 '사용자 지정 목록'에 등록한 목록을 기준으로 정렬하는 기능이다.
- 사용자 지정 목록은 일정한 연관성을 가진 문자열을 정해진 순서대로 만들어 놓은 것으로, 자동 채우기나 정렬 등에서 사용된다.
- 사용자 지정 목록(정렬 순서)을 추가하거나 삭제할 수 있으나 엑셀에서 기본적으로 제공하는 목록은 수정하거나 제거할 수 없다.
- '정렬 기준'을 '셀 값'으로 지정한 모든 기준에서 사용자 지정 목록을 사용할 수 있다.
- **사용자 지정 목록 추가 및 삭제하는 방법**
  - 방법 1 : '정렬' 대화상자의 '정렬'에서 '사용자 지정 목록' 선택
  - 방법 2 : [파일] → [옵션] → [고급] → 〈사용자 지정 목록 편집〉 클릭

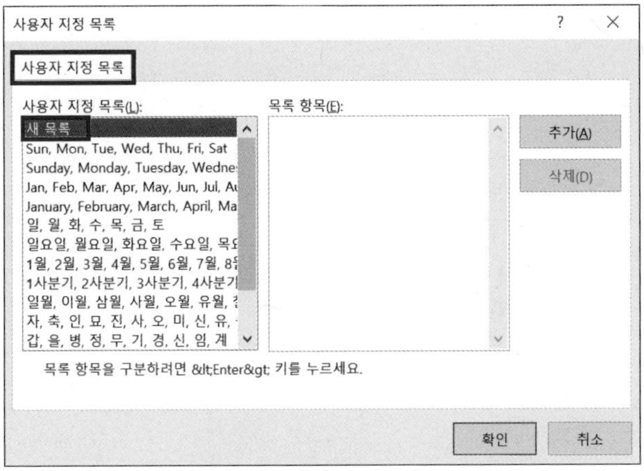


**전문가의 조언**

사용자 지정 목록은 주로 정렬의 특징을 묻는 문제에서 하나의 보기로 출제됩니다. 사용자 지정 목록은 '정렬 기준'을 '셀 값'으로 지정한 모든 기준에서 사용할 수 있다는 것을 꼭 기억해 두세요.

### 따라잡기 기출문제 따라잡기

문제1 1209551 문제2 1209552

23년 3회, 16년 1회

**1. 다음 중 엑셀의 정렬 기능에 대한 설명으로 옳지 않은 것은?**

① 오름차순 정렬과 내림차순 정렬 모두 빈 셀은 항상 마지막으로 정렬된다.

② 영숫자 텍스트는 왼쪽에서 오른쪽 방향으로 문자 단위로 정렬된다.

③ 사용자가 [정렬 옵션] 대화상자에서 대/소문자를 구분하도록 변경하여, 오름차순으로 정렬하면 대문자가 소문자보다 우선순위를 갖는다.

④ 공백으로 시작하는 문자열은 오름차순 정렬일 때 숫자 바로 다음에 정렬되고, 내림차순 정렬일 때는 숫자 바로 앞에 정렬된다.

대/소문자를 구분하여 오름차순으로 정렬하면 소문자가 대문자보다 우선순위를 갖습니다.

18년 1회, 15년 3회

**2. 다음 중 데이터 정렬에 대한 설명으로 옳지 않은 것은?**

① 정렬 조건을 최대 64개까지 지정할 수 있어 다양한 조건으로 정렬할 수 있다.

② 숨겨진 열이나 행은 정렬 시 이동되지 않으므로 데이터를 정렬하기 전에 숨겨진 열과 행을 표시하는 것이 좋다.

③ 정렬 기준을 글꼴 색이나 셀 색으로 선택한 경우의 기본 정렬 순서는 오름차순의 경우 밝은 색에서 어두운 색 순으로 정렬된다.

④ 첫째 기준 뿐만 아니라 모든 정렬 기준에서 사용자 지정 목록을 정렬 기준으로 사용할 수 있다.

'셀 색'/'글꼴 색'/'조건부 서식 아이콘'을 정렬 기준으로 지정하면 선택한 색이나 아이콘 순서대로 목록의 위나 아래에 표시됩니다.

▶ **정답** : 1. ③ 2. ③

## 따라잡기 기출문제 따라잡기

24년 5회, 21년 4회

**3. 다음 중 정렬에 대한 설명으로 옳지 않은 것은?**

① 표 스타일이 적용된 데이터 영역을 왼쪽에서 오른쪽 방향으로 정렬하려면 정렬하기 전에 '범위로 변환'을 실행해야 한다.

② 숨겨진 행이나 열도 정렬에 포함되어 정렬된다.

③ 숫자, 날짜 등과 같이 셀에 입력된 값으로 정렬할 때는 정렬 기준을 '셀 값'으로 지정하고, 셀에 지정된 서식으로 정렬하려면 정렬 기준을 '셀 색'이나 '글꼴 색'으로 지정해야 한다.

④ 사용자 지정 목록을 사용하여 사용자가 정의한 순서대로 정렬할 수 있다.

숨겨진 행이나 열에 있는 데이터는 정렬에 포함되지 않습니다.

22년 3회, 17년 1회

**4. 다음 중 아래 워크시트 (가)를 (나)와 같이 정렬하기 위한 방법으로 옳은 것은?**

(가)

| | A | B | C | D |
|---|---|---|---|---|
| 1 | 이름 | 사번 | 부서 | 직위 |
| 2 | 윤여송 | a-001 | 기획실 | 과장 |
| 3 | 이기상 | a-002 | 기획실 | 대리 |
| 4 | 이원평 | a-003 | 기획실 | 사원 |
| 5 | 강문상 | a-004 | 관리과 | 사원 |

(나)

| | A | B | C | D |
|---|---|---|---|---|
| 1 | 부서 | 사번 | 이름 | 직위 |
| 2 | 기획실 | a-001 | 윤여송 | 과장 |
| 3 | 기획실 | a-002 | 이기상 | 대리 |
| 4 | 기획실 | a-003 | 이원평 | 사원 |
| 5 | 관리과 | a-004 | 강문상 | 사원 |

① 정렬 기준을 '셀 색', 정렬을 '위에 표시'로 설정

② 정렬 옵션을 '위쪽에서 아래쪽'으로 설정

③ 정렬 기준을 '셀 색', 정렬을 '아래쪽에 표시'로 설정

④ 정렬 옵션을 '왼쪽에서 오른쪽'으로 설정

정렬은 기본적으로 위에서 아래로 행 단위로 정렬되는데, 이 문제처럼 왼쪽에서 오른쪽으로 열 단위로 정렬하려면 '정렬 옵션' 대화상자에서 '왼쪽에서 오른쪽'을 지정해야 합니다.

13년 2회

**5. 다음 중 엑셀에서 정렬 기준으로 사용할 수 없는 것은?**

① 셀 색　　② 조건부 서식 아이콘

③ 글꼴 색　　④ 글꼴 크기

데이터 정렬 기준에는 값, 셀 색, 조건부 서식 아이콘, 글꼴 색이 있습니다.

23년 5회, 22년 6회, 2회, 1회, 20년 1회

**6. 다음 중 데이터 정렬에 관한 설명으로 옳지 않은 것은?**

① 대/소문자를 구분하여 정렬할 수 있다.

② 표 안에서 다른 열에는 영향을 주지 않고 선택한 한 열 내에서만 정렬하도록 할 수 있다.

③ 정렬 기준으로 '조건부 서식 아이콘'을 선택한 경우 기본 정렬 순서는 '위에 표시'이다.

④ 행을 기준으로 정렬하려면 [정렬] 대화상자의 [옵션]에서 정렬 옵션의 방향을 '위쪽에서 아래쪽'으로 선택한다.

[정렬] 대화상자의 [옵션]에서 행을 기준으로 정렬하려면 '왼쪽에서 오른쪽', 열을 기준으로 정렬하려면 '위쪽에서 아래쪽'을 선택해야 합니다.

23년 1회

**7. 엑셀에서 데이터를 정렬하려는데 다음과 같은 정렬 경고 대화상자가 표시되었다. 다음 중 옳지 않은 것은?**

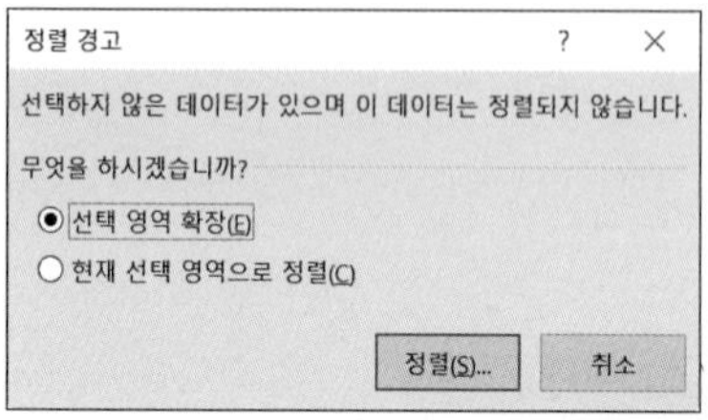


① 이 정렬 경고 대화상자는 표 범위에서 하나의 열만 범위로 선택한 경우에 발생한다.

② 인접한 데이터를 포함하기 위해 선택 영역을 늘리려면 '선택 영역 확장'을 선택한다.

③ 이 정렬 경고 대화상자는 셀 포인터가 표 범위 내에 있지 않기 때문에 발생한다.

④ '현재 선택 영역으로 정렬'을 선택하면 현재 설정한 열만을 정렬 대상으로 선택한다.

셀 포인터가 표 범위 내에 있지 않을 때는 아래와 같은 대화상자가 표시됩니다.

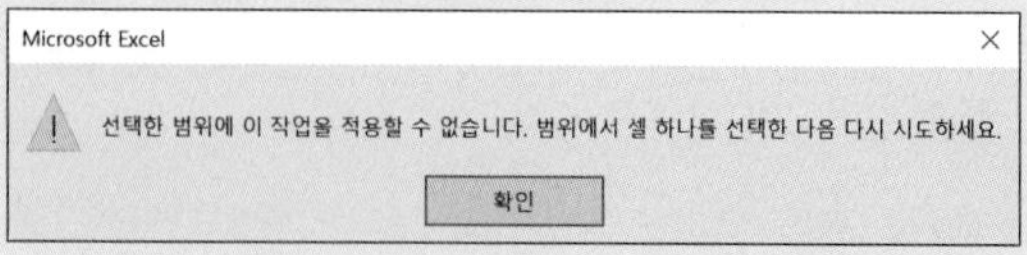


▶ 정답 : 3. ②　4. ④　5. ④　6. ④　7. ③

SECTION
# 106 자동 필터

C 등급

## 1 필터의 개요

19.1, 08.4, 2급 21.1, 15.2, 13.3, 12.3, 07.2, 04.1, 02.2

1209601

필터(Filter)는 데이터 목록에서 설정된 조건에 맞는 데이터만을 추출하여 화면에 표시하는 기능이다.

### 특징

- 필터 기능을 이용하면 조건에 맞는 데이터만 찾아서 워크시트에 나타내며, 데이터의 순서는 변경되지 않는다.
- 추출된 데이터는 기존 데이터와 같이 삭제나 수정 등의 데이터를 활용할 수 있다.
- 조건을 기술하는 방법에 따라 자동 필터와 고급 필터*로 구분할 수 있다.

고급 필터는 다음 섹션(177쪽)을 참고하세요.

## 2 자동 필터

20.1, 19.2, 19.1, 16.2, 15.2, 14.1, 13.3, 12.1, 04.2, 2급 23.4, 23.2, 21.2, 21.1, 16.2, 15.2, 13.3, 12.3, 07.2, 02.2

1209602

자동 필터는 단순한 비교 조건을 사용하여 간단한 데이터 추출 작업에 사용되는 필터이다.

**실행** [데이터] → [정렬 및 필터] → [필터] 클릭

**전문가의 조언**

자동 필터의 실행 방법에서부터 전체적인 설명을 묻는 문제가 출제되었습니다. 상위 10 자동 필터와 사용자 지정 자동 필터의 기능까지도 확실히 알아두세요.

### 특징

- 자동 필터 목록 단추를 이용하여 쉽고 빠르게 필터 조건을 설정할 수 있다.
- 자동 필터를 사용하려면 데이터 목록에 반드시 필드명(열 이름표)이 있어야 한다.
- 두 개 이상의 필드(열)에 조건이 설정된 경우 AND 조건으로 결합된다.
- 자동 필터를 적용하면 지정한 조건에 맞지 않는 행은 숨겨진다.
- 필터링된 데이터 그대로 복사나 찾기, 편집, 인쇄 등을 수행할 수 있다.
- 자동 필터를 사용하면 목록 값, 서식, 조건을 이용하여 세 가지 유형*의 필터를 만들 수 있지만, 한 번에 한 가지 필터만 적용할 수 있다.
- 필드(열)에 입력된 데이터에 따라 [숫자 필터], [텍스트 필터], [날짜 필터] 중 하나의 필터가 표시되는데, 하나의 필드에 날짜, 숫자, 텍스트 등의 데이터가 섞여 있으면 가장 많이 있는 데이터 형식에 대한 필터가 표시된다.
- 필터를 이용하여 추출한 데이터는 레코드(행) 단위로 표시된다.
- 상위 10 자동 필터와 사용자 지정 자동 필터 기능을 사용하여 보다 쉽게 데이터를 추출할 수 있다.

**필터 유형**

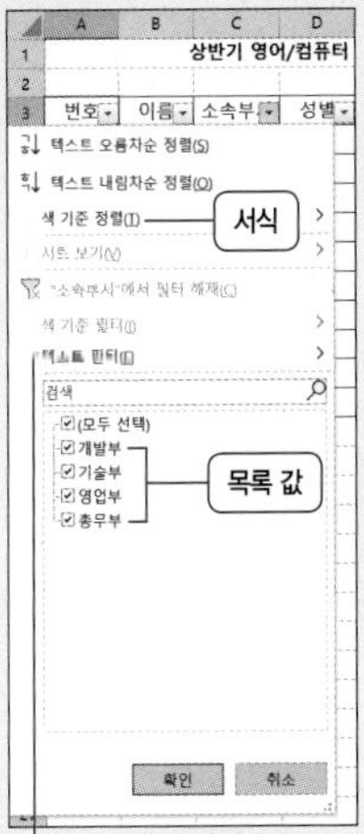


조건으로, 필드에 입력된 데이터에 따라 텍스트 필터, 숫자 필터, 날짜 필터 중 하나가 표시됨

준비하세요

'C:\길벗컴활1급필기\2과목\2과목.xlsm' 파일을 불러와 '섹션106' 시트에서 실습하세요.

**예제** 자동 필터를 이용하여 '소속부서'가 "총무부"이고, '성별'이 "여"인 레코드를 추출하시오.

| | A | B | C | D | E | F | G |
|---|---|---|---|---|---|---|---|
| 1 | 상반기 영어/컴퓨터 능력 시험 | | | | | | |
| 2 | | | | | | | |
| 3 | 번호 | 이름 | 소속부서 | 성별 | 영어 | 컴퓨터 | 총점 |
| 4 | 1 | 강현진 | 개발부 | 여 | 98 | 85 | 183 |
| 5 | 2 | 김기언 | 영업부 | 남 | 95 | 100 | 195 |
| 6 | 3 | 김철원 | 영업부 | 남 | 80 | 75 | 155 |
| 7 | 4 | 남동하 | 기술부 | 남 | 85 | 90 | 175 |
| 8 | 5 | 마동윤 | 영업부 | 여 | 100 | 100 | 200 |
| 9 | 6 | 미라미 | 총무부 | 여 | 80 | 75 | 155 |
| 10 | 7 | 박한솔 | 기술부 | 남 | 100 | 80 | 180 |
| 11 | 8 | 박이호 | 기술부 | 남 | 90 | 70 | 160 |
| 12 | 9 | 박한식 | 총무부 | 남 | 80 | 90 | 170 |
| 13 | 10 | 박하나 | 총무부 | 여 | 90 | 50 | 140 |

→

| | A | B | C | D | E | F | G |
|---|---|---|---|---|---|---|---|
| 1 | 상반기 영어/컴퓨터 능력 시험 | | | | | | |
| 2 | | | | | | | |
| 3 | 번호 | 이름 | 소속부 | 성별 | 영어 | 컴퓨터 | 총점 |
| 9 | 6 | 미라미 | 총무부 | 여 | 80 | 75 | 155 |
| 13 | 10 | 박하나 | 총무부 | 여 | 90 | 50 | 140 |

① 데이터 목록(A3:G13) 중 임의의 셀에 셀 포인터를 이동시킨 후 [데이터] → [정렬 및 필터] → [필터]를 클릭한다.

② 필드명 오른쪽에 자동 필터 목록 단추(▾)가 표시된다. '소속부서'의 자동 필터 목록 단추(▾)를 클릭한 후 '모두 선택'을 클릭하여 선택되어 있는 항목을 모두 해제한다. 이어서 "총무부"를 클릭하여 선택하고 〈확인〉을 클릭한다.

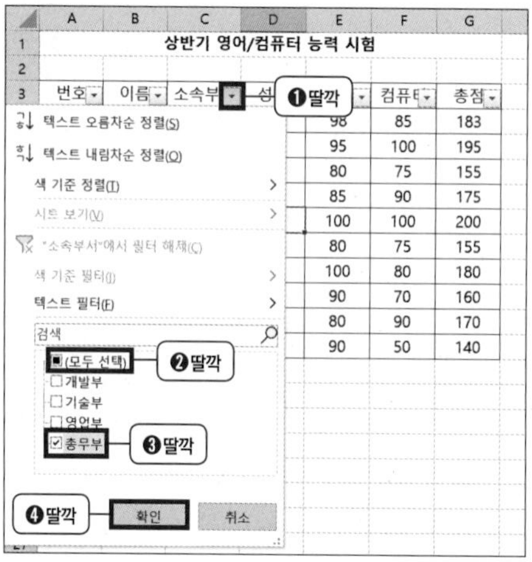


③ '성별'의 자동 필터 목록 단추(▾)를 클릭한 후 "남"을 클릭하여 선택을 해제하여 "여"만을 선택하고 〈확인〉을 클릭한다.

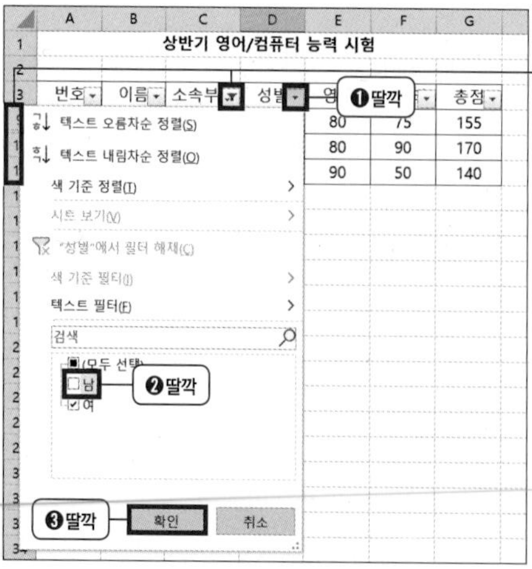


자동 필터 목록 단추(▾)가 ▾로 변경되고, 레코드의 행 번호는 파란색으로 표시한다.

**자동 필터 해제하기**

[데이터] → [정렬 및 필터] → [필터]를 다시 클릭하면 자동 필터의 설정이 해제됩니다.

**전체 데이터 보기**

자동 필터 목록 단추(▾)를 눌러 '(모두 선택)'를 클릭하면 설정된 조건이 해제되면서 전체 데이터를 볼 수 있습니다.

15.2, 13.3, 2급 09.1

## 3 상위 10 자동 필터

1209603

상위 10 자동 필터는 항목이나 백분율을 기준으로 상위나 하위로 데이터의 범위를 지정하여 해당 범위에 포함된 레코드만 추출하는 기능이다.

- 상위 10 자동 필터는 문자열 필드에서 사용할 수 없다.
- 자동 필터 목록의 [숫자 필터]* → [상위 10(T)]를 선택하면 '상위 10 자동 필터' 대화상자가 표시된다.

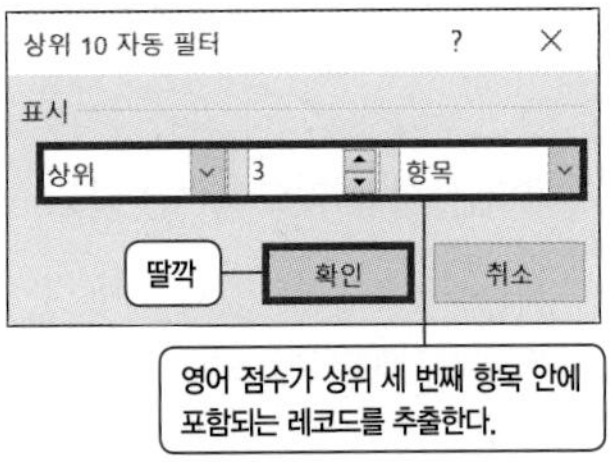


→

| | A | B | C | D | E | F | G |
|---|---|---|---|---|---|---|---|
| 1 | 상반기 영어/컴퓨터 능력 시험 | | | | | | |
| 2 | | | | | | | |
| 3 | 번호 | 이름 | 소속부 | 성별 | 영어 | 컴퓨터 | 총점 |
| 4 | 1 | 강현진 | 개발부 | 여 | 98 | 85 | 183 |
| 8 | 5 | 마동윤 | 영업부 | 여 | 100 | 100 | 200 |
| 10 | 7 | 박한솔 | 기술부 | 남 | 100 | 80 | 180 |

18.1, 04.2, 2급 15.2, 15.1, 09.4

## 4 사용자 지정 자동 필터

1209604

사용자 지정 자동 필터*는 하나의 필드에 1개나 2개의 조건을 지정하여 추출하는 기능이다.

- 하나의 필드를 대상으로 두 가지 조건을 AND나 OR로 결합하여 지정할 수 있다.
- 연산자(=, 〈=, 〈 , 〉, 〈 〉, 〉=)나 만능 문자(와일드 카드, *, ?)를 사용하여 데이터를 추출할 수 있다.
- 자동 필터 목록의 [숫자 필터/텍스트 필터/날짜 필터] → [사용자 지정 필터]를 선택하면 '사용자 지정 자동 필터' 대화상자*가 표시된다.

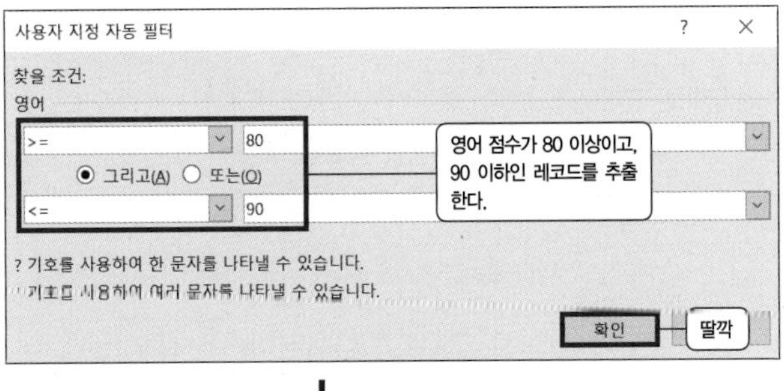


↓

| | A | B | C | D | E | F | G |
|---|---|---|---|---|---|---|---|
| 1 | 상반기 영어/컴퓨터 능력 시험 | | | | | | |
| 2 | | | | | | | |
| 3 | 번호 | 이름 | 소속부 | 성별 | 영어 | 컴퓨터 | 총점 |
| 6 | 3 | 김철원 | 영업부 | 남 | 80 | 75 | 155 |
| 7 | 4 | 남동하 | 기술부 | 남 | 85 | 90 | 175 |
| 9 | 6 | 미라미 | 총무부 | 여 | 80 | 75 | 155 |
| 11 | 8 | 박이호 | 기술부 | 남 | 90 | 70 | 160 |
| 12 | 9 | 박한식 | 총무부 | 남 | 80 | 90 | 170 |
| 13 | 10 | 박하나 | 총무부 | 여 | 90 | 50 | 140 |

**숫자 필터**
현재 필드의 데이터 형식에 따라 숫자일 경우에는 숫자 필터, 문자일 경우에는 텍스트 필터로 표시됩니다.

**사용자 지정 자동 필터 조건**
- 그리고 : AND 조건
- 또는 : OR 조건

**사용자 지정 자동 필터**
[숫자 필터/텍스트 필터/날짜 필터]의 하위 메뉴 중 [상위 10] 메뉴를 제외한 나머지 메뉴를 선택해도 '사용자 지정 자동 필터' 대화상자가 표시됩니다.

문제2 1209651 문제4 1209652

15년 2회, 13년 3회

**1. 다음 중 자동 필터에 관한 설명으로 옳지 않은 것은?**

① 데이터에 필터를 적용하면 지정한 조건에 맞는 행만 표시되고 나머지 행은 숨겨지며, 필터링된 데이터는 다시 정렬하거나 이동하지 않고도 복사, 찾기, 편집 및 인쇄를 할 수 있다.

② '상위 10 자동 필터'는 숫자 데이터 필드에서만 설정 가능하고, 텍스트 데이터 필드에서는 사용할 수 없다.

③ 한 열에 숫자 입력 셀이 5개 있고, 텍스트 입력 셀이 3개 있는 경우 자동 필터는 셀의 수가 적은 '텍스트 필터' 명령으로 표시된다.

④ 날짜 데이터는 연, 월, 일의 계층별로 그룹화되어 계층에서 상위 수준을 선택하거나 선택을 취소하는 경우 해당 수준 아래의 중첩된 날짜가 모두 선택되거나 선택 취소된다.

같은 열에 날짜, 숫자, 텍스트가 섞여 있으면 가장 많이 있는 형식의 필터가 적용됩니다. 즉 숫자가 입력된 셀이 5개, 텍스트가 입력된 셀이 3개라면 '숫자 필터'가 적용됩니다.

19년 2회, 16년 2회

**2. 다음 중 자동 필터에 관한 설명으로 옳지 않은 것은?**

① 날짜가 입력된 열에서 요일로 필터링하려면 '날짜 필터' 목록에서 필터링 기준으로 사용할 요일을 하나 이상 선택하거나 취소한다.

② 두 개 이상의 필드에 조건을 설정하는 경우 필드 간에는 AND 조건으로 결합되어 필터링된다.

③ 열 머리글에 표시되는 드롭다운 화살표에는 해당 열에서 가장 많이 나타나는 데이터 형식에 해당하는 필터 목록이 표시된다.

④ 자동 필터를 사용하면 목록 값, 서식 또는 조건 등 세 가지 유형의 필터를 만들 수 있으며, 각 셀의 범위나 표 열에 대해 한 번에 한 가지 유형의 필터만 사용할 수 있다.

날짜의 요일을 기준으로 필터링하려면 TEXT 함수를 사용하여 날짜를 요일로 변환한 열을 추가한 후 이 열을 기준으로 필터링해야 합니다.
– 날짜를 요일로 변환하는 수식 : '=TEXT(셀주소, "aaaa")' 또는 '=TEXT(셀주소, "aaa")'

14년 1회, 12년 1회

**3. 다음 중 데이터의 자동 필터 기능에 대한 설명으로 옳지 않은 것은?**

① 같은 열에 여러 개의 항목을 동시에 선택하여 데이터를 추출할 수 있다.

② 숫자로만 구성된 하나의 열에 색 기준 필터와 숫자 필터를 동시에 적용할 수 없다.

③ 같은 열에 날짜, 숫자, 텍스트가 섞여 있으면 텍스트 필터가 적용된다.

④ 필터를 이용하여 추출한 데이터는 항상 레코드(행) 단위로 표시된다.

하나의 열에 숫자가 5개, 텍스트가 3개, 날짜가 2개가 있다면 가장 많이 있는 '숫자 필터'가 적용됩니다.

18년 1회

**4. 다음 중 아래 워크시트의 '사번' 필드에 그림과 같이 사용자 지정 자동 필터를 적용하는 경우 표시되는 결과 행은?**

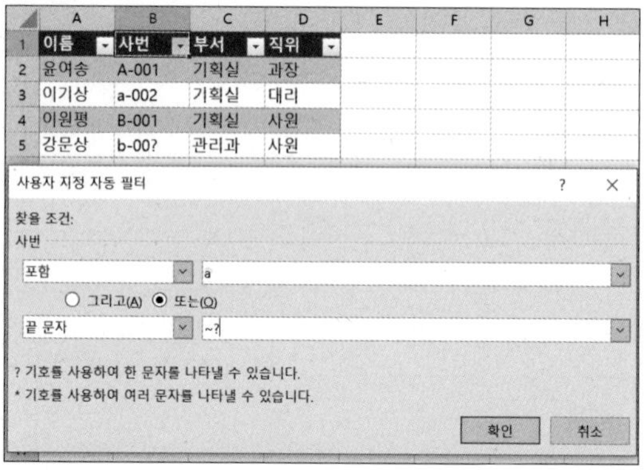


① 3행 ② 2행, 3행

③ 3행, 5행 ④ 2행, 3행, 5행

- 첫 번째 조건 : '사번' 필드에 "a" 자를 포함한 데이터를 찾습니다. 대소문자는 구분하지 않습니다. → 2행, 3행
- 두 번째 조건 : '사번' 필드의 끝자리가 "?"인 데이터를 찾습니다. 만능 문자(?, *) 자체를 찾으려면 ~* 또는 ~?와 같이 만능 문자 앞에 ~ 기호를 입력하면 됩니다. → 5행
- 두 조건이 '또는'으로 연결되어 있으므로 두 조건 중 하나라도 만족하는 데이터를 모두 표시합니다. → 2행, 3행, 5행

▶ 정답 : 1. ③ 2. ① 3. ③ 4. ④

SECTION
# 107 고급 필터

A 등급

## 1 고급 필터의 개요

20.1, 08.4, 03.3, 2급 22.2, 21.2, 21.1, 15.2, 07.4, 05.2, 05.1, 02.3, 01.1, 99.1

1209701

고급 필터는 자동 필터에 비해 복잡한 조건을 사용하거나 여러 필드를 결합하여 조건을 지정할 경우 사용하는 기능이다.

**실행** [데이터] → [정렬 및 필터] → [고급] 클릭

### 특징

- 고급 필터는 다양한 조건을 사용자가 직접 설정하여 추출할 수 있다.
- 고급 필터는 추출된 결과를 원본 데이터나 원본 데이터와 다른 위치에 표시할 수 있으며, 조건에 맞는 특정한 필드(열)만을 추출할 수도 있다.
- 자동 필터에서는 한 필드에 두 개까지만 조건을 지정할 수 있지만, 고급 필터는 한 필드에 두 개 이상의 조건을 지정할 수 있고, 두 개 이상의 필드를 AND나 OR로 결합하여 추출할 수 있다.
- 고급 필터를 사용하기 위해서는 가장 먼저 워크시트에 조건을 입력해야 한다.
- 추출된 결과를 원본 데이터에 표시한 경우 원래 데이터를 모두 표시하려면 [데이터] → [정렬 및 필터] → [지우기]를 클릭한다.

**예제** 다음과 같은 데이터 목록 중 '총점'이 180 이상인 레코드만을 추출하여 [A18] 셀에서부터 표시하시오.

| | A | B | C | D | E | F | G |
|---|---|---|---|---|---|---|---|
| 1 | 상반기 영어/컴퓨터 능력 시험 | | | | | | |
| 2 | | | | | | | |
| 3 | 번호 | 이름 | 소속부서 | 성별 | 영어 | 컴퓨터 | 총점 |
| 4 | 1 | 강현진 | 개발부 | 여 | 98 | 85 | 183 |
| 5 | 2 | 김기언 | 영업부 | 남 | 95 | 100 | 195 |
| 6 | 3 | 김철원 | 영업부 | 남 | 80 | 75 | 155 |
| 7 | 4 | 남동하 | 기술부 | 남 | 85 | 90 | 175 |
| 8 | 5 | 마동윤 | 영업부 | 여 | 100 | 100 | 200 |
| 9 | 6 | 미라미 | 총무부 | 여 | 80 | 75 | 155 |
| 10 | 7 | 박한솔 | 기술부 | 남 | 100 | 80 | 180 |
| 11 | 8 | 박이호 | 기술부 | 남 | 90 | 70 | 160 |
| 12 | 9 | 박한식 | 총무부 | 남 | 80 | 90 | 170 |
| 13 | 10 | 박하나 | 총무부 | 여 | 90 | 50 | 140 |

→

| | A | B | C | D | E | F | G |
|---|---|---|---|---|---|---|---|
| 10 | 7 | 박한솔 | 기술부 | 남 | 100 | 80 | 180 |
| 11 | 8 | 박이호 | 기술부 | 남 | 90 | 70 | 160 |
| 12 | 9 | 박한식 | 총무부 | 남 | 80 | 90 | 170 |
| 13 | 10 | 박하나 | 총무부 | 여 | 90 | 50 | 140 |
| 14 | | | | | | | |
| 15 | | 총점 | | | | | |
| 16 | | >=180 | | | | | |
| 17 | | | | | | | |
| 18 | 번호 | 이름 | 소속부서 | 성별 | 영어 | 컴퓨터 | 총점 |
| 19 | 1 | 강현진 | 개발부 | 여 | 98 | 85 | 183 |
| 20 | 2 | 김기언 | 영업부 | 남 | 95 | 100 | 195 |
| 21 | 5 | 마동윤 | 영업부 | 여 | 100 | 100 | 200 |
| 22 | 7 | 박한솔 | 기술부 | 남 | 100 | 80 | 180 |

① [B15] 셀에 **총점**, [B16] 셀에 **>=180**를 입력한다.

| | A | B | C |
|---|---|---|---|
| 14 | | | |
| 15 | | 총점 | |
| 16 | | >=180 | |
| 17 | | | |

② 데이터 범위의 임의의 셀을 선택한 후 [데이터] → [정렬 및 필터] → [고급]을 클릭한다.

③ 다음 그림과 같이 '고급 필터' 대화상자의 각 설정 사항을 지정한 후 〈확인〉을 클릭한다. 범위를 지정할 때는 직접 입력하거나 범위 지정 단추(⬆)를 클릭하여 해당 범위를 마우스로 드래그한다.

**전문가의 조언**

고급 필터 작성 시 가장 먼저 조건을 입력해야 한다는 것과 '고급 필터' 대화상자에 표시된 각 옵션의 기능을 꼭 알아두세요.

**준비하세요**

'C:\길벗컴활1급필기\2과목\2과목.xlsm' 파일을 불러와 '섹션107-1' 시트에서 실습하세요.

**고급 필터 작성 순서**

❶ 조건을 입력합니다.
❷ [데이터] → [정렬 및 필터] → [고급]을 클릭합니다.
❸ '고급 필터' 대화상자에서 각 범위를 설정합니다.

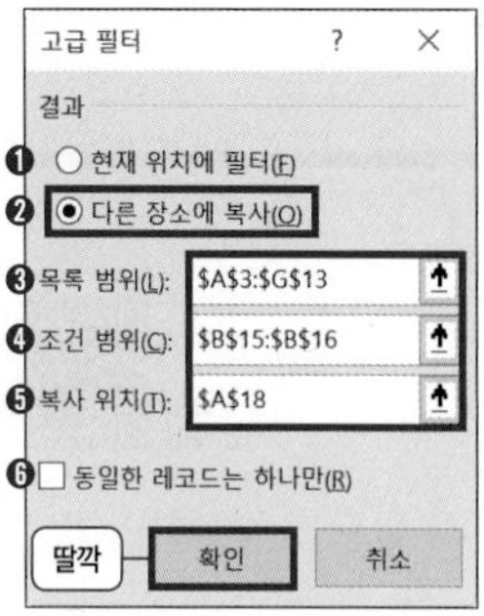


❶ 원본 데이터 목록이 위치한 곳에 추출된 결과를 표시한다.
❷ 다른 위치에 추출된 결과를 표시한다.
❸ 추출할 원본 데이터 목록의 범위를 지정한다.
❹ 찾을 조건이 입력된 범위를 지정한다.
❺ '다른 장소에 복사'를 선택한 경우 추출된 결과의 표시 위치를 지정한다.
❻ 추출된 결과 중 동일한 레코드가 있을 경우 하나만 표시한다.

**셀 주소가 절대 주소로!**
범위 지정 단추(↑)를 이용하여 위치를 지정하면 왼쪽 그림과 같이 셀 주소가 절대 주소로 표시됩니다.

**다른 워크시트에 추출된 결과 표시하기**
원본 데이터가 있는 워크시트 외에 다른 워크시트에 추출된 결과를 표시하려면 결과를 표시하려는 워크시트에서 작업을 시작해야 합니다. 결과를 표시하고자 하는 워크시트에서 [고급 필터]를 실행하고, '다른 장소에 복사'를 지정한 후 작업을 진행하면 됩니다.

### 잠깐만요 특정 필드만 추출하기

1209731

고급 필터의 특징 중 하나는 조건에 맞는 특정 필드만 추출할 수 있다는 것입니다. 결과를 표시할 위치에 추출할 필드명을 미리 입력한 후 '고급 필터' 대화상자의 복사 위치에 입력한 필드명을 범위로 지정해 주면 됩니다.

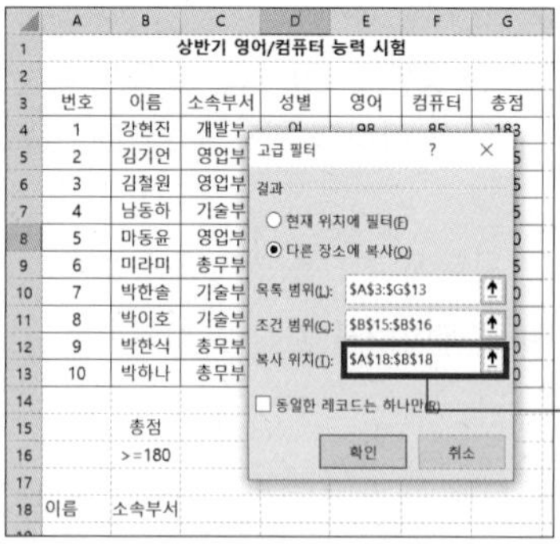

총점이 180 이상인 사원의 이름과 소속부서만 추출할 경우

## 2 고급 필터의 기본 조건 지정 방법

24.3, 24.1, 23.4, 22.6, 22.4, 22.1, 21.4, 21.3, 20.2, 19.상시, 15.3, 11.2, 10.1, 09.4, 09.3, 08.1, 07.4, 07.2, 07.1, 06.3, …

1209702

- 조건을 지정할 범위의 첫 행에는 원본 데이터 목록의 필드명을 입력하고, 그 아래 행에 조건을 입력한다.
- 조건을 지정할 때 '?, *' 등의 만능 문자(와일드 카드)도 사용할 수 있다.
- 고급 필터의 조건으로 일반적인 수식이 아닌 값에 대한 비교 연산자로 등호(=)를 사용할 때는 **="=항목"** 형식*으로 입력한다.

**전문가의 조언**
**중요해요!** 고급 필터 조건 지정 방법은 문제에 자주 출제되는 부분이니, 각 조건 지정 방법을 정확히 알아두세요.

**="=항목" 형식**
예 두 번째 글자가 "영"으로 끝나는 두 글자짜리 데이터를 찾으려면 조건을 **="=?영"**으로 작성해야 합니다. **?영**으로 작성하면 글자 수에 상관없이 두 번째 글자가 '영'인 모든 데이터를 찾습니다.
- **="=?영"** : 김영, 박영
- **?영** : 김영, 김영민, 박영, 이영수

### AND 조건

- 지정한 모든 조건을 만족하는 데이터만 출력된다.
- 2개 이상의 조건을 AND 조건으로 지정하려면 조건을 모두 같은 행에 입력해야 한다.

ⓐ

| 소속부서 | 영어 |
|---|---|
| 개발부 | 100 |

ⓑ

| 총점 | 총점 |
|---|---|
| <=190 | >=180 |

ⓒ

| 소속부서 | 영어 | 총점 |
|---|---|---|
| 개발부 | 100 | >=190 |

ⓓ

| 이름 | 영어 | 총점 |
|---|---|---|
| 김* | 100 | >=190 |

ⓐ 소속부서가 "개발부"이고, 영어가 100인 사원

ⓑ 총점이 180 이상 190 이하인 사원

ⓒ 소속부서가 "개발부"이고, 영어가 100이고, 총점이 190 이상인 사원

ⓓ 이름이 "김"으로 시작하고, 영어가 100이고, 총점이 190 이상인 사원

### OR 조건

- 지정한 조건 중 하나의 조건이라도 만족하는 경우 데이터가 출력된다.
- 2개 이상의 조건을 OR 조건으로 지정하려면 조건을 모두 다른 행에 입력해야 한다.

ⓐ

| 소속부서 |
|---|
| 개발부 |
| 영업부 |
| 총무부 |

ⓑ

| 소속부서 | 영어 |
|---|---|
| 개발부 | |
| | 100 |

ⓒ

| 소속부서 | 영어 | 총점 |
|---|---|---|
| 개발부 | | |
| | 100 | |
| | | >=190 |

ⓓ

| 이름 | 영어 | 총점 |
|---|---|---|
| 박한? | | |
| | 100 | |
| | | >=190 |

ⓐ 소속부서가 "개발부" 또는 "영업부" 또는 "총무부"인 사원

ⓑ 소속부서가 "개발부"이거나 영어가 100인 사원

ⓒ 소속부서가 "개발부"이거나 영어가 100이거나 총점이 190 이상인 사원

ⓓ 이름이 "박한"으로 시작하는 세 글자 이상*이거나 영어가 100이거나 총점이 190 이상인 사원

### AND와 OR의 결합 조건

AND와 OR 조건이 결합된 형태의 조건 지정 방식이다.

ⓐ

| 소속부서 | 총점 |
|---|---|
| 개발부 | >=190 |
| 영업부 | >=180 |

ⓑ

| 소속부서 | 총점 | 컴퓨터 |
|---|---|---|
| 개발부 | >=190 | |
| | | >=90 |

ⓐ 소속부서가 "개발부"이고 총점이 190 이상이거나, 소속부서가 "영업부"이고 총점이 180 이상인 사원

ⓑ 소속부서가 "개발부"이고 총점이 190 이상이거나, 컴퓨터가 90 이상인 사원

24.5, 24.2, 23.1, 22.7, 22.2, 21.2, 20.1, 18.상시, 18.2, 17.2, 16.3, 14.1, 12.2, 09.2, 06.1, 05.1, 03.1, 2급 19.2, 17.1, …

## 3 고급 필터의 고급 조건 지정 방법

1209703

- 함수나 식의 계산값을 고급 필터의 찾을 조건으로 지정하는 방식이다.
- 조건 지정 범위의 첫 행에 입력될 조건 필드명은 원본 데이터의 필드명과 다른 필드명을 입력하거나 생략하며, 그 아래 행에 조건을 입력한다.
- 함수나 식을 사용하여 조건을 입력하면 셀에는 비교되는 현재 대상의 값에 따라 TRUE나 FALSE가 표시된다.
- 함수와 식을 혼합하여 조건을 지정할 수 있다.
- 함수나 식을 사용해도 AND나 OR 조건을 입력하는 방법은 동일하다.

**만능 문자(와일드 카드)?**

?는 일반적으로 문자의 한 자리를 대신하여 글자 수를 제한하는 곳에 사용하지만 ? 뒤에 다른 문자가 없을 경우에는 ?로 지정한 글자수 이상의 것을 찾습니다.

- ??a : 세 글자이면서, 세 번째 글자가 a인 것
- a? : a로 시작하는 두 글자 이상인 것
- a?? : a로 시작하는 세 글자 이상인 것

**전문가의 조언**

식을 사용하여 조건을 지정하는 방법을 묻는 문제가 종종 출제되고 있습니다. 실습을 통해 고급 조건 지정 방법을 정확히 이해하고, 특히 식을 사용할 때는 원본 데이터의 필드명을 사용하지 않는다는 것! 잊지 마세요

**준비하세요**

'C:\길벗컴활1급필기\2과목\2과목.xlsm' 파일을 불러와 '섹션107-2' 시트에서 실습하세요.

**예제** 매출수량(D4:D9)이 평균매출수량보다 크거나 같은 레코드만 출력하시오.

| | A | B | C | D | E |
|---|---|---|---|---|---|
| 1 | 맥주 판매량 | | | | |
| 2 | | | | | |
| 3 | 월별 | 품명 | 매입수량 | 매출수량 | 매출금액 |
| 4 | 1월 | 라거 | 1,150 | 1,190 | 1,646,008 |
| 5 | 2월 | 라거 | 1,200 | 1,100 | 1,521,520 |
| 6 | 3월 | 라거 | 1,080 | 1,210 | 1,673,672 |
| 7 | 1월 | 카스 | 780 | 800 | 1,170,400 |
| 8 | 2월 | 카스 | 660 | 760 | 1,111,880 |
| 9 | 3월 | 카스 | 1,300 | 1,302 | 1,904,826 |

↓

| | A | B | C | D | E |
|---|---|---|---|---|---|
| 10 | | | | | |
| 11 | | | 평균매출수량 | | |
| 12 | | | TRUE | | |
| 13 | | | | | |
| 14 | 월별 | 품명 | 매입수량 | 매출수량 | 매출금액 |
| 15 | 1월 | 라거 | 1,150 | 1,190 | 1,646,008 |
| 16 | 2월 | 라거 | 1,200 | 1,100 | 1,521,520 |
| 17 | 3월 | 라거 | 1,080 | 1,210 | 1,673,672 |
| 18 | 3월 | 카스 | 1,300 | 1,302 | 1,904,826 |

원본 필드명과 다른 필드명 사용
=D4>=AVERAGE($D$4:$D$9) : 매출수량이 평균매출수량보다 크거나 같은 데이터 추출

① [C11] 셀에 **평균매출수량***, [C12] 셀에 **=D4>=AVERAGE($D$4:$D$9)**를 입력한 후 [데이터] → [정렬 및 필터] → [고급]을 클릭한다.

② '고급 필터' 대화상자에 다음과 같이 지정한 후 〈확인〉을 클릭한다.

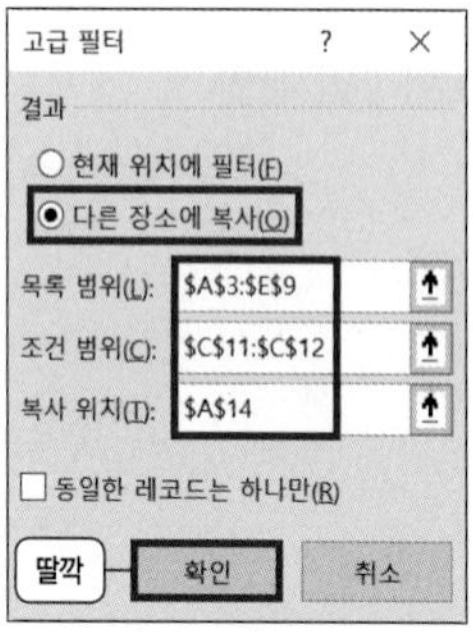


**궁금해요** 시나공 Q&A 베스트

**Q 왜 원본 데이터의 필드명과 다른 필드명을 사용할까?**

**A** 식을 이용해서 고급 필터를 계산할 때는 가상의 필드가 하나 만들어져 계산됩니다. 즉 옆에서는 '평균매출수량'이라는 필드가 하나 생긴 것입니다.
'=D4>=AVERAGE($D$4:$D$9)'의 식은
'=D4>=AVERAGE($D$4:$D$9)'
'=D5>=AVERAGE($D$4:$D$9)'
'=D6>=AVERAGE($D$4:$D$9)'
'=D7>=AVERAGE($D$4:$D$9)'
'=D8>=AVERAGE($D$4:$D$9)'
'=D9>=AVERAGE($D$4:$D$9)'의 형태로 계산되어 오른쪽 그림과 같이 '평균매출수량'이라는 가상의 필드를 만들어서 계산하는 것입니다. 그러므로 필드명이 원본 데이터의 다른 필드명과 구분되도록 다르게 입력하는 것입니다. 그러나 실제로 이와 같은 과정이 우리 눈에는 보이지 않는 답니다.

08.4, 03.3, 2급 09.4, 04.1

## 잠깐만요 고급 조건 지정의 수행 과정 / 자동 필터와 고급 필터

1209732

### 고급 조건 지정의 수행 과정

| | A | B | C | D | E | F |
|---|---|---|---|---|---|---|
| 1 | 맥주 판매량 | | | | | |
| 2 | | | | | | |
| 3 | 월별 | 품명 | 매입수량 | 매출수량 | 매출금액 | 평균매출수량 |
| 4 | 1월 | 라거 | 1,150 | 1,190 | 1,646,008 | TRUE |
| 5 | 2월 | 라거 | 1,200 | 1,100 | 1,521,520 | TRUE |
| 6 | 3월 | 라거 | 1,080 | 1,210 | 1,673,672 | TRUE |
| 7 | 1월 | 카스 | 780 | 800 | 1,170,400 | FALSE |
| 8 | 2월 | 카스 | 660 | 760 | 1,111,880 | FALSE |
| 9 | 3월 | 카스 | 1,300 | 1,302 | 1,904,826 | TRUE |
| 10 | | | | | | |
| 11 | | | 평균매출수량 | | | |
| 12 | | | TRUE | | | |
| 13 | | | | | | |
| 14 | 월별 | 품명 | 매입수량 | 매출수량 | 매출금액 | 평균매출수량 |
| 15 | 1월 | 라거 | 1,150 | 1,190 | 1,646,008 | TRUE |
| 16 | 2월 | 라거 | 1,200 | 1,100 | 1,521,520 | TRUE |
| 17 | 3월 | 라거 | 1,080 | 1,210 | 1,673,672 | TRUE |
| 18 | 3월 | 카스 | 1,300 | 1,302 | 1,904,826 | TRUE |

원본 데이터의 필드명과 다른 필드명을 사용해야 합니다.

가상의 필드

'평균매출수량'이 'TRUE'인 자료를 추출합니다.

'TRUE'인 데이터만 추출됩니다.

## 자동 필터와 고급 필터

| 비교 항목 | 08.4<br>자동 필터 | 08.4, 03.3<br>고급 필터 |
|---|---|---|
| 조건 | 하나의 필드에 두 가지 조건까지 지정 가능 | 하나의 필드에 세 가지 이상의 조건 지정 가능 |
| 다른 필드와의 결합 | AND 조건만 가능 | AND, OR 조건 모두 가능 |
| 추출 대상 | 전체 필드를 대상으로 함 | 특정 필드만을 대상으로 할 수 있음 |
| 결과 표시 위치 | 원본 데이터 목록의 위치에 표시 | 다른 셀이나 워크시트에 표시 가능 |

문제2 3211152

## 따라잡기 기출문제 따라잡기

24년 3회, 1회

**1. 고급 필터에서 조건을 다음과 같이 설정했을 때 이에 대한 설명으로 올바른 것은?**

| 부서 | 직책 | 경력 |
|---|---|---|
| 영업부 | | >=7 |
| 개발부 | 과장 | |
| | 주임 | <10 |

① 영업부이거나 개발부이면서 과장이거나 주임이면서 경력이 7년 이상 10년 미만인 직원

② 영업부이면서 경력이 7년 이상이고 개발부이면서 과장이고 주임이면서 10년 미만인 직원

③ 영업부이면서 경력이 7년 이상이거나 개발부이면서 과장이거나 주임이면서 10년 미만인 직원

④ 영업부이거나 경력이 7년 이상이고 개발부이거나 과장이고 주임이거나 10년 미만인 직원

고급 필터의 조건을 같은 행에 입력하면 AND 조건, 다른 행에 입력하면 OR 조건으로 연결되며, AND 조건을 먼저 처리합니다.

23년 4회, 22년 4회, 21년 2회

**2. 아래 시트와 같이 고급 필터를 실행 했을 경우 추출되지 않는 이름은?**

| | A | B | C |
|---|---|---|---|
| 1 | 이름 | 직급 | 근무년수 |
| 2 | 김소리 | 과장 | 15 |
| 3 | 박진정 | 대리 | 20 |
| 4 | 이향진 | 부장 | 25 |
| 5 | 김민정 | 대리 | 23 |
| 6 | 이인호 | 차장 | 21 |
| 7 | | | |
| 8 | 이름 | 근무년수 | |
| 9 | 김* | <=20 | |
| 10 | 이* | >=20 | |

① 김소리

② 이향진

③ 김민정

④ 이인호

고급 필터의 조건을 같은 행에 입력하면 AND 조건, 다른 행에 입력하면 OR 조건으로 연결됩니다. '이름'이 '김'으로 시작하고 '근무년수'가 20 이하이거나, '이름'이 '이'로 시작하고 '근무년수'가 20 이상인 사원의 이름인 '김소리', '이향진', '이인호'만 표시됩니다.

21년 4회, 03년 4회

**3. 아래 시트에서 [A13:B15] 영역에 입력된 내용을 조건으로 고급 필터를 실행했을 때의 결과로 추출되는 데이터가 아닌 것은?**

| | A | B | C | D |
|---|---|---|---|---|
| 1 | 제품판매현황 | | | |
| 2 | | | | (단위 : 원) |
| 3 | 상품명 | 단가 | 수량 | 금액 |
| 4 | 컴퓨터 | 150 | 200 | ₩ 30,000 |
| 5 | 오디오 | 70 | 800 | ₩ 56,000 |
| 6 | 컴퓨터 | 150 | 400 | ₩ 60,000 |
| 7 | 비디오 | 50 | 600 | ₩ 30,000 |
| 8 | 컴퓨터 | 70 | 450 | ₩ 71,500 |
| 9 | 컴퓨터 | 150 | 390 | ₩ 58,500 |
| 10 | | | | |
| 11 | | | | |
| 12 | 검색조건 | | | |
| 13 | 상품명 | 금액 | | |
| 14 | =?디오 | | | |
| 15 | | <40000 | | |

① 상품명이 컴퓨터이고 금액이 60,000인 데이터

② 상품명이 오디오이고 금액이 56,000인 데이터

③ 상품명이 비디오이고 금액이 30,000인 데이터

④ 상품명이 컴퓨터이고 금액이 30,000인 데이터

조건이 서로 다른 행에 있으므로 OR 조건입니다. 상품명이 '디오'로 끝나는 3자리이거나 금액이 40000원 미만인 데이터를 추출합니다.

▶ 정답 : 1. ③ 2. ③ 3. ①

21년 3회, 17년 2회, 14년 1회, 12년 2회, 09년 2회, 06년 1회, 05년 1회, 03년 1회

**4. 다음 중 고급 필터의 조건 범위를 [E1:F3] 영역으로 지정한 후 고급 필터를 실행했을 때 결과로 옳은 것은?**

F3 =C2>=AVERAGE($C$2:$C$5)

| | A | B | C | D | E | F | G |
|---|---|---|---|---|---|---|---|
| 1 | 코너 | 담당 | 판매금액 | | 코너 | 식 | |
| 2 | 잡화 | 김남희 | 5,122,000 | | 잡화 | | |
| 3 | 식료품 | 남궁민 | 450,000 | | 식료품 | TRUE | |
| 4 | 잡화 | 이수남 | 5,328,000 | | | | |
| 5 | 식료품 | 서수남 | 6,544,000 | | | | |
| 6 | | | | | | | |

① 코너가 "잡화"이거나, 코너가 "식료품"이거나 판매금액이 판매금액의 평균 이상인 데이터

② 코너가 "잡화"이거나, 코너가 "식료품"이고 판매금액이 판매금액의 평균 이상인 데이터

③ 코너가 "잡화"이고, 코너가 "식료품"이거나 판매금액이 판매금액의 평균 이상인 데이터

④ 코너가 "잡화"이고, 코너가 "식료품"이고 판매금액이 판매금액의 평균 이상인 데이터

고급 필터의 조건을 같은 행에 입력하면 AND 조건, 다른 행에 입력하면 OR 조건으로 연결됩니다.

21년 2회

**5. 다음 중 아래 시트에서 고급 필터 기능을 이용하여 점수가 전체 평균 이상이면서 성별이 "남"인 데이터를 추출하려고 할 때, 고급 필터의 조건식으로 옳은 것은?**

| | A | B | C | D |
|---|---|---|---|---|
| 1 | 번호 | 성명 | 성별 | 점수 |
| 2 | 1 | 이방주 | 남 | 86 |
| 3 | 2 | 황영희 | 여 | 45 |
| 4 | 3 | 손기중 | 남 | 78 |
| 5 | 4 | 김보라 | 여 | 92 |
| 6 | 5 | 엄이봉 | 남 | 76 |
| 7 | 6 | 김경삼 | 남 | 98 |
| 8 | 7 | 한우경 | 여 | 87 |
| 9 | 8 | 김상희 | 여 | 91 |
| 10 | 9 | 임선빈 | 남 | 64 |

①

| 점수 | 성별 |
|---|---|
| =D2>=AVERAGE($D$2:$D$10) | 남 |

②

| 조건 |
|---|
| =AND(D2>=AVERAGE($D$2:$D$10),C2="남") |

③

| 평균 | 성별 |
|---|---|
| =D2>=AVERAGE($D$2:$D$10) | |
| | 남 |

④

| 조건 |
|---|
| =OR(D2>=AVERAGE($D$2:$D$10),C2="남") |

• 고급 필터의 조건으로 수식을 입력할 경우에는 조건으로 사용할 필드명을 원본 데이터의 필드명과 다르게 하거나 생략해야 합니다.

• 수식에서 AND 조건은 AND 함수, OR 조건은 OR 함수를 이용하여 조건을 지정합니다.

24년 2회, 18년 2회

**6. 다음 중 고급 필터 실행을 위한 조건 지정 방법에 대한 설명으로 옳지 않은 것은?**

① 함수나 식을 사용하여 조건을 입력하면 셀에는 비교되는 현재 대상의 값에 따라 TRUE나 FALSE가 표시된다.

② 함수를 사용하여 조건을 입력하는 경우 원본 필드명과 동일한 필드명을 조건 레이블로 사용해야 한다.

③ 다양한 함수와 식을 혼합하여 조건을 지정할 수 있다.

④ 텍스트 데이터를 필터링할 때 대/소문자는 구분되지 않으나 수식으로 대/소문자를 구분하여 검색할 수 있다.

고급 필터에서 함수나 식을 사용하여 조건을 입력하려면, 조건으로 지정될 범위의 첫 행에 입력하는 조건 레이블은 원본 필드명과 다른 필드명을 입력하거나 생략해야 합니다.

24년 5회, 22년 2회, 20년 2회

**7. 다음 중 아래 시트에서 사원명이 두 글자이면서 실적이 전체 실적의 평균을 초과하는 데이터를 검색할 때, 고급 필터의 조건으로 옳은 것은?**

| | A | B |
|---|---|---|
| 1 | 사원명 | 실적 |
| 2 | 유민 | 15,030,000 |
| 3 | 오성준 | 35,000,000 |
| 4 | 김근태 | 18,000,000 |
| 5 | 김원 | 9,800,000 |
| 6 | 정영희 | 12,000,000 |
| 7 | 남궁정훈 | 25,000,000 |
| 8 | 이수 | 30,500,000 |
| 9 | 김용훈 | 8,000,000 |

①

| 사원명 | 실적조건 |
|---|---|
| ="=??" | =$B2>AVERAGE($B$2:$B$9) |

②

| 사원명 | 실적 |
|---|---|
| ="=??" | =$B2&">AVERAGE($B$2:$B$9)" |

③

| 사원명 | 실적 |
|---|---|
| =LEN($A2)=2 | =$B2>AVERAGE($B$2:$B$9) |

④

| 사원명 | 실적조건 |
|---|---|
| ="=**" | =$B2>AVERAGE($B$2:$B$9) |

• 만능 문자(와일드 카드) *는 문자의 모든 자리를, ?는 문자의 한 자리만을 대신하는 문자입니다. 두 글자인 데이터를 찾는 조건은 **="=??"**로 작성해야 합니다.

※ 고급 필터의 조건으로 값에 대한 비교 연산자로 등호(=)를 사용할 때는 **="항목"** 형식으로 입력하고, 조건으로 지정될 범위의 첫 행에는 원본 데이터 목록의 필드명을 입력해야 합니다(사원명).

• 고급 필터의 조건으로 수식을 입력할 경우, 조건으로 지정될 범위의 첫 행에는 아무것도 입력하지 않거나 원본 데이터의 필드명과 다른 내용을 입력해야 합니다. "실적조건" 처럼 필드명인 "실적"만 아니면 됩니다.

▶ **정답** : 4. ② 5. ② 6. ② 7. ①

SECTION
# 108 텍스트 나누기

C 등급

19.2, 16.3, 12.3, 11.3, 07.1, 04.3, 03.1, 2급 24.3, 24.2, 23.4, 22.4, 22.2, 19.1, 17.1, 14.3, 13.2, 11.2, 07.3, 06.4, 06.3, …

## 1 텍스트 나누기

4310801

텍스트 나누기는 워크시트의 한 열에 입력되어 있는 데이터를 구분 기호나 일정한 너비로 분리하여 워크시트의 각 셀에 입력하는 기능이다.

**예제** [B2:B8] 영역의 데이터를 '텍스트 나누기'를 이용하여 나타내시오.

| | A | B | C | D | E |
|---|---|---|---|---|---|
| 1 | | | | | |
| 2 | | 월;A상품;B상품;C상품;D상품;E상품;계 | | | |
| 3 | | 1월;25;22;15;10;7;79 | | | |
| 4 | | 2월;35;34;18;13;10;110 | | | |
| 5 | | 3월;34;31;19;15;9;108 | | | |
| 6 | | 4월;40;30;22;13;8;113 | | | |
| 7 | | 5월;38;29;21;15;7;110 | | | |
| 8 | | 6월;31;26;18;13;9;97 | | | |
| 9 | | | | | |

➜

| | A | B | C | D | E | F | G | H |
|---|---|---|---|---|---|---|---|---|
| 1 | | | | | | | | |
| 2 | | 월 | A상품 | B상품 | C상품 | D상품 | E상품 | 계 |
| 3 | | 1월 | 25 | 22 | 15 | 10 | 7 | 79 |
| 4 | | 2월 | 35 | 34 | 18 | 13 | 10 | 110 |
| 5 | | 3월 | 34 | 31 | 19 | 15 | 9 | 108 |
| 6 | | 4월 | 40 | 30 | 22 | 13 | 8 | 113 |
| 7 | | 5월 | 38 | 29 | 21 | 15 | 7 | 110 |
| 8 | | 6월 | 31 | 26 | 18 | 13 | 9 | 97 |
| 9 | | | | | | | | |

① [B2:B8] 영역을 블록으로 지정*한 후 [데이터] → [데이터 도구] → [텍스트 나누기]를 클릭한다.

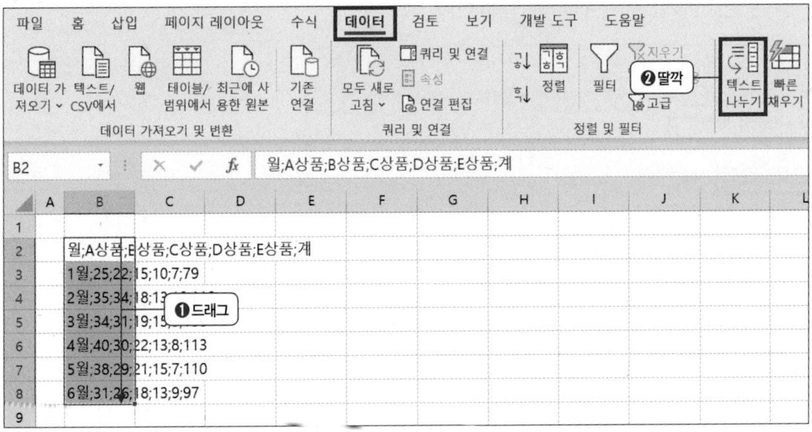


전문가의 조언

텍스트 나누기의 기능과 사용 방법을 알아두세요.

준비하세요

'C:\길벗컴활1급필기\2과목\2과목.xlsm' 파일을 불러와 '섹션108' 시트에서 실습하세요.

**텍스트 나누기 범위 지정**

텍스트 나누기는 하나의 열에 입력된 데이터를 각 셀에 나누어 입력하는 것으로, [데이터] → [데이터 도구] → [텍스트 나누기]를 클릭하기 전에 블록을 지정해야 하는데, 반드시 데이터가 입력된 하나의 열만 선택해야 합니다.

② 데이터가 세미콜론(;)으로 구분되어 있으므로 '구분 기호로 분리됨'을 선택한 후 〈다음〉을 클릭한다.

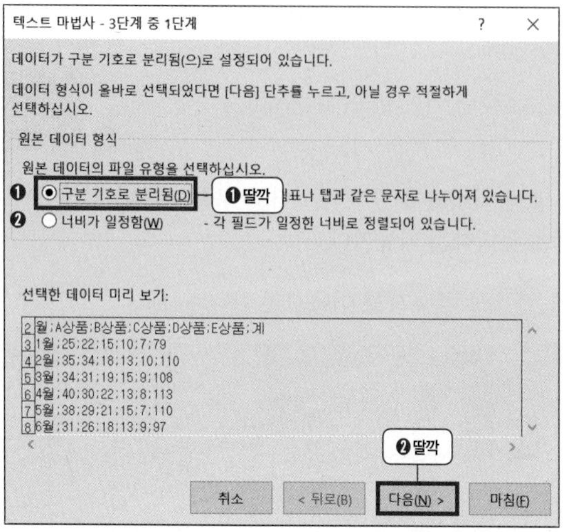


❶ **구분 기호로 분리됨** : 데이터의 항목이 탭, 세미콜론, 쉼표 등의 기호로 구분되어 있을 경우에 사용한다.
❷ **너비가 일정함*** : 데이터에 있는 항목의 길이가 모두 같을 경우에 사용한다.

**너비가 일정한 데이터의 텍스트 마법사 2단계**
- **열 구분선 삽입** : 원하는 위치를 마우스로 클릭
- **열 구분선 삭제** : 구분선을 마우스로 두 번 클릭
- **열 구분선 이동** : 열 구분선을 원하는 위치로 드래그

③ 기본적으로 선택되어 있는 '탭'은 해제하고, 데이터에서 사용된 구분 기호인 '세미콜론'을 선택한 후 〈다음〉을 클릭한다.

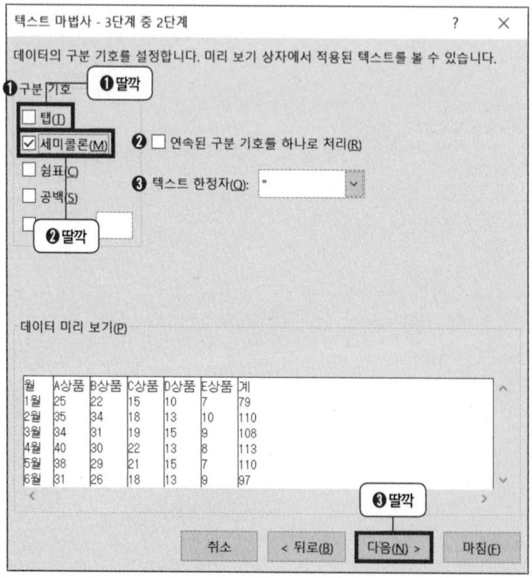


❶ **구분 기호** : 데이터에서 사용된 구분 기호를 선택하고, 해당 기호가 없으면 기타 난을 선택한 후 기호를 입력한다.
❷ **연속된 구분 기호를 하나로 처리** : 같은 구분 기호가 중복되어 있을 경우 하나로 취급한다.
❸ **텍스트 한정자** : 큰따옴표(") 등 문자 데이터를 구분하기 위한 기호를 지정한다.

④ 각 열의 데이터 서식을 지정하기 위한 대화상자가 표시된다. '일반'을 선택한 후 〈마침〉을 클릭한다.

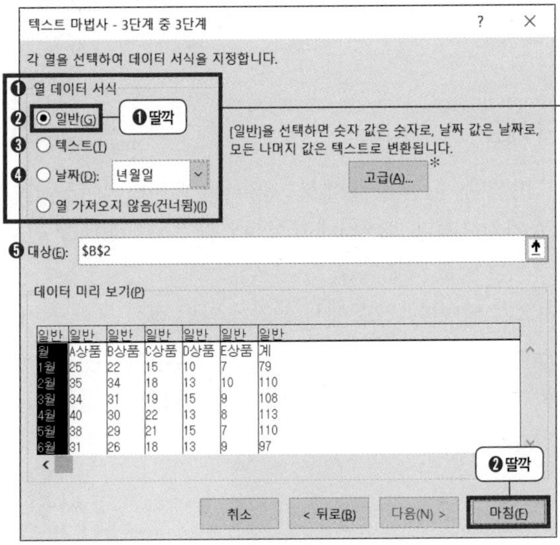


❶ **일반** : 데이터 형식에 맞게 자동으로 지정한다.
❷ **텍스트** : 텍스트 형식으로 지정한다.
❸ **날짜** : 날짜 형식으로 지정되며 날짜 서식 목록에서 서식을 지정할 수 있다.
❹ **열 가져오지 않음** : 선택한 열을 제외하고 가져온다.
❺ **대상** : 텍스트 나누기한 데이터의 시작 위치를 지정한다.

**'고급' 설정**
'텍스트 마법사 – 3단계 중 3단계'의 〈고급〉 단추를 클릭하면 숫자 데이터에 소수 구분 기호(.)나 1000 단위 구분 기호(,)의 표시 여부를 설정할 수 있습니다.

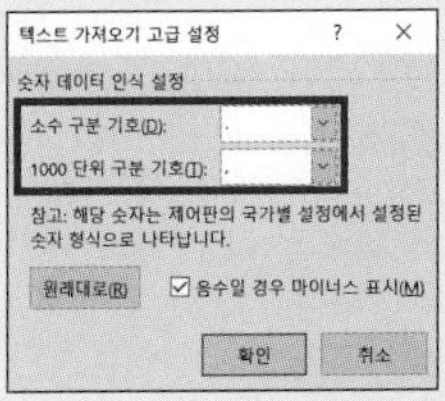


문제1 1209852

## 따라잡기 기출문제 따라잡기

12년 3회, 04년 3회

**1. 아래 시트와 같이 [A1:A4] 영역의 텍스트를 [C1:D4] 영역으로 나누기를 실행하려고 한다. 다음 중 텍스트 나누기를 실행하기 위한 작업 과정으로 옳지 않은 것은?**

| | A | B | C | D |
|---|---|---|---|---|
| 1 | 황영순 | | 황 | 영순 |
| 2 | 조자룡 | | 조 | 자룡 |
| 3 | 구재석 | | 구 | 재석 |
| 4 | 최영희 | | 최 | 영희 |

① 텍스트 마법사 3단계 중 1단계에서 '너비가 일정함'을 선택한다.
② 텍스트 마법사 3단계 중 2단계에서 '구분 기호' 중 '탭'을 선택한다.
③ 필드의 너비(열 구분선)을 지정하기 위해 첫 글자 다음 위치를 마우스로 클릭한다.
④ 텍스트 마법사 3단계 중 3단계에서 '대상'을 '=$C$1'로 한다.

'구분 기호'를 '탭'으로 지정하여 텍스트 나누기를 실행하려면 나누기를 실행할 데이터가 '탭'으로 구분되어 있어야 하는데, [A1:A4] 영역에 입력된 데이터는 '탭'으로 구분되어 있지 않습니다.

07년 1회

**2. 다음 중 텍스트 나누기에 대한 설명으로 옳지 않은 것은?**

① 한 셀에 입력되어 있는 데이터를 여러 셀로 분리시킬 수 있다.
② 워크시트에서 입력된 데이터를 범위로 지정한 후 [데이터] → [데이터 도구] → [텍스트 나누기]를 클릭한다.
③ 범위는 반드시 같은 행에 있어야 하지만 범위의 열 수에는 제한이 없다.
④ 원본 데이터 형식으로는 '구분 기호로 분리됨'과 '너비가 일정함'이 있다.

텍스트 나누기의 범위는 반드시 같은 행이 아니라 열에 있어야 합니다.

▶ **정답** : 1. ② 2. ③

SECTION 109
# 외부 데이터베이스 이용

B 등급

전문가의 조언

종종 출제되는 내용입니다. 외부 데이터를 가져오는 방법이나 가져올 수 있는 데이터 종류를 중심으로 외부 데이터 가져오기의 특징을 정리해 두세요.

**쿼리**

Microsoft Query나 Microsoft Access에서 원본 데이터에 특정 조건을 지정하여 해당 데이터가 포함된 레코드를 찾는 방법입니다. 데이터베이스 쿼리 파일의 확장자는 .dqy이고, 웹 쿼리 파일의 확장자는 .iqy입니다.

**원본 데이터와의 연결 삭제**

원본 데이터와의 연결을 삭제할 경우 가져온 데이터는 삭제되지 않지만 데이터의 새로 고침은 불가능합니다.

23.4, 22.4, 18.2, 17.2, 16.2, 16.1, 15.1, 13.2, 12.2, 11.2, 11.1, 10.3, 10.1, 09.4, 07.4, 07.3, 06.4, 06.1, 05.4, 05.2, 05.1, …

## 1 외부 데이터 가져오기의 개요

1209901

외부 데이터 가져오기는 SQL, dBASE, Access 등에서 사용하는 데이터베이스 파일과 텍스트 파일 등을 워크시트로 가져오거나 데이터베이스 파일을 쿼리* 형태로 변경하여 워크시트에서 사용할 수 있도록 하는 기능이다.

실행 [데이터] → [데이터 가져오기 및 변환] 그룹에서 불러올 파일 형식 클릭

- **가져올 수 있는 외부 데이터 파일** : 데이터베이스 파일(SQL, Access, dBase), 웹(*.htm), XML, JSON, PDF, 텍스트 파일(txt, prn), 엑셀 파일(xlsx, xlsm), 쿼리(*.dqy), OLAP 큐브 파일(*.oqy) 등

### 특징

- Microsoft Query, VBA, 웹 쿼리 등을 이용하여 외부 데이터를 가져오거나 쿼리를 작성할 수 있다.
- 외부 데이터 가져오기를 사용하여 가져온 데이터는 기본적으로 새 워크시트에 표시되지만 사용자가 위치를 지정할 수 있다.
- 외부 데이터 가져오기를 사용하여 가져온 데이터는 원본 데이터가 변경될 경우 가져온 데이터에도 반영되도록 설정할 수 있다.
- 원본 데이터* 변경 시 가져온 데이터에 반영되도록 설정하려면 [데이터] → [쿼리 및 연결] → [모두 새로 고침]에서 해당 메뉴를 선택하면 된다.
- **[모두 새로 고침]의 하위 메뉴**

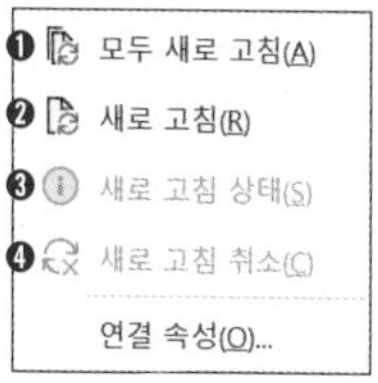


❶ **모두 새로 고침** : 통합 문서에서 참조한 모든 외부 데이터의 범위를 새로 고친다.
❷ **새로 고침** : 현재 워크시트에서 참조한 외부 데이터의 범위를 새로 고친다.
❸ **새로 고침 상태** : 쿼리 상태를 확인하여 새로 고친다.
❹ **새로 고침 취소** : 새로 고친 내용을 취소한다.

22.7

**잠깐만요 '연결 속성' 대화상자**

실행 [데이터] → [쿼리 및 연결] → [모두 새로 고침] → [연결 속성] 선택

- 새로 고침 옵션
  - 다른 작업하면서 새로 고침
  - 지정한 간격 단위로 새로 고침
  - 파일을 열 때 데이터 새로 고침
- **OLAP 서버 서식** : 숫자 서식, 채우기 색, 글꼴 스타일, 텍스트 색 등 이 연결을 사용할 때 서버에서 가져올 서식을 지정함
- **사용 위치** : 시트, 이름, 위치, 값, 수식 등 이 연결이 통합 문서에서 사용되는 위치를 표시함

## 2 Microsoft Query

24.4, 23.4, 22.4, 21.4, 21.2, 20.2, 19.상시, 18.1, 15.3, 11.3, 10.3, 09.2, 09.1, 05.4, 04.4, 04.2, 04.1

4310902

외부 데이터베이스에서 가져올 데이터의 추출 조건을 쿼리로 만들어 가져오거나 쿼리를 저장하여 반복 사용할 수 있다.

**실행** [데이터] → [데이터 가져오기 및 변환] → [데이터 가져오기] → [기타 원본에서] → [Microsoft Query에서] 선택

- 데이터 가져오기를 이용하여 대부분의 데이터를 가져올 수 있는데, 다음과 같이 특수한 쿼리 작업을 수행해야 하는 경우에 [Microsoft Query에서]를 사용한다.
  - 데이터의 행이나 열을 Excel로 가져오기 전에 필터링해야 하는 경우
  - 매개 변수 쿼리를 만드는 경우
  - 데이터를 Excel로 가져오기 전에 정렬해야 하는 경우
  - 여러 테이블을 조인하는 경우

**전문가의 조언**

외부 데이터 가져오기를 이용하여 쿼리를 작성하는 방법입니다. **예제**를 통해 수행할 수 있는 작업을 파악하세요.

**예제** 다음과 같은 데이터베이스 파일에 아래 조건을 지정하여 쿼리를 작성하고, 쿼리에 맞는 데이터를 가져오시오.

제품별반품현황

| 번호 | 제품코드 | 소매점코드 | 반품수 | 반품가격 | 반품날짜 |
|---|---|---|---|---|---|
| 1 | 아D-008 | I-30 | 35 | 136150 | 2023-01-09 |
| 2 | 나H-015 | M-19 | 22 | 90640 | 2023-03-10 |
| 3 | DK-008 | S-04 | 16 | 62240 | 2023-06-16 |
| 4 | 마F-026 | R-11 | 19 | 21470 | 2023-05-01 |
| 5 | 가I-017 | S-04 | 48 | 138720 | 2023-02-28 |
| 6 | 자H-030 | D-10 | 39 | 124410 | 2023-05-30 |
| 7 | 미D-027 | D-10 | 27 | 164160 | 2023-06-01 |
| 0 | | | 0 | 0 | |

레코드: 1/7 필터 없음 검색

→

| | A | B | C | D |
|---|---|---|---|---|
| 1 | 제품코드 | 소매점코드 | 반품수 | 반품날짜 |
| 2 | 가I-017 | S-04 | 48 | 2023-02-28 0:00 |
| 3 | 나H-015 | M-19 | 22 | 2023-03-10 0:00 |
| 4 | 미D-027 | D-10 | 27 | 2023-06-01 0:00 |
| 5 | 아D-008 | I-30 | 35 | 2023-01-09 0:00 |
| 6 | 자H-030 | D-10 | 39 | 2023-05-30 0:00 |
| 7 | | | | |

**준비하세요**

'C:\길벗컴활1급필기\2과목\제품.accdb' 파일을 2과목.xlsm 파일의 '섹션109' 시트로 가져오기 하세요.

### 조건

- 제품코드, 소매점코드, 반품수, 반품날짜 필드만 표시할 것
- 반품수가 20개 이상인 데이터를 추출할 것
- 제품코드를 기준으로 오름차순 정렬할 것
- 쿼리 파일명을 '반품이 20 이상인 제품'으로 하여 저장할 것

① [데이터] → [데이터 가져오기 및 변환] → [데이터 가져오기] → [기타 원본에서]* → [Microsoft Query에서]를 선택한다.

② '데이터 원본 선택' 대화상자의 '데이터베이스' 탭에서 'MS Access Database*'를 선택한 후 〈확인〉을 클릭한다.

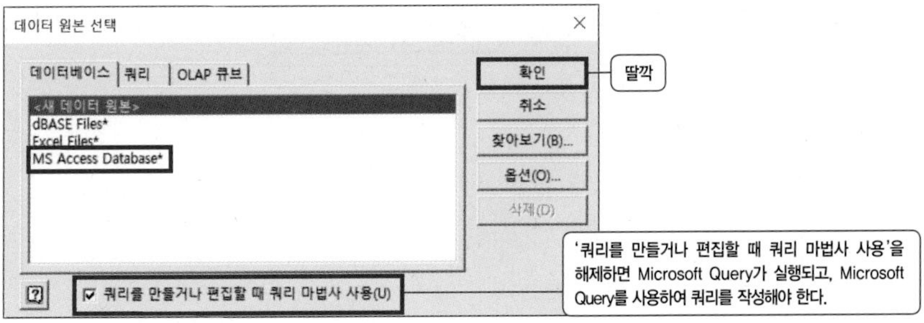


**'기타 원본에서'의 메뉴**

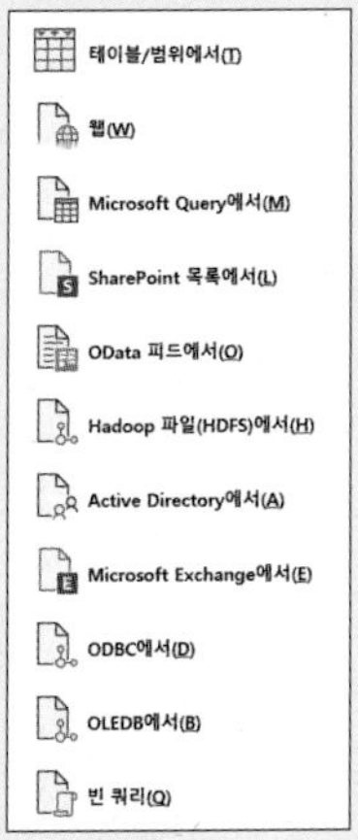

③ 데이터베이스 파일의 위치를 지정하고, 파일을 선택한 후 〈확인〉을 클릭한다.

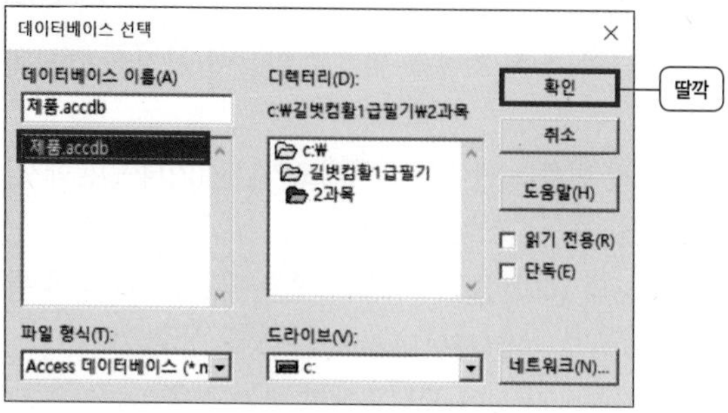


④ '쿼리 마법사 – 열 선택' 대화상자에서 표시할 열(필드)인 제품코드, 소매점코드, 반품수, 반품날짜를 각각 더블클릭하여 그림과 같이 설정한 후 〈다음〉을 클릭한다.

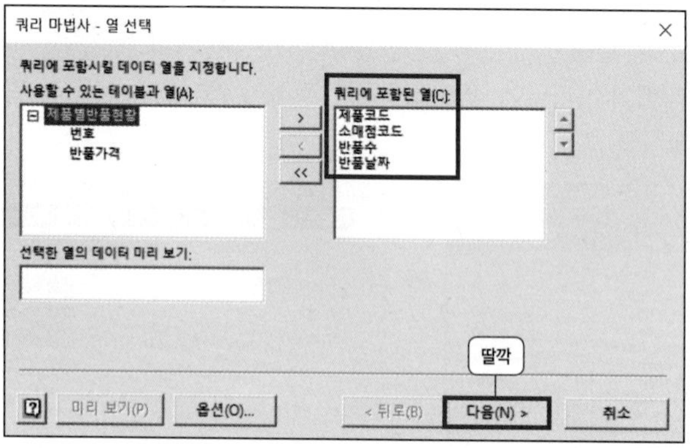


**데이터 필터**
선택한 테이블에서 필요한 레코드(행)만을 추출하기 위한 것으로, 하나의 열(필드)에 대해서 AND 및 OR 조건으로 필터링하거나 여러 필드를 AND 조건으로 필터링할 수 있습니다.

⑤ '쿼리 마법사 – 데이터 필터' 대화상자에서 반품수가 20 이상인 데이터를 필터*하기 위해 그림과 같이 설정한 후 〈다음〉을 클릭한다.

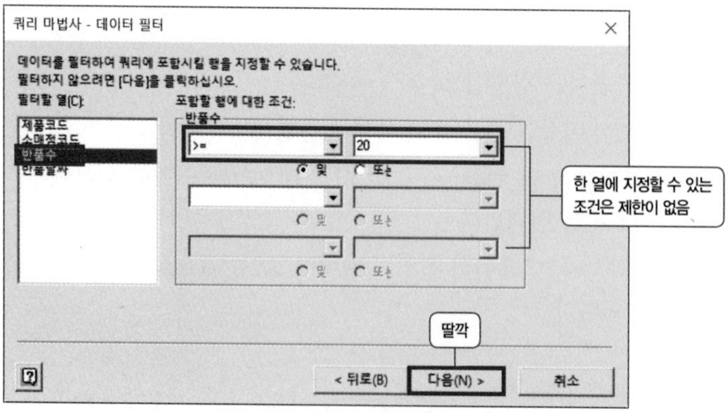

⑥ '쿼리 마법사 – 정렬 순서' 대화상자에서 첫째 기준을 '제품코드'로, 정렬 방식을 '오름차순'으로 지정한 후 〈다음〉을 클릭한다.

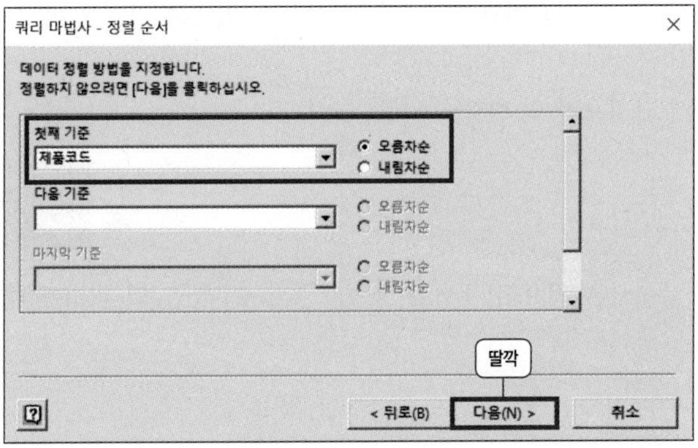


⑦ '쿼리 마법사 – 마침' 대화상자에서는 앞에서 지정한 조건을 쿼리로 저장하기 위해 〈쿼리 저장〉을 클릭한다.

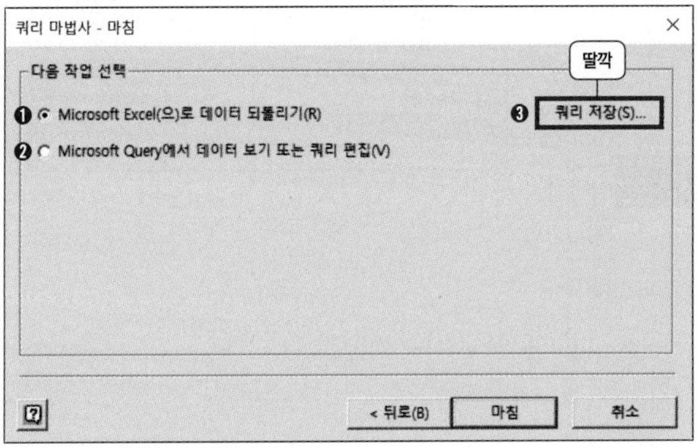


❶ **Microsoft Excel(으)로 데이터 되돌리기** : 작성한 쿼리 데이터를 워크시트로 가져온다.

❷ **Microsoft Query에서 데이터 보기 또는 쿼리 편집** : Microsoft Query가 실행되면서 작성한 쿼리 데이터를 불러와 확인하거나 편집할 수 있다.

❸ **쿼리 저장** : 외부 데이터베이스를 쿼리 형식으로 바로 저장한다.

⑧ '다른 이름으로 저장' 대화상자의 파일 이름에 **반품이 20 이상인 제품**을 입력한 후 〈저장〉을 클릭한다.*

⑨ '쿼리 마법사 – 마침' 대화상자에서 'Microsoft Excel로 데이터 되돌리기'를 선택한 후 〈마침〉을 클릭한다.

⑩ 가져올 위치를 '기존 워크시트'의 [A1]로 지정한 후 〈확인〉을 클릭한다.

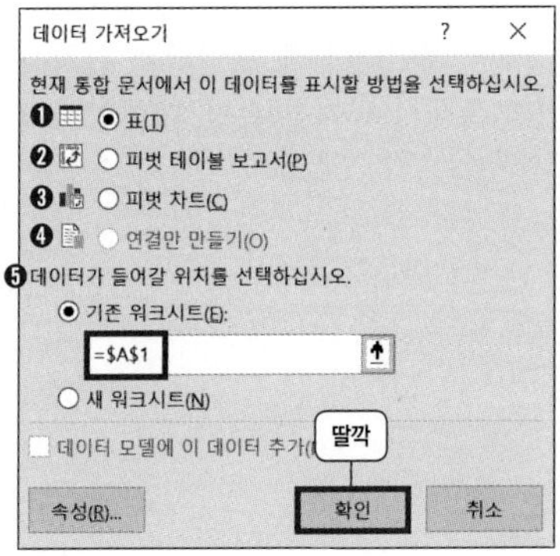


❶ **표** : 표를 만들어 간단히 정렬하거나 필터링한다.

❷ **피벗 테이블 보고서** : 피벗 테이블 보고서를 만들어 데이터를 집계하고 요약한다.

❸ **피벗 차트** : 피벗 차트 보고서와 피벗 테이블 보고서를 만들어 시각적으로 데이터를 요약한다.

❹ **연결만 만들기** : 선택한 연결을 나중에 사용할 수 있도록 통합 문서에 저장한다.

❺ **데이터가 들어갈 위치** : 가져온 데이터가 들어갈 위치를 지정한다. 기본적으로 '기존 워크시트'가 표시된다.

**저장 위치**
기본적으로 쿼리는 'C:\사용자\사용자 계정\AppData\Roaming\Microsoft\Queries' 폴더에 저장됩니다.

**전문가의 조언**

웹 쿼리를 이용해서는 웹 페이지에 포함된 테이블(표)만 가져 올 수 있다는 것을 기억해 두세요.

**전문가의 조언**

쿼리를 실행할 수 있는 메뉴 정도만 확인하세요.

23.4, 22.4, 20.2, 19.상시, 18.1, 15.3, 10.3, 07.2, 04.2, 03.4

## 3 웹 쿼리

4310903

웹 페이지에서 테이블(표)을 검색하여 워크시트에서 사용할 수 있도록 가져올 때 사용한다.

**실행** [데이터] → [데이터 가져오기 및 변환] → [웹] 클릭

23.4, 19.상시, 18.1, 15.3

## 4 쿼리 실행

4310904

- 기존에 작성한 쿼리를 불러오는 것으로, *.dqy, *.iqy, *.oqy, *.rqy의 쿼리를 대상으로 한다.

### 실행

- [데이터] → [데이터 가져오기 및 변환] → [기존 연결]을 클릭하여 수행한다.

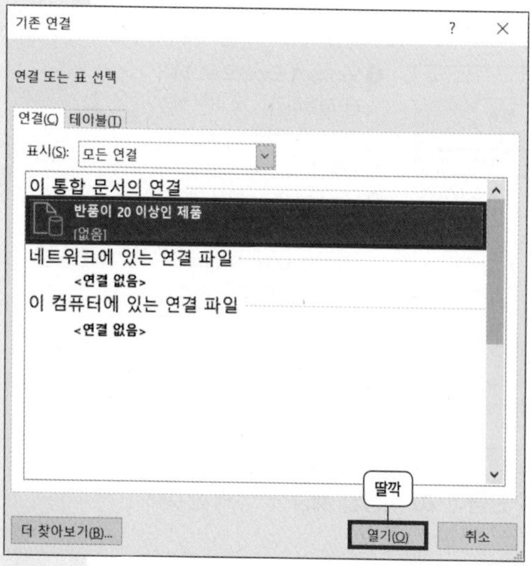


→

| | A | B | C | D |
|---|---|---|---|---|
| 1 | 제품코드 | 소매점코드 | 반품수 | 반품날짜 |
| 2 | 가H-017 | S-04 | 48 | 2023-02-28 0:00 |
| 3 | 나H-015 | M-19 | 22 | 2023-03-10 0:00 |
| 4 | 미D-027 | D-10 | 27 | 2023-06-01 0:00 |
| 5 | 아D-008 | I-30 | 35 | 2023-01-09 0:00 |
| 6 | 자H-030 | D-10 | 39 | 2023-05-30 0:00 |
| 7 | | | | |

### 편집

- 작성된 쿼리 파일의 내용을 변경하는 것으로 우선 변경할 쿼리 파일을 실행해야 한다.
- 현재 워크시트에 변경할 쿼리 파일을 실행하고, 해당 데이터에 셀 포인터를 위치시킨 후 [데이터] → [쿼리 및 연결] → [모두 새로 고침] → [연결 속성] → '연결 속성' 대화상자의 '정의' 탭에서 [쿼리 편집]을 클릭하여 수행한다.

문제1 4310951 문제4 4310954

## 따라잡기 기출문제 따라잡기

23년 4회, 22년 4회, 19년 상시, 18년 1회

**1. 다음 중 [데이터] 탭 [데이터 가져오기 및 변환] 그룹의 각 명령에 대한 설명으로 옳지 않은 것은?**

① [데이터 가져오기] → [기타 원본에서] → [Microsoft Query에서]를 이용하면 여러 테이블을 조인(Join)한 결과를 워크시트로 가져올 수 있다.

② [기존 연결]을 이용하면 Microsoft Query에서 작성한 쿼리 파일(*.dqy)의 실행 결과를 워크시트로 가져올 수 있다.

③ [웹]을 이용하면 웹 페이지의 모든 데이터를 원본 그대로 가져올 수 있다.

④ [데이터 가져오기] → [데이터베이스에서] → [Microsoft Access 데이터베이스에서]를 이용하면 원본 데이터의 변경 사항이 워크시트에 반영되도록 설정할 수 있다.

[웹]을 이용하면 웹 페이지에서 테이블만 가져올 수 있습니다.

21년 4회

**2. 다음 중 [데이터 가져오기 및 변환] 기능을 이용하여 Access 파일을 불러오는 경우에 대한 설명으로 옳지 않은 것은?**

① 가져온 데이터를 피벗 차트나 피벗 테이블 보고서로 표시할 수 있다.

② 가져온 데이터는 기본적으로 기존 워크시트에 표시된다.

③ 가져온 데이터를 표 형태로 표시할 수 있다.

④ 워크시트의 다른 작업이나 파일을 열 때 새로 고침이 실행되도록 설정할 수 있다.

가져온 데이터는 기본적으로 새 워크시트에 표시됩니다.

21년 2회, 09년 1회

**3. 다음 중 외부 데이터베이스의 데이터를 가져오기 위한 쿼리 마법사의 설명으로 옳지 않은 것은?**

① 원본 데이터에서 쿼리에 포함시킬 데이터 열을 선택할 수 있다.

② 데이터를 필터할 때 포함할 행의 조건을 지정하여 필터할 수 있다.

③ 데이터의 정렬 방법도 기준을 지정하여 정렬할 수 있다.

④ 새 쿼리를 만들 때 통합 문서를 동시에 여러 개 선택하여 만들 수 있다.

새 쿼리는 하나의 통합 문서에 대해서만 만들 수 있습니다.

22년 5회

**4. [데이터] → [쿼리 및 연결] 그룹에 있는 아이콘 중 다음 아이콘의 기능은 무엇인가?**

① 새로 고침 ② 모두 새로 고침

③ 새로 고침 상태 ④ 새로 고침 취소

[데이터] → [쿼리 및 연결] → [모두 새로 고침]에서 선택할 수 있는 메뉴는 다음과 같습니다.

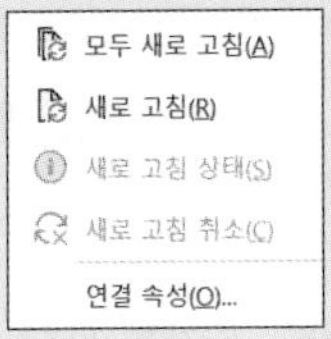


22년 7회, 16년 1회, 14년 3회

**5. 다음 중 외부 데이터의 [쿼리 및 연결] 설정 기능에 대한 설명으로 옳지 않은 것은?**

① [연결 속성] 대화상자에서 시트, 이름, 위치(셀, 범위, 개체에 대한 참조), 값, 수식 등 통합 문서에서 사용되는 연결 위치 정보가 제공된다.

② [연결 속성] 대화상자에서 일정한 시간 간격으로 외부 데이터를 자동으로 새로 고치도록 설정할 수 있다.

③ [연결 속성] 대화상자에서 통합 문서를 열 때 외부 데이터를 자동으로 새로 고치거나 외부 데이터를 새로 고치지 않고 즉시 통합 문서를 열도록 설정할 수 있다.

④ 연결을 제거하면 현재 통합 문서에 외부에서 연결하여 가져 온 데이터도 함께 제거된다.

연결을 제거해도 현재 통합 문서에 가져온 데이터는 삭제되지 않지만 더 이상 데이터 새로 고침은 불가능합니다.

24년 4회

**6. 다음 중 외부 데이터를 불러오기 위해 [데이터] → [데이터 가져오기 및 변환] → [데이터 가져오기] → [기타 원본에서] 메뉴에서 선택할 수 없는 메뉴는?**

① Active Directory에서 ② OData 피드에서

③ Microsoft Query에서 ④ Microsoft Word에서

'기타 원본에서' 메뉴에는 'Active Directory에서, OData 피드에서, Microsoft Query에서, 테이블/범위에서, 웹, SharePoint 목록에서, Hadoop 파일(HDFS)에서, Microsoft Exchange에서, ODBC에서, OLEDB에서' 등이 있습니다.

▶ 정답 : 1. ③ 2. ② 3. ④ 4. ② 5. ④ 6. ④

## 105 | 정렬

### ❶ 정렬 24.5, 24.3, 23.5, 23.3, 22.6, 22.2, 22.1, 21.4, 20.1, 18.상시, 18.1, 16.1, 15.3, 14.3, 14.2, 13.1, 10.2

- 정렬 기준은 최대 64개까지 지정할 수 있으며, 기본적으로 위에서 아래로 행 단위로 정렬된다.
- 원칙적으로 숨겨진 행이나 열은 정렬에 포함되지 않는다.
- 영문자 대/소문자를 구분하여 정렬할 수 있으며, 오름차순 시 소문자가 우선순위를 갖는다.

### ❷ '정렬' 대화상자 24.5, 24.3, 23.5, 23.3, 22.6, 22.3, 22.2, 22.1, 21.4, 21.1, 20.1, 18.1, 17.1, 16.1, …

- 정렬 기준에는 셀에 입력된 값이나 셀에 지정된 셀 색, 글꼴 색, 조건부 서식 아이콘이 있다.
- 정렬 기준을 '셀 값'으로 지정하면 오름차순이나 내림차순으로 정렬하지만 '셀 색', '글꼴 색', '조건부 서식 아이콘'을 선택하여 지정하면 선택한 색이나 아이콘 순서대로 목록의 위나 아래에 표시한다.
- 정렬 방식에는 오름차순, 내림차순, 사용자 지정 목록이 있다.
- 열을 기준으로 정렬하려면 [정렬 옵션] 대화상자에서 '위쪽에서 아래쪽'을, 행을 기준으로 정렬하려면 '왼쪽에서 오른쪽'을 선택한다.

### ❸ '정렬 경고' 대화상자 23.1

- 데이터 목록 중 한 행이나 한 열만 정렬 범위로 지정한 경우 '정렬 경고' 대화상자가 표시된다.
- **선택 영역 확장** : 현재 셀 포인터와 인접한 영역에 있는 데이터 목록 전체가 정렬 범위로 확장되어 정렬이 수행됨
- **현재 선택 영역으로 정렬** : 현재 선택된 영역만을 기준으로 정렬이 수행됨

## 106 | 자동 필터

### ❶ 자동 필터의 특징 20.1, 19.2, 19.1, 16.2, 15.2, 14.1, 13.3, 12.1

- 두 개 이상의 필드(열)에 조건이 설정된 경우 AND 조건으로 결합된다.
- 자동 필터를 사용하면 목록 값, 서식, 조건을 이용하여 세 가지 유형의 필터를 만들 수 있지만, 한 번에 한 가지 필터만 적용할 수 있다.
- 필드(열)에 입력된 데이터에 따라 [숫자 필터], [텍스트 필터], [날짜 필터] 중 하나의 필터가 표시되는데, 하나의 필드에 날짜, 숫자, 텍스트 등의 데이터가 섞여 있으면 가장 많이 있는 데이터 형식에 대한 필터가 표시된다.

## 107 | 고급 필터

### ❶ 고급 필터의 기본 조건 지정 방법 24.3, 24.1, 23.4, 22.6, 22.4, 22.1, 21.4, 21.3, …

- 조건을 지정할 범위의 첫 행에는 원본 데이터 목록의 필드명을 입력하고, 그 아래 행에 조건을 입력한다.
- 고급 필터의 조건으로 일반적인 수식이 아닌 값에 대한 비교 연산자로 등호(=)를 사용할 때는 ="=항목" 형식으로 입력한다.
- AND 조건
  - 지정한 모든 조건을 만족하는 데이터만 출력된다.
  - 조건을 모두 같은 행에 입력한다.
- OR 조건
  - 지정한 조건 중 하나의 조건이라도 만족하는 경우 데이터가 출력된다.
  - 조건을 다른 행에 입력한다.

### ❷ 고급 필터의 고급 조건 지정 방법 24.5, 24.2, 23.1, 22.7, 22.2, 21.2, 20.1, …

- 함수나 식의 계산값을 고급 필터의 찾을 조건으로 지정하는 방식이다.
- 조건 지정 범위의 첫 행에 입력될 조건 필드명은 원본 데이터의 필드명과 다른 필드명을 입력하거나 생략하며, 그 아래 행에 조건을 입력한다.

**문제 1** 상품명이 '오디오' 또는 '비디오'이고, 금액이 40000원 이상인 데이터를 추출하기 위한 고급 필터의 조건식을 작성하시오.

답 :

| | | |
|---|---|---|
| | | |
| | | |
| | | |

**해설**

- 조건을 지정할 범위의 첫 행에는 필드명을 입력하고, 그 아래 행에 조건을 입력합니다.
- 조건 입력 시 AND 조건은 같은 행에 입력하고, OR 조건은 다른 행에 입력합니다.

**문제 2** 다음과 같이 고급 필터를 실행했을 경우 추출되지 않는 사원명을 쓰시오.

| | A | B | C | D | E | F |
|---|---|---|---|---|---|---|
| 1 | 사원명 | 부서명 | 판매량 | | 사원명 | 판매량 |
| 2 | 최시아 | 영업A | 156 | | 최* | <=200 |
| 3 | 김서하 | 영업A | 204 | | 김* | >=200 |
| 4 | 김동준 | 영업B | 185 | | | |
| 5 | 최경민 | 영업B | 161 | | | |
| 6 | | | | | | |

답 :

**해설**

고급 필터의 조건을 같은 행에 입력하면 AND 조건, 다른 행에 입력하면 OR 조건으로 연결됩니다. '사원명'이 '최'로 시작하고 '판매량'이 200 이하이거나, '사원명'이 '김'으로 시작하고 '판매량'이 200 이상인 '최시아, 김서하, 최경민'이 추출됩니다.

**문제 3** 고급 필터를 이용하여 판매량이 전체 판매량의 평균을 초과하는 데이터를 추출하려고 한다. [D4:D5] 영역에 조건을 입력할 때 [D4] 셀에 들어갈 수 없는 필드명을 〈보기〉에서 찾아 기호(㉠~㉣)로 쓰시오.

| | A | B | C | D |
|---|---|---|---|---|
| 1 | 이름 | 판매량 | | |
| 2 | 이상희 | 535 | | |
| 3 | 윤소정 | 626 | | |
| 4 | 김요열 | 439 | | |
| 5 | 조현철 | 551 | | =$B2>AVERAGE($B$2:$B$5) |
| 6 | | | | |

〈보기〉

| | |
|---|---|
| ㉠ 판매량평균 | ㉡ 평균 |
| ㉢ 판매량 | ㉣ 조건 |

답 :

**해설**

고급 필터의 조건으로 수식을 입력할 경우 조건으로 지정될 범위의 첫 행에는 원본 데이터의 필드명(이름, 판매량)과 다른 필드명을 입력하거나 생략해야 합니다.

## 108 | 텍스트 나누기

### ❶ 텍스트 나누기 11.3

워크시트의 한 열에 입력되어 있는 데이터를 구분 기호나 일정한 너비로 분리하여 워크시트의 각 셀에 입력하는 것이다.

### ❷ 텍스트 마법사 실행 순서 19.2, 16.3, 12.3

| | |
|---|---|
| 1단계 | 텍스트를 열로 나눌 방법 선택<br>• 구분 기호로 분리됨<br>• 너비가 일정함 |
| 2단계 | • 구분 기호로 구분된 데이터 : 탭, 세미콜론, 쉼표, 공백 등의 구분 기호가 제공되며, 사용자가 구분 기호를 정의할 수 있음<br>• 너비가 일정한 데이터<br>– 열 구분선 삽입 : 원하는 위치를 마우스로 클릭<br>– 열 구분선 삭제 : 구분선을 마우스로 두 번 클릭<br>– 열 구분선 이동 : 열 구분선을 원하는 위치로 드래그 |
| 3단계 | • 데이터 서식 지정 : 일반, 텍스트, 날짜<br>• 열 가져오지 않음 : 선택한 열을 제외하고 가져옴<br>• 대상 : 텍스트 나누기한 데이터의 시작 위치를 지정함 |

**정답** 1.

| 상품명 | 금액 | |
|---|---|---|
| 오디오 | >=40000 | |
| 비디오 | >=40000 | |

2. 김동준 3. ㉢

## 109 | 외부 데이터베이스 이용

### ❶ 외부 데이터 가져오기 개념 23.4, 22.4, 18.2, 17.2, 16.2, 16.1, 15.1, 13.2, 12.2, 11.2, 11.1, …

- 엑셀에서 가져올 수 있는 외부 데이터에는 Access, dBASE, SQL과 같은 데이터베이스 파일과 텍스트 파일, Excel 파일, 웹, XML 등이 있다.
- 외부 데이터 가져오기를 사용하여 가져온 데이터는 기본적으로 새 워크시트에 표시되지만 사용자가 위치를 지정할 수 있다.
- 외부 데이터 가져오기를 사용하여 가져온 데이터는 원본 데이터가 변경될 경우 가져온 데이터에도 반영되도록 설정할 수 있다.
- **모두 새로 고침의 하위 메뉴** : 모두 새로 고침, 새로 고침, 새로 고침 상태, 새로 고침 취소 등
- **'연결 속성' 대화상자의 '사용 위치' 탭** : 시트, 이름, 위치, 값, 수식 등 이 연결이 통합 문서에서 사용되는 위치를 표시함

### ❷ Microsoft Query 21.4

- 외부 데이터베이스에서 가져올 데이터의 추출 조건을 쿼리로 만들어 가져오거나 쿼리를 저장하여 반복 사용할 수 있다.
- [데이터] → [데이터 가져오기 및 변환] → [데이터 가져오기] → [기타 원본에서]는 'Active Directory에서, OData 피드에서, Microsoft Query에서' 등을 선택할 수 있다.

### ❸ 쿼리 마법사 21.2

- 원본 데이터에서 쿼리에 포함시킬 데이터 열을 선택할 수 있다.
- 데이터를 필터할 때 포함할 행의 조건을 지정할 수 있다.
- 데이터의 정렬 방법을 지정할 수 있다.

### ❹ 웹 쿼리 23.4, 22.4, 20.2, 19.상시, 18.1, 15.3, 10.3

웹 페이지에서 테이블(표)을 검색하여 워크시트에서 사용할 수 있도록 가져올 때 사용한다.

6장

# 데이터 분석

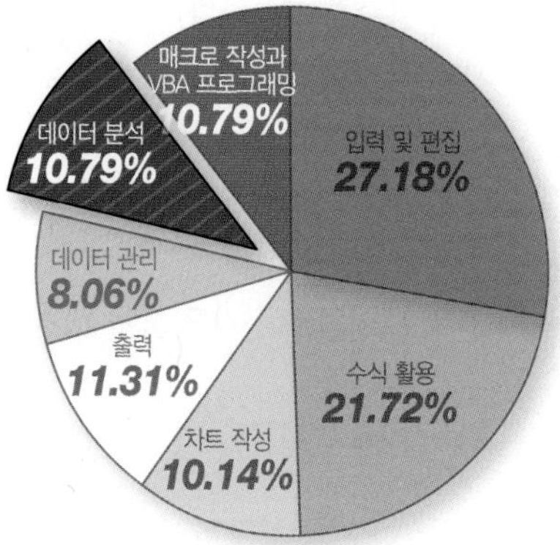




**이 장에서 꼭 알아야 할 키워드 Best 10**

**1.** 부분합 **2.** 피벗 테이블 **3.** 시나리오 **4.** 목표값 찾기 **5.** 데이터 표 **6.** 데이터 통합 **7.** 피벗 차트 **8.** 개요 기호 **9.** 중첩 부분합 **10.** 피벗 테이블의 구성 요소

SECTION 110

# 부분합

B 등급

## 1 부분합의 개요

23.3, 23.2, 23.1, 21.2, 21.1, 19.2, 18.상시, 15.3, 14.3, 14.2, 13.2, 12.3, 12.2, 09.3, 09.2, 08.3, 08.1, 07.4, 05.3, 05.1, 04.4, …

1210001

부분합은 많은 양의 데이터 목록을 그룹별로 분류하고, 각 그룹별로 계산을 수행하는 데이터 분석 도구이다.

**실행** [데이터] → [개요] → [부분합] 클릭

### 특징

- 부분합을 작성하려면 첫 행에는 열 이름표가 있어야 하며, 반드시 기준이 되는 필드를 기준으로 오름차순이나 내림차순으로 정렬되어 있어야 한다.
- SUBTOTAL 함수*를 사용하여 합계나 평균 등의 요약 함수를 계산한다.
- 같은 열에 있는 자료에 대하여 여러 개의 함수를 사용하여 다중 함수 부분합을 작성할 수 있다.
- 부분합을 작성하면 부분합의 계층 구조에 맞게 그룹 단위로 개요가 설정되고, 워크시트 왼쪽에 개요 기호*가 표시된다.
- 부분합을 제거하면 부분합과 함께 표에 삽입된 개요 및 페이지 나누기도 모두 제거된다.
- 부분합의 결과로 차트를 작성하면 화면에 보이는 데이터에 대해서만 차트가 작성된다.
- **사용할 수 있는 함수** : 합계, 개수, 평균, 최대, 최소, 곱, 숫자 개수, 표준 편차, 표본 표준 편차, 표본 분산, 분산

**예제 1** 다음 데이터 목록을 사용하여 소속부서별 총점의 합계를 구하시오.

| | A | B | C | D | E | F | G |
|---|---|---|---|---|---|---|---|
| 1 | 상반기 영어/컴퓨터 능력 시험 | | | | | | |
| 2 | | | | | | | |
| 3 | 번호 | 이름 | 소속부서 | 성별 | 영어 | 컴퓨터 | 총점 |
| 4 | 1 | 강현진 | 개발부 | 여 | 98 | 85 | 183 |
| 5 | 2 | 김기언 | 영업부 | 남 | 95 | 100 | 195 |
| 6 | 3 | 김철원 | 영업부 | 남 | 80 | 75 | 155 |
| 7 | 4 | 남동하 | 기술부 | 남 | 85 | 90 | 175 |
| 8 | 5 | 마동윤 | 영업부 | 여 | 100 | 100 | 200 |
| 9 | 6 | 미라미 | 총무부 | 여 | 80 | 75 | 155 |
| 10 | 7 | 박한솔 | 기술부 | 남 | 100 | 80 | 180 |
| 11 | 8 | 박이호 | 기술부 | 남 | 90 | 70 | 160 |
| 12 | 9 | 박한식 | 총무부 | 남 | 80 | 90 | 170 |
| 13 | 10 | 박하나 | 총무부 | 여 | 90 | 50 | 140 |

→

| | A | B | C | D | E | F | G |
|---|---|---|---|---|---|---|---|
| 1 | 상반기 영어/컴퓨터 능력 시험 | | | | | | |
| 2 | | | | | | | |
| 3 | 번호 | 이름 | 소속부서 | 성별 | 영어 | 컴퓨터 | 총점 |
| 4 | 1 | 강현진 | 개발부 | 여 | 98 | 85 | 183 |
| 5 | | | 개발부 요약 | | | | 183 |
| 6 | 4 | 남동하 | 기술부 | 남 | 85 | 90 | 175 |
| 7 | 7 | 박한솔 | 기술부 | 남 | 100 | 80 | 180 |
| 8 | 8 | 박이호 | 기술부 | 남 | 90 | 70 | 160 |
| 9 | | | 기술부 요약 | | | | 515 |
| 10 | 2 | 김기언 | 영업부 | 남 | 95 | 100 | 195 |
| 11 | 3 | 김철원 | 영업부 | 남 | 80 | 75 | 155 |
| 12 | 5 | 마동윤 | 영업부 | 여 | 100 | 100 | 200 |
| 13 | | | 영업부 요약 | | | | 550 |
| 14 | 6 | 미라미 | 총무부 | 여 | 80 | 75 | 155 |
| 15 | 9 | 박한식 | 총무부 | 남 | 80 | 90 | 170 |
| 16 | 10 | 박하나 | 총무부 | 여 | 90 | 50 | 140 |
| 17 | | | 총무부 요약 | | | | 465 |
| 18 | | | 총합계 | | | | 1713 |

① '소속부서' 필드의 임의의 영역(C4:C13)에 셀 포인터를 이동시킨 후 [데이터] → [정렬 및 필터] → [가↓(텍스트 오름차순 정렬)]을 클릭하여 소속부서를 기준으로 오름차순 정렬한다.

**전문가의 조언**

**중요해요!** 부분합의 특징을 묻는 문제가 자주 출제됩니다. 부분합을 하기 전에 정렬이 선행되어야 한다는 것을 중심으로 정리하세요.

**SUBTOTAL 함수**
목록이나 데이터베이스에서 부분합을 구하는 함수입니다.

**개요 기호 표시 여부 지정**
[파일] → [옵션] → '고급' 탭의 '이 워크시트의 표시 옵션'에서 '윤곽을 설정한 경우 윤곽 기호 표시' 옵션을 선택/해제하여 개요 기호의 표시 여부를 지정할 수 있습니다.

**준비하세요**

'C:\길벗컴활1급필기\2과목\2과목.xlsm' 파일을 불러와 '섹션110-1' 시트에서 실습하세요.

**부분합 작성 순서**

❶ 기준이 되는 필드로 정렬(정렬 방식 확인)합니다.
❷ [데이터] → [개요] → [부분합]을 클릭합니다.
❸ '부분합' 대화상자에서 설정합니다.

② 데이터 목록(A3:G13) 내에 셀 포인터*가 놓인 상태에서 [데이터] → [개요] → [부분합]을 클릭한다.

③ '부분합' 대화상자에서 그룹화할 항목으로 총점 합계의 기준이 되는 '소속부서'를 선택하고, 사용할 함수를 '합계'로, 부분합 계산 항목을 '총점'으로 지정한 후 〈확인〉을 클릭한다.

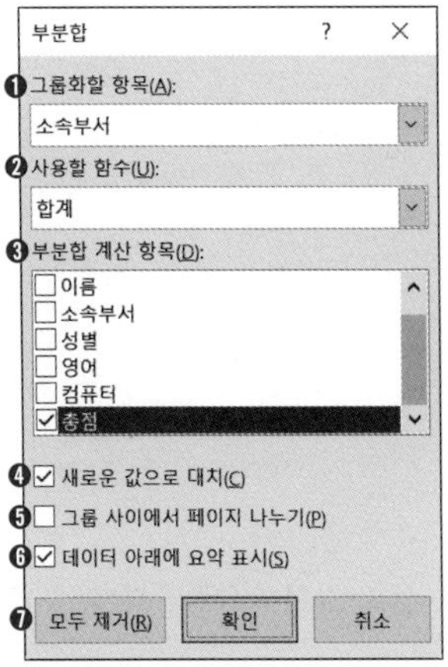


❶ **그룹화할 항목** : 값을 구하는 기준이 되는 항목을 선택한다. 정렬된 항목이다.
❷ **사용할 함수** : 사용할 함수를 선택한다.
❸ **부분합 계산 항목** : 함수를 적용할 필드를 선택한다.
❹ **새로운 값으로 대치** : 이미 작성된 부분합을 지우고, 새 부분합으로 변경할 경우 선택한다.
❺ **그룹 사이에서 페이지 나누기** : 부분합을 구한 뒤 각 그룹 다음에 페이지 나누기를 자동으로 삽입한다.
❻ **데이터 아래에 요약 표시** : 선택하면 각 그룹의 아래쪽에 부분합 결과를 표시하고, 선택하지 않으면 그룹의 위쪽에 부분합 결과를 표시한다.
❼ **모두 제거** : 부분합을 해제하고, 원래 데이터 목록을 표시한다.

**셀 포인터의 위치**
- 셀 포인터가 데이터 목록 내에 위치하지 않은 상태에서 [데이터] → [개요] → [부분합]을 클릭하면 '선택한 범위에 이 작업을 적용할 수 없습니다.'라는 안내문이 표시됩니다.
- 사용할 데이터 목록에 셀 포인터를 이동시킨 후 [데이터] → [개요] → [부분합]을 클릭해야 합니다.

24.4, 22.5, 22.3, 19.1, 16.3, 15.3, 14.3, 2급 24.3, 23.5, 16.2, 15.2, 14.1, 00.3, 99.2

## 2 개요 기호

1210002

개요 기호*는 부분합 작업 후 개요가 설정된 워크시트의 표시 형태를 바꿀 때 사용하는 기호로 [1][2][3], [+], [-]가 있다.

**전문가의 조언**
그룹 및 개요 설정의 특징을 묻는 문제가 출제되었으니 정리해 두세요.

### 특징

- 개요 기호를 삭제할 수 있으며, 개요 기호를 삭제하더라도 요약 정보는 그대로 남아 있다.
- 개요 기호를 이용하여 워크시트에서 하위 수준(그룹)을 숨기거나 표시할 수 있다.
- 개요 수준은 부분합의 중첩 여부에 따라 8단계까지 포함할 수 있다.
- **개요 기호 [1] 선택** : 전체 결과(총합계)만 표시한다.

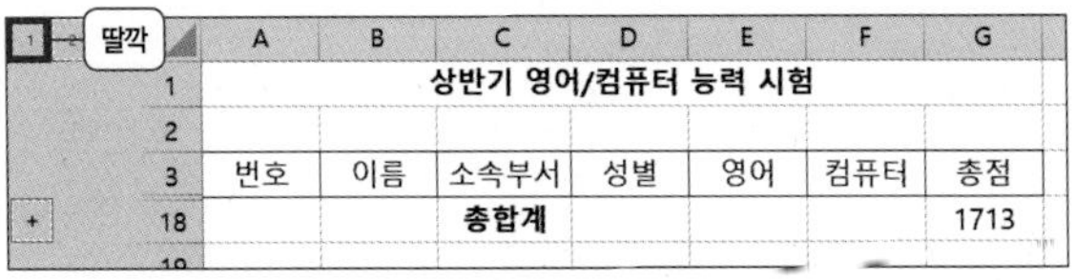


| | A | B | C | D | E | F | G |
|---|---|---|---|---|---|---|---|
| 1 | 상반기 영어/컴퓨터 능력 시험 | | | | | | |
| 2 | | | | | | | |
| 3 | 번호 | 이름 | 소속부서 | 성별 | 영어 | 컴퓨터 | 총점 |
| 18 | | | 총합계 | | | | 1713 |

- **개요 기호 [2] 선택** : 전체 결과(총합계)와 부분합(요약) 결과만 표시한다.

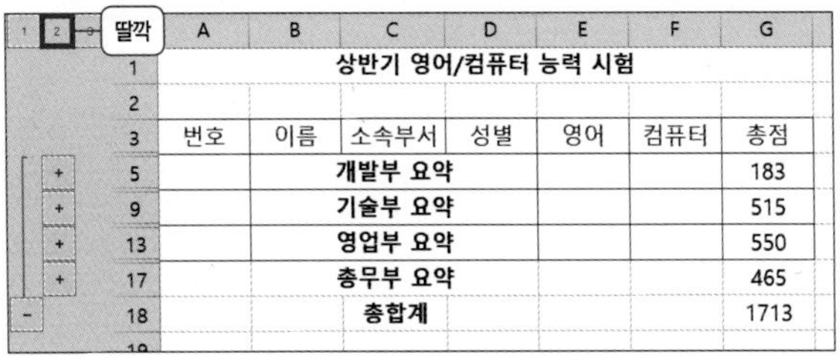


| | A | B | C | D | E | F | G |
|---|---|---|---|---|---|---|---|
| 1 | 상반기 영어/컴퓨터 능력 시험 | | | | | | |
| 2 | | | | | | | |
| 3 | 번호 | 이름 | 소속부서 | 성별 | 영어 | 컴퓨터 | 총점 |
| 5 | | | 개발부 요약 | | | | 183 |
| 9 | | | 기술부 요약 | | | | 515 |
| 13 | | | 영업부 요약 | | | | 550 |
| 17 | | | 총무부 요약 | | | | 465 |
| 18 | | | 총합계 | | | | 1713 |

**궁금해요 시나공 Q&A 베스트**

**Q 부분합을 작성하지 않으면 개요 기호를 표시할 수 없나요?**

A 부분합을 수행하면 자동으로 생성되는 개요 기호를 부분합을 수행하지 않은 데이터에 적용하려면 [데이터] → [개요] → [그룹] → [자동 개요]를 선택하면 됩니다.

• **개요 기호 [3] 선택** : 전체 결과(총합계), 부분합(요약), 해당 데이터까지 모두 표시한다.

| | A | B | C | D | E | F | G |
|---|---|---|---|---|---|---|---|
| 1 | 상반기 영어/컴퓨터 능력 시험 | | | | | | |
| 2 | | | | | | | |
| 3 | 번호 | 이름 | 소속부서 | 성별 | 영어 | 컴퓨터 | 총점 |
| 4 | 1 | 강현진 | 개발부 | 여 | 98 | 85 | 183 |
| 5 | | 개발부 요약 | | | | | 183 |
| 6 | 4 | 남동하 | 기술부 | 남 | 85 | 90 | 175 |
| 7 | 7 | 박한솔 | 기술부 | 남 | 100 | 80 | 180 |
| 8 | 8 | 박이호 | 기술부 | 남 | 90 | 70 | 160 |
| 9 | | 기술부 요약 | | | | | 515 |
| 10 | 2 | 김기언 | 영업부 | 남 | 95 | 100 | 195 |
| 11 | 3 | 김철원 | 영업부 | 남 | 80 | 75 | 155 |
| 12 | 5 | 마동윤 | 영업부 | 여 | 100 | 100 | 200 |
| 13 | | 영업부 요약 | | | | | 550 |
| 14 | 6 | 미라미 | 총무부 | 여 | 80 | 75 | 155 |
| 15 | 9 | 박한식 | 총무부 | 남 | 80 | 90 | 170 |
| 16 | 10 | 박하나 | 총무부 | 여 | 90 | 50 | 140 |
| 17 | | 총무부 요약 | | | | | 465 |
| 18 | | 총합계 | | | | | 1713 |



**총합계의 [-]와 [+]**
- 총합계의 [-] 선택 : 전체 결과만 표시함
- 총합계의 [+] 선택 : 전체 결과, 부분합, 해당 데이터까지 표시함

• **개요 기호 [-] 선택** : 개요 기호가 [+]로 바뀌고, 하위 수준(그룹)의 데이터는 숨기며, 부분합 결과(요약)만 표시한다.

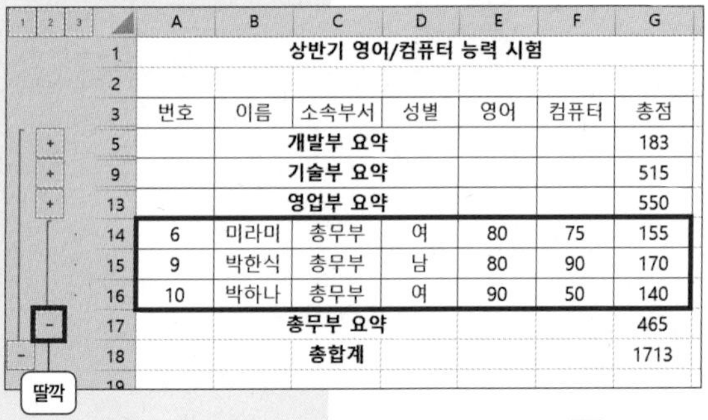

| | A | B | C | D | E | F | G |
|---|---|---|---|---|---|---|---|
| 1 | 상반기 영어/컴퓨터 능력 시험 | | | | | | |
| 2 | | | | | | | |
| 3 | 번호 | 이름 | 소속부서 | 성별 | 영어 | 컴퓨터 | 총점 |
| 5 | | 개발부 요약 | | | | | 183 |
| 9 | | 기술부 요약 | | | | | 515 |
| 13 | | 영업부 요약 | | | | | 550 |
| 14 | 6 | 미라미 | 총무부 | 여 | 80 | 75 | 155 |
| 15 | 9 | 박한식 | 총무부 | 남 | 80 | 90 | 170 |
| 16 | 10 | 박하나 | 총무부 | 여 | 90 | 50 | 140 |
| 17 | | 총무부 요약 | | | | | 465 |
| 18 | | 총합계 | | | | | 1713 |



→

| | A | B | C | D | E | F | G |
|---|---|---|---|---|---|---|---|
| 1 | 상반기 영어/컴퓨터 능력 시험 | | | | | | |
| 2 | | | | | | | |
| 3 | 번호 | 이름 | 소속부서 | 성별 | 영어 | 컴퓨터 | 총점 |
| 5 | | 개발부 요약 | | | | | 183 |
| 9 | | 기술부 요약 | | | | | 515 |
| 13 | | 영업부 요약 | | | | | 550 |
| 17 | | 총무부 요약 | | | | | 465 |
| 18 | | 총합계 | | | | | 1713 |

• **개요 기호 [+] 선택** : 개요 기호가 [-]로 바뀌고, 하위 수준(그룹)의 데이터와 부분합의 결과를 표시한다.

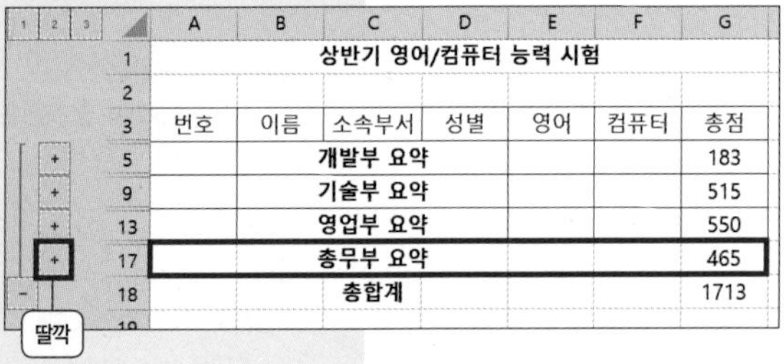

| | A | B | C | D | E | F | G |
|---|---|---|---|---|---|---|---|
| 1 | 상반기 영어/컴퓨터 능력 시험 | | | | | | |
| 2 | | | | | | | |
| 3 | 번호 | 이름 | 소속부서 | 성별 | 영어 | 컴퓨터 | 총점 |
| 5 | | 개발부 요약 | | | | | 183 |
| 9 | | 기술부 요약 | | | | | 515 |
| 13 | | 영업부 요약 | | | | | 550 |
| 17 | | 총무부 요약 | | | | | 465 |
| 18 | | 총합계 | | | | | 1713 |



→

| | A | B | C | D | E | F | G |
|---|---|---|---|---|---|---|---|
| 1 | 상반기 영어/컴퓨터 능력 시험 | | | | | | |
| 2 | | | | | | | |
| 3 | 번호 | 이름 | 소속부서 | 성별 | 영어 | 컴퓨터 | 총점 |
| 5 | | 개발부 요약 | | | | | 183 |
| 9 | | 기술부 요약 | | | | | 515 |
| 13 | | 영업부 요약 | | | | | 550 |
| 14 | 6 | 미라미 | 총무부 | 여 | 80 | 75 | 155 |
| 15 | 9 | 박한식 | 총무부 | 남 | 80 | 90 | 170 |
| 16 | 10 | 박하나 | 총무부 | 여 | 90 | 50 | 140 |
| 17 | | 총무부 요약 | | | | | 465 |
| 18 | | 총합계 | | | | | 1713 |

## 3 중첩 부분합 작성하기

24.4, 21.1, 19.2, 15.3, 14.3, 12.3, 2급 24.3, 23.5, 22.2, 21.3, 19.1

1210004

중첩 부분합은 이미 작성된 부분합 그룹 내에 새로운 부분합 그룹을 추가하는 것이다.

- 중첩 부분합을 작성하려면 중첩할 부분합 그룹의 기준 필드들이 정렬(2차 정렬 기준)되어야 하고, '부분합' 대화상자에서 반드시 '새로운 값으로 대치'를 해제해야 한다.
- 중첩 부분합을 수행하면 먼저 작성한 부분합의 결과가 아래쪽에 표시된다.

**예제 2** 소속부서별 '총점' 합계에 '성별' 총점 합계를 중첩한 부분합 작성하기

① 소속부서를 첫째 기준, 성별을 둘째 기준으로 하여 오름차순으로 정렬한다.

② 소속부서별 총점의 합계를 계산하는 부분합을 작성하기 위해 [데이터] → [개요] → [부분합]을 클릭하고 그림과 같이 지정한 후 〈확인〉을 클릭한다.

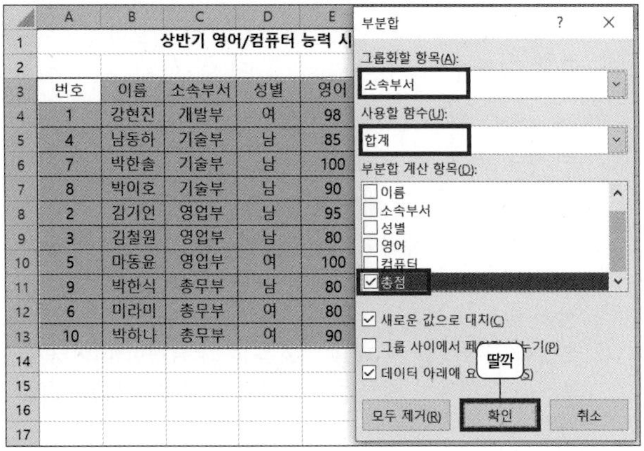


③ 성별별 총점의 합계를 계산하는 부분합을 작성하기 위해 [데이터] → [개요] → [부분합]을 클릭하고 그림과 같이 지정한 후 〈확인〉을 클릭한다.

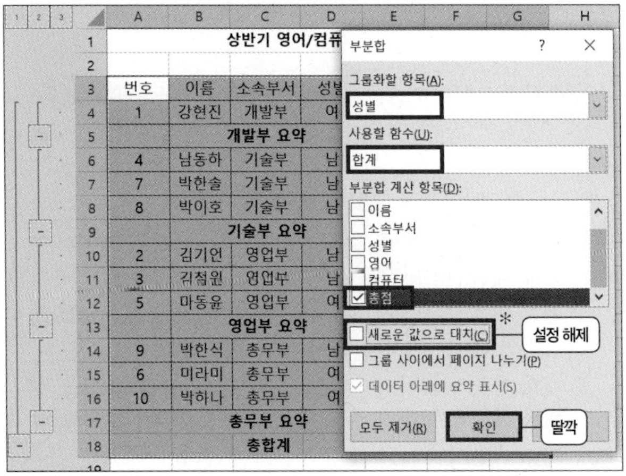


→

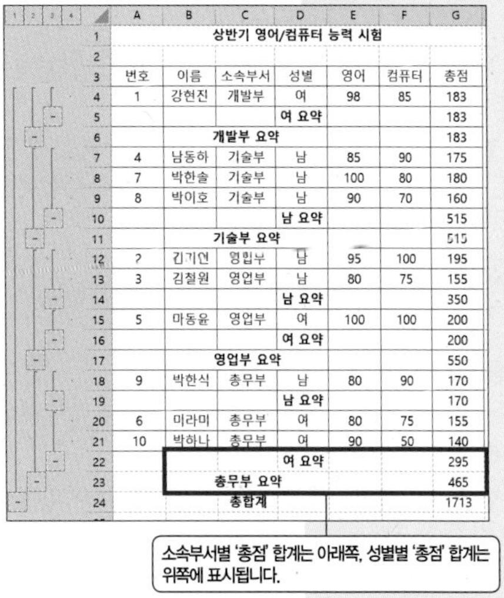


전문가의 조언

중첩 부분합은 '부분합' 대화상자에서 '새로운 값으로 대치'를 반드시 해제해야 한다는 것, 기억하세요.

준비하세요

'C:\길벗컴활1급필기\2과목\2과목.xlsm' 파일을 불러와 '섹션110-2'시트에서 실습하세요.

궁금해요 시나공 Q&A 베스트

**Q1 두 번째 '부분합' 대화상자에서 '새로운 값으로 대치'를 해제하지 않으면 어떻게 되나요?**

A1 두 번째 '부분합' 대화상자에서 '새로운 값으로 대치'를 해제하지 않고 부분합을 실행하면 첫 번째 작성한 부분합은 삭제되고 두 번째에 작성한 부분합만이 표시됩니다.

**Q2 부분합을 제거하면 정렬 상태도 제거되나요?**

A2 부분합을 작성하기 전 반드시 정렬을 해야 하는데 '부분합' 대화상자의 〈모두 제거〉 기능으로 정렬된 상태를 원본 상태로 되돌릴 수는 없습니다. 〈모두 제거〉는 작성된 부분합 그룹만 제거됩니다.

문제2 1210051 문제4 1210052

23년 3회

**1. 다음의 [부분합] 실행 결과에 대한 설명으로 옳지 않은 것은?**

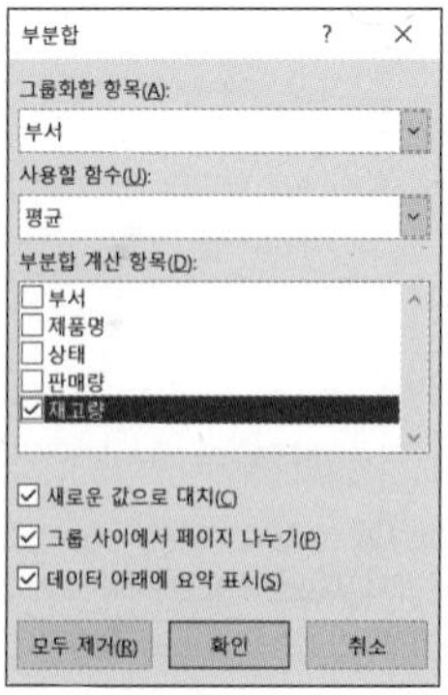


① 정렬할 데이터는 부서를 기준으로 정렬되어 있어야 한다.
② 이미 부분합이 설정되어 있는 경우에는 기존의 부분합 계산 항목은 모두 삭제된다.
③ 인쇄시 부서별로 다른 페이지에 인쇄된다.
④ 평균 아래에 그룹 데이터가 표시된다.

'데이터 아래에 요약 표시'를 선택하면 그룹 데이터의 아래에 합계나 평균 등의 요약이 표시됩니다.

21년 1회, 18년 상시, 14년 3회

**2. 다음 중 부분합에 대한 설명으로 옳지 않은 것은?**

① 부분합을 작성하려면 첫 행에는 열 이름표가 있어야 하며, 그룹화할 항목을 기준으로 반드시 정렬해야 제대로 된 결과를 얻을 수 있다.
② 그룹화를 위한 데이터의 정렬을 오름차순으로 할 때와 내림차순으로 할 때의 그룹별 부분합의 결과는 서로 다르다.
③ 부분합을 제거하면 부분합과 함께 표에 삽입된 개요 및 페이지 나누기도 모두 제거된다.
④ 부분합 대화상자에서 '새로운 값으로 대치'를 해제하지 않고 부분합을 실행하면 이전에 작성한 부분합은 삭제되고 새롭게 작성한 부분합만 표시된다.

그룹별 부분합의 결과는 정렬 방식에 상관없이 동일합니다.

23년 2회, 1회, 21년 2회

**3. 다음 중 부분합에 대한 설명 중 옳지 않은 것은?**

① 그룹화할 항목으로 선택된 필드는 자동으로 오름차순 정렬하여 부분합이 계산된다.
② 부분합에서는 합계, 평균, 개수 등의 함수 이외에도 다양한 함수를 선택할 수 있다.
③ 부분합에서 데이터 아래에 요약을 표시할 수 있다.
④ 부분합에서 그룹 사이에 페이지를 나눌 수 있다.

부분합을 작성하려면 먼저 그룹화할 항목을 기준으로 반드시 오름차순이나 내림차순으로 정렬한 후 부분합을 실행해야 합니다.

22년 3회, 19년 1회

**4. 다음 중 개요에 대한 설명으로 옳지 않은 것은?**

① 개요 기호를 설정하면 그룹의 요약 정보만 또는 필요한 그룹의 데이터만 확인할 수 있어 편리하다.
② 그룹별로 요약된 데이터에서 [개요 지우기]를 실행하면 설정된 개요 기호와 함께 개요 설정에 사용된 요약 정보도 함께 제거된다.
③ [부분합]을 실행하면 각 정보 행 그룹의 바로 아래나 위에 요약 행이 삽입되고, 개요가 자동으로 만들어진다.
④ 그룹화하여 요약하려는 데이터 목록이 있는 경우 데이터에 최대 8개 수준의 개요를 설정할 수 있으며 한 수준은 각 그룹에 해당한다.

개요를 숨기거나 제거해도 요약 정보는 삭제되지 않습니다.

12년 2회, 04년 4회

**5. 다음 중 부분합에 관한 설명으로 옳지 않은 것은?**

① 여러 함수를 이용하여 부분합을 작성하려면 두 번째부터 실행하는 [부분합] 대화상자에서 '새로운 값으로 대치'가 반드시 선택되어 있어야 한다.
② 부분합을 작성한 후 개요 기호를 눌러 특정한 데이터가 표시된 상태에서 차트를 작성하면 화면에 표시된 데이터만 차트에 표시된다.
③ 부분합을 실행하기 전에 그룹시키고자 하는 필드를 기준으로 정렬되어 있어야 올바른 결과를 얻을 수 있다.
④ 그룹별로 페이지를 달리하여 인쇄하기 위해서는 [부분합] 대화상자에서 '그룹 사이에서 페이지 나누기'를 선택한다.

여러 함수를 이용하여 부분합을 작성하려면 두 번째 실행하는 [부분합] 대화상자에서부터는 '새로운 값으로 대치'가 반드시 해제되어 있어야 합니다.

22년 5회

**6. 다음 중 개요에 대한 설명으로 옳지 않은 것은?**

① 하위 수준 데이터를 표시하려면, 표시하려는 데이터 그룹에 대한 [+] 단추를 누른다.
② 개요 기호를 설정하면 그룹의 요약 정보만 또는 필요한 그룹의 데이터만 확인할 수 있어 편리하다.
③ 개요 기호가 표시되지 않는 경우 'Excel 옵션'의 '고급' 탭에서 '개요을 설정한 경우 개요 기호 표시'를 선택한다.
④ 개요 기호의 숫자가 클수록 숨겨진 데이터가 많다.

개요 기호의 숫자가 클수록 화면에 표시되는 데이터가 많아집니다.

▶ **정답** : 1. ④ 2. ② 3. ① 4. ② 5. ① 6. ④

SECTION 111

# 피벗 테이블

A 등급

## 1 피벗 테이블의 개요

24.3, 22.7, 22.6, 22.1, 21.4, 21.1, 20.2, 20.1, 18.2, 16.2, 14.1, 13.1, 11.2, 09.2, 07.4, 06.3, 06.2, 05.4, 2급 24.4, 23.2, …

3211501

피벗 테이블은 많은 양의 데이터를 한눈에 쉽게 파악할 수 있도록 요약·분석하여 보여주는 도구이다.

**실행** [삽입] → [표] → [(피벗 테이블)] 클릭

### 특징

- 피벗 테이블은 엑셀, 데이터베이스, 외부 데이터, 다른 피벗 테이블 등의 데이터를 사용할 수 있다.
- 필드별로 다양한 조건을 지정할 수 있으며, 그룹별로 데이터 집계가 가능하다.
- 원본 데이터가 변경되면 [피벗 테이블 분석] → [데이터] → [새로 고침()]을 이용하여 피벗 테이블의 데이터를 변경할 수 있다.
- 피벗 테이블 작성 시 피벗 테이블의 작성 위치를 지정하지 않으면 새 워크시트에 작성된다.
- 작성한 피벗 테이블의 필드 단추를 다른 열이나 행으로 드래그하여 변경할 수 있으며, 필드 단추의 위치를 변경하면 데이터 표시 형식이 변경된다.
- 사용자가 피벗 테이블에 새로운 필드를 추가할 수 있다.

**예제 1** 다음과 같은 데이터 목록을 이용하여 제시한 피벗 테이블을 완성하시오.

| | A | B | C | D | E | F |
|---|---|---|---|---|---|---|
| 1 | 사원 급여 현황 | | | | | |
| 2 | | | | | | |
| 3 | 성명 | 근무팀 | 직위 | 호봉 | 급여 | 교통비 |
| 4 | 정노천 | 영업팀 | 부장 | 5 | 4,500,000 | 200,000 |
| 5 | 감사연 | 총무팀 | 부장 | 4 | 4,420,000 | 200,000 |
| 6 | 김용철 | 총무팀 | 대리 | 2 | 3,180,000 | 200,000 |
| 7 | 김용곤 | 영업팀 | 과장 | 6 | 3,800,000 | 200,000 |
| 8 | 김종진 | 영업팀 | 대리 | 4 | 3,330,000 | 200,000 |
| 9 | 박이호 | 기술팀 | 과장 | 3 | 3,650,000 | 200,000 |
| 10 | 박한열 | 영업팀 | 대리 | 1 | 3,000,000 | 200,000 |
| 11 | 임정호 | 기술팀 | 대리 | 3 | 3,270,000 | 200,000 |
| 12 | 박득우 | 기술팀 | 사원 | 1 | 2,430,000 | 200,000 |
| 13 | 이수영 | 총무팀 | 사원 | 2 | 2,570,000 | 200,000 |
| 14 | 조용길 | 영업팀 | 사원 | 2 | 2,570,000 | 200,000 |
| 15 | | | | | | |

→

| | A | B | C | D | E | F |
|---|---|---|---|---|---|---|
| 1 | 성명 | (모두) | | | | |
| 2 | | | | | | |
| 3 | 합계 : 급여 | | 근무팀 | | | |
| 4 | 직위 | 호봉 | 기술팀 | 영업팀 | 총무팀 | 총합계 |
| 5 | ⊟과장 | | 3650000 | 3800000 | | 7450000 |
| 6 | | 3 | 3650000 | | | 3650000 |
| 7 | | 6 | | 3800000 | | 3800000 |
| 8 | ⊟대리 | | 3270000 | 6330000 | 3180000 | 12780000 |
| 9 | | 1 | | 3000000 | | 3000000 |
| 10 | | 2 | | | 3180000 | 3180000 |
| 11 | | 3 | 3270000 | | | 3270000 |
| 12 | | 4 | | 3330000 | | 3330000 |
| 13 | ⊟부장 | | | 4500000 | 4420000 | 8920000 |
| 14 | | 4 | | | 4420000 | 4420000 |
| 15 | | 5 | | 4500000 | | 4500000 |
| 16 | ⊟사원 | | 2430000 | 2570000 | 2570000 | 7570000 |
| 17 | | 1 | 2430000 | | | 2430000 |
| 18 | | 2 | | 2570000 | 2570000 | 5140000 |
| 19 | 총합계 | | 9350000 | 17200000 | 10170000 | 36720000 |
| 20 | | | | | | |

**전문가의 조언**

피벗 테이블의 특징에 대한 문제가 출제됩니다. 원본 데이터의 변경사항을 피벗 테이블에 반영하려면 [새로 고침]을 클릭해야 한다는 것을 중심으로 특징을 정리하세요.

**준비하세요**

'C:\길벗컴활1급필기\2과목\2과목.xlsm' 파일을 불러와 '섹션111-1' 시트에서 실습하세요.

**피벗 테이블**
[삽입] → [차트] → [피벗 차트]를 이용하면 피벗 테이블과 피벗 차트를 한 번에 작성할 수 있습니다. 여기서는 피벗 테이블을 먼저 작성한 후 작성된 피벗 테이블을 이용하여 피벗 차트를 작성하겠습니다.

① 피벗 테이블을 작성하려는 데이터 목록(A3:F14)을 블록으로 지정한 후 [삽입] → [표] → [(피벗 테이블)]*을 클릭한다.

② '표 또는 범위의 피벗 테이블' 대화상자에서 '새 워크시트'를 선택하고 〈확인〉을 클릭한다.

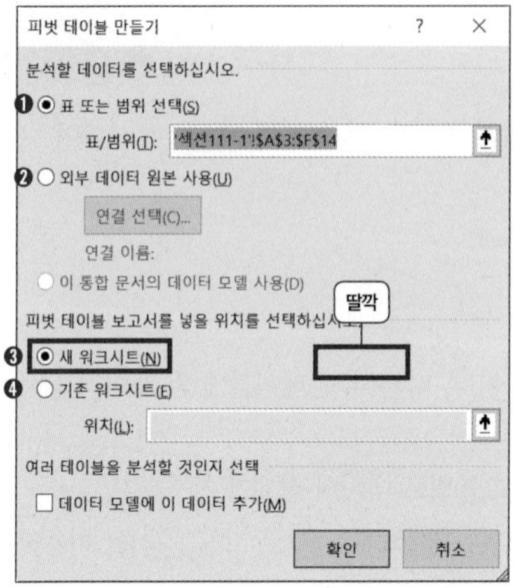


❶ **표 또는 범위 선택** : 엑셀 워크시트의 표나 데이터를 사용한다.
❷ **외부 데이터 원본 사용** : 외부에 있는 데이터베이스 파일, 엑셀 파일, 텍스트 파일 등을 사용한다.
❸ **새 워크시트** : 같은 통합 문서 내의 새로운 워크시트에 피벗 테이블을 작성한다.
❹ **기존 워크시트** : 현재 작업중인 워크시트에 피벗 테이블을 넣을 위치를 지정한다.
※ 피벗 테이블을 넣을 위치를 지정하지 않으면 '새 워크시트'에 작성된다.

③ 화면의 오른쪽에 '피벗 테이블 필드' 창이 표시된다. '피벗 테이블 필드' 창의 각 필드를 드래그하여 그림과 같이 위치시킨다.

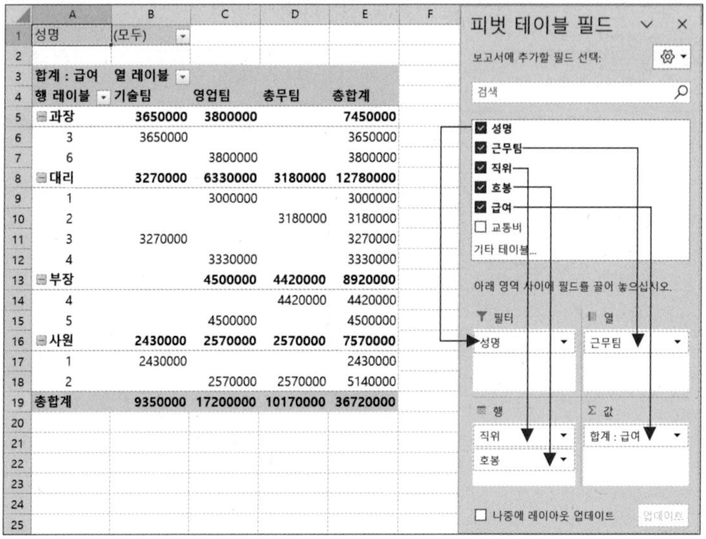

| | A | B | C | D | E |
|---|---|---|---|---|---|
| 1 | 성명 | (모두) | | | |
| 2 | | | | | |
| 3 | 합계 : 급여 | 열 레이블 | | | |
| 4 | 행 레이블 | 기술팀 | 영업팀 | 총무팀 | 총합계 |
| 5 | 과장 | 3650000 | 3800000 | | 7450000 |
| 6 | 3 | 3650000 | | | 3650000 |
| 7 | 6 | | 3800000 | | 3800000 |
| 8 | 대리 | 3270000 | 6330000 | 3180000 | 12780000 |
| 9 | 1 | | 3000000 | | 3000000 |
| 10 | 2 | | | 3180000 | 3180000 |
| 11 | 3 | 3270000 | | | 3270000 |
| 12 | 4 | | 3330000 | | 3330000 |
| 13 | 부장 | | 4500000 | 4420000 | 8920000 |
| 14 | 4 | | | 4420000 | 4420000 |
| 15 | 5 | | 4500000 | | 4500000 |
| 16 | 사원 | 2430000 | 2570000 | 2570000 | 7570000 |
| 17 | 1 | 2430000 | | | 2430000 |
| 18 | 2 | | 2570000 | 2570000 | 5140000 |
| 19 | 총합계 | 9350000 | 17200000 | 10170000 | 36720000 |

④ 작성된 피벗 테이블에서 임의의 셀을 클릭한 후 [디자인] → [레이아웃] → [보고서 레이아웃] → [개요 형식으로 표시]*를 선택한다.

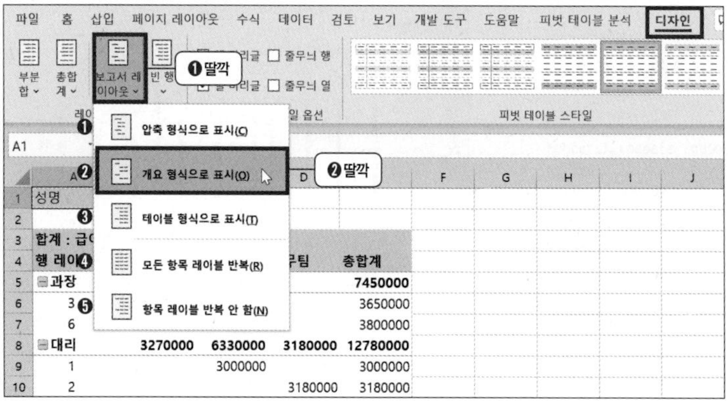


**[개요 형식으로 표시]**
보고서 레이아웃을 개요 형식으로 변경하지 않고 '행 레이블'이라고 표시된 [A4] 셀을 클릭한 후 **직급**을, '열 레이블'이라고 표시된 [B3] 셀을 클릭한 후 **근무팀**을 직접 입력해도 완성된 피벗 테이블은 동일합니다.

❶ **압축 형식으로 표시*** : 행 레이블에 여러 개의 필드를 지정하면 하나의 열에 모든 필드를 표시하되, 각 필드의 단계는 들여쓰기로 구분하여 표시한다.
❷ **개요 형식으로 표시*** : 압축 형식과 동일하게 필드를 단계별로 표시하지만 하나의 열이 아닌 각각의 열에 필드를 표시한다.
❸ **테이블 형식으로 표시*** : 필드를 각 열에 표시하되, 단계마다 새로운 행이 아닌 같은 행에서부터 데이터를 표시한다.
❹ **모든 항목 레이블 반복** : 항목 레이블을 반복하여 표시한다.
❺ **항목 레이블 반복 안 함** : 항목 레이블을 처음 한 번만 표시한다.

**압축 형식으로 표시**

| | A | B | C | D | E |
|---|---|---|---|---|---|
| 1 | 성명 | (모두) | | | |
| 2 | | | | | |
| 3 | 합계 : 급여 | 열 레이블 | | | |
| 4 | 행 레이블 | 기술팀 | 영업팀 | 총무팀 | 총합계 |
| 5 | ⊟과장 | 3650000 | 3800000 | | 7450000 |
| 6 | 3 | 3650000 | | | 3650000 |
| 7 | 6 | | 3800000 | | 3800000 |
| 8 | ⊟대리 | 3270000 | 6330000 | 3180000 | 12780000 |
| 9 | 1 | | 3000000 | | 3000000 |
| 10 | 2 | | | 3180000 | 3180000 |
| 11 | 3 | 3270000 | | | 3270000 |
| 12 | 4 | | 3330000 | | 3330000 |
| 13 | ⊟부장 | | 4500000 | 4420000 | 8920000 |
| 14 | 4 | | | 4420000 | 4420000 |
| 15 | 5 | | 4500000 | | 4500000 |
| 16 | ⊟사원 | 2430000 | 2570000 | 2570000 | 7570000 |
| 17 | 1 | 2430000 | | | 2430000 |
| 18 | 2 | | 2570000 | 2570000 | 5140000 |
| 19 | 총합계 | 9350000 | 17200000 | 10170000 | 36720000 |

**개요 형식으로 표시**

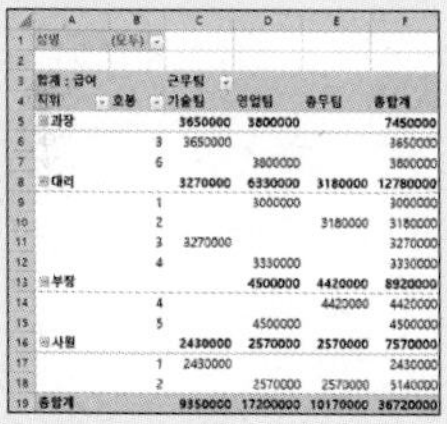

| | A | B | C | D | E | F |
|---|---|---|---|---|---|---|
| 1 | 성명 | (모두) | | | | |
| 2 | | | | | | |
| 3 | 합계 : 급여 | | 근무팀 | | | |
| 4 | 직위 | 호봉 | 기술팀 | 영업팀 | 총무팀 | 총합계 |
| 5 | ⊟과장 | | 3650000 | 3800000 | | 7450000 |
| 6 | | 3 | 3650000 | | | 3650000 |
| 7 | | 6 | | 3800000 | | 3800000 |
| 8 | ⊟대리 | | 3270000 | 6330000 | 3180000 | 12780000 |
| 9 | | 1 | | 3000000 | | 3000000 |
| 10 | | 2 | | | 3180000 | 3180000 |
| 11 | | 3 | 3270000 | | | 3270000 |
| 12 | | 4 | | 3330000 | | 3330000 |
| 13 | ⊟부장 | | | 4500000 | 4420000 | 8920000 |
| 14 | | 4 | | | 4420000 | 4420000 |
| 15 | | 5 | | 4500000 | | 4500000 |
| 16 | ⊟사원 | | 2430000 | 2570000 | 2570000 | 7570000 |
| 17 | | 1 | 2430000 | | | 2430000 |
| 18 | | 2 | | 2570000 | 2570000 | 5140000 |
| 19 | 총합계 | | 9350000 | 17200000 | 10170000 | 36720000 |

**테이블 형식으로 표시**

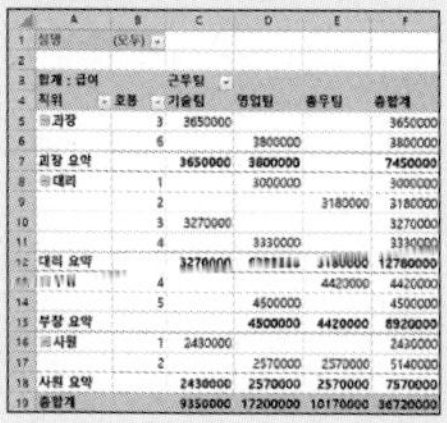

| | A | B | C | D | E | F |
|---|---|---|---|---|---|---|
| 1 | 성명 | (모두) | | | | |
| 2 | | | | | | |
| 3 | 합계 : 급여 | | 근무팀 | | | |
| 4 | 직위 | 호봉 | 기술팀 | 영업팀 | 총무팀 | 총합계 |
| 5 | ⊟과장 | 3 | 3650000 | | | 3650000 |
| 6 | | 6 | | 3800000 | | 3800000 |
| 7 | 과장 요약 | | 3650000 | 3800000 | | 7450000 |
| 8 | ⊟대리 | 1 | | 3000000 | | 3000000 |
| 9 | | 2 | | | 3180000 | 3180000 |
| 10 | | 3 | 3270000 | | | 3270000 |
| 11 | | 4 | | 3330000 | | 3330000 |
| 12 | 대리 요약 | | 3270000 | [illegible] | [illegible] | 12780000 |
| [illegible] | [illegible] | 4 | | | 4420000 | 4420000 |
| 14 | | 5 | | 4500000 | | 4500000 |
| 15 | 부장 요약 | | | 4500000 | 4420000 | 8920000 |
| 16 | ⊟사원 | 1 | 2430000 | | | 2430000 |
| 17 | | 2 | | 2570000 | 2570000 | 5140000 |
| 18 | 사원 요약 | | 2430000 | 2570000 | 2570000 | 7570000 |
| 19 | 총합계 | | 9350000 | 17200000 | 10170000 | 36720000 |

## 2 피벗 차트

24.1, 22.6, 22.1, 21.4, 21.3, 21.2, 21.1, 20.1, 18.2, 17.1, 16.2, 13.3, 13.1, 11.2, 10.2, 09.2, 07.4, 04.3, 2급 23.5, 21.3, …

3211502

피벗 테이블의 데이터를 이용하여 작성한 차트로, 피벗 테이블에서 항목이나 필드에 변화를 주면 피벗 차트도 변경되고, 반대로 피벗 차트에서 변화를 주면 피벗 테이블도 변경된다.

### 특징

- 피벗 차트는 피벗 테이블을 작성할 때 함께 작성하거나, 이미 작성된 피벗 테이블을 이용하여 작성한다.
- 피벗 차트는 피벗 테이블을 사용하므로 피벗 테이블을 만들지 않고 피벗 차트를 작성할 수 없다.
- 피벗 차트를 추가하면 피벗 테이블이 있는 워크시트에 삽입된다.
- 피벗 테이블을 삭제하면 피벗 차트가 일반 차트로 변경되지만, 피벗 차트를 삭제해도 피벗 테이블에는 아무 변화가 없다.
- 표준 차트의 항목, 계열, 데이터가 피벗 차트에서는 축 필드(항목), 범례 필드(계열), 값 필드에 해당한다.
- 분산형, 거품형, 주식형 차트는 피벗 차트로 만들 수 없다.

**전문가의 조언**
피벗 차트는 피벗 테이블의 특징을 묻는 문제에 선택지 중 하나로 출제되고 있습니다. 피벗 차트의 특징을 정리하세요.

**예제 2** 다음과 같은 피벗 테이블을 이용하여 제시한 피벗 차트를 완성하시오.

| | A | B | C | D | E | F |
|---|---|---|---|---|---|---|
| 1 | 성명 | (모두) | | | | |
| 2 | | | | | | |
| 3 | 합계 : 급여 | | 근무팀 | | | |
| 4 | 직위 | 호봉 | 기술팀 | 영업팀 | 총무팀 | 총합계 |
| 5 | ⊟과장 | | 3650000 | 3800000 | | 7450000 |
| 6 | | 3 | 3650000 | | | 3650000 |
| 7 | | 6 | | 3800000 | | 3800000 |
| 8 | ⊟대리 | | 3270000 | 6330000 | 3180000 | 12780000 |
| 9 | | 1 | | 3000000 | | 3000000 |
| 10 | | 2 | | | 3180000 | 3180000 |
| 11 | | 3 | 3270000 | | | 3270000 |
| 12 | | 4 | | 3330000 | | 3330000 |
| 13 | ⊟부장 | | | 4500000 | 4420000 | 8920000 |
| 14 | | 4 | | | 4420000 | 4420000 |
| 15 | | 5 | | 4500000 | | 4500000 |
| 16 | ⊟사원 | | 2430000 | 2570000 | 2570000 | 7570000 |
| 17 | | 1 | 2430000 | | | 2430000 |
| 18 | | 2 | | 2570000 | 2570000 | 5140000 |
| 19 | 총합계 | | 9350000 | 17200000 | 10170000 | 36720000 |
| 20 | | | | | | |

→

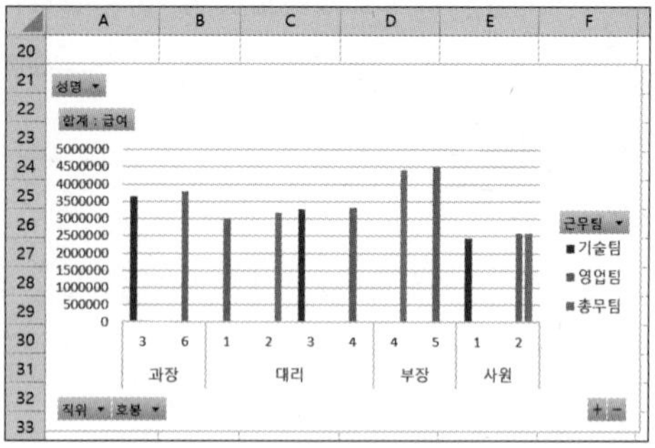


준비하세요

'C:\길벗컴활1급필기\2과목\2과목.xlsm' 파일을 불러와 '섹션111-2' 시트에서 실습하세요.

① 작성된 피벗 테이블에서 임의의 셀을 클릭한 후 [피벗 테이블 분석] → [도구] → [피벗 차트]를 클릭한다.

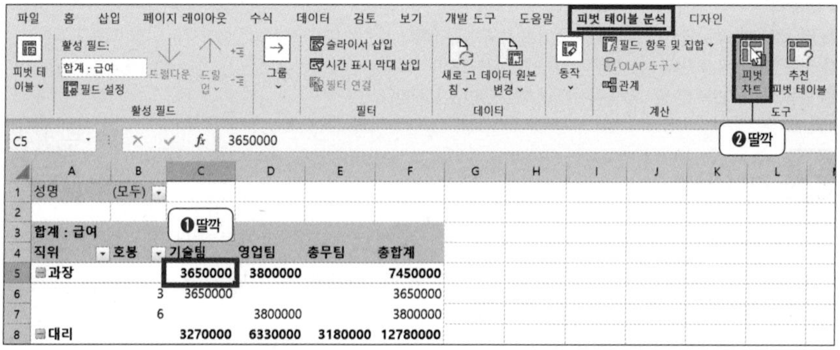


② '차트 삽입' 대화상자에서 사용할 차트 종류를 선택한 후 〈확인〉을 클릭한다.

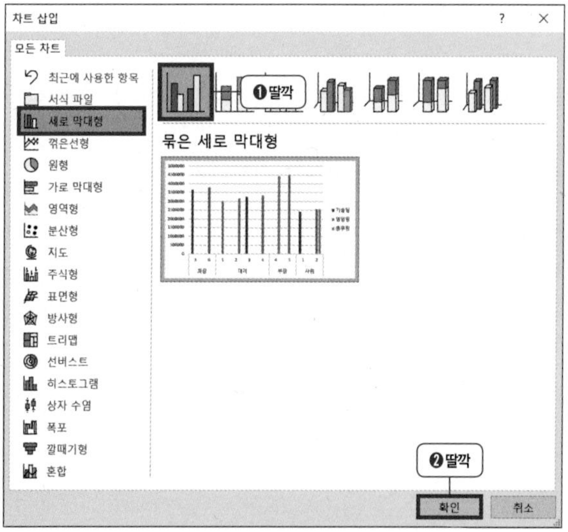


③ 작성된 피벗 차트를 [A21:F33] 영역에 위치시킨다.

## 3 피벗 테이블의 구성 요소

24.4, 24.2, 24.1, 22.6, 22.3, 21.4, 21.3, 21.2, 21.1, 20.상시, 20.2, 19.상시, 19.2, 19.1, 18.2, 14.1, 10.3, 08.3, 08.1, …

1210102

피벗 테이블은 필터 필드, 값 필드, 열 레이블, 행 레이블, 값 영역 등으로 구성된다.

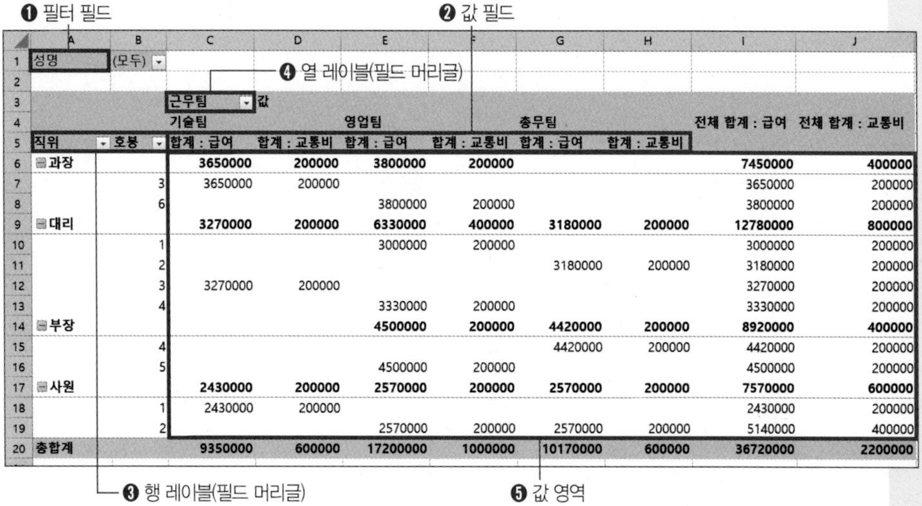


| | A | B | C | D | E | F | G | H | I | J |
|---|---|---|---|---|---|---|---|---|---|---|
| 1 | 성명 | (모두) | | | | | | | | |
| 2 | | | | | | | | | | |
| 3 | | | 근무팀 | 값 | | | | | | |
| 4 | | | 기술팀 | | 영업팀 | | 총무팀 | | 전체 합계 : 급여 | 전체 합계 : 교통비 |
| 5 | 직위 | 호봉 | 합계 : 급여 | 합계 : 교통비 | 합계 : 급여 | 합계 : 교통비 | 합계 : 급여 | 합계 : 교통비 | | |
| 6 | ⊟과장 | | 3650000 | 200000 | 3800000 | 200000 | | | 7450000 | 400000 |
| 7 | | 3 | 3650000 | 200000 | | | | | 3650000 | 200000 |
| 8 | | 6 | | | 3800000 | 200000 | | | 3800000 | 200000 |
| 9 | ⊟대리 | | 3270000 | 200000 | 6330000 | 400000 | 3180000 | 200000 | 12780000 | 800000 |
| 10 | | 1 | | | 3000000 | 200000 | | | 3000000 | 200000 |
| 11 | | 2 | | | | | 3180000 | 200000 | 3180000 | 200000 |
| 12 | | 3 | 3270000 | 200000 | | | | | 3270000 | 200000 |
| 13 | | 4 | | | 3330000 | 200000 | | | 3330000 | 200000 |
| 14 | ⊟부장 | | | | 4500000 | 200000 | 4420000 | 200000 | 8920000 | 400000 |
| 15 | | 4 | | | | | 4420000 | 200000 | 4420000 | 200000 |
| 16 | | 5 | | | 4500000 | 200000 | | | 4500000 | 200000 |
| 17 | ⊟사원 | | 2430000 | 200000 | 2570000 | 200000 | 2570000 | 200000 | 7570000 | 600000 |
| 18 | | 1 | 2430000 | 200000 | | | | | 2430000 | 200000 |
| 19 | | 2 | | | 2570000 | 200000 | 2570000 | 200000 | 5140000 | 400000 |
| 20 | 총합계 | | 9350000 | 600000 | 17200000 | 1000000 | 10170000 | 600000 | 36720000 | 2200000 |

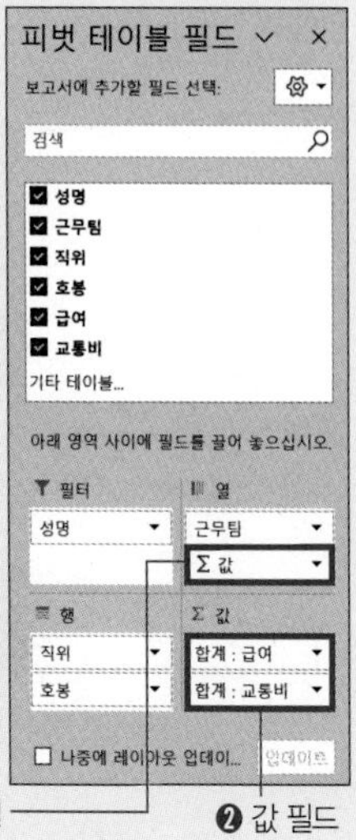


### ❶ 필터 필드

- 필터 영역에는 값 영역에 페이지별로 구분하여 나타낼 필드들이 들어 있으며, 모두 나타내거나 특정 필드만 나타낼 수 있다.
- 필터 필드 단추를 클릭하여 표시할 필드를 선택할 수 있다.

### ❷ 값 필드

- 데이터가 들어 있는 원본 목록으로, 분석할 대상을 나타낸다.
- 일반적으로 값 필드는 숫자 형식의 필드를 사용하여 평균, 개수, 최대값 등을 구하지만 개수를 구할 때는 문자 형식의 필드도 사용된다.
- 값 영역에 두 개 이상의 필드를 지정하면 열 영역 또는 행 영역에 값(Σ) 필드가 생성되는데, 이 필드가 열 영역과 행 영역 중 놓이는 위치에 따라 값 영역에 추가된 필드의 표시 방향이 달라진다.*

### ❸ 행 레이블(필드 머리글) / ❹ 열 레이블(필드 머리글)

- 피벗 테이블에서 열 영역/행 영역에 지정된 필드 이름이다.
- 열 레이블/행 레이블 단추를 클릭하여 표시할 필드를 선택할 수 있다.

### ❺ 값 영역

- 분석 · 요약한 데이터가 표시되는 곳이다.
- 행 영역에 지정한 필드는 하나의 열에 모두 표시되고, 열 영역에 지정한 필드는 하나의 행에 모두 표시된다.
- 행 영역이나 열 영역에 표시된 데이터는 수정할 수 있으나 값 영역에 표시된 데이터는 수정할 수 없다.

**전문가의 조언**

완성된 피벗 테이블에 대해 잘못된 설명을 고르는 문제가 출제됩니다. 피벗 테이블의 각 구성 요소의 위치와 특징을 알아두세요.

**값(Σ) 필드가 열 영역에 있을 경우**

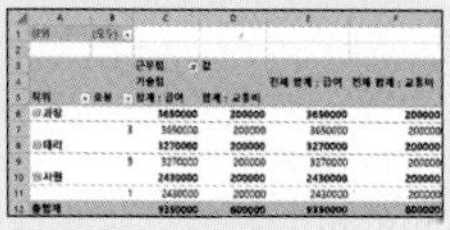

**값(Σ) 필드가 행 영역에 있을 경우**

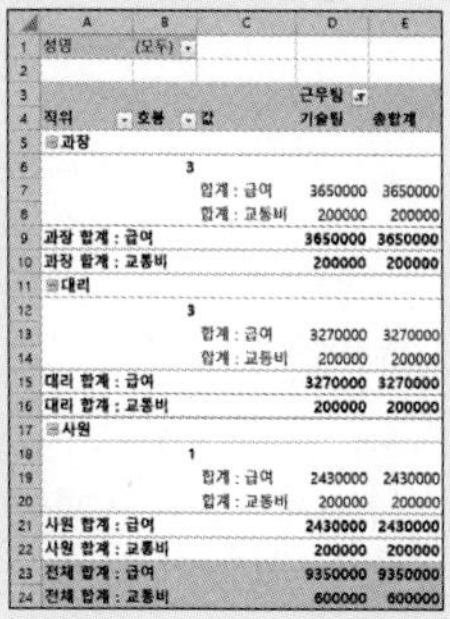

20.1, 06.1, 05.3, 05.2, 2급 12.1

## 잠깐만요 피벗 테이블 옵션

1210131

작성된 피벗 테이블의 임의의 셀을 클릭한 후 [피벗 테이블 분석] → [피벗 테이블] → [옵션]을 클릭하거나 바로 가기 메뉴에서 [피벗 테이블 옵션]을 선택하면 표시됩니다. '피벗 테이블 옵션' 대화상자를 이용하여 피벗 테이블에 대한 다양한 내용을 설정할 수 있습니다.

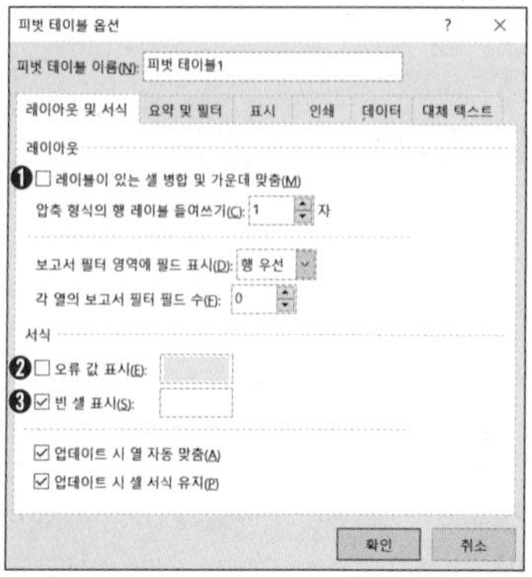


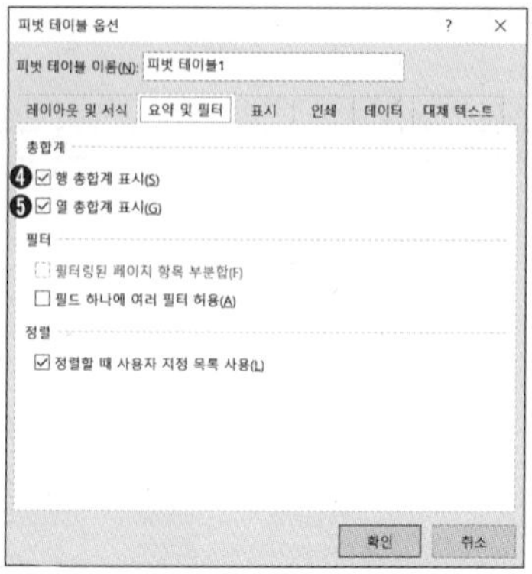


❶ **레이블이 있는 셀 병합 및 가운데 맞춤** : 항목을 가로와 세로에 대해 가운데로 맞출 수 있도록 바깥쪽 행 및 열 항목의 셀을 병합한다.
❷ **오류 값 표시** : 셀에 오류 메시지 대신 표시할 텍스트를 지정한다.
❸ **빈 셀 표시** : 빈 셀 대신 셀에 표시할 텍스트를 지정한다.
❹ **행 총합계 표시** : 행의 총 합계를 표시한다.
❺ **열 총합계 표시** : 열의 총 합계를 표시한다.

22.2, 19.2, 18.상시, 09.4, 08.2, 07.3, 06.2, 04.1

## 4 피벗 테이블의 그룹화

1210107

- 그룹화는 특정 필드를 일정한 단위로 묶어 표현할 때 사용하는 것으로, 문자, 숫자, 날짜, 시간 등 모든 필드에서 사용할 수 있다.
- **숫자, 날짜, 시간 데이터 그룹 지정하기*** : 그룹을 지정할 필드의 바로 가기 메뉴에서 [그룹]을 선택하고, '그룹화' 대화상자에서 시작, 끝, 단위를 지정한다.

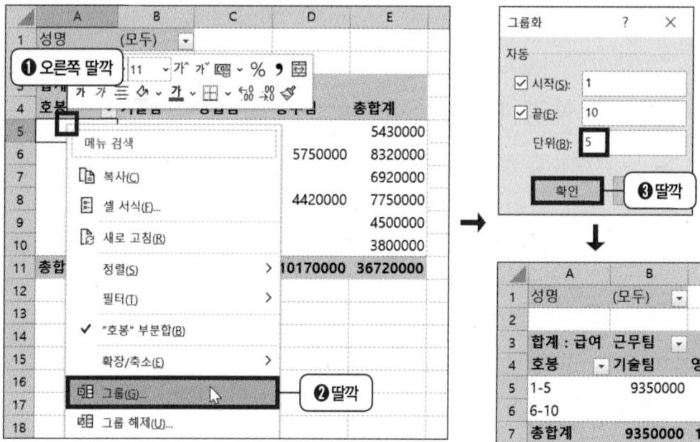


| | A | B | C | D | E |
|---|---|---|---|---|---|
| 1 | 성명 | (모두) | | | |
| 2 | | | | | |
| 3 | 합계 : 급여 | 근무팀 | | | |
| 4 | 호봉 | 기술팀 | 영업팀 | 총무팀 | 총합계 |
| 5 | 1-5 | 9350000 | 13400000 | 10170000 | 32920000 |
| 6 | 6-10 | | 3800000 | | 3800000 |
| 7 | 총합계 | 9350000 | 17200000 | 10170000 | 36720000 |
| 8 | | | | | |

**전문가의 조언**

데이터 형식에 따른 그룹 지정 방법을 알아두세요.

**그룹을 설정하는 다른 방법!**
그룹을 설정할 영역으로 셀 포인터를 놓은 후 [피벗 테이블 분석] → [그룹] → [선택 항목 그룹화]를 클릭하여 설정해도 됩니다.

**그룹 해제하기**
그룹으로 설정된 영역의 바로 가기 메뉴 중 [그룹 해제] 또는 [피벗 테이블 분석] → [그룹] → [그룹 해제]를 클릭하면 됩니다.

- **문자 데이터 그룹 지정하기** : 그룹 지정할 영역(A5:A7)을 블록으로 지정한 후 바로 가기 메뉴에서 [그룹]을 선택하고, 그룹명을 변경한다.

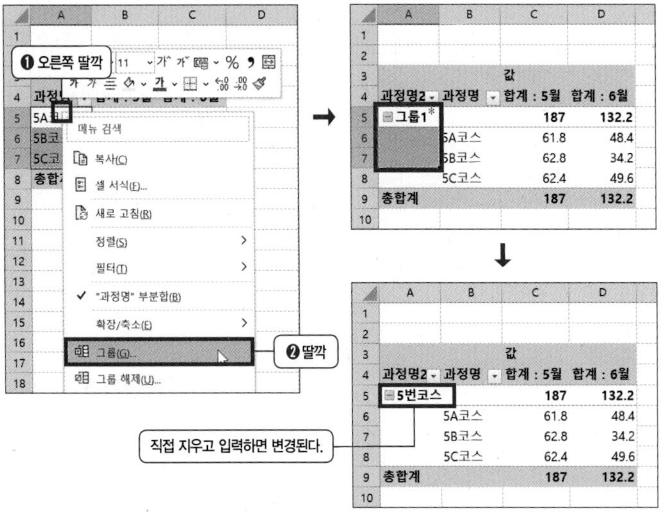


**그룹1**
문자 필드에 그룹 만들기를 실행하면 자동으로 그룹1, 그룹2, …와 같은 그룹 이름이 자동으로 부여됩니다.

문제1 1210151

## 따라잡기 기출문제 따라잡기

22년 6회, 21년 4회, 18년 2회

**1. 다음 중 피벗 테이블 보고서와 피벗 차트 보고서에 대한 설명으로 옳지 않은 것은?**

① 피벗 테이블 보고서에서는 값 영역에 표시된 데이터 일부를 삭제하거나 추가할 수 없다.

② 피벗 차트 보고서를 만들 때마다 동일한 데이터로 관련된 피벗 테이블 보고서가 자동으로 생성된다.

③ 피벗 차트 보고서는 분산형, 주식형, 거품형 등 다양한 차트 종류로 변경할 수 있다.

④ 행 또는 열 레이블에서의 데이터 정렬은 수동(항목을 끌어 다시 정렬), 오름차순, 내림차순 중 선택할 수 있다.

분산형, 거품형, 주식형의 차트 모양으로 피벗 차트 보고서를 만들 수 없습니다.

22년 2회, 09년 4회, 07년 3회

**2. 다음 중 피벗 테이블 필드의 그룹 설정에 대한 설명으로 옳지 않은 것은?**

① 그룹 만들기는 특정 필드를 일정한 단위로 묶어 표현할 때 사용하는 것으로 문자, 숫자, 날짜, 시간으로 된 필드에서 사용할 수 있다.

② 숫자 필드일 경우에는 '그룹화' 대화상자에서 시작, 끝, 단위를 지정해야 한다.

③ 문자 필드일 경우에는 '그룹화' 대화상자에서 그룹 이름을 반드시 지정해 주어야 한다.

④ 그룹을 해제하려면 그룹으로 설정된 영역의 바로 가기 메뉴에서 [그룹 해제]를 선택하여 실행할 수 있다.

피벗 테이블에서 문자 필드일 경우 그룹 이름은 '그룹화' 대화상자에서 지정하는 것이 아니라 피벗 테이블 화면에서 해당 그룹 이름을 직접 선택한 후 변경해야 합니다.

24년 3회, 22년 7회, 21년 4회

**3. 아래 워크시트에서 [B13:D14] 영역에는 함수를 이용하여 직책별 부서별 목표액의 합계를 계산하였다. 함수가 아닌 분석 도구를 이용하여 계산할 경우 가장 알맞은 도구는?**

| | A | B | C | D |
|---|---|---|---|---|
| 1 | 이름 | 직책 | 부서 | 목표액 |
| 2 | 김사원 | 사원 | 영업부 | 35,200 |
| 3 | 김흥부 | 사원 | 인사부 | 12,500 |
| 4 | 노지심 | 부장 | 영업부 | 101,200 |
| 5 | 송치윤 | 부장 | 인사부 | 62,533 |
| 6 | 이관우 | 사원 | 총무부 | 32,560 |
| 7 | 이봉주 | 부장 | 영업부 | 64,250 |
| 8 | 이수진 | 부장 | 총무부 | 45,850 |
| 9 | 이양양 | 사원 | 인사부 | 90,400 |
| 10 | 이인상 | 부장 | 영업부 | 54,000 |
| 11 | | | | |
| 12 | | 영업부 | 인사부 | 총무부 |
| 13 | 부장 | 219,450 | 62,533 | 45,850 |
| 14 | 사원 | 35,200 | 102,900 | 32,560 |

① 목표값 찾기　　② 통합
③ 피벗 테이블　　④ 시나리오

피벗 테이블을 이용하여 직책별 부서별 목표액의 합계를 작성하면 다음과 같습니다.

| 합계 : 목표액 | 부서 | | |
|---|---|---|---|
| 직책 | 영업부 | 인사부 | 총무부 |
| 부장 | 219,450 | 62,533 | 45,850 |
| 사원 | 35,200 | 102,900 | 32,560 |

▶ **정답** : 1. ③ 2. ③ 3. ③

문제5 3211555

23년 5회, 22년 5회, 20년 2회, 14년 1회

**4. 다음 중 피벗 테이블에 대한 설명으로 옳지 않은 것은?**

① 원본 데이터가 변경되면 피벗 테이블의 데이터도 자동으로 변경된다.

② 외부 데이터를 대상으로 피벗 테이블을 작성할 수 있다.

③ 피벗 테이블을 작성한 후에 사용자가 새로운 수식을 추가하여 표시할 수 있다.

④ 많의 양의 자료를 분석하여 다양한 형태로 요약하여 보여주는 기능이다.

피벗 테이블의 원본 데이터를 수정해도 피벗 테이블에 자동으로 반영되지 않습니다. 원본 데이터의 수정사항을 피벗 테이블에 반영하려면 [피벗 테이블 분석] → [데이터] → [새로 고침]을 실행해야 합니다.

24년 1회, 21년 4회, 3회

**5. 다음의 피벗 테이블에 대한 설명으로 옳지 않은 것은?**

| | A | B | C | D | E | F |
|---|---|---|---|---|---|---|
| 1 | 모집구분 (모두) | | | | | |
| 2 | | | | | | |
| 3 | | | 단과대학 | | | |
| 4 | 성별 | 값 | 공과대학 | 사범대학 | 인문대학 | 자연과학대학 |
| 5 | 남 | | | | | |
| 6 | | 평균 : 영어 | 80 | 75 | 70 | 99 |
| 7 | | 평균 : 국어 | 72 | 98 | 75 | 74 |
| 8 | 여 | | | | | |
| 9 | | 평균 : 영어 | 83 | 79 | 85 | 87.5 |
| 10 | | 평균 : 국어 | 83 | 97 | 79 | 90.5 |
| 11 | 전체 평균 : 영어 | | 81 | 77 | 77 | 93.25 |
| 12 | 전체 평균 : 국어 | | 78 | 97 | 77 | 82.25 |
| 13 | | | | | | |

① 피벗 차트를 추가하면 열 레이블에 표시된 항목은 범례(계열)로 표시된다.

② 값 영역에 2개의 필드를 지정하여 생긴 Σ 값 필드가 행 영역에 표시되어 있다.

③ 열의 총합계만 표시되어 있다.

④ 피벗 테이블이 선택된 상태에서 [삽입] → [차트] 그룹에서 세로 막대형 차트를 추가하면 Chart 시트에 피벗 차트가 작성된다.

피벗 테이블이 선택된 상태에서 [삽입] → [차트] 그룹에서 세로 막대형 차트를 추가하면 피벗 테이블이 작성된 시트에 피벗 차트가 삽입됩니다.

① 피벗 차트를 작성하면 피벗 테이블 보고서의 열 영역에 표시된 '단과대학'이 피벗 차트의 범례로 표시됩니다.

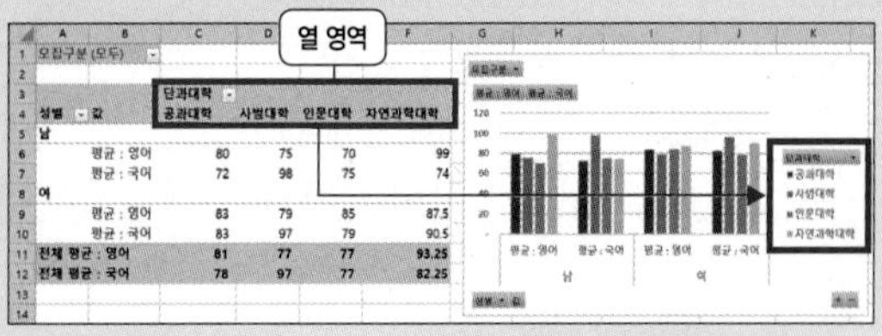


② • Σ 값 필드가 열 영역에 있는 경우

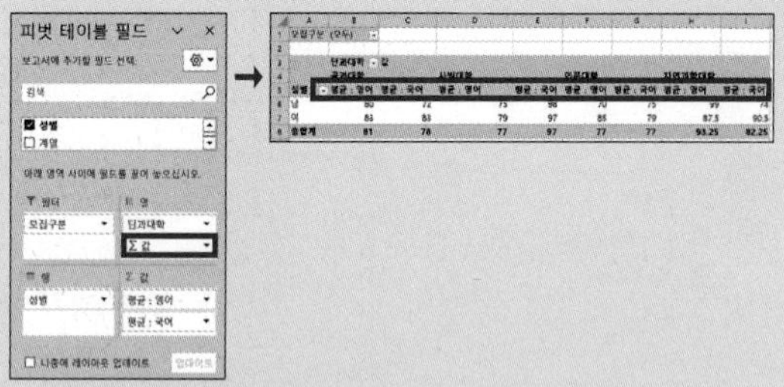


• Σ 값 필드가 행 영역에 있는 경우

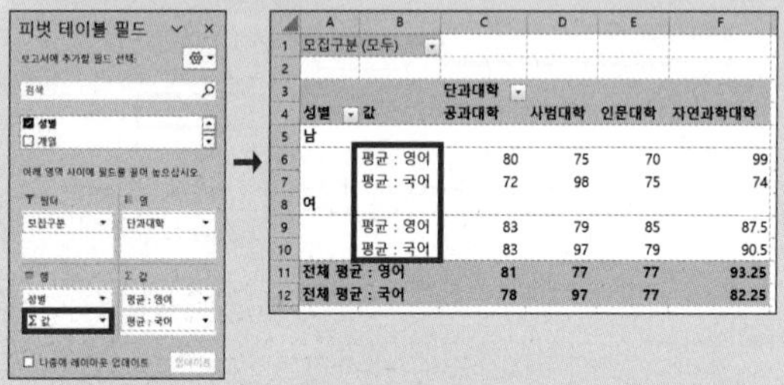


| | A | B | C | D | E | F |
|---|---|---|---|---|---|---|
| 1 | 모집구분 (모두) | | | | | |
| 2 | | | | | | |
| 3 | | | 단과대학 | | | |
| 4 | 성별 | 값 | 공과대학 | 사범대학 | 인문대학 | 자연과학대학 |
| 5 | 남 | | | | | |
| 6 | | 평균 : 영어 | 80 | 75 | 70 | 99 |
| 7 | | 평균 : 국어 | 72 | 98 | 75 | 74 |
| 8 | 여 | | | | | |
| 9 | | 평균 : 영어 | 83 | 79 | 85 | 87.5 |
| 10 | | 평균 : 국어 | 83 | 97 | 79 | 90.5 |
| 11 | 전체 평균 : 영어 | | 81 | 77 | 77 | 93.25 |
| 12 | 전체 평균 : 국어 | | 78 | 97 | 77 | 82.25 |

③ • 열의 총합계만 있는 경우

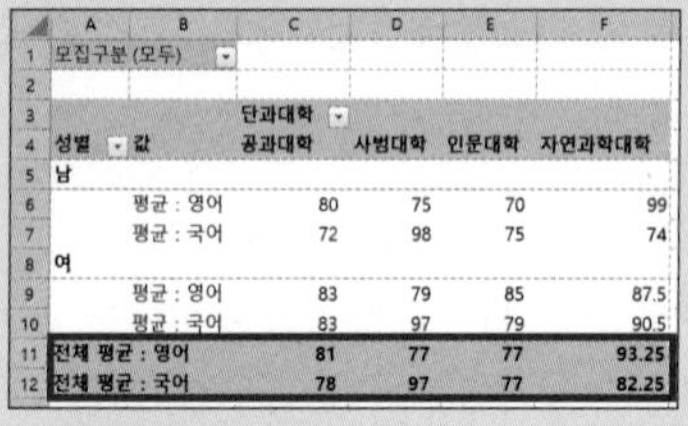

| | A | B | C | D | E | F |
|---|---|---|---|---|---|---|
| 1 | 모집구분 (모두) | | | | | |
| 2 | | | | | | |
| 3 | | | 단과대학 | | | |
| 4 | 성별 | 값 | 공과대학 | 사범대학 | 인문대학 | 자연과학대학 |
| 5 | 남 | | | | | |
| 6 | | 평균 : 영어 | 80 | 75 | 70 | 99 |
| 7 | | 평균 : 국어 | 72 | 98 | 75 | 74 |
| 8 | 여 | | | | | |
| 9 | | 평균 : 영어 | 83 | 79 | 85 | 87.5 |
| 10 | | 평균 : 국어 | 83 | 97 | 79 | 90.5 |
| 11 | 전체 평균 : 영어 | | 81 | 77 | 77 | 93.25 |
| 12 | 전체 평균 : 국어 | | 78 | 97 | 77 | 82.25 |

• 행의 총합계만 있는 경우

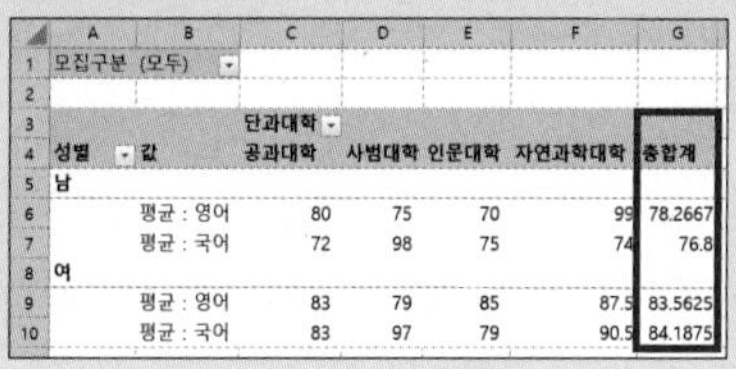

| | A | B | C | D | E | F | G |
|---|---|---|---|---|---|---|---|
| 1 | 모집구분 (모두) | | | | | | |
| 2 | | | | | | | |
| 3 | | | 단과대학 | | | | |
| 4 | 성별 | 값 | 공과대학 | 사범대학 | 인문대학 | 자연과학대학 | 총합계 |
| 5 | 남 | | | | | | |
| 6 | | 평균 : 영어 | 80 | 75 | 70 | 99 | 78.2667 |
| 7 | | 평균 : 국어 | 72 | 98 | 75 | 74 | 76.8 |
| 8 | 여 | | | | | | |
| 9 | | 평균 : 영어 | 83 | 79 | 85 | 87.5 | 83.5625 |
| 10 | | 평균 : 국어 | 83 | 97 | 79 | 90.5 | 84.1875 |

## 따라잡기 기출문제 따라잡기

21년 2회, 19년 1회

**6. 다음 중 아래의 피벗 테이블에 대한 설명으로 옳지 않는 것은?**

| | A | B | C | D |
|---|---|---|---|---|
| 1 | 구분 | (모두) | | |
| 2 | 차종 | (모두) | | |
| 3 | | | | |
| 4 | 합계 : 통근거리 | | 부서 | |
| 5 | 이름 | 입사 | 영업부 | 총무부 |
| 6 | 김연희 | | 16 | |
| 7 | | 1991 | 16 | |
| 8 | 박은지 | | 24 | |
| 9 | | 1996 | 24 | |
| 10 | 배철수 | | | 24 |
| 11 | | 1991 | | 24 |
| 12 | 이지원 | | | 25 |
| 13 | | 1995 | | 25 |
| 14 | 총합계 | | 40 | 49 |

① 필터로 사용된 필드는 '구분'과 '차종'이다.
② 행 영역에 사용된 필드는 '이름'과 '입사'이다.
③ 이지원은 '총무부'이며 통근거리는 '25'이다.
④ 값 영역에 사용된 필드는 '부서'이다.

값 영역에 사용된 필드는 '통근거리'입니다. '부서' 필드는 열 레이블로 사용되었습니다.

23년 2회

**7. 다음 엑셀 목록을 이용하여 피벗 테이블을 작성하였다. 다음 완성된 피벗 테이블에 대한 설명으로 옳지 않은 것은?**

| | A | B | C | D |
|---|---|---|---|---|
| 1 | 판매일자 | 분류 | 품목 | 가격 |
| 2 | 2022-01-04 | 상의 | 블라우스 | 620,000 |
| 3 | 2022-07-14 | 모자 | 비니모자 | 814,000 |
| 4 | 2022-07-19 | 상의 | 면바지 | 794,000 |
| 5 | 2022-05-08 | 상의 | 청바지 | 750,000 |

| | A | B | C | D | E |
|---|---|---|---|---|---|
| 1 | | | | | |
| 2 | 평균 : 가격 | | 분류 | | |
| 3 | 분기 | 판매일자 | 모자 | 상의 | 총합계 |
| 4 | 1사분기 | 1월 | | 620,000 | 620,000 |
| 5 | | 3월 | | 926,000 | 926,000 |
| 6 | 1사분기 요약 | | | 773,000 | 773,000 |
| 7 | 2사분기 | 4월 | | 786,000 | 786,000 |
| 8 | | 5월 | | 848,500 | 848,500 |
| 9 | 2사분기 요약 | | | 827,667 | 827,667 |
| 10 | 3사분기 | 7월 | 851,000 | 794,000 | 832,000 |
| 11 | | 8월 | 706,000 | | 706,000 |
| 12 | | 9월 | 761,000 | | 761,000 |
| 13 | 3사분기 요약 | | 792,250 | 794,000 | 792,600 |
| 14 | 4사분기 | 10월 | | 481,000 | 481,000 |
| 15 | | 11월 | | 833,000 | 833,000 |
| 16 | | 12월 | 632,000 | 702,750 | 688,600 |
| 17 | 4사분기 요약 | | 632,000 | 687,500 | 679,571 |
| 18 | 총합계 | | 760,200 | 745,667 | 749,941 |

① '판매일자'를 이용하여 분기별, 월별 그룹을 설정하였다.
② 보고서 레이아웃을 개요 형식으로 표시하였다.
③ 필드 머리글을 표시하였다.
④ 피벗 테이블 옵션의 '레이블이 있는 셀 병합 및 가운데 맞춤'을 설정하였다.

문제에 제시된 피벗 테이블은 테이블 형식으로 작성되었습니다. 개요 형식으로 작성하면 다음과 같습니다.

| | A | B | C | D | E |
|---|---|---|---|---|---|
| 1 | | | | | |
| 2 | 평균 : 가격 | | 분류 | | |
| 3 | 분기 | 판매일자 | 모자 | 상의 | 총합계 |
| 4 | 1사분기 | | | 773,000 | 773,000 |
| 5 | | 1월 | | 620,000 | 620,000 |
| 6 | | 3월 | | 926,000 | 926,000 |
| 7 | 2사분기 | | | 827,667 | 827,667 |
| 8 | | 4월 | | 786,000 | 786,000 |
| 9 | | 5월 | | 848,500 | 848,500 |
| 10 | 3사분기 | | 792,250 | 794,000 | 792,600 |
| 11 | | 7월 | 851,000 | 794,000 | 832,000 |
| 12 | | 8월 | 706,000 | | 706,000 |
| 13 | | 9월 | 761,000 | | 761,000 |
| 14 | 4사분기 | | 632,000 | 687,500 | 679,571 |
| 15 | | 10월 | | 481,000 | 481,000 |
| 16 | | 11월 | | 833,000 | 833,000 |
| 17 | | 12월 | 632,000 | 702,750 | 688,600 |
| 18 | 총합계 | | 760,200 | 745,667 | 749,941 |

24년 2회, 23년 3회, 22년 3회

**8. 다음 중 아래와 같은 피벗 테이블을 작성하기 위한 작업으로 옳지 않은 것은?**

| | A | B | C | D | E |
|---|---|---|---|---|---|
| 1 | 성별 | (모두) | | | |
| 2 | 졸업자 | (모두) | | | |
| 3 | | | | | |
| 4 | 단과대학 | 학과 | 개수 : 진학자 | 개수 : 창업자 | 평균 : 취업률 |
| 5 | 사범대학 | | 8 | 7 | 65% |
| 6 | | 영어 교육과 | 2 | 2 | 79% |
| 7 | | 국어교육과 | 1 | 1 | 64% |
| 8 | | 교육학과 | 2 | 2 | 64% |
| 9 | | 수학교육과 | 3 | 2 | 55% |
| 10 | 사회과학대학 | | 9 | 10 | 60% |
| 11 | 인문대학 | | 9 | 8 | 62% |
| 12 | 총합계 | | 26 | 25 | 62% |

① 행에 단과대학과 학과를 표시하고, 단과대학에 필터를 적용했다.
② 필터에 성별과 졸업자가 표시되어 있다.
③ 확장/축소 단추와 부분합을 표시하지 않았다.
④ 학과는 취업률을 기준으로 내림차순 정렬되어 있다.

확장/축소 단추는 표시되지 않았지만 부분합은 표시되어 있습니다.

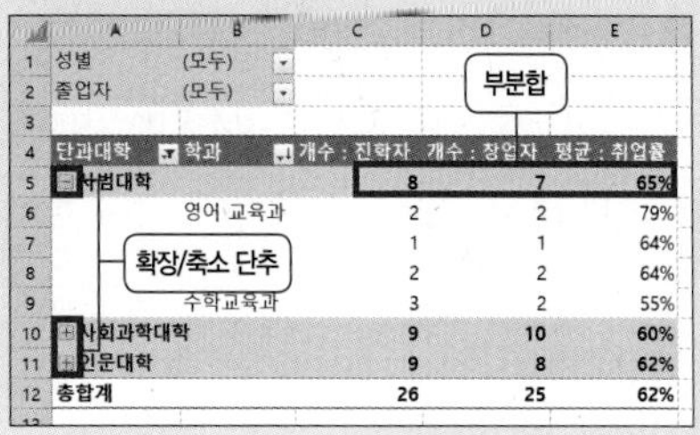


| | A | B | C | D | E |
|---|---|---|---|---|---|
| 1 | 성별 | (모두) | | | |
| 2 | 졸업자 | (모두) | | | |
| 3 | | | | | |
| 4 | 단과대학 | 학과 | 개수 : 진학자 | 개수 : 창업자 | 평균 : 취업률 |
| 5 | 사범대학 | | 8 | 7 | 65% |
| 6 | | 영어 교육과 | 2 | 2 | 79% |
| 7 | | | 1 | 1 | 64% |
| 8 | | | 2 | 2 | 64% |
| 9 | | 수학교육과 | 3 | 2 | 55% |
| 10 | 사회과학대학 | | 9 | 10 | 60% |
| 11 | 인문대학 | | 9 | 8 | 62% |
| 12 | 총합계 | | 26 | 25 | 62% |

▶ 정답 : 4. ① 5. ④ 6. ④ 7. ② 8. ③

SECTION 112

# 시나리오

A 등급

> **전문가의 조언**
> **중요해요!** 시나리오의 특징과 '시나리오 관리자' 대화상자의 각 버튼의 기능에 대한 문제가 출제되었습니다. 시나리오는 말 그대로 시나리오를 만들어 보는 것입니다. '컴퓨터 점수가 100점이라면 평균이 얼마가 될까? 영어 점수도 100점을 맞았다면 평균이 얼마가 됐을까?' 하는 것처럼 말입니다. 시나리오의 특징을 정리하고 '시나리오 관리자' 대화상자의 각 버튼은 직접 시나리오를 작성한 후 실행해 보면서 기억해 두세요.

23.4, 23.3, 22.7, 22.4, 22.3, 21.4, 21.3, 21.2, 21.1, 20.2, 20.1, 19.상시, 19.1, 17.1, 16.3, 14.3, 14.2, 13.1, 12.3, …

## 1 시나리오의 개요

3211601

시나리오는 다양한 상황과 변수에 따른 여러 가지 결과값의 변화를 가상의 상황을 통해 예측하여 분석하는 도구이다.

**실행** [데이터] → [예측] → [가상 분석] → [시나리오 관리자] 선택

### 특징

- 이자율, 손익 분기점, 주가 분석 등에 많이 사용된다.
- 시나리오를 작성하면 현재 작업하는 워크시트의 왼쪽에 새 워크시트를 삽입하고 그 시트에 시나리오 보고서를 표시한다.
- 여러 시나리오를 서로 비교하기 위해 시나리오를 피벗 테이블로 요약할 수 있다.
- 시나리오 병합을 통하여 다른 통합 문서나 다른 워크시트에 저장된 시나리오를 가져올 수 있다.
- '시나리오 관리자' 대화상자에서 시나리오를 삭제해도 이미 작성된 시나리오 요약 보고서는 삭제되지 않고, 반대로 시나리오 요약 보고서를 삭제해도 시나리오는 삭제되지 않는다.
- 시나리오가 작성된 원본 데이터를 변경해도 이미 작성된 시나리오 보고서에는 반영되지 않는다.
- '변경 셀'과 '결과 셀'에 이름을 지정한 후 시나리오 요약 보고서를 작성하면 셀 주소 대신 지정한 이름이 표시된다.

24.5, 22.7, 22.2, 19.1, 17.1, 15.1, 14.3, 12.1, 10.1, 07.3, 06.3, 04.4, 04.2, 03.4, 2급 24.5, 23.5, 23.4, 23.3, 21.3, …

## 2 시나리오 만들기

3211602

> **준비하세요**
> 'C:\길벗컴활1급필기\2과목\2과목.xlsm' 파일을 불러와 '섹션112' 시트에서 실습하세요.

**예제** 다음과 같은 데이터 목록 중 강현진의 컴퓨터 점수가 70으로 감소할 때와 100으로 증가할 때 변화하는 평균*을 계산하는 시나리오를 작성하시오.

| | A | B | C | D | E | F | G |
|---|---|---|---|---|---|---|---|
| 1 | 상반기 영어/컴퓨터 능력 시험 | | | | | | |
| 2 | | | | | | | |
| 3 | 번호 | 이름 | 소속부서 | 성별 | 영어 | 컴퓨터 | 평균 |
| 4 | 1 | 강현진 | 개발부 | 여 | 98 | 85 | 91.5 |
| 5 | 2 | 김기연 | 영업부 | 남 | 95 | 100 | 97.5 |
| 6 | 3 | 김철원 | 영업부 | 남 | 80 | 75 | 77.5 |
| 7 | 4 | 남동하 | 기술부 | 남 | 85 | 90 | 87.5 |
| 8 | 5 | 마동윤 | 영업부 | 여 | 100 | 100 | 100 |
| 9 | | | | | | | |

→

| | A | B | C | D | E | F |
|---|---|---|---|---|---|---|
| 1 | | | | | | |
| 2 | | 시나리오 요약 | | | | |
| 3 | | | | 현재 값: | 컴퓨터점수감소 | 컴퓨터점수증가 |
| 5 | | 변경 셀: | | | | |
| 6 | | | $F$4 | 85 | 70 | 100 |
| 7 | | 결과 셀: | | | | |
| 8 | | | $G$4 | 91.5 | 84 | 99 |
| 9 | | 참고: 현재 값 열은 시나리오 요약 보고서가 작성될 때의 | | | | |
| 10 | | 변경 셀 값을 나타냅니다. 각 시나리오의 변경 셀들은 | | | | |
| 11 | | 회색으로 표시됩니다. | | | | |
| 12 | | | | | | |

> '평균' 필드의 데이터는 '영어'와 '컴퓨터'를 참조하는 수식에 의해 입력되어야 합니다.

① [데이터] → [예측] → [가상 분석] → [시나리오 관리자]를 선택한다.

② '시나리오 관리자' 대화상자에서 〈추가〉를 클릭한다.

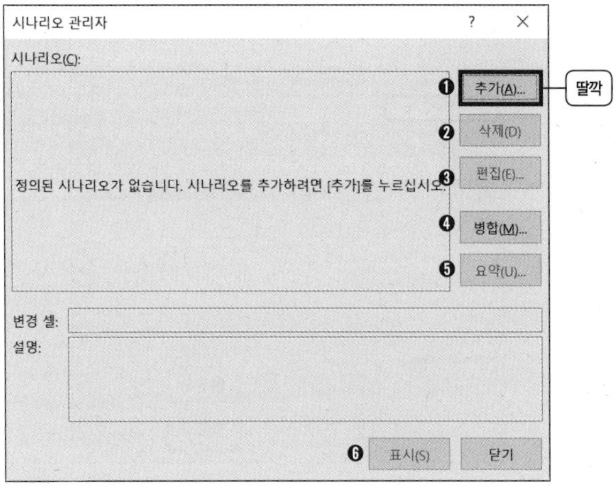


❶ **추가** : 시나리오 이름과 변경 셀을 입력할 수 있는 대화상자를 표시한다.
- 변경 셀에는 데이터를 변경할 셀의 범위를 지정한다.
- 하나의 시나리오에 최대 32개까지의 변경 셀을 지정할 수 있다.

❷ **삭제** : 선택한 시나리오를 삭제한다.

❸ **편집** : 선택한 시나리오를 변경할 수 있는 대화상자를 표시한다.

❹ **병합** : 다른 통합 문서나 워크시트에 저장된 시나리오를 가져와 병합한다.

❺ **요약** : 시나리오를 보고서로 작성한다.
- 보고서의 종류와 결과 셀을 지정한다.
- 보고서의 종류에는 '시나리오 요약'과 '시나리오 피벗 테이블 보고서'가 있다.
- 결과 셀에는 변경 셀을 참조하는 수식으로 입력되어 있는 셀을 반드시 지정해야 한다.

❻ **표시** : 선택한 시나리오 값을 워크시트에 표시한다.

③ '시나리오 추가' 대화상자에서 시나리오 이름에 **컴퓨터점수감소**를 입력하고, 변경 셀에 [F4] 셀을 지정한 후 〈확인〉을 클릭한다.

④ '시나리오 값' 대화상자에 70을 입력한 후 〈확인〉을 클릭한다.

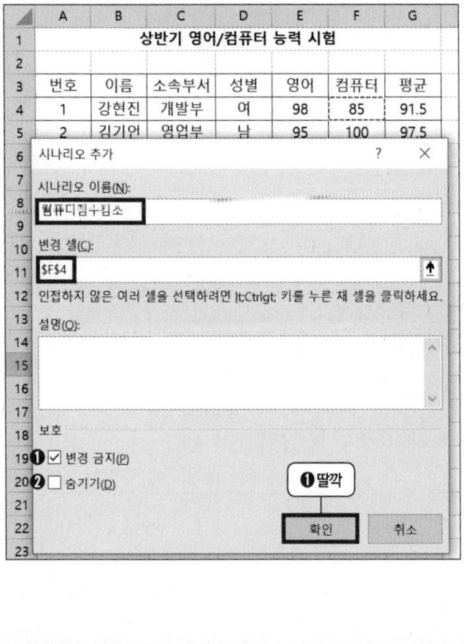


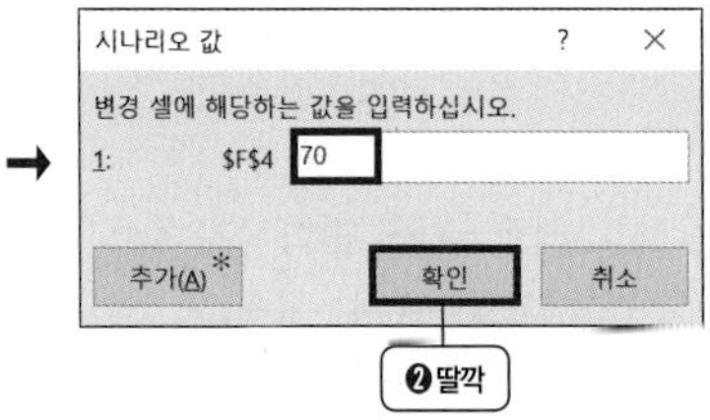


❶ **변경 금지** : 시나리오를 변경할 수 없도록 보호한다.

❷ **숨기기** : 시나리오를 숨긴다.

**시나리오 바로 추가하기**
'시나리오 값' 대화상자에서 〈추가〉를 클릭하면 시나리오가 입력되고, 새로운 시나리오를 바로 추가할 수 있도록 '시나리오 추가' 대화상자가 표시됩니다.

④ '시나리오 관리자' 대화상자의 시나리오에 '컴퓨터점수감소'가 추가된다. 〈추가〉를 클릭한 후 '시나리오 추가' 대화상자에서 시나리오 이름에 **컴퓨터점수증가**, 변경 셀에 [F4] 셀을 지정하고 〈확인〉을 클릭한다.

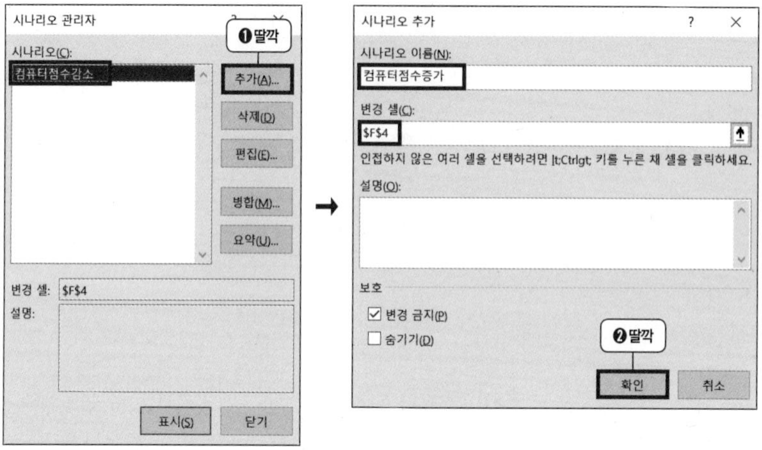


⑤ '시나리오 값' 대화상자에 **100**을 입력한 후 〈확인〉을 클릭한다.

⑥ '시나리오 관리자' 대화상자에서 〈요약〉을 클릭한다.

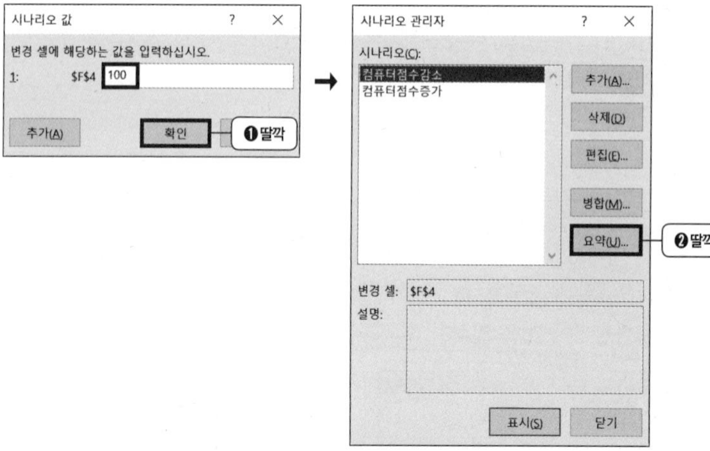


⑦ '시나리오 요약' 대화상자에서 '시나리오 요약'을 선택하고, 결과 셀에는 평균이 표시되어 있는 [G4] 셀을 지정한 후 〈확인〉을 클릭한다. 새로운 워크시트가 자동으로 만들어지며 작성된 시나리오가 표시된다.

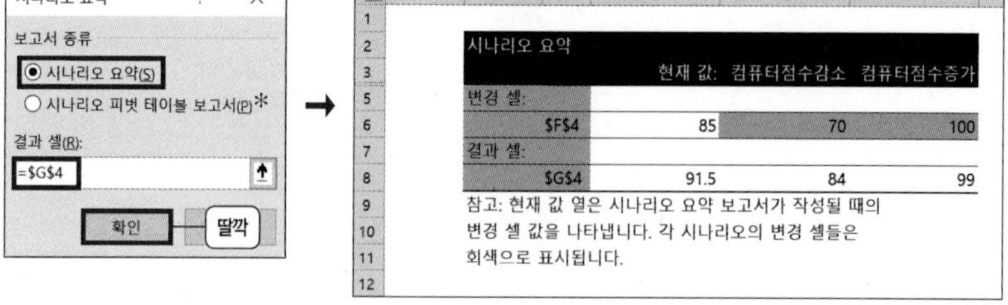


**시나리오 피벗 테이블 보고서**
시나리오 피벗 테이블 보고서를 선택한 경우에는 다음과 같이 시나리오가 작성됩니다.

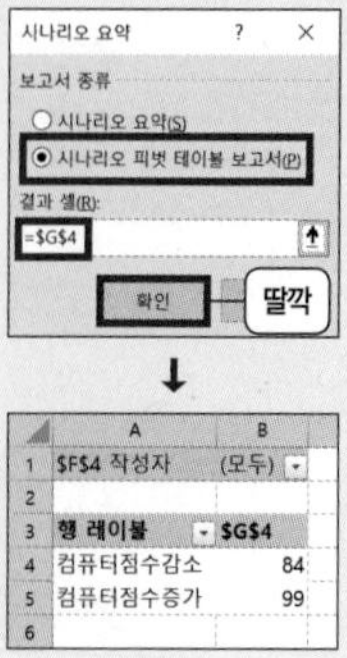

## 따라잡기 기출문제 따라잡기

23년 4회, 22년 4회, 21년 2회, 20년 1회

**1. 다음 중 시나리오에 대한 설명으로 옳지 않은 것은?**

① 시나리오 요약 보고서를 만들 때에는 결과 셀을 반드시 지정해야 하지만, 시나리오 피벗 테이블 보고서를 만들 때에는 결과 셀을 지정하지 않아도 된다.

② 여러 시나리오를 비교하여 하나의 테이블로 요약하는 보고서를 만들 수 있다.

③ 시나리오 요약 보고서를 생성하기 전에 변경 셀과 결과 셀에 이름을 정의하면 셀 참조 주소 대신 정의된 이름이 보고서에 표시된다.

④ 시나리오 요약 보고서는 자동으로 다시 갱신되지 않으므로 변경된 값을 요약 보고서에 표시하려면 새 요약 보고서를 만들어야 한다.

시나리오 요약 보고서나 시나리오 피벗 테이블 보고서를 만들 때에는 반드시 결과 셀을 지정해야 합니다.

23년 3회, 22년 3회, 21년 3회, 20년 2회

**2. 다음 중 아래 그림과 같은 시나리오 요약 보고서에 대한 설명으로 옳지 않은 것은?**

| 시나리오 요약 | | | | |
|---|---|---|---|---|
| | | 현재 값: | 호황 | 불황 |
| 변경 셀: | | | | |
| | 냉장고판매 | 2% | 4% | -2% |
| | 세탁기판매 | 3% | 6% | -3% |
| | $C$5 | 5% | 10% | -5% |
| 결과 셀: | | | | |
| | 예상판매금액 | 516,600,000 | 1,033,200,000 | - 516,600,000 |

① '호황'과 '불황' 두 개의 시나리오로 작성한 시나리오 요약 보고서는 새 워크시트에 표시된다.

② 원본 데이터에 '냉장고판매', '세탁기판매', '예상판매금액'으로 이름을 정의한 셀이 있다.

③ 원본 데이터에서 변경 셀의 현재 값을 수정하면 시나리오 요약 보고서가 자동으로 업데이트된다.

④ 시나리오 요약 보고서 내의 모든 내용은 수정 가능하며, 자동으로 설정된 개요도 지울 수 있다.

원본 데이터가 변경되어도 시나리오 요약 보고서는 자동으로 업데이트 되지 않으므로 시나리오 요약 보고서를 다시 작성해야 합니다.

22년 7회, 19년 1회, 09년 1회, 08년 1회

**3. 다음 중 시나리오에 대한 설명으로 옳지 않은 것은?**

① 시나리오는 별도의 파일로 저장하고 자동으로 바꿀 수 있는 값의 집합이다.

② 시나리오를 사용하여 워크시트 모델의 결과를 예측할 수 있다.

③ 여러 시나리오를 비교하기 위해 시나리오를 한 페이지의 피벗 테이블로 요약할 수 있다.

④ 시나리오 피벗 테이블 보고서에는 결과 셀이 반드시 있어야 한다.

시나리오는 별도의 파일로 저장되는 것이 아니라 별도의 시트에 작성됩니다.

24년 5회, 22년 2회

**4. 다음 중 [시나리오 추가] 대화상자에 대한 설명으로 옳지 않은 것은?**

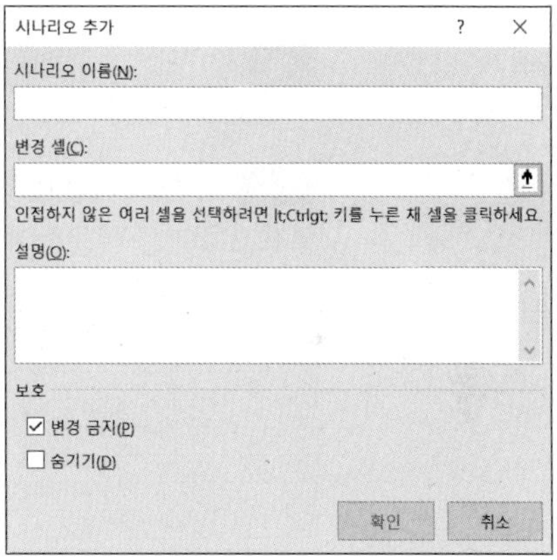


① [데이터] → [예측] → [가상 분석] → [시나리오 관리자] 대화상자에서 [추가] 단추를 클릭하면 표시되는 대화상자이다.

② '변경 셀'은 변경 요소가 되는 값의 그룹이며, 하나의 시나리오에 최대 32개까지 지정할 수 있다.

③ '설명'은 시나리오에 대한 추가적인 설명으로 반드시 입력할 필요는 없다.

④ 보호된 시트에 시나리오가 추가되지 않도록 하려면 '변경 금지'를 선택한다.

'시나리오 추가' 대화상자의 '변경 금지'를 선택하면 작성한 시나리오를 변경할 수 없습니다.

▶ **정답** : 1. ① 2. ③ 3. ① 4. ④

SECTION 113

# 목표값 찾기

C 등급

전문가의 조언

목표값 찾기에서 사용되는 대화상자에 대해 정확히 알아두세요. 목표값 찾기는 시나리오와 반대 개념입니다. 시나리오는 '컴퓨터 점수를 100점 맞았다면 평균이 얼마일까?'를 계산하는 반면, 목표값 찾기는 '평균이 91점이 되려면 컴퓨터 점수는 몇 점을 맞아야 하나?'를 계산하는 도구입니다.

궁금해요 시나공 Q&A 베스트

**Q 하나의 입력값만 변경할 수 있나요?**

**A** 여러 개의 입력값을 변경하려면 '해 찾기'를 이용해야 합니다. 해 찾기는 목표값 찾기와 같은 기능이지만, 주어진 결과값에 대해 여러 개의 입력값을 변경할 수 있습니다. 입력값을 변경하여 결과값의 최대 · 최소값도 구할 수 있습니다.

준비하세요

'C:\길벗컴활1급필기\2과목\2과목.xlsm' 파일을 불러와 '섹션113' 시트에서 실습하세요.

18.상시, 17.2, 15.1, 12.2, 08.4, 08.2, 07.1, 06.4, 2급 24.4, 23.3, 22.3, 21.4, 21.2, 20.2, 18.2, 18.1, 17.2, 16.3, 13.2, 12.3, …

## 1 목표값 찾기의 개요

3211701

목표값 찾기는 수식에서 원하는 결과(목표)값은 알고 있지만 그 결과값을 계산하기 위해 필요한 입력값을 모를 경우에 사용하는 도구이다.

**실행** [데이터] → [예측] → [가상 분석] → [목표값 찾기] 선택

### 특징

- 목표값 찾기는 주어진 결과값에 대해 하나의 입력값만 변경*할 수 있다.
- 결과값은 입력값을 참조하는 수식으로 작성되어야 한다.
- 목표값은 사용자가 원하는 데이터를 직접 입력해야 한다.

24.1, 21.4, 21.3, 17.2, 16.1, 15.1, 11.3, 09.2, 08.3, 05.1, 04.1, 03.4, 03.2, 02.3, 2급 24.1, 23.1, 21.2, 20.2, 18.2, 18.1, 17.2, …

## 2 목표값 찾기

3211702

**예제** 다음 데이터 목록에서 '김철원' 사원의 평균이 80이 되기 위한 영어점수의 값을 목표값 찾기를 이용하여 계산하시오.

| | A | B | C | D | E | F | G |
|---|---|---|---|---|---|---|---|
| 1 | 상반기 영어/컴퓨터 능력 시험 | | | | | | |
| 2 | | | | | | | |
| 3 | 번호 | 이름 | 소속부서 | 성별 | 영어 | 컴퓨터 | 평균 |
| 4 | 1 | 강현진 | 개발부 | 여 | 98 | 85 | 91.5 |
| 5 | 2 | 김기언 | 영업부 | 남 | 95 | 100 | 97.5 |
| 6 | 3 | 김철원 | 영업부 | 남 | 80 | 75 | 77.5 |
| 7 | 4 | 남동하 | 기술부 | 남 | 85 | 90 | 87.5 |
| 8 | 5 | 마동윤 | 영업부 | 여 | 100 | 100 | 100 |

→

| | A | B | C | D | E | F | G |
|---|---|---|---|---|---|---|---|
| 1 | 상반기 영어/컴퓨터 능력 시험 | | | | | | |
| 2 | | | | | | | |
| 3 | 번호 | 이름 | 소속부서 | 성별 | 영어 | 컴퓨터 | 평균 |
| 4 | 1 | 강현진 | 개발부 | 여 | 98 | 85 | 91.5 |
| 5 | 2 | 김기언 | 영업부 | 남 | 95 | 100 | 97.5 |
| 6 | 3 | 김철원 | 영업부 | 남 | 85 | 75 | 80 |
| 7 | 4 | 남동하 | 기술부 | 남 | 85 | 90 | 87.5 |
| 8 | 5 | 마동윤 | 영업부 | 여 | 100 | 100 | 100 |

① [데이터] → [예측] → [가상 분석] → [목표값 찾기]를 선택한다.

② '목표값 찾기' 대화상자의 수식 셀에 G6, 찾는 값에 80, 값을 바꿀 셀에 E6을 입력한 후 〈확인〉을 클릭한다.

| | A | B | C | D | E | F | G |
|---|---|---|---|---|---|---|---|
| 1 | 상반기 영어/컴퓨터 능력 시험 | | | | | | |
| 2 | | | | | | | |
| 3 | 번호 | 이름 | 소속부서 | 성별 | 영어 | 컴퓨터 | 평균 |
| 4 | 1 | 강현진 | 개발부 | 여 | 98 | 85 | 91.5 |
| 5 | 2 | 김기언 | 영업부 | 남 | 95 | 100 | 97.5 |
| 6 | 3 | 김철원 | 영업부 | 남 | 80 | 75 | 77.5 |
| 7 | 4 | 남동하 | 기술부 | 남 | 85 | 90 | 87.5 |
| 8 | 5 | 마동윤 | 영업부 | 여 | 100 | 100 | 100 |

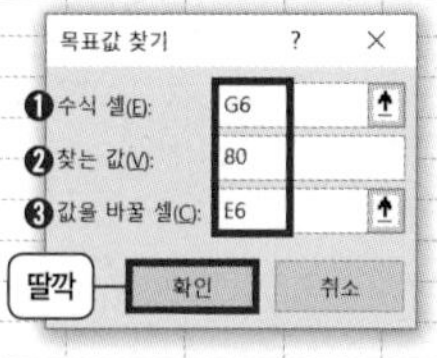


**❶ 수식 셀**
- 결과값이 표시되는 셀 주소로, 해당 셀에는 반드시 수식이 있어야 한다.
- 여기서는 평균이 있는 주소(G6)이다.

**❷ 찾는 값**
- 목표로 하는 값을 직접 입력한다.
- 여기서는 평균 점수 80이 목표 값이다.

**❸ 값을 바꿀 셀**
- 목표값을 만들기 위해 변경될 값이 들어 있는 셀 주소이다.
- 여기서는 영어 점수가 있는 주소(E6)이다.

③ 목표값이 표시된 '목표값 찾기 상태' 대화상자가 나타나면 〈확인〉을 클릭한다.

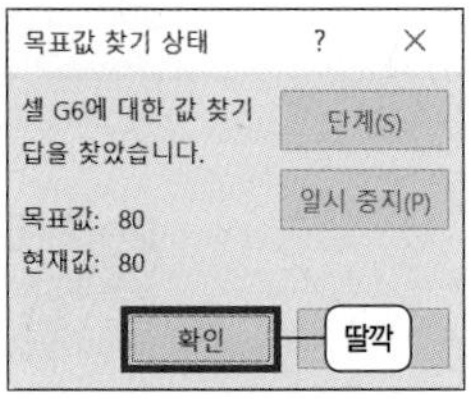


## 따라잡기 기출문제 따라잡기

문제1 3211751

24년 1회, 21년 4회, 3회, 16년 1회, 05년 1회, 03년 2회, 02년 3회

**1. 다음 중 아래 그림과 같이 목표값 찾기를 지정했을 때의 설명으로 옳은 것은?**

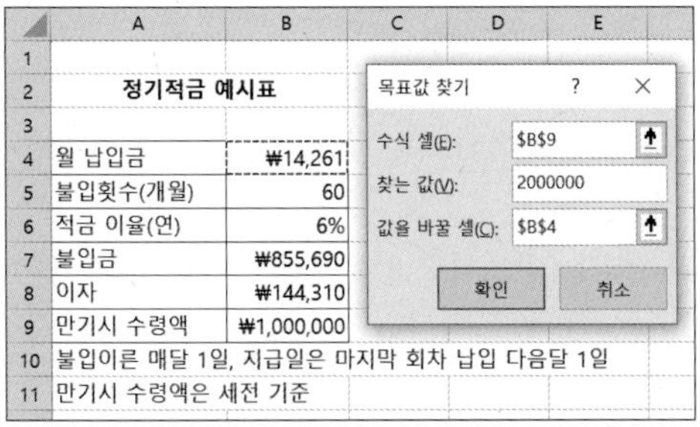


① 만기시 수령액이 2,000,000원이 되려면 월 납입금은 얼마가 되어야 하는가?

② 만기시 수령액이 2,000,000원이 되려면 적금 이율(연)이 얼마가 되어야 하는가?

③ 불입금이 2,000,000원이 되려면 만기시 수령액은 얼마가 되어야 하는가?

④ 월 납입금이 2,000,000원이 되려면 만기시 수령액은 얼마가 되어야 하는가?

그림은 만기시 수령액(B9)이 2,000,000원이 되려면 월 납입금(B4)이 얼마가 되어야 하는지를 구하는 목표값 찾기입니다.

17년 2회, 11년 3회, 08년 2회, 06년 4회

**2. 다음 중 [목표값 찾기] 대화상자에 대한 설명으로 옳지 않은 것은?**

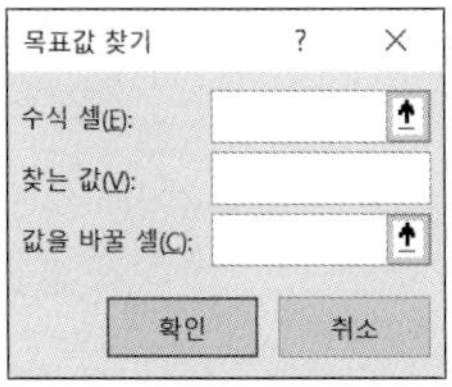


① '수식 셀' 상자에 목표값 찾기에 의해 변경되는 셀 주소를 입력한다.

② '찾는 값' 상자에 원하는 수식이 있는 셀 주소를 입력한다.

③ '값을 바꿀 셀' 상자에 조정할 값이 있는 셀 주소를 입력한다.

④ 목표값 찾기는 하나의 변수 입력 값만 사용된다.

'찾는 값' 상자에는 셀 주소를 지정할 수 없습니다. 목표로 하는 값을 직접 입력해야 합니다.

15년 1회, 09년 2회, 08년 3회, 04년 1회, 03년 4회

**3. 아래의 워크시트에서 전체 평균 셀[E5]의 값이 85가 되도록 '이대한'의 1월 값 [B3] 셀을 변경하고자 한다. 다음 중 [목표값 찾기] 기능 실행을 위한 수식 셀, 찾는 값, 값을 바꿀 셀의 지정이 순서대로 옳게 나열된 것은?**

| | A | B | C | D | E |
|---|---|---|---|---|---|
| 1 | 이름 | 1월 | 2월 | 3월 | 평균 |
| 2 | 홍길동 | 83 | 90 | 73 | 82.0 |
| 3 | 이대한 | 65 | 87 | 91 | 81.0 |
| 4 | 한민국 | 80 | 75 | 100 | 85.0 |
| 5 | 평균 | 76.0 | 84.0 | 88.0 | 82.7 |

① $B$3, 85, $E$5　② $E$5, 85, $B$3
③ $E$5, $E$4, $B$3　④ $B$3, $E$4, $E$5

[목표값 찾기] 대화상자에서 수식 셀은 E5, 찾는 값은 85, 값을 바꿀 셀은 B3 셀로 지정하면 됩니다.

08년 2회, 06년 4회

**4. 다음 중 목표값 찾기 기능에 대한 설명으로 옳지 않은 것은?**

① 목표값 찾기는 특정한 결과를 얻기 위해 데이터가 어떻게 변하는지 알아보는 기능이다.

② 목표값 찾기에서 변하는 데이터를 여러 개 지정할 수 있다.

③ 목표값은 사용자가 원하는 데이터를 입력해야 한다.

④ 목표값은 사용자가 원하는 데이터의 셀 주소를 입력할 수 없다.

목표값 찾기에서는 변하는 데이터를 하나만 지정할 수 있습니다.

▶ **정답** : 1. ①　2. ②　3. ②　4. ②

# 데이터 표

B 등급

## 1 데이터 표의 개요

24.2, 22.6, 22.1, 21.4, 21.3, 21.2, 18.상시, 18.2, 15.2, 15.1, 13.3, 13.2, 11.3, 11.2, 10.3, 10.2, 07.1, 06.2, …

3211801

데이터 표는 특정 값의 변화에 따른 결과값의 변화 과정을 표의 형태로 표시해 주는 도구이다.

**실행** [데이터] → [예측] → [가상 분석] → [데이터 표] 선택

### 특징

- 데이터 표는 지정한 특정 값의 수에 따라 단일 표와 이중 표로 구분한다.
- 데이터 표의 결과값은 반드시 변화하는 특정 값을 포함한 수식으로 작성되어야 한다.
- 변화하는 값과 수식이 입력된 부분을 모두 포함되도록 범위를 설정한 후 데이터 표를 실행한다.
- 데이터 표 기능을 이용하여 계산된 결과는 참조하고 있는 셀의 데이터가 수정되면 자동으로 갱신된다.
- 데이터 표의 결과는 일부분만을 수정할 수 없다.

**전문가의 조언**

데이터 표에 대한 문제가 종종 출제되고 있습니다. 데이터 표를 직접 작성해 보면서 특징을 정리하고, '데이터 테이블' 대화상자의 각 구성 요소의 의미를 정확히 파악하세요.

## 2 데이터 표 만들기

24.4, 24.3, 24.1, 23.5, 22.6, 22.5, 22.1, 21.4, 21.3, 21.2, 18.상시, 13.2, 12.1, 11.3, 11.2, 10.2, 10.1, 07.1, …

3211802

**예제** 다음 데이터 목록을 이용하여 국어와 영어 점수의 변화에 따른 총점의 변화를 구하시오.

| | A | B | C | D | E | F | G | H |
|---|---|---|---|---|---|---|---|---|
| 1 | 중간고사 성적표 | | | 국어와 영어점수 변동에 따른 총점표 | | | | |
| 2 | 국어 | 90 | | | | | | |
| 3 | 영어 | 80 | | | | 국어 | | |
| 4 | 수학 | 70 | | | | 80 | 90 | 100 |
| 5 | 총점 | 240 | | 영어 | 80 | | | |
| 6 | | | | | 90 | | | |
| 7 | | | | | 100 | | | |

→

| | A | B | C | D | E | F | G | H |
|---|---|---|---|---|---|---|---|---|
| 1 | 중간고사 성적표 | | | 국어와 영어점수 변동에 따른 총점표 | | | | |
| 2 | 국어 | 90 | | | | | | |
| 3 | 영어 | 80 | | | | 국어 | | |
| 4 | 수학 | 70 | | | 240 | 80 | 90 | 100 |
| 5 | 총점 | 240 | | 영어 | 80 | 230 | 240 | 250 |
| 6 | | | | | 90 | 240 | 250 | 260 |
| 7 | | | | | 100 | 250 | 260 | 270 |

① 총점 변화 값을 구하는 데이터 표이므로 [E4] 셀에 총점(B5)이 있는 셀을 연결* 해야 한다. [B5] 셀을 클릭한 후 수식 입력줄에 =을 입력하고 [B5] 셀을 클릭한 다음 Enter를 누른다.

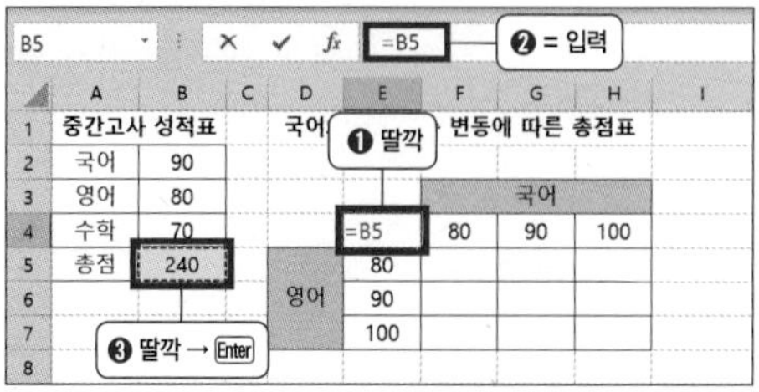


**준비하세요**

'C:\길벗컴활1급필기\2과목\2과목.xlsm' 파일을 불러와 '섹션114' 시트에서 실습하세요.

**궁금해요 시나공 Q&A 베스트**

**Q 연결하지 않고 직접 입력해도 되나요?**

**A** [B5] 셀의 수식 =SUM(B2:B4)를 [E4] 셀에 직접 입력해도 됩니다. 단, 복사하지 않고 직접 입력해야 합니다. [B5] 셀의 총점이 상대 주소를 참조하기 때문에 복사할 경우 =SUM(B2:B4)가 입력되지 않고, =SUM(E1:E3)이 입력되어 원하는 결과가 나오지 않습니 다. [F2]를 눌러 셀 편집 상태에서 수식을 복사하거나 수식 입력줄의 수식을 복사하여 붙여넣으면 수식의 셀 주소가 변경되지 않습니다.

② [E4:H7] 영역을 블록으로 지정*하고, [데이터] → [예측] → [가상 분석] → [데이터 표]를 선택한다.

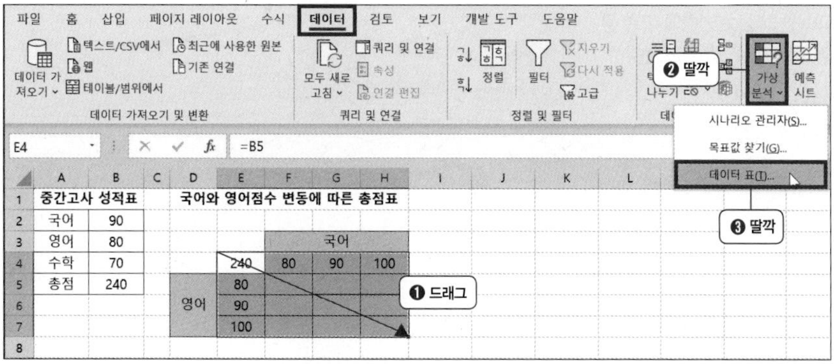


**범위 지정**
수식이 입력된 [E4] 셀과, 변화하는 값인 국어(F4:H4)와 영어(E5:E7) 점수가 모두 포함되도록 범위를 지정한 후 데이터 표를 실행해야 합니다.

③ '데이터 테이블' 대화상자*의 '행 입력 셀'에 국어 점수가 입력된 B2를, '열 입력 셀'에 영어 점수가 입력된 B3을 입력한 후 〈확인〉을 클릭한다.

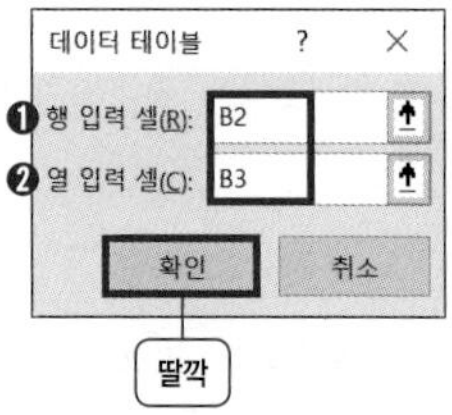


→

| | A | B | C | D | E | F | G | H |
|---|---|---|---|---|---|---|---|---|
| 1 | 중간고사 성적표 | | | 국어와 영어점수 변동에 따른 총점표 | | | | |
| 2 | 국어 | 90 | | | | | | |
| 3 | 영어 | 80 | | | | 국어 | | |
| 4 | 수학 | 70 | | | 240 | 80 | 90 | 100 |
| 5 | 총점 | 240 | | 영어 | 80 | 230 | 240 | 250 |
| 6 | | | | | 90 | 240 | 250 | 260 |
| 7 | | | | | 100 | 250 | 260 | 270 |
| 8 | | | | | | | | |

**'데이터 테이블' 대화상자**
단일 데이터 표에서는 [행 입력 셀]이나 [열 입력 셀] 중 하나만 사용하고 이중 데이터 표에서는 2개 모두 사용합니다.

❶ 행 입력 셀
- 행에 있는 변화되는 값을 사용할 주소를 지정한다.
- 국어 점수들이 4행에 있으므로 '행 입력 셀'에는 총점 계산식의 국어 점수 주소인 [B2] 셀을 입력한다.

❷ 열 입력 셀
- 열에 있는 변화되는 값을 사용할 주소를 지정한다.
- 영어 점수들이 E열에 있으므로 '열 입력 셀'에는 총점 계산식의 영어 점수 주소인 [B3] 셀을 입력한다.

## 따라잡기 기출문제 따라잡기

22년 1회, 21년 4회, 3회, 2회, 13년 2회, 10년 2회

**1. 다음 중 아래 그림과 같이 기간과 이율의 변화에 따른 월불입액의 변화를 표의 형태로 표시하기 위한 데이터 표 작업에 대한 설명으로 옳지 않은 것은? (월불입액 계산 수식은 '=PMT(B3/12, B2*12, –B4)'임)**

| | A | B | C | D | E | F |
|---|---|---|---|---|---|---|
| 1 | | | | | | |
| 2 | 기간 | 5 | | | | |
| 3 | 이율 | 3% | | | | |
| 4 | 대출금액 | ₩10,000,000 | | | | |
| 5 | 월불입액 | ₩179,687 | | | | |
| 6 | | | | | 기간 | |
| 7 | | | ₩179,687 | 3 | 4 | 5 |
| 8 | | 이율 | 2% | ₩ 286,426 | ₩ 216,951 | ₩ 175,278 |
| 9 | | | 3% | ₩ 290,812 | ₩ 221,343 | ₩ 179,687 |
| 10 | | | 4% | ₩ 295,240 | ₩ 225,791 | ₩ 184,165 |
| 11 | | | 5% | ₩ 299,709 | ₩ 230,293 | ₩ 188,712 |
| 12 | | | | | | |

① [C7:F11] 영역을 선택하고, [데이터] → [예측] → [가상 분석] → [데이터 표]를 선택하여 실행한다.
② [데이터 테이블] 대화상자에서 '행 입력 셀'에 [B2], '열 입력 셀'에 [B3]을 입력한다.
③ [C7] 셀에 '=B5'를 입력한다.
④ 대출금액(B4)이 변경되면 수동 계산으로 F9를 눌러야 [D8:F11] 영역의 월불입액도 변경된다.

대출금액(B4)이 변경되면 자동으로 [D8:F11] 영역의 월불입액도 변경됩니다.

▶ 정답 : 1. ④

문제3 1210351

24년 2회

**2. 다음 중 김철수의 성적표에서 컴퓨터 과목들의 점수 변경에 따른 평균 점수의 변화를 한 번의 연산으로 빠르게 계산할 수 있는 도구는?**

① 데이터 표　　② 목표값 찾기

③ 시나리오　　④ 피벗 테이블

특정 값들(컴퓨터 과목들의 점수)의 변화에 따른 결과값(평균 점수)의 변화 과정을 한 번의 연산으로 빠르게 계산할 수 있는 도구는 데이터 표입니다.

13년 2회

**3. 다음 중 아래 그림과 같이 성유나의 성적 변화에 따른 평균의 변화를 표의 형태로 표시하기 위한 데이터 표 작업에 대한 설명으로 옳지 않은 것은?**

| | A | B |
|---|---|---|
| 1 | 성명 | 성적 |
| 2 | 김도훈 | 74.5 |
| 3 | 홍기태 | 54.5 |
| 4 | 성유나 | 79.0 |
| 5 | 강정훈 | 80.5 |
| 6 | 남도현 | 65.5 |
| 7 | 소병국 | 72.5 |
| 8 | 평균 | 71.1 |
| 9 | | |
| 10 | 성유나 | 평균 |
| 11 | | 71.1 |
| 12 | 50 | 66.3 |
| 13 | 60 | 67.9 |
| 14 | 70 | 69.6 |
| 15 | 80 | 71.3 |
| 16 | 90 | 72.9 |
| 17 | 100 | 74.6 |

① 데이터 표의 결과 값은 반드시 변화하는 성유나의 성적을 포함한 수식으로 작성되어야 한다.

② 평균의 변화 값을 구하는 데이터 표이므로 평균[B8]의 수식을 그대로 [B11] 셀에 입력한다.

③ [A11:B17] 영역을 선택하고, [데이터] → [예측] → [가상 분석] → [데이터 표]를 선택하여 실행한다.

④ [데이터 테이블] 대화상자에서 '행 입력 셀'에 [B4]를 입력한다.

변화되는 값은 성유나의 성적이고, 변화되는 값이 한 열(A)에 입력되어 있으므로 '데이터 테이블' 대화상자의 '열 입력 셀'에 성유나의 성적이 있는 [B4] 셀을 지정해야 합니다.

24년 4회, 23년 5회, 22년 5회, 12년 1회

**4. 아래의 시트에서 [C6:C10] 영역에 데이터를 채우려고 할 때 아래 '데이터 테이블' 대화상자에 입력되어야 할 값과 실행 결과 [C6:C10] 영역에 설정된 배열 수식의 쌍으로 올바르게 짝지어진 것은? (단, [C5] 셀에는 수식 '=B2*B3'이 입력되어 있으며, [B5:C10] 영역을 블록으로 지정한 후 [데이터] → [예측] → [가상 분석] → [데이터 표]를 실행한다.)**

| | A | B | C | D |
|---|---|---|---|---|
| 1 | 가중치에 따른 성적 계산 | | | |
| 2 | 가중치 | 25% | | |
| 3 | 점수 | 90 | | |
| 4 | | | | |
| 5 | | 성적 | 22.5 | |
| 6 | 가중치 | 10% | | |
| 7 | | 20% | | |
| 8 | | 30% | | |
| 9 | | 40% | | |
| 10 | | 50% | | |
| 11 | | | | |

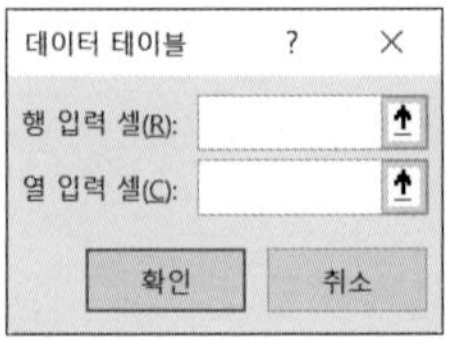


① 입력값 : [행 입력 셀] : $B$2
　설정값 : {=TABLE(,B2)}

② 입력값 : [열 입력 셀] : $B$2
　설정값 : {=TABLE(,B2)}

③ 입력값 : [행 입력 셀] : $B$3
　설정값 : {=TABLE(,B3)}

④ 입력값 : [행 입력 셀] : $B$2, [열 입력 셀] : $B$3
　설정값 : {=TABLE(B2,B3)}

변화되는 값은 가중치이고, 가중치의 변경 값이 한 열(B)에 입력되어 있으므로 '데이터 테이블' 대화상자의 '열 입력 셀'에는 가중치 'B2'를 지정하면 됩니다.

24년 3회, 1회, 21년 4회, 3회, 2회, 06년 1회

**5. 다음 그림과 같이 "데이터 표" 기능을 사용하여 이자율에 따른 이자액을 계산하려고 한다. 이때 실행하여야 할 작업 내용에 대한 설명으로 옳지 않은 것은?**

| | A | B | C | D | E | F |
|---|---|---|---|---|---|---|
| 1 | 이자율에 따른 이자액 계산 | | | | | |
| 2 | 원금 | 이자율 | 이자액 | | | |
| 3 | 1,500 | 4% | 60 | | | |
| 4 | | | 이자율 | | | |
| 5 | | 60 | 5% | 10% | 15% | 20% |
| 6 | 원금 | 2,000 | 100 | 200 | 300 | 400 |
| 7 | | 3,500 | 175 | 350 | 525 | 700 |
| 8 | | 4,000 | 200 | 400 | 600 | 800 |
| 9 | | 5,500 | 275 | 550 | 825 | 1,100 |

① '데이터 테이블' 대화상자가 표시되면 "행 입력 셀"은 [B3] 셀과, "열 입력 셀"은 [A3] 셀을 지정한 후 〈확인〉을 선택한다.

② 표의 범위([B5:F9])를 설정한 후 [데이터] → [예측] → [가상 분석] → [데이터 표]를 선택한다.

③ 수식이 입력되어야 하는 [C6] 셀을 선택하고 수식 "=A3*B3"를 입력한다.

④ 자동으로 결과가 구해진 셀을 하나 선택해서 살펴보면 "{=TABLE(B3,A3)}"과 같은 배열 수식이 들어 있다.

수식이 입력되어야 하는 셀은 [C6] 셀이 아니라 [B5] 셀입니다.

▶ 정답 : 2. ① 3. ④ 4. ② 5. ③

SECTION 115

# 데이터 통합

C 등급

23.2, 23.1, 22.4, 18.상시, 18.2, 15.1, 11.1, 10.3, 08.4, 07.2, 04.1, 2급 24.3, 23.5, 23.2, 23.1, 22.4, 22.3, 22.2, 22.1, 21.4, …

## 1 통합의 개요

3211901

데이터 통합은 비슷한 형식의 여러 데이터를 하나의 표로 통합 · 요약하여 표시해 주는 도구이다.

실행 [데이터] → [데이터 도구] → [통합] 클릭

### 특징

- 사용할 데이터의 형태가 다르더라도 같은 이름표를 사용하면 항목을 기준으로 통합할 수 있다.
- 지정한 항목이나 위치를 기준으로 통합하거나 영역의 이름을 정의하여 통합할 수도 있다.
- 다른 워크시트나 통합 문서의 데이터를 사용할 수 있다.
- **통합 함수의 종류** : 합계, 개수, 평균, 최대, 최소, 곱, 숫자 개수, 표본 표준 편차, 표준 편차, 표본 분산, 분산

24.2, 23.4, 23.2, 23.1, 22.4, 11.1, 09.1, 07.2, 04.1, 2급 24.3, 24.2, 23.5, 23.2, 23.1, 22.4, 22.2, 22.1, 21.4, 21.3, 21.1, …

## 2 통합하기

3211902

예제 상반기 판매현황과 하반기 판매현황을 통합하여 각 품목의 목표량과 판매량의 최대값을 구하시오.

| | A | B | C | D | E | F | G |
|---|---|---|---|---|---|---|---|
| 1 | | | | | | | |
| 2 | 상반기 판매현황 | | | | 하반기 판매현황 | | |
| 3 | 품목 | 목표량 | 판매량 | | 품목 | 목표량 | 판매량 |
| 4 | 컴퓨터 | 20 | 15 | | 캠코더 | 19 | 20 |
| 5 | 스캐너 | 7 | 10 | | 스캐너 | 13 | 15 |
| 6 | 프린터 | 13 | 15 | | 프린터 | 8 | 10 |
| 7 | 카메라 | 14 | 14 | | 컴퓨터 | 14 | 15 |
| 8 | 캠코더 | 17 | 20 | | 카메라 | 9 | 15 |
| 9 | | | | | | | |
| 10 | 품목별 최대값 | | | | | | |
| 11 | 품목 | 목표량 | 판매량 | | | | |
| 12 | | | | | | | |
| 13 | | | | | | | |
| 14 | | | | | | | |
| 15 | | | | | | | |
| 16 | | | | | | | |

→

| | A | B | C | D | E | F | G |
|---|---|---|---|---|---|---|---|
| 1 | | | | | | | |
| 2 | 상반기 판매현황 | | | | 하반기 판매현황 | | |
| 3 | 품목 | 목표량 | 판매량 | | 품목 | 목표량 | 판매량 |
| 4 | 컴퓨터 | 20 | 15 | | 캠코더 | 19 | 20 |
| 5 | 스캐너 | 7 | 10 | | 스캐너 | 13 | 15 |
| 6 | 프린터 | 13 | 15 | | 프린터 | 8 | 10 |
| 7 | 카메라 | 14 | 14 | | 컴퓨터 | 14 | 15 |
| 8 | 캠코더 | 17 | 20 | | 카메라 | 9 | 15 |
| 9 | | | | | | | |
| 10 | 품목별 최대값 | | | | | | |
| 11 | 품목 | 목표량 | 판매량 | | | | |
| 12 | 컴퓨터 | 20 | 15 | | | | |
| 13 | 스캐너 | 13 | 15 | | | | |
| 14 | 프린터 | 13 | 15 | | | | |
| 15 | 카메라 | 14 | 15 | | | | |
| 16 | 캠코더 | 19 | 20 | | | | |

전문가의 조언

통합의 개념과 '통합' 대화상자를 구성하는 요소들의 기능이 중요합니다. 꼭 실습을 통해 정리 하세요.

준비하세요

'C:\길벗컴활1급필기\2과목\2과목.xlsm' 파일을 불러와 '섹션115' 시트에서 실습하세요.

① [A11:C11] 영역을 블록으로 지정한 후 [데이터] → [데이터 도구] → [통합]을 클릭한다.

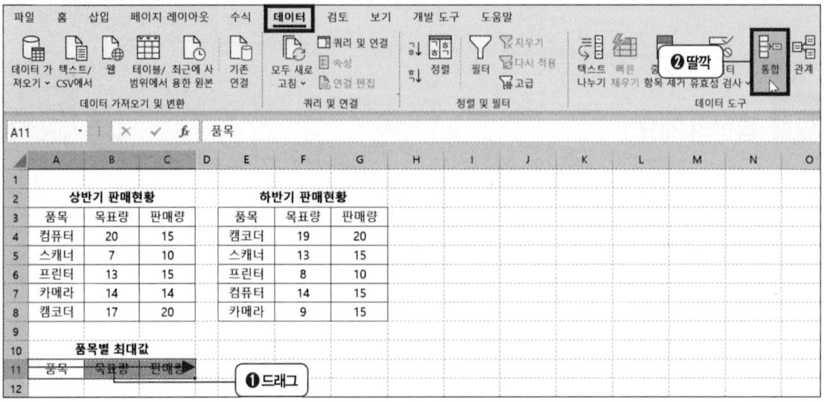


② '통합' 대화상자의 함수에서 '최대'를 선택하고, 참조의 범위 지정 단추를 이용하여 [A3:C8] 영역을 블록으로 지정한 후 〈추가〉를 클릭한다.

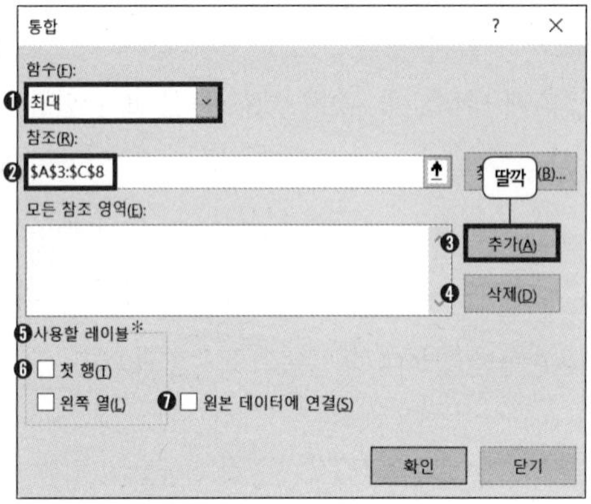


❶ **함수** : 사용할 함수를 선택한다.
❷ **참조** : 통합할 데이터 범위를 지정한다.
❸ **추가** : 참조에서 지정한 데이터 범위를 추가한다.
❹ **삭제** : '모든 참조 영역'에 추가된 범위 중 선택하여 삭제한다.
❺ **첫 행** : 참조된 데이터 범위의 첫 행을 통합된 데이터의 첫 행(열 이름)으로 사용한다.
❻ **왼쪽 열** : 참조된 데이터 범위의 왼쪽 열을 통합된 데이터의 첫 열(행 이름)로 사용한다.
❼ **원본 데이터에 연결*** : 원본 데이터가 변경될 경우 통합된 데이터에도 반영한다.

③ 참조의 범위 지정 단추를 다시 클릭한 후 [E3:G8] 영역을 블록으로 지정하고 〈추가〉를 클릭한다.

④ 사용할 레이블에서 '첫 행'과 '왼쪽 열'을 선택한 후 〈확인〉을 클릭한다.

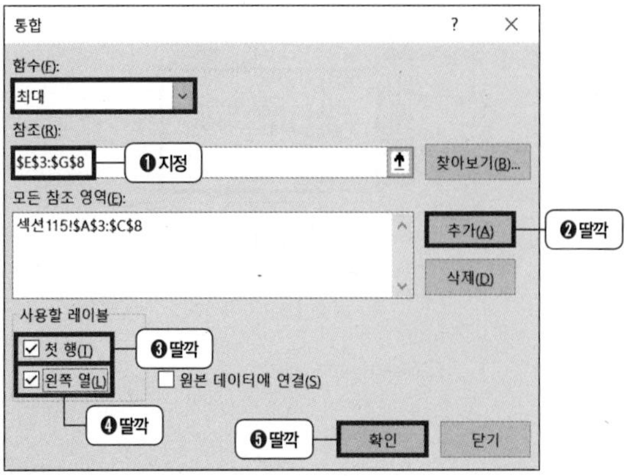


**사용할 레이블**

통합할 데이터 영역의 행이나 열 제목이 원본 영역과 다르게 배열되어 있을 때만 '첫 행'이나 '왼쪽 열'을 사용합니다.

**원본 데이터에 연결**

- 통합할 데이터가 있는 워크시트와 통합 결과가 작성될 워크시트가 서로 다를 경우에만 '원본 데이터에 연결'을 적용할 수 있으며, 한번 연결되면 새 데이터를 추가하거나 통합된 데이터 영역을 변경할 수 없습니다.
- '원본에 데이터 연결'을 지정한 후 통합을 실행하면 개요 기호가 자동으로 표시됩니다.

## 따라잡기 기출문제 따라잡기

23년 2회, 1회

**1. 다음 중 통합에 관한 설명으로 옳지 않은 것은?**

① 여러 시트에 있는 데이터나 다른 통합 문서에 입력되어 있는 데이터를 통합할 수 있다.

② 데이터 통합은 위치를 기준으로 통합할 수도 있고, 영역의 이름을 정의하여 통합할 수도 있다.

③ 통합 영역의 데이터 변경 시 원본 영역의 데이터도 자동으로 변경되도록 하려면 '원본 데이터에 연결'을 선택한다.

④ 통합할 데이터를 변경하려면 '모든 참조 영역'에 지정된 참조 영역을 삭제한 후 새로 지정한다.

'원본 데이터에 연결'은 원본 데이터가 변경될 경우 통합된 데이터에도 반영되도록 하는 것으로 반대의 경우는 적용되지 않습니다.

24년 2회, 11년 1회, 09년 1회, 07년 2회

**2. 다음의 데이터 통합 대화상자에 대한 설명으로 옳지 않은 것은?**

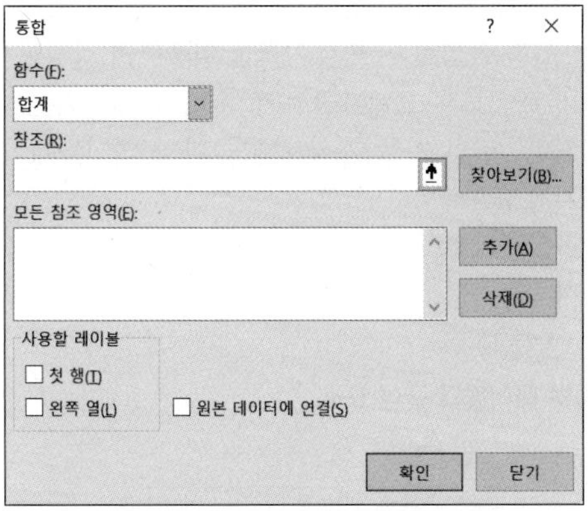


① 함수 : 합계, 평균, 곱, 개수, 숫자 개수, 최대, 최소, 분산, 표본 분산, 표준 편차, 표본 표준 편차 중에서 선택할 수 있다.

② 사용할 레이블 : 원본 영역에서와 다르게 레이블을 배열하여 통합할 때에만 '첫 행'이나 '왼쪽 열' 상자를 선택한다.

③ 모든 참조 영역 : 참조에서 범위를 지정하고 〈추가〉 버튼을 누르면 여기에 원본 목록이 표시된다.

④ 원본 데이터에 연결 : 통합 영역의 데이터 변경 시 원본 영역의 데이터도 자동으로 변경된다.

'원본 데이터에 연결'은 원본 데이터가 변경될 경우 통합된 데이터에도 반영되도록 하는 것으로 반대의 경우는 적용되지 않습니다.

18년 2회, 15년 1회

**3. 다음 중 아래의 괄호 안에 들어갈 기능명으로 옳은 것은?**

( ㉠ )은/는 특정 값의 변화에 따른 결과값의 변화 과정을 한 번의 연산으로 빠르게 계산하여 표의 형태로 표시해 주는 도구이고, ( ㉡ )은/는 비슷한 형식의 여러 데이터의 결과를 하나의 표로 통합하여 요약해 주는 도구이다.

① ㉠ : 데이터 표　　㉡ : 통합

② ㉠ : 정렬　　㉡ : 시나리오 관리자

③ ㉠ : 부분합　　㉡ : 피벗 테이블

④ ㉠ : 목표값 찾기　　㉡ : 데이터 유효성 검사

㉠에 들어갈 기능은 '데이터 표'이고, ㉡에 들어갈 기능은 '통합'입니다.

23년 4회

**4. 다음은 품목별 통합을 실행한 결과 화면이다. 이에 대한 설명으로 틀린 것은?**

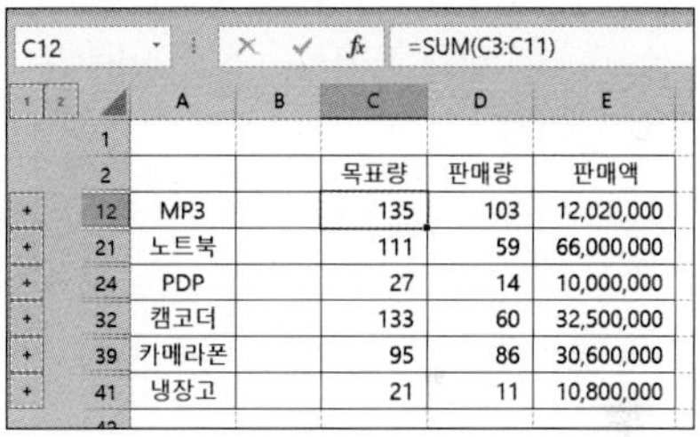
C12　=SUM(C3:C11)

| | A | B | C | D | E |
|---|---|---|---|---|---|
| 1 | | | | | |
| 2 | | | 목표량 | 판매량 | 판매액 |
| 12 | MP3 | | 135 | 103 | 12,020,000 |
| 21 | 노트북 | | 111 | 59 | 66,000,000 |
| 24 | PDP | | 27 | 14 | 10,000,000 |
| 32 | 캠코더 | | 133 | 60 | 32,500,000 |
| 39 | 카메라폰 | | 95 | 86 | 30,600,000 |
| 41 | 냉장고 | | 21 | 11 | 10,800,000 |

① '원본 데이터에 연결'을 선택하였다.

② 통합한 데이터의 합계를 계산하였다.

③ 개요 기호는 통합을 실행하면 자동으로 표시된다.

④ 통합할 데이터가 있는 워크시트와 통합 결과가 작성될 워크시트가 같은 시트에 있다.

통합할 데이터가 있는 워크시트와 통합 결과가 작성될 워크시트가 서로 다를 경우에만 '원본 데이터에 연결'을 적용할 수 있습니다.

▶ **정답 :** 1. ③　2. ④　3. ①　4. ④

## 110 | 부분합

### ❶ 부분합의 개요 23.3, 23.2, 23.1, 21.2, 21.1, 19.2, 18.상시, 15.3, 14.3, 14.2, 13.2, 12.3, 12.2

- 많은 양의 데이터 목록을 그룹별로 분류하고, 각 그룹별로 계산을 수행하는 데이터 분석 도구이다.
- 부분합을 작성하려면 첫 행에는 열 이름표가 있어야 하며, 반드시 기준이 되는 필드를 기준으로 오름차순이나 내림차순으로 정렬되어 있어야 한다.
- 부분합을 작성하면 워크시트 왼쪽에 부분합의 계층 구조에 맞게 그룹 단위로 개요가 설정되고, 개요 기호가 나타난다.
- 부분합을 제거하면 부분합과 함께 표에 삽입된 개요 및 페이지 나누기도 모두 제거된다.
- '부분합' 대화상자의 주요 항목
  - 새로운 값으로 대치 : 이미 작성된 부분합을 지우고, 새 부분합으로 변경할 경우 선택함
  - 데이터 아래에 요약 표시 : 부분합의 결과를 각 그룹의 아래쪽에 표시할지, 위에 표시할지를 결정함. 아래쪽에 표시할 때 선택함

### ❷ 개요 기호 24.4, 22.5, 22.3, 19.1, 16.3, 15.3, 14.3

- 부분합 작업 후 개요가 설정된 워크시트의 표시 형태를 바꿀 때 사용하는 기호이다.
- 개요 기호를 삭제할 수 있으며, 개요 기호를 삭제해도 요약 정보는 그대로 남아 있다.
- 개요 기호를 이용하여 워크시트에서 하위 수준(그룹)을 숨기거나 표시할 수 있다.
- 개요 기호의 숫자가 클수록 화면에 표시되는 데이터가 많아진다.

### ❸ 중첩 부분합 24.4, 21.1, 19.2, 15.3, 14.3, 12.3

- 이미 작성된 부분합 그룹 내에 새로운 부분합 그룹을 추가하는 것이다.
- 중첩 부분합을 작성하려면 '부분합' 대화상자에서 반드시 '새로운 값으로 대치'를 해제해야 한다.
- 중첩 부분합을 수행하면 먼저 작성한 부분합의 결과가 아래쪽에 표시된다.

## 111 | 피벗 테이블

### ❶ 피벗 테이블의 개요 24.3, 22.7, 22.6, 22.1, 21.4, 21.1, 20.2, 20.1, 18.2, 16.2, 14.1, 13.1, 11.2

- 많은 양의 데이터를 한눈에 쉽게 파악할 수 있도록 요약·분석하여 보여주는 도구이다.
- 피벗 테이블은 엑셀, 데이터베이스, 외부 데이터, 다른 피벗 테이블 등의 데이터를 사용할 수 있다.
- 원본 데이터가 변경되면 [피벗 테이블 분석] → [데이터] → [(새로 고침)]을 이용하여 피벗 테이블의 데이터를 변경할 수 있다.

### ❷ 피벗 차트 24.1, 22.6, 22.1, 21.4, 21.3, 21.2, 21.1, 20.1, 18.2, 17.1, 16.2, 13.3, 13.1, 11.2, 10.2

- 피벗 테이블의 데이터를 이용하여 작성한 차트로, 피벗 테이블에서 항목이나 필드에 변화를 주면 피벗 차트도 변경되고, 반대로 피벗 차트에서 변화를 주면 피벗 테이블도 변경된다.
- 피벗 차트는 피벗 테이블을 작성할 때 함께 작성하거나, 이미 작성된 피벗 테이블을 이용하여 작성한다.
- 피벗 테이블을 삭제하면 피벗 차트가 일반 차트로 변경되지만, 피벗 차트를 삭제해도 피벗 테이블에는 아무 변화가 없다.
- 분산형, 거품형, 주식형 차트는 피벗 차트로 만들 수 없다.

### ❸ 피벗 테이블의 구성 요소 24.4, 24.2, 24.1, 22.6, 22.3, 21.4, 21.3, 21.2, 21.1, 20.상시, …

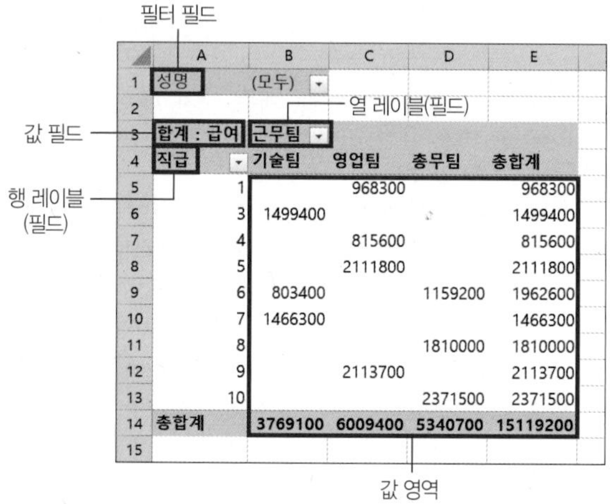


| | A | B | C | D | E |
|---|---|---|---|---|---|
| 1 | 성명 | (모두) | | | |
| 2 | | | | | |
| 3 | 합계 : 급여 | 근무팀 | | | |
| 4 | 직급 | 기술팀 | 영업팀 | 총무팀 | 총합계 |
| 5 | 1 | | 968300 | | 968300 |
| 6 | 3 | 1499400 | | | 1499400 |
| 7 | 4 | | 815600 | | 815600 |
| 8 | 5 | | 2111800 | | 2111800 |
| 9 | 6 | 803400 | | 1159200 | 1962600 |
| 10 | 7 | 1466300 | | | 1466300 |
| 11 | 8 | | | 1810000 | 1810000 |
| 12 | 9 | | 2113700 | | 2113700 |
| 13 | 10 | | | 2371500 | 2371500 |
| 14 | 총합계 | 3769100 | 6009400 | 5340700 | 15119200 |
| 15 | | | | | |

### ❹ 피벗 테이블의 그룹화 22.2, 19.2, 18.상시

- 숫자, 날짜, 시간 데이터 그룹 지정 : 그룹을 지정할 필드의 바로 가기 메뉴에서 [그룹]을 선택하고, '그룹화' 대화상자에서 시작, 끝, 단위를 지정함
- 문자 데이터 그룹 지정 : 그룹 지정할 셀을 블록으로 설정한 후 바로 가기 메뉴의 [그룹]을 선택하고, 그룹명을 변경함

## 112 | 시나리오

### ❶ 시나리오의 개요 23.4, 23.3, 22.7, 22.4, 22.3, 21.4, 21.3, 21.2, 21.1, 20.2, 20.1, 19.상시, 19.1, …

- 다양한 상황과 변수에 따른 여러 가지 결과값의 변화를 가상의 상황을 통해 예측하여 분석하는 도구이다.
- 시나리오 요약 보고서나 시나리오 피벗 테이블 보고서를 만들 때에는 반드시 결과 셀을 지정해야 한다.
- '시나리오 관리자' 대화상자에서 시나리오를 삭제해도 이미 작성된 시나리오 요약 보고서는 삭제되지 않고, 반대로 시나리오 요약 보고서를 삭제해도 시나리오는 삭제되지 않는다.
- 시나리오가 작성된 원본 데이터를 변경해도 이미 작성된 시나리오 보고서에는 반영되지 않는다.

### ❷ 시나리오 만들기 24.5, 22.7, 22.2, 19.1, 17.1, 15.1, 14.3, 12.1, 10.1

- '시나리오 추가' 대화상자
  - 변경 금지 : 시나리오를 변경할 수 없도록 보호함
  - 숨기기 : 시나리오를 숨김

## 113 | 목표값 찾기

### ❶ 목표값 찾기의 개요 18.상시, 17.2, 15.1, 12.2

수식에서 원하는 결과(목표)값은 알고 있지만 그 결과값을 계산하기 위해 필요한 입력값을 모를 경우에 사용하는 도구이다.

### ❷ '목표값 찾기' 대화상자 24.1, 21.4, 21.3, 17.2, 16.1, 15.1, 11.3

- 수식 셀 : 결과값이 출력되는 셀 주소로, 해당 셀에는 반드시 수식이 있어야 함
- 찾는 값 : 목표로 하는 값을 입력함
- 값을 바꿀 셀 : 목표값을 만들기 위해 변경되는 값이 들어 있는 셀 주소

**문제 1** 신의수의 평균이 90점이 되기 위한 2학기 점수 값을 '목표값 찾기'를 이용하여 계산할 때 '목표값 찾기' 대화상자에 지정할 수식 셀, 찾는 값, 값을 바꿀 셀을 쓰시오.

| | A | B | C | D |
|---|---|---|---|---|
| 1 | 이름 | 1학기 | 2학기 | 평균 |
| 2 | 유기정 | 86 | 91 | 88.5 |
| 3 | 김경아 | 95 | 96 | 95.5 |
| 4 | 조경원 | 77 | 71 | 74 |
| 5 | 신의수 | 93 | 85 | 89 |
| 6 | 황정준 | 84 | 90 | 87 |
| 7 | 이명복 | 68 | 72 | 70 |
| 8 | 홍민수 | 89 | 84 | 86.5 |



답

- ① 수식 셀 :
- ② 찾는 값 :
- ③ 값을 바꿀 셀 :

**해설**

- 수식 셀 : 결과값이 표시되는 셀 주소, 즉 신의수의 평균이 있는 D5 셀을 지정함
- 찾는 값 : 목표로 하는 값인 90을 입력함
- 값을 바꿀 셀 : 목표값을 만들기 위해 변경될 값이 들어 있는 셀 주소, 즉 신의수의 2학기 점수가 있는 C5 셀을 지정함

**정답** 1. ① D5 ② 90 ③ C5

**문제 1** 다음 그림과 같이 목표값 찾기를 설정했을 때, 이에 대한 의미를 쓰시오.

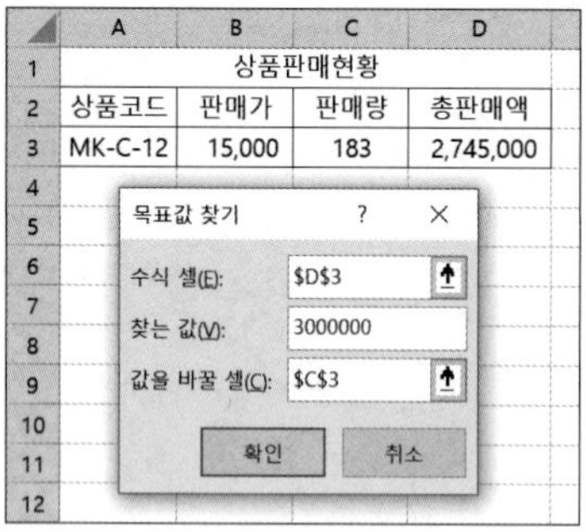


답 :

**해설**

목표값 찾기는 수식에서 원하는 결과 값(총판매액 3,000,000)은 알고 있지만 그 결과값을 계산하기 위해 필요한 입력값(판매량)을 모를 경우 사용하는 도구입니다.

**문제 2** 다음과 같이 기간과 이율의 변화에 따른 월불입액을 계산하려고 할 때 '데이터 테이블' 대화상자의 행/열 입력 셀에 지정할 셀 주소를 쓰시오(월불입액은 =PMT(B2/12, B1*12, −B3)).

| | A | B | C | D | E |
|---|---|---|---|---|---|
| 1 | 기간 | 5 | | | |
| 2 | 이율 | 3% | | | |
| 3 | 대출금액 | ₩10,000,000 | | | |
| 4 | 월불입액 | ₩179,687 | | | |
| 5 | | | | | |
| 6 | | | 기간 | | |
| 7 | | ₩179,687 | 3 | 4 | 5 |
| 8 | 이율 | 2% | ₩286,426 | ₩216,951 | ₩175,278 |
| 9 | | 3% | ₩290,812 | ₩221,343 | ₩179,687 |
| 10 | | 4% | ₩295,240 | ₩225,791 | ₩184,165 |
| 11 | | | | | |

답
- ① 행 입력 셀 :
- ② 열 입력 셀 :

**해설**

- 행 입력 셀 : 기간의 변경 값이 한 행(7)에 입력되어 있으므로 기간이 있는 B1 셀을 지정함
- 열 입력 셀 : 이율의 변경 값이 한 열(B)에 입력되어 있으므로 이율이 있는 B2 셀을 지정함

## 114 | 데이터 표

### ❶ 데이터 표의 개요 24.2, 22.6, 22.1, 21.4, 21.3, 21.2, 18.상시, 18.2, 15.2, 15.1, 13.3, 13.2, 11.3, …

- 특정 값의 변화에 따른 결과값의 변화 과정을 표의 형태로 표시해 주는 도구이다.
- 데이터 표 기능을 이용하여 계산된 결과는 참조하고 있는 셀의 데이터가 수정되면 자동으로 갱신된다.

### ❷ '데이터 테이블' 대화상자 24.4, 24.3, 24.1, 22.6, 22.1, 21.4, 21.3, 21.2, 18.상시, 13.2, …

- 행 입력 셀 : 행에 있는 변화되는 값을 사용할 주소를 지정함
- 열 입력 셀 : 열에 있는 변화되는 값을 사용할 주소를 지정함

## 115 | 데이터 통합

### ❶ 통합의 개요 23.2, 23.1, 22.4, 18.상시, 18.2, 15.1, 11.1, 10.3

- 비슷한 형식의 여러 데이터를 하나의 표로 통합 · 요약하여 표시해 주는 도구이다.
- 다른 워크시트나 통합 문서의 데이터를 사용할 수 있다.

### ❷ '통합' 대화상자의 '원본 데이터에 연결' 24.2, 23.4, 23.2, 23.1, 22.4, 11.1

- 원본 데이터가 변경될 경우 통합된 데이터에도 반영되는 것을 의미한다.
- 통합할 데이터가 있는 워크시트와 통합 결과가 작성될 워크시트가 서로 다를 경우에만 '원본 데이터에 연결'을 적용할 수 있다.

**정답** 1. 총판매액이 3,000,000이 되려면 판매량이 얼마가 되어야 하는가? 2. ① B1 ② B2

# 7장

# 매크로 작성과 VBA 프로그래밍

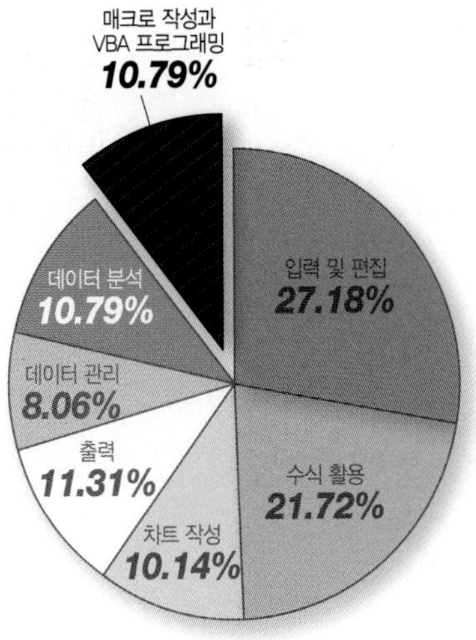




**이 장에서 꼭 알아야 할 키워드 Best 10**

**1.** '매크로 기록' 대화상자 **2.** 매크로 실행 **3.** '매크로' 대화상자 **4.** 프로그래밍의 기본 **5.** 변수 **6.** 메서드 **7.** If ~ Then **8.** For ~ Next **9.** WorkSheet 개체 **10.** Range 개체

SECTION
# 116 매크로 생성

A 등급

## 1 매크로의 개요

23.4, 22.4, 22.3, 19.2, 05.2, 04.3, 04.1, 03.4, 2급 24.2, 23.5, 22.2, 19.2, 18.상시, 15.3, 13.3, 13.1, 09.4, 06.4, 06.3, 05.3

3212001

매크로란 엑셀에서 사용되는 다양한 명령들을 일련의 순서대로 기록해 두었다가 필요할 때마다 해당 키나 도구를 이용하여 호출하면 기록해 둔 처리 과정이 수행되도록 하는 기능이다.

- 키보드나 마우스로 매크로를 작성했더라도 VBA* 언어로 된 코드가 자동으로 생성되며, VBA문을 이용하여 직접 코드를 작성할 수도 있다.
- 매크로 기록에 사용된 명령과 함수는 Visual Basic 모듈에 저장되므로 Visual Basic Editor를 사용하여 내용을 추가, 삭제, 변경, 실행할 수 있다.

**전문가의 조언**

매크로에 대한 설명으로 잘못된 것을 고르는 문제가 출제되니 정리해 두세요.

**VBA(Visual Basic for Applications)**

MS 사의 오피스 제품(엑셀, 액세스, 파워포인트 등)을 지원하기 위한 Visual Basic 언어입니다.

## 2 매크로 생성

3212002

**예제** 장난감 회사별 하반기 매출액 합계와 평균을 구하는 과정을 매크로로 작성하시오.

| | A | B | C | D | E | F |
|---|---|---|---|---|---|---|
| 1 | 장난감 회사 | 10월 | 11월 | 12월 | 합계 | 평균 |
| 2 | A사 | 850 | 980 | 1,450 | | |
| 3 | B사 | 1,360 | 2,170 | 2,500 | | |
| 4 | C사 | 220 | 2,850 | 2,100 | | |
| 5 | | | | | | |

↓

| | A | B | C | D | E | F |
|---|---|---|---|---|---|---|
| 1 | 장난감 회사 | 10월 | 11월 | 12월 | 합계 | 평균 |
| 2 | A사 | 850 | 980 | 1,450 | 3,280 | 1,093 |
| 3 | B사 | 1,360 | 2,170 | 2,500 | 6,030 | 2,010 |
| 4 | C사 | 220 | 2,850 | 2,100 | 5,170 | 1,723 |
| 5 | | | | | | |

**준비하세요**

'C:\길벗컴활1급필기\2과목\2과목.xlsm' 파일을 불러와 '섹션116' 시트에서 실습하세요.

① [개발 도구]* → [코드] → [매크로 기록]을 클릭한다.

| | A | B | C | D | E | F | G | H | I |
|---|---|---|---|---|---|---|---|---|---|
| 1 | 장난감 회사 | 10월 | 11월 | 12월 | 합계 | 평균 | | | |
| 2 | A사 | 850 | 980 | 1,450 | | | | | |
| 3 | B사 | 1,360 | 2,170 | 2,500 | | | | | |
| 4 | C사 | 220 | 2,850 | 2,100 | | | | | |
| 5 | | | | | | | | | |

**궁금해요 시나공 Q&A 베스트**

**Q 개발 도구가 없어요!**

A [개발 도구] 탭은 기본적으로 화면에 표시되어 있지 않습니다. 화면에 표시하려면 [파일] → [옵션] → [리본 사용자 지정] 탭에서 '개발 도구'에 체크 표시한 후 〈확인〉을 클릭하세요.

**매크로 기록을 실행하는 다른 방법**

[보기] → [매크로] → [매크로] → [매크로 기록]을 선택합니다.

② '매크로 기록' 대화상자에 다음과 같이 매크로 이름, 바로 가기 키, 매크로 저장 위치를 차례대로 지정한 후 〈확인〉을 클릭하면 [개발 도구] 탭의 [매크로 기록]이 [기록 중지]로 변경되어 표시된다.

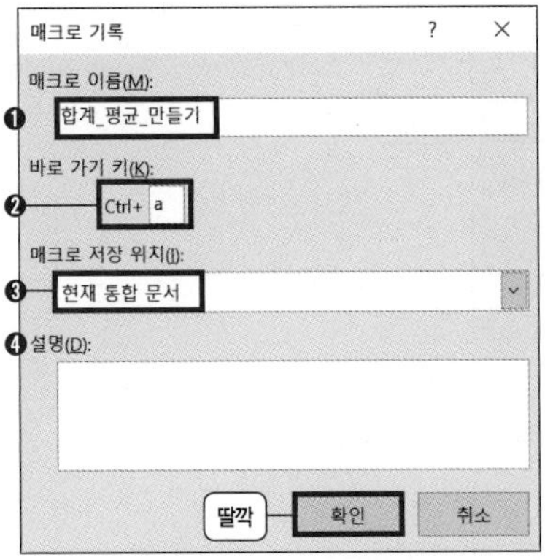


❶ 매크로 이름을 지정한다.
❷ 매크로를 실행시킬 바로 가기 키를 지정한다(선택 사항).
❸ 작성된 매크로가 저장될 위치를 지정한다.
❹ 매크로에 대한 간략한 설명을 기재한다(선택 사항).

③ [E2] 셀에 A사 하반기 매출액의 합계를 구하는 수식을 직접 입력하거나(❶), '자동 합계' 아이콘을 이용하여 입력(❷)한다.

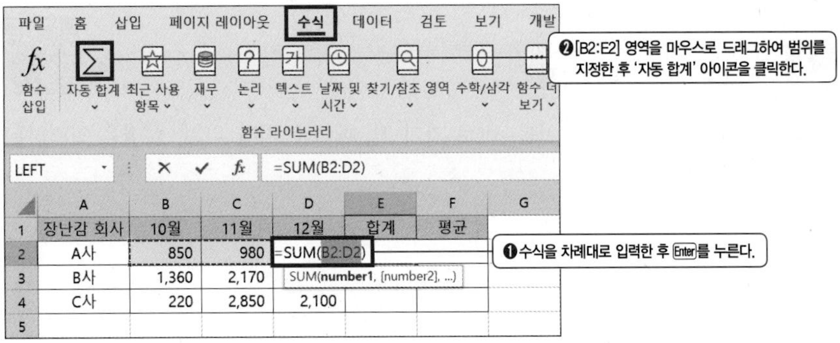


④ [E2] 셀의 채우기 핸들을 [E4] 셀까지 드래그한다.

⑤ [F2] 셀에 평균을 구하는 수식을 입력하고, 채우기 핸들을 [F4] 셀까지 드래그한다.

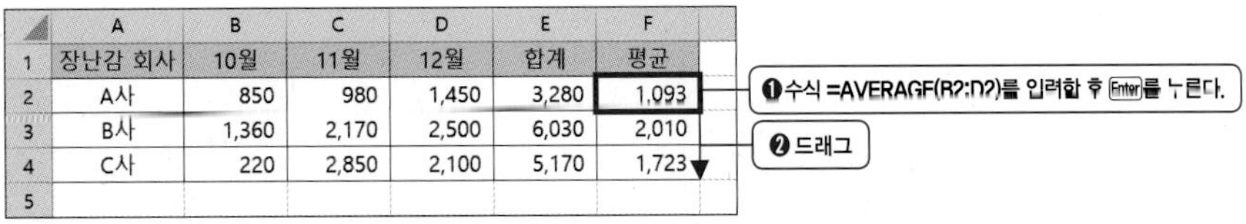


⑥ [개발 도구]→ [코드] → [기록 중지]를 눌러 매크로 작성을 종료한다.

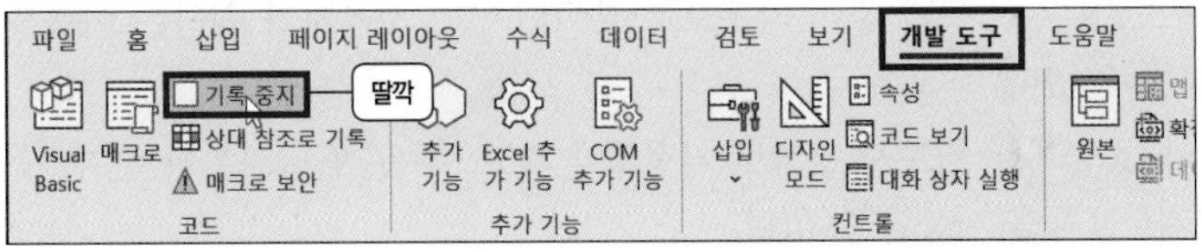

**매크로를 실행하는 다른 방법**
[보기] → [매크로] → [(매크로 보기)]를 클릭합니다.

⑦ 워크시트에서 합계, 평균 데이터를 지운 다음, [개발 도구]→ [코드] → [매크로]*를 클릭하여 작성된 매크로를 확인하고, 〈실행〉을 눌러 매크로를 실행한다. 지정한 바로 가기 키 Ctrl + a를 눌러도 실행된다.

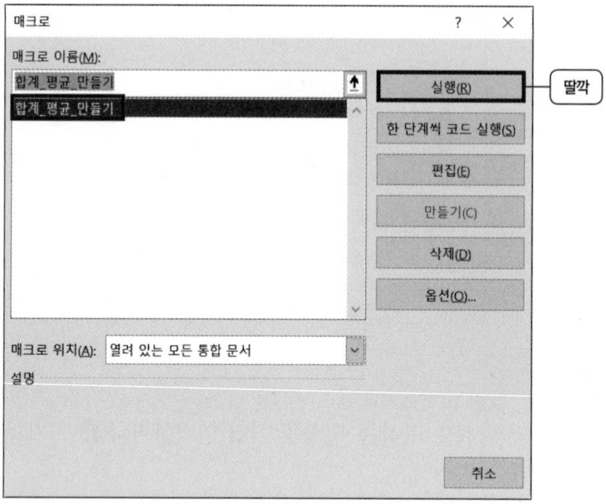


**전문가의 조언**

**중요해요!** 매크로 이름 지정 방법, 바로 가기 키 지정 방법, 매크로가 저장되는 위치 등 '매크로 기록' 대화상자에서 설정하는 내용에 대한 문제가 자주 출제되고 있습니다. 각 요소를 지정하는 방법 및 특징에 대해 확실히 숙지하고 넘어가세요.

24.5, 24.4, 24.3, 24.2, 24.1, 22.4, 22.3, 22.2, 21.4, 21.1, 20.2, 19.2, 19.1, 18.2, 14.2, 14.1, 13.3, 13.2, 13.1, 12.3, …

## 3 '매크로 기록' 대화상자

3212003

매크로를 기록할 때 매크로 이름, 바로 가기 키, 매크로 저장 위치, 설명을 입력하는 대화상자이다.

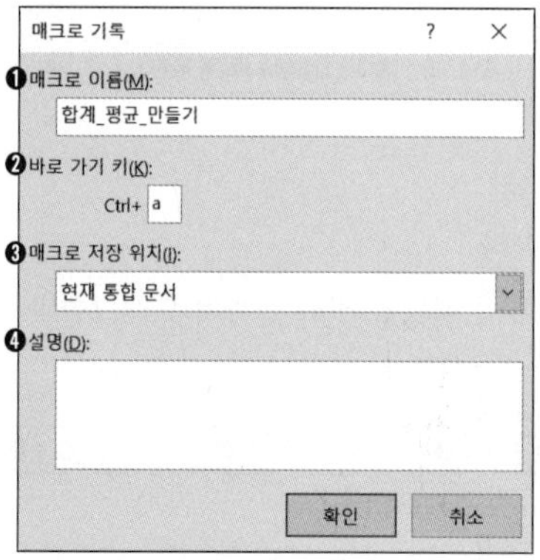


### ❶ 매크로 이름 지정하기

- '매크로1, 매크로2 , …' 등과 같이 자동으로 부여되지만, 사용자가 원하는 이름을 임의로 지정할 수 있다.
- 이름 지정 시 첫 글자는 반드시 문자로 지정해야 하고, 두 번째 글자부터 문자, 숫자, 밑줄 문자(_) 등을 사용할 수 있다.
- / ? ' ' . – ※ 등과 같은 문자와 공백은 매크로의 이름으로 사용할 수 없다.
- 하나의 통합 문서에는 이름이 동일한 매크로가 존재할 수 없다.
- 매크로 이름을 'Auto_Open'으로 지정하면 해당 통합 문서를 열 때마다 기록된 매크로가 자동으로 실행된다.

### ❷ 바로 가기 키 지정하기

- 바로 가기 키에는 영문자만 사용할 수 있으며, 지정하지 않아도 매크로를 기록할 수 있다.
- 기본적으로 Ctrl과 조합하여 사용하고, 대문자로 지정하면 Shift가 자동으로 덧붙여 지정된다.
- 지정된 바로 가기 키를 다른 문자로 수정하여 지정할 수 있다.
- 매크로에 지정된 바로 가기 키가 엑셀의 바로 가기 키보다 우선한다.

### ❸ 매크로가 저장되는 위치 지정하기

- **개인용 매크로 통합 문서**
  - PERSONAL.XLSB는 개인용 매크로 통합 문서로, 이 문서에 저장된 매크로는 모든 통합 문서에서 실행할 수 있다.
  - 엑셀이 시작될 때 XLSTART 폴더*에 있는 모든 문서가 한꺼번에 열리는데, 개인용 매크로 통합 문서는 이 XLSTART 폴더에 있다.
- **새 통합 문서** : 새 통합 문서를 열어 매크로를 기록하고 적용한다.
- **현재 통합 문서** : 기본 저장 위치로, 현재 작업중인 통합 문서에 매크로를 기록하고 적용한다.

**XLSTART 폴더의 위치**
Windows 10의 경우 Windows가 C 드라이브에 설치되어 있다면 'C:\사용자\사용자 계정\AppData\Roaming\Microsoft\Excel\XLSTART' 폴더에 있습니다.

### ❹ 설명

해당 매크로에 대한 간략한 설명으로, 사용자가 임의로 지정할 수 있다.

24.3, 24.1, 23.3, 23.2, 23.1, 22.5, 22.3, 21.4, 21.1, 20.2, 20.1, 19.1, 16.3, 13.2, 11.3, 10.2, 10.1, 07.4, 2급 13.3, 09.4

**잠깐만요 매크로에서의 셀 참조 / 양식 컨트롤과 ActiveX 컨트롤**

1210432

**매크로에서의 셀 참조**

- 매크로 기록 중에 선택된 셀 주소는 기본적으로 절대 참조로 기록되지만 [개발 도구] → [코드] → [상대 참조로 기록]을 선택하면 상대 참조로 기록할 수 있습니다.

- 매크로를 상대 참조로 기록하면 매크로를 실행할 때 셀 포인터의 위치에 따라 매크로가 적용되는 위치가 달라집니다.

예 [A1] 셀이 선택된 상태에서 [A2:A5] 영역에 배경색을 '노랑색'으로 지정하는 매크로를 작성한 경우 [C1] 셀을 선택하고 매크로를 실행하면 [A1] 셀에서 [C1] 셀, 즉 오른쪽으로 두 칸 이동한 [C2:C5] 영역에 배경색이 '노랑색'으로 지정됩니다.

**양식 컨트롤과 ActiveX 컨트롤**

- 양식 컨트롤과 ActiveX 컨트롤은 모두 워크시트에 컨트롤을 작성하기 위해 사용합니다.
- [개발 도구] → [컨트롤] → [삽입] → [양식 컨트롤]/[Active 컨트롤]을 이용합니다.
- 양식 컨트롤이나 ActiveX 컨트롤을 이용하여 매크로를 실행할 수 있지만, ActiveX 컨트롤은 주로 이벤트 프로시저를 이용하여 작업을 수행할 때 사용하고, 매크로는 주로 양식 컨트롤에 지정하여 사용합니다.
- 양식 컨트롤은 [디자인 모드]*에서도 해당 컨트롤에 지정된 기능을 실행할 수 있지만 ActiveX 컨트롤은 실행할 수 없습니다.

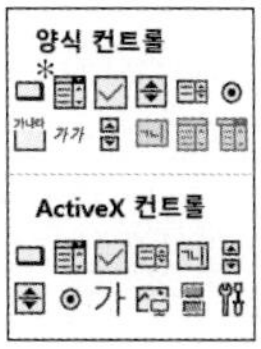


**전문가의 조언**
매크로에서 기본적으로 제공되는 셀 참조가 절대 참조라는 것과 '상대 참조로 기록'을 통해 셀 참조를 상대 참조로 변경할 수 있다는 것을 기억하세요.

**'단추(□)' 컨트롤**
양식 컨트롤의 '단추(□)'을 워크시트에 추가하면 [매크로 지정] 대화상자가 자동으로 표시됩니다.

**디자인 모드**
디자인 모드란 컨트롤이 특정 작업을 수행하기 전, 즉 편집 상태로 컨트롤의 모양, 색, 크기, 위치 등과 같은 컨트롤의 특성을 변경할 수 있는 작업 환경을 말합니다.

문제4 1210452

24년 3회, 22년 5회, 21년 4회

**1. 다음 중 매크로를 작성하고 사용하는 방법에 대한 설명으로 옳지 않은 것은?**

① 매크로 기록 도중에 선택한 셀은 절대 참조로 기록할 수도 있고 상대 참조로 기록할 수도 있다.

② 매크로에 지정된 바로 가기 키가 엑셀 고유의 바로 가기 키와 중복될 경우 매크로 실행의 바로 가기 키가 우선한다.

③ ActiveX 컨트롤의 '명령 단추'를 추가하면 [매크로 지정] 대화상자가 자동으로 표시되어 실행할 매크로를 바로 지정할 수 있다.

④ Visual Basic Editor에서 코드 편집을 통해 매크로의 이름이나 내용을 바꿀 수 있다.

ActiveX 컨트롤의 '명령 단추'가 아니라 양식 컨트롤의 '단추'를 추가하면 [매크로 지정] 대화상자가 자동으로 표시되어 실행할 매크로를 바로 지정할 수 있습니다.

24년 5회, 22년 7회, 2회

**2. 다음 중 [매크로 기록] 대화상자에서 설정할 수 있는 요소가 아닌 것은?**

① 매크로 이름　② 바로 가기 키

③ 매크로 보안　④ 매크로 저장 위치

'매크로 기록' 대화상자에서는 매크로 보안을 설정할 수 없습니다. 매크로 보안은 [개발 도구] → [코드] → [매크로 보안]을 클릭하면 실행되는 '보안 센터' 대화상자에서 설정할 수 있습니다.

23년 2회, 1회, 20년 2회

**3. 아래 그림과 같이 설정한 상태에서 [매크로 기록] 대화상자의 [확인] 단추를 누른다. [A2:A6] 범위를 선택한 후 글꼴 스타일을 '굵게'를 지정하고 [기록 중지]를 눌러 '서식' 매크로의 작성을 완료하였다. 다음 중 매크로 작성 후 [C1] 셀을 선택하고 '서식' 매크로를 실행한 결과로 옳은 것은?**

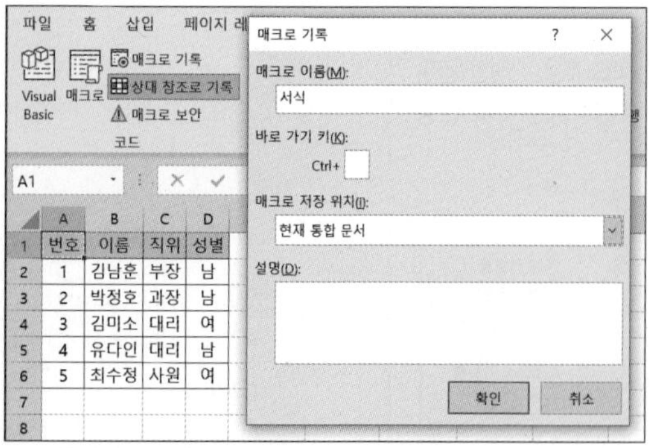


① [A2:A6] 영역의 글꼴 스타일이 굵게 지정된다.

② [A1] 셀만 글꼴 스타일이 굵게 지정된다.

③ [C2:C6] 영역의 글꼴 스타일이 굵게 지정된다.

④ [C1] 셀만 글꼴 스타일이 굵게 지정된다.

'상대 참조로 기록'이 선택된 상태에서 매크로를 기록했으므로 매크로 실행 시 셀 포인터의 위치에 따라 매크로가 적용되는 위치가 달라집니다. [A1] 셀이 선택된 상태에서 매크로 기록을 시작하여 [A2:A6] 영역에 '굵게'를 지정하는 매크로를 작성했으므로 [C1] 셀을 선택하고 매크로를 실행하면 [A1] 셀에서 [C1] 셀, 즉 오른쪽으로 두 칸 이동한 [C2:C6] 영역에 '굵게'가 지정됩니다.

24년 1회, 23년 3회, 22년 3회, 21년 1회, 19년 1회

**4. 다음 중 매크로를 작성하고 사용하는 방법에 대한 설명으로 옳지 않은 것은?**

① 매크로를 기록하는 경우 기본적으로 셀은 절대 참조로 기록되며, 상대 참조로 기록하고자 할 경우 '상대 참조로 기록'을 선택한 다음 매크로 기록을 실행한다.

② 매크로에 지정된 바로 가기 키가 엑셀 고유의 바로 가기 키와 중복될 경우 엑셀 고유의 바로 가기 키가 우선 한다.

③ 매크로를 기록하는 경우 실행하려는 작업을 완료하는데 필요한 모든 단계가 매크로 레코더에 기록되며, 리본 메뉴에서의 탐색은 기록된 단계에 포함되지 않는다.

④ 개인용 매크로 통합 문서에 저장한 매크로는 엑셀을 시작할 때마다 자동으로 로드되므로 다른 통합 문서에서도 실행할 수 있다.

매크로에 지정된 바로 가기 키가 엑셀 고유의 바로 가기 키와 중복될 경우 매크로에 지정된 바로 가기 키가 우선합니다.

24년 4회, 23년 4회, 22년 4회

**5. 다음 중 매크로 기록과 실행에 관련된 항목들의 설명으로 옳지 않은 것은?**

① 엑셀을 사용할 때마다 매크로를 사용할 수 있게 하려면 매크로 저장위치를 '개인용 매크로 통합 문서'를 선택한다.

② Alt와 영문 문자를 조합하여 해당 매크로의 바로 가기 키를 지정할 수 있다.

③ 매크로 기록 기능을 통해 작성된 매크로는 'VBA 편집기'에서 실행할 수 있다.

④ 매크로 기록 기능을 이용할 때 기본 저장 위치는 '현재 통합 문서'가 된다.

매크로의 바로 가기 키는 기본적으로 Ctrl과 영문자를 조합하여 지정됩니다.

▶ **정답** : 1. ③　2. ③　3. ③　4. ②　5. ②

SECTION 117

# 매크로 실행

B 등급

20.2, 13.1, 08.3, 07.3, 07.1, 06.3, 04.1, 03.4, 2급 24.5, 17.2, 14.3, 08.2, 08.1, 07.4, 06.4, 06.3, 05.4, 04.3, 04.2, …

## 1 '매크로' 대화상자를 이용한 실행

1210501

다음과 같이 수행한 후 '매크로' 대화상자에서 매크로 이름을 선택하여 실행한다.

**방법 1** [보기] → [매크로] → [(매크로)] 클릭

**방법 2** [개발 도구] → [코드] → [매크로] 클릭

**방법 3** Alt + F8 누름

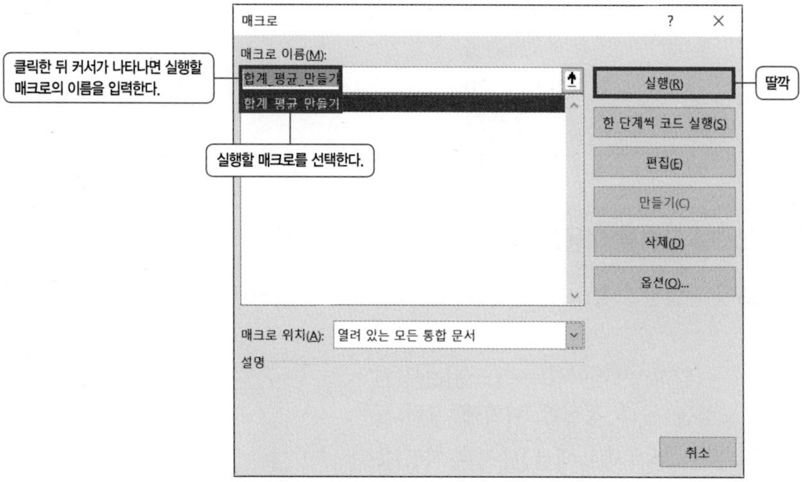


24.1, 21.4, 21.3, 20.2, 18.1, 05.1, 04.3, 2급 13.1, 10.3, 05.3, 05.2, 01.1

### 잠깐만요 '매크로' 대화상자의 각 단추

1210531

- **실행** : 선택한 매크로를 실행합니다.
- **한 단계씩 코드 실행** : 선택한 매크로를 한 줄씩 실행합니다(디버깅* 용도).
- **편집** : 선택한 매크로를 Visual Basic Editor를 이용해 매크로 이름이나 명령 내용을 편집합니다.
- **만들기** : Visual Basic Editor를 이용해 매크로를 작성합니다.
- **삭제** : 선택한 매크로를 삭제합니다.
- **옵션** : 선택한 매크로에 바로 가기 키를 지정하거나 설명을 수정합니다.

**전문가의 조언**

매크로 실행 방법을 묻는 문제가 출제됩니다. 바로 가기 키로 매크로를 실행하는 방법 외에 다른 실행 방법에는 어떤 것들이 있는가에 초점을 두고 공부하세요.

**디버깅(Debugging)**

매크로 작성 혹은 실행하는 과정에서 오류가 발생한 경우 오류를 수정하기 위한 작업 과정을 말합니다.

## 2 바로 가기 키를 이용한 실행

13.1, 06.3, 2급 24.5, 24.2, 23.2, 21.4, 18.2, 17.2, 14.3, 10.2, 09.1, 08.2, 07.4, 06.3, 05.4, 03.3, 01.2

1210502

매크로를 기록할 때 지정한 바로 가기 키를 눌러 매크로를 실행한다.

- 매크로를 생성할 때 바로 가기 키를 지정한 경우에만 사용할 수 있으며, 매크로를 보다 빠르게 실행할 수 있다.

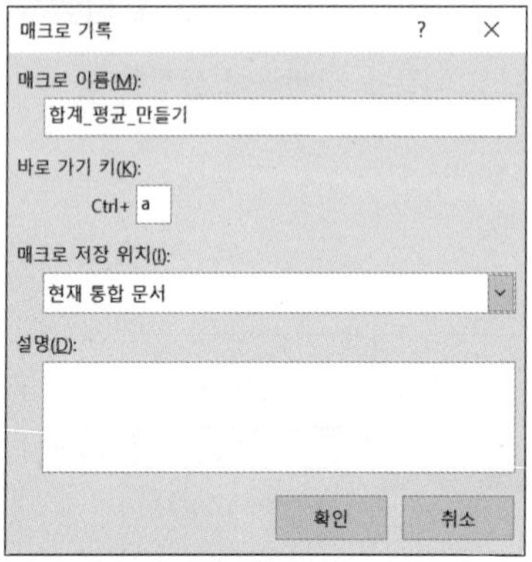


## 3 개체나 도형을 이용한 실행

19.2, 13.1, 07.1, 06.3, 2급 23.4, 23.2, 18.2, 17.2, 13.3, 10.2, 09.2, 09.1, 05.4

1210503

워크시트에 삽입된 도형, 그림, 차트, 명령 단추 컨트롤 등에 매크로를 지정하여 실행한다.

① [삽입] → [일러스트레이션] → [도형]에서 원하는 모양을 골라 적절한 위치에 그린다.

② 도형의 바로 가기 메뉴에서 [매크로 지정]을 선택한 후 원하는 매크로와 연결하여 사용한다.

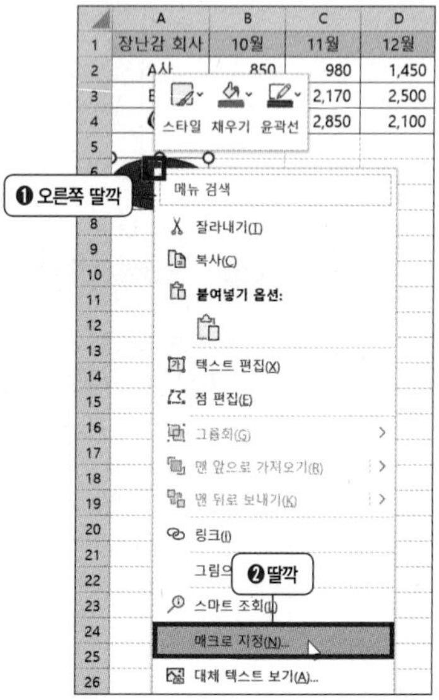


**궁금해요 시나공 Q&A 베스트**

**Q 단추를 삽입했는데 '매크로 지정' 대화상자가 나타나지 않아요.**

A '매크로 지정' 대화상자가 나타나지 않을 경우 도형과 마찬가지로 작성한 '단추'의 바로 가기 메뉴에서 [매크로 지정]을 선택하여 원하는 매크로와 연결한 후 사용하면 됩니다.

## 4 매크로 실행 버튼을 이용한 실행

07.1, 06.3, 2급 24.2, 23.4, 21.4, 14.3, 10.2, 09.1, 07.4, 03.3, 01.2

1210504

매크로 실행 버튼에 매크로를 지정하여 실행한다.

① [개발 도구] → [컨트롤] → [삽입]의 양식 컨트롤에서 '단추(▭)'를 선택한 후 적절한 크기로 워크시트에 드래그한다.

② '매크로 지정' 대화상자가 나타나면 원하는 매크로와 연결한 후 사용한다.

24.1, 21.3, 17.1, 16.1, 11.1, 07.1, 06.1, 04.3, 2급 23.4, 15.3, 12.2, 08.3, 07.1, 02.3

## 5 Visual Basic Editor*를 이용한 실행

**방법 1** F5 : 일반적인 실행

**방법 2** F8 : 한 단계씩 코드 실행

**방법 3** Ctrl + F8 : 모듈 창의 커서 위치까지 실행

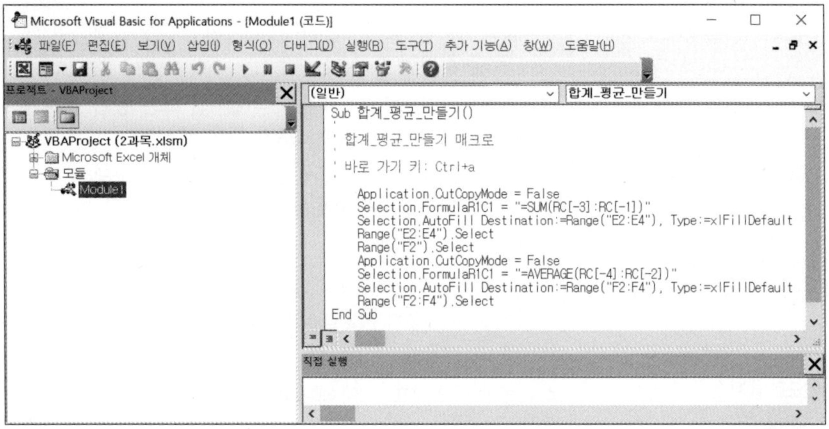


Visual Basic Editor 실행 방법
- 방법 1 : [개발 도구] → [코드] → [Visual Basic] 클릭
- 방법 2 : Alt + F11 누름

07.4, 04.1

**잠깐만요 '보안 경고' 메시지**

1210532

보안 수준([개발 도구] → [코드] → [매크로 보안] 선택)이 '알림이 포함된 VBA 매크로 사용 안 함'으로 설정되어 있을때 매크로가 포함된 문서를 열면 '보안 경고' 메시지가 표시됩니다. 실제로 이 파일이 보안에 문제가 있다는 것이 아니라, '매크로가 포함되어 있기 때문에 보안에 문제가 있을 수도 있다'는 의미입니다. 매크로를 실행하려면 '보안 경고' 메시지에서 〈콘텐츠 사용〉을 클릭하면 됩니다.

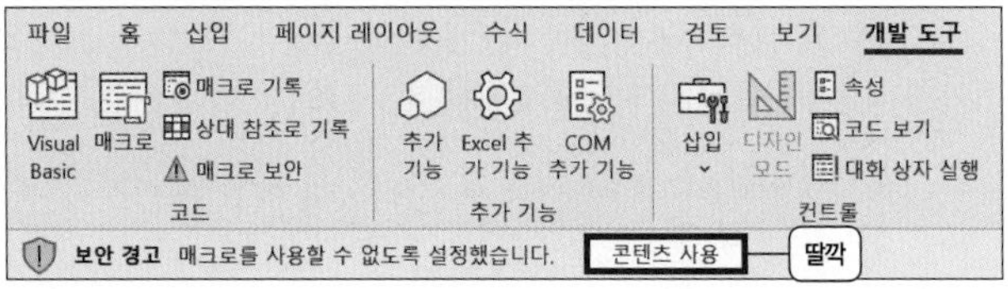


20.2

## 6 매크로 삭제

- 작성한 매크로를 삭제하는 방법은 다음과 같다.
  - 방법 1 : [개발 도구] → [코드] → [매크로]나 [보기] → [매크로] → [(매크로 보기)]에서 제거할 매크로를 선택한 후 〈삭제〉 클릭
  - 방법 2 : Visual Basic Editor의 프로시저에서 Delete를 이용하여 직접 지우고 저장하거나 모듈 삭제
- 매크로 기능이 연결된 도형이나 버튼을 삭제해도 작성된 매크로는 지워지지 않는다.

13년 1회, 06년 3회, 03년 4회

**1. 다음 중 매크로의 실행 방법에 대한 설명으로 옳지 않은 것은?**

① 매크로 작성 시 바로 가기 키를 지정해 두었다면 바로 가기 키를 눌러 매크로를 실행할 수 있다.

② 양식 컨트롤의 단추를 이용하여 실행 단추를 만든 후 해당 단추를 누르면 미리 설정한 매크로를 실행하도록 만들 수 있다.

③ Ctrl + F8의 조합을 통해 매크로 이름을 선택한 후 실행 단추로 실행할 수 있다.

④ [개발 도구] → [코드] → [매크로]를 실행하여 매크로 이름을 선택한 후 〈실행〉 단추로 실행할 수 있다.

'매크로' 대화상자를 호출하려면 Alt + F8을 눌러야 합니다. Ctrl + F8은 Visual Basic Editor에서 모듈 창의 커서 위치까지 매크로를 실행하는 바로 가기 키입니다.

18년 1회

**2. 다음 중 [매크로] 대화상자에 대한 설명으로 옳지 않은 것은?**

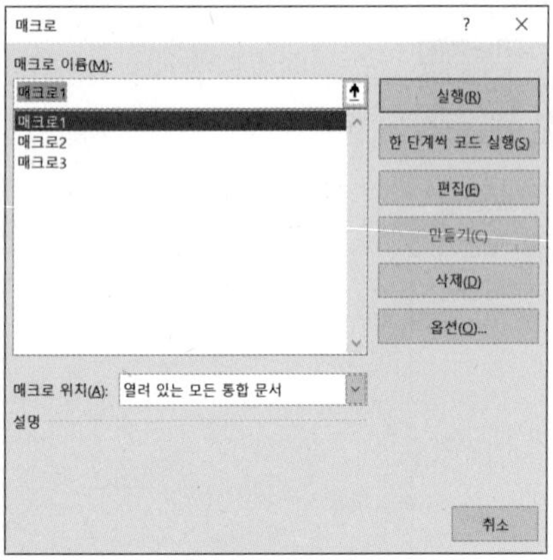


① 매크로 이름 상자에서는 매크로의 이름을 선택하여 변경할 수 있다.

② [한 단계씩 코드 실행] 단추를 클릭하면 선택한 매크로를 한 줄씩 실행한다.

③ [편집] 단추를 클릭하면 선택한 매크로를 수정할 수 있도록 VBA가 실행된다.

④ [옵션] 단추를 클릭하면 바로 가기 키를 설정하거나 변경할 수 있다.

매크로 이름 상자에서는 매크로의 이름을 선택하여 변경할 수 없습니다. 매크로 이름은 '매크로' 대화상자의 〈편집〉 단추를 클릭하면 실행되는 VBA 편집기에서 수정할 수 있습니다.

20년 2회

**3. 다음 중 매크로 편집 및 삭제에 대한 설명으로 옳지 않은 것은?**

① [매크로] 대화상자에서 편집할 매크로를 선택하고 [편집] 단추를 클릭하면 Visual Basic 편집기를 실행할 수 있다.

② Alt + F8을 눌러 Visual Basic 편집기를 실행하면 매크로를 수정할 수 있다.

③ PERSONAL.XLSB 파일을 삭제하면 모든 통합 문서에서 사용할 수 있었던 매크로가 삭제된다.

④ Visual Basic 편집기에서 삭제할 매크로의 코딩 부분을 범위로 지정한 뒤 Delete를 눌러 여러 매크로를 한 번에 삭제할 수 있다.

Visual Basic 편집기를 실행하려면 Alt + F11을 눌러야 합니다. Alt + F8을 누르면 '매크로' 대화상자가 실행됩니다.

17년 1회, 16년 1회, 07년 3회, 06년 1회

**4. 다음 중 아래 괄호 ( )에 해당하는 바로 가기 키의 연결이 옳은 것은?**

> Visual Basic Editor에서 매크로를 한 단계씩 실행하기 위한 바로 가기 키는 ( ㉮ )이고, 모듈 창의 커서 위치까지 실행하기 위한 바로 가기 키는 ( ㉯ )이며, 매크로를 바로 실행하기 위한 바로 가기 키는 ( ㉰ )이다.

① ㉮ – F5 ㉯ – Ctrl + F5 ㉰ – F8

② ㉮ – F5 ㉯ – Ctrl + F8 ㉰ – F8

③ ㉮ – F8 ㉯ – Ctrl + F5 ㉰ – F5

④ ㉮ – F8 ㉯ – Ctrl + F8 ㉰ – F5

Visual Basic Editor를 실행하려면 Alt + F11, Visual Basic Editor에서 매크로를 실행하려면 F5, 매크로를 단계별로 실행하려면 F8, 모듈 창의 커서 위치까지 실행하려면 Ctrl + F8을 눌러야 합니다.

24년 1회, 21년 3회

**5. 다음 중 Visual Basic Editor에 대한 설명으로 틀린 것은?**

① Alt + F11을 누르면 실행된다.

② Visual Basic Editor에서 F5를 눌러 매크로를 실행할 수 있다.

③ 매크로를 단계별로 실행할 수는 없으나 중간에 중단할 수 있다.

④ 기록된 매크로의 내용을 수정할 수 있다.

[매크로] 대화상자에서는 〈한 단계씩 코드 실행〉 단추를, Visual Basic Editor에서는 F8을 이용하여 매크로를 단계별로 실행할 수 있습니다.

▶ **정답** : 1. ③ 2. ① 3. ② 4. ④ 5. ③

SECTION 118

# VBA 기본 개념

C 등급

## 1 VBA의 개요

3212201

VBA(Visual Basic for Applications)는 MS-오피스 사에서 사용되는 매크로 작업용 언어로, Visual Basic 언어와 유사한 문법 구조를 갖는다. 특히 엑셀에서 사용하는 비주얼 베이직 코드를 '엑셀 VBA'라고 하며, 비주얼 베이직 편집기(VBE)를 이용하여 기록한다.

- VBE(Visual Basic Editor)는 VBA 언어를 이용하여 작성된 매크로를 수정하거나 개체의 속성을 편집할 때, 또는 직접 매크로를 작성할 때 사용하는 일종의 편집기이다.
- 초기 엑셀에서는 단순한 매크로 관련 기능만을 제공하였으나, Office-97 이후 VBA가 내장되면서 사용자가 원하는 응용 프로그램을 작성할 수 있게 되었다.

**전문가의 조언**

**중요해요!** VBA의 기본 개념 및 기본 문법은 3과목 액세스에서도 동일하기 때문에 3과목에는 따로 수록하지 않았습니다. 실제 문제 또한 엑셀과 액세스를 가리지 않고 출제되고 있으니 기본 개념 및 문법은 꼭 이 섹션에서 숙지하기 바랍니다.

## 2 모듈

21.2, 17.2, 16.3, 16.1, 14.1, 10.3, 07.3, 05.4, 04.2

3212202

모듈(Module)은 프로시저의 집합이며, 프로젝트*를 구성하는 기본 단위이다.

- **표준 모듈** : 워크시트 모듈(Sheet로 표시되는 모듈)과 ThisWorkbook 모듈, 공용 모듈(일반적으로 사용하는 모듈)이 있다.
- **클래스 모듈** : 개체를 새롭게 정의해서 사용할 수 있도록 작성하는 모듈로, 개체의 속성, 메서드, 이벤트를 정의하는 모듈이다.
  - 클래스 모듈의 종류로는 폼 모듈, 보고서 모듈 등이 있다.
  - **폼 모듈** : 사용자 정의 폼을 디자인하고 사용자 정의 폼의 컨트롤에 이벤트 프로시저를 작성하는 모듈이다.
  - **보고서 모듈** : 보고서에 연결되어 있는 모듈로, 이벤트 프로시저를 포함한다.

**전문가의 조언**

모듈, 모듈의 종류, 프로시저, 개체, 속성, 메서드, 이벤트의 개념만큼은 확실히 파악해야 합니다. 구체적인 활용 방법은 앞으로 진행될 섹션에서 반복적으로 다뤄집니다.

**프로젝트**

- 프로젝트(Project)는 하나의 프로그램을 구성하는 모듈, 폼, 클래스 모듈 등 모든 구성 요소의 집합을 의미합니다.
- 하나의 엑셀 통합 문서에서 작성되는 모든 VBA 코드 내용을 하나의 프로젝트라고 보면 됩니다.

## 3 프로시저

24.2, 21.2, 21.2, 17.2, 15.2, 11.3, 11.2, 10.3, 07.3, 05.4, 04.2, 02.3

3212203

프로시저(Procedure)는 연산을 수행하거나 값을 계산하는 일련의 명령문과 메서드의 모임으로, 모듈(Module) 안에 작성된다.

- 사용자가 기록한 매크로도 하나의 프로시저이다.
- 프로시저는 코드가 작성되는 공간으로 사용 방법에 따라 Sub, Function, Property로 구분된다.

| 구성 요소 | 특징 |
|---|---|
| 24.2, 21.2, 17.2, …<br>Sub ~<br>End Sub | • 프로시저 내에 작성된 코드를 실행하는 가장 일반적인 형태로, 결과값을 반환하지 않는다.<br>• 작성된 Sub 프로시저는 워크시트에서 매크로처럼 연결하여 사용할 수 있다. |

| | |
|---|---|
| 15.2, 11.3, 07.3, …<br>Function ~<br>End Function | • 프로시저 내에 작성된 코드를 실행하고 실행된 결과값을 반환한다.<br>• Function 프로시저는 워크시트에서 일반 내장 함수와 같은 방법으로 사용한다. |
| 11.2<br>Property ~<br>End Property | • 개체의 속성을 새로 정의할 때 사용되는 프로시저로, 결과값을 반환한다.<br>• 종류에는 개체 할당(Property Let( )), 개체 읽기(Property Get( )), 개체 참조(Propety Set( )) 등이 있다. |

## 4 개체

11.2, 10.2

3212204

개체(Object)는 프로그래밍 과정에서 작업한 내용이 실제 적용되는 독립된 대상을 말한다.

- 엑셀 VBA에서 개체는 통합 문서, 셀, 차트, 폼 같은 엑셀의 구성 요소를 의미한다.
- VBA 코드로 프로그램을 만들 때는 개체를 지정한 다음, 지정한 개체에 메서드나 속성 등을 지정한다.
- 개체와 메서드 또는 개체와 속성은 마침표( . )로 구분해 순서대로 입력한다.

  예 Application.Worksheets("Sheet1").Range("A1") : "Sheet1" 시트의 "A1" 셀을 의미함

## 5 속성

10.1

3212205

속성(Property)은 크기, 색, 화면 위치와 같은 개체의 특성이나 가능, 불가능과 같은 개체의 상태를 말한다.

- 속성은 '개체명.속성 = 값'과 같은 형식으로 설정한다.

  예 Range("A1").Font.Size=15 : "A1" 셀의 글꼴 크기를 15로 지정함

## 6 메서드

11.2, 10.1

3212206

메서드(Method)는 개체가 실행할 수 있는 동작으로, 특정 개체에서만 실행할 수 있는 프로시저를 의미한다.

- 메서드는 '개체명.메서드'와 같은 형식으로 설정한다.

  예 Range("A1").Select : "A1" 셀을 선택함

## 7 이벤트

15.2, 14.1, 11.3, 11.2, 10.1, 07.3

3212207

이벤트(Event)란 프로그램 사용중에 일어나는 사건(마우스 클릭, 셀 이동 등)을 의미하고, 이벤트가 일어났을 때 실행되도록 작성된 프로시저를 이벤트 프로시저라고 한다.

- 이벤트는 사용자가 마우스나 키보드를 움직이는 동작이나 프로그램의 실행 결과로 인해 발생한다.
- 다른 프로시저에서 이벤트 프로시저를 호출하여 실행할 수 있다.

• 개체에 따라 발생하는 이벤트의 종류가 다르다.
• 일반적으로 이벤트 프로시저는 '개체명_이벤트명'과 같은 형식으로 구분하여 입력한다.

예 Private Sub UserForm_Click( ) : "UserForm"을 클릭할 때 실행되는 이벤트 프로시저

## 따라잡기 기출문제 따라잡기

문제1 1210651 문제5 1210652

21년 2회, 17년 2회

**1. 다음 중 VBA의 모듈에 대한 설명으로 적절하지 않은 것은?**

① 모듈은 여러 개의 프로시저로 구성할 수 있다

② 전역변수 선언을 위해서는 PUBLIC으로 변수명 앞에 지정해 주어야 한다.

③ SUB는 결과 값을 SUB를 호출한 곳으로 반환한다.

④ 선언문에서 변수에 데이터 형식을 생략하면 변수는 VARIANT 형식을 가진다.

Sub 프로시저는 결과값을 반환하지 않습니다. 결과값을 반환하는 프로시저는 Function 프로시저입니다.

07년 3회, 04년 2회

**2. 액세스의 모듈에 관한 설명으로 틀린 것은?**

① 모듈에서는 VBA(Visual Basic for Application)를 사용하여 액세스에서 사용할 프로시저를 만든다.

② 프로시저는 Sub 프로시저와 Function 프로시저가 있다.

③ 표준 모듈은 특정한 폼이나 보고서와 연결되어 있다.

④ 폼 모듈과 보고서 모듈에는 종종 폼이나 보고서의 이벤트에 응답하여 실행되는 이벤트 프로시저가 포함되기도 한다.

표준 모듈은 특정 폼이나 보고서에 연결되어 있지 않습니다. 폼에 연결되어 있는 모듈은 폼 모듈, 보고서에 연결되어 있는 모듈은 보고서 모듈입니다.

11년 2회

**3. 다음 중 VBA 프로그래밍 용어에 대한 설명으로 옳지 않은 것은?**

① Object : 어떤 작업이나 처리를 할 때 그 대상이 되는 독립적인 성질을 갖는 하나의 사물이다.

② Method : 개체가 실행할 수 있는 동작 또는 행동으로 '개체명.메서드'의 형태로 사용한다.

③ Event : VBA 프로그래밍 용어에서 개체의 모음이다.

④ Property : 개체가 가지고 있는 고유한 성질이다.

Event는 프로그램 사용 중에 일어나는 사건(마우스 클릭, 셀 이동 등)을 의미합니다. 개체의 모음은 컬렉션입니다.

24년 2회, 10년 3회

**4. 다음 중 VBA에서 프로시저(Procedure)에 대한 설명으로 옳지 않은 것은?**

① 특정한 기능을 수행할 수 있는 명령문들의 집합이다.

② 사용자가 직접 기록한 매크로도 프로시저로 기록된다.

③ Sub ~ End Sub 프로시저는 명령문들의 실행 결과를 반환한다.

④ 하나 이상의 프로시저들을 이용하여 모듈을 구성할 수 있다.

Sub ~ End Sub 프로시저는 결과값을 반환하지 않습니다. 결과값을 반환하는 것은 Function ~ End Function 프로시저입니다.

15년 2회, 11년 3회

**5. 다음 중 프로시저에 대한 설명으로 옳지 않은 것은?**

① 프로시저는 연산을 수행하거나 값을 계산하는 일련의 명령문과 메서드로 구성된다.

② 명령문은 대체로 프로시저나 선언 구역에서 한 줄로 표현되며 명령문의 끝에는 세미콜론(;)을 찍어 구분한다.

③ 이벤트 프로시저는 특정 객체에 해당 이벤트가 발생하면 자동적으로 실행되나 다른 프로시저에서도 이를 호출하여 실행할 수 있다.

④ Function 프로시저는 Function문으로 함수를 선언하고 End Function문으로 함수를 끝낸다.

• 프로시저 작성 시 명령문은 대체로 프로시저나 선언 구역에서 한 줄로 표현하지만 한 줄을 넘어도 되며, 끝을 구분하는 별도의 구분자는 없습니다.
• 세미콜론(;)을 찍어 문장의 끝을 구분하는 경우는 질의문을 입력하는 경우입니다.

▶ 정답 : 1. ③ 2. ③ 3. ③ 4. ③ 5. ②

SECTION 119

# VBA 문법 – 상수 / 변수 / 배열

B 등급

> **전문가의 조언**
> 상수의 개념을 명확히 파악하고 있는가에 중점을 둔 문제가 출제될 것으로 예상됩니다. 변함없이 항상 같은 값을 갖는다는 상수의 기본 개념을 위주로 이해하세요.

## 1 상수

3212301

상수(Constant)란 프로그램 처리 과정에서 변함이 없는, 항상 같은 값을 말한다.

- 상수는 숫자, 문자 등 다양한 데이터 형식의 상수 외에 사용자가 정의하여 사용할 수 있는 사용자 정의 상수(또는 기호 상수)와 엑셀이나 VBA에서 제공하는 내장 상수(또는 시스템 정의 상수)가 있다.
- 내장 상수는 상수를 정의한 개체 라이브러리를 나타내는 두 글자로 된 접두사를 가지며, 대/소문자가 혼합된 형식으로 표시된다.

  예 엑셀 내장 상수는 xl로 시작하고, VB 내장 상수는 vb로 시작
- 사용자 정의 상수는 Const 명령문을 이용하여 지정하며 Public Const 명령문으로 지정된 상수는 프로젝트 전체에서 사용할 수 있다.

### 내장 상수의 예

| 상수 | 설명 | 비고 |
|---|---|---|
| vbUpperCase | 문자열을 대문자로 변환한다. | StrConv 상수 |
| vbLowerCase | 문자열을 소문자로 변환한다. | StrConv 상수 |
| vbCurrency | 통화 | Var Type 상수 |
| vbDate | 날짜 | Var Type 상수 |
| vbYesNo | 〈예〉 및 〈아니오〉 단추를 나타낸다. | MsgBox 상수 |
| vbRetryCancel | 〈재시도〉 및 〈취소〉 단추를 나타낸다. | MsgBox 상수 |
| vbBlack | 검정 | 색 상수 |
| vbBlue | 파랑 | 색 상수 |

### 사용자 정의 상수 사용 예

```
Const PI = 3.14                          PI는 프로그램 내에서 다른 용도로 사용할 수 없고 3.14라는 의미로만 사용된다.
Public Const Gilbut = "1초의 절약"        프로그램 내에서 Gilbut은 "1초의 절약"이라는 의미로만 사용된다.
Sub 상수연습( )
    Debug.Print 2*PI                     직접 실행 창에 6.28이 출력된다.
    Debug.Print Gilbut                   직접 실행 창에 "1초의 절약"이 출력된다.
End Sub
```

**실습하여 확인하기**

❶ Alt+F11을 눌러 VBE를 실행합니다.
❷ VBE에서 [삽입] → [모듈]을 선택하여 모듈을 추가합니다.
❸ 아래의 코드를 입력합니다.

```
Const PI = 3.14
Public Const Gilbut = "1초의 절약"
Sub 상수연습( )
    Debug.Print 2 * PI
    Debug.Print Gilbut
End Sub
```

❹ Ctrl+G를 눌러 직접 실행 창을 엽니다.
❺ F5를 눌러 결과를 확인합니다.
※ F5를 누르기 전에 커서를 Sub~End Sub 사이에 놓아야 합니다.

17.2, 15.1, 12.3, 07.2, 06.2, 05.3, 05.2, 05.1

## 2 변수

3212302

변수(Variable)는 컴퓨터가 명령을 처리하는 도중 발생하는 값을 저장하기 위한 공간으로 변할 수 있는 값을 의미한다.

- 변수 선언은 '키워드 + 변수 이름 + As 데이터 유형'으로 이뤄진다.

  예 Dim Y As String

- **변수 선언* 키워드의 종류**

| 키워드 | 의미 |
|---|---|
| 05.2 Dim | • 선언하는 위치에 따라 다르다.<br>• 프로시저의 시작 부분에 선언하면 해당 프로시저 내에서만 사용 가능하다.<br>• 모듈의 시작 부분에 선언하면 해당 모듈 내의 모든 프로시저에서 사용이 가능하다. |
| 05.2 Static | • 프로시저의 시작 부분에 선언한다.<br>• 해당 프로시저에서만 사용 가능하다.<br>• 프로시저 종료 후에도 값이 유지된다. |
| 05.2 Private | • 모듈의 시작 부분에 선언한다.<br>• 해당 모듈 내의 모든 프로시저에서 사용 가능하다. |
| Public | • 모듈의 시작 부분에 선언한다.<br>• 모든 모듈에서 사용 가능한다. |

- **프로시저와 변수의 이름 작성 규칙**
  - 문장 부호나 공백을 사용할 수 없다.
  - 255자까지 가능하다.
  - 문자, 숫자, 밑줄(_)을 사용할 수 있다.
  - Visual Basic 키워드를 사용할 수 없다.
- **데이터 유형**
  - 변수에 담길 자료의 크기나 유형을 고려하여 지정한다.
  - 생략하면 Variant*형으로 지정된다.
- **주요 데이터 형식**

| 데이터 유형 | 크 기 | 범 위 |
|---|---|---|
| Byte | 1바이트 | 0 ~ 255 |
| 05.3 Boolean | 2바이트 | True, False |
| Integer | 2바이트 | -32,768 ~ 32,767 |
| 05.3 Long | 4바이트 | -2,147,483,648 ~ 2,147,483,647 |
| 05.3 Currency | 8바이트 | -922,337,203,685,477.5808 ~ 922,337,203,685,477.5807 |
| 05.3 Date | 8바이트 | 100년 1월 1일 ~ 9999년 10월 31일 |
| String(가변 길이) | 10바이트 + 문자열 길이 | 0 ~ 약 20억 |

**전문가의 조언**

변수 선언 키워드와 변수 이름 작성 규칙에 대한 문제가 출제되었습니다. 변수 이름 작성 규칙은 암기하고, 변수 선언에 사용되는 키워드는 각각을 특징별로 구분하여 파악해야 합니다.

**변수 선언의 종류**

- 변수의 선언에는 사용하기 전에 변수를 사용하겠다고 선언하는 명시적(Explicit) 선언과 변수를 선언하지 않고 명령문 안에서 사용하는 묵시적(Implicit) 선언으로 구분됩니다.
- 묵시적 선언으로 사용되는 변수는 데이터 유형이 Variant 형태로 자동 할당됩니다.

**Variant**

- 상수, 변수, 인수를 선언할 때 데이터 유형을 따로 지정하지 않으면 자동으로 Variant로 지정됩니다.
- Variant로 선언된 변수는 문자열, 날짜, 시간 등 데이터 유형에 상관없이 자료를 저장할 수 있습니다.

| | | |
|---|---|---|
| String(고정 길이) | 문자열 길이 | 1 ~ 약 65,400 |
| Variant(숫자) | 16바이트 | Double형 범위 내의 모든 숫자 |
| Variant(문자) | 22바이트 + 문자열 길이 | 가변 길이 String과 같은 범위 |

## 변수* 선언 예

| | |
|---|---|
| Option Explicit | 변수를 선언하지 않고 사용하면 에러 발생 유도 |
| Dim 임시 | 변수의 데이터형을 선언하지 않으면 모든 유형의 상수가 치환될 수 있다. |
| Dim 이름 As Long | '이름'을 문자를 저장할 수 있는 변수로 선언 |
| Dim 수령액 As Integer | '수령액'을 정수를 저장할 수 있는 변수로 선언 |
| Public 급여시트 As Object | '급여시트'를 개체를 저장할 수 있는 변수로 선언 |
| Set 급여시트 = Workbooks_<br>("23년.xlsx").Worksheets("03월") | 급여시트에 "23년" 워크북의 "3월" 시트 저장, 개체를 참조하기 위해 치환할 때는 Set을 사용한다. |
| 이름="강호정" | '이름' 변수에 "강호정" 저장 |
| 수령액=2570000 | '수령액' 변수에 2570000 저장 |

**변수**
변수는 컴퓨터가 명령을 처리하는 도중 발생하는 값을 저장하기 위한 공간이라고 했죠? 예를 들어 'aa=2+3'은 2와 3을 더해서 'aa'에 기억시키라는 뜻입니다. 보통 이럴 때 우변의 식을 계산, 정리해서 좌변에 치환한다고 말하죠. 이제 'aa'라는 변수에 기억된 값이 5라는 건 알겠죠? 그럼 'aa=aa+3'을 실행하고 나면 'aa'는 얼마가 될까요? 우변을 계산 정리하면, 즉 'aa'는 5이므로 5+3은 8, 이제 좌변에 치환하면 'aa'는 8이 되네요. 어렵지 않죠? 이렇게 변하는 수가 변수입니다.

23.5, 22.6, 22.1, 21.4, 21.1, 12.1

## 3 배열

1210703

배열*(Array)은 동일한 데이터 유형을 여러 개 사용하는 경우, 모든 데이터를 하나의 변수 이름으로 정의해 사용하는 것을 말한다.

- 배열은 선언할 때 변수 이름 다음에 괄호를 만들어 배열의 크기를 지정한다.
- 배열의 위치(첨자)는 0부터 시작하지만 프로시저를 시작하기 전에 모듈의 처음에 'Option Base 1'을 선언하면 배열의 위치(첨자)는 1부터 시작한다.
- 1차원 배열은 행만으로, 2차원 배열은 행과 열로, 3차원 배열은 면, 행, 열로 이루어진 배열이다.
- 60차원까지 작성이 가능하다.

**전문가의 조언**
배열에 대한 설명으로 옳지 않은 것을 고르는 문제가 출제된 적이 있습니다. 배열의 위치는 0부터 시작한다는 것을 중심으로 배열의 개념과 선언 방법을 정확히 파악하세요.

**정적 배열과 동적 배열**
정적 배열은 배열을 선언할 때 배열의 크기를 지정하는 것이고, 동적 배열은 배열을 선언할 때 배열의 크기를 지정하지 않고 배열 이름 뒤에 빈 괄호만 표시하는 것으로, 실행중에 크기가 결정됩니다.
- 정적 배열 선언
  예 Dim myArray(5) As Integer
- 동적 배열 선언
  예 Dim myArray( ) As Integer

**배열의 선언**
배열은 일반 변수와 마찬가지로 Dim, Public, Private, Static 명령문으로 선언합니다.

**예제 1** 6개의 요소를 가진 1차원 배열 선언*하기

```
Dim No(5) As Integer
```

| | | | | | |
|---|---|---|---|---|---|
| No(0) | No(1) | No(2) | No(3) | No(4) | No(5) |

※ 6개의 첨자를 갖는 1차원 배열이 만들어진다.

**예제 2** 3행 5열의 2차원 배열 선언하기(첨자는 1부터 사용)

```
Option Base 1
Dim No(3, 5) As Integer
```

| | | | | |
|---|---|---|---|---|
| No(1,1) | No(1,2) | No(1,3) | No(1,4) | No(1,5) |
| No(2,1) | No(2,2) | No(2,3) | No(2,4) | No(2,5) |
| No(3,1) | No(3,2) | No(3,3) | No(3,4) | No(3,5) |

※ 15개 요소를 갖는 '3행×5열'의 2차원 배열이 만들어진다.

문제6 1210751

## 따라잡기 기출문제 따라잡기

05년 2회

**1. 다음 중 Visual Basic에서 변수를 선언할 때 사용하는 키워드가 아닌 것은?**

① Dim ② Const

③ Private ④ Static

Const는 사용자 정의 상수를 지정하는 키워드입니다. Visual Basic에서 변수를 선언할 때 사용하는 키워드에는 Dim, Static, Private, Public이 있습니다.

05년 1회

**2. Dim intX, intY, intZ AS Integer문에서 변수 형식은 어떻게 지정되는가?**

① intX, intY, intZ 모두 정수형이다.

② intX, intY는 Variant형이고 intZ는 정수형이다.

③ intX, intY, intZ 모두 Variant형이다.

④ intX, intY는 정수형이고 intZ는 배열을 의미한다

상수, 변수, 인수를 선언할 때 데이터 유형을 따로 지정하지 않으면 자동으로 Variant로 지정됩니다.

05년 3회

**3. 다음 중 VBA에서 사용하는 데이터 형식과 저장 크기가 잘못된 것은?**

① Boolean : 2Byte

② Long(배정수형) : 8Byte

③ Date(날짜 & 시간) : 8Byte

④ Currency : 8Byte

Long(배정수형)형 데이터 유형의 크기는 4Byte입니다. 실수의 Single은 4Byte, Double은 8Byte의 크기를 갖습니다.

출제예상

**4. 다음 보기에서 상수 선언에 해당하는 것은?**

```
Sub ApplyFormat( ) ──────────────── ①
    Const 평균나이 As Integer = 30 ──── ②
    Dim 주민번호 As String ────────── ③
    Dim 이름 As String ─────────────── ④
End Sub
```

①은 프로시저의 시작 위치, ③과 ④는 변수 선언입니다.

출제예상

**5. 변수에 대한 설명으로 잘못된 것은?**

① 변수(Variable)는 컴퓨터가 명령을 처리하는 도중 발생하는 값을 저장하기 위한 공간이다.

② 변수는 사용 범위 내에서 유일하게 구별될 수 있는 이름을 갖는다.

③ 변수 이름은 영문자로 시작하며, 영문자, 한글, 숫자, 밑줄( _ )을 혼합하여 사용할 수 있다.

④ 변수 이름은 주로 예약어를 사용한다.

변수에는 예약어를 사용할 수 없습니다.

12년 1회

**6. 다음 VBA 배열 선언문에 대한 설명으로 옳지 않은 것은?**

```
Option Base 1
Dim No(3, 4, 2) As Integer
```

① 배열은 3차원 배열이고, 요소는 모두 24개이다.

② 배열의 첫 번째 요소는 No(0, 0, 0)이다.

③ 배열 요소의 데이터 형식은 모두 Integer이다.

④ 배열은 4행 2열의 테이블이 3면으로 되어 있다.

VBA에서 기본적으로 배열의 위치(첨자)는 0부터 시작하지만, 프로시저를 시작하기 전에 'Option Base 1'을 선언했으므로 배열의 위치(첨자)는 1부터 시작합니다. 즉 배열의 첫 번째 요소는 No(1, 1, 1)입니다.

23년 5회, 22년 6회, 1회, 21년 1회

**7. 다음 VBA의 배열에 대한 설명으로 옳지 않은 것은?**

① 배열은 모든 데이터를 하나의 변수 이름으로 정의해 사용하는 것이다.

② 배열은 선언할 때 변수 이름 다음에 괄호를 만들어 배열의 크기를 지정한다

③ 배열의 위치는 1부터 시작한다.

④ 1차원 배열은 행, 2차원 배열은 행과 열로, 3차원 배열은 면, 행, 열로 이루어진 배열이다.

배열의 위치는 0부터 시작합니다.

06년 2회

**8. Visual Basic 프로시저, 변수 이름 지정 방법에 대한 설명으로 옳지 않은 것은?**

① 문장 부호나 공백을 포함할 수 없다.

② 255자까지 가능하다.

③ 문자, 숫자, 밑줄 문자( _ )를 포함한다.

④ Visual Basic 키워드를 이름으로 지정할 수 있다.

Visual Basic 키워드를 프로시저나 변수 이름으로 지정할 수 없습니다.

▶ **정답** : 1. ② 2. ② 3. ② 4. ② 5. ④ 6. ② 7. ③ 8. ④

SECTION 120

# VBA 기본 문법 1 - 제어문 1

C 등급

일반적으로 프로그램은 명령어가 서술된 순서에 따라 실행되는데, 조건을 지정해 프로그램이 진행되는 흐름을 변경할 수 있다. 이렇게 프로그램의 흐름을 바꾸는 명령문을 제어문이라고 한다.

**전문가의 조언**

IF문의 문법과 제시된 IF 조건문의 실행 과정 및 결과를 묻는 문제가 출제되었습니다. 형식별로 주어진 예제 를 이해할 수 있어야 합니다.

## 1 If ~ Then

09.2, 06.2, 05.3, 04.4, 02.3

1210801

조건을 만족하는 경우(True)와 만족하지 않는 경우(False)에 따라 각각 다른 작업을 처리하도록 제어한다.

- **형식 1** : 조건을 만족하면 실행한다.

```
If 조건식 Then
    실행문        조건을 만족할 때의 실행문
End If
```

**예제 1** 평점이 5 이상이면 "진급대상" 메시지 출력하기

```
Sub 예제( )                      프로시저 시작
    평점 = 8                     '평점' 변수에 8 치환
    If 평점 >= 5 Then            '평점' 변수가 가지고 있는 값이 5보다 크거나 같으면
        MsgBox "진급대상"        "진급대상" 메시지를 출력
    End If                       If문의 끝
End Sub                          프로시저의 끝
```

→ **평점이 8이므로 "진급대상" 출력**

- **형식 2** : 조건을 만족하는 경우와 만족하지 않는 경우의 실행문이 다르다.

```
If 조건식 Then
    실행문 1      조건을 만족할 때의 실행문
Else
    실행문 2      조건을 만족하지 않을 때의 실행문
End If
```

**예제 2** 평점이 5 이상이면 "진급대상", 아니면 "진급누락" 메시지 출력하기

```
Sub 예제( )
    평점 = 4                     '평점' 변수에 4 치환
    If 평점 >= 5 Then            '평점' 변수가 가지고 있는 값이 5 이상이면
        MsgBox "진급대상"        "진급대상" 메시지를 출력하고
    Else                         아니면('평점' 변수가 가지고 있는 값이 5보다 작으면)
        MsgBox "진급누락"        "진급누락" 메시지를 출력
    End If
End Sub
```

→ **평점이 4이므로 "진급누락" 출력**

• **형식 3** : 여러 개의 조건을 판별하여 조건에 맞는 실행문을 실행한다.

```
If 조건식1 Then
    실행문 1            조건1을 만족할 때의 실행문
ElseIf 조건식2 Then
    실행문 2            조건2를 만족할 때의 실행문
ElseIf 조건식3 Then
    실행문 3            조건3을 만족할 때의 실행문
      ⋮
Else
    실행문              위에서 열거한 조건 이외의 조건일 때의 실행
End If
```

**예제 3** 평점에 따른 보너스율 계산하기

```
Sub 예제( )
    급여 = 1000
    평점 = 3
    If 평점 = 1 Then
        Bonus = 급여*0.1        평점이 1이면, 급여×0.1의 결과를 Bonus에 치환한다.
    ElseIf 평점 = 2 Then
        Bonus = 급여*0.2        평점이 2이면, 급여×0.2의 결과를 Bonus에 치환한다.
    ElseIf 평점 = 3 Then
        Bonus = 급여*0.3        평점이 3이면, 급여×0.3의 결과를 Bonus에 치환한다.
    ElseIf 평점 > 4 Then
        Bonus = 급여*0.4        평점이 4보다 크면 급여×0.4의 결과를 Bonus에 치환한다.
    Else
        Bonus = 0               그 밖의 조건이면, 즉 평점이 1보다 작으면 Bonus에 0을 치환한다.
    End If
End Sub
```

**→ 평점이 3이므로 급여의 30%, 300이 Bonus에 기억된다.**

## 2 Select Case ~ End Select

15.3, 07.3

1210802

조건이 여러 개일 경우 각 조건별로 지정한 실행문을 사용하여 조건을 처리한다.

• 형식

```
Select Case 수식 (또는 변수)    Select문의 시작. 수식에는 각 Case문에서 비교할 값이 들어 있다.
    Case 값1
        실행문 1                수식의 값이 값1과 같을 때의 실행문
    Case 값2
        실행문 2                수식의 값이 값2와 같을 때의 실행문
        ⋮
    Case Else
        실행문 3                수식의 값이 위의 Case문에서 열거한 값에 없을 때의 실행문
End Select
```

**전문가의 조언**

Select문은 예제를 보면 의미를 쉽게 이해할 수 있습니다. 문법도 같이 기억해 두세요.

**예제** If문의 기본 문법 3번의 예제를 Select Case문으로 구성

| | |
|---|---|
| Sub 예제( ) | |
| 급여 = 1000 | |
| 평점 = 3 | |
| Select Case 평점 | |
| Case 1 | |
| Bonus = 급여*0.1 | 평점이 1이면, 급여×0.1의 결과를 Bonus에 치환한다. |
| Case 2 | |
| Bonus = 급여*0.2 | 평점이 2이면, 급여×0.2의 결과를 Bonus에 치환한다. |
| Case 3 | |
| Bonus = 급여*0.3 | 평점이 3이면, 급여×0.3의 결과를 Bonus에 치환한다. |
| Case Is 〉 4 | |
| Bonus = 급여*0.4 | 평점이 4보다 크면 급여×0.4의 결과를 Bonus에 치환한다. |
| Case Else | |
| Bonus = 0 | 그 밖의 조건, 즉 평점이 1보다 작으면 Bonus에 0을 치환한다. |
| End Select | |
| End Sub | **→ 평점이 3이므로 급여의 30%, 300이 Bonus에 기억된다.** |

**Case에 Is를 붙이는 경우**
Select Case문은 값을 비교할 때 비교 연산자(〉, 〈, =)를 사용하는 경우에는 Case 뒤에 Is를 붙입니다.

**전문가의 조언**
For문의 문법과 시작값, 최종값, 증가값의 적용 여부에 따른 수행과정 및 결과를 묻는 문제가 출제되고 있습니다. **예제**를 확실히 이해하고 넘어가세요.

21.4, 21.2, 20.상시, 15.3, 15.2, 13.1, 12.3, 12.2, 11.3, 09.3, 08.4, 08.3, 07.3, 06.4, 06.3, 06.2, 05.4, 04.4, 04.3, 03.4, 03.1

## 3 For ~ Next

1210803

- For문으로 지정된 횟수만큼 For문 안에 수록된 명령코드를 반복 실행한다.
- 증가값을 생략하면 증가값은 1이다.
- Exit For를 이용하여 반복문이 최종값에 이르기 전에 For ~ Next 명령문을 빠져나올 수 있다.
- 형식

| | |
|---|---|
| **For 반복변수 = 시작값 To 최종값 [Step 증가값]** | |
| **실행문** | 시작값에서 최종값이 될 때까지 증가값만큼씩 증가하면서 실행문을 반복 실행한다. |
| **Next 반복변수** | |

**예제** 메시지 출력 대화상자 5번 실행하기

| | |
|---|---|
| Sub 예제( ) | |
| Dim A As Integer | |
| ❶ For A = 1 To 5 Step 1 | 반복문의 시작. 변수 A의 값을 1에서 5까지 1씩 증가시키면서 매번 ❷번 문장을 수행한다. |
| ❷ MsgBox A | 변수 A에 저장되어 있는 값을 MsgBox로 출력한다. |
| ❸ Next A | 반복문의 끝 |
| End Sub | |

## 4 Do ~ Loop

21.4, 15.3, 15.2, 12.2, 10.1, 09.1, 08.4, 08.1, 07.2, 06.4, 06.3, 06.2, 04.4, 04.3

1210804

- 조건을 만족하는 동안 실행문을 반복 실행한다.
- 조건을 먼저 검사하는 Do While ~ Loop와 조건을 나중에 검사하는 Do ~ Loop While로 구분된다.
- 형식

| | |
|---|---|
| Do While 조건식 — 조건식을 검사한다.<br>실행문 — 조건식의 결과가 참인 동안 실행문을 반복 실행한다.<br>Loop | Do — 일단 한번 실행 후 조건식이 참인 동안 실행문을 반복 실행한다.<br>실행문<br>Loop While 조건식 — 조건식을 검사한다. |

※ 조건식을 만족하지 않으면 한 번도 실행되지 않는다. ※ 조건식을 만족하지 않아도 무조건 한 번은 실행된다.

**예제** Do ~ Loop의 수행 예

```
Sub 예제( )
    A = 0
❶  Do While A < 10
❷      A = A + 1
❸  Loop
End Sub
```

A의 값이 10보다 작으면 ❷번을 수행한다. 아니면 반복문을 벗어난다.
A+1의 결과를 A에 치환한다. 즉 A의 값이 1 증가한다.
반복문의 끝. ❶번으로 제어가 이동한다.

**→ 반복문을 10번 반복하고 A는 10을 갖는다.**

```
Sub 예제( )
    A = 0
❶  Do
❷      A = A + 1
❸  Loop While A < 10
End Sub
```

일단 ❷번 문장을 수행한다.
A+1의 결과를 A에 치환한다. 즉 A의 값이 1 증가한다.
A의 값이 10보다 작으면 ❶번을 수행한다. 아니면 반복문을 벗어난다.

**→ 반복문을 10번 반복하고 A는 10을 갖는다.**

**전문가의 조언**

Do문의 문법과 제시된 Do문의 실행 과정 및 결과를 묻는 문제가 출제됩니다. Do While ~ Loop와 Do ~ Loop While의 차이점을 중심으로 예제를 확실히 이해하고 넘어가세요.

## 5 Do Until ~ Loop

20.1, 15.3, 10.3, 10.2, 07.2, 03.3, 03.2

1210805

- 조건을 만족할 때까지, 즉 만족하지 않는 동안 반복 실행한다.
- 조건을 먼저 검사하는 Do Until ~ Loop와 조건을 나중에 검사하는 Do ~ Loop Until로 구분된다.
- 형식

| | |
|---|---|
| Do Until 조건식 — 조건식을 검사한다.<br>실행문 — 조건식의 결과가 거짓인 동안 실행문을 반복 실행한다.<br>Loop | Do — 일단 한번 실행 후 조건식이 거짓인 동안 실행문을 반복 실행한다.<br>실행문<br>Loop Until 조건식 |

※ 조건식을 만족하면 한 번도 실행되지 않는다. ※ 조건식을 만족해도 무조건 한 번은 실행된다.

**전문가의 조언**

실습을 통해 Do Until ~ Loop와 Do ~ Loop Until의 차이점을 이해하세요.

**예제** Do Until ~ Loop의 수행 예

|  |  |
|---|---|
| Sub 예제( ) | |
| A = 0 | |
| ❶ Do Until A > 10 | A의 값이 10보다 클 때까지, 즉 A의 값이 10보다 작거나 같으면 ❷번을 수행한다. 아니면 반복문을 벗어난다. |
| ❷ A = A + 1 | A+1의 결과를 A에 치환한다. 즉 A의 값이 1 증가한다. |
| ❸ Loop | 반복 문의 끝. ❶번으로 제어가 이동한다. |
| End Sub | |

**→ 반복문을 11번 반복하고 A는 11을 갖는다.**

|  |  |
|---|---|
| Sub 예제( ) | |
| A = 0 | |
| ❶ Do | 일단 ❷번 문장을 수행한다. |
| ❷ A = A + 1 | A+1의 결과를 A에 치환한다. 즉 A의 값이 1 증가한다. |
| ❸ Loop Until A > 10 | A의 값이 10보다 클 때까지, 즉 A의 값이 10보다 작거나 같으면 ❶번을 수행한다. 아니면 반복문을 벗어난다. |
| End Sub | |

**→ 반복문을 11번 반복하고 A는 11을 갖는다.**

**전문가의 조언**

실습을 통해 While~Wend의 사용법 정도만 파악하세요.

06.2, 04.1

## 6 While ~ Wend

1210806

- 조건식이 참(True)인 동안 반복 실행한다.
- 사용법은 Do While ~ Loop와 동일하다.
- 형식

| 형식 | 설명 |
|---|---|
| While 조건식 | |
| 실행문 | 조건식의 결과가 참인 동안 실행문을 반복 실행한다. |
| Wend | |

**예제** 반복문을 10번 반복하고 A는 10을 갖는다.

|  |  |
|---|---|
| Sub 예제( ) | |
| A = 0 | |
| ❶ While A < 10 | A의 값이 10보다 작으면 ❷번을 수행한다. 아니면 반복문을 벗어난다. |
| ❷ A = A + 1 | A+1의 결과를 A에 치환한다. 즉 A의 값이 1 증가한다. |
| ❸ Wend | 반복문의 끝. ❶번으로 제어가 이동한다. |
| End Sub | |

문제2 3212452

## 따라잡기 기출문제 따라잡기

03년 1회

**1. 다음 중 지정한 횟수만큼 명령 코드를 반복하는 비주얼 베이직 제어문은 무엇인가?**

① If～Then～Else～End If ② Select Case～End Select

③ For～Next ④ Do～Loop

For ～ Next는 반복할 횟수를 기록하는 반복 변수를 사용하여 반복 횟수를 결정합니다.

20년 1회, 10년 3회

**2. 다음 중 아래의 프로시저가 실행된 후 [A1] 셀에 입력되는 값으로 옳은 것은?**

```
Sub 예제()
   Test = 0
   Do Until Test > 10
       Test = Test + 1
   Loop
   Range("A1").Value = Test
End Sub
```

① 10

② 11

③ 0

④ 55

```
Sub 예제()
❶ Test = 0
❷ Do Until Test > 10
❸     Test = Test + 1
❹ Loop
❺ Range("A1").Value = Test
End Sub
```

❶ Test 변수에 0을 치환합니다.

❷ Test가 10보다 클 때까지, 즉 Test가 10보다 작거나 같은 동안에는 ❸번을 수행하고, 아니면 반복문을 벗어납니다

※ Do Until ～ Loop는 조건식이 거짓인 동안 반복 실행합니다.

❸ Test에 1을 증가 시킵니다.

❹ ❷번으로 이동합니다.

반복문 실행에 따른 변수의 변화는 아래와 같습니다.

| 실행 횟수 | Test | Test > 10 | Test+1 |
|---|---|---|---|
| 실행전 | 0 | | |
| 1 | 1 | FALSE | 1 |
| 2 | 2 | FALSE | 2 |
| 3 | 3 | FALSE | 3 |
| 4 | 4 | FALSE | 4 |
| ⋮ | ⋮ | ⋮ | ⋮ |
| 9 | 9 | FALSE | 9 |
| 10 | 10 | FALSE | 10 |
| 11 | 11 | FALSE | 11 |
| 12 | | TRUE | |

Test가 11이 되었을 때 10보다 크므로 반복문을 벗어납니다.

❺ [A1] 셀에 Test의 값 11을 입력합니다.

09년 2회, 05년 3회, 02년 3회

**3. 점수(point)가 90점 이상이면 Excellent, 아니면 Good이라 평가하는 사용자 정의 함수 fevaluation을 만들고자 한다. 다음의 Module(코드)의 구문에서 문법과 의미로 보았을 때 옳은 부분은?**

```
Function fevaluation(point) ······················ ①
   If point > 90 Then ······························ ②
      fevaluation = Excellent ···················· ③
   Else
      fevaluation = Good ························· ④
   End If
End Function
```

② 90 이상이므로 'IF point >= 90 Then'이 되어야 합니다.

③ 90 이상일 경우 Excellent를 표시해야 하는데, 이것은 문자 데이터이므로 쌍따옴표로 묶어 'fevaluation = "Excellent"'가 되어야 합니다.

④ 90 보다 작으면 Good을 표시해야 하는데, 이것은 문자 데이터이므로 큰따옴표로 묶어 'fevaluation = "Good"'가 되어야 합니다.

04년 4회

**4. 다음의 If문에서 괄호 안에 들어갈 내용으로 옳은 것은?**

```
If A >=B Then
   MsgBox" True"
Else
   MsgBox "False"
(       )
```

① Else

② Else If

③ End If

④ MsgBox

If와 대응되는 것은 End If입니다.

21년 4회, 15년 2회

**5. 다음 중 1부터 10까지의 합을 구하는 VBA 모듈로 옳지 않은 것은?**

①
```
no = 0
sum = 0
Do While no <= 10
    sum = sum + no
    no = no + 1
Loop
MsgBox sum
```

②
```
no = 0
sum = 0
Do
    sum = sum + no
    no = no + 1
Loop While no <= 10
MsgBox sum
```

③
```
no = 0
sum = 0
Do While no < 10
    sum = sum + no
    no = no + 1
Loop
MsgBox sum
```

④
```
sum = 0
For no = 1 To 10
    sum = sum + no
Next
MsgBox sum
```

▶ **정답** : 1. ③ 2. ② 3. ① 4. ③ 5. ③

③번은 1에서 9까지 합을 구합니다.

①

| | |
|---|---|
| no = 0 | |
| sum = 0 | |
| ❶ Do While no <= 10 | ❶ no의 값이 10보다 작거나 같으면 ❷~❸번을 수행하고 아니면 반복문을 벗어납니다. |
| ❷ sum = sum + no | ❷ sum에 no의 값을 누적시킵니다. |
| ❸ no = no + 1 | ❸ no 값을 1 증가시킵니다. |
| ❹ Loop | ❹ ❶번으로 제어가 이동됩니다. |
| ❺ MsgBox sum | ❺ sum의 값을 표시한 메시지 박스를 실행합니다. |

②

| | |
|---|---|
| no = 0 | |
| sum = 0 | |
| ❶ Do | ❶ ❹번에서 지정한 조건식이 만족할 때까지 ❷~❸번을 실행합니다. |
| ❷ sum = sum + no | |
| ❸ no = no + 1 | |
| ❹ Loop While no <= 10 | ❹ no의 값이 10보다 작거나 같으면 ❶번으로 이동하고 아니면 반복문을 벗어납니다. |
| MsgBox sum | |

③

| | |
|---|---|
| no = 0 | |
| sum = 0 | |
| ❶ Do While no < 10 | ❶ no의 값이 10보다 작으면 ❷~❸번을 수행하고 아니면 반복문을 벗어납니다. |
| ❷ sum = sum + no | |
| ❸ no = no + 1 | |
| ❹ Loop | ※ no의 값이 10보다 작은동안 ❷~❸번을 수행하므로 1~9까지의 합계를 구합니다. |
| MsgBox sum | |

④

| | |
|---|---|
| sum = 0 | |
| ❶ For no = 1 To 10 | ❶ no를 1에서부터 10이 될 때까지 1씩 증가하면서 ❷번을 반복 수행합니다. |
| ❷ sum = sum + no | |
| ❸ Next | |
| MsgBox sum | |

08년 4회, 06년 4회, 04년 3회, 03년 3회

**6. 다음 중 VBA 주요 명령문에 대한 설명으로 옳지 않은 것은?**

① Function … End Function : 사용자 정의 함수 만들기

② Sub … End Sub : Sub 프로시저 만들기

③ Do While … Loop : 조건을 만족하지 않는 동안 실행하는 제어문

④ For … Next : 지정한 횟수만큼 반복하여 실행하는 제어문

Do Until~Loop는 조건을 만족하지 않는 동안, Do While~Loop는 조건을 만족하는 동안 실행하는 제어문입니다.

13년 1회, 07년 3회

**7. 다음 보기의 프로그램이 수행되었을 때 변수 Sum의 값은 얼마인가?**

```
Sum = 0
For i = 1 To 20
   Select Case (i Mod 4)
      Case 0
         Sum = Sum + i
      Case 1, 2, 3
   End Select
Next
```

① 45

② 55

③ 60

④ 70

| | |
|---|---|
| ❶ Sum = 0 | Sum 변수에 0을 치환합니다. |
| ❷ For i = 1 To 20 | i가 1에서 20이 될 때까지 1씩 증가하면서 ❸~❽번을 반복하여 수행합니다. |
| ❸ Select Case (i Mod 4) | i를 4로 나눕니다. |
| ❹ Case 0 | 나머지가 0이면 ❺번을 수행하고 ❼번으로 이동합니다. |
| ❺ Sum = Sum + i | Sum에 Sum + i의 계산값을 치환합니다. |
| ❻ Case 1, 2, 3 | 나머지가 1, 2, 3 중 하나면 ❼번을 수행합니다. |
| ❼ End Select | Select문을 종료합니다. |
| ❽ Next | i가 반복문을 벗어나는 조건이 될 때까지 ❷번으로 이동합니다. |

※ 반복문 실행에 따른 변수의 변화는 아래와 같습니다.

| 실행 횟수 | i | i Mod 4 | Sum |
|---|---|---|---|
| 0 | | | 0 |
| 1 | 1 | 1 | |
| 2 | 2 | 2 | |
| 3 | 3 | 3 | |
| 4 | 4 | 0 | 4(0+4) |
| 5 | 5 | 1 | |
| 6 | 6 | 2 | |
| 7 | 7 | 3 | |
| 8 | 8 | 8 | 12(4+8) |
| ⋮ | ⋮ | ⋮ | |
| 12 | 12 | 0 | 24(12+12) |
| ⋮ | ⋮ | ⋮ | |
| 16 | 16 | 0 | 40(24+16) |
| ⋮ | ⋮ | ⋮ | |
| 20 | 20 | 0 | 60(40+20) |
| 21 | | | |

▶ 정답 : 6. ③ 7. ③

SECTION 121

# VBA 기본 문법 2 - 제어문 2 / 기타

D 등급

## 1 For Each ~ Next

11.2, 05.3, 03.2

1210901

- 컬렉션에 포함된 개체의 수만큼 명령 코드를 반복 실행한다.
- **형식**

| | |
|---|---|
| For Each **개체변수** In **컬렉션 개체** | |
| **실행문** | 컬렉션 개체의 수만큼 명령 코드를 반복 실행한다. |
| Next **개체변수** | |

**예제** 현재 통합 문서의 시트 이름 모두 출력하기

| 코드 | 설명 |
|---|---|
| Sub 예제( ) | |
| ❶ Dim AA As Worksheet | AA를 워크시트를 저장할 변수로 선언한다. |
| ❷ For Each AA In Worksheets | 각 워크시트 개체를 AA에 차례로 저장하면서 워크시트 수만큼 ❸번 문장을 반복 실행한다. |
| ❸ MsgBox AA.Name | AA에 저장된 워크시트의 이름을 메시지 박스로 출력한다. |
| Next | |
| End Sub | |

**전문가의 조언**

For Each ~Next의 의미와 문법을 기억하세요.

**잠깐만요 제어문 탈출하기**

- Exit Do : 이 명령을 만나면 Do ~ Loop문을 벗어납니다.
- Exit For : 이 명령을 만나면 For ~ Next 혹은 For Each ~ Next문을 벗어납니다.
- Exit Function : 이 명령을 만나면 Function 프로시저를 벗어납니다.
- Exit Sub : 이 명령을 만나면 Sub 프로시저를 벗어납니다.

## 2 Call

13.2, 10.2

1210902

프로시저 안에서 다른 프로시저를 호출한다.*

- **형식** : Call 프로시저 이름(인수1, 인수2, …)

**예제** '화면표시' 프로시저 호출하기

| 코드 | 설명 |
|---|---|
| Sub 예제( ) | |
| ❶ A ="연습입니다." | "연습입니다."를 변수 A에 치환한다. |
| ❷ Call 화면표시(A) | A를 인수로 하여 '화면표시' 프로시저를 호출한다. 프로그램의 제어는 ❹번으로 이동한다. |
| ❸ End Sub | '예제' 프로시저의 끝 |
| ❹ Sub 화면표시(표시문자) | '화면표시' 프로시저의 시작. 변수 '표시문자'가 '예제' 프로시저에서 보낸 "연습입니다."를 받는다. |
| ❺ MsgBox 표시문자 | "연습입니다."를 메시지 박스로 출력한다. |
| ❻ End Sub | '화면표시'프로시저의 끝. 프로그램의 제어는 ❸번으로 간다. |

**전문가의 조언**

서브 프로시저를 호출하는 방법을 간단히 알아두세요.

**프로시저를 호출하는 다른 방법**
Call을 사용하지 않고 '프로시저 이름 인수1, 인수2, …'으로 지정해도 다른 프로시저를 호출합니다.

전문가의 조언

With문의 구문을 알아두세요. 특히 With문 안에 지정하는 코드들은 점( . )으로 시작한다는 사실을 꼭 기억하세요.

## 3 With ~ End With

06.1, 05.1, 04.2

- With문을 사용하면 대상 개체의 이름을 다시 참조하지 않고도 지정된 개체에 대한 여러 개의 명령문을 실행할 수 있다.
- 하나의 개체에 있는 여러 개의 속성을 변경하려는 경우 그 개체는 한 번만 참조하고 With문 안에 각각의 속성 지정문을 배치하여 사용할 수 있다.
- **형식**

```
With 개체
    .속성
End With
```

**예제** 개체명 생략하기

| With 명령문을 사용한 경우 | With 명령문을 사용하지 않은 경우 |
|---|---|
| With Selection<br>.Font.Name = "궁서체"<br>.Font.Size = 11<br>.Font.ColorIndex = 5<br>.Value = "test"<br>End With | Selection.Font.Name = "궁서체"<br>Selection.Font.Size = 11<br>Selection.Font.ColorIndex = 5<br>Selection.Value = "test" |

## 4 주석

- 주석(Comment)은 코드 내용을 쉽게 파악할 수 있도록 프로시저나 명령의 내용을 설명할 때 사용한다.
- 주석은 작은따옴표(′)로 시작하거나 Rem 뒤에 공백을 두어 사용한다.
- VBA에서 주석 부분은 연두색 글자로 표시된다.

```
Sub 에러연습()
    '난 주석문이야!
    Rem 코드에 대한 설명문 쓰곤하지.
    '난 실행과는 무관해!
    Dim A As Integer
    On Error Resume Next
    A = 3 / 0 '0 으로 나누면 무조건 에러
    MsgBox "오류없음"
    Exit Sub '프로시저를 벗어난다.

에러발생:
    MsgBox "오류가 발생했습니다."
    Resume Next
End Sub
```

문제2 1210951 문제3 1210952

## 따라잡기 기출문제 따라잡기

03년 2회

**1. [A1:A100] 영역까지의 범위에 차례대로 1부터 100까지 입력되는 프로그램을 작성하기 위해 괄호 안에 들어갈 내용으로 알맞은 것은?**

```
Sub test( )
    k = 1
    For (      ) myobject in Range("a1:a100")
        myobject.Value = k
        k = k + 1
    (      )
End Sub
```

① Each, Step ② Next, To

③ Each, Next ④ Next, Step

컬렉션 개체(Range) 안의 개체 수(100개)만큼 반복 실행하기 위한 제어문은 For Each ~ Next입니다.

13년 2회, 10년 2회

**2. 다음과 같은 서브 프로시저를 호출하는 방법으로 옳은 것은?**

```
Sub TEST(단가, 수량, 이름)
    Dim 합계 As Long
    합계 = 단가 * 수량
    MsgBox 이름& "의금액: " & 합계
End Sub
```

① TEST(200, 500, "이순신")

② TEST 200, 500, "이순신"

③ Call TEST 200, 500, "이순신"

④ =TEST(200, 500, "이순신")

프로시저 안에서 다른 프로시저를 호출하려면 '호출할 프로시저명 인수1, 인수2, …'와 같이 작성하거나 Call 명령을 이용하여 'Call 호출할 프로시저명(인수1, 인수2, …)'와 같이 작성하면 됩니다. ③을 올바르게 수정하면 'Call TEST(200, 500, "이순신")'입니다.

05년 1회, 04년 2회

**3. 다음과 같이 Sheet1의 [A1:C10] 영역에 70을 입력한 후 글꼴 스타일을 '굵게', 글꼴 색을 '빨강'으로 설정하는 프로시저를 완성하기 위해 밑줄(__) 부분에 입력할 내용을 순서대로 옳게 나열한 것은?**

```
Sub 컴활시험매크로( )
    _____ Worksheets("Sheet1")._____("A1:C10")
        . _____ = 70
        .Font. _____ = True
        .Font.Color = RGB(255, 0, 0)
    End With
End Sub
```

① Sub, Cell, Range, Bold

② Sub, Cell, Value, Bold

③ With, Cell, Value, Bold

④ With, Range, Value, Bold

• 문제의 지문에 끝을 알리는 'End With'가 있으므로 시작을 알리는 'With'가 있어야 합니다.
• 워크시트의 셀이나 셀 범위를 지정할 때 사용하는 개체는 'Range'입니다. 'Range'는 Section 123에서 배웁니다.

06년 1회

**4. 아래와 같이 대상 개체의 이름을 다시 참조하지 않아도 여러 가지 메서드나 속성을 지정할 수 있으며, 또한 프로그램의 길이를 줄일 수 있는 것으로 다음 중 밑줄(__)에 들어갈 구문으로 올바른 것은?**

```
_____ Selection.Font
    .Name = "바탕"
    .Size = 15
    .Bold = FALSE
    .Italic = TRUE
End _____
```

① Do

② With

③ For

④ Select

With문을 사용하면 대상 개체의 이름을 다시 참조하지 않고도 지정된 개체에 대한 여러 개의 명령문을 실행할 수 있습니다.

05년 3회

**5. 다음 프로그램의 실행 결과에 대한 설명으로 올바른 것은?**

```
For Each mySheet In Sheets
    mySheet.Visible = True
Next mySheet
```

① 현재 통합 문서의 모든 시트를 화면에서 숨긴다.

② 현재 통합 문서의 현재 워크시트만을 화면에서 숨긴다.

③ 현재 통합 문서의 현재 워크시트만을 화면에 표시한다.

④ 현재 통합 문서의 모든 시트를 화면에 표시한다.

```
❶ For Each mySheet In Sheets
❷     mySheet.Visible = True
❸ Next mySheet
```

❶ 모든 시트 개체를 mySheet에 차례로 저장하면서 시트 수만큼 ❷번을 반복실행합니다.
❷ mySheet에 저장되어 있는 시트를 화면에 표시합니다.
❸ ❶번으로 이동합니다.
Visible은 워크시트의 표시 여부를 지정하는 속성으로, True면 표시하고, False면 표시하지 않습니다. Visible 속성은 Section 123에서 배웁니다.

▶ 정답 : 1. ③ 2. ② 3. ④ 4. ② 5. ④

SECTION 122

# VBA 기본 문법 3 – 입·출력문

C 등급

프로시저 실행중에 간단한 출력문이나 입력문으로 작성하기 위해 MsgBox와 Input Box가 사용된다.

## 1 MsgBox

22.6, 22.1, 21.1, 17.2, 08.2, 05.4, 05.3

1211001

- MsgBox는 대화상자 안에 단순하게 메시지를 보여주거나 여러 단추를 표시해 클릭된 단추에 대한 번호를 정수형 데이터 유형으로 반환할 수 있다.
- 대화상자로 메시지를 보여주고 사용자가 단추를 누를 때까지 기다린 다음 사용자가 누른 단추에 해당하는 값(Integer)을 반환한다.
- **형식** : MsgBox(메시지[, 버튼종류] [, 대화상자 타이틀] [, 도움말 파일, 도움말 번호])

**예제** 메시지 박스 사용하기

```
AA = MsgBox ("계속할까요?", vbYesNoCancel + vbQuestion, "확인")
```

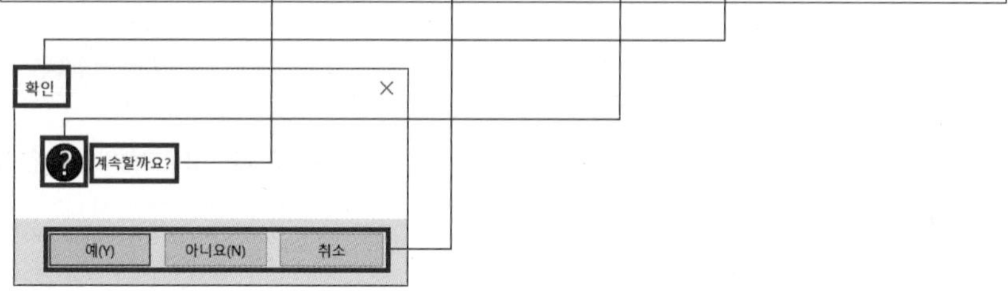


### 버튼의 종류와 상수 ※

| 상 수 | 값 | 설 명 |
|---|---|---|
| 22.6, 22.1, 21.1, 08.2<br>vbOKOnly | 0(생략) | 〈확인〉 단추만 나타낸다. |
| vbOKCancel | 1 | 〈확인〉과 〈취소〉 단추를 나타낸다. |
| vbAbortRetryIgnore | 2 | 〈중단〉, 〈다시 시도〉 및 〈무시〉 단추를 나타낸다. |
| 17.2<br>vbYesNoCancel | 3 | 〈예〉, 〈아니오〉 및 〈취소〉 단추를 나타낸다. |
| vbYesNo | 4 | 〈예〉와 〈아니오〉 단추를 나타낸다. |
| vbRetryCancel | 5 | 〈다시 시도〉와 〈취소〉 단추를 나타낸다. |

**전문가의 조언**

주어진 메시지 박스대로 표시하기 위한 코드, 코드를 실행했을 때의 메시지 박스, 메시지 박스에 표시되는 아이콘의 유형을 묻는 문제가 출제되었습니다. MsgBox에 인수를 적용한 결과를 예제의 실습을 통해 확인하세요.

vbOKOnly

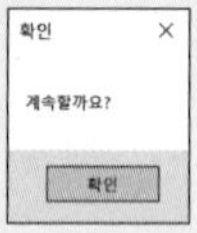


vbOKCancel

vbAbortRetryIgnore

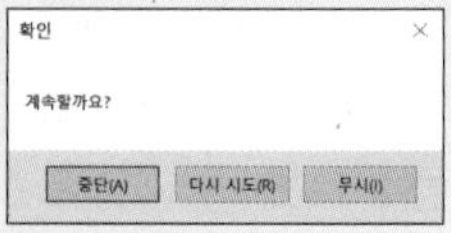


vbYesNoCancel

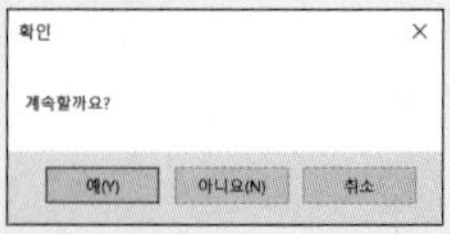


vbYesNo

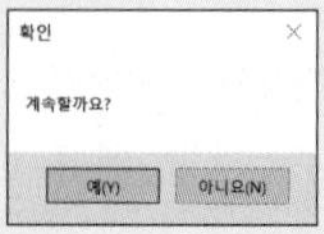


vbRetryCancel

### 사용할 아이콘을 지정하는 상수 *

| 상수 | 값 | 설명 | 그림 |
|---|---|---|---|
| 08.2<br>vbCritical | 16 | '중대 메시지' 아이콘을 나타낸다. |  |
| 17.2<br>vbQuestion | 32 | '질의 경고' 아이콘을 나타낸다. |  |
| 22.6, 22.1, 21.1, 08.2<br>vbExclamation | 48 | '메시지 경고' 아이콘을 나타낸다. |  |
| 08.2<br>vbInformation | 64 | '메시지 정보' 아이콘을 나타낸다. |  |

## 2 InputBox

10.3

1211002

InputBox 함수는 대화상자 안에 내용을 입력할 수 있는 입력란을 보여주며, 사용자가 내용을 입력하고 단추를 누르면 입력란의 내용을 포함하는 문자열을 반환하는 대화상자를 만든다.

- 대화상자를 표시한 후 사용자가 문자열을 입력하고 단추를 누를 때까지 기다린 다음 입력란에 입력된 문자열을 반환한다.
- 메시지를 제외한 나머지 인수는 모두 생략할 수 있다.
- **형식** : InputBox(메시지[,대화상자 타이틀][,기본값][,가로위치][,세로위치][,도움말, 도움말 번호])

**예제** InputBox 사용하기

```
반환값 = InputBox("당신의 이름은?", "이름입력")
```

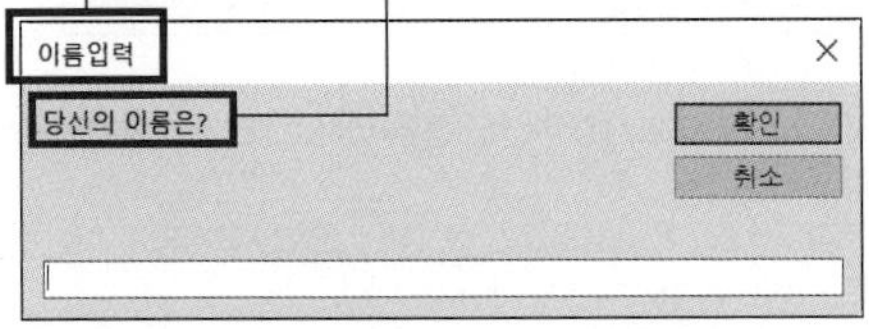


반환값에는 텍스트 박스에 입력한 문자열이 저장된다.

**상수 사용**

버튼 종류를 지정하는 부분에 상수를 사용하면 코드를 간단하게 표현할 수 있습니다.

예를 들어 버튼 종류 부분에 vbOKCancel+vbExclamation을 입력하면 다음과 같습니다.

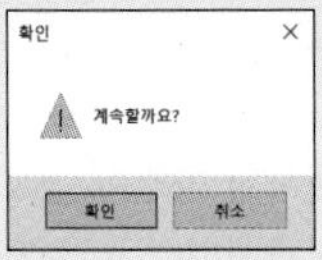


여기서 'vbOKCancel'이 1이고 'vbExclamation'이 48이므로 48+1의 결과인 49를 써도 결과는 같습니다.

48(vbOKOnly+vbExclamation)

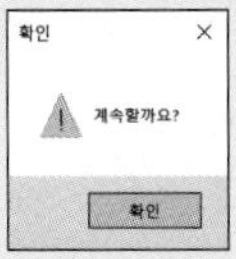


49(vbOKCancel+vbExclamation)

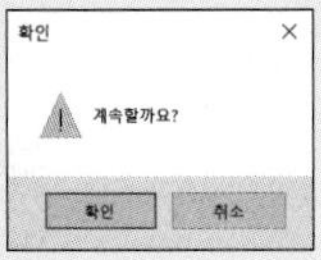


50(vbAbortRetryIgnore+vbExclamation)

51(vbYesNoCancel+vbExclamation)

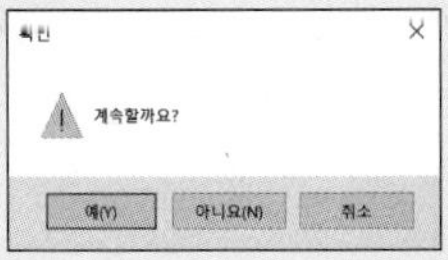

## 따라잡기 기출문제 따라잡기

문제1 1211051

17년 2회

**1. 다음 중 아래 VBA 코드로 표시되는 메시지 박스에 관한 설명으로 옳지 않은 것은?**

```
a = MsgBox("작업을 종료합니까?", vbYesNoCancel +
vbQuestion, "확인")
```

① 메시지 박스에 정보 아이콘(⚠)이 표시된다.
② 메시지 박스의 제목으로 '확인'이 표시된다.
③ 메시지 박스의 Esc를 누르면 작업이 취소된다.
④ 메시지 박스에 '예', '아니오', '취소' 버튼이 표시된다.

문제에 제시된 코드를 실행하면 다음과 같은 메시지 박스가 실행됩니다.

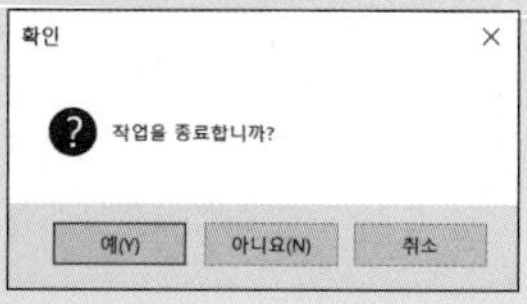


22년 6회, 1회, 21년 5회

**2. 다음 중 [그림]과 같이 데이터가 입력된 워크시트에서 아래의 '테스트' VBA 코드를 실행했을 때 표시되는 메시지 박스로 옳은 것은?**

```
Sub 테스트()
    Dim arg As Range
    Set arg = Range("A1").CurrentRegion.Cells
    MsgBox arg.Address & "입니다", 48, "주소는"
End Sub
```

[그림]

| | A | B | C |
|---|---|---|---|
| 1 | 학과명 | 성명 | TOEIC |
| 2 | 경영학과 | 김영민 | 790 |
| 3 | 영어영문학과 | 박찬진 | 940 |
| 4 | 컴퓨터학과 | 최우석 | 860 |
| 5 | 물리학과 | 황종규 | 750 |
| 6 | 역사교육과 | 서진동 | 880 |
| 7 | | | |

①
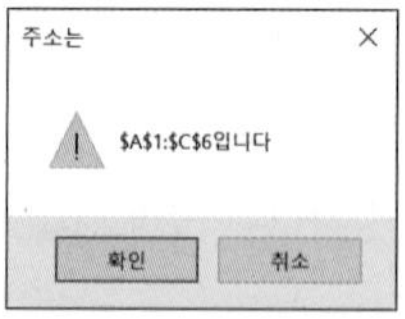


②
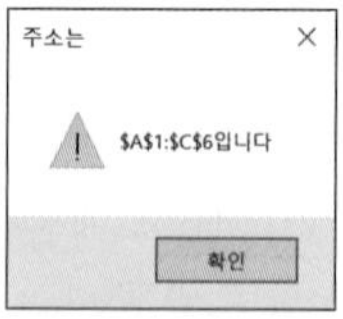


③
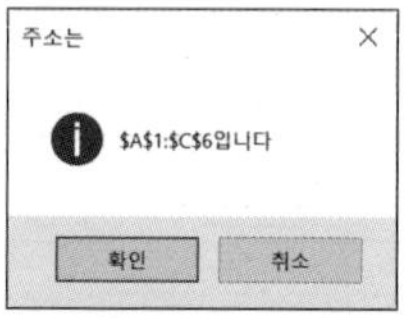


④

- 메시지 박스는 MsgBox **메시지, 버튼종류+아이콘, 대화상자 타이틀** 형식으로 사용됩니다.
- 지문에서 '버튼종류'가 생략되었으므로 〈확인〉 단추만 표시되고, '아이콘'이 48이므로 '⚠(메시지 경고)' 아이콘이 표시됩니다.
- 나머지 보기에 제시된 대화상자를 표시하기 위한 코드는 다음과 같습니다.

① MsgBox arg.Address & "입니다", 1 + 48, "주소는"
③ MsgBox arg.Address & "입니다", 1 + 64, "주소는"
④ MsgBox arg.Address & "입니다", 64, "주소는"

▶ 정답 : 1. ① 2. ②

SECTION 123

# 엑셀 개체의 이용

B 등급

## 1 Application 개체

10.1

1211101

애플리케이션(Application) 개체는 엑셀의 모든 개체 중 최 상위 개체로, 바로 엑셀 자신을 의미한다.

**전문가의 조언**

각 개체들의 주요 속성, 메서드, 이벤트는 프로시저를 나타내는 명령어가 기능을 내포하기 때문에 연관지어 이해하면 쉽게 기억할 수 있습니다.

### Application의 주요 속성

| 속성 | 기능 | 속성 | 기능 |
|---|---|---|---|
| ActiveCell | 활성화된 셀 | ThisWorkbook | 매크로 코드가 실행중인 문서 |
| ActiveSheet | 활성화된 시트 | Windows | 통합 문서 창 |
| ActiveWindow | 활성화된 창 | Workbooks | 통합 문서 |
| 10.1 ActiveWorkbook | 활성화된 문서 | Worksheetfunction | 워크시트 함수 |
| Selection | 선택된 개체 | Worksheets | 모든 워크시트 |

**예제 1** Application 개체 속성 지정하기

| | |
|---|---|
| MsgBox ActiveCell.Value | 대화상자에 활성화된 현재 셀 값을 표시한다. |
| Selection.Delete | 선택 영역을 삭제한다. |
| ThisWorkbook.Close | 현재 실행중인 코드가 들어 있는 통합 문서를 닫는다. |
| Application.WorksheetFunction.Min(myRange) | Min 워크시트 함수를 myRange 범위에 적용한다. |

### Application의 주요 메서드

| 메서드 | 기능 | 메서드 | 기능 |
|---|---|---|---|
| GetOpenFilename | '열기' 대화상자에서 선택한 파일 이름 | OnTime | 지정된 시간에 실행한다. |
| GetSaveAsFilename | '저장' 대화상자에서 선택한 파일 이름 | Onkey | 특정 키를 누르면 실행한다. |
| InputBox | 입력 대화상자를 표시한다. | Quit | 엑셀을 종료한다. |

**예제 2** 개체의 메서드 사용하기

| | |
|---|---|
| Application.InputBox("숫자를 입력하세요!") | 숫자 입력을 요구하는 메시지를 표시한다. |
| Application.OnTime Now + TimeValue("00:00:15"), "my_Procedure" | 지금부터 15초 후에 'my_Procedure'를 실행한다. |
| Application.Quit | 엑셀을 종료한다. |

### Application의 주요 이벤트

| 이벤트 | 기능 |
|---|---|
| NewWorkbook | 새 통합 문서를 만들 때 발생한다. |
| WorkbookBeforeClose | 열려 있는 통합 문서를 닫기 바로 전에 발생한다. |
| SheetChange | 워크시트에 있는 셀이 변경될 때 발생한다. |

**전문가의 조언**

통합 문서 활성화하기, 닫기, 열기와 관련된 문제가 출제되었습니다. Workbook의 주요 메서드의 기능을 숙지하고 넘어가세요.

19.2, 11.2, 10.1, 09.1, 08.3, 07.3, 07.1

## 2 Workbook(Workbooks) 개체

1211102

엑셀 통합 문서를 의미하며 Workbooks 컬렉션의 구성원이다. Workbooks 컬렉션에는 엑셀에서 현재 열려 있는 Workbook 개체가 모두 들어 있다.

### Workbook의 주요 속성

| 속 성 | 기 능 |
|---|---|
| Name | 통합 문서 이름 |
| Saved | 통합 문서 저장 여부 |

| 속 성 | 기 능 |
|---|---|
| Windows | 지정한 통합 문서의 모든 창 |
| 11.2<br>Worksheets | 지정한 통합 문서의 모든 워크시트 |

**예제 1** Workbook 개체의 속성 이용하기

```
For Each ws In Worksheets      현재 통합 문서의 모든 워크시트의 이름을
    MsgBox Ws.Name             메시지 박스로 출력한다.
Next
```

### Workbook의 주요 메서드

| 메서드 | 기 능 |
|---|---|
| Add | 통합 문서를 생성한다. |
| 19.2, 10.1, 09.1, 07.1<br>Close | 통합 문서를 닫는다. |
| 07.3<br>Open | 통합 문서를 연다. |

| 메서드 | 기 능 |
|---|---|
| Save | 통합 문서를 저장한다. |
| 10.1<br>SaveAs | 다른 이름으로 저장한다. |

**예제 2** Workbook 개체의 메서드 이용하기

```
Workbooks.Add                  새 통합 문서를 생성한다.
Workbooks.Open "연습.xlsx"      "연습.xlsx" 파일을 연다.
```

### Workbook의 주요 이벤트

| 이벤트 | 기 능 | 이벤트 | 기 능 |
|---|---|---|---|
| Open | 통합 문서를 열 때 발생한다. | 10.1<br>BeforeSave | 통합 문서가 저장되기 전에 발생한다. |
| Activate | 통합 문서가 활성화될 때 발생한다. | Deactivate | 통합 문서의 활성화가 취소될 때 발생한다. |
| SheetActivate | 시트가 활성화될 때 발생한다. | BeforePrint | 통합 문서가 인쇄되기 전에 발생한다. |
| NewSheet | 통합 문서에 새 시트를 만들 때 발생한다. | BeforeClose | 통합 문서가 닫히기 전에 발생한다. |

21.2, 21.1, 17.2, 16.2, 15.1, 14.3, 13.3, 13.2, 13.1, 11.2, 11.1, 10.2, 09.4, 08.3, 07.4, 07.2, 06.2, 05.3, 05.2, 03.4, 03.2

## 3 Worksheet(Worksheets) 개체

1211103

워크시트를 나타내며 Worksheets 컬렉션의 구성원이다. Worksheets 컬렉션에는 통합 문서에 있는 Worksheet 개체가 모두 들어 있다.

**전문가의 조언**

Worksheet 개체의 주요 속성과 메서드의 기능을 묻는 문제가 출제됩니다. 각 속성의 기능에 대해 알아두세요.

### Worksheet의 주요 속성

| 속 성 | 기 능 | 속 성 | 기 능 |
|---|---|---|---|
| 13.3, 13.1, 11.2, 08.3<br>Cells | 워크시트의 모든 셀 | 21.1, 17.2, 16.2, 15.1, …<br>Range | 워크시트의 셀이나 셀 범위 |
| 17.2, 15.1, 11.2, 08.3<br>Columns | 워크시트의 모든 열 | 11.2, 08.3<br>Rows | 워크시트의 모든 행 |
| Entirecolumn | 지정된 범위 내의 모든 열 | 08.3, 06.2, 03.4<br>Entirerow | 지정된 범위 내의 모든 행 |
| Name | 워크시트의 이름 | 07.3, 05.3, 05.2<br>Visible | 워크시트의 표시 여부 지정 |

**예제 1** Worksheet 개체의 속성 이용하기

Worksheets("Sheet1").Cells(5, 3)*.Font.Size = 14
'Sheet1' WorkSheet에 있는 [C5] 셀의 글꼴 크기를 14포인트로 설정한다.

ActiveCell.EntireColumn.Cells(1, 1).Value = 5
현재 셀이 있는 범위의 열에서 첫 번째 셀 값을 5로 설정한다.

Worksheets("Sheet1").Range("A1").Value = 3.14159
'Sheet1' WorkSheet 셀 [A1]의 값을 3.4159로 설정한다.

Worksheets("Sheet1").Rows(3).Delete 'Sheet1'에서 3행을 삭제한다.

Worksheets("Sheet1").Visible = False 'Sheet1'을 숨긴다.

**Cells(5,3)**
5는 행, 3은 열을 나타냅니다.

### Worksheet의 주요 메서드

| 메서드 | 기 능 | 메서드 | 기 능 |
|---|---|---|---|
| 08.3, 07.3, 06.2, …<br>Activate | 해당 워크시트를 활성화시킨다. | 05.2<br>Select | 워크시트를 선택한다. |
| 10.2, 07.2<br>Copy | 워크시트를 복사한다. | Unprotect | 보호된 워크시트를 해제한다. |
| 08.3, 06.2<br>Protect | 워크시트를 보호한다. | | |

**예제 2** Worksheet 개체의 메서드 이용하기

| | |
|---|---|
| Worksheets("Sheet1").Activate | 'Sheet1'을 활성화한다. |
| Worksheets("Sheet1").Copy after : = Worksheets("Sheet3") | 'Sheet1'을 'Sheet3' 다음으로 복사한다. |
| Range("A1:B3").Select | 영역 범위[A1:B3]을 선택한다. |

### Worksheet의 주요 이벤트

| 이벤트 | 기 능 |
|---|---|
| Activate | 워크시트가 활성화될 때 발생한다. |
| Calculate | 워크시트가 재 계산될 때 발생한다. |
| Change | 워크시트가 변경될 때 발생한다. |
| Deactivate | 워크시트의 활성화가 취소될 때 발생한다. |
| SelectionChange | 선택 영역을 변경할 때 발생한다. |

전문가의 조언

**중요해요!** Range 개체의 속성은 필기 시험뿐만 아니라 실기 시험에서도 출제 확률이 높은 부분입니다. 주요 속성과 메서드를 숙지해 두기 바랍니다.

24.5, 24.3, 24.1, 23.5, 22.7, 22.5, 22.3, 20.상시, 18.상시, 18.2, 17.1, 16.3, 16.2, 16.1, 15.3, 13.2, 12.3, 12.1, 11.3, 10.2, …

## 4 Range 개체

1211104

셀, 행, 열, 연속 셀 블록이 하나 이상 들어 있는 셀 선택 영역을 나타낸다.

### Range의 주요 속성

| 속 성 | 기 능 |
|---|---|
| Address | 참조하는 셀 주소 |
| 15.3 Cells | 지정된 범위의 모든 셀 |
| Count | 지정된 범위의 셀 수 |
| 22.7, 18.상시, 16.2 Currentregion | 데이터가 있는 인접 영역의 범위 |
| End | 지정된 범위의 마지막 셀 |
| 16.1, 09.4, 06.2 Formula | A1 스타일의 수식 |
| 24.5, 24.3, 24.1 FormulaR1C1 | R1C1 스타일의 수식 |
| Item | 지정된 범위에 대한 오프셋 범위 지정 |
| Next | 다음 시트나 셀 |
| 24.1, 18.2, 08.2, 04.2 Offset | 지정된 범위에서 떨어진 범위 |
| 20.상시, 18.상시, … Range | 셀이나 영역 범위 |
| 16.2, 13.2, 12.1, 09.4 Value | 지정된 셀의 값 |

**예제 1** Range 개체의 속성 이용하기

| | |
|---|---|
| Worksheets("Sheet1").Range("A1").Formula = "=$A$4+$A$10" | 셀에 수식을 설정한다. |
| Worksheets("Sheet1").Range.("A1").Item(2).FillDown | [A1] 내용을 기준으로 2번째 행인[A2] 셀을 채우기한다. |
| ActiveCell.Offset(rowOffset:=3, columnOffset:=3).Activate | 오른쪽으로 3열, 아래로 3행을 활성화한다. |
| Workbooks("Book1").Worksheets("Sheet1").Range("A1").Select | Book1 통합문서의 Sheet1에 있는 [A1] 셀을 선택한다. |

### Range의 주요 메서드

| 메서드 | 기 능 |
|---|---|
| AdvancedFilter | 고급 필터 |
| AutoFill | 자동 채우기 |
| Delete | 지우기 |
| Find | 찾기 |

| | | | |
|---|---|---|---|
| AutoFilter | 자동 필터 | FindNext | 다음 찾기 |
| Clear | 삭제 | FindPrevious | 이전 찾기 |
| 23.5, 22.5<br>ClearContents | 내용만 삭제 | 15.3, 12.3, 11.3, 09.4, …<br>Select | 선택 |
| 22.3, 20.상시, 18.상시, …<br>ClearFormats | 서식만 삭제 | Sort | 정렬 |
| 10.2, 07.2<br>Copy | 복사 | Subtotal | 부분합 |

**예제 2** Range 개체의 메서드 이용하기

```
Worksheets("Sheet1").Range("A1:G37").ClearFormats        적용된 서식 지우기
Set c = Worksheets(1).Range("a1:a500").Find(2, lookin:=xlValues)
        [a1:a500] 영역에서 값 2가 들어 있는 모든 셀을 찾아서 개체 변수 'c'에 저장시키기
```

## 따라잡기 기출문제 따라잡기

문제2 3212752　문제3 1211152

13년 3회, 1회
**1. 다음 프로시저를 실행한 결과에 대한 설명으로 옳은 것은?**

```
Sub EnterValue( )
    Worksheets("Sales").Cells(6,1).Value="korea"
End Sub
```

① Sales 시트의 [A1] 셀에 korea를 입력한다.
② Sales 영역의 [A1:A6] 셀에 korea를 입력한다.
③ Sales 시트의 [A6] 셀에 korea를 입력한다.
④ Sales 시트의 [F1] 셀에 korea를 입력한다.

Cells은 행과 열을 구분하여 셀 주소를 지정하는 속성으로 Cells(6, 1)은 6행, 1열을 의미하고, 6행 1열은 [A6] 셀입니다.

23년 5회, 22년 5회, 3회, 20년 상시, 17년 1회, 11년 3회, 04년 3회
**2. 아래의 프로시저를 이용하여 [A1:C3] 영역의 서식만 지우려고 한다. 다음 중 괄호 안에 들어갈 코드로 옳은 것은?**

```
Sub Procedure( )
    Range("A1:C3").Select
    Selection.(    )
End Sub
```

① DeleteFormats　② FreeFormats
③ ClearFormats　④ DeactivateFormats

선택한 영역에 지정된 서식만을 삭제하는 메서드는 ClearFormats, 내용만 삭제하는 메서드는 ClearContents입니다.

21년 1회, 17년 2회, 15년 1회
**3. 다음 중 A열의 글꼴 서식을 '굵게'로 설정하는 매크로로 옳지 않은 것은?**

① Range("A:A").Font.Bold = True
② Columns(1).Font.Bold = True
③ Range("1:1").Font.Bold = True
④ Columns("A").Font.Bold = True

'Range("1:1")'는 1행 전체를, 'Range("A:A")'과 'Columns(1)', 'Columns("A")'는 A열 전체를 의미합니다.

16년 3회, 14년 2회, 09년 4회, 07년 1회, 06년 2회
**4. 다음 중 매크로에 대한 설명으로 옳지 않은 것은?**

① ActiveCell.Interior.ColorIndex=3
　→ 액티브 셀(개체)의 채우기(속성)를 빨강으로 지정
② WorkSheets.Add
　→ 새로운 워크시트를 삽입
③ Range("A5").Select
　→ A5 셀로 셀 포인터 이동
④ Range("A1").Formula="3*4"
　→ A1셀에 3*4를 계산한 값 12 입력

'Range("A1").Formula="3*4"'를 실행하면 [A1] 셀에 3*4가 그대로 입력됩니다. 3*4의 계산 결과인 12가 입력되게 하려면 **Range("A1").Formula="=3*4"**와 같이 입력해야 합니다.

▶ **정답 :** 1. ③　2. ③　3. ③　4. ④

08년 3회, 06년 2회

**5. WorkSheets 개체의 주요 속성과 메서드에 대한 설명으로 옳지 않은 것은?**

① Protect : 워크시트를 보호한다.

② Range : 워크시트에서 셀이나 셀 범위를 나타낸다.

③ Activate : 워크시트의 표시 여부를 나타낸다.

④ EntireRow : 지정한 범위에 들어 있는 행 전체를 나타낸다.

Activate는 워크시트의 활성화 여부를 지정하는 메서드입니다. 워크시트의 표시 여부를 나타내는 속성은 Visible입니다.

11년 2회, 08년 3회

**6. 다음 매크로 프로그램 코드 중 통합문서 'Book1.xlsx'의 'Sheet1' 워크시트에서 'A1' 셀을 지정할 경우 표현이 옳은 것은?**

① Workbooks("Book1.xlsx").Worksheets("Sheet1").Cells(A,1)

② Workbooks("Book1.xlsx").Worksheets("Sheet1").Range("A1")

③ Workbooks("Book1.xlsx").Worksheets("Sheet1").rows(1)

④ Workbooks("Book1.xlsx").Worksheets("Sheet1").columns(1)

워크시트의 셀이나 셀 범위를 선택하는 속성은 Range이며, Range를 이용하여 특정 셀을 지정할 때는 통합 문서와 워크시트는 점(.)으로 구분하고, 셀 주소는 큰따옴표(")로 묶어서 지정합니다.

19년 2회, 09년 1회, 07년 1회

**7. 엑셀을 종료하지 않고 현재 활성화된 통합 문서 창을 닫는 VBA 구문을 작성한 것으로 옳은 것은?**

①
```
Sub Test1()
    ActiveWorkbook.NewWindow
End Sub
```

②
```
Sub Test1()
    Application.Quit
End Sub
```

③
```
Sub Test1()
    Workbooks.Close
End Sub
```

④
```
Sub Test1()
    ActiveWindows.Close
End Sub
```

통합 문서는 'Workbooks'으로 표시하고, 창을 닫는 명령은 'Close'입니다.
- ActiveWorkbook.NewWindow : 현재 활성화된 통합 문서(ActiveWorkbook)를 새 창(NewWindow)으로 엽니다.
- Application.Quit : 열려진 응용 프로그램(Application)을 종료(Quit)합니다. 즉 엑셀 프로그램을 종료합니다.

22년 7회, 16년 2회

**8. 다음 중 아래의 워크시트에서 〈보기〉의 프로시저 실행 결과로 옳은 것은?**

| | A | B | C |
|---|---|---|---|
| 1 | 데이터1 | 데이터2 | 데이터3 |
| 2 | 사과 | 레몬 | |
| 3 | 바나나 | 배 | |
| 4 | | | 귤 |
| 5 | | 배 | |
| 6 | 바나나 | | |
| 7 | | 2 | |

〈보기〉

```
Sub B3선택()
    Range("B3").CurrentRegion.Select
End Sub
```

① [B3] 셀이 선택된다.

② [A1:B3] 셀이 선택된다.

③ [A1:C3] 셀이 선택된다.

④ [A1:C7] 셀이 선택된다.

Range는 워크시트의 셀이나 셀 범위, CurrentRegion은 데이터가 있는 인접 영역의 범위, Select는 선택을 의미하므로 [B3] 셀이 포함된 데이터 영역을 모두 선택합니다. [B3] 셀을 기준으로 데이터가 입력된 셀들이 서로 인접하여 연결되어 있으므로 이 셀들을 모두 포함하는 영역인 [A1:C7] 영역이 선택됩니다.

16년 2회, 15년 3회

**9. 다음 중 아래의 서브 프로시저가 실행된 후 [A2] 셀의 값으로 옳은 것은?**

```
Sub 예제()
    Range("A1:C3").Value = 10
    Range("A1", "C3").Value = 20
    Range("A1, C3").Value = 30
End Sub
```

① 10

② 20

③ 30

④ 0

Range("A1:C3")과 Range("A1", "C3")은 [A1:C3] 영역을, Range("A1, C3")은 [A1]과 [C3] 셀을 선택합니다. 프로시저의 실행 결과는 다음과 같습니다.

| | A | B | C |
|---|---|---|---|
| 1 | 30 | 20 | 20 |
| 2 | 20 | 20 | 20 |
| 3 | 20 | 20 | 30 |
| 4 | | | |

▶ 정답 : 5. ③ 6. ② 7. ③ 8. ④ 9. ②

SECTION 124

# 개체 활용

A 등급

## 1 개체 활용

24.5, 24.3, 24.1, 23.4, 23.3, 23.2, 23.1, 22.3, 22.2, 21.4, 21.3, 19.1, 18.2, 18.1, 14.3, 14.1, 12.2, 11.3, 11.1, 10.3, 09.3, …

1211401

### 예제 1 RANK( ) 함수를 이용한 석차 구하기

```
Sub 석차구하기( )
    Range("J5").Select                [J5] 셀을 선택한다.
    ActiveCell.FormulaR1C1 ="=RANK(RC[-1],R5C9:R10C9)"
                                      현재 셀에 =RANK(I5,$I$5:$I$10) 수식을 입력한다.
    Range("J5").Select                [J5] 셀을 선택한다.
    Selection.AutoFill Destination:=Range("J5:J10"), Type:=xlFillDefault
                    현재 셀의 채우기 핸들을 드래그하여 [J5] 셀의 수식을 [J10] 셀까지 자동 채우기한다.
    Range("J5:J10").Select
End Sub
```

### 예제 2 선택 영역의 바탕색 변경하기

```
Sub 서식지정( )
    Range("B4:K4").Select                   [B4:K4] 영역을 선택한다.
    Selection.Interior.ColorIndex = 33      선택된 영역의 바탕색을 하늘색(33)으로 변경한다.
End Sub
```

### 예제 3 수식 입력 후 자동 채우기로 수식 복사하기

```
Sub 수식적용( )
    Range("H4").Select                [H4] 셀을 선택한다.
    ActiveCell.FormulaR1C1 ="=DAY(RC[-1]-RC[-2])"
                                      현재 셀에 =DAY(G4-F4) 수식을 입력한다.
    Range("H4").Select                [H4] 셀을 선택한다.
    Selection.AutoFill Destination:=Range("H4:H9"), Type:=xlFillDefault
                    현재 셀의 채우기 핸들을 드래그하여 [H4] 셀의 수식을 [H9] 셀까지 자동 채우기한다.
    Range("H4:H9").Select
End Sub
```

**전문가의 조언**

제시된 프로시저의 기능은 프로시저 내에서 사용된 특정 개체의 의미만 파악하면 알 수 있습니다. 제시된 프로시저가 무엇을 수행하는지 파악할 수 있을 정도로만 공부하세요.

- FormulaR1C1 : R1C1 형식의 수식 입력하기
- AutoFill : 자동 채우기

**RC[-1]**

- R1C1의 상대적 위치 표기법으로 현재 셀에서 제시된 값만큼 떨어진 셀을 지정하며, 값 지정시 대괄호([ ])를 사용합니다.
- R[-1]C[-2]는 현재 셀에서 1행 위쪽, 2열 왼쪽을 의미합니다.

- Selection.Interior : 선택 영역의 내부
- ColorIndex : 색상표 값(색상)
- ColorIndex가 Interior와 함께 사용되면 바탕색을 의미합니다.

- Type : =xlFillDefault(마우스 끌기로 채우기)

### 예제 4 선택 영역의 글꼴 스타일과 바탕색 변경하기

```
Sub 서식지정2( )
    Range("B3:K3").Select              [B3:K3] 영역을 선택한다.
    Selection.Font.Bold = True         선택 영역의 글꼴 스타일을 '굵게'로 지정한다.
    With Selection.Interior
        .ColorIndex = 41               선택 영역의 바탕색을 연한 '파랑(41)'으로 지정한다.
    End With
End Sub
```

• Font.Bold = True(글꼴 진하게 설정)

### 예제 5 고급 필터 적용하기

```
Sub 고급필터( )
    Range("B2:I12").Select      [B2:I12] 영역을 선택한다.
    Range("B2:I12").AdvancedFilter Action:=xlFilterCopy, CriteriaRange:=Range("B15:C16"), _
    CopyToRange:=Range("B18"), Unique:=False
                        고급 필터 조건을 설정하고 수행한다. 고급 필터의 결과는 [B18] 셀에 복사된다.
End Sub
```

**AdvancedFilter : 고급 필터**
• Action : =xlFilterCopy(다른 장소에 복사)
• CriteriaRange : 조건 범위
• CopyToRange : 복사 위치
• Unique : 고유 레코드

### 예제 6 데이터 정렬하기

```
Sub 정렬( )
    Range("A3:G18").Select      [A3:G18] 영역을 선택한다.
    Selection.Sort Key1:=Range("B4"), Order1:=xlAscending, Header:=xlGuess,_OrderCustom:=1, _
    MatchCase:=False, Orientation:=xlTopToBottom
                        선택 영역에 대해 [B4] 셀을 기준으로 오름차순 정렬을 수행한다.
End Sub
```

**Sort : 정렬**
• Key1 : 1차 정렬 기준
• Order1 : = xlAscending(1차 정렬 기준을 오름차순으로)
• Header : 선택한 범위의 첫 행
• OrderCustom : 사용자 지정 정렬 순서
• MatchCase : 대/소문자 구분
• Orientation : 정렬 방향

### 예제 7 SUM( ) 함수 입력 후 수식 복사하기

```
Sub 합계계산후셀복사( )
    Range("D10").Select                [D10] 셀을 선택한다.
    ActiveCell.FormulaR1C1 = "=SUM(R[-7]C:R[-1]C)"
                                       현재 셀에 =SUM(D3:D9) 수식을 입력한다.
    Range("D10").Select                [D10] 셀을 선택한다.
    Selection.Copy                     [D10] 셀을 복사한다.

    Range("E10:F10").Select            붙여 넣을 [E10:F10] 영역을 선택한다.
    ActiveSheet.Paste                  복사한 셀을 붙여 넣는다.
End Sub
```

• Selection.Copy : 선택 영역 복사

• ActiveSheet.Paste : 현재 시트에 붙여넣기

## 예제 8 자동 서식 지정하기

```
Sub 자동서식( )
    Range("A2:E11").Select          [A2:E11] 영역을 선택한다.
    Selection.AutoFormat Format:=xlRangeAutoFormatClassic2, _
    Number:=True, Font:=True, Alignment:=True, Border:=True, _
    Pattern:=True, Width:=True      선택된 영역에 자동 서식으로 '기본형2'를 적용한다.
End Sub
```

AutoFormat : **자동 서식**
- Number : 표시 형식
- Font : 글꼴
- Alignment : 맞춤
- Border : 테두리
- Pattern : 무늬
- Width : 너비/높이

## 예제 9 메모 삽입하기

```
Sub 메모( )
    Range("E2").Select              [E2] 셀을 선택한다.
    Range("E2").AddComment          [E2] 셀에 '2021년도 세액'이라는 메모를 삽입한다.
    Range("E2").Comment.Visible = False
    Range("E2").Comment.Text Text:="2021년도 세액"
    Range("E2").Select
    ActiveCell.Comment.Visible = True     현재 셀의 메모를 항상 표시되도록 설정한다.
End Sub
```

- AddComment : 메모 삽입
- Comment.Visible : 메모 표시 여부
- Comment.Text : 메모 데이터

## 예제 10 부분합 수행하기

```
Sub 부분합( )
    Worksheets("Sheet1").ActivateSelection.subtotal groupBy:=1, function:=xlsum, _
    totalList:= Array(2, 3)         Sheet1의 선택 범위에 부분합을 만든다. 부분합은 필드 1이 변경될 때
End Sub                             마다 그룹화되어 더해지며 필드 2와 3에 부분합으로 추가된다.
```

Subtotal : **부분합**
- groupBy : 그룹화할 항목
- function : 사용할 함수
- totalList : 부분합 계산 항목

## 예제 11 데이터 통합 수행하기

```
Sub 데이터통합( )
    Worksheets("Sheet1").Range("A1").Consolidate Sources:=Array("Sheet2!R1C1:R37C6", _
    "Sheet3!R1C1:R37C6"), Function:=xlsum
End Sub                  SUM 함수로 Sheet2와 Sheet3에 있는 데이터를 Sheet1에 통합한다.
```

Consolidate : **데이터 통합**
- Sources : 모든 참조 영역
- Function : 함수

## 예제 12 목표값 찾기

```
Sub 목표값찾기( )
    Range("H3").GoalSeek Goal:=0.7, ChangingCell:=Range("C3")
    Range("C4").Select
End Sub                  [H3] 셀에 있는 값이 70%가 되기 위한 [C3] 셀의 값을 찾는다.
```

GoalSeek : **목표값 찾기**
- Goal : 찾는 값
- ChangingCell : 값을 바꿀 셀

문제4 1211452

24년 5회, 22년 2회, 21년 4회

**1. 다음과 같은 이벤트를 실행시켰을 때 나타나는 결과로 옳은 것은?**

```
Private Sub Worksheet_Activate( )
   Range("A1").Select
   Selection.Sort Key1:=Range("A2"), _
   Order1:=xlAscending, Header:=xlGuess, _
   OrderCustom:=1, MatchCase:=False, _
   Orientation:=xlTopToBottom
End Sub
```

① 워크시트가 활성화될 때 [A2] 셀을 기준으로 오름차순 정렬한다.

② 이벤트가 실행된 후에는 [A2] 셀이 선택되어 있다.

③ 다른 프로시저에서 Worksheet_Activate( )를 불러와 실행할 수 있다.

④ 워크시트의 데이터가 변경되면 재정렬된다.

② 이벤트가 실행된 후에는 [A1] 셀이 선택되어 있습니다.
③ 다른 프로시저에서 불러와 실행할 수 없습니다.
④ 워크시트가 활성화될 때 실행되는 프로시저입니다.

24년 3회, 23년 4회

**2. 다음 매크로를 [F9] 셀을 선택한 상태에서 실행했을 경우 실행 결과에 대한 설명으로 틀린 것은?**

```
Sub 매크로1( )
     ActiveCell.FormulaR1C1 = "=SUM(RC[-4]:RC[-2])"
     Range("F2").Select
     Selection.AutoFill Destination:=Range("F2:F5"),_
     Type:=xlFillDefault
     Range("F2:F5").Select
End Sub
```

① [F9] 셀에 합계를 구합니다.

② [F9] 셀에 입력된 수식은 '=SUM(F5:F8)'과 같은 의미이다.

③ [F2:F5] 영역은 자동 채우기로 입력된다.

④ [F2:F5] 영역이 선택된 상태로 매크로가 종료된다.

ActiveCell.FormulaR1C1 = "=SUM(RC[-4]:RC[-2])"은 현재 셀, 즉 [F9] 셀에서 4열 왼쪽(B9)과 2열 왼쪽(D9)의 합계를 의미하므로 "=SUM(B9:D9)"와 같은 의미입니다.

14년 3회

**3. 다음 중 현재 선택된 셀을 기준으로 왼쪽 두 번째 셀과 바로 왼쪽 셀을 곱하는 수식을 입력하는 VBA 코드로 옳은 것은?**

① ActiveCell.FormulaR1C1 = "=RC[2]*RC[1]"

② ActiveCell.FormulaR1C1 = "=RC[-2]*RC[-1]"

③ ActiveCell.Value = RC[2]*RC[1]

④ ActiveCell.Value = RC[-2]*RC[-1]

- ActiveCell.FormulaR1C1 : 'ActiveCell'은 현재 셀을, 'FormulaR1C1'은 상대적 위치 표기법인 R1C1 형식의 수식을 의미합니다.
- R1C1 형식은 현재 셀에서 제시된 값만큼 떨어진 셀을 지정하는 것으로 'R'은 행, 'C'는 열, 값은 대괄호([ ]) 안에 표기합니다.

예 현재 셀이 'C3'일 경우
- R[2]C[1] : 현재 셀에서 2행 아래쪽, 1열 오른쪽(D5)
- R[-1]C[-2] : 현재 셀에서 1행 위쪽, 2열 왼쪽(A2)
- RC[2]*RC[1] : '현재 셀에서 2열 오른쪽'*'현재 셀에서 1열 오른쪽' → E3*D3
- RC[-2]*RC[-1] : '현재 셀에서 2열 왼쪽'*'현재 셀에서 1열 왼쪽' → A3*B3

11년 3회

**4. 다음 프로시저에 저장된 명령문들에 대한 설명으로 옳지 않은 것은?**

```
Sub 더하기( )
   Sub Range("A1").Select
   Sub ActiveCell.FormulaR1C1 ="1"
   Sub Range("A2").Select
   Sub ActiveCell.FormulaR1C1 ="4"
   Sub Range("A3").Select
   Sub ActiveCell.FormulaR1C1 ="=R[-2]C+R[-1]C"
   Sub Range("A4").Select
End Sub
```

① Range("A1").Select는 [A1] 셀을 선택하는 명령문으로, Range("A1")은 [A1]이라는 셀 개체를 나타내며, Select는 메서드이다.

② ActiveCell.FormulaR1C1="1"은 현재 활성 셀에 1을 입력하는 명령문으로, ActiveCell은 개체이며 FormulaR1C1은 속성이다.

③ 프로시저가 실행된 후에 셀 포인터는 최종적으로 [A4] 셀에 위치한다.

④ ActiveCell.FormulaR1C1="=R[-2]C+R[-1]C"은 활성 셀로부터 두 행 아래쪽에 있는 셀과 한 행 아래쪽에 있는 셀을 더하라는 의미이다.

R[-2]C+R[-1]C는 활성화된 셀로부터 두 행 위쪽에 있는 셀(A1)과 한 행 위쪽에 있는 셀(A2)에 입력된 값을 더하라는 의미입니다.

문제7 1211453

## 따라잡기 기출문제 따라잡기

23년 2회, 1회

**5. 다음 매크로에 대한 설명으로 옳지 않은 것은?**

```
Sub Macro1( )
Range("C2:D6").Select
    With Selection.Font
        .Name = "굴림"
        .Size = 11
        .Underline = xlUnderlineStyleNone
        .Shadow = False
        .ColorIndex = 3
    End With
    With Selection
        .HorizontalAlignment = xlCenter
        .VerticalAlignment = xlBottom
        .WrapText = False
    End With
End Sub
```

① 글꼴을 '굴림'으로 지정한다.

② 폰트 크기를 11로 지정한다.

③ 밑줄을 해제한다.

④ 텍스트의 가로 정렬과 세로 정렬을 모두 가운데 맞춤으로 지정한다.

텍스트의 가로 정렬(HorizontalAlignment)은 가운데 정렬(xlCenter)로, 텍스트의 세로 정렬(VerticalAlignment)은 아래쪽 맞춤(xlBottom)으로 지정되었습니다. ①은 '.Name = "굴림"' 부분, ②는 '.Size = 11' 부분, ③은 '.Underline = xlUnderlineStyleNone' 부분에 의해 지정됩니다.

23년 3회, 22년 3회, 19년 1회

**6. 다음 중 아래의 VBA 코드에 대한 설명으로 옳지 않은 것은?**

```
Private Sub Worksheet_Change(ByVal Target As Range)
    If Target.Address = Range("a1").Address Then
        Target.Font.ColorIndex = 5
        MsgBox Range("a1").Value & "입니다."
    End If
End Sub
```

① 일반 모듈이 아닌 워크시트 이벤트를 사용한 코드이다.

② [A1] 셀을 선택하면 [A1] 셀의 값이 메시지 박스에 표시된다.

③ VBA 코드가 작성된 워크시트에서만 동작한다.

④ [A1] 셀이 변경되면 [A1] 셀의 글꼴 색이 ColorIndex가 5인 색으로 변경된다.

'Worksheet_Change' 프로시저에 입력된 코드는 셀의 값이 변경되거나 셀이 이동하는 등 워크시트에 변화가 있을 때 작동하므로 [A1] 셀의 선택이 아니라 데이터가 변경되면 [A1] 셀의 값이 메시지 박스에 표시됩니다.

21년 4회, 18년 1회

**7. 아래의 워크시트에서 [D2] 셀에 SUM 함수를 사용하여 총점을 계산한 후 채우기 핸들을 [D5] 셀까지 드래그하여 총점을 계산하는 '총점' 매크로를 생성하였다. 다음 중 아래 '총점' 매크로의 VBA 코드 창에서 괄호( ) 안에 해당하는 값을 올바르게 나열한 것은?**

| | A | B | C | D |
|---|---|---|---|---|
| 1 | 성명 | 국어 | 영어 | 총점 |
| 2 | 강동식 | 81 | 89 | |
| 3 | 최서민 | 78 | 97 | |
| 4 | 박동수 | 87 | 88 | |
| 5 | 박두식 | 67 | 78 | |
| 6 | | | | |

```
Sub 총점( )
    Range(" ⓐ ").Select
    ActiveCell.FormulaR1C1 = "=SUM( ⓑ )"
    Range("D2").Select
    Selection.AutoFill Destination:=Range(" ⓒ "),_
    Type:=xlFillDefault
    Range(" ⓓ ").Select
    Range("D6").Select
End Sub
```

① ⓐ D2 ⓑ (RC[-1]:RC[-1]) ⓒ D5 ⓓ D5

② ⓐ A6 ⓑ (RC[-1]:RC[-0]) ⓒ D2:D5 ⓓ D5

③ ⓐ D2 ⓑ (RC[-2]:RC[-0]) ⓒ D5 ⓓ D2:D5

④ ⓐ D2 ⓑ (RC[-2]:RC[-1]) ⓒ D2:D5 ⓓ D2:D5

ⓐ 워크시트의 [D2] 셀에 수식을 입력하려면 가장 먼저 해당 셀을 선택해야 하므로 'D2'입니다.

ⓑ SUM 함수의 인수를 지정해야 합니다. [D2] 셀에 입력될 수식은 '=SUM(B2:C2)'입니다. 이것과 같은 의미를 보기에서 찾으면 '=SUM(RC[-2]:RC[-1])'입니다.
- RC[-2]:RC[-1]는 현재 셀에서 2열 왼쪽과 1열 왼쪽을 의미합니다. 즉 [D2] 셀에서 2열 왼쪽은 B2, 1열 왼쪽은 C2로 'B2:C2'를 의미합니다.

ⓒ 채우기 핸들을 드래그하여 [D2:D5] 셀에 결과값을 표시해야 하므로 'D2:D5'입니다.

ⓓ 보기로 제시된 'D5' 또는 'D2:D5' 둘 중 어떤 것을 지정하든 실행 결과에는 영향을 미치지 않습니다.

▶ **정답 :** 1. ① 2. ② 3. ② 4. ④ 5. ④ 6. ② 7. ④

## 116 | 매크로 생성

### ❶ '매크로 기록' 대화상자 24.5, 24.4, 24.3, 24.2, 24.1, 22.4, 22.3, 22.2, 21.4, 21.1, 20.2, …

- 매크로 이름
  - 첫 글자는 반드시 문자로 지정해야 하고, 두 번째부터 문자, 숫자, 밑줄 문자(_) 등을 사용할 수 있다.
  - / ? ' ' . - ※ 등과 같은 문자와 공백은 매크로 이름으로 사용할 수 없다.
- 바로 가기 키
  - 바로 가기 키에는 영문자만 사용할 수 있으며, 지정하지 않아도 매크로를 기록할 수 있다.
  - 기본적으로 Ctrl과 조합하여 사용하고, 대문자로 지정하면 Shift가 자동으로 덧붙여 지정된다.
  - 매크로에 지정된 바로 가기 키가 엑셀의 바로 가기 키보다 우선한다.
- 매크로가 저장되는 위치
  - 개인용 매크로 통합 문서 : PERSONAL.XLSB는 개인용 매크로 통합 문서로, 이 문서에 저장된 매크로는 모든 통합 문서에서 실행할 수 있음
  - 새 통합 문서 : 새 통합 문서를 열어 매크로를 기록하고 적용함
  - 현재 통합 문서 : 기본 저장 위치로, 현재 작업중인 통합 문서에 매크로를 기록하고 적용함

### ❷ 매크로에서의 셀 참조 24.1, 23.3, 23.2, 23.1, 22.5, 21.4, 21.1, 20.2, 19.1, 13.2, 10.1

- 매크로 기록 중에 선택된 셀 주소는 기본적으로 절대 참조로 기록되지만 [개발 도구] → [코드] → [상대 참조로 기록]을 선택하면 상대 참조로 기록할 수 있다.
- 매크로를 상대 참조로 기록하면 매크로를 실행할 때 셀 포인터의 위치에 따라 매크로가 적용되는 위치가 달라진다.

예 [A1] 셀이 선택된 상태에서 [A2:A5] 영역에 배경색을 '노랑색'으로 지정하는 매크로를 작성한 경우 [C1] 셀을 선택하고 매크로를 실행하면 [A1] 셀에서 [C1] 셀, 즉 오른쪽으로 두 칸 이동한 [C2:C5] 영역에 배경색이 '노랑색'으로 지정된다.

### ❸ 양식 컨트롤과 ActiveX 컨트롤 24.3, 22.5, 21.4, 20.1, 16.3

- 양식 컨트롤의 '단추'를 삽입하면 '매크로 지정' 대화상자가 자동으로 표시되지만 ActiveX 컨트롤의 '단추'를 삽입하면 아무것도 표시되지 않는다.
- 양식 컨트롤은 [디자인 모드]에서도 해당 컨트롤에 지정된 기능을 실행할 수 있지만 ActiveX 컨트롤은 실행할 수 없다.

## 117 | 매크로 실행

### ❶ '매크로' 대화상자를 이용한 실행 20.2, 13.1

다음과 같이 실행한 후 '매크로' 대화상자에서 매크로 이름을 선택한다.

- 방법 1 : [보기] → [매크로] → [매크로] 클릭
- 방법 2 : [개발 도구] → [코드] → [매크로] 클릭
- 방법 3 : Alt + F8 누름

### ❷ '매크로' 대화상자의 각 단추 24.1, 21.4, 21.3, 20.2, 18.1

- 실행 : 선택한 매크로를 실행함
- 한 단계씩 코드 실행 : 선택한 매크로를 한 줄씩 실행함
- 편집 : 선택한 매크로를 Visual Basic Editor를 이용해 매크로 이름이나 명령 내용을 편집함
- 만들기 : Visual Basic Editor를 이용해 매크로를 작성함
- 삭제 : 선택한 매크로를 삭제함
- 옵션 : 선택한 매크로에 바로 가기 키를 지정하거나 설명을 수정함

### ❸ Visual Basic Editor를 이용한 실행 21.3, 17.1, 16.1, 11.1

- 방법 1 : F5 : 일반적인 실행
- 방법 2 : F8 : 한 단계씩 코드 실행
- 방법 3 : Ctrl + F8 : 모듈 창의 커서 위치까지 실행

## 118 | VBA 기본 개념

### ❶ 프로시저 24.2, 21.2, 17.2, 10.3

- 연산을 수행하거나 값을 계산하는 일련의 명령문과 메서드의 모임으로, 모듈(Module) 안에 작성된다.
- Sub~End Sub : 프로시저 내에 작성된 코드를 실행하는 가장 일반적인 형태로, 결과값을 반환하지 않음
- Function~End Function : 프로시저 내에 작성된 코드를 실행하고 실행된 결과값을 반환함

## 119 | VBA 문법 - 변수 / 배열

### ❶ 변수 17.2, 15.1, 12.3

- 컴퓨터가 명령을 처리하는 도중 발생하는 값을 저장하기 위한 공간으로 변할 수 있는 값을 의미한다.
- 변수의 선언에는 사용하기 전에 변수를 사용하겠다고 선언하는 명시적(Explicit) 선언과 변수를 선언하지 않고 명령문 안에서 사용하는 묵시적(Implicit) 선언으로 구분된다.

### ❷ 배열 23.5, 22.6, 22.1, 21.4, 21.1, 12.1

- 동일한 데이터 유형을 여러 개 사용하는 경우, 모든 데이터를 하나의 변수 이름으로 정의해 사용하는 것을 말한다.
- 배열은 선언할 때 변수 이름 다음에 괄호를 만들어 배열의 크기를 지정한다.
- 배열의 위치(첨자)는 0부터 시작하지만 프로시저를 시작하기 전에 모듈의 처음에 'Option Base 1'을 선언하면 배열의 위치(첨자)는 1부터 시작한다.
- 1차원 배열은 행만으로, 2차원 배열은 행과 열로, 3차원 배열은 면, 행, 열로 이루어진 배열이다.

## 120 | VBA 기본 문법 1 - 제어문 1

### ❶ For ~ Next 21.4, 21.2, 20.상시, 15.3, 15.2, 13.1, 12.3, 12.2, 11.3

- For문으로 지정된 횟수만큼 For문 안에 수록된 명령 코드를 반복 실행한다.
- Exit For를 이용하여 반복문이 최종값에 이르기 전에 For ~ Next 명령문을 빠져나올 수 있다.
- 형식

```
For 반복변수 = 시작값 To 최종값 [Step 증가값]
      실행문 ← 시작값에서 최종값이 될 때까지 증가값만큼씩
               증가하면서 실행문을 반복 실행
Next 반복변수
```

### ❷ Do ~ Loop 21.4, 15.3, 15.2, 12.2, 10.1

- 조건을 만족하는 동안 실행문을 반복 실행한다.
- 조건을 먼저 검사하는 Do While ~ Loop와 조건을 나중에 검사하는 Do ~ Loop While로 구분된다.
- 형식

```
Do While 조건식
      실행문 ← 조건식의 결과가 참인 동안 실행문을 반복 실행
Loop
```

```
Do
      실행문 ← 실행문을 실행한 후 조건식을 검사. 조건식이
               참인 동안 실행문을 반복 실행
Loop While 조건식
```

### ❸ Do Until ~ Loop 20.1, 15.3, 10.3

- 조건을 만족할 때까지, 즉 만족하지 않는 동안 반복 실행한다.
- 조건을 먼저 검사하는 Do Until ~ Loop와 조건을 나중에 검사하는 Do ~ Loop Until로 구분된다.
- 형식

```
Do Until 조건식
      실행문 ← 조건식의 결과가 거짓인 동안 실행문을 반복 실행
Loop
```

```
Do
      실행문 ← 실행문을 실행한 후 조건식을 검사. 조건식이
               거짓인 동안 실행문을 반복 실행
Loop Until 조건식
```

**문제 1** 다음은 1부터 10까지의 합을 구하는 VBA 모듈이다. 괄호에 들어갈 알맞은 관계 연산자를 쓰시오.

```
no = 0
sum = 0
Do While no (        ) 10
  sum = sum + no
  no = no + 1
Loop
MsgBox sum
```

답 :

**해설**

```
  no = 0
  sum = 0
❶ Do While no <= 10
❷   sum = sum + no
❸   no = no + 1
❹ Loop
❺ MsgBox sum
```

❶ no의 값이 10보다 작거나 같으면 ❷~❸번을 수행하고 아니면 반복문을 벗어난다.
❷ sum에 no의 값을 누적시킨다.
❸ no 값을 1 증가시킨다.
❹ ❶번으로 제어가 이동된다.
❺ sum의 값을 표시한 메시지 박스를 실행한다.

## 121 | VBA 기본 문법 2 - 제어문 2 / 기타

### ❶ For Each ~ Next [11.2]

- 컬렉션에 포함된 개체의 수만큼 명령 코드를 반복 실행한다.
- 형식

```
For Each 개체변수 In 컬렉션 개체
    실행문 ← 컬렉션 개체의 수만큼 명령 코드를 반복 실행한다.
Next 개체변수
```

### ❷ Call [13.2, 10.2]

- 프로시저 안에서 다른 프로시저를 호출한다.
- 형식 : Call 프로시저 이름(인수1, 인수2, …)

**문제 2** 다음 서브 프로시저에 중간이 90, 기말이 80인 '임영우'의 데이터를 인수로 넣어 호출하는 명령문을 작성하시오. (단, 호출 시 Call 명령어 사용)

```
Sub RESULT(중간, 기말, 이름)
    ⋮
End Sub
```

답 :

## 122 | VBA 기본 문법 3 – 입·출력문

### ❶ MsgBox [22.6, 22.1, 17.2]

- 대화상자 안에 단순하게 메시지를 보여주거나 여러 단추를 표시해 클릭된 단추에 대한 번호를 정수형 데이터 유형으로 반환할 수 있다.
- 대화상자로 메시지를 보여주고 사용자가 단추를 누를 때까지 기다린 다음 사용자가 누른 단추에 해당하는 값(Integer)을 반환한다.
- 형식 : MsgBox(메시지[, 버튼종류] [, 대화상자 타이틀] [, 도움말 파일, 도움말 번호])
- 형식 예

AA = MsgBox ("계속할까요?", vbYesNoCancel + vbQuestion, "확인")

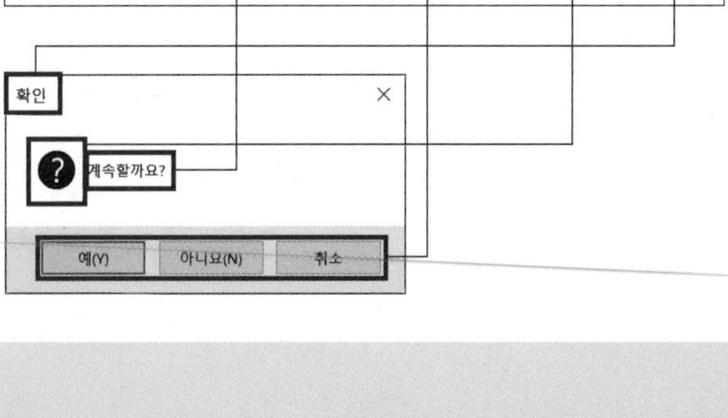

• 버튼의 종류와 상수

| 상수 | 값 | 설명 |
|---|---|---|
| vbOKOnly | 0 또는 생략 | 〈확인〉 단추만 나타냄 |
| vbOKCancel | 1 | 〈확인〉과 〈취소〉 단추를 나타냄 |
| vbAbortRetryIgnore | 2 | 〈중단〉, 〈다시 시도〉 및 〈무시〉 단추를 나타냄 |
| vbYesNoCancel | 3 | 〈예〉, 〈아니오〉 및 〈취소〉 단추를 나타냄 |

• 사용할 아이콘을 지정하는 상수

| 상수 | 값 | 설명 | 그림 |
|---|---|---|---|
| vbCritical | 16 | '중대 메시지' 아이콘을 나타냄 |  |
| vbQuestion | 32 | '질의 경고' 아이콘을 나타냄 |  |
| vbExclamation | 48 | '메시지 경고' 아이콘을 나타냄 |  |
| vbInformation | 64 | '메시지 정보' 아이콘을 나타냄 |  |

**문제 3** 다음 그림과 같은 메시지 박스가 표시되었을 때 VBA 코드의 괄호에 들어갈 알맞은 코드를 쓰시오.

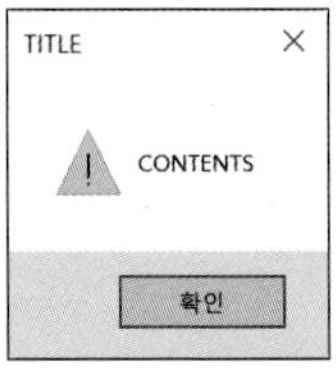


MsgBox "CONTENTS", (          ), "TITLE"

답 :

**해설**
메시지 박스에 〈확인〉 단추만 표시하려면 0 또는 생략을, '(메시지 경고)' 아이콘을 표시하려면 48을 지정해야 합니다.

## 123 | 엑셀 개체의 이용

### ❶ Worksheet(Worksheets) 개체 19.2, 10.1

• Worksheets : 지정한 통합 문서의 모든 워크시트
• Close : 통합 문서를 닫음
• SaveAs : 다른 이름으로 저장함

### ❷ Worksheet(Worksheets) 개체 21.2, 21.1, 17.2, 16.2, 15.1, 14.3, 13.3, 13.2, 13.1, …

• Cells : 워크시트의 모든 셀
• Columns : 워크시트의 모든 열
• Range : 워크시트의 셀이나 셀 범위
• Rows : 워크시트의 모든 행
• Entirerow : 지정된 범위 내의 모든 행
• Visible : 워크시트의 표시 여부 지정

### ❸ Range 개체 23.5, 22.7, 22.5, 22.3, 20.상시, 18.상시, 18.2, 17.1, 16.3, 16.2, 16.1, 15.3, 13.2, 12.3, …

**Range의 주요 속성**

• Cells : 지정된 범위의 모든 셀
• Currentregion : 데이터가 있는 인접 영역의 범위
• Formula : A1 스타일의 수식
• FormulaR1C1 : R1C1 스타일의 수식
• Offset : 지정된 범위에서 떨어진 범위
• Range : 셀이나 영역 범위
• Value : 지정된 셀의 값

**Range의 주요 메서드**

• ClearContents : 내용만 삭제
• Select : 선택
• ClearFormats : 서식만 삭제
• Copy : 복사

**문제 4** 다음은 C열의 글꼴 크기를 15포인트로 설정하는 매크로이다. 괄호 안에 들어갈 알맞은 속성을 쓰시오.

(          )("C:C").Font.Size = 15

답 :

**정답** 1. <= 2. Call RESULT(90, 80, "임영우") 3. 0+48 또는 48 4. Range

**문제 1** 다음 프로시저를 이용하여 [A1:B2] 영역에서 내용만 지우려고 할 때 괄호 안에 들어갈 알맞은 코드를 쓰시오.

```
Sub Procedure( )
    Range("A1:B2").Select
    Selection.(          )
End Sub
```

**답 :**

**해설**

선택한 영역에 지정된 내용만 삭제하는 메서드는 ClearContents, 서식만 삭제하는 메서드는 ClearFormats입니다.

**정답** 1. ClearContents

# 3 과목

# 데이터베이스 일반

## 전문가가 분석한 3과목 출제 경향

평소 자주 사용하지 않는 프로그램이라 익숙하지 않은 개념이 많습니다. 하지만 액세스 역시 사용하기 쉽게 만들어 놓은 프로그램이므로 실습과 병행하면 쉽게 이해할 수 있습니다. 이 과목도 '준비하세요' 코너에 실습 파일명을 적어놓았으니 시나공 홈페이지에서 다운받아 실습하세요. 1장과 6장을 제외한 나머지 2, 3, 4, 5장은 20% 정도의 고른 출제 비율을 보이고 있는데, 이들 장은 필기 시험 출제 비중도 높지만 실기 시험 문제가 출제되는 부분이기도 합니다. 이들 장에 초점을 맞추어 공부하십시오.

IT 자격증 전문가 강윤석

## 미리 따라해 본 베타테스터의 한 마디

액세스는 이번 시험을 계기로 처음 사용하는 생소한 프로그램이고, 주위에서 어렵다는 말을 자주 들어서 내심 고민을 많이 했습니다. 일단 결론부터 말하자면 '하고 나면 별로 어렵지 않다'는 것입니다. 처음에는 낯선 용어와 새로운 기능 때문에 고생했습니다. 그런데 교재의 내용이 용어나 기능을 몰라도 따라하다 보면 쉽게 이해할 수 있게 구성되어 있어서 섹션이 끝날 때 나오는 문제를 풀 때는 저절로 아~ 이런 기능이었구나 하는 생각이 들더군요. 처음에는 낯설었던 용어들도 새로운 장을 공부할수록 거부감도 없어지고 무엇보다도 실습을 병행하여 결과를 확인하니 이해가 한결 쉽더군요. 이제 어느 정도 이해하고 나니 실기 시험도 잘 해낼 수 있을 것 같다는 자신감이 생기네요. 사실은 실기 시험을 위해서는 필기 시험 공부할 때 확실히 개념을 잡아 두는 것이 중요하다고 하여 조금 열심히 했습니다.

베타테스터 윤미라

# 1 장

# 데이터베이스 개요

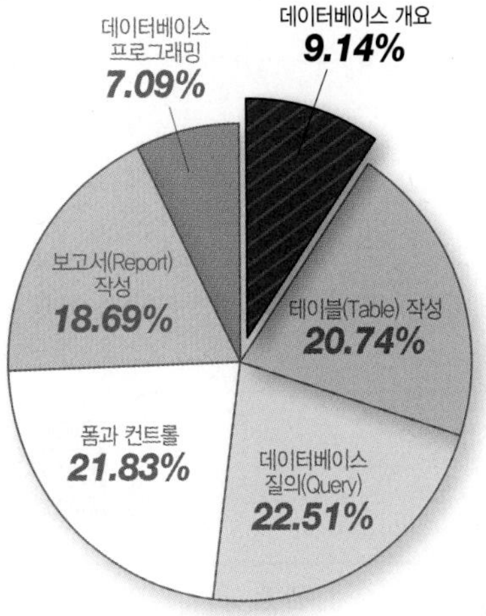




이 장에서 꼭 알아야 할 키워드 Best 10

**1.** 무결성 **2.** 스키마 **3.** 데이터 정의어(DDL) **4.** 데이터 제어어(DCL) **5.** 데이터 조작어(DML) **6.** 관계형 데이터베이스 **7.** 기본키 **8.** 외래키 **9.** 정규화 **10.** 개체 관계도(ERD)

SECTION 125

# 데이터베이스의 개념

B 등급

> **전문가의 조언**
> 데이터베이스의 정의에 포함되는 통합, 저장, 공유, 운영이라는 4개의 단어와 데이터 중복의 문제점을 기억해 두세요.

> **전문가의 조언**
> 컴퓨터활용능력 시험은 2021년부터 상시 시험으로만 시행되고 있고, 기출문제는 공개되지 않습니다. 본문에 표기된 "24.4"는 복원된 상시 시험 문제의 연도별 일련번호입니다.

24.4, 21.1, 19.2, 14.1, 11.1, 08.3, 06.1

## 1 데이터베이스의 정의

1211501

데이터베이스(Database)는 특정 조직의 기능을 수행하는 데 필요한 상호 관련된 데이터들의 모임이다.

- **통합된 데이터(Integrated Data)** : 자료의 중복을 배제한 데이터의 모임이다.
- **저장된 데이터(Stored Data)** : 컴퓨터가 접근할 수 있는 저장 매체에 저장된 자료이다.
- **운영 데이터(Operational Data)** : 조직의 고유한 업무를 수행하는 데 존재 가치가 확실하고 없어서는 안 될 반드시 필요한 자료이다.
- **공용 데이터(Shared Data)** : 여러 응용 시스템들이 공동으로 소유하고 유지하는 자료이다.

19.2, 11.1, 08.3

### 잠깐만요 데이터 중복의 문제점

동일한 데이터가 여러 곳에 중복 저장되면 데이터의 동일성, 무결성(정확성), 동일한 보안 수준 등을 유지하기 어렵습니다.

> **전문가의 조언**
> **중요해요!** 데이터베이스의 장점과 단점을 구분하는 문제가 자주 출제됩니다. 장점과 단점을 정확히 구분할 수 있어야 하는데, 이런 경우에는 둘 중 하나를 확실히 암기하는 것이 효율적입니다.
>
> **무결성**
> 데이터의 무결성(Integrity)이란 데이터의 중복이나 훼손 없이 정확성이 보장된 상태, 즉 정확성을 의미한다고 보면 됩니다.

24.5, 24.3, 23.1, 22.7, 21.2, 21.1, 19.2, 17.2, 15.2, 13.3, 11.3, 11.1, 10.2, 09.3, 08.2, 06.4, 05.2, 04.4, 04.3, 03.4

## 2 데이터베이스의 장 · 단점

1211503

| 장 점 | 단 점 |
|---|---|
| • 데이터의 중복성 최소화<br>• 데이터의 공유<br>• 데이터의 일관성 유지<br>• 데이터의 무결성* 유지<br>• 데이터의 표준화 가능<br>• 데이터의 보안성 유지<br>• 항상 최신의 데이터 유지<br>• 데이터의 논리적 · 물리적 독립성 유지<br>• 용이한 데이터 접근<br>• 데이터의 저장공간 절약 | • 데이터베이스 전문가의 부족<br>• 전산화 비용 증가<br>• 데이터 유실 시 파일 회복이 어려움<br>• 시스템의 복잡화<br>• 대용량 디스크로의 집중적인 Access로 과부하(Overhead) 발생<br>• 처리 속도가 느림 |

문제3 1211551 문제5 1211552

## 따라잡기 기출문제 따라잡기

24년 5회, 3회, 23년 1회, 22년 7회

**1. 다음 중 데이터베이스의 장점이 아닌 것은?**

① 데이터의 일관성을 유지할 수 있다.
② 데이터의 중복을 최소화할 수 있다.
③ 데이터의 무결성을 유지할 수 있다.
④ 데이터 유실 시 파일 회복이 쉽다.

데이터베이스는 데이터 유실 시 파일 회복이 어렵습니다.

21년 1회, 14년 1회

**2. 다음 중 데이터베이스의 특징으로 옳지 않은 것은?**

① 다수의 이용자들이 서로 상이한 목적으로 동일 데이터를 공유
② 데이터의 검색이나 갱신이 효율적으로 이루어질 수 있도록 데이터의 중복을 최대화
③ 특정 조직에서 필요한 정보를 얻기 위하여 필요한 데이터를 저장
④ 효과적인 데이터 처리를 위한 구조화

데이터베이스의 정의 중 하나는 중복을 최소화하여 통합하는 것 입니다.

19년 2회, 11년 1회

**3. 다음 중 데이터 중복성에 대한 설명으로 옳지 않은 것은?**

① 중복으로 인한 데이터 불일치 시 일관성을 잃게 된다.
② 중복된 값에 대해 같은 수준의 데이터 보안이 유지되어야 한다.
③ 중복이 많아질수록 갱신 비용이 높아질 수 있다.
④ 제어가 분산되어 데이터 무결성을 유지하기 쉬워진다.

동일한 데이터가 여러 곳에 중복되어 저장되어 있으면 데이터의 무결성, 즉 정확성을 유지하기 어렵습니다.

11년 3회, 04년 4회, 03년 4회

**4. 전통적인 파일 처리 방식에 비해 데이터베이스를 이용하는 경우의 장점으로 가장 거리가 먼 것은?**

① 데이터 공유가 용이하다.
② 프로그램에 독립적인 데이터의 관리가 가능하다.
③ 애플리케이션의 개발 및 유지, 보수가 용이하다.
④ 데이터 관리 비용 및 공간을 절감할 수 있다.

중복을 제거하여 데이터를 저장하기 때문에 공간은 절약되지만 관리 비용은 증가합니다.

21년 2회, 1회, 17년 2회, 10년 2회, 09년 3회, 08년 2회, 06년 4회, 04년 3회

**5. 다음 중 데이터베이스 방식의 장점에 대한 설명으로 가장 거리가 먼 것은?**

① 데이터 간의 종속성을 유지할 수 있다.
② 데이터를 여러 사람이나 응용 프로그램이 공유할 수 있다.
③ 데이터의 중복을 최소화할 수 있다.
④ 데이터의 일관성 및 무결성을 유지할 수 있다.

종래의 파일 처리 방식의 단점인 데이터 중복성과 종속성을 최소화하기 위해 데이터베이스가 도입되었습니다. 데이터베이스 구성의 장점 중 하나는 데이터 간의 독립성 유지입니다.

24년 4회

**6. 다음 중 데이터베이스에 대한 설명으로 옳지 않은 것은?**

① 데이터베이스는 컴퓨터가 접근할 수 있는 저장 매체에 저장된 자료이다.
② 데이터베이스는 자료가 최소한으로 중복된 데이터의 모임이다.
③ 데이터베이스는 조직의 고유한 업무를 수행하는 데 존재 가치가 확실하고 없어서는 안 될 반드시 필요한 자료이다.
④ 데이터베이스는 여러 응용 시스템들이 공동으로 소유하고 유지하는 자료이다.

데이터베이스는 자료의 중복을 배제한 데이터의 모임입니다.

15년 2회, 13년 3회, 05년 2회

**7. 다음 중 DBMS의 단점에 대한 설명으로 옳지 않은 것은?**

① 하드웨어나 DBMS 구입 비용, 전산화 비용 등이 증가함
② DBMS와 데이터베이스 언어를 조작할 수 있는 고급 프로그래머가 필요함
③ 데이터를 통합하는 중앙 집중 관리가 어려움
④ 데이터의 백업과 복구에 많은 비용과 시간이 소요됨

DBMS는 데이터베이스 관리 시스템으로 DBMS의 장·단점은 곧 데이터베이스의 장·단점을 의미합니다.

▶ **정답** : 1. ④ 2. ② 3. ④ 4. ④ 5. ① 6. ② 7. ③

SECTION 126

# 데이터베이스 시스템의 구성 요소

C 등급

전문가의 조언

데이터베이스 시스템을 구성하는 요소들에는 무엇이 있는지 정도만 파악하세요.

## 1 데이터베이스 시스템의 구성 요소

데이터베이스 시스템은 데이터베이스뿐만 아니라 데이터베이스를 둘러싼 모든 요소를 말한다.

• 데이터베이스 시스템은 다음과 같은 요소로 구성되어 있다.

– 데이터베이스
– 데이터베이스 컴퓨터
– 스키마
– 데이터베이스 사용자
– DBMS(데이터베이스 관리 시스템)
– 데이터베이스 관리자
– 데이터베이스 언어

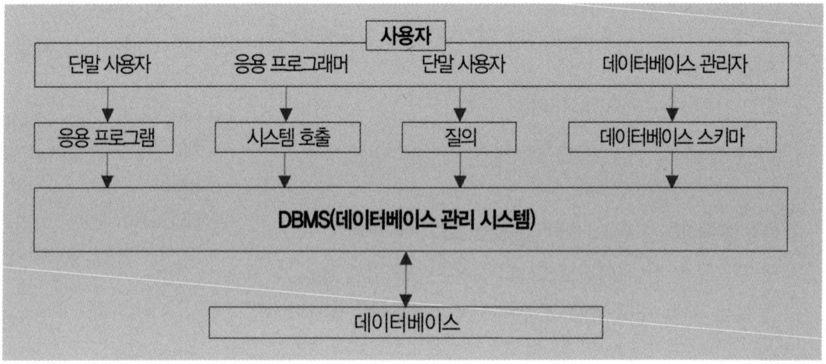


데이터베이스 시스템의 구성 요소

전문가의 조언

개념 스키마의 특징을 묻는 문제가 출제된 적이 있습니다. 스키마는 외부, 개념, 내부 스키마로 나누어진다는 것과 각각의 특징을 구분할 줄 알아야 합니다.

22.7, 22.3, 18.2, 13.3

## 2 스키마

3213202

스키마(Schema)는 데이터베이스의 구조와 제약 조건에 관한 전반적인 명세(Specification)를 기술(Description)한 메타데이터(Meta-Data)의 집합이다.

• 스키마는 데이터 사전(Data Dictionary)에 저장되며, 다른 이름으로 메타데이터(Meta-Data)라고도 한다.

• **스키마의 종류**

| | |
|---|---|
| 22.7<br>외부 스키마<br>(=서브 스키마) | • 사용자나 응용 프로그래머가 각 개인의 입장에서 필요로 하는 데이터베이스의 논리적 구조를 정의한 것이다.<br>• 하나의 데이터베이스 시스템에는 여러 개의 외부 스키마가 존재할 수 있다. |
| 18.2<br>개념 스키마 | • 데이터베이스의 전체적인 논리적 구조이다.<br>• 모든 응용 프로그램이나 사용자들이 필요로 하는 데이터를 종합한 조직 전체의 데이터베이스로, 하나만 존재한다. |
| 내부 스키마 | • 물리적 저장장치의 입장에서 본 데이터베이스의 물리적 구조이다.<br>• 실제로 저장될 레코드의 형식, 저장 데이터 항목의 표현 방법, 내부 레코드의 물리적 순서 등을 나타낸다. |

22.3, 13.3

**잠깐만요** 데이터 사전(Data Dictionary) / 메타 데이터(Metadata)

1211631

**데이터 사전(Data Dictionary)**

- 데이터베이스에 저장되어 있는 모든 데이터 개체들에 대한 정보를 유지 · 관리하는 시스템으로, 시스템 카탈로그(System Catalog)라고도 합니다.
- 데이터 사전은 시스템 데이터베이스(System Database)에 해당합니다.

**메타 데이터(Metadata)**

데이터 사전은 시스템에 저장되어 있는 '데이터에 관한 데이터(Data About Data)' 라는 의미로 메타 데이터라고도 합니다.

**전문가의 조언**

데이터 사전의 개념을 묻는 문제가 출제된 적이 있습니다. 데이터 사전은 데이터베이스에 저장되어 있는 모든 데이터 개체들에 대한 정보를 유지, 관리하는 시스템이라는 것을 기억하세요.

21.3, 08.3

## 3 데이터베이스 관리자

3213203

데이터베이스 관리자(DBA, Database Administrator)란 데이터베이스 시스템을 관리하고 운영에 관한 모든 것을 책임지는 사람이나 그룹이다.

- 데이터 정의어(DDL)를 사용하여 데이터베이스를 기술하고, 데이터 제어어(DCL)를 사용하여 저장된 데이터를 제어한다.
- **데이터베이스 관리자의 기능**
  - 데이터베이스의 구성 요소를 결정한다.
  - 데이터베이스의 스키마를 정의한다.
  - 데이터베이스의 저장 구조와 접근 방법을 정의한다.
  - 데이터베이스의 보안 및 권한 부여 정책, 데이터의 유효성 검사 방법을 수립한다.
  - 데이터베이스의 무결성을 유지하기 위한 대책을 수립한다.
  - 사용자의 요구와 불평을 청취하고 해결한다.
  - 데이터 사전을 유지 · 관리한다.
  - 시스템의 성능 분석 및 감시를 한다.

**전문가의 조언**

데이터베이스 관리자의 역할을 묻는 문제가 출제된 적이 있습니다. 데이터베이스 관리자는 데이터베이스의 스키마를 정의하고, 구성 요소를 결정하며, 시스템의 성능 분석 및 감시를 담당한다는 것을 기억하세요.

## 따라잡기 기출문제 따라잡기

문제2 3213252

18년 2회

**1. 다음 중 데이터베이스의 3단계 구조 중 하나로 데이터베이스 전체의 논리적인 구조를 보여주는 스키마는?**

① 외부 스키마　② 서브 스키마
③ 개념 스키마　④ 내부 스키마

논리적 구조는 개념 스키마, 물리적 구조는 내부 스키마, 여러 개가 존재하면 외부(서브) 스키마입니다.

22년 3회, 13년 3회

**2. 다음 중 데이터베이스에 저장되어 있는 모든 데이터 개체들에 대한 정보를 유지, 관리하는 시스템으로 이곳에 저장된 데이터를 데이터에 대한 데이터라는 의미로 '메타 데이터'라고 하며, '시스템 카탈로그'라고도 불리는 것은?**

① 데이터 사전(Data Dictionary)
② 데이터베이스 관리자(DBA; Database Administrator)
③ 데이터베이스 관리 시스템(DBMS; Database Management System)
④ 데이터 조작어(DML; Data Manipulation Language)

문제에 제시된 내용이 데이터 사전의 개념입니다.

21년 3회

**3. 다음 중 데이터베이스 관리자의 역할로 옳지 않은 것은?**

① COBOL, PASCAL, C와 같은 호스트 프로그래밍 언어와 DCL(Data Control Language)을 이용하여 데이터를 조작한다.
② 데이터베이스의 스키마를 정의한다.
③ 데이터베이스의 구성 요소를 결정한다.
④ 시스템의 성능 분석 및 감시를 한다.

일반 호스트 언어로 작성된 프로그램에 데이터 조작어(DML)를 삽입하여 만든 응용 프로그램을 통해서 데이터베이스에 접근하는 사람은 응용 프로그래머입니다.

22년 7회

**4. 다음 중 데이터베이스의 3단계 구조 중 하나로, 각 개인의 입장에서 필요로 하는 데이터베이스의 논리적인 구조를 정의하는 스키마로, 서브 스키마라고도 불리는 것은?**

① 외부 스키마　② 개념 스키마
③ 내부 스키마　④ 논리 스키마

서브 스키마라고도 불리는 것은 외부 스키마입니다.

▶ **정답** : 1. ③　2. ①　3. ①　4. ①

SECTION 127

# 데이터베이스 언어

C 등급

데이터베이스 언어(Database Language)는 데이터베이스를 정의하고 접근하기 위한 언어를 말한다.

전문가의 조언

데이터베이스 언어 각각의 개념과 종류를 숙지하세요.

24.1, 19.상시, 15.2, 13.1, 08.1, 07.4, 06.4, 06.2, 05.4, 05.1, 04.2, 03.3, 03.2

## 1 데이터 정의어(DDL; Data Definition Language)

3213401

- 데이터베이스를 생성하거나 수정하는 데 사용되는 언어이다.
- 데이터베이스 관리자나 데이터베이스 설계자가 사용한다.
- **종류** : CREATE, ALTER, DROP

24.1, 19.상시, 18.상시, 16.3, 14.2, 13.1, 12.2, 12.1, 09.4, 08.1, 06.3, 03.1

## 2 데이터 조작어(DML; Data Manipulation Language)

3213402

- 사용자가 응용 프로그램을 통하여 데이터베이스에 저장된 데이터를 실질적으로 처리하는 데 사용되는 언어이다.
- 데이터 처리는 데이터의 검색, 삽입, 삭제, 변경 등을 말한다.
- 사용자와 데이터베이스 관리 시스템 간의 인터페이스를 제공한다.
- 데이터 조작어는 절차적 조작 언어와 비절차적 조작 언어로 분류된다.
- **종류** : SELECT, UPDATE, INSERT, DELETE

20.1, 19.상시, 16.2, 14.1, 13.1, 09.4, 07.4, 06.4

## 3 데이터 제어어(DCL; Data Control Language)

3213403

- 데이터 보안, 무결성, 데이터 회복, 병행 수행 제어 등을 정의하는 데 사용되는 언어이다.
- 데이터베이스 관리자가 데이터 관리를 목적으로 사용한다.
- **종류** : COMMIT, ROLLBACK, GRANT, REVOKE

문제2 3213452 문제4 1211651

13년 1회, 06년 4회

**1. 다음 데이터베이스 관련 용어 중에서 성격이 다른 것은?**

① DDL ② DBA

③ DML ④ DCL

DBA는 데이터베이스 시스템을 관리하고 운영에 관한 모든 것을 책임지는 데이터베이스 관리자를 말하는 것이고, 나머지 보기는 데이터베이스 언어입니다.

12년 2회, 1회, 09년 4회, 08년 1회, 07년 4회, 06년 3회, 2회, 05년 4회, 1회, 03년 3회, 1회

**2. 다음은 데이터베이스 언어에 대한 설명이다. 옳게 연결된 것은?**

| | |
|---|---|
| ㉠ 데이터 정의어(DDL) | ㉡ 데이터 조작어(DML) |
| ㉢ 데이터 제어어(DCL) | |

ⓐ 데이터 보안, 데이터 무결성, 데이터 복구 등을 위해 사용하는 언어이다.
ⓑ 데이터의 삽입, 삭제, 수정 등을 하기 위해 사용하는 언어이다.
ⓒ 데이터베이스를 생성하거나 수정을 하기 위해 사용하는 언어이다.

① ㉠ – ⓐ, ㉡ – ⓑ, ㉢ – ⓒ

② ㉠ – ⓑ, ㉡ – ⓐ, ㉢ – ⓒ

③ ㉠ – ⓒ, ㉡ – ⓐ, ㉢ – ⓑ

④ ㉠ – ⓒ, ㉡ – ⓑ, ㉢ – ⓐ

데이터베이스 언어를 간단히 정리하면, 데이터 구조를 정의하고 무결성이 유지되도록 제어하며, 체계적으로 조작(처리)할 수 있도록 접근 수단을 제공합니다.

04년 2회, 03년 2회

**3. 다음 중 SQL 언어의 데이터 정의문(DDL)이 아닌 것은?**

① CREATE 테이블명 ② UPDATE 테이블명

③ ALTER 테이블명 ④ DROP 테이블명

UPDATE는 데이터 조작어(DML)입니다.

16년 3회, 14년 2회

**4. 다음 중 데이터베이스에 저장된 데이터를 실제 처리하는데 사용되는 데이터 조작어에 해당하는 SQL문은?**

① COMMIT ② SELECT

③ DROP ④ CREATE

COMMIT은 데이터 제어어, DROP과 CREATE는 데이터 정의어입니다.

20년 1회, 16년 2회, 14년 1회

**5. 다음 중 데이터 보안 및 회복, 무결성, 병행 수행 제어 등을 정의하는 데이터베이스 언어로, 데이터베이스 관리자가 데이터 관리를 목적으로 주로 사용하는 언어는?**

① 데이터 제어어(DCL)

② 데이터 부속어(DSL)

③ 데이터 정의어(DDL)

④ 데이터 조작어(DML)

데이터 보안 및 회복, 무결성, 병행 수행 제어 등을 위해 사용하는 언어는 데이터 제어어(DCL)입니다.

16년 3회, 14년 2회

**6. 다음 중 데이터 조작어(DML; Data Manipulation Language)에 대한 설명으로 옳지 않은 것은?**

① 사용자가 응용 프로그램을 통하여 데이터베이스에 저장된 데이터를 액세스하거나 조작할 수 있도록 하는 언어이다.

② 비절차식 데이터 조작 언어는 사용자가 어떠한 데이터가 필요한지를 명시할 뿐, 어떻게 구하는지는 명시할 필요가 없다.

③ 비절차식 데이터 조작 언어는 절차식 데이터 조작 언어보다 배우기 쉽고 사용하기 쉽지만 코드의 효율성은 떨어진다.

④ SELECT, UPDATE, CREATE, DELETE 문이 해당된다.

DML에 속한 명령에는 선택(SELECT), 수정(UPDATE), 삽입(INSERT), 삭제(DELETE)가 있습니다. CREATE는 데이터 정의어(DDL)입니다.

24년 1회

**7. 다음 중 SQL문에 대한 설명으로 옳지 않은 것은?**

① DROP을 이용하여 조건에 맞는 레코드를 삭제할 수 있다.

② INSERT를 이용하여 조건에 맞는 레코드를 추가할 수 있다.

③ SELECT를 이용하여 조건에 맞는 레코드를 검색할 수 있다.

④ UPDATE를 이용하여 조건에 맞는 레코드를 수정할 수 있다.

DROP은 SCHEMA, DOMAIN, TABLE, VIEW, INDEX를 삭제하는 명령어입니다. 조건에 맞는 레코드를 삭제할 때 사용하는 명령어는 DELETE입니다.

▶ **정답 :** 1. ② 2. ④ 3. ② 4. ② 5. ① 6. ④ 7. ①

SECTION 128

# 관계형 데이터베이스의 구조

B 등급

## 1 관계형 데이터베이스의 개요

21.3, 09.3

3213501

관계형 데이터베이스는 계층 모델과 망 모델의 복잡한 구조를 단순화시킨 모델이다.

- 관계형 데이터베이스를 구성하는 개체(Entity)나 관계(Relationship)를 모두 릴레이션(Relation)이라는 표(Table)로 표현한다.
- 계층 구조가 아닌 단순한 표(Table)를 이용하여 데이터의 상호관계를 정의하는 DB 구조를 말한다.
- 1:1, 1:N, M:N 관계를 자유롭게 표현할 수 있다.

**전문가의 조언**

관계형 데이터베이스의 개념을 묻는 문제가 출제된 적이 있습니다. 관계형 데이터베이스는 테이블의 형태로 데이터를 관리한다는 것을 기억해 두세요.

## 2 관계형 데이터베이스의 Relation 구조

23.5, 23.1, 22.6, 22.5, 21.3, 21.2, 21.1, 19.상시, 19.2, 18.상시, 16.3, 16.1, 13.1, 12.2, 11.2, 05.4, 04.3

3213502

릴레이션은 데이터들을 표(Table)의 형태로 표현한 것으로 구조를 나타내는 릴레이션 스키마와 실제 값들인 릴레이션 인스턴스*로 구성된다.

| 학번 | 이름 | 학년 | 신장 | 학과 |
|---|---|---|---|---|
| 89001 | 홍길동 | 2 | 170 | CD |
| 89002 | 이순신 | 1 | 169 | CD |
| 87012 | 임꺽정 | 2 | 180 | ID |
| 86032 | 장보고 | 4 | 174 | ED |

**전문가의 조언**

**중요해요!** 릴레이션, 튜플, 속성, 도메인 등 관계형 데이터베이스에서 사용하는 용어의 의미에 대해 알아두세요. 특히 테이블=릴레이션, 튜플=레코드, 속성=필드가 같은 의미로 사용된다는 것을 꼭 기억하세요.

### 테이블(Table)

데이터들을 행과 열로 표현한 것으로, 튜플(레코드)의 집합(릴레이션)이다.

### 튜플(Tuple)*

- 테이블의 행을 구성하는 개체(레코드)이다.
- 여러 속성들의 묶음이다.
- 튜플의 수를 카디널리티(Cardinality) 또는 기수, 대응수라고 한다.

**튜플**
- 〈학생〉 릴레이션에서 카디널리티는 4입니다.
- 카디널리티 = 튜플의 수 = 기수 = 대응수

### 속성(Attribute)*

- 테이블의 열을 구성하는 항목(필드)으로, 데이터베이스의 가장 작은 논리적 단위이다.
- 개체의 특성이나 상태를 기술한다.
- 속성의 수를 디그리(Degree) 또는 차수라고 한다.

**속성**
- 〈학생〉 릴레이션에서 디그리는 5입니다.
- 디그리 = 속성의 수 = 차수

## 도메인(Domain)*

- 하나의 속성(Attribute)이 취할 수 있는 같은 타입의 원자(Atomic)값들의 집합이다.

예 성별 애트리뷰트의 도메인은 '남'과 '여'로, 그 외의 값은 입력할 수 없다.

- 한 릴레이션의 기본키*가 가질 수 있는 도메인의 수는 튜플(레코드)의 수와 같다.

예 〈학생〉 릴레이션에서는 '학번'이 튜플들을 유일하게 구분하는 속성인 기본키가 될 수 있으며, '학번'이 기본키인 경우 '학번'의 도메인은 4개로, '학번'의 튜플 수와 같다.

**도메인**
〈학생〉 릴레이션에서 '학년'의 도메인은 1~4입니다.

**기본키(Primary Key)**
한 릴레이션에서 특정 레코드를 유일하게 구별할 수 있는 속성으로, 다음 섹션에서 자세히 배웁니다.

## 릴레이션 인스턴스(Relation Instance)

데이터 개체를 구성하고 있는 속성들에 데이터 타입이 정의되어 구체적인 데이터 값을 갖고 있는 것이다.

21.1, 20.2, 19.2, 16.1, 09.2, 07.2

## 3 릴레이션의 특징

1211703

**전문가의 조언**
릴레이션의 특징을 이해해야 풀 수 있는 문제가 출제되고 있습니다. 릴레이션의 특징을 무조건 암기하지 말고 주어진 예를 〈학생〉 릴레이션에 적용시켜 보세요. 쉽게 이해됩니다.

- 한 릴레이션에 포함된 튜플들은 모두 상이하다.

  예 〈학생〉 릴레이션을 구성하는 홍길동 레코드는 홍길동에 대한 학적 사항을 나타내는 것으로 〈학생〉 릴레이션 내에서는 유일하다.

- 한 릴레이션에 포함된 튜플 사이에는 순서가 없다.

  예 〈학생〉 릴레이션에서 홍길동 레코드와 임꺽정 레코드의 위치가 바뀌어도 상관없다.

- 튜플들의 삽입, 삭제 등의 작업으로 인해 릴레이션은 시간에 따라 변한다.

  예 〈학생〉 릴레이션에 새로운 학생의 레코드를 삽입하거나 기존 학생에 대한 레코드를 삭제함으로써 테이블은 내용 면에서나 크기 면에서 변하게 된다.

- 릴레이션 스키마를 구성하는 속성들 간의 순서는 중요하지 않다.

  예 학번, 이름 등의 속성을 나열하는 순서가 이름, 학번 순으로 바뀌어도 데이터 처리에는 아무런 영향을 미치지 않는다.

- 속성의 유일한 식별을 위해 속성의 명칭은 유일해야 하지만, 속성을 구성하는 값은 동일한 값이 있을 수 있다.

  예 각 학생의 학년을 기술하는 속성인 '학년'은 다른 속성명들과 구분되어 유일해야 하지만 '학년' 속성에는 2, 1, 2, 4 등이 입력된 것처럼 동일한 값이 있을 수 있다.

- 릴레이션을 구성하는 튜플을 유일하게 식별하기 위해 속성들의 부분집합을 키(Key)로 설정한다.

  예 〈학생〉 릴레이션에서는 '학번'이나 '이름'이 튜플들을 구분하는 유일한 값인 키가 될 수 있다.

- 속성의 값은 논리적으로 더 이상 쪼갤 수 없는 원자값만을 저장한다.

  예 '학년'에 저장된 1, 2, 4 등은 더 이상 세분화할 수 없다.

문제2 1211751 문제5 4312855

## 따라잡기 기출문제 따라잡기

16년 3회

**1. 다음 중 관계형 데이터베이스에 대한 설명으로 옳지 않은 것은?**

① 개념적으로 개체와 관계로 구성된다.

② 개체의 특성이나 상태를 기술해 주는 것을 개체 인스턴스(Instance)라 한다.

③ 개체와 관계를 도식으로 표현한 것을 ER 다이어그램이라 한다.

④ 관계는 개체 관계와 속성 관계로 나누어 볼 수 있다.

개체의 특성이나 상태를 기술한 것은 속성입니다.

22년 6회, 21년 2회, 12년 2회, 11년 2회

**2. 다음 중 관계형 데이터베이스의 구성 요소에 대한 설명으로 옳지 않은 것은?**

① 튜플은 속성의 모임으로 구성된다.

② 속성은 데이터의 가장 작은 논리적 단위이다.

③ 속성의 수를 차수(Degree)라고 하고, 튜플의 수를 기수(Cardinality)라고 한다.

④ 도메인은 하나의 튜플이 가질 수 있는 모든 값의 범위를 말한다.

도메인은 튜플이 아니라 속성이 가질 수 있는 값의 범위입니다.

21년 3회, 09년 3회

**3. 다음 중 관계 데이터베이스에 대한 설명으로 옳지 않은 것은?**

① 관계 데이터베이스는 테이블의 형태로 데이터를 관리한다.

② 기본키는 레코드를 식별하는 유일한 값을 갖는 필드이다.

③ 외래키 필드는 다른 테이블의 기본키나 유일성(Unique) 속성을 갖는 필드를 참조한다.

④ 일종의 그래프 형태로 계층 데이터베이스 모델이 확장된 형태이다.

일종의 그래프 형태로 계층 데이터베이스 모델이 확장된 형태는 망(네트워크)형 데이터베이스입니다. 기본키와 외래키는 다음 섹션에서 자세히 배웁니다.

23년 5회, 21년 3회, 1회, 19년 2회

**4. 다음 중 관계 데이터 모델에 대한 설명으로 옳지 않은 것은?**

① 애트리뷰트가 취할 수 있는 같은 타입의 모든 원자 값들의 집합을 도메인이라 한다.

② 관계형 데이터베이스에서 릴레이션은 데이터들을 표(Table) 형태로 표현한 것이다.

③ 속성들로 구성된 튜플들 사이에는 순서가 없다.

④ 애트리뷰트는 널(null) 값을 가질 수 없다.

애트리뷰트가 Null 값을 가질 수 없는 경우는 기본키로 지정되었을 경우입니다.

23년 1회

**5. 도메인에 대한 설명으로 옳지 않은 것은?**

① 도메인의 개수는 레코드의 개수보다 적을 수 있다.

② 도메인은 하나의 애트리뷰트가 취할 수 있는 같은 타입의 원자값들의 집합이다.

③ 데이터베이스를 구성하는 가장 작은 논리적 단위로 파일 구조에서 필드와 같은 의미이다.

④ 한 테이블의 기본키가 가질 수 있는 도메인의 수는 레코드의 개수와 같다.

③번은 속성(Attribute)에 대한 설명입니다.

20년 2회, 09년 2회, 07년 2회

**6. 다음 중 관계형 데이터베이스 모델에 대한 설명으로 옳지 않은 것은?**

① 도메인(Domain)은 하나의 애트리뷰트(Attribute)가 취할 수 있는 같은 타입의 원자값들의 집합이다.

② 한 릴레이션(Relation)에 포함된 튜플(Tuple)들은 모두 상이하며, 튜플(Tuple) 사이에는 순서가 있다.

③ 튜플(Tuple)의 수를 카디널리티(Cardinality), 애트리뷰트(Attribute)의 수를 디그리(Degree)라고 한다.

④ 애트리뷰트(Attribute)는 데이터베이스를 구성하는 가장 작은 논리적 단위이며, 파일 구조상의 데이터 필드에 해당된다.

릴레이션에서 애트리뷰트 및 튜플 사이에는 순서가 없습니다.

22년 5회, 13년 1회

**7. 다음 중 관계형 데이터베이스에서 사용되는 용어에 대한 설명으로 옳은 것은?**

① 도메인(Domain) : 테이블에서 행을 나타내는 말로 레코드와 같은 의미

② 튜플(Tuple) : 하나의 속성이 취할 수 있는 값의 집합

③ 속성(Attribute) : 테이블에서 열을 나타내는 말로 필드와 같은 의미

④ 차수(Degree) : 한 릴레이션에서의 튜플의 개수

①번은 튜플(Tuple), ②번은 도메인(Domain), ④번은 카디널리티(Cardinality)에 대한 설명입니다.

▶ **정답** : 1. ② 2. ④ 3. ④ 4. ④ 5. ③ 6. ② 7. ③

SECTION 129

# 키(Key)

B 등급

전문가의 조언

**중요해요!** 키의 개념 및 키의 종류에 대한 문제가 자주 출제되고 있습니다. 두 개의 테이블을 참조하여 반드시 숙지하세요.

키(Key)는 데이터베이스에서 조건에 만족하는 레코드를 찾거나 순서대로 정렬할 때 기준이 되는 속성(Attribute)을 말한다.

〈학생〉 테이블

| 학번 | 주민번호 | 성명 |
|---|---|---|
| 1001 | 800429-1****** | 김덕영 |
| 1002 | 800504-2****** | 임옥빈 |
| 1003 | 811215-1****** | 조성진 |
| 1004 | 800909-1****** | 이동규 |
| 1005 | 791025-1****** | 박찬일 |

〈수강〉 테이블

| 학번 | 과목명 |
|---|---|
| 1001 | 영어 |
| 1001 | 수학 |
| 1002 | 영어 |
| 1003 | 수학 |
| 1003 | 전산 |

※ 〈학생〉 테이블과 〈수강〉 테이블은 학번으로 일 대 다(1:m)의 관계를 맺고 있다.

12.2

## 1 후보키(Candidate Key)

3213601

후보키는 테이블을 구성하는 속성들 중에서 튜플을 유일하게 식별하기 위해 사용하는 속성들의 부분집합, 즉 기본키로 사용할 수 있는 속성들을 말한다.

- 릴레이션에 있는 모든 튜플에 대해서 유일성과 최소성을 만족해야 한다.
  - **유일성(Unique)** : 하나의 키로 하나의 레코드만을 유일하게 식별할 수 있어야 하는 것
  - **최소성(Minimality)** : 모든 레코드들을 유일하게 식별하는 데 꼭 필요한 속성으로만 구성되어야 하는 것

예 〈학생〉 테이블에서 '학번'이나 '주민번호'는 다른 레코드를 유일하게 구별할 수 있는 기본키로 사용할 수 있으므로 후보키이다.

21.2, 21.1, 19.1, 16.3, 14.1, 13.2, 10.1, 08.2, 04.2, 03.3

## 2 기본키(Primary Key)

기본키는 후보키 중에서 선택한 주키를 말한다.

- 한 릴레이션에서 특정 레코드를 유일하게 구별할 수 있는 속성이다.
- Null 값*으로 둘 수 없다.
- 기본키로 정의된 필드(속성)에는 동일한 값이 중복되어 저장될 수 없다.
- 두 개 이상의 필드를 묶어서 기본키로 설정할 수 있다.

예 〈학생〉 테이블에서는 '학번'이나 '주민번호'가 기본키가 될 수 있고, 〈수강〉 테이블에서는 '학번'+'과목명'으로 조합해야 기본키가 만들어진다. 이렇게 속성을 조합해서 기본키를 만들 수 있다.

**널 값(Null Value)**
데이터베이스에서 널 값이란 아직 알려지지 않거나 모르는 값으로서, 해당 없음 등의 이유로 정보 부재를 나타내기 위해 사용하는, 이론적으로 아무것도 없는 값을 의미합니다.

23.5, 23.4, 21.3, 21.2, 17.2, 13.1, 12.1, 11.1, 10.3, 10.1, 09.2, 07.1, 05.2, 05.1, 04.4, 04.2

## 3 외래키(외부키, Foreign Key)

외래키는 관계를 맺고 있는 테이블 R1, R2에서 테이블 R1이 참조하고 있는 테이블 R2의 기본키와 같은 R1 테이블의 속성을 외래키라고 한다.

- 하나의 테이블에는 여러 개의 외래키가 존재할 수 있다.
- 외래키로 지정된 필드에는 널(Null) 값이나 중복된 값을 입력할 수 있다.

예 〈수강〉 테이블의 '학번' 속성(필드)이 외래키이다.

12.2

## 4 대체키(Alternate Key)

대체키는 후보키 중 기본키를 제외한 나머지 속성을 말한다.

예 〈학생〉 테이블에서 '학번'을 기본키로 정의하면 '주민번호'는 대체키가 된다.

12.2

## 5 슈퍼키(Super Key)

슈퍼키는 한 릴레이션 내에 있는 속성들의 집합으로 구성된 키이다.

- 릴레이션을 구성하는 모든 튜플들 중 슈퍼키로 구성된 속성의 집합과 동일한 값은 나타나지 않는다.
- 릴레이션을 구성하는 모든 튜플에 대해 유일성은 만족시키지만, 최소성은 만족시키지 못한다.

예 〈수강〉 테이블에서 '학번'+'과목명', 〈학생〉 테이블에서 '학번'+'주민번호', '주민번호'+'성명', '학번'+'주민번호'+'성명' 등으로 슈퍼키를 만들 수 있다.

23.3, 23.1, 21.4, 19.1, 18.1, 15.1, 10.3, 10.1, 04.4, 04.2, 03.3

## 6 무결성

3213606

무결성이란 관계형 데이터베이스에서 데이터의 정확성과 일관성을 보장하기 위한 제약 조건이다.

### 개체 무결성

릴레이션에서 기본키를 구성하는 속성은 널(NULL) 값이나 중복값을 가질 수 없다.

예 〈학생〉 릴레이션에서 '학번'이 기본키로 정의되면 튜플을 추가할 때 '주민번호'나 '성명' 필드에는 값을 입력하지 않아도 되지만 '학번' 속성에는 반드시 값을 입력해야 한다. 또한 '학번' 속성에는 이미 입력한 속성값을 중복하여 입력할 수 없다.

### 참조 무결성

외래키 값은 NULL이거나 참조 릴레이션의 기본키 값과 동일해야 한다. 즉 릴레이션은 참조할 수 없는 외래키 값을 가질 수 없다.

예 〈수강〉 릴레이션의 '학번' 속성에는 〈학생〉 릴레이션의 '학번' 속성에 없는 값은 입력할 수 없다.

**전문가의 조언**

무결성의 의미, 그리고 개체 무결성과 참조 무결성의 차이점을 알고 있으면 풀 수 있는 문제들이 출제되고 있습니다. 무결성의 의미를 기억하고 개체 무결성과 참조 무결성을 구분할 수 있도록 정리하세요.

## 따라잡기 기출문제 따라잡기

문제4 3213654 문제6 1211852

13년 2회, 08년 2회

**1. 다음 중 기본키(Primary Key)의 특징에 대한 설명으로 옳지 않은 것은?**

① 널 값을 입력할 수 없다.
② 입력된 값을 변경할 수 있다.
③ 중복된 값을 입력할 수 있다.
④ 두 개 이상의 필드를 묶어서 기본키로 설정할 수 있다.

기본키를 구성하는 속성에는 중복된 값을 입력할 수 없습니다.

12년 2회

**2. 다음 중 키의 개념에 대한 설명으로 옳지 않은 것은?**

① 후보키(Candidate Key)는 유일성과 최소성을 만족한다.
② 슈퍼키(Super Key)는 유일성은 가지지만 최소성을 가지지 않는 키이다.
③ 기본키(Primary Key)로 지정된 속성은 모든 튜플에 대해 널(Null) 값을 가질 수 없다.
④ 외래키(Foreign Key)는 후보키 중에서 기본키로 정의되지 않은 나머지 후보키들을 말한다.

④번은 대체키에 대한 설명입니다.

13년 1회, 12년 2회, 05년 2회, 1회, 04년 3회

**3. 다음 중 서로 관계를 맺고 있는 릴레이션 R1과 R2에서 릴레이션 R2의 한 속성이나 속성의 조합이 릴레이션 R1의 기본키인 것을 무엇이라고 하는가?**

① 대체키(Alternate Key)
② 슈퍼키(Super Key)
③ 후보키(Candidate Key)
④ 외래키(Foreign Key)

문제에 제시된 내용은 외래키의 개념입니다.

23년 4회, 21년 2회, 17년 2회, 12년 1회, 10년 3회, 04년 4회

**4. 다음 중 아래 두 개의 테이블 사이에서 외래키(Foreign Key)에 해당하는 필드는? (단, 밑줄은 각 테이블의 기본키를 표시함)**

직원(사번, 성명, 부서명, 주소, 전화, 이메일)
부서(부서명, 팀장, 팀원수)

① 직원 테이블의 사번
② 부서 테이블의 팀원수
③ 부서 테이블의 팀장
④ 직원 테이블의 부서명

지문에 제시된 〈직원〉 테이블의 기본키는 '사번'이고 〈부서〉 테이블의 기본키는 '부서명'입니다. 외래키는 관계를 맺고 있는 테이블의 기본키를 참조하므로 〈직원〉 테이블의 '부서명' 필드가 외래키입니다.

23년 5회, 21년 4회, 11년 1회, 09년 2회, 07년 1회

**5. 다음 중 다른 테이블을 참조하는 외부키(FK)에 대한 설명으로 가장 적합한 것은?**

① 외부키 필드의 값은 유일해야 하므로 중복된 값이 입력될 수 없다.
② 외부키 필드의 값은 널(Null) 값일 수 없으므로, 값이 반드시 입력되어야 한다.
③ 한 테이블에서 특정 레코드를 유일하게 구별할 수 있는 속성이다.
④ 하나의 테이블에는 여러 개의 외부키가 존재할 수 있다.

①, ②, ③번은 기본키에 대한 설명입니다.

23년 3회, 1회, 21년 4회, 19년 1회, 10년 3회, 04년 4회

**6. 다음 중 참조 무결성에 대한 설명으로 옳지 않은 것은?**

① 참조 무결성은 참조하고 참조되는 테이블 간의 참조 관계에 아무런 문제가 없는 상태를 의미한다.
② 다른 테이블을 참조하는 테이블, 즉 외래키 값이 있는 테이블의 레코드 삭제 시에는 참조 무결성이 위배될 수 있다.
③ 다른 테이블을 참조하는 테이블의 레코드 추가 시 외래키 값이 널(Null)인 경우에는 참조 무결성이 유지된다.
④ 다른 테이블에 의해 참조되는 테이블에서 레코드를 추가하는 경우에는 참조 무결성이 유지된다.

다른 테이블에서 참조되는 테이블, 즉 기본키 값이 있는 테이블의 레코드 삭제 시에 참조 무결성이 위배됩니다.

▶ 정답 : 1. ③ 2. ④ 3. ④ 4. ④ 5. ④ 6. ②

SECTION 130

# 정규화

A 등급

## 1 정규화의 개념

20.2, 19.상시, 18.상시

3213701

테이블 조작 시 애트리뷰트들 간의 종속성 및 중복성으로 인해 예기치 못한 곤란한 현상이 발생하는데, 이를 이상(Anomaly)이라고 한다. 정규화란 이상 현상이 발생하지 않도록 중복성 및 종속성을 배제하는 원칙을 공식화한 이론이다.

- 정규화란 잘못 설계된 관계형 스키마를 더 작은 속성의 세트로 쪼개어 바람직한 스키마로 만들어 가는 과정이다.

**전문가의 조언**

정규화의 개념을 묻는 문제가 출제된 적이 있습니다. 정규화란 이상 현상이 발생하지 않도록 중복성 및 종속성을 배제하는 과정이라는 것을 염두에 두고 개념을 이해하세요.

## 2 정규화의 특징

24.2, 23.4, 23.3, 23.2, 22.4, 22.2, 21.4, 21.1, 19.상시, 19.1, 18.상시, 18.2, 17.1, 14.2, 13.2, 11.3, 11.2, 09.4, 09.2, 08.4, 07.2, …

3213702

- 정규화는 중복되는 값을 일정한 규칙에 의해 보다 단순한 형태를 가지는 다수의 테이블로 분리한다.
- 데이터베이스의 논리적 설계 단계에서 수행한다.
- 속성(Attribute) 수가 적은 릴레이션(테이블)으로 분할하는 과정이다.
- 릴레이션(테이블) 속성들 사이의 종속성 개념에 기반을 두고 이들 종속성을 제거하는 과정이라고 할 수 있다.
- 정규화를 수행해도 데이터의 중복을 완전히 제거할 수는 없다.
- 이해하기 쉽고 확장하기 쉽도록 테이블을 구성하며, 무결성 제약 조건의 구현을 용이하게 한다.
- 정규형에는 제1정규형에서부터 제5정규형까지 있으며, 단계가 높아질수록 만족시켜야 할 제약조건이 늘어나 높은 수준으로 간주된다.

**전문가의 조언**

**중요해요!** 정규화의 특징을 묻는 다양한 문제가 출제되고 있습니다. 정규화의 특징을 모두 숙지하세요.

11.3, 09.2, 04.1, 02.3

### 잠깐만요 정규화의 예

1211931

다음의 〈진료내역〉 테이블은 '진료과목' 속성이 '담당의사' 속성에 의존적입니다. 이 〈진료내역〉 테이블을 〈환자〉 테이블과 〈담당의사〉 테이블로 분리하여 해결할 수 있습니다. 그런 다음 두 테이블의 '담당의사' 속성을 이용하여 1:N의 관계(Relationship)를 설정하면 됩니다.

| 환자명 | 생년월일 | 담당의사 | 진료과목 |
|---|---|---|---|
| 나아퍼 | 1984/01/05 | 김닥터 | 외과 |
| 최고통 | 1992/05/24 | 박닥터 | 내과 |
| 김천사 | 2000/02/15 | 최닥터 | 소아과 |
| 박이슬 | 1999/08/20 | 최닥터 | 소아과 |
| 이선녀 | 1974/09/11 | 박닥터 | 내과 |

〈진료내역〉 테이블

↓ 정규화

| 환자명 | 생년월일 | 담당의사 |
|---|---|---|
| 나아퍼 | 1984/01/05 | 김닥터 |
| 최고통 | 1992/05/24 | 박닥터 |
| 김천사 | 2000/02/15 | 최닥터 |
| 박이슬 | 1999/08/20 | 최닥터 |
| 이선녀 | 1974/09/11 | 박닥터 |

〈환자〉 테이블

N — 1

| 담당의사 | 진료과목 |
|---|---|
| 김닥터 | 외과 |
| 박닥터 | 내과 |
| 최닥터 | 소아과 |

〈담당의사〉 테이블

## 3 Anomaly(이상)

07.2

1211903

정규화(Normalization)를 거치지 않으면 데이터베이스 내에 데이터들이 불필요하게 중복되어 릴레이션 조작 시 예기치 못한 곤란한 현상이 발생하는데, 이를 이상(Anomaly)이라 하며 다음과 같이 삽입 이상, 삭제 이상, 갱신 이상이 있다.

- **삽입 이상(Insertion Anomaly)** : 릴레이션에 데이터를 삽입할 때 의도와는 상관없이 원하지 않은 값들도 함께 삽입되는 현상
- **삭제 이상(Deletion Anomaly)** : 릴레이션에서 한 튜플을 삭제할 때 의도와는 상관없는 값들도 함께 삭제되는 연쇄 삭제 현상이 일어나는 현상
- **갱신 이상(Update Anomaly)** : 릴레이션에서 튜플에 있는 속성값을 갱신할 때 일부 튜플의 정보만 갱신되어 정보에 모순*이 생기는 현상

**정보의 모순성(Inconsistency)**
갱신(Update) 수행 시 발생되는 것으로, 변경되어야 할 튜플들 중에서 일부 튜플의 속성값만이 변경되는 현상을 말합니다.

## 4 정규화 과정

24.3, 21.1, 05.3, 05.1

1211904

- **1NF(제1정규형)** : 릴레이션에 속한 모든 도메인이 원자값(Atomic Value)만으로 되어 있는 릴레이션
- **2NF(제2정규형)** : 릴레이션 R이 1NF이고, 키가 아닌 모든 속성이 기본키에 대하여 완전 함수적 종속 관계를 만족한다.
- **3NF(제3정규형)** : 릴레이션 R이 2NF이고, 키가 아닌 모든 속성이 기본키에 대해 이행적 종속 관계를 이루지 않도록 제한한 릴레이션
- **BCNF(Boyce-Codd 정규형)** : 릴레이션 R에서 결정자가 모두 후보키인 릴레이션

**전문가의 조언**
정규화를 단계별로 쉽게 설명하려면 조금 복잡합니다. BCNF 단계까지만 각 단계의 특징을 기억해 두세요.
- 1NF : 도메인이 원자값
↓
- 2NF : 부분 함수 종속 제거
↓
- 3NF : 이행적 함수 종속 제거
↓
- BCNF : 결정자이면 후보키가 아닌 것 제거

문제2 1211951 문제4 1211952

## 따라잡기 기출문제 따라잡기

24년 3회, 21년 1회

**1. 정규화 과정 중 릴레이션에 속한 모든 도메인이 원자값(Atomic Value)만으로 되어 있는 릴레이션은 어떤 정규형의 릴레이션인가?**

① 제1정규형 ② BCNF 정규형
③ 제2정규형 ④ 제3정규형

> 도메인이 원자값(1NF) → 부분 함수 종속 제거(2NF) → 이행적 함수 종속 제거(3NF) → 결정자이면 후보키가 아닌 것 제거(BCNF)

23년 2회, 18년 상시, 09년 2회, 04년 1회, 02년 3회

**2. 학생들은 여러 과목을 수강하며, 한 과목은 여러 학생들이 수강한다. 이러한 상황에 대한 다음의 테이블 설계 중에서 가장 적절한 것은?(단, 밑줄은 기본키를 의미한다.)**

① 학생(<u>학번</u>, 이름, 연락처)
과목(<u>과목코드</u>, 과목명, 담당교수)
수강(<u>학번</u>, <u>과목코드</u>, 성적)
② 수강(<u>학번</u>, 이름, 연락처, 수강과목코드)
과목(<u>과목코드</u>, 과목명, 담당교수)
③ 수강(<u>학번</u>, 이름, 연락처, 수강과목1, 수강과목2, 수강과목3)
과목(<u>과목코드</u>, 과목명, 담당교수)
④ 학생(<u>학번</u>, 이름, 연락처)
과목(<u>과목코드</u>, 과목명, 담당교수)
수강신청(<u>학번</u>, <u>과목코드</u>, 이름, 과목명)

> 다 대 다의 관계입니다. 이와 같은 경우에는 〈학생〉 테이블과 〈과목〉 테이블의 기본키를 외래키로 갖는 제3의 테이블(〈수강〉 테이블)을 정의해야 합니다. 제3의 테이블(〈수강〉)에는 '이름'이나 '과목명'처럼 〈학생〉이나 〈과목〉 테이블에 종속적인 속성이 없어야 합니다.

23년 4회, 2회, 22년 4회, 2회, 21년 1회, 18년 2회

**3. 다음 중 정규화에 대한 설명으로 옳지 않은 것은?**

① 한 테이블에 너무 많은 정보를 포함해서 발생하는 이상 현상을 제거한다.
② 정규화를 실행하면 모든 테이블의 필드 수가 동일해진다.
③ 정규화를 실행하면 테이블이 나누어져 최종적으로는 일관성을 유지하게 된다.
④ 정규화를 실행하는 목적 중 하나는 데이터 중복의 최소화이다.

> 정규화는 속성(필드)의 수가 적은 릴레이션(테이블)으로 분할하는 과정으로, 정규화를 실행하면 테이블이 늘어나고 필드 수가 줄어들 수는 있지만 모든 테이블의 필드 수가 동일해지지는 않습니다.

17년 1회, 09년 4회, 08년 4회, 07년 1회, 04년 2회

**4. 데이터베이스의 정규화에 관한 설명으로 옳지 않은 것은?**

① 정규화는 중복되는 값을 일정한 규칙에 의해 추출하여 보다 단순한 형태를 가지는 다수의 테이블로 데이터를 분리하는 작업을 의미한다.
② 테이블의 크기가 적어지므로 관리하기가 쉬워진다.
③ 정규화를 통하여 데이터를 저장할 공간을 최소화하여 낭비를 방지할 수 있다.
④ 정규화를 수행해도 데이터의 중복을 완전히 제거할 수 있는 것은 아니다.

> 정규화는 이상 현상이 발생되지 않도록 중복성 및 종속성을 배제하는 원칙을 공식화한 이론으로, 저장공간을 최소화하는 것과는 관계가 없습니다.

24년 2회, 23년 3회, 21년 4회, 20년 2회, 19년 1회

**5. 다음 중 정규화에 대한 설명으로 옳지 않은 것은?**

① 대체로 더 작은 필드를 갖는 테이블로 분해하는 과정이다.
② 데이터 중복을 최소화하기 위한 작업이다.
③ 정규화를 통해 테이블 간의 종속성을 높이기 위한 것이다.
④ 추가, 갱신, 삭제 등 작업 시의 이상(Anomaly) 현상이 발생하지 않도록 하기 위한 것이다.

> 정규화는 릴레이션(테이블)의 속성들 사이의 종속성 개념에 기반으로 두고 이들 종속성을 제거하는 과정입니다.

14년 2회, 11년 2회

**6. 다음 중 정규화(Normalization)의 목적에 대한 설명으로 옳지 않은 것은?**

① 테이블의 불일치 위험을 최소화하고 데이터 구조의 안정성을 최대화한다.
② 모든 릴레이션이 데이터베이스 내에서 모든 개체 간의 관계를 표현 가능하도록 한다.
③ 간단한 관계 연산에 의해 효율적인 정보 검색과 데이터 조작이 가능하다.
④ 데이터 중복을 최소화하기 위해 데이터베이스의 물리적 설계 단계에서 수행한다.

> 정규화는 데이터베이스의 논리적 설계 단계에서 수행합니다.

▶ 정답 : 1. ① 2. ① 3. ② 4. ③ 5. ③ 6. ④

SECTION 131

# 개체 관계도(ERD)

C 등급

## 1 개체 관계도(ERD)의 개요

22.6, 15.2, 15.1, 12.3, 11.1, 09.1, 03.1

3213801

**전문가의 조언**

E-R 모델은 개념적 데이터 모델의 가장 대표적인 것으로, 정보처리기사 과목에서는 출제율이 매우 높은 부분인데 컴퓨터활용능력 시험에서는 그렇게 많이 출제되고 있지는 않습니다. E-R 모델의 개념과 구성 요소, 기호 정도만 기억하세요.

개체 관계도(ERD, Entity-Relationship Diagram)는 가장 대표적인 개념적 데이터 모델로, 1976년 피터 첸(Peter Chen)에 의해 제안되었다.

- 개체와 개체 간의 관계를 개념적으로 표시하는 방식으로, 특정 데이터베이스 관리 시스템(DBMS)을 고려한 것은 아니다.
- 개체와 개체 간의 관계를 기본 요소로 하여 현실세계를 개념적인 논리 데이터로 표현하는 방법이다.
- 실세계 데이터에 관해 일반 사용자, 프로그래머, 관리자 등의 서로 다른 인식을 하나로 통합하기 위해 설계한다.
- E-R 다이어그램은 E-R 모델을 시각적으로 표현하기 위한 도구로, 개념적 설계 단계에서 작성한다.
- 개념적 모델인 E-R 모델을 데이터베이스로 구현하기 위해서는 논리적 데이터 모델로 변환해야 한다.
- E-R 모델에서 정의한 데이터를 관계형 데이터베이스에 저장하기 위해서는 E-R 모델에서의 각각의 개체를 각각의 테이블로 변환시켜야 한다.
- E-R 모델에서 하나의 속성은 관계형 데이터 모델에서 하나의 필드가 된다.

## 2 구성 요소

22.6, 22.3, 15.1, 11.1, 07.4

1212002

개체 관계도(ERD)는 개체(Entity), 관계(Relationship), 속성(Attribute) 등으로 구성된다.

### 개체(Entity)

개체는 현실세계에 존재하는 객체*에 대해 사람이 생각하는 개념이나 정보 단위로서, 파일 구성 측면에서 보면 레코드(Record)에 해당된다.

- 개체는 1개 이상의 속성(Attribute)으로 구성된다.

**객체(Object)**

객체(Object)는 차량, 교수, 학생처럼 현실세계에서 인간이 인식할 수 있는 실체를 말합니다.

### 속성(Attribute)

속성은 개체(Entity)를 구성하는 요소로, 파일 구성 측면에서 보면 필드(Field)에 해당되며, 개체의 성질이나 상태를 나타낸다.

### 관계(Relationship)

관계는 개체(Entity) 간의 관계 또는 속성(Attribute) 간의 관계를 말한다. 관계의 형태로 1:1, 1:N, N:M이 있다.

- **일 대 일(1:1)** : 테이블 A의 각 레코드는 테이블 B의 레코드 한 개와 관련되어 있는 관계
- **일 대 다(1:N)** : 테이블 A의 각 레코드는 테이블 B의 레코드 여러 개와 관련되어 있지만, 테이블 B의 각 레코드는 테이블 A의 레코드 한 개와 관련되어 있는 관계
- **다 대 다(N:M)** : 테이블 A의 각 레코드는 테이블 B의 레코드 여러 개와 관련되어 있고, 테이블 B의 각 레코드도 테이블 A의 레코드 여러 개와 관련되어 있는 관계

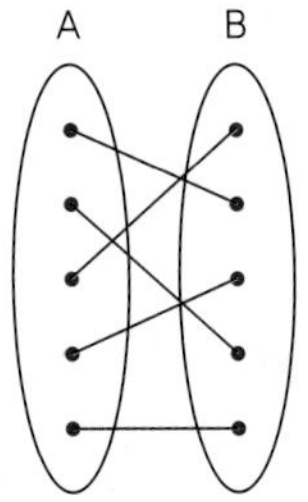

일 대 일(1:1)

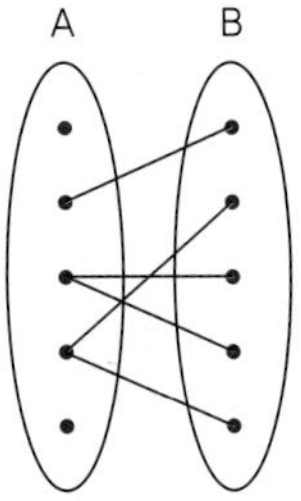

일 대 다(1:N)

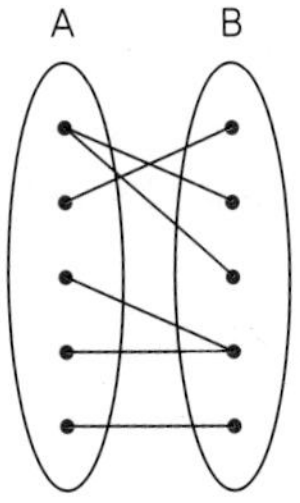

다 대 다(N:M)

## 3 E-R 다이어그램

22.6, 21.1, 18.1, 14.3, 12.3, 11.1, 09.1, 07.3, 05.2

1212003

E-R 다이어그램은 E-R 모델을 시각적으로 표현하기 위한 도구로, 다음과 같은 기호를 이용하여 그래프 방식으로 표현한다.

| | | |
|---|---|---|
| 22.6, 21.1, 18.1, 14.3, 12.3, 09.1 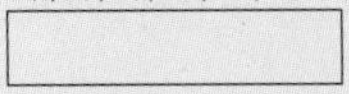 | 사각형 | 개체(Entity) 타입 |
| 22.6, 21.1, 18.1, 14.3  | 다이아몬드 | 관계(Relationship) 타입 |
| 22.6, 21.1, 18.1, 14.3, 12.3, 09.1, 07.3, 05.2  | 타원 | 속성(Attribute) 타입 |
|  | 밑줄 타원 | 기본키 속성 |
| 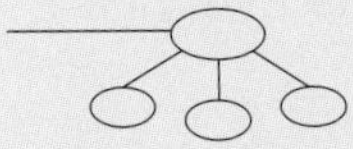 | 복수 타원 | 복합 속성<br>예 날짜는 년, 월, 일로 구성된다. |
| 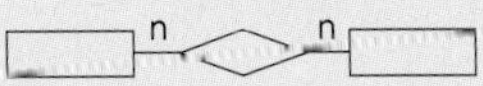  | 관계 | 1:1, 1:N, N:M 등의 개체 관계를 표시한다. |

**예제** 학생(학번, 이름, 학년, 학과)과 과목(과목번호, 과목명, 학점, 담당교수)으로 구성된 두 개체가 일 대 다(1:N)의 관계를 이루고 있다. E-R 다이어그램으로 표현하라(단, 밑줄 친 속성은 기본키이다).

**정답**

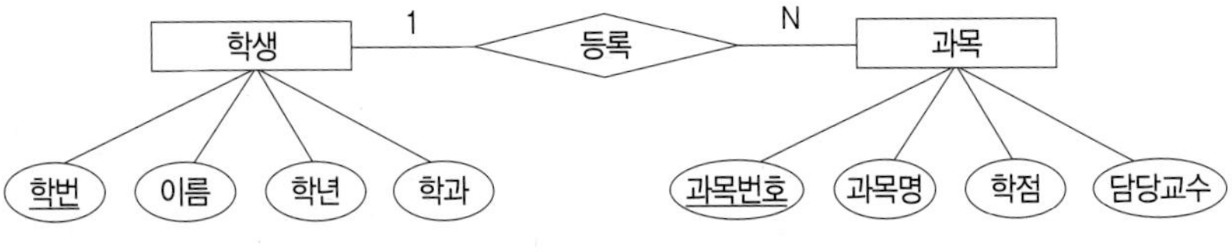


**전문가의 조언**

E-R 다이어그램에 사용되는 기호의 의미를 묻는 문제가 출제되고 있습니다. E-R 다이어그램에 사용되는 기호와 의미를 잘 기억해 두세요.

문제1 1212051 문제5 4313155

14년 3회, 12년 3회, 09년 1회, 07년 3회, 05년 2회

**1. 다음 중 개체 관계(Entity Relationship) 모델에 대한 설명으로 옳지 않은 것은?**

① 데이터베이스를 구성하는 개체와 이들 간의 관계를 개념적으로 표시한 모델이다.

② 개체 관계도에서 타원은 개체 타입을 나타내며, 사각형은 속성을 의미한다.

③ E-R 모델에서 정의한 데이터를 관계형 데이터베이스에 저장하기 위해서는 각각의 개체를 테이블로 변환시켜야 한다.

④ E-R 모델에서 속성은 관계형 데이터 모델에서 필드로 변환된다.

개체 타입은 사각형, 속성 타입은 타원으로 표현합니다.

21년 1회, 18년 1회, 14년 3회

**2. 다음 중 E-R 다이어그램 표기법의 기호와 의미가 바르게 연결된 것은?**

① 사각형 – 속성(Attribute) 타입

② 마름모 – 관계(Relationship) 타입

③ 타원 – 개체(Entity) 타입

④ 밑줄 타원 – 의존 개체 타입

사각형은 개체 타입, 타원은 속성 타입, 밑줄 타원은 기본키 속성을 의미합니다.

22년 3회, 15년 2회, 1회, 11년 1회

**3. 다음 중 개체 관계 모델(Entity Relationship Model)에 관한 설명으로 옳지 않은 것은?**

① 개념적 설계에 가장 많이 사용되는 모델로, 개체 관계도(ERD)가 가장 대표적이다.

② 개체 집합과 관계 집합으로 나누어서 개념적으로 표시하는 방식으로, 특정 데이터베이스 관리 시스템(DBMS)을 고려한 것은 아니다.

③ 데이터를 개체(Entity), 관계(Relationship), 속성(Attribute)과 같은 개념으로 표시한다.

④ 개체(Entity)는 가상의 객체나 개념을 의미하고, 속성(Attribute)은 개체를 묘사하는데 사용될 수 있는 특성을 의미한다.

개체(Entity)는 가상이 아니라 현실 세계에 존재하는 객체나 개념을 의미합니다.

07년 4회

**4. 개체 관계도(ERD)에서 표현할 수 있는 요소에 대한 설명으로 잘못된 것은?**

① 참조 관계 : 개체와 속성들 간의 관련성

② 속성 : 개체의 성질이나 상태

③ 기본키 : 개체를 구별할 수 있는 식별자

④ 관계 종류 : 일 대 일, 일 대 다, 다 대 일, 다 대 다 관계

참조 관계는 개체(Entity) 간의 관련성 또는 속성 간의 관련성입니다.

22년 6회

**5. 다음 중 개체 관계(Entity Relationship) 모델링에 관한 것으로 옳지 않은 것은?**

① 기본적으로 개체 타입(Entity Type)과 이들 간의 관계 타입(Relationship Type)을 이용해서 현실세계를 개념적으로 표현하는 방법이다.

② 속성은 사람, 교수, 학생, 차량처럼 현실세계에서 인간이 인식할 수 있는 실체를 말한다.

③ 개체와 개체 간의 관계를 기본 요소로 하여 현실세계를 개념적인 논리 데이터로 표현하는 방법이다.

④ E-R 다이어그램의 개체 타입은 사각형, 관계 타입은 다이아몬드, 속성은 타원, 그리고 이들을 연결하는 링크로 구성된다.

속성은 개체의 성질이나 상태를 나타냅니다. ②번은 개체(Entity)에 대한 설명입니다.

▶ 정답 : 1. ② 2. ② 3. ④ 4. ① 5. ②

## 125 | 데이터베이스의 개념

### ❶ 데이터베이스의 정의 24.4, 21.1, 19.2, 14.1, 11.1

- 통합된 데이터(Integrated Data) : 자료의 중복을 배제한 데이터의 모임
- 저장된 데이터(Stored Data) : 컴퓨터가 접근할 수 있는 저장 매체에 저장된 자료
- 운영 데이터(Operational Data) : 조직의 고유한 업무를 수행하는 데 존재 가치가 확실하고 없어서는 안 될 반드시 필요한 자료
- 공용 데이터(Shared Data) : 여러 응용 시스템들이 공동으로 소유하고 유지하는 자료

### ❷ 데이터 중복의 문제점 19.2, 11.1

동일한 데이터가 여러 곳에 중복 저장되면 데이터의 동일성, 무결성(정확성), 동일한 보안 수준 등을 유지하기 어렵다.

### ❸ 데이터베이스의 장 · 단점 24.5, 24.3, 23.1, 22.7, 21.2, 21.1, 19.2, 17.2, 15.2, 13.3, 11.3, …

| 장 점 | 단 점 |
|---|---|
| • 데이터의 중복성 최소화<br>• 데이터의 공유<br>• 데이터의 일관성 유지<br>• 데이터의 무결성 유지<br>• 데이터의 보안성 유지<br>• 데이터의 논리적·물리적 독립성 유지 | • 데이터베이스 전문가의 부족<br>• 전산화 비용 증가<br>• 데이터 유실 시 파일 회복이 어려움<br>• 시스템의 복잡화 |

## 126 | 데이터베이스 시스템의 구성 요소

### ❶ 스키마 22.7, 22.3, 18.2, 13.3

- 데이터베이스의 구조와 제약 조건에 관한 전반적인 명세(Specification)를 기술(Description)한 메타데이터(Meta-Data)의 집합이다.
- 스키마의 종류

| | |
|---|---|
| 외부 스키마<br>(=서브 스키마) | 사용자나 응용 프로그래머가 각 개인의 입장에서 필요로 하는 데이터베이스의 논리적 구조를 정의한 것 |
| 개념 스키마 | 모든 응용 프로그램이나 사용자들이 필요로 하는 데이터를 종합한 조직 전체의 데이터베이스로, 하나만 존재함 |
| 내부 스키마 | 실제로 저장될 레코드의 형식, 저장 데이터 항목의 표현 방법, 내부 레코드의 물리적 순서 등을 나타냄 |

### ❷ 데이터 사전 22.3, 13.3

- 데이터베이스에 저장되어 있는 모든 데이터 개체들에 대한 정보를 유지 · 관리하는 시스템이다.
- 시스템 카탈로그(System Catalog)라고도 한다.
- 데이터 사전은 시스템 데이터베이스(System Database)에 해당한다.

### ❸ 데이터베이스 관리자 21.3

- 데이터베이스 시스템을 관리하고 운영에 관한 모든 것을 책임지는 사람이나 그룹이다.
- 데이터베이스 관리자의 주요 기능
  - 데이터베이스의 구성 요소를 결정한다.
  - 데이터베이스의 스키마를 정의한다.
  - 시스템의 성능 분석 및 감시를 한다.
  - 데이터베이스의 저장 구조와 접근 방법을 정의한다.

## 127 | 데이터베이스 언어

### ❶ 데이터 정의어(DDL) 24.4, 19.상시, 15.2, 13.1

- 데이터베이스를 생성하거나 수정하는 데 사용되는 언어이다.
- 데이터베이스 관리자나 데이터베이스 설계자가 사용한다.
- 데이터베이스의 논리적 구조와 물리적 구조를 정의할 수 있다.
- **종류** : CREATE, ALTER, DROP

### ❷ 데이터 조작어(DML) 24.4, 19.상시, 18.상시, 16.3, 14.2, 13.1, 12.2, 12.1

- 사용자가 응용 프로그램을 통하여 데이터베이스에 저장된 데이터를 실질적으로 처리하는 데 사용되는 언어이다.
- 데이터 처리는 데이터의 검색, 삽입, 삭제, 변경 등을 말한다.
- 사용자와 데이터베이스 관리 시스템 간의 인터페이스를 제공한다.
- 절차적 조작 언어와 비절차적 조작 언어로 분류된다.
- **종류** : SELECT, UPDATE, INSERT, DELETE

### ❸ 데이터 제어어(DCL) 20.1, 19.상시, 16.2, 14.1, 13.1

- 데이터 보안, 무결성, 데이터 회복, 병행수행 제어 등을 정의하는 데 사용되는 언어이다.
- 데이터베이스 관리자가 데이터 관리를 목적으로 사용한다.
- **종류** : COMMIT, ROLLBACK, GRANT, REVOKE

## 128 | 관계형 데이터베이스의 구조

### ❶ 관계형 데이터베이스의 개요 21.3

- 계층 모델과 망 모델의 복잡한 구조를 단순화시킨 모델이다.
- 개체(Entity)나 관계(Relationship)를 모두 릴레이션(Relation)이라는 표(Table)로 표현한다.
- 계층 구조가 아닌 단순한 표(Table)를 이용하여 데이터의 상호관계를 정의하는 DB 구조를 말한다.

### ❷ 관계형 데이터베이스의 Relation 구조 23.5, 23.1, 22.6, 22.5, 21.3, 21.2, 21.1, …

- **테이블** : 데이터들을 행과 열로 표현한 것으로 튜플(레코드)의 집합(릴레이션)
- **튜플(Tuple)** : 테이블의 행을 구성하는 개체(레코드)로, 여러 속성들의 묶음
- **속성(Attribute)** : 테이블의 열을 구성하는 항목(필드)으로, 개체의 특성이나 상태를 기술함. 데이터의 가장 작은 논리적 단위임
- **도메인** : 하나의 속성이 취할 수 있는 같은 타입의 원자(Atomic)값들의 집합
- **차수(Degree)** : 속성의 개수
- **기수(Cardinality)** : 튜플의 개수

### ❸ 릴레이션의 특징 21.1, 20.2, 19.2, 16.1

- 한 릴레이션에 포함된 튜플들은 모두 상이하다.
- 한 릴레이션에 포함된 튜플 사이에는 순서가 없다.
- 튜플들의 삽입, 삭제 등의 작업으로 인해 릴레이션은 시간에 따라 변한다.
- 릴레이션 스키마를 구성하는 속성들 간의 순서는 중요하지 않다.
- 속성의 유일한 식별을 위해 속성의 명칭은 유일해야 하지만, 속성을 구성하는 값은 동일한 값이 있을 수 있다.
- 릴레이션을 구성하는 튜플을 유일하게 식별하기 위해 속성들의 부분집합을 키(Key)로 설정한다.
- 속성의 값은 논리적으로 더 이상 쪼갤 수 없는 원자값만을 저장한다.

## 129 | 키(Key)

### ❶ 후보키 12.2

- 튜플을 유일하게 식별하기 위해 사용하는 속성들의 부분집합, 즉 기본키로 사용할 수 있는 속성들을 말한다.
- 유일성과 최소성을 만족해야 한다.

### ❷ 기본키 21.2, 21.1, 19.1, 16.3, 14.1, 13.2, 10.1

- 후보키 중에서 선택한 주키를 말한다.
- 특정 레코드를 유일하게 구별할 수 있는 속성이다.
- Null 값으로 둘 수 없다.
- 동일한 값이 중복되어 저장될 수 없다.
- 두 개 이상의 필드를 묶어서 기본키로 설정할 수 있다.

### ❸ 외래키 23.5, 23.4, 21.3, 21.2, 17.2, 13.1, 12.1, 11.1, 10.3, 10.1

- 관계를 맺고 있는 테이블 R1, R2에서 테이블 R1이 참조하고 있는 테이블 R2의 기본키와 같은 R1 테이블의 속성을 외래키라고 한다.
- 하나의 테이블에는 여러 개의 외래키가 존재할 수 있다.
- 널(Null) 값이나 중복된 값을 입력할 수 있다.

### ❹ 대체키 12.2

후보키 중 기본키를 제외한 나머지 속성을 말한다.

### ❺ 슈퍼키 12.2

- 한 릴레이션 내에 있는 속성들의 집합으로 구성된 키이다.
- 유일성은 만족시키지만, 최소성은 만족시키지 못한다.

### ❻ 무결성 23.3, 23.1, 21.4, 19.1, 18.1, 15.1, 10.3, 10.1

- 데이터의 정확성과 일관성을 보장하기 위한 제약 조건이다.
- **개체 무결성** : 릴레이션에서 기본키를 구성하는 속성은 널(NULL) 값이나 중복값을 가질 수 없음
- **참조 무결성** : 외래키 값은 NULL이거나 참조 릴레이션의 기본키 값과 동일해야 함

## 130 | 정규화

### ❶ 정규화의 개념 20.2, 19.상시, 18.상시

이상(Anomaly) 현상이 발생하지 않도록 중복성 및 종속성을 배제하는 원칙을 공식화한 이론이다.

### ❷ 정규화의 특징 24.2, 23.4, 23.3, 23.2, 22.4, 22.2, 21.4, 21.1, 19.상시, 19.1, 18.상시, 18.2, 17.1, …

- 보다 단순한 형태를 가지는 다수의 테이블로 분리한다.
- 데이터베이스의 논리적 설계 단계에서 수행한다.
- 속성(Attribute) 수가 적은 릴레이션(테이블)으로 분할하는 과정이다.
- 종속성을 제거하는 과정이라고 할 수 있다.
- 데이터의 중복을 완전히 제거할 수는 없다.
- 정규형 단계가 높아질수록 만족시켜야 할 제약 조건이 늘어나 높은 수준으로 간주된다.

### ❸ 정규화 과정 24.3, 21.1

- **1NF(제1정규형)** : 릴레이션에 속한 모든 도메인이 원자값(Atomic Value)만으로 되어 있는 릴레이션
- **2NF(제2정규형)** : 완전 함수적 종속 관계를 만족하는 릴레이션
- **3NF(제3정규형)** : 이행적 종속 관계를 이루지 않도록 제한한 릴레이션
- **BCNF(Boyce-Codd 정규형)** : 결정자가 모두 후보키인 릴레이션

## 131 | 개체 관계도(ERD)

### ❶ 개체 관계도의 개요 22.6, 15.2, 15.1, 12.3, 11.1

- 가장 대표적인 개념적 데이터 모델이다.
- 1976년 피터 첸(Peter Chen)에 의해 제안되었다.
- 특정 데이터베이스 관리 시스템(DBMS)을 고려한 것은 아니다.
- E-R 다이어그램은 개념적 설계 단계에서 작성한다.

### ❷ 구성 요소 22.6, 22.3, 15.1, 11.1

- 개체(Entity) : 현실세계에 존재하는 객체에 대해 사람이 생각하는 개념이나 정보 단위임
- 속성(Attribute) : 개체를 구성하는 요소로, 개체의 성질이나 상태를 나타냄
- 관계(Relationship) : 개체 간의 관계 또는 속성 간의 관계를 말함

### ❸ E-R 다이어그램 22.6, 21.1, 18.1, 14.3, 12.3

| | | |
|---|---|---|
|  | 사각형 | 개체(Entity) 타입 |
|  | 다이아몬드 | 관계(Relationship) 타입 |
|  | 타원 | 속성(Attribute) 타입 |
|  | 밑줄 타원 | 기본키 속성 |

# 2장

# 테이블(Table) 작성

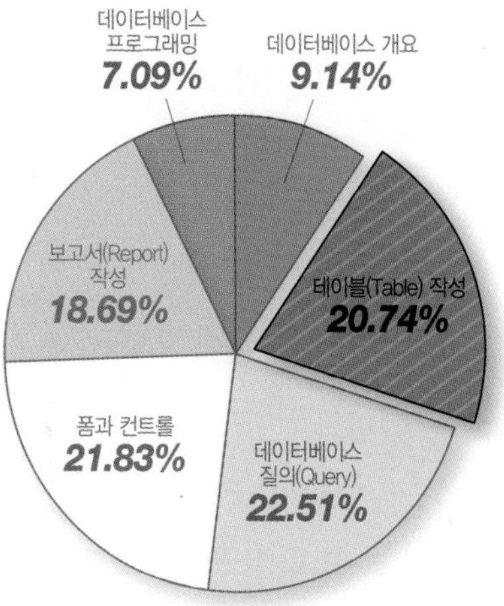




**이 장에서 꼭 알아야 할 키워드 Best 10**

**1.** 필드 이름 작성 규칙 **2.** 데이터 형식 **3.** 입력 마스크 **4.** 유효성 검사 규칙 **5.** 조회 속성 **6.** 기본키 **7.** 색인 **8.** 관계 **9.** 참조 무결성 **10.** 외부 데이터 가져오기

SECTION 132

# 액세스의 기본

D 등급

전문가의 조언

액세스는 데이터베이스 작성, 수정, 인쇄 등을 수행하는 프로그램입니다. 시험에 출제될 가능성은 희박하지만 다음 작업을 위해서 액세스의 개념과 기본 사용법에 대해 알아두세요.

- **데이터베이스 관리 시스템(DBMS; DataBase Management System)** : 사용자와 데이터베이스 사이에 위치하여 데이터베이스를 관리하고, 사용자의 요구에 따라 정보를 생성해 주는 소프트웨어
- **GUI(Graphic User Interface)** : 글자보다는 그림이 훨씬 눈에 잘 들어오는 것에 착안해 만든 사용자 인터페이스

궁금해요 시나공 Q&A 베스트

**Q Access는 왜 파일을 불러오면서 실행되나요?**

A 엑셀에서 시트에 데이터를 입력하듯이 액세스에서는 테이블에 데이터를 입력하는데, 그 테이블의 구조를 사용자가 직접 만들어야 하므로 제일 먼저 할 일이 새 파일을 열어 테이블의 구조를 만들거나 이미 만들어져 있는 파일을 불러오는 것입니다.

## 1 액세스의 개요

액세스는 데이터베이스(Database)를 구축하고, 데이터를 분류, 관리, 검색할 수 있으며 다양한 형태로 인쇄할 수 있는 데이터베이스 프로그램(DBMS)*이다.

- 프로그래밍 언어를 모르는 사용자라도 각종 마법사와 제공된 기능을 이용하여 쉽게 데이터베이스를 구축하고, 관리할 수 있다.
- 거의 무한대의 데이터베이스를 저장할 수 있으며, GUI* 방식의 Windows 환경에 적합하다.
- 액세스에서는 총 6개의 개체를 제공하며, 개체에는 테이블, 쿼리, 폼, 보고서, 매크로, 모듈이 있다.
- 액세스 프로그램의 기본 데이터 파일의 확장자는 *.accdb이다.

## 2 액세스 실행과 종료

### 실행

① [⊞(시작)] → [Access]를 선택한다.

② 'Access' 창이 나타나는데, 이 창에서 새 Access 데이터베이스를 만들면서 액세스를 실행하거나 최근에 사용했던 파일을 불러오면서 액세스를 실행할 수 있다.

### 종료

- **방법 1** : 제목 표시줄의 오른쪽에 있는 닫기 단추(×) 클릭
- **방법 2** : 제목 표시줄의 바로 가기 메뉴*에서 [닫기]를 선택
- **방법 3** : Alt+F → X 누름
- **방법 4** : Alt+F4 누름

**바로 가기 메뉴**
마우스 오른쪽 버튼을 클릭했을 때 나오는 메뉴가 바로 가기 메뉴입니다.

## 3 새 데이터베이스 만들기와 열기

**전문가의 조언**
데이터베이스 만들기와 열기는 한 번씩만 실습해 보세요.

### 만들기

- 데이터베이스의 파일명에 공백을 포함할 수 있다.
- 파일 이름을 입력하지 않으면 자동으로 Database1.accdb, Database2.accdb … 순으로 이름이 지정된다.
- 다음의 방법을 이용하여 데이터베이스를 작성할 수 있다.

| | |
|---|---|
| **[파일] 메뉴 이용** | [파일] → [새로 만들기] → [빈 데이터베이스] → [만들기]를 클릭한다. |
| **바로 가기 키 이용** | Ctrl+N을 누른 후 [빈 데이터베이스] → [만들기]를 클릭한다. |

### 열기

다음의 방법을 이용하여 데이터베이스를 불러올 수 있다.

| | |
|---|---|
| **[파일] 메뉴 이용** | [파일] → [열기]를 선택한다. |
| **바로 가기 키 이용** | Ctrl+O를 누른다. |

문제2 1212151

## 따라잡기 기출문제 따라잡기

출제예상
**1. 액세스로 만들어지는 기본적인 데이터 파일의 확장자는?**

① dbf
② accdb
③ inx
④ ntx

Microsoft Access 데이터베이스 파일의 확장자는 accdb입니다.

출제예상
**2. 다음은 액세스 파일 만들기와 열기에 대한 설명이다. 옳지 않은 것은?**

① 액세스 프로그램을 실행할 때 데이터베이스를 만들 수 있다.
② 파일명에 공백은 사용할 수 없다.
③ 파일 만들기는 Ctrl+N, 파일 열기는 Ctrl+O를 이용하여 쉽게 수행할 수 있다.
④ 제공된 서식을 기반으로 데이터베이스를 만들 수 있다.

액세스 파일의 이름은 공백을 포함할 수 있습니다.

▶ **정답** : 1. ② 2. ②

SECTION 133

# 액세스의 구성 요소

C 등급

## 1 화면 구성

4313301

- 액세스 화면은 Access 데이터베이스 파일을 실행하면 기본적으로 표시되는 화면을 말한다.
- 선택한 개체에 따라 화면의 리본 메뉴의 사용 여부가 달라진다.

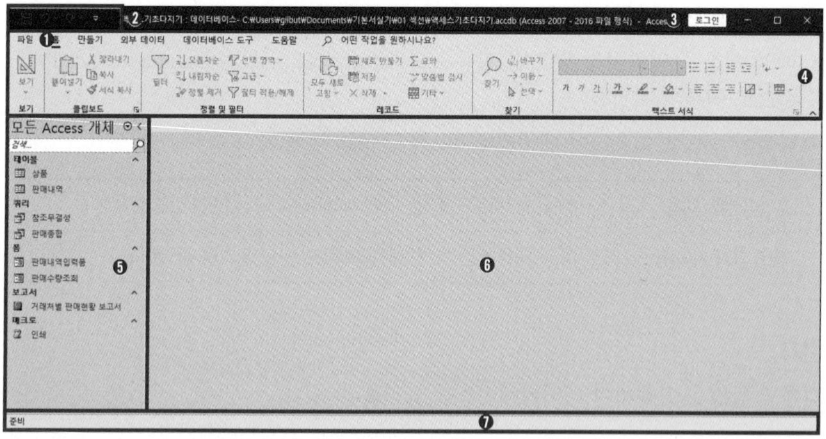

❶ **[파일] 탭** : 홈, 새로 만들기, 열기, 정보, 저장, 다른 이름으로 저장, 인쇄, 닫기, 계정*, 피드백, 옵션* 메뉴가 있다.

❷ **빠른 실행 도구 모음** : 자주 사용하는 도구들을 모아 두는 곳으로 빠른 실행 도구 모음의 ▾를 클릭하여 필요한 도구들을 간단하게 추가하거나 제거할 수 있다.

❸ **제목 표시줄** : 현재 사용하고 있는 프로그램의 이름과 지금 열려 있는 파일의 이름이 표시된다.

❹ **리본 메뉴*** : 액세스에서 제공하는 다양한 기능을 실행할 수 있는 명령들이 용도에 맞게 탭으로 분류되어 있으며, 탭은 기본적으로 5개로 구성되고, 각 탭은 기능별 그룹으로 다시 구분된다.

❺ **탐색 창** : 테이블, 쿼리, 폼, 보고서, 매크로, 모듈 등의 데이터베이스 개체가 표시된다.

❻ 탐색 창에서 선택한 개체의 내용이 선택한 보기 형태로 표시된다.

❼ **상태 표시줄** : 창 아래쪽에 위치한 막대로, 상황에 따라 표시되는 정보가 다르다.

**전문가의 조언**

데이터베이스 작업을 수행하는 화면에 대한 내용입니다. 화면을 구성하는 요소에는 어떤 것들이 있는지 정도만 알아두세요.

**전문가의 조언**

**'탐색' 창의 보기 형식 바꾸기**

'탐색' 창에 표시되는 개체는 '범주 탐색'과 '그룹 기준 필터'를 어떤 것을 선택하느냐에 따라 다르게 표시됩니다. '탐색' 창에서 목록 표시 단추(▾)를 클릭한 다음 '범주 탐색'에서 [개체 유형]을, '그룹 기준 필터'에서 [모든 Access 개체]를 선택하면 모든 개체가 표시되니 항상 이렇게 설정해 놓고 작업하세요. 이렇게 설정해 놓는 것이 교재에 있는 실습 문제를 풀기에 가장 좋습니다.

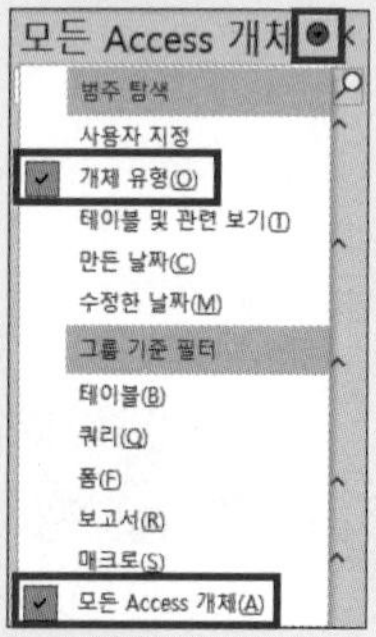


**[계정] 메뉴**

현재 로그인된 사용자의 정보나 사용하는 프로그램의 제품 정보를 확인할 수 있습니다.

**[옵션] 메뉴**

Access 프로그램의 작업 환경을 설정할 수 있습니다.

**리본 메뉴**

리본 메뉴는 선택하는 개체(테이블, 폼, 쿼리 등)의 보기 형식(디자인 보기, 데이터시트 보기 등)에 따라 달라집니다.

## 2 탐색 창의 액세스 개체

24.2, 23.3, 21.4, 19.1, 07.3, 05.4

4313302

액세스 개체는 액세스에서 작업할 수 있는 전반적인 기능을 제공하는 것으로, 테이블, 쿼리, 폼, 보고서, 매크로, 모듈로 구성되어 있다.

### 테이블

테이블은 데이터를 저장하고 관리하는 것으로, 데이터베이스에서 가장 기본이 되는 개체이다.

- 테이블을 이용하여 데이터를 입력하고, 추가, 삭제, 수정, 정렬, 검색 등을 수행할 수 있다.
- 테이블의 데이터는 다른 개체의 원본 데이터가 되므로 테이블을 설계하거나 데이터를 입력할 때 유의해야 한다.

| 상품번호 | 분류 | 상품명 | 판매가 | 매입가 | 추가하려면 클릭 |
|---|---|---|---|---|---|
| 1 | 에어로빅화 | Wing | ₩10,450 | ₩8,360 | |
| 2 | 테니스화 | Arena | ₩12,870 | ₩10,296 | |
| 3 | 런닝화 | Transfer | ₩14,080 | ₩11,264 | |
| 4 | 런닝화 | Readme | ₩14,080 | ₩11,264 | |
| 5 | 런닝화 | Access | ₩14,080 | ₩11,264 | |
| 6 | 주니어화 | Player | ₩9,280 | ₩7,424 | |
| 7 | 주니어화 | Basic | ₩9,280 | ₩7,424 | |
| 8 | 아동화 | Patch | ₩7,064 | ₩5,651 | |
| 9 | 아동화 | Flash | ₩8,700 | ₩6,960 | |
| 10 | 아동화 | Tempo | ₩8,700 | ₩6,960 | |
| 11 | 워킹화 | 포커스 | ₩11,300 | ₩9,040 | |
| 12 | 캠퍼스화 | 아쿠아 | ₩14,000 | ₩11,200 | |
| 13 | 클래식화 | 클래식 | ₩12,100 | ₩9,680 | |
| 14 | 클래식화 | 벨크로 | ₩13,200 | ₩10,560 | |
| 15 | 클래식화 | 메사 | ₩13,200 | ₩10,560 | |
| 16 | 테니스화 | Acadian | ₩9,900 | ₩7,920 | |
| 17 | 테니스화 | White.can | ₩15,400 | ₩12,320 | |
| 18 | 주니어화 | Jaeho.su | ₩14,300 | ₩11,440 | |
| 19 | 워킹화 | Four air | ₩10,560 | ₩8,448 | |
| 20 | 워킹화 | Fish | ₩13,090 | ₩10,472 | |

### 쿼리(질의)*

쿼리는 테이블의 데이터를 다양한 조건으로 검색 · 추출하거나 내용을 변경하는 개체이다.

- 관련된 여러 테이블을 연결하여 새로운 결과를 추출할 때도 유용하게 사용된다.
- 폼이나 보고서의 원본 데이터로 사용된다.

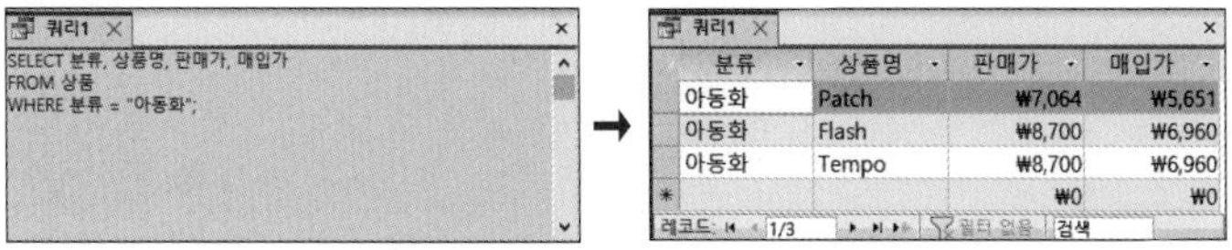


| 분류 | 상품명 | 판매가 | 매입가 |
|---|---|---|---|
| 아동화 | Patch | ₩7,064 | ₩5,651 |
| 아동화 | Flash | ₩8,700 | ₩6,960 |
| 아동화 | Tempo | ₩8,700 | ₩6,960 |
| * | | ₩0 | ₩0 |

### 폼*

폼은 테이블이나 쿼리 데이터의 입 · 출력 화면을 작성하는 개체이다.

- 컨트롤과 도구 상자를 이용하여 시각적으로 다양한 작업 화면을 작성하므로 데이터 관리가 용이하다.

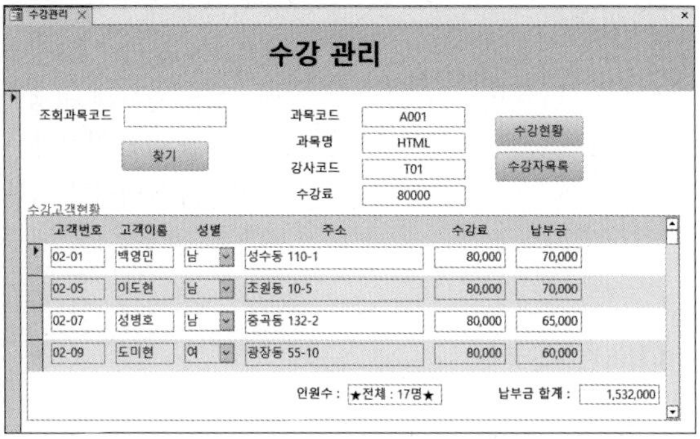


**전문가의 조언**

액세스 개체들은 각 섹션에서 자세하게 학습할 것입니다. 각 개체를 자세히 학습하기 전에 개체에 대한 특징과 개체 간의 관계를 이해하면 각 섹션에서의 학습이 쉽습니다. 각 개체를 그림과 연관시켜 알아두세요.

쿼리에 대한 자세한 내용은 364쪽을 참고하세요.

폼에 대한 자세한 내용은 410쪽을 참고하세요.

보고서에 대한 자세한 내용은 454쪽을 참고하세요.

## 보고서*

보고서는 검색한 자료나 분석 자료의 출력물을 작성하는 개체이다.

- 많은 데이터를 분류 · 요약할 수 있으며 자료의 통계 · 분석을 위한 다양한 기능을 제공한다.
- 일반적인 보고서 출력뿐만 아니라 주소 라벨이나 바코드 라벨 등을 출력할 수 있는 기능을 지원한다.

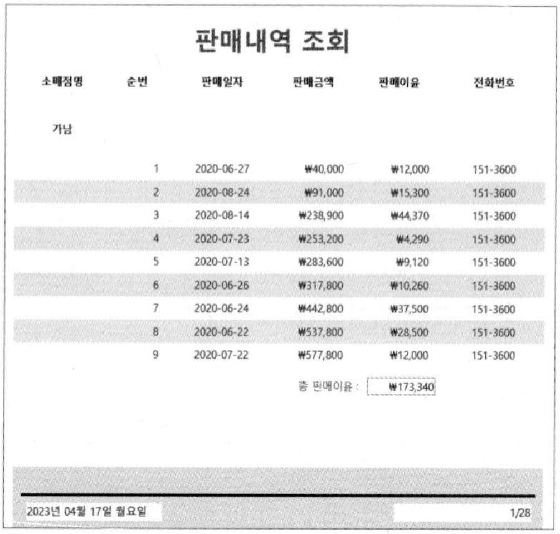
판매내역 조회

| 소매점명 | 순번 | 판매일자 | 판매금액 | 판매이윤 | 전화번호 |
|---|---|---|---|---|---|
| 가남 | | | | | |
| | 1 | 2020-06-27 | ₩40,000 | ₩12,000 | 151-3600 |
| | 2 | 2020-08-24 | ₩91,000 | ₩15,300 | 151-3600 |
| | 3 | 2020-08-14 | ₩238,900 | ₩44,370 | 151-3600 |
| | 4 | 2020-07-23 | ₩253,200 | ₩4,290 | 151-3600 |
| | 5 | 2020-07-13 | ₩283,600 | ₩9,120 | 151-3600 |
| | 6 | 2020-06-26 | ₩317,800 | ₩10,260 | 151-3600 |
| | 7 | 2020-06-24 | ₩442,800 | ₩37,500 | 151-3600 |
| | 8 | 2020-06-22 | ₩537,800 | ₩28,500 | 151-3600 |
| | 9 | 2020-07-22 | ₩577,800 | ₩12,000 | 151-3600 |
| | | | 총 판매이윤 : | ₩173,340 | |

2023년 04월 17일 월요일 1/28

매크로에 대한 자세한 내용은 490쪽을 참고하세요.

## 매크로*

매크로는 반복적이고, 단순한 작업을 자동화하는 개체이다.

- 사용 빈도가 높거나 중요한 기능을 미리 매크로로 정의하여 사용한다.
- 999가지 정도의 매크로 함수를 제공한다.

**ADO(ActiveX Data Object)**
액세스 등의 프로그램에서 액세스 또는 SQL 서버와 같은 데이터베이스에 연결하여 작업을 하고자 할 경우에 사용하는 데이터 개발 개체입니다.

## 모듈

모듈은 복잡한 작업을 위해 VBA(Visual Basic for Applications)로 실제 프로그램을 작성하는 개체이다.

- 매크로에 비해 복잡한 작업을 처리하기 위해 프로그램을 직접 작성하는 것이다.
- ADO(ActiveX Data Object)*와 같은 액세스 객체를 지원한다.

### 따라잡기 기출문제 따라잡기

문제2 1212251

07년 3회, 05년 4회

**1. 테이블이나 질의 데이터의 입력, 편집 작업을 편리하게 할 수 있도록 하기 위해 사용하는 개체는?**

① 쿼리 ② 폼
③ 보고서 ④ 매크로

개체 중에서 입력을 편리하게 하기 위한 것은 폼입니다.

24년 2회, 23년 3회, 21년 4회, 19년 1회

**2. 다음 중 Access의 개체에 대한 설명으로 옳지 않은 것은?**

① 쿼리는 폼이나 보고서의 원본 데이터로 사용할 수 있다.
② 폼은 테이블이나 쿼리 데이터의 입출력 화면을 작성한다.
③ 매크로는 모듈에 비해 복잡한 작업을 처리하기 위해 프로그램을 직접 작성하는 것이다.
④ 테이블은 데이터를 저장하는 데 사용하는 데이터베이스 개체로, 레코드 및 필드로 구성된다.

매크로는 단순한 작업을 자동화하는 개체이고, 모듈은 매크로에 비해 복잡한 작업을 처리하기 위해 VBA로 실제 프로그램을 작성하는 개체입니다.

▶ 정답 : 1. ② 2. ③

SECTION 134

# 테이블 만들기

B 등급

## 1 테이블 만들기의 개요

22.7, 22.6, 07.2, 06.4, 06.2, 05.1, 04.4, 04.3

1212301

테이블 작성은 데이터를 입력할 수 있도록 테이블의 구조를 설계하는 것이다.

- 필드의 이름과 필드에 입력될 데이터의 형식 및 속성* 등을 지정한다.
- 디자인 보기, 데이터시트 보기, 테이블 서식 파일, 테이블 가져오기*, 테이블 연결* 등을 이용하여 작성한다.
- 데이터시트 보기 상태에서는 먼저 데이터를 입력하여 테이블을 설계할 수 있다.

**전문가의 조언**

테이블을 작성할 수 있는 방법을 암기하고, 각 방법의 특징을 비교하여 알아두세요.

데이터 형식에 대한 자세한 내용은 308쪽, 필드 속성은 316쪽을 참고하세요.

테이블 가져오기와 테이블 연결은 Section 146에서 자세하게 설명합니다.

## 2 디자인 보기에서 테이블 작성하기

20.2

- 테이블 구조를 먼저 설계한 후 데이터를 입력하는 것으로, 가장 일반적인 방법이다.
- [만들기] → [테이블] → [테이블 디자인]을 클릭하여 수행한다.

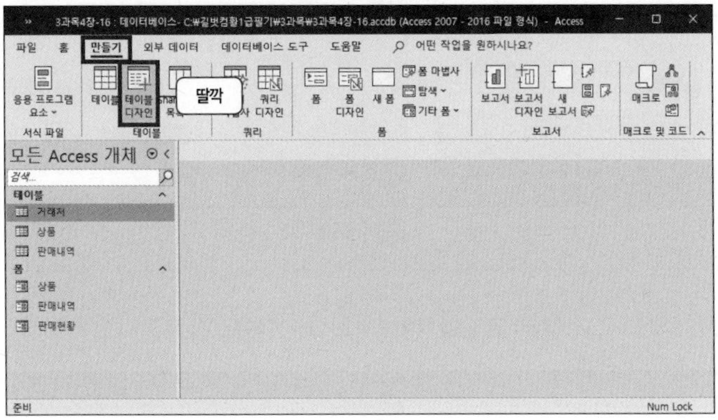


→

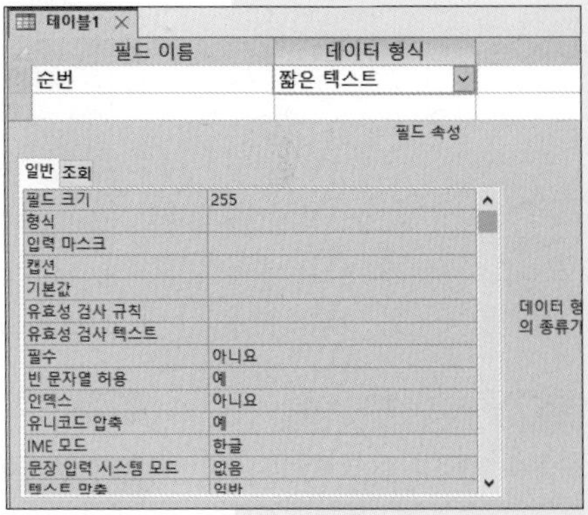


[디자인 보기] 형식

- 테이블의 구조를 설계한 후 데이터를 입력하려면 [테이블 디자인] → [보기] → [(데이터시트 보기)]를 클릭하여 데이터시트 보기 형식으로 전환한다.

**'데이터시트 보기'의 데이터 형식**

필드에 숫자를 입력하면 '숫자' 형식, 문자를 입력하면 '짧은 텍스트' 형식으로 데이터 형식이 자동으로 지정됩니다.

## 3 데이터시트 보기에서 테이블 작성하기

22.1, 03.1

- '데이터시트 보기'에서는 데이터를 입력하면 입력한 데이터에 맞게 필드의 개수 및 데이터 형식이 자동*으로 지정된다.
- 필드 이름을 더블클릭하여 필드 이름을 변경할 수 있다.
- '*추가하려면 클릭*'을 클릭하면 데이터 형식을 선택할 수 있는 바로 가기 메뉴*가 표시된다. 이어서 원하는 형식을 선택하고 필드 이름을 입력한다.
- 데이터 형식을 세밀하게 지정하려면 '디자인 보기' 상태로 전환하여 작업한다.
- [만들기] → [테이블] → [테이블]을 클릭하여 수행한다.

**'*추가하려면 클릭*'을 클릭하면**

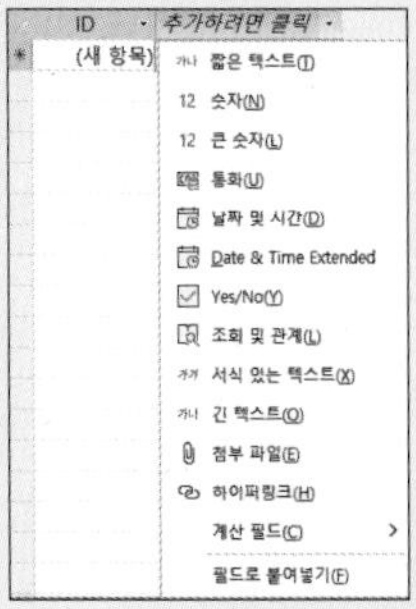

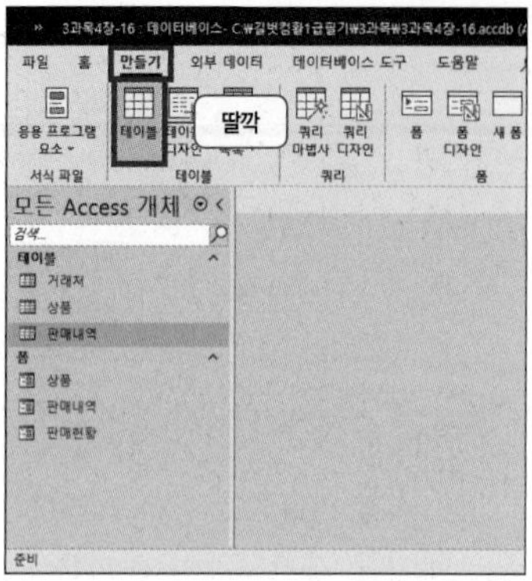


→

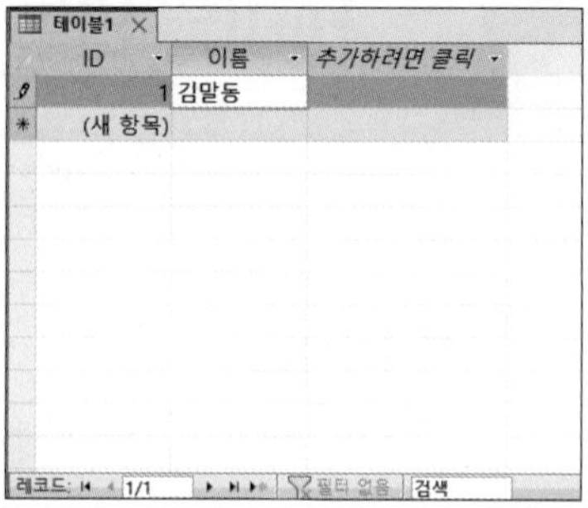

[데이터시트 보기] 형식

19.상시, 15.3, 12.1, 04.4, 04.1

### 잠깐만요 디자인 보기와 데이터시트 보기 형식 전환

현재 상태가 디자인 보기 형식이면 [테이블 디자인] → [보기] 그룹에 '(데이터시트 보기)'가 표시되고, 현재 상태가 데이터시트 보기 형식이면 [홈] → [보기] 그룹에 '(디자인 보기)'가 표시됩니다. 그러므로 현재 형식에서 [보기] 그룹에 표시된 형식을 눌러 서로 다른 형식으로 전환할 수 있습니다.

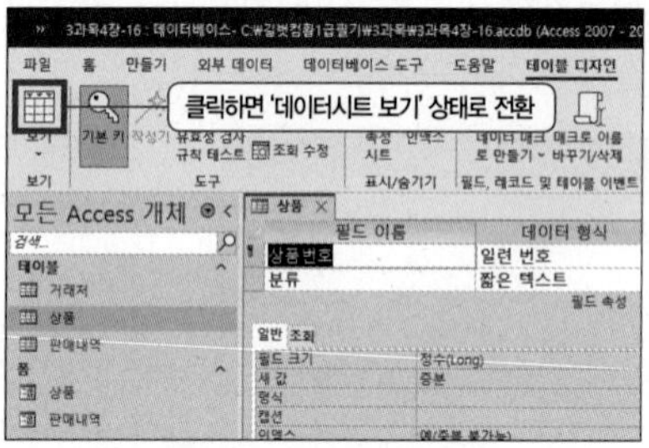


[디자인 보기 형식]

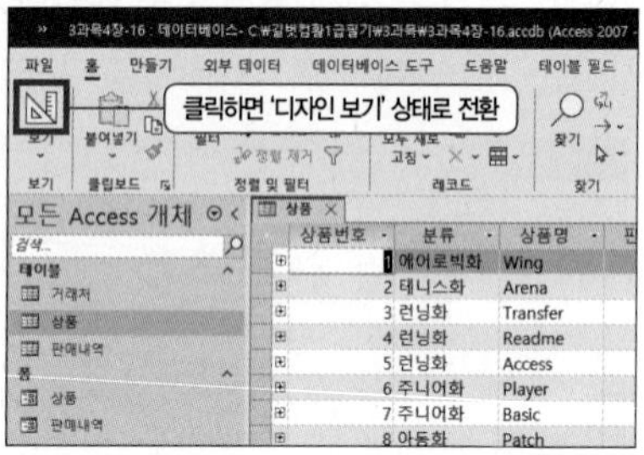


[데이터시트 보기 형식]

**전문가의 조언**

액세스를 실행시켜 새로운 데이터베이스를 만든 후 '판매내역' 테이블을 작성하세요.

**예제** 데이터베이스에 다음과 같은 구조의 '판매내역' 테이블을 작성하시오.

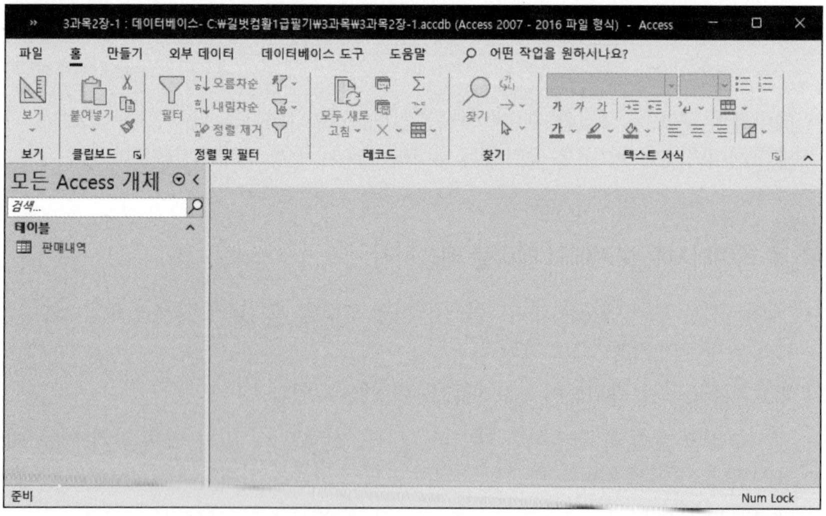

① 액세스를 실행한 후 'Access' 창에서 [빈 데이터베이스]를 클릭한다.

② '빈 데이터베이스' 창이 표시된다. 파일 이름 입력 란에 **상품판매내역**을 입력한 후 〈만들기〉를 클릭한다.

③ [테이블 필드] → [보기] → [(디자인 보기)]를 클릭한 후 '다른 이름으로 저장' 대화상자에서 테이블 이름으로 **판매내역**을 입력한 다음 〈확인〉을 클릭한다.

**전문가의 조언**

'상품판매내역'은 데이터베이스의 이름이고 '판매내역'은 테이블의 이름입니다.

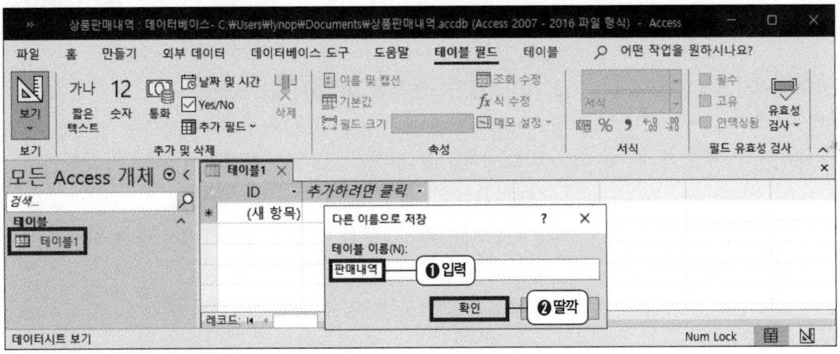


④ 필드 이름에 이미 입력된 'ID'를 지우고 **순번**을 입력한 후 [→]를 누른다. 데이터 형식에 이미 '일련 번호'가 선택되어 있으므로 다음 필드를 입력한다. 방향키([→], [←], [↑], [↓])로 이동*하여 아래와 같이 필드와 데이터 형식을 지정한다.

**이동**

방향키 대신 [Enter]나 [Tab]을 사용하여 이동할 수도 있습니다.

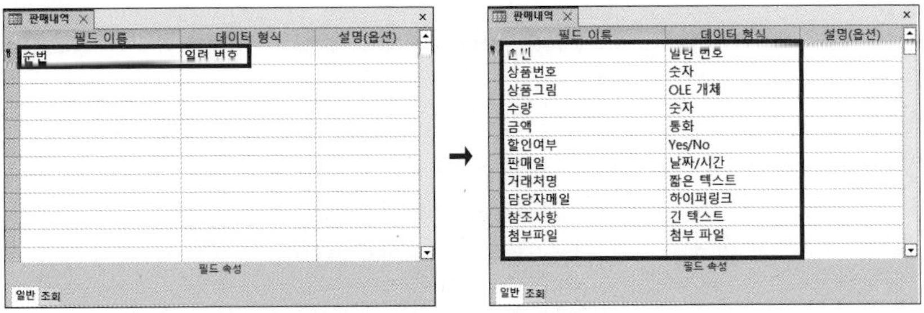


⑤ '순번' 필드를 마우스 오른쪽 버튼으로 클릭한 다음 바로 가기 메뉴에서 [기본 키]*를 선택하여 기본적으로 설정된 기본키를 해제한다.

기본키에 대한 내용은 Section 141에서 자세히 설명합니다.

⑥ 테이블의 닫기 단추([×])를 클릭한 후 저장 여부를 묻는 대화상자에서 〈예〉를 클릭한다.

**전문가의 조언**

테이블의 이름 지정에 대한 문제가 출제되었습니다. 개체나 필드에 이름을 지정할 때 적용되는 규칙에 대해 알아 두세요.

24.3, 24.1, 22.5, 21.2, 19.상시, 15.3, 12.1, 04.4, 04.1

## 잠깐만요 테이블과 필드의 이름 작성 규칙

1212332

- 최대 64자까지 입력할 수 있습니다.
- . ! [ ]를 제외한 특수 문자, 공백, 숫자, 문자를 조합한 모든 기호를 사용할 수 있으나 공백을 이름의 첫 문자로 사용할 수 없습니다.
- 테이블 이름과 필드 이름이 같을 수는 있지만 하나의 테이블 내에서 필드 이름이 중복될 수는 없습니다.
- 테이블 이름과 쿼리 이름은 동일하게 설정할 수 없습니다.

## 따라잡기 기출문제 따라잡기

문제2 3214152

06년 4회, 2회, 05년 1회, 04년 3회

**1. 액세스(Access)에는 테이블을 만드는 여러 가지 방법이 있다. 다음 중 테이블을 만드는 방법을 옳게 기술한 것은?**

① 데이터시트 보기, 디자인 보기, 테이블 가져오기, 테이블 연결

② 데이터시트 보기, 폼 마법사, 디자인 보기, 테이블 가져오기

③ 데이터시트 보기, 조회 마법사, 테이블 연결, 테이블 가져오기

④ 데이터시트 보기, 조회 마법사, 디자인 보기, 테이블 연결

테이블은 디자인 보기, 데이터시트 보기, 테이블 가져오기, 테이블 연결 등을 이용하여 작성할 수 있습니다.

24년 3회, 1회, 22년 5회, 21년 1회, 19년 상시, 15년 3회, 12년 1회, 04년 1회

**2. 다음 중 테이블에서의 필드 이름 지정 규칙에 대한 설명으로 옳은 것은?**

① 필드 이름의 첫 글자는 숫자로 시작할 수 없다.

② 테이블 이름과 동일한 이름을 필드 이름으로 지정할 수 없다.

③ 한 테이블 내에 동일한 이름의 필드를 2개 이상 지정할 수 없다.

④ 필드 이름에 문자, 숫자, 공백, 특수문자를 조합한 모든 기호를 포함할 수 있다.

① 필드 이름의 첫 글자를 숫자로 시작할 수 있습니다.
② 테이블 이름과 동일한 이름을 필드 이름으로 지정할 수 있습니다.
④ 특수문자 중 . ! [ ]는 필드 이름에 포함할 수 없습니다.

22년 7회, 6회

**3. 테이블을 만드는 방법으로 옳지 않은 것은?**

① [만들기] 탭에서 [테이블 디자인]을 클릭하면 필드와 형식을 만들고 데이터시트 보기에서 데이터를 입력하면서 테이블을 만들 수 있다.

② [외부 데이터] 탭에서 다양한 형식의 데이터를 가져오거나 테이블에 연결하여 만들 수 있다.

③ [테이블 마법사]를 이용하면 데이터 구조가 이미 정의된 테이블에 데이터를 입력하면서 테이블을 만들 수 있다.

④ [만들기] 탭에서 [테이블]을 클릭하면 필드와 데이터를 입력하면서 테이블을 만들 수 있다.

테이블을 만드는 방법 중에 [테이블 마법사]를 이용하는 방법은 없습니다.

04년 4회

**4. 액세스에서 사용할 수 있는 테이블의 이름으로 적절하지 않은 것은?**

① 컴퓨터활용능력_응시자명단

② 컴퓨터활용능력.응시자명단

③ 컴퓨터활용능력 응시자명단

④ 컴퓨터활용능력(응시자명단)

. ! [ ]는 개체(테이블, 쿼리 등) 및 필드의 이름으로 사용할 수 없습니다.

문제5 3214155

## 따라잡기 기출문제 따라잡기

22년 1회

**5. 다음 중 테이블을 만드는 과정에 대한 설명으로 틀린 것은?**

① 테이블 '디자인 보기'나 '데이터시트 보기'에서 새로운 필드를 추가할 수 있다.

② '디자인 보기'에서 행 선택기를 클릭한 후 바로 가기 메뉴에서 [행 삽입]을 선택하여 필드를 추가할 수 있다.

③ '데이터시트 보기'에서 마지막 열의 필드명 부분을 클릭하면 데이터 형식을 선택할 수 있는 바로 가기 메뉴가 표시된다.

④ '데이터시트 보기'에서 마지막 열에 데이터를 입력하면 '짧은 텍스트'로 데이터 형식이 자동으로 지정된다.

'데이터시트 보기'에서 숫자 데이터를 입력하면 '숫자' 형식으로, 문자를 입력하면 '짧은 텍스트' 형식으로, 즉 입력한 데이터에 맞게 데이터 형식이 자동으로 지정됩니다.

07년 2회, 04년 4회

**6. 다음 중 액세스를 이용하여 테이블을 작성할 때 고려하지 않아도 될 사항은?**

① 필드 크기

② 레코드 수

③ 필드의 데이터 형식

④ 필드 이름

레코드 수는 테이블 작성 시 고려 대상이 아닙니다. 테이블을 작성할 때는 필드 이름, 데이터 형식, 속성 등을 설정할 수 있으며, 속성에는 필드 크기, 유효성 검사, 형식, 입력 마스크 등이 있습니다.

21년 2회

**7. 다음 중 테이블, 쿼리 등의 개체나 필드 이름을 지정하는 방법에 대한 설명으로 옳지 않은 것은?**

① 공백을 이름의 첫 문자로 사용할 수 없다.

② ., !, [, ]과 같은 특수문자는 사용할 수 없다.

③ 테이블 이름과 필드 이름은 중복될 수 없다.

④ 이름은 최대 64자까지 입력할 수 있다.

테이블과 필드의 이름은 같아도 됩니다. 단 하나의 테이블 내에서 필드 이름은 중복될 수 없습니다.

▶ **정답 :** 1. ① 2. ③ 3. ③ 4. ② 5. ④ 6. ② 7. ③

SECTION 135

# 데이터 형식

A 등급

> **전문가의 조언**
> **중요해요!** 각 데이터 형식의 특징을 묻는 문제가 자주 출제됩니다. 각 데이터 형식의 특징과 사용되는 용도, 저장 가능한 크기를 정확히 구분해야 합니다.

## 1 데이터 형식의 개요

4313501

- 데이터 형식은 필드에 입력할 수 있는 데이터의 종류와 크기 등을 나타낸다.
- 액세스에서는 짧은 텍스트, 긴 텍스트, 숫자, 큰 번호, 날짜/시간, 날짜/시간 연장됨, 통화, 일련 번호, Yes/No, OLE 개체, 하이퍼링크, 첨부 파일, 계산 형식을 지원하며, 기본 형식은 짧은 텍스트 형식이다.
- 데이터 형식을 기존 크기보다 작게 지정하면 데이터가 손실될 수 있다.
- 데이터 형식에 따라 필드가 갖는 속성이 달라진다.
- 테이블 '디자인 보기' 상태에서 데이터의 형식을 지정하거나 확인할 수 있다.

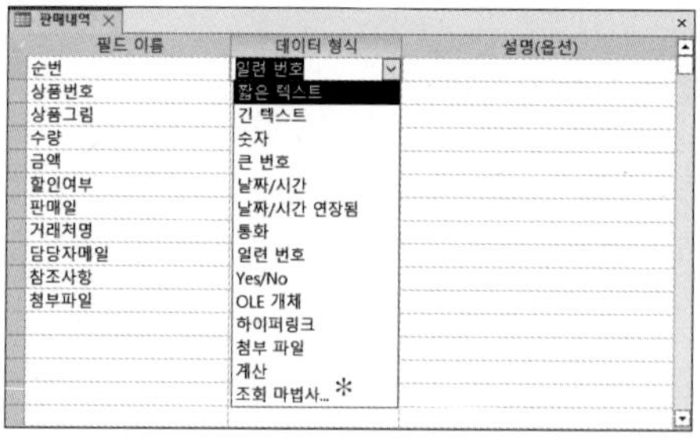


> **조회 마법사**
> 조회 마법사는 엄밀히 말하면 데이터 형식이 아니라 필드 속성에 해당됩니다. 조회 마법사에 대한 자세한 내용은 332쪽을 참고하세요.

24.4, 23.3, 14.2, 12.2, 09.4, 07.3

## 2 짧은 텍스트 형식

1212402

짧은 텍스트 형식은 텍스트나 텍스트와 숫자가 모두 들어 있는 데이터를 입력할 수 있는 형식이다.

- 주민등록번호, 전화번호, 내선번호, 우편번호와 같이 계산이 필요 없는 숫자와 이름, 주소 등의 데이터를 입력할 때 사용된다.
- 최대 255자까지 저장할 수 있다.

22.2, 21.1, 18.1, 17.2, 15.2, 15.1, 11.1, 03.3

## 3 긴 텍스트 형식

1212403

긴 텍스트 형식은 짧은 텍스트 형식과 비슷한 기능을 제공하며, 최대 64,000자*까지 입력할 수 있는 형식이다.

- 긴 텍스트나 숫자의 조합, 소개글, 주석 등과 같은 긴 내용을 입력할 때 사용된다.

> **64,000자는 얼만큼일까?**
> A4 용지에 글자 크기를 '10'으로 지정한 후 작성하면 30쪽 정도의 분량입니다.

22.6, 15.2, 14.3, 14.2, 13.3, 12.3, 12.2, 11.1, 09.3, 08.1, 05.3

## 4 숫자 형식

1212404

숫자 형식은 산술 계산에 사용되는 각종 크기의 숫자를 입력할 수 있는 형식이다.

- 여러 가지 하위 형태의 숫자 형식을 가지며, 숫자 형식을 선택하면 기본적으로 정수형(Long)이 지정된다.

- 숫자의 여러 형태*

| 형태 | 설명 | 소수점 | 필드 크기 (바이트) |
|---|---|---|---|
| 14.3, 12.2 바이트(Byte) | 0 ~ 255자까지의 숫자를 저장한다. | 없음 | 1 |
| 12.2 정수(Integer) | -32,768 ~ 32,767까지의 숫자를 저장한다. | 없음 | 2 |
| 13.3, 12.3, 09.3, … 정수(Long) | -2,147,483,648 ~ 2,147,483,647까지의 숫자를 저장한다. | 없음 | 4 |
| 12.2 실수(Single) | 음수는 -3.402823e38 ~ -1.401298e-45까지, 양수는 1.401298e-45 ~ 3.402823e38까지의 숫자를 저장한다. | 7 | 4 |
| 실수(Double) | 음수는 -1.79769313486231e308 ~ -4.94065645841247e-324까지, 양수는 1.79769313486231e308 ~ 4.94065645841247e-324까지의 숫자를 저장한다. | 15 | 8 |

**형태 지정**
'필드 크기' 속성에서 정의되어 있는 형태를 선택할 수 있습니다.

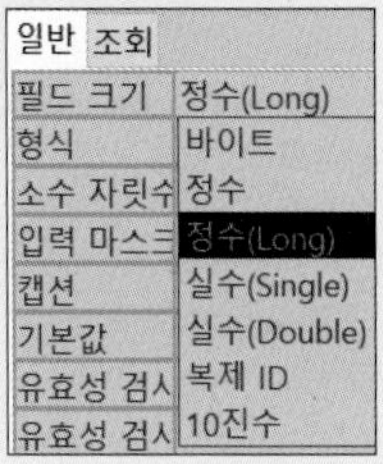


## 5 큰 번호 형식

4313505

큰 번호 형식은 숫자 형식 보다 큰 숫자*를 입력할 수 있는 형식으로, 필드 크기는 8바이트이다.

- 이전 버전의 Access와 호화되지 않는다.

**숫자/큰 번호 형식 표현 범위**
- 숫자 : $-2^{31} \sim 2^{31}-1$
- 큰 번호 : $-2^{63} \sim 2^{63}-1$

## 6 통화 형식

22.2, 18.1, 15.2, 15.1, 11.1

1212405

통화 형식은 화폐 계산에 사용될 자료를 저장할 때 사용되는 형식으로, 기본 필드 크기는 8바이트이다.

- 기본적으로 통화값을 나타내는 기호(₩, $ 등)가 붙는다.
- 소수점 이하 4자리까지 표현할 수 있다.

## 7 날짜/시간 형식

13.3, 12.2

1212406

날짜/시간 형식은 날짜와 시간을 입력할 수 있는 형식으로, 기본 필드 크기는 8바이트이다.

- 미리 정의된 형식을 선택하거나 사용자가 직접 형식을 지정하여 사용할 수 있다.
- 100-01-01 00:00:00부터 9999-12-31 23:59:59.999까지의 날짜와 시간 값을 저장할 수 있다.

## 8 날짜/시간 연장됨 형식

4313508

날짜/시간 연장됨 형식은 날짜/시간 형식보다 더 넓은 날짜 범위를 입력할 수 있는 형식으로, 필드 크기는 8바이트이다.

- 날짜/시간 형식보다 더 큰 소수 정밀도를 갖는다.
- 0001-01-01 00:00:00부터 9999-12-31 23:59:59.9999999까지의 날짜와 시간 값을 저장할 수 있다.
- 이전 버전의 Access와 호환되지 않는다.

## 9 일련 번호 형식

24.4, 23.3, 22.2, 19.2, 18.1, 15.1, 14.2, 13.3, 13.1, 11.1

1212407

일련 번호 형식은 레코드가 추가될 때마다 번호를 하나씩 증가시켜 주는 형식으로, 기본 필드 크기는 4바이트이다.*

| 순번 | 상품번호 |
|---|---|
| 1 | 2 |
| 2 | 5 |
| 3 | 7 |
| 4 | 8 |
| 5 | 4 |

(판매내역 — 순번: 일련 번호 형식)

- 한 번 부여된 번호는 다시 부여되지 않으며*, 업데이트나 수정이 불가능하다.
- 이미 데이터가 입력된 필드의 데이터 형식을 일련 번호 형식으로 변경할 수 없다.

**일련 번호 형식의 필드 크기**
일련 번호 형식의 필드 크기는 기본적으로 정수(4바이트)로 지정되지만, 복제ID(16바이트)로 변경할 수 있습니다.

궁금해요 시나공 Q&A 베스트

**Q 부여된 번호는 다시 부여되지 않는다?**

**A** 일련 번호 형식이 부여된 레코드를 삭제하면 삭제된 일련 번호는 다시 부여되지 않습니다. 즉 1부터 2까지 일련 번호가 생성되었는데 그 중 2번을 삭제하면 그 다음에는 자동으로 3번이 부여되고, 삭제한 2번은 새로 부여되지 않는다는 의미입니다.

## 10 Yes/No 형식

23.3, 22.7, 22.2, 21.4, 19.1, 18.1, 15.2, 15.1, 14.3, 14.2, 09.3, 03.3

1212408

Yes/No 형식은 Yes/No, True/False, On/Off 등 두 값 중 하나만 입력하는 경우에 사용하는 형식으로, 기본 필드 크기는 1비트이다.

- 참이나 거짓 중 하나의 값, 즉 성별이나 결혼 여부를 입력해야 하는 경우에 사용된다.
- 필드 속성의 '조회' 탭에서 텍스트 상자를 확인란으로 변경하여 사용할 수 있다.
- 데이터베이스에 저장될 때 '예' 값에는 -1이, '아니요' 값에는 0이 저장된다.

## 11 OLE 개체 형식

04.3, 04.2

1212409

OLE 개체 형식은 Microsoft Word 문서나 Microsoft Excel 스프레드시트, 사진 이미지, 사운드, 기타 이진 데이터 등 다른 프로그램에서 만들어진 개체를 입력할 수 있는 형식으로, 기본 필드 크기는 1GB이다.

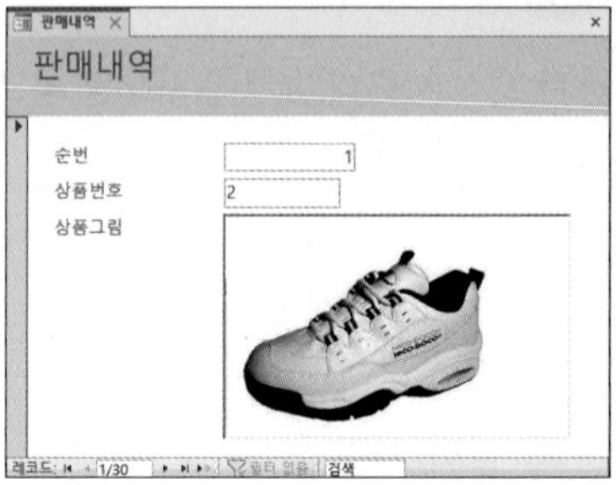


- OLE 개체는 테이블에 있는 필드에 연결하거나 포함될 수 있다.
- OLE 개체는 폼이나 보고서에서 컨트롤*을 사용하여 표시할 수 있다.

폼과 컨트롤에 대한 자세한 설명은 410, 428쪽을 참고하세요.

## 12 하이퍼링크 형식

3214210

하이퍼링크 형식은 웹 사이트나 파일의 특정 위치로 바로 이동하는 하이퍼링크를 입력할 수 있는 형식이다.

| 거래처명 | 담당자메일 |
|---|---|
| 아이캔21 | mailto:ksaiuemn@netian.com |
| 가남 | mailto:kyj986544@hanmail.ne |
| 시네마 | mailto:cinema@lycos.co.kr |
| 리치 | mailto:kook81@empas.com |
| 멀티클럽 | mailto:loveyou@netian.com |

(판매내역 — 레코드: 10/30)

- 하이퍼링크 주소는 UNC* 경로나 URL* 등의 형태로 사용된다.
- 홈 페이지 주소, 메일 주소, ftp, 뉴스 그룹 주소 등을 입력할 때 사용한다.

**국제 명명 규칙(UNC)**
시스템에 관계없이 파일을 찾을 수 있는 방법을 제공하는 규칙으로, 네트워크 상에서 액세스할 수 있는 공유된 폴더 및 파일을 참조합니다.
예 ₩₩server₩자료참고

**URL**
인터넷 상에 존재하는 각종 자원이 있는 위치를 나타내는 표준 주소 체계입니다.

24.5, 24.2, 24.1, 23.3, 22.1, 21.1

## 13 첨부 파일

3214211

첨부 파일 형식은 전자 우편에서와 같이 파일을 첨부하기 위한 형식이다.

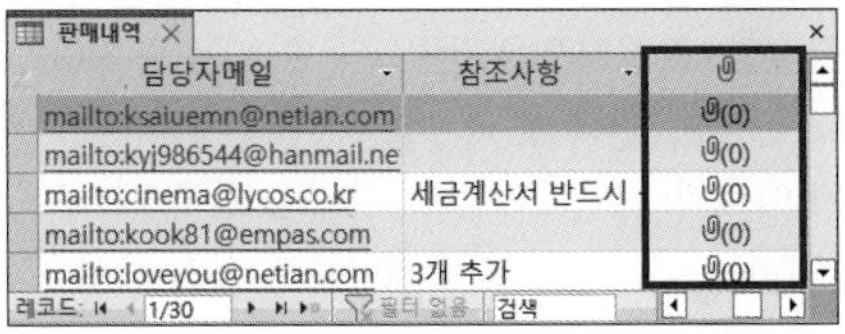


- 이미지, 스프레드시트 파일, 텍스트 파일 등 다양한 형식의 파일을 첨부할 수 있다.
- 한꺼번에 여러 개의 파일을 첨부할 수 있다.

## 14 계산

3214212

계산 형식은 필드에 입력된 수식의 결과를 표시하기 위한 형식이다.

- 계산 형식을 선택하면 계산식을 입력할 수 있도록 '식 작성기'가 표시되는데, 식을 입력할 때 등호(=)는 생략한다.

### 따라잡기 기출문제 따라잡기

문제1 4313551

24년 5회, 2회, 23년 3회

**1. 다음 중 데이터 형식에 대한 설명으로 옳지 않은 것은?**

① '첨부 파일'은 jpg, xlsx 등 원하는 파일 형식으로 첨부되도록 할 수 있다.

② 'Yes/No'는 성별이나 결혼 여부 등 두 값 중 하나만 입력하는 경우에 사용한다.

③ '짧은 텍스트'는 최대 255자까지 저장할 수 있다.

④ '일련 번호'는 레코드가 추가될 때마다 1씩 증가하는 값이 자동으로 입력되며, 필드 크기는 정수(Long)이다.

'첨부 파일' 형식은 다양한 형식의 파일을 첨부할 수 있지만 원하는 파일 형식만 첨부되도록 설정할 수는 없습니다.

21년 4회, 19년 1회, 13년 3회, 12년 3회, 09년 3회, 08년 1회, 04년 3회

**2. 다음 보기에서 데이터 형식의 필드에 할당되는 크기가 큰 것부터 작은 순으로 바르게 배열된 것은?**

| | |
|---|---|
| ㉮ 날짜/시간 형식 | ㉯ 정수(Integer) 형식 |
| ㉰ Yes/No 형식 | ㉱ 일련 번호(Long) 형식 |

① ㉮ → ㉱ → ㉯ → ㉰ ② ㉱ → ㉮ → ㉯ → ㉰

③ ㉱ → ㉯ → ㉮ → ㉰ ④ ㉮ → ㉱ → ㉰ → ㉯

날짜/시간 형식은 8바이트, 정수(Integer) 형식은 2바이트, Yes/No 형식은 1비트, 일련 번호(Long) 형식은 4바이트입니다.

19년 2회

**3. 다음 중 '일련 번호' 데이터 형식에 관한 설명으로 옳지 않은 것은?**

① 새로운 레코드 추가 시 자동으로 번호가 부여된다.

② 해당 데이터 필드에 값이 입력되면 일련 번호는 수정할 수 없다.

③ 삭제된 일련 번호는 다시 부여되지 않는다.

④ 일련 번호 형식의 필드 크기는 변경할 수 없다.

일련 번호 형식은 기본적으로 정수(4바이트)로 지정되지만, 복제ID(16바이트) 형식으로 변경할 수 있습니다.

22년 1회, 21년 1회

**4. 회원(회원코드, 성명, 전화번호, 비고) 테이블에서 비고 필드에 회원 사진을 저장하려고 할 때 가장 적합한 데이터 형식은?**

① 긴 텍스트 ② 하이퍼링크

③ 일련 번호 ④ 첨부 파일

사진 이미지를 입력하기에 적합한 데이터 형식은 OLE 개체나 첨부 파일입니다.

▶ 정답 : 1. ① 2. ① 3. ④ 4. ④

## 따라잡기 기출문제 따라잡기

문제5 3214255

22년 2회, 21년 1회, 18년 1회, 17년 2회, 15년 1회

**5. 다음 중 필드의 각 데이터 형식에 대한 설명으로 옳지 않은 것은?**

① 통화 형식은 소수점 이하 4자리까지의 숫자를 저장할 수 있으며, 기본 필드 크기는 8바이트이다.

② Yes/No 형식은 Yes/No, True/False, On/Off 등과 같이 두 값 중 하나만 입력하는 경우에 사용하는 것으로 기본 필드 크기는 1비트이다.

③ 일련 번호 형식은 새 레코드를 만들 때 1부터 시작하는 정수가 자동 입력된다.

④ 긴 텍스트 형식은 텍스트 및 숫자 데이터가 최대 255자까지 저장된다.

긴 텍스트 형식은 최대 64,000자까지 입력이 가능합니다. 최대 255자까지 입력이 가능한 형식은 짧은 텍스트 형식입니다.

22년 6회

**6. 다음 중 나이를 저장하기에 알맞은 데이터 형식과 크기로 올바른 것은?**

① 데이터 형식 : 짧은 텍스트 크기 : 2

② 데이터 형식 : 짧은 텍스트 크기 : 100

③ 데이터 형식 : 숫자 크기 : 바이트

④ 데이터 형식 : 숫자 크기 : 정수(Long)

나이는 일반적으로 1~100 사이의 숫자가 입력되므로, 데이터 형식은 숫자, 크기는 바이트로 설정하면 됩니다.

13년 1회

**7. 다음 중 레코드가 추가될 때마다 시스템에서 자동으로 값을 입력해주며 업데이트나 수정이 불가능한 데이터 형식은?**

① 짧은 텍스트 ② 숫자

③ 일련 번호 ④ Yes/No

레코드가 추가될 때마다 1, 2, 3, 4, … 등과 같은 번호가 자동으로 지정되는 형식은 일련 번호입니다.

22년 7회, 14년 3회

**8. 다음 중 테이블에서 사원들이 부모님과 함께 살고 있는지의 여부를 입력받고자 할 때, 설정할 데이터 형식으로 가장 적절한 것은?**

① 짧은 텍스트 ② Yes/No

③ 일련 번호 ④ 하이퍼링크

부모님과 함께 살고 있으면, 'Yes', 아니면 'No'로 입력받고자 할 때 설정하는 형식은 Yes/No입니다.

24년 4회

**9. 다음 중 데이터의 형식에 관한 설명으로 옳지 않은 것은?**

① 짧은 데이터 형식의 필드 크기를 기존 크기보다 작게 지정할 경우 데이터가 손실될 수 있다.

② 숫자가 입력된 필드를 짧은 텍스트 형식으로 변경할 수 있다.

③ 정수가 입력된 필드를 일련 번호 형식으로 변경할 수 있다.

④ 날짜가 입력된 필드에 자세한 날짜 유형을 지정할 수 있다.

이미 데이터가 입력된 필드의 데이터 형식을 일련 번호 형식으로 변경할 수 없습니다.

24년 1회

**10. 테이블의 필드에 엑셀 파일을 삽입하려고 할 때 가장 적합한 데이터 형식은?**

① 첨부 파일

② 하이퍼링크

③ 긴 텍스트

④ 일련 번호

데이터 형식 중 이미지, 엑셀 파일, 텍스트 파일 등 다양한 형식의 파일을 첨부할 때 알맞은 형식은 '첨부 파일' 형식입니다.

▶ 정답 : 5. ④ 6. ③ 7. ③ 8. ② 9. ③ 10. ①

SECTION 136

# 테이블 구조 변경 - 필드 삽입/삭제/이동

D 등급

## 1 필드 삽입

4313601

필드 삽입은 설계된 테이블에 새로운 필드를 추가하는 것으로, 테이블 디자인 보기* 나 데이터시트 보기에서 수행할 수 있다.

- '디자인 보기'에서 행 선택기*를 클릭한 후 다음과 같은 방법을 이용하여 수행한다.

| | |
|---|---|
| **리본 메뉴** | [테이블 디자인] → [도구] → [행 삽입]을 클릭한다. |
| **바로 가기 메뉴 이용** | [행 삽입]을 선택한다. |
| **키 이용** | Insert를 누른다. |

- 현재 선택한 필드 위에 새로운 필드가 삽입된다.

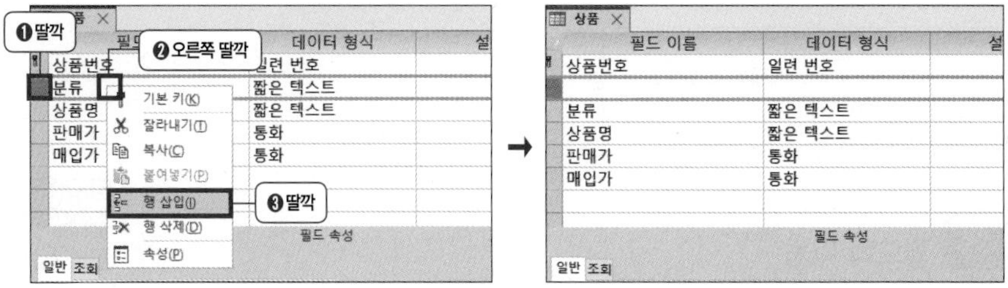


- 여러 개의 연속된 필드를 한꺼번에 삽입하려면 여러 개의 행 선택기를 선택한 후 수행한다.

**잠깐만요** **디자인 보기에서 행 선택기 선택 방법**

- **한 행 선택** : 마우스로 행 선택기를 클릭합니다.
- **연속적인 여러 행 선택** : 마우스로 시작 행 선택기를 클릭한 후 마지막 행 선택기까지 드래그하거나 첫 행 선택기를 클릭하고, Shift를 누른 상태에서 마지막 행 선택기를 클릭합니다.
- **비연속적인 여러 행 선택** : Ctrl을 누른 상태에서 해당 행 선택기를 클릭합니다.
- **모든 행 선택** : 모두 선택 단추(◢)를 클릭합니다.

## 2 필드 삭제

22.2, 08.3

4313602

- 필드 삭제는 생성된 필드를 테이블에서 제거하는 것을 말한다.
- 필드를 삭제하면 필드에 입력된 모든 데이터도 함께 지워지며, 삭제된 필드와 데이터는 되살릴 수 없다.

**전문가의 조언**

테이블 구조 변경은 쉬운 내용이니 그림을 보면서 가볍게 한 번 읽어 보세요.

**디자인 보기**

'디자인 보기'에서는 테이블 구조를 모두 변경할 수 있으므로 테이블 구조 변경 시 가장 적합한 환경입니다. 일반적으로 '디자인 보기'에서 테이블을 작성하고 변경하므로, '디자인 보기'에서의 사용 방법을 중점적으로 다루겠습니다.

**전문가의 조언**

필드와 레코드 삭제 방법 및 특징에 내한 문제가 출제되었습니다. 데이터시트 보기 상태에서의 삭제 방법을 기억해 두세요.

**궁금해요** **시나공 Q&A 베스트**

**Q 데이터시트 보기 상태에서도 삭제할 수 있나요?**

A
- **필드 삭제** : 삭제할 필드(열) 이름을 클릭한 후 바로 가기 메뉴에서 [필드 삭제] 선택
- **레코드 삭제** : 삭제할 행 선택기를 클릭한 후 바로 가기 메뉴에서 [레코드 삭제] 선택

• 삭제할 필드의 행 선택기를 클릭한 후 다음과 같은 방법을 이용하여 수행한다.

| | |
|---|---|
| **리본 메뉴 이용** | [테이블 디자인] → [도구] → [행 삭제]를 클릭한다. |
| **바로 가기 메뉴 이용** | [행 삭제]를 선택한다. |
| **키 이용** | Delete을 누른다. |

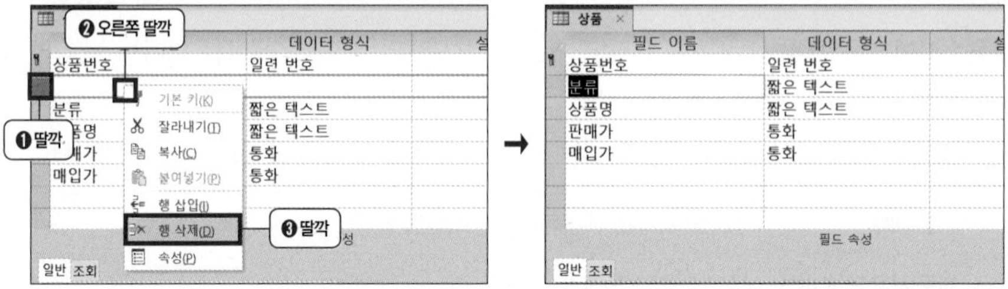


• 여러 개의 연속된 필드를 한꺼번에 삭제하려면 여러 개의 행 선택기를 선택한 후 수행한다.

• 데이터가 들어 있는 필드를 삭제할 경우 다음과 같은 확인 대화상자가 표시된다.

## 3 필드의 이동

13.1, 06.1

4313603

이동할 행의 행 선택기를 클릭한 후 행 선택기를 다시 한 번 클릭한 채 해당 위치로 드래그한다.

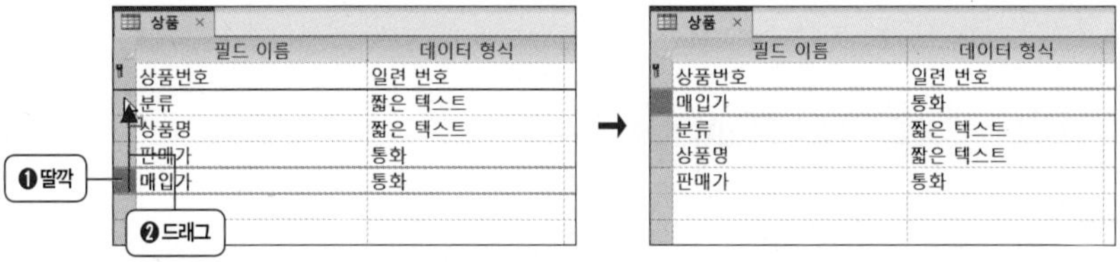


• 여러 개의 연속된 필드를 한꺼번에 이동시키려면 여러 개의 행 선택기를 선택한 후 수행한다.

궁금해요 시나공 Q&A 베스트

**Q 레코드가 행이고, 필드가 열이잖아요? 그런데 책에서는 필드 삽입 부분에서 행(레코드 부분)을 삽입하고, 필드 삭제 부분에서도 행을 삭제하네요. 디자인 보기에서 행의 삽입/삭제면 레코드 아닌가요?**

A 레코드를 행이라 부르고 필드를 열이라 부르는 것은 테이블을 '데이터시트 보기'로 열었을 때 보이는 데이터에 대한 용어입니다(303쪽 참고). 313쪽은 테이블의 구조를 변경하기 위해 테이블을 '디자인 보기'로 연 것으로, 테이블을 '데이터시트 보기'로 열었을 때 열로 표시되는 필드 이름들이 행으로 표시되면서 각 행에 필드의 정보가 표시된 것입니다.

**작업 취소하기**

작업을 수행한 후 Ctrl+Z를 누릅니다.

## 따라잡기 기출문제 따라잡기

문제1 4313651

22년 2회, 08년 3회

**1. 다음 중 테이블의 필드와 레코드 삭제에 대한 설명으로 옳은 것은?**

① 데이터시트 보기 상태에서 필드를 삭제한 후 즉시 'Ctrl + Z'를 실행하면 되살릴 수 있다.

② 데이터시트 보기 상태에서는 필드를 삭제할 수 없다.

③ 데이터시트 보기 상태에서는 레코드를 삭제할 수 없다.

④ 필드를 삭제하면 필드에 입력된 모든 데이터도 함께 지워진다.

① 필드를 삭제한 후 즉시 'Ctrl + Z'를 실행해도 삭제된 필드를 되살릴 수 없습니다.
② 데이터시트 보기 상태에서 필드를 삭제하려면, 열 이름을 클릭한 후 Delete를 누르거나 바로 가기 메뉴에서 [필드 삭제]를 선택하면 됩니다.
③ 데이터시트 보기 상태에서 레코드를 삭제하려면, 행 선택기를 클릭한 후 Delete를 누르거나 바로 가기 메뉴에서 [레코드 삭제]를 선택하면 됩니다.

13년 1회, 06년 1회

**2. 테이블에서 이미 작성된 필드의 순서를 변경하려고 할 때 옳지 않은 것은?**

① 데이터시트 보기에서 이동시킬 필드를 선택한 후 새로운 위치로 드래그 앤 드롭하여 필드를 이동시킬 수 있다.

② 디자인 보기에서 이동시킬 필드를 선택한 후 새로운 위치로 드래그 앤 드롭하여 필드를 이동시킬 수 있다.

③ 디자인 보기에서 한 번에 여러 개의 필드를 선택한 후 이동시킬 수 있다.

④ 데이터시트 보기에서 [잘라내기]와 [붙여넣기]를 이용하여 필드를 이동시킬 수 있다.

데이터시트 보기에서 필드의 순서를 바꾸려면 ①번과 같이 필드를 드래그 앤드롭하여 이동시켜야 합니다. 데이터시트 보기에서는 [잘라내기] 메뉴를 사용할 수 없습니다.

▶ 정답 : 1. ④ 2. ④

SECTION 137

# 필드 속성 1 - 형식

C 등급

전문가의 조언

필드 속성의 개념과 특징을 간단히 정리하고, 각 속성의 쓰임새를 알아두세요.

## 1 필드 속성의 개요

필드 속성은 필드가 가지고 있는 고유의 성격으로, 사용자가 데이터를 입력할 때 지켜야 하는 여러 제약 조건을 설정할 수 있다.

- 필드 속성을 지정하여 잘못된 데이터의 입력을 막을 수 있으며, 사용자가 보다 쉽게 데이터를 입력할 수 있다.
- 데이터의 형식에 따라 사용할 수 있는 속성이 달라진다.
- 필드 속성에는 형식, 입력 마스크, 기본값, 유효성 검사 규칙, 필수, 빈 문자열 허용, 인덱스 등이 있다.
- 필드 속성은 테이블 '디자인 보기' 상태에서 하단의 '일반' 탭과 '조회' 탭에서 설정한다.

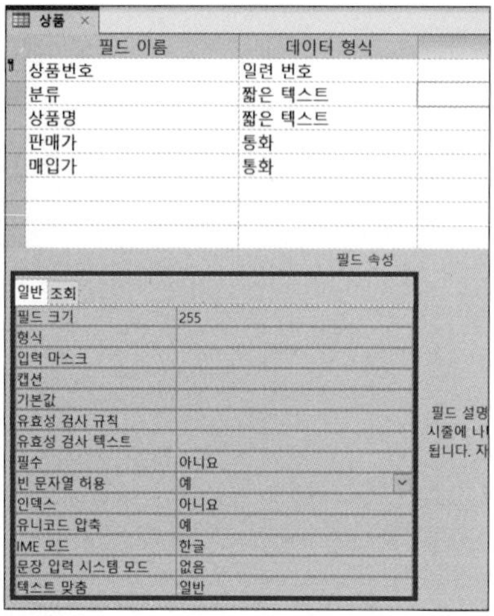


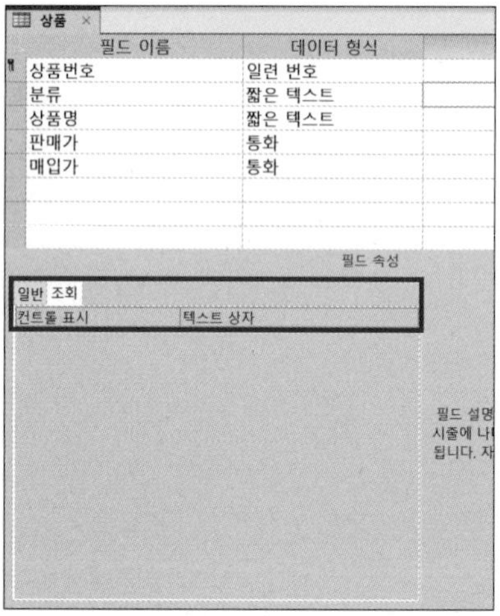


전문가의 조언

데이터 형식별로 사용할 수 있는 '형식' 속성의 유형과 사용자 지정 기호에 대해 정확히 구분하여 알아두세요.

## 2 형식의 개요

21.2

- 데이터의 표시 · 인쇄 방법을 설정하는 것으로 짧은 텍스트, 긴 텍스트, 숫자, 큰 번호, 날짜/시간, 날짜/시간 연장됨, 통화, 일련 번호, Yes/No, 하이퍼링크, 계산 데이터 형식에서 사용할 수 있다.
- 미리 정의된 형식을 사용하거나 사용자 지정 기호를 사용하여 형식을 만들 수 있다.
- 데이터 형식에 따라 제공되는 형식이 다르다.
- 모든 데이터 형식에 공통적으로 사용되는 사용자 지정 기호는 다음과 같다.

| 기호 | 설명 |
|---|---|
| (공백) | 공백을 그대로 표시한다. |

| | |
|---|---|
| "가나다" | 큰따옴표 안의 내용을 그대로 표시한다. |
| ! | 왼쪽을 기준으로 맞추며, 왼쪽부터 채워진다. |
| 21.2<br>* | 공백을 별표 다음 문자로 채워 표시한다. |
| ₩ | ₩ 다음 문자를 그대로 표시한다. |
| [색] | • 형식이 지정된 데이터를 중괄호 사이에 지정된 색으로 표시한다.<br>• **지정할 수 있는 색** : 검정, 파랑, 녹색, 녹청, 빨강, 자홍, 노랑, 흰색 등 |

예제

| 입 력 | 형 식 | 출 력 |
|---|---|---|
| 한국 | @*_ | 한국_ _ _ _ _ |
| 2021 | #"년도" | 2021년도 |

## 3 21.2 짧은 텍스트, 긴 텍스트 형식

• 짧은 텍스트와 긴 텍스트 형식은 미리 정의된 형식이 제공되지 않으므로, 다음과 같은 사용자 지정 기호를 이용하여 사용자 지정 형식을 작성할 수 있다.

• **사용자 지정 기호**

| 기 호 | 설 명 |
|---|---|
| 21.2<br>@ | 텍스트 한 자리를 나타내며 텍스트를 표시할 자릿수를 지정한다. |
| & | 빈 자릿수를 지정한다. |
| 〈 | 모든 문자를 소문자로 변경한다. |
| 21.2<br>〉 | 모든 문자를 대문자로 변경한다. |

• **사용자 지정 형식** : 두 개의 구역으로 나누며, 각 구역은 세미콜론(;)으로 구분한다.

@@@-@@@ ; "내용무"
❶ ❷

| 구 역 | 설 명 |
|---|---|
| ❶ 텍스트 | • 텍스트 자료가 들어 있는 필드에 대한 형식을 지정한다.<br>• 문자와 문자 사이에 '-'을 삽입하여 우편번호 형식으로 지정한다. |
| ❷ Null | • 빈 문자열*이나 Null* 값이 들어 있는 필드에 대한 형식을 지정한다.<br>• 필드의 값이 빈 문자열이나 Null 값인 경우 '내용무'라고 표시한다. |

• **빈 문자열** : 문자가 하나도 없는 문자열
• **Null** : 필드에 값이 없는, 이론적으로 아무 것도 없는 값

예제

| 입 력 | 형 식 | 출 력 |
|---|---|---|
| 12345678 | @@@-@@-@@@ | 123-45-678 |
| 데이터가 없는 경우 | @@@-@@-@@@;"없음" | 없음 |

| | | |
|---|---|---|
| LOVE | 〈@@@@ | love |
| like | 〉@@@@ | LIKE |

## 4 숫자, 통화 형식

24.4, 17.1, 14.1, 11.3, 11.2

1212604

정의된 형식

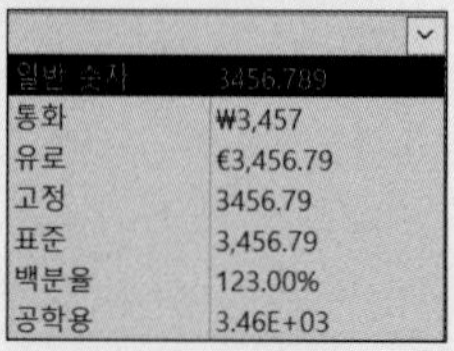


- **정의된 형식*** : 테이블 디자인 보기 상태에서 숫자나 통화 형식으로 지정된 필드의 '형식' 속성을 클릭하여 확인할 수 있다.

| 설 정 | 형 식 | 설 명 |
|---|---|---|
| 일반 숫자 | 3456.789 | 기본값으로, 숫자가 입력된 대로 표시한다. |
| 통화 | ₩3,457 | • 숫자 앞에 화폐 기호(₩)를 표시하고, 천 단위 구분 기호(,)를 표시한다.<br>• 소수점 이하 첫째 자리에서 반올림한다. |
| 유로 | €3,457.79 | • 숫자 앞에 유로화 기호(€)를 표시하고, 천 단위 구분 기호(,)를 표시한다.<br>• 소수점 이하 셋째 자리에서 반올림한다. |
| 고정 | 3456.79 | 한 자리 이상의 숫자를 표시하며, 소수점 이하 셋째 자리에서 반올림한다. |
| 14.1, 11.2 표준 | 3,456.79 | 천 단위 구분 기호(,)를 표시하며, 소수점 이하 셋째 자리에서 반올림한다. |
| 백분율 | 123.00% | 값에 100을 곱하고, 백분율 기호(%)를 붙여 표시한다. |
| 공학용* | 3.46E+03 | 소수 이상 한 자리, 소수 이하 두 자리를 포함하는 지수형으로 표시한다. |

**공학용 형식 예)**
1234567 → 1.23E + 06
5555 → 5.56E + 03

- **사용자 지정 형식**
  - 네 개의 구역을 세미콜론(;)으로 나누며, 구역별로 다른 형식이 사용된다.
  - 구역별로 형식을 지정하지 않을 경우 형식이 없는 구역의 항목은 표시되지 않거나 첫 번째 구역의 형식을 따른다.

**전문가의 조언**
2과목 엑셀에서도 배운 내용이죠? 액세스에서도 사용자 지정 형식의 결과를 묻는 문제가 출제되었습니다. 사용자 지정 형식 구성에 대해 정확히 숙지해 두세요.

$#,##0.00 ; ($#,##0.00) ; "Zero" ; "??"
❶ ❷ ❸ ❹

| 구 역 | 설 명 |
|---|---|
| ❶ 양수 | • 양수에 대한 형식을 나타낸다.<br>• 예 양수가 입력된 경우 천 단위 구분 기호, 소수점 이하 둘째 자리, 달러를 표시한다. |
| ❷ 음수 | • 음수에 대한 형식을 나타낸다.<br>• 예 음수가 입력된 경우 괄호로 묶되 천 단위 구분 기호, 소수점 이하 둘째 자리, 달러를 표시한다. |
| ❸ 0 | • 0값에 대한 형식을 나타낸다.<br>• 예 0 값이 입력된 경우 'Zero'를 표시한다. |
| ❹ Null | • Null 값에 대한 형식을 나타낸다.<br>• 예 Null 값이 입력된 경우 '??'를 표시한다. |

• 사용자 지정 기호

| 기호 | 설명 |
|---|---|
| .(마침표) | 소수 구분 기호를 표시한다.* |
| ,(쉼표) | 천 단위 구분 기호를 표시한다.* |
| 0 | 숫자 한 자리를 표시하되, 값이 없을 경우 0을 표시한다. |
| # | 숫자 한 자리를 표시하되, 값이 없을 경우 아무 것도 표시하지 않는다. |
| $ | $를 표시한다. |
| % | 값에 100을 곱하고 % 기호를 추가한다. |
| E- 또는 e- | 지수 표기법으로서 음의 지수 뒤에는 빼기 기호(-)를 붙이고, 양의 지수 뒤에는 아무 기호도 붙이지 않는다. |
| E+ 또는 e+ | 지수 표기법으로서 음의 지수 뒤에는 빼기 기호(-)를, 양의 지수 뒤에는 더하기 기호(+)를 붙인다. |

**소수/천 단위 구분 기호**
소수 구분 기호나 천 단위 구분 기호는 기본적으로 제어판의 '국가 또는 지역'에서 지정한 기호를 사용합니다.

예제

| 입력 | 형식 | 출력 |
|---|---|---|
| 24500 | $#,##0.00;($#,##0.00);"Zero";"??" | $24,500.00 |
| 0 | | Zero |
| -24500 | | ($24,500.00) |
| -0.3140* | #.###%;-#.###% | -31.4% |

필드 크기가 실수(Single)로 설정되어야 소수점 이하까지 정상적으로 표시됩니다.

23.4, 22.5, 20.상시, 16.1, 15.3, 13.3, 06.4, 06.2, 15.1, 04.2, 04.1

## 5 날짜/시간 형식

1212605

• 정의된 형식*

| 설정 | 형식 | 설명 |
|---|---|---|
| 기본 날짜 | 2015-11-12 오후 5:34:23 | 기본 표시 형식으로, 날짜는 'yyyy-mm-dd'로, 시간은 '오전/오후 h:nn:ss' 형식으로 표시된다. |
| 06.4, 05.1 자세한 날짜 | 2015년 11월 12일 목요일 | 'yyyy년 m월 d일 요일' 형식으로 표시된다. |
| 보통 날짜 | 15년 11월 12일 | 'yy년 mm월 dd일' 형식으로 표시된다. |
| 20.상시, 15.3 간단한 날짜 | 2015-11-12 | 'yyyy-mm-dd' 형식으로 표시된다. |
| 자세한 시간 | 오후 5:34:23 | '오전/오후 h:nn:ss' 형식으로 표시된다. |
| 보통 시간 | 오후 5:34 | '오전/오후 h:nn' 형식으로 표시된다. |
| 간단한 시간 | 17:34 | 'h:nn' 형식으로 표시된다. |

**정의된 형식**

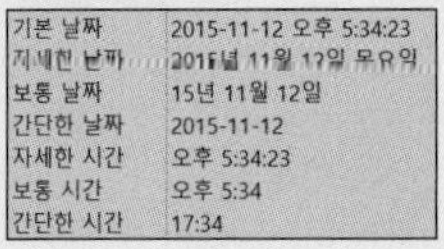
| | |
|---|---|
| 기본 날짜 | 2015-11-12 오후 5:34:23 |
| 자세한 날짜 | 2015년 11월 12일 목요일 |
| 보통 날짜 | 15년 11월 12일 |
| 간단한 날짜 | 2015-11-12 |
| 자세한 시간 | 오후 5:34:23 |
| 보통 시간 | 오후 5:34 |
| 간단한 시간 | 17:34 |

• **사용자 지정 형식** : 다음과 같이 3개의 구역으로 나눌 수 있으며 날짜, 요일, 시간 등은 공백으로 구분한다.

```
yy/mm/dd ddd a/p hh:nn:ss
   ❶      ❷     ❸
```

| 구 역 | 설 명 |
|---|---|
| ❶ 날짜 | 날짜를 표시하는 형식을 지정한다. |
| ❷ 요일 | 요일을 표시하는 형식을 지정한다. |
| ❸ 시간 | 시간을 표시하는 형식을 지정한다. |

• **사용자 지정 기호**

| 기 호 | 설 명 |
|---|---|
| :(콜론) | 시간 구분 기호이다. |
| / | 날짜 구분 기호이다. |
| 13.3, 04.2, 04.1<br>d | • d : 필요에 따라 한 자리 또는 두 자리 숫자로, 1~31까지의 일을 표시한다.<br>• dd : 01~31까지 두 자리 숫자로 일을 표시한다.<br>• ddd : sun~sat까지 요일의 처음 세 자리를 표시한다.<br>• dddd : Sunday~Saturday까지 완전한 요일 이름을 표시한다.<br>• ddddd : 미리 정의된 간단한 날짜 형식을 표시한다.<br>• dddddd : 미리 정의된 자세한 날짜 형식을 표시한다. |
| w | • w : 일주일을 1~7로 나누어 몇 번째 일인지를 표시한다.<br>• ww : 1년을 1~53까지 나누어 몇 번째 주인지 표시한다. |
| m | • m : 필요에 따라 한 자리 또는 두 자리 숫자로 1~12까지의 월을 표시한다.<br>• mm : 01~12까지 두 자리 숫자로 월을 표시한다.<br>• mmm : Jan~Dec까지 월의 처음 세 자리를 표시한다.<br>• mmmm : January에서 December까지 완전한 월 이름을 표시한다. |
| q | 날짜를 1~4까지의 분기*로 표시한다. |
| y | • y : 1년 중의 일을 표시한다(1~365).<br>• yy : 연도의 마지막 두 자리를 표시한다.<br>• yyyy : 연도를 네 자리 숫자로 표시한다. |
| h | • h : 한 자리 또는 두 자리 숫자로 0~23까지 시간을 표시한다.<br>• hh : 두 자리 숫자로 00~23까지 시간을 표시한다. |
| n | • n : 한 자리 또는 두 자리 숫자로 0~59까지 분을 표시한다.<br>• nn : 두 자리 숫자로 00~59까지 분을 표시한다. |
| s | • s : 한 자리 또는 두 자리 숫자로 0~59까지 초를 표시한다.<br>• ss : 두 자리 숫자로 00~59까지 초를 표시한다. |
| AM/PM | • AMPM(ampm) : "오전"이나 "오후" 글자를 포함한 12시간제로 표시한다.<br>• AM/PM : 대문자 AM이나 PM을 포함한 12시간제로 표시한다.<br>• am/pm : 소문자 am이나 pm을 포함한 12시간제로 표시한다.<br>• A/P : 대문자 A나 P를 포함한 12시간제로 표시한다.<br>• a/p : 소문자 a나 p를 포함한 12시간제로 표시한다. |

**분기**
1년을 3개월씩 나눈 것으로, 1~3월까지는 1분기, 4~6월까지는 2분기, 7~9월까지는 3분기, 10~12월까지는 4분기가 됩니다.

예제

| 입 력 | 형 식 | 출 력 |
|---|---|---|
| 2024-06-26 12:11 | • yy/mm/dd ddd a/p hh:nn:ss<br>• yyyy/mmm/dd dddd hh:nn<br>• q<br>• yy-mm-dd", "a/p hh* | • 24/06/26 Wed p12:11:00<br>• 2024/Jun/26 Wednesday 12:11<br>• 2<br>• 24-06-26, p 12 |
| 13:08:20 | AM/PM h:n:s | PM 1:8:20 |
| | ampm h:h:s | 오후 1:8:20 |

**구분 기호 추가하기**
사용자 지정 형식에 쉼표나 다른 구분 기호를 추가하려면 yy-mm-dd", "a/p hh와 같이 구분 기호를 큰따옴표로 묶습니다.

## 6 Yes/No 형식

24.4, 18.상시, 16.2, 14.2

1212606

• **정의된 형식***

| 설 정 | 출력 예 | 설 명 |
|---|---|---|
| 14.2 True/False | True | • 두 가지 중 한 가지를 선택하는 것으로 세 가지 형식 모두 같은 의미를 가진다.<br>• 설정 사항에 따라 표시되는 형식(True/False, Yes/No, On/Off)이 달라진다. |
| 14.2 Yes/No | Yes | |
| 14.2 On/Off | On | |

**정의된 형식**

| | |
|---|---|
| True/False | True |
| Yes/No | Yes |
| On/Off | On |

• **사용자 지정 형식**

_____ ; "미혼" ; "기혼"
❶ ❷ ❸

| 구 역 | 설 명 |
|---|---|
| ❶* | 세미콜론을 표시하기 위한 구역으로, 아무 의미가 없다. |
| ❷ 예 | True, Yes, On일 경우 표시되는 내용이다. |
| ❸ 아니오 | False, No, Off일 경우 표시되는 내용이다. |

**❶ 구역**
❶ 구역은 Yes/No 데이터 형식에 영향을 주지 않지만 세미콜론(;)을 사용하여 구분해야 합니다.

예제

| 입 력 | 형 식 | 출 력 |
|---|---|---|
| Yes | ; "남자" ; "여자"<br>; ₩남자 ; ₩여자* | 남자 |
| No | ; "있음" ; "없음" | 없음 |

**₩**
모든 데이터 형식에 공통적으로 사용되는 사용자 지정 기호로, ₩ 다음 문자를 그대로 표시합니다.

## 따라잡기 기출문제 따라잡기

문제1 1212651 문제4 4313754

18년 상시, 16년 2회, 14년 2회

**1. 다음 중 필드 속성에 대한 설명으로 옳지 않은 것은?**

① 입력 마스크는 짧은 텍스트, 숫자, 날짜/시간, 통화 형식에서 사용할 수 있다.

② 필드 값이 반드시 있어야 하는 경우, 필수 속성을 '예'로 설정하면 된다.

③ 'Yes/No'의 세부 형식은 'Yes/No'와 'True/False' 두 가지를 제공한다.

④ 짧은 텍스트, 숫자, 일련 번호 형식에서만 필드 크기를 지정할 수 있다.

'Yes/No'의 세부 형식에는 'Yes/No', 'True/False', 'On/Off'가 있습니다.

13년 3회, 04년 2회, 1회

**2. 아래와 같이 보고서 머리글의 텍스트 박스 컨트롤에 컨트롤 원본을 지정하였다. 다음 중 보고서 미리 보기를 실행하였을 때 표시되는 결과로 옳은 것은? (단, 오늘 날짜가 2013년 10월 4일 금요일이라고 가정한다.)**

=Format(Date( ),"mmm")

① Oct ② 10월
③ 10 ④ Fri

Format(식, 형식)은 계산 결과에 표시 형식을 지정하는 함수이고, Date( )는 오늘 날짜를 표시하는 함수입니다. 'm'은 월을 지정하는 문자로 'mmm'일 때는 Jan~Dec로, 'mmmm'일때는 January~December로 표시됩니다.

20년 상시, 16년 1회, 15년 3회

**3. 다음 중 테이블에 입력된 날짜 필드의 값을 '2015-10-13'과 같은 형식으로 표시하고자 할 때 테이블의 디자인 보기에서 지정해야 할 '형식' 속성 값으로 옳은 것은?**

① 기본 날짜 ② 자세한 날짜
③ 보통 날짜 ④ 간단한 날짜

문제에 제시된 날짜는 '간단한 날짜' 형식입니다.

23년 4회, 22년 5회

**4. 보고서 머리글의 텍스트 박스 컨트롤에 다음과 같이 컨트롤 원본을 지정하였다. 보고서 미리 보기를 하는 경우 어떠한 결과가 나타나는가? (단, 현재 날짜와 시간이 2021년 1월 2일 오후 3시 4분 5초라고 가정한다.)**

=Format(Now( ), "mmmm ampm h:n")

① Jan 3:4

② January 오후 3:4

③ Jan pm 3:4:5

④ January pm 3:4:5

- Format(식, 형식)은 계산 결과에 표시 형식을 지정하는 함수입니다.
- 날짜 형식을 mmmm으로 지정하였고, 날짜가 2021-01-02이므로 **January**로 표시됩니다.
- 시간 형식을 ampm h:n으로 지정하였고, 시간이 오후 3시 4분 5초이므로 **오후 3:4**로 표시됩니다.

∴ Format 함수가 적용된 결과는 **January 오후 3:4**입니다.

21년 2회

**5. 데이터 형식이 텍스트인 필드에 다음과 같이 형식을 지정한 후 값을 입력했을 때의 결과가 올바르게 표시된 것은?**

① 형식 : @@@-@@@ 입력값 : 123456 결과 : 123-456

② 형식 : @*_ 입력값 : abc 결과 : abc*_

③ 형식 : @&@&@ 입력값 : 123 결과 : 1 2 3

④ 형식 : >>->> 입력값 : abde 결과 : AB-DE

각 보기에 대한 실습 결과는 다음과 같습니다.

| 보기1 | 보기2 | 보기3 | 보기4 |
|---|---|---|---|
| 123-456 | abc________ | 123 | -ABDE |

24년 4회

**6. 폼에 삽입된 텍스트 상자 컨트롤의 컨트롤 원본으로 'Yes/No' 형식의 '성별' 필드를 바운드시키려고 한다. '성별' 필드의 값이 'Yes'이면 "남", 'No'이면 "여"로 표시하려고 할 때 '형식' 속성의 설정 값으로 옳은 것은?**

① ₩남;₩여 ② 남/여
③ ;₩남;₩여 ④ ₩남,₩여

'Yes/No' 데이터 형식에서 Yes는 -1, No는 0으로 인식하므로, 음수(Yes)인 경우 "남", 0(No)인 경우 "여"로 표시하는 속성의 설정 값은 **;₩남;₩여**입니다.

▶ **정답** : 1. ③ 2. ① 3. ④ 4. ② 5. ① 6. ③

SECTION 138

# 필드 속성 2 - 입력 마스크

A 등급

## 1 입력 마스크의 개요

입력 마스크*는 데이터 입력 시 데이터를 신속하고 정확하게 입력할 수 있도록 입력되는 데이터 형식에 맞게 입력틀을 만들어 주는 속성이다.

- 짧은 텍스트, 숫자, 큰 번호, 날짜/시간, 날짜/시간 연장됨, 통화 형식에서 사용할 수 있으며, 입력되는 각각의 데이터에 맞게 입력 마스크를 정의할 수 있다.
- 짧은 텍스트와 날짜/시간 형식은 입력 마스크 마법사를 사용하여 미리 정의된 입력 마스크를 지정할 수 있다.
- 사용자 지정 입력 마스크 기호를 사용하여 입력 마스크 형식을 정의하여 사용할 수 있다.

## 2 입력 마스크 마법사에서 제공하는 정의된 형식

정의된 형식에는 운전면허번호, 주민등록번호, 전화번호, 우편번호, 암호, 날짜형식, 시간형식이 있다.

- 필드 속성의 '일반' 탭에서 입력 마스크를 클릭한 후 '...'를 눌러 확인할 수 있다.
- 입력 마스크 마법사의 지시에 따라 입력 마스크를 설정한다.
- 입력 마스크 마법사의 지시에 따라 설정한 내용은 사용자 지정 형식처럼 입력 마스크 속성란에 표시되며, 수정하여 다르게 사용이 가능하다.

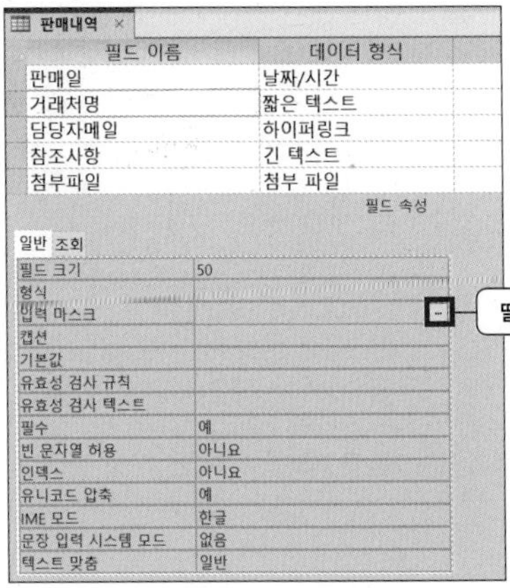


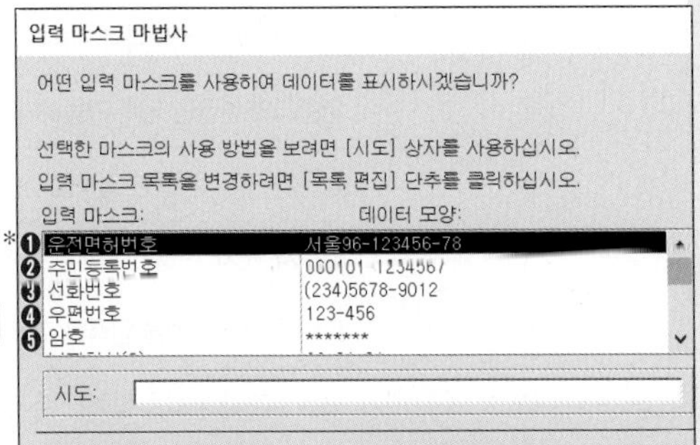


전문가의 조언

입력 마스크의 개념과 정의된 형식에는 무엇이 있는지 간단하게 정리하세요.

**입력 마스크**

입력 마스크와 형식 속성을 한 필드에 모두 지정할 경우 데이터를 입력하거나 추가할 때는 입력 마스크 속성이, 데이터를 저장하거나 인쇄할 때는 형식 속성이 적용됩니다.

**입력 마스크 마법사 사용 후 표시 형식**

❶ CC99₩-999999₩-99;;_

❷ 000000₩-0000000;;_

❸ ₩(999₩)9999₩-9999;;_

❹ 999₩-999;;_

❺ Password

전문가의 조언

**중요해요!** 입력 마스크의 세 가지 구역에 대한 의미와 사용자 지정 형식으로 지정한 입력 마스크의 결과를 묻는 문제가 자주 출제됩니다. 입력 마스크의 각 구역의 의미를 기억하고, 사용자 지정 기호는 사용법을 꼭 익혀 두세요.

궁금해요 시나공 Q&A 베스트

**Q1 입력 마스크에서 두 번째 구역을 0으로 설정하나 1로 설정하나 차이가 전혀 없던데요. 어떤 차이가 있는지 예를 들어서 설명해 주세요.**

A1 입력 마스크의 첫 번째 영역을 **999-9999**로 지정하고 데이터로 **3320932**를 입력했을 때, 두 번째 영역의 값에 따라 다음과 같이 저장됩니다.

- **0인 경우** : 332-0932('-'도 같이 저장됨)
- **1인 경우** : 3320932('-'은 제외하고 입력한 값만 저장됨)

**Q2 두 번째 구역을 지정하지 않으면 어떻게 되나요?**

A2 두 번째 구역을 지정하지 않을 경우 입력한 값만 저장됩니다.

**영문자**

A~Z까지의 문자를 의미합니다.

23.5, 23.1, 22.7, 22.3, 22.2, 22.1, 21.3, 20.상시, 20.2, 20.1, 19.상시, 18.상시, 18.2, 17.1, 16.3, 15.2, 14.1, 13.3, 13.2, …

## 3 사용자 지정 형식

1212703

- 다음과 같이 세 개의 구역으로 나누어지며, 세미콜론(;)을 구분 문자로 사용한다.

| 설 정 | 입 력 | 입력할 때의 화면 표시 | 출 력 |
|---|---|---|---|
| (999) 999-9999 ; 0 ; x<br>❶ ❷ ❸ | 0102158400 | (xxx) xxx-xxxx | (010) 215-8400 |

| 구 역 | 설 명 |
|---|---|
| ❶ 입력 마스크 | 사용자 지정 기호를 사용하여 입력 마스크를 지정한다. |
| ❷ 서식 문자 저장 | • 데이터를 입력할 때 '-, /, ='와 같은 서식 문자를 테이블에 저장할지의 여부를 지정한다.<br>• '0'으로 지정하면 데이터에 입력 마스크 문자가 포함된 입력 형식 그대로 저장되고, '1'이나 공백으로 지정하면 입력된 값만 저장된다. |
| ❸ 입력 자리 표시 | • 데이터를 입력할 때 데이터가 입력되어야 하는 자리에 표시되는 문자를 지정한다.<br>• " "는 입력 자리가 공백으로 표시되며, 기본 문자는 '_'이다. |

- **사용자 지정 기호**

| 기 호 | 설 명 | 입력 여부 |
|---|---|---|
| 22.7, 22.2, 22.1, 21.3, …<br>0 | 0~9까지의 숫자만 입력 가능하다. 더하기와 빼기 기호를 사용할 수 없다. | 필수 |
| 23.5, 23.1, 22.7, 22.1, …<br>9 | 숫자나 공백의 입력이 가능하다. 더하기와 빼기 기호를 사용할 수 없다. | 선택 |
| 22.1, 21.3, 16.3, 15.2, …<br># | 숫자나 공백의 입력이 가능하지만 공백은 저장되지 않는다. 더하기와 빼기 기호를 사용할 수 있다. | 선택 |
| 23.5, 23.1, 22.7, 21.3, …<br>L | 영문자*와 한글만 입력 가능하다. | 필수 |
| 22.7, 20.상시, 20.1, …<br>? | 영문자와 한글만 입력 가능하다. | 선택 |
| 20.1, 19.상시, 16.3, …<br>A | 영문자, 숫자, 한글만 입력할 수 있다. | 필수 |
| a | 영문자, 숫자, 한글만 입력할 수 있다. | 선택 |
| 19.상시, 14.1, 13.3, …<br>& | 모든 문자나 공백을 입력할 수 있다. | 필수 |
| C | 모든 문자나 공백을 입력할 수 있다. | 선택 |
| . , : ; - / | 소수 자릿수와 1000 단위, 날짜, 시간 등의 구분 기호를 입력할 수 있다. | |
| 23.5, 23.1, 22.7, 20.2, …<br>〈 | 모든 문자를 소문자로 변환한다. | |
| 23.5, 23.1, 22.7, …<br>〉 | 모든 문자를 대문자로 변환한다. | |
| ! | 왼쪽을 기준으로 맞추며, 왼쪽부터 채워진다. | |
| \ | 뒤에 나오는 문자를 그대로 표시한다. | |
| Password | 입력하는 문자를 *로 표시한다. | |

**예제**

| 입 력 | 입력 마스크 | 출 력 |
|---|---|---|
| 1419422187 | (000) 000-0000 | (141) 942-2187 |
| ABCD | !CCC-CCC | A-BCD |
| 206555TELE | (000) AAA-AAAA* | (206) 555-TELE |
| greengr339m3 | 〉L????L?000L0 | GREENGR339M3 |
| T2F 8M4 | 〈L0L 0L0 | t2f 8m4 |
| MARIA | 〉L〈???? | Maria |

**궁금해요 시나공 Q&A 베스트**

**Q 입력 마스크에 (000) AAA-AAAA를 입력했더니 ₩(000")"AAA-AAAA로 바뀝니다. 왜 이렇죠? 제 액세스에 문제가 있는 건가요?**

**A** 아닙니다. 액세스 프로그램에서 사용 국가의 특성에 맞게 자동으로 변환하는 것입니다. 결과에는 영향을 주지 않으니 그대로 두면 됩니다.

문제1 1212751

## 따라잡기 기출문제 따라잡기

23년 5회, 1회, 20년 2회

**1. 다음 중 입력 마스크 설정에 사용하는 사용자 정의 입력 마스크 기호에 대한 설명으로 옳은 것은?**

① 9 : 소문자로 변환
② 〉 : 숫자나 공백을 입력받도록 설정
③ 〈 : 영문 대문자로 변환하여 입력받도록 설정
④ L : 영문자와 한글만 입력받도록 설정

9는 선택 요소로 숫자나 공백 입력, 〉는 영문 대문자, 〈는 영문 소문자로 변환하는 기호입니다.

12년 3회, 03년 2회

**2. 다음 중 입력 마스크의 속성에 관한 설명으로 옳지 않은 것은?**

① 두 번째 부분은 선택 사항으로 서식 문자를 저장하는지를 정의한다. 값이 "1"이나 공백이면 저장하고, "0"이면 저장하지 않는다.
② 첫 번째 부분은 마스크 정의 문자와 마스크 문자열을 정의한다.
③ 입력 마스크는 세미콜론(;)으로 나눈 세 개의 부분으로 구성된다.
④ 세 번째 부분도 선택 사항이며 입력하는 위치를 가리키는 자리 표시를 정의한다.

두 번째 구역의 값이 0이면 서식 문자를 저장하고 1이나 공백이면 저장하지 않습니다.

21년 3회, 20년 1회, 18년 2회, 17년 1회, 16년 3회, 15년 2회, 14년 1회, 13년 3회, 11년 2회

**3. 다음 중 특정 필드에 입력 마스크를 '09#L'로 설정하였을 때의 입력 데이터로 옳은 것은?**

① 123A
② A124
③ 12A4
④ 12AB

'09#L'에서 0은 숫자를, 9와 #은 숫자나 공백을 그리고 L은 영문자와 한글을 입력할 수 있는 기호입니다.

19년 상시, 13년 2회, 10년 1회

**4. 다음 중 Access의 테이블 디자인에서 필드 속성의 입력 마스크가 'L&A'로 설정되어 있을 때 입력 가능한 데이터는?**

① 123
② 1AB
③ AB
④ A1B

'L&A'에서 L은 영문자와 한글을, &는 모든 문자와 공백을, A는 영문자, 숫자, 한글을 입력할 수 있는 기호이며, L&A는 모두 반드시 입력해야 하는 필수 입력 기호입니다.

▶ 정답 : 1. ④ 2. ① 3. ① 4. ④

22년 3회

**5. 다음 중 입력 마스크에 대한 설명으로 옳지 않은 것은?**

① 입력 마스크는 필드에 입력할 수 있는 데이터를 제한하는 것으로 세미콜론(;)으로 구분된 3개 구역으로 구분된다.

② 입력 마스크의 첫 번째 구역은 사용자 정의 기호를 사용하여 입력 마스크를 지정한다.

③ 서식 문자 저장 여부를 지정하는 입력 마스크의 두 번째 구역이 '0'이면 서식 문자를 제외한 입력 값만 저장한다.

④ 입력 마스크의 세 번째 구역은 데이터가 입력되어야 하는 자리에 표시될 문자를 지정한다.

입력 마스크의 두 번째 구역에 0을 지정하면 서식 문자가 포함된 데이터 형식이 그대로 저장되고, 1이나 공백으로 지정하면 입력된 값만 저장됩니다.

22년 1회

**6. 다음과 같이 입력 마스크를 설정하였을 때의 설명으로 맞는 것은?**

| 000000-0000000;0 |
|---|

① 입력 자리에 ******-*******과 같이 표시된다.

② 13자리 숫자를 선택적으로 입력할 수 있다.

③ 하이픈(-)은 저장되지 않는다.

④ 반드시 13자리 숫자를 입력해야 하며, 문자는 입력할 수 없다.

000000-0000000 ; 0
❶ ❷

- ❶ 0은 필수 요소이며, 숫자만 입력이 가능합니다.
- ❷ 서식 문자 저장 여부로 0을 지정했으므로 입력 값에 하이픈(-)이 포함되면 하이픈(-)도 저장됩니다.
- 입력 자리 표시 문자가 지정되지 않았으므로 데이터 입력시 기본 문자인 '_'으로 표시됩니다.

22년 2회

**7. 입력값 12345678에 대한 다음의 입력 마스크 설정에 따른 결과가 옳은 것은?**

① (000)-000-0000 → (001)-234-5678

② #999 → 12345678

③ (999)-000-0000 → (123)-456-7800

④ 9999-0000 → 1234-5678

- ①, ③ : 사용자 지정 기호 0은 필수 입력 기호로, 0이 사용된 개수만큼 값이 입력되어야 하는데, 입력값이 앞에서부터 채워지면 '(123)-456-78'이 되므로 뒤의 2자리가 입력되지 않아 오류 메시지가 표시됩니다.
- ② : 사용자 지정 기호(#999)가 사용된 개수만큼만 값이 표시됩니다. → 1234

22년 7회

**8. 다음의 입력 데이터에 대한 입력 마스크 적용 결과가 옳지 않은 것은?**

① 입력 데이터 : greeNgr388m3
입력 마스크 : >L????L?000L0
화면 표시 : GREENgr388m3

② 입력 데이터 : MARIA
입력 마스크 : >L<????
화면 표시 : Maria

③ 입력 데이터 : ABCD
입력 마스크 : !CCC-CCCC
화면 표시 : A-BCD

④ 입력 데이터 : 1419422187
입력 마스크 : (000)000-0000
화면 표시 : (141)942-2187

'>'는 모든 영문자를 대문자로 변환하는 기호이므로 ①번은 GRENGR388M3이 출력됩니다.

21년 3회

**9. 다음의 입력 마스크 설정에 따른 화면 표시 내용이 잘못된 것은?**

① 입력 데이터 : 1234567
입력 마스크 : (99)999-9999
화면 표시 : (12)345-6700

② 입력 데이터 : a1b2
입력 마스크 : >L0L0
화면 표시 : A1B2

③ 입력 데이터 : 1234
입력 마스크 : ####
화면 표시 : 1234

④ 입력 데이터 : 123456789
입력 마스크 : (00)000-0000
화면 표시 : (12)345-6789

① 사용자 지정 기호 '9'는 선택 입력 기호이므로, 9가 사용된 개수만큼 값이 입력되지 않으면, 다음과 같이 입력된 값 만큼만 표시됩니다.

| 보기1 |
|---|
| (12)345-67 |

▶ **정답** : 5. ③ 6. ④ 7. ④ 8. ① 9. ①

SECTION 139

# 필드 속성 3 – 기타

B 등급

## 1 기본값

19.상시, 15.2, 11.2, 07.2, 04.3, 02.3

1212801

기본값은 새 레코드가 만들어질 때 필드에 자동으로 입력되는 값을 지정하는 속성이다.

- 새 레코드에만 적용되므로 기존의 데이터에는 영향을 주지 않는다.
- OLE 개체나 일련 번호, 첨부 파일, 계산 데이터 형식에는 사용할 수 없다.
- 함수를 사용하여 현재의 날짜나 시간을 기본값으로 설정할 수 있다.*

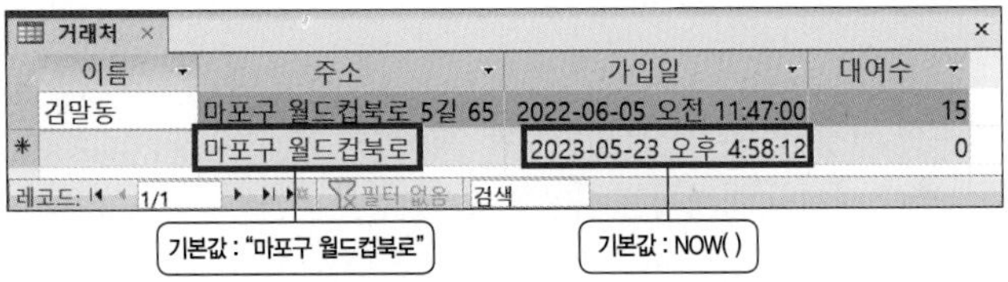


## 2 유효성 검사 규칙과 유효성 검사 텍스트

24.3, 22.2, 21.6, 21.1, 18.상시, 18.1, 16.3, 15.2, 14.3, 12.3, 12.1, 11.2, 11.1, 10.2, 09.3, 09.2, 08.4, 05.4, 03.3, 03.2

1212802

### 유효성 검사 규칙

유효성 검사 규칙은 필드에 입력할 데이터의 종류나 범위를 지정하여 입력 데이터를 제한할 때 사용하는 속성으로, 잘못된 데이터의 입력을 방지하기 위한 도구이다.

- 일련 번호와 OLE 개체, 첨부 파일, 계산 데이터 형식에는 사용할 수 없다.
- 산술 연산자, 비교 연산자, 논리 연산자, 특수 연산자, 함수 등을 사용하여 유효성 검사 규칙을 지정할 수 있다.

| | |
|---|---|
| 산술 연산자 | +, −, *, /, mod(나머지), ^(지수) |
| 14.3, 11.2<br>비교 연산자 | • =, 〉, 〉=, 〈 〉, 〈, 〈=<br>• Like : '*, ?' 등의 만능 문자(와일드 카드)와 함께 사용하여 데이터를 비교한다. |
| 15.2, 11.1<br>논리 연산자 | And, Or, Not |
| 특수 연산자 | • In : 지정한 값 중 하나<br>• Between : 지정한 값 사이의 값 |

- **유효성 검사 규칙 예**

| | |
|---|---|
| 〈 〉0 | 0이 아닌 값을 입력한다. |
| 0 Or 〉=100 | 0 또는 100 이상인 값을 입력한다. |
| 〉=1 And 〈=99 | 1 이상이고 99 이하, 즉 1부터 99까지의 숫자만 입력한다. |
| Like "*@*" | 입력되는 자료 중에 반드시 '@' 문자가 포함되어 있어야 한다. |
| Like "A–???" | 반드시 "A–"로 시작하는 5개의 문자를 입력한다. |

**전문가의 조언**

기본값 설정에 따른 결과를 묻는 문제가 출제되었습니다. 기본값의 사용 용도와 특징을 그림을 통해 정확히 알아두세요.

**현재 날짜와 시간을 기본값으로 지정하기**

현재의 날짜와 시간을 기본값으로 설정하려면 기본값 속성에 =NOW( )를 입력합니다. '=NOW( )'는 현재의 날짜와 시간을 표시해 주는 함수로, 날짜나 시간만 표시하려면 형식 속성에서 해당 형식을 설정하면 됩니다.

**전문가의 조언**

유효성 검사 규칙은 필기 시험뿐만 아니라 실기 시험에서도 자주 출제되고 있습니다. 사용 예를 통해 적용된 유효성 검사 규칙의 의미를 파악할 수 있도록 학습하세요.

| | |
|---|---|
| In("상", "중", "하") | "상", "중", "하" 중에서 입력한다. |
| 22.2, 03.3<br>Between 0 And 100 | 0부터 100까지의 숫자만 입력한다. |
| Len([고객코드])=6 | 고객코드는 반드시 6글자를 입력한다. |

### 유효성 검사 텍스트

- 데이터가 유효성 검사 규칙에 어긋날 경우 오류 메시지를 표시하기 위한 속성이다.
- 유효성 검사 텍스트를 지정하지 않을 경우 Microsoft Access의 표준 오류 메시지가 표시된다.

## 3 필수

**전문가의 조언**

필수와 빈 문자열 허용 속성의 사용 용도와 빈 문자열을 사용할 수 있는 데이터 형식 정도만 알아두세요.

필수는 필드에 값이 반드시 입력되어야 할지의 여부를 지정하는 속성이다.

- 일련 번호, Yes/No, 계산 데이터 형식에는 사용할 수 없다.
- 필수 속성을 '예'로 지정했을 경우에는 반드시 데이터를 입력해야 한다.
- 필수 속성이 '예'로 지정된 필드에 데이터를 입력하지 않았을 경우에는 다음과 같은 오류 메시지가 표시된다.

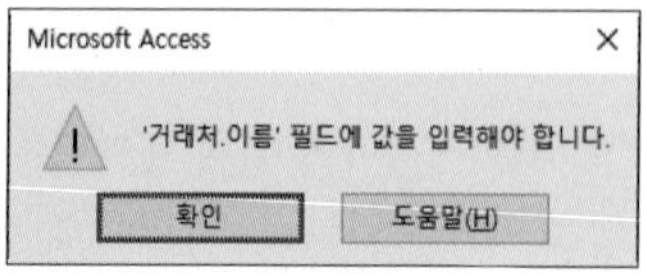


## 4 빈 문자열 허용

빈 문자열 허용은 필드에 문자열의 길이가 0인 문자열을 입력할 수 있는지의 여부를 지정하는 속성이다.

- 짧은 텍스트, 긴 텍스트, 하이퍼링크 데이터 형식에만 사용할 수 있다.
- 빈 문자열을 입력할 때는 큰따옴표("")를 공백 없이 입력한다.

19.2, 18.2, 17.2, 09.4, 06.3, 04.1

잠깐만요 **기타 필드 속성**

1212831

- **새 값** : 일련 번호 데이터 형식에서 값을 설정하는 속성으로, 증분 또는 임의로 선택할 수 있습니다.
- **필드 크기** : 데이터가 저장될 수 있는 크기를 지정하는 속성으로, 짧은 텍스트, 숫자, 일련 번호 형식에만 지정할 수 있습니다.
- **IME 모드** : 데이터 입력 시 한글, 영숫자 등의 입력 상태*를 지정하는 속성으로, 짧은 텍스트, 긴 텍스트, 날짜/시간, 날짜/시간 연장됨, 하이퍼링크 형식에만 지정할 수 있습니다.
- **캡션** : 테이블을 열었을 때 필드 이름 대신 표시될 새로운 이름을 지정하는 것으로, 캡션을 지정하지 않으면 원래 지정한 필드 이름이 표시됩니다.
- **유니코드 압축** : 입력되는 각 문자를 모두 2바이트로 표시하는 속성입니다.

**입력 상태**

입력 상태에는 현재 상태 유지, 설정, 해제, 사용 안 함, 히라가나, 가타카나 전자, 가타카나 반자, 영숫자 전자, 영숫자 반자, 한글 전자, 한글이 있습니다.

문제4 1212851

## 따라잡기 기출문제 따라잡기

22년 2회, 03년 3회

**1. [회원] 테이블에서 '등록일자' 필드에 2021년 1월 1일부터 2021년 12월 31일까지의 날짜만 입력되도록 하는 유효성 검사 규칙으로 옳은 것은?**

① in (#2021/01/01#, #2021/12/31#)

② between #2021/01/01# and #2021/12/31#

③ in (#2021/01/01#-#2021/12/31#)

④ between #2021/01/01# or #2021/12/31#

'2021년 1월 1일부터 2021년 12월 31일까지의 날짜'라는 조건은 날짜를 최소 2021년 1월 1일부터 최대 2021년 12월 31일까지만 입력받겠다는 의미이므로, 두 조건을 And로 연결하여 '>=#2021/01/01# And <=#2021/12/31#' 또는 'Between #2021/01/01# And #2021/12/31#'으로 설정하면 됩니다.

19년 2회, 17년 2회

**2. 다음 중 [학생] 테이블의 'S_Number' 필드를 [데이터시트 보기] 상태에서는 '학번'으로 표시하고자 할 때 설정해야 할 항목은?**

① 형식 ② 캡션

③ 텍스트 맞춤 ④ 입력 마스크

본래의 이름과 다른 새로운 이름으로 표시할 때 설정하는 속성이 캡션입니다.

24년 3회, 09년 2회, 08년 4회, 05년 4회, 03년 2회

**3. 테이블에 잘못된 데이터가 입력되면 이후 많은 문제가 발생한다. 이런 문제를 해결하기 위한 방안으로 점검을 필요로 하는 필드에 요구 사항이나 조건 또는 입력이 가능한 데이터 등을 미리 지정한 후 데이터 입력 시 이를 점검하도록 하는 기능은 다음 중 어느 것인가?**

① 유니코드 압축 ② 필수

③ 인덱스(Index) ④ 유효성 검사 규칙

입력할 데이터의 종류나 범위를 지정하여 입력 데이터를 제한할 때 사용하는 속성이 '유효성 검사 규칙'입니다.

15년 2회, 04년 3회, 02년 3회

**4. 다음 중 레코드가 추가될 때마다 필드에 자동으로 부여되는 기본값의 설정식과 자동으로 입력되는 값에 대한 설명으로 가장 옳지 않은 것은?**

① 기본값을 '1'로 지정하면 자동적으로 1이 입력된다.

② 기본값을 '서울'로 지정하면 서울이라는 문자열이 입력된다.

③ 기본값을 '0'으로 지정하면 빈 문자열(Zero Space)이 입력된다.

④ 기본값을 '=Date( )'와 같이 지정하면 오늘 날짜가 입력된다.

기본값은 지정된 기본값을 자동으로 입력해 주는 것으로 '0'을 지정하면 '0'이 입력됩니다.

16년 3회, 15년 2회, 11년 1회, 03년 4회

**5. 테이블의 특정 필드에는 1에서 4까지의 값만을 입력받으려고 한다. 이 때 가장 적당한 유효성 검사 규칙은?**

① 〉=1 and 〈=4

② 〈=1 and 〉=4

③ 〉1 or 〈4

④ 〈1 or 〉4

'1에서 4까지'는 1보다 크거나 같고, 4보다 작거나 같다는 의미입니다. 'Between 1 and 4'라고 지정해도 됩니다.

18년 2회

**6. 다음 중 테이블의 '디자인 보기'에서 필드마다 〈한/영〉 키를 사용하지 않고도 데이터 입력 시의 한글이나 영문 입력 상태를 정할 수 있는 필드 속성은?**

① 캡션 ② 문장 입력 시스템 모드

③ IME 모드 ④ 텍스트 맞춤

Input(입력) Method(방법)을 Editor(편집)할 수 있는 속성은 IME 모드입니다.

24년 3회, 21년 6회, 14년 3회

**7. 다음 중 아래 〈학과〉 테이블의 '학과코드' 필드에 대한 설명으로 옳지 않은 것은?**

학과

| 필드 이름 | 데이터 형식 |
|---|---|
| 학과코드 | 숫자 |

일반 | 조회

| | |
|---|---|
| 필드 크기 | 바이트 |
| 형식 | |
| 소수 자릿수 | 자동 |
| 입력 마스크 | 999;0;0 |
| 캡션 | |
| 기본값 | 10 |
| 유효성 검사 규칙 | <=200 |
| 유효성 검사 텍스트 | |
| 필수 | 예 |
| 인덱스 | 예(중복 불가능) |
| 텍스트 맞춤 | 일반 |

① 학과코드는 반드시 입력되어야 한다.

② 필드의 값은 최대 255까지 입력할 수 있다.

③ 동일한 학과코드는 입력될 수 없다.

④ 레코드가 새로 생성되는 경우, 10이 자동으로 입력된다.

필드의 형식이 바이트이므로 255까지 입력할 수 있지만 유효성 검사 규칙(<=200)으로 인해 200을 초과하는 값은 입력할 수 없습니다.

▶ **정답** : 1. ② 2. ② 3. ④ 4. ③ 5. ① 6. ③ 7. ②

SECTION
# 140 필드 속성 4 - 조회

B 등급

## 1 조회의 개요

21.1, 12.2, 08.3

1212901

조회는 콤보 상자나 목록 상자 컨트롤에 값을 미리 지정한 후 입력 시 지정한 값을 선택하여 신속하고 정확하게 입력할 수 있도록 설정하는 기능이다.

- 테이블, 쿼리 그리고 사용자가 직접 값을 입력하여 콤보 상자와 목록 상자의 데이터 원본으로 지정할 수 있다.
- 짧은 텍스트, 숫자, 큰 번호, Yes/No 형식에서 지정하여 사용할 수 있으며, 보다 정확하고 빠르게 데이터를 입력할 수 있다.
- 입력할 데이터가 제한되어 있을 경우 유용하게 사용된다.

## 2 조회 속성*

24.5, 22.4, 21.3, 21.2, 21.1, 18.2, 16.2, 09.2, 09.1, 08.3, 07.1, 06.2, 05.3, 03.2, 02.3

1212902

전문가의 조언

'조회' 탭에 있는 각 속성의 의미와 기능을 묻는 문제가 출제되고 있습니다. 설정된 속성과 결과가 적용된 그림을 연관지어 각 속성의 의미와 기능을 파악하세요.

궁금해요 시나공 Q&A 베스트

Q 목록 상자와 콤보 상자의 조회 속성이 다른가요?

A 행 수, 목록 너비, 목록 값만 허용 속성은 콤보 상자에서만 설정할 수 있습니다.

- 디자인 보기에서 데이터 형식의 '조회 마법사'를 이용하거나 '조회' 탭에서 각 속성에 직접 설정할 수 있다.
- 데이터 형식의 조회 마법사를 이용하여 설정하면 설정된 사항이 '조회' 탭에 표시된다.

필드 속성

일반 조회

| | |
|---|---|
| 컨트롤 표시 | 목록 상자 |
| 행 원본 유형 | 값 목록 |
| 행 원본 | 번호;이름;1;하나;2;둘;3;셋;4;넷 |
| 바운드 열 | 1 |
| 열 개수 | 2 |
| 열 이름 | 예 |
| 열 너비 | 1cm;1cm |
| 여러 값 허용 | 아니요 |
| 값 목록 편집 허용 | 아니요 |
| 목록 항목 편집 폼 | |
| 행 원본 값만 표시 | 아니요 |

➡

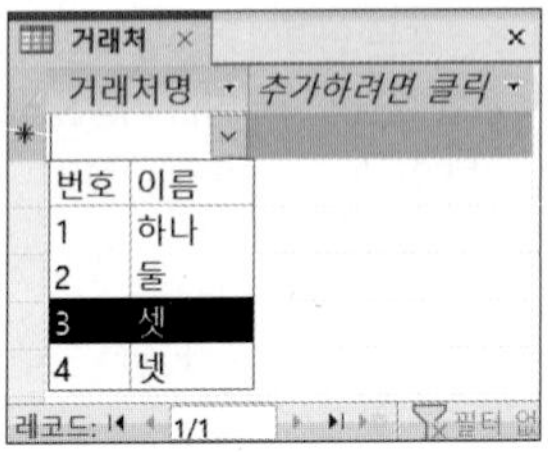


목록 상자

필드 속성

일반 조회

| | |
|---|---|
| ❶ 컨트롤 표시 | 콤보 상자 |
| ❷ 행 원본 유형 | 값 목록 |
| ❸ 행 원본 | 번호;이름;1;하나;2;둘;3;셋;4;넷 |
| ❹ 바운드 열 | 1 |
| ❺ 열 개수 | 2 |
| ❻ 열 이름 | 예 |
| ❼ 열 너비 | 1cm;1cm |
| ❽ 행 수 | 16 |
| ❾ 목록 너비 | 자동 |
| ❿ 목록 값만 허용 | 아니요 |
| ⓫ 여러 값 허용 | 아니요 |
| ⓬ 값 목록 편집 허용 | 아니요 |
| ⓭ 목록 항목 편집 폼 | |
| ⓮ 행 원본 값만 표시 | 아니요 |

➡

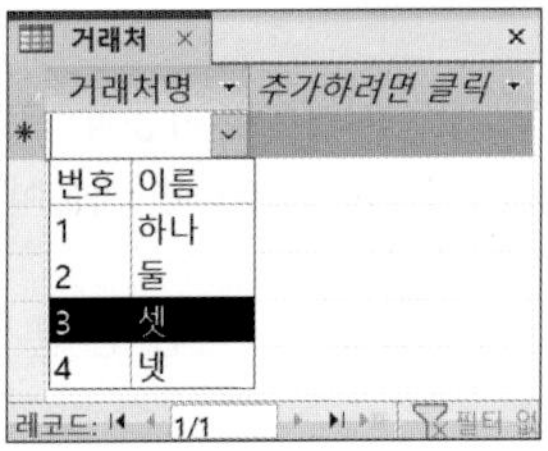


콤보 상자

| | |
|---|---|
| 24.5, 22.4, 03.2<br>**❶ 컨트롤 표시*** | 조회 속성을 설정하려면 콤보 상자나 목록 상자를 선택해야 한다. |
| 21.3, 16.2, 09.2, 08.3, 03.2<br>**❷ 행 원본 유형** | • 사용할 행 원본의 유형을 지정한다.<br>• **테이블/쿼리** : 테이블이나 쿼리의 데이터를 원본으로 사용할 때<br>• **값 목록** : 직접 입력한 값을 원본으로 사용할 때<br>• **필드 목록** : 테이블이나 쿼리, SQL문 등의 필드 이름을 원본으로 사용할 때 |
| 24.5, 22.4, 09.2, 07.1, 05.3, 02.3<br>**❸ 행 원본** | • 행 원본 유형에서 선택된 값에 따라 설정 사항이 달라진다.<br>• **테이블/쿼리 선택** : 테이블 이름, 쿼리 이름, SQL문을 지정한다.<br>• **값 목록 선택** : 사용할 데이터를 세미콜론(;)으로 구분하여 입력한다.<br>• **필드 목록 선택** : 테이블 이름, 쿼리 이름을 지정한다. |
| 24.5, 22.4, 21.3, 16.2, 09.2, 09.1, …<br>**❹ 바운드 열** | 선택한 목록의 여러 열 중 해당 컨트롤에 저장되는 열을 지정한다. |
| 21.1, 18.2, 03.2<br>**❺ 열 개수** | 표시되는 열의 개수를 지정한다. |
| **❻ 열 이름** | 열 이름의 표시 여부를 지정한다. |
| 21.3, 09.1, 06.2<br>**❼ 열 너비** | • 열의 너비를 지정하며, 열이 여러 개일 경우 세미콜론(;)으로 구분한다.<br>• 0으로 지정하면 해당 열의 데이터가 표시되지 않는다. |
| 21.3, 16.2, 07.1, 06.2, 05.3, 02.3<br>**❽ 행 수** | 행의 개수를 지정한다. |
| 07.1, 05.3, 03.2, 02.3<br>**❾ 목록 너비** | 상자의 목록 너비를 지정한다. |
| 24.5, 22.4, 09.2<br>**❿ 목록 값만 허용** | 지정한 목록 값 이외의 데이터 입력 여부를 지정한다. |
| **⓫ 여러 값 허용** | 여러 값을 선택할 수 있는지의 여부를 지정한다. 지정하면 되돌릴 수 없다. |
| **⓬ 값 목록 편집 허용** | • 테이블 보기 상태에서 지정한 값 목록의 편집 여부를 지정한다.<br>• 이 항목을 '예'로 선택하면 '목록 항목 편집' 창을 사용하여 값 목록을 수정할 수 있다. |
| **⓭ 목록 항목 편집 폼** | 목록 항목을 편집할 때 사용할 폼을 지정한다. |
| **⓮ 행 원본 값만 표시** | '여러 값 허용' 속성을 '예'로 설정한 경우 현재 행 원본과 일치하는 데이터만 화면에 표시할지의 여부를 지정한다. |

**컨트롤 표시**
'컨트롤 표시'의 기본값은 '텍스트 상자'입니다.
- 데이터 형식이 'Yes/No'일 경우에는 '확인란', '텍스트 상자', '콤보 상자'를 선택할 수 있습니다.
- 데이터 형식이 숫자 형식이나 짧은 텍스트 형식일 경우에는 '텍스트 상자', '목록 상자', '콤보 상자'를 선택할 수 있습니다.

**예제** '3과목2장-1.accdb' 파일에서 '판매내역' 테이블의 '거래처명' 필드에 다음과 같은 조회 속성을 설정하시오.

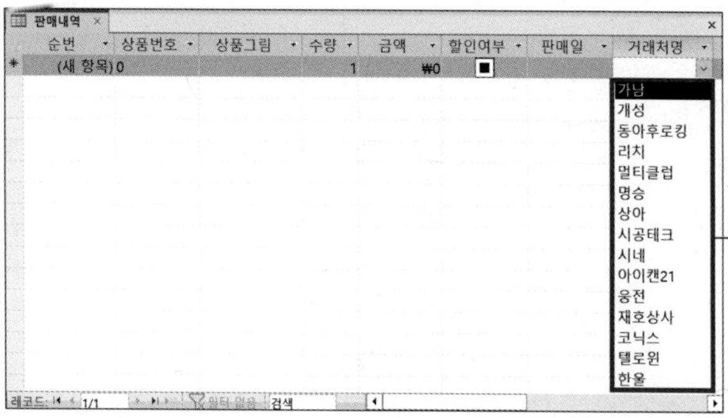


[따라하기]를 수행한 결과

**준비하세요**
'C:\길벗컴활1급필기\3과목\3과목2장-1.accdb' 파일을 사용하세요. 실습할 예제 파일은 시나공 홈페이지(sinagong.co.kr)의 [자료실] → [실습예제]에서 다운받으면 됩니다.

'보안 경고' 메시지
파일을 열 때 '보안 경고' 메시지가 표시되면, '보안 경고' 메시지의 오른쪽 끝에 있는 〈콘텐츠 사용〉 단추를 클릭하여 데이터베이스 파일에 포함된 모든 콘텐츠를 사용할 수 있도록 설정하세요.

① 테이블 개체에서 '판매내역'을 선택한 후 바로 가기 메뉴에서 **[디자인 보기]**를 선택한다.

② '거래처명' 필드의 '데이터 형식'에서 조회 마법사를 선택한다.

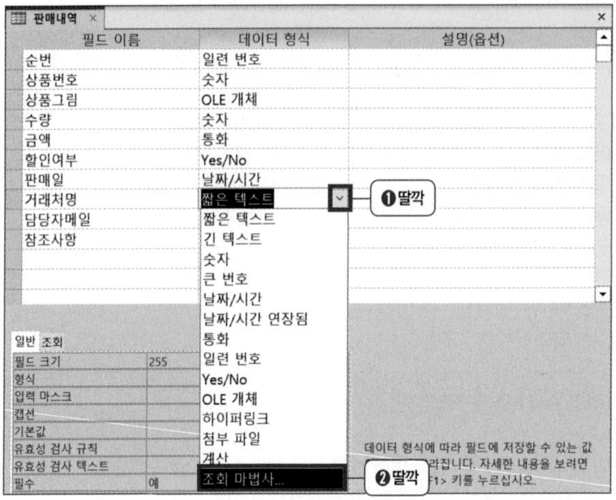


테이블이나 쿼리를 사용하는 콤보 상자나 목록 상자에 대한 자세한 내용은 429쪽을 참고하세요.

③ '조회 마법사' 1단계 대화상자에서 '원하는 값을 입력합니다.'를 선택하고, 〈다음〉을 클릭한다.

④ '조회 마법사' 2단계 대화상자에서 사용할 값 목록을 그림과 같이 지정하고, 〈다음〉을 클릭한다.

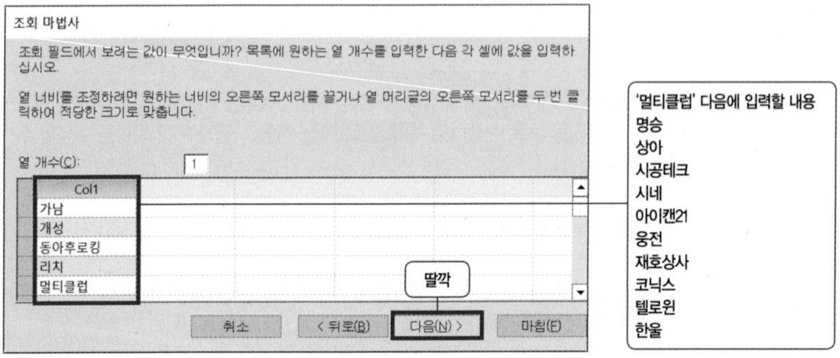


⑤ '조회 마법사' 3단계 대화상자에서 레이블을 "거래처명"으로 지정하고 〈마침〉을 클릭한다. 레이블은 테이블에서 사용될 필드 이름을 지정하는 것이다.

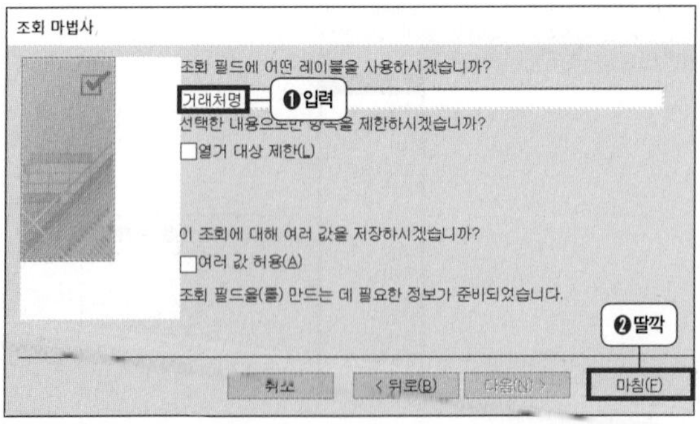

⑥ '거래처명' 필드의 '조회' 탭에 자동으로 각 속성이 지정된다. 조회 마법사를 사용하지 않고, 직접 입력해도 동일한 결과가 표시된다.

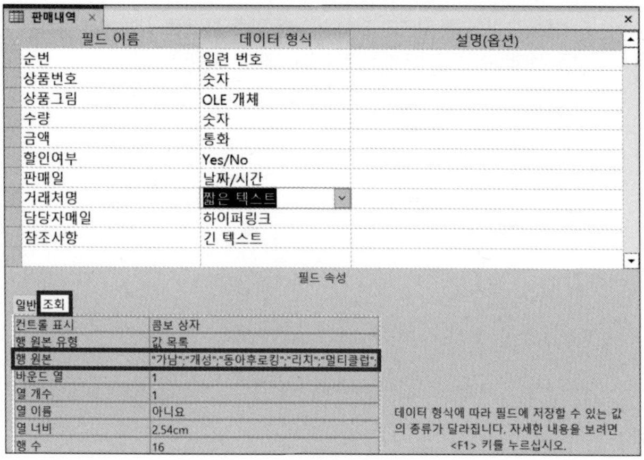

판매내역

| 필드 이름 | 데이터 형식 | 설명(옵션) |
|---|---|---|
| 순번 | 일련 번호 | |
| 상품번호 | 숫자 | |
| 상품그림 | OLE 개체 | |
| 수량 | 숫자 | |
| 금액 | 통화 | |
| 할인여부 | Yes/No | |
| 판매일 | 날짜/시간 | |
| 거래처명 | 짧은 텍스트 | |
| 담당자메일 | 하이퍼링크 | |
| 참조사항 | 긴 텍스트 | |

필드 속성

일반 조회

| | |
|---|---|
| 컨트롤 표시 | 콤보 상자 |
| 행 원본 유형 | 값 목록 |
| 행 원본 | "가남";"개성";"동아후로킹";"리치";"멀티클럽"; |
| 바운드 열 | 1 |
| 열 개수 | 1 |
| 열 이름 | 아니요 |
| 열 너비 | 2.54cm |
| 행 수 | 16 |

데이터 형식에 따라 필드에 저장할 수 있는 값의 종류가 달라집니다. 자세한 내용을 보려면 <F1> 키를 누르십시오.

## 따라잡기 기출문제 따라잡기

문제1 3214751

24년 5회, 23년 2회, 22년 4회, 07년 1회, 05년 3회, 03년 2회, 02년 3회

**1. 테이블 디자인의 조회 표시에서 콤보 상자나 목록 상자를 선택하면 여러 가지 속성이 표시된다. 속성에 대한 설명 중 옳지 않은 것은?**

① 행 원본 : 목록으로 제공할 데이터를 지정한다.

② 바운드 열 : 표시되는 열의 개수를 지정한다.

③ 컨트롤 표시 : 콤보 상자나 목록 상자를 선택한다.

④ 목록 값만 허용 : '예'로 설정하면 목록에 제공된 데이터 이외의 값을 추가할 수 없다.

'바운드 열'은 선택한 목록의 여러 열 중 해당 컨트롤에 저장되는 열을 지정하는 속성입니다. ②번은 '열 개수' 속성에 대한 설명입니다.

09년 2회

**2. 조회 속성에 대한 다음 설명 중 가장 옳지 않은 것은?**

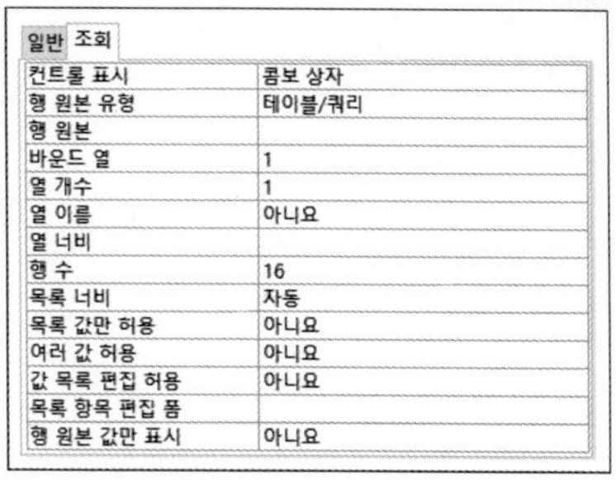

일반 조회

| | |
|---|---|
| 컨트롤 표시 | 콤보 상자 |
| 행 원본 유형 | 테이블/쿼리 |
| 행 원본 | |
| 바운드 열 | 1 |
| 열 개수 | 1 |
| 열 이름 | 아니요 |
| 열 너비 | |
| 행 수 | 16 |
| 목록 너비 | 자동 |
| 목록 값만 허용 | 아니요 |
| 여러 값 허용 | 아니요 |
| 값 목록 편집 허용 | 아니요 |
| 목록 항목 편집 폼 | |
| 행 원본 값만 표시 | 아니요 |

① 다른 테이블에 있는 내용을 목록으로 표시하려면 '행 원본 유형'을 '테이블/쿼리'로 설정한다.

② '서울', '부산', '대전', '광주'와 같은 목록을 직접 지정하려면 '행 원본 유형'을 '값 목록'으로 설정한다.

③ 열의 개수가 여러 개인 경우에 두 번째 열을 표시하고자 한다면 '바운드 열'을 2로 지정한다.

④ '목록 값만 허용' 속성을 '예'로 지정하면, 목록 이외의 값은 입력할 수 없다.

여러 개의 열을 표시하려면 먼저 '열 개수' 속성에 열의 개수만큼의 숫자를 지정하고, 두 번째 열만 표시하고자 할 경우에는 열 너비에 두 번째 열의 너비만 지정해주고 나머지는 0으로 지정하면 됩니다.

▶ 정답 : 1. ② 2. ③

문제3 1212952

21년 1회, 18년 2회

**3. 다음 중 테이블의 조회 속성에 대한 설명으로 옳지 않은 것은?**

① 조회 속성을 이용하면 사용자가 직접 값을 입력하는 과정에서 발생하는 오류를 줄일 수 있다.

② 조회 열에서 다른 테이블이나 쿼리에 있는 값을 조회하도록 설정할 수 있다.

③ 원하는 값을 직접 입력하여 조회 목록을 만들 수 있다.

④ 조회 목록으로 표시할 열의 개수는 변경할 수 없으며, 행 원본에 맞추어 자동으로 설정된다.

조회 속성의 '열 개수' 속성을 이용하여 열의 개수를 변경할 수 있습니다.

23년 5회, 21년 1회, 08년 3회

**4. 다음 중 액세스에서 테이블을 디자인 할 때 사용되는 조회 속성에 대한 설명으로 가장 옳지 않은 것은?**

① 조회 속성은 데이터 형식이 짧은 텍스트, 숫자, 큰 번호, Yes/No인 경우에만 사용한다.

② 콤보 상자나 목록 상자 등의 컨트롤을 사용할 수 있다.

③ 조회 속성을 이용하면 목록 중에서 선택하여 데이터를 입력할 수 있다.

④ 콤보 상자나 목록 상자의 목록 값을 직접 입력하여 지정하려면 행 원본 유형을 필드 목록으로 선택해야 한다.

콤보 상자나 목록 상자의 목록 값을 직접 입력하여 지정하려면 행 원본 유형을 '값 목록'으로 선택해야 합니다. '필드 목록'은 테이블이나 쿼리 등의 필드명을 원본으로 사용할 때 사용합니다.

22년 5회, 12년 2회

**5. 아래 그림의 반 필드와 같이 데이터 입력 시 목록 상자에서 원하는 값을 선택하려고 할 때 설정해야 하는 필드 속성은?**

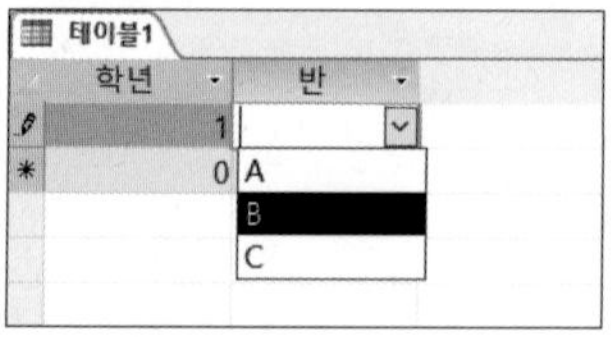


① 입력 마스크 ② 캡션

③ 유효성 검사 규칙 ④ 조회

미리 지정한 목록에서 원하는 값을 선택할 수 있도록 설정하는 것이 조회 속성입니다.

21년 3회

**6. 다음 중 콤보 상자의 속성에 대한 설명으로 옳지 않은 것은?**

① 열 너비를 0으로 지정하면 해당 열의 데이터가 표시되지 않는다.

② 바운드 열은 선택한 목록의 여러 열 중 해당 컨트롤에 저장되는 열을 지정한다.

③ 행 원본 유형을 '값 목록'으로 지정하면 다른 테이블의 데이터를 표시할 수 있다.

④ 행 수는 목록으로 표시할 행의 수를 지정한다.

행 원본 유형을 '값 목록'으로 지정하면 직접 입력한 값을 목록으로 표시합니다. 다른 테이블의 데이터를 표시하려면 '테이블/쿼리'로 지정해야 합니다.

▶ **정답 :** 3. ④ 4. ④ 5. ④ 6. ③

SECTION 141

# 기본키(Primary Key)

A 등급

## 1 기본키의 개요

24.5, 24.2, 23.3, 23.2, 23.1, 22.5, 22.4, 22.3, 22.2, 22.1, 21.4, 21.1, 20.상시, 19.상시, 19.2, 18.1, 17.1, 14.3, 14.1, 12.3, …

3214801

기본키는 테이블에서 각 레코드를 고유하게 정의하는 필드나 필드의 집합을 의미한다.

- 기본키로 지정된 필드에는 중복된 값이나 Null 값을 입력할 수 없고, Null 값이나 중복된 값이 입력된 필드는 기본키로 지정할 수 없다.
- OLE 개체, 첨부 파일, 계산 형식의 필드에는 기본키를 설정할 수 없다.
- 특정 필드를 기본키로 지정하면 해당 필드의 인덱스 속성이 '예(중복 불가능)'로 설정된다.
- 기본키로 지정하면 자동으로 인덱스가 설정되어 신속하게 정보를 찾거나 정렬할 수 있다.
- 여러 개의 필드를 합쳐 기본키로 지정할 수 있지만 기본키는 한 개만 지정할 수 있다.
- 자동으로 설정된 기본키 필드의 인덱스 속성인 '예(중복 불가능)'를 변경하려면 먼저 설정된 기본키를 해제해야 한다.
- 기본키를 설정하지 않아도 다른 테이블과 관계를 설정할 수 있다.
- 관계가 설정된 테이블은 기본키를 해제할 수 없으므로 기본키를 해제하려면 먼저 설정된 관계를 제거해야 한다.
- 데이터가 이미 입력된 필드도 기본키로 지정할 수 있지만, 중복된 데이터가 입력된 경우에는 오류 메시지가 표시된다.
- 기본키로 지정하면 해당 필드 앞에 열쇠 모양(🔑)의 아이콘이 붙여진 걸 디자인 모드에서 확인할 수 있다.
- 액세스에서 정의할 수 있는 기본키의 종류에는 일련 번호 기본키, 단일 필드 기본키, 다중 필드 기본키가 있다.

**전문가의 조언**

**중요해요!** 기본키의 특징에 대한 문제가 자주 출제됩니다. 기본키로 지정된 필드에는 중복된 값이나 Null 값을 입력할 수 없다는 것을 중심으로 기본키의 개념과 특징을 정리하세요.

## 2 기본키 지정하기

4314102

- **일련 번호/단일 필드 기본키** : 일련 번호 형식이나 고유 데이터가 있는 필드를 클릭한 후 수행한다.
- **다중 필드 기본키** : Ctrl이나 Shift를 사용하여 사용할 여러 필드의 행 선택기를 클릭한 후 수행한다.
- 다음과 같은 방법을 이용하여 기본키를 지정할 수 있다.

| | |
|---|---|
| **리본 메뉴 이용** | [테이블 디자인] → [도구] → [기본 키]를 클릭한다. |
| **바로 가기 메뉴 이용** | 바로 가기 메뉴의 [기본 키]를 선택한다. |

**전문가의 조언**

기본키 지정 방법에 따라 직접 기본키를 지정해 보세요.

따라잡기 기출문제 따라잡기

문제2 1213051 문제3 3214853

24년 2회, 23년 3회, 22년 3회, 21년 4회, 1회, 19년 1회, 14년 1회

**1. 다음 중 기본키(Primary Key)에 대한 설명으로 옳은 것은?**

① 모든 테이블에는 기본키를 반드시 설정해야 한다.

② 액세스에서는 단일 필드 기본키와 일련 번호 기본키만 정의 가능하다.

③ 데이터가 이미 입력된 필드도 기본키로 지정할 수 있다.

④ OLE 개체나 첨부 파일 형식의 필드에도 기본키를 지정할 수 있다.

> ① 테이블에 기본키를 설정하지 않아도 됩니다.
> ② 액세스에서는 일련 번호 기본키, 단일 필드 기본키, 다중 필드 기본키를 정의할 수 있습니다.
> ④ OLE 개체나 첨부 파일 형식의 필드에는 기본키를 설정할 수 없습니다.

12년 3회, 09년 1회, 07년 2회, 04년 3회, 2회, 02년 3회

**2. 다음은 테이블의 각 레코드를 고유하게 식별하는 값을 갖는 기본키(PK)에 대한 설명이다. 다음 중 옳지 않은 것은?**

① 기본키는 Null 값을 가질 수 없다. 따라서 반드시 값이 입력되어야 한다.

② 기본키로 사용된 필드의 값은 변경할 수 없다.

③ 항상 고유한 인덱스를 가져야 한다. 따라서 해당 필드에 동일한 값이 두 번 이상 입력될 수 없다.

④ 두 개의 이상의 필드를 기본키로 사용할 수 있다.

> 기본키로 설정된 필드의 값도 변경할 수 있습니다. 하지만 중복된 데이터나 NULL 값으로는 변경할 수 없습니다.

23년 2회, 22년 4회, 19년 2회, 03년 4회

**3. 다음 중 Access의 기본키에 대한 설명으로 옳지 않은 것은?**

① 기본키는 테이블의 [디자인 보기] 상태에서 설정할 수 있다.

② 기본키로 설정된 필드에는 널(NULL) 값이 허용되지 않는다.

③ 기본키로 설정된 필드에는 항상 고유한 값이 입력되도록 자동으로 확인된다.

④ 관계가 설정되어 있는 테이블에서 기본키 설정을 해제하면 해당 테이블에 설정된 관계도 삭제된다.

> 관계가 설정된 테이블의 기본키는 해제할 수 없습니다. 기본키를 해제하려면 먼저 설정된 관계를 제거해야 합니다.

22년 2회, 1회

**4. 기본키(Primary Key)에 대한 설명으로 틀린 것은?**

① 전화번호와 같이 시간이 지나면 변할 수 있는 정보도 입력할 수 있다.

② Null 값을 입력할 수 없다.

③ 기본키를 지정하면 해당 필드의 인덱스 속성이 '예(중복 불가능)'로 자동 설정된다.

④ 기본키는 테이블 내 모든 레코드들을 고유하게 식별할 수 있는 필드에 지정한다.

> 기본키로 설정된 필드가 다른 테이블에서 참조될 때 값이 변경되면 참조하는 테이블에도 영향을 주므로 변경 가능성이 있는 필드는 기본키로 지정하면 안됩니다.

21년 1회

**5. 다음 중 기본키(Primary Key)로 설정할 수 없는 데이터 형식은 무엇인가?**

① 일련 번호

② Yes/No

③ 하이퍼링크

④ 첨부 파일

> OLE 개체, 첨부 파일, 계산 형식의 필드에는 기본키를 설정할 수 없습니다.

24년 5회, 22년 5회

**6. 다음 중 회사의 사원 정보를 데이터베이스로 구축할 때 가장 적합한 기본키에 대한 설명으로 올바른 것은?**

① 대부분의 자료를 검색할 때 성명을 사용하므로 성명을 기본키로 사용한다.

② 대부분의 사원들이 핸드폰을 사용하므로 핸드폰 번호를 기본키로 사용한다.

③ 성명은 중복 가능성이 있으므로 성명과 부서명을 함께 기본키로 사용한다.

④ 회사에서 사원들에게 지급한 사원코드를 기본키로 사용한다.

> 기본키는 테이블 내 모든 레코드들을 고유하게 식별할 수 있는 필드에 지정해야 합니다. '사원코드'는 사원 개개인을 구분할 수 있도록 부여한 코드이므로 기본키로 사용하기에 가장 적합합니다.

▶ **정답 :** 1. ③ 2. ② 3. ④ 4. ① 5. ④ 6. ④

SECTION 142

# 색인(Index)

B 등급

24.5, 24.1, 23.2, 22.7, 22.4, 22.1, 21.3, 21.1, 20.상시, 20.2, 19.상시, 18.상시, 16.2, 15.1, 14.3, 12.2, 11.3, 11.1, 10.3, …

## 1 인덱스(색인)의 개요

3214901

인덱스는 데이터의 검색이나 그룹화 등의 작업 속도를 향상시키기 위해 데이터를 정렬되도록 설정하는 기능으로, 검색을 자주하는 필드에 대해 설정하는 것이 바람직하다.

- 인덱스는 기본적으로 오름차순으로 정렬된다.
- 중복되는 값이 적은 필드를 인덱스로 지정하면 검색 속도가 향상된다.
- 하나의 테이블에 32개까지 인덱스를 만들 수 있으며, 하나의 인덱스에는 최대 10개의 필드를 사용할 수 있다.
- 인덱스에서 설정할 수 있는 옵션에는 아니요, 예(중복 가능), 예(중복 불가능)가 있다.*

| 설 정 | 설 명 |
|---|---|
| 21.3<br>**아니요** | 기본값으로, 인덱스를 설정하지 않는다. |
| 21.3, 08.4, 07.4, 07.3, 03.2<br>**예(중복 가능)** | 인덱스를 설정하되, 중복 값을 허용한다. |
| 24.1, 21.3, 19.상시, 08.4, 07.4, …<br>**예(중복 불가능)** | 인덱스를 설정하되, 중복 값을 허용하지 않는다. |

- OLE 개체, 첨부 파일, 계산 형식의 필드에는 인덱스를 설정할 수 없다.
- 인덱스는 테이블을 저장할 때 만들어지고, 레코드를 변경하거나 추가할 때 자동으로 업데이트된다.
- 데이터 검색, 정렬 등의 작업 시간은 빨라지지만 데이터 추가나 변경 시 속도가 느려진다.
- 데이터의 양이 많아질수록 인덱스를 이용한 검색의 효과를 체감할 수 있다.
- 테이블 디자인 보기 상태에서 인덱스를 설정할 수 있다.

## 2 인덱스의 종류

| | |
|---|---|
| **단일 필드 인덱스** | 하나의 필드에 인덱스를 지정하는 것으로, '인덱스' 속성이나 '인덱스' 대화상자를 사용하여 설정한다. |
| **다중 필드 인덱스** | • 여러 개의 필드를 하나의 인덱스로 지정하는 것으로, '인덱스' 대화상자를 사용하여 설정한다.<br>• 다중 필드 인덱스 지정 방법 : 인덱스 이름을 동일하게 지정하거나, 첫 번째 필드에만 인덱스 이름을 지정해주면 된다.<br>• 여러 개의 필드에 기본키를 지정하면, 해당 다중 필드에 인덱스가 설정된다.<br>• 많은 필드로 구성된 테이블에서 여러 개의 필드를 조합하여 검색 조건을 제공해야 하는 경우 다중 필드 인덱스로 정의하면 효과적으로 검색할 수 있다. |

전문가의 조언

**중요해요!** 인덱스의 개념을 정확히 파악하고, 특징은 세부적인 내용까지 정리하세요.

**인덱스 속성**

궁금해요 시나공 Q&A 베스트

**Q 하나의 테이블에는 하나의 인덱스만 가능한가요?**

**A** 하나의 테이블에 여러 개의 인덱스를 지정할 수 있습니다. 이것을 다중 인덱스라고 합니다.

문제2 1213052 문제4 1213053

## 따라잡기 기출문제 따라잡기

24년 4회, 20년 상시, 18년 상시, 14년 3회, 12년 2회, 08년 2회, 07년 3회, 06년 1회

**1. 다음 중 테이블에서 인덱스로 설정할 수 없는 필드의 데이터 형식은?**

① 논리형(Yes/No) ② 짧은 텍스트
③ 숫자 ④ OLE 개체

OLE 개체, 첨부 파일, 계산 형식에는 인덱스를 설정할 수 없습니다.

11년 3회, 09년 4회, 07년 2회, 06년 2회, 05년 4회, 03년 3회, 1회

**2. 다음은 색인(Index)에 대한 설명이다. 가장 옳지 않은 것은?**

① 하나의 필드나 필드 조합에 인덱스를 만들어 레코드 찾기와 정렬을 효율적으로 수행할 수 있게 한다.
② 색인을 많이 설정하면 테이블의 변경 속도가 저하될 수 있다.
③ 인덱스를 삭제하면 필드나 필드 데이터도 함께 삭제된다.
④ 레코드를 변경하거나 추가할 때마다 자동으로 업데이트된다.

인덱스를 삭제하면 인덱스 설정에 대한 사항만 삭제되고 해당 필드는 삭제되지 않습니다.

22년 1회, 21년 1회, 11년 3회, 10년 3회, 08년 3회, 07년 4회

**3. 다음 중 인덱스(Index)에 대한 설명으로 옳지 않은 것은?**

① 일반적으로 검색을 자주하는 필드에 대해 인덱스를 설정하는 것이 바람직하다.
② 인덱스를 설정하면 레코드의 조회는 물론 레코드의 갱신 속도가 빨라진다.
③ 설정하는 각 인덱스는 필드를 10개까지 사용할 수 있다.
④ 인덱스 속성은 아니요, 예(중복 불가능), 예(중복 가능) 중 한 개의 값을 갖는다.

인덱스를 설정하면 데이터 검색, 정렬 등의 작업 시간은 빨라지지만 데이터 추가나 변경 시 갱신 속도는 느려집니다.

24년 1회, 19년 상시, 10년 2회, 03년 2회

**4. '제품' 테이블의 '제품이름' 필드는 주키(PK)가 아니면서도 동일한 값이 두 번 이상 입력되지 않도록 설정하고자 한다. 가장 바람직한 것은?**

① 해당 필드에 '중복 불가능' 색인(Index)을 설정한다.
② 해당 필드에 '중복 가능' 색인(Index)을 설정한다.
③ 해당 필드에 '유효성 검사 규칙'을 지정한다.
④ 해당 필드에 '빈 문자열 허용'을 '아니요'로 설정한다.

필드에 동일한 값이 두 번 이상 입력되지 않도록 설정하려면 색인을 '중복 불가능'으로 설정하면 됩니다.

22년 7회, 21년 3회

**5. 다음 중 액세스에서 색인(Index)에 대한 다음 설명으로 가장 옳지 않는 것은?**

① 하나의 필드나 필드 조합에 인덱스를 만들어 레코드 찾기와 정렬을 효율적으로 수행할 수 있게 한다.
② OLE 개체 데이터 형식 필드는 인덱스를 설정할 수 없다.
③ 색인을 설정하면 자료의 갱신 속도가 빨라진다.
④ 중복 불가능(Unique) 색인을 설정하면 중복된 자료의 입력을 방지할 수 있다.

인덱스를 설정하면 데이터 검색, 정렬 등의 작업 시간은 빨라지지만 데이터 추가나 변경 시 갱신 속도는 느려집니다.

23년 2회, 22년 4회, 16년 2회, 15년 1회

**6. 다음 중 데이터베이스에서 인덱스를 사용하는 목적으로 가장 적절한 것은?**

① 데이터 검색 및 정렬 작업 속도 향상
② 데이터의 추가, 수정, 삭제 속도 향상
③ 데이터의 일관성 유지
④ 최소 중복성 유지

인덱스는 데이터의 검색이나 그룹화 등의 작업 속도를 향상시키기 위해 사용합니다.

▶ **정답 :** 1. ④ 2. ③ 3. ② 4. ① 5. ③ 6. ①

SECTION 143

# 관계의 설정

C 등급

## 1 관계 설정의 개요

1213201

관계 설정은 테이블에 데이터를 저장할 때 잘못된 데이터의 입력을 사전에 방지하고, 여러 테이블에 저장된 정보들은 연결하여 가져올 수 있도록 테이블 간의 관계를 정의하는 것이다.

- 관계를 설정하면 쿼리나 폼, 보고서에서 여러 테이블의 정보를 편리하게 사용할 수 있다.
- 기본 테이블*에서는 기본키 필드, 관련 테이블에서는 외래키* 필드를 서로 대응시켜 관계를 설정한다.
- 기본키 필드와 외래키 필드의 데이터 형식은 같거나 호환되어야 하며 같은 종류의 정보가 들어 있어야 한다.
- 열려 있는 테이블에는 관계를 설정할 수 없다.

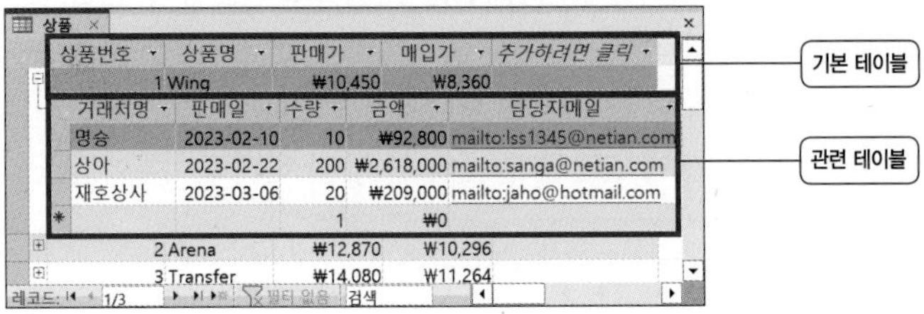


전문가의 조언

관계 설정에 대한 개념을 이해하고 기본 테이블과 관련 테이블의 관계를 명확히 정리하세요.

- **기본 테이블** : 일 대 다 관계에서 두 개의 관련 테이블 중 '일'쪽 테이블을 의미하는 것으로, 기본키를 가지고 있어야 함
- **외래키** : 다른 테이블의 기본키를 참조하는 필드로, Null 값을 가질 수 있음

## 2 관계의 종류

19.1, 15.1, 14.2, 06.2, 06.1, 05.4, 02.3

1213202

### 일 대 다(1:M)

- 일 대 다 관계는 가장 보편적으로 사용되는 관계이다.
- 아래 그림과 같이 일 대 다 관계가 이루어진 '학생' 테이블의 한 레코드는 '수강' 테이블의 여러 레코드와 대응될 수 있지만, '수강' 테이블의 한 레코드는 '학생' 테이블의 한 레코드에만 대응된다.

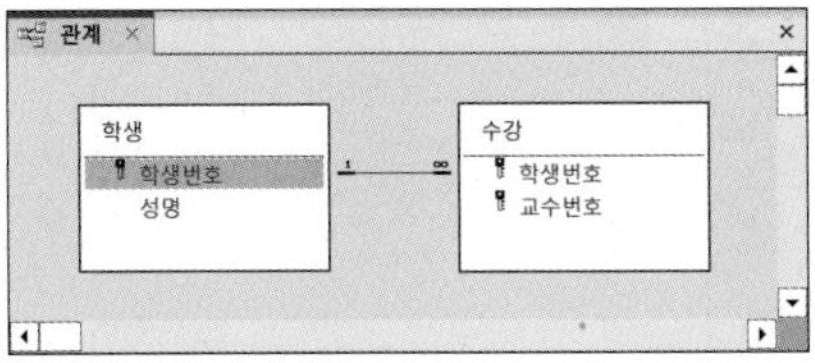


일 대 다로 관계가 설정된 모습

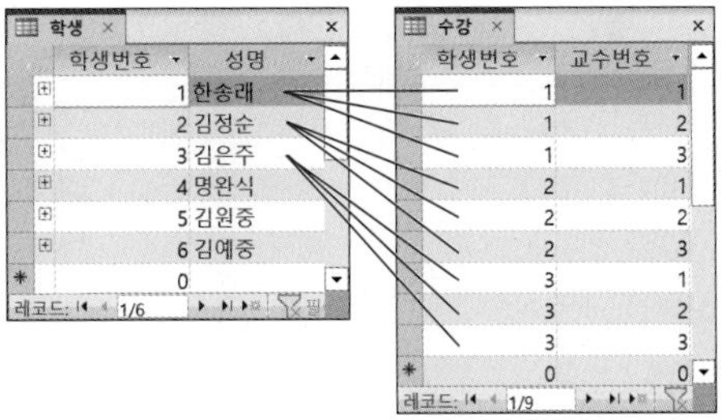


데이터가 입력된 테이블

전문가의 조언

관계의 종류와 관련된 문제가 출제되고 있습니다. 일 대 일, 일 대 다, 다 대 다의 개념을 확실히 이해하고 넘어가세요. 특히 다 대 다의 관계는 두 테이블을 직접 연결할 수 없으므로 제3의 테이블을 이용하여 두 개의 일 대 다로 설정한다는 것을 꼭 기억하세요.

### 일 대 일(1:1)

- 일 대 일 관계에서는 다음과 같이 '교수' 테이블의 한 레코드는 '교수주소' 테이블의 한 레코드에만 대응되며, '교수주소' 테이블의 한 레코드도 '교수' 테이블의 한 레코드에만 대응된다.
- 일 대 일로 관계가 설정된 정보는 대부분 한 테이블로 만들 수 있기 때문에 이 관계는 자주 사용되지 않는다.

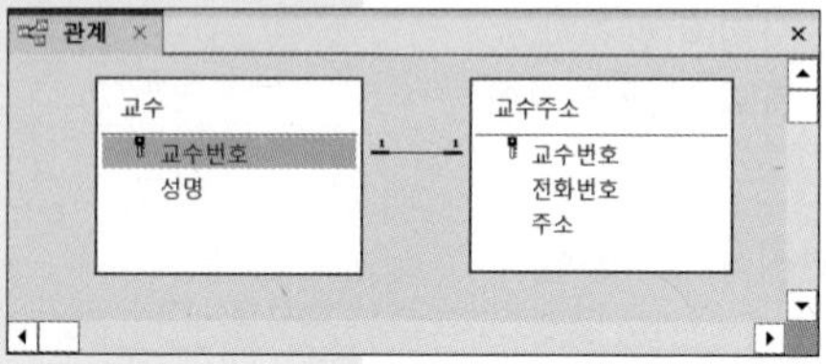

일 대 일로 관계가 설정된 모습

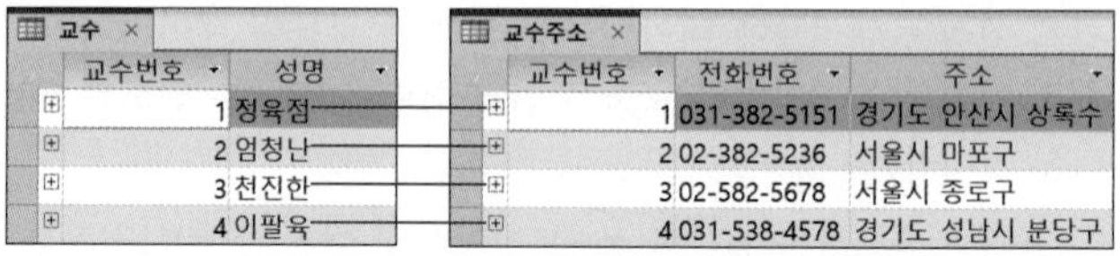

데이터가 입력된 테이블

### 다 대 다(M:N)

- 다 대 다 관계에서는 두 테이블 간의 여러 레코드가 서로 대응된다.
- 액세스에서는 관계를 맺을 때 사용하는 필드는 기본키나 인덱스(중복 불가능)로 설정되어 있어야 하는데, 기본키나 인덱스(중복 불가능)로 설정된 필드에는 동일한 값이 입력될 수 없기 때문에 두 테이블을 직접 다 대 다 관계로 정의할 수 없다.
- 다 대 다의 관계는 아래 그림과 같이 '교수' 테이블과 '학생' 테이블의 기본키가 외래키로 구성된 제3의 테이블('수강' 테이블)을 정의해서 설정한다. 즉 다 대 다 관계는 아래 그림처럼 제3의 테이블에 연결된 두 개의 일 대 다 관계로 이루어진다.

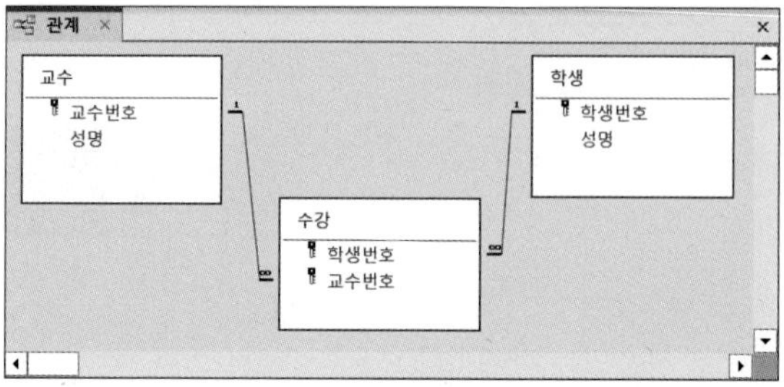

다 대 다로 관계 설정된 모습

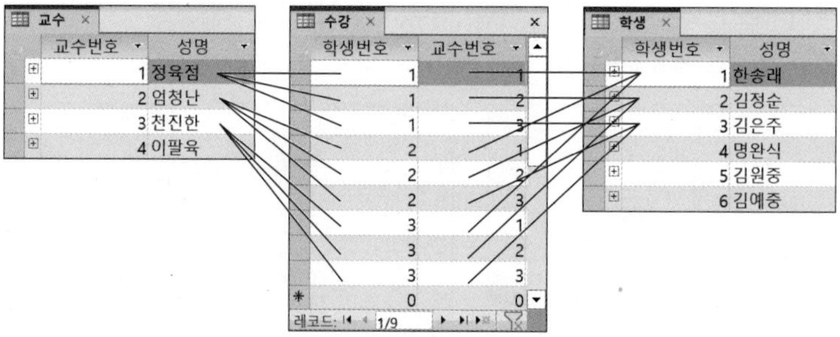

데이터가 입력된 테이블

24.1, 22.5, 20.2, 19.상시, 18.상시, 17.1, 16.3, 16.2, 12.2, 12.1, 11.3, 10.1, 09.3, 09.1, 08.3, 07.3, 05.3, 05.2, 04.4, 04.2, …

## 3 관계 설정하기

4314303

**예제** '3과목2장-2.accdb' 파일의 테이블에 다음과 같은 관계를 설정하되, 항상 참조 무결성 유지를 설정하시오.

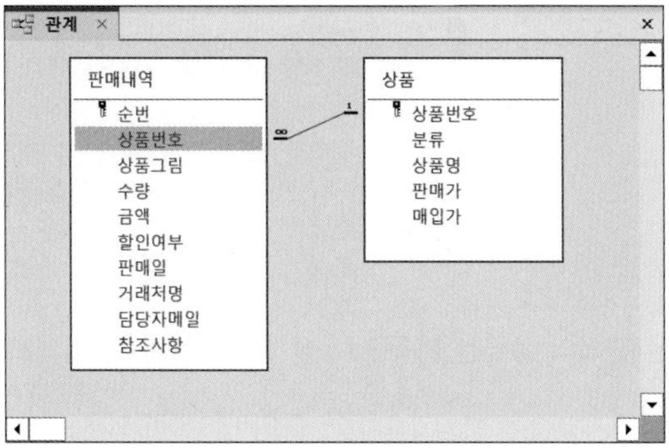


① '3과목2장-2.accdb' 파일을 불러온 후 [데이터베이스 도구] → [관계] → [관계]를 클릭한다.

② '테이블 추가' 창에서 사용할 테이블('판매내역', '상품')을 차례로 더블클릭하여 추가*한다.

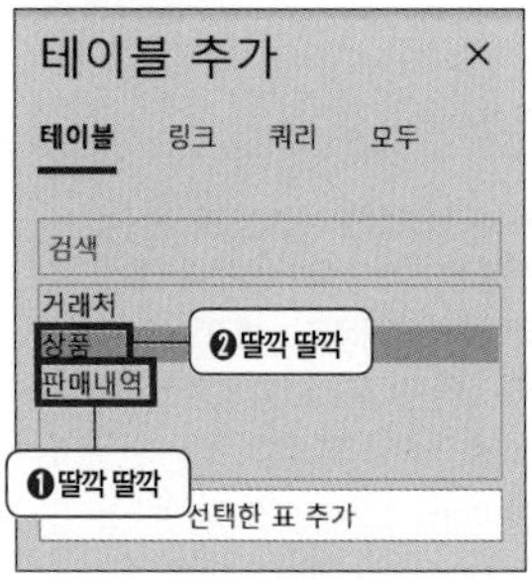


③ 테이블의 위치를 그림과 같이 배치한 후 '판매내역' 테이블의 '상품번호' 필드를 '상품' 테이블의 '상품번호' 필드로 드래그한다.*

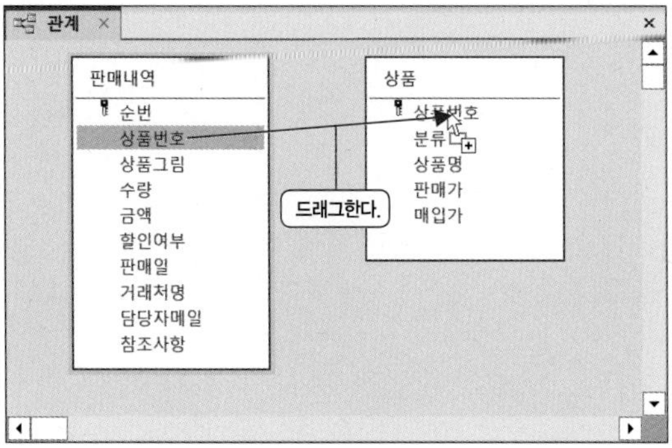


**전문가의 조언**

관계 편집 대화상자에 설정된 사항에 대한 이해를 묻는 문제가 자주 출제되고 있습니다. 관계 편집 대화상자에 표시된 관계의 종류를 파악하고 설정된 각 옵션의 기능을 확실히 이해하세요.

**준비하세요**

'C:\길벗컴활1급필기\3과목\3과목2장-2.accdb' 파일을 사용하세요. 실습할 예제 파일은 시나공 홈페이지(sinagong.co.kr)의 [자료실] → [실습예제]에서 다운받으면 됩니다.

탐색 창에서 관계 창으로 해당 테이블을 끌어다 놓아도 추가됩니다.

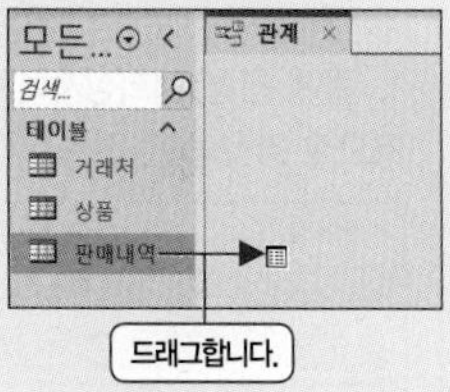


관계 설정을 위해 필드를 드래그할 때는 기본 테이블의 필드를 연결 테이블 쪽으로 드래그해도 됩니다. 즉 '상품' 테이블의 '상품번호' 필드를 '판매내역' 테이블의 '상품번호' 필드로 드래그해도 됩니다.

**기본키와 외래키**

'상품' 테이블과 '판매내역' 테이블은 일 대 다의 관계이기 때문에 '상품' 테이블의 '상품번호'는 기본키 혹은 유일한 필드이고, '판매내역' 테이블의 '상품번호'는 외래키입니다.

④ '관계 편집' 대화상자에서 '항상 참조 무결성 유지'를 선택한 후 〈만들기〉를 클릭한다.

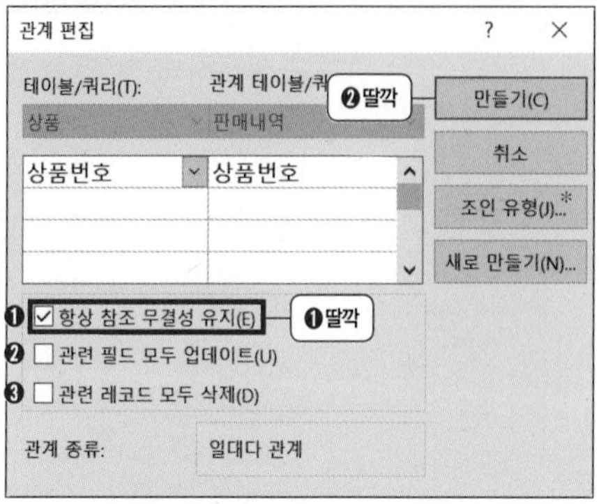


❶ 기본(상품) 테이블에 존재하지 않는 상품번호를 연결 테이블(판매내역)에 생성할 수 없도록 하고, 기본 테이블의 레코드를 실수로 삭제하거나 변경되지 않도록 규정한다.

❷ 기본 테이블에서 기본키 값이 바뀔 때마다 연결된 테이블의 해당 필드의 값이 자동으로 변경되도록 설정한다.

❸ 기본 테이블에서 레코드를 삭제할 때마다 연결된 테이블의 관련 레코드들이 자동으로 삭제되도록 설정한다.

※ '관계 편집' 대화상자에 표시된 관계의 종류는 자동으로 설정되는 것이며, 임의로 변경할 수 없습니다.

**조인 유형**
조인은 두 개 이상의 테이블에 나누어져 저장된 정보를 한 개의 테이블처럼 합쳐 사용하기 위해 연결하는 방법을 정의하는 것으로, 쿼리(질의)에서 유용하게 사용됩니다.

## 따라잡기 기출문제 따라잡기

문제1 1213251

12년 2회, 09년 1회, 08년 3회, 07년 3회, 05년 2회, 04년 4회, 03년 3회

**1. '관계 편집' 대화상자에서 다음 그림과 같이 설정한 경우에 대한 설명으로 가장 옳은 것은?**

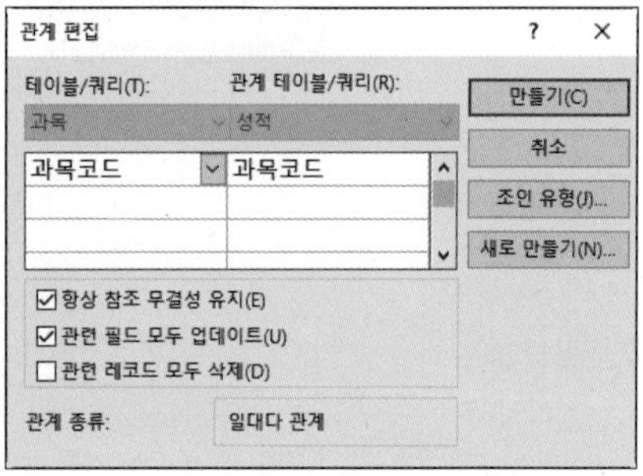


① 〈성적〉 테이블의 '과목코드'를 변경하면 이에 관련된 〈과목〉 테이블의 '과목코드' 필드 값도 모두 변경된다.

② 〈과목〉 테이블의 '과목코드'를 변경하면 이를 참조하는 〈성적〉 테이블의 '과목코드' 필드 값도 모두 변경된다.

③ 〈과목〉 테이블의 특정 레코드를 삭제하면 이를 참조하는 〈성적〉 테이블의 레코드도 삭제된다.

④ 〈성적〉 테이블에서 참조하고 있는 〈과목〉 테이블의 '과목코드' 필드의 값을 변경할 수 없다.

'관련 필드 모두 업데이트'란 주 테이블(과목)의 해당 필드(과목코드)가 변경되면 참조하는 테이블(성적)이 해당 필드(과목코드)의 값도 변경된다는 의미입니다.

### 궁금해요 시나공 Q&A 베스트

**Q ②번 보기에서 '〈과목〉 테이블의 과목코드를 변경하면 이를 참조하는 〈성적〉 테이블의 '과목코드' 필드 값도 모두 변경된다.'라고 되어 있는데, '항상 참조 무결성 유지'를 선택했으니 〈과목〉 테이블의 과목코드는 변경할 수 없는 것 아닌가요? 과목코드를 변경하려 하면 입력 자체가 안 되고 기본키를 바꾸려 하면 관계를 해제하고 나서 바꾸라는 경고 창이 뜨는데요.**

**A** '항상 참조 무결성 유지' 옵션만 선택하면 〈과목〉 테이블의 '과목코드' 값을 변경할 수 없고, 〈성적〉 테이블의 '과목코드'는 〈과목〉 테이블에 있는 값으로만 변경할 수 있습니다. 하지만 '항상 참조 무결성 유지'와 '관련 필드 모두 업데이트'를 선택했을 경우에는 〈과목〉 테이블의 '과목코드' 값을 변경할 수 있으며, 〈과목〉 테이블의 '과목코드'가 변경되면 이를 참조하는 〈성적〉 테이블의 '과목코드'도 모두 변경됩니다.

## 따라잡기 기출문제 따라잡기

24년 1회

**2. 아래의 [상황]에서 두 테이블에 변경된 내용을 적용하기 위한 방법으로 가장 적절한 것은?**

[상황]

- 〈제품〉 테이블의 '분류코드'는 〈분류〉 테이블의 '분류코드'를 참조한다.
- '분류코드' 체계를 변경하기 위해 〈분류〉 테이블의 '분류코드' 필드 값을 변경하려 하였더니 '관련 레코드가 '제품' 테이블에 있으므로 레코드를 삭제하거나 변경할 수 없습니다.'라는 오류 메시지가 나타났다.

① 두 테이블 간의 관계를 해제하고 〈분류〉 테이블의 '분류코드' 필드 값을 수정한다.

② 〈제품〉 테이블의 '분류코드'를 먼저 수정한 후, 〈분류〉 테이블의 '분류코드' 필드 값을 수정한다.

③ 관계 편집 창에서 '관련 필드 모두 업데이트'를 체크한 후, 〈분류〉 테이블의 '분류코드' 필드 값을 수정한다.

④ 관계 편집 창에서 '관련 필드 모두 업데이트'를 체크한 후, 〈제품〉 테이블의 '분류코드' 필드 값을 수정한다.

관계 설정 시 사용자가 실수로 데이터를 변경하거나 삭제하지 않도록 '항상 참조 무결성 유지'를 지정했기 때문에 문제의 메시지가 표시된 것입니다. 이럴 경우에는 참조되는 테이블(분류)의 변경 사항이 참조하는 테이블(제품)에 자동으로 반영되도록 '관계 편집' 창의 '관련 필드 모두 업데이트'를 선택하면 됩니다. 이 기능을 이용해야만 정확한 데이터 관리가 가능합니다.

19년 1회, 11년 3회, 07년 3회

**3. 입사 지원자의 정보를 DB화 하기 위해 테이블을 설계하고자 한다. 다음 중 한 명의 지원자가 여러 개의 이력이나 경력사항을 갖는 경우 가장 적절한 테이블 구조는?**

① 지원자(지원자ID, 이름, 성별, 생년월일, 연락처)
경력(경력ID, 회사, 직무, 근무기간)

② 지원자(지원자ID, 이름, 성별, 생년월일, 연락처)
경력(경력ID, 지원자ID, 회사, 직무, 근무기간)

③ 지원자(지원자ID, 이름, 성별, 생년월일, 연락처, 회사, 직무, 근무기간)

④ 지원자(지원자ID, 이름, 성별, 생년월일, 연락처, 회사1, 직무1, 근무기간1, 회사2, 직무2, 근무기간2, 회사3, 직무3, 근무기간3)

한 명의 지원자가 여러 개의 이력이나 경력사항을 갖는다면 일대다의 관계입니다. 이와 같은 경우에는 ②번과 같이 '일'에 해당하는 〈지원자〉 테이블의 기본키인 '지원자ID'를 '다'에 해당하는 〈경력〉 테이블의 외래키가 되도록 테이블을 분리하여 설계하면 됩니다. 문제에는 테이블의 기본키가 제시되어 있지 않지만 필드의 이름으로 유추해 볼 때 '지원자ID'나 '경력ID'가 기본키라고 판단할 수 있습니다.

22년 5회

**4. 다음의 관계에 관한 설명으로 가장 옳지 않은 것은?**

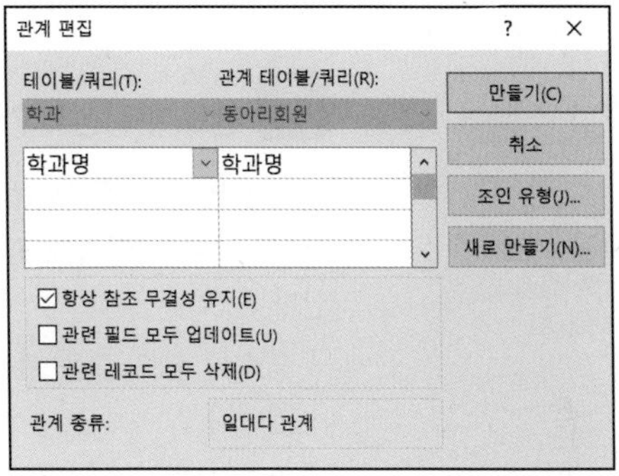


① '항상 참조 무결성 유지'를 체크하였으므로 관련된 두 테이블 간에 참조 관계에 문제가 발생하지 않도록 해준다.

② '항상 참조 무결성 유지'를 체크하고 '관련 필드 모두 업데이트'를 체크하는 경우, 관계 테이블의 필드([동아리회원]의 '학과명')를 수정하면 기본 테이블의 해당 필드([학과]의 '학과명')도 자동적으로 수정된다.

③ '항상 참조 무결성 유지'를 체크하고 '관련 레코드 모두 삭제'를 체크하지 않는 경우, 관계 테이블([동아리회원])에서 참조하고 있는 '학과명'을 갖는 기본 테이블([학과])의 해당 레코드는 삭제할 수 없다.

④ 관계 테이블([동아리회원])의 레코드를 삭제하는 경우, 옵션을 어떻게 설정하든 관계 없이 참조 무결성의 유지에는 아무런 문제가 발생하지 않는다.

'항상 참조 무결성 유지'를 체크하고 '관련 필드 모두 업데이트'를 체크하는 경우, 기본 테이블인 [학과] 테이블의 '학과명'을 수정할 때 관련 테이블인 [동아리회원]의 '학과명'이 자동적으로 수정됩니다. 하지만 반대인 경우, 즉 관련 테이블인 [동아리회원]의 '학과명'을 수정한다고 해서 기본 테이블인 [학과] 테이블의 '학과명'이 자동적으로 수정되는 것은 아닙니다.

▶ 정답 : 1. ② 2. ③ 3. ② 4. ②

SECTION 144

# 참조 무결성

A 등급

## 1 참조 무결성의 개요

21.4, 16.2

3215201

참조 무결성은 관련된 테이블 간의 관계를 유지하고, 사용자가 실수로 관련 데이터를 삭제하거나 변경하지 않도록 하기 위해서 Microsoft Access가 사용하는 규칙을 말한다.

- 외래키 필드 값을 기본 테이블의 기본키 필드 값과 동일하게 유지해 주는 제약 조건이다.
- 참조 무결성을 지정하려면 관계를 설정할 때 '관계 편집' 창에서 '항상 참조 무결성 유지'를 선택한다.

> **전문가의 조언**
> 참조 무결성의 개념을 묻는 문제가 출제된 적이 있습니다. 참조 무결성은 관련된 테이블 간의 필드 값을 동일하게 유지해 주는 제약 조건이라는 것을 기억하세요.

## 2 참조 무결성 설정 조건

05.2, 02.3

3215202

- 기본 테이블에서 사용할 필드는 기본키이거나 고유 인덱스가 설정되어 있어야 한다.
- 관계 설정에 사용되는 두 테이블의 필드는 데이터 형식이 같아야 한다.
- 기본 테이블과 관련 테이블 모두 Access 데이터베이스의 테이블이어야 한다.

> **전문가의 조언**
> 참조 무결성의 설정 조건이 아닌 것을 묻는 문제가 출제된 적이 있습니다. 참조 무결성의 설정 조건 3가지를 기억해 두세요.

## 3 참조 무결성의 강화 규칙

24.5, 24.4, 23.5, 22.6, 22.1, 21.4, 21.3, 21.2, 20.2, 20.1, 19.상시, 19.1, 18.2, 15.3, 10.1, 09.4, 09.1, 08.4, 08.3, 08.2, …

3215203

> **전문가의 조언**
> **중요해요!** 참조 무결성의 강화 규칙을 위반한 경우를 찾는 문제가 자주 출제됩니다. 무조건 암기하지 말고 주어진 예를 〈학생〉과 〈수강〉 테이블에 적용시켜 보면서 참조 무결성 강화 규칙을 이해하세요.

학생

| 학생번호 | 성명 |
|---|---|
| 1 | 한송래 |
| 2 | 김정순 |
| 3 | 김은주 |
| 4 | 명완식 |
| 5 | 김원중 |
| 6 | 김예중 |
| 0 | |

레코드: 1/6

〈학생〉 테이블

수강

| 학생번호 | 교수번호 |
|---|---|
| 1 | 1 |
| 1 | 2 |
| 1 | 3 |
| 2 | 1 |
| 2 | 2 |
| 2 | 3 |
| 3 | 1 |
| 3 | 2 |
| 3 | 3 |
| 0 | 0 |

레코드: 1/9

〈수강〉 테이블

- 기본 테이블의 기본키 필드에 존재하지 않는 데이터는 관계가 설정된 테이블의 외래키 필드 값으로 입력할 수 없다.

  예 〈수강〉 테이블의 '학생번호' 필드에는 〈학생〉 테이블의 '학생번호' 필드에 있는 값만을 입력할 수 있다.

- 기본 테이블과 관계가 설정된 테이블에 일치하는 레코드가 존재할 때는 기본 테이블에서 레코드를 삭제할 수 없다.

  예 〈학생〉 테이블의 '학생번호' 필드의 값이 1, 2, 3인 레코드는 〈수강〉 테이블의 '학생번호' 필드에서 참조하고 있기 때문에 삭제할 수 없다.

- 기본 테이블과 관계가 설정된 테이블에 일치하는 레코드가 존재할 때는 기본 테이블에서 기본키를 바꿀 수 없다.

  예 〈학생〉 테이블의 '학생번호' 필드의 값 중 1, 2, 3은 〈수강〉 테이블의 '학생번호' 필드에서 참조하고 있기 때문에 기본키를 다른 필드로 변경할 수 없다.

- 기본 테이블의 기본키 필드 값이 바뀌면 관계가 설정된 테이블의 관련 필드의 값이 자동으로 수정되도록 설정할 수 있다.

  예 〈학생〉 테이블의 '학생번호' 필드의 값 중 1을 7로 변경하면 〈수강〉 테이블의 '학생번호' 필드에 있는 1이 모두 7로 변경되게 설정할 수 있다.

- 기본 테이블에서 레코드를 삭제하면 관계가 설정된 테이블의 관련 레코드가 자동으로 삭제되도록 설정할 수 있다.

  예 〈학생〉 테이블의 '학생번호' 필드의 값이 1인 레코드를 삭제하면 〈수강〉 테이블에서 '학생번호' 필드의 값이 1인 레코드가 모두 삭제되도록 설정할 수 있다.

문제2 3215252

## 따라잡기 기출문제 따라잡기

21년 1회, 16년 2회

**1. 다음 중 외래키 값을 관련된 테이블의 기본키 값과 동일하게 유지해 주는 제약 조건은?**

① 동시 제어성

② 관련성

③ 참조 무결성

④ 동일성

참조 무결성이란 참조할 수 없는 값은 입력되지 않게함으로써 관련된 테이블의 외래키 값과 기본키 값이 동일하게 유지되도록 하기 위한 규칙입니다.

18년 2회, 08년 4회, 06년 3회, 05년 2회, 02년 3회

**2. '부서코드'를 기본키로 하는 〈부서〉 테이블과 '부서코드'를 포함한 사원정보가 있는 〈사원〉 테이블을 이용하여 관계를 설정하였다. 다음 중 이와 관련된 관계 설정에 대한 설명으로 옳은 것은? (단, 한 부서에는 여러 명의 사원이 소속되어 있으며, 한 사원은 하나의 부서에 소속된다.)**

① '항상 참조 무결성 유지'를 설정하면 〈사원〉 테이블에 입력하려는 '사원'의 '부서코드'는 반드시 〈부서〉 테이블에 존재해야만 한다.

② '항상 참조 무결성 유지'를 설정하면 〈사원〉 테이블에서 '부서코드'를 수정하는 경우 〈부서〉 테이블의 해당 '부서코드'도 자동으로 수정된다.

③ '항상 참조 무결성 유지'를 설정하지 않더라도 〈사원〉 테이블에 입력하려는 '사원'의 '부서코드'는 반드시 〈부서〉 테이블에 존재해야만 한다.

④ '항상 참조 무결성 유지'를 설정하지 않더라도 〈사원〉 테이블에서 사용 중인 '부서코드'는 〈부서〉 테이블에서 삭제할 수 없다.

② '항상 참조 무결성 유지'가 설정되어 있는 경우, 〈사원〉 테이블에서 '부서코드'를 수정해도 되지만 〈부서〉 테이블에 없는 '부서코드'로는 수정이 불가능합니다. 그리고 〈사원〉 테이블의 '부서코드'를 변경해도 〈부서〉 테이블에는 아무런 영향을 주지 않습니다.

③ '항상 참조 무결성 유지'를 설정한 경우에만 〈사원〉 테이블에 입력하려는 '사원'의 '부서코드'가 반드시 〈부서〉 테이블에 존재해야 합니다.

④ 〈사원〉 테이블에서 사용 중인 '부서코드'를 〈부서〉 테이블에서 삭제할 수 없도록 하려면 반드시 '항상 참조 무결성 유지'를 설정해야 합니다.

▶ **정답** : 1. ③ 2. ①

문제4 3215254

22년 1회, 21년 2회, 20년 1회, 10년 1회, 09년 4회, 07년 1회

**3. 〈부서〉 테이블과 〈사원〉 테이블에는 아래 표와 같이 데이터가 들어 있다. 〈부서〉 테이블의 '부서코드'는 기본키로 설정되어 있고 〈사원〉 테이블의 '소속부서' 필드는 〈부서〉 테이블의 '부서코드'를 참조하고 있는 외래키(Foreign Key)이다. 다음 설명으로 옳지 않은 것은?**

〈부서〉

| 부서코드 | 부서명 |
|---|---|
| 1 | 회계부 |
| 2 | 관리부 |
| 3 | 총무부 |

〈사원〉

| 사번 | 사원명 | 소속부서 |
|---|---|---|
| 1 | 홍길동 | 1 |
| 2 | 김을섭 | 3 |
| 3 | 박부자 | 1 |
| 4 | 이원수 | null |

① 현재 참조 무결성(Referential Integrity)이 유지되고 있다.

② 〈사원〉 테이블에서 4번 사원의 '소속부서'를 4로 바꾸면 참조 무결성은 유지되지 않는다.

③ 〈사원〉 테이블에서 2번 사원을 삭제해도 참조 무결성은 유지된다.

④ 〈부서〉 테이블에서 2번 부서를 삭제하면 참조 무결성이 유지되지 않는다.

기본(부서) 테이블의 부서코드 중 2번은 〈사원〉 테이블에서 사용하지 않았으므로 2번 부서를 삭제해도 참조 무결성은 유지됩니다.

23년 5회, 21년 4회, 21년 3회, 20년 1회

**4. 다음 중 아래 〈고객〉과 〈구매리스트〉 테이블 관계에 참조 무결성이 항상 유지되도록 설정할 수 없는 경우는?**

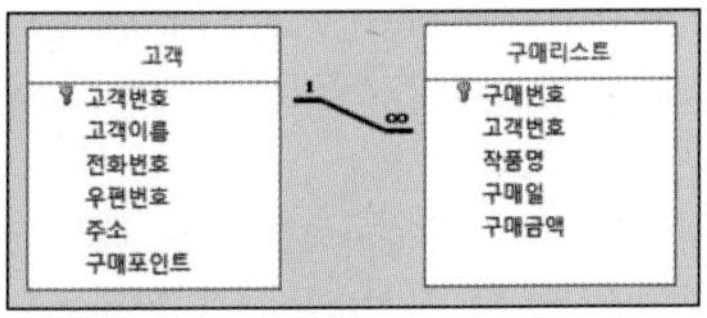


① 〈고객〉 테이블의 '고객번호' 필드 값이 〈구매리스트〉 테이블의 '고객번호' 필드에 없는 경우

② 〈고객〉 테이블의 '고객번호' 필드 값이 〈구매리스트〉 테이블의 '고객번호' 필드에 하나만 있는 경우

③ 〈구매리스트〉 테이블의 '고객번호' 필드 값이 〈고객〉 테이블의 '고객번호' 필드에 없는 경우

④ 〈고객〉 테이블의 '고객번호' 필드 값이 〈구매리스트〉 테이블의 '고객번호' 필드에 두 개 이상 있는 경우

〈고객〉 테이블의 '고객번호' 필드는 기본키이고 〈구매리스트〉 테이블의 '고객번호' 필드는 〈고객〉 테이블의 '고객번호' 필드를 참조하는 외래키입니다. 〈고객〉 테이블의 '고객번호' 필드에 없는 값은 〈구매리스트〉 테이블의 '고객번호' 필드에 입력할 수 없습니다.

24년 2회, 22년 6회

**5. 다음 중 참조 무결성에 대한 설명으로 옳지 않은 것은?**

① 참조 무결성은 참조하고 참조되는 테이블 간의 참조 관계에 아무런 문제가 없는 상태를 의미한다.

② 다른 테이블을 참조하는 테이블, 즉 외래키 값이 있는 테이블의 레코드 삭제 시에는 참조 무결성이 위배될 수 있다.

③ 다른 테이블을 참조하는 테이블의 레코드 추가 시 외래키 값이 널(Null)인 경우에는 참조 무결성이 유지된다.

④ 다른 테이블에 의해 참조되는 테이블에서 레코드를 추가하는 경우에는 참조 무결성이 유지된다.

레코드 삭제 시 참조 무결성이 위배되는 경우는 다른 테이블에서 참조하고 있는 테이블, 즉 기본키 값이 있는 테이블의 레코드를 삭제할 경우입니다.

24년 5회, 4회

**6. 〈제품〉 테이블과 〈주문상세내역〉 테이블의 관계 설정에 관한 내용으로 옳지 않은 것은?**

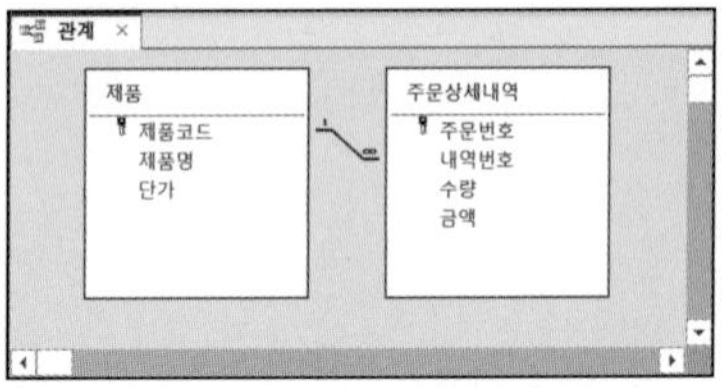


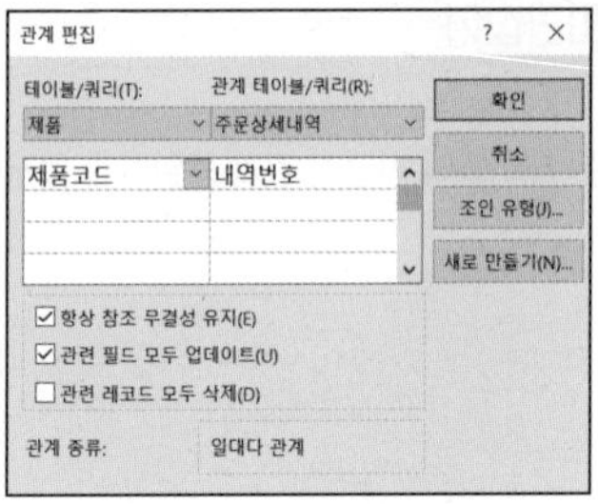


① 〈제품〉 테이블의 레코드를 수정하거나 삭제할 때 참조 무결성이 위배될 수 있다.

② 〈주문상세내역〉 테이블에 레코드를 추가할 때 참조 무결성이 위배될 수 있다.

③ 〈주문상세내역〉 테이블에 레코드를 삭제할 때는 어떠한 경우라도 참조 무결성이 위배되지 않는다.

④ 〈제품〉 테이블의 '제품코드' 데이터를 추가할 때는 참조 무결성이 위배될 수 있다.

〈제품〉 테이블에 새롭게 추가되는 '제품코드'는 〈주문상세내역〉 테이블에서 참조하는 자료가 아니므로 참조 무결성에 위배되지 않습니다.

▶ **정답** : 3. ④ 4. ③ 5. ② 6. ④

# 레코드 관리

C 등급

## 1 데이터시트 구조

18.1

4314501

- 테이블에 데이터를 입력하거나 수정하려면 데이터시트 보기 상태로 전환해야 한다.
- 필드 간의 이동이나 데이터의 입력을 완료하려면 데이터를 입력한 후 방향키(↓, ↑, →, ←)나 Tab 또는 Enter를 누른다.
- 데이터시트 보기에서 데이터를 입력하고 삭제, 변경할 수 있다.

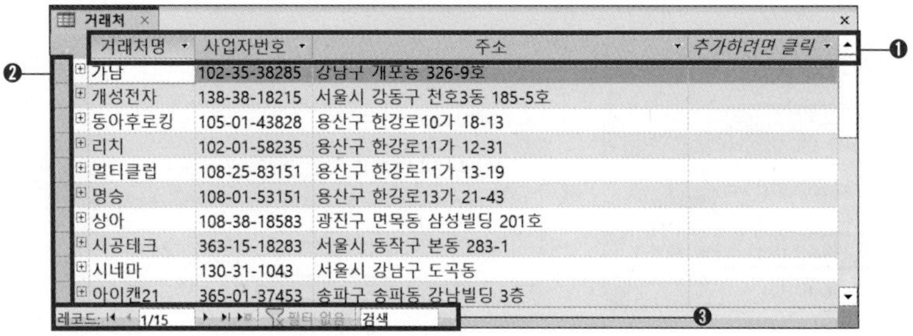


❶ **필드 선택기** : 필드의 너비 조정, 복사, 이동 시 사용한다.

❷ **레코드 선택기** : 레코드를 선택할 때 사용하며, 레코드의 현재 상태를 알 수 있다.

❸ **탐색 단추** : 레코드를 이동할 때 사용한다.

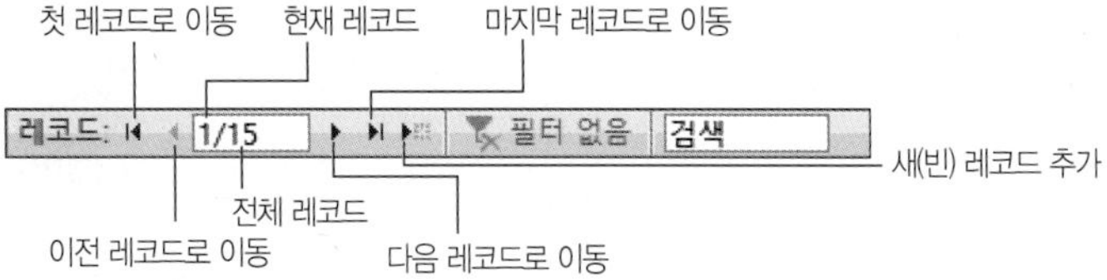


> **전문가의 조언**
> 데이터를 입력하는 방법에 대한 내용입니다. 쉬운 내용들이니 읽으면서 정리하세요.

> **전문가의 조언**
> 특정 레코드를 선택하면 선택된 레코드의 레코드 선택기가 주황색으로 변경됩니다.

## 2 레코드 추가/삭제

21.4, 16.1, 10.3, 08.4, 05.3

1213302

### 레코드 추가

새로운 레코드를 추가하는 것으로, 항상 마지막에 추가된다.

- 레코드를 추가할 때는 지정된 필드 속성에 맞게 데이터를 입력해야 한다.
- 특정 필드나 레코드 선택기를 클릭한 후 다음과 같은 방법을 이용하면 레코드를 추가할 수 있도록 커서가 마지막에 있는 빈 레코드로 이동한다.

| | |
|---|---|
| **리본 메뉴 이용** | [홈] → [레코드] → [새로 만들기]를 선택한다. |
| **바로 가기 메뉴 이용** | [새 레코드]를 선택한다. |
| 22.4 **키 이용** | Ctrl + + 를 누른다. |
| **탐색 단추 이용** | (새(빈) 레코드)를 클릭한다. |

**레코드 높이 변경**
- 레코드 선택기에서 레코드와 레코드 사이의 경계선을 마우스로 드래그합니다.
- 하나의 레코드 높이를 변경하면 전체 레코드의 높이가 모두 동일하게 변경됩니다.

### 레코드 삭제

- 레코드 선택기를 클릭한 후 다음과 같은 방법을 이용하여 수행한다.

| | |
|---|---|
| **리본 메뉴 이용** | [홈] → [레코드] → [삭제]를 선택한다. |
| 10.3, 08.4<br>**바로 가기 메뉴 이용** | [레코드 삭제]를 선택한다. |
| **키 이용** | Ctrl + −, Delete를 누른다. |

**여러 레코드 삭제하기**
여러 레코드를 한꺼번에 삭제한다는 것은 연속된 레코드를 의미합니다. Shift를 누른 채 레코드 선택기를 클릭하거나 마우스로 드래그하여 선택한 후 수행하면 됩니다.

- 여러 레코드를 한꺼번에 삭제하려면* 레코드 선택기를 드래그하여 여러 개의 레코드를 선택한 후 수행한다.
- 레코드를 삭제하면 삭제 여부를 묻는 대화상자가 표시되며, 〈예〉를 클릭하면 삭제된다.
- 삭제된 레코드는 복원할 수 없다.

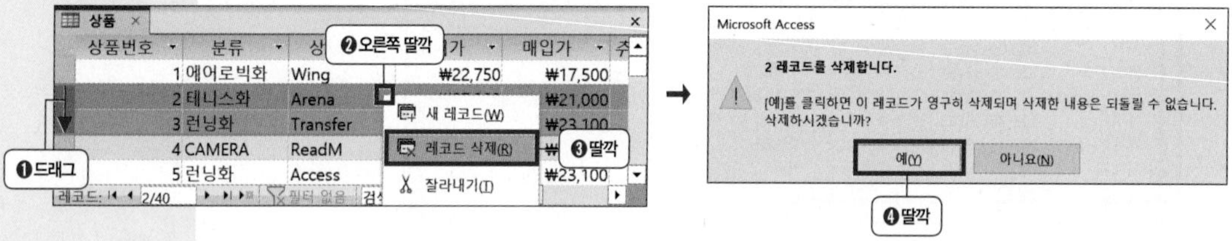


## 기출문제 따라잡기

문제2 4314552

18년 1회
**1. 다음 중 아래와 같이 표시된 폼의 탐색 단추에 대한 설명으로 옳지 않은 것은?**

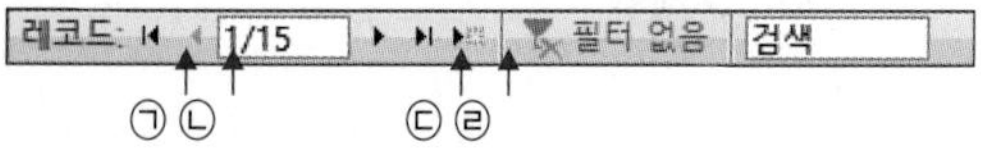


① ㉠ 첫 레코드로 이동한다.
② ㉡ 이전 레코드로 이동한다.
③ ㉢ 마지막 레코드로 이동한다.
④ ㉣ 이동할 레코드 번호를 입력하여 이동한다.

㉣(새(빈) 레코드)을 클릭하면 새 레코드를 추가할 수 있도록 커서가 마지막에 있는 빈 레코드로 이동합니다.

21년 4회, 16년 1회
**2. 다음 중 데이터시트 보기 상태에서의 레코드 추가/삭제에 대한 설명으로 옳은 것은?**

① 레코드를 여러 번 복사한 경우 첫 번째 복사한 레코드만 사용 가능하다.
② 새로운 레코드는 항상 테이블의 마지막 행에서만 추가되며 중간에 삽입될 수 없다.
③ 레코드를 추가하는 단축키는 Ctrl + Insert이다.
④ 여러 레코드를 선택하여 한 번에 삭제할 수 있으며, 삭제된 레코드는 복원할 수 있다.

① 레코드를 여러 번 복사한 경우에는 마지막에 복사한 레코드만 사용이 가능합니다.
③ 레코드를 추가하는 단축키는 Ctrl + +입니다.
④ 여러 레코드를 선택하여 한 번에 삭제할 수는 있지만, 삭제된 레코드는 복원할 수 없습니다.

▶ **정답** : 1. ④ 2. ②

SECTION

# 146 외부 데이터 가져오기 / 연결하기

B 등급

## 1 외부 데이터 가져오기의 개요

22.6, 20.1, 18.상시, 15.3, 13.1, 10.3, 08.3, 08.1, 07.4, 06.3, 06.1, 05.2, 04.1, 03.1

3215501

외부 데이터 가져오기는 텍스트 파일이나 스프레드시트, 데이터베이스 등의 데이터를 Microsoft Access 테이블로 만드는 작업을 말한다.

- 가져온 데이터로 새 테이블을 만들 수 있으며, 데이터 구조가 일치할 경우 기존 테이블에 가져온 데이터를 추가할 수 있다.
- 데이터를 가져와도 원본 데이터는 변경되지 않으며, 가져온 데이터를 변경해도 원본 데이터에 영향을 미치지 않는다.
- 외부 데이터를 가져올 때 기존의 데이터를 수정하며 가져올 수는 없다.
- **가져올 수 있는 파일 형식**
  - 액세스로 만든 테이블, 쿼리, 폼, 보고서, 매크로
  - Excel 파일, 텍스트 파일, XML 파일, ODBC 데이터베이스, HTML 문서, dBASE 파일, SharePoint 목록, Outlook 폴더 등
- Excel, 텍스트 파일, HTML 문서 등은 가져올 때 제외할 필드를 지정할 수 있다.
- **실행**
  - 방법 1 : [외부 데이터] → [가져오기 및 연결]에서 가져올 파일 형식 선택
  - 방법 2 : '탐색' 창에서 개체의 바로 가기 메뉴 중 [가져오기]에서 가져올 파일 형식 선택

**전문가의 조언**

외부 데이터 가져오기의 특징과 가져올 수 있는 데이터 형식을 묻는 문제가 출제되었습니다. 확실히 정리해 두세요.

## 2 엑셀 파일 가져오기

22.6, 18.1

4314602

**예제 1** '거래처.xlsx'의 데이터를 '3과목2장-3.accdb' 파일의 거래처 테이블에 추가하시오.

거래처

| 거래처명 | 사업자번호 | 주소 |
|---|---|---|
| 가남 | 102-35-38285 | 강남구 개포동 326-9호 |
| 개성전자 | 138-38-18215 | 서울시 강동구 천호3동 185-5호 |
| 동아후로킹 | 105-01-43828 | 용산구 한강로10가 18-13 |
| 리치 | 102-01-58235 | 용산구 한강로11가 12-31 |
| 멀티클럽 | 108-25-83151 | 용산구 한강로11가 13-19 |
| 명승 | 108-01-53151 | 용산구 한강로13가 21-43 |
| 상아 | 108-38-18583 | 광진구 면목동 삼성빌딩 201호 |
| 시공테크 | 363-15-18283 | 서울시 동작구 본동 283-1 |
| 시네마 | 130-31-10434 | 서울시 강남구 도곡동 |
| 아이캔21 | 365-01-37453 | 송파구 송파동 강남빌딩 3층 |
| 웅전 | 135-35-03543 | 서울시 서초구 서초1동 1626-14서전빌라202호 |
| 재호상사 | 138-51-37453 | 서울시 송파구 마천2동5-7우성빌라A동101호 |
| 코닉스 | 105-08-32738 | 용산구 한강로11가 11-16 |
| 텔로원 | 153-36-15438 | 서울시 광진구 노유1동 6-63 5통2반 |
| 한울 | 135-15-15835 | 서울시 동작구 본동 283-1 |

레코드: 1/15 필터 없음 검색

→

거래처

| 거래처명 | 사업자번호 | 주소 |
|---|---|---|
| 가남 | 102-35-38285 | 강남구 개포동 326-9호 |
| 개성전자 | 138-38-18215 | 서울시 강동구 천호3동 185-5호 |
| 골드아이 | 336-08-38181 | 용산구 한강로7가 12-17 |
| 동아후로킹 | 105-01-43828 | 용산구 한강로10가 18-13 |
| 리치 | 102-01-58235 | 용산구 한강로11가 12-31 |
| 멀티클럽 | 108-25-83151 | 용산구 한강로11가 13-19 |
| 명승 | 108-01-53151 | 용산구 한강로13가 21-43 |
| 상아 | 108-38-18583 | 광진구 면목동 삼성빌딩 201호 |
| 시공테크 | 363-15-18283 | 서울시 동작구 본동 283-1 |
| 시네마 | 130-31-10434 | 서울시 강남구 도곡동 |
| 신시네 | 135-13-51300 | 서울시 서초구 양재동 |
| 아이캔21 | 365-01-37453 | 송파구 송파동 강남빌딩 3층 |
| 웅전 | 135-35-03543 | 서울시 서초구 서초1동 1626-14서전빌라202호 |
| 재호상사 | 138-51-37453 | 서울시 송파구 마천2동5-7우성빌라A동101호 |
| 컴씨티 | 431-53-35835 | 서울시 강동구 천호3동 185-5호 |
| 코닉스 | 105-08-32738 | 용산구 한강로11가 11-16 |
| 텔로원 | 153-36-15438 | 서울시 광진구 노유1동 6-63 5통2반 |
| 한울 | 135-15-15835 | 서울시 동작구 본동 283-1 |

레코드: 1/18 필터 없음 검색

추가 데이터

**전문가의 조언**

엑셀로 작성된 문서를 테이블로 가져올 때의 특징을 묻는 문제가 출제되었습니다. 예제 를 따라해 보면서 '스프레드시트 가져오기 마법사' 각 단계에서의 설정 사항을 익혀두세요.

**준비하세요**

'C:\길벗컴활1급필기\3과목\3과목2장-3.accdb' 파일과 '거래처.xlsx' 파일을 사용하세요.

① [외부 데이터] → [가져오기 및 연결] → [새 데이터 원본] → [파일에서] → [Excel]을 선택한다.

② '외부 데이터 가져오기 – Excel 스프레드시트' 창에서 〈찾아보기〉를 클릭한다.

③ '파일 열기' 대화상자에서 '거래처.xlsx'를 선택하고 〈열기〉를 클릭한다.

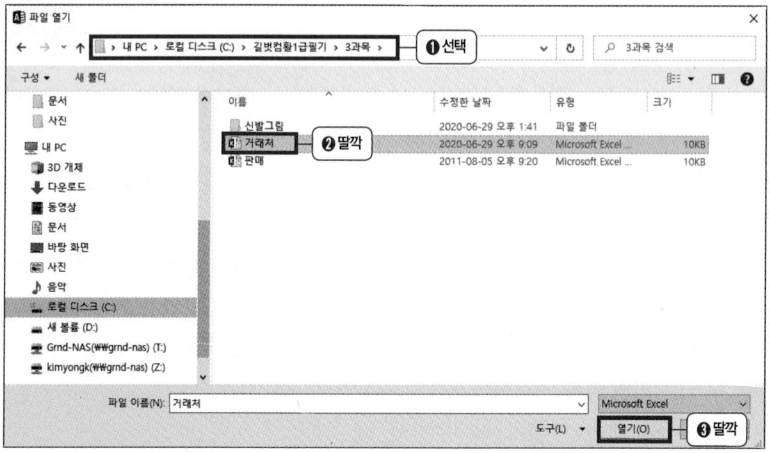


④ '외부 데이터 가져오기 – Excel 스프레드시트' 창에서 데이터 저장 방법으로 '다음 테이블에 레코드 복사본 추가'를 클릭한 다음 '거래처'를 선택하고 〈확인〉을 클릭한다.

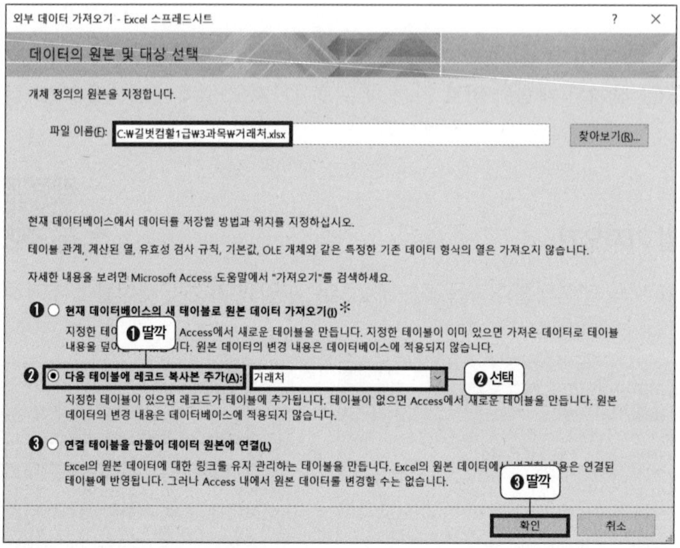


❶ 외부에서 가져온 데이터를 이용하여 새로운 테이블을 작성한다.

❷ 외부에서 가져온 데이터를 기존의 테이블에 추가한다.

❸ 외부의 데이터를 새로운 테이블로 연결한다.

**새 테이블로 가져오기**

가져온 데이터를 새로운 테이블로 만드는 경우에는 필드 형식이나 기본키 등을 지정해 주는 단계가 추가됩니다.

- 3단계 : 가져오는 각 필드에 대한 옵션(필드 이름, 데이터 형식, 인덱스)을 지정하고, 가져오기에서 제외할 필드(필드 포함 안 함)를 선택할 수 있습니다.
- 4단계 : 테이블에서 사용할 기본키를 지정합니다.
- 5단계 : 생성될 테이블의 이름을 지정합니다.

⑤ '스프레드시트 가져오기 마법사' 1단계 대화상자*에서 가져올 '거래처' 시트를 선택한 후 〈다음〉을 클릭한다.

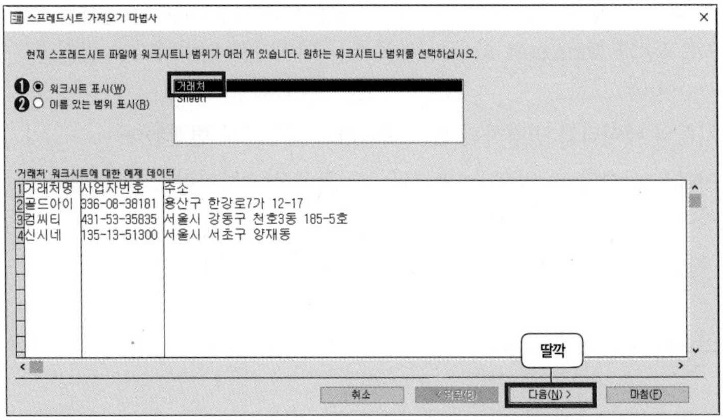


❶ **워크시트 표시** : 가져올 데이터가 워크시트 전체인 경우 선택하여 가져올 워크시트를 지정할 수 있게 한다.

❷ **이름 있는 범위 표시** : 가져올 데이터가 워크시트에서 특정 범위를 지정하여 이름있는 범위일 경우 선택하여 가져올 범위명을 지정할 수 있게 한다.

⑥ '스프레드시트 가져오기 마법사' 2단계 대화상자에서 〈다음〉을 클릭한다.

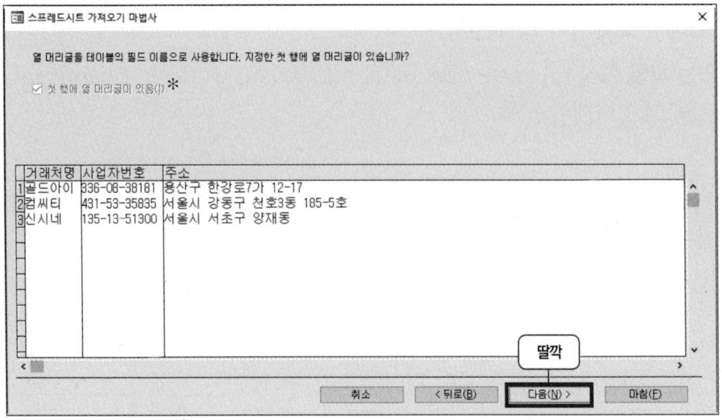


⑦ '스프레드시트 가져오기 마법사' 3단계 대화상자에서 〈마침〉을 클릭한다.

⑧ 가져오기 단계의 저장 여부를 묻는 창에서 그냥 〈닫기〉를 클릭한다.

**'스프레드시트 가져오기 마법사' 1단계 대화상자**
워크시트에 범위 이름이 정의된 것이 없고, 워크시트가 하나일 경우에는 왼쪽과 같은 대화상자가 표시되지 않습니다.

**첫 행에 열 머리글이 있음**
가져올 데이터의 첫 행이 열 머리글, 즉 필드 이름일 경우 선택하는 옵션이지만, 기존 테이블에 데이터를 추가하는 것이므로 '첫 행에 열 머리글이 있음'이 기본적으로 선택되어져 있습니다.

전문가의 조언

연결 테이블의 특징과 연결할 수 있는 형식을 묻는 문제가 출제되었습니다. 앞에서 배운 외부 데이터 가져오기와 비교하여 연결 테이블의 특징을 알아두세요.

궁금해요 시나공 Q&A 베스트

**Q 테이블을 연결할 경우 연결된 테이블을 삭제하더라도 원본 데이터에는 아무런 영향을 주지 않는다고 했는데, 원본 데이터가 삭제되어도 연결된 테이블에는 영향을 안주나요?**

A 영향을 줍니다. 원본 데이터를 삭제하면 연결된 테이블을 사용할 수 없습니다.

**ODBC**
개방형 데이터베이스 접속 규격으로 공통적인 인터페이스를 통해 서로 다른 데이터베이스 파일을 볼 수 있도록 만들어 준 데이터베이스 표준 접속 규격입니다.

**액세스 파일**
액세스 파일을 연결한 경우에는 연결된 테이블에서도 레코드를 수정 및 삭제할 수 있습니다.

24.5, 23.5, 23.2, 23.1, 21.3, 13.2, 12.1, 09.4, 07.1

## 3 테이블 연결

3215505

테이블 연결은 다른 응용 프로그램의 데이터를 Microsoft Access에 연결하는 것으로, 연결된 프로그램과 Microsoft Access 양쪽에서 데이터를 입력하거나 편집할 수 있다.

- 연결된 테이블의 데이터를 변경하면 원본 데이터도 자동으로 변경된다.
- 연결된 테이블을 삭제할 수 있으며, 연결된 테이블을 삭제하더라도 원본 데이터베이스의 데이터에는 아무런 영향을 주지 않는다.
- ODBC*를 이용하면 오라클이나 SQL 서버와 같은 외부 데이터베이스에 연결할 수 있다.
- 원본 데이터베이스의 데이터(레코드)를 삭제하면 연결된 테이블의 데이터도 삭제된다.
- 가져오거나 연결된 테이블을 원본으로 하여 폼이나 보고서를 생성할 수 있다.
- 액세스 파일*이 아닌 엑셀이나 텍스트 파일 등을 연결하였을 경우 연결된 레이블은 읽기 전용이므로, 연결된 테이블의 레코드를 수정 및 삭제하려면 원본 데이터에서 수정 및 삭제해야 한다.
- 연결된 테이블은 [판매], [물품판매]와 같이 화살표와 해당 프로그램 아이콘, 그리고 파일 이름이 조합되어 표시된다.
- **연결할 수 있는 파일 형식** : Access, dBASE, Excel, 텍스트, Outlook, SharePoint, HTML, ODBC 데이터베이스 등
- 실행

  [외부 데이터] → [가져오기 및 연결] → [파일 형식 선택] → '외부 데이터 가져오기' 창에서 '연결 테이블을 만들어 데이터 원본에 연결' 옵션 선택

따라잡기 기출문제 따라잡기

18년 1회

**1. 다음 중 외부 데이터인 Excel 통합 문서를 가져오거나 연결하기 위한 방법으로 옳지 않은 것은?**

① 새 테이블로 추가하여 원본 데이터 가져오기

② 현재 데이터베이스의 테이블 중 하나를 지정하여 레코드로 추가하기

③ 테이블, 쿼리, 매크로 등 원하는 개체를 지정하여 가져오기

④ Excel의 원본 데이터에 대한 링크를 유지 관리하는 테이블로 만들기

테이블, 쿼리, 매크로는 액세스 개체로, 액세스 파일을 가져오기 할 때 선택하여 가져올 수 있습니니.

22년 6회

**2. 외부 데이터를 테이블로 가져오는 작업에 대한 설명으로 옳은 것은?**

① 엑셀 시트가 여러 개인 경우 가져올 수 없다.

② 일부 필드를 제외하고 가져올 수 있다.

③ 데이터가 이미 들어있는 테이블에는 가져올 수 없다.

④ 가져올 데이터의 행 머리글에는 반드시 필드 이름이 있어야 한다.

① 엑셀 시트가 여러 개인 경우 가져올 시트를 선택해서 가져올 수 있습니다.
③ 데이터가 이미 들어있는 테이블에 외부에서 가져온 데이터를 추가할 수 있습니다.
④ 가져올 데이터의 행 머리글에 필드 이름이 없어도 가져올 수 있습니다.

문제5 1213551 문제7 1213552

## 따라잡기 기출문제 따라잡기

23년 1회

**3. 다음 중 엑셀의 데이터와 연결된 테이블에 대한 설명으로 옳지 않은 것은?**

① 연결된 테이블을 이용하여 폼이나 보고서를 생성할 수 있다.

② 연결 테이블은 읽기 전용이므로 테이블에 값을 추가할 수 없다.

③ 연결된 테이블을 삭제하면 원본 데이터도 삭제된다.

④ [외부 데이터] → [가져오기 및 연결] → [새 데이터 원본] → [파일에서] → [Excel]을 클릭하여 연결 테이블 만들기 과정을 수행한다.

연결된 테이블을 삭제하더라도 원본 데이터에는 아무런 영향을 주지 않습니다. 반대로 원본 데이터를 삭제하면 연결된 테이블은 사용할 수 없습니다.

20년 1회, 16년 1회

**4. 다음 중 외부 데이터 가져오기 기능에 대한 설명으로 옳지 않은 것은?**

① 텍스트 파일을 가져와 기존 테이블의 레코드로 추가하려는 경우 기본키에 해당하는 필드의 값들이 고유한 값이 되도록 데이터를 수정하며 가져올 수 있다.

② Excel 워크시트에서 정의된 이름의 영역을 Access의 새 테이블이나 기존 테이블에 데이터 복사본으로 만들 수 있다.

③ Access에서는 한 테이블에 256개 이상의 필드를 지원하지 않으므로 원본 데이터는 열의 개수가 255개를 초과하지 않아야 한다.

④ Excel 파일을 가져오는 경우 한 번에 하나의 워크시트만 가져올 수 있으므로 여러 워크시트에서 데이터를 가져오려면 각 워크시트에 대해 가져오기 명령을 반복해야 한다.

외부 데이터 가져오기 기능을 이용해 텍스트 파일을 가져올 때 데이터를 수정하면서 가져올 수는 없습니다.

15년 3회, 13년 1회, 10년 3회, 08년 3회, 1회, 07년 4회, 05년 2회

**5. 다음 중 액세스에서 테이블로 가져오거나 연결할 수 있는 파일의 형식이 아닌 것은?**

① HTML 문서　② Microsoft Excel 문서

③ 텍스트 파일 문서　④ 아래아 한글(hwp) 문서

아래아 한글(hwp) 문서 형식은 테이블로 가져오거나 연결할 수 없습니다.

24년 5회, 23년 5회, 2회, 1회, 21년 3회

**6. 다음 중 다른 데이터베이스의 원본 데이터를 연결 테이블로 가져온 테이블과 새 테이블로 가져온 테이블에 대한 설명으로 옳지 않은 것은?**

① 새 테이블로 가져온 테이블을 삭제해도 원본 테이블은 삭제되지 않는다.

② 새 테이블로 가져온 테이블을 이용하여 폼이나 보고서를 생성할 수 있다.

③ 연결 테이블로 가져온 테이블을 삭제해도 원본 테이블은 삭제되지 않고 연결만 삭제된다.

④ 연결 테이블로 가져온 테이블을 삭제하면 연결되어 있는 원본 데이터베이스 테이블도 삭제된다.

연결 테이블(Linked Table) 기능을 이용하여 연결한 테이블을 삭제하더라도 원본 데이터에는 아무런 영향을 주지 않습니다.

13년 2회, 12년 1회, 09년 4회

**7. 다음 중 테이블 연결을 통해 연결된 테이블과 가져오기 기능을 통해 생성된 테이블과의 차이점에 대한 설명으로 옳지 않은 것은?**

① 연결된 테이블의 레코드를 삭제하면 연결되어 있는 원본 데이터베이스의 레코드도 삭제된다.

② 연결된 테이블을 삭제해도 원본 테이블은 삭제되지 않는다.

③ 가져오기 기능을 통해 생성된 테이블을 삭제해도 원본 테이블은 삭제되지 않는다.

④ 연결된 테이블을 이용하여 폼이나 보고서를 생성할 수 있다.

액세스 파일이 아닌 엑셀이나 텍스트 파일 등을 연결하였을 경우에는 연결된 테이블에서 레코드를 삭제할 수 없습니다.

15년 1회

**8. 다음 중 외부 데이터로 Access 파일을 가져오는 경우에 관련된 설명으로 옳지 않은 것은?**

① 테이블의 관계도 함께 복사할 수 있다.

② Access 개체는 테이블과 쿼리 개체만 복사할 수 있다.

③ 테이블의 정의만 가져오는 경우 데이터가 없는 빈 테이블이 만들어진다.

④ 원본 개체와 같은 이름의 개체가 대상 데이터베이스에 이미 있으면 가져오기 개체의 이름에 숫자(1, 2, 3 등)가 추가된다.

Access 개체는 테이블과 쿼리뿐만 아니라 폼, 보고서, 매크로도 가져올 수 있습니다.

▶ 정답 : 1. ③ 2. ② 3. ③ 4. ① 5. ④ 6. ④ 7. ① 8. ②

SECTION 147

# 데이터 내보내기

C 등급

전문가의 조언

내보내기의 특징이나 내보내기가 가능한 데이터 형식을 묻는 문제가 출제되는데, 내보내기가 가능한 데이터 형식만 알면 풀 수 있는 문제가 대부분입니다. 개체별로 내보낼 수 있는 형식을 확실히 숙지하세요.

**폼/보고서 내보내기**

원본 데이터를 연결하여 사용하는 폼/보고서를 내보낼 경우에는 원본 데이터의 내보내기 여부와 상관없이 폼/보고서에 표시된 데이터가 해당 파일 형식에 맞게 나가게 됩니다.

24.5, 24.3, 22.5, 21.4, 17.2, 14.2, 14.1, 13.3, 12.3, 11.1, 10.2, 09.4, 08.2, 08.1, 07.1, 06.4, 06.2, 05.3, 04.4, 03.4

## 1 데이터 내보내기의 개요

3215601

데이터 내보내기는 데이터베이스 개체를 다른 응용 프로그램에서 사용할 수 있도록 형식을 변경하여 출력하는 것을 말한다.

- 테이블의 데이터, 구조, 서식 등은 내보낼 수 있지만 제약 조건, 관계, 인덱스 같은 속성은 내보낼 수 없다.
- 쿼리를 내보낼 경우 실행 결과가 저장된다.
- 폼이나 보고서를 서식 있는 텍스트 파일로 내보낼 경우 폼이나 보고서와 연결된 데이터가 저장된다.
- 실행 '탐색' 창에서 개체를 선택한 후 다음과 같이 수행한다.
  - 방법 1 : [외부 데이터] → [내보내기]에서 내보낼 파일 형식 선택
  - 방법 2 : 개체의 바로 가기 메뉴 중 [내보내기]에서 내보낼 파일 형식 선택
- **개체별 내보내기할 수 있는 형식**

| | |
|---|---|
| 24.3, 21.4, 13.3, 13.1<br>**테이블/쿼리** | Excel, Access, 텍스트, XML, ODBC 데이터베이스, HTML, dBASE, Sharepoint, Word RTF, PDF/XPS, Word 병합 |
| 13.3, 13.1, 12.3, 11.1, …<br>**폼/보고서*** | Excel, Access, 텍스트, XML, HTML, Word RTF, PDF/XPS |

문제2 1213651 문제5 1213652

## 따라잡기 기출문제 따라잡기

22년 5회, 10년 2회, 08년 2회, 04년 4회

**1. 다음 중 특정 폼을 [내보내기]를 통해 다른 형식으로 바꾸어 저장하려고 할 때 지정할 수 없는 형식은?**

① HTML ② 텍스트
③ Excel ④ JPEG

폼을 BMP, JPEG 등의 그림 파일 형식으로는 내보낼 수 없습니다.

12년 3회, 11년 1회, 07년 1회, 06년 4회, 2회, 04년 4회

**2. 다음 중 보고서를 내보낼 때 선택할 수 있는 파일 형식이 아닌 것은?**

① 텍스트 파일 ② HTML 문서
③ 훈글 파일 ④ 엑셀 문서

보고서를 오라클 파일, 훈글 파일 등의 형식으로는 내보낼 수 없습니다.

24년 3회, 21년 4회, 17년 2회, 03년 4회

**3. 다음 중 테이블에서 내보내기가 가능한 파일 형식에 해당하지 않는 것은?**

① 엑셀(Excel) 파일 ② ODBC 데이터베이스
③ HTML 문서 ④ VBA 코드

VBA(Visual Basic for Applications)는 MS 사의 오피스 프로그램을 지원하기 위한 Visual Basic 언어로, 테이블을 VBA의 코드로 내보낼 수 없습니다.

08년 1회, 05년 3회

**4. 다음 중 데이터 내보내기(Export)에 대한 설명으로 옳지 않은 것은?**

① 파일을 내보내는 경우 ODBC DataBases 파일은 만들 수 없다.
② [내보내기] 그룹에서 'Word'를 클릭하면 서식이 있는 텍스트 형식(*.rtf)으로 내보낼 수 있다.
③ 특정한 테이블을 선택한 후 [외부 데이터] → [내보내기] 그룹을 이용하면 테이블을 다른 곳으로 내보낼 수 있다.
④ 엑셀 워크시트 형식으로 내보내면 선택한 테이블이 새로운 엑셀 통합문서 파일로 작성된다.

파일을 ODBC 데이터베이스 형식으로 내보낼 수 있습니다.

24년 5회, 14년 2회, 09년 4회

**5. 다음 중 액세스의 내보내기(Export)에 대한 설명으로 가장 옳지 않은 것은?**

① 테이블이나 쿼리, 폼이나 보고서 등을 다른 형식으로 바꾸어 파일로 저장할 수 있다.
② 한 번에 한 개체만 내보낼 수 있다.
③ 쿼리를 엑셀이나 HTML 형식으로 변환하여 저장하는 경우, 쿼리의 SQL문이 아니라 실행 결과가 저장된다.
④ 테이블은 내보내지 않고 보고서만 서식 있는 텍스트 파일(*.rtf)로 내보내는 경우 원본 테이블이 없어서 데이터는 표시되지 않는다.

폼이나 보고서를 내보낼 경우 원본 데이터의 내보내기 여부와 상관없이 폼이나 보고서에 연결된 데이터들이 그대로 표시됩니다.

13년 3회

**6. 아래 보기에서 개체별로 내보내기 할 수 있는 형식의 연결이 옳은 것만 나열한 것은?**

ⓐ 테이블 및 쿼리 – Excel, Word RTF 파일, SharePoint 목록 등
ⓑ 폼 – HTML 문서, 텍스트 파일, ODBC 데이터베이스, Snapshot 등
ⓒ 보고서 – Word RTF 파일, 텍스트 파일, dBASE 파일, Paradox 파일 등

① ⓐ,ⓑ,ⓒ ② ⓐ,ⓒ
③ ⓑ,ⓒ ④ ⓐ

폼은 ODBC 데이터베이스, Snapshot 형식으로 내보낼 수 없고, 보고서는 dBASE 파일, Paradox 파일 형식으로 내보낼 수 없습니다.

14년 1회

**7. 다음 중 Access 데이터를 텍스트 파일로 내보내는 과정에 대한 설명으로 옳지 않은 것은?**

① Excel, Word 등 다양한 형식으로 내보낼 수 있다.
② 테이블, 쿼리, 폼 및 보고서를 텍스트 파일로 내보낼 수 있다.
③ 쿼리를 텍스트 파일로 내보낼 경우 텍스트 파일에는 쿼리의 SQL문이 저장된다.
④ 테이블 및 쿼리를 내보내는 경우 전체 개체를 내보내거나 추가 서식 없이 데이터만 내보내도록 선택할 수 있다.

쿼리를 텍스트 파일로 내보낼 경우 텍스트 파일에는 쿼리의 실행 결과가 저장됩니다.

▶ 정답 : 1. ④ 2. ③ 3. ④ 4. ① 5. ④ 6. ④ 7. ③

## 133 | 액세스의 구성 요소

### ❶ 테이블 24.2, 23.3, 21.4, 19.1
데이터를 저장하고 관리하는 것으로, 데이터베이스에서 가장 기본이 되는 개체이다.

### ❷ 쿼리 24.2, 23.3, 21.4, 19.1
테이블의 데이터를 다양한 조건으로 검색 · 추출하거나 내용을 변경하는 개체이다.

### ❸ 폼 24.2, 23.3, 21.4, 19.1
테이블이나 쿼리 데이터의 입 · 출력 화면을 작성하는 개체이다.

### ❹ 매크로 24.2, 23.3, 21.4, 19.1
반복적이고, 단순한 작업을 자동화하는 개체이다.

### ❺ 모듈 23.3, 21.4, 19.1
복잡한 작업을 위해 VBA(Visual Basic for Applications)로 실제 프로그램을 작성하는 개체이다.

## 134 | 테이블 만들기

### ❶ 테이블 만들기의 개요 22.7, 22.6
- 테이블 작성은 데이터를 입력할 수 있도록 테이블의 구조를 설계하는 것이다.
- 디자인 보기, 데이터시트 보기, 테이블 서식 파일, 테이블 가져오기, 테이블 연결 등을 이용하여 작성한다.

### ❷ 데이터시트 보기에서 테이블 작성하기 22.1
- '데이터시트 보기'에서는 데이터를 입력하면 입력한 데이터에 맞게 필드의 개수 및 데이터 형식이 자동으로 지정된다.
- 필드 이름을 더블클릭하여 필드 이름을 변경할 수 있다.
- '*추가하려면 클릭*'을 클릭하면 데이터 형식을 선택할 수 있는 바로 가기 메뉴가 표시된다.

### ❸ 테이블과 필드의 이름 작성 규칙 24.3, 24.1, 22.5, 21.2, 19.상시, 15.3, 12.1
- 최대 64자까지 입력할 수 있다.
- . ! [ ]를 제외한 특수 기호, 공백, 숫자, 문자를 조합한 모든 기호를 사용할 수 있다.
- 공백을 이름의 첫 문자로 사용할 수 없다.
- 테이블 이름과 필드 이름이 같을 수는 있지만 하나의 테이블 내에서 필드 이름이 중복될 수는 없다.
- 테이블 이름과 쿼리 이름은 동일하게 설정할 수 없다.

## 135 | 데이터 형식

### ❶ 짧은 텍스트 형식 24.4, 23.3, 14.2, 12.2
- 텍스트나 텍스트와 숫자가 모두 들어 있는 데이터를 입력할 수 있는 형식이다.
- 최대 255자까지 저장할 수 있다.

### ❷ 긴 텍스트 형식 22.2, 21.1, 18.1, 17.2, 15.2, 15.1, 11.1
- 짧은 텍스트 형식과 비슷한 기능을 제공하는 형식이다.
- 최대 64,000자까지 저장할 수 있다.

### ❸ 숫자 형식 22.6, 15.2, 14.3, 14.2, 13.3, 12.3, 12.2, 11.1
- 산술 계산에 사용되는 각종 크기의 숫자를 입력할 수 있는 형식이다.
- 기본적으로 정수형(Long)이 지정된다.

### ❹ 통화 형식 22.2, 18.1, 15.2, 15.1, 11.1
- 화폐 계산에 사용될 자료를 저장할 때 사용되는 형식이다.
- 필드 크기는 8바이트이다.
- 소수점 이하 4자리까지 표현할 수 있다.

### ❺ 날짜/시간 형식 13.3, 12.2
- 날짜와 시간을 입력할 수 있는 형식이다.
- 필드 크기는 8바이트이다.

### ❻ 일련 번호 형식 24.4, 23.3, 22.2, 19.2, 18.1, 15.1, 14.2, 13.3, 13.1, 11.1

- 레코드가 추가될 때마다 번호를 하나씩 증가시켜 주는 형식이다.
- 필드 크기는 4바이트이다.
- 한 번 부여된 번호는 다시 부여되지 않는다.
- 이미 데이터가 입력된 필드의 데이터 형식을 일련 번호 형식으로 변경할 수 없다.

### ❼ Yes/No 형식 23.3, 22.7, 22.2, 21.4, 19.1, 18.1, 15.2, 15.1, 14.3, 14.2

- Yes/No, True/False, On/Off 등 두 값 중 하나만 입력하는 경우에 사용하는 형식이다.
- 필드 크기는 1비트이다.
- 데이터베이스에 저장될 때 '예' 값에는 −1이, '아니요' 값에는 0이 저장된다.

### ❽ 첨부 파일 24.5, 24.2, 24.1, 23.3, 22.1, 21.1

- 전자 우편에서와 같이 파일을 첨부하기 위한 형식이다.
- 이미지, 스프레드시트 파일, 텍스트 파일 등 다양한 형식의 파일을 첨부할 수 있다.

## 136 | 테이블 구조 변경 - 필드 삭제 / 이동

### ❶ 필드 삭제 22.2

- 필드를 삭제하면 필드에 입력된 모든 데이터도 함께 지워진다.
- 삭제된 필드와 데이터는 되살릴 수 없다.

### ❷ 필드의 이동 13.1

- 이동할 행의 행 선택기를 클릭한 후 행 선택기를 다시 한 번 클릭한 채 해당 위치로 드래그한다.
- 여러 개의 연속된 필드를 한꺼번에 이동시키려면 여러 개의 행 선택기를 선택한 후 수행한다.

## 137 | 필드 속성 1 - 형식

### ❶ 사용자 지정 기호 – 텍스트 형식 21.2

| | |
|---|---|
| * | 공백을 별표 다음 문자로 채워 표시함 |
| @ | 텍스트 한 자리를 나타내며 텍스트를 표시할 자릿수를 지정함 |
| > | 모든 문자를 대문자로 변경함 |

### ❷ 사용자 지정 기호 – 날짜/시간 23.4, 22.5, 20.상시, 16.1, 15.3, 13.3

| | |
|---|---|
| m | • m : 필요에 따라 한 자리 또는 두 자리 숫자로 1~12까지의 월을 표시함<br>• mm : 01~12까지 두 자리 숫자로 월을 표시함<br>• mmm : Jan~Dec까지 월의 처음 세 자리를 표시함<br>• mmmm : January에서 December까지 완전한 월 이름을 표시함 |
| h | • h : 한 자리 또는 두 자리 숫자로 0~23까지 시간을 표시함<br>• hh : 두 자리 숫자로 00~23까지 시간을 표시함 |
| n | • n : 한 자리 또는 두 자리 숫자로 0~59까지 분을 표시함<br>• nn : 두 자리 숫자로 00~59까지 분을 표시함 |
| AM/PM | • AMPM(ampm) : "오전"이나 "오후" 글자를 포함한 12시간제로 표시함<br>• AM/PM : 대문자 AM이나 PM을 포함한 12시간제로 표시함<br>• am/pm : 소문자 am이나 pm을 포함한 12시간제로 표시함<br>• A/P : 대문자 A나 P를 포함한 12시간제로 표시함<br>• a/p : 소문자 a나 p를 포함한 12시간제로 표시함 |

## 138 | 필드 속성 2 - 입력 마스크

### ❶ 사용자 지정 기호 23.5, 23.1, 22.7, 22.3, 22.2, 22.1, 21.3, 20.상시, 20.2, 20.1, 19.상시, 18.상시, …

| 기호 | 설 명 | 입력 여부 |
|---|---|---|
| 0 | • 0 ~ 9까지의 숫자만 입력 가능함<br>• 더하기, 빼기 기호를 사용할 수 없음 | 필수 |
| 9 | • 숫자나 공백의 입력이 가능함<br>• 더하기, 빼기 기호를 사용할 수 없음 | 선택 |
| # | • 숫자나 공백의 입력이 가능하지만 공백은 저장되지 않음<br>• 더하기, 빼기 기호를 사용할 수 있음 | 선택 |
| L | 영문자와 한글만 입력 가능함 | 필수 |
| ? | 영문자와 한글만 입력 가능함 | 선택 |
| A | 영문자, 숫자, 한글만 입력할 수 있음 | 필수 |
| a | 영문자, 숫자, 한글만 입력할 수 있음 | 선택 |
| & | 모든 문자나 공백을 입력할 수 있음 | 필수 |
| C | 모든 문자나 공백을 입력할 수 있음 | 선택 |
| 〈 | 모든 문자를 소문자로 변환함 | |
| 〉 | 모든 문자를 대문자로 변환함 | |

• 유효성 검사 규칙 예

– 〈 〉0 : 0이 아닌 값을 입력함

– 0 Or 〉=100 : 0 또는 100 이상인 값을 입력함

– 〉=1 And 〈=99 : 1 이상이고 99 이하, 즉 1부터 99까지의 숫자만 입력함

– Like "*@*" : 입력되는 자료 중에 반드시 '@' 문자가 포함되어 있어야 함

– In("상", "중", "하") : "상", "중", "하" 중에서 입력함

– Between 0 And 100 : 0부터 100까지의 숫자만 입력함

### ❸ IME 모드 18.2

• 데이터 입력 시 한글, 영숫자 등의 입력 상태를 지정하는 속성이다.

• 짧은 텍스트, 긴 텍스트, 날짜/시간, 날짜/시간 연장됨, 하이퍼링크 형식에만 지정할 수 있다.

### ❹ 캡션 19.2, 17.2

• 테이블을 열었을 때 필드 이름 대신 표시될 새로운 이름을 지정하는 속성이다.

• 캡션을 지정하지 않으면 원래 지정한 필드 이름이 표시된다.

## 139 | 필드 속성 3 - 기타

### ❶ 기본값 19.상시, 15.2, 11.2

• 새 레코드가 만들어질 때 필드에 자동으로 입력되는 값을 지정하는 속성이다.

• OLE 개체나 일련 번호, 첨부 파일, 계산 데이터 형식에는 사용할 수 없다.

### ❷ 유효성 검사 규칙 24.3, 22.2, 21.1, 18.상시, 18.1, 16.3, 15.2, 14.3, 12.3, 12.1, 11.2, 11.1

• 필드에 입력할 데이터의 종류나 범위를 지정하여 입력 데이터를 제한할 때 사용하는 속성이다.

• 일련 번호와 OLE 개체, 첨부 파일, 계산 데이터 형식에는 사용할 수 없다.

## 140 | 필드 속성 4 - 조회

### ❶ 컨트롤 표시 24.5, 22.4

조회 속성을 설정하려면 콤보 상자나 목록 상자를 선택해야 한다.

### ❷ 행 원본 유형 21.3, 16.2

• 사용할 행 원본의 유형을 지정한다.

• 테이블/쿼리 : 테이블이나 쿼리의 데이터를 원본으로 사용할 때

• 값 목록 : 직접 입력한 값을 원본으로 사용할 때

• 필드 목록 : 테이블이나 쿼리, SQL문 등의 필드 이름을 원본으로 사용할 때

### ❸ 행 원본 24.5, 22.4, 16.2

- 행 원본 유형에서 선택된 값에 따라 설정 사항이 달라진다.
- **테이블/쿼리 선택** : 테이블 이름, 쿼리 이름, SQL문을 지정함
- **값 목록 선택** : 사용할 데이터를 세미콜론(;)으로 구분하여 입력함
- **필드 목록 선택** : 테이블 이름, 쿼리 이름을 지정함

### ❹ 바운드 열 24.5, 22.4, 21.3, 16.2

선택한 목록의 여러 열 중 해당 컨트롤에 저장되는 열을 지정한다.

### ❺ 열 개수 21.1, 18.2

표시되는 열의 개수를 지정한다.

### ❻ 행 수 21.3, 16.2

행의 개수를 지정한다.

### ❼ 목록 값만 허용 24.5, 22.4

지정한 목록 값 이외의 데이터 입력 여부를 지정한다.

## 141 | 기본키(Primary Key)

### ❶ 기본키의 개요 24.5, 24.2, 23.3, 23.2, 23.1, 22.5, 22.4, 22.3, 22.2, 22.1, 21.4, 21.1, 20.상시, …

- 테이블에서 각 레코드를 고유하게 정의하는 필드나 필드의 집합을 의미한다.
- 기본키로 지정된 필드에는 중복된 값이나 Null 값을 입력할 수 없다.
- Null 값이나 중복된 값이 입력된 필드는 기본키로 지정할 수 없지만 기본키 필드 값은 변경할 수 있다.
- 기본키로 지정하면 해당 필드의 인덱스 속성이 '예(중복 불가능)'로 자동 설정된다.
- 여러 개의 필드를 합쳐 기본키로 지정할 수 있지만 기본키는 한 개만 지정할 수 있다.
- 기본키를 설정하지 않아도 다른 테이블과 관계를 설정할 수 있다.
- 관계가 설정된 테이블은 기본키를 해제할 수 없으므로 기본키를 해제하려면 먼저 설정된 관계를 제거해야 한다.
- 데이터가 이미 입력된 필드도 기본키로 지정할 수 있지만, 중복된 데이터가 입력된 경우에는 오류 메시지가 표시된다.

## 142 | 색인(Index)

### ❶ 인덱스(색인)의 개요 24.5, 23.2, 22.7, 22.4, 22.1, 21.3, 21.1, 20.상시, 20.2, 19.상시, …

- 데이터의 검색이나 그룹화 등의 작업 속도를 향상시키기 위해 데이터를 일정한 기준에 맞게 정렬되도록 설정하는 기능으로 하나의 필드나 필드 조합에 설정한다.
- 중복되는 값이 적은 필드를 인덱스로 지정하면 검색 속도가 향상된다.
- 하나의 테이블에 32개까지 인덱스를 만들 수 있으며, 하나의 인덱스에서는 10개의 필드를 사용할 수 있다.
- OLE 개체, 첨부 파일, 계산 형식의 필드에는 인덱스를 설정할 수 없다.
- 데이터 검색, 정렬 등의 작업 시간은 빨라지지만 데이터 추가나 변경 시 속도가 느려진다.

### ❷ 인덱스 설정 옵션 24.1, 21.3, 19.상시

- **아니요** : 기본값으로, 인덱스를 설정하지 않음
- **예(중복 가능)** : 인덱스를 설정하되, 중복 값을 허용함
- **예(중복 불가능)** : 인덱스를 설정하되, 중복 값을 허용하지 않음

## 143 | 관계의 설정

### ❶ '관계 편집' 대화상자 24.1, 22.5, 20.2, 19.상시, 18.상시, 17.1, 16.3, 16.2, 12.2, 12.1, …

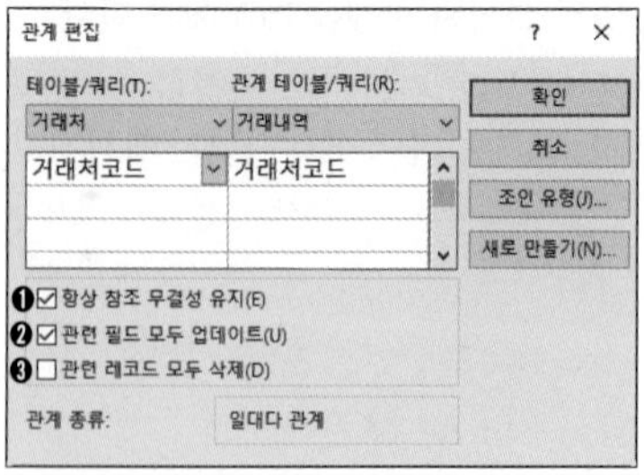


❶ 기본(거래처) 테이블에 존재하지 않는 거래처코드를 연결 테이블(거래내역)에 생성할 수 없도록 하고, 기본 테이블의 레코드를 실수로 삭제하거나 변경되지 않도록 규정한다.

❷ 기본 테이블에서 기본키 값이 바뀔 때마다 연결된 테이블의 해당 필드의 값이 자동으로 변경되도록 설정한다.

❸ 기본 테이블에서 레코드를 삭제할 때마다 연결된 테이블의 관련 레코드들이 자동으로 삭제되도록 설정한다.

## 144 | 참조 무결성

### ❶ 참조 무결성의 개념 21.4

참조 무결성은 관련된 테이블 간의 관계를 유지하고, 사용자가 실수로 관련 데이터를 삭제하거나 변경하지 않도록 하기 위해서 Microsoft Access가 사용하는 규칙을 말한다.

### ❷ 참조 무결성의 강화 규칙 24.5, 24.4, 23.5, 22.6, 22.1, 21.4, 21.3, 21.2, 20.2, 20.1, …

- 기본 테이블의 기본키 필드에 존재하지 않는 데이터는 관계가 설정된 테이블의 외래키 필드 값으로 입력할 수 없다.
- 기본 테이블과 관계가 설정된 테이블에 일치하는 레코드가 존재할 때는 기본 테이블에서 레코드를 삭제할 수 없다.
- 기본 테이블과 관계가 설정된 테이블에 일치하는 레코드가 존재할 때는 기본 테이블에서 기본키를 바꿀 수 없다.
- 기본 테이블의 기본키 필드 값이 바뀌면 자동으로 관계가 설정된 테이블의 관련 필드의 값이 모두 수정되도록 설정할 수 있다.
- 기본 테이블에서 레코드를 삭제하면 자동으로 관계가 설정된 테이블의 관련 레코드가 모두 삭제되도록 설정할 수 있다.

## 145 | 레코드 관리

### ❶ 레코드 추가 21.4

- 새로운 레코드를 추가하는 것으로, 항상 마지막에 추가된다.
- 레코드를 추가하는 바로 가기 키는 Ctrl + + 이다.

### ❷ 레코드 삭제 21.4

- 여러 레코드를 선택하여 한 번에 삭제할 수 있다.
- 삭제된 레코드는 복원할 수 없다.

## 146 | 외부 데이터 가져오기 / 연결하기

### ❶ 외부 데이터 가져오기 22.6, 20.1, 18.상시, 15.3, 13.1, 10.3

- 텍스트 파일이나 스프레드시트, 데이터베이스 등의 데이터를 Microsoft Access 테이블로 만드는 작업을 한다.
- 가져온 데이터를 사용해서 새 테이블을 만들 수 있다.
- 데이터 구조가 일치할 경우 기존 테이블에 가져온 데이터를 추가할 수 있다.
- **가져올 수 있는 파일 형식**
  - 액세스로 만든 테이블, 쿼리, 폼, 보고서, 매크로
  - Excel, 텍스트, XML, ODBC 데이터베이스, HTML, dBASE, Sharepoint 목록, Outlook 등

### ❷ 연결하기 24.5, 23.5, 23.2, 23.1, 21.3, 13.2, 12.1

- 다른 응용 프로그램의 데이터를 Microsoft Access에 연결하는 것이다.
- 연결된 프로그램과 Microsoft Access 양쪽에서 데이터를 입력하거나 편집할 수 있다.
- 원본 데이터베이스의 데이터(레코드)를 삭제하면 연결된 테이블의 데이터도 삭제된다.
- 연결된 테이블을 삭제할 수 있으며, 연결된 테이블을 삭제하더라도 원본 데이터에는 아무런 영향을 주지 않는다.
- **연결할 수 있는 파일 형식** : Access, dBASE, Excel, 텍스트, Outlook, Sharepoint, HTML, ODBC 데이터베이스 등

## 147 | 데이터 내보내기

### ❶ 데이터 내보내기의 개요 24.5, 22.3, 17.2, 14.2, 14.1, 13.3, 10.2

- 데이터베이스 개체를 다른 응용 프로그램에서 사용할 수 있도록 형식을 변경하여 출력하는 것을 말한다.
- 테이블에 대한 데이터, 구조, 서식 등은 내보낼 수 있지만 제약 조건, 관계, 인덱스 같은 속성은 내보낼 수 없다.
- 쿼리를 내보낼 경우 실행 결과가 저장된다.
- 폼이나 보고서를 서식 있는 텍스트 파일로 내보낼 경우 각 개체와 연결된 데이터가 표시된다.

### ❷ 개체별 내보내기할 수 있는 형식 24.3, 21.4, 13.3, 13.1, 12.3, 11.1

- **테이블/쿼리** : Excel, Access, 텍스트, XML, ODBC 데이터베이스, HTML, dBASE, Sharepoint, Word RTF, PDF/XPS, Word 병합
- **폼/보고서** : Access, Excel, 텍스트, XML, HTML, Word RTF, PDF/XPS

## 합격수기

합격수기 코너는 시나공으로 공부하신 독자분들이 시험에 합격하신 후에 직접
**시나공 홈페이지(sinagong.co.kr)**의 〈합격전략/후기〉에 올려주신 자료를 토대로 구성됩니다.

# 시나공으로 3개의 자격증 취득(합격수기 및 노하우)!

시나공으로 워드 취득을 시작으로 정보처리기사 및 컴활2급을 취득했습니다.
워드를 취득할 때만 해도 시나공이 얼마나 좋은 책인지 잘 몰랐던 터라 인터넷에서 많은 사람들이 시나공을 추천하는 것을 보며 '왜 그렇게 많이 추천을 할까?'라는 생각을 했었는데 자격증을 취득하고 나서야 왜 그랬는지 알게 되더군요. 시나공의 가장 큰 장점은 단기간 시험 준비를 하는 사람들에게는 딱!이라는 거죠. 아무튼 3개의 자격증을 취득하면서 너무나 기쁘고, 행복했습니다. 3개의 자격증을 취득하기까지 제 나름의 노하우를 알려드릴게요.

"첫 번째, 시간을 잘 활용하라."
필기 시험의 경우 시간적 여유가 한 달 정도 있는 분이라면 앞에서 부터 차근차근 공부하면서 문제를 풀고 틀린 오답 노트를 만들어서 정리해 보는 것이 좋습니다. 만약 시간이 일주일도 채 안 되는 분들은 시간이 그리 많지 않기 때문에 기출문제 위주로 공부하고 잘 이해가 안 되는 부분은 꼭 해설을 보세요.

"두 번째, 오답 노트를 만들어라."
항상 보면 틀린 문제는 또 틀리기 쉽습니다. 오답 노트라 해서 부담 갖지 말고 A4 용지를 반을 접어서 틀린 문제 위주로 적어 놓으세요. 너무 많을 경우 자주 출제된 문제 위주로 우선순위를 정해 정리하는 것도 좋은 방법입니다.

"세 번째, 이론보다 문제를 많이 풀어라."
물론 이론 중요하죠. 하지만 이론보다는 문제를 풀어 보면서 문제가 어떻게 출제되는지 출제 경향을 파악하는 것이 무엇보다 중요합니다. 문제를 풀다보면 시험이 어떤 식으로 출제되는지 쉽게 감을 잡을 수 있을 뿐만 아니라 처음 나오는 문제를 대하게 되더라도 대처할 수 있는 능력을 갖게 됩니다. 늦었지만 저의 간단한 합격 수기 및 노하우를 알려드렸습니다.
자신감을 갖고 목표한 자격증을 꼭 취득하시기 바랍니다.
모두 파이팅!

**이윤섭** • ddaengguI81

# 3장

# 데이터베이스 질의(Query)

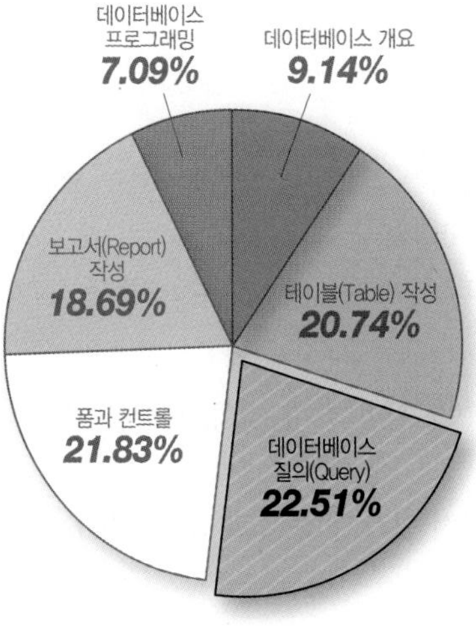




이 장에서 꼭 알아야 할 키워드 Best 10

**1.** DISTINCT **2.** ORDER BY **3.** GROUP BY **4.** 그룹 함수 **5.** 특수 연산자 **6.** 하위 질의 **7.** 조인 **8.** 실행 질의 **9.** 크로스탭 질의 **10.** 매개 변수 질의

SECTION 148

# ACCESS에서의 질의

D 등급

전문가의 조언

도입 부분인 만큼 전반적인 개념을 이해하는 정도로 읽고 넘어가세요.

## 1 질의(Query, 쿼리)의 개요

13.1

1213701

질의는 테이블이나 다른 질의를 대상으로 자료를 검색, 추가, 삭제, 갱신하는 도구로서 액세스에는 데이터베이스 개체로 만들어져 있다.

- 질의는 테이블이나 또 다른 질의를 이용해서 만든다.
- 질의를 이용해 추출한 결과는 폼, 보고서 등의 레코드 원본으로 사용할 수 있다.

## 2 질의의 종류

### 선택 질의

- 가장 일반적인 형태의 질의로 테이블에서 데이터를 검색하여 데이터시트로 표시하므로 데이터시트에서 레코드를 제한적이지만 수정할 수 있다.
- 레코드를 그룹으로 묶어 합계, 개수, 평균, 기타 합계 등을 계산할 수도 있다.

### 실행 질의

- 실행 질의에는 삭제 질의, 업데이트(갱신) 질의, 삽입(추가) 질의, 테이블 만들기 질의 등이 있다.
- 실행 질의는 테이블의 내용을 변경하는 질의로서 여러 개의 레코드를 한 번에 변경할 수 있다.

### SQL 질의

- SQL문을 사용하여 만드는 질의이다.
- SQL 쿼리에는 통합 쿼리, 통과 쿼리, 데이터 정의 쿼리, 하위 쿼리 등이 있다.

### 기타 질의

- **매개 변수 질의 :** 실행할 때 레코드 검색 조건이나 필드에 삽입할 값과 같은 정보를 대화상자로 입력받아 질의에 사용하는 질의이다.
- **크로스탭 질의**
  - 테이블의 특정 필드의 요약값(합계, 개수, 평균 등)을 표시하고, 그 값들을 그룹별로 한 집합은 데이터시트의 왼쪽에, 또 한 집합은 데이터시트의 위쪽에 나열한다.
  - 스프레드시트의 피벗 테이블과 흡사하다.

## 3 질의의 작성

ACCESS에서는 마법사, 디자인 보기, SQL 보기를 이용해서 질의를 작성할 수 있다.

**예제** 〈판매내역〉 테이블에서 순번, 상품번호, 수량, 금액, 거래처명, 담당자메일 필드만 검색하는 질의를 작성하시오.

판매내역

| 순번 | 상품번호 | 상품그림 | 수량 | 금액 | 할인여부 | 판매일 | 거래처명 | 담당자메일 | 참조사항 |
|---|---|---|---|---|---|---|---|---|---|
| 1 | 2 | Bitmap Image | 15 | ₩193,050 | ☐ | 2023-01-10 | 아이캔21 | mailto:ksaiuemn@netian.com | |
| 2 | 5 | Bitmap Image | 9 | ₩126,720 | ☐ | 2023-01-15 | 가남 | mailto:kyj986544@hanmail.net | |
| 3 | 7 | Bitmap Image | 100 | ₩928,000 | ☑ | 2023-01-18 | 시네마 | mailto:cinema@lycos.co.kr | 세금계산서 반드시 동봉 |
| 4 | 8 | Bitmap Image | 5 | ₩35,320 | ☐ | 2023-01-22 | 리치 | mailto:kook81@empas.com | |
| 5 | 4 | Bitmap Image | 5 | ₩70,400 | ☑ | 2023-01-25 | 멀티클럽 | mailto:loveyou@netian.com | 3개 추가 |
| 6 | 12 | Bitmap Image | 50 | ₩700,000 | ☑ | 2023-01-28 | 상아 | mailto:sanga@lycos.co.kr | 끈 다른 색으로 추가 |
| 7 | 11 | Bitmap Image | 50 | ₩565,000 | ☑ | 2023-01-31 | 동아후로킹 | mailto:doonga@hotmail.com | |
| 8 | 7 | Bitmap Image | 10 | ₩92,800 | ☐ | 2023-02-10 | 명승 | mailto:lss1345@netian.com | |
| 9 | 8 | Bitmap Image | 7 | ₩49,448 | ☐ | 2023-02-12 | 멀티클럽 | mailto:lss1345@netian.com | |
| 10 | 9 | Bitmap Image | 8 | ₩69,600 | ☐ | 2023-02-15 | 재호상사 | mailto:jaho@hotmail.com | 끈 5개 추가 |
| 11 | 18 | Bitmap Image | 5 | ₩71,500 | ☐ | 2023-02-20 | 시공테크 | mailto:kkk1111@empas.com | |
| 12 | 7 | Bitmap Image | 20 | ₩185,600 | ☐ | 2023-02-20 | 동아후로킹 | mailto:doonga@hotmail.com | |
| 13 | 20 | Bitmap Image | 200 | ₩2,618,000 | ☑ | 2023-02-22 | 상아 | mailto:sanga@netian.com | 30개 취소 |
| 14 | 13 | Bitmap Image | 27 | ₩326,700 | ☐ | 2023-02-28 | 텔로윈 | mailto:tellme@hanmail.net | |
| 15 | 16 | Bitmap Image | 18 | ₩178,200 | ☐ | 2023-03-01 | 한울 | mailto:hanul@empas.com | |
| 16 | 1 | Bitmap Image | 20 | ₩209,000 | ☐ | 2023-03-06 | 재호상사 | mailto:jaho@hotmail.com | 출고시 연락 바람 |
| | | | | | | 2023-03-13 | 개성전자 | mailto:heaven@lycos.co.kr | |

↓

쿼리실습

| 순번 | 상품번호 | 수량 | 금액 | 거래처명 | 담당자메일 |
|---|---|---|---|---|---|
| 1 | 2 | 15 | ₩193,050 | 아이캔21 | mailto:ksaiuemn@netian.com |
| 2 | 5 | 9 | ₩126,720 | 가남 | mailto:kyj986544@hanmail.net |
| 3 | 7 | 100 | ₩928,000 | 시네마 | mailto:cinema@lycos.co.kr |
| 4 | 8 | 5 | ₩35,320 | 리치 | mailto:kook81@empas.com |
| 5 | 4 | 5 | ₩70,400 | 멀티클럽 | mailto:loveyou@netian.com |
| 6 | 12 | 50 | ₩700,000 | 상아 | mailto:sanga@lycos.co.kr |
| 7 | 11 | 50 | ₩565,000 | 동아후로킹 | mailto:doonga@hotmail.com |
| 8 | 7 | 10 | ₩92,800 | 명승 | mailto:lss1345@netian.com |
| 9 | 8 | 7 | ₩49,448 | 멀티클럽 | mailto:lss1345@netian.com |
| 10 | 9 | 8 | ₩69,600 | 재호상사 | mailto:jaho@hotmail.com |
| 11 | 18 | 5 | ₩71,500 | 시공테크 | mailto:kkk1111@empas.com |
| 12 | 7 | 20 | ₩185,600 | 동아후로킹 | mailto:doonga@hotmail.com |
| 13 | 20 | 200 | ₩2,618,000 | 상아 | mailto:sanga@netian.com |
| | | | | | mailto:tellme@hanmail.net |

### 단순 쿼리 마법사 이용

① [만들기] → [쿼리] → [쿼리 마법사]를 클릭한다.

② '새 쿼리' 대화상자에서 '단순 쿼리 마법사'를 선택한 후 〈확인〉을 클릭한다.

③ '단순 쿼리 마법사' 1단계 대화상자에서 사용할 테이블과 필드를 그림과 같이 지정한 후 〈다음〉을 클릭한다.

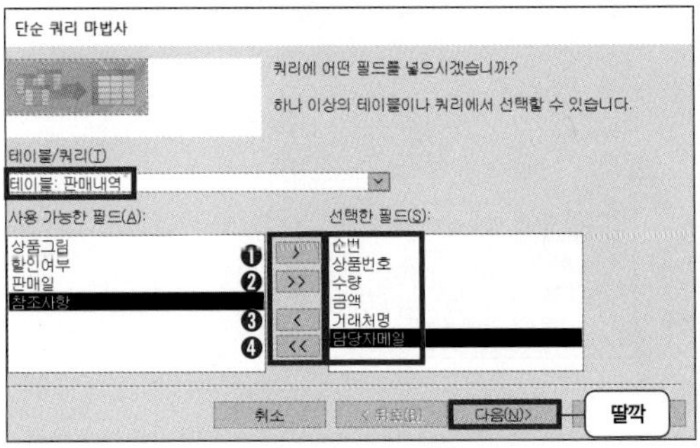


❶ 한 개의 필드를 '선택한 필드' 창으로 이동한다.

❷ 전체 필드를 '선택한 필드' 창으로 이동한다.

❸ 한 개의 필드를 '사용 가능한 필드' 창으로 이동한다.

❹ 전체 필드를 '사용 가능한 필드' 창으로 이동한다.

**준비하세요**

'C:\길벗컴활1급필기\3과목\3과목 3장.accdb' 파일을 불러와 실습하세요.

④ '단순 쿼리 마법사' 2단계 대화상자에서 〈다음〉을 클릭한다.

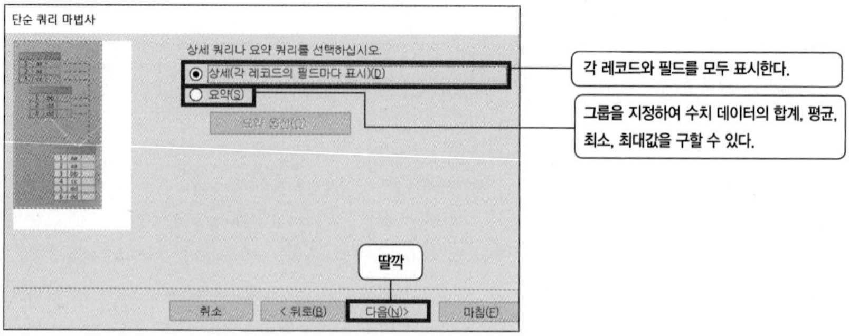


⑤ '단순 쿼리 마법사' 3단계 대화상자에서 쿼리의 이름을 입력하고 〈마침〉을 클릭한다.

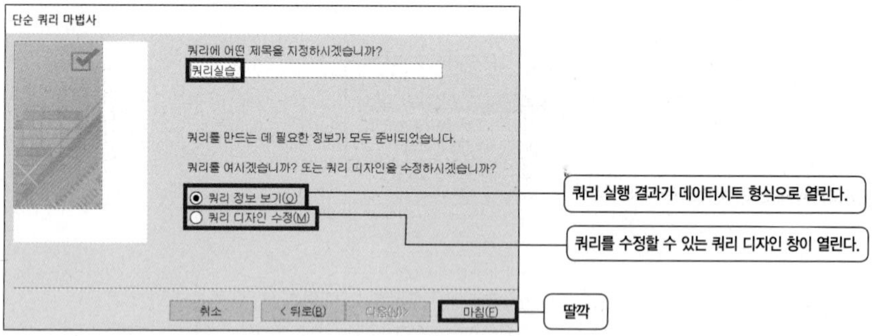


### 디자인 보기 이용

① [만들기] → [쿼리] → [쿼리 디자인]을 클릭한다.

② '테이블 추가' 창의 '테이블' 탭에서 '판매내역' 테이블을 더블클릭하여 테이블 표시 창에 추가*한다.

**테이블 추가**
'판매내역' 테이블을 선택한 후 〈선택한 표 추가〉를 클릭해도 같은 결과가 나옵니다.

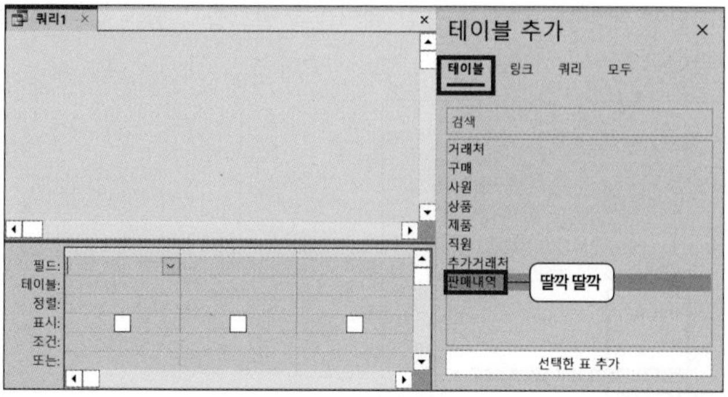

③ '순번'을 하단 그리드 라인의 첫 번째 필드로 드래그한다.* 같은 방법으로 '상품번호', '수량', '금액', '거래처명', '담당자메일'을 각 필드로 드래그한다.

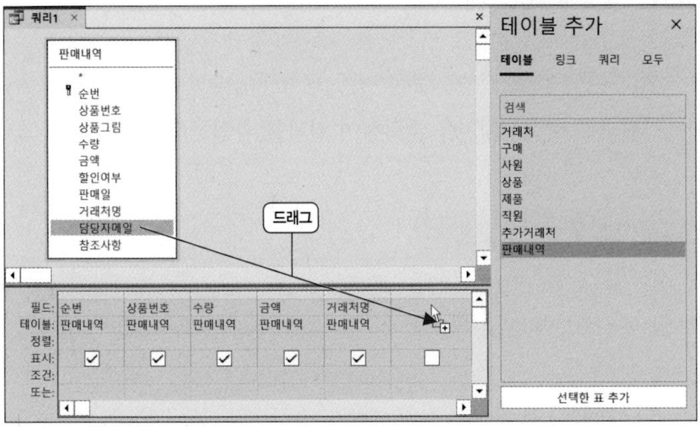


④ 결과를 확인하기 위해 [쿼리 디자인] → [결과] → [실행(!)]을 클릭한다.

**잠깐만요 쿼리의 저장 여부를 묻는 대화상자**

결과는 데이터시트 형태로 표시되며, 결과를 확인한 후 데이터시트의 닫기 단추(×)를 클릭하면 다음과 같이 쿼리의 저장 여부를 묻는 대화상자가 표시됩니다. 이미 단순 쿼리 마법사를 이용하여 '쿼리실습' 쿼리를 작성하였으므로 〈아니요〉를 클릭합니다.

## SQL 보기 이용

① [만들기] → [쿼리] → [쿼리 디자인]을 클릭한다.

② 테이블 표시 창의 바로 가기 메뉴에서 [SQL 보기]*를 선택한다.

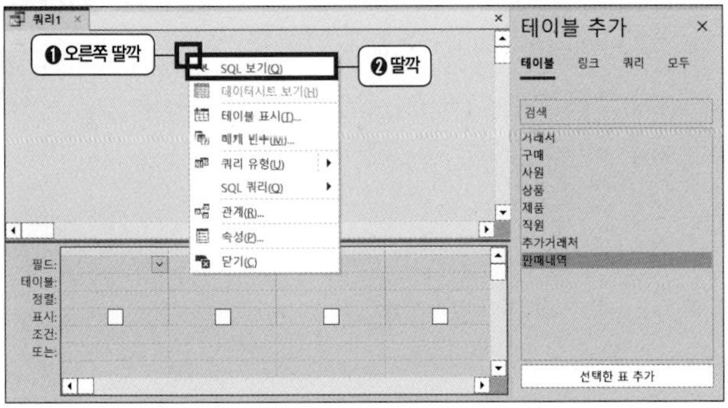


**그리드 라인에 필드를 이동하는 다른 방법**
그리드 라인으로 이동할 필드를 차례대로 더블클릭합니다.

**SQL 보기**
- [SQL 보기]는 쿼리를 실행시킨 상태나 쿼리 디자인 보기 창이 열린 상태에서만 보입니다.
- [쿼리 디자인] → [결과] → [보기] → [SQL 보기]를 선택해도 됩니다.
- 쿼리 마법사나 디자인 보기를 이용하여 만든 쿼리도 [SQL 보기]로 확인하고, 수정할 수 있습니다.

③ SQL 입력 창에 다음과 같이 입력한다.

④ [쿼리 디자인] → [결과] → [실행(!)]을 클릭하여 결과를 확인한다.

**잠깐만요 쿼리의 저장 여부를 묻는 대화상자**

결과를 확인한 후 데이터시트의 닫기 단추(×)를 클릭하면 '디자인 보기 이용'에서와 같이 다음과 같은 대화상자가 표시됩니다. 이미 단순 쿼리 마법사를 이용하여 '쿼리실습' 쿼리를 작성하였으므로 〈아니요〉를 클릭합니다.

**따라잡기 기출문제 따라잡기**

문제1 1213751

13년 1회

**1. 다음 중 쿼리에 대한 설명으로 옳지 않은 것은?**

① 쿼리는 테이블의 데이터를 이용하여 사용자가 원하는 형식으로 가공하여 보여줄 수 있다.

② 테이블이나 다른 쿼리를 이용하여 새로운 쿼리를 생성할 수 있다.

③ 쿼리는 단순한 조회 이외에도 데이터의 추가, 삭제, 수정 등을 수행할 수 있다.

④ 쿼리를 이용하여 추출한 결과는 폼과 보고서에서만 사용할 수 있다.

②번 보기와 같이 쿼리는 또 다른 쿼리에 사용할 수 있습니다.

▶ 정답 : 1. ④

# SECTION 149 단순 조회 질의 - 기본 구문

C 등급

## 1 기본 구문

24.5, 21.2, 19.상시, 18.2, 16.2, 15.3, 15.2, 11.3, 10.2, 10.1, 08.4, 08.3, 07.4, 06.2, 05.2, 04.2, 03.3

3215801

```
SELECT [DISTINCT]* 필드이름
FROM 테이블(또는 쿼리)이름
[WHERE 조건식];
```

- SQL문에서는 대 · 소문자를 구분하지 않는다.
- 여러 줄에 나누어 입력이 가능하며, 마지막에 ';'을 입력해 SQL문의 끝임을 알린다.*
- SELECT문에 'DISTINCT'를 입력하면 검색 결과가 중복되는 레코드는 검색 시 한 번만 표시된다.
- **필드이름** : 테이블의 모든 필드를 검색할 경우에는 필드이름 대신 '*'를 입력하고, 특정 필드들만 검색할 경우 필드와 필드는 쉼표(,)로 구분하여 표시한다.
- **FROM 절** : 테이블이나 쿼리 이름을 지정한다.
- **WHERE 조건식** : 조건을 입력하여 특정 조건에 맞는 레코드만 검색할 때 사용한다.
- 두 개의 테이블을 지정하여 레코드를 검색하려면 두 테이블을 콤마(,)로 연결한다.

**예제 1** 〈상품〉 테이블에서 상품명, 판매가, 매입가를 검색하시오.

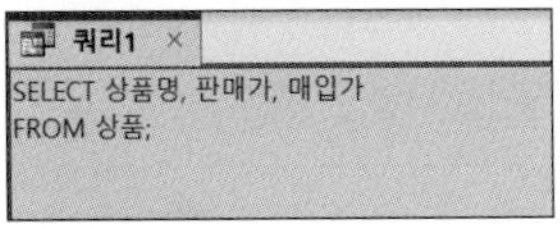


→

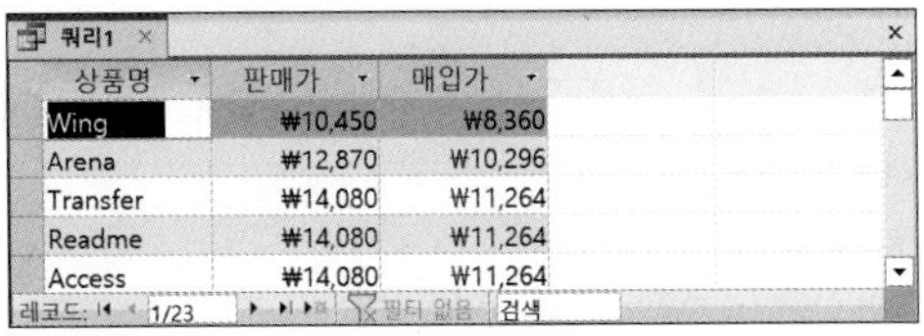


**예제 2** 〈상품〉 테이블의 모든 필드를 검색하시오.

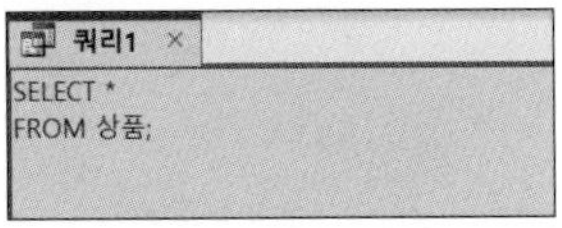


→

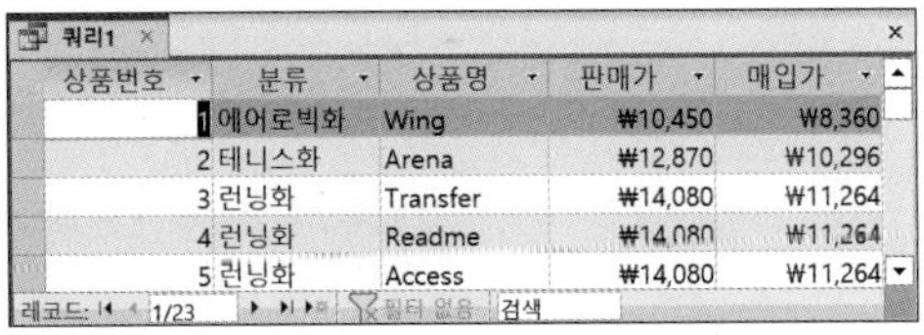


**예제 3** 〈상품〉 테이블에서 분류를 검색하되 중복되는 레코드는 한 번만 표시하시오.

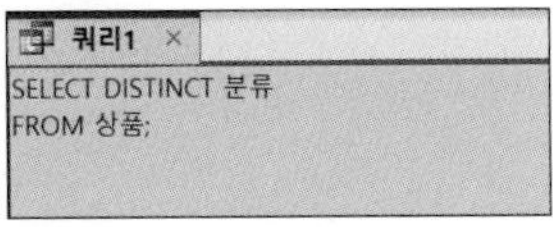


→

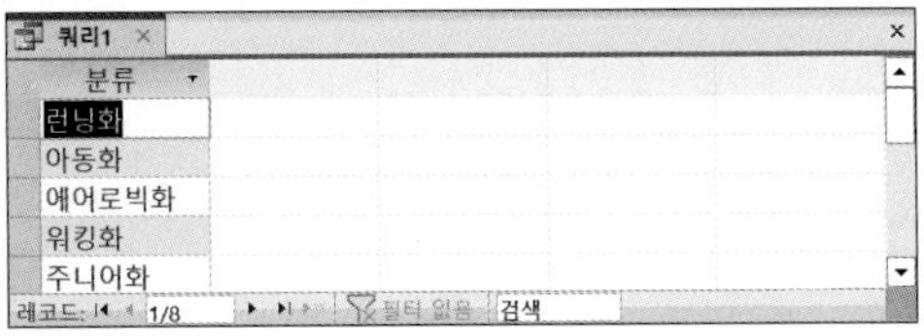


**전문가의 조언**

이 부분부터는 반드시 예제를 실습해 보면서 각 질의의 실행 결과를 확인해 봐야 합니다. SELECT 문에서는 'DISTINCT'와 '*'의 개념을 정확히 이해하세요.

**구문에서 대괄호([ ])의 의미**

SQL문에서 [DISTINCT]처럼 대괄호로 묶여진 명령어들은 생략이 가능하다는 뜻입니다.

**문의 끝(;)**

문의 끝을 나타내는 ';'을 입력하지 않으면 자동으로 입력됩니다.

**준비하세요**

'C:\길벗컴활1급필기\3과목\3과목 3장.accdb' 파일을 불러와 실습하세요. 이어지는 예제는 모두 [SQL 보기]를 이용하여 실습하고 결과를 확인하세요.

**계속 실습하기**

SQL문을 실행하여 결과를 확인한 후 저장하지 않고 다음 문제를 바로 실습하려면, [홈] → [보기] → [보기] → [SQL 보기]를 선택한 후 내용을 지우고 왼쪽 예제의 SQL문을 입력하면 됩니다.

**문자값 묶어주기**
'where 분류="아동화"'와 같이 문자값을 비교할 때는 문자값(아동화)을 큰따옴표(" ")나 작은따옴표(' ')로 묶어줍니다. 큰따옴표나 작은따옴표 어느 것을 사용해도 상관없습니다.

**예제 4** 〈상품〉 테이블에서 분류가 "아동화"인 상품의 분류, 상품명, 판매가, 매입가를 검색하시오.

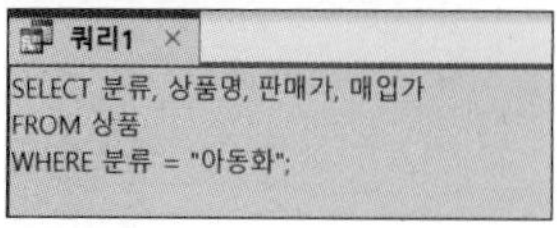


→

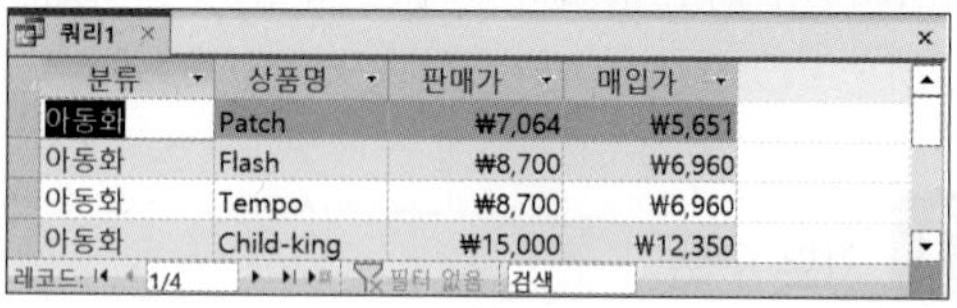


문제1 3215851 문제3 3215853

## 따라잡기 기출문제 따라잡기

16년 2회

**1. 다음 중 SQL의 SELECT문에 대한 설명으로 옳지 않은 것은?**

① ORDER BY문을 이용하여 정렬할 때, 기본 값은 오름차순 정렬(ASC) 값을 가진다.

② 검색 필드의 구분은 콤마(,)로 구분한다.

③ 검색 결과에 중복되는 레코드를 없애기 위해서는 'DISTINCT'를 명세해야 한다.

④ FROM 절에는 테이블 이름만을 지정할 수 있다.

FROM 절에는 테이블 이름 외에 쿼리 이름을 지정할 수 있습니다.

21년 2회, 15년 2회, 10년 2회

**2. 다음 중 SELECT 문의 선택된 필드에서 중복 데이터를 포함하는 레코드를 제외시키는 조건자로 옳은 것은?**

① DISTINCT ② UNIQUE

③ ONLY ④ *

중복 데이터를 포함하는 레코드를 제외시키는 조건자는 DISTINCT입니다.

11년 3회, 08년 4회, 3회, 03년 3회

**3. 다음 중 〈회원〉 테이블에 대한 다음 SQL문을 수행했을 때 출력 결과로 옳은 것은? 단, 성명 필드는 빈문자열 허용이 예로 지정되어 있으며, 필드 값이 〈null〉로 표시된 것은 문자열이 아닌 〈null〉인 상태를 의미한다.**

```
SELECT DISTINCT COUNT(성명) FROM 회원;
```

〈회원〉 테이블

| 회원번호 | 성명 |
|---|---|
| 1 | 이 |
| 2 | 김 |
| 3 | 〈null〉 |
| 4 | 이 |

① 4 ② 3 ③ 2 ④ 1

절단위로 구분하여 질의문을 이해하면 쉽습니다.
- SELECT DISTINCT COUNT(성명) : '성명' 필드가 NULL이 아닌 레코드의 개수를 세어 표시합니다. DISTINCT는 결과에 대한 중복 값을 제거하는 것인데, 여기서는 의미 없이 사용되었습니다.
- FROM 회원 : 〈회원〉 테이블을 검색합니다.
- 결과는 성명이 NULL이 아닌 레코드의 개수 3이 표시됩니다.

24년 5회

**4. 다음 중 각 쿼리문에 대한 설명으로 옳지 않은 것은?**

① insert into member(id, password, name, age) values ('a001', '1234', 'kim', 20);

② update member set age=17 where id='a001';

③ select * distinct from member where age=17;

④ delete from member where id='a001';

DISTINCT는 검색 결과가 중복되는 레코드는 검색 시 한번 만 표시하는 것으로 필드명 앞에 기술합니다.

10년 1회

**5. 아래의 설명 중 SQL문의 옳은 특징만을 나열한 것은?**

> ㄱ. 여러 줄에 나누어 입력 가능하다.
> ㄴ. 문장 끝에는 콜론(:)을 붙인다.
> ㄷ. Keyword는 대문자로 입력해야 한다.
> ㄹ. Select 질의 시 정렬순서의 기본값은 오름차순이다.

① ㄱ, ㄴ ② ㄴ, ㄷ, ㄹ

③ ㄱ, ㄹ ④ ㄱ, ㄷ

SQL 문의 끝에는 세미콜론(;)을 입력해야 하고, Keyword는 소문자, 대문자 모두 사용이 가능합니다.

▶ 정답 : 1. ④ 2. ① 3. ② 4. ③ 5. ③

SECTION **150**

# 단순 조회 질의 – 정렬

A 등급

## 1 정렬

24.1, 23.5, 23.2, 22.6, 22.4, 22.3, 22.2, 21.4, 21.1, 20.1, 19.상시, 19.2, 19.1, 18.상시, 18.2, 17.1, 16.3, 14.3, 11.3, 11.1, 10.2, …

3215901

```
SELECT [DISTINCT] 필드이름
FROM 테이블(또는 쿼리)이름
[WHERE 조건식]
[ORDER BY 필드이름 정렬방식, …];
```

- **ORDER BY문** : 특정 필드를 기준으로 레코드를 정렬하여 검색할 때 사용한다.
- **정렬 방식**
  - 'ASC'와 'DESC'가 있으며, 'ASC'는 오름차순, 'DESC'는 내림차순을 의미한다.
  - 정렬 방식을 지정하지 않으면 기본적으로 오름차순(ASC) 정렬이 수행된다.
  - 오름차순으로 정렬할 경우 숫자, 한글, 영문(소문자 → 대문자) 순으로 정렬된다.

**예제 1** 〈상품〉 테이블에서 분류, 상품명, 판매가, 매입가를 검색하되, 판매가를 기준으로 오름차순 정렬하시오.

```
SELECT 분류, 상품명, 판매가, 매입가
FROM 상품
ORDER BY 판매가;
```

→

| 분류 | 상품명 | 판매가 | 매입가 |
|---|---|---|---|
| 아동화 | Patch | ₩7,064 | ₩5,651 |
| 아동화 | Flash | ₩8,700 | ₩6,960 |
| 아동화 | Tempo | ₩8,700 | ₩6,960 |
| 주니어화 | Player | ₩9,280 | ₩7,424 |
| 주니어화 | Basic | ₩9,280 | ₩7,424 |

레코드: 1/23

**예제 2** 〈상품〉 테이블에서 분류를 검색하되, 중복되는 레코드는 한 번만 표시하고 분류를 기준으로 오름차순 정렬하시오.

```
SELECT DISTINCT 분류
FROM 상품
ORDER BY 분류 ASC;
```

→

| 분류 |
|---|
| 런닝화 |
| 아동화 |
| 에어로빅화 |
| 워킹화 |
| 주니어화 |

레코드: 1/8

**예제 3** 〈상품〉 테이블에서 분류, 상품명, 판매가, 매입가를 검색하되, 분류를 기준으로 오름차순 정렬하고, 분류가 같을 경우에는 판매가를 기준으로 내림차순 정렬하시오.

```
SELECT 분류, 상품명, 판매가, 매입가
FROM 상품
ORDER BY 분류 ASC, 판매가 DESC;
```

→

| 분류 | 상품명 | 판매가 | 매입가 |
|---|---|---|---|
| 런닝화 | Runaway | ₩19,870 | ₩15,700 |
| 런닝화 | Readme | ₩14,080 | ₩11,264 |
| 런닝화 | Access | ₩14,080 | ₩11,264 |
| 런닝화 | Transfer | ₩14,080 | ₩11,264 |
| 런닝화 | 일단뛰어 | ₩12,758 | ₩12,300 |

레코드: 1/23

**전문가의 조언**

**중요해요!** ORDER BY문이 정렬에 사용된다는 것과 정렬 방식 'ASC'와 'DESC'의 사용법을 꼭 숙지하세요.

**준비하세요**

'C:\길벗컴활1급필기\3과목\3과목 3장.accdb' 파일을 불러와 실습하세요. 이어지는 예제는 모두 [SQL 보기]를 이용하여 실습하고 결과를 확인하세요.

**정렬 방식**

정렬방식이 생략되면 오름차순(ASC)으로 정렬됩니다.

**2차 정렬**

2차 정렬을 할 경우 쉼표(,)로 구분합니다.

문제2 3215952　문제4 3215954

07년 2회, 02년 3회

**1. Select 문장에서 한 개 또는 그 이상의 필드를 기준으로 오름차순 또는 내림차순으로 정렬하고자 할 때 사용되는 절로 옳은 것은?**

① Having 절　② Group By 절
③ Order By 절　④ Where 절

정렬은 Order By 절을 사용합니다.

24년 1회, 23년 5회, 2회, 22년 4회, 3회, 2회

**2. 다음 중 아래와 같은 결과를 표시하는 SQL문은?**

쿼리1

| 도서명 | 저자 | 정가 | 출판사 |
|---|---|---|---|
| 월급쟁이대테크 | 우용표 | ₩17,500 | 길벗경영 |
| 차트분석 | 윤재수 | ₩25,000 | 길벗경영 |
| 워드프로세서 | 김종일 | ₩19,000 | 길벗수험 |
| 컴퓨터활용능력 | 김우경 | ₩28,000 | 길벗수험 |
| 코딩인공지능 | 강희숙 | ₩18,000 | 길벗IT |
| 포토샵CC | 김선길 | ₩20,000 | 길벗IT |

① select * from 도서 order by 출판사 asc, 정가 asc;
② select * from 도서 order by 저자 asc, 출판사 desc;
③ select * from 도서 order by 정가 desc, 저자 asc;
④ select * from 도서 order by 도서명 asc, 정가 desc;

문제의 그림은 '출판사'를 기준으로 오름차순 정렬하고 '출판사'가 같은 경우에는 '정가'를 기준으로 오름차순 정렬한 결과입니다.

10년 2회, 06년 1회, 05년 3회

**3. 다음 SQL문으로 알 수 있는 사항이 아닌 것은?**

```
Select 학과, 이름, 데이터베이스, 운영체제, 평균 From 성적
Where 평균 >= 60 ORDER BY 학과, 평균 DESC;
```

① 성적 테이블에서 검색을 수행한다.
② 평균 60점 이상인 학생만 검색 대상이 된다.
③ 검색 결과를 학과와 평균의 내림차순으로 정렬한다.
④ 학과, 이름, 데이터베이스, 운영체제, 평균 열을 검색한다.

ORDER BY문에서 정렬 방식이 'ASC'이거나 생략되면 오름차순이고, 'DESC'이면 내림차순입니다. 학과는 정렬 방식이 생략되었으므로 오름차순이고, 평균은 'DESC'이므로 내림차순으로 정렬됩니다.

21년 4회, 1회, 19년 1회, 18년 2회, 16년 3회, 11년 3회, 09년 3회, 08년 2회, 07년 4회, 2회, 1회, 06년 2회, …

**4. 다음 중 직원(사원번호, 부서명, 이름, 나이, 근무년수, 급여) 테이블에서 '근무년수'가 3 이상인 직원들을 나이가 많은 순서대로 조회하되, 같은 나이일 경우 급여의 오름차순으로 모든 필드를 표시하는 SQL문은?**

① select * from 직원 where 근무년수 >= 3 order by 나이, 급여;
② select * from 직원 order by 나이, 급여 where 근무년수 >= 3;
③ select * from 직원 order by 나이 desc, 급여 asc where 근무년수 >= 3;
④ select * from 직원 where 근무년수 >= 3 order by 나이 desc, 급여 asc;

절단위로 구분하여 질의문을 작성하면 쉽습니다.
- 모든 필드를 검색하므로 **SELECT ***입니다.
- <직원> 테이블에서 검색하므로 **FROM 직원**입니다.
- 근무년수가 3 이상인 레코드를 검색하므로 **WHERE 근무년수 >= 3**입니다.
- 나이가 많은 순(내림차순)으로 검색하되, 같은 나이일 경우 급여의 오름차순으로 검색하므로 **ORDER BY 나이 DESC, 급여 ASC**입니다.

22년 6회, 19년 2회, 14년 3회, 08년 1회

**5. [평균성적] 테이블에서 '평균' 필드 값이 90 이상인 학생들을 검색하여 '학년' 필드를 기준으로 내림차순, '반' 필드를 기준으로 오름차순 정렬하여 표시하고자 한다. 다음 중 아래 SQL문의 각 괄호 안에 넣을 예약어로 옳은 것은?**

```
SELECT 학년, 반, 이름
FROM 평균성적
WHERE 평균 >= 90
( ㉠ ) 학년 ( ㉡ ) 반 ( ㉢ );
```

① ㉠ GROUP BY ㉡ DESC ㉢ ASC
② ㉠ GROUP BY ㉡ ASC ㉢ DESC
③ ㉠ ORDER BY ㉡ DESC ㉢ ASC
④ ㉠ ORDER BY ㉡ ASC ㉢ DESC

정렬을 지정할 때는 Order By 문을 사용하며, 'ASC'는 오름차순, 'DESC'는 내림차순을 의미합니다.

▶ **정답** : 1. ③　2. ①　3. ③　4. ④　5. ③

SECTION 151

# 단순 조회 질의 - 그룹 지정

A 등급

## 1 그룹 지정

24.5, 24.2, 23.3, 23.1, 22.5, 22.1, 21.3, 21.1, 20.1, 19.상시, 18.상시, 18.2, 18.1, 15.3, 14.3, 13.2, 13.1, 12.3, 11.1, …

3216001

```
SELECT [DISTINCT] 필드이름
FROM 테이블(또는 쿼리)이름
[WHERE 조건식]
[GROUP BY 필드이름]
[HAVING 그룹조건식];
```

- **GROUP BY절**
  - 특정 필드를 기준으로 그룹화하여 검색할 때 사용한다.
  - 일반적으로 GROUP BY는 SUM, AVG, COUNT 같은 그룹 함수*와 함께 사용한다.
- **HAVING 절**
  - 그룹에 대한 조건을 지정할 때 사용한다.
  - 개개의 레코드에 조건을 지정할 때는 WHERE절을 사용한다.

**예제 1** 〈상품〉 테이블에서 판매합계라는 필드 이름으로 판매가의 합계, 매입평균이라는 필드 이름으로 매입가의 평균을 계산하여 검색하시오.

```
SELECT SUM(판매가) AS 판매합계, AVG(매입가) AS 매입평균
FROM 상품;
```

→

| 판매합계 | 매입평균 |
|---|---|
| ₩283,262 | ₩9,950 |

레코드: 1/1

**예제 2** 〈상품〉 테이블에서 분류별 상품 개수를 계산하시오.

```
SELECT 분류, COUNT(분류) AS 상품수
FROM 상품
GROUP BY 분류;
```

→

| 분류 | 상품수 |
|---|---|
| 런닝화 | 5 |
| 아동화 | 4 |
| 에어로빅화 | 1 |
| 워킹화 | 3 |
| 주니어화 | 3 |

레코드: 1/8

**예제 3** 〈상품〉 테이블에서 판매가가 '10,000'원 이상인 상품의 분류별 상품 개수가 3개 이상인 것만 검색하시오.

```
SELECT 분류, COUNT(분류) AS 상품수
FROM 상품
WHERE 판매가 >= 10000
GROUP BY 분류
HAVING COUNT(분류) >= 3;
```

→

| 분류 | 상품수 |
|---|---|
| 런닝화 | 5 |
| 워킹화 | 3 |
| 클래식화 | 3 |

레코드: 1/3

**전문가의 조언**

**중요해요!** GROUP BY문을 이용한 그룹 지정에서는 그룹 함수를 사용한 질의문의 결과를 묻는 문제가 자주 출제됩니다. 그룹 함수 SUM, AVG, MIN 등은 엑셀에서 이미 배운 내용이므로 가볍게 살펴보고, 질의문에 어떻게 적용하는지만 파악하면 됩니다. HAVING문을 이용해 그룹의 조건을 지정하는 방법도 알아두세요.

**그룹(집단) 함수**
- SUM : 합계
- AVG : 평균
- MAX : 최대값
- MIN : 최소값
- COUNT : 개수

**준비하세요**

'C:\길벗컴활1급필기\3과목\3과목 3장.accdb' 파일을 불러와 실습하세요. 이어지는 예제는 모두 [SQL 보기]를 이용하여 실습하고 결과를 확인하세요.

**SUM(판매가) AS 판매합계**
'판매가' 필드에 있는 값들의 합계를 표시하되 '판매합계'라는 필드 이름으로 표시합니다.

24.5, 15.1, 11.3, 08.1, 06.4, 06.2, 04.3

### 잠깐만요 WHERE절과 HAVING절의 차이

1213832

WHERE는 개개의 레코드에 조건을 지정하는 것이고, HAVING은 그룹에 대해 조건을 지정하는 것입니다. 바로 위 예제와 같이 지정했을 경우 WHERE절에 의해 판매가가 10,000원 이상인 레코드만 추출된 후 GROUP BY절에 의해 분류를 기준으로 그룹이 지정됩니다. 그러나 모든 분류가 검색되는 것이 아니고 HAVING절에 의해 각 분류 그룹에 속한 레코드의 개수가 3개 이상인 분류 그룹만 출력됩니다.

## 따라잡기 기출문제 따라잡기

문제1 4315151 문제2 3216052

23년 1회

**1. 다음 중 주문(주문번호, 고객번호, 제품번호, 주문수량) 테이블을 대상으로 고객번호별 주문횟수가 2개 이상인 제품에 대해 고객번호, 주문횟수, 주문수량의 합계를 표시하는 SQL문으로 옳은 것은?**

① Select 고객번호, Count(주문번호), Sum(주문수량) From 주문 Where Count(고객번호) 〉= 2 Group By 고객번호;

② Select 고객번호, Count(주문번호), Sum(주문수량) From 주문 Group By 고객번호 Having Count(고객번호) 〉= 2;

③ Select 고객번호, Sum(주문번호), Count(주문수량) From 주문 Where Count(고객번호) 〉= 2 Group By 고객번호;

④ Select 고객번호, Count(주문번호), Sum(주문수량) From 주문 Group By 고객번호 Having Sum(고객번호) 〉= 2;

절단위로 구분하여 질의문을 작성하면 다음과 같습니다.
- 고객번호, 주문횟수, 주문수량의 합계를 검색해야 하므로 **Select 고객번호, Count(주문번호), Sum(주문수량)**입니다.
- 〈주문〉 테이블을 검색해야 하므로 **From 주문**입니다.
- 고객번호별로 검색해야 하므로 **Group By 고객번호**입니다.
- 고객번호별로 주문횟수가 2개 이상인 주문만을 대상으로 하므로 **Having Count(고객번호) 〉= 2**입니다.

24년 2회, 23년 3회, 22년 5회, 22년 1회, 21년 4회, 3회, 20년 1회

**2. 다음 중 아래 〈학생〉 테이블에 대한 SQL문의 실행 결과로 옳은 것은?**

학생

| 학번 | 전공 | 학년 | 나이 |
|---|---|---|---|
| 1002 | 영문 | SO | 19 |
| 1004 | 통계 | SN | 23 |
| 1005 | 영문 | SN | 21 |
| 1008 | 수학 | JR | 20 |
| 1009 | 영문 | FR | 18 |
| 1010 | 통계 | SN | 25 |

```
SELECT AVG([나이]) FROM 학생
WHERE 학년="SN" GROUP BY 전공
HAVING COUNT(*) 〉= 2;
```

① 21 ② 22
③ 23 ④ 24

절단위로 구분하여 질의문을 이해하면 쉽습니다.
- **SELECT AVG([나이]) FROM 학생** : 〈학생〉 테이블에서 '나이' 필드의 평균을 검색합니다.
- **WHERE 학년="SN"** : '학년' 필드의 값이 "SN"인 레코드만을 대상으로 검색합니다.
- **GROUP BY 전공** : '전공' 필드를 기준으로 그룹을 지정합니다.
- **HAVING COUNT(*)〉=2** : 그룹별로 레코드의 개수가 2개 이상인 그룹만을 대상으로 검색합니다.

15년 1회, 11년 3회, 08년 1회, 06년 4회, 2회, 04년 3회

**3. HAVING절과 WHERE절의 가장 큰 차이점은 무엇인가?**

① 조건 지정 여부 ② 그룹 여부
③ 정렬 여부 ④ 함수 사용 여부

WHERE절이나 HAVING절은 모두 조건을 지정할 때 사용됩니다. 하지만 그룹이 지정된 곳에는 HAVING절을, 개개의 레코드에는 WHERE절을 사용합니다.

24년 5회, 21년 4회, 3회, 2회, 18년 상시, 18년 2회, 13년 2회, 1회

**4. 다음 중 Select문에서 사용되는 Group By와 관련된 설명으로 옳지 않은 것은?**

① Group By절을 이용하면 Sum 또는 Count와 같은 집계 함수를 사용하여 요약 값을 생성할 수 있다.

② Group By절에 대한 조건식은 Where절을 사용한다.

③ Group By절에서 지정한 필드 목록의 값이 같은 레코드를 단일 레코드로 결합한다.

④ Group By절을 이용하면 설정한 그룹별로 분석할 수 있다.

그룹을 지정할 때는 Group By, 그룹에 조건을 지정할 때는 Having을 사용합니다.

▶ **정답** : 1. ② 2. ④ 3. ② 4. ②

SECTION 152

# 주요 함수

A 등급

## 1 그룹 함수

24.5, 23.2, 22.4, 22.1, 21.4, 21.3, 21.1, 20.1, 19.1, 15.3, 13.3, 13.1, 12.3, 11.1, 10.3, 10.1, 09.4, 09.2, 091, 08.4, 06.4, …

1213907

| | |
|---|---|
| 22.1, 21.3, 21.1, 09.1, 06.3, 05.3, …<br>AVG(필드명) | 필드의 평균을 구한다. |
| 22.1, 21.1, 09.4, 07.1<br>SUM(필드명) | 필드의 합계를 구한다. |
| 24.5, 23.2, 22.4, 22.1, 21.1, 17.2, …<br>COUNT(필드명) | 필드의 레코드 수를 구한다. |
| MIN(필드명) | 필드에서의 최소값을 구한다. |
| 21.1, 13.3<br>MAX(필드명) | 필드에서의 최대값을 구한다. |

**예제 1** 〈판매내역〉 테이블에서 거래처명별로 수량의 평균과 금액의 합계를 '수량의평균'과 '금액의합계'라는 이름으로 검색하시오.

```
SELECT 거래처명, AVG(수량) AS 수량의평균, SUM(금액) AS 금액의합계
FROM 판매내역
GROUP BY 거래처명;
```

→

| 거래처명 | 수량의평균 | 금액의합계 |
|---|---|---|
| 가남 | 14.5 | ₩300,720 |
| 개성전자 | 34 | ₩652,800 |
| 동아후로킹 | 35 | ₩750,600 |
| 리치 | 10 | ₩315,820 |
| 멀티클럽 | 5.66666666666667 | ₩163,348 |

레코드: 1/15

## 2 날짜/시간 처리 함수

19.상시, 18.1, 17.1, 16.1, 15.3, 12.2, 09.4, 06.3

3216102

| | |
|---|---|
| 06.3<br>NOW( ) | 현재 날짜와 시간을 표시한다. |
| 09.4<br>DATE( ) | 현재 날짜를 표시한다. |
| 15.3<br>WEEKDAY(날짜, 형식) | • 지정된 날짜의 요일에 해당하는 숫자를 표시한다(1~7).<br>• 형식<br>– 1 또는 생략 : 1(일요일)에서 7(토요일)까지의 숫자로 표시<br>– 2 : 1(월요일)에서 7(일요일)까지의 숫자로 표시<br>– 3 : 0(월요일)에서 6(일요일)까지의 숫자로 표시 |
| 09.4<br>DATEPART(형식, 날짜)* | • 지정된 날짜에서 형식에 제시된 값만 표시한다.<br>• 형식은 년(year), 월(month), 일(day) 중에서 지정한다. |
| 15.3, 09.4<br>DATEADD(형식, 값, 날짜)* | 지정된 날짜에서 형식(년, 월, 일)을 지정한 값만큼 증가한다. |
| 19.상시, 17.1, 15.3, 09.4<br>DATEDIFF(형식, 날짜1, 날짜2)* | 두 날짜 사이의 형식(년, 월, 일)의 경과값을 표시한다. |
| DATEVALUE(날짜) | 텍스트 형식의 날짜를 일련번호로 변환한다. |

**전문가의 조언**

**중요해요!** 대부분 엑셀에서 사용하던 함수와 동일하거나 유사한 기능을 수행하므로 데이터베이스에서만 특별히 다뤄지는 함수를 중심으로 각 함수의 기능과 사용 형식을 파악해 두세요.

**준비하세요**

'C:\길벗컴활1급필기\3과목\3과목 3장.accdb' 파일을 불러와 실습하세요. 이어지는 예제는 모두 [SQL 보기]를 이용하여 실습하고 결과를 확인하세요.

**예제 1 설명**

'GROUP BY 거래처명'으로 '거래처명'을 기준으로 그룹을 지정한 후 AVG와 SUM 함수로 수량의 평균과 금액의 합계를 출력합니다.

**사용 예**

- DATEPART("YYYY", "2024-5-7") → 2024
  형식이 년(YYYY)이므로 **년(年)** 부분만 표시합니다.
- DATEADD("M", 3, "2024-5-4") → 2024-8-4
  형식이 월(M)이므로 **월(月)**에 3개월을 더합니다.
- DATEDIFF("D", "2024-4-9", "2025-4-9") → 365
  형식이 일(D)이므로 두 날짜의 차이를 **일(日)** 수로 나타냅니다.

| | |
|---|---|
| YEAR(날짜) | 지정된 날짜에서 연도만 표시한다. |
| 15.3<br>MONTH(날짜) | 지정된 날짜에서 월만 표시한다. |
| DAY(날짜) | 지정된 날짜에서 일만 표시한다. |
| MONTHNAME(인수) | 지정한 인수를 월을 나타내는 문자열로 반환한다. |
| DATESERIAL(연도, 월, 일) | 지정된 연도, 월, 일에 해당하는 값을 날짜 형식으로 반환한다. |
| WEEKDAYNAME(요일 번호) | 요일 번호에 해당하는 요일명*을 반환한다. |
| TIME( ) | 현재 시간을 표시한다. |
| HOUR(시간) | 지정된 시간에서 시만 표시한다. |
| 12.2<br>MINUTE(시간) | 지정된 시간에서 분만 표시한다. |
| SECOND(시간) | 지정된 시간에서 초만 표시한다. |
| 12.2<br>TIMESERIAL(시, 분, 초) | 지정된 시, 분, 초에 해당하는 값을 시간 형식으로 반환한다. |
| 12.2<br>TIMEVALUE(시간) | 텍스트 형식의 시간을 일련번호로 변환한다. |

**요일명**
기본적으로 1은 '일요일', 2는 '월요일', 3은 '화요일', 4는 '수요일', 5는 '목요일', 6은 '금요일', 7은 '토요일'로 표시됩니다.

**'d'와 'y'의 차이**
'd'는 해당 날짜의 '일' 부분을 그냥 표시하고, 'y'는 해당 날짜가 일 년 중 몇 번째 날짜 인지를 계산하여 표시합니다. 예를 들어 '=DatePart("d" ,"2024-2-5")'로 지정하면 '2024-2-5'에서 '일'에 해당하는 '5'를 표시하고, '=DatePart("y", "2024-2-5")'로 지정하면 일 년 중 '2024-2-5'이 몇 번째 날짜 인지를 계산한 36이 표시됩니다.

### 잠깐만요 Dateadd, Datediff, Datepart 함수의 형식

1213931

- yyyy : 연
- q : 분기
- m : 월
- d : 일*
- y : 일 년 중 몇째 날*
- w : 요일
- ww : 주(일년 기준)
- h : 시
- n : 분
- s : 초

**예제2 설명**
Month(판매일)은 판매일 필드에 입력된 날짜 중에 **월(月)**에 해당하는 값만 추출합니다. 즉 판매일 필드에 '2024-04-15'가 입력되어 있다면 월 부분인 4만 추출됩니다.

**예제2** 〈판매내역〉 테이블에서 판매일을 참조하여 4월에 판매된 상품의 순번, 상품번호, 판매일, 거래처명을 검색하시오.

쿼리1

```
SELECT 순번, 상품번호, 판매일, 거래처명
FROM 판매내역
WHERE MONTH(판매일) = 4;
```

→

쿼리1

| 순번 | 상품번호 | 판매일 | 거래처명 |
|---|---|---|---|
| 22 | 12 | 2023-04-05 | 텔로원 |
| 23 | 13 | 2023-04-08 | 리치 |
| 24 | 19 | 2023-04-11 | 코닉스 |
| 25 | 16 | 2023-04-15 | 리치 |
| 26 | 9 | 2023-04-19 | 가남 |

레코드: 1/9 필터 없음 검색

**예제3 설명**
Day(판매일)도 역시 판매일 필드에 입력된 날짜 중에 **일(日)**에 해당하는 값만 추출합니다.

**예제3** 〈판매내역〉 테이블에서 판매일을 참조하여 4월에 판매된 상품 중 15일 이전에 판매된 상품의 순번, 상품번호, 판매일, 거래처명을 검색하시오.

쿼리1

```
SELECT 순번, 상품번호, 판매일, 거래처명
FROM 판매내역
WHERE MONTH(판매일) = 4 AND DAY(판매일) <= 15;
```

→

쿼리1

| 순번 | 상품번호 | 판매일 | 거래처명 |
|---|---|---|---|
| 22 | 12 | 2023-04-05 | 텔로원 |
| 23 | 13 | 2023-04-08 | 리치 |
| 24 | 19 | 2023-04-11 | 코닉스 |
| 25 | 16 | 2023-04-15 | 리치 |

레코드: 1/4 필터 없음 검색

**예제 4** 〈판매내역〉 테이블에서 판매된 상품의 순번, 상품번호, 판매요일, 거래처명을 검색하시오.

→

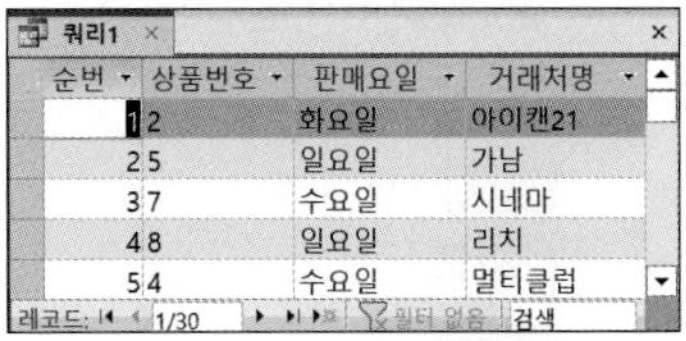


**예제 4 설명**
'WEEKDAY(판매일)'로 '판매일'에서 요일번호를 추출한 후 WEEKDAYNAME 함수로 요일번호에 대한 요일명을 표시합니다. 즉 "2024-6-26"에서 요일번호 4를 추출한 후 4에 해당하는 요일명인 "수요일"을 표시하는 것입니다.

24.5, 24.2, 24.1, 23.4, 23.3, 21.4, 21.1, 18.상시, 18.1, 16.2, 16.1, 14.2, 13.3, 13.1, 12.3, 12.2, 12.1, 11.1, 09.4, 09.3, 09.2, …

## 3 문자/숫자 처리 함수

1213903

| | |
|---|---|
| 24.5, 24.1, 23.4, 08.1, 06.3<br>LEN(필드 이름)* | 필드에 저장된 문자열의 길이를 반환한다. |
| 24.5, 24.1, 23.4, 12.2, 12.1<br>LEFT(문자열, 자릿수) | 문자열의 왼쪽에서 주어진 자릿수만큼 추출한다. |
| 24.5, 24.2, 24.1, 23.4, 23.3, 21.4, 21.1, 18.1, 12.1<br>MID(문자열, 시작값, 자릿수) | 문자열의 시작 위치에서 주어진 자릿수만큼 추출한다. |
| 13.3, 12.2, 12.1<br>RIGHT(문자열, 자릿수) | 문자열의 오른쪽에서 주어진 자릿수만큼 추출한다. |
| TRIM(문자열) | 문자열의 좌우 공백을 제거한다. |
| LTRIM(문자열) | 문자열의 왼쪽에 있는 공백을 제거한다. |
| RTRIM(문자열) | 문자열의 오른쪽에 있는 공백을 제거한다. |
| STRCOMP(문자열1, 문자열2)* | 문자열1과 문자열2를 비교하여 같으면 0, 다르면 -1을 반환한다. |
| LENB(문자열)* | 문자열의 길이를 바이트로 반환한다. |
| 09.4<br>LCASE(문자열) | 문자열을 모두 소문자로 변환한다. |
| UCASE(문자열) | 문자열을 모두 대문자로 변환한다. |
| REPLACE(문자열, 문자1, 문자2) | 문자열에서 문자1을 문자2로 변경한다. |
| SPACE(개수) | 지정한 수만큼의 공백을 추가한다. |
| STRING(개수, 문자) | 문자를 지정한 수만큼 반복해서 표시한다. |
| 24.5, 24.1, 23.4, 14.2, 13.3, 13.1, 12.3, 12.1, 11.1, …<br>INSTR(문자열, 찾는 문자 ) | • 문자열에서 찾는 문자 또는 문자열의 위치를 구한다.<br>• 문자열에서 찾는 문자나 문자열이 없는 경우에는 0을 반환한다. |
| STRCONV(문자열, 형식)* | 문자열을 지정한 형식으로 변환한다. |
| 12.2<br>STRREVERSE(문자열)* | 문자열의 문자를 역순으로 정렬하여 반환한다. |
| RND( ) | 0~1 사이의 난수를 반환한다. |
| ABS(인수) | 인수의 절대값을 반환한다. |

**사용 예**
- STRCOMP("AA", "AB") → -1
- STRCOMP("AA", "AA") → 0
- LEN("시나공") → 3
- LENB("시나공") → 6, 한글은 한 글자가 2Byte입니다.

**StrConv 함수의 주요 형식**
- 1 : 대문자로 변환함
- 2 : 소문자로 변환함
- 3 : 각 단어의 첫 글자를 대문자로 변환함
- 4 : 반자를 전자로 변환함
- 8 : 전자를 반자로 변환함

**사용 예**
- STRCONV("gilbut", 1) → GILBUT
- STRREVERSE("시나공") → 공나시

- INT(–5.3) → –6
- INT(5.3) → 5

| | |
|---|---|
| **INT(인수)*** | 인수보다 크지 않은 정수를 반환한다. |
| **ROUND(필드명, 소수자릿수)** | 필드에 저장된 숫자를 지정한 자릿수로 반올림한다. |

**예제5 설명**
'주소의 앞 3글자'라는 것은 '주소의 왼쪽에서 3글자'와 동일한 의미입니다.

**예제5** 〈거래처〉 테이블에서 주소 필드의 앞 3글자가 '용산구'인 거래처의 개수를 계산하시오.

쿼리1

```
SELECT COUNT(주소) AS 거래처수
FROM 거래처
WHERE LEFT(주소, 3) = "용산구";
```

→

| 거래처수 |
|---|
| 6 |

레코드: 1/1

**예제6** 〈상품〉 테이블에서 영문 상품명을 모두 대문자로 변경한 후 상품명, 변경상품명을 검색하시오.

쿼리1

```
SELECT 상품명, UCASE(상품명) AS 변경상품명
FROM 상품;
```

→

| 상품명 | 변경상품명 |
|---|---|
| Wing | WING |
| Arena | ARENA |
| Transfer | TRANSFER |

레코드: 1/23

## 4 선택 함수

22.7, 21.1, 18.1, 12.1, 08.3

1213904

| | |
|---|---|
| 22.7, 21.1, 18.1, 12.1, 08.3<br>**IIF(조건, 실행1, 실행2)** | 조건이 참이면 실행1을, 거짓이면 실행2를 수행한다. |
| **CHOOSE(색인번호, 실행1, 실행2, …)** | 색인번호가 1이면 실행1, 2이면 실행2, …를 수행한다. |
| **SWITCH(조건1, 실행1, 조건2, 실행2, …)** | 조건1이 참이면 실행1을, 조건2가 참이면 실행2, …를 수행한다. |

**예제7** 〈판매내역〉 테이블에서 순번, 상품번호, 금액, 거래처명, 비고를 검색하되, 비고에는 금액이 ₩1,000,000 이상이면 "히트상품"을, ₩1,000,000 미만이면 "연구상품"을 표시하시오.

쿼리1

```
SELECT 순번, 상품번호, 금액, 거래처명, IIF(금액>=1000000, "히트상품", "연구상품") AS 비고
FROM 판매내역;
```

→

| 순번 | 상품번호 | 금액 | 거래처명 | 비고 |
|---|---|---|---|---|
| 1 | 2 | ₩193,050 | 아이캔21 | 연구상품 |
| 2 | 5 | ₩126,720 | 가남 | 연구상품 |
| 3 | 7 | ₩928,000 | 시네마 | 연구상품 |
| 4 | 8 | ₩35,320 | 리치 | 연구상품 |

레코드: 1/30

**예제8** 〈판매내역〉 테이블에서 판매일을 참조하여 상품번호, 판매일, 판매요일, 거래처명을 검색하시오.

쿼리1

```
SELECT 상품번호, 판매일, CHOOSE(WEEKDAY(판매일), "일","월","화","수","목","금","토") AS 판매요일, 거래처명
FROM 판매내역;
```

→

| 상품번호 | 판매일 | 판매요일 | 거래처명 |
|---|---|---|---|
| 2 | 2023-01-10 | 화 | 아이캔21 |
| 5 | 2023-01-15 | 일 | 가남 |
| 7 | 2023-01-18 | 수 | 시네마 |
| 8 | 2023-01-22 | 일 | 리치 |

레코드: 1/30

**예제8 설명**
'WEEKDAY(판매일)'에 의해 판매일의 요일번호를 산출한 후 CHOOSE 함수에 의해 1이면 "일"을, 2이면 "월", … 7이면 "토"를 판매요일 필드로 출력합니다.

## 5 자료 형식 변환 함수

13.1, 09.3, 05.2

1213905

| | |
|---|---|
| 05.2<br>CDATE(문자열) | 날짜 형식으로 된 문자열을 날짜로 변환한다. |
| CSTR(필드) | 필드에 저장된 숫자를 문자로 변환한다. |
| 13.1, 09.3<br>VAL(문자열) | 문자열로 표시된 숫자를 숫자 값으로 변환한다. |
| CINT(필드), CLNG(필드) | 필드의 값을 정수(2Byte, 4Byte)로 변환한다. |
| CBOOL(필드) | 필드의 값을 TRUE나 FALSE로 반환한다. |
| STR(필드) | 필드의 값을 문자열로 변환한다. |

## 6 자료 형식 평가 함수

08.1

1213906

결과 값은 참(True, −1)과 거짓(False, 0)으로 표시된다.

| | |
|---|---|
| 08.1<br>ISNULL(필드) | 필드의 값이 NULL인지의 여부를 확인한다. |
| ISDATE(필드)* | 필드의 값이 날짜 형식인지의 여부를 확인한다. |
| ISNUMERIC(필드)* | 필드의 값이 숫자인지의 여부를 확인한다. |
| ISERROR(필드) | 필드의 값이 오류인지의 여부를 확인한다. |
| ISOBJECT(필드) | 필드의 값이 개체 변수인지의 여부를 확인한다. |

**사용 예**
- ISDATE("2024-8-10") → -1
- ISNUMERIC("길벗") → 0

### 따라잡기 기출문제 따라잡기

문제1 4315251

22년 1회, 21년 1회

**1. 다음 〈매출〉 테이블에 대한 함수 적용 결과로 틀린 것은?**

〈매출〉

| 순번 | 수량 | 금액 |
|---|---|---|
| 1 | 10 | 4000 |
| 2 | 20 | 5000 |
| 3 | 10 | 4500 |
| 4 | Null | 3500 |
| 5 | 10 | 4600 |

① =Count([금액]) → 5　② =Avg([수량]) → 10
③ =Max([금액]) → 5000　④ =Sum([수량]) → 50

Avg([수량])은 '수량' 필드의 평균을 계산하지만 '순번'이 4인 레코드는 '수량' 필드가 비어 있으므로 개수에서 제외됩니다. (10+20+10+10)/4 = 12.5가 산출됩니다.

18년 상시, 16년 2회, 14년 2회, 12년 3회, 11년 1회, 09년 2회

**2. 다음 문자열 함수의 결과 값으로 옳은 것은?**

InStr("I Have A Dream", "A")

① 0　② 1
③ 8　④ 4

'InStr("I Have a Dream", "A")'는 'I Have a Dream'에서 대·소문자 구분없이 첫 번째로 나오는 'A'의 위치를 반환합니다. 빈 칸도 하나의 문자입니다.

▶ 정답 : 1. ②　2. ④

따라잡기 **기출문제 따라잡기**

문제3 4315253 문제4 1213953

24년 2회, 23년 3회, 21년 4회

**3. 다음 중 아래의 VBA 코드를 실행한 결과 메시지 상자에 표시되는 내용은 무엇인가?**

```
Private Sub Form_Load( )
    Dim SampleString
    SampleString = "대한상공회의소"
    Mid(SampleString, 3, 2) = "활용"
    MsgBox(SampleString)
End Sub
```

① 대한상공회의소 ② 상공

③ 대한활용회의소 ④ 활용

```
Private Sub Form_Load( )
❶ Dim SampleString
❷ SampleString = "대한상공회의소"
❸ Mid(SampleString, 3, 2) = "활용"
❹ MsgBox(SampleString)
End Sub
```

❶ SampleString을 문자열 변수로 선언합니다.
❷ SampleString 변수에 "대한상공회의소"를 저장합니다.
❸ SampleString 변수에 있는 텍스트 "대한상공회의소"의 세 번째 문자부터 2글자(상공)를 "활용"으로 변경합니다(대한활용회의소).
❹ SampleString 변수에 있는 내용을 메시지 박스(MsgBox)로 표시합니다.

23년 2회, 22년 4회, 17년 2회, 13년 3회

**4. 다음 중 아래의 〈급여〉 테이블에 대한 SQL 명령과 실행 결과로 옳지 않은 것은? (단, 빈 칸은 Null임)**

| 사원번호 | 성명 | 가족수 |
|---|---|---|
| 1 | 가 | 2 |
| 2 | 나 | 4 |
| 3 | 다 | |

① SELECT COUNT(성명) FROM 급여; 를 실행한 결과는 3이다.

② SELECT COUNT(가족수) FROM 급여; 를 실행한 결과는 3이다.

③ SELECT COUNT(*) FROM 급여; 를 실행한 결과는 3이다.

④ SELECT COUNT(*) FROM 급여 WHERE 가족수 Is Null; 을 실행한 결과는 1이다.

COUNT() 함수의 인수로 필드명을 지정하면 해당 필드만을 대상으로 비어있지 않은 데이터의 개수를 구합니다. ②번의 실행 결과는 2입니다.

24년 5회, 1회, 23년 4회

**5. 다음 중 문자열 함수에 대한 결과로 옳지 않은 것은?**

① Len("Blossom") = 7

② Mid("Blossom", 3, 2) = os

③ Left("Blossom", 3) = Blo

④ Instr("Blossom", "son") = Null

InStr(문자열, 찾는 문자)는 문자열에서 찾는 문자 또는 문자열의 위치를 구하는 함수로, 문자열에서 찾는 문자나 문자열이 없는 경우에는 0을 반환합니다.

22년 7회, 12년 1회

**6. [매출 실적 관리] 폼의 'txt평가' 컨트롤에는 'txt매출수량' 컨트롤의 값이 1,000 이상이면 "우수", 500 이상이면 "보통", 그 미만이면 "저조"라고 표시하고자 한다. 다음 중 'txt평가'의 컨트롤 원본으로 옳지 않은 것은?**

① =IIf([txt매출수량]<500, "저조", IIf(txt매출수량>=1000, "우수", "보통"))

② =IIf([txt매출수량]<500, "저조", IIf(txt매출수량>=500, "보통", "우수"))

③ =IIf([txt매출수량]>=1000, "우수", IIf([txt매출수량]>=500, "보통", "저조"))

④ =IIf([txt매출수량]>=500, IIf([txt매출수량]<1000, "보통", "우수"), "저조")

②번 함수식은 [txt매출수량]이 500 미만이면 "저조", 500 이상이면 "보통", 나머지는 "우수"로 표시합니다. 즉 [txt매출수량]이 1000 이상이어도 500 이상일 경우에 해당하므로 "우수"가 아닌 "보통"이 표시됩니다.

▶ **정답** : 3. ③ 4. ② 5. ④ 6. ②

SECTION 153

# 특수 연산자를 이용한 질의

A 등급

## 1 연산자

24.5, 24.3, 24.1, 22.3, 21.2, 21.1, 18.1, 16.1, 10.3, 06.2, 05.3, 03.4

1213901

산술 연산자, 관계 연산자, 논리 연산자를 이용한 수식을 이용하여 다양한 질의문을 활용할 수 있다.

- **산술 연산자** : +, −, *, /, \, mod, &, ^
- **관계 연산자** : 〉, 〈, =, 〉=, 〈=, 〈〉
- **논리 연산자** : NOT, AND, OR

**예제1** 〈상품〉 테이블에서 상품명별 이윤(판매가−매입가)을 계산하시오.

쿼리1

```
SELECT 상품명, 판매가-매입가 AS 이윤
FROM 상품;
```

→

쿼리1

| 상품명 | 이윤 |
|---|---|
| Wing | ₩2,090 |
| Arena | ₩2,574 |
| Transfer | ₩2,816 |
| Readme | ₩2,816 |
| Access | ₩2,816 |

레코드: 1/23 필터 없음 검색

**예제2** 〈상품〉 테이블에서 상품명별 세금(판매가*0.1)을 계산하시오.

쿼리1

```
SELECT 상품명, 판매가*0.1 AS 세금
FROM 상품;
```

→

쿼리1

| 상품명 | 세금 |
|---|---|
| Wing | 1045 |
| Arena | 1287 |
| Transfer | 1408 |
| Readme | 1408 |
| Access | 1408 |

레코드: 1/23 필터 없음 검색

**예제3** 〈상품〉 테이블에서 분류가 '아동화' 이거나 '클래식화'인 상품의 분류, 상품명, 판매가를 검색하시오.

쿼리1

```
SELECT 분류, 상품명, 판매가
FROM 상품
WHERE 분류 = "아동화" OR 분류 = "클래식화";
```

→

쿼리1

| 분류 | 상품명 | 판매가 |
|---|---|---|
| 아동화 | Patch | ₩7,064 |
| 아동화 | Flash | ₩8,700 |
| 아동화 | Tempo | ₩8,700 |
| 클래식화 | 클래식 | ₩12,100 |
| 클래식화 | 벨크로 | ₩13,200 |

레코드: 1/7 필터 없음 검색

**예제4** 〈상품〉 테이블에서 판매가가 10,000 ~ 12,000 사이인 상품의 상품명과 판매가를 검색하시오.

쿼리1

```
SELECT 상품명, 판매가
FROM 상품
WHERE 판매가 >= 10000 AND 판매가 <= 12000;
```

→

쿼리1

| 상품명 | 판매가 |
|---|---|
| Wing | ₩10,450 |
| 포커스 | ₩11,300 |
| Four air | ₩10,560 |

레코드: 1/3 필터 없음 검색

**전문가의 조언**

산술, 논리, 관계 연산자는 엑셀에서 충분히 학습하였으므로 별도로 설명하지 않았습니다. 예제를 통해 질의문에서 연산자를 어떻게 활용하는지 확인하세요.

- \ : 몫
- mod : 나머지
- & : 문자열 연결하기
- ^ : 지수

※ '\'는 키보드에서 '₩'를 누르면 입력됩니다.

**준비하세요**

'C:\길벗컴활1급필기\3과목\3과목 3장.accdb' 파일을 불러와 실습하세요. 이어지는 예제는 모두 [SQL 보기]를 이용하여 실습하고 결과를 확인하세요.

**예제1 설명**

'판매가' 필드 값에서 '매입가' 필드의 값을 뺀 결과를 '이윤'이라는 필드 이름으로 출력합니다.

**예제2 설명**

'판매가' 필드 값에 0.1(10%)을 곱한 값을 '세금'이라는 필드 이름으로 출력합니다.

**전문가의 조언**

**중요해요!** IN, BETWEEN, LIKE 사용 시 질의문의 검색 결과를 묻는 문제가 자주 출제됩니다. 실습을 통해 꼭 숙지하세요.

24.3, 23.4, 22.3, 21.3, 20.2, 19.상시, 18.상시, 18.2, 11.3, 06.4, 04.4, 04.1

## 2 IN 연산자를 이용한 질의

1214001

필드의 값이 IN 연산자의 인수로 지정된 값과 같은 레코드만 검색하는 것으로, OR 연산을 수행한 결과와 같다.

- **문법** : WHERE 필드 또는 필드를 나타내는 식 IN (값1, 값2, …)

**예제5** 〈판매내역〉 테이블에서 거래처명이 '리치', '명승', '가남' 중 하나인 상품들의 순번, 상품번호, 금액, 판매일, 거래처명을 검색하시오.

쿼리1

```
SELECT 상품번호, 금액, 판매일, 거래처명
FROM 판매내역
WHERE 거래처명 IN("리치","명승","가남");
```

→

| 상품번호 | 금액 | 판매일 | 거래처명 |
|---|---|---|---|
| 5 | ₩126,720 | 2023-01-15 | 가남 |
| 8 | ₩35,320 | 2023-01-22 | 리치 |
| 7 | ₩92,800 | 2023-02-10 | 명승 |
| 13 | ₩181,500 | 2023-04-08 | 리치 |
| 16 | ₩99,000 | 2023-04-15 | 리치 |

레코드: 1/7 필터 없음 검색

24.3, 24.1, 23.4, 22.7, 21.4, 21.2, 18.상시, 16.3, 15.1, 14.3, 11.3, 11.2, 10.2, 09.1, 07.3, 07.2, 06.4, 04.4, 04.2, 04.1, …

## 3 BETWEEN 연산자를 이용한 질의

1214002

필드의 값이 BETWEEN 연산자의 범위로 지정된 값 이내에 포함되는 레코드만 검색하는 것으로, AND 연산을 수행한 결과와 같다.

- **문법** : WHERE 필드 또는 필드를 나타내는 식 BETWEEN 값1 AND 값2

**예제6** 〈판매내역〉 테이블에서 금액이 ₩200,000에서 ₩900,000 사이인 상품들의 순번, 상품번호, 금액, 판매일, 거래처명을 검색하시오.

쿼리1

```
SELECT 상품번호, 금액, 판매일, 거래처명
FROM 판매내역
WHERE 금액 BETWEEN 200000 AND 900000;
```

→

| 상품번호 | 금액 | 판매일 | 거래처명 |
|---|---|---|---|
| 12 | ₩700,000 | 2023-01-28 | 상아 |
| 11 | ₩565,000 | 2023-01-31 | 동아후로킹 |
| 13 | ₩326,700 | 2023-02-28 | 텔로윈 |
| 1 | ₩209,000 | 2023-03-06 | 재호상사 |
| 13 | ₩217,800 | 2023-03-13 | 개성전자 |

레코드: 1/8 필터 없음 검색

24.4, 24.3, 24.1, 23.4, 22.6, 22.3, 22.2, 21.4, 21.2, 20.1, 19.1, 17.1, 15.1, 14.3, 14.1, 13.3, 12.3, 11.2, 10.3, 10.2, 10.1, …

## 4 LIKE 연산자를 이용한 질의

1214003

대표 문자*를 이용해 필드의 값이 패턴과 일치하는 레코드만 검색한다.

- **문법** : WHERE 필드 또는 필드를 나타내는 식 LIKE '문자패턴'

**대표 문자**
- * 또는 % : 모든 문자를 대표
- ? 또는 _ : 한 자리 문자를 대표
- # : 한 자리 숫자를 대표

**예제7** 〈거래처〉 테이블에서 거래처 주소가 "용산구"로 시작하는 거래처의 모든 필드를 검색하시오.

쿼리1

```
SELECT *
FROM 거래처
WHERE 주소 LIKE "용산구*";
```

→

| 거래처명 | 사업자번호 | 주소 |
|---|---|---|
| 동아후로킹 | 105-01-43828 | 용산구 한강로10가 18-13 |
| 리치 | 102-01-58235 | 용산구 한강로11가 12-31 |
| 멀티클럽 | 108-25-83151 | 용산구 한강로11가 13-19 |
| 명승 | 108-01-53151 | 용산구 한강로13가 21-43 |
| 코닉스 | 105-08-32738 | 용산구 한강로11가 11-16 |

레코드: 1/6 필터 없음 검색

문제2 4315352 문제4 4315354

## 따라잡기 기출문제 따라잡기

23년 4회, 22년 7회, 21년 2회

**1. 다음과 같이 지정된 쿼리 작성 조건을 올바르게 설명한 것은?**

| | | |
|---|---|---|
| 필드: | 생년월일 | 성별 |
| 테이블: | 사원 | 사원 |
| 정렬: | | |
| 표시: | ☑ | ☑ |
| 조건: | Between "#1975-01-01#" And "#1985-12-31#" | "여" |
| 또는: | Between "#1970-01-01#" And "#1980-12-31#" | |

① 생년월일이 "1975년 1월 1일"에서 "1985년 12월 31일" 사이이거나 성별이 "여"이고 생년월일이 "1970년 1월 1일"에서 "1980년 12월 31일" 사이인 데이터를 표시

② 생년월일이 "1975년 1월 1일"에서 "1985년 12월 31일" 사이이고 성별이 "여"인 데이터를 표시

③ 생년월일이 "1975년 1월 1일"에서 "1985년 12월 31일" 사이이면서 성별이 "여"이거나 생년월일이 "1970년 1월 1일"에서 "1980년 12월 31일" 사이인 데이터를 표시

④ 생년월일이 "1975년 1월 1일"에서 "1985년 12월 31일" 사이이면서 성별이 "여"이고 생년월일이 "1970년 1월 1일"에서 "1980년 12월 31일" 사이인 데이터를 표시

같은 행의 조건은 AND로 연결되고 다른 행의 조건은 OR로 연결됩니다.

22년 6회, 21년 2회

**2. 다음 중 쿼리에서 사용하는 문자열 조건에 대한 설명으로 옳지 않은 것은?**

① "수학" or "영어" : "수학"이나 "영어"인 레코드를 찾는다.

② LIKE "서울*" : "서울"이라는 문자열로 시작하는 필드를 찾는다.

③ LIKE "*신림*" : 문자열의 두 번째가 "신"이고 세 번째가 "림"인 문자열을 찾는다.

④ NOT "전산과" : 문자열의 값이 "전산과"가 아닌 문자열을 찾는다.

*는 문자의 모든 자리를 대신하신 대표 문자이므로 LIKE "*신림*"은 문자열에서 "신림"을 포함하는 모든 레코드를 검색하기 위한 조건입니다.

21년 3회, 1회, 18년 1회, 16년 1회

**3. 다음 중 각 연산식에 대한 결과 값이 옳지 않은 것은?**

① IIF(1, 2, 3) → 결과 값 : 2

② MID("123456", 3, 2) → 결과 값 : 34

③ "A" & "B" → 결과 값 : "AB"

④ 4 MOD 2 → 결과 값 : 2

IIF(조건, 실행1, 실행2) 함수는 조건이 참이면 실행1을, 조건이 거짓이면 실행2를 수행, MID(문자열, 시작값, 자릿수) 함수는 시작값부터 주어진 자릿수만큼 추출, &는 문자열 연결, MOD는 나머지를 구합니다.

23년 4회, 22년 3회, 2회, 21년 4회

**4. 다음 질의문에 대한 설명으로 옳은 것은?**

```
SELECT 학과번호, 학과명
FROM 학과
WHERE 학과번호 LIKE "C*";
```

① 학과번호가 C로 시작하는 학과번호 두 글자와 학과명을 표시한다.

② 학과번호가 C를 포함하는 학과번호와 학과명을 표시한다.

③ 학과번호가 C로 시작하는 한 글자 이상의 학과번호와 학과명을 표시한다.

④ 학과번호가 C로 끝나는 학과번호와 학과명을 표시한다.

질의문의 각 절별로 살펴보면 다음과 같습니다.
- **SELECT 학과번호, 학과명** : '학과번호'와 '학과명' 속성을 표시합니다.
- **FROM 학과** : 〈학과〉 테이블에서 검색합니다.
- **WHERE 학과번호 LIKE "C*";** : '학과번호'가 "C"로 시작하는 레코드만을 대상으로 검색합니다.

23년 4회, 21년 3회

**5. 다음의 쿼리 조건과 동일한 결과를 산출하는 것은 무엇인가?**

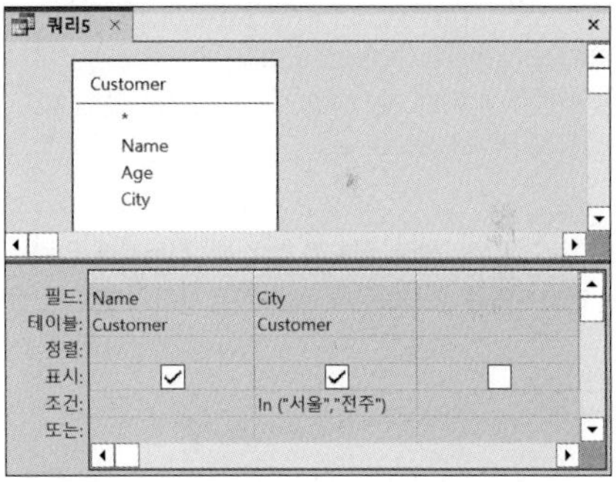


① "서울" Or "전주"

② "서울" || "전주"

③ "서울" And "전주"

④ "서울" && "전주"

In("서울", "전주")는 "서울" 또는 "전주"라고 해석할 수 있습니다. Or가 사용됩니다.

▶ 정답 : 1. ③ 2. ③ 3. ④ 4. ③ 5. ①

# 따라잡기 기출문제 따라잡기

문제7 3216255

20년 1회, 06년 4회

**6. 다음 중 선택 쿼리에서 사용자가 지정한 패턴과 일치하는 데이터를 찾고자 할 때 사용되는 연산자는?**

① Match ② Some

③ Like ④ Any

> 지정한 패턴과 일치하는 데이터를 찾는 연산자라면 "~와 같은"이라는 의미가 있는 Like입니다.

24년 4회, 22년 3회, 12년 3회, 2회, 07년 2회, 04년 1회

**7. 다음 중 학생(학번, 이름, 학과, 학년, 주소) 테이블에서 학과가 "경영학과"이고 학년이 2학년인 학생의 학번과 이름만 출력하는 SQL문으로 올바른 것은?**

① Select 학번, 이름 From 학생 Where 학과 Like '경영학과' And 학년 In (2);

② Select 학번, * From 학생 Where 학과='경영학과' Or 학년 = 2;

③ Select 학번, * From 학생 Where 학과='경영학과' And 학년 = 2;

④ Select 학번, 이름 From 학생 Where '경영학과' And 2;

> ① "학과 Like '경영학과' and 학년 In (2)"는 학과가 '경영학과'를 포함하고 학년이 2인 레코드를 의미하므로 문제에서 요구하는 조건을 충족하는 문장입니다.
> ② 조건을 Or로 연결했으므로 틀린 문장입니다.
> ③ 검색되는 속성을 '학번, *'로 지정하여 모든 속성이 표시되므로 틀린 문장입니다.
> ④ 조건이 형식에 맞지 않아 오류가 발생합니다.

24년 3회, 21년 2회, 15년 1회, 12년 3회

**8. 다음 중 아래 그림과 같이 '성명' 필드가 'txt검색' 컨트롤에 입력된 문자를 포함하는 레코드만을 표시하도록 하는 프로시저의 코드로 옳은 것은?**

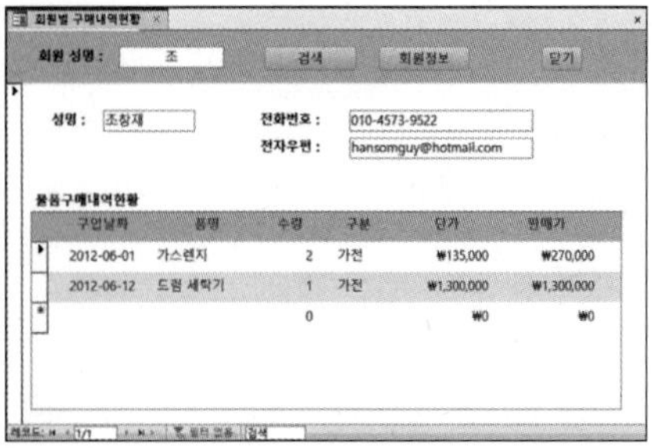


① Me.Filter = "성명 = '*" & txt검색 & "*'"
Me.FilterOn = True

② Me.Filter = "성명 = '*" & txt검색 & "*'"
Me.FilterOn = False

③ Me.Filter = "성명 like '*" & txt검색 & "*'"
Me.FilterOn = True

④ Me.Filter = "성명 like '*" & txt검색 & "*'"
Me.FilterOn = False

> 포함하는 데이터를 조회하려면 특수 연산자 Like와 만능 문자(와일드 카드)를 사용해야 합니다. 문제에서 요구하는 코드에 대한 설명은 다음과 같습니다.
>
> ❶ Me.Filter = "성명 like '*" & txt검색 & "*'"
> ❷ Me.FilterOn = True
>
> ❶ 성명이 'txt검색' 컨트롤에 입력된 값을 포함하는 레코드를 현재 폼의 Filter 속성으로 정의합니다.
> ❷ 현재 개체의 Filter 속성에 정의된 Filter를 적용합니다.

24년 3회

**9. 다음 중 [사원] 테이블에서 '나이' 필드의 값이 30 이상 35 이하인 사원의 '부서'와 '이름' 필드를 검색하는 SQL 문으로 틀린 것은?**

① Select 부서, 이름 From 사원 Where 나이 Between 30 And 35;

② Select 부서, 이름 From 사원 Where 나이 In(30, 31, 32, 33, 34, 35)

③ Select 부서, 이름 From 사원 Where 나이 >= 30 And <=35;

④ Select 부서, 이름 From 사원 Where 사원.나이 >= 30 And 사원.나이 <=35;

> And나 Or 연산자를 이용해 한 필드에 여러 조건을 지정할 때는 '나이 >= 30 And 나이 <= 35'와 같이 각 조건을 필드명과 함께 지정해야 합니다.

24년 3회, 1회

**10. 다음 중 연산자 사용에 대한 설명으로 옳지 않은 것은?**

① Like "김?" : "김"으로 시작하거나 "김"을 포함하는 모든 자료를 표시한다.

② Between 20 and 60 : 20에서 60 사이인 자료를 표시한다.

③ Not "0" : 널 문자가 아닌 자료를 표시한다.

④ 3<>3 Or 2<1 : 화면에 표시되는 내용이 없다.

> 만능 문자는 모든 문자를 대신하여 사용하는 문자로, *는 문자의 모든 자리를 대신할 수 있지만, ?는 문자의 한 자리만 대신할 수 있습니다. **Like "김?"**은 "김"으로 시작하는 두 글자인 자료만 표시합니다.

▶ **정답** : 6. ③ 7. ① 8. ③ 9. ③ 10. ①

SECTION
# 154 하위 질의

A 등급

## 1 하위 질의

24.5, 24.3, 24.2, 23.4, 23.3, 23.1, 22.7, 22.6, 22.5, 22.2, 22.1, 21.4, 20.상시, 19.상시, 18.2, 16.1, 15.1, 14.2, 13.3, 12.3, 12.2, …

1214005

하위 질의는 선택 질의(SELECT) 혹은 실행 질의(INSERT, UPDATE, DELETE) 안에 작성하는 SELECT문이다.

- 하위 질의 내에 또 다른 하위 질의를 만들 수 있다.
- 하위 질의를 기본 질의에 IN 연산자로 연결하며, 하위 질의의 결과가 기본 질의의 조건으로 사용된다.
- SELECT문의 필드 목록이나 WHERE절 또는 HAVING절에서 식 대신에 하위 쿼리를 사용할 수 있다.

**예제1** 〈판매내역〉 테이블에서 판매되지 않은 상품번호의 상품번호, 상품명, 판매가, 매입가를 〈상품〉 테이블에서 검색하시오.

쿼리1

```
SELECT 상품번호, 상품명, 판매가, 매입가
FROM 상품
WHERE 상품번호 NOT IN(SELECT 상품번호 FROM 판매내역);
```

→

쿼리1

| 상품번호 | 상품명 | 판매가 | 매입가 |
|---|---|---|---|
| 3 | Transfer | ₩14,080 | ₩11,264 |
| 6 | Player | ₩9,280 | ₩7,424 |
| 15 | 메사 | ₩13,200 | ₩10,560 |
| 21 | Child-king | ₩15,000 | ₩12,350 |
| 22 | Runaway | ₩19,870 | ₩15,700 |

레코드: 1/6 필터 없음 검색

### 잠깐만요 하위 질의 실행 순서

판매된 상품은 〈판매내역〉 테이블에 기록되므로 판매되지 않은 상품은 〈판매내역〉 테이블에 없는 상품을 말합니다. 실행 순서는 다음과 같습니다.

❶ 'SELECT 상품번호 FROM 판매내역'으로 〈판매내역〉 테이블의 모든 상품번호를 검색합니다.

❷ NOT IN 연산자로 ❶에서 검색한 데이터의 부정(반대)을 취합니다. 즉 ❶에서 검색한 데이터에 없는 상품번호가 WHERE문의 조건이 됩니다.

❸ 'SELECT 상품번호, 상품명, 판매가, 매입가 FROM 상품 WHERE ❷의 결과'에 의해 〈상품〉 테이블에서 〈판매내역〉 테이블에 존재하지 않는 상품번호를 가진 상품의 정보를 출력합니다.

## 2 AS문

19.1, 12.1, 11.2, 10.3, 08.4, 08.3, 07.4, 03.2

3216302

AS문은 필드 이름이나 테이블 이름에 별명(Alias)을 지정할 때 사용하는 명령이다.

- 계산식을 이용한 질의문에서 필드 이름을 지정할 때 효율적으로 사용된다.

  **예** SELECT (판매가−매입가)*0.9 AS 순이익 FROM 상품;
  
  – (판매가 − 매입가)×0.9의 값을 '순이익'이라는 필드 이름으로 표시합니다.
- 질의문에 함수나 수식이 사용된 경우 AS로 필드 이름을 지정하지 않으면 'Expr'로 시작하는 필드 이름이 자동으로 생성된다.

**전문가의 조언**

하위 질의문이 포함된 SQL문을 정확하게 이해해야 풀 수 있는 문제가 자주 출제됩니다. 하위 질의의 결과가 기본 질의의 조건으로 사용되므로 하위 질의를 먼저 수행해야 한다는 것을 염두에 두고 이해하세요.

**준비하세요**

'C:\길벗컴활1급필기\3과목\3과목 3장.accdb' 파일을 불러와 실습하세요. 이어지는 예제는 모두 [SQL 보기]를 이용하여 실습하고 결과를 확인하세요.

**전문가의 조언**

AS문을 사용했을 때 표시되는 필드명에 대한 문제가 출제됩니다. 예문을 확인하면서 AS문을 사용했을 때 필드명이 어떻게 표시되는지 파악해 두세요.

• 테이블 이름에 별명을 지정할 경우에는 AS문을 생략할 수 있다.

**예** SELECT A.* FROM 상품 A;

- 이후로는 〈상품〉 테이블을 'A'란 이름으로 사용합니다.
- SELECT A.* FROM 상품 AS A;로 써도 된다는 의미입니다.
- 동일한 질의문 내에서는 〈상품〉 테이블을 'A'란 이름으로 사용해야 합니다.
- 테이블의 별명이 지정된 질의문에서는 테이블의 원래 이름을 사용할 수 없습니다. 즉 'SELECT 상품.* FROM 상품 AS A;'는 사용할 수 없는 질의문입니다.

**예제 2** 〈상품〉 테이블에서 분류별 상품 개수를 계산하시오.

쿼리1

```
SELECT 분류, COUNT(분류) AS 상품수
FROM 상품
GROUP BY 분류;
```

→

| 분류 | 상품수 |
|---|---|
| 런닝화 | 5 |
| 아동화 | 4 |
| 에어로빅화 | 1 |
| 워킹화 | 3 |
| 주니어화 | 3 |

레코드: 1/8

**예제 3** 〈상품〉 테이블에서 판매가가 10,000원 이상인 상품의 분류별 상품 개수가 3개 이상인 것만 검색하시오.

쿼리1

```
SELECT 분류, COUNT(분류) AS 상품수
FROM 상품
WHERE 판매가 >= 10000
GROUP BY 분류
HAVING COUNT(분류) >= 3;
```

→

| 분류 | 상품수 |
|---|---|
| 런닝화 | 5 |
| 워킹화 | 3 |
| 클래식화 | 3 |

레코드: 1/3

## 따라잡기 기출문제 따라잡기

문제1 4315451

23년 4회, 22년 5회

**1. 〈상품〉과 〈주문〉 테이블을 대상으로 SQL문을 실행했을 때 결과로 표시되는 상품번호로 옳은 것은?**

상품

| 상품번호 | 상품명 |
|---|---|
| 1 | Wing |
| 2 | Arena |
| 3 | Transfer |
| 4 | ReadMe |
| 5 | Access |

주문

| 주문번호 | 상품번호 | 거래처번호 |
|---|---|---|
| 1 | 1 | 10 |
| 2 | 2 | 10 |
| 3 | 1 | 20 |
| 4 | 3 | 30 |
| 5 | 4 | 30 |
| 6 | 2 | 40 |
| 7 | 4 | 50 |

〈SQL문〉

```
Select 상품번호
From 상품
Where 상품번호 In (Select 상품번호
From 주문 Where 거래처번호 Between 30 And 50);
```

① 1, 2　　② 2, 3, 4
③ 1, 2, 3, 4, 5　　④ 1, 3, 5

하위 질의의 결과가 기본 질의의 조건으로 사용되므로 다음과 같은 순서로 질의문을 수행하면 됩니다.

❶ Select 상품번호 From 주문 Where 거래처번호 Between 30 And 50 : 〈주문〉 테이블에서 '상품번호' 필드를 추출하되, 거래처번호가 30에서 50 사이인 레코드만을 대상으로 합니다.

| 주문번호 | 상품번호 | 거래처번호 |
|---|---|---|
| 1 | 1 | 10 |
| 2 | 2 | 10 |
| 3 | 1 | 20 |
| 4 | 3 | 30 |
| 5 | 4 | 30 |
| 6 | 2 | 40 |
| 7 | 4 | 50 |

❷ Select 상품번호 From 상품 Where 상품번호 In ( ❶ ) : 〈상품〉 테이블에서 상품번호가 ❶에서 추출한 상품번호와 같은 레코드의 상품번호를 표시합니다.

| 상품번호 | 상품명 |
|---|---|
| 1 | Wing |
| 2 | Arena |
| 3 | Transfer |
| 4 | ReadMe |
| 5 | Access |

※ 질의문의 수행 결과 표시되는 '상품번호'는 **2, 3, 4**입니다.

따라잡기 기출문제 따라잡기

문제4 3216354

23년 1회, 22년 7회, 6회

**2. 다음과 같은 〈교수〉 테이블과 〈과목〉 테이블을 대상으로 '과목명'이 '영작문'인 과목의 '교수명'을 출력하는 SQL문으로 옳은 것은?**

〈교수〉

| 교수번호 | 교수명 |
|---|---|
| 111 | 홍선길 |
| 222 | 엄종일 |
| 333 | 배미경 |

〈과목〉

| 과목번호 | 과목명 | 교수번호 |
|---|---|---|
| AAA | 영작문 | 111 |
| BBB | 영작문 | 222 |
| CCC | 영문학 | 333 |

① Select 교수명 From 교수, 과목
Where 교수번호 = (Select 교수번호 From 과목 Where 과목명 = "영작문");

② Select 교수명 From 교수
Where 교수번호 In (Select 교수번호 From 과목
Where 과목명 = "영작문");

③ Select 교수명 From 과목, 교수
Where 교수번호 = (Select 교수번호 From 과목 Where 과목명 = "영작문");

④ Select 교수명 From 과목
Where 교수번호 In (Select 교수번호 From 교수
Where 과목명 = "영작문");

먼저 〈과목〉 테이블에서 '과목명'이 "영작문"인 '교수번호'를 검색한 후 검색된 '교수번호'와 동일한 '교수명'을 〈교수〉 테이블에서 검색하면 됩니다. 하위 질의의 결과가 기본 질의의 조건으로 사용되므로 다음과 같이 질의문을 작성하면 됩니다.

- '교수명'을 검색해야 하므로 Select **교수명**입니다.
- '교수명'은 〈교수〉 테이블에서 검색해야 하므로 From **교수**입니다.
- 〈과목〉 테이블에서 검색한 '교수번호'와 같은 '교수번호'만을 대상으로 검색해야 하므로 Where **교수번호** In ( **하위질의** )입니다.
- **하위질의** : 〈과목〉 테이블에서 '과목명'이 "영작문"인 '교수번호'를 검색해야 하므로 Select **교수번호** From **과목** where **과목명** = **"영작문"**입니다.

24년 2회, 23년 3회, 22년 1회, 21년 4회, 12년 3회, 11년 2회

**3. 다음 중 하위 쿼리(Sub Query)의 설명으로 옳지 않은 것은?**

① 하위 폼이나 하위 보고서는 반드시 하위 쿼리를 사용해야 한다.

② 주 쿼리에서 IN 조건부를 사용하여 하위 쿼리의 일부 레코드에 동일한 값이 있는 레코드만 검색할 수 있다.

③ SELECT문의 필드 목록이나 WHERE 또는 HAVING절에서 식 대신에 하위 쿼리를 사용할 수 있다.

④ 주 쿼리에서 ALL 조건부를 사용하여 하위 쿼리에서 검색된 모든 레코드와 비교를 만족시키는 레코드만 검색할 수 있다.

하위 폼이나 하위 보고서는 테이블, 쿼리, 폼, 다른 보고서를 이용하여 작성할 수 있습니다.

24년 5회, 3회, 22년 1회, 21년 2회, 20년 2회, 16년 1회

**4. 다음 중 주어진 [Customer] 테이블을 참조하여 아래의 SQL문을 실행한 결과로 옳은 것은?**

```
SELECT Count(*)
FROM (SELECT Distinct City From Customer);
```

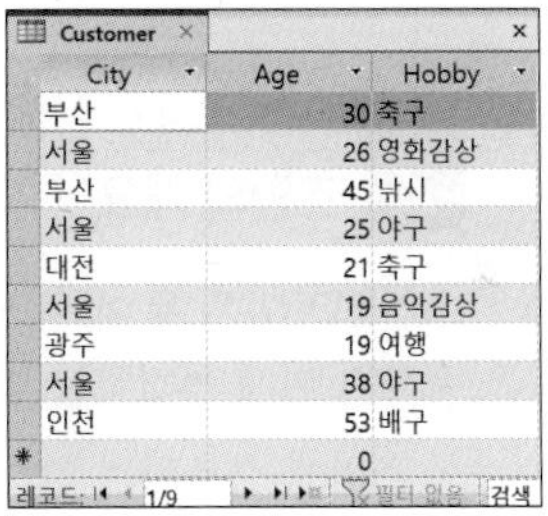

| City | Age | Hobby |
|---|---|---|
| 부산 | 30 | 축구 |
| 서울 | 26 | 영화감상 |
| 부산 | 45 | 낚시 |
| 서울 | 25 | 야구 |
| 대전 | 21 | 축구 |
| 서울 | 19 | 음악감상 |
| 광주 | 19 | 여행 |
| 서울 | 38 | 야구 |
| 인천 | 53 | 배구 |
| * | 0 | |

① 3 ② 5

③ 7 ④ 9

하위 질의의 결과가 기본 질의의 조건으로 사용되므로 다음과 같은 순서로 질의문을 실행하면 됩니다.

❶ SELECT Distinct City From Customer : 〈Customer〉 테이블에서 'City' 필드를 추출하되, 중복되는 값은 한 번만 표시합니다.

| City |
|---|
| 부산 |
| 서울 |
| 대전 |
| 광주 |
| 인천 |

❷ SELECT Count(*) FROM ❶ : ❶에서 추출된 결과를 대상으로 레코드의 개수(Count)를 산출합니다. 결과는 5입니다.

▶ 정답 : 1. ② 2. ② 3. ① 4. ②

# 다중 테이블 질의

B 등급

준비하세요

'C:\길벗컴활1급필기\3과목\3과목 3장.accdb' 파일을 불러와 실습하세요.

## 1 다중 테이블 질의의 개요

3216401

다중 테이블 질의란 두 개 이상의 테이블이나 질의를 사용하여 원하는 결과를 검색하는 질의이다.

### 잠깐만요 다중 테이블 질의에서 사용할 예제 테이블

〈제품〉 테이블

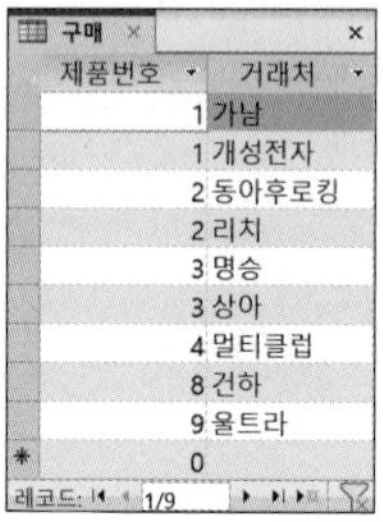

〈구매〉 테이블

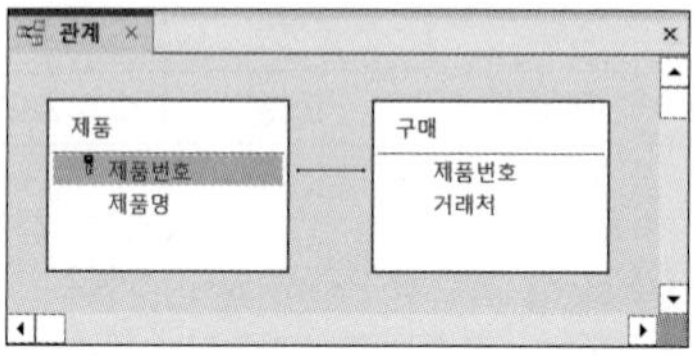

관계 설정

전문가의 조언

조인의 개념과 조인의 결과를 묻는 문제가 출제됩니다. 종류별 조인의 결과를 예측할 수 있도록 연습해야 합니다.

## 2 조인의 개요

20.1, 08.4, 04.3, 03.1

1214102

조인(JOIN)은 두 개 이상의 테이블에 나누어져 저장된 정보를 한 개의 테이블처럼 사용하기 위해 연결하는 방법을 정의하는 것이다.

- 조인에 사용되는 기준 필드의 데이터 형식은 동일하거나 호환되어야 한다.
- 여러 개의 테이블을 조인할 경우 접근 속도를 향상시키기 위해 필드 이름 앞에 테이블 이름을 마침표(.)로 구분하여 사용한다.

  예 거래처.주소 : 〈거래처〉 테이블의 주소 필드
- 보통 연결될 양 테이블 간에 관계가 설정되어 있어야 하지만, 관계가 설정되지 않아도 조인을 수행할 수는 있다.
- 조인에는 내부 조인과 외부 조인이 있고, 외부 조인은 왼쪽 외부 조인과 오른쪽 외부 조인이 있다.

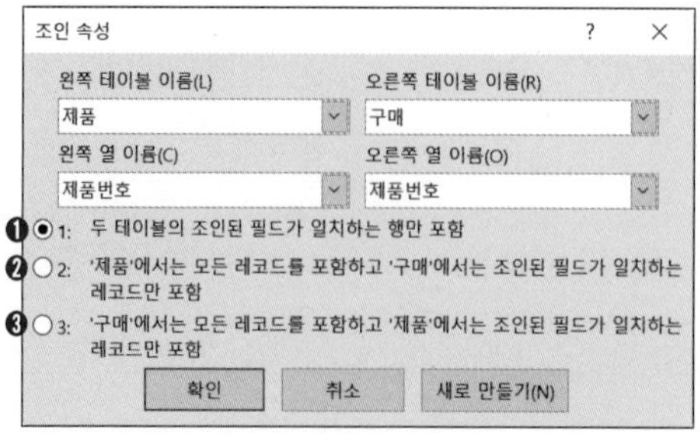


**조인 속성***

❶ 내부 조인(Inner Join)

❷ 왼쪽 외부 조인(Left Join)

❸ 오른쪽 외부 조인(Right Join)

**조인 속성 창**

쿼리 디자인 창에서 관계선을 더블클릭하면 조인 속성 창이 나타납니다.

## 3 내부 조인(Inner Join)

22.7, 22.3, 21.4, 21.2, 19.2, 17.2, 15.2, 14.1, 13.2, 11.2, 10.2, 09.1, 07.3, 05.4, 05.3, 03.4, 02.3

1214103

```
SELECT 필드이름
FROM 테이블이름1 INNER JOIN 테이블이름2
ON 테이블이름1.필드이름 = 테이블이름2.필드이름
WHERE 조건;
```

내부 조인은 가장 일반적인 조인의 형태이다.

- 관계가 설정된 두 테이블에서 조인된 필드가 일치하는 행만 질의에 포함된다.

**예제 1** 〈제품〉과 〈구매〉 테이블의 내부 조인(Inner Join)

→

| 제품.제품번호 | 제품명 | 구매.제품번호 | 거래처 |
|---|---|---|---|
| 1 | Wing | 1 | 가남 |
| 1 | Wing | 1 | 개성전자 |
| 2 | Arena | 2 | 동아후로킹 |
| 2 | Arena | 2 | 리치 |
| 3 | Transfer | 3 | 명승 |
| 3 | Transfer | 3 | 상아 |
| 4 | ReadMe | 4 | 멀티클럽 |
| (새 항목) | | | |

레코드: 1/7

준비하세요

'C:\길벗컴활1급필기\3과목\3과목3장.accdb' 파일을 불러와 실습하세요. 이어지는 예제는 모두 [SQL 보기]를 이용하여 실습하고 결과를 확인하세요.

※ 〈제품〉 테이블의 '제품번호'와 〈구매〉 테이블의 '제품번호' 필드의 값이 같은 레코드만 조인된다. 〈제품〉 테이블의 제품번호 5, 6번과 〈구매〉 테이블의 제품번호 8, 9번은 검색되지 않았다.

## 4 왼쪽 외부 조인(Left Join)

23.2, 22.4

1214104

```
SELECT 필드이름
FROM 테이블이름1 LEFT JOIN 테이블이름2
ON 테이블이름1.필드이름 = 테이블이름2.필드이름
WHERE 조건;
```

왼쪽 외부 조인은 왼쪽 테이블에서는 모든 레코드를 포함하고, 오른쪽 테이블에서는 조인된 필드가 일치하는 레코드만 질의에 포함된다.

- 화살표의 방향이 왼쪽에서 오른쪽으로 이동되듯이 표현된다.*

**왼쪽 외부 조인의 화살표 방향**

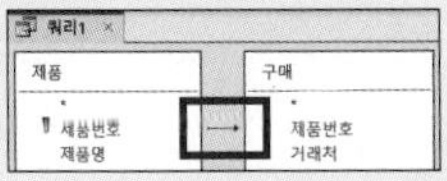

**왼쪽과 오른쪽 외부 조인**
조인에서 왼쪽과 오른쪽의 기준은 예약어인 'JOIN' 입니다.

예제2 〈제품〉과 〈구매〉 테이블의 왼쪽 외부 조인(Left Join)*

쿼리1

```
SELECT 제품.*, 구매.*
FROM 제품 LEFT JOIN 구매 ON 제품.제품번호 = 구매.제품번호;
```

→

| 제품.제품번 | 제품명 | 구매.제품번 | 거래처 |
|---|---|---|---|
| 1 | Wing | 1 | 가남 |
| 1 | Wing | 1 | 개성전자 |
| 2 | Arena | 2 | 동아후로킹 |
| 2 | Arena | 2 | 리치 |
| 3 | Transfer | 3 | 명승 |
| 3 | Transfer | 3 | 상아 |
| 4 | ReadMe | 4 | 멀티클럽 |
| 5 | Access | | |
| 6 | Player | | |
| (새 항목) | | | |

레코드: 1/9

※ 왼쪽에 있는 〈제품〉 테이블의 레코드는 모두 표시되고, 오른쪽에 있는 〈구매〉 테이블에서는 '제품.제품번호' 필드와 일치하는 레코드만 표시된다.

24.1, 15.2

## 5 오른쪽 외부 조인(Right Join)

1214105

```
SELECT 필드이름
FROM 테이블이름1 RIGHT JOIN 테이블이름2
ON 테이블이름1.필드이름 = 테이블이름2.필드이름
WHERE 조건;
```

오른쪽 외부 조건인 오른쪽 테이블에서는 모든 레코드를 포함하고, 왼쪽 테이블에서는 조인된 필드가 일치하는 레코드만 질의에 포함된다.

- 화살표의 방향이 오른쪽에서 왼쪽으로 이동되듯이 표현된다.*

**오른쪽 외부 조인의 화살표 방향**

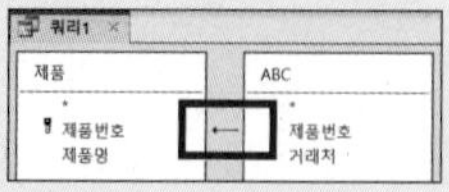


예제3 **설명**
'구매 AS ABC' 문에 의해 질의문 내에서 〈구매〉 테이블은 'ABC.*', 'ABC.제품번호'와 같이 ABC라는 이름으로 대신 사용됩니다.

예제3 '별명(Alias)'을 이용한 〈제품〉과 〈구매〉 테이블의 오른쪽 외부 조인(Right Join)

쿼리1

```
SELECT 제품.*, ABC.*
FROM 제품 RIGHT JOIN 구매 AS ABC ON 제품.제품번호 = ABC.제품번호;
```

→

| 제품.제품번호 | 제품명 | ABC.제품번호 | 거래처 |
|---|---|---|---|
| 1 | Wing | 1 | 가남 |
| 1 | Wing | 1 | 개성전자 |
| 2 | Arena | 2 | 동아후로킹 |
| 2 | Arena | 2 | 리치 |
| 3 | Transfer | 3 | 명승 |
| 3 | Transfer | 3 | 상아 |
| 4 | ReadMe | 4 | 멀티클럽 |
| | | 8 | 건하 |
| | | 9 | 울트라 |
| (새 항목) | | | |

레코드: 1/9

※ 오른쪽에 있는 〈구매〉 테이블의 레코드는 모두 표시되고, 왼쪽에 있는 〈제품〉 테이블에서는 'ABC.제품번호'와 일치하는 레코드만 표시된다.

문제1 4315551

## 따라잡기 기출문제 따라잡기

22년 7회

**1. 다음과 같은 테이블을 대상으로 SQL문을 실행한 결과 표시되는 레코드의 개수는?**

주문

| 주문번호 | 회원ID | 주문일 |
|---|---|---|
| A130 | kyk1234 | 2022-10-02 |
| A234 | kwk2345 | 2022-10-05 |
| A278 | kji3456 | 2022-10-08 |
| A350 | ksg4567 | 2022-10-15 |

주문상세내역

| 주문번호 | 제품코드 | 단가 | 수량 |
|---|---|---|---|
| A130 | RT8754 | 1500 | 20 |
| A130 | HI4875 | 1000 | 30 |
| A130 | GE2457 | 2800 | 10 |
| A130 | AB1455 | 2500 | 15 |
| A234 | BA8545 | 3000 | 18 |
| A234 | JD2456 | 1800 | 20 |
| A278 | HD5453 | 2000 | 24 |
| A278 | RE2456 | 1400 | 32 |
| A350 | GE7584 | 2500 | 27 |
| A350 | GE3585 | 2400 | 25 |

〈SQL문〉

```
Select 주문.주문번호, 주문.회원ID
From 주문 Inner Join 주문상세내역
On 주문.주문번호 = 주문상세내역.주문번호
Where 주문상세내역.제품코드 Like "GE*";
```

① 3개 ② 5개 ③ 7개 ④ 10개

질의문은 각 절을 분리하여 이해하면 쉽습니다.

- SELECT 주문.주문번호, 주문.회원ID : '주문' 테이블에서 '주문번호'와 '회원ID'를 검색합니다.
- FROM 주문 INNER JOIN 주문상세내역 : '주문' 테이블과 '주문상세내역' 테이블을 내부 조인합니다.
- ON 주문.주문번호 = 주문상세내역.주문번호 : '주문' 테이블의 '주문번호'와 '주문상세내역' 테이블의 '주문번호'가 일치하는 행만 내부 조인이 됩니다.

| 주문번호 | 회원ID | 제품코드 | 단가 | 수량 |
|---|---|---|---|---|
| A130 | kyk1234 | RT8754 | 1500 | 20 |
| A130 | kyk1234 | HI4875 | 1000 | 30 |
| A130 | kyk1234 | GE2457 | 2800 | 10 |
| A130 | kyk1234 | AB1455 | 2500 | 15 |
| A234 | kwk2345 | BA8545 | 3000 | 18 |
| A234 | kwk2345 | JD2456 | 1800 | 20 |
| A278 | kji3456 | HD5453 | 2000 | 24 |
| A278 | kji3456 | RE2456 | 1400 | 32 |
| A350 | ksg4567 | GE7584 | 2500 | 27 |
| A350 | ksg4567 | GE3585 | 2400 | 25 |

- WHERE 주문상세내역.제품코드 Like "GE*"; : '주문상세내역' 테이블의 '제품코드'가 "GE"로 시작하는 레코드만 대상으로 조인됩니다.

| 주문번호 | 회원ID | 제품코드 | 단가 | 수량 |
|---|---|---|---|---|
| A130 | kyk1234 | GE2457 | 2800 | 10 |
| A350 | ksg4567 | GE7584 | 2500 | 27 |
| A350 | ksg4567 | GE3585 | 2400 | 25 |

※ 질의문의 수행 결과 표시되는 레코드의 개수는 3개입니다.

21년 4회, 2회, 17년 2회, 13년 2회

**2. 다음 중 아래 쿼리에서 두 테이블에 조인된 필드가 일치하는 레코드만 결합하기 위해 괄호 안에 넣어야 할 조인 유형으로 옳은 것은?**

```
SELECT 필드목록
FROM 테이블1 (        ) 테이블2
ON 테이블1.필드=테이블2.필드
```

① INNER JOIN
② OUTER JOIN
③ LEFT JOIN
④ RIGHT JOIN

조인된 필드가 일치하는 레코드만 결합하기 위한 조인 유형은 INNER JOIN입니다.

23년 2회, 22년 4회

**3. 다음과 같이 〈제품〉 테이블의 레코드는 모두 표시되고, 〈구매〉 테이블에서는 '제품번호' 필드가 일치하는 레코드만 표시하는 조인 형식은 무엇인가?**

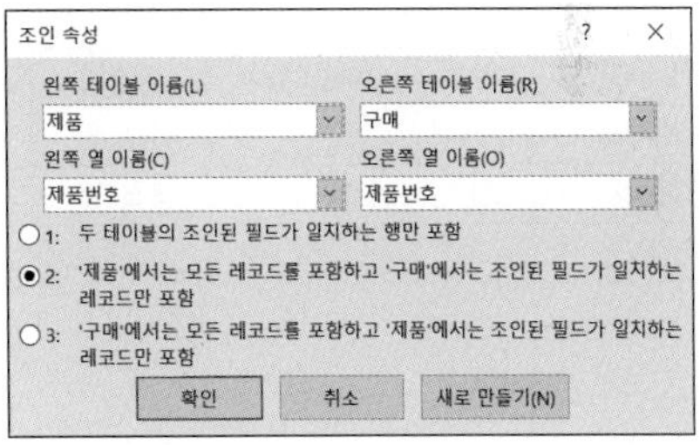


① 내부 조인(Inner Join)
② 왼쪽 외부 조인(Left Join)
③ 오른쪽 외부 조인(Right Join)
④ 카테션 곱(Cartesian Project Join)

"왼쪽 테이블의 데이터가 모두 표시되면 왼쪽 외부 조인, 오른쪽 테이블의 데이터가 모두 표시되면 오른쪽 외부 조인"이라고 이해하면 쉽게 기억됩니다.

▶ 정답 : 1. ① 2. ① 3. ②

## 따라잡기 기출문제 따라잡기

문제4 1214152

22년 3회, 21년 2회, 17년 2회, 14년 1회, 13년 2회, 11년 2회, 09년 1회, 02년 3회

**4. 아래의 두 테이블을 다음과 같이 조인하여 질의를 수행한 경우의 결과에 대한 설명으로 가장 옳지 않은 것은?**

〈거래처〉 테이블

| 거래처번호 | 거래처명 |
|---|---|
| 1 | 갑을상사 |
| 2 | 영광상회 |
| 3 | 갑자무역 |

〈매출〉 테이블

| 번호 | 매출거래처 | 매출일 |
|---|---|---|
| 1 | 1 | 5월 1일 |
| 2 | 2 | 5월 3일 |
| 3 | 1 | 5월 3일 |
| 4 | NULL | 5월 4일 |

```
SELECT * FROM 거래처 INNER JOIN 매출 ON 거래처.거래처번호 = 매출.매출거래처;
```

① 조회 결과의 필드 수는 5개이다.

② 조회 결과의 레코드 수는 4개이다.

③ 3번 거래처에 대한 정보는 나타나지 않는다.

④ 4번 매출에 대한 정보는 나타나지 않는다.

내부 조인(Inner Join)은 조인된 필드가 일치하는 행만 추출되는 것으로, 결과는 다음과 같습니다.

| 거래처번호 | 거래처명 | 번호 | 매출거래처 | 매출일 |
|---|---|---|---|---|
| 1 | 갑을상사 | 3 | 1 | 5월 3일 |
| 1 | 갑을상사 | 1 | 1 | 5월 1일 |
| 2 | 영광상회 | 2 | 2 | 5월 3일 |

24년 1회

**5. 〈제품〉 테이블의 데이터는 모두 표시되고 〈판매내역〉 테이블의 데이터는 '제품.제품코드' 필드와 일치하는 데이터만 표시되는 조인은?**

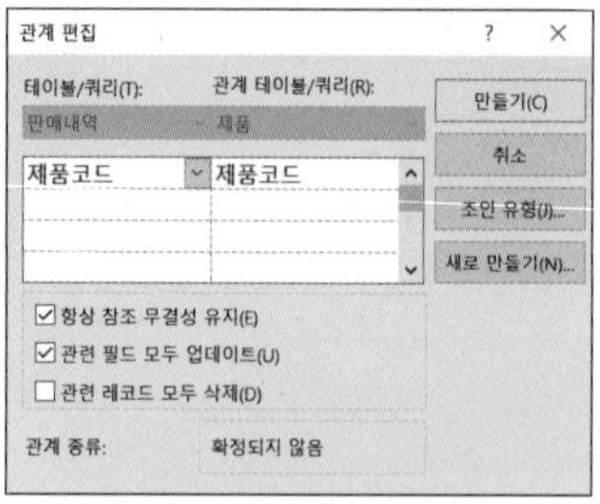


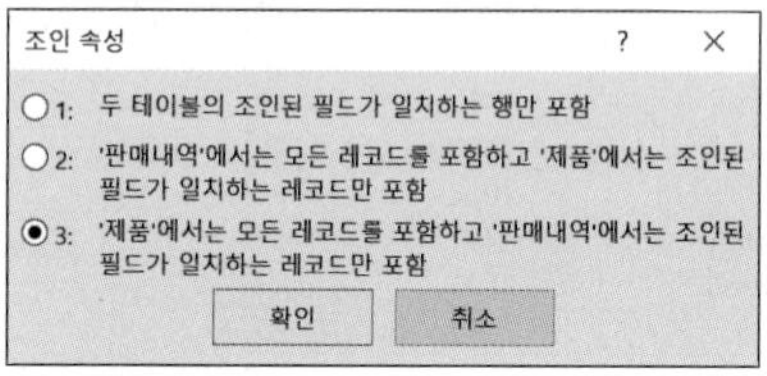


① 왼쪽 외부 조인

② 오른쪽 외부 조인

③ 카테션 조인

④ 내부 조인

〈제품〉 테이블에서는 모든 레코드를 포함하라고 했는데, 모든 정보가 포함되는 〈제품〉 테이블이 '관계 편집' 대화상자의 오른쪽에 놓였으니 오른쪽 외부 조인에 해당됩니다.

▶ 정답 : 4. ② 5. ②

SECTION
# 156 실행 질의

A 등급

## 1 삽입(INSERT)문

24.4, 23.5, 22.6, 22.5, 22.1, 21.4, 21.3, 21.1, 20.상시, 19.1, 16.3, 16.1, 15.3, 14.3, 14.2, 13.2, 11.3, 11.1, 09.3, 08.2, …

1214201

삽입(INSERT)문은 테이블에 레코드를 추가할 때 사용한다.

- 값을 직접 지정하여 추가할 수도 있고, 다른 테이블의 레코드를 추출하여 추가할 수도 있다.
- **직접 입력하여 추가하기**

```
INSERT INTO 테이블 이름(필드이름1, 필드이름2, …)
VALUES(필드값1, 필드값2, …);
```

**예제1** 〈거래처2〉 테이블에 거래처명이 '미륵', 사업자번호가 '469-10-12345', 주소가 '서초구 방배동 미륵오피스텔 708호'인 거래처를 추가하시오.

→

- **테이블로부터 추가하기**

```
INSERT INTO 테이블 이름(필드이름1, 필드이름2, …)
SELECT 필드 이름
FROM 테이블 이름
WHERE 조건;
```

  - 한 번에 하나의 테이블에만 추가할 수 있다.
  - 여러 개의 레코드를 동시에 추가할 수 있다.
  - 레코드의 전체 필드를 추가할 경우에는 필드 이름을 생략할 수 있다.

**예제2** 〈추가거래처〉 테이블의 모든 레코드를 〈거래처2〉 테이블에 추가하시오.

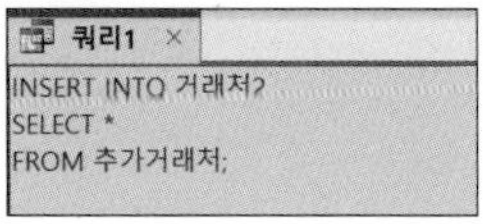


→

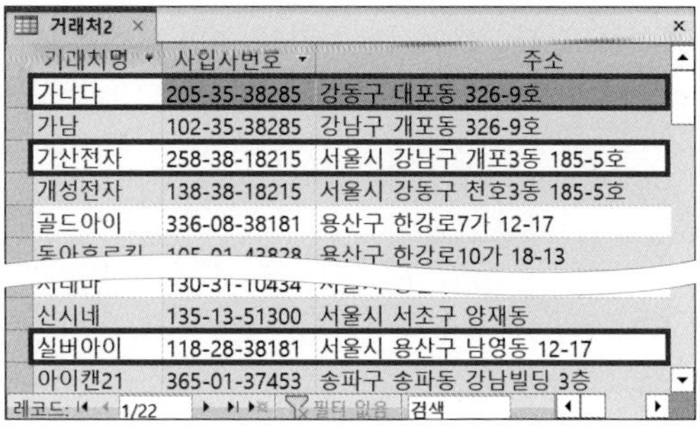


전문가의 조언

**중요해요!** 실행 질의의 종류와 각 구문의 형식을 암기해야 합니다. 실습을 통해서 구문을 이해한 후 꼭 기억하도록 하세요.

준비하세요

'C:\길벗컴활1급필기\3과목\3과목3장.accdb' 파일을 불러와 실습하세요. 실행 질의를 수행하면 값이 변경되므로 테이블을 복사해서 실습하는 것이 좋습니다. 각각을 '거래처2', '상품2', '판매내역2'로 복사해서 실습에 활용하세요. Ctrl을 누른 채 테이블을 끌어서 복사한 후 이름을 변경하면 됩니다.

궁금해요 시나공 Q&A 베스트

**Q SQL문을 직접 입력하여 실행 질의 예제 문제를 실습하려면 어떤 메뉴를 사용해야 하나요?**

A 다음과 같은 순서로 작업하면 됩니다.

❶ 해당 실습 파일을 불러온다.

❷ [만들기] → [쿼리] → [쿼리 디자인]을 클릭한 후 '테이블 추가' 대화상자에서 닫기 단추(☒)를 클릭한다.

❸ [쿼리 디자인] → [결과] → [SQL 보기]를 클릭한 후 코드를 입력한다.

❹ [쿼리 디자인] → [결과] → [실행(!)]을 클릭하여 결과를 확인한다.

**예제2 설명**

특정 필드가 아닌 전체 필드를 삽입할 때는 필드 이름을 생략해도 됩니다.

24.4, 24.3, 24.2, 23.5, 23.3, 23.2, 22.4, 21.4, 21.3, 20.상시, 19.상시, 19.2, 18.1, 17.1, 16.3, 15.3, 14.2, 14.1, 12.1, 10.1, 08.3, …

## 2 수정(UPDATE)문

1214202

```
UPDATE 테이블 이름
SET 필드이름1 = 값1, 필드이름2 = 값2 …
WHERE 조건;
```

수정(UPDATE)문은 테이블의 필드 값을 변경할 때 사용한다.

- 조건을 지정하여 한 번에 여러 레코드의 필드 값을 변경할 수 있다.
- 조건을 지정하지 않으면 테이블 내의 전체 레코드에 대해 변경이 이루어진다.

**날짜를 조건으로 지정하기**
날짜를 조건으로 지정할 때에는 날짜를 #으로 묶어줘야 합니다.

예제 3 〈판매내역2〉 테이블에서 판매일이 2023년 04월 25일 이후인 상품의 금액을 10% 할인하시오.

쿼리1

```
UPDATE 판매내역2
SET 금액 = 금액*0.9
WHERE 판매일 >= #2023-04-25#;
```

판매내역2

| 수량 | 금액 | 할인여부 | 판매일 |
|---|---|---|---|
| 20 | ₩174,000 | ☐ | 2023-04-19 |
| 5 | ₩43,500 | ☐ | 2023-04-20 |
| 15 | ₩210,000 | ☐ | 2023-04-22 |
| 10 | ₩154,000 | ☐ | 2023-04-26 |
| 30 | ₩422,400 | ☑ | 2023-04-30 |

레코드: 1/30 필터 없음 검색

→

판매내역2

| 수량 | 금액 | 할인여부 | 판매일 |
|---|---|---|---|
| 20 | ₩174,000 | ☐ | 2023-04-19 |
| 5 | ₩43,500 | ☐ | 2023-04-20 |
| 15 | ₩210,000 | ☐ | 2023-04-22 |
| 10 | ₩138,600 | ☐ | 2023-04-26 |
| 30 | ₩380,160 | ☑ | 2023-04-30 |

레코드: 18/30 필터 없음 검색

15.3, 14.3, 11.1, 09.3, 07.3, 05.1, 04.4, 02.3

## 3 삭제(DELETE)문

1214203

```
DELETE *
FROM 테이블 이름
WHERE 조건;
```

삭제(DELETE)문은 테이블의 레코드를 삭제할 때 사용한다.

- 조건을 지정하여 한 번에 여러 레코드를 삭제할 수 있다.
- 조건을 지정하지 않으면 테이블 내의 전체 레코드가 삭제된다.
- 삭제된 레코드는 복원할 수 없다.

예제 4 〈상품2〉 테이블에서 분류가 '런닝화'인 상품을 삭제하시오.

쿼리1

```
DELETE *
FROM 상품2
WHERE 분류 = "런닝화";
```

| 상품번호 | 분류 | 상품명 | 판매가 |
|---|---|---|---|
| 1 | 에어로빅화 | Wing | ₩10,450 |
| 2 | 테니스화 | Arena | ₩12,870 |
| 3 | 런닝화 | Transfer | ₩14,080 |
| 4 | 런닝화 | Readme | ₩14,080 |
| 5 | 런닝화 | Access | ₩14,080 |
| 6 | 주니어화 | Player | ₩9,280 |
| 20 | 워킹화 | Fish | ₩13,090 |
| 21 | 아동화 | Child-king | ₩15,000 |
| 22 | 런닝화 | Runaway | ₩19,870 |
| 23 | 런닝화 | 일단뛰어 | ₩12,758 |

→

| 상품번호 | 분류 | 상품명 | 판매가 |
|---|---|---|---|
| 1 | 에어로빅화 | Wing | ₩10,450 |
| 2 | 테니스화 | Arena | ₩12,870 |
| 6 | 주니어화 | Player | ₩9,280 |
| 7 | 주니어화 | Basic | ₩9,280 |
| 8 | 아동화 | Patch | ₩7,064 |
| 9 | 아동화 | Flash | ₩8,700 |
| 18 | 주니어화 | Jaeho.su | ₩14,300 |
| 19 | 워킹화 | Four air | ₩10,560 |
| 20 | 워킹화 | Fish | ₩13,090 |
| 21 | 아동화 | Child-king | ₩15,000 |

문제3 1214251 문제4 4315654

## 따라잡기 기출문제 따라잡기

21년 1회, 16년 3회

**1. 다음 중 아래와 같은 필드로 구성된 <SERVICE> 테이블에서 실행 가능한 쿼리로 적절하지 않은 것은?**

| 필드 이름 | 데이터 형식 |
|---|---|
| 등급 | 짧은 텍스트 |
| 비용 | 숫자 |
| 번호 | 숫자 |

① INSERT INTO SERVICE (등급, 비용) VALUES ('C', 7000);
② UPDATE SERVICE SET 등급 = 'C' WHERE 등급 = 'D';
③ INSERT INTO SERVICE (등급, 비용, 번호) VALUES ('A', 10000,10);
④ UPDATE SERVICE SET 비용 = 비용*1.1;

<SERVICE> 테이블에는 '번호' 필드가 기본키로 설정되어 있기때문에 데이터를 삽입할 때 반드시 '번호' 필드에 값이 입력되어야 하는데, ①번의 INSERT 문은 '번호' 필드가 누락되었으므로 실행 시 키 위반 오류가 발생합니다.

24년 4회, 23년 5회, 22년 6회, 21년 3회

**2. 다음 중 각 쿼리 유형에 대한 설명으로 옳지 않은 것은?**

① 매개 변수 쿼리 – 쿼리를 실행할 때마다 값이나 패턴을 묻는 메시지를 표시하여 조건에 맞는 필드만 반환한다.
② 크로스탭 쿼리 – 레코드의 합계나 평균 등의 요약을 계산한 다음, 데이터시트의 왼쪽 세로 방향과 위쪽 가로 방향 두 종류로 결과를 그룹화하는 쿼리로, 데이터를 쉽게 분석할 수 있게 해준다.
③ 추가 쿼리 – 테이블의 데이터를 복사하거나 데이터를 보관해야 하는 경우에 사용되며, 새로운 테이블을 생성한다.
④ 선택 쿼리 – 하나 이상의 테이블, 기존 쿼리 또는 이 두 가지의 조합에서 데이터를 가져올 수 있다.

추가 쿼리, 즉 삽입 쿼리는 새로운 레코드를 기존 테이블에 추가하는 쿼리입니다. ③번은 테이블 만들기 쿼리에 관한 설명입니다.

22년 1회, 21년 4회, 20년 상시, 19년 1회, 16년 1회, 14년 2회, 11년 1회

**3. 다음 중 실행 쿼리의 삽입(INSERT)문에 대한 설명으로 옳지 않은 것은?**

① 한 개의 INSERT문으로 여러 개의 레코드를 여러 개의 테이블에 동일하게 추가할 수 있다.
② 필드 값을 직접 지정하거나 다른 테이블의 레코드를 추출하여 추가할 수 있다.
③ 레코드의 전체 필드를 추가할 경우 필드 이름을 생략할 수 있다.
④ 하나의 INSERT문을 이용해 여러 개의 레코드와 필드를 삽입할 수 있다.

여러 개의 레코드를 동시에 추가할 수 있지만 한 번에 하나의 테이블에만 추가할 수 있습니다.

23년 2회, 22년 4회, 21년 4회

**4. 다음 중 아래 SQL 문에 대한 설명으로 옳은 것은?**

```
UPDATE 학생 SET 주소='서울' WHERE 학번=100;
```

① [학생] 테이블에 주소가 '서울'이고 학번이 100인 레코드를 추가한다.
② [학생] 테이블에서 주소가 '서울'이고 학번이 100인 레코드를 검색한다.
③ [학생] 테이블에서 학번이 100인 레코드의 주소를 '서울'로 갱신한다.
④ [학생] 테이블에서 주소가 '서울'인 레코드의 학번을 100으로 갱신한다.

질의문은 각 절을 분리하여 이해하면 쉽습니다.
- **Update 학생** : <학생> 테이블의 레코드를 수정합니다.
- **Set 주소 = '서울'** : '주소' 필드의 값을 "서울"로 변경합니다.
- **Where 학번 = '100'** : '학번' 필드의 값이 "100"인 레코드만을 대상으로 합니다.

▶ **정답** : 1. ① 2. ③ 3. ① 4. ③

22년 4회, 21년 4회, 3회, 17년 1회, 14년 2회, 1회, 10년 1회, 08년 3회, 07년 2회, 06년 3회, 04년 3회, 03년 2회

**5. '직원(사원번호, 부서명, 이름, 나이, 주소, 직급, 급여)' 테이블에서 직급이 사원인 직원의 급여를 10%씩 증가시키는 질의문으로 옳은 것은?**

① SELECT 급여 UPDATE 직원 SET 급여=급여*1.1;

② UPDATE 급여 SET 급여=급여*1.1 WHERE 직급='사원';

③ UPDATE 직원 SET 급여=급여*1.1 WHERE 직급='사원';

④ SELECT*UPDATE 직원 SET 급여=급여*1.1 WHERE 직급='사원';

- 〈직원〉 테이블에서 수정해야 하므로 **UPDATE 직원**입니다.
- 급여의 값을 10%씩 인상해야 하므로 **SET 급여=급여*1.1**입니다
  - 급여 100%에 10%를 인상한 110%는 1.1입니다.
- 직급이 '사원'인 레코드만이 대상이므로 **WHERE 직급='사원'**입니다.

22년 5회

**6. 다음 중 학생(학번, 이름, 학과) 테이블에 학과가 '경영학과', 학번이 300, 이름이 '김상공'인 학생의 정보를 추가하는 SQL 문으로 올바른 것은?**

① Insert Into 학생(학번, 이름, 학과) Values(300, '김상공', '경영학과');

② Insert 학생(학번, 이름, 학과) Values(300, '김상공', '경영학과');

③ Insert Into 학생(학번, 이름, 학과) Values(300, 김상공, 경영학과);

④ Insert 학생(학번, 이름, 학과) Values(300, 김상공, 경영학과);

- 〈학생〉 테이블에 학번, 이름, 학과를 삽입하므로 **Insert Into 학생(학번, 이름, 학과)**입니다.
- 삽입되는 속성과 값이 학번은 300, 이름은 '김상공', 학과는 '경영학과'이므로 **Value(300, '김상공', '경영학과')**입니다.

※ 삽입되는 값이 문자인 경우 작은따옴표(' ')로 묶어줍니다.

23년 5회, 21년 3회

**7. 다음 중 쿼리의 [디자인 보기]에서 아래와 같이 설정한 경우 동일한 결과를 표시하는 SQL 문은?**

| | | |
|---|---|---|
| 필드: | 모집인원 | 지역 |
| 테이블: | 테이블1 | 테이블1 |
| 업데이트: | 2000 | |
| 조건: | | "서울" |
| 또는: | >1000 | |

① UPDATE 테이블1 SET 모집인원 〉 1000 WHERE 지역 = "서울" AND 모집인원 = 2000;

② UPDATE 테이블1 SET 모집인원 = 2000 WHERE 지역 = "서울" AND 모집인원 〉 1000;

③ UPDATE 테이블1 SET 모집인원 = 2000 WHERE 지역 = "서울" OR 모집인원 〉 1000;

④ UPDATE 테이블1 SET 모집인원 〉 1000 WHERE 지역 = "서울" OR 모집인원 = 2000;

- 〈테이블1〉 테이블의 '모집인원' 필드 값을 2000으로 업데이트합니다. : UPDATE 테이블1 SET 모집인원 2000
- 지역이 "서울"이거나 모집인원이 1000을 초과한 자료만을 대상으로 합니다. : WHERE 지역 = "서울" OR 모집인원 〉 1000

※ 조건이 서로 다른 행에 작성되었으므로 OR로 연결됩니다.

24년 2회, 23년 3회, 21년 4회, 3회

**8. 다음 중 사원 테이블(사원번호, 이름, 직급, 연봉, 호봉)에서 호봉이 6인 사원의 연봉을 3%씩 인상하는 SQL문이다. 각 괄호에 들어갈 알맞은 명령어를 순서대로 나열한 것은?**

```
Update 사원
(        ) 연봉 = 연봉 * 1.03
(        ) 호봉 = 6;
```

① From, Where　　② Set, From

③ Set, Where　　④ From, Set

업데이트 쿼리의 일반적인 구문 형태는 'UPDATE ~ SET ~ WHERE'입니다.

24년 3회

**9. 다음 중 업데이트 쿼리에 대한 설명으로 옳지 않은 것은?**

① 하나 이상의 테이블에 데이터를 추가할 수 있다.

② 여러 테이블의 값을 한번에 변경할 수 있다.

③ 기존 데이터의 값을 널(Null) 값으로 변경할 수 있다.

④ 레코드의 모든 데이터를 변경할 수 있다.

테이블에 데이터를 추가하는 쿼리는 추가(INSERT) 쿼리입니다. 또한 추가 쿼리를 이용해도 한 번에 하나의 테이블에만 데이터를 추가할 수 있습니다.

▶ **정답** : 5. ③　6. ①　7. ③　8. ③　9. ①

SECTION 157

# 기타 질의

A 등급

## 1 크로스탭 질의

23.1, 21.4, 21.3, 21.1, 20.상시, 19.2, 19.1, 18.상시, 18.1, 15.3, 12.3, 09.4, 08.2, 05.1

1214301

크로스탭 질의는 테이블의 특정 필드의 요약값(합계, 개수, 평균 등)을 표시하고 그 값들을 그룹별로 한 집합은 데이터시트의 왼쪽(행)에, 다른 한 집합은 데이터시트의 위쪽(열)에 나열한다.

- 엑셀 프로그램의 피벗 테이블과 유사하다.
- 열과 행 방향의 표 형태로 숫자 데이터의 집계를 구한다.
- 그룹화한 데이터에 대해 레코드 개수, 합계, 평균, 최대값, 최소값, 분산, 표준 편차 등을 계산할 수 있다.
- 결과로 표시된 데이터시트에서 데이터를 편집할 수 없다.
- 행 머리글로 사용될 필드는 여러 개를 지정할 수 있지만 열 머리글로 사용될 필드는 하나만 지정할 수 있다.

**예제1** 〈상품〉 테이블에서 상품명별 분류의 판매가 합계를 크로스탭 질의를 이용하여 나타내시오.

크로스탭 예제

| 상품명 | 합계 판매가 | 런닝화 | 아동화 | 에어로빅화 | 워킹화 | 주니어화 | 캠퍼스화 | 클래식화 | 테니스화 |
|---|---|---|---|---|---|---|---|---|---|
| 메사 | ₩13,200 | | | | | | | ₩13,200 | |
| 벨크로 | ₩13,200 | | | | | | | ₩13,200 | |
| 아쿠아 | ₩14,000 | | | | | | ₩14,000 | | |
| 일단뛰어 | ₩12,758 | ₩12,758 | | | | | | | |
| 클래식 | ₩12,100 | | | | | | | ₩12,100 | |
| 포커스 | ₩11,300 | | | | ₩11,300 | | | | |
| Acadian | ₩9,900 | | | | | | | | ₩9,900 |
| Access | ₩14,080 | ₩14,080 | | | | | | | |
| Arena | ₩12,870 | | | | | | | | ₩12,870 |
| Basic | ₩9,280 | | | | | ₩9,280 | | | |
| Child-king | ₩15,000 | | ₩15,000 | | | | | | |
| Fish | ₩13,090 | | | | ₩13,090 | | | | |
| Flash | ₩8,700 | | ₩8,700 | | | | | | |
| Four air | ₩10,560 | | | | ₩10,560 | | | | |
| Jaeho.su | ₩14,300 | | | | | ₩14,300 | | | |
| Patch | ₩7,064 | | ₩7,064 | | | | | | |
| Player | ₩9,280 | | | | | ₩9,280 | | | |
| Readme | ₩14,080 | ₩14,080 | | | | | | | |
| Runaway | ₩19,870 | ₩19,870 | | | | | | | |
| Tempo | ₩8,700 | | ₩8,700 | | | | | | |
| Transfer | ₩14,080 | ₩14,080 | | | | | | | |
| White.can | ₩15,400 | | | | | | | | ₩15,400 |
| Wing | ₩10,450 | | | ₩10,450 | | | | | |

레코드: 1/23 필터 없음 검색

① [만들기] → [쿼리] → [쿼리 마법사]를 클릭한다.

② '새 쿼리' 대화상자에서 '크로스탭 쿼리 마법사'를 선택한 후 〈확인〉을 클릭한다.

③ '크로스탭 쿼리 마법사' 1단계 대화상자에서 사용될 〈상품〉 테이블을 선택한 후 〈다음〉을 클릭한다.

④ '크로스탭 쿼리 마법사' 2단계 대화상자에서 행 머리글로 사용할 필드(상품명)를 더블클릭하여 선택한 후 〈다음〉을 클릭한다.

**전문가의 조언**

크로스탭 질의와 매개변수 질의는 개념 및 특징을 알면 풀 수 있는 문제가 출제됩니다. 각각의 개념 및 특징을 구분하여 알아두세요. 실습을 해보면 쉽게 이해됩니다.

**준비하세요**

'C:\길벗컴활1급필기\3과목\3과목 3장.accdb' 파일을 불러와 실습하세요.

**전문가의 조언**

Access 2021 프로그램의 버그로 인해 '크로스탭 쿼리 마법사' 대화상자의 내용이 정상적으로 표시되지 않을 수 있습니다. 교재의 따라하기는 이상 없이 실행된 것을 확인한 것이니 순서대로 따라한 후 결과를 확인하세요.

⑤ '크로스탭 쿼리 마법사' 3단계 대화상자에서 열 머리글로 사용할 필드(분류)를 선택한 후 〈다음〉을 클릭한다.

⑥ '크로스탭 쿼리 마법사' 4단계 대화상자에서 계산에 사용할 필드(판매가)와 함수(총계)를 지정한 후 〈다음〉을 클릭한다.

⑦ '크로스탭 쿼리 마법사' 5단계 대화상자에서 쿼리 이름을 **크로스탭 예제**로 입력한 후 〈마침〉을 클릭한다.

**전문가의 조언**

크로스탭 질의의 SQL문을 외우라는 것은 아닙니다. 참조만 하세요.

### SQL문으로 보기

작성한 크로스탭 질의를 [SQL 보기]로 표시하면 그림과 같습니다.

크로스탭 예제

```
TRANSFORM Sum(상품.[판매가]) AS 판매가의합계
SELECT 상품.[상품명], Sum(상품.[판매가]) AS [합계 판매가]
FROM 상품
GROUP BY 상품.[상품명]
PIVOT 상품.[분류];
```

**디자인 보기 상태에서 매개 변수 질의 작성**

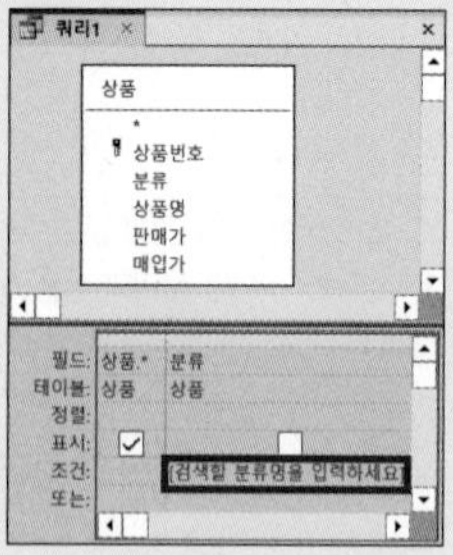


23.5, 22.7, 22.3, 22.2, 21.4, 21.3, 20.상시, 20.2, 18.상시, 17.2, 16.3, 16.1, 15.2, 14.2, 13.2, 12.2, 06.1, 05.1

## 2 매개 변수 질의*

3216602

매개 변수 질의는 쿼리를 실행하면 매개 변수를 입력받을 수 있는 대화상자가 나타나는 질의이다.

- 매개 변수 입력 대화상자에 검색 조건으로 사용할 값이나 필드에 삽입할 값을 입력받아 질의를 수행한다.
- 2가지 이상의 정보를 입력받는 매개 변수 질의문을 작성할 수 있다. 예를 들어, 두 개의 날짜를 묻는 쿼리를 만들어 두 날짜 사이에 있는 레코드를 모두 검색할 수 있다.
- 매개 변수 대화상자에 표시할 텍스트는 해당 필드의 조건 행에 대괄호([ ])로 묶어 입력한다.

**준비하세요**

'C:\길벗컴활1급필기\3과목\3과목 3장.accdb' 파일을 불러와 실습하세요.

**예제 2** 사용자로부터 분류명을 입력받아 입력된 분류명에 해당하는 상품만을 검색하시오.

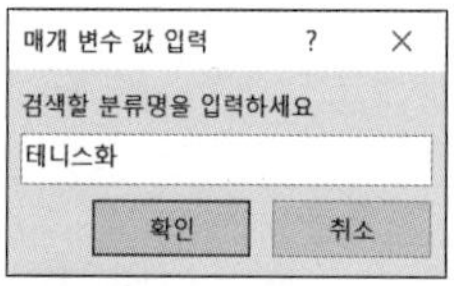


→

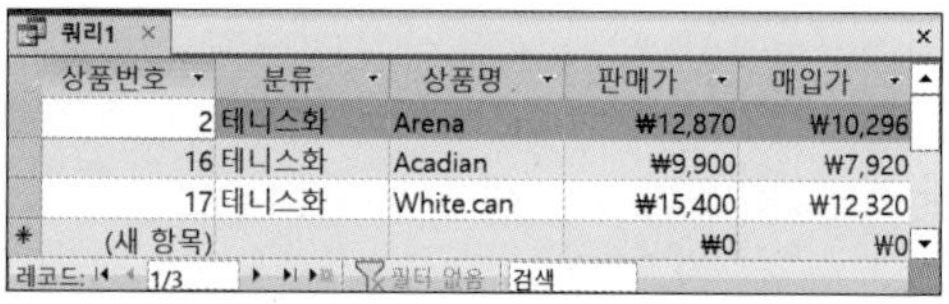


| 상품번호 | 분류 | 상품명 | 판매가 | 매입가 |
|---|---|---|---|---|
| 2 | 테니스화 | Arena | ₩12,870 | ₩10,296 |
| 16 | 테니스화 | Acadian | ₩9,900 | ₩7,920 |
| 17 | 테니스화 | White.can | ₩15,400 | ₩12,320 |
| (새 항목) | | | ₩0 | ₩0 |

**SQL문**

쿼리1

```
SELECT 상품.*
FROM 상품
WHERE 상품.분류=[검색할 분류명을 입력하세요];
```

24.2, 23.4, 23.3, 21.3, 16.2, 15.1, 14.1, 11.3, 09.4, 09.2, 08.3, 08.1, 06.3, 04.2, 04.1, 03.1

## 3 통합(UNION) 질의

1214303

```
SELECT 필드이름
FROM 테이블 이름
UNION SELECT 필드이름
FROM 테이블 이름;
```

통합(UNION) 질의는 성격이 유사한 두 개의 테이블이나 질의의 내용을 합쳐서 하나의 테이블을 만들기 위한 질의이다.

- 같은 레코드는 한 번만 표시한다.
- 두 테이블의 열(필드)의 개수가 다르면 통합되지 않는다.
- 질의의 결과에는 먼저 지정한 테이블의 필드 이름이 표시된다.

**예제3** 사원들의 명단이 〈사원〉 테이블과 〈직원〉 테이블에 저장되어 있다. 두 테이블을 통합하는 질의문을 작성하시오. 단, 같은 레코드가 두 번 나오지 않게 하시오.

사원

| 사원 | 직급 |
|---|---|
| 정경훈 | 사원 |
| 이태환 | 대리 |
| 허성미 | 과장 |
| 김영균 | 대리 |
| 서창용 | 부장 |

레코드: 1/5

직원

| 직원 | 직급 |
|---|---|
| 정다롱 | 사원 |
| 이태환 | 대리 |
| 박태진 | 과장 |
| 김영균 | 대리 |
| 마연호 | 부장 |

레코드: 1/5

→

쿼리1

```
SELECT *
FROM 사원
UNION SELECT *
FROM 직원
```

→

쿼리1

| 사원 | 직급 |
|---|---|
| 김영균 | 대리 |
| 마연호 | 부장 |
| 박태진 | 과장 |
| 서창용 | 부장 |
| 이태환 | 대리 |
| 정경훈 | 사원 |
| 정다롱 | 사원 |
| 허성미 | 과장 |

레코드: 1/8

**전문가의 조언**

통합 질의는 말 그대로 두 개의 테이블을 합치는 질의입니다. 합치려는 테이블들의 성격이 유사해야 하는 것은 당연하겠죠? 질의문의 사용 방법도 꼭 기억해 두세요.

**준비하세요**

'C:\길벗컴활1급필기\3과목\3과목 3장.accdb' 파일을 불러와 실습하세요.

**예제3 설명**

'이태환'과 '김영균'은 두 테이블에 모두 있지만 한 번만 표시됩니다.

21년 4회

**1. 다음 중 각 쿼리 유형에 대한 설명으로 옳지 않은 것은?**

① 실행 쿼리는 삽입, 수정, 삭제와 같이 실행 후 데이터에 변화가 발생하는 쿼리이다.

② 크로스탭 쿼리는 테이블의 특정 필드의 요약 값을 표시하고 그 값들을 그룹별로, 한 집합은 데이터시트의 왼쪽에 또 한 집합은 데이터시트의 위쪽에 나열한다.

③ 데이터 정의 쿼리는 테이블에 있는 데이터에 관한 질문을 하고 데이터는 변경하지 않고 결과 집합을 데이터시트로 표시하는 쿼리이다.

④ 매개 변수 쿼리는 실행할 때 레코드 검색 조건이나 필드에 삽입할 값과 같은 정보를 입력받아 쿼리에 사용하는 쿼리이다.

데이터 정의 쿼리는 데이터 정의 언어를 사용하여 데이터베이스 개체를 만들거나 수정 및 삭제하는 쿼리입니다. ③번은 선택 쿼리에 대한 설명입니다.

23년 1회, 21년 2회, 21년 1회

**2. 다음 중 크로스탭 쿼리에 관한 설명으로 옳지 않은 것은?**

① 레코드의 요약 결과를 열과 행 방향으로 그룹화하여 표시할 때 사용한다.

② 쿼리 데이터시트에서 데이터를 직접 편집할 수 없다.

③ 2개 이상의 열 머리글 옵션과 행 머리글 옵션, 값 옵션 등을 지정해야 한다.

④ 행과 열이 교차하는 곳의 숫자 필드는 합계, 평균, 분산, 표준 편차 등을 계산할 수 있다.

열 머리글은 하나의 필드만 지정할 수 있습니다.

23년 5회, 21년 3회

**3. 다음 그림과 같이 매개 변수 대화상자에 입력한 전공명을 포함하는 레코드만 표시하는 조건식으로 옳은 것은?**

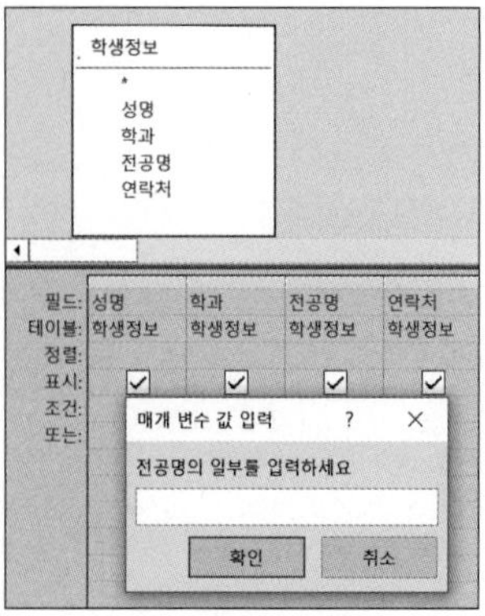


① Like "*" [전공명의 일부를 입력하세요] "*"

② Like "*" & [전공명의 일부를 입력하세요] & "*"

③ Like "*" & [전공명의 일부를 입력하세요]

④ Like & [전공명의 일부를 입력하세요]

매개 변수를 적용할 필드의 조건 행에서 매개 변수 대화상자에 표시할 텍스트는 대괄호([ ])로 묶어야 하며, 매개 변수 대화상자에 입력한 값을 포함하는 레코드를 검색해야 하므로 Like 연산자와 만능 문자 "*"을 이용하여 **Like "*" & [전공명의 일부를 입력하세요] & "*"**과 같이 입력해야 합니다.

22년 7회, 3회, 2회

**4. 다음 중 쿼리 실행 시 값이나 패턴을 묻는 메시지를 표시한 후 사용자에게 조건 값을 입력받아 사용하는 쿼리는?**

① 선택 쿼리

② 요약 쿼리

③ 매개 변수 쿼리

④ 크로스탭 쿼리

쿼리를 실행하면 값이나 패턴을 입력할 수 있는 매개 변수 대화상자가 나타나는 쿼리는 매개 변수 쿼리입니다.

23년 4회, 21년 3회

**5. 다음 중 '학번', '이름', '전화번호' 필드로 동일하게 구성되어 있는 [재학생] 테이블과 [졸업생] 테이블을 통합하여 나타내는 쿼리문으로 옳은 것은?**

① Select 학번, 이름, 전화번호 From 재학생, 졸업생
Where 재학생.학번 = 졸업생.학번;

② Select 학번, 이름, 전화번호 From 재학생
JOIN Select 학번, 이름, 전화번호 From 졸업생;

③ Select 학번, 이름, 전화번호 From 재학생
OR Select 학번, 이름, 전화번호 From 졸업생;

④ Select 학번, 이름, 전화번호 From 재학생
UNION Select 학번, 이름, 전화번호 From 졸업생;

성격이 유사한 두 개의 테이블 데이터를 통합하여 하나로 나타낼 때는 통합(UNION) 쿼리를 사용합니다.

문제6 4315756

## 따라잡기 기출문제 따라잡기

24년 2회, 23년 3회

**6. 다음 지문의 SQL문과 결과가 동일한 것은?**

```
Select * From 고객
Where 고객.등급 = 'A'
UNION
Select * From 고객
Where 고객.등급 = 'B';
```

① Select * From 고객 Where 고객.등급 = 'A' Or 'B';

② Select * From 고객 Where 고객.등급 = 'A' And 'B';

③ Select * From 고객 Where 고객.등급 = 'A' Or 고객.등급 = 'B';

④ Select * From 고객 Where 고객.등급 = 'A' And 고객.등급 = 'B';

- UNION(통합) 질의는 두 개의 질의 내용을 합쳐서 하나의 테이블을 만드는 질의입니다. 지문의 SQL문은 〈고객〉 테이블의 '등급' 필드가 "A"이거나 "B"인 레코드를 모두 추출하는 질의문으로, 이는 Where 조건으로 '등급' 필드의 값 "A"와 "B"를 OR 연산자로 연결하여 적용한 결과와 동일합니다.
- Where 문에 사용되는 조건에는 조건마다 필드명을 함께 기술해야 합니다.

▶ **정답** : 1. ③ 2. ③ 3. ② 4. ③ 5. ④ 6. ③

## 148 | ACCESS에서의 질의

### ❶ 질의(쿼리)의 개요 13.1

- 테이블이나 다른 질의를 대상으로 자료를 검색, 추가, 삭제, 갱신하는 도구로서 액세스에는 데이터베이스 개체로 만들어져 있다.
- 테이블이나 또 다른 질의를 이용해서 만든다.
- 질의를 이용해 추출한 결과는 폼, 보고서 등의 레코드 원본으로 사용할 수 있다.

## 149 | 단순 조회 질의 - 기본 구문

### ❶ 기본 구문 24.5, 21.2, 19.상시, 18.2, 16.2, 15.3, 15.2, 11.3, 10.2, 10.1

```
SELECT [DISTINCT] 필드이름
FROM 테이블이름
[WHERE 조건식];
```

- 여러 줄에 나누어 입력이 가능하며, 마지막에 ';'을 입력해 SQL문의 끝임을 알린다.
- SELECT문에 'DISTINCT'를 입력하면 검색의 결과가 중복되는 레코드는 검색 시 한 번만 표시된다.
- 필드이름 : 테이블의 모든 필드를 검색할 경우에는 필드이름 대신 *를 입력하고, 특정 필드들만 검색할 경우 필드와 필드는 쉼표(,)로 구분하여 표시함
- WHERE 조건식 : 조건을 입력하여 특정 조건에 맞는 레코드만 검색할 때 사용함

**문제 1** 〈학생〉 테이블을 대상으로 SQL문을 실행한 결과로 표시되는 레코드의 개수를 쓰시오.

〈SQL문〉

```
SELECT DISTINCT 학년 FROM 학생;
```

학생〉

| 학번 | 이름 | 학년 |
|---|---|---|
| 12345671 | 김한글 | 1 |
| 12345672 | 박진수 | 1 |
| 12345673 | 김인수 | 2 |
| 12345674 | 조영자 | 1 |

**답 :**

**해설**

- SELECT DISTINCT 학년 : '학년' 필드를 검색하되 중복된 학년은 한 번만 표시합니다.
- FROM 학생 : 〈학생〉 테이블에서 검색합니다.

| 학년 |
|---|
| 1 |
| 2 |

※ 질의문의 수행 결과 표시되는 레코드의 개수는 2개입니다.

## 150 | 단순 조회 질의 - 정렬

### ❶ 정렬 24.1, 23.5, 23.2, 22.6, 22.4, 22.3, 22.2, 21.4, 21.1, 20.1, 19.상시, 19.2, 19.1, 18.상시, 18.2, 17.1, 16.3, …

```
SELECT [DISTINCT] 필드이름
FROM 테이블이름
[WHERE 조건식]
[ORDER BY 필드이름 정렬방식, …];
```

- ORDER BY문 : 특정 필드를 기준으로 레코드를 정렬하여 검색할 때 사용함
- 정렬 방식
  - 'ASC'와 'DESC'가 있다.
  - 'ASC'는 오름차순, 'DESC'는 내림차순을 의미한다.
  - 정렬 방식을 지정하지 않으면 기본적으로 오름차순(ASC) 정렬이 수행된다.

**문제 2** 다음은 book(도서명, 저자, 출판사, 출간연도) 테이블에서 출간연도가 빠른 순서대로 조회하되, 출간연도가 같은 경우 저자의 오름차순으로 모든 필드를 표시하는 SQL문을 작성하시오.

답 :

**해설**

- 모든 필드를 검색하므로 SELECT *입니다.
- 〈book〉 테이블에서 검색하므로 FROM book입니다.
- 출간연도가 빠른 순(오름차순)으로 검색하되, 출간연도가 같은 경우 저자의 오름차순으로 검색하므로 ORDER BY 출간연도 ASC, 저자 ASC;입니다.

※ 정렬 옵션 중 'ASC'는 생략이 가능하므로, ORDER BY 출간연도, 저자;로 작성해도 됩니다.

# 151 | 단순 조회 질의 – 그룹 지정

## ❶ 그룹 지정 24.5, 24.2, 23.3, 23.1, 22.5, 22.1, 21.3, 21.1, 20.1, 19.상시, 18.상시, 18.2, 18.1, 15.3, 14.3, …

```
SELECT [DISTINCT] 필드이름
FROM 테이블이름
[WHERE 조건식]
[GROUP BY 필드이름]
[HAVING 그룹조건식];
```

- GROUP BY절 : 특정 필드를 기준으로 그룹화하여 검색할 때 사용함
- HAVING절 : 그룹에 대한 조건을 지정할 때 사용함
- 일반적으로 GROUP BY는 SUM, AVG, COUNT 같은 그룹 함수와 함께 사용한다.
- WHERE절과 HAVING절의 차이는 WHERE는 개개의 레코드에 조건을 지정하는 것이고, HAVING은 그룹에 대해 조건을 지정하는 것이다.

**문제 3** 〈주문상세내역〉 테이블을 대상으로 SQL문을 실행한 결과로 표시되는 레코드의 개수를 쓰시오.

주문상세내역

| 주문번호 | 제품코드 | 단가 | 수량 |
|---|---|---|---|
| A130 | RT8754 | 1500 | 20 |
| A130 | HI4875 | 1000 | 30 |
| A130 | GE2457 | 2800 | 10 |
| A130 | AB1455 | 2500 | 15 |
| A234 | BA8545 | 3000 | 18 |
| A278 | JD2456 | 1800 | 20 |
| A278 | HD5453 | 2000 | 24 |
| A278 | RE2456 | 1400 | 32 |
| A350 | GE7584 | 2500 | 27 |
| A350 | GE3585 | 2400 | 25 |

〈SQL문〉

```
Select 주문번호 From 주문상세내역
Group By 주문번호
Having Count(*) >= 3;
```

답 :

**해설**

- Select 주문번호 From 주문상세내역 : 〈주문상세내역〉 테이블에서 '주문번호' 필드를 검색합니다.
- Group By 주문번호 : '주문번호' 필드를 기준으로 그룹을 지정합니다.

| 주문번호 | 제품코드 | 단가 | 수량 |
|---|---|---|---|
| A130 | RT8754 | 1500 | 20 |
| A130 | HI4875 | 1000 | 30 |
| A130 | GE2457 | 2800 | 10 |
| A130 | AB1455 | 2500 | 15 |
| A234 | BA8545 | 3000 | 18 |
| A278 | JD2456 | 1800 | 20 |
| A278 | HD5453 | 2000 | 24 |
| A278 | RE2456 | 1400 | 32 |
| A350 | GE7584 | 2500 | 27 |
| A350 | GE3585 | 2400 | 25 |

- Having Count(*)>=3 : 그룹별로 레코드의 개수가 3개 이상인 그룹만을 대상으로 검색합니다.

| 주문번호 |
|---|
| A130 |
| A278 |

※ 질의문의 수행 결과 표시되는 레코드의 개수는 2개입니다.

**정답** 1. 2 2. SELECT * FROM book ORDER BY 출간연도 ASC, 저자 ASC; 3. 2

## 152 | 주요 함수

### ❶ 그룹 함수 24.5, 23.2, 22.4, 22.1, 21.4, 21.3, 21.1, 20.1, 19.1, 15.3, 13.3, 13.1, 12.3, 11.1, 10.3, 10.1

- AVG(필드명) : 필드의 평균을 구함
- SUM(필드명) : 필드의 합계를 구함
- COUNT(필드명) : 필드의 레코드 수를 구함
- MAX(필드명) : 필드에서의 최대값을 구함

### ❷ 날짜/시간 처리 함수 19.상시, 18.1, 17.1, 16.1, 15.3, 12.2

- WEEKDAY(날짜, 형식)
  - 지정된 날짜의 요일에 해당하는 숫자를 표시한다(1~7).
  - 형식
    - ▶ 1 또는 생략 : 1(일요일)에서 7(토요일)까지의 숫자로 표시
    - ▶ 2 : 1(월요일)에서 7(일요일)까지의 숫자로 표시
    - ▶ 3 : 0(월요일)에서 6(일요일)까지의 숫자로 표시
- DATEADD(형식, 값, 날짜) : 지정된 날짜에서 형식(년, 월, 일)을 지정한 값만큼 증가함
- DATEDIFF(형식, 날짜1, 날짜2) : 두 날짜 사이의 형식(년, 월, 일)의 경과값을 표시함
- MONTH(날짜) : 지정된 날짜에서 월만 표시함
- MINUTE(시간) : 지정된 시간에서 분만 표시함
- TIMESERIAL(시, 분, 초) : 지정된 시, 분, 초에 해당하는 값을 시간 형식으로 반환함
- TIMEVALUE(시간) : 텍스트 형식의 시간을 일련번호로 변환함

### ❸ 문자/숫자 처리 함수 24.5, 24.2, 24.1, 23.4, 23.3, 21.4, 21.1, 18.상시, 18.1, 16.2, 16.1, 14.2, …

- LEN(필드 이름) : 필드에 저장된 문자열의 길이를 반환함
- LEFT(문자열, 자릿수) : 문자열의 왼쪽에서 주어진 자릿수만큼 추출함
- MID(문자열, 시작값, 자릿수) : 문자열의 시작 위치에서 주어진 자릿수만큼 추출함
- RIGHT(문자열, 자릿수) : 문자열의 오른쪽에서 주어진 자릿수만큼 추출함
- INSTR(문자열, 찾는 문자)
  - 문자열에서 찾는 문자 또는 문자열의 위치를 구한다.
  - 문자열에서 찾는 문자나 문자열이 없는 경우에는 0을 반환
- STRREVERSE(문자열) : 문자열의 문자를 역순으로 정렬하여 반환함

### ❹ 기타 함수 22.7, 21.1, 18.1, 13.1, 12.1

- IIF(조건, 실행1, 실행2) : 조건이 참이면 실행1을, 거짓이면 실행2를 수행함
- VAL(문자열) : 문자열로 표시된 숫자를 숫자 값으로 변환함

**문제1** 다음 〈판매〉 테이블에 대한 함수 적용 결과를 쓰시오.

〈판매〉

| No | 판매일 | 수량 | 단가 |
|---|---|---|---|
| 1 | 2023-01-13 | 10 | 2000 |
| 2 | 2023-01-15 | 20 | 2500 |
| 3 | 2023-01-20 | Null | 3000 |
| 4 | 2023-01-25 | 30 | 3500 |
| 5 | 2023-01-28 | 40 | 4000 |

① =count([단가]) →

② =avg([수량]) →

③ =max([단가]) →

④ =sum([수량]) →

**해설**

② avg([수량])은 '수량' 필드의 평균을 계산하지만 'No'가 3인 레코드는 '수량' 필드가 비어 있으므로 평균을 구하는 개수에서 제외됩니다. (10+20+30+40)/4=25가 산출됩니다.

**문제2** 다음의 문자열 함수에 대한 결과를 쓰시오.

① =len("Korea") →

② =mid("Korea", 3, 1) →

③ =left("Korea", 3) →

④ =right("Korea", 3) →

⑤ =instr("Korea", "ok") →

**문제 3** 폼의 'txt비고' 컨트롤에는 'txt주문수량' 컨트롤의 값이 100 이상이면 "20%할인", 50 이상이면 "10%할인", 그 미만이면 "일반"이라고 표시하고자 한다. 'txt비고' 컨트롤 원본에 작성할 함수식을 작성하시오.

답 :

**문제 4** 다음의 각 연산식에 대한 결과를 쓰시오.

① "1" & "2" →

② 3 MOD 3 →

③ 1 〈 〉 2 AND 3 〉 3 →

**해설**

① 12는 숫자가 아닌 문자이므로 왼쪽 정렬되어 표시됩니다.

③ AND는 논리 연산자로, 연산의 대상이 모두 참(TRUE)이면 참을, 하나라도 거짓(FALSE)이면 거짓을 표시합니다.

- 1 〈 〉 2 : 1과 2는 같지 않으므로 참입니다.
- 3 〉 3 : 3은 3보다 크지 않으므로 거짓입니다.
- 연산의 대상 중 하나가 거짓이므로 결과는 거짓(0, FALSE)입니다.

**문제 5** 다음은 주소에 "마포"가 포함된 회원의 정보를 조회하는 질의문이다. 괄호에 들어갈 알맞은 연산식을 작성하시오.

```
select 이름, 주소
from 회원
where 주소 (          );
```

답 :

**문제 6** 다음은 〈도서〉 테이블에서 정가 필드의 값이 10000 이상이면서 20000 이하인 도서를 검색하기 위한 질의문이다. 괄호에 알맞은 연산식을 작성하시오. (between 연산자 사용)

```
select *
from 도서
where 정가 (          );
```

답 :

## 153 | 특수 연산자를 이용한 질의

### ❶ 연산자 24.5, 24.3, 24.1, 22.3, 21.2, 21.1, 18.1, 16.1, 10.3

- 산술 연산자 : +, −, *, /, \, mod, &, ^
- 관계 연산자 : 〉, 〈, =, 〉=, 〈=, 〈 〉
- 논리 연산자 : NOT, AND, OR

### ❷ IN 연산자를 이용한 질의 23.4, 22.3, 21.3, 20.2, 19.상시, 18.상시, 18.2, 11.3

- 필드의 값이 IN 연산자의 인수로 지정된 값과 같은 레코드만 검색하는 것이다.
- OR 연산을 수행한 결과와 같다.
- 문법 : WHERE 필드 또는 필드를 나타내는 식 IN (값1, 값2, …)

### ❸ BETWEEN 연산자를 이용한 질의 24.3, 24.1, 23.4, 22.7, 21.4, 21.2, 18.상시, …

- 필드의 값이 BETWEEN 연산자의 범위로 지정된 값 이내에 포함되는 레코드만 검색하는 것이다.
- AND 연산을 수행한 결과와 같다.
- 문법 : WHERE 필드 또는 필드를 나타내는 식 BETWEEN 값1 AND 값2

### ❹ LIKE 연산자를 이용한 질의 24.4, 24.3, 24.1, 23.4, 22.6, 22.3, 22.2, 21.4, 20.1, 19.1, …

- 대표 문자(*, ?, #)를 이용해 필드의 값이 패턴과 일치하는 레코드만 검색하는 것이다.
- 문법 : WHERE 필드 또는 필드를 나타내는 식 LIKE '문자패턴'

## 154 | 하위 질의

### ❶ 하위 질의 24.5, 24.3, 24.2, 23.4, 23.3, 23.1, 22.7, 22.6, 22.2, 22.1, 21.4, 20.상시, 19.상시, 18.2, 16.1, …

- 선택 질의(SELECT) 혹은 실행 질의(INSERT, UPDATE, DELETE) 안에 작성하는 SELECT문이다.
- 하위 질의 내에 또 다른 하위 질의를 만들 수 있다.
- 하위 질의를 기본 질의에 IN 연산자로 연결하면, 하위 질의의 결과가 기본 질의의 조건으로 사용된다.
- SELECT문의 필드 목록이나 WHERE 또는 HAVING 절에서 식 대신에 하위 쿼리를 사용할 수 있다.

**정답** **1.** ① 5 ② 25 ③ 4000 ④ 100 **2.** ① 5 ② r ③ Kor ④ rea ⑤ 0 **3.** =iif([txt주문수량] 〉= 100, "20%할인", iif([txt주문수량] 〉= 50, "10%할인", "일반"))
**4.** ① 12 ② 0 ③ 0 **5.** like "*마포*" **6.** between 10000 and 20000;

### ❷ AS문 19.1, 12.1, 11.2, 10.3

- 필드 이름이나 테이블 이름에 별명(Alias)을 지정할 때 사용하는 명령이다.
- 계산식을 이용한 질의문에서 필드 이름을 지정할 때 효율적으로 사용된다.
- 질의문에 함수나 수식이 사용된 경우 AS로 필드 이름을 지정하지 않으면 'Expr'로 시작하는 필드 이름이 자동으로 생성된다.
- 테이블 이름에 별명을 지정할 경우에는 AS문을 생략할 수 있다.

**문제 1** 〈제품〉 테이블을 참조하여 아래의 SQL문을 실행한 결과를 쓰시오.

```
SELECT Count(*)
FROM (SELECT Distinct 제품명 FROM 제품);
```

제품

| 제품명 | 재고량 | 판매처 |
|---|---|---|
| 키보드 | 25 | 부산 |
| 마우스 | 30 | 서울 |
| 모니터 | 15 | 부산 |
| 케이블 | 20 | 서울 |
| 키보드 | 25 | 대전 |
| 모니터 | 30 | 서울 |
| 마우스 | 10 | 광주 |
| 키보드 | 25 | 서울 |
| 케이블 | 35 | 인천 |
| * | 0 | |

레코드: 1/9 필터 없음 검색

답 :

**해설**

❶ SELECT Distinct 제품명 FROM 제품 : 〈제품〉 테이블에서 '제품명' 필드를 추출하되, 중복되는 값은 한 번만 표시합니다.

| 제품명 |
|---|
| 키보드 |
| 마우스 |
| 모니터 |
| 케이블 |

❷ SELECT Count(*) FROM ❶ : ❶에서 추출된 결과를 대상으로 레코드의 개수(Count)를 산출합니다. 결과는 4입니다.

## 155 | 다중 테이블 질의

### ❶ 내부 조인 22.7, 22.3, 21.4, 21.2, 19.2, 17.2, 15.2, 14.1, 13.2, 11.2, 10.2

```
SELECT 필드이름
FROM 테이블이름1 INNER JOIN 테이블이름2
ON 테이블이름1.필드이름 = 테이블이름2.필드이름
WHERE 조건;
```

- 가장 일반적인 조인의 형태이다.
- 관계가 설정된 두 테이블에서 조인된 필드가 일치하는 행만 질의에 포함된다.

### ❷ 왼쪽 외부 조인 23.2, 22.4

```
SELECT 필드이름
FROM 테이블이름1 LEFT JOIN 테이블이름2
ON 테이블이름1.필드이름 = 테이블이름2.필드이름
WHERE 조건;
```

- 왼쪽 테이블에서는 모든 레코드를 포함하고, 오른쪽 테이블에서는 조인된 필드가 일치하는 레코드만 질의에 포함된다.
- 화살표의 방향이 왼쪽에서 오른쪽으로 이동되듯이 표현된다.

**문제 2** 〈거래처〉와 〈매출〉 테이블을 조인하여 질의를 수행한 결과 조회되는 필드와 레코드 수를 쓰시오.

거래처

| 거래처번호 | 거래채명 |
|---|---|
| 1 | 강릉 |
| 2 | 대한 |
| 3 | 민국 |
| * | |

매출

| 매출번호 | 매출거래처 | 매출일 |
|---|---|---|
| 1 | 1 | 05-01 |
| 2 | 2 | 05-08 |
| 3 | 1 | 05-02 |
| 4 | 5 | 05-04 |
| * | | |

```
SELECT * FROM 매출
INNER JOIN 거래처 ON 매출.매출거래처=거래처.거래처번호;
```

답

① 필드 수 :

② 레코드 수 :

**해설**

내부 조인(Inner Join)은 조인된 필드(거래처번호와 매출거래처)가 일치하는 행만 추출되는 것으로, 추출된 결과는 다음과 같습니다.

| 거래처번호 | 거래처명 | 매출번호 | 매출거래처 | 매출일 |
|---|---|---|---|---|
| 1 | 강릉 | 1 | 1 | 05-01 |
| 1 | 강릉 | 3 | 1 | 05-02 |
| 2 | 대한 | 2 | 2 | 05-08 |

※ 조회 결과 필드 수는 5개이고, 레코드 수는 3개입니다.

## 156 | 실행 질의

### ❶ 삽입(INSERT)문 24.4, 22.5, 22.1, 21.4, 21.1, 20.상시, 19.1, 16.3, 16.1, 15.3, 14.3, 14.2, 13.2, 11.3, 11.1

- 테이블에 레코드를 추가할 때 사용한다.
- 값을 직접 지정하여 추가할 수도 있고, 다른 테이블의 레코드를 추출하여 추가할 수도 있다.
- 직접 입력하여 추가하기

```
INSERT INTO 테이블 이름(필드이름1, 필드이름2, …)
VALUES (필드값1, 필드값2, …);
```

- 테이블로부터 추가하기

```
INSERT INTO 테이블 이름(필드이름1, 필드이름2, …)
SELECT 필드 이름
FROM 테이블 이름
WHERE 조건;
```

  - 여러 개의 레코드를 동시에 추가할 수 있지만 한 번에 하나의 테이블에만 추가할 수 있다.
  - 레코드의 전체 필드를 추가할 경우에는 필드 이름을 생략할 수 있다.

### ❷ 수정(UPDATE)문 24.4, 24.3, 24.2, 23.5, 23.3, 23.2, 22.4, 21.4, 21.3, 20.상시, 19.상시, 19.2, …

```
UPDATE 테이블 이름
SET 필드이름1=값1, 필드이름2=값2 …
WHERE 조건;
```

- 테이블의 필드 값을 변경할 때 사용한다.
- 조건을 지정하여 한 번에 여러 레코드의 필드 값을 변경할 수 있다.
- 조건을 지정하지 않으면 테이블 내의 전체 레코드에 대해 변경이 이루어진다.

### ❸ 삭제(DELETE)문 15.3, 14.3, 11.1

```
DELETE *
FROM 테이블 이름
WHERE 조건;
```

- 테이블의 레코드를 삭제할 때 사용한다.
- 조건을 지정하여 한 번에 여러 레코드를 삭제할 수 있다.
- 조건을 지정하지 않으면 테이블 내의 전체 레코드가 삭제된다.
- 삭제된 레코드는 복원할 수 없다.

**문제 3** 〈주소록〉 테이블의 정보를 〈거래처〉 테이블에 추가하는 SQL문을 작성하시오. (단 두 테이블은 모두 '거래처번호', '거래처명', '연락처'라는 동일한 데이터 형식과 필드 순서를 갖고 있다.)

**답 :**

**해설**

- 〈거래처〉 테이블에 삽입하므로 insert into **거래처**입니다.
- 삽입되는 〈주소록〉 테이블의 속성이 〈거래처〉 테이블의 속성과 동일한 필드 순서를 가지므로 select * from **주소록**;입니다.

**문제 4** 회원(회원번호, 이름, 나이, 주소) 테이블에서 회원번호가 555인 회원의 주소를 '부산'으로 변경하는 SQL문을 작성하시오.

**답 :**

**해설**

- 〈회원〉 테이블에서 수정해야 하므로 update **회원**입니다.
- 주소의 값을 "부산"으로 변경해야 하므로 set **주소** = **'부산'**입니다.
- 회원번호가 555인 레코드만이 대상이므로 where **회원번호** = **555**;입니다.

**정답** 1. 4 2. ① 5 ② 3 3. insert into 거래처 select * from 주소록; 4. update 회원 set 주소='부산' where 회원번호=555;

**문제 1** 〈회원〉 테이블에서 회원번호가 300인 회원의 정보를 삭제하는 SQL문을 작성하시오.

답 :

**해설**

- 레코드를 삭제하므로 **delete ***입니다.
- 〈회원〉 테이블을 대상으로 하므로 **from 회원**입니다.
- 회원번호가 300인 레코드만이 대상이므로 **where 회원번호 = 300;**입니다.

## 157 | 기타 질의

### ❶ 크로스탭 질의 23.1, 21.4, 21.3, 21.1, 20.상시, 19.2, 19.1, 18.상시, 18.1, 15.3, 12.3

- 테이블의 특정 필드의 요약값(합계, 개수, 평균 등)을 표시하고 그 값들을 그룹별로, 한 집합은 데이터시트의 왼쪽(행)에 또 한 집합은 데이터시트의 위쪽(열)에 나열하는 질의이다.
- 열과 행 방향의 표 형태로 숫자 데이터의 집계를 구한다.
- 행 머리글로 사용될 필드는 여러 개를 지정할 수 있지만 열 머리글로 사용될 필드는 하나만 지정할 수 있다.
- 데이터를 직접 편집할 수 없다.

### ❷ 매개 변수 질의 23.5, 22.7, 22.3, 22.2, 21.4, 21.3, 20.상시, 20.2, 18.상시, 17.2, 16.3, 16.1, 15.2, …

- 쿼리를 실행하면 매개 변수를 입력 받을 수 있는 대화상자가 나타나는 질의이다.
- 매개 변수 입력 대화상자에 검색 조건으로 사용할 값이나 필드에 삽입할 정보를 입력 받아 질의를 수행한다.
- 매개 변수 대화상자에 표시할 텍스트는 매개 변수를 적용할 필드의 조건 행에 대괄호([ ])로 묶어 입력한다.

### ❸ 통합(UNION) 질의 24.2, 23.4, 23.3, 21.3, 16.2, 15.1, 14.1, 11.3

- 성격이 유사한 2개의 테이블이나 질의의 내용을 합쳐서 하나의 테이블을 만들기 위한 질의이다.
- 같은 레코드는 한 번만 기록한다.
- 두 테이블의 열(필드)의 개수가 다르면 통합되지 않는다.
- 형식

```
SELECT 필드이름
FROM 테이블 이름
UNION SELECT 필드이름
FROM 테이블 이름;
```

**문제 2** 아래와 같이 조회할 고객의 최소 나이를 입력받아 입력된 나이 이상을 검색하는 매개 변수 쿼리를 작성하려고 한다. 'Age' 필드의 조건식을 작성하시오.

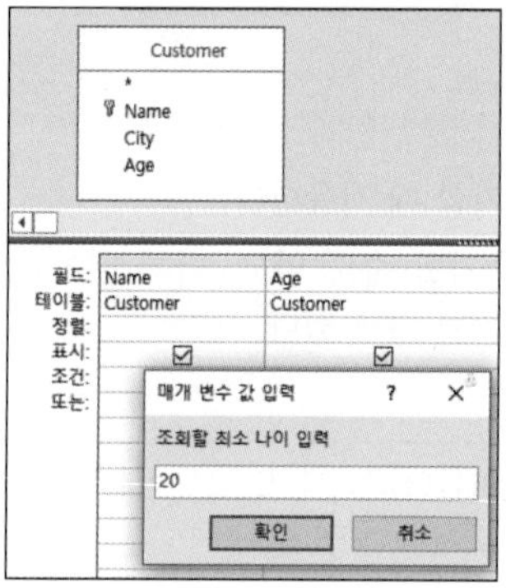


답 :

**문제 3** 〈갑〉 테이블의 속성 A가 1, 2, 3, 4, 5의 도메인을 가지고 있고, 〈을〉 테이블의 속성 A가 0, 2, 3, 4, 6의 도메인을 가지고 있다고 가정할 때 다음 SQL문의 실행 결과를 쓰시오.

```
SELECT A FROM 갑 UNION SELECT A FROM 을;
```

답 :

**해설**

통합(Union) 질의는 여러 테이블의 필드 값을 통합하여 표시하되 같은 레코드는 한 번만 표시합니다. 실행 결과는 **0, 1, 2, 3, 4, 5, 6**입니다.

**정답** **1.** delete * from 회원 where 회원번호 = 300; **2.** >=[조회할 최소 나이 입력] **3.** 0, 1, 2, 3, 4, 5, 6

# 4장

# 폼과 컨트롤

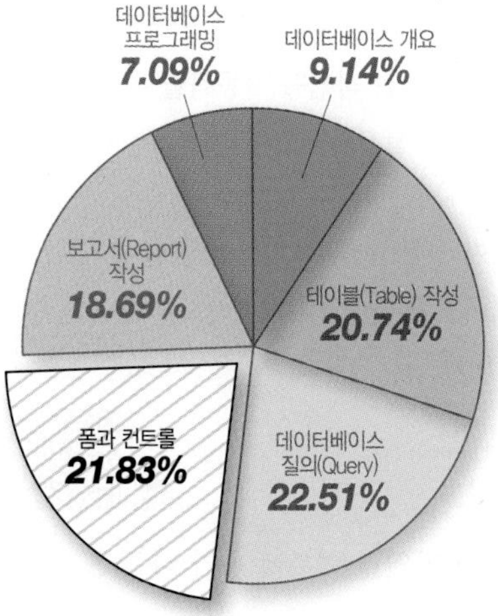


158 폼의 개념 Ⓑ등급

159 폼의 구성 요소 Ⓒ등급

160 폼 만들기 Ⓑ등급

161 자동 폼 생성 도구 Ⓑ등급

162 폼의 속성 — '형식' 탭 Ⓐ등급

163 폼의 속성 — '데이터' 탭 Ⓒ등급

164 컨트롤의 개요 Ⓐ등급

165 하위 폼 Ⓐ등급

166 컨트롤 다루기 Ⓒ등급

167 컨트롤의 주요 속성 Ⓐ등급

168 폼 작성 기타 Ⓐ등급

이 장에서 꼭 알아야 할 키워드 Best 10

**1.** 폼 구성 요소 **2.** 폼 분할 **3.** 폼 속성 **4.** 컨트롤 **5.** 콤보/목록 상자 **6.** 하위 폼 **7.** 컨트롤 다루기 **8.** 컨트롤 속성 **9.** 탭 순서 **10.** 도메인 계산 함수

SECTION 158

# 폼의 개념

B 등급

전문가의 조언

폼의 개념이나 특징을 묻는 문제가 출제됩니다. 폼은 테이블이나 쿼리를 원본으로 하여 데이터의 입력, 수정, 삭제, 조회 등의 작업을 수행하는 개체라는 것을 염두에 두고 폼의 개념이나 특징을 파악해 두세요.

24.1, 23.5, 15.2, 12.3, 11.3, 10.3

## 1 폼(Form)의 개요

3216701

폼은 테이블이나 질의(쿼리)를 원본으로 하여 데이터의 입력, 수정, 삭제, 조회 등의 작업을 편리하게 수행할 수 있도록 환경을 제공하는 개체이다.

- '레코드 원본' 속성을 이용하여 테이블이나 쿼리를 폼의 원본 데이터로 지정한다.
- Dlookup 함수를 이용하면 폼의 '레코드 원본'으로 설정되지 않은 테이블의 필드 값을 표시할 수 있다.
- 폼에서 데이터를 입력하거나 수정하면 연결된 원본 테이블이나 쿼리에 반영된다.
- 폼과 컨트롤의 여러 가지 이벤트 속성을 이용하여 원하는 작업을 자동화할 수 있다.
- 테이블의 특정 레코드만을 폼에 표시*하려면 조건을 설정한 쿼리를 만든 후, 이 쿼리를 폼의 원본 데이터로 지정하면 된다.
- 폼에는 원하는 데이터만 표시할 수 있으므로 데이터베이스의 보안성을 높일 수 있다.
- 폼은 폼 머리글, 폼 바닥글, 세부 구역(본문), 페이지 머리글, 페이지 바닥글 구역과 컨트롤, 각 구역의 선택기 등으로 구성되지만 모든 구역을 구성할 필요는 없다.

**폼에 원하는 데이터만 표시하기**
원하는 데이터만 표시되도록 쿼리를 작성한 후, 이 쿼리를 폼의 레코드 원본으로 지정하면 됩니다.

전문가의 조언

폼 모양의 종류, 열 형식의 개념, 바운드 폼과 언바운드 폼 등에 대한 문제가 주로 출제됩니다. 확실하게 정리하세요.

24.5, 23.4, 21.4, 21.3, 21.2, 21.1, 19.2, 17.1, 15.3, 14.3, 11.1, 10.3, 10.1, 08.2, 07.4, 07.1, 04.4, 04.3, 04.1

## 2 폼의 형태

3216702

폼의 형태는 폼의 모양, 그리고 테이블이나 쿼리와의 연결 여부에 따라 다음과 같이 분류할 수 있다.

### 폼의 모양에 따른 분류

| | |
|---|---|
| 21.2, 21.1, 17.1, 14.3<br>**열 형식** | 각 필드가 왼쪽의 레이블과 함께 각각의 행에 표시되고 레이아웃이 자동으로 설정된다. |
| **테이블 형식** | 각 레코드의 필드들이 한 줄에 나타나며, 레이블은 폼의 맨 위에 한 번 표시된다. |
| **데이터시트** | 레코드는 행으로, 필드는 열로 각각 나타나는 행/열 형식이다. |
| **맞춤** | 필드 내용의 분량에 따라 각 필드를 균형 있게 배치하는 형식이다. |

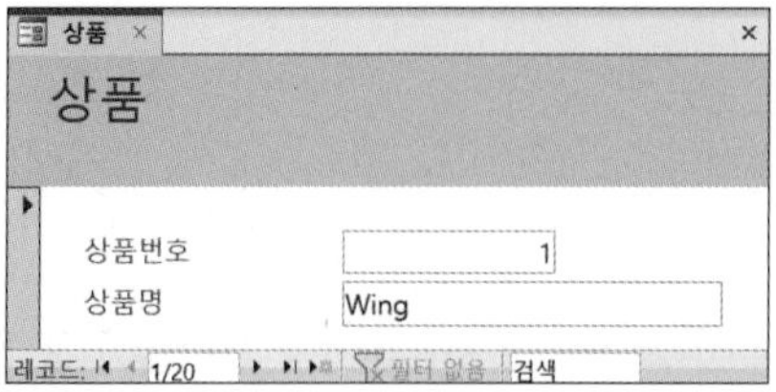

열 형식

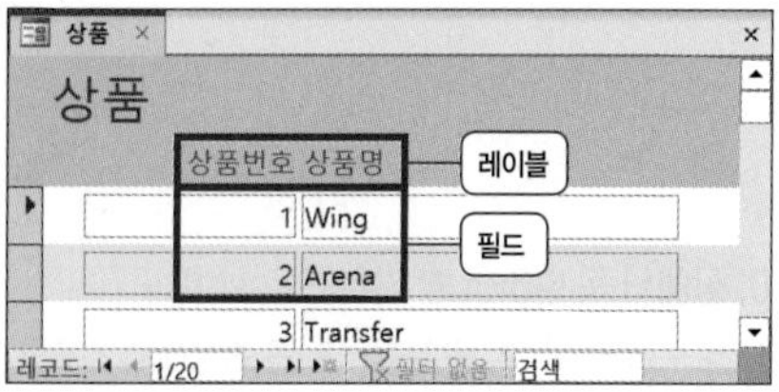

테이블 형식

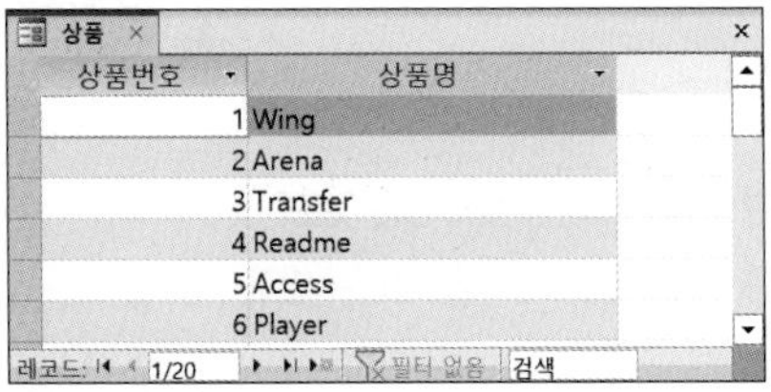


데이터시트

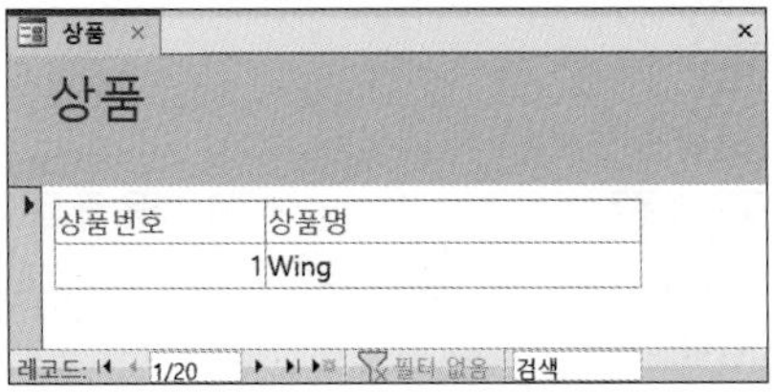


맞춤

### 테이블/쿼리와의 연결 여부에 따른 분류

| | |
|---|---|
| 24.5, 21.3, 19.2, 11.1, 10.3, 07.4, 04.1<br>**바운드(Bound) 폼** | • 테이블이나 쿼리의 레코드와 연결된 폼이다.<br>• 테이블이나 쿼리의 데이터를 표시하거나 입력, 수정, 삭제 등의 편집 작업이 가능하다.<br>• '레코드 원본' 속성을 이용하여 바운드시킨다. |
| 24.5, 23.4, 21.4, 07.4, 07.1, 04.1<br>**언바운드(Unbound) 폼** | • 테이블이나 쿼리의 레코드와 연결되지 않은 폼이다.<br>• 폼을 작성하면 기본적으로 언바운드 폼이 작성된다.<br>• 주로 프로그램의 초기 화면, 검색 화면, 확인 화면 등을 위한 명령 단추로 이루어진 화면에 많이 사용된다. |

문제3 3216753

### 따라잡기 기출문제 따라잡기

12년 3회, 11년 3회

**1. 다음 중 폼에 대한 설명으로 옳지 않은 것은?**

① 입력 및 편집 작업을 위한 인터페이스이다.

② 폼을 작성하기 위한 원본으로는 테이블만 가능하다.

③ 폼을 이용하면 여러 개의 테이블에 데이터를 한 번에 입력할 수 있다.

④ 바운드(Bound) 폼과 언바운드(Unbound) 폼이 있다.

폼의 원본 데이터로는 테이블뿐만 아니라 쿼리도 사용할 수 있습니다.

21년 2회, 1회, 17년 1회, 15년 3회, 14년 3회

**2. 다음 중 폼 마법사에서 선택 가능한 폼의 모양으로 각 필드가 왼쪽의 레이블과 함께 각 행에 나타나며, 폼이 생성된 직후에는 컨트롤 레이아웃이 설정되어 있어 각각의 컨트롤을 다른 크기로 변경할 수 없는 것은?**

① 열 형식 ② 테이블 형식

③ 데이터시트 ④ 맞춤

각 필드가 왼쪽의 레이블과 함께 각각의 행에 표시되고 레이아웃이 자동으로 설정되는 폼의 모양은 열 형식입니다.

23년 4회, 21년 3회, 19년 2회

**3. 다음 중 폼에 대한 설명으로 옳지 않은 것은?**

① 모든 폼은 기본적으로 테이블이나 쿼리와 연결되어 표시되는 바운드 폼이다.

② 폼 내에서 단추를 눌렀을 때 매크로와 모듈이 특정 기능을 수행하도록 할 수 있다.

③ 일 대 다 관계에 있는 테이블이나 쿼리는 폼 안에 하위 폼을 작성할 수 있다.

④ 폼과 컨트롤의 속성은 [디자인 보기] 형식에서 [속성 시트]를 이용하여 설정한다.

폼을 작성하면 기본적으로 테이블이나 쿼리가 연결되지 않은 언바운드 폼이 만들어 집니다. 폼의 '레코드 원본' 속성에 테이블이나 쿼리를 지정해야 비로소 바운드 폼이 됩니다.

▶ **정답** : 1. ② 2. ① 3. ①

문제6 4315856

08년 2회, 07년 3회, 1회, 04년 1회

**4. 다음 중 폼에 대한 설명으로 옳지 않은 것은?**

① 바운드 폼은 폼을 통해 테이블/쿼리에 데이터를 입력, 편집, 수정할 수 없는 폼을 뜻한다.

② 폼에 데이터가 연결되어 있는지의 여부에 따라 바운드 폼과 언바운드 폼이 구분된다.

③ 폼을 사용하여 데이터베이스의 보안성을 높일 수 있다.

④ 폼 모양에는 열 형식, 테이블 형식, 데이터시트 등이 있다.

폼이 테이블이나 쿼리의 레코드와 연결되어 있으면 데이터의 입력, 편집, 수정이 가능한데, 테이블이나 쿼리의 레코드와 연결된 폼을 바운드 폼이라고 합니다.

21년 4회, 04년 1회

**5. 폼에 대한 설명으로 옳지 않은 것은?**

① 폼은 레이블, 콤보 상자, 목록 상자, 명령 단추 등의 컨트롤로 구성된다.

② 폼이란 데이터의 입력, 편집 등의 작업을 위한 일종의 인터페이스이다.

③ 폼의 형식과 원본으로 사용할 테이블만 선택하면 액세스가 자동으로 만들어 주는 폼을 자동 폼이라고 한다.

④ 테이블이나 쿼리를 원본으로 지정하여 데이터가 연결되어 있는 폼을 언바운드 폼이라 한다.

테이블이나 쿼리를 원본으로 지정하여 데이터가 연결되어 있는 폼을 바운드 폼, 데이터가 연결되지 않은 폼을 언바운드 폼이라고 합니다.

24년 1회, 23년 5회, 22년 7회

**6. 다음 중 폼에 대한 설명으로 가장 옳지 않은 것은?**

① 컨트롤 원본에 식을 입력한 경우에는 값을 입력할 수 없다.

② 바운드 폼은 일반적으로 테이블의 내용을 표시하며 이를 수정할 수 있다.

③ 폼의 레코드 원본으로 설정된 테이블의 필드 값만 컨트롤 원본으로 설정하여 표시할 수 있다.

④ 폼을 사용하여 데이터베이스의 보안성과 사용자의 편의성을 높일 수 있다.

폼의 레코드 원본으로 설정된 테이블의 필드를 컨트롤 원본으로 설정하여 표시할 수 있습니다. 폼의 레코드 원본으로 설정되지 않은 테이블의 필드는 Dlookup 함수를 컨트롤 원본으로 설정하여 표시할 수 있습니다.

24년 5회

**7. 다음 중 폼에 대한 설명으로 옳지 않은 것은?**

① 폼 내에서 단추를 눌렀을 때 매크로와 모듈이 특정 기능을 수행하도록 할 수 있다.

② 일 대 다 관계에 있는 테이블이나 쿼리는 폼 안에 하위 폼을 작성할 수 있다.

③ 폼과 컨트롤의 속성은 [디자인 보기] 형식에서 [속성 시트]를 이용하여 설정한다.

④ 폼은 레코드 원본에 연결된 대상이 테이블인지 쿼리인지에 따라 바운드 폼과 언바운드 폼으로 구분된다.

바운드 폼과 언바운드 폼을 구분하는 기준은 연결 대상의 종류가 아니라 테이블이나 쿼리의 레코드와 연결되어 있는지 여부입니다. 즉 테이블이나 쿼리의 레코드와 연결되어 있으면 바운드 폼, 그렇지 않으면 언바운드 폼입니다.

▶ **정답** : 4. ① 5. ④ 6. ③ 7. ④

SECTION 159

# 폼의 구성 요소

C 등급

## 1 폼의 구성 요소

22.7, 22.3, 21.2, 20.1, 19.상시, 14.1, 09.3, 07.2, 07.1, 04.2

1214402

- 폼은 폼 머리글, 폼 바닥글, 세부 구역(본문), 페이지 머리글, 페이지 바닥글 구역과 컨트롤, 각 구역의 선택기 등으로 구성된다.
- 폼에는 기본적으로 세부 구역(본문)이 표시되며, 폼 머리글/바닥글, 페이지 머리글/바닥글 구역을 표시하거나 숨길 수 있다.
- 폼은 '디자인 보기' 형식에서 설정하거나 수정한 후 '폼 보기'나 '인쇄 미리 보기' 형식에서 확인할 수 있다.

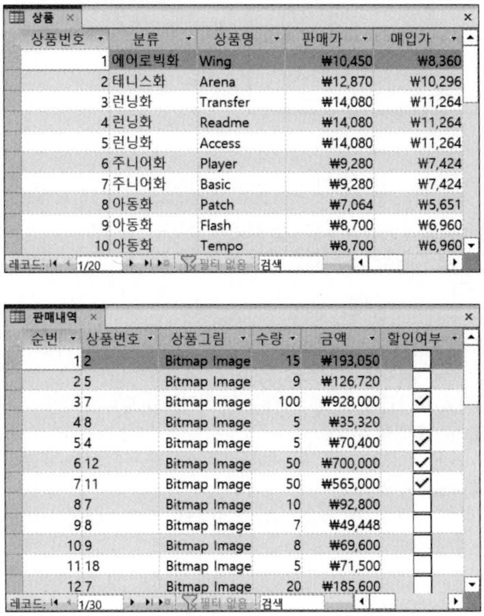
상품

| 상품번호 | 분류 | 상품명 | 판매가 | 매입가 |
|---|---|---|---|---|
| 1 | 에어로빅화 | Wing | ₩10,450 | ₩8,360 |
| 2 | 테니스화 | Arena | ₩12,870 | ₩10,296 |
| 3 | 런닝화 | Transfer | ₩14,080 | ₩11,264 |
| 4 | 런닝화 | Readme | ₩14,080 | ₩11,264 |
| 5 | 런닝화 | Access | ₩14,080 | ₩11,264 |
| 6 | 주니어화 | Player | ₩9,280 | ₩7,424 |
| 7 | 주니어화 | Basic | ₩9,280 | ₩7,424 |
| 8 | 아동화 | Patch | ₩7,064 | ₩5,651 |
| 9 | 아동화 | Flash | ₩8,700 | ₩6,960 |
| 10 | 아동화 | Tempo | ₩8,700 | ₩6,960 |

레코드: 1/20 필터 없음 검색

판매내역

| 순번 | 상품번호 | 상품그림 | 수량 | 금액 | 할인여부 |
|---|---|---|---|---|---|
| 1 | 2 | Bitmap Image | 15 | ₩193,050 | ☐ |
| 2 | 5 | Bitmap Image | 9 | ₩126,720 | ☐ |
| 3 | 7 | Bitmap Image | 100 | ₩928,000 | ☑ |
| 4 | 8 | Bitmap Image | 5 | ₩35,320 | ☐ |
| 5 | 4 | Bitmap Image | 5 | ₩70,400 | ☑ |
| 6 | 12 | Bitmap Image | 50 | ₩700,000 | ☑ |
| 7 | 11 | Bitmap Image | 50 | ₩565,000 | ☑ |
| 8 | 7 | Bitmap Image | 10 | ₩92,800 | ☐ |
| 9 | 8 | Bitmap Image | 7 | ₩49,448 | ☐ |
| 10 | 9 | Bitmap Image | 8 | ₩69,600 | ☐ |
| 11 | 18 | Bitmap Image | 5 | ₩71,500 | ☐ |
| 12 | 7 | Bitmap Image | 20 | ₩185,600 | ☐ |

레코드: 1/30 필터 없음 검색

폼을 이용한 입 · 출력에 사용되는 [원본 테이블]

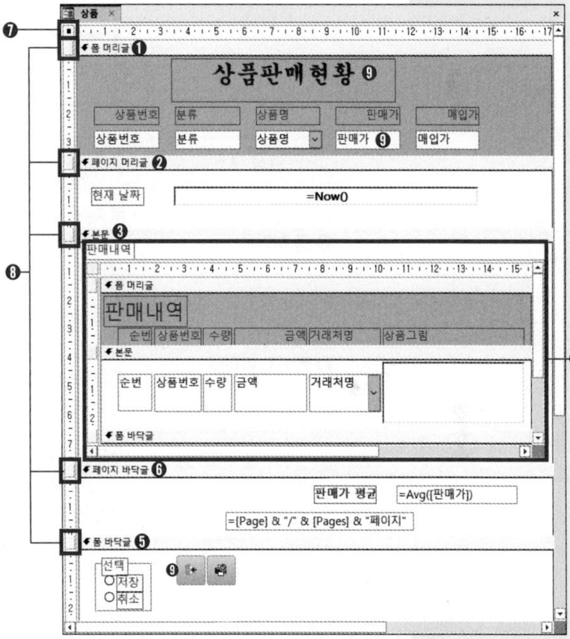


폼을 생성하거나 수정하는 [디자인 보기]

**전문가의 조언**

폼의 구성 요소는 폼에 대한 가장 기본적인 내용입니다. 각 구성 요소를 구분할 수 있어야 하며 특히 폼 보기 형식에 따라 본문에 표시되는 레코드의 수를 정확히 알아두세요.

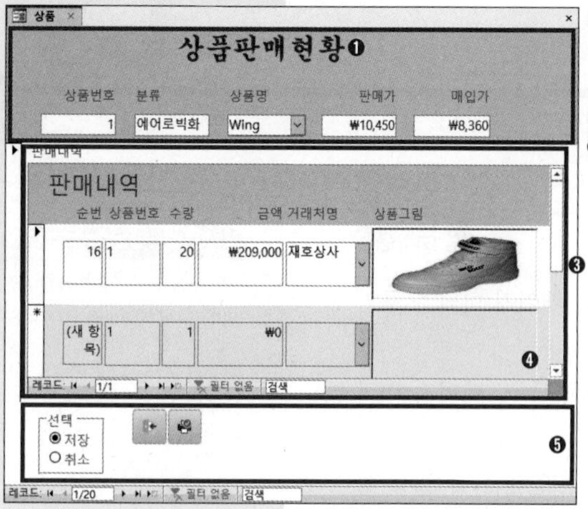

만든 폼을 실행하여 데이터를 입력할 수 있는 [폼 보기]

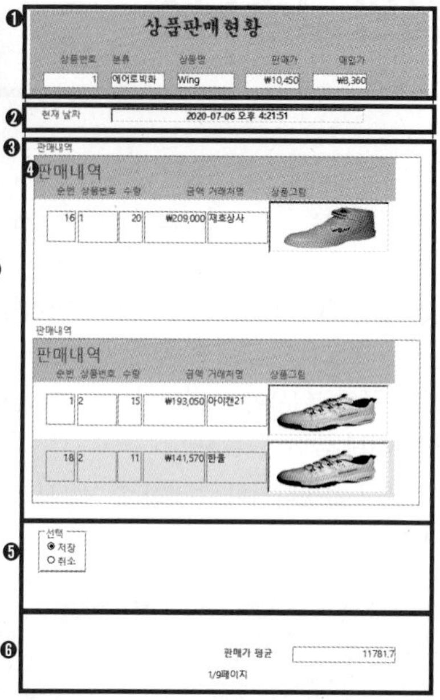

폼을 인쇄하기 전에 인쇄 형태를 확인하는 [인쇄 미리 보기]

명령 단추(❾)는 인쇄 미리 보기 상태나 인쇄 시 표시되지 않습니다.

| 구성 요소 | 의 미 |
|---|---|
| 20.1, 19.상시, 14.1, 09.3, 04.2<br>**❶ 폼 머리글** | • 폼 제목 등과 같이 각 레코드에 동일하게 표시될 정보가 입력되는 구역이다.<br>• 폼 보기(단일 폼)에서는 상단에 매번 표시되고, 인쇄 미리 보기에서는 첫 페이지의 상단에 한 번만 표시된다. |
| 22.3, 09.3, 04.2<br>**❷ 페이지 머리글** | • 모든 페이지의 상단에 동일하게 표시될 정보가 입력되는 구역으로, 제목이나 날짜 등을 입력한다.<br>• 페이지마다 페이지 상단에 표시되며, 첫 페이지에는 폼 머리글 아래에 표시된다.<br>• 인쇄 미리 보기 상태에서만 확인할 수 있다. |
| 22.7, 22.3, 14.1, 09.3, 07.1, 04.2<br>**❸ 세부 구역(본문)** | • 사용할 실제 내용을 입력하는 구역이다.<br>• 폼 보기 형식이 단일 폼이면 레코드를 하나만 표시하고 연속 폼이나 데이터시트이면 레코드를 여러 개 표시한다. |
| 14.1, 04.2<br>**❹ 하위 폼** | 폼 안에 있는 또 하나의 폼을 의미한다. |
| 14.1, 04.2<br>**❺ 폼 바닥글** | • 폼 요약 정보 등과 같이 각 레코드에 동일하게 표시될 정보가 입력되는 구역이다.<br>• 폼 보기(단일 폼)에서는 하단에 매번 표시되고, 인쇄 미리 보기에서는 마지막 페이지 세부 구역 다음에 한 번만 표시된다. |
| 22.3, 09.3<br>**❻ 페이지 바닥글** | • 모든 페이지의 하단에 동일하게 표시될 정보가 입력되는 구역으로, 날짜나 페이지 번호 등을 입력한다.<br>• 매 페이지마다 페이지 하단에 표시된다.<br>• 인쇄 미리 보기 상태에서만 확인할 수 있다. |
| **❼ 폼 선택기** | 폼을 선택하거나 폼의 속성을 지정할 때 사용한다. |
| **❽ 구역 선택기** | 각 구역을 선택하거나 구역의 속성을 지정할 때 사용한다. |
| **❾ 컨트롤** | • 데이터를 표시하거나 작업을 수행하는 데 사용되는 그래픽 개체이다.<br>• 주로 폼이나 보고서의 디자인 보기 상태에서 사용되는 것으로, 텍스트 상자, 레이블, 확인란, 명령 단추, 사각형 등의 컨트롤이 있다. |

문제4 1214451

## 따라잡기 기출문제 따라잡기

09년 3회, 07년 2회

**1. 다음 중 폼의 각 구역(Section)에 대한 설명으로 옳지 않은 것은?**

① 폼 머리글은 폼의 제목 같이 모든 레코드에 대해 동일한 정보를 표시하며 인쇄할 때는 첫 페이지의 맨 위에 나타난다.

② 페이지 머리글은 제목이나 열 머리글과 같은 정보로 폼 보기 상태 및 인쇄 시 표시된다.

③ 본문은 실제 데이터를 표시하는 부분으로 '연속 폼'의 경우 레코드에 따라 반복적으로 표시된다.

④ 페이지 바닥글은 날짜나 페이지 번호와 같은 정보가 인쇄된 모든 페이지의 아래에 표시된다.

폼의 페이지 머리글/바닥글은 폼을 인쇄할 때 표시할 정보를 지정하는 구역으로 폼 보기 상태에서는 표시되지 않고 인쇄 미리 보기 상태에서만 표시됩니다.

21년 2회, 09년 3회

**2. 폼 디자인을 잘못한 〈A화면〉을 〈B화면〉과 같이 표시되도록 설정하려고 한다. 다음 중 설정 방법으로 옳은 것은?**

〈A화면〉

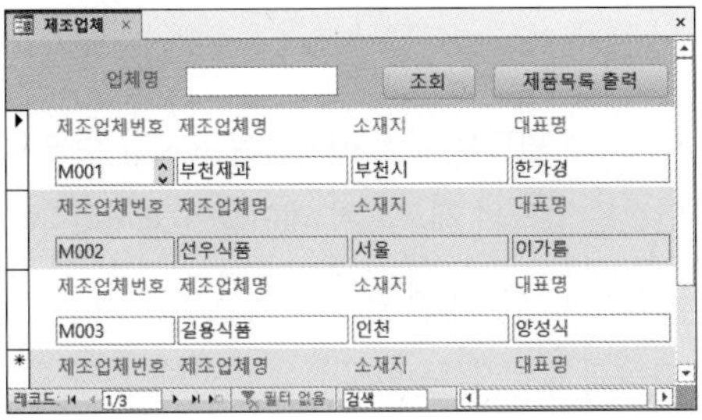


〈B화면〉

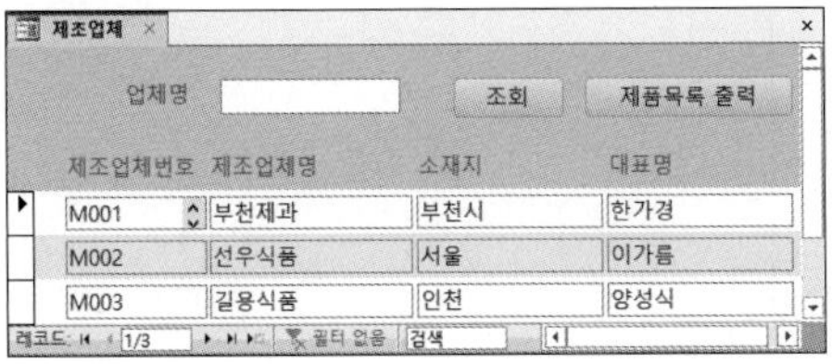


① 폼의 '기본 보기' 속성을 '단일 폼'으로 한다.

② 폼의 '기본 보기' 속성을 '데이터시트'로 한다.

③ 본문의 모든 레이블 컨트롤을 폼 머리글로 옮긴다.

④ 본문의 모든 텍스트 상자 컨트롤을 폼 머리글로 옮긴다.

〈A화면〉에서 레이블이 레코드마다 매번 표시되는 이유는 레이블이 본문 영역에 있기 때문입니다. 본문 영역에 있는 레이블을 폼 머리글로 이동하면 〈B화면〉과 같이 상단에 한 번만 표시됩니다. 폼의 '기본 보기' 속성은 Section 162에서 자세히 배웁니다.

22년 7회, 22년 3회

**3. 다음 중 폼 영역에 대한 설명으로 틀린 것은?**

① 연속 폼으로 설정하면 폼의 모든 영역이 반복되어 표시된다.

② 폼에는 기본적으로 세부 구역(본문)이 표시되며, 폼 머리글/바닥글, 페이지 머리글/바닥글 구역을 표시하거나 숨길 수 있다.

③ 페이지 머리글과 바닥글은 인쇄를 위해 사용된다.

④ 폼은 기본적으로 본문, 폼 머리글/바닥글, 페이지 머리글/바닥글 구역으로 구분된다.

연속 폼으로 설정하면 폼의 모든 영역이 아니라 폼의 본문 영역이 반복되어 표시됩니다.

20년 1회, 19년 상시, 14년 1회, 04년 2회

**4. 다음 중 폼의 구성 요소에 대한 설명으로 옳지 않은 것은?**

① 폼 머리글은 인쇄할 때 모든 페이지의 상단에 매번 표시된다.

② 하위 폼은 폼 안에 있는 또 하나의 폼을 의미한다.

③ 폼 바닥글은 폼 요약 정보 등과 같이 각 레코드에 동일하게 표시될 정보가 입력되는 구역이다.

④ 본문은 사용할 실제 내용을 입력하는 구역으로 폼 보기 형식에 따라 하나의 레코드만 표시하거나 여러 개의 레코드를 표시한다.

폼 머리글은 인쇄 미리 보기 또는 인쇄 시에는 첫 페이지의 상단에 한 번만 표시되고, 폼 보기(단일 폼)에서는 상단에 매번 표시됩니다.

07년 1회

**5. 다음은 폼에 관한 설명이다. (   ) 안에 들어갈 내용으로 알맞은 것은?**

| |
|---|
| (   )은 일반적으로 바운드 컨트롤이 표시되는 영역으로 단일 폼에서는 한 화면에 하나의 레코드가 표시되지만, 연속 폼과 데이터시트 폼에서는 한 화면에 여러 개의 레코드가 표시된다. |

① 본문 영역

② 폼 머리글 영역

③ 폼 바닥글 영역

④ 페이지 머리글 영역

지문에 제시된 내용은 본문 영역에 대한 설명입니다.

▶ 정답 : 1. ② 2. ③ 3. ① 4. ① 5. ①

SECTION 160

# 폼 만들기

B 등급

전문가의 조언

폼을 만드는 방법과 특징을 간단히 정리하고 넘어가세요.

## 1 폼 만들기의 개요

14.3, 10.3, 08.2, 07.4, 07.1, 04.1

1214501

- 폼에 표시될 필드나 컨트롤 등을 폼 화면에 위치시키는 것으로, 하나의 폼에 여러 개의 컨트롤을 만들 수 있다.
- 폼은 자동 폼 생성 도구, 폼 마법사를 이용하여 만들거나 디자인 보기에서 사용자가 직접 만들 수 있다.
- 일반적으로 폼 마법사를 이용하여 작성한 후 디자인 보기에서 추가하거나 수정하는 방식을 사용한다.

## 2 폼 디자인 보기(필드 목록) 이용하기

23.5, 23.4, 22.5, 22.2, 16.1

4316002

폼의 기본 바탕 화면이 표시되며, 이 화면에 사용자가 직접 필드와 다양한 컨트롤을 추가하여 폼을 작성할 수 있다.

**실행** [만들기] → [폼] → [폼 디자인] 클릭

- 필드 목록을 이용하여 연결된 원본 데이터의 필드를 폼에 배치하여 표시할 수 있다.
- 필드 목록의 필드를 폼에 배치하면 연결된 필드의 레코드와 레이블이 표시된다.
- 동일한 필드를 여러 번 표시할 수 있으며, 추가나 수정 등이 가능하다.

준비하세요

'C:\길벗컴활1급필기\3과목\3과목 4장-1.accdb' 파일을 불러와 실습하세요.

**예제 1** 〈상품〉 테이블을 원본으로 하여 다음과 같은 '상품판매' 폼을 작성하시오.

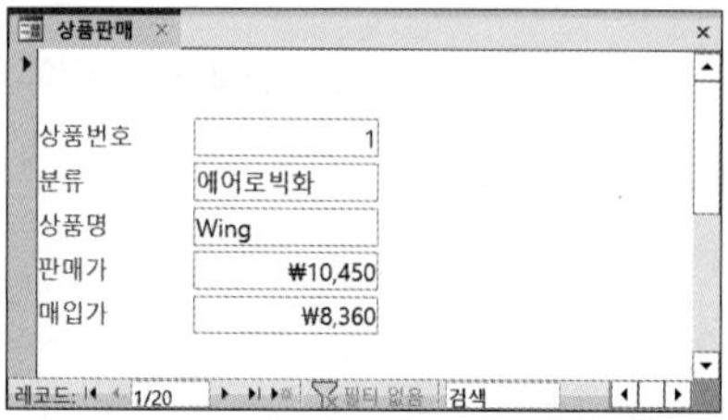


① [만들기] → [폼] → [폼 디자인]을 클릭한다.

② [양식 디자인] → [도구] → [기존 필드 추가]를 클릭하여 '필드 목록'을 화면에 표시한다.

③ '필드 목록' 창에서 '모든 테이블 표시'를 클릭한 후 '상품' 테이블 앞의 ⊞ 표시를 클릭하여 필드를 화면에 모두 표시한다.

④ 사용할 필드를 각각 더블클릭하여 폼 화면에 위치시킨다.*

⑤ 선택한 필드와 필드의 레이블이 본문에 표시되면 폼의 닫기 단추(☒)를 클릭한다.

**필드 배치**

- 사용할 필드를 드래그하여 폼 화면에 위치시켜도 되지만 여러 필드를 각각 드래그할 경우 표시되는 위치가 동일하지 않으므로 위치를 맞춰줘야하는 번거로움이 있습니다. 각 필드를 더블클릭할 경우 왼쪽 라인이 일정하게 맞춰져 배치됩니다.
- 하나의 필드를 추가한 이후에는 Shift나 Ctrl을 이용하여 여러 필드를 한꺼번에 선택한 후 드래그하여 삽입할 수 있습니다.

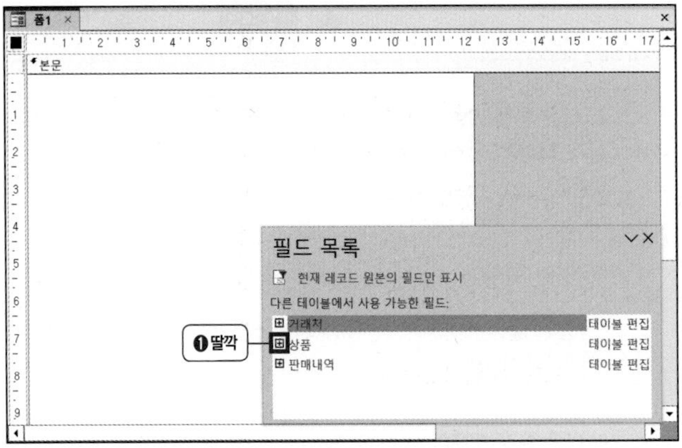


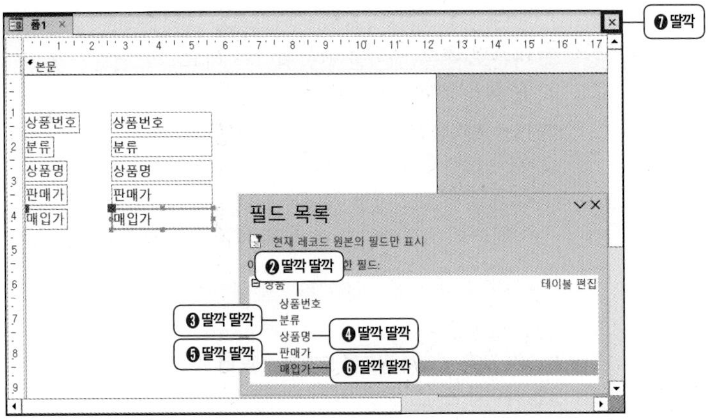


⑥ 폼의 저장 여부를 묻는 대화상자에서 〈예〉를 클릭하고, 폼의 이름을 **상품판매**로 입력한 후 〈확인〉을 클릭한다.

23.4, 22.2, 20.2

### 잠깐만요 기타 폼 작성 도구

- **새 폼** : 레이아웃 보기 상태에서 필드를 추가하여 폼을 작성하며, [만들기] → [폼] → [새 폼]을 클릭하여 수행함
- **모달 대화상자*** : 모달 대화상자를 만드는 것으로, [만들기] → [폼] → [기타 폼] → [모달 대화 상자]를 선택하여 수행함

**전문가의 조언**

필드 목록 창에서 필드를 드래그하면, 데이터 형식이 '긴 텍스트'인 컨트롤은 목록 상자로, 'Yes/No'인 컨트롤은 확인란으로, 'OLE 개체'인 컨트롤은 바운드 개체 틀로, 나머지 형식은 텍스트 상자로 변환됩니다.

**모달 대화상자**

- 사용자가 어떤 동작을 수행해야만 다음 작업이 가능한 대화상자로 모달 대화상자가 실행된 상태에서는 다른 폼이나 개체를 선택할 수 없습니다.
- 모달 대화상자 도구를 사용하여 폼을 만들면 〈확인〉과 〈취소〉 버튼이 자동으로 생성됩니다.

따라잡기 **기출문제 따라잡기**

문제2 3216952 문제6 4316056

23년 4회, 22년 2회

**1. 다음과 같은 폼을 만드는 폼 작성 도구는?**

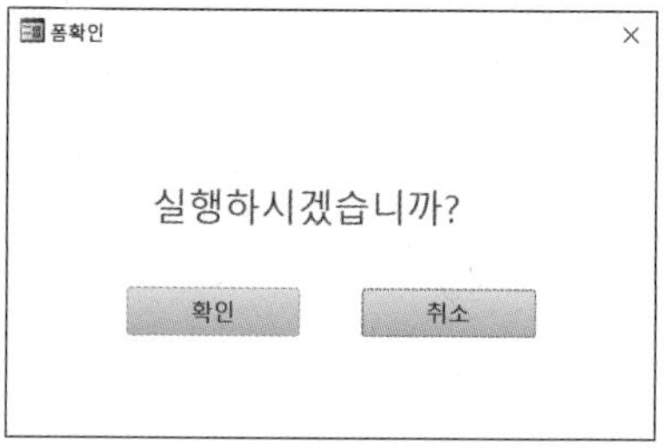


① 여러 항목 ② 폼 분할
③ 새 폼 ④ 모달 대화상자

> 모달 대화상자 도구를 사용하여 폼을 만들면 문제의 그림과 같이 〈확인〉과 〈취소〉 버튼이 자동으로 생성됩니다.

22년 2회

**2. 다음 중 폼에 대한 설명으로 옳지 않은 것은?**

① 폼은 테이블이나 질의(쿼리)를 원본으로 하여 데이터의 입력, 수정, 삭제, 조회 등의 작업을 편리하게 수행할 수 있도록 환경을 제공하는 개체이다.
② 디자인 보기 상태에서 '필드 목록' 창을 이용하여 여러 개의 필드는 추가할 수 없으므로, 필드를 하나씩 더블클릭하여 추가한다.
③ 컨트롤과 여러 도구 모음을 이용하여 시각적으로 다양한 작업 화면을 작성할 수 있다.
④ 폼에 레이블이나 명령 단추만을 추가하여 언바운드 폼을 만들어 사용할 수 있다.

> '필드 목록' 창에서 여러 필드를 선택한 후 폼 영역으로 드래그하면 선택된 여러 필드들이 한 번에 폼에 추가됩니다.

20년 2회

**3. 다음 중 폼의 모달 속성에 관한 설명으로 옳지 않은 것은?**

① 폼이 열려 있는 경우 다른 화면을 선택할 수 있다.
② VBA 코드를 이용하여 대화상자의 모달 속성을 지정할 수 있다.
③ 폼이 모달 대화상자이면 디자인 보기로 전환한 후 데이터 시트 보기로 전환이 가능하다.
④ 사용자 지정 대화상자의 작성이 가능하다.

> 모달 속성이 설정되면 폼이 열려 있을 경우 다른 화면을 선택할 수 없습니다.

16년 1회

**4. 다음 중 폼 만들기 도구로 빈 양식의 폼에서 사용자가 직접 텍스트 상자, 레이블, 단추 등의 필요한 컨트롤들을 삽입하여 작성해야 하는 것은?**

① 폼 ② 폼 분할
③ 여러 항목 ④ 폼 디자인

> 빈 양식의 폼에서 사용자가 직접 필요한 컨트롤들을 삽입하여 작성해야 하는 것은 '폼 디자인'입니다.

11년 1회

**5. 다음 중 폼에 대한 설명으로 옳지 않은 것은?**

① 데이터의 입력 및 편집 작업을 위한 일종의 인터페이스이다.
② 바운드 폼은 테이블이나 쿼리의 레코드와 연결되어 있는 폼을 말한다.
③ 자동 폼 생성 도구로 작성한 폼은 기본적으로 두 개 이상의 테이블이나 쿼리를 원본으로 생성된다.
④ 테이블 및 쿼리에는 이벤트를 지정할 수 없지만 폼에는 이벤트를 지정하여 여러 가지 작업을 수행할 수 있다.

> 자동 폼은 기본적으로 한 개의 테이블이나 쿼리를 원본으로 생성됩니다.

23년 5회

**6. 필드 목록 창에서 필드를 드래그 했을 때 텍스트 상자로 변환되지 않는 데이터 형식은 무엇인가?**

① 짧은 텍스트 ② Yes/No
③ 날짜/시간 ④ 하이퍼링크

> 데이터 형식이 'Yes/No'인 컨트롤을 필드 목록 창에서 필드를 드래그하면 확인란으로 변환됩니다.

23년 4회, 22년 5회

**7. 다음 중 폼 디자인 보기에서의 작업에 대한 설명으로 옳지 않은 것은?**

① [필드 목록] 창을 이용하여 원본으로 사용하는 테이블이나 쿼리의 필드를 디자인 창에 추가할 수 있다.
② 각 구역의 구분선을 마우스로 드래그하여 구역의 크기를 조절할 수 있다.
③ 폼 왼쪽 상단의 폼 선택기(■)를 더블클릭하면 폼의 전체 컨트롤이 선택된다.
④ 폼 머리글이나 바닥글 구역에 포함된 컨트롤들은 해당 구역을 삭제하면 함께 삭제된다.

> 폼 왼쪽 상단의 폼 선택기(■)를 더블클릭하면 폼 속성 시트 창이 표시됩니다.

▶ **정답** : 1. ④ 2. ② 3. ① 4. ④ 5. ③ 6. ② 7. ③

SECTION 161

# 자동 폼 생성 도구

B 등급

## 1 자동 폼 생성 도구 개요

12.1, 08.1

3217001

자동 폼 생성 도구는 폼을 자동으로 만들어주는 것으로, 원본 테이블/쿼리의 필드와 레코드가 모두 표시된다.

- 기본적으로 한 개의 테이블이나 쿼리를 원본으로 하여 작성한다.
- 작성된 폼은 레이아웃 보기로 표시되어 데이터를 보면서 컨트롤의 크기 및 위치를 변경할 수 있다.

**실행** 폼으로 만들 테이블이나 쿼리를 선택한 후 [만들기] → [폼] 그룹에서 각 도구를 클릭한다.

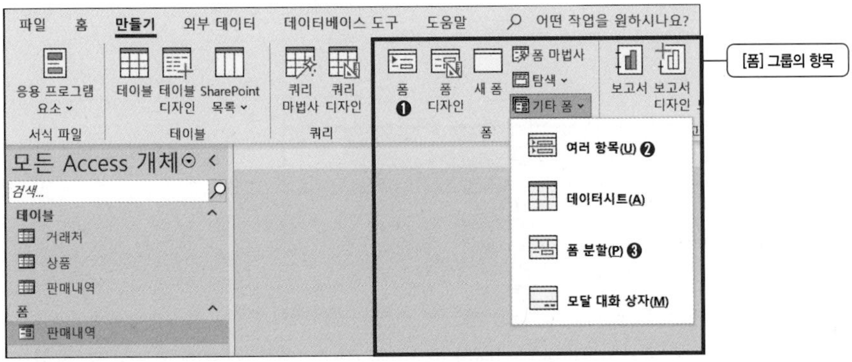


| | |
|---|---|
| ❶ 폼 | 열 형식의 폼이 작성되며, 관계가 설정된 테이블이 있을 경우 하단에 데이터시트 보기 형태로 표시된다. |
| ❷ 여러 항목 | 테이블 형식의 폼이 작성된다. |
| ❸ 폼 분할 | 하나의 원본 데이터를 이용하여 상단에는 열 형식으로, 하단에는 데이터시트 형식으로 2개의 폼이 한 화면에 작성된다. |

**전문가의 조언**

자동 폼 생성 도구의 종류를 묻는 문제가 출제된 적이 있습니다. 자동 폼 생성 도구에는 폼, 여러 항목, 폼 분할, 모달 대화상자 등이 있다는 것을 기억해 두세요.

## 2 폼 분할(분할 표시 폼)

24.3, 23.1, 22.6, 21.4, 21.2, 20.2, 20.1, 18.2, 18.1, 17.2, 16.1, 15.3, 13.3

3217002

폼 분할은 하나의 원본 데이터를 하나의 폼에서 [폼 보기(열 형식)]와 [데이터시트 보기]로 볼 수 있도록 폼을 작성한다.

- 두 보기는 하나의 원본 데이터를 사용하므로 서로 연결되어 있어 항상 동기화 되며, 두 보기 중 하나에서 필드를 선택하면 다른 보기에서도 동일한 필드가 선택된다.
- 폼 보기나 데이터시트 보기 상태 모두 데이터의 변경이 가능하다.
- 폼 분할 도구로 분할 표시 폼을 만든 직후에는 위쪽은 레이아웃 보기 형태로 표시되고 아래쪽은 데이터시트 보기 형태로 표시된다.

**전문가의 조언**

폼 분할의 개념이나 특징을 묻는 문제가 출제됩니다. 폼 분할의 개념을 이해하고 폼 분할의 특징을 파악해 두세요.

- 레이아웃 보기에서는 컨트롤의 크기 조정이나 이동이 가능하고 레코드 원본에 있는 필드를 추가할 수 있다.
- 폼 분할 도구로 분할 표시 폼을 만든 직후 표시되는 레이아웃 보기는 폼 보기 상태로 전환이 가능하다.
- [디자인 보기] 상태로 열면 열 형식의 형태로 컨트롤들이 표시된다.
- 폼 속성 창의 '분할 표시 폼 방향' 항목을 이용하여 데이터시트가 표시되는 위치를 폼의 위쪽, 아래쪽, 왼쪽, 오른쪽으로 설정할 수 있다.

**실행** [만들기] → [폼] → [기타 폼] → [폼 분할] 클릭

**준비하세요**

'C:\길벗컴활1급필기\3과목\3과목 4장-2.accdb' 파일을 불러와 실습하세요.

**예제** 〈상품〉 테이블을 원본으로 하여 다음과 같은 '판매현황' 폼을 작성하시오.

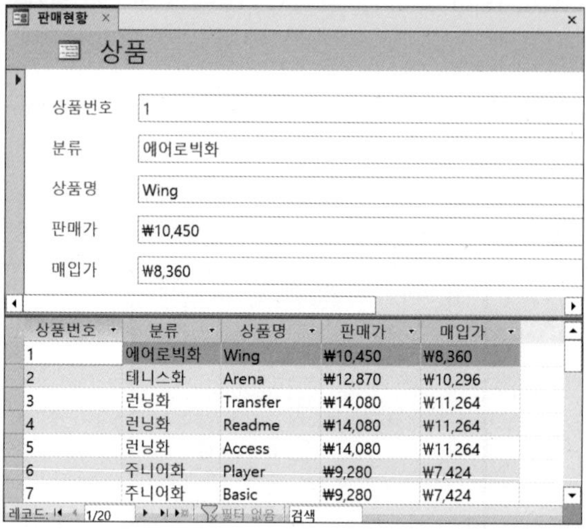


① '탐색' 창에서 '상품' 테이블을 선택한 후 [만들기] → [폼] → [기타 폼] → [폼 분할]을 선택한다.

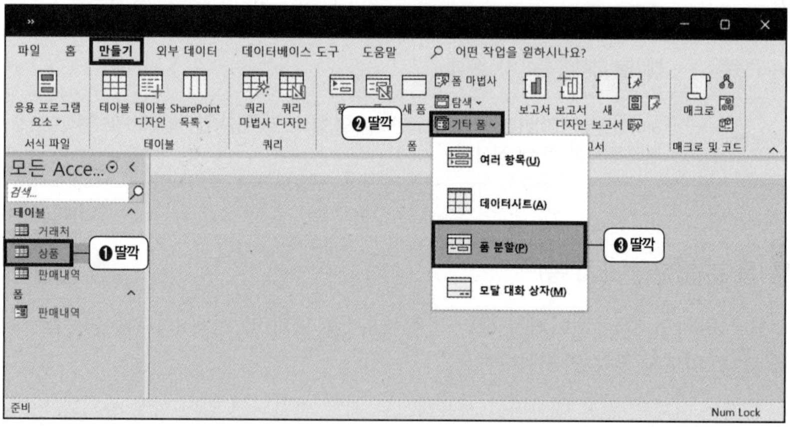


② 완성된 폼이 표시되면 닫기 단추(×)를 클릭한 다음 저장 여부를 묻는 대화상자에서 〈예〉를 클릭한다.

③ '다른 이름으로 저장' 대화상자에 폼 이름(판매현황)을 입력한 후 〈확인〉을 클릭한다.

문제4 4316154

따라잡기 기출문제 따라잡기

12년 1회, 08년 1회

**1. 자동 폼(Form)을 이용하여 폼을 새로 만들고자 할 때 선택할 수 있는 형식이 아닌 것은?**

① 폼　② 폼 분할
③ 폼 통합　④ 여러 항목

자동 폼 생성 도구에는 '폼, 폼 분할, 여러 항목'이 있습니다.

21년 2회, 20년 1회, 17년 2회

**2. 다음 중 위쪽 구역에 데이터시트를 표시하는 열 형식의 폼을 만들고, 아래쪽 구역에 선택한 레코드에 대한 정보를 수정하거나 입력할 수 있는 데이터시트 형식의 폼을 자동으로 만들어 주는 도구는?**

① 폼　② 폼 분할
③ 여러 항목　④ 폼 디자인

위쪽 구역에는 열 형식으로, 아래쪽 구역에는 데이터시트 형식으로 한 화면에 2개의 폼을 만드는 도구는 폼 분할입니다.

18년 1회, 15년 3회, 13년 3회

**3. 다음 중 [만들기] 탭 → [폼] 그룹에서 폼 보기와 데이터시트 보기를 동시에 표시하는 폼을 만들 때 가장 적절한 명령은?**

① 여러 항목　② 폼 분할
③ 폼 마법사　④ 모달 대화상자

하나의 원본 데이터를 하나의 폼에서 [폼 보기(열 형식)]와 [데이터시트 보기]로 볼 수 있도록 폼을 작성하는 폼 작성 도구는 폼 분할입니다.

24년 3회, 23년 1회

**4. 다음 중 분할 표시 폼에 대한 설명으로 옳지 않은 것은?**

① 분할 표시 폼은 데이터시트 보기와 폼 보기를 동시에 표시하기 기능이며, 이 두 보기는 같은 데이터 원본에 연결되어 있어 항상 상호 동기화된다.
② 분할 표시 폼은 폼 보기나 데이터시트 보기 상태 모두 데이터의 변경이 가능하다.
③ 일대다 관계가 설정된 두 테이블의 데이터를 한 화면에 표시할 수 있다.
④ 분할 표시 폼은 [만들기] 탭의 [폼] 그룹에서 [기타 폼] → [폼 분할]을 클릭하여 만들 수 있다.

폼은 일대다 관계가 설정된 두 테이블의 데이터를 한 화면에 표시할 수 없습니다. 분할 표시 폼은 하나의 원본 데이터를 데이터시트 보기와 폼 보기 형태로 동시에 표시하는 기능입니다.

22년 6회, 21년 4회

**5. 다음 중 폼에 대한 설명으로 옳지 않은 것은?**

① 입력 및 편집 작업을 위한 인터페이스이다.
② 분할 표시 폼이란 하위 폼을 포함한 기본 폼을 의미한다.
③ 폼을 이용하면 여러 개의 테이블에 데이터를 한 번에 입력할 수 있다.
④ 바운드(Bound) 폼과 언바운드(Unbound) 폼이 있다.

분할 표시 폼은 하나의 원본 데이터를 하나의 폼에서 [폼 보기(열 형식)]와 [데이터시트 보기]로 볼 수 있도록 작성된 폼을 의미합니다.

▶ **정답** : 1. ③　2. ②　3. ②　4. ③　5. ②

# 폼의 속성 – '형식' 탭

A 등급



폼 속성의 개념이나 속성 창 실행 방법은 한번 읽고 넘어가세요. 속성 창을 열 때는 마우스를 많이 사용합니다. 속성 변경 시 직접 실습해 보세요.

## 1 폼 속성의 개요

1214701

폼 속성은 폼의 크기, 색, 화면 위치, 동작 등과 같은 폼의 전반적인 사항을 정의하는 것이다.

- 폼 전체나 각 구역별로 속성을 설정할 수 있으며, 폼의 속성은 형식, 데이터, 이벤트, 기타로 분류한다.
- 폼의 속성은 디자인 보기 형식에서 설정할 수 있다.

## 2 속성 시트 창 실행하기

23.1, 17.2, 10.2

4316202

폼 속성 시트 창을 실행하려면 폼 선택기나 폼 여백을 클릭한 후 수행한다.

- 구역 속성 시트 창을 실행하려면 구역 선택기를 클릭한 후 수행한다.
- 다음과 같은 방법을 이용하여 속성 창을 실행한다.

| | |
|---|---|
| 리본 메뉴 이용 | [양식 디자인] → [도구] → [속성 시트]를 클릭한다. |
| 바로 가기 메뉴 이용 | [속성]을 선택한다. |
| 10.2<br>마우스 이용 | 폼 선택기(폼 여백)나 구역 선택기, 컨트롤 등을 더블클릭한다. |

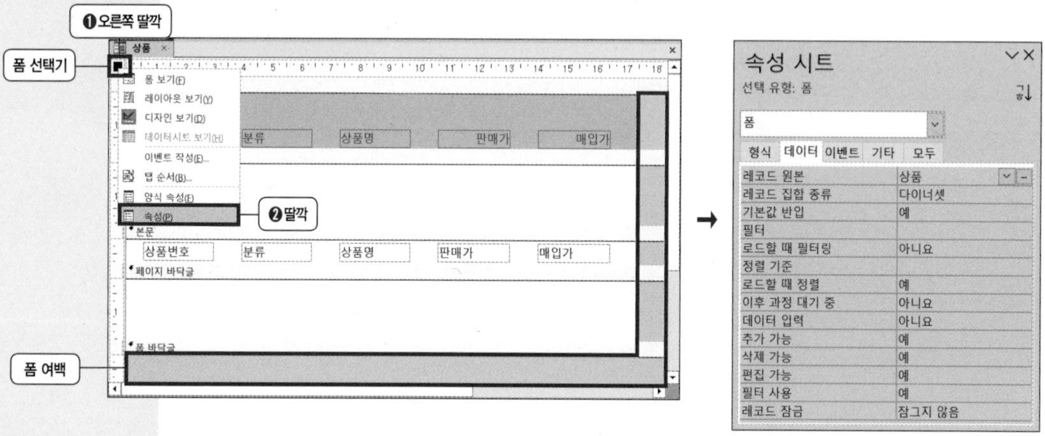


- 특정 개체의 속성 시트 창을 실행한 상태에서 다른 개체를 클릭하면 실행된 속성 시트 창이 선택한 개체의 속성 시트 창으로 변경된다.

06.4

**잠깐만요** [서식]* → [글꼴] 그룹

폼을 구성하는 각 구역이나 컨트롤의 서식을 지정할 수 있습니다.

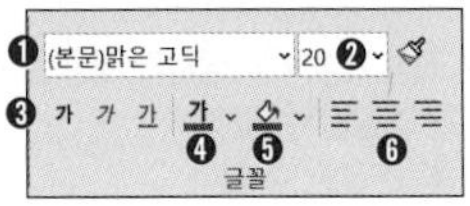


**❶ 글꼴 상자/ ❷ 글꼴 크기 상자** : 글꼴과 글꼴의 크기를 변경할 수 있습니다.
❸ 글꼴 서식 ❹ 글꼴색 ❺ 채우기/배경색 ❻ 정렬 방식

24.5, 24.3, 23.2, 23.1, 22.7, 22.4, 22.3, 21.4, 21.2, 19.상시, 16.2, 15.3, 15.2, 12.2, 11.3, 11.1, 10.2, 10.1, 09.1, 08.3, …

## 3 '형식' 탭의 주요 속성

4316203

'형식' 속성은 폼 화면 전체에 적용되는 속성을 설정하는 곳이다.

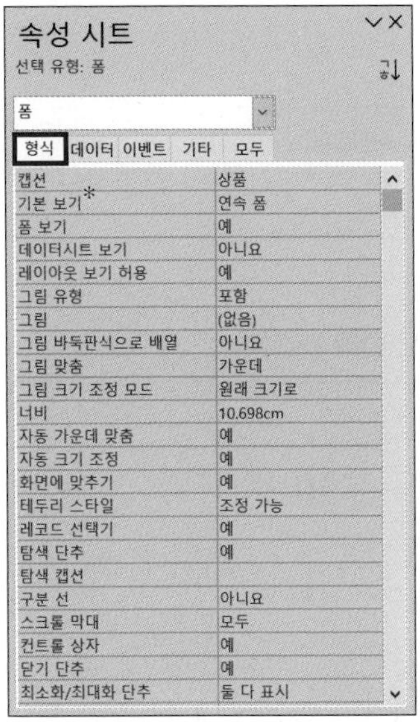


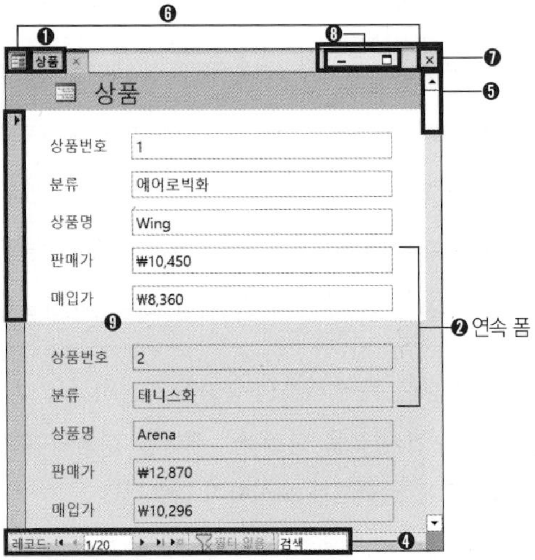


| 속 성 | 설 명 |
|---|---|
| 23.2, 21.2, 15.3, 15.2, 08.3, 08.1, … **❶ 캡션** | 제목 표시줄에 표시될 텍스트를 지정한다. |
| 24.5, 23.2, 22.7, 22.4, 22.3, … **❷ 기본 보기*** | 폼 보기 형식을 지정하는 것으로 단일 폼, 연속 폼, 데이터시트 형식 등이 제공된다.<br>• **단일 폼** : 한 창에 한 개의 레코드만 표시한다.<br>• **연속 폼** : 창의 크기에 맞게 여러 개의 레코드를 표시한다.<br>• **데이터시트** : 행과 열로 구성된 표 형태로 레코드를 표시한다.<br>• **분할 표시 폼** : 한 화면을 폼 보기와 데이터시트 보기의 두 형태로 분할하여 표시한다. |
| 12.2, 03.1 **그림** | 폼의 배경으로 사용할 그림을 지정한다. |
| **그림 유형** | 폼의 배경으로 사용할 그림의 저장 방식을 지정한다. |
| **자동 가운데 맞춤** | • 폼 실행 시 창이 액세스 창의 가운데에 위치할지의 여부를 지정한다.<br>• '아니요'를 선택하면 마지막으로 저장된 폼 위치가 적용된다. |

**[서식]**
[서식] 탭은 폼이 디자인 보기 상태일 때 표시됩니다.

**전문가의 조언**

**중요해요!** 폼의 각 속성과 의미를 정확히 알고 넘어가세요. 특히 기본 보기 속성은 폼 보기 형식의 그림으로 구분할 수 있으니 그림과 연관지어 알아두세요.

**기본 보기 속성**
'폼 보기', '데이터시트 보기' 속성이 '아니요'로 지정되어 있으면 기본 보기 속성을 단일/연속 폼, 데이터시트로 지정해도 해당 형식으로 폼이 실행되지 않습니다.

**기본 보기 형태**

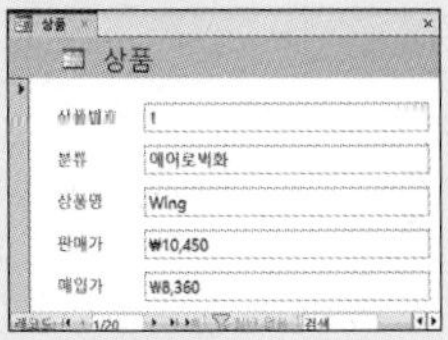


단일 폼

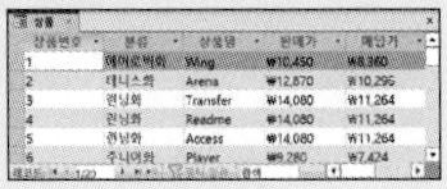

데이터시트

| | |
|---|---|
| 23.2, 22.4, 06.4<br>**자동 크기 조정** | • 레코드를 모두 표시할 수 있도록 폼 창의 크기를 자동으로 조정할지의 여부를 지정한다.<br>• '아니요'를 선택하면 마지막으로 저장된 폼 창의 크기가 적용된다. |
| 06.3<br>**테두리 스타일** | 폼의 테두리 스타일을 지정하는 것으로 없음, 가늘게, 조정 가능, 대화상자가 제공된다.<br>• **없음** : 폼에 테두리 및 관련 요소*가 없으며, 크기를 조정할 수 없다.<br>• **가늘게** : 폼에 테두리 및 관련 요소가 있으며, 크기를 조절할 수 없다.<br>• **조정 가능** : 폼에 테두리 및 관련 요소가 있으며, 크기를 조절할 수 있다.<br>• **대화 상자** : 폼에 굵은 테두리가 표시되고, 제목 표시줄, 닫기 단추, 조절 메뉴만 있으며, 크기를 조절할 수 없다. |
| 24.3, 23.1, 22.7, 21.4, 10.2, …<br>**❸ 레코드 선택기** | 레코드 선택기의 표시 여부를 지정한다. |
| 24.3, 23.1, 22.7, 21.4, 10.2, …<br>**❹ 탐색 단추** | 탐색 단추의 표시 여부를 지정한다. |
| 24.3, 21.4<br>**❺ 스크롤 막대** | 스크롤 막대의 표시 여부를 지정한다. |
| **❻ 컨트롤 상자** | 조절 메뉴 상자와 제어 상자의 표시 여부를 지정한다. |
| **❼ 닫기 단추** | 닫기 단추의 표시 여부를 지정한다. |
| **❽ 최소화/최대화 단추*** | 최소화/최대화 단추의 표시 여부를 지정한다. |
| 24.3, 21.4<br>**❾ 구분 선** | 레코드 사이를 구분해 주는 구분 선의 표시 여부를 지정한다. |

**테두리 관련 요소**
테두리 관련 요소는 컨트롤 상자와 제목 표시줄을 의미합니다.

**최소화/최대화 단추**
속성은 창 표시 형식이 '창 겹치기' 형식인 경우 확인할 수 있습니다.

**준비하세요**

'C:\길벗컴활1급필기\3과목\3과목 4장-3.accdb' 파일을 불러와 실습하세요.

속성을 지정할 때 속성의 제목이나 텍스트 상자를 더블클릭하면 해당 속성의 항목이 차례로 선택됩니다.

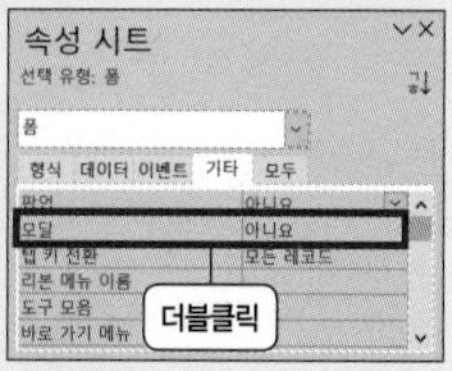


예제 '상품' 폼에 다음의 속성을 지정하시오.

- 폼 보기 형식을 '단일 폼', 캡션을 '상품판매현황'으로 설정할 것
- 레코드 선택기를 표시하지 않을 것

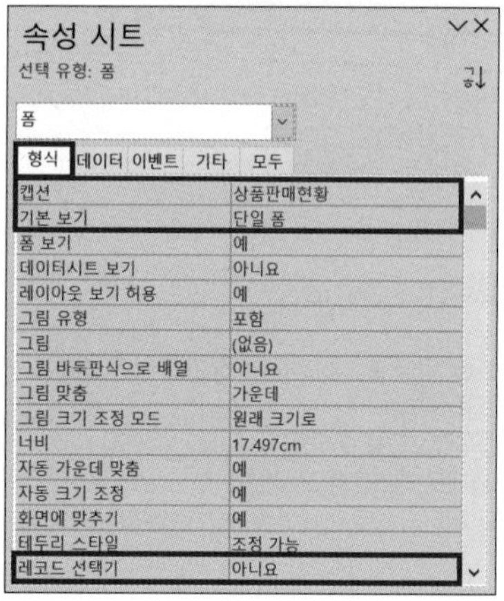

## 따라잡기 기출문제 따라잡기

문제1 1214751　문제3 1214752

24년 5회, 23년 2회, 22년 4회, 11년 3회, 10년 1회, 05년 1회, 02년 3회

**1. 다음 중 기본 보기 속성을 통해 설정하는 폼의 종류에 대한 설명으로 가장 옳지 않은 것은?**

① 단일 폼은 한 번에 한 개의 레코드만을 표시한다.
② 연속 폼은 현재 창을 채울 만큼 여러 개의 레코드를 표시한다.
③ 연속 폼은 매 레코드마다 폼 머리글과 폼 바닥글이 표시된다.
④ 데이터시트 형식은 스프레드시트처럼 행과 열로 정렬된 폼 필드를 표시한다.

단일 폼을 사용할 경우 매 레코드마다 폼 머리글과 폼 바닥글이 표시되지만, 연속 폼은 맨 처음에 폼 머리글, 맨 마지막에 폼 바닥글이 한 번씩만 표시됩니다

23년 1회, 22년 7회, 3회, 10년 2회, 08년 1회, 07년 2회

**2. 다음 화면에서 설정되어 있는 폼의 속성 값으로 옳지 않은 것은?**

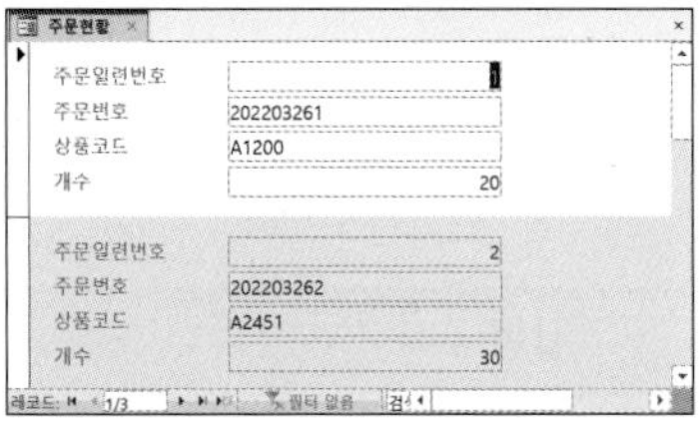


① 레코드 선택기 – 예　② 탐색 단추 – 예
③ 기본 보기 – 단일 폼　④ 캡션 – 주문현황

한 화면에 여러 개의 레코드가 연속으로 표시된 것으로 보아 '기본 보기' 속성이 '연속 폼'으로 설정되었음을 알 수 있습니다.

21년 2회, 15년 3회, 2회, 12년 2회, 08년 3회, 03년 1회

**3. 다음 중 폼에 관한 설명으로 틀린 것은?**

① 폼은 데이터의 입력, 편집 작업 등을 위한 사용자와의 인터페이스로 테이블, 쿼리, SQL문 등을 원본으로 하여 작성한다.
② '캡션' 속성을 이용하여 폼의 이름을 변경할 수 있다.
③ '그림' 속성을 이용하여 그림을 폼의 배경으로 넣을 수 있다.
④ '기본 보기' 속성에는 단일 폼, 연속 폼, 데이터시트 등이 있다.

'캡션' 속성은 폼의 제목 표시줄에 표시될 텍스트를 지정하는 속성입니다. 폼의 이름을 변경하려면 변경할 폼 개체를 선택하고 F2를 누른 후 변경해야 합니다.

12년 2회, 11년 1회, 05년 3회

**4. 데이터시트 형식으로 작성된 폼을 한 화면에 하나의 레코드만 표시되도록 변경하려고 할 때 변경해야 할 폼의 속성으로 옳은 것은?**

① 기본 보기　② 컨트롤 상자
③ 레코드 선택기　④ 탐색 단추

'기본 보기' 속성을 '단일 폼'으로 설정하면 한 화면에 하나의 레코드만, '연속 폼'으로 설정하면 여러 개의 레코드를 표시됩니다.

24년 3회, 21년 4회

**5. 폼 보기 상태에서 다음과 같이 폼이 나타나도록 폼 속성을 설정하였다. 가장 옳지 않은 것은?**

① 탐색 단추 : 예　② 스크롤 막대 : 세로만
③ 레코드 선택기 : 예　④ 구분 선 : 아니요

문제의 폼에는 레코드 선택기가 설정되어 있지 않습니다.

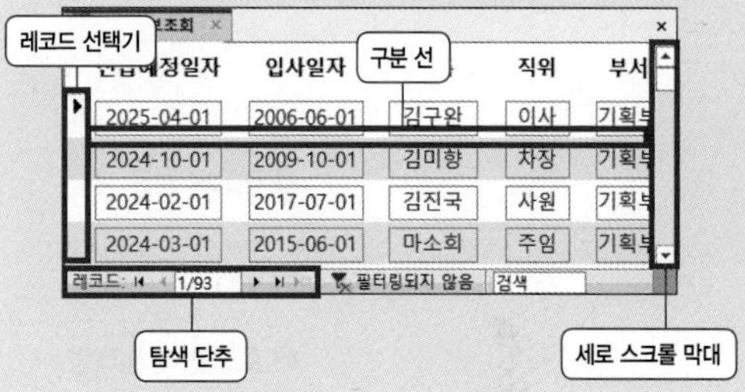


23년 2회, 22년 4회

**6. 다음 중 폼에 대한 설명으로 잘못된 것은?**

① 테이블이나 질의(쿼리)를 원본으로 하여 데이터의 입력, 수정, 삭제, 조회 등의 작업을 편리하게 수행할 수 있도록 환경을 제공하는 개체이다.
② 폼에서 데이터를 입력하거나 수정하면 연결된 원본 테이블/쿼리에 반영된다.
③ 컨트롤과 여러 도구 모음을 이용하여 시각적으로 다양한 작업 화면을 작성할 수 있다.
④ '자동 크기 조정' 속성을 사용하여 폼을 열 때 자동으로 폼을 중앙 정렬하여 표시할 수 있다.

'자동 크기 조정'은 레코드를 모두 표시할 수 있도록 폼 창의 크기를 자동으로 조정할지의 여부를 지정하는 속성입니다. ④번은 '자동 가운데 맞춤' 속성에 대한 설명입니다.

▶ 정답 : 1. ③　2. ③　3. ②　4. ①　5. ③　6. ④

SECTION
163
# 폼의 속성 - '데이터' 탭

C 등급

전문가의 조언

'데이터' 탭의 속성들에 대한 문제가 출제됩니다. '데이터' 탭에서 설정할 수 있는 속성과 각각의 기능을 모두 숙지해 두세요.

24.4, 23.4, 21.3, 18.2, 18.1, 15.3, 15.1, 13.3, 13.1, 12.1, 11.2, 06.4, 04.3, 03.2

## 1 '데이터' 탭의 주요 속성

1214704

'데이터' 탭은 폼에 연결된 테이블이나 쿼리 데이터에 대해 속성을 설정하는 곳이다.

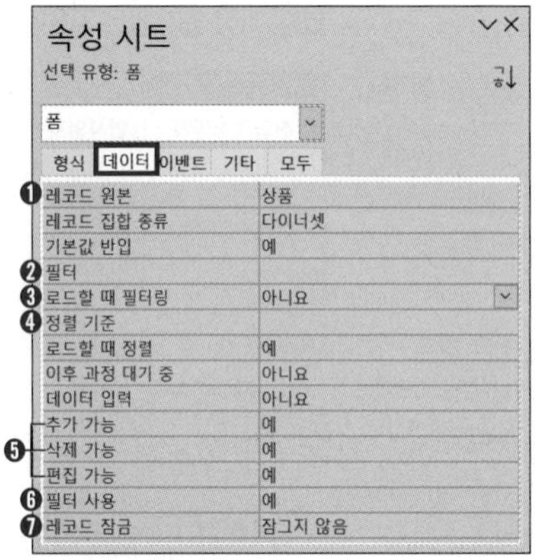


| 속성 | 설명 |
|---|---|
| 18.1, 15.3, 12.1, 11.2, 06.4, 04.3<br>❶ **레코드 원본** | • 폼에서 사용할 원본 데이터를 지정한다.<br>• 테이블이나 쿼리(질의), SQL문을 레코드 원본으로 지정한다. |
| ❷ **필터** | 특정 기준에 따른 필터를 설정한다. |
| ❸ **로드할 때 필터링** | 폼을 시작할 때 필터를 적용한다. |
| ❹ **정렬 기준** | 정렬할 기준을 설정한다. |
| 24.4, 23.4, 21.3, 15.1, 13.1<br>❺ **추가 · 삭제 · 편집 가능** | 폼 내용의 추가, 삭제, 편집 가능 여부를 지정한다. |
| ❻ **필터 사용** | 지정된 필터의 사용 여부를 지정한다. |
| 18.2, 15.1, 13.3, 03.2<br>❼ **레코드 잠금** | • 두 명 이상의 사용자가 동시에 같은 레코드를 편집하려고 할 때 레코드를 잠그는 방법을 설정한다.<br>• **잠그지 않음** : 기본 값이며 여러 사용자가 동시에 레코드를 편집할 수 있다(낙관적 잠금).<br>• **모든 레코드** : 모든 레코드를 다른 사용자가 편집할 수 없도록 잠근다.<br>• **편집한 레코드** : 한 번에 한 사람만 레코드를 편집할 수 있는 것으로, 현재 편집하는 레코드를 다른 사람은 편집할 수 없도록 잠근다(비관적 잠금). |

문제1 3217354

## 따라잡기 기출문제 따라잡기

18년 2회

**1. 다음 중 폼의 속성에 대한 설명으로 옳은 것은?**

① 팝업 속성을 설정하면 포커스를 다른 개체로 이동하기 위해서는 반드시 폼을 닫아야 한다.

② '레코드 잠금' 속성의 기본 값은 '잠그지 않음'이며, 이 경우 레코드 편집 작업이 완료되기 전에 다른 사용자가 레코드를 변경할 수 있다.

③ 그림 맞춤 속성은 폼의 크기가 이미지의 원래 크기와 다른 경우 다양한 확대/축소 유형을 선택할 수 있다.

④ 레코드 집합 종류 속성의 값이 '다이너셋'인 경우 원본 테이블의 업데이트는 안되며, 조회만 가능하다.

①번은 '모달', ③번은 '그림 크기 조정 모드' 속성에 대한 설명입니다. 레코드 집합의 종류가 '다이너셋'인 경우 업데이트가 가능합니다.

24년 4회, 23년 4회, 21년 3회, 13년 1회

**2. 다음 중 하위 폼에서 새로운 레코드를 추가하려고 할 때 설정해야 할 폼 속성은?**

① '필터 사용'을 예로 설정한다.

② '추가 가능'을 예로 설정한다.

③ '편집 가능'을 예로 설정한다.

④ '삭제 가능'을 예로 설정한다.

새로운 레코드의 추가가 가능하도록 하려면 '추가 가능' 속성을 지정하면 됩니다.

12년 1회, 04년 3회

**3. 다음 폼의 속성 중에서 폼에 바운드시킬 데이터를 테이블 이름이나 질의를 입력하여 지정하는 속성은?**

① 기본 보기 ② 레코드 원본

③ 컨트롤 원본 ④ 필터

폼에 사용할 데이터를 지정하는 속성은 레코드 원본입니다. 컨트롤 원본은 텍스트 상자, 옵션 그룹, 목록 상자, 콤보 상자 등의 컨트롤에 연결시킬 데이터를 지정하는 속성입니다.

18년 1회, 13년 3회, 06년 4회, 03년 1회

**4. 다음 중 폼의 데이터 속성에서 설정할 수 없는 것은?**

① 데이터 원본

② 레코드 잠금

③ 데이터 입력

④ 로드할 때 필터링

폼 속성의 '데이터' 탭에는 '데이터 원본'이 아니라 '레코드 원본'이 있습니다.

▶ 정답 : 1. ② 2. ② 3. ② 4. ①

SECTION
# 164 컨트롤의 개요

A 등급

> **전문가의 조언**
> **중요해요!** 컨트롤은 폼과 보고서에서 모두 사용하는 도구이므로 그 종류와 특징, 속성에 대한 문제가 자주 출제됩니다. 특히 바운드 컨트롤과 계산 컨트롤의 특징을 구분할 수 있도록 정리하세요.

23.3, 22.5, 22.3, 21.4, 21.2, 21.1, 20.2, 19.2, 17.1, 15.1, 14.1, 12.2, 10.3, 10.1, 09.4, 09.3, 08.2, 08.1, 07.2

## 1 컨트롤의 개념

4316401

컨트롤은 폼이나 보고서에서 데이터를 표시하고, 매크로나 함수 등의 명령을 실행하는 데 사용되는 그래픽 개체이다.

- 폼이나 보고서 안에서 동일한 이름의 컨트롤을 사용할 수 없다.
- 폼이 디자인 보기 상태로 실행되면 [양식 디자인]이 표시되며, [양식 디자인] → [컨트롤]을 이용하여 컨트롤을 만들거나 수정할 수 있다.
- 컨트롤은 바운드 컨트롤, 언바운드 컨트롤, 계산 컨트롤로 분류할 수 있다.

| | |
|---|---|
| 23.3, 22.5, 21.2, 19.2, 17.1, 15.1, …<br>**바운드 컨트롤** | • 테이블이나 쿼리의 필드가 컨트롤의 원본 데이터로 연결된 컨트롤이다.<br>• 테이블이나 쿼리의 데이터를 표시하고, 입력, 수정할 수 있다.<br>• 하나의 필드를 여러 개의 컨트롤에 바운드 시킬 수 있다.<br>• 바운드 컨트롤에는 텍스트 상자, 옵션 그룹, 토글 단추, 옵션 단추, 확인란, 콤보 상자, 목록 상자 등이 있다.<br>• 폼 디자인 보기 상태에서 '필드 목록' 창에 표시된 필드를 폼으로 드래그하면 해당 필드가 바운드된 컨트롤이 생성된다. |
| 19.2, 15.1, 08.1, 07.2<br>**언바운드 컨트롤** | • 테이블이나 쿼리의 필드가 컨트롤의 원본 데이터로 연결되지 않은 컨트롤이다.<br>• 언바운드 컨트롤에는 레이블과 명령 단추가 있다.<br>• 작성된 언바운드 컨트롤을 바운드 컨트롤로 변경할 수 있다. |
| 23.3, 22.5, 22.3, 21.4, 15.1, …<br>**계산 컨트롤** | • 데이터의 원본 데이터로 식을 사용하는 컨트롤이다.<br>• 계산 컨트롤을 작성하려면 **=**을 입력한 후 식을 지정한다.<br>• 값을 직접 입력할 수 없다. |

> **전문가의 조언**
> **중요해요!** 기능에 따른 컨트롤의 종류를 묻는 문제가 자주 출제되고 있습니다. 레이블, 텍스트 상자를 중심으로 컨트롤의 용도와 특징을 꼭 알아두세요.

24.4, 24.2, 24.1, 23.5, 23.3, 22.5, 22.2, 22.1, 21.4, 21.3, 20.상시, 19.상시, 19.2, 17.1, 16.3, 14.3, 14.1, 11.2, 09.2, 08.2, …

## 2 컨트롤의 종류

5513702

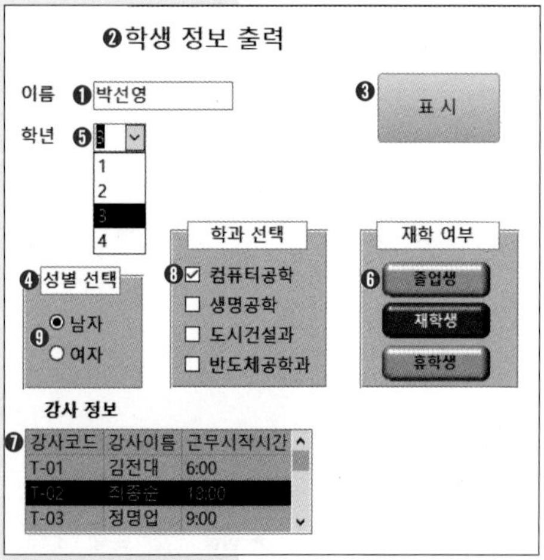


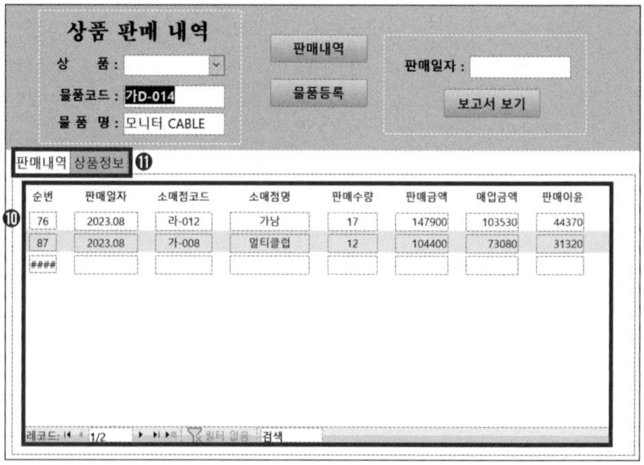

| 종 류 | 모 양 | 설 명 |
|---|---|---|
| 22.1, 21.4, 21.2, 09.2, …<br>❶ 텍스트 상자 |   | • 폼이나 보고서의 데이터나 계산 결과를 표시하는 컨트롤이다.<br>• 계산 결과를 표시하려면 컨트롤 원본에 =로 시작하는 수식을 입력한다.<br>• 필드에 바운드되었을 경우 컨트롤의 값을 수정하면 필드의 값도 수정된다. |
| 24.2, 24.1, 23.5, 19.2, …<br>❷ 레이블 | 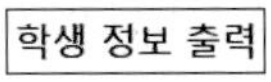  | 제목이나 캡션, 설명 등과 같은 텍스트를 표시하는 컨트롤로, 다른 컨트롤에 덧붙일 수 있다. |
| 14.3, 04.1<br>❸ 명령 단추 |   | • 레코드의 검색, 인쇄 등 특정 기능을 실행할 때 사용하는 컨트롤이다.<br>• 실행할 기능은 매크로나 이벤트 프로시저로 작성한다. |
| 14.1<br>❹ 옵션 그룹 |   | • 그룹 틀, 확인란, 옵션 단추, 토글 단추를 하나의 그룹으로 묶어 표시할 때 사용하는 컨트롤이다.<br>• 필드 크기가 정수인 숫자 데이터 형식이나 'Yes/No'로 설정된 필드에 설정한다.<br>• 한 그룹에서는 한 번에 하나의 옵션만 선택할 수 있다. |
| 23.5, 22.2, 21.4, 21.3, …<br>❺ 콤보 상자 |   | • 텍스트 상자와 목록 상자가 결합된 형태로, 좁은 공간에서 유용하게 사용되는 컨트롤이다.<br>• 데이터를 목록에서 선택하거나 직접 입력할 수 있다.<br>• 테이블/쿼리, 값 목록, 필드 목록 등을 콤보 상자의 값으로 사용한다.<br>• 여러 개의 값 중 하나만 선택할 수 있다. |
| ❻ 토글 단추 |   | Yes나 No 중 하나를 선택할 수 있는 컨트롤이다. |
| 19.상시, 19.2, 17.1, 11.2, 07.3<br>❼ 목록 상자 |   | • 콤보 상자와 비슷한 컨트롤인데, 목록의 데이터만 사용할 수 있다.<br>• 하나 이상의 값을 선택할 수 있지만 값을 직접 입력할 수는 없다. |
| 19.상시, 16.3, 11.2<br>❽ 확인란 |   | • 여러 개의 값 중 하나 이상을 선택할 수 있는 컨트롤이다.<br>• 폼이나 보고서에 'Yes/No' 필드를 추가하면 '확인란' 컨트롤이 삽입된다. |
| ❾ 옵션 단추 |   | 여러 개의 값 중 하나를 선택할 수 있는 컨트롤이다. |
| 03.1<br>❿ 하위 폼/하위 보고서 | | • 폼이나 보고서에 하위 폼이나 하위 보고서를 생성하는 컨트롤이다.<br>• 일 대 다 관계에 있는 테이블이나 쿼리를 효과적으로 표시할 수 있다. |
| 24.4, 24.2, 24.1, 23.3, 22.2<br>⓫ 탭 컨트롤 | | • 탭 형식의 대화상자를 작성하는 컨트롤이다.<br>• 다른 컨트롤을 탭 컨트롤로 복사하거나 추가할 수 있다.<br>• 탭 컨트롤의 바로 가기 메뉴에서 [페이지 삽입], [페이지 삭제]를 선택하여 페이지를 추가하거나 삭제할 수 있다.<br>• 탭 컨트롤의 바로 가기 메뉴에서 [페이지 순서]를 선택하여 탭 컨트롤 내의 페이지 표시 순서를 변경할 수 있다. |

문제2 4316452

22년 2회, 21년 4회, 3회, 07년 3회, 04년 4회, 03년 3회, 1회

**1. 다음이 설명하는 컨트롤은 무엇인가?**

- 좁은 공간에서 유용하게 사용하는 컨트롤이다.
- 목록에서 선택하거나 직접 입력할 수 있다.
- 목록에 있는 값만 입력할 수 있도록 설정할 수 있다.

① 텍스트 상자 ② 명령 단추
③ 콤보 상자 ④ 확인란

지문에 제시된 내용은 콤보 상자의 특징입니다.

23년 5회, 21년 4회

**2. 〈예약자료〉 테이블의 '담당항공사' 필드 목록의 드롭 다운 화살표를 클릭하여 표시된 목록에서 값을 클릭할 수 있도록 하려면 '담당항공사' 필드의 컨트롤 표시 속성에서 선택해야 하는 컨트롤은 무엇인가?**

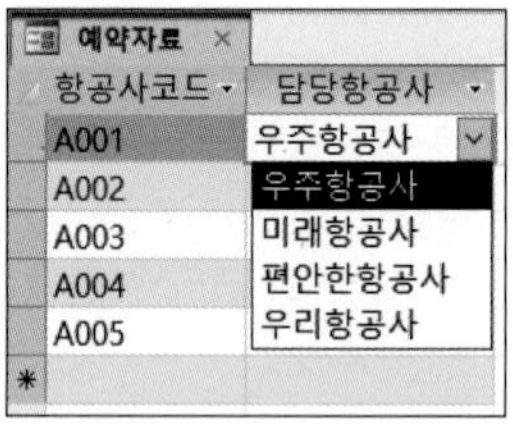


① 스마트 상자
② 텍스트 상자
③ 콤보 상자
④ 이벤트 상자

필드 목록의 드롭 다운 화살표를 클릭하여 표시된 목록에서 값을 선택할 수 있는 컨트롤은 콤보 상자입니다.

24년 2회, 1회, 23년 3회, 22년 5회, 21년 4회

**3. 다음 중 폼 작성 시 사용하는 컨트롤에 대한 설명으로 옳지 않은 것은?**

① 탭 컨트롤 : 탭 형식의 대화상자를 작성하는 컨트롤로, 다른 컨트롤을 탭 컨트롤로 복사하거나 추가할 수 있다.
② 바운드 컨트롤 : 폼이나 보고서에서 테이블이나 쿼리의 필드를 컨트롤 원본으로 사용하는 컨트롤이다.
③ 레이블 컨트롤 : 필드나 식의 값을 표시하는 컨트롤이다.
④ 계산 컨트롤 : 원본 데이터로 필드를 사용하지 않고 식을 사용하는 컨트롤이다.

레이블은 제목이나 캡션, 설명 등과 같은 텍스트를 표시하는 컨트롤로, 필드나 식의 값을 표시할 수 없습니다.

22년 1회, 21년 4회, 08년 2회

**4. 다음 중 아래의 설명에 해당하는 컨트롤로 옳은 것은?**

- 폼이나 보고서의 원본으로 사용되는 데이터를 표시한다.
- 계산 결과를 표시한다.

① 레이블 ② 텍스트 상자
③ 콤보 상자 ④ 목록 상자

지문에 제시된 내용은 텍스트 상자의 특징입니다.

21년 2회, 20년 2회

**5. 다음 중 폼 작성에 대한 설명으로 옳지 않은 것은?**

① [양식 디자인]의 [컨트롤] 그룹에서 [컨트롤 마법사 사용] 여부를 선택할 수 있다.
② [레이블] 컨트롤은 마법사를 이용한 만들기가 제공되지 않으며, 레이블 컨트롤을 추가한 후 내용을 입력하지 않으면 추가된 레이블 컨트롤이 자동으로 사라진다.
③ [텍스트 상자] 컨트롤을 지칭하는 이름은 중복 설정이 가능하다.
④ [단추] 컨트롤은 명령 단추 마법사를 이용하여 다양한 매크로 함수를 제공한다.

컨트롤들을 구분하기 위해 이름을 사용하므로 컨트롤 이름은 중복될 수 없습니다.

21년 1회, 17년 1회, 14년 1회, 12년 2회

**6. 폼에서 데이터 원본으로 사용하는 테이블의 필드 값을 보여주고, 값을 수정할 수도 있는 컨트롤로 가장 적절한 것은?**

① 바운드 컨트롤 ② 언바운드 컨트롤
③ 계산 컨트롤 ④ 탭 컨트롤

컨트롤과 필드가 연결되어 있어 값을 수정하거나 삭제할 수 있는 컨트롤은 바운드 컨트롤입니다.

24년 4회, 22년 2회

**7. 탭 컨트롤에 대한 설명으로 옳지 않은 것은?**

① 탭 형식의 대화상자를 작성하는 컨트롤로, 다른 컨트롤을 탭 컨트롤로 복사하거나 추가할 수 있다.
② 탭 컨트롤의 바로 가기 메뉴에서 [페이지 삽입], [페이지 삭제]를 선택하여 페이지를 추가하거나 삭제할 수 있다.
③ 탭 컨트롤의 바로 가기 메뉴에서 [탭 순서]를 선택하여 탭 컨트롤 내의 페이지 표시 순서를 설정할 수 있다.
④ 폼 디자인 도구의 컨트롤에서 탭 컨트롤 도구를 선택한 후 드래그하여 탭 컨트롤을 추가할 수 있다.

탭 컨트롤의 바로 가기 메뉴에서 [탭 순서]를 선택하면, 탭 컨트롤 내의 페이지 표시 순서가 아니라 폼 안에서 Tab이나 Enter를 눌렀을 경우 이동되는 컨트롤들의 순서를 변경할 수 있습니다. 탭 컨트롤 내의 페이지 표시 순서는 탭 컨트롤의 바로 가기 메뉴에서 [페이지 순서]를 선택하여 변경할 수 있습니다.

▶ **정답 :** 1. ③ 2. ③ 3. ③ 4. ② 5. ③ 6. ① 7. ③

SECTION
# 165 하위 폼

A 등급

24.4, 24.2, 23.3, 22.5, 22.4, 21.4, 21.3, 21.1, 20.2, 19.1, 16.3, 14.2, 13.3, 11.1, 09.3, 09.2, 08.4, 08.3, 07.4, 06.2, …

## 1 개념 및 용도

3217701

하위 폼은 폼 안에 있는 또 하나의 폼을 의미하며, 기본이 되는 폼을 상위(기본) 폼이라 하고, 상위(기본) 폼 안에 있는 폼을 하위 폼이라 한다.

- 테이블, 쿼리, 다른 폼을 이용하여 하위 폼을 작성할 수 있다.
- 기본 폼과 하위 폼이 관련된 필드로 연결되어 있어서 하위 폼에는 기본 폼의 현재 레코드와 관련된 레코드만 표시된다.
- 하위 폼은 단일 폼, 연속 폼, 데이터시트, 분할 표시 폼 형태로 표시할 수 있다.
- 기본 폼은 단일 폼 형태로만 표시할 수 있다.
- 사용할 수 있는 하위 폼의 개수에는 제한이 없으며, 하위 폼을 7개의 수준까지 중첩시킬 수 있다.
- 일 대 다 관계에 있는 테이블이나 쿼리를 효과적으로 표시할 수 있으며, '일'은 기본 폼, '다'는 하위 폼에 해당된다.
- 기본 폼이 기본키를 가진 테이블을 사용하고, 하위 폼이 기본 폼의 기본키 필드와 같거나 호환되는 필드가 포함된 테이블을 사용할 경우에는 관계가 설정되어 있지 않아도 하위 폼을 설정할 수 있다.
- 하위 폼은 폼 마법사, 하위 폼/하위 보고서 컨트롤을 이용하여 만들 수도 있고, '탐색' 창에서 테이블, 쿼리, 폼 등을 기본 폼으로 드래그하여 만들 수도 있다.

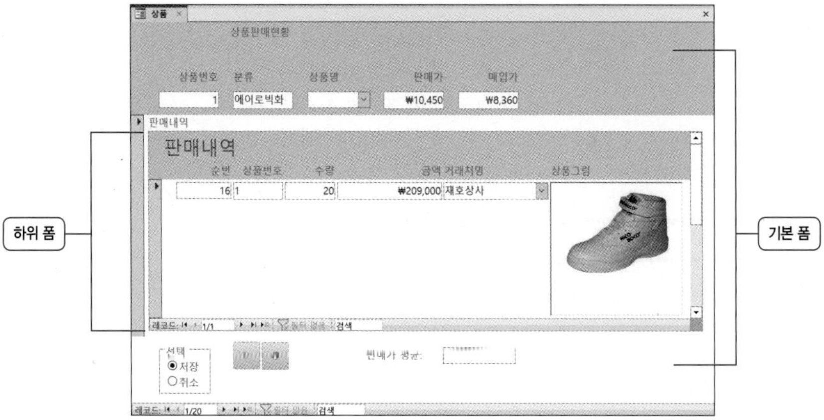


전문가의 조언

하위 폼의 개념과 특징을 정확히 알아두세요. 특히 하위 폼은 일 대 다 관계에서 사용된다는 것은 꼭 기억해 두세요.

전문가의 조언

기본 폼과 하위 폼의 연결 필드를 변경할 수 있는 속성과 지정 방법 정도만 알아두면 됩니다.

24.5, 23.4, 22.4, 21.3, 14.3, 13.2, 13.1, 11.3, 11.2, 09.2, 08.4, 06.4, 04.2, 03.2

## 2 기본 폼과 하위 폼 연결 필드

1215106

- 연결 필드의 데이터 종류는 반드시 같아야 하며, 데이터 형식이나 필드 크기도 같거나 호환되어야 한다.
- **기본 폼과 하위 폼을 연결한 필드 변경** : 하위 폼 컨트롤의 속성 → '데이터' 탭 → '하위 필드 연결'과 '기본 필드 연결'에서 변경할 수 있다.
- 하위 폼/하위 보고서 속성 중에서 '원본 개체' 속성에는 하위 폼으로 사용될 폼을 지정한다.
- '하위 필드 연결' 속성에는 하위 폼의 필드를, '기본 필드 연결' 속성에는 기본 폼의 필드를 지정한다.
- 연결 필드를 설정할 때, 속성란에 값을 직접 입력하거나, 속성란의 작성기 단추(...)를 클릭한 다음 '하위 폼 필드 연결기' 창에서 지정할 수 있다.
- 여러 개의 연결 필드를 지정할 때는 필드 이름을 세미콜론(;)으로 구분하여 입력하거나, '하위 폼 필드 연결기' 창에서 여러 개의 필드를 선택한다.
- '하위 폼 필드 연결기' 창에서는 한꺼번에 기본 폼과 하위 폼의 연결 필드를 지정할 수 있다.

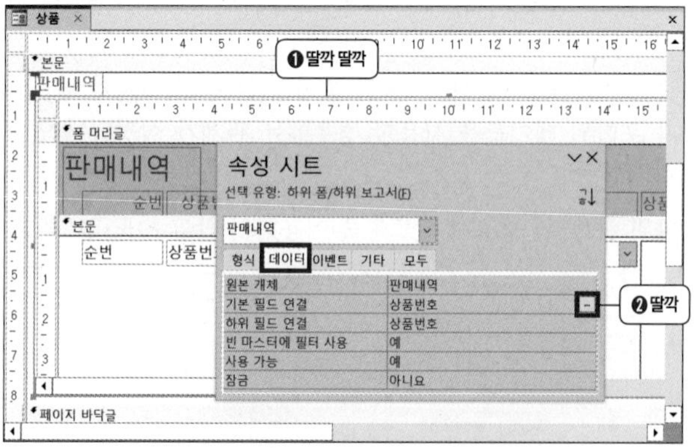


↓

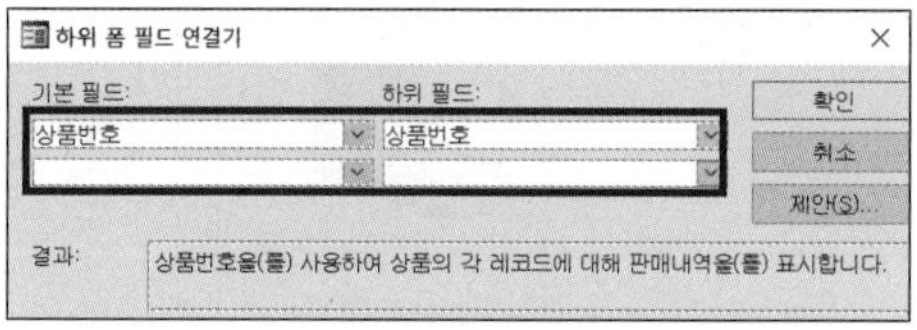

문제3 1215151

## 따라잡기 기출문제 따라잡기

14년 2회, 13년 3회, 08년 3회, 07년 4회

**1. 다음 중 다른 폼에 삽입된 하위 폼에 대한 설명으로 적절하지 않은 것은?**

① 기본이 되는 폼을 기본 폼, 기본 폼 안에 들어 있는 폼을 하위 폼이라고 한다.

② 하위 폼을 사용하면 일 대 다 관계에 있는 테이블을 효과적으로 표시할 수 있다.

③ 하위 폼에는 기본 폼의 현재 레코드와 관련된 레코드만 표시된다.

④ 하위 폼은 일 대 다 관계의 일 쪽에 있는 데이터를 표시한다.

하위 폼은 일 대 다 관계에서 '다'에 해당합니다.

23년 4회, 21년 3회, 1회, 16년 3회, 08년 3회, 06년 2회

**2. 다음 중 하위 폼에 대한 설명으로 옳지 않은 것은?**

① 기본 폼과 하위 폼을 연결할 필드의 데이터 형식은 같거나 호환되어야 한다.

② 하위 폼이란 특정한 폼 내에 들어 있는 또 하나의 폼을 말하는 것이다.

③ 두 개 이상의 연결 필드를 지정할 때는 필드 이름을 세미콜론(;)으로 구분하여야 한다.

④ 기본 폼 내에 포함시킬 수 있는 하위 폼의 개수는 최대 7개까지만 포함시킬 수 있다.

하위 폼을 중첩시킬 때는 7개 수준까지만 가능하지만 기본 폼에 포함될 수 있는 하위 폼의 개수에는 제한이 없습니다.

24년 4회, 2회, 23년 4회, 3회, 22년 5회, 21년 4회, 3회, 16년 2회, 13년 2회, 1회, 11년 2회, 09년 2회, 05년 4회, …

**3. 아래 내용 중 하위 폼에 대한 옳은 설명만을 나열한 것은?**

ⓐ 하위 폼에는 기본 폼의 현재 레코드와 관련된 레코드만 표시된다.
ⓑ 하위 폼은 단일 폼으로 표시되며 연속 폼으로는 표시될 수 없다.
ⓒ 기본 폼과 하위 폼을 연결할 필드의 데이터 형식은 같거나 호환되어야 한다.
ⓓ 여러 개의 연결 필드를 지정하려면 콜론(:)으로 필드명을 구분하여 입력한다.

① ⓐ, ⓑ, ⓒ　　② ⓐ, ⓒ

③ ⓑ, ⓒ, ⓓ　　④ ⓑ, ⓓ

하위 폼은 연속 폼으로도 표시할 수 있고 여러 개의 연결 필드를 지정하려면 세미콜론(;)을 사용합니다.

23년 2회, 22년 4회, 09년 2회

**4. 다음 중 하위 폼에 대한 설명으로 옳지 않은 것은?**

① 하위 폼은 폼 안에 있는 또 하나의 폼을 의미한다.

② 기본 폼과 하위 폼을 연결할 필드의 데이터 형식은 같거나 호환되어야 한다.

③ 기본 폼과 하위 폼은 반드시 관계가 설정되어 있어야 한다.

④ 여러 개의 연결 필드를 지정하려면 세미콜론(;)으로 필드 이름을 구분하여 입력한다.

테이블 간에 관계가 설정되어 있지 않은 경우에도 하위 폼을 설정할 수 있습니다.

24년 5회

**5. 하위 폼을 이용하여 폼을 작성할 때의 설명으로 옳지 않은 것은?**

① 연결 필드의 데이터 종류는 같아야 하며, 데이터 형식이나 필드 크기도 같거나 호환되어야 한다.

② 하위 폼은 폼 안에 있는 또 하나의 폼이며, 기본이 되는 폼을 기본 폼이라고 하고 기본 폼 안에 들어있는 폼을 하위 폼이라고 한다.

③ 하위 폼/하위 보고서 속성 중에서 원본 개체 속성은 기본 폼으로 사용될 폼만을 의미한다.

④ 하위 필드 연결이나 기본 필드 연결 속성에는 필드명을 사용할 수 있다.

하위 폼/하위 보고서 속성 중에서 원본 개체 속성에는 기본 폼이 아니라 하위 폼으로 사용될 폼을 지정해야 합니다.

▶ 정답 : 1. ④　2. ④　3. ②　4. ③　5. ③

SECTION 166

# 컨트롤 다루기

C 등급

**전문가의 조언**

컨트롤의 선택, 이동, 크기 조정, 그룹화에 대한 문제가 꾸준히 출제되고 있습니다. 어렵지 않은 내용이니 차분히 읽고 따라해 보세요.

**컨트롤 / 레이블**
- 대부분의 컨트롤에는 레이블이 첨부되므로, 이 섹션에서는 레이블이 첨부된 복합 컨트롤을 기준으로 사용법을 다루었습니다. 복합 컨트롤에서의 컨트롤이라 함은 첨부된 레이블을 제외한 컨트롤을 의미합니다.
- 레이블이 첨부된 복합 컨트롤에서는 레이블이나 컨트롤 중 하나를 선택해도 복합 컨트롤이 모두 선택되는 효과를 가집니다.

**복사나 잘라내기를 수행한 후 붙여 넣을 위치 지정**
- **구역을 선택할 경우** : 선택 구역의 왼쪽 위에 컨트롤이 붙여짐
- **컨트롤을 선택할 경우** : 선택한 컨트롤 아래에 컨트롤이 붙여짐

## 1 선택

15.3, 08.4, 02.3

1215201

- **하나의 컨트롤 선택** : 해당 컨트롤이나 레이블을 클릭한다.*
- **연속적인 컨트롤 선택** : 마우스로 선택할 컨트롤이 포함되도록 드래그한다.
- **비연속적인 컨트롤 선택** : Shift나 Ctrl을 누른 상태에서 컨트롤을 클릭한다.
- **모든 컨트롤 선택** : 마우스로 모든 컨트롤이 포함되도록 드래그하거나 Ctrl+A를 누른다.

## 2 복사

15.1

1215202

- 컨트롤이나 레이블을 클릭한 후 다음 방법을 이용하여 복사를 수행한다.

| | |
|---|---|
| 15.1 **리본 메뉴 이용** | [홈] → [클립보드] → [복사]를 클릭한 후 해당 위치에서 [홈] → [클립보드] → [(붙여넣기)]를 클릭한다.* |
| **키 이용** | Ctrl+C를 누른 후 해당 위치에서 Ctrl+V를 누른다. |

- 컨트롤을 복사하면 속성도 함께 복사된다.
- 컨트롤을 클릭한 후 수행하면 컨트롤 전체가 복사되고, 레이블을 클릭한 후 수행하면 레이블만 복사된다.

## 3 이동

18.상시, 15.1, 04.3, 03.1

4316603

- **전체 이동시키기** : 레이블이나 컨트롤을 선택한 후 마우스를 컨트롤의 가장자리로 이동시켜 포인터가 십자 화살표 모양으로 변경될 때 해당 위치로 드래그한다.
- **레이블과 컨트롤 따로 이동시키기** : 레이블이나 컨트롤을 선택한 후 이동 핸들로 마우스 포인터를 이동시켜 포인터가 십자 화살표 모양으로 변경될 때 해당 위치로 드래그한다.
- Shift를 누른 채 이동하면 다른 컨트롤과 가로 · 세로의 위치를 맞출 수 있다.

## 4 간격 조정

21.4

4316604

- 컨트롤 간의 간격을 일정한 기준에 맞춰 조정하는 것으로, [정렬] → [크기 및 순서 조정] → [크기/공간]을 이용한다.

- **가로/세로 간격 조정**

| | |
|---|---|
| 간격 같음 | • 컨트롤의 간격을 동일하게 맞추는 것이다.<br>• 가장 왼쪽과 오른쪽 또는 가장 위와 아래 컨트롤의 위치는 변함 없으며, 그 사이의 컨트롤 위치가 변경된다. |
| 간격 넓게 /간격 좁게 | • 컨트롤의 간격을 동등하게 맞추되 가장 넓은/좁은 컨트롤을 기준으로 지정한다.<br>• 가장 왼쪽 또는 가장 위쪽 컨트롤의 위치만 변함 없다. |

## 5 크기 조정

24.4, 23.5, 21.4, 21.3, 06.3, 05.2, 05.1, 03.3, 03.1

4316605

- **하나의 컨트롤 크기 조정** : 컨트롤의 크기 조정 핸들에 마우스 포인터를 위치시켜 포인터가 양쪽 화살표 모양으로 변하면 원하는 크기로 드래그한다.

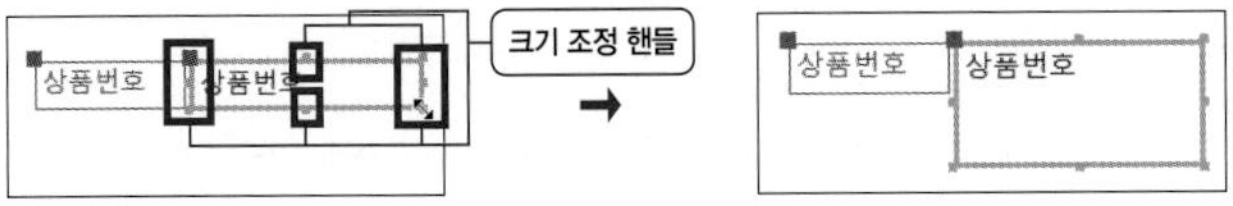


- **여러 컨트롤 크기 조정**
  - 방법 1 : 여러 컨트롤을 선택한 후 [정렬] → [크기 및 순서 조정] → [크기/공간]에서 [자동]*, [눈금에 맞춤], [가장 긴 길이에], [가장 짧은 길이에], [가장 넓은 너비에], [가장 좁은 너비에] 중 하나를 선택한다.
  - 방법 2 : 여러 컨트롤을 선택한 후 마우스로 크기 조정 핸들을 드래그한다.
- Shift를 누른 채 방향키를 누르면, 컨트롤 크기를 세밀하게 조정할 수 있다.

**전문가의 조언**

컨트롤 다루기에서는 주로 크기 조정과 관련된 문제가 출제되고 있습니다. 마우스와 리본 메뉴를 사용하여 크기를 조정하는 방법을 알아두고, 컨트롤의 크기를 세밀하게 조정하려면 Shift를 사용한다는 것! 잊지 마세요.

**[크기] → [자동]**

[크기] → [자동]을 선택하면 높이가 가장 높은 컨트롤과 낮은 컨트롤을 기준으로 나머지 컨트롤들의 높이와 너비를 자동으로 조정합니다.

## 6 그룹화

21.4, 02.3

4316606

- 컨트롤이 그룹화되면 하나의 개체로 취급되어 선택, 복사, 이동, 삭제, 크기 조정, 서식 지정 등의 작업을 한꺼번에 수행할 수 있다.
- **그룹 설정** : 컨트롤들을 선택한 후 [정렬] → [크기 및 순서 조정] → [크기/공간] → [그룹( )]을 선택한다.
- **그룹 해제** : 컨트롤을 선택한 후 [정렬] → [크기 및 순서 조정] → [크기/공간] → [그룹 해제( )]를 선택한다.

**전문가의 조언**

그룹화에 대한 개념과 사용 및 해제 방법 정도만 알면 충분히 풀 수 있는 문제가 출제됩니다. 그룹 지정과 해제 방법을 정확히 알아두세요.

## 따라잡기 기출문제 따라잡기

24년 4회, 23년 5회, 21년 3회

**1. 다음 중 폼의 디자인 보기 상태에서 [정렬] → [크기 및 순서 조정] → [크기/공간]을 이용하여 수행할 수 있는 작업이 아닌 것은?**

① [간격] → [가로 간격 넓게] : 선택된 컨트롤의 가로 간격을 조금 더 넓게 넓히는 것으로 가장 왼쪽 컨트롤의 위치는 변함이 없다.

② [그룹화] → [그룹] : 선택된 여러 개의 컨트롤을 하나의 개체로 묶는다.

③ [눈금] → [눈금자] : 눈금자를 표시하거나 숨긴다.

④ [크기] → [자동] : 선택된 컨트롤의 크기를 동일하게 자동으로 조정한다.

[크기] → [자동]을 선택하면 선택된 컨트롤들의 크기를 모두 동일하게 조정하는 것이 아니라, 높이가 가장 높은 것과 낮은 것을 기준으로 나머지 컨트롤들의 높이를 자동으로 조정합니다.

15년 3회, 08년 4회

**2. 다음 중 폼에서 컨트롤을 선택하는 방법에 대한 설명으로 옳은 것은?**

① 여러 개의 컨트롤들을 비순차적으로 선택하려면 Alt를 누른 채 원하는 컨트롤을 각각 클릭한다.

② 일정 영역의 컨트롤들을 한 번에 모두 선택하려면 마우스로 선택할 컨트롤들이 다 포함되도록 해당 영역을 드래그 한다.

③ 정렬된 여러 개의 컨트롤들을 모두 선택하려면 맨 위에 위치한 컨트롤을 클릭한 후 마지막에 위치한 컨트롤을 Shift를 누른 채 클릭한다.

④ 본문 영역 내의 컨트롤들만 모두 선택하려면 Ctrl + A를 누른다.

여러 개의 컨트롤을 선택하려면 Shift나 Ctrl을 누른 채 원하는 컨트롤을 각각 클릭합니다. 그리고 Ctrl+A를 누르면 영역 구분 없이 폼 안의 모든 컨트롤이 선택됩니다.

18년 상시, 15년 1회, 03년 1회

**3. 다음 중 컨트롤의 이동과 복사 방법에 대한 설명으로 옳은 것은?**

① 다른 구역에서 복사하여 붙여넣으면 붙여넣기 구역의 오른쪽 위에 붙여진다.

② 같은 구역내에서 복사하여 붙여넣으면 복사한 컨트롤의 바로 아래에 붙여진다.

③ Ctrl을 누른 상태에서 이동하면 다른 컨트롤과 세로 및 가로 맞춤을 유지할 수 있다.

④ Shift를 누른 상태에서 방향키를 눌러 컨트롤의 위치를 변경할 수 있다.

① 다른 구역에서 복사하여 붙여넣으면 구역의 왼쪽 위에 붙여집니다.
③ 다른 컨트롤과 세로 및 가로 맞춤을 유지하려면 Shift를 누른 상태에서 이동해야 합니다.
④ Shift를 누른 상태에서 방향키를 누르면 눌려진 방향키의 방향으로 크기가 조절됩니다.

▶ **정답** : 1. ④ 2. ② 3. ②

SECTION 167
# 컨트롤의 주요 속성

A 등급

## 1 컨트롤 속성의 개요

06.1, 02.3

1215301

컨트롤 속성은 컨트롤의 크기, 색, 위치, 동작 등과 같은 컨트롤의 전반적인 사항을 정의하는 것이다.

- 마법사를 이용하여 컨트롤을 만들면 대부분의 속성이 자동으로 지정된다.
- 각각의 컨트롤별로 속성을 지정할 수 있으며, 여러 개의 컨트롤을 선택하여 한꺼번에 속성을 지정할 수도 있다.
- 컨트롤의 종류에 따라 표시되는 속성이 다르며, 컨트롤의 속성은 형식, 데이터, 이벤트, 기타로 분류한다.
- **속성 시트 창 표시** : 컨트롤이 선택된 상태에서 Alt + Enter를 누름

**전문가의 조언**

폼 속성에 대해 배웠죠? 컨트롤의 속성은 폼의 속성과 비슷하며, 속성 시트 창 실행 방법도 폼 속성에서 배운 내용을 참조하면 됩니다. 컨트롤 속성은 컨트롤에 대한 전반적인 설정 사항인 만큼 제시한 주요 속성들에 대해 정확히 알고 있어야 합니다.

## 2 형식

23.2, 22.4, 17.2, 16.3, 12.2, 12.1, 09.1, 08.3, 07.4, 07.3, 03.4, 03.3, 03.2, 02.3

3217902

컨트롤 자체에 대해 속성을 설정하는 것으로, 컨트롤 속성의 '형식' 탭에서 설정한다.

**전문가의 조언**

'형식' 탭의 각 속성에 대해 정리하세요. 특히 중복 내용 숨기기, 확장 가능 속성의 기능은 확실히 숙지하세요.

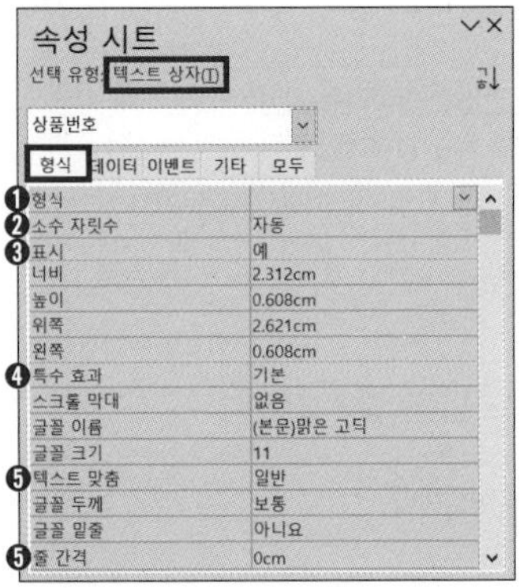


폼의 텍스트 상자

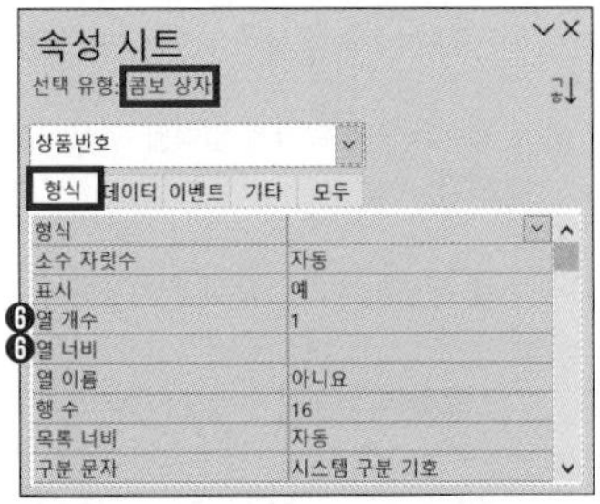


폼의 콤보 상자

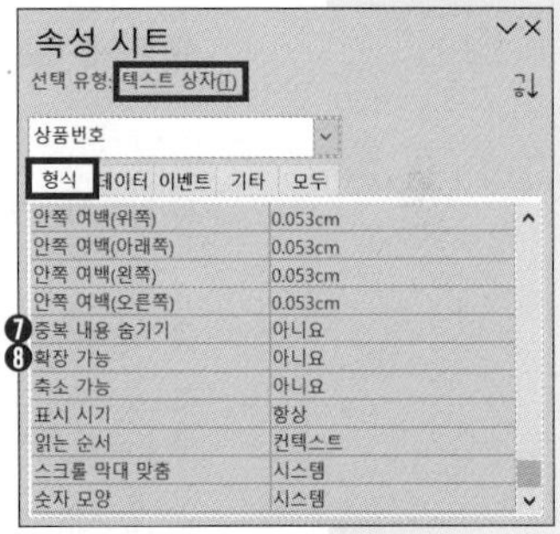


보고서의 텍스트 상자

| 속성 | 설명 |
|---|---|
| ❶ 형식 | 컨트롤에 표시되는 데이터의 표시 형식을 설정한다. |
| ❷ 소수 자릿수 | 컨트롤의 데이터에 소수점 이하의 자릿수를 설정한다. |
| ❸ 표시 | 화면에 컨트롤의 표시 여부를 지정한다. |
| ❹ 특수 효과 | 볼록, 오목, 새김(사방), 그림자, 새김(밑줄) 등의 특수 효과를 설정한다. |
| ❺ 텍스트 맞춤, 줄 간격 | 텍스트 맞춤(일반, 왼쪽, 가운데, 오른쪽, 배분), 줄 간격을 설정한다. |
| ❻ 열 개수, 열 너비 | 콤보 상자, 목록 상자 컨트롤에 표시할 열의 개수, 열의 너비를 설정한다. |

| | |
|---|---|
| 23.2, 22.4, 17.2, 16.3, 12.2, 12.1, … **❼ 중복 내용 숨기기** | 보고서에서 사용되는 것으로, 현재 컨트롤의 값이 이전 컨트롤 값과 동일한 경우 데이터의 숨김 여부를 지정한다. |
| 17.2, 09.1, 07.4, 07.3, 03.3 **❽ 확장 가능*** | 컨트롤에 표시될 데이터를 모두 볼 수 있도록 컨트롤의 세로 높이의 자동 확장 여부를 지정한다. |

**확장 가능 속성**

| 순번 | 도서명 |
|---|---|
| 1 | 가고 없는 |
| 2 | 가고 없는 |

['아니요'로 지정]

| 순번 | 도서명 |
|---|---|
| 1 | 가고 없는 연인아 |
| 2 | 가고 없는 연인아 |

['예'로 지정]

**전문가의 조언**

'데이터' 탭의 각 속성에 대해 정리하세요. 특히 컨트롤 원본, 유효성 검사 규칙, 잠금, 사용 가능 속성의 기능은 확실히 숙지하세요.

## 3 데이터

22.2, 22.1, 21.2, 20.2, 16.3, 16.1, 15.3, 15.2, 11.3, 08.3, 08.1, 07.3, 06.2, 06.1, 05.4, 05.3, 05.2, 05.1, 04.2, 03.4, 02.3

3217903

폼에 연결된 테이블이나 쿼리에 대해 속성을 설정하는 것으로, 컨트롤 속성의 '데이터' 탭에서 설정한다.

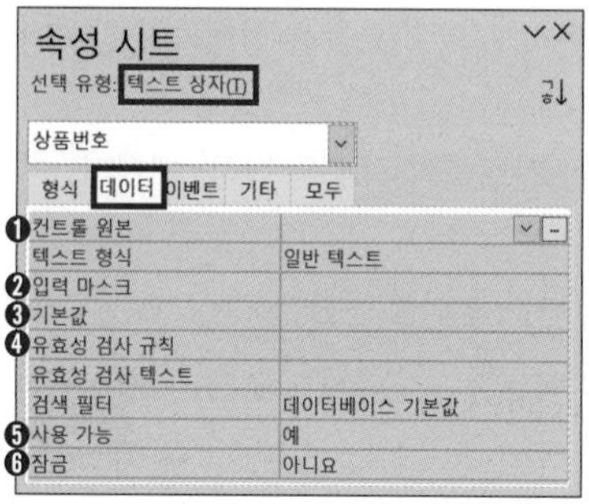


텍스트 상자

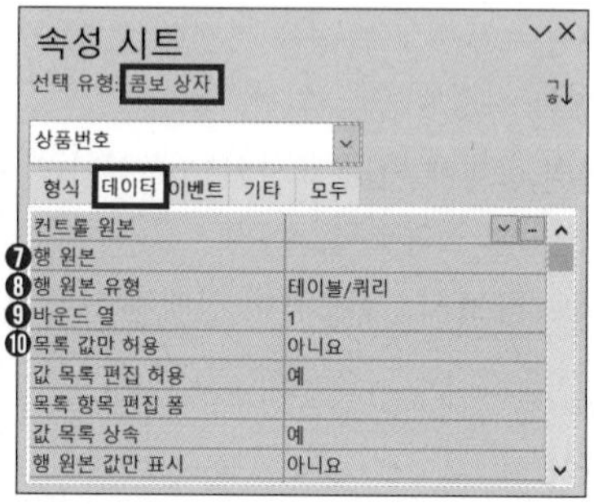


콤보 상자

| 속성 | 설명 |
|---|---|
| 20.2, 16.3, 16.1, 15.3, 15.2, 11.3 **❶ 컨트롤 원본** | • 필드명이나 SQL을 사용하여 컨트롤에 연결할 데이터를 지정한다.<br>• 계산 컨트롤을 만들려면 =으로 시작하는 식을 입력하면 된다.<br>• 함수나 수식 사용 시 문자는 큰따옴표(" ")로, 필드명은 대괄호([ ])로 묶어준다. |
| 05.1 **❷ 입력 마스크** | 데이터를 정확하게 입력할 수 있도록 입력되는 데이터 형식에 맞게 입력틀을 설정한다. |
| 08.3, 05.1 **❸ 기본값** | 새 레코드가 추가될 때 컨트롤에 기본적으로 입력될 값을 설정한다. |
| 07.3, 06.1, 05.2 **❹ 유효성 검사 규칙** | 컨트롤에 입력할 수 있는 데이터의 사양을 설정한다. |
| 22.2, 16.3, 16.1, 15.3, 07.3, 05.1 **❺ 사용 가능** | 컨트롤에 포커스의 이동 여부를 설정한다. |
| 22.1, 21.2, 11.3, 07.3, 06.2, 03.4 **❻ 잠금** | 컨트롤에 입력된 데이터의 편집 여부를 설정한다. |
| 16.1, 15.3, 15.2, 08.3, 08.1, 06.1 **❼ 행 원본** | 콤보 상자, 목록 상자 컨트롤에서 사용할 데이터를 설정한다. |
| 15.2, 08.1, 04.2 **❽ 행 원본 유형** | • 콤보 상자, 목록 상자 컨트롤에서 사용할 데이터를 제공하는 방법을 지정한다.<br>• 테이블/쿼리, 필드 목록, 값 목록 중에서 선택한다. |
| 16.1, 15.3, 15.2, 08.3, 08.1, 06.1 **❾ 바운드 열** | 콤보 상자, 목록 상자 컨트롤에 저장할 열을 설정한다. |
| 15.2, 08.1 **❿ 목록 값만 허용** | 콤보 상자에서 지정된 목록 값만 사용할지의 여부를 지정한다. |

## 4 이벤트

컨트롤에서 발생하는 특수한 동작에 특정 작업을 연결하여 자동으로 처리하도록 설정할 때 사용하는 것으로, 컨트롤 속성의 '이벤트' 탭에서 설정할 수 있다.

| 속성 | 설명 |
|---|---|
| On Dbl Click | 컨트롤을 더블클릭할 때 실행할 매크로*나 이벤트 프로시저를 설정한다. |
| On Click | 컨트롤을 클릭할 때 실행할 매크로나 이벤트 프로시저를 설정한다. |

매크로는 490쪽을 참고하세요.

23.1, 19.2, 19.1, 18.상시, 18.2, 17.2, 16.3, 15.2, 15.1, 13.2, 13.1, 07.3

## 5 기타

3217905

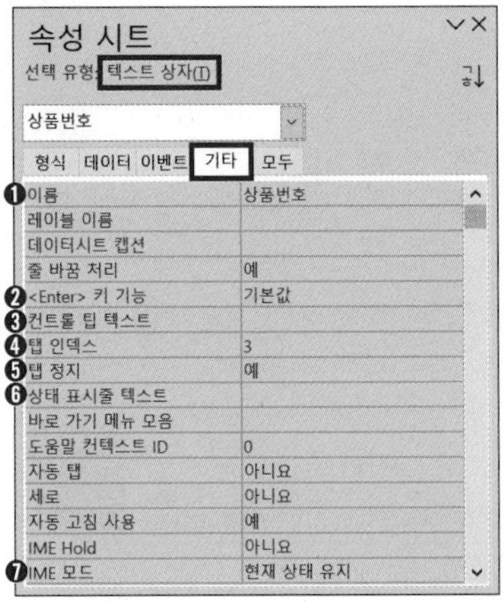


텍스트 상자

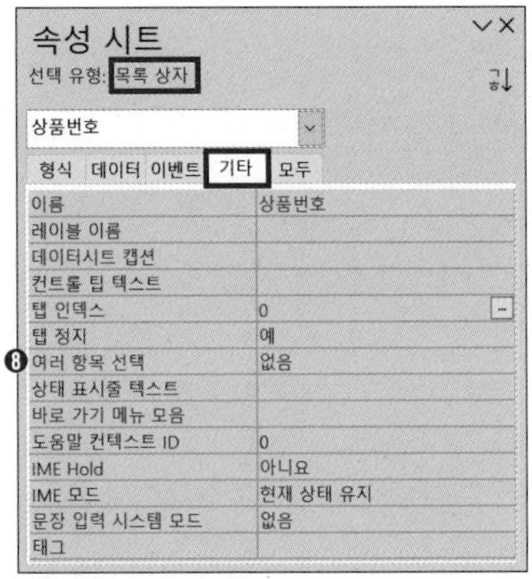


목록 상자

**전문가의 조언**

'기타' 탭의 각 속성에 대해 정리하세요. 특히 이름, 탭 정지, IME 모드 속성의 기능은 확실히 숙지하세요.

| 속성 | 설명 |
|---|---|
| 18.상시, 13.2<br>❶ 이름 | 컨트롤의 이름을 설정한다. |
| ❷ 〈Enter〉 키 기능 | 텍스트 상자 컨트롤에서 Enter를 눌렀을 때 수행할 작업을 설정한다. |
| ❸ 컨트롤 팁 텍스트 | 컨트롤에 마우스 포인터를 이동시켰을 때 스크린 팁으로 표시되는 텍스트를 설정한다. |
| ❹ 탭 인덱스 | 컨트롤의 탭(Tab) 순서를 설정한다. |
| 19.2, 18.2, 17.2<br>❺ 탭 정지 | • Tab을 이용하여 포커스를 이동시킬 수 있는지의 여부를 지정한다.<br>• 폼의 컨트롤에만 적용되고 보고서의 컨트롤에는 적용되지 않는다. |
| 16.3, 15.2<br>❻ 상태 표시줄 텍스트 | 컨트롤이 포커스를 가질 때 상태 표시줄에 표시할 텍스트를 설정한다. |
| 23.1, 19.1, 15.1, 13.1, 07.3<br>❼ IME 모드 | 컨트롤이 포커스를 가질 때 한글, 영문 등의 입력 모드*를 설정한다. |
| ❽ 여러 항목 선택 | 목록 상자에서 여러 항목의 선택 여부와 방법을 설정한다. |

IME 입력 모드

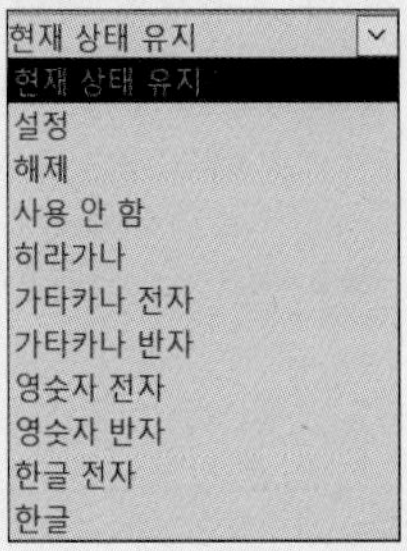

23.1, 22.1, 21.4, 05.1

## 잠깐만요 컨트롤 원본 지정하기

3217931

컨트롤의 컨트롤 원본에는 일반적으로 테이블이나 쿼리의 필드를 지정하지만 다른 개체에 있는 컨트롤도 지정할 수 있습니다. 다음과 같은 형식으로 지정합니다.

=개체!개체 이름!컨트롤 이름
**=forms!상품!txt현재날짜** : 〈상품〉 폼에 있는 'txt현재날짜' 컨트롤을 참조한다는 의미입니다.*

**컨트롤 원본 지정하기**
각각을 대괄호([ ])로 묶어 **=[forms]![상품]![txt현재날짜]**와 같이 지정해도 됩니다.

## 따라잡기 기출문제 따라잡기

문제2 1215351

22년 1회, 21년 1회, 06년 2회, 03년 4회

**1. 〈회원관리〉 폼에서 '가입일'의 내용을 수정할 수 없도록 설정하는 방법으로 올바른 것은?**

학생봉사내역

| 기관코드 | 기관명 | 담당내용 | 가입일 |
|---|---|---|---|
| ZV5 | 은혜시각장애인요양 | 빨래도우미 | 2020-02-22 |
| UV3 | 무지개복지관 | 청소도우미 | 2020-02-23 |
| UV3 | 무지개복지관 | 목욕도우미 | 2020-02-24 |
| UV3 | 무지개복지관 | 급식도우미 | 2020-03-22 |
| UV3 | 무지개복지관 | 빨래도우미 | 2020-03-23 |
| UV3 | 무지개복지관 | 청소도우미 | 2020-03-24 |

① '탭 정지' 속성을 '아니요'로 설정한다.
② '잠금' 속성을 '예'로 설정한다.
③ '표시' 속성을 '아니요'로 설정한다.
④ '사용 가능' 속성을 '아니요'로 설정한다.

'잠금' 속성을 '예'로 설정하면 해당 필드의 내용을 수정할 수 없습니다.

23년 2회, 22년 4회, 17년 2회, 12년 1회, 07년 3회, 03년 2회

**2. 다음 보고서에서의 '거래처명'과 같이 컨트롤의 데이터가 이전 레코드와 동일한 경우에는 이것이 표시(혹은 인쇄)되지 않도록 설정하는 방법으로 가장 적절한 것은?**

거래처별 제품목록

| 거래처명 | 제품번호 | 제품이름 | 단가 | 재고량 |
|---|---|---|---|---|
| 광명㈜ | 2 | 안경테B | ₩15,000 | 50 |
| | 6 | 무테C | ₩35,000 | 33 |
| | 3 | 안경테C | ₩20,000 | 67 |
| | 제품수 : | 3 | 총재고량 : | 150 |

① 해당 컨트롤의 '확장 가능' 속성을 '예'로 설정한다.
② 해당 컨트롤의 '중복 내용 숨기기' 속성을 '예'로 설정한다.
③ 해당 컨트롤의 '표시' 속성을 '아니요'로 설정한다.
④ 해당 컨트롤의 '누적 합계' 속성을 '모두'로 설정한다.

'중복 내용 숨기기' 속성을 '예'로 설정하면, 컨트롤의 값이 이전 레코드와 동일할 경우 숨겨집니다.

문제3 1215353

## 따라잡기 기출문제 따라잡기

22년 2회, 16년 1회, 15년 3회, 05년 1회

**3. 폼 작성 시 컨트롤의 주요 속성 중에서 데이터 속성에 관한 설명이 다. 가장 잘못된 것은?**

① 컨트롤 원본 : 컨트롤에 연결할 데이터를 지정한다.

② 입력 마스크 : 텍스트 상자 컨트롤에 입력할 값의 형식이나 서식을 설정한다.

③ 사용 가능 : 컨트롤의 데이터를 편집할 수 있는지 여부를 지정한다.

④ 기본값 : 새 레코드가 만들어질 때 컨트롤에 기본으로 입력될 값을 지정한다.

데이터 속성의 '사용 가능'은 컨트롤에 포커스를 이동시킬 수 있는지의 여부를 설정하는 것입니다. 컨트롤에 입력된 데이터의 편집 여부를 설정하는 것은 '잠금' 속성입니다.

23년 1회, 19년 1회, 15년 1회, 13년 1회, 07년 3회

**4. 폼에서 '성명' 컨트롤에 데이터를 입력하기 위해 입력 모드를 '한글' 또는 '영숫자 반자' 입력 상태로 지정할 때 사용하는 속성은?**

① 엔터키 기능(EnterKey Behavior)

② 상태 표시줄(StatusBar Text)

③ 탭 인덱스(Tab Index)

④ IME 모드(IME Mode)

IME 모드는 데이터 입력 시 한글, 영숫자 등의 입력 상태를 지정하는 속성입니다.

23년 1회, 22년 1회, 21년 4회, 05년 1회

**5. 〈상품〉 폼에 있는 '재고' 필드를 참조하고자 한다. 참조 형식이 바르게 설정된 것은?**

① [Forms]![상품]![재고]

② [Forms]@[상품]@[재고]

③ [Forms]![상품]@[재고]

④ [Forms]@[상품]![재고]

컨트롤 원본에 다른 개체에 있는 필드를 지정할 경우에는 **=[개체]![개체이름]![필드이름]**과 같은 형식으로 지정합니다.

▶ **정답 :** 1. ② 2. ② 3. ③ 4. ④ 5. ①

SECTION 168

# 폼 작성 기타

A 등급

24.3, 22.7, 22.6, 22.3, 21.4, 21.2, 21.1, 20.1, 19.2, 18.상시, 18.2, 17.2, 16.3, 14.3, 14.2, 12.1, 11.2, 10.3, 09.2, 09.1, ···

## 1 탭 순서

4316801

전문가의 조언

**중요해요!** 탭 순서의 특징을 묻는 문제가 자주 출제됩니다. 탭 순서의 특징을 세부적인 내용까지 확실히 파악해 두세요.

탭 순서는 폼의 컨트롤에 적용하는 기능으로, Tab이나 Enter를 눌렀을 때 이동되는 컨트롤의 순서를 정하는 것이다.

- 기본적으로 컨트롤을 작성한 순서대로 탭 순서가 설정되지만 사용자가 변경할 수 있다.
- 레이블 컨트롤에는 탭 순서를 설정할 수 없다.
- 탭 정지 속성이 '아니요'로 설정된 컨트롤은 '탭 순서' 대화상자에 표시되지 않는다.
- **탭 순서 설정하기**
  - 탭 인덱스 속성 이용하기 : 컨트롤의 탭 인덱스 속성에 0부터 '현재의 컨트롤 개수-1'까지 순서를 직접 입력하는 것으로, 폼이 실행되면 탭 인덱스가 0인 컨트롤에 포커스가 놓임
  - [양식 디자인] → [도구] → [탭 순서] 이용하기 : 구역을 선택한 후 '사용자 지정 순서'에서 원하는 순서대로 컨트롤의 위치를 변경시킴

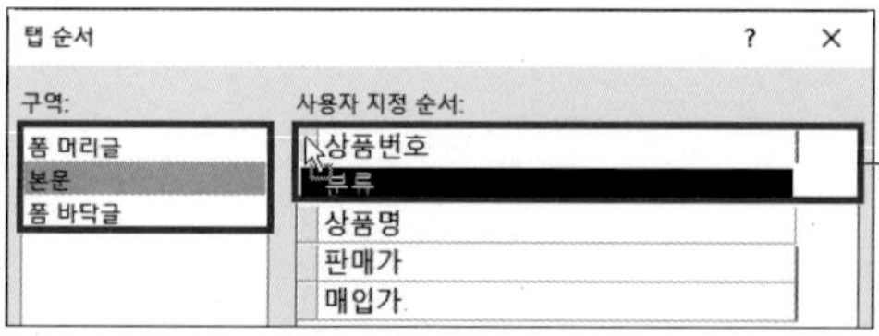


❶ 컨트롤 선택기를 클릭합니다.

❷ 다시 컨트롤 선택기를 클릭한 후 이동할 위치로 드래그합니다.

- '탭 순서' 대화상자에서 〈자동 순서〉 단추를 클릭하면 탭 이동 순서를 위쪽에서 아래쪽으로, 왼쪽에서 오른쪽 컨트롤로 자동 설정한다.

24.2, 24.1, 23.3, 22.6, 22.1, 21.4, 21.3, 21.2, 21.1, 20.상시, 19.상시, 19.1, 18.상시, 17.2, 17.1, 16.2, 15.1, 13.3, 11.3, ···

## 2 조건부 서식

4316802

전문가의 조언

**중요해요!** 조건부 서식의 특징을 묻는 문제가 자주 출제됩니다. 조건부 서식은 필드 값이나 식, 포커스를 가지고 있는 컨트롤을 기준으로 50개까지 설정할 수 있다는 것을 중심으로 특징을 자세히 정리하세요.

- 조건부 서식은 폼이나 보고서에서 조건에 맞는 컨트롤의 값에만 적용되는 서식이다.
- 텍스트 상자와 같이 값을 표시하는 컨트롤에 설정할 수 있다.
- 컨트롤에 조건부 서식을 적용하면 컨트롤 값의 변경 사항을 쉽게 파악할 수 있다.
- 다음과 같은 기준으로 조건부 서식을 설정할 수 있다.

| | |
|---|---|
| **필드 값이** | 특정 컨트롤의 값을 조건으로 지정한다. |
| **식이** | 식을 이용하여 조건을 지정한다. |
| **필드에 포커스가 있음** | 해당 필드로 포커스가 이동했을 때 적용할 서식을 지정한다. |

- 컨트롤 값이 변경되어 조건을 만족하지 않으면 적용된 서식이 해제된다.
- 조건을 지정할 때 '*, ?' 등의 만능 문자(와일드 카드)를 사용하여 텍스트나 숫자를 나타낼 수 없다.
- 조건은 50개까지 지정할 수 있으며, 조건별로 다른 서식을 적용할 수 있다.
- 지정한 조건 중 두 개 이상이 참이면, 첫 번째 조건에 대한 서식이 적용된다.
- 두 개 이상의 규칙이 설정되어 있는 경우 우선순위를 변경할 수 있다.
- 폼이나 보고서를 다른 파일 형식으로 변환하면 조건부 서식이 해제된 상태로 변환된다.

**예제** '판매내역' 폼의 '금액' 텍스트 상자의 값이 200,000 이상일 경우 '진하게', '기울임꼴' 서식을 지정하시오.

**준비하세요**

'C:\길벗컴활1급필기\3과목\3과목 4장-4.accdb' 파일을 불러와 실습하세요.

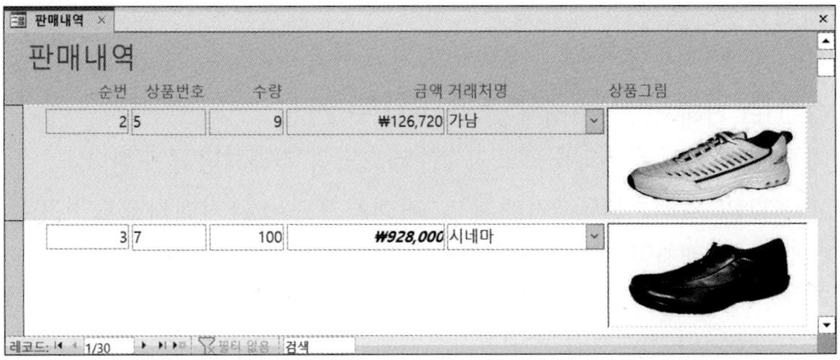


① '판매내역' 폼을 디자인 보기 형식으로 실행하고, 본문의 '금액' 텍스트 상자를 클릭한 후 [서식] → [컨트롤 서식] → [조건부 서식]을 클릭한다.

② '조건부 서식 규칙 관리자' 대화상자에서 〈새 규칙〉을 클릭한다.

③ '새 서식 규칙' 대화상자에서 다음 그림과 같이 설정한 후 〈확인〉을 클릭한다.

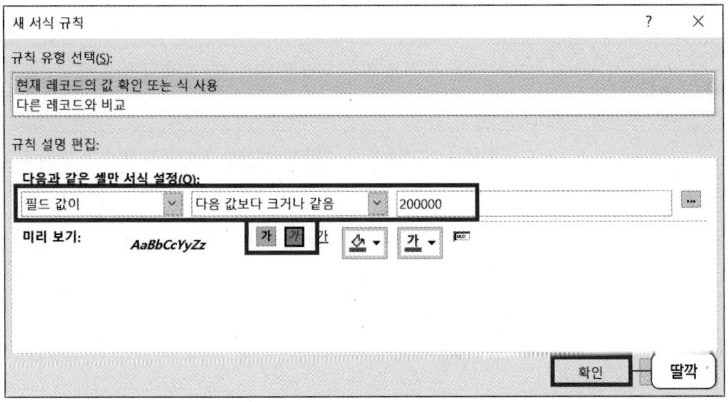


④ 이어서 '조건부 서식 규칙 관리자' 대화상자에서도 〈확인〉을 클릭한다.

전문가의 조언

함수의 사용법을 묻는 문제가 출제됩니다. DCOUNT, DLOOKUP, DAVG, DSUM 함수를 중심으로 사용 방법을 확실히 파악해 두세요.

**도메인 함수의 인수 순서**

- 엑셀의 데이터베이스 함수의 인수 순서는 **데**(이터베이스), **필**(드), **조**(건)이지만 액세스 도메인 함수의 인수 순서는 **필**(드), **데**(이터베이스, 도메인), **조**(건)입니다.
- 필드를 묶는 [ ]는 생략해도 됩니다.

23.5, 23.2, 22.6, 22.4, 22.1, 21.4, 21.3, 21.2, 20.상시, 20.1, 19.상시, 18.상시, 18.2, 15.2, 15.1, 14.1, 13.2, 12.3, 10.3, …

## 3 도메인 계산 함수

3218003

도메인 계산 함수는 레코드 집합에 대한 통계를 계산하는 함수로, 인수에는 필드 이름, 폼의 컨트롤, 상수, 함수, 도메인 등을 사용하며, 도메인에는 테이블이나 쿼리가 포함된다.

- 도메인 함수에 사용되는 인수들*은 각각을 큰따옴표(" ")로 묶어야 하며, 문자열을 연결할 때에는 &를 사용한다.
- **도메인 계산 함수 사용 형식**

=DLOOKUP("[필드]", "[도메인(테이블/쿼리)]", "조건")

예1 =DLOOKUP("거래처명", "거래처", "거래처코드='A1'")
→ 〈거래처〉 테이블에서 '거래처코드'가 "A1"인 레코드의 '거래처명'을 구한다.

예2 =DLOOKUP("거래처명", "거래처", "거래처코드=1")
→ 〈거래처〉 테이블에서 '거래처코드'가 1인 레코드의 '거래처명'을 구한다.

예3 =DLOOKUP("거래처명", "거래처", "거래처코드=txt거래처코드") 또는 =DLOOKUP("거래처명", "거래처", "거래처코드=" & [txt거래처코드])
→ 〈거래처〉 테이블에서 '거래처코드'가 'txt거래처코드' 컨트롤의 값(숫자 형식)과 같은 레코드의 '거래처명'을 구한다.

예4 =DLOOKUP("거래처명", "거래처", "거래처코드=[txt거래처코드]") 또는 =DLOOKUP("거래처명", "거래처", "거래처코드='" & [txt거래처코드] & "'")
→ 〈거래처〉 테이블에서 '거래처코드'가 'txt거래처코드' 컨트롤의 값(문자 형식)과 같은 레코드의 '거래처명'을 구한다.

- **도메인 함수 종류**

| | |
|---|---|
| 22.1, 21.2, 20.1, 06.2<br>DAVG(인수, 도메인, 조건) | 도메인에서 조건에 맞는 자료를 대상으로 지정된 인수의 평균을 계산한다. |
| 15.2, 06.2<br>DSUM(인수, 도메인, 조건) | 도메인에서 조건에 맞는 자료를 대상으로 지정된 인수의 합계를 계산한다. |
| 23.2, 22.4, 21.3, 21.2, 20.상시, 19.상시, 18.상시, …<br>DCOUNT(인수, 도메인, 조건) | 도메인에서 조건에 맞는 자료를 대상으로 지정된 인수의 개수를 계산한다. |
| 05.2<br>DMIN(인수, 도메인, 조건) | 도메인에서 조건에 맞는 자료를 대상으로 지정된 인수의 최소값을 계산한다. |
| DMAX(인수, 도메인, 조건) | 도메인에서 조건에 맞는 자료를 대상으로 지정된 인수의 최대값을 계산한다. |
| 23.5, 22.6, 21.3, 18.상시, 15.2, 15.1, 12.3, 10.3, …<br>DLOOKUP(인수, 도메인, 조건) | 도메인에서 조건에 맞는 인수를 표시한다. |

문제1 1215451 문제2 3218052

## 따라잡기 기출문제 따라잡기

22년 6회, 1회, 21년 3회, 1회, 17년 2회, 1회, 16년 2회, 15년 1회, 13년 3회

**1. 다음 중 폼이나 보고서에서 조건에 맞는 특정 컨트롤에만 서식을 적용하는 조건부 서식에 대한 설명으로 옳은 것을 모두 고르면?**

> ⓐ 조건부 서식은 식이 아닌 필드 값으로만 설정이 가능하다.
> ⓑ 컨트롤 값이 변경되어 조건을 만족하지 않으면, 적용된 서식이 해제되고 기본 서식이 적용된다.
> ⓒ 조건은 50개까지 지정할 수 있으며, 조건별로 다른 서식을 적용할 수 있다.
> ⓓ 지정한 조건 중 2개 이상이 참이면, 조건이 참인 서식이 모두 적용된다.

① ⓐ, ⓑ　② ⓑ, ⓒ　③ ⓒ, ⓓ　④ ⓐ, ⓓ

ⓐ 조건부 서식은 필드 값이나 식, 포커스를 가지고 있는 컨트롤을 기준으로 설정할 수 있습니다.
ⓓ 지정한 조건 중 두 개 이상의 조건이 참이면, 첫 번째 조건의 서식만 적용됩니다.

24년 3회, 22년 7회, 6회, 3회, 21년 4회, 2회, 1회, 19년 2회, 18년 2회, 14년 3회, 12년 1회, 11년 2회, 10년 3회, …

**2. 다음 중 폼에서의 탭 순서(Tab Order) 지정에 관한 설명으로 옳지 않은 것은?**

① 폼 보기에서 '탭' 키나 '엔터' 키를 눌렀을 때 포커스(Focus)의 이동 순서를 지정하는 것이다.
② 키보드를 이용하여 컨트롤 간 이동을 신속하게 할 수 있는 기능이다.
③ 레이블 컨트롤을 포함한 모든 컨트롤에 탭 순서를 지정할 수 있다.
④ 해당 컨트롤의 '탭 정지' 속성을 '아니오'로 지정하면 탭 순서에서 제외된다.

레이블에는 탭 순서를 설정할 수 없습니다.

22년 1회, 21년 2회, 20년 1회, 15년 2회, 12년 3회, 06년 2회

**3. 폼 바닥글에 사원 테이블에서 직급이 '부장'인 레코드들의 급여 평균을 구하고자 할 때 올바른 함수식은?**

① =DAVG("[급여]", "[사원]", "[직급]='부장' ")
② =DCOUNT("[급여]", "[사원]", "[직급]='부장' ")
③ =DLOOKUP("[급여]", "[사원]", "[직급]='부장' ")
④ =DSUM("[급여]", "[사원]", "[직급]='부장' ")

DAVG는 조건에 맞는 평균, DCOUNT는 개수, DLOOKUP은 조건에 맞는 인수 표시, DSUM은 합계를 계산하는 함수입니다.

23년 2회, 22년 4회, 21년 3회, 2회, 20년 상시, 19년 상시, 13년 2회, 12년 3회, 09년 4회, 2회, 04년 1회, 03년 3회

**4. 다음 중 [학생] 테이블에서 '점수'가 60 이상인 학생들의 인원수를 구하는 식으로 옳은 것은? (단, '학번' 필드는 [학생] 테이블의 기본키이다.)**

① =DCount("[학생]", "[학번]", "[점수] >= 60")
② =DCount("[학번]", "[학생]", "[점수] >= 60")
③ =DLookUp("[학생]", "[학번]", "[점수] >= 60")
④ =DLookUp("*", "[학생]", "[점수] >= 60")

조건에 맞는 레코드의 개수를 구하는 'DCOUNT(인수, 도메인, 조건)' 함수는 도메인(학생 테이블)에서 조건(점수가 60 이상인)에 맞는 레코드 중 인수(학번)로 지정된 필드에 값이 들어 있는 레코드의 개수를 구합니다.

24년 2회, 23년 3회, 21년 4회, 19년 1회

**5. 다음 중 동아리 회원 목록을 표시하는 [동아리회원] 폼에서 성별이 여자인 본문의 모든 컨트롤들의 글꼴 서식을 굵게, 기울임꼴로 표시하는 방법으로 적절한 것은?**

① 본문 영역에서 '성별' 컨트롤을 선택한 후 조건부 서식에서 규칙으로 필드 값이 다음 값과 같음, 값을 '여자'로 지정한 후 서식을 설정한다.
② 본문 영역의 모든 컨트롤들을 선택한 후 조건부 서식에서 규칙으로 조건식을 [성별]='여자'로 지정한 후 서식을 설정한다.
③ 본문 영역의 모든 컨트롤들을 선택한 후 조건부 서식에서 규칙으로 필드 값이 다음 값과 같음, 값을 '여자'로 지정한 후 서식을 설정한다.
④ 테이블의 데이터시트 보기에서 여자 회원 레코드들을 모두 선택한 후 서식을 설정한다.

① 본문의 '성별' 필드에만 서식이 지정됩니다.
③ 모든 컨트롤을 선택한 상태에서 조건부 서식을 지정했지만 규칙으로 '필드 값'을 지정하고 서식을 지정했으므로 모든 필드가 아닌 '성별' 필드에만 서식이 지정됩니다.
④ 데이터시트 보기 상태에서는 조건에 맞는 서식을 지정할 수 없습니다.

24년 1회

**6. 다음 중 조건부 서식에 대한 설명으로 옳지 않은 것은?**

① 첫 번째 조건을 만족하면 해당 조건의 서식이 적용되고, 이후 조건들은 무시된다.
② 폼이나 보고서를 다른 파일 형식으로 변환하면 조건부 서식이 유지된 상태로 변환된다.
③ 필드 값이나 식, 포커스를 가지고 있는 컨트롤을 기준으로 조건부 서식을 설정할 수 있다.
④ 조건을 만족하지 않으면 적용된 서식이 해제되고 기본 서식이 적용된다.

폼이나 보고서를 다른 파일 형식으로 변환하면 조건부 서식이 해제된 상태로 변환됩니다.

▶ **정답** : 1. ② 2. ③ 3. ① 4. ② 5. ② 6. ②

## 158 | 폼의 개념

### ❶ 폼(Form)의 개요 24.1, 23.5, 15.2, 12.3, 11.3, 10.3

- 테이블이나 질의(쿼리)를 원본으로 하여 데이터의 입력, 수정, 삭제, 조회 등의 작업을 편리하게 수행할 수 있도록 환경을 제공하는 개체이다.
- '레코드 원본' 속성을 이용하여 테이블이나 쿼리를 폼의 원본 데이터로 지정한다.
- Dlookup 함수를 이용하면 폼의 '레코드 원본'으로 설정되지 않은 테이블의 필드 값을 표시할 수 있다.

### ❷ 폼의 모양에 따른 분류 23.4, 21.4, 21.3, 21.2, 21.1, 19.2, 17.1, 15.3, 14.3, 11.1, 10.3, 10.1

- 열 형식 : 각 필드가 왼쪽의 레이블과 함께 각각의 행에 표시되고 레이아웃이 자동으로 설정됨
- 테이블 형식 : 각 레코드의 필드들이 한 줄에 나타나며, 레이블은 폼의 맨 위에 한 번 표시됨
- 데이터시트 : 레코드는 행으로, 필드는 열로 각각 나타나는 행/열 형식
- 맞춤 : 필드 내용의 분량에 따라 각 필드를 균형 있게 배치하는 형식

### ❸ 테이블/쿼리와의 연결 여부에 따른 분류 24.5, 23.4, 21.4, 21.3, 19.2, …

- 바운드(Bound) 폼
  - 테이블이나 쿼리의 레코드와 연결된 폼이다.
  - 테이블이나 쿼리의 데이터를 표시하거나 입력, 수정, 삭제 등의 편집 작업이 가능하다.
- 언바운드(Unbound) 폼
  - 테이블이나 쿼리의 레코드와 연결되지 않은 폼이다.
  - 폼을 작성하면 기본적으로 언바운드 폼이 작성된다.

## 159 | 폼의 구성 요소

### ❶ 폼 머리글 20.1, 19.상시, 14.1

- 폼 제목 등과 같이 각 레코드에 동일하게 표시될 정보가 입력되는 구역이다.
- 폼 보기(단일 폼)에서는 상단에 매번 표시되고, 인쇄 미리 보기에서는 첫 페이지의 상단에 한 번만 표시된다.

### ❷ 페이지 머리글 22.3

- 모든 페이지의 상단에 동일하게 표시될 정보가 입력되는 구역으로, 제목이나 날짜 등을 입력한다.
- 페이지마다 페이지 상단에 표시되며, 첫 페이지에는 폼 머리글 아래에 표시된다.
- 인쇄 미리 보기 상태에서만 확인할 수 있다.

### ❸ 세부 구역(본문) 22.7, 22.3, 14.1

- 사용할 실제 내용을 입력하는 구역이다.
- 폼 보기 형식이 단일 폼이면 레코드를 하나만 표시하고 연속 폼이나 데이터시트이면 레코드를 여러 개 표시한다.

### ❹ 폼 바닥글 14.1

- 폼 요약 정보 등과 같이 각 레코드에 동일하게 표시될 정보가 입력되는 구역이다.
- 폼 보기(단일 폼)에서는 하단에 매번 표시되고, 인쇄 미리 보기에서는 마지막 페이지 세부 구역 다음에 한 번만 표시된다.

### ❺ 페이지 바닥글 22.3

- 모든 페이지의 하단에 동일하게 표시될 정보가 입력되는 구역으로, 날짜나 페이지 번호 등을 입력한다.
- 매 페이지마다 페이지 하단에 표시된다.
- 인쇄 미리 보기 상태에서만 확인할 수 있다.

## 160 | 폼 만들기

### ❶ 폼 만들기의 개요 14.3, 10.3

- 하나의 폼에 여러 개의 컨트롤을 만들 수 있다.
- 폼은 자동 폼 생성 도구, 폼 마법사를 이용하여 만들거나 디자인 보기에서 사용자가 직접 만들 수 있다.

### ❷ 폼 디자인 보기(필드 목록) 이용하기 23.5, 23.4, 22.3, 22.2, 16.1

- 필드 목록을 이용하여 연결된 원본 데이터의 필드를 폼에 배치하여 표시할 수 있다.
- 필드 목록의 필드를 폼에 배치하면 연결된 필드의 레코드와 레이블이 표시된다.
- 동일한 필드를 여러 번 표시할 수 있으며, 추가나 수정 등이 가능하다.
- 필드 목록 창에서 필드를 드래그하면, 데이터 형식이 '긴 텍스트'인 컨트롤은 목록 상자로, 'Yes/No'인 컨트롤은 확인란으로, 'OLE 개체'인 컨트롤은 바운드 개체 틀로, 나머지 형식은 텍스트 상자로 변환된다.

### ❸ 모달 대화상자 23.4, 22.2, 20.2

- 사용자가 어떤 동작을 수행해야만 다음 작업이 가능한 대화상자로 모달 대화상자가 실행된 상태에서는 다른 폼이나 개체를 선택할 수 없다.
- 모달 대화상자 도구를 사용하여 폼을 만들면 〈확인〉과 〈취소〉 버튼이 자동으로 생성된다.

## 161 | 자동 폼 생성 도구

### ❶ 폼 분할(분할 표시 폼) 24.3, 23.1, 22.6, 21.4, 21.2, 20.2, 20.1, 18.2, 18.1, 17.2, 16.1, 15.3, 13.3

- 하나의 원본 데이터를 하나의 폼에서 [폼 보기(열 형식)]와 [데이터시트 보기]로 볼 수 있도록 폼을 작성한다.
- 두 보기는 하나의 원본 데이터를 사용하므로 서로 연결되어 있어 항상 동기화된다.
- 두 보기 중 하나에서 필드를 선택하면 다른 보기에서도 동일한 필드가 선택된다.
- 폼을 만들면 기본적으로 레이아웃 보기 형태로 표시되므로 컨트롤의 크기 조정 및 이동, 필드 추가가 가능하다.
- 디자인 보기 상태로 열면 열 형식의 형태로 컨트롤들이 표시된다.

## 162 | 폼의 속성 - '형식' 탭

### ❶ 캡션 23.2, 21.2, 15.3, 15.2

제목 표시줄에 표시될 텍스트를 지정한다.

### ❷ 기본 보기 24.5, 23.2, 22.7, 22.4, 22.3, 19.상시, 16.2, 15.2, 12.2, 11.3

- **단일 폼** : 한 창에 한 개의 레코드만 표시함
- **연속 폼** : 창의 크기에 맞게 여러 개의 레코드를 표시함
- **데이터시트** : 행과 열로 구성된 표 형태로 레코드를 표시함
- **분할 표시 폼** : 한 화면을 폼 보기와 데이터시트 보기의 두 형태로 분할하여 표시함

### ❸ 자동 크기 조정 23.2, 22.4

- 레코드를 모두 표시할 수 있도록 폼 창의 크기를 자동으로 조정할지의 여부를 지정한다.
- '아니요'를 선택하면 마지막으로 저장된 폼 창의 크기가 적용된다.

## 163 | 폼의 속성 - '데이터' 탭

### ❶ 레코드 원본 18.1, 15.3, 12.1, 11.2

- 폼에서 사용할 원본 데이터를 지정한다.
- 테이블이나 쿼리(질의), SQL문을 레코드 원본으로 지정한다.

### ❷ 추가 · 삭제 · 편집 가능 24.4, 23.4, 21.3, 15.1, 13.1

폼 내용의 추가, 삭제, 편집 가능 여부를 지정한다.

### ❸ 레코드 잠금 18.2, 15.1, 13.3

- 두 명 이상의 사용자가 동시에 같은 레코드를 편집하려고 할 때 레코드를 잠그는 방법을 설정한다.
- **잠그지 않음** : 기본 값이며 여러 사용자가 동시에 레코드를 편집할 수 있음(낙관적 잠금)
- **모든 레코드** : 모든 레코드를 다른 사용자가 편집할 수 없도록 잠금
- **편집한 레코드** : 한 번에 한 사람만 레코드를 편집할 수 있는 것으로, 현재 편집하는 레코드를 다른 사람은 편집할 수 없도록 잠금(비관적 잠금)

## 164 | 컨트롤의 개요

### ❶ 컨트롤의 분류 23.3, 22.5, 22.3, 21.4, 21.2, 21.1, 20.2, 19.2, 17.1, 15.1, 14.1, 12.2, 10.3, 10.1

- **바운드 컨트롤** : 테이블이나 쿼리의 필드가 컨트롤의 원본 데이터로 연결된 컨트롤
- **언바운드 컨트롤**
  - 테이블이나 쿼리의 필드가 컨트롤의 원본 데이터로 연결되지 않은 컨트롤이다.
  - 언바운드 컨트롤에는 레이블과 명령 단추가 있다.
- **계산 컨트롤**
  - 데이터의 원본 데이터로 식을 사용하는 컨트롤이다.
  - 계산 컨트롤을 작성하려면 = 을 입력한 후 식을 지정한다.

### ❷ 텍스트 상자 22.1, 21.4, 21.2

- 폼이나 보고서의 데이터나 계산 결과를 표시하는 컨트롤이다.
- 필드에 바운드되었을 경우 컨트롤의 값을 수정하면 필드의 값도 수정된다.

### ❸ 레이블 24.2, 24.1, 23.5, 19.2

- 제목이나 캡션, 설명 등과 같은 텍스트를 표시하는 컨트롤이다.
- 다른 컨트롤에 덧붙일 수 있다.

### ❹ 명령 단추 14.3

- 레코드의 검색, 인쇄 등 특정 기능을 실행할 때 사용하는 컨트롤이다.
- 실행할 기능은 매크로나 이벤트 프로시저로 작성한다.

### ❺ 옵션 그룹 14.1

- 그룹 틀, 확인란, 옵션 단추, 토글 단추를 하나의 그룹으로 묶어 표시할 때 사용하는 컨트롤이다.
- 필드 크기가 정수인 숫자 데이터 형식이나 'Yes/No'로 설정된 필드에 설정한다.

### ❻ 콤보 상자 23.5, 22.2, 21.4, 21.3, 20.상시, 19.상시, 19.2, 17.1, 16.3, 14.3, 14.1, 11.2

- 텍스트 상자와 목록 상자가 결합된 형태로, 좁은 공간에서 유용하게 사용되는 컨트롤이다.
- 데이터를 목록에서 선택하거나 직접 입력할 수 있다.
- 여러 개의 값 중 하나만 선택할 수 있다.

### ❼ 목록 상자 19.상시, 19.2, 17.1, 11.2

- 콤보 상자와 비슷한 컨트롤인데, 목록의 데이터만 사용할 수 있다.
- 하나 이상의 값을 선택할 수 있지만 값을 직접 입력할 수는 없다.

### ❽ 확인란 19.상시, 16.3, 11.2

- 여러 개의 값 중 하나 이상을 선택할 수 있는 컨트롤이다.
- 폼이나 보고서에 'Yes/No' 필드를 추가하면 '확인란' 컨트롤이 삽입된다.

### ❾ 탭 컨트롤 24.4, 24.2, 24.1, 23.3, 22.1

- 탭 형식의 대화상자를 작성하는 컨트롤이다.
- 다른 컨트롤을 탭 컨트롤로 복사하거나 추가할 수 있다.
- 탭 컨트롤의 바로 가기 메뉴에서 [페이지 삽입], [페이지 삭제]를 선택하여 페이지를 추가하거나 삭제할 수 있다.
- 탭 컨트롤의 바로 가기 메뉴에서 [페이지 순서]를 선택하여 탭 컨트롤 내의 페이지 표시 순서를 변경할 수 있다.

## 165 | 하위 폼

### ❶ 개념 및 용도 24.4, 24.2, 23.3, 22.5, 22.4, 21.4, 21.3, 21.1, 20.2, 19.1, 16.3, 14.2, 13.3, 11.1

- 테이블, 쿼리나 다른 폼을 이용하여 하위 폼을 작성할 수 있다.
- 기본 폼과 하위 폼은 관련된 필드로 연결되어 있기 때문에 하위 폼에는 기본 폼의 현재 레코드와 관련된 레코드만 표시된다.
- 하위 폼은 연속 폼으로 표시할 수 있지만 기본 폼은 연속 폼으로 표시할 수 없다.
- 일반적으로 사용할 수 있는 하위 폼의 개수에는 제한이 없고, 하위 폼을 7개의 수준까지 중첩시킬 수 있다.
- 일 대 다 관계에 있는 테이블이나 쿼리를 효과적으로 표시할 수 있으며, '일'은 기본 폼, '다'는 하위 폼에 해당된다.
- 기본적으로 기본 폼과 하위 폼 간에는 관계가 설정되어 있어야 하지만 기본 폼이 기본키를 가진 테이블을 사용하고, 하위 폼이 기본 폼의 기본키 필드와 같거나 호환되는 데이터 형식을 가진 필드가 포함된 테이블을 사용할 경우에는 관계가 설정되어 있지 않아도 하위 폼을 설정할 수 있다.

### ❷ 기본 폼과 하위 폼 연결 필드 24.5, 23.4, 22.4, 21.3, 14.3, 13.2, 13.1, 11.3, 11.2

- 연결 필드의 데이터 종류는 반드시 같아야 하며, 데이터 형식이나 필드 크기도 같거나 호환되어야 한다.
- 기본 폼과 하위 폼을 연결한 필드는 하위 폼 컨트롤의 속성 중 '데이터' 탭의 '하위 필드 연결'과 '기본 필드 연결'에서 변경할 수 있다.
- 하위 폼/하위 보고서 속성 중에서 '원본 개체' 속성에는 하위 폼으로 사용될 폼을 지정한다.
- 여러 개의 연결 필드를 지정하려면 세미콜론(;)으로 필드명을 구분하여 입력하거나, '하위 폼 필드 연결기' 창에서 여러 필드를 선택한다.
- '하위 폼 필드 연결기' 창에서는 한꺼번에 기본 폼과 하위 폼의 연결 필드를 지정할 수 있다.

## 166 | 컨트롤 다루기

### ❶ 간격 조정 21.4

- 컨트롤 간의 간격을 일정한 기준에 맞춰 조정하는 것으로, [정렬] → [크기 및 순서 조정] → [크기/공간]을 이용한다.
- 간격 같음
  - 컨트롤의 간격을 동일하게 맞추는 것이다.
  - 가장 왼쪽과 오른쪽 또는 가장 위와 아래 컨트롤의 위치는 변함 없으며, 그 사이의 컨트롤 위치가 변경된다.
- 간격 넓게 / 간격 좁게
  - 컨트롤의 간격을 동등하게 맞추되 가장 넓은/좁은 컨트롤을 기준으로 지정한다.
  - 가장 왼쪽 또는 가장 위쪽 컨트롤의 위치만 변함 없다.

### ❷ 크기 조정 24.4, 23.5, 21.4, 21.3

- [크기] → [자동]을 선택하면 높이가 가장 높은 컨트롤과 낮은 컨트롤을 기준으로 나머지 컨트롤들의 높이와 너비를 자동으로 조정한다.
- Shift를 누른 채 방향키를 누르면, 컨트롤 크기를 세밀하게 조정할 수 있다.

## 167 | 컨트롤의 주요 속성

**❶ 중복 내용 숨기기** 23.2, 22.4, 17.2, 16.3, 12.2, 12.1

현재 컨트롤의 값이 이전 컨트롤 값과 동일한 경우 데이터의 숨김 여부를 지정한다.

**❷ 확장 가능** 17.2

컨트롤에 표시될 데이터를 모두 볼 수 있도록 컨트롤의 세로 높이의 자동 확장 여부를 지정한다.

**❸ 컨트롤 원본** 20.2, 16.3, 16.1, 15.3, 15.2, 11.3

- 필드명이나 SQL을 사용하여 컨트롤에 연결할 데이터를 지정한다.
- 계산 컨트롤을 만들려면 = 으로 시작하는 식을 입력하면 된다.
- 함수나 수식 사용 시 문자는 큰따옴표(" ")로, 필드명은 대괄호([ ])로 묶어준다.

**❹ 사용 가능** 22.2, 16.3, 16.1, 15.3

컨트롤에 포커스의 이동 여부를 설정한다.

**❺ 잠금** 22.1, 21.2, 11.3

컨트롤에 입력된 데이터의 편집 여부를 설정한다.

**❻ 행 원본** 16.1, 15.3, 15.2

콤보 상자, 목록 상자 컨트롤에서 사용할 데이터를 설정한다.

**❼ 행 원본 유형** 15.2

- 콤보 상자, 목록 상자 컨트롤에서 사용할 데이터를 제공하는 방법을 지정한다.
- 테이블/쿼리, 필드 목록, 값 목록 중에서 선택한다.

**❽ 바운드 열** 16.1, 15.3, 15.2

콤보 상자, 목록 상자 컨트롤에 저장할 열을 설정한다.

**❾ 목록 값만 허용** 15.2

콤보 상자에서 지정된 목록 값만 사용할지의 여부를 지정한다.

**❿ 이름** 18.상시, 13.2

컨트롤의 이름을 설정한다.

**⓫ 탭 정지** 19.2, 18.2, 17.2

- Tab을 이용하여 포커스를 이동시킬 수 있는지의 여부를 지정한다.
- 폼의 컨트롤에만 적용되고 보고서의 컨트롤에는 적용되지 않는다.

**⓬ 상태 표시줄 텍스트** 16.3, 15.2

컨트롤이 포커스를 가질 때 상태 표시줄에 표시할 텍스트를 설정한다.

**⓭ IME 모드** 23.1, 19.1, 15.1, 13.1

컨트롤이 포커스를 가질 때 한글, 영문 등의 입력 모드를 설정한다.

**⓮ 컨트롤 원본 지정하기** 23.1, 22.1, 21.4

컨트롤의 컨트롤 원본에는 일반적으로 테이블이나 쿼리의 필드를 지정하지만 다른 개체에 있는 컨트롤도 지정할 수 있다.

=개체!개체 이름!컨트롤 이름
=forms!상품!txt현재날짜 : 〈상품〉 폼에 있는 'txt현재날짜' 컨트롤을 참조한다는 의미이다.

# 168 | 폼 작성 기타

## ❶ 탭 순서 24.3, 22.7, 22.6, 22.3, 21.4, 21.2, 21.1, 20.1, 19.2, 18.상시, 18.2, 17.2, 16.3, 14.3, 14.2, 12.1, 11.2, …

- 폼에 생성된 컨트롤에 적용할 수 있는 것으로, Tab이나 Enter를 눌렀을 경우 이동되는 컨트롤의 순서를 정의하는 것이다.
- 기본적으로 컨트롤을 작성한 순서대로 탭 순서가 설정되며, 레이블 컨트롤에는 설정할 수 없다.
- 컨트롤 속성의 탭 인덱스를 지정하거나 [양식 디자인] → [도구] → [탭 순서]를 클릭하여 설정할 수 있다.
- '탭 순서' 대화상자에서 〈자동 순서〉 단추를 클릭하면 폼이나 보고서에 삽입된 컨트롤의 위치를 기준으로 위쪽에서 아래쪽으로, 왼쪽에서 오른쪽 순으로 탭 순서가 자동 설정된다.

## ❷ 조건부 서식 24.2, 24.1, 23.3, 22.6, 22.1, 21.4, 21.3, 21.2, 21.1, 20.상시, 19.상시, 19.1, 18.상시, 17.2, …

- 필드 값이나 식을 기준으로 조건부 서식을 설정할 수 있다.
- 컨트롤 값이 변경되어 규칙을 만족하지 않으면 적용된 서식이 해제된다.
- 규칙은 50개까지 지정할 수 있으며, 규칙별로 다른 서식을 적용할 수 있다.
- 지정한 규칙 중 두 개 이상이 참이면, 첫 번째 규칙에 대한 서식이 적용된다.
- 두 개 이상의 규칙이 설정되어 있는 경우 우선순위를 변경할 수 있다.
- 조건부 서식은 텍스트 상자 컨트롤에만 적용할 수 있다.
- 폼이나 보고서를 다른 파일 형식으로 변환하면 조건부 서식이 해제된 상태로 변환된다.

## ❸ 도메인 계산 함수 23.5, 23.2, 22.6, 22.4, 22.1, 21.4, 21.3, 21.2, 20.상시, 20.1, 19.상시, 18.상시, …

| | |
|---|---|
| DAVG(인수, 도메인, 조건)<br>DSUM(인수, 도메인, 조건)<br>DCOUNT(인수, 도메인, 조건)<br>DMIN(인수, 도메인, 조건)<br>DMAX(인수, 도메인, 조건) | 도메인에서 조건에 맞는 자료를 대상으로 지정된 인수의 평균(DAVG)/합계(DSUM)/개수(DCOUNT)/최소값(DMIN)/최대값(DMAX)을 계산함 |
| DLOOKUP<br>(인수, 도메인, 조건) | 도메인에서 조건에 맞는 인수를 표시함 |

- 도메인 함수에 사용되는 인수들은 각각을 큰따옴표(" ")로 묶어야 한다.
- 필드를 묶는 [ ]는 생략해도 된다.
- 문자열을 연결할 때에는 &를 사용한다.

**문제 1** 〈학생〉 테이블에서 '학년' 필드가 4인 레코드의 개수를 계산하는 수식을 작성하시오. (단, 〈학생〉 테이블의 기본 키는 '학번' 필드이다.)

답 :

**문제 2** 〈사원〉 테이블에서 '사원번호' 필드가 1인 데이터의 '성명' 필드에 저장되어 있는 값을 표시하는 수식을 작성하시오.

답 :

**정답** 1. =dcount("[학번]", "학생", "[학년]=4") 2. =dlookup("[성명]","사원","[사원번호]=1")

## 합격수기

합격수기 코너는 시나공으로 공부하신 독자분들이 시험에 합격하신 후에 직접
**시나공 홈페이지(sinagong.co.kr)**의 〈합격전략/후기〉에 올려주신 자료를 토대로 구성됩니다.

# 컴활2급, 워드 필기 모두 거머쥐었어요!

수험생 여러분에게 조금이나마 도움을 드리고자 저의 경험을 말씀드리겠습니다.
우선, 워드와 컴활2급의 필기시험은 문제 은행제라고 해서 운전면허시험과 마찬가지로 문제를 많이 풀거나 여러 번 읽어본다면 쉽게 합격할 수 있습니다. 시나공의 필기 수험서는 핵심요약과 기출문제의 두 파트로 분리되어 있습니다. 시간적 여유가 있다면 핵심요약을 본 후 기출문제를 풀어 보는 것이 좋겠지만, 단시간 안에(1일에서 1주일 정도) 시험 준비를 끝내야 한다면 기출문제를 중점적으로 공부하는 것이 좋을 것 같습니다. 특히 문제마다 출제 빈도가 표시되어 있는데 그것을 참조하는 것도 시간을 절약할 수 있는 하나의 장법이 될 것입니다. 한번 훑어보고 나면 어떤 문제가 자주 출제되는지 알 수 있습니다. 그런 문제들에는 특별히 별표를 표시해서 더 주의 깊게 본다면 많은 도움이 됩니다. 저는 상설시험으로 보았는데 시험지에 1/3 이상이 별표를 표시한 내용 중에서 나왔습니다. 그렇다면 30점 이상은 확보하게 되는 거죠. 컴활2급은 별표한 내용에서 많이 나왔지만 워드는 불행이도 1/3만이 별표한 내용에서 나왔습니다. 기출문제 이외의 문제나 모르는 문제가 나왔다고 해서 당황하게 되는 경우가 있는데, 문제를 잘 읽어보면 문제에 답이 나와 있는 경우도 있으니 침착하게 잘 읽어보기 바랍니다. 또 보기 지문에서 오류일 거 같은 답이 보이기도 합니다. '옳은 것은?'과 '아닌 것은?'만 잘 읽는다면 기출문제 이외의 문제도 어렵지 않게 풀 수 있을 것이라 생각합니다. 그런데 컴활2급 실기의 경우 처음 책을 봤을 때는 어려워서 조금 어리둥절했습니다. 특히 함수 부분에서는 함수를 직접 일일이 입력해야 해서 힘들었지만 나중에는 요령이 생겼습니다.
'='을 누르면 왼쪽 부분에 함수를 선택할 수 있는데 영타가 빠른 분이 아니라면 직접 입력하는 것보다는 함수를 선택하는 것이 시간을 단축시킬 수 있습니다. 더욱이 채점 프로그램이 있어서 어느 곳이 틀렸는지 확실히 알 수 있기 때문에 독학하기 어렵지 않습니다.
조금이나마 도움이 되었으면 하는 바람에서 수기를 써봤습니다. 컴활2급 자격증 덕분인지 지원한 회사에 합격하여 2주 후에 출근할 예정입니다. 입사한 후에도 정보처리기사나 정보처리산업기사, 정보처리기능사 중에서 한 가지 이상에 도전해 볼 생각입니다. 그때 역시 시나공이 합격의 영광을 안겨 줄 것이라 기대합니다.

**이중건** • catwould

# 5장

# 보고서(Report) 작성

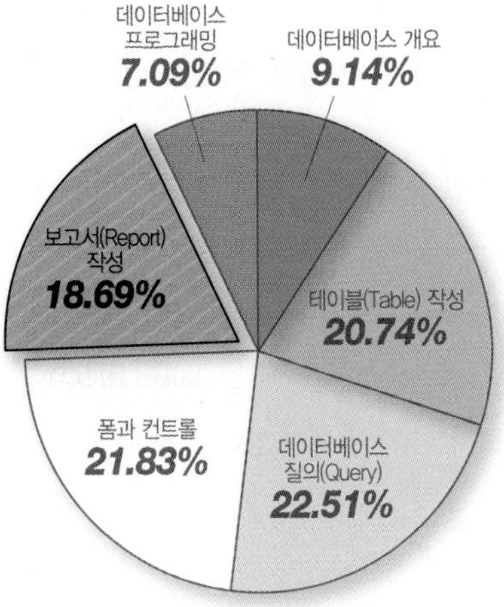




**이 장에서 꼭 알아야 할 키워드 Best 10**

**1.** 보고서 **2.** 보고서 보기 형태 **3.** 보고서의 구성 **4.** 보고서 마법사 **5.** 페이지 설정하기 **6.** 보고서의 속성 **7.** 그룹화 **8.** '그룹, 정렬 및 요약' 창 **9.** 페이지 번호 표시 **10.** 누적 합계

SECTION **169**

# 보고서 작성 기본

A 등급

전문가의 조언

보고서의 개념과 목적을 확실하게 알아두세요. 보고서는 데이터를 인쇄물을 통해 확인하기 위해 작성합니다.

24.4, 24.3, 24.2, 24.1, 23.3, 21.4, 21.3, 15.2, 13.1, 12.3, 12.2, 11.3, 11.1, 10.2, 09.3, 05.4, 05.2, 04.3, 04.1, 03.4, 03.1

## 1 보고서의 개요

3218101

보고서는 테이블에 저장된 데이터를 요약하거나 그룹화하여 종이에 출력하기 위한 개체이다.

- 사용자는 보고서를 통해 데이터베이스 안의 데이터를 재조합하여 유용한 형태의 정보로 만들며, 이를 통해 어떤 사항에 대한 예측이나 결정 및 판단을 내릴 수 있다.
- 폼과 동일하게 여러 유형의 컨트롤로 데이터를 표시하고, 이벤트 프로시저를 작성할 수 있으나 데이터 입력, 추가, 삭제 등의 작업은 불가능하다.
- 보고서의 레코드 원본으로 테이블, 쿼리, SQL문* 등을 지정할 수 있으며, 자료별 평균, 합계, 개수 등의 통계 자료를 표시할 수 있다.
- 보고서는 '디자인 보기' 상태에서 만들거나 수정한 후 '인쇄 미리 보기'나 '레이아웃 보기' 상태에서 확인한다.

**SQL문**

레코드 원본으로 SQL 문을 지정하면 질의(Query) 결과를 대상으로 하는 보고서를 작성할 수 있습니다.

전문가의 조언

보고서 보기 형태들의 개별적인 특징을 묻는 문제가 출제됩니다. 각각을 구분할 수 있도록 확실히 정리해 두세요.

**[보기]**

액세스 2021에서는 자주 사용하는 서식이나 기능은 대부분 [홈] 탭에 구성되어 있습니다. [보기] 그룹은 [홈] 탭에도 표시됩니다. [보고서 디자인]이 아닌 [홈] 탭에 있는 [보기] 그룹을 이용하여 보기 형태를 변경해도 됩니다.

24.2, 24.1, 23.5, 23.3, 23.1, 22.7, 22.1, 21.4, 21.3, 21.2, 20.1, 18.상시, 17.2, 16.1, 15.3, 14.3

## 2 보고서 보기 형태

4316902

보고서는 보고서 보기, 인쇄 미리 보기, 레이아웃 보기, 디자인 보기 형태로 볼 수 있다.

- **보기 형태 변경**
  - 방법 1 : [보고서 디자인] → [보기]* 그룹에서 선택
  - 방법 2 : 보고서의 바로 가기 메뉴에서 선택
- **보기 형태**

| | |
|---|---|
| 24.2, 23.5, 23.3, …<br>**보고서 보기** | • 출력될 보고서를 미리보는 기능으로, 종이 출력용이 아니라 화면 출력용이다.<br>• 인쇄 미리 보기와 비슷하지만 페이지 구분 없이 보고서를 모두 표시한다. |
| **인쇄 미리 보기** | • 종이에 출력되는 모양 전체를 미리 볼 때 사용한다.<br>• 보고서에 표시될 데이터를 정확하게 확인할 수 있다. |
| 24.1, 23.5, 23.3, …<br>**레이아웃 보기** | • '보고서 보기'와 '디자인 보기'를 혼합한 형태이다.<br>• 보고서로 출력될 실제 데이터와 함께 보고서의 레이아웃을 보여주는 기능으로, 데이터를 보면서 컨트롤의 크기 및 위치, 그룹 수준 및 합계를 변경하거나 추가할 수 있다. |
| 24.1, 23.5, 23.3, …<br>**디자인 보기** | 컨트롤 도구를 이용하여 보고서를 만들거나 수정할 수 있는 형태로, 실제 데이터는 표시되지 않는다. |

## 따라잡기 기출문제 따라잡기

문제1 3218151 문제4 3218154

24년 2회, 23년 3회, 21년 4회, 19년 1회, 04년 1회

**1. 다음 중 액세스의 보고서에 대한 설명으로 옳은 것은?**

① 보고서의 레코드 원본으로 테이블, 쿼리, 엑셀과 같은 외부 데이터, 매크로 등을 지정할 수 있다.

② 보고서 머리글과 보고서 바닥글의 내용은 모든 페이지에 출력된다.

③ 보고서에도 폼에서와 같이 이벤트 프로시저를 작성할 수 있다.

④ 컨트롤을 이용하지 않고도 보고서에 테이블의 데이터를 표시할 수 있다.

> ① 보고서의 레코드 원본으로 테이블과 쿼리는 사용할 수 있으나 엑셀과 같은 외부 데이터나 매크로는 사용할 수 없습니다.
> ② 보고서 머리글은 보고서의 첫 페이지 상단에, 보고서 바닥글은 보고서의 맨 마지막 페이지에 한 번씩만 표시됩니다.
> ④ 보고서에 테이블의 데이터를 표시하려면, 반드시 컨트롤을 이용해야 합니다.

24년 4회, 3회, 21년 3회, 15년 2회, 12년 3회, 2회, 11년 3회, 1회, 10년 2회

**2. 다음 중 보고서에 대한 설명으로 옳지 않은 것은?**

① 보고서는 데이터를 출력하기 위한 개체이다.

② 레코드 원본에 SQL 문장을 입력하면 질의 결과를 대상으로 하는 보고서를 작성할 수 있다.

③ 보고서의 컨트롤에서는 컨트롤 원본을 사용하여 특정 필드에 바운드시킬 수 있다.

④ 필드와 바인딩된 컨트롤을 이용하여 원본 데이터의 데이터를 편집 및 표시할 수 있다.

> 보고서에서 데이터의 편집은 불가능합니다.

13년 1회, 05년 2회

**3. 다음 중 보고서의 원본으로 사용할 수 없는 것은?**

① 폼 ② 쿼리
③ 테이블 ④ SQL 구문

> 폼이나 보고서는 다른 개체에서 원본으로 사용할 수 없습니다.

24년 1회, 23년 5회, 3회, 22년 1회, 21년 4회, 3회, 2회

**4. 다음은 보고서 보기 형태에 대한 내용이다. ㉠, ㉡에 알맞은 형태는 무엇인가?**

- ㉠ : 보고서로 출력될 실제 데이터를 보면서 컨트롤의 크기 및 위치를 변경할 수 있다.
- ㉡ : 컨트롤 도구를 이용하여 보고서를 만들거나 수정할 수 있는 형태로, 실제 데이터는 표시되지 않는다.

① ㉠ 레이아웃 보기, ㉡ 디자인 보기
② ㉠ 인쇄 미리 보기, ㉡ 레이아웃 보기
③ ㉠ 디자인 보기, ㉡ 보고서 보기
④ ㉠ 레이아웃 보기, ㉡ 보고서 보기

> 출력될 실제 데이터의 레이아웃(윤곽)을 보면서 작업하는 형태는 '레이아웃 보기', 실제 데이터는 표시되지 않지만 컨트롤 도구를 이용하여 보고서를 디자인하는 것은 '디자인 보기'입니다.

23년 1회, 22년 7회, 20년 1회, 15년 3회

**5. 보고서에 대한 설명으로 옳지 않은 것은?**

① 보고서는 데이터를 출력하기 위한 개체이다.

② '보고서 보기' 형식을 이용하면 페이지 별로 인쇄되는 형태를 확인할 수 있다.

③ 보고서를 PDF, XPS 형식으로 내보낼 수 있다.

④ 레코드 원본에 SQL 문장을 입력하면 질의 결과를 대상으로 하는 보고서를 작성할 수 있다.

> '보고서 보기' 형식은 보고서를 페이지 구분 없이 모두 표시합니다.

24년 2회, 23년 3회

**6. 다음 중 보고서 보기에 대한 설명으로 옳지 않은 것은?**

① 보고서 보기를 종료하지 않고 보고서에 직접 필터를 적용하거나 해제할 수 있다.

② 탐색 단추를 이용하여 보고서 페이지를 순차적으로 넘겨보거나 원하는 페이지로 이동할 수 있다.

③ 보고서 데이터를 클립보드에 복사할 수 있다.

④ 보고서 보기는 종이 출력용이 아니라 화면 출력용이다.

> '보고서 보기' 상태에서는 탐색 단추가 표시되지 않습니다. 또한 '보고서 보기'는 보고서를 페이지 구분 없이 모두 표시하므로 페이지 단위로 넘겨보거나 원하는 페이지로 이동할 수 없습니다.

▶ 정답 : 1. ③ 2. ④ 3. ① 4. ① 5. ② 6. ②

SECTION 170

# 보고서의 구성

A 등급

전문가의 조언

**중요해요!** 보고서의 각 구역을 구분할 수 있어야 하며 보고서 머리글/바닥글, 페이지 머리글/바닥글의 표시 위치 및 기능을 확실히 알아두세요.

## 1 보고서의 구성

24.3, 24.2, 23.3, 23.1, 22.7, 22.6, 22.5, 22.4, 22.3, 22.2, 21.4, 21.3, 21.2, 20.1, 19.상시, 19.2, 19.1, 18.상시, 18.2, …

1215502

보고서는 기본적으로 보고서 머리글, 보고서 바닥글, 본문, 페이지 머리글, 페이지 바닥글 구역과 컨트롤, 각 구역의 선택기 등으로 구성된다.

- 보고서 머리글/바닥글, 페이지 머리글/바닥글 구역은 표시하거나 숨길 수 있으며, 그룹을 설정하면 그룹 머리글과 그룹 바닥글을 설정할 수 있다.
- 보고서는 '디자인 보기' 상태에서 설정하거나 수정한 후 '인쇄 미리 보기'나 '레이아웃 보기' 상태에서 확인할 수 있다.

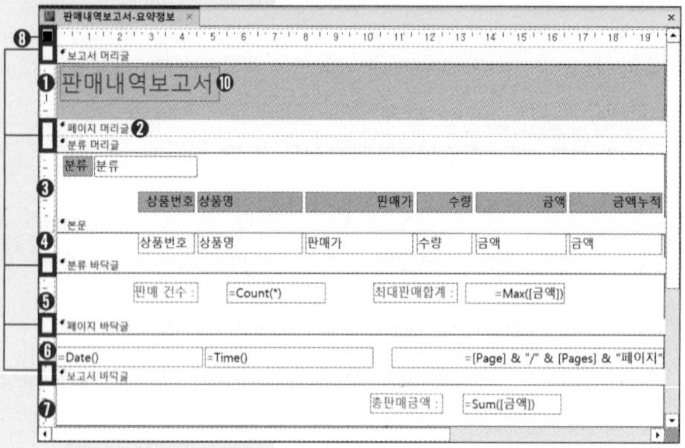


디자인 보기

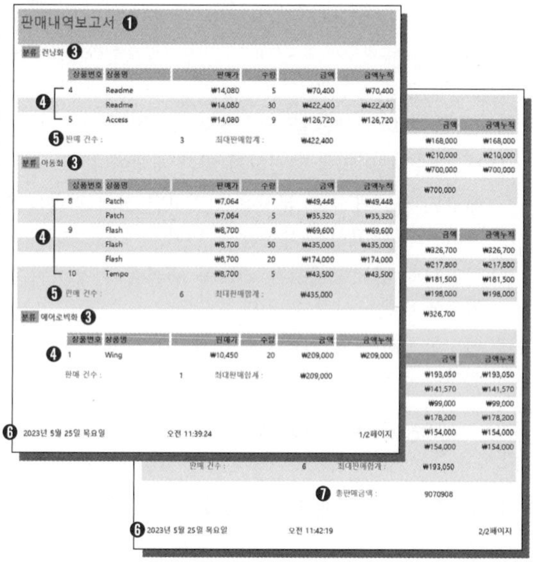


인쇄 미리 보기

| | |
|---|---|
| 22.6, 22.4, 21.4, 19.상시, 19.2, … **❶ 보고서 머리글** | • 보고서의 첫 페이지 상단에 한 번 표시된다(예를 들어, 10쪽짜리 출력물이라면 첫 페이지의 맨 윗부분).<br>• 로고, 보고서 제목, 날짜 등을 삽입한다.<br>• 함수를 이용한 집계 정보를 표시할 수 있다. |
| 23.1, 22.7, 22.5, 22.2, 21.4, 21.3, … **❷ 페이지 머리글** | • 모든 페이지의 상단에 표시되며, 첫 페이지에는 보고서 머리글 다음에 표시된다.<br>• 열 제목 등을 삽입한다. |
| 22.7, 22.5, 22.3, 22.2, 21.3, 21.2, … **❸ 그룹 머리글** | • 그룹이 지정*된 경우 그룹의 상단에 반복적으로 표시된다.<br>• 그룹의 이름, 요약 정보 등을 삽입한다.<br>• '그룹, 정렬 및 요약' 창에서 설정한다. |
| 22.2, 21.4, 19.상시, 19.2, 18.2, … **❹ 본문** | 실제 데이터가 반복적으로 표시되는 부분이다. |

그룹 지정은 [보고서 디자인] → [그룹화 및 요약] → [그룹화 및 정렬]을 클릭하여 설정할 수 있으며, 자세한 내용은 470쪽을 참고하세요

| | |
|---|---|
| 24.3, 24.2, 23.3, 22.7, 22.6, … **❺ 그룹 바닥글** | • 그룹이 지정된 경우 그룹의 하단에 반복적으로 표시된다.<br>• 그룹별 요약 정보 등을 삽입한다.<br>• '그룹, 정렬 및 요약' 창에서 설정한다. |
| 21.4, 21.3, 17.1, 12.3, 10.3, 09.2, … **❻ 페이지 바닥글** | 모든 페이지 하단에 표시되며, 주로 날짜나 페이지 번호를 삽입한다. |
| 23.1, 22.2, 21.4, 21.3, 19.1, … **❼ 보고서 바닥글** | • 보고서의 맨 마지막 페이지에 표시된다.<br>• 보고서 총계나 평균 또는 안내문 등을 삽입한다.<br>• 디자인 보기 상태에서는 가장 마지막 구역에 표시되고, 인쇄 미리 보기 상태에서는 마지막 페이지의 페이지 바닥글 위쪽에 한 번만 표시된다. |
| **❽ 보고서 선택기** | • 보고서를 선택하거나 보고서의 속성을 지정할 때 사용한다.<br>• 디자인 보기 상태에서만 사용할 수 있다. |
| 12.1 **❾ 구역 선택기** | • 구역을 개별적으로 선택하거나 구역의 속성을 지정할 때 사용한다.<br>• 디자인 보기 상태에서만 사용할 수 있다. |
| **❿ 컨트롤*** | • 데이터를 표시하거나 작업을 수행하는 데 사용되는 그래픽 개체이다.<br>• 디자인 보기 상태에서 사용되는 것으로, 주로 레이블, 텍스트 상자, 선 등의 컨트롤이 사용된다. |

컨트롤에 대한 자세한 설명은 428쪽을 참고하세요.

## 따라잡기 기출문제 따라잡기

22년 7회, 5회

**1. 다음 보고서에 대한 설명으로 옳지 않은 것은?**

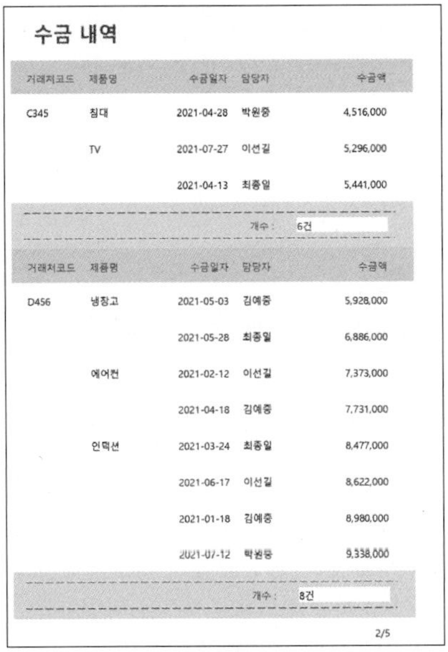

수금 내역

| 거래처코드 | 제품명 | 수금일자 | 담당자 | 수금액 |
|---|---|---|---|---|
| C345 | 침대 | 2021-04-28 | 박원중 | 4,516,000 |
| | TV | 2021-07-27 | 이선길 | 5,296,000 |
| | | 2021-04-13 | 최종일 | 5,441,000 |
| | | | 개수 : | 6건 |
| 거래처코드 | 제품명 | 수금일자 | 담당자 | 수금액 |
| D456 | 냉장고 | 2021-05-03 | 김예중 | 5,928,000 |
| | | 2021-05-28 | 최종일 | 6,886,000 |
| | 에어컨 | 2021-02-12 | 이선길 | 7,373,000 |
| | | 2021-04-18 | 김예중 | 7,731,000 |
| | 인덕션 | 2021-03-24 | 최종일 | 8,477,000 |
| | | 2021-06-17 | 이선길 | 8,622,000 |
| | | 2021-01-18 | 김예중 | 8,980,000 |
| | | 2021-07-12 | 박원중 | 9,338,000 |
| | | | 개수 : | 8건 |

2/5

① '수금 내역' 제목은 페이지 머리글에 작성되었다.

② 그룹 머리글과 그룹 바닥글이 모두 표시되어 있다.

③ "제품명"은 '중복 내용 숨기기' 속성이 "예"로 설정되어 있다.

④ 그룹 머리글은 '페이지 바꿈' 속성이 '구역 후'로 설정되어 있다.

① 현재 페이지가 2페이지인데 페이지 상단에 '수금 내역' 제목이 표시된 것으로 보아 '수금 내역' 제목은 페이지 머리글에 작성되었음을 알 수 있습니다.
② 필드 제목이 표시된 그룹 머리글과 그룹 내 레코드 개수가 표시된 그룹 바닥글이 표시된 것을 확인할 수 있습니다.
③ '제품명' 필드에서 TV, 냉장고, 에어컨, 인덕션 아래 레코드들의 제품명이 표시되지 않은 것으로 보아 '제품명' 필드의 '중복 내용 숨기기' 속성이 "예"로 설정되어 있음을 확인할 수 있습니다.
④ 거래처코드가 'C345'인 그룹의 바닥글에서 확인된 레코드 개수는 6개인데, 그림에는 3개의 레코드만 표시되었으므로, 나머지 레코드는 앞 페이지에 표시되었음을 알 수 있습니다. 이와 같이 그룹의 내용이 다음 페이지에 이어서 표시되려면 '페이지 바꿈' 속성이 "없음"으로 설정되어야 합니다. '페이지 바꿈' 속성이 '구역 전'으로 설정되면, 거래처코드가 'C345'인 그룹이 표시되기 전에 페이지가 바뀌고, '구역 후'로 설정되면, 거래처코드가 'C345'인 그룹이 표시된 후 페이지가 바뀝니다.

22년 4회, 18년 1회, 06년 3회, 04년 3회

**2. 다음 중 보고서의 시작 부분에 한 번만 표시되며 일반적으로 회사의 로고나 제목 등을 표시하는 구역은?**

① 보고서 머리글 ② 페이지 머리글

③ 그룹 머리글 ④ 그룹 바닥글

전체 보고서에서 한 번만 표시되는 것은 보고서 머리글입니다. 페이지 머리글은 매 페이지마다, 그룹 머리글은 매 그룹마다 출력됩니다.

▶ **정답 :** 1. ④ 2. ①

문제4 3218254 문제6 3218256

21년 2회, 19년 1회, 12년 2회

**3. 다음 중 그룹화된 보고서의 그룹 머리글과 그룹 바닥글에 대한 설명으로 옳지 않은 것은?**

① 그룹 머리글은 각 그룹의 첫 번째 레코드 위에 표시된다.

② 그룹 바닥글은 각 그룹의 마지막 레코드 아래에 표시된다.

③ 그룹 머리글에 계산 컨트롤을 추가하여 전체 보고서에 대한 요약 값을 계산할 수 있다.

④ 그룹 바닥글은 그룹 요약과 같은 항목을 나타내는데 효과적이다.

그룹 머리글에는 그룹 상단에 반복적으로 표시될 이름이나 요약 정보 등을 표시합니다. 전체 보고서에 대한 요약 값은 보고서 머리글이나 보고서 바닥글 영역에 표시해야 합니다.

24년 3회, 23년 1회, 22년 6회, 3회, 20년 1회, 14년 3회, 2회, 13년 1회

**4. 다음 중 아래 보고서에 대한 설명으로 옳지 않은 것은? 단, 이 보고서는 전체 4페이지이며, 현재 페이지는 2페이지이다.**

거래처별 제품목록

| 거래처명 | 제품번호 | 제품이름 | 단가 | 재고량 |
|---|---|---|---|---|
| ㈜맑은세상 | 20 | C-BR렌즈 | ₩50,000 | 3 |
| | 14 | 바슈롬렌즈 | ₩35,000 | 15 |
| | 15 | 아쿠아렌즈 | ₩50,000 | 22 |
| | 제품수 : | 3 | 총재고량 : | 40 |
| 거래처명 | 제품번호 | 제품이름 | 단가 | 재고량 |
| 참아이㈜ | 9 | 선글라스C | ₩170,000 | 10 |
| | 8 | 선글라스B | ₩120,000 | 46 |
| | 7 | 선글라스A | ₩100,000 | 23 |

2 / 4

① '거래처명'을 표시하는 컨트롤은 '중복 내용 숨기기' 속성이 '예'로 설정되어 있다.

② '거래처명'에 대한 그룹 머리글 영역이 만들어져 있고, '반복 실행 구역' 속성이 '예'로 설정되어 있다.

③ '거래처명'에 대한 그룹 바닥글 영역이 설정되어 있고, 요약 정보를 표시하고 있다.

④ '거래처별 제품목록'이라는 제목은 '거래처명'에 대한 그룹 머리글 영역에 만들어져 있다.

'거래처별 제품목록'이라는 제목은 현재 페이지가 2페이지라는 것과 페이지 맨 위에 한 번 표시된 것으로 보아 페이지 머리글에 삽입된 것을 알 수 있습니다.

21년 4회, 10년 3회

**5. 다음 중 보고서의 영역에 대한 설명으로 가장 옳지 않은 것은?**

① 보고서의 제목과 같이 보고서의 첫 페이지에만 나오는 내용을 주로 표시하는 구역이 보고서 머리글이다.

② 페이지 번호나 출력 날짜 등을 주로 표시하는 구역이 페이지 바닥글이다.

③ 수치를 가진 필드나 계산 필드의 총합계나 평균 등을 주로 표시하는 구역은 본문이다.

④ 주로 필드의 제목과 같이 매 페이지의 윗부분에 나타날 내용을 표시하는 구역은 페이지 머리글이다.

수치를 가진 필드나 계산 필드의 총합계나 평균은 보고서의 마지막에 한 번만 표시하므로 보고서 바닥글을 사용합니다. 본문은 실제 데이터가 반복적으로 표시되는 구역입니다.

24년 2회, 23년 3회, 21년 4회, 12년 1회, 08년 3회, 1회

**6. 다음 〈보기〉와 같이 거래처별 수금액의 합계를 표시하려고 할 때 가장 적합한 보고서 영역은?**

〈보기〉 수금액 합계 =Sum([수금액])

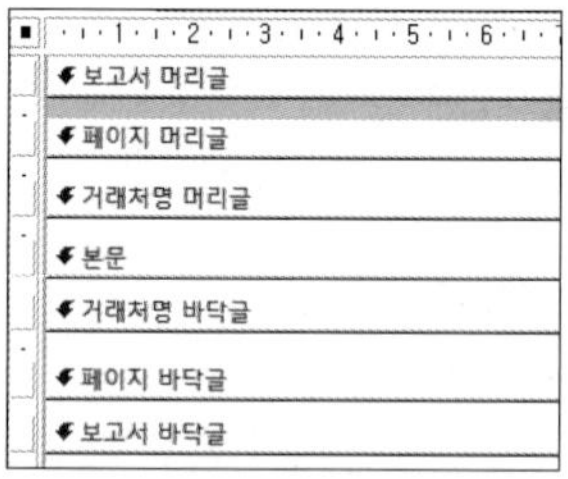


① 보고서 머리글

② 페이지 바닥글

③ 거래처명 바닥글

④ 본문

거래처별 수금액의 합계와 같이 그룹별로 구분되는 자료는 그룹 머리글이나 그룹 바닥글에 표시합니다.

15년 1회, 08년 4회, 07년 3회, 03년 4회

**7. 다음 중 보고서의 각 구역에 관한 설명으로 옳지 않은 것은?**

① 보고서 머리글은 보고서의 맨 앞에 한 번 출력되며, 일반적으로 로고나 제목 및 날짜와 같이 표지에 나타나는 정보를 추가한다.

② 그룹 머리글은 각 새 레코드 그룹의 맨 앞에 출력되며, 그룹 이름을 출력하려는 경우에 사용한다.

③ 본문은 레코드 원본의 모든 행에 대해 한 번씩 출력되며, 보고서의 본문을 구성하는 컨트롤이 여기에 추가된다.

④ 보고서 바닥글은 모든 페이지의 맨 끝에 출력되며, 페이지 번호 또는 페이지별 정보를 표시하려는 경우에 사용한다.

보고서 바닥글은 보고서의 맨 마지막 페이지에 한 번 표시되는 부분으로 보고서 총계나 안내문 등을 표시하려는 경우에 사용합니다. ④번은 페이지 바닥글에 대한 설명입니다.

▶ **정답** : 3. ③ 4. ④ 5. ③ 6. ③ 7. ④

SECTION 171

# 보고서 만들기

A 등급

## 1 보고서 만들기 개요

- 보고서에 표시될 필드나 컨트롤 등을 보고서에 배치하는 작업이다.
- 보고서는 테이블, 쿼리, SQL문을 레코드 원본으로 하여 작성한다.
- 자동 보고서 생성이나 보고서 마법사 또는 디자인 보기를 이용하여 만들 수 있다.
- 대부분 보고서 마법사를 사용하여 작성한 후 디자인 보기에서 필드나 컨트롤을 추가하거나 수정하는 방식을 사용한다.

**전문가의 조언**

보고서의 작성 방법과 각각의 특징을 기억하고, 보고서 마법사의 각 단계에서 설정할 수 있는 사항들을 알아두세요.

24.5, 23.5, 23.4, 22.6, 22.5, 22.1, 21.4, 20.2, 18.상시, 17.2, 14.1, 05.2, 04.3

## 2 마법사 이용하기

1215602

- 보고서 마법사는 정해진 절차에 따라 설정 사항을 지정하면 보고서를 자동으로 만들어 준다.
- 레코드 원본, 필드, 레이아웃, 서식 등을 직접 선택하여 보고서를 작성할 수 있다.
- 여러 개의 테이블이나 쿼리를 대상으로 필드를 선택하여 보고서를 작성할 수 있다.

**준비하세요**

- 'C:\길벗컴활1급필기\3과목\3과목5장.accdb' 파일을 불러와 실습하세요.
- 쿼리에 사용된 필드는 순번(판매내역), 분류(상품), 상품번호(판매내역), 상품명(상품), 판매가(상품), 수량(판매내역), 금액(판매내역)입니다.

**예제 1** '상품판매내역' 쿼리를 이용하여 다음과 같이 구성된 '판매내역보고서'를 작성하시오.

판매내역보고서

| 분류 | 상품번호 | 상품명 | 판매가 | 수량 | 금액 |
|---|---|---|---|---|---|
| 런닝화 | | | | | |
| | 4 | Readme | ₩14,080 | 5 | ₩70,400 |
| | 4 | Readme | ₩14,080 | 30 | ₩422,400 |
| | 5 | Access | ₩14,080 | 9 | ₩126,720 |
| 아동화 | | | | | |
| | 8 | Patch | ₩7,064 | 7 | ₩49,448 |
| | 8 | Patch | ₩7,064 | 5 | ₩35,320 |
| | 9 | Flash | ₩8,700 | 8 | ₩69,600 |
| | 9 | Flash | ₩8,700 | 50 | ₩435,000 |
| | 9 | Flash | ₩8,700 | 20 | ₩174,000 |
| | 10 | Tempo | ₩8,700 | 5 | ₩43,500 |
| 에어로빅화 | | | | | |
| | 1 | Wing | ₩10,450 | 20 | ₩209,000 |
| 워킹화 | | | | | |
| | 11 | 포커스 | ₩11,300 | 50 | ₩565,000 |
| | 19 | Four air | ₩10,560 | 5 | ₩52,800 |
| | 20 | Fish | ₩13,090 | 200 | ₩2,618,000 |
| 주니어화 | | | | | |
| | 7 | Basic | ₩9,280 | 100 | ₩928,000 |
| | 7 | Basic | ₩9,280 | 10 | ₩92,800 |
| | 7 | Basic | ₩9,280 | 20 | ₩185,600 |
| | 18 | Jaeho.su | ₩14,300 | 5 | ₩71,500 |
| 캠퍼스화 | | | | | |
| | 12 | 아쿠아 | ₩14,000 | 12 | ₩168,000 |
| | 12 | 아쿠아 | ₩14,000 | 15 | ₩210,000 |
| | 12 | 아쿠아 | ₩14,000 | 50 | ₩700,000 |
| 클래식화 | | | | | |
| | 13 | 클래식 | ₩12,100 | 27 | ₩326,700 |
| | 13 | 클래식 | ₩12,100 | 18 | ₩217,800 |
| | 13 | 클래식 | ₩12,100 | 15 | ₩181,500 |
| | 14 | 벨크로 | ₩13,200 | 15 | ₩198,000 |
| 테니스화 | | | | | |
| | 2 | Arena | ₩12,870 | 15 | ₩193,050 |
| | 2 | Arena | ₩12,870 | 11 | ₩141,570 |
| | 16 | Acadian | ₩9,900 | 10 | ₩99,000 |

2023년 5월 25일 목요일 1/2페이지

① [만들기] → [보고서] → [보고서 마법사]를 클릭한다.

② '보고서 마법사' 1단계 대화상자에서 사용할 원본 데이터와 필드를 아래 그림과 같이 차례대로 선택한 후 〈다음〉을 클릭한다. 보고서에서 사용할 필드는 문제에 제시된 순서대로 선택해야 한다.

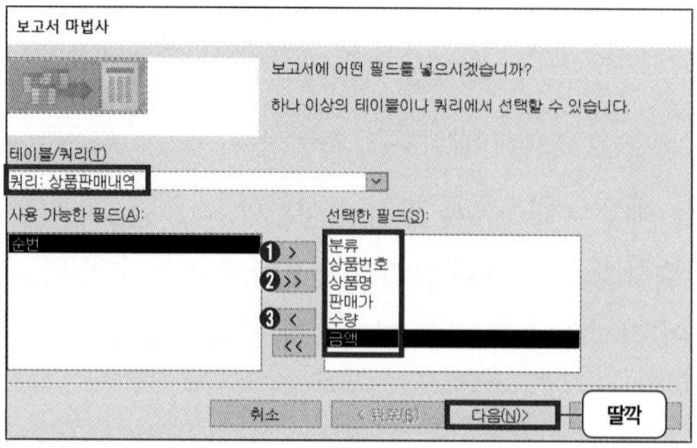


❶ 클릭하면 해당 필드가 '선택한 필드' 항목으로 이동한다.

❷ 클릭하면 전체 필드가 한 번에 이동된다.

❸ 선택된 필드가 해제된다.

③ '보고서 마법사' 2단계 대화상자에서 데이터 표시 형식을 '기준-판매내역'으로 선택한 후 〈다음〉을 클릭한다.

**기준-판매내역**
오른쪽 그림에 표시된 '기준-상품'과 '기준-판매내역'은 원본 데이터 '상품판매내역' 쿼리에서 사용한 테이블입니다. '기준-상품'을 선택하면 아래 그림과 같이 '상품' 테이블을 기준으로 그룹화하여 '판매내역' 테이블이 표시됩니다.

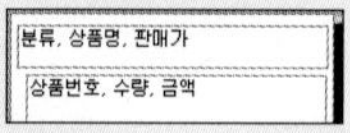


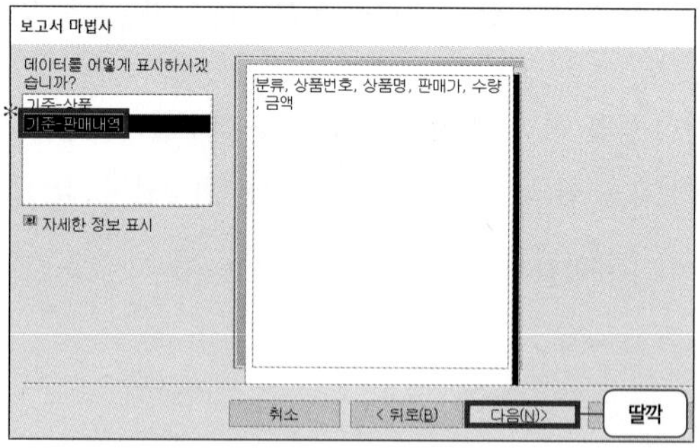


**그룹**
그룹은 [보고서 디자인] → [그룹화 및 요약] → [그룹화 및 정렬]을 이용하여 설정할 수도 있습니다.

④ '보고서 마법사' 3단계 대화상자에서 그룹* 수준을 '분류'로 선택한 후 〈다음〉을 클릭한다.

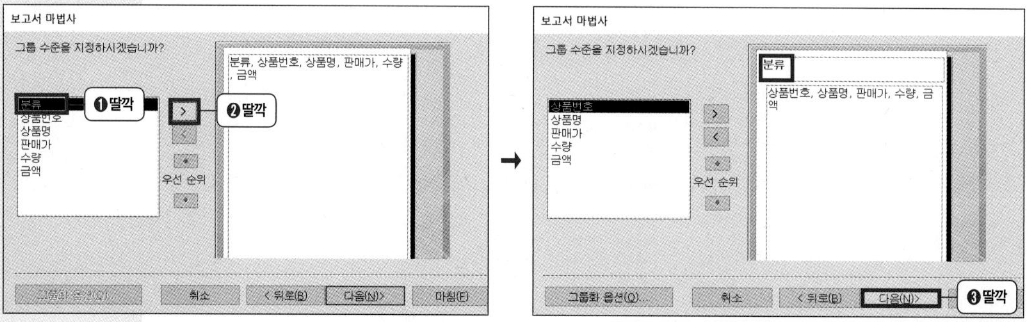

## 잠깐만요 그룹화 옵션

- 그룹으로 지정할 필드의 그룹화 간격을 지정합니다.
- 그룹 수준을 지정한 후에만 그룹화 옵션을 선택할 수 있습니다.
- 그룹화 간격은 그룹화 필드의 데이터 형식(텍스트, 날짜/시간, 숫자)에 따라 다르게 표시됩니다.

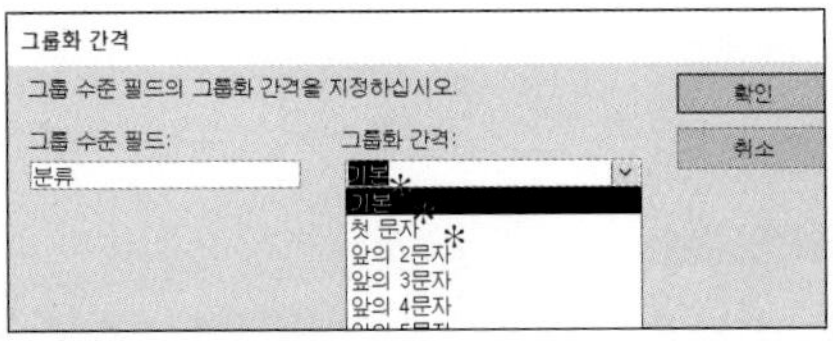


⑤ '보고서 마법사' 4단계 대화상자에서 정렬할 필드를 '상품번호'로 선택한 후 〈다음〉을 클릭한다.

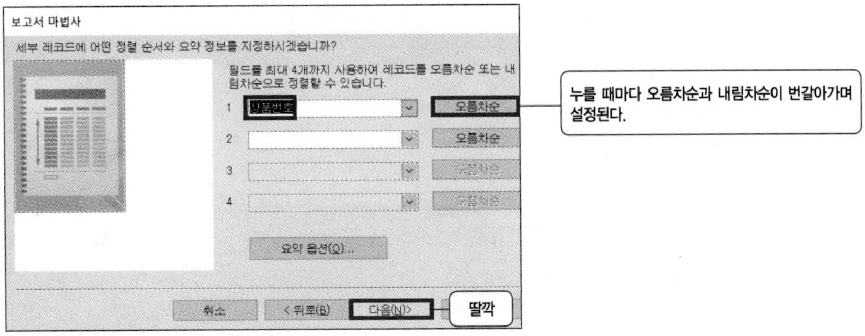


23.5, 23.4, 22.1, 21.4, 17.2, 14.1

## 잠깐만요 요약 옵션

1215632

그룹 머리글과 그룹 바닥글에 그룹별 통계 자료를 표시합니다.

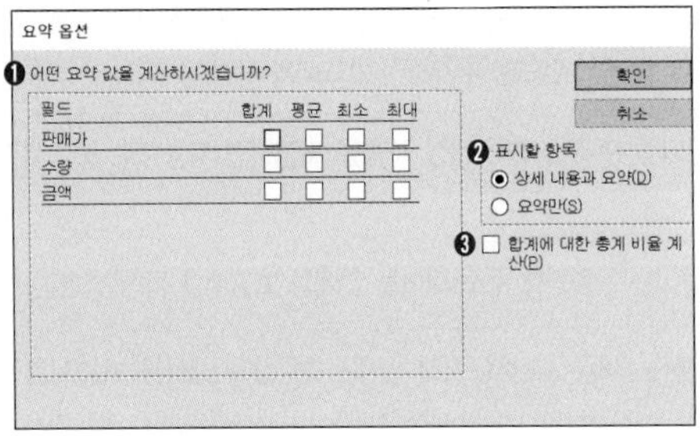


❶ 숫자 필드를 요약하여 합계, 평균, 최소, 최대 값을 계산해 줍니다.

❷ 요약한 그룹의 내용과 요약 결과를 모두 출력하거나 요약 결과만을 출력할 수 있습니다.

❸ 전체 합계에 대한 그룹 합계의 비율을 계산합니다.

⑥ '보고서 마법사' 5단계* 대화상자에서 그림과 같이 설정한 후 〈다음〉을 클릭한다.

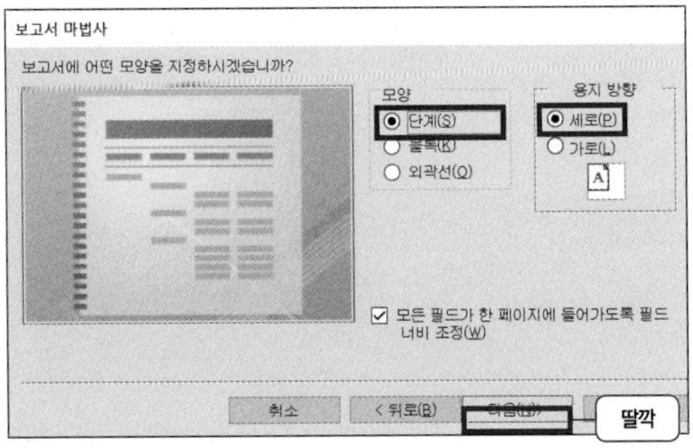


**문자 데이터의 경우 예**

| 거래처명 | 사업자번호 |
|---|---|
| 가나다 | |
| | 138-38-18215 |
| 가나다라 | |
| | 336-08-38181 |
| 가남 | |
| | 102-35-38285 |
| 동아상사 | |
| | 102-01-58235 |

[기본]

| 거래처명 기준 첫 문자 | 거래처명 |
|---|---|
| 가 | |
| | 가나다 |
| | 가나다라 |
| | 가남 |
| 동 | |
| | 동아상사 |
| | 동아후로킹 |

[첫 문자]

| 거래처명 기준 앞의 2문자 | 거래처명 |
|---|---|
| 가나 | |
| | 가나다 |
| | 가나다라 |
| 가남 | |
| | 가남 |
| 동아 | |
| | 동아상사 |
| | 동아후로킹 |
| 멀티 | |
| | 멀티클럽 |

[앞의 2문자]

**보고서 마법사 5단계**
보고서 마법사 5단계는 보고서의 모양을 선택하는 단계입니다. '모양'의 각 옵션 버튼을 클릭하면 출력될 모양을 미리 볼 수 있습니다.

⑦ '보고서 마법사' 6단계 대화상자에서 보고서의 이름을 **판매내역보고서**로 입력한 후 〈마침〉을 클릭한다.

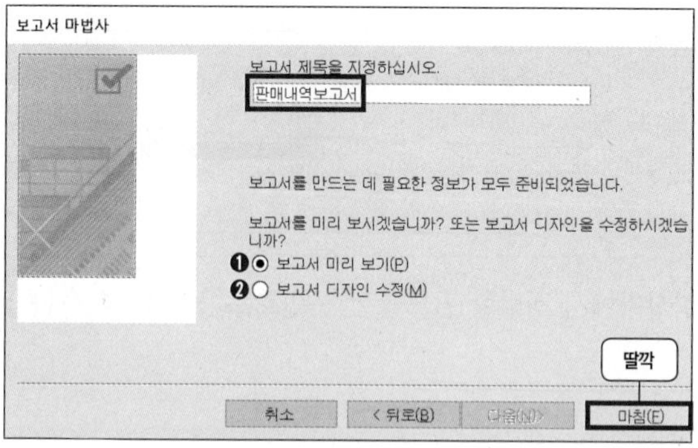


❶ 작성한 보고서를 인쇄 미리 보기 상태로 실행시킵니다.

❷ 작성한 보고서를 디자인 보기 상태로 실행하여 수정할 수 있도록 합니다.

**전문가의 조언**

사용 용도에 따른 보고서의 종류를 묻는 문제가 출제됩니다. 각각을 구분할 수 있는 특징 정도는 꼭 알아두세요.

**레이블**

[만들기] → [보고서] → [레이블]을 클릭하면 '우편물 레이블 마법사'가 나타납니다.

24.4, 24.1, 23.1, 21.4, 21.3, 18.2, 17.1, 15.3, 07.2, 03.4

## 잠깐만요 보고서 작성 형식(종류)

4317131

• [만들기] → [보고서] 그룹에서 여러 가지 도구를 이용하여 보고서를 만들 수 있습니다.

| | |
|---|---|
| 24.1, 18.2<br>❶ **보고서** | 보고서를 자동으로 만들어주는 것으로, 원본 테이블/쿼리의 필드와 레코드가 모두 표시됩니다. |
| 18.2<br>❷ **보고서 디자인** | 디자인 보기 상태에서 컨트롤을 이용하여 사용자가 직접 보고서를 작성합니다. |
| 18.2<br>❸ **새 보고서** | 레이아웃 보기 상태에서 필드를 추가하여 보고서를 작성합니다. |
| 23.1<br>❹ **보고서 마법사** | 마법사가 진행되는 순서에 따라 설정 사항을 지정하면 자동으로 보고서가 작성됩니다. |
| ❺ **레이블*** | 편지 봉투에 붙이는 우편번호 주소 레이블 인쇄용 보고서를 작성합니다. |
| 23.1, 21.3, 17.1, 15.3, 07.2, 03.4<br>❻ **업무 문서 양식 마법사** | 기업에서 사용하는 세금 계산서, 거래 명세서 등 업무 양식용 보고서를 작성합니다. |
| 23.1<br>❼ **우편 엽서 마법사** | 우편 엽서용 보고서를 작성합니다. |

문제3 3218353 문제6 4317156

## 따라잡기 기출문제 따라잡기

24년 5회, 22년 6회, 20년 2회

**1. 다음 중 보고서에 대한 설명으로 옳지 않은 것은?**

① 보고서에 포함할 필드가 모두 한 테이블에 있는 경우 해당 테이블을 레코드 원본으로 사용한다.

② 둘 이상의 테이블을 이용하여 보고서를 작성하는 경우 쿼리를 만들어 레코드 원본으로 사용한다.

③ '보고서' 도구를 사용하면 정보를 입력하지 않아도 바로 보고서가 생성되므로 매우 쉽고 빠르게 보고서를 만들 수 있다.

④ '보고서 마법사'를 이용하는 경우 필드 선택은 여러 개의 테이블 또는 하나의 쿼리에서만 가능하며, 데이터 그룹화 및 정렬 방법을 지정할 수도 있다.

'보고서 마법사'를 이용하는 경우에는 여러 개의 테이블 또는 여러 개의 쿼리에서 필드를 선택할 수 있습니다. 단 선택된 필드가 포함된 테이블들은 서로 관계가 설정되어 있어야 합니다.

23년 5회, 4회

**2. 다음 중 [보고서 마법사]에 대한 설명으로 옳지 않은 것은?**

① 최대 4개의 필드를 대상으로 오름차순, 내림차순, 사용자 지정 목록으로 정렬을 설정할 수 있다.

② [요약 옵션]에서 합계에 대한 총계 비율 계산 여부를 지정할 수 있다.

③ [요약 옵션]은 한 개 이상의 숫자 필드가 있어야 활성화된다.

④ [그룹화 옵션]을 이용하여 그룹 수준 필드와 그룹화 간격을 설정할 수 있다.

'보고서 마법사'에서 정렬할 필드는 최대 4개까지 지정할 수 있으며, 정렬 기준은 오름차순이나 내림차순만 지정할 수 있습니다.

22년 1회, 21년 4회

**3. 다음 중 [보고서 마법사]로 보고서를 만드는 과정에 대한 설명으로 틀린 것은?**

① 보고서 마법사는 정해진 절차에 따라 설정 사항을 지정하면 보고서를 자동으로 만들어 준다.

② 그룹을 설정한 경우 보고서 모양을 단계, 블록, 외곽선 중에서 선택할 수 있다.

③ [요약 옵션]에서 모든 필드에 대해 합계, 평균, 개수 등의 함수를 사용하여 값을 표시할 수 있다.

④ 레코드 원본, 필드, 레이아웃, 서식 등을 직접 선택하여 보고서를 작성할 수 있다.

[요약 옵션]에서는 모든 필드가 아니라 숫자 필드에 대해서만 합계, 평균, 최소, 최대 함수를 사용해서 값을 표시할 수 있습니다.

23년 4회, 22년 5회

**4. 보고서 마법사를 이용하여 설정할 수 없는 것은?**

① 데이터 표시 형식 ② 용지 설정

③ 그룹 수준 ④ 요약 옵션

용지는 보고서 마법사가 아니라 '페이지 설정' 대화상자의 '페이지' 탭에서 설정할 수 있습니다. 보고서 마법사 단계 중 데이터 표시 형식은 2단계 대화상자, 그룹 수준은 3단계 대화상자, 요약 옵션은 4단계 대화상자에서 설정할 수 있습니다.

24년 4회, 23년 1회

**5. 다음 중 보고서를 만드는 방법으로 제공되는 마법사 유형이 아닌 것은?**

① 하위 보고서 마법사 ② 업무 문서 양식 마법사

③ 우편 엽서 마법사 ④ 보고서 마법사

보고서를 만들 때 제공되는 마법사 도구에는 '보고서 마법사, 레이블, 업무 문서 양식 마법사, 우편 엽서 마법사'가 있습니다.

24년 1회, 21년 4회

**6. 다음 중 보고서를 작성하는 방법으로 옳지 않은 것은?**

① [새 보고서]를 이용하는 경우 레이아웃 보기 상태에서 필드를 추가하여 보고서를 작성할 수 있다.

② [보고서 디자인]을 이용하는 경우 선택된 테이블 또는 쿼리를 바로 보고서로 생성하므로 쉽게 보고서를 작성할 수 있다.

③ [우편물 레이블 마법사]를 이용하여 다양한 레이블을 만들 수 있다.

④ [보고서 마법사]를 이용하는 경우 마법사가 진행되는 순서에 따라 설정 사항을 지정하면 자동으로 보고서가 작성된다.

[보고서 디자인]은 디자인 보기 상태에서 컨트롤을 이용하여 사용자가 직접 보고서를 작성하는 형식입니다. ②번은 보고서 작성 형식 중 [보고서]에 대한 설명입니다.

21년 3회

**7. 다음 중 보고서를 작성하는 방법으로 옳지 않은 것은?**

① 우편 엽서 마법사 : 우편 엽서용 보고서를 작성한다.

② 보고서 디자인 : 디자인 보기 상태에서 컨트롤을 이용하여 사용자가 직접 보고서를 작성한다.

③ 새 보고서 : 레이아웃 보기 상태에서 필드를 추가하여 보고서를 작성한다.

④ 업무 문서 양식 마법사 : 편지 봉투에 붙이는 우편번호 주소 레이블 인쇄용 보고서를 작성한다.

업무 문서 양식 마법사는 기업에서 사용하는 세금 계산서, 거래 명세서 등 업무 양식용 보고서를 작성합니다. 편지 봉투에 붙이는 우편번호 주소 레이블 인쇄용 보고서는 레이블(우편물 레이블 마법사)을 이용해서 작성할 수 있습니다.

▶ 정답 : 1. ④ 2. ① 3. ③ 4. ② 5. ① 6. ② 7. ④

# SECTION 172 페이지 설정하기

C 등급



'페이지 설정' 대화상자의 각 탭에서 설정할 수 있는 항목 정도는 알고 있어야 합니다.

**보고서에서 '페이지 설정' 대화상자를 표시하는 다른 방법**
보고서가 디자인 보기 상태로 열려 있을 경우에는 [페이지 설정] → [페이지 레이아웃] → [페이지 설정]을 클릭하면 됩니다.

24.3, 22.7, 22.3, 22.2, 15.2, 14.2, 13.3, 11.1, 10.2, 09.1, 08.2, 03.3

## 1 페이지 설정하기

1215701

페이지 설정은 쿼리나 폼, 보고서 등을 인쇄하기 위해 여백, 용지 방향 등을 설정하는 작업이다.

**실행** 인쇄 미리 보기 상태에서 [인쇄 미리 보기] → [페이지 레이아웃] → [페이지 설정] 클릭*

- 쿼리나 폼, 보고서마다 용지의 방향, 크기, 여백 등을 다르게 지정할 수 있다.

### '인쇄 옵션' 탭

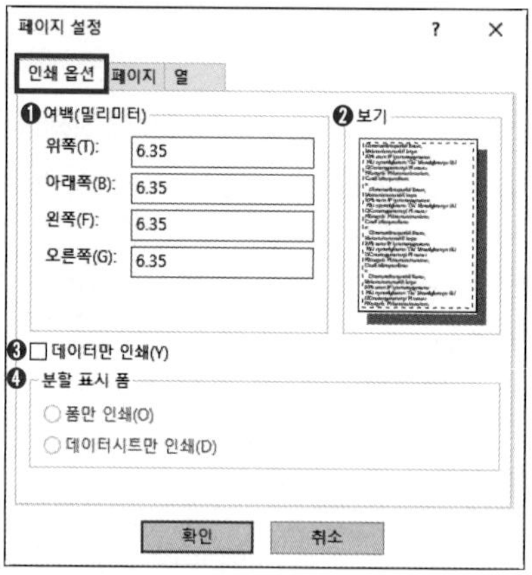


| | |
|---|---|
| 15.2, 09.1, 08.2<br>❶ 여백 | 밀리미터 단위로 위쪽, 아래쪽, 왼쪽, 오른쪽의 여백을 설정한다. |
| ❷ 보기 | 설정한 여백을 미리 볼 수 있다. |
| 22.3, 22.2, 15.2, 14.2, 13.3, …<br>❸ 데이터만 인쇄 | • 인쇄 시 레이블과 컨트롤 테두리, 눈금선 및 선이나 상자 같은 그래픽 요소들의 출력 여부를 지정한다.<br>• 데이터시트를 인쇄할 경우에는 '데이터만 인쇄' 옵션 대신 '머리글 인쇄' 옵션이 표시된다. |
| ❹ 분할 표시 폼 | 폼 분할 도구를 이용하여 작성한 폼 인쇄 시 인쇄 형태를 폼 보기와 데이터시트 중에서 선택한다. |

## '페이지' 탭

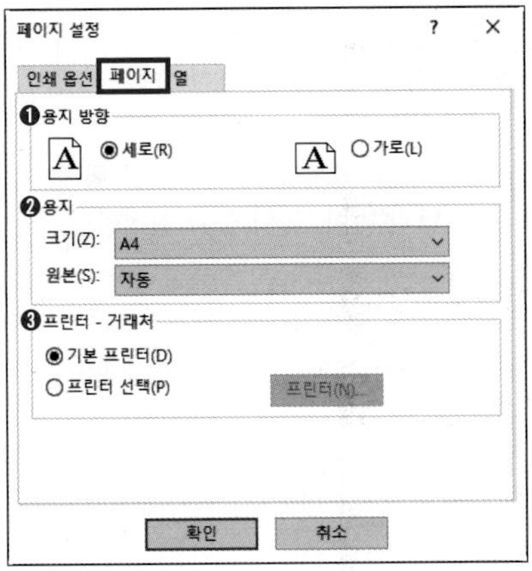


| | |
|---|---|
| 22.3, 14.2, 10.2, 09.1, 08.2<br>❶ 용지 방향 | 용지 방향을 세로와 가로 중에서 선택한다. |
| 22.3, 14.2, 10.2, 09.1, 08.2<br>❷ 용지 | 용지 크기와 용지 공급 방법을 선택한다. |
| 22.3<br>❸ 프린터 | • 프린터 유형을 선택한다.<br>• **기본 프린터** : 윈도우 '(설정)'에서 '기본 프린터'로 설정한 프린터로 인쇄한다.<br>• **프린터 선택** : 기본 프린터가 아닌 다른 프린터로 인쇄할 경우에 선택한다. 〈프린터〉 단추를 클릭해 '페이지 설정' 대화상자에서 해당 프린터를 선택한다. |

## '열' 탭

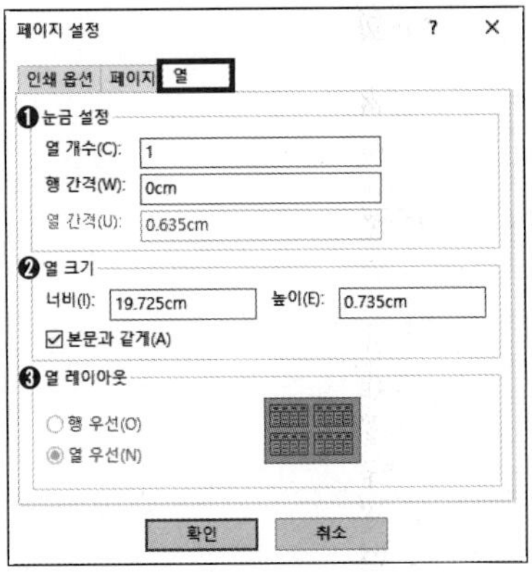


| | |
|---|---|
| 22.3, 15.2, 14.2<br>❶ 눈금 설정* | • 여러 열로 구성된 보고서*나 레이블을 인쇄할 때 눈금선 설정을 조절한다.<br>• **열 개수** : 한 페이지에 인쇄할 열의 개수를 의미한다.<br>• **행 간격** : 레코드와 레코드 사이의 간격을 의미한다.<br>• **열 간격** : 열과 열 사이 공백의 간격을 의미한다. |
| 22.3, 22.2, 14.2, 10.2<br>❷ 열 크기 | • 여러 열로 구성된 보고서나 레이블을 인쇄할 때 열의 크기를 조절한다.<br>• **본문과 같게** : 열의 너비와 높이를 보고서 본문의 너비와 높이에 맞춰 인쇄한다. |
| 10.2, 08.2<br>❸ 열 레이아웃 | • 여러 열로 구성된 레코드의 배치 순서를 설정한다.<br>• **행 우선** : 출력할 레코드를 왼쪽 열부터 다음 열의 순서로 이동하여 배치해서 출력한다.<br>• **열 우선** : 출력할 레코드를 한 행의 열을 모두 배치한 후 다음 행으로 이동하여 배치해서 출력한다. |

**'눈금 설정'과 '열 크기'에서 설정한 열 개수나 열 간격, 열 너비 등에 비해 페이지의 가로 너비가 좁은 경우** 설정한 크기 범위 안의 데이터만 인쇄되고, 범위를 벗어나는 데이터는 출력되지 않습니다.

**여러 열로 구성된 보고서**
여러 열(단)을 쓰는 대표적인 경우는 레이블 보고서입니다. 보통 보고서의 경우는 하나의 열만 사용합니다.

문제1 3218451 문제2 1215751

22년 7회, 3회, 14년 2회, 08년 2회

**1. 다음 중 '페이지 설정' 대화상자에 대한 설명으로 틀린 것은?**

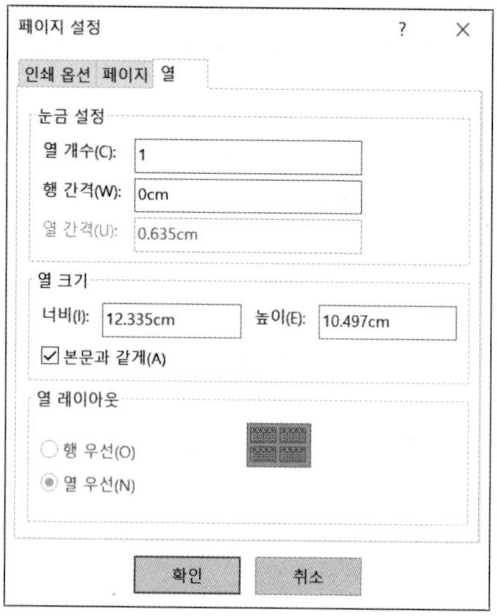


① [페이지] 탭에서 용지 방향, 용지 크기, 프린터 유형을 선택할 수 있다.

② [열] 탭의 '눈금 설정'과 '열 크기'에서 설정한 것보다 페이지의 너비가 넓은 경우 자동으로 축소되어 인쇄된다.

③ [열] 탭에서 '본문과 같게'를 체크하면 열의 너비와 높이를 본문의 너비와 높이에 맞춰 인쇄한다.

④ [인쇄 옵션] 탭에서 인쇄 시 레이블과 컨트롤 테두리, 눈금선 및 선이나 상자 같은 그래픽을 제외하고 인쇄되도록 설정할 수 있다.

[열] 탭의 '눈금 설정'과 '열 크기'에서 설정한 것보다 페이지의 너비가 넓은 경우 자동으로 축소되어 인쇄되지 않습니다. 설정한 크기 안의 데이터만 인쇄되고 설정한 크기 범위를 넘어서는 데이터는 인쇄되지 않습니다.

15년 2회, 09년 1회

**2. 다음 중 보고서의 [페이지 설정] 대화상자에 대한 설명으로 옳지 않은 것은?**

① 여러 열로 구성된 보고서를 인쇄할 때에는 [열] 탭에서 열의 개수와 행 간격, 열의 너비, 높이 등을 설정한다.

② [인쇄 옵션] 탭에서 보고서의 위쪽, 아래쪽, 왼쪽, 오른쪽 여백을 밀리미터 단위로 설정할 수 있다.

③ [페이지] 탭에서 보고서의 인쇄할 범위로 인쇄할 페이지를 지정할 수 있다.

④ [인쇄 옵션] 탭의 '데이터만 인쇄'를 선택하여 체크 표시하면 컨트롤의 테두리, 눈금선 및 선이나 상자 같은 그래픽을 표시하지 않는다.

인쇄할 페이지, 즉 인쇄할 범위는 [파일] → [인쇄] → [인쇄]를 선택하면 표시되는 '인쇄' 대화상자에서 지정할 수 있습니다.

24년 3회, 21년 4회

**3. 다음 중 [페이지 설정] 대화상자에서 설정할 수 없는 것은?**

① 프린터 선택 ② 머리글/바닥글
③ 인쇄 여백 ④ 용지 방향

'페이저 설정' 대화상자에서 머리글/바닥글은 설정할 수 없습니다.

22년 2회

**4. 다음 중 보고서의 '페이지 설정' 대화상자에 대한 설명으로 옳지 않은 것은?**

① 열의 너비와 높이를 보고서 본문의 너비와 높이에 맞춰 인쇄할 수 있다.

② '페이지 설정' 대화상자에 설정한 사항은 모든 보고서에 동일하게 적용된다.

③ 여백, 용지 방향, 프린터 유형을 지정할 수 있다.

④ [인쇄 옵션] 탭의 '데이터만 인쇄'를 선택하여 체크 표시하면 컨트롤의 테두리, 눈금선 및 선이나 상자 같은 그래픽을 표시하지 않는다.

페이지 설정은 보고서마다 다르게 설정할 수 있습니다.

▶ **정답** : 1. ② 2. ③ 3. ② 4. ②

# SECTION 173 보고서의 주요 속성

C 등급

## 1 보고서 속성의 개요

4317301

보고서 속성은 보고서와 관련된 항목들의 모양을 변경하거나 동작을 지시하는 기능으로, 형식, 데이터, 이벤트, 기타로 구분된다.

- 보고서 전체, 또는 각 구역별로 속성을 변경할 수 있으며, '디자인 보기' 상태에서 설정한다.
- 보고서 전체에 대한 속성을 설정하려면 보고서 선택기*를 클릭한 후 속성 시트 창을 실행한다.
- 각 구역에 대한 속성을 설정하려면 각 구역의 선택기를 클릭한 후 속성 시트 창을 실행한다.

**전문가의 조언**

보고서의 속성 중 자주 사용되는 속성만을 정리했습니다. 각 탭별로 설정할 수 있는 속성과 속성의 의미를 확실히 알아두세요.

**보고서 선택기**

보고서 디자인 보기의 왼쪽 위 모서리로 눈금자가 만나는 부분입니다. 보고서 선택기를 클릭하면 보고서가 선택되고, 더블클릭하면 보고서 속성 시트 창을 실행할 수 있습니다.

### 속성 시트 창 표시하기

| | |
|---|---|
| **리본 메뉴 이용** | [보고서 디자인] → [도구] → [속성 시트]를 클릭한다. |
| **바로 가기 메뉴 이용** | [속성]을 선택한다. |
| **마우스 이용** | 보고서 선택기나 구역 선택기, 보고서 여백을 더블클릭한다. |

## 2 형식

22.1, 21.4, 13.2, 10.3, 07.4, 04.2, 03.2

3218502

보고서의 화면 형식에 대한 속성을 설정하는 곳으로, 보고서 속성의 '형식' 탭에서 설정한다.

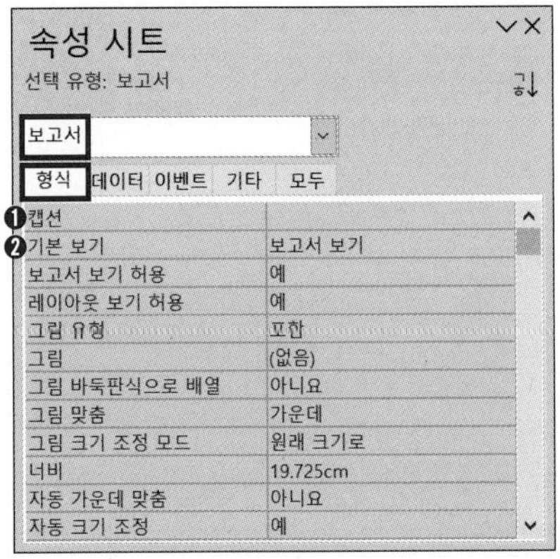


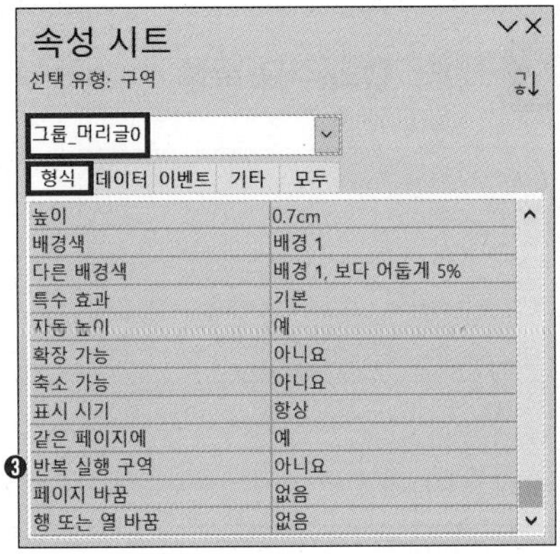

| 속성 | 설명 |
|---|---|
| ❶ 캡션 | 제목 표시줄에 표시될 텍스트를 설정한다. |
| ❷ 기본 보기 | 보고서의 보기 형식을 지정하는 것으로, 인쇄 미리 보기*와 보고서 보기*가 있다. |
| 22.1, 21.4, 21.2, 10.3, 07.4, …<br>❸ 반복 실행 구역 | 그룹 머리글의 속성으로, 해당 머리글을 매 페이지마다 표시할지의 여부를 지정한다. |

**인쇄 미리 보기**
종이에 출력되는 모양 전체를 미리 볼 때 사용합니다.

**보고서 보기**
출력될 보고서를 미리 보는 기능으로, 종이 출력용이 아니라 화면 출력용입니다.

22.3, 19.2, 18.1, 15.3, 10.3, 07.2, 06.4, 05.3, 02.3

## 3 데이터

1215803

보고서에 연결된 테이블이나 쿼리에 대한 속성을 설정하는 것으로, 보고서 속성의 '데이터' 탭에서 설정한다.

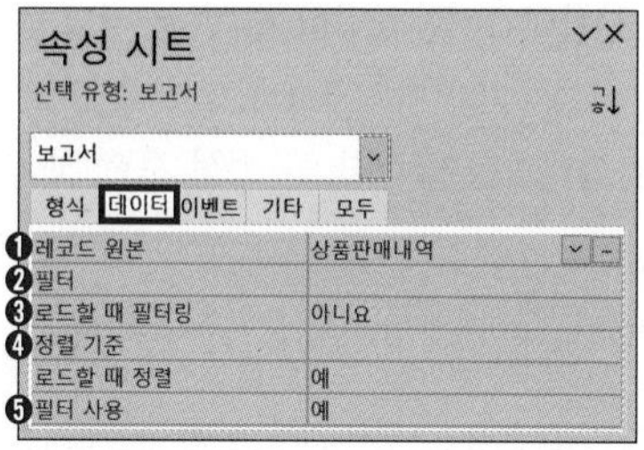


| 속성 | 설명 |
|---|---|
| 22.3, 19.2, 18.1, 15.3, 10.3, …<br>❶ 레코드 원본* | 테이블, 쿼리, SQL문 등 사용할 레코드의 원본을 지정한다. |
| ❷ 필터 | 추출 조건으로 사용할 필터를 설정한다. |
| ❸ 로드할 때 필터링 | 보고서를 불러올 때 필터 적용 여부를 설정한다. |
| ❹ 정렬 기준 | 정렬할 기준을 설정한다. |
| ❺ 필터 사용 | 지정된 필터의 사용 여부를 설정한다. |

**레코드 원본**
테이블, 쿼리, SQL문(SELECT 구문)을 보고서의 레코드 원본 속성에 지정할 수 있습니다.

## 4 '기타' 탭의 주요 속성

1215804

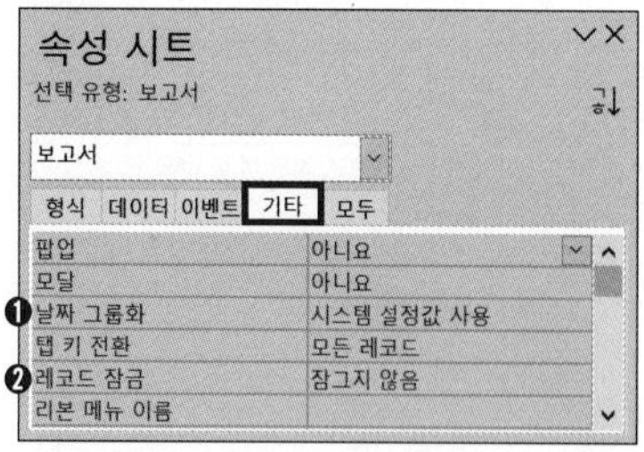


| 속성 | 설명 |
|---|---|
| ❶ 날짜 그룹화 | 날짜를 기준으로 그룹화할 때 사용할 날짜 형식을 설정한다. |
| ❷ 레코드 잠금* | 원본 테이블이나 쿼리의 레코드를 잠글 것인지를 설정한다. |

레코드 잠금과 관련된 세부 선택 항목은 426쪽을 참고하세요.

문제1 3218551 문제2 3218552

## 따라잡기 기출문제 따라잡기

22년 1회, 21년 4회, 10년 3회, 07년 4회, 04년 2회, 03년 2회

**1. 다음 중 보고서에서 그룹 머리글의 '반복 실행 구역' 속성을 '예'로 설정한 경우에 대한 설명으로 옳은 것은?**

① 매 레코드마다 해당 그룹 머리글이 표시된다.

② 한 그룹이 여러 페이지에 걸쳐 표시되는 경우 각 페이지에 해당 그룹 머리글이 표시된다.

③ 그룹 머리글이 보고서의 시작 부분과 끝 부분에 표시된다.

④ 매 그룹의 시작 부분에 해당 그룹 머리글이 표시된다.

'반복 실행 구역'은 한 그룹의 내용이 너무 많아 페이지를 넘기는 경우 새로운 페이지에도 그룹 머리글을 표시하기 위해 사용됩니다.

22년 3회, 18년 1회, 05년 3회

**2. 보고서는 데이터를 사용자가 원하는 형태로 출력해 주는 역할을 수행한다. 다음 중 보고서에서 이용할 수 있는 레코드 원본으로 가장 적절하지 않은 것은?**

① 외부의 엑셀 파일에 대한 연결 테이블

② 액세스의 수식 작성 규칙에 맞게 [식 작성기]로 작성한 수식

③ 여러 테이블이나 쿼리를 이용하여 원하는 데이터를 조회하게 해주는 SQL문

④ 테이블의 내용중에서 원하는 형태의 데이터만을 조회하도록 작성해서 저장해 놓은 쿼리

보고서는 테이블, 쿼리, SQL 문을 레코드 원본으로 하여 작성할 수 있습니다.

06년 4회, 02년 3회

**3. '친구' 테이블을 이용하는 보고서의 레코드 원본 속성으로 지정하기에 가장 적합하지 않은 것은?**

① 친구

② Select * From 친구

③ Select * From 친구 Where 구분 = '재학'

④ 친구(친구번호, 이름, 나이)

레코드 원본으로는 테이블(①)이나 쿼리, SQL문(②, ③) 등을 지정할 수 있습니다.

18년 1회, 15년 3회

**4. 다음 중 보고서의 레코드 원본에 대한 설명으로 옳지 않은 것은?**

① [보고서 마법사]를 통해 원하는 필드들을 손쉽게 선택하여 레코드 원본으로 지정할 수 있다.

② 하나의 테이블에서만 필요한 필드를 선택하여 레코드 원본으로 지정할 수 있다.

③ [속성 시트]의 '레코드 원본' 드롭다운 목록에서 테이블이나 쿼리를 선택하여 지정할 수 있다.

④ 쿼리 작성기를 통해 쿼리를 작성하여 레코드 원본으로 지정할 수 있다.

쿼리나 SQL문을 이용하면 2개 이상의 테이블에서도 필드를 선택하여 레코드 원본으로 지정할 수 있습니다.

19년 2회

**5. 다음 중 보고서에서 원본 데이터로 테이블이나 쿼리를 선택하기 위한 속성은?**

① ODBC 데이터 원본

② 레코드 원본

③ OLE DB 원본

④ 컨트롤 원본

보고서에 표시할 레코드들의 원본을 지정하는 속성은 레코드 원본입니다.

07년 2회, 05년 3회

**6. 보고서의 속성에 대한 설명으로 가장 옳지 않은 것은?**

① 보고서의 레코드 원본 속성에는 테이블이나 쿼리문(SELECT 질의문) 등을 지정해야 한다.

② 보고서의 레코드 원본으로 폼이 지정될 수 있다.

③ 보고서에도 조건부 서식을 적용할 수 있다.

④ 보고서의 배경색을 변경할 수 있다.

보고서의 레코드 원본 속성에서 지정할 수 있는 세 가지는 테이블, 쿼리, SQL문입니다.

▶ **정답 :** 1. ② 2. ② 3. ④ 4. ② 5. ② 6. ②

SECTION 174

# 보고서의 정렬 및 그룹화

B 등급

## 1 정렬 및 그룹화의 개요

4317401

정렬 및 그룹화는 보고서로 통계적 분석을 할 때 꼭 필요한 기능으로, 보고서의 내용을 쉽게 파악할 수 있도록 데이터를 일정한 기준에 따라 구분하여 표시한다.

- **방법 1** : [보고서 디자인] → [그룹화 및 요약] → [그룹화 및 정렬] 클릭
- **방법 2** : 보고서의 바로 가기 메뉴에서 [정렬 및 그룹화] 선택

> **전문가의 조언**
> 그룹화의 개념을 묻는 문제가 출제되었습니다. 정렬 및 그룹화의 개념과 실행 방법에 대해 확실히 알아두세요.
>
> **정렬 및 그룹화 설정 해제**
> 정렬 및 그룹화 설정을 해제하려면 '그룹, 정렬 및 요약' 창에서 각 항목의 [X]를 클릭하면 됩니다.

## 2 그룹화의 특징

24.3, 23.2, 22.4, 21.4, 20.1, 19.2, 17.1, 16.3, 16.2, 12.1, 11.3, 11.2, 10.1, 09.4, 09.2, 08.2, 06.4, 06.1, 05.4, 05.3, 05.2, …

3218602

그룹을 지정하면 보고서의 내용을 한눈에 쉽게 파악할 수 있다.

- 그룹화의 기준이 되는 필드를 선택하면 기본적으로 정렬 순서가 오름차순으로 설정되어 표시된다.
- 그룹을 만들려면 머리글 구역이나 바닥글 구역 중 하나 이상을 설정해야 한다.
- 그룹으로 설정한 필드에 그룹 간격, 요약, 제목 등의 속성을 설정할 수 있다.
- 그룹을 삭제하면 그룹 머리글이나 바닥글 구역에 삽입된 컨트롤들도 모두 삭제된다.
- 보고서에서는 필드나 식을 기준으로 10단계까지의 그룹을 설정할 수 있다.
- 두 개 이상의 필드나 식으로 그룹화할 경우, 첫 번째 기준에 대해 동일한 레코드가 나오면 두 번째 필드나 식을 기준으로 다시 그룹이 지정된다.

> **전문가의 조언**
> 그룹화의 특징을 묻는 문제가 출제되니 세부적인 내용까지 기억해 두세요.

## 3 '그룹, 정렬 및 요약' 창

24.1, 22.2, 20.1, 16.3, 16.2, 12.1, 09.2, 08.2, 06.1, 04.1

1215904

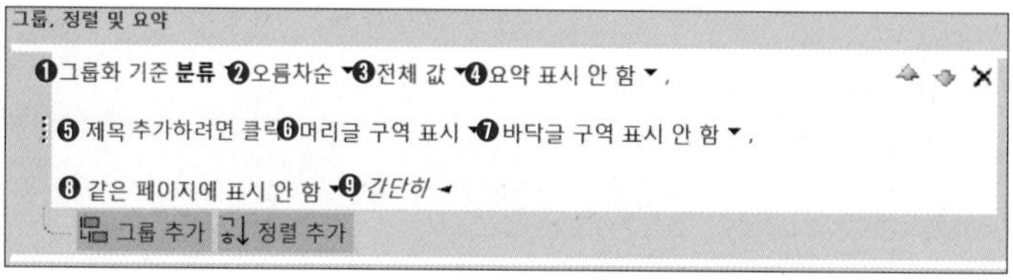


❶ **그룹화 기준** : 그룹 설정시 기준이 되는 필드를 지정한다.

❷ **정렬 순서** : 정렬 순서를 지정한다(오름차순, 내림차순).

❸ **그룹 간격** : 레코드가 그룹화되는 방식을 지정하는데, 데이터 형식에 따라 표시되는 값이 달라진다.

> **전문가의 조언**
> 데이터 형식별로 설정 가능한 그룹 간격을 묻는 문제가 출제되니 잘 정리해 두세요.

| 데이터 형식 | 설정 | 그룹화 |
|---|---|---|
| 24.1, 22.2, 16.3, 16.2, …<br>**텍스트** | 전체 값 | 같은 값을 갖는 레코드로 그룹화한다. |
| | 첫 문자 | 첫 문자가 같을 경우 같은 그룹으로 그룹화한다. |
| | 처음 두 문자 | 시작하는 두 문자가 같을 경우 같은 그룹으로 그룹화한다. |
| | 사용자 지정 문자 | 사용자가 지정한 문자 수 만큼만 같으면 같은 그룹으로 그룹화한다. |
| 22.2, 20.1, 16.2, 12.1, …<br>**날짜/시간** | 전체 값 | 같은 값을 갖는 레코드로 그룹화한다. |
| | 일/주/월/분기/연도 | 같은 일/주/월/분기/연도로 그룹화한다. |
| | 사용자 지정 기준 | 사용자가 지정한 기준에 따라 그룹화한다. |
| 24.1, 09.2, 08.2, 04.1<br>**숫자*** | 전체 값 | 같은 값을 갖는 레코드로 그룹화한다. |
| | 5/10/100/1000 단위 | 5/10/100/1000 단위로 그룹화한다. |
| | 사용자 지정 간격 | 사용자가 지정한 간격에 따라 그룹화한다. |

❹ **요약** : 여러 필드에 대해 요약(합계)을 추가하거나 요약 표시 위치를 지정한다.

❺ **제목** : '확대/축소' 대화상자를 이용하여 그룹 머리글에 제목을 표시한다. '확대/축소' 대화상자를 표시하려면 '추가하려면 클릭'을 클릭해야 한다.

❻ **머리글 구역 표시** : 그룹 머리글 구역*의 표시 여부를 지정한다.

❼ **바닥글 구역 표시** : 그룹 바닥글 구역의 표시 여부를 지정한다.

❽ 같은 페이지에 그룹 전체를 인쇄할 것인지 일부만 인쇄할 것인지를 지정한다.

| | |
|---|---|
| **같은 페이지에 표시 안 함** | 페이지 구분선에 의해 그룹이 나뉘어져도 그대로 표시한다. |
| **전체 그룹을 같은 페이지에 표시** | 한 그룹을 같은 페이지에 표시되도록 페이지 구분선의 수가 최소화된다. |
| **머리글과 첫 레코드를 같은 페이지에 표시** | 그룹 머리글과 그룹의 첫 레코드가 같은 페이지에 표시된다. |

❾ '그룹, 정렬 및 요약' 창의 내용을 '간단히'와 '자세히' 중 선택하여 표시한다.

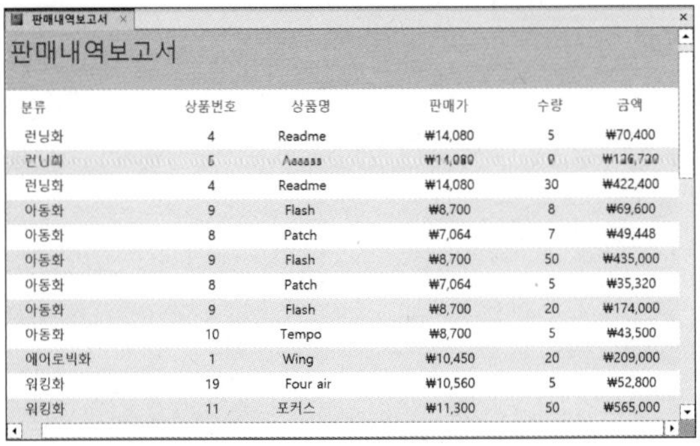


그룹이 지정되지 않은 그림

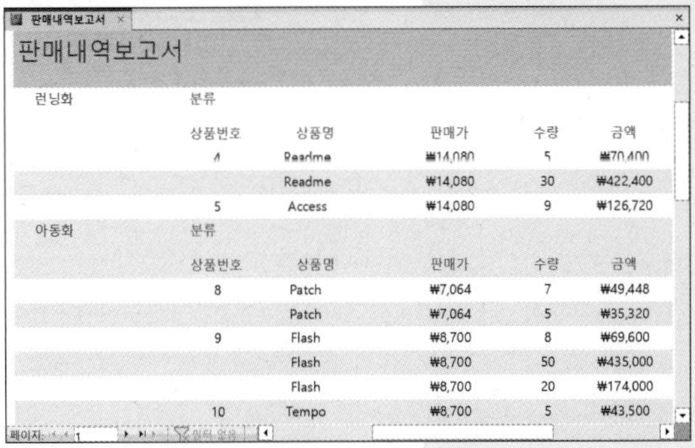


'분류' 필드에 대해 그룹 머리글을 설정하고 '상품번호' 필드에 대해 '중복 내용 숨기기' 속성을 '예'로 설정한 그림

궁금해요 시나공 Q&A 베스트

**Q 숫자를 그룹화하는 다른 방법은 없나요?**

**A** LEFT, RIGHT 등과 같은 함수를 이용하여 전체 값, 사용자 지정 간격이 아닌 첫 번째 숫자 또는 마지막 숫자 등을 기준으로 그룹화를 할 수 있습니다.

예 첫 번째 숫자를 기준으로 그룹화하려면 LEFT 함수를 이용하면 됩니다. 컨트롤에 **=LEFT(그룹기준 필드명,1)**을 직접 입력하면 됩니다.

**한 그룹의 내용이 많은 경우 그룹 머리글 표시하기**

한 그룹의 내용이 너무 많아 페이지를 넘기는 경우 새로운 페이지에도 그룹 머리글을 표시하기 위해서는 '그룹 머리글' 속성의 '형식' 탭에서 '반복 실행 구역'을 '예'로 설정하면 됩니다.

13.2, 07.4, 05.1, 04.2, 03.2

## 4 그룹 머리글 및 바닥글의 활용

1215905

- 그룹 머리글 및 바닥글에 텍스트 상자 컨트롤을 생성하여 그룹별 요약 정보 등을 나타낼 수 있다.
- 그룹별로 필드 이름을 반복하거나 합계나 평균*, 조건에 맞는 금액 표시 등의 계산식을 표시할 수 있다.

**예제** '분류' 바닥글에 다음과 같이 '판매건수'와 '판매합계'가 표시되도록 텍스트 상자 컨트롤을 생성한 그림

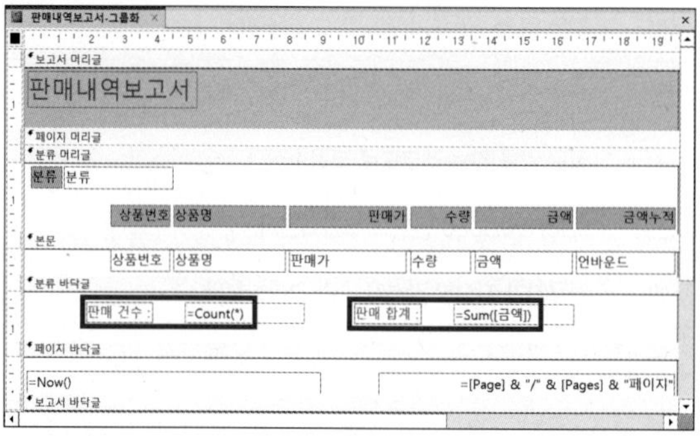


⬇

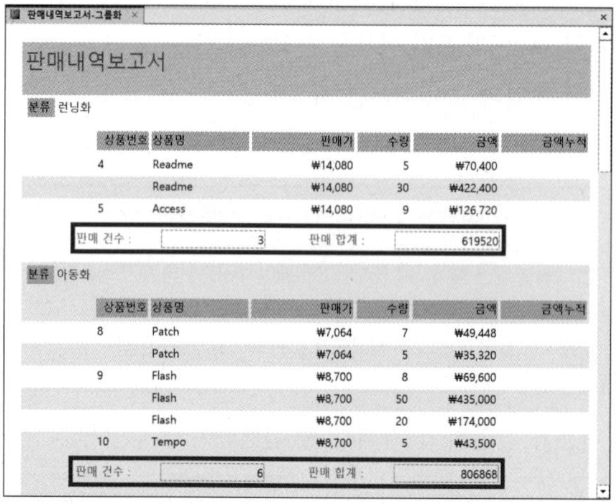


**합계나 평균 표시**

합계, 평균, 값 개수, 레코드 개수, 최대, 최소 등은 '그룹, 정렬 및 요약' 창의 '요약' 항목을 이용하여 간단히 추가할 수 있습니다. 이 항목을 이용할 경우 텍스트 상자만 표시되므로 레이블은 직접 작성해야 합니다.

**준비하세요**

'C:\길벗컴활1급필기\3과목\3과목 5장.accdb' 파일의 '판매내역보고서-그룹화' 보고서로 실습하세요.

문제2 3218652 문제5 1215952

## 따라잡기 기출문제 따라잡기

20년 1회, 16년 2회

**1. 다음 중 보고서의 그룹화 및 정렬에 대한 설명으로 옳지 않은 것은?**

① '그룹'은 머리글과 같은 소계 및 요약 정보와 함께 표시되는 레코드의 모음으로 그룹 머리글, 세부 레코드 및 그룹 바닥글로 구성된다.

② 그룹화 할 필드가 날짜 데이터이면 실제 값(기본) · 일 · 주 · 월 · 분기 · 연도를 기준으로, 문자 데이터이면 전체 필드(기본) 또는 처음 첫 자에서 다섯 자까지 문자 수를 기준으로 그룹화 할 수 있다.

③ Sum 함수를 사용하는 계산 컨트롤을 그룹 머리글에 추가하면 현재 그룹에 대한 합계를 표시할 수 있다.

④ 필드나 식을 기준으로 최대 5단계까지 그룹화 할 수 있으며, 같은 필드나 식은 한 번씩만 그룹화 할 수 있다.

필드나 식을 기준으로 10단계까지 그룹을 설정할 수 있습니다.

22년 2회

**2. 다음 중 보고서 그룹화에 대한 설명으로 옳지 않은 것은?**

① 그룹으로 지정된 필드의 정렬 기준은 변경할 수 없으며, 기본적으로 오름차순으로 정렬된다.

② 텍스트 형식은 전체값, 첫 문자, 처음 두 문자, 사용자 지정 문자를 기준으로 그룹화할 수 있다.

③ 그룹화 할 필드가 날짜 데이터이면 실제 값(기본) · 일 · 주 · 월 · 분기 · 연도를 기준으로 그룹화할 수 있다.

④ 그룹을 만들려면 머리글 구역 표시나 바닥글 구역 표시 중 하나 이상을 설정해야 한다.

그룹으로 지정된 필드는 기본적으로 오름차순 정렬되지만 사용자가 정렬 기준을 변경할 수 있습니다.

24년 1회

**3. 다음 중 그룹화에 대한 설명으로 옳지 않은 것은?**

① 그룹으로 지정된 필드의 정렬 기준은 기본적으로 오름차순으로 정렬된다.

② 숫자 데이터는 첫 문자나 처음 두 문자를 기준으로 그룹화할 수 있다.

③ 그룹화 할 필드가 날짜 데이터이면 실제 값(기본) · 일 · 주 · 월 · 분기 · 연도를 기준으로 그룹화할 수 있다.

④ 그룹을 만들려면 머리글 구역 표시나 바닥글 구역 표시 중 하나 이상을 설정해야 한다.

숫자는 전체 값, 5/10/100/1000 단위, 사용자 지정 간격을 기준으로 그룹화할 수 있습니다. 첫 문자나 처음 두 문자를 기준으로 그룹화할 수 있는 데이터 형식은 텍스트입니다.

24년 3회, 23년 2회, 22년 4회, 21년 4회, 19년 2회

**4. 다음 중 보고서의 그룹화에 대한 설명으로 옳지 않은 것은?**

① 그룹 머리글과 그룹 바닥글에는 그룹별 요약 정보를 삽입할 수 있다.

② 그룹화 기준이 되는 필드는 데이터가 정렬되어 표시된다.

③ 보고서 마법사를 이용하여 기본적인 그룹화 보고서를 작성할 수 있다.

④ 그룹화 기준은 한 개의 필드로만 지정할 수 있다.

두 개 이상의 필드로 그룹을 지정할 경우 첫 번째 기준에 대해 동일한 레코드가 나오면 두 번째 필드를 기준으로 다시 그룹이 지정됩니다.

13년 3회, 12년 3회, 10년 1회

**5. 다음과 같은 보고서를 작성하기 위해서는 어떠한 기준으로 정렬 및 그룹화를 하는 것이 가장 적절한가?**

종목별 특기생 목록

| 종목코드 | 종목명 | 감독명 | 학번 | 성명 | 성별 | 키 | 몸무게 | 생년월일 |
|---|---|---|---|---|---|---|---|---|
| A012 | 사이클 | 허석화 | 10030 | 한유란 | 여 | 160 | 56 | 1985-03-17 |
| | | 종목별 인원 : | 1 | | | | | |
| 종목코드 | 종목명 | 감독명 | 학번 | 성명 | 성별 | 키 | 몸무게 | 생년월일 |
| A013 | 축구 | 임종현 | 10005 | 황수종 | 남 | 190 | 85 | 1984-05-11 |
| | | | 10041 | 조영주 | 여 | 158 | 56 | 1985-06-12 |
| | | | 10044 | 정설진 | 여 | 175 | 69 | 1976-05-09 |
| | | 종목별 인원 : | 3 | | | | | |
| 종목코드 | 종목명 | 감독명 | 학번 | 성명 | 성별 | 키 | 몸무게 | 생년월일 |
| A014 | 탁구 | 양영자 | 10006 | 이상숙 | 여 | 165 | 59 | 1985-04-15 |
| | | | 10009 | 주현아 | 여 | 160 | 55 | 1984-04-13 |
| | | | 10011 | 김수연 | 여 | 167 | 65 | 1982-05-15 |
| | | | 10026 | 홍희영 | 여 | 187 | 59 | 1981-05-11 |
| | | | 10031 | 함영식 | 남 | 158 | 59 | 1977-12-04 |
| | | | 10036 | 최영식 | 여 | 175 | 79 | 1985-06-25 |
| | | 종목별 인원 : | 6 | | | | | |

① 종목코드와 성명을 기준으로 오름차순으로 정렬하고, 종목코드를 기준으로 그룹화한다.

② 성명과 종목코드를 기준으로 오름차순으로 정렬하고, 성명을 기준으로 그룹화한다.

③ 종목명과 학번을 기준으로 오름차순으로 정렬하고, 학번을 기준으로 그룹화한다.

④ 종목명과 학번을 기준으로 오름차순으로 정렬하고, 종목명을 기준으로 그룹화한다.

'종목명'을 기준으로 나눠져 있으므로 '종목명'을 기준으로 그룹화한 것입니다. 그리고 '종목명'과 '학번'이 오름차순으로 정렬되어 있으므로 '종목명'과 '학번'을 기준으로 정렬한 것입니다. 참고로 '종목명'에 따라 '종목코드'가 변경되고, '종목코드'도 오름차순으로 정렬되어 있으므로 '종목명' 대신 '종목코드'로도 그룹을 지정할 수 있습니다.

▶ **정답** : 1. ④ 2. ① 3. ② 4. ④ 5. ④

SECTION 175

# 다양한 보고서 작성

A 등급

## 1 업무 양식 보고서

24.5, 21.3, 17.1, 15.3, 07.2, 03.4

3218701

> **전문가의 조언**
> 업무 양식 보고서의 용도를 묻는 문제가 출제됩니다. 업무 양식 보고서는 기업에서 사용하는 업무용 양식 보고서를 작성하는 기능을 제공한다는 것을 기억해 두세요.

업무 양식 보고서는 기업에서 사용하는 업무용 양식 보고서를 작성하는 기능을 제공한다.

**실행** [만들기] → [보고서] → [업무 문서 양식 마법사]

- **업무 양식 서식 파일의 종류** : 거래 명세서, 세금 계산서, 거래 명세서(서식 없음), 세금 계산서(서식 없음)

**거 래 명 세 서** (공급받는자용)

책번호 1 권 1 호
일련번호 1 —

2021-10-22

노란서점 귀하

아래와 같이 계산합니다.

| 공급자 | | | | |
|---|---|---|---|---|
| 등록번호 | 123-12-12345 | | | |
| 상호(법인명) | 길벗 | 성명 | 시나공 | |
| 사업장 주소 | 서울특별시 마포구 서교동 467-9 | | | |
| 업태 | 출판 | 종목 | 서적 | |

합계금액 385,000 원정 ( ₩ ₩385,000 )

| 날짜 | 품목 | 규격 | 수량 | 단가 | 공급가액 | 세액 | 비고 |
|---|---|---|---|---|---|---|---|
| 10월 1일 | 컴퓨터활용능력 1 | 도서 | 5 | ₩10,000 | ₩50,000 | ₩5,000 | |
| 10월 5일 | 컴퓨터활용능력 2 | 도서 | 15 | ₩10,000 | ₩150,000 | ₩15,000 | |
| 10월 10일 | 워드프로세서 필기 | 도서 | 15 | ₩10,000 | ₩150,000 | ₩15,000 | |
| 합계 | | | | | ₩350,000 | ₩35,000 | |

| 미수금 | ₩100,000 | 합계 | ₩385,000 | 인수자 | 김철수 | 인 |
|---|---|---|---|---|---|---|

업무 양식 보고서

## 2 레이블 보고서

24.5, 22.3, 20.2, 19.상시, 18.상시, 16.3, 16.2, 14.3, 13.2, 10.1, 07.3, 05.3, 04.2

3218702

> **전문가의 조언**
> 레이블 보고서의 특징을 묻는 문제가 출제됩니다. 한 줄에 추가 가능한 필드의 개수를 중심으로 특징을 정리하세요.

레이블 보고서는 우편 발송용 레이블을 만드는 기능이다.

- 많은 양의 우편물을 발송할 때 쉽고 간단하게 주소를 출력할 수 있다.
- 레이블 크기, 레이블 형식, 텍스트 모양, 사용 가능한 필드, 정렬 기준, 보고서 이름 등을 지정한다.
- 우편물 레이블 마법사에서 한 줄에 추가 가능한 필드의 개수는 최대 10개이다.
- **실행** [만들기] → [보고서] → [레이블]

**예제 1** 〈거래처〉 테이블을 이용하여 '우편물 레이블 거래처' 보고서를 작성하시오.

① '탐색' 창에서 보고서의 원본으로 사용할 '거래처' 테이블을 클릭한 후 [만들기] → [보고서] → [레이블]을 클릭한다.

② '우편물 레이블 마법사' 1단계는 레이블의 크기*를 지정하는 단계이다. 제품 번호로 'C2166'을 선택하고 〈다음〉을 클릭한다.

**잠깐만요** 〈사용자 지정〉 단추

사용자가 레이블을 직접 만들 수 있는 기능을 제공합니다.

① '우편물 레이블 마법사' 1단계 대화상자에서 〈사용자 지정〉 단추를 클릭합니다.

② '새 레이블 크기' 대화상자에서 〈새로 만들기〉 단추를 클릭합니다.

③ '새 우편물 레이블' 대화상자에서 레이블 이름, 측정 단위, 레이블 형식, 용지 방향을 선택하고, 우편물의 레이블 측정치를 cm 단위로 직접 입력합니다.

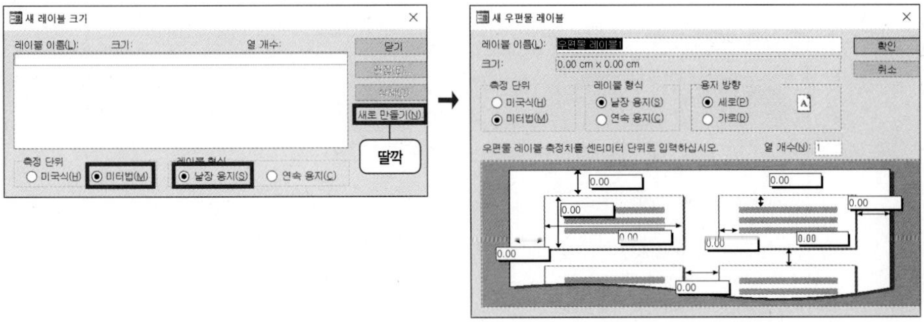


③ '우편물 레이블 마법사' 2단계는 텍스트에 글꼴, 크기, 두께, 색 등의 모양을 지정하는 단계이다. 문제에 해당 사항이 없으므로 기본값을 변경하지 말고 〈다음〉을 클릭한다.

**준비하세요**

'C:\길벗컴활1급필기\3과목\3과목 5장.accdb' 파일을 불러와 실습하세요.

**레이블 크기**

주소 레이블은 제조업체마다 그 크기가 다양합니다. 실제로 주소 레이블을 출력할 때는 레이블 제조업체에 맞는 제품 번호로 레이블의 크기를 지정해 주세요.

④ '우편물 레이블 마법사' 3단계는 주소 레이블에 사용할 필드를 선택하는 단계이다. '주소'를 선택한 후 '[>]'를 눌러 예제 항목에 추가한 후 Enter를 눌러 커서를 다음 줄로 이동한다.

⑤ 동일한 방법으로 '거래처명'을 추가하고, 거래처명 뒤에 경리부가 항상 출력되도록 **경리부**를 입력*한 후 〈다음〉을 클릭한다.

**경리부 입력**
'사용 가능한 필드' 항목에서 '거래처명'을 선택한 후 [>]를 눌러 '예제'에 추가하면 추가된 '거래처명' 뒤에 커서가 위치합니다. 여기에 경리부와 같이 고정적으로 출력될 내용을 입력하면 됩니다.

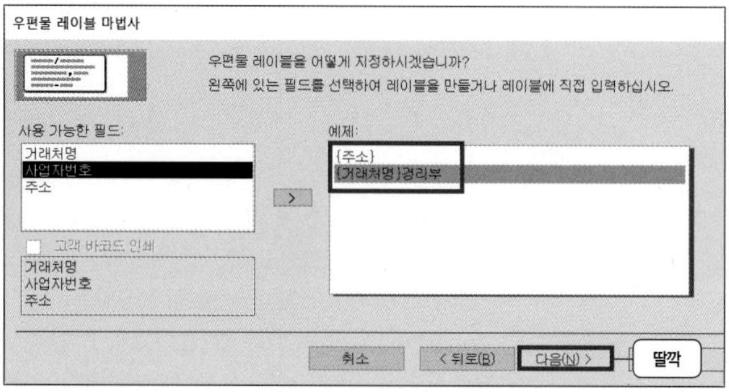


⑥ '우편물 레이블 마법사' 4단계는 정렬 기준을 지정하는 단계이다. '거래처명'을 선택한 후 '[>]'를 눌러 '정렬 기준' 항목에 추가한 후 〈다음〉을 클릭한다.

⑦ '우편물 레이블 마법사' 5단계는 보고서 이름을 지정하는 단계이다. '우편물 레이블 거래처'가 자동으로 입력되어 있으므로, 변경 없이 〈마침〉을 클릭한다.

11.2, 08.1, 07.4, 02.3

## 3 크로스탭 보고서

1216003

**전문가의 조언**
크로스탭 보고서의 개념을 묻는 문제가 출제됩니다. 크로스탭 보고서는 여러 개의 열로 이루어지고, 그룹 머리글과 그룹 바닥글, 세부 구역이 각 열마다 나타난다는 것을 기억해 두세요.

크로스탭 보고서는 보고서를 가로, 세로 방향으로 모두 그룹화하고, 그룹화한 데이터에 대해 합, 개수, 평균 등의 계산을 수행한 것이다.

- 여러 개의 열로 이루어지고, 그룹 머리글과 그룹 바닥글, 세부 구역이 각 열마다 표시되는 특징이 있다.
- 크로스탭 쿼리를 레코드 원본으로 하며, 보고서 마법사를 이용하여 작성한다.

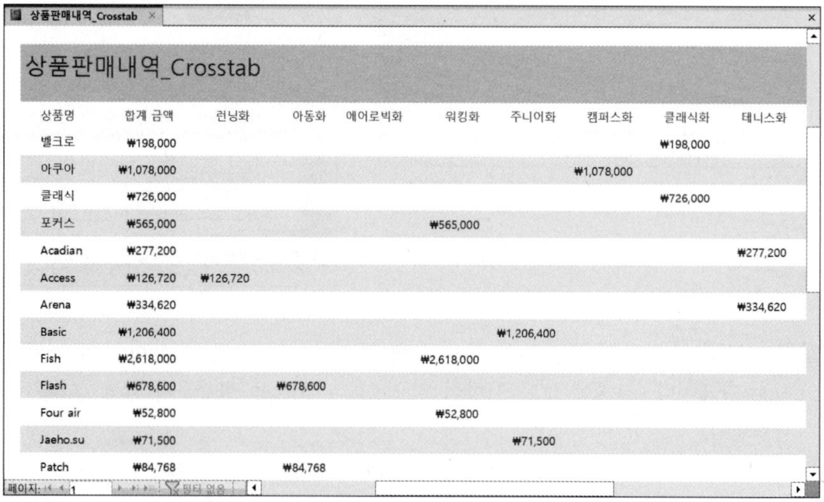

상품판매내역_Crosstab

| 상품명 | 합계 금액 | 런닝화 | 아동화 | 에어로빅화 | 워킹화 | 주니어화 | 캠퍼스화 | 클래식화 | 테니스화 |
|---|---|---|---|---|---|---|---|---|---|
| 벨크로 | ₩198,000 | | | | | | | ₩198,000 | |
| 아쿠아 | ₩1,078,000 | | | | | | ₩1,078,000 | | |
| 클래식 | ₩726,000 | | | | | | | ₩726,000 | |
| 포커스 | ₩565,000 | | | | ₩565,000 | | | | |
| Acadian | ₩277,200 | | | | | | | | ₩277,200 |
| Access | ₩126,720 | ₩126,720 | | | | | | | |
| Arena | ₩334,620 | | | | | | | | ₩334,620 |
| Basic | ₩1,206,400 | | | | | ₩1,206,400 | | | |
| Fish | ₩2,618,000 | | | | ₩2,618,000 | | | | |
| Flash | ₩678,600 | | ₩678,600 | | | | | | |
| Four air | ₩52,800 | | | | ₩52,800 | | | | |
| Jaeho.su | ₩71,500 | | | | | ₩71,500 | | | |
| Patch | ₩84,768 | | ₩84,768 | | | | | | |

크로스탭 보고서

21.4, 20.상시, 18.2, 18.1, 17.2, 16.1, 14.1, 12.2

## 4 하위 보고서

4317504

### 개념 및 용도

하위 보고서는 보고서 안에 삽입되는 또 하나의 보고서로, 일 대 다 관계에 있는 테이블이나 쿼리를 효과적으로 표시할 수 있다.

- 하위 보고서가 포함된 보고서에서 '일'에 해당하는 보고서가 주(기본) 보고서이고, '다'에 해당하는 보고서가 하위 보고서이다.
- 주 보고서와 하위 보고서는 관련된 필드로 연결되어 있으므로 하위 보고서에는 주 보고서의 현재 레코드와 관련된 레코드만 표시된다.
- 테이블, 쿼리, 폼, 다른 보고서를 이용하여 하위 보고서를 작성할 수 있다.
- 일반적으로 사용할 수 있는 하위 보고서의 개수에는 제한이 없고, 하위 보고서를 7개의 수준까지 중첩시킬 수 있다.
- 주 보고서와 하위 보고서에 모두 그룹화 및 정렬 기능을 설정할 수 있다.
- 보고서에 삽입된 하위 보고서도 일반 컨트롤과 동일하게 디자인 보기 상태에서 크기 조절 및 이동이 가능하다.

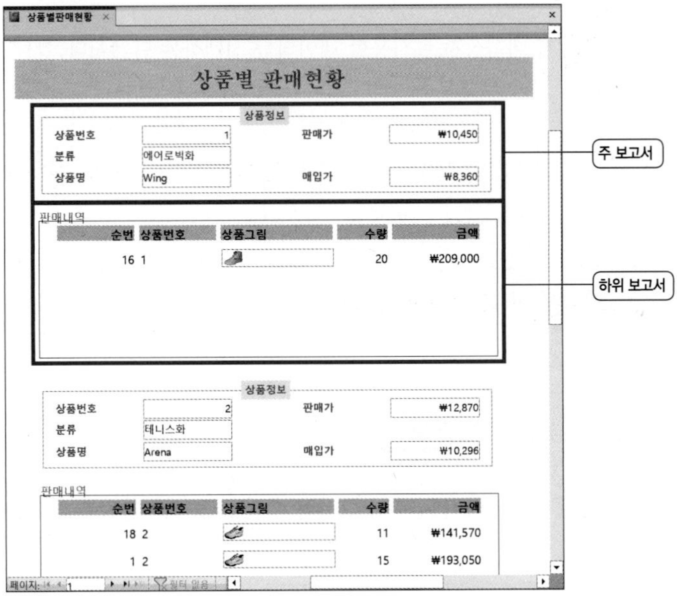


### 하위 보고서 만들기

하위 폼/하위 보고서 컨트롤을 이용하거나 '탐색' 창에서 하위 보고서로 만들 개체를 주 보고서로 드래그하여 만들 수 있다.

- 컨트롤 이용하여 하위 보고서 만들기
  - 컨트롤을 이용하면 하위 보고서 마법사가 실행되며, 하위 보고서 마법사에서 연결 필드나 하위 보고서의 이름을 지정한다.
  - 이미 만들어진 보고서나 폼 또는 테이블이나 쿼리로 직접 보고서를 작성하여 하위 보고서로 사용할 수 있다.

**전문가의 조언**

하위 보고서는 하위 폼과 개체만 다를 뿐 원론적인 개념이나 만드는 방법 등이 비슷합니다. 한번 읽어보고 실습으로 정리하세요.

'C:\길벗컴활1급필기\3과목\3과목5장.accdb' 파일을 불러와 실습하세요.

**예제 2** 다음과 같이 '상품별판매현황' 보고서에 '판매내역' 보고서를 하위 보고서로 작성하시오.

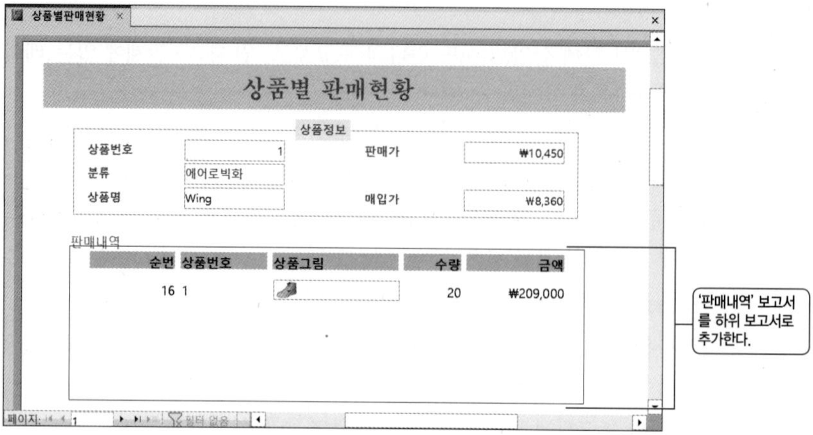


① '상품별판매현황' 보고서를 '디자인 보기'로 열고, [보고서 디자인] → [컨트롤] → [(하위 폼/하위 보고서)]를 클릭한 후 본문의 하위 보고서가 놓일 위치에 적당한 크기로 드래그한다.

② '하위 보고서 마법사' 1단계 대화상자는 사용할 데이터를 선택하는 단계이다. '기존 보고서와 폼 사용', '판매내역, 보고서'를 선택한 후 〈다음〉을 클릭한다.

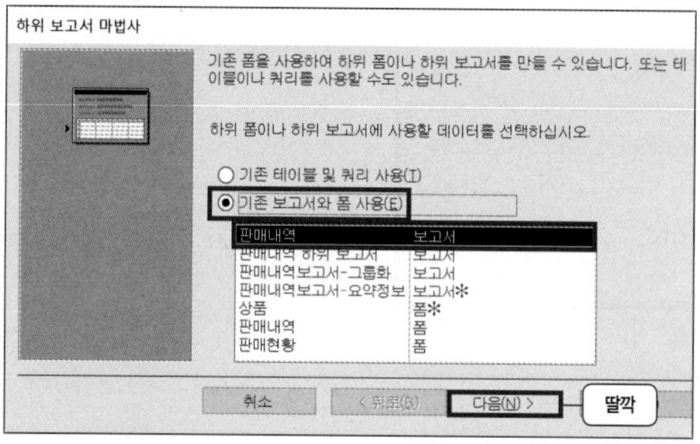


③ '하위 보고서 마법사' 2단계 대화상자는 주 보고서와 하위 보고서를 연결할 필드를 선택하는 단계이다. 다음과 같이 설정한 후 〈다음〉을 클릭한다.

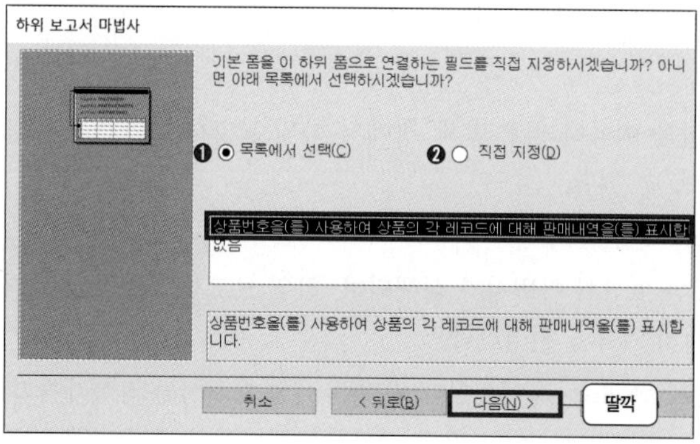


❶ 주 보고서와 하위 보고서에 공통된 필드가 있을 경우 자동으로 연결*되어 목록에 표시되므로 목록에서 선택하여 사용한다.

❷ 사용자가 직접 주 보고서와 하위 보고서를 연결할 필드를 선택하여 사용한다.*

**보고서 / 폼**

'보고서'는 보고서 개체를, '폼'은 폼 개체를 나타냅니다.

**자동으로 연결**

하위 보고서를 만들때 다음의 조건을 만족하면 주 보고서와 하위 보고가 자동으로 연결되어 목록에 표시됩니다.

- 주 보고서와 하위 보고서에서 사용되는 테이블/쿼리 등이 일대 다 관계로 설정된 경우
- 주 보고서는 기본키를 가진 테이블/쿼리를 사용하고, 하위 보고서는 기본키 필드와 같은 이름을 갖고, 같거나 호환되는 데이터 형식을 가진 필드가 포함된 테이블/쿼리를 사용할 경우

**자동으로 연결되지 않을 경우**

주 보고서와 하위 보고서가 자동으로 연결되지 않을 경우 사용자가 직접 연결 필드를 지정해줘야 합니다.

④ '하위 보고서 마법사' 3단계 대화상자는 이름을 지정하는 단계이다. **판매내역**이라고 입력한 다음 〈마침〉을 클릭한다.

문제5 1216053

## 따라잡기 기출문제 따라잡기

22년 3회

**1. 다음 중 우편 레이블 보고서 작성과 관련된 설명으로 틀린 것은?**

① 사용자가 크기와 형식을 지정하여 레이블을 만들 수는 없지만 레이블 제품번호를 선택하여 사용할 수는 있다.

② 많은 양의 우편물을 발송할 때 쉽고 간단하게 주소를 출력할 수 있다.

③ 보고서의 특정 필드에 고정적으로 출력할 내용을 추가하여 출력할 수 있다.

④ 마법사의 각 단계에서 레이블 크기, 텍스트 모양, 사용 가능한 필드, 정렬 기준 등을 지정할 수 있다.

'우편물 레이블 마법사' 1단계 대화상자에서 〈사용자 지정〉 단추를 클릭하여 사용자가 레이블을 직접 만들 수 있습니다.

24년 5회

**2. 보고서 작성 시 사용되는 여러 종류의 마법사 중 다음과 같은 출력물 작성에 가장 적합한 것은?**

| | |
|---|---|
| 강남구 개포동 326-9호<br>가남경리부 | 서울시 강동구 천호3동<br>185-5호<br>개성전자경리부 |
| 용산구 한강로7가 12-17<br>골드아이경리부 | 용산구 한강로10가 18-13<br>동아후로킹경리부 |
| 용산구 한강로11가 12-31<br>리치경리부 | 용산구 한강로11가 13-19<br>멀티클럽경리부 |

① 업무 양식 마법사 ② 우편 엽서 마법사
③ 레이블 마법사 ④ 보고서 마법사

문제에 제시된 그림과 같이 주소가 반복되는 우편 발송용 레이블을 만드는 보고서는 레이블 보고서로, 레이블 마법사를 이용해서 작성할 수 있습니다.

20년 상시, 16년 1회

**3. 다음 중 하위 보고서에 대한 설명으로 옳지 않은 것은?**

① 일대다 관계가 적용되어 있는 테이블이나 쿼리의 데이터를 표시하려는 경우 특히 유용하다.

② 주 보고서와 하위 보고서에 모두 그룹화 및 정렬 기능을 설정할 수 있다.

③ 주 보고서에는 최대 3개까지 하위 보고서를 중첩하여 작성할 수 있다.

④ 주 보고서에 하위 보고서를 연결하려면 원본으로 사용하는 레코드 원본 간에 관계를 만들어야 한다.

주 보고서에는 최대 7개까지 하위 보고서를 중첩하여 작성할 수 있습니다.

23년 1회

**4. 다음 중 하위 보고서에 대한 설명으로 옳지 않은 것은?**

① 관계 설정에 문제가 있을 경우, 하위 보고서가 제대로 표시되지 않을 수 있다.

② 디자인 보기 상태에서 하위 보고서의 크기 조절 및 이동이 가능하다.

③ 테이블, 쿼리, 폼 또는 다른 보고서를 이용하여 하위 보고서를 작성할 수 있다.

④ 하위 보고서에는 그룹화 및 정렬 기능을 설정할 수 없다.

주 보고서와 하위 보고서에 모두 그룹화 및 정렬 기능을 설정할 수 있습니다.

21년 4회, 18년 2회, 14년 1회

**5. 다음 중 하위 보고서 작성에 대한 설명으로 옳지 않은 것은?**

① 디자인 보기 화면에서 하위 보고서 컨트롤에 포함된 레이블은 삭제가 가능하다.

② 디자인 보기 화면에서 삽입된 하위 보고서의 크기 조절은 가능하지 않다.

③ "일대다" 관계에서 하위 보고서는 "다" 쪽에 해당하는 데이터가 표시된다.

④ 하위 보고서 마법사를 이용하여 작성할 수 있다.

보고서에 삽입된 하위 보고서도 하나의 컨트롤이므로 디자인 보기 상태에서 일반 컨트롤과 동일한 방법으로 크기 조절이 가능합니다.

▶ **정답** : 1. ① 2. ③ 3. ③ 4. ④ 5. ②

SECTION
# 176 보고서 작성 기타

A 등급

## 1 머리글/바닥글에 날짜 표시

4317601

보고서에 현재 날짜와 시간을 표시하는 기능으로, 주로 페이지 머리글과 페이지 바닥글을 이용한다.

- **실행** [보고서 디자인] → [머리글/바닥글] → [(날짜 및 시간)]

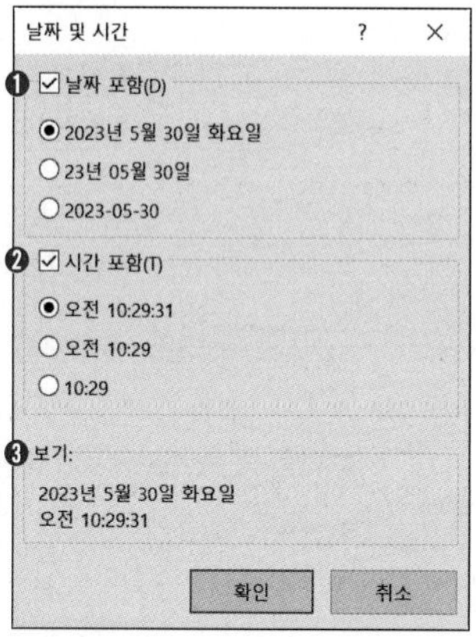


❶ 날짜 포함 여부와 형식을 지정한다.
❷ 시간 포함 여부와 형식을 지정한다.
❸ 선택한 날짜와 시간 형식의 결과를 미리 보여준다.
※ 오늘 날짜는 작업하는 날짜에 따라 다르게 표시된다.

24.4, 23.5, 23.4, 23.2, 22.6, 22.5, 21.4, 21.3, 21.2, 21.1, 20.2, 19.상시, 19.1, 18.2, 16.2, 15.2, 15.1, 13.3, 13.1, 12.1, …

## 2 머리글/바닥글에 페이지 번호 표시

4317602

전문가의 조언

**중요해요!** Page, Pages, &을 사용한 페이지 표시 방법을 묻는 문제가 자주 출제됩니다. Page, Pages, &을 사용한 표기 방법을 정확하게 숙지하세요.

보고서에 인쇄 페이지 수를 표시하는 기능으로, 주로 페이지 머리글과 페이지 바닥글을 이용한다.

- **실행** [보고서 디자인] → [머리글/바닥글] → [(페이지 번호 추가)]

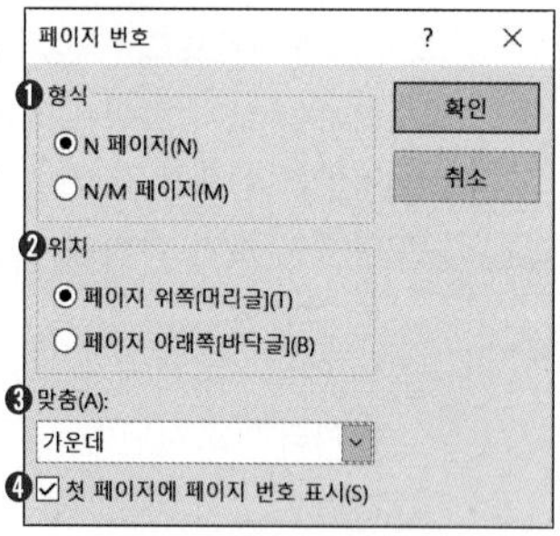


❶ **형식**
- **N 페이지** : 현재 페이지 번호만 표시한다.
  ="페이지 " & [Page] → 페이지 1
- **N / M 페이지** : '현재 페이지 / 전체 페이지' 형식으로 표시한다.
  =[Page] & "/" & [Pages] & "페이지" → 1/10페이지

❷ **위치** : 페이지 번호가 표시될 위치를 지정한다.
❸ **맞춤** : 페이지 번호가 표시될 위치에 대한 정렬 방식*을 지정한다.
❹ 첫 페이지에 페이지 번호의 표시 여부를 지정한다.

**페이지 번호가 표시될 위치에 대한 정렬 방식**

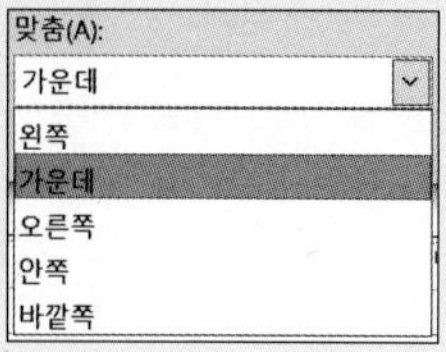


- 텍스트 상자 컨트롤을 페이지 머리글이나 바닥글에 생성한 후 컨트롤 원본에 페이지 번호 표시 형식을 직접 입력할 수도 있다.
  - **큰따옴표(" ")/작은따옴표(' ')** : 큰따옴표(" ")/작은따옴표(' ') 안의 내용을 그대로 표시한다.
  - **[Page]** : 현재 페이지를 표시한다.

– [Pages] : 전체 페이지를 표시한다.

– & : 식이나 문자열을 연결한다.

예제 전체 페이지가 5이고 현재 페이지가 2일 때 다음의 식과 그 결과를 확인하세요.

| 식 | 결 과 |
|---|---|
| =[Page] | 2 |
| =[Pages] & "페이지" | 5페이지 |
| =[Page] & "/" & [Pages] | 2/5 |

24.5, 24.4, 24.3, 24.2, 23.2, 22.7, 22.6, 22.4, 21.4, 21.3, 21.1, 19.2, 19.1, 13.1, 11.2, 10.3, 08.2, 06.4, 06.2, 06.1, …

## 3 머리글/바닥글에 집계 정보 표시

3218803

보고서의 머리글이나 바닥글에 텍스트 상자 컨트롤을 이용하여 날짜, 합계, 평균, 레코드 개수 등과 같은 요약 정보를 표시하는 기능이다.

- 그룹 머리글/바닥글에 집계 정보를 입력하면 각 그룹별로 집계 정보가 표시된다.
- 보고서 머리글/바닥글에 집계 정보를 입력하면 보고서의 맨 앞/마지막 페이지에 집계 정보가 표시된다.
- 페이지 머리글/바닥글에는 함수를 이용하여 레코드의 개수, 합계, 평균 등의 요약 정보를 표시할 수 없다.*
- **사용 함수**

| | |
|---|---|
| 22.4, 21.4, 21.3, 05.1<br>NOW( ) | 현재 날짜와 시간을 표시한다. |
| 11.2, 06.2<br>DATE( ) | 현재 날짜만 표시한다. |
| 11.2, 06.2<br>TIME( ) | 현재 시간만 표시한다. |
| 22.6, 21.4, 21.1, 19.2, 19.1, 10.3, 08.2, 06.4, 06.1<br>COUNT(인수) | 인수의 개수를 계산한다. |
| 22.6, 21.4, 19.1<br>SUM(인수) | 인수의 합계를 계산한다. |
| 24.5, 24.4, 24.3, 24.2, 22.4, 21.4, 21.3, 19.1, …<br>FORMAT(인수, 형식) | 인수를 형식에 맞게 표시한다. |

전문가의 조언

**중요해요!** =Count(*)을 입력했을 경우의 출력 결과나 Format의 기능을 묻는 문제가 출제됩니다. 집계 정보 표시에 사용되는 함수들의 기능을 숙지하세요.

**페이지 머리글/바닥글에 집계 함수 사용**
집계 함수는 그룹이나 보고서 전체를 대상으로 적용되므로 페이지 머리글/바닥글에 집계 함수를 사용하면 #Error 오류가 발생합니다.

전문가의 조언

누적 합계 속성을 이용해 그룹별로 일련 번호를 표시하는 방법에 대한 문제가 출제됩니다. 그룹별로 일련 번호를 표시하려면 텍스트 상자의 컨트롤 원본을 =1로 지정하고, 누적 합계 속성을 '그룹'으로 지정해야 한다는 것을 기억해 두세요.

23.2, 22.4, 14.1, 13.2, 12.3, 11.2, 07.4, 07.1, 06.3, 05.1, 04.1, 03.3, 03.1

## 4 머리글/바닥글에 누적 합계 표시

3218804

누적 합계는 보고서의 텍스트 상자 컨트롤에만 적용되는 속성으로, 레코드나 그룹을 대상으로 누적값을 계산하는 기능이다.

- 컨트롤 속성의 '데이터' 탭 '누적 합계' 속성을 이용한다.

| | |
|---|---|
| 아니요 | 기본값으로, 현재 레코드의 원본으로 사용하는 필드의 데이터를 텍스트 상자에 표시한다. |
| 그룹 | 그룹별로 누적 합계를 계산하여 표시한다. 이 경우, 다른 그룹이 시작되면 0부터 다시 누적된다. |
| 모두 | 그룹에 관계없이 보고서의 끝까지 값이 누적된다. |

- 컨트롤 원본을 =1로 설정하고 누적 합계 속성을 '그룹'으로 설정하면 그룹별로 일련번호가 입력되고, '모두'로 설정하면 전체에 대한 일련번호가 입력된다.

따라잡기 기출문제 따라잡기

문제1 3218851

24년 4회, 23년 5회, 21년 4회, 2회, 20년 상시, 19년 상시, 19년 1회, 18년 2회, 16년 2회, 15년 2회, 1회, …

**1. 다음 중 보고서에서 '페이지 번호'를 표현하는 식과 그 결과의 연결이 옳은 것은? (단, 전체 페이지는 3이고, 현재 페이지는 1이다.)**

① =[Page] → 3

② =[Page]& "페이지" → 1& 페이지

③ =Format([Page], "000") → 1000

④ =[Page]& "/"& [Pages]& "페이지" → 1/3페이지

다른 보기들의 올바른 표시 결과를 확인하세요.
① 1
② 1페이지
③ 001

24년 5회, 3회, 2회, 22년 4회, 21년 4회, 3회, 11년 2회, 06년 2회

**2. 다음과 같은 식을 입력하였을 때의 설명으로 틀린 것은?**

=Format(Now( ), "m/d")

① Format은 계산 결과에 표시 형식을 지정하는 함수이다.

② Now는 현재 날짜와 시간을 표시해주는 함수이다.

③ 컨트롤에 입력되는 식은 =로 시작해야 한다.

④ 오늘 날짜가 '2022-06-03'이면 06/03으로 표시된다.

Format 함수의 표시 형식이 m/d와 같이 월과 일이 모두 한 자리로 지정되었으므로 오늘 날짜가 2022-06-03인 경우 6/3으로 표시됩니다.

23년 4회, 22년 5회, 21년 2회

**3. 다음 페이지 번호식을 이용하여 출력되는 예로 옳은 것은? (단, 현재 페이지는 12이고, 전체 페이지 수는 50이다.)**

=[page] & 'pages'

① 12 & 50 ② 1250

③ 12pages ④ 50pages

**=[page] & 'pages'**에서 **[page]**는 현재 페이지를 표시하고, **&**는 식이나 문자열의 연결을 의미하며, **작은따옴표(' ')**는 작은따옴표 안의 내용을 그대로 표시하라는 의미입니다. 현재 페이지는 12이고, 전체 페이지 수는 50일 경우 페이지 번호식을 **=[page] & 'pages'**로 지정하면 **12pages**가 표시됩니다.

22년 6회, 21년 1회

**4. 다음 중 보고서의 그룹 바닥글 구역에 '=COUNT(*)'를 입력했을 때 출력되는 결과로 옳은 것은?**

① Null 필드를 포함한 그룹별 레코드 개수

② Null 필드를 포함한 전체 레코드 개수

③ Null 필드를 제외한 그룹별 레코드 개수

④ Null 필드를 제외한 전체 레코드 개수

**=COUNT(*)**를 입력하면 입력된 위치에 따라 그룹 바닥글 영역이면 그룹별 레코드의 개수가, 보고서 바닥글 영역이면 전체 레코드의 개수가 Null 필드를 포함하여 표시됩니다.

## 따라잡기 기출문제 따라잡기

23년 2회, 22년 6회, 21년 3회, 20년 2회

**5. 다음 중 보고서에서 [페이지 번호] 대화상자를 이용한 페이지 번호 설정에 대한 설명으로 옳지 않은 것은?**

① 첫 페이지에만 페이지 번호가 표시되거나 표시되지 않도록 설정할 수 있다.

② 페이지 번호의 표시 위치를 '페이지 위쪽', '페이지 아래쪽', '페이지 양쪽' 중 선택할 수 있다.

③ 페이지 번호의 형식을 'N 페이지'와 'N/M 페이지' 중 선택할 수 있다.

④ [페이지 번호] 대화상자를 열 때마다 페이지 번호 표시를 위한 수식이 입력된 텍스트 상자가 자동으로 삽입된다.

'페이지 번호' 대화상자에서 페이지가 표시될 위치는 '페이지 위쪽[머리글]'과 '페이지 아래쪽[바닥글]' 중 하나를 선택하여 지정할 수 있습니다.

22년 7회, 21년 4회, 19년 1회

**6. 아래와 같이 보고서의 그룹 바닥글에 도서의 총 권수와 정가의 합계를 인쇄하고자 한다. 다음 중 총 권수와 정가 합계 두 컨트롤의 수식으로 옳은 것은?**

출판사 : 다림[(02)860-2000]

| 도서코드 | 도서명 | 저자 | 정가 |
|---|---|---|---|
| A547 | 자전거 도둑 | 박완서 | 7000 |
| A914 | 와인 | 김준철 | 25000 |
| | 총: 2권 | 정가합계: | 32000 |

① =Count([정가]) & "권", =Total([정가])

② =CountA([정가]) & "권", =Sum([정가])

③ =CountA([도서명]) & "권", =Total([정가])

④ =Count(*) & "권", =Sum([정가])

개수를 구하는 함수는 COUNT, 합계를 구하는 함수는 SUM입니다.

23년 2회, 22년 4회, 14년 1회, 13년 2회, 12년 3회, 07년 4회, 03년 3회

**7. 다음 중 보고서에서 순번 항목과 같이 그룹 내의 데이터에 대한 일련번호를 표시하기 위해 텍스트 상자 컨트롤의 속성을 설정하는 방법으로 옳은 것은?**

제품정보

삼성전자

| 순번 | 제품번호 | 제품명 | 단가 |
|---|---|---|---|
| 1 | P001 | 오디오 | 300 |
| | 총 제품수 : | | 1 |

LG

| 순번 | 제품번호 | 제품명 | 단가 |
|---|---|---|---|
| 1 | P002 | 오디오 | 1440 |
| 2 | P003 | 비디오 | 1700 |
| 3 | P008 | 세탁기 | 3000 |
| 4 | P011 | 김치냉장고 | 1200 |
| | 총 제품수 : | | 4 |

대우전자

| 순번 | 제품번호 | 제품명 | 단가 |
|---|---|---|---|

① 텍스트 상자의 컨트롤 원본을 '=1'로 지정하고, 누적 합계 속성을 '그룹'으로 지정한다.

② 텍스트 상자의 컨트롤 원본을 '+1'로 지정하고, 누적 합계 속성을 '그룹'으로 지정한다.

③ 텍스트 상자의 컨트롤 원본을 '+1'로 지정하고, 누적 합계 속성을 '모두'로 지정한다.

④ 텍스트 상자의 컨트롤 원본을 '=1'로 지정하고, 누적 합계 속성을 '모두'로 지정한다.

텍스트 상자의 컨트롤 원본을 =1로 지정하고, 누적 합계 속성을 '그룹'으로 지정하면 그룹별로 일련번호를 설정하는 효과를 얻을 수 있습니다.

▶ **정답** : 1. ④ 2. ④ 3. ③ 4. ① 5. ② 6. ④ 7. ①

## 169 | 보고서 작성 기본

### ❶ 보고서의 개요 24.4, 24.3, 24.2, 24.1, 23.3, 21.4, 21.3, 15.2, 13.1, 12.3, 12.2, 11.3, 11.1, 10.2

- 이벤트 프로시저를 작성할 수 있다.
- 데이터 입력, 추가, 삭제 등의 작업은 불가능하다.
- 보고서의 레코드 원본으로 테이블, 쿼리, SQL문 등을 지정할 수 있다.
- '디자인 보기' 상태에서 만들거나 수정한 후 '인쇄 미리 보기'나 '레이아웃 보기' 상태에서 확인한다.

### ❷ 보고서 보기 형태 24.2, 24.1, 23.5, 23.3, 23.1, 22.7, 22.1, 21.4, 21.3, 21.2, 20.1, 18.상시, 17.2, …

- 인쇄 미리 보기 : 종이에 출력되는 모양 전체를 미리 볼 때 사용함
- 보고서 보기
  - 출력될 보고서를 미리보는 기능으로, 종이 출력용이 아니라 화면 출력용이다.
  - '인쇄 미리 보기'와 비슷하지만 페이지 구분 없이 보고서를 모두 표시한다.
- 레이아웃 보기
  - '보고서 보기'와 '디자인 보기'를 혼합한 형태이다.
  - 보고서로 출력될 실제 데이터와 함께 보고서의 레이아웃을 보여주는 기능으로, 데이터를 보면서 컨트롤의 크기 및 위치, 그룹 수준 및 합계를 변경하거나 추가할 수 있다.
- 디자인 보기 : 컨트롤 도구를 이용하여 보고서를 만들거나 수정할 수 있는 형태로, 실제 데이터는 표시되지 않음

## 170 | 보고서의 구성

### ❶ 보고서 머리글 22.6, 22.4, 21.4, 19.상시, 19.2, 19.1, 18.상시, 18.2, 18.1, 17.1

- 보고서의 첫 페이지 상단에 한 번 표시된다.
- 로고, 보고서 제목, 날짜 등을 삽입한다.

### ❷ 페이지 머리글 23.1, 22.7, 22.5, 22.2, 21.4, 21.3, 17.1, 12.3, 10.3

- 보고서 모든 페이지의 상단에 표시되며, 첫 페이지에는 보고서 머리글 다음에 표시된다.
- 열 제목 등을 삽입한다.

### ❸ 그룹 머리글 22.7, 22.5, 22.3, 22.2, 21.3, 21.2, 19.상시, 18.상시, 18.1, 17.1

- 그룹이 지정될 경우 그룹의 상단에 반복적으로 표시된다.
- 그룹의 이름, 요약 정보 등을 삽입한다.

### ❹ 본문 22.2, 21.4, 19.상시, 19.2, 18.2, 18.1, 17.1

실제 데이터가 반복적으로 표시되는 부분이다.

### ❺ 그룹 바닥글 24.3, 23.3, 22.7, 22.6, 22.5, 22.2, 21.4, 21.3, 19.1, 18.상시, 18.2, 18.1, 17.1

- 그룹이 지정될 경우 그룹의 하단에 반복적으로 표시된다.
- 그룹별 요약 정보 등을 삽입한다.
- 그룹 머리글/바닥글은 '그룹, 정렬 및 요약' 창에서 설정한다.

### ❻ 페이지 바닥글 21.4, 21.3, 17.1, 12.3, 10.3

- 각 페이지 하단에 표시된다.
- 주로 날짜나 페이지 번호를 삽입한다.

### ❼ 보고서 바닥글 23.1, 22.2, 21.4, 21.3, 19.1, 18.상시, 18.2, 18.1, 17.1

- 보고서의 맨 마지막 페이지에 표시된다.
- '디자인 보기' 상태에서는 가장 마지막 구역에 표시되고, '인쇄 미리 보기' 상태에서는 마지막 페이지의 페이지 바닥글 위쪽에 한 번만 표시된다.

## 171 | 보고서 만들기

### ❶ 마법사 이용하기 24.5, 23.5, 23.4, 22.6, 22.5, 22.1, 21.4, 20.2, 18.상시, 17.2, 14.1

- 정해진 절차에 따라 설정 사항을 지정하면 보고서를 자동으로 만들어 준다.
- 레코드 원본, 필드, 레이아웃, 서식 등을 직접 선택하여 보고서를 작성할 수 있다.
- 여러 개의 테이블이나 쿼리를 대상으로 필드를 선택하여 보고서를 작성할 수 있다.

### ❷ 요약 옵션 23.5, 23.4, 22.1, 21.4, 17.2, 14.1

- 숫자 필드를 요약하여 합계, 평균, 최소, 최대 값을 계산해 준다.
- 요약한 그룹의 내용과 요약 결과를 모두 출력하거나 요약 결과만을 출력할 수 있다.
- 전체 합계에 대한 그룹 합계의 비율을 계산한다.

### ❸ 보고서 작성 형식(종류) 24.4, 24.1, 23.1, 21.4, 21.3, 18.2, 17.1, 15.3

- 보고서
  - 보고서를 자동으로 만들어주는 것이다.
  - 원본 테이블/쿼리의 필드와 레코드가 모두 표시된다.
- **보고서 디자인** : 디자인 보기 상태에서 컨트롤을 이용하여 사용자가 직접 보고서를 작성함
- **새 보고서** : 레이아웃 보기 상태에서 필드를 추가하여 보고서를 작성함
- **보고서 마법사** : 마법사가 진행되는 순서에 따라 설정 사항을 지정하면 자동으로 보고서가 작성됨
- **업무 문서 양식 마법사** : 기업에서 사용하는 세금 계산서, 거래 명세서 등 업무 양식용 보고서를 작성함
- **우편 엽서 마법사** : 우편 엽서용 보고서를 작성함

## 172 | 페이지 설정하기

### ❶ 페이지 설정하기 24.3, 22.2, 15.2

- 쿼리나 폼, 보고서 등을 인쇄하기 위해 여백, 용지 방향 등을 설정하는 작업이다.
- 쿼리나 폼, 보고서마다 용지의 방향, 크기, 여백 등을 다르게 지정할 수 있다.

### ❷ '인쇄 옵션' 탭 22.3, 22.2, 15.2, 14.2, 13.3, 11.1

- **여백** : 밀리미터 단위로 위쪽, 아래쪽, 왼쪽, 오른쪽의 여백을 설정함
- 데이터만 인쇄
  - 인쇄 시 레이블과 컨트롤 테두리, 눈금선 및 선이나 상자 같은 그래픽 요소들의 출력 여부를 지정한다.
  - 데이터시트를 인쇄할 경우에는 '데이터만 인쇄' 옵션 대신 '머리글 인쇄' 옵션이 표시된다.

### ❸ '페이지' 탭 22.3, 14.2, 10.2

- **용지 방향** : 용지 방향을 세로와 가로 중에서 선택함
- **용지** : 용지 크기와 용지 공급 방법을 선택함
- **프린터** : 프린터 유형을 선택함

### ❹ '열' 탭 22.3, 22.2, 15.2, 14.2, 10.2

- 눈금 설정
  - 여러 열로 구성된 보고서나 레이블을 인쇄할 때 눈금선 설정을 조절한다.
  - **열 개수** : 한 페이지에 인쇄할 열의 개수를 의미함
  - **행 간격** : 레코드와 레코드 사이의 간격을 의미함
  - **열 간격** : 열과 열 사이 공백의 간격을 의미함
- 열 크기
  - 여러 열로 구성된 보고서나 레이블을 인쇄할 때 열의 크기를 조절한다.
  - **본문과 같게** : 열의 너비와 높이를 보고서 본문의 너비와 높이에 맞춰 인쇄함
- 열 레이아웃
  - 여러 열로 구성된 레코드의 배치 순서를 설정한다.
  - **행 우선** : 출력할 레코드를 왼쪽 열부터 다음 열의 순서로 이동하여 배치해서 출력함
  - **열 우선** : 출력할 레코드를 한 행의 열을 모두 배치한 후 다음 행으로 이동하여 배치해서 출력함

## 173 | 보고서의 주요 속성

### ❶ 형식 22.1, 21.4, 13.2, 10.3

- 기본 보기
  - 보고서의 보기 형식을 지정하는 것이다.
  - 인쇄 미리 보기와 보고서 보기가 있다.
- 반복 실행 구역
  - 그룹 머리글의 속성이다.
  - 해당 머리글을 매 페이지마다 표시할지의 여부를 지정한다.

### ❷ 데이터 22.3, 19.2, 18.1, 15.3, 10.3

- 레코드 원본 : 테이블, 쿼리, SQL문 등 사용할 레코드의 원본을 지정함
- 정렬 기준 : 정렬할 기준을 설정함

## 174 | 보고서의 정렬 및 그룹화

### ❶ 그룹화의 특징 24.3, 23.2, 22.4, 21.4, 20.1, 19.2, 17.1, 16.3, 16.2, 12.1, 11.3, 11.2, 10.1

- 그룹화의 기준이 되는 필드를 선택하면 기본적으로 정렬 순서가 오름차순으로 설정되어 표시된다.
- 그룹을 만들려면 머리글 구역이나 바닥글 구역 중 하나 이상을 설정해야 한다.
- 그룹을 삭제하면 그룹 머리글이나 바닥글 구역에 삽입된 컨트롤들도 모두 삭제된다.
- 보고서에서는 필드나 식을 기준으로 10단계까지의 그룹을 설정할 수 있다.

### ❷ '그룹, 정렬 및 요약' 창 24.1, 22.2, 20.1, 16.3, 16.2, 12.1

- 문자열 데이터는 첫 문자, 처음 두 문자, 사용자 지정 문자 등을 기준으로 그룹화할 수 있다.
- 날짜 데이터는 연도별, 분기별, 월별, 주별, 일별로 그룹화할 수 있다.
- 숫자 데이터는 지정한 간격으로 그룹화할 수 있으며, 함수를 사용하면 첫 번째 숫자를 기준으로도 그룹화할 수 있다.

## 175 | 다양한 보고서 작성

### ❶ 업무 양식 보고서 24.5, 21.3, 17.1, 15.3

- 기업에서 사용하는 업무용 양식 보고서를 작성하는 기능을 제공한다.
- 업무 양식 서식 파일의 종류 : 거래 명세서, 세금 계산서, 거래 명세서(서식 없음), 세금 계산서(서식 없음)

### ❷ 레이블 보고서 22.3, 20.2, 19.상시, 18.상시, 16.3, 16.2, 14.3, 13.2, 10.1

- 우편 발송용 레이블을 만드는 기능이다.
- 레이블 크기, 레이블 형식, 텍스트 모양, 사용 가능한 필드, 정렬 기준, 보고서 이름 등을 지정한다.
- 한 줄에 추가 가능한 필드의 개수는 최대 10개이다.

### ❸ 하위 보고서 21.4, 20.상시, 18.2, 18.1, 17.2, 16.1, 14.1, 12.2

- 보고서 안에 삽입되는 또 하나의 보고서를 의미한다.
- 일 대 다 관계에 있는 테이블이나 쿼리를 효과적으로 표시할 수 있다.
- 디자인 보기 상태에서 일반 컨트롤의 크기 조절 방법으로 크기 조절이 가능하다.
- '일'에 해당하는 보고서가 주(기본) 보고서이고, '다'에 해당하는 보고서가 하위 보고서이다.
- 일반적으로 사용할 수 있는 하위 보고서의 개수에는 제한이 없다.
- 하위 보고서를 7개의 수준까지 중첩시킬 수 있다.

## 176 | 보고서 작성 기타

### ❶ 머리글/바닥글에 페이지 번호 표시 24.4, 23.5, 23.4, 23.2, 22.6, 22.5, 21.4, …

- N 페이지
  - 현재 페이지 번호만 표시한다.
  - ="페이지 " & [Page] → 페이지 1
- N / M 페이지
  - '현재 페이지 / 전체 페이지' 형식으로 표시한다 .
  - =[Page] & "/" & [Pages] & "페이지" → 1/10페이지
- 큰따옴표(" ") : 큰따옴표(" ") 안의 내용을 그대로 표시함
- [Page] : 현재 페이지를 표시함
- [Pages] : 전체 페이지를 표시함
- & : 식이나 문자열을 연결함

### ❷ 집계 정보 함수 24.5, 24.4, 24.3, 24.2, 23.2, 22.7, 22.6, 22.4, 21.4, 21.3, 21.1, 19.2, 19.1, 13.1, …

- NOW( ) : 현재 날짜와 시간을 표시함
- DATE( ) : 현재 날짜만 표시함
- TIME( ) : 현재 시간만 표시함
- COUNT(인수) : 인수의 개수를 계산함
- SUM(인수) : 인수의 합계를 계산함
- FORMAT(인수, 형식) : 인수를 형식에 맞게 표시함

### ❸ 머리글/바닥글에 누적 합계 표시 23.2, 22.4, 14.1, 13.2, 12.3, 11.2

- 컨트롤 속성의 '데이터' 탭 '누적 합계' 속성을 이용한다.
  - 아니요 : 기본값으로, 현재 레코드의 원본으로 사용하는 필드의 데이터를 텍스트 상자에 표시함
  - 그룹 : 그룹별로 누적 합계를 계산하여 표시함
  - 모두 : 그룹에 관계없이 보고서의 끝까지 값이 누적됨
- 컨트롤 원본을 =1로 설정하고 누적 합계 속성을 '그룹'으로 설정하면 그룹별로 일련번호가 입력되고, '모두'로 설정하면 전체에 대한 일련번호가 입력된다.

**문제1** 다음 보고서에서 '페이지 번호'를 표현하는 식의 결과를 쓰시오. (단, 전체 페이지는 5이고, 현재 페이지는 2이다.)

① =[Page] →

② =[Page]& "페이지" →

③ =Format([Page], "000") →

④ =[Page]& "/"& [Pages]& "페이지" →

**문제2** 다음과 같은 식을 입력하였을 때 표시되는 결과를 쓰시오. (단, 오늘 날짜는 2024-08-09이다.)

| =Format(Now( ), "m/d") |
|---|

답 :

**정답** 1. ① 2 ② 2페이지 ③ 002 ④ 2/5페이지 2. 8/9

## 합격수기

합격수기 코너는 시나공으로 공부하신 독자분들이 시험에 합격하신 후에 직접
**시나공 홈페이지(sinagong.co.kr)**의 〈합격전략/후기〉에 올려주신 자료를 토대로 구성됩니다.

# 컴활 독학으로 필기, 실기 합격!
# 조금이나마 도움이 되길 바라면서~

컴활 필기와 실기 모두 합격했습니다.

합격 통지 받고 나서 공부하는 데 많은 도움이 되었던 시나공 카페에 저도 조금이나마 도움을 드리기 위해 바로 수기 올리려고 했었는데, 게으르다 보니 많이 늦어졌네요. 아무튼 시간이 촉박한 수험생 여러분의 시간을 조금이나마 아끼기 위해 이제부터 각설하고 본론만 말씀드릴게요. ^^

처음 1주 정도 공부하다가 방대한 양에 눌려 '학원에 나가야 되나?' 하고 생각하는 분들도 있을 겁니다. 하지만 절대! 학원 다닐 필요 없습니다. 제 머리가 좋은 편이 아니라는 게 그 증거입니다.^^;

우선 이 글을 읽는 분들은 기본적으로 시나공을 갖고 있을 거라고 생각합니다. 저는 필기 준비 기간을 한 달로 정했는데요. 제 생각에는 최대 한 달, 최소 일주일이 필기 준비 기간으로 적당한 것 같습니다. 저의 경우, 총 3영역을 3주 안에 본다는 생각으로 시작했습니다. 그런데 이게 만만치 않더군요. 분량이 너무 많아서 도저히 계획대로 안 되니까 슬슬 지치더라고요. 아, '다음에 응시할까?' 하는 생각까지 하다가, 작전을 "급" 변경했는데, 소가 뒷걸음하다 쥐 밟은 격이 되어버렸죠.

그 작전이 바로 설명 뒤에 나오는 기출문제만 다 풀어보자는 것이었습니다. 물론 설명까지 다 보고 문제를 풀면 좋겠지만, 그러기엔 너무나 많은 양을 소화해야 하니까요. 오히려 거꾸로 기출문제를 일단 다 풀고, 문제 풀이를 상세하게 보았습니다. 그래도 잘 이해 안 되는 것은 설명을 참고했고요. 그렇게 하니까 일주일 반만에 끝까지 문제를 다 풀 수 있었습니다. 시행착오 끝에 어쨌든 3주만에 필기책의 기출문제는 다 풀게 된 거죠. 시험을 앞둔 나머지 일주일은 완전히 기출문제에 올인했습니다. 시나공 카페에서 자료를 다운받아서 모든 기출문제를 풀어보았습니다. 처음에는 점수가 안나왔는데 계속 풀다보니 반복되는 부분이 상당히 많았습니다. 결국 컴퓨터 필기시험은 문제은행식 이어서, 심지어 완전히 똑같은 문제도 심심찮게 있습니다. 그리고 시험 이틀 전부터는 외우기 어려운 부분(지금 잘 기억이 나진 않는데 컴퓨터의 역사, 발명자 등등 이러한 것들)을 집중해서 외우고, 틀린 문제들을 다시 한 번 봤습니다.

이렇게 해서 필기에 합격할 수 있었습니다. ^^;

실기 합격 수기는 반응이 좋으면 다음에 꼭 쓰겠습니다.^^;; (지금 열심히 일하는 척하고 있거든요ㅋㅋ)

**오정준** • paulojj

# 6장

# 데이터베이스 프로그래밍

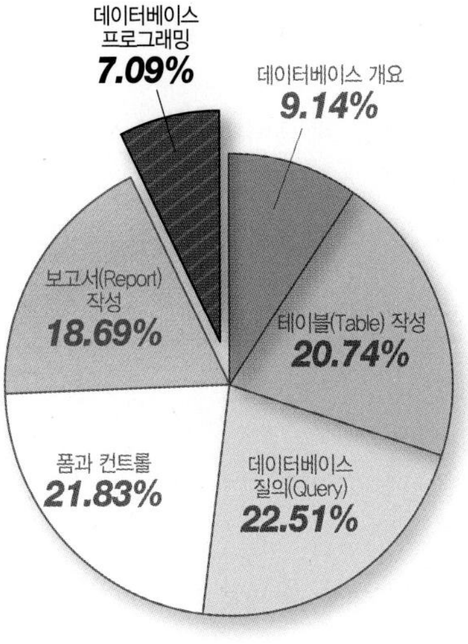




**이 장에서 꼭 알아야 할 키워드 Best 10**

**1.** 매크로 **2.** FindRecord **3.** MessageBox **4.** CloseWindow **5.** Activate/Deactivate **6.** Visible **7.** OpenReport **8.** OpenForm **9.** GoToRecord **10.** BOF/EOF

SECTION 177

# 매크로 작성

B 등급

> **전문가의 조언**
> 매크로의 전반적인 개념을 묻는 문제가 출제됩니다. 액세스에서의 매크로는 엑셀에서의 매크로 개념과 다르다는 것을 중심으로 제시된 매크로의 개념을 정확히 이해하세요.

24.1, 22.4, 21.3, 21.1, 20.1, 19.상시, 19.2, 18.2, 18.1, 17.1, 16.1, 10.2, 09.3, 08.4, 06.3, 03.1

## 1 매크로의 개요

4317701

매크로(MACRO)는 응용 프로그램에서 반복적인 작업을 수행하는 경우, 이를 하나의 명령어로 저장한 후 같은 작업 수행 시 간단하게 처리할 수 있도록 하는 기능이다.

- 액세스에서 매크로란 테이블, 쿼리, 폼, 보고서 등 액세스 각 개체들을 효율적으로 자동화할 수 있도록 미리 정의된 기능으로 매크로 함수라고 할 수 있다.
- 매크로 함수는 폼이나 보고서에서 주로 컨트롤의 이벤트에 연결하여 사용한다.
- 데이터베이스 파일이 열릴 때 자동으로 실행되는 자동 매크로를 정의하려면 매크로 이름 입력란에 **AutoExec***를 입력한다.
- 자동 실행 매크로가 실행되지 않게 하려면 Shift를 누른 채 데이터베이스 파일을 연다.
- 매크로 개체는 탐색 창의 '매크로'에 표시되지만 폼이나 보고서에 포함된 매크로는 표시되지 않는다.
- 액세스에서 [매크로] → [도구] → [매크로를 Visual Basic으로 변환]을 이용하여 작성된 매크로를 VBA 모듈로 변환시킬 수 있다.

> **AutoExec**
> AutoExec는 대소문자를 구분하지 않으므로 autoexec나 AUTOEXEC로 입력해도 됩니다.

## 2 매크로의 구조

매크로는 매크로 함수 입력 부분과 해당 함수를 실행하는 데 필요한 인수를 입력하는 부분으로 구성된다.

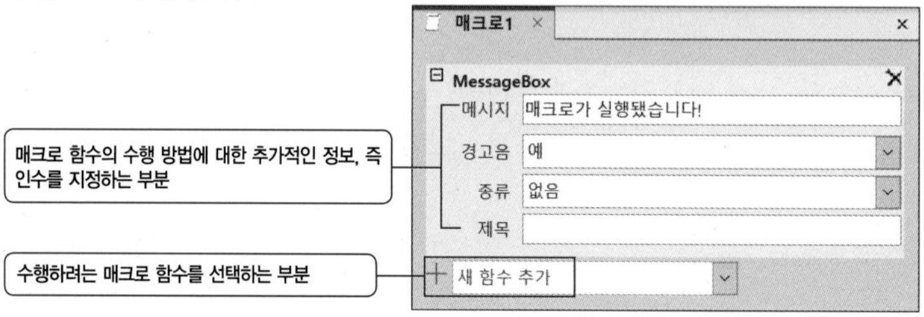


> **전문가의 조언**
> 매크로의 종류에 따른 특징을 묻는 문제가 출제됩니다 매크로 종류별 특징을 정리하세요. 그리고 일반 매크로, 하위 매크로, 조건 매크로의 작성 방법을 예제의 실습을 통해 확인하세요.

## 3 일반 매크로 작성

3218903

일반 매크로는 하나의 이름으로 작성된 매크로이다.

- 하나의 매크로에 여러 개의 매크로 함수를 포함할 수 있다.
- 여러 개의 매크로 함수가 포함된 경우 위에서 아래로 순서대로 실행된다.

> **준비하세요**
> 'C:\길벗컴활1급필기\3과목\3과목 6장-1.accdb' 파일을 불러와 실습하세요.

**예제 1** 다음과 같은 메시지 상자를 출력하는 매크로를 '일반 매크로'라는 이름으로 작성하시오.

① [만들기] → [매크로 및 코드] → [(매크로)]를 클릭한다.

② '매크로1' 창에서 매크로 함수를 선택하기 위해 목록 단추를 클릭한 후 'MessageBox' 함수를 선택한다.

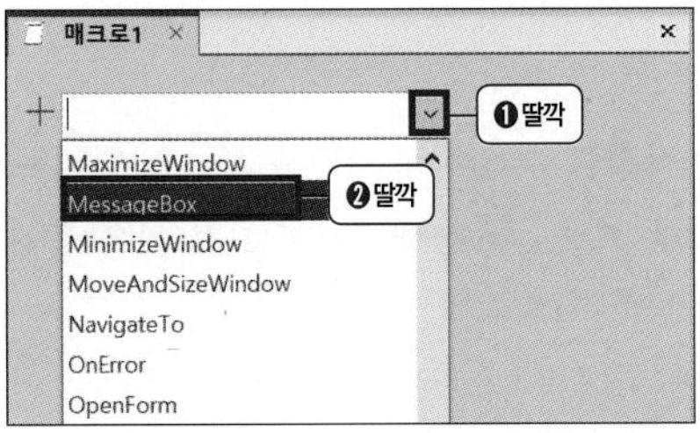


③ 매크로 실행 시 표시할 메시지를 '메시지' 인수 부분에 입력한다.

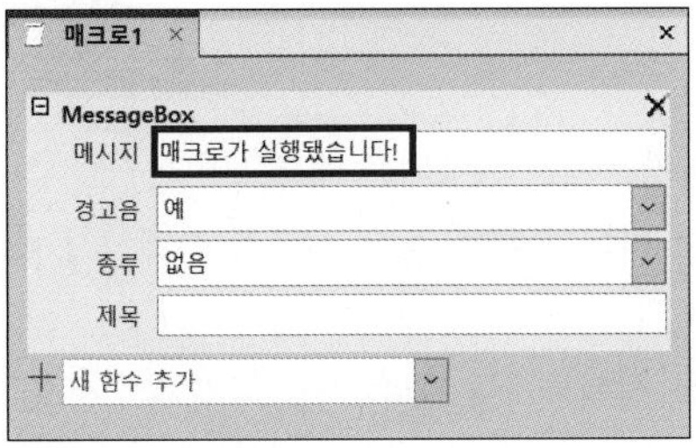


④ 닫기 단추(×)를 클릭한 후 저장 여부를 묻는 대화상자에서 〈예〉를 클릭한다. '다른 이름으로 저장' 대화상자에서 매크로의 이름을 입력한 후 〈확인〉을 클릭한다.

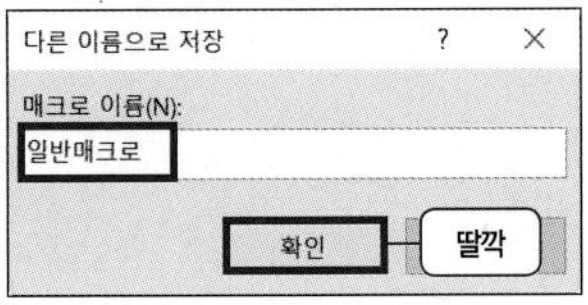


⑤ 작성된 매크로를 실행*하기 위해 '탐색' 창에서 작성한 매크로를 선택하고 더블클릭한다.

**매크로를 실행하는 다른 방법**

- 방법 1 : 매크로 작성 창에서 [매크로] → [도구] → [실행()] 클릭
- 방법 2 : '탐색' 창에서 실행할 매크로의 바로 가기 메뉴에서 [실행] 선택
- 방법 3 : [데이터베이스 도구] → [매크로] → [매크로 실행]을 클릭한 후 '매크로 실행' 대화상자에서 실행할 매크로를 선택하고 〈확인〉 클릭

18.2

### 잠깐만요 다중 매크로 함수

1216231

하나의 매크로에 여러 개의 매크로 함수를 사용할 수 있습니다.

**예** MessageBox를 표시하고 폼을 닫는 매크로

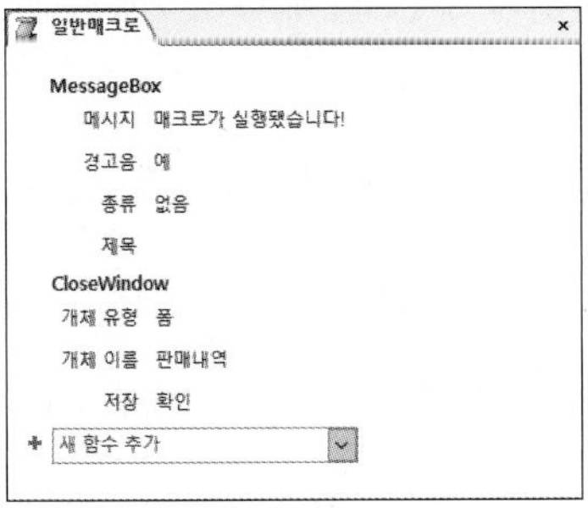

19.2, 09.4

## 4 하위 매크로 작성

1216204

하위 매크로는 하나의 매크로 안에 이름을 갖는 여러 개의 하위 매크로가 포함된 매크로이다.

- 각각의 매크로는 자신이 속한 매크로 이름으로 구분된다.
- 하나의 매크로에 여러 개의 하위 매크로를 작성할 수 있다.
- 하위 매크로가 포함된 매크로를 대표 매크로 이름으로 실행시키면 가장 처음에 지정된 매크로만 실행된다.
- 하위 매크로 내의 특정 매크로를 실행할 때는 대표 매크로 이름과 하위 매크로 이름을 마침표(.)로 구분*한다.

**하위 매크로 실행**
매크로 내의 하위 매크로를 실행시키려면 다음과 같이 마침표( . )로 구분하여 매크로 이름을 지정하세요.

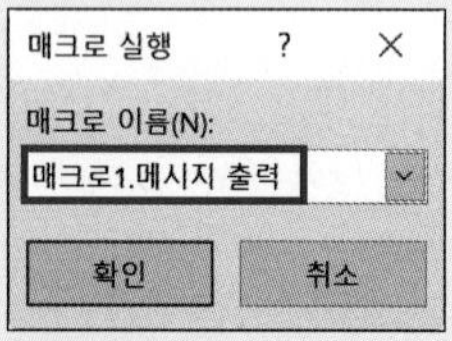


## 5 조건 매크로 작성

3218905

조건 매크로란 IF문과 같이 특정 조건에 맞는 경우에만 실행되는 매크로이다.

- 조건 매크로의 조건식*에는 관계 연산뿐만 아니라 함수 등을 이용하여 계산식 형태로도 작성할 수 있다.
- 조건 매크로는 매크로 함수 목록에서 [If]를 선택하거나 '함수 카탈로그' 창에서 'If'를 더블클릭한 후 작성한다.

**조건 매크로의 조건식 예**
- [주소]="부천시"
- DCount("*", "성적", "비고='합격'")>=10
- [나라] In ("프랑스", "이탈리아", "스페인") And Len([우편번호])<>5

### 따라잡기 기출문제 따라잡기

18년 1회

**1. 다음 중 액세스의 작업을 자동화하고 폼이나 보고서의 컨트롤에 기능들을 미리 정의하여 사용할 수 있도록 하는 기능은?**

① 매크로
② 응용 프로그램 요소
③ 업무 문서 양식 마법사
④ 성능 분석 마법사

액세스의 작업을 자동화하고 폼이나 보고서의 컨트롤에 기능들을 미리 정의하여 사용할 수 있도록 하는 기능은 매크로입니다.

08년 4회, 06년 3회, 03년 1회

**2. 다음 중 액세스에서 매크로 작성에 대한 설명으로 옳지 않은 것은?**

① 하나의 매크로 그룹에 여러 개의 매크로를 만들 수 있다.
② 하나의 매크로에 여러 개의 매크로 함수를 지정할 수 있다.
③ 모듈을 작성하면 이를 자동적으로 매크로로 변환할 수 있다.
④ 매크로 실행 시에 필요한 정보, 즉 인수를 지정할 수 있다.

작성된 매크로를 VBA 모듈로 변환할 수는 있어도 반대의 작업은 할 수 없습니다.

문제6 1216251 문제7 1216252

## 따라잡기 기출문제 따라잡기

09년 3회

**3. 다음 중 매크로 사용에 관한 설명으로 잘못된 것은?**

① 선택된 매크로 함수가 여러 개인 경우 실행 시 위에서 아래의 순서로 실행된다.

② 다른 매크로를 실행하는 매크로 함수는 RunMenu Command이다.

③ 매크로 실행 시 조건식은 계산식 형태로 작성할 수 있다.

④ 매크로를 저장할 때 이름을 'AutoExec'로 지정하면 데이터베이스 파일을 열 때 액세스가 해당 매크로를 자동으로 실행해 준다.

> 다른 매크로를 실행하는 매크로 함수는 RunMacro이고, RunMenuCommand는 액세스에서 제공하는 명령을 실행하는 매크로 함수입니다. 매크로 함수는 494쪽에서 자세히 배웁니다.

10년 2회

**4. 다음 중 액세스에서의 매크로 기능에 대한 설명으로 가장 옳지 않은 것은?**

① 엑셀에서와 같이 사용자가 수행하는 작업에 대한 매크로를 자동적으로 기록해 준다.

② 액세스에서 제공하는 기본적인 매크로 함수를 이용하여 매크로를 작성한다.

③ 데이터베이스 파일을 열 때 매크로를 자동으로 실행시키려면 매크로 이름을 'AutoExec'로 작성한다.

④ 매크로 이름 열에 지정한 바로 가기 키를 이용하여 매크로를 실행할 수 있다.

> 액세스 매크로는 엑셀과 다르게 액세스에서 제공하는 매크로 함수를 이용해서 작성합니다.

09년 4회

**5. 다음 중 액세스에서 매크로에 대한 설명으로 옳지 않은 것은?**

① 매크로 이름 다음에 점을 입력한 후 하위 매크로 이름을 입력하여 이벤트나 이벤트 프로시저에서 매크로를 실행할 수 있다.

② 하나의 매크로에 여러 개의 매크로 함수를 지정할 수 있다.

③ 하위 매크로가 포함된 매크로를 실행시키면 매크로 안의 하위 매크로 중 가장 나중에 지정한 하위 매크로만 실행된다.

④ 특정 조건이 참일 때만 매크로 함수를 실행하도록 할 수 있다.

> 하위 매크로가 포함된 매크로를 실행하면 매크로 안의 하위 매크로 중 가장 처음에 지정한 매크로만 실행됩니다.

20년 1회, 19년 상시, 16년 1회

**6. 다음 중 액세스의 매크로에 대한 설명으로 옳지 않은 것은?**

① 반복적으로 수행되는 작업을 자동화하여 간단히 처리할 수 있도록 하는 기능이다.

② 매크로 함수 또는 매크로 함수 집합으로 구성되며, 각 매크로 함수의 수행 방식을 제어하는 인수를 추가할 수 있다.

③ 매크로를 이용하여 폼을 열고 닫거나 메시지 박스를 표시할 수도 있다.

④ 매크로는 주로 컨트롤의 이벤트에 연결하여 사용하며, 폼 개체 내에서만 사용할 수 있다.

> 매크로는 폼 개체뿐만 아니라 보고서 개체에서도 사용할 수 있습니다.

22년 4회, 21년 3회, 1회, 19년 2회, 18년 2회

**7. 다음 중 매크로에 대한 설명으로 옳지 않은 것은?**

① 매크로는 작업을 자동화하고 폼, 보고서 및 컨트롤에 기능을 추가하는 데 사용되는 도구이다.

② 특정 조건이 참일 때에만 매크로 함수를 실행하도록 설정할 수 있다.

③ 하나의 매크로에는 하나의 매크로 함수만 포함될 수 있다.

④ 매크로를 컨트롤의 이벤트 속성에 포함시킬 수 있다.

> 매크로를 실행하여 메시지를 표시한 후 폼을 닫는 것과 같이 하나의 매크로에 여러 개의 매크로 함수를 포함할 수 있습니다.

24년 1회, 17년 1회

**8. 다음 중 매크로에 대한 설명으로 옳지 않은 것은?**

① 매크로는 작업을 자동화하고 폼, 보고서 및 컨트롤에 기능을 추가하는 데 사용되는 도구이다.

② 매크로를 컨트롤의 이벤트 속성에 포함시킬 수 있다.

③ 컨트롤에 포함된 매크로를 포함하여 모든 매크로가 '탐색' 창의 매크로 개체에 표시된다.

④ 데이터베이스 파일이 열릴 때 자동으로 실행되는 매크로를 정의하려면, 매크로 이름을 AutoExec로 지정한다.

> '탐색' 창에 표시되는 매크로는 [만들기] → [매크로 및 코드] → [매크로] 메뉴를 이용해 이름을 지정하여 만든 매크로만 표시됩니다. 특정 컨트롤에 포함된 매크로는 '탐색' 창에 표시되지 않습니다.

▶ **정답** : 1. ① 2. ③ 3. ② 4. ① 5. ③ 6. ④ 7. ③ 8. ③

SECTION 178

# 매크로 함수 1 - 폼과 보고서 / 실행 / 가져오기 / 내보내기

B 등급

**전문가의 조언**

액세스에서 제공되는 매크로 함수와 그 기능을 묻는 문제가 다양하게 출제됩니다. 각 매크로 함수를 구분할 수 있도록 해당 기능을 정확히 알고 있어야 합니다. 매크로 함수명과 기능을 연관지어 알아두면 기억하기 쉽습니다.

24.5, 24.4, 24.3, 23.4, 22.7, 22.6, 22.5, 22.3, 22.2, 21.3, 20.2, 14.3, 12.1, 11.2, 05.4, 03.3, 02.3

## 1 폼과 보고서 관련 매크로 함수

1216401

| 매크로 함수 | 설 명 |
|---|---|
| 23.4, 22.2, 20.2, 12.1, 11.2, …<br>ApplyFilter | 테이블이나 쿼리로부터 레코드를 필터링한다. |
| 14.3, 12.1<br>FindNextRecord | 특정 조건을 만족하는 레코드 중 현재 검색된 레코드의 다음 레코드를 검색한다. |
| 22.2, 21.3, 20.2, 11.2, 03.3<br>FindRecord | 특정한 조건을 만족하는 레코드 중 첫 번째 레코드를 검색한다. |
| 24.5, 24.4, 22.7, 22.6, 22.5, …<br>GoToControl | 특정 컨트롤로 포커스를 이동시킨다. |
| 23.4<br>GoToPage | 현재 폼에서 커서를 지정한 페이지의 첫 번째 컨트롤로 이동시킨다. |
| 24.5, 24.3, 22.7, 22.6, 22.3<br>GoToRecord | • 레코드 포인터를 이동시킨다.<br>• First, Last, Previous, Next 등의 인수가 사용된다. |

24.3, 23.4, 22.6, 22.2, 21.3, 20.2, 14.3, 13.2, 12.3, 12.1, 11.2, 09.2, 07.4, 04.4, 04.3, 03.3

## 2 실행 관련 매크로 함수

1216402

| 매크로 함수 | 설 명 |
|---|---|
| 04.4<br>RunMenuCommand | 액세스에서 제공하는 명령을 실행한다. |
| QuitAccess | 액세스를 종료한다. |
| 03.3<br>OpenQuery | 질의를 실행한다. |
| 22.6, 04.3<br>RunCode | 프로시저를 실행한다. |
| 21.3, 04.3<br>RunMacro | 매크로를 실행한다. |
| 24.3, 11.2<br>RunSQL | SQL문을 실행한다. |
| 13.2, 09.2, 07.4, 04.3<br>RunApplication | 메모장, 엑셀 등의 응용 프로그램을 실행한다. |
| 14.3, 12.1<br>CancelEvent | 이벤트를 취소한다. |
| 23.4, 22.2, 21.3, 20.2, 14.3, 12.3, 03.3<br>MessageBox* | 메시지 상자를 통해 경고나 알림 등의 정보를 표시한다. |

**메시지 표시**

매크로에서 대화상자에 메시지를 표시하는 함수는 'MessageBox'이고, 이벤트 프로시저에서 대화상자에 메시지를 표시하는 함수는 'MsgBox'입니다.

**개체별 내보낼 수 있는 형식**

- 테이블, 쿼리, 폼 : 서식 있는 텍스트(*.rtf), 텍스트 파일(*.txt), 통합 문서 파일(*.xls, *.xlsx), *.html, *.pdf, *.xps
- 보고서 : 서식 있는 텍스트(*.rtf), 텍스트 파일(*.txt), 통합 문서 파일(*.xls), *.html, *.pdf, *.xps, *.snp

16.2, 12.2, 08.3, 07.1, 04.4, 04.2, 03.3

## 3 가져오기/내보내기 관련 매크로 함수

1216403

| 매크로 함수 | 설 명 |
|---|---|
| 16.2, 12.2, 08.3, 07.1, 04.4, 04.2, 03.3<br>ExportWithFormatting* | 데이터베이스 개체를 엑셀(.xlsx), 텍스트(.txt), 서식 있는 텍스트(.rtf), html, pdf 형식 등으로 내보낸다. |

| | |
|---|---|
| 08.3, 07.1<br>EMailDatabaseObject | 데이터베이스 개체를 전자우편 메시지에 첨부하여 전송한다. |
| 08.3, 07.1<br>ImportExportData | 다른 데이터베이스 파일과의 내보내기, 가져오기, 연결 등을 지원한다. |
| ImportExportSpreadsheet | 스프레드시트 파일과의 내보내기, 가져오기, 연결 등을 지원한다. |
| 04.4<br>ImportExportText | 텍스트 파일과의 내보내기, 가져오기, 연결 등을 지원한다. |

## 따라잡기 기출문제 따라잡기

문제6 1216451

13년 2회, 07년 4회

**1. 매크로를 이용하여 외부의 응용 프로그램을 실행하려고 한다. 이때 사용할 수 있는 가장 적절한 매크로 함수는 무엇인가?**

① RunMenuCommand ② RunMacro
③ RunSQL ④ RunApplication

응용 프로그램(Application)을 실행(Run)하는 매크로 함수는 RunApplication입니다.

24년 5회, 4회

**2. 활성화된 폼에서 옵션 단추의 선택 여부에 따라 해당 텍스트 상자 컨트롤로 포커스(Focus)를 자동 이동하려고 한다. 다음 중 이 작업을 위해 사용되는 매크로 함수로 옳은 것은?**

① OpenForm ② GoToControl
③ GoToRecord ④ SetValue

특정 컨트롤로 포커스를 이동시키는 매크로 함수는 GoToControl입니다.

22년 7회, 6회, 5회, 3회

**3. 레코드의 위치를 지정된 레코드로 이동시키는 것으로 First, Last, Previous, Next 등의 인수가 사용되는 매크로 함수는?**

① GoToRecord ② GoToControl
③ FindRecord ④ FindNextRecord

레코드(Record)의 위치를 이동(GoTo)시키는 매크로 함수는 GoToRecord입니다.

09년 2회, 04년 3회

**4. 다음은 주어진 작업과 적합한 매크로 함수를 짝지었다. 틀린 것은?**

① 매크로, 프로시저, 쿼리 실행 – RunMacro, RunSql, RunApplication
② 개체를 열거나 닫기 – CloseWindow, OpenForm, OpenQuery, OpenReport
③ 경고음 내기 – Beep
④ 필드, 컨트롤, 속성값 설정 – SetValue

RunMacro는 매크로(Macro) 실행(Run), RunSql은 Sql 실행, RunApplication는 응용 프로그램(Application) 실행을 의미합니다. 프로시저 실행은 RunCode입니다. 나머지 보기의 내용은 Section 179에서 배웁니다.

23년 4회, 22년 2회, 20년 2회

**5. 다음 중 매크로 함수에 대한 설명으로 옳지 않은 것은?**

① FindRecord : 조건에 맞는 모든 레코드를 검색한다.
② ApplyFilter : 테이블이나 쿼리로부터 레코드를 필터링한다.
③ OpenReport : 작성된 보고서를 호출하여 실행한다.
④ MessageBox : 메시지 상자를 통해 경고나 알림 등의 정보를 표시한다.

FindRecord 함수는 현재 폼이나 데이터시트에서 지정한 조건에 맞는 첫 번째 레코드를 찾습니다.

12년 1회, 11년 2회

**6. 다음 중 매크로 함수와 그에 대한 설명으로 옳지 않은 것은?**

① ApplyFilter : 필터, 쿼리, SQL WHERE절을 테이블, 폼, 보고서에 적용하여 테이블의 레코드, 폼이나 보고서의 원본이 되는 테이블이나 쿼리의 레코드를 제한하거나 정렬할 수 있다.
② FindRecord : 지정한 조건에 맞는 데이터의 첫째 인스턴스를 찾을 수 있다.
③ RunSQL : Microsoft Access 안에서 Microsoft Excel, Microsoft Word, Microsoft PowerPoint와 같은 Windows 기반 또는 MS-DOS 기반 응용 프로그램을 실행할 수 있다.
④ Requery : 현재 개체의 지정한 컨트롤의 데이터를 업데이트할 수 있으며, 컨트롤을 지정하지 않으면 개체 원본 자체를 다시 쿼리한다.

RunSQL은 SQL문을 실행하는 매크로 함수입니다. ③번은 RunApplication 매크로 함수의 기능입니다.

▶ 정답 : 1. ④ 2. ② 3. ① 4. ① 5. ① 6. ③

SECTION 179

# 매크로 함수 2 - 개체 조작 / 기타

C 등급

전문가의 조언

각 매크로 함수명을 통해 그 기능을 파악할 수 있습니다. 매크로 함수명이 무엇을 의미하는지 정도만 알아두면 됩니다.

## 1 개체 조작 관련 매크로 함수

24.5, 24.4, 24.3, 24.1, 23.1, 22.4, 21.3, 19.1, 15.3, 11.3, 08.4, 07.4, 06.4, 05.2

1216501

| 매크로 함수 | 설 명 |
|---|---|
| 05.2 CopyObject | 데이터베이스 개체를 복사한다. |
| RenameObject | 데이터베이스 개체의 이름을 바꾼다. |
| SaveObject | 데이터베이스 개체를 저장한다. |
| DeleteObject | 데이터베이스 개체를 삭제한다. |
| MaximizeWindow | 현재 활성 창을 최대화(전체 창 크기)한다. |
| MinimizeWindow | 현재 활성 창을 최소화(아이콘 모양)한다. |
| MoveAndSizeWindow | 현재 활성 창의 크기를 변경한다. |
| RestoreWindow | 현재 활성 창을 최대화, 최소화되기 전의 크기로 되돌린다. |
| 23.1 CloseWindow | 폼이나 테이블, 쿼리 등 활성화되어 있는 데이터베이스 개체를 닫는다. |
| 24.5, 24.4, 22.4, 19.1, 15.3, 07.4 OpenForm* | 폼을 연다(폼 보기, 디자인 보기, 인쇄 미리 보기, 데이터시트 보기 등). |
| OpenVisualBasicModule | 작성된 모듈을 호출하여 실행한다. |
| 21.3, 11.3 OpenQuery | 작성된 쿼리를 호출하여 실행한다(데이터시트 보기, 디자인 보기, 인쇄 미리 보기 등). |
| 24.3, 24.1, 11.3, 05.2 OpenReport | 작성된 보고서를 호출하여 실행한다(인쇄, 인쇄 미리 보기, 디자인 보기). |
| OpenTable | 테이블을 연다(데이터시트 보기, 디자인 보기, 인쇄 미리 보기 등). |
| OpenDiagram | 작성된 다이어그램을 호출하여 실행한다. |
| OpenStoredProcedure | 현재 열려 있는 데이터베이스 내의 스토어드 프로시저(저장 프로시저)를 연다. |
| OpenView | 현재 열려 있는 데이터베이스 내의 뷰를 연다. |
| 06.4 PrintOut* | 개체를 인쇄한다. |
| SelectObject | 데이터베이스 개체를 선택한다. |
| 24.5, 24.4, 24.3 SetValue | 필드, 컨트롤, 속성 등의 값을 설정한다. |
| RepaintObject | 데이터베이스 개체를 갱신한다. |
| 11.3, 08.4, 05.2 Requery | 개체의 컨트롤 원본을 갱신한다. |
| ShowAllRecords | 테이블 또는 쿼리에 적용된 필터를 제거하고, 전체 자료를 보여준다. |

**OpenForm 함수의 주요 인수**
- **폼 이름** : 열려는 폼의 이름으로, 필수 요소입니다.
- **보기 형식** : 폼, 디자인, 인쇄 미리 보기, 데이터시트, 레이아웃 중 하나를 선택할 수 있습니다.
- **Where 조건문** : 조건을 지정합니다.
- **데이터 모드** : '추가', '편집', '읽기 전용' 중 하나를 선택할 수 있습니다.
- **창 모드** : 폼을 여는 창 모드로 '기본', '숨김', '아이콘', '대화 상자' 중에서 하나를 선택하며, 기본값은 '기본' 입니다.

**PrintOut 함수의 인수**
- **인쇄 범위** : 인쇄할 범위로 '모두', '선택 영역', '페이지 지정' 중 하나를 선택하며 기본 값은 '모두' 입니다.
- **시작 페이지 번호** : 지정한 페이지부터 인쇄가 시작됩니다.
- **마지막 페이지 번호** : 지정한 페이지까지 인쇄됩니다.
- **인쇄 품질** : 인쇄 품질로 '고품질', '보통', '저품질', '간단하게 인쇄' 중 하나를 선택하며 기본값은 '고품질' 입니다.
- **인쇄 매수** : 인쇄할 매수를 지정합니다. 기본값은 '1' 입니다.
- **한 부씩 인쇄** : 전체 페이지를 한 부씩 인쇄할지의 여부를 지정합니다.

## 2 기타 매크로 함수

14.3, 12.3, 03.3

1216502

| 매크로 함수 | 설 명 |
|---|---|
| 14.3, 12.3, 03.3 MsgBox* | 메시지 상자를 통해 경고나 알림 등의 정보를 표시한다. |
| Beep | 경고음을 낸다. |
| Echo | 매크로 실행 시 실행에 필요한 메시지의 화면 표시 여부를 지정한다. |
| DisplayHourglassPointer | 매크로가 실행되는 동안 마우스 포인터를 모래 시계나 사용자가 선택한 다른 아이콘으로 변경한다 |
| SetWarnings | 시스템 메시지의 설정 또는 해제를 한다. |
| SendKeys | 키보드의 특정 키가 눌린 것과 같은 효과를 나타낸다. |

**메시지 상자 표시**
매크로에서 대화상자에 메시지를 표시하는 함수는 'MessageBox'이고, 이벤트 프로시저에서 대화상자에 메시지를 표시하는 함수는 'MsgBox'입니다.

### 따라잡기 기출문제 따라잡기

문제1 1216551

11년 3회, 05년 2회

**1. 다음의 매크로 함수에 대한 설명 중 틀린 것은?**

① Requery는 컨트롤 원본을 다시 쿼리하여 현재 개체에 지정한 컨트롤의 데이터를 업데이트할 수 있다.

② CopyObject는 지정한 데이터베이스 개체를 다른 액세스 데이터베이스나 현재 데이터베이스에 새 이름으로 복사한다.

③ OpenReport는 디자인 보기나 미리 보기 상태로 보고서를 여는 함수이며, 인쇄는 할 수 없다.

④ RunSQL은 해당 SQL문을 사용해 액세스 실행 쿼리를 실행하는 데 사용한다.

OpenReport는 인쇄 미리 보기, 디자인 보기뿐만 아니라 인쇄도 가능합니다.

22년 4회, 19년 1회, 15년 3회

**2. 다음 중 폼을 디자인 보기나 데이터시트 보기로 열기 위해 사용하는 매크로 함수는?**

① RunMenuCommand ② OpenForm
③ RunMacro ④ RunSQL

폼(Form)을 열기(Open) 위해 사용하는 매크로 함수는 OpenForm입니다.

21년 3회

**3. 다음 중 매크로 함수에 대한 설명으로 옳지 않은 것은?**

① FindRecord : 조건에 맞는 첫 번째 레코드를 검색한다.

② RunMacro : 매크로를 실행한다.

③ Messagebox : 매개 변수 쿼리를 실행한다.

④ OpenQuery : 쿼리를 실행한다.

Messagebox 함수는 경고 또는 정보 메시지가 포함된 메시지 상자를 표시합니다. 쿼리를 실행할 때 사용하는 매크로 함수는 OpenQuery입니다.

12년 3회

**4. 다음 함수 중 화면에 정보를 표시하기 위하여 사용하는 것으로 옳은 것은?**

① SetValue ② ImportExportText
③ MsgBox ④ Beep

오류나 경고 등의 메시지를 표시하는 함수는 MsgBox입니다.

23년 1회

**5. 다음 매크로 함수에 대한 설명으로 옳지 않은 것은?**

① FindRecord : 조건에 맞는 첫 번째 레코드를 검색한다.

② GoToControl : 특정 컨트롤로 포커스를 이동시킨다.

③ MessageBox : 메시지 상자를 통해 경고나 알림 등의 정보를 표시한다.

④ CloseWindow : Access를 종료한다.

CloseWindow는 폼, 테이블, 쿼리 등 활성화되어 있는 데이터베이스 개체를 닫는 매크로 함수입니다. Access를 종료하는 매크로 함수는 QuitAccess입니다.

▶ 정답 : 1. ③ 2. ② 3. ③ 4. ③ 5. ④

SECTION
# 180 이벤트 프로시저

C 등급

## 1 이벤트 프로시저*의 작성

15.2

1216601

이벤트는 마우스 클릭이나 키 누름과 같이 개체에 의해 인식되는 동작이며, 이벤트 프로시저는 특정 개체에 설정된 이벤트가 발생할 때 자동으로 수행되는 프로시저이다.

**전문가의 조언**

이벤트는 마우스 클릭이나 키 누름과 같이 개체에 의해 인식되는 동작을 의미합니다. 이벤트 프로시저가 무엇인지 개념을 파악하고, 실습을 통해 수행 방법을 습득하세요.

**이벤트 프로시저**

폼에서 〈검색〉 버튼을 클릭하면 조건에 맞는 레코드 표시하기, 〈인쇄〉 버튼을 클릭하면 폼에 있는 내용 인쇄하기 등과 같이 특정 개체에 설정된 이벤트(클릭, 더블클릭 등)가 발생할 때 자동으로 수행되는 프로시저를 의미합니다.

**준비하세요**

'C:\길벗컴활1급필기\3과목\3과목6장-2.accdb' 파일을 불러와 실습하세요.

**예제 1** '상품' 폼에서 '인쇄(🖨)' 버튼을 클릭하면 '판매내역보고서' 보고서를 인쇄 미리 보기 형태로 출력하는 이벤트 프로시저를 작성하시오.

① '탐색' 창의 폼 개체에서 '상품' 폼을 선택한 후 바로 가기 메뉴에서 [디자인 보기]를 선택한다.

② '상품' 폼 바닥글에 있는 '인쇄(🖨)' 버튼을 더블클릭한 후 '인쇄' 속성 시트 창의 '이벤트' 탭에서 'On Click'을 클릭한다. 이어서 작성기 단추(...)를 클릭한다.

③ '작성기 선택' 대화상자에서 '코드 작성기'를 선택한 후 〈확인〉을 클릭한다.

④ VBE에 '인쇄'의 'Click( )' 이벤트 프로시저가 나타나 있다. 그림과 같이 코드를 입력한다.

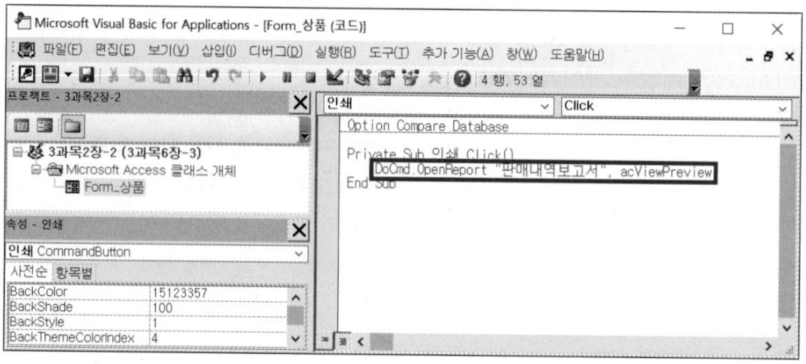


⑤ '표준' 도구 모음의 '(보기 Microsoft Access)' 아이콘을 클릭한다.

⑥ '인쇄' 컨트롤의 속성 시트 창을 닫고, [양식 디자인] → [보기] → [(폼 보기)]를 클릭하여 폼을 실행한다.

⑦ '인쇄' 버튼을 클릭하여 결과를 확인한다.

## 2 데이터의 주요 이벤트

23.5, 21.4, 21.3, 13.3, 10.1, 08.2

1216602

데이터 이벤트는 폼이나 컨트롤에서 데이터를 입력, 삭제, 변경하거나 한 레코드에서 다른 레코드로 포커스가 이동할 때 발생한다.

**전문가의 조언**

주요 이벤트에서는 각 이벤트의 발생 시기를 파악하세요. 각 이벤트의 이름으로 발생 시기를 가늠할 수 있습니다. 이벤트 이름과 발생 시기를 연관지어 기억하세요.

| 이벤트 | 이벤트 속성 | 발생 시기 |
|---|---|---|
| 23.5, 21.4, 13.3<br>AfterUpdate | After Update | 컨트롤이나 레코드의 데이터가 업데이트된 후에 발생한다. |
| 21.4, 13.3<br>BeforeUpdate | Before Update | 컨트롤이나 레코드의 변경된 데이터가 업데이트되기 전에 발생한다. |
| 23.5, 21.4<br>AfterInsert | After Insert | 새 레코드가 추가된 후에 발생한다. |
| BeforeInsert | Before Insert | 새 레코드에 첫 문자를 입력할 때(레코드가 실제로 만들어지기 전) 발생한다. |
| 10.1, 08.2<br>Current | On Current | 포커스가 임의의 레코드로 이동되어 그 레코드가 현재 레코드가 되거나 폼이 새로 고쳐지거나 다시 질의될 때 발생한다. |
| 21.3, 13.3<br>Change | On Change | 텍스트 상자의 내용이나 콤보 상자의 텍스트 부분이 바뀔 때, 탭 컨트롤에서 다른 페이지로 이동할 때 발생한다. |
| Delete | On Delete | 레코드를 삭제할 때, 삭제를 확인해서 실제로 삭제되기 전에 발생한다. |
| Dirty | On Dirty | 폼의 내용이나 콤보 상자의 텍스트 부분이 바뀔 때, 탭 컨트롤의 한 페이지에서 다른 페이지로 이동할 때 발생한다. |

**예제 2** 개체에 데이터가 업데이트되기 전에 발생하여 명령문을 실행하는 프로시저 작성하기

```
Private Sub ProductName_BeforeUpdate( )
    명령문
End Sub
```

23.5, 21.4, 10.1, 09.4, 08.2

## 3 포커스 관련 주요 이벤트

1216607

폼이나 컨트롤이 포커스를 얻거나 잃을 때, 폼이나 보고서가 활성화되거나 비활성화될 때 발생한다.

| 이벤트 | 이벤트 속성 | 발생 시기 |
|---|---|---|
| 10.1, 09.4<br>Activate | On Activate | 폼이나 보고서가 활성화될 때 발생한다. |
| 23.5, 21.4<br>Deactivate | On Deactivate | Access의 활성 창이 다른 창으로 바뀔 때, 다른 창이 활성 창이 되기 전에 발생한다. |
| Enter | On Enter | 폼의 다른 컨트롤에서 특정 컨트롤로 포커스가 실제로 옮겨지기 전에 발생한다. |
| Exit | On Exit | 같은 폼에서 한 컨트롤이 다른 컨트롤로 포커스를 잃기 전에 발생한다. |
| 09.4, 08.2<br>GotFocus | On Got Focus | 컨트롤이나 폼이 포커스를 받을 때 발생한다. |
| 23.5, 21.4, 09.4<br>LostFocus | On Lost Focus | 폼이나 컨트롤이 포커스를 잃을 때 발생한다. |

## 따라잡기 기출문제 따라잡기

문제1 3219351

23년 5회, 21년 4회

**1. 다음 중 이벤트의 발생 시기에 대한 설명으로 옳지 않은 것은?**

① Deactivate : 폼이나 보고서가 활성화될 때 발생한다.

② AfterInsert : 새 레코드가 추가된 후에 발생한다.

③ AfterUpdate : 컨트롤이나 레코드의 데이터가 업데이트된 후에 발생한다.

④ LostFocus : 폼이나 컨트롤이 포커스를 잃을 때 발생한다.

활성화될 때는 Activate, 활성화된 창이 다른 창으로 바뀔 때는 Deactivate입니다.

13년 3회, 07년 1회

**2. 다음은 공통점이 있는 이벤트 속성을 모아 놓은 것이다. 이 중 가장 관련이 적은 것은?**

① After Update ② On Change

③ Before Update ④ On Dbl Click

①, ②, ③번은 데이터가 변경되었을 때 발생하는 데이터 이벤트이고, ④번은 마우스를 더블클릭했을 때 발생하는 마우스 이벤트입니다.

21년 3회

**3. 다음 중 텍스트 상자의 내용이 변경될 때 발생하는 이벤트는 무엇인가?**

① After Update ② Before Update

③ Click ④ Change

내용이 변경될 때는 Change, 변경되기 전에는 Before Update, 변경된 후에는 After Update입니다.

▶ 정답 : 1. ① 2. ④ 3. ④

SECTION 181

# ACCESS의 개체

A 등급

## 1 Application 개체

15.1

1216701

Application 개체는 현재 Microsoft Access 응용 프로그램 자체를 의미한다.

- Application 개체에는 Microsoft Access 개체와 컬렉션*이 모두 들어 있다.
- Application 개체를 사용해 메서드*나 속성을 설정하면 Microsoft Access 응용 프로그램 전체에 적용된다.

전문가의 조언

각 개체의 특징과 개체와 관련된 속성, 메서드, 이벤트의 종류를 파악하세요.

- **컬렉션** : 관련 개체의 집합을 포함하는 개체를 의미함
- **메서드** : 개체에서 또는 개체를 가지고 수행할 수 있는 작업을 의미함

### 주요 속성

| | |
|---|---|
| 15.1 CurrentData | 현재 데이터베이스에 저장된 개체를 참조한다. |
| 15.1 CurrentProject | 현재 Access 프로젝트(.adp)나 Access 데이터베이스(.accdb)에 대한 프로젝트를 참조한다. |
| 15.1 DoCmd | 개체와 이와 관련된 메서드를 참조하거나 실행할 수 있다. |
| Name | 개체의 이름을 나타내는 문자열 식을 지정한다. |
| Visible | Access 응용 프로그램의 최소화 여부를 지정하거나 판단한다. |

### 주요 메서드

| | |
|---|---|
| Quit | Access를 종료한다. |
| Run | 사용자 정의 Function 또는 Sub 프로시저를 수행한다. |

예제 1

| | |
|---|---|
| Application.**CurrentProject**.FullName | 현재 개체의 이름 |
| Application.**DoCmd**.OpenForm "급여정산", acNormal | "급여정산" 폼을 폼 보기 형태로 오픈한다. |
| Application.**Quit** acPrompt | 액세스를 종료한다. |
| Application.**Run** "성적계산", "홍길동" | "홍길동"이라는 인수를 가지고 "성적계산" 프로시저를 실행한다. |

## 2 Form(Forms 컬렉션) 개체

24.4, 24.2, 23.3, 22.2, 21.4, 21.1, 19.상시, 19.1, 14.2, 12.1, 11.1, 10.1, 08.1

1216702

Forms 컬렉션은 Microsoft Access 데이터베이스에 현재 열려 있는 모든 폼을 의미한다.

- 이름이나 컬렉션 내의 인덱스를 참조하여 각 Form 개체를 참조한다.

### 주요 속성

| | |
|---|---|
| 10.1 RecordSource | 폼의 데이터 원본을 지정한다. |
| RecordsetClone | 폼의 RecordSource 속성으로 지정된 Recordset 개체를 참조한다. |
| Bookmark | 폼이 원본으로 사용하는 테이블, 쿼리, SQL문의 특정 레코드를 고유하게 식별하는 책갈피를 설정한다. |
| OpenArgs | 폼을 연 OpenForm 메서드의 OpenArgs 인수로 지정되는 문자열 식을 결정한다. |
| 24.4, 24.2, 23.3, 21.4, 21.1, … Visible | • 폼, 보고서, 컨트롤 등의 표시 여부를 결정한다.<br>• 속성 값이 True이면 표시하고, False이면 숨긴다. |

### 주요 메서드

| | |
|---|---|
| 08.1 Requery | 데이터 원본을 다시 쿼리하여 데이터를 업데이트한다. |
| 22.2 Refresh | 데이터 원본으로 사용하는 레코드를 즉시 업데이트한다. |
| Recalc | 계산식이 있는 컨트롤을 모두 재계산한다. |
| 12.1 SetFocus | 포커스를 옮긴다. |
| Undo | 값이 변경된 컨트롤이나 폼을 원래대로 되돌린다. |

예제 2

| | |
|---|---|
| Forms!frmCustomers.RecordSource = "Customers" | frmCustomers 폼의 데이터 원본을 〈Customer〉 테이블로 설정한다. |
| Forms!Sale!Price.Visible=False* | Sale 폼의 Price 컨트롤을 숨긴다. |
| ctlList.Requery | ctList 개체의 데이터 원본을 업데이트한다. |
| Forms!Store!txt조회.SetFocus | Store 폼의 txt조회 컨트롤로 포커스를 옮긴다. |

**컨트롤에 속성 및 메서드 지정**
- 개체, 개체명, 컨트롤명은 느낌표(!)로 구분합니다.
- 컨트롤명과 속성명, 메서드명은 마침표(.)로 구분합니다.
- Forms!Sale!Price.Visible =False
  - Forms : 개체
  - Sale : 개체명
  - Price : 컨트롤명
  - Visible : 속성명

## 3 컨트롤(Controls 컬렉션) 개체

22.2, 12.1

컨트롤은 폼, 보고서에 위치시킬 수 있는 텍스트 상자, 확인란, 명령 단추 등을 말한다.

- Controls 컬렉션은 폼, 보고서 또는 다른 컨트롤 내에 있거나 연결된 모든 컨트롤을 포함한다.
- 각 컨트롤을 Controls 컬렉션에서 열거하고, 개수를 세고, 속성을 설정할 수 있다.

### 주요 속성

| | |
|---|---|
| 22.2 ItemData | 콤보 상자나 목록 상자에 지정된 행에 대한 바운드 열의 데이터를 반환한다. |
| ItemsSelected | 콤보 상자나 목록 상자 컨트롤에서 선택된 행의 데이터를 액세스한다. |

### 주요 메서드

| | |
|---|---|
| 22.2<br>Requery | 원본 데이터를 다시 읽어 갱신한다. |
| 12.1<br>SetFocus | 포커스를 지정된 컨트롤로 옮긴다. |
| Undo | 변경된 값을 원래대로 되돌린다. |
| SizeToFit | 컨트롤의 크기를 컨트롤 내의 텍스트나 이미지에 맞게 조정한다. |

**예제 4**

```
For Each varItem in ctlList.ItemsSelected
    Debug.Print ctlList.ItemData(varItem)
Next varItem
ctl.SizeToFit
```

ctlList 개체에 **바운드된 열 값**을 직접 실행 창에 모두 인쇄한다.

ctl 개체의 캡션 길이에 맞게 **컨트롤의 크기**를 조정한다.

24.3, 24.1, 23.4, 23.3, 23.2, 22.5, 22.2, 21.4, 20.상시, 20.2, 19.상시, 19.2, 18.상시, 17.1, 15.2, 13.3, 12.2, 09.2, 09.1, …

## 4 DoCmd 개체

1216705

DoCmd 개체는 Microsoft Access 매크로 함수를 Visual Basic에서 실행하기 위한 개체이다.

- DoCmd 개체는 메서드를 이용하여 매크로를 실행한다.

### 주요 메서드*

| | |
|---|---|
| 24.3, 24.1, 23.4, 23.3, 23.2, 19.상시, …<br>OpenReport | OpenReport 매크로 함수를 실행하여 지정된 보고서를 연다. |
| 21.4, 19.2, 18.상시, 17.1, 15.2, …<br>OpenForm | OpenForm 매크로 함수를 실행하여 지정된 폼을 연다. |
| 20.상시, 18.상시, 17.1<br>OpenQuery | OpenQuery 매크로 함수를 실행하여 지정된 쿼리를 연다. |
| 24.3, 23.2<br>RunSQL | RunSQL 매크로 함수를 실행하여 지정된 SQL문을 실행한다. |
| RunCommand | RunMenuCommand 매크로 함수를 실행하여 지정된 명령을 실행한다. |
| 24.3, 23.2, 19.2, 17.1, 13.3<br>GoToRecord | GoToRecord 매크로 함수를 실행하여 지정된 레코드로 이동한다. |
| 18.상시, 15.2<br>Quit | QuitAccess 매크로 함수를 실행하여 Access를 종료한다. |
| 18.상시, 15.2<br>Close | CloseWindow 매크로 함수를 실행하여 지정된 개체를 닫는다. |

**DoCmd 개체에서 사용할 수 없는 메서드**
MsgBox, RunApp, RunCode, SendKeys, SetValue, StopAllMacro, StopMacro

**예제의 메서드 인수들**
- acViewPreview : 인쇄 미리 보기 형식
- acNormal : 폼 보기 형식
- acViewNormal : 데이터시트 보기 형식
- acReadOnly : 읽기 전용 모드
- acDataForm : 폼 개체 유형
- acGoTo : 이동
- acForm : 폼 개체 유형
- acSaveYes : 변경된 내용을 저장함

예제 5

DoCmd.OpenReport "상품판매내역", acViewPreview*
'상품판매내역' 보고서를 인쇄 미리 보기 형식으로 연다.

DoCmd.OpenForm acNormal*, "판매현황"
'판매현황' 폼을 기본 보기 형식으로 연다.

DoCmd.OpenQuery "분기별판매", acViewNormal*, acReadOnly*
'분기별판매' 쿼리를 기본 보기 형식의 읽기 전용 모드로 실행한다.

DoCmd.GoToRecord acDataForm*, "상품", acGoTo*, 7
'상품' 폼의 7번째 레코드로 이동한다.

DoCmd.Close acForm*, "판매내역", acSaveYes*
사용자 확인없이 '판매내역' 폼의 변경된 내용을 모두 저장하고 폼을 닫는다.

## 따라잡기 기출문제 따라잡기

문제3 1216751

24년 1회, 20년 2회

**1. 다음 중 아래의 이벤트 프로시저에 대한 설명으로 옳지 않은 것은?**

```
Private Sub cmd재고_Click()
    txt재고수량 = txt입고량 - txt총주문량
    DoCmd.OpenReport "제품별재고현황", _
        acViewDesign, , "제품번호 = '"& cmb조회 & "'"
End Sub
```

① 'cmd재고' 컨트롤을 클릭했을 때 실행된다.

② 'txt재고수량' 컨트롤에는 'txt입고량' 컨트롤에 표시되는 값에서 'txt총주문량' 컨트롤에 표시되는 값을 차감한 값으로 표시된다.

③ '제품별재고현황' 보고서가 즉시 프린터로 출력된다.

④ '제품별재고현황' 보고서가 출력될 때 '제품번호' 필드 값이 'cmb조회' 컨트롤 값과 일치하는 데이터만 표시된다.

OpenReport 함수의 옵션 중 acViewDesign은 보기 형식을 지정한 것입니다. acViewDesign, acViewReport, acViewPreview 중 즉시 프린터로 출력하는 것은 acViewReport입니다.

24년 3회, 15년 2회

**2. 다음 중 Access의 DoCmd 개체의 메서드가 아닌 것은?**

① OpenReport ② GoToRecord

③ RunSQL ④ SetValue

SetValue는 필드, 컨트롤, 속성 등의 값을 설정하는 매크로 함수입니다.

19년 상시, 09년 1회, 03년 3회

**3. 다음과 같은 이벤트 프로시저에 대한 설명 중 옳지 않은 것은?**

```
Private Sub cmd실행_Click()
    cmd실행.Caption = "동작"
    DoCmd.OpenReport "회원보고서"
    MsgBox cmd실행.Caption & "결과 완료!!"
End Sub
```

① 이름이 'cmd실행'인 컨트롤을 클릭했을 때 이 프로시저가 수행된다.

② "회원보고서 결과 완료!!"라는 내용이 적힌 메시지 창이 나타난다.

③ "회원보고서"라는 보고서가 인쇄된다.

④ 'cmd실행' 컨트롤의 캡션에 "동작"이 표시된다.

'cmd실행.Caption'으로 지정된 값이 "동작"이므로 마지막 구문에 의해 "동작결과 완료!!" 메시지가 출력됩니다.

21년 4회, 09년 2회, 04년 1회

**4. 다음 중 Visual Basic에서 Microsoft Access 매크로 함수를 실행할 수 있는 액세스 개체는 무엇인가?**

① Application 개체 ② Form 개체

③ Docmd 개체 ④ CurrentData 개체

①은 현재 Microsoft Access 응용 프로그램 자체, ②는 현재 열려 있는 모든 폼, ④는 원본 응용 프로그램에 의해 현재 데이터베이스에 저장된 개체를 의미합니다.

문제5 1216752

## 따라잡기 기출문제 따라잡기

21년 4회, 19년 2회, 17년 1회, 13년 3회, 06년 3회

**5. 다음 중 아래와 같은 이벤트 프로시저를 실행하는 Command1 단추를 클릭했을 때 실행 결과로 옳은 것은?**

```
Private Sub Command1_Click()
    DoCmd.OpenForm "사원정보", acNormal
    DoCmd.GoToRecord , , acNewRec
End Sub
```

① 사원정보 테이블이 열리고 새 레코드를 입력할 수 있도록 비워진 테이블이 열린다.

② 사원정보 폼이 열리고 첫 번째 레코드의 가장 왼쪽 컨트롤에 포커스가 표시된다.

③ 사원정보 폼이 열리고 마지막 레코드의 가장 왼쪽 컨트롤에 포커스가 표시된다.

④ 사원정보 폼이 열리고 새 레코드를 입력할 수 있도록 비워진 폼이 표시된다.

지문의 프로시저 내용을 살펴보면 다음과 같습니다.

```
❶ Private Sub Command1_Click()
❷     DoCmd.OpenForm "사원정보", acNormal
❸     DoCmd.GoToRecord , , acNewRec
   End Sub
```

❶ 'Command1' 단추를 클릭하면 ❷~❸번을 실행합니다.
❷ '사원정보'라는 폼이 열립니다.
❸ 폼의 마지막에 추가되는 빈 레코드로 이동하여 새로운 데이터를 입력할 수 있도록 합니다.

08년 1회

**6. 콤보 상자의 행 원본으로 사용된 테이블의 데이터를 수정한 후 그 결과를 반영하기 위한 이벤트 프로시저를 작성하려 한다. 콤보 상자의 이름이 'Cmb이벤트'일 때 사용할 수 있는 명령문은?**

① Cmb이벤트.Requery

② Call Cmb이벤트

③ MsgBox "데이터 변경"

④ Cmb이벤트.RowSource

'Cmb이벤트' 콤보상자의 데이터를 수정한 후 결과를 반영하기 위한 명령문은 Cmb이벤트.Requery입니다.

10년 1회

**7. 폼의 작성 과정에 대한 다음 설명 중 바르지 못한 것은?**

① 폼에 여러 레코드를 표시하기 위해 '기본 보기' 속성을 '연속 폼'으로 설정하였다.

② 폼이 실행되자마자 〈분류〉 테이블을 사용하도록 하기 위해 다음과 같이 이벤트 프로시저를 작성했다.

```
Private Sub Form_Load()
  Me.RecordSet = "분류"
End Sub
```

③ 학과별 자격 취득자수를 집계하여 보여주는 폼의 '레코드 원본' 속성을 다음과 같이 지정했다. 단, 〈자격취득〉 테이블은 (취득일, 학번, 학과명, 자격증코드, 자격증명)으로 구성되어 있다.

```
Select 학과명, Count(*) as 취득자수
From 자격취득 Group by 학과명
```

④ 'cmb조회' 명령 단추를 클릭하면 이름 필드의 값과 'txt조회' 컨트롤에 입력된 문자열이 일치하는 레코드를 표시하도록 하기 위해 다음과 같이 이벤트 프로시저를 작성하였다.

```
Private Sub cmb조회_Click()
  Me.Filter="이름='" & txt조회 & "'"
  Me.FilterOn=True
End Sub
```

폼의 원본 데이터를 지정하기 위해 사용하는 속성은 'Recordsource'입니다. 그러므로 ②번을 올바르게 수정하면, 'Me.RecordSource = "분류"'가 됩니다.

21년 4회

**8. 다음 중 Visual Basic에서 Microsoft Access 매크로 함수를 실행할 수 있는 액세스 개체는 무엇인가?**

① Application　　② Form

③ DoCmd　　④ CurrentData

①번은 현재 Microsoft Access 응용 프로그램 자체, ②번은 현재 열려 있는 모든 폼, ④번은 원본 응용 프로그램에 의해 현재 데이터베이스에 저장된 개체를 의미합니다.

23년 4회, 3회, 22년 5회, 12년 2회

**9. 다음 중 액세스에서 보고서를 출력(미리보기/인쇄)하기 위한 VBA 개체와 메서드로 옳은 것은?**

① Docmd.OpenReport　　② Report

③ Docmd.ReportPrint　　④ Report.Open

보고서를 출력하기 위해 사용되는 VBA 개체와 메서드는 DoCmd와 OpenReport입니다.

▶ 정답 : 1. ③ 2. ④ 3. ② 4. ③ 5. ④ 6. ① 7. ② 8. ③ 9. ①

따라잡기 기출문제 따라잡기

문제10 1216753

24년 4회, 2회, 23년 3회, 21년 4회, 1회, 19년 상시, 19년 1회, 14년 2회, 11년 1회

**10. 다음 중 현재 폼에서 'cmd숨기기' 단추를 클릭하는 경우, DateDue 컨트롤이 표시되지 않도록 하기 위한 이벤트 프로시저로 옳은 것은?**

① Private Sub cmd숨기기_Click()
    Me.[DateDue]!Visible = False
  End Sub

② Private Sub cmd숨기기_DblClick()
    Me!DateDue.Visible = True
  End Sub

③ Private Sub cmd숨기기_Click()
    Me![DateDue].Visible = False
  End Sub

④ Private Sub cmd숨기기_DblClick()
    Me.DateDue!Visible = True
  End Sub

- 특정 컨트롤을 마우스로 클릭했을 때 발생하는 이벤트는 Click 이벤트입니다.
- 폼, 보고서 컨트롤 등의 표시 여부를 결정하는 속성은 Visible이며, 'Visible = True'와 같이 Visible 속성을 'True'로 설정하면 표시하고 'False'로 설정하면 표시하지 않습니다.
- 개체명과 컨트롤명은 느낌표(!)로 구분하고 컨트롤에 속성을 지정할 때는 마침표(.)로 연결합니다.

15년 1회

**11. 다음 중 Application 개체의 속성과 메서드에 대한 설명으로 옳은 것은?**

① CurrentData : 현재 액세스 프로젝트나 액세스 데이터베이스에 대한 참조

② Run : 사용자 정의 Function 또는 Sub 프로시저를 수행

③ CurrentProject : 현재 데이터베이스에 저장된 개체를 참조

④ DoCmd : 인수로 지정된 명령어를 실행

①번은 CurrentProject, ③번은 CurrentData, ④번은 RunCommand 메서드에 대한 설명입니다.

20년 상시, 18년 상시, 17년 1회

**12. 다음 중 VBA 모듈에서 선택 쿼리를 데이터시트 보기, 디자인 보기, 인쇄 미리 보기 등으로 열기 위해 사용하는 메서드는?**

① DoCmd.RunSQL

② DoCmd.OpenQuery

③ DoCmd.RunQuery

④ Docmd.OpenSQL

쿼리(Query)를 여는(Open) 메서드는 OpenQuery입니다.

23년 2회

**13. 다음 중 Access의 DoCmd 개체의 메서드가 아닌 것은?**

① OpenReport

② GoToRecord

③ RunSQL

④ SetValue

SetValue는 DoCmd 개체의 메서드가 아니라 필드, 컨트롤, 속성 등의 값을 설정하는 매크로 함수입니다.

▶ 정답 : 10. ③ 11. ② 12. ② 13. ④

# SECTION 182 데이터 접근 개체

C 등급

## 1 ADO의 개념

06.1, 04.3, 04.1, 03.2

1216801

ADO(ActiveX Data Objects)를 사용하면 OLE DB 공급자를 통해 데이터베이스 서버에 있는 데이터에 액세스하여 조작할 수 있는 응용 프로그램을 작성할 수 있다.

- ADO의 장점으로는 사용의 용이성, 빠른 속도, 적은 메모리 오버헤드, 작은 디스크 공간 차지 등이 있다.
- ADO는 클라이언트/서버 및 웹 기반 응용 프로그램을 작성하기 위한 주요 기능들을 지원한다.
- ADO는 또한 RDS(Remote Data Service) 기능을 가지고 있으며, 이 기능을 사용하여 서버에서 클라이언트 응용 프로그램이나 웹 페이지로 데이터를 이동시킬 수 있다.

**전문가의 조언**

ADO는 성능이 우수하여 응용 프로그램을 개발할 때 많이 사용하는 개체로 문제도 종종 출제됩니다. 개념과 특징을 명확히 숙지하세요.

**잠깐만요** ADO 설치 방법

❶ VBE를 실행한 후 [도구] → [참조] 메뉴를 선택합니다.

❷ '참조' 대화상자에서 'Microsoft ActiveX Data Objects 2.1 Library'를 선택하고 〈확인〉을 클릭합니다.

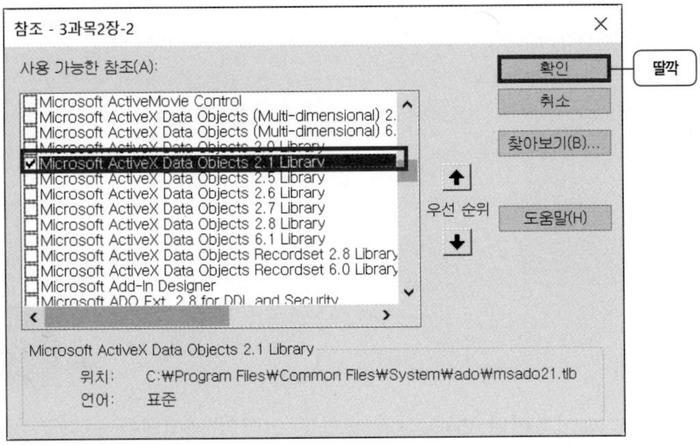


## 2 Connection 개체

14.3, 08.2, 07.2, 04.3, 04.1, 03.2

1216802

Connection 개체는 데이터 원본에 대해 열려 있는 연결로, 데이터 원본을 사용하는 고유 세션이다.

- 클라이언트/서버 데이터베이스 시스템의 경우, 서버에 대한 실제 네트워크 연결과 동일하다.

**전문가의 조언**

Connection 개체의 특징과 사용되는 속성, 메서드의 종류를 다른 개체들과 구분하여 파악하세요.

• 공급자가 지원하는 기능에 따라 Connection 개체의 일부 컬렉션이나 메서드 또는 속성을 사용할 수 없다.

### 주요 속성

| | |
|---|---|
| 14.3, 07.2, 04.3<br>ConnectionString | 데이터 원본에 연결할 때 필요한 정보를 가진 문자열이다. |
| 09.1<br>State | 사용할 수 있는 개체의 상태(열림, 닫힘)를 알려준다. |
| Mode | 지정된 개체의 수정 권한을 나타낸다. |
| DefaultDatabase | 연결할 기본 데이터베이스를 설정한다. |

### 주요 메서드

| | |
|---|---|
| 14.3, 08.3, 07.2, 04.3<br>Open | 연결된 데이터 원본을 연다. |
| 08.2<br>Close | • 열려 있는 개체와 관련된 종속 개체를 모두 닫는다.<br>• 개체를 메모리에서 완전히 제거하려면 개체 변수를 'Nothing'으로 설정해야 한다. |
| 14.3, 07.2, 04.3, 04.1, 03.2<br>Execute | 질의, SQL문, 저장 프로시저 등을 실행한다. |
| Save | Recordset을 파일에 저장한다. |

예제 1

```
Private Sub 예제( )
    Dim cnn As ADODB.Connection                       cnn을 ADO 개체 변수로 선언한다.
    Set cnn = CurrentProject.Connection               cnn에 현재 열려 있는 데이터베이스를 연결한다.
    cnn.Execute "insert into 분류(분류코드, 분류명) values (' "& txt분류코드 &" ', ' "_
    & txt분류명 & " ')"                  '분류' 테이블의 '분류코드'와 '분류명' 필드에 'txt분류코드'와
                                         'txt분류명'에 입력된 값을 삽입한다.
    Me.Requery                           현재 폼의 데이터 원본을 갱신한다.
End Sub
```

전문가의 조언

Recordset 개체의 속성이나 메서드를 묻는 문제가 출제되고 있습니다. Recordset 개체의 특징과 사용되는 속성, 메서드의 종류를 다른 개체들과 구분하여 파악하세요.

## 3 Recordset 개체

22.6, 22.2, 18.상시, 16.3, 14.1, 13.1, 09.1, 08.3, 08.1, 05.3, 04.1, 03.2

1216803

Recordset 개체는 기본 테이블이나 명령 실행 결과로 얻어진 데이터를 임시로 저장해 두는 레코드 집합이다.

• Recordset 개체는 언제나 현재 설정된 레코드 집합 내에서 단일 레코드만 참조한다.
• Recordset 개체를 사용하면 공급자의 데이터를 조작할 수 있다.
• ADO를 사용할 때 Recordset 개체를 사용하여 거의 대부분의 데이터를 조작한다.
• 모든 Recordset 개체는 레코드(행)와 필드(열)를 사용하여 구성되었다.
• 공급자가 지원하는 기능에 따라 Recordset의 일부 메서드나 속성을 사용할 수 없다.

## 주요 속성

| | |
|---|---|
| ActiveConnection | 지정된 개체가 현재 속해 있는 Connection 개체를 나타낸다. |
| CursorType | Recordset 개체에서 사용되는 커서의 유형을 나타낸다. |
| LockType | 편집하는 동안 레코드에 설정된 잠금 유형을 나타낸다. |
| RecordCount | Recordset 개체의 현재 레코드 수를 나타낸다. |
| 22.6, 05.3<br>BOF/EOF | 현재 레코드 위치가 Recordset 개체의 첫째/마지막 레코드 앞/뒤에 온다는 것을 나타낸다. |
| Filter | Recordset의 데이터에 사용할 필터를 나타낸다. |
| Sort | 정렬 기준을 설정한다. |
| Bookmark | 현재 레코드를 고유하게 식별하는 북마크를 설정한다. |
| PageSize | Recordset에서 한 페이지를 구성하는 레코드 수를 나타낸다. |
| AbsolutePage | 현재 레코드가 있는 페이지를 나타낸다. |

## 주요 메서드

| | |
|---|---|
| 04.1, 03.2<br>Open | 연결된 레코드셋을 연다. |
| 03.2<br>Close | 열려 있는 개체와 관련된 종속 개체를 모두 닫는다. |
| 14.1, 09.1<br>Update | Recordset 개체의 변경 사항을 저장한다. |
| UpdateBatch | 보류중인 모든 업데이트를 일괄적으로 디스크에 기록한다. |
| 09.1, 03.2<br>AddNew | 업데이트 가능한 Recordset 개체를 위한 새 레코드를 만든다. |
| 04.1<br>Delete | 현재 레코드나 레코드 그룹을 삭제한다. |
| 16.3, 04.1<br>MoveFirst, MoveLast, MoveNext, MovePrevious | 지정된 Recordset 개체에서 첫째 레코드, 마지막 레코드, 다음 레코드, 이전 레코드로 이동한다. |
| 16.3, 08.3, 08.1<br>Find | Recordset에서 특정 조건에 맞는 레코드를 검색한다. |
| 16.3, 09.1, 08.3, 08.1<br>Seek | • Recordset의 인덱스를 검색하여 정의된 기준에 맞는 레코드를 검색하고, 현재 레코드 위치를 해당 레코드로 변경한다.<br>• Find에 비해 검색 속도가 빠르다. |

**예제 2**

```
Private Sub 예제( )
    Dim rs As ADODB.Recordset              rs라는 ADO 레코드셋의 변수를 선언한다.
    Set rs = New ADODB.Recordset           rs에 임시로 저장할 레코드셋을 할당한다.
    rs.ActiveConnection = CurrentProject.Connection
                                           rs라는 레코드셋에 현재 데이터베이스를 연결한다.
    rs.Open "select * from 성적"           〈성적〉 테이블을 열어 rs 레코드셋에 할당한다.
End Sub
```

문제5 1216851 문제7 1216852

09년 1회, 04년 1회, 03년 2회

**1. 다음 중 RecordSet 개체에 속하지 않는 메서드는?**

① Open ② Close

③ AddNew ④ Execute

Execute는 Connection 개체의 메서드입니다.

16년 3회, 08년 3회, 1회

**2. 다음의 설명에 해당하는 Recordset 개체의 메서드로 가장 옳은 것은?**

> Recordset의 인덱스를 검색하여 지정하는 값과 일치하는 행을 찾고 현재 행의 위치를 해당 행으로 변경한다.

① Find ② Trace

③ Search ④ Seek

Seek는 인덱스를 이용하여 레코드를 검색합니다.

22년 6회, 05년 3회

**3. RecordSet 개체 속성 중 현재 레코드 위치가 RecordSet 개체의 첫 번째 레코드 앞에 온다는 것을 나타내는 값을 반환하는 속성은 무엇인가?**

① EOF ② BOF

③ RecordCount ④ Filter

현재 레코드 위치가 Recordset 개체의 첫째 레코드 앞에 온다는 것을 의미하는 속성은 BOF, 마지막 레코드 뒤에 온다는 것을 의미하는 속성은 EOF입니다.

22년 2회

**4. 다음 중 Access 개체에 대한 설명으로 잘못된 것은?**

① Recordset 개체는 현재 Microsoft Access 응용 프로그램 자체를 의미한다.

② Form 개체의 refresh 메소드는 데이터 원본으로 사용하는 레코드를 즉시 업데이트한다.

③ Docmd 개체는 Microsoft Access 매크로 함수를 Visual Basic에서 실행하기 위한 개체이다.

④ Control 개체의 requery 메소드는 원본 데이터를 다시 읽어 갱신한다.

Recordset 개체는 기본 테이블이나 실행된 명령 결과로부터 얻어진 데이터를 임시로 저장해 두는 레코드 집합입니다. ①번은 Application 개체에 대한 설명입니다.

18년 상시, 13년 1회

**5. 다음 중 Recordset 개체에 대한 설명으로 옳지 않은 것은?**

① Recordset 개체는 레코드(행)와 필드(열)를 사용하여 구성된다.

② 테이블에서 가져온 레코드를 임시로 저장해 두는 레코드 집합이다.

③ 공급자가 지원하는 기능에 관계없이 Recordset의 속성이나 메소드를 사용할 수 있다.

④ Recordset 개체는 언제나 현재 레코드의 설정 내에서 단일 레코드만 참조한다.

공급자가 지원하는 기능에 따라 Recordset의 일부 메서드나 속성을 사용할 수 없습니다.

04년 3회

**6. 다음 중 ADO(ActiveX Data Object) 개체에 대한 설명으로 옳지 않은 것은?**

① 데이터베이스에 접근하기 위한 개체로서 사용은 비교적 쉽지만 속도가 느리다.

② ASP를 이용하여 웹 사이트를 개발할 수도 있다.

③ 레코드의 수정, 추가, 삭제 등 편집 작업을 할 수 있다.

④ 데이터베이스에 포함된 각종 개체를 열 수 있다.

ADO의 장점 중 하나가 사용의 용이성, 빠른 속도, 즉 사용하기 쉽고 빠르다는 것입니다.

14년 3회, 07년 2회

**7. 다음 중 Connection 개체와 가장 관련이 없는 것은?**

① Open : 데이터 원본에 대한 연결을 설정한다.

② Execute : 지정된 쿼리, SQL 구문 등을 실행한다.

③ AddNew : 새 레코드를 만든다.

④ ConnectionString : 데이터 원본을 연결할 때 사용하는 정보를 나타내는 문자열이다.

AddNew는 Recordset 개체의 메서드입니다.

14년 1회

**8. 다음 중 현재 레코드에 대한 내용을 수정하는 Recordset 개체의 메서드로 옳은 것은?**

① AddNew ② Delete

③ Update ④ Insert

AddNew는 새 레코드를 생성, Delete는 레코드나 그룹을 삭제, Update는 변경 사항을 저장하는 메서드입니다.

▶ **정답** : 1. ④ 2. ④ 3. ② 4. ① 5. ③ 6. ① 7. ③ 8. ③

## 177 | 매크로 작성

### ❶ 매크로의 개요 24.1, 22.4, 21.3, 21.1, 20.1, 19.상시, 19.2, 18.2, 18.1, 16.1, 10.2

- 액세스에서 매크로란 테이블, 쿼리, 폼, 보고서 등 액세스 각 개체들을 효율적으로 자동화할 수 있도록 미리 정의된 기능을 사용하는 것이다.
- 매크로 함수는 주로 컨트롤의 이벤트에 연결하여 사용한다.
- 하나의 매크로 그룹에 여러 개의 매크로를 만들 수 있고, 하나의 매크로에 여러 개의 매크로 함수를 지정할 수 있다.
- 선택된 매크로 함수가 여러 개인 경우 실행 시 위에서 아래의 순서로 실행된다.
- 조건에 맞는 경우에만 실행되도록 하는 조건 매크로를 작성할 수 있다.
- 데이터베이스 파일이 열릴 때 자동으로 실행되는 자동 매크로를 정의하려면 매크로 이름 란에 **AutoExec**를 입력한다.
- 자동 실행 매크로가 실행되지 않게 하려면 Shift를 누른 채 데이터베이스 파일을 연다.

### ❷ 실행 관련 매크로 함수 24.3, 23.4, 22.6, 22.2, 21.3, 20.2, 14.3, 13.2, 12.3, 12.1, 11.2

- RunCode : 프로시저를 실행함
- RunMacro : 매크로를 실행함
- RunSQL : SQL문을 실행함
- RunApplication : 메모장, 엑셀 등의 응용 프로그램을 실행함
- CancelEvent : 이벤트를 취소함
- MessageBox : 메시지 상자를 통해 경고나 알림 등의 정보를 표시함

## 178 | 매크로 함수 1

### ❶ 폼과 보고서 관련 매크로 함수 24.5, 24.3, 23.4, 22.7, 22.6, 22.5, 22.3, 22.2, 21.3, …

- ApplyFilter : 테이블이나 쿼리로부터 레코드를 필터링함
- FindNextRecord : 특정 조건을 만족하는 레코드 중 현재 검색된 레코드의 다음 레코드를 검색함
- FindRecord : 특정한 조건을 만족하는 레코드 중 첫 번째 레코드를 검색함
- GoToControl : 특정 컨트롤로 포커스를 이동시킴
- GoToPage : 현재 폼에서 커서를 지정한 페이지의 첫 번째 컨트롤로 이동시킴
- GoToRecord
  - 레코드 포인터를 이동시킨다.
  - First, Last, Previous, Next 등의 인수가 사용된다.

## 179 | 매크로 함수 2

### ❶ 개체 조작 관련 매크로 함수 24.5, 24.4, 24.3, 24.1, 23.1, 22.4, 21.3, 19.1, 15.3, 11.3

- CloseWindow : 폼이나 테이블, 쿼리 등 활성화되어 있는 데이터베이스 개체를 닫음
- OpenForm : 폼을 염(폼 보기, 디자인 보기, 인쇄 미리 보기, 데이터시트 보기 등)
- OpenQuery : 작성된 쿼리를 호출하여 실행함(데이터시트 보기, 디자인 보기, 인쇄 미리 보기 등)
- OpenReport : 작성된 보고서를 호출하여 실행함(인쇄, 인쇄 미리 보기, 디자인 보기)
- Requery : 개체의 컨트롤 원본을 갱신함

### ❷ 기타 매크로 함수 14.3, 12.3

- MsgBox : 메시지 상자를 통해 경고나 알림 등의 정보를 표시함

## 180 | 이벤트 프로시저

### ❶ 데이터의 주요 이벤트 23.5, 21.4, 21.3, 13.3, 10.1

- AfterUpdate : 컨트롤이나 레코드의 데이터가 업데이트된 후에 발생함
- BeforeUpdate : 컨트롤이나 레코드의 변경된 데이터가 업데이트되기 전에 발생함
- AfterInsert : 새 레코드가 추가된 후에 발생함
- Current : 포커스가 임의의 레코드로 이동되어 그 레코드가 현재 레코드가 되거나 폼이 새로 고쳐지거나 다시 질의될 때 발생함
- Change : 텍스트 상자의 내용이나 콤보 상자의 텍스트 부분이 바뀔 때, 탭 컨트롤에서 다른 페이지로 이동할 때 발생함

### ❷ 포커스 관련 주요 이벤트 23.5, 21.4, 10.1

- Activate : 폼이나 보고서가 활성화될 때 발생함
- Deactivate : Access의 활성 창이 다른 창으로 바뀔 때, 다른 창이 활성 창이 되기 전에 발생함
- LostFocus : 폼이나 컨트롤이 포커스를 잃을 때 발생함

## 181 | ACCESS의 개체

### ❶ Form(Forms 컬렉션) 개체의 주요 속성/메소드 24.4, 24.2, 23.3, 22.2, …

- Visible
  - 폼, 보고서, 컨트롤 등의 표시 여부를 결정한다.
  - 속성 값이 True이면 표시하고, False이면 숨긴다.
- Refresh : 데이터 원본으로 사용하는 레코드를 즉시 업데이트함
- SetFocus : 포커스를 옮김

### ❷ 컨트롤(Controls 컬렉션) 개체의 주요 속성/메소드 22.2, 12.1

- ItemData : 콤보 상자나 목록 상자에 지정된 행에 대한 바운드 열의 데이터를 반환함
- Requery : 원본 데이터를 다시 읽어 갱신함
- SetFocus : 포커스를 지정된 컨트롤로 옮김

### ❸ DoCmd 개체의 주요 속성/메소드 24.3, 24.1, 23.4, 23.3, 23.2, 22.5, 22.2, 21.4, …

- OpenReport : OpenReport 매크로 함수를 실행하여 지정된 보고서를 엶
- OpenForm : OpenForm 매크로 함수를 실행하여 지정된 폼을 엶
- OpenQuery : OpenQuery 매크로 함수를 실행하여 지정된 쿼리를 엶
- RunSQL : RunSQL 매크로 함수를 실행하여 지정된 SQL문을 실행함
- GoToRecord : GoToRecord 매크로 함수를 실행하여 지정된 레코드로 이동함
- Quit : QuitAccess 매크로 함수를 실행하여 Access를 종료함
- Close : CloseWindow 매크로 함수를 실행하여 지정된 개체를 닫음

## 182 | 데이터 접근 개체

### ❶ Connection 개체의 주요 속성/메소드 14.3

- ConnectionString : 데이터 원본에 연결할 때 필요한 정보를 가진 문자열임
- Open : 연결된 데이터 원본을 염
- Execute : 질의, SQL문, 저장 프로시저 등을 실행함

### ❷ Recordset 개체 22.2, 18.상시, 13.1

- 언제나 현재 설정된 레코드 집합 내에서 단일 레코드만 참조한다.
- Recordset 개체를 사용하면 공급자의 데이터를 조작할 수 있다.
- ADO를 사용할 때 Recordset 개체를 사용하여 거의 대부분의 데이터를 조작한다.
- 모든 Recordset 개체는 레코드(행)와 필드(열)를 사용하여 구성되었다.
- 공급자가 지원하는 기능에 따라 Recordset의 일부 메서드나 속성을 사용할 수 없다.

### ❸ Recordset 개체의 주요 속성/메소드 22.6, 16.3, 14.1

- BOF/EOF : 현재 레코드 위치가 Recordset 개체의 첫째/마지막 레코드 앞/뒤에 온다는 것을 나타냄
- Update : Recordset 개체의 변경 사항을 저장함
- MoveFirst, MoveLast, MoveNext, MovePrevious : 지정된 Recordset 개체에서 첫째 레코드, 마지막 레코드, 다음 레코드, 이전 레코드로 이동함
- Find : Recordset에서 특정 조건에 맞는 레코드를 검색함
- Seek
  - Recordset의 인덱스를 검색하여 정의된 기준에 맞는 레코드를 검색하고, 현재 레코드 위치를 해당 레코드로 변경한다.
  - Find에 비해 검색 속도가 빠르다.

## 한글로 찾기

# 찾아보기

# 컴퓨터활용능력

## 1급 필기 기출문제집

시험에 나오는 것만 공부한다!

# 시나공

2025 시나공

베스트셀러 1위
산출근거 후면표기

부록
최신기출문제 10회

길벗알앤디 지음 (강윤석, 김용갑, 김우경, 김종일)

길벗

# 이 책의 구성 미리 보기

## 초단타 합격 전략을 아시나요? — 기출문제를 확실하게 이해하세요.

시 · 나 · 공 기출문제집은 실력 테스트용이 아닙니다. 짧은 시간 안에 시험에 나온 내용을 파악하고, 나올 내용을 공부하는 초단타 합격 전략집입니다. 전문가 조언을 통해 기출문제와 주변 지식만 확실히 습득해도 초단타 합격 전설은 내 이야기가 됩니다.

**| 섹션과 필드 |**

문제가 출제된 내용이 있는 교재의 섹션과 필드입니다. 이해가 안 되면 시·나·공 기본서에서 해당 섹션과 필드를 찾아서 공부하면 되겠죠.

**| 전문가 조언 |**

기출문제만 이해해도 합격할 수 있도록, 왜 답이 되는지 명쾌하게 결론을 내려 줍니다.

**| 정답 |**

문제들의 정답은 효율적인 학습을 위해 해당 페이지 하단에 모아, 초단타 전략으로 공부하는 수험생의 편의를 최대한 제공했습니다.

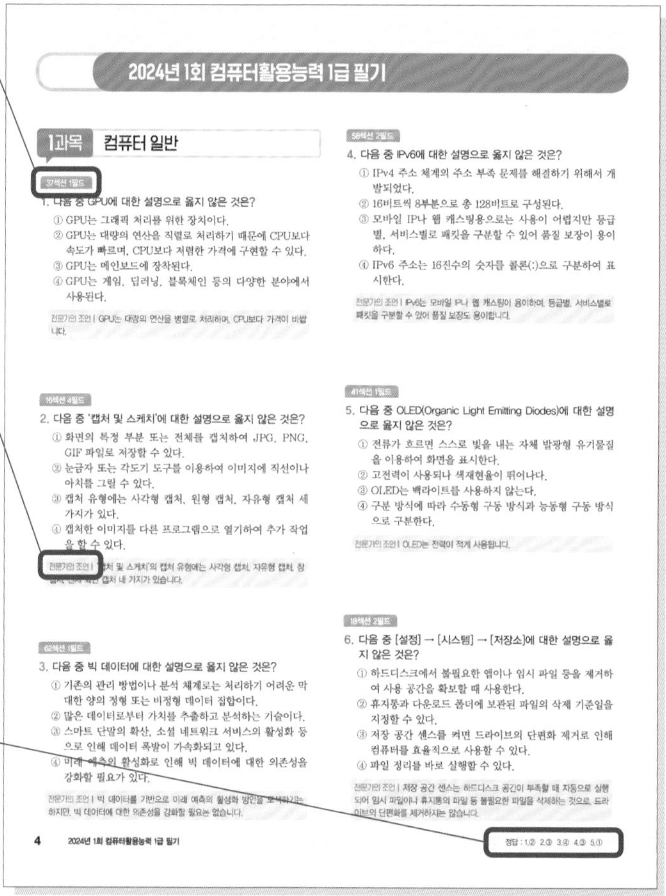

2024년 1회 컴퓨터활용능력 1급 필기

1과목 컴퓨터 일반

37섹션 1필드

1. 다음 중 GPU에 대한 설명으로 옳지 않은 것은?
① GPU는 그래픽 처리를 위한 장치이다.
② GPU는 대량의 연산을 직렬로 처리하기 때문에 CPU보다 속도가 빠르며, CPU보다 저렴한 가격에 구현할 수 있다.
③ GPU는 메인보드에 장착된다.
④ GPU는 게임, 딥러닝, 블록체인 등의 다양한 분야에서 사용된다.

전문가의 조언 | GPU는 대량의 연산을 병렬로 처리하며, CPU보다 가격이 비쌉니다.

16섹션 4필드

2. 다음 중 '캡처 및 스케치'에 대한 설명으로 옳지 않은 것은?
① 화면의 특정 부분 또는 전체를 캡처하여 JPG, PNG, GIF 파일로 저장할 수 있다.
② 눈금자 또는 각도기 도구를 이용하여 이미지에 직선이나 아치를 그릴 수 있다.
③ 캡처 유형에는 사각형 캡처, 원형 캡처, 자유형 캡처 세 가지가 있다.
④ 캡처한 이미지를 다른 프로그램으로 열기하여 추가 작업을 할 수 있다.

전문가의 조언 | '캡처 및 스케치'의 캡처 유형에는 사각형 캡처, 자유형 캡처, 창 캡처, 전체 화면 캡처 네 가지가 있습니다.

62섹션 1필드

3. 다음 중 빅 데이터에 대한 설명으로 옳지 않은 것은?
① 기존의 관리 방법이나 분석 체계로는 처리하기 어려운 막대한 양의 정형 또는 비정형 데이터 집합이다.
② 많은 데이터로부터 가치를 추출하고 분석하는 기술이다.
③ 스마트 단말의 확산, 소셜 네트워크 서비스의 활성화 등으로 인해 데이터 폭발이 가속화되고 있다.
④ 미래 예측의 활성화로 인해 빅 데이터에 대한 의존성을 강화할 필요가 있다.

전문가의 조언 | 빅 데이터를 기반으로 미래 예측의 활성화 방안을 모색하기는 하지만, 빅 데이터에 대한 의존성을 강화할 필요는 없습니다.

58섹션 2필드

4. 다음 중 IPv6에 대한 설명으로 옳지 않은 것은?
① IPv4 주소 체계의 주소 부족 문제를 해결하기 위해서 개발되었다.
② 16비트씩 8부분으로 총 128비트로 구성된다.
③ 모바일 IP나 웹 캐스팅용으로는 사용이 어렵지만 등급별, 서비스별로 패킷을 구분할 수 있어 품질 보장이 용이하다.
④ IPv6 주소는 16진수의 숫자를 콜론(:)으로 구분하여 표시한다.

전문가의 조언 | IPv6는 모바일 IP나 웹 캐스팅이 용이하며, 등급별, 서비스별로 패킷을 구분할 수 있어 품질 보장도 용이합니다.

41섹션 1필드

5. 다음 중 OLED(Organic Light Emitting Diodes)에 대한 설명으로 옳지 않은 것은?
① 전류가 흐르면 스스로 빛을 내는 자체 발광형 유기물질을 이용하여 화면을 표시한다.
② 고전력이 사용되나 색재현율이 뛰어나다.
③ OLED는 백라이트를 사용하지 않는다.
④ 구분 방식에 따라 수동형 구동 방식과 능동형 구동 방식으로 구분한다.

전문가의 조언 | OLED는 전력이 적게 사용됩니다.

18섹션 2필드

6. 다음 중 [설정] → [시스템] → [저장소]에 대한 설명으로 옳지 않은 것은?
① 하드디스크에서 불필요한 앱이나 임시 파일 등을 제거하여 사용 공간을 확보할 때 사용한다.
② 휴지통과 다운로드 폴더에 보관된 파일의 삭제 기준일을 지정할 수 있다.
③ 저장 공간 센스를 켜면 드라이브의 단편화 제거로 인해 컴퓨터를 효율적으로 사용할 수 있다.
④ 파일 정리를 바로 실행할 수 있다.

전문가의 조언 | 저장 공간 센스는 하드디스크 공간이 부족할 때 자동으로 실행되어 임시 파일이나 휴지통의 파일 등 불필요한 파일을 삭제하는 것으로, 드라이브의 단편화를 제거하지는 않습니다.

정답 : 1.② 2.③ 3.④ 4.③ 5.①

4 2024년 1회 컴퓨터활용능력 1급 필기

# 컴퓨터활용능력

# 1급 필기

길벗알앤디 지음

2025 시나공

길벗

**컴퓨터활용능력 1급 필기 – 시나공 시리즈 ⑫**

The Written Examination for Advanced Computer Proficiency Certificate

**초판 발행** · 2024년 9월 9일

**발행인** · 이종원
**발행처** · (주)도서출판 길벗
**출판사 등록일** · 1990년 12월 24일
**주소** · 서울시 마포구 월드컵로 10길 56(서교동)
**주문 전화** · 02)332-0931 **팩스** · 02)323-0586
**홈페이지** · www.gilbut.co.kr **이메일** · gilbut@gilbut.co.kr

**기획 및 책임 편집** · 강윤석(kys@gilbut.co.kr), 김미정(kongkong@gilbut.co.kr), 임은정(eunjeong@gilbut.co.kr), 정혜린(sunriin@gilbut.co.kr)
**디자인** · 강은경, 윤석남 **제작** · 이준호, 손일순, 이진혁 **마케팅** · 조승모, 유영은
**영업관리** · 김명자 **독자지원** · 윤정아

**편집진행 및 교정** · 길벗알앤디(강윤석 · 김용갑 · 김우경 · 김종일) **일러스트** · 윤석남
**전산편집** · 예다움 **CTP 출력 및 인쇄** · 정민 **제본** · 정민

© 길벗알앤디, 2024
- 이 책은 저작권법에 따라 보호받는 저작물이므로 무단전재와 무단복제를 금합니다. 이 책의 전부 또는 일부를 이용하려면 반드시 사전에 저작권자와 (주)도서출판 길벗의 서면 동의를 받아야 합니다.
- 잘못된 책은 구입한 서점에서 바꿔 드립니다.

**독자의 1초까지 아껴주는 정성 길벗출판사**
**(주)도서출판 길벗** | IT교육서, IT단행본, 경제경영서, 어학&실용서, 인문교양서, 자녀교육서 www.gilbut.co.kr
**길벗스쿨** | 국어학습, 수학학습, 어린이교양, 주니어 어학학습, 학습단행본 www.gilbutschool.co.kr

**인스타그램** • @study_with_sinagong

# 최신기출문제

2024년 1회 컴퓨터활용능력 1급 필기

2024년 2회 컴퓨터활용능력 1급 필기

2024년 3회 컴퓨터활용능력 1급 필기

2024년 4회 컴퓨터활용능력 1급 필기

2024년 5회 컴퓨터활용능력 1급 필기

2023년 1회 컴퓨터활용능력 1급 필기

2023년 2회 컴퓨터활용능력 1급 필기

2023년 3회 컴퓨터활용능력 1급 필기

2023년 4회 컴퓨터활용능력 1급 필기

2023년 5회 컴퓨터활용능력 1급 필기

# 2024년 1회 컴퓨터활용능력 1급 필기

## 1과목 컴퓨터 일반

37섹션 1필드

**1.** 다음 중 GPU에 대한 설명으로 옳지 않은 것은?

① GPU는 그래픽 처리를 위한 장치이다.
② GPU는 대량의 연산을 직렬로 처리하기 때문에 CPU보다 속도가 빠르며, CPU보다 저렴한 가격에 구현할 수 있다.
③ GPU는 메인보드에 장착된다.
④ GPU는 게임, 딥러닝, 블록체인 등의 다양한 분야에서 사용된다.

**전문가의 조언 |** GPU는 대량의 연산을 병렬로 처리하며, CPU보다 가격이 비쌉니다.

16섹션 4필드

**2.** 다음 중 '캡처 및 스케치'에 대한 설명으로 옳지 않은 것은?

① 화면의 특정 부분 또는 전체를 캡처하여 JPG, PNG, GIF 파일로 저장할 수 있다.
② 눈금자 또는 각도기 도구를 이용하여 이미지에 직선이나 아치를 그릴 수 있다.
③ 캡처 유형에는 사각형 캡처, 원형 캡처, 자유형 캡처 세 가지가 있다.
④ 캡처한 이미지를 다른 프로그램으로 열기하여 추가 작업을 할 수 있다.

**전문가의 조언 |** '캡처 및 스케치'의 캡처 유형에는 사각형 캡처, 자유형 캡처, 창 캡처, 전체 화면 캡처 네 가지가 있습니다.

62섹션 1필드

**3.** 다음 중 빅 데이터에 대한 설명으로 옳지 않은 것은?

① 기존의 관리 방법이나 분석 체계로는 처리하기 어려운 막대한 양의 정형 또는 비정형 데이터 집합이다.
② 많은 데이터로부터 가치를 추출하고 분석하는 기술이다.
③ 스마트 단말의 확산, 소셜 네트워크 서비스의 활성화 등으로 인해 데이터 폭발이 가속화되고 있다.
④ 미래 예측의 활성화로 인해 빅 데이터에 대한 의존성을 강화할 필요가 있다.

**전문가의 조언 |** 빅 데이터를 기반으로 미래 예측의 활성화 방안을 모색하기는 하지만, 빅 데이터에 대한 의존성을 강화할 필요는 없습니다.

58섹션 2필드

**4.** 다음 중 IPv6에 대한 설명으로 옳지 않은 것은?

① IPv4 주소 체계의 주소 부족 문제를 해결하기 위해서 개발되었다.
② 16비트씩 8부분으로 총 128비트로 구성된다.
③ 모바일 IP나 웹 캐스팅용으로는 사용이 어렵지만 등급별, 서비스별로 패킷을 구분할 수 있어 품질 보장이 용이하다.
④ IPv6 주소는 16진수의 숫자를 콜론(:)으로 구분하여 표시한다.

**전문가의 조언 |** IPv6는 모바일 IP나 웹 캐스팅이 용이하며, 등급별, 서비스별로 패킷을 구분할 수 있어 품질 보장도 용이합니다.

41섹션 1필드

**5.** 다음 중 OLED(Organic Light Emitting Diodes)에 대한 설명으로 옳지 않은 것은?

① 전류가 흐르면 스스로 빛을 내는 자체 발광형 유기물질을 이용하여 화면을 표시한다.
② 고전력이 사용되나 색재현율이 뛰어나다.
③ OLED는 백라이트를 사용하지 않는다.
④ 구분 방식에 따라 수동형 구동 방식과 능동형 구동 방식으로 구분한다.

**전문가의 조언 |** OLED는 전력이 적게 사용됩니다.

18섹션 2필드

**6.** 다음 중 [설정] → [시스템] → [저장소]에 대한 설명으로 옳지 않은 것은?

① 하드디스크에서 불필요한 앱이나 임시 파일 등을 제거하여 사용 공간을 확보할 때 사용한다.
② 휴지통과 다운로드 폴더에 보관된 파일의 삭제 기준일을 지정할 수 있다.
③ 저장 공간 센스를 켜면 드라이브의 단편화 제거로 인해 컴퓨터를 효율적으로 사용할 수 있다.
④ 파일 정리를 바로 실행할 수 있다.

**전문가의 조언 |** 저장 공간 센스는 하드디스크 공간이 부족할 때 자동으로 실행되어 임시 파일이나 휴지통의 파일 등 불필요한 파일을 삭제하는 것으로, 드라이브의 단편화를 제거하지는 않습니다.

19섹션 3필드

**7.** 다음 중 한글 Windows 10의 [글꼴]에 관한 설명으로 옳지 않은 것은?

① [글꼴 설정]을 이용하여 글꼴을 설치 및 삭제할 수 있다.
② 글꼴이 설치되어 있는 폴더의 위치는 C:\Windows\Fonts이다.
③ 글꼴 파일은 .ttf 또는 .ttc의 확장자를 가지고 있다.
④ ClearType 텍스트 조정을 사용하면 가독성을 향상시켜 준다.

**전문가의 조언 |** • [제어판] → [글꼴] → [글꼴 설정]에서는 글꼴의 설치 및 삭제를 할 수 없습니다.
• [제어판] → [글꼴] → [글꼴 설정]에서는 글꼴의 표시 및 숨기기를 지정하거나 공간 절약을 위해 글꼴 파일 대신 글꼴 파일에 대한 바로 가기 설치 여부를 지정할 수 있습니다.

12섹션 3필드

**8.** 다음 중 한글 Windows 탐색기에서 수행한 작업 결과가 다른 것은?

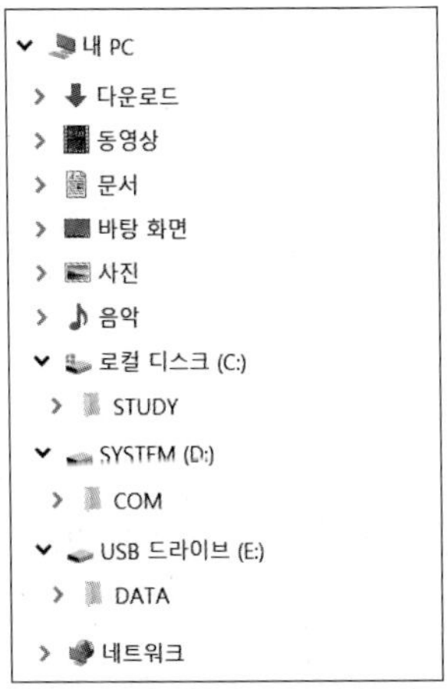


① 'COM' 폴더에 있는 파일을 Shift를 누른 채 '바탕 화면'으로 드래그한다.
② 'STUDY' 폴더에 있는 파일을 '바탕 화면'으로 드래그한다.
③ '다운로드'에 있는 파일을 Shift를 누른 채 '문서'로 드래그한다.
④ 'DATA' 폴더에 있는 파일을 '사진'으로 드래그한다.

**전문가의 조언 |** ①, ②, ③번을 수행하면 파일이 이동되고, ④번을 수행하면 파일이 복사됩니다.

45섹션 2필드

**9.** 다음 중 컴퓨터 및 정보기기에서 사용하는 펌웨어(Firmware)에 관한 설명으로 옳은 것은?

① 주로 하드디스크의 부트 레코드 부분에 저장된다.
② 인터프리터 방식으로 번역되어 실행된다.
③ 운영체제의 일부로 입출력을 전담한다.
④ 소프트웨어의 업그레이드만으로도 기능을 향상시킬 수 있다.

**전문가의 조언 |** 펌웨어는 소프트웨어의 업그레이드만으로도 기능을 향상시킬 수 있습니다.

42섹션 2필드

**10.** 다음 중 컴퓨터에서 중앙처리장치와 입출력장치 사이의 속도 차이로 인한 문제점을 해결해 주는 것은?

① 범용 레지스터 ② 콘솔
③ 인터럽트 ④ 채널

**전문가의 조언 |** 중앙처리장치와 입출력장치 사이의 속도 차이로 인한 문제점을 해결해 주는 것은 채널(Chanel)입니다.

66섹션 2필드

**11.** 다음 중 JPEG 파일 형식에 대한 설명으로 옳지 않은 것은?

① 24비트 컬러를 사용하여 트루 컬러로 이미지를 표현한다.
② 사진과 같은 정지 영상을 표현하기 위한 국제 표준 압축 방식이다.
③ Windows에서 기본적으로 사용하는 벡터 파일 형식이다.
④ 사용자가 압축률을 지정해서 이미지를 압축하는 압축 기법을 사용할 수 있다.

**전문가의 조언 |** Windows에서 기본적으로 사용하는 벡터 파일 형식은 WMF입니다.

정답 : 1.② 2.③ 3.④ 4.③ 5.② 6.③ 7.① 8.④ 9.④ 10.④ 11.③

31섹션 1필드

**12.** 다음 중 한글 Windows 10의 [설정] → [네트워크 및 인터넷]에 대한 설명으로 옳지 않은 것은?

① 네트워크 문제를 진단하고 해결할 수 있다.
② 컴퓨터 이름과 작업 그룹의 이름을 변경할 수 있다.
③ 내 컴퓨터에서 사용 가능한 네트워크를 표시한다.
④ [어댑터 옵션 변경]을 통해 네트워크 어댑터의 연결 설정을 변경할 수 있다.

**전문가의 조언 |** 컴퓨터 이름과 작업 그룹의 이름은 [⚙(설정)] → [시스템] → [정보]에서 〈고급 시스템 설정〉을 클릭 → '시스템 속성' 대화상자의 '컴퓨터 이름' 탭에서 변경할 수 있습니다.

62섹션 1필드

**13.** 다음 중 스마트폰을 모뎀처럼 활용하는 방법으로, 컴퓨터나 노트북 등의 IT 기기를 스마트폰에 연결하여 무선 인터넷을 사용할 수 있게 하는 기능은?

① 와이파이(WiFi)
② 블루투스(Bluetooth)
③ 테더링(Tethering)
④ 와이브로(WiBro)

**전문가의 조언 |** 컴퓨터나 노트북 등의 IT 기기를 스마트폰에 연결하여 무선 인터넷을 사용할 수 있게 하는 기능은 테더링(Tethering)입니다.

- **와이파이(Wi-Fi)** : 무선접속장치(AP)가 설치된 곳을 중심으로 일정거리 이내에서 초고속 인터넷이 가능하게 하는 무선랜 기술
- **블루투스(Bluetooth)** : 근거리 무선 통신을 가능하게 해주는 통신 방식으로, 핸드폰, 노트북과 같은 휴대 가능한 장치들 간의 양방향 정보 전송이 가능함
- **와이브로(Wibro)** : 무선 광대역을 의미하는 것으로, 핸드폰, 노트북 등의 모바일 기기를 이용하여 언제 어디서나 이동하면서 고속으로 무선 인터넷 접속이 가능한 서비스

26섹션 1필드

**14.** 한글 Windows 10에서 프린터 스풀(SPOOL) 기능에 대한 설명으로 올바른 것은?

① 스풀링 단위는 인쇄할 문서 전체 단위로만 스풀링이 가능하다.
② 프린터가 인쇄중이라도 다른 응용 프로그램 실행이 가능하다.
③ 스풀링은 인쇄할 내용을 프린터로 직접 전송한다.
④ 저속의 프린터 사용 시 컴퓨터 효율이 크게 저하된다.

**전문가의 조언 |** 스풀링에 대한 설명으로 올바른 것은 ②번입니다.

① 스풀링은 인쇄할 문서 전체 또는 한 페이지 단위로 스풀링할 수 있습니다.
③ 스풀링은 인쇄할 내용을 먼저 하드디스크에 저장합니다.
④ 스풀은 저속의 프린터와 고속의 중앙처리장치 사이에서 컴퓨터 효율을 증가시키기 위해 사용합니다.

73섹션 1필드

**15.** 다음 중 시스템 보안을 위해 사용하는 방화벽(Firewall)에 대한 설명으로 적절하지 않은 것은?

① IP 주소 및 포트 번호를 이용하거나 사용자 인증을 기반으로 접속을 차단하여 네트워크의 출입로를 단일화한다.
② '명백히 허용되지 않은 것은 금지한다'라는 적극적 방어 개념을 가지고 있다.
③ 방화벽을 운영하면 바이러스와 내/외부의 새로운 위험에 효과적으로 대처할 수 있다.
④ 로그 정보를 통해 외부 침입의 흔적을 찾아 역추적 할 수 있다.

**전문가의 조언 |** 방화벽은 외부의 불법적인 침입은 막을 수 있지만 내부로부터의 불법적인 위험은 막지 못합니다.

71섹션 1필드

**16.** 다음 중 바이러스에 대한 설명으로 옳지 않은 것은?

① 컴퓨터 하드웨어와 무관하게 소프트웨어에만 영향을 미친다.
② 감염 부위에 따라 부트 바이러스와 파일 바이러스로 구분한다.
③ 사용자 몰래 스스로 복제하여 다른 프로그램을 감염시키고, 정상적인 프로그램이나 다른 데이터 파일 등을 파괴한다.
④ 주로 복제품을 사용하거나 통신 매체를 통하여 다운받은 프로그램에 의해 감염된다.

**전문가의 조언 |** 바이러스는 소프트웨어뿐만 아니라 하드웨어의 성능에도 영향을 미칠 수 있습니다.

3섹션 2필드

**17.** 다음 중 한글 Windows 10에서 바로 가기 아이콘에 관한 설명으로 옳지 않은 것은?

① 바로 가기 아이콘을 실행하면 연결된 원본 파일이 실행된다.
② 파일, 폴더뿐만 아니라 디스크 드라이브나 프린터에도 바로 가기 아이콘을 만들 수 있다.
③ 일반 아이콘과 비교하여 왼쪽 아랫부분에 화살표가 포함되어 표시된다.
④ 하나의 바로 가기 아이콘에 여러 개의 원본 파일을 연결할 수 있다.

전문가의 조언 | 하나의 바로 가기 아이콘에는 하나의 원본 파일만 연결할 수 있습니다.

50섹션 2필드

**18.** 다음 중 시스템 소프트웨어에 대한 설명으로 옳지 않은 것은?

① 사용자가 컴퓨터를 이용하여 특정 업무를 처리할 수 있게 개발된 프로그램이다.
② 시스템 소프트웨어는 제어 프로그램과 처리 프로그램으로 구분된다.
③ 컴퓨터 시스템을 효율적으로 운영해 주는 소프트웨어이다.
④ 대표적인 시스템 소프트웨어로는 운영체제가 있다.

전문가의 조언 | ①번은 응용 소프트웨어에 대한 설명입니다.

44섹션 4필드

**19.** 다음 중 컴퓨터 메인보드의 버스(Bus)에 관한 설명으로 옳지 않은 것은?

① 내부 버스는 CPU와 주변장치 간의 데이터 전송에 사용되는 통로이다.
② 컴퓨터에서 데이터를 주고받는 통로로 사용 용도에 따라 내부 버스, 외부 버스, 확장 버스로 구분된다.
③ 외부 버스는 전달하는 신호의 형태에 따라 데이터 버스, 주소 버스, 제어 버스로 구분된다.
④ 확장 버스는 메인보드에서 지원하는 기능 외에 다른 기능을 지원하는 장치를 연결하는 부분으로 끼울 수 있는 형태이기에 확장 슬롯이라고도 한다.

전문가의 조언 | • 내부 버스는 CPU 내부에서 레지스터 간의 데이터 전송에 사용되는 통로입니다.
• ①번은 외부 버스에 대한 설명입니다.

36섹션 3필드

**20.** 다음 중 컴퓨터에서 사용하는 자료의 표현에 관한 설명으로 옳지 않은 것은?

① 실수형 데이터는 정해진 크기에 부호(1bit)와 가수부(7bit)로 구분하여 표현한다.
② 2진 정수 데이터는 실수 데이터 보다 표현할 수 있는 범위가 작으며 연산 속도는 빠르다.
③ 숫자 데이터 표현 중 10진 연산을 위하여 "팩(Pack)과 언팩(Unpack)" 표현 방식이 사용된다.
④ 컴퓨터에서 뺄셈을 수행하기 위해서는 보수와 덧셈 연산을 이용한다.

전문가의 조언 | 실수형 데이터는 정해진 크기에 부호(1비트), 지수부(7비트), 가수부(소수부)로 구분하여 표현합니다.

# 2과목 스프레드시트 일반

90섹션 2필드

**21.** 워크시트의 [A1] 셀에 "가나다라마바사"가 입력되어 있고, [A2] 셀에 수식 =MID(CONCAT(LEFT(A1, 3), RIGHT(A1, 3)), FIND("다", A1), 3)을 입력한 결과는?

① 가나다 ② 마바사
③ 다마바 ④ 다라마

전문가의 조언 | [A2] 셀에 입력된 수식의 결과는 **다마바**입니다.

=MID(CONCAT(LEFT(A1, 3), RIGHT(A1, 3)), FIND("다", A1), 3)

(LEFT(A1, 3) = ❶, RIGHT(A1, 3) = ❷, CONCAT(…) = ❸, FIND("다", A1) = ❹, 전체 = ❺)

❶ LEFT(A1, 3) : [A1] 셀에 입력된 "가나다라마바사"의 왼쪽에서 세 글자를 추출한 "가나다"를 반환합니다.
❷ RIGHT(A1, 3) : "가나다라마바사"의 오른쪽에서 세 글자를 추출한 "마바사"를 반환합니다.
❸ CONCAT(❶, ❷) → CONCAT("가나다", "마바사") : 주어진 텍스트를 모두 연결한 "가나다마바사"를 반환합니다.
❹ FIND("다", A1) : "가나다라마바사"에서 "다"의 위치인 3을 반환합니다.
❺ =MID(❸, ❹, 3) → =MID("가나다마바사", 3, 3) : "가나다마바사"의 3번째 자리에서부터 세 글자를 추출한 "다마바"를 반환합니다.

76섹션 5필드

22. 다음 중 데이터가 입력된 셀에서 채우기 핸들을 드래그하여 데이터를 채우는 경우에 대한 설명으로 옳지 않은 것은?

① 문자 데이터가 입력된 셀을 선택하고 채우기 핸들을 드래그하면 그대로 복사되어 채워진다.
② 숫자 데이터가 입력된 셀을 선택하고 Ctrl을 누른 채 채우기 핸들을 드래그하면 1씩 증가하면서 채워진다.
③ 1개의 숫자와 문자가 조합된 데이터가 입력된 셀을 선택하고 Ctrl을 누른 채 채우기 핸들을 드래그 하면 숫자만 1씩 증가하면서 채워진다.
④ 숫자가 입력된 두 개의 셀을 선택하고 채우기 핸들을 드래그하면 두 값의 차이만큼 증가/감소하며 채워진다.

전문가의 조언 | • 1개의 숫자와 문자가 조합된 데이터가 입력된 셀을 선택하고 Ctrl을 누른 채 채우기 핸들을 드래그하면 그대로 복사되어 채워집니다.
• 숫자만 1씩 증가하면서 채우려면 아무것도 누르지 않은 채 채우기 핸들을 드래그하면 됩니다.

107섹션 2필드

23. 고급 필터에서 다음과 같은 조건을 설정하였을 때, 이 조건에 의해 선택되는 데이터들로 옳은 것은?

| | A | B | C |
|---|---|---|---|
| 1 | 부서 | 직위 | 근속년수 |
| 2 | 홍보부 | 과장 | |
| 3 | 영업부 | | >=9 |
| 4 | | 대리 | <9 |
| 5 | | | |

① 부서가 홍보부이면서 직위가 과장이거나 부서가 영업부이면서 근속년수가 9년 이상이거나 직위가 대리이면서 근속년수가 9년 미만인 데이터
② 부서가 홍보부나 영업부이면서 직위가 과장이거나 대리이면서 근속년수가 9년 이상이거나 9년 미만인 데이터
③ 부서가 홍보부이면서 직위가 과장이고 부서가 영업부이면서 근속년수가 9년 이상이고 직위가 대리이면서 근속년수가 9년 미만인 데이터
④ 부서가 홍보부나 영업부이고 직위가 과장이거나 대리이고 근속년수가 9년 이상이거나 9년 미만인 데이터

전문가의 조언 | 고급 필터의 조건을 같은 행에 입력하면 AND 조건(~이고), 다른 행에 입력하면 OR 조건(~이거나)으로 연결되며, AND 조건을 먼저 처리하므로 고급 필터를 실행했을 때 결과로 옳은 것은 ①번입니다.

92섹션 1필드

24. 아래의 시트에서 횟수에 따른 택배비를 계산하려고 한다. 횟수가 5 이하면 2000, 5 초과 9 이하면 3000, 9 초과면 무료로 표시하기 위해 [C2] 셀에 입력해야 할 수식으로 옳지 않은 것은?

| | A | B | C |
|---|---|---|---|
| 1 | 이름 | 횟수 | 택배비 |
| 2 | 홍길동 | 3 | 2000 |
| 3 | 이숙희 | 8 | 3000 |
| 4 | 양종국 | 10 | 무료 |
| 5 | 김호명 | 7 | 3000 |
| 6 | | | |

① =IF(B2<=5, 2000, IF(B2<=9, 3000, "무료"))
② =IF(B2>9, "무료", IF(B2>5, 3000, 2000))
③ =IF(B2<=5, 2000, IF(OR(B2>5, B2<=9), 3000, "무료"))
④ =IF(B2<=5, 2000, IF(AND(B2>5, B2<=9), 3000, "무료"))

전문가의 조언 | [C2] 셀에 입력해야 할 수식으로 옳지 않은 것은 ③번입니다.
① [B2] 셀이 5 이하면 2000, [B2] 셀이 9 이하면 3000, 그 외는 "무료"를 반환합니다.
② [B2] 셀이 9 초과면 "무료", [B2] 셀이 5 초과면 3000, 그 외는 2000을 반환합니다.
③ [B2] 셀이 5 이하면 2000, [B2] 셀이 5를 초과하거나 9 이하면 3000, 그 외는 "무료"를 반환합니다. 즉 [B2] 셀이 5 이하면 2000, 그 외는 모두 3000이 반환됩니다.
④ [B2] 셀이 5 이하면 2000, [B2] 셀이 5 초과 9 이하면 3000, 그 외는 "무료"를 반환합니다.

84섹션 1필드

25. 다음 중 조건부 서식에 대한 설명으로 옳지 않은 것은?

① 조건부 서식의 조건은 결과가 TRUE(1) 또는 FALSE(0)가 나오도록 작성한다.
② 같은 통합 문서의 특정 셀을 이용하여 조건을 지정할 수 있다.
③ 수식을 이용하여 조건을 지정할 경우, 워크시트의 특정 셀을 클릭하면 상대 참조로 작성된다.
④ 이동 옵션을 이용하여 조건부 서식이 지정된 셀을 찾을 수 있다.

전문가의 조언 | 조건부 서식에서 조건 지정 시 마우스로 특정 셀을 클릭하면 절대 참조로 작성됩니다.

93섹션 1필드

**26.** 다음 중 아래의 워크시트를 이용한 수식에 대해서 그 결과가 옳지 않은 것은?

| | A | B | C | D |
|---|---|---|---|---|
| 1 | 이름 | 국어 | 영어 | 수학 |
| 2 | 김원 | 87 | 97 | 72 |
| 3 | 정영희 | 74 | 98 | 100 |
| 4 | 남궁정훈 | 85 | 91 | 70 |
| 5 | 이수 | 80 | 80 | 88 |
| 6 | 김용훈 | 81 | 87 | 70 |
| 7 | 김근태 | 84 | 82 | 80 |
| 8 | | | | |

| 수식 | 결과 |
|---|---|
| ① =HLOOKUP("영어", A1:D7, 2) | 97 |
| ② =OFFSET(B2, 3, 2) | 88 |
| ③ =INDEX(A1:D7, 3, 2) | 74 |
| ④ =AREAS(A1:D7) | 28 |

**전문가의 조언 |** ④번 수식의 결과는 1입니다.

① =HLOOKUP("영어", A1:D7, 2) : [A1:D7] 영역의 첫 번째 행에서 "영어"를 찾은 후 이 값이 있는 열의 2행에 있는 값인 97을 반환합니다.

② =OFFSET(B2, 3, 2) : [B2] 셀을 기준으로 3행 2열이 떨어진 [D5] 셀의 값인 88을 반환합니다.

③ =INDEX(A1:D7, 3, 2) : [A1:D7] 영역에서 3행 2열, 즉 [B3] 셀의 값인 74를 반환합니다.

④ =AREAS(A1:D7) : AREAS는 인수로 지정된 범위 안에서 영역의 수를 계산하는 함수로, [A1:D7]은 영역이 하나이므로 1을 반환합니다.

124섹션 1필드

**27.** 아래는 워크시트 [A1] 셀에서 [매크로 기록]을 클릭하고 작업을 수행한 과정을 VBA의 코드 창에서 확인한 결과이다. 다음 중 이에 대한 설명으로 옳지 않은 것은?

| | A | B | C |
|---|---|---|---|
| 1 | | 성적현황 | |
| 2 | 학번 | 학과 | 이름 |
| 3 | | | |
| 4 | | | |

```
Sub 매크로2( )
' 매크로2 매크로
'
    ActiveCell.Offset(0, 1).Range("A1").Select
    ActiveCell.FormulaR1C1 = "성적현황"
    ActiveCell.Offset(1, -1).Range("A1").Select
    ActiveCell.FormulaR1C1 = "학번"
    ActiveCell.Offset(0, 1).Range("A1").Select
    ActiveCell.FormulaR1C1 = "학과"
    Range("C2").Select
    ActiveCell.FormulaR1C1 = "이름"
    Range("A3").Select
End Sub
```

① 매크로의 이름은 '매크로2'이다.

② '성적현황', '학번', '학과'는 상대 참조로 기록되었다.

③ [A3] 셀을 클릭하고 매크로를 실행한 후의 셀 포인터 위치는 [A5] 셀이다.

④ [B3] 셀을 클릭하고 매크로를 실행한 후의 [C3] 셀의 값은 '성적현황'이다.

**전문가의 조언 |** • 매크로의 가장 마지막에 있는 'Range("A3").Select'로 인해 현재 셀 포인터의 위치에 상관없이 매크로를 실행하면 셀 포인터는 [A3] 셀에 위치합니다.

• [B3] 셀을 클릭하고 매크로를 실행하면 다음과 같이 실행됩니다.

| | A | B | C |
|---|---|---|---|
| 1 | | | |
| 2 | | | 이름 |
| 3 | | | 성적현황 |
| 4 | | 학번 | 학과 |
| 5 | | | |

• 매크로를 하나하나 살펴보면 아래와 같습니다.

```
Sub 매크로2( )
'
❶ ' 매크로2 매크로
'
  ❷ ActiveCell.Offset(0, 1).Range("A1").Select
  ❸ ActiveCell.FormulaR1C1 = "성적현황"
  ❹ ActiveCell.Offset(1, -1).Range("A1").Select
  ❺ ActiveCell.FormulaR1C1 = "학번"
  ❻ ActiveCell.Offset(0, 1).Range("A1").Select
  ❼ ActiveCell.FormulaR1C1 = "학과"
  ❽ Range("C2").Select
  ❾ ActiveCell.FormulaR1C1 = "이름"
  ❿ Range("A3").Select
End Sub
```

❶ 홑 따옴표(')가 있는 문장은 프로그램을 설명하는 주석문으로, 실행되지 않습니다. 매크로 이름이 '매크로2'임을 알려줍니다.

❷ 활성화된 셀에서 아래쪽으로 0칸, 오른쪽으로 1칸 이동한 후 그 셀을 기준으로 첫 번째 열(A), 첫 번째 행(1)을 선택합니다.

• Offset : 지정된 범위에서 떨어진 범위

• Range("A1") : [A1] 셀을 의미하는 것이 아니라 첫 번째 열(A), 첫 번째 행(1)을 의미입니다. 'Range("A2")'로 지정하면 첫 번째 열(A), 두 번째 행(2)을 의미합니다.

※ 'ActiveCell.Offset(0, 1).Select'로 작성해도 결과는 동일합니다.

❸ 활성화된 셀에 **성적현황**을 입력합니다.

❹ 활성화된 셀에서 아래쪽으로 1칸, 왼쪽으로 1칸 이동한 후 그 셀을 기준으로 첫 번째 열(A), 첫 번째 행(1)을 선택합니다.

❺ 활성화된 셀에 **학번**을 입력합니다.
❻ 활성화된 셀에서 아래쪽으로 0칸, 오른쪽으로 1칸 이동한 후 그 셀을 기준으로 첫 번째 열(A), 첫 번째 행(1)을 선택합니다.
❼ 활성화된 셀에 **학과**를 입력합니다.
❽ [C2] 셀을 선택합니다.
❾ 활성화된 셀에 **이름**을 입력합니다.
❿ [A3] 셀을 선택합니다.

75섹션 9필드

**28.** 다음 중 윗주에 대한 설명으로 옳지 않은 것은?

① 데이터를 삭제해도 윗주는 그대로 표시되어 있다.
② 윗주의 서식을 변경할 수 있다.
③ 문자열 데이터가 입력되어 있는 셀에만 윗주를 표시할 수 있다.
④ 윗주는 셀에 대한 주석을 설정하는 것이다.

전문가의 조언 | 윗주가 삽입된 셀의 데이터를 삭제하면 윗주도 함께 삭제됩니다.

111섹션 3필드

**29.** 다음의 피벗 테이블에 대한 설명으로 옳지 않은 것은?

| | A | B | C | D | E | F |
|---|---|---|---|---|---|---|
| 1 | 모집구분 (모두) | | | | | |
| 2 | | | | | | |
| 3 | | | 단과대학 | | | |
| 4 | 성별 | 값 | 공과대학 | 사범대학 | 인문대학 | 자연과학대학 |
| 5 | 남 | | | | | |
| 6 | | 평균 : 영어 | 80 | 75 | 70 | 99 |
| 7 | | 평균 : 국어 | 72 | 98 | 75 | 74 |
| 8 | 여 | | | | | |
| 9 | | 평균 : 영어 | 83 | 79 | 85 | 87.5 |
| 10 | | 평균 : 국어 | 83 | 97 | 79 | 90.5 |
| 11 | **전체 평균 : 영어** | | **81** | **77** | **77** | **93.25** |
| 12 | **전체 평균 : 국어** | | **78** | **97** | **77** | **82.25** |

① 피벗 차트를 추가하면 열 레이블에 표시된 항목은 범례(계열)로 표시된다.
② 값 영역에 2개의 필드를 지정하여 생긴 Σ 값 필드가 행 영역에 표시되어 있다.
③ 열의 총합계만 표시되어 있다.
④ 피벗 테이블이 선택된 상태에서 [삽입] → [차트] 그룹에서 세로 막대형 차트를 추가하면 Chart 시트에 피벗 차트가 작성된다.

전문가의 조언 | 피벗 테이블이 선택된 상태에서 [삽입] → [차트] 그룹에서 세로 막대형 차트를 추가하면 피벗 테이블이 작성된 시트에 피벗 차트가 삽입됩니다.

① 피벗 차트를 작성하면 피벗 테이블 보고서의 열 영역에 표시된 '단과대학'이 피벗 차트의 범례로 표시됩니다.

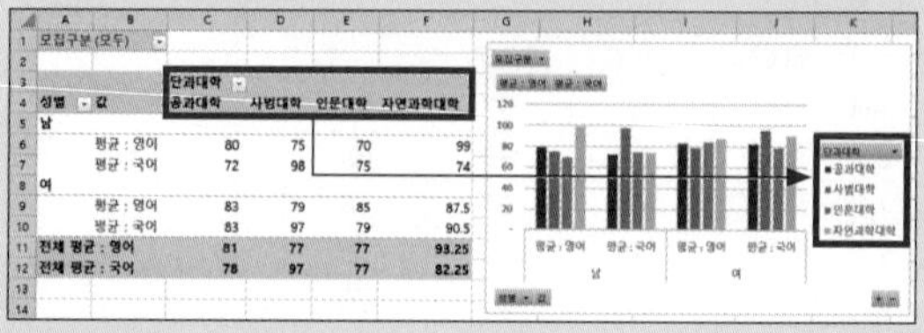


②

• Σ 값 필드가 열 영역에 있는 경우

↓

| | A | B | C | D | E | F | G | H | I |
|---|---|---|---|---|---|---|---|---|---|
| 1 | 모집구분 (모두) | | | | | | | | |
| 2 | | | | | | | | | |
| 3 | | 단과대학 | 값 | | | | | | |
| 4 | | 공과대학 | | 사범대학 | | 인문대학 | | 자연과학대학 | |
| 5 | 성별 | 평균 : 영어 | 평균 : 국어 | 평균 : 영어 | 평균 : 국어 | 평균 : 영어 | 평균 : 국어 | 평균 : 영어 | 평균 : 국어 |
| 6 | 남 | 80 | 72 | 75 | 98 | 70 | 75 | 99 | 74 |
| 7 | 여 | 83 | 83 | 79 | 97 | 85 | 79 | 87.5 | 90.5 |
| 8 | **총합계** | **81** | **78** | **77** | **97** | **77** | **77** | **93.25** | **82.25** |

• Σ 값 필드가 행 영역에 있는 경우

↓

| | A | B | C | D | E | F |
|---|---|---|---|---|---|---|
| 1 | 모집구분 (모두) | | | | | |
| 2 | | | | | | |
| 3 | | | 단과대학 | | | |
| 4 | 성별 | 값 | 공과대학 | 사범대학 | 인문대학 | 자연과학대학 |
| 5 | 남 | | | | | |
| 6 | | 평균 : 영어 | 80 | 75 | 70 | 99 |
| 7 | | 평균 : 국어 | 72 | 98 | 75 | 74 |
| 8 | 여 | | | | | |
| 9 | | 평균 : 영어 | 83 | 79 | 85 | 87.5 |
| 10 | | 평균 : 국어 | 83 | 97 | 79 | 90.5 |
| 11 | 전체 평균 : 영어 | | 81 | 77 | 77 | 93.25 |
| 12 | 전체 평균 : 국어 | | 78 | 97 | 77 | 82.25 |

③

• 열의 총합계만 있는 경우

| | A | B | C | D | E | F |
|---|---|---|---|---|---|---|
| 1 | 모집구분 (모두) | | | | | |
| 2 | | | | | | |
| 3 | | | 단과대학 | | | |
| 4 | 성별 | 값 | 공과대학 | 사범대학 | 인문대학 | 자연과학대학 |
| 5 | 남 | | | | | |
| 6 | | 평균 : 영어 | 80 | 75 | 70 | 99 |
| 7 | | 평균 : 국어 | 72 | 98 | 75 | 74 |
| 8 | 여 | | | | | |
| 9 | | 평균 : 영어 | 83 | 79 | 85 | 87.5 |
| 10 | | 평균 : 국어 | 83 | 97 | 79 | 90.5 |
| 11 | 전체 평균 : 영어 | | 81 | 77 | 77 | 93.25 |
| 12 | 전체 평균 : 국어 | | 78 | 97 | 77 | 82.25 |

• 행의 총합계만 있는 경우

| | A | B | C | D | E | F | G |
|---|---|---|---|---|---|---|---|
| 1 | 모집구분 (모두) | | | | | | |
| 2 | | | | | | | |
| 3 | | | 단과대학 | | | | |
| 4 | 성별 | 값 | 공과대학 | 사범대학 | 인문대학 | 자연과학대학 | 총합계 |
| 5 | 남 | | | | | | |
| 6 | | 평균 : 영어 | 80 | 75 | 70 | 99 | 78.2667 |
| 7 | | 평균 : 국어 | 72 | 98 | 75 | 74 | 76.8 |
| 8 | 여 | | | | | | |
| 9 | | 평균 : 영어 | 83 | 79 | 85 | 87.5 | 83.5625 |
| 10 | | 평균 : 국어 | 83 | 97 | 79 | 90.5 | 84.1875 |

74섹션 4필드

**30.** 다음 중 워크시트 이름으로 적절하지 않은 것은?

① _매출실적 ② 매출실저?
③ #매출실적 ④ 매출실적&

전문가의 조언 | 워크시트 이름에 * / : ? [ ] 등의 문자는 사용할 수 없습니다.

103섹션 6필드

**31.** 다음 중 [보기] 탭의 [페이지 나누기 미리 보기]에 대한 설명으로 옳지 않은 것은?

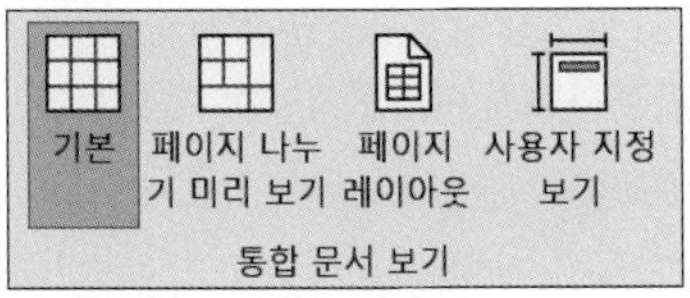


① 페이지 나누기는 구분선을 이용하여 인쇄를 위한 페이지 나누기를 빠르게 조정하는 기능이다.
② 행 높이와 열 너비를 변경하면 자동 페이지 나누기의 위치도 변경된다.
③ [페이지 나누기 미리 보기]에서 수동으로 삽입된 페이지 나누기는 파선으로 표시되고 자동으로 추가된 페이지 나누기는 실선으로 표시된다.
④ 용지 크기, 여백 설정, 배율 옵션 등에 따라 자동 페이지 나누기가 삽입된다.

전문가의 조언 | [페이지 나누기 미리 보기]에서 수동으로 삽입된 페이지 나누기는 실선으로 표시되고 자동으로 추가된 페이지 나누기는 파선으로 표시됩니다.

93섹션 2필드

**32.** 아래 워크시트와 같이 시상내역[A13:D16] 표를 이용하여 시상내역[D2:D10]을 계산하였다. 다음 중 [D2] 셀에 입력된 배열 수식으로 옳은 것은?

| | A | B | C | D |
|---|---|---|---|---|
| 1 | 이름 | 공모대상 | 점수 | 시상내역 |
| 2 | 김남희 | 독창 | 91 | 대상 |
| 3 | 남궁민 | 창작동화 | 65 | - |
| 4 | 이수남 | 독창 | 75 | - |
| 5 | 서수남 | 독창 | 50 | - |
| 6 | 홍길동 | 독창 | 88 | 최우수상 |
| 7 | 이숙희 | 창작동화 | 69 | - |
| 8 | 양종국 | 창작동화 | 87 | 차상 |
| 9 | 김호명 | 독창 | 79 | - |
| 10 | 김영희 | 창작동화 | 93 | 장원 |
| 11 | | | | |
| 12 | 시상내역 | | | |
| 13 | 점수 | 0 | 80 | 90 |
| 14 | | 80 | 90 | 100 |
| 15 | 독창 | - | 최우수상 | 대상 |
| 16 | 창작동화 | - | 차상 | 장원 |
| 17 | | | | |

① {=INDEX($B$15:$D$16, MATCH(B2, $A$15:$A$16, 0), MATCH(C2, $B$13:$D$13, −1))}
② {=INDEX($B$15:$D$16, MATCH(B2, $A$15:$A$16, 0), MATCH(C2, $B$13:$D$13, 1))}
③ {=INDEX($B$15:$D$16, MATCH(B2, $A$15:$A$16, 0), MATCH(C2, $B$14:$D$14, −1))}
④ {=INDEX($B$15:$D$16, MATCH(B2, $A$15:$A$16, 0), MATCH(C2, $B$14:$D$14, 1))}

**전문가의 조언 |** [D2] 셀에 입력된 배열 수식으로 옳은 것은 ②번입니다.

{=INDEX( $B$15:$D$16, MATCH(B2, $A$15:$A$16, 0), MATCH(C2, $B$13:$D$13, 1) )}

❶ ❷ ❸

❶ MATCH(B2, $A$15:$A$16, 0) : [A15:A16] 영역에서 [B2] 셀, 즉 "독창"과 동일한 값을 찾은 후 상대 위치인 1을 반환합니다.

❷ MATCH(C2, $B$13:$D$13, 1) : [B13:D13] 영역에서 [C2] 셀, 즉 91보다 작거나 같은 값 중에서 가장 근접한 값(90)을 찾은 후 상대 위치인 3을 반환합니다.

❸ =INDEX($B$15:$D$16, ❶, ❷) → =INDEX($B$15:$D$16, 1, 3) : [B15:D16] 영역에서 1행 3열, 즉 [D15] 셀의 값 "대상"을 반환합니다.

113섹션 1필드

**33.** 다음 중 아래 그림과 같이 목표값 찾기를 지정했을 때의 설명으로 옳은 것은?

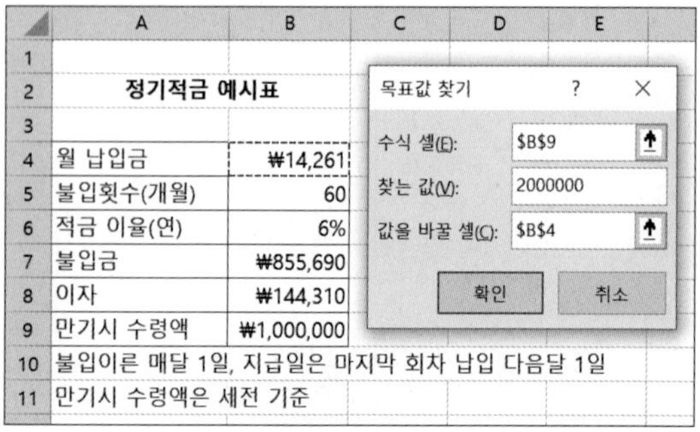

| | A | B | C | D | E |
|---|---|---|---|---|---|
| 1 | | | | | |
| 2 | 정기적금 예시표 | | | | |
| 3 | | | | | |
| 4 | 월 납입금 | ₩14,261 | | | |
| 5 | 불입횟수(개월) | 60 | | | |
| 6 | 적금 이율(연) | 6% | | | |
| 7 | 불입금 | ₩855,690 | | | |
| 8 | 이자 | ₩144,310 | | | |
| 9 | 만기시 수령액 | ₩1,000,000 | | | |
| 10 | 불입이른 매달 1일, 지급일은 마지막 회차 납입 다음달 1일 | | | | |
| 11 | 만기시 수령액은 세전 기준 | | | | |



① 만기시 수령액이 2,000,000원이 되려면 월 납입금은 얼마가 되어야 하는가?
② 만기시 수령액이 2,000,000원이 되려면 적금 이율(연)이 얼마가 되어야 하는가?
③ 불입금이 2,000,000원이 되려면 만기시 수령액은 얼마가 되어야 하는가?
④ 월 납입금이 2,000,000원이 되려면 만기시 수령액은 얼마가 되어야 하는가?

**전문가의 조언 |** 그림은 만기시 수령액(B9)이 2,000,000원이 되려면 월 납입금(B4)이 얼마가 되어야 하는지를 구하는 목표값 찾기입니다.

101섹션 1필드

**34.** 다음 중 아래 설명에 해당하는 차트 종류는?

- 항목의 값을 점으로 표시하여 여러 데이터 값들의 관계를 보여준다.
- 과학, 통계 및 공학 데이터와 같은 숫자 값을 표시하고 비교하는데 사용된다.
- 가로 축의 값이 일정한 간격이 아닌 경우나 데이터 요소의 수가 많은 경우 사용된다.

① 분산형 차트　② 도넛형 차트
③ 방사형 차트　④ 혼합형 차트

**전문가의 조언 |** 항목의 값을 점으로 표시하여 여러 데이터 값들의 관계를 보여주는 차트는 분산형 차트입니다.

- **도넛형 차트** : 전체에 대한 각 부분의 관계를 비율로 나타내어 각 부분을 비교할 때 사용됨
- **방사형 차트** : 많은 데이터 계열의 집합적인 값을 나타낼 때 사용됨
- **혼합형 차트** : 두 개 이상의 데이터 계열을 갖는 차트에서 특정 데이터 계열을 강조하고자 할 경우 해당 데이터 계열을 다른 차트로 표시하는 것

117섹션 1필드

**35.** 다음 중 Visual Basic Editor에 대한 설명으로 틀린 것은?

① Alt + F11을 누르면 실행된다.
② Visual Basic Editor에서 F5를 눌러 매크로를 실행할 수 있다.
③ 매크로를 단계별로 실행할 수는 없으나 중간에 중단할 수 있다.
④ 기록된 매크로의 내용을 수정할 수 있다.

**전문가의 조언 |** '매크로' 대화상자에서 〈한 단계씩 코드 실행〉 단추를 이용하여 매크로를 단계별로 실행할 수 있습니다.

103섹션 3필드

**36.** 다음 중 [페이지 설정] 대화상자에 대한 설명으로 옳지 않은 것은?

① [페이지] 탭에서 '자동 맞춤'의 용지 너비와 용지 높이를 각각 1로 지정하면 여러 페이지가 한 페이지에 인쇄된다.
② [머리글/바닥글]의 여백은 [머리글/바닥글] 탭에서 '머리글'과 '바닥글'의 여백을 mm 단위로 지정할 수 있다.
③ [여백] 탭에서 '페이지 가운데 맞춤'의 가로 및 세로를 체크하면 인쇄 내용이 용지의 가운데에 맞춰 인쇄된다.
④ [시트] 탭에서 '눈금선'의 표시 여부를 지정할 수 있다.

**전문가의 조언 |** '머리글'과 '바닥글'의 여백은 '페이지 설정' 대화상자의 '여백' 탭에서 지정할 수 있습니다.

83섹션 2필드

**37.** 숫자 −246000을 입력한 후 아래의 표시 형식을 적용했을 때 표시되는 결과로 옳은 것은?

| #0.0,"천원";(#0.0,"천원");0.0;@"님" |
|---|

① 246.0천원　　② 246,000
③ (−246.0천원)　　④ (246.0천원)

**전문가의 조언 |** 숫자 −246000을 입력한 후 지문의 표시 형식을 지정하면 −246000이 음수이므로 **(#0.0,"천원")** 서식이 적용되어 **(246.0천원)**으로 표시됩니다.

- **#0.0,"천원"** : 양수일 때 적용되는 서식으로, **#0.0,"천원"** 형식으로 표시됩니다. 예 246000 → 246.0천원
  ※ #0.0,에서 콤마(,)는 천 단위를 생략할 때 사용합니다.
- **(#0.0,"천원")** : 음수일 때 적용되는 서식으로, **#0.0,"천원"** 형식으로 표시하되 음수 표시는 ( )로 나타냅니다. 예 −246000 → (246.0천원)
- **0.0** : 0일 때 적용되는 서식으로, **0.0**으로 표시됩니다. 예 0 → 0.0
- **@"님"** : 텍스트일 때 적용되는 서식으로, 해당 텍스트 다음에 "님"을 표시합니다. 예 합격 → 합격님

81섹션 3필드

**38.** 아래와 같이 통합 문서 보호를 설정했을 경우에 대한 설명으로 옳지 않은 것은?

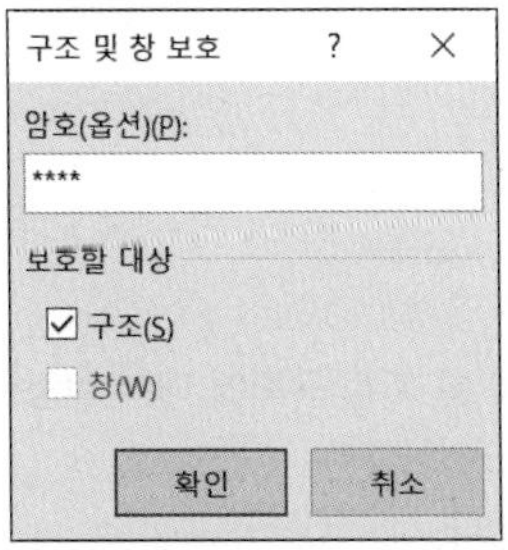


① 워크시트를 이동하거나 삭제할 수 없다.
② 새 워크시트 또는 차트 시트를 삽입할 수 없다.
③ 시나리오 요약 보고서를 만들 수 없다.
④ 워크시트에 작성된 차트를 다른 시트로 이동할 수 없다.

**전문가의 조언 |** 통합 문서 보호는 통합 문서의 시트 삽입, 삭제, 이동, 숨기기, 이름 바꾸기 등을 할 수 없도록 보호하는 것으로, 통합 문서 보호를 실행해도 워크시트에 작성된 차트를 다른 시트로 이동할 수 있습니다.

114섹션 2필드

**39.** 다음 그림과 같이 "표" 기능을 사용하여 이자율에 따른 이자액을 계산하려고 한다. 이때 실행하여야 할 작업 내용에 대한 설명으로 옳지 않은 것은?

| | A | B | C | D | E | F |
|---|---|---|---|---|---|---|
| 1 | 이자율에 따른 이자액 계산 | | | | | |
| 2 | 원금 | 이자율 | 이자액 | | | |
| 3 | 1,500 | 4% | 60 | | | |
| 4 | | | 이자율 | | | |
| 5 | | 60 | 5% | 10% | 15% | 20% |
| 6 | 원금 | 2,000 | 100 | 200 | 300 | 400 |
| 7 | | 3,500 | 175 | 350 | 525 | 700 |
| 8 | | 4,000 | 200 | 400 | 600 | 800 |
| 9 | | 5,500 | 275 | 550 | 825 | 1,100 |

① '데이터 테이블' 대화상자가 표시되면 "행 입력 셀"은 [B3] 셀, "열 입력 셀"은 [A3] 셀을 지정한 후 〈확인〉을 선택한다.
② 표의 범위([B5:F9])를 설정한 후 [데이터] → [예측] → [가상 분석] → [데이터 표]를 선택한다.
③ 수식이 입력되어야 하는 [C6] 셀을 선택하고 수식 "=A3*B3"를 입력한다.
④ 자동으로 결과가 구해진 셀을 하나 선택해서 살펴보면 "{=TABLE(B3,A3)}"과 같은 배열 수식이 들어 있다.

**전문가의 조언 |** 수식이 입력되어야 하는 셀은 [C6] 셀이 아니라 [B5] 셀입니다.

116섹션 3필드

**40.** 다음 중 매크로를 작성하고 사용하는 방법에 대한 설명으로 옳지 않은 것은?

① 매크로를 기록하는 경우 기본적으로 셀은 절대 참조로 기록되며, 상대 참조로 기록하고자 할 경우 '상대 참조로 기록'을 선택한 다음 매크로 기록을 실행한다.
② 매크로에 지정된 바로 가기 키가 엑셀 고유의 바로 가기 키와 중복될 경우 엑셀 고유의 바로 가기 키가 우선한다.
③ 매크로를 기록하는 경우 실행하려는 작업을 완료하는 데 필요한 모든 단계가 매크로 레코더에 기록되며, 리본 메뉴에서의 탐색은 기록된 단계에 포함되지 않는다.
④ 개인용 매크로 통합 문서에 저장한 매크로는 엑셀을 시작할 때마다 자동으로 로드되므로 다른 통합 문서에서도 실행할 수 있다.

**전문가의 조언 |** 매크로에 지정된 바로 가기 키가 엑셀 고유의 바로 가기 키와 중복될 경우 매크로에 지정된 바로 가기 키가 우선합니다.

정답 : 33.① 34.① 35.③ 36.② 37.④ 38.④ 39.③ 40.②

# 3과목 데이터베이스 일반

142섹션 1필드

**41.** 〈제품〉 테이블의 "제품명" 필드는 기본키가 아니지만 중복된 값이 입력될 수 없도록 관련 속성을 설정하려고 한다. 이를 위한 방법으로 옳은 것은?

① 인덱스 속성을 '예(중복 불가능)'으로 설정한다.
② 인덱스 속성을 '예(중복 가능)'으로 설정한다.
③ 인덱스 속성을 '예(Null 허용)'으로 설정한다.
④ 필수 속성을 '예'로 설정한다.

전문가의 조언 | 특정 필드에 중복된 값이 입력되지 않도록 하려면, 인덱스 속성을 '예(중복 불가능)'으로 설정하면 됩니다.

177섹션 1필드

**42.** 다음 중 매크로에 대한 설명으로 옳지 않은 것은?

① 매크로는 작업을 자동화하고 폼, 보고서 및 컨트롤에 기능을 추가하는 데 사용되는 도구이다.
② 매크로를 컨트롤의 이벤트 속성에 포함시킬 수 있다.
③ 컨트롤에 포함된 매크로를 포함하여 모든 매크로가 '탐색' 창의 매크로 개체에 표시된다.
④ 데이터베이스 파일이 열릴 때 자동으로 실행되는 매크로를 정의하려면, 매크로 이름을 AutoExec로 지정한다.

전문가의 조언 | • '탐색' 창에 표시되는 매크로는 [만들기] → [매크로 및 코드] → [매크로] 메뉴를 이용해 이름을 지정하여 만든 매크로만 표시됩니다.
• 특정 컨트롤에 포함된 매크로는 '탐색' 창에 표시되지 않습니다.

135섹션 13필드

**43.** 테이블의 필드에 엑셀 파일을 삽입하려고 할 때 가장 적합한 데이터 형식은?

① 첨부 파일 ② 하이퍼링크
③ 긴 텍스트 ④ 일련 번호

전문가의 조언 | • 이미지, 엑셀 파일, 텍스트 파일 등 다양한 형식의 파일을 필드에 삽입할 때 알맞은 형식은 '첨부 파일' 형식입니다.
• **하이퍼링크** : 웹 사이트나 파일의 특정 위치로 바로 이동하는 하이퍼링크를 입력할 수 있는 형식
• **긴 텍스트** : 짧은 텍스트 형식과 비슷한 기능을 제공하며, 최대 64,000자까지 입력할 수 있는 형식
• **일련 번호** : 레코드가 추가될 때마다 번호를 하나씩 증가시켜 주는 형식

없음

**44.** 데이터베이스 암호 설정에 대한 설명으로 옳은 것은?

① 데이터베이스를 MDE 형식으로 저장한 후 파일을 열어야 파일 암호를 설정할 수 있다.
② [데이터베이스 압축 및 복구] 도구에서 파일 암호를 설정할 수 있다.
③ [Access 옵션] 창의 보안 센터에서 파일 암호를 설정할 수 있다.
④ 데이터베이스를 단독 사용 모드로 열어야 암호를 설정할 수 있다.

전문가의 조언 | 액세스 파일에 암호를 설정하거나 해제하려면 [파일] → [열기] → [찾아보기]를 선택한 후 '열기' 대화상자에서 파일을 선택하고 〈열기〉 단추 옆의 화살표를 클릭한 다음 [단독으로 열기]를 선택해야 합니다. 그런 다음 [파일] → [정보] → [데이터베이스 암호 설정]에서 지정하면 됩니다.

134섹션 2필드

**45.** 다음 중 테이블의 [디자인 보기]에서 설정 가능한 작업에 해당하지 않는 것은?

① 폼 필터를 적용하여 조건에 맞는 레코드만 표시할 수 있다.
② 필드의 '설명'에 입력한 내용은 테이블 구조에 영향을 미치지 않고, 폼에서 해당 필드를 선택할 때 상태 표시줄에 표시된다.
③ 컨트롤 표시 속성은 텍스트 상자, 목록 상자, 콤보 상자 중 선택할 수 있다.
④ 한 개 이상의 필드를 선택하여 기본키로 설정할 수 있다.

전문가의 조언 | 폼 필터는 폼의 여러 필드에 필터를 적용할 때 사용하는 것으로 테이블의 '디자인 보기'가 아니라 폼의 '디자인 보기'에서 설정이 가능합니다.

134섹션 3필드

**46.** 다음 중 테이블에서의 필드 이름 지정 규칙에 대한 설명으로 옳지 않은 것은?

① 최대 64자까지 입력할 수 있다.
② 공백을 이름의 첫 문자로 사용할 수 없다.
③ 한 테이블 내에 동일한 이름의 필드를 2개 이상 지정할 수 없다.
④ 모든 특수문자, 문자, 숫자, 공백을 포함하여 이름을 지정할 수 있다.

전문가의 조언 | . ! [ ]를 제외한 특수 문자, 공백, 숫자, 문자를 조합하여 필드 이름으로 사용할 수 있습니다.

158섹션 1필드

**47.** 다음 중 폼에 대한 설명으로 옳지 않은 것은?

① '레코드 원본' 속성에 지정된 테이블의 필드는 컨트롤 없이도 폼 머리글의 배경에 표시할 수 있다.
② 컨트롤과 여러 도구 모음을 이용하여 시각적으로 다양한 작업 화면을 작성할 수 있다.
③ 폼에 레이블이나 명령 단추만을 추가하여 언바운드 폼을 만들어 사용할 수 있다.
④ 폼을 사용하여 데이터베이스의 보안성과 사용자의 편의성을 높일 수 있다.

전문가의 조언 | 폼의 '레코드 원본' 속성에 지정된 테이블의 필드 내용을 폼에 표시하려면 반드시 컨트롤을 사용해야 합니다.

164섹션 2필드

**48.** 다음 중 폼 작성 시 사용하는 컨트롤에 대한 설명으로 옳지 않은 것은?

① 바운드 컨트롤 : 폼이나 보고서에서 테이블이나 쿼리의 필드를 컨트롤 원본으로 사용하는 컨트롤이다.
② 탭 컨트롤 : 탭 형식의 대화상자를 작성하는 컨트롤로, 다른 컨트롤을 탭 컨트롤로 복사하거나 추가할 수 있다.
③ 레이블 컨트롤 : 날짜나 시간을 표시하는 용도로 사용하는 컨트롤이다.
④ 계산 컨트롤 : 원본 데이터로 필드를 사용하지 않고 식을 사용하는 컨트롤이다.

전문가의 조언 | • 날짜나 시간은 함수를 사용해서 표시하는데, 이와 같이 함수의 결과 값을 표시하려면 텍스트 상자를 사용해야 합니다.
• 레이블은 제목이나 캡션, 설명 등을 표시하는 용도로 사용됩니다.

150섹션 1필드

**49.** 〈도서〉 테이블에 대해 다음과 같은 결과를 표시하는 SQL문은?

쿼리

| 도서명 | 저자 | 출간년도 | 출판사 |
|---|---|---|---|
| 70세의 마음 | 이신호 | 2020 | 길벗 |
| 어른의 걸음으로 | 김용갑 | 2019 | 길벗 |
| 혼자 남는 기분 | 최미경 | 2020 | 오직북 |
| 성공의 법칙 | 김종일 | 2018 | 오직북 |
| 70세의 마음 | 김선길 | 2019 | 한마음 |
| 어른의 걸음으로 | 김용갑 | 2018 | 한마음 |

① select * from 도서 order by 출판사 asc, 저자 desc;
② select * from 도서 order by 출판사, 출간년도 desc;
③ select * from 도서 order by 도서명, 출간년도 desc;
④ select * from 도서 order by 저자, 출판사 desc;

전문가의 조언 | 문제의 그림은 '출판사'를 기준으로 오름차순 정렬(ASC 또는 생략)하고, '출판사'가 같은 경우에는 '출간년도'를 기준으로 내림차순 정렬(DESC)한 결과입니다.
• 나머지 보기로 제시된 SQL문의 결과는 다음과 같습니다.

①

쿼리

| 도서명 | 저자 | 출간년도 | 출판사 |
|---|---|---|---|
| 70세의 마음 | 이신호 | 2020 | 길벗 |
| 어른의 걸음으로 | 김용갑 | 2019 | 길벗 |
| 혼자 남는 기분 | 최미경 | 2020 | 오직북 |
| 성공의 법칙 | 김종일 | 2018 | 오직북 |
| 어른의 걸음으로 | 김용갑 | 2018 | 한마음 |
| 70세의 마음 | 김선길 | 2019 | 한마음 |

③

쿼리

| 도서명 | 저자 | 출간년도 | 출판사 |
|---|---|---|---|
| 70세의 마음 | 이신호 | 2020 | 길벗 |
| 어른의 걸음으로 | 김용갑 | 2019 | 길벗 |
| 혼자 남는 기분 | 최미경 | 2020 | 오직북 |
| 성공의 법칙 | 김종일 | 2018 | 오직북 |
| 어른의 걸음으로 | 김용갑 | 2018 | 한마음 |
| 70세의 마음 | 김선길 | 2019 | 한마음 |

④

쿼리

| 도서명 | 저자 | 출간년도 | 출판사 |
|---|---|---|---|
| 70세의 마음 | 김선길 | 2019 | 한마음 |
| 어른의 걸음으로 | 김용갑 | 2018 | 한마음 |
| 어른의 걸음으로 | 김용갑 | 2019 | 길벗 |
| 성공의 법칙 | 김종일 | 2018 | 오직북 |
| 70세의 마음 | 이신호 | 2020 | 길벗 |
| 혼자 남는 기분 | 최미경 | 2020 | 오직북 |

169섹션 2필드

**50.** 다음 중 보고서에 대한 설명으로 옳지 않은 것은?

① 보고서에 포함할 필드가 모두 한 테이블에 있는 경우 해당 테이블을 레코드 원본으로 사용한다.
② [보고서 디자인]을 이용하면 별도의 정보 입력 과정 없이 테이블이나 쿼리를 이용하여 보고서를 바로 작성할 수 있다.
③ 보고서에서도 폼에서와 같이 이벤트 프로시저를 작성할 수 있다.
④ [보고서 마법사]를 이용하는 경우 마법사가 진행되는 순서에 따라 설정 사항을 지정하면 자동으로 보고서가 작성된다.

전문가의 조언 | • ②번은 [만들기] → [보고서] 그룹의 '보고서' 도구를 이용하여 보고서를 작성하는 경우입니다.
• '보고서 디자인' 도구를 이용하면 디자인 보기 상태에서 컨트롤을 이용하여 사용자가 직접 보고서를 작성할 수 있습니다.

정답 : 41.① 42.③ 43.① 44.④ 45.① 46.④ 47.① 48.③ 49.② 50.②

169섹션 2필드

**51.** 다음은 보고서 보기 형태에 대한 내용이다. ㉠, ㉡에 알맞은 형태는 무엇인가?

- ㉠ : 보고서로 출력될 실제 데이터를 보면서 컨트롤의 크기 및 위치를 변경할 수 있다.
- ㉡ : 컨트롤 도구를 이용하여 보고서를 만들거나 수정할 수 있는 형태로, 실제 데이터는 표시되지 않는다.

① ㉠ 레이아웃 보기, ㉡ 디자인 보기
② ㉠ 인쇄 미리 보기, ㉡ 레이아웃 보기
③ ㉠ 디자인 보기, ㉡ 보고서 보기
④ ㉠ 레이아웃 보기, ㉡ 보고서 보기

**전문가의 조언 |** 출력될 실제 데이터의 레이아웃(윤곽)을 보면서 작업하는 형태는 '레이아웃 보기', 실제 데이터는 표시되지 않지만 컨트롤 도구를 이용하여 보고서를 디자인하는 것은 '디자인 보기'입니다.

143섹션 3필드

**52** 아래의 [상황]에서 두 테이블에 변경된 내용을 적용하기 위한 방법으로 가장 적절한 것은?

[상황]

- 〈제품〉 테이블의 '분류코드'는 〈분류〉 테이블의 '분류코드'를 참조한다.
- '분류코드' 체계를 변경하기 위해 〈분류〉 테이블의 '분류코드' 필드 값을 변경하려 하였더니 '관련 레코드가 '제품' 테이블에 있으므로 레코드를 삭제하거나 변경할 수 없습니다.'라는 오류 메시지가 나타났다.

① 두 테이블 간의 관계를 해제하고 〈분류〉 테이블의 '분류코드' 필드 값을 수정한다.
② 〈제품〉 테이블의 '분류코드'를 먼저 수정한 후, 〈분류〉 테이블의 '분류코드' 필드 값을 수정한다.
③ 관계 편집 창에서 '관련 필드 모두 업데이트'를 체크한 후, 〈분류〉 테이블의 '분류코드' 필드 값을 수정한다.
④ 관계 편집 창에서 '관련 필드 모두 업데이트'를 체크한 후, 〈제품〉 테이블의 '분류코드' 필드 값을 수정한다.

**전문가의 조언 |** 관계 설정 시 사용자가 실수로 데이터를 변경하거나 삭제하지 않도록 '항상 참조 무결성 유지'를 지정했기 때문에 문제의 메시지가 표시된 것입니다. 이럴 경우에는 참조되는 테이블(분류)의 변경 사항이 참조하는 테이블(제품)에 자동으로 반영되도록 '관계 편집' 창의 '관련 필드 모두 업데이트'를 선택하면 합니다. 이 기능을 이용해야만 정확한 데이터 관리가 가능합니다.

155섹션 5필드

**53.** 〈제품〉 테이블의 데이터는 모두 표시되고 〈판매내역〉 테이블의 데이터는 '제품.제품코드' 필드와 일치하는 데이터만 표시되는 조인은?

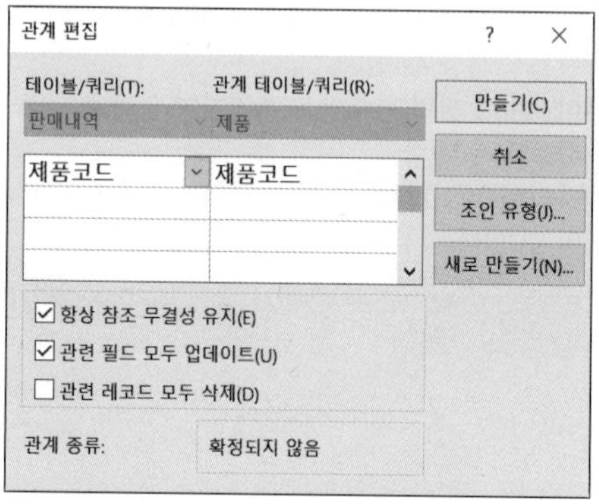


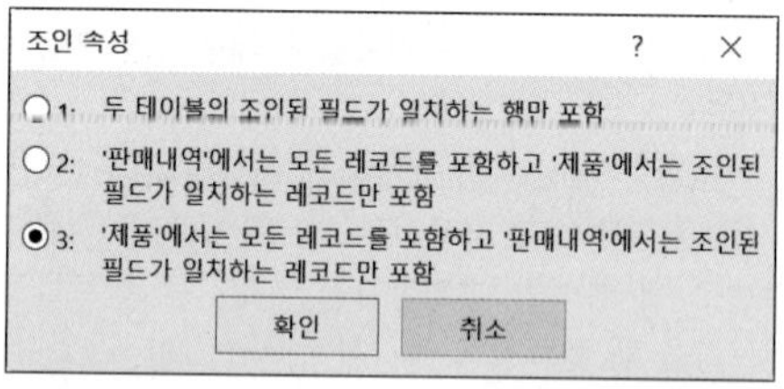


① 왼쪽 외부 조인　② 오른쪽 외부 조인
③ 카테션 조인　④ 내부 조인

**전문가의 조언 |** 문제의 그림을 보면 '관계 편집' 대화상자의 오른쪽에 있는 〈제품〉 테이블에서는 모든 레코드를 포함하고, 왼쪽에 있는 〈판매내역〉 테이블에서는 조인된 필드가 일치하는 레코드만 질의에 포함하도록 설정되어 있습니다. 이와 같이 오른쪽이 기준이면, '오른쪽 외부 조인'입니다.

168섹션 2필드

**54.** 다음 중 조건부 서식에 대한 설명으로 옳지 않은 것은?

① 첫 번째 조건을 만족하면 해당 조건의 서식이 적용되고, 이후 조건들은 무시된다.
② 폼이나 보고서를 다른 파일 형식으로 변환하면 조건부 서식이 유지된 상태로 변환된다.
③ 필드 값이나 식, 포커스를 가지고 있는 컨트롤을 기준으로 조건부 서식을 설정할 수 있다.
④ 조건을 만족하지 않으면 적용된 서식이 해제되고 기본 서식이 적용된다.

**전문가의 조언 |** 폼이나 보고서를 다른 파일 형식으로 변환하면 조건부 서식이 해제된 상태로 변환됩니다.

153섹션 4필드

**55.** 다음 중 연산자 사용에 대한 설명으로 옳지 않은 것은?

① Like "김?" : "김"으로 시작하거나 "김"을 포함하는 모든 자료를 표시한다.
② Between 20 and 60 : 20에서 60 사이인 자료를 표시한다.
③ Not "0" : 널 문자가 아닌 자료를 표시한다.
④ 3<>3 Or 2<1 : 화면에 표시되는 내용이 없다.

전문가의 조언 | 만능 문자는 모든 문자를 대신하여 사용하는 문자로, *는 문자의 모든 자리를 대신할 수 있지만, ?는 문자의 한 자리만 대신할 수 있습니다. **Like "김?"**은 "김"으로 시작하는 두 글자인 자료만 표시합니다.

152섹션 3필드

**56.** 다음 중 문자열 함수에 대한 결과로 옳지 않은 것은?

① Len("Blossom") = 7
② Mid("Blossom", 3, 2) = os
③ Left("Blossom", 3) = Blo
④ Instr("Blossom", "son") = Null

전문가의 조언 | InStr(문자열, 찾는 문자)는 문자열에서 찾는 문자 또는 문자열의 위치를 구하는 함수로, 문자열에서 찾는 문자나 문자열이 없는 경우에는 0을 반환합니다.

179섹션 1필드

**57.** 다음 중 아래의 이벤트 프로시저에 대한 설명으로 옳지 않은 것은?

```
Private Sub cmd재고_Click( )
  txt재고수량 = txt입고량 - txt총주문량
  DoCmd.OpenReport "제품별재고현황", _
     acViewDesign, , "제품번호 = '" & cmb조회 & "'"
End Sub
```

① 'cmd재고' 컨트롤을 클릭했을 때 실행된다.
② 'txt재고수량' 컨트롤에는 'txt입고량' 컨트롤에 표시되는 값에서 'txt총주문량' 컨트롤에 표시되는 값을 차감한 값으로 표시된다.
③ '제품별재고현황' 보고서가 즉시 프린터로 출력된다.
④ '제품별재고현황' 보고서가 출력될 때 '제품번호' 필드 값이 'cmb조회' 컨트롤 값과 일치하는 데이터만 표시된다.

전문가의 조언 | 지문의 프로시저를 실행하면 〈제품별재고현황〉 보고서는 프린터로 출력되는 것이 아니라 디자인 보기 상태로 열립니다. 지문에 제시된 코드의 의미는 다음과 같습니다.

```
❶ Private Sub cmd재고_Click( )
❷   txt재고수량 = txt입고량 - txt총주문량
❸   DoCmd.OpenReport "제품별재고현황", _
       acViewDesign, , "제품번호 = '" & cmb조회 & "'"
   End Sub
```

❶ 'cmd재고' 컨트롤을 클릭하면 ❷~❸번을 실행합니다.
❷ 'txt입고량 - txt총주문량'의 결과를 'txt재고수량' 컨트롤의 값으로 지정합니다.
❸ '제품번호' 필드의 값과 'cmb조회' 컨트롤의 값이 같은 레코드를 대상으로 〈제품별재고현황〉 보고서를 디자인 보기(acViewDesign) 상태로 엽니다.

169섹션 2필드

**58.** 다음 중 보고서에 대한 설명으로 옳지 않은 것은?

① 디자인 보기 상태에서 업무 양식 보고서나 우편 레이블 보고서로 변경이 용이하다.
② 보고서에 포함할 필드가 모두 한 테이블에 있는 경우 해당 테이블을 레코드 원본으로 사용한다.
③ 둘 이상의 테이블을 이용하여 보고서를 작성하는 경우 쿼리를 만들어 레코드 원본으로 사용한다.
④ '보고서' 도구를 사용하면 정보를 입력하지 않아도 바로 보고서가 생성되므로 매우 쉽고 빠르게 보고서를 만들 수 있다.

전문가의 조언 | 쿼리는 디자인 보기 상태에서 쿼리 유형을 변경할 수 있지만 보고서는 디자인 보기 상태에서 보고서 유형을 변경할 수 없습니다. 보고서 유형을 변경하려면 원본 개체를 이용하여 보고서를 다시 만들어야 합니다.

174섹션 3필드

**59.** 다음 중 그룹화에 대한 설명으로 옳지 않은 것은?

① 그룹으로 지정된 필드의 정렬 기준은 기본적으로 오름차순으로 정렬된다.
② 숫자 데이터는 첫 문자나 처음 두 문자를 기준으로 그룹화할 수 있다.
③ 그룹화 할 필드가 날짜 데이터이면 실제 값(기본) · 일 · 주 · 월 · 분기 · 연도를 기준으로 그룹화할 수 있다.
④ 그룹을 만들려면 머리글 구역 표시나 바닥글 구역 표시 중 하나 이상을 설정해야 한다.

전문가의 조언 | • 숫자는 전체 값, 5/10/100/1000 단위, 사용자 지정 간격을 기준으로 그룹화할 수 있습니다.
• 첫 문자나 처음 두 문자를 기준으로 그룹화할 수 있는 데이터 형식은 텍스트입니다.

정답 : 51.① 52.③ 53.② 54.② 55.① 56.④ 57.③ 58.① 59.②

127섹션 1필드

**60.** 다음 중 SQL문에 대한 설명으로 옳지 않은 것은?

① DROP을 이용하여 조건에 맞는 레코드를 삭제할 수 있다.
② INSERT를 이용하여 조건에 맞는 레코드를 추가할 수 있다.
③ SELECT를 이용하여 조건에 맞는 레코드를 검색할 수 있다.
④ UPDATE를 이용하여 조건에 맞는 레코드를 수정할 수 있다.

**전문가의 조언 |** • DROP은 SCHEMA, DOMAIN, TABLE, VIEW, INDEX를 삭제하는 명령어입니다.
• 조건에 맞는 레코드를 삭제할 때 사용하는 명령어는 DELETE입니다.



정답 : 60.①

# 2024년 2회 컴퓨터활용능력 1급 필기

## 1과목 컴퓨터 일반

없음

**1.** 다음 중 한글 Windows의 '실행' 창을 이용하여 실행할 수 있는 프로그램으로 옳은 것은?

① taskmgr – 시스템 정보
② winver – 작업 관리자
③ msconfig – 시스템 구성 유틸리티
④ msinfo32 – 레지스트리 편집기

**전문가의 조언 |** '실행' 창에 msconfig를 입력한 후 〈확인〉을 클릭하면 '시스템 구성' 대화상자가 실행됩니다.
- taskmgr : 작업 관리자
- winver : Windows 정보
- msinfo32 : 시스템 정보
- regedit : 레지스트리 편집기

59섹션 2필드

**2.** 다음 중 OSI 참조 모델의 7계층에서 사용하는 주소에 대한 설명으로 옳지 않은 것은?

① IP 주소는 호스트에 대한 식별자로, 네트워크 계층의 IP 프로토콜에서 사용하며, 송신자 IP 주소와 수신자 IP 주소로 구분한다.
② MAC 주소(물리적 주소)는 NIC(Network Interface Card)에 대한 식별자로 물리 계층에서 사용한다.
③ 메일 주소는 응용 계층의 메일 시스템에서 사용자를 구분하려고 사용한다.
④ 포트(Port) 번호는 전송 계층에서 사용하며, 호스트에서 실행되는 프로세스를 구분해 주고 TCP와 UDP가 독립적으로 포트 주소를 관리한다.

**전문가의 조언 |** MAC 주소는 NIC에 대한 식별자로 데이터 링크 계층에서 사용합니다.

40섹션 1필드

**3.** 다음 중 입력장치에 대한 설명으로 옳은 것은?

① OMR – 특정 글꼴로 인쇄된 문자에 빛을 비추어 반사된 빛의 차이를 이용하여 문자를 판독하는 장치이다.
② OCR – 굵기가 서로 다른 선에 빛을 비추어 반사된 값을 코드화하여 판독하는 장치이다.
③ BCR – 컴퓨터용 수성 사인펜으로 표시한 카드에 빛을 비추어 표시 여부를 판독하는 장치이다.
④ MICR – 자성을 띤 특수 잉크로 인쇄된 문자나 기호를 판독하는 장치이다.

**전문가의 조언 |** MICR(자기 잉크 문자 판독기)는 자성을 띤 특수 잉크로 인쇄된 문자나 기호를 판독하는 장치입니다.
① **OMR(Optical Mark Reader, 광학 마크 판독기)** : 컴퓨터용 수성 사인펜으로 표시한 OMR 카드에 빛을 비추어 표시 여부를 판독하는 장치
② **OCR(Optical Character Reader, 광학 문자 판독기)** : 특정 글꼴로 인쇄된 문자에 빛을 비추어 반사된 빛의 차이를 이용하여 문자를 판독하는 장치
③ **BCR(Bar Code Reader, 바코드 판독기)** : 굵기가 서로 다른 선에 빛을 비추어 반사된 값을 코드화하여 판독하는 장치

50섹션 3필드

**4.** 다음 중 소프트웨어의 성능을 검사하기 위해 실제로 사용되는 조건에서 처리 능력을 테스트하는 것은?

① 번들　　② 알파 버전
③ 베타 버전　　④ 벤치마크

**전문가의 조언 |** 소프트웨어의 성능을 검사하기 위해 실제로 사용되는 조건에서 처리 능력을 테스트하는 것은 벤치마크 테스트입니다.
- **번들(Bundle)** : 특정 하드웨어나 소프트웨어를 구입하였을 때 무료로 끼워주는 소프트웨어
- **알파(Alpha) 버전** : 베타테스트를 하기 전, 제작 회사 내에서 테스트할 목적으로 제작하는 소프트웨어
- **베타(Beta) 버전** : 정식 프로그램을 출시하기 전, 테스트를 목적으로 일반인에게 공개하는 소프트웨어

72섹션 2필드

**5.** 다음 중 보안 위협의 유형 중 위협 보안 요건으로 옳은 것은?

① 수정(Modification) – 무결성 저해
② 가로채기(Interception) – 무결성 저해
③ 가로막기(Interruption) – 기밀성 저해
④ 위조(Fabrication) – 가용성 저해

**전문가의 조언 |** 수정(Modification)은 무결성을 저해하는 보안 위협의 유형입니다.
- **가로채기(Interception)** : 기밀성 저해
- **가로막기(Interruption)** : 가용성 저해
- **위조(Fabrication)** : 무결성 저해

18섹션 2필드

**6. 다음 중 윈도우의 저장소 설정에 대한 설명으로 옳은 것은?**

① 절전 모드를 설정할 수 있다.
② 컴퓨터에 설치되어 있는 하드웨어의 종류 및 작동 여부를 확인하고 속성을 변경할 수 있다.
③ 저장 공간 센스는 임시 파일이나 휴지통의 콘텐츠 등과 같은 필요하지 않은 파일을 제거함으로써 자동으로 공간을 확보한다.
④ 시스템에 연결된 장치 및 Windows 사양을 확인할 수 있다.

**전문가의 조언 |** 윈도우의 저장소 설정에 대한 설명으로 옳은 것은 ③번입니다.
① 절전 모드는 [⚙(설정)] → [시스템] → [전원 및 절전]에서 설정할 수 있습니다.
② 하드웨어의 종류 및 작동 여부 확인 등은 [⊞(시작)]의 바로 가기 메뉴에서 [장치 관리자]를 선택하여 수행할 수 있습니다.
④ 시스템에 연결된 장치 및 Windows 사양은 [⚙(설정)] → [시스템] → [정보]에서 확인할 수 있습니다.

66섹션 1필드

**7. 다음 중 디지털 이미지에 대한 설명으로 옳지 않은 것은?**

① 그래픽 데이터 표현 방식에는 비트맵 방식과 벡터 방식이 있다.
② 벡터 이미지는 화면을 확대하면 테두리가 매끄럽지 못하고 계단 현상이 발생한다.
③ 비트맵 이미지는 픽셀(Pixel)로 이미지를 표현한다.
④ 비트맵 이미지는 다양한 색상을 이용하기 때문에 사실적 표현이 용이하다.

**전문가의 조언 |** • 벡터 이미지는 이미지를 확대해도 테두리가 거칠어지지 않고, 매끄럽게 표현됩니다.
• 이미지를 확대하면 테두리가 매끄럽지 못하고 계단 현상이 발생하는 것은 비트맵 이미지입니다.

19섹션 3필드

**8. 다음 중 한글 Windows 10의 [설정] → [개인 설정]에서 지정할 수 있는 바탕 화면 아이콘의 종류가 아닌 것은?**

① 컴퓨터 ② 네트워크
③ 문서 ④ 즐겨찾기

**전문가의 조언 |** [⚙(설정)] → [개인 설정] → [테마] → [바탕 화면 아이콘 설정]에서 설정할 수 있는 바탕 화면 아이콘의 종류에는 '컴퓨터, 휴지통, 문서, 제어판, 네트워크'가 있습니다.

51섹션 1필드

**9. 다음 중 컴퓨터 운영체제(OS) 대한 설명으로 옳지 않은 것은?**

① 컴퓨터 하드웨어와 응용 프로그램을 사용하고자 하는 사용자 사이에 위치하여 인터페이스 역할을 해주는 소프트웨어이다.
② 운영체제는 컴퓨터가 동작하는 동안 주기억장치에 위치하며, 프로세스, 기억장치, 입·출력장치, 파일 등의 자원을 관리한다.
③ 운영체제의 종류에는 COMPILER, UNIX, LINUX 등이 있다.
④ 운영체제의 목적에는 처리 능력의 향상, 응답 시간의 단축, 사용 가능도의 향상, 신뢰도 향상 등이 있다.

**전문가의 조언 |** • 운영체제의 종류에는 Windows, UNIX, LINUX, MS-DOS 등이 있습니다.
• 컴파일러(Compiler)는 고급 언어로 작성된 프로그램을 기계어로 번역하는 언어번역 프로그램입니다.

5섹션 2필드

**10. 다음 중 한글 Windows 10의 가상 데스크톱에 대한 설명으로 옳지 않은 것은?**

① 시스템을 재시작하면 가상 데스크톱은 모두 제거된다.
② 가상 데스크톱 화면을 닫으려면 Ctrl + ⊞ + F4를 누른다.
③ 가상 데스크톱을 제거하면 제거된 가상 데스크톱에서 작업 중이던 앱은 이전 가상 데스크톱으로 이동된다.
④ 작업 보기 상단에 표시된 데스크톱에 마우스를 가져가면 해당 데스크톱에서 현재 작업 중인 앱이 표시된다.

**전문가의 조언 |** 시스템을 재시작하더라도 가상 데스크톱은 제거되지 않고 남아 있습니다.

6섹션 2필드

**11. 다음 중 작업 표시줄에 대한 설명으로 옳지 않은 것은?**

① 작업 표시줄에 표시된 앱을 마우스 오른쪽 단추로 클릭하면 점프 목록이 표시된다.
② 작업 표시줄의 위치를 마우스를 이용하여 상하좌우 원하는 위치에 배치할 수 있다.
③ 작업 표시줄에 고정된 앱의 바로 가기 메뉴에서 '시작 화면에 고정'을 선택하여 시작 화면에 표시할 수 있다.
④ 작업 표시줄에서 현재 실행중인 앱 위에 마우스 포인터를 놓으면 해당 앱을 통해 열린 창들의 미리 보기가 표시되며 이 중 하나를 클릭하면 해당 창이 활성화된다.

**전문가의 조언 |** 작업 표시줄에 고정된 앱을 시작 메뉴에 표시하려면 작업 표시줄에 고정된 앱의 바로 가기 메뉴 중 앱의 바로 가기 메뉴에서 '시작 화면에 고정'을 선택해야 합니다.

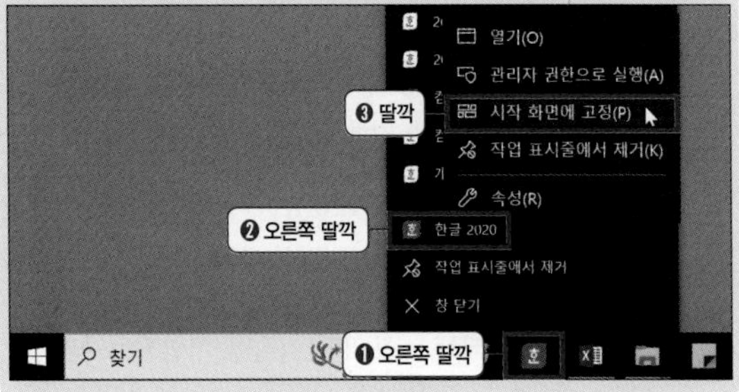


38섹션 4필드

**12.** 다음 중 컴퓨터에서 사용하는 가상 메모리에 관한 설명으로 옳은 것은?

① 중앙처리장치와 주기억장치 사이에 위치하여 컴퓨터의 처리 속도를 향상시키는 역할을 한다.
② 보조기억장치의 일부를 주기억장치처럼 사용하는 메모리 사용 기법으로, 주기억장치보다 큰 프로그램을 로드하여 실행할 경우에 유용하다.
③ CPU가 데이터를 처리하는 동안 미리 CPU가 필요로 하는 데이터를 저장해 두는 기억장치이다.
④ 디스크와 같은 보조기억장치의 기억 공간을 가상으로 확장하는 기억장치이다.

**전문가의 조언 |** 가상 메모리는 보조기억장치의 일부를 주기억장치처럼 사용하는 메모리 기법입니다.

36섹션 6필드

**13.** 다음 중 컴퓨터에서 사용하는 EBCDIC 코드에 대한 설명으로 옳지 않은 것은?

① 4비트의 존 부분과 4비트의 디지트 부분으로 구성된다.
② 특수 문자 및 소문자 표현이 가능하다.
③ 확장 이진화 10진 코드로 BCD 코드를 확장한 것이다.
④ 최대 64개의 문자 표현이 가능하다.

**전문가의 조언 |** EBCDIC 코드는 8비트이므로 최대 256($2^8$)개의 문자 표현이 가능합니다.

27섹션 1필드

**14.** 다음 중 [드라이브 조각 모음 및 최적화]를 수행할 수 있는 대상으로 옳은 것은?

① 외장 하드디스크 드라이브
② 네트워크 드라이브
③ CD-ROM 드라이브
④ Windows가 지원하지 않는 형식의 압축 프로그램

**전문가의 조언 |**
- 외장 하드디스크 드라이브는 '드라이브 조각 모음 및 최적화'를 수행할 수 있습니다.
- 네트워크 드라이브, CD-ROM 드라이브, Windows가 지원하지 않는 형식으로 압축된 프로그램에 대해서는 '드라이브 조각 모음 및 최적화'를 수행할 수 없습니다.

42섹션 1필드

**15.** 프로그램을 실행하는 도중에 예기치 않은 상황이 발생할 경우 현재 실행중인 작업을 일시 중단하고, 발생된 상황을 우선 처리한 후 실행중이던 작업으로 복귀하여 계속 처리하는 것을 의미하는 용어는?

① 채널　② 인터럽트
③ DMA　④ 레지스터

**전문가의 조언 |** 문제에 제시된 내용은 인터럽트(Interrupt)에 대한 설명입니다.
- **채널(Channel)** : 주변장치에 대한 제어 권한을 CPU(중앙처리장치)로부터 넘겨받아 CPU 대신 입·출력을 관리하는 것으로, 중앙처리장치와 입·출력장치 사이의 속도 차이로 인한 문제점을 해결하기 위해 사용됨
- **DMA(Direct Memory Access)** : CPU의 참여 없이 입·출력장치와 메모리(주기억장치)가 직접 데이터를 주고받는 것
- **레지스터(Register)** : CPU 내부에서 처리할 명령어나 연산의 중간 결과값 등을 일시적으로 기억하는 임시 기억장소

46섹션 2필드

**16.** 다음 중 RAID(Redundant Array Of Inexpensive Disk)에 대한 설명으로 옳지 않은 것은?

① 여러 개의 하드디스크를 하나의 저장장치처럼 관리하는 기술이다.
② 미러링(Mirroring) 방식은 데이터를 두 개의 하드디스크에 동일하게 기록하는 방법으로 한쪽 하드디스크의 데이터 손상 시 다른 한쪽 하드디스크를 이용하여 복구한다.
③ 스트라이핑(Striping) 방식은 데이터를 여러 개의 하드디스크에 나누어 저장하므로 장애 시 복구가 용이하나 데이터 입출력이 느리다.
④ RAID는 RAID 컨트롤러를 이용하여 하드웨어적인 방법으로 구성하거나 OS나 RAID 소프트웨어를 사용하여 구성한다.

**전문가의 조언 |** 스트라이핑(Striping) 방식은 데이터를 여러 개의 하드디스크에 나눠서 기록하는 방법으로, 데이터 입출력 속도가 빠르지만 하드디스크가 한 개라도 손상되면 데이터를 사용할 수 없고 장애 시 복구가 어렵습니다.

정답 : 6.③ 7.② 8.④ 9.③ 10.① 11.③ 12.② 13.④ 14.① 15.② 16.③

73섹션 1필드

**17.** 다음 중 컴퓨터 보안 기법의 하나인 방화벽에 관한 설명으로 옳지 않은 것은?

① 전자 메일 바이러스나 온라인 피싱 등을 방지할 수 있다.
② 해킹 등에 의한 외부로의 정보 유출을 막기 위해 사용하는 보안 기법이다.
③ 외부 침입자의 역추적 기능이 있다.
④ 내부의 불법 해킹은 막지 못한다.

**전문가의 조언 |** 방화벽은 전자 메일 바이러스나 온라인 피싱 등을 방지할 수 없습니다.

56섹션 2필드

**18.** 다음 중 정보 통신에 사용되는 네트워크 장비인 라우터(Router)에 관한 설명으로 옳은 것은?

① 네트워크를 구성할 때 각 회선을 통합적으로 관리하여 한꺼번에 여러 대의 컴퓨터를 연결하는 장치이다.
② 디지털 신호의 장거리 전송을 위해 수신한 신호를 재생시키거나 출력 전압을 높여주는 장치이다.
③ 네트워크에서 통신을 위해 가장 최적의 경로를 설정하여 전송하고 데이터의 흐름을 제어하는 장치이다.
④ 다른 네트워크로 데이터를 보내거나 받아들이는 역할을 하는 장치이다.

**전문가의 조언 |** 라우터(Router)에 관한 설명으로 옳은 것은 ③번입니다.
- ①번은 허브(Hub), ②번은 리피터(Repeater), ④번은 게이트웨이(Gateway)에 대한 설명입니다.

34섹션 1필드

**19.** 다음 중 니블(Nibble)에 대한 설명으로 옳은 것은?

① 자료 표현의 최소 단위이다.
② 1바이트를 반으로 나눈 4비트로 구성된 단위이다.
③ 문자를 표현하는 최소 단위이다.
④ CPU가 한 번에 처리할 수 있는 명령 단위이다.

**전문가의 조언 |** 니블(Nibble)은 4비트로 구성된 단위입니다.
- ①번은 비트(Bit), ③번은 바이트(Byte), ④번은 워드(Word)에 대한 설명입니다.

68섹션 3필드

**20.** 다음 중 OTT(Over The Top) 서비스에 대한 설명으로 옳지 않은 것은?

① Over The Top에서 Top는 TV의 셋톱박스를 의미하며, 현재도 셋톱박스를 사용해야 서비스 이용이 가능하다.
② 전파나 케이블이 아닌 범용 인터넷망으로 방송 프로그램, 영화 등의 영상 콘텐츠를 제공한다.
③ 기존 방송 콘텐츠와 달리 사용자가 자신이 선호하는 콘텐츠를 검색하거나 알고리즘을 통해 콘텐츠를 추천받을 수 있다.
④ 실시간으로 재생되는 스트리밍 기술을 기반으로 한다.

**전문가의 조언 |** OTT(Over The Top)는 드라마, 영화 등의 영상 콘텐츠를 인터넷을 통해 제공하는 서비스입니다. Over The Top에서 Top은 TV의 셋톱박스를 의미하며, 초기에는 셋톱박스를 통해 각종 영상을 시청할 수 있었지만 현재는 셋톱박스를 비롯하여 PC, 스마트폰 등 인터넷이 연결된 각종 전자기기를 통해 영상을 시청할 수 있습니다.

## 2과목 스프레드시트 일반

115섹션 2필드

**21.** 다음 중 통합에 관한 설명으로 옳지 않은 것은?

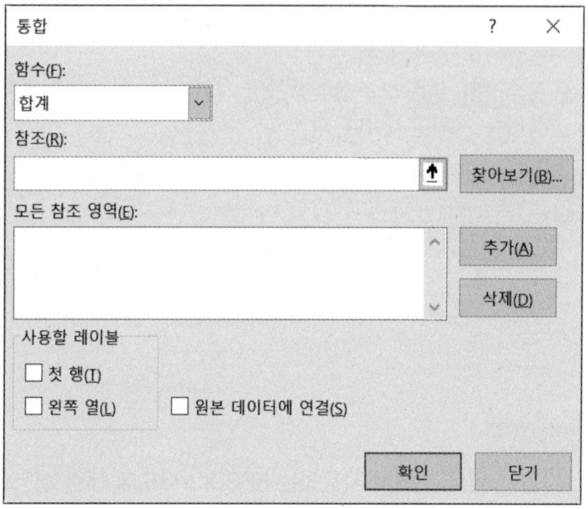


① 모든 참조 영역 : 참조 영역에 범위를 지정한 후 〈추가〉 단추를 클릭하면 '모든 참조 영역'에 표시된다.
② 사용할 레이블 : '첫 행'과 '왼쪽 열'을 이용하여 원본 데이터에 표시된 순서와 상관없이 통합할 수 있다.
③ 원본 데이터에 연결 : 통합 영역의 데이터 변경 시 원본 영역의 데이터도 자동으로 변경된다.
④ 함수 : 합계, 평균, 개수 등 사용할 함수를 선택한다.

**전문가의 조언 |** '통합' 대화상자의 '원본 데이터에 연결'은 원본 데이터가 변경될 경우 통합된 데이터에도 반영되는 것을 의미합니다.

103섹션 4필드

**22. 다음 중 선택된 차트의 페이지 설정에 관한 설명으로 옳지 않은 것은?**

① [페이지] 탭에서 '확대/축소 배율'을 지정할 수 없다.
② [여백] 탭에서 '페이지 가운데 맞춤'을 지정할 수 없다.
③ [머리글/바닥글] 탭에서 머리글 및 바닥글을 지정할 수 있다.
④ [차트] 탭에서 '간단하게 인쇄'를 선택하면 차트를 제외한 시트를 인쇄할 수 있다.

**전문가의 조언 |** • 차트의 '페이지 설정' 대화상자의 '차트' 탭에서는 '초안'과 '흑백으로 인쇄'만 지정할 수 있습니다.
• 차트를 제외한 시트를 인쇄하는 '간단하게 인쇄'는 시트의 '페이지 설정' 대화상자의 '시트' 탭에서 지정할 수 있습니다.

114섹션 1필드

**23. 다음 중 김철수의 성적표에서 컴퓨터 과목들의 점수 변경에 따른 평균 점수의 변화를 한 번의 연산으로 빠르게 계산할 수 있는 도구는?**

① 데이터 표
② 목표값 찾기
③ 시나리오
④ 피벗 테이블

**전문가의 조언 |** 특정값들(컴퓨터 과목들의 점수)의 변화에 따른 결과값(평균 점수)의 변화 과정을 한 번의 연산으로 빠르게 계산할 수 있는 도구는 데이터 표입니다.
• **목표값 찾기** : 수식에서 원하는 결과(목표)값은 알고 있지만 그 결과값을 계산하기 위해 필요한 입력값을 모를 경우에 사용하는 도구
• **시나리오** : 다양한 상황과 변수에 따른 여러 가지 결과값의 변화를 가상의 상황을 통해 예측하여 분석하는 도구
• **피벗 테이블** : 많은 양의 데이터를 한눈에 쉽게 파악할 수 있도록 요약 · 분석하여 보여주는 도구

101섹션 1필드

**24. 다음 중 표면형 차트에 대한 설명으로 옳은 것은?**

① 두 개의 데이터 집합에서 최적의 조합을 찾을 때 사용한다.
② 워크시트의 여러 열이나 행에 있는 데이터에서 시간에 따른 변동의 크기를 강조하여 합계 값을 추세와 함께 살펴볼 때 사용된다.
③ 여러 열이나 행에 있는 데이터에서 전체에 대한 각 부분의 관계를 비율로 나타내어 각 부분을 비교할 때 사용된다.
④ 여러 데이터 계열에 있는 숫자 값 사이의 관계를 보여 준다.

**전문가의 조언 |** 표면형 차트는 두 개의 데이터 집합에서 최적의 조합을 찾을 때 사용합니다.
• ②번은 영역형 차트, ③번은 도넛형 차트, ④번은 분산형 차트에 대한 설명입니다.

82섹션 3필드

**25. 다음 중 '셀 서식' 대화상자의 가로 텍스트 맞춤에 대한 설명으로 틀린 것은?**

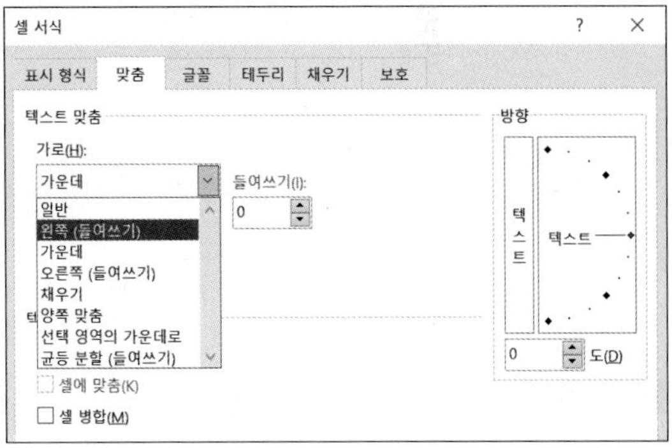


① 양쪽 맞춤 : 여러 줄로 표시된 경우 글자를 양쪽에 붙여 표시한다.
② 선택 영역의 가운데로 : 병합하지 않은 상태에서 선택한 영역의 가운데로 정렬한다.
③ 균등 분할 (들여쓰기) : 셀의 너비보다 데이터의 길이가 긴 경우 열의 너비에 맞게 여러 줄로 표시한 후 글자 간의 간격을 조절한다.
④ 채우기 : 선택한 영역의 가장 왼쪽 셀의 내용을 반복하여 표시하고 나머지 셀의 내용은 삭제된다.

**전문가의 조언 |** 가로 텍스트 맞춤을 '채우기'로 지정하면 선택한 영역의 각 셀의 내용을 셀의 너비에 맞게 반복하여 표시합니다.

| | A | B | C |
|---|---|---|---|
| 1 | 하나 | 둘 | 시나공 |
| 2 | | | |

→

| | A | B | C |
|---|---|---|---|
| 1 | 하나하나 | 둘둘둘둘 | 시나공 |
| 2 | | | |

83섹션 1필드

**26.** 다음 조건을 이용하여 사용자 지정 표시 형식을 설정할 경우 옳은 것은?

- 셀의 값이 2000 이상이면 '빨강', 2000 미만 500 이상이면 '파랑', 500 미만이면 색을 지정하지 않고, 천 단위 구분 기호를 표시하시오.
- 0과 텍스트는 아무것도 표시하지 마시오.

[표시 예]
- 3000 : 3,000
- 1000 : 1,000
- 300 : 300
- 0 : 
- 상공 : 

① [빨강][>=2000]#,###;[파랑][>=500]#,###;#,###
② [빨강][>=2000]#,###;[파랑][>=500]#,###;#,###;
③ [>=2000]〈빨강〉#,###;[>=500]〈파랑〉#,###;#,###
④ [>=2000]〈빨강〉#,###;[>=500]〈파랑〉#,###;#,###;

전문가의 조언 | 문제 지문에 제시된 조건을 올바르게 설정한 사용자 지정 표시 형식은 ②번입니다.
- 사용자 지정 표시 형식에 조건이 있을 경우 '조건1;조건2;두 조건을 만족하지 않을 경우;텍스트' 순으로 지정하며, 조건이나 글꼴색은 대괄호([ ]) 안에 입력합니다.
- 천 단위 구분 기호를 표시하는데 0이면 아무것도 표시하지 않음 : #,###
- 셀의 값이 2000 이상이면 '빨강' : [빨강][>=2000]#,###
- 2000 미만 500 이상이면 '파랑' : [파랑][>=500]#,###
- 500 미만이면 색을 지정하지 않음 : #,###
- 텍스트는 아무것도 표시하지 않음 :

∴ 표시 형식을 모두 합치면 **[빨강][>=2000]#,###;[파랑][>=500]#,###;#,###;** 입니다.

116섹션 3필드

**27.** 다음 중 매크로에 대한 설명으로 옳지 않은 것은?

① 매크로가 포함된 통합 문서를 열 때, '보안 경고'가 표시되면 '보안 경고'에 표시된 '이 콘텐츠 사용'을 클릭해야 매크로를 실행할 수 있다.
② 매크로를 실행할 바로 가기 키로 영문 소문자를 지정하면 Ctrl이 Ctrl + Shift로 자동 변경된다.
③ 절대 참조로 매크로를 작성하면 매크로를 실행할 때 현재 셀의 위치에 상관없이 매크로를 기록할 때 지정한 셀로 매크로가 실행된다.
④ 리본 메뉴에 [개발 도구] 탭을 추가하려면 'Excel 옵션' 대화상자의 [리본 사용자 지정] 탭에서 '개발 도구'를 선택하여 체크 표시를 한다.

전문가의 조언 | 매크로의 바로 가기 키는 기본적으로 Ctrl과 영문 소문자를 조합하여 사용하고, 대문자로 지정하면 Ctrl + Shift로 자동 변경됩니다.

101섹션 2필드

**28.** 다음 중 콤보 차트에 대한 설명으로 틀린 것은?

① 데이터 계열에 따라 세로 축과 보조 축으로 지정하여 차트를 작성할 수 있다.
② 차트의 그림 영역에서 데이터 계열을 선택하여 차트 종류를 변경할 수 있다.
③ '3차원 묶은 세로 막대형'과 '표식이 있는 꺾은선형' 차트를 혼합하여 차트를 만들 수 있다.
④ 데이터 계열이 2개가 있어야 콤보 차트를 작성할 수 있다.

전문가의 조언 | 3차원 묶은 세로 막대형 차트는 콤보 차트로 구현할 수 없습니다.

94섹션 1필드

**29.** 다음 중 아래의 워크시트에서 [B6] 셀에 입력된 수주번호의 담당자를 구하고자 할 때, [B7] 셀에 입력할 수식으로 옳지 않은 것은?

| | A | B | C |
|---|---|---|---|
| 1 | 수주번호 | 담당자 | 수주금액 |
| 2 | D12-001 | 양미숙 | 1,500 |
| 3 | D12-002 | 이숙희 | 1,000 |
| 4 | D12-003 | 김일동 | 2,300 |
| 5 | | | |
| 6 | 수주코드 | D12-002 | |
| 7 | 담당자 | | |
| 8 | | | |

① =INDEX(A2:C4, MATCH(B6, A2:A4, 0), 2)
② =VLOOKUP(B6, OFFSET(A2, 0, 0, COUNTA(A:A)−3, 3), 2, 0)
③ =DGET(A1:C4, 2, A6:B6)
④ =LOOKUP(B6, A2:A4, B2:B4)

전문가의 조언 | • ③번 수식의 경우 DGET 함수의 조건이 올바르지 않아 오류 메시지(#VALUE!)가 표시됩니다.
- DGET(범위, 열 번호, 조건)은 해당 '범위'의 '열'에서 '조건'과 일치하는 단일 값을 반환하는 함수로, '조건' 지정 시 첫 번째 셀에는 조건이 포함되어 있는 필드의 필드명을 입력하고 그 아래 셀에 조건을 입력해야 합니다. 이 문제에서 조건은 '수주번호가 D12-002'인 것이므로 다음과 같이 조건을 지정해야 합니다.

| 수주번호 |
|---|
| D12-002 |

① =INDEX(A2:C4, MATCH(B6, A2:A4, 0), 2)
(❶ = MATCH(B6, A2:A4, 0), ❷ = 전체 수식)

❶ MATCH(B6, A2:A4, 0) : [A2:A4] 영역에서 [B6] 셀, 즉 "D12-002"와 동일한 값을 찾은 후 상대 위치인 2를 반환합니다.
❷ =INDEX(A2:C4, ❷, 2) → =INDEX(A2:C4, 2, 2) : [A2:C4] 영역에서 2행, 2열에 있는 "이숙희"를 반환합니다.

② =VLOOKUP(B6, OFFSET(A2, 0, 0, COUNTA(A:A)−3, 3), 2, 0)

❶ ❷ ❸

- ❶ COUNTA(A:A) : A 열에서 데이터가 입력되어 있는 셀의 개수인 6을 반환합니다.
- ❷ OFFSET(A2, 0, 0, ❶−3, 3) → OFFSET(A2, 0, 0, 3, 3) : [A2] 셀에서 0행, 0열 떨어진 셀 주소(A2)를 찾고 이 주소를 기준으로 3행, 3열의 범위(A2:C4)를 반환합니다.
- ❸ =VLOOKUP(B6, ❷, 2, 0) → =VLOOKUP(B6, A2:C4, 2, 0) : [A2:C4] 영역의 첫 번째 열에서 "D12-002"와 정확히 일치하는 값을 찾은 후 이 값이 있는 행에서 2열에 있는 "이숙희"를 반환합니다.

④ =LOOKUP(B6, A2:A4, B2:B4) : [A2:A4] 영역에서 "D12-002"와 같은 값을 찾은 후 [B2:B4] 영역에서 같은 행에 있는 "이숙희"를 반환합니다.

103섹션 1필드

**30.** [A1:K20] 영역에 데이터가 입력되어 있고, 한 페이지에 인쇄되는 범위가 [A1:J12] 영역일 때 모든 내용을 한 페이지에 출력하도록 하기 위한 속성 설정으로 올바른 것은?

① [축소 확대/배율]을 100%로 한다.
② [자동 맞춤]의 '용지 너비'를 1로 하고 '용지 높이'를 공백으로 한다.
③ [자동 맞춤]의 '용지 너비'를 공백으로 하고 '용지 높이'를 1로 한다.
④ [자동 맞춤]의 '용지 너비'와 '용지 높이'를 1로 한다.

전문가의 조언 | 한 페이지에 인쇄되는 범위가 [A1:J12] 영역일 때 [A1:K20] 영역에 입력된 모든 내용을 한 페이지에 출력하려면, '페이지 설정' 대화상자의 '페이지' 탭에서 '자동 맞춤'의 '용지 너비'와 '용지 높이'를 1로 지정하면 됩니다.

92섹션 1필드

**31.** 아래의 시트에서 횟수에 따른 택배비를 계산하려고 한다. 횟수가 5 이하면 2000, 5 초과 9 이하면 3000, 9 초과면 무료로 표시하기 위해 [C2] 셀에 입력해야 할 수식으로 옳지 않은 것은?

| | A | B | C |
|---|---|---|---|
| 1 | 이름 | 횟수 | 택배비 |
| 2 | 홍길동 | 3 | 2000 |
| 3 | 이숙희 | 8 | 3000 |
| 4 | 양종국 | 10 | 무료 |
| 5 | 김호명 | 7 | 3000 |
| 6 | | | |

① =IF(B2<=5, 2000, IF(B2<=9, 3000, "무료"))
② =IF(B2>9, "무료", IF(B2>5, 3000, 2000))
③ =IF(B2<=5, 2000, IF(OR(B2>5, B2<=9), 3000, "무료"))
④ =IF(B2<=5, 2000, IF(AND(B2>5, B2<=9), 3000, "무료"))

전문가의 조언 | [C2] 셀에 입력해야 할 수식으로 옳지 않은 것은 ③번입니다.

① [B2] 셀이 5 이하면 2000, [B2] 셀이 9 이하면 3000, 그 외는 "무료"를 반환합니다.
② [B2] 셀이 9 초과면 "무료", [B2] 셀이 5 초과면 3000, 그 외는 2000을 반환합니다.
③ [B2] 셀이 5 이하면 2000, [B2] 셀이 5를 초과하거나 9 이하면 3000, 그 외는 "무료"를 반환합니다. 즉 [B2] 셀이 5 이하면 2000, 그 외는 모두 3000이 반환됩니다.
④ [B2] 셀이 5 이하면 2000, [B2] 셀이 5 초과 9 이하면 3000, 그 외는 "무료"를 반환합니다.

111섹션 3필드

**32.** 다음 중 아래와 같은 피벗 테이블을 작성하기 위한 작업으로 옳지 않은 것은?

| | A | B | C | D | E |
|---|---|---|---|---|---|
| 1 | 성별 | (모두) | | | |
| 2 | 졸업자 | (모두) | | | |
| 3 | | | | | |
| 4 | 단과대학 | 학과 | 개수 : 진학자 | 개수 : 창업자 | 평균 : 취업률 |
| 5 | 사범대학 | | 8 | 7 | 65% |
| 6 | | 영어 교육과 | 2 | 2 | 79% |
| 7 | | 국어교육과 | 1 | 1 | 64% |
| 8 | | 교육학과 | 2 | 2 | 64% |
| 9 | | 수학교육과 | 3 | 2 | 55% |
| 10 | 사회과학대학 | | 9 | 10 | 60% |
| 11 | 인문대학 | | 9 | 8 | 62% |
| 12 | 총합계 | | 26 | 25 | 62% |
| 13 | | | | | |

① 행에 단과대학과 학과를 표시하고, 단과대학에 필터를 적용했다.
② 필터에 성별과 졸업자가 표시되어 있다.
③ 확장/축소 단추와 부분합을 표시하지 않았다.
④ 학과는 취업률을 기준으로 내림차순 정렬되어 있다.

전문가의 조언 | 확장/축소 단추는 표시되지 않았지만 부분합은 표시되어 있습니다.

| | A | B | C | D | E |
|---|---|---|---|---|---|
| 1 | 성별 | (모두) | | | |
| 2 | 졸업자 | (모두) | | | |
| 3 | | | | | |
| 4 | 단과대학 | 학과 | 개수 : 진학자 | 개수 : 창업자 | 평균 : 취업률 |
| 5 | ⊟사범대학 | | 8 | 7 | 65% |
| 6 | | 영어 교육과 | 2 | 2 | 79% |
| 7 | | | 1 | 1 | 64% |
| 8 | | | 2 | 2 | 64% |
| 9 | | 수학교육과 | 3 | 2 | 55% |
| 10 | ⊞사회과학대학 | | 9 | 10 | 60% |
| 11 | ⊞인문대학 | | 9 | 8 | 62% |
| 12 | 총합계 | | 26 | 25 | 62% |
| 13 | | | | | |

부분합

확장/축소 단추

81섹션 1필드

**33.** 다음 중 공유된 통합 문서에 대한 설명으로 옳지 않은 것은?

① 공유 통합 문서를 여러 사용자가 동시에 편집할 수 있도록 설정할 수 있다.

② 공유된 통합 문서에서는 조건부 서식을 추가하거나 변경할 수 없다.

③ 사용자별로 공유된 통합 문서를 열기 위한 암호를 다르게 설정할 수 있다.

④ 필요시 공유 통합 문서에서 특정 사용자의 연결을 끊을 수 있다.

**전문가의 조언 |** 모든 사용자가 공통으로 입력할 암호는 설정할 수 있지만 사용자별로 다르게 설정할 수는 없습니다.

95섹션 1필드

**34.** 대출 원금 3천만원을 연 이자율 6.5%로 3년 동안 매월 말에 상환하는 경우 매월의 불입 금액을 계산하는 함수식으로 옳은 것은? (단, 결과가 양수로 출력되도록 함수의 인수를 설정하시오.)

① =PMT(6.5%/12, 3*12, -30000000)

② =PMT(6.5%, 3*12, -30000000)

③ =IPMT(6.5%/12, 3*12, -30000000)

④ =IPMT(6.5%, 3*12, -30000000)

**전문가의 조언 |** 매월의 불입 금액을 계산하는 함수식으로 옳은 것은 ①번입니다. PMT(이자, 기간, 현재 가치, 미래 가치, 납입 시점) 함수를 사용하여 계산하면 다음과 같습니다.

- **이자** : 이율이 연 단위이므로 12로 나누면 '6.5%/12'입니다.
- **기간** : 기간이 년 단위이므로 년에 12를 곱하면 '3*12'입니다.
- **현재가치** : 대출금을 현재 받았으므로 현재 가치이고, 결과값이 양수로 나오도록 음수로 입력하면 '-30000000'입니다.
- **미래가치** : 0이므로 생략합니다.
- **납입시점** : 매월 말이므로 생략합니다.

∴ 각 인수를 함수에 대입하면 '=PMT(6.5%/12, 3*12, -30000000)'입니다.

84섹션 1필드

**35.** 다음 중 조건부 서식에 대한 설명으로 옳지 않은 것은?

① 수식을 이용하여 조건을 지정할 경우, 다른 통합 문서에 대한 외부 참조를 사용할 수 있다.

② 조건부 서식의 조건은 결과가 TRUE(1) 또는 FALSE(0)가 나오도록 작성한다.

③ 특정한 조건을 만족하는 경우에만 서식이 적용되도록 하는 기능이다.

④ 동일한 셀 범위에 둘 이상의 조건부 서식 규칙이 True로 평가되어 충돌하는 경우 [조건부 서식 규칙 관리자] 대화상자의 규칙 목록에서 가장 위에 있는, 즉 우선순위가 높은 규칙 하나만 적용된다.

**전문가의 조언 |** 조건부 서식의 조건으로 다른 시트의 셀은 참조할 수 있으나 다른 통합 문서의 셀은 참조할 수 없습니다.

97섹션 4필드

**36.** 아래 워크시트의 [C3:C15] 영역을 이용하여 출신지역별로 인원수를 [G3:G7] 영역에 계산하려고 한다. 다음 중 [G3] 셀에 수식을 작성한 뒤 채우기 핸들을 사용하여 [G7] 셀까지 수식 복사를 할 경우 [G3] 셀에 입력할 수식으로 옳은 것은?

| | A | B | C | D | E | F | G |
|---|---|---|---|---|---|---|---|
| 1 | | | | | | | |
| 2 | | 성명 | 출신지역 | 나이 | | | 인원 |
| 3 | | 김광철 | 서울 | 32 | | 서울 지역 | 3 |
| 4 | | 김다나 | 경기 | 35 | | 경기 지역 | 2 |
| 5 | | 고준영 | 서울 | 36 | | 호남 지역 | 3 |
| 6 | | 성영주 | 호남 | 38 | | 영남 지역 | 3 |
| 7 | | 김철수 | 경기 | 38 | | 제주 지역 | 2 |
| 8 | | 정석중 | 호남 | 42 | | | |
| 9 | | 이진주 | 영남 | 44 | | | |
| 10 | | 박성수 | 제주 | 45 | | | |
| 11 | | 최미나 | 영남 | 48 | | | |
| 12 | | 강희수 | 제주 | 50 | | | |
| 13 | | 조광식 | 서울 | 52 | | | |
| 14 | | 원춘배 | 호남 | 52 | | | |
| 15 | | 지민주 | 영남 | 54 | | | |
| 16 | | | | | | | |

① =SUM(IF($C$3:$C$15=LEFT(F3, 2), 1, 0))

② {=SUM(IF($C$3:$C$15=LEFT(F3, 2), 1, 0))}

③ =SUM(IF($C$3:$C$15=LEFT(F3, 2), 1, 1))

④ {=SUM(IF($C$3:$C$15=LEFT(F3, 2), 1, 1))}

**전문가의 조언 |** [G3] 셀에 입력할 수식으로 옳은 것은 ②번입니다.

- 조건이 하나일 때 배열 수식을 이용하여 개수를 구하는 방법은 다음의 3가지 방법이 있습니다.

> - 방법1 : {=SUM( (조건1) * 1 )}
> - 방법2 : {=SUM( IF(조건1, 1) )}
> - 방법3 : {=COUNT( IF(조건1, 1) )}

1. 조건 찾기 : 출신지역별이란 조건은, 비교 대상이 될 출신지역이 있는 범위(C3:C15)와 비교할 기준이 되는 [F3] 셀의 왼쪽 두 글자(LEFT(F3, 2))를 "="으로 연결하여 적어주면 됩니다(C3:C15=LEFT(F3, 2)).

2. 위의 조건을 개수 구하기 배열 수식에 대입하면 다음과 같습니다.

- 방법1 : =SUM( C3:C15=LEFT(F3, 2) * 1 )
- 방법2 : =SUM( IF(C3:C15=LEFT(F3, 2), 1) )
- 방법3 : =COUNT( IF(C3:C15=LEFT(F3, 2), 1) )

• SUM은 합계를 구하는 함수로 방법2를 **=SUM(IF(C3:C15=LEFT(F3, 2), 1 ,0))**으로 입력해도 결과는 동일합니다. 이 문제는 여러 셀에 결과를 구하는 수식이므로 범위는 절대 참조로 지정해야 하고, 수식을 입력한 후 Ctrl + Shift + Enter를 눌러야 중괄호 { }가 표시되는 배열 수식으로 입력됩니다.

118섹션 3필드

**37.** 다음 중 VBA에서 프로시저(Procedure)에 대한 설명으로 옳지 않은 것은?

① 특정한 기능을 수행할 수 있는 명령문들의 집합이다.
② 사용자가 직접 기록한 매크로도 프로시저로 기록된다.
③ Sub ~ End Sub 프로시저는 명령문들의 실행 결과를 반환한다.
④ 하나 이상의 프로시저들을 이용하여 모듈을 구성할 수 있다.

**전문가의 조언 |** • Sub ~ End Sub 프로시저는 결과값을 반환하지 않습니다.
• 결과값을 반환하는 것은 Function ~ End Function 프로시저입니다.

107섹션 3필드

**38.** 다음 중 고급 필터 실행을 위한 조건 지정 방법에 대한 설명으로 옳지 않은 것은?

① 함수나 식을 사용하여 조건을 입력하면 셀에는 비교되는 현재 대상의 값에 따라 TRUE나 FALSE가 표시된다.
② 함수를 사용하여 조건을 입력하는 경우 원본 필드명과 동일한 필드명을 조건 레이블로 사용해야 한다.
③ 다양한 함수와 식을 혼합하여 조건을 지정할 수 있다.
④ 텍스트 데이터를 필터링할 때 대/소문자는 구분되지 않으나 수식으로 대/소문자를 구분하여 검색할 수 있다.

**전문가의 조언 |** 고급 필터에서 함수나 식을 사용하여 조건을 입력하려면, 조건으로 지정될 범위의 첫 행에 입력하는 조건 레이블은 원본 필드명과 다른 필드명을 입력하거나 생략해야 합니다.

80섹션 2필드

**39.** 다음 중 통합 문서 저장 시 사용하는 [일반 옵션]에 관한 설명으로 옳지 않은 것은?

① [백업 파일 항상 만들기]는 통합 문서를 저장할 때마다 백업 복사본을 저장하는 기능이다.
② [열기 암호]는 암호를 모르면 통합 문서를 열어 사용할 수 없도록 암호를 지정하는 기능이다.
③ [쓰기 암호]는 암호를 모르더라도 읽기 전용으로 열어 열람이 가능하나 원래 문서 및 복사본으로 통합 문서를 저장할 수 없도록 암호를 지정하는 기능이다.
④ [읽기 전용 권장]은 문서를 열 때마다 통합 문서를 읽기 전용으로 열도록 대화상자를 나타내는 기능이다.

**전문가의 조언 |** [쓰기 암호]는 암호를 모르면 원래 문서에는 저장할 수 없지만 다른 이름으로 저장할 수는 있습니다.

77섹션 2필드

**40.** 다음 중 [찾기 및 바꾸기] 대화상자에 대한 설명으로 옳지 않은 것은?

① 찾을 내용에 '*수정*', 바꿀 내용에 '*변경*'으로 입력하고, [모두 바꾸기] 단추를 클릭하면 '수정'이라는 모든 글자를 '*변경*'으로 바꾼다.
② '=A1*B1'과 같은 수식을 검색하려면 찾는 위치를 '수식'으로 선택한 후 찾을 내용에 '=A1~*B1'으로 입력한다.
③ 찾을 내용과 바꿀 내용은 입력하지 않고, 찾을 서식과 바꿀 서식으로 설정할 수 있다.
④ 셀 포인터 위치를 기준으로 앞에 위치한 데이터를 찾으려면 Shift를 누른 상태에서 [다음 찾기] 단추를 클릭한다.

**전문가의 조언 |** 찾을 내용에 ***수정***, 바꿀 내용에 ***변경***로 입력하고, [모두 바꾸기] 단추를 클릭하면 수정이라는 글자가 포함된 모든 셀의 모든 글자를 ***변경***로 바꿉니다.

| | A |
|---|---|
| 1 | 일시수정 |
| 2 | 전체수정 |
| 3 | 수정내역 |
| 4 | 수정현황발표 |
| 5 | |

→

| | A |
|---|---|
| 1 | *변경* |
| 2 | *변경* |
| 3 | *변경* |
| 4 | *변경* |
| 5 | |

정답 : 33.③ 34.① 35.① 36.② 37.③ 38.② 39.③ 40.①

# 3과목 데이터베이스 일반

151섹션 1필드

**41.** 다음 중 아래 〈학생〉 테이블에 대한 SQL문의 실행 결과로 옳은 것은?

학생

| 학번 | 전공 | 학년 | 나이 |
|---|---|---|---|
| 1002 | 영문 | SO | 19 |
| 1004 | 통계 | SN | 23 |
| 1005 | 영문 | SN | 21 |
| 1008 | 수학 | JR | 20 |
| 1009 | 영문 | FR | 18 |
| 1010 | 통계 | SN | 25 |

```
SELECT AVG([나이]) FROM 학생
WHERE 학년="SN" GROUP BY 전공
HAVING COUNT( * ) >= 2;
```

① 21　② 22
③ 23　④ 24

전문가의 조언 | SQL문의 실행 결과는 24입니다. 질의문은 각 절을 분리하여 이해하면 쉽습니다.

- SELECT AVG([나이]) FROM 학생 : 〈학생〉 테이블에서 '나이' 필드의 평균을 검색합니다.
- WHERE 학년="SN" : '학년' 필드의 값이 "SN"인 레코드만을 대상으로 검색합니다.

| 학번 | 전공 | 학년 | 나이 |
|---|---|---|---|
| 1002 | 영문 | SO | 19 |
| 1004 | 통계 | SN | 23 |
| 1005 | 영문 | SN | 21 |
| 1008 | 수학 | JR | 20 |
| 1009 | 영문 | FR | 18 |
| 1010 | 통계 | SN | 25 |

- GROUP BY 전공 : '전공' 필드를 기준으로 그룹을 지정합니다.

| 학번 | 전공 | 학년 | 나이 |
|---|---|---|---|
| 1004 | 통계 | SN | 23 |
| 1010 | 통계 | SN | 25 |
| 1005 | 영문 | SN | 21 |

- HAVING COUNT(*)>=2 : 그룹별로 레코드의 개수가 2개 이상인 그룹만을 대상으로 검색합니다.

| 학번 | 전공 | 학년 | 나이 |
|---|---|---|---|
| 1004 | 통계 | SN | 23 |
| 1010 | 통계 | SN | 25 |

※ 질의문의 수행 결과 나이의 평균은 (23+25)/2 = 24입니다.

181섹션 2필드

**42.** 다음 중 현재 폼에서 'cmd숨기기' 단추를 클릭하는 경우, DateDue 컨트롤이 표시되지 않도록 하기 위한 이벤트 프로시저로 옳은 것은?

① Private Sub cmd숨기기_Click( )
　　Me.[DateDue]!Visible = False
　End Sub
② Private Sub cmd숨기기_DblClick( )
　　Me!DateDue.Visible = True
　End Sub
③ Private Sub cmd숨기기_Click( )
　　Me![DateDue].Visible = False
　End Sub
④ Private Sub cmd숨기기_DblClick( )
　　Me.DateDue!Visible = True
　End Sub

전문가의 조언 | DateDue 컨트롤이 표시되지 않도록 하기 위한 이벤트 프로시저로 옳은 것은 ③번입니다.

- 특정 컨트롤을 마우스로 클릭했을 때 발생하는 이벤트는 Click 이벤트입니다. 'cmd숨기기' 단추를 클릭했을 때 발생하는 이벤트 프로시저는 Private Sub cmd숨기기_Click( )으로 시작해야 합니다.
- 폼, 보고서 컨트롤 등의 표시 여부를 결정하는 속성은 Visible이며, Visible = False와 같이 Visible 속성을 'False'로 설정하면 표시하지 않고 'True'로 설정하면 표시합니다.
- 개체명과 컨트롤명은 느낌표(!)로 구분하고, 컨트롤에 속성을 지정할 때는 점(.)으로 연결합니다.

144섹션 3필드

**43.** 다음 중 참조 무결성에 대한 설명으로 옳지 않은 것은?

① 참조 무결성은 참조하고 참조되는 테이블 간의 참조 관계에 아무런 문제가 없는 상태를 의미한다.
② 다른 테이블을 참조하는 테이블, 즉 외래 키 값이 있는 테이블의 레코드 삭제 시에는 참조 무결성이 위배될 수 있다.
③ 다른 테이블을 참조하는 테이블의 레코드 추가 시 외래 키 값이 널(Null)인 경우에는 참조 무결성이 유지된다.
④ 다른 테이블에 의해 참조되는 테이블에서 레코드를 추가하는 경우에는 참조 무결성이 유지된다.

전문가의 조언 | • 레코드 삭제 시 참조 무결성이 깨질 수 있는 경우는 다른 테이블에 의해 참조되는 테이블의 레코드를 삭제할 때입니다.

- 다른 테이블을 참조하는 테이블의 레코드를 삭제하는 것은 참조 무결성에 영향을 주지 못합니다.

130섹션 2필드

**44.** 다음 중 정규화에 대한 설명으로 옳지 않은 것은?

① 대체로 더 작은 필드를 갖는 테이블로 분해하는 과정이다.
② 데이터 중복을 최소화하기 위한 작업이다.
③ 정규화를 통해 테이블 간의 종속성을 높이기 위한 것이다.
④ 추가, 갱신, 삭제 등 작업 시의 이상(Anomaly) 현상이 발생하지 않도록 하기 위한 것이다.

전문가의 조언 | 정규화는 릴레이션(테이블)의 속성들 사이의 종속성 개념에 기반을 두고 이들 종속성을 제거하는 과정이라고 할 수 있습니다.

164섹션 2필드

**45.** 다음 중 폼 작성 시 사용하는 컨트롤에 대한 설명으로 옳지 않은 것은?

① 바운드 컨트롤 : 폼이나 보고서에서 테이블이나 쿼리의 필드를 컨트롤 원본으로 사용하는 컨트롤이다.
② 탭 컨트롤 : 탭 형식의 대화상자를 작성하는 컨트롤로, 다른 컨트롤을 탭 컨트롤로 복사하거나 추가할 수 있다.
③ 레이블 컨트롤 : 날짜나 시간을 표시하는 용도로 사용하는 컨트롤이다.
④ 계산 컨트롤 : 원본 데이터로 필드를 사용하지 않고 식을 사용하는 컨트롤이다.

전문가의 조언 | • 날짜나 시간은 함수를 사용해서 표시하는데, 이와 같이 함수의 결과 값을 표시하려면 텍스트 상자를 사용해야 합니다.
• 레이블은 제목이나 캡션, 설명 등을 표시하는 용도로 사용됩니다.

169섹션 1필드

**46.** 다음 중 액세스의 보고서에 대한 설명으로 옳은 것은?

① 보고서의 레코드 원본으로 테이블, 쿼리, 엑셀과 같은 외부 데이터, 매크로 등을 지정할 수 있다.
② 보고서 머리글과 보고서 바닥글의 내용은 모든 페이지에 출력된다.
③ 보고서에서도 폼에서와 같이 이벤트 프로시저를 작성할 수 있다.
④ 컨트롤을 이용하지 않고도 보고서에 테이블의 데이터를 표시할 수 있다.

전문가의 조언 | 보고서에 대한 설명으로 옳은 것은 ③번입니다.
① 보고서의 레코드 원본으로 테이블과 쿼리는 사용할 수 있으나 엑셀과 같은 외부 데이터나 매크로는 사용할 수 없습니다.
② 보고서 머리글은 보고서의 첫 페이지 상단에, 보고서 바닥글은 보고서의 맨 마지막 페이지에 한 번씩만 표시됩니다.
④ 보고서에 테이블의 데이터를 표시하려면, 반드시 컨트롤을 이용해야 합니다.

135섹션 13필드

**47.** 다음 중 데이터 형식에 대한 설명으로 옳지 않은 것은?

① '첨부 파일'은 jpg, xlsx 등 원하는 파일 형식으로 첨부되도록 할 수 있다.
② 'Yes/No'는 성별이나 결혼 여부 등 두 값 중 하나만 입력하는 경우에 사용한다.
③ '짧은 텍스트'는 최대 255자까지 저장할 수 있다.
④ '일련 번호'는 레코드가 추가될 때마다 1씩 증가하는 값이 자동으로 입력되며, 필드 크기는 정수(Long)이다.

전문가의 조언 | '첨부 파일' 형식은 다양한 형식의 파일을 첨부할 수 있지만 원하는 파일 형식만 첨부되도록 설정할 수는 없습니다.

133섹션 2필드

**48.** 다음 중 Access의 개체에 대한 설명으로 옳지 않은 것은?

① 매크로는 모듈에 비해 복잡한 작업을 처리하기 위해 프로그램을 직접 작성하는 것이다.
② 쿼리는 폼이나 보고서의 원본 데이터로 사용할 수 있다.
③ 폼은 테이블이나 쿼리 데이터의 입출력 화면을 작성한다.
④ 테이블은 데이터를 저장하는 데 사용하는 데이터베이스 개체로, 레코드 및 필드로 구성된다.

전문가의 조언 | 모듈이 매크로에 비해 복잡한 작업을 처리하기 위해 프로그램을 직접 작성하는 것입니다.

119섹션 2필드

**49.** 다음 VBA에서 변수 선언(Option Explicit)에 대한 설명으로 옳지 않은 것은?

① Dim, Static, Private, Public 키워드로 변수를 선언한다.
② 변수는 반드시 Option Explicit문 이전에 선언해야 한다.
③ 변수를 선언하지 않고 사용하면 에러가 발생한다.
④ 'Option Base 1'을 선언하면 배열의 위치는 1부터 시작한다.

전문가의 조언 | Option Explicit는 변수를 선언하지 않고 사용하면 에러가 발생하도록 하는 명령문으로, 변수는 Option Explicit문 이후에 Dim, Static, Private, Public 명령문을 이용해 선언합니다.

정답 : 41.④ 42.③ 43.② 44.③ 45.③ 46.③ 47.① 48.① 49.②

169섹션 2필드

**50.** 다음 중 보고서 보기에 대한 설명으로 옳지 않은 것은?

① 보고서 보기를 종료하지 않고 보고서에 직접 필터를 적용하거나 해제할 수 있다.
② 탐색 단추를 이용하여 보고서 페이지를 순차적으로 넘겨보거나 원하는 페이지로 이동할 수 있다.
③ 보고서 데이터를 클립보드에 복사할 수 있다.
④ 보고서 보기는 종이 출력용이 아니라 화면 출력용이다.

**전문가의 조언 |** '보고서 보기' 상태에서는 탐색 단추가 표시되지 않습니다. 또한 '보고서 보기'는 보고서를 페이지 구분 없이 모두 표시하므로 페이지 단위로 넘겨보거나 원하는 페이지로 이동할 수 없습니다.

141섹션 1필드

**51.** 다음 중 기본키(Primary Key)에 대한 설명으로 옳은 것은?

① 모든 테이블에는 기본키를 반드시 설정해야 한다.
② 액세스에서는 단일 필드 기본키와 일련 번호 기본키만 정의 가능하다.
③ 데이터가 이미 입력된 필드도 기본키로 지정할 수 있다.
④ OLE 개체나 첨부 파일 형식의 필드에도 기본키를 지정할 수 있다.

**전문가의 조언 |** 데이터가 이미 입력된 필드도 기본키로 지정할 수 있습니다.
① 테이블에 기본키를 설정하지 않을 수 있습니다.
② 액세스에서는 일련 번호 기본키, 단일 필드 기본키, 다중 필드 기본키를 정의할 수 있습니다.
④ OLE 개체나 첨부 파일 형식의 필드에는 기본키를 설정할 수 없습니다.

152섹션 3필드

**52.** 다음 중 아래의 VBA 코드를 실행한 결과 메시지 상자에 표시되는 내용은 무엇인가?

```
Private Sub Form_Load( )
  Dim SampleString
  SampleString = "대한상공회의소"
  Mid(SampleString, 3, 2) = "활용"
  MsgBox (SampleString)
End Sub
```

① 대한상공회의소　　② 상공
③ 대한활용회의소　　④ 활용

**전문가의 조언 |** VBA 코드를 실행하면, 메시지 창에 **대한활용회의소**가 표시됩니다.

```
Private Sub Form_Load( )
❶ Dim SampleString
❷ SampleString = "대한상공회의소"
❸ Mid(SampleString, 3, 2) = "활용"
❹ MsgBox (SampleString)
End Sub
```

❶ SampleString을 문자열 변수로 선언합니다.
❷ SampleString 변수에 "대한상공회의소"를 저장합니다.
❸ SampleString 변수에 있는 텍스트 "대한상공회의소"의 세 번째 문자부터 2글자(상공)를 "활용"으로 변경합니다(대한활용회의소).
❹ SampleString 변수에 있는 내용을 메시지 박스(MsgBox)로 표시합니다.

154섹션 1필드

**53.** 다음 중 하위 쿼리(Sub Query)의 설명으로 옳지 않은 것은?

① 하위 폼이나 하위 보고서는 반드시 하위 쿼리를 사용해야 한다.
② 주 쿼리에서 IN 조건부를 사용하여 하위 쿼리의 일부 레코드에 동일한 값이 있는 레코드만 검색할 수 있다.
③ SELECT 문의 필드 목록이나 WHERE 또는 HAVING 절에서 식 대신에 하위 쿼리를 사용할 수 있다.
④ 주 쿼리에서 ALL 조건부를 사용하여 하위 쿼리에서 검색된 모든 레코드와 비교를 만족시키는 레코드만 검색할 수 있다.

**전문가의 조언 |** 하위 폼이나 하위 보고서는 테이블, 쿼리, 폼, 다른 보고서를 이용하여 작성할 수 있습니다.

156섹션 2필드

**54.** 다음 중 사원 테이블(사원번호, 이름, 직급, 연봉, 호봉)에서 호봉이 6인 사원의 연봉을 3%씩 인상하는 SQL문이다. 각 괄호에 들어갈 알맞은 명령어를 순서대로 나열한 것은?

```
Update 사원
(    ) 연봉 = 연봉 * 1.03
(    ) 호봉 = 6;
```

① From, Where　　② Set, From
③ Set, Where　　④ From, Set

**전문가의 조언 |** 업데이트 쿼리의 일반적인 구문 형태는 'UPDATE ~ SET ~ WHERE'입니다.

168섹션 2필드

**55.** 다음 중 동아리 회원 목록을 표시하는 [동아리회원] 폼에서 성별이 여자인 본문의 모든 컨트롤의 글꼴 서식을 굵게, 기울임꼴로 표시하는 방법으로 적절한 것은?

① 본문 영역에서 '성별' 컨트롤을 선택한 후 조건부 서식에서 규칙으로 필드 값이 다음 값과 같음, 값을 '여자'로 지정한 후 서식을 설정한다.
② 본문 영역의 모든 컨트롤들을 선택한 후 조건부 서식에서 규칙으로 조건 식을 [성별]='여자'로 지정한 후 서식을 설정한다.
③ 본문 영역의 모든 컨트롤들을 선택한 후 조건부 서식에서 규칙으로 필드 값이 다음 값과 같음, 값을 '여자'로 지정한 후 서식을 설정한다.
④ 테이블의 데이터시트 보기에서 여자 회원 레코드들을 모두 선택한 후 서식을 설정한다.

**전문가의 조언 |** 성별이 여자인 본문의 모든 컨트롤에 서식을 설정하는 방법으로 옳은 것은 ②번입니다.
① 본문의 '성별' 필드에만 서식이 지정됩니다.
③ 모든 컨트롤을 선택한 상태에서 조건부 서식을 지정했지만 규칙으로 '필드 값'을 지정하고 서식을 지정했으므로 모든 필드가 아닌 '성별' 필드에만 서식이 지정됩니다.
④ 데이터시트 보기 상태에서는 조건에 맞는 서식을 지정할 수 없습니다.

없음

**56.** 다음 중 데이터베이스 설계 순서로 옳은 것은?

| | |
|---|---|
| ㉠ 요구 조건 분석 | ㉡ 물리적 설계 |
| ㉢ 개념적 설계 | ㉣ 구현 |
| ㉤ 논리적 설계 | |

① ㉢ → ㉠ → ㉤ → ㉣ → ㉡
② ㉠ → ㉢ → ㉤ → ㉡ → ㉣
③ ㉢ → ㉤ → ㉡ → ㉠ → ㉣
④ ㉠ → ㉤ → ㉢ → ㉡ → ㉣

**전문가의 조언 |** 데이터베이스 설계는 '요구 조건 분석 → 개념적 설계 → 논리적 설계 → 물리적 설계 → 구현' 순으로 진행됩니다.

170섹션 1필드

**57.** 다음 〈보기〉와 같이 거래처별 수금액의 합계를 표시하려고 할 때 가장 적합한 보고서 영역은?

〈보기〉 수금액 합계 | =Sum([수금액])

① 보고서 머리글　　② 페이지 바닥글
③ 거래처명 바닥글　　④ 본문

**전문가의 조언 |** 거래처별 수금액의 합계와 같이 그룹별로 구분되는 자료는 그룹 머리글이나 그룹 바닥글에 표시합니다.

165섹션 1필드

**58.** 아래 내용 중 하위 폼에 대한 옳은 설명만을 나열한 것은?

ⓐ 하위 폼에는 기본 폼의 현재 레코드와 관련된 레코드만 표시된다.
ⓑ 하위 폼은 단일 폼으로 표시되며 연속 폼으로는 표시될 수 없다.
ⓒ 기본 폼과 하위 폼을 연결할 필드의 데이터 형식은 같거나 호환되어야 한다.
ⓓ 여러 개의 연결 필드를 지정하려면 콜론(:)으로 필드명을 구분하여 입력한다.

① ⓐ, ⓑ, ⓒ　　② ⓐ, ⓒ
③ ⓑ, ⓒ, ⓓ　　④ ⓑ, ⓓ

**전문가의 조언 |** 하위 폼에 대한 옳은 설명은 ⓐ, ⓒ입니다.
ⓑ 하위 폼은 주로 연속 폼으로 표시합니다.
ⓓ 여러 개의 연결 필드를 지정하려면 세미콜론(;)으로 필드명을 구분하여 입력해야 합니다.

정답 : 50.② 51.③ 52.③ 53.① 54.③ 55.② 56.② 57.③ 58.②

157섹션 3필드

**59.** 다음 지문의 SQL문과 결과가 동일한 것은?

```
Select * From 고객
Where 고객.등급 = 'A'
UNION
Select * From 고객
Where 고객.등급 = 'B';
```

① Select * From 고객 Where 고객.등급 = 'A' Or 'B';
② Select * From 고객 Where 고객.등급 = 'A' And 'B';
③ Select * From 고객 Where 고객.등급 = 'A' Or 고객.등급 = 'B';
④ Select * From 고객 Where 고객.등급 = 'A' And 고객.등급 = 'B';

전문가의 조언 | UNION(통합) 질의는 두 개의 질의 내용을 합쳐서 하나의 테이블을 만드는 질의입니다. 지문의 SQL문은 <고객> 테이블의 '등급' 필드가 "A"이거나 "B"인 레코드를 모두 추출하는 질의문으로, 이는 Where 조건으로 '등급' 필드의 값 "A"와 "B"를 OR 연산자로 연결하여, **고객.등급 = 'A' Or 고객.등급 = 'B'**와 같이 적용한 결과와 동일합니다.

176섹션 3필드

**60.** 보고서 머리글의 텍스트 박스 컨트롤에 다음과 같이 컨트롤 원본을 지정하였다. 보고서 미리 보기를 하는 경우 어떠한 결과가 나타나는가? (단, 현재 날짜와 시간이 2023년 1월 2일 오후 3시 4분 5초라고 가정한다.)

```
=Format(Now( ), "mmmm ampm h:n")
```

① Jan 3:4
② January 오후 3:4
③ Jan pm 3:4:5
④ January pm 3:4:5

전문가의 조언 | 보고서 미리 보기의 결과는 **January 오후 3:4**입니다.

- Format(식, 형식)은 계산 결과에 표시 형식을 지정하는 함수입니다.
- 날짜 형식을 mmmm으로 지정하였고, 날짜가 2023-01-02이므로 **January**로 표시됩니다.
- 시간 형식을 ampm h:n으로 지정하였고, 시간이 오후 3시 4분 5초이므로 **오후 3:4**로 표시됩니다.



정답 : 59.③ 60.②

# 2024년 3회 컴퓨터활용능력 1급 필기

## 1과목 컴퓨터 일반

2섹션 5필드

**1.** 다음 중 한글 Windows 10의 바로 가기 키에 대한 설명으로 옳은 것은?

① ⊞+A : 알림 센터 열기
② ⊞+B : 설정 열기
③ ⊞+, : 이모지 열기
④ ⊞+I : 바탕 화면 임시 미리 보기

**전문가의 조언 |** ⊞+A는 알림 센터를 표시하는 바로 가기 키입니다.
- ⊞+B : 알림 영역으로 포커스 옮기기
- ⊞+I : '설정' 창 열기
- ⊞+. / ⊞+; : 이모지(그림 문자) 열기
- ⊞+, : 바탕 화면 임시 미리 보기

66섹션 2필드

**2.** 다음 중 PNG에 대한 설명으로 옳지 않은 것은?

① GIF를 대체하여 인터넷에서 사용할 수 있는 형식이다.
② 애니메이션은 표현할 수 없다.
③ 트루 컬러와 CMYK 색상 모드를 지원한다.
④ 무손실 압축 기법을 사용한다.

**전문가의 조언 |** PNG는 트루 컬러는 지원하지만 CMYK 색상 모드는 지원하지 않습니다.

37섹션 4필드

**3.** 다음 중 레지스터(Register)에 대한 설명 중 옳지 않은 것은?

① 레지스터는 CPU 내부에서 처리할 명령어나 연산 결과값을 일시적으로 저장하는 기억장치이다.
② 전원공급이 없어도 저장 내용이 계속 유지된다.
③ 구조는 플립플롭(Flip-Flop)이나 래치(Latch)를 직렬 또는 병렬로 연결한다.
④ 레지스터는 메모리 중에서 가장 속도가 빠르다.

**전문가의 조언 |** 레지스터는 전원이 공급되지 않으면 저장된 내용이 지워집니다.

19섹션 2필드

**4.** 다음 중 [설정] → [개인 설정] → [잠금 화면]에서 설정할 수 있는 항목이 아닌 것은?

① 화면 보호기 작동 여부를 설정할 수 있다.
② 로그인 화면에 잠금 화면 배경 그림을 표시할 수 있다.
③ 잠금 화면의 미리 보기 배경을 사진이나 슬라이드 쇼로 설정할 수 있다.
④ 잠금 화면에 세부 상태를 표시할 앱을 여러 개 설정할 수 있다.

**전문가의 조언 |** 잠금 화면에 세부 상태를 표시할 앱은 하나만 설정할 수 있습니다.

9섹션 2필드

**5.** 다음 중 한글 Windows 10의 '폴더 옵션' 대화상자에서 설정할 수 있는 작업으로 옳지 않은 것은?

① 알려진 파일 형식의 파일 확장명 숨기기를 설정할 수 있다.
② 숨김 파일이나 폴더의 표시 여부를 설정할 수 있다.
③ 공유 폴더에 액세스 할 때 필요한 계정과 암호를 설정할 수 있다.
④ 모든 폴더에 현재 보기(자세히 또는 아이콘)를 적용할 수 있다.

**전문가의 조언 |** '폴더 옵션' 대화상자에서는 공유 폴더에 액세스 할 때 필요한 계정과 암호는 설정할 수 없습니다.

36섹션 5필드

**6.** 다음 중 컴퓨터에서 사용하는 ASCII 코드에 관한 설명으로 옳지 않은 것은?

① 총 128개의 문자를 표현할 수 있다.
② 모든 문자를 표현할 수 있는 표준화된 국제 코드이다.
③ 데이터 처리 및 통신 시스템 상호 간의 정보 교환을 위해 사용된다.
④ 확장 ASCII 코드는 8비트를 사용하여 문자를 표현한다.

**전문가의 조언 |** 모든 문자를 표현할 수 있는 표준화된 국제 코드는 유니코드(Unicode)입니다.

정답 : 1.① 2.③ 3.② 4.④ 5.③ 6.②

56섹션 2필드

**7.** 네트워크 관련 장비 중 브리지(Bridge)에 관한 설명으로 옳은 것은?

① 주로 LAN에서 다른 네트워크에 데이터를 보내거나 다른 네트워크로부터 데이터를 받아들이는데 사용되는 장치이다.
② 데이터 전송을 위해 가장 최적의 경로를 설정하는데 사용되는 장치이다.
③ 네트워크를 구성할 때 한꺼번에 여러 대의 컴퓨터를 연결하는 장치로, 각 회선을 통합적으로 관리한다.
④ 두 개의 근거리 통신망(LAN)을 상호 접속할 수 있도록 하는 통신망 연결 장치로, OSI 참조 모델의 데이터 링크 계층에 속한다.

**전문가의 조언 |** 브리지(Bridge)는 두 개의 근거리 통신망(LAN)을 상호 접속할 수 있도록 하는 통신망 연결 장치입니다.
- ①번은 게이트웨이(Gateway), ②번은 라우터(Router), ③번은 허브(Hub)에 대한 설명입니다.

62섹션 1필드

**8.** 저전력, 저비용, 저속도와 2.4GHz를 기반으로 하는 홈 자동화 및 데이터 전송을 위한 무선 네트워크 규격은?

① 와이파이 ② 지그비
③ RFID ④ 와이브로

**전문가의 조언 |** 저전력, 저비용, 저속도와 2.4GHz를 기반으로 하는 무선 네트워크 규격은 지그비(Zigbee)입니다.
- **와이파이(WiFi)** : 2.4GHz대를 사용하는 무선 랜(WLAN) 규격(IEEE 802.11b)에서 정한 제반 규정에 적합한 제품에 주어지는 인증 마크
- **RFID(Radio Frequency IDentification)** : 사물에 전자 태그를 부착하고 무선 통신을 이용하여 사물의 정보 및 주변 정보를 감지하는 센서 기술
- **와이브로(Wibro)** : 무선 광대역을 의미하는 것으로, 휴대폰, 노트북 등의 모바일 기기를 이용하여 언제 어디서나 이동하면서 고속으로 무선 인터넷 접속이 가능한 서비스

53섹션 6필드

**9.** 실행 가능한 로드 모듈에 기억공간의 번지를 지정하여 메모리에 적재하고, 컴퓨터에서 실행해야 할 프로그램이나 파일을 메모리로 옮겨주는 프로그램은?

① 로더 ② 링커
③ 컴파일러 ④ 인터프리터

**전문가의 조언 |** 실행 가능한 로드 모듈에 기억공간의 번지를 지정하여 메모리에 적재하는 프로그램은 로더(Loader)입니다.
- **링커(Linker)** : 여러 개의 목적 프로그램에 시스템 라이브러리를 결합해 하나의 실행 가능한 로드 모듈로 만들어 주는 프로그램
- **컴파일러(Compiler)** : C, C++, Java, C# 등의 고급 언어로 작성된 프로그램을 기계어로 번역하는 프로그램
- **인터프리터(Interpreter)** : 원시 프로그램을 줄 단위로 번역하여 바로 실행해 주는 프로그램으로, 대화식 처리가 가능함

56섹션 1필드

**10.** 다음 중 정보 통신망의 구성 형태 중 버스형에 대한 설명으로 옳지 않은 것은?

① 하나의 통신 회선에 여러 대의 컴퓨터를 연결한 형태이다.
② 단말장치의 추가와 제거가 용이하다.
③ 단말장치가 고장나더라도 통신망 전체에 영향을 주지 않는다.
④ 기밀이 보장되며 통신 회선의 길이에 제한이 없다.

**전문가의 조언 |** 버스형은 하나의 통신 회선에 여러 대의 단말장치가 연결된 형태로, 기밀 보장이 어렵고 통신 회선의 길이에 제한이 있습니다.

44섹션 4필드

**11.** 다음 중 시스템 버스에 대한 설명으로 옳지 않은 것은?

① 시스템 버스는 CPU와 주변장치 간의 데이터 전송에 사용되는 통로로, 전달하는 신호 형태에 따라 제어 버스, 주소 버스, 데이터 버스로 구분된다.
② 제어 버스는 CPU가 메모리와 주변장치에 제어 신호를 보내기 위해 사용한다.
③ 주소 버스는 메모리 주소 레지스터와 연결된 버스로, 메모리나 주변장치에 데이터를 읽거나 쓸 때 위치 정보를 보내기 위해 사용하는 양방향 통로이다.
④ 데이터 버스는 메모리 버퍼 레지스터와 연결된 버스로, 각 장치별로 필요한 데이터를 전달하기 위해 사용한다.

**전문가의 조언 |** 제어 버스와 데이터 버스는 양방향 통로이고, 주소 버스는 단방향 통로입니다.

33섹션 2필드

**12.** 다음 중 아날로그 컴퓨터와 디지털 컴퓨터에 대한 설명으로 옳은 것은?

① 아날로그 컴퓨터는 숫자, 문자 등 이산적인 데이터를 처리한다.
② 디지털 컴퓨터는 전압, 온도 등 연속적으로 변하는 데이터를 처리한다.
③ 아날로그 컴퓨터는 정밀도가 제한적이고 프로그래밍을 필요로 하지 않는다.
④ 디지털 컴퓨터의 주요 구성 회로는 증폭 회로이다.

**전문가의 조언 |** 아날로그 컴퓨터는 정밀도가 제한적이고 프로그래밍을 필요로하지 않습니다.
① 아날로그 컴퓨터는 전압, 온도 등 연속적으로 변하는 데이터를 처리합니다.
② 디지털 컴퓨터는 숫자, 문자 등 이산적인 데이터를 처리합니다.
④ 디지털 컴퓨터의 주요 구성 회로는 논리 회로, 아날로그 컴퓨터의 주요 구성 회로는 증폭 회로입니다.

6섹션 2필드

**13.** 다음 중 한글 Windows 10의 시작 메뉴에 대한 설명으로 옳지 않은 것은?

① 시작 메뉴에 있는 앱의 바로 가기 메뉴에서 [제거]를 이용하면 해당 앱을 제거할 수 있다.
② 시작 화면에 있는 앱이 설치되어 있는 실제 위치를 확인하려면 앱의 바로 가기 메뉴에서 '파일 위치 열기'를 클릭한다.
③ 시작 화면에 있는 앱의 크기를 조절하거나 타일을 이동하고 앱을 그룹화 할 수 있다.
④ [시작] → [설정] → [개인 설정] → [시작]에서 '전체 시작 화면 사용'을 켜면 화면 전체에 시작 메뉴가 표시된다.

**전문가의 조언 |** • 시작 메뉴에 있는 앱의 바로 가기 메뉴에서 [자세히] → [파일 위치 열기]를 선택하면 앱이 실제 설치된 폴더가 아닌 바로 가기 아이콘이 설치되어 있는 폴더가 열립니다.
• 이 폴더에 있는 바로 가기 아이콘의 바로 가기 메뉴에서 [파일 위치 열기]를 선택해야 앱이 실제 설치되어 있는 폴더가 열립니다.

43섹션 2필드

**14.** 다음 중 CISC와 RISC에 대한 설명으로 옳은 것은?

① RISC는 명령어의 종류가 많아 복잡한 회로를 이용한다.
② RISC는 명령어 집합이 복잡하고, 가변 길이의 다양한 명령어를 가진다.
③ CISC는 생산가가 비싸고 전력 소모가 많아 열이 많이 발생한다.
④ CISC는 RISC 프로세서 보다 수행 속도가 빠르다.

**전문가의 조언 |** CISC는 생산가가 비싸고 전력 소모가 많아 열이 많이 발생합니다.
①, ②번은 CISC에 대한 설명입니다.
④ CISC는 RISC 프로세서 보다 수행 속도가 느립니다.

58섹션 2필드

**15.** 다음 중 인터넷 주소 체계인 IPv6(Internet Protocol version 6)에 관한 설명으로 옳지 않은 것은?

① 주소의 확장성, 융통성, 연동성이 뛰어나며 실시간 흐름 제어로 향상된 멀티미디어 서비스를 제공할 수 있다.
② 16비트씩 4부분, 총 64비트의 주소를 사용하여 IP 주소의 부족 문제를 해결할 수 있다.
③ 주소 체계는 유니캐스트(Unicast), 애니캐스트(Anycast), 멀티캐스트(Multicast) 등 세 가지로 나뉜다.
④ 인증 서비스, 비밀성 서비스, 데이터 무결성 서비스를 제공함으로써 보안 문제를 해결할 수 있다.

**전문가의 조언 |** IPv6은 16비트씩 8부분, 총 128비트의 주소를 사용합니다.

66섹션 2필드

**16.** 다음 중 컴퓨터에서 사용하는 그래픽 파일의 형식에 관한 설명으로 옳지 않은 것은?

① JPEG는 손실 압축 기법과 무손실 압축 기법을 사용하며, 사용자가 임의로 압축률을 지정할 수 있다.
② BMP는 Windows에서 기본적으로 지원하는 포맷으로 압축을 사용하여 파일의 크기가 작다.
③ GIF는 인터넷 표준 그래픽 형식으로, 무손실 압축 기법을 사용하여 선명한 화질을 제공한다.
④ PNG는 트루 컬러의 지원과 투명색 지정이 가능하다.

**전문가의 조언 |** Windows의 표준 비트맵 파일 형식으로, 압축을 하지 않으므로 파일의 크기가 큽니다.

정답 : 7.④ 8.② 9.① 10.④ 11.③ 12.③ 13.② 14.③ 15.② 16.②

73섹션 1필드

**17.** 다음 중 방화벽에 대한 설명으로 적절하지 않은 것은?

① 보안이 필요한 네트워크의 통로를 단일화하여 관리한다.
② 방화벽 시스템은 내부와 외부로부터 불법적인 해킹을 완전히 차단할 수 있다.
③ 권한이 없는 사용자가 네트워크를 통해 컴퓨터에 액세스하는 것을 방지한다.
④ 역추적 기능으로 외부 침입자의 흔적을 찾을 수 있다.

**전문가의 조언 |** 방화벽 시스템은 내부로부터의 불법적인 해킹은 막지 못합니다.

48섹션 3필드

**18.** 다음 중 컴퓨터의 장치를 교체할 때 고려해야 할 사항으로 옳지 않은 것은?

① 하드디스크의 용량(Gb)은 클수록 좋다.
② 모니터가 지원하는 해상도(dpi)는 클수록 좋다.
③ CPU 코어의 수는 많을수록 좋다.
④ DRAM의 데이터 접근 속도(ns)는 클수록 좋다.

**전문가의 조언 |** DRAM의 데이터 접근 속도(ns)는 작을수록 좋습니다.

62섹션 1필드

**19.** 다음 중 핀테크(FinTech)의 활용 분야에 대한 설명으로 옳지 않은 것은?

① 네트워크 등을 통해 다수의 개인으로부터 자금을 모으는 크라우드 펀딩(Crowd funding)
② 알고리즘이나 빅 데이터 등을 분석하여 고객에게 투자 자문을 수행하는 로보 어드바이저(Robo Advisor)
③ 비트코인, 이더리움 등의 가상화폐의 암호화를 위한 데이터 분산 처리
④ 사용자의 편의성에 맞춘 송금 및 간편 결제 기능

**전문가의 조언 |** ③번은 블록체인(Block Chain)에 대한 설명입니다.

45섹션 1필드

**20.** 다음 중 컴퓨터의 CMOS에서 설정할 수 있는 항목으로 옳지 않은 것은?

① 하드디스크의 타입
② 하드디스크나 USB 등의 부팅 순서
③ 멀티부팅 시 사용하려는 BIOS의 종류
④ 시스템 암호 설정

**전문가의 조언 |** • CMOS에서 BOIS의 종류는 변경할 수 없습니다.
• CMOS에서 설정할 수 있는 항목에는 '시스템의 날짜와 시간, 칩셋, 부팅 순서, 하드디스크 타입, 시스템 암호, 전원 관리, PnP, Anti-Virus' 등이 있습니다.

## 2과목 스프레드시트 일반

101섹션 1필드

**21.** 다음 중 데이터를 분포 내의 빈도에 따라 보여주는데 적합하며, 측정 값에 존재하는 몇 개의 계급 구간을 차트의 각 열로 변경하여 데이터를 보다 세부적으로 분석하여 보여주는 차트는?

① 히스토그램 차트 ② 트리맵 차트
③ 선버스트 차트 ④ 분산형 차트

**전문가의 조언 |** 데이터를 분포 내의 빈도에 따라 보여주는데 적합한 차트는 히스토그램 차트입니다.
• **트리맵 차트** : 계층 간의 상대적 크기를 비교할 때 사용하며, 계층 간의 비율을 사각형으로 표시함
• **선버스트 차트** : 계층 간의 관계를 비교할 때 사용하며, 계층 간의 비율을 고리 또는 원으로 표시함
• **분산형 차트** : X · Y 좌표로 이루어진 한 계열로 두 개의 숫자 그룹을 나타내며, 주로 과학 · 공학용 데이터 분석에 사용됨

107섹션 2필드

**22.** 고급 필터에서 조건을 다음과 같이 설정했을 때 이에 대한 설명으로 올바른 것은?

| 부서 | 직책 | 경력 |
|---|---|---|
| 영업부 | | >=7 |
| 개발부 | 과장 | |
| | 주임 | <10 |

① 영업부이거나 개발부이면서 과장이거나 주임이면서 경력이 7년 이상 10년 미만인 직원
② 영업부이면서 경력이 7년 이상이고 개발부이면서 과장이고 주임이면서 10년 미만인 직원
③ 영업부이면서 경력이 7년 이상이거나 개발부이면서 과장이거나 주임이면서 10년 미만인 직원
④ 영업부이거나 경력이 7년 이상이고 개발부이거나 과장이고 주임이거나 10년 미만인 직원

**전문가의 조언 |** 고급 필터의 조건을 같은 행에 입력하면 AND 조건(~이고), 다른 행에 입력하면 OR 조건(~이거나)으로 연결되며, AND 조건을 먼저 처리하므로 고급 필터를 실행했을 때의 결과로 옳은 것은 ③번입니다.

103섹션 3필드

**23.** 다음 중 '페이지 설정' 대화상자에서 머리글과 바닥글을 지정할 때 사용되는 단추를 클릭했을 때 표시되는 값으로 틀린 것은?

① : &[그림]　　② : &[전체 페이지 수]
③ : &[탭]　　④ : &[경로]&[파일]

전문가의 조언 | • 단추를 클릭하면 '&[파일]'이 표시됩니다.
• '&[탭]'을 표시하는 단추는 입니다.

83섹션 1필드

**24.** 다음 조건을 이용하여 사용자 지정 표시 형식을 설정할 경우 옳은 것은?

> • 양수와 음수 모두에 천 단위 구분 기호 표시
> • 음수인 경우 음수 기호(–) 없이 빨강색으로 표시
>
> [표시 예]
> • 1500 : 1,500.00
> • –2450 : 2,450.00
> • 50.1 : 50.10
> • 0 : 0.00

① #,###.00;[빨강]#,###.00
② #,##0.00;[빨강]#,##0.00
③ [빨강]#,###.00;#,###.00
④ [빨강]#,##0.00;#,##0.00

전문가의 조언 | 문제 지문에 제시된 조건을 올바르게 설정한 사용자 지정 표시 형식은 ②번입니다.
• 사용자 지정 표시 형식에 조건이 없을 경우 '양수;음수;0값;텍스트' 순으로 지정하며, 글꼴색은 대괄호([ ]) 안에 입력합니다.
• **천 단위 구분 기호와 소수 이하 둘째 자리까지 표시** : #,###.00 또는 #,##0.00
• **양수** : #,###.00 또는 #,##0.00
• **음수** : [빨강]#,###.00 또는 [빨강]#,##0.00
• **0값** : 0.00
∴ 표시 형식을 모두 합치면 **#,###.00;[빨강]#,###.00;0.00** 또는 **#,##0.00;[빨강]#,##0.00;0.00**입니다. '0값'은 생략이 가능하며 생략할 경우 '양수'에 지정한 표시 형식이 적용되므로 **#,##0.00;[빨강]#,##0.00**으로 설정하면 됩니다.

105섹션 1필드

**25.** 다음 중 정렬에 대한 설명으로 옳지 않은 것은?

① 표 스타일이 적용된 데이터 영역을 왼쪽에서 오른쪽 방향으로 정렬하려면 정렬하기 전에 '범위로 변환'을 실행해야 한다.
② 숨겨진 행이나 열도 정렬에 포함되어 정렬되나 머리글 행은 정렬되지 않는다.
③ 숫자, 날짜 등과 같이 셀에 입력된 값으로 정렬할 때는 정렬 기준을 '셀 값'으로 지정하고, 셀에 지정된 서식으로 정렬하려면 정렬 기준을 '셀 색'이나 '글꼴 색', '조건부 서식 아이콘'으로 지정해야 한다.
④ 사용자 지정 목록을 사용하여 사용자가 정의한 순서대로 정렬할 수 있다.

전문가의 조언 | 숨겨진 행이나 열에 있는 데이터는 정렬에 포함되지 않습니다.

86섹션 6필드

**26.** 다음 중 참조의 대상 범위로 사용하는 이름 정의 시 이름의 지정 방법에 대한 설명으로 옳지 않은 것은?

① 'A1'처럼 셀 주소와 같은 형태의 이름을 사용할 수 있다.
② 대소문자를 구분하지 않는다.
③ 같은 통합 문서에서 동일한 이름을 중복하여 사용할 수 없다.
④ 이름 상자의 화살표 단추를 누르고 정의된 이름 중 하나를 클릭하면 해당 셀 또는 셀 범위가 선택된다.

전문가의 조언 | 셀 주소와 같은 형태의 이름은 사용할 수 없습니다.

114섹션 2필드

**27.** 다음 그림과 같이 "표" 기능을 사용하여 단가(C7:E7)와 판매량(B8:B11)에 따른 판매금액(C8:E11)을 계산하려고 한다. 이때 실행하여야 할 작업 내용에 대한 설명으로 옳지 않은 것은?

| | A | B | C | D | E |
|---|---|---|---|---|---|
| 1 | 제품명 | 연필 | | | |
| 2 | 판매량 | 35 | | | |
| 3 | 단가 | 1,200 | | | |
| 4 | 판매금액 | 42,000 | | | |
| 5 | | | | | |
| 6 | | | 단가 | | |
| 7 | | 42,000 | 1,000 | 1,200 | 1,400 |
| 8 | 판매량 | 10 | 10,000 | 12,000 | 14,000 |
| 9 | | 30 | 30,000 | 36,000 | 42,000 |
| 10 | | 50 | 50,000 | 60,000 | 70,000 |
| 11 | | 70 | 70,000 | 84,000 | 98,000 |

① '데이터 테이블' 대화상자가 표시되면 "행 입력 셀"은 [B3] 셀과, "열 입력 셀"은 [B2] 셀을 지정한 후 〈확인〉을 선택한다.
② [C8:E11] 영역을 블록으로 설정한 후 [데이터] → [예측] → [가상 분석] → [데이터 표]를 선택한다.
③ 수식이 입력되어야 하는 [B7] 셀을 선택하고 수식 "=B2*B3"을 입력한다.
④ 자동으로 결과가 구해진 셀을 하나 선택해서 살펴보면 "{=TABLE(B3,B2)}"와 같은 배열 수식이 들어 있다.

전문가의 조언 | [C8:E11] 영역이 아니라 [B7:E11] 영역을 블록으로 설정한 후 [데이터] → [예측] → [가상 분석] → [데이터 표]를 선택해야 합니다.

정답 : 17.② 18.④ 19.③ 20.③ 21.① 22.③ 23.③ 24.② 25.② 26.① 27.②

98섹션 2필드

**28.** 다음 중 아래 차트에 대한 설명으로 옳지 않은 것은?

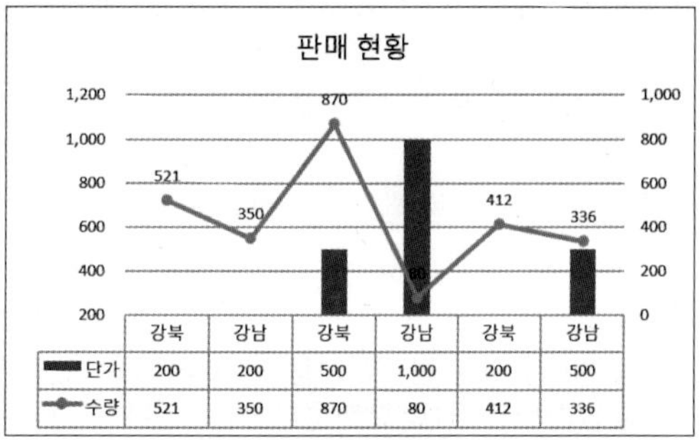


① '판매 현황'이라는 차트 제목이 표시되어 있다.
② '수량' 계열을 보조 축으로 지정하였다.
③ 데이터 테이블에 범례 표지가 표시되어 있다.
④ '수량' 계열에 데이터 레이블이 '가운데'로 표시되어 있다.

**전문가의 조언 |** • 문제에 제시된 그림은 데이터 레이블이 '위쪽'으로 설정되어 있습니다.
• 데이터 레이블을 '가운데'로 설정하면 다음과 같이 표시됩니다.

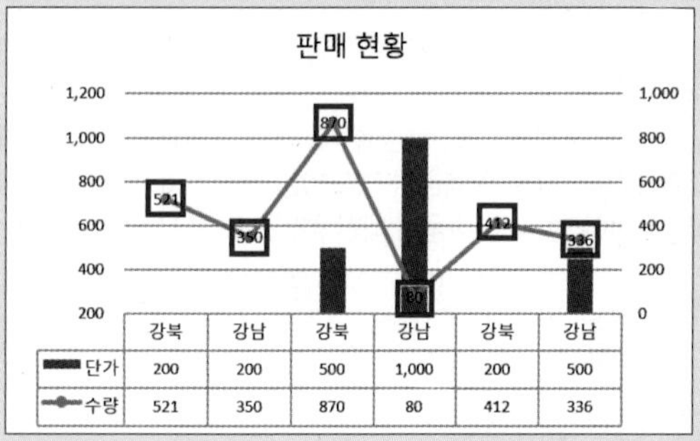


89섹션 2필드

**29.** 다음 중 수식과 그 실행 결과 값의 연결이 옳지 않은 것은?

① =DAYS("2023-11-1", "2023-10-1") → 31
② =ROUNDDOWN(45.6789, 2) → 45.67
③ =SUMPRODUCT({1,2,3}, {5,6,7}) → 32
④ =SQRT(4) * (INT(−2) + POWER(2, 3)) → 12

**전문가의 조언 |** ③번의 결과는 38입니다.
① 2023-11-1에서 2023-10-1을 뺀 일수인 31을 반환합니다.
② 45.6789를 소수점 이하 둘째 자리로 자리 내림한 45.67을 반환합니다.
③ 배열에서 대응하는 요소를 모두 곱하고 그 곱의 합을 구한 (1×5)+(2×6)+(3×7) = 38을 반환합니다.

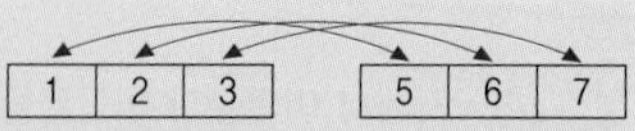


④ ❶ SQRT(4) : 4의 양의 제곱근인 2를 반환합니다.
❷ INT(−2) : −2보다 크지 않은 정수인 −2를 반환합니다.
❸ POWER(2, 3) : 2를 3번 곱한 8을 반환합니다.
∴ = ❶*(❷+❸) = 2*(−2+8) = 12

75섹션 2필드

**30.** 다음 중 워크시트에 데이터를 입력하는 방법에 대한 설명으로 옳지 않은 것은?

① 숫자 데이터를 입력하면 기본적으로 셀의 오른쪽에 정렬된다.
② '3과 같이 숫자 앞에 작은따옴표( ' )를 입력하면 기본적으로 셀의 오른쪽에 정렬된다.
③ 수식 또는 함수 식을 입력할 때는 = 기호를 붙여 입력한다.
④ Ctrl + Enter를 이용하여 여러 개의 셀에 동일한 데이터를 한번에 입력할 때 범위는 연속적으로 지정하지 않아도 된다.

**전문가의 조언 |** 숫자 데이터를 입력하면 기본적으로 셀의 오른쪽에 정렬되지만 숫자 앞에 작은따옴표( ' )를 붙여 입력하면 문자 데이터로 인식하므로 셀의 왼쪽에 정렬됩니다.

111섹션 1필드

**31.** 아래 워크시트에서 [B13:D14] 영역에는 직책별 부서별 목표액의 합계를 함수를 이용하여 계산하였다. 함수가 아닌 분석 도구를 이용하여 계산할 경우 가장 알맞은 도구는?

| | A | B | C | D |
|---|---|---|---|---|
| 1 | 이름 | 직책 | 부서 | 목표액 |
| 2 | 김사원 | 사원 | 영업부 | 35,200 |
| 3 | 김흥부 | 사원 | 인사부 | 12,500 |
| 4 | 노지심 | 부장 | 영업부 | 101,200 |
| 5 | 송치윤 | 부장 | 인사부 | 62,533 |
| 6 | 이관우 | 사원 | 총무부 | 32,560 |
| 7 | 이봉주 | 부장 | 영업부 | 64,250 |
| 8 | 이수진 | 부장 | 총무부 | 45,850 |
| 9 | 이양양 | 사원 | 인사부 | 90,400 |
| 10 | 이인상 | 부장 | 영업부 | 54000 |
| 11 | | | | |
| 12 | | 영업부 | 인사부 | 총무부 |
| 13 | 부장 | 219,450 | 62,533 | 45,850 |
| 14 | 사원 | 35,200 | 102,900 | 32,560 |
| 15 | | | | |

① 목표값 찾기　② 통합
③ 피벗 테이블　④ 시나리오

**전문가의 조언 |** 직책별 부서별 목표액의 합계처럼 많은 양의 데이터를 한눈에 쉽게 파악할 수 있도록 요약 · 분석하여 보여주는 분석 도구는 피벗 테이블입니다.
- **목표값 찾기** : 수식에서 원하는 결과값은 알고 있지만 그 결과값을 계산하기 위해 필요한 입력값을 모를 경우에 사용하는 도구
- **통합** : 비슷한 형식의 여러 데이터를 하나의 표로 통합 · 요약하여 표시해 주는 도구
- **시나리오** : 다양한 상황과 변수에 따른 여러 가지 결과값의 변화를 가상의 상황을 통해 예측하여 분석하는 도구

103섹션 3필드

**32.** 다음 중 [페이지 설정] 대화상자에 대한 설명으로 옳지 않은 것은?

① 용지 방향, 용지 크기, 인쇄 품질을 설정할 수 있다.
② '머리글/바닥글' 탭의 '머리글' 영역에서 행/열 머리글의 인쇄 여부를 설정한다.
③ 여백은 사용자가 직접 값을 입력할 수 있다.
④ 워크시트에서 차트를 마우스로 선택한 후 [페이지 설정] 메뉴를 선택하면, '시트' 탭이 '차트' 탭으로 바뀐다.

**전문가의 조언 |** 행/열 머리글의 인쇄 여부는 '페이지 설정' 대화상자의 '시트' 탭에서 설정할 수 있습니다.

78섹션 4필드

**33.** 워크시트에서 [파일] → [옵션]을 선택하여 'Excel 옵션' 대화상자의 '고급' 탭에서 소수점 자동 삽입의 소수점 위치를 '–2'로 지정하였다. 워크시트의 셀에 1을 입력할 경우 화면에 표시되는 값은?

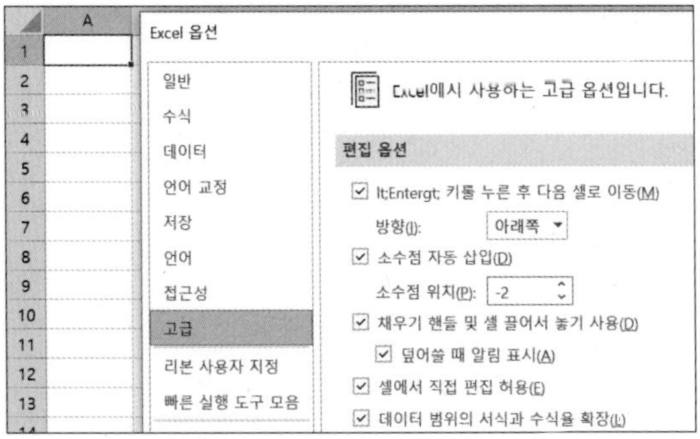


① 0.01　　② 1
③ 100　　④ 10000

**전문가의 조언 |** '소수점 위치'에 입력한 숫자가 음수이므로 소수점 이상(왼쪽)의 자릿수를 2자리 늘립니다. 즉 셀에 1을 입력하면 100으로 표시됩니다.

76섹션 2필드

**34.** 아래의 워크시트에서 [A1:C1] 영역이 블록으로 지정된 상태에서 채우기 핸들을 끌었을 때 [F1] 셀에 입력되는 값으로 올바른 것은?

| | A | B | C | D | E | F | G |
|---|---|---|---|---|---|---|---|
| 1 | 5 | | 1 | | | | |
| 2 | | | | | | | |

① 1　　② −3
③ −7　　④ 0

**전문가의 조언 |** [A1:C1] 영역이 블록으로 지정된 상태에서 채우기 핸들을 드래그하면 두 셀 간의 차이인 4씩 감소되어 입력되므로 [F1] 셀에는 –7이 입력됩니다.

| | A | B | C | D | E | F | G |
|---|---|---|---|---|---|---|---|
| 1 | 5 | | 1 | -3 | | -7 | -11 |
| 2 | | | | | | | |

124섹션 1필드

**35.** 다음 매크로를 [F9] 셀을 선택한 상태에서 실행했을 경우 실행 결과에 대한 설명으로 틀린 것은?

```
Sub 매크로1( )
    ActiveCell.FormulaR1C1 = "=SUM(RC[−4]:RC[−2])"
    Range("F2").Select
    Selection.AutoFill Destination:=Range("F2:F5"),_
    Type:=xlFillDefault
    Range("F2:F5").Select
End Sub
```

① [F9] 셀에 합계를 구합니다.
② [F9] 셀에 입력된 수식은 '=SUM(F5:F8)'과 같은 의미이다.
③ [F2:F5] 영역은 자동 채우기로 입력된다.
④ [F2:F5] 영역이 선택된 상태로 매크로가 종료된다.

**전문가의 조언 |** ActiveCell.FormulaR1C1 = **"=SUM(RC[−4]:RC[−2])"**은 현재 셀, 즉 [F9] 셀에서 4열 왼쪽(B9)과 2열 왼쪽(D9)의 합계를 의미하므로 **"=SUM(B9:D9)"**와 같은 의미입니다.

116섹션 3필드

**36.** 다음 중 매크로를 작성하고 사용하는 방법에 대한 설명으로 옳지 않은 것은?

① 매크로 기록 도중에 선택한 셀은 절대 참조로 기록할 수도 있고 상대 참조로 기록할 수도 있다.
② 매크로에 지정된 바로 가기 키가 엑셀 고유의 바로 가기 키와 중복될 경우 매크로 실행의 바로 가기 키가 우선한다.
③ ActiveX 컨트롤의 '명령 단추'를 추가하면 [매크로 지정] 대화상자가 자동으로 표시되어 실행할 매크로를 바로 지정할 수 있다.
④ Visual Basic Editor에서 코드 편집을 통해 매크로의 이름이나 내용을 바꿀 수 있다.

전문가의 조언 | ActiveX 컨트롤의 '명령 단추'가 아니라 양식 컨트롤의 '단추'를 추가하면 '매크로 지정' 대화상자가 자동으로 표시되어 실행할 매크로를 바로 지정할 수 있습니다.

97섹션 4필드

**37.** [A1:D11] 영역의 데이터를 이용하여 성별별 근무년수의 최대값을 [G2:G3] 영역에 계산하려고 한다. [G2] 셀에 수식을 작성한 뒤 [G3] 셀에 복사하고 셀 포인터를 [G2]에 위치시켰을 때 수식 입력줄에 나타나는 배열 수식으로 틀린 것은?

| | A | B | C | D | E | F | G |
|---|---|---|---|---|---|---|---|
| 1 | 이름 | 직위 | 성별 | 근무년수 | | 성별 | 근무년수 |
| 2 | 백수인 | 대리 | 여 | 26 | | 남 | 29 |
| 3 | 장재근 | 대리 | 남 | 14 | | 여 | 26 |
| 4 | 이성만 | 과장 | 남 | 19 | | | |
| 5 | 김유신 | 부장 | 여 | 24 | | | |
| 6 | 이덕화 | 사원 | 남 | 7 | | | |
| 7 | 공재룡 | 사원 | 남 | 9 | | | |
| 8 | 이현성 | 부장 | 여 | 22 | | | |
| 9 | 홍록기 | 차장 | 남 | 17 | | | |
| 10 | 신동엽 | 이사 | 남 | 29 | | | |
| 11 | 김한석 | 이사 | 여 | 12 | | | |
| 12 | | | | | | | |

① {=MAX(IF($C$2:$C$11=F2, $D$2:$D$11))}
② {=MAX(IF($C$2:$C$11=$F2, $D$2:$D$11))}
③ {=MAX(IF(C$2:C$11=F$2, D$2:D$11))}
④ {=MAX(IF(C$2:C$11=$F2, $D2:$D11))}

전문가의 조언 | 성별별 근무년수의 최대값을 구하는 배열 수식으로 틀린 것은 ③번입니다.

• 조건이 하나일 때 배열 수식을 이용하여 최대값을 구하는 방법은 다음의 2가지 방법이 있습니다.

> • 방법1 : {=MAX( (조건) * 최대값을_구할_범위 )}
> • 방법2 : {=MAX( IF(조건, 최대값을_구할_범위) )}

1. 조건과 범위 찾기
 – 조건 : 성별별이란 조건은 비교 대상이 될 성별이 있는 범위(C2:C11)와 비교할 기준이 되는 [F2] 셀을 "="으로 연결하여 입력하면 됩니다(C2:C11=F2).
 – 최대값을_구할_범위 : 근무년수이므로 [D2:D11]이 됩니다.
2. 위의 조건과 범위를 합계 구하기 배열 수식에 대입하면 다음과 같습니다..

> • 방법1 : =MAX( (C2:C11=F2) * D2:D11 )
> • 방법2 : =MAX( IF(C2:C11=F2, D2:D11) )

• 이 문제는 [G2:G3] 영역에 결과값을 구해야 하므로 범위는 절대 참조($C$2:$C$11) 또는 행 번호만 절대 참조(C$2:C$11)를 지정해야 합니다.
• F2 셀의 경우는 F3으로 변경되어야 하므로 F2 또는 $F2로 지정해야 합니다.
• 수식을 입력한 후 Ctrl+Shift+Enter를 누르면 중괄호({ })가 자동으로 표시됩니다.

93섹션 1필드

**38.** 다음과 같은 시트에서 [A8] 셀에 아래의 수식을 입력했을 때 계산 결과로 올바른 것은?

> =COUNT(OFFSET(D6, −5, −3, 2, 2))

| | A | B | C | D |
|---|---|---|---|---|
| 1 | 성명 | 중간 | 기말 | 합계 |
| 2 | 김나희 | 100 | 80 | 180 |
| 3 | 금근석 | 90 | 95 | 185 |
| 4 | 배정희 | 80 | 63 | 143 |
| 5 | 탁지연 | 95 | 74 | 169 |
| 6 | 한정희 | 55 | 65 | 120 |
| 7 | | | | |

① 4　　② 1
③ 120　　④ 74

전문가의 조언 | 지문에 제시된 수식의 계산 결과는 1입니다.

=COUNT(OFFSET(D6, −5, −3, 2, 2))
❶ OFFSET(D6, −5, −3, 2, 2)
❷ =COUNT(❶)

❶ OFFSET(D6, −5, −3, 2, 2) : [D6] 셀을 기준으로 −5행, −3열 떨어진 셀 주소(A1)를 찾고, 이 주소를 기준으로 2행, 2열의 범위(A1:B2)를 지정합니다.
※ OFFSET(범위, 행, 열, 높이, 너비) 함수에서 행과 열로 지정한 인수가 음수(−)일 경우에는 선택한 범위에서 위쪽(행) 또는 왼쪽(열)으로 이동합니다.
❷ =COUNT(❶) → COUNT(A1:B2) : [A1:B2] 영역에서 수치 데이터(B2)의 개수인 1을 반환합니다.

102섹션 4필드

**39.** 다음 중 아래 그림 [보기] 탭 [창] 그룹의 각 명령에 대한 설명으로 옳지 않은 것은?

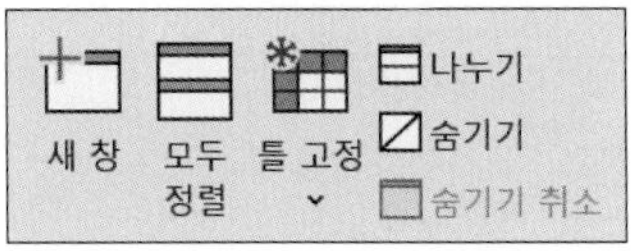


① [새 창]을 클릭하면 새로운 빈 통합 문서가 표시된다.
② [모두 정렬]은 현재 열려 있는 통합 문서를 바둑판식, 계단식, 가로, 세로 등 4가지 형태로 배열한다.
③ [숨기기]는 현재 활성화된 통합 문서 창을 보이지 않도록 숨긴다.
④ [나누기]를 클릭하면 워크시트를 최대 4개의 창으로 분할하여 멀리 떨어져 있는 여러 부분을 한 번에 볼 수 있다.

전문가의 조언 | [새 창]은 현재 활성화되어 있는 통합 문서를 새 창에 하나 더 열어서 두 개 이상의 창을 통해 볼 수 있게 해줍니다.

81섹션 2필드

**40.** 다음 중 시트 보호 시 '워크시트에서 허용할 내용'으로 저정할 수 있는 내용이 아닌 것은?

① 시나리오 편집　② 개체 편집
③ 시트 이름 바꾸기　④ 자동 필터 사용

전문가의 조언 | 시트 이름은 시트 보호와 상관 없이 변경할 수 있습니다.

# 3과목 데이터베이스 일반

153섹션 1필드

**41.** 다음 중 [사원] 테이블에서 '나이' 필드의 값이 30 이상 35 이하인 사원의 '부서'와 '이름' 필드를 검색하는 SQL 문으로 틀린 것은?

① Select 부서, 이름 From 사원 Where 나이 Between 30 And 35;
② Select 부서, 이름 From 사원 Where 나이 In(30, 31, 32, 33, 34, 35)
③ Select 부서, 이름 From 사원 Where 나이 >= 30 And <=35;
④ Select 부서, 이름 From 사원 Where 사원.나이 >= 30 And 사원.나이 <=35;

전문가의 조언 | And나 Or 연산자를 이용해 한 필드에 여러 조건을 지정할 때는 '나이 >= 30 And 나이 <=35'와 같이 각 조건을 필드명과 함께 지정해야 합니다.

153섹션 4필드

**42.** 다음 중 아래 그림과 같이 '성명' 필드가 'txt검색' 컨트롤에 입력된 문자를 포함하는 레코드만을 표시하도록 하는 프로시저의 코드로 옳은 것은?

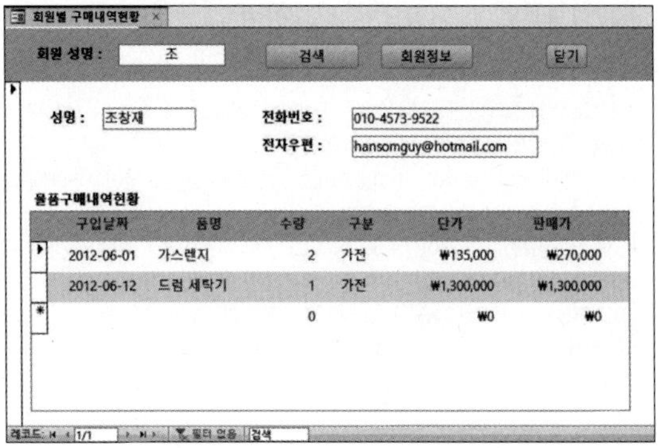


① Me.Filter = "성명 = '*" & txt검색 & "*'"
　Me.FilterOn = True
② Me.Filter = "성명 = '*" & txt검색 & "*'"
　Me.FilterOn = False
③ Me.Filter = "성명 like '*" & txt검색 & "*'"
　Me.FilterOn = True
④ Me.Filter = "성명 like '*" & txt검색 & "*'"
　Me.FilterOn = False

전문가의 조언 | 프로시저의 코드로 옳은 것은 ③번입니다. 포함하는 데이터를 조회하려면 특수 연산자 Like와 만능 문자(와일드 카드)를 사용해야 합니다.

❶ Me.Filter = "성명 like '*" & txt검색 & "*'"
❷ Me.FilterOn = True

❶ 성명이 'txt검색' 컨트롤에 입력된 값을 포함하는 레코드를 현재 폼의 Filter 속성으로 정의합니다.
❷ 현재 개체의 Filter 속성에 정의된 Filter를 적용합니다.

125섹션 2필드

**43.** 다음 중 데이터베이스의 장점이 아닌 것은?

① 데이터의 일관성을 유지할 수 있다.
② 데이터의 중복을 최소화할 수 있다.
③ 데이터의 무결성을 유지할 수 있다.
④ 데이터 유실 시 파일 회복이 쉽다.

전문가의 조언 | 데이터베이스는 데이터 유실 시 파일 회복이 어렵습니다.

정답 : 36.③　37.③　38.②　39.①　40.③　41.③　42.③　43.④

130섹션 4필드

**44.** 정규화 과정 중 릴레이션에 속한 모든 도메인이 원자값(Atomic Value)만으로 되어 있는 릴레이션은 어떤 정규형의 릴레이션인가?

① 제1정규형　② BCNF 정규형
③ 제2정규형　④ 제3정규형

**전문가의 조언 |** 릴레이션에 속한 모든 도메인이 원자값(Atomic Value)만으로 되어 있는 릴레이션은 제1정규형의 릴레이션입니다.

- **2NF(제2정규형)** : 릴레이션 R이 1NF이고, 키가 아닌 모든 속성이 기본키에 대하여 완전 함수적 종속 관계를 만족함
- **3NF(제3정규형)** : 릴레이션 R이 2NF이고, 키가 아닌 모든 속성이 기본키에 대해 이행적 종속 관계를 이루지 않도록 제한한 릴레이션
- **BCNF(Boyce-Codd 정규형)** : 릴레이션 R에서 결정자가 모두 후보키인 릴레이션

134섹션 3필드

**45.** 다음 중 개체나 필드 이름 지정 규칙으로 옳지 않은 것은?

① 공백을 이름의 첫 문자로 사용할 수 없다.
② 최대 64자까지 입력할 수 있다.
③ 마침표(.), 느낌표(!), 대괄호([ ])를 포함한 모든 특수 문자를 사용할 수 없다.
④ 하나의 테이블 내에서 필드 이름이 중복될 수 없다.

**전문가의 조언 |** 마침표(.), 느낌표(!), 대괄호([ ])를 제외한 특수 문자를 사용할 수 있습니다.

176섹션 3필드

**46.** 다음과 같은 식을 입력하였을 때의 설명으로 틀린 것은?

=Format(Now( ), "m/d")

① Format은 계산 결과에 표시 형식을 지정하는 함수이다.
② Now는 현재 날짜와 시간을 표시해 주는 함수이다.
③ 컨트롤에 입력되는 식은 =로 시작해야 한다.
④ 오늘 날짜가 '2024-06-03'이면 06/03으로 표시된다.

**전문가의 조언 |** Format 함수의 표시 형식이 **m/d**와 같이 월과 일이 모두 한 자리로 지정되었으므로 오늘 날짜가 2024-06-03인 경우 6/3으로 표시됩니다.

139섹션 2필드

**47.** 다음 중 아래 〈학과〉 테이블의 '학과코드' 필드에 대한 설명으로 옳지 않은 것은?

학과

| 필드 이름 | 데이터 형식 |
|---|---|
| 학과코드 | 숫자 |

일반 | 조회

| | |
|---|---|
| 필드 크기 | 바이트 |
| 형식 | |
| 소수 자릿수 | 자동 |
| 입력 마스크 | 999;0;0 |
| 캡션 | |
| 기본값 | 10 |
| 유효성 검사 규칙 | <=200 |
| 유효성 검사 텍스트 | |
| 필수 | 예 |
| 인덱스 | 예(중복 불가능) |
| 텍스트 맞춤 | 일반 |

① 학과코드는 반드시 입력되어야 한다.
② 필드의 값은 최대 255까지 입력할 수 있다.
③ 동일한 학과코드는 입력될 수 없다.
④ 레코드가 새로 생성되는 경우, 10이 자동으로 입력된다.

**전문가의 조언 |** 필드의 형식이 바이트이므로 255까지 입력할 수 있지만 유효성 검사 규칙(<=200)으로 인해 200을 초과하는 값은 입력할 수 없습니다.

139섹션 2필드

**48.** 테이블에 잘못된 데이터가 입력되면 이후 많은 문제가 발생한다. 이런 문제를 해결하기 위한 방안으로 점검을 필요로 하는 필드에 요구 사항이나 조건 또는 입력이 가능한 데이터 등을 미리 지정한 후 데이터 입력 시 이를 점검하도록 하는 기능은 다음 중 어느 것인가?

① 기본값　② 필수 여부
③ 빈 문자열 허용　④ 유효성 검사 규칙

**전문가의 조언 |** 필드에 입력할 데이터의 종류나 범위를 지정하여 입력 데이터를 제한할 때 사용하는 속성은 유효성 검사 규칙입니다.

- **기본값** : 새 레코드가 만들어질 때 필드에 자동으로 입력되는 값을 지정하는 속성
- **필수** : 필드에 값이 반드시 입력되어야 할지의 여부를 지정하는 속성
- **빈 문자열 허용** : 필드에 문자열의 길이가 0인 문자열을 입력할 수 있는지의 여부를 지정하는 속성

147섹션 1필드

**49.** 다음 중 테이블에서 내보내기가 가능한 파일 형식에 해당하지 않는 것은?

① HTML
② Excel
③ Outlook
④ ODBC 데이터베이스

**전문가의 조언 |** • Outlook은 테이블에서 내보내기가 가능한 파일 형식이 아닙니다.
• 테이블에서는 Excel, Access, 텍스트, XML, ODBC 데이터베이스, HTML 등의 형식으로 내보내기 할 수 있습니다.

156섹션 2필드

**50.** 다음 중 업데이트 쿼리에 대한 설명으로 옳지 않은 것은?

① 하나 이상의 테이블에 데이터를 추가할 수 있다.
② 여러 테이블의 값을 한 번에 변경할 수 있다.
③ 기존 데이터의 값을 널(Null) 값으로 변경할 수 있다.
④ 레코드의 모든 데이터를 변경할 수 있다.

**전문가의 조언 |** 테이블에 데이터를 추가하는 쿼리는 추가(INSERT) 쿼리입니다. 또한 추가 쿼리를 이용해도 한 번에 하나의 테이블에만 데이터를 추가할 수 있습니다.

169섹션 1필드

**51.** 다음 중 보고서에 대한 설명으로 옳지 않은 것은?

① 필드와 바운딩된 컨트롤을 사용하여 원본 데이터를 편집하거나 표시할 수 있다.
② 보고서를 PDF, XPS 형식으로 내보낼 수 있다.
③ 레코드 원본에 SQL 문장을 입력하면 질의 결과를 대상으로 하는 보고서를 작성할 수 있다.
④ 둘 이상의 테이블을 이용하여 보고서를 작성하는 경우 쿼리를 만들어 레코드 원본으로 사용한다.

**전문가의 조언 |** 보고서에서는 필드와 바운딩된 컨트롤을 사용하여 원본 데이터를 표시할 수는 있지만 편집할 수는 없습니다.

174섹션 2필드

**52.** 다음 중 보고서의 그룹화에 대한 설명으로 옳지 않은 것은?

① 그룹 머리글과 그룹 바닥글에는 그룹별 요약 정보를 삽입할 수 있다.
② 그룹화 기준이 되는 필드는 데이터가 정렬되어 표시된다.
③ 보고서 마법사를 이용하여 기본적인 그룹화 보고서를 작성할 수 있다.
④ 그룹화 기준은 한 개의 필드로만 지정할 수 있다.

**전문가의 조언 |** 그룹화 기준은 필드나 식을 기준으로 10단계까지의 그룹을 설정할 수 있습니다.

153섹션 4필드

**53.** 다음 중 연산자 사용에 대한 설명으로 옳지 않은 것은?

① Like "김?" : "김"으로 시작하거나 "김"을 포함하는 모든 자료를 표시한다.
② Between 20 and 60 : 20에서 60 사이인 자료를 표시한다.
③ Not "0" : 널 문자가 아닌 자료를 표시한다.
④ 3<>3 Or 2<1 : 화면에 표시되는 내용이 없다.

**전문가의 조언 |** 만능 문자는 모든 문자를 대신하여 사용하는 문자로, *는 문자의 모든 자리를 대신할 수 있지만, ?는 문자의 한 자리만 대신할 수 있습니다. **Like "김?"**은 "김"으로 시작하는 두 글자인 자료만 표시합니다.

154섹션 1필드

**54.** 다음의 〈학과〉 테이블에 대한 SQL문의 실행 결과로 표시되는 값은?

〈학과〉

| 학과코드 | 학과명 | 수강인원 | 강의실코드 |
|---|---|---|---|
| 1001 | 인공지능 | 40 | C101 |
| 1002 | 빅데이터 | 20 | C204 |
| 1003 | 데이터보안 | 30 | C308 |
| 1004 | 반도체 | 10 | C405 |

〈SQL문〉

```
Select Count(*)
From 학과
Where 수강인원 >
  (Select Avg(수강인원) From 학과);
```

① 1　② 2　③ 3　④ 4

전문가의 조언 | SQL문을 실행한 결과로 표시되는 값은 2입니다. 하위 질의의 결과가 기본 질의의 조건으로 사용되므로 다음과 같은 순서로 질의문을 수행하면 됩니다.

❶ Select Avg(수강인원) From 학과 : 〈학과〉 테이블에서 '수강인원' 필드의 평균을 계산합니다. 평균은 (40+20+30+10) / 4 = 25입니다.

❷ Select Count(*) From 학과 Where 수강인원 〉( ❶ ) : 〈학과〉 테이블에서 수강인원이 ❶에서 계산된 평균, 즉 25를 초과하는 레코드의 개수를 표시합니다.

| 학과코드 | 학과명 | 수강인원 | 강의실코드 |
|---|---|---|---|
| 1001 | 인공지능 | 40 | C101 |
| 1002 | 빅데이터 | 20 | C204 |
| 1003 | 데이터보안 | 30 | C308 |
| 1004 | 반도체 | 10 | C405 |

172섹션 1필드

**55.** 다음 중 [페이지 설정] 대화상자에서 설정할 수 없는 것은?

① 프린터 선택
② 머리글/바닥글
③ 인쇄 여백
④ 용지 방향

전문가의 조언 | '페이지 설정' 대화상자에서 머리글/바닥글은 설정할 수 없습니다.

181섹션 4필드

**56.** 다음 중 Access의 DoCmd 개체의 메서드가 아닌 것은?

① OpenReport
② GoToRecord
③ RunSQL
④ SetValue

전문가의 조언 | SetValue는 필드, 컨트롤, 속성 등의 값을 설정하는 매크로 함수입니다.

161섹션 2필드

**57.** 다음 중 분할 표시 폼에 대한 설명으로 옳지 않은 것은?

① 상단의 단일 폼에서만 데이터의 변경이 가능하며, 하단의 데이터시트에서는 변경된 내용을 바로 확인할 수 있다.
② 분할 표시 폼은 데이터시트 보기와 폼 보기를 동시에 표시하는 기능이며, 이 두 보기는 같은 데이터 원본에 연결되어 있어 항상 상호 동기화된다.
③ 레이아웃 보기에서는 컨트롤의 크기 조정이나 이동이 가능하다.
④ 분할 표시 폼은 [만들기] 탭의 [폼] 그룹에서 [기타 폼] → [폼 분할]을 클릭하여 만들 수 있다.

전문가의 조언 | 분할 표시 폼은 상단의 단일 폼(폼 보기)이나 하단의 데이터시트 보기 상태 모두에서 데이터 변경이 가능합니다.

162섹션 3필드

**58.** 폼 보기 상태에서 다음과 같이 폼이 나타나도록 폼 속성을 설정하였다. 가장 옳지 않은 것은?

① 탐색 단추 : 예
② 스크롤 막대 : 세로만
③ 레코드 선택기 : 예
④ 구분 선 : 아니요

전문가의 조언 | 문제의 폼에는 레코드 선택기가 설정되어 있지 않습니다.

• 보기로 제시된 폼의 각 구성 요소는 다음과 같습니다.

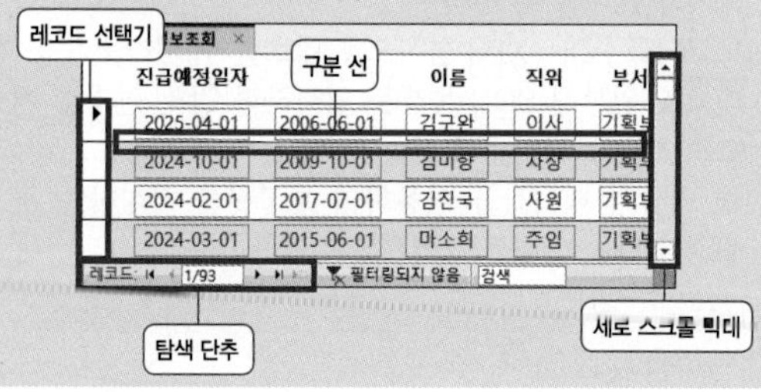

168섹션 1필드

**59.** 다음 중 폼에서 컨트롤의 탭 순서를 변경하는 방법으로 옳지 않은 것은?

① 마법사 또는 레이아웃과 같은 도구를 사용하여 폼을 만든 경우 컨트롤이 폼에 표시되는 순서(위쪽에서 아래쪽 및 왼쪽에서 오른쪽)와 같은 순서로 탭 순서가 설정된다.
② 기본적으로는 컨트롤을 작성한 순서대로 탭 순서가 설정되며, 레이블에는 설정할 수 없다.
③ [탭 순서] 대화상자를 이용하면 컨트롤의 탭 순서를 컨트롤 이름 행을 드래그해서 조정할 수 있다.
④ 탭 순서에서 컨트롤을 제거하려면 컨트롤의 탭 정지 속성을 '예'로 설정한다.

전문가의 조언 | 탭 순서에서 컨트롤을 제거하려면, 즉 Tab을 사용하여 포커스를 이동시킬 수 없도록 하려면 컨트롤의 '탭 정지' 속성을 '아니요'로 설정해야 합니다.

170섹션 1필드

**60.** 다음 중 아래 보고서에 대한 설명으로 옳지 않은 것은? 단, 이 보고서는 전체 4페이지이며, 현재 페이지는 2페이지이다.

거래처별 제품목록

| 거래처명 | 제품번호 | 제품이름 | 단가 | 재고량 |
|---|---|---|---|---|
| ㈜맑은세상 | 15 | 아쿠아렌즈 | ₩50,000 | 22 |
| | 14 | 바슈롬렌즈 | ₩35,000 | 15 |
| | 20 | C-BR렌즈 | ₩50,000 | 3 |
| | 제품수 : | 3 | 총재고량 : | 40 |

| 거래처명 | 제품번호 | 제품이름 | 단가 | 재고량 |
|---|---|---|---|---|
| 참아이㈜ | 9 | 선글래스C | ₩170,000 | 10 |
| | 7 | 선글래스A | ₩100,000 | 23 |
| | 8 | 선글래스B | ₩120,000 | 46 |

2 / 4

① '거래처명'을 표시하는 컨트롤은 '중복 내용 숨기기' 속성이 '예'로 설정되어 있다.
② '거래처명'을 기준으로 그룹이 설정되어 있다.
③ 그룹 바닥글의 '제품수'는 Sum 함수를 이용하여 계산되었다.
④ '거래처별 제품목록'이라는 제목은 페이지 머리글 영역에 만들어져 있다.

전문가의 조언 | 그룹 바닥글의 '제품수'는 개수를 계산하는 Count 함수를 이용하여 계산되었습니다.

# 2024년 4회 컴퓨터활용능력 1급 필기

## 1과목 컴퓨터 일반

73섹션 1필드

**1.** 다음 중 시스템 보안을 위해 사용하는 방화벽(Firewall)의 기능에 대한 설명으로 옳지 않은 것은?

① 인증(Authentication) 및 데이터 암호화 기능 제공
② 모든 방식에 투명성 보장 및 규칙 검증 가능
③ 외부 네트워크 접근 제어
④ 로깅(Logging)과 감사 추적(Audit Trail) 기능

**전문가의 조언 |** 방화벽의 기능에는 인증(Authentication), 데이터 암호화, 접근 제어(Access Control), 로깅(Logging)과 감사 추적(Audit Trail) 등이 있습니다.

38섹션 4필드

**2.** 다음 중 전기적으로 데이터를 지우거나 다시 기록할 수 있는 기억장치로, 스마트폰, 디지털 카메라 등에 사용되는 메모리는?

① Flash Memory ② Buffer Memory
③ Virtual Memory ④ Cache Memory

**전문가의 조언 |** 전기적으로 데이터를 지우거나 다시 기록할 수 있는 기억장치는 플래시 메모리(Flash Memory)입니다.

- **버퍼 메모리(Buffer Memory)** : 두 개의 장치가 데이터를 주고받을 때 두 장치 간의 속도 차이를 해결하기 위해 중간에 데이터를 임시로 저장해 두는 공간으로, 키보드 버퍼, 프린터 버퍼 등이 있음
- **가상 메모리(Virtual Memory)** : 보조기억장치(하드디스크)의 일부를 주기억장치처럼 사용하는 메모리 기법으로, 주기억장치보다 큰 프로그램을 불러와 실행해야 할 때 유용하게 사용됨
- **캐시 메모리(Cache Memory)** : 중앙처리장치(CPU)와 주기억장치 사이에 위치하여 컴퓨터의 처리 속도를 향상시키는 역할을 함

21섹션 1필드

**3.** 다음 중 한글 Windows의 [설정] → [접근성]에 대한 설명으로 옳지 않은 것은?

① 키보드의 숫자 키패드를 이용하여 마우스 포인터를 움직이도록 설정할 수 있다.
② 모든 사용자에 대해 로그인 전 내레이터를 사용하도록 설정할 수 있다.
③ 로그인 후 돋보기가 자동으로 실행되도록 설정할 수 있다.
④ 텍스트 커서 및 마우스 포인터의 크기나 색을 변경할 수 있다.

**전문가의 조언 |** • 마우스 포인터의 크기나 색은 변경할 수 있지만 텍스트 커서는 모양만 변경할 수 있고 크기나 색은 변경할 수 없습니다.
• [접근성] → [텍스트 커서]에서 크기나 색을 변경할 수 있는 대상은 커서가 아니라 커서 표시기입니다.

2섹션 2필드

**4.** 다음 중 한글 Windows 10의 바로 가기 키에 대한 설명으로 옳은 것은?

① Alt + PrintScreen : 전체 활성 창을 클립보드로 복사
② Alt + F4 : 활성 창을 닫거나 활성 앱을 종료
③ F3 : 파일 이름 바꾸기
④ Shift + F4 : 활성 문서 닫기

**전문가의 조언 |** Alt + F4는 활성 창을 닫거나 활성 앱을 종료하는 바로 가기 키입니다.

- Alt + PrintScreen : 현재 작업 중인 활성 창을 클립보드로 복사함
- PrintScreen : 화면 전체를 클립보드로 복사함
- F2 : 폴더 및 파일의 이름을 변경함
- F3 : 파일 탐색기의 '검색 상자'를 선택함

67섹션 1필드

**5.** 다음 중 MIDI(Musical Instrument Digital Interface)에 대한 설명으로 옳지 않은 것은?

① 전자악기 간의 디지털 신호에 의한 통신이나 컴퓨터와 전자악기 간의 통신 규약이다.
② 파형 정보를 저장하지 않으므로 미디 신호를 재생하려면 미디 신호를 재생할 수 있는 전자악기를 사용해야 한다.
③ 조명 제어, 무대 회전 등과 다른 장비는 제어할 수 없다.
④ 게임 사운드 트랙과 스튜디오 녹음 등에 사용된다.

**전문가의 조언 |** MIDI 신호를 이용해 조명을 제어하거나 무대를 회전하는 것과 같이 전자악기 외의 다른 장비도 제어할 수 있습니다.

46섹션 2필드

**6.** 다음 중 RAID(Redundant Array Of Inexpensive Disk)에 대한 설명으로 옳지 않은 것은?

① RAID 0은 여분의 디스크가 포함되지 않지만 동일한 RAID 볼륨을 추가로 구성하며, 추가된 볼륨은 원래의 볼륨과 동일하기 때문에 미러링 모드라고 한다.
② 하드디스크의 모음뿐만 아니라 자동으로 복제해 백업 정책을 구현해 주는 기술이다.
③ RAID 5는 RAID 4의 패리티 볼륨에 대한 병목현상을 개선한 것이다.
④ RAID는 여러 개의 디스크를 하나로 묶어 하나의 논리적 디스크로 작동하게 하는데, 하드웨어적 방법과 소프트웨어적 방법이 있다.

**전문가의 조언 |** • RAID 0은 두 개 이상의 디스크를 사용하여 두 개 이상의 볼륨을 구성한 구조로, 하나의 데이터를 여러 디스크에 분산 저장하기 때문에 스트라이핑(Striping) 모드라고 합니다.
• ①번은 RAID 1에 대한 설명입니다.

53섹션 5필드

**7.** 다음 중 프로그래밍 기법에 대한 설명으로 옳지 않은 것은?

① 객체지향 프로그래밍은 객체를 중심으로 한 기법으로, 소프트웨어의 재사용과 유지보수가 용이하다.
② 구조적 프로그래밍은 지정된 문법 규칙에 따라 일련의 처리 절차를 순서대로 기술해 나가는 기법이다.
③ 비주얼 프로그래밍은 Windows의 GUI 환경에서 아이콘과 마우스를 이용하여 대화형으로 좀 더 쉽게 프로그래밍할 수 있다.
④ 하향식 프로그래밍은 프로그램 구조의 상위 모듈에서 하위 모듈로 작성하는 기법이다.

**전문가의 조언 |** • 구조적 프로그래밍은 입력과 출력이 각각 하나씩 이루어진 구조로, GOTO문을 사용하지 않으며, 순서, 선택, 반복의 3가지 논리 구조를 사용하는 기법입니다.
• ②번은 절차적 프로그래밍에 대한 설명입니다.

62섹션 1필드

**8.** 다음 중 사물 인터넷(IoT)에 대한 설명으로 옳지 않은 것은?

① 모든 사물을 네트워크로 연결하여 소통하는 정보통신 환경을 의미한다.
② 스마트 센싱 기술과 무선 통신 기술을 융합하여 실시간으로 데이터를 주고받는 기술이다.
③ 개방형 정보 공유에 대한 부작용을 최소화하기 위해 정보보안 기술의 적용이 필요하다.
④ 통계적 기법, 수학적 기법과 인공지능을 이용하여 방대한 양의 데이터들로부터 유용한 정보를 추출하는 기술이다.

**전문가의 조언 |** ④번은 데이터 마이닝(Data Mining)에 대한 설명입니다.

18섹션 1필드

**9.** 다음 중 [설정] → [시스템] → [디스플레이]에 대한 설명으로 옳지 않은 것은?

① 화면의 방향을 가로, 세로, 가로(대칭 이동), 세로(대칭 이동) 중에서 선택하여 변경할 수 있다.
② 청색광을 조절하는 야간 모드의 켜고 끄는 예약 시간을 설정할 수 있다.
③ 화면의 밝기 및 기타 전원 설정을 조정할 수 있다.
④ 화면에 표시되는 텍스트, 앱 및 기타 항목의 크기를 변경할 수 있다.

**전문가의 조언 |** 기타 전원 설정은 [⚙(설정)] → [시스템] → [전원 및 절전]이나 [제어판] → [전원 옵션]에서 조정할 수 있습니다.

60섹션 2필드

**10.** 다음 중 전자우편(E-mail)에서 메일을 주고 받는데 사용되는 프로토콜로 올바르게 짝지어진 것은?

① ARP, SNMP, POP3
② UDP, ICMP, SMTP
③ SMTP, POP3, MIME
④ MIME, ARP, UDP

**전문가의 조언 |** 전자우편에서 메일을 주고 받는데 사용되는 프로토콜에는 SMTP, POP3, MIME가 있습니다.

정답 : 1.② 2.① 3.④ 4.② 5.③ 6.① 7.② 8.④ 9.③ 10.③

38섹션 4필드

**11.** 다음 중 캐시 메모리(Cache Memory)에 관한 설명으로 옳은 것은?

① 중앙처리장치와 주기억장치 사이에 위치하여 컴퓨터의 처리 속도를 향상시킨다.
② 캐시 메모리는 주로 DRAM을 사용한다.
③ 보조기억장치의 일부를 주기억장치처럼 사용한다.
④ 주기억장치보다 큰 프로그램을 불러와 실행해야 할 때 유용하다.

전문가의 조언 | 캐시 메모리는 중앙처리장치와 주기억장치 사이에 위치하여 컴퓨터의 처리 속도를 향상시키는 역할을 합니다.
• ② 캐시 메모리는 접근 속도가 빠른 정적 램(SRAM)을 사용합니다.
• ③, ④ 가상 메모리(Virtual Memory)에 대한 설명입니다.

60섹션 2필드

**12.** 다음 중 전자우편(E-mail)에 대한 설명으로 옳지 않은 것은?

① 한 사람이 동시에 여러 사람에게 전자우편을 보낼 수 있다.
② 전체 회신은 받은 메일에 대한 답장을 발송자는 물론 참조인들에게도 전송하는 기능이다.
③ IMAP는 로컬 서버에서 프로그램을 이용하여 전자우편을 액세스하기 위한 표준 프로토콜이다.
④ SMTP는 메일 서버에 도착한 이메일을 사용자 컴퓨터로 가져올 수 있도록 메일 서버에서 제공하는 프로토콜이다.

전문가의 조언 | • SMTP(Simple Mail Transfer Protocol)는 사용자의 컴퓨터에서 작성한 메일을 다른 사람의 계정이 있는 곳으로 전송해 주는 프로토콜입니다.
• ④번은 POP3(Post Office Protocol3)에 대한 설명입니다.

34섹션 1필드

**13.** 다음 중 자료 구성 단위에 대한 설명으로 옳지 않은 것은?

① 8개의 비트(Bit)가 모여 1바이트(Byte)를 구성한다.
② 레코드(Record)는 하나 이상의 관련된 필드가 모여서 구성되는 자료 처리 단위이다.
③ 필드(Field)는 파일 구성의 최소 단위, 여러 개의 필드가 모여서 레코드(Record)가 된다.
④ 워드(Word)는 문자를 표현하는 최소 단위이다.

전문가의 조언 | • 워드(Word)는 CPU가 한 번에 처리할 수 있는 명령 단위입니다.
• 문자를 표현하는 최소 단위는 바이트(Byte)입니다.

13섹션 1필드

**14.** 다음 중 [파일 탐색기]의 검색 도구에 대한 설명으로 옳지 않은 것은?

① 수정한 날짜를 이용하여 지난 주에 수정한 파일들을 검색할 수 있다.
② 파일의 크기를 선택하여 검색할 수 있다.
③ 파일의 종류를 선택하여 검색할 수 있다.
④ 파일 특성이 '읽기 전용'인 파일들을 검색할 수 있다.

전문가의 조언 | '파일 탐색기'의 [검색 도구] → [검색] 탭에는 읽기 전용, 숨김 등 파일 특성을 지정하여 검색할 수 있는 도구가 없습니다.

44섹션 5필드

**15.** 다음 중 한글 Windows에서 사용하는 USB(Universal Serial Bus)에 대한 설명으로 옳은 것은?

① USB는 범용 병렬 장치를 연결할 수 있게 해 주는 컴퓨터 인터페이스이다.
② USB 3.0은 이론적으로 최대 5Gbps의 전송속도를 가지며, PC 및 연결기기, 케이블 등의 모든 USB 3.0 단자는 파랑색으로 되어 있어 이전 버전과 구분이 된다.
③ 허브를 이용하여 하나의 USB 포트에 여러 개의 주변기기를 연결할 수 있으며, 최대 256개까지 연결할 수 있다.
④ 핫 플러그인(Hot Plug In) 기능은 지원하지 않으나 플러그 앤 플레이(Plug & Play) 기능은 지원한다.

전문가의 조언 | USB(Universal Serial Bus)에 대한 설명으로 옳은 것은 ②번입니다.
① USB는 범용 직렬 장치를 연결할 수 있게 해주는 컴퓨터 인터페이스입니다.
③ USB는 주변장치를 최대 127개까지 연결할 수 있습니다.
④ USB는 핫 플러그인(Hot Plug In)과 플러그 앤 플레이(Plug&Play) 기능을 모두 지원합니다.

45섹션 1필드

**16.** 다음 중 개인용 컴퓨터의 바이오스(BIOS)에 관한 설명으로 옳지 않은 것은?

① 컴퓨터의 기본 입출력장치나 메모리 등 하드웨어 작동에 필요한 명령들을 모아 놓은 프로그램이다.
② 바이오스는 하드디스크에 저장되어 있는 운영체제의 일부이다.
③ 바이오스는 부팅할 때 POST를 통해 컴퓨터를 점검한 후에 사용 가능한 장치를 초기화한다.
④ 하드디스크 타입이나 부팅 순서와 같이 바이오스에서 사용하는 일부 정보는 CMOS에서 설정이 가능하다.

전문가의 조언 | 바이오스는 ROM에 저장되어 있어 ROM-BIOS라고도 합니다.

53섹션 5필드

**17.** 다음 중 객체 지향 프로그래밍 언어에 대한 설명으로 옳지 않은 것은?

① 대표적인 객체 지향 언어로 C++, Java 등이 있다.
② 소프트웨어의 재사용으로 프로그램의 개발 시간을 단축할 수 있다.
③ 상속성, 캡슐화, 추상화, 다형성 등의 특징이 있다.
④ 순차적인 처리가 중요시되며 프로그램 전체가 유기적으로 연결되도록 작성한다.

**전문가의 조언 |** ④번은 절차적 프로그래밍 언어에 대한 설명입니다.

56섹션 2필드

**18.** 다음 중 네트워크 관련 장비로 브리지(Bridge)에 관한 설명으로 옳지 않은 것은?

① 두 개의 근거리 통신망을 상호 접속할 수 있도록 하는 통신망 연결 장치이다.
② 통신량을 조절하여 데이터가 다른 곳으로 가지 않도록 한다.
③ OSI 참조 모델의 물리 계층에 속한다.
④ 통신 프로토콜을 변환하지 않고도 네트워크를 확장한다.

**전문가의 조언 |** 브리지(Bridge)는 OSI 참조 모델의 데이터 링크 계층에 속합니다.

50섹션 3필드

**19.** 다음 중 컴퓨터의 소프트웨어 관련 용어에 대한 설명으로 옳은 것은?

① 베타(Beta) 버전은 제작 회사 내에서 테스트할 목적으로 제작하는 소프트웨어이다.
② 셰어웨어(Shareware)는 기능과 사용 기간에 제한 없이 무료로 사용할 수 있는 소프트웨어이다.
③ 패치(Patch) 버전은 이미 제작하여 배포된 프로그램의 오류 수정이나 성능 향상을 위해 프로그램 일부를 변경해 주는 소프트웨어이다.
④ 알파(Alpha) 버전은 프로그램을 출시하기 전에 테스트를 목적으로 일반인에게 공개하는 소프트웨어이다.

**전문가의 조언 |** 소프트웨어 관련 용어에 대한 설명으로 옳은 것은 ③번입니다.
① 베타(Beta) 버전은 정식 프로그램을 출시하기 전, 테스트를 목적으로 일반인에게 공개하는 소프트웨어입니다.
② 셰어웨어(Shareware)는 기능 혹은 사용 기간에 제한을 두어 배포하는 소프트웨어로, 무료로 사용할 수 있으며, 일정 기간 사용해 보고 정식 프로그램을 구입할 수 있습니다.
④ 알파(Alpha) 버전은 베타테스트를 하기 전, 제작 회사 내에서 테스트할 목적으로 제작하는 소프트웨어입니다.

51섹션 3필드

**20.** 다음 중 운영체제의 구성인 제어 프로그램에 대한 설명으로 옳지 않은 것은?

① 자원의 할당 및 시스템 전체의 작동 상태를 감시한다.
② 작업이 정상적으로 처리될 수 있도록 작업의 순서와 방법을 관리한다.
③ 작업에 사용되는 데이터와 파일의 표준적인 처리 및 전송을 관리한다.
④ 사용자가 고급 언어로 작성한 원시 프로그램을 기계어 형태의 목적 프로그램으로 변환시킨다.

**전문가의 조언 |** ④번은 처리 프로그램 중 언어 번역 프로그램에 대한 설명입니다.

# 2과목 스프레드시트 일반

84섹션 2필드

**21.** 다음 중 조건부 서식에 대한 설명으로 옳지 않은 것은?

① 조건부 서식에 지정된 서식이 셀에 이미 지정된 서식보다 우선시 된다.
② 둘 이상의 조건부 서식이 참일 경우 지정된 서식이 모두 적용된다.
③ '조건부 서식 규칙 관리자' 대화상자에서 열려 있는 다른 통합 문서에 지정된 서식도 확인할 수 있다.
④ 수식을 사용하여 조건을 지정할 경우 다른 규칙과 다르게 조건을 만족하는 전체 행 또는 전체 열에 서식을 적용할 수 있다.

**전문가의 조언 |** '조건부 서식 규칙 관리자' 대화상자에서는 현재 선택 영역과 현재 시트, 다른 시트에 지정된 서식은 확인할 수 있지만 열려 있는 다른 통합 문서에 지정된 서식은 확인할 수 없습니다.

정답 : 11.① 12.④ 13.④ 14.④ 15.② 16.② 17.④ 18.③ 19.③ 20.④ 21.③

110섹션 3필드

**22.** 다음 중 부분합 실행 결과에 대한 설명으로 옳지 않은 것은?

| | A | B | C | D |
|---|---|---|---|---|
| 1 | | | | |
| 2 | 도서코드 | 도서명 | 분류 | 금액 |
| 8 | | | **소설 최대** | 34,200 |
| 9 | | | **소설 개수** | 5 |
| 14 | | | **시/에세이 최대** | 32,800 |
| 15 | | | **시/에세이 개수** | 4 |
| 23 | | | **인문 최대** | 35,000 |
| 24 | | | **인문 개수** | 7 |
| 31 | | | **정치/경제 최대** | 35,400 |
| 32 | | | **정치/경제 개수** | 6 |
| 33 | | | **전체 최대값** | 35400 |
| 34 | | | **전체 개수** | 22 |
| 35 | | | | |

① 개요 기호 '3'을 클릭하여 3수준 상태로 표시되었다.
② 분류별 금액의 최대를 구한 후 개수를 구했다.
③ 데이터 아래에 요약이 표시되었다.
④ 분류를 기준으로 오름차순 정렬하였다.

**전문가의 조언 |** 중첩 부분합을 수행하면 먼저 작성한 부분합의 결과가 아래쪽에 표시되므로 문제의 부분합은 분류별 금액의 개수를 구한 후 금액의 최대를 구한 것입니다.

111섹션 3필드

**23.** 다음은 [A1:F29] 영역에 입력된 데이터의 일부다. [A1:F29] 영역의 데이터를 이용하여 작성한 다음 피벗 테이블에 대한 설명으로 옳지 않은 것은?

| | A | B | C | D | E | F |
|---|---|---|---|---|---|---|
| 1 | 고객 | 담당 | 수량 | 단가 | 할인율 | 금액 |
| 2 | 제일 백화점 | 김승진 | 18 | 200 | 13% | 3,132 |
| 3 | 제일 백화점 | 이소라 | 49 | 530 | 7% | 24,152 |
| 4 | 제일 백화점 | 최승엽 | 30 | 530 | 13% | 13,833 |
| 5 | 제일 백화점 | 이유리 | 95 | 760 | 3% | 70,034 |

| | A | B | C |
|---|---|---|---|
| 1 | 고객 | (다중 항목) | |
| 2 | | | |
| 3 | **행 레이블** | **합계 : 금액** | **합계 : 부가세** |
| 4 | 강민석 | 52,452 | 5,245 |
| 5 | 김영식 | 80,966 | 8,097 |
| 6 | 박동수 | 10,814 | 1,081 |
| 7 | 박상민 | 45,192 | 4,519 |
| 8 | 이철호 | 70,157 | 7,016 |
| 9 | **총합계** | **259,581** | **25,958** |

① 필터 영역에 '고객'을 지정하고, 모든 데이터가 표시되도록 지정했다.
② 행 레이블에 '담당'을 지정하고 열 레이블에는 아무것도 지정하지 않았다.
③ '부가세' 필드는 금액의 10%인 계산 필드이다.
④ 피벗 테이블은 '새 워크시트'에 작성하였다.

**전문가의 조언 |** • [A1] 셀에는 '고객', [B1] 셀에는 '(다중 항목)'이 표시된 것으로 보아 필터 영역에 '고객'을 지정하고, 일부 데이터만 표시되도록 지정하였습니다.
• 필터 영역에 모든 데이터가 표시되도록 지정하면 다음과 같이 표시됩니다.

| | A | B | C |
|---|---|---|---|
| 1 | 고객 | (모두) | |
| 2 | | | |
| 3 | **행 레이블** | **합계 : 금액** | **합계 : 부가세** |
| 4 | 강민석 | 52,452 | 5,245 |

109섹션 2필드

**24.** 다음 중 외부 데이터를 불러오기 위해 [데이터] → [데이터 가져오기 및 변환] → [데이터 가져오기] → [기타 원본에서] 메뉴에서 선택할 수 없는 메뉴는?

① Active Directory에서
② OData 피드에서
③ Microsoft Query에서
④ Microsoft Word에서

**전문가의 조언 |** • '기타 원본에서' 메뉴에 'Microsoft Word에서'는 없습니다.
• '기타 원본에서' 메뉴에는 Active Directory에서, OData 피드에서, Microsoft Query에서, 테이블/범위에서, 웹, SharePoint 목록에서, Hadoop 파일(HDFS)에서, Microsoft Exchange에서, ODBC에서, OLEDB에서 등이 있습니다.

116섹션 3필드

**25.** 다음 '매크로' 대화상자에 대한 설명으로 옳지 않은 것은?

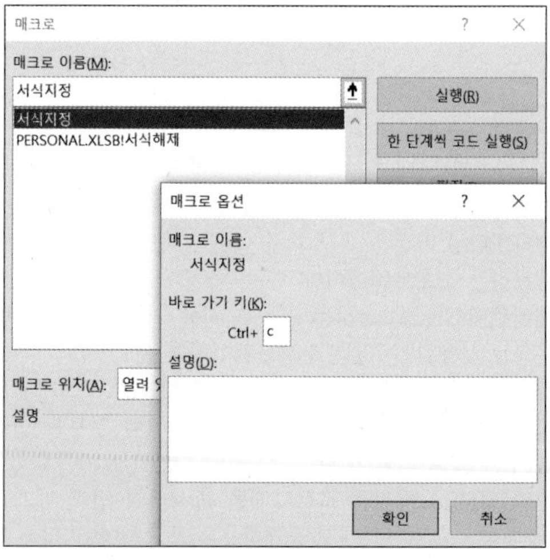

① '서식지정' 매크로는 열려 있는 모든 통합 문서에서 사용할 수 있다.
② '서식지정' 매크로는 바로 가기 키를, 데이터를 복사하는 Ctrl + c 로 지정하였기 때문에 바로 가기 키로 사용할 수 없다.
③ '서식해제' 매크로는 '개인용 매크로 통합 문서'로 저장하였다.
④ '서식해제' 매크로는 엑셀을 실행할 때마다 사용할 수 있다.

**전문가의 조언 |** 매크로에 지정된 바로 가기 키는 엑셀의 바로 가기 키보다 우선시 되므로 Ctrl + c 를 누르면 '서식 지정' 매크로가 실행됩니다.

75섹션 9필드

**26.** 다음 중 윗주에 대한 설명으로 옳지 않은 것은?

① 셀의 데이터를 삭제하면 윗주도 함께 삭제된다.
② 데이터가 입력되지 않은 셀에 윗주를 삽입할 수 없다.
③ 숫자가 입력된 셀에 윗주를 삽입하면 화면에 윗주가 표시된다.
④ 윗주는 셀에 대한 주석을 설정하는 것이다.

**전문가의 조언 |** 윗주는 문자 데이터에만 삽입할 수 있으므로 숫자가 입력된 셀에는 윗주를 삽입할 수 없습니다.

99섹션 2필드

**27.** 다음의 〈변경 전〉 차트를 〈변경 후〉 차트로 변경할 때 '데이터 원본 선택' 대화상자의 '숨겨진 셀/빈 셀'에서 선택해야 할 항목으로 옳은 것은?

〈변경 전〉

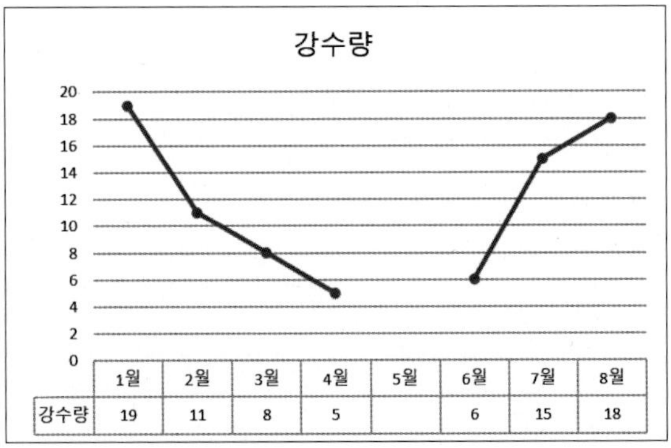


〈변경 후〉

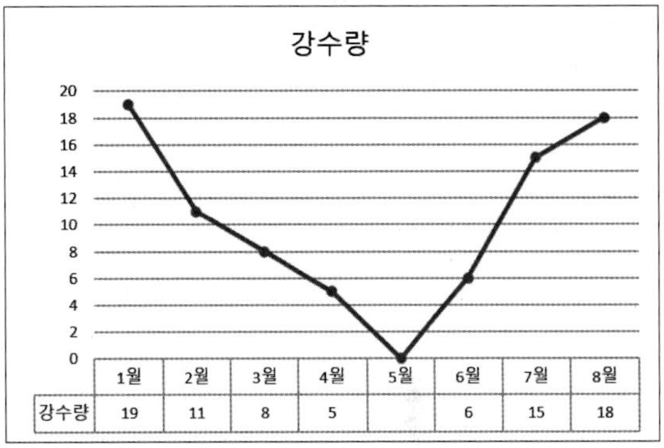


① '빈 셀 표시 형식'을 '간격'으로 지정한다.
② '빈 셀 표시 형식'을 '0으로 처리'로 지정한다.
③ '빈 셀 표시 형식'을 '선으로 데이터 요소 연결'로 지정한다.
④ '숨겨진 행 및 열에 데이터 표시'로 지정한다.

**전문가의 조언 |** '숨겨진 셀/빈 셀 설정' 대화상자의 '빈 셀 표시 형식'에는 다음과 같이 3가지 형식이 있으며, '간격'을 지정할 경우 〈변경 전〉 차트처럼 표시되고, '0으로 처리'를 지정할 경우 〈변경 후〉 차트처럼 표시됩니다.

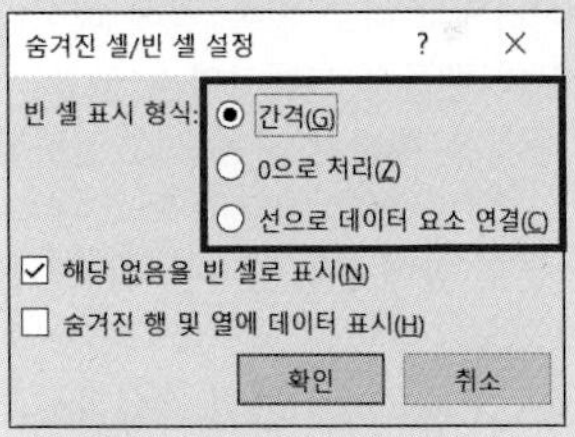


• '빈 셀 표시 형식'을 '선으로 데이터 요소 연결'로 지정할 경우 다음과 같이 표시됩니다.

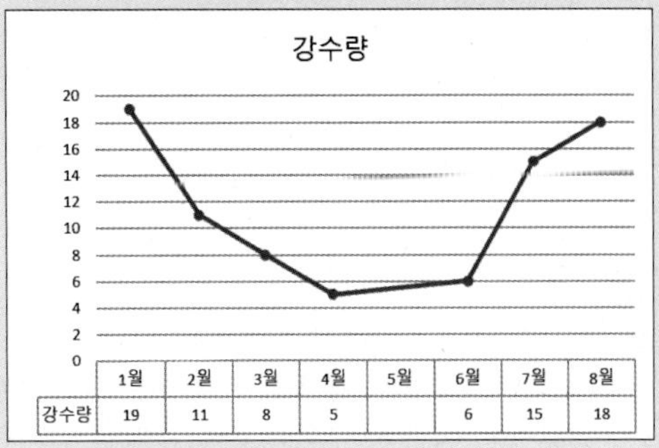

102섹션 3필드

**28.** 다음 중 창 나누기에 대한 설명으로 옳지 않은 것은?

① 창 나누기를 취소하려면 [보기] → [창] → [나누기 취소]를 선택한다.
② 화면을 수평, 수직, 수평 · 수직으로 나눌 수 있다.
③ 창 나누기를 수행하면 셀 포인터의 왼쪽과 위쪽을 기준으로 창 구분선이 표시된다.
④ 화면에 표시되는 창 나누기 형태는 인쇄 시 적용되지 않는다.

**전문가의 조언 |** 창 나누기가 지정된 상태에서 창 나누기를 취소하려면 [보기] → [창] → [나누기]를 클릭하면 됩니다.

75섹션 4필드

**29.** 다음 중 데이터 입력에 대한 설명으로 옳지 않은 것은?

① 수식 또는 함수 식을 입력할 때는 = 기호를 붙여 입력한다.
② 표 형식으로 입력된 데이터에서 바로 왼쪽 열에 데이터가 입력되어 있으면 채우기 핸들을 드래그하지 않고 더블클릭하여 왼쪽 열과 동일한 행까지 자동으로 입력할 수 있다.
③ 분수 1/4을 입력하려면 분수 앞에 0을 입력한 뒤 한 칸 띄고 분수를 입력한다.
④ 날짜 데이터를 수식에서 인수로 사용하려면 작은따옴표(')로 묶어준다.

**전문가의 조언 |** 날짜 데이터를 수식에서 인수로 사용하려면 큰따옴표(" ")로 묶어줘야 합니다.

90섹션 1필드

**30.** 다음 워크시트에서 [C3:C6] 영역에 입력된 'e메일'에서 '@' 앞에 글자만을 모두를 대문자로 변환하여 [B3:B6] 영역에 '닉네임'으로 표시하려고 한다. [B3] 셀에 입력할 수식으로 옳은 것은?

| | A | B | C |
|---|---|---|---|
| 1 | | | |
| 2 | 이름 | 닉네임 | e메일 |
| 3 | 이의리 | | khvip@nate.com |
| 4 | 조규성 | | rvgold@naver.com |
| 5 | 조성은 | | snsilver@gilbut.com |
| 6 | 황중희 | | bronzebg@google.com |
| 7 | | | |

① =UPPER(LEFT(C3, SEARCH("@", C3)−1))
② =UPPER(MID(C3, SEARCH("@", C3)−1))
③ =UPPER(LEFT(C3, SEARCH(C3, "@")−1))
④ =UPPER(MID(C3, SEARCH(C3, "@")−1))

**전문가의 조언 |** [B3] 셀에 입력할 수식으로 옳은 것은 ①번입니다.

=UPPER(LEFT(C3, SEARCH("@", C3)−1))

❶ SEARCH("@", C3) : [C3] 셀에 입력된 "khvip@nate.com"에서 "@"를 찾아 위치인 6을 반환합니다.
❷ LEFT(C3, ❶−1) → LEFT(C3, 6−1) : "khvip@nate.com"의 왼쪽에서 5글자를 추출한 "khvip"를 반환합니다.
❸ =UPPER(❷) → =UPPER("khvip") : "khvip"를 모두 대문자로 변환한 "KHVIP"를 반환합니다.

97섹션 4필드

**31.** 다음 중 아래 워크시트에서 '학과'가 '멀티미디어'이고 '점수'가 90 이상인 인원수를 구하기 위한 수식으로 옳지 않은 것은?

| | A | B | C |
|---|---|---|---|
| 1 | | | |
| 2 | 이름 | 학과 | 점수 |
| 3 | 이미현 | 멀티미디어 | 81 |
| 4 | 이종민 | 컴퓨터공학과 | 90 |
| 5 | 박해수 | 컴퓨터공학과 | 99 |
| 6 | 조광희 | 기계공학과 | 90 |
| 7 | 이선미 | 멀티미디어 | 95 |
| 8 | 김태균 | 컴퓨터 공학과 | 94 |
| 9 | 권지향 | 멀티미디어 | 99 |

① {=SUM(IF((B3:B9="멀티미디어")*(C3:C9>=90), 1))}
② {=SUM((B3:B9="멀티미디어")*(C3:C9>=90))}
③ {=COUNT((B3:B9="멀티미디어")*(C3:C9>=90))}
④ =COUNTIFS(B3:B9, "멀티미디어", C3:C9, ">=90")

**전문가의 조언 |** 인원수를 구하기 위한 수식으로 옳지 않은 것은 ③번입니다.

• 조건이 두 개일 때 배열 수식을 이용하여 개수를 구하는 방법은 다음의 3가지 방법이 있습니다.

• 방법1 : =SUM( (조건1)*(조건2) )
• 방법2 : =SUM( IF( (조건1)*(조건2), 1) ) )
• 방법3 : =COUNT( IF( (조건1)*(조건2), 1) ) )

1. 조건 찾기
– 조건1 : 학과가 "멀티미디어"란 조건은 비교 대상이 될 학과가 있는 범위(B3:B9)와 비교할 기준이 되는 "멀티미디어"를 "="으로 연결하여 적어주면 됩니다(B3:B9="멀티미디어").
– 조건2 : 점수가 90 이상이란 조건은 비교 대상이 될 점수가 있는 범위(C3:C9)와 비교할 기준이 되는 90을 ">="로 연결하여 적어주면 됩니다(C3:C9>=90).

2. 위의 조건을 개수 구하기 배열 수식에 대입하면 다음과 같습니다.

- 방법1 : =SUM( (B3:B9="멀티미디어")*(C3:C9>=90) )
- 방법2 : =SUM( IF( (B3:B9="멀티미디어")*(C3:C9>=90), 1) ) )
- 방법3 : =COUNT( IF( (B3:B9="멀티미디어")*(C3:C9>=90), 1) ) )

• 수식을 입력한 후 Ctrl + Shift + Enter를 누르면 중괄호({ })가 자동으로 표시됩니다.

전문가의 조언 | 차트에 대한 설명으로 옳은 것은 ②번입니다.

① 별도의 차트 시트에 기본 차트를 작성하려면 F11을, 데이터가 있는 시트에 기본 차트를 작성하려면 Alt + F1을 누르면 됩니다.

③ 원형 차트는 항상 한 개의 데이터 계열만을 가지고 있으므로 축이 없습니다.

④ 추세선의 이름은 자동으로 지정되지만 사용자가 임의로 변경할 수 있습니다.

90섹션 1필드

**32.** 다음 워크시트에서 [B3:B8] 영역의 '연락처'를 [C3:C8] 영역의 '전화번호'와 같이 표시하기 위해 [C3] 셀에 입력할 수식으로 옳은 것은?

| | A | B | C |
|---|---|---|---|
| 1 | | | |
| 2 | 이름 | 연락처 | 전화번호 |
| 3 | 유일한 | 010-9275-4991 | 010-9275-**** |
| 4 | 신영현 | 010-3347-4913 | 010-3347-**** |
| 5 | 김서하 | 010-3165-1890 | 010-3165-**** |
| 6 | 한지혜 | 010-7779-7463 | 010-7779-**** |
| 7 | 최현진 | 010-9905-6975 | 010-9905-**** |
| 8 | 김명철 | 010-6747-9013 | 010-6747-**** |

① =REPLACE(B3, 10, 4, "****")
② =SUBSTITUTE(B3, 10, 4, "****")
③ =REPLACE(B3, 10, 4, "*")
④ =SUBSTITUTE(B3, 10, 4, "*")

전문가의 조언 | [C3] 셀에 입력할 수식으로 옳은 것은 ①번입니다.

• =REPLACE(B3, 10, 4, "****") : [B3] 셀의 값 "010-9275-4991"의 10번째부터 4글자를 "****"로 변경한 "010-9275-****"를 반환합니다.

98섹션 1필드

**33.** 다음 중 차트에 대한 설명으로 옳은 것은?

① 워크시트에서 차트에 사용될 데이터를 범위로 지정한 후 Ctrl + F1을 누르면 별도의 차트 시트에 기본 차트가 작성된다.
② 방사형, 트리맵, 히스토그램 차트는 3차원 차트로 작성할 수 없다.
③ 원형 차트는 2개의 데이터 계열을 표시할 수 있어 '값 축'과 '항목' 축을 표시할 수 있다.
④ 추세선 이름은 자동으로 지정되어 사용자가 임의로 변경할 수 없다.

104섹션 2필드

**34.** 다음 중 시트의 특정 범위만 항상 인쇄하는 경우에 대한 설명으로 옳지 않은 것은?

① 인쇄할 영역을 블록 설정한 후 [페이지 레이아웃] 탭 [페이지 설정] 그룹의 [인쇄 영역] → [인쇄 영역 설정]을 클릭한다.
② 인쇄 영역으로 설정되면 페이지 나누기 미리 보기에서는 설정된 부분만 표시되고 나머지 행과 열은 숨겨진다.
③ 인쇄 영역을 설정하면 자동으로 Print_Area라는 이름이 작성되며, 이름은 Ctrl + F3 혹은 [수식] 탭 → [정의된 이름] 그룹 → [이름 관리자]에서 확인할 수 있다.
④ 인쇄 영역 설정은 [페이지 설정] 대화상자의 [시트] 탭에서 지정할 수도 있다.

전문가의 조언 | 페이지 나누기 미리 보기에서는 인쇄 영역으로 설정된 부분은 원래대로 표시되고, 설정되지 않은 부분은 배경이 회색으로 처리되어 표시됩니다.

81섹션 3필드

**35.** 다음 중 통합 문서에 대한 설명으로 옳지 않은 것은?

① 시트 보호는 통합 문서 전체가 아닌 특정 시트만을 보호한다.
② 공유된 통합 문서는 여러 사용자가 동시에 변경 및 병합할 수 있다.
③ 통합 문서 보호 설정 시 암호를 지정하면 워크시트에 입력된 내용을 수정할 수 없다.
④ 사용자가 워크시트를 추가, 삭제하거나 숨겨진 워크시트를 표시하지 못하도록 통합 문서의 구조를 잠글 수 있다.

전문가의 조언 | 통합 문서 보호 설정 시 지정된 암호는 통합 문서 보호를 해제할 때 필요한 것으로, 통합 문서 보호 상태에서는 암호 지정 여부에 상관없이 워크시트에 데이터를 입력하거나 수정할 수 있습니다.

정답 : 28.① 29.④ 30.① 31.③ 32.① 33.② 34.② 35.③

114섹션 2필드

**36.** 아래의 시트에서 [C6:C10] 영역에 데이터를 채우려고 할 때 아래 [데이터 테이블] 대화상자에 입력되어야 할 값과 실행 결과 [C6:C10] 영역에 설정된 배열 수식의 쌍으로 올바르게 짝지어진 것은? (단, [C5] 셀에는 수식 '=B2*B3'이 입력되어 있으며, [B5:C10] 영역을 블록으로 지정한 후 [데이터] → [예측] → [가상 분석] → [데이터 표]를 실행한다.)

| | A | B | C | D |
|---|---|---|---|---|
| 1 | 가중치에 따른 성적 계산 | | | |
| 2 | 가중치 | 25% | | |
| 3 | 점수 | 90 | | |
| 4 | | | | |
| 5 | | 성적 | 22.5 | |
| 6 | 가중치 | 10% | | |
| 7 | | 20% | | |
| 8 | | 30% | | |
| 9 | | 40% | | |
| 10 | | 50% | | |
| 11 | | | | |

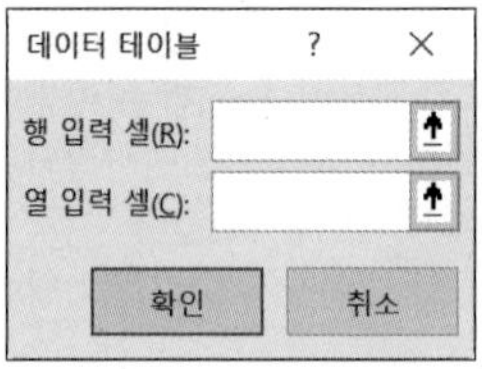


① 입력값 : [행 입력 셀] : $B$2
설정값 : {=TABLE(,B2)}

② 입력값 : [열 입력 셀] : $B$2
설정값 : {=TABLE(,B2)}

③ 입력값 : [행 입력 셀] : $B$3
설정값 : {=TABLE(,B3)}

④ 입력값 : [행 입력 셀] : $B$2, [열 입력 셀] : $B$3
설정값 : {=TABLE(B2,B3)}

**전문가의 조언 |** • 데이터 표의 입력값과 실행 결과에 설정된 배열 수식의 쌍으로 올바르게 짝지어진 것은 ②번입니다.
• 변화되는 값은 가중치이고, 가중치의 변경 값이 한 열(B)에 입력되어 있으므로 '데이터 테이블' 대화상자의 '열 입력 셀'에 가중치를 지정하면 됩니다. 가중치는 B2 셀에 입력되어 있으므로 '데이터 테이블' 대화상자의 '열 입력 셀'에 'B2'를 입력하면 됩니다.

76섹션 2필드

**37.** 다음 중 아래 워크시트의 [A1] 셀에서 10.1을 입력한 후 Ctrl을 누르고 자동 채우기 핸들을 아래로 드래그한 경우 [A4] 셀에 입력되는 값은?

A1

| | A | B |
|---|---|---|
| 1 | 10.1 | |
| 2 | | |
| 3 | | |
| 4 | | |

① 10.1　　② 10.4
③ 13.1　　④ 13.4

**전문가의 조언 |** [A4] 셀에 입력되는 값은 13.1입니다. Ctrl을 누른 채 숫자가 들어있는 셀의 채우기 핸들을 드래그하면 값이 1씩 증가하며 입력됩니다.

| | A |
|---|---|
| 1 | 10.1 |
| 2 | 11.1 |
| 3 | 12.1 |
| 4 | 13.1 |

88섹션 4필드

**38.** 아래 워크시트에서 매출액[B3:B9]을 이용하여 매출 구간별 빈도수를 [F3:F6] 영역에 계산하고자 한다. 다음 중 이를 위한 배열 수식으로 옳은 것은?

| | A | B | C | D | E | F |
|---|---|---|---|---|---|---|
| 1 | | | | | | |
| 2 | | 매출액 | | 매출구간 | | 빈도수 |
| 3 | | 75 | | 0 | 50 | 1 |
| 4 | | 93 | | 51 | 100 | 2 |
| 5 | | 130 | | 101 | 200 | 3 |
| 6 | | 32 | | 201 | 300 | 1 |
| 7 | | 123 | | | | |
| 8 | | 257 | | | | |
| 9 | | 169 | | | | |
| 10 | | | | | | |

① {=PERCENTILE.INC(B3:B9, E3:E6)}
② {=PERCENTILE.INC(E3:E6, B3:B9)}
③ {=FREQUENCY(B3:B9, E3:E6)}
④ {=FREQUENCY(E3:E6, B3:B9)}

**전문가의 조언 |** • [B3:B9] 영역의 데이터를 대상으로 [E3:E6] 영역의 구간별 빈도수를 계산하려면 [F3:F6] 영역을 블록으로 지정하고 **=FREQUENCY(B3:B9, E3:E6)**를 입력한 후 Ctrl+Shift+Enter를 누르면 됩니다.
• Ctrl+Shift+Enter를 눌러 입력하면 수식 앞뒤에 중괄호({ })가 자동으로 입력되어 **{=FREQUENCY(B3:B9, E3:E6)}**과 같이 표시됩니다.

116섹션 3필드

**39.** 다음 중 매크로 기록과 실행에 관련된 항목들의 설명으로 옳지 않은 것은?

① 매크로 기록 기능을 이용할 때 기본 저장 위치는 '현재 통합 문서'가 된다.
② Alt와 영문 문자를 조합하여 해당 매크로의 바로 가기 키를 지정할 수 있다.
③ 매크로 기록 기능을 통해 작성된 매크로는 'VBA 편집기'에서 실행할 수 있다.
④ 엑셀을 사용할 때마다 매크로를 사용할 수 있게 하려면 매크로 저장 위치를 '개인용 매크로 통합 문서'를 선택한다.

**전문가의 조언 |** 매크로의 바로 가기 키는 기본적으로 Ctrl과 영문자를 조합하여 지정할 수 있습니다.

103섹션 3필드

**40.** 다음 중 '페이지 레이아웃'의 '머리글/바닥글 도구'에 대한 설명으로 틀린 것은?

① 페이지 번호, 현재 날짜 등을 추가할 수 있다.
② 보기 형태 중 '페이지 레이아웃'에서도 '머리글/바닥글 도구'를 사용할 수 있다.
③ 머리글과 바닥글의 여백을 워크시트의 여백에 맞추려면 '페이지 여백에 맞추기'를 선택한다.
④ 머리글과 바닥글의 글꼴과 인쇄 배율을 워크시트의 글꼴 크기와 인쇄 배율에 맞추려면 '문서에 맞게 배율 조정'을 선택한다.

**전문가의 조언 |** '문서에 맞게 배율 조정'을 선택하면 머리글과 바닥글의 글꼴 크기가 아닌 인쇄 배율만 워크시트의 인쇄 배율과 동일하게 적용됩니다.

## 3과목 데이터베이스 일반

163섹션 1필드

**41.** 다음 중 하위 폼에서 새로운 레코드를 추가하려고 할 때 설정해야 할 폼 속성은?

① '필터 사용'을 예로 설정한다.
② '추가 가능'을 예로 설정한다.
③ '편집 가능'을 예로 설정한다.
④ '삭제 가능'을 예로 설정한다.

**전문가의 조언 |** 새로운 레코드를 추가할 수 있도록 하려면 '추가 가능' 속성을 "예"로 설정해야 합니다.

178섹션 1필드

**42.** 활성화된 폼에서 옵션 단추의 선택 여부에 따라 해당 텍스트 상자 컨트롤로 포커스(Focus)를 자동 이동하려고 한다. 다음 중 이 작업을 위해 사용되는 매크로 함수로 옳은 것은?

① OpenForm ② GoToControl
③ GoToRecord ④ SetValue

**전문가의 조언 |** 특정 컨트롤로 포커스를 이동시키는 매크로 함수는 GoToControl입니다.
- OpenForm : 폼을 여는 매크로 함수
- GoToRecord : 레코드 포인터를 이동시키는 매크로 함수로, First, Last, Previous, Next 등의 인수가 사용됨
- SetValue : 필드, 컨트롤, 속성 등의 값을 설정하는 매크로 함수

164섹션 2필드

**43.** 다음 중 컨트롤에 대한 설명으로 옳지 않은 것은?

① 레이블 컨트롤은 제목이나 캡션 등의 설명 텍스트를 표현하기 위해 많이 사용된다.
② 테이블이나 쿼리의 필드가 컨트롤 원본으로 연결된 컨트롤을 계산 컨트롤이라고 한다.
③ 목록 상자 컨트롤은 여러 개의 데이터 행으로 구성되며 대개 몇 개의 행을 항상 표시할 수 있는 크기로 지정되어 있다.
④ 탭 형식의 대화상자를 작성하는 컨트롤로, 다른 컨트롤을 탭 컨트롤로 복사하거나 추가할 수 있는 컨트롤을 탭 컨트롤이라고 한다.

**전문가의 조언 |**
- 테이블이나 쿼리의 필드가 컨트롤 원본으로 연결된 컨트롤을 바운드 컨트롤이라고 합니다.
- 계산 컨트롤은 데이터의 원본 데이터로 식을 사용하는 컨트롤입니다.

169섹션 1필드

**44.** 다음 중 보고서에 대한 설명으로 옳지 않은 것은?

① 레코드 원본에 SQL 문장을 입력하면 질의 결과를 대상으로 하는 보고서를 작성할 수 있다.
② 보고서의 컨트롤에서는 컨트롤 원본을 사용하여 특정 필드에 바운드시킬 수 있다.
③ 폼과 동일하게 여러 유형의 컨트롤을 이용하여 데이터를 입력, 추가, 삭제하거나 표시할 수 있다.
④ 보고서마다 페이지 설정을 다르게 지정할 수 있다.

**전문가의 조언 |** 보고서에서 데이터의 입력, 추가, 삭제 등의 편집 작업은 불가능합니다.

정답 : 36.② 37.③ 38.③ 39.② 40.④ 41.② 42.② 43.② 44.③

164섹션 2필드

**45. 탭 컨트롤에 대한 설명으로 옳지 않은 것은?**

① 탭 형식의 대화상자를 작성하는 컨트롤로, 다른 컨트롤을 탭 컨트롤로 복사하거나 추가할 수 있다.
② 탭 컨트롤의 바로 가기 메뉴에서 [페이지 삽입], [페이지 삭제]를 선택하여 페이지를 추가하거나 삭제할 수 있다.
③ 탭 컨트롤의 바로 가기 메뉴에서 [탭 순서]를 선택하여 탭 컨트롤 내의 페이지 표시 순서를 설정할 수 있다.
④ 폼 디자인 도구의 컨트롤에서 탭 컨트롤 도구를 선택한 후 드래그하여 탭 컨트롤을 추가할 수 있다.

**전문가의 조언 |** • 탭 컨트롤의 바로 가기 메뉴에서 [탭 순서]를 선택하면, 폼안에서 Tab이나 Enter를 눌렀을 경우 이동되는 컨트롤들의 순서를 설정할 수 있습니다.
• 탭 컨트롤 내의 페이지 표시 순서는 탭 컨트롤의 바로 가기 메뉴에서 [페이지 순서]를 선택하여 변경할 수 있습니다.

165섹션 1필드

**46. 다음 중 하위 폼에 대한 설명으로 옳지 않은 것은?**

① 하위 폼에서 여러 개의 연결 필드를 지정할 때에 사용되는 구분자는 세미콜론(;)이다.
② 기본 폼은 단일 폼, 연속 폼, 데이터 시트 형태로 표시할 수 있으며, 하위 폼은 단일 폼의 형태로만 표시할 수 있다.
③ 기본 폼과 하위 폼을 연결할 필드의 데이터 형식은 같거나 호환되어야 한다.
④ [하위 폼 필드 연결기]를 이용하여 간단히 기본 폼과 하위 폼의 연결 필드를 지정할 수 있다.

**전문가의 조언 |** 기본 폼과 하위 폼에서 기본 폼은 단일 폼 형식으로만, 하위 폼은 단일 폼, 연속 폼, 데이터시트 보기 등의 형식으로 표시할 수 있습니다.

171섹션 2필드

**47. 다음 중 보고서를 만드는 방법으로 제공되는 마법사 유형이 아닌 것은?**

① 하위 보고서 마법사
② 업무 문서 양식 마법사
③ 우편 엽서 마법사
④ 보고서 마법사

**전문가의 조언 |** 보고서를 만들 때 제공되는 마법사 도구에는 '보고서 마법사, 레이블, 업무 문서 양식 마법사, 우편 엽서 마법사'가 있습니다.

169섹션 1필드

**48. 다음 중 보고서에 대한 설명으로 옳지 않은 것은?**

① 보고서는 데이터를 출력하기 위한 개체이다.
② 보고서의 컨트롤에서는 컨트롤 원본을 사용하여 특정 필드에 바운드 시킬 수 있다.
③ 레코드 원본에 SQL문장을 입력하면 질의 결과를 대상으로 하는 보고서를 작성할 수 있다.
④ 보고서의 레코드 원본으로 테이블, 쿼리나 기존 보고서를 지정할 수 있다.

**전문가의 조언 |** 보고서의 레코드 원본으로 테이블, 쿼리, SQL문 등을 지정할 수 있지만 보고서를 지정할 수는 없습니다.

153섹션 4필드

**49. 〈회원〉 테이블은 '이름'과 '주소' 필드로 구성되어 있으며, '주소' 필드에는 시/도, 시/군/구, 읍/면/동의 형태로 값이 입력되어 있다. 다음 중 주소가 서울시, 합정동이면서 이름이 "이"로 시작하는 회원의 이름과 주소를 조회하는 SQL문으로 옳은 것은?**

① select 이름, 주소 from 회원 where 주소 = "서울", "합정동" and 이름 like "이*";
② select 이름, 주소 from 회원 where 주소 like "서울*" or "*합정동" and 이름 like "이*";
③ select 이름, 주소 from 회원 where 주소 like "서울" and "합정동" and 이름 like "이*";
④ select 이름, 주소 from 회원 where 주소 like "서울*" and "*합정동*" and 이름 like "이*";

**전문가의 조언 |** 문제에서 '주소' 필드에는 시/도, 시/군/구, 읍/면/동의 형태로 값이 입력되어 있다고 했으니, 시/도는 항상 주소의 맨 앞에, 읍/면/동은 항상 주소의 맨 뒤에 입력되게 됩니다. 그러므로 주소를 조회할 때 "서울시"로 시작하면서, "합정동"으로 끝나도록 조건을 **Like "서울*" and "*합정동"**으로 지정하면 됩니다. 해당 조건이 보기에는 없지만 보기 중 ④번의 **Like "서울*" and "*합정동*"**로 지정해도 문제에서 원하는 조건에 만족하는 자료를 검색할 수 있습니다.

153섹션 1필드

**50.** 다음의 쿼리 디자인 창과 동일한 결과를 산출하는 SQL문으로 옳은 것은?

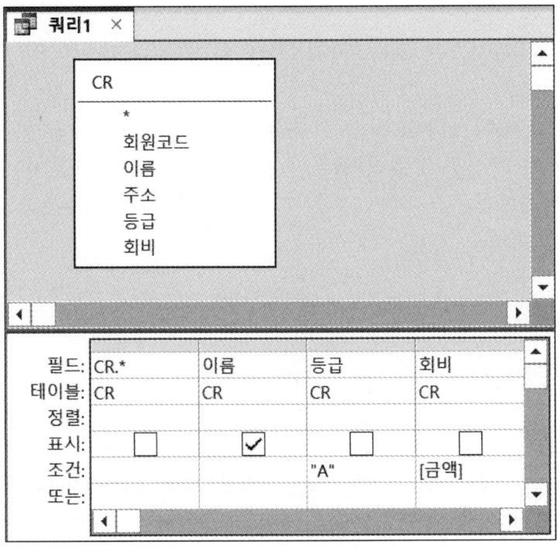


① select * from CR where 등급="A" and 회비=금액;
② select * from CR where 등급="A" or 회비=금액;
③ select 이름 from CR where CR.등급="A" and CR.회비=[금액];
④ select 이름, 등급, 회비 from CR where 등급="A" and 회비=[금액];

**전문가의 조언 |** • 쿼리 작성기 창의 '표시' 항목에 체크된 필드가 '이름'이므로 표시되는 필드는 '이름'입니다. : **select 이름**
• 레코드를 추출할 테이블의 이름은 〈CR〉입니다. : **from CR**
• 조건은 2개인데 같은 행에 입력되었으므로 AND로 연결되며, '등급' 필드의 값이 "A"이면서 '회비' 필드의 값은 [금액] 필드의 값과 같은 레코드만 추출합니다. : **where 등급 = "A" and 회비 = [금액]**
※ '금액' 필드는 〈CR〉 테이블에 없으므로 외부로부터 값을 입력받을 수 있도록 반드시 대괄호([ ])를 붙여서 **[금액]**과 같이 지정해야 합니다.
※ 완성된 SQL문은 다음과 같으며, 필드명 앞에 테이블명을 붙여 **CR.등급**과 **CR.회비**로 입력해도 결과는 동일합니다.

```
select 이름 from CR where CR.등급="A" and CR.회비=[금액];
```

181섹션 2필드

**51.** 다음 중 현재 폼에서 'cmd숨기기' 단추를 클릭하는 경우, DateDue 컨트롤이 표시되지 않도록 하기 위한 이벤트 프로시저로 옳은 것은?

① Private Sub cmd숨기기_Click( )
  Me.[DateDue]!Visible = False
End Sub
② Private Sub cmd숨기기_DblClick( )
  Me!DateDue.Visible = True
End Sub
③ Private Sub cmd숨기기_Click( )
  Me![DateDue].Visible = False
End Sub
④ Private Sub cmd숨기기_DblClick( )
  Me.DateDue!Visible = True
End Sub

**전문가의 조언 |** DateDue 컨트롤이 표시되지 않도록 하기 위한 이벤트 프로시저로 옳은 것은 ③번입니다.
• 특정 컨트롤을 마우스로 클릭했을 때 발생하는 이벤트는 Click 이벤트입니다. 'cmd숨기기' 단추를 클릭했을 때 발생하는 이벤트 프로시저는 **Private Sub cmd숨기기_Click( )**으로 시작해야 합니다.
• 폼, 보고서 컨트롤 등의 표시 여부를 결정하는 속성은 Visible이며, **Visible = False**와 같이 Visible 속성을 'False'로 설정하면 표시하지 않고 'True'로 설정하면 표시합니다.
• 개체명과 컨트롤명은 느낌표(!)로 구분하고, 컨트롤에 속성을 지정할 때는 점(.)으로 연결합니다.

144섹션 3필드

**52.** 〈제품〉 테이블과 〈주문상세내역〉 테이블의 관계 설정에 관한 내용으로 옳지 않은 것은?

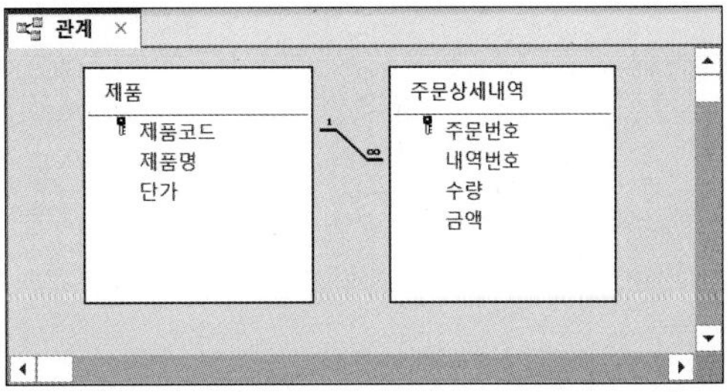


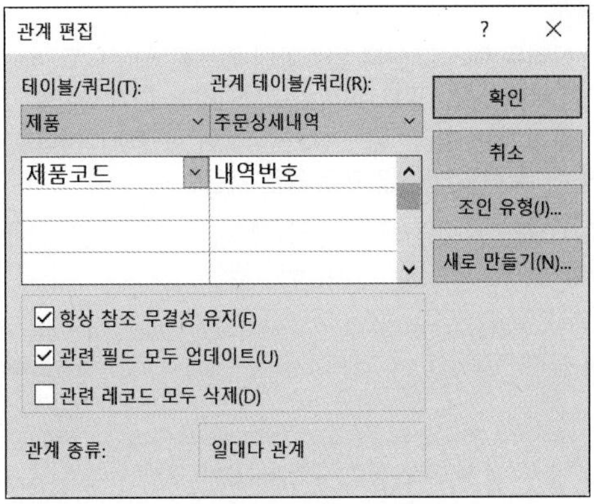

① 〈제품〉 테이블의 레코드를 수정하거나 삭제할 때 참조 무결성이 위배될 수 있다.
② 〈주문상세내역〉 테이블에 레코드를 추가할 때 참조 무결성이 위배될 수 있다.
③ 〈주문상세내역〉 테이블에 레코드를 삭제할 때는 어떠한 경우라도 참조 무결성이 위배되지 않는다.
④ 〈제품〉 테이블의 '제품코드' 데이터를 추가할 때는 참조 무결성이 위배될 수 있다.

**전문가의 조언 |** 〈제품〉 테이블에 새롭게 추가되는 '제품코드'는 〈주문상세내역〉 테이블에서 참조하는 자료가 아니므로 참조 무결성에 위배되지 않습니다.

142섹션 1필드

**53. 다음 중 테이블의 필드 속성에서 인덱스를 지정할 수 없는 데이터 형식은?**

① 짧은 텍스트　　② OLE 개체
③ Yes/No　　④ 일련 번호

**전문가의 조언 |** OLE 개체, 첨부 파일, 계산 형식의 필드에는 인덱스를 설정할 수 없습니다.

137섹션 4필드

**54. 폼에 삽입된 텍스트 상자 컨트롤의 컨트롤 원본으로 'Yes/No' 형식의 '성별' 필드를 바운드시키려고 한다. '성별' 필드의 값이 'Yes'이면 "남", 'No'이면 "여"로 표시하려고 할 때 '형식' 속성의 설정 값으로 옳은 것은?**

① ₩남;₩여　　② 남/여
③ ;₩남;₩여　　④ ₩남,₩여

**전문가의 조언 |** 'Yes/No' 데이터 형식에서 Yes는 −1, No는 0으로 인식하므로, 음수(Yes)인 경우 '남', 0(No)인 경우 '여'로 표시하는 속성의 설정 값은 **;₩남;₩여**입니다.
※ 텍스트 상자에 숫자가 입력된 경우 사용자 지정 형식은 네 개의 구역을 세미콜론(;)으로 나누며, 각 구역은 **양수 ; 음수 ; 0 ; Null**로 구분됩니다.

125섹션 1필드

**55. 다음 중 데이터베이스에 대한 설명으로 옳지 않은 것은?**

① 데이터베이스는 컴퓨터가 접근할 수 있는 저장 매체에 저장된 자료이다.
② 데이터베이스는 자료가 최소한으로 중복된 데이터의 모임이다.
③ 데이터베이스는 조직의 고유한 업무를 수행하는 데 존재 가치가 확실하고 없어서는 안 될 반드시 필요한 자료이다.
④ 데이터베이스는 여러 응용 시스템들이 공동으로 소유하고 유지하는 자료이다.

**전문가의 조언 |** 데이터베이스는 자료의 중복을 배제한 데이터의 모임입니다.

153섹션 4필드

**56. 다음 중 학생(학번, 이름, 학과, 학년, 주소) 테이블에서 학과가 "경영학과"이고 학년이 2학년인 학생의 학번과 이름만 출력하는 SQL문으로 올바른 것은?**

① Select 학번, 이름 From 학생 Where 학과 Like '경영학과' And 학년 In (2);
② Select 학번, * From 학생 Where 학과='경영학과' Or 학년 = 2;
③ Select 학번, * From 학생 Where 학과='경영학과' And 학년 = 2;
④ Select 학번, 이름 From 학생 Where '경영학과' And 2;

**전문가의 조언 |** 문제에 주어진 조건에 맞는 SQL문은 ①번입니다.
① "학과 Like '경영학과' and 학년 In (2)"는 학과가 '경영학과'를 포함하고 학년이 2인 레코드를 의미하므로 문제에서 요구하는 조건을 충족하는 문장입니다.
② 조건을 Or로 연결했으므로 틀린 문장입니다.
③ 검색되는 속성을 '학번, *'로 지정하여 모든 속성이 표시되므로 틀린 문장입니다.
④ 조건이 형식에 맞지 않아 오류가 발생합니다.

156섹션 1필드

**57. 다음 중 쿼리 유형에 대한 설명으로 옳지 않은 것은?**

① [테이블 만들기] 쿼리로 레코드를 기존 테이블에 추가할 수 있다.
② [업데이트] 쿼리로 기존 테이블의 데이터를 변경할 수 있다.
③ 실행 쿼리는 쿼리 디자인 그룹 왼쪽에 실행(!) 단추가 표시된다.
④ [삭제] 쿼리로 기존 테이블의 레코드를 삭제할 수 있다.

**전문가의 조언 |** • ①번은 추가 쿼리에 대한 설명입니다.
• 테이블 만들기 쿼리는 테이블이나 쿼리에서 데이터를 검색한 후 검색된 결과를 새로운 테이블로 만드는 작업을 수행합니다.

135섹션 9필드

**58.** 다음 중 데이터의 형식에 관한 설명으로 옳지 않은 것은?

① 짧은 데이터 형식의 필드 크기를 기존 크기보다 작게 지정할 경우 데이터가 손실될 수 있다.
② 숫자가 입력된 필드를 짧은 텍스트 형식으로 변경할 수 있다.
③ 정수가 입력된 필드를 일련 번호 형식으로 변경할 수 있다.
④ 날짜가 입력된 필드에 자세한 날짜 유형을 지정할 수 있다.

**전문가의 조언 |** 이미 데이터가 입력된 필드의 데이터 형식을 일련 번호 형식으로 변경할 수 없습니다.

176섹션 2필드

**59.** 다음 중 전체 페이지는 100이고 현재 페이지는 5일 때 현재 페이지 정보를 "005"와 같이 표현하는 식으로 옳은 것은?

① =Format([Pages], "000")
② =Format([Page], "000")
③ =Format("Pages", "000")
④ =Format("Page", "000")

**전문가의 조언 |** 현재 페이지 정보를 **005**와 같이 표현하는 식은 **=Format([Page], "000")**입니다.

- [Page] : 현재 페이지를 표시함
- [Pages] : 전체 페이지를 표시함
- Format(식, 형식) : 계산 결과에 표시 형식을 지정하는 한수

166섹션 5필드

**60.** 다음 중 폼의 디자인 보기 상태에서 [정렬] → [크기 및 순서 조정] → [크기/공간]을 이용하여 수행할 수 있는 작업이 아닌 것은?

① [간격] → [가로 간격 넓게] : 선택된 컨트롤의 가로 간격을 조금 더 넓게 넓히는 것으로 가장 왼쪽 컨트롤의 위치는 변함이 없다.
② [그룹화] → [그룹] : 선택된 여러 개의 컨트롤을 하나의 개체로 묶는다.
③ [눈금] → [눈금자] : 눈금자를 표시하거나 숨긴다.
④ [크기] → [자동] : 선택된 컨트롤의 크기를 동일하게 자동으로 조정한다.

**전문가의 조언 |** [크기] → [자동]을 선택하면 선택된 컨트롤들의 크기를 모두 동일하게 조정하는 것이 아니라 높이가 가장 높은 것과 낮은 것을 기준으로 나머지 컨트롤들의 높이를 자동으로 조정합니다.

정답 : 52.④ 53.② 54.③ 55.② 56.① 57.① 58.③ 59.② 60.④

# 2024년 5회 컴퓨터활용능력 1급 필기

## 1과목 컴퓨터 일반

18섹션 3필드

**1.** 다음 중 태블릿 설정에 대한 설명으로 옳은 것은?

① 로그인 시 '소프트웨어에 적절한 모드 사용'을 설정할 수 있다.
② 태블릿 설정 모드에는 '태블릿 모드로 전환 안 함'과 '항상 태블릿 모드로 전환' 두 가지가 있다.
③ 태블릿 모드를 지정하면 앱 실행 시 전체 화면으로 표시되고, 작업 표시줄과 바탕 화면 아이콘이 축소된다.
④ 태블릿 모드를 설정해도 키보드와 마우스를 사용할 수 있다.

전문가의 조언 | 태블릿 모드를 설정해도 키보드와 마우스를 사용할 수 있습니다.
① 로그인 시 '하드웨어에 적절한 모드 사용'을 설정할 수 있습니다.
② 태블릿 설정 모드에는 '태블릿 모드로 전환 안 함', '항상 태블릿 모드로 전환', '모드를 전환하기 전에 확인'이 있습니다.
③ 태블릿 모드를 지정해도 작업 표시줄은 축소되지 않습니다. 작업 표시줄을 축소하려면 '추가 태블릿 설정 변경' 항목에서 '작업 표시줄 자동 숨기기'를 지정해야 합니다.

42섹션 1필드

**2.** 다음 중 인터럽트에 대한 설명으로 옳지 않은 것은?

① 인터럽트는 프로그램을 실행하는 도중에 예기치 않은 상황이 발생할 경우 현재 실행중인 작업을 일시 중단하고, 발생된 상황을 우선 처리한 후 실행중이던 작업으로 복귀하여 계속 처리하는 것이다.
② 외부로부터 인터럽트 요청이 들어오면 인터럽트 서비스 루틴이 종료된다.
③ 입출력장치의 입출력 준비 완료를 알리는 경우 인터럽트가 발생한다.
④ 명령 처리 중 오버플로가 발생했을 경우 인터럽트가 발생한다.

전문가의 조언 | 외부로부터 인터럽트 요청이 들어오면 인터럽트 서비스 루틴이 실행됩니다.

56섹션 1필드

**3.** 다음 중 네트워크 통신망의 구성 형태에 관한 설명으로 옳지 않은 것은?

① 스타형은 모든 단말기가 중앙 컴퓨터에 연결되어 있는 형태로, 고장 발견이 쉽고 유지 보수가 용이하다.
② 메시형은 네트워크 상의 모든 노드들이 서로 연결되는 방식으로, 특정 노드에 이상이 생겨도 전송이 가능하다.
③ 버스형은 분산 처리 시스템을 구성하는 방식으로, 확장이 많아질 경우 트래픽이 과중될 수 있다.
④ 링형은 인접한 컴퓨터와 단말기들을 서로 연결하여 양방향으로 데이터 전송이 가능하지만 통신 회선 중 어느 하나라도 고장나면 전체 통신망에 영향을 미친다.

전문가의 조언 | • 버스(Bus)형은 한 개의 통신 회선에 여러 대의 단말장치가 연결되어 있는 형태입니다.
• ③번은 계층(Tree)형에 대한 설명입니다.

66섹션 1필드

**4.** 다음 중 멀티미디어 그래픽과 관련하여 비트맵(Bitmap) 방식에 관한 설명으로 옳은 것은?

① 픽셀(Pixel)로 이미지를 표현하며, 벡터 방식에 비해 많은 용량을 차지한다.
② 이미지를 확대해도 계단 현상이 발생하지 않는다.
③ 이미지를 모니터 화면에 표시하는 속도가 벡터 방식에 비해 느리다.
④ 파일 형식에는 BMP, TIF, GIF, JPEG, PNG, WMF 등이 있다.

전문가의 조언 | 비트맵 방식은 픽셀(Pixel)로 이미지를 표현하며, 벡터 방식에 비해 많은 용량을 차지합니다.
② 비트맵 방식은 이미지를 확대하면 계단 현상이 발생합니다.
③ 비트맵 방식은 이미지를 모니터 화면에 표시하는 속도가 벡터 방식에 비해 빠릅니다.
④ 비트맵 방식의 파일 형식에는 BMP, TIF, GIF, JPEG, PNG 등이 있으며, WMF는 벡터 방식의 파일 형식입니다.

36섹션 5필드

**5.** 다음 중 컴퓨터에서 문자를 표현하는 코드 체계에 대한 설명으로 옳은 것은?

① Unicode : 2개의 Zone 비트와 4개의 Digit 비트로 구성되며, 64개의 문자를 표현할 수 있다.
② BCD 코드 : 8비트를 사용하여 문자를 표현하며, 대형 컴퓨터에서 사용한다.
③ ASCII 코드 : 128가지 문자를 표현할 수 있으며, 데이터 통신용으로 사용한다.
④ EBCDIC 코드 : 전 세계의 모든 문자를 2바이트로 표현하는 국제 표준 코드이다.

**전문가의 조언 |** ASCII 코드는 128가지 문자를 표현할 수 있으며, 데이터 통신용으로 사용합니다.
① Unicode는 전 세계의 모든 문자를 2바이트로 표현하는 국제 표준 코드입니다.
② BCD 코드는 2개의 Zone 비트와 4개의 Digit 비트로 구성되며, 64개의 문자를 표현할 수 있습니다.
④ EBCDIC 코드는 8비트를 사용하여 문자를 표현하며, 대형 컴퓨터에서 사용합니다.

52섹션 6필드

**6.** 다음 중 컴퓨터 운영체제의 운영방식에 대한 설명으로 옳은 것은?

① 실시간 처리 시스템 : 컴퓨터에 입력하는 데이터를 일정량 또는 일정시간 동안 모았다가 한꺼번에 처리하는 방식이다.
② 다중 처리 시스템 : 여러 개의 중앙처리장치와 하나의 주기억장치를 이용하여 여러 프로그램을 동시에 처리하는 방식이다.
③ 시분할 시스템 : 여러 대의 컴퓨터들에 의해 작업한 결과를 통신망을 이용하여 상호 교환할 수 있도록 연결되어 있는 시스템이다.
④ 다중 프로그램 시스템 : 처리할 데이터가 입력될 때 마다 즉시 처리하는 방식이다.

**전문가의 조언 |** 운영체제의 운영방식에 대한 설명으로 옳은 것은 ②번입니다.
① 실시간 처리 시스템은 처리할 데이터가 생겨날 때마다 바로 처리하는 방식입니다. ①번은 일괄 처리 시스템에 대한 설명입니다.
③ 시분할 시스템은 한 대의 시스템을 여러 사용자가 동시에 사용하는 방식으로, 일정 시간 단위로 CPU 사용권을 신속하게 전환함으로써, 모든 사용자들은 자신만 혼자 컴퓨터를 사용하고 있는 것처럼 느낍니다. ③번은 분산 처리 시스템에 대한 설명입니다.
④ 다중 프로그램 시스템은 한 개의 CPU(중앙처리장치)로 여러 개의 프로그램을 동시에 처리하는 방식입니다.

62섹션 1필드

**7.** 공공 거래 장부이며, 가상 화폐로 거래할 때 발생할 수 있는 불법적인 해킹을 막는 기술은?

① 전자봉투(Digital Envelope)
② 암호화 파일 시스템(Encrypting File System)
③ 블록체인(Block Chain)
④ 핀테크(FinTech)

**전문가의 조언 |** 가상 화폐로 거래할 때 발생할 수 있는 불법적인 해킹을 막는 기술을 블록체인(Block Chain)이라고 합니다.
- **전자봉투(Digital Envelope)** : 송신자가 메시지를 암호화하기 위해 수신자의 공개키를 사용하여 암호화한 것으로, 암호화 메시지와 암호화 비밀키로 구성됨
- **암호화 파일 시스템(Encrypting File System)** : 파일에 기록되는 데이터를 자동으로 암호화해 보안을 높이는 파일 시스템으로, Windows 2000에서 도입되었음
- **핀테크(FinTech)** : 금융(Finance)과 기술(Technology)의 합성어로, 금융과 기술의 융합을 통한 금융 서비스 및 산업의 변화를 통칭함

22섹션 2필드

**8.** 다음 중 한글 Windows 10의 제어판에서 드라이브를 보호하여 파일 및 폴더에 무단으로 액세스하는 것을 차단하기 위해 사용하는 도구는?

① Active Directory ② Windows Defender
③ BitLocker ④ Windows Update

**전문가의 조언 |** 드라이브를 보호하여 파일 및 폴더에 무단으로 액세스하는 것을 차단하기 위해 사용하는 도구는 Winodws Defender입니다.

72섹션 3필드

**9.** 다음 중 시스템 보안과 관련한 불법적인 형태에 대한 설명으로 옳지 않은 것은?

① 스푸핑(Spoofing)은 검증된 사람이 네트워크를 통해 데이터를 보낸 것처럼 데이터를 변조하여 접속을 시도하는 행위이다.
② 스니핑(Sniffing)은 네트워크 주변을 돌아다니는 패킷을 엿보면서 계정과 패스워드를 알아내는 행위이다.
③ 분산 서비스 거부 공격(DDOS)은 여러 대의 장비를 이용하여 특정 서버에 대량의 데이터를 집중적으로 전송함으로써 서버의 정상적인 동작을 방해하는 행위이다.
④ 키로거(Key Logger)는 거짓 메일을 보내서 가짜 금융기관 등의 가짜 웹 사이트로 유인하여 정보를 빼내는 행위이다.

**전문가의 조언 |**
- 키로거(Key Logger)는 키보드상의 키 입력 캐치 프로그램을 이용하여 ID나 암호와 같은 개인 정보를 빼내어 악용하는 기법입니다.
- ④번은 피싱(Phishing)에 대한 설명입니다.

정답 : 1.④ 2.② 3.③ 4.① 5.③ 6.② 7.③ 8.② 9.④

65섹션 3필드

**10.** 다음 멀티미디어 용어 중 선택된 두 개의 이미지에 대해 하나의 이미지가 다른 이미지로 자연스럽게 변화하도록 하는 특수 효과를 뜻하는 것은?

① 렌더링(Rendering)
② 안티앨리어싱(Anti-Aliasing)
③ 모핑(Morphing)
④ 블러링(Bluring)

**전문가의 조언 |** 2개의 이미지를 부드럽게 연결해 변환·통합하는 그래픽 기법은 모핑(Morphing)입니다.

- **랜더링(Rendering)** : 3차원 그래픽 작업의 한 과정으로 2차원적인 이미지에 음영과 채색을 적절히 주어 3차원적인 입체감을 극대화하는 작업
- **안티앨리어싱(Anti-Aliasing)** : 이미지의 가장자리가 톱니 모양으로 표현되는 계단 현상을 없애기 위하여 경계선을 부드럽게 해주는 필터링 기술

73섹션 1필드

**11.** 다음 중 방화벽에 대한 설명으로 옳지 않은 것은?

① 해킹 등에 의한 외부로의 정보 유출을 막기 위해 사용하는 보안 기법이다.
② 역추적 기능이 있어서 외부의 침입자를 역추적하여 흔적을 찾을 수 있다.
③ 사용자 컴퓨터에서 다른 컴퓨터로 악성 소프트웨어를 보내는 것을 방지할 수 있다.
④ 특정 프로그램에 대하여 연결 차단을 해제하기 위해 예외를 둘 수 있다.

**전문가의 조언 |** 방화벽은 컴퓨터 내부로부터의 불법적인 해킹은 막지 못하므로 다른 컴퓨터로 악성 소프트웨어를 보내는 것을 방지할 수 없습니다.

9섹션 2필드

**12.** 다음 중 한글 Windows 10의 [폴더 옵션] 대화상자에서 설정할 수 있는 작업으로 옳지 않은 것은?

① [숨김 파일, 폴더 또는 드라이브 표시 안 함]을 선택할 수 있다.
② [라이브러리의 항목 삭제]를 선택할 수 있다.
③ [알려진 파일 형식의 확장명 숨기기]를 선택할 수 있다.
④ [폴더 팁에 파일 크기 정보 표시]를 선택할 수 있다.

**전문가의 조언 |** '폴더 옵션' 대화상자의 '보기' 탭에서 제공하는 '고급 설정' 항목에는 '라이브러리의 항목 삭제'가 아니라 '라이브러리 표시'가 있습니다.

37섹션 2필드

**13.** 다음 중 프로그램 카운터(PC)에 대한 설명으로 옳은 것은?

① 명령 레지스터에 있는 명령어를 해독한다.
② 연산 결과를 일시적으로 저장한다.
③ 다음에 실행할 명령어의 주소를 기억한다.
④ 현재 실행 중인 명령의 내용을 기억한다.

**전문가의 조언 |** 프로그램 카운터(PC)는 다음에 실행할 명령어의 주소를 기억하는 레지스터입니다.

- ①번은 명령 해독기(Decoder), ②번은 누산기(AC), ④번은 명령 레지스터(IR)에 대한 설명입니다.

38섹션 4필드

**14.** 다음 중 캐시 메모리(Cache Memory)에 관한 설명으로 옳은 것은?

① 중앙처리장치와 주기억장치 사이에 위치하여 컴퓨터의 처리 속도를 향상시킨다.
② 캐시 메모리는 주로 DRAM을 사용한다.
③ 보조기억장치의 일부를 주기억장치처럼 사용한다.
④ 주기억장치보다 큰 프로그램을 불러와 실행해야 할 때 유용하다.

**전문가의 조언 |** 캐시 메모리는 중앙처리장치와 주기억장치 사이에 위치하여 컴퓨터의 처리 속도를 향상시키는 역할을 합니다.

- ② 캐시 메모리는 접근 속도가 빠른 정적 램(SRAM)을 사용합니다.
- ③, ④ 가상 메모리(Virtual Memory)에 대한 설명입니다.

62섹션 1필드

**15.** 웹 기반 애플리케이션을 활용하여 인터넷 개인 서버에서 대용량 데이터베이스를 연산(처리)하고 저장한 데이터를 PC나 스마트폰, Pad 등 다양한 단말기에서 불러오거나 가공할 수 있도록 하는 환경을 의미하는 것은?

① 클라우드 컴퓨팅(Cloud Computing)
② 그리드 컴퓨팅(Grid Computing)
③ 사물 인터넷(Internet of Things)
④ 빅 데이터(Big Data)

전문가의 조언 | 문제에 제시된 내용은 클라우드 컴퓨팅(Cloud Computing)에 대한 설명입니다.
- 그리드 컴퓨팅(Grid Computing) : 지리적으로 분산되어 있는 컴퓨터를 초고속 인터넷 망으로 연결하여 공유함으로써 하나의 고성능 컴퓨터처럼 활용하는 기술
- 사물 인터넷(IoT, Internet of Things) : 인터넷 상에 존재하는 모든 사물을 네트워크로 연결해 인간과 사물, 사물과 사물 간 언제 어디서나 서로 소통할 수 있게 하는 새로운 정보 통신 환경
- 빅 데이터(Big Data) : 기존의 관리 방법이나 분석 체계로는 처리하기 어려운 막대한 양의 데이터 집합

31섹션 2필드

**16.** 다음 중 한글 Windows 10에서 네트워크 연결 시 IP 설정이 자동으로 할당되지 않을 경우 직접 설정해야 하는 TCP/IP 속성에 해당하지 않는 것은?

① IP 주소 ② 기본 게이트웨이
③ 서브넷 마스크 ④ 라우터 주소

전문가의 조언 | 고정 IP 주소로 인터넷에 접속하기 위해 설정해야 할 TCP/IP 항목은 'IP 주소, 서브넷 접두사 길이, 서브넷 마스크, 게이트웨이, DNS 서버 주소'입니다.

67섹션 1필드

**17.** 다음 중 시퀀싱(Sequencing)에 대한 설명으로 옳은 것은?

① 컴퓨터를 이용하여 음악을 제작, 녹음, 편집하는 작업을 의미한다.
② 멀티미디어 데이터를 다운로드하면서 동시에 재생해 주는 기술이다.
③ 음성, 영상 등의 아날로그 신호를 디지털 신호로 변환하는 과정이다.
④ 전자악기 간의 디지털 신호에 의한 통신이나 컴퓨터와 전자악기 간의 통신규약이다.

전문가의 조언 | 시퀀싱(Sequencing)은 컴퓨터를 이용하여 음악을 제작, 녹음, 편집하는 작업을 의미합니다.
- ②번은 스트리밍(Streaming), ③번은 샘플링(Sampling), ④번은 MIDI(Musical Instrument Digital Interface)에 대한 설명입니다.

64섹션 2필드

**18.** 다음 중 사운드 카드 관련 용어에 대한 설명으로 옳지 않은 것은?

① 샘플링(Sampling)은 아날로그 신호를 디지털 신호로 변환하는 과정 중 한 단계이다.
② 샘플링률(Sampling Rate)이 높으면 높을수록 원음에 보다 가깝다.
③ 샘플링 주파수(Sampling Frequency)는 낮으면 낮을수록 좋다.
④ 샘플링 비트(Sampling Bit) 수는 음질에 영향을 미친다.

전문가의 조언 | 샘플링 주파수는 높을수록 좋습니다. 다만 많은 기억 용량이 필요하므로 원 신호 주파수의 2배 정도가 적당합니다.

56섹션 2필드

**19.** 다음 중 네트워크 관련 장비로 라우터(Router)에 관한 설명으로 옳지 않은 것은?

① 인터넷 신호를 증폭하거나 중계하는 역할을 하는 네트워크 장비이다.
② 인터넷 환경에서 네트워크와 네트워크 간을 연결할 때 사용하는 장비이다.
③ 데이터 전송을 위해 가장 최적의 경로를 설정한다.
④ 데이터의 흐름을 제어하여 각 데이터들이 효율적으로 전송한다.

전문가의 조언 | ①번은 리피터(Repeater)에 대한 설명입니다.

62섹션 1필드

**20.** 다음 중 텔레매틱스(Telematics)에 대한 설명으로 옳지 않은 것은?

① 통신(Telecommunication)과 정보과학(Informatics)의 합성어이다.
② 이미지, 음성, 영상 등의 디지털 정보를 유무선 네트워크에 연결시켜 다양한 멀티미디어 서비스를 제공한다.
③ 여러 IT 기술을 차량에 적합하게 적용하여 새로운 부가 가치를 창출한다.
④ 차량에 장착된 특수한 장치와 노변 장치를 이용하여 차량을 안전하게 제어한다.

전문가의 조언 | ④번은 첨단 도로 시스템(Automated Highway Systems)에 대한 설명입니다.

정답 : 10.③ 11.③ 12.② 13.③ 14.① 15.① 16.④ 17.① 18.③ 19.① 20.④

# 2과목 스프레드시트 일반

101섹션 1필드

**21.** 다음 중 원형 차트에 대한 설명으로 옳은 것은?

① 원형 차트는 하나의 축을 가진다.
② 원형 차트에 데이터 테이블을 표시할 수 있다.
③ 원형 차트는 쪼개진 원형으로 표시할 수 있다.
④ 원형 대 꺾은선형 차트에서는 비교적 작은 값을 원형 차트로 결합하여 표시한다.

전문가의 조언 | 원형 차트는 쪼개진 원형으로 표시할 수 있습니다.
① 원형 차트는 축이 없습니다.
② 원형 차트에는 데이터 테이블을 표시할 수 없습니다.
④ 원형 차트의 종류에는 '원형 대 원형'과 '원형 대 가로 막대형' 차트는 있지만 '원형 대 꺾은선형'이라는 차트는 없습니다.

90섹션 1필드

**22.** 다음 중 아래와 같이 워크시트에 데이터가 입력되어 있는 경우, 보기의 수식과 그 결과 값으로 옳지 않은 것은?

| | A |
|---|---|
| 1 | 메 |
| 2 | 아름다운 강산 |
| 3 | 봄 여름 |
| 4 | 여름 |
| 5 | 희망의 메시지 |
| 6 | |

① =REPLACE(A3, SEARCH(A4, A3), 2, "여행") → 봄여름여행
② =REPLACE(A5, SEARCH("아", A2), 4, " ") → 메시지
③ =MID(A5, SEARCH(A1, A5), 1) → 메
④ =MID(A2, SEARCH(A4, A3), 2) → 다운

전문가의 조언 | ①번 수식의 결과는 **봄 여행**입니다.

① =REPLACE(A3, SEARCH(A4, A3), 2, "여행")
❶ SEARCH(A4, A3) / ❷ 전체 수식

❶ SEARCH(A4, A3) : [A3] 셀에 입력된 "봄 여름"에서 [A4] 셀에 입력된 "여름"를 찾아 위치인 3을 반환합니다.
❷ =REPLACE(A3, ❶, 2, "여행") → =REPLACE(A3, 3, 2, "여행") : [A3] 셀에 입력된 "봄 여름"에서 3번째 글자부터 2글자를 "여행"으로 변경한 "봄 여행"을 반환합니다.

② =REPLACE(A5, SEARCH("아", A2), 4, " ")
❶ SEARCH("아", A2) / ❷ 전체 수식

❶ SEARCH("아", A2) : [A2] 셀에 입력된 "아름다운 강산"에서 "아"를 찾아 위치인 1을 반환합니다.
❷ =REPLACE(A5, ❶, 4, " ") → =REPLACE(A5, 1, 4, " ") : [A5] 셀에 입력된 "희망의 메시지"에서 1번째 글자부터 4글자를 공백(" ") 변경한 "메시지"를 반환합니다.

③ =MID(A5, SEARCH(A1, A5), 1)
❶ SEARCH(A1, A5) / ❷ 전체 수식

❶ SEARCH(A1, A5) : [A5] 셀에 입력된 "희망의 메시지"에서 [A1] 셀에 입력된 "메"를 찾아 위치인 5를 반환합니다.
❷ =MID(A5, ❶, 1) → =MID(A5, 5, 1) : [A5] 셀에 입력된 "희망의 메시지"의 5번째 자리에서부터 1자리를 추출한 "메"를 반환합니다.

④ =MID(A2, SEARCH(A4, A3), 2)
❶ SEARCH(A4, A3) / ❷ 전체 수식

❶ SEARCH(A4, A3) : [A3] 셀에 입력된 "봄 여름"에서 [A4] 셀에 입력된 "여름"를 찾아 위치인 3을 반환합니다.
❷ =MID(A2, ❶, 2) → =MID(A2, 3, 2) : [A2] 셀에 입력된 "아름다운 강산"의 3번째 자리에서부터 2자리를 추출한 "다운"을 반환합니다.

84섹션 1필드

**23.** 다음과 같이 [A2:D7] 영역에 '입사연도'가 2014년 이후이고, '주소'가 "서울"이면 셀 배경색을 설정하는 [조건부 서식]을 지정하려고 한다. 다음 중 [조건부 서식]의 수식 입력란에 입력해야 할 수식으로 옳은 것은?

| | A | B | C | D |
|---|---|---|---|---|
| 1 | 직원번호 | 직원명 | 입사연도 | 주소 |
| 2 | NK-001 | 강남홍 | 2012-05-08 | 서울 마포구 |
| 3 | NK-002 | 이숙민 | 2014-01-02 | 서울 강동구 |
| 4 | NK-003 | 양희조 | 2014-05-25 | 안양 비산동 |
| 5 | NK-004 | 조기쁨 | 2015-04-24 | 서울 양천구 |
| 6 | NK-005 | 강순동 | 2015-02-08 | 수원 화성 |
| 7 | NK-006 | 이유정 | 2014-06-08 | 안양 비산동 |
| 8 | | | | |

① =OR(YEAR($C2)>=2014, LEFT($D2, 2)="서울")
② =AND(YEAR($C2)>=2014, LEFT($D2, 2)="서울")
③ =OR(YEAR(C$2)>=2014, LEFT(D$2, 2)="서울")
④ =AND(YEAR(C$2)>=2014, LEFT(D$2, 2)="서울")

전문가의 조언 | '조건부 서식'의 수식 입력란에 입력해야 할 수식으로 옳은 것은 ②번입니다.
- **첫 번째 조건** : '입사연도'가 2014년 이후 → YEAR(C2)>=2014
- **두 번째 조건** : '주소'가 "서울" → LEFT(D2, 2)="서울"
- 이 문제는 두 조건을 모두 만족하는 행 전체에 서식을 지정해야 하므로 AND 함수를 사용해야 하고, 수식에서 열 번호에만 절대 주소 표시($C2, $D2)를 지정해야 합니다.

∴ =AND(YEAR($C2)>=2014, LEFT($D2, 2)="서울")

없음

**24.** 다음 워크시트에서 [A2:A6] 영역의 앞에 두 글자를 이용하여 [B2:B6] 영역에 지역을 표시하려고 할때, [B2] 셀에 "서울"을 입력한 후 눌러야 하는 바로 가기 키는?

| | A | B |
|---|---|---|
| 1 | 코드 | 지역 |
| 2 | 서울-505 | 서울 |
| 3 | 부산-120 | |
| 4 | 인천-210 | |
| 5 | 광주-502 | |
| 6 | 성남-650 | |
| 7 | | |

① Alt + Tab + E　　② Alt + E
③ Shift + E　　④ Ctrl + E

**전문가의 조언** | • '빠른 채우기'는 현재 셀 주변의 데이터 패턴을 감지하여 자동으로 데이터를 입력해 주는 기능으로, 바로 가기 키는 Ctrl + E입니다.
• [B2] 셀에 "서울"을 입력한 후 Ctrl + E를 누르면 다음과 같이 표시됩니다.

| | A | B |
|---|---|---|
| 1 | 코드 | 지역 |
| 2 | 서울-505 | 서울 |
| 3 | 부산-120 | 부산 |
| 4 | 인천-210 | 인천 |
| 5 | 광주-502 | 광주 |
| 6 | 성남-650 | 성남 |
| 7 | | |

97섹션 4필드

**25.** 아래 시트에서 국적별 영화 장르의 편수를 계산하기 위해 [B12] 셀에 작성해야 할 배열 수식으로 옳지 않은 것은?

| | A | B | C | D | E |
|---|---|---|---|---|---|
| 1 | | | | | |
| 2 | NO. | 영화명 | 관객수 | 국적 | 장르 |
| 3 | 1 | 럭키 | 66,962 | 한국 | 코미디 |
| 4 | 2 | 허드슨강의 기적 | 33,317 | 미국 | 드라마 |
| 5 | 3 | 그물 | 9,103 | 한국 | 드라마 |
| 6 | 4 | 프리즘☆투어즈 | 2,778 | 한국 | 애니메이션 |
| 7 | 5 | 드림 쏭 | 1,723 | 미국 | 애니메이션 |
| 8 | 6 | 춘몽 | 382 | 한국 | 드라마 |
| 9 | 7 | 파수꾼 | 106 | 한국 | 드라마 |
| 10 | | | | | |
| 11 | | 코미디 | 드라마 | 애니메이션 | |
| 12 | 한국 | 1 | 3 | 1 | |
| 13 | 미국 | 0 | 1 | 1 | |
| 14 | | | | | |

① {=SUM(($D$3:$D$9=$A12)*($E$3:$E$9=B$11))}
② {=SUM(IF($D$3:$D$9=$A12, IF($E$3:$E$9=B$11, 1)))}
③ {=COUNT(($D$3:$D$9=$A12)*($E$3:$E$9=B$11))}
④ {=COUNT(IF(($D$3:$D$9=$A12)*($E$3:$E$9=B$11), 1))}

**전문가의 조언** | 국적별 영화 장르의 편수를 계산하는 수식으로 옳지 않은 것은 ③번입니다.
• 조건이 두 개일 때 배열 수식을 이용하여 개수를 구하는 방법은 다음의 3가지 방법이 있습니다.

• 방법1 : {=SUM( (조건1)*(조건2) )}
• 방법2 : {=SUM( IF( 조건1, IF(조건2, 1) ) )}
• 방법3 : {=COUNT( IF( (조건1)*(조건2), 1 ) )}

1. 문제의 조건 두개는 다음과 같습니다.
   – 조건1 : '국적별'이란 조건은, 비교 대상이 될 국적이 있는 범위(D3:D9)와 비교할 기준이 되는 [A12] 셀을 "="으로 연결하여 적어주면 됩니다 (D3:D9=A12).
   – 조건2 : '장르'라는 조건은, 비교 대상이 될 장르가 있는 범위(E3:E9)와 비교할 기준이 되는 [B11] 셀을 "="으로 연결하여 적어주면 됩니다(E3:E9=B11).
2. 위의 조건을 개수 구하기 배열 수식의 '조건' 부분에 대입하면 다음과 같습니다.

• 방법1 : =SUM( (D3:D9=A12)*(E3:E9=B11) )
• 방법2 : =SUM( IF( D3:D9=A12, IF(E3:E9=B11, 1) ) )
• 방법3 : =COUNT( IF( (D3:D9=A12)*(E3:E9=B11), 1 ) )

이 문제는 여러 셀에 결과값을 구하는 수식으로, 범위는 절대 참조로 지정해야 하지만, A12 셀의 경우는 A13과 같이 열은 고정되고 행만 변경되어야 하므로 $A12로 지정하고, B11 셀의 경우는 C11, D11과 같이 행은 고정되고 열만 변경되어야 하므로 B$11로 지정해야 합니다. 이렇게 식을 완성한 후 Ctrl + Shift + Enter를 누르면 중괄호 { }가 자동으로 붙여집니다.

93섹션 1필드

**26.** 아래의 워크시트에서 [A8] 셀에 =INDEX(A1:C6, MATCH(LARGE(C2:C6, 3), C1:C6, 0), 2) 수식을 입력했을 때의 계산 결과로 올바른 것은?

| | A | B | C |
|---|---|---|---|
| 1 | 코너 | 담당 | 판매금액 |
| 2 | 잡화 | 김남희 | 5,122,000 |
| 3 | 식료품 | 남궁민 | 450,000 |
| 4 | 잡화 | 이수진 | 5,328,000 |
| 5 | 식료품 | 서수남 | 6,544,000 |
| 6 | 식료품 | 김정미 | 6,024,500 |

① 남궁민　　② 이수진
③ 서수남　　④ 김정미

**전문가의 조언** | 문제에 제시된 수식의 계산 결과는 "이수진"입니다.
=INDEX(A1:C6, MATCH(LARGE(C2:C6, 3), C1:C6, 0), 2)
❶
❷
❸
❶ LARGE(C2:C6, 3) : [C2:C6] 영역에서 3번째로 큰 값인 5,328,000을 반환합니다.

❷ MATCH(❶, C1:C6, 0) → MATCH(5328000, C1:C6, 0) : [C1:C6] 영역에서 5,328,000와 정확히 일치하는 값을 찾은 후 그 위치의 일련번호인 4를 반환합니다.
❸ =INDEX(A1:C6, ❷, 2) → INDEX(A1:C6, 4, 2) : [A1:C6] 영역에서 4행 2열, 즉 [B4] 셀의 값인 "이수진"을 반환합니다.

83섹션 1필드

**27.** 다음 중 사용자 지정 표시 형식에 대한 설명으로 틀린 것은?

① 소수점 오른쪽의 자리 표시자 보다 더 긴 숫자가 소수점 이하의 숫자로 셀에 입력될 경우 자리 표시자 만큼 소수 자릿수로 내림된다.
② 양수, 음수, 0, 텍스트 순으로 한 번에 네 가지의 표시 형식을 지정할 수 있다.
③ 각 섹션에 대한 색은 섹션의 맨 앞에 8개의 색 중 하나를 대괄호로 묶어 입력해야 한다.
④ 두 개의 섹션을 지정하면 첫 번째 섹션은 양수 또는 0, 두 번째 섹션은 음수에 대한 표시 형식이다.

**전문가의 조언 |** 소수점 오른쪽의 자리 표시자보다 더 긴 소수점 이하의 숫자가 셀에 입력될 경우 자리 표시자만큼 소수 자릿수로 내림이 아니라 반올림됩니다.
예 5.67이 입력된 셀에 사용자 지정 표시 형식을 0.0으로 지정하면 반올림되어 5.7이 표시됩니다.

124섹션 1필드

**28.** 다음과 같은 이벤트를 실행시켰을 때 나타나는 결과로 옳은 것은?

```
Private Sub Worksheet_Activate( )
    Range("A1").Select
    Selection.Sort Key1:=Range("A2"), _
    Order1:=xlAscending, Header:=xlGuess, _
    OrderCustom:=1, MatchCase:=False, _
    Orientation:=xlTopToBottom
End Sub
```

① 워크시트가 활성화될 때 [A2] 셀을 기준으로 오름차순 정렬한다.
② 이벤트가 실행된 후에는 [A2] 셀이 선택되어 있다.
③ 다른 프로시저에서 Worksheet_Activate( )를 불러와 실행할 수 있다.
④ 워크시트의 데이터가 변경되면 재정렬된다.

**전문가의 조언 |** 문제의 지문에 제시된 코드의 실행 결과로 옳은 것은 ①번입니다.
② 이벤트가 실행된 후에는 [A1] 셀이 선택되어 있습니다.
③ 다른 프로시저에서 불러와 실행할 수 없습니다.
④ 워크시트가 활성화될 때 실행되는 프로시저입니다.
문제의 코드를 살펴보면 다음과 같습니다.

```
❶ Private Sub Worksheet_Activate( )
❷     Range("A1").Select
❸     Selection.Sort Key1:=Range("A2"),_
      Order1:=xlAscending, Header:=xlGuess,_
      OrderCustom:=1, MatchCase:=False,_
      Orientation:=xlTopToBottom
  End Sub
```

❶ 워크시트가 활성화될 때 실행되는 프로시저입니다.
❷ [A1] 셀을 선택합니다.
※ [A1] 셀을 선택한 상태에서 정렬을 실행하면 [A1] 셀과 연결된 데이터 목록이 자동으로 선택됩니다.
❸ [A2] 셀을 기준으로 오름차순 정렬을 수행합니다.
- Key1 : 1차 정렬 기준
- Order1 : = xlAscending(1차 정렬 기준은 오름차순)
- Orientation:=xlTopToBottom : 위쪽에서 아래쪽, 즉 열를 기준으로 정렬함

79섹션 1필드

**29.** 워크시트에서 [B1] 셀을 삭제하기 위해 다음과 같은 대화상자를 표시하기 위한 바로 가기 키는?

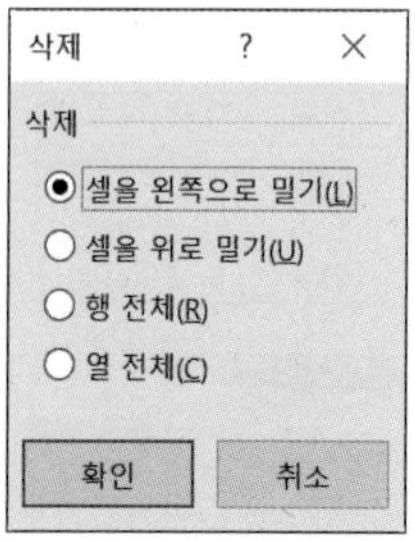


① Alt + +
② Ctrl + +
③ Alt + −
④ Ctrl + −

**전문가의 조언 |** '삭제' 대화상자를 표시하는 바로 가기 키는 Ctrl + −, '삽입' 대화상자를 표시하는 바로 가기 키는 Ctrl + +입니다.

116섹션 3필드

**30.** 다음 중 [매크로 기록] 대화상자에서 설정할 수 있는 요소가 아닌 것은?

① 매크로 이름
② 바로 가기 키
③ 매크로 보안
④ 매크로 저장 위치

**전문가의 조언 |** • '매크로 기록' 대화상자에서 매크로 보안은 설정할 수 없습니다.
• 매크로 보안은 [개발 도구] → [코드] → [매크로 보안]을 클릭하면 실행되는 '보안 센터' 대화상자에서 설정할 수 있습니다.

112섹션 2필드

**31.** 다음 중 [시나리오 추가] 대화상자에 대한 설명으로 옳지 않은 것은?

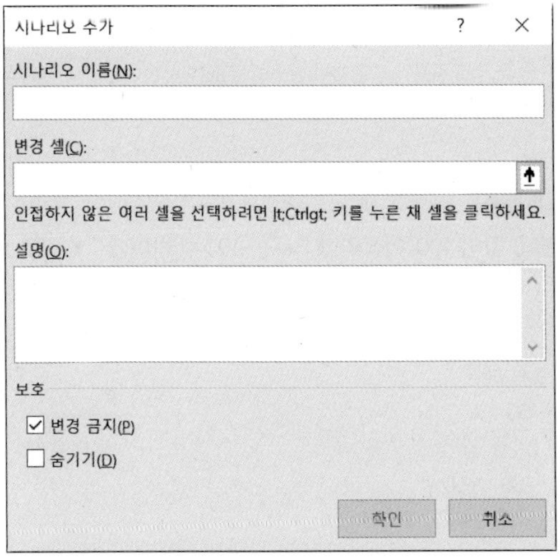


① [데이터] → [예측] → [가상 분석] → [시나리오 관리자] 대화상자에서 [추가] 단추를 클릭하면 표시되는 대화상자이다.
② '변경 셀'은 변경 요소가 되는 값의 그룹이며, 하나의 시나리오에 최대 32개까지 지정할 수 있다.
③ '설명'은 시나리오에 대한 추가적인 설명으로 반드시 입력할 필요는 없다.
④ 보호된 시트에 시나리오가 추가되지 않도록 하려면 '변경 금지'를 선택한다.

**전문가의 조언 |** '시나리오 추가' 대화상자의 '변경 금지'는 시나리오를 변경할 수 없도록 보호하는 것입니다.

107섹션 3필드

**32.** 다음 중 아래 시트에서 사원명이 두 글자이면서 실적이 전체 실적의 평균을 초과하는 데이터를 검색할 때, 고급 필터의 조건으로 옳은 것은?

| | A | B |
|---|---|---|
| 1 | 사원명 | 실적 |
| 2 | 유민 | 15,030,000 |
| 3 | 오성준 | 35,000,000 |
| 4 | 김근태 | 18,000,000 |
| 5 | 김원 | 9,800,000 |
| 6 | 정영희 | 12,000,000 |
| 7 | 남궁정훈 | 25,000,000 |
| 8 | 이수 | 30,500,000 |
| 9 | 김용훈 | 8,000,000 |
| 10 | | |

①

| 사원명 | 실적조건 |
|---|---|
| ="=??" | =$B2>AVERAGE($B$2:$B$9) |

②

| 사원명 | 실적 |
|---|---|
| ="=??" | =$B2&">AVERAGE($B$2:$B$9) |

③

| 사원명 | 실적 |
|---|---|
| =LEN($A2)=2 | =$B2>AVERAGE($B$2:$B$9) |

④

| 사원명 | 실적조건 |
|---|---|
| ="=**" | =$B2>AVERAGE($B$2:$B$9) |

**전문가의 조언 |** 고급 필터의 조건으로 옳은 것은 ①번입니다.
• 만능 문자(와일드 카드) *는 문자의 모든 자리를, ?는 문자의 한 자리만을 대신하는 문자입니다. 두 글자인 데이터를 찾는 조건은 **="=??"**로 작성해야 합니다.
※ 고급 필터의 조건으로 값에 대한 비교 연산자로 등호(=)를 사용할 때는 **="=항목"** 형식으로 입력하고, 조건으로 지정될 범위의 첫 행에는 원본 데이터 목록의 필드명을 입력해야 합니다(사원명).
• 고급 필터의 조건으로 수식을 입력할 경우, 조건으로 지정될 범위의 첫 행에는 아무것도 입력하지 않거나 원본 데이터의 필드명과 다른 내용을 입력해야 합니다. "실적조건"처럼 필드명인 "실적"만 아니면 됩니다.

103섹션 3필드

**33.** 다음 중 [페이지 설정] 대화상자에 대한 설명으로 옳지 않은 것은?

① 용지 방향, 용지 크기, 인쇄 품질을 설정할 수 있다.
② '머리글/바닥글' 탭의 '머리글' 영역에서 행/열 머리글의 인쇄 여부를 설정한다.
③ 여백은 사용자가 직접 값을 입력할 수 있다.
④ 워크시트에서 차트를 마우스로 선택한 후 [페이지 설정] 메뉴를 선택하면, '시트' 탭이 '차트' 탭으로 바뀐다.

**전문가의 조언 |** 행/열 머리글의 인쇄 여부는 '페이지 설정' 대화상자의 '시트' 탭에서 설정할 수 있습니다.

정답 : 27.① 28.① 29.④ 30.③ 31.④ 32.① 33.②

104섹션 1필드

**34.** 다음 중 미리 보기 창 및 인쇄 옵션에서 '페이지 설정'을 클릭하여 설정할 수 있는 내용으로 틀린 것은?

① 워크시트의 행 머리글과 열 머리글을 포함하여 인쇄할 수 있다.
② 셀에 표시된 오류가 인쇄되지 않도록 설정할 수 있다.
③ 인쇄 영역을 설정하여 인쇄할 수 있다.
④ 워크시트에 삽입되어 있는 차트, 도형, 그림 등의 모든 그래픽 요소를 제외하고 텍스트만 빠르게 인쇄할 수 있다.

전문가의 조언 | • 미리 보기 창 및 인쇄 옵션에서 '페이지 설정'을 클릭하면 나타나는 '페이지 설정' 대화상자에서는 '시트' 탭의 인쇄 영역, 반복할 행, 반복할 열이 모두 비활성화되어 있으므로 '인쇄 영역'을 변경할 수 없습니다.
• '페이지 설정' 대화상자를 이용하여 '인쇄 영역'을 변경하려면 [페이지 레이아웃] → [페이지 설정]의 '[◘]'를 이용하여 '페이지 설정' 대화상자를 호출해야 합니다.

105섹션 1필드

**35.** 다음 중 엑셀의 정렬 기능에 대한 설명으로 옳지 않은 것은?

① 오름차순 정렬과 내림차순 정렬 모두 빈 셀은 항상 마지막으로 정렬된다.
② 숨겨진 행이나 열도 정렬에 포함되어 정렬된다.
③ 대/소문자를 구분하여 정렬할 수 있고, 오름차순으로 정렬하면 소문자 → 대문자 순으로 정렬된다.
④ 표 서식이 적용된 데이터 영역을 '왼쪽에서 오른쪽'으로 정렬하려면 정렬하기 전에 '범위로 변환'을 실행해야 한다.

전문가의 조언 | 숨겨진 행이나 열에 있는 데이터는 정렬에 포함되지 않습니다.

97섹션 1필드

**36.** 다음 중 배열 상수에 대한 설명으로 옳지 않은 것은?

① 셀 참조, 길이가 다른 열, 달러($) 기호, 백분율(%) 기호 등은 배열 참조에 포함될 수 있다.
② 배열 상수에는 숫자, 텍스트, TRUE나 FALSE 등의 논리값, #N/A와 같은 오류 값이 들어 갈 수 있다.
③ 배열 상수에 정수, 실수, 지수형 서식의 숫자를 사용할 수 있다.
④ 배열 상수 입력 시 열 구분은 쉼표(,)로, 행 구분은 세미콜론(;)으로 한다.

전문가의 조언 | $, 괄호, %, 길이가 다른 행이나 열, 셀 참조는 배열 상수로 사용될 수 없습니다.

85섹션 2필드

**37.** 다음 중 오류값 '#VALUE!'가 발생하는 원인으로 올바른 것은?

① 잘못된 인수나 피연산자를 사용했을 경우
② 수식에서 값을 0으로 나누려고 할 경우
③ 함수나 수식에 사용할 수 없는 값을 지정했을 경우
④ 셀 참조가 유효하지 않을 때

전문가의 조언 | '#VALUE!'는 잘못된 인수나 피연산자를 사용했을 경우 발생합니다.
• ②번은 #DIV/0!, ③번은 #N/A, ④번은 #REF! 오류에 대한 설명입니다.

102섹션 2필드

**38.** 다음 중 [틀 고정]에 대한 설명으로 옳지 않은 것은?

① 워크시트를 스크롤할 때 특정 행이나 열이 계속 표시되도록 하는 기능이다.
② 워크시트의 화면상 첫 행이나 첫 열을 고정할 수 있으며, 선택한 셀의 위쪽 행과 왼쪽 열을 고정할 수도 있다.
③ 표시되어 있는 틀 고정선을 더블클릭하여 틀 고정을 취소할 수 있다.
④ 인쇄 시 화면에 표시되는 틀 고정의 형태는 적용되지 않는다.

전문가의 조언 | 창 나누기 기준선은 마우스로 더블클릭하면 창 나누기가 취소되지만 틀 고정선은 취소되지 않습니다.

83섹션 1필드

**39.** 셀의 값이 100 이상이면 "▲", −100 이하이면 "▼", 그 외는 값이 그대로 표시되는 사용자 지정 표시 형식으로 옳은 것은?

[표시 예]
• 150 : ▲
• 0 : 0
• −50 : −50
• −122 : ▼

① [>=100]"▲";#;[<=−100]"▼"
② [>=100]"▲";0;[<=−100]"▼"
③ [>=100]"▲";[<=−100]"▼";#
④ [>=100]"▲";[<=−100]"▼";0

전문가의 조언 | 사용자 지정 표시 형식으로 옳은 것은 ④번입니다. 문제에 제시된 내용을 차례대로 표현하면 다음과 같습니다.
• **100 이상이면 "▲"** : [>=100]"▲"
• **−100 이하면 "▼"** : [<=−100]"▼"
• **그 외는 값을 그대로 표시** : 0
※ 셀의 값이 0일 때 0이 표시되게 하려면 표시 형식을 반드시 0으로 지정해야 합니다.
∴ 사용자 지정 표시 형식을 모두 합치면 **[>=100]"▲";[<=−100]"▼";0**입니다.

74섹션 2필드

**40.** 다음 중 셀 영역을 선택한 후 상태 표시줄의 바로 가기 메뉴인 [상태 표시줄 사용자 지정]에서 선택할 수 있는 자동 계산에 해당되지 않는 것은?

① 선택한 영역 중 숫자 데이터가 입력된 셀의 수
② 선택한 영역 중 문자 데이터가 입력된 셀의 수
③ 선택한 영역 중 데이터가 입력된 셀의 수
④ 선택한 영역의 합계, 평균, 최소값, 최대값

**전문가의 조언 |** [상태 표시줄 사용자 지정]을 이용하여 데이터가 입력된 셀의 수나 숫자가 입력된 셀의 수는 계산할 수 있지만 문자 데이터가 입력된 셀의 수는 계산할 수 없습니다.

## 3과목 데이터베이스 일반

144섹션 3필드

**41.** 〈제품〉 테이블과 〈주문상세내역〉 테이블의 관계 설정에 관한 내용으로 옳지 않은 것은?

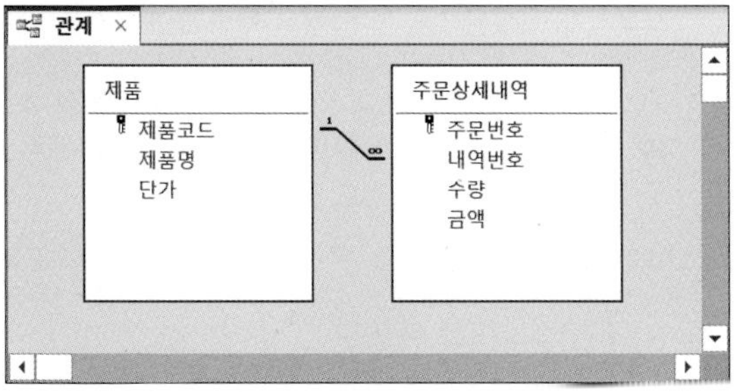


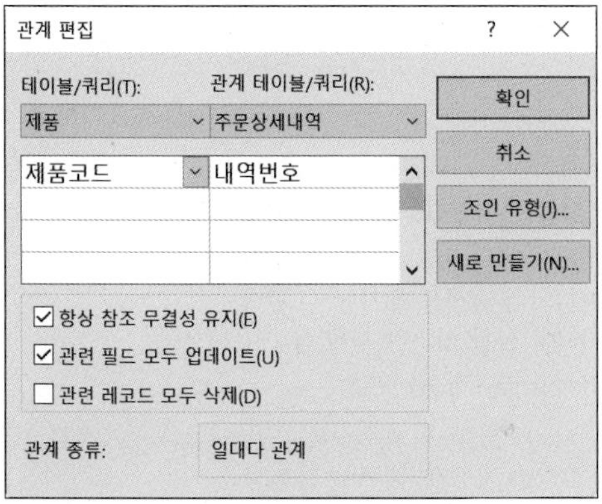


① 〈제품〉 테이블의 레코드를 수정하거나 삭제할 때 참조 무결성이 위배될 수 있다.
② 〈주문상세내역〉 테이블에 레코드를 추가할 때 참조 무결성이 위배될 수 있다.
③ 〈주문상세내역〉 테이블에 레코드를 삭제할 때는 어떠한 경우라도 참조 무결성이 위배되지 않는다.
④ 〈제품〉 테이블의 '제품코드' 데이터를 추가할 때는 참조 무결성이 위배될 수 있다.

**전문가의 조언 |** 〈제품〉 테이블에 새롭게 추가되는 '제품코드'는 〈주문상세내역〉 테이블에서 참조하는 자료가 아니므로 참조 무결성에 위배되지 않습니다.

178섹션 1필드

**42.** 활성화된 폼에서 옵션 단추의 선택 여부에 따라 해당 텍스트 상자 컨트롤로 포커스(Focus)를 자동 이동하려고 한다. 다음 중 이 작업을 위해 사용되는 매크로 함수로 옳은 것은?

① OpenForm ② GoToControl
③ GoToRecord ④ SetValue

**전문가의 조언 |** 특정 컨트롤로 포커스를 이동시키는 매크로 함수는 GoToControl입니다.
- OpenForm : 폼을 여는 매크로 함수
- GoToRecord : 레코드 포인터를 이동시키는 매크로 함수로, First, Last, Previous, Next 등의 인수가 사용됨
- SetValue : 필드, 컨트롤, 속성 등의 값을 설정하는 매크로 함수

154섹션 1필드

**43.** 다음의 〈학과〉 테이블에 대한 SQL문의 실행 결과로 표시되는 값은?

〈학과〉

| 학과코드 | 학과명 | 수강인원 | 강의실코드 |
|---|---|---|---|
| 1001 | 인공지능 | 40 | C101 |
| 1002 | 빅데이터 | 20 | C204 |
| 1003 | 데이터보안 | 30 | C308 |
| 1004 | 반도체 | 10 | C405 |

〈SQL문〉

```
Select Count(*)
From 학과
Where 수강인원 >
  (Select Avg(수강인원) From 학과);
```

① 1 ② 2 ③ 3 ④ 4

**전문가의 조언 |** SQL문을 실행한 결과로 표시되는 값은 2입니다. 하위 질의의 결과가 기본 질의의 조건으로 사용되므로 다음과 같은 순서로 질의문을 수행하면 됩니다.

❶ Select Avg(수강인원) From 학과 : 〈학과〉 테이블에서 '수강인원' 필드의 평균을 계산합니다. 평균은 (40+20+30+10) / 4 = 25입니다.

❷ Select Count(*) From 학과 Where 수강인원 〉( ❶ ) : 〈학과〉 테이블에서 수강인원이 ❶에서 계산된 평균, 즉 25를 초과하는 레코드의 개수를 표시합니다.

| 학과코드 | 학과명 | 수강인원 | 강의실코드 |
|---|---|---|---|
| 1001 | 인공지능 | 40 | C101 |
| 1002 | 빅데이터 | 20 | C204 |
| 1003 | 데이터보안 | 30 | C308 |
| 1004 | 반도체 | 10 | C405 |

141섹션 1필드

**44.** 다음 중 회사의 사원 정보를 데이터베이스로 구축할 때 가장 적합한 기본키에 대한 설명으로 올바른 것은?

① 대부분의 자료를 검색할 때 성명을 사용하므로 성명을 기본키로 사용한다.
② 대부분의 사원들이 핸드폰을 사용하므로 핸드폰 번호를 기본키로 사용한다.
③ 성명은 중복 가능성이 있으므로 성명과 부서명을 함께 기본키로 사용한다.
④ 회사에서 사원들에게 지급한 사원코드를 기본키로 사용한다.

**전문가의 조언 |** • 기본키는 테이블 내 모든 레코드들을 고유하게 식별할 수 있는 필드에 지정해야 합니다.
• '사원코드'는 사원 개개인을 구분할 수 있도록 부여한 코드이므로 기본키로 사용하기에 가장 적합합니다.

147섹션 1필드

**45.** 다음 중 액세스의 내보내기(Export)에 대한 설명으로 가장 옳지 않은 것은?

① 테이블이나 쿼리, 폼이나 보고서 등을 다른 형식으로 바꾸어 파일로 저장할 수 있다.
② 테이블의 데이터, 구조, 서식 등은 내보낼 수 있지만 제약 조건, 관계, 인덱스 같은 속성은 내보낼 수 없다.
③ 테이블은 내보내지 않고 보고서만 Word RTF 파일로 내보내는 경우 원본 테이블이 없으므로 자료가 표시되지 않는다.
④ 쿼리를 내보낼 경우 실행 결과가 저장된다.

**전문가의 조언 |** 폼이나 보고서를 내보낼 경우 폼이나 보고서와 연결된 데이터가 사용되므로, 원본 테이블과 관계 없이 자료가 표시됩니다.

158섹션 2필드

**46.** 다음 중 폼에 대한 설명으로 옳지 않은 것은?

① 폼 내에서 단추를 눌렀을 때 매크로와 모듈이 특정 기능을 수행하도록 할 수 있다.
② 일 대 다 관계에 있는 테이블이나 쿼리는 폼 안에 하위 폼을 작성할 수 있다.
③ 폼과 컨트롤의 속성은 [디자인 보기] 형식에서 [속성 시트]를 이용하여 설정한다.
④ 폼은 레코드 원본에 연결된 대상이 테이블인지 쿼리인지에 따라 바운드 폼과 언바운드 폼으로 구분된다.

**전문가의 조언 |** 바운드 폼과 언바운드 폼을 구분하는 기준은 연결 대상의 종류가 아니라 테이블이나 쿼리의 레코드와 연결되어 있는지 여부입니다. 즉 테이블이나 쿼리의 레코드와 연결되어 있으면 바운드 폼, 그렇지 않으면 언바운드 폼입니다.

171섹션 2필드

**47.** 다음 중 보고서에 대한 설명으로 옳지 않은 것은?

① 보고서에 포함할 필드가 모두 한 테이블에 있는 경우 해당 테이블을 레코드 원본으로 사용한다.
② 둘 이상의 테이블을 이용하여 보고서를 작성하는 경우 쿼리를 만들어 레코드 원본으로 사용한다.
③ '보고서' 도구를 사용하면 정보를 입력하지 않아도 바로 보고서가 생성되므로 매우 쉽고 빠르게 보고서를 만들 수 있다.
④ '보고서 마법사'를 이용하는 경우 필드 선택은 여러 개의 테이블 또는 하나의 쿼리에서만 가능하며, 데이터 그룹화 및 정렬 방법을 지정할 수도 있다.

**전문가의 조언 |** '보고서 마법사'를 이용하는 경우에는 여러 개의 테이블 또는 여러 개의 쿼리에서 필드를 선택할 수 있습니다. 단 선택된 필드가 포함된 테이블들은 서로 관계가 설정되어 있어야 합니다.

125섹션 2필드

**48.** 다음 중 데이터베이스의 장점이 아닌 것은?

① 데이터의 일관성을 유지할 수 있다.
② 데이터의 무결성을 유지할 수 있다.
③ 데이터를 일괄 처리할 수 있다.
④ 데이터를 공유할 수 있다.

**전문가의 조언 |** 데이터베이스의 장점 중 하나는 데이터의 실시간 처리입니다. 이로 인해 항상 최신의 데이터를 유지할 수 있습니다.

149섹션 1필드

**49.** 다음 중 각 쿼리문에 대한 설명으로 옳지 않은 것은?

① insert into member(id, password, name, age) values ('a001', '1234', 'kim', 20);
② update member set age=17 where id='a001';
③ select * distinct from member where age=17;
④ delete from member where id='a001';

**전문가의 조언 |** DISTINCT는 검색 결과가 중복되는 레코드는 검색 시 한번 만 표시하는 것으로 필드명 앞에 기술합니다.

135섹션 13필드

**50.** 다음 중 데이터 형식에 대한 설명으로 옳지 않은 것은?

① '첨부 파일'은 jpg, xlsx 등 원하는 파일 형식으로 첨부되도록 할 수 있다.
② 'Yes/No'는 성별이나 결혼 여부 등 두 값 중 하나만 입력하는 경우에 사용한다.
③ '짧은 텍스트'는 최대 255자까지 저장할 수 있다.
④ '일련 번호'는 레코드가 추가될 때마다 1씩 증가하는 값이 자동으로 입력되며, 필드 크기는 정수(Long)이다.

**전문가의 조언 |** '첨부 파일' 형식은 다양한 형식의 파일을 첨부할 수 있지만 원하는 파일 형식만 첨부되도록 설정할 수는 없습니다.

140섹션 2필드

**51.** 테이블 디자인의 조회 표시에서 콤보 상자나 목록 상자를 선택하면 여러 가지 속성이 표시된다. 속성에 대한 설명 중 옳지 않은 것은?

① 행 원본 : 목록으로 제공할 데이터를 지정한다.
② 바운드 열 : 바운드되는 필드의 개수를 지정한다.
③ 컨트롤 표시 : 콤보 상자나 목록 상자를 선택한다.
④ 목록 값만 허용 : '예'로 설정하면 목록에 제공된 데이터 이외의 값을 추가할 수 없다.

**전문가의 조언 |** '바운드 열'은 선택한 목록의 여러 열 중 해당 컨트롤에 저장되는 열을 지정하는 속성입니다.

176섹션 3필드

**52.** 보고서 머리글의 텍스트 박스 컨트롤에 다음과 같이 컨트롤 원본을 지정하였다. 보고서 미리 보기를 하는 경우 어떠한 결과가 나타나는가? (단, 현재 날짜와 시간이 2023년 1월 2일 오후 3시 4분 5초라고 가정한다.)

| =Format(Now( ), "mmmm ampm h:n") |
|---|

① Jan 3:4　　② January 오후 3:4
③ Jan pm 3:4:5　　④ January pm 3:4:5

**전문가의 조언 |** 보고서 미리 보기의 결과는 **January 오후 3:4**입니다.
- Format(식, 형식)은 계산 결과에 표시 형식을 지정하는 함수입니다.
- 날짜 형식을 mmmm으로 지정하였고, 날짜가 2023-01-02이므로 **January**로 표시됩니다.
- 시간 형식을 ampm h:n으로 지정하였고, 시간이 오후 3시 4분 5초이므로 **오후 3:4**로 표시됩니다.

119섹션 2필드

**53.** 다음 VBA에서 변수 선언(Option Explicit)에 대한 설명으로 옳지 않은 것은?

① Dim, Static, Private, Public 키워드로 변수를 선언한다.
② 변수는 반드시 Option Explicit문 이전에 선언해야 한다.
③ 변수를 선언하지 않고 사용하면 에러가 발생한다.
④ 'Option Base 1'을 선언하면 배열의 위치는 1부터 시작한다.

**전문가의 조언 |** Option Explicit는 변수를 선언하지 않고 사용하면 에러가 발생하도록 하는 명령문으로, 변수는 Option Explicit문 이후에 Dim, Static, Private, Public 명령문을 이용해 선언합니다.

162섹션 3필드

**54.** 다음 중 기본 보기 속성을 통해 설정하는 폼의 종류에 대한 설명으로 가장 옳지 않은 것은?

① 단일 폼은 한 번에 한 개의 레코드만을 표시한다.
② 연속 폼은 현재 창을 채울 만큼 여러 개의 레코드를 표시한다.
③ 연속 폼은 매 레코드마다 폼 머리글과 폼 바닥글이 표시된다.
④ 데이터시트 형식은 스프레드시트처럼 행과 열로 정렬된 폼 필드를 표시한다.

**전문가의 조언 |** 연속 폼은 매 레코드마다가 아닌 폼 창마다 폼 머리글과 폼 바닥글이 표시됩니다.

정답 : 44.④ 45.③ 46.④ 47.④ 48.③ 49.③ 50.① 51.② 52.② 53.② 54.③

165섹션 1필드

**55.** 하위 폼을 이용하여 폼을 작성할 때의 설명으로 옳지 않은 것은?

① 연결 필드의 데이터 종류는 같아야 하며, 데이터 형식이나 필드 크기도 같거나 호환되어야 한다.
② 하위 폼은 폼 안에 있는 또 하나의 폼이며, 기본이 되는 폼을 기본 폼이라고 하고 기본 폼 안에 들어있는 폼을 하위 폼이라고 한다.
③ 하위 폼/하위 보고서 속성 중에서 원본 개체 속성은 기본 폼으로 사용될 폼만을 의미한다.
④ 하위 필드 연결이나 기본 필드 연결 속성에는 필드명을 사용할 수 있다.

**전문가의 조언 |** 하위 폼/하위 보고서 속성 중에서 원본 개체 속성에는 기본 폼이 아니라 하위 폼으로 사용될 폼을 지정해야 합니다.

146섹션 3필드

**56.** 다음 중 다른 데이터베이스의 원본 데이터를 연결 테이블로 가져온 테이블과 새 테이블로 가져온 테이블에 대한 설명으로 옳지 않은 것은?

① 새 테이블로 가져온 테이블을 삭제해도 원본 테이블은 삭제되지 않는다.
② 새 테이블로 가져온 테이블을 이용하여 폼이나 보고서를 생성할 수 있다.
③ 연결 테이블로 가져온 테이블을 삭제해도 원본 테이블은 삭제되지 않고 연결만 삭제된다.
④ 연결 테이블로 가져온 테이블을 삭제하면 연결되어 있는 원본 데이터베이스 테이블도 삭제된다.

**전문가의 조언 |** 연결 테이블(Linked Table) 기능을 이용하여 연결한 테이블을 삭제하더라도 원본 데이터에는 아무런 영향을 주지 않습니다.

151섹션 1필드

**57.** 다음 중 HAVING 절과 WHERE 절에 대한 설명으로 옳지 않은 것은?

① WHERE 절에는 정렬 옵션을 사용할 수 없다.
② WHERE 절에는 그룹 함수를 사용할 수 있다.
③ WHERE 절은 검색될 레코드에 대한 조건을 지정할 때 사용한다.
④ 그룹에 대한 조건을 지정할 때는 HAVING 절을 사용한다.

**전문가의 조언 |** WHERE 절에서는 그룹 함수를 사용할 수 없습니다.

152섹션 3필드

**58.** 다음 중 문자열 함수에 대한 결과로 옳지 않은 것은?

① Len("Blossom") = 7
② Mid("Blossom", 3, 2) = os
③ Left("Blossom", 3) = Blo
④ Instr("Blossom", "son") = Null

**전문가의 조언 |** InStr(문자열, 찾는 문자)는 문자열에서 찾는 문자 또는 문자열의 위치를 구하는 함수로, 문자열에서 찾는 문자나 문자열이 없는 경우에는 0을 반환합니다.

175섹션 1필드

**59.** 보고서 작성 시 사용되는 여러 종류의 마법사 중 다음과 같은 출력물 작성에 가장 적합한 것은?

| | |
|---|---|
| 강남구 개포동 326-9호<br>가남경리부 | 서울시 강동구 천호3동<br>185-5호<br>개성전자경리부 |
| 용산구 한강로7가 12-17<br>골드아이경리부 | 용산구 한강로10가 18-13<br>동아후로킹경리부 |
| 용산구 한강로11가 12-31<br>리치경리부 | 용산구 한강로11가 13-19<br>멀티클럽경리부 |

① 업무 양식 마법사　　② 우편 엽서 마법사
③ 레이블 마법사　　④ 보고서 마법사

**전문가의 조언 |** 문제에 제시된 그림과 같이 주소가 반복되는 우편 발송용 레이블을 만드는 보고서는 레이블 보고서로, 레이블 마법사를 이용해서 작성할 수 있습니다.

152섹션 1필드

**60.** 〈회원〉 테이블의 '주소' 필드의 값이 다음과 같은 경우 SQL문의 실행 결과로 표시되는 값은?

회원

| 주소 |
|---|
| 서울 합정동 |
| 합정역 |
| 합정역 1번출구 |
| 서울 합정동 |
| 부산 합정동 |
| 인천 합정동 |
| 합정역 서울 |

〈SQL〉

```
Select Count(*)
From 회원
Where 주소 = Like "합정*"
```

① 1　　② 7　　③ 3　　④ 4

**전문가의 조언** | 지문에 제시된 SQL문의 실행 결과로 표시되는 값은 3입니다. 질의문은 각 절을 분리하여 이해하면 쉽습니다.

- **Select Count(*) From 회원** : 〈회원〉 테이블에서 조건에 맞는 레코드의 개수를 검색합니다.
- **Where 주소 = Like "합정*"** : '주소' 필드의 값이 "합정"으로 시작하는 레코드만을 대상으로 검색합니다.

| 주소 |
|---|
| 서울 합정동 |
| **합정역** |
| **합정역 1번출구** |
| 서울 합정동 |
| 부산 합정동 |
| 인천 합정동 |
| **합정역 서울** |

# 2023년 1회 컴퓨터활용능력 1급 필기

## 1과목 컴퓨터 일반

1섹션 1필드

**1.** 다음 중 32비트 및 64비트 버전의 Windows OS에 관한 설명으로 옳지 않은 것은?

① 64비트 버전의 Windows에서는 대용량 RAM을 32비트 시스템보다 효과적으로 처리한다.
② 64비트 버전의 Windows를 설치하려면 64비트 버전의 Windows를 실행할 수 있는 CPU가 필요하다.
③ 64비트 버전의 Windows에서 하드웨어 장치가 정상적으로 동작하려면 64비트용 장치 드라이버가 필요하다.
④ 앱이 64비트 버전의 Windows용으로 설계된 경우 호환성 유지를 위해 32비트 버전의 Windows에서도 작동되도록 설계되어 있다.

**전문가의 조언 |** 앱이 64비트 버전의 Windows용으로 설계된 경우 32비트 버전의 Windows에서는 작동되지 않습니다.

58섹션 2필드

**2.** 다음 중 IPv6 주소 체계에 관한 설명으로 옳지 않은 것은?

① IPv4 주소 체계의 주소 부족 문제를 해결하기 위해서 개발되었다.
② 128비트의 긴 주소를 사용하기 때문에 IPv4 주소 체계에 비해 자료 전송 속도가 느리다.
③ 인증성, 기밀성, 데이터 무결성의 지원으로 보안성이 강화되었다.
④ IPv4 주소 체계와 호환성이 좋으며, 주소의 확장성, 융통성, 연동성이 우수하다.

**전문가의 조언 |** IPv6는 IPv4에 비해 자료 전송 속도가 빠릅니다.

67섹션 2필드

**3.** 다음 중 디지털 콘텐츠의 생성 · 거래 · 전달 · 관리 등 전체 과정을 관리할 수 있는 기술로 멀티미디어 프레임워크의 MPEG 표준은?

① MPEG-1　　② MPEG-2
③ MPEG-7　　④ MPEG-21

**전문가의 조언 |** 디지털 콘텐츠의 전체 과정을 관리하는 MPEG 표준은 MPEG-21입니다.

- MPEG-1 : CD와 같은 고용량 매체에서 동영상을 재생하기 위한 영상 압축 기술
- MPEG-2 : MPEG-1의 화질을 개선하기 위한 것으로 ISO 13818로 규격화된 영상 압축 기술
- MPEG-4 : 통신 · PC · 방송 등을 결합하는 복합 멀티미디어 서비스의 통합 표준을 위한 영상 압축 기술
- MPEG-7 : 멀티미디어 정보 검색이 가능한 동영상, 데이터 검색 및 전자상거래 등에 사용하도록 개발된 영상 압축 기술

44섹션 5필드

**4.** 다음 중 한글 Windows 10에서 사용하는 USB(Universal Serial Bus)에 대한 설명으로 옳은 것은?

① USB는 범용 병렬 장치를 연결할 수 있게 해 주는 컴퓨터 인터페이스이다.
② 핫 플러그인(Hot Plug In) 기능은 지원하지 않으나 플러그 앤 플레이(Plug & Play) 기능은 지원한다.
③ USB 3.0은 이론적으로 최대 5Gbps의 전송 속도를 가지며, PC 및 연결기기, 케이블 등의 모든 USB 3.0 단자는 파랑색으로 되어 있어 이전 버전과 구분이 된다.
④ 허브를 이용하여 하나의 USB 포트에 여러 개의 주변기기를 연결할 수 있으며, 최대 256개까지 연결할 수 있다.

**전문가의 조언 |** USB에 대한 설명으로 옳은 것은 ③번입니다.
① USB는 범용 직렬 장치를 연결할 수 있게 해주는 컴퓨터 인터페이스입니다.
② USB는 핫 플러그인(Hot Plug In)과 플러그 앤 플레이(Plug&Play) 기능을 모두 지원합니다.
④ USB는 주변장치를 최대 127개까지 연결할 수 있습니다.

53섹션 5필드

**5.** 다음 중 객체 지향 언어에 대한 설명으로 옳지 않은 것은?

① 객체 지향 언어에는 Java, C++, Python 등이 있다.
② 코드의 재사용과 유지 보수가 용이하다.
③ 프로그램 작성 시 정해진 문법에 맞게 일련의 처리 절차를 순서대로 기술해 나간다.
④ 시스템의 확장성이 높고 정보 은폐가 용이하다.

**전문가의 조언 |** • 객체 지향 언어는 프로그램 작성 시 객체를 중심으로 기술해 나갑니다.
• ③번은 절차적 지향 언어에 대한 설명입니다.

15섹션 2필드

**6.** 다음 중 Windows 10의 [그림판]에 대한 내용으로 옳지 않은 것은?

① 그림판에서 PNG와 JPG, GIF, BMP 등의 파일을 작업할 수 있다.
② 그림을 회전하거나 대칭 이동 등의 작업을 할 수 있다.
③ [레이어]를 이용하면 여러 사진을 추가하여 합성할 수 있다.
④ 그림에 텍스트를 입력할 수 있고, 글꼴 서식을 변경할 수 있다.

**전문가의 조언 |** • 그림판은 간단한 그림을 그리거나 수정하기 위한 앱으로 레이어 기능을 지원하지 않습니다.
• 레이어와 같은 고급 그래픽 기능을 사용하려면 포토샵 같은 전문 그래픽 앱을 설치해서 사용해야 합니다.

71섹션 4필드

**7.** 다음 중 프로그램을 직접 감염시키지 않고 디렉터리 영역에 저장된 프로그램의 시작 위치를 바이러스의 시작 위치로 변경하는 파일 바이러스 유형은?

① 기생형 바이러스
② 산란형 바이러스
③ 연결형 바이러스
④ 겹쳐쓰기형 바이러스

**전문가의 조언 |** 디렉터리 영역에 저장된 프로그램의 시작 위치를 바이러스의 시작 위치로 변경하는 파일 바이러스 유형은 연결형 바이러스입니다.
• **기생형 바이러스** : 원래 프로그램에 손상을 주지 않고 앞이나 뒤에 기생하는 바이러스로, 대부분의 파일 바이러스가 여기에 속함
• **산란형 바이러스** : EXE 파일을 감염시키지 않고 같은 이름의 COM 파일을 만들어 바이러스를 넣어둠
• **겹쳐쓰기형 바이러스** : 원래 프로그램이 있는 곳의 일부에 겹쳐서 존재하는 바이러스

53섹션 7필드

**8.** 언어 번역 프로그램 중에서 컴파일러 대비 인터프리터의 특징이 아닌 것은?

① 대표적인 언어에는 C, C++, Java, C# 등이 있다.
② 번역 속도는 빠르지만 실행 속도는 느리다.
③ 목적 프로그램을 생성하지 않는다.
④ 행 단위로 번역한다.

**전문가의 조언 |** • 대표적인 인터프리터 언어에는 Python, Ruby, R 등이 있습니다.
• C, C++, Java, C# 등은 컴파일러 언어에 해당합니다.

36섹션 5필드

**9.** 다음 중 컴퓨터에서 사용하는 ASCII 코드에 관한 설명으로 옳지 않은 것은?

① 데이터 처리 및 통신 시스템 상호 간의 정보 교환을 위해 사용된다.
② 각 나라별 언어를 표현할 수 있다.
③ 각 문자를 7비트로 표현하며, 총 128개의 문자 표현이 가능하다.
④ 확장 ASCII 코드는 8비트를 사용한다.

**전문가의 조언 |** 각 나라별 언어를 표현할 수 있는 자료 표현 방식은 유니코드(Unicode)입니다.

32섹션 3필드

**10.** 다음 중 시스템 복구를 해야 하는 시기로 가장 적절하지 않은 것은?

① 로그온 화면이 나타나지 않으며, 운영체제를 시작할 수 없을 때
② 새 장치를 설치한 후 시스템이 불안정 할 때
③ 누락되거나 손상된 데이터 파일을 이전 버전으로 되돌리고자 할 때
④ 파일의 단편화를 개선하여 디스크의 접근 속도를 향상시키고자 할 때

**전문가의 조언 |** 파일의 단편화를 개선하여 드라이브의 접근 속도를 향상 시키고자 할 때에는 '드라이브 조각 모음 및 최적화'를 수행하면 됩니다.

9섹션 1필드

**11.** 다음 중 한글 Windows 10의 [폴더 옵션] 대화상자에서 설정할 수 있는 작업으로 옳지 않은 것은?

① 숨김 파일이나 폴더의 표시 여부를 지정할 수 있다.
② 폴더에서 시스템 파일을 검색할 때 색인의 사용 여부를 선택할 수 있다.
③ 알려진 파일 형식의 파일 확장명을 숨기도록 설정할 수 있다.
④ 탐색 창, 미리 보기 창, 세부 정보 창의 표시 여부를 선택할 수 있다.

**전문가의 조언 |** 탐색 창, 미리 보기 창, 세부 정보 창의 표시 여부는 파일 탐색기의 [보기] → [창] 그룹에서 설정할 수 있습니다.

정답 : 1.④ 2.② 3.④ 4.③ 5.③ 6.③ 7.③ 8.① 9.② 10.④ 11.④

62섹션 1필드

**12.** 다음 중 스마트폰을 모뎀처럼 활용하는 방법으로, 컴퓨터나 노트북 등의 IT 기기를 스마트폰에 연결하여 무선 인터넷을 사용할 수 있게 하는 기능은?

① 와이파이(WiFi) ② 블루투스(Bluetooth)
③ 테더링(Tethering) ④ 와이브로(WiBro)

전문가의 조언 | IT 기기를 스마트폰에 연결하여 무선 인터넷을 사용할 수 있게 하는 기능은 테더링(Tethering)입니다.

- **와이파이(Wi-Fi)** : 2.4GHz대를 사용하는 무선 랜(WLAN) 규격(IEEE 802.11b)에서 정한 제반 규정에 적합한 제품에 주어지는 인증 마크
- **블루투스(Bluetooth)** : 스웨덴의 에릭슨에 의하여 최초로 개발된 근거리 무선 통신을 가능하게 해주는 통신 방식으로, IEEE 802.15.1 규격을 사용하는 PANs(Personal Area Networks)의 산업 표준임
- **와이브로(Wibro)** : 무선 광대역을 의미하는 것으로, 휴대폰, 노트북, PDA 등의 모바일 기기를 이용하여 언제 어디서나 이동하면서 고속으로 무선 인터넷 접속이 가능한 서비스

51섹션 1필드

**13.** 다음 중 컴퓨터에서 사용하는 운영체제에 관한 설명으로 옳지 않은 것은?

① 운영체제의 목적은 처리 능력의 향상, 응답 시간의 단축, 사용 가능도의 향상, 신뢰도 향상 등이 있다.
② 운영체제의 구성 요소인 제어 프로그램에는 감시 프로그램, 작업 관리 프로그램, 데이터 관리 프로그램 등이 있다.
③ 운영체제의 방식에는 일괄 처리, 실시간 처리, 분산 처리 등이 있다.
④ 운영체제는 컴퓨터가 동작하는 동안 하드디스크에 위치하며, 프로세스, 기억장치, 입·출력장치, 파일 등의 자원을 관리한다.

전문가의 조언 | 운영체제는 컴퓨터가 동작하는 동안 하드디스크(보조기억장치)가 아닌 주기억장치에 위치하며, 프로세스, 기억장치, 입·출력장치, 파일 등의 자원을 관리합니다.

61섹션 2필드

**14.** 다음 중 쿠키(Cookie)에 대한 설명으로 옳은 것은?

① 인터넷 사용 시 네트워크에 접속하기 위한 프로그램이다.
② 특정 웹 사이트 접속 시 반복적으로 사용되는 접속 정보를 가지고 있는 파일이다.
③ 웹 브라우저에서 기본으로 제공하지 않는 기능을 부가적으로 설치하여 구현되도록 한다.
④ 자주 사용하는 사이트의 자료를 저장한 후 다시 동일한 사이트 접속 시 자동으로 자료를 불러온다.

전문가의 조언 | 쿠키(Cookie)는 특정 웹 사이트 접속 시 반복적으로 사용되는 접속 정보를 가지고 있는 파일을 의미합니다.

62섹션 1필드

**15.** 다음 중 텔레매틱스(Telematics)에 대한 설명으로 옳지 않은 것은?

① 통신(Telecommunication)과 정보과학(Informatics)의 합성어이다.
② 이미지, 음성, 영상 등의 디지털 정보를 유무선 네트워크에 연결시켜 다양한 멀티미디어 서비스를 제공한다.
③ 여러 IT 기술을 차량에 적합하게 적용하여 새로운 부가가치를 창출한다.
④ 차량에 장착된 특수한 장치와 노변 장치를 이용하여 차량을 안전하게 제어한다.

전문가의 조언 | ④번은 첨단 도로 시스템(Automated Highway Systems)에 대한 설명입니다.

24섹션 1필드

**16.** 다음 중 한글 Windows 10에서 설치된 하드웨어를 확인하거나 하드웨어 설정의 수정 및 제거를 할 수 있는 곳은?

① 작업 관리자
② 레지스트리 편집기
③ 장치 관리자
④ 하드웨어 추가/제거

전문가의 조언 | 하드웨어를 확인하거나 하드웨어 설정의 수정 및 제거를 할 수 있는 곳은 장치 관리자입니다.

38섹션 2필드

**17.** 다음 중 컴퓨터의 내부 기억장치에 관한 설명으로 옳은 것은?

① 주기억장치의 접근 속도 개선을 위하여 가상 메모리가 사용된다.
② SRAM이 DRAM 보다 접근 속도가 느리다.
③ ROM에는 BIOS, 기본 글꼴, POST 시스템 등이 저장되어 있다.
④ RAM은 일시적으로 전원 공급이 없더라도 내용은 계속 기억된다.

전문가의 조언 | 컴퓨터의 내부 기억장치에 관한 설명으로 옳은 것은 ③번입니다.

① 주기억장치의 접근 속도 개선을 위하여 사용되는 메모리는 캐시 메모리입니다. 가상 메모리는 보조기억장치(하드디스크)의 일부를 주기억장치처럼 사용하는 메모리입니다.
② SRAM이 DRAM 보다 접근 속도가 빠릅니다.
④ RAM은 전원이 꺼지면 기억된 내용이 모두 사라지는 휘발성 메모리입니다.

41섹션 3필드

**18. 다음 중 3D 프린터에 관한 설명으로 옳지 않은 것은?**

① 입력한 도면을 바탕으로 3차원 입체 물품을 만들어 내는 프린터이다.
② 인쇄 원리는 잉크젯 프린터의 인쇄 원리와 같다.
③ 출력 단위로는 IPM, PPM 등이 사용된다.
④ 기계, 건축, 예술, 의료 분야 등에서 활용되고 있다.

전문가의 조언 | • 3D 프린터의 출력 단위는 MMS(MilliMeters per Second)입니다.
• IPM(Images Per Minute)과 PPM(Pages Per Minute)은 잉크젯 및 레이저 프린터의 출력 단위입니다.

72섹션 3필드

**19. 다음 중 시스템 보안과 관련한 불법적인 형태에 대한 설명으로 옳지 않은 것은?**

① 피싱(Phishing)은 거짓 메일을 보내서 가짜 금융기관 등의 가짜 웹 사이트로 유인하여 정보를 빼내는 행위이다.
② 스푸핑(Spoofing)은 검증된 사람이 네트워크를 통해 데이터를 보낸 것처럼 데이터를 변조하여 접속을 시도하는 행위이다.
③ 분산 서비스 거부 공격(DDOS)은 마이크로소프트사의 MS-DOS를 운영체제로 사용하는 컴퓨터에 네트워크를 통해 불법적으로 접속하는 행위이다.
④ 키로거(Key Logger)는 키 입력 캐치 프로그램을 사용하여 ID나 암호를 알아내는 행위이다.

전문가의 조언 | 분산 서비스 거부 공격(DDOS)은 여러 대의 컴퓨터를 이용하여 대량의 데이터를 한 곳의 서버에 집중적으로 전송함으로써 특정 서버의 정상적인 기능을 방해하는 형태의 공격을 말합니다.

29섹션 1필드

**20. 다음 중 한글 Windows 10에서 하드디스크에 적용하는 [드라이브 오류 검사]에 관한 설명으로 옳지 않은 것은?**

① 하드디스크 자체의 물리적 오류를 찾아서 복구하므로 완료하는 데 시간이 더 오래 걸릴 수 있다.
② 하드디스크 드라이브를 검사하는 동안에도 드라이브를 계속 사용할 수 있다.
③ 하드디스크 문제로 인하여 컴퓨터 시스템이 오작동하는 경우나 바이러스의 감염을 예방할 수 있다.
④ 하드디스크의 [속성] 창 [도구] 탭에서 오류 검사를 실행할 수 있다.

전문가의 조언 | 드라이브 오류 검사는 하드디스크나 SSD에 논리적 혹은 물리적으로 손상이 있는지 검사하고, 복구 가능한 에러가 있으면 이를 복구해 주는 기능으로 바이러스의 감염 예방 기능은 제공하지 않습니다.

## 2과목 스프레드시트 일반

97섹션 2필드

**21. 아래 그림과 같이 워크시트에 배열 상수 형태로 배열 수식이 입력되어 있을 때, [A5] 셀에서 수식 =SUM(A1, B2)를 실행하였다. 다음 중 그 결과로 옳은 것은?**

| | A | B | C |
|---|---|---|---|
| 1 | ={1,2,3;4,5,6} | ={1,2,3;4,5,6} | ={1,2,3;4,5,6} |
| 2 | ={1,2,3;4,5,6} | ={1,2,3;4,5,6} | ={1,2,3;4,5,6} |
| 3 | | | |

① 3　② 5
③ 6　④ 7

전문가의 조언 | 수식 =SUM(A1, B2)의 결과는 6입니다.
• 배열 상수를 입력할 때 열의 구분은 쉼표(,)로, 행의 구분은 세미콜론(;)으로 합니다.
• [A1:C2] 영역을 블록으로 지정한 후 ={1,2,3;4,5,6}을 입력하고 Ctrl + Shift + Enter를 누르면 다음과 같이 입력됩니다.

| | A | B | C |
|---|---|---|---|
| 1 | 1 | 2 | 3 |
| 2 | 4 | 5 | 6 |
| 3 | | | |

※ =SUM(A1, B2) : 1+5=6입니다.
※ 문제에 제시된 그림은 이 상태에서 Ctrl + ~를 눌러 값이 아닌 수식을 화면에 표시한 것입니다.

85섹션 2필드

**22. 다음 중 아래의 워크시트에서 [C1] 셀에 수식 '=A1+B1+C1'을 입력할 경우 발생하는 상황으로 옳은 것은?**

| | A | B | C |
|---|---|---|---|
| 1 | 0 | 100 | |
| 2 | | | |

① [C1] 셀에 '#REF!' 오류 표시
② [C1] 셀에 '#NUM!' 오류 표시
③ 데이터 유효성 오류 메시지 창 표시
④ 순환 참조 경고 메시지 창 표시

전문가의 조언 | 수식에서 해당 수식이 입력된 [C1] 셀을 참조하기 때문에 아래와 같은 순환 참조 경고 메시지가 표시됩니다.

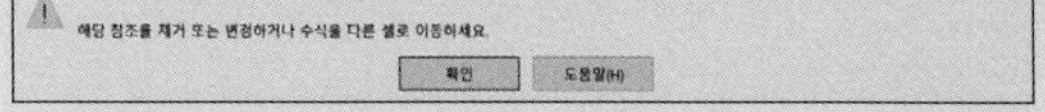


※ 수식에서 직접 또는 간접적으로 수식이 입력된 그 셀을 그 수식에서 참조하는 경우를 순환 참조라고 합니다.

76섹션 2필드

**23.** 다음 워크시트에서 [A1] 셀에서 Ctrl을 누른 채 채우기 핸들을 이용하여 드래그 했을 때 [C1] 셀에 표시되는 값은?

| | A | B | C | D |
|---|---|---|---|---|
| 1 | 29.5 | | | |
| 2 | | | | |

① 29.5 ② 31.5
③ 29.7 ④ 49.5

전문가의 조언 | Ctrl을 누른 채 숫자가 들어 있는 셀의 채우기 핸들을 드래그하면 값이 1씩 증가하며 입력되므로 [C1] 셀에 31.5가 표시됩니다.

| | A | B | C | D |
|---|---|---|---|---|
| 1 | 29.5 | 30.5 | 31.5 | 32.5 |
| 2 | | | | |

109섹션 1필드

**24.** 다음 중 [데이터] 탭 [데이터 가져오기 및 변환] 그룹의 각 명령에 대한 설명으로 옳지 않은 것은?

① [데이터 가져오기] → [기타 원본에서] → [Microsoft Query에서]를 이용하면 여러 테이블을 조인(Join)한 결과를 워크시트로 가져올 수 있다.
② [기존 연결]을 이용하면 Microsoft Query에서 작성한 쿼리 파일(*.dqy)의 실행 결과를 워크시트로 가져올 수 있다.
③ [웹]을 이용하면 웹 페이지의 모든 데이터를 원본 그대로 가져올 수 있다.
④ [데이터 가져오기] → [데이터베이스에서] → [Microsoft Access 데이터베이스에서]를 이용하면 원본 데이터의 변경 사항이 워크시트에 반영되도록 설정할 수 있다.

전문가의 조언 | [웹]을 이용해서는 웹 페이지의 테이블만 가져올 수 있습니다.

104섹션 1필드

**25.** 다음 중 [파일] → [인쇄]를 선택하면 표시되는 미리 보기 화면과 인쇄 옵션에서 설정할 수 있는 것으로 틀린 것은?

① [머리글/바닥글]로 설정한 내용은 매 페이지 상단이나 하단의 별도 영역에, 인쇄 제목의 반복할 행/열은 매 페이지의 본문 영역에 반복 출력된다.
② [페이지 설정]에서 '인쇄 영역'을 변경하여 인쇄할 수 있다.
③ [페이지 설정]에서 확대/축소 배율을 10%에서 최대 400%까지 설정하여 인쇄할 수 있다.
④ '여백 표시'를 표시하여 워크시트의 열 너비를 조정할 수 있다.

전문가의 조언 | • [파일] → [인쇄]를 선택한 후 '페이지 설정'을 클릭하면 '페이지 설정' 대화상자가 표시되기는 하지만 '시트' 탭의 인쇄 영역, 반복할 행, 반복할 열이 모두 비활성화 되어 있으므로 '인쇄 영역'을 변경할 수 없습니다.
• '페이지 설정' 대화상자를 이용하여 '인쇄 영역'을 변경하려면 [페이지 레이아웃] → [페이지 설정]의 '↘'를 이용하여 '페이지 설정' 대화상자를 호출해야 합니다.

93섹션 2필드

**26.** 아래 워크시트와 같이 시상내역[A13:D16] 표를 이용하여 시상내역[D2:D10]을 계산하였다. 다음 중 [D2] 셀에 입력된 배열 수식으로 옳은 것은?

| | A | B | C | D |
|---|---|---|---|---|
| 1 | 이름 | 공모대상 | 점수 | 시상내역 |
| 2 | 김남희 | 독창 | 91 | 대상 |
| 3 | 남궁민 | 창작동화 | 65 | - |
| 4 | 이수남 | 독창 | 75 | - |
| 5 | 서수남 | 독창 | 50 | - |
| 6 | 홍길동 | 독창 | 88 | 최우수상 |
| 7 | 이숙희 | 창작동화 | 69 | - |
| 8 | 양종국 | 창작동화 | 87 | 차상 |
| 9 | 김호명 | 독창 | 79 | - |
| 10 | 김영희 | 창작동화 | 93 | 장원 |
| 11 | | | | |
| 12 | 시상내역 | | | |
| 13 | 점수 | 0 | 80 | 90 |
| 14 | | 80 | 90 | 100 |
| 15 | 독창 | - | 최우수상 | 대상 |
| 16 | 창작동화 | - | 차상 | 장원 |
| 17 | | | | |

① {=INDEX($B$15:$D$16, MATCH(B2, $A$15:$A$16, 0), MATCH(C2, $B$13:$D$13, -1))}
② {=INDEX($B$15:$D$16, MATCH(B2, $A$15:$A$16, 0), MATCH(C2, $B$13:$D$13, 1))}
③ {=INDEX($B$15:$D$16, MATCH(B2, $A$15:$A$16, 0), MATCH(C2, $B$14:$D$14, -1))}
④ {=INDEX($B$15:$D$16, MATCH(B2, $A$15:$A$16, 0), MATCH(C2, $B$14:$D$14, 1))}

전문가의 조언 | [D2] 셀에 입력된 배열 수식으로 옳은 것은 ②번입니다.

{=INDEX( $B$15:$D$16, MATCH(B2, $A$15:$A$16, 0), MATCH(C2, $B$13:$D$13, 1) )}
❶ ❷
❸

❶ MATCH(B2, $A$15:$A$16, 0) : [A15:A16] 영역에서 [B2] 셀, 즉 "독창"과 동일한 값을 찾은 후 상대 위치인 1을 반환합니다.
❷ MATCH(C2, $B$13:$D$13, 1) : [B13:D13] 영역에서 [C2] 셀, 즉 91보다 작거나 같은 값 중에서 가장 근접한 값(90)을 찾은 후 상대 위치인 3을 반환합니다.
❸ =INDEX($B$15:$D$16, ❶, ❷) → =INDEX($B$15: $D$16, 1, 3) : [B15:D16] 영역에서 1행 3열, 즉 [D15] 셀의 값 "대상"을 반환합니다.

91섹션 1필드

**27.** 다음 중 아래 시트에서 각 수식을 실행했을 때의 결과 값으로 옳지 않은 것은?

| | A |
|---|---|
| 1 | 2023년 3월 5일 일요일 |
| 2 | 2023년 3월 20일 월요일 |
| 3 | 2023년 4월 10일 월요일 |
| 4 | |

① =EOMONTH(A1, −3) → 2022−12−31
② =DAYS(A1, A3) → 36
③ =NETWORKDAYS(A1, A2) → 11
④ =WORKDAY(A1, 10) → 2023−03−17

**전문가의 조언 |** ②번의 결과는 −36입니다.

① 2023-03-05를 기준으로 3개월 이전 달의 마지막 날짜인 2022-12-31을 반환합니다.
② 앞의 인수가 마지막 날짜이므로 2023-04-10에서 2023-03-05까지의 일수인 −36을 반환합니다.
③ 두 날짜 사이의 일수는 16이고, 휴일 날짜는 생략되었으므로 주말 날짜만 뺀 11을 반환합니다.
- 주말 날짜는 2023-03-05(일요일), 2023-03-11(토요일), 2023-03-12(일요일), 2023-03-18(토요일), 2023-03-19(일요일)로 총 5일입니다.

④ 2023-03-05에 주말 날짜를 제외하고 10일을 더한 2023-03-17를 반환합니다.

88섹션 1필드

**28.** 다음 중 아래의 워크시트에서 작성한 수식으로 결과 값이 다른 것은?

| | A | B | C |
|---|---|---|---|
| 1 | 10 | 30 | 50 |
| 2 | 40 | 60 | 80 |
| 3 | 20 | 70 | 90 |
| 4 | | | |

① =SMALL(B1:B3, COLUMN(C3))
② =SMALL(A1:B3, AVERAGE({1;2;3;4;5}))
③ =LARGE(A1:B3, ROW(A1))
④ =LARGE(A1:C3, AVERAGE({1;2;3;4;5}))

**전문가의 조언 |** ①, ③, ④번의 결과는 70, ②번의 결과는 20입니다.

① ❶ COLUMN(C3) : [C3] 셀의 열 번호인 3을 반환합니다.
❷ =SMALL(B1:B3, 3) : [B1:B3] 영역에서 세 번째로 작은 값인 70을 반환합니다.
② ❶ AVERAGE({1;2;3;4;5}) : 1, 2, 3, 4, 5의 평균인 3을 반환합니다.
❷ =SMALL(A1:B3, 3) : [A1:B3] 영역에서 세 번째로 작은 값인 30을 반환합니다.
③ ❶ ROW(A1) : [A1] 셀의 행 번호인 1을 반환합니다.
❷ =LARGE(A1:B3, 1) : [A1:B3] 영역에서 첫 번째로 큰 값인 70을 반환합니다.
④ ❶ AVERAGE({1;2;3;4;5}) : 3을 반환합니다.
❷ =LARGE(A1:C3, 3) : [A1:C3] 영역에서 세 번째로 큰 값인 70을 반환합니다.

83섹션 1필드

**29.** 다음 중 아래 워크시트의 [B2] 셀에 〈보기〉의 사용자 지정 표시 형식을 적용했을 때 표시되는 값은?

B2 | × ✓ fx | 354600

| | A | B | C | D |
|---|---|---|---|---|
| 1 | | | | |
| 2 | | 354600 | | |
| 3 | | | | |

〈보기〉

[>=1000000]0.0,,"kℓ";[>=1000]0.0,"ℓ";0.0"mℓ"

① 354600mℓ　② 354 ℓ
③ 354.6 ℓ　④ 0.4kℓ

**전문가의 조언 |** 〈보기〉의 사용자 지정 표시 형식을 적용했을 때 표시되는 값은 354.6 ℓ 입니다.

[>=1000000]0.0,,"kℓ";[>=1000]0.0,"ℓ";0.0"mℓ"

- [>=1000000]0.0,,"kℓ" : 셀에 입력된 값이 1,000,000 이상일 때 적용되는 서식으로, 0.0,,"kℓ" 형식으로 표시하되, 백만 단위 이하를 생략합니다.
  예 25000000 → 25.0kℓ
- [>=1000]0.0,"ℓ" : 셀에 입력된 값이 1,000 이상일 때 적용되는 서식으로, 0.0," ℓ " 형식으로 표시하되, 천 단위 이하를 생략합니다.
  예 354600 → 354.6 ℓ
- 0.0"mℓ" : 1,000 미만일 때 적용되는 서식으로, 0.0"mℓ" 형식으로 표시합니다.
  예 50 → 50.0mℓ

78섹션 4필드

**30.** 다음 중 데이터 입력에 대한 설명으로 옳지 않은 것은?

① 3e9를 입력하면 자동으로 지수 형식으로 입력된다.
② 현재 날짜와 시간을 입력하려면 Ctrl + ;를 누른 다음 한 칸 띄우고 Ctrl + Shift + ;을 누른다.
③ 분수를 입력하려면 0 1/2과 같이 분수 앞에 0을 입력한 뒤 한 칸 띄고 분수를 입력한다.
④ 고정 소수점 옵션을 무시하고 숫자를 입력하려면 숫자 앞에 느낌표(!)를 입력한다.

**전문가의 조언 |** 고정 소수점 옵션을 무시하고 숫자를 입력하려면 숫자 뒤에 소수점을 입력하면 됩니다. 예 50.
※ 3e9를 입력하면 3.00E+09와 같이 지수 형식으로 입력됩니다.

정답 : 23.② 24.③ 25.② 26.② 27.② 28.② 29.③ 30.④

123섹션 4필드

**31.** 아래의 프로시저를 이용하여 [A1:C3] 영역의 내용만 지우려고 한다. 다음 중 괄호 안에 들어갈 코드로 옳은 것은?

```
Sub Procedure( )
  Range("A1:C3").Select
  Selection.(    )
End Sub
```

① DeleteContents　　② FreeContents
③ ClearContents　　④ DeactivateContents

전문가의 조언 | 선택한 영역에 지정된 내용만 삭제하는 메서드는 ClearContents, 서식만 삭제하는 메서드는 ClearFormats입니다.

105섹션 1필드

**32.** 다음 중 데이터 정렬에 관한 설명으로 옳지 않은 것은?

① 대/소문자를 구분하여 정렬할 수 있다.
② 표 안에서 다른 열에는 영향을 주지 않고 선택한 한 열 내에서만 정렬하도록 할 수 있다.
③ 정렬 기준으로 '조건부 서식 아이콘'을 선택한 경우 기본 정렬 순서는 '위에 표시'이다.
④ 행을 기준으로 정렬하려면 [정렬] 대화상자의 [옵션]에서 정렬 옵션의 방향을 '위쪽에서 아래쪽'으로 선택한다.

전문가의 조언 | '정렬' 대화상자의 [옵션]에서 행을 기준으로 정렬하려면 '왼쪽에서 오른쪽', 열을 기준으로 정렬하려면 '위쪽에서 아래쪽'을 선택해야 합니다.

113섹션 1필드

**33.** 다음 중 아래 그림과 같이 목표값 찾기를 지정했을 때의 설명으로 옳은 것은?

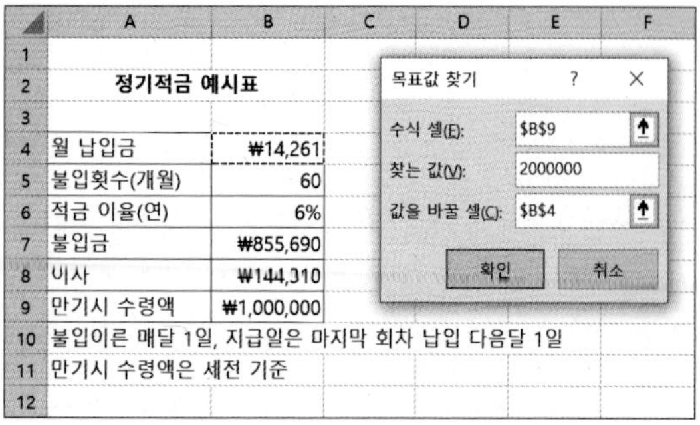


① 만기시 수령액이 2,000,000원이 되려면 월 납입금은 얼마가 되어야 하는가?
② 만기시 수령액이 2,000,000원이 되려면 적금 이율(연)이 얼마가 되어야 하는가?
③ 불입금이 2,000,000원이 되려면 만기시 수령액은 얼마가 되어야 하는가?
④ 월 납입금이 2,000,000원이 되려면 만기시 수령액은 얼마가 되어야 하는가?

전문가의 조언 | 그림은 만기시 수령액(B9)이 2,000,000원이 되려면 월 납입금(B4)이 얼마가 되어야 하는지를 구하는 목표값 찾기입니다.

116섹션 1필드

**34.** 다음 중 [매크로 기록] 대화상자에서 설정할 수 있는 요소가 아닌 것은?

① 매크로 이름　　② 바로 가기 키
③ 매크로 저장 위치　　④ 매크로 보안

전문가의 조언 | • '매크로 기록' 대화상자에서 매크로 보안은 설정할 수 없습니다.
• 매크로 보안은 [개발 도구] → [코드] → [매크로 보안]을 클릭하면 실행되는 '보안 센터' 대화상자에서 설정할 수 있습니다.

101섹션 1필드

**35.** 다음 중 아래 설명에 해당하는 차트 종류는?

- 항목의 값을 점으로 표시하여 여러 데이터 값들의 관계를 보여준다.
- 과학, 통계 및 공학 데이터와 같은 숫자 값을 표시하고 비교하는데 사용된다.
- 가로 축의 값이 일정한 간격이 아닌 경우나 데이터 요소의 수가 많은 경우 사용된다.

① 분산형 차트　　② 도넛형 차트
③ 방사형 차트　　④ 혼합형 차트

전문가의 조언 | 항목의 값을 점으로 표시하여 여러 데이터 값들의 관계를 보여주는 차트는 분산형 차트입니다.
• **도넛형 차트** : 전체에 대한 각 부분의 관계를 비율로 나타내어 각 부분을 비교할 때 사용됨
• **방사형 차트** : 많은 데이터 계열의 집합적인 값을 나타낼 때 사용됨
• **혼합형 차트** : 두 개 이상의 데이터 계열을 갖는 차트에서 특정 데이터 계열을 강조하고자 할 경우 해당 데이터 계열을 다른 차트로 표시하는 것

74섹션 2필드

**36.** 다음 중 셀 영역을 선택한 후 상태 표시줄의 바로 가기 메뉴인 [상태 표시줄 사용자 지정]에서 선택할 수 있는 자동 계산에 해당되지 않는 것은?

① 선택한 영역 중 숫자 데이터가 입력된 셀의 수
② 선택한 영역 중 문자 데이터가 입력된 셀의 수
③ 선택한 영역 중 데이터가 입력된 셀의 수
④ 선택한 영역의 합계, 평균, 최소값, 최대값

**전문가의 조언 |** [상태 표시줄 사용자 지정]을 이용하여 데이터가 입력된 셀의 수나 숫자가 입력된 셀의 수는 계산할 수 있지만 문자 데이터가 입력된 셀의 수는 계산할 수 없습니다.

81섹션 2필드

**37.** 다음 중 아래 설명에 해당하는 기능은?

- 잠긴 셀 또는 잠기지 않은 셀로 이동하거나 셀 서식을 변경하지 못하도록 막는다.
- 워크시트 요소를 삽입하거나 변경하는 것을 막는다.

① 시트 보호　　② 통합 문서 보호
③ 통합 문서 공유　　④ 잠금

**전문가의 조언 |** 지문의 설명에 해당하는 기능은 시트 보호로, 시트 보호를 지정한 시트에서는 셀을 선택하는 것 이외의 작업은 불가능합니다.
- **통합 문서 보호** : 통합 문서의 시트 삭제, 이동, 숨기기, 이름 바꾸기 등을 할 수 없도록 보호하는 기능
- **통합 문서 공유** : 네트워크로 연결된 환경에서 하나의 통합 문서를 여러 사람이 공동으로 작업할 수 있게 하는 기능

103섹션 1필드

**38.** 다음 중 [페이지 설정] 대화상자에 대한 설명으로 옳지 않은 것은?

① 인쇄 배율을 수동으로 설정할 수 있으며, 배율은 워크시트 표준 크기의 10%에서 400%까지 가능하다.
② 셀에 설정된 노트는 시트에 표시된 대로 인쇄하거나 시트 끝에 인쇄할 수 있다.
③ 사용자가 페이지 구분선을 추가한 경우 [페이지 설정] 대화상자의 [페이지] 탭에서 [자동 맞춤]을 지정해도 확대/축소 배율이 자동으로 조정되지 않는다.
④ 눈금선이나 행/열 머리글의 인쇄 여부를 설정할 수 있다.

**전문가의 조언 |** 사용자가 페이지 구분선을 추가한 경우에도 '페이지 설정' 대화상자의 '페이지' 탭에서 '자동 맞춤'을 지정하면 확대/축소 배율이 자동으로 조정됩니다.

99섹션 3필드

**39.** 다음 중 아래 차트와 같이 오차 막대를 표시하기 위한 오차 막대 서식 설정값으로 옳은 것은?

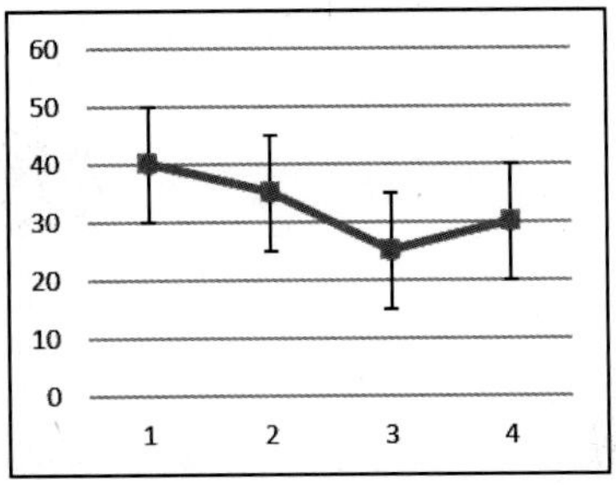


① 표시 방향(모두), 오차량(고정 값 10)
② 표시 방향(모두), 오차량(표준 편차 1.0)
③ 표시 방향(양의 값), 오차량(고정 값 10)
④ 표시 방향(양의 값), 오차량(표준 편차 1.0)

**전문가의 조언 |** 문제의 차트와 같이 오차 막대를 표시하려면 ①번과 같이 설정해야 합니다.

② 표시 방향(모두), 오차량(표준 편차 1.0)

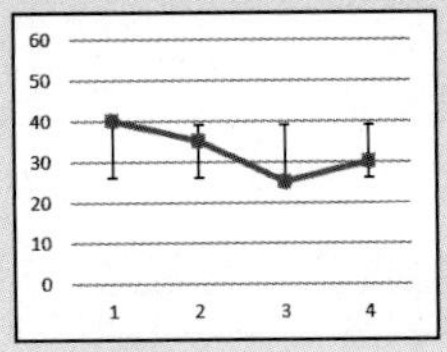

③ 표시 방향(양의 값), 오차량(고정 값 10)

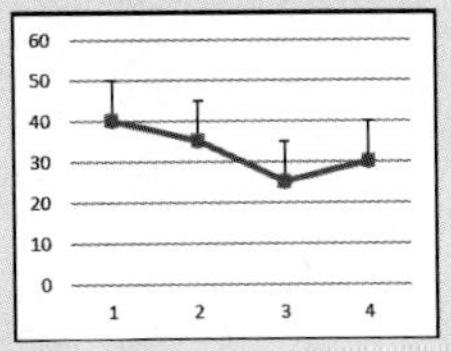

④ 표시 방향(양의 값), 오차량(표준 편차 1.0)

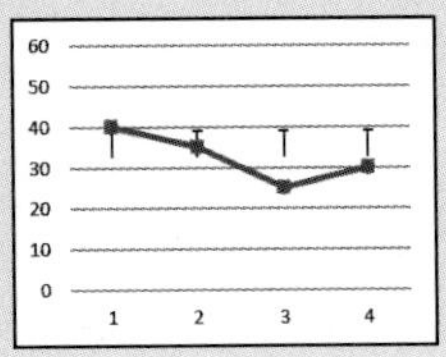

111섹션 3필드

**40.** 다음 중 아래와 같은 피벗 테이블을 작성하기 위한 작업으로 옳지 않은 것은?

| | A | B | C | D | E |
|---|---|---|---|---|---|
| 1 | 성별 | (모두) | | | |
| 2 | 졸업자 | (모두) | | | |
| 3 | | | | | |
| 4 | 단과대학 | 학과 | 개수 : 진학자 | 개수 : 창업자 | 평균 : 취업률 |
| 5 | **사범대학** | | **8** | **7** | **65%** |
| 6 | | 영어 교육과 | 2 | 2 | 79% |
| 7 | | 국어교육과 | 1 | 1 | 64% |
| 8 | | 교육학과 | 2 | 2 | 64% |
| 9 | | 수학교육과 | 3 | 2 | 55% |
| 10 | **사회과학대학** | | **9** | **10** | **60%** |
| 11 | **인문대학** | | **9** | **8** | **62%** |
| 12 | **총합계** | | **26** | **25** | **62%** |

① 행에 단과대학과 학과를 표시하고, 단과대학에 필터를 적용했다.
② 필터에 성별과 졸업자가 표시되어 있다.
③ 확장/축소 단추와 부분합을 표시하지 않았다.
④ 학과는 취업률을 기준으로 내림차순 정렬되어 있다.

**전문가의 조언 |** 확장/축소 단추는 표시되지 않았지만 부분합은 표시되어 있습니다.

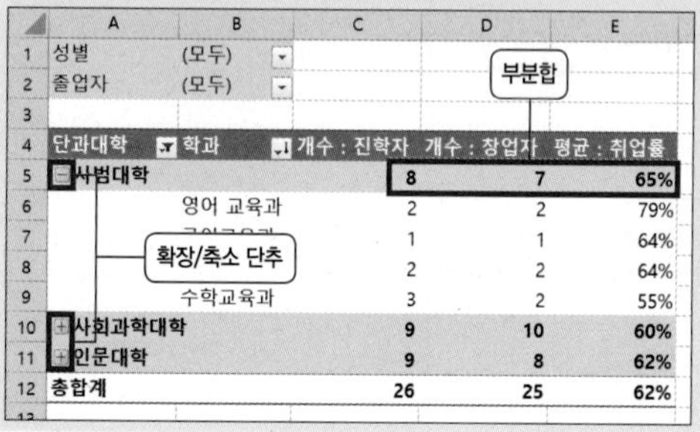


# 3과목 데이터베이스 일반

125섹션 1필드

**41.** 다음 중 데이터베이스의 특징으로 옳지 않은 것은?
① 다수의 이용자들이 서로 상이한 목적으로 동일 데이터를 공유
② 데이터의 검색이나 갱신이 효율적으로 이루어질 수 있도록 데이터의 중복을 최대화
③ 특정 조직에서 필요한 정보를 얻기 위하여 필요한 데이터를 저장
④ 효과적인 데이터 처리를 위한 구조화

**전문가의 조언 |** 데이터베이스는 데이터의 검색이나 갱신이 효율적으로 이루어질 수 있도록 데이터의 중복을 최소화합니다.

170섹션 1필드

**42.** 다음 중 아래 보고서에 대한 설명으로 옳지 않은 것은? (단, 이 보고서는 전체 5페이지이며, 현재 페이지는 2페이지이다.)

거래처별 제품목록

| 거래처명 | 제품번호 | 제품이름 | 단가 | 재고량 |
|---|---|---|---|---|
| ㈜맑은세상 | 15 | 아쿠아렌즈 | ₩50,000 | 22 |
| | 14 | 바슈롬렌즈 | ₩35,000 | 15 |
| | 20 | C-BR렌즈 | ₩50,000 | 3 |
| | 제품수 : | 3 | 총재고량 : | 40 |

| 거래처명 | 제품번호 | 제품이름 | 단가 | 재고량 |
|---|---|---|---|---|
| 참아이㈜ | 9 | 선글래스C | ₩170,000 | 10 |
| | 7 | 선글래스A | ₩100,000 | 23 |
| | 8 | 선글래스B | ₩120,000 | 46 |

2 / 4

① 보고서 머리글에 필드 이름을 표시하기 위한 레이블과 선 컨트롤들이 들어 있다.
② '거래처명'을 기준으로 그룹이 설정되어 있다.
③ '거래처명'에 대한 그룹 바닥글 영역이 설정되어 있고, 요약 정보를 표시하고 있다.
④ '거래처명'에 중복 내용 숨기기 속성이 '예'로 설정되어 있다.

**전문가의 조언 |** • 현재 페이지가 2페이지이고 필드 이름을 표시하는 레이블과 선 컨트롤이 '거래처명' 별로 표시된 것으로 보아 레이블과 선 컨트롤은 '그룹 머리글'에 표시된 것으로 볼 수 있습니다.
• '보고서 머리글'은 보고서의 첫 페이지 상단에 한 번만 표시됩니다.

129섹션 3필드

**43.** 다음 중 아래 두 개의 테이블 사이에서 외래 키(Foreign Key)에 해당하는 필드는? (단, 밑줄은 각 테이블의 기본키를 표시함)

> 직원(사번, 성명, 부서명, 주소, 전화, 이메일)
> 부서(부서명, 팀장, 팀원수)

① 직원 테이블의 사번
② 부서 테이블의 팀원수
③ 부서 테이블의 팀장
④ 직원 테이블의 부서명

**전문가의 조언 |** 외래 키란 관계를 맺고 있는 테이블 R1, R2에서 테이블 R1이 참조하고 있는 테이블 R2의 기본 키와 같은 R1 테이블의 속성을 말합니다. 지문에 제시된 〈직원〉 테이블의 기본 키는 '사번'이고, 〈부서〉 테이블의 기본 키는 '부서명'입니다. 외래 키는 관계를 맺고 있는 테이블의 기본 키를 참조하므로 관계된 테이블의 기본 키와 같은 필드명을 찾으면 됩니다.

134섹션 3필드

**44.** 다음 중 테이블에서의 필드 이름 지정 규칙에 대한 설명으로 옳은 것은?

① 필드 이름의 첫 글자는 숫자로 시작할 수 없다.
② 테이블 이름과 동일한 이름을 필드 이름으로 지정할 수 없다.
③ 한 테이블 내에 동일한 이름의 필드를 2개 이상 지정할 수 없다.
④ 필드 이름에 문자, 숫자, 공백, 특수 문자를 조합한 모든 기호를 포함할 수 있다.

**전문가의 조언 |** 필드 이름 지정 규칙으로 옳은 것은 ③번입니다.
① 필드 이름의 첫 글자를 숫자로 시작할 수 있습니다.
② 테이블 이름과 동일한 이름을 필드 이름으로 지정할 수 있습니다.
④ 특수 문자 중 . ! [ ]는 필드 이름에 포함할 수 없습니다.

139섹션 2필드

**45.** 다음 중 〈학생〉 테이블의 '성적' 필드에 성적을 입력하는 경우 0에서 100 사이의 숫자만 입력 가능하도록 설정하기 위한 필드 속성은?

① 필드 크기 ② 필수
③ 유효성 검사 규칙 ④ 기본값

**전문가의 조언 |** '0에서 100 사이'라는 것은 성적을 최소 0점부터 최대 100점까지만 입력받겠다는 것이므로 두 조건을 And로 연결하여 유효성 검사 규칙을 '>=0 And <=100'으로 설정하면 됩니다.

137섹션 3필드

**46.** 데이터 형식이 텍스트인 필드에 다음과 같이 형식을 지정한 후 값을 입력했을 때의 결과가 올바르게 표시된 것은?

| | 형식 | 입력값 | 결과 |
|---|---|---|---|
| ① | @@@-@@@ | 123456 | 123-456 |
| ② | @*_ | abc | abc*_ |
| ③ | @&@&@ | 123 | 1 2 3 |
| ④ | >>->> | abde | AB-DE |

**전문가의 조언 |** 결과가 올바른 것은 ①번입니다.
• 각 보기의 입력값에 따른 형식의 적용 결과는 다음과 같습니다.

| 보기1 | 보기2 | 보기3 | 보기4 |
|---|---|---|---|
| 123-456 | abc______ | 123 | -ABDE |

141섹션 1필드

**47.** 다음 중 기본키로 사용하기에 가장 적합한 필드는?

① Null 값이 있는 필드
② 중복된 값이 있는 필드
③ 자주 값이 변경되는 필드
④ 한 릴레이션에서 특정 레코드를 유일하게 구별할 수 있는 필드

**전문가의 조언 |** 기본키는 후보키 중에서 선택한 주키로, 한 릴레이션에서 특정 레코드를 유일하게 구별할 수 있는 필드를 사용해야 합니다.
① 기본키는 Null 값으로 둘 수 없습니다.
② 기본키로 정의된 필드에는 동일한 값이 중복되어 저장될 수 없습니다.
③ 기본키는 값이 자주 변경되지 않는 필드를 사용해야 합니다.

145섹션 2필드

**48.** 다음 중 데이터시트 보기 상태에서의 레코드 추가/삭제에 대한 설명으로 옳은 것은?

① 레코드를 여러 번 복사한 경우 첫 번째 복사한 레코드만 사용 가능하다.
② 새로운 레코드는 항상 테이블의 마지막 행에서만 추가되며 중간에 삽입될 수 없다.
③ 레코드를 추가하는 단축키는 Ctrl + Insert이다.
④ 여러 레코드를 선택하여 한 번에 삭제할 수 있으며, 삭제된 레코드는 복원할 수 있다.

**전문가의 조언 |** 레코드 추가/삭제에 대한 설명으로 옳은 것은 ②번입니다.
① 레코드를 여러 번 복사한 경우 마지막 복사한 레코드만 사용 가능합니다.
③ 레코드를 추가하는 단축키는 Ctrl + +입니다.
④ 여러 레코드를 선택하여 한 번에 삭제할 수는 있지만, 삭제된 레코드는 복원할 수 없습니다.

정답 : 40.③ 41.② 42.① 43.④ 44.③ 45.③ 46.① 47.④ 48.②

151섹션 1필드

**49.** 다음 중 아래 〈학생〉 테이블에 대한 SQL문의 실행 결과로 옳은 것은?

학생

| 학번 | 전공 | 학년 | 나이 |
|---|---|---|---|
| 1002 | 영문 | SO | 19 |
| 1004 | 통계 | SN | 23 |
| 1005 | 영문 | SN | 21 |
| 1008 | 수학 | JR | 20 |
| 1009 | 영문 | FR | 18 |
| 1010 | 통계 | SN | 25 |

```
SELECT AVG([나이]) FROM 학생
WHERE 학년="SN" GROUP BY 전공
HAVING COUNT(*) >= 2;
```

① 21 ② 22
③ 23 ④ 24

**전문가의 조언 |** SQL문의 실행 결과는 24입니다. 질의문은 각 절을 분리하여 이해하면 쉽습니다.

- SELECT AVG([나이]) FROM 학생 : '학생' 테이블에서 '나이' 필드의 평균을 검색합니다.
- WHERE 학년="SN" : '학년' 필드의 값이 "SN"인 레코드만을 대상으로 검색합니다.

| 학번 | 전공 | 학년 | 나이 |
|---|---|---|---|
| 1002 | 영문 | SO | 19 |
| 1004 | 통계 | SN | 23 |
| 1005 | 영문 | SN | 21 |
| 1008 | 수학 | JR | 20 |
| 1009 | 영문 | FR | 18 |
| 1010 | 통계 | SN | 25 |

- GROUP BY 전공 : '전공' 필드를 기준으로 그룹을 지정합니다.

| 학번 | 전공 | 학년 | 나이 |
|---|---|---|---|
| 1004 | 통계 | SN | 23 |
| 1010 | 통계 | SN | 25 |
| 1005 | 영문 | SN | 21 |

- HAVING COUNT(*)>=2 : 그룹별로 레코드의 개수가 2개 이상인 그룹만을 대상으로 검색합니다.

| 학번 | 전공 | 학년 | 나이 |
|---|---|---|---|
| 1004 | 통계 | SN | 23 |
| 1010 | 통계 | SN | 25 |

※ 질의문의 수행 결과 나이의 평균은 (23+25)/2 = 24입니다.

176섹션 2필드

**50.** 다음 중 보고서에서 '페이지 번호'를 표현하는 식과 그 결과의 연결이 옳은 것은? (단, 전체 페이지는 3이고, 현재 페이지는 1이다.)

① =[Page] → 3
② =[Page]& "페이지" → 1& 페이지
③ =Format([Page], "000") → 1000
④ =[Page]& "/"& [Pages]& "페이지" → 1/3페이지

**전문가의 조언 |** 표현하는 식과 그 결과의 연결이 옳은 것은 ④번입니다.
① 1
② 1페이지
③ 001

153섹션 2필드

**51.** 다음 중 학생(학번, 이름, 학과, 학년, 주소) 테이블에서 학과가 "경영학과"이고 학년이 2학년인 학생의 학번과 이름만 출력하는 SQL문으로 올바른 것은?

① Select 학번, 이름 From 학생 Where 학과 Like '경영학과' And 학년 In (2);
② Select 학번, * From 학생 Where 학과='경영학과' Or 학년 = 2;
③ Select 학번, * From 학생 Where 학과='경영학과' And 학년 = 2;
④ Select 학번, 이름 From 학생 Where '경영학과' And 2;

**전문가의 조언 |** 문제에 주어진 조건에 맞는 SQL문은 ①번입니다.
① "학과 Like '경영학과' and 학년 In (2)"는 학과가 '경영학과'를 포함하고 학년이 2인 레코드를 의미하므로 문제에서 요구하는 조건을 충족하는 문장입니다.
② 조건을 Or로 연결했으므로 틀린 문장입니다.
③ 검색되는 속성을 '학번, *'로 지정하여 모든 속성이 표시되므로 틀린 문장입니다.
④ 조건이 형식에 맞지 않아 오류가 발생합니다.

155섹션 3필드

**52.** 다음과 같은 테이블을 대상으로 SQL문을 실행할 결과 표시되는 레코드의 개수는?

주문

| 주문번호 | 회원ID | 주문일 |
|---|---|---|
| A130 | kyk1234 | 2022-10-02 |
| A234 | kwk2345 | 2022-10-05 |
| A278 | kji3456 | 2022-10-08 |
| A350 | ksg4567 | 2022-10-15 |

주문상세내역

| 주문번호 | 제품코드 | 단가 | 수량 |
|---|---|---|---|
| A130 | RT8754 | 1500 | 20 |
| A130 | HI4875 | 1000 | 30 |
| A130 | GE2457 | 2800 | 10 |
| A130 | AB1455 | 2500 | 15 |
| A234 | BA8545 | 3000 | 18 |
| A234 | JD2456 | 1800 | 20 |
| A278 | HD5453 | 2000 | 24 |
| A278 | RE2456 | 1400 | 32 |
| A350 | GE7584 | 2500 | 27 |
| A350 | GE3585 | 2400 | 25 |

〈SQL문〉

```
Select 주문.주문번호, 주문.회원ID
From 주문 Inner Join 주문상세내역
On 주문.주문번호 = 주문상세내역.주문번호
Where 주문상세내역.제품코드 Like "GE*";
```

① 3개 ② 5개
③ 7개 ④ 10개

**전문가의 조언 |** SQL문의 실행 결과 표시되는 레코드의 수는 3개입니다. 질의문은 각 절을 분리하여 이해하면 쉽습니다.

- **SELECT 주문.주문번호, 주문.회원ID** : '주문' 테이블에서 '주문번호'와 '회원ID'를 검색합니다.
- **FROM 주문 INNER JOIN 주문상세내역** : '주문' 테이블과 '주문상세내역' 테이블을 내부 조인합니다.
- **ON 주문.주문번호 = 주문상세내역.주문번호** : '주문' 테이블의 '주문번호'와 '주문상세내역' 테이블의 '주문번호'가 일치하는 행만 질의에 포함합니다.

| 주문번호 | 회원ID | 제품코드 |
|---|---|---|
| A130 | kyk1234 | RT8754 |
| A130 | kyk1234 | HI4875 |
| A130 | kyk1234 | GE2457 |
| A130 | kyk1234 | AB1455 |
| A234 | kwk2345 | BA8545 |
| A234 | kwk2345 | JD2456 |
| A278 | kji3456 | HD5453 |
| A278 | kji3456 | RE2456 |
| A350 | ksg4567 | GE7584 |
| A350 | ksg4567 | GE3585 |

- **WHERE 주문상세내역.제품코드 Like "GE*";** : '주문상세내역' 테이블의 '제품코드'가 "GE"로 시작하는 레코드만 대상으로 검색합니다.

| 주문번호 | 회원ID | 제품코드 |
|---|---|---|
| A130 | kyk1234 | GE2457 |
| A350 | ksg4567 | GE7584 |
| A350 | ksg4567 | GE3585 |

157섹션 1필드

**53. 다음 중 크로스탭 쿼리에 관한 설명으로 옳지 않은 것은?**

① 레코드의 요약 결과를 열과 행 방향으로 그룹화하여 표시할 때 사용한다.
② 쿼리 데이터시트에서 데이터를 직접 편집할 수 없다.
③ 2개 이상의 열 머리글 옵션과 행 머리글 옵션, 값 옵션 등을 지정해야 한다.
④ 행과 열이 교차하는 곳의 숫자 필드는 합계, 평균, 분산, 표준 편차 등을 계산할 수 있다.

**전문가의 조언 |** 열 머리글은 하나의 필드만 지정할 수 있습니다.

160섹션 2필드

**54. 다음 중 폼 디자인 보기에서의 작업에 대한 설명으로 옳지 않은 것은?**

① [필드 목록] 창을 이용하여 원본으로 사용하는 테이블이나 쿼리의 필드를 디자인 창에 추가할 수 있다.
② 각 구역의 구분선을 마우스로 드래그하여 구역의 크기를 조절할 수 있다.
③ 폼 왼쪽 상단의 폼 선택기(■)를 더블클릭하면 폼의 전체 컨트롤이 선택된다.
④ 폼 머리글이나 바닥글 구역에 포함된 컨트롤들은 해당 구역을 삭제하면 함께 삭제된다.

**전문가의 조언 |** 폼 왼쪽 상단의 폼 선택기(■)를 더블클릭하면 폼 속성 시트 창이 표시됩니다.

163섹션 1필드

**55. 다음 중 하위 폼에서 새로운 레코드를 추가하려고 할 때 설정해야 할 폼 속성은?**

① '필터 사용'을 예로 설정한다.
② '추가 가능'을 예로 설정한다.
③ '편집 가능'을 예로 설정한다.
④ '삭제 가능'을 예로 설정한다.

**전문가의 조언 |** 새로운 레코드를 추가할 수 있도록 하려면 '추가 가능' 속성을 "예"로 설정해야 합니다.

정답 : 49.④ 50.④ 51.① 52.① 53.③ 54.③ 55.②

168섹션 3필드

**56.** 다음 중 [학생] 테이블에서 '점수'가 60 이상인 학생들의 인원수를 구하는 식으로 옳은 것은? (단, '학번' 필드는 [학생] 테이블의 기본 키이다.)

① =DCount("학생", "학번", "점수 >= 60")
② =DCount("*", "학생", "점수 >= 60")
③ =DCount(학생, 학번, 점수 >= 60)
④ =DCount(학번, 학생, 점수 >= 60)

**전문가의 조언 |** [학생] 테이블에서 '점수'가 60 이상인 학생들의 인원수를 구하는 식은 =DCount("*", "학생", "점수>=60") 또는 =DCount("학번", "학생", "점수>=60")이며, 도메인 함수에서 사용되는 인수는 각각을 큰따옴표(" ")로 묶어줘야 합니다.

171섹션 2필드

**57.** 다음 중 [보고서 마법사]로 보고서를 만드는 과정에 대한 설명으로 틀린 것은?

① 보고서 마법사는 정해진 절차에 따라 설정 사항을 지정하면 보고서를 자동으로 만들어 준다.
② 그룹을 설정한 경우 보고서 모양을 단계, 블록, 외곽선 중에서 선택할 수 있다.
③ [요약 옵션]에서 모든 필드에 대해 합계, 평균, 개수 등의 함수를 사용하여 값을 표시할 수 있다.
④ 레코드 원본, 필드, 레이아웃, 서식 등을 직접 선택하여 보고서를 작성할 수 있다.

**전문가의 조언 |** [요약 옵션]에서는 모든 필드가 아니라 숫자 필드에 대해서만 합계, 평균, 최소, 최대 함수를 사용해서 값을 표시할 수 있습니다.

178섹션 1필드

**58.** 다음 매크로 함수에 대한 설명으로 옳지 않은 것은?

① GoToControl : 특정 컨트롤로 포커스를 이동시킨다.
② GoToRecord : 특정한 조건을 만족하는 레코드 중 첫 번째 레코드를 검색한다.
③ ApplyFilter : 테이블이나 쿼리로부터 레코드를 필터링한다.
④ OpenQuery : 작성된 쿼리를 호출하여 실행한다.

**전문가의 조언 |** • GoToRecord는 레코드 포인터를 처음, 마지막, 이전, 이후 등으로 이동시키는 매크로 함수입니다.
• ②번은 FindRecord 매크로 함수의 기능입니다.

181섹션 2필드

**59.** 다음 중 현재 폼에서 'cmd숨기기' 단추를 클릭하는 경우, DateDue 컨트롤이 표시되지 않도록 하기 위한 이벤트 프로시저로 옳은 것은?

① Private Sub cmd숨기기_Click( )
Me.[DateDue]!Visible = False
End Sub
② Private Sub cmd숨기기_DblClick( )
Me!DateDue.Visible = True
End Sub
③ Private Sub cmd숨기기_Click( )
Me![DateDue].Visible = False
End Sub
④ Private Sub cmd숨기기_DblClick( )
Me.DateDue!Visible = True
End Sub

**전문가의 조언 |** • 특정 컨트롤을 마우스로 클릭했을 때 발생하는 이벤트는 Click 이벤트입니다. 'cmd숨기기' 단추를 클릭했을 때 발생하는 이벤트 프로시저는 Private Sub cmd숨기기_Click( )으로 시작해야 합니다.
• 폼, 보고서 컨트롤 등의 표시 여부를 결정하는 속성은 Visible이며, Visible = False와 같이 Visible 속성을 'False'로 설정하면 표시하지 않고 'True'로 설정하면 표시합니다.
• 개체명과 컨트롤명은 느낌표(!)로 구분하고, 컨트롤에 속성을 지정할 때는 점(.)으로 연결합니다.

119섹션 2필드

**60.** 다음 VBA에서 변수 선언(Option Explicit)에 대한 설명으로 옳지 않은 것은?

① Dim, Static, Private, Public 키워드로 변수를 선언한다.
② 변수는 반드시 Option Explicit문 이전에 선언해야 한다.
③ 변수를 선언하지 않고 사용하면 에러가 발생한다.
④ 'Option Base 1'을 선언하면 배열의 위치는 1부터 시작한다.

**전문가의 조언 |** Option Explicit는 변수를 선언하지 않고 사용하면 에러가 발생하도록 하는 명령문으로, 변수는 Option Explicit문 이후에 Dim, Static, Private, Public 명령문을 이용해 선언합니다.



정답 : 56.② 57.③ 58.② 59.③ 60.②

# 2023년 2회 컴퓨터활용능력 1급 필기

## 1과목 컴퓨터 일반

59섹션 4필드

**1.** 다음 중 HTTP 프로토콜에 대한 설명으로 옳지 않은 것은?

① 하이퍼텍스트 문서를 전송하기 위해 사용하는 프로토콜이다.
② HTTP는 서비스를 제공하거나 응답하는 프로토콜 구조를 가진다.
③ HTTP의 보안이 강화된 버전이 HTTPS이다.
④ HTTP 프로토콜에는 FTP, DNS, TELNET 등이 포함된다.

**전문가의 조언 |** FTP, DNS, TELNET은 HTTP 프로토콜에 포함된 것이 아니라 독립된 형태로 각각의 역할을 수행하는 프로토콜입니다.

16섹션 3필드

**2.** 다음 중 한글 Windows 10의 [빠른 지원]에 대한 설명으로 옳지 않은 것은?

① [시작] → [빠른 지원]을 선택하여 실행할 수 있다.
② 다른 사용자의 컴퓨터에 접속하여 원격 지원을 하거나, 내 컴퓨터에 접속한 다른 사용자로부터 원격 지원을 받을 수 있도록 할 수 있다.
③ '공유 옵션'에는 '모든 권한 가지기'와 '화면 보기'가 있다.
④ 원격 지원을 하는 자는 마이크로소프트 계정으로 로그인 하지 않아도 되고, 지원 받는 자는 로그인 해야 한다.

**전문가의 조언 |** 원격 지원을 하는 자는 마이크로소프트 계정으로 로그인 해야 하고, 지원 받는 자는 로그인 하지 않아도 됩니다.

41섹션 4필드

**3.** 다음 중 프린터에서 출력할 파일의 해상도를 조절하거나 스캐너를 이용해 스캔한 파일의 해상도를 조절하기 위해 쓰는 단위는?

① CPS(Character Per Second)
② BPS(Bits Per Second)
③ PPM(Paper Per Minute)
④ DPI(Dots Per Inch)

**전문가의 조언 |** 파일의 해상도를 나타내는 단위는 DPI(Dots Per Inch)입니다.
- CPS(Character Per Second) : 1초에 출력되는 글자 수로 도트 매트릭스 및 시리얼 프린터의 속도 단위
- BPS(Bits Per Second) : 1초에 전송되는 비트(bit)의 수로, 데이터의 전송 속도를 나타내는 단위
- PPM(Page Per Minute) : 1분에 출력되는 페이지 수로, 잉크젯 및 레이저 프린터의 속도 단위

29섹션 2필드

**4.** 다음 중 한글 Windows 10의 레지스트리에 관한 설명으로 옳지 않은 것은?

① Windows의 자체 구성 정보를 저장하는 데이터베이스이다.
② Windows에 탑재된 레지스트리 편집기는 'regedit.exe'이다.
③ 레지스트리 정보는 Windows의 부팅 시에만 참조된다.
④ 레지스트리에는 각 사용자의 프로필과 시스템 하드웨어, 설치된 프로그램 및 속성 설정에 대한 정보가 들어 있다.

**전문가의 조언 |** 레지스트리 정보는 Windows가 작동하는 동안 지속적으로 참조됩니다.

12섹션 2필드

**5.** 다음 중 한글 Windows 10에서 마우스의 끌어놓기(Drag & Drop)에 대한 설명으로 옳지 않은 것은?

① 같은 드라이브에서 파일을 Ctrl을 누른 채 다른 폴더로 끌어서 놓으면 복사가 된다.
② D 드라이브에서 파일을 C 드라이브로 끌어서 놓으면 복사가 된다.
③ 같은 드라이브에서 파일을 다른 폴더로 끌어서 놓으면 이동이 된다.
④ USB 드라이브에서 파일을 C 드라이브로 끌어서 놓으면 이동이 된다.

**전문가의 조언 |**
- USB 드라이브에서 파일을 C 드라이브로 끌어서 놓으면 복사가 됩니다.
- 파일을 이동시키려면 Shift를 누른 채 끌어서 놓아야 합니다.

56섹션 2필드

**6.** 다음 중 정보 통신에 사용되는 네트워크 장비인 라우터(Router)에 관한 설명으로 옳은 것은?

① 네트워크를 구성할 때 각 회선을 통합적으로 관리하여 한꺼번에 여러 대의 컴퓨터를 연결하는 장치이다.
② 디지털 신호의 장거리 전송을 위해 수신한 신호를 재생시키거나 출력 전압을 높여주는 장치이다.
③ 네트워크에서 통신을 위해 가장 최적의 경로를 설정하여 전송하고 데이터의 흐름을 제어하는 장치이다.
④ 다른 네트워크로 데이터를 보내거나 받아들이는 역할을 하는 장치이다.

**전문가의 조언 |** 라우터(Router)는 네트워크에서 통신을 위해 가장 최적의 경로를 설정하여 전송하는 장치입니다.
- ①번은 허브(Hub), ②번은 리피터(Repeater), ④번은 게이트웨이(Gateway)에 대한 설명입니다.

정답 : 1.④ 2.④ 3.④ 4.③ 5.④ 6.③

66섹션 1필드

**7. 다음 중 이미지 데이터의 표현 방식에서 벡터(Vector) 방식에 관한 설명으로 옳은 것은?**

① 다양한 색상을 사용하며, 화면 표시 속도가 빠르다.
② 이미지를 확대하면 테두리가 거칠게 표현된다.
③ 비트맵 파일 형식으로는 BMP, TIF, GIF, JPEG 등이 있다.
④ 점과 점을 연결하는 직선이나 곡선을 이용하여 이미지를 표현한다.

**전문가의 조언 |** 벡터(Vector) 방식에 대한 설명으로 옳은 것은 ④번입니다.
• ①, ②, ③번은 비트맵(Bitmap) 방식에 대한 설명입니다.

56섹션 2필드

**8. 다음 중 네트워크 관련 장비로 브리지(Bridge)에 관한 설명으로 옳지 않은 것은?**

① 두 개의 근거리 통신망을 상호 접속할 수 있도록 하는 통신망 연결 장치이다.
② 통신량을 조절하여 데이터가 다른 곳으로 가지 않도록 한다.
③ OSI 참조 모델의 물리 계층에 속한다.
④ 통신 프로토콜을 변환하지 않고도 네트워크를 확장한다.

**전문가의 조언 |** 브리지(Bridge)는 OSI 참조 모델의 데이터 링크 계층(Data Link Layer)에 속합니다.

50섹션 2필드

**9. 다음 중 컴퓨터의 소프트웨어 관련 용어에 대한 설명으로 옳은 것은?**

① 베타(Beta) 버전은 제작 회사 내에서 테스트할 목적으로 제작하는 소프트웨어이다.
② 셰어웨어(Shareware)는 기능과 사용 기간에 제한 없이 무료로 사용할 수 있는 소프트웨어이다.
③ 패치(Patch) 버전은 이미 제작하여 배포된 프로그램의 오류 수정이나 성능 향상을 위해 프로그램 일부를 변경해 주는 소프트웨어이다.
④ 알파(Alpha) 버전은 프로그램을 출시하기 전에 테스트를 목적으로 일반인에게 공개하는 소프트웨어이다.

**전문가의 조언 |** 소프트웨어 관련 용어에 대한 설명으로 옳은 것은 ③번입니다.
① 베타(Beta) 버전은 정식 프로그램을 출시하기 전, 테스트를 목적으로 일반인에게 공개하는 소프트웨어입니다.
② 셰어웨어(Shareware)는 기능 혹은 사용 기간에 제한을 두어 배포하는 소프트웨어로, 무료로 사용할 수 있으며, 일정 기간 사용해 보고 정식 프로그램을 구입할 수 있습니다.
④ 알파(Alpha) 버전은 베타테스트를 하기 전, 제작 회사 내에서 테스트할 목적으로 제작하는 소프트웨어입니다.

63섹션 2필드

**10. 다음 중 컴퓨터 게임이나 컴퓨터 기반 훈련과 같이 사용자와의 상호작용을 통해 진행 상황을 제어하는 멀티미디어의 특징을 나타내는 용어는?**

① 선형 콘텐츠 ② 비선형 콘텐츠
③ VR 콘텐츠 ④ 4D 콘텐츠

**전문가의 조언 |** 사용자와의 상호작용을 통해 진행 상황을 제어하는 멀티미디어의 특징을 비선형 콘텐츠라고 합니다.

45섹션 1필드

**11. 다음 중 컴퓨터의 CMOS에서 설정할 수 있는 항목으로 옳지 않은 것은?**

① 시스템 날짜와 시간
② 칩셋 설정
③ 부팅 순서
④ Windows 로그인 암호 변경

**전문가의 조언 |** • CMOS에서 Windows 로그인 암호는 변경할 수 없습니다.
• CMOS에서 설정할 수 있는 항목에는 '시스템의 날짜와 시간, 칩셋, 부팅 순서, 하드디스크 타입, 시스템 암호, 전원 관리, PnP, Anti-Virus' 등이 있습니다.

62섹션 1필드

**12. 통신 기술과 GPS, 그리고 컴퓨터에 저장된 데이터베이스를 이용하여 주변의 위치와 부가 서비스를 제공하는 기술은?**

① 위치 기반 서비스(LBS)
② 빅 데이터(Big Data)
③ 사물 인터넷(IoT)
④ 시맨틱 웹(Semantic Web)

**전문가의 조언 |** 통신 기술과 GPS 등을 이용하여 주변의 위치와 부가 서비스를 제공하는 기술은 위치 기반 서비스(LBS)입니다.
• **빅 데이터(Big Data)** : 기존의 관리 방법이나 분석 체계로는 처리하기 어려운 막대한 양의 데이터 집합
• **사물 인터넷(IoT)** : 인터넷 상에 존재하는 모든 사물을 네트워크로 연결해 인간과 사물, 사물과 사물 간 언제 어디서나 서로 소통할 수 있게 하는 새로운 정보 통신 환경
• **시맨틱 웹(Semantic Web)** : 정보들 사이의 연관성을 컴퓨터가 이해하고 처리할 수 있는 에이전트 프로그램을 통해 사용자가 원하는 정보를 찾아 제공하는 차세대 지능형 웹

52섹션 4필드

**13.** 다음 중 컴퓨터를 이용한 정보처리 방식에서 분산 처리 시스템에 관한 설명으로 적절한 것은?

① 여러 개의 CPU와 하나의 주기억장치를 이용하여 여러 프로그램을 동시에 처리하는 방식이다.
② 여러 명의 사용자가 사용하는 시스템에서 시간을 분할하여 프로그램을 실행하는 시스템이다.
③ 여러 대의 컴퓨터들에 의해 작업한 결과를 통신망을 이용하여 상호 교환할 수 있도록 연결되어 있는 시스템이다.
④ 하나의 CPU와 주기억장치를 이용하여 여러 개의 프로그램을 동시에 처리하는 방식이다.

**전문가의 조언 |** 분산 처리 시스템(Distributed System)에 관한 설명으로 적절한 것은 ③번입니다.
• ①번은 다중 처리 시스템(Multi-Processing System), ②번은 시분할 시스템(Time Sharing System), ④번은 다중 프로그래밍 시스템(Multi Programming System)에 대한 설명입니다.

26섹션 2필드

**14.** 다음 중 프린터의 인쇄 대기열에서 수행할 수 있는 작업으로 옳지 않은 것은?

① 여러 개의 출력 파일들의 출력 대기 상태를 확인할 수 있다.
② 프린터에서 인쇄 중인 문서를 중지시키면 다른 프린터에서 이어서 출력할 수 있다.
③ 인쇄 대기열에 있는 문서의 인쇄 순서를 변경할 수 있다.
④ 인쇄 대기 중인 문서를 삭제하거나 출력 대기 순서를 임의로 조정할 수 있다.

**전문가의 조언 |** 인쇄 대기열에 대기중인 문서는 다른 프린터로 보낼 수 있지만 인쇄 중이거나 인쇄가 중지된 문서는 다른 프린터로 출력할 수 없습니다.

32섹션 3필드

**15.** 다음 중 비정상적인 부팅 문제에 대한 해결 방법으로 옳지 않은 것은?

① 안전 모드로 부팅하여 문제를 해결한 후 정상 모드로 재부팅한다.
② [시스템 복원] 기능을 이용하여 컴퓨터를 이전 상태로 복원한다.
③ 복구 드라이브가 저장된 USB를 이용하여 부팅한 후 시스템을 복구한다.
④ Windows의 [디스크 정리]를 이용하여 Windows의 구성 요소를 제거한다.

**전문가의 조언 |** ④번은 하드디스크의 공간이 부족할 때의 해결 방법으로 부팅 문제는 해결할 수 없습니다.

36섹션 6필드

**16.** 다음 중 컴퓨터에서 데이터를 표현하기 위한 코드에 관한 설명으로 옳지 않은 것은?

① 유니코드는(Unicode)는 전 세계의 모든 문자를 4바이트로 표현하는 국제 표준 코드이다.
② BCD 코드는 64가지의 문자를 표현할 수 있으나 영문 소문자는 표현이 불가능하다.
③ ASCII 코드는 각 문자를 7비트로 표현하며, 총 128개의 문자 표현이 가능하다.
④ EBCDIC 코드는 4개의 Zone 비트와 4개의 Digit 비트로 구성되며, 256개의 문자를 표현할 수 있다.

**전문가의 조언 |** 유니코드는(Unicode)는 전 세계의 모든 문자를 2바이트(16비트)로 표현하는 국제 표준 코드입니다.

60섹션 3필드

**17.** 다음 중 인터넷에서 사용하는 TCP/IP에 대한 설명으로 옳지 않은 것은?

① 응용 계층, 전송 계층, 인터넷 계층, 링크 계층으로 이루어져 있다.
② 전송 계층은 응용 프로그램 간의 데이터 송 · 수신을 제공하며, TELNET, FTP, SMTP 등의 프로토콜을 포함한다.
③ 일부 망에 장애가 있어도 다른 망으로 통신이 가능한 신뢰성을 제공한다.
④ OSI 7계층에서 TCP는 전송 계층, IP는 네트워크 계층에 해당한다.

**전문가의 조언 |** • TCP/IP의 전송 계층은 호스트들 간의 신뢰성 있는 통신을 제공하며, TCP, UDP 등의 프로토콜을 포함합니다.
• ②번은 응용 계층에 대한 설명입니다.

73섹션 1필드

**18.** 다음 중 컴퓨터 보안 기법의 하나인 방화벽에 관한 설명으로 옳지 않은 것은?

① 전자 메일 바이러스나 온라인 피싱 등을 방지할 수 있다.
② 해킹 등에 의한 외부로의 정보 유출을 막기 위해 사용하는 보안 기법이다.
③ 외부 침입자의 역추적 기능이 있다.
④ 내부의 불법 해킹은 막지 못한다.

**전문가의 조언 |** 방화벽은 전자 메일 바이러스나 온라인 피싱 등을 방지할 수 없습니다.

정답 : 7.④ 8.③ 9.③ 10.② 11.④ 12.① 13.③ 14.② 15.④ 16.① 17.② 18.①

38섹션 3필드

**19.** 다음 중 RAM(Random Access Memory)에 대한 설명으로 옳은 것은?

① 주기적으로 재충전(Refresh)이 필요한 DRAM은 주기억장치로 사용된다.
② 주로 펌웨어(Firmware)를 저장한다.
③ 컴퓨터의 기본적인 입출력 프로그램, 자가진단 프로그램 등이 저장되어 있어 부팅 시 실행된다.
④ 전원이 꺼져도 기억된 내용이 사라지지 않는 비휘발성 메모리로 읽기만 가능하다.

**전문가의 조언 |** RAM에 대한 설명으로 옳은 것은 ①번입니다.
- ②, ③, ④번은 ROM(Read Only Memory)에 대한 설명입니다.

68섹션 2필드

**20.** 다음 중 컴퓨터에서 사용하는 멀티미디어 활용과 관련하여 VOD(Video On Demand) 서비스에 관한 설명으로 옳은 것은?

① 초고속 통신망을 이용하여 먼거리에 있는 사람들과 비디오와 오디오를 통해 회의를 할 수 있도록 하는 서비스이다.
② 다양한 영상 정보 데이터베이스를 구축하여 사용자가 요구하는 영상 정보를 원하는 시간에 볼 수 있도록 하는 서비스이다.
③ 다양한 장치를 통해 컴퓨터가 만들어낸 가상 세계에서 여러 다른 경험을 체험할 수 있게 하는 서비스이다.
④ 초고속 통신망을 이용하여 의료 활동 등을 할 수 있는 서비스이다.

**전문가의 조언 |** VOD 서비스에 관한 설명으로 옳은 것은 ②번입니다.
- ①번은 VCS(화상회의 시스템), ③번은 가상현실(Virtual Reality), ④번은 원격 진료에 대한 설명입니다.

# 2과목 스프레드시트 일반

117섹션 1필드

**21.** 다음 중 Visual Basic Editor에 대한 설명으로 틀린 것은?

① Alt + F11을 누르면 실행된다.
② Visual Basic Editor에서 F5를 눌러 매크로를 실행할 수 있다.
③ 매크로를 단계별로 실행할 수는 없으나 중간에 중단할 수 있다.
④ 기록된 매크로의 내용을 수정할 수 있다.

**전문가의 조언 |** '매크로' 대화상자에서 <한 단계씩 코드 실행> 단추를 이용하여 매크로를 단계별로 실행할 수 있습니다.

77섹션 4필드

**22.** 다음 중 셀 포인터의 이동 작업에 대한 설명으로 옳은 것은?

① Ctrl + PgDn을 누르면 한 화면을 오른쪽으로 이동한다.
② Shift + Tab을 누르면 셀 포인터가 왼쪽으로 이동한다.
③ Alt + PgDn을 누르면 다음 시트로 이동한다.
④ Ctrl + Shift + Home을 누르면 [A1] 셀로 이동한다.

**전문가의 조언 |** Shift + Tab을 누르면 셀 포인터가 왼쪽으로 이동합니다.
① Ctrl + PgDn : 다음 시트로 이동함
③ Alt + PgDn : 한 화면 오른쪽으로 이동함
④ Ctrl + Shift + Home : 현재 셀 포인터가 있는 위치부터 [A1] 셀까지 블록으로 지정함

74섹션 2필드

**23.** 다음 중 이름 상자에 대한 설명으로 옳지 않은 것은?

① Ctrl을 누르고 여러 개의 셀을 선택한 경우 마지막 선택한 셀 주소가 표시된다.
② 셀이나 셀 범위에 이름을 정의해 놓은 경우 이름이 표시된다.
③ 차트가 선택되어 있는 경우 차트의 종류가 표시된다.
④ 수식을 작성 중인 경우 최근 사용한 함수 목록이 표시된다.

**전문가의 조언 |** 차트를 선택하면 이름 상자에 차트 이름이 표시됩니다.

124섹션 1필드

**24.** 다음 매크로를 [F9] 셀을 선택한 상태에서 실행했을 경우 실행 결과에 대한 설명으로 틀린 것은?

```
Sub 매크로1( )
    ActiveCell.FormulaR1C1 = "=SUM(RC[-4]:RC[-2])"
    Range("F2").Select
    Selection.AutoFill Destination:=Range("F2:F5"),_
    Type:=xlFillDefault
    Range("F2:F5").Select
End Sub
```

① [F9] 셀에 합계를 구합니다.
② [F9] 셀에 입력된 수식은 '=SUM(F5:F8)'과 같은 의미이다.
③ [F2:F5] 영역은 자동 채우기로 입력된다.
④ [F2:F5] 영역이 선택된 상태로 매크로가 종료된다.

**전문가의 조언 |** ActiveCell.FormulaR1C1 = "=SUM(RC[−4]:RC[−2])"은 현재 셀, 즉 [F9] 셀에서 4열 왼쪽(B9)과 2열 왼쪽(D9)의 합계를 의미하므로 "=SUM(B9:D9)"와 같은 의미입니다.

103섹션 3필드

**25.** 다음 중 [페이지 설정] 대화상자에 대한 설명으로 옳지 않은 것은?

① [페이지] 탭에서 '자동 맞춤'의 용지 너비와 용지 높이를 각각 1로 지정하면 여러 페이지가 한 페이지에 인쇄된다.
② [머리글/바닥글]의 여백은 [머리글/바닥글] 탭에서 '머리글'과 '바닥글'의 여백을 mm 단위로 지정할 수 있다.
③ [여백] 탭에서 '페이지 가운데 맞춤'의 가로 및 세로를 체크하면 인쇄 내용이 용지의 가운데에 맞춰 인쇄된다.
④ [시트] 탭에서 '눈금선'의 표시 여부를 지정할 수 있다.

**전문가의 조언 |** '머리글'과 '바닥글'의 여백은 '페이지 설정' 대화상자의 '여백' 탭에서 지정할 수 있습니다.

97섹션 4필드

**26.** 다음 중 아래 시트에서 부서별 인원수[H3:H6]를 구하기 위하여 [H3] 셀에 입력되는 배열 수식으로 옳지 않은 것은?

| | A | B | C | D | E | F | G | H |
|---|---|---|---|---|---|---|---|---|
| 1 | | | | | | | | |
| 2 | | 사원명 | 부서명 | 직위 | 급여 | | 부서별 인원수 | |
| 3 | | 홍길동 | 개발1부 | 부장 | 3500000 | | 개발1부 | 3 |
| 4 | | 이대한 | 영업2부 | 과장 | 2800000 | | 개발2부 | 1 |
| 5 | | 한민국 | 영업1부 | 대리 | 2500000 | | 영업1부 | 1 |
| 6 | | 이겨레 | 개발1부 | 과장 | 3000000 | | 영업2부 | 2 |
| 7 | | 김국수 | 개발1부 | 부장 | 3700000 | | | |
| 8 | | 박미나 | 개발2부 | 대리 | 2800000 | | | |
| 9 | | 최신호 | 영업2부 | 부장 | 3300000 | | | |
| 10 | | | | | | | | |

① {=SUM(($C$3:$C$9=G3)*1)}
② {=COUNT(($C$3:$C$9=G3)*1)}
③ {=SUM(IF($C$3:$C$9=G3, 1))}
④ {=COUNT(IF($C$3:$C$9=G3, 1))}

**전문가의 조언 |** 부서별 인원수를 구하는 배열 수식으로 옳지 않은 것은 ②번입니다.

- 조건이 하나일 때 배열 수식을 이용하여 개수를 구하는 방법은 다음의 3가지 방법이 있습니다.

> • 방법1 : {=SUM( (조건)*1 )}
> • 방법2 : {=SUM( IF(조건, 1) )}
> • 방법3 : {=COUNT( IF(조건, 1) )}

1. **조건 찾기** : 부서별이란 조건은 비교 대상이 될 부서명이 있는 범위(C3:C9)와 비교할 기준이 되는 [G3] 셀을 "="으로 연결하여 입력하면 됩니다(C3:C9=G3).
2. 위의 조건을 개수 구하기 배열 수식에 대입하면 다음과 같습니다.

> • 방법1 : =SUM( (C3:C9=G3)*1 )
> • 방법2 : =SUM( IF(C3:C9=G3, 1) )
> • 방법3 : =COUNT( IF(C3:C9=G3, 1) )

- 이 문제는 [H3:H6] 영역에 결과값을 구해야 하므로 범위는 절대 참조($C$3:$C$9)로 지정해야 하고, 수식을 입력한 후 Ctrl+Shift+Enter를 누르면 중괄호({ })가 자동으로 표시됩니다.

81섹션 1필드

**27.** 다음 중 공유 통합 문서에 대한 설명으로 옳지 않은 것은?

① 여러 사용자가 동시에 동일한 셀을 변경하려면 충돌이 발생한다.
② 통합 문서를 공유한 후 셀을 삽입하거나 삭제할 수 있다.
③ 통합 문서를 공유한 후 여러 셀을 하나로 병합할 수 있다.
④ 공유 통합 문서를 네트워크 위치에 복사해도 다른 통합 문서나 문서의 연결은 그대로 유지된다.

**전문가의 조언 |** 공유 통합 문서에서는 셀을 삽입하거나 삭제할 수는 있어도 병합할 수는 없습니다.

107섹션 3필드

**28.** 다음 중 아래 시트에서 고급 필터 기능을 이용하여 점수가 전체 평균 이상이면서 성별이 "남"인 데이터를 추출하려고 할 때, 고급 필터의 조건식으로 옳은 것은?

| | A | B | C | D |
|---|---|---|---|---|
| 1 | 번호 | 성명 | 성별 | 점수 |
| 2 | 1 | 이방주 | 남 | 86 |
| 3 | 2 | 황영희 | 여 | 45 |
| 4 | 3 | 손기중 | 남 | 78 |
| 5 | 4 | 김보라 | 여 | 92 |
| 6 | 5 | 엄이봉 | 남 | 76 |
| 7 | 6 | 김경삼 | 남 | 98 |
| 8 | 7 | 한우경 | 여 | 87 |
| 9 | 8 | 김상희 | 여 | 91 |
| 10 | 9 | 임선빈 | 남 | 64 |
| 11 | | | | |

①

| 점수 | 성별 |
|---|---|
| =D2>=AVERAGE($D$2:$D$10) | 남 |

②

| 조건 |
|---|
| =AND(D2>=AVERAGE($D$2:$D$10),C2="남") |

③

| 평균 | 성별 |
|---|---|
| =D2>=AVERAGE($D$2:$D$10) | |
| | 남 |

④

| 조건 |
|---|
| =OR(D2>=AVERAGE($D$2:$D$10),C2="남") |

**전문가의 조언 |** 문제에 제시된 고급 필터의 조건식으로 옳은 것은 ②번입니다.

- 고급 필터의 조건으로 수식을 입력할 경우에는 조건으로 사용할 필드명을 원본 데이터의 필드명과 다르게 하거나 생략해야 합니다.
- 문제의 조건은 AND 조건(~이면서)이므로 AND 함수를 사용하여 수식을 작성해야 합니다.

정답 : 19.① 20.② 21.③ 22.② 23.③ 24.② 25.② 26.② 27.③ 28.②

95섹션 1필드

**29.** 연이율 5%로 3년 만기 저축을 매월 초 50,000원씩 저축, 복리 이자율로 계산하여 만기에 찾을 수 있는 금액을 구하기 위한 수식으로 적당한 것은?

① =FV(5%, 3, −50000, , 1)
② =FV(5%, 3, −50000)
③ =FV(5%/12, 3*12, −50000, ,1)
④ =FV(5%/12, 3*12, −50000)

전문가의 조언 | 문제에 제시된 만기 금액을 구하기 위한 수식으로 적당한 것은 ③번입니다.

- 매월 일정한 금액을 불입하였을 경우 만기일에 받을 원금과 이자를 계산하는 함수는 FV(이율, 기간, 금액, 현재가치, 납입시점)입니다.
  - 이율 : 이율이 연 단위이므로 12로 나눕니다(5%/12).
  - 기간 : 기간이 년 단위이므로 년에 12를 곱합니다(3*12).
  - 금액 : 결과값이 양수로 나오도록 음수로 입력합니다(−50000).
  - 현재가치 : 지정된 현재가치가 없으므로 생략합니다.
  - 납입시점 : 매월 초면 1, 매월 말이면 0 또는 생략합니다.

∴ **=FV(5%/12, 3*12, −50000, , 1)**입니다.

92섹션 1필드

**30.** 다음 워크시트에서 [G3:G6] 영역에 월요일부터 금요일까지 모두 출석(√)하면 "우수", 그렇지 않으면 빈칸을 표시하려고 할 때 옳은 수식은?

| | A | B | C | D | E | F | G |
|---|---|---|---|---|---|---|---|
| 1 | 출석 | | | | | | |
| 2 | 이름 | 월 | 화 | 수 | 목 | 금 | 비고 |
| 3 | 홍길동 | √ | √ | √ | √ | √ | 우수 |
| 4 | 이대한 | √ | √ | | √ | | |
| 5 | 김우리 | √ | √ | √ | √ | √ | 우수 |
| 6 | 이석경 | √ | | √ | √ | √ | |
| 7 | | | | | | | |

① =IF(COUNT(B3:F3)=5, "우수", " ")
② =IF(COUNTA(B3:F3)=5, "우수", " ")
③ =IF(NOT(COUNTBLANK(B3:F3)=5), "우수", " ")
④ =IF(COUNTIF(B3:F3, " ")=5, " ", "우수")

전문가의 조언 | [G3:G6] 영역에 입력할 수식으로 옳은 것은 ②번입니다.

**=IF(COUNTA(B3:F3)=5, "우수", " ")**
❶ COUNTA(B3:F3) / ❷ 전체 IF 수식

❶ COUNTA(B3:F3) : [B3:F3] 영역에서 자료(√)가 입력되어 있는 셀의 개수인 5를 반환합니다.

❷ =IF(❶=5, "우수", "") → =IF(5=5, "우수", "") : 조건이 참이므로 "우수"를 반환합니다.

83섹션 2필드

**31.** 숫자 −246000을 입력한 후 아래의 표시 형식을 적용했을 때 표시되는 결과로 옳은 것은?

| #0.0,"천원";(#0.0,"천원");0.0;@"님" |
|---|

① 246.0천원  ② 246,000
③ (−246.0천원)  ④ (246.0천원)

전문가의 조언 | 숫자 −246000을 입력한 후 지문의 표시 형식을 지정하면 '−24600'이 음수이므로 '(#0.0,"천원")' 서식이 적용되어 (246.0천원)으로 표시됩니다.

- **#0.0,"천원"** : 양수일 때 적용되는 서식으로, #0.0,"천원" 형식으로 표시됩니다. 예 246000 → 246.0천원
- **(#0.0,"천원")** : 음수일 때 적용되는 서식으로, #0.0,"천원" 형식으로 표시하되 음수 표시는 ( )로 나타냅니다. 예 −246000 → (246.0천원)
  ※ #0.0,에서 콤마(,)는 천 단위를 생략할 때 사용합니다.
- **0.0** : 0일 때 적용되는 서식으로, 0.0으로 표시됩니다. 예 0 → 0.0
- **@"님"** : 텍스트일 때 적용되는 서식으로, 해당 텍스트 다음에 "님"을 표시합니다. 예 합격 → 합격님

100섹션 1필드

**32.** 다음 중 아래 차트에 대한 설명으로 옳지 않은 것은?

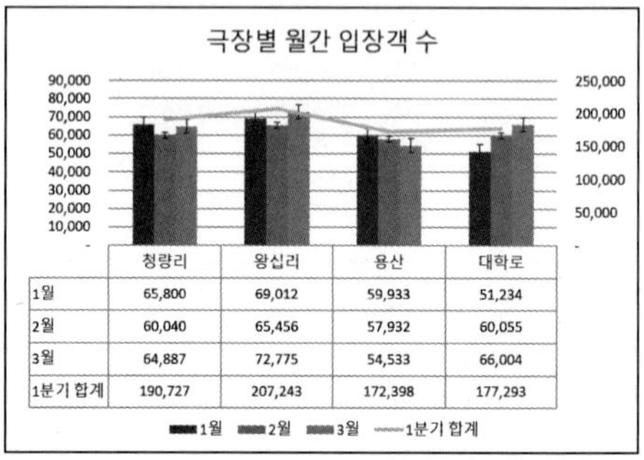


① 계열 옵션에서 '간격 너비'가 0%로 설정되어 있다.
② 범례 표지 없이 데이터 테이블이 표시되어 있다.
③ '1월', '2월', '3월' 계열에 오차 막대가 표시되어 있다.
④ '1분기 합계' 계열은 '보조 축'으로 지정되어 있다.

전문가의 조언 | • 문제에 제시된 그림은 '간격 너비'가 아니라 '계열 겹치기'가 0%로 설정되어 있습니다.

- '간격 너비'를 0%로 설정하면 다음과 같이 표시됩니다.

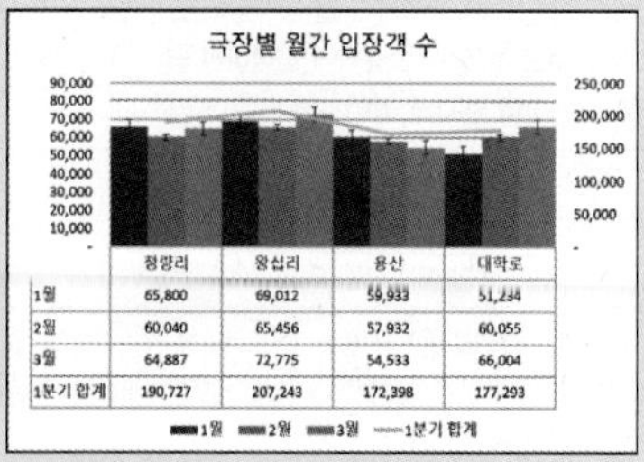

111섹션 4필드

**33.** 다음 중 피벗 테이블 필드의 그룹 설정에 대한 설명으로 옳지 않은 것은?

① 그룹 만들기는 특정 필드를 일정한 단위로 묶어 표현할 때 사용하는 것으로 문자, 숫자, 날짜, 시간으로 된 필드에서 사용할 수 있다.
② 숫자 필드일 경우에는 '그룹화' 대화상자에서 시작, 끝, 단위를 지정해야 한다.
③ 문자 필드일 경우에는 '그룹화' 대화상자에서 그룹 이름을 반드시 지정해 주어야 한다.
④ 그룹을 해제하려면 그룹으로 설정된 영역의 바로 가기 메뉴에서 [그룹 해제]를 선택하여 실행할 수 있다.

전문가의 조언 | 피벗 테이블에서 문자 필드일 경우 그룹 이름은 '그룹화' 대화상자에서 지정하는 것이 아니라 피벗 테이블 화면에서 해당 그룹 이름을 직접 선택한 후 변경해야 합니다.

101섹션 1필드

**34.** 다음 중 2개의 데이터 계열을 가질 수 없는 차트는?

① 세로 막대형　② 원형
③ 방사형　④ 영역형

전문가의 조언 | 원형 차트는 한 개의 데이터 계열만 가질 수 있습니다.

85섹션 1필드

**35.** 다음 워크시트에서 '=SUM(B2:B5 B4:C4)'를 입력했을 때와 결과가 동일한 수식은?

| | A | B | C |
|---|---|---|---|
| 1 | 분기 | 1차 | 2차 |
| 2 | 1사분기 | 1 | 5 |
| 3 | 2사분기 | 2 | 6 |
| 4 | 3사분기 | 3 | 7 |
| 5 | 4사분기 | 4 | 8 |
| 6 | | | |

① =B2:B5+B4:C4
② =PRODUCT(B2:B5, B4:C4)
③ =B2:B5 B4:C4
④ =SUM(B2:B5, B4:C4)

전문가의 조언 | • 'B2:B5 B4:C4'와 같이 두 개의 참조 영역을 공백으로 연결하면 두 영역에서 공통인 [B4] 셀을 참조 영역으로 지정합니다.

| | A | B | C |
|---|---|---|---|
| 1 | 분기 | 1차 | 2차 |
| 2 | 1사분기 | 1 | 5 |
| 3 | 2사분기 | 2 | 6 |
| 4 | 3사분기 | 3 | 7 |
| 5 | 4사분기 | 4 | 8 |
| 6 | | | |

• 'B2:B5 B4:C4'는 [B4] 셀 하나를 의미하므로 '=SUM(B2:B5 B4:C4)'와 '=B2:B5 B4:C4'의 결과는 3으로 동일합니다.

81섹션 3필드

**36.** 아래와 같이 통합 문서 보호를 설정했을 경우에 대한 설명으로 옳지 않은 것은?

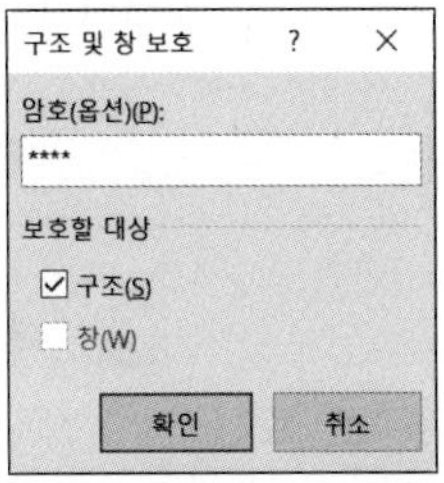


① 워크시트를 이동하거나 삭제할 수 없다.
② 새 워크시트 또는 차트 시트를 삽입할 수 없다.
③ 시나리오 요약 보고서를 만들 수 없다.
④ 워크시트에 작성된 차트를 다른 시트로 이동할 수 없다.

전문가의 조언 | 통합 문서 보호는 통합 문서의 시트 삽입, 삭제, 이동, 숨기기, 이름 바꾸기 등을 할 수 없도록 보호하는 것으로, 통합 문서 보호를 실행해도 워크시트에 작성된 차트를 다른 시트로 이동할 수 있습니다.

105섹션 3필드

**37.** 엑셀에서 데이터를 정렬하려는데 다음과 같은 정렬 경고 대화상자가 표시되었다. 다음 중 옳지 않은 것은?

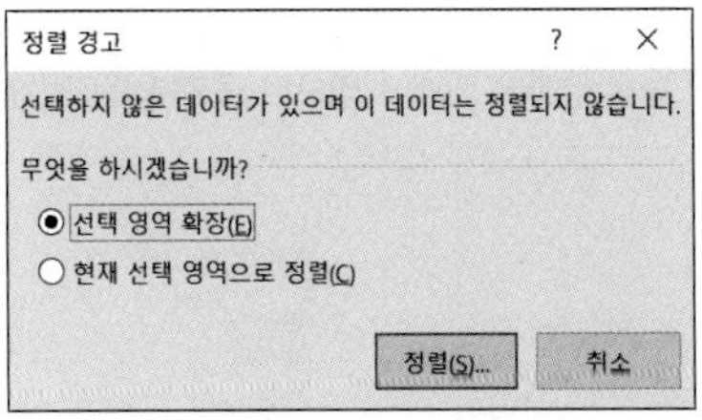


① 이 정렬 경고 대화상자는 표 범위에서 하나의 열만 범위로 선택한 경우에 발생한다.
② 인접한 데이터를 포함하기 위해 선택 영역을 늘리려면 '선택 영역 확장'을 선택한다.
③ 이 정렬 경고 대화상자는 셀 포인터가 표 범위 내에 있지 않기 때문에 발생한다.
④ '현재 선택 영역으로 정렬'을 선택하면 현재 설정한 열만을 정렬 대상으로 선택한다.

전문가의 조언 | 셀 포인터가 표 범위 내에 있지 않을 때는 다음과 같은 대화상자가 표시됩니다.

정답 : 29.③ 30.② 31.④ 32.① 33.③ 34.② 35.③ 36.④ 37.③

114섹션 1필드

**38.** 다음 중 아래 그림과 같이 기간과 이율의 변화에 따른 월불입액을 계산하려고 한다. 이때 적용한 데이터 표의 내용으로 옳은 것은? (월불입액 계산 수식은 '=PMT(B3/12, B2*12, –B4)'임)

| | A | B | C | D | E | F |
|---|---|---|---|---|---|---|
| 1 | | | | | | |
| 2 | 기간 | 5 | | | | |
| 3 | 이율 | 3% | | | | |
| 4 | 대출금액 | ₩10,000,000 | | | | |
| 5 | 월불입액 | ₩179,687 | | | | |
| 6 | | | | | 기간 | |
| 7 | | | ₩179,687 | 3 | 4 | 5 |
| 8 | | 이율 | 2% | ₩ 286,426 | ₩ 216,951 | ₩ 175,278 |
| 9 | | | 3% | ₩ 290,812 | ₩ 221,343 | ₩ 179,687 |
| 10 | | | 4% | ₩ 295,240 | ₩ 225,791 | ₩ 184,165 |
| 11 | | | 5% | ₩ 299,709 | ₩ 230,293 | ₩ 188,712 |

① 입력값 : [행 입력 셀] : $B$2
② 입력값 : [열 입력 셀] : $A$2
③ 입력값 : [행 입력 셀] : $B$2　　[열 입력 셀] : $B$3
④ 입력값 : [행 입력 셀] : $B$3　　[열 입력 셀] : $B$2

**전문가의 조언 |** 데이터 표의 입력값으로 옳은 것은 ③번입니다. 변화되는 값은 기간과 이율이므로 '데이터 테이블' 대화상자에 다음과 같이 지정하면 됩니다.
- **행 입력 셀** : 기간의 변경 값이 한 행(7)에 입력되어 있으므로 [B2] 셀을 지정함
- **열 입력 셀** : 이율의 변경 값이 한 열(C)에 입력되어 있으므로 [B3] 셀을 지정함

110섹션 1필드

**39.** 다음의 [부분합] 실행 결과에 대한 설명으로 옳지 않은 것은?

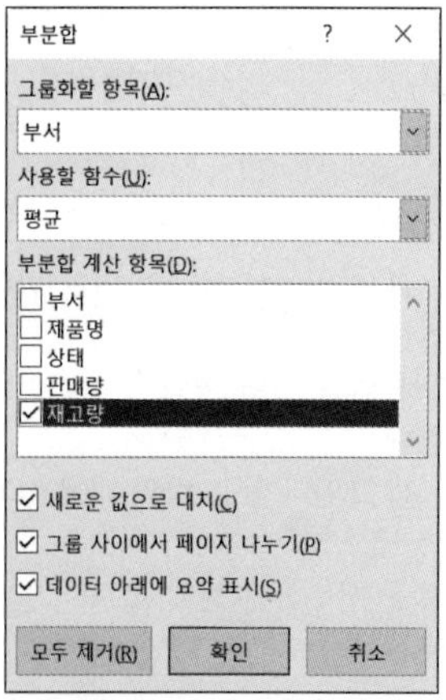


① 정렬할 데이터는 부서를 기준으로 정렬되어 있어야 한다.
② 이미 부분합이 설정되어 있는 경우에는 기존의 부분합 계산 항목은 모두 삭제된다.
③ 인쇄시 부서별로 다른 페이지에 인쇄된다.
④ 평균 아래에 그룹 데이터가 표시된다.

**전문가의 조언 |** '데이터 아래에 요약 표시'를 선택하면 그룹 데이터의 아래에 합계나 평균 등의 요약이 표시됩니다.

104섹션 2필드

**40.** 다음 중 인쇄에 관한 설명으로 옳지 않은 것은?

① 차트만 인쇄하려면 차트가 선택된 상태에서 인쇄한다.
② 도형만 제외하고 인쇄하려면 입력된 도형을 선택하고 바로 가기 메뉴에서 [크기 및 속성]을 선택한 후 [도형 서식] 창에서 '개체 인쇄'를 해제한다.
③ 서로 떨어져 있는 영역을 인쇄 영역으로 지정하려면 Shift를 이용하여 지정한다.
④ 노트 인쇄 방법을 '시트 끝'으로 지정하면 인쇄물의 가장 마지막 페이지에 모아 인쇄한다.

**전문가의 조언 |** 서로 떨어져 있는 영역을 인쇄 영역으로 지정하려면 Ctrl을 이용하여 지정해야 합니다.

## 3과목 데이터베이스 일반

125섹션 2필드

**41.** 다음 중 데이터베이스의 장점이 아닌 것은?

① 데이터의 일관성을 유지할 수 있다.
② 데이터의 중복을 최소화할 수 있다.
③ 데이터의 무결성을 유지할 수 있다.
④ 데이터 유실 시 파일 회복이 쉽다.

**전문가의 조언 |** 데이터베이스는 데이터 유실 시 파일 회복이 어렵습니다.

171섹션 2필드

**42.** 다음 중 보고서를 만드는 방법으로 제공되는 마법사 유형이 아닌 것은?

① 하위 보고서 마법사
② 업무 문서 양식 마법사
③ 우편 엽서 마법사
④ 보고서 마법사

**전문가의 조언 |** 보고서를 만들 때 제공되는 마법사 도구에는 '보고서 마법사, 레이블, 업무 문서 양식 마법사, 우편 엽서 마법사'가 있습니다.

129섹션 6필드

**43.** 다음 중 참조 무결성에 대한 설명으로 옳지 않은 것은?

① 참조 무결성은 참조하고 참조되는 테이블 간의 참조 관계에 아무런 문제가 없는 상태를 의미한다.
② 다른 테이블을 참조하는 테이블, 즉 외래 키 값이 있는 테이블의 레코드 삭제 시에는 참조 무결성이 위배될 수 있다.
③ 다른 테이블을 참조하는 테이블의 레코드 추가 시 외래 키 값이 널(Null)인 경우에는 참조 무결성이 유지된다.
④ 다른 테이블에 의해 참조되는 테이블에서 레코드를 추가하는 경우에는 참조 무결성이 유지된다.

**전문가의 조언 |** 레코드 삭제 시 참조 무결성이 깨질 수 있는 경우는 다른 테이블에 의해 참조되는 테이블의 레코드를 삭제할 때입니다. 다른 테이블을 참조하는 테이블의 레코드를 삭제하는 것은 참조 무결성에 영향을 주지 못합니다.

134섹션 3필드

**44.** 다음 중 테이블을 만드는 과정에 대한 설명으로 틀린 것은?

① 테이블 '디자인 보기'나 '데이터시트 보기'에서 새로운 필드를 추가할 수 있다.
② '디자인 보기'에서 행 선택기를 클릭한 후 바로 가기 메뉴에서 [행 삽입]을 선택하여 필드를 추가할 수 있다.
③ '데이터시트 보기'에서 마지막 열의 필드명 부분을 더블 클릭 하여 이름을 변경하면 데이터 형식을 선택할 수 있는 바로 가기 메뉴가 표시된다.
④ '데이터시트 보기'에서 마지막 열에 데이터를 입력하면 '짧은 텍스트'로 데이터 형식이 자동으로 지정된다.

**전문가의 조언 |** '데이터시트 보기'에서 숫자 데이터를 입력하면 '숫자', 문자 데이터를 입력하면 '짧은 텍스트'로 입력한 데이터에 맞게 데이터 형식이 자동으로 지정됩니다.

137섹션 5필드

**45.** 보고서 머리글의 텍스트 박스 컨트롤에 다음과 같이 컨트롤 원본을 지정하였다. 보고서 미리 보기를 하는 경우 어떠한 결과가 나타나는가? (단, 현재 날짜와 시간이 2023년 1월 2일 오후 3시 4분 5초라고 가정한다.)

=Format(Now( ), "mmmm ampm h:n")

① Jan 3:4　　② January 오후 3:4
③ Jan pm 3:4:5　　④ January pm 3:4:5

**전문가의 조언 |** 보고서 미리 보기의 결과는 **January 오후 3:4**입니다.
• Format(식, 형식)은 계산 결과에 표시 형식을 지정하는 함수입니다.
• 날짜 형식을 mmmm으로 지정하였고, 날짜가 2023-01-02이므로 **January**로 표시됩니다.
• 시간 형식을 ampm h:n으로 지정하였고, 시간이 오후 3시 4분 5초이므로 **오후 3:4**로 표시됩니다.

139섹션 2필드

**46.** 다음 중 아래 [학과] 테이블의 '학과코드' 필드에 대한 설명으로 옳지 않은 것은?

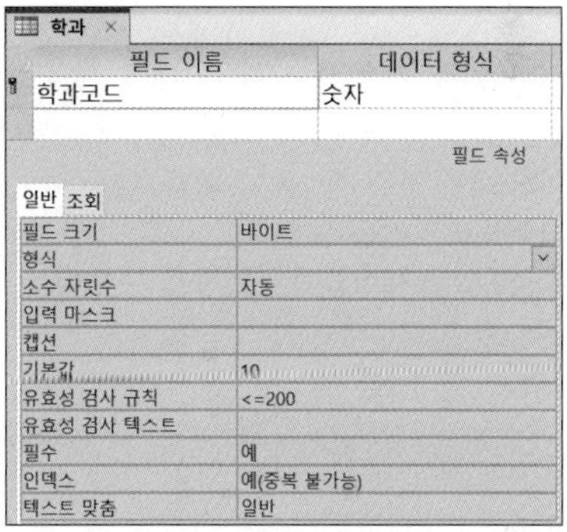


| 필드 크기 | 바이트 |
|---|---|
| 형식 | |
| 소수 자릿수 | 자동 |
| 입력 마스크 | |
| 캡션 | |
| 기본값 | 10 |
| 유효성 검사 규칙 | <=200 |
| 유효성 검사 텍스트 | |
| 필수 | 예 |
| 인덱스 | 예(중복 불가능) |
| 텍스트 맞춤 | 일반 |

① 동일한 학과코드는 입력될 수 없으며, 학과코드는 반드시 입력되어야 한다.
② 문자나 4자리 이상의 숫자는 입력할 수 없다.
③ 필드의 형식이 바이트이므로 필드의 값은 최대 255까지 입력할 수 있다.
④ 레코드가 새로 생성되는 경우, 10이 자동으로 입력된다.

**전문가의 조언 |** 필드의 형식이 바이트이므로 255까지 입력할 수 있지만 유효성 검사 규칙(<=200)으로 인해 200을 초과하는 값은 입력할 수 없습니다.

176섹션 2필드

**47.** 다음 중 보고서에서 [페이지 번호] 대화상자를 이용한 페이지 번호 설정에 대한 설명으로 옳지 않은 것은?

① 첫 페이지에만 페이지 번호가 표시되거나 표시되지 않도록 설정할 수 있다.
② 페이지 번호의 표시 위치를 '페이지 위쪽', '페이지 아래쪽', '페이지 양쪽' 중 선택할 수 있다.
③ 페이지 번호의 형식을 'N 페이지'와 'N/M 페이지' 중 선택할 수 있다.
④ [페이지 번호] 대화상자를 열 때마다 페이지 번호 표시를 위한 수식이 입력된 텍스트 상자가 자동으로 삽입된다.

**전문가의 조언 |** '페이지 번호' 대화상자에서 페이지가 표시될 위치는 '페이지 위쪽[머리글]'과 '페이지 아래쪽[바닥글]' 중 하나를 선택하여 지정할 수 있습니다.

정답 : 38.③ 39.④ 40.③ 41.④ 42.① 43.② 44.④ 45.② 46.③ 47.②

141섹션 1필드

**48.** 다음 중 기본키(Primary Key)로 설정할 수 없는 데이터 형식은 무엇인가?

① 일련 번호　　② Yes/No
③ 하이퍼링크　　④ 첨부 파일

전문가의 조언 | OLE 개체, 첨부 파일, 계산 형식의 필드에는 기본키를 설정할 수 없습니다.

146섹션 1필드

**49.** 외부 데이터를 테이블로 가져오는 작업에 대한 설명으로 옳은 것은?

① 엑셀 시트가 여러 개인 경우 가져올 수 없다.
② 일부 필드를 제외하고 가져올 수 있다.
③ 데이터가 이미 들어있는 테이블에는 가져올 수 없다.
④ 가져올 데이터의 행 머리글에는 반드시 필드 이름이 있어야 한다.

전문가의 조언 | 외부 데이터에서 일부 필드를 제외하고 테이블로 가져올 수 있습니다.
① 엑셀 시트가 여러 개인 경우 가져올 시트를 선택해서 가져올 수 있습니다.
③ 데이터가 이미 들어있는 테이블에 외부에서 가져온 데이터를 추가할 수 있습니다.
④ 가져올 데이터의 행 머리글에 필드 이름이 없어도 가져올 수 있습니다.

151섹션 1필드

**50.** 〈주문상세내역〉 테이블을 대상으로 SQL문을 실행한 결과로 표시되는 레코드의 개수는?

주문상세내역

| 주문번호 | 제품코드 | 단가 | 수량 |
|---|---|---|---|
| A130 | RT8754 | 1500 | 20 |
| A130 | HI4875 | 1000 | 30 |
| A130 | GE2457 | 2800 | 10 |
| A130 | AB1455 | 2500 | 15 |
| A234 | BA8545 | 3000 | 18 |
| A278 | JD2456 | 1800 | 20 |
| A278 | HD5453 | 2000 | 24 |
| A278 | RE2456 | 1400 | 32 |
| A350 | GE7584 | 2500 | 27 |
| A350 | GE3585 | 2400 | 25 |

〈SQL문〉

```
Select 주문번호 From 주문상세내역
Group By 주문번호
Having Count(*) >= 3;
```

① 4개　　② 1개
③ 3개　　④ 2개

전문가의 조언 | SQL문을 실행한 결과로 표시되는 레코드의 개수는 2개입니다. 절단위로 구분하여 질의문을 이해하면 쉽습니다.

- **Select 주문번호 From 주문상세내역** : 〈주문상세내역〉 테이블에서 '주문번호' 필드를 검색합니다.
- **Group By 주문번호** : '주문번호' 필드를 기준으로 그룹을 지정합니다.

| 주문번호 | 제품코드 | 단가 | 수량 |
|---|---|---|---|
| A130 | RT8754 | 1500 | 20 |
| A130 | HI4875 | 1000 | 30 |
| A130 | GE2457 | 2800 | 10 |
| A130 | AB1455 | 2500 | 15 |
| A234 | BA8545 | 3000 | 18 |
| A278 | JD2456 | 1800 | 20 |
| A278 | HD5453 | 2000 | 24 |
| A278 | RE2456 | 1400 | 32 |
| A350 | GE7584 | 2500 | 27 |
| A350 | GE3585 | 2400 | 25 |

- **Having Count(*)>=3** : 그룹별로 레코드의 개수가 3개 이상인 그룹만을 대상으로 검색합니다.

| 주문번호 |
|---|
| A130 |
| A278 |

153섹션 3필드

**51.** 다음과 같이 지정된 쿼리 작성 조건을 올바르게 설명한 것은?

| | | |
|---|---|---|
| 필드: | 생년월일 | 성별 |
| 테이블: | 사원 | 사원 |
| 정렬: | | |
| 표시: | ☑ | ☑ |
| 조건: | Between "#1975-01-01#" And "#1985-12-31#" | "여" |
| 또는: | Between "#1970-01-01#" And "#1980-12-31#" | |

① 생년월일이 "1975년 1월 1일"에서 "1985년 12월 31일" 사이이거나 성별이 "여"이고 생년월일이 "1970년 1월 1일"에서 "1980년 12월 31일" 사이인 데이터를 표시
② 생년월일이 "1975년 1월 1일"에서 "1985년 12월 31일" 사이이고 성별이 "여"인 데이터를 표시
③ 생년월일이 "1975년 1월 1일"에서 "1985년 12월 31일" 사이이면서 성별이 "여"이거나 생년월일이 "1970년 1월 1일"에서 "1980년 12월 31일" 사이인 데이터를 표시
④ 생년월일이 "1975년 1월 1일"에서 "1985년 12월 31일" 사이이면서 성별이 "여"이고 생년월일이 "1970년 1월 1일"에서 "1980년 12월 31일" 사이인 데이터를 표시

전문가의 조언 | 쿼리 작성 조건을 올바르게 설명한 것은 ③번입니다. 같은 행의 조건은 AND로 연결되고 다른 행의 조건은 OR로 연결됩니다.

155섹션 3필드

**52.** 다음 중 두 테이블의 조인된 필드가 일치하는 행만 포함하여 보여주는 조인 방법은?

① 간접 조인
② 내부 조인
③ 외부 조인
④ 중복 조인

**전문가의 조언 |** 두 테이블의 조인된 필드가 일치하는 행만 포함하여 보여주는 조인 방법은 내부 조인입니다.
- **왼쪽 외부 조인**(Left Join) : 왼쪽 테이블에서는 모든 레코드를 포함하고, 오른쪽 테이블에서는 조인된 필드가 일치하는 레코드만 질의에 포함됨
- **오른쪽 외부 조인**(Right Join) : 오른쪽 테이블에서는 모든 레코드를 포함하고, 왼쪽 테이블에서는 조인된 필드가 일치하는 레코드만 질의에 포함됨

157섹션 2필드

**53.** 다음 그림과 같이 매개 변수 대화상자에 입력한 전공명을 포함하는 레코드만 표시하는 조건식으로 옳은 것은?

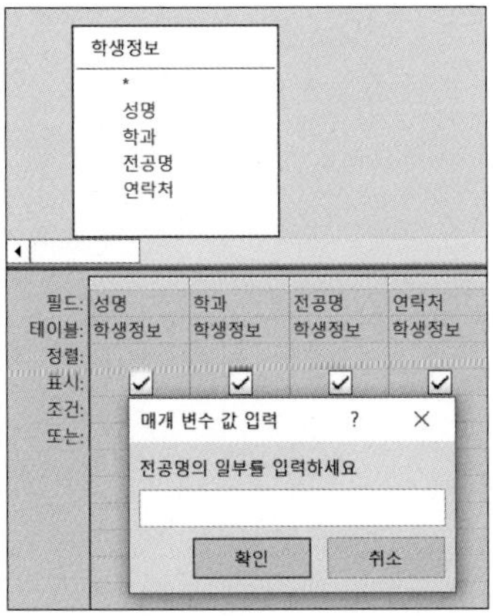


① Like "*" [전공명의 일부를 입력하세요] "*"
② Like "*" & [전공명의 일부를 입력하세요] & "*"
③ Like "*" & [전공명의 일부를 입력하세요]
④ Like & [전공명의 일부를 입력하세요]

**전문가의 조언 |** 조건식으로 옳은 것은 ②번입니다. 매개 변수를 적용할 필드의 조건 행에서 매개 변수 대화상자에 표시할 텍스트는 대괄호([ ])로 묶어야 하며, 매개 변수 대화상자에 입력한 값을 포함하는 레코드를 검색해야 하므로 Like 연산자와 만능 문자 "*"을 이용하여 **Like "*" & [전공명의 일부를 입력하세요] & "*"**과 같이 입력해야 합니다.

160섹션 2필드

**54.** 다음과 같은 폼을 만드는 폼 작성 도구는?

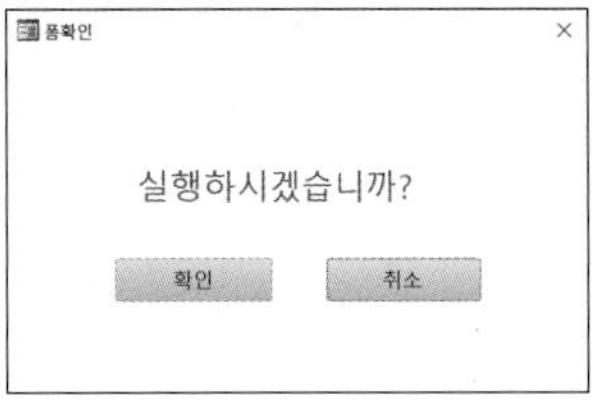


① 여러 항목
② 폼 분할
③ 새 폼
④ 모달 대화 상자

**전문가의 조언 |** 문제의 그림과 같이 〈확인〉과 〈취소〉 버튼이 자동으로 생성되는 폼은 모달 대화 상자입니다.
- **여러 항목** : 테이블 형식의 폼이 작성됨
- **폼 분할** : 하나의 원본 데이터를 이용하여 상단에는 열 형식으로, 하단에는 데이터시트 형식으로 2개의 폼이 한 화면에 작성됨
- **새 폼** : 빈 폼이 작성됨

163섹션 1필드

**55.** 〈회원관리〉 폼에서 '가입일'의 내용을 수정할 수 없도록 설정하는 방법으로 올바른 것은?

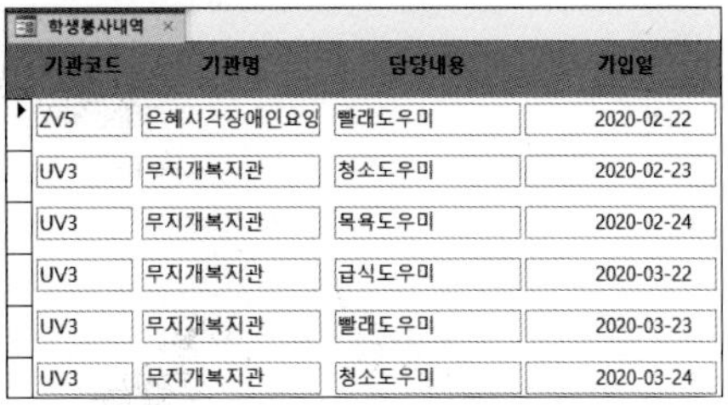


① '탭 정지' 속성을 '아니요'로 설정한다.
② '잠금' 속성을 '예'로 설정한다.
③ '표시' 속성을 '아니요'로 설정한다.
④ '사용 가능' 속성을 '아니요'로 설정한다.

**전문가의 조언 |** 내용을 수정할 수 없도록 하려면 '잠금' 속성을 "예"로 설정하면 됩니다.

정답 : 48.④ 49.② 50.④ 51.③ 52.② 53.② 54.④ 55.②

167섹션 2필드

**56.** 다음 보고서에서 '거래처명'과 같이 제품번호 3, 6, 2에 대해 다음과 같이 표시되도록 설정하고자 한다. 다음 중 설정 방법으로 옳은 것은?

**거래처별 제품목록**

| 거래처명 | 제품번호 | 제품이름 | 단가 | 재고량 |
|---|---|---|---|---|
| 광명(주) | 3 | 안경테C | ₩20,000 | 67 |
| | 6 | 무테C | ₩35,000 | 33 |
| | 2 | 안경테B | ₩15,000 | 50 |
| | **총제품수 :** | **3** | **총재고량 :** | |

① 해당 컨트롤의 '확장 가능' 속성을 '예'로 설정한다.
② 해당 컨트롤의 '중복 내용 숨기기' 속성을 '예'로 설정한다.
③ 해당 컨트롤의 '화면 표시' 속성을 '아니오'로 설정한다.
④ 해당 컨트롤의 '누적 총계' 속성을 '전체'로 설정한다.

**전문가의 조언 |** '거래처명'과 같이 컨트롤의 데이터가 이전 레코드와 동일한 경우에는 이를 표시(혹은 인쇄)되지 않도록 설정하려면 해당 컨트롤의 '중복 내용 숨기기' 속성을 '예'로 설정하면 됩니다.

168섹션 3필드

**57.** 다음 중 폼 바닥글의 텍스트 상자의 컨트롤 원본으로 〈사원〉 테이블에서 직급이 '부장'인 레코드들의 급여 평균을 구하는 함수식으로 옳은 것은?

① =DAVG("[급여]", "[사원]", "[직급]='부장'")
② =DAVG("[사원]", "[급여]", "[직급]='부장'")
③ =AVG("[급여]", "[사원]", "[직급]='부장'")
④ =AVG("[사원]", "[급여]", "[직급]='부장'")

**전문가의 조언 |** 함수식으로 옳은 것은 ①번입니다. 조건에 맞는 레코드의 평균을 구하는 'DAVG(인수, 도메인, 조건)' 함수는 도메인(사원 테이블)에서 조건(직급이 '부장'인)에 맞는 레코드 중 인수(급여)로 지정된 필드에 값이 들어 있는 레코드의 평균을 구합니다.

181섹션 4필드

**58.** 다음 중 액세스에서 보고서를 출력(미리보기/인쇄)하기 위한 VBA 개체와 메서드로 옳은 것은?

① Docmd.OpenReport
② Report
③ Docmd.ReportPrint
④ Report.Open

**전문가의 조언 |** Microsoft Access 매크로 함수를 Visual Basic에서 실행하기 위한 개체는 DoCmd이고, DoCmd 개체의 메서드 중 보고서를 출력하는 메서드는 OpenReport입니다.

178섹션 1필드

**59.** 다음 중 특정 컨트롤로 포커스를 이동시키는 매크로 함수는 무엇인가?

① GoToRecord
② GoToControl
③ SetValue
④ RunCode

**전문가의 조언 |** 특정 컨트롤로 포커스를 이동시키는 매크로 함수는 GoToControl입니다.

- GoToRecord : 레코드 포인터를 처음, 마지막, 이전, 이후 등으로 이동시킴
- SetValue : 필드, 컨트롤, 속성 등의 값을 설정함
- RunCode : 프로시저를 실행함

170섹션 1필드

**60.** 다음 중 보고서의 시작 부분에 한 번만 표시되며 일반적으로 회사의 로고나 제목 등을 표시하는 구역은?

① 보고서 머리글 ② 페이지 머리글
③ 그룹 머리글 ④ 그룹 바닥글

**전문가의 조언 |** 보고서의 시작 부분에 한 번만 표시되는 구역은 보고서 머리글입니다.

- **페이지 머리글** : 모든 페이지의 상단에 표시되며, 첫 페이지에는 보고서 머리글 다음에 표시됨
- **그룹 머리글** : 그룹이 지정된 경우 그룹의 상단에 반복적으로 표시됨
- **그룹 바닥글** : 그룹이 지정된 경우 그룹의 하단에 반복적으로 표시됨



정답 : 56.② 57.① 58.① 59.② 60.①

# 2023년 3회 컴퓨터활용능력 1급 필기

## 1과목 컴퓨터 일반

1섹션 2필드

**1.** 다음 중 NTFS 파일 시스템에 관한 설명으로 옳지 않은 것은?

① 파일 크기는 볼륨 크기에 의해서만 제한된다.
② HDD, SSD, CD 등 모든 디스크 드라이브에서 기본적으로 사용되는 범용 파일 시스템이다.
③ FAT32 파일 시스템보다 성능, 보안, 안전성이 높다.
④ 파일 및 폴더에 대한 액세스 제어를 유지하고 제한된 계정을 지원한다.

**전문가의 조언 |** NTFS는 Windows 전용 파일 시스템으로 모든 디스크 드라이브에서 사용할 수는 없습니다.

2섹션 2필드

**2.** 다음 중 Windows 10의 바로 가기 키에 대한 설명으로 옳은 것은?

① Alt + Enter : 선택된 항목의 속성 창을 호출함
② Alt + PrintScreen : 현재 활성화된 창을 인쇄함
③ Ctrl + Esc : 열려 있는 창을 닫음
④ Ctrl + Tab : 시작 메뉴를 표시함

**전문가의 조언 |** Alt + Enter는 선택된 항목의 속성 창을 호출하는 바로 가기 키입니다.
② Alt + PrintScreen : 현재 활성화된 창을 클립보드로 복사함
③ Ctrl + Esc : [시작] 메뉴를 표시함
Alt + F4 : 열려 있는 창을 닫음
④ Ctrl + Tab : 다음 탭으로 이동함

32섹션 2필드

**3.** 다음 중 한글 Windows 10에서 하드디스크의 용량 부족 문제가 발생하였을 때의 해결 방법으로 적절하지 않은 것은?

① [휴지통 비우기]를 수행한다.
② [디스크 정리]를 통해 임시 파일들을 삭제한다.
③ 사용하지 않는 응용 프로그램을 삭제한다.
④ 드라이브 조각 모음 및 최적화를 수행한다.

**전문가의 조언 |** '드라이브 조각 모음 및 최적화'는 드라이브의 접근 속도를 향상시키기 위해 드라이브를 최적화하는 기능으로, 하드디스크의 용량 증가와는 관계가 없습니다.

48섹션 3필드

**4.** 다음 중 시스템의 성능을 향상시킬 수 있는 가장 확실한 하드웨어 업그레이드 방법으로, 주로 메인보드와 함께 교체해야 하는 것은?

① AGP 그래픽 카드로 교체한다.
② 하드디스크의 용량이 큰 것으로 교체한다.
③ DRAM의 용량이 큰 것으로 교체한다.
④ 코어와 스레드의 수가 많은 CPU로 교체한다.

**전문가의 조언 |** CPU 업그레이드는 시스템의 성능을 향상시킬 수 있는 가장 확실한 방법으로, 주로 메인보드와 함께 교체하여 등급을 높입니다.

36섹션 5필드

**5.** 다음 중 문자 데이터 표현이 아닌 것은?

① HS 코드 ② ASCII 코드
③ Unicode ④ KS 코드

**전문가의 조언 |** HS 코드는 국가 간 무역 거래 상품을 총괄적으로 분류한 품목 분류 코드입니다.

62섹션 1필드

**6.** 다음 중 사물 인터넷에 대한 설명으로 옳지 않은 것은?

① IoT(Internet of Things)라고도 하며 개인 맞춤형 스마트 서비스를 지향한다.
② 사람을 제외한 사물과 공간, 데이터 등을 이더넷으로 서로 연결시켜주는 무선 통신 기술을 의미한다.
③ 스마트 센싱 기술과 무선 통신 기술을 융합하여 실시간으로 데이터를 주고받는 기술이다.
④ 사물 인터넷 기반 서비스는 개방형 아키텍처를 필요로 하기 때문에 정보 공유에 대한 부작용을 최소화하기 위한 정보보안기술의 적용이 중요하다.

**전문가의 조언 |** 사물 인터넷은 사람, 사물, 공간, 데이터 등 세상에 존재하는 모든 사물을 이더넷으로 서로 연결시켜주는 무선 통신 기술입니다.

정답 : 1.② 2.① 3.④ 4.④ 5.① 6.②

68섹션 2필드

**7. 다음 중 OTT(Over The Top) 서비스에 대한 설명으로 옳지 않은 것은?**

① Over The Top에서 Top는 TV의 셋톱박스를 의미하며, 현재도 셋톱박스를 사용해야 서비스 이용이 가능하다.
② 전파나 케이블이 아닌 범용 인터넷망으로 방송 프로그램, 영화 등의 영상 콘텐츠를 제공한다.
③ 기존 방송 콘텐츠와 달리 사용자가 자신이 선호하는 콘텐츠를 검색하거나 알고리즘을 통해 콘텐츠를 추천받을 수 있다.
④ 실시간으로 재생되는 스트리밍 기술을 기반으로 한다.

**전문가의 조언 |** OTT(Over The Top)는 드라마, 영화 등의 영상 콘텐츠를 인터넷을 통해 제공하는 서비스입니다. Over The Top에서 Top은 TV의 셋톱박스를 의미하며, 초기에는 셋톱박스를 통해 각종 영상을 시청할 수 있었지만 현재는 셋톱박스를 비롯하여 PC, 스마트폰 등 인터넷이 연결된 각종 전자기기를 통해 영상을 시청할 수 있습니다.

44섹션 5필드

**8. 다음 중 컴퓨터에서 사용하는 USB 장치에 대한 설명으로 옳은 것은?**

① USB는 범용 병렬 장치를 연결할 수 있게 해주는 컴퓨터 인터페이스이다.
② USB 장치의 연결을 끊고 나서는 재부팅해야 한다.
③ USB 3.0 단자는 파랑색으로 되어 있고, 하위 버전에서도 인식된다.
④ 주변장치를 최대 127개까지 연결할 수 있고, 여러 개 장치를 연결해도 전송 속도는 동일하다.

**전문가의 조언 |** USB 장치에 대한 설명으로 옳은 것은 ③번입니다.
① USB는 범용 직렬 장치를 연결할 수 있게 해주는 컴퓨터 인터페이스입니다.
② 컴퓨터를 종료하거나 재부팅 하지 않아도 USB 장치를 연결하거나 연결을 끊을 수 있습니다.
④ 주변장치를 최대 127개까지 연결할 수 있고, 여러 개 장치를 연결할 경우 전송 속도는 느려집니다.

13섹션 1필드

**9. 다음 중 한글 Windows 10에서 파일의 검색 기능을 향상시키기 위한 기능은?**

① 색인　② 압축
③ 복원　④ 백업

**전문가의 조언 |** 파일의 검색 기능을 향상시키기 위한 기능은 색인입니다.

53섹션 5필드

**10. 다음 중 컴퓨터 프로그래밍 언어인 JAVA 언어에 대한 설명으로 옳지 않은 것은?**

① 객체 지향 언어이므로 관리 및 유지가 편리하다.
② C 언어와 동일하게 절차적 프로그래밍 기법에 사용된다.
③ 객체 지향 언어로 추상화, 상속화, 다형성과 같은 특징을 가진다.
④ 바이트 코드라는 중립적인 구조의 실행 코드를 만들어 플랫폼이 독립적이다.

**전문가의 조언 |** 자바(JAVA)는 객체 지향 프로그래밍 기법에 사용됩니다.

65섹션 1필드

**11. 다음 중 인터넷과 관련하여 스트리밍(Streaming) 기술에 관한 설명으로 옳은 것은?**

① 네트워크를 통해 대용량의 멀티미디어 데이터 파일을 다운 받을 때 사용자가 전체 파일을 다운 받을 때까지 기다릴 필요 없이 전송되는 대로 재생시키는 기술이다.
② 하이퍼텍스트와 멀티미디어를 통합한 개념으로 문자뿐만 아니라 그래픽, 사운드, 동영상 등의 정보를 연결해 놓은 미디어 통합 기술이다.
③ 정지 화상의 프레임에서 중복되는 정보를 삭제하여 데이터를 압축하는 기술이다.
④ 카메라로 촬영한 아날로그 영상을 디지털 영상으로 변환, 캡처하여 편집, 저장 시키는 기술이다.

**전문가의 조언 |** 스트리밍(Streaming)은 파일을 다운 받을 때 전체 파일을 다운 받을 때까지 기다릴 필요 없이 전송되는 대로 재생시키는 기술입니다.

60섹션 1필드

**12. 다음 중 인터넷과 관련하여 WWW(World Wide Web)에 관한 설명으로 옳지 않은 것은?**

① 멀티미디어 형식의 정보를 제공하여 줄 수 있다.
② 하이퍼텍스트를 기반으로 하는 HTTP 프로토콜을 사용한다.
③ 웹 페이지는 서버에서 정보를 제공하여 주고 클라이언트에서는 웹 브라우저를 통해 정보를 검색하고 제공받는다.
④ 멀티미디어 정보의 송수신 에러를 제어하기 위해 SMTP 프로토콜을 사용한다.

**전문가의 조언 |**
- WWW는 멀티미디어 정보의 송・수신 에러를 제어하기 위해 HTTP 프로토콜을 사용합니다.
- SMTP(Simple Mail Transfer Protocol)는 사용자의 컴퓨터에서 작성한 메일을 다른 사람의 계정이 있는 곳으로 전송해 주는 프로토콜입니다.

38섹션 4필드

**13.** 다음 중 컴퓨터 시스템에서 사용하는 가상 기억장치(Virtual Memory)에 대한 설명으로 옳지 않은 것은?

① 보조기억장치 같은 큰 용량의 기억장치를 주기억장치처럼 사용하는 개념이다.
② 주기억장치의 용량보다 큰 프로그램의 실행을 가능하게 한다.
③ 주소 매핑(mapping)이라는 작업이 필요하다.
④ 주기억장치의 접근 시간을 최소화하여 시스템의 처리 속도가 빨라진다.

**전문가의 조언 |** ④번은 캐시 메모리(Cache Memory)에 대한 설명입니다.

66섹션 2필드

**14.** 다음 중 멀티미디어와 관련하여 JPEG 파일 형식에 관한 설명으로 옳지 않은 것은?

① 사진과 같은 정지 영상을 표현하기 위한 국제 표준 압축 방식이다.
② 24비트 컬러를 사용하여 트루 컬러로 이미지를 표현한다.
③ 사용자가 압축률을 지정해서 이미지를 압축하는 압축 기법을 사용할 수 있다.
④ 이미지를 확대해도 테두리가 거칠어지지 않고 매끄럽게 표현된다.

**전문가의 조언 |** JPEG는 비트맵 방식이기 때문에 이미지를 확대하면 테두리가 거칠게 표현됩니다.

18섹션 1필드

**15.** 다음 중 다중 디스플레이에 대한 설명으로 옳지 않은 것은?

① 각 모니터의 해상도와 방향은 동일하게만 설정되며, 원하는 모니터를 주모니터로 설정할 수 있다.
② 복수 모니터를 개별 그래픽 어댑터 또는 복수 출력을 지원하는 단일 어댑터에 연결할 수 있다.
③ 한 모니터에서 웹 작업을 보면서 다른 모니터에서 이미지 또는 텍스트를 편집할 수 있다.
④ 바탕 화면의 크기를 확장하여 작업 생산성을 높일 수 있다.

**전문가의 조언 |** 다중 디스플레이는 하나의 컴퓨터에 두 개 이상의 모니터를 연결하는 것으로, 각 모니터마다 해상도와 방향을 다르게 설정할 수 있고, 원하는 모니터를 주모니터로 설정할 수 있습니다.

55섹션 2필드

**16.** 다음 중 네트워크 운영 방식 중 하나인 클라이언트/서버 방식에 관한 설명으로 옳은 것은?

① 서버와 클라이언트가 모두 처리 능력을 가지며, 분산 처리 환경에 적합하다.
② 중앙 컴퓨터가 모든 단말기에서 요구하는 데이터 처리를 전담한다.
③ 모든 단말기가 동등한 계층으로 연결되어 모두 클라이언트와 서버 역할을 할 수 있다.
④ 단방향 통신 방식으로 데이터 처리를 위한 대기시간이 필요하다.

**전문가의 조언 |** 클라이언트/서버 방식에 관한 설명으로 옳은 것은 ①번입니다.
- ②번은 중앙 집중 방식, ③번은 동배간 처리 방식에 대한 설명입니다.

73섹션 2필드

**17.** 다음 중 정보보안을 위해 사용하는 공개키 암호화 기법에 대한 설명으로 옳지 않은 것은?

① 알고리즘이 복잡하며 암호화와 복호화 속도가 느리다.
② 키의 분배가 용이하고 관리해야 할 키의 수가 적다.
③ 비대칭 암호화 기법이라고도 하며 대표적으로 DES가 있다.
④ 데이터를 암호화할 때 사용하는 키를 공개하고 복호화할 때 키는 비밀로 한다.

**전문가의 조언 |**
- 공개키 암호화 기법은 비대칭 암호화 기법이라고도 하며, 대표적으로 RSA가 있습니다.
- DES는 비밀키 암호화 기법입니다.

57섹션 1필드

**18.** 다음 중 인트라넷(Intranet)에 대한 설명으로 옳은 것은?

① 여러 대의 컴퓨터를 연결하여 하나의 서버로 사용하는 기술이다.
② 인터넷 기술을 이용하여 조직 내의 각종 업무를 수행할 수 있도록 만든 네트워크 환경이다.
③ 이동 전화 단말기에서 개인용 컴퓨터의 운영체제와 같은 역할을 하는 소프트웨어이다.
④ 기업체가 협력업체와 고객 간의 정보 공유를 목적으로 구성한 네트워크이다.

**전문가의 조언 |** 인트라넷(Intranet)은 인터넷 기술을 이용하여 조직 내의 각종 업무를 수행할 수 있도록 만든 네트워크 환경입니다.

정답 : 7.① 8.③ 9.① 10.② 11.① 12.④ 13.④ 14.④ 15.① 16.① 17.③ 18.②

34섹션 1필드

**19.** 다음 중 자료 구성 단위에 대한 설명으로 옳지 않은 것은?

① 워드(Word)는 문자를 표현하는 최소 단위이다.
② 니블(Nibble)은 4개의 비트(Bit)가 모여 구성한 것으로, 16진수 1자리를 표현한다.
③ 레코드(Record)는 하나 이상의 관련된 필드(Field)가 모여서 구성되는 자료 처리 단위이다.
④ 필드(Field)는 파일 구성의 최소 단위이며, 여러 개의 필드가 모여 레코드(Record)가 된다.

**전문가의 조언 |** • 워드(Word)는 CPU가 한 번에 처리할 수 있는 명령 단위입니다.
• 문자를 표현하는 최소 단위는 바이트(Byte)입니다.

42섹션 1필드

**20.** 다음 중 외부 인터럽트가 발생하는 경우에 해당하지 않는 것은?

① 컴퓨터의 전원 공급이 중단되었을 경우
② 실행할 수 없는 명령어가 사용된 경우
③ 타이머에 의해 의도적으로 프로그램이 중단된 경우
④ 입출력장치의 입출력 준비 완료를 알리는 경우

**전문가의 조언 |** • 외부 인터럽트는 입·출력장치, 타이밍 장치, 전원 등 외부적인 요인에 의해 발생합니다.
• ②번은 내부 인터럽트가 발생하는 경우입니다.

## 2과목 스프레드시트 일반

83섹션 1필드

**21.** 다음 중 입력 데이터에 사용자 지정 표시 형식을 설정한 경우 그 표시 결과로 옳지 않은 것은?

| | 표시 형식 | 데이터 | 결과 |
|---|---|---|---|
| ① | # 0/0 | 0.5 | 1/2 |
| ② | 0/0 | 1.5 | 1 1/2 |
| ③ | 0/0 | 0.5 | 1/2 |
| ④ | # 0/0 | 1.5 | 1 1/2 |

**전문가의 조언 |** **1.5**를 입력한 후 표시 형식으로 **0/0**을 지정하면 **3/2**로 표시됩니다.

75섹션 1필드

**22.** 다음 중 아래 워크시트에서 [B1:B3] 영역의 문자열을 [B4] 셀에 목록으로 표시하여 입력하기 위한 키 조작으로 옳은 것은?

| | A | B |
|---|---|---|
| 1 | A | 오름세 |
| 2 | B | 보합세 |
| 3 | C | 내림세 |
| 4 | D | |
| 5 | E | 내림세 |
| 6 | F | 보합세<br>오름세 |
| 7 | G | |
| 8 | | |

① Tab + ↓　② Shift + ↓
③ Ctrl + ↓　④ Alt + ↓

**전문가의 조언 |** 같은 열에 입력된 문자열 목록을 표시하는 키는 Alt + ↓입니다.

97섹션 4필드

**23.** [A1:D11] 영역의 데이터를 이용하여 성별별 근무년수의 최대값을 [G2:G3] 영역에 계산하려고 한다. [G2] 셀에 수식을 작성한 뒤 [G3] 셀에 복사하고 셀 포인터를 [G2]에 위치시켰을 때 수식 입력줄에 나타나는 배열 수식으로 틀린 것은?

| | A | B | C | D | E | F | G |
|---|---|---|---|---|---|---|---|
| 1 | 이름 | 직위 | 성별 | 근무년수 | | 성별 | 근무년수 |
| 2 | 백수인 | 대리 | 여 | 26 | | 남 | 29 |
| 3 | 장재근 | 대리 | 남 | 14 | | 여 | 26 |
| 4 | 이성만 | 과장 | 남 | 19 | | | |
| 5 | 김유신 | 부장 | 여 | 24 | | | |
| 6 | 이덕화 | 사원 | 남 | 7 | | | |
| 7 | 공재룡 | 사원 | 남 | 9 | | | |
| 8 | 이현성 | 부장 | 여 | 22 | | | |
| 9 | 홍록기 | 차장 | 남 | 17 | | | |
| 10 | 신동엽 | 이사 | 남 | 29 | | | |
| 11 | 김한석 | 이사 | 여 | 12 | | | |
| 12 | | | | | | | |

① {=MAX(IF($C$2:$C$11=F2, $D$2:$D$11))}
② {=MAX(IF($C$2:$C$11=$F2, $D$2:$D$11))}
③ {=MAX(IF(C$2:C$11=F$2, D$2:D$11))}
④ {=MAX(IF(C$2:C$11=$F2, D$2:D$11))}

**전문가의 조언 |** 성별별 근무년수의 최대값을 구하는 배열 수식으로 틀린 것은 ③번입니다.
• 조건이 하나일 때 배열 수식을 이용하여 최대값을 구하는 방법은 다음의 2가지 방법이 있습니다.

• 방법1 : {=MAX( (조건) * 평균을_구할_범위 )}
• 방법2 : {=MAX( IF(조건, 평균을_구할_범위) )}

1. 조건과 범위 찾기
   - 조건 : 성별별이란 조건은 비교 대상이 될 성별이 있는 범위(C2:C11)와 비교할 기준이 되는 [F2] 셀을 "="으로 연결하여 입력하면 됩니다(C2:C11=F2).
   - 합계를_구할_범위 : 근무년수이므로 [D2:D11]이 됩니다.
2. 위의 조건과 범위를 합계 구하기 배열 수식에 대입하면 다음과 같습니다..

- 방법1 : =MAX( (C2:C11=F2) * D2:D11 )
- 방법2 : =MAX( IF(C2:C11=F2, D2:D11) )

- 이 문제는 [G2:G3] 영역에 결과값을 구해야 하므로 범위는 절대 참조($C$2:$C$11) 또는 행 번호만 절대 참조(C$2:C$11)를 지정해야 합니다.
- F2 셀의 경우는 F3으로 변경되어야 하므로 F2 또는 $F2로 지정해야 합니다.
- 수식을 입력한 후 Ctrl + Shift + Enter를 누르면 중괄호({ })가 자동으로 표시됩니다.

79섹션 1필드

**24.** 다음 중 연속적인 위치에 있고, 데이터가 입력되어 있는 여러 개의 셀을 범위로 설정한 후 셀 병합을 실행하였을 때의 결과에 대한 설명으로 올바른 것은?

① 기존에 입력되어 있던 데이터들이 한 셀에 모두 표시된다.
② 데이터가 들어 있는 여러 셀을 병합할 수 없다.
③ 가장 아래쪽 또는 오른쪽의 셀 데이터만 남고 나머지 셀 데이터는 모두 지워진다.
④ 가장 위쪽 또는 왼쪽의 셀 데이터만 남고 나머지 셀 데이터는 모두 지워진다.

**전문가의 조언 |** 예를들어 데이터가 입력되어 있는 [A1:C2] 영역을 범위로 지정한 후 셀 병합을 실행하면 가장 왼쪽 상단에 있는 [A1] 셀의 데이터만 남고 나머지는 모두 지워집니다.

| | A | B | C |
|---|---|---|---|
| 1 | 1 | 2 | 3 |
| 2 | 4 | 5 | 6 |
| 3 | | | |

→

| | A | B | C |
|---|---|---|---|
| 1 | 1 (병합) | | |
| 2 | | | |
| 3 | | | |

115섹션 1필드

**25.** 다음 중 통합에 관한 설명으로 옳지 않은 것은?

① 여러 시트에 있는 데이터나 다른 통합 문서에 입력되어 있는 데이터를 통합할 수 있다.
② 데이터 통합은 위치를 기준으로 통합할 수도 있고, 영역의 이름을 정의하여 통합할 수도 있다.
③ 통합 영역의 데이터 변경 시 원본 영역의 데이터도 자동으로 변경되도록 하려면 '원본 데이터에 연결'을 선택한다.
④ 통합할 데이터를 변경하려면 '모든 참조 영역'에 지정된 참조 영역을 삭제한 후 새로 지정한다.

**전문가의 조언 |** '통합' 대화상자의 '원본 데이터에 연결'은 원본 데이터가 변경될 경우 통합된 데이터에도 반영되는 것을 의미합니다.

88섹션 1필드

**26.** 다음과 같이 [A1:A6]의 이름이 SCORES일 때 [A7] 셀에 아래의 함수를 입력하였다. 그 결과 값으로 옳지 않은 것은?

| | A |
|---|---|
| 1 | 2 |
| 2 | 2 |
| 3 | 0 |
| 4 | 1 |
| 5 | TRUE |
| 6 | 사용불가 |

① =ROUNDUP(AVERAGE(SCORES), 0) → 2
② =TRUNC(SUM(SCORES)/COUNT(SCORES), 0) → 2
③ =ROUND(SUM(SCORES)/COUNTA(SCORES), 0) → 1
④ =AVERAGEA(A1:A6) → 1

**전문가의 조언 |** ②번의 결과는 1입니다.

① =ROUNDUP(AVERAGE(SCORES), 0)
- ❶ AVERAGE(SCORES) : SCORES로 이름 정의된 영역(A1:A6)의 평균인 5/4 = 1.25를 반환합니다.
  ※ 논리값 TRUE가 숫자로 처리되지 않아 계산 시 제외됩니다.
- ❷ =ROUNDUP(❶, 0) → : =ROUNDUP(1.25, 0) : 1.25를 올림하여 정수인 2를 반환합니다.

② =TRUNC(SUM(SCORES) / COUNT(SCORES), 0)
- ❶ SUM(SCORES) : SCORES로 이름 정의된 영역(A1:A6)의 합계인 5를 반환합니다.
- ❷ COUNT(SCORES) : SCORES로 이름 정의된 영역(A1:A6)에서 숫자가 들어 있는 셀의 개수인 4를 반환합니다.
- ❸ =TRUNC(❶/❷, 0) → =TRUNC(5/4, 0) : 5를 4로 나눈 값 1.25에서 소수점 이하를 버린 1을 반환합니다.

③ =ROUND(SUM(SCORES) / COUNTA(SCORES), 0)
- ❶ SUM(SCORES) : 5입니다.
- ❷ COUNTA(SCORES) : SCORES로 이름 정의된 영역(A1:A6)에서 데이터가 들어 있는 셀의 개수인 6을 반환합니다.
- ❸ =ROUND(❶/❷, 0) → =ROUND(5/6, 0) : 5를 6으로 나눈 값 0.83…에서 반올림하여 정수인 1을 반환합니다.

④ =AVERAGEA(A1:A6) : 수치가 아닌 셀을 포함하여 평균인 6/6 = 1을 반환합니다.
※ 논리값 TRUE가 숫자 1로 처리되어 계산 시 포함됩니다.

정답 : 19.① 20.② 21.② 22.④ 23.③ 24.④ 25.③ 26.②

101섹션 1필드

**27.** 다음 중 차트에서 사용하는 축에 대한 설명으로 옳지 않은 것은?

① 방사형 차트와 거품형 차트에서는 기본 가로 축만 표시된다.
② 가로(항목) 축에서 [축 위치] 옵션은 데이터 표시와 레이블이 축에 표시되는 방식에 영향을 주며 2차원 영역형 차트, 세로 막대형 차트 및 꺾은선형 차트에 사용할 수 있다.
③ 가로(항목) 축이 날짜 값인 경우 [축 종류]에서 '날짜 축'을 선택하여 [단위]를 '일', '월', '년' 중 선택하여 지정할 수 있다.
④ 3차원 꺾은선형 차트는 세 개의 축(가로, 세로, 깊이 축)에 따라 데이터 요소를 비교한다.

**전문가의 조언 |** 방사형 차트는 기본 세로 축만 표시되고, 거품형 차트는 기본 가로 축과 기본 세로 축이 모두 표시됩니다.

114섹션 1필드

**28.** 다음 그림과 같이 "표" 기능을 사용하여 단가(C7:E7)와 판매량(B8:B11)에 따른 판매금액(C8:E11)을 계산하려고 한다. 이때 실행하여야 할 작업 내용에 대한 설명으로 옳지 않은 것은?

| | A | B | C | D | E |
|---|---|---|---|---|---|
| 1 | 제품명 | 연필 | | | |
| 2 | 판매량 | 35 | | | |
| 3 | 단가 | 1,200 | | | |
| 4 | 판매금액 | 42,000 | | | |
| 5 | | | | | |
| 6 | | | 단가 | | |
| 7 | | 42,000 | 1,000 | 1,200 | 1,400 |
| 8 | 판매량 | 10 | 10,000 | 12,000 | 14,000 |
| 9 | | 30 | 30,000 | 36,000 | 42,000 |
| 10 | | 50 | 50,000 | 60,000 | 70,000 |
| 11 | | 70 | 70,000 | 84,000 | 98,000 |
| 12 | | | | | |

① '데이터 테이블' 대화상자가 표시되면 "행 입력 셀"은 [B3] 셀과, "열 입력 셀"은 [B2] 셀을 지정한 후 〈확인〉을 선택한다.
② [C8:E11] 영역을 블록으로 설정한 후 [데이터] → [예측] → [가상 분석] → [데이터 표]를 선택한다.
③ 수식이 입력되어야 하는 [B7] 셀을 선택하고 수식 "=B2*B3"을 입력한다.
④ 자동으로 결과가 구해진 셀을 하나 선택해서 살펴보면 "{=TABLE(B3,B2)}"와 같은 배열 수식이 들어 있다.

**전문가의 조언 |** [C8:E11] 영역이 아니라 [B7:E11] 영역을 블록으로 설정한 후 [데이터] → [예측] → [가상 분석] → [데이터 표]를 선택해야 합니다.

74섹션 4필드

**29.** 현재 작업 중인 다음과 같은 통합 문서에서 화면 하단의 시트 탭에 표시된 'Sheet2'를 Ctrl을 누른 상태로 'Sheet1' 앞으로 드래그했을 경우 시트 탭의 맨 처음에 표시되는 워크시트의 이름으로 옳은 것은?

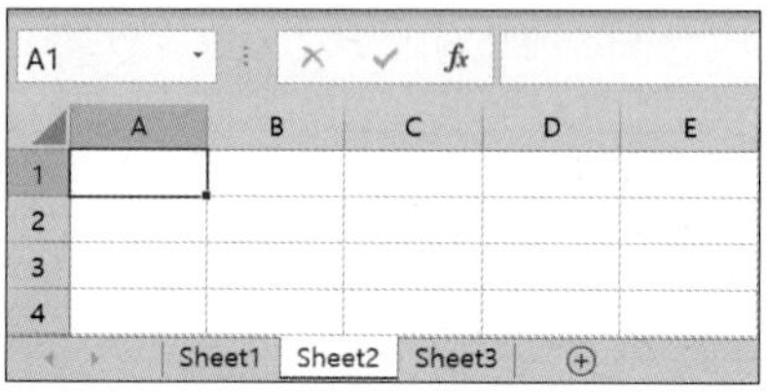


① Sheet2　　② Sheet4
③ Sheet2 (2)　　④ Sheet1 (2)

**전문가의 조언 |** 워크시트에서 시트를 복사하면 복사된 시트의 이름은 원래의 이름 뒤에 (2), (3), … 등으로 일련번호가 붙습니다.

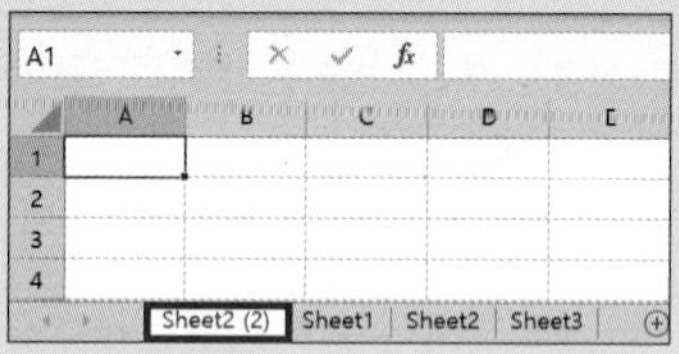


124섹션 1필드

**30.** 다음 매크로에 대한 설명으로 옳지 않은 것은?

```
Sub Macro1( )
Range("C2:D6").Select
  With Selection.Font
    .Name = "굴림"
    .Size = 11
    .Underline = xlUnderlineStyleNone
    .Shadow = False
    .ColorIndex = 3
  End With
  With Selection
    .HorizontalAlignment = xlCenter
    .VerticalAlignment = xlBottom
    .WrapText = False
  End With
End Sub
```

① 글꼴을 '굴림'으로 지정한다.
② 폰트 크기를 11로 지정한다.
③ 밑줄을 해제한다.
④ 텍스트의 가로 정렬과 세로 정렬을 모두 가운데 맞춤으로 지정한다.

**전문가의 조언 |** 텍스트의 가로 정렬(HorizontalAlignment)은 가운데 맞춤(xlCenter), 세로 정렬(VerticalAlignment)은 아래쪽 맞춤(xlBottom)으로 지정합니다.

```
Sub Macro1( )
❶ Range("C2:D6").Select
❷  With Selection.Font
❸   .Name = "굴림"
❹   .Size = 11
❺   .Underline = xlUnderlineStyleNone
❻   .Shadow = False
❼   .ColorIndex = 3
❽  End With
❾  With Selection
❿   .HorizontalAlignment = xlCenter
⓫   .VerticalAlignment = xlBottom
⓬   .WrapText = False
⓭  End With
 End Sub
```

❶ [C2:D6] 영역을 선택합니다(Range : 워크시트의 셀이나 셀 범위, Select : 선택).
❷ 글꼴(Font) With문의 시작입니다.
❸ 글꼴을 '굴림'으로 지정합니다.
❹ 크기를 11로 지정합니다.
❺ 밑줄은 지정하지 않습니다.
❻ 그림자를 해제(False)합니다.
❼ 글꼴 색을 빨강(3)으로 지정합니다.
❽ With문의 끝입니다.
❾ With문의 시작입니다.
❿ 가로 정렬(HorizontalAlignment)은 가운데 맞춤(xlCenter)으로 지정합니다.
⓫ 세로 정렬(VerticalAlignment)은 아래쪽 맞춤(xlBottom)으로 지정합니다.
⓬ 텍스트의 줄 바꾸기 기능(WrapText)을 해제(False)합니다.
⓭ With문의 끝입니다.

89섹션 1필드

**31.** 아래의 시트에서 [I2:I5] 영역에 [B2:E14] 영역의 표를 참조하는 배열 수식을 사용하여 지점별 총대출금액을 구하였다. 다음 중 [I2:I5] 영역을 블록으로 지정한 후 수식을 입력할 경우 수식 입력줄에 표시된 함수식으로 옳은 것은?

| | A | B | D | E | F | G | H | I |
|---|---|---|---|---|---|---|---|---|
| 1 | | 성명 | 지점 | 대출금액 | | | 지점 | 총대출금액 |
| 2 | | 문정현 | 서울 | 7,500 | | | 서울 | 37,500 |
| 3 | | 조일순 | 경기 | 5,000 | | | 경기 | 30,000 |
| 4 | | 남태우 | 서울 | 10,000 | | | 부산 | 15,000 |
| 5 | | 송현주 | 충남 | 8,000 | | | 충남 | 13,000 |
| 6 | | 민병우 | 서울 | 5,000 | | | | |
| 7 | | 정백철 | 경기 | 10,000 | | | | |
| 8 | | 김주석 | 경기 | 10,000 | | | | |
| 9 | | 오창환 | 부산 | 15,000 | | | | |
| 10 | | 장정 | 서울 | 7,000 | | | | |
| 11 | | 원주연 | 서울 | 3,000 | | | | |
| 12 | | 강소라 | 충남 | 5,000 | | | | |
| 13 | | 김연 | 서울 | 5,000 | | | | |
| 14 | | 정민수 | 경기 | 5,000 | | | | |
| 15 | | | | | | | | |

① {=SUM(IF($D$2:$D$14=H2, $E$2:$E$14, 0))}
② {=SUMIF($D$2:$D$14=H2, $E$2:$E$14, 1))}
③ {=SUMIF(D2:D14, H2, E2:E14)}
④ {=SUMIF(D2:D14, H2:H5, E2:E14)}

**전문가의 조언 |** 지점별 총대출금액(I2:I5)을 구하는 수식으로 옳은 것은 ④번입니다.

- SUMIF는 조건에 맞는 셀들의 합계를 구하는 함수로 'SUMIF(조건이 적용될 범위, 조건, 합계를 구할 범위)' 형식으로 사용됩니다.
- [I2:I5] 영역, 즉 결과가 입력될 부분을 블록으로 지정하여 한 번에 배열 수식으로 입력할 경우에는 SUMIF 함수의 조건(지점)은 조건이 입력된 영역(H2:H5)을 모두 포함되도록 범위로 지정해야 합니다.
- [I2:I5] 영역을 블록으로 지정하고 **=SUMIF(D2:D14, H2:H5, E2:E14)**를 입력한 후 Ctrl + Shift + Enter를 누르면 **{=SUMIF(D2:D14, H2:H5, E2:E14)}**로 표시됩니다.

107섹션 2필드

**32.** 아래 시트와 같이 고급 필터를 실행했을 경우 추출되지 않는 이름은?

| | A | B | C |
|---|---|---|---|
| 1 | 이름 | 직급 | 근무년수 |
| 2 | 김소리 | 과장 | 15 |
| 3 | 박진정 | 대리 | 20 |
| 4 | 이향진 | 부장 | 25 |
| 5 | 김민정 | 대리 | 23 |
| 6 | 이인호 | 차장 | 21 |
| 7 | | | |
| 8 | 이름 | 근무년수 | |
| 9 | 김* | <=20 | |
| 10 | 이* | >=20 | |
| 11 | | | |

① 김소리　　② 이향진
③ 김민정　　④ 이인호

**전문가의 조언 |** 고급 필터를 실행했을 경우 '김민정'은 추출되지 않습니다.

- 고급 필터의 조건을 같은 행에 입력하면 AND 조건, 다른 행에 입력하면 OR 조건으로 연결됩니다.
- '이름'이 '김'으로 시작하고 '근무년수'가 20 이하이거나, '이름'이 '이'로 시작하고 '근무년수'가 20 이상인 사원의 이름인 '김소리, 이향진, 이인호'가 표시됩니다.

93섹션 1필드

**33.** 아래의 시트에서 [A8] 셀에 =INDEX(A1:C6, MATCH(LARGE(C2:C6, 3), C1:C6, 0), 2) 수식을 입력했을 때의 계산 결과로 올바른 것은?

| | A | B | C |
|---|---|---|---|
| 1 | 코너 | 담당 | 판매금액 |
| 2 | 잡화 | 김남희 | 5,122,000 |
| 3 | 식료품 | 남궁민 | 450,000 |
| 4 | 잡화 | 이수진 | 5,328,000 |
| 5 | 식료품 | 서수남 | 6,544,000 |
| 6 | 식료품 | 김정미 | 6,024,500 |
| 7 | | | |

① 남궁민 ② 이수진
③ 서수남 ④ 김정미

**전문가의 조언 |** 문제에 제시된 수식의 결과는 '이수진'입니다.

=INDEX(A1:C6, MATCH(LARGE(C2:C6, 3), C1:C6, 0), 2)

❶ LARGE(C2:C6, 3) : [C2:C6] 영역에서 3번째로 큰 값인 5328000을 반환합니다.

❷ MATCH(❶, C1:C6, 0) → MATCH(5328000, C1:C6, 0) : [C1:C6] 영역에서 5328000와 정확히 일치하는 값을 찾은 후 상대 위치인 4를 반환합니다.

※ MATCH 함수의 옵션을 0으로 지정하면 찾을값과 정확히 일치하는 값을 찾습니다.

❸ =INDEX(A1:C6, ❷, 2) → =INDEX(A1:C6, 4, 2) : [A1:C6] 영역에서 4행 2열, 즉 [B4] 셀의 값 "이수진"을 반환합니다.

81섹션 2필드

**34.** 다음 중 시트 보호 시 '이 워크시트의 모든 사용자에게 다음 사항을 허용'으로 지정할 수 있는 내용이 아닌 것은?

① 시나리오 편집
② 개체 편집
③ 시트 이름 바꾸기
④ 자동 필터 사용

**전문가의 조언 |** 시트 이름은 시트 보호와 상관 없이 변경할 수 있습니다.

96섹션 1필드

**35.** 다음 시트와 같이 [A2:D7] 영역에 조건부 서식을 지정하여 2, 4, 6행에 배경색을 지정하려고 할 때 옳지 않은 조건은?

| | A | B | C | D |
|---|---|---|---|---|
| 1 | 이름 | 국어 | 영어 | 수학 |
| 2 | 김원 | 87 | 97 | 72 |
| 3 | 정영희 | 74 | 98 | 100 |
| 4 | 남궁정훈 | 85 | 91 | 70 |
| 5 | 이수 | 80 | 80 | 88 |
| 6 | 김용훈 | 81 | 87 | 70 |
| 7 | 김근태 | 84 | 82 | 80 |
| 8 | | | | |

① =ISEVEN(ROWS($A$2:$A2))
② =ISEVEN(ROW( ))
③ =MOD(ROWS($A$2:$A2), 2)=1
④ =MOD(ROW( ), 2)=0

**전문가의 조언 |** 조건부 서식의 조건을 ①번으로 지정할 경우 3, 5, 7행에 배경색이 지정됩니다.

① =ISEVEN(ROWS($A$2:$A2))

- ISEVEN(인수) 함수는 '인수'가 짝수면 'TRUE', 그렇지 않으면 'FALSE'를 반환하고, ROWS(셀 범위) 함수는 '셀 범위'에서 행 개수를 구하므로 ROWS 함수의 결과가 짝수인 경우 지정한 서식이 적용됩니다.
- [A2:D7] 영역을 범위로 지정한 후 조건부 서식의 조건을 '=ISEVEN(ROWS($A$2:$A2))'으로 지정하면 행별로 수식이 아래와 같이 변경되어 각 행을 비교합니다.
  - 2행 : =ISEVEN(ROWS($A$2:$A2)) → 행 개수 : 1
  - 3행 : =ISEVEN(ROWS($A$2:$A3)) → 행 개수 : 2
  
  ⋮
  - 7행 : =ISEVEN(ROWS($A$2:$A7)) → 행 개수 : 6

  ※ 실행 결과

| | A | B | C | D |
|---|---|---|---|---|
| 1 | 이름 | 국어 | 영어 | 수학 |
| 2 | 김원 | 87 | 97 | 72 |
| 3 | 정영희 | 74 | 98 | 100 |
| 4 | 남궁정훈 | 85 | 91 | 70 |
| 5 | 이수 | 80 | 80 | 88 |
| 6 | 김용훈 | 81 | 87 | 70 |
| 7 | 김근태 | 84 | 82 | 80 |
| 8 | | | | |

② =ISEVEN(ROW( )) : ROW(인수) 함수는 '인수'의 행 번호를 반환하는데, '인수'를 지정하지 않으면 수식이 입력된 행을 의미하므로 행 번호가 짝수인 경우, 즉 2, 4, 6행에 지정한 서식이 적용됩니다.

③ =MOD(ROWS($A$2:$A2), 2)=1 : ROWS 함수의 결과를 2로 나눈 나머지가 1인 경우, 즉 2, 4, 6행에 지정한 서식이 적용됩니다.

④ =MOD(ROW( ), 2)=0 : 수식이 입력된 행 번호를 2로 나눈 나머지가 0인 경우, 즉 2, 4, 6행에 지정한 서식이 적용됩니다.

112섹션 1필드

**36.** 다음 중 시나리오에 대한 설명으로 옳지 않은 것은?

① 시나리오 요약 보고서는 자동으로 다시 갱신되지 않으므로 변경된 값을 요약 보고서에 표시하려면 새 요약 보고서를 만들어야 한다.
② 여러 시나리오를 비교하여 하나의 테이블로 요약하는 보고서를 만들 수 있다.
③ 시나리오 요약 보고서를 생성하기 전에 변경 셀과 결과 셀에 이름을 정의하면 셀 참조 주소 대신 정의된 이름이 보고서에 표시된다.
④ 시나리오 요약 보고서를 만들 때에는 결과 셀을 반드시 지정해야 하지만, 시나리오 피벗 테이블 보고서를 만들 때에는 결과 셀을 지정하지 않아도 된다.

**전문가의 조언 |** 시나리오 요약 보고서나 시나리오 피벗 테이블 보고서를 만들 때에는 반드시 결과 셀을 지정해야 합니다.

84섹션 1필드

**37.** 다음과 같이 [A2:D8] 영역에 성별이 "남"이면서 점수가 전체 평균보다 크면 배경색을 '노랑'으로 설정하는 [조건부 서식]을 지정하려고 한다. 다음 중 [조건부 서식]의 수식 입력란에 입력해야 할 수식으로 옳은 것은?

| | A | B | C | D |
|---|---|---|---|---|
| 1 | 번호 | 성명 | 성별 | 점수 |
| 2 | 1 | 황영희 | 여 | 45 |
| 3 | 2 | 이방주 | 남 | 86 |
| 4 | 3 | 손기중 | 남 | 78 |
| 5 | 4 | 김보라 | 여 | 92 |
| 6 | 5 | 김경삼 | 남 | 98 |
| 7 | 6 | 엄이봉 | 남 | 76 |
| 8 | 7 | 임선빈 | 남 | 64 |
| 9 | | | | |

① =AND(C$2="남", D$2>AVERAGE($D$2:$D$8))
② =OR(C$2="남", D$2>AVERAGE($D$2:$D$8))
③ =AND($C2="남", $D2>AVERAGE($D$2:$D$8))
④ =OR($C2="남", $D2>AVERAGE($D$2:$D$8))

**전문가의 조언 |** '조건부 서식'의 수식 입력란에 입력해야 할 수식으로 옳은 것은 ③번입니다.

- 첫 번째 조건은 '성별이 "남"'이므로 'C2="남"'으로 지정합니다.
- 두 번째 조건은 '점수가 전체 평균보다 큼'이므로 'D2>AVERAGE($D$2:$D$8)'로 지정해야 합니다.
- 이 문제는 두 조건을 모두 만족하는 행 전체에 서식을 지정해야 하므로 AND 함수를 사용해야 하고, 수식에서 열 번호에만 절대 주소 표시($C2, $D2)를 지정해야 합니다.

∴ =AND($C2="남", $D2>AVERAGE($D$2:$D$8))

103섹션 4필드

**38.** 다음 중 선택된 차트의 페이지 설정에 관한 설명으로 옳지 않은 것은?

① 인쇄 품질을 '초안' 또는 '흑백으로 인쇄'를 선택하여 출력할 수 있다.
② 머리글/바닥글을 이용하여 일반 시트 인쇄 방법과 동일하게 머리글 및 바닥글을 인쇄할 수 있다.
③ 차트의 일부분을 인쇄하기 위해 인쇄 영역을 지정할 수 없다.
④ 차트를 축소하여 인쇄하기 위해 확대/축소 배율을 지정할 수 있다.

**전문가의 조언 |** 차트는 '확대/축소 배율'을 지정하여 인쇄할 수 없습니다.

105섹션 1필드

**39.** 다음 중 정렬에 대한 설명으로 옳지 않은 것은?

① 표 스타일이 적용된 데이터 영역을 왼쪽에서 오른쪽 방향으로 정렬하려면 정렬하기 전에 '범위로 변환'을 실행해야 한다.
② 숨겨진 행이나 열도 정렬에 포함되어 정렬된다.
③ 숫자, 날짜 등과 같이 셀에 입력된 값으로 정렬할 때는 정렬 기준을 '셀 값'으로 지정하고, 셀에 지정된 서식으로 정렬하려면 정렬 기준을 '셀 색'이나 '글꼴 색'으로 지정해야 한다.
④ 사용자 지정 목록을 사용하여 사용자가 정의한 순서대로 정렬할 수 있다.

**전문가의 조언 |** 숨겨진 행이나 열에 있는 데이터는 정렬에 포함되지 않습니다.

110섹션 2필드

**40.** 다음 중 개요에 대한 설명으로 옳지 않은 것은?

① 하위 수준 데이터를 표시하려면, 표시하려는 데이터 그룹에 대한 [+] 단추를 누른다.
② 개요 기호를 설정하면 그룹의 요약 정보만 또는 필요한 그룹의 데이터만 확인할 수 있어 편리하다.
③ 개요 기호가 표시되지 않는 경우 'Excel 옵션'의 '고급' 탭에서 '윤곽을 설정한 경우 윤곽 기호 표시'를 선택한다.
④ 개요 기호의 숫자가 클수록 숨겨진 데이터가 많다.

**전문가의 조언 |** 개요 기호의 숫자가 클수록 화면에 표시되는 데이터가 많아집니다.

정답 : 33.② 34.③ 35.① 36.④ 37.③ 38.④ 39.② 40.④

## 3과목 데이터베이스 일반

125섹션 2필드

**41.** 다음 중 데이터베이스 관리 시스템(DBMS)의 장점에 해당하지 않는 것은?

① 데이터의 일관성 유지
② 데이터의 무결성 유지
③ 데이터의 중복성 최소화
④ 전산화 비용의 감소

전문가의 조언 | 데이터베이스 관리 시스템(DBMS) 사용 시 전산화 비용이 증가합니다.

130섹션 2필드

**42.** 다음 중 정규화에 대한 설명으로 옳지 않은 것은?

① 한 테이블에 너무 많은 정보를 포함해서 발생하는 이상 현상을 제거한다.
② 정규화를 실행하면 모든 테이블의 필드 수가 동일해진다.
③ 정규화를 실행하면 테이블이 나누어져 최종적으로는 일관성을 유지하게 된다.
④ 정규화를 실행하는 목적 중 하나는 데이터 중복의 최소화이다.

전문가의 조언 | 정규화는 속성(필드)의 수가 적은 릴레이션(테이블)으로 분할하는 과정으로, 정규화를 실행하면 테이블이 늘어나고 필드 수가 줄어들 수는 있지만 모든 테이블의 필드 수가 동일해지지는 않습니다.

134섹션 3필드

**43.** 다음 중 테이블, 쿼리 등의 개체나 필드 이름을 지정하는 방법에 대한 설명으로 옳지 않은 것은?

① 공백을 이름의 첫 문자로 사용할 수 없다.
② ., !, ', [, ]과 같은 특수문자는 사용할 수 없다.
③ 테이블 이름과 필드 이름은 중복될 수 없다.
④ 이름은 최대 64자까지 입력할 수 있다.

전문가의 조언 | 테이블과 필드의 이름은 같아도 됩니다. 단 하나의 테이블 내에서 필드 이름은 중복될 수 없습니다.

170섹션 1필드

**44.** 다음 중 아래 보고서에 대한 설명으로 옳지 않은 것은? (단, 이 보고서는 전체 4페이지이며, 현재 페이지는 2페이지이다.)

거래처별 제품목록

| 거래처명 | 제품번호 | 제품이름 | 단가 | 재고량 |
|---|---|---|---|---|
| ㈜맑은세상 | 15 | 아쿠아렌즈 | ₩50,000 | 22 |
| | 14 | 바슈롬렌즈 | ₩35,000 | 15 |
| | 20 | C-BR렌즈 | ₩50,000 | 3 |
| | 제품수 : | 3 | 총재고량 : | 40 |

| 거래처명 | 제품번호 | 제품이름 | 단가 | 재고량 |
|---|---|---|---|---|
| 참아이㈜ | 9 | 선글래스C | ₩170,000 | 10 |
| | 7 | 선글래스A | ₩100,000 | 23 |
| | 8 | 선글래스B | ₩120,000 | 46 |

2 / 4

① '거래처명'을 표시하는 컨트롤은 '중복 내용 숨기기' 속성이 '예'로 설정되어 있다.
② '거래처명'에 대한 그룹 머리글 영역이 만들어져 있고, '반복 실행 구역' 속성이 '예'로 설정되어 있다.
③ '거래처명'에 대한 그룹 바닥글 영역이 설정되어 있고, 요약 정보를 표시하고 있다.
④ '거래처별 제품목록'이라는 제목은 '거래처명'에 대한 그룹 머리글 영역에 만들어져 있다.

전문가의 조언 | '거래처별 제품목록'이라는 제목은 현재 페이지가 2페이지라는 것과 페이지 맨 위에 한 번 표시된 것으로 보아 페이지 머리글에 삽입된 것을 알 수 있습니다.

138섹션 3필드

**45.** 다음 중 입력 마스크 설정에 사용하는 사용자 정의 입력 마스크 기호에 대한 설명으로 옳은 것은?

① 9 : 소문자로 변환
② > : 숫자나 공백을 입력받도록 설정
③ < : 영문 대문자로 변환하여 입력받도록 설정
④ L : 영문자와 한글만 입력받도록 설정

전문가의 조언 | 사용자 정의 입력 마스크 기호 중 L은 A~Z까지의 영문자와 한글만 입력 가능합니다.
① 9 : 선택 요소로 숫자나 공백을 입력함
② > : 영문 대문자로 변환하여 입력받도록 설정함
③ < : 영문 소문자로 변환하여 입력받도록 설정함

140섹션 1필드

**46.** 아래 그림의 반 필드와 같이 데이터 입력 시 목록 상자에서 원하는 값을 선택하려고 할 때 설정해야 하는 필드 속성은?

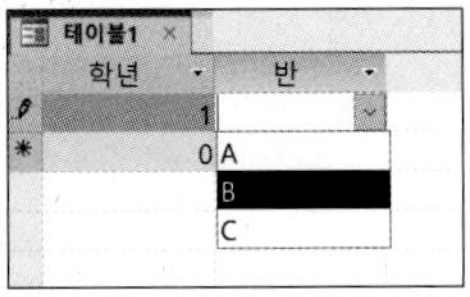


① 입력 마스크 ② 캡션
③ 유효성 검사 규칙 ④ 조회

전문가의 조언 | 데이터 입력 시 목록 상자에서 원하는 값을 선택하려고 할 때 설정해야 하는 필드 속성은 '조회' 속성입니다.

171섹션 1필드

**47.** 다음 중 보고서를 작성하는 방법으로 옳지 않은 것은?

① [새 보고서]를 이용하는 경우 레이아웃 보기 상태에서 필드를 추가하여 보고서를 작성할 수 있다.
② [보고서 디자인]을 이용하는 경우 선택된 테이블 또는 쿼리를 바로 보고서로 생성하므로 쉽게 보고서를 작성할 수 있다.
③ [우편물 레이블 마법사]를 이용하여 다양한 레이블을 만들 수 있다.
④ [보고서 마법사]를 이용하는 경우 마법사가 진행되는 순서에 따라 설정 사항을 지정하면 자동으로 보고서가 작성된다.

전문가의 조언 | • [보고서 디자인]은 디자인 보기 상태에서 컨트롤을 이용하여 사용자가 직접 보고서를 작성하는 형식입니다.
• ②번은 보고서 작성 형식 중 [보고서]에 대한 설명입니다.

142섹션 1필드

**48.** 다음 중 데이터베이스에서 인덱스를 사용하는 목적으로 가장 적절한 것은?

① 데이터 검색 및 정렬 작업 속도 향상
② 데이터의 추가, 수정, 삭제 속도 향상
③ 데이터의 일관성 유지
④ 최소 중복성 유지

전문가의 조언 | 인덱스는 데이터 검색 및 정렬 작업 속도를 향상시키기 위해 사용합니다.

146섹션 3필드

**49.** 다음 중 다른 데이터베이스의 원본 데이터를 연결 테이블로 가져온 테이블과 새 테이블로 가져온 테이블에 대한 설명으로 옳지 않은 것은?

① 새 테이블로 가져온 테이블을 삭제해도 원본 테이블은 삭제되지 않는다.
② 새 테이블로 가져온 테이블을 이용하여 폼이나 보고서를 생성할 수 있다.
③ 연결 테이블로 가져온 테이블을 삭제해도 원본 테이블은 삭제되지 않고 연결만 삭제된다.
④ 연결 테이블로 가져온 테이블을 삭제하면 연결되어 있는 원본 데이터베이스 테이블도 삭제된다.

전문가의 조언 | 연결 테이블로 가져온 테이블을 삭제해도 원본 테이블은 삭제되지 않고 연결만 삭제됩니다.

151섹션 1필드

**50.** 다음 중 SELECT문에 대한 설명으로 옳지 않은 것은?

① FROM절에는 SELECT문에 나열된 필드를 포함하는 테이블이나 쿼리를 지정한다.
② 검색 결과에 중복되는 레코드를 없애기 위해서는 'DISTINCT' 조건자를 사용한다.
③ AS 문은 필드 이름이나 테이블 이름에 별명을 지정할 때 사용한다.
④ GROUP BY문으로 레코드를 결합한 후에 WHERE절을 사용하면 그룹화된 레코드 중 WHERE절의 조건을 만족하는 모든 레코드가 표시된다.

전문가의 조언 | GROUP BY절에 대한 조건식을 지정할 때 사용하는 예약어는 HAVING절입니다.

181섹션 4필드

**51.** 다음 중 Access의 DoCmd 개체의 메서드가 아닌 것은?

① OpenReport ② GoToRecord
③ RunSQL ④ SetValue

전문가의 조언 | SetValue는 필드, 컨트롤, 속성 등의 값을 설정하는 매크로 함수입니다.

153섹션 4필드

**52.** 다음 질의문에 대한 설명으로 옳은 것은?

```
SELECT 학과번호, 학과명
FROM 학과
WHERE 학과번호 LIKE "C*";
```

① 학과번호가 C로 시작하는 학과번호 두 글자와 학과명을 표시한다.
② 학과번호가 C를 포함하는 학과번호와 학과명을 표시한다.
③ 학과번호가 C로 시작하는 한 글자 이상의 학과번호와 학과명을 표시한다.
④ 학과번호가 C로 끝나는 학과번호와 학과명을 표시한다.

**전문가의 조언 |** 질의문에 대한 설명으로 옳은 것은 ③번입니다. 질의문을 각 절별로 살펴보면 다음과 같습니다.
- **SELECT 학과번호, 학과명** : '학과번호'와 '학과명' 속성을 표시합니다.
- **FROM 학과** : 〈학과〉 테이블에서 검색합니다.
- **WHERE 학과번호 LIKE "C*";** : '학과번호'가 "C"로 시작하는 레코드만을 대상으로 검색합니다.

155섹션 4필드

**53.** 다음과 같이 '제품' 테이블의 레코드는 모두 표시되고, '구매' 테이블에서는 '제품번호' 필드가 일치하는 레코드만 표시하는 조인 형식은 무엇인가?

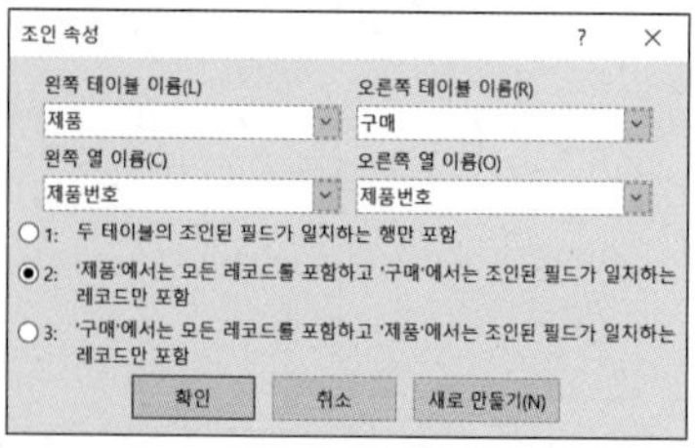


① 내부 조인(Inner Join)
② 왼쪽 외부 조인(Left Join)
③ 오른쪽 외부 조인(Right Join)
④ 카테션 곱(Cartesian Projuct Join)

**전문가의 조언 |** "왼쪽 테이블의 데이터가 모두 표시되면 왼쪽 외부 조인, 오른쪽 테이블의 데이터가 모두 표시되면 오른쪽 외부 조인"이라고 이해하면 쉽게 기억됩니다.

157섹션 2필드

**54.** 다음 중 쿼리 실행 시 값이나 패턴을 묻는 메시지를 표시한 후 사용자에게 조건 값을 입력받아 사용하는 쿼리는?

① 선택 쿼리　　② 요약 쿼리
③ 매개 변수 쿼리　　④ 크로스탭 쿼리

**전문가의 조언 |** 쿼리 실행 시 값이나 패턴을 묻는 메시지를 표시한 후 사용자에게 조건 값을 입력받아 사용하는 쿼리는 매개 변수 쿼리입니다.

160섹션 2필드

**55.** 다음 중 폼에 대한 설명으로 옳지 않은 것은?

① 폼은 테이블이나 질의(쿼리)를 원본으로 하여 데이터의 입력, 수정, 삭제, 조회 등의 작업을 편리하게 수행할 수 있도록 환경을 제공하는 개체이다.
② 디자인 보기 상태에서 '필드 목록' 창을 이용하여 여러 개의 필드는 추가할 수 없으므로, 필드를 하나씩 더블클릭하여 추가한다.
③ 컨트롤과 여러 도구 모음을 이용하여 시각적으로 다양한 작업 화면을 작성할 수 있다.
④ 폼에 레이블이나 명령 단추만을 추가하여 언바운드 폼을 만들어 사용할 수 있다.

**전문가의 조언 |** '필드 목록' 창에서 여러 필드를 선택한 후 폼 영역으로 드래그하면 선택된 여러 필드를 한 번에 추가할 수 있습니다.

164섹션 1필드

**56.** 계산 컨트롤을 만들 때 반드시 필요한 속성은 무엇인가?

① 수식 컨트롤　　② 행 원본
③ 레코드 원본　　④ 컨트롤 원본

**전문가의 조언 |** 계산 컨트롤을 작성하려면 해당 컨트롤의 '컨트롤 원본' 속성에 =을 입력한 후 식을 지정합니다.

167섹션 3필드

**57.** 다음 중 콤보 상자의 속성에 대한 설명으로 잘못된 것은?

① 컨트롤 원본 : 연결할 데이터를 설정한다.
② 행 원본 : 컨트롤에서 사용할 데이터를 설정한다.
③ 바운드 열 : 컨트롤에 저장할 열을 설정한다.
④ 사용 가능 : 데이터의 편집 여부를 설정한다.

**전문가의 조언 |** • '사용 가능' 속성은 컨트롤에 포커스를 이동시킬 수 있는지 여부를 설정합니다.
• ④번은 '잠금' 속성에 대한 설명으로 콤보 상자 속성에는 '잠금' 속성이 없습니다.

169섹션 1필드

**58.** 다음 중 액세스의 보고서에 대한 설명으로 옳은 것은?

① 보고서의 레코드 원본으로 테이블, 쿼리, 엑셀과 같은 외부 데이터, 매크로 등을 지정할 수 있다.
② 보고서 머리글과 보고서 바닥글의 내용은 모든 페이지에 출력된다.
③ 보고서에서도 폼에서와 같이 이벤트 프로시저를 작성할 수 있다.
④ 컨트롤을 이용하지 않고도 보고서에 테이블의 데이터를 표시할 수 있다.

**전문가의 조언 |** 보고서에서도 폼에서와 같이 이벤트 프로시저를 작성할 수 있습니다.
① 보고서의 레코드 원본으로 테이블과 쿼리는 사용할 수 있으나 엑셀과 같은 외부 데이터나 매크로는 사용할 수 없습니다.
② 보고서 머리글은 보고서의 첫 페이지 상단에, 보고서 바닥글은 보고서의 맨 마지막 페이지에 한 번씩만 표시됩니다.
④ 보고서에 테이블의 데이터를 표시하려면, 반드시 컨트롤을 이용해야 합니다.

178섹션 1필드

**59.** 레코드의 위치를 지정된 레코드로 이동시키는 것으로 First, Last, Previous, Next 등의 인수가 사용되는 매크로 함수는?

① GoToRecord ② GoToControl
③ FindRecord ④ FindNextRecord

**전문가의 조언 |** 문제에 제시된 기능을 수행하는 매크로 함수는 GoToRecord입니다.
• GoToControl : 특정 컨트롤로 포커스를 이동시킴
• FindRecord : 특정한 조건을 만족하는 레코드 중 첫 번째 레코드를 검색함
• FindNextRecord : 특정 조건을 만족하는 레코드 중 현재 검색된 레코드의 다음 레코드를 검색함

176섹션 2필드

**60.** 다음 중 보고서에서 '페이지 번호'를 표현하는 식을 다음과 같이 설정한 경우 페이지 번호가 표시되는 결과로 옳은 것은?

=IIf([page] Mod 2 = 0, [page] & "페이지", " ")

① 짝수 페이지에는 "2"와 같이 표시되고 홀수 페이지에는 표시되지 않는다.
② 홀수 페이지에는 "1"과 같이 표시되고 짝수 페이지에는 표시되지 않는다.
③ 짝수 페이지에는 "2페이지"와 같이 표시되고 홀수 페이지에는 표시되지 않는다.
④ 홀수 페이지에는 "1페이지"와 같이 표시되고 짝수 페이지에는 표시되지 않는다.

**전문가의 조언 |** 페이지 번호가 표시되는 결과로 옳은 것은 ③번입니다.

=IIf([page] Mod 2 = 0, [page] & "페이지", "")
❶ (underlined: [page] Mod 2)
❷ (whole expression)

• ❶ [page] Mod 2 : 현재 페이지 번호를 2로 나눈 나머지를 반환합니다.
• ❷ IIf(❶=0, [page] & "페이지", " ") : 조건이 0이면, 즉 현재 페이지가 짝수 페이지면, 현재 페이지 번호에 문자열 "페이지"를 붙여 표시하고 그렇지 않고 홀수 페이지면 아무것도 표시하지 않습니다.
※ 현재 페이지 번호가 2로 짝수 페이지라면 2페이지와 같이 현재 페이지에 "페이지"를 붙여 표시하고, 현재 페이지 번호가 1로 홀수 페이지라면 아무것도 표시하지 않습니다.

# 2023년 4회 컴퓨터활용능력 1급 필기

## 1과목 컴퓨터 일반

25섹션 1필드

**1.** 다음 중 한글 Windows 10에서의 프린터 설치에 관한 설명으로 옳지 않은 것은?

① 프린터를 설치하려면 [설정] → [장치] → [프린터 및 스캐너]에서 '프린터 또는 스캐너 추가'를 선택한다.
② 새로운 프린터를 설치하는 과정에서 네트워크 프린터를 기본 프린터로 설정하려면 반드시 스풀링의 설정이 필요하다.
③ 로컬 프린터 설치 시 프린터가 USB(범용 직렬 버스) 모델인 경우에는 프린터를 컴퓨터에 연결하면 Windows에서 자동으로 검색하고 설치한다.
④ 공유된 프린터를 사용하려면 프린터가 연결된 컴퓨터의 전원이 켜져 있어야 한다.

전문가의 조언 | 네트워크 프린터도 일반 프린터와 동일하게 스풀링 설정 여부와 상관없이 기본 프린터로 설정할 수 있습니다.

22섹션 3필드

**2.** 다음 중 한글 Windows 10의 [백업]과 [복구]에 관한 설명으로 옳지 않은 것은?

① PC가 제대로 실행되지 않아 초기화 하는 경우 개인 파일을 유지하거나 제거하도록 선택할 수 있다.
② Windows 7 백업 및 복원 도구를 사용하여 백업을 만든 경우 Windows 10에서도 계속 사용할 수 있다.
③ PC 초기화 시 Windows는 다시 설치되지 않고 유지된다.
④ 파일 히스토리를 이용하여 자동으로 파일이 백업되도록 설정할 수 있다.

전문가의 조언 | PC 초기화 시 Windows는 다시 설치됩니다.

49섹션 1필드

**3.** 다음 중 컴퓨터 부팅 시 화면에 아무것도 표시되지 않고 '삐~' 소리만 나는 경우의 해결 방법으로 옳지 않은 것은?

① CPU가 제대로 꽂혀 있는지 확인한다.
② RAM이 제대로 꽂혀 있는지, 접촉 부위에 이물질이 끼어 있는지 확인한다.
③ 그래픽 카드의 이상 유무를 확인한다.
④ 메인보드가 불량이므로 부품 교체나 AS를 요청한다.

전문가의 조언 | ④번은 컴퓨터의 전원이 들어오지 않을 경우의 해결 방법입니다.

66섹션 2필드

**4.** 다음 중 컴퓨터에서 사용하는 그래픽 파일의 형식에 관한 설명으로 옳지 않은 것은?

① JPEG는 손실 압축 기법과 무손실 압축 기법을 사용하며, 사용자가 임의로 압축률을 지정할 수 있다.
② BMP는 Windows에서 기본적으로 지원하는 포맷으로 압축을 사용하여 파일의 크기가 작다.
③ GIF는 인터넷 표준 그래픽 형식으로, 무손실 압축 기법을 사용하여 선명한 화질을 제공한다.
④ PNG는 루 컬러의 지원과 투명색 지정이 가능하다.

전문가의 조언 | BMP는 Windows의 표준 비트맵 파일 형식으로, 압축을 하지 않으므로 파일의 크기가 큽니다.

27섹션 1필드

**5.** 다음 중 한글 Windows 10의 Windows 관리 도구에 대한 설명으로 옳지 않은 것은?

① [시스템 정보]를 실행하면 하드웨어 리소스, 구성 요소, 설치된 소프트웨어 환경 등의 정보를 알 수 있다.
② [리소스 모니터]는 CPU, 네트워크, 디스크, 메모리 사용 현황을 실시간으로 모니터링 할 수 있다.
③ DVD 드라이브에 대하여 [드라이브 조각 모음 및 최적화]를 수행하면 시스템의 성능을 향상시킬 수 있다.
④ [디스크 정리]를 사용하면 임시 파일이나 휴지통에 있는 파일 등을 삭제하여 디스크의 공간을 확보할 수 있다.

전문가의 조언 | DVD, CD-ROM, 네트워크 드라이브에 대해서는 '드라이브 조각 모음 및 최적화'를 수행할 수 없습니다.

29섹션 1필드

**6.** USB 메모리나 플래시 메모리의 저장공간을 사용하여 컴퓨터 시스템의 처리 속도를 향상시키는 것은?

① Virtual Memory ② ReadyBoost
③ Spooling ④ Windows Defender

전문가의 조언 | USB 메모리나 플래시 메모리의 저장공간을 사용하여 컴퓨터 시스템의 처리 속도를 향상시키는 것은 ReadyBoost입니다.

- **가상 메모리(Virtual Memory)** : 보조기억장치의 일부를 주기억장치처럼 사용하는 메모리 기법으로, 주기억장치보다 큰 프로그램을 불러와 실행해야 할 때 유용하게 사용됨
- **스풀링(Spooling)** : 저속의 출력장치인 프린터를 고속의 중앙처리장치(CPU)와 병행 처리할 때, 컴퓨터 전체의 처리 효율을 높이기 위해 사용하는 기능
- **Windows Defender 방화벽** : 사용자의 컴퓨터를 무단으로 접근하려는 위협 요소로부터 컴퓨터를 보호하는 방어막을 제공하는 앱

62섹션 1필드

**7. 다음 중 핀테크(FinTech)의 활용 분야에 대한 설명으로 옳지 않은 것은?**

① 네트워크 등을 통해 다수의 개인으로부터 자금을 모으는 크라우드 펀딩(Crowd funding)
② 알고리즘이나 빅 데이터 등을 분석하여 고객에게 투자 자문을 수행하는 로보 어드바이저(Robo Advisor)
③ 비트코인, 이더리움 등의 가상화폐의 암호화를 위한 데이터 분산 처리
④ 사용자의 편의성에 맞춘 송금 및 간편 결제 기능

**전문가의 조언 |** ③번은 블록체인(Block Chain)에 대한 설명입니다.

52섹션 6필드

**8. 다음 중 컴퓨터 운영체제의 운영방식에 대한 설명으로 옳지 않은 것은?**

① 다중 처리(Multi-Processing) : 한 개의 CPU로 여러 개의 프로그램을 동시에 처리하는 방식이다.
② 실시간 처리(Real Time Processing) : 처리할 데이터가 입력될 때 마다 즉시 처리하는 방식으로, 각종 예약 시스템이나 은행 업무 등에서 사용한다.
③ 일괄 처리(Batch Processing) : 컴퓨터에 입력하는 데이터를 일정량 또는 일정시간 동안 모았다가 한꺼번에 처리하는 방식이다.
④ 시분할 시스템(Time Sharing System) : 한 대의 시스템을 여러 사용자가 동시에 사용하는 방식으로, 처리 시간을 짧은 시간 단위로 나누어 각 사용자에게 순차적으로 할당하여 실행한다.

**전문가의 조언 |** • 다중 처리(Multi-Processing)는 하나의 컴퓨터에 여러 개의 CPU(중앙처리장치)를 설치하여 프로그램을 처리하는 방식입니다.
• ①번은 다중 프로그래밍(Multi Programming)에 대한 설명입니다.

67섹션 2필드

**9. 다음 중 멀티미디어와 관련하여 MPEG(Moving Picture Experts Group)에 관한 설명으로 옳지 않은 것은?**

① 동영상 전문가 그룹에서 제정한 동영상 압축 기술에 대한 국제 표준 기술이다.
② MPEG4는 멀티미디어 통신을 전제로 만들어진 영상 압축 기술로서 낮은 전송률로 동영상을 보내고자 개발된 데이터 압축과 복원 기술이다.
③ 프레임 간의 연관성을 고려하여 중복 데이터를 제거하는 비손실 압축 기법을 사용한다.
④ 동영상뿐만 아니라 오디오 데이터도 압축할 수 있다.

**전문가의 조언 |** MPEG는 프레임 간의 연속성을 고려하여 중복 데이터를 제거함으로써 압축률을 높이는 손실 압축 기법을 사용합니다.

72섹션 1필드

**10. 다음 중 시스템의 정보 보안을 위한 기본 충족 요건에 대한 설명으로 옳지 않은 것은?**

① 무결성 : 시스템 내의 정보는 인가된 사용자만 수정할 수 있다.
② 부인 방지 : 정보를 보내오는 사람의 신원을 확인한다.
③ 가용성 : 인가받은 사용자는 언제라도 사용할 수 있다.
④ 기밀성 : 시스템 내의 정보와 자원은 인가된 사용자에게만 접근이 허용된다.

**전문가의 조언 |** • 부인 방지는 데이터를 송 · 수신한 자가 송 · 수신 사실을 부인할 수 없도록 송 · 수신 증거를 제공하는 것을 의미합니다.
• ②번은 인증에 대한 설명입니다.

33섹션 1필드

**11. 다음 중 컴퓨터에서 사용하는 데이터의 유형과 관련하여 아날로그와 디지털 데이터에 대한 설명으로 옳지 않은 것은?**

① 범용 컴퓨터는 아날로그 데이터를 취급하기 때문에 정밀도가 제한적이다.
② 아날로그 데이터는 시간에 따라 크기가 연속적으로 변하는 정보를 말한다.
③ 하이브리드 컴퓨터는 디지털 데이터와 아날로그 데이터를 모두 처리할 수 있다.
④ 디지털 데이터는 복호화(Decode) 과정을 통해 아날로그 데이터로 변환될 수 있다.

**전문가의 조언 |** 범용 컴퓨터는 아날로그 신호가 아니라 디지털 신호를 사용하기 때문에 정밀도를 필요한 한도까지 지정할 수 있습니다.

59섹션 3필드

**12. 다음 중 인터넷에서 사용하는 TCP/IP에 대한 설명으로 옳지 않은 것은?**

① 서로 다른 기종의 컴퓨터들 간 데이터를 송/수신하기 위한 표준 프로토콜이다.
② 일부 망에 장애가 있어도 다른 망으로 통신이 가능한 신뢰성을 제공한다.
③ TCP는 패킷 주소를 해석하고 최적의 경로를 결정하여 전송하는 역할을 한다.
④ IP는 OSI 7계층 중 네트워크 계층에 해당하는 프로토콜이다.

**전문가의 조언 |** • TCP는 메시지를 송 · 수신자의 주소와 정보로 묶어 패킷 단위로 나누는 역할을 합니다.
• ③번은 IP의 역할입니다.

정답 : 1.② 2.③ 3.④ 4.② 5.③ 6.② 7.③ 8.① 9.③ 10.② 11.① 12.③

13섹션 1필드

**13.** 다음 중 [파일 탐색기]의 검색 도구에 대한 설명으로 옳지 않은 것은?

① 수정한 날짜를 이용하여 지난 주에 수정한 파일들을 검색할 수 있다.
② 파일의 크기를 선택하여 검색할 수 있다.
③ 파일의 종류를 선택하여 검색할 수 있다.
④ 파일 특성이 '읽기 전용'인 파일들을 검색할 수 있다.

**전문가의 조언 |** '파일 탐색기'의 [검색 도구] → [검색] 탭에는 읽기 전용, 숨김 등 파일 특성을 지정하여 검색할 수 있는 도구가 없습니다.

65섹션 2필드

**14.** 다음 중 컴퓨터에서 사용하는 압축 프로그램에 관한 설명으로 옳지 않은 것은?

① 압축한 파일을 모아 재압축을 반복하면 파일 크기를 계속 줄일 수 있다.
② 여러 개의 파일을 압축하면 하나의 파일로 생성되어 파일 관리를 용이하게 할 수 있다.
③ 대부분의 압축 프로그램에는 분할 압축이나 암호 설정 기능이 있다.
④ 파일의 전송시간과 비용을 절약하고, 디스크 공간을 효율적으로 사용할 수 있다.

**전문가의 조언 |** 압축 프로그램은 한 번 압축할 때 각 프로그램의 기능을 사용하여 최대로 압축을 수행하기 때문에 재압축과 관련된 기능이 없으며, 동일한 파일에 대해 여러 번 압축을 수행해도 처음 압축한 이후에는 압축 효과를 기대할 수 없습니다.

57섹션 2필드

**15.** 다음 중 VoIP에 대한 설명으로 옳지 않은 것은?

① 인터넷 IP 기술을 사용한 디지털 음성 전송 기술이다.
② 보컬텍(VocalTec) 사의 인터넷폰으로 처음 소개되었으며, PC to PC, PC to Phone, Phone to Phone 방식으로 발전하였다.
③ 기존 회선교환 방식과 달리 네트워크를 통해 음성을 패킷형태로 전송한다.
④ 원거리 통화 시 PSTN(Public Switched Telephone Network) 보다는 요금이 높지만 일정 수준의 통화 품질이 보장된다.

**전문가의 조언 |** VoIP는 음성 데이터를 인터넷 프로토콜(IP) 데이터 패킷으로 변환하여 인터넷을 통해 음성 통화를 가능하게 하는 기술로, 기존 전화망(PSTN)의 시내전화 요금 수준으로 시외 및 국제전화 서비스를 받을 수 있기 때문에 요금이 저렴하다고 할 수 있습니다. 그러나 사용자간 회선을 독점적으로 보장해 주지 않아 트래픽이 많아질 경우 통화 품질이 떨어질 수 있습니다.

6섹션 2필드

**16.** 다음 중 작업 표시줄에 대한 설명으로 옳지 않은 것은?

① 작업 표시줄의 위치를 마우스를 이용하여 상하좌우 원하는 위치에 배치할 수 있다.
② 작업 표시줄에 표시된 앱을 마우스 오른쪽 단추로 클릭하면 점프 목록이 표시된다.
③ 작업 표시줄에 고정된 앱의 바로 가기 메뉴에서 '시작 화면에 고정'을 선택하여 시작 화면에 표시할 수 있다.
④ 작업 표시줄에서 현재 실행중인 앱 위에 마우스 포인터를 놓으면 해당 앱을 통해 열린 창들의 미리 보기가 표시되며 이 중 하나를 클릭하면 해당 창이 활성화된다.

**전문가의 조언 |** 작업 표시줄에 고정된 앱을 시작 메뉴에 표시하려면 작업 표시줄에 고정된 앱의 바로 가기 메뉴를 선택한 다음 표시된 메뉴 중 앱의 바로 가기 메뉴에서 '시작 화면에 고정'을 선택해야 합니다.

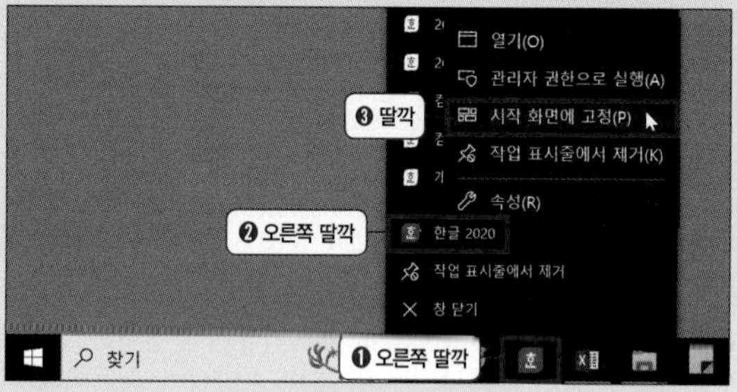


40섹션 1필드

**17.** 다음 중 공공기관 등에서 터치 패널을 이용하여 운영되는 무인 종합 정보 단말기는?

① 주문형 비디오(VOD)
② 화상회의 시스템(VCS)
③ 키오스크(Kiosk)
④ CAI(Computer Assisted Instruction)

**전문가의 조언 |** 공공기관 등에서 터치 패널을 이용하여 운영되는 무인 종합 정보 단말기는 키오스크(Kiosk)입니다.

- **VOD(주문형 비디오)** : 다양한 정보의 데이터베이스를 구축하여 사용자가 요구하는 정보를 원하는 시간에 볼 수 있도록 전송하는 멀티미디어 서비스
- **VCS(화상회의 시스템)** : 초고속 정보통신망을 이용하여 먼 거리에 있는 사람들과 비디오와 오디오를 통해 회의할 수 있도록 하는 시스템
- **CAI(교육)** : 컴퓨터를 수업 매체로 활용하여 학습자에게 필요한 지식, 정보, 기술, 태도 등을 가르치는 것을 의미함

56섹션 2필드

**18.** 다음 중 네트워크 장비인 리피터(Repeater)에 대한 설명으로 옳은 것은?

① 프로토콜 변환 기능을 내포하여 다른 프로토콜에 의해 운영되는 두 개의 네트워크를 연결하는 장치이다.
② 장거리 전송을 위하여 전송 신호를 재생시키거나 출력 전압을 높여주는 방법 등을 통해 주어진 신호를 증폭시켜 전달해 주는 중계 장치이다.
③ 네트워크 계층의 연동장치로 최적 경로 설정에 이용되는 장치이다.
④ 주로 LAN에서 다른 네트워크에 데이터를 보내거나 다른 네트워크로부터 데이터를 받아들이는데 사용되는 장치이다.

**전문가의 조언 |** 리피터(Repeater)에 대한 설명으로 옳은 것은 ②번입니다.
• ①, ③번은 라우터(Router), ④번은 게이트웨이(Gateway)에 대한 설명입니다.

45섹션 2필드

**19.** 다음 중 컴퓨터에서 사용되는 펌웨어(Firmware)에 대한 설명으로 옳지 않은 것은?

① 하드웨어의 동작을 지시하는 소프트웨어이지만 하드웨어적으로 구성되어 하드웨어의 일부분으로도 볼 수 있는 제품을 말한다.
② 하드웨어 교체 없이 소프트웨어 업그레이드 만으로 시스템의 성능을 높이기 위한 목적으로 사용된다.
③ 시스템의 효율을 높이기 위해 RAM에 저장되어 관리된다.
④ 기계어 처리, 데이터 전송, 부동 소수점 연산, 채널 제어 등의 처리 루틴을 가지고 있다.

**전문가의 조언 |** 펌웨어(Firmware)는 주로 ROM에 저장되어 하드웨어를 제어·관리하는 역할을 수행합니다.

36섹션 6필드

**20.** 다음 중 에러 검출과 교정이 가능한 코드로 2비트의 에러 검출 및 1비트의 에러 교정이 가능한 방식은?

① 해밍 코드 ② 패리티 체크 비트
③ 순환 중복 검사 ④ 블록합 검사

**전문가의 조언 |** 에러 검출과 교정이 가능한 코드는 해밍 코드(Hamming Code)입니다.
• **패리티 체크 비트(Parity Check Bit)** : 에러 검출을 목적으로 원래의 데이터에 추가한 1비트로, 패리티 체크 비트를 이용한 에러 교정은 불가능함
• **순환 중복 검사(CRC)** : 순환 중복 검사를 위해 미리 정해진 다항식을 적용하여 오류를 검출하는 방식
• **블록합 검사(BSC)** : 패리티 검사의 단점을 보완한 방식으로, 프레임 내의 모든 문자의 같은 위치 비트들에 대한 패리티를 추가로 계산하여 블록의 맨 마지막에 추가 문자를 부가하는 방식

## 2과목 스프레드시트 일반

89섹션 1필드

**21.** 다음 중 =SUMPRODUCT({3,1;1,2}, {3,1;1,2}) 수식의 결과로 올바른 것은?

① 36 ② 15
③ 17 ④ 18

**전문가의 조언 |** =SUMPRODUCT({3,1;1,2}, {3,1;1,2})의 결과는 15입니다.
• SUMPRODUCT 함수는 배열에서 대응하는 요소를 모두 곱하고 그 곱의 합을 구하는 함수이고, 배열 수식에서 열은 쉼표(,), 행은 세미콜론(;)으로 구분하므로 이를 표현하면 다음과 같습니다.

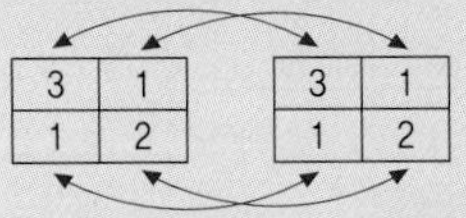


• (3×3)+(1×1)+(1×1)+(2×2) = 9+1+1+4 = 15

114섹션 1필드

**22.** 다음 그림과 같이 "표" 기능을 사용하여 이자율에 따른 이자액을 계산하려고 한다. 이때 실행하여야 할 작업 내용에 대한 설명으로 옳지 않은 것은?

| | A | B | C | D | E | F |
|---|---|---|---|---|---|---|
| 1 | 이자율에 따른 이자액 계산 | | | | | |
| 2 | 원금 | 이자율 | 이자액 | | | |
| 3 | 1,500 | 4% | 60 | | | |
| 4 | | | 이자율 | | | |
| 5 | | 60 | 5% | 10% | 15% | 20% |
| 6 | 원금 | 2,000 | 100 | 200 | 300 | 400 |
| 7 | | 3,500 | 175 | 350 | 525 | 700 |
| 8 | | 4,000 | 200 | 400 | 600 | 800 |
| 9 | | 5,500 | 275 | 550 | 825 | 1,100 |
| 10 | | | | | | |

① '데이터 테이블' 대화상자가 표시되면 "행 입력 셀"은 [B3] 셀과, "열 입력 셀"은 [A3] 셀을 지정한 후 〈확인〉을 선택한다.
② 표의 범위([B5:F9])를 설정한 후 [데이터] → [예측] → [가상 분석] → [데이터 표]를 선택한다.
③ 수식이 입력되어야 하는 [C6] 셀을 선택하고 수식 "=A3*B3"를 입력한다.
④ 자동으로 결과가 구해진 셀을 하나 선택해서 살펴보면 "{=TABLE(B3,A3)}"과 같은 배열 수식이 들어 있다.

**전문가의 조언 |** 수식이 입력되어야 하는 셀은 [C6] 셀이 아니라 [B5] 셀입니다.

97섹션 4필드

**23.** 아래 시트에서 각 부서마다 직위별로 총점점수의 합계를 구하려고 한다. 다음 중 [B17] 셀에 입력된 수식으로 옳은 것은?

| | A | B | C | D | E |
|---|---|---|---|---|---|
| 1 | 부서명 | 직위 | 업무평가 | 구술평가 | 총점점수 |
| 2 | 영업부 | 사원 | 35 | 30 | 65 |
| 3 | 총무부 | 대리 | 38 | 33 | 71 |
| 4 | 총무부 | 과장 | 45 | 36 | 81 |
| 5 | 총무부 | 대리 | 35 | 40 | 75 |
| 6 | 영업부 | 과장 | 46 | 39 | 85 |
| 7 | 홍보부 | 과장 | 30 | 37 | 67 |
| 8 | 홍보부 | 부장 | 41 | 38 | 79 |
| 9 | 총무부 | 사원 | 33 | 29 | 62 |
| 10 | 영업부 | 대리 | 36 | 34 | 70 |
| 11 | 홍보부 | 대리 | 27 | 36 | 63 |
| 12 | 영업부 | 과장 | 42 | 39 | 81 |
| 13 | 영업부 | 부장 | 40 | 39 | 79 |
| 14 | | | | | |
| 15 | | | | | |
| 16 | 부서명 | 부장 | 과장 | 대리 | |
| 17 | 영업부 | | | | |
| 18 | 총무부 | | | | |
| 19 | 홍보부 | | | | |
| 20 | | | | | |

① {=SUMIFS($E$2:$E$13, $A$2:$A$13, $A$17, $B$2:$B$13, $B$16)}
② {=SUM(($A$2:$A$13=A17)*($B$2:$B$13=B16)*$E$2:$E$13)}
③ {=SUM(($A$2:$A$13=$A17)*($B$2:$B$13=B$16)*$E$2:$E$13)}
④ {=SUM(($A$2:$A$13=A$17)*($B$2:$B$13=$B16)*$E$2:$E$13)}

**전문가의 조언** | 부서마다 직위별 총점점수의 합계를 구하는 배열 수식으로 옳은 것은 ③번입니다.

- 조건이 두 개일 때 배열 수식을 이용하여 합계를 구하는 방법은 다음의 두 가지 방법이 있습니다.

> • 방법1 : {=SUM((조건1)*(조건2)*합계를_구할_범위)}
> • 방법2 : {=SUM(IF( (조건1)*(조건2), 합계를_구할_범위))}

1. 조건과 범위 찾기
   - 조건1 : 부서마다란 조건은 A2:A13=A17
   - 조건2 : 직위별이란 조건은 B2:B13=B16
   - 합계를_구할_범위 : 총점점수이므로 [E2:E13]
2. 위의 조건과 범위를 합계 구하기 배열 수식에 대입하면 다음과 같습니다.

> • 방법1 : =SUM((A2:A13=A17)*(B2:B13=B16)*E2:E13)
> • 방법2 : =SUM(IF((A2:A13=A17)*((B2:B13=B16), E2:E13))

- 이 문제는 여러 셀에 결과값을 구해야 하므로 범위는 절대 참조로 지정해야 하지만, A17 셀의 경우는 A18, A19와 같이 열은 고정되고 행만 변경되어야 하므로 $A17로 지정하고, B16 셀의 경우는 C16, D16과 같이 행은 고정되고 열만 변경되어야 하므로 B$16으로 지정하여 **=SUM(($A$2:$A$13=$A17)*($B$2:$B$13=B$16)*$E$2:$E$13)**으로 입력해야 합니다.
- 수식을 입력한 후 Ctrl+Shift+Enter를 누르면 중괄호({ })가 자동으로 표시됩니다.

112섹션 1필드

**24.** 다음 중 아래 그림과 같은 시나리오 요약 보고서에 대한 설명으로 옳지 않은 것은?

| 시나리오 요약 | | | | |
|---|---|---|---|---|
| | | 현재 값: | 호황 | 불황 |
| 변경 셀: | | | | |
| | 냉장고판매 | 3% | 5% | 1% |
| | 세탁기판매 | 5% | 7% | 3% |
| | $C$5 | 7% | 9% | 5% |
| 결과 셀: | | | | |
| | 예상판매금액 | 774,900,000 | 1,084,860,000 | 464,940,000 |

① '호황'과 '불황' 두 개의 시나리오로 작성한 시나리오 요약 보고서는 새 워크시트에 표시된다.
② 원본 데이터에 '냉장고판매', '세탁기판매', '예상판매금액'으로 이름을 정의한 셀이 있다.
③ 원본 데이터에서 변경 셀의 현재 값을 수정하면 시나리오 요약 보고서가 자동으로 업데이트된다.
④ 시나리오 요약 보고서 내의 모든 내용은 수정 가능하며, 자동으로 설정된 개요도 지울 수 있다.

**전문가의 조언** | 원본 데이터가 변경되어도 시나리오 요약 보고서는 자동으로 업데이트 되지 않으므로 시나리오 요약 보고서를 다시 작성해야 합니다.

102섹션 2필드

**25.** 다음 중 [틀 고정]에 대한 설명으로 옳지 않은 것은?

① 워크시트를 스크롤할 때 특정 행이나 열이 계속 표시되도록 하는 기능이다.
② 워크시트의 화면상 첫 행이나 첫 열을 고정할 수 있으며, 선택한 셀의 위쪽 행과 왼쪽 열을 고정할 수도 있다.
③ 표시되어 있는 틀 고정선을 더블클릭하여 틀 고정을 취소할 수 있다.
④ 인쇄 시 화면에 표시되는 틀 고정의 형태는 적용되지 않는다.

**전문가의 조언** | 창 나누기 기준선은 마우스로 더블클릭하면 창 나누기가 취소되지만 틀 고정선은 취소되지 않습니다.

93섹션 1필드

**26.** 다음 중 수식의 결과가 나머지 셋과 다른 것은?

| | A | B |
|---|---|---|
| 1 | 제품명 | 개수 |
| 2 | 건조기 | 1 |
| 3 | 김치냉장고 | #N/A |
| 4 | 냉장고 | 3 |
| 5 | 세탁기 | TRUE |
| 6 | 식기세척기 | 5 |
| 7 | | |

① =CHOOSE(ROWS(A2:B6), A2, A3, A4, A5, A6)
② =CHOOSE(N(B5), A2, A3, A4, A5, A6)
③ =CHOOSE(CELL("contents", B2), A2, A3, A4, A5, A6)
④ =CHOOSE(TYPE(B4), A2, A3, A4, A5, A6)

**전문가의 조언 |** ①번의 결과는 "식기건조기", ②~④번의 결과는 "건조기"입니다.

① =CHOOSE(ROWS(A2:B6), A2, A3, A4, A5, A6)
❶ (ROWS(A2:B6)) ❷ (전체)

❶ ROWS(A2:B6) : [A2:B6] 영역의 행의 수인 5를 반환합니다.
❷ =CHOOSE(5, A2, A3, A4, A5, A6) : 다섯 번째에 있는 [A6] 셀의 값인 "식기세척기"를 반환합니다.

② =CHOOSE(N(B5), A2, A3, A4, A5, A6)
❶ (N(B5)) ❷ (전체)

❶ N(B5) : [B5] 셀의 값 'TRUE'의 숫자값인 1을 반환합니다.
❷ =CHOOSE(1, A2, A3, A4, A5, A6) : 첫 번째에 있는 [A2] 셀의 값인 "건조기"를 반환합니다.

③ =CHOOSE(CELL("contents", B2), A2, A3, A4, A5, A6)
❶ (CELL("contents", B2)) ❷ (전체)

❶ CELL("contents", B2) : 'contents'는 셀의 값을 의미하므로 [B2] 셀의 값인 1을 반환합니다.
❷ =CHOOSE(1, A2, A3, A4, A5, A6) : 첫 번째에 있는 [A2] 셀의 값인 "건조기"를 반환합니다.

④ =CHOOSE(TYPE(B4), A2, A3, A4, A5, A6)
❶ (TYPE(B4)) ❷ (전체)

❶ TYPE(B4) : [B4] 셀에 입력된 값이 숫자이므로 1을 반환합니다.
❷ =CHOOSE(1, A2, A3, A4, A5, A6) : 첫 번째에 있는 [A2] 셀의 값인 "건조기"를 반환합니다.

120섹션 4필드

**27.** 다음 중 1부터 10까지의 합을 구하는 VBA 모듈로 옳지 않은 것은?

①
```
no = 0
sum = 0
Do While no <= 10
    sum = sum + no
    no = no + 1
Loop
MsgBox sum
```

②
```
no = 0
sum = 0
Do
    sum = sum + no
    no = no + 1
Loop While no <= 10
MsgBox sum
```

③
```
no = 0
sum = 0
Do While no < 10
    sum = sum + no
    no = no + 1
Loop
MsgBox sum
```

④
```
sum = 0
For no = 1 To 10
    sum = sum + no
Next
MsgBox sum
```

**전문가의 조언 |** ③번은 1에서 9까지 합을 구합니다.

①
```
no = 0
sum = 0
❶ Do While no <= 10
❷     sum = sum + no
❸     no = no + 1
❹ Loop
❺ MsgBox sum
```
❶ no의 값이 10보다 작거나 같으면 ❷~❸번을 수행하고 아니면 반복문을 벗어납니다.
❷ sum에 no의 값을 누적시킵니다.
❸ no 값을 1 증가시킵니다.
❹ ❶번으로 제어가 이동됩니다.
❺ sum의 값을 표시한 메시지 박스를 실행합니다.

②
```
no = 0
sum = 0
❶ Do
❷     sum = sum + no
❸     no = no + 1
❹ Loop While no <= 10
MsgBox sum
```
❶ ❹번에서 지정한 조건식이 만족할 때까지 ❷~❸번을 실행합니다.
❹ no의 값이 10보다 작거나 같으면 ❶번으로 이동하고 아니면 반복문을 벗어납니다.

③
```
no = 0
sum = 0
❶ Do While no < 10
❷     sum = sum + no
❸     no = no + 1
❹ Loop
MsgBox sum
```
❶ no의 값이 10보다 작으면 ❷~❸번을 수행하고 아니면 반복문을 벗어납니다.
※ no의 값이 10보다 작은동안 ❷~❸번을 수행하므로 1~9까지의 합계를 구합니다.

④
```
sum = 0
❶ For no = 1 To 10
❷     sum = sum + no
❸ Next
MsgBox sum
```
❶ no를 1에서부터 10이 될 때까지 1씩 증가하면서 ❷번을 반복 수행합니다.

124섹션 1필드

**28.** 아래는 워크시트 [A1] 셀에서 [매크로 기록]을 클릭하고 작업을 수행한 과정을 VBA의 코드 창에서 확인한 결과이다. 다음 중 이에 대한 설명으로 옳지 않은 것은?

| | A | B | C |
|---|---|---|---|
| 1 | | 성적현황 | |
| 2 | 학번 | 학과 | 이름 |
| 3 | | | |
| 4 | | | |

```
Sub 매크로2( )
' 매크로2 매크로
'
  ActiveCell.Offset(0, 1).Range("A1").Select
  ActiveCell.FormulaR1C1 = "성적현황"
  ActiveCell.Offset(1, -1).Range("A1").Select
  ActiveCell.FormulaR1C1 = "학번"
  ActiveCell.Offset(0, 1).Range("A1").Select
  ActiveCell.FormulaR1C1 = "학과"
  Range("C2").Select
  ActiveCell.FormulaR1C1 = "이름"
  Range("A3").Select
End Sub
```

① 매크로의 이름은 '매크로2'이다.
② '성적현황', '학번', '학과'는 상대 참조로 기록되었다.
③ [A3] 셀을 클릭하고 매크로를 실행한 후의 셀 포인터 위치는 [A5] 셀이다.
④ [B3] 셀을 클릭하고 매크로를 실행한 후의 [C3] 셀의 값은 '성적현황'이다.

**전문가의 조언 |** • 매크로의 가장 마지막에 있는 'Range("A3").Select'로 인해 현재 셀 포인터의 위치에 상관없이 매크로를 실행하면 셀 포인터는 [A3] 셀에 위치합니다.

• [B3] 셀을 클릭하고 매크로를 실행하면 다음과 같이 실행됩니다.

| | A | B | C |
|---|---|---|---|
| 1 | | | |
| 2 | | | 이름 |
| 3 | | | 성적현황 |
| 4 | | 학번 | 학과 |
| 5 | | | |

• 매크로를 하나하나 살펴보면 아래와 같습니다.

```
Sub 매크로2( )
'
❶ ' 매크로2 매크로
'
  ❷ ActiveCell.Offset(0, 1).Range("A1").Select
  ❸ ActiveCell.FormulaR1C1 = "성적현황"
  ❹ ActiveCell.Offset(1, -1).Range("A1").Select
  ❺ ActiveCell.FormulaR1C1 = "학번"
  ❻ ActiveCell.Offset(0, 1).Range("A1").Select
  ❼ ActiveCell.FormulaR1C1 = "학과"
  ❽ Range("C2").Select
  ❾ ActiveCell.FormulaR1C1 = "이름"
  ❿ Range("A3").Select
End Sub
```

❶ 홑 따옴표(')가 있는 문장은 프로그램을 설명하는 주석문으로, 실행되지 않습니다. 매크로 이름이 '매크로2'임을 알려줍니다.
❷ 활성화된 셀에서 아래쪽으로 0칸, 오른쪽으로 1칸 이동한 후 그 셀을 기준으로 첫 번째 열(A), 첫 번째 행(1)을 선택합니다.
  • Offset : 지정된 범위에서 떨어진 범위
  • Range("A1") : [A1] 셀을 의미하는 것이 아니라 첫 번째 열(A), 첫 번째 행(1)을 의미입니다. 'Range("A2")'로 지정하면 첫 번째 열(A), 두 번째 행(2)을 의미합니다.
  ※ 'ActiveCell.Offset(0, 1).Select'로 작성해도 결과는 동일합니다.
❸ 활성화된 셀에 **성적현황**을 입력합니다.
❹ 활성화된 셀에서 아래쪽으로 1칸, 왼쪽으로 1칸 이동한 후 그 셀을 기준으로 첫 번째 열(A), 첫 번째 행(1)을 선택합니다.
❺ 활성화된 셀에 **학번**을 입력합니다.
❻ 활성화된 셀에서 아래쪽으로 0칸, 오른쪽으로 1칸 이동한 후 그 셀을 기준으로 첫 번째 열(A), 첫 번째 행(1)을 선택합니다.
❼ 활성화된 셀에 **학과**를 입력합니다.
❽ [C2] 셀을 선택합니다.
❾ 활성화된 셀에 **이름**을 입력합니다.
❿ [A3] 셀을 선택합니다.

103섹션 6필드

**29.** 다음 중 [머리글/바닥글] 기능에 대한 설명으로 옳지 않은 것은?

① 머리글이나 바닥글의 텍스트에 앰퍼샌드(&) 문자 한 개를 포함시키려면 앰퍼샌드(&) 문자를 두 번 입력한다.
② 여러 워크시트에 동일한 [머리글/바닥글]을 한 번에 추가하려면 여러 워크시트를 선택하여 그룹화 한 후 설정한다.
③ [페이지 나누기 미리 보기] 상태에서는 워크시트에 머리글과 바닥글 영역이 함께 표시되어 간단히 머리글/바닥글을 추가할 수 있다.
④ 차트 시트인 경우 [페이지 설정] 대화상자의 [머리글/바닥글] 탭에서 머리글/바닥글을 추가할 수 있다.

**전문가의 조언 |** • '페이지 나누기 미리 보기' 상태에서는 머리글이나 바닥글을 추가할 수 없습니다.

• 워크시트에 머리글과 바닥글 영역이 함께 표시되어 간단히 머리글/바닥글을 추가할 수 있는 보기 형태는 '페이지 레이아웃' 보기입니다.

97섹션 1필드

**30.** 다음 중 배열 상수의 특징에 대한 설명으로 잘못된 것은?

① 배열 상수로 텍스트를 입력하려면 큰따옴표(" ")로 묶어서 입력한다.

② 배열 상수에는 숫자나 텍스트 외에 'TRUE', 'FALSE' 등의 논리값 또는 '#N/A'와 같은 오류 값도 포함될 수 있다.

③ 배열 상수 값은 수식이 아닌 상수이어야 한다.

④ $, 괄호, %, 길이가 다른 행이나 열, 셀 참조는 배열 상수로 사용될 수 있다.

**전문가의 조언 |** $, 괄호, %, 길이가 다른 행이나 열, 셀 참조는 배열 상수로 사용될 수 없습니다.

84섹션 1필드

**31.** 다음 중 조건부 서식에 대한 설명으로 옳지 않은 것은?

① 수식을 이용하여 조건을 지정할 경우, 다른 통합 문서에 대한 외부 참조를 사용할 수 있다.

② 조건부 서식의 조건은 결과가 TRUE(1) 또는 FALSE(0)가 나오도록 작성한다.

③ 특정한 조건을 만족하는 경우에만 서식이 적용되도록 하는 기능이다.

④ 동일한 셀 범위에 둘 이상의 조건부 서식 규칙이 True로 평가되어 충돌하는 경우 [조건부 서식 규칙 관리자] 대화상자의 규칙 목록에서 가장 위에 있는, 즉 우선순위가 높은 규칙 하나만 적용된다.

**전문가의 조언 |** 조건부 서식의 조건으로 다른 시트의 셀은 참조할 수 있으나 다른 통합 문서의 셀은 참조할 수 없습니다.

116섹션 1필드

**32.** 다음 중 매크로 기록과 실행에 관련된 항목들의 설명으로 옳지 않은 것은?

① 엑셀을 사용할 때마다 매크로를 사용할 수 있게 하려면 매크로 저장 위치를 '개인용 매크로 통합 문서'를 선택한다.

② Alt와 영문 문자를 조합하여 매크로의 바로 가기 키를 지정할 수 있다.

③ 매크로 기록 기능을 통해 작성된 매크로는 'VBA 편집기'에서 실행할 수 있다.

④ 매크로 기록 기능을 이용할 때 기본 저장 위치는 '현재 통합 문서'가 된다.

**전문가의 조언 |** 매크로의 바로 가기 키는 기본적으로 Ctrl과 영문자를 조합하여 지정됩니다.

81섹션 3필드

**33.** 아래와 같이 통합 문서 보호를 설정했을 경우에 대한 설명으로 옳지 않은 것은?

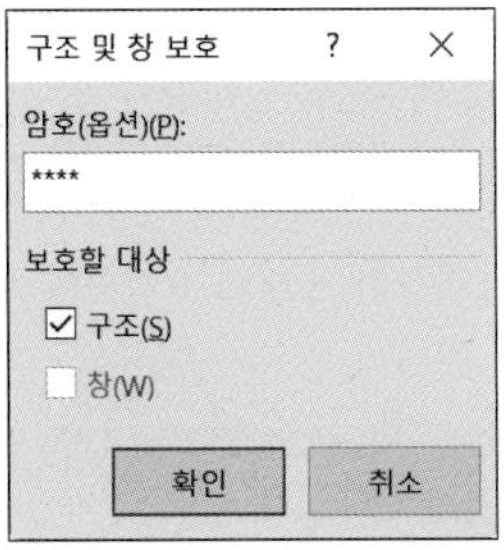


① 암호를 모르면 엑셀에서도 복구할 수 없다.

② 워크시트에 데이터를 입력하거나 수정할 수 없다.

③ 워크시트의 이동, 삭제, 숨기기, 워크시트의 이름 변경 등의 기능을 실행할 수 없다.

④ 암호를 입력해야 통합 문서 보호를 해제할 수 있다.

**전문가의 조언 |** 통합 문서 보호는 통합 문서의 시트 삭제, 이동, 숨기기, 이름 바꾸기 등을 할 수 없도록 보호하는 것으로, 통합 문서 보호를 지정해도 워크시트에 데이터를 입력하거나 수정, 삭제 등을 할 수 있습니다.

90섹션 1필드

**34.** 다음 중 아래 시트에서 〈변경 전〉 내용을 〈변경 후〉와 같이 변경하는 수식으로 옳은 것은?

| | A |
|---|---|
| 1 | <변경 전> |
| 2 | 서울시 도봉구 459 남위 36 북위 36 |
| 3 | <변경 후> |
| 4 | 서울시 도봉구 459 남위 136 북위 36 |
| 5 | |

① =SUBSTITUTE(A2, "136", "36", 1)

② =SUBSTITUTE(A2, "136", "36", 2)

③ =SUBSTITUTE(A2, "36", "136", 1)

④ =SUBSTITUTE(A2, "36", "136", 2)

**전문가의 조언 |** 〈변경 후〉와 같이 변경하는 수식으로 옳은 것은 ③번입니다.

- SUBSTITUTE(텍스트, 인수1, 인수2, n번째) 함수는 '텍스트'에서 '인수1'을 찾아, 'n번째'에 있는 '인수1'을 '인수2'로 변경합니다.
- 〈변경 전〉과 〈변경 후〉를 비교하면 [A2] 셀에 입력된 텍스트 중 첫 번째에 있는 "36"을 "136"으로 변경하였으므로 **=SUBSTITUTE(A2, "36", "136", 1)**로 지정하면 됩니다.

111섹션 1필드

**35.** 다음 중 피벗 테이블에 대한 설명으로 옳지 않은 것은?

① 원본 데이터가 변경되면 피벗 테이블의 데이터도 자동으로 변경된다.
② 외부 데이터를 대상으로 피벗 테이블을 작성할 수 있다.
③ 피벗 테이블을 작성한 후에 사용자가 새로운 수식을 추가하여 표시할 수 있다.
④ 많의 양의 자료를 분석하여 다양한 형태로 요약하여 보여주는 기능이다.

**전문가의 조언 |** • 피벗 테이블의 원본 데이터를 수정해도 피벗 테이블에 자동으로 반영되지 않습니다.
• 원본 데이터의 수정 사항을 피벗 테이블에 반영하려면 [피벗 테이블 분석] → [데이터] → [새로 고침]을 누르면 됩니다.

76섹션 5필드

**36.** 다음 중 데이터가 입력된 셀에서 채우기 핸들을 드래그하여 데이터를 채우는 경우에 대한 설명으로 옳은 것은?

① 일반적인 문자 데이터나 날짜 데이터는 그대로 복사되어 채워진다.
② 1개의 숫자와 문자가 조합된 텍스트 데이터는 숫자만 1씩 증가하고 문자는 그대로 복사되어 채워진다.
③ 숫자 데이터는 1씩 증가하면서 채워진다.
④ 숫자가 입력된 두 셀을 블록 설정하여 채우기 핸들을 드래그하면 두 숫자가 반복하여 채워진다.

**전문가의 조언 |** 채우기 핸들에 대한 설명으로 옳은 것은 ②번입니다.
① 문자 데이터는 그대로 복사되지만, 날짜 데이터는 1일씩 증가합니다.
③ 숫자 데이터는 그대로 복사됩니다. 1씩 증가하면서 채우려면 Ctrl을 누르고 드래그해야 합니다.
④ 숫자가 입력된 두 셀을 블록으로 설정하여 채우기 핸들을 드래그하면 두 셀의 차이만큼 증가/감소하며 채워집니다.

83섹션 2필드

**37.** 다음 중 아래 워크시트의 [A1] 셀에 사용자 지정 표시 형식 '#,###,,'을 적용했을 때 표시되는 값은?

| | A |
|---|---|
| 1 | 256789.78 |
| 2 | |

① 2
② 2,568
③ (빈 셀)
④ 3

**전문가의 조언 |** '#,###' 다음에 표시된 콤마(,)는 천 단위 이하를 생략합니다. 콤마가 두 개이므로 '256789.78'에서 백만 단위 이하를 생략하면 화면에는 아무것도 표시되지 않습니다.

107섹션 2필드

**38.** 다음 중 고급 필터의 조건 범위를 [E1:F3] 영역으로 지정한 후 고급 필터를 실행했을 때 결과로 옳은 것은?

F3 =C2>=AVERAGE($C$2:$C$5)

| | A | B | C | D | E | F | G |
|---|---|---|---|---|---|---|---|
| 1 | 코너 | 담당 | 판매금액 | | 코너 | 식 | |
| 2 | 잡화 | 김남희 | 5,122,000 | | 잡화 | | |
| 3 | 식료품 | 남궁민 | 450,000 | | 식료품 | TRUE | |
| 4 | 잡화 | 이수남 | 5,328,000 | | | | |
| 5 | 식료품 | 서수남 | 6,544,000 | | | | |
| 6 | | | | | | | |

① 코너가 "잡화"이거나, 코너가 "식료품"이거나 판매금액이 판매금액의 평균 이상인 데이터
② 코너가 "잡화"이거나, 코너가 "식료품"이고 판매금액이 판매금액의 평균 이상인 데이터
③ 코너가 "잡화"이고, 코너가 "식료품"이거나 판매금액이 판매금액의 평균 이상인 데이터
④ 코너가 "잡화"이고, 코너가 "식료품"이고 판매금액이 판매금액의 평균 이상인 데이터

**전문가의 조언 |** 고급 필터의 조건을 같은 행에 입력하면 AND 조건(~이고), 다른 행에 입력하면 OR 조건(~이거나)으로 연결되므로 고급 필터를 실행했을 때 결과로 옳은 것은 ②번입니다.

103섹션 7필드

**39.** 다음 중 [페이지 레이아웃] 보기 상태에 대한 설명으로 옳지 않은 것은?

① 페이지 레이아웃 보기에서도 기본 보기와 같이 데이터 형식과 레이아웃을 변경할 수 있다.
② 페이지 레이아웃 보기에서 표시되는 눈금자의 단위는 [Excel 옵션]의 '고급' 범주에서 변경할 수 있다.
③ 마우스를 이용하여 페이지 여백과 머리글과 바닥글 여백을 조정할 수 있다.
④ 페이지 나누기를 조정하는 페이지 구분선을 마우스로 드래그하여 페이지 나누기를 빠르게 조정할 수 있다.

**전문가의 조언 |** 페이지 레이아웃 보기 상태에서는 페이지 나누기를 조정하는 페이지 구분선을 마우스로 드래그 할 수 없습니다.

101섹션 1필드

**40.** 다음과 같이 계층 구조와 계층 구조 내에 빈 셀이 있는 데이터를 표시하는데 적합한 차트로, 하나의 고리 또는 원이 계층 구조의 각 수준을 나타내며 가장 안쪽에 있는 원이 계층 구조의 가장 높은 수준을 나타내는 차트 종류는?

| | A | B | C | D |
|---|---|---|---|---|
| 1 | 판매 현황 | | | |
| 2 | | | | |
| 3 | 대분류 | 중분류 | 품목 | 가격 |
| 4 | 의류 | 상의 | 맨투맨 | 35,000 |
| 5 | | | 남방 | 29,500 |
| 6 | | | 블라우스 | 37,500 |
| 7 | | 하의 | 청바지 | 23,000 |
| 8 | | | 면바지 | 62,000 |
| 9 | | | 반바지 | 45,000 |
| 10 | 패션잡화 | 모자 | 캡모자 | 15,000 |
| 11 | | | 비니모자 | 21,500 |
| 12 | | | 벙거지모자 | 35,000 |
| 13 | | | | |

① 히스토그램 차트
② 선버스트 차트
③ 도넛형 차트
④ 트리맵 차트

**전문가의 조언 |** • 계층 구조와 계층 구조 내에 빈 셀이 있는 데이터를 표시하는데 적합한 차트는 선버스트 차트입니다.
• 문제에 제시된 데이터를 이용하여 선버스트 차트를 작성하면 다음과 같습니다.

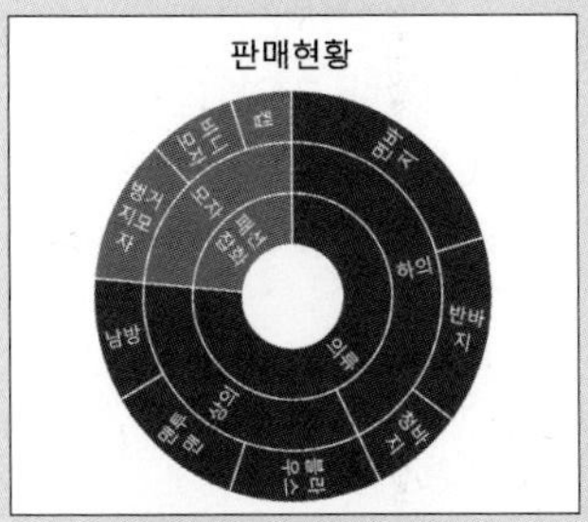


• **히스토그램 차트** : 특정 범위를 그룹화하여 그룹별 데이터의 분포를 표시할 때 사용됨
• **도넛형 차트** : 전체에 대한 각 부분의 관계를 비율로 나타내어 각 부분을 비교할 때 사용됨
• **트리맵 차트** : 계층 간의 상대적 크기를 비교할 때 사용하며, 계층 간의 비율을 사각형으로 표시함

# 3과목 데이터베이스 일반

126섹션 2필드

**41.** 다음 중 데이터베이스의 3단계 구조 중 하나로 각 개인의 입장에서 필요로 하는 데이터베이스 전체의 논리적인 구조를 보여주는 스키마로 서브 스키마라고도 불리는 것은?

① 외부 스키마　　② 개념 스키마
③ 내부 스키마　　④ 논리 스키마

**전문가의 조언 |** 문제에 제시된 내용은 외부 스키마의 개념입니다.
• **개념 스키마** : 데이터베이스의 전체적인 논리적 구조로, 모든 응용 프로그램이나 사용자들이 필요로 하는 데이터를 종합한 조직 전체의 데이터베이스로, 하나만 존재함
• **내부 스키마** : 물리적 저장장치의 입장에서 본 데이터베이스의 물리적 구조로, 실제로 저장될 레코드의 형식, 저장 데이터 항목의 표현 방법, 내부 레코드의 물리적 순서 등을 나타냄

130섹션 2필드

**42.** 다음 중 정규화에 대한 설명으로 옳지 않은 것은?

① 정규화를 통해 테이블 간의 종속성을 높이기 위한 것이다.
② 대체로 더 작은 필드를 갖는 테이블로 분해하는 과정이다.
③ 데이터 중복을 최소화하기 위한 작업이다.
④ 추가, 갱신, 삭제 등 작업 시의 이상(Anomaly) 현상이 발생하지 않도록 하기 위한 것이다.

**전문가의 조언 |** 정규화는 릴레이션(테이블)의 속성들 사이의 종속성 개념에 기반을 두고 이들 종속성을 제거하는 과정이라고 할 수 있습니다.

135섹션 3필드

**43.** 다음 중 필드의 각 데이터 형식에 대한 설명으로 옳지 않은 것은?

① 통화 형식은 소수점 이하 4자리까지의 숫자를 저장할 수 있으며, 기본 필드 크기는 8바이트이다.
② Yes/No 형식은 Yes/No, True/False, On/Off 등과 같이 두 값 중 하나만 입력하는 경우에 사용하는 것으로 기본 필드 크기는 1비트이다.
③ 일련 번호 형식은 새 레코드를 만들 때 1부터 시작하는 정수가 자동 입력된다.
④ 긴 텍스트 형식은 텍스트 및 숫자 데이터가 최대 255자까지 저장된다.

**전문가의 조언 |** • 긴 텍스트 형식은 최대 64,000자까지 입력이 가능합니다.
• 최대 255자까지 입력 가능한 형식은 짧은 텍스트 형식입니다.

정답 : 35.① 36.② 37.③ 38.② 39.④ 40.② 41.① 42.① 43.④

138섹션 3필드

**44.** 다음의 입력 데이터에 대한 입력 마스크 적용 결과가 옳지 않은 것은?

① 입력 데이터 : greeNgr388m3
입력 마스크 : >L????L?000L0
화면 표시 : GRREENgr388m3
② 입력 데이터 : MARIA
입력 마스크 : >L<????
화면 표시 : Maria
③ 입력 데이터 : ABCD
입력 마스크 : !CCC-CCCC
화면 표시 : A-BCD
④ 입력 데이터 : 1419422187
입력 마스크 : (000)000-0000
화면 표시 : (141)942-2187

**전문가의 조언 |** '>'는 모든 문자를 대문자로 변환하는 기호이므로 ①번은 GRRENGR388M3이 출력됩니다.

140섹션 2필드

**45.** 다음 중 액세스에서 테이블을 디자인 할 때 사용되는 조회 속성에 대한 설명으로 가장 옳지 않은 것은?

① 바운드 열은 선택한 목록의 여러 열 중 해당 컨트롤에 저장되는 열을 지정한다.
② 콤보 상자나 목록 상자 등의 컨트롤을 사용할 수 있다.
③ 표시되는 열의 개수를 지정할 수 있다.
④ 콤보 상자나 목록 상자의 목록 값을 직접 입력하여 지정하려면 행 원본 형식을 필드 목록으로 선택해야 한다.

**전문가의 조언 |** • 콤보 상자나 목록 상자의 목록 값을 직접 입력하여 지정하려면 행 원본 형식을 '값 목록'으로 선택해야 합니다.
• 필드 목록은 테이블이나 쿼리 등의 필드명을 원본으로 사용할 때 사용합니다.

142섹션 1필드

**46.** 다음 중 액세스에서 색인(Index)에 대한 다음 설명으로 가장 옳지 않는 것은?

① 하나의 필드나 필드 조합에 인덱스를 만들어 레코드 찾기와 정렬을 효율적으로 수행할 수 있게 한다.
② OLE 개체 데이터 형식 필드는 인덱스를 설정할 수 없다.
③ 색인을 설정하면 자료의 갱신 속도가 빨라진다.
④ 중복 불가능(Unique) 색인을 설정하면 중복된 자료의 입력을 방지할 수 있다.

**전문가의 조언 |** 인덱스를 설정하면 데이터 검색, 정렬 등의 작업 시간은 빨라지지만 데이터 추가나 변경 시 갱신(업데이트) 속도는 느려집니다.

146섹션 3필드

**47.** 다음 중 엑셀의 데이터와 연결된 테이블에 대한 설명으로 옳지 않은 것은?

① 연결된 테이블을 이용하여 폼이나 보고서를 생성할 수 있다.
② 연결 테이블은 읽기 전용이므로 테이블에 값을 추가할 수 없다.
③ 연결된 테이블을 삭제하면 원본 데이터도 삭제된다.
④ [외부 데이터] → [가져오기 및 연결] → [새 데이터 원본] → [파일에서] → [Excel]을 클릭하여 연결 테이블 만들기 과정을 수행한다.

**전문가의 조언 |** 연결된 테이블을 삭제하더라도 원본 데이터에는 아무런 영향을 주지 않습니다.

151섹션 1필드

**48.** 다음 중 SELECT문에서 사용되는 GROUP BY와 관련된 설명으로 옳지 않은 것은?

① GROUP BY절을 이용하면 SUM 또는 COUNT와 같은 집계 함수를 사용하여 요약 값을 생성할 수 있다.
② GROUP BY절에 대한 조건식은 WHERE절을 사용한다.
③ GROUP BY절에서 지정한 필드 목록의 값이 같은 레코드를 단일 레코드로 결합한다.
④ GROUP BY절을 이용하면 설정한 그룹별로 분석할 수 있다.

**전문가의 조언 |** GROUP BY 절에 대한 조건식을 지정할 때 사용하는 예약어는 HAVING입니다.

153섹션 4필드

**49.** 다음 중 쿼리에서 사용하는 문자열 조건에 대한 설명으로 옳지 않은 것은?

① "수학" or "영어" : "수학"이나 "영어"인 레코드를 찾는다.
② LIKE "서울*" : "서울"이라는 문자열로 시작하는 필드를 찾는다.
③ LIKE "*신림*" : 문자열의 두 번째가 "신"이고 세 번째가 "림"인 문자열을 찾는다.
④ NOT "전산과" : 문자열의 값이 "전산과"가 아닌 문자열을 찾는다.

**전문가의 조언 |** *는 문자의 모든 자리를 대신하신 대표 문자이므로 LIKE "*신림*"은 문자열에서 "신림"을 포함하는 모든 레코드를 검색하기 위한 조건입니다.

172섹션 1필드

**50.** 다음 중 보고서의 '페이지 설정' 대화상자에 대한 설명으로 옳지 않은 것은?

① 열의 너비와 높이를 보고서 본문의 너비와 높이에 맞춰 인쇄할 수 있다.
② '페이지 설정' 대화상자에 설정한 사항은 모든 보고서에 동일하게 적용된다.
③ 여백, 용지 방향, 프린터 유형을 지정할 수 있다.
④ [인쇄 옵션] 탭의 '데이터만 인쇄'를 선택하여 체크 표시하면 컨트롤의 테두리, 눈금선 및 선이나 상자 같은 그래픽을 표시하지 않는다.

**전문가의 조언 |** 페이지 설정은 보고서마다 다르게 설정할 수 있습니다.

156섹션 1필드

**51.** 다음 중 각 쿼리 유형에 대한 설명으로 옳지 않은 것은?

① 매개 변수 쿼리 – 쿼리를 실행할 때마다 값이나 패턴을 묻는 메시지를 표시하여 조건에 맞는 필드만 반환한다.
② 크로스탭 쿼리 – 레코드의 합계나 평균 등의 요약을 계산한 다음, 데이터시트의 왼쪽 세로 방향과 위쪽 가로 방향 두 종류로 결과를 그룹화하는 쿼리로 데이터를 쉽게 분석할 수 있게 해준다.
③ 추가 쿼리 – 테이블의 데이터를 복사하거나 데이터를 보관해야 하는 경우에 사용되며, 새로운 테이블을 생성한다.
④ 선택 쿼리 – 하나 이상의 테이블, 기존 쿼리 또는 이 두 가지의 조합에서 데이터를 가져올 수 있다.

**전문가의 조언 |** • 추가 쿼리, 즉 삽입 쿼리는 새로운 레코드를 기존 테이블에 추가하는 쿼리입니다.
• ③번은 테이블 만들기 쿼리에 관한 설명입니다.

170섹션 1필드

**52.** 다음 중 보고서의 각 구역에 대한 설명으로 옳지 않은 것은?

① 보고서 바닥글 영역에는 로고, 보고서 제목, 날짜 등을 삽입하며, 보고서의 모든 페이지에 출력된다.
② 페이지 머리글 영역에는 열 제목 등을 삽입하며, 모든 페이지의 맨 위에 출력된다.
③ 그룹 머리글/바닥글 영역에는 일반적으로 그룹별 이름, 요약 정보 등을 삽입한다.
④ 본문 영역은 실제 데이터가 레코드 단위로 반복 출력되는 부분이다.

**전문가의 조언 |** • 보고서 바닥글은 보고서의 맨 마지막 페이지에 한 번 표시되는 부분으로, 보고서 총계나 안내 문구 등을 표시하기 위해 사용합니다.
• ①번은 보고서 머리글에 대한 설명입니다. 단 보고서 머리글은 첫 페이지 상단에 한 번만 출력됩니다.

157섹션 3필드

**53.** 다음 중 '학번', '이름', '전화번호' 필드로 동일하게 구성되어 있는 [재학생] 테이블과 [졸업생] 테이블을 통합하여 나타내는 쿼리문으로 옳은 것은?

① Select 학번, 이름, 전화번호 From 재학생, 졸업생
Where 재학생.학번 = 졸업생.학번;
② Select 학번, 이름, 전화번호 From 재학생
JOIN Select 학번, 이름, 전화번호 From 졸업생;
③ Select 학번, 이름, 전화번호 From 재학생
OR Select 학번, 이름, 전화번호 From 졸업생;
④ Select 학번, 이름, 전화번호 From 재학생
UNION Select 학번, 이름, 전화번호 From 졸업생;

**전문가의 조언 |** 성격이 유사한 두 개의 테이블 데이터를 통합하여 하나로 나타낼 때는 통합(Union) 쿼리를 사용합니다.

161섹션 2필드

**54.** 다음 중 분할 표시 폼에 대한 설명으로 옳지 않은 것은?

① 분할 표시 폼은 데이터시트 보기와 폼 보기를 동시에 표시하기 기능이며, 이 두 보기는 같은 데이터 원본에 연결되어 있어 항상 상호 동기화된다.
② 분할 표시 폼은 폼 보기나 데이터시트 보기 상태 모두 데이터의 변경이 가능하다.
③ 일대다 관계가 설정된 두 테이블의 데이터를 한 화면에 표시할 수 있다.
④ 분할 표시 폼은 [만들기] 탭의 [폼] 그룹에서 [기타 폼] → [폼 분할]을 클릭하여 만들 수 있다.

**전문가의 조언 |** • 분할 표시 폼은 일대다 관계가 설정된 두 테이블의 데이터를 한 화면에 표시할 수 없습니다.
• 분할 표시 폼은 하나의 원본 데이터를 데이터시트 보기와 폼 보기 형태로 동시에 표시하는 기능입니다.

164섹션 2필드

**55.** 〈예약사료〉 테이블의 '담당항공사' 필드 목록의 드롭 다운 화살표를 클릭하여 표시된 목록에서 값을 클릭할 수 있도록 하려면 '담당항공사' 필드의 컨트롤 표시 속성에서 선택해야 하는 컨트롤은 무엇인가?

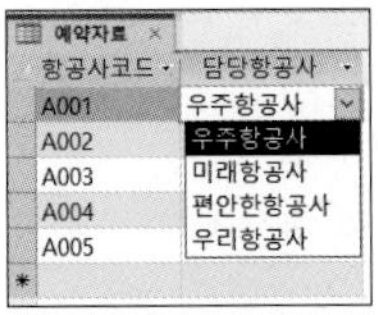


① 스마트 상자
② 텍스트 상자
③ 콤보 상자
④ 이벤트 상자

**전문가의 조언 |** 필드 목록의 드롭 다운 화살표를 클릭하여 표시된 목록에서 값을 선택할 수 있는 컨트롤은 콤보 상자입니다.

정답 : 44.① 45.④ 46.③ 47.③ 48.② 49.③ 50.② 51.③ 52.① 53.④ 54.③ 55.③

167섹션 5필드

**56.** 폼의 각 컨트롤에 포커스가 위치할 때 입력 모드를 '한글'로 지정하고자 한다. 다음 중 이를 위해 설정해야 할 컨트롤 속성은?

① 엔터키 기능(Enter Key Behavior)
② 상태 표시줄(Status Bar Text)
③ 탭 인덱스(Tab Index)
④ 입력 시스템 모드(IME Mode)

**전문가의 조언** | 컨트롤에 포커스가 위치할 때 사용할 입력 모드를 지정하는 속성은 입력 시스템 모드(IME Mode)입니다.

- **〈Enter〉 키 기능** : 텍스트 상자 컨트롤에서 Enter를 눌렀을 때 수행할 작업을 설정함
- **상태 표시줄 텍스트** : 컨트롤이 포커스를 가질 때 상태 표시줄에 표시할 메시지를 설정함
- **탭 인덱스** : 컨트롤의 탭(Tab) 순서를 설정함

169섹션 1필드

**57.** 다음 중 보고서에 대한 설명으로 옳지 않은 것은?

① 보고서는 데이터를 출력하기 위한 개체이다.
② 레코드 원본에 SQL 문장을 입력하면 질의 결과를 대상으로 하는 보고서를 작성할 수 있다.
③ 보고서의 컨트롤에서는 컨트롤 원본을 사용하여 특정 필드에 바운드시킬 수 있다.
④ 필드와 바인딩된 컨트롤을 이용하여 원본 데이터의 데이터를 편집 및 표시할 수 있다.

**전문가의 조언** | 보고서에서 데이터의 편집은 불가능합니다.

176섹션 3필드

**58.** 아래와 같이 보고서의 그룹 바닥글에 도서의 총 권수와 정가의 합계를 인쇄하고자 한다. 다음 중 총 권수와 정가 합계 두 컨트롤의 수식으로 옳은 것은?

출판사 : 다림[(02)860-2000]

| 도서코드 | 도서명 | 저자 | 정가 |
|---|---|---|---|
| A547 | 자전거 도둑 | 박완서 | 7000 |
| A914 | 와인 | 김준철 | 25000 |
| | 총: 2권 | 정가합계: 32000 | |

① =Count([정가]) & "권", =Total([정가])
② =CountA([정가]) & "권", =Sum([정가])
③ =CountA([도서명]) & "권", =Total([정가])
④ =Count(*) & "권", =Sum([정가])

**전문가의 조언** | 개수를 구하는 함수는 COUNT, 합계를 구하는 함수는 SUM입니다.

178섹션 1필드

**59.** 다음 중 매크로 함수에 대한 설명으로 옳지 않은 것은?

① FindRecord : 조건에 맞는 모든 레코드를 검색한다.
② ApplyFilter : 테이블이나 쿼리로부터 레코드를 필터링한다.
③ OpenReport : 작성된 보고서를 호출하여 실행한다.
④ MessageBox : 메시지 상자를 통해 경고나 알림 등의 정보를 표시한다.

**전문가의 조언** | FindRecord 함수는 현재 폼이나 데이터시트에서 지정한 조건에 맞는 첫 번째 레코드를 찾습니다.

181섹션 4필드

**60.** 다음 중 Visual Basic에서 Microsoft Access 매크로 함수를 실행할 수 있는 액세스 개체는 무엇인가?

① Application ② Form
③ DoCmd ④ CurrentData

**전문가의 조언** | Microsoft Access 매크로 함수를 실행할 수 있는 액세스 개체는 DoCmd입니다.

- **Application 개체** : 현재 Microsoft Access 응용 프로그램 자체를 의미함
- **Form 개체** : Microsoft Access 데이터베이스에 현재 열려 있는 모든 폼을 의미함
- **CurrentData** : Application 개체의 속성 중 하나로, 현재 데이터베이스에 저장된 개체를 참조함



정답 : 56.④ 57.④ 58.④ 59.① 60.③

# 2023년 5회 컴퓨터활용능력 1급 필기

## 1과목 컴퓨터 일반

44섹션 5필드

**1.** 다음 중 컴퓨터에서 사용하는 USB 장치에 대한 설명으로 옳지 않은 것은?

① 허브를 이용해서 하나의 포트에 여러 주변장치를 공유할 수 있다.
② 최대 127개의 주변 장치를 연결할 수 있다.
③ USB 장치는 컴퓨터를 끄지 않고도 연결할 수 있다.
④ USB 지원 주변기기는 반드시 별도의 전원이 필요하다.

**전문가의 조언 |** USB 지원 주변기기는 별도의 전원 장치가 필요 없는 기기도 많이 있습니다.

36섹션 6필드

**2.** 다음 중 컴퓨터에서 사용하는 EBCDIC 코드에 대한 설명으로 옳지 않은 것은?

① 4비트의 존 부분과 4비트의 디지트 부분으로 구성된다.
② 특수 문자 및 소문자 표현이 가능하다.
③ 확장 이진화 10진 코드로 BCD 코드를 확장한 것이다.
④ 최대 64개의 문자 표현이 가능하다.

**전문가의 조언 |** EBCDIC 코드는 8비트이므로 최대 256($2^8$)개의 문자 표현이 가능합니다.

60섹션 2필드

**3.** 전자우편(E-mail) 사용에 관한 설명으로 옳지 않은 것은?

① 그림, 동영상 등 다양한 형식의 데이터를 주고 받을 수 있다.
② 동일한 내용을 여러 사람에게 보낼 수 있다.
③ 전자우편에 사용하는 프로토콜은 SMTP, POP3, MIME 등이 있다.
④ 기본적으로 16진수 Unicode를 사용하여 메시지를 전송한다.

**전문가의 조언 |** 전자우편은 기본적으로 7Bit의 ASCII 코드를 사용하여 메시지를 주고 받습니다.

14섹션 2필드

**4.** 다음 중 한글 Windows 10에서 파일과 폴더의 삭제에 대한 설명으로 옳지 않은 것은?

① 네트워크 드라이브, USB 메모리에서 삭제한 파일은 휴지통에 보관되지 않는다.
② Shift를 누른 상태에서 폴더를 선택하여 휴지통으로 드래그하면 휴지통에 보관되지 않는다.
③ 폴더를 선택하고 Shift를 누른 상태에서 Delete를 눌러 삭제하면 휴지통에 보관되지 않는다.
④ [명령 프롬프트] 창에서 삭제한 파일은 휴지통에 보관된다.

**전문가의 조언 |** [명령 프롬프트] 창에서 삭제한 파일은 휴지통에 보관되지 않습니다.

73섹션 1필드

**5.** 다음 중 컴퓨터 통신에서 사용하는 프록시(Proxy) 서버의 기능으로 옳은 것은?

① 네트워크 병목현상 해결 기능
② FTP 프로토콜 연결 해제 기능
③ 방화벽 기능과 캐시 기능
④ 내부 불법 해킹 차단 기능

**전문가의 조언 |** 프록시(Proxy) 서버의 기능에는 방화벽 기능과 캐시 기능이 있습니다.

63섹션 2필드

**6.** 다음 중 컴퓨터에서 사용하는 멀티미디어의 특징에 관한 설명으로 옳지 않은 것은?

① 다양한 아날로그 데이터를 디지털 데이터로 변환하여 통합처리 하는 디지털화 특징이 있다.
② 정보 제공자와 사용자 간의 의견을 통한 상호 작용에 의해 데이터가 전달되는 쌍방향성의 특징이 있다.
③ 데이터가 사용자의 선택에 따라 다양하게 처리되는 것이 아니라 일정한 방향으로 순차적으로 처리되는 선형성의 특징이 있다.
④ 텍스트, 그래픽, 사운드, 동영상, 애니메이션 등의 여러 미디어를 통합하는 정보의 통합성 특징이 있다.

**전문가의 조언 |** 멀티미디어 데이터는 사용자 선택에 따라 비순차적으로 처리되는 비선형성의 특징을 가집니다.

3섹션 2필드

**7.** 다음 중 한글 Windows 10 바로 가기 아이콘의 [속성] 대화상자에 대한 설명으로 옳지 않은 것은?

① 대상 파일이나 대상 형식, 대상 위치 등에 관한 연결된 항목의 정보를 확인할 수 있다.
② 연결된 항목을 바로 열 수 있는 바로 가기 키를 지정할 수 있다.
③ 연결된 항목의 디스크 할당 크기를 확인할 수 있다.
④ 바로 가기 아이콘을 만든 날짜와 수정한 날짜, 액세스한 날짜 등을 확인할 수 있다.

**전문가의 조언 |** • '속성' 대화상자의 '일반' 탭에 있는 '디스크 할당 크기'는 바로 가기 아이콘의 크기입니다.
• 연결된 항목의 디스크 할당 크기는 해당 항목의 '속성' 대화상자에서 확인할 수 있습니다.

25섹션 1필드

**8.** 다음 중 한글 Windows 10에서의 프린터 설치에 관한 설명으로 옳지 않은 것은?

① 로컬 프린터 또는 네트워크 프린터를 선택하여 설치할 수 있다.
② 프린터에서 사용할 포트는 반드시 LPT 1 포트로 선택해야 한다.
③ 한 대의 프린터를 네트워크로 공유하여 여러 대의 컴퓨터에서 사용할 수 있다.
④ 기본 프린터는 한 대만 지정할 수 있다.

**전문가의 조언 |** 프린터에서 사용할 포트에는 LPT1, LPT2, LPT3, COM1, COM2, COM3 등이 있으며, 이중 사용할 포트를 선택하면 됩니다.

35섹션 3필드

**9.** 다음 중 보수에 대한 설명으로 옳지 않은 것은?

① 보수는 각 자리의 숫자의 합이 어느 일정한 수가 되게 하는 수를 말한다.
② 2진법에서 1의 보수는 0은 1로, 1은 0으로 변환하여 구한다.
③ 2진법에서 2의 보수는 1의 보수를 구한 뒤 결과값에 2를 더한다.
④ 컴퓨터에서는 덧셈 연산을 이용하여 뺄셈을 수행하기 위해 사용한다.

**전문가의 조언 |** 2진법에서 2의 보수는 1의 보수를 구한 뒤 결과값에 1을 더하면 됩니다.

50섹션 1필드

**10.** 다음 중 시스템 소프트웨어에 대한 설명으로 옳지 않은 것은?

① 사용자가 컴퓨터를 이용하여 특정 업무를 처리할 수 있게 개발된 프로그램이다.
② 시스템 소프트웨어는 제어 프로그램과 처리 프로그램으로 구분된다.
③ 컴퓨터 시스템을 효율적으로 운영해 주는 소프트웨어이다.
④ 대표적인 시스템 소프트웨어로는 운영체제가 있다.

**전문가의 조언 |** ①번은 응용 소프트웨어에 대한 설명입니다.

71섹션 3필드

**11.** 다음 중 컴퓨터 바이러스의 예방 방법으로 가장 옳지 않은 것은?

① 새로운 프로그램을 사용할 때는 최신 버전의 백신 프로그램으로 바이러스의 감염 여부를 검사한 후에 사용한다.
② 중요한 프로그램이나 자료는 항상 주기적으로 백업한다.
③ 바이러스에 감염된 것으로 예상되는 모든 프로그램이나 자료를 삭제한다.
④ 백신 프로그램의 시스템 감시 및 인터넷 감시 기능을 이용해서 바이러스를 사전에 검색한다.

**전문가의 조언 |** 바이러스에 감염된 프로그램이나 데이터는 바이러스 백신으로 치료한 다음 다시 사용하면 됩니다. 그러나 바이러스 백신으로 치료하는 과정에서 삭제되거나 손상을 입은 프로그램은 다시 설치해서 사용해야 합니다.

56섹션 1필드

**12.** 다음 중 정보 통신을 위한 네트워크 구성 방식으로 스타(Star)형 구성 방식에 관한 설명으로 옳은 것은?

① 서로 이웃하는 컴퓨터들끼리 원형을 이루도록 연결하는 방식이다.
② 모든 지점의 컴퓨터와 단말장치를 서로 연결한 형태이다.
③ 하나의 통신 회선에 여러 대의 컴퓨터를 접속하는 방식으로 컴퓨터의 증설이나 삭제가 용이한 통신망 구성 방식이다.
④ 모든 단말기가 중앙 컴퓨터에 연결되어 있는 형태이다.

**전문가의 조언 |** 스타(Star)형은 모든 단말기가 중앙 컴퓨터에 연결되어 있는 형태입니다.
• ①번은 링(Ring, 루프)형, ②번은 망(Mesh)형, ③번은 버스(Bus)형에 대한 설명입니다.

46섹션 2필드

**13.** 다음 중 RAID(Redundant Array Of Inexpensive Disk)에 대한 설명으로 옳지 않은 것은?

① 여러 개의 하드디스크를 하나의 저장장치처럼 관리하는 기술이다.
② 미러링(Mirroring) 방식은 데이터를 두 개의 하드디스크에 동일하게 기록하는 방법으로 한쪽 하드디스크의 데이터 손상 시 다른 한쪽 하드디스크를 이용하여 복구한다.
③ 스트라이핑(Striping) 방식은 데이터를 여러 개의 하드디스크에 나누어 저장하므로 장애 시 복구가 용이하나 데이터 입출력이 느리다.
④ RAID는 RAID 컨트롤러를 이용하여 하드웨어적인 방법으로 구성하거나 OS나 RAID 소프트웨어를 사용하여 구성한다.

**전문가의 조언 |** 스트라이핑(Striping) 방식은 데이터를 여러 개의 하드디스크에 나눠서 기록하는 방법으로, 데이터 입출력 속도가 빠르지만 하드디스크가 한 개라도 손상되면 데이터를 사용할 수 없고 장애 시 복구가 어렵습니다.

42섹션 2필드

**14.** 다음 중 채널(Channel)에 대한 설명으로 옳은 것은?

① 저속의 출력장치를 고속의 중앙처리장치(CPU)와 병행 처리할 때 컴퓨터 전체의 처리 효율을 높이기 위해 사용하는 기능이다.
② 프로그램을 실행하는 도중에 예기치 않은 상황이 발생할 경우 현재 실행중인 작업을 일시 중단하고, 발생된 상황을 우선 처리한 후 실행중이던 작업으로 복귀하여 계속 처리하는 것이다.
③ 둘 이상의 프로세스들이 자원을 점유한 상태에서 서로 다른 프로세스가 점유하고 있는 자원을 요구하며 무한정 기다리는 현상이다.
④ 고속의 데이터 전송을 위하여 입출력만을 목적으로 만든 처리기로, IOP(Input Output Processor)라고도 불린다.

**전문가의 조언 |** 채널(Channel)에 대한 설명으로 옳은 것은 ④번입니다.
- ①번은 스풀(Spool), ②번은 인터럽트(Interrupt), ③번은 교착 상태(Dead Lock)에 대한 설명입니다.

52섹션 7필드

**15.** 다음 중 특정한 목적을 위한 작은 컴퓨터 시스템으로 하드웨어와 소프트웨어가 하나로 조합되어 있고, TV, 냉장고, 밥솥 등의 가전제품에 사용되는 시스템은?

① 임베디드 시스템 ② 듀얼 시스템
③ 듀플렉스 시스템 ④ 시분할 시스템

**전문가의 조언 |** 특정한 목적을 위한 작은 컴퓨터 시스템으로 주로 가전제품에 사용되는 시스템은 임베디드 시스템(Embedded System)입니다.
- **듀얼 시스템(Dual System)** : 두 대의 컴퓨터가 같은 업무를 동시에 처리하므로 한쪽 컴퓨터가 고장나면 다른 컴퓨터가 계속해서 업무를 처리하여 업무가 중단되는 것을 방지하는 시스템
- **듀플렉스 시스템(Duplex System)** : 두 대의 컴퓨터를 설치하여 한쪽의 컴퓨터가 가동중일 때는 다른 한 컴퓨터는 대기하고 있다가 가동중인 컴퓨터가 고장이 나면 즉시 대기중인 컴퓨터가 가동되어 시스템이 안전하게 작동되도록 운영하는 시스템
- **시분할 시스템(Time Sharing System)** : 한 대의 시스템을 여러 사용자가 동시에 사용하는 방식으로, 일정 시간 단위로 CPU 사용권을 신속하게 전환함으로써, 모든 사용자들은 자신만 혼자 컴퓨터를 사용하고 있는 것처럼 느낌

70섹션 1필드

**16.** 다음 중 저작권법에 대한 설명으로 가장 적절하지 않은 것은?

① 저작권법은 저작자의 권리를 보호함을 목적으로 한다.
② 원저작물을 번역, 편곡, 변형 등의 방법으로 작성한 2차적 저작물도 독자적인 저작물로서 보호된다.
③ 프로그램을 작성하기 위하여 사용하고 있는 프로그램 언어와 해법에도 적용된다.
④ 저작 재산권이 있는 소프트웨어를 복사하여 판매한 경우 저작권법에 저촉된다.

**전문가의 조언 |** 저작권법은 프로그램을 작성하기 위하여 사용하는 프로그램 언어, 규약, 해법에는 적용되지 않습니다.

58섹션 2필드

**17.** 다음 중 인터넷 주소 체계에서 IPv6에 관한 설명으로 옳은 것은?

① 주소 체계는 Unicast, Anycast, Broadcast 등 세가지로 나뉜다.
② 16비트씩 8부분으로 총 128비트로 구성되며, 주소의 각 부분은 세미콜론(;)으로 구분한다.
③ 인증성, 기밀성, 데이터 무결성의 지원으로 보안성이 강화되었다.
④ IPv4와 비교하였을 때 자료 전송 속도가 늦지만, 주소의 확장성과 융통성이 우수하다.

**전문가의 조언 |** IPv6에 관한 설명으로 옳은 것은 ③번입니다.
① IPv6의 주소 체계는 유니캐스트(Unicast), 애니캐스트(Anycast), 멀티캐스트(Multicast) 등 세 가지로 나뉩니다.
② IPv6는 16비트씩 8부분으로 총 128비트로 구성되며, 주소의 각 부분은 콜론(:)으로 구분합니다.
④ IPv6는 IPv4와 비교하여 자료 전송 속도가 빠르고, 주소의 확장성과 융통성이 우수합니다.

정답 : 7.③ 8.② 9.③ 10.① 11.③ 12.④ 13.③ 14.④ 15.① 16.③ 17.③

38섹션 4필드

**18.** 다음 중 캐시 메모리(Cache Memory)에 관한 설명으로 옳은 것은?

① 중앙처리장치와 주기억장치 사이에 위치하여 컴퓨터의 처리 속도를 향상시킨다.
② 캐시 메모리는 주로 DRAM을 사용한다.
③ 보조기억장치의 일부를 주기억장치처럼 사용한다.
④ 주기억장치보다 큰 프로그램을 불러와 실행해야 할 때 유용하다.

**전문가의 조언 |** 캐시 메모리는 중앙처리장치와 주기억장치 사이에 위치하여 컴퓨터의 처리 속도를 향상시키는 역할을 합니다.
- ② 캐시 메모리는 접근 속도가 빠른 정적 램(SRAM)을 사용합니다.
- ③, ④ 가상 메모리(Virtual Memory)에 대한 설명입니다.

67섹션 1필드

**19.** 다음 중 시퀀싱(Sequencing)에 대한 설명으로 옳은 것은?

① 컴퓨터를 이용하여 음악을 제작, 녹음, 편집하는 작업을 의미한다.
② 멀티미디어 데이터를 다운로드하면서 동시에 재생해 주는 기술이다.
③ 음성, 영상 등의 아날로그 신호를 디지털 신호로 변환하는 과정이다.
④ 전자악기 간의 디지털 신호에 의한 통신이나 컴퓨터와 전자악기 간의 통신규약이다.

**전문가의 조언 |** 시퀀싱(Sequencing)은 컴퓨터를 이용하여 음악을 제작, 녹음, 편집하는 작업을 의미합니다.
- ②번은 스트리밍(Streaming), ③번은 샘플링(Sampling), ④번은 MIDI(Musical Instrument Digital Interface)에 대한 설명입니다.

62섹션 1필드

**20.** 다음 중 1992년 미국 SF 작가 닐 스티븐슨의 소설 '스노 크래시'에 처음 등장한 개념으로, 현실 세계와 같은 사회 · 경제 · 문화 활동이 이뤄지는 3차원 가상 세계를 가리키는 용어는?

① 텔레매틱스　　② 메타버스
③ 텔레햅틱　　④ 유비쿼터스

**전문가의 조언 |** 현실 세계와 같은 사회 · 경제 · 문화 활동이 이뤄지는 3차원 가상 세계를 메타버스(Metaverse)라고 합니다.
- **텔레매틱스(Telematics)** : 자동차에 정보 통신 기술과 정보 처리 기술을 융합하여 운전자에게 다양한 멀티미디어 서비스를 제공하는 것
- **텔레햅틱(Telehaptics)** : 촉각을 원격으로 전송하고 재현하는 기술
- **유비쿼터스(Ubiquitous)** : 사용자가 컴퓨터나 네트워크를 의식하지 않고 장소에 상관없이 자유롭게 네트워크에 접속할 수 있는 환경을 의미함

## 2과목 스프레드시트 일반

76섹션 2필드

**21.** 아래의 워크시트에서 [A1:C1] 영역이 블록으로 지정된 상태에서 채우기 핸들을 끌었을 때 [F1] 셀에 입력되는 값으로 올바른 것은?

| | A | B | C | D | E | F | G |
|---|---|---|---|---|---|---|---|
| 1 | 5 | | 1 | | | | |
| 2 | | | | | | | |

① 1　　② −3
③ −7　　④ 0

**전문가의 조언 |** [A1:C1] 영역이 블록으로 지정된 상태에서 채우기 핸들을 드래그하면 두 셀 간의 차이인 4씩 감소되어 입력되므로 [F1] 셀에는 −7이 입력됩니다.

| | A | B | C | D | E | F | G |
|---|---|---|---|---|---|---|---|
| 1 | 5 | | 1 | -3 | | -7 | -11 |
| 2 | | | | | | | |

83섹션 1필드

**22.** 셀의 값이 100 이상이면 "▲", −100 이하면 "▼", 그 외는 값이 그대로 표시되는 사용자 지정 표시 형식으로 옳은 것은?

[표시 예]
150 : ▲
0 : 0
−50 : −50
−122 : ▼

① [>=100]"▲";#;[<=−100]"▼"
② [>=100]"▲";0;[<=−100]"▼"
③ [>=100]"▲";[<=−100]"▼";#
④ [>=100]"▲";[<=−100]"▼";0

**전문가의 조언 |** 사용자 지정 표시 형식으로 옳은 것은 ④번입니다. 문제에 제시된 내용을 차례대로 표현하면 다음과 같습니다.
- **100 이상이면 "▲"** : [>=100]"▲"
- **−100 이하면 "▼"** : [<=−100]"▼"
- **그 외는 값을 그대로 표시** : 0

※ 셀의 값이 0일 때 0이 표시되게 하려면 표시 형식을 반드시 0으로 지정해야 합니다.

∴ 사용자 지정 표시 형식을 모두 합치면 **[>=100]"▲";[<=−100]"▼";0**입니다.

123섹션 4필드

**23.** 다음 중 아래의 워크시트에서 〈보기〉의 프로시저 실행 결과로 옳은 것은?

| | A | B | C |
|---|---|---|---|
| 1 | 데이터1 | 데이터2 | 데이터3 |
| 2 | 사과 | 레몬 | |
| 3 | 바나나 | 배 | |
| 4 | | | 귤 |
| 5 | | 배 | |
| 6 | 바나나 | | |
| 7 | | 2 | |
| 8 | | | |

〈보기〉

```
Sub B3선택( )
    Range("B3").CurrentRegion.Select
End Sub
```

① [B3] 셀이 선택된다.
② [A1:B3] 셀이 선택된다.
③ [A1:C3] 셀이 선택된다.
④ [A1:C7] 셀이 선택된다.

**전문가의 조언 |** 〈보기〉에 제시된 프로시저를 실행하면 [A1:C7] 영역이 모두 선택됩니다.

```
Sub B3선택( )
  ❶ Range("B3").CurrentRegion.Select
End Sub
```

❶ [B3] 셀이 포함된 데이터 범위를 모두 선택합니다.
- Range : 워크시트의 셀이나 셀 범위
- CurrentRegion : 데이터가 있는 인접 영역의 범위
- Select : 선택

∴ [B3] 셀을 기준으로 데이터가 입력된 셀들이 서로 인접하게 연결되어 있으므로 이 셀들을 모두 포함하는 영역인 [A1:C7] 영역이 모두 선택됩니다.

103섹션 6필드

**24.** 다음 중 엑셀의 인쇄에 관한 설명으로 옳지 않은 것은?

① [기본] 보기 상태에서 페이지 구분선을 드래그하여 위치를 조정할 수 있다.
② 인쇄되는 시작 페이지의 번호를 지정할 수 있다.
③ 워크시트의 일부만 인쇄 영역으로 설정할 수 있다.
④ 눈금선, 행/열 머리글 등을 인쇄하도록 설정할 수 있다.

**전문가의 조언 |** [기본] 보기 상태에서는 페이지 구분선을 마우스로 드래그하여 이동할 수 없습니다.

116섹션 1필드

**25.** 다음 중 매크로를 작성하고 사용하는 방법에 대한 설명으로 옳지 않은 것은?

① 매크로 기록 도중에 선택한 셀은 절대 참조로 기록할 수도 있고 상대 참조로 기록할 수도 있다.
② 매크로에 지정된 바로 가기 키가 엑셀 고유의 바로 가기 키와 중복될 경우 매크로 실행의 바로 가기 키가 우선한다.
③ ActiveX 컨트롤의 '명령 단추'를 추가하면 [매크로 지정] 대화상자가 자동으로 표시되어 실행할 매크로를 바로 지정할 수 있다.
④ Visual Basic Editor에서 코드 편집을 통해 매크로의 이름이나 내용을 바꿀 수 있다.

**전문가의 조언 |** ActiveX 컨트롤의 '명령 단추'가 아니라 양식 컨트롤의 '단추'를 추가하면 '매크로 지정' 대화상자가 자동으로 표시되어 실행할 매크로를 바로 지정할 수 있습니다.

97섹션 4필드

**26.** 아래 워크시트에서 순위[G2:G10]는 총점을 기준으로 구하되 동점자에 대해서는 국어를 기준으로 순위를 구하였다. 다음 중 [G2] 셀에 입력된 수식으로 옳은 것은?

| | A | B | C | D | E | F | G |
|---|---|---|---|---|---|---|---|
| 1 | 성명 | 국어 | 수학 | 영어 | 사회 | 총점 | 순위 |
| 2 | 홍길동 | 92 | 50 | 30 | 10 | 182 | 1 |
| 3 | 한민국 | 80 | 50 | 20 | 30 | 180 | 3 |
| 4 | 이대한 | 90 | 40 | 20 | 30 | 180 | 2 |
| 5 | 이나래 | 70 | 50 | 30 | 30 | 180 | 4 |
| 6 | 마상욱 | 80 | 50 | 30 | 10 | 170 | 7 |
| 7 | 박정인 | 90 | 40 | 20 | 20 | 170 | 6 |
| 8 | 사수영 | 70 | 40 | 30 | 30 | 170 | 8 |
| 9 | 고소영 | 85 | 40 | 30 | 20 | 175 | 5 |
| 10 | 장영수 | 70 | 50 | 10 | 5 | 135 | 9 |

① {=RANK.EQ($F2, $F$2:$F$10)+RANK.EQ($B$2, $B$2:$B$10)}
② {=RANK.EQ($B$2, $B$2:$B$10)*RANK.EQ($F2, $F$2:$F$10)}
③ {=RANK.EQ($F2, $F$2:$F$10)+SUM(($F$2:$F$10=$F2)*($B$2:$B$10>$B2))}
④ {=SUM(($F$2:$F$10=$F2)*($B$2:$B$10>$B2))*RANK.EQ($F2, $F$2:$F$10)}

**전문가의 조언 |** [G2] 셀에 입력된 수식으로 옳은 것은 ③번입니다.

- '총점'으로 순위를 구한 후 동점자에 대해 '국어'로 순위를 구하려면 우선 총점을 기준으로 순위를 구한 다음 이 순위에 동점자들의 국어 점수를 비교하여 기준이 되는 국어 점수보다 높은 점수의 개수를 구해 더해주면 됩니다.

=RANK.EQ($F2, $F$2:$F$10)+SUM(($F$2:$F$10=$F2)*($B$2:$B$10>$B2))
❶ ❷

❶ RANK.EQ($F2, $F$2:$F$10) : [F2:F10] 영역에서 [F2] 셀의 순위를 구합니다. 여러 셀에 결과를 구해야 하므로 범위는 절대 참조로 지정해야 하지만, [F2] 셀의 경우는 F3, F4 등으로 변경되어야 하므로 F2 또는 $F2로 지정하면 됩니다.

정답 : 18.① 19.① 20.② 21.③ 22.④ 23.④ 24.① 25.③ 26.③

❷ SUM(($F$2:$F$10=$F2)*($B$2:$B$10>$B2))

• 조건이 두 개일 때 배열 수식을 이용하여 개수를 구하는 방법은 다음의 3가지 방법이 있습니다.

> • 방법1 : =SUM( (조건1) * (조건2) )
> • 방법2 : =SUM( IF( 조건1, IF(조건2, 1) ) )
> • 방법3 : =COUNT( IF( 조건1, IF(조건2, 1) ) )

1. 조건 찾기
   - 조건1 : 총점이 동점인지를 비교해야 합니다. 비교 대상이 될 총점이 있는 범위(F2:F10)와 비교할 기준이 되는 [F2] 셀을 "="으로 연결하여 적어주면 됩니다(F2:F10=F2).
   - 조건2 : 동점자 중 국어 점수가 기준이 되는 국어 점수보다 높은 점수를 찾아야 합니다. 비교 대상이 될 국어가 있는 범위(B2:B10)와 비교할 기준이 되는 [B2] 셀을 ">"로 연결하여 적어주면 됩니다(B2:B10>B2).
2. 위의 조건을 개수 구하기 배열 수식에 대입하면 다음과 같습니다.

> • 방법1 : =SUM( (F2:F10=F2)*(B2:B10>B2) )
> • 방법2 : =SUM( IF( F2:F10=F2, IF(B2:B10>B2, 1) ) )
> • 방법3 : =COUNT( IF( F2:F10=F2, IF(B2:B10 >B2, 1) ) )

• 여러 셀에 결과를 구해야 하므로 범위는 절대 참조로 지정해야 하고, [F2]와 [B2] 셀은 F2 또는 $F2, B2 또는 $B2로 지정하면 됩니다. '방법1'로 수식을 입력한 후 Ctrl + Shift + Enter를 누르면 중괄호 { }가 자동으로 붙여져 **{=RANK.EQ($F2, $F$2:$F$10)+ SUM(($F$2:$F$10=$F2)*($B$2:$B$10>$B2))}**로 표시됩니다.

93섹션 1필드

**27.** 다음 중 아래의 워크시트를 이용한 수식에 대해서 그 결과가 옳지 않은 것은?

| | A | B | C | D |
|---|---|---|---|---|
| 1 | 이름 | 국어 | 영어 | 수학 |
| 2 | 김원 | 87 | 97 | 72 |
| 3 | 정영희 | 74 | 98 | 100 |
| 4 | 남궁정훈 | 85 | 91 | 70 |
| 5 | 이수 | 80 | 80 | 88 |
| 6 | 김용훈 | 81 | 87 | 70 |
| 7 | 김근태 | 84 | 82 | 80 |
| 8 | | | | |

| 수식 | 결과 |
|---|---|
| ① =HLOOKUP("영어", B1:D7, 2) | 97 |
| ② =OFFSET(B2, 3, 2) | 88 |
| ③ =INDEX(A1:D7, 3, 2) | 74 |
| ④ =AREAS(A1:D7) | 28 |

**전문가의 조언 |** ④번의 결과는 1입니다.

① =HLOOKUP("영어", B1:D7, 2) : [B1:D7] 영역의 첫 번째 행에서 "영어"를 찾은 후 이 값이 있는 열의 2행에 있는 값인 97을 반환합니다.

② =OFFSET(B2, 3, 2) : [B2] 셀을 기준으로 3행 2열이 떨어진 [D5] 셀의 값인 88을 반환합니다.

③ =INDEX(A1:D7, 3, 2) : [A1:D7] 영역에서 3행 2열, 즉 [B3] 셀의 값인 74를 반환합니다.

④ =AREAS(A1:D7) : AREAS(범위)는 '범위' 안에 있는 영역의 수를 계산하는 함수입니다. [A1:D7]은 영역이 하나이므로 1을 반환합니다.

115섹션 1필드

**28.** 다음 중 [데이터] → [데이터 도구]의 [통합]에 관한 설명으로 옳지 않은 것은?

① 여러 시트에 있는 데이터나 다른 통합 문서에 입력되어 있는 데이터를 통합할 수 있다.
② 데이터 통합은 위치를 기준으로 통합할 수도 있고, 영역의 이름을 정의하여 통합할 수도 있다.
③ '모든 참조 영역'에 지정된 영역을 삭제할 수 있다.
④ 통합할 데이터가 있는 워크시트와 통합 결과가 작성될 워크시트가 같은 경우에만 '원본 데이터에 연결'을 적용할 수 있다.

**전문가의 조언 |** 통합할 데이터가 있는 워크시트와 통합 결과가 작성될 워크시트가 서로 다를 경우에만 '원본 데이터에 연결'을 적용할 수 있습니다.

84섹션 1필드

**29.** [A1:C3] 영역에 대해 조건부 서식의 수식 규칙을 다음과 같이 설정할 경우 결과 화면으로 옳은 것은?

| | A | B | C |
|---|---|---|---|
| 1 | 1 | 2 | 3 |
| 2 | 4 | 5 | 6 |
| 3 | 7 | 8 | 9 |

> =MOD(ROW($A1), 2)=MOD(COLUMN(A$1), 2)

①

| | A | B | C |
|---|---|---|---|
| 1 | 1 | 2 | 3 |
| 2 | 4 | 5 | 6 |
| 3 | 7 | 8 | 9 |

②

| | A | B | C |
|---|---|---|---|
| 1 | 1 | 2 | 3 |
| 2 | 4 | 5 | 6 |
| 3 | 7 | 8 | 9 |

③

| | A | B | C |
|---|---|---|---|
| 1 | 1 | 2 | 3 |
| 2 | 4 | 5 | 6 |
| 3 | 7 | 8 | 9 |

④

| | A | B | C |
|---|---|---|---|
| 1 | 1 | 2 | 3 |
| 2 | 4 | 5 | 6 |
| 3 | 7 | 8 | 9 |

**전문가의 조언 |** 조건부 서식의 결과 화면으로 옳은 것은 ②번입니다.

• MOD(인수1, 인수2) 함수는 '인수1'을 '인수2'로 나눈 나머지 값을, ROW(셀) 함수는 주어진 셀의 행 번호를, COLUMN(셀) 함수는 주어진 셀의 열 번호를 반환합니다.

• =MOD(ROW($A1), 2)의 결과

| | A | B | C |
|---|---|---|---|
| 1 | 1 | 1 | 1 |
| 2 | 0 | 0 | 0 |
| 3 | 1 | 1 | 1 |

• =MOD(COLUMN(A$1), 2)의 결과

| | A | B | C |
|---|---|---|---|
| 1 | 1 | 0 | 1 |
| 2 | 1 | 0 | 1 |
| 3 | 1 | 0 | 1 |

• 두 수식의 결과가 같은 셀에 조건부 서식이 적용됩니다.

| | A | B | C |
|---|---|---|---|
| 1 | 1 | 2 | 3 |
| 2 | 4 | 5 | 6 |
| 3 | 7 | 8 | 9 |

123섹션 4필드

**30.** 아래의 프로시저를 이용하여 [A1:C3] 영역의 서식만 지우려고 한다. 다음 중 괄호 안에 들어갈 코드로 옳은 것은?

```
Sub Procedure( )
  Range("A1:C3").Select
  Selection.(          )
End Sub
```

① DeleteFormats ② FreeFormats
③ ClearFormats ④ DeactivateFormats

**전문가의 조언 |** 선택한 영역에 지정된 서식만 삭제하는 메서드는 ClearFormats, 내용만 삭제하는 메서드는 ClearContents입니다.

102섹션 2필드

**31.** 다음 중 엑셀의 틀 고정에 대한 기능 설명으로 옳지 않은 것은?

① 틀 고정은 특정 행 또는 열을 고정할 때 사용하는 기능으로, 주로 표의 제목 행 또는 제목 열을 고정한 후 작업할 때 유용하다.
② 선택된 셀의 왼쪽 열과 바로 위의 행이 고정된다.
③ 틀 고정 구분선을 마우스로 잡아끌어 틀 고정 구분선을 이동시킬 수 있다.
④ 틀 고정 방법으로 첫 행 고정을 실행하면 선택된 셀의 위치와 상관없이 첫 행이 고정된다.

**전문가의 조언 |** 창 나누기 기준은 마우스로 위치를 조정할 수 있으나 틀 고정 기준은 마우스로 위치를 조정할 수 없습니다.

101섹션 1필드

**32.** 다음 중 차트에 관한 설명으로 옳지 않은 것은?

① 거품형 차트에서 데이터 레이블로 '거품 크기'를 지정하면 첫 번째 값이 거품 크기로 표시된다.
② 차트를 작성하려면 반드시 원본 데이터가 있어야 하며, 작성된 차트는 원본 데이터가 변경되면 차트의 내용이 함께 변경된다.
③ 기본 차트는 F11을 누르면 별도의 차트 시트에 삽입되고, Alt + F1을 누르면 데이터가 있는 현재 워크시트에 삽입된다.
④ 자주 사용하는 형태의 차트를 차트 서식 파일 폴더에 서식 파일(crtx)로 저장하여 이용하면 편리하다.

**전문가의 조언 |** 거품형 차트는 데이터 레이블의 종류에 상관 없이 세 번째 값이 '거품 크기'로 표시됩니다.

104섹션 1필드

**33.** 다음 중 [인쇄 미리 보기 및 인쇄]에 관한 설명으로 옳지 않은 것은?

① [인쇄 미리 보기 및 인쇄] 화면에서 '여백 표시'를 선택한 경우 마우스로 여백을 변경할 수 있다.
② [인쇄 미리 보기 및 인쇄] 화면을 표시하는 바로 가기 키는 Ctrl + F2이다.
③ [인쇄 미리 보기 및 인쇄] 화면에서 인쇄 영역을 다시 설정할 수 있다.
④ 인쇄될 내용이 없는 상태에서 [인쇄 미리 보기 및 인쇄] 화면을 실행하면 인쇄할 내용이 없다는 메시지가 표시된다.

**전문가의 조언 |** [인쇄 미리 보기 및 인쇄] 화면에서는 지정된 인쇄 영역으로 인쇄 작업을 수행할 수는 있지만 인쇄 영역을 다시 설정할 수는 없습니다.

75섹션 2필드

**34.** 다음 중 워크시트에 데이터를 입력하는 방법에 대한 설명으로 옳지 않은 것은?

① 숫자 데이터를 입력하면 기본적으로 셀의 오른쪽에 정렬된다.
② '3과 같이 숫자 앞에 작은따옴표(')를 입력하면 기본적으로 셀의 오른쪽에 정렬된다.
③ 수식 또는 함수 식을 입력할 때는 = 기호를 붙여 입력한다.
④ Ctrl + Enter를 이용하여 여러 개의 셀에 동일한 데이터를 한번에 입력할 때 범위는 연속적으로 지정하지 않아도 된다.

**전문가의 조언 |** 숫자 데이터를 입력하면 기본적으로 셀의 오른쪽에 정렬되지만 숫자 앞에 작은따옴표(')를 붙여 입력하면 문자 데이터로 인식하므로 셀의 왼쪽에 정렬됩니다.

74섹션 4필드

**35.** 다음 중 여러 워크시트를 선택하여 그룹으로 설정한 경우에 대한 설명으로 옳지 않은 것은?

① 엑셀 창의 맨 위 제목 표시줄에 '그룹'이라고 표시된다.
② 그룹으로 설정된 임의의 시트에서 데이터를 입력하면 그룹으로 설정된 모든 시트에 반영된다.
③ 그룹으로 설정된 임의의 시트에서 셀 서식을 지정하면 그룹으로 설정된 모든 시트에 반영된다.
④ 그룹을 해제하려면 Esc를 누른다.

**전문가의 조언 |** 여러 개의 시트가 선택된 그룹 상태를 해제하려면 시트 탭의 바로 가기 메뉴에서 [시트 그룹 해제]를 선택하거나 그룹이 아닌 임의의 시트를 클릭하면 됩니다.

정답 : 27.④ 28.④ 29.② 30.③ 31.③ 32.① 33.③ 34.② 35.④

85섹션 1필드

**36.** 다음 중 셀에 수식을 입력하는 방법에 대한 설명으로 옳지 않은 것은?

① 통합 문서의 여러 워크시트에 있는 동일한 셀 범위 데이터를 이용하려면 수식에서 3차원 참조를 사용한다.
② 계산할 셀 범위를 선택하여 수식을 입력한 후 [Ctrl] + [Enter]를 누르면 선택한 영역에 수식을 한 번에 채울 수 있다.
③ 수식을 입력한 후 결과 값이 상수로 입력되게 하려면 수식을 입력한 후 바로 [Alt] + [F9]를 누른다.
④ 배열 상수에는 숫자나 텍스트 외에 'TRUE', 'FALSE' 등의 논리값 또는 '#N/A'와 같은 오류 값도 포함될 수 있다.

전문가의 조언 | 수식을 상수로 입력하려면 [F9]를 눌러야 합니다.

91섹션 1필드

**37.** 다음 중 아래의 워크시트에서 '윤정희' 사원의 근속년수를 오늘 날짜를 기준으로 구하고자 할 때, [E11] 셀에 입력할 수식으로 옳은 것은?

| | A | B | C | D | E |
|---|---|---|---|---|---|
| 1 | | | | | |
| 2 | | | | | |
| 3 | | 부서 | 이름 | 입사일 | 연봉 |
| 4 | | 영업부 | 김나미 | 2020-03-01 | 3,000만 원 |
| 5 | | 총무부 | 김보라 | 2019-03-02 | 3,500만 원 |
| 6 | | 총무부 | 이지선 | 2016-03-02 | 3,200만 원 |
| 7 | | 영업부 | 윤정희 | 2018-03-02 | 2,000만 원 |
| 8 | | 총무부 | 임형석 | 2020-11-26 | 1,800만 원 |
| 9 | | 총무부 | 서민규 | 2019-10-08 | 2,200만 원 |
| 10 | | 총무부 | 김상희 | 2015-06-17 | 1,500만 원 |
| 11 | | 이름 | 윤정희 | 근속년 | 5 |

① =YEAR(TODAY( )) – YEAR(VLOOKUP(C11, B4:E10, 2, 0))
② =YEAR(TODAY( )) – YEAR(HLOOKUP(C11, B4:E10, 2, 0))
③ =YEAR(TODAY( )) – YEAR(VLOOKUP(C11, C4:E10, 2, 0))
④ =YEAR(TODAY( )) – YEAR(HLOOKUP(C11, C4:E10, 2, 0))

전문가의 조언 | [E11] 셀에 입력할 수식으로 옳은 것은 ③번입니다.

=YEAR( TODAY( ) ) – YEAR( VLOOKUP(C11, C4:E10, 2, 0) )
❶ ❸
❷ ❹

❶ TODAY( ) : 오늘의 날짜를 반환합니다(오늘 날짜를 2023-5-1로 가정함).
❷ YAER(❶) : 오늘의 날짜에서 년도만을 반환합니다(2023).
❸ VLOOKUP(C11, C4:E10, 2, 0) : [C4:E10] 영역의 첫 번째 열에서 윤정희(C11)와 정확히 일치하는 값(옵션 0)을 찾은 후 이 값이 있는 행에서 지정된 열(2) 위치에 있는 값을 반환합니다(2018-03-02).
❹ YEAR(❸) : '2018-03-02'에서 년도만 반환합니다(2018).
※ 2023 – 2018 = 5입니다.

111섹션 1필드

**38.** 다음 중 피벗 테이블 보고서와 피벗 차트 보고서에 대한 설명으로 옳지 않은 것은?

① 피벗 테이블 보고서에서는 값 영역에 표시된 데이터 일부를 삭제하거나 추가할 수 없다.
② 피벗 차트 보고서를 만들 때마다 동일한 데이터로 관련된 피벗 테이블 보고서가 자동으로 생성된다.
③ 피벗 차트 보고서는 분산형, 주식형, 거품형 등 다양한 차트 종류로 변경할 수 있다.
④ 행 또는 열 레이블에서의 데이터 정렬은 수동(항목을 끌어 다시 정렬), 오름차순, 내림차순 중 선택할 수 있다.

전문가의 조언 | 피벗 차트 보고서는 분산형, 거품형, 주식형 차트를 제외한 다른 차트로 변경할 수 있습니다.

90섹션 1필드

**39.** 다음 시트에서 [B2:B8] 영역의 전화번호를 [F2:F8] 영역의 전화번호와 같이 표시하려고 할 때 올바른 수식은?

| | A | B | C | D | E | F |
|---|---|---|---|---|---|---|
| 1 | 성명 | 전화번호 | 구매횟수 | 구매금액 | | 전화번호 |
| 2 | 김수정 | 010-2344-7215 | 3 | 95,600 | | 010-2344-**** |
| 3 | 이정준 | 010-3251-8697 | 11 | 3,654,800 | | 010-3251-**** |
| 4 | 소현상 | 010-3580-9214 | 1 | 45,000 | | 010-3580-**** |
| 5 | 현진순 | 010-3576-9211 | 5 | 1,568,700 | | 010-3576-**** |
| 6 | 진선정 | 010-8355-6544 | 7 | 856,900 | | 010-8355-**** |
| 7 | 이수신 | 010-3256-3687 | 25 | 6,521,000 | | 010-3256-**** |
| 8 | 신명철 | 010-3256-8547 | 13 | 2,564,780 | | 010-3256-**** |
| 9 | | | | | | |

① =REPLACE(B2, 10, 4, "*")
② =REPLACE(B2, 10, 4, "****")
③ =CONCAT(B2, 10, 4, "*")
④ =CONCAT(B2, 10, 4, "****")

전문가의 조언 | [F2:F8] 영역의 전화번호와 같이 표시하려고 할 때 올바른 수식은 ③번입니다.

① =REPLACE(B2, 10, 4, "*") : [B2] 셀의 값 "010-2344-7215"의 10번째부터 4글자를 "*"로 변경한 "010-2344-*"를 반환합니다.
② =REPLACE(B2, 10, 4, "****") : [B2] 셀의 값 "010-2344-7215"의 10번째부터 4글자를 "****"로 변경한 "010-2344-****"를 반환합니다.
③ =CONCAT(B2, 10, 4, "*") : 주어진 텍스트들, 즉 [B2] 셀의 값 "010-2344-7215"와 10, 4, "*"을 모두 연결한 "010-2344-7215104*"를 반환합니다.
④ =CONCAT(B2, 10, 4, "****") : 주어진 텍스트들을 모두 연결한 "010-2344-7215104****"를 반환합니다.

107섹션 3필드

**40.** 다음 워크시트에서 종료기간이 3월인 레코드를 검색하려고 할 때 고급 필터의 조건으로 올바르게 표현된 것은?

| | A | B |
|---|---|---|
| 1 | 일수 | 종료기간 |
| 2 | 13 | 2023-03-19 |
| 3 | 20 | 2023-04-28 |
| 4 | 12 | 2023-03-30 |
| 5 | 10 | 2023-02-15 |
| 6 | | |

①

| 조건 |
|---|
| =MONTH(B2)=3 |

②

| 조건 |
|---|
| >=2023-03-01 |

③

| 종료기간 |
|---|
| >=2023-03-01 |

④

| 종료기간 |
|---|
| =MONTH(B2)=3 |

전문가의 조언 | 고급 필터의 조건으로 올바르게 표현된 것은 ①번입니다.
- 날짜 데이터에서 월만을 추출하는 함수는 MONTH입니다.
- 고급 필터의 조건으로 수식을 입력할 경우 조건으로 사용할 필드명은 원본 데이터의 필드명과 다른 필드명을 입력하거나 생략해야 합니다.

# 3과목 데이터베이스 일반

167섹션 5필드

**41.** 〈상품〉 폼에 있는 '재고' 필드를 참조하고자 한다. 참조 형식이 바르게 설정된 것은?

① [Forms]![상품]![재고]
② [Forms]@[상품]@[재고]
③ [Forms]![상품]@[재고]
④ [Forms]@[상품]![재고]

전문가의 조언 | 컨트롤 원본에 다른 개체에 있는 필드를 지정할 경우에는 **=[개체]![개체이름]![필드이름]**과 같은 형식으로 지정합니다.

126섹션 2필드

**42.** 다음 중 데이터베이스에 저장되어 있는 모든 데이터 개체들에 대한 정보를 유지, 관리하는 시스템으로 이곳에 저장된 데이터를 데이터에 대한 데이터라는 의미로 '메타 데이터'라고 하며, '시스템 카탈로그'라고도 불리는 것은?

① 데이터 사전(Data Dictionary)
② 데이터베이스 관리자(DBA, Database Administrator)
③ 데이터베이스 관리 시스템(DBMS, Database Management System)
④ 데이터 조작어(DML, Data Manipulation Language)

전문가의 조언 | 문제에 제시된 내용은 데이터 사전(Data Dictionary)의 개념입니다.
- **데이터베이스 관리자(DBA, Database Administrator)** : 데이터베이스 시스템을 관리하고 운영에 관한 모든 것을 책임지는 사람이나 그룹
- **데이터베이스 관리 시스템(DBMS, Database Management System)** : 사용자 또는 응용 프로그램과 데이터베이스 사이에 위치하여 데이터베이스를 생성·관리하고, 사용자의 요구에 따라 정보를 생성해 주는 소프트웨어
- **데이터 조작어(DML, Data Manipulation Language)** : 사용자가 응용 프로그램을 통하여 데이터베이스에 저장된 데이터를 실질적으로 처리하는 데 사용되는 언어

130섹션 2필드

**43.** 학생들은 여러 과목을 수강하며, 한 과목은 여러 학생들이 수강한다. 이러한 상황에 대한 다음의 테이블 설계 중에서 가장 적절한 것은? (단, 밑줄은 기본키를 의미함)

① 학생(<u>학번</u>, 이름, 연락처)
과목(<u>과목코드</u>, 과목명, 담당교수)
수강(<u>학번, 과목코드</u>, 성적)
② 수강(<u>학번</u>, 이름, 연락처, 수강과목코드)
과목(<u>과목코드</u>, 과목명, 담당교수)
③ 수강(<u>학번</u>, 이름, 연락처, 수강과목1, 수강과목2, 수강과목3)
과목(<u>과목코드</u>, 과목명, 담당교수)
④ 학생(<u>학번</u>, 이름, 연락처)
과목(<u>과목코드</u>, 과목명, 담당교수)
수강신청(<u>학번, 과목코드</u>, 이름, 과목명)

전문가의 조언 | 학생들은 여러 과목을 수행하며, 한 과목은 여러 학생들이 수강하는 관계는 다 대 다의 관계입니다. 이와 같은 경우에는 〈학생〉 테이블과 〈과목〉 테이블의 기본키를 외래키로 갖는 제 3의 테이블(〈수강〉 테이블)을 정의해야 합니다. 제 3의 테이블(수강)에는 '이름'이나 '과목명'처럼 '학번'이나 '과목코드'에 종속적인 속성이 없어야 합니다.

158섹션 2필드

**44.** 다음 중 폼에 대한 설명으로 가장 옳지 않은 것은?

① 컨트롤 원본에 식을 입력한 경우에는 값을 입력할 수 없다.
② 바운드 폼은 일반적으로 테이블의 내용을 표시하며 이를 수정할 수 있다.
③ 폼의 레코드 원본으로 설정된 테이블의 필드 값만 컨트롤 원본으로 설정하여 표시할 수 있다.
④ 폼을 사용하여 데이터베이스의 보안성과 사용자의 편의성을 높일 수 있다.

전문가의 조언 | 폼의 레코드 원본으로 설정된 테이블의 필드를 컨트롤 원본으로 설정하여 표시할 수 있습니다. 폼의 레코드 원본으로 설정되지 않은 테이블의 필드는 Dlookup 함수를 컨트롤 원본으로 설정하여 표시할 수 있습니다.

정답 : 36.③ 37.③ 38.③ 39.② 40.① 41.① 42.① 43.① 44.③

135섹션 4필드

**45.** 다음 중 나이를 저장하기에 알맞은 데이터 형식과 크기로 올바른 것은?

① 데이터 형식 : 짧은 텍스트 크기 : 2
② 데이터 형식 : 짧은 텍스트 크기 : 100
③ 데이터 형식 : 숫자 크기 : 바이트
④ 데이터 형식 : 숫자 크기 : 정수(Long)

**전문가의 조언 |** 나이는 일반적으로 1~100 사이의 숫자가 입력되므로, 데이터 형식은 숫자, 크기는 바이트로 설정하면 됩니다.

138섹션 3필드

**46.** 다음 중 입력 마스크에 대한 설명으로 옳지 않은 것은?

① 입력 마스크는 필드에 입력할 수 있는 데이터를 제한하는 것으로 세미콜론(;)으로 구분된 3개 구역으로 구분된다.
② 입력 마스크의 첫 번째 구역은 사용자 정의 기호를 사용하여 입력 마스크를 지정한다.
③ 서식 문자 저장 여부를 지정하는 입력 마스크의 두 번째 구역이 '0'이면 서식 문자를 제외한 입력 값만 저장한다.
④ 입력 마스크의 세 번째 구역은 데이터가 입력되어야 하는 자리에 표시될 문자를 지정한다.

**전문가의 조언 |** 입력 마스크의 두 번째 구역에 '0'을 지정하면 데이터에 서식 문자가 포함된 형식 그대로 저장되고, '1'이나 공백으로 지정하면 입력된 값만 저장됩니다.

140섹션 2필드

**47.** 테이블 디자인의 조회 표시에서 콤보 상자나 목록 상자를 선택하면 여러 가지 속성이 표시된다. 속성에 대한 설명 중 옳지 않은 것은?

① 행 원본 : 목록으로 제공할 데이터를 지정한다.
② 바운드 열 : 바운드되는 필드의 개수를 지정한다.
③ 컨트롤 표시 : 콤보 상자나 목록 상자를 선택한다.
④ 목록 값만 허용 : '예'로 설정하면 목록에 제공된 데이터 이외의 값을 추가할 수 없다.

**전문가의 조언 |** '바운드 열'은 선택한 목록의 여러 열 중 해당 컨트롤에 저장되는 열을 지정하는 속성입니다.

170섹션 1필드

**48.** 다음 중 아래 보고서에 대한 설명으로 옳지 않은 것은?

대리점명: 서울지점

| 순번 | 모델명 | 판매날짜 | 판매량 | 판매단가 |
|---|---|---|---|---|
| 1 | PC4203 | 2018-07-31 | 7 | ₩1,350,000 |
| 2 | | 2018-07-23 | 3 | ₩1,350,000 |
| 3 | PC4204 | 2018-07-16 | 4 | ₩1,400,000 |
| | | 서울지점 소계 : | | ₩19,100,000 |

대리점명: 충북지점

| 순번 | 모델명 | 판매날짜 | 판매량 | 판매단가 |
|---|---|---|---|---|
| 1 | PC3102 | 2018-07-13 | 6 | ₩830,000 |
| 2 | | 2018-07-12 | 4 | ₩830,000 |
| 3 | PC4202 | 2018-07-31 | 4 | ₩1,300,000 |
| 4 | | 2018-07-07 | 1 | ₩1,300,000 |
| | | 충북지점 소계 : | | ₩14,800,000 |

① '모델명' 필드를 기준으로 그룹이 설정되어 있다.
② '모델명' 필드에는 '중복 내용 숨기기' 속성을 '예'로 설정하였다.
③ 지점별 소계가 표시된 텍스트 상자는 그룹 바닥글에 삽입하였다.
④ 순번은 컨트롤 원본을 '=1'로 입력한 후 '누적 합계' 속성을 '그룹'으로 설정하였다.

**전문가의 조언 |** 문제에 제시된 보고서는 '대리점명' 필드를 기준으로 그룹이 설정되어 있습니다.

161섹션 2필드

**49.** 다음 중 폼에 대한 설명으로 옳지 않은 것은?

① 입력 및 편집 작업을 위한 인터페이스이다.
② 분할 표시 폼이란 하위 폼을 포함한 기본 폼을 의미한다.
③ 폼을 이용하면 여러 개의 테이블에 데이터를 한 번에 입력할 수 있다.
④ 바운드(Bound) 폼과 언바운드(Unbound) 폼이 있다.

**전문가의 조언 |** 분할 표시 폼이란 하나의 원본 데이터를 하나의 폼에서 [폼 보기(열 형식)]와 [데이터시트 보기]로 볼 수 있도록 작성된 폼입니다.

없음

**50.** 다음 중 이름이 'txt제목'인 텍스트 상자 컨트롤에 '매출내역'이라는 내용을 입력하는 VBA 명령으로 옳지 않은 것은?

① txt제목 = "매출내역"
② txt제목.text = "매출내역"
③ txt제목.value = "매출내역"
④ txt제목.caption = "매출내역"

**전문가의 조언 |** • 컨트롤에 텍스트를 입력할 때는 value 혹은 text 속성을 이용하는데, 속성을 생략하고 ①번과 같이 지정하면 value나 text 속성이 생략된 것으로 간주됩니다.

• 텍스트 상자 컨트롤에는 caption 속성이 없습니다. caption 속성은 언바운드 컨트롤에 텍스트를 표시할 때 사용합니다.

147섹션 1필드

**51.** 다음 중 특정 폼을 [내보내기]를 통해 다른 형식으로 바꾸어 저장하려고 할 때 지정할 수 없는 형식은?

① HTML ② 텍스트
③ Excel ④ JPEG

**전문가의 조언 |** • JPEG(JPG) 형식으로는 폼을 내보낼 수 없습니다.

• 폼은 Access, Excel, 텍스트, XML, HTML, Word RTF, PDF/XPS 형식으로 내보낼 수 있습니다.

152섹션 1필드

**52.** 다음 중 아래의 〈급여〉 테이블에 대한 SQL 명령과 실행 결과로 옳지 않은 것은? (단, 빈 칸은 Null임)

| 사원번호 | 성명 | 가족수 |
|---|---|---|
| 1 | 가 | 2 |
| 2 | 나 | 4 |
| 3 | 다 | |

① SELECT COUNT(성명) FROM 급여; 를 실행한 결과는 3이다.
② SELECT COUNT(가족수) FROM 급여; 를 실행한 결과는 3이다.
③ SELECT COUNT(*) FROM 급여; 를 실행한 결과는 3이다.
④ SELECT COUNT(*) FROM 급여 WHERE 가족수 Is Null; 을 실행한 결과는 1이다.

**전문가의 조언 |** COUNT( ) 함수의 인수로 필드명을 지정하면 해당 필드를 대상으로 비어있지 않은 데이터의 개수를 구하므로 ②번의 실행 결과는 2입니다.

① **SELECT COUNT(성명) FROM 급여;** : '성명' 필드가 비어있지 않은 자료의 개수를 구하므로 결과는 3입니다.

③ **SELECT COUNT(*) FROM 급여;** : 전체 레코드의 개수를 구하므로 결과는 3입니다.

④ **SELECT COUNT(*) FROM 급여 WHERE 가족수 Is Null;** : '가족수 Is Null'이라는 조건, 즉 '가족수 필드의 값이 비어있는' 조건에 맞는 자료의 개수를 구하므로 결과는 1입니다.

153섹션 4필드

**53.** 〈회원〉 테이블의 내용이 다음과 같을 때 SQL문을 실행한 결과 표시되는 레코드의 수는?

회원

| 번호 | 이름 |
|---|---|
| 1 | 이소유 |
| 2 | 이소미 |
| 3 | 김선호 |
| 4 | 강준길 |
| 5 | 강감찬 |
| 6 | 강감찬 |
| 7 | 이소미 |

```
SELECT DISTINCT 이름
FROM 회원
WHERE 이름 Like "이*" OR 이름 = "강감찬";
```

① 3 ② 4 ③ 5 ④ 7

**전문가의 조언 |** SQL문을 실행한 결과 표시되는 레코드의 수는 3개입니다. 질의문은 각 절을 분리하여 이해하면 쉽습니다.

• **SELECT DISTINCT 이름** : '이름' 필드를 검색하되 중복된 이름은 한 번만 표시합니다.

| 이름 |
|---|
| 이소유 |
| 이소미 |
| 김선호 |
| 강준길 |
| 강감찬 |

• **FROM 회원** : 〈회원〉 테이블에서 검색합니다.

• **WHERE 이름 Like "이*" OR 이름="강감찬"** : 이름이 "이"로 시작하거나 "강감찬"인 레코드만을 대상으로 검색합니다.

| 이름 |
|---|
| 이소유 |
| 이소미 |
| 강감찬 |

156섹션 1필드

**54.** 다음 중 학생(학번, 이름, 학과) 테이블에 학과가 '경영학과', 학번이 300, 이름이 '김상공'인 학생의 정보를 추가하는 SQL 문으로 올바른 것은?

① Insert Into 학생(학번, 이름, 학과) Values(300, '김상공', '경영학과');
② Insert 학생(학번, 이름, 학과) Values(300, '김상공', '경영학과');
③ Insert Into 학생(학번, 이름, 학과) Values(300, 김상공, 경영학과);
④ Insert 학생(학번, 이름, 학과) Values(300, 김상공, 경영학과);

전문가의 조언 | 문제에 제시된 조건에 맞는 SQL문은 ①번입니다. 절단위로 구분하여 질의문을 작성하면 쉽습니다.
- 〈학생〉 테이블에 학번, 이름, 학과를 삽입하므로 **Insert Into 학생(학번, 이름, 학과)**입니다.
- 삽입되는 속성과 값이 학번은 300, 이름은 '김상공', 학과는 '경영학과'이므로 **Value(300, '김상공', '경영학과')**입니다.

※ '김상공'이나 '경영학과'와 같이 텍스트 형식을 입력할 때는 작은따옴표(' ')나 큰따옴표(" ")로 묶어야 합니다. 그렇지 않으면 해당 값을 필드로 인식하여 매개 변수 대화상자를 표시합니다.

164섹션 2필드

**55.** 다음 중 폼 작성 시 사용하는 컨트롤에 대한 설명으로 옳지 않은 것은?

① 바운드 컨트롤 : 폼이나 보고서에서 테이블이나 쿼리의 필드를 컨트롤 원본으로 사용하는 컨트롤이다.
② 탭 컨트롤 : 탭 형식의 대화상자를 작성하는 컨트롤로, 다른 컨트롤을 탭 컨트롤로 복사하거나 추가할 수 있다.
③ 레이블 컨트롤 : 날짜나 시간을 표시하는 용도로 사용하는 컨트롤이다.
④ 계산 컨트롤 : 원본 데이터로 필드를 사용하지 않고 식을 사용하는 컨트롤이다.

전문가의 조언 | • 날짜나 시간은 함수를 사용해서 표시하는데, 이와 같이 함수의 결과 값을 표시하려면 텍스트 상자를 사용해야 합니다.
- 레이블은 제목이나 캡션, 설명 등을 표시하는 용도로 사용됩니다.

169섹션 2필드

**56.** 다음은 보고서 보기 형태에 대한 내용이다. ㉠, ㉡에 알맞은 형태는 무엇인가?

> • ㉠ : 보고서로 출력될 실제 데이터를 보면서 컨트롤의 크기 및 위치를 변경할 수 있다.
> • ㉡ : 컨트롤 도구를 이용하여 보고서를 만들거나 수정할 수 있는 형태로, 실제 데이터는 표시되지 않는다.

① ㉠ 레이아웃 보기, ㉡ 디자인 보기
② ㉠ 인쇄 미리 보기, ㉡ 레이아웃 보기
③ ㉠ 디자인 보기, ㉡ 보고서 보기
④ ㉠ 레이아웃 보기, ㉡ 보고서 보기

전문가의 조언 | 지문에 제시된 내용 중 ㉠은 레이아웃 보기, ㉡은 디자인 보기에 대한 설명입니다.

172섹션 1필드

**57.** 다음 중 [페이지 설정] 대화상자에서 설정할 수 없는 것은?

① 프린터 선택　② 머리글/바닥글
③ 인쇄 여백　④ 용지 방향

전문가의 조언 | '페이지 설정' 대화상자에서 머리글/바닥글은 설정할 수 없습니다.

176섹션 3필드

**58.** 다음 중 보고서의 그룹 바닥글 구역에 '=COUNT(*)'를 입력했을 때 출력되는 결과로 옳은 것은?

① Null 필드를 포함한 그룹별 레코드 개수
② Null 필드를 포함한 전체 레코드 개수
③ Null 필드를 제외한 그룹별 레코드 개수
④ Null 필드를 제외한 전체 레코드 개수

전문가의 조언 | **=COUNT(*)**를 입력하면 입력된 위치에 따라 그룹 바닥글 영역이면 그룹별 레코드의 개수가, 보고서 바닥글 영역이면 전체 레코드의 개수가 Null 필드를 포함하여 표시됩니다.

179섹션 1필드

**59.** 다음 매크로 함수에 대한 설명으로 옳지 않은 것은?

① FindRecord : 조건에 맞는 첫 번째 레코드를 검색한다.
② GoToControl : 특정 컨트롤로 포커스를 이동시킨다.
③ MessageBox : 메시지 상자를 통해 경고나 알림 등의 정보를 표시한다.
④ CloseWindow : Access를 종료한다.

전문가의 조언 | • CloseWindow는 폼, 테이블, 쿼리 등 활성화되어 있는 데이터베이스 개체를 닫는 매크로 함수입니다.
- Access를 종료하는 매크로 함수는 QuitAccess입니다.

182섹션 3필드

**60.** RecordSet 개체 속성 중 현재 레코드 위치가 RecordSet 개체의 첫 번째 레코드 앞에 온다는 것을 나타내는 값을 반환하는 속성은 무엇인가?

① EOF　② BOF
③ RecordCount　④ Filter

전문가의 조언 | 문제에 제시된 내용은 BOF 속성에 대한 설명입니다.
- **EOF** : 현재 레코드 위치가 RecordSet 개체의 마지막 레코드 앞에 온다는 것을 나타내는 값을 반환함
- **RecordCount** : Recordset 개체의 현재 레코드 수를 나타냄
- **Filter** : Recordset의 데이터에 사용할 필터를 나타냄



정답 : 55.③ 56.① 57.② 58.① 59.④ 60.②

# 나는 스마트 시나공이다!
# 차원이 다른 동영상 강의

## 시나공만의 토막강의를 만나보세요

**아직도 혼자 공부하세요? 혼자 공부하다가 어려운 부분이 나와도 고민하지 마세요!**

토막강의 번호를 입력하거나 QR코드를 스마트폰으로 찍기만 하면
언제든지 시나공 저자의 속 시원한 해설을 바로 동영상으로 확인할 수 있습니다.

### 1. 스마트폰으로 QR코드를 찍어보세요!

**STEP 1**

스마트폰의 QR코드 리더 앱을 실행하세요.

**STEP 2**

시나공 토막강의 QR코드를 스캔하세요.

**STEP 3**

스마트폰을 통해 토막강의가 시작됩니다.

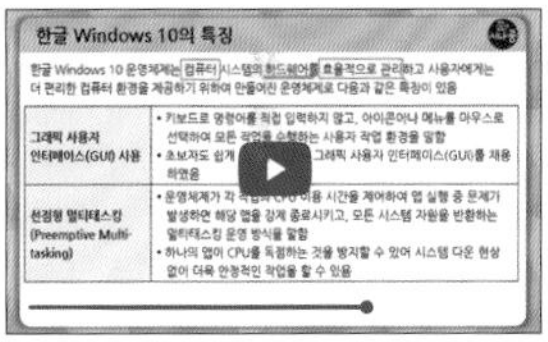


### 2. 시나공 홈페이지에서 토막강의 번호를 입력하세요!

**STEP 1**

시나공 홈페이지에 접속한 후 [컴퓨터활용능력] → [1급 필기] → [동영상 강좌] → [토막강의]를 클릭하세요.

**STEP 2**

'강의번호'에 토막강의 번호를 입력하면 강의목록이 표시됩니다.

**STEP 3**

강의명을 클릭하면 토막강의를 볼 수 있습니다.

### 3. 유튜브에서는 이렇게 이용하세요!

**STEP 1**

유튜브 검색 창에 "시나공"+토막강의 번호를 입력하세요.

**STEP 2**

검색된 항목 중 원하는 토막강의를 클릭하여 시청하세요.

★ 토막강의가 지원되는 도서는 시나공 홈페이지를 통해 확인할 수 있습니다.

★ 스마트폰을 이용하실 경우 무선랜(Wi-Fi)에 연결되지 않은 상태에서 토막강의를 이용하시면 가입하신 요금제에 따라 과금이 됩니다.

이 책은 IT 자격증 전문가와 수험생이 함께 만든 책입니다.

2025 시나공

# '시나공' 시리즈는 독자의 지지와 격려 속에 성장합니다!

워드와 정보처리기능사도 시나공으로 공부해서 한 번에 붙고, 이번엔 컴퓨터활용능력까지 시나공으로 준비했습니다. 시나공을 통해 다들 자격증 하나씩 늘리는 게 어떠실지^^* | 도서11번가 inte*** |

나의 첫 번째 수험서 시나공, 수험서라서 어려울 것이라 생각했지만 시나공을 보는 순간 긴장이 맥없이 풀렸다. 시나공에서 예상한 문제들이 쑥쑥 나오고, 여태껏 몰랐던 내용들을 단번에 맞혀 버리는 나에게 놀랐다. 다른 책도 살짝 봤는데 역시 시나공이 최고다. | 알라딘 돼* |

다른 사람에게 추천하고 싶은 책. 매우 잘 짜여진 책이라는 생각이 듭니다. 그동안 시험에 나온 횟수, 나올 확률, 각 섹션별 자세한 설명 등이 다른 책은 필요 없게 합니다. | 인터파크 박** |

내가 찾던 바로 그 책!! 이 책에서 가장 마음에 든 것은 '전문가의 조언'이라는 시험 가이드입니다. 방향 잡기가 수월해 진도가 빠릅니다. 또 스프레드시트와 데이터베이스는 예제가 있어 실습을 겸해서 공부하니 훨씬 이해가 빠르고 기억에도 오래 남아 좋았답니다. 110점을 주고 싶습니다. | YES24 nayj3*** |

최고의 책! 아~ 이거면 독학으로도 합격하겠구나! 라고 느껴지는 책! | 도서11번가 inte*** |

시험에 꼭 나오는 문제를 콕콕 집어주는 시나공은 독학하려는 제게 가뭄에 단비 같은 책이에요^^ 학원은 다니기 싫고, 혼자 공부하려니 어려운 분들께 완전 추천합니다! | 알라딘 하늘** |

초보자도 알기 쉽게 설명이 정말 잘되어 있습니다. 이해가 쏙쏙 되더군요. 제목마다 출제된 연도가 나와 있어서 어떤 것이 중요한지 한눈에 다 보입니다. 오타도 없고 정말 신경 많이 쓴 흔적이 보이더군요. | 인터파크 김** |

제 노력보다 순전히 이 책의 도움으로 합격하게 되어 감개가 무량합니다. 확실한 방향 제시와 자세한 설명, 컴활 1급 필기 수험서 최고 강자가 아닐까 생각합니다. | YES24 ffell*** |

컴퓨터활용능력 분야 베스트셀러 1위 기준 : 2024년 1월, 5월, 6월(알라딘)

sinagong.co.kr

9 791140 710782 13000

가격 32,000원

ISBN 979-11-407-1078-2

TO.시나공 온라인 독자엽서

스마트한 시나공 수험생 지원센터